제 3 판

부동산분쟁의 쟁점

이승주 변호사

박영사

제3판 서 문

본서의 제2판이 발간된 시점은 2023년 6월 30일이다. 벌써 2년의 세월이 흘렀다. 그 사이에 부동산법과 관련된 적지 않은 대법원 판결 등이 선고되었다.

이에 필자는 제2판 출간 후에 선고된 대법원 판결(2025. 7. 15.자 대법원 판례공보까지 반영)과 필자가 실무를 하면서 새로이 알게 된 각 법원의 판례 그리고 필자의 추가적 실무 경험을 반영하여 본서를 서술하였다. 이에 따라 본서 제3판에서는 기존 쟁점의 일부 수정·보완과 함께 대략 150여 개의 쟁점이 추가되었다.

본서의 지향점이 '부동산분쟁 일반'에 대한 '실무 기본서'라는 점에서, 본서 제2판에는 없었던 '부동산증여', '건설도급', '부동산신탁' 등의 목차를 추가하여 그 기본적 쟁점을 정리하고, '주택임대차', '상가건물임대차' 등과 같이 많은 쟁점을 포함하는 주제의 경우는 해당 주제를 더 세분화하여 각 쟁점을 서술함으로써, 찾고자 하는 쟁점을 좀더 수월하게 확인할 수 있도록 노력하였다.

본서 제3판이 독자 여러분들 덕분에 적지 않은 추가적 쟁점을 더하여 세상에 나올 수 있음에 감사드린다. 다만 본서가 점점 더 두꺼워지는 것이 바람직한 것인지는 필자가 한번 생각해 보려 한다.

차후 통합이 가능한 각 쟁점을 정리하여 책의 내용을 줄일 것인지, 다소 중복되는 내용이라도 해당 쟁점에 대한 나름의 완결성을 유지하는 현재의 방식을 그대로 적용할 것인지 고민이다. 실무를 처리하면서 그때그때 필요에 따라 본서를 찾아 읽는 독자들에게는 현재의 방식이 좋지만, 책이 점점 두꺼워지는 단점이 있다.

인공지능이 논문과 판례검색 및 그 분석 등에 활용되면서, 본서와 같은 책의 필요성이 줄어드는 것은 아닌지 의문이 있지만, 필자가 판례검색 시장의 인공지능을 활용해 본 결과 실제 분쟁 해결에 있어서 필수적이라고 할 수 있는 구체적이고 실질적인 지식 습득의 측면에서 본서와 같은 책이 반드시 필요하다는 생각이 들었다.

필자는 인공지능과 본서와 같은 실무서의 방향성이 달라 충분히 공존할 수 있다고 생각하며, 본서와 같은 실무서가 지속적으로 나와야 인공지능도 본서와 같은 실무서를 바탕으로 더 발전할 수 있다고 생각한다.

마지막으로 법률사무소를 함께 운영하는 배우자이자 동업자 양연순 변호사(상속, 이혼, 후견 등 가사 전문) 및 필자의 아이들에게 항상 힘이 되어 주어 고맙다는 말과 함께, 언제나 격려를 아끼지 않으시는 박영사의 임재무 전무님과 본서의 초판 출간부터 필자와 함께해 오신 정연환 과장님께도 감사의 말씀을 전한다.

2025년 10월

서초동 사무실에서

변호사 이 승 주

초판 서 문

필자는 부동산전문변호사다. 대한변호사협회(변협)가 2010년경 전문변호사 제도를 신설하여 운용한 것으로 기억하는데, 필자는 2010년 6월경 변협에 부동산전문변호사로 등록하고 활동해 왔으니 초창기 변협 인증 부동산전문변호사로 보아도 무방하겠다. 필자가 수행하는 소송의 95%는 부동산사건이다.

10여 년 전 필자가 부동산전문변호사로 등록할 즈음 필자의 변호사 경력은 3년에 불과했다. 변호사 개업 3년밖에 안 된 필자가 그 당시 부동산권리분석에 대한 책을 냈으니 지금 생각해도 대견하다. 이를 계기로 현재 건국대 부동산대학원에서 3년째 부동산권리분석론 과목을 강의하고 있다.

필자와 같은 부동산전문변호사가 다루는 법률영역은 어떻게 될까? 변협에서 전문변호사 인증을 할 때에 명확한 기준은 없다. 다만, 필자가 실무를 하면서 생각하는 부동산과 관련된 전문분야는 ① 임대차, 매매, 공유 등 소유권, 취득 내지 소멸시효, 명의신탁, 전세권·근저당권 등의 물권, 등기 분쟁, 집합건물, 경매, 중개사고, 종중분쟁 등 '부동산법 일반'을 전문적으로 다루는 경우, ② 재건축·재개발 문제를 전문적으로 다루는 경우, ③ 수용 등과 관련된 보상 문제를 전문적으로 다루는 경우, ④ 건설과 관련된 법 분야를 전문적으로 다루는 경우 등으로 분류할 수 있다. 이러한 분류는 필자가 변호사 생활을 하면서, 각 변호사 분들의 전문분야를 확인하면서 정리한 것으로 필자는 위 부동산 관련 분야 중에서 ① '부동산법 일반'에 특화되어 있다.

본서는 필자가 2013년 5월경부터 2019년 6월경까지 대략 6년 동안 벼룩시장 지면, 인터넷 부동산써브, 법률신문 운영 리걸인사이트 등에 기고했던 총 259개의 부동산법률상식 칼럼을 기초로 한다. 다만, 지나치게 중복되는 내용의 칼럼을 제외하였고, 중복되는 내용이 있더라도 필요성이 있는 칼럼은 현재 상황에 맞게 수정하였으며, 본서의 체계상 필요한 내용은 새롭게 작성·추가하였다. 개정된 법률 그리고 변경된 판례는 현시점을 기준으로 최대한 반영하려 노력하였으며, 총 1,100여 개의 법률 칼럼을 확인할 수 있는 필자운영 블로그에서는 본서 출간 전 259개의 과거 부동산법률상식 칼럼의 원본을 확인할 수 있다. 본서에서는 칼럼 원본에 적시하지 않았던 법조문이나 판례사건번호를 확인하여 추가로 기입하였고 내용도 보완하였다.

필자가 부동산법률상식 칼럼을 위 각 매체에 기고할 때의 생각은 주로 일반인들에게 부동산과 관련된 법률 내용을 소개하기 위한 것이었다. 필자는 필자의 이러한 의도가 어느 정도 성과를 거두었다고 보고 있다.

필자가 칼럼을 각 매체에 제공할 때에 차후 출간하겠다는 의도가 있었고, 필자의 블로그에는 이미 700개가 넘은 상대적으로 정제되지 않은 법률칼럼들이 기재된 상태였다. 본서의 각 칼럼은 각 매체에 기고되었기 때문에 훨씬 정제된 내용이었다. 이런 이유로 인하여 본서의 각 칼럼은 적게는 1시간 많게는 3시간이라는 필자의 시간이 투입된 것들이다.

필자의 변호사 경력이 쌓이고 일이 바쁘게 돌아가다 보니, 개업 초창기 때처럼 책을 낼 엄두가 나지 않았다. 바쁘게 살았고, 약간의 여유도 누렸던 것 같다. 잊고 있었던 출간에 대한 필자의 욕심이 발현된 것은 2020년 초반기 갑자기 불어 닥친 코로나 바이러스 대유행이 계기가 되었다. 즉 코로나 바이러스에 대한 세계적 대유행이 발생하면서, 필자도 그 흐름에서 자유로울 수 없었고, 약간의 시간적 여유가 생기게 되면서 잊고 있었던 책 출간을 고려하게 되었다.

필자가 259개에 이르는 각 칼럼을 정리하면서 과연 누가 본서를 필요로 할 것인가라는 생각을 하게 되었는데, 칼럼을 쓸 때와는 다르게 법률전문가분들에게 적합해 보인다는 생각을 하게 되었다. 다시 읽어 보니 그리 쉬운 내용은 아니다.

필자는 본서가 법률전문가, 즉 변호사 그리고 법무사, 그뿐만 아니라 로스쿨이나 법과대학에서 법학 공부를 하시는 분들에게 유용한 책이 될 것으로 생각한다. 본서는 필자가 소송대리 그리고 법률상담을 하면서 확인한 판례 법리, 상담사례를 각색한 후에 관련 법리를 풀어낸 것 등 필자가 수년간 부동산전문변호사로 활동하면서 접한 부동산관련 실무를 정리한 것으로 법률실무가들이 보기에도 도움이 될 만한 내용이 적지 않다. 물론 부동산법률상식이라는 칼럼 제목에서도 알 수 있듯이 필자가 칼럼을 쓴 이유는 일반인들에게 좀 더 쉽지만 정확한 관련 상식을 제공하기 위한 것으로 개업공인중개사는 물론이고, 부동산법률에 관심이 있는 일반인들도 당연히 본서의 독자가 될 수 있다.

필자의 칼럼을 기초로 작성된 본서의 특성을 고려하여 필자는 그동안 변경된 판례 및 개정법을 모두 반영하였고, 중간중간에 법률실무적인 조언도 추가하려 노력하였다. 물론 새로 작성하여 추가된 부분도 적지 않다. 새로 작성하여 추가한 부분은 최근 대법원 전원합의체 판결 등을 정리한 것도 포함되어 있다. 작업을 하다 보니 적지 않은 판례변경 및 법률개정도 빈번하였던 것이 확인되었다. 특히 상가건물임대차보호법은 많은 변화가 있었고, 앞으로도 상당한 법 개정이 예상된다.

필자는 유튜브를 통해 부동산법에 대한 강의도 수년 전부터 진행해 오고 있는데, 본서가 출간되면 시간이 허락하는 한도 내에서 본서에 대한 유튜브 강의도 계획하고 있다. 또한 필자는 변호사 생활을 하는 한 계속적 내용추가 등을 통해 본서를 개정하여 부동산법을 전문으로 하는 변호사들의 필독서 내지 참고할 만한 도서로 만들고 싶은 욕심이 있다. 독자 분들의 호응을 기대한다.

마지막으로 외로울 수밖에 없는 변호사 업무에 있어 항상 힘이 되고 필자와 늘 함께 하고 있는 아내 양연순 변호사(가사전문, 필자와 변호사사무실 공동운영) 그리고 필자의 삶에 원동력이 되는 아이들에게 사랑한다는 말을 전하고 싶다.

2020년 12월

서초동 사무실에서

변호사 이 승 주

일러두기

이 책에서 사용한 법률 약어는 다음과 같습니다.

❍ 가등기담보 등에 관한 법률	가담법
❍ 국토의 계획 및 이용에 관한 법률	국토계획법
❍ 민사소송법	민소법
❍ 민사집행법	민집법
❍ 부동산 거래신고 등에 관한 법률	부동산거래신고법
❍ 부동산 실권리자명의 등기에 관한 법률	부동산실명법
❍ 상가건물 임대차보호법	상임법
❍ 소송촉진 등에 관한 특례법	소촉법
❍ 약관의 규제에 관한 법률	약관법
❍ 장사 등에 관한 법률	장사법
❍ 주택임대차보호법	주임법
❍ 집합건물의 소유 및 관리에 관한 법률	집합건물법

주요 차례

세부 차례

제 1 장 주택임대차 일반

1. 주택임차인의 입장에서 임대차계약을 체결할 때 주의할 점

주택임차인의 입장에서 주택을 빌릴 때 주의할 점은 크게 봐서 어떤 것이 있을까?

첫째, 직거래 사이트를 통한 계약보다는 개업공인중개사(이하 "중개사")를 통한 계약이 상대적으로 안전하다.

계약서를 작성하는 것은 전문적인 지식 없이 쉽지 않을 뿐만 아니라, 해당 부동산에 복잡한 권리관계가 존재하는 경우 임대인과 임차인이 중개사의 도움 없이 직거래 사이트 등을 통해 계약서를 작성한다면 임차인이 피해를 볼 가능성이 높다. 중개사를 통하여 임대차계약을 체결할 경우 법률적 문제, 즉 손해가 발생하면, 상황에 따라 중개사의 책임을 물을 여지가 있고, 중개사가 가입한 공제기관(한국공인중개사협회 또는 서울보증보험 등)을 통해 일정 정도의 손해전보도 가능하다.

둘째, 중개사를 통해 해당 부동산의 권리관계에 대해 꼼꼼한 설명을 들어야 한다.

은행에 융자가 없는 주택을 빌리는 것이 안전하겠지만, 사실상 융자가 없는 주택이 많지 않다는 점에서 빌릴 주택에 융자가 있어도, 내 보증금을 받을 수 있는지 여부를 판단해 보는 것이 중요하다. 집을 담보로 한 은행 융자는 근저당권으로 등기사항증명서(이하 "등기부")에 표시되고, 그 등기부에 채권최고액이 적혀 있다. 대체적으로 실제 채무는 채권최고액보다 적은 것이 일반적이다. 보통 은행의 관행은 채권최고액을 실채무보다 20% 내지 30% 정도 높게 결정하고 있다.

예를 들어 집주인이 집을 담보로 은행에서 1억원을 빌렸다면, 그 1억원을 담보하기 위해 은행이 근저당권을 설정받으면서 채권최고액을 1억 2천만원 내지 1억 3천만원으로 잡는다는 것이다. 따라서 별다른 문제가 없는 집을 빌린다면, 이와 같은 개념에 근거하여 실채무를 판단하는 것도 하나의 방법이다. 매매가격이 3억원인 집에 근저당권 채권최고액이 1억 3천만원으로 등기부에 기재되어 있다면, 어느 정도의 보증금을 주고 임차할 경우 안전하다고 할 수 있을까? 이는 임차한 집이 경매로 넘어갈지도 모른다는 상황을 전제한 것인데, 대체로 매매가격의 60% 내지 70%를 기준으로 계산하는 것이 일반적이다.

예를 들어, 3억원의 60%는 1억 8천만원이 될 것이고, 채권최고액이 1억 3천만원이라면 실채무는 1억원 정도가 된다고 볼 수 있다. 따라서 1억 8천만원에서 실채무 1억원을 뺀 돈인 8천만원 이하가 적정 보증금이라고 볼 수 있다. 집의 매매가격을 기준으로 60% 내지 70%를 보증금확보를 위한 안전 기준으로 하는 이유는 집행비용은 물론이고 유찰이 될 경우 대체로 10%(경우에 따라 20%)씩 경매가격이 떨어지는 점을 고려한 것이다. 다만, 이와 같은 기준도 경제상황에 따라 변동될 수 있음을 기억하자. 참고로 경매에 부쳐진 부동산에 대한 감정평가는 유찰이 고려되어 실제 가격보다 약간 높게 산정된다고 보는 것이 일반적이다.

셋째, 주택임대차계약의 경우에 계약금과 잔금지급일이 다른 것이 일반적이기 때문에 그 사이에 집에 대한 가압류, 가처분 등이 발생할 경우 즉시 계약해지가 가능하다는 특약을 기재해 두는 것이 좋다.

임대차계약을 체결하면서, 계약체결일에 등기부를 확인하고 잔금까지 모두 치른 후에 인도 및 전입신고를 완료하고 입주까지 마칠 수 있다면, 가장 이상적인 임대차계약이 될 것이다. 그러나 현실적으로는 계약일과 중도금 또는 잔금지급일이 1개월 내지 2개월 정도의 기간을 두고 임대차계약이 체결되기 때문에, 계약일과 잔금지급일 사이에 변수가 발생하는 것을 고려하지 않을 수 없다.

대법원은 계약일과 잔금지급일 사이에 해당 부동산에 가압류가 이루어진 경우 원칙적으로 계약해제사유가 되지 않고, 잔금지급을 거절할 사유 정도로 해석하기 때문에(대법원 92다28518 판결, 대법원 2000다71715 판결 등), 이런 문제를 해소하기 위해서는 계약을 하면서, 잔금지급일 이전에 가압류, 가처분, 근저당권 설정 등 해당 부동산의 권리를 제한하는 사유가 발생할 경우 임차인이 즉시 계약을 해제할 수 있다는 취지의 특약을 넣는다면, 임대차로 인한 위험을 어느 정도 완화시킬 수 있다.

여기에 추가로 위와 같은 권리제한 사유가 발생할 경우 지급한 계약금의 배액을 반환 청구할 수 있다는 문구까지 넣을 수 있다면 더욱 좋겠지만, 쉽지는 않을 것이다.

임대차계약을 체결하기 위해 등기부를 확인했는데, 가압류 또는 가처분 등의 등기가 나타났다면, 복잡한 권리분석을 해서 임대차를 하겠다는 생각보다는 다른 집을 알아보는 것이 현명한 일이 될 것이다.

2. 법무부가 2013. 7. 22.경 발표한 "주택임대차표준계약서" 해설

법무부는 2013. 7. 22.경 국토교통부, 서울시, 학계 전문가 등과 함께 계약체결 시부터 종료 시까지 법의 보호를 받기 위하여 주택임대차계약서 그 자체로 무엇을 어떻게 해야 하는지 알 수 있는 "주택임대차표준계약서"를 배포하였다. 현재 시점으로 보면 대략 12여 년 전의 "주택임대차표준계약서"이지만 나름 의미가 있어 설명하고자 한다.

기존에 통용되던 "부동산임대차계약서"의 경우 "① 부동산의 표시 및 계약 내용, ② 존속기간, ③ 용도변경 및 전대 등, ④ 계약의 해지, ⑤ 계약의 종료, ⑥ 계약의 해제, ⑦ 채무불이행과 손해배상, ⑧ 중개수수료, ⑨ 중개대상물 확인·설명서 교부 등"의 목차로 구성되어 있었다.

반면, 법무부가 배포한 "주택임대차표준계약서"는 "① 임차주택의 표시 및 계약내용(중요사항 확인), ② 계약의 시작(㉠ 입주 전 수리, ㉡ 임차주택의 인도, ㉢ 임차주택의 사용·관리·수선), ③ 기간의 연장(㉣ 묵시적 갱신 등, ㉤ 합의에 의한 재계약), ④ 계약의 종료 및 중개수수료 등(㉥ 계약의 해제, ㉦ 채무불이행과 손해배상, ㉧ 계약의 해지, ㉨ 계약의 종료, ㉩ 비용의 정산, ㉪ 중개수수료 등, ㉫ 중개대상물 확인·설명서 교부)"의 목차로 구성되어 있다.

법무부가 배포한 "주택임대차표준계약서"의 가장 큰 특징은 주택임대차와 관련하여 소송 내지 소송 외에서 그동안 분쟁이 되어 왔던 많은 문제를 계약서에 대폭 편입시킨 것이다.

즉, 등기부로는 체납국세와 다가구 주택의 선순위 보증금 현황을 확인할 수 없었는데, 계약서에 "미납국세"와 "선순위 확정일자 현황"란을 별도로 둠으로써 임차인이 임대차계약을 체결하기에 앞서 임대인의 미납국세와 선순위 확정일자를 갖춘 임차인의 존재 여부를 확인할 수 있도록 하였다.

또한, 계약 존속 중 임대인과 임차인 사이에 수리비에 대한 특약을 할 수 있는 "특약"란을 별도로 둠으로써 수리비와 관련된 분쟁을 사전에 예방할 수 있도록 배려하였다.

그리고 계약서 중간중간에 정보제공 차원에서 "참고사항"란을 두어 보증금을 합의로 증액한 경우에 별도로 확정일자를 받아야 증액된 보증금에 대한 배당(순위에 따른 우선변제)이 이루어질 수 있다는 취지와 계약종료에도 불구하고 임대인이 보증금을 주지 않으면 임차인이 독자적으로 임차권등기명령에 의한 임차권 등기가 가능하다는 취지 등을 계약서에 적시하였다.

뿐만 아니라, 임차인이 확정일자를 받은 날 임대인이 대출로 인한 근저당권을 설정할 경우 임차인이 근저당권에 배당순위에 있어 밀리게 되는 상황을 고려하여 특약란에 이와 같은 내용을 적을 수 있도록 유도하는 문구를 삽입하는 등 주택임대차에서 분쟁이 되었던 많은 내용을 임대인 내지 임차인이 알고 계약을 하도록 기존 계약서의 내용을 대폭 보강하였다.

다만, 법무부가 배포한 "주택임대차표준계약서"가 자리를 잡기까지는 많은 노력이 필요할 것으로 보인다.

기존 계약서의 가장 심각한 문제 중 하나는 등기부에 나타나지 않는 선순위 문제였는데, 중개사나 임차인이 임대차계약을 체결하면서 임대인에게 납세증명원의 제공을 요구하거나, 임차인이 임대인의 미납국세현황을 확인하기 위해 임대인의 동의를 요구할 경우 과연 임대차계약이 순조롭게 이루어질 수 있는지 의문이 들기 때문이다[다만, 국세징수법 제109조 제2항이 2022. 12. 31.에 신설된바 "임대차계약을 체결한 임차인으로서 해당 계약에 따른 보증금이 대통령령으로 정하는 금액을 초과하는 자는 임대차 기간이 시작하는 날까지 임대인의 동의 없이도 제1항에 따른 신청(미납국세 등 열람신청)을 할 수 있다."고 규정한바, 위 규정은 2023. 4. 1.부터 시행됨].

그뿐만 아니라 다가구 주택을 임차하는 임차인이 임대인에게 다른 임차인의 보증금 액수 등을 확인받아 계약서에 그와 같은 내용을 적시하는 것도 그동안의 거래 관례를 고려할 때 쉬운 일은 아닐 것이다.

따라서 좋은 취지에서 도입된 법무부의 "주택임대차표준계약서"가 자리를 잡으려면 정부의 적극적인 홍보와 관련업계(중개사, 변호사, 법무사 등)를 통한 지속적이고 적극적인 노력이 필요할 것이다.

기존 임대차계약서를 많이 보게 되는 필자는 특히 "채무불이행과 손해배상"이라는 조항을 근거로 소송을 제기하거나 상담을 하는 경우가 많다.

"채무불이행과 손해배상" 조항의 내용은 계약당사자 일방이 채무불이행을 할 경우 상대방에게 일정기간을 주고 이행을 촉구(독촉)하였음에도 불구하고 상대방이 채무불이행을 계속할 경우 계약을 해제할 수 있고, 손해가 있다면 손해를 배상할 수 있다는 규정이 일반적이다.

이때 중개업계에서 사용되는 기존 임대차계약서는 두 가지로 구분되는데, 채무불이행에 대한 손해배상의 기준을 계약금으로 적어 둔 계약서와 손해배상에 대한 기준을 적어두지 않은 계약서가 그것이다.

손해배상기준을 계약금으로 적어둔 계약서는 손해배상 예정조항으로 해석되어 상대방이 채무불이행을 하여 계약해제요건이 충족되면 손해액을 입증할 필요 없이 계약금에 상당하는 금액을 손해배상액으로 청구할 수 있는 반면, 손해배상기준을 적어두지 않은 계약서에 의할 경우 손해액을 입증해야 하는 차이점이 있다(대법원 2007다24930 판결).

법무부가 배포한 "주택임대차표준계약서"는 기존 계약서와 마찬가지로 "채무불이행과 손해배상"이라는 타이틀의 조항이 있지만, 손해배상의 기준을 적어 두지는 않았다.

따라서 계약위반의 경우 계약금 상당액을 청구하기 위해서는 계약 당시 채무불이행에 대한 손해배상의 기준은 계약금으로 한다는 취지의 특약을 별도로 적어두어야 할 것이다.

상담을 하다보면 "해약금에 의한 계약해제" 관련 조항과 "채무불이행 및 손해배상" 조항을 혼동하여 계약서의 문구에 상관없이 채무불이행을 할 경우 당연히 계약금 상당액을 손해배상으로 청구할 수 있다고 착각하는 경우가 많고, 그런 생각이 오히려 일반적이다.

기존의 임대차계약서도 손해배상의 기준을 계약금으로 적시한 계약서가 오히려 많은 것으로 보이므로 법무부가 배포한 "주택임대차표준계약서"의 "채무불이행과 손해배상" 조항에 손해배상의 기준을 명시하지 않은 부분에 아쉬움이 남는다.

3. 주택임대차보호법 적용을 위한 주거용 건물의 의미

주임법(주택임대차보호법) 제2조는 "이 법은 주거용 건물(이하 '주택'이라 한다)의 전부 또는 일부의 임대차에 관하여 적용한다. 그 임차주택의 일부가 주거 외의 목적으로 사용되는 경우에도 또한 같다."고 규정하고 있다. 따라서 주임법은 "주거용 건물"을 임대차하는 경우에 적용되며, 해당 "주거용 건물의 일부가 주거 외의 목적으로 사용되는 경우"에도 적용된다. 이때 "주거용 건물"은 건축물대장 또는 등기부와 같은 공부의 용도를 기준으로 하는가? 아니다.

대법원은 실제 사용용도를 기준으로 주거용 건물 여부를 판단한다는 태도다. 즉 대법원은 "주거용 건물이라 함은 임대목적물의 공부상의 표시만을 기준으로 할 것이 아니라 그 임차의 목적, 건물의 위치와 구조 등에 관한 실지용도에 따라서 정하여야 하고, 또 하나의 건물에서 주거용으로 사용되는 부분과 비주거용 부분이 아울러서 함께 임대차의 목적물이 되는 경우에도 구체적인 경우에 따라 그 주된 목적을 고려하여 합목적적으로 결정하여야 한다(대법원 86다카823 판결)."라는 태도이다.

주임법이 적용되는 경우로 "주거용 건물의 일부가 주거 외의 목적으로 사용되는 경우"가 포함되는데, 그렇다면 주거목적과 비주거목적의 면적 중 비주거목적이 더 넓을 경우에도 주임법이 적용되는가? 비주거목적이 더 넓다면 주임법이 적용되는 것이 부당하지 않은가?

이에 대하여 법원의 태도는 주거목적 부분과 비주거목적 부분의 면적만으로 주임법 적용 여부를 판단하지 않고, '해당 건물이 임차인의 유일한 주거시설인지, 주거를 전제로 확정일자 등을 받았는지, 해당 건물에서 일상생활을 영위하고 있는지' 등을 고려하여 주임법 적용 여부를 판단하고 있다. 따라서 주거목적 면적보다 비주거목적 면적이 더 넓은 경우에도 주임법의 적용 가능성이 있다.

이와 관련하여 대법원은 "이 사건 건물은 공부상으로는 단층 작업소 및 근린생활시설로 표시되어 있으나 실제로는 주택으로도 이용되고 있는 단층 건물로서 격벽으로 구분되어 각 독자적인 출입구를 가진 6개 부분으로 구성되어 있는 사실, 피고 경○○은 주거 및 인쇄소 경영 목적으로, 피고 권○○은 주거 및 슈퍼마켓 경영 목적으로, 각기 위 6개 부분 중 하나씩을 임차하여 가족들과 함께 입주하여 그곳에서 일상생활을 영위하는 한편 인쇄소 또는 슈퍼마켓을 경영하고 있는 사실, 피고 경○○의 경우는 주거용으로 사용되는 부분이 비주거용으로 사용되는 부분보다 넓고, 피고 권○○의 경우는 비주거용으로 사용되는 부분이 더 넓기는 하지만 주거용으로 사용되는 부분도 상당한 면적인 사실, 위 각 부분은 피고들의 유일한 주거인 사실을 인정한 다음, 피고들이 점유하고 있는 위 각 부분은 주택임대차보호법 제2조 후문에서 정한 주거용 건물에 해당한다는 취지로 판단하였는바, 기록에 의하여 살펴보면 원심의 위와 같은 인정판단은 정당한 것으로 수긍이 가고, 거기에 소론과 같이 채증법칙에 위배하여 사실을 잘못 인정하였거나 주택임대차보호법의 법리를 오해하고 판례에 위반된 위법이 있다 할 수 없다(대법원 94다52522 판결).”고 판시한 사실이 있다.

4. 주임법 제3조 제3항에 정하는 직원은 등기임원 제외

주임법 제3조 제1항은 “① 임대차는 그 등기가 없는 경우에도 임차인이 주택의 인도와 주민등록을 마친 때에는 그 다음 날부터 제삼자에 대하여 효력이 생긴다. 이 경우 전입신고를 한 때에 주민등록이 된 것으로 본다.”라고 규정하고, 동법 제3항은 “③ 「중소기업기본법」 제2조에 따른 중소기업에 해당하는 법인이 소속 직원의 주거용으로 주택을 임차한 후 그 법인이 선정한 직원이 해당 주택을 인도받고 주민등록을 마쳤을 때에는 제1항을 준용한다. 임대차가 끝나기 전에 그 직원이 변경된 경우에는 그 법인이 선정한 새로운 직원이 주택을 인도받고 주민등록을 마친 다음 날부터 제삼자에 대하여 효력이 생긴다.”고 규정하고 있다.

위 주임법 규정에 따라 법인인 임차인이 주임법이 정한 임차인에 해당된다고 보려면, 임차인인 법인의 직원인 사람이 그 법인이 임차한 주택을 인도받고 주민등록을 마쳐야 한다. 여기에서 말하는 ‘직원’에 주식회사의 대표이사 또는 사내이사가 포함되는가? 포함되지 않는다.

즉 대법원 2023다226866 판결에 의하면, 법률에 사용된 문언의 의미는 해당 법률에 정의규정이 있다면 그에 따를 것이나, 그렇지 않은 경우라도 문언의 통상적인 의미를 살피는 외에 그것이 해당 법률에서 어떠한 의미로 어떻게 사용되고 있는지 체계적, 논리적으로 파악해야 한다(대법원 2018도2615 판결)면서,

주임법은 이 사건 조항에서 사용한 ‘직원’의 의미에 관한 정의규정을 두고 있지는 않으므로, 중소기업기본법령의 규정에 따르는 것이 타당한바, 중소기업기본법 시행령 제2조 제6호는 주식회사 또는 유한회사의 경우 ‘임원’이란 ‘등기된 이사(사외이사를 제외한다)’를 말한다고 규정하고 있고, 중소기업기본법 및 위 시행령은 ‘임원’과 ‘직원’을 구별하여 사용하고 나아가 ‘임직원’이라는 용어도 사용하고 있는바,

이 사건 조항에서 정한 ‘직원’은 중소기업기본법령의 용례에 따라 법인에서 근무하는 사람 중 대표이사 또는 사내이사로 등기된 사람을 제외한 경우를 의미한다고 보는 것이 법률의 문언 및 법체계에 부합한다는 것이다.

그렇다면 위와 같은 범위의 임원을 제외한 직원이 법인이 임차한 해당 주택을 인도받아 주민등록을 마치고 그 곳에서 거주하고 있다면 이로써 이 사건 조항에서 정한 대항력을 갖추었다고 보아야 하는가?

아니면 그 밖에 업무관련성, 임대료의 액수, 지리적 근접성 등 다른 사정을 고려하여 그 요건을 갖추었는지를 판단해야 하는가? 인도받아 주민등록을 마치고 그 곳에서 거주하면 족하다.

즉 위 대법원 판결에 의하면 "중소기업인 법인이 임차한 주택에서 거주하는 자가 그 법인에서 근무를 하고 있는 직원이 맞는다면, 그가 거주 목적으로 주택을 사용하는 한 그 자체로 법인이 '주거용'으로 건물을 임차한 것이라고 보아야 한다."라는 취지이다.

위 대법원 판결 사안은 중소기업인 피고가 이 사건 아파트를 임대차보증금 2억원, 차임 월 1,500만원으로 정하여 임차한 후 당시 대표이사가 그 곳에서 거주하면서 주민등록을 마쳤는데, 원고가 피고에 대하여 계약갱신 거절 의사를 표시하면서 그 인도를 구하자 피고가 주택임대차보호법에서 정한 대항력을 갖춘 임차인임을 전제로 주택임대차보호법 제6조의3에서 정한 계약갱신요구권을 행사한 사례이다.

위 대법원 사안에서 원심은, 주택임대차보호법 제3조 제3항에서 정한 '직원'에 법인의 '대표이사 등 임원'은 포함된다고 보기 어렵고, 본점 소재지와 이 사건 아파트와의 거리, 차임 액수, 당사자가 계약을 체결한 의도 및 이용 상황 등에 비추어 볼 때 피고가 주택임대차보호법의 적용을 받는 임차인에 해당하지 않는다고 판단하였다.

위 원심판단에 대하여 대법원은, 주택임대차보호법 제3조 제3항에서 정한 '직원'에는 해당 법인이 주식회사라면 대표이사 또는 사내이사로 등기된 사람은 제외된다고 보아야 한다면서 원심판단을 수긍하였지만, '주거용'인지를 판단할 때에는 업무관련성이나 임대료의 액수, 지리적 근접성 등 다른 사정을 고려할 것은 아니라는 법리를 설시하였다.

결론적으로는 피고가 계약갱신요구권을 행사할 수 없다고 판단한 원심의 결론을 수긍하여 상고를 기각한 것이다.

그렇다면 중소기업의 대표이사 개인과 그 중소기업이 공동임차인으로 임대차계약을 체결하고 위 대표이사 개인이 대항요건을 갖춘 경우는 어떠한가?

대법원 2021다238650 판결에 의하면 "주택의 공동임차인 중 1인이라도 주택임대차보호법 제3조 제1항에서 정한 대항력 요건을 갖추게 되면 그 대항력은 임대차 전체에 미치므로, 임차 건물이 양도되는 경우 특별한 사정이 없는 한 공동임차인에 대한 보증금반환채무 전부가 임대인 지위를 승계한 양수인에게 이전되고 양도인의 채무는 소멸한다."라는 취지이다(한국수력원자력 주식회사와 그 직원이 아파트를 공동으로 임차하고, 직원이 전입신고를 한 사례).

따라서 주택의 공동임차인 중 1인이라도 대항요건을 갖추면 그 대항력은 임대차 전체에 미친다고 이해되며, 임대차계약에 따른 보증금반환채권은 불가분채권이므로 공동임차인 중 개인이 대항력을 갖추면 법인의 임대차도 보호대상에 포함된다(중소기업뿐만 아니라 대기업의 대표이사 등 임원의 경우에도 회사와 공동임차인으로서 임대차계약을 체결하면 주택임대차보호법의 보호를 받을 수 있다고 이해됨).

참고로 대법원 95다30338 판결에 의하면 "주택임대차보호법 제3조 제1항에서 규정하고 있는 주민등록이라는 대항요건은 임차인 본인뿐만 아니라 그 배우자나 자녀 등 가족의 주민등록을 포함한다."라는 취지이므로, 대항력의 발생요건인 주민등록에 가족의 주민등록까지 포함된다고 이해된다(결국 인도와 주민등록이 대외적인 공시방법이지만 임차인이 누구인지는 임대차계약서를 보기 전까지 알 수 없게 됨. 아버지가 주택의 임차인으로 임대차계약을 체결하고 아들이 주민등록을 하는 방식으로 대항력을 취득하는 것이 가능하다는 것).

5. 동시이행항변과 주택임대차보증금에 대한 지급명령신청

주택임차인이 보증금을 받기 위해서는 주택을 인도해야 한다는 측면에서 보증금반환의무와 주택인도의무가 동시이행관계에 있다는 표현을 한다. 임대인이 보증금을 주지 않을 경우 임차인은 서면 또는 구두상으로 임대인에게 보증금반환청구를 하고, 보증금반환청구소송을 준비하게 된다.

월세가 없는 주택임대차, 즉 보증금만 존재하는 채권적 전세의 경우 임대인이 월세 공제 등의 항변을 하는 경우가 드물어, 정식 소송보다는 지급명령신청을 고려하는 것이 일반적이다(상대방이 다툴 것으로 예상된다면 정식 소송을 하는 것이 일반적임). 즉, 임차인은 임대차계약이 종료되었음을 입증(소명)할 수 있는 자료를 첨부하여 지급명령신청서를 법원에 제출하게 된다.

주택임대차보증금에 대하여 보증금에 대한 지급명령신청을 할 때 주택의 인도라는 측면을 어떻게 고려해야 하는가? 청구취지에 상대방의 항변권까지 고려해서 써야 할까? 그럴 필요는 없다고 본다. 인도문제는 항변사항이기 때문에, 인도항변을 하고 싶다면 상대방이 이의신청을 하면 될 문제이기 때문이다.

그뿐만 아니라, 주임법 제3조의2 제1항에 의하면, 보증금반환청구소송의 확정판결 등에 의하여 경매를 신청하는 경우에 반대의무의 이행이나 이행의 제공을 집행개시의 요건으로 하지 않는다고 규정하고 있다(단, 주택임차인이 배당금을 수령할 때 인도확인서를 제출하는 것으로 실무상 처리하고 있음). 따라서 임차인이 청구취지를 작성할 때 상대방의 동시이행항변(인도항변)을 고려할 필요는 없다고 생각한다(필자의 개인의견).

그렇다면 청구취지에 소촉법(소송촉진 등에 관한 특례법)에 의한 이자, 즉 12%의 지연이자를 청구할 수 있을까? 필자는 청구취지에 소촉법상의 지연이자를 청구하는 지급명령을 신청하였는데, 명도의무를 이행하지 않은 상태의 지급명령신청이라면 소촉법상의 지연이자를 철회하라는 취지의 법원 보정명령을 받은 사실이 있다.

이와 같은 법원의 보정명령이 정당한지는 별문제로 하고, 법원 보정명령의 취지를 살펴보면, 명도하지 않은 경우라면 상대방의 인도동시이행항변이 살아있어, 지체저지효가 발생하고, 결국 소촉법상의 지연이자청구는 타당하지 않다는 것인데, 지연이자 문제로 상대방이 항변을 하는 것보다는 보정명령에 응하는 것이 신속해 보이고, 달리 방법도 없어 보정명령에 응한 사실이 있다. 다만, 필자의 사안은 임차권등기명령을 통하여 임차권 등기완료 후 인도를 하였기 때문에 보정명령에 따라 인도완료사실을 소명하여 소촉법상 이자청구를 취하하지는 않았다.

6. 주택인도의무와 보증금반환의무의 동시이행의 문제

주택을 임차하였고, 계약이 종료되었음에도 불구하고, 임대인은 보증금을 빼서 나가라는 주장을 반복할 뿐이고, 보증금을 지급할 생각을 하지 않고 있다.

우선 묵시의 갱신(주임법 제6조 제1항)이 될 경우 계약종료일이 늦추어지는 문제가 발생할 수 있으므로, 임차인은 계약종료 6개월 전부터 2개월 전 사이에 계약기간 종료 시 보증금을 반환해 달라는 취지의 내용증명을 도달시키는 것이 좋다.

임대인이 보증금 지급을 계속적으로 미룰 경우 임차인은 보통 주임법상의 임차권등기명령신청을 고려하게 된다(주임법 제3조의3). 임차권등기명령신청제도는 전입신고와 확정일자가 유지된 상태에서 활용해야 우선변제순위가 유지된다는 사실을 기억할 필요가 있다.

임대인의 보증금반환의무와 임차인의 주택인도의무는 동시이행관계가 있다. 이때 민법 제621조에 따른 임차권등기가 되어 있는 경우라면 임대인의 보증금반환의무와 임차인의 임차권등기 말소의무도 동시이행의 관계에 있을까? 그렇다. 동시이행의 관계에 있다.

즉 대법원 2024다261989 판결에 의하면 "임차인이 민법 제621조에 의하여 임차권등기를 마친 경우 당사자 사이에 다른 약정이 없는 한 임대차 종료 후 임대인의 임차보증금 반환의무와 임차인의 임차권등기 말소의무는 동시이행관계에 있으므로, 임차인은 임차권등기 말소의무를 이행하거나 이행제공을 하여 상대방을 이행지체에 빠뜨려야 비로소 임차보증금에 대한 지연손해금의 지급을 청구할 수 있다."라는 취지이다(참고로 민법 제317조는 "전세권이 소멸한 때에는 전세권설정자는 전세권자로부터 그 목적물의 인도 및 전세권설정등기의 말소등기에 필요한 서류의 교부를 받는 동시에 전세금을 반환하여야 한다."라고 규정하고 있음).

그렇다면, 임차권등기명령신청을 통하여 임차권등기가 된 상태일 때, 임대인의 보증금반환의무와 임차인의 임차권등기말소의무가 동시이행관계에 있을까? 아니다.

대법원 2005다4529 판결은, 주임법에 의하여 임차권등기가 이루어진 경우 이러한 임차권등기는 "임차인으로 하여금 기왕의 대항력이나 우선변제권을 유지하도록 해주는 담보적 기능만을 주목적으로 하는 점 등에 비추어 볼 때, 임대인의 임대차보증금의 반환의무가 임차인의 임차권등기말소의무보다 먼저 이행되어야 할 의무"라고 판시한 사실이 있다. 따라서 주임법상 임차권등기를 마친 임차인은 임대인으로부터 보증금을 먼저 받은 다음에 임차권등기를 말소해주면 족하다.

임차인이 주임법상 임차권등기를 경료하였음에도 불구하고, 임대인이 보증금 지급을 하지 않을 경우에는 지급명령 또는 정식소송을 통하여 집행권원을 확보한 후에 해당 주택을 강제 경매에 부쳐 보증금을 회수할 수 있다. 지급명령이 확정된 경우는 별론으로 하고, 정식소송을 통하여 집행권원을 확보하였다면, 상대방이 명도에 대한 동시이행의 항변을 하였을 경우 판결 주문에 명도와 보증금반환의 상환이행(동시이행)을 적시하였을 것이다.

이런 경우에 해당 주택을 경매에 부친다면, 인도 부분은 어떻게 처리되는가? 주임법 제3조의2는 "집행개시 요건에 관한 민사집행법 제41조에도 불구하고 반대의무의 이행이나 이행의 제공을 집행개시의 요건으로 하지 아니한다."고 규정하여 인도의 제공 등을 할 필요 없이 경매를 신청할 수 있도록 규정하고 있다.

참고로 대법원 2016다244224(본소), 244231(반소) 판결에 의하면 "주택임대차보호법에 따른 임대차에서 그 기간이 끝난 후 임차인이 보증금을 반환받기 위해 목적물을 점유하고 있는 경우 보증금반환채권에 대한 소멸시효는 진행하지 않는다."는 취지이다.

7. 주택임대인의 보증금 미반환에 따른 임차인의 특별손해청구

주택임대차계약 종료 3개월 전에 임차인이 임대인에게 계약종료일에 임차주택을 인도할 것이니, 보증금을 준비해 달라고 통보하였다. 그런데 임대인이 새임차인이 들어와야 보증금을 줄 수밖에 없다고 이야기하고 있다. 타당한 주장인가? 타당한 주장이 아니다.

이와 관련하여 서울서부지방법원 2007나6127 판결에 의하면 "피고는, 일반적으로 주택임대차계약에 있어서는 그 임대차기간이 만료되더라도 임대인이 새로운 임차인으로부터 임대차보증금을 지급받기 전까지는 기존 임차인에 대하여 임대차보증금을 반환할 의무를 부담하지 않는 관행이 있으므로 원고의 손해배상청구에 응할 수 없다는 취지로 주장하나,

설령 피고가 내세우는 위와 같은 관행이 있다고 하여 그러한 관행에 법적인 효력을 인정할 아무런 근거가 없는 이상, 이는 피고가 임대차보증금 반환의무의 이행지체로 인한 손해배상책임을 면할 정당한 이유가 될 수 없으므로 피고의 위 주장은 이유 없다."라고 판시한 사실이 있다.

주택임대차보증금 즉 전세자금을 은행대출로 일부 충당하는 경우가 적지 않은데, 약정된 임대차계약종료일에 보증금을 주지 않아 은행대출이자가 늘어나는 등의 손해가 발생한 경우에 그 손해를 임차인이 임대인에게 청구할 수 있는가? 주택의 인도의무를 계속적으로 이행제공하지 않았다면 위와 같은 손해를 청구하기 어렵다.

즉 서울중앙지방법원 2017가합542708 판결에 의하면 "임차인의 임차목적물 명도의무와 임대인의 보증금 반환의무는 동시이행의 관계에 있다 하겠으므로, 임대인의 동시이행의 항변권을 소멸시키고 임대보증금 반환 지체책임을 인정하기 위해서는 임차인이 임대인에게 임차

목적물의 명도의 이행제공을 하여야만 한다 할 것이고(대법원 2001다77697 판결 등),

쌍무계약의 당사자 일방이 먼저 한 번 현실의 제공을 하고, 상대방을 수령지체에 빠지게 하였다고 하더라도 그 이행의 제공이 계속되지 않는 경우는 과거에 이행의 제공이 있었다는 사실만으로 상대방이 가지는 동시이행의 항변권이 소멸하는 것은 아니므로, 일시적으로 당사자 일방의 의무의 이행 제공이 있었으나 곧 그 이행의 제공이 중지되어 더 이상 그 제공이 계속되지 아니하는 기간 동안에는 상대방의 의무가 이행지체 상태에 빠졌다고 할 수는 없다고 할 것이고, 따라서 그 이행의 제공이 중지된 이후에 상대방의 의무가 이행지체 되었음을 전제로 하는 손해배상청구도 할 수 없는 것이다(대법원 94다26646 판결 등)."라는 취지이기 때문이다.

따라서 주택임대차계약이 종료되었음에도 불구하고 임차인이 그 주택의 인도의무를 계속적으로 이행제공한 것이 아니고, 임차인이 그 주택에 계속하여 실제로 거주하는 상황인 경우에는 위 대출이자 상당액에 대한 손해배상청구가 인정되기 어렵다.

이러한 관점에서 서울중앙지방법원 2017가합542708 판결은 "원고가 이 사건 임대차계약이 종료되기 이전에 망인의 장남인 피고 C의 처 피고 B에게 이 사건 임대차계약을 연장하지 아니할 의사를 표시하였고, 2016. 12. 15.에는 오피스텔 임대차계약을 체결하여 이 사건 임대차계약의 보증금을 반환 받으면 즉시 다른 곳으로 이사할 수 있도록 준비한 사실은 인정된다. 그러나 원고가 현재까지 피고 C 등에게 이 사건 아파트를 인도하지 아니한 채 이 사건 아파트에 거주하면서 사용·수익하고 있음은 당사자 사이에 다툼이 없는바,

이러한 사정에 비추어 볼 때 원고가 제출한 증거들만으로는 원고가 피고 C 등에게 이 사건 아파트 인도의무의 이행제공을 계속하고 있음을 인정하기에 부족하고 달리 이를 인정할 증거가 없으므로, 위 대출금 상환기일 무렵이나 그 이후에 피고 C 등이 임대차목적물 반환의무와의 동시이행항변권을 상실하여 임대차보증금 반환의무의 이행을 지체하고 있다고 할 수는 없다."라는 취지로 판시하였다.

주택임차인이 계약종료일에 임대인으로부터 보증금을 받을 것을 예상하여, 다른 주택의 소유자와 임대차계약을 체결하였는데, 임대인이 보증금을 주지 않아 다른 주택의 임대인에게 계약금을 몰취당한 경우에 그 몰취된 계약금 상당액을 임차인이 임대인에게 특별손해로 청구할 수 있을까?

특별손해는 임대인이 알았거나 알 수 있었음을 요건(민법 제393조 제2항)으로 하여 통상손해와 구별된다. 몰취당한 계약금은 대체로 특별손해로 해석될 것이나(위 서울중앙지방법원 2017가합542708 판결), 통상손해로 해석한 사례도 있다(위 서울서부지방법원 2007나6127 판결: 비교적 소액의 계약금이었음).

임대인이 보증금을 주지 않아 그로인하여 임차인이 다른 임대인에게 몰취당한 계약금 상당액을 특별손해 내지 통상손해로 임차인이 임대인에게 청구하려면 앞서 확인한 이론에 따

라 임차인이 주택의 인도의무를 계속적으로 이행제공해야 할 것이다.

다만, 임대인이 보증금을 계약종료일 즈음에 지급하겠다고 약정을 했다는 등의 사유가 있다면 임차인이 주택의 인도의무를 계속적으로 이행제공하지 않았더라도 몰취된 계약금 상당액을 임대인에게 청구할 여지가 있다(위 위 서울중앙지방법원 2017가합542708 판결 참고. 필자의 개인적 의견으로는 '동시이행관계 배제특약'으로 이해됨. 동시이행의 항변권 배제특약이 가능하다는 취지의 판례로는 대법원 87다카2498 판결, 대법원 97다37852,37869 판결 등. 주택에 대한 임차인의 주택인도 계속적 이행제공 인정사례로는 수원지방법원 평택지원 2017가단60565 판결 참고).

임차인의 주택인도의무와 임대인의 보증금반환의무의 동시이행관계는 양 당사자가 각 의무를 명시적 확정적으로 그 이행을 거절할 경우에 깨질 수도 있다. 즉 양 당사자 중 누구하나가 자신의 의무를 이행거절하면 상대방 당사자는 자신의 의무를 이행제공하지 않은 채, 채무불이행을 전제로 특별손해의 요건을 갖춰 손해배상청구를 할 수 있다는 것이다.

이와 관련하여 앞서 확인한 서울서부지방법원 2007나6127 판결은 주택임차인이 임대인에게 임대차계약종료에 따른 보증금반환을 청구하자, '임대인은 주택임대차계약에 있어 임대차기간이 만료되더라도 임대인이 새로운 임차인으로부터 임대차보증금을 지급받기 전까지는 기존 임차인에 대하여 임대차보증금을 반환할 의무를 부담하지 않는 관행이 있다는 취지로 주장'을 하면서 임대인이 주택을 인도받기 거절하는 경우에 보증금반환과 주택인도의무가 동시이행 관계임에도 불구하고 임대인의 이행지체를 인정하여, 임대인이 임차인의 다른 주택계약금 몰취의 손해를 부담한다는 취지로 판시하였는바,

필자의 개인적 의견에 의하면 위 판결은 임대인이 주장하는 관행을 임대인의 보증금반환의 명시적 거절로 이해한 것으로 풀이된다. 즉 새임차인을 찾을 때까지 보증금을 줄 수 없다는 임대인의 주장은 임대차계약 종료에도 불구하고 임대인이 보증금반환의무를 이행하지 않겠다는 명시적 보증금반환거절로 본 것으로 이해된다는 것이다.

8. 질권자의 채권자대위에 의한 주택인도청구소송의 쟁점

전세자금을 대출해 준 은행을 甲, 전세자금 대출을 받은 임차인을 乙, 임대인을 丙이라고 하자. 甲과 乙은, 乙의 丙에 대한 보증금반환채권을 담보로 제공하는 근질권설정계약을 체결하고, 이러한 내용의 질권설정통지서가 丙에게 도달하였다.

민법 제353조 제1항은 "질권의 목적이 된 채권의 실행방법"이라는 제목 아래 "질권자는 질권의 목적이 된 채권을 직접 청구할 수 있다."고 규정하고 있으므로, 甲은 丙에 대하여 보증금반환청구권을 직접 행사할 수 있다.

甲과 乙 사이에 전세자금대출 만기가 도래하였는데, 乙이 甲에게 대출을 갚지 않았다. 그리고 丙과 乙 사이의 임대차계약의 형식적 종기도 도래하였다. 이러한 경우에 "① 甲은 乙

을 상대로 전세자금대출금 반환청구를 구할 수도 있을 것으로 보이고, ② 乙은 丙에게 임차 부동산의 인도를 해야 할 것이며, ③ 丙은 乙로부터 임차 부동산을 인도받음과 동시에 보증금에서 乙이 丙과의 임대차계약관계에서 연체한 차임, 관리비 등 임대차관계에 따른 채무액을 공제한 나머지 돈을 질권자인 甲에게 지급해야 할 것"으로 해석된다.

이때 질권자인 甲은 임대인 丙에게 민법 제353조 제1항에 따라 직접 보증금반환을 청구할 수 있는 채권자의 지위에 있기 때문에 직접청구에 있어 채무자인 丙을 대위(채권자대위)하여 "② 乙은 丙에게 임차 부동산의 인도"를 구할 수 있는 것인데, 이때 甲이 乙과 맺은 '근질권설정계약'의 내용을 들어 채권자대위에 있어서의 제3채무자인 乙을 공격할 수 있는가? 그럴 수 없다는 것이 대법원 판결의 취지이다.

甲과 乙 사이의 '근질권설정계약'에 있어서는 甲과 乙이 위 근질계약의 당사자이지만, 甲이 丙에 대하여 갖는 직접적 보증금반환청구권 행사에 있어서는 丙이 채무자, 乙이 제3채무자가 됨을 유의하자.

이에 대하여 대법원 2020다223781 판결(민간임대주택법상 임대차보증금반환채권에 근질권이 설정된 사안)에 의하면, "채권자(甲)대위권은 채무자(丙)의 제3채무자(乙)에 대한 권리를 행사하는 것이므로, 제3채무자(乙)는 채무자(丙)에 대하여 가지는 모든 항변사유로써 채권자(甲)에게 대항할 수 있으나, 채권자(甲)는 채무자(丙) 자신이 주장할 수 있는 사유의 범위 내에서 주장할 수 있을 뿐, 자기(甲)와 제3채무자(乙) 사이의 독자적인 사정에 기한 사유를 주장할 수는 없다."는 취지이다.

따라서 丙과 乙 사이에 임대차계약이 묵시의 갱신으로 연장되었다면, 甲과 乙 사이의 '근질권설정계약' 제3조 제10호, 즉 "설정자(乙)는 채권자(甲)의 동의 없이 임대인과 임대차계약의 연장, 갱신이 불가하며 임대차계약의 연장, 갱신의 경우에는 반드시 채권자의 사전동의를 얻어야 효력이 발생합니다."라는 규정을 들어 명도청구를 인용할 수 없다.

그리고 임대인 丙이 별도로 갱신거절을 하지 아니함에 따라 임대차계약이 묵시적으로 갱신되는 결과가 발생하는 것은 질권의 목적인 임대차보증금반환채권 자체가 아니라 이를 발생시키는 기본적 계약관계(임대차계약관계)에 관한 사유에 속할 뿐만 아니라, 질권설정자인 임차인 乙이 위 채권 자체의 소멸을 목적으로 하거나 질권자의 이익을 해하는 변경을 한 것으로도 볼 수 없다.

따라서 이러한 경우에는 민법 제352조의 제한을 받지 않는다는 것이다. 민법 제352조는 "질권설정자의 권리처분제한"이라는 제목 아래 "질권설정자는 질권자의 동의없이 질권의 목적된 권리를 소멸하게 하거나 질권자의 이익을 해하는 변경을 할 수 없다."고 규정하고 있다.

위 대법원 2020다223781 판결의 원심은 "이 사건 임대차계약이 종기인 2018. 1. 31. 후에 갱신되었다 하더라도 이 사건 근질권설정계약 제3조 제10호에 따라, 乙은 甲에게 대항할 수 없으므로 이 사건 임대차계약은 2018. 1. 31. 기간만료로 종료되었다면서, 甲이 丙을 대위하여 乙을 상대로 구한 이 사건 아파트의 인도청구를 인용"하였으나, 대법원이 '乙은 丙에게 임차 부동산의 인도청구 인용' 부분을 위와 같은 근거로 파기·환송한 것이다.

위 대법원 2020다223781 판결에 대하여 민간임대주택법상 임대차보증금반환채권에 근질권이 설정된 사안으로 대법원 2020다202371 판결과 동일한 취지의 판결이라고 설명하는 견해가 있다.

여기서 언급되는 대법원 2020다202371 판결은 구 임대주택법상 임대차보증금반환채권에 압류·추심명령이 내려져도 임대인은 이를 이유로 임대차계약 갱신 거절을 할 수 없는바, 원고(임대인)는 '압류채권자가 임차인을 대신하여 갱신 거절을 하였고, 이것이 유효하므로 임대차는 종료되었다'고 주장한 사안인데, "공공임대주택의 경우 임대차보증금반환채권에 압류·추심명령을 받더라도 임차인을 대신하여 갱신거절권을 행사할 수 없다"는 취지로 이해된다면서, 관련되는 판례로 대법원 2021다265171 판결을 언급하면서 위 대법원 2021다265171 판결에 의하면 공공주택특별법상 임대차보증금반환채권이 양도된 경우에도 임대인을 이를 이유로 임대차계약의 갱신 거절을 할 수 없다는 취지로 판시하였다면서 위 대법원 2020다223781 판결 및 대법원 2020다202371 판결과 동일한 취지의 판결인바,

결국 공공주택특별법 또는 민간임대주택법상 임대차보증금반환채권이 양도되거나 압류·추심명령 또는 담보설정이 되어 있어도 임대차계약은 갱신되므로, 양수인 또는 추심채권자, 질권자는 사실상 위 보증금을 받을 방법이 없는 견해가 있다(연도별 2023. 9. 1.자 '서울고등법원 판례공보스터디' 제2580쪽~제2582쪽 참고).

그렇다면 공공주택 특별법에 따른 공공임대주택의 임차인에 대한 대출채권자가 임차인을 대위하여 공공임대주택의 임대차계약을 해지할 수 있는가?

대법원 2022다230165 판결에 의하면 공공주택 특별법에 따른 공공임대주택의 임차인에 대한 대출채권자가 임차인을 대위하여 공공임대주택의 임대차계약을 해지할 수 없다는 취지이다.

위 대법원 2022다230165 판결 사안을 정리한다. 피고는 한국토지주택공사와 공공임대주택인 이 사건 부동산에 관한 임대차계약을 체결하였고, 피고의 대출금채무를 담보하기 위해 원고에게 한국토지주택공사에 대한 임대차보증금반환채권을 양도하고, 피고가 한국토지주택공사에게 이를 통지하는 한편, 피고는 원고에게 '대출원리금을 변제하지 못할 경우 임대차기간 내라도 이 사건 부동산에 대한 임대차계약을 해지하고 원고 또는 원고가 지정하는 자에게 이 사건 부동산을 명도할 것을 확약한다'는 각서를 교부하였다.

원고는 위 각서에 따라 피고가 대출금 상환을 지체하였음을 이유로, 피고를 대위하여 한국토지주택공사를 상대로 이 사건 임대차계약을 해지하고, 한국토지주택공사를 대위하여 이 사건 부동산의 인도를 구하는 이 사건 소를 제기하였다. 한편 피고에 대한 면책결정이 확정되었는데, 그 채권자목록에 원고의 대출채권이 포함되어 있었다.

원심은 원고가 위 각서에 따라 피고로부터 양도담보권(별제권)을 취득하였으므로, 파산절차에 의하지 아니하고 피고의 임대차계약 해지권을 대위행사할 수 있다고 보아 원고의 청구를 인용하였으나, 대법원은 원심판결을 파기·환송한 것이다.

위 대법원 2022다230165 판결의 핵심은 원고의 '피대위권리'가 부존재한다고 본 것이다.

즉 원고가 피고로부터 교부받은 '각서('대출원리금을 변제하지 못할 경우 임대차기간 내라도 이 사건 부동산에 대한 임대차계약을 해지하고 원고 또는 원고가 지정하는 자에게 이 사건 부동산을 명도할 것을 확약한다'라는 내용의 각서)'는 무효라는 것으로 그 근거에 해당하는 공공주택특별법(법 제49조의3 제1항, 법시행령 제47조 제1, 2항, 법 시행규칙 제32조 제1항 별지 제5호 서식)은 공공임대주택에 관한 임대차계약의 해제·해지사유를 제한하는 것으로 강행규정이라는 것인바, 원칙적으로 임대차계약 해지권은 채권자대위권의 피대위권리가 되나, 위 판결은 공공임대주택 임차인의 임대차계약 중도 해지권은 '행사상 일신전속권'에 해당한다는 것이다.

공공임대주택의 경우 임대의무기간 동안 임차권의 존속이 보장되고(공공주택특별법 제50조의2 제1항), 또한 공공건설임대주택의 경우 임차인은 우선분양전환권(공공주택특별법 제50조의3 제1항 제1호)을 가지는바, 이러한 상황에도 불구하고 임차인의 중도 해지권의 대위행사를 인정하면, 위와 같은 임차인의 권리가 침해됨으로써 공공주택특별법의 입법취지에 반한다는 것이다.

위 판결은 파산채권을 '피보전채권'으로 할 수 없다는 점에서도 원심판단이 부당하다고 보았다. 즉 면책결정을 받으면 파산채권자는 파산절차에 따른 배당을 받을 수 있을 뿐이기 때문이다(민법 제566조, 대법원 2009다13156 판결).

또한 배당절차에 의하지 않고 채권자대위권 행사를 허용한다고 하더라도 이를 집행할 방법도 없다고 한다(연도별 2023. 9. 1.자 '서울고등법원판례공보스터디' 제2580쪽~제2582쪽 참고).

그렇다면 공공임대주택이 아닌 일반적인 주택에 대한 임대차일 경우에는 어떠한가(아래 언급하는 판례는 질권설정이 아닌 채권양도 사례)?

이와 관련된 판결로는 대법원 88다카4253, 4260 판결이 있는바, 위 대법원 88다카4253, 4260 판결에 의하면, 임대차보증금채권자인 임차인이 임대인에게 양도통지한 후에 임차인과 임대인 사이에 그 임대차에 대한 명시적 또는 묵시적 계약연장 합의(임대차갱신합의)가 있었다면, 그 임대차갱신합의는 보증금채권양수인에게 대항할 수 없어 보증금채권양수인의 대위(임대인을 대위)에 의한 명도청구가 인용되어야 한다는 취지이다(임대인으로서는 임차인에 대하여 건물의 명도를 청구(대위)하고 그것을 명도받음과 상환으로 그에게 반환하여야 할 임차보증금을 보증금채권 양수인인 원고에게 지급할 의무가 있다는 취지). 위 대법원 2020다223781 판결의 원심은 아마도 위 대법원 88다카4253, 4260 판결을 고려하여 판시한 것으로 보이나, 위 대법원 2020다223781 판결은 공공임대주택의 특성을 고려하여 원심을 파기한 것으로 이해된다(필자의 개인의견).

9. 임차권양도금지특약과 보증금반환채권의 양도

시중에서 유통되는 임대차계약서를 확인하면, "임차권 무단 양도를 금지"하고 이를 위반하면 "계약해제권"을 부여하는 경우가 대부분이다. 임대차계약서에 위와 같이 "임차권 무단 양도 금지"와 "임차권 무단 양도 시 계약해제"를 규정하고 있지 않더라도, 민법 제629조는 "임차권 무단 양도 시, 임대인의 계약해제"를 규정하고 있어, 임차인이 임차권 무단 양도 시 임대인의 계약해제권이 인정될 수 있다.

그렇다면, 임차인의 보증금반환채권 양도도 인정되지 않을까? 보증금반환채권의 양도는 인정될 수 있다는 것이 대법원의 입장이다(대법원 2001다2624 판결). 보증금반환채권의 양도는 어떠한 방식으로 이루어질 수 있을까? 보증금반환채권은 지명채권으로 보이므로, 민법상 지명채권양도 방식에 따르면 될 것이다. 민법 제450조가 이를 규정하고 있는데, 임차인이 임대인에게 내용증명우편을 활용하여 보증금반환채권이 제3자에게 양도되었음을 통지하는 방식이 된다. 내용증명우편을 활용하는 이유는 확정일자를 받기 위한 것이고, 확정일자를 받아야 대항력이 발생하기 때문이다.

즉 확정일자 있는 내용증명우편을 활용해야 보증금반환채권을 양수한 제3자가 보증금반환채권을 차후에 압류한 임차인의 채권자에게 대항할 수 있게 된다. 그렇다면, 보증금반환채권만 양도한 것이 아니고, 금지되는 임차권양도와 함께 보증금반환채권까지 양도한 경우에는 어떠한가?

이 경우 보통 임대인은 임차권 무단 양도를 이유로 임차인에게 계약해제를 통보할 것이고, 결국 계약해제를 통해 임대인과 임차인 사이의 임대차계약이 종료될 것이다. 그런데 임대차 종료 여부를 떠나 임대인 입장에서 임차권과 보증금채권을 양수한 제3자는 무단점유자가 될 것이고, 임대인은 임차인에게 계약해제를 함과 동시에 제3자에게 무단 점유를 이유로 명도소송을 제기하게 될 것이다.

명도소송을 당한 제3자는 임대인에게 보증금반환청구가 가능할까? 제3자가 임차권 및 보증금반환채권을 양수하고 임차인이 이를 통지한 이상, 임차권 양도는 인정되지 않더라도, 보증금채권의 양도는 인정되므로, 임대인과 임차인 사이의 임대차계약의 종료를 전제로 보증금반환청구는 가능하게 된다(대법원 2001다2624 판결).

10. 보증금반환채권의 가압류와 주택양수인의 지위

甲이 乙에 대하여 채권을 가지고 있다. 그런데 乙은 丙에게 보증금을 받을 지위, 즉 임차인의 지위를 가지고 있다. 이러한 상황에서 乙의 丙에 대한 보증금반환채권에 대하여 甲이 가압류를 했는데, 임차주택의 소유자 丙이 주택을 丁에게 팔았을 때, 가압류의 효력이 유지될까[甲: 채권자, 乙: 채무자(임차인), 丙: 제3채무자(임대인, 주택매도인), 丁: 주택 매수인]?

민법과 민사집행법의 이론만으로 따질 경우, 甲이 乙의 丙에 대한 채권을 가압류하였을 때, 그 효력이 丁에게까지 미친다고 보기는 어렵다. 그러나 주임법을 고려하면 이야기가 달라진다. 주임법 제3조는 임차인이 대항력을 갖춘 경우에 임대주택의 양수인이 임대인의 지위를 승계한 것으로 본다고 규정하고 있기 때문이다.

주임법 규정에도 불구하고, 乙의 丙에 대한 보증금반환채권에 대한 甲의 가압류의 효력이 丁에게 미칠 수 없다는 이론이 가능하나, 대법원은 위와 같은 사안에서 정에게 甲의 가압류의 효력이 미친다는 결론을 내렸다[대법원(전합) 2011다49523 판결(단, 반대의견이 5인에 이름)].

주임법상 관련규정을 고려하면, "임차인(乙)의 임대차보증금반환채권이 가압류된 상태에서 임대주택이 양도되면 양수인(丁)이 채권가압류의 제3채무자(丙)의 지위도 승계하고, 가압류권자(甲) 또한 임대주택의 양도인(丙)이 아니라 양수인(丁)에 대하여만 위 가압류의 효력을 주장할 수 있다"는 것이다. 위 대법원 판결에 의하면, 채권가압류가 존재하였는지 자체를 모르고 주택을 매수한 주택매수인(丁)은 적지 않은 피해를 볼 가능성이 있다.

즉, 보증금 반환채권에 대한 가압류가 있는지 모른 상태에서 주택을 매수한 주택매수인(丁)에게 임차인(乙)이 임대차계약 종료 후, 보증금을 달라고 하여 지급하였는데, 임차인의 채권자(甲)가 채권가압류의 효력을 주택매수인(丁)에게 주장하고 나설 경우, 이중지급의 위험에 노출된다. 결국, 주택을 매수하는 주택매수인(丁)의 입장에서는 임차인(乙)의 보증금반환채무를 인수할 경우, 임차인의 보증금반환채권이 임차인의 채권자(甲)에 의하여 가압류되었는지 여부를 확인·조사하는 것이 무엇보다 중요하게 된다.

주택이 아닌 상가의 경우는 어떻게 될까? 상가의 경우도 위 대법원 판결 취지를 고려하면, 동일한 결론에 도달할 것이지만, 환산보증금 기준을 넘어선 상가에도 대항력 규정이 적용된 시점이 2015. 5. 13. 이후인 사정을 고려하면, 상임법(상가건물임대차보호법) 2015. 5. 13. 개정 부칙을 고려하여 개별적으로 판단하는 과정이 필요하게 된다.

11. 가압류의 대상인 임차보증금 잔금채권이 임대차계약이 해지되어 소멸한 경우

갑이 을에 대하여 공사잔대금 채권을 가지고 있다. 그런데 을은 병에 대하여 임대인의 지위를 가지고 있다. 즉 을 소유의 주택에 대하여 을이 임대인, 병이 임차인이다(갑: 채권자, 을: 채무자(임대인), 병: 제3채무자(임차인)).

을 소유 주택에 대하여 을과 병이 임대차계약을 체결하면서 보증금은 25,000,000원으로 정하고 계약기간은 1년으로 정하면서, 계약금은 계약당일에, 중도금은 계약일로부터 10일 후에 지급하고 나머지 잔금 12,000,000원은 계약일로부터 대략 40여 일 후에 지급하기로 약정하였는데, 계약금과 중도금은 지급이 완료된 상태이나 보증금 잔금이 아직 지급되지 않은 상태이다.

이러한 상황에서 을의 채권자 갑이 을의 보증금 잔금채권 12,000,000원에 대하여 법원으로부터 채권가압류결정을 받아 위 채권가압류결정이 병에게 송달되었다.

그 후 갑이 을에 대한 판결을 기초로 채권가압류로부터 본압류로 전이하는 압류 및 추심명령을 받아 위 명령이 병에게 송달되었다.

병은 가압류결정을 송달받고 나서 대략 3일이 지난 즈음 을에게 보증금 잔금 12,000,000원을 지급해 버렸다. 병이 가압류 결정을 송달받고 나서 을에게 보증금 잔금을 지급할 수 있는가?

대법원 96다10867 판결에 의하면 "채권이 가압류되면 그 효력으로 채무자가 가압류채권을 처분하더라도 채권자에게 대항할 수 없고, 또 채무자는 가압류채권에 관하여 제3채무자로부터 변제를 받을 수 없으므로, 제3채무자인 임차인이 가압류채무자인 임대인에게 임차보증금 잔금을 지급한 것은 가압류결정의 효력에 의하여 가압류채권자에게 대항할 수 없다."라는 취지이다.

따라서 병이 가압류 결정을 송달받고 나서 을에게 보증금 잔금 12,000,000원을 지급한 것으로 갑에게 대항할 수 없다.

그렇다면 병이 가압류 결정을 송달받고 나서 을에게 보증금 잔금 12,000,000원을 지급하였지만, 병이 가압류결정을 송달받은 후에 임차주택에 입주하여 임대차계약을 갱신하면서 계속적으로 거주를 하다가 갑이 병에게 추심금청구소송을 하는 와중에 임대차계약을 해지하고 임차보증금을 반환받음과 동시에 그 주택을 인도한 경우에는 어떠한가?

이러한 경우에 가압류결정을 송달받은 병이 그 가압류결정을 따르지 않고 병에게 보증금 잔금 12,000,000원을 지급한 것이기 때문에 갑이 병에게 제기한 추심금청구소송에서 병이 패소하는가? 그렇지 않다. 갑이 패소하게 된다.

그 이유는 무엇일까? 병으로서는 임차보증금 잔금채권이 압류되어 있다고 하더라도 그 채권을 발생시킨 기본적 계약관계인 임대차계약 자체를 해지할 수 있는 것이고, 따라서 병과 을 사이의 임대차계약이 해지된 이상 그 임대차계약에 의하여 발생한 임차보증금 잔금채권은 소멸하게 되고, 이를 대상으로 한 압류 및 추심명령 또한 실효될 수밖에 없기 때문이다.

즉 위 대법원 96다10867 판결에 의하면 "임차인으로서는 임차보증금 잔금채권이 압류되어 있다고 하더라도 그 채권을 발생시킨 기본적 계약관계인 임대차계약 자체를 해지할 수 있고, 따라서 임차인과 임대인 사이의 임대차계약이 해지된 이상 그 임대차계약에 의하여 발생한 임차보증금 잔금채권은 소멸하게 되고, 이를 대상으로 한 압류 및 추심명령 또한 실효될 수밖에 없다."는 취지이다.

정리하자면, 가압류, 압류 및 추심명령의 대상인 임차보증금 잔금채권이 그 채권을 발생시킨 기본적 계약관계인 임대차계약이 해지되어 소멸하게 되는 경우에는 그 압류 및 추심명령의 효력도 실효되기 때문에 임차보증금 잔금채권에 대하여 추심명령을 득한 임대인(을)의 채권자(갑)가 임차인(병)을 향해 추심금청구 소송을 제기하더라도 패소하게 된다.

위 대법원 96다10867 판결의 사안을 정리하면 다음과 같다.

피고(병)는 1993. 6. 3. 소외 강00(을)로부터 그의 소유인 서울 성북구 소재 주택 중 1층 중 방 2칸을 임차보증금 25,000,000원, 임대기간 1993. 7. 16.부터 12개월로 정하여 임차하되, 계약금 1,500,000원은 계약 당일에, 중도금 11,500,000원은 1993. 6. 13. 각 지급하고, 잔금 12,000,000원은 1993. 7. 16. 지급하기로 약정하였다.

그런데 원고(갑)는 1993. 7. 7. 서울민사지방법원 93카단30579호로써 강○○(을)의 피고(병)에 대한 임차보증금 잔금채권에 대하여 채권가압류결정을 받아 이 결정은 1993. 7. 16. 피고(병)에게 송달되었고, 그 후 원고(갑)는 1995. 1. 16. 강○○(을)에 대한 같은 법원 93가단208074호 공사잔대금사건의 집행력 있는 화해조서정본에 기하여 같은 법원 95카기399, 400호로써 그 채권에 관하여 가압류로부터 본압류로 전이하는 압류 및 추심명령을 받아 이 명령이 1995. 1. 19. 피고(병)에게 송달되었다.

피고(병)는 가압류결정을 송달받은 후인 1993. 7. 19. 강○○(을)에게 잔금 12,000,000원을 지급하고 임차 주택에 입주하여 임대차계약을 갱신하면서 계속 거주하다가 이 사건 추심금청구소송이 제1심에 계속중이던 1995. 6. 13. 임대차계약을 해지하고 임차보증금을 반환받음과 동시에 그 임차건물을 명도하였던 사안이다.

12. 건물 임대인의 수선의무 면제 특약의 효력

민법 제623조는 "임대인은 목적물을 임차인에게 인도하고 계약존속 중 그 사용, 수익에 필요한 상태를 유지하게 할 의무를 부담한다."고 규정하고 있다. 그렇다면, 임대인의 임대목적물 수선의무가 임대인과 임차인의 특약으로 면제될 수 있을까?

대법원 2007다91336, 91343 판결에 의하면, "임대인의 수선의무는 특약에 의하여 이를 면제하거나 임차인의 부담으로 돌릴 수 있으나, 그러한 특약에서 수선의무의 범위를 명시하고 있는 등의 특별한 사정이 없는 한 그러한 특약에 의하여 임대인이 수선의무를 면하거나 임차인이 그 수선의무를 부담하게 되는 것은 통상 생길 수 있는 파손의 수선 등 소규모의 수선에 한한다 할 것이고, 대파손의 수리, 건물의 주요 구성부분에 대한 대수선, 기본적 설비부분의 교체 등과 같은 대규모의 수선은 이에 포함되지 아니하고 여전히 임대인이 그 수선의무를 부담한다고 해석함이 상당하다."는 취지다. 결국, 대규모의 수선의무까지 임차인의 책임으로 돌리려면, 법원도 인정할 수 있는 정도의 구체적이고 설득 가능한 특약이 작성되어야 할 것으로 해석된다.

위 대법원 판결에 의하면 "원고와 피고들은 위 임대차계약 당시 '건물수리는 입주자가 한다.'는 특약을 하고 이를 월세계약서에 기재하였지만, 위 특약에 의하여 임차인이 부담할 수선의무의 범위가 구체적으로 명시된 것은 아니라 할 것이고, 한편 위 누수현상이 이 사건 점포의 전반에 걸쳐 나타나고 그것이 지속적으로 반복되는 등 이 사건 점포에 대한 전면적인 수리가 요구되었으며, 그 비용 또한 거액이 소요되는 점 등으로 보아 이는 대규모 수선이 필요한 경우임에 해당함을 알 수 있는바, 특별한 사정이 없는 한 위 특약에 의하여 임대인인 원고가 위 수선의무를 면하고 임차인인 피고들이 이를 부담하는 것은 아니라고 봄이 상당할 것이므로, 원심이 이와 같은 취지로 판단한 것은 정당하고, 거기에 소론과 같이 처분문서의 해석을 그르친 법리오해의 잘못이 있다 할 수 없다."는 취지이다.

임대차계약을 체결하면서, "이 사건 임대차계약 당시 향후 임대목적물에 관한 모든 책임은 임차인이 부담하기로 약정"한 경우는 어떠한가?

이와 같은 경우에도 대법원은 "임차인 甲이 가구전시장으로 임차하여 사용하던 건물 바닥에 결로현상이 발생하자 임대인 乙을 상대로 임대목적물 하자에 따른 손해배상을 청구한 사안에서, 감정인의 감정서 등에 비추어 위 건물에는 구조상 바닥 밑 단열과 방습조치가 되어 있지 않은 하자가 있어 여름형 결로현상이 발생할 수밖에 없고, 乙은 임대차계약 체결 당시 甲이 건물을 가구전시장으로 임차한 사실을 알고 있었으므로, 甲의 요구에 따라 건물 바닥에 나타난 습기의 발생 원인을 조사하고 이를 제거하기 위하여 제습기 또는 공조시설 등을 설치하거나 바닥 공사를 하여 주는 등 조치를 취함으로써 甲이 사용·수익할 수 있는 상태를 유지하여 줄 의무가 있는데도, 이와 달리 건물이 일반적 용도로 사용하는 데 하자가 없다고 단정하여 위 청구를 배척한 원심판결에 임대차 목적물에 대한 임대인의 수선의무에 관한 법리오해 등 위법이 있다(대법원 2010다89876, 89883 판결)."라는 취지의 판시를 하였다.

13. 수선이 필요한 임차건물에 대한 임차인의 통지의무의 중요성

민법 제634조는 "임차물이 수리를 요하거나, 임차물에 대하여 권리를 주장하는 자가 있는 때에는 임차인은 지체 없이 임대인에게 이를 통지하여야 한다. 그러나 임대인이 이미 이를 안 때에는 그러하지 아니하다."고 규정하고 있다.

위 규정은 임차인의 목적물에 대한 사용·수익이 방해받고 있는 상황이 발생한 경우 이에 대하여 임대인으로 하여금 적절한 조치를 강구하게 하기 위하여 마련된 규정으로서, 위 규정에서 말하는 '수리'는 임대인의 수선의무(민법 제623조)에서 말하는 '수선'과 같은 의미로 봄이 타당하다. 그렇다면, 임차물에 하자가 있음에도 임대인에게 통보를 하지 않고 있다가, 합의해지 이후에야 임대인에게 손해배상책임을 물을 경우, 어떠한 결과가 발생할까?

서울중앙지방법원 2014나13609 판결에 의할 경우, 임대인은, "임차인이 지체 없이 하자를 통지하여 수선이 이루어졌다고 하더라도 피할 수 없었거나 제거될 수 없었던 기발생 손해에 대하여만 책임을 부담"한다는 취지다.

즉 "임대차의 경우, 매도인의 계약 이행 이후에는 목적물에 대한 점유와 소유권이 완전하게 매수인에게 이전되는 매매와는 달리, 임대차기간 동안 목적물에 대한 임대인의 소유권 등의 권리와 임차인의 사용·수익권이 공존하는 법률관계로서 목적물의 하자를 둘러싼 처리와 관련하여서도 임대인과 임차인의 이해관계를 신의성실의 원칙에 따른 상호 협조의 관점에서 규율할 필요가 있는 점 등에 비추어 볼 때, 목적물에 임대인의 수선을 요하는 하자가 있다고 하더라도, 임대인이 이를 모르고 있고 임차인 또한 이를 임대인에게 지체 없이 통지하지 아니한 경우, 임대인이 통지를 받지 못함으로 인하여 목적물에 대한 수선을 할 수 없었던 범위 내에서는, 수선의무 불이행에 따른 손해배상책임은 물론 하자담보책임에 따른 손해배상책임도 부담하지 않는 것으로 해석함이 타당하고, 이러한 경우 임대인은, 임차인이 지체 없이 하자를 통지하여 수선이 이루어졌다고 하더라도 피할 수 없었거나 제거될 수 없었던 기발생 손해에 대하여만 책임을 부담한다고 할 것이다."라는 것이다.

결국, 빌라 또는 아파트를 임차했는데, 누수 또는 결로 등으로 인하여 임대차를 계속하기 어려운 상황일 경우에, 내용증명 또는 핸드폰 문자 등을 통한 임차인의 즉각적인 통보가 필요하며, 상황의 경중에 따라 손해배상 청구 내지 계약해지도 가능하게 된다.

즉, 위 서울중앙지방법원 2014나13609 판결에 의할 경우, "임대인이 귀책사유로 하자 있는 목적물을 인도하여 목적물 인도의무를 불완전하게 이행하거나 수선의무를 지체한 경우, 임차인은 임대인을 상대로 채무불이행에 기한 손해배상을 청구할 수 있고(민법 제390조), 임대차계약을 해지할 수도 있다. 그리고 목적물의 하자에 대한 수선이 불가능하고 그로 인하여 임대차의 목적을 달성할 수 없는 경우에는, 임차인의 해지를 기다릴 것도 없이 임대차는 곧바로 종료하게 되고, 임차인이 목적물을 인도받아 어느 정도 계속하여 목적물을 사용·수익한 경우가 아니라 목적물을 인도받은 직후라면 임대차계약의 효력을 소급적으로 소멸시키는 해제를 하는 것도 가능하다."고 한다.

14. 전세보증금채권의 양수와 양수인의 권리

월세 없이 전세금이 있고, 이를 등기하여 공시하는 용익권을 전세권이라고 한다(민법 제303조). 전세권등기를 하지 않았지만, 월세 없이 전세금 또는 보증금 명목으로 목돈을 임대인에게 맡겨둔 것을 채권적 전세라고 한다. 따라서 엄밀하게 말하면, 월세를 요건으로 하는 임대차와 채권적 전세는 차이가 있다.

다만, 주임법 제12조 및 상임법 제17조는 "주택의 등기를 하지 아니한 전세계약에 관하여도 이 법을 준용한다. 이 경우 '전세금'은 '임대차의 보증금'으로 본다." 및 "목적건물을 등기하지 아니한 전세계약에 관하여 이 법을 준용한다. 이 경우 '전세금'은 '임대차의 보증금'으로 본다."라고 각 규정하여, 채권적 전세에 임대차규정을 적용하고 있다.

그렇다면 채권적 전세, 즉 미등기전세의 보증금에 대한 채권양도가 가능할까? 대법원 2001다69122 판결에 의하면, 등기전세권과 관련하여 전세권이 존속하는 동안 전세권을 존속시키기로 하면서, 전세권과 전세금반환채권을 분리하여 양도하는 것은 인정되지 않지만, 전세권이 존속 중이긴 하나 장래에 전세권이 소멸하는 경우에 전세금반환채권이 발생하는 것을 조건으로 그 장래의 조건부 채권양도가 가능하다는 취지다. 결국, 미등기전세의 보증금, 즉 채권적 전세의 보증금도 전세보증금반환채권 발생을 조건으로 그 장래의 조건부채권 양도가 가능하다고 해석된다.

따라서 전세보증금반환채권자인 임차인이 제3자에게 전세보증금반환채권을 양도하고, 이를 임대인(채무자)에게 통지하거나, 위 채권양도에 대하여 임대인(채무자)이 임차인(채권자) 또는 제3자인 양수인에게 승낙하면, 채권양도로 임대인에게 대항할 수 있게 된다(민법 제450조). 즉, 임차인으로부터 전세보증금을 양수받은 제3자는 전세보증금반환채권 발생 시 임대인에게 전세보증금반환채권을 행사할 수 있게 된다. 그렇다면, 언제 임차인의 전세보증금반환채권이 발생할까?

임차인의 전세보증금반환채권은 임대차계약 종료 시 발생한다. 결국, 임대차계약이 끝난 후 전세보증금반환채권을 양수한 제3자가 임대인에게 직접 전세보증금반환청구권을 행사할 수 있게 된다. 다만, 임대인의 전세보증금반환의무와 임차인의 주택명도의무는 동시이행관계에 있으므로, 임차인이 주택명도를 게을리 할 경우, 전세보증금채권 양수인은 "임대인을 대위하여 임차인에게 임대인에게 주택을 명도하고, 임대인은 주택을 명도받음과 동시에 전세보증금을 전세보증금채권 양수인에게 지급하라"는 소송상 청구를 할 수 있게 된다(대법원 88다카4253, 4260 판결). 관련 하급심 판례로는 청주지방법원 2012가단8123 판결 등이 있다.

15. 주택 전세보증금반환채권 양수인의 우선변제권 인정 여부

주임법 제3조의2 제2항에 의하면, 임차인이 주택을 임차한 후에 인도(이사), 전입신고, 확정일자를 받은 경우, 임차주택 경매 시 순위에 따른 배당권, 즉 우선변제권을 인정하고 있다.

따라서 주택을 임차한 경우 이사하는 날 바로 동사무소에서 전입신고를 하고 확정일자를 받아야 그 다음 날 0시, 그 순위에 따른 경매배당권(우선변제권)을 확보할 수 있다(주임법 제3조 제1항).

예를 들어보자. A아파트 시세가 5억원 정도 하는데, 임차인이 임차할 때 A아파트의 등기부를 확인해 보니, 은행의 선순위 근저당권이 전혀 없는 깨끗한 물건이었다. 이에 임차인이 전세보증금 2억원의 전세계약을 체결한 후, 전입신고를 하고 확정일자를 받았다.

이때 A아파트의 주인이 갑자기 어려움에 처하면서, A아파트 주인의 채권자들이 소송 후 경매를 신청할 경우, A아파트에 전입신고와 확정일자를 받아두었던 임차인은 경매신청채권자들보다 선순위로 경락대금에서 배당을 받아 사실상 전세보증금을 모두 확보할 가능성이 크다.

위 사안을 A아파트의 임차인 입장에서 다시 고민해 보면, A아파트의 임차인은 전세보증금에 대한 우선변제권으로 인하여 비교적 안전한 전제보증금반환채권을 보유하고 있다고 할 수 있다.

이러한 상황에서 A아파트 임차인의 채권자가 있다고 가정하자. A아파트 임차인 甲이 甲의 채권자 乙에게 전세보증금반환채권을 양도하면 어떻게 될까? 甲의 우선변제권이 그대로 乙에게 이전되는지 의문이 들 수 있다.

甲이 乙에게 전세보증금반환채권을 양도하는 것은 인정된다고 보는 것이 일반적이다. 다만, 임차인 甲이 임대인에게 통지하거나, 임대인이 임차인 또는 양수인에게 승낙이 필요하다는 취지의 채권양도절차를 따라야 하고(민법 제450조), 전세보증금반환채권 발생, 즉 채권적 전세계약 종료를 조건으로 그 장래의 조건부채권 양도가 가능하다고 해석된다(전세보증금반환채권 양도 후 양수인의 동의 없는 계약갱신의 효력을 부정한 판례로는 대법원 88다카4253, 4260 판결).

이렇게 채권양도절차를 모두 이행하고, 채권적 전세계약 종료를 조건으로 전세보증금반환채권 양도가 이루어진 경우, 전세보증금반환채권의 양수인 乙이 甲의 우선변제권까지 양수할까? 그렇지 않다(대법원 2010다10276 판결).

전세보증금반환채권의 양수는 임차권과의 분리 양수를 전제한 것이기 때문이다. 게다가 우선변제권은 그 요건으로 인도·전입신고·확정일자를 요구하는데, 양수인과 위 요건은 관련성이 없다. 결국 양수인은 임대인에 대한 일반채권자에 불과하여, 일반금전채권자로서의 요건을 갖추어 배당요구를 할 수밖에 없다.

다만, 주임법 제3조의2 제7항은 "다음 각 호의 금융기관 등이 제2항, 제3조의3 제5항, 제3조의4 제1항에 따른 우선변제권을 취득한 임차인의 보증금반환채권을 계약으로 양수한 경우에는 양수한 금액의 범위에서 우선변제권을 승계한다."고 규정하여 주택도시보증공사(HUG) 등 금융기관이 우선변제권을 취득한 임차인의 보증금반환채권을 계약으로 양수한 경우에 양수한 금액의 범위에서 우선변제권 승계를 인정하고 있다.

이와 관련하여 대법원 2022다255126 판결은 "주택임차인은 주택임대차보호법 제3조 제1항에서 정한 주택의 인도와 주민등록을 구비하면 대항력을 취득하고 대항요건이 존속되는 한 대항력은 계속 유지된다. 한편 주택임대차보호법에 정한 대항력과 우선변제권 두 가지 권리를 겸유하고 있는 임차인이 먼저 우선변제권을 선택하여 임차주택에 대하여 진행되고 있는 경매절차에서 배당요구를 하였으나 보증금 전액을 배당받지 못한 경우 임차인은 여전히 대항요건을 유지함으로써 임대차관계의 존속을 주장할 수 있으므로, 임차인이 대항력을 구비한 후 임차주택을 양수한 자는 그와 같이 존속되는 임대차의 임대인 지위를 당연히 승계한다. 이는 주택임대차보호법 제3조의2 제7항에서 정한 금융기관이 임차인으로부터 보증금반환채권을 계약으로 양수함으로써 양수한 금액의 범위에서 우선변제권을 승계한 다음 경매절차에서 배당요구를 하여 보증금 중 일부를 배당받은 경우에도 마찬가지이다. 따라서 주택임대차의 대항요건이 존속되는 한 임차인은 보증금반환채권을 양수한 금융기관이 보증금 잔액을 반환받을 때까지 임차주택의 양수인을 상대로 임대차관계의 존속을 주장할 수 있다."는 취지이다(위 판결의 사안을 간략하게 정리하면, 소외인이 이 사건 주택을 임차하여 대항력을 취득한 후, 이 사건 주택에 관하여 개시된 임의경매절차에서 피고들이 이 사건 주택의 소유권을 취득하였고, 금융기관인 원고는 소외인으로부터 보증금반환채권을 양수한 후, 위 경매절차에서 보증금 일부를 배당받았다. 소외인은 임차권등기명령을 마친 후 원고에게 나머지 보증금의 지급을 청구하였고, 원고는 소외인에게 나머지 보증금을 지급한 후, 피고들에 대하여 구상금의 지급을 구하는 이 사건 소를 제기한바, 원심은 원고가 보증금을 일부 배당받았어도 소외인의 대항력이 유지된다고 보아 원고의 청구를 인용하였고, 대법원은 상고를 기각한 것).

16. 담보목적으로 작성된 임대차계약서의 법률적 쟁점

담보목적으로 임대차계약서상의 임차인 명의를 채권자로 변경하는 경우가 있다. 예를 들어보자. 채권자가 채무자에게 채무에 대한 담보를 요구하자, 채무자가 자신이 임차하고 있는 부동산의 임대차계약서상 임차인의 명의를 채권자로 변경할 것을 제의하였다. 결국 임대인의 동의하에, 채권자가 임차인으로 변경되는 새로운 임대차계약서가 작성되었다.

즉, 종전 임대차계약서상의 당사자는 임대인과 임차인(채무자)이었는데, 임대인과 임차인(채무자) 그리고 임차인의 채권자라는 3자 사이의 합의에 의하여, 임대인은 그대로 둔 채 임차인을 임차인의 채권자로 변경하는 새로운 임대차계약서가 작성된 것이다. 이때 임대차계약이 종료된 경우 임대인이 무자력 상태인 실제 임차인(채무자)에게 보증금을 지급해 버렸다면, 임차인의 채권자가 임대인에게 문제를 제기할 수 있을까? 상황에 따라 다를 것이다.

담보의 의미가 인적보증으로 해석된다면, '보증인 보호를 위한 특별법'이 적용될 여지가 있다. 이 경우는 보증인 보호를 위한 특별법상의 여러 쟁점을 가지고 공격 및 방어가 이루어질 것이다.

담보의 의미가 인적보증이 아닌 비전형담보로서의 양도담보(채권양도)로 해석될 여지도 있는데, 이와 관련하여 대법원 2006다45688 판결은 임대인이 임차인의 채권자에게 임대차권리승계계약서 및 임대차보증금지불동의서 등을 작성해 준 사실을 근거로 임대인의 담보책임을 인정한 사례가 있다.

담보문제로 접근하지 않고, 임차인의 채권자가 실질적인 임차인으로 편입된 사실을 들어 임대인의 책임을 인정한 대법원 96다7274 판결도 있다.

위와 같은 논리도 가능하겠지만, 임대인이 실제 임차인에게 보증금을 지급하기 전에 임차인의 채권자에게 신의칙상 고지의무가 있다는 판단 가능성도 있다고 볼 수 있어, 손해배상책임을 물을 여지도 있다. 다만, 이 경우는 과실상계가 가능할 수 있다(민법 제396조, 제763조).

어찌 되었건 간에, 임차인의 요구로 임차인의 채권자와 임대차계약서를 쓰게 되는 임대인은 위와 같은 법률적 문제가 발생할 수 있음을 인지하고 있어야 한다. 결국 임대인은 위와 같은 임차인의 요구를 받을 때 신중해야 하며, 임대차계약이 종료되었을 때 보증금반환을 누구에게 하는지 등을 명확하게 해두는 것이 좋겠다.

17. 주거용으로의 용도변경과 소액임차인의 보호 여부

주택을 임차한 경우 주임법이 적용된다. 여기서의 주택은 "주거용 건물"을 의미하는데, 주거용 건물인지 여부를 판단함에 있어서는 임대차 목적물의 공부상의 표시만을 기준으로 할 것이 아니라 그 실제 용도에 따라 정하여야 한다.

대법원은 주거용 건물과 일체 불가분의 관계가 있는 대지 부분도 주거용 건물로 포함하고 있다. 즉 대법원 96다7595 판결에 의하면 "임차주택의 환가대금 및 주택가액에 건물뿐만 아니라 대지의 환가대금 및 가액도 포함된다고 규정하고 있는 주택임대차보호법 제3조의2 제1항 및 제8조 제3항의 각 규정과 같은 법의 입법 취지 및 통상적으로 건물의 임대차에는 당연히 그 부지 부분의 이용을 수반하는 것인 점 등을 종합하여 보면, 주택임대차보호법 제2조에서 같은 법의 적용 대상으로 규정하고 있는 '주거용 건물'의 임대차라 함은 임차목적물 중 건물의 용도가 점포나 사무실 등이 아닌 주거용인 경우의 임대차를 뜻하는 것일 뿐이지, 같은 법의 적용 대상을 대지를 제외한 건물에만 한정하는 취지는 아니다."는 취지이다. 그렇다면, 주거용 건물이 아니었던 건물에 근저당권이 설정된 후 해당 건물이 주거용 건물로 용도가 변경된 경우에도 해당 주택의 임차인이 보호될 수 있을까?

예를 들어보자. 건물소유자는 4층 건물을 소유하고 있었고, 해당 건물을 담보로 농협으로부터 대출을 받아 근저당권을 설정해 주었는데, 당시 해당 건물은 4층 주택을 제외하고는 나머지 1~3층 모두 사무실 등의 비주거용 건물로 사용되고 있었다.

근저당권이 설정된 후 건물소유자는 해당 건물을 원룸으로 용도를 변경하여 여러 사람들과 임대차계약을 체결하였고, 해당 임대차의 보증금이 주임법상 소액임차인에 해당하는 것이었다. 이러한 사안에서 해당 건물이 "주거용 건물"로 판단된다면, 주임법이 적용되어 임차인이 보호될 것이고, 해당 건물이 "비주거용 건물"로 판단된다면 주임법이 적용될 수 없어 근저당권자가 우선배당을 받게 될 것이다.

주택임차인의 최우선변제(최우선배당)는 기본적으로 선순위 근저당권의 희생을 요구하는 제도다(주임법 제8조). 즉, 선순위 근저당권자는 자신이 해당 건물을 최선순위로 담보로 잡았다고 생각하고 있는데, 주임법이 서민 보호라는 측면을 강조하여 일정부분의 보증금을 최우선으로 배당하는 것이기 때문이다.

그런데 비주거용 건물에 대하여 근저당권을 설정받은 근저당권자가 근저당설정 후 용도변경으로 주거용 건물로 바뀐 경우까지 해당 임차인을 주임법으로 보호해야 하는지 문제될 수 있는 것이다. 법원은 어떠한 결론을 내렸을까? 대법원은 이러한 경우에도 주임법이 적용되어 소액임차인의 경우 일정금액의 한도에서 근저당권자보다 우선 배당된다고 한다(대법원 2009다26879 판결).

즉, 대법원은 "주택임대차보호법은 주거용 건물의 임대차에 관하여 민법에 대한 특례를 규정함으로써 국민 주거생활의 안정을 보장함을 목적으로 하고 있으므로(주임법 제1조), 합리적 이유나 근거 없이 그 적용대상을 축소하거나 제한하는 것은 허용되지 않는다고 할 것인바, 주택임대차보호법 제2조가 주거용 건물의 전부 또는 일부의 임대차에 관하여 적용된다고 규정하고 있을 뿐 임차주택이 관할관청의 허가를 받은 건물인지, 등기를 마친 건물인지 아닌지를 구별하고 있지 아니하며, 건물 등기부상 '건물내역'을 제한하고 있지도 않으므로, 점포 및 사무실로 사용되던 건물에 근저당권이 설정된 후 그 건물이 주거용 건물로 용도 변경되어 이를 임차한 소액임차인도 특별한 사정이 없는 한 주택임대차보호법 제8조에 의하여 보증금 중 일정액을 근저당권자보다 우선하여 변제받을 권리가 있다."고 한다.

위 대법원 2009다26879 판결의 소액 주택임차인을 보호하는 취지는 이해되지만, 위 대법원 판결과 대비되는 주임법 부칙상의 "(담보물권자에 대한 경과조치) 이 법 시행 전에 임차주택에 대하여 담보물권을 취득한 자에 대하여는 종전의 규정에 의한다(이하 '주임법 부칙규정')."는 규정에 대한 해석과 비교할 필요가 있다.

'주임법 부칙규정'에 대한 해석론은 경매신청의 등기 전에 대항력을 갖춘 소액임차인이 있는 경우 일정액 한도에서 최우선으로 변제(배당)를 받는데, 그 기준은 최선순위담보권이 설정된 날짜에 시행 중이던 주임법 시행령을 기준으로 한다는 점이다. 즉 현재는 소액임차인에 해당되더라도 구법을 기준으로 하면 소액임차인이 아닌 경우 구법 적용 당시에 설정된 (근)저당권자에게 소액임차인의 우선변제권을 주장할 수 없다는 것이다('부동산권리분석 및 배당 판례특강 제2판(박영사)' 참고).

이러한 논리에 의한다면, 위 대법원 2009다26879 판결은 예외적인 판결로 이해할 수밖에 없다. 참고로 대법원 89다카13155 판결에 의하면, 소액보증금의 우선변제권을 인정하는 법률이 제정되기 전에 이미 성립한 담보권에 대해서까지 우선변제권의 소급효가 미치는 것은 아니다.

18. 깡통 주택과 깡통 전세

주택 가격이 많이 떨어질 경우에 주택을 담보로 대출을 해준 은행도 대출금 회수가 어려운 경우가 발생할 수 있다. 제1금융권보다는 저축은행과 같은 제2금융권에서 이런 문제가 발생하는 경우가 더 많은데, 이를 시장에서는 '깡통 주택'이라고 부른다.

그렇다면 '깡통 전세'란 무엇인가? 주택을 임차할 때 중개사를 통해 주택의 등기부를 확인하게 되는데, 해당 주택을 담보로 은행이 대출을 해준 경우가 많다. 상담을 하다 보면 등기부상 은행 대출의 의미를 전혀 모르는 분들도 생각보다 많다.

주택을 임차할 때 등기부를 확인해서 은행 대출이 있다면, 주택 소유자의 채권자가 주택을 경매에 부쳤을 때 은행이 먼저 배당금을 가져가고 나서 대항요건인 인도와 전입신고 그리고 확정일자를 갖춘 임차인이 배당을 받게 된다. 선순위 은행이 배당받고 남은 금액이 보증금에 미치지 못하는 주택이 바로 '깡통 전세'다.

그렇다면, '깡통 전세'를 피할 방법은 없을까? 정상적 경기상황에서는 은행의 실담보와 임차인의 보증금의 합계가 주택가격의 70% 안으로 들어온다면 '깡통 전세'의 위험에서 벗어날 수 있다고 일반적으로 설명한다.

예를 들어보자. 시가 2억원의 주택을 임차하는데, 등기부를 확인해 보니 은행 대출의 채권최고액이 3천 9백만원이라면, 은행의 실채권액은 3천만원 정도일 가능성이 높다. 은행은 대출을 해줄 당시에 대체로 실채권액의 120% 내지 130% 선에서 채권최고액을 결정하기 때문이다.

그런데 2억원의 70%는 1억 4천만원이 된다. 따라서 이러한 주택은 1억 4천만원에서 은행의 실채권으로 추정되는 3천만원을 뺀 1억 1천만원 이하가 적정 보증금이 된다. 그런데 주택가격이 하락하면서 위와 같은 공식이 깨지고 있는 것이다. 또한 주택에 대한 매매수요가 없어지고 전세수요가 폭증할 경우에는, 위와 같은 내용을 아는 경우라도 임차인 마음대로 70% 내의 보증금을 제시하고 전세를 얻기도 불가능한 상황이 된다.

그렇다면 보증금 확보를 위한 다른 방법은 없을까? 기존 임대인과 재계약을 체결하는 경우에 재계약을 체결하면서 위에서 설명한 70% 선을 넘기는 경우가 있는데, 이런 경우라면 어느 정도 신뢰관계도 형성된 것으로 볼 수 있어, 임대차계약서상 보증금반환채권에 대한 연대보증을 요구할 수 있고, 이를 받아들이는 임대인도 있다. 연대보증을 받을 때 재력 있는 사람을 연대보증인으로 세우는 것이 필요하겠지만, 쉽지 않을 것이므로 최소한 임대인의 배우자의 연대보증이라도 받아 둘 수 있다면 도움이 될 수 있다. 필자가 전세살이를 할 때에 재력이 충분한 실질임대인이자 임대인의 부모로부터 연대보증을 받은 사실이 있다. 그리고 최근에 많이 활용되는 전세보증금반환 보증제도 등을 활용하는 방법도 있겠다. 상담을 하면서 늘 하는 말이지만 법률은 상대적인 것이어서 내 재산 보전을 위한 완벽한 방법은 없는 것 같다.

19. 부동산 이중계약 사기 사례

부천에서 부동산 이중계약 사기사건이 발생한 적이 있는데, 피해액이 무려 80억원을 넘고 피해자도 다수가 발생한 사건이었다. 창원에서도 유사사건이 발생하여 필자가 2019년부터 2020년도에 걸쳐 그중 수도권 거주자를 의뢰인으로 하여 1건의 소송을 수행하기도 하였다. 그런데 위 사례들 모두 전문가들은 대부분 알고 있는 사기수법이었다.

어떤 내용이었을까? 부천사건을 예로 들겠다. 공인중개사를 남편으로 둔 아내가 남편의 자격증을 이용하여 중개사사무실을 운영하였는데(중개보조원으로 등록되었을 가능성이 높음), 그 지역에서 15년 이상 중개업을 하면서 신뢰를 쌓아온 상태라 임차물건을 내놓는 임대인들이 별 의심이 없었던 것으로 보였다.

임대인이 자신의 부동산에 대한 계약 등을 공인중개사에게 모두 맡겨두고 처리하는 경우를 실무에서는 보통 '관리부동산'이라고 말하는데, 그 지역에서는 '관리부동산'으로 활동하는 경우도 제법 있었던 것으로 보였다.

사건의 핵심적 내용은 임대인에게는 보증금부 월세계약서를 제시하고, 임차인에게는 월세가 없는 전세계약(채권적 전세)서를 제시하면서, 계약을 이중으로 체결하고, 임대인이 의심을 품지 못하도록 월세를 지속적으로 지급하다가, 여러 건의 이중계약을 성사시킨 뒤 보증금의 차액을 들고 잠적하는 방식의, 전형적으로 일어나는 사기수법이었다.

피의자가 잠적한 후 월세가 들어오지 않자, 임대인이 임차인에게 연락을 하여 월세 독촉을 하였고, 임차인은 전세계약을 체결하였는데 무슨 월세냐고 반문하면서, 사건화된 것이었다. 수세적 입장에 있는 임차인의 입장에서 이러한 사기수법을 피할 방법은 없을까?

100% 안전한 방법이라 할 수는 없겠지만, 임대인의 신분확인이 핵심적 사항임을 고려할 때, 임대인을 직접 만나 계약을 체결하는 방법을 택하고, 신분증을 확인하며 계약서에 인감도장을 찍고 인감증명서를 발급받거나(대리 발급보다는 본인 발급이 좋을 것), 임대인이 대부분 소유자임을 고려하여, 임대인이자 소유자가 가지고 있는 등기권리증(등기필증)의 원본을 확인하는 것도 하나의 방법이 될 것이다. 또한, 보증금을 지급할 때에도 임대인 명의의 계좌임을 확인하고, 계좌이체방법으로 보증금을 지급하는 것도 고려할 필요가 있다.

위와 같은 내용을 민사적 측면에서는 '중개사고'라고 하는데[중개보조원의 행동도 공인중개사가 책임을 부담함(공인중개사법 제15조 제2항)], 공인중개사가 가입하는 공제금액이 대부분 2억원임을 고려하고[공인중개사 개인은 보통 2억원, 중개법인은 4억원(2023. 1. 1. 시행 공인중개사법 시행령 제24조 제1항에 따라 증액된 것)], 그 2억원도 공제약관상 피해액이나 피해자의 수를 고려하지 않은 총액임을 고려하면(대법원 2012다98713 판결), 위 사건의 경우 실질적 배상이 어려운 것이 현실이다. 다만, 구체적 내용에 따라, 표현대리, 사용자책임(서울지방법원 92다55242 판결), 불법행위(과실책임) 등의 이론을 통하여 임차인이 임대인에게 피해보증금의 반환을 청구할 여지가 있을 것이다.

최근 대법원은 유사사안에서 임대인의 사용자책임을 인정하였다. 즉 대법원 2021다283834 판결은 "갑이 중개보조인 을 및 그의 남편인 공인중개사 병의 중개로 오피스텔을 구입한 다음, 월 임료 등 수익을 얻을 목적으로 위 오피스텔에 관한 '월 임료 있는 임대차계약'을 체결하면서 을 등으로 하여금 갑 명의로 임대차계약서를 작성하게 하고, 임대차가 종료한 때에도 직접 임대차보증금을 반환하지 않고 을 등의 주도로 새로운 임차인이 전 임차인에게 보증금을 직접 지급하는 방법으로 반환하여 왔으며, 월 임료의 수령도 을 등이 자신들의 계좌로 송금받아 다시 갑에게 송금하는 형태를 용인하고, 임대인의 수선의무 역시 을 등으로 하여금 이를 이행하도록 하여 왔는데, 위 오피스텔에 관한 종전 임대차계약 종료 후 을 등이 갑 몰래 전세계약 체결 권한이 있는 것처럼 새로운 임차인 정을 기망하여 그와 전세계약을 체결한 다음 보증금을 을의 계좌로 송금받아 편취하는 불법행위를 저지르자, 정이 갑을 상대로 사용자책임을 구한 사안에서, 갑은 을 등의 불법행위에 대해 민법 제756조의 사용자책임을 부담한다고 한 사례"이다.

임차인이 단번에 해결을 원할 경우에 소송형식은 주위적 청구와 예비적 청구 그리고 주위적 공동소송과 예비적 공동소송의 결합형식을 고려할 수 있을 것이다. 예를 들어, 임차인이 임대인에게 주위적으로 계약상이행청구(유권대리 내지 표현대리)를 하고, 공인중개사에 대하여 예비적 청구로 무권대리 내지 불법행위책임을 물으면서, 임대인에도 예비적으로 불법행위책임을 묻는 방법을 고려할 수 있다. 여기에 더하여 공제기관에 대하여는 공인중개사에 대한 예비적 청구가 인정되는 것을 전제로 공제책임을 묻는 방법을 고려할 수 있겠다.

참고로 대법원 2010도10690 판결에 의하면 "피고인이 이 사건 각 건물에 관하여 전세임대차계약을 체결할 권한이 없음에도 임차인들을 속이고 전세임대차계약을 체결하여 그 임차인들로부터 전세보증금 명목으로 돈을 교부받은 행위는 건물주인 공소외인이 민사적으로 임차인들에게 전세보증금반환채무를 부담하는지 여부와 관계없이 사기죄에 해당하고, 이 사건 각 건물에 관하여 전세임대차계약이 아닌 월세임대차계약을 체결하여야 할 업무상 임무를 위반하여 전세임대차계약을 체결하여 그 건물주인 피해자 공소외인으로 하여금 전세보증금반환채무를 부담하게 한 행위는 위 사기죄와 별도로 업무상배임죄에 해당한다고 판단하였다. 위 법리와 기록에 비추어 살펴보면 이러한 원심의 판단은 정당하고, 거기에 상고이유로 주장하는 바와 같은 사기죄나 업무상배임죄에 관한 법리오해 등의 위법이 없다. 나아가 위 각 죄는 서로 구성요건 및 그 행위의 태양과 보호법익을 달리하고 있어 상상적 경합범의 관계가 아니라 실체적 경합범의 관계에 있다고 할 것이므로, 같은 취지의 원심 판단은 정당하고, 거기에 상고이유로 주장하는 바와 같은 죄수에 관한 법리오해의 위법이 없다."

라는 취지이다.

20. 차임연체로 인한 계약해지

상가를 임차한 경우, 월세를 3회분 이상 연체하면 임대인이 임대차계약을 해지할 수 있고(상임법 제10조의8. 동법 제2조 제3항에 따라 모든 상가임대차에 적용), 주택을 임차한 경우, 월세를 2회분 이상 연체하면 임대인이 임대차계약을 해지할 수 있다(민법 제640조). 이러한 내용은 상식적으로 많이 알고 계신 듯한데, 상담을 하다 보면 월세를 2회분(주택) 이상 또는 3회분(상가) 이상 지급하지 않은 임차인도 임대인을 상대로 계약을 해지할 수 있는지 문의하시는 분들이 있다.

차임연체에 따라 계약을 해지할 수 있는 권리는 임대인에게 인정되는 것이기 때문에 특약이 없는 한 임차인이 스스로 차임을 연체하고 차임연체를 이유로 계약을 해지할 수는 없다.

임대차계약서에 보면 '차임 2기 연체 시 계약을 해지할 수 있다(주택)', '차임 3기 연체 시 계약을 해지할 수 있다(상가)'고 규정하고 있는 경우가 많은데, 계약서에 위와 같은 내용이 없어도, 주택의 경우는 민법 제640조에 따라 차임 2기 연체 시, 상가의 경우는 상임법 제10조의8에 따라 차임 3기 연체 시 임대인은 계약을 해지할 수 있다.

차임 2기 연체의 의미를 설명하면, 월세 2회분의 연체를 의미한다. 예를 들어 월세가 100만원이라면, 월세 2회분인 누적 200만원을 연체해야 주택임대인이 차임연체를 이유로 주택임차인에게 계약을 해지할 수 있게 된다. 3달 동안 10만원씩 연체했다면 연체한 달수는 3달이나 되지만, 연체액이 30만원에 불과하여 주택에 대한 차임 2기 연체로 판단하기는 어렵다. 200만원 연체에 달하지 않았기 때문이다.

임대차계약서 특약란에 "임차인이 1회라도 차임을 연체한 경우 임대인이 임대차계약을 즉시 해지할 수 있다."라고 약정하였다면, 이러한 약정은 유효할까? 이러한 약정은 무효로 판단될 가능성이 높다. 민법 제640조는 건물 등의 임대차에 있어 차임연체액이 2회분에 달할 때 임대인의 계약해지권을 인정하면서, 민법 제652조는 이러한 민법 제640조를 위반한 임대인과 임차인의 약정으로 임차인에게 불리한 약정의 효력을 부정하고 있기 때문이다(상임법 제15조도 동일 취지의 규정).

주택을 예로 들 경우에, 차임 2기 연체로 인한 계약해지가 계약서에 규정되어 있는 경우는 약정해지권으로 볼 여지도 있겠지만, 계약서에 규정되어 있지 않은 경우는 민법 제640조에 따른 법정해지권으로 해석될 여지가 있다.

상담을 하면서 느끼는 것은 "해지권"이라는 것이 계약의 일방 당사자가 상대방의 의사를 고려하지 않고 일방적으로 행사하는 것이란 사실을 간과하시는 분들이 많다는 것이다. 계약의 일방 당사자가 "해지권"을 행사할 때는 그에 맞는 근거가 있어야 하는데, 그러한 근거가 계약서에 있다면 약정해지권으로 해석될 여지가 있고, 그러한 근거가 법률에 규정되어 있으면 법정해지권으로 해석될 여지가 있다는 것이다.

일방 당사자가 일방적인 의사로 행사하는 “해지권”과 달리 합의로 계약을 없었던 것으로 만들 수도 있는데, 이를 법적 용어로 말하면 “합의해지”가 될 것이고, “합의해지”는 약정해지권 또는 법정해지권이 있는지 여부를 떠나, 당사자 사이에 합의로 계약을 차후에 해지하는 것으로 생각하면 된다. 이때 원상회복 문제도 합의로 정리하면 될 것이다.

21. 계약해제 등에 의한 임대인지위 상실과 신소유자의 명도청구

주택의 소유자인 임대인과 임대차계약을 체결하였고, 임차인은 이사(인도) 및 전입신고를 마침으로써 대항요건을 구비하였다(주임법 제3조 제1항). 그런데 해당 소유자가 전소유자와의 매매계약해제 소송에서 패소하여 소유권을 상실했다면? 이에 대하여 대법원은 임차인이 ‘인도 및 전입신고’라는 대항요건을 갖추었다면 민법 제548조 제1항 단서의 제3자에 해당(계약해제에 따른 제3자 보호규정)하여 보호된다고 한다(대법원 2007다38908 판결 등). 따라서 매매계약해제 소송에서 승소한 전소유자가 임차인을 상대로 명도소송을 제기하면, 전소유자가 주임법상 임대인의 지위를 승계하였다는 판단과 함께 패소를 면치 못한다.

임차인이 대항요건을 갖추지 못하였다면 어떨까? 매매계약해제 소송에서 승소한 종전 소유자가 임차인을 상대로 명도소송을 제기하게 되면 임차인은 그 명도소송에서 패소하게 된다. 그렇다면, 매매계약의 해제조건이 성취되어 매수인의 소유권이 사라진 경우는 어떤가? 대법원은 이러한 경우는 임차인이 대항요건(인도 및 전입신고)을 갖춘 경우라도 보호되지 않는다고 한다(대법원 95다32037 판결).

대법원 95다32037 판결에 의하면 “매도인으로부터 매매계약의 해제를 해제조건부로 전세권한을 부여받은 매수인이 주택을 임대한 후 매도인과 매수인 사이의 매매계약이 해제됨으로써 해제조건이 성취되어 그 때부터 매수인이 주택을 전세 놓을 권한을 상실하게 되었다면, 임차인은 전세계약을 체결할 권한이 없는 자와 사이에 전세계약을 체결한 임차인과 마찬가지로 매도인에 대한 관계에서 그 주택에 대한 사용수익권을 주장할 수 없게 되어 매도인의 명도청구에 대항할 수 없게 되는바, 이러한 법리는 임차인이 그 주택에 입주하고 주민등록까지 마쳐 주택임대차보호법상의 대항요건을 구비하였거나 전세계약서에 확정일자를 부여받았다고 하더라도 마찬가지이다.”라고 한다(위 판례는 ‘주택 매매계약에 부수하여 매매대금 수령 이전에 매수인에게 임대 권한을 부여한 경우, 이는 매매계약의 해제를 해제조건으로 한 것이라고 본 사례’임. 즉 “원고는 위 이계○의 요청에 따라 위 안성○ 및 이계○과의 순차 매매계약에 따라 이 사건 주택이 준공될 때까지는 위 이계○이 전세를 놓아도 이의가 없다는 뜻을 표명”한 사례).

위 판례는 민법 제147조 제2항을 확인하면 이해될 수 있는데, “해제조건이 있는 법률행위는 조건이 성취한 때로부터 그 효력을 잃는다."고 규정하면서, 제3자를 보호하는 규정이 없다. 입법논의가 필요한 부분이 아닌가 한다.

다만, 구체적 사정을 고려하여 일정요건에 충족을 전제로 제3자를 보호한 판례도 보이는데, 대법원 92다5584 판결 및 대법원 2014다36443 판결에 의하면 "해제조건부증여로 인한 부동산소유권이전등기를 마쳤다 하더라도 그 해제조건이 성취되면 그 소유권은 증여자에게 복귀한다고 할 것이고, 이 경우 당사자 간에 별단의 의사표시가 없는 한 그 조건성취의 효과는 소급하지 아니하나, 조건성취 전에 수증자가 한 처분행위는 조건성취의 효과를 제한하는 한도 내에서는 무효라고 할 것이고, 다만 그 조건이 등기되어 있지 않는 한 그 처분행위로 인하여 권리를 취득한 제3자에게 위 무효를 대항할 수 없다."고 판시하여 해제조건 성취로 법률행위가 무효가 되더라도 제3자가 보호되는 경우가 있음을 설명하였다.

22. 주임법 제4조 제1항에 정한 최소 2년간의 임대차기간 보장 규정의 의미

주임법 제4조 제1항은 "기간을 정하지 아니하거나 2년 미만으로 정한 임대차는 그 기간을 2년으로 본다. 다만, 임차인은 2년 미만으로 정한 기간이 유효함을 주장할 수 있다."고 규정하고 있다. 그리고 주임법 제10조는 "강행규정"이라는 제목 아래에 "이 법에 위반된 약정으로서 임차인에게 불리한 것은 그 효력이 없다."고 규정하고 있다.

그렇다면 임차인이 주임법이 적용되는 주택에 관하여 2년 미만으로 정한 임대차기간의 만료를 주장할 수 있는가? 가능하다.

즉 대법원 96다5551, 5568 판결에 의하면 "주택임대차보호법 제4조 제1항은 같은 법 제10조의 취지에 비추어 보면 임차인의 보호를 위하여 최소한 2년간의 임대차기간을 보장하여 주려는 규정이라고 할 것이므로 위 규정에 위반되는 당사자의 약정을 모두 무효라고 할 것은 아니고 위 규정에 위반하는 약정이라도 임차인에게 불리하지 아니한 것은 유효하다고 풀이함이 상당하다. 따라서 임차인이 같은 법 제4조 제1항의 적용을 배제하고 2년 미만으로 정한 임대차기간의 만료를 주장할 수 있는 것은 임차인 스스로 그 약정 임대차기간이 만료되어 임대차가 종료되었음을 이유로 그 종료에 터 잡은 임차보증금 반환채권 등의 권리를 행사하는 경우에 한정된다 할 것이고(대법원 95다13258 판결, 대법원 95다22283 판결 등), 이 사건과 같이 임차인이 2년 미만의 약정 임대차기간이 만료되고 다시 임대차가 묵시적으로 갱신되었다는 이유로 같은 법 제6조 제1항, 제4조 제1항에 따른 새로운 2년간의 임대차의 존속을 주장하는 경우까지 같은 법이 보장하고 있는 기간보다 짧은 약정 임대차기간을 주장할 수는 없다 할 것이다."는 취지이다.

그렇다면 당사자들이 주택임대차계약상 2년 미만의 기간으로 정한 사안에서 임대인이 보증금과 차임이 시세보다 낮으므로 2년 미만의 기간을 정하였어도 임차인에게 불리하지 않아

2년 미만으로 정한 기간이 유효하다고 주장할 수 있는가? 임대인의 위와 같은 주장은 타당하지 않다는 것이 제주지방법원의 판결이다.

즉, 제주지방법원 2022가단60259 판결에 의하면 "주택임대차보호법 제10조는 그 표목과 같이 원칙적으로 주택임대차보호법 규정이 강행규정임을 정하면서 임대차기간과 관련하여서는 임차인이 2년 미만의 약정임대차 기간 만료를 주장하면서 임대차보증금 반환채권 등의 권리를 행사할 수 있다는 취지를 정한 것에 불과하다(대법원 96다65551, 55678 판결 등). 비록 주택대차보호법 제4조 제1항이 '다만, 임차인은 2년 미만으로 정한 기간이 유효함을 주장할 수 있다.'라고 규정하고 있으나 이는 입법자가 위 96다65551, 55678 판결 등에서 나타난 판례의 해석론을 고려하여 1999. 1. 21. 개정 임대차보호법에 같은 취지를 규정한 것에 불과하다. 즉 주택임대차보호법 제10조는 적어도 임대차기간과 관련하여서 임대인에 대한 편면적 강행규정임을 정한 것이고, 그 반대 해석으로 임대인이 임차인에게 불리하지 않은 임대차조건을 주장하면서 2년 미만의 기간을 2년이라고 주장할 수 있도록 정한 취지의 규정이 아니다. 나아가 임대차보호법상 2년이 보장되는 주택임대차기간을 2년 미만으로 정한 임대차계약은 임차인에게 불리한 것임이 명백하고 보증금과 차임이 시세보다 낮다는 사정만으로 그 임대차기간을 단축하는 약정이 임차인에게 유리한 약정이라고 볼 수도 없다. 따라서 원고의 주장은 받아들일 수 없다."라는 취지이다.

23. 주택임대차보호법상 임차인의 갱신요구권

상가건물 임대차의 경우에는 오래전부터 계약갱신요구권이 인정되어 왔고, 최근(2018. 10. 16.)에는 계약갱신요구를 통한 최장갱신기간이 10년으로 연장되었다[상가의 경우 주기적으로 적시에 갱신요구 시 최장 10년간 임대보장(상임법 제10조 제2항)].

주택의 경우는 오래전부터 상가처럼 계약갱신요구권을 인정해야 한다는 취지의 논의가 있었는데, 최근 전격적으로 주임법(주택임대차보호법)이 개정되면서 주택임차인의 계약갱신요구권이 인정되었다. 즉, 주택의 임차인에게 1회에 한하여 계약갱신요구권을 인정하는 취지의 주임법 제6조의3이 신설된 것인데, 위 규정은 같은 법 부칙 제2조에 따라 시행일인 2020. 7. 31.부터 시행 당시 존속 중 임대차에도 적용된다(현재 적용).

이와 관련하여 대법원 2021다263229 판결은 "2020. 8. 15. 종료되는 임대차계약의 임차인인 갑 등이 2020. 7. 9. 및 2020. 7. 31. 임대인에게 계약갱신을 요구하였는데, 이에 따라 임대차계약이 주택임대차보호법 제6조의3에 따른 갱신요구로 갱신되었는지 문제된 사안에서, 2020. 7. 31. 법률 제17470호로 개정된 주택임대차보호법에서 신설한 제6조의3 제1항(이하 '개정규정')은 부칙(2020. 7. 31.) 제2조 제1항에 따라 개정법 시행 당시 존속 중인 임대차에 대하여도 적용되므로 2020. 8. 15. 종료되는 위 임대차계약에도 개정규정이 적용되나, 개정규정은 제6조 제1항 전단의 기간, 즉 임대차기간이 끝나기 6개월 전부터 1개월 전까지의 기간 이내에 계약갱신을 요구할 경우 적용되는 것이므로, 갑 등이 위 기간이 지난 후인 2020. 7. 31. 계약갱신을 요구한 것은 효력이 없고, 위 기간 내인 2020. 7. 9. 계약갱신을 요구한 것은 개정규정 시행 전의 사실행위로서 개정규정에 따른 계약갱신요구로 볼 수 없다고 한 원심판단"이 타당하다는 취지이다.

임차인은 계약종료 6개월 전부터 2개월 이전까지 갱신요구를 할 경우(도달기준) 1회에 한하여 갱신이 인정된다. 갱신에 의하여 2년의 임대기간이 추가로 보장된다. 다만, 상가건물에 대한 임대차와 달리 주임법 제6조의2가 준용되어 임차인은 언제든 계약을 해지할 수 있고, 임차인의 해지는 3개월이 지난 후에 효력이 발생한다는 점을 주의할 필요가 있다(대법원 2023다258672 판결에 의하면 "임차인이 주택임대차보호법 제6조의3 제1항에 따라 임대차계약의 갱신을 요구하면 임대인에게 갱신거절 사유가 존재하지 않는 한 임대인에게 갱신요구가 도달한 때 갱신의 효력이 발생한다. 갱신요구에 따라 임대차계약에 갱신의 효력이 발생한 경우 임차인은 제6조의2 제1항에 따라 언제든지 계약의 해지통지를 할 수 있고, 해지통지 후 3개월이 지나면 그 효력이 발생하며, 이는 계약해지의 통지가 갱신된 임대차계약 기간이 개시되기 전에 임대인에게 도달하였더라도 마찬가지"라면서 원심을 파기·환송함. 이와 관련하여 '2024. 1. 15.자 법률심문', '주택임대차계약갱신제도에 대한 단상', '최재석' 대한법률구조공단 상임조정위원의 글에 의하면 "갱신요구권(계약개시권)을 행사한 임차인이 언제든지 계약해지권을 행사하여 무력화시킬 수 있는 위 규정"에 대한 합리적 개신이 필요하다는 취지로 주장). 상가임대차와 유사한 임대인의 갱신거절 사유들이 존재하는데, 대표적인 것을 정리하면, 2기 이상의 차임을 연체한 사실, 재건축 등의 사유가 있다. 분쟁에 있어 가장 쟁점이 될 가능성이 높은 임대인의 정당한 갱신거절 사유로는 "임대인(임대인의 직계존비속 포함)이 목적 주택에 실제 거주하려는 경우(주임법 제6조의3 제1항 제8호)"가 될 것으로 예상된다.

그렇다면, "임대인(임대인의 직계존비속 포함)이 목적 주택에 실제 거주하려는 경우(주임법 제6조의3 제1항 제8호)"와 관련된 예상쟁점을 살펴보자.

주택임차인의 계약갱신요구에도 불구하고, 임대인(임대인의 직계존비속 포함)이 실거주하려는 경우 갱신거절이 가능한데, 임차인이 임대인의 실거주에 대하여 의문을 제기하면서, 주택에 대한 인도를 거부할 경우 임대인은 명도소송을 제기할 수밖에 없을 것이다. 이때 합리적인 실거주 계획이 확인되면 임차인이 패소할 것인데, 실거주 계획에 대한 입증편의를 위해서는 임대인이 내용증명우편 등을 활용하여 실거주 계획을 미리 고지하는 것이 필요할 것으로 보인다.

그렇다면 임대인이 목적 주택에 실거주하려 한다는 점에 대한 입증책임은 누구에게 있을까? 2023년 12월 7일에 선고된 대법원 2022다279795 판결에 의하면 임대인에게 그 입증책임이 있다는 취지이다(원고의 실제 거주 의사에 개연성이 있고 그러한 의사와 명백하게 모순되는 행위를 찾을 수 없다는 이유로 원고의 갱신거절이 적법하다고 판단한 원심을 파기·환송).

즉 위 대법원 2022다279795 판결에 의하면 "임대인(임대인의 직계존속·직계비속을 포함한다. 이하 같다)이 목적 주택에 실제 거주하려는 경우에 해당한다는 점에 대한 증명책임은 임대인에게 있다. '실제 거주하려는 의사'의 존재는 임대인이 단순히 그러한 의사를 표명하였다는 사정이 있다고 하여 곧바로 인정될 수는 없지만, 임대인의 내심에 있는 장래에 대한 계획이라는 위 거절사유의 특성을 고려할 때 임대인의 의사가 가공된 것이 아니라 진정하다는 것을 통상적으로 수긍할 수 있을 정도의 사정이 인정된다면 그러한 의사의 존재를 추인할 수 있을 것이다. 이는 임대인의 주거 상황, 임대인이나 그의 가족의 직장이나 학교 등 사회적 환경, 임대인이 실제 거주하려는 의사를 가지게 된 경위, 임대차계약 갱신요구 거절 전후 임대인의 사정, 임대인의 실제 거주 의사와 배치·모순되는 언동의 유무, 이러한 언동으로 계약갱신에 대하여 형성된 임차인의 정당한 신뢰가 훼손될 여지가 있는지 여부, 임대인이 기존 주거지에서 목적 주택으로 이사하기 위한 준비의 유무 및 내용 등 여러 사정을 종합하여 판단할 수 있다."라는 취지이다(임대인이 실거주 계획을 밝혀서 임차인이 주택을 인도했는데, 임대인이 실거주를 하지 않고, 제3자에게 목적 주택을 임대한 경우에 손해배상책임이 인정된다는 취지의 주임법 제6조의3 제5항 규정을 고려할 때에 실거주 계획입증은 내용증명우편의 송달 정도로 족할 것으로 보인다는 필자의 개인의견은 위 대법원 판결에 따라 폐기함. 또한 본서의 제2판에서 소개했던 서울중앙지방법원 2021가단5013199 판결(2022. 1. 10.자 법률신문 참고)에 의하면, 임대인이 아니라 오히려 "임차인이 실거주 목적을 의심할 만한 특별한 사정의 존재를 주장 입증할 책임이 있다."는 취지였는바, 위 대법원 판결에 저촉되는 판결로 이해됨. 그리고 본서 제2판에서 "2022년 6월 9일자 법률신문에 기고된 '주택임대차보호법상 계약갱신요구권에 관한 소고(수원지방법원 지창구 판사)'라는 글에 의하면, "임대인이 목적 주택에 실제 거주할 것인지 여부는 임대인의 내심의 의사에 달린 것이고 아직 발생하지 않은 장래의 일이어서 갱신거절 당시에는 그 사유의 존부를 확인하거나 판단하는 것이 불가능하므로, 일단 임대인이 실거주 의사를 밝혀 갱신거절을 하면 그로써 임대차가 갱신되지 않는 효과가 발생하여 임대차계약은 기간만료로 종료되는 것으로 볼 수밖에 없고, 그 이후 임대인이 목적 주택에 실제 거주하지 않는 문제는 손해배상으로 해결해야 할 것"이라는 내용도 위 대법원 판결취지에 의하여 일부 수정되어야 할 의견으로 이해됨. 위 대법원 판결에 대하여 원심판결은 입법과정을 파악하는 등 주임법상 증명책임의 법리를 오해하지 않고 제대로 이해했다면서 원심판결과 대법원 판결은 증거가치의 평가와 사실인정에서 차이가 난다면서 증거취사와 사실인정은 사실심의 전권에 속한다는 원칙을 대법원 판결이 벗어난 것은 아닌지에 대한 의문이 있다는 견해로는 '2024. 1. 15.자 법률심문', '주택임대차계약갱신제도에 대한 단상', '최재석' 대한법률구조공단 상임조정위원의 글 참조).

주임법 제6조는 "임대인이 임대차기간이 끝나기 6개월 전부터 2개월 전까지의 기간에 임차인에게 갱신거절의 통지를 하지 아니하거나 계약조건을 변경하지 아니하면 갱신하지 아니한다는 뜻의 통지를 하지 아니한 경우"에 묵시의 갱신에 의한 임대차기간 2년을 보장하므로 실거주 계획을 통한 갱신거절의 통보는 임대차계약이 끝나기 6개월 전부터 2개월 전까지 해야 할 것으로 해석된다(관련 판례로는 필자가 수행한 인천지방법원 2012가단88654 판결 참고. 상임법 사례였음).

대항력을 취득한 임차인이 주택의 소유자인 임대인에게 계약갱신요구권을 행사한 후에 임대인이 그 주택을 매도하고 소유권이전등기를 마쳐준 경우에 신소유자인 임대주택의 양수인이 자신이 실거주할 것이라면서 갱신거절을 할 수 있을까? 이때에도 신소유자가 갱신요구를 거절할 수 있다고 해석된다. 다만, 양수인의 갱신거절의 통보는 임대차계약이 끝나기 6개월 전부터 2개월 전까지 해야 할 것으로 해석된다.

즉 대법원 2021다266631 판결에 의하면 "주택임대차법 제6조, 제6조의3 등 관련 규정의 내용과 체계, 입법취지 등을 종합하여 보면, 임차인이 주택임대차법 제6조의3 제1항 본문에 따라 계약갱신을 요구하였더라도, 임대인으로서는 특별한 사정이 없는 한 같은 법 제6조 제1항 전단에서 정한 기간 내라면 제6조의3 제1항 단서 제8호에 따라 임대인이 목적 주택에 실제 거주하려고 한다는 사유를 들어 임차인의 계약갱신요구를 거절할 수 있고, 같은 법 제3조 제4항에 의하여 임대인의 지위를 승계한 임차주택의 양수인도 그 주택에 실제 거주하려는 경우 위 갱신거절 기간 내에 위 제8호에 따른 갱신거절 사유를 주장할 수 있다고 보아야 한다."고 판시하였다.

게다가 대법원(전합) 2011다49523 판결에 의하면 "주택임대차보호법 제3조 제3항은 같은 조 제1항이 정한 대항요건을 갖춘 임대차의 목적이 된 임대주택의 양수인은 임대인의 지위를 승계한 것으로 본다고 규정하고 있는바, 이는 법률상의 당연승계 규정으로 보아야 하므로, 임대주택이 양도된 경우에 양수인은 주택의 소유권과 결합하여 임대인의 임대차계약상의 권리·의무 일체를 그대로 승계하며, 그 결과 양수인이 임대차보증금반환채무를 면책적으로 인수하고, 양도인은 임대차관계에서 탈퇴하여 임차인에 대한 임대차보증금반환채무를 면하게 된다."는 취지이기 때문이다[위 "주택임대차보호법상 계약갱신요구권에 관한 소고(수원지방법원 지창구 판사)"와 동일취지].

임대인이 임대인 실거주계획 고지를 통해 임차인의 갱신요구를 거절하여 임차인이 목적 주택을 인도했음에도 불구하고, 갱신요구로 인해 보장되는 2년 내에 정당한 사유 없이 제3자에게 목적 주택을 임대한 경우 임차인의 임대인에 대한 손해배상청구권이 인정된다(주임법 제6조의3 제5항). 임차인에게 인정되는 손해배상 청구액은 어떻게 될까? 주임법 제6조의3 제6항이 이를 규정하고 있다. 위 규정에 따르면 거절 당시 임대인과 임차인 사이에 손해예정에 관한 합의가 있으면 그에 따르고, 그러한 합의가 없으면 다음 ①~③ 금액 중 큰 것이 손해배상액이라는 취지이다(이와 관련하여 '2024. 1. 15.자 법률심문', '주택임대차계약갱신제도에 대한 단상', '최재석' 대한법률구조공단 상임조정위원의 글에 의하면 "갱신거절 이후 당초 갱신되었을 기간 만료 전 단 하루라도 제3자에게 임대한 경우 임대인은 차액의 2년분 전액을 배상하여야 하는 규정"에 대하여 합리적 개선이 필요하다는 취지로 주장).

① 거절 당시 월차임 3개월분 해당금액, 차임 외에 보증금이 있는 경우, 그 보증금 중 제7조의2 규정 중에서 낮은 비율에 따라 월차임으로 전환한 금액을 포함, 즉 (월차임+월차임 전환금액)×3개월
② 임대인이 3자에게 임대하여 얻은 환산월차임과 갱신거절 당시 환산월차임 간 차액의 2년분 해당 금액
③ 임대인의 실거주 사유로 인한 갱신거절로 인하여 임차인이 입은 손해액

위 ①~③ 금액 중 큰 것은 주로 ②일 가능성이 있다. 임대인이 실거주 목적이 없음에도 임차인을 내보내고 제3자에게 임대를 계획한 것이라면 그 임대인에게 높은 임대료를 받기 위한 것으로 해석되기 때문이다. 따라서, ②의 계산과 관련하여 필자가 수행한 소송의 소장 내용의 일부를 아래와 같이 공개하기로 한다(김포시법원 2022가소56464 판결).

〈필자가 작성한 소장 일부〉

4. 원고의 손해액에 대하여

가. 위 <표 1>에 의하면, 원고의 손해액은 <① 거절당시 월차임 3개월 분 해당금액, 차임 외에 보증금이 있는 경우, 그 보증금 중 제7조의2 규정 중에서 낮은 비율에 따라 월차임으로 전환한 금액을 포함, 즉 (월차임 + 월차임 전환금액) × 3개월 ② 임대인이 3자에게 임대하여 얻은 환산월차임과 갱신거절 당시 환산월차임 간 차액의 2년 분 해당 금액 ③ 임대인의 실거주 사유로 인한 갱신거절로 인하여 임차인이 입은 손해액> 중에서 큰 금액이 큰 금액이 손해액으로 인정된다는 것입니다(참고로 원고는 현재 4억 5천만원(이 사건 아파트의 전세금은 2억원이었던 바 2억5천만원이 증액됨)의 인근의 전세 아파트로 이주한 사정에 있는 바, 인근 아파트의 경우는 평수와 연식이 다름).

나. 결국 원고는 위 손해액 기준 중에서 ② 기준 "임대인이 3자에게 임대하여 얻은 환산월차임과 갱신거절 당시 환산월차임 간 차액의 2년 분 해당 금액"을 피고에 대하여 손해배상청구를 할 수 있다고 할 것입니다.

다. 주임법 제7조의2 제2호에 의하면 환산월차임에 있어 산정률 계산은 한국은행기준금리와 대통령령으로 정한 이율을 더한 비율로 계산되는데, 피고의 갱신거절일자는 2021. 9. 23.(갑3)인바, 당시의 한국은행기준금리는 0.75%이고, 그 당시의 대통령령이 정한 이율은 연 2%인바, 갱신거절 당시의 환산월차임에 있어 산정률은 2.75%가 됩니다.

라. 이 사건 아파트에 입주한 소외 '송○○'의 임대차 조건은 보증금 30,000,000원, 월세 1,200,000원인바(갑5), 소외 '송○○'의 보증금 30,000,000원을 월차임으로 환산하면, 금 68,750원(<30,000,000원×2.75%>/12)이 되고, 결국 소외 '송○○'의 환산월차임은 금 1,268,750원(1,200,000원+68,750원)이 됩니다.

마. 원고의 이 사건 아파트에 대한 전세금은 200,000,000원이므로 이를 환산월차임으로 계산하면 금 458,333원(<200,000,000원×2.75%>/12)이 됩니다.

바. 따라서 ② 기준 "임대인이 3자에게 임대하여 얻은 환산월차임과 갱신거절 당시 환산월차임 간 차액의 2년 분 해당 금액"에 따른 원고의 손해액은 '임대인이 3자에게 임대하여 얻은 환산월차

임 1,268,750원과 갱신거절 당시 환산월차임 458,333원의 차액에 24개월(2년)을 곱한 금액이 되는 바, 이를 계산하면 금 19,450,008원(<1,268,750원－458,333원>×24)이 됩니다.

〈판결결과〉

이 유

[(<30,000,000원 × 연 3.25% ÷ 12개월> + 1,200,000) － (200,000,000원×연 2.75%÷12개월)]× 24개월 = 19,750,008원(원 단위 미만 버림)

원고는 19,450,008원만을 청구하고 있으므로 처분권주의 원칙에 따라 그 금액만 인용한다.

〈판결 해설〉

필자의 소장에서의 계산법과 판결의 계산법의 차이는 '임대인이 3자에게 임대하여 얻은 환산월차임'에 있어서의 한국은행기준금리에 대한 부분이다. 필자는 갱신거절 당시인 2021. 9. 23.자의 한국은행기준금리 0.75%를 그대로 적용하였으나, 재판부는 더 디테일하게 '3자의 임대차 시작지점'인 2022. 1. 17.자의 한국은행기준금리 1.25%를 적용하였다. 타당한 판결로 해석된다.

그렇다면, 임대인이 실거주 사유를 들어 갱신거절을 하여 임대차계약을 종료시킨 후에 "목적 주택을 비워두거나 제3자에게 매도한 경우"에는 어떻게 되는가? 주임법 제6조의3 제5항은 "갱신되었을 기간이 만료되기 전에 정당한 사유 없이 제3자에게 목적 주택을 임대한 경우"만을 규정하여 이러한 의문이 있을 수 있다. 이때에는 민법 제750조에 따라 '갱신거절로 인하여 임차인이 입은 손해'에 대한 배상청구가 가능하다는 견해가 있는데, 타당하다고 해석된다.

즉 2022년 6월 9일자 법률신문에 기고된 "주택임대차보호법상 계약갱신요구권에 관한 소고(수원지방법원 지창구 판사)"라는 글에 의하면, 주임법 제6조의3 규정의 취지는 임대인이 직접 살 것이 아니라면 임차인이 살게 해주어야 한다는 것이고, 임대인으로서는 임차인이 목적 주택에 거주하게 하든지 아니면 갱신을 거절하고 자신이 목적 주택에 실제거주('직접점유'로 해석)하는지 양자택일을 할 수 있을 뿐이며, 정당한 사유(이는 '갱신거절 당시 예상할 수 없고 임대인에게 책임이 없는 사유'로 해석) 없이 실제거주하지 않으면 계약갱신요구에 따른 2년간의 목적 주택 사용·수익권을 침해하는 행위로 위법하다는 것이다.

이는 임대인의 기망행위로 인한 불법행위가 아니라 위와 같은 사용·수익권 침해로 인한 불법행위이므로 임대인이 갱신거절 당시에 실거주 의사를 갖고 있었는지 여부와 무관하다고 한다. 예를 들어 임대인이 월차임 90만원인 임차인에게 실거주 사유로 갱신거절을 하여 임차인이 목적 주택과 거의 유사한 주택을 월차임 90만원에 임차한 후에 임대인이 목적 주택에 실제거주하지 않고 그 주택을 비워두거나 제3자에게 매도하였다면 갱신거절로 인하여 임차인의 손해가 없으므로 임대인은 임차인에게 불법행위로 인한 손해배상책임을 부담하지 않지만, 임차인이 목적 주택과 거의 유사한 주택을 월차임 95만원에 임차하였다면 임대인은 임차인에게 120만원[(95만원 - 90만원) × 24개월]을 불법행위에 의한 손해배상금으로 지급해야 한다.

그렇다면 임대인의 실거주 주장이 허위일 경우에 임차인이 주임법에 따라 손해배상 청구를 하려면 계약갱신요구권의 행사가 필수적인가? 예를 들어, 임차인이 계약갱신요구권을 행사하기 전에 임대인이 실거주 계획을 미리 밝혀 임차인이 계약갱신요구권을 행사하지 않고 퇴거한 경우를 가정할 수 있다.

임차인이 계약갱신요구권을 행사하기 전에 허위 실거주목적을 미리 임대인이 밝혔다면 계약갱신요구는 불필요하다고 생각한다. 상가의 권리금회수 방해에 따른 손해배상청구와 관련된 대법원 2018다284226 판결[손해배상(기)]에 의하면 임대인이 정당한 사유 없이 임차인이 주선할 신규 임차인이 되려는 자와 임대차계약을 체결할 의사가 없음을 확정적으로 표시한 경우에 임차인이 신규 임차인을 임대인에게 주선할 필요가 없이 권리금 회수방해로 인한 손해배상을 청구할 수 있다는 취지인바, 이러한 취지의 논리가 본건에도 적용 가능하기 때문이다.

다만 임차인이 퇴거를 할 의사가 없었는데, 임대인의 실거주 주장으로 인하여 퇴거하였다는 내용이 심리과정에서 어느 정도 확인되어야 할 것이다(필자의 개인의견). 이 쟁점에 대하여는 임대인이 사전에 허위 실거주목적을 밝힌 상태라서 임차인이 계약갱신요구권을 행사하지 않았을 경우에는 민법 제750조에 따른 불법행위 책임이 성립할 수 있다(이런 견해를 고려하여 예비적 청구를 해야 할 것)는 측면에서 논의의 실익이 크지는 않아 보이기도 한다. 그러나 배상책임의 액수가 달라질 수 있는 실익이 있다. 민법 제750조에 따른 불법행위로 인한 손해액보다는 주임법 제6조의3 제6항에 따른 손해액이 좀 더 클 여지가 있기 때문이다.

이와 관련하여 2023. 2. 23.자 법률신문 제4쪽을 확인하면 하급심에서 위 내용에 대한 견해가 갈린다는 기사를 확인할 수 있다(의정부지방법원 2021나223406 판결은 주임법 제6조의3 제5항에 따른 손해배상청구의 주위적 청구를 기각하고, 민법 제750조에 따른 예비적 청구를 인용한 반면, 서울중앙지방법원 2022가소1067836 판결은 유사사안에서 주임법 제6조의3 제5항에 따른 손해배상청구를 인용하였다는 취지가 확인됨).

24. 공공주택 특별법의 강행규정성

대법원 2021다265171 판결에 의하면 공공주택 특별법의 적용을 받은 임대주택에 있어 표준임대차계약서 해당 조문 중 하나에 해당하는 사유가 있는 경우라야 임대인이 임대차계약을 해제 또는 해지하거나 임대차계약의 갱신을 거절할 수 있다고 보아야 한다면서 위 법률의 취지를 고려하면 이에 위반하는 약정의 사법상 효력이 무효가 되는 강행규정이라는 취지이다.

일단 공공주택 특별법 제49조의2 제1항에 의하면 “공공임대주택에 대한 임대차계약을 체결하려는 자는 국토교통부령으로 정하는 표준임대차계약서를 사용하여야 한다."고 규정하여 표준임대차계약서 사용을 강제하고 있는 점 등 일반 주택임대차와 다르다는 사실을 인지할 필요가 있다.

즉, 위 대법원 2021다265171 판결 이유에 의하면 "구 공공주택 특별법(2017. 8. 9. 법률 제14851호로 개정되기 전의 것, 이하 '구 공공주택 특별법') 제49조의2 제1항, 제2항에 의하면 공공임대주택에 대한 임대차계약을 체결하려는 자는 국토교통부령으로 정하는 표준임대차계약서를 사용하여야 하고, 표준임대차계약서에는 공공주택사업자 및 임차인의 권리·의무에 관한 사항 등이 포함되어야 하며, 제49조의3 제1항에 의하면 공공주택사업자는 임차인이 거짓이나 그 밖의 부정한 방법으로 공공임대주택을 임대받는 등 대통령령으로 정하는 사항에 해당하는 경우 임대차계약을 해제 또는 해지하거나 재계약을 거절할 수 있다. 위 조항에 따라 구 공공주택 특별법 시행령(2018. 2. 9. 대통령령 제28630호로 개정되기 전의 것) 제47조 제1항에서는 '거짓이나 그 밖의 부정한 방법'에 대하여 같은 항 각 호의 어느 하나에 해당하는 경우를 규정하고, 구 공공주택 특별법 시행규칙(2020. 10. 19. 부칙 제771호로 개정되기 전의 것) 제32조 서식 제5호, 제6호, 제7호 표준임대차계약서 제10조 제1항에서도 위 시행령 조항 각호 사유와 실질적으로 동일한 내용을 규정하고 있다. 따라서 구 공공주택 특별법의 적용을 받는 임대주택에 관해서는 위 법령 조항 및 표준임대차계약서 제10조 제1항 각호 중 하나에 해당하는 사유가 있는 경우라야 임대인이 그 임대차계약을 해제 또는 해지하거나 임대차계약의 갱신을 거절할 수 있고, 그렇지 아니한 경우에는 임차인이 임대차계약의 갱신을 원하는 이상 임대인은 특별한 사정이 없는 한 임대차계약의 갱신을 거절할 수 없다고 보아야 한다(대법원 2020다202371 판결, 대법원 2020다223781 판결 등). 특히 앞서 본 각 규정들은 임차인의 주거생활 안정을 보장하기 위하여 임대사업자가 공공임대주택에 관한 임대차계약을 해제 또는 해지하거나 그 갱신을 거절하는 것을 제한하기 위한 것으로서 그 제정 목적과 입법 취지 등에 비추어 이에 위반되는 약정의 사법적 효력을 배제하는 강행규정으로 보아야 한다(대법원 2020다223781 판결 참조)."는 취지이다.

위 대법원 판결 사안을 정리하면 "한국토지주택공사로부터 공공임대주택을 임차한 갑이 을 새마을금고에 임대차보증금반환채권 일부를 양도하면서 을 새마을금고의 승낙 없이는 임대차 재계약을 하지 않겠다고 약정하였고, 한국토지주택공사에 위 약정을 포함한 내용의 채권양도 사실을 통지하였는데, 임대차계약의 기간만료 전 한국토지주택공사와 갑이 임대차 재계약을 한 사안에서, 한국토지주택공사는 구 공공주택 특별법 시행령(2018. 2. 9. 대통령령 제28630호로 개정되기 전의 것) 또는 표준임대차계약서 해당 조문의 각호에서 정한 사유가 없는 한 임대차계약의 갱신을 거절할 수 없고, 이에 반하는 갑과 을 새마을금고의 약정으로 위 규정의 적용을 배제할 수 없어 한국토지주택공사와 갑 사이에서는 유효하게 임대차계약이 갱신된 것인데도, 임대차계약이 기간만료로 종료되었다고 본 원심판단에 법리오해의 잘못이 있다고 한 사례"이다.

위 대법원 2021다265171 판결에 대하여 "임차인의 채권자가 임대차보증금을 대신 받기 위하여 소송을 하더라도 별 의미가 없다면서, 그 이유로 임대주택의 보증금은 대부분 소액보증금에 가까운데, 소액보증금반환채권은 압류금지채권이므로 이에 대한 압류가 무효일 가능성이 있고, 가사 소액보증금을 넘는 부분이 있다고 가정하더라도 임차인이 임대차목적물을 인도하지 않고 있어 임차인을 내보내기 위하여 소송을 진행하다 보면 재판이 진행되는 사이에 보증금이 차임으로 대부분 공제되어 없어지는 사정을 지적하면서, 이러한 사정에 임차인을 보호할 필요성이 강하다는 점까지 고려하면 위 판결이 타당"하다는 견해가 있다(2022. 9. 30.자 '서울고등법원판례공보스터디' 제1901쪽 참고).

참고로 대법원 2020다253515 판결에 의하면 "임대주택의 건설을 촉진하고 국민주거생활의 안정을 도모하기 위하여 제정된 구 임대주택법(2013. 6. 4. 법률 제11870호로 개정되기 전의 것, 이하 같다. 현재는 '민간임대주택에 관한 특별법'으로 승계되었음)은 "임대주택의 건설·공급을 확대함으로써 국민의 주거생활의 안정을 도모하기 위하여 필요한 사항을 규정함'을 목적으로 하고(제1조), 위 규정들은 그에 의하여 산출되는 임대보증금과 임대료를 초과하여 주택건설업자들이 자의적으로 임대보증금과 임대료를 높게 책정하는 것을 방지하려는 데에도 그 입법 취지가 있으며, 위반행위에 대한 처벌만으로는 구 임대주택법의 실효를 거둘 수 없다. 이러한 제반 사정에 비추어 볼 때, 위와 같이 공공건설임대주택의 임대보증금과 임대료의 상한을 정한 규정은 임대주택의 임대보증금 및 임대료 약정 중 소정의 한도액을 초과하는 부분에 대한 사법상의 효력을 제한함으로써 국민의 주거생활의 안정을 증진하고자 함에 그 목적이 있는 것이므로 효력규정에 속하는 것으로서 그 한도액을 초과하는 부분은 무효"라는 취지이다.

25. 임차권 부적법 양수인의 공공건설임대주택 우선분양전환 가능성

구 임대주택법상 '우선 분양전환자격' 대상자는 임차인으로서 최초 임차인 또는 임차권 양수인이 되는데, 임대사업자는 공공건설임대주택을 분양전환하는 경우 '입주일 이후(구 임대주택법 제21조 제1항 제1호)' 또는 '임차권양도일 이후(같은 조 같은 항 제3호)'부터 각 분양전환 당시까지 거주한 무주택자인 임차인에게 임대주택을 우선 분양전환하여야 한다.

구 임대주택법 제21조 제1항은 '제1호', '제3호'를 병렬적으로 규정('다음 각 호의 어느 하나에 해당하는')하고 있으나, 이는 최초로 임대차계약을 체결한 임차인은 제1호, 임차권양수인은 제3호로 규율하기 위한 취지인 것으로 보이고, 위 규정의 체계에 따르면, 임차권 양수인은 '제1호'에 따른 우선 분양전환자격의 취득을 주장할 수 없다.

임차권 양수인은 '적법하게' 임차권을 양수하여야 우선분양전환자격을 취득할 수 있다. 구 임대주택법령은 '공공임대주택의 임차권 양도'를 원칙적으로 금지하고, 예외적으로 '양수인이 무주택 세대구성원이고 이에 더하여 임대사업자의 동의'를 요건으로 이를 허용하고 있기 때문이다(구 임대주택법 제19조, 동법 시행령 제18조 제1항).

위 '무주택 세대구성원(양수인)' 요건과 관련하여, ① '임차권 양도계약일 당시'(무주택자의 시점), ② '민법상 소유권 개념(등기)'에 따른 무주택자(무주택자의 판단기준)일 것을 요구된다.

게다가 공공임대주택의 임차권 양도가 근무, 생업 또는 질병 치료 등의 사유로 다른 시·군·구로 주거를 이전하는 등의 경우에 예외적으로 허용되는 경우에도, 임대사업자는 임차권 양수인이 '무주택 세대구성원(세대주 및 세대원)'인지 여부를 미리 확인하여야 한다(구 임대주택법 시행규칙 제12조 제2항, 구 주택공급에 관한 규칙 제21조의2 제1항).

공공임대주택의 임차권 양도에 관한 위 관련 법령 규정들은 '강행법규'로 위 요건을 갖추지 못한 임차권 양수인은 구 임대주택법상 우선 분양전환자격을 취득할 수 없다.

그렇다면, 임대사업자의 동의를 받기는 하였으나, 임차권 양도계약일 당시 임차권자가 다른 주택의 소유권자로 등기되어 있었고, 구체적 사정을 고려해 보니 임차권 양도계약일 당시 실질적으로 무주택자인 경우로 보인다면 위 임차권양수인의 구 임대주택법에 따른 우선 분양전환자격이 인정된다고 할 수 있는가?

우선분양전환자격이 인정될 수 없다는 것이 대법원 2020다266535 판결의 취지이다(원심은 구 임대주택법 제21조 제1항 '제3호'가 아닌 구체적 상황을 고려해 '제1호'에 따른 우선분양전환자격을 인정하였으나, 위 대법원이 원심을 파기·환송함).

위 대법원 2020다266535 판결 사안을 정리한다.

영무건설은 소외 1에게 세종시 소재 '이 사건 임대아파트(공공건설임대주택)'를 임대하였고, 소외 1은 2016. 6. 17. 영무건설의 동의를 얻어 원고에게 임차권을 양도하였다. 원고는 2016. 7. 15. 이 사건 임대아파트에 전입신고를 마쳤다. 영무건설은 2017. 12. 5. 피고에게 '이 사건 임대아파트'를 매도하였고(등기일: 2018. 1. 5.), 피고는 2018. 9. 13. 원고와 기존과 동일한 조건·내용으로 임대차계약을 체결하였다.

원고는 2016. 5. 30. 소외 2에게 자기 소유의 '기존 주택'을 매도한 후(등기일: 2016. 7. 25.), 피고에게 조기분양전환을 신청하였으나, 피고는 원고에게 부적격 통보를 하였고, 이에 원고는 피고를 상대로, 원고는 피고에게 주위적으로, 미지급 조기분양전환대금을 지급받음과 동시에 이 사건 임대아파트에 관하여 2019. 1. 7.자 매매(피고가 다른 임차인들과 우선분양전환에 따른 매매계약을 체결한 날짜)를 원인으로 한 소유권이전등기절차의 이행을, 예비적으로 매수청약에 대한 승낙의 의사표시를 구하는 이 사건 소를 제기하였다.

이에 대하여 원심은 원고의 임차권 양수가 적법함을 전제로, 원고를 '실질적 무주택자'로 보아 우선 분양전환자격을 인정하였다.

즉 원고는 임차권 양도계약 체결일(2016. 6. 17.)로부터 40일 후, 전입신고일(2016. 7. 15.)로부터 10일 후 '기존 주택'의 소유권을 상실(2016. 7. 25.)하여, 원고를 '무주택 세대구성원'에 해당한다고 보기는 어렵다. 다만 원고는 '기존 주택'의 처분대금으로 임대차보증금 잔금을 지급할 예정이었으나, 임차권 양도인 소외 1의 요청으로 '기존 주택'에 대한 소외 2 명의의 등기를 마치기 전 위 잔금을 지급하고, 이 사건 임대아파트에 입주하게 된 것인바, 원심은 이러한 사정을 고려하여, 원고가 '임차권 양도계약 체결일'부터 분양전환당시까지 거주한 실질적 무주택자인 임차인으로서, 구 임대주택법 제21조 제1항 '제1호'('제3호' 아님)에 따른 우선분양전환자격이 인정된다고 본 것이다.

이에 대하여 위 대법원 2020다266535 판결은 원고의 '임차권양수' 자체가 부적법하다고 본 것인데, 무주택자인지 여부는 민법상 소유권의 개념(등기)에 따라 판단하여야 하고, 원고는 임차권 양도계약 체결일(2016. 6. 17.) 및 전입신고일(2016. 7. 15.) 당시 등기부상 유주택자였는바, 유주택자인 원고의 임차권 양수는 강행규정(구 임대주택법 제19조) 위반으로 '무효'이고, 원고는 구 임대주택법 제21조 제1항의 '무주택자인 임차인'이 될 수 없다는 것이다.

민법은 성립요건주의(민법 제186조)를 취하고 있고, 구 임대주택법을 비롯한 다른 법령들 역시 성립요건주의(등기)에 따른 소유권 개념을 사용하고 있는바, 동일한 법률요건은 동일하게 해석하여야 하고, 구 주택공급에 관한 규칙은 '무주택세대구성원'을 정의하며 '소유'의 개념을 사용하고 있고(제2조 제9호), 주택소유 여부를 판정함에 있어 '등기 여부'가 그 기준이 됨을 전제로, '상속으로 공유지분을 취득한 경우', '등기부 또는 건축물대장 등에 주택으로 등재되어 있으나 멸실된 경우' 등 일정한 요건을 갖추면 무주택자로 인정하는 규정(제6조 제3항 제1호, 제7호)을 두고 있는바, 법적안정성 및 예측 가능성 측면에서 대법원의 해석이 타당하다는 견해가 있다(연도별 2023. 9. 1.자 '서울고등법원판례공보스터디' 제2718쪽~제2723쪽 참고).

참고로 대법원 2006다81035 판결에 의하면 "법률의 문언 자체가 비교적 명확한 개념으로 구성되어 있다면 원칙적으로 더 이상 다른 해석방법은 활용할 필요가 없거나 제한될 수밖에 없고, 어떠한 법률의 규정에서 사용된 용어에 관하여 그 법률 및 규정의 입법 취지와 목적을 중시하여 문언의 통상적 의미와 다르게 해석하려 하더라도 당해 법률 내의 다른 규정들 및 다른 법률과의 체계적 관련성 내지 전체 법체계와의 조화를 무시할 수 없으므로, 거기에는 일정한 한계가 있을 수밖에 없다."라는 취지이다.

26. 구 임대주택법 제21조 제1항 4호의 무주택자인 임차인의 의미

임대사업자가 임대의무기간이 지난 후 공공건설임대주택을 임차인에게 우선적으로 분양전환하는 경우와 관련하여 구 임대주택법 제21조 제1항 제4호는 "선착순의 방법으로 입주자로 선정된 경우에는 분양전환 당시까지 거주한 무주택자인 임차인"으로 규정하고 있었는바, 위 규정을 요건화하면 "선착순의 방법으로 입주자로 선정된 임차인의 경우 ① 분양전환 당시까지 거주하여야 하고(거주요건), ② 무주택자(무주택 요건)"이어야 한다.

이와 관련하여 대법원 2020다265129 판결에 의하면 구 임대주택법 제21조 제1항 4호의 '무주택자인 임차인'은 임차인만 무주택자에 해당하면 그 요건을 충족하는 것이 아니라 '임차인이 속한 세대의 세대주를 포함한 세대원(세대주와 동일한 세대별 주민등록표상에 등재되어 있지 아니한 세대주의 배우자 및 배우자와 동일한 세대를 이루고 있는 세대원을 포함) 전원이 주택을 소유하고 있지 아니한 임차인'을 의미(대법원 2014다75462 판결)한다는 것이다.

따라서 임차인은 무주택자이지만 임차인의 배우자가 무주택자가 아니라면 임차인의 우선 분양전환은 인정되지 않는다.

그런데, 구 임대주택법 제21조 제1항 제4호는 '무주택자인 임차인'이라고 규정하고 있어 임차인만 무주택자에 해당하면 그 요건을 충족하는 것처럼 오해할 여지가 있었고, 실제로 임대주택을 임대하는 임대사업자들이 임대차계약서에 '분양전환 시 임차인만 무주택자이면 분양전환이 가능하다'라고 명시한 경우가 많았는바, 임차인들도 마찬가지로 임대의무기간이 끝난 후 임대주택을 분양받으려고 임대주택을 임차한 경우가 많았다.

건설교통부도 구 임대주택법 제21조 제1항 제4호의 '무주택자인 임차인'의 요건에 관한 질의에 대해 임차인만 무주택자이면 된다는 취지로 회신한 바 있어 이러한 상황들로 인해 분양전환을 받지 못하는 임차인들이 다수 생기게 되어 사회적으로 문제가 된바, 국회에서 관련법을 개정하기에 이르렀다.

즉 공공주택 특별법(2020. 12. 22. 법률 제17734호로 개정된 것, 이하 '개정 공공주택특별법') 제50조의3(공공임대주택의 우선 분양전환 등) 제1항 제1호 라목은 "선착순의 방법으로 해당 임대주택의 입주자로 선정된 자로서 입주일부터 분양전환할 때까지 계속하여 거주하면서 분양전환하는 시점에 해당 임대주택 입주 시 자격요건 중 주택소유기준을 충족하고 있는 경우"로 위 구법내용을 개정하고, 개정 공공주택특별법 부칙 제6조 제1항은 개정 '공공주택특별법 제50조의3은 분양전환이 완료되지 아니한 공공건설임대주택에 대하여도 적용한다'라는 취지로 규정하여 소급적용을 하고 있는바, 이에 따라 종전 무주택 임차인들이 구제받을 수 있는 여지를 둔 것이다.

대법원 2020다265129 판결이 "이 사건 아파트가 원고에게 우선 분양전환이 이루어지지 않은 채 피고의 소유로 있다면, 이는 분양전환이 완료되지 않은 주택으로서 개정 공공주택특별법이 시행되는 시점부터는 개정 공공주택특별법 부칙 제6조 제2항에 따라 구 임대주택법 제21조 제1항 제4호가 아닌 개정 공공주택특별법 제50조의3 제1항 제1호 라목이 적용되어야 한다고 볼 수 있다."라고 판시하였기 때문이다.

문제는 누가 분양전환받을 수 있는지에 관해 공공주택 특별법 제50조의3 제1항 제1호의 라목은 '선착순의 방법으로 해당 임대주택의 입주자로 선정된 자로서 입주일부터 분양전환할 때까지 계속하여 거주하면서 분양전환하는 시점에 해당 임대주택 입주 시 자격요건 중 주택소유기준을 충족하고 있는 경우'라고 정하고 있는바, '선착순의 방법으로 해당 임대주택의 입주자로 선정된 자로서 입주일부터 분양전환할 때까지 계속하여 거주하면서'까지는 기존 규정과 같지만, 그 이후 부분이 '분양전환하는 시점에 해당 임대주택 입주 시 자격 요건 중 주택소유기준을 충족하고 있는 경우'라고 바뀌었는데, '임대주택 입주 시 자격요건 중 주택소유기준'이 무엇인지에 관해 개정 공공주택특별법은 규정하고 있지 않다는 점이다.

이러한 문제로 인하여 위 대법원 2020다265129 판결은 원심을 파기·환송하면서 위 요건이 어떠한 의미인지에 관하여 심리를 해보라는 취지로 설시한바, 개정 공공주택특별법의 취지가 임차인만 무주택자이면 구제해주자는 것으로 이해되므로 개정취지에 맞춰 원고를 구제해주는 방향으로 결론을 내리는 것이 타당해 보인다는 견해가 있다(연도별 2023. 9. 1.자 '서울고등법원판례공보스터디' 제2879쪽~제2882쪽 참고).

이제 또 다른 판례인 대법원 2020다265112 판결을 확인해 보자. 위 판결은 임대사업자가 임대의무기간이 지난 후 공공건설임대주택을 임차인에게 우선적으로 분양전환하는 경우와 관련하여 구 임대주택법 제21조 제1항 제4호는 "선착순의 방법으로 입주자로 선정된 경우에는 분양전환 당시까지 거주한 무주택자인 임차인"으로 규정하고 있었는바, 구 임대주택법 제21조 제1항 4호 중 "선착순의 방법으로 입주자로 선정된 경우"의 해석이 문제되었던 것이다.

"선착순의 방법으로 입주자로 선정된 경우"는 주택 공급에 관한 규칙 제10조 제6항에 규정이 있다. 즉, 주택공급에 관한 규칙 제10조 제6항을 보면, 규칙 제11조, 12조, 13조에 따라 공개모집을 하였는데 미달이 된 경우, 선착순의 방법으로 임차인을 모집할 수 있는바, 그렇게 임차인으로 선정된 자가 바로 "선착순의 방법으로 입주자로 선정된 경우"라는 것이다(대법원 2022다224740 판결에 대하여 연도별 2023. 9. 1.자 '서울고등법원판례공보스터디' 제3050쪽은 "주택공급에 관한 규칙의 규정에 의하여 입주자를 선정하고 남은 주택이 있는 경우, 즉 모집이 미달된 경우에만 선착순의 방법에 의하여 입주자를 선정할 수 있음을 기억할 것"이라고 설명하고 있음)

위 대법원 2020다265112 판결 사안에서 원고들은 입주자로 선정된 임차인이 입주 전에 계약을 해지한 경우 임대회사가 광고를 통하여 임차인을 모집한 것인데 이렇게 임차인이 된 자(입주 전 해지 세대 입주자)는 제21조 제1항 4호의 "선착순의 방법으로 입주자로 선정된 경우"에 해당하지 아니한다는 것이다.

주택공급에 관한 규칙 제16조를 보면 20% 이상 예비입주자를 선정하도록 되어 있는바, 정리하자면 공개모집 과정에서 미달이 생겨 선착순의 방법으로 임차인이 된 경우에만 공공주택특별법의 개정조항이 적용되어 일부 구제의 길이 열릴 여지가 있고 원고들과 같은 '입주 전 해지 세대 입주자'는 종전 구 임대주택법에 따라 무주택세대 구성원이어야 하는바, 당시 원고의 배우자는 원고의 임대차 계약 이전부터 세종시의 아파트를 소유하고 있었기 때문에 구제받기 힘들다는 취지이다(연도별 2023. 9. 1.자 '서울고등법원판례공보스터디' 제2997쪽 ~ 제2999쪽 참고).

위 대법원 2020다265112 판결과 유사하기는 하나, 다른 대법원 2020다239823 판결을 확인해 보자. 대법원 2020다265112 판결과 대법원 2020다239823 판결 사안은 원고 등이 입주 전 해지 세대의 임차인이 아니라 명도 세대의 임차인이라는 부분에서만 차이가 존재한다.

즉 대법원 2020다265112 판결 사안은 '원고 등이 입주 전 해지 세대의 임차인'이고, 대법원 2020다239823 판결 사안은 '원고 등이 명도세대의 임차인'이라는 것이다. 대법원 2020다239823 판결 사안은 종전 임차인이 임차인으로서 입주하여 거주하다가 중간에 나가고 사업주체가 비어있는 세대를 대상으로 선착순의 방식으로 임차인을 모집하여 임대차계약을 새롭게 체결한 경우라는 것이다.

그런데 명도 세대의 경우에 적용되는 규정이 따로 존재하는바, 구 주택공급에 관한 규칙 제3조 제2항 제5호에 의하여, 명도 세대의 경우에도 공개모집절차를 거쳐야 하고, 이때 무주택세대구성원의 요건이 그대로 적용된다.

그리고 구 주택공급에 관한 규칙 제10조 제6항을 보면, 규칙 제11조, 12조, 13조에 따라 공개모집을 하였는데 미달이 된 경우 제4조의 규정에 불구하고 선착순의 방법으로 임차인을 모집할 수 있는데, 그렇게 임차인으로 선정된 자만이 "선착순의 방법으로 입주자로 선정된 경우"에 해당한다.

즉 임차인이 중간에 나가서 비어있는 세대(명도 세대)를 새로 임대할 때에도 무주택세대구성원에게만 임대할 수 있으므로 입주자로 선정된 임차인이 중간에 나가고 임대회사가 임의로 임차인을 모집하여 임차인이 된 자는 "선착순의 방법으로 입주자로 선정된 경우"에 해당하지 않는다.

결국 공개모집에서 미달된 경우가 아닌 한, 임대주택에 관한 우선분양전환권을 인정받을 수 있는 경우는 모두 무주택세대구성원이어야 하는바, 이는 자신이 임대주택을 분양받을 것으로 생각하고 입주하여 오랫동안 거주한 임차인에게는 상당한 타격이 될 수 있으나 임대주택법의 취지는 임대인이 임의로 입주자를 모집할 수 없고, 무주택세대구성원, 즉 가구 전체가 무주택자인 사람들 중에서 임차인을 선정하여 입주하도록 하는 것이므로 타당한 결론으로 볼 수 있다고 해석된다.

개정 공공주택특별법에 따른 구제 가능성은 이미 살펴본 바와 같고, 임대주택 중 공공건설임대주택의 경우에만 우선분양전환권이 인정되어 민간건설임대주택과 구별의 실익이 존재한다는 점도 알아두자(연도별 2023. 9. 1.자 '서울고등법원판례공보스터디' 제3041쪽~제3045쪽 참고).

개정 공공주택특별법에 따른 구제가능성과 관련하여 최근 대법원 2023다300146 판결이 선고되었는데, 위 판결의 핵심을 정리하면, 공공주택 특별법 제50조의3 제1항 제1호 라목에서 정한 우선 분양전환 자격요건 중에서 "분양전환하는 시점에 해당 임대주택 입주 시 자격요건 중 주택소유기준을 충족하고 있는 경우"란 "임차인이 해당 임대주택에 입주할 당시 입주자모집공고 내지 임대차계약에서 우선 분양전환 자격요건으로 정하였던 주택소유기준을 분양전환 시점에 충족하고 있는 것"이라는 취지이다(원심이, 분양전환 당시 임차인인 원고 본인이 무주택자이므로, 같은 세대의 배우자가 무주택자인지 여부와는 상관없이, 우선 분양전환 대상자에 해당한다고 판시한바, 대법원은 원심의 판단이 타당하다고 보아 상고를 기각한 사례. 이에 대하여는 2024. 6. 15.자 공보에 대한 '서울고등법원판례공보스터디' 제5번 판결 해설 참고).

27. 주택매도를 위한 임차인과의 고액의 명도합의금 약정이 무효인지 여부

대법원 2023다301712 판결을 전제로 설명한다. 원고는 피고로부터 피고 소유의 주택을 임차하고 주택임대차보호법상의 대항력을 갖춘 자(보증금 2천만원, 차임 60만원)이다. 피고는 임대차기간 중 임차목적물을 소외 회사에게 매도하는 매매계약을 체결하면서, 피고가 잔금지급일까지 원고를 퇴거시켜야 하고, 그렇지 않으면 소외 회사에게 6억 8,400만원의 위약금을 지급한다는 내용의 특약(이하 '이 사건 특약')을 두었다. 소외 회사는 임차목적물 및 부지와 이에 인접한 토지들을 함께 15억 6천만원에 매수하여 다세대주택을 신축하려고 했기에 위와 같은 특약을 두게 된 것이었다.

피고는 이 사건 특약을 이행하기 위해 원고에게 임대차계약을 합의해지하고 임차목적물을 인도해줄 것을 요구하였으나, 원고가 이에 응하지 않았다. 피고는 이 사건 특약을 이행하지 못하여 소외 회사에게 거액의 위약금을 지급해야 할 위험에 처하게 되었다.

원고와 피고는 협의를 거쳐 피고가 소외 회사로부터 매매계약의 잔금을 수령하면 원고에게 임차보증금과 이사비용뿐만 아니라 임차보증금의 10배에 달하는 2억원의 인도합의금을 지급하기로 한다는 내용의 합의(이하 '이 사건 합의')를 하게 되었다[구체적으로는 2억 2,500만원(인도 합의금 2억원+이사비용 500만원+임차보증금 2,000만원) 합의].

원고는 이 사건 합의에 따라 피고에게 임차목적물을 인도했지만, 피고는 원고에게 임차보증금와 이사비용 합계 2,500만원을 지급하였을 뿐 나머지 인도합의금 2억원은 지급하지 않았다.

이에 원고는 피고를 상대로 이 사건 소를 제기하여 위 2억원의 지급을 구하였다. 피고는 "이 사건 합의는 원고가 소외 회사에 거액의 위약금을 부담하는 등의 위험에 처한 피고의 경제적 궁박을 이용하여 체결한 것으로 민법 제104조의 불공정한 법률행위에 해당하므로 효력을 인정할 수 없다."라고 주장하였다. 피고의 주장이 타당한가?

> **제104조(불공정한 법률행위)** 당사자의 궁박, 경솔 또는 무경험으로 인하여 현저하게 공정을 잃은 법률행위는 무효로 한다.

위 대법원 2023다301712 판결에 의하면 피고의 주장이 타당하지 않다는 것이다. 원고의 피고에 대한 2억원 청구가 인용되어야 한다는 것이다(원심 동일). 직관적으로 볼 때에 보증금

2천만원을 고려할 때 10배에 달하는 합의금약정이 과연 타당할까라는 의문이 있을 수 있는데, 위 합의금약정을 불공정한 법률행위로 볼 수는 없다는 것이다. 피고의 필요에 의한 합의금약정이기 때문이다.

즉 피고가 스스로 원고와의 임대차계약을 위반하는 내용의 계약을 체결하고 그 이행을 위해 원고에게 합의해지를 요구한 것인데, 원고는 이에 응할 아무런 의무가 없고, 원고가 응하지 않아 피고가 불이익을 부담하게 되더라도 원고에게는 아무런 책임이 없다는 것이다.

원심(서울동부지방법원 2022나20308 판결)은 ① 원고의 급부에 원고가 포기한 임차권의 가치(피고는 약 500만원이라고 주장)뿐만 아니라 피고가 소외 회사에 부담할 위험이 있었으나 면하게 된 위약금 상당액(6억 8,400만원)까지 포함한 뒤, 원고의 급부의 객관적 가치가 피고의 반대급부의 객관적 가치(2억 500만원)보다 오히려 높으므로 급부와 반대급부 사이에 현저한 불균형이 있다고 하기 어렵고, ② 피고들의 궁박을 인정하기도 어렵다는 이유를 들어 피고의 주장을 배척하고 원고의 청구를 인용하였다.

그러나 위 대법원은 원심이 급부와 반대급부를 비교하면서 원고의 급부에 위약금 상당액(6억 8,400만원)을 포함한 것은 잘못이라고 지적하면서, 다만 피고가 자초한 상태를 민법 제104조의 궁박이라고 쉽사리 인정하여서는 아니된다는 점 등을 고려하면 이 사건 합의가 피고들의 궁박 상태에서 체결되었다고 단정할 수 없다고 보아 원심의 결론을 수긍한 것이다.

위 대법원 판결에 대하여 "이 사건 합의에 이르게 된 경위에 비추어 보면 주관적으로 원고가 피고의 궁박상태를 이용했다고 할 수 있는지도 매우 의문"이라면서 "일반적으로 '급부와 반대급부 사이의 현저한 불균형'이라는 객관적 요건과 '궁박 상태를 이용한다'는 주관적 요건이 상호보완적인 관계에 있다고 설명되는 점까지 고려하면, 이 사건은 어떠한 견해를 취하더라도 불공정한 법률행위라고 인정하기는 어려운 특수한 사안이라고 생각"한다는 견해가 있다(2024. 5. 1.자 공보에 대한 '서울고등법원판례공보스터디' 제11번 판례해설 참고).

위 대법원 2023다301712 판결의 판결이유를 현출한다. 민법 제104조에 규정한 불공정한 법률행위는 객관적으로 급부와 반대급부 사이에 현저한 불균형이 존재하고, 주관적으로 그와 같이 균형을 잃은 거래가 피해당사자의 궁박, 경솔 또는 무경험을 이용하여 이루어진 경우에 성립하는 것으로서, 약자적 지위에 있는 자의 궁박, 경솔 또는 무경험을 이용한 폭리행위를 규제하려는 데에 그 목적이 있다(대법원 86다카563 판결, 대법원 92다29337 판결).

객관적으로 급부와 반대급부 사이에 현저한 불균형이 존재하는지를 판단하려면 우선 해당 법률행위의 급부와 반대급부가 무엇인지를 확정한 뒤 그 각각의 객관적 가치를 비교·평가해야 한다(대법원 2010다42075 판결 취지). 또한 급부와 반대급부 사이에 현저한 불균형이 있는지는 단순히 시가와의 차액 또는 시가와의 배율로 판단할 수 있는 것은 아니고, 구체적·개별적 사안에서 일반인의 사회통념에 따라 결정하여야 한다(대법원 2009다50308 판결).

여기에서 급부와 반대급부는 해당 법률행위에서 정한 급부와 반대급부를 의미하므로, 궁박 때문에 법률행위를 하였다고 주장하는 당사자가 그 법률행위의 결과 제3자와의 계약관계에서 입었을 불이익을 면하게 되었더라도, 특별한 사정이 없는 한 이러한 불이익의 면제를 곧바로 해당 법률행위에서 정한 상대방의 급부로 평가해서는 안 된다.

이를 상대방의 급부로 평가한다면, 당사자가 그 불이익을 입는 것보다 해당 법률행위에서 정한 반대급부를 이행하는 것이 경제적으로 유리하다고 보아 그 법률행위를 한 대부분의 경우에 그 불이익을 포함한 급부의 객관적 가치가 반대급부의 객관적 가치를 초과하여, 그 이유만으로 당사자의 궁박 여부와 관계없이 법률행위의 불공정성이 부정되는 부당한 결과가 발생할 수 있기 때문이다.

이러한 불이익은 급부와 반대급부 사이의 객관적 가치 차이가 사회통념상 현저하게 균형을 잃은 정도에 이르렀는지, 또는 당사자가 궁박한 상태에 있었는지를 판단할 때 고려할 수 있을 뿐이다.

'궁박'이라 함은 '급박한 곤궁'을 의미하는 것으로서 경제적 원인에 기인할 수도 있고 정신적 또는 심리적 원인에 기인할 수도 있으며, 당사자가 궁박한 상태에 있었는지 여부는 그의 나이와 직업, 교육 및 사회경험의 정도, 재산 상태 및 그가 처한 상황의 절박성의 정도 등 여러 사정을 종합하여 구체적으로 판단하여야 한다(대법 2010다53457 판결 참조).

한편 당사자가 계약을 지키지 않는 경우 얻을 이익이 이로 인해 입을 불이익보다 크다고 판단하여, 그 불이익의 발생을 예측하면서도 이를 감수할 생각으로 계약에 반하는 행위를 함으로써 계약 상대방과의 관계에서 그가 주장하는 급박한 곤궁 상태에 이르렀다면, 이와 같이 그가 자초한 상태를 민법 제104조의 궁박이라고 인정하는 것은 엄격하고 신중하게 이루어져야 한다.

원고와 피고들이 약정한 이 사건 합의에 따르면, 원고의 급부는 대항력 있는 임차권을 포기하고 임대차 기간 만료 전에 이 사건 임차목적물을 인도하는 것이고, 피고들의 반대급부는 그 대가로 약정금을 지급하는 것이다. 원고가 이를 이행하지 않을 경우 피고 1이 소외 2 회사에 부담하게 되는 위약금은 이 사건 합의가 아니라 소외 2 회사와 체결한 이 사건 매매계약에서 비롯된 것이다.

그러므로 이 사건 합의에 따른 원고의 이 사건 임차목적물 인도가 이루어짐으로써 피고 1이 위약금 지급을 면하게 되더라도 이는 원고의 급부 이행에 따라 소외 2 회사와의 계약관계에 후속적으로 발생하는 결과일 뿐 이 사건 합의에 따른 원고의 급부 그 자체를 구성하는 것은 아니다.

따라서 원심이 이러한 위약금 상당액을 원고의 급부에 포함시킨 뒤, 원고의 급부의 객관적 가치가 피고들의 반대급부의 객관적 가치보다 오히려 높으므로 급부와 반대급부 사이에 현저한 불균형이 존재하지 않는다고 판단한 것은 잘못이다.

한편 피고 1이 이 사건 합의를 하지 않으면 소외 2 회사에 거액의 위약금을 부담해야 하는 상황이었고, 이를 피하기 위해서 피고들이 이 사건 합의에서 원고의 급부에 비하여 객관적으로 과도한 반대급부를 부담하게 된 점 등에 비추어 피고들이 원고와 이 사건 합의를 하는 관계에서 다소 곤궁한 상태에 있었다고 볼 여지는 있다.

그러나 이러한 결과는 피고 1이 소외 2 회사에, 원고와의 임대차계약에 반하여 임대차기간 중 원고를 퇴거시키겠다고 하면서 거액의 위약금까지 합의함으로써 비롯된 것이다. 이처럼 피고 1이 소외 2 회사와의 이 사건 매매계약으로 자신이 얻을 경제적 이익을 고려하여 원고와의 임대차계약 관계에서 발생할 수 있는 자신의 법적·경제적 위험을 예측하면서도 이를 기꺼이 감수하고 이 사건 매매계약을 체결한 결과 원고와의 관계에서 다소 곤궁한 상태에 빠졌더라도, 이와 같이 그가 자초한 상태를 민법 제104조의 궁박이라고 쉽사리 인정하여서는 안 된다.

이처럼 피고들이 곤궁한 상태에 이르게 된 원인과 배경을 비롯하여 당사자의 신분 및 상호관계, 이 사건 매매계약에 따른 경제적 이익, 이 사건 합의의 경위 및 내용, 이 사건 합의 이후의 상황, 이 사건 매매계약의 해제와 같이 피고 1에게 존재하였던 다른 대안 등 모든 사정을 고려하면, 원심이 판시한 바와 같이 이 사건 합의가 피고들의 궁박 상태에서 체결되었다고 단정할 수 없다.

결국 원심의 이유 설시에 일부 적절하지 않은 부분이 있으나 이 사건 합의가 유효하다고 본 원심의 결론은 정당하여 수긍할 수 있고, 거기에 상고이유 주장과 같이 민법 제104조에서 정한 불공정한 법률행위에 관한 법리오해, 판단누락 등으로 판결에 영향을 미친 잘못이 없다.

제 2 장 주택임대차 대항력 · 우선변제권 · 임차권등기명령신청

1. 주택임대차에 있어 인도의 의미와 우선변제권의 성립시기

주택임차인이 인도와 주민등록(전입신고)을 마친 경우 그 다음 날부터 제3자에 대한 효력이 생기고, 위 대항요건에 더하여 임대차계약서에 확정일자를 갖추면 주택 경매 시 순위에 따른 배당권, 즉 우선변제권이 인정된다(주임법 제3조의2 제2항). 그렇다면 주택의 인도란 무엇일까? 임차목적물인 주택에 대한 점유이전을 의미하는 것으로 결국, 임대인이 임차인에게 현관이나 대문의 열쇠를 넘겨주었는지, 자동문 비밀번호를 알려주었는지, 이사를 할 수 있는지 등이 고려된다.

계약 당일 임대인이 자동문의 비밀번호를 알려주었고, 계약체결일 다음 날 임차인이 임차인의 이삿짐 일부를 임차목적물에 옮겨 놓았다면? 대법원은 이와 같은 경우 늦어도 이삿짐 일부를 옮겨 놓은 날에 주택인도가 인정된다고 한다[대법원 2017다212194 판결(배당이의)].

임대차계약을 체결하면서 계약체결 당일 일부의 보증금을 계약금조로 지급하고, 잔금의 경우 1개월 정도 후에 지급하는 것이 일반적인데, 위와 같은 거래관행이 우선변제권의 성립시기에 영향을 줄 수 있을까? 영향을 주기 어렵다.

위 대법원 판결은 "임차인이 임대인에게 임차보증금의 일부만을 지급하고 주임법 제3조 제1항에서 정한 대항요건과 임대차계약증서상의 확정일자를 갖춘 다음 나머지 보증금을 나중에 지급하였다고 하더라도 특별한 사정이 없는 한 대항요건과 확정일자를 갖춘 때를 기준으로 임차보증금 전액에 대해서 후순위권리자나 그 밖의 채권자보다 우선하여 변제를 받을 권리를 갖는다."고 한다.

대법원의 구체적 사례를 확인해 보자. '3층 단독주택'을 甲이 소유하고 있었고, 원고들은 3층 단독주택의 101호를 임차하였는데 보증금 6천 5백만원 중 일부인 5백만원을 계약 당일인 2012. 7. 16.에 지급하면서, 101호의 비밀번호를 甲으로부터 받았고 그날 전입신고와 확정일자를 받은 후에, 다음 날인 2012. 7. 17.에 이삿짐 일부를 옮겨두고 원고 1.이 가끔 사용하다가, 잔금지급일인 2012. 8. 16. 다음 날 2012. 8. 17.에 잔금을 지급하고 나머지 이사를 마쳤다. 피고는 위 '3층 단독주택' 중에서 甲으로부터 303호를 6천 5백만원의 전세금을 지급하고, 전세권설정등기를 2012. 8. 2.자로 설정하였는데, '3층 단독주택'은 소유자가 변경되면서 경매에 부쳐졌다. 대법원은 2012. 7. 18.경에 원고들이 우선변제권을 취득(피고의 전세권등기보다 우선한다는 취지)하였으므로, 피고의 배당(배당금 60,295,651원)에 대한 원고들의 이의를 받아들인 것이다(피고에게 우선권이 있다는 원심을 파기함).

2. 임대인이 법인을 임차인으로 하는 주택을 양도한 경우에 보증금반환의무의 소멸 여부

임대인이 법인을 임차인으로 하는 주택을 양도한 경우에 임대인의 보증금반환채무는 소멸되는가? 법인은 주임법 제3조 제2항, 제3항을 제외하고는 대항력 규정인 주임법 제3조가 적용되지 않는다. 따라서 원칙적으로는 임대인이 법인을 임차인으로 하는 주택을 양도한 경우에 임대인의 보증금반환채무는 소멸하지 않고 존속한다.

그렇다면 임대인이 주택을 양도하면서, 임대인의 보증금반환채무를 주택의 양수인에게 인수시키는 약정을 한 경우에는 어떠한가? 예를 들어, 한국전력공사가 갑으로부터 아파트를 임차한 후, 임대차기간 중에 갑이 병에게 위 아파트의 소유권을 이전하면서, 매매계약서에 병이 매매대금에서 위 임대차보증금을 제외한 나머지 금액만 지급하기로 하고 '임차인－한국전력공사와 현 임대차계약을 승계하여 임대인의 지위와 의무를 인수인계하기로 한다.'는 내용의 인수조항을 기재하였다면 어떠한가?

이러한 경우라면 임대인의 보증금반환채무가 소멸되고 그 보증금반환채무가 주택의 양수인 병에게 이전되는 것이 아닌가? 그렇지 않다. 민법 제454조는 "채무자와의 계약에 의한 채무인수"라는 제목 아래에 "① 제삼자가 채무자와의 계약으로 채무를 인수한 경우에는 채권자의 승낙에 의하여 그 효력이 생긴다. ② 채권자의 승낙 또는 거절의 상대방은 채무자나 제삼자이다."라고 적시하고 있는바, 임대인의 보증금반환채무가 소멸되고 주택의 양수인 병에게 보증금반환채무가 이전되려면 보증금반환에 있어 채권자인 임차인의 승낙이 있어야 한다.

이와 관련된 대법원 2024다215542 판결을 소개한다.

원고 한국전력공사는 피고보조참가인으로부터 이 사건 아파트를 임차하였고, 피고 서울보증보험과 보증보험계약을 체결하였다. 이후 피고보조참가인은 소외 1에게 이 사건 아파트를 매도하고 소유권이전등기를 마쳐주었는데, 이때 소외 1은 매매대금 중 위 임대차계약상

보증금에 상당하는 금액을 제외한 금액만 지급하기로 하였다. 또한, 매매계약서 특약사항란에는 '임차인 - 원고와 현 임대차계약을 승계하여 임대인의 지위와 의무를 인수인계하기로 한다'는 내용(이 사건 인수조항)이 기재되어 있다.

원고는 임대차 종료 후에도 보증금을 반환받지 못하였다고 주장하면서 피고를 상대로 보험금 지급을 구하는 이 사건 소를 제기하였다. 이 사건 아파트의 양수인 소외 1의 근저당권 설정으로 이미 이 사건 아파트의 담보가치가 사실상 사라진 상황이었기 때문이었다. 원심은 이 사건 매매계약 당시 임대차보증금 반환채무를 소외 1이 면책적으로 인수하는 것을 원고가 묵시적으로 승낙하였다고 보고, 피고의 보험금 지급의무가 없다고 판단하였으나, 대법원은 원고의 묵시적 승낙을 함부로 단정할 수 없다는 취지로 원심판결을 파기·환송한 것이다.

이 사건 인수조항이 의도하는 법률효과가 무엇인지는 당사자 의사 해석에 관한 문제인데, 이 사건 인수조항은 병존적 채무인수 또는 이행인수에 관한 약정이라고 볼 여지가 있다는 것이다. 이 사건 인수조항이 면책적 채무인수 약정에 해당한다고 하더라도, 원고는 원칙적으로 주택임대차보호법에 따른 보호를 받을 수 없는 법인이고, 전세권 등 담보 수단을 별도로 제공받지 못하였는바, 원고의 묵시적 승낙 유무를 판단함에 있어서는 원고가 이러한 상황을 알고도 면책적 채무인수의 결과를 감수할 만한 합리적 이유가 있었는지에 관한 여러 정황에 비추어 판단하여야 한다는 것이다.

게다가 원고가 소외 1 또는 그를 인수인으로 하는 면책적 채무인수에 관한 정보를 제대로 확보하거나 이를 승낙하여 달라는 명시적 요구도 받지 않은 상황에서 면책적 채무인수를 승낙하리라고 기대하기는 어렵다고 보았다.

그리고 원고가 이 사건 보증보험계약상 임대인을 소외 1로 변경할 수 있는지도 면책적채무인수의 승낙을 결정할 때 중요한 고려 요소이고, 이러한 임대인 변경에는 피고의 승인이 필요한데, 피고의 승인 보장도 없었을 뿐만 아니라 그에 부정적 영향을 미치는 사정도 있었으므로, 원고가 임대인 변경을 통해 이 사건 보증보험계약에 따른 보호를 받을 수 있다는 보장이 없는 상황에서 선뜻 면책적 채무인수를 승낙할 합리적 이유가 없다는 것이다.

또한 과거에 원고가 면책적 채무인수를 승낙한 사실이 있다고 하여, 이 사건에서도 면책적 채무인수를 승낙하였다는 결론에 곧바로 이를 수는 없다는 취지이다.

위 대법원 판결에 대하여 "양도인과 양수인 사이에서는 면책적 채무인수를 의도하였으나, 채권자가 이를 승낙하지 않은 경우에 이행인수로 볼 것인지, 병존적 채무인수로 볼 것인지에 관하여는 명시적으로 판단하지 않았다면서, 면책적 채무인수가 인정되지 않는다고 하여 이행인수라고 볼 것은 아니고, 병존적 채무인수로 보는 것이 타당한 경우가 많을 것이라는 견해가 있다(2024. 8. 1.자 공보에 대한 '서울고등법원판례공보스터디' 참고).

위 대법원 판결이 설시한 법리를 그대로 옮긴다.

법인은 주택임대차보호법 제3조 제1항이 정하는 대항요건의 하나인 주민등록을 마칠 수 없는 점에 비추어 보면, 주택을 임차한 법인에는 주택임대차보호법 제3조 제2항, 제3항이 정하는 경우를 제외하고는 주택임대차보호법 제3조가 적용되지 않는다.

그러므로 임차주택의 양수인이 임대인의 지위를 당연히 승계한다는 내용의 주택임대차보호법 제3조 제4항도 주택 임차인이 법인인 경우에는 원칙적으로 적용되지 않는다.

따라서 임대인이 법인을 임차인으로 하는 주택을 양도한 경우에는 임대인의 임대차보증금 반환채무를 양수인이 면책적으로 인수하였다는 등의 특별한 사정이 없는 한 임대인의 법인에 대한 임대차보증금 반환채무는 위 주택 양도에도 불구하고 소멸하지 아니한다.

면책적 채무인수는 병존적 채무인수 또는 이행인수와는 달리 제3자가 채무를 인수함으로써 기존 채무자가 면책되므로, 어떠한 인수의 법적 성격이 문제 되는 경우 이를 병존적 채무인수 또는 이행인수가 아니라 면책적 채무인수로 보는 데에는 엄격함과 신중함이 요구된다.

그러므로 부동산 매수인이 매매목적물에 관한 임대차보증금 반환채무 등을 인수하는 한편 그 채무액을 매매대금에서 공제하기로 약정한 경우, 그 인수는 특별한 사정이 없는 이상 매도인을 면책시키는 면책적 채무인수라고 볼 수 없다.

또한 부동산 매도인과 매수인 사이에 임대차보증금 반환채무를 면책적으로 인수하는 약정이 있었더라도 그에 기한 면책적 채무인수의 효력이 발생하려면 채권자인 임차인의 승낙이 있어야 한다(민법 제454조 참조). 이때 임차인의 승낙은 반드시 명시적 의사표시로 하여야 하는 것은 아니고 묵시적 의사표시로도 가능하다.

그러나 임차인이 채무자인 임대인을 면책시키는 것은 그의 채권을 처분하는 행위이므로, 임대보증금 반환채권의 회수 가능성 등이 의문시되는 상황이라면 임차인의 어떠한 행위를 임대차보증금 반환채무의 면책적 인수에 대한 묵시적 승낙의 의사표시에 해당한다고 쉽게 단정하여서는 아니 된다.

3. 주택에 대한 일시 전출과 대항력

주택을 임차한 후에 이사(인도)를 하고 전입신고를 마치게 되면 대항요건을 갖추게 되며(대항력 문제는 별론. 주임법 제3조 제1항), 확정일자를 추가로 갖출 경우에 순위에 따른 배당권(이른바 '우선변제권')이 인정된다(주임법 제3조의2 제2항).

주택임대차계약을 체결한 후에 이사를 하고 전입신고를 하였는데, 해당 주택이 경매에 부쳐졌고, 전입신고보다 선순위 근저당권이 존재한다면, 대항요건을 갖추었으나, 선순위 근저당권에 대항할 수 없어(대항력 없음), 확정일자를 받지 않았다면 배당도 받지 못 하고 쫓겨날 가능성이 높아진다.

따라서 선순위 근저당권이 존재함에도 불구하고 임대차계약을 체결하는 경우라면, 전입신고를 한 경우라도 확정일자를 받지 않는 실수를 범하지 말아야 한다. 상담을 하다보면 가끔 확정일자를 받지 않은 분들을 볼 수 있는데, 주의할 일이다.

주택을 임차하였고, 해당 주택에 근저당권 등 선순위 권리자가 없을 경우, 임차인이 이사를 하고 전입신고를 마치게 되면, 확정일자를 부여받았는지 여부와 상관없이 대항력을 보유할 가능성이 높다. 이때의 대항력은 신소유자에게 임차권으로 대항할 수 있다는 것으로 계약종료일에 신소유자로부터 보증금을 받고 나올 권리를 주장할 수 있다고 생각하면 이해하기 쉽겠다.

그렇다면, 주택의 임차인이 임차권의 대항력을 취득한 후 일시적으로 가족 전체의 주민등록을 변경하였다가 다시 같은 주소지로 전입하였다면, 이미 취득한 대항력이 유지될까? 대법원은 이미 취득한 대항력의 유지를 인정하지 않았다(대법원 2002다20957 판결 등).

즉, 가족 전체가 일시전출을 한 경우에 이는 전체적으로나 종국적으로 주민등록의 이탈로 볼 수 있기 때문에 대항력은 그 전출 당시 이미 대항요건의 상실로 소멸된다는 것이다. 따라서 대항력을 갖춘 상태였지만 가족 전체가 일시전출을 한 사이에 해당 주택에 근저당권이 설정되고, 해당 주택이 경매에 부쳐졌다면, 임차인은 선순위 근저당권에 대항할 수 없다. 새로 전입신고를 한 것을 기준으로 대항력 유무를 판단하기 때문에 해당 임차인은 대항요건은 갖추었으되 근저당권에 대항할 수 없게 되는 것이고, 새로 전입신고를 하면서 확정일자를 갖추었다면, 그 순위에 따른 배당만 인정될 것이다.

그렇다면, 가족의 주민등록은 그대로 둔 채 임차인 자신만 주민등록을 일시적으로 다른 곳으로 옮겼다면? 이러한 경우는 대항력이 유지된다. 즉 대법원은 임차인이 대항력을 취득한 후 임차인과 그 가족의 일부가 다른 곳으로 이사하면서 그들의 주민등록을 새로운 주택 소재지로 옮겼다 하더라도, 동일 세대에 속하였던 가족의 일부가 남아 여전히 당해 주택을 점유하면서 주민등록을 존속시키고 있었다면, 전체적으로 주민등록의 이탈로 볼 수 없다고 해석하고 있다(대법원 98다5968 판결).

참고로 대법원 2021다238650 판결에 의하면 "주택의 공동임차인 중 1인이라도 주택임대차보호법 제3조 제1항에서 정한 대항력 요건을 갖추게 되면 그 대항력은 임대차 전체에 미치므로, 임차 건물이 양도되는 경우 특별한 사정이 없는 한 공동임차인에 대한 보증금반환채무 전부가 임대인 지위를 승계한 양수인에게 이전되고 양도인의 채무는 소멸한다. 이러한 법리는 계약당사자 사이에 공동임차인의 임대차보증금 지분을 별도로 정한 경우에도 마찬가지이다. 공동임차인으로서 임대차계약을 체결한 것은 기본적으로 임대차계약에 따른 권리 · 의무를 함께하겠다는 것이고, 임대차보증금에 관한 지분을 정하여 그 지분에 따라 임대차보증금을 지급하거나 반환받기로 약정하였다고 하더라도 임대차계약 자체를 지분에 따라 분리하겠다는 것이라고 볼 수는 없다. 공동임차인 중 1인이 취득한 대항력이 임대차 전체에 미친다고 보더라도 주택임대차보호법에 따른 공시의 목적, 거래관행 등에 비추어 임대차계약을 전제로 법률행위를 하고자 하는 제3자의 권리가 침해된다고 볼 수도 없다."라는 취지이다.

4. 임차권양도 또는 전대에 있어서 기존 대항력의 유지 여부

주택의 인도와 주민등록(전입신고)이라는 대항력을 갖춘 임차인이 임대인의 동의를 얻어 적법하게 임차권을 양도하거나 전대차를 한 경우에 임차인의 대항력이 그대로 유지되는 것인가?

그렇다, 다만 양수인이나 전차인이 임차인의 주민등록 퇴거일로부터 주민등록법상의 전입신고기간 내에 전입신고를 마치고 주택을 인도받아 점유를 계속하고 있어야 할 것이다.

대법원 87다카2509 판결에 의하면 "주택임대차보호법 제3조 제1항에 의한 대항력을 갖춘 주택임차인이 임대인의 동의를 얻어 적법하게 임차권을 양도하거나 전대한 경우에 있어서 양수인이나 전차인이 임차인의 주민등록퇴거일로부터 주민등록법상의 전입신고기간 내에 전입신고를 마치고 주택을 인도받아 점유를 계속하고 있다면 비록 위 임차권의 양도나 전대에 의하여 임차권의 공시방법인 점유와 주민등록이 변경되었다 하더라도 원래의 임차인이 갖는 임차권의 대항력은 소멸되지 아니하고 동일성을 유지한 채로 존속한다고 보아야 한다."라는 취지이다.

따라서 위 대법원 판결에 의하면 "주택의 임차인이 제3자에게 전대한 이후에도 그의 임차권의 대항력이 소멸되지 아니하고 그대로 존속하고 있다면 임차인은 그의 임차권의 대항력을 취득한 후에 경료된 근저당권의 실행으로 소유권을 취득하게 된 자에 대하여 임대보증금반환청구권에 기한 동시이행항변권을 행사하여 그 반환을 받을 때까지는 위 주택을 적법하게 점유할 권리를 갖게 되는 것이고 따라서 그로부터 위 주택을 전차한 제3자 또한 그의 동시이행항변권을 원용하여 위 임차인이 보증금의 반환을 받을 때까지 위 주택을 적법하게 점유, 사용할 권리를 갖게 된다."는 것이다.

그렇다면 임대인의 동의를 얻어 임차권을 양수받거나 전차를 한 경우에 그 대항력을 유지함에 있어 인도 및 전입신고라는 요건을 갖출 자는 누가 되는가? 양수인이나 전차인이 인도 및 전입신고를 해야 하는 것이고, 적법한 임차권양도 또는 전대가 있었음에도 양수인 또는 전차인이 전입신고를 한 것이 아니라면 대항력이 유지된다고 보기 어렵다.

이와 관련하여 대법원 2000다55645 판결에 의하면 "주택임대차보호법 제3조 제1항 소정의 대항력은 임차인이 당해 주택에 거주하면서 이를 직접 점유하는 경우뿐만 아니라 타인의 점유를 매개로 하여 이를 간접점유하는 경우에도 인정될 수 있을 것이나, 그 경우 당해 주택에 실제로 거주하지 아니하는 간접점유자인 임차인은 주민등록의 대상이 되는 '당해 주택에 주소 또는 거소를 가진 자'(주민등록법 제6조 제1항)가 아니어서 그 자의 주민등록은 주민등록법 소정의 적법한 주민등록이라고 할 수 없고, 따라서 간접점유자에 불과한 임차인 자신의 주민등록으로는 대항력의 요건을 적법하게 갖추었다고 할 수 없으며, 임차인과의 점유매개관계에 기하여 당해 주택에 실제로 거주하는 직접점유자가 자신의 주민등록을 마친 경우에 한하여 비로소 그 임차인의 임대차가 제3자에 대하여 적법하게 대항력을 취득할 수 있다고 할 것이다."라는 취지이다.

임대인의 동의 없는 임차권 양도 또는 전대의 경우, 임대인에게 대항할 수 없다고 볼 것인데, 그렇다면 언제나 임대인에게 대항할 수 없는 것인가? 이때 양수인 또는 전차인이 인도 및 주민등록(전입신고)이라는 요건을 갖춘 것을 전제한다.

원칙적으로는 임대인 동의가 없다면 임차권 양수인 또는 전차인이 인도 및 주민등록(전입신고)요건을 갖춘 경우라도 임대인에게 대항하기 어려울 것이지만 그 임차권 양도 또는 전대가 불가피한 상황에서 임대인에 대한 배신행위가 아닐 뿐만 아니라 묵시적 동의가 있다고 평가될 만한 사안이라면 대항력을 유지할 수 있다는 것이 대법원 판결이다.

대법원은 임대주택법에 의한 임대주택에 있어, 임대인 송림주택건설이 부도가 나면서 임차인의 임대차보증금 반환요청에 대하여 위 송림주택건설이 응답하지 않는 상황이고, 임차인이 생업으로 멀리 이사를 가야 하는 사정이 생겨 전대를 통해 보증금을 회수한 사안에서, 위 대법원은 임대인의 묵시적 동의를 인정하면서 임대인 동의 없는 전대차가 배신행위가 될 수 없는 특별한 사정이 있다면서, 임차인(전대인) 원고의 소액임차인으로서의 우선변제권에 따른 배당이의가 인정된다는 취지의 판시를 한 것이다(대법원 2005다64255 판결).

즉 위 대법원 2005다64255 판결에 의하면 "민법상 임차인은 임대인의 동의 없이 임차물을 전대하지 못하고 임차인이 이에 위반한 때에는 임대인은 계약을 해지할 수 있으나(민법 제629조), 이는 임대차계약이 원래 당사자의 개인적 신뢰를 기초로 하는 계속적 법률관계임을 고려하여 임대인의 인적 신뢰나 경제적 이익을 보호하여 이를 해치지 않게 하고자 함에 있고, 임차인이 임대인의 동의 없이 제3자에게 임차물을 사용·수익시키는 것은 임대인에게 임대차관계를 계속시키기 어려운 배신적 행위가 될 수 있는 것이기 때문에 임대인에게 일방적으로 임대차관계를 종료시킬 수 있도록 하고자 함에 있다. 따라서 임차인이 비록 임대인으로부터 별도의 승낙을 얻지 아니하고 제3자에게 임차물을 사용·수익하도록 한 경우에 있어서도, 임차인의 당해 행위가 임대인에 대한 배신적 행위라고 할 수 없는 특별한 사정이 인정되는 경우에는, 임대인은 자신의 동의 없이 전대차가 이루어졌다는 것만을 이유로 임대차계약을 해지할 수 없으며, 전차인은 그 전대차나 그에 따른 사용·수익을 임대인에게 주장할 수 있다 할 것이다(대법원 92다24950 판결, 대법원 92다45308 판결).

그리고 위와 같은 이유로 주택의 전대차가 그 당사자 사이뿐만 아니라 임대인에 대하여도 주장할 수 있는 적법 유효한 것이라고 평가되는 경우에 있어서는, 전차인이 임차인으로부터 주택을 인도받아 자신의 주민등록을 마치고 있다면 이로써 주택이 임대차의 목적이 되어 있다는 사실은 충분히 공시될 수 있고 또 이러한 경우 다른 공시방법도 있을 수 없으므로, 결국 임차인의 대항요건은 전차인의 직접 점유 및 주민등록으로써 적법 유효하게 유지 존속한다고 보아야 할 것이다. 이와 같이 해석하는 것이 임차인의 주거생활의 안정과 임차보증금의 회수확보 등 주택임대차보호법의 취지에 부합함은 물론이고, 또 그와 같이 해석한다고 해서 이미 원래의 임대차에 의하여 대항을 받고 있었던 제3자에게 불측의 손해를 준다거나 형평에 어긋나는 결과가 되는 것도 아니다."라는 취지이다

5. 주임법상 대항력은 건물에 관한 것으로 토지소유자의 권리제약 불가

서울북부지방법원 2022나41356 판결 사안을 전제한다. 토지 및 지상건물에 공동저당권이 설정된 이후 지상건물을 헐고 신축건물(다세대 주택, 즉 집합건물)이 지어졌고, 토지에 대한 낙찰로 토지와 신축건물의 소유자가 달라졌다. 이때 신축건물에 법정지상권이 성립할 수 있는가? 그리고 인도 및 전입신고 내지 전세권 등기를 마친 신축건물(다세대주택, 즉 집합건물) 세입자들이 토지 낙찰자에게 대항할 수 있는가?

토지 및 지상건물의 소유자가 토지 및 지상건물에 근저당권을 설정한 후 지상건물을 헐고 신축건물을 신축한 뒤 신축건물에 기존 건물 근저당권과 같은 내용의 근저당권을 다시 설정하기는 하였으나 신축건물에 기존 건물과 동순위로 근저당권을 설정한 것도 아니고 기존 건물과 신축건물의 동일성도 인정된다고 보기 어려운 사안이었다.

즉 기존 건물은 바닥면적이 77.40㎡, 건물 연면적이 267.97㎡으로 된 4층의 근린생활시설 및 주택이었는데, 기존 건물이 철거되고 바닥면적이 92.16㎡이고, 건물 연면적이 309.23㎡인 5층의 다세대건물인 신축건물이 건축된 사안이었다.

이때 근저당권에 기한 토지에 대한 임의경매절차에서 위 토지를 낙찰받은 원고가 신축건물의 세입자들인 피고들을 상대로 신축건물 철거집행을 위한 퇴거를 청구할 수 있을까? 가능하다는 것이 위 서울북부지방법원 2022나41356 판결의 취지이다.

즉 기존 건물과 신축건물 사이 동일성이 유지되지 않고 공동저당권자에게 신축건물에 관해 토지 저당권과 동일한 순위의 공동저당권을 설정해주지 않은 이상 신축건물 전부에 대해 법정지상권이 성립한다고 보기 어렵고 주임법상 대항력으로는 토지소유자의 소유권행사에 대항할 수는 없다는 것이다. 결국 위 서울북부지방법원 2022나41356 판결은 원고의 청구를 인용한 것이다.

그 이유는 무엇일까? 대법원(전합) 98다43601 판결 등에 의하면 "동일인의 소유에 속하는 토지 및 그 지상 건물에 관하여 공동저당권이 설정된 후 그 지상 건물이 철거되고 새로 건물이 신축된 경우에, 그 신축건물의 소유자가 토지의 소유자와 동일하고 토지의 저당권자에게 신축건물에 관하여 토지의 저당권과 동일한 순위의 공동저당권을 설정해 주는 등 특별한 사정이 없는 한,

저당물의 경매로 인하여 토지와 그 신축건물이 다른 소유자에 속하게 되더라도 그 신축건물을 위한 법정지상권은 성립하지 않는다. 이는 건물이 철거된 후 신축된 건물에 토지와 동순위의 공동저당권이 설정되지 아니하였는데도 그 신축건물을 위한 법정지상권이 성립한다고 해석하게 되면, 공동저당권자가 법정지상권이 성립하는 신축건물의 교환가치를 취득할 수 없게 되는 결과 법정지상권의 가액 상당 가치를 되찾을 길이 막혀 당초 토지에 관하여 아무런 제한이 없는 나대지로서의 교환가치 전체를 실현시킬 수 있다고 기대하고 담보를 취득한 공동저당권자에게 불측의 손해를 입게 하기 때문으로서,

이러한 법리는 집합건물의 전부 또는 일부 전유부분과 그 대지 지분에 관하여 공동저당권이 설정된 후 그 지상 집합건물이 철거되고 새로운 집합건물이 신축된 경우에도 마찬가지로 보아야 한다(대법원 2011다73038,73045 판결)."라는 취지이기 때문이다.

또한 위 서울북부지방법원 2022나41356 판결 이유에 의하면 "주임법상의 대항력은 기본적으로 건물에 관한 것이고, 토지를 목적으로 하는 것이 아니므로, 원고의 토지소유권 행사를 제약할 수 없고, 건물임차권의 대항력은 기본적으로 건물에 관한 것이고 토지를 목적으로 하는 것이 아니므로 이로써 토지소유권을 제약할 수 없고,

토지에 있는 건물에 대하여 대항력 있는 임차권이 존재한다고 하여도 이를 토지소유자에 대하여 대항할 수 있는 토지사용권이라고 할 수는 없다. 바꾸어 말하면, 건물에 관한 임차권이 대항력을 갖춘 후에 그 대지의 소유권을 취득한 사람은 민법 제622조 제1항이나 주택임대차보호법 제3조 제1항 등에서 그 임차권의 대항을 받는 것으로 정하여진 '제3자'에 해당한다고 할 수 없다(대법원 2010다43801 판결 참조). 이 사건에 관하여 살피건대, 위 피고들이 신축건물에 대하여 대항력이 있는 임차권을 가지고 있는 사실은 당사자 사이에 다툼이 없으나,

위 피고들이 위와 같이 신축건물에 대하여 대항력 있는 임차권자라 하더라도, 이를 들어 토지소유자인 원고에 대하여 하는 위 주장은 더 나아가 살펴볼 필요 없이 이유 없고, 나아가 위 피고들이 신축건물에 대한 전세권을 가지고 있다고 하더라도, 전세권설정자가 건물의 존립을 위한 토지사용권을 가지지 못하여 그가 토지소유자의 건물철거 등 청구에 대항할 수 없는 경우에 민법 제304조 등을 들어 전세권자 또는 대항력 있는 임차권자가 토지소유자의 권리행사에 대항할 수도 없다 할 것이다(대법원 2010다43801 판결 취지 참조)."라는 취지이다.

6. 채권회수 목적의 주택임대차와 대항력 및 우선변제권

채무자이자 주택소유자인 乙에 대한 대여금채권이 있던 채권자 甲이, 乙의 주택에 가압류를 하였고, 가압류 직전에는 소액임차인으로 전입신고를 하여 거주까지 하고 있다. 이 경우 소액임차인 최우선배당권(이른바 '최우선변제권')이 채권자 갑에게 인정될 것인가? 인정되기

어렵다. 주된 목적이 주택의 사용·수익에 있는 것이 아니라, 채권회수를 목적으로 한 것으로 보이기 때문이다.

즉 대법원은 주임법의 입법목적은 국민의 주거생활의 안정을 보장하려는 것이고, 주임법 제8조 제1항에서 소액임차인에게 다른 담보물권자보다 우선하여 변제받을 수 있도록 한 것은, 비록 소액이라고 하더라도 그에게는 큰 재산이므로 사회보장적 고려에서 나온 것으로서 민법의 일반규정에 대한 예외규정인바, 그러한 입법목적과 제도의 취지 등을 고려할 때, 채권을 회수하려는 것에 주된 목적이 있었던 경우에는 임차인을 주임법상 소액임차인으로 보호할 수 없다는 취지다[대법원 2001다14733 판결(배당이의)].

관련된 판례로는 "실제 임대차계약의 주된 목적이 주택을 사용·수익하려는 것인 이상, 처음 임대차계약을 체결할 당시에는 보증금액이 많아 주택임대차보호법상 소액임차인에 해당하지 않았지만 그 후 새로운 임대차계약에 의하여 정당하게 보증금을 감액하여 소액임차인에 해당하게 되었다면, 그 임대차계약이 통정허위표시에 의한 계약이어서 무효라는 등의 특별한 사정이 없는 한 그러한 임차인은 같은 법상 소액임차인으로 보호받을 수 있다[대법원 2007다23203 판결(배당이의)]."는 취지의 판시도 보인다.

위 두 판례 사안은 배당이의 사례이나, 보증금반환청구가 문제가 된 대법원 사례도 살펴보자. 즉, 친인척 간 대여금을 보증금으로 돌린 후 대항력을 취득한 사안에서, 친척이었던 채무자의 부동산이 경매로 낙찰되자, 새 주택소유자인 낙찰자에게 대항력을 근거로 보증금반환청구를 한 사례이다.

대법원은 "이 사건 빌라를 인도받아 주민등록을 마치고 거주함으로써 주택임대차보호법 제3조 제1항에서 정한 요건을 형식상 갖추었으나, (여러 이유로) 원고가 이 사건 임대차계약을 체결한 것이 이 사건 빌라의 사용·수익을 목적으로 하였다기보다는 대항력 있는 임차인으로 보호받아 소외 2, 3(원고의 부모)의 소외 1(원고의 삼촌)에 대한 대여금채권에 대하여 우선변제를 받으려는 것이 주된 목적이 아니었는가 하는 의심이 들기에 충분하다[대법원 2007다55088 판결(보증금반환)]."고 판시하면서, 그 주된 목적이 대항력 있는 임차인으로 보호받아 부모의 대여금채권을 우선 변제받으려는 것인지에 관하여 더 심리해야 한다는 이유로 원심판결을 파기하였다.

그렇다면, 채권회수목적의 주택임대차인지 아니면 주택의 사용·수익을 위한 주택임대차인지 여부를 어떻게 판단할까? 위 사안들을 고려할 때에, 임대인과 임차인의 인적관계, 보증금액수의 적정성(소액 보증금 여부), 임차인의 실거주 여부, 채권확보를 위한 가압류 여부 등이 그 기준이 될 것이다.

7. 오피스텔 거주와 전입신고, 그리고 전세권등기

오피스텔을 주거용으로 임차하는 경우 임대인이 전입신고를 하지 말고 전세권등기를 하자는 경우가 있다. 필자도 사법연수원 생활을 하면서 오피스텔에 1년 정도 살아본 적이 있는데 마찬가지였고, 결국 임대인 요구대로 전입신고를 하지 않고 전세권등기를 경료했었다. 전세권등기를 설정하는 경우와 전입신고를 하는 경우에 어떠한 차이가 있을까?

우선 전세권등기를 설정하자는 경우는 임대인의 편의에 따른 경우가 많다. 임대인이 오피스텔을 매수할 때 부가세(부가가치세)를 매도인에게 지급하고 매도인은 지급받은 부가세를 국가에 납부하게 되며, 임대인이 매수한 오피스텔이 사업용일 경우 부가세를 환급받게 되지만, 임대인이 매수한 오피스텔이 주거용일 경우라면 부가세를 환급받았다고 해도 토해낼 가능성이 높다(사업용으로 사용한 기간은 제외).

즉 오피스텔 매수 후 임대인은 사업용으로 처리하여 부가세를 환급받는데, 그 후 임차인이 전입신고를 하게 되면 주거용 오피스텔이 되어 문제가 발생할 수 있게 된다. 뿐만 아니라, 임대인에게 주택이 별도로 있는 경우 1가구 2주택에 해당하여 양도세 중과의 문제가 발생할 수도 있다. 이러한 세제 등의 문제로 오피스텔 임대인들이 전입신고를 못 하게 하고 전세권등기를 선호하고 있는 것이다. 그리고 공인중개사 입장에서도 공인중개사법상의 중개수수료 한도 규정에 따라 주거용보다는 사업용에 대한 중개수수료를 더 받을 수 있다는 점도 작용하는 것으로 보인다.

필자의 경우 전세권등기비용을 임대인이 부담했던 것으로 기억하는데, 최근에 신문 기사를 보니 전세권등기비용을 임차인에게 요구하는 경우가 많아 문제가 되는 것 같다. 그렇다면 임차인 입장에서 전세권등기를 하는 것이 좋은가? 아니면 전입신고를 하고 확정일자를 받는 것이 좋은가?

전세권등기는 대체로 임차를 한 건물에만 설정되는 것이 일반적이다. 따라서 경매가 진행될 경우 토지지분의 매각대금에서는 순위에 따른 배당권이 없다. 다만, 오피스텔은 구분건물인 경우가 대부분이어서 토지지분 매각대금에서도 배당권이 있을 수 있다(집합건물법상 분리처분금지규정인 집합건물법 제20조 관련).

그런데 전입신고를 하고 확정일자를 받게 되면 주임법이 적용되어, 해당 오피스텔이 경매에 부쳐질 때 토지지분의 매각대금에서도 당연히 순위에 따른 배당을 받을 수 있다. 즉, 주임법 제3조의2 제2항을 확인하면, "임차주택(대지를 포함한다)의 환가대금"이란 표현을 통해 오피스텔 매각 대금에 더하여 토지지분의 매각대금인 '대지지분의 매각대금이 포함'되어 순위에 따른 배당이 이루어지기 때문이다.

그리고 전세권등기를 하고 나서, 임대인이 전세금을 주지 않을 경우 임차인이 소송을 거치지 않고서도 경매신청(임의경매)을 할 수 있는 반면, 전입신고와 확정일자만 받은 경우는 소송을 통하여 경매신청을 해야 한다. 즉 일장일단이 있지만, 실질적으로는 전입신고와 확정일자를 받는 것으로 충분하다.

임대인 입장에서도 한번 살펴보자. 최근에는 주거용 오피스텔도 보증금뿐만 아니라 월세를 받는 경우도 많은데, 실질이 보증금과 월세를 받는 임대차임에도 불구하고 전세권등기를 하게 되면, 등기부에 월세가 기입되지 않는 문제도 생길 수 있다. 즉 전세권등기에는 전세금만 적게 되어 있어 월세가 있다는 것이 일반에 공시되지 않는다(전세권은 전세금이 필수요소. 민법 제303조 제1항).

이렇게 되면, 임대인이 임차인의 채권자에게 대항할 수 없는 문제가 발생하여(통정허위표시의 선의 제3자 보호문제. 민법 제108조 제2항), 임차인이 월세를 미납할 경우 임대인의 상계권(공제권)보다 임차인의 채권자의 채권확보권한이 우선할 수도 있는 문제가 발생할 수 있다(대법원 2005다59864 판결, 대법원 2006다29372, 29389 판결 등). 결국 오피스텔을 주거용으로 임차한 것이라면, 그 실질에 맞게 전입신고가 가능하도록 하는 것이 임차인과 임대인의 걱정거리를 덜어줄 것이라고 생각한다.

8. 신탁자 또는 수탁자와의 주택임대차계약과 대항력

부동산명의신탁의 경우 부동산실명법(부동산 실권리자명의 등기에 관한 법률) 제4조에 따라, 원칙적으로 물권변동 및 명의신탁약정이 무효가 된다. 다만, 종중, 배우자 등의 특례가 인정되며(제8조), 구분소유적 공유에 따른 상호명의신탁, 신탁법상 신탁재산인 사실이 등기된 경우 등은 명의신탁약정 개념에서 배제된다(제2조).

등기부에 신탁법상 신탁등기가 되어 있는 경우, 수탁자가 임대인이 되는 계약이 체결되기도 하고, 신탁자가 임대인이 되는 계약이 체결되기도 하는데, 이럴 경우 임차인은 어떠한 점을 유의해야 할까? 일단 신탁원부 또는 신탁계약서를 확인해서, 누가 임대권한이 있는지 확인하는 것이 필요하다.

이와 관련하여, 대법원은 “주택임대차보호법이 적용되는 임대차로서는 반드시 임차인과 주택의 소유자인 임대인 사이에 임대차계약이 체결된 경우에 한정된다고 할 수는 없고, 나아가 주택의 소유자는 아니지만 주택에 관하여 적법하게 임대차계약을 체결할 수 있는 권한(적법한 임대권한)을 가진 임대인과 사이에 임대차계약이 체결된 경우도 포함된다고 할 것이므로, 원심이 확정한 바와 같이 이 사건 임대차계약상의 임대인인 피고가 비록 이 사건 주택의 소유자가 아니라고 하더라도 주택의 명의신탁자로서 사실상 이를 제3자에게 임대할 권한을 가지는 이상, 임차인인 원고는 등기부상 주택의 소유자인 명의수탁자에 대한 관계에서도 적법한 임대차임을 주장할 수 있다고 할 것이고, 그리하여 원고가 주택의 인도와 주민등록을 마쳤다면 원고는 주택임대차보호법 제3조 제1항 소정의 대항력을 취득하였다(대법원 95다22283 판결).”라는 취지의 판시를 한 사실이 있다.

임대권한이 있었던 명의신탁자와 임대차계약을 체결한 후에, 임대권한을 포함하여 처분권이 명의수탁자에게 이전된 경우는 어떠한가? 대법원은 “명의수탁자가 명의신탁자로부터 주택을 임대할 권리를 포함하여 주택에 대한 처분권한을 종국적으로 이전받는 경우에 임차인이 주택의 인도와 주민등록을 마친 이상 주택임대차보호법 제3조 제2항의 규정에 의하여 임차인과의 관계에서 그 주택의 양수인으로서 임대인의 지위를 승계하였다고 보아야 한다(대법원 98다49753 판결)."라는 취지이다.

종중이 종중재산인 주택을 종원에게 명의신탁을 했었고, 명의수탁자인 종원과 임대차계약을 체결하였는데, 종중이 신탁해지소송을 통해 승소한 후, 임차인에게 명도소송을 제기할 경우는 어떠한가?

대항력(인도 및 전입신고)을 갖춘 임차인이라면, 종중의 명도소송에 대항할 수 있을 것이다. 명의신탁의 해지는 장래적인 계약파기를 의미하는 것으로 이해되는바, 결국 해지 전에 명의수탁자인 종원에게 임대권한이 있었다고 보여지며, 대항력을 갖춘 임차인이라면, 종중에 대항가능하기 때문이다. 결국, 계약기간이 남아 있다면, 계약기간 중이라는 사실을 들어 항변을 할 수 있고, 계약기간이 만료되어 명도의무가 있는 상황이라면, 보증금반환항변이 가능할 것이다.

대법원 2021다210720 판결에 의하면 "매도인이 악의인 계약명의신탁에서 명의수탁자로부터 명의신탁의 목적물인 주택을 임차하여 주택 인도와 주민등록을 마침으로써 주택임대차보호법 제3조 제1항에 의한 대항요건을 갖춘 임차인은 부동산실명법 제4조 제3항의 규정에 따라 명의신탁약정 및 그에 따른 물권변동의 무효를 대항할 수 없는 제3자에 해당하므로 명의수탁자의 소유권이전등기가 말소됨으로써 등기명의를 회복하게 된 매도인 및 매도인으로부터 다시 소유권이전등기를 마친 명의신탁자에 대해 자신의 임차권을 대항할 수 있고, 이 경우 임차인 보호를 위한 주택임대차보호법의 입법 목적 및 임차인이 보증금반환청구권을 행사하는 때의 임차주택 소유자로 하여금 임차보증금반환채무를 부담하게 함으로써 임차인을 두텁게 보호하고자 하는 주택임대차보호법 제3조 제4항의 개정 취지 등을 종합하면 위의 방법으로 소유권이전등기를 마친 명의신탁자는 주택임대차보호법 제3조 제4항에 따라 임대인의 지위를 승계한다. 이는 소유권을 취득하였다가 계약해제로 인하여 소유권을 상실하게 된 임대인으로부터 그 계약이 해제되기 전에 주택을 임차하여 주택임대차보호법 제3조 제1항에 의한 대항요건을 갖춘 임차인은 민법 제548조 제1항 단서의 규정에 따라 계약해제로 인하여 권리를 침해받지 않는 제3자에 해당하므로 임대인의 임대권원의 바탕이 되는 계약의 해제에도 불구하고 자신의 임차권을 새로운 소유자에게 대항할 수 있고, 이 경우 계약해제로 소유권을 회복한 제3자는 주택임대차보호법 제3조 제2항에 따라 임대인의 지위를 승계하는 것(대법원 2003다12717 판결 등)과 마찬가지이다. 주택의 명의수탁자인 소외인으로부터 그 주택을 임차하여 주택임대차보호법 제3조 제1항의 대항요건을 갖춘 원고는, 무효인 계약명의신탁약정에 기한 등기임을 이유로 소외인 명의의 소유권이전등기를 말소하고 매도인으로부터 소유권이전등기를 마친 명의신탁자인 피고에 대해서 자신의 임차권을 대항할 수 있고, 나아가 피고는 주택임대차보호법 제3조 제4항에 따라 임대인의 지위를 승계한다."라는 취지이다.

또한, 위 대법원 판결은 "주택임대차보호법 제3조 제4항에 따라 임차주택의 양수인은 임대인의 지위를 승계한 것으로 보므로 임대차보증금 반환채무도 부동산의 소유권과 결합하여 일체로서 임대인의 지위를 승계한 양수인에게 이전되고 양도인의 보증금반환채무는 소멸하는 것으로 해석되므로, 변론종결 후 임대부동산을 양수한 자는 민사소송법 제218조 제1항의 변론종결 후의 승계인에 해당한다(대법원 2001그35 결정 등). 승계집행문은 그 승계가 법원에 명백한 사실이거나 증명서로 승계를 증명한 때에 한하여 내어 줄 수 있고(민사집행법 제31조 제1항), 승계를 증명할 수 없는 때에는 채권자가 승계집행문 부여의 소를 제기할 수 있다(민사집행법 제33조). 따라서 임차인이 임대인을 상대로 보증금반환의 승소확정판결을 받았으나 이후 주택 양수인을 상대로 이를 반환받고자 할 경우 승계가 명확하지 않거나 임대인 지위의 승계를 증명할 수 없는 때에는 임차인이 양수인을 상대로 승계집행문 부여의 소를 제기하여 승계집행문을 부여받음이 원칙이나, 이미 임차인이 양수인을 상대로 임대차보증금의 반환을 구하는 소를 제기하여 양수인과 사이에 임대인 지위의 승계 여부에 대해 상당한 정도의 공격방어 및 법원의 심리가 진행됨으로써 사실상 승계집행문 부여의 소가 제기되었을 때와 큰 차이가 없다면, 그럼에도 법원이 소의 이익이 없다는 이유로 후소를 각하하고 임차인으로 하여금 다시 승계집행문 부여의 소를 제기하도록 하는 것은 당사자들로 하여금 그동안의 노력과 시간을 무위로 돌리고 사실상 동일한 소송행위를 반복하도록 하는 것이어서 당사자들에게 가혹할 뿐만 아니라 신속한 분쟁해결이나 소송경제의 측면에서 타당하다고 보기 어려우므로 이와 같은 경우 소의 이익이 없다고 섣불리 단정하여서는 안 된다."는 취지이다.

위 대법원 2021다210720 판결에 대하여는 ① 중복집행의 문제, ② 집행문 부여의 소에 대한 전속관할을 위반하거나 잠탈하는 문제가 있다면서, 원고가 제1심 법원에 승계집행문 부여 신청을 하고 이를 거부할 경우에 승계집행문부여의 소를 제기하여 승계집행문을 부여받은 것이 민사집행법 체계를 유지하는 방법이 될 것이라는 견해가 있다(2022. 9. 30.자 '서울고등법원판례공보스터디' 제1788쪽 참고).

9. 신탁법상 신탁자와 임대차계약을 체결한 경우의 대항력

신탁법상 신탁이 이루어진 상태이다. 등기부의 일부에 해당하는 신탁원부에는 신탁자가 수탁자의 동의를 얻어 임대차를 할 권한이 있다고 기재되어 있다. 신탁자가 수탁자의 동의를 얻어 해당 주택에 대하여 신탁자와 임대차계약을 체결한 임차인이 인도, 전입신고, 확정일자를 모두 받았다. 이때 임차인에게 대항력이 인정되는가? 대항력이 인정될 것이다.

다만, 위 대항력은 임대차가 존속하는 동안 임대인이 아닌 제3자에 대하여도 주택에 관한 임차권을 주장하여 이를 사용·수익할 수 있다는 것을 의미할 뿐, 제3자가 임대인의 임대차보증금반환채무를 당연히 승계한다는 것을 의미하지는 않는다.

주임법 제3조 제4항은 "임차주택의 양수인(그 밖에 임대할 권리를 승계한 자를 포함한다)은 임대인의 지위를 승계한 것으로 본다."라고 규정하고 있으나, 수탁자인 신탁회사는 임대인인 신탁자로부터 주택을 양수한 사실이 없고, 임대인이 아닌 수탁자(신탁회사)로부터 이 사건 주택을 양수한 제3자도 위 규정이 적용될 여지가 없다[대전지방법원 2019나101272(본소), 2019나117482(반소) 판결]. 신탁계약에 따라 수탁자에게 소유권이전등기가 경료된 후에 수탁자의 동의에 따라 신탁자와 임차인이 임대차계약을 체결한 것이기 때문이다.

따라서 신탁자와 임대차계약을 체결한 임차인은 수탁자로부터 주택의 소유권을 취득한 제3자에게 보증금반환을 청구할 수 없으며, 수탁자로부터 주택의 소유권을 취득한 제3자는 임차인에게 명도를 청구하거나 정당한 점유기간 동안의 월세에 대하여 부당이득반환청구도 할 수 없다.

위 대전지방법원 2019나101272(본소), 2019나117482(반소) 판결 이유를 확인하면 "이 사건 신탁계약의 목적은 위탁자의 우선수익자에 대한 채무의 이행을 담보하고 채무불이행시 신탁부동산을 환가 · 정산하는 데 있고, 우선수익자의 채권 만족은 결국 신탁부동산의 처분대금으로부터 얻게 된다(신탁계약서 제1조, 제22조). 그런데 신탁자가 수령한 임대차보증금의 반환채무를 수탁자가 승계한다고 보게 되면, 이는 신탁부동산의 가치 하락 및 처분대금의 감소를 초래하여, 결국 우선수익자의 채권 만족을 어렵게 하는 결과로 이어지게 된다. 이는 이 사건 신탁계약의 목적에 반한다. 위와 같은 담보신탁의 구조 및 성격, 이 사건 신탁계약과 이 사건 동의서의 내용 등에 비추어 볼 때, 이 사건 오피스텔의 신탁물건 공매(입찰) 공고 제5항('공매대상물건 중 매도자에게 임차권을 주장할 수 있는 임차인이 존재할 경우 매수자가 임대인의 지위 및 임대차보증금반환채무를 인수하여야 합니다.'), 원고의 이 사건 오피스텔에 관한 매매계약서 제5조 제3항('매수인은 매매목적물에 대항력 있는 임차인이 있는 경우 임대차계약을 승계하여야 하고, 동 임차인이 매도인에게 임차보증금 반환을 청구할 경우 매수인이 제1조에 의한 매매대금 이외 추가로 부담하여 반환하여야 한다.') 등의 규정은, 매도인인 수탁자가 임대차보증금반환채무를 부담하는 임대차가 있는 경우(예컨대 신탁계약 체결 전에 신탁자와 임차인 간에 체결한 임대차계약으로서 임대인 명의를 수탁자로 갱신하고 임대차보증금을 신탁자와 수탁자 사이에 인수 · 인계한 경우. 신탁계약서 제10조 제1항 참조)를 전제로 한 규정이라고 해석되고, 따라서 수탁자가 부담하지 않는 피고에 대한 이 사건 임대차보증금 반환채무를 원고가 승계한다고 볼 수는 없다."라는 취지이다.

위 대전지방법원 판결에 대하여, 임차인인 피고(반소원고)가 상고를 제기하였으나, 상고도 기각되었다.

즉 대법원 2019다300095(본소), 300101(반소) 판결에 의하면 "이 사건 신탁계약에서 수탁자의 사전 승낙 아래 위탁자 명의로 신탁부동산을 임대하도록 약정하였으므로 임대차보증금 반환채무는 위탁자에게 있다고 보아야 하고, 이러한 약정이 신탁원부에 기재되었으므로 임차인에게도 대항할 수 있다. 따라서 이 사건 오피스텔에 관한 부동산담보신탁 이후에 위탁자인 케이피로부터 이를 임차한 피고는 임대인인 케이피를 상대로 임대차보증금의 반환을 구할 수 있을 뿐 수탁자인 한국토지신탁을 상대로 임대차보증금의 반환을 구할 수 없다. 나아가 한국토지신탁이 임대차보증금 반환의무를 부담하는 임대인의 지위에 있지 아니한 이상 그로부터 이 사건 오피스텔의 소유권을 취득한 원고가 주택임대차보호법 제3조 제4항에 따라 임대인의 지위를 승계하여 임대차보증금 반환의무를 부담한다고 볼 수도 없다."라는 취지이다.

여기서 주의할 것은 임차인의 대항력의 의미가 임차권에 따른 사용·수익에 한하고, 보증금반환청구에게 미치지 않을 수 있다는 점이다. 일반적으로 대항요건 충족을 통해 대항력이 있다고 할 때에 대항력의 효력을 받는 자가 보증금반환의무도 부담하는 사례와 구별된다는 것이다.

위 대법원 판결에 대하여, 대법원 95다22283 판결, 대법원 2007다38908 판결, 대법원 2018다44879 판결 등에 의하면 주임법상의 대항력은 임대인이 주택의 소유자가 아니더라도 적법하게 그에 관하여 임대차계약을 체결할 수 있는 권한을 가진 경우에도 인정되어 왔고, 특히 아파트와 같은 주택 등에 관하여 신탁계약이 흔히 행하여지는 상황에서 이와 같은 사건은 부동산의 임대차 및 신탁의 거래에도 현저한 영향을 미칠 가능성이 있으므로 이 사건에서와 같이 수탁자(소유자)로부터의 임대권한 부여에 따라 임대차계약이 체결된 경우에는 수탁자로부터 소유권을 양수한 제3자에 대하여 임차권의 대항력을 인정하여 임차인이 소유권을 양수한 제3자에게 보증금반환청구를 인정해야 한다는 취지의 견해가 확인된다(양창수, 2022. 4. 11.자 법률신문 참고).

필자의 단견에 의하더라도 신탁부동산의 신탁원부에 신탁자가 수탁자(신탁회사)의 동의를 얻어 임대차를 할 수 있도록 규정되어 있어서, 이를 믿고 임차인이 신탁부동산에 대하여 명의자가 아닌 신탁자와 임대차계약을 체결하였는데, 그 대항력의 의미가 단지 사용·수익권에 한정되고, 보증금 반환청구에 미치지 않는다는 것은 기존 대항력의 의미와 상충되고, 위 대법원 판결 결론을 충실하게 따를 경우에 신탁부동산이 경매로 넘어가는 경우에 임차인이 인도, 전입신고, 확정일자를 모두 갖춘 경우라도 순위에 따른 배당을 받을 수 없는 것으로 해석되는바, 주임법상 우선변제권(순위에 따른 배당권) 규정의 임차인보호 취지에 반하는 결과가 발생한다.

정리하자면 신탁부동산에 대한 임대차계약을 체결할 경우에 신탁원부에 따라 신탁자를 임대인으로 할 경우 보증금확보에 문제가 생길 가능성이 매우 높다는 것인바, 신탁원부가 등기부의 일부에 해당한다는 점, 주임법상 우선변제권(순위에 따른 배당권) 규정에 따른 임차인 보호취지 등을 고려하면 위 대법원 판결에 의문이 있다(위 대법원 2019다300095(본소), 300101(반소) 판결에 대하여 "위 2019다300095 판결에 대하여는 비판적인 견해가 많음. 신탁등기의 대항력에 관한 판례를 인용하고 있는 것을 비판하는 견해와, 그것과 관계없이 적법한 임대권한을 가진 사람과 임대차계약이 체결되어 주택임대차보호법이 적용되는 임대차에서 임차주택의 양수인이 보증금반환의무를 부담하지 않는다고 본 결론에 반대하는 견해가 유력함. 사견으로도 후자(주택임대차보호법에 따른 대항력)에 관한 위 판결의 결론에는 의문이 있음. 한편 위 2019다300095 판결에 대한 공식적인 판례해설에 의하면, 위 판결은 2011. 7. 25. 전부 개정 전의 구 신탁법 제3조 제1항에 관하여 종전 판례의 입장을 따른 것임을 밝히고 있고, 현행 신탁법 제4조 제1항의 해석론에 관하여도 '같은 법리를 판시할 것인지 주목할 필요가 있다'고 하여, 현행 신탁법 제4조 제1항의 해석에는 종전 판례의 법리가 적용되지 않을 가능성을 내비치고 있음"이라는 견해가 확인됨(2025. 4. 1.자 판례공보에 대한 서울고등법원판례공보스터디의 "대법원 2022다233164 판결"에 대한 해설 참고).

10. 주택임대차에 대한 전입신고 및 확정일자와 저당권의 우선순위

주택을 임차하고, 이사(인도)를 한 다음에 동사무소에 전입신고를 하고 확정일자를 받게 되는데, 이때 전입신고를 한 다음 날 0시에 제3자에 대한 효력이 생기며, 확정일자에 따른 배당순위도 전입신고와 확정일자를 받은 다음 날 0시에 발생한다(주임법 제3조 제1항, 제3조의2 제2항 참고). 따라서 임차인이 전입신고와 확정일자를 받은 날에 주택의 소유자이자 임대인이 제3자에게 근저당권을 설정해 주면, 임차인이 근저당권자보다 후순위가 되어 피해를 보는 문제가 발생한다.

예를 들어보자. 임차인이 주택임대차계약에 따라 2019. 1. 17.경에 이사한 후, 당일 전입신고와 확정일자를 마쳤다면, 임차인의 대항력과 우선변제권(순위에 따른 배당권)은 2019. 1. 18. 0시에 발생한다.

위와 같은 사정에도 불구하고, 임대인이 누군가로부터 돈을 빌리면서 같은 날인 2019. 1. 17.경에 해당 주택에 근저당권을 설정해 주었다면, 그 근저당권자는 근저당권 설정 당일인 2019. 1. 17.에 순위에 따른 배당권이 생겨 결국, 동일한 날짜에 전입신고와 확정일자를 받은 임차인보다 선순위가 되는 문제가 발생한다.

필자는 언론인터뷰(KBS '못참겠다')를 통하여 위 사안과 유사한 사례에 대한 인터뷰를 진행한 사실이 있는데, 금요일에 이사를 왔음에도 이사정리에 정신이 없어 전입신고와 확정일자를 월요일에 받았고, 공교롭게도 해당 주택에 근저당권이 월요일에 설정된 사안이었다.

위 사안에서 세입자가 이사정리를 하면서 바로 전입신고와 확정일자를 받았다면, 선순위가 되었을 것이나, 근저당권 설정일과 동일한 날에 전입신고와 확정일자를 받아, 결국 주택이 경매가 되면서 보증금에 대한 어떠한 보호도 받지 못하는 상황에 이른 것이다.

여기서 우리가 알아두어야 할 점은 전입신고와 확정일자는 이사와 동시에 해야 한다는 점인데, 문제는 이사와 동시에 전입신고와 확정일자를 받더라도, 주택의 소유자이자 임대인이 악의적으로 당일에 제3자에게 근저당권을 설정해 줘 버리면, 배당순위에서 근저당권자에게 임차인이 밀려 버린다는 것이다.

그렇다면 임대차계약 체결과 함께, 임차인이 전입신고와 확정일자를 받고 대항력이 발생한 후에나 근저당권을 설정할 수 있다는 특약을 넣으면 어떨까? 이러한 특약이 100% 보증금을 확보하는 안전장치가 될까? 이러한 특약을 했더라도, 임대인이 작정하고 당일에 제3자에게 근저당권을 설정해 줘 버리면 보증금회수에 어려움을 겪을 수밖에 없다(민사 및 형사 문제 발생). 결국, 전입신고 및 확정일자 부여 당일에 대항력과 우선변제권이 생긴다는 취지의 입법적 해결이 필요해 보인다.

11. 주택 및 상가보호법상의 임대인지위 승계규정과 임차인의 승계거부

주임법과 상임법은 임차목적물인 부동산이 양도되는 경우 양수인에게 임대인으로서의 지위가 승계되도록 규정하고 있다(주임법 제3조, 상임법 제3조).

이와 관련하여 대법원은 대항력 있는 주택임대차에 있어 임차목적물인 부동산이 양도되는 경우에는 주임법 제3조 제2항에 의하여 양수인에게 임대인으로서의 지위가 당연히 승계되고, 양수인이 임대인의 지위를 승계하는 경우에는 임대차보증금 반환채무도 부동산의 소유권과 결합하여 일체로서 이전하는 것이므로 양도인의 임대인으로서의 지위나 보증금 반환채무는 소멸하는 것이라는 취지의 판시를 한 사실이 있다(대법원 95다35616 판결 등). 이러한 판결에 의할 경우, 임차인의 의사와 관련 없이, 임차주택이나 임차상가의 주인이 바뀔 경우에 임대인이 변경되고, 계약종료 후에 받아야 할 보증금도 변경된 임대인, 즉 신소유자에게 받아야 한다.

임대차관계는 기본적으로 신뢰관계를 전제하는데, 임차인의 의사와 관련 없이 소유자변경으로 임대인이 바뀌는 것이 적절한 것일까? 이러한 의문에도 불구하고, 주임법과 상임법이 소유자변경에 따른 임대인지위 승계 규정을 둔 이유는 대항력을 취득한 임차인의 보호(보증금확보)를 위한 것으로 충분하게 이해할 만한 규정이다.

그렇다면, 임차인이 스스로 신소유자의 임대인지위승계를 거절할 수는 없을까? 거절할 수 있다. 즉, 대법원은 임차인의 보호를 위한 임대차보호법의 입법 취지에 비추어 이 경우에 임차인이 원하지 아니하면 임대차의 승계를 임차인에게 강요할 수는 없는 것이어서 스스로 임대차를 종료시킬 수 있어야 한다는 공평의 원칙 및 신의성실의 원칙에 따라 임차인이 곧 이의를 제기함으로써 승계되는 임대차관계의 구속을 면할 수 있고, 임대인과의 임대차관계도 해지할 수 있다고 보아야 하며(대법원 98마100 결정 등), 그와 같은 경우에는 양도인의 임차인에 대한 보증금 반환채무는 소멸하지 않는다고 할 것(대법원 2001다64615 판결 등)이라는 태도를 취하고 있다.

이와 관련하여 주택에 대한 대항력을 갖춘 임차인에게 임대인이 주택양도사실을 알리지 않은 채, 주택양수인에게 주택을 양도하면서 전세보증금채무인수를 약정한 사안에서, 대전지방법원 2004가합7716 판결은 “원고들이 이 사건 주택의 양도사실을 알고 곧바로 피고에게 항의하고 피고 소유 부동산을 가압류함으로써 이 사건 주택의 양도 및 임대인의 지위 승계에 대하여 이의를 제기하였고, 이 사건 소장으로 임대차계약을 해지하였으므로, 위 원고들은 피고로부터 소외인에게로 승계되는 임대차관계의 구속을 면하고, 따라서 이 사건 주택의 양도인인 피고의 위 원고들에 대한 임차보증금반환채무는 소멸하지 않는다.”고 판시하였다.

12. 부동산 경락인이 소유권취득 직전에 임차인이 대항력을 상실한 경우 보증금청구

부동산을 일반 매매로 취득할 때의 소유권변동시점은 소유권이전등기 시이다. 그러나 경매로 부동산을 취득하는 경우에는 경락인이 매각대금을 다 낸 때에 그 즉시 해당 부동산의 소유권을 취득하게 된다. 민사집행법 제135조가 “매수인은 매각대금을 다 낸 때에 매각의 목적인 권리를 취득한다.”라고 규정하고 있기 때문이다.

주택임대차보호법 제3조 제1항은 “임대차는 그 등기가 없는 경우에도 임차인이 주택의 인도와 주민등록을 마친 때에는 그 다음 날부터 제삼자에 대하여 효력이 생긴다. 이 경우 전입신고를 한 때에 주민등록이 된 것으로 본다.”고 규정하면서 같은 조 제4항에서 “임차주택의 양수인(그 밖에 임대할 권리를 승계한 자를 포함한다)은 임대인의 지위를 승계한 것으로 본다.”고 규정하고 있다.

따라서 주택임차인이 인도와 주민등록(전입신고)이라는 대항요건을 구비하고 대항력을 갖춘 경우에 경락인과 같은 매수인은 소유권변동 시점에 해당하는 경락대금 완납시점에 임대인의 지위를 승계하게 된다.

이렇게 매수인이 임대인의 지위를 승계하는 경우에는, 임대차보증금의 반환채무도 부동산의 소유권과 결합하여 일체로서 이전하는 것이므로 전소유자이자 임대인의 임대인으로서의 지위나 보증금반환 채무는 소멸한다(대법원 95다35616 판결 등).

이러한 논리구조를 바탕으로 판결 사례를 살펴보자.

임차인이 경매절차에서 현황조사에 협조하여 매각 물건명세서에 대항력이 있는 임차인이 있다고 기재되었다. 경락인은 매각 물건명세서를 보고 입찰을 하였기 때문에 대항력 있는 임차인의 존재를 인식하고 응찰하였을 것이다. 따라서 비교적 저가에 해당 주택을 낙찰받았을 것이다.

대항력 있는 임차인의 보증금을 경락인이 차후 임차인에게 반환할 의무가 있기 때문에 경락인은 낙찰대금과 경락인이 차후 임차인에게 반환할 보증금의 합산액을 진정한 낙찰대금으로 생각하고 낙찰받았을 것이라는 취지이다.

이러한 상황에서 경락인이 낙찰대금을 완납하기 직전에 임차인이 전출을 함으로써 대항력을 상실하였다면 어떨까?

경락인이 낙찰대금을 완납해야 해당 부동산의 소유자가 되는데, 낙찰대금 완납 직전에 임차인이 대항력을 상실하면 경락인은 임차인의 보증금을 책임질 이유도 없을 뿐만 아니라, 임차인은 해당 주택을 경락인에게 인도할 의무를 부담한다. 경락인에게 대항할 수 없기 때문이다.

이때 전출을 함으로써 주민등록(전입신고)의 요건이 깨져서 대항력을 상실한 임차인이 임대인 즉 구 소유자를 상대로 보증금을 청구할 수 있을까?

원심은 신의칙상 임대인 즉 구 소유자에 대한 임차인의 보증금반환청구가 인정되지 않는다는 취지였지만 대법원은 가능하다는 취지이다.

즉 원심(대구지방법원 2020나302538 판결)은 피고(임대인이자 구 소유자)에게 임차보증금의 반환을 구하는 청구에 대하여, 원고(임차인)의 대항력 상실로 경락인이 임대인의 지위를 승계하지는 못하였지만, 원고가 이 사건 경매절차에서 현황조사를 마친 후 전출함으로써 매각물건명세서에 대항력 있는 임차인이 있다고 기재되도록 하는 등의 외관을 만든 이상 피고에게 남은 임차보증금의 지급을 구하는 것은 신의성실의 원칙에 반하여 허용될 수 없다는 취지였다.

그러나 대법원 2020다276914 판결은 임차주택의 양수인에게 대항할 수 있는 임차권자라도 스스로 임대차관계의 승계를 원하지 않을 때에는 승계되는 임대차관계의 구속을 면할 수 있다고 보는 것이 공평의 원칙 또는 신의성실의 원칙에 부합한다(대법원 94다37646 판결 등)는 점, 주택임대차보호법 제3조 제4항에 따라 임차주택의 양수인이 임대인의 지위를 승계하는 것은 어디까지나 임차인이 대항력을 갖추고 있는 것을 요건으로 하므로 대항력을 갖추지 못한 임차인의 경우 임차주택이 다른 사람에게 이전되었더라도 임대인이 임차보증금 반환의무를 부담하는 것이 원칙이라는 점 등을 근거로 원심을 파기·환송한 것이다.

〈위 대법원 2020다276914 판결 사건개요 정리〉

원고는 2016. 4. 4. 이 사건 주택의 소유자인 피고로부터 이 사건 주택을 보증금 185,000,000원, 임대차기간 2016. 4. 14.부터 2018. 4. 13.까지로 정하여 임차하면서(이하 '이 사건 임대차계약'), 피고와 이 사건 임대차계약과 동일한 내용의 전세권설정계약도 체결하였다.

원고는 2016. 4. 14. 피고에게 보증금을 모두 지급한 후 확정일자를 받고 주민등록법상 전입신고를 마쳤으며, 같은 날 이 사건 주택에 관하여 전세권설정등기도 마쳤다.

이 사건 임대차계약기간이 종료되었음에도 피고가 보증금을 반환하지 않자, 원고가 2018. 5. 3. 전세권 실행을 위한 경매신청을 함으로써 이 사건 주택에 관한 경매절차가 개시되었다(이하 '이 사건 경매절차').

소외인은 이 사건 경매절차에서 최고가매수신고인이 되어 매각허가결정을 받은 다음

2019. 5. 24. 매각대금을 완납하고 이 사건 주택에 관하여 소유권이전등기를 마쳤다.

원고는 신청채권자 겸 전세권자로서 집행비용을 제외한 95,540,378원만을 배당받았다. 원고는 2018. 8. 20. 다른 주택에 전입신고를 마침으로써 이 사건 주택에서 전출하였고 이후 소외인에게 이 사건 주택을 인도하였다. 원고는 이 사건 주택의 전소유자이자 임대인인 피고에게 배당받지 못한 나머지 보증금에 대한 반환청구 소송을 제기하였다.

13. 다가구주택의 임차권 등기명령에 의한 등기와 배당순위

다가구주택을 임차하면서 전입신고를 하고 확정일자를 받았다고 가정하자. 다가구주택은 단독주택의 일종이기 때문에 다가구주택이 경매에 부쳐지면 그 다가구 주택에 확정일자를 받은 사람이 여러 명이 있을 경우 확정일자를 받은 순서에 의해 배당을 받게 된다.

예를 들어보자. 다가구 주택에 집주인인 甲과 임차인인 乙, 丙이 살고 있다. 임차인 乙은 임대차계약 후 전입신고를 하고 확정일자를 받았고, 임차인 丙도 임대차계약 후 전입신고를 하고 확정일자를 받았다. 그런데 전입신고 및 확정일자는 丙보다 乙이 먼저 받았다. 집주인 甲은 임차인 乙 및 丙과 임대차계약 체결 전에 이미 위 다가구주택을 담보로 은행으로부터 대출을 받아 근저당권을 설정해 둔 상태였는데, 甲의 경제 사정이 나빠지면서 대출이자를 지급하지 못하는 상황이 되었다.

甲의 채권자인 은행은 위 다가구주택을 경매에 부칠 것이고, 이렇게 되면 배당순위는 "① 은행 채권 → ② 乙의 보증금 채권 → ③ 丙의 보증금 채권" 순서가 된다. 그런데 丙이 임대차계약 종료가 되자 적법하게 종료절차를 마친 후 임차권등기명령신청을 통하여 위 다가구주택에 임차권등기를 경료하였고, 乙도 동일절차를 거쳐 임차권등기명령신청을 통해 임차권등기를 경료하였다고 가정하자. 임차권등기명령신청을 통한 임차권등기의 순위는 ① 丙의 임차권등기 → ② 乙의 임차권등기 순서가 되었다.

즉 확정일자는 乙이 丙에 우선하나, 임차권등기명령신청을 통한 임차권등기는 丙이 乙에 우선하는 결과가 발생한 것이다. 이런 경우는 배당순위가 어떻게 될까? 등기를 기준으로 하면 丙이 우선하겠지만, 확정일자를 기준으로 하면 乙이 우선하게 된다.

전입신고와 확정일자를 이미 받아둔 임차인이 임차권등기명령신청에 의하여 임차권등기를 경료한 경우에 이러한 임차권등기는 대항력과 우선변제권의 유지에 그 목적이 있으므로 확정일자를 기준으로 배당순위를 결정하는 것이 타당하므로 배당순위는 "① 은행 채권 → ② 乙의 보증금 채권 → ③ 丙의 보증금 채권" 순서가 된다고 보는 것이 타당하다(필자의 상담사례 각색).

이와 관련하여 판례도 "임차권등기 이전에 대항력을 갖춘 임차인의 경우에는 임차권등기명령에 의한 등기가 됨으로써 그 후 대항요건을 갖추지 아니하여도 이미 취득한 대항력 취득의 효력이 계속 유지되므로, 이 경우에는 임차권등기가 된 때가 아닌 본래의 대항력을 취득한 때를 기준으로 매수인에 대항할 수 있는지를 판단하여야 한다[부산고등법원 2005나17600 판결<대법원 2005다21166 판결('제17장 부동산경매'편에서 다루는 '연속된 경매에 있어 주택임차인의 우선변제권 소멸' 참고)과 유사한 사안>]."라고 판시한 바 있다(위 필자의 상담사례 각색과는 내용이 다름. 판결 요지만 발췌함).

14. 임차권등기명령에 의해 등기된 아파트의 임대차

임차인의 임차권등기명령신청을 통하여 임차권등기가 경료된 아파트를 임차해도 될까? 필자의 상담사례를 일부를 각색해서 설명한다. 상담인은 아파트를 임차하기 위하여 공인중개사사무실을 방문하였고, 중개사는 상담인의 예산에 맞는 아파트를 보여주었다.

상담인이 해당 아파트를 마음에 들어하자, 중개사가 해당 아파트의 권리관계를 설명하면서, 임차권등기가 되어있지만, 조만간 해결될 것이니, 계약을 추진하자는 것이었고, 상담인은 중개사 말만 믿고, 임대차계약을 체결하였다.

상담인은 임대차계약 당시 중개사로부터 임대인과 종전 임차인이 보증금 소송 중인 사실을 들었지만, 조정이 되어 문제가 없다는 설명을 들었다고 한다. 계약서에는 임차인이 잔금을 치를 때에 임대인이 임차권등기를 말소해 주기로 약정하였다.

위와 같이 계약서를 쓰고 나서, 불안감이 생겨 알아보기 시작했는데, 상담인이 만나는 전문가들이 하나 같이, 임차권등기명령을 통하여 임차권등기가 된 아파트를 임차하는 것은 굉장히 위험하다는 설명을 하였다고 한다. 타당한 말이다. 그렇다면, 임차권등기명령신청으로 임차권이 등기된 아파트를 임차할 경우 어떠한 위험성이 있을까?

우선, 임대차계약서에 임차인이 잔금을 치를 때에 그 즉시 임차권등기를 임대인이 말소해 주기로 약정을 하였다고 가정하더라도, 잔금지급 그 즉시 임대인이 임차권등기를 말소해 주기 어렵고 희망적인 상황이라도 임차권등기를 말소하는데 일정 시간이 필요하다. 임차권등기명령신청을 통한 임차권등기는 담보적 성격을 가지고 있기 때문에 임차권등기를 말소시키려면, 임대인이 먼저 전임차인에게 보증금을 주어야 하는데(대법원 2005다4529 판결), 임대인은 보증금을 줄 여력이 없어 임차권등기가 된 것이기 때문이다. 결국 실천 가능성이 없는 특약을 한 셈이다.

또한, 임대인과 종전 임차인 사이에 조정이 진정으로 성립되었다면 별문제지만, 화해권고 등으로 이의신청이 가능한 상황이라면 더욱 복잡한 문제가 발생한 수 있다. 전임차인이 보증금에 대한 이자 등의 문제를 가지고 이의신청을 하는 경우가 있기 때문이다. 다만, 임대인과 전임차인 그리고 현 임차인이 모두 모여 임차권등기를 말소하는 방법에 대한 합의를 이끌어낼 수 있다면, 문제가 위와 같이 복잡하게 전개되지는 않을 것이다.

참고로 대법원 2024다326398 판결에 의하면 "주택 임차인이 주택 소재지로 전입신고를 마치고 주택을 인도받아 일단 임차권의 대항력을 취득하였으나 그 후 주택의 점유를 상실하였다면 그 대항력은 점유 상실 시에 소멸한다. 한편 주택임대차보호법 제3조의3 제5항은 '임차인은 임차권등기명령의 집행에 따른 임차권등기를 마치면 제3조 제1항 · 제2항 또는 제3항에 따른 대항력과 제3조의2 제2항에 따른 우선변제권을 취득한다.'라고 규정하고 있으므로, 대항력과 우선변제권은 임차권등기가 마쳐진 때부터 발생한다고 보아야 한다. 따라서 대항력이 상실된 이후에 임차권등기가 마쳐졌더라도 이로써 소멸하였던 대항력이 당초에 소급하여 회복되는 것이 아니라 그 등기가 마쳐진 때부터 그와는 동일성이 없는 새로운 대항력이 발생한다."라는 취지이다(관할 법원의 업무 사정상 임차권등기명령 신청 이후 임차권등기명령과 등기 기입까지 상당한 시간이 소요되는 것이 현실인 점 내지 근저당권자는 자기보다 선순위자인 임차인의 임차권이 있음을 전제로 근저당권설정계약을 체결한 점 등을 종합하여, 임차권등기명령 신청과 임차권등기가 이루어진 이상 임차인의 임차권등기명령 신청 후 임차권등기 전에 점유를 상실하였다고 하더라도 임차권등기가 마쳐짐으로써 임차권등기에 기재된 내용대로 임차권의 대항력이 여전히 유지된다고 판단한 원심을 파기 · 환송한 사례).

15. 공부상 비주택에 대한 주택임차권등기명령신청

주택임대차계약을 체결하고 계약종료 6개월 전부터 2개월 이전 사이에 임차인이 임대인에게 계약종료일에 보증금을 달라는 취지의 통보하고, 그 내용이 임대인에게 도달하였다(주임법 제6조 제1항 참고).

그런데 임대인이 답변을 하지 않다가, 임대차계약 종료일에 즈음하여 돈이 없으니, 새로운 임차인이 들어오면 주겠다고 한다면? 이때 주택임차인이 다른 주택에 들어가기 위해 그 다른 주택임대인과 임대차계약을 체결하고 계약금까지 지급한 상황이라면?

이런 경우 주임법상의 임차권등기명령에 의한 임차권등기를 신청하고, 법원의 촉탁에 의한 임차권등기가 경료된 것을 확인한 후 새로운 임차주택에 전입신고 및 확정일자를 받아야 구 주택에 대한 대항요건(력) 등을 유지하면서, 새로운 임차주택에 대한 대항요건(력) 등을 확보하게 된다. 다만 현실적인 문제가 있는데 임차인이 이런 행동을 하려면 구 주택임대인이 지급하지 않은 금액에 상당하는 보증금을 긴급히 확보하여 새 주택임대인에게 보증금지급을 할 여력이 있어야 할 것이다.

이와 같은 기본 내용을 전제로 필자의 상담사례를 살펴보자. 을(임차인)이 갑(임대인)과 주택임대차계약을 체결하고 해당 계약서를 들고 동사무소에 들러 전입신고를 하려 하였는데, 동사무소에서 건축물대장을 확인한 후, 계약체결 부분이 공부상 주택이 아닌 근린생활시설임을 들어 전입신고를 거부하였다.

임차주택은 4층짜리 다가구주택이었는데, 건축물대장상 2층은 근린생활시설로 되어 있었고, 을(임차인)은 2층 일부를 임대차한 것이었다. 알고 보니 2층은 임대인에 의하여 무단으로 용도가 변경된 상황이었고, 세 가구가 주택으로 이용하는 상황이었다. 전입신고를 거부당하여 당황한 을(임차인)은 갑(임대인)과 중개사에게 이러한 상황을 전달하였다. 결국 중개사를 통하여 임대차대상을 실제(2층 일부)와 다르게 '4층 일부'로 바꾼 계약서를 작성하고 전입신고 및 확정일자를 받게 되었다.

그런데 계약종료에 즈음하여, 을(임차인)의 갑(임대인)에 대한 적법한 계약종료통보에도 불구하고 갑(임대인)은 새 임차인이 들어올 때까지 보증금을 주기 어렵다는 태도를 보인 것이다. 이러한 경우 앞서 설명한 것처럼 임차권등기명령신청이 가능할까? 가능하다.

대법원 판례는 공부가 아닌 실질을 기준으로 주택 여부를 판단하고 있을 뿐만 아니라(대법원 87다카2024 판결), 다가구주택과 같은 단독건물의 경우 호수까지 기재할 필요 없이 지번까지 정확히 기재할 경우 인도, 전입신고 및 확정일자를 갖춤을 전제하여 순위에 따른 우선변제를 인정하고 있기 때문이다.

다만, 계약서(4층 일부)와 다른 부분(2층 일부)에 대하여 임차권등기명령을 신청하는 상황에 처하게 되는 것이므로 임차권등기명령신청을 할 때에 적극적인 소명이 필요할 것이다. 참고로, 다가구가 아닌 다세대 등의 공동주택은 지번뿐만 아니라, 호수까지 정확하게 기재하여야 대항요건(력) 등을 구비하게 된다는 점에서 위 설명과 다른 결론이 도출될 수 있음에 주의할 필요가 있다. 그 이유는 무엇일까? 다세대와 같은 집합건물은 각 호수별로 소유권이 이전되고, 각 호수가 단독의 부동산이므로 호수에 대한 명확한 특정이 필요하기 때문이다.

16. 점유를 상실한 임차인의 임차권등기명령신청과 배당순위

주택에 있어 임차권등기명령신청에 따른 임차권등기는 대항요건 등을 유지하기 위해 많이 활용되는데, 점유를 상실한 임차인도 임차권등기명령신청을 통한 임차권등기를 할 수 있는가? 할 수 있다.

〈관련 법조문〉

> **주택임대차보호법 제3조의3(임차권등기명령)** ① 임대차가 끝난 후 보증금이 반환되지 아니한 경우 임차인은 임차주택의 소재지를 관할하는 지방법원·지방법원지원 또는 시·군 법원에 임차권등기명령을 신청할 수 있다.
>
> ⑤ 임차인은 임차권등기명령의 집행에 따른 임차권등기를 마치면 제3조 제1항·제2항 또는 제3항에 따른 대항력과 제3조의2 제2항에 따른 우선변제권을 취득한다. 다만, 임차인이 임차권등기 이전에 이미 대항력이나 우선변제권을 취득한 경우에는 그 대항력이나 우선변제권은 그대로 유지되며, 임차권등기 이후에는 제3조 제1항·제2항 또는 제3항의 대항요건을 상실하더라도 이미 취득한 대항력이나 우선변제권을 상실하지 아니한다.

> ⑥ 임차권등기명령의 집행에 따른 임차권등기가 끝난 주택(임대차의 목적이 주택의 일부분인 경우에는 해당 부분으로 한정한다)을 그 이후에 임차한 임차인은 제8조에 따른 우선변제를 받을 권리가 없다.

즉 대법원 2003다62255(본소), 62262(반소) 판결에 의하면 "주택임대차보호법 제3조의3 제1항은 임대차가 종료된 후 보증금을 반환받지 못한 임차인은 임차권등기명령을 신청할 수 있다고 규정하고 있는바, 같은 조항 및 같은 조 제2항 제3호, 제5항의 각 규정 취지에 비추어 보면, 임차인이 임대차 종료 후 임차주택에 대한 점유를 상실하였더라도 보증금을 반환받지 못한 이상 임차권등기명령을 신청할 수 있다고 보아야 할 것이다."라는 취지이다.

그렇다면 점유를 상실한 상태에서 새로운 임차인이 임차물을 인도받아 점유를 하여 대항요건 등을 충족하고 있었는데, 점유를 상실한 임차인이 그 해당 임차물에 임차권등기명령신청을 통한 임차권등기를 할 수 있는가? 가능하다.

즉 대구지방법원 2014나305284 판결(부당이득반환청구)에 의하면 위 대법원 2003다62255(본소), 62262(반소) 판결을 고려할 때에 점유를 상실한 임차인도 임차권등기명령 신청을 통한 임차권 등기가 가능할 뿐만 아니라 '임차권등기 일자에 따른 순위로 대항요건과 우선변제권(순위에 따른 배당권)이 인정'된다는 취지이다(주임법 제3조의3 제5항).

그렇다면 점유를 상실한 소액 임차인이 임차권등기명령 신청을 하여 임차권등기를 완료하였는데, 임차권등기 당시에 다른 소액 임차인이 점유와 주민등록, 확정일자 등을 갖춘 상황이었다. 이때 점유를 상실한 임차인의 임차권등기뿐만 아니라, 현재 점유를 하고 있는 새로운 임차인의 대항요건이 모두 경매개시결정기입 등기 전에 갖추어진 경우라면 누가 최우선변제권자가 되는가? 두 명 모두 최우선변제권자가 되고 안분·배당되는가? 아니다.

이에 대하여 위 대구지방법원 2014나305284 판결(부당이득반환청구)에 의하면 현재 점유를 하고 있고 대항요건을 구비한 임차인만이 소액임차인으로서 최우선변제권을 취득할 뿐이라는 취지이다.

즉 위 대구지방법원 2014나305284 판결(부당이득반환청구) 이유에 의하면 "주택임대차보호법 제8조는 경매신청 등기 전에 소액임차인이 대항력을 갖추면 최우선변제권이 있다고 규정하고 있고, B는 위에서 본 바와 같이 이 사건 경매개시결정 등기(2013. 5. 8.) 전인 2012. 9. 13. 대항력을 갖추었으므로 최우선변제권이 있다고 볼 여지가 있다. 그러나 아래와 같은 사정들을 고려하여 볼 때, B에게는 주택임대차보호법 제8조에서 정한 소액임차인으로서의 최우선변제권이 인정되지 않는다고 볼 것이다. ① 주택임대차보호법은 임차인 보호를 위하여 일정한 요건을 갖춘 임차인에게 대항력, 우선변제권, 소액임차인의 최우선변제권을 부여하고 있는데, 그 같은 보호를 위해서는 모두 임차목적물인 주택의 인도가 요건이므로, 하나의 임차목적물에 1명의 임차인이 있을 것을 전제로 한 것이다. 그런데 임차인이 그 같은 보호를 받기 위하여 임차목적물을 계속 점유하고 있어야 할 필요가 있음으로 인해 생기는 불이익을 방지하기 위하여 임차권등기명령 제도가 도입되었다. 임차권등기를 하게 되면 그로써 인도의 요건을 갖춘 것으로 인정해 주어, 임차인이 주택임대차보호법에서 정한 특별한 혜택을 보유할 필요 때문에 새로운 주거지로 옮겨가지 못하던 불합리를 해결해 준 것이다. ② 그러나 임차권등기는 실제로는 임차목적물을 점유하지 않더라도 가능한 것이어서 동일한 임차목적물에 주택임대차보호법상의 보호를 받을 수 있는 복수의 임차인이 동시에 존재할 수 있게 되었고, 이는 당해 임차목적물에 대한 임차인이나 담보권자 등의 이해관계인들에게 불측의 손해를 줄 수 있는 것이다. 이 같은 이해관계의 조절을 위해서 주택임대차보호법은 제3조의3 제6항을 두어, 임차권등기가 된 목적물을 그 이후에 임차한 임차인은 주택임대차보호법 제8조에 따른 소액임차인의 최우선변제를 받을 권리는 없다고 규정하게 되었다. 즉, 소액임차인의 최우선변제권과 관련하여서는 동일한 임차목적물에 대하여 복수의 권리자가 발생하지 않도록 하겠다는 것이 위 규정의 취지인 것이다. ③ 돌이켜 이 사건의 경우를 보면, 원고가 보증금을 20,000,000원으로 하는 임대차계약을 체결하고 2012. 5. 23. 임차목적물의 인도와 주민등록을 마쳐 주택임대차보호법 제8조에서 정한 소액임차인으로서의 최우선변제권을 취득하였다. 그리고 당시에는 B는 주민등록은 되어 있었으나 임차목적물에 거주하지 않고 있어 최우선변제권을 비롯하여 주택임대차보호법에서 인정하고 있는 여러 혜택들을 누릴 수 없는 상태였는데, 2012. 9. 13. 이 사건 임차권등기를 하게 되어 비로소 그 요건을 다시 갖추게 되었다. 이와 같은 경우는 주택임대차보호법 제3조의3 제6항에서 규정하고 있는 경우와 비교할 때 임차권등기와 다른 임대차계약의 체결이라는 사건의 순서만 바뀐 것일 뿐이고, 복수의 최우선변제권을 가지는 소액임차인의 등장이라는 결과가 되어 담보권자 등 다른 이해관계인들에게 불측의 손해를 주게 됨은 동일하다. 따라서 이와 같은 경우에도 주택임대차보호법 제3조의3 제6항이 유추적용되어, 나중에 임차권등기를 하게 된 소액임차인에게는 주택임대차보호법 제8조의 최우선변제권이 인정되지 않는다고 보아야 한다."라는 취지이다[대법원 2015다236899 판결(상고기각)로 확정].

17. 임차권등기명령 임차권등기 이후의 임차인에게도 대항력 등 인정 가능

임대차계약이 종료되었음에도 불구하고 주택임대인이 임차인에게 보증금을 주지 않아 임차인이 법원에 임차권등기명령을 신청하여 임차권등기를 경료한 후에 다른 곳으로 이주하였다.

이러한 상황에서 새로운 임차인이 임대인과 임대차계약을 체결하고 전입신고 및 확정일자를 갖춘 경우(임차권등기가 된 것을 보고 새로운 임차인이 해당 주택에 입주하는 사례가 많지는 않겠지만, 이는 실제사례인 대법원 2022다246610, 246627판결 사안을 전제함)에, 주택을 경매로 매수한 낙찰자가 임차권등기 이후의 임차인에게 임대인으로서의 책임을 부담해야 하는가?

하나의 주택에 임차인 둘이 존재하는 꼴이 되는데, 이러한 경우에도 임대인이 임차권등기명령신청에 따른 등기 이후의 전입신고 및 확정일자를 갖춘 임차인에게 임대인으로서의 책임, 특히 보증금반환의무를 부담할 여지가 있다.

다만 위 임차권등기권자와 그 후의 전입신고 및 확정일자 임차인이 모두 근저당권과 같은 말소기준보다 선순위임을 전제한다(민사집행법 제91조 제3항에서 언급하는 '저당권, 압류채권, 가압류채권' 등이 말소기준. 관련내용은 필자가 쓴 '부동산권리분석 및 배당 판례특강 제2판(박영사)' 제1강 참고).

그 이유는 무엇일까? 대법원 2022다246610, 246627판결에 의하면 "주택임대차보호법은 '임차권등기명령의 집행에 따른 임차권등기가 끝난 주택을 그 이후에 임차한 임차인은 제8조에 따른 우선변제를 받을 권리가 없다'(제3조의3 제6항)고 정하고 있고, 제8조는 일정 금액 이하의 소액임차보증금 최우선변제에 관한 규정이며, 주택임대차보호법에서 임차권의 대항력과 우선변제권에 관한 규정에는 임차인이 주택의 인도와 주민등록을 마친 때에는 대항력이 생기고 임대차계약증서에 확정일자를 갖추면 우선변제권까지 생긴다고 정하고 있을 뿐, 선순위 임차권 내지 임차권등기의 존재를 소극적 요건으로 정하고 있지 않으므로, 임차권등기가 마쳐진 주택을 임차한 임차인에게도 소액임차보증금에 관한 최우선변제권을 제외한 대항력과 우선변제권을 인정할 수 있다"라는 취지이기 때문이다.

결국 주택을 경매로 낙찰받으려는 자는 임차권등기명령신청에 따른 임차권등기가 존재하고, 그 후의 임차인이 전입신고 및 확정일자 등을 갖춘 경우이며, 권리분석 결과 위 두 임차인이 말소기준보다 모두 선순위로 판단된다면, 전입신고 및 확정일자를 갖춘 임차인이 낙찰자에게 대항할 수 있다는 사실을 인식할 필요가 있다.

위 대법원 판결의 1심판결인 광주지방법원 2021가단515444, 515451 판결을 확인하면 "피고(임차권등기 이후의 임차인)는 이 사건 경매절차에서 임차인으로서 배당요구를 하였으나, 2020. 2. 25. 배당기일에 피고보다 선순위인 권리자가 있어 배당을 전혀 받지 못하였다. 원고(낙찰자)는 피고를 상대로 이 사건 주택에 관한 부동산인도명령을 신청하여 2020. 4. 10. 인도명령을 받았고, 피고가 위 인도명령에 대한 항고를 하여 2020. 5. 6. 위 인도명령에 기한 강제집행은 피고가 원고를 위하여 5,000,000원을 공탁할 것을 조건으로 항고심 사건의 결정시까지 정지한다는 결정이 내려졌다. 피고는 현재까지 이 사건 주택을 점유하고 있고, 임대차보증금을 반환받지 못하였다."라고 적시되어 있는바, 임차권등기명령신청에 따른 임차권등기 이후에 전입신고 및 확정일자를 득했던 피고가 경매법원에서는 보호받지 못하는 상황이었던 것이 확인된다. 낙찰자인 원고가 임차권등기명령신청에 따른 임차권등기 이후의 임차인 피고를 상대로 한 인도명령신청이 인용되었기 때문이다.

낙찰자인 원고는 임차권등기명령신청에 따른 임차권등기권자를 진정한 임차인으로 인식하고, 그 이후의 전입신고 및 확정일자 임차인을 보호받을 여지가 없는 임차인으로 이해한 것으로 보이고, 경매법원도 마찬가지였지만, 대법원은 경매법원과 다른 판단을 한 것이다.

물론 임차권등기명령신청에 따른 임차권등기가 존재하는 상황에서 위 등기를 확인하고 임대차계약을 체결하는 사례가 많지는 않겠지만, 위 대법원 판결은 임차권등기명령신청에 따른 임차권등기가 존재하는 상황에서 임대차계약이 체결된 사례라는 점에서 낙찰자는 이러한 상황이 있을 수 있음을 인식할 필요가 있다.

18. 임차권등기명령에 따른 임차권자와 등기상 이해관계 있는 제3자

주택임차권자가 이미 전전 소유자에게 대항력 및 우선변제권을 취득한 상태에서 현 소유자를 피신청인('2003. 6. 23. 부등 3402-353 질의화답'에 의하면 "임차권등기명령의 결정 후 주택의 소유권이 이전된 경우 등기촉탁서에 전소유자를 등기의무자로 기재하여 임차권등기의 기입을 촉탁한 때에는 촉탁서에 기재된 등기의무자의 표시가 등기부와 부합하지 아니하므로 등기관은 그 등기촉탁을 각하여야 한다."는 취지)으로 한 임차권등기명령신청에 따른 임차권등기를 마쳤는데, 현 소유자가 사기피해자인 경우에 위 주택임차권자가 현 소유자의 사기취소에 있어 등기상 이해관계가 있는 제3자에 해당하는가? 등기상 이해관계 있는 제3자가 아니라는 것이 수원지방법원 성남지원 2023가합401564 판결의 취지이다.

위 수원지방법원 성남지원 2023가합401564 판결 사안을 정리한다(뒤에서 언급하는 서울서부지방법원 2022가단244174 판결도 함께 정리함).

갑(매수인)은 하남시 소재 집합건물에 해당하는 오피스텔을 을(매도인)로부터 매수하였다. 이때 공인중개사 병이 중개업무를 하였는데, 갑은 을의 기망에 따라 위 오피스텔을 매수한 것이었으며, 갑의 대리인이자 중개인이었던 병도 갑을 기망한 것으로 인정되었다.

따라서 매도인 을과 공인중개사 병은 매수인 갑의 매매계약의 취소에 따라 매매대금과 등기비용 등을 합한 금 98,933,900원 및 관련이자 등을 지급할 의무가 있다는 판단(부진정 연대채무)이 내려졌으며, 매수인 갑은 오피스텔 매매계약 취소에 따라 매도인 을에게 등기인수를 청구(갑의 소유권이전등기의 말소등기절차를 인수하라는 청구)하여 인용되었다(서울서부지방법원 2022가단244174 판결).

매도인 을에게 매수인 갑이 등기인수를 청구(갑의 소유권이전등기의 말소등기절차를 인수하라는 청구)한 이유는 무엇일까? 매매대상 오피스텔의 전전소유자로부터 위 오피스텔을 임차한 임차인 정이 이미 그 당시 대항력 및 확정일자를 보유한 사정이 확인되어 매수인 갑이 위 임차인 정에게 보증금을 반환할 의무에서 벗어나기 위한 것이었다.

임차인 정은 위 오피스텔에 대한 보증금 140,000,000원을 위 오피스텔의 전전소유자에게 지급하고 대항력 및 확정일자는 취득한 상태였으나, 매수인 갑은 매도인 을로부터 임차인 정의 보증금이 20,000,000만원에 불과한 것으로 전달받았을 뿐이었기 때문에 사기취소 및 등기인수청구를 하였던 것이다.

위 서울서부지방법원 2022가단244174 판결에 대하여 매도인 을이 항소를 하지 않아 매수인 갑의 매도인 을에 대한 위 판결이 확정되자, 위 판결을 들고 매수인 갑이 수원지방법원 성남지원 하남등기소에 매수인 갑 명의의 위 오피스텔에 대한 소유권이전등기 말소등기신청을 하였으나, 등기관은 “이해관계 있는 제3자 등기가 있는 소유권이전등기의 말소신청은 이 사건 임차권등기와 이 사건 소유권이전등기가 말소되므로 이에 관하여 이해하고 승낙한다는 정보가 제공되지 않았다.”는 이유로 “부동산등기법 제29조 제3호, 제9호에 따라 위 신청을 각하”하였다.

등기관이 각하결정을 한 이유는 무엇일까? 등기관은 임차권등기명령신청을 통해 임차권등기를 경료한 정이 부동산등기법 제57조 제1항이 정한 등기상 이해관계 있는 제3자에 해당하는 것으로 보이는데, 매수인 갑의 소유권이전등기를 판결에 따라 말소를 하려면 위 임차권등기권자인 정의 승낙이 있어야 하고, 정의 승낙이 없으므로 매수인 갑의 판결에 따른 말소등기신청을 받아줄 수 없어 각하한다는 취지였던 것이다.

이와 관련하여 부동산등기법 제57조는 “이해관계 있는 제3자가 있는 등기의 말소”라는 제목 아래에 “① 등기의 말소를 신청하는 경우에 그 말소에 대하여 등기상 이해관계 있는 제3자가 있을 때에는 제3자의 승낙이 있어야 한다. ② 제1항에 따라 등기를 말소할 때에는 등기상 이해관계 있는 제3자 명의의 등기는 등기관이 직권으로 말소한다.”라고 규정하고 있다.

위 등기관의 각하결정이 타당하다고 볼 수 있는가? 타당한 결정으로 볼 수 없다. 수원지방법원 성남지원 2023가합401564 판결에 의하면 임차권등기명령에 따른 임차권자 정은 부동산등기법 제57조 제1항이 정한 등기상 이해관계 있는 제3자라고 볼 수 없으므로 매수인 갑이 임차인 정을 향하여 갑의 소유권이전등기의 말소에 대하여 승낙의 의사표시를 구하는 소는 부적법하여 각하되어야 한다는 취지이기 때문이다(다만 등기관은 형식적 심사권만 보유하므로 등기관의 각하결정이 이해되는 면이 있음).

그렇다면 등기관은 이 문제를 어떻게 처리해야 하는가? 매수인 갑이 오피스텔 매매계약에 대한 사기취소를 주장하여 위 매매계약의 취소에 따라 매도인 을에게 등기인수를 청구(갑의 소유권이전등기의 말소등기절차를 인수하라는 청구)하여 인용된 판결문(서울서부지방법원 2022가단244174 판결)을 들고 등기관에게 매수인 갑의 소유권이전등기의 말소를 신청하면 등기관은 매수인 갑의 소유권이전등기를 말소함으로써 사기행위를 한 매도인 을 명의로 위 오피스텔의 소유권을 복귀시키고, 정의 임차권등기는 그대로 존속시키면 된다(다만 등기관 입장에서는 정이 임차권등기를 경료하기 이전에 오피스텔의 전전 소유자와 임대차계약 후 이미 대항력 및 우선변제권을 취득한 사정이 확인되어야 할 것).

수원지방법원 성남지원 2023가합401564 판결에 의하면 임차권 등기권자인 정이 등기상 이해관계 있는 제3자 자체가 아니므로 승낙을 받을 필요도 없이 정의 임차권등기를 말소할 여지도 있다고 이해되는데, 임차권등기를 그대로 존속시킨 이유가 무엇인가?

위 수원지방법원 성남지원 2023가합401564 판결 이유를 확인하면 '피고(정)는 임대차계약 만료당시 등기상 소유자가 원고(갑)이었던 관계로 원고(갑)를 피신청인으로 하여 임차권 등기를 마친 것일 뿐이고, 피고(정)는 이 사건 오피스텔에 대하여 전전소유자를 상대로 이미 확정일자 등을 받아 대항력 및 우선변제권 등을 취득한 상태였고 임차권등기를 통해 이미 취득한 대항력 및 우선변제권을 그대로 유지'하는 것일 뿐이라는 취지이므로 정의 임차권등기를 말소하는 것이 아니라 존속시킬 이유가 존재한다(실제 등기관의 각하결정에 따라 위 성남지원에 소를 제기한 후 위 성남지원 2023가합401564 판결문을 등기관에 제공하면서 갑의 소유권이전등기의 말소를 신청하자, 등기관은 매수인 갑의 소유권이전등기는 말소하고, 임차권등기권자 정의 임차권 등기는 그대로 존속시켰음).

결국 위 오피스텔의 소유자는 사기취소 판결에 따른 등기인수 청구(갑의 소유권이전등기의 말소등기절차를 인수하라는 청구)에 따라 전 소유자인 을의 소유로 복귀되었고, 정의 임차권 등기는 복귀된 을에게 대항 가능한 상태로 그대로 유지된 것이다(위 사안은 서울서부지방법원 2022가단244174 판결 선고 직전에 임차인 정이 임차권등기명령신청에 따른 임차권등기를 경료 한 사례로 위 판결 선고 전 임차권자 정의 임차권 등기를 예측하기 어려운 사안이었음).

등기관이 최초 각하결정을 할 때에는 임차권등기권자 정을 부동산등기법 제57조 제1항이 정한 등기상 이해관계 있는 제3자에 해당하는 것으로 보았던 것인데, 등기관의 관점을 그대로 유지할 경우에 해결방법은 없을까?

즉 수원지방법원 성남지원 2023가합401564 판결과 달리 임차권등기권자 정을 부동산등기법 제57조 제1항이 정한 등기상 이해관계 있는 제3자라 가정할 경우에 해결방법을 살펴보자.

필자의 개인적 의견에 의하면, 민법 제110조 제3항은 사기취소에 있어 선의의 제3자에게 대항할 수 없다는 것이므로 임차권등기권자 정이 선의의 제3자가 아님을 이유로 매수인 갑의 소유권이전등기 말소에 있어 임차권등기권자 정의 승낙을 구하는 소송(또는 임차권등기권자 정의 임차권등기의 말소를 구하는 소송)을 제기할 수 있을 것이다.

다만 임차권등기권자 정이 사기취소의 선의의 제3자에 해당할 가능성이 높아서 정에 대한 승낙을 구하는 소송 등에서 패소할 가능성이 있다면, 갑의 소유권이전등기의 말소 인수를 구하는 방식이 아니라 갑이 을을 향해 사기취소로 매매계약을 취소하면서 진정명의회복을 원인으로 갑의 등기상 소유권을 전 소유자 을로 복귀시키는 방법(이 방법도 등기인수청구방식으로 해야 할 것)을 택한다면 정의 임차권등기는 복귀된 을의 소유권에 그대로 따라가는 효과가 발생하여 매수인 갑이 임차권등기권자 정에게 보증금을 줄 필요가 없는 상황에 도달할 수 있다고 해석된다[참고로 말소등기에 갈음하여 허용되는 진정명의회복을 원인으로 한 소유권이전등기청구권과 무효등기의 말소청구권은 그 실질이 같다고 보아 상호 기판력이 미친다고 보아야 한다는 취지의 판결로는 대법원(전합) 99다37894 판결 참고].

19. 다가구주택과 최우선배당의 함정

주택 소액임차인의 최우선변제권이라는 것이 있다. 쉽게 이야기해서 경매등기(경매개시결정 기입등기) 전에 소액임차인이 주택의 인도와 전입신고(주민등록)라는 요건을 갖출 경우 은행의 선순위 근저당권보다도 우선순위로 배당받는 경우라고 생각하면 된다(주임법 제8조).

현재 서울의 경우 보증금 1억 6천 500만원 이하의 경우 5천 500만원까지 최우선배당이 인정된다(2023. 2. 21.부터 현재까지). 서울을 기준으로 해서 예를 들어보자. 시가 1억 5천만원인 주택에 은행융자가 4천만원 정도 있었는데, 경매로 1억원에 매각되었다고 가정하자.

위 주택에 보증금 8천만원에 임차인이 들어가 있었고, 경매등기 전에 주민등록을 마쳤다고 가정할 때 임차인은 주택의 경매대금에서 은행융자 4천만원보다 먼저 일정액을 배당받는다(경매비용이 가장 선순위지만 단순화를 위해 제외시킴). 즉, 매각대금 1억원에서 5천 500만원을 먼저 임차인이 배당받는다. 그렇게 되면 4천 500만원이 남고, 은행이 4천만원을 배당받는다.

은행이 4천만원을 배당받고 나면 500만원이 남게 되는데, 이 500만원도 임차인이 배당받는다. 단 임차인이 확정일자까지 마친 것을 전제한다(즉 ①순위 5천 500만원: 임차인, ②순위 4천만원: 은행, ③순위 500만원 : 임차인). 결국 임차인은 ①순위와 ③순위로 도합 6천만원을 배당받음으로써 보증금 8천만원 중에서 2천만원을 손해 보게 된다.

임차인이 위와 같은 내용을 모두 알고 있고, 임대인과 협상 끝에 보증금을 5천 500만원으로 정하고 나머지 보증금 2천 500만원을 월세로 환산하여 지급하는 것으로 약정할 경우 보증금 전액이 최우선배당의 대상이 될 수 있을 것이다.

그렇다면, 5천 500만원 이하로 보증금을 약정하고 일정액의 월세를 지급하는 것으로 약정하면 모두 안전할까? 그렇지 않다. 특히 다가구주택이라면 안전하지 않을 가능성이 있다. 다가구주택은 배당에 있어서 단독주택이다. 최우선변제를 받을 소액임차인이 다수일 경우 그들이 받아야 할 우선배당금의 합산액이 주택가액의 1/2을 초과하는 경우, 1/2에 해당하는 금액을 한도로 임차보증금의 비율에 따라 안분 · 배당된다(주임법 제8조 제3항).

결국 위 사례에서 해당주택이 다가구주택이고 5천 500만원의 보증금을 지급한 임차인이 두 가구라면 그들의 합산액은 1억 1천만원이 되고 이러한 1억 1천만원은 주택가격 1억원의 1/2인 5천만원을 초과하고 있다. 따라서 주택가격의 1/2인 5천만원의 한도에서 두 임차인이 각각 2천 5백만원씩만 최우선으로 배당을 받게 된다.

필자의 상담사례 중에서 중개사가 임차인을 설득하길 최우선배당이 되는 금액을 보증금으로 제시하였으니 100% 안전하다는 취지로 설명했지만, 그 주택은 다가구였다. 따라서 다가구를 임차할 때, 최우선배당을 언급하면서 안전성을 강조할 경우 위와 같은 문제가 있음을 인식하고 임대차 여부를 결정할 필요가 있겠다.

참고로, 소액임차인으로 보호되는 보증금 5천 500만원에 맞추어 계약을 체결한 결과 후순위 근저당권자 등이 채권전액을 배당받지 못할 경우, 근저당권자 등이 배당이의 소송 등을 제기할 가능성도 있음을 주의할 필요가 있고, 대법원 2003다50771 판결에 의하면, "채무자가 채무초과 상태에서 채무자 소유의 유일한 주택에 대하여 주택임대차보호법 제8조의 소액보증금 최우선변제권 보호대상인 임차권을 설정해준 경우 사해행위취소의 대상이 될 수 있다."면서 "주택임대차보호법 제8조의 소액보증금 최우선변제권 보호대상인 임차권을 설정해준 행위가 사해행위인 경우, 채무자의 악의는 추정되는 것이고, 수익자인 임차인의 악의 또한 추정된다고 할 것이나, 다만 위 법조 소정의 요건을 갖춘 임차인에 대하여 선행의 담보권자 등에 우선하여 소액보증금을 회수할 수 있도록 한 입법 취지에 비추어 보면, 위 법조 소정의 임차권을 취득하는 자는 자신의 보증금회수에 대하여 상당한 신뢰를 갖게 되고, 따라서 임대인의 채무초과상태 여부를 비롯하여 자신의 임대차계약이 사해행위가 되는지에 대하여 통상적인 거래행위 때보다는 주의를 덜 기울이게 될 것이므로, 수익자인 임차인의 선의를 판단함에 있어서는 실제로 보증금이 지급되었는지, 그 보증금의 액수는 적정한지, 등기부상 다수의 권리제한관계가 있어서 임대인의 채무초과상태를 의심할 만한 사정이 있었는데도 굳이 임대차계약을 체결할 사정이 있었는지, 임대인과 친인척관계 등 특별한 관계는 없는지 등을 종합적으로 고려하여 논리와 경험칙을 통하여 합리적으로 판단하여야 한다."는 취지이다.

법원은 소액임차인 제도를 악용하는 사람들에 대하여 다양한 법리로 배당에서 제외하고 있는데, 대법원 2013다62223 판결은 "甲이 아파트를 소유하고 있음에도 공인중개사인 남편의 중개에 따라 근저당권 채권최고액의 합계가 시세를 초과하고 경매가 곧 개시될 것으로 예상되는 아파트를 소액임차인 요건에 맞도록 시세보다 현저히 낮은 임차보증금으로 임차한 다음 당초 임대차계약상 잔금지급기일과 목적물인도기일보다 앞당겨 보증금 잔액을 지급하고 전입신고 후 확정일자를 받았는데, 그 직후 개시된 경매절차에서 배당을 받지 못하자 배당이의를 한 사안에서, 甲은 소액임차인을 보호하기 위하여 경매개시결정 전에만 대항요건을 갖추면 우선변제권을 인정하는 주택임대차보호법을 악용하여 부당한 이득을 취하고자 임대차계약을 체결한 것이므로 주택임대차보호법의 보호대상인 소액임차인에 해당하지 않는다고 본 원심판단을 수긍한 사례"이다.

위 대법원 2013다62223 판결의 원심인 대전지방법원 2012나19497 판결(배당이의)에 의할 때에, 원고(소액임차인)와 피고(저축은행)의 주장을 정리하면, "원고: 원고는 이 사건 주택에 관한 정당한 소액임차인으로서 경매개시결정 전에 주택임대차보호법 제3조 제1항의 대항요건을 구비하였으므로, 임차보증금 중 19,000,000원을 근저당권자인 피고에 우선하여 배당받아야 한다. 피고: 이 사건 임대차계약은 가장임대차계약으로서 무효이거나, 적어도 주택임대차보호법상 소액임차인 보호 규정을 악용하여 체결된 것이고, 나아가 채권자인 피고를 해하는 것으로서 사해행위에 해당하므로, 원고는 정당한 소액임차인으로서 보호받을 수 없다."는 취지였다.

20. 주택임대차보호법상 임차인의 최우선변제권 정리

경매개시결정기입등기 전에 대항력을 갖춘 소액임차인의 경우는 일정액 한도에서 최우선으로 변제(배당)를 받는데(주임법 제8조), 그 기준은 최선순위 담보권이 설정된 날짜에 시행 중이던 주임법 시행령을 기준으로 한다(주임법 시행령 부칙 참고). 즉, 현재는 소액임차인에 해당되더라도 구법을 기준으로 하면 소액임차인이 아닌 경우 구법이 적용될 당시에 설정된 (근)저당권자에게 소액임차인의 우선변제권을 주장할 수 없다.

선순위 담보물권 설정일	소액보증금 최우선변제액
1984. 1. 1. 이전	최우선변제권 인정 안 됨.
1984. 1. 1.부터 1987. 11. 30.까지	특별시 및 직할시 300만원까지 기타지역 200만원까지
1987. 12. 1.부터 1990. 2. 18.까지	특별시 및 직할시 500만원까지 기타지역 400만원까지
1990. 2. 19.부터 1995. 10. 18.까지	특별시 및 직할시 2,000만원(700만원까지) 기타지역 1,500만원(500만원까지)
1995. 10. 19.부터 2001. 9. 14.까지	특별시 및 직할시 3,000만원(1,200만원까지) 기타지역 2,000만원(800만원까지)
2001. 9. 15.부터 2008. 8. 20.까지	과밀억제권역 4,000만원(1,600만원까지) 광역시(군지역 및 인천 제외) 3,500만원(1,400만원까지) 기타지역 3,000만원(1,200만원까지)
2008. 8. 21.부터 2010. 7. 25.까지	과밀억제권역 6,000만원(2000만원까지) 광역시(군지역 및 인천 제외) 5,000만원(1,700만원까지) 기타지역 4,000만원(1,400만원까지)
2010. 7. 26.부터 2013. 12. 31.까지	서울특별시 7,500만원(2,500만원까지) 과밀억제권역(서울 제외) 6,500만원(2,200만원까지) 광역시(과밀억제권역, 군 제외), 안산시, 용인시, 김포시, 광주시 5,500만원(1,900만원까지) 그 밖의 지역 4,000만원(1,400만원까지)

2014. 1. 1.부터 2016. 3. 30.까지	서울특별시 9,500만원(3,200만원까지) 과밀억제권역(서울 제외) 8,000만원(2,700만원까지) 광역시(과밀억제권역, 군 제외), 안산시, 용인시, 김포시, 광주시 6,000만원(2,000만원까지) 그 밖의 지역 4,500만원(1,500만원까지)
2016. 3. 31.부터 2018. 9. 17.까지	서울특별시 1억원(3,400만원까지) 과밀억제권역(서울 제외) 8,000만원(2,700만원까지) 광역시(과밀억제권역, 군 제외), 세종시, 안산시, 용인시, 김포시, 광주시 6,000만원(2,000만원까지) 그 밖의 지역 5,000만원(1,700만원까지)
2018. 9. 18.부터 2021. 5. 10.까지	서울특별시 1억 1천만원(3,700만원까지) 과밀억제권역(서울 제외), 세종시, 용인시, 화성시 1억원(3,400만원까지) 광역시(과밀억제권역, 군 제외), 안산시, 김포시, 광주시, 파주시 6,000만원(2,000만원까지) 그 밖의 지역 5,000만원(1,700만원까지)
2021. 5. 11.부터 2023. 2. 20.까지	서울특별시 1억 5천만원(5,000만원까지) 과밀억제권역(서울 제외), 세종시, 용인시, 화성시, 김포시 1억 3천만원(4,300만원까지) 광역시(과밀억제권역, 군 제외), 안산시, 광주시, 파주시, 이천시, 평택시 7,000만원(2,300만원까지) 그 밖의 지역 6,000만원(2,000만원까지)
2023. 2. 21.부터 현재까지	서울 1억 6천 5백만원(5,500만원까지) 과밀억제권역(서울 제외), 세종시, 용인시, 화성시, 김포시 1억 4천 500만원(4,800만원까지) 광역시(과밀억제권역, 군 제외), 안산시, 광주시, 파주시, 이천시, 평택시 8,500만원(2,800만원까지) 그 밖의 지역 7,500만원(2,500만원까지)

* 과밀억제권역(수도권정비계획법 제6조 제2항, 동법 시행령 제9조 별표 1): 서울특별시, 인천광역시(강화군, 옹진군, 서구 대곡동·불로동·마전동·금곡동·오류동·왕길동·당하동·원당동, 인천경제자유구역<경제자유구역에서 해제된 지역 포함> 및 남동 국가산업단지는 제외한다), 의정부시, 구리시, 남양주시(호평동, 평내동, 금곡동, 일패동, 이패동, 삼패동, 가운동, 수석동, 지금동 및 도농동만 해당한다), 하남시, 고양시, 수원시, 성남시, 안양시, 부천시, 광명시, 과천시, 의왕시, 군포시, 시흥시(반월특수지역<반월특수지역에서 해제된 지역 포함>은 제외한다).

예를 들어, 2005. 9. 5. 저당권이 설정된 서울소재 주택을 2010. 8. 1. 보증금 7,500만원에 임차하여 경매개시결정기입등기 전에 인도와 전입신고를 마친 경우에 임차인은 2010. 8. 1. 주임법을 기준으로 하면 소액임차인으로 보이지만, 저당권이 설정된 구법을 기준으로 소액임차인 여부를 판단하므로 주택임차인은 소액임차인이 아니며 최우선변제권도 획득할 수 없다(대법원 89다카13155 판결 등 참고). 최우선변제를 받을 소액임차인이 다수여서 그들이 받아야 할 우선변제금의 합산액이 주택가액의 1/2을 초과하는 경우에는 1/2에 해당하는 금액을 한도로 하여 임차보증금의 비율에 따라 안분·배당한다(주임법 제8조 제3항).

제 3 장 상가건물임대차 일반

1. 상가임차인을 위한 법률상식

상가를 임차하면서, 별다른 문제가 없다면 임대차기간이 10년간 보장된다고 생각하는 분들이 많은 것 같다. 사실일까? 답을 말한다면 그럴 수도 있고 아닐 수도 있다. 상임법은 계약갱신요구를 통해 계약을 연장시키려면, 임차인이 계약기간 만료 6개월 전부터 1개월 전까지 사이에 계약갱신을 요구하도록 규정하고 있다(상임법 제10조 제1항).

따라서 상가임차인이 계약기간 10년에 이르도록 주기적으로 계약종료 6개월 전부터 1개월 전까지 적절한 시기에 갱신요구를 해야 10년의 임차기간이 보장될 여지가 있다. 다만, 상임법은 임차인의 계약갱신요구를 인정하지 않는 예외를 인정하고 있다(상임법 제10조 제1항 각호).

위 예외 중 임대인이 임차인의 계약갱신요구를 거절하는 방법 중에서 가장 많이 사용되는 것은 "재건축 예정"인데, 구체적으로는 ① 임대차계약 당시 재건축계획 등을 임차인에게 구체적으로 고지하고 그 계획에 따르는 경우, ② 건물의 안전사고 우려, ③ 도시정비법 등에 따른 재건축 등의 경우이다(상임법 제10조 제1항 제7호). 즉, 재건축할 예정이라든지 아니면 대규모 리모델링을 할 예정이니 계약기간이 끝나면 나가라는 것이고, 이때 실제 재건축 등을 할 것인지 여부 그리고 계약 당시 구체적 고지가 있었는지 여부 등이 다투어지는 경우가 있다.

임차인의 계약갱신요구가 인정되지 않는 예외 중 그다음으로 많이 문제되는 것은 "임차인이 3기의 차임액에 해당하는 금액에 이르도록 차임을 연체한 사실이 있는 경우"이다(상임법 제10조 제1항 제1호). 즉, 임차인이 3회분 이상의 월세를 내지 않았던 사실이 있다면 임차인이 계약갱신요구를 통해 영업기간 10년을 보장받을 수 없다.

상가건물임대차의 경우는 주택임대차와 달리 환산보증금이라는 개념이 있는데, 이를 알아둘 필요도 있다. 그렇다면, 환산보증금이란 무엇인가? 예를 들어 보증금 1억원에 월세가 200만원(부가가치세 별도)일 경우 환산보증금을 계산하면 3억원이 된다. 환산보증금은 월세에 100을 곱한 금액(본건의 경우 2억원)에 보증금(본건의 경우 1억원)을 더해서 계산하는데, 이때 부가가치세는 환산보증금을 산정할 때 고려하지 않는 것으로 해석된다.

즉 수원지방법원 2008나27056 판결에 의하면 "임차인이 부담하기로 한 부가가치세액이 상가건물 임대차보호법 제2조 제2항에 정한 '차임'에 포함되는지 여부에 관하여 보건대, 부가가치세법 제2조, 제13조, 제15조에 의하면 임차인에게 상가건물을 임대함으로써 임대용역을 공급하고 차임을 지급받는 임대사업자는 과세관청을 대신하여 임차인으로부터 부가가치세를 징수하여 이를 국가에 납부할 의무가 있는바, 임대차계약의 당사자들이 차임을 정하면서 '부가세 별도'라는 약정을 하였다면 특별한 사정이 없는 한 임대용역에 관한 부가가치세의 납부의무자가 임차인이라는 점, 약정한 차임에 위 부가가치세액이 포함된 것은 아니라는 점, 나아가 임대인이 임차인으로부터 위 부가가치세액을 별도로 거래징수할 것이라는 점 등을 확인하는 의미로 해석함이 상당하고, 임대인과 임차인이 이러한 약정을 하였다고 하여 정해진 차임 외에 위 부가가치세액을 상가건물 임대차보호법 제2조 제2항에 정한 '차임'에 포함시킬 이유는 없다."는 취지이다(대법원 판결은 확인하지 못함).

현재를 기준으로 서울은 원칙적으로 환산보증금 9억원을 기준으로 상임법이 적용되는지 민법이 적용되는지를 구별하고 있다. 즉, 상임법 제2조는 상임법의 적용범위를 규정하고 있는데, 서울을 예로 들 경우에 원칙적으로 환산보증금 9억원까지의 상가임차인에게만 상임법을 적용하되, 상임법상 중요한 몇 가지 조문의 경우는 환상보증금 9억원 기준과 무관하게 모든 상가 임차인에게 적용한다(상임법 제2조 제1항, 제3항, 동법 시행령 제2조 제1항).

환상보증금이 9억원 이하이든지, 9억원을 초과하든지 상관없이 모든 상가임차인에게 적용(상임법 제2조 제3항)되는 대표적인 상임법 조문으로는 대항력 규정(상임법 제3조), 10년 보장의 계약갱신요구권 규정(상임법 제10조 제1항, 제2항, 제3항 본문), 권리금회수기회 보호 규정(상임법 제10조의4), 3회분 연체 시 계약해지 규정(상임법 제10조의8) 등이다.

상가를 임차하고 나서 임대차계약서에 확정일자를 받고 사업자등록을 하면 보증금을 안전하게 지킬 수 있다고 생각하시는 분이 많다(상임법 제3조 제1항). 그러나 상가를 인도받고, 사업자등록을 하여 대항력을 취득한 상태에서 임대차계약서에 세무서를 통해 확정일자를 받았더라도, 보증금회수가 어려울 수 있다는 사실을 알아둘 필요가 있다.

앞서 본 바와 같이, 대항력 규정(상임법 제3조)은 환산보증금 액수에 상관없이 모든 상가임차인에게 적용되지만(대항요건=인도+사업자등록), 확정일자를 받아야 우선변제권이 있다는 취지의 조문인 상임법 제5조 제2항은 서울을 예로 들 경우에 환산보증금 9억원까지만 적용되기 때문이다(상임법 제2조 제3항에서 상임법 제5조 제2항을 언급하지 않고 있기 때문).

따라서 서울을 예로 들 경우에, 환산보증금이 9억원을 초과하는 경우는 상가를 인도받고, 사업자등록을 해서 대항요건을 갖추는 것은 가능하지만, 확정일자를 받는다고 해서 우선변제권이 인정되지는 않기 때문에, 구체적 사정에 따라 전세권등기 또는 임차권 등기 등 관련조치를 해두어야 순위에 따른 배당이 고려될 것이다.

다만, 이우재 부장판사의 '배당의 제문제(2판)' 제675쪽, 제676쪽에 의하면 임차권 등기(민법 제621조)를 하였더라도 서울을 예로 들 경우 환산보증금 9억원 초과의 경우에 우선변제권이 인정되기 어려울 것으로 보이는바, 그 이유는 등기부에 보증금이 기재된 경우, 대항력이 인정될 여지는 있겠지만, 보증금반환채권은 일반채권에 불과하여 일반채권자로서 배당을 받을 수밖에 없기 때문이라는 취지이다.

2. 상가건물 임대차보호법상 상가의 의미

상임법이 적용되려면, 상임법 제2조 제1항에 따라 '상가건물의 임대차'여야 한다. 상임법 적용이 가능한 '상가건물'의 구체적 의미는 무엇일까? 건물에 대한 임대차계약을 체결했을 때에 ① 민법이 적용되는지, ② 주임법이 적용되는지, ③ 상임법이 적용되는지에 따라 임차인의 보호범위가 달라지기 때문에 임차한 건물에 어느 법이 적용되는지가 중요한 문제가 된다. 대체로 상임법이 적용되는 경우가 임차인을 가장 두텁게 보호한다. 굳이 임차인 보호 순위로 법을 나열하자면, 구체적 사안에 따라 다를 수 있으나 상임법, 주임법, 민법으로 정리할 수 있겠다.

상임법 제2조 제1항은 '상가건물 임대차'에 상임법 적용을 규정하면서, '상가건물'의 의미에 대하여 '상임법 제3조 제1항에 따른 사업자등록의 대상이 되는 건물'로 규정하고 있다. 결국 상임법 제3조 제1항과 동법 제2조 제1항에 따르면 부가가치세법, 소득세법, 법인세법 등에 따른 사업자 등록의 대상이 되는 건물이 상가 건물로 해석되고, 이러한 건물을 임차한 임차인은 상임법 적용을 주장할 수 있게 된다.

그렇다면, 건물에 대한 임대차계약서 및 일반건축물대장상 주용도가 모두 '주택'으로 기재된 경우에도 상가건물로 해석이 가능할까? 필자가 수행한 서울고등법원 2016나2062260 건물 등 인도 판결에서 법원은 "상가임대차법 제2조 제1항이 '상가건물'을 '사업자등록을 한 건물'이 아니라 '사업자등록의 대상이 되는 건물'로 규정하고 있는 점에 비추어 보면 임대차계약 체결 직후에 실제 상호 및 사업종목과 일치하는 사업자등록을 하였는지 여부를 불문하고 사업자 등록의 대상이 되는 모든 업종의 영업에 사용되는 건물은 원칙적으로 상가임대차법의 적용대상이라 봄이 상당하다."는 취지다. 따라서 임대차계약서 내지 건축물대장상의 용도 등이 주택으로 표시된 경우라도, 세법상의 '사업자등록 대상이 되는 건물'이라면 상임법상의 상가건물이 될 수 있고, 상임법 적용이 가능하게 된다.

주임법이 아닌 상임법이 적용될 경우에 임차인에게 인정되는 실익은 어떠한 것들이 있을까? 우선 주택의 경우는 1회에 한하여 계약갱신요구가 가능하나(주임법 제6조의3 제2항), 상임법상 상가임차인의 경우는 임차기간 10년의 범위 내에서 계약갱신요구권이 인정될 수 있고, 권리금회수기회요청권(상임법 제10조의4)의 활용 여부 등에 대한 검토도 가능해진다.

3. 재건축을 예정한 경우의 상가임대차계약 방법

현재 상임법에 의하면, 환산보증금 소액·고액 등 액수에 상관없이, 임차인이 임대인에게 계약갱신요구권을 법정요건에 맞추어 행사할 경우 임대차기간 10년을 보장하고 있다(상임법 제10조 제2항, 제2조 제3항). 그뿐만 아니라, 상임법은 상가임차인에게 특별한 사정이 없는 한 권리금회수기회요청권(상임법 제10조의4)도 보장하고 있다.

예를 들어보자. 상가소유자는 해당 상가를 2년 정도 빌려준 후, 재건축을 예정하고 있다. 이러한 경우 상가소유자는 임대인으로서 어떻게 계약을 체결해야 할까? 이러한 경우에 임대인은 “임대차계약 체결 당시 공사시기 및 소요기간 등을 포함하여 철거 또는 재건축 계획을 임차인에게 구체적으로 고지”하는 것이 필요하다(상임법 제10조 제1항 제7호 가목).

결국 상가소유자가 임차인과 계약을 할 때, 특약사항을 추가하여 “공사시기 및 공사 소요기간 등을 포함하여 해당 상가에 대한 철거 또는 재건축 계획을 구체적으로 적시”하는 것이 필요하게 된다.

상가소유자가 상가임차인의 10년 보장제도 및 권리금회수기회를 무력화시키기 위하여 구체적인 재건축 계획을 계약서 특약란에 명시한 것일 뿐이고, 실제 재건축을 할 의도가 없었다면 어떨까?

이를 고려하여, 상임법 제10조 제1항 제7호 가목은 “임대차계약 체결 당시 공사시기 및 소요기간 등을 포함한 철거 또는 재건축 계획을 임차인에게 구체적으로 고지하고 그 계획을 따르는 경우”를 요구하고 있다. 즉, 재건축 계획고지를 이유로 임대인이 임차인에게 상가의 인도를 요구하기 위해서는 계약체결 당시 재건축 계획의 구체적 내용 고지와 더불어, 그 계획을 따르고 있음을 확인시켜 주어야 한다고 해석된다.

재건축 계획을 따르고 있다는 것은 구체적으로 어떠한 의미일까? 구체적인 사정에 따라 다른 해석이 가능하겠지만, 재건축을 위해서는 건축허가나 건축신고 등이 필요할 것이기 때문에 일차적으로는 임대인의 건축허가나 건축신고 관련 행위가 필요할 것이고, 추가적으로는 건축을 위한 도급계약 등이 필요할 것이다.

상가의 경우 임차인이 법정요건 등을 갖추어 계약갱신요구권을 행사할 경우 정당한 사유가 없는 한 임대인은 이에 따르도록 되어 있기 때문에, 재건축을 위하여 임차인의 갱신요구를 거절하기 위해서는 앞서 설명한 것처럼 계약체결 당시 재건축의 구체적 고지와 재건축 행위의 실천이 필요하다는 사실을 알아둘 필요가 있다.

물론 도시정비법(도시 및 주거환경 정비법) 등에 따른 재건축이나 상가의 노후가 심하여 안전사고 우려가 있는 경우에는 상황에 따라 임차인의 갱신요구를 임대인이 정당하게 거절할 수 있다.

참고로 서울남부지방법원 2018가단216845(본소), 260767(반소) 판결에 의하면, "원고(임대인)가 이 사건 건물을 철거 후 건물을 신축할 계획을 가지고 있었던 것으로 보이지만, 그 정도가 상가임대차법 제10조 제1항 제7호에서 정한 '철거 또는 재건축'에 해당한다고 볼 증거도 부족하고, 나아가 원고(임대인)가 상가임대차법 제10조 제1항 제7호 가목에 따라 임대차계약 체결 당시 임차인에게 철거 또는 재건축계획을 구체적으로 고지하고 그 계획에 따랐다고 볼 증거도 없는 이상 상가임대차법 제10조 제1항 제4호에서 정한 정당한 사유가 인정된다고 볼 수 없다."라고 판시한 사실이 있는데, 위 판결문을 확인하면 "원고(임대인)는 수년전부터 이 사건 건물뿐 아니라 인근부지 및 건물을 매입하여 건물 신축을 계획하고 그 사실을 해당 점포 임차인들에게 고지하여 그들로부터 점포를 인도받던 중이었으며, 건물 신축을 위한 건축허가를 얻고 측량, 설계계약 등을 체결한 상황이었으므로, 이러한 사정을 알고 있는 피고가 진정한 신규 임차인과 권리금 계약을 체결하였다고 보기 어렵다고 주장한다."라고 적시되어 있는바, 재판과정에서 임대인의 신축계획이 어느 정도 인정되었고 신축을 위한 건축허가 및 측량·설계계약 등이 있었던 것으로 보이지만, 그럼에도 불구하고 재건축에 대한 구체적 고지와 재건축 행위의 실천이 입증부족으로 인정되지 않은 것으로 해석된다.

4. 상가 공동임차인의 보증금반환채권이 불가분채권일 때의 법률관계

상가를 3명이 공동으로 임차하고 임대인에게 보증금 2억원을 지급하였다. 계약이 종료되면 임대인이 받은 보증금 2억원을 누구에게 주어야 하는가? 상황에 따라 다르다.

공동임차인들의 보증금반환채권이 당사자의 의사표시에 의하여 불가분인 경우로 해석되어 불가분채권으로 판단된다면 임대인이 3인의 공동임차인 중 1인 누구에게 든 보증금 2억원을 주면 족하지만, 공동임차인들과 임대인의 약정으로 분할채권으로 약정했다면 그 약정에 따라 임대인이 임대차종료 시 임차인들에게 약정된 각 보증금을 나눠지급할 수 있다(대법원 2021다238650 판결 참고)(필자의 개인의견으로는 계약서를 작성할 때에 계약종료시 보증금을 누구에게 지급할 것인지에 대한 약정을 계약서에 명시하는 것이 편할 것).

이와 관련하여 민법 제409조는 "불가분채권"이라는 제목 아래에 "채권의 목적이 그 성질 또는 당사자의 의사표시에 의하여 불가분인 경우에 채권자가 수인인 때에는 각 채권자는 모든 채권자를 위하여 이행을 청구할 수 있고 채무자는 모든 채권자를 위하여 각 채권자에게 이행할 수 있다."라고 규정하고 있다.

채권의 목적인 급부가 그 성질 또는 당사자의 의사표시에 의하여 불가분이고 채권자가 다수인 경우, 채무자로서는 이를 분할하여 이행할 수 없고, 채권자들 또한 분할하여 급부를 수령할 수 없는바, 이에 따라 각 채권자 중 1인이 모든 채권자를 위하여 이행을 청구할 수 있고, 채무자 또한 모든 채권자를 위하여 각 채권자에게 이행할 수 있도록 한 것이다.

불가분채권관계는 기본적으로 다수당사자 사이의 채권관계이므로 당사자에 따라 각각 독립된 채권관계이지만 단지 그 급부가 불가분인 관계로 상호 간에 제약을 받는 것인바, 소의 제기나 강제집행도 1인이 단독으로 할 수 있으며, 이러한 청구는 다른 채권자에게도 절대적인 효력을 갖는다. 그뿐만 아니라 이행청구로 인한 이행지체 및 시효중단의 효력도 절대적 효력을 갖는다.

불가분채권은 성질상 불가분채권과 의사표시에 의한 불가분채권으로 구분할 수 있다. 성질상 불가분채권으로는 공유자의 공유물반환청구권, 토지공유자의 건물철거 및 토지인도청구권, 임대인이 여럿인 경우의 건물명도청구권 등이 포함된다고 설명되고 있다.

또한 임대차계약에 따라 공동임대인이 가지는 불가분적 권리(임차인의 선관주의에 따른 보존을 요구할 권리, 임차인에게 용법을 준수할 것을 요구할 권리, 목적물을 반환받을 권리), 임차인이 수인인 경우에 공동임차인들이 임대인에게 임차목적물의 인도를 요구할 권리 등도 불가분채권으로 이해된다.

의사표시에 의한 불가분채권으로는 채권의 목적이 당사자의 의사표시에 의해서 불가분인 경우를 말하는 바, 당사자가 특약으로 불가분채권으로 정하는 것은 자유이다.

한편, 불가분채무(민법 제411조)도 불가분채권과 밀접한 관련을 가지는데(불가분 채권에 관한 민법 제410조 준용), 공동의 점유 사용으로 인한 부당이득반환채무(대판 200다13948 판결), 공유물로부터 부당이득한 경우 반환채무(대판 92누2202 판결), 건물의 공유자가 공동으로 건물을 임대하고 보증금을 받은 경우 보증금반환채무(대판 98다43137 판결) 등이 이에 포함된다.

보증금에 대한 불가분채권자인 식당에 대한 상가공동임차인들 3인 중에서 실제로 식당을 운영했던 1인(1인 단독명의로 사업자등록 완료)의 임차인이 임대인과 임대차계약과 직접 관련이 없는 식당운영에 관한 채무, 임금채무 등에 대하여 다른 2인의 임차인들과 협의를 하지 않고 단독으로 공제합의를 하였다면 그 공제합의는 유효한가? 대법원 2021다264253 판결에 의하면 위와 같은 공제합의는 효력이 없다는 취지이다.

임대차계약 관계에서 발생된 임차보증금반환채권과 식당 운영 관련 발생된 채무와의 공제합의의 효력이 미치려면 공제합의를 한 임차인이 다른 2인의 임차인들로부터 공제합의를 체결할 대리권을 수여받아야 하기 때문이다.

3인의 상가공동임차인 중에서 실제로 식당을 운영했던 1인의 임차인의 채권자가 그 임차인의 보증금반환채권에 대한 압류 및 전부명령을 받은 경우에 그 압류 및 전부명령의 효력이 다른 2인의 상가공동임차인에게 미치는가? 다른 2인의 상가공동임차인에게는 미치지 않는다.

다만, 압류 및 전부명령의 효과에 따라, 압류된 실제 상가를 운영하는 1인의 상가임차인의 임대인에 대한 임차보증금반환 채권이 동일성을 유지하면서 위 1인의 임차인의 채권자에게 이전되므로(민집법 제229조 제3항), 해당 채권에 대한 귀속의 변경이 있을 뿐이어서, 실제 상가를 운영하는 1인의 임차인의 채권자의 채권은 다른 2인의 상가임차인의 임대인에 대한 임차보증금반환채권과 여전히 불가분채권관계에 있게 된다(연도별 2023. 9. 1.자 '서울고등법원판례공보스터디' 제3120쪽~제3127쪽 참고).

위 대법원 2021다264253 판결 사안을 정리한다.

〈사안의 개요〉

원고들과 소외 1(이하 '소외 1 등')은 2016. 8. 2. 피고로부터 이 사건 건물을 보증금 2억원, 월 차임 1,400만원, 임대차기간 2016. 8. 17.부터 2018. 8. 21.까지로 정하여 공동으로 임차하는 내용의 이 사건 임대차계약을 체결하였다. 이 사건 임대차계약에는 특약 사항으로 "본 계약에 대한 모든 책임은 공동명의자가 연대책임을 지기로 한다."라는 내용이 포함되어 있다.

소외 1 등은 2016. 8. 3. 이 사건 건물에 있는 이 사건 식당의 운영에 필요한 이 사건 운영계약을 체결하였다. 그 내용은 소외 1 등이 각각 같은 금액을 출연하여 임대차보증금 등을 마련하되, 식당은 소외 1이 전적으로 운영하면서 원고들은 식당 경영상황과 관계없이 매월 500만원씩을 지급받고 나머지 수익은 소외 1이 가지는 반면, 인건비, 자재비 등 식당운영으로 인하여 발생하는 모든 금전 지출은 소외 1이 부담하기로 하는 것이었다. 이에 따라 소외 1은 단독 명의로 사업자등록을 마치고 이 사건 식당을 운영하였다.

소외 1은 영업 부진으로 차임 지급을 연체하였고, 소외 1과 피고는 2017. 9. 30.경 이 사건 임대차계약을 해지하기로 합의하였다. 그 과정에서 소외 1과 피고는 연체 차임, 소외 1의 이 사건 식당운영상 채무와 임금채무 중 피고가 인수한 일부 채무, 피고가 소외 1에게 대여해 준 식당운영자금 등 합계 149,985,396원을 임대차보증금 2억원에서 공제하기로 하였다(이하 '이 사건 공제합의').

한편 소외 1의 채권자 소외 2는 2017. 12. 1. 대전지방법원 2017타채14602호로 소외 1의 피고에 대한 임대차보증금반환채권 중 43,404,524원에 관하여 압류 및 전부명령(이하 '이 사건 압류 및 전부명령')을 받아 그대로 확정되었다.

〈판결 이유〉

원심은 소외 1 등이 대외적으로 조합을 결성함으로써 이 사건 식당운영에 관한 채권을 준합유하고 있다고 보기 어렵고, 이 사건 임대차계약에 따른 임대차보증금반환채권(이하 '이 사건 임대차보증금반환채권'이라 한다)은 공동임차인인 원고들과 소외 1의 불가분채권이라고 판단하였다. 원심판단은 타당하다.

이 사건 임대차계약과 직접적인 관련이 없는 소외 1의 이 사건 식당운영에 관한 채무는, 피고와 이 사건 임대차계약의 공동임차인 소외 1 등 사이에서 별도의 합의가 없는 한 이 사건 임대차보증금으로 담보되는 것으로 보기 어렵다. 그런데 이 사건 공제합의는 불가분채권자의 1인인 소외 1이 다른 불가분채권자인 원고들의 관여 없이 혼자서 피고와 합의한 것이므로 원칙적으로 그 효력이 원고들에게 미치지 않는다.

만약이 사건 공제합의의 효력이 원고들에게 미치려면 소외 1이 원고들로부터 이 사건 공제합의와 관련한 대리권을 수여받았다는 등의 사정이 별도로 인정되어야 할 것이다. 그런데도 원심은 소외 1이 원고들로부터 이 사건 공제합의를 체결할 대리권을 수여받았는지 등을 심리하지 아니한 채 소외 1이 이 사건 임대차계약의 실질적 임차인으로서 대내외적 권리·의무를 가진다는 이유로 소외 1과 피고가 체결한 이 사건 공제합의의 효력이 원고들에게 미친다고 판단하였다. 이러한 원심 판단에는 공동임차인의 임대차보증금 관련 법률관계에 대한 법리 등을 오해함으로써 필요한 심리를 다하지 아니하여 판결에 영향을 미친 잘못이 있다.

수인의 채권자에게 금전채권이 불가분적으로 귀속되는 경우에, 불가분채권자들 중 1인을 집행채무자로 한 압류 및 전부명령이 이루어지면 그 불가분채권자의 채권은 전부채권자에게 이전되지만, 그 압류 및 전부명령은 집행채무자가 아닌 다른 불가분채권자에게 효력이 없으므로, 다른 불가분채권자의 채권의 귀속에 변경이 생기는 것은 아니다.

따라서 다른 불가분채권자는 모든 채권자를 위하여 채무자에게 불가분채권 전부의 이행을 청구할 수 있고, 채무자는 모든 채권자를 위하여 다른 불가분채권자에게 전부를 이행할 수 있다. 이러한 법리는 불가분채권의 목적이 금전채권인 경우 그 일부에 대하여만 압류 및 전부명령이 이루어진 경우에도 마찬가지이다.

이 사건 압류 및 전부명령으로 소외 1의 피고에 대한 임대차보증금반환채권 중 43,404,524원은 소외 2에게 이전된다. 그러나 원고들에게는 이 사건 압류 및 전부명령의 효력이 미치지 않으므로 원고들은 이 사건 압류 및 전부명령에 관계없이 임대차보증금반환채권의 이행을 구할 수 있다. 소외 2는 이 사건 압류 및 전부명령으로 전부받은 채권액 범위 내에서 원고들과 임대차보증금반환채권에 대하여 불가분채권자의 지위를 갖게 될 뿐이다.

그런데도 원심은 이 사건 압류 및 전부명령의 효력이 원고들에게도 미친다는 전제 아래 그 전부명령에 따라 불가분채권 중 일부가 소외 2에게 전부되었다는 이유만으로 전부된 만큼 원고들의 임대차보증금반환채권도 줄어든다고 판단하였다. 이러한 원심의 판단에는 불가분채권과 압류 및 전부명령의 효력 범위 등에 관한 법리를 오해하여 판결에 영향을 미친 잘못이 있다.

참고로 대법원 2024다312566 판결에 의하면 “전세목적물의 소유권 중 일부 지분이 이전되어 전세목적물의 공유자들이 불가분채무인 전세금 반환의무를 부담”한다는 취지로 판시하여, 전세권이 성립한 후 전세목적물의 소유권 중 일부 지분을 이전받은 새로운 공유자도 전세권자에 대하여 공동 전세권설정자의 지위에서 전세금에 대하여 불가분적으로 반환의무를 부담한다는 취지로 판시하였다.

5. 상가의 보증금 또는 월세 인상한도의 문제

상가의 차임 또는 보증금의 인상한도를 알아보자. 상임법상 환산보증금 기준을 충족(서울을 예로 들 경우에 환상보증금 9억원 이하)한 경우에는 상임법 제11조 및 상임법 시행령 제4조에 의해서 1년 단위로 청구 당시의 차임 또는 보증금의 연 5% 한도 내에서만 인상이 가능하다.

서울을 예로 들 경우에 환산보증금이 9억원(서울의 환산보증금 기준. 상임법 시행령 제2조 제1항 참고)을 초과하는 10억원이라고 가정한다면, 차임 또는 보증금 연 5% 인상한도의 적용은 없다. 따라서 연 5% 이상의 인상도 가능하다. 이는 상임법 제2조 제3항에서 '차임 등의 증감청구권'을 규정한 상임법 제11조를 준용하지 않고 있기 때문이다.

환상보증금 기준을 충족(서울을 예로 들 경우에 환상보증금 9억원 이하)하는 것을 전제로 하여, 상임법상의 연 5%라는 인상한도는 기본적으로 계약기간 중의 인상을 전제한 것이므로, 상임법상 환산보증금 기준을 충족(서울을 예로 들 경우에 환상보증금 9억원 이하)하는 사안이라고 가정하더라도 재계약의 경우에는 인상한도 5%가 적용되지 않는다는 것이 실무적인 입장이다. 즉 연 5% 이상의 인상이 가능하다는 것이다.

그렇다면, 임차인이 계약갱신요구를 통하여 계약이 연장된 경우에도 연 5%라는 인상한도가 적용될까? 상임법 제10조 제3항은 임차인이 적법절차에 따라 계약갱신요구를 하여 계약이 연장된 경우에도 연 5% 인상한도가 적용된다고 규정하고 있다. 따라서 서울을 예로 들 경우에 환산보증금이 9억원 이하인 경우에는 연 5% 규정이 적용된다고 보아야 할 것이다.

그렇다면, 서울을 예로 들 경우에 환산보증금 기준 9억원을 초과하여 환산보증금이 10억원이라고 가정할 때 이러한 경우에도 연 5% 인상한도 규정이 적용될까? 현재의 상임법에 따르면, 환산보증금의 소액·고액 등 그 액수에 상관없이 모든 상인에게 계약갱신요구권을 인정하고 있기 때문에 이러한 문제가 발생한다.

이에 대하여 상임법은 제10조의2에서 상임법의 환산보증금 기준을 초과하는 임차인이 계약갱신요구를 하여 계약이 연장된 경우 차임과 보증금 등의 증감을 청구할 수 있다고 규정하면서, 연 5% 인상한도에 대한 규정을 준용하지 않고 있다. 따라서, 환산보증금 기준을 초과하여 민법이 적용되는 경우이지만 상임법상의 계약갱신요구권을 행사한 경우에는 상임법상 인상한도 5%의 적용이 없고, 그 이상의 인상도 가능하다고 해석된다.

묵시의 갱신이 된 경우는 어떨까? 상입법 제10조 제4항은 묵시의 갱신의 경우 "전 임대차와 동일한 조건으로 다시 임대차한 것으로 본다. 이 경우에 임대차의 존속기간은 1년으로 본다."라고만 규정하고 있을 뿐이고, 임차인의 갱신요구에 의해 계약이 연장된 경우처럼(상임법 제10조 제3항), 연 5% 인상한도 여부에 대한 내용 자체가 없다.

따라서 상임법 규정으로 볼 때 묵시의 갱신이 된 경우에는 임차인이 계약갱신요구를 해서 계약이 연장된 경우와 달리, 종전 임대차조건이 그대로 적용된다고 보는 것이 타당할 것이다. 결국, 묵시의 갱신의 경우 연 5%의 인상한도 적용이 없고, 인상 자체가 인정되지 않는다고 보아야 할 것이다.

6. 임대인의 임차목적물의 사용 · 수익상태 유지의무의 의미

민법 제623조는 "임대인의 의무"라는 제목 아래에 "임대인은 목적물을 임차인에게 인도하고 계약존속 중 그 사용, 수익에 필요한 상태를 유지하게 할 의무를 부담한다."고 규정하고 있다.

그렇다면, 민법 제623조의 "임대인의 임차목적물 사용·수익상태 유지의무"의 구체적 의미는 무엇인가?

대법원 2021다202309 판결에 의하면 "임대인의 임차목적물의 사용·수익상태 유지의무는 임대인 자신에게 귀책사유가 있어 하자가 발생한 경우는 물론, 자신에게 귀책사유가 없이 하자가 발생한 경우에도 면해지지 아니한다. 또한 임대인이 그와 같은 하자 발생 사실을 몰랐다거나 반대로 임차인이 이를 알거나 알 수 있었다고 하더라도 마찬가지이다."라는 취지이다.

상가의 용도변경의무도 "임대인의 임차목적물의 사용·수익상태 유지의무"의 범위에 포함되는가? 그렇다는 것이 위 대법원 판결의 취지이다.

원심법원(인천지방법원 2020나56066 판결)은 임차인뿐만 아니라 임대인도 건물용도 변경으로 인하여 종전 임차인이 아닌 다른 임차인이 이 사건 점포에서 편의점 및 담배소매업을 하기 어려워졌다는 사실을 알지 못하였다는 사실 등을 들어, 임대인의 임대차목적물에 관한 사용·수익상태 유지의무 위반이 인정되지 아니하거나 임대인의 손해배상책임을 부담하지 아니한다고 판단하였으나 위 대법원은 임대인의 귀책사유가 없는 경우에도 임대인의 임차목적물의 사용·수익상태 유지의무가 존재한다는 취지로 원심판결을 파기·환송한 것이다.

어떠한 사안이었을까? 원고(임차인)는 2018. 7. 20. '피고 회사(임대인)'로부터 부천시에 있는 '이 사건 점포(이 사건 건물 중 103호)'를 기간 2018. 6. 1.부터 2020. 5. 31.까지, 임대목적 편의점으로 정하여 임차하는 '이 사건 임대차계약'을 체결하였다.

그런데, 전임차인은 원고의 남동생이었다. 전임차인이 이 사건 점포를 편의점으로 운영할 때는 그 용도가 근린생활시설로 이 사건 점포의 운영에 아무런 문제가 없었으나, 전임차인이 편의점을 운영하면서 어느 순간부터 전임차인의 누나인 원고가 피고회사에 차임을 지급해 오던 중에 원고가 원고의 남동생인 이 사건 점포의 전임차인으로부터 이 사건 점포를 양수하는 계약을 체결하고 정식으로 원고가 임차인이 된 사례이다. 이러한 경우에도 원고와 피고 회사 사이에 이 사건 임대차계약서가 작성되었으므로 특별한 사정이 없으면 거기에 기재된 문언대로 원고와 피고 회사 사이에 이 사건 임대차계약이 체결된 것으로 보아야 하며, 원고의 요청으로 그 임대차계약서가 작성되었다고 하더라도 그와 같은 점이 부인될 수는 없다는 것이다.

그런데 문제는 피고 회사가 2016. 11. 11. 이 사건 건물 1~3층의 용도를 근린생활시설에서 공장으로 변경하였던 것이었고, 그 변동내역이 일반건축물대장에 등재된 것이다. 이에 따라 그 이전에 영업신고를 하고 담배소매인 지정을 받은 전임차인이 이 사건 점포에서 계속하여 편의점을 운영하고 담배소매업을 하는 것은 허용되지만, 다른 사람이 새로이 이 사건 점포를 편의점으로 영업신고하거나 담배소매인 지정을 받는 것은 불가능해져 버렸다.

코리아세븐은 2018. 8.경 원고측에 담배소매인 지정불가 및 점포이전 불가에 따른 가맹계약 해지 및 위약금에 관한 안내를 하였고, 전임차인의 매출액에 따라 산출된 영업 위약금 7,982,982원, 철거비 2,500,000원, 인테리어 잔존가 1,869,143원 등 합계 12,352,125원의 위약금을 청구하였다. 이에 원고는 2018. 12.말경 편의점 영업을 중단하였으며, 2019. 1. 17.경 피고 회사에게 이 사건 점포를 인도하게 된 것이다.

임대인의 임차목적물의 사용·수익상태 유지의무는 임대인 자신에게 귀책사유가 있어 하자가 발생한 경우는 물론, 자신에게 귀책사유가 없이 하자가 발생한 경우에도 면해지지 아니한다(대법원 2009다96984 판결). 또한 임대인이 그와 같은 하자 발생 사실을 몰랐다거나 반대로 임차인이 이를 알거나 알 수 있었다고 하더라도 마찬가지이다.

원고가 이 사건 임대차계약에 의하여 정하여진 바에 따라 이 사건 점포를 편의점으로 사용·수익하는 데 장해가 발생한 상황이었으므로 임대인인 피고 회사로서는 그와 같은 장해의 발생에 책임이 있는지 여부나 사전에 그 장해의 발생을 인지하였는지 여부를 떠나 이를 제거할 의무를 부담한다고 봄이 타당하다는 것이다.

따라서 원심이 피고 회사에게 임대인으로서의 의무 위반이 인정되지 아니할 뿐만 아니라 의무 위반에 따른 손해배상책임도 부담하지 아니한다고 판단한 것은 임대인의 임대차목적물의 사용·수익상태 유지의무에 관한 법리를 오해하여 판결에 영향을 미친 잘못이 있다는 취지이다.

이와 관련하여 임대인의 임차목적물의 사용·수익상태 유지의무에 따른 인도의무와 임차인의 차임지급의무의 관계에 있어 임대목적물을 임대인이 현실적으로 인도하지 않은 상태에서는 임차인의 차임지급의무를 언제나 면하게 되는가? 그렇지 않다는 것이 대법원 2024다256116 판결의 취지이다.

즉 위 대법원 판결에 의하면 "임대인은 임차인에게 목적물을 인도하여 이를 사용·수익할 수 있도록 할 의무를 부담하고, 임차인은 이에 대하여 차임을 지급할 의무를 부담한다(민법 제618조, 제623조 참조). 이러한 임대인과 임차인의 의무는 특별한 사정이 없는 한 임대차계약이 유효하게 성립하면 발생하는 것이고, 상대방의 의무 이행이나 이행의 제공이 있어야 비로소 발생하는 것은 아니다. 그러므로 임차인의 차임 지급의무는 그가 임대인으로부터 목적물을 인도받았는지와 무관하게 임대차계약의 효력으로서 발생한다. 다만 임대인의 위와 같은 의무는 임차인의 차임 지급의무와 서로 대응하는 관계에 있으므로, 임대인이 이러한 의무를 불이행하여 목적물의 사용·수익에 지장이 있으면 임차인은 지장이 있는 한도에서 차임 지급을 거절할 수 있다(대법원 2019. 11. 14. 선고 2016다227694 판결 참조)"라는 취지이다(원심의 결론은 정당하다면서도 "이 사건 각 부동산이 현실적으로 인도되지 않은 상태에서는 피고(임차인)가 언제나 차임지급의무를 면한다는 취지의 원심의 이유 설시는 적절하지 않다."고 지적한 사안).

이와 관련하여 대법원 2024다293580 판결은 甲 주식회사 등이 김포국제공항 및 김해국제공항의 국제선 청사 내 매장에 관하여 임대차 목적물의 용도를 '면세점'으로 정하여 한국공항공사와 임대차계약을 체결하였는데, 코로나바이러스감염증－19의 감염이 확산되자 국토교통부가 국제선을 인천국제공항으로 일원화하는 조치를 발표함에 따라 김포국제공항 및 김해국제공항의 국제선 청사가 폐쇄되어 면세점 운영이 중단되었고, 그 후 甲 회사 등이 한국공항공사를 상대로 면세점 운영이 중단되었던 기간 동안 지급한 차임 상당의 부당이득반환을 구한 사안에서, 면세점 운영이 중단되었던 기간 동안 한국공항공사가 임대차 목적물을 면세점 용도로 사용·수익할 수 있는 상태로 유지시킬의무는 당사자 쌍방의 책임 없는 사유로 이행할 수 없게 되었으므로, 민법 제537조에 따라 한국공항공사는 甲 회사 등에 대하여 위 기간에 대한 차임을 청구하지 못하고, 이미 지급한 차임은 부당이득으로서 반환해야 한다는 취지로 판시하였다.

참고로 대구지방법원 2022나319943 판결은 '건물 임대인인 피고가 기존 임차인인 원고가 설치한 간판 및 외벽 일부를 제거하고 다른 매장의 상표가 그려진 간판을 부착한 사안'에서,

'임대인은 목적물을 임차인에게 인도하고 계약존속 중 그 사용, 수익에 필요한 상태를 유지하게 할 의무를 부담하는바, 피고가 기존에 설치된 원고의 간판을 철거하고 새로운 간판을 설치한 행위는 임대인으로서 이 사건 매장을 임차하여 운영하는 원고에게 계약존속 중 그 사용, 수익에 필요한 상태를 유지하게 할 계약상 의무를 위반한 것으로, 피고는 원고에게 채무불이행에 따른 손해배상책임을 부담하는데, 원고의 매출감소액, 매출액의 변동 추이, 임대료 변화, 이 사건 매장의 간판이 이 사건 매장의 영업에 미치는 영향의 정도 등을 고려하면, 피고의 이 사건 간판설치행위로 인하여 원고가 입은 손해가 발생한 것은 분명하나 구체적인 손해의 액수를 증명하는 것이 사안의 성질상 매우 어려운 경우로 인정되는바, 원고가 입은 손해는 원고가 주장하는 금액의 약 1/6에 해당하는 400만원으로 봄이 타당하다.'는 취지로 판시한 사실이 있다.

7. 상가임대차와 월세지급의무 및 부당이득

상가임차인이 계약기간 중에 임의로 나와 버리면 월세를 지급하지 않아도 되는가? 상가를 사용하지 않고 있으니 월세를 지급하지 않아도 되는 것이 아닌가? 아니다. 월세를 지급하는 것이 원칙이다. 약정해지권을 행사했거나, 합의해지 등을 통해 계약을 정상적으로 종료한 경우가 아니라면 임차인이 일방적으로 나올 수 없기 때문이다.

대법원은 실질적 이득을 얻지 않을 경우 부당이득이 성립하지 않는다는 태도이므로 월세를 지급하지 않아도 되는 것은 아닌가? 아니다. 실질적 이득 문제는 말 그대로 부당이득반환청구에 있어 문제되는데, 임대차계약에 있어 부당이득문제는 계약이 종료된 것을 전제하기 때문이다.

즉 대법원은 본래의 임대차계약상의 목적에 따라 사용·수익하지 아니하여 실질적인 이득을 얻은바 없는 경우 임대인에게 손해가 발생하더라도 임차인의 부당이득반환의무를 인정하지 않지만, 이는 어디까지나 임대인과 임차인 사이의 임대차계약의 종료를 전제한다(대법원 2002다59481 판결 등).

따라서 계약이 종료되지 않은 상태에서 임차인의 개인사정을 들어 상가를 비운 경우라도 임대인이 차임연체 등을 이유로 계약을 해지하면서 해지 당시까지의 월세지급을 구할 경우 해지 당시까지의 월세를 지급하는 것이 원칙이다.

임대인이 차임연체 등을 이유로 계약을 해지하였다면, 그 해지 이후의 월세는 지급하지 않아도 되는가? 임대인의 해지로 인하여 임대차계약이 종료되었다면, 임대인이 해지 이후의 월세상당의 부당이득반환을 청구할 수 있다. 이때 비로소 실질적 이득을 따지게 되는데, 임차인이 이미 상가를 비운 경우라면 실질적 이득을 얻었다고 보기 어려워 해지 이후에는 월세 상당의 부당이득 의무를 부담한다고 보기 어렵다.

상가를 비워두었으되 상가열쇠를 임대인에게 주지 않고, 임차인이 보관하고 있는 경우라면 어떤가? 이와 관련하여 대법원은 "임차인이 임대차계약 종료 이후에도 동시이행의 항변권을 행사하는 방법으로 목적물의 반환을 거부하기 위하여 임차건물 부분을 계속 점유하기는 하였으나 이를 본래의 임대차계약상의 목적에 따라 사용·수익하지 아니하여 실질적인 이득을 얻은바 없는 경우 부당이득 의무를 부정(대법원 2002다59481 판결)"한 사실이 있다.

이와 관련하여 대법원 2022다296165 판결에 의하면 "임차인이 임대인의 동의를 받지 않고 제3자에게 임차권을 양도하거나 전대하는 등의 방법으로 임차물을 사용·수익하게 하더라도, 임대인이 이를 이유로 임대차계약을 해지하거나 그 밖의 다른 사유로 임대차계약이 적법하게 종료되지 않는 한 임대인은 임차인에 대하여 여전히 차임청구권을 가지므로, 임대차계약이 존속하는 한도 내에서는 제3자에게 불법점유를 이유로 한 차임 상당 손해배상청구나 부당이득반환청구를 할 수 없다. 그러나 임대차계약이 종료된 이후에는 임차물을 소유하고 있는 임대인은 제3자를 상대로 위와 같은 손해배상청구나 부당이득반환청구를 할 수 있다." 는 취지이다.

8. 임대차 종료에도 불구하고 보증금을 받지 못한 임차인의 차임 지급범위

상가임대차에 있어 계약기간 중에 임차인이 임의로 퇴거를 하더라도 계약이 종료된 경우가 아니라면 계약이 종료될 때까지의 약정된 월세(차임)를 지급하는 것이 원칙이다.

그렇다면 계약이 종료되었는데, 그 계약종료에도 불구하고 임차인이 임대인에게 상가를 인도해주지 않고 계속적으로 사용하는 경우에는 어떠한가? 이때에는 임차인이 임대인에게 월세상당의 부당이득반환의무를 부담한다.

상가임대차에 있어 지역은 서울이며, 보증금 2천만원, 월세 100만원을 가정하자. 그런데 계약이 종료되었다. 계약서상의 월세는 100만원에 불과하지만 계약이 종료되기 전부터 외국인 관광객들이 대거 해당지역에 유입되면서 갑자기 월세와 보증금이 상승하여 계약이 종료된 이후의 현재의 월세는 500만원에 달한다고 가정하자.

이러한 상황 속에서 계약이 합의 등으로 종료되었음에도 불구하고 임차인이 상가를 인도하지 않은 채 계속 사용할 경우에 임대인은 월세상당의 부당이득반환청구를 할 수 있을 것인데, 이때 월세상당액으로 매월 500만원을 청구할 수 있는가? 아니면 계약서상의 월세에 해당하는 매월 100만원만을 청구할 수 있을까? 다만 임대인이 계약종료에도 불구하고 보증금을 돌려주지 않은 것을 전제한다.

대법원 2023다257600 판결에 의하면 상임법이 적용(서울을 예로 들 경우 현재 기준 환산보증금 9억원 이하)되는 임대차에 있어 임대인이 보증금을 돌려주지 않은 경우라면 계약이 종료된 경우라도 계약서상의 월세인 매월 100만원만 지급하면 족하다는 취지이다.

즉 위 대법원 2023다257600 판결에 의하면 "상가건물 임대차에서 기간만료나 당사자의 합의 등으로 임대차가 종료된 경우에도 「상가건물 임대차보호법」(이하 '상가임대차법') 제9조 제2항에 의하여 임차인은 보증금을 반환받을 때까지 임대차관계가 존속하는 것으로 의제된다. 이는 임대차기간이 끝난 후에도 상가건물의 임차인이 보증금을 반환받을 때까지는 임차인의 목적물에 대한 점유를 임대차기간이 끝나기 전과 마찬가지 정도로 강하게 보호함으로써 임차인의 보증금반환채권을 실질적으로 보장하기 위한 것이다(대법원 2016다244224, 244231 판결). 따라서 상가임대차법이 적용되는 상가건물의 임차인이 임대차 종료 이후에 보증금을 반환받기 전에 임차 목적물을 점유하고 있다고 하더라도 임차인에게 차임 상당의 부당이득이 성립한다고 할 수 없다(대법원 2010다82745 판결). 위와 같은 상가임대차법 제9조 제2항의 입법취지, 상가건물 임대차 종료 후 의제되는 임대차관계의 법적 성격 등을 종합하면, 상가임대차법이 적용되는 임대차가 기간만료나 당사자의 합의, 해지 등으로 종료된 경우 보증금을 반환받을 때까지 임차목적물을 계속 점유하면서 사용·수익한 임차인은 종전 임대차계약에서 정한 차임을 지급할 의무를 부담할 뿐이고, 시가에 따른 차임에 상응하는 부당이득금을 지급할 의무를 부담하는 것은 아니다."라는 취지이다.

위 대법원 2023다257600 판결의 근거조문은 상임법 제9조 제2항으로 "임대차가 종료한 경우에도 임차인이 보증금을 돌려받을 때까지는 임대차 관계는 존속하는 것으로 본다."라고 규정하고 있는데, 상임법 제2조 제3항에서 상임법 제9조 제2항을 나열하고 있지 않아 서울을 예로 들 경우에 환산보증금 9억원을 초과하는 상가임대차에는 위 대법원 판결이 적용되기 어렵다고 해석된다.

정리하자면, 서울을 예로 들 경우에 환산보증금 9억원 이하의 상가임대차의 경우에는 계약종료 후에 임대인이 임차인에게 보증금을 주지 않은 경우라면 법원감정을 통한 현재의 월세가 기존 계약서상 월세보다 훨씬 높게 형성된 것이 확인된 경우라도 기존 계약서상의 월세만 임차인이 임대인에게 지급하면 족하다는 것이다.

그리고 서울의 경우 환산보증금 9억원을 초과하는 상가임대차에는 위 대법원 판결이 적용된다고 보기 어려우므로 계약이 종료되었음에도 불구하고 임대인이 임차인에게 보증금을 주지 않은 경우라고 하더라도, 법원감정을 통한 현재의 월세가 기존 계약서상 월세보다 훨씬 높게 형성된 것이 확인된 경우에 임대인은 위 법원감정으로 확인된 월세를 청구할 여지가 있다고 해석된다(보증금이 반환하지 않은 경우라면 보증금을 기존 보증금 2천만원으로 고정하고 계약종료 후의 월세를 감정하면 족할 것).

9. 임차인의 불법점유에 대한 손해배상청구 가능성

대법원 2019다252042 판결 사안(이하 '쟁점 판례')을 토대로 글을 쓴다. 임대차가 종료되기 수개월 전부터 계속적으로 임대인이 임차인에게 계약종료통보를 하였다. 그러나 임차인은 자신이 필요비, 유익비 등으로 지출한 비용의 반환을 주장하면서, 임차물을 유치할 권리가 있다고 주장한다. 이런 와중에 계약종료일이 도과하였다.

계약기간이 만료된 후에 임대인이 보증금에서 임차인이 밀린 차임 등을 공제하고, 공탁을 하였다면 공탁 이후의 무단점유사실을 들어 월세상당의 부당이득반환청구권을 행사할 수 있는가?

공탁을 함으로써 임차인이 임대인을 향하여 동시이행항변권을 행사하기 어렵기 때문에 임차인이 월세상당의 부당이득반환의무를 부담하는 것인지 문제된다.

이와 관련하여 대법원 2002다59481 판결에 의하면, "임차인이 임대차계약 종료 이후에도 동시이행의 항변권을 행사하는 방법으로 목적물의 반환을 거부하기 위하여 임차건물 부분을 계속 점유하기는 하였으나 이를 본래의 임대차계약상의 목적에 따라 사용·수익하지 아니하여 실질적인 이득을 얻은 바 없는 경우에는 그로 인하여 임대인에게 손해가 발생하였다 하더라도 임차인의 부당이득반환의무는 성립되지 아니한다."는 취지이고,

대법원 2004재다818 판결에 의하면 "임차인이 임대차계약이 종료한 후 임차건물을 계속 점유하였더라도 본래의 계약 목적에 따라 사용·수익하지 아니하여 이익을 얻지 않았다면 그로 인한 부당이득반환의무가 성립하지 아니하고, 이는 임차인의 사정으로 인하여 임차건물을 사용·수익하지 못한 경우에도 그러하다."는 취지 등을 종합할 때에,

임대인이 공탁을 통하여 보증금반환의무를 이행함으로써 임차인의 동시이행항변권을 깨뜨렸더라도, 임차인이 임차물을 사용하지 않았다면 공탁 이후의 월세상당 부당이득반환의무가 성립하는 데에 한계가 있어 보인다('쟁점 판례'의 1심판결인 수원지방법원 2017가단534883 판결 참고).

그렇다면, 계약종료 후 월세 등 공제보증금을 공탁을 하였고, 공탁을 함으로써 임차인의 동시이행항변권이 인정될 수 없으니, 임차인의 점유는 불법점유이므로 임차인의 불법점유에 따른 불법행위가 성립하여 이에 따라 임대인이 임차인에게 손해배상을 청구할 수 있지 않을까? 가능하다는 것이 '쟁점 판례'의 취지이다.

즉 위 대법원 2019다252042 판결은 "임차인이 그러한 동시이행항변권을 상실하였는데도 목적물의 반환을 계속 거부하면서 점유하고 있다면, 달리 점유에 관한 적법한 권원이 인정될 수 있는 특별한 사정이 없는 한 이러한 점유는 적어도 과실에 의한 점유로서 불법행위를 구성한다."면서,

판결 이유를 통해 "원고(임대인)가 이 사건 임대차계약이 종료한 다음 연체차임 등을 공제한 임대차보증금을 적법하게 변제공탁하였다면 피고(임차인)가 이 사건 각 식당을 인도할 의무에 대해 임대차보증금의 반환과 동시이행을 주장할 수 없다. 피고는 선행 소송에서 이 사건 각 식당에 지출한 비용의 상환을 청구하였으나 청구를 기각하는 판결이 확정되었고, 달리 피고가 이 사건 각 식당을 점유할 적법한 권원이 없는 한 피고가 위 변제공탁의 통지를 받은 다음부터 이 사건 각 식당을 원고에게 인도할 때까지 적어도 과실에 의한 불법점유를 한 것으로 볼 수 있다."면서 원심을 파기·환송한 것이다.

위 '쟁점 판례'의 파기·환송심(수원지방법원 2020나65784 판결)은 "피고(임차인)는, 법률전문가가 아닌 피고로서는 비용상환청구권이 존재하지 않는다는 것에 관하여 알지 못하였고, 그에 관하여 어떠한 과실도 없었으므로 불법점유에 관한 고의·과실이 없었다는 취지로 주장하나, 피고가 상대방에 대하여 가지고 있지 아니한 채권을 주장하면서 그 목적물의 반환을 계속 거부하면서 점유하고 있다면 이는 적어도 과실에 의한 점유에 해당"한다면서, 부동산의 불법점유로 인하여 그 소유자가 입게 되는 손해액은 부동산의 임료에 상당하는 금액을 기준으로 산정하여야 하는 것인바, 원고가 입은 손해는 3개월 19일 동안 월 29,401,000원의 비율로 계산한 돈인 106,823,633원이 될 것이나, 피고가 불법점유에 이르게 된 경위와 목적 및 점유를 통하여 얻은 이익의 정도, 손해의 공평 부담이라는 손해배상제도의 취지 등 제반 사정을 참

작하여 공평의 원칙상 피고의 책임을 원고가 입은 손해액의 80%로 제한하여 피고가 원고에게 배상할 손해액은 85,458,906원(=106,823,633원 × 80%)이 된다고 판시하였다.

정리해 보자. 임대차계약이 종료되면 문제되는 법률관계는 세 가지로 정리되는데, 원고(임대인)는 이러한 세 가지 주장을 선택적으로 주장할 수 있다(청구권 경합). 첫째 불법행위, 둘째 채무불이행, 셋째 부당이득이다.

불법행위의 경우는 점유권원이 주로 문제되는데 판례가 일반적으로 점유권원으로 인정하는 것은 유익비상환청구권에 의한 유치권과 동시이행항변권이다. 예를 들어 동시이행항변권이 인정되는 사안에서는 임차인의 불법행위가 인정되기 어렵다.

채무불이행의 경우는 동시이행항변권이 주로 문제되며, 동시이행항변권이 인정되는 경우에는 원고가 이행제공을 하지 않는 한 임차인에게 임료상당 배상책임을 묻기 어렵다. 부당이득반환청구의 경우에 실질적 이득이 있는지 여부만 문제된다. 즉 유치권이나 동시이행항변권이 장애가 되지 않는다.

예를 들어 유치권을 행사하는 차원에서 문만 잠가 놓고 임차물을 사용하지 않은 경우에 실질적 이득이 인정되지 않아 임차인에 대한 부당이득반환청구가 인정되기 어렵다(2021. 11. 19.자 '서울고등법원판례공보스터디' 제368쪽 참고).

10. 구 노량진시장 상인일부의 현대화시장 이전반대와 손해배상책임 여부

철거가 예정된 구 노량진시장에 관하여 시장현대화를 반대하는 전차인들(일부 상인들)이 물리력을 사용하여 소유자이자 임대인에 해당하는 수협중앙회의 지배를 배제하고, 임차인에 해당하는 주식회사 노량진수산의 목적물 반환을 방해하였다. 위 소유자(수협중앙회) 및 임차인(주식회사 노량진수산)이 전차인들(일부 상인들)에게 불법행위에 따른 배상책임을 물을 수 있는가?

원심과 달리 대법원은 위 전차인들(일부 상인들)에게 불법행위 책임이 인정될 수 있다는 취지이다. 즉 대법원 2018다298799 판결을 정리하면 "수산업협동조합중앙회가 갑 주식회사에 수산물도매시장('구 시장') 건물을 임대하여 갑 회사가 시장 건물 내 점포를 상인에게 전대하는 등의 방법으로 시장을 관리·운영하던 중 시장 현대화 사업에 따라 새로운 시장이 준공되었고, 을 등을 비롯한 구 시장 상인 일부가 현대화 시장 이전에 반대하는 단체를 구성하였는데, 수산업협동조합중앙회와 갑 회사가 을 등을 상대로 구 시장 주차장 무단점유 및 구 시장 점포 반환거부, 공실 무단점유, 기물 파손과 무단 물품 적재 등을 이유로 손해배상을 구한 사안에서, 을 등이 권한 없이 구 시장 주차장 운영 중단에 관한 공고문을 떼고 진입 차단용 시설물을 파손하여 재설치를 막은 행위는 수산업협동조합중앙회의 구 시장 주차장에 대한 사실적 지배를 적극적으로 배제하는 행위에 해당하고, 안내소를 설치하여 진·출입 차량을 안내하고 주차증을 발급한 것은 구 시장의 영업을 계속하기 위해 구 시장 주차장을 실질적으로 지배·관리하면서 사용·수익한 것으로 볼 수 있으며, 수산업협동조합중앙회가 구 시장 주차장을 종국적으로 철거할 의사나 의도를 가지고 있었다는 사정은 을 등의 점유를 정당화하거나 그로 인한 손해를 부정할 사유가 될 수 없고, 한편 갑 회사는 임대차계약이 종료하였다고 하더라도 수산업협동조합중앙회에 임대차목적물인 구 시장 건물을 원상회복할 의무가 있으므로 그 의무이행을 위한 범위에서 구 시장 건물을 관리·보전할 필요가 있고, 을 등이 구 시장 점포의 반환을 거부하는 것을 넘어 조직적으로 구 시장 내 다른 공실을 추가로 점유·사용하거나 구 시장 내 시설을 훼손·변경하고 이를 막으려는 직원에 대해 폭력을 행사하는 등 갑 회사의 정당한 관리·보존 업무에 대해서 직접적이고 현실적인 방해 행위가 계속되는 경우에, 이에 대응하기 위해 갑 회사가 지출한 비용 부분은 을 등의 불법행위에 대한 통상손해로 인정함이 타당한데도, 이와 달리 본 원심판결에 심리미진 등의 잘못이 있다."라는 취지이다.

이 부분에서 의문이 드는 것은 철거가 예정된 빈 건물의 무단 점유로 인하여 '차임' 상당의 '손해'가 발생할 수 있는지의 문제인데, 위 대법원 판결 사안은 구 시장이 안전등급 C등급을 받은 위험한 건물이므로 철거되어야 하고 실제 원고 수협중앙회는 이를 철거할 예정이었던 것이다. 이에 대하여는 '비워두는 것'도 사용·수익의 한 형태이고, 이는 소유자가 결정할 수 있는 것이며 어느 쪽을 선택하더라도 손해는 있다고 보이므로 손해는 있다고 보는 것이 타당하고, 단지 손해액을 어떻게 산정할 것인지 문제되는데, 사용·수익권의 침해로 인한 소유자의 손해는 일반적으로 '차임상당액'으로 보는 것이 합리적이고, 해당부동산이 임대할 수 있는 것이 아니더라도 마찬가지라는 견해가 있다(2022. 9. 30.자 '서울고등법원판례공보스터디' 제1651쪽, 제1652쪽 참고).

대법원(전합) 2017다220744 판결에 의하면 부당이득에 따른 손해와 관련하여 현실적으로 임대가 될 수 없는 물건이더라도, 그 무단 점유로 인한 손해는 '차임 상당액'으로 판단하는 것이 합리적이라는 취지인바, 본건처럼 불법행위에 따른 손해배상문제에 있어서도 동일하게 봄이 타당할 것이다.

즉, 위 대법원(전합) 2017다220744 판결에 의하면 "일반적으로 부동산의 무단점유·사용에 대하여 차임 상당액을 부당이득으로 반환해야 한다고 보는 이유는 해당 부동산의 점유·사용으로 인한 이익을 객관적으로 평가할 때 그 부동산 사용에 관한 권리가 당사자 간의 합의로 설정된다고 가정하였을 경우 약정되었을 대가로 산정하는 것이 합리적이기 때문이지, 해당 부동산이 임대 가능한 부동산일 것을 요건으로 하기 때문이 아니다. 이렇듯 '차임 상당액'은 부동산의 무단점유·사용으로 얻은 부당이득을 금전적으로 평가하는 데 필요한 기준일 뿐이다."라는 취지이다.

11. 월세에 대한 지연손해약정과 소멸시효

상가임대차의 경우 월세지급을 지체할 경우 월 2% 또는 월 3%의 지연이자(지연손해금)를 물도록 계약서가 작성되는 경우가 있다.

중개사무실에서 사용하는 계약서는 위와 같은 지연이자 약정이 없는 경우가 많아 특약에 별도로 넣어야 하는 반면, 별도의 관리실을 갖추고 해당 건물의 임대차계약을 처리하는 경우 미리 작성된 계약서에 부동문자로 월세지급을 지체한 경우 월 몇 퍼센트의 지연이자가 붙는다는 규정이 적시된 경우가 많다.

이러한 경우 임차인은 월세지급을 연체할 경우 지연손해금을 물게 되어 있는 계약내용을 모르고 있는 경우도 다반사다. 그럼에도 불구하고 위와 같은 지연손해배상 약정은 원칙적으로 유효하다. 다만, 관리실에서 미리 만들어둔 계약서는 약관에 해당되어 약관법(약관의 규제에 관한 법률)의 규제를 받을 여지도 있고, 손해배상액 예정조항에 해당하여 직권감액 여지도 있다(민법 제398조 제2항). 이와 관련하여 대법원 92다22350 판결은 임차인이 차임 지급을 지체할 경우 임대인에게 월 4%의 비율에 의한 지연손해금을 지급하기로 한 손해배상액의 예정이 부당하다고 보아 직권감액을 인정한 사실이 있다.

그렇다면, 위와 같은 지연이자는 소멸시효에 걸리는가? 지연이자는 민법 제163조 제1호의 3년의 단기시효에 걸리는 것으로 보이고, 임대차관계는 5년 이상 지속되는 경우가 많아 지연이자가 소멸시효에 걸리는지 문제되는 것이다. 임대인이 임대차존속 중 임차인이 중간 중간에 연체한 사실에 대하여 아무런 말이 없다가 계약이 종료되어 임차인이 보증금반환을 요구할 때 모든 지연이자 공제를 주장할 수 있을까? 임차인은 이런 경우 지연이자가 소멸시효기간인 3년이 경과함을 근거로 역산해서 3년만의 지연이자만을 책임진다고 주장할 수 있을까?

이와 관련하여 필자가 수행한 의정부지방법원 2012가단44662 판결에 의하면 임차인의 월세 지급지체를 통한 지연이자가 문제된 사안에서 "임차인에 대한 채권이 소멸시효가 완성되었더라도, 완성 전에 임대차보증금에서 공제할 수 있었던 것이면 임대인은 이를 공제할 수 있다"는 취지의 판결을 내려 임차인의 소멸시효항변을 배척한 사실이 있다.

그리고 대법원 2016다211309 판결은 계약종료 시 차임채권 자체의 시효가 소멸한 사안에서 임대인의 보증금반환채무에 대한 상계주장을 인정할 수는 없지만 임대인의 보증금반환채무에 대한 공제주장은 인정된다는 취지로 판시하였다.

즉 위 대법원 2016다211309 판결에 의하면 "민법 제495조는 '소멸시효가 완성된 채권이 그 완성 전에 상계할 수 있었던 것이면 그 채권자는 상계할 수 있다.'라고 규정하고 있다. 이는 당사자 쌍방의 채권이 상계적상에 있었던 경우에 당사자들은 채권·채무관계가 이미 정산되어 소멸하였다고 생각하는 것이 일반적이라는 점을 고려하여 당사자들의 신뢰를 보호하기 위한 것이다. 다만 이는 '자동채권의 소멸시효 완성 전에 양 채권이 상계적상에 이르렀을 것'을 요건으로 하는데, 임대인의 임대차보증금 반환채무는 임대차계약이 종료된 때에 비로소 이행기에 도달하므로, 임대차 존속 중 차임채권의 소멸시효가 완성된 경우에는 소멸시효 완성 전에 임대인이 임대차보증금 반환채무에 관한 기한의 이익을 실제로 포기하였다는 등의 특별한 사정이 없는 한 양 채권이 상계할 수 있는 상태에 있었다고 할 수 없다. 그러므로 그 이후에 임대인이 이미 소멸시효가 완성된 차임채권을 자동채권으로 삼아 임대차보증금 반환채무와 상계하는 것은 민법 제495조에 의하더라도 인정될 수 없지만, 임대차 존속 중 차임이 연체되고 있음에도 임대차보증금에서 연체차임을 충당하지 않고 있었던 임대인의 신뢰와 차임연체 상태에서 임대차관계를 지속해 온 임차인의 묵시적 의사를 감안하면 연체 차임은 민법 제495조의 유추적용에 의하여 임대차보증금에서 공제할 수는 있다."라는 취지이다(대법원 2024다302217 판결 동일취지).

12. 미준공 건물에 대한 임대차계약

도심을 지나가다 보면, 신축 중인 오피스텔이나 상가에 분양계약 또는 임대차계약을 체결하고 있다는 문구의 플래카드 등을 볼 수 있고, 신축건물 옆에 분양사무실이 들어서 있는 경우가 있다. 이런 경우에 사용승인(준공)도 아직 받지 못하였을 뿐만 아니라, 등기부(등기사항증명서)도 아직 만들어지지 않은 경우가 있다. 상가를 임차하고자 하는 임차인 입장에서 신축 건물의 입지를 나름대로 분석해 보니 이보다 더 좋은 경우는 없다고 가정하자. 이런 경우 임대차계약을 덥석 체결해야 할까?

법률적인 고민을 해보자. 위와 같은 상황을 제시하고 변호사에게 법률적 조언을 구할 경우에 아마 많은 변호사들이 임대차계약 체결에 신중을 기해야 한다는 답변을 할 것이다. 그 이유는 무엇일까? 세 가지만 살펴보자.

첫째, 건물신축을 통한 소유권취득의 간략한 경과를 살펴보면, 건축허가를 받고, 건물을 신축한 뒤 사용승인을 취득하여 건축물관리대장이 만들어지면, 건축물관리대장을 기초로 등기부가 생성된다.

건물 소유권자 판단의 기준은 등기부가 되는데, 준공도 되지 않은 건물이라면, 등기부가 만들어지지 않은 상황이고, 해당 건물을 임대차하는 임차인 입장에서는 소유자가 분명하지 않은 건물을 임대차하는 위험을 떠안게 된다.

둘째, 상가 등의 특성상 초기 분양가(매매대금 또는 임대차보증금 및 월세)가 높은 경향이 있다. 상가 등을 분양하는 입장에서는 건축비 내지 금융비용 조달을 위해 대대적인 광고를 하면서, 분양가를 상대적으로 높여서 시장에 내놓는 경우가 많기 때문이다. 즉, 분양주체 입장에서 높은 분양가를 지속하여도 분양이 쉽게 완료되면 좋은 것이고, 분양이 되지 않을 경우 실질은 미분양분임에도 불구하고 "회사보유분" 등의 명목으로 좋은 물건인양 광고를 하면서 분양가를 낮추어 재분양하는 경우가 많다.

셋째, 건축신축의 경우 분양을 담당하는 분들은 공인중개사도 있지만, 건축주인 경우, 분양대행사인 경우 등 다양한 형태가 있다. 그런데 분양에 법률적 문제가 발생하여 법적 책임을 묻고자 할 경우 분양주체(특히, 분양대행사)의 재력문제로 승소를 해도 채권회수가 어려운 경우가 발생한다.

이러한 경우에 공인중개사가 분양대행을 하는 경우에도 공인중개사의 이름을 분양계약서에 적지 않아, 중개사고 등을 이유로 공인중개사 등에게 책임을 묻기도 어렵다[다만, 공인중개사의 분양대행행위가 '중개행위'가 아니라는 취지의 판결로는 대법원 98도1914 판결(부동산중개업법위반)]. 결국 미준공건물이 아무리 위치가 좋다고 해도, 이와 같은 문제가 있을 수 있음을 고려하여 계약체결에 만전을 기할 필요가 있다.

13. 부동산신탁과 상가임대차

집합건물상가와 같은 구분소유건물을 매도 또는 임대하는 시행사가 채권자들을 우선수익자로 지정한 후 해당 상가를 신탁하는 경우가 있다. 시행사는 집합건물상가를 매도분양하기 위해 상가를 미리 임대하는 경우가 있는데, 미리 상가를 임대해 두어야 수분양자에게 보다 많은 분양대금을 받을 여지가 있기 때문이다.

즉, 수익률 보장 차원에서 현재 임차인이 들어와 있으니, 임대수익은 걱정하지 않아도 된다는 취지로 수분양자 설득이 가능하기 때문이다. 이때 수분양자 입장에서 이를 믿어야 하는지는 상황판단이 필요할 것이다.

부동산신탁을 하게 되면, 시행사가 신탁자가 되고 수탁자는 신탁회사가 되는데, 등기부상 소유자가 시행사에서 신탁회사로 신탁을 원인으로 이전되는 형태를 갖게 된다.

이때 신탁부동산을 임차하는 임차인은 누구를 임대인으로 삼아야 할까? 임대차계약에 있어 임대인은 임차물의 소유자일 필요는 없지만, 임대물에 대한 처분권한이 있거나 적법한 임대권한을 가진 자일 것을 요구한다(대법원 93다37977 판결 등).

명의가 신탁된 부동산의 경우 명의수탁자는 대외적으로 완전한 소유자이기 때문에 명의신탁자와의 사이에 대내관계에서의 제한이 있음에도 불구하고 적법한 임대인이 될 수 있다(부동산실명법 제2조 제1호 다목에 따르면, 신탁법에 따라 신탁재산인 사실을 등기한 경우는 부동산실명법상 명의신탁약정으로 보지 않음. 가사 명의신탁약정으로 보더라도, 부동산실명법에 의해 명의신탁이 무효가 되는 경우도 임차인은 동법 제4조 제3항의 제3자로 보호 가능성 높음).

대법원 2000다70460 판결에 의하면, "신탁법상의 신탁은 위탁자가 수탁자에게 특정의 재산권을 이전하거나 기타의 처분을 하여 수탁자로 하여금 신탁 목적을 위하여 그 재산권을 관리·처분하게 하는 것이므로, 부동산의 신탁에 있어서 수탁자 앞으로 소유권이전등기를 마치게 되면 대내외적으로 소유권이 수탁자에게 완전히 이전되고, 위탁자와의 내부관계에 있어서 소유권이 위탁자에게 유보되어 있는 것은 아니라 할 것이며, 이와 같이 신탁의 효력으로서 신탁재산의 소유권이 수탁자에게 이전되는 결과 수탁자는 대내외적으로 신탁재산에 대한 관리권을 갖는 것이고, 다만, 수탁자는 신탁의 목적 범위 내에서 신탁계약에 정하여진 바에 따라 신탁재산을 관리하여야 하는 제한을 부담함에 불과하다."는 취지이다.

그렇다면 명의신탁자와 임대차계약을 체결할 수는 없는가? 상담을 진행하다가 보면 명의신탁자가 임대인으로 되어 있는 경우가 있고, 신탁회사(명의수탁자)는 해당 계약서에 신탁회사로 적혀 있고, 그 신탁회사 계좌로 보증금을 보내도록 되어 있는 경우가 있다.

결론적으로 명의신탁자와 임대차계약을 체결하는 것이 가능하다. 명의신탁자가 대외적 소유권을 보유한 것은 아니지만, 부동산에 관하여 적법하게 임대차계약을 체결할 수 있는 권한을 보유하고 있는 경우가 있기 때문이다. 다만, 임차인 입장에서는 명의신탁자와 명의수탁자와의 관계를 확인하는 것이 필요할 것인데, 등기부의 일부로 해석되는 신탁원부를 등기소에서 떼어 보면 신탁계약서를 확인할 수 있다.

이러한 경우에 임차인은 등기부상 부동산의 소유자인 명의수탁자에 대한 관계에서도 적법한 임대차임을 주장할 수 있는 반면, 명의수탁자는 임차인에 대하여 그 소유자임을 내세워 명도를 구할 수 없다고 해석된다(대법원 2004다17429 판결).

정리해 보자. 임대인은 시행사임에도 불구하고 보증금을 시행사가 아닌 신탁회사에 입금하라고 요구하는 경우가 있다. 임대차계약의 원칙으로 돌아갈 경우 임대인에게 보증금을 주는 것이 원칙이기 때문에 이러한 원칙을 벗어나는 임대인의 주장을 확인할 필요가 있다.

확인방법은 등기부의 일부에 해당하는 신탁원부를 등기소에서 떼어 신탁원부에 첨부된 신탁계약서를 확인하는 것이다. 신탁계약서의 "임대차 부분"을 확인하면 임대차계약을 체결할 때의 당사자(임대인)가 누가 되어야 하는지, 보증금은 누가 받아야 되는지, 받은 보증금을 누가 반환해야 하는지 등의 내용 확인이 가능하다. 이러한 내용을 확인한 경우 임차인이 해당 법률관계에 대한 위험성 여부를 판단한 후 계약을 체결하는 것이 좋고, 계약서에는 임대인뿐만 아니라, 경우에 따라 신탁회사까지 넣는 것이 필요할 수 있다.

다만 주택임대차와 관련하여 주의할 대법원 판례가 있다. 즉 대법원 2019다300095(본소), 2019다300101(반소) 판결에 의하면 "이 사건 신탁계약에서 수탁자의 사전 승낙 아래 위탁자 명의로 신탁부동산을 임대하도록 약정하였으므로 임대차보증금 반환채무는 위탁자에게 있다고 보아야 하고, 이러한 약정이 신탁원부에 기재되었으므로 임차인에게도 대항할 수 있다. 따라서 이 사건 오피스텔에 관한 부동산담보신탁 이후에 위탁자인 케이피로부터 이를 임차한 피고는 임대인인 케이피를 상대로 임대차보증금의 반환을 구할 수 있을 뿐 수탁자인 한국토지신탁을 상대로 임대차보증금의 반환을 구할 수 없다. 나아가 한국토지신탁이 임대차보증금 반환의무를 부담하는 임대인의 지위에 있지 아니한 이상 그로부터 이 사건 오피스텔의 소유권을 취득한 원고가 주택임대차보호법 제3조 제4항에 따라 임대인의 지위를 승계하여 임대차보증금 반환의무를 부담한다고 볼 수도 없다."는 취지이다.

위 대법원 판결은 임차인의 대항력의 의미가 임차권에 따른 사용·수익에 한하고, 보증금 반환청구에게 미치지 않을 수 있다는 점이다. 일반적으로 대항요건 충족을 통해 대항력이 있다고 할 때에 대항력의 효력을 받는 자가 보증금반환의무도 부담하는 사례와 구별된다는 것이다.

위 대법원 판결에 대하여, 대법원 95다22283 판결, 대법원 2007다38908 판결, 대법원 2018다44879 판결 등에 의하면 주임법상의 대항력은 임대인이 주택의 소유자가 아니더라도 적법하게 그에 관하여 임대차계약을 체결할 수 있는 권한을 가진 경우에도 인정되어 왔고, 특히 아파트와 같은 주택 등에 관하여 신탁계약이 흔히 행하여지는 상황에서 이와 같은 사건은 부동산의 임대차 및 신탁의 거래에도 현저한 영향을 미칠 가능성이 있으므로 이 사건에서와 같이 수탁자(소유자)로부터의 임대권한 부여에 따라 임대차계약이 체결된 경우에는 수탁자로부터 소유권을 양수한 제3자에 대하여 임차권의 대항력을 인정하여 임차인이 소유권을 양수한 제3자에게 보증금반환청구를 인정해야 한다는 취지의 견해가 확인된다(양창수, 2022. 4. 11.자 법률신문 참고).

필자의 단견에 의하더라도 신탁부동산의 신탁원부에 신탁자가 수탁자(신탁회사)의 동의를 얻어 임대차를 할 수 있도록 규정되어 있어서, 이를 믿고 임차인이 신탁부동산에 대하여 명의자가 아닌 신탁자와 임대차계약을 체결하였는데, 그 대항력의 의미가 단지 사용·수익권에 한정되고, 보증금 반환청구에 미치지 않는다는 것은 기존 대항력의 의미와 상충되고, 위 대법원 판결 결론을 충실하게 따를 경우에 신탁부동산이 경매로 넘어가는 경우에 임차인이 인도, 전입신고, 확정일자를 모두 갖춘 경우라도 순위에 따른 배당을 받을 수 없는 것으로 해석되는바, 주임법상 순위배당권(우선변제권) 규정의 임차인보호 취지에 반하는 결과가 발생한다.

정리하자면 신탁부동산에 대한 임대차계약을 체결할 경우에 신탁원부에 따라 신탁자를 임대인으로 할 경우 보증금확보에 문제가 생길 가능성이 매우 높다는 것인바, 신탁원부가 등기부의 일부에 해당한다는 점, 주임법상 우선변제권(순위 배당권) 규정에 따른 임차인 보호 취지 등을 고려하면 위 대법원 판결에 의문이 있다[위 대법원 2019다300095(본소), 300101(반소) 판결에 대하여 "위 2019다300095 판결에 대하여는 비판적인 견해가 많음. 신탁등기의 대항력에 관한 판례를 인용하고 있는 것을 비판하는 견해와, 그것과 관계없이 적법한 임대권한을 가진 사람과 임대차계약이 체결되어 주택임대차보호법이 적용되는 임대차에서 임차주택의 양수인이 보증금반환의무를 부담하지 않는다고 본 결론에 반대하는 견해가 유력함. 사견으로도 후자(주택임대차보호법에 따른 대항력)에 관한 위 판결의 결론에는 의문이 있음. 한편 위 2019다300095 판결에 대한 공식적인 판례해설에 의하면, 위 판결은 2011. 7. 25. 전부 개정 전의 구 신탁법 제3조 제1항에 관하여 종전 판례의 입장을 따른 것임을 밝히고 있고, 현행 신탁법 제4조 제1항의 해석론에 관하여도 '같은 법리를 판시할 것인지 주목할 필요가 있다'고 하여, 현행 신탁법 제4

조 제1항의 해석에는 종전 판례의 법리가 적용되지 않을 가능성을 내비치고 있음"이라는 견해가 확인됨(2025. 4. 1.자 판례공보에 대한 '서울고등법원판례공보스터디'의 "대법원 2022다233164 판결"에 대한 해설 참고)].

14. 상가임대차 이중계약

상가임대차계약을 체결하면서, 임대인의 요구로 보증금과 월세를 다운시킨 세무서 신고용 임대차계약서를 작성하는 경우가 있다. 즉, 상가임대차계약을 체결할 때, 임대인의 요구로 실제 계약서와 세무서 신고용 계약서를 따로 작성하는 것이다.

상담을 하다 보면 이와 같이 상가임대차 이중계약 사례가 의외로 많다. 이중계약을 작성한 경우, 임대인과 임차인이 사이가 좋으면, 법률적 문제가 발생하지 않을 수도 있겠지만, 사이가 틀어지면 문제가 발생할 여지가 다분하다.

주로 어떤 문제가 발생할까? 우선 임대기간 또는 보증금 내지 월세 인상과 관련하여 임대인과 임차인 사이에 분쟁이 발생하여 임차인이 임차부동산을 비워주어야 하는 상황이 발생하게 되면, 임차인은 임대인에게 타격을 줄 방안을 강구하는 경우가 많다.

가장 많은 상담 내용 중 하나는 임차인이 임대인에게 세무서에 신고할 수 있다는 취지의 언급을 직접적으로 해도 되는지, 또 그로 인하여 이익을 얻어도 되는지의 문제이다.

임차인이 임대인에게 세무서에 신고할 것이라고 고지를 한다면, 그 고지는 임대인 입장에서 협박으로 느껴질 수 있고, 그러한 고지로 인하여 임차인이 이익을 얻게 된다면, 공갈로 판단될 여지가 있다. 즉, 임차인이 임대인에게 세무서에 신고하겠다고 언급하는 것은 구체적인 상황에 따라 형사상 협박죄나 공갈죄에 해당할 가능성이 있어 주의할 필요가 있다.

즉, 판례의 취지나 학계의 통설을 정리하면, 정당한 권리행사로서 행해지는 한 해악의 고지라고 할지라도 협박죄가 되지는 않지만, 단지 외견상 권리행사와 같아 보여도 실질적으로는 권리의 남용이라고 인정되는 경우에는 위법성이 조각되지 않아 협박죄가 성립한다는 취지이다(사법행정학회 제4판 주석형법 각칙4 제152쪽 참고).

그렇다고 하여, 임차인이 임대인을 세무서 또는 수사기관에 고발하는 것이 금지되지는 않는다. 임차인이 임대인에게 세무서에 신고하겠다고 고지하면서, 이익을 취하는 방법 대신 아무런 고지 없이 세무서 또는 수사기관에 고발을 하게 되면, 임대인은 자신의 행동에 대한 법적 책임을 지게 될 것이다. 세무서 신고용 임대차계약서를 만들어 이를 세무서에 제출한 것은 분명 조세포탈행위로 판단되기 때문이다.

세무적인 문제의 경우 포탈금액이 일정한 법정금액을 넘어야 세금이나 가산금 추징 이외에 형사조치가 내려지는데, 해당 임차인과 임대인 사이의 세무서용 임대차계약서상 포탈액이 그 금액에 미치지 않더라도, 그 임대인과 다른 임차인 사이에 세무서용 임대차계약서를 작성한 사실이 있고, 조세 포탈액의 합계가 해당 법정금액에 도달할 경우 형사조치에서 벗어나지 못할 가능성도 배제할 수 없다.

15. 상가명도청구와 폐업절차이행 청구

상가명도(인도)소송을 할 때, 폐업절차의 이행을 함께 청구하는 경우가 있다. 임대인이 명도소송에서 승소하더라도, 임차인의 폐업문제가 정리되지 않은 경우 새로운 임차인이 개업을 하기 어려운 문제가 있을 수 있어, 상황에 따라 폐업절차를 함께 청구하는 것을 고려하는 경우가 있는 것이다.

이와 관련하여 대법원은 임대차종료로 인한 임차인의 원상회복의무에는 부동산의 인도는 물론이고 임대 당시 부동산 용도에 맞게 다시 사용토록 협력할 의무도 포함되며, 신규 임차인이 임차건물에서 다시 영업허가를 받는 데 방해가 되지 않도록, 임차인에게 영업허가에 대한 폐업신고절차를 이행할 의무가 있음을 인정한 사실이 있다(대법원 2008다34903 판결).

그렇다면, 임차인의 폐업을 사후에 통제하는 것을 벗어나, 임차인의 폐업을 사전에 강제할 방법은 없을까? 임대차계약서의 특약란에 "임차인이 계약종료 후 (　)일 이내에 폐업신고를 하지 않을 경우, 계약종료 후 (　)일의 다음 날로부터 1일 금(　)원으로 계산한 금원을 임차인이 임대인에게 지급한다."라는 약정도 효과가 있을 수 있다.

위와 같은 약정은 대체로 손해배상액의 예정으로 해석될 것이고, 그 금액이 부당히 과다하다고 법원에서 인정하면, 법원에서 직권감액의 여지가 있을 것이나(민법 제398조 제2항), 폐업절차이행을 강제하기 위한 수단으로는 유용한 방법이 될 수 있다.

폐업절차이행을 청구하려면, 영업허가 내역 등의 확인이 필요한데 임차인의 영업허가 내역 확인은 어떻게 이루어질까? 예를 들어 식당을 임대차한 경우를 가정하자. 이러한 경우에 영업허가를 받는 것이 일반적인데, 해당 구청 등을 방문하여, 상가소유자로서 명도소송을 위해 임차인의 영업허가 내역이 필요함을 설명하면, 해당 구청에 따라 일부 절차상의 차이가 있기는 하나, 임차인의 영업허가 내역을 알려주고 있다. 이렇게 확인된 영업허가 내역을 별지를 활용하여 소장에 적시하면 된다.

소송 실무적으로는 상가명도청구와 더불어 폐업절차이행청구를 구하는 소송이 부대청구에 해당하여, 명도청구의 소가산정으로 족한 것인지, 아니면 폐업절차이행청구가 의사진술을 명하는 것으로 병합청구가 되고, 합의부 사건에 해당할 것인지 문제되는 경우가 있다. 필자의 경험으로는 법원마다 그 해석이 달라, 통일적으로 해결되는 것으로 보이지는 않는다.

필자의 경험을 소개하자면 서울중앙지방법원에서는 명도소송의 부대청구로 아무런 문제없이 몇 차례 소송을 진행하였으나, 부산지방법원에서 소송을 진행할 때 법원에서 연락이 와서 합의부 사건으로 진행한 사정이 있는데, 당시 필자가 위 부산지방법원에 보정서 등을 통해 명도소송의 부대청구임을 계속 주장하였으나, 내부토론을 거쳐 의사진술을 명하는 병합청구로 결정이 났다는 통보를 받은 사실이 있다. 최근의 경향은 의사진술을 명하는 것의 병합청구로 해석하여 합의부 사건으로 처리하는 경우가 많은 것으로 보인다.

참고로 대법원 94다33989 판결에 의하면 "임대차 목적물의 점유를 임대인에게 반환한 이상 사소한 시설물의 존치만으로 임차인이 이를 계속 사용수익하고 있다고 볼 수 없으며, 이는 그 시설물의 철거비용을 청구함으로써 족한 것이지 이를 이유로 계속 임료를 청구할 수 있는 것이 아니다."는 취지이므로 임차인이 상가의 명도를 하였다고 주장하고 임대인이 명도를 받지 못하였다고 주장하는 상황에서 상가에 열쇠도 없고 비밀번호를 입력하는 전자도어락만 존재하며 임대인이 그 전자도어락의 비밀번호를 알고 있어 사소한 시설물만 상가에 일부 존치하는 상태라면 임대인이 임차인을 향해 명도청구를 할 필요는 없을 것이다.

16. 임대차계약기간의 판단

임대차계약을 체결할 경우에 임차인에게 있어 가장 중요하고 기본적인 내용은 보증금과 월세 그리고 계약기간이 될 것이다. 예를 들어 상가를 임차할 경우, 보증금과 월세도 중요하지만, 계약기간도 중요하다.

계약기간이 명확해야 그에 따른 상임법상의 임차인의 각종 권리의 행사시점이 확정되기 때문이다. 즉 명확하게 확정된 계약기간은 묵시의 갱신 여부, 갱신요구권의 행사시기, 권리금회수기회요청권의 행사시기 등과 관련된다.

계약서에 계약기간 10년을 확보해주되, 2년마다 재계약이 가능하다는 취지의 문구를 적지 않게 볼 수 있는데, 이러한 경우 과연 계약기간이 10년이라 할 수 있는 것인지, 아니면 2년이 계약기간이고 2년 후 임차인에게 우선적 협상권을 준 것인지를 판단하는 것이 쉽지 않다.

구체적 계약내용에 따라 그리고 계약 이후의 전후 사정에 따라 다른 판단이 내려질 것이나, 이에 대한 기준이 될 최근의 대법원 판례를 살펴보자(대법원 2017다9657 건물명도 판결).

〈판단의 전제사항〉 원고는 2013. 1. 2. 인천 소재 이 사건 건물을 보증금 1억원, 월차임 1천만원(부가세 별도), 임대차기간은 2013. 3. 30.부터 2015. 3. 30.까지(24개월)로 정하여 임대하기로 하는 계약을 체결. 이 사건 임대차계약에는 특약사항으로 '임대사용기간은 최초 사용일부터 10년을 확보해 주고, 임대료는 2년 후부터 인상할 수 있다. 원고는 건물의 구조 변경을 승인해주고, 계약종료 후 원고가 원할 경우 피고는 원상 복구한다. 계약기간 내 원고는 피고의 전대차계약을 승인한다.'는 내용기재. 원고는 2013. 3. 29. 피고와 '임대기간은 2013. 5. 16.부터 24개월로 한다. 임대료 계산은 위 2013. 5. 16.부터 적용한다.'는 추가 특약을 하고, 피고에게 '2013. 5. 16.부터 10년간 피고가 임차한 이 사건 건물을 불특정 다수에게 전대하도록 승인한다.'는 내용이 기재된 전대동의서를 작성해 줌.

〈판단: 원심 및 대법원 동일취지〉 임대차기간을 '24개월'로 명시하고, 별도의 특약으로 '임대차기간'과 구별되는 '임대사용기간'이라는 표현을 사용. 원고는 2015. 5. 14. 피고에게 임차보증금을 3천만원 올려 달라고 요구하였는데, 피고가 임차보증금을 올리는 대신 월차임을 9% 인상하는 것을 제안하자 이를 계약서에 명시할 것을 요구하였고, 이후 피고와의 통화에서도 계약서를 다시 써야 한다고 하거나 '재계약'이라는 표현을 사용. 이 사건 특약에서 월차임을 2년 후부터 인상할 수 있다고 하면서도 인상률이나 인상금액을 따로 명시하지 않음. 월차임은 임차보증금과 함께 임대차계약의 중요한 요소로서 물가변동 등에 비추어 월차임 인상에 관한 합의 여부를 묻지 않고 무조건 임대차기간을 10년으로 정하였다고 보기는 어려움. 원고와 임차인 측의 자금 투자로 2013. 5. 30.경 이 사건 건물의 용도가 공장에서 제2종 근린생활시설로 변경. 임대차기간은 임차인에게 중요한 의미를 가지는데, 만일 임차인이 투입비용 회수를 위하여 재계약을 위한 우선적인 지위를 보장받는 것을 넘어서 임대차기간을 10년으로 할 생각이었다면 이 사건 임대차계약서의 본문에 임대차기간을 24개월로 정하고 이 사건 특약사항을 따로 둘 이유가 없었을 것으로 보임. 원고가 피고에게 작성해준 2013. 3. 29.자 전대동의서, 2015. 4. 13.자 사실확인서와 원고와 피고가 이 사건 임대차계약서의 계약기간 만료일 무렵 나눈 대화내용에는 '10년을 확보해 준다'라는 표현을 사용하고 있음. 그러나 앞에서 본 사정들과 원·피고가 법률전문가가 아닌 점에 비추어 이는 재계약에 관한 표현에 불과할 뿐 임대차기간 자체를 10년으로 정한 근거로 보기는 어려움.

17. 임차목적물 미사용과 월세지급 의무

상가에 대한 임대차계약을 체결하였다고 가정하자. 계약기간은 1년이었다. 그런데 장사가 되지 않아, 계약기간 도중에 임차인이 나가고자 하였으나, 임대인은 계약기간이 정해져 있기 때문에 계약기간 도중에 나간다고 해도 월세를 내야 한다는 입장이다.

이 경우, 임차인이 무단으로 나간 다음 남은 계약기간 중의 월세를 임대인에게 지급하지 않아도 되는가? 그렇게 보기는 힘들다. 즉, 특별한 사정이 없는 한 계약기간 내에는 임차인이 그 임차목적물을 사용하지 않더라도, 월세를 내야 한다는 것이 실무적인 입장이다.

임차인이 계약기간 중에 무단으로 나갔고, 임대인이 새로운 임차인을 들인 경우에는 어떠한가? 이러한 경우라면, 임대인이 기존 임차인에게 남은 계약기간 동안의 월세를 지급하라는 주장을 하기는 어려울 것이다.

즉, 임차인이 계약기간 중에 무단으로 나간 동안의 월세는 임차인이 부담하는 것이 옳겠지만, 그사이에 새로운 임차인이 들어와 임대차목적물을 사용하고 있다면, 기존 임차인이 사용할 수도 있는 공간을 임대인이 새로운 임차인을 통하여 점유하고 있는 것이나 다름없기 때문에, 기존 임차인과의 계약기간이 남은 상태에서 임대인에 의하여 신규 임차인이 들어왔다면, 신규 임차인이 들어오고 난 후에는 기존 임차인에게 월세부담을 지우기 어렵기 때문이다(필자의 개인의견). 이와 관련하여 민법 제623조는 "임대인은 목적물을 임차인에게 인도하고 계약존속 중 그 사용·수익에 필요한 상태를 유지하게 할 의무를 부담한다."고 규정하고 있다.

계약기간이 종료되었는데, 임차인이 월세도 지급하지 않고 임차목적물을 점유하고 있는 경우에는 월세에 상당하는 부당이득을 얻고 있다고 보아, 월세와 동일한 금액을 부당이득조로 임차인이 임대인에게 지급하는 것이 원칙이다. 이때 부가가치세에 대하여 대법원 2020다255429 판결에 의하면 "임차인이 계약종료 후에도 건물을 계속 사용하고 있고 임대인도 보증금을 반환하지 않은 채 거기에서 향후 임료 상당액을 공제하는 관계라면 부가가치세의 과세대상인 용역의 공급에 해당하므로, 차임에 대한 부가가치세 상당액을 임차인이 부담하기로 하는 약정이 있었다면, 특별한 사정이 없는 한 임대차계약 종료 후의 계속점유를 원인으로 지급되는 차임 상당 부당이득에 대한 부가가치세 상당액도 임차인이 부담하여야 한다."는 취지이고, 대법원 2002다38828 판결에 의하면 "임대차계약 해지 후의 계속점유를 원인으로 차임 상당액을 부당이득으로 반환하는 경우에 종전 임대차에서 약정 차임에 대한 부가가치세 상당액을 공급을 받는 자인 임차인이 부담하기로 하는 약정이 있었다면, 달리 특별한 사정이 없는 한 부당이득으로 지급되는 차임 상당액에 대한 부가가치세 상당액도 계속점유하는 임차인이 부담하여야 하는 것으로 봄이 상당하다."라는 취지이다.

그렇다면 계약기간이 종료되었음에도 임대인이 보증금을 지급하지 않아, 임대목적물의 열쇠를 임차인이 보관하면서, 실제 임차목적물을 사용하지 않은 경우에도 월세상당의 부당이득을 임차인이 임대인에게 지급해야 할까? 이러한 경우라면, 임차인이 임대인에게 월세상당의 부당이득금을 지급할 필요가 없다.

이와 관련하여 대법원도 임대차관계가 소멸된 후, 임차인이 임차물을 점유하기는 하였으나 실질적으로 임차물을 사용하지 않은 경우에는 부당이득의무가 발생하지 않을 뿐만 아니라, 임차인이 보증금반환청구라는 동시이행항변권을 상실하지 않는 이상, 임차인의 건물점유는 불법점유라 할 수 없어 손해배상의무도 없다고 한다(대법원 98다6497 판결 등).

18. 임대차종료와 실질적 이득, 그리고 손해배상액의 예정

임대차계약이 어떤 이유로 종료되었다. 계약이 종료되었는데, 임차인이 버티면서 월세를 지급하지 않으면, 임대인이 나가라는 요구와 함께 무단 점유하는 기간 동안의 월세에 해당하는 금액을 부당이득으로 반환할 것을 청구할 수 있다. 그런데 임차인이 나가지 않고, 임차물을 점유하는 이유가 보증금을 주지 않았기 때문이라면 어떻게 될까? 그뿐만 아니라, 임차인이 임차물을 전혀 사용하고 있지 않는 경우라면 어떻게 될까?

이에 대하여 대법원 2002다59481 판결 등은 임차인이 임대차계약 종료 이후에도 보증금의 반환을 요구하면서 동시이행의 항변권을 행사하는 방법으로 목적물의 반환을 거부하기 위하여 임차건물 부분을 계속 점유하기는 하였으나, 이를 본래의 임대차계약상의 목적에 따라 사용·수익하지 아니하여 실질적 이익을 얻지 못한 경우에 부당이득반환의무가 없다고 한다.

따라서 임대차계약이 종료된 이후 보증금을 주지 않아 임차물을 열쇠로 잠가두는 방식으로 임차물을 점유하고 있으면서, 실제 임차물을 사용·수익하지 않을 경우, 계약종료일 이후의 월세상당액을 임차인이 임대인에게 반환할 의무가 없다. 이때 실제 사용하고 있지 않음을 명확하게 하고 이를 입증하기 위하여 임차인이 폐업신고를 하는 경우가 있다.

그렇다면, 계약서에 특약으로 계약종료일 이후에 임차인이 임차물을 임대인에게 인도하지 않을 경우에 손해배상조로 월세상당액 또는 월세의 2배 등의 금원을 지급토록 약정한 경우(이른바 '불법거주배상금' 특약)는 어떠한가? 즉, 계약이 종료된 후 보증금을 주지 않아 임차물을 점유하면서 사용하지는 않았지만, 계약서 특약에 종료 후 임차물 미인도 시 손해배상책임을 지도록 규정하였다면, 어떻게 될까?

이 경우도 앞서 살핀 것처럼 동시이행항변권 등의 이론에 의하여 임차인이 월세상당액의 배상책임을 부담하지 않게 되는가? 이 두 가지 사례의 차이는 특약으로 '계약종료 후 미인도 시 손해배상'을 약정하였는지 여부이다.

이에 대하여 광주지방법원 2012나50311 부당이득금 판결은 해당 사안의 '불법거주배상금' 특약을 '손해배상예정액'으로 해석한 후, 특약에서 말하는 불법거주배상금 청구는 임차인의 임대차 목적물 반환의무의 불이행이 위법한 경우만 가능하므로, 임차인의 동시이행항변권을 상실시키는 등 임차인의 임차물 점유가 불법점유에 해당하는 경우에만 적용된다는 판결을 선고할 사실이 있다.

따라서 판례에 따르면 두 사례 모두 동일한 결론에 도달한다. 즉, 불법거주배상금 특약이 있더라도, 보증금을 주지 않아 인도를 하지 않았다면, 불법이 아니므로 불법거주배상금 특약 자체가 적용되지 않는다.

19. 상가 차임 등의 증액기준 초과와 부당이득청구

상가의 보증금과 월세의 경우 상임법이 적용되어 보증금 또는 월세 증액이 제한되는 경우가 있다. 상임법은 모든 상가건물 임대차에 적용되는 규정과 일정한 금액의 환산보증금 규정 충족을 전제로 적용되는 규정으로 나뉘는데(상임법 제2조), 보증금 또는 월세 증액에 대한 제한 규정인 상임법 제11조는 일정한 금액의 환산보증금 규정 충족을 전제로 한다.

예를 들어 서울의 경우 현재는 환산보증금 9억원(환산보증금 계산법: 월세 100만원 X 100) + 2억원. 예를 들어 보증금이 2억원이고 월세가 100만원이라면, 환산보증금은 3억원이 됨) 이하의 경우에만 보증금 또는 월세 증액 제한 규정인 상임법 제11조가 적용되는 것이다. 그렇다면, 보증금 또는 월세 증액 제한 기준은 어떻게 되는가? 현재는 연 5%가 그 기준이다.

즉, 상임법 시행령 제4조는 "법 제11조 제1항의 규정에 의한 차임 또는 보증금의 증액청구는 청구 당시의 차임 또는 보증금의 100분의 5의 금액을 초과하지 못한다."고 규정하고 있다.

상가임대차계약을 2년의 기간으로 정하여 체결하였으며, 지역은 서울이고 환산보증금이 3억원이라고 가정하자. 이런 경우라면, 보증금 또는 월세 제한 규정인 상임법 제11조가 적용된다. 그런데 상가임대차계약 2년 종료에 즈음하여 임대인의 요구로 계약을 다시 체결하면서, 보증금 또는 월세에 대한 증액기준인 연 5%를 초과하는 계약을 체결하였다.

계약체결 당시에 임차인은 임대인의 증액요구가 부당하다고 생각하였으나, 사업을 계속하고 싶은 마음에 임대차계약을 체결하였으며, 이후 임대인과의 사이가 악화되었다. 이런 경우 임차인이 보증금 또는 월세 제한 규정에 따른 연 5% 초과금액에 대한 초과금액부당이득반환청구를 고려하는 경우가 있는데, 연 5%를 초과한 약정과 그에 따라 지급한 초과금액의 차후 부당이득반환청구가 인정될까? 일률적으로 말하기 어렵다.

관련된 판례로는 대법원 2013다80481 판결과 대법원 2013다35115 판결이 있다. 즉, 대법원 2013다80481 판결은 "상가건물 임대차보호법 제11조 제1항에서 '차임 또는 보증금이 임차건물에 관한 조세, 공과금, 그 밖의 부담의 증감이나 경제사정의 변동으로 인하여 상당하지 아니하게 된 경우에는 당사자는 장래의 차임 또는 보증금에 대하여 증감을 청구할 수 있다. 그러나 증액의 경우에는 대통령령으로 정하는 기준에 따른 비율을 초과하지 못한다.'고 규정하고, 제2항에서 '제1항에 따른 증액 청구는 임대차계약 또는 약정한 차임 등의 증액이 있은 후 1년 이내에는 하지 못한다.'고 규정하고 있는바, 위 규정은 임대차계약의 존속 중 당사자 일방이 약정한 차임 등의 증감을 청구한 경우에 한하여 적용되고, 임대차계약이 종료한 후 재계약을 하거나 임대차계약 종료 전이라도 당사자의 합의로 차임 등을 증액하는 경우에는 적용되지 않는다."는 취지이다.

그리고 대법원 2013다35115 판결은 "법 제10조는 제1항에서 임대인은 임차인이 임대차기간이 만료되기 6개월 전부터 1개월 전까지 사이에 계약갱신을 요구할 경우 제1호 내지 제8호에서 정한 정당한 사유 없이는 거절하지 못한다고 규정하고, 제2항에서 제1항에 따른 임차인의 계약갱신요구권은 최초의 임대차기간을 포함한 전체 임대차기간이 5년을 초과하지 아니하는 범위에서만 행사할 수 있다고 규정하면서, 제3항에서 갱신되는 임대차는 전 임대차와 동일한 조건으로 다시 계약된 것으로 보고 차임과 보증금은 제11조의 범위 안에서 증감할 수 있다고 규정하는 한편, 제4항에서 임대인이 제10조 제1항의 기간 이내에 임차인에게 갱신 거절의 통지 또는 조건 변경의 통지를 하지 아니한 경우에는 그 기간이 만료된 때에 전 임대차와 동일한 조건으로 다시 임대차한 것으로 본다고 규정하고 있기도 하다. ~중략~ 법 제10조 제4항에 따른 임대인의 갱신 거절의 통지에 법 제10조 제1항 제1호 내지 제8호에서 정한 정당한 사유가 없는 한 그와 같은 임대인의 갱신 거절의 통지의 선후와 관계

없이 임차인은 법 제10조 제1항에 따른 계약갱신요구권을 행사할 수 있고, 이러한 임차인의 계약갱신요구권의 행사로 인하여 종전 임대차는 법 제10조 제3항에 따라 갱신된다고 할 것이다. 나아가 위와 같이 임차인이 계약갱신요구권을 행사한 이후 임차인과 임대인이 종전 임대차기간이 만료할 무렵 신규 임대차계약의 형식을 취한 경우에도 그것이 임차인의 계약갱신요구권 행사에 따른 갱신의 실질을 갖는다고 평가되는 한 이를 두고 종전 임대차에 관한 재계약으로 볼 것은 아니다."라는 취지이다.

정리하자면, 차임증감청구 규정은 임대차계약의 존속 중 당사자 일방이 약정한 차임 등의 증감을 청구한 경우에 적용되므로, ① 임대차계약이 종료한 후 재계약을 하거나, ② 임대차계약 종료 전이라도 당사자 간의 합의로 차임 등을 증액하는 경우에는 연 5% 초과 약정에 따른 월세 등의 지급에 대하여 그 초과부분에 대한 부당이득반환청구를 할 수 없다(대법원 2013다80481 판결). 그런데 상임법상 임차인의 정상적인 계약갱신요구권 행사가 있으면 그 때에도 차임증감청구 규정이 적용된다(상임법 제10조 제3항, 제11조). 따라서 임차인의 정상적인 계약갱신요구권 행사가 있었고, 임대인의 갱신거절이 정당하지 않은 상황에서 계약종료 무렵에 재계약의 형식을 취하였다고 하더라도, 이러한 '재계약'을 위 대법원 2013다80481 판결에 따른 '재계약'으로 볼 수는 없으므로, 연 5% 초과 약정에 따른 월세 등의 지급에 대하여 그 초과부분에 대한 부당이득반환청구가 인정된다(대법원 2013다35115 판결).

20. 건물임차인의 필요비·유익비 반환청구와 부속물매수청구

건물을 임차한 임차인이 임차건물에 투자를 하는 경우가 있는데, 이때 들어간 비용에 대하여 임대인에게 반환청구를 할 수 있을까? 상황에 따라 다른데, 이때 고려되는 개념이 ① 필요비, ② 유익비, ③ 부속물이다.

필요비란 물건을 통상의 용법에 알맞은 상태로 보존하기 위하여 지출한 비용으로 '임차목적물의 보존을 위하여 지출된 비용'을 말한다. 유익비란 임차목적물의 객관적 가치를 증가시켰으나 임대차목적물에 부합되어 독립성이 없는 것을 의미한다. 부속물이란 임차건물에 부속된 물건으로서 임차인의 소유에 속하고 건물의 구성부분으로는 되지 않은 것으로서 건물의 편익을 가져오게 하는 물건을 의미한다.

실무에서는 주로 유익비와 부속물의 구분이 문제되는 경우가 많은데, 임대차목적물로부터 분리가 가능하다면 부속물, 분리가 불가능하다면 유익비로 일응 판단할 수 있다.

임차인들을 상담하다 보면, '내가 임차건물에 들인 ○○○비용이 있는데, ○○○비용을 변상받아야 하는 것 아닌가요?'라는 질문을 하고, 이러한 질문을 받게 되면, 그 '○○○비용'이 필요비인지, 유익비인지, 부속물인지를 판단하고 그에 따른 처방을 하게 된다.

'○○○비용'이 필요비 또는 유익비라면, 계약서상 '원상회복약정'이 있는지를 우선 살피고, 계약서에 '원상회복약정'이 발견되면(대부분 원상회복약정이 존재함), '원상회복약정'은 필요비 또는 유익비 포기조항으로 보는 것이 일반적이므로(대법원 73다2010 판결, 대법원 2012다3609 판결 등), 질문하신 '○○○비용'을 임대인에게 반환청구하기 어렵고, 따라서 '○○○비용'을 전제로 한 유치권 주장도 어렵다는 처방을 내린다('원상회복약정'이 없다면, 유치권 주장 가능성이 있음).

상담 결과 임차인이 주장하는 '○○○비용'이 부속물로 판단된다면 어떨까? 건물임차인의 부속물매수청구권은 계약서에 부속물매수청구권을 임차인이 행사할 수 없다는 취지로 적어두었다고 해도, 이를 무효로 보기 때문에(민법 제652조), 부속물매수청구포기 약정과 무관하게, 부속물로 판단되면 부속물매수청구가 가능할 수 있다는 처방을 하게 된다.

단, 부속물매수청구권을 근거로 유치권을 행사할 수는 없다. 유치권 요건이 성립되지 않기 때문이다. 즉, 부속물매수청구권은 건물 기타 공작물 자체로 인하여 생긴 권리로 볼 수 없기 때문이다. 이와 관련하여 판례는 임대차가 임차인의 채무불이행으로 인하여 해지된 경우에는 임차인의 부속물매수청구권을 부인하고 있다(대법원 88다카7245, 7252 판결 등).

유익비와 부속물의 구분에 대한 판례를 확인하면, 임대차건물의 증·개축 부분은 유익비 반환청구대상 여부가 주로 문제될 뿐이고, 부속물로 보지 않고 있는 것으로 보이며(대법원 80다589 판결 등), 점포의 유리출입문 또는 새시 등의 경우는 분리 가능성을 인정하여 부속물로 판시한 사례가 있다(대법원 95다12927 판결).

참고로 건물이 아닌 토지임대차와 관련한 대법원 98다31462 판결에 의하면, "임야 상태의 토지를 임차하여 대지로 조성한 후 건물을 건축하여 음식점을 경영할 목적으로 임대차계약을 체결한 경우, 비록 임대차계약서에서는 필요비 및 유익비의 상환청구권은 그 비용의 용도를 묻지 않고 이를 전부 포기하는 것으로 기재되었다고 하더라도 계약당사자의 의사는 임대차 목적 토지를 대지로 조성한 후 이를 임차 목적에 따라 사용할 수 있는 상태에서 새로이 투입한 비용만에 한정하여 임차인이 그 상환청구권을 포기한 것이고 대지조성비는 그 상환청구권 포기의 대상으로 삼지 아니한 취지로 약정한 것이라고 해석하는 것이 합리적이다."라는 취지로 판시하여 필요비 및 유익비에 대한 포기약정의 범위를 제한한 사실이 있다.

그리고 대법원 2016다227694 판결에 의하면 "임차인이 임차물의 보존에 관한 필요비를 지출한 때에는 임대인에게 상환을 청구할 수 있다(민법 제626조 제1항). 여기에서 '필요비'란 임차인이 임차물의 보존을 위하여 지출한 비용을 말한다. 임대차계약에서 임대인은 목적물을 계약존속 중 사용·수익에 필요한 상태를 유지하게 할 의무를 부담하고, 이러한 의무와 관련한 임차물의 보존을 위한 비용도 임대인이 부담해야 하므로, 임차인이 필요비를 지출하면, 임대인은 이를 상환할 의무가 있다. 임대인의 필요비상환의무는 특별한 사정이 없는 한 임차인의 차임지급의무와 서로 대응하는 관계에 있으므로, 임차인은 지출한 필요비 금액의 한도에서 차임의 지급을 거절할 수 있다."라는 취지이다.

원상회복 약정이 필요비 등의 포기약정으로 해석되기는 하지만, 보통의 원상회복 약정은 일상적인 보수공사 등을 위한 비용을 포기한 것으로 해석될 뿐이고, 화재로 인한 보수공사를 위한 필요비까지 포기한 약정으로 해석될 수는 없을 것이다(2021. 11. 19.자 '서울고등법원판례공보스터디' 제93쪽의 위 대법원 2016다227694 판결에 대한 해설 참고).

21. 임차인의 부속물매수청구권을 포기하는 약정의 효력

민법 제652조 및 제646조는 임차인의 부속물매수청구권을 포기하는 약정의 무효를 선언하고 있다. 그렇다면, 부속물로 판단될 경우에 임차인이 임대인을 향해 부속물매수청구권을 행사하는 경우에 임대인은 항상 임차인의 요구에 응해야 하는가?

반드시 그런 것은 아니다. 부속물매수청구권의 의미부터 살펴보자. "부속물"이란 임차건물로부터 독립된 물건으로 임차인의 소유에 속하고, 임차건물의 편익에 제공되는 것이다. 예를 들어, 대법원 95다12927 판결에 의하면 점포의 유리출입문 또는 새시 등의 경우는 분리가능성을 인정하여 부속물로 판시한 사례가 있고, 임차인이 증·개축한 부분 등이 "부속물"인지 여부가 논의되고 있다. 다만, 대법원 80다589 판결은 "건물자체의 수선 내지 증·개축부분은 특별한 사정이 없는 한 건물자체의 구성부분을 이루고 독립된 물건이라고는 보이지 아니하므로 임차인의 부속물매수청구권의 대상은 될 수 없다."고 판시한 사실이 있다.

임차인의 부속물매수청구권은 "임차건물의 사용의 편익을 위하여 임대인의 동의를 얻어 임차건물에 부속한 물건과 임대인으로부터 매수한 부속물임을 전제로 건물임차인이 임대차 종료 시에 임대인을 상대로 매수청구"를 할 수 있다.

그렇다면 "부속물"로 판단되며, "임대차가 종료"되는 등 부속물매수청구권의 요건이 일응 충족된 것으로 보임에도 불구하고 "부속물매수청구권"이 인정되지 않는 사례는 어떠한 것이 있을까?

첫째, 판례는 "임차인의 채무불이행으로 임대차계약이 해지된 경우"에는 임차인의 부속물매수청구권을 인정하지 않는다(대법원 88다카7245, 88다카7252 판결).

둘째, 임대차계약서상의 약정이 부속물매수청구권의 포기조항으로 볼 여지가 있어 해당 약정을 무효로 볼 여지가 있는 경우라고 하더라도, 임대차계약의 과정을 전체적으로 살펴보아 임대차계약상의 약정이 전체적으로 임차인에게 불리한 것으로 해석되지 않을 경우에도 임차인의 부속물매수청구권을 인정하지 않는다(대법원 92다24998 판결 등). 즉 대법원 92다24998 판결에 의하면 "건물 임대인이 임차보증금과 임료를 저렴하게 해 주는 대신 임차인이 부속물에 대한 시설비, 필요비, 권리금 등을 일체 청구하지 않기로 약정하였고, 임차권양수인들도 시설비 등을 청구하지 않기로 약정하였다면 임차인이나 양수인 등은 매수청구권을 포기한 것이고, 위 약정이 임차인에게 일방적으로 불리한 것이라고 볼 수 없다."라는 취지이다.

셋째, 건물을 임차한 사람이 자신의 비용을 들여 증축한 부분의 소유권 귀속을 임대인에게 하기로 한 약정의 경우에 증축부분이 "부속물"로 판단될 여지가 있더라도, 이러한 약정을 부속물매수청구권을 포기하는 약정으로 강행규정에 반하여 무효로 볼 수 없어, 결국 임차인의 부속물매수청구권을 인정하지 않는다. 즉, 대법원 94다44705, 44712 판결에 의하면, "임차인이 증축한 부분을 임대인 소유로 귀속시키기로 하는 약정은 임차인이 원상회복의무를 면하는 대신 투입비용의 변상이나 권리주장을 포기하는 내용이 포함된 것으로서 특별한 사정이 없는 한 유효하다고 볼 것이므로, 소론과 같이 위 약정이 부속물매수청구권을 포기하는 약정으로서 강행규정에 반하여 효력이 없다거나 위 증축 부분은 원상회복이 불가능하므로, 유익비의 상환을 청구할 수 있다는 논지는 모두 이유 없다."라고 판시한 사실이 있다.

넷째, 임대차가 종료된 후에 부속물매수청구권을 포기하는 약정을 체결한 경우에 이러한 약정은 유효하므로, 이러한 경우에도 임차인의 부속물매수청구권이 인정되지 않는다.

22. 상가임차인의 부속물매수청구권

필자는 부동산과 관련된 상담 및 소송을 주로 접하는 부동산전문변호사다. 부동산 중에서도 상가임대차 사건을 적지 않게 다루는데, 6~7년 전에는 임차인들이 필자를 찾아와 '임대인이 명도소송을 해왔는데, 어떻게 하면 조금이라도 더 영업을 할 수 있을까요?'라는 질문이 많았다. 불황이라고 하더라도, 그즈음에는 그럭저럭 임차인이 견딜 정도로 장사가 되었기 때문일 것이다.

그런데 최근 몇 년 사이에는 '계약기간 중인데, 계약기간을 다 채우지 않고 나갈 방법은 없나요?'라는 질문부터, '임대인이 명도소송을 해왔는데, 권리금계약을 할 사람도 구하지 못한 상황입니다. 임대인청구에 대응하여 유익비, 필요비 또는 부속물매수청구권이라는 제도를 활용할 수 있을까요?'라는 질문에 이르기까지 경제불황형 질문이 적지 않다.

대부분의 임대차계약서에는 원상회복규정이 있고, 이러한 원상회복규정은 일반적으로 법원에서 필요비와 유익비 청구를 임차인이 포기한 약정으로 해석하고 있다(대법원 73다2010 판결, 대법원 2012다3609 판결 등).

부속물의 경우는 어떠한가? 부속물매수청구권은 임차인과 임대인이 특약으로 이를 배제하더라도, 민법규정에 의하여 무효가 될 가능성이 있다(민법 제652조, 제646조). 그렇다면, 상가임차인이 임대인의 명도청구 등에 대응하여, 부속물매수청구권을 행사할 경우, 어떠한 요건을 충족해야 할까?

부속물매수청구권이 인정되기 위해서는 그 부속물이 임차인 소유여야 하고, 건물의 구성부분이 되지 않아 독립성이 있어야 하며, 건물의 편익에 이바지하여야 한다는 최소한의 요건이 필요한데, 상담을 하러 오신 상가임차인이 설명하는 '부속물'을 들어보면, 대부분 '독립성' 요건을 충족하지 못하여 부속물매수청구권을 행사하기 어려운 경우가 많다[차임연체로 계약이 해지된 경우에도 부속물매수청구권 행사 곤란(대법원 88다카7245, 88다카7252 판결)].

위 '독립성' 요건과 관련하여, 울산지방법원 2014가합5407 판결은 "이 사건 부속물이 이 사건 대부시설의 구성부분으로 되지 아니하였다고 보기 위하여는, 부속물들이 부속되어 있는 자체로 거래상 독립성이 인정되어야 하고, 부속물을 훼손하지 않으면 부속되어 있는 시설로부터 분리할 수 없거나 분리에 과다한 비용이 요할 경우 또는 분리되면 경제적 가치를 심히 감소시키는 경우에는 위 부속물의 독립성을 인정하기 어렵다. 이 사건 부속물의 경우, 벽면이나 천정 등의 목공사 및 타일공사, 슬라이딩도어 등의 금속, 유리, 도장, 벽체 등의 부분은 이를 훼손하지 않으면 부속되어 있는 시설로부터 분리할 수 없거나 분리되면 그 경제적 가치가 심하게 감소되는 경우에 해당하여 이 사건 대부시설의 구성부분으로 되었다고 판단된다. 따라서 이 사건 부속물 중 위 부분은 부속물매수청구권 행사의 대상이 될 수 없다."라고 판시한 사실이 있다.

부속물로 판단되더라도, 그 부속물이 임차인의 특수목적을 위한 것으로 판단되면, 부속물매수청구권이 인정되지 않는다는 점도 알아둘 필요가 있겠다.

23. 상가임대차에 있어 계약연장 간주규정 특약의 유효성

임대인 갑과 임차인 을이 상가건물에 대한 임대차계약을 체결하면서, 계약 내용으로 "임대인 또는 임차인이 기간 만료 3개월 전까지 본 임대차계약의 종결 또는 조건변경의 의사를 명시한 서면통지를 하지 않을 경우, 임대인은 본 임대차계약과 동일조건으로 임대차계약을 12개월 단위로 연장한 것으로 간주한다(이하 '계약연장 간주규정')."라는 내용을 특약으로 편입시켰다.

그런데 임차인이 계약종결일 1개월 전에 '부득이 폐업으로 인하여 계약연장이 불가하니, 계약종료일에 보증금을 반환해 달라.'는 취지의 내용증명을 임대인에게 발송하였다.

이와 같은 경우, ① 계약내용에 따라, 임대차기간이 12개월로 연장되는가?(단, 판례 사안은 특약에 따른 12개월 연장 후 서면 해지통보 시 3개월 시점에 계약이 종료된다는 특약에 따라 임대인도 12개월 연장을 주장하지 않고, 3개월 연장만을 주장함) 아니면, ② 위 내용증명우편이 임대인에게 도달한 날로부터 3개월이 되는 날에 임차인이 보증금을 받을 수 있는 권리가 생기는가? 그것도 아니면, ③ 임차인의 주장대로 계약종료일에 보증금을 받고 나올 수 있는 권리가 생기는 것일까?

1심(서울중앙지방법원 2017가소7066042 판결)은 ③의 결론을 내렸으나, 항소심(서울중앙지방법원 2018나10776 판결)은 ②의 결론을 내렸고, 상고심(대법원 2018다297208 판결)은 심리불속행 기각되었다(2019. 2. 11.자 법률신문 참고).

임차인 을의 논거는 "임대차 기간만료 3개월 전까지 서면으로 해지하겠다는 통지를 하지 않으면 계약이 자동 갱신되도록 한 임대차계약내용은 상임법 규정에 위반된 약정으로 임차인에게 불리한 것으로 효력이 없다는 상임법 제15조에 위반되어 무효"라는 취지였다.

항소심이 갑과 을의 사이의 '계약연장 간주규정' 특약이 유효함을 전제로, 을의 내용증명 우편이 갑에게 도달한 날로부터 3개월이 되는 시점에 계약이 종료되고, 그사이의 월세 등이 보증금에서 공제되도록 판결한 이유는 무엇일까?

상임법 제15조 규정과 상임법 제10조 제4항의 규정 때문이다. 상임법 제15조 규정의 취지는 상가임차인에게 불리한 모든 약정이 무효로 된다는 것이 아니라, 상임법에 규정된 임차인 보호규정을 위반한 약정을 무효로 보도록 규정하고 있는데, 상임법에는 갑과 을 사이의 '계약연장 간주규정' 특약을 예상하여 상가임차인을 보호하는 이른바, '임차인의 계약갱신 거절권' 규정이 없기 때문이다.

즉, 아래의 <표>에서 확인되는 것처럼 주임법은 묵시의 갱신 규정인 제6조 제1항 후문에서 "임차인이 임대차기간이 끝나기 2개월 전까지 통지하지 아니한 경우에도 또한 같다."라는 규정을 통해, 주택임차인에게 계약기간 종료 2개월 전까지, 이른바 '임차인의 계약갱신 거절권'을 인정함에 비해, 상임법의 묵시의 갱신 규정인 제10조 제4항은 이와 같은 규정이 없다.

〈표〉 묵시의 갱신 규정

주택임대차보호법 제6조 제1항	상가건물임대차보호법 제10조 제4항
제6조(계약의 갱신) ① 임대인이 임대차기간이 끝나기 6개월 전부터 2개월 전까지의 기간에 임차인에게 갱신거절의 통지를 하지 아니하거나 계약조건을 변경하지 아니하면 갱신하지 아니한다는 뜻의 통지를 하지 아니한 경우에는 그 기간이 끝난 때에 전 임대차와 동일한 조건으로 다시 임대차한 것으로 본다. 임차인이 임대차기간이 끝나기 2개월 전까지 통지하지 아니한 경우에도 또한 같다. ② 제1항의 경우 임대차의 존속기간은 2년으로 본다.	제10조(계약갱신요구 등) ④ 임대인이 제1항의 기간 이내에 임차인에게 갱신 거절의 통지 또는 조건 변경의 통지를 하지 아니한 경우에는 그 기간이 만료된 때에 전 임대차와 동일한 조건으로 다시 임대차한 것으로 본다. 이 경우에 임대차의 존속기간은 1년으로 본다.

항소심의 판결은 갑과 을의 특약, 즉 '계약연장 간주규정' 특약이 유효하다는 지극히 논리적인 판결로 보이나, 주택과 상가를 달리 규율할 특별한 이유가 없다는 점, 상임법 취지가 '임차인의 계약갱신 거절권'을 부정한다고 보기 어려운 점, 최근의 경제사정 등을 고려할 때

상임법의 입법적 개선이 필요해 보인다. 결국, 이와 같은 '계약연장 간주규정' 특약이 존재할 경우에는 임차인이 계약종료시점에 계약종료를 원한다면, 위 특약을 준수하여 계약만료 3개월 전에 서면통지를 통해 계약종료 통보를 해야 원하는 결론에 도달하게 된다.

24. 상가공유자가 임대인인 경우의 문제

상가를 임차하려고 한다. 그런데 상가의 소유가 부부공동명의로 되어 있다. 임대차계약을 체결하러 나온 사람은 남편이다. 상가건물을 부부가 각 2분의 1의 지분소유 전제할 때에 남편만을 임대인으로 해도 문제되지 않을까? 부부관계가 원만한 경우라면 문제될 여지가 없을 수도 있겠으나, 임차인 입장에서는 공유자 전원과 임대차계약을 체결하는 것이 안전하다.

상가임대차는 공유물의 관리행위에 해당하는데(민법 제265조), 공유물의 관리행위는 과반수를 요구하나 남편만으로는 단시 반수(2분의 1)에 불과하여 과반수(즉 반수초과) 요건을 충족하지 못하기 때문이다.

즉, 과거의 판례에 의하면 공유자 중 1인에 해당하는 아내가 임차인에게 공유물의 보존행위로서 명도소송을 제기하면, 상황에 따라 쫓겨날 수도 있다(대법원 95다48308 판결 등). 그렇다면, 아내 동의 없이 남편이 제3자와 임대차계약을 체결하였다고 하여 아내가 제3자인 임차인에게 명도소송을 제기하는 것이 현실적으로 가능한 일인가? 남편과 아내가 사실상 수년간 별거에 들어간 사정이 있었다는 등 사정 여하에 따라서는 충분히 있을 수 있는 일이다. 따라서 공유자로부터 공유부동산을 임차하는 임차인은 공유자 전원 또는 최소한 공유지분이 2분의 1을 초과하는 사람과 계약을 해야 안전성이 확보된다는 사실을 알아두자.

다만, 대법원(전합) 2018다287522 판결은 종전 위 대법원 95다48308 판결 등을 변경하여, 소수지분권자의 다른 소수지분권자에 대한 보존행위로서의 방해배제 및 인도청구를 모두 부정하고 단지 지분소유권에 의한 방해배제만을 인정하는 취지로 판시하였다. 이러한 판결취지를 고려하면, 아내 동의 없이 남편이 제3자와 임대차계약을 체결한 경우에도 아내가 제3자에 대한 보존행위로서의 인도청구가 부정될 가능성이 있다.

위 대법원 판결에 의하면, "원고는 공유물의 종류(토지, 건물, 동산 등), 용도, 상태(피고의 독점적 점유를 전후로 한 공유물의 현황)나 당사자의 관계 등을 고려해서 원고의 공동 점유를 방해하거나 방해할 염려 있는 피고의 행위와 방해물을 구체적으로 특정하여 방해의 금지, 제거, 예방(작위·부작위의무의 이행)을 청구하는 형태로 청구취지를 구성할 수 있다. 법원은 이것이 피고의 방해 상태를 제거하기 위하여 필요하고 원고가 달성하려는 상태가 공유자들의 공동 점유 상태에 부합한다면 이를 인용할 수 있다. 이와 같이 공유물의 소수지분권자가 다른 공유자와 협의 없이 공유물의 전부 또는 일부를 독점적으로 점유·사용하고 있는 경우 다른 소수지분권자는 공유물의 보존행위로서 그 인도를 청구할 수는 없고, 다만 자신의 지분권에 기초하여 공유물에 대한 방해 상태를 제거하거나 공동 점유를 방해하는 행위의 금지 등을 청구할 수 있다고 보아야 한다."는 취지이므로,

아내는 제3자를 상대로 보존행위가 아니라, 자신의 지분권에 기초하여 공유물에 대한 방해 상태를 제거하거나 공동 점유를 방해하는 행위의 금지 등을 청구할 수 있다고 보아야 할 것인데, 이러한 내용에 인도청구가 포함될 수 있을지는 후속판결이 확인시켜 줄 것으로 보인다.

이와 관련하여 "제5판 주석민법 물권2"의 제46쪽 각주 39에 의하면, "소수지분권자가 간접점유를 하면서 제3자에게 임의로 임대해준 경우는 어떠한가? 이 경우에도 다른 소수지분권자가 직접점유자인 제3자에게 인도청구를 할 수는 없다고 보아야 하지 않을까?"라는 입장으로 위 변경된 판례에 의할 때에 아내의 제3자에 대한 인도청구에 대하여는 부정적인 입장으로 해석된다.

정리하자면, 최소한 상가에 대한 반수를 초과하는 과반수권자와 임대차계약을 체결해야 안전성이 확보된다는 것이다.

이와 관련하여 대법원 2022다253243 판결(건물인도)은 "과반수 지분의 공유자는 다른 공유자와 사이에 미리 공유물의 관리방법에 관한 협의가 없었다 하더라도 공유물의 관리에 관한 사항을 단독으로 결정할 수 있으므로, 과반수 지분의 공유자가 그 공유물의 특정 부분을 배타적으로 사용·수익하기로 정하는 것은 공유물의 관리방법으로서 적법하다. 또한 공유 지분 과반수 소유자의 공유물인도청구는 민법 제265조의 규정에 따라 공유물의 관리를 위하여 구하는 것으로서 그 상대방인 타 공유자는 민법 제263조의 공유물의 사용수익권으로 이를 거부할 수 없다."라는 취지이다.

다만 대법원 2021다252458 판결에 의하면 "과반수 지분권자는 공유물인 토지의 관리방법으로서 특정 부분을 배타적으로 사용·수익할 수 있으나, 그로 말미암아 그 부분을 전혀 사용·수익하지 못하여 손해를 입는 소수지분권자의 지분만큼 임료 상당 부당이득을 얻는 것이므로 이를 반환할 의무가 있다."라는 취지이다.

그렇다면, 계약서 명의자를 "남편 홍길동 외 1"로 하면 어떻게 될까? "외 1" 부분이 누구인지 명확하지 않다. 따라서 계약서를 작성할 때에는 당사자가 이름으로 명확하게 특정(도장 찍는 것 포함)되는 것이 필요하다.

예를 들어, 임차인이 계약을 해지할 때 "외 1"이 누구인지 모른다면 난감한 상황에 처할 수 있다. 즉, "남편 홍길동"에게만 계약해지를 하게 될 것이고, 구체적 사정에 따라 다르겠지만 그 계약해지가 적법한 것인지 명확하지 않은 법적판단에 들어갈 가능성도 있다.

앞서 본 것처럼, 임대차계약 체결행위는 공유물의 관리행위에 해당되므로, 공유자의 지분의 과반수로 결정되는데, 임대차계약을 해지하는 행위도 마찬가지일까?

그렇다. 임대차계약을 해지하는 행위도 공유물의 관리행위에 해당하므로 민법 제265조

본문에 의하여 공유자의 지분의 과반수로 결정해야 한다. 따라서 공유자가 계약서에 모두 나와 있고, 그 공유자가 임차인에게 계약을 해지하는 경우라면, 계약해지자도 공유자의 지분의 과반수 요건을 충족해야 한다.

예를 들어 공유지분이 동일한 2명의 공유자가 임대인이라면, 결국 두 명 모두의 명의로 계약해지통보를 하는 것이 필요한 것이다. 상임법 제10조 제4항의 갱신거절통지는 어떠한가? 상임법상 임대인의 갱신거절통지도 공유물관리행위로 공유자지분의 과반수결정이 필요하다(대법원 2010다37905 판결).

25. 일시사용을 위한 상가임대차

상임법 제16조는 “이 법은 일시사용을 위한 임대차임이 명백한 경우에는 적용하지 아니한다.”라고 규정하고 있다. 동법 제9조 제1항은 “기간을 정하지 아니하거나 기간을 1년 미만으로 정한 임대차는 그 기간을 1년으로 본다. 다만, 임차인은 1년 미만으로 정한 기간이 유효함을 주장할 수 있다.”고 규정하고 있다. 예를 들어, 임대인과 임차인이 1개월을 계약기간으로 하는 상가임대차계약을 체결하였다고 가정하자. 계약기간 1개월이 지나고 임대인은 임차인에게 약정에 따라 상가명도를 요구할 것이다.

그러나 임차인은 약정과 달리 상임법 제9조 제1항을 들어, 계약기간 약정을 1개월로 하였음에도 불구하고, 계약이 1년으로 의제되었음을 주장할 여지가 있다. 그뿐인가? 상임법이 적용되는 것으로 판단된다면, 임차인의 추가적 주장이 가능하고, 그 추가적 주장은 단기계약을 의도한 임대인에게 치명적일 수 있다. 추가적 주장을 예로 들면, 계속적 계약갱신요구를 통한 10년 보장을 주장하거나 권리금회수기회 주장 등이 가능할 수 있을 것이다.

그렇다면, “일시사용을 위한 임대차”의 의미는 무엇일까? 공중접객업인 숙박업 등이 이에 포함될 것이나(대법원 93다43590 판결, 대법원 2000다38718, 38725 판결 등), 판례사안을 찾기는 쉽지 않다. 우선 상임법 규정은 일시사용을 위한 임대차계약이 명백하지 않은 경우 모두 상임법을 적용한다는 취지이므로, 상대적인 단기계약을 체결하였다는 사정만으로는 상입법 적용을 피하기 어려울 것이다.

흔히 볼 수 있는 깔세(보증금 없는 월세 선납제도)를 일시사용을 위한 임대차로 해석할 여지도 있으나, 깔세가 모두 일시사용을 위한 임대차로 해석된다고 단정하기도 어렵다. 즉, 일시사용을 위한 임대차계약 여부는 임대차계약의 내용과 목적, 임대차 목적물의 종류·구조·설비, 임대차계약 기간, 차임의 액수, 보증금의 유무 등의 구체적 사정을 고려하여 판단하게 될 것이다. 따라서 단기 계약을 관철하려는 임대인 입장에서는 “일시사용을 위한 임대차”임을 명백히 하기 위한 노력을 기울일 필요가 있다.

이와 관련하여 대법원 2023다244895 판결은 일시사용을 위한 임대차로 이해되는 숙박계약(대법원 93다43590 판결, 대법원 2000다38718, 38725 판결 등)에 대하여 일반적인 임대차법리가 그대로 적용될 수는 없는 측면이 있다면서 '숙박계약이 임대차계약과 유사하기는 하나, 숙박계약의 특수성 등에 비추어 일반적 임대차계약과 달리 해당 객실을 비롯한 숙박시설은 특별한 사정이 없는 한 숙박기간 중에도 투숙객(고객)이 아닌 숙박업자의 지배 아래 놓여 있으므로, 임차인이 임차목적물을 직접 지배함을 전제로 하는 임차목적물 반환의무 이행불능에 관한 법리는 그대로 적용될 수 없고, 그 원인이 밝혀지지 않은 화재로 인하여 객실에 발생한 손해는 특별한 사정이 없는 한 숙박업자의 부담으로 귀속된다.'는 취지로 판시하였다.

즉 숙박계약은 그 특수성으로 인하여 "임대차 목적물이 화재 등으로 인하여 소멸됨으로써 임차인의 목적물 반환의무가 이행불능이 된 경우에, 임차인은 이행불능이 자기가 책임질 수 없는 사유로 인한 것이라는 증명을 다하지 못하면 목적물 반환의무의 이행불능으로 인한 손해를 배상할 책임을 지고, 그 화재 등의 구체적인 발생 원인이 밝혀지지 아니한 때에도 마찬가지이다[대법원 94다38182 판결, 대법원(전합) 2012다86895, 86901 판결 등. 단 임차인이 사용하는 부분이 아니라 건물 구조를 이루고 있는 전기배선에서 화재가 발생한 것이라면 임차인이 손해배상책임을 지는 것은 부당한바, 대법원은 건물의 일부를 이루고 있는 전기배선의 이상으로 발생한 화재에 관하여 임차인의 손해배상책임을 부정하였고, 이후에도 동일한 전제에서 판시를 하고 있음(대법원 99다64384 판결). 화재사건의 경우 증거가 대부분 소훼되어서 화재의 원인을 알 수 없는 경우가 많은데, 전기배선에서 화재가 발생한 경우에는 단락흔을 통해 전기적 원인으로 화재가 발생한 것인지 여부를 구별할 수 있다고 함(2023. 12. 15.자 공보에 대한 '서울고등법원판례공보스터디' 참고)]."라는 취지의 판결이 적용될 수 없다는 것이다.

26. 상가의 일부(소부분)에 대한 전차인의 지위

민법 제629조에 의하면, 임차인이 임대인의 동의 없이 무단 전대차계약을 체결할 경우에 임대인이 임차인에게 계약해지할 수 있음을 규정하고 있다.

그렇다면 상가를 임차한 사람이 그 상가의 일부를 임대인의 동의 없이 전대차한 경우에도 임대인이 계약을 해지할 수 있을까? 이에 대하여 민법 제632조는 "전3조의 규정은 건물의 임차인이 그 건물의 소부분을 타인에게 사용하게 하는 경우에 적용하지 아니한다."고 규정하여, 상가임차인이 그 상가의 소부분을 타인에게 사용케 하는 전대차계약을 임대인의 동의 없이 체결한 경우 임대인이 임차인에게 계약해지할 수 없음을 규정하고 있다.

결국 민법 제632조의 규정에 따라, 상가건물의 소부분을 타인에게 사용하게 한 경우는 ① 그 임차상가의 소부분을 임대인의 동의 없이도 전대할 수 있고, 그러한 경우 임대인은 무단전대를 이유로 임대차를 해지할 수 없게 되며, ② 전차인은 직접 임대인에 대하여 의무를 부담하지 않아, 해당 소부분의 이용관계는 전적으로 전대인과 전차인 사이에서 해결되며, ③ 임대인과 임차인 사이에 합의로 임대차계약관계가 종료되면, 소부분의 전대차는 그 기초를 잃어 소멸된다.

그렇다면, 건물의 소부분 여부는 어떻게 판단할까? 민법 제632조가 말하는 "그 건물의 소부분"은 거래관념에 따라 판단될 분야로 결국 판례의 축적으로 해결될 일이다. 특약으로 "임대차목적물의 일부라도 전대할 경우 임대인이 임차인을 향해 계약을 해지할 수 있다."고 약정하면 어떻게 될까?

민법 제632조는 강행규정으로 해석되지 않는다(민법 제652조 참조). 따라서 특약으로 소부분전대를 금지하고 계약해지권을 규정하였는데, 임차인이 소부분전대를 감행하였다면, 임대인은 특약에 따라 임대차계약을 해지할 수 있다고 해석된다.

시중에서 보통 사용되는 임대차계약서를 확인하면 "임차인은 임대인의 동의 없이 위 부동산의 용도나 구조를 변경하거나 전대·임차권 양도 또는 담보제공을 하지 못하며 임대차 목적 이외의 용도로 사용할 수 없다."라는 규정이 있고, "임대인 또는 임차인이 본 계약상의 내용에 대하여 불이행 시 최고 후 계약 해제할 수 있다."라는 취지의 규정을 거의 모든 계약서에서 확인할 수 있다.

결국 시중에서 사용되는 계약서의 위 "무단전대 시 해지약정"을 배제하는 특약을 적시하지 않은 경우, 임차한 상가건물의 전부는 물론이고 일부를 전대하더라도 민법 제632조가 사실상 배제되어 계약해지가 가능할 수 있다고 해석될 가능성이 있으니, 이를 유념할 필요가 있다.

다만 임대차는 신뢰관계를 전제하는바 상가임차인이 임차물을 계속 사용하면서 일부만 전대하여 전차인을 임차인의 관리영역으로 포섭한 경우에는 임대인과의 신뢰관계를 임차인이 파괴한 것으로 볼 수 없으므로 시중의 계약서상 위 "무단전대 시 해지약정"은 단지 민법 제629조를 그대로 적시한 것에 불과하여 민법 제632조의 규정을 배제할 수 없는바 상가임차인이 임차물의 소부분을 전대한 경우에 임대인이 임차인을 향해 계약해지를 할 수 없다는 반론도 가능하다고 생각한다(필자의 개인의견).

27. 개정 상가건물 임대차보호법상의 차임연체로 인한 계약해지

2015. 5. 12. 국회 본회의를 통과한 개정 상임법이 2015. 5. 13. 공포되어 일부 규정을 제외하고는 공포한 날로부터 시행되고 있다. 위 개정 상임법 중 신설된 법 제10조의8(차임연체와 해지) 규정을 살펴보고자 한다. 상임법이 개정되기 전에는 차임연체를 이유로 한 계약해지를 할 경우에 민법 규정에 따라 차임을 2회분 이상 누적하여 지급하지 않을 경우 계약해지가 가능하였다(상임법 제10조의8 규정이 신설되기 전에 상가임대차에 있어서도 민법규정에 따라 2기 연체 시 계약해지가 가능하다는 취지의 판례로는 대법원 2012다28486 판결 참고).

개정 상임법 전에도 상가임대차의 경우 차임 3회분 이상 누적해서 지급하지 않아야 차임

연체를 이유로 계약을 해지할 수 있다는 잘못된 상식이 만연하여 이를 바로 잡는 측면에서 필자가 상가의 경우에도 주택과 마찬가지로 차임을 2회분 이상 연체 시 계약해지가 가능하다는 칼럼을 몇 차례 쓴 적이 있다. 당시의 이러한 오해는 차임 3회분 이상 연체한 사실이 있을 경우 임대인이 계약갱신거절을 할 수 있다는 상임법 규정과 혼동하였기 때문으로 보였다.

그럼에도 불구하고 시중에서 사용되는 상가임대차계약서에는 차임을 3회분 이상 누적해서 내지 않을 경우 계약을 해지할 수 있다는 규정이 많이 들어가 있었다. 이렇게 특약으로 3회분 연체 시 계약을 해지할 수 있다고 약정하였다면, 그 약정대로 3회분 이상 차임연체 시 계약해지가 가능할 것이다.

3기 연체 시 계약해지를 할 수 있다는 상가임대차계약서가 시중에 적지 않다는 사정이 반영된 것인지는 몰라도 개정 상임법은 법 제10조의8을 신설하여 "임차인의 차임연체액이 3기의 차임액에 달하는 때에는 임대인은 계약을 해지할 수 있다."는 규정을 새로 두었다. 신설된 개정 상임법 제10조의8(차임연체와 해지)은 법 제2조 제3항에 따라 환산보증금에 상관없이 모든 상가임대차에 적용되며, 부칙 제1조에 따라 공포한 날(2015. 5. 13.)로부터 시행된다.

그뿐만 아니라, 상임법 제15조는 "이 법의 규정에 위반한 약정으로서 임차인에게 불리한 것은 효력이 없다."고 규정하고 있어, 개정 상임법이 적용되기 전에 임대차계약서에 차임을 2기 연체하면 계약을 해지할 수 있다고 약정하였다고 하여도, 상임법 부칙에 따르면 공포한 날로부터 개정 상임법이 적용되므로, 2기 연체 해지 약정조항은 상임법 제15조에 의하여 무효가 될 가능성을 배제할 수 없다.

다만, 위와 같이 개정 전에 약정한 내용이 개정 전의 법률에 위반되지 않지만, 개정된 법률에 의하면 해당 약정이 개정 법률에 위반될 경우에, 해당 약정을 개정법 위반으로 무효로 보아야 하는지 여부에 대하여는 (진정 내지 부진정) 소급입법 문제나, 법률의 해석 측면에서 논란의 여지가 있어 보인다.

아무튼, 개정 상임법에 의하여 상가임대차에 있어서는 환산보증금에 상관없이 차임연체를 이유로 계약을 해지하고자 한다면, 3회분 이상 누적해서 차임연체사실이 존재하는 상황 속에서 계약해지의사가 상대방에게 도달해야 한다. 차임 연체 누적액이 3개월에 이르긴 하였으나, 차임연체를 이유로 계약해지를 통보하는 의사표시 도달 전에 연체차임을 모두 갚을 경우, 해지의 효과가 발생하지 않는다고 해석되기 때문이다.

28. 상가월세 3기 연체의 의미

상가를 임차한 후에 월세를 연체하는 경우가 있는데, 그 이유도 다양하다. 대부분의 연체 사례는 장사가 잘 되지 않아서 월세를 지급하지 못하는 경우지만, 장사가 그럭저럭 되는 경우에도 임대인과의 감정싸움 때문에 월세를 연체하는 경우도 있다. 상임법 제10조의8이

2015. 5. 13.경에 신설되기 전에는 상가 및 주택 모두 월세 연체액이 2회분에 달할 때에 임대인의 즉시해지가 가능했다(상임법 제10조의8 규정이 신설되기 전에 상가임대차에 있어서도 민법규정에 따라 2기 연체시 계약해지가 가능하다는 취지의 판례로는 대법원 2012다28486 판결 참고).

그런데, 상임법 제10조의8이 신설되면서, 상가임대차의 경우는 주택과 달리 월세 연체액이 3회분에 달해야 계약해지가 가능토록 변경되었다. 위 3기 연체 시 계약해지 규정은 상임법 제2조 제3항에 따라 환산보증금의 소액·고액 등 그 액수에 상관없이 적용된다.

상가임대차계약을 체결하면서, 월세를 1기만 연체해도 또는 2기만 연체해도 임대인이 계약을 해지할 수 있다고 규정하면, 유효한가? 무효가 될 가능성이 높다. 상임법 제15조가 "이 법의 규정에 위반된 약정으로서 임차인에게 불리한 것은 효력이 없다."고 규정하고 있기 때문이다(대구지방법원 2018가합209076 판결에 의하면 상가임대차에 있어 2기의 차임연체에 달하면 계약해지가 가능하다는 약정해지권을 무효로 보면서 다만 임대인이 임차인에게 해지통보를 할 당시에 차임연체 3기에 달한 사실을 근거로 법정해지권 인정).

그렇다면, 상가임대차에 있어 3회분 차임연체의 진정한 의미는 무엇일까? 상가 차임연체 특히 3회분의 차임연체가 발생한 경우에 임차인에 인정되는 중요한 권리가 대부분 박탈될 수 있다는 사실을 알고 있을 필요가 있다. 최근에 신설되어 상가임차인 보호에 많은 영향을 끼치고 있는 "권리금회수기회요청권(상임법 제10조의4)"만 보아도 그렇다.

임차인이 법정요건을 갖추어 "권리금회수기회요청권"을 행사한 경우라도, 임차인이 3회분의 월세를 연체한 사실이 존재하는 경우, 임대인은 임차인의 "권리금회수기회요청권"이라는 강력한 권리를 거절해도 아무런 문제가 없게 된다(상임법 제10조의4 제1항, 제10조 제1항 제1호).

또한, 월세를 3회분 이상 연체한 경우, 임대인이 계약해지를 하고 그 의사가 임차인에게 도달한 경우 바로(즉시) 계약이 해지되어 "권리금회수기회요청권"을 행사할 기회도 상실된다.

그뿐인가? 상가를 임차하면 10년 보장된다고 생각하는 분들이 많지만, 월세연체로 즉시 해지된 경우에는 임차인의 "계약갱신요구권"이 인정되지 않고, 해지 즉시 상가를 명도할 의무를 떠안게 된다. 주의할 일이다.

참고로 대법원 2020다255429 판결에 의하면 "상가건물 임대차보호법(이하 '상임법') 제10조의8은 임대인이 차임연체를 이유로 계약을 해지할 수 있는 요건을 '차임연체액이 3기의 차임액에 달하는 때'라고 규정하였다. 반면 임대인이 임대차기간 만료를 앞두고 임차인의 계약갱신요구를 거부할 수 있는 사유에 관해서는 '3기의 차임액에 해당하는 금액에 이르도록 차임을 연체한 사실이 있는 경우'라고 문언을 달리하여 규정하고 있다(상임법 제10조 제1항 제1호). 그 취지는, 임대차계약 관계는 당사자 사이의 신뢰를 기초로 하므로, 종전 임대차기간에 차임을 3기분에 달하도록 연체한 사실이 있는 경우에까지 임차인의 일방적 의사에 의하여 계약관계가 연장되는 것을 허용하지 아니한다는 것이다. 위 규정들의 문언과 취지에 비추어 보면, 임대차기간 중 어느 때라도 차임이 3기분에 달하도록 연체된 사실이 있다면 임차인과의 계약관계 연장을 받아들여야 할 만큼의 신뢰가 깨어졌으므로 임대인은 계약갱신요구를 거절할 수 있고, 반드시 임차인이 계약갱신요구권을 행사할 당시에 3기분에 이르는 차임이 연체되어 있어야 하는 것은 아니다."라는 취지이다.

따라서 임대인이 임차인에게 차임연체를 이유로 계약을 해지하려면 해지 당시에 3회분의 차임연체에 달하고 있는 상태에 있어야 할 것이나, 임대인이 임차인의 계약갱신요구를 거절하거나 권리금회수를 거절할 경우에는 그 당시 3회분의 차임연체에 달한 상태에 있어야 필요는 없고, 3회분의 차임연체에 달했던 사실만 있으면 족하다고 해석된다.

29. 보증금에 대한 압류와 임대인의 계약해지

임대차보증금은 임차인이 월세를 지급하지 않을 때 월세를 담보하는 역할도 하지만, 또 다른 한편으로는 임대인이 임대차계약 종료 시에 임차인에게 지급해야 할 채무에 속한다. 이런 이유 때문에 임차인의 채권자가 임차인의 임대인에 대한 보증금반환채권을 가압류하거나, 압류를 하는 경우가 있다. 예를 들어, 임차인의 채권자가 임차인에게 금전지급을 구하는 소송을 통해 승소한 후, 임차인이 임대인에게 갖는 계약종료 시의 보증금반환채권을 압류하고 추심명령을 득하는 경우가 많다는 것이다(소송과 동시에 가압류를 하는 경우도 많음).

압류 및 추심명령에서는 임차인의 채권자는 "채권자"로 표기되고, 임차인은 "채무자"로 표기되며, 임대인은 "제3채무자"로 표기된다. 임대인 입장에서는 이러한 법원의 "압류 및 추심명령"이 발령되고 해당 서면을 받게 되면 법을 모르니 당황할 수밖에 없고, 임차인으로부터 월세를 받아야 하는지, 임차인이 월세를 주지 않아도 상계를 할 수 없는 것인지, 계약이 끝나면 보증금을 공탁해야 하는지 등 확인할 사항이 많아진다. 결국 임대차계약에 있어 임차인에 대한 임대인의 신뢰는 추락하게 되고, 임대차계약을 해지할 수는 없는지 고민하게 된다.

임차인의 채권자가 법원에 신청하여 법원으로부터 발령된 "압류 및 추심명령"을 받게 된 임대인이 위와 같은 "압류 및 추심명령"이 내려졌음을 이유로 임차인을 상대로 임대차계약을 해지할 수 있을까?

시중에서 돌고 있는 공인중개사들이 사용하는 계약서를 보면, "압류 및 추심명령"이 내려졌을 때에 계약을 해지할 수 있다는 내용의 "부동문자(인쇄문자)"는 없는 것이 대부분이다. 즉 공인중개사들이 사용하는 임대차계약서의 대부분에는 "압류 및 추심명령"을 발령받았을 때에 약정해지사유로 규정되어 있지 않은 것이 많아서, "압류 및 추심명령"을 임대인이 받았다고 하여 임차인을 향해 임대차계약을 해지하는 것이 특별한 사정이 있지 않다면, 쉽지 않다.

다만, 소형 건물에 관리를 담당하는 관리실이 있는 경우에는 시중 계약서와 다른 계약서가 사용되는 경우가 많고, 계약내용도 구체화된 경우가 있는데, 임차인의 보증금이 가압류되거나, 압류가 된 경우 임대인이 계약을 해지할 수 있다는 취지의 약정도 적지 않게 보인다. 이러한 약정은 특별한 사정이 없는 한 무효로 보기 힘들다고 해석되므로, 계약해지가 가능할 것이다(필자의 개인의견).

임대차보증금에 대하여 가압류 또는 압류가 될 경우 임대인 입장에서는 여러 변수를 고려할 수밖에 없을 뿐만 아니라, 임차인의 채권자와 분쟁이 발생할 여지도 배제할 수 없음을 고려하면, 임대차계약서 작성 시 이를 고려한 특약작성을 고민할 필요가 있다.

30. 계약기간 중에 상가 임차인의 계약해지 가능 여부

요즘 경기가 좋지 않다보니, 상가를 임차한 임차인이 계약기간 중에 계약해지 방법을 묻는 질문이 가끔 들어오고 있다. 상가운영이 쉽지 않기 때문이다. 계약기간 중에 임차인이 계약을 해지할 수 있을까? 계약기간 도중에 생각할 수 있는 계약해지의 종류로는 약정해지, 채무불이행에 의한 계약해지, 합의해지 등이 고려될 수 있다.

따라서 우선적으로는 계약서를 검토하여 약정해지 사유가 있는지 확인할 필요가 있다. 즉 계약서에 '어떠어떠한 경우에 임차인이 일방적으로 계약을 해지할 수 있다.'라는 취지가 있는지 확인하는 것이 필요하다. 그런데 시중에서 사용되는 임대차계약서에는 이러한 약정이 적시된 계약서를 거의 볼 수 없다. 따라서 임차인 사정으로 약정해지권을 행사하는 경우는 많지 않다.

또 다른 검토사항으로는 채무불이행에 의한 계약해지의 가능성인데, 특별한 사정이 없는 한 임대인의 채무불이행 사항을 찾기 어려워 이러한 계약해지도 인정되기 어렵다. 다만, 임대인은 임대물을 계약 존속 중 그 사용·수익에 필요한 상태를 유지할 의무를 부담하므로(민법 제623조), 임대인이 이 의무를 위반하였다면, 구체적 사정에 따라 계약해지가 인정될 가능성도 있다. 대표적으로는 심각한 누수문제를 임차인의 요청에도 불구하고 임대인이 해결해주지 않는 경우를 들 수 있다.

합의해지라는 것도 있는데, 이는 말 그대로 임대인과의 합의가 전제되므로 임대인이 중도해지를 인정하지 않을 경우 임차인이 단독으로 중도에 계약을 해지할 수는 없다. 대부분의 임대인들이 신규 임차인을 들이면 나가도 된다는 태도를 보이고 임차인은 신규 임차인을 찾게 되지만, 중도에 계약을 해지할 마음을 먹은 임차인들은 대부분 신규 임차인으로부터 받을 수 있는 권리금도 포기하는 상황에 이를 정도로 영업이 되지 않은 경우이므로 합의해지 방식도 쉽지 않다.

최악의 방법은 월세를 지속적으로 내지 않아 임대인이 차임연체를 이유로 계약해지하는 것을 유도하는 것인데, 이러한 방법을 쓴다고 해도 임대인이 계약해지권을 발동하지 않으면 계약기간 중간에 나오기가 어렵다. 임차인이 계약기간 중에 임의로 나올 수는 있겠지만, 계약기간 동안의 월세는 지급하는 것이 원칙이다.

상임법 제10조의4에 의하여 권리금회수기회요청권이 생겼음에도 불구하고, 권리금 회수기회를 사용조차 못 할 정도로 영업이 안 되는 경우가 발생할 수 있음을 임차인들이 인식할 필요가 있다. 이러한 상황을 전제하여 임대차계약 체결 시 임차인이 계약을 해지할 수 있는 특별한 사정을 미리 계약서에 적시하는 것도 하나의 방법이 될 수 있다. 즉, 약정해지 사유를 계약서에 명시하는 것이다.

31. 임대인의 방해로 임대차계약이 종료된 경우 임대인이 배상할 손해의 범위

상가임대인의 방해로 인하여 임대차계약이 종료된 경우에 상가임대인이 상가임차인에게 배상해야할 손해액이 얼마나 되는지에 대하여 판시한 대법원 2005다16591, 16607 판결 사안을 확인해 보자.

원고는 상가 건물의 임차인으로 학원을 운영하였다. 피고는 상가임대인으로 상가 건물의 소유자이다. 계약조건은 보증금 1천만원이었으나, 월세가 얼마인지는 판례상 명확하지 않다. 임대차계약 당시 원고는 보증금 1천만원 중 200만원을 피고에게 지급하였고, 잔금 800만원은 잔금일에 지급한 후에 상가건물에 입주하기로 약정하였다.

그런데 계약 당시 보증금 중 일부인 200만원을 지급한 후에 바로 입주한 후 잔금 800만원을 미지급하고, 약정한 월세도 지급하지 않았다. 이 사안에 대한 원심판단을 정리하면 다음과 같다.

피고는 원고가 나머지 보증금(800만원)을 지체한다는 이유만으로 최고절차 없이 해제통보, 보증금 수령도 거절, 명도를 요구하면서 전기차단 등 비정상적 방법으로 학원운영을 방해하였다. 임대물 포함 건물전체를 소외인에게 다시 임대하여 병원개축공사에 이른바 원고가 강제로 학원운영을 포기하고 퇴거토록 하였다(퇴거일: 2002. 3. 12.). 피고는 원고에게 퇴거한 2002. 3. 12.부터 임대차기간 만료일인 2004. 10. 12.까지 학원을 정상적으로 운영하였다면 얻을 수 있는 영업이익 및 원고의 정신적 손해에 대한 위자료 인정하였다(액수 불분명).

위 원심판결에 대하여 대법원은 다음과 같은 이유로 파기·환송하였다.

원심도 인정했듯이 원고가 2001. 12. 1.경 피고 위임을 받은 소외인과 2002. 2. 28.까지 임차물을 비워주기로 약정하여, 2002. 2. 28.경 임대차계약이 합의로 해지되었다. 원심 경위를 고려컨대 2002. 3. 12.경 퇴거했더라도 계약이 유효함을 전제로 퇴거일로부터 계약만료 시까지 학원영업계속을 통한 수입상당액(일실수입)을 손해배상청구를 할 수는 없고, 정신적 손해배상청구도 인정되지 않는다. 설사 원심처럼 피고의 방해로 임대차계약이 종료(본건은 합의해지)되었다고 하더라도, 특별한 사정이 없는 한 원고가 다른 임차물건을 마련하기 위해 합리적으로 필요한 기간 동안 영업을 계속하였더라면 얻을 수 있는 휴업손해만 증명범위 내에서 통상손해로 인정되며, 나아가 장래 일실손해를 청구할 수 없다.

원심판결의 취지는 임대인이 방해로 계약이 어떤 형식으로든 종료가 되면, 그 종료일로부터 계약서상의 계약기간 만료일까지의 임차인의 재산적·정신적 손해에 대한 임대인의 책임이 인정된다는 것이나, 대법원은 원심과 달리 정신적 손해는 일단 인정되기 어렵고, 재산적 손해의 경우도 특별한 사정이 없는 한 임대인이 방해로 계약이 약정된 종료일 이전에 종료되더라도, 그 종료일 이후에 다른 임차물건을 마련하기 위하여 소요되는 기간에 대한 증명범위 내의 휴업손해만 통상손해로 인정된다는 것이다.

따라서 임차인이 다른 임차물건을 찾는 기간, 즉 구체적 사정에 따라 1개월 내지 6개월 정도의 범위 내의 증명 가능한 휴업손해만 인정될 여지가 있어 보인다. 참고로 필자가 수행한 하급심 판례 사례인 서울동부지방법원 2019가합108792(본소) 2019가합110290(반소) 판결에서는 다른 임차물건을 찾는 기간으로 4개월을 인정하였다.

32. 상가건물 임대차보호법 개정과 상가건물 임대차보호법 부칙의 해석

필자가 소송실무에서 다루는 부동산과 관련된 법률 중에서 가장 많은 개정이 이루어지는 법률을 하나 고르라면, 주저 없이 상임법을 고를 것이다. 그만큼 상임법은 자주 개정되는 법률 중 하나이다. 법률을 개정하다 보면, 개정된 법률 또는 신설된 법률이 언제부터 적용되는지가 문제되고, 이를 명확히 하기 위하여 “부칙”에 개정된 법조문 또는 신설된 법조문이 언제부터 적용되는지 적어둔다.

상임법 개정과 관련하여 개정법 조문 내지 신설법 조문의 적용시점을 명시한 “부칙” 중에서 문제가 되는 “부칙”을 살펴보고자 한다. 적용시점과 관련하여 문제가 되는 “부칙”을 정리하면, “① 이 법 시행 후 최초로 체결되거나 갱신되는 임대차부터 적용된다.”라는 형식의 부칙과 “② 이 법 시행 당시 존속 중인 임대차에 대하여도 적용된다.”라는 형식의 부칙이다.

“이 법 시행 당시 존속 중인 임대차에 대하여도 적용된다.”는 위 ② 부칙은 개정법 조문 또는 신설법 조문이 현재 계약기간 중에 있는 임대차에 바로 적용된다는 취지로 해석되어 별다른 해석상의 문제점은 없다. 다만, 헌법상 소급입법 문제가 제기될 여지가 있으나, 부진정 소급입법으로 허용되는 입법으로 볼 여지가 있을 것이다. 헌법상의 문제는 여기까지만 논리를 전개하기로 한다.

해석상의 여러 가지 문제가 대두되는 부칙은 위 ① 부칙에 해당하는 “이 법 시행 후 최초로 체결되거나 갱신되는 임대차부터 적용된다.”고 적시한 부칙이다. 본서는 위 ① 부칙을 집중적으로 다뤄보고자 한다. 개정법 조문 또는 신설법 조문이 "이 법 시행 후 최초로 체결되는 임대차에 적용"된다는 것은 법조문 개정 또는 신설 후에 체결되는 임대차에 적용된다는 것으로 소급입법 문제가 발생하지 않고, 부칙 해석에 있어서도 별다른 문제가 없다. 부칙 해석에 있어 문제가 되는 부분은 "이 법 시행 후 갱신되는 임대차부터 적용된다."는 부분이다.

인천지방법원 2019가단230249 판결에 의하면, "상임법 부칙 제2조의 '이 법 시행 후 최초로 체결되거나 갱신되는 임대차'는 개정법(5년 보장이 10년 보장으로 변경)이 시행되는 2018. 10. 16. 이후 처음 체결되거나 2018. 10. 16. 이전에 체결되었지만 2018. 10. 16. 이후 갱신되는 임대차를 의미하며, 이때 갱신되는 임대차에는 계약 갱신요구 등을 통한 명시적 갱신뿐만 아니라 묵시적 갱신되는 임대차도 포함"된다고 판시하여, "갱신되는"의 의미를 재계약을 체결하여 갱신되는 것뿐만 아니라, 계약갱신요구에 의한 갱신 그리고 묵시의 갱신도 포함되는 취지로 판시하였다(이와 관련하여 참고할 판례로는 대법원 2017다9657 판결).

이 인천지방법원 판결은 계약서에 따른 계약의 종기가 10년 보장으로 변경된 개정조문 시행일인 2018. 10. 16. 이후인 2019. 3. 8.경이었는데, 묵시의 갱신에 따라 계약종기가 2020. 3. 7.로 변경된 상태에서 계약종기인 2020. 3. 7.로부터 6개월 전부터 1개월 이전인 2019. 10. 16.경 상임법에 따른 계약갱신요구를 하여 원고에게 위 갱신요구의사가 도달하였고, 2019. 10. 16.이 최초 임대차기간으로부터 10년 이내임이 역수상 명백하여 갱신요구가 인정된다는 취지의 판시였다.

위 인천지방법원 판결은 상임법 제10조 제2항이 개정되면서, 임차인이 법정기간을 준수해서 계약갱신을 요구할 경우에 5년간만 보장되던 임차기간이 10년으로 연장되면서, 기존 계약기간 중에 있던 임차인에게 위 10년 연장규정이 적용되는지 문제된 것이었고, 10년 보장 규정은 그 시행일이 "2018.10.16."이었던 것이다.

그렇다면, 위 인천지방법원 판결에 따라서, "갱신되는"의 의미를 ① 재계약을 체결한 경우, ② 계약갱신요구를 한 경우, ③ 묵시의 갱신이 된 경우를 모두 포함한다고 해석해도 되는 것일까? 여기서 서울고등법원 2014나24824 판결(대법원에서 그대로 확정됨)을 확인할 필요가 있다. 위 서울고등법원 판결은 "갱신되는"의 의미에 대하여 인천지방법원 판결과 미세한 부분에서 다른 취지의 판결을 선고하였기 때문이다.

즉 위 서울고등법원은 "갱신되는"의 의미에 대하여, "법 시행 전에 계약이 체결되었으나 법 시행 전에 인정되던 계약갱신사유에 따라 갱신되는 임대차에 개정법 조문 또는 신설법 조문이 적용"된다는 취지다. 그리고 "법 시행 전에 계약이 체결되었고, 법 시행 당시에 계약기간 중인 임대차인데, 법 시행 이전에 인정되던 계약갱신사유만으로는 갱신되지 아니하는 임대차에는 개정법 조문 또는 신설법 조문이 적용되지 않는다."는 취지다.

이 인천지방법원 판결과 서울고등법원 판결을 고려할 때 필자 개인적으로 생각하는 결론을 소개하고자 한다. 기존의 계약기간이 1년이었다고 가정할 때에 ① 상임법상 계약갱신요구를 통해 보장되는 기간은 5년이었는데, 보장기간이 10년으로 연장되는 상임법 조문개정이 있었고, 위 개정조문의 시행일은 2018. 10. 16.이다. ② 개정조문 시행일인 2018. 10. 16.경 임대차 계속 중이었고, 대략 3년간의 임대차 중이었다면, 5년이 지나지 않은 상황이므로, 법정기간을 준수한 계속적 계약갱신요구로 10년간의 임대차기간이 보장될 가능성이 있다. ③ 개정조문 시행일인 2018. 10. 16.경 임대차 계속 중이었고, 임대기간이 4년을 넘어 5년이 되기 직전인 상황이라면, 법 개정 전에 '계약갱신요구권이 5년에 한정되어 있어 더 이상 보장되지 않는 상황'이었으므로, 상임법 개정조문에 따라 계약갱신요구를 하더라도 "갱신되는"에 포함되지 않아 5년간 보장에 그칠 가능성이 있다. 다만 묵시갱신을 거치거나 재계약을 할 수 있다면, 차후 계약갱신요구 등을 통해 10년간 보장될 여지가 있다. ④ 개정조문 시행일인 2018. 10. 16.경 임대차 기간이 이미 5년이 경과되었고 아직 10년이 되지는 않은 경우라면, 계약갱신요구를 하더라도, 계약연장이 인정되기 어렵다. 다만, 묵시갱신을 거치거나 재계약을 할 수 있다면, 차후 계약갱신요구 등을 통해 10년간 보장될 여지가 있다.

이를 더 자세하게 이해하기 위해 서울고등법원의 사안을 확인해 보자. 서울고등법원 판결의 1심판결은 서울중앙지방법원 2013가합93611 판결이었고, 서울고등법원 판결은 위 서울중앙지방법원 판결을 뒤집은 것이었다. 위 서울고등법원, 서울중앙지방법원의 판결요지는 다음과 같다.

임차물은 충주시에 있었다. 당시 충주시의 경우에 환산보증금 1억 8천만원까지 상임법상 계약갱신요구권이 인정되었다. 이는 환산보증금 기준을 초과하는 사례였던 것이다. 그런데 2013. 8. 13.자로 상임법 조문이 개정되면서, 환산보증금 액수에 상관없이 모든 임차인에게 계약갱신요구권이 인정되었다. 1심인 서울중앙지방법원은 계약갱신요구를 하는 내용증명우편이 개정 상임법 조문 시행일인 2013. 8. 13. 이후, 즉 2013. 11. 22. 도달하여 개정법 시행 후 계약갱신의사표시가 상대방에게 도달한 사실을 들어, 계약갱신요구에 따라 계약갱신이 인정된다는 판시를 하였으나, 서울고등법원은 1심을 위 논리로 뒤집었고, 대법원에서 1심을 뒤집은 위 서울고등법원의 판결이 그대로 확정되었다(대법원 2014다86745 판결).

참고로 최근에 관련 판례인 대법원 2020다241017 판결이 선고되었는데, "개정 상가임대차법 부칙 제2조의 '이 법 시행 후 최초로 체결되거나 갱신되는 임대차'는 개정 상가임대차법이 시행되는 2018. 10. 16. 이후 처음으로 체결된 임대차 또는 2018. 10. 16. 이전에 체결되었지만 2018. 10. 16. 이후 그 이전에 인정되던 계약 갱신 사유에 따라 갱신되는 임대차를 가리킨다고 보아야 한다. 따라서 개정 법률 시행 후에 개정 전 법률에 따른 의무임대차기간이 경과하여 임대차가 갱신되지 않고 기간만료 등으로 종료된 경우는 이에 포함되지 않는다."는 취지이다.

위 대법원 판결 사안은 "상가건물의 임대인인 갑이 임차인인 을과의 합의에 따라 총 7년으로 연장된 임대차기간이 만료되기 3개월 전 을에게 임대차계약을 갱신할 의사가 없음을 통보하자 을이 임대차계약의 갱신을 요구한 사안에서, 임대차계약 체결 당시 임차인의 갱신요구권이 인정되는 의무임대차기간은 구 상가건물 임대차보호법 제10조 제2항에 따라 5년인데, 을이 임대차 갱신을 요구한 때에는 이미 의무임대차기간 5년을 경과하였으므로 위 임대차계약은 갑의 적법한 갱신거절 통지로 인하여 2018. 10. 16. 법률 제15791호로 개정된 상가건물 임대차보호법 시행 이후에 기간만료로 종료되어 갱신되지 않았고, 따라서 위 임대차계약에는 개정 상가임대차법 제10조 제2항이 적용되지 않기 때문에 을은 임대차계약에 적용되는 의무임대차기간이 10년이라는 이유로 임대차계약의 갱신을 요구할 수 없다고 한 사례"로 정리된다.

33. 명도소송 가집행과 집행정지, 그리고 항소심에서의 대응방법

명도소송(인도청구소송) 1심에서 원고가 승소를 하게 되면, 원고가 피고를 상대로 명도가집행을 할 수 있다. 즉, 명도소송 1심에서 승소한 원고가 피고의 항소에도 불구하고, 확정되지 않은 1심판결을 근거로 명도집행을 할 수 있는데, 확정되지 않았음에도 집행을 한다는 점을 고려하여 '가'집행이라고 한다.

원고의 명도가집행을 막으려면, 피고는 항소를 제기하고 항소장 접수증을 첨부하여 집행정지신청서를 법원에 제출해야 한다. 집행정지신청서를 받은 법원은 원고의 손해담보를 위해 일정액의 현금공탁을 조건으로 걸면서, 항소심 판결 선고 시까지 집행정지결정을 발하고 있다.

피고가 집행정지결정을 받게 되면, 피고는 집행정지결정문에 따른 현금을 공탁하고, 공탁소로부터 금전 공탁서를 받아, 집행관에게 '집행정지결정문 원본'과 '금전공탁서 사본'을 제출하면 원고의 명도가집행이 정지된다.

그런데 법원의 집행정지결정문에 조건으로 적시된 현금공탁금액이 지나치게 고액일 경우에, 고액자체를 다투는 것은 별론으로 하고, 어떠한 대응방법이 있을까?

일단 시간이 걸리더라도 공탁금을 마련할 수 있다면, 공탁금을 마련하여 공탁하는 방법을 선택하면 된다. 다만, 명도(가)집행을 담당하는 집행관은 집행에 앞서 "부동산인도 강제집행 예고"라는 계고통지를 발하면서 계고통지일로부터 대략 7일간의 자진 명도이행을 촉구하는 것이 일반적인 실무이므로, 이러한 실무를 고려하여 돈을 마련하는 시간을 벌 수도 있을 것이다.

공탁금을 마련할 수 없는 경우는 어떠한가? 항소장 제출 후 집행정지신청을 통해 집행정지결정까지 받았는데, 공탁금을 마련하지 못한다면, 항소를 포기해야 할까?

항소까지 하였다면, 공탁금을 마련하지 못하였다고 하여 항소를 포기할 필요는 없다. 공탁금을 마련하지 못해 결국 원고가 명도가집행을 완료하였다면, 항소의 실익이 없는 것이 아닌가? 그렇지 않다.

민소법 제215조 제2항은 "본안판결(본건의 1심판결)을 바꾸는 경우에는 법원은 피고의 신청에 따라 그 판결에서 가집행의 선고에 따라 지급한 물건을 돌려줄 것과 가집행으로 말미암은 손해 또는 그 면제를 받기 위하여 입은 손해를 배상할 것을 원고에게 명하여야 한다."고 규정하고 있기 때문이다.

따라서 가집행을 한 원고가 임대인인데, 가집행한 임차물을 제3자에게 임대차를 하여 그 제3자가 점유를 한 경우라면, 신청을 통해 가집행으로 말미암은 손해배상을 청구할 수 있게 되고, 가집행을 한 원고가 그대로 임차물을 점유하고 제3자에게 넘기지 않은 상황이라면 가집행한 임차물을 원상회복하여 피고에게 돌려달라는 취지의 신청을 할 수 있다. 피고가 가집행을 당했음에도 불구하고 항소심에서 1심을 뒤집어 승소한다면, 민소법 제215조 제2항에 따라 원상회복으로 임차물을 찾아오거나 손해에 대한 배상을 받게 되는 것이다.

대법원 2005다57691 판결에 따르면, 민소법 제215조 제2항의 신청은 변론종결 전에 해야 하며, 소송에 준하여 변론이 필요하다는 취지이며, 대법원 75다2209 판결에 따르면, 민소법 제215조 제2항의 신청은 별소로도 가능하다는 취지이다. 그리고 대법원 2009다41786 판결에 따르면 민소법 제215조 제2항의 원상회복신청은 소송 중의 소로서 그 성질은 예비적반소라는 취지이다. 다만, 반소형식으로 신청을 할 필요는 없다(대법원 2005다57691 판결).

명도소송에서 패소한 피고가 항소를 하였고, 원고가 피고의 항소에도 불구하고 가집행을 완료한 경우에, 항소심에서 원고가 가집행을 통하여 임차물을 직접 내지 간접점유하고 있음을 근거로 원고패소판결을 선고해야 하는가?

대법원 2020다63, 70 판결에 의하면, 가집행 판결 후에 가집행이 이루어졌어도 가집행 결과를 고려하지 않고, 판결을 선고해야 한다는 취지이다. 이렇게 해석하지 않으면, 가집행을 함으로 인하여 패소한 원고가 민소법 제215조 제2항에 따른 책임을 피고에게 부담하게 되는 이상한 결론에 도달하게 되므로 타당한 판결이라 하겠다. 참고로 상고심에서는 가집행으로 인한 지급물의 반환신청이 원칙적으로 허용되기 어렵다. 즉 대법원 95다38127 판결에 의하면 "가집행선고부 항소심 판결이 대법원에서 파기·환송된 경우에는 비록 대법원에서 그 판결이 파기됨으로써 비로소 그 가집행선고가 실효되기에 이른 것이기는 하나, 상고심인 대법원에서는 가지급물반환 신청이유로 주장하는 사실관계에 대하여 당사자 간에 다툼이 없어 사실심리를 요하지 아니하는 경우를 제외하고는 원칙적으로 가지급물 반환 신청이 허용되지 아니하는 점에 비추어, 이러한 경우에는 환송 후 항소심 법원에 대하여도 환송 전 항소심 판결에 기한 가지급물의 반환 신청을 할 수 있다."라는 취지이다.

34. 다수의 집합건물을 일괄하여 임차한 경우의 환산보증금 계산법

상임법 제3조 제1항에 의하면, 인도(점유)와 사업자등록을 임차인의 대항요건으로 규정하면서, 상임법 제2조 제3항을 통해 상가임차인의 환산보증금의 액수에 상관없이 모든 상가임차인에게 대항력 규정(상임법 제3조)을 적용하고 있다. 그러나 인도와 사업자등록 그리고 확정일자를 통해 확보되는 우선변제권 규정인 상임법 제5조 제2항은 상임법 제2조 제3항에서 제외되어 현재 서울을 기준으로 할 경우에 환산보증금 9억원까지만 확정일자 순위에 따른 우선변제가 인정된다.

그뿐만 아니라, 소액임차인의 최우선변제 규정인 상임법 제14조 규정도 상임법 제2조 제3항에서 제외되어 현재 서울을 기준으로 할 경우에 환산보증금 6천 5백만원까지만 적용된다. 다만, 이때에는 확정일자라는 요건은 필요하지 않고, 상임법 제14조 제1항에 따라 건물에 대한 경매신청 등기 전에 대항요건인 인도 및 사업자등록만을 요구한다.

결국 상임법상 우선변제규정 및 소액임차인의 최우선변제 규정은 서민을 보호하기 위한 것으로 대체로 소액의 환산보증금 요건을 충족한 임차인을 위한 것으로 이해된다. 그렇다면 집합건물 중 다수의 구분건물을 임차하여 그 다수의 구분건물을 통으로 이용하는 경우에는 환산보증금을 어떻게 계산해야 할까?

다수의 구분건물의 보증금 등을 합산한 것을 기준으로 하면 보호할 필요가 없을 정도의 고액의 임차인이지만, 각 구분건물별로 환산보증금을 계산하면 보호할 필요가 있는 임차인으로 해석되는 경우에 문제된다.

집합건물 중 다수의 구분건물을 임차하되 계약당사자가 동일하고 계약서도 하나만을 작성하였으며, 임차한 구분건물의 벽체 등에 의한 구분 없이 하나의 사업장으로 사용하였다면 일괄하여 단일한 임대차계약이 체결된 것이므로 각 구분소유별로 환산보증금을 계산하는 것이 아니라 다수의 구분건물에 대한 환산보증금 계산하는 것이 타당할 것이다. 대법원도 같은 취지이다.

즉 대법원 2013다207644 판결은 '甲이 집합건물 중 2개의 구분건물을 임차하여 벽체 등에 의한 구분 없이 하나의 사업장으로 사용한 사안'에서

"원심은, 원고가 2009. 10. 30. 소외인과 사이에 임대할 부분을 '이 사건 집합건물 중 2층 201호, 202호', 보증금을 '1억원', 차임을 '200만원'으로 기재한 단일한 계약서를 작성하여 이 사건 임대차계약을 체결하고, 그 무렵 위 201호 및 202호(이하 '이 사건 각 구분건물')를 인도받아 벽체 등에 의한 구분 없이 하나의 사업장으로 사용하면서 '○○○'이라는 상호로 음식점을 운영하다가 2010. 4. 19. 청주세무서장으로부터 위 계약서에 확정일자를 받은 점 등에 비추어 보면,

이 사건 각 구분건물인 201호와 202호에 관하여 각각 별도의 임대차관계가 성립한 것이

아니라 일괄하여 보증금 1억원, 차임 월 200만원인 단일한 임대차관계가 성립한 것으로 봄이 상당하다고 전제한 다음, 상가건물 임대차보호법 제2조 제2항, 같은 법 시행령 제2조 제3항에 따라 환산한 금액을 포함하면 이 사건 임대차계약의 보증금액은 3억원이 되어 상가건물 임대차보호법의 적용대상인 보증금액 한도를 초과하므로 원고를 그 법에서 정한 우선변제권 있는 임차인이라고 할 수 없다고 판단하였다. 관련 법리와 기록에 비추어 살펴보면, 원심의 이러한 판단은 정당하고, 거기에 상고이유의 주장과 같이 상가건물 임대차보호법상 우선변제권 있는 임차인에 관한 법리를 오해하는 등의 위법이 없다."라는 취지이다.

그렇다면 집합건물 중 다수의 구분건물을 임차하였으되 계약당사자는 동일하지만 계약서가 구분건물마다 작성된 경우는 어떠한가?

대법원 2013다27152 판결에 의하면 임차인이 수 개의 구분점포를 동일한 임대인에게서 임차하여 하나의 사업장으로 사용하면서 단일한 영업을 하는 경우 등과 같이, 일괄하여 단일한 임대차관계가 성립한 것으로 볼 수 있는 때에는, 비록 구분점포 각각에 대하여 별개의 임대차계약서가 작성되어 있더라도 구분점포 전부에 관하여 상가건물 임대차보호법 제2조 제2항의 규정에 따라 환산한 보증금액의 합산액을 기준으로 상가건물 임대차보호법 제14조에 의하여 우선변제를 받을 임차인의 범위를 판단하여야 한다는 취지이다(원심판결 파기·환송함).

위 대법원 2013다27152 판결의 판결 이유를 정리한다.

이 사건 기록에 의하면 ① 피고는 서울 중구 소재 상가건물의 지하 1층 구분점포 중 32개 구분점포를 임차하여 벽체 등에 의한 구분 없이 하나의 사업장으로 사용하면서 그 곳에서 헬스장을 운영하여 온 사실, ② 피고가 임차한 32개 구분점포 중 이 사건 쟁점 부동산을 포함한 5개 구분점포는 소외인의 소유였는데, 피고는 소외인으로부터 위 5개 구분점포를 임차하면서 구분점포 각각에 관하여 별개의 임대차계약서를 작성한 사실, ③ 그런데 피고와 소외인 사이에 작성된 임대차계약서 5건은 모두 같은 날인 2009. 12. 20. 작성되었고, 동일한 계약서 양식을 사용하였으며, 보증금 및 월 차임의 기재를 제외한 나머지 계약내용이 모두 동일한 사실, ④ 구분점포별로 보증금 및 월 차임에 차이가 있기는 하나, 이는 구분점포의 계약서상 면적이 달라 그에 비례하여 보증금 및 월 차임을 정하였기 때문으로 보이고, 계약서상 면적이 동일한 구분점포(이사건 쟁점 부동산, 69호) 사이에서는 보증금 및 월 차임도 동일한 사실, ⑤ 이 사건 쟁점부동산에 관하여 상가건물 임대차보호법 제2조 제2항의 규정에 따라 환산한 보증금액은 3,110만원으로서 구 상가건물 임대차보호법(2013. 8. 13. 법률 제12042호로 개정되기 전의 것, 이하 같다) 제14조 및 구 상가건물 임대차보호법 시행령(2013. 12. 30. 대통령령 제25036호로 개정되기 전의 것, 이하 같다) 제6조 제1호가 정한 기준금액인 5,000만원을 초과하지 아니하나, 피고가 소외인으로부터 임차한 5개 구분점포 전부에 관하여 상가건물 임대차보호법 제2조 제2항의 규정에 따라 환산한 보증금액의 합산액은 1억 1,790만원으로서 위 5,000만원을 초과하는 사실 등을 알 수 있다.

이러한 사실관계를 앞에서 본 법리에 비추어 보면, 비록 피고가 이 사건 쟁점 부동산을 포함한 소외인 소유의 5개 구분점포 각각에 관하여 별개의 임대차계약서를 작성하였다고 하더라도, 그 5개 구분점포 각각에 관하여 별도의 임대차관계가 성립한 것이 아니라 일괄하여 단일한 임대차관계가 성립한 것으로 봄이 상당하다. 따라서 5개 구분점포 전부에 관하여 상가건물 임대차보호법 제2조 제2항의 규정에 따라 환산한 보증금액의 합산액이 구상가건물 임대차보호법 시행령 제6조 제1호가 정한 금액을 초과하는 이상, 피고는 이 사건 쟁점 부동산에 관하여도 구 상가건물 임대차보호법 제14조에 의하여 우선변제를 받을 임차인에 해당하지 아니한다고 할 것이다.

정리하자면, 집합건물 중 다수의 구분건물을 임차한 사안에 있어서 우선변제권과 소액임차인의 최우선변제권 등을 판단하기 위한 환산보증금 계산법은 원칙대로 각 구분건물별로 계산해야 할 것이지만, 계약당사자가 동일하고 계약서도 한 장을 사용하여 작성하였으며 구분건물의 벽을 제거하여 하나의 사업장으로 사용하는 관계라면 다수의 구분건물을 일괄한 임대차계약으로 해석되므로 환산보증금 계산에 있어서도 다수의 구분건물에 대한 보증금 전액 등을 기준으로 계산해야 하고, 위와 같은 사안이되 계약서가 구분건물마다 작성된 경우에도 그 해석상 일괄하여 단일한 임대차관계가 성립한 것으로 볼 수 있는 때에는 각 계약서당 보증금 등을 합산하여 환산보증금을 계산해야 한다는 것이다.

35. 화재피해 임차인의 임대인 등 공작물 점유자를 상대로 한 손해배상청구

민법 제758조는 "공작물 등의 점유자, 소유자의 책임"이라는 제목 아래 "① 공작물의 설치 또는 보존의 하자로 인하여 타인에게 손해를 가한 때에는 공작물점유자가 손해를 배상할 책임이 있다. 그러나 점유자가 손해의 방지에 필요한 주의를 해태하지 아니한 때에는 그 소유자가 손해를 배상할 책임이 있다. ② 전항의 규정은 수목의 재식 또는 보존에 하자있는 경우에 준용한다. ③ 전2항의 경우 점유자 또는 소유자는 그 손해의 원인에 대한 책임있는 자에 대하여 구상권을 행사할 수 있다."라고 규정하고 있다.

이와 관련하여 상가임대인과 상가임차인 관계에 있어 상가임차인이 화재피해 등을 입은 경우에 상가임대인 등에게 채무불이행에 따른 손해배상청구를 하는 것은 별론으로 하고, 민법 제758조 제1항의 점유자 책임(불법행위책임)을 물을 수 있을까? 대법원 2019다208724 판결에 의하면 가능하다는 취지이다.

상가임대인의 채무불이행책임 여부가 명확하지 않을 경우에 논의의 실익이 있어 보인다 [1심에 해당하는 서울중앙지방법원 2016가합524352 판결을 확인하면 원고들의 채무불이행책임 주장에 대하여 "이 사건과 같이 임대차 목적물이 아닌 부분(이 사건 주차장)에서 화재가 발생하여 임대차 목적물(이 사건 임차 부분)의 사용, 수익이 불가능하게 된 경우에 있어서 특별한 사정이 없는 한 임대인에게 임차인으로 하여금 임대차 목적물을 사용, 수익하게 하기 위하여 임대차 목적물이 아닌 부분까지 유지, 보수, 관리할 의무가 있다고 보기는 어려우므로, 이를 전제로 한 원고들의 주장은 더 나아가 살펴볼 필요 없이 이유 없다." 고 판시함].

즉 대법원 2019다208724 판결은 투자신탁형 부동산 집합투자기구인 이지스자산운용이 투자한 건물의 주차장 천장에서 발생한 화재로 피해를 입은 건물의 임차인과 그 직원인 원고들이 집합투자업자인 이지스자산운용과, 임대인이자 신탁업자인 국민은행, 그리고 부동산 관리회사에스원 등을 피고들로 하여 민법 제758조 제1항에 따른 공작물 점유자의 책임 등을 청구원인으로 하여 손해배상을 청구한 사안인데,

임대인에 해당하는 피고 국민은행뿐만 아니라, 실질소유자인 피고 이지스자산운용의 민법 제758조 제1항에 따른 점유자책임은 인정하였으나, 부동산 관리회사인 피고 에스원의 경우는 점유보조자에 불과하다고 보아 민법 제758조 제1항에 따른 점유자책임을 부정한 것이다.

자본시장과 금융투자업에 관한 법률(이하 '지본시장법')에 의하면, 투자신탁의 집합투자업자는 신탁업자에게 재산을 신탁하여 신탁업자로 하여금 투자·운용하게 하도록 규정한다. 이 사건에서 집합투자업자인 피고 이지스자산운용은 신탁업자인 피고 국민은행으로 하여금 원고회사와 임대차계약을 체결하도록 하는 한편, 피고 에스원과 사이에서는 이 사건 건물의 운영 및 유지관리를 위하여 필요한 업무를 위탁하는 부동산자산관리 위탁계약을 체결하였고, 피고 에스원은 보조참가인인 대교산업에 주차 및 보안관리 등 용역계약을 체결한 것이었다.

이 사건 건물 1층 주차장 천장에서 전기적 요인에 의한 화재가 발생하여, 원고 회사가 임차한 부분(6층부터 12층까지의 부분)까지 건물 내부 일부가 소훼된바, 이에 원고들이 피고들을 상대로 공작물 점유자의 책임에 따른 손해배상을 구하게 된 것이다.

원고회사의 피고 이지스자산운용(집합투자업자) 및 피고 국민은행(신탁회사, 임대인)에 대한 공작물책임에 대하여, 위 대법원은 "피고 이지스자산운용은 피고 에스원에게 이 사건 건물에 관한 관리 등의 업무를 지시하고 피고 에스원으로부터 업무보고를 받으며 자신이 정한 예산 범위 내에서 건물의 유지·관리 등에 필요한 비용을 지출하게 하는 등으로 피고 에스원을 점유보조자로 하여 이 사건 건물의 일부로서 이 사건 화재가 발생한 공작물인 이 사건 주차장 천장 부분에 관하여 직접 점유를 한 자이고, 피고 국민은행은 이 사건 펀드의 투자신탁재산인 이 사건 건물의 소유자로서 그 건물의 일부인 이 사건 주차장 천장 부분에 관하여 피고 이지스자산운용과 함께 직접 점유자의 지위에 있다고 볼 수 있다는 등의 이유로, 피고 이지스자산운용과 피고 국민은행이 공동으로 이 사건 주차장 천장을 사실상 지배하면서 그 설치 또는 보존상의 하자로 인하여 발생할 수 있는 각종 사고를 방지하기 위하여 그 공작물을 보수·관리할 권한 및 책임을 가지는 자에 해당하여 이 사건 화재와 관련하여 민법 제758조 제1항에 의한 공작물 점유자의 책임을 부담"한다고 취지로 판시하였다.

이와 관련하여 민법 제195조는 "점유보조자"라는 제목 아래에 "가사상, 영업상 기타 유

사한 관계에 의하여 타인의 지시를 받아 물건에 대한 사실상의 지배를 하는 때에는 그 타인만을 점유자로 한다."고 규정하고 있는바, 위 대법원 판결에 의하면 피고 에스원은 "민법 제195조에 따른 점유보조자의 지위에 있을 뿐이므로 민법 제758조 제1항에 의한 공작물 점유자로서의 책임을 부담하지 않는다."라는 취지이다.

그렇다면 화재로 인한 원고의 손해배상청구를 고려하여 '실화책임에 관한 법률'(이하 '실화책임법')에 따라 법원의 손해인정액이 경감 내지 제한될 수 있을까?

위 대법원은 "이 사건 화재로 발생한 화염이 이 사건 임차 부분으로 확대되어 원고들이 입은 손해는 발화점과 불가분의 일체를 이루는 물건의 소실, 즉 직접 화재로 인한 것이므로, 연소로 인한 손해배상액의 경감에 관한 실화책임법 제3조를 피고 이지스자산운용, 국민은행의 원고들에 대한 손해배상책임에 적용할 수 없다."라는 취지이다.

그 이유는 무엇일까? 실화책임법은 실화로 인하여 일단 화재가 발생한 경우에는 부근 가옥 기타 물건에 연소함으로써 그 피해가 예상 외로 확대되어 실화자의 책임이 과다하게 되는 점을 고려하여 그 책임을 제한함으로써 실화자를 지나치게 가혹한 부담으로부터 구제하고자 하는 데 그 입법취지가 있으므로, 실화책임법은 발화점과 불가분의 일체를 이루는 물건의 소실, 즉 직접 화재에는 적용되지 아니하고, 그로부터 연소한 부분에만 적용(대법원 99다32431 판결 등)되기 때문에 본건처럼 발화점과 불가분의 일체를 이루는 물건의 소실 사안에는 적용될 수 없다는 것이다.

그렇다면 자본시장법 규정을 고려할 때에 이 사건 화재로 인한 손해배상책임이 제한되어야 할까? 위 대법원 판결에 의하면 제한될 수 없다는 취지이다.

그 이유는 무엇일까? '구 자본시장법' 제80조 제2항에 의하면, 투자신탁의 집합투자업자가 투자신탁재산의 효율적 운용을 위하여 불가피하게 자신의 명의로 직접 투자대상자산의 취득·처분 등을 하거나 신탁업자가 집합투자업자의 운용지시에 따라 투자대상자산의 취득·처분 등을 한 경우에 집합투자업자와 신탁업자는 투자신탁재산을 한도로 하여 그 이행 책임을 부담하고, 다만 그 집합투자업자 또는 신탁업자가 구 자본시장법 제64조 제1항에 따라 법령 등을 위반하는 행위를 하거나 업무를 소홀히 하여 투자자에게 손해를 발생시켜서 손해배상책임을 지는 경우에는 고유재산으로도 책임을 부담한다.

한편 신탁법 제114조 제1항에 의하면, 신탁행위로 수탁자가 신탁재산에 속하는 채무에 대하여 신탁재산만으로 책임을 부담하는 유한책임신탁을 설정할 수 있는데, 이 경우 유한책임신탁의 등기를 하여야 그 효력이 발생한다.

집합투자업자와 신탁업자가 민법 제758조 제1항에 따라 투자신탁재산인 공작물의 점유자로서 공작물의 설치 또는 보존의 하자로 피해를 입은 제3자에게 손해배상책임을 부담하는 경우에는 그 책임이 투자신탁재산의 취득·처분 등과 관련한 이행 책임이 아니므로, 투자신탁재산을 한도로만 책임을 부담하는 것이 아니라 고유재산으로도 그 책임을 부담하는 것으로 보아야 한다.

또한 유한책임신탁의 등기가 없는 이상 신탁법 제114조 제1항에 따른 유한책임신탁으로서의 효력도 없다는 것이다.

36. 약정에 따른 단전 · 단수조치라도 업무방해죄 성립 가능

상가임대차계약을 체결하면서 차임을 2개월 이상 연체하면 임대인이 임대차계약을 해지하고 단전·단수조치를 할 수 있다고 약정하였다. 위 약정에 따라 임차인이 차임을 2개월 이상 연체하였음을 이유로 임대인이 곧장 단전·단수조치를 취하였다면, 임대인의 위 행위는 업무방해죄에 있어 정당행위로 평가되어 언제나 무죄가 될 수 있는가? 아니다. 약정에 따른 행위라도 임대인이 업무방해죄로 처벌될 수 있다.

이와 관련하여 대법원 2006도9157 판결은 호텔 내 주점의 임대인이 임차인의 차임 연체를 이유로 계약서상 규정에 따라 위 주점에 대하여 단전·단수조치를 취한 경우, 약정 기간이 만료되었고 임대차보증금도 차임연체 등으로 공제되어 이미 남아있지 않은 상태에서 미리 예고한 후 단전·단수조치를 하였다면 형법 제20조의 정당행위에 해당하지만, 약정 기간이 만료되지 않았고 임대차보증금도 상당한 액수가 남아있는 상태에서 계약해지의 의사표시와 경고만을 한 후 단전·단수조치를 하였다면 정당행위로 볼 수 없다는 취지이니 주의할 일이다.

그리고 대법원 2005도8074 판결에 의하면 "임대를 업으로 하는 자가 임차인으로 하여금 계약상의 의무이행을 강요하기 위한 수단으로 계약서의 조항을 근거로 임차물에 대하여 일방적으로 단전·단수조치를 함에 있어 자신의 행위가 죄가 되지 않는다고 오인하더라도, 특별한 사정이 없는 한 그 오인에는 정당한 이유가 있다고 볼 수는 없다."는 취지이다.

그렇다면 집합건물 상가에 있어 체납관리비를 효율적으로 징수하기 위한 제재수단으로 단전·단수를 규약으로 정하였는데, 그 규약을 설정하는 절차에도 문제가 없었다면 어떠한가? 이러한 경우라면 업무방해죄의 정당행위로서 무죄가 될 수 있다는 것이 대법원의 입장이다.

즉 대법원 2003도4732 판결에 의하면 "피고인이 단전조치를 하게 된 경위는 단전조치 그 자체를 목적으로 하는 것이 아니고 오로지 시장번영회의 관리규정에 따라 체납된 관리비를 효율적으로 징수하기 위한 제재수단으로서 이사회의 결의에 따라서 적법하게 실시한 것이고, 그와 같은 관리규정의 내용은 시장번영회를 운영하기 위한 효과적인 규제로서 그 구성원들의 권리를 합리적인 범위를 벗어나 과도하게 침해하거나 제한하는 것으로 사회통념상 현저하게 타당성을 잃은 것으로 보이지 아니하며, 피고인이 이○○ 등이 연체된 관리비를 시장번영회에 직접 납부하지 아니하고 법원에 공탁하였다는 이유로 단전조치를 지시한 것으로도 보이지 아니하므로 피고인의 행위는 그 동기와 목적, 그 수단과 방법, 그와 같은 조치에 이르게 된 경위 등 여러 가지 사정에 비추어 볼 때, 사회통념상 허용될 만한 정도의 상당성이 있는 위법성이 결여된 행위로서 형법 제20조에 정하여진 정당행위에 해당하는 것으로 볼 여지가 충분하다."라는 취지이다.

이와 관련하여 집합건물 상가에 있어 업종준수의무 위반 시 단전·단수를 규약에서 규정하고 있는데, 위 규약이 적법한 절차를 거쳐 제정되었고, 그 절차도 합리성이 인정되는 경우라면, 위 단전·단수 규약은 유효하다는 것이 대법원의 입장이다.

즉 대법원 2004다2243 판결에 의하면 "이 사건 규약은 적법한 절차에 의하여 제정되었고, 공동주택과는 달리 상가에 대한 단전 등의 조치는 구분소유자의 생활에 미치는 영향은 적고 단지 영업을 하지 못함으로 인한 금전적 손해만을 가져오는 것이며, 집합건물에 관한 단체법적 법률관계를 규율함에 있어서 단전 등의 조치 이외에는 달리 위반메뉴의 조리·판매만을 선별하여 중지시킬 다른 효과적인 제재수단을 상정하기 어렵고, 나아가 의무위반행위에 대하여 바로 단전 등의 제재조치가 가하여지는 것이 아니라 1차적으로 시정을 구하고 그에 불응할 때 비로소 제재조치로 나아가도록 되어 있고, 제재조치의 정도를 채무자 관리인이 임의로 정하는 것이 아니라 대표위원회의 결의에 의하여 미리 정하여진 양정기준에 따라 정하도록 되어 있으며, 위 규약이 위반행위의 정지시까지만 단전 등 조치를 취할 수 있도록 규정하고 있어 구분소유자로서는 일단 위반행위를 중지하면 바로 단전조치를 중단하도록 되어 있는 점 등에 비추어 보면, 이 사건 조항의 내용이 구분소유자의 소유권을 필요하고 합리적인 범위를 벗어나 과도하게 침해 내지 제한함으로써 사회관념상 현저히 타당성을 잃은 경우에 해당한다고는 보이지 아니하고, 또한 집합건물 구분소유자들이 상호 간의 과다경쟁을 방지하고 공동의 이익을 도모하기 위하여 각자의 자유의사에 따른 협의로 업종을 제한하고, 이에 위반할 경우 구분소유권의 본질적 내용을 침해하지 아니하는 범위 내에서 자율적인 제재조치를 취하는 것은 단체자치의 원칙상 허용된다 할 것이고, 집합건물법 제43조 내지 제45조가 이를 완전히 금지하는 규정이라고 볼 수는 없으므로 이 사건 조항이 집합건물법의 강행규정에 위반된다고 할 수도 없다. 따라서 구분소유자의 규약위반행위에 대하여 단전 등의 제재조치를 할 수 있다고 규정한 이 사건 조항은 특별한 사정이 없는 한 유효하다."라는 취지이다.

위 판례들을 고려할 때에 단독건물의 상가나 집합상가와 달리 단독주택 내지 공동주택에 있어 월세 내지 관리비 등 미지급 시 즉각적으로 단전·단수조치를 할 수 있다는 약정 내지 규약이 존재한다면 주거의 특수성상 구분소유자 내지 임차인의 생활에 미치는 영향이 지대하므로 그 약정 내지 규약은 무효로 볼 여지가 있다고 이해된다(필자의 개인의견).

37. 최종 판결 전까지 임대인과 임차인의 의무유지 특약의 의미

'임대차 종료 여부에 관한 최종 판결 전까지는 임대인과 임차인의 권리의무가 유지되는 것으로 한다.'는 취지의 특약의 의미에 대한 대법원 2024다209769 판결을 확인해 보자.

임대인들(원고들)이 임차인(피고)에게 임대인들이 소유하는 상가건물을 임대하면서 계약서에 "계약의 해지 성립 여부에 쌍방 간 이견이 있을 경우 법원의 판결에 따르되 최종 판결 전까지 임대인과 임차인의 권리와 의무는 유지되는 것으로 한다."는 내용을 특약으로 정하였다.

즉, 임대인들인 원고들은 병원을 운영하는 의사인 임차인 피고에게 이 사건 건물을 임대하였는데, 그 임대차계약에는 ① 차임은 100병상 이상 환자 입원 시부터 수수하고 그 이전까지는 월차임을 면제하는 내용의 이 사건 부관이 있었고, ② 관리비는 병원 개원 시점부터 납부하는 내용이 있었으며, ③ 원고들과 피고 중 일방이 계약상 의무를 이행하지 않거나 위반하는 경우 상대방은 계약을 해지할 수 있고, 계약의 해지 성립 여부에 쌍방 간 이견이 있을 경우 법원의 판결에 따르되 최종 판결 전까지 임대인과 임차인의 의무는 유지된다는 내용의 이 사건 특약이 있었던 것이다.

그런데, 피고가 원고들에게 차임과 관리비를 납부하지 않자, 원고들이 피고를 상대로 임대차계약을 해지한다고 주장하면서 건물의 인도 및 연체차임 등의 지급을 구한 사안이다. 이 사건에서 원심과 대법원의 판단이 달랐던 부분은 이 사건 특약의 해석에 관한 것이었다.

원심은 이 사건 임대차계약은 피고의 관리비 미납을 이유로 해지되었다고 보면서도, 피고는 이 사건 특약에 따라 해지 여부가 다투어지고 있는 이 사건 판결 확정 시까지 이 사건 건물을 사용 수익할 권리를 가지므로, 이 판결 확정시에야 비로소 인도의무가 있다고 보아, 원고들의 인도청구를 배척하였다(임대차 종료 후 차임 상당 부당이득반환청구도 기각하면서 미납관리비 청구만 인용하였던 것).

그러나 대법원은 이 사건 특약의 의미에 대하여, 원고들의 피고에 대한 해지를 인정한다면 그에 따른 인도청구를 인용할 수 있다는 취지로, 그 판결이 확정될 때까지는 기존 임대차 관계를 유지하되 확정 후에 그 판결을 집행한다는 것일 뿐이라고 보았던 것이다.

즉 피고가 이 사건 판결 확정시까지 임차목적물 반환을 거절할 수 있다고 해석한다면, 법원이 임대차가 종료되었다고 판단하였음에도 임대차관계가 청산되지 못하는 결과가 되어 부당할 뿐만 아니라, 이 사건 특약의 앞부분, 즉 "계약의 해지 성립 여부에 쌍방 간 이견이 있을 경우 법원의 판결에 따른다."는 부분을 통해 달성하려는 '재판절차를 통한 임대차관계 청산'이라는 목적에 부합하지 않는다는 것이다.

그뿐만 아니라 임차인이 임대차 종료 이후에도 임대차 관계의 존속을 전제로 하는 사용 수익권을 갖는다는 의미로 이 사건 특약을 해석하는 것은 계약당사자의 진정한 의사는 물론 일반적인 거래의 관행에도 부합하지 않은바, 원심과 같이 해석한다면, 인도청구 부분에 관하여 청구기각 확정판결을 받은 다음 다시 피고를 상대로 임차목적물 반환을 구하는 소를 제기하여야 하여 소송경제에 반하고, 이와 같이 비효율적이고 불안정한 방식의 청산을 약정하였다는 것은 거래 통념과 경험칙에 반한다는 것이다.

결국 대법원은 이 사건 특약 중 "최종 판결 전까지는 임대인과 임차인의 권리와 의무는 유지되는 것으로 한다."는 부분의 의미에 대하여, 임차목적물 반환 등 임대차 관계의 청산을 명하는 판결이 선고되더라도 판결이 확정될 때까지는 기존 임대차 관계를 유지하되 확정 후에 그 판결을 집행한다는 것일 뿐이라고 보았던 것이다.

대법원 판단의 이유는 법률행위해석의 원칙 즉 "법률행위의 해석은 당사자가 그 표시행위에 부여한 객관적인 의미를 명백하게 확정하는 것으로서, 사용된 문언에만 구애받는 것은 아니지만, 어디까지나 당사자의 내심의 의사가 어떤지에 관계없이 그 문언의 내용에 의하여 당사자가 그 표시행위에 부여한 객관적 의미를 합리적으로 해석하여야 한다. 당사자가 표시한 문언에 의하여 그 객관적인 의미가 명확하게 드러나지 않는 경우에는 그 문언의 형식과 내용, 그 법률행위가 이루어진 동기 및 경위, 당사자가 그 법률행위에 의하여 달성하려는 목적과 진정한 의사, 거래의 관행 등을 종합적으로 고려하여, 사회정의와 형평의 이념에 맞도록 논리와 경험의 법칙, 그리고 사회일반의 상식과 거래의 통념에 따라 합리적으로 해석하여야 한다(대법원 2008다90095, 90101 판결 등)."라는 법률해석원칙에 의한 것이었다.

대법원 판결 취지를 고려할 경우에 이 사건 특약을 이유로 임대차계약 종료를 원인으로 하는 인도청구를 기각할 것이 아니라, 인도청구를 인용하면서, 이 사건 특약의 취지를 반영하여 인도청구에 대하여 가집행선고를 붙이지 않으면 될 것이다(2024. 9. 1.자 공보에 대한 '서울고등법원판례공보스터디' 참고).

위 대법원 판결의 원심은 원고들의 피고에 대한 인도청구는 기각하고 관리비 미납에 따른 임대차계약의 해지는 인정한 것이었는데, 차임이 아니라 부수적 의무로 이해되는 관리비 미납을 이유로 계약을 해지할 수 있는가? 부수적 의무 불이행 문제와 무관하고 약정해지권을 행사한 것이기 때문에 결과적으로 계약해지가 가능하다는 것이 위 대법원 판결의 취지이다.

즉 이 사건 임대차계약 제11조 제1항에 피고가 이 사건 임대차계약상 의무를 이행하지 아니할 경우 원고들이 이 사건 임대차계약을 해지할 수 있다고 취지로 약정한 사실 등을 근거로 해지를 인정하였던 것이다(약정해지권행사 취지).

즉 위 대법원 판결 원심의 판결이유에 의하면 "민법 제543조에 의한 계약 해제 또는 해지에 있어서는 피고가 지적한 바와 같이 주된 채무의 불이행이 요구되나, 이 사건 임대차계약은 민법 제543조가 아닌 이 사건 임대차계약 제11조 제1항에서 정한 바에 따라 해지되었으므로, 관리비 미납을 이유로 이 사건 임대차계약의 해지를 인정하는 이 사건에서 관리비 납부의무가 주된 채무인지 여부는 문제되지 않는다."라는 취지로 판시하였다.

제 4 장 상가건물임대차 권리금 · 계약갱신 · 원상회복

1. 권리금계약과 임대차조건의 확인

직장에서 은퇴를 하고 창업을 하면서, 법률에 대한 아무런 지식 없이 덜컥 권리금계약을 하고 권리금을 주고 나서 후회를 하는 경우를 많이 본다. 그렇다면 권리금이란 무엇이고, 권리금계약을 할 때의 기본적으로 주의할 점은 무엇일까?

부동산 시장에서 통용되는 권리금을 나누어 보자면 ① 바닥권리금, ② 시설권리금, ③ 영업권리금으로 크게 나눌 수 있다. 권리금계약은 종전 임차인에게 새로 들어가는 임차인이 권리금을 주는 것이 일반적이지만, 새로 분양받은 상가 등의 경우는 소유자이자 임대인에게 처음 들어가는 임차인이 바닥권리금을 주는 경우도 있다.

즉, 영업이 잘될 만한 그리고 사람이 몰릴 만한 위치에 대한 대가를 바닥권리금으로 생각하면 쉽다. 바닥권리금은 새로 들어갈 임차인이 종전 임차인에게 주기도 한다. 예를 들어 종전에 운영했던 업종은 부동산사무실이었고, 새로 들어갈 임차인이 운영할 업종은 식당임에도 불구하고 권리금을 주는 경우가 있다. 이러한 경우는 영업권리금이나 시설권리금으로 설명할 수 없고 단지 위치에 대한 대가로 보이므로 바닥권리금으로 해석된다.

가장 흔한 권리금은 새로 들어갈 임차인이 종전 임차인에게 시설비조로 주는 시설권리금과 새로 들어갈 임차인이 동종업종의 종전 임차인에게 영업매출 등을 기준으로 주는 영업권리금이다.

임대인이 받거나, 종전 임차인이 받는 권리금 모두 민사적으로 허용된다. 어쨌든 경기가 좋은 경우에는 새로 들어갈 임차인이 임대인이나 종전 임차인에게 권리금을 주어도 큰 문제가 없지만, 경기가 좋지 않은 경우는 권리금계약을 체결하는 과정에서 컨설팅을 하는 업체 또는 중개사 그리고 종전 임차인 등이 매출을 속이는 등의 행태가 발생하기도 한다.

권리금계약을 체결하는 관행은 어떤가? 권리금계약은 시중에서 권리양도양수계약서라는 형식의 계약서로 나타나는데, 대체로 컨설팅 업체나 중개사가 권리양도양수계약서를 먼저 작성하여 계약을 체결시킨 후 곧바로 또는 잔금지급기일에 맞추어 임대인과의 상가임대차계약을 체결하는 경로를 밟는 것이 일반적이다.

권리금계약은 임대차계약을 전제한다. 즉, 권리금계약은 임대차계약이 성립하지 않으면 성립할 수 없는 계약이다. 따라서 관행에 따라 임대차계약보다 권리금계약을 먼저 체결하는 경우에도, 새로 들어가는 임차인 입장에서는 임대인의 의사를 미리 확인하는 것이 좋다. 임대인이 종전 임차인과의 계약조건을 그대로 인정할 것인지 여부를 확인한 후 권리금계약을 체결하는 것이 안전하다는 의미이다. 권리금계약을 체결하고 계약금을 지급한 후 임대인과 임대차계약이 결렬될 경우에 권리금계약의 계약금을 다시 찾는다는 것이 그리 쉽지만은 않기 때문이다.

2. 권리금의 반환 가능성

임대인이 임차인에게 임차물의 위치에 대한 대가인 바닥권리금을 받는 경우가 있다. 이에 대하여 대법원은 "임대인이 그 임대차의 종료에 즈음하여 그 재산적 가치를 도로 양수한다든지 권리금 수수 후 일정한 기간 이상으로 그 임대차를 존속시켜 그 가치를 이용케 하기로 약정하였음에도 임대인의 사정으로 중도 해지됨으로써 약정기간 동안의 그 재산적 가치를 이용케 해주지 못했다는 등의 특별한 사정이 있을 때에만 임대인은 그 권리금의 전부 또는 일부의 반환의무를 진다(대법원 2000다59050 판결)."라는 태도다.

즉, 임대인과 임차인이 바닥권리금을 수수한 사실이 있은 후 권리금계약의 특약에 "임대차 종료 후 임대인이 임차인에게 받은 권리금을 반환"한다는 취지가 적시되었다면, 권리금을 반환받을 수 있고, 임대인이 임차인으로부터 바닥권리금을 받으면서 일정기간의 임대차기간을 보장해 주기로 약정했지만, 임대인의 사정으로 그 일정기간을 보장하지 못했다면, 권리금의 일부를 임차인이 돌려받을 수 있다는 것이다. 이러한 취지의 판례는 현재 임차인의 권리금회수기회 방해에 따른 임대인의 손해배상책임 규정(상임법 제10조의4)이 존재함에도 의미가 있는 판결로 해석된다.

이와 관련하여 대법원 2019다219953 판결은 "영업용 건물의 임대차에 수반되어 행하여지는 권리금의 지급은 임대차계약의 내용을 이루는 것은 아니고, 권리금은 거기의 영업시설·비품 등 유형물이나 거래처, 신용, 영업상의 노하우(know-how) 또는 점포 위치에 따른 영업상의 이점 등 무형의 재산적 가치의 양도 또는 일정기간 동안의 이용대가라고 볼 것이어서, 그 유형·무형의 재산적 가치의 양수 또는 약정기간 동안의 이용이 유효하게 이루어진 이상 임대인은 그 권리금의 반환의무를 부담하지 아니한다. 임차인으로서는 당초의 임대차에서 반대되는 약정이 없는 한 임차권의 양도 또는 전대차의 기회에 부수하여 자신도 그 재산적 가치를 다른 사람에게 양도 또는 이용케 함으로써 권리금 상당액을 회수할 수 있다. 따라서 임대인이 그 임대차의 종료에 즈음하여 그 재산적 가치를 도로 양수한다든지 권리금 수수 후 일정기간 이상으로 그 임대차를 존속시켜 그 가치를 이용케 하기로 약정하였음에도 임대인의 사정으로 중도 해지됨으로써 약정기간 동안의 그 재산적 가치를 이용케 해주지 못하였다는 등의 특별한 사정이 있을 때에만 임대인은 그가 받은 권리금 전부 또는 일부의 반환의무를 진다(대법원 2000다26326 판결, 대법원 2000다59050 판결, 대법원 2010다85164 판결, 대법원 2013다63257 판결 등). 한편 상가건물 임대차보호법이 2015. 5. 13. 법률 제13284호 개정으로 신설한 제10조의3 내지 제10조의7이 적용되는 상가건물 임차인은 위 조항에 따라 자신이 주선한 신규 임차인 예정자로부터 권리금을 회수할 수 있고 임대인이 정당한 사유 없이 이를 방해하는 경우 손해배상책임을 진다."는 취지로 판시하였다(위 대법원 2019다219953 판결의 판결이유를 확인하면 "원심은, 원고가 계약금 포기에 의한 해제권을 행사할 수 없다고 판단하고서도, 임대차계약이 묵시적으로 해제됨에 따라 권리금계약 또한 해제되었다는 이유만으로 피고가 권리금을 반환할 의무가 있다고 판단하였다. 이러한 원심의 판단은 결과적으로 앞서 본 대법원 판결에서 표명된 견해에 위배" 된다고 판시).

또 다른 문제로, 새로 들어가는 임차인이 종전 임차인에게 권리금을 주고 영업을 하고 있는데, 종전 임차인이 주장했던 매출이 나오지 않으면 종전 임차인에게 권리금반환을 요구할 수 있을까?

권리금계약에 대한 컨설팅은 법원에서 공인중개사법상의 중개행위로 보지 않아(대법원 2005도6054 판결), 컨설팅을 하는 업체 또는 중개사가 매출을 부풀려 권리양도양수계약을 체결하는 경우가 많다(다만 최근에 선고된 대법원 2024도1766 판결에 의하면 공인중개사가 종전 임차인과 신규 임차인 사이의 권리금계약을 알선하고 수수료를 받는 것이 '행정사법 위반'이라는 취지). 매출 등을 부풀려 권리금을 많이 받아 그 권리금에 일정 퍼센트를 컨설팅비로 수수할 수 있기 때문이다. 이런 이유 때문에 공인중개사법사의 중개행위에 해당하여 동법에 의하여 통제되는 중개수수료에 비하여 훨씬 고액, 즉 중개수수료의 몇십 배에 달하는 경우가 비일비재하다. 따라서 새로 들어가는 임차인 입장에서는 권리양도양수계약을 체결할 때 특약을 잘 작성하는 것이 필요하다.

즉, 권리금계약의 기준을 명확히 하는 것인데, 하루 영업시간은 몇 시간이었고, 인력은 몇 명이었는지, 매출액이 얼마였는지, 그 매출액을 근거로 권리금 산정을 어떻게 한 것인지 그리고 시설비가 얼마 들어갔는데 그 시설비에 대하여 얼마의 감가상각을 하여 권리금을 산정한 것인지 등을 명확히 하고, 관련 자료까지 모두 받아 두는 것이다. 이처럼 권리금계약기준을 명확히 하였음에도 불구하고 컨설팅 업체나 권리 매도인이 제시한 매출이 나오지 않을 경우 구체적 사정에 따라 권리금반환의 논리구성이 가능할 것이다.

3. 2014년 9월 24일자 상가권리금에 대한 법무부 보도자료 관련

2014. 9. 24. 당시 법무부가 상임법 개정 예정이라면서 밝힌 권리금 보호방안에서 언급되었던 상가임차인의 권리금회수기회 요청권이 인정되었고, 임대인이 임차인의 위 권리를 정당한 사유 없이 방해할 경우에 임대인에게 손해배상을 청구할 수 있는 규정이 신설되었다(상임법 제10조의4 규정이 2015. 5. 13. 신설됨).

다만, 당시 "전 임차인에 대한 권리금 피해구제 방안"이 빠진 것이 아쉬우며, 현재도 이에 대한 논의는 없는 것으로 보인다. 즉, "전 임차인에 대한 권리금 피해구제 방안"은 형사적으로 문제를 해결하지 않으면 해결되지 않은 경우가 많아, 이에 따른 민사적 해결책을 논의할 필요가 있다. 예를 들어 임차인이 신규 임차인과 권리금계약을 하면서 포스기 등을 조작하여 매출을 부풀린 상태에서 권리금계약이 체결되었는데, 차후 매출조작이 드러난 경우 신규 임차인의 보호방안이 마땅치 않다는 것이다.

다만, 민사적으로 민소법(민사소송법) 제202조의2 규정에 따라 손해액 증명을 완화하는 방안을 고민할 수 있을 것이다. 2016. 3. 29.경 신설된 민소법 제202조의2는 "손해가 발생한 사실은 인정되나 구체적인 손해의 액수를 증명하는 것이 사안의 성질상 매우 어려운 경우에 법원은 변론 전체의 취지와 증거조사의 결과에 의하여 인정되는 모든 사정을 종합하여 상당하다고 인정되는 금액을 손해배상 액수로 정할 수 있다."고 규정하고 있다.

권리금컨설팅의 경우 공인중개사법상 중개행위에 해당하지 않아 중개수수료 한도 규정이 적용되지 않는다(대법원 2005도6054 판결). 이런 문제 때문에 전문적인 권리금 컨설팅 업체가 권리금을 부풀리는 경우가 많다. 즉, 부풀린 권리금을 전 임차인과 컨설팅 업체가 분배하는 계약을 체결을 하는 경우가 적지 않다. 이런 경우까지 대비한다면, 권리금컨설팅의 경우도 공인중개사법상 중개행위로 포섭하여 관리감독이 가능한 공인중개사에게 권리금컨설팅을 전담시키는 방법도 고민할 만하다.

다만, 경제사정이 악화되고, 코로나 바이러스와 같은 전염병이 도는 등의 문제로 권리금 없는 점포가 많아, 종전보다는 권리금계약의 문제점이 잘 드러나지 않고 있는 상황으로 보인다.

4. 경매 낙찰자의 상가권리금에 대한 책임 여부

2015. 5. 13.부터 시행되고 있는 개정 상임법에 의할 경우 상가 낙찰가가 기존 임차인의

권리금회수에 협조를 해야 되는가? 결론부터 말하자면, 대항력이 인정되는 임차인에 대하여는 환산보증금의 소액 · 고액을 불문하고 권리금회수(상임법 제10조의4)를 위한 협조의무가 부과될 가능성이 있다.

2015. 5. 13.자 개정 상임법 제2조 제3항은 같은 법 제3조의 대항력 규정을 환산보증금 액수에 상관없이 적용토록 규정함으로써 개정 전과 달리, 환산보증금의 소액 · 고액에 상관없이 상가임차인이 건물의 인도와 사업자 등록을 신청할 경우 대항력이 인정되도록 규정하고 있다. 또한, 개정 상임법 제3조 제2항은 "임차건물의 양수인은 임대인의 지위승계"를 규정하고 있다.

따라서 해당 상가를 낙찰받은 사람은 대항력을 갖춘 상가임차인에 대하여 임대인의 지위를 승계하게 되고, 결과적으로 정당한 사유가 없는 한 개정 상임법상의 "권리금 회수기회"를 보장할 의무가 부과될 가능성이 있게 된다. 다만, 이러한 내용은 개정 상임법 부칙 제2조에 따라, 개정 상임법 시행 후 최초로 체결되거나 갱신되는 임대차부터 적용된다.

대항력이 인정된다는 것은 무엇인가? 상임법은 상가임차인이 임차상가를 인도 받고, 세무서에 사업자등록을 신청할 경우 그 다음 날부터 제3자효를 인정하고 있는데(상임법 제3조 제1항), 이렇듯 상가임차인의 인도와 사업자등록을 대항요건이라고 한다.

대항력이 인정된다는 것은 경매에 있어 말소기준권리보다 대항요건 취득일이 선순위라는 것이다. 따라서 실제로 대항력이 인정되어, 상가 낙찰자가 기존 임차인의 권리금 회수기회를 보장해야 하는 상가는 많지 않을 것으로 예상된다.

예를 들어, 임차한 상가에 선순위로 은행의 근저당권이 설정되어 있고, 해당 상가가 경매에 부쳐진 상황을 가정하자. 이러한 사례에서 임차인이 인도와 사업자등록이라는 대항요건을 갖추었다고 하더라도, 말소기준 권리인 은행의 근저당권에 대항할 수 없어, 결국 확정일자를 받은 경우에 한하여 순위에 따른 배당[순위 배당은 서울을 예로 들 경우 환산보증금 9억원 이하를 전제(상임법 제5조 제2항. 상임법 제2조 제3항에서 상임법 제5조 제2항 언급 없음)]을 받을 수 있을 뿐이다.

즉, 선순위 근저당권이 있다면, 낙찰자는 상가임차인에 대하여 임대인의 지위승계 의무가 없고, 결국 임차인의 권리금 회수에 협력할 의무도 없게 된다. 따라서, 상가를 임차하는 입장 또는 상가를 낙찰받은 입장에서는 위와 같은 내용을 숙지하고, 본인의 권리행사방법을 고민할 필요가 있다.

5. 개정 상가건물 임대차보호법상의 권리금 보호

2015. 5. 12. 국회 본회의를 통과한 개정 상임법이 2015. 5. 13. 공포되어 일부 규정을 제외하고는 공포한 날로부터 시행되고 있다. 개정 상임법의 주요 내용은 권리금의 법제화라

고 할 수 있는데, 관련 내용을 검토하고자 한다.

권리금 법제화의 핵심은 "임차인의 권리금 회수 기회를 부여"하는 것이라 할 수 있는데, 개정 상임법 부칙 제3조는 "제10조의4(권리금 회수기회 보호 등)의 개정규정은 이 법 시행 당시 존속 중인 임대차부터 적용한다."고 규정하여 현재 임대차 관계를 유지하고 있는 상가임차인에게도 권리금 회수기회 보호 규정이 적용된다. 이에 대하여 진정 내지 부진정 소급입법 문제가 논의될 수 있는데, 이러한 헌법상의 문제는 본서에서 논의하지 않겠다.

상임법은 서울의 경우 현재 원칙적으로 환산보증금 9억원까지 적용되도록 규정되어 있는데(상임법 제2조 제1항 단서), 개정 상임법 제2조 제3항은 환산보증금 액수의 소액·고액에 관련 없이 신설된 "임차인의 권리금 회수 기회 부여" 조항을 적용토록 규정하고 있어, 결과적으로 유통산업발전법상 대규모점포 등의 일부 예외(상임법 제10조의5)를 제외하고 모든 상가임차인에게 권리금 회수기회가 부여된 것으로 볼 수 있다.

그렇다면, 임차인의 권리금 회수기회는 현재 어떻게 보호되는가? 상임법 제10조의4가 이를 규정하고 있는데, 기본적으로 임대차계약 종료 전 6개월 전부터 임대차 종료 시까지 기존 임차인이 새 임차인을 물색하여 임대인에게 새 임차인이 보증금 및 차임 등을 지급할 여력 등이 있다는 취지의 정보를 제공하면, 정당한 사유가 없는 한 그 새 임차인과 계약을 체결토록 규정되어 있다.

정당한 사유가 있을 경우 임대인은 임차인이 물색한 새 임차인과의 계약을 거절할 수 있는데, 대표적인 정당한 사유로는 임차인이 주선한 신규 임차인의 보증금 지급 무자력 등이다. 그렇다면, 상임법으로 법제화된 권리금 규정이 모든 상가 임차인에게 적용될까?

개정 상임법 제10조의5는 "임대차 목적물인 상가건물이 유통산업발전법 제2조에 따른 대규모점포 또는 준대규모점포의 일부인 경우" 그리고 "임대차 목적물인 상가건물이 국유재산법에 따른 국유재산 또는 공유재산 및 물품관리법에 따른 공유재산인 경우"에는 권리금 보호규정의 적용을 배제하고 있어, 이와 같은 경우에는 권리금 회수기회가 부여되지 않는다.

임대인이 정당한 이유 없이 임차인의 권리금 회수기회를 박탈하면 어떻게 되는가? 이런 경우는 임대차가 종료한 날로부터 3년 이내에 임대인에게 손해배상을 청구할 수 있다(상임법 제10조의4 제4항).

다만, 손해배상액은 신규 임차인이 임차인에게 지급하기로 한 권리금과 임대차 종료 당시의 권리금 중 낮은 금액을 넘지 못한다(상임법 제10조의4 제3항). 즉 새로 들어오기로 했던 임차인과 권리금계약상의 권리금과 감정을 통해 산정된 감정권리금 중에서 낮은 권리금을 기준으로 법원의 직권감액이 인정된다는 것이고 적지 않은 실무예가 낮은 금액을 기준으로 직권감액하고 있다[낮은 금액을 감경한 판례로는 대전지방법원 2016나108951(본소), 2016나108968(반소) 판결(건물명도·손해배상(기)), 서울동부지방법원 2018가단108545 판결(손해배상(기)) 등. 낮은 금액을 감경하지 않고 그대로 인정한 사례로는 대구지방법원 2022가단114185 판결 등.].

6. 권리금인정 안함 약정의 유효성

상가임대차계약을 체결하면서, 임대인의 요구로 임대차계약서 특약란에 "권리금은 인정하지 않음"이라고 적시하는 경우가 많다. 임대인과 약정한 "권리금은 인정하지 않음" 약정은 그대로 유효할까?

임차인이 "권리금은 인정하지 않음" 약정의 무효를 주장하면서, 임대인에게 권리금회수기회 요청권을 행사하면, "권리금은 인정하지 않음" 약정은 무효가 될 가능성이 있다[무효취지의 판례로는 대전지방법원 2016나108951(본소), 2016나108968(반소) 판결(건물명도 · 손해배상(기)) 등].

2015. 5. 13. 개정된 상임법에 의하면, 상가임차인에게는 환산보증금의 소액 · 고액을 불문하고 권리금회수기회요청권이 인정되는데, 임대인이 "권리금은 인정하지 않음"을 근거로 임차인이 새 임차인으로부터 받고자 하는 권리금을 인정하지 않을 경우, 상임법 제15조에 의하여 "권리금은 인정하지 않음" 약정이 무효가 될 가능성이 있기 때문이다.

상임법 제15조는 "이 법의 규정에 위반된 약정으로서 임차인에게 불리한 것은 효력이 없다."고 규정하고 있는데, 실무에서는 상임법 제15조를 임차인을 위한 편면적 강행규정이라고 부른다. 그렇다면, 2015. 5. 13. 개정 상임법 이전에 상가임대차계약을 체결하면서 계약서 특약란에 "권리금은 인정하지 않음"이라고 약정하였다면 어떻게 되는가?

2015. 5. 13. 개정 상임법 부칙 제3조에 의하면 "제10조의4의 개정규정(권리금회수기회보호규정)은 이 법 시행 당시 존속 중인 임대차부터 적용한다."고 규정하고 있어, 2015. 5. 13. 이전에 임대차계약서 특약란에 "권리금은 인정하지 않음"이라는 약정을 했더라도, "권리금은 인정하지 않음" 약정에 대하여 임차인이 무효를 주장하면서, 권리금회수기회요청권을 행사할 경우, 위 특약의 무효 가능성을 배제할 수 없다.

다만, 일정 사유를 전제로 임대인이 임차인의 권리금회수기회요청을 거절할 수 있는데, 대표적인 것으로는 연체차임이 3기에 이른 사실이 있는 경우(상임법 제10조의4 제1항 단서, 제10조 제1항 제1호) 등이다.

임차인이 권리금회수기회요청권을 각종 요건을 갖추어 행사하였음에도 불구하고, 임대인이 신규 임차인과 정당한 사유 없이 임대차계약 체결을 거절할 경우, 임차인은 어떠한 조치를 취할 수 있을까? 2015. 5. 13. 개정 상임법 제10조의4 제3항에 의하면, 임차인이 임대인에게 손해배상책임을 물을 수 있음을 규정하고 있다.

이때 손해배상액수가 문제될 것인데, "손해배상액은 신규 임차인이 임차인에게 지급하기로 한 권리금과 임대차 종료 당시의 권리금 중 낮은 금액을 넘지 못한다."고 규정함으로써, 임차인의 권리금 부풀리기 가능성에 대한 제어장치를 마련해 두고 있다[낮은 금액을 감경한 판례로는 대전지방법원 2016나108951(본소), 2016나108968(반소) 판결(건물명도 · 손해배상(기)), 서울동부지방법원 2018가단108545 판결(손해배상(기)) 등. 낮은 금액을 감경하지 않고 그대로 인정한 사례로는 대구지방법원 2022가단114185 판결 등].

7. 1년 6개월 이상 비영리목적 사용과 권리금 회수거절

현행 상임법에 의하면, 임차인에게 권리금회수기회요청권이 인정된다(상임법 제10조의4). 다만, 임대인은 임차인의 권리금회수기회요청에 대하여 정당한 사유가 있을 경우 "임차인이 주선한 신규 임차인이 되려는 자와 임대차계약을 체결하는 것을 거절"할 수 있다.

위 "정당한 사유" 중의 하나로 "임대차 목적물인 상가건물을 1년 6개월 이상 영리목적으로 사용하지 아니한 경우(상임법 제10조의4 제2항 제3호)"의 의미는 무엇인가?

첫 번째 해석은 "임대인 또는 임대인을 포함하여 누구라도 해당 상가를 1년 6개월 이상 영리목적으로 장래적으로 사용하지 아니할 예정인 경우"에 임대인은 신규 임차인과의 계약을 거절할 수 있고, 이런 경우 임차인은 결국 권리금회수기회가 박탈된다는 해석이다.

두 번째 해석은 "임차인이 목적물인 상가건물을 1년 6개월 이상 영리목적으로 사용하지 않았다면 그 임차인에게 권리금 회수기회를 부여할 필요가 없다"는 것으로, 임차인이 상가건물을 1년 6개월 이상 영리목적으로 사용하지 않았다면, 실질적 측면에서 영리를 전제한 상가에 대한 임차인이라 할 수 없고, 결국 상임법의 적용이 없어, 그러한 임차인이 신규 임차인을 데려오더라도, 그 사람으로부터 임차인이 권리금을 회수하는 것은 인정되지 않는다는 것이다.

필자는 대법원 판결이 나오기 전에 개인적으로 두 번째 해석에 찬동한 사실이 있다. 첫 번째 해석은 개정 상임법에 대한 개요가 언론에 배포되면서, 언론을 통하여 설명된 내용과 유사하고, 개정 상임법의 문구해석상 불가능한 해석은 아닌 것으로 보이지만, 상임법의 조화로운 해석을 고려하면, 타당하다고 보이지 않았기 때문이다.

예를 들어보자. 5년간 상가를 임차한 상인이 장사가 되지 않자, 임대차계약을 유지하면서 해당 상가의 영업을 접고 계약명의를 유지한 채 동창회 사무실로 바꾸었는데, 그때가 만으로 3년이 되는 해였다. 결국 계약기간 5년 중 마지막 2년 정도는 동창회 사무실로 사용한 것이었다면, 해당 상가의 임차인은 상가건물을 마지막 2년간 상가로 사용하지 않았으니 상가임차인으로 보호할 여지가 없을 뿐만 아니라, 영업의 지속성을 전제한 권리금이라는 것도 인정되기 어렵다.

또한, 상임법 제10조의4 제2항 제3호를 자세히 살펴보면 "임대차 목적물인 상가건물을 1년 6개월 이상 영리목적으로 사용하지 아니한 경우"로 적시하여, 과거적 표현을 하고 있고, 거절의 정당성이 법정에서 판명될 필요가 있는 경우에 "장래 임대인 등이 비영리로 사용할지 여부"를 재판을 하는 현재를 기준으로 입증하는 것도 사실상 불가능하다는 점을 고려하면, 첫 번째와 같은 해석은 무리가 있어 보였다.

그러나 서울서부지방법원 2018가단205479 판결은 첫 번째 해석 취지에 따른 판결을 내렸다. 즉 위 판결 사안은 임대인(피고)이 임대차기간 만료 전 임차인(원고)에게 '부동산을 당분간 임대하지 않고 비워둘 예정'이라는 취지의 내용증명우편을 보낸 상태였는데, 위 판결에 의하면, 상임법 제10조의4 제2항 제3호가 "임대차 목적물인 상가건물을 1년 6개월 이상 영리목적으로 사용하지 아니한 경우"로 규정하고 있음에도 불구하고, 위 규정을 "임대인이 장래 임대차 종료 후 1년 6개월 이상 영리목적으로 사용하지 아니하는 경우"로 해석하여, 임대인이 1년 6개월 동안 영리목적으로 사용하지 않겠다는 의사표시를 하는 것만으로 갱신거절을 할 수 있다는 취지로 판시하였다[다만, 위 판결의 항소심 서울서부지방법원 2019나32303, 2019나32310 판결은 상임법 표현과 동일하게 "임대차 목적물인 상가건물을 1년 6개월 이상 영리목적으로 사용하지 아니한 경우"로 정정하면서 1심과 동일취지로 판시. 위 판결의 상고심인 대법원 2019다255324, 2019다255331 판결도 동일취지로 판시하여 결과적으로 원고의 권리금상당 손해배상청구를 기각함. 위 사안을 정리하면 원고(임차인)는 피고(임대인) 건물 중에서 지하층을 빌려 노래방을 운영한 것으로 보였고, 1심 진행 당시에는 피고의 아들이 임차물(지하층)을 제외한 피고 건물 일부(1층 카페운영, 2층 카페 사무실 등)를 사용하고 있었던 것으로 보이나(이 부분 피고의 항변을 증거부족으로 배척), 항소심 판결을 보면 "이 사건 임대차계약은 2018. 1. 10. 기간만료로 종료되었고, 피고는 이후 영리목적으로 이 사건 부동산을 사용하지 않고 있다"라고 적시하여, 원고가 계약종료 후에도 반환하지 않고 있는 임차물인 지하층을 제외하고는 항소심에 이르러 모두 비워두었던 것으로 보임. 참고로 항소심 판결의 변론종결일은 2019. 5. 24.인바, 계약종료일(2018. 1. 10.)로부터 1년 6개월 미경과].

첫 번째 해석 취지를 따른 위 서울서부지방법원 1심판결에 의할 경우, 임대인이 영리목적으로 사용하지 않을 것처럼 신규 임차인과의 계약체결을 거절해 놓고, 1년 6개월 이내에 상가건물을 영리목적으로 사용한 경우에는 임차인에 대한 권리금 회수 방해 행위로 평가되어, 손해배상책임이 발생할 가능성이 높다고 해석된다. 위 서울서부지방법원 1심판결에 의하더라도 "만약 피고의 아들이 임대차종료 후 1년 6개월 이내에 이 사건 부동산을 사용하는 등 피고가 이 사건 부동산을 영리목적으로 사용하는 것이 확인될 경우 원고로서는 피고를 상대로 권리금 상당의 손해배상을 청구할 수 있을 것이다."라는 취지이다. 필자는 상임법이 상가건물임차인 보호를 위한 특별법인 사정을 고려하면, 두 번째 해석이 더 타당하다고 보았던 것이다.

다만, 최근 대법원은 첫 번째 해석 취지에 따른 판결을 선고하였다. 대법원 2019다285257 판결은 "이 사건 조항의 문언만 놓고 보면 상가건물 사용의 주체가 누구인지, 즉 '임대인이 임대차 종료 후 상가건물을 사용하지 않는 경우'를 의미하는지 아니면 '임차인이 임대차기간 동안 상가건물을 사용하지 않은 경우'를 의미하는지 명확하지 않다. 이처럼 법 문언이 명확하지 않은 경우에는 이 사건 조항의 입법 취지와 연혁, 권리금 조항의 내용과 전체적인 체계 등을 종합하여 그 의미를 해석하여야 한다."라고 설명하면서, "당초 법률안(의안

번호 1912371)의 문언은 '임대차 목적물인 상가건물을 1년 이상 영리목적으로 제공하지 않는 경우'로 되어 있었는데, 국회의 법률안 심사 과정에서 임차인 보호를 위하여 기간을 1년 6개월로 늘리고, 임대인이 상가건물을 타에 제공하는 것뿐 아니라 스스로 사용하는 경우도 포함하기 위하여 '제공하지 않는 경우'를 '사용하지 아니한 경우'로 수정"한 연혁 등을 고려할 때에 "이 사건 조항은 임대인이 임대차 종료 후 상가건물을 1년 6개월 이상 사용하지 않는 경우를 의미한다고 보는 것이 타당"하다고 판시하였다. 또한, 위 판결은 "임대인이 1년 6개월 이상 상가건물을 영리목적으로 사용하지 않을 계획만 있으면 그 후 실제로 그러하였는지 묻지 않고 권리금 회수기회 보호의무를 부담하지 않는다고 하면, 임대인이 계획을 변경하여 임차인이 형성한 영업이익이 잔존하는 기간 내에 건물을 재임대한 경우 임대인이 그 가치를 취득할 수 있게 되므로 이 사건 조항의 입법취지에 반한다. 따라서 임대인이 이 사건 조항에서 정하는 사유를 들어 신규 임대차계약 체결을 거절하였더라도 1년 6개월 이내에 상가건물을 영리목적으로 사용한 경우에는 구 상가임대차법 제10조의4 제3항에 따른 손해배상책임을 부담한다고 보아야 한다."고 판시하였다.

위 대법원 2019다285257 판결에 대하여 "이 사건 조항 제3호의 '임대차 목적물인 상가건물을 1년 6개월 이상 영리목적으로 사용하지 아니한 경우'란 ① 임대인이 향후 1년 6개월 이상 상가건물을 영리목적으로 사용하지 않는다는 '사유'로 신규 임대차계약 체결을 거절하고, ② '임대인'이 '임대차 종료 후' '실제로' 임대차 목적물인 상가건물을 1년 6개월 이상 영리목적으로 사용하지 아니하는 경우를 의미한다면서 임대인이 '다른 사유'로 신규 임대차계약 체결을 거절한 후 사후적으로 1년 6개월 동안 상가건물을 영리목적으로 사용하지 않았다면 이는 이 사건 조항 제3호에서 정한 경우에 해당하지 않는다는 견해"가 있다(2022. 9. 30.자 '서울고등법원판례공보스터디' 제1469쪽 참고).

여기서 의문이 드는 것은 '임대인이 향후 1년 6개월 이상 상가건물을 영리목적으로 사용하지 않는다.'는 '사유'로 신규 임대차계약 체결을 거절하고 임차인을 상대로 명도소송을 제기하였으나, 임차인이 계속 점유(계약종료 후 점유이므로 무단 점유)를 하고 있었고, 소송 계속 중 임차인의 점유기간이 1년 6개월이 경과하였다면? 이때 '임대인'이 '임대차 종료 후' '실제로' 임대차 목적물인 상가건물을 1년 6개월 이상 영리목적으로 사용하지 아니하는 경우에 해당할까? 임차인이 1년 6개월 이상 무단 점유를 하였으니, 임대인이 실제로 영리목적으로 사용하지 않았다는 점을 중시하는 입장이 있을 수 있고, 임대인이 실제로 사용하지 않았는지 여부는 상가의 인도를 전제해야 명확하게 확인할 수 있다는 반대의 입장이 있을 수 있다.

이와 관련하여 부산지방법원 2025. 2. 12. 선고 2024가단321900 판결에 의하면, "피고가 임대차 종료 전인 2024. 2. 27.경과 2024. 3. 25.경 '임대차 종료 이후에 피고의 개인 사무실로 사용한다'는 사유를 들어 (원고 내지 신규 임차인과의) 임대차계약의 체결을 거절한 사실은 앞서 본 바와 같고, 피고가 이 사건 임대차목적물을 개인 사무실로 사용하는 것은 영리목적으로 사용하지 아니하는 경우로서 원고가 주선한 신규 임차인이 되려는 자와 임대차계약의 체결을 거절할 수 있는 정당한 사유가 된다고 할 것이다. 피고가 실제로도 1년 6개월 동안 이 사건 임대차목적물을 영리목적으로 사용하지 않아야 하는데, 이 사건 변론 종결일 현재 원고가 피고에게 이 사건 임대차목적물을 인도하지 아니하여 피고가 이 사건 임대차목적물을 사용하지 않고 있다. 따라서 이 사건 변론 종결일 현재 원고의 손해배상청구는 더 나아가 살필 필요 없이 이유 없다."라는 취지로 판시하였다(피고가 자신은 1943년생의 고령으로 이 사건 임대차목적물을 개인사무실 및 휴식공간으로 사용하기 위하여 임대차계약의 체결을 거절한 것이므로 정당한 사유가 있다고 주장하였던 사안으로 계약종료일은 2024. 4. 30.이었으며, 변론종결일은 2024. 12. 18.이었음. 변론종결 당시에 실제로 1년 6개월이 지나지 않았던 사안이라는 것).

8. 재건축 및 장기간 미사용 등 사유 결합을 이유로 한 권리금회수거절

상임법은 상가임차인에게 계약종료 6개월 전부터 계약종료시까지 권리금회수기회 요청권을 인정하면서, 임차인의 위 권리를 임대인이 방해를 하면 임차인이 임대인에게 권리금상당 손해배상을 청구할 수 있도록 규정하고 있다(상임법 제10조의 4).

다만, 상임법은 임차인의 권리금회수기회 요청권 행사에도 불구하고 임대인이 정당한 사유를 들어 이를 거절하면 임차인에게 손해배상책임을 부담하지 않는 것으로 규정하고 있는데, 그 사유 중 하나로 상임법 제10조의4 제2항 제3호가 "임대차 목적물인 상가건물을 1년 6개월 이상 영리목적으로 사용하지 아니한 경우"라고 규정하고 있다.

또한, 상임법 제10조의4 제1항은 동법 제10조 제1항 각호의 사유가 있을 경우에도 임대인의 권리금회수거절이 문제되지 않는다는 것인데, 그 사유 중 하나로 재건축 등의 사유도 규정되어 있다.

즉, 상임법 제10조 제1항 제7호는 "7. 임대인이 다음 각 목의 어느 하나에 해당하는 사유로 목적 건물의 전부 또는 대부분을 철거하거나 재건축하기 위하여 목적 건물의 점유를 회복할 필요가 있는 경우. 가. 임대차계약 체결 당시 공사시기 및 소요기간 등을 포함한 철거 또는 재건축 계획을 임차인에게 구체적으로 고지하고 그 계획에 따르는 경우, 나. 건물이 노후·훼손 또는 일부 멸실되는 등 안전사고의 우려가 있는 경우, 다. 다른 법령에 따라 철거 또는 재건축이 이루어지는 경우"라고 규정하여 '재건축 등'을 이유로 한 권리금회수거절의 사유를 한정적으로 열거하고 있다.

임차인이 권리금을 회수하기 위해 새로운 임차인이 될 사람을 상임법 요건에 맞추어 적시에 임대인에게 소개를 했는데, 임대인이 재건축을 할 계획이거나 임대인이 상가를 매각할 예정이고 상가의 신소유자가 상가를 재건축할 예정이라면, 위 상임법 제10조 제1항 제7호의 사유를 들어 임차인의 권리금회수요청을 임대인이 거절할 수 있을까? 위 상임법 규정을 충족하지 못하는 경우라면 임차인의 권리금회수요청을 거절할 수 없다. 거절하게 되면 손해배상책임을 지게 된다.

즉, 위 상임법 규정에 따라 ① 임대차계약 체결 당시에 공사시기 및 소요기간 등을 포함한 철거 또는 재건축 계획을 임차인에게 구체적으로 고지하고 그 계획에 따르는 경우이거나, ② 안전진단 결과 건물이 안전사고에 이를 가능성이 높거나, ③ 도시정비법 등 관련법령에 따라 재건축 등이 이루어지는 경우에 한하여 임대인의 갱신거절이 가능할 뿐이고, 위와 같은 요건을 갖추지 못한 채 단순히 재건축을 임대인이 계획하고 있었다거나, 상가를 매각할 예정이고 매수인이 철거 및 재건축을 원한다는 사정만으로 위 법규정을 근거로 갱신거절을 할 수 없다는 것이다.

그렇다면, 임대인이 임차인에게 상가의 재건축을 할 예정임을 밝히거나, 임대인이 상가를 매도할 예정이고 신소유자가 재건축을 할 예정이라는 사정을 밝히면서 추가적으로 상임법 제10조의4 제2항 제3호의 사유인 "임대차 목적물인 상가건물을 1년 6개월 이상 영리목적으로 사용하지 아니한 경우"를 내세워 임차인의 권리금회수 요청을 거절할 수 있을까? 대법원 2021다272346 판결에 의하면, 구체적 사정에 따라 가능하다는 취지이다.

즉 위 대법원 2021다272346 판결은 "상임법 제10조의4에 따르면, 임대인은 임대차기간이 끝나기 6개월 전부터 임대차 종료 시까지 '정당한 사유' 없이 임차인이 주선한 신규 임차인이 되려는 자와 임대차계약 체결을 거절함으로써 임차인이 신규 임차인이 되려는 자로부터 권리금을 지급받는 것을 방해하여서는 아니 되고(제1항 제4호), 임대인이 이러한 의무를 위반하여 임차인에게 손해를 발생하게 한 때에는 그 손해를 배상할 책임이 있다(같은 조 제3항). 같은 조 제2항은 일정한 경우 임대인의 임대차계약 체결 거절에 '정당한 사유'가 있는 것으로 보는데, 그 중 하나로 '임대차 목적물인 상가건물을 1년 6개월 이상 영리목적으로 사용하지 아니한 경우'(제3호)를 들고 있다(이하 '이 사건 조항'). 이 사건 조항에서 정하는 '임대차 목적물인 상가건물을 1년 6개월 이상 영리목적으로 사용하지 아니한 경우'는 임대인이 임대차 종료 후 임대차 목적물인 상가건물을 1년 6개월 이상 영리목적으로 사용하지 아니하는 경우를 말하고, 위 조항에 따른 정당한 사유가 있다고 하기 위해서는 임대인이 임대차 종료 시 그러한 사유를 들어 임차인이 주선한 자와 신규 임대차계약 체결을 거절하고, 실제로도 1년 6개월 동안 상가건물을 영리목적으로 사용하지 않아야 한다(대법원 2019다285257 판결). 이때, 종전 소유자인 임대인이 임대차 종료 후 상가건물을 영리목적으로 사용하지 아니한 기간이 1년 6개월에 미치지 못하는 사이에 상가건물의 소유권이 변동되었더라도, 임대인이 상가건물을 영리목적으로 사용하지 않는 상태가 새로운 소유자의 소유기간에도 계속하여 그대로 유지될 것을 전제로 처분하고, 실제 새로운 소유자가 그 기간 중에 상가건물을 영리목적으로 사용하지 않으며, 임대인과 새로운 소유자의 비영리 사용기간을 합쳐서 1년 6개월 이상이 되는 경우라면, 임대인에게 임차인의 권리금을 가로챌 의도가 있었다고 보기 어려우므로,

그러한 임대인에 대하여는 이 사건 조항에 의한 정당한 사유를 인정할 수 있다."는 취지이다(이 사건 상가는 임대인에게 인도된 상태에서 임대인의 지위에 있었던 구 소유자와 임대인의 지위를 승계한 신소유자의 영리목적 비사용기간이 이미 1년 6개월 이상의 기간이 흘렀던 사안이었음. 즉 신소유자가 이 사건 상가에 대한 철거를 진행하고 있었던 것).

결국 위 대법원 판결의 취지에 의하면, 임대인이 상임법 제10조 제1항 제7호의 '재건축 등의 사유'를 충족하지 못하는 상황이더라도, 재건축을 할 예정이고 그에 따라 공사하는 기간 동안 그리고 그에 더하여 공실로 비워두거나 영리목적으로 사용하지 않는 기간이 1년 6개월에 달할 것임을 주장하면서, 임차인의 권리금회수요청을 거절할 경우에, 임차인이 권리금도 회수하지 못하고 상가를 인도해야 하는 문제가 발생한다.

게다가 필자가 상임법 제10조의4 제2항 제3호의 사유, 즉 "임대차 목적물인 상가건물을 1년 6개월 이상 영리목적으로 사용하지 아니한 경우" 부분에 대한 해석에서 의문을 제기한 바와 같이, 권리금회수를 거절하자마자 임차인이 임대인에게 손해배상청구를 할 경우에 미래적인 1년 6개월 후의 상황까지 법원에서 판단해야 하는 부담이 있을 수 있다는 점과 '재건축 등'의 사유를 전제로 임차인의 권리금회수를 거절할 수 있는 사유가 상임법에 이미 구체적으로 특정(상임법 제10조 제1항 제7호)되어 있은 점을 함께 고려하면, 상임법에 특정된 '재건축 등'의 사유를 충족하지는 못하였으나 '단지 재건축의 필요성이 있는' 임대인이 상임법 제10조의4 제2항 제3호의 사유, 즉 "임대차 목적물인 상가건물을 1년 6개월 이상 영리목적으로 사용하지 아니한 경우"를 권리금회수 거절 사유로 주장할 경우에 임차인의 권리금회수가 불가능하게 되는 점을 고려할 때 위 대법원의 판단에 아쉬움이 남는다.

위 대법원 판결의 원심도 필자와 같은 의견을 갖고 있었던 것으로 보이는바, 위 대법원 판결에서 확인되는 원심판결의 요지는 "이 사건 조항은 문언의 해석상 신규 임대차계약의 체결시점을 기준으로 상가건물을 과거에 1년 6개월 이상 영리목적으로 사용하지 아니하였던 경우로 해석하는 것이 자연스러워 보이고, 임대인의 사정에 의해서 앞으로 1년 6개월 이상 영리목적으로 사용하지 않을 예정인 경우까지 적용된다고 해석하는 것은 불확실한 장래의 사유로 미리 임차인의 권리금 회수기회를 제한하는 것이어서 법적 안정성을 해치고, 임대인이 악의적으로 이용할 우려가 있어서 제도적 취지에 반한다."는 것이다.

결국 대법원 판결 취지와 차후 계속적으로 문제될 사례까지 고려할 때에 임대인이 주장하는 '재건축 등'의 사유가 허위 주장이 아닌지 등에 대한 법원의 고민이 계속될 것으로 보여 진다.

다만, 대법원 2019다285257 판결에 의하면 임대인이 "실제로도 1년 6개월 동안 상가건물을 영리목적으로 사용하지 않아야 한다."는 취지이므로 임대인이 계약종료 즈음에 1년 6개월 이상 영리목적 비사용을 이유로 임차인의 권리금회수 요구를 거절하고 실제 1년 6개월 동안 영리목적 비사용이 확인된 사안에서만 임대인의 거절의 정당성이 인정된다는 해석이 타당한 해석이 아닌가라는 생각을 해 본다.

다만 현실적으로는 변론종결일 기준으로 임대인이 실제로 영리목적으로 사용하지 않은 기간이 1년 6개월에 미치지 못하더라도 재건축 등을 위해 건물철거 등이 이미 진행된 상황이라면 임대인의 거절이 정당하다는 판단을 하고, 차후 1년 6개월 도과 이전에 임대인이 영리목적으로 사용하는 것이 확인될 경우에, 그 부분에 한하여 손해배상문제로 처리하는 방식으로 문제가 해결될 것으로 보인다(필자의 개인의견).

9. 권리금회수기회요청 거절과 손해배상, 그리고 권리금 감정

상임법 제10조의4 제1항 본문은 "임대인은 임대차기간이 끝나기 6개월 전부터 임대차 종료 시까지 다음 각 호의 어느 하나에 해당하는 행위를 함으로써 권리금 계약에 따라 임차인이 주선한 신규 임차인이 되려는 자로부터 권리금을 지급받는 것을 방해하여서는 아니 된다."고 규정하여 상가임차인에게 권리금회수기회요청권을 부여하고 있다.

상가임차인의 권리금회수기회요청권은 환산보증금의 다소를 불문하여 적용되므로(상임법 제2조 제3항), 결론적으로 모든 상가임차인에게 인정된다고 보면 된다(단, 상임법 제10조의5에 따른 대규모점포 등 제외).

다만, ① 상임법 제10조 제1항 각호의 사유가 있는 경우(상임법 제14조의4 제1항 단서) 및 ② 정당한 사유가 있는 경우(상임법 제10조의4 제2항)에 임대인은 임차인의 권리금회수기회요청권을 받아들이지 않아도 된다. 임차인의 권리금회수기회요청권을 임대인이 거절해도 되는 사유는 주로 어떠한 경우일까? 즉, 임차인이 임대인에게 권리금회수기회요청권을 행사할 때, 임대인이 신규 임차인이 될 사람과의 임대차계약 체결을 거절하면서, 제시하는 정당한 이유는 주로 어떠한 것들일까?

실무적으로 주로 문제되는 것들로는 임차인이 3기의 차임을 연체한 사실이 있었다는 것(상임법 제10조 제1항 제1호), 임대차건물을 재건축할 예정이라는 것 내지 건물 노후로 안전사고 우려가 있다는 것(상임법 제10조 제1항 제7호), 임차인이 주선한 신규 임차인이 되려는 자가 임차인으로서의 의무를 위반할 우려가 있거나 그 밖에 임대차를 유지하기 어려운 상당한 사유가 있다는 것(상임법 제10조의4 제2항 제2호) 등이다.

거절의 정당한 사유가 없음에도 불구하고, 임대인이 임차인의 권리금회수기회 요청권을 거절하는 경우에는 어떠한가? 대표적인 예로는 임대인 본인이 임차건물을 사용하겠다는 주장을 하는 경우가 이에 해당한다. 이처럼 거절의 정당성이 없는 경우에 상임법 제10조의4는 임차인이 임대인에게 손해배상을 청구할 수 있음을 규정하고 있다.

즉 상임법 제10조의4는 "임대인이 제1항을 위반하여 임차인에게 손해를 발생하게 한 때에는 그 손해를 배상할 책임이 있다. 이 경우 그 손해배상액은 신규 임차인이 임차인에게 지급하기로 한 권리금과 임대차 종료 당시의 권리금 중 낮은 금액을 넘지 못한다."고 규정하고 있다.

따라서 임차인은 소송상 권리금 감정을 통하여 감정된 권리금(감정권리금)과 새임차인이 되려 했던 자와 체결한 권리금(계약권리금) 액수 중 적은 금액을 넘지 못하는 금액을 손해배상액으로 인정받을 가능성이 있게 된다. 즉 상임법이 '감정권리금'과 '계약권리금' 중 낮은 금액을 넘지 못한다고 규정하고 있어, 낮은 금액을 감액하여 손해액으로 인정한 판례가 다수 보인다[낮은 금액을 감경한 판례로는 대전지방법원 2016나108951(본소), 2016나108968(반소) 판결(건물명도 · 손해배상(기)), 서울동부지방법원 2018가단108545 판결(손해배상(기)) 등]. 다만, 낮은 금액을 그대로 인정한 판례[서울남부지방법원 2018가단216845(본소), 260767(반소) 판결]도 보이는데, 이 판결을 확인하면 임대인이 자신의 손해배상책임이 신의칙상 제한되어야 한다고 주장하자 법원은 "임차인인 피고의 손해 발생은 권리금 회수 기회를 보호하여야 할 법적 의무가 있는 임대인이 그 의무를 고의로 위반하여 발생한 것"이라면서 임대인의 주장을 배척한 사실이 있다[낮은 금액을 감경하지 않고 그대로 인정한 추가적인 사례로는 대구지방법원 2022가단114185 판결이 있는바, 위 사안은 원고(임차인)가 신규 임차인이 되려는 자로 F를 피고에게 주선하려고 하였으나, 피고(임대인)가 계약을 체결할 수 없다고 명확히 밝힘으로써, 원고가 주선하는 신규 임차인이 되려는 자와 임대차계약을 체결할 의사가 없음을 확정적으로 표시한 사례임. 그리고 신규 임차인이 될 자와의 권리금계약에 있어 권리금은 8,000만원이었고, 감정권리금은 30,333,290원이었는데, 위 감정권리금 전액을 원고의 손해액으로 인정한 것].

권리금 감정은 법원에 등록된 감정평가사가 법원의 무작위적 선정에 따라 행한다. 감정인의 감정평가수수료는 국토교통부의 "고시"인 "감정평가업자의 보수에 관한 기준"에 따르며, 위 "고시"에서 정한 것 외의 다른 이유로 보수나 금품을 감정의뢰인에게 요구할 수 없다. 이러한 사정에도 불구하고, 법원에서 선정한 감정평가사가 감정의뢰인인 원고에게 보내주는 예상감정료를 받아보면, 위 "고시" 기준을 훨씬 넘는 감정평가료를 요구하는 경우가 적지 않다.

원고가 권리금 상당 손해배상액으로 대략 2억원을 청구할 경우의 예상감정료는 위 "고시"에 따라 50% 할증이 붙더라도 2백만원 정도 수준임에도 불구하고 많게는 위 금액의 2배 내지 3배의 예상감정료로 제시한 사례도 확인된다. 이에 필자는 권리금감정을 할 때에, 위와 같은 사정을 "감정인 선정에 대한 의견서"라는 서면을 통해 법원에 알리면서, 2~3명의 감정인으로부터 예상감정료를 받아보고 싶다는 의사를 법원에 표시한 후, 적절한 금액과 그 금액의 근거를 제시하는 감정인에게 감정을 의뢰하고 있다.

참고로, 대법원 재판예규인 "감정인등 선정과 감정료 산정기준 등에 관한 예규(재일 2008-1) [재판예규 제1801호, 시행 2022. 4. 1.]"에 의하면 "제35조(감정료의 상하한) 동일한 감정명령에 따른 시가등의 총감정료가 290,000원 미만인 때에는 290,000원으로 하고, 7,200,000원을 초과할 때에는 7,200,000으로 한다. 다만 자동차 등 동산의 감정가액이 5,000,000원 이하인 경우에는 100,000원으로 한다."고 규정하여, 감정료의 상한을 7,200,000원으로 하되, "제26조(감정료의 증액 요청) 감정인등은 이 예규가 정하는 감정료만으로는 감정하기 어려운 경우에는, 감정하기 전에 그 사유를 구체적으로 적시하여 법원에 감정료의 증액을 요청하여야 한다."고 규정하여, 감정료의 증액을 예정하고 있다. 위 예규에 말하는 '시가 등의 감정'의 의미는 위 예규 제2조 제1항 제1호에 의할 경우, "토지, 건물, 동산 그 밖의 재산에 대한 시가 또는 임료 등에 대한 감정, 토지수용으로 인한 손실액의 산정을 위한 감정"을 의미한다. 필자의 개인적 의견으로는 권리금 상당 손해배상액 감정도, 위 '그 밖의 재산에 대한 시가감정'으로 볼 여지가 있다고 본다.

10. 상가임차인의 권리금회수기회요청권과 손해배상

상임법이 개정되면서, 상가임차인에게 권리금회수기회요청권(상임법 제10조의4)이 부여되었는데, 과거에는 이에 대한 법리가 정리되지 않고 있었다.

어느 법원에서는 권리금회수기회요청권은 5년간만 인정된다는 판결(하급심에서 다수였음)을 선고하기도 하고, 또 다른 법원에서는 임차인이 상가를 사용한 연수에 상관없이 권리금회수기회요청권을 인정[대표적인 판례로는 대전지방법원 2016나108951(본소), 2016나108968(반소) 판결(건물명도·손해배상(기))]하기도 하였다.

5년간만 인정된다는 취지의 판결은 과거 시설권리금이 5년이면 감가상각 등으로 소멸하거나 갱신요구가 그 당시에 5년 정도만 인정된다는 것을 전제한 것이었지만(현재는 갱신요구시 10년간 임대기간 보장), 현행법과 당시의 입법취지를 고려하면, 필자는 개인적으로 타당한 판결로 보기 어렵다고 보았다.

즉, 권리금 중의 핵심인 영업권리금이라는 것은 영업을 오래하면 할수록 그 권리금의 가치가 올라가는 것이고, 개정법에서 인정하고 있는 권리금회수기회요청권은 위와 같이 주로 영업권리금을 보호하는 것이라는 입법취지를 고려하면, 그 당시에는 계약갱신요구를 통해 5년간만 계약기간이 보장(단, 현행법은 10년까지 보장)되었으니, 5년의 기간에 한하여 권리금회수기회요청권이 인정된다는 것은 타당하지 않다는 것이 필자의 생각이었다(필자의 2019. 3. 17.자 KBS '못참겠다' '억대 권리금 날릴 위기'편 인터뷰 참고).

권리금회수기회요청권이 5년에 한정된다는 취지의 하급심 판례들은 상임법 부칙에서 권리금회수기회요청권 규정 존속 중 임차인에 바로 적용토록 규정하고 있어, 소급효문제에 대한 의문을 품기도 하고, 입법권의 한계를 고민했던 것으로 보였다. 다만, 존속 중인 임대차에 적용한다는 상임법 부칙 규정은 이론적으로는 부진정 소급입법일 뿐이라서 원칙적으로 금지되는 소급입법이 아니라는 해석이 타당해 보이지만, 이와 달리 임대인에게 불측의 손해가 인정된다는 점에서 임대인의 거절의 정당성 범위를 확장하려는 시도도 보였던 것이다.

필자도 그 당시에 몇 개의 권리금회수기회요청 관련 소송 건을 가지고 있었고, 필자의 견해를 재판에서 강력하게 주장했는데 당시 하급심의 의견이 갈리는 문제 때문에 조정이 성립된 경우도 있고, 재판이 적지 않은 시간 동안 지지부진하게 지속된 경우도 있었다.

그런데 결론적으로 대법원에서 권리금회수기회요청권이 5년에 한정된다는 취지의 하급심 판결이 파기된바, 타당한 결론이라 생각한다. 대법원 2017다225312, 225329 판결(손해배상(기))은 "구 상가건물 임대차보호법(2018. 10. 16. 법률 제15791호로 개정되기 전의 것, 이하 '구 상가임대차법'이라 한다) 제10조의4의 문언과 내용, 입법 취지에 비추어 보면, 구 상가임대차법 제10조 제2항에 따라 최초의 임대차기간을 포함한 전체 임대차기간이 5년을 초과하여 임차인이 계약갱신요구권을 행사할 수 없는 경우에도 임대인은 같은 법 제10조의4 제1항에 따른 권리금 회수기회 보호의무를 부담한다고 보아야 한다."고 판시(원심파기)함으로써 지방법원에서 다수의견이었던 5년에 한정하여 권리금회수기회요청권이 인정된다는 취지의 판례들을 파기한 꼴이 되었다.

또 다른 문제로 권리금회수기회요청권의 행사시기인데, 상임법은 계약종료 전 6개월 전부터 종료일까지를 권리금회수기회요청권을 행사할 수 있는 기간으로 규정하고 있다.

그러나 권리금계약을 위 기간 내에 체결해야 하는 것인지 여부에 대한 해석은 명확하지 않다. 다만, 이 문제는 임대인이 애초부터 권리금회수기회를 방해하였다면, 위 기간에 상관없이 권리금회수기회요청권의 행사가 가능하다는 해석이 가능할 수 있다.

이와 관련하여 대법원 2018다284226 판결(손해배상(기))은 "임차인이 임대인에게 권리금회수 방해로 인한 손해배상을 구하기 위해서는 원칙적으로 임차인이 신규 임차인이 되려는 자를 주선하였어야 한다. 그러나 임대인이 정당한 사유 없이 임차인이 신규 임차인이 되려는 자를 주선하더라도 그와 임대차계약을 체결하지 않겠다는 의사를 확정적으로 표시하였다면, 이러한 경우까지 임차인에게 신규 임차인을 주선하도록 요구하는 것은 불필요한 행위를 강요하는 결과가 되어 부당하다. 이와 같은 특별한 사정이 있다면 임차인이 실제로 신규 임차인을 주선하지 않았더라도 임대인의 위와 같은 거절행위는 상가임대차법 제10조의4 제1항 제4호에서 정한 거절행위에 해당한다고 보아야 한다. 따라서 임차인은 같은 조 제3항에 따라 임대인에게 권리금 회수방해로 인한 손해배상을 청구할 수 있다."는 취지의 판시를 하였다. 위 대법원 판결을 언급하면서 신규 임차인을 주선하더라도 그와 임대차계약을 체결하지 않겠다는 의사를 확정적으로 표시한 사실을 들어 임차인의 권리회수방해 손해배상청구를 인정한 지방법원 판례사안으로는 부산지방법원 2019가합48581 판결이 있다.

그리고 대법원 2022다202498 판결(원심파기 · 환송)에 의하면 임대인이 정당한 사유 없이 임차인이 신규 임차인이 되려는 자를 주선하더라도 그와 임대차계약을 체결하지 않겠다는 의사를 확정적으로 표시한 것으로 볼 수 없는 경우라면 원칙적으로 임차인이 구체적인 인적사항을 제시하면서 신규 임차인이 되려는 자를 임대인에게 주선해야 상임법 제10조의4에서 정한 권리금 회수 방해로 인한 손해배상책임이 성립 가능성을 검토하게 된다.

즉, 위 대법원 2022다202498 판결 이유를 확인하면 "원고가 신규 임차인이 되려는 자를 주선하더라도 그와 임대차계약을 체결하지 않겠다는 피고의 의사가 확정적으로 표시된 경우에 해당한다고 보기 어려운 이상, 피고의 원고에 대한 '권리금 회수 방해행위'에 따른 손해배상책임이 성립하기 위해서는 원고가 구체적인 인적사항을 제시하면서 신규 임차인이 되려는 자를 피고에게 주선하였음에도 피고가 상임법 제10조의4 제1항 각 호의 어느 하나에 해당하는 행위를 하였어야 한다. 그런데 원고는 피고에게 실제로 신규 임차인을 주선하거나 신규 임차인이 되려는 자에 관한 구체적인 인적사항 등의 정보를 제공한 적도 없다."는 취지이다[위 판결 사안을 간략하게 정리하면, 원고가 피고에게 '임대차계약 갱신 의사 및 신규 임차인과의 계약체결 의사를 명확히 하여 달라'는 취지의 내용증명을 발송하였고, 피고는 원고에게 '수년 내에 건축물 신축을 기획·준비 중이다. 계약갱신 또는 신규 임차인과의 계약체결 시 구체적인 계획을 고지하겠다.'라는 취지의 내용증명('이 사건 고지')을 보냄. 원고는 이 사건 고지가 권리금 회수 방해행위에 해당함을 이유로 피고에게 손해배상을 구하는 이 사건 소를 제기한 후, 이 사건 점포에서 퇴거함. 이후 피고는 소외 2에게 이 사건 점포를 임대하면서 그 임대차계약서에 '건물 철거·재건축 계획 및 공사시기·소요기간'에 관한 자료를 첨부하였음. 원심은 이 사건 고지가 권리금 회수 방해행위에 해당한다고 보아 피고의 손해배상책임을 인정하였으나, 대법원은 이러한 원심의 판단에는 상임법 제10조의4 제1항에서 정한 '권리금 회수 방해행위'의 해석에 관한 법리오해가 있다는 이유로 원심판결을 파기·환송함].

그리고 대법원 2018다252441(본소), 2018다252458(반소) 판결에서 대법원은 상임법상 계약갱신요구권 행사기간 5년(현재는 10년으로 변경됨)을 초과한 임차인에게 권리금회수기회가 인정되지 않는다는 원심[수원지방법원 2017나74542(본소), 2017나74559(반소) 판결]의 부당함을 지적하면서, 임차인이 갱신요구권 행사기간을 초과한 문제로 인하여 갱신요구권을 행사할 수 없는 경우에도 상임법 제10조의4 제1항에 따른 권리금회수기회가 보장되며, 임대인 본인이 직접 샌드위치 가게를 운영할 계획은 새로운 임차인이 될 권리 양수인과 임대차계약의 체결을 거절하는 데에 정당한 사유가 없다면서, 임대인이 손해배상을 부담할 여지가 있다는 취지로 원심을 파기·환송하였다.

그리고 대법원 판결에 의하면 임차인이 주선한 신규임대차계약을 정당한 사유 없이 거절해 권리금 회수 기회를 방해하였을 때의 손해배상금에 대한 지연손해금은 '임대차 종료 다음 날'부터 지급해야 한다는 취지이다.

즉 대법원 2022다260586 판결에 의하면 "상가임대차법이 보호하고자 하는 권리금의 회수기회란 임대차 종료 당시를 기준으로 하여 임차인이 임대차 목적물인 상가건물에서 영업을 통해 창출한 유·무형의 재산적 가치를 신규 임차인으로부터 회수할 수 있는 기회를 의미한다. 이러한 권리금 회수기회를 방해한 임대인이 부담하게 되는 손해배상액은 임대차 종료 당시의 권리금을 넘지 않도록 규정되어 있는 점, 임대인에게 손해배상을 청구할 권리의 소멸시효 기산일 또한 임대차가 종료한 날인 점 등 상가임대차법 규정의 입법취지, 보호법익, 내용이나 체계를 종합하면, 임대인의 권리금 회수기회 방해로 인한 손해배상책임은 상가임대차법이 그 요건, 배상범위 및 소멸시효를 특별히 규정한 법정책임이고, 그 손해배상채무는 임대차가 종료한 날에 이행기가 도래하여 그 다음 날부터 지체책임이 발생하는 것으로 보아야 한다."라는 취지이다.

11. 상가건물 임대차보호법상 권리금회수기회요청권의 행사기간

상임법상의 권리금회수기회요청권(상임법 제10조의4) 행사기간에 대하여 갱신요구권이 인정되는 기간인 5년간만 인정된다는 취지(단, 현행법은 10년까지 보장)의 과거 다수의 지방법원 판결이 있었는데, 필자는 이에 대해 부정적 의견을 피력한 적이 있다.

필자가 그 당시 제시한 의견의 요지는 "5년간만 인정된다는 취지의 판결은 과거 시설권리금이 5년이면 감가상각 등으로 소멸하거나 갱신요구가 5년 정도 인정된다는 것을 전제한 것으로 보이지만, 현행법을 고려하면 개인적으로 타당한 판결로 보기 어렵다."는 것이었다.

1심 법원(대전지방법원 단독)에서 권리금회수기회요청권이 5년간만 인정된다고 선고한 것을 뒤집은 항소심(대전지방법원 합의부) 판결이 선고된바, 이를 소개하고자 한다[대전지방법원 2016나108951(본소), 2016나108968(반소) 판결(건물명도·손해배상(기))].

위 판결은 5년간 임차한 임차인의 권리가치가 오히려 상승할 수 있는 점에 주목하였고, 입법자의 의사뿐만 아니라, 법원의 법률해석권한의 한계까지 고려하였음을 밝히면서, 임차기간이 5년을 넘은 경우도 권리금회수기회요청권을 행사할 수 있다는 취지의 판시를 하였다. 다만, 손해액결정에 있어 권리금계약상의 권리금과 감정평가결과로 나타난 권리금을 고려하되, 공평의 원칙상 손해액을 감액하였다.

상임법 제10조의4 제3항은 "그 손해배상액은 신규 임차인이 임차인에게 지급하기로 한 권리금과 임대차 종료 당시의 권리금 중 낮은 금액을 넘지 못한다."고 규정하고 있는바, 위 판례 전에는 권리금계약상의 권리금과 감정평가 권리금 중 적은 액수가 보통 인정된다는 설명을 하였는데, 위 판례는 적은 권리금을 다시 공평의 원칙에 의거 감액한 것이 특징적이다. "낮은 금액을 넘지 못한다."는 표현을 고려하고, 권리금회수기회요청권제도가 헌법위반으로 보기는 어려우나 급작스레 도입된 제도임을 고려하면, '공평의 원칙'에 근거하여 손해액을 감액한 법원의 판결이 많은 고민에 의한 것임을 확인할 수 있다.

또한 위 판결은 임대차계약서에 나오는 "권리금 포기 약정"에 대하여, 편면적 강행규정취지를 규정한 상임법 제15조에 따라 "위 특약은 강행규정인 상임법 제10조의4 규정에 반하여 임차인인 피고에게는 그 효력이 없다."고 판시하였다.

실무상 많은 임대차계약서에 "권리금 포기 약정"이 보이는데, 이러한 약정이 있다고 하여 권리금회수기회요청권이 부정될 수 없다는 것인바, 권리금회수기회요청 거절로 인한 손해배상청구가 권리금 자체를 청구하는 것은 아니므로 타당한 결론으로 보인다.

앞서 살펴본 것처럼, 현재 대법원도 소수의 하급심판결에 속했던 대전지방법원과 같은 태도를 보이고 있는데, 이는 타당하다고 본다. 즉, 대법원 2017다225312, 225329 판결(손해배상(기))은 "구 상가건물 임대차보호법(2018. 10. 16. 법률 제15791호로 개정되기 전의 것, 이하 '구 상가임대차법'이라 한다) 제10조의4의 문언과 내용, 입법 취지에 비추어 보면, 구 상가임대차법 제10조 제2항에 따라 최초의 임대차기간을 포함한 전체 임대차기간이 5년을 초과하여 임차인이 계약갱신요구권을 행사할 수 없는 경우에도 임대인은 같은 법 제10조의4 제1항에 따른 권리금 회수기회보호의무를 부담한다고 보아야 한다."라고 판시(원심파기)하였다.

정리하자면 현재는 환산보증금의 고액·소액을 불문하고 상가임차인에게 권리금회수기회요청권이 인정될 뿐만 아니라, 그 행사기간에도 제한이 없다. 즉 현재는 주기적으로 적시에 임차인이 임대인을 향하여 계약갱신요구권 행사하면 최대 10년까지 임차기간이 보장되는데, 10년을 넘은 임차인에게도 권리금회수기회요청권이 인정된다는 것이다.

12. 권리양도양수계약과 상법상 영업양도

실무에서 권리금계약서를 확인하다 보면, 유사한 규정도 상당하나, 그 각각의 내용이 매우 다양하고 차이가 있는 것도 발견하게 된다. 권리금계약서(권리양도양수계약서)를 작성할 때 가장 기초적으로 고려해야 할 것은 어떤 것이 있을까?

임대인의 정당한 이유 없는 거절로 권리금계약자, 즉 신규 임차인이 될 자와 임대인 사이에 계약이 성사되지 않은 경우, 권리금계약이 무효로 되고, 권리금계약당사자 사이에 주고받은 돈은 원상회복하며, 그것으로 족하다는 취지의 약정이 필요하다. 즉, 임대인의 정당한 이유 없는 거절로 인하여 임대차계약이 불발되는 경우에는 권리금계약당사자 상호 간에 채무불이행책임 등을 물을 수 없음을 약정해 두어야 법률문제를 간명하게 처리할 수 있다.

대부분의 권리금계약서(권리양도양수계약서)에는 위와 같은 규정이 들어가 있으니, 이를 확인하는 것이 필요할 것이다. 참고로 법무부에서 배포한 표준계약서인 "상가건물 임대차 권리금계약서"를 활용하는 것도 하나의 방법이 될 수 있다.

권리양수인이 권리금계약서를 작성한 후 권리금을 지급하고 임대인과 임대차계약을 체결한 후 상가에 입주하여 영업을 시작하였다. 그런데 바로 옆에 종전임차인이자 권리양도인이 권리양수인과 동일한 영업을 할 경우에 이를 제재할 방법이 있을까? 이러한 문제에 대비하여 권리금약정을 할 때에 해당 계약서에 권리양도인이 주변에서 영업을 해도 되는지 여부에 대한 특약을 작성해두는 것이 필요하다.

즉, 인근영업 여부에 대한 특약이 있다면 그 특약에 따르게 되는데, 특약을 한다면 어느 지역까지 동일 영업을 할 수 없는지 등에 대한 구체적 특약이 필요할 것이다. 특약이 없다면 어떻게 될까? 이런 경우에는 상법 제41조의 영업양도를 검토하게 되는데, 권리양도양수계약서의 내용이 상법상 '영업양도'에 해당한다면, 영업양도 법리에 따라 인근에서의 영업이 제한될 수 있다.

대법원 판례 중에는 특별히 인계 · 인수할 종업원이나 노하우, 거래처 등이 존재하지 않는 소규모 미용실의 양도의 경우도 상황에 따라 상법상 영업양도에 해당할 수 있다는 취지의 판시도 보이는바(대법원 2009마1136 판결), 해당 권리양도양수계약이 상법상 영업양도에 해당하는지 구체적인 확인이 필요하게 된다. 이때 가압류 내지 경업금지가처분 등의 활용 가능성도 검토할 수 있다.

다만, 인천지방법원 2014가합11174 판결에 의하면, 미용실을 양도함에 있어 미용실의 인적 · 물적 조직 일체가 그 동일성을 유지하면서 일체로 이전된 사정이 없고, 상법상 영업양도에 해당할 경우 피고에게 10년간 경업금지의무가 부과되므로 영업양도의 경우 이에 상응하는 양도대금이 정하여져야 할 것인데, 원고와 피고 사이에 정한 이 사건 미용실의 이전대금은 800만원에 불과한 점 등을 들어 영업양도를 부정하면서, 위 800만원은 영업양도대금이 아닌 시설물 양도대금 및 권리금의 성격을 가지는 것으로 보는 것이 상당하다고 판시한 사실이 있다.

또한 대구지방법원 2019가합204818 판결은 공인중개사사무소 양도 후 900m 떨어진 곳에서 영업 중인 양도인을 상대로 한 영업폐지 및 손해배상청구에 대하여 양도계약서상 양도범위에 비품일체만 포함되어 있고 무형자산에 대한 규정은 없는 점, 종전 상호는 명시적으로 양도대상에서 제외된 점, 인적 조직이 승계된 사정이 보이지 않는 점 등을 종합하면, 양도인이 양수인에게 상법상 공인중개사의 영업을 양도한 것이라 보기 어렵고, 따라서 양도인에게 영업양도를 전제로 한 경업금지의무가 있다고 보기 어렵다고 판단하였다.

이와 관련하여 대법원 2021다227629 판결에 의하면 "영업양도계약에서 경업금지에 관하여 정함이 없는 경우 영업양수인은 영업양도인에 대해 상법 제41조 제1항에 근거하여 경업금지청구권을 행사할 수 있고, 나아가 영업양도계약에서 경업금지청구권의 양도를 제한하는 등의 특별한 사정이 없다면 위와 같이 양도된 영업이 다시 동일성을 유지한 채 전전 양도될 때 영업양수인의 경업금지청구권은 영업재산의 일부로서 영업과 함께 그 뒤의 영업양수인에게 전전 양도되고, 그에 수반하여 지명채권인 경업금지청구권의 양도에 관한 통지권한도 전전 이전된다고 보는 것이 타당하다."면서,

"피고가 경업금지에 관한 다른 약정 없이 소외 1에게 이 사건 커피점을 양도하고, 그 동일성을 유지한 채 소외 2를 거쳐 원고에게 차례로 이 사건 커피점이 양도된 이 사건에서, 최종 영업양수인인 원고는 영업과 함께 소외 1이 상법 제41조 제1항을 근거로 취득한 경업금지청구권 및 그에 관한 양도통지권한을 전전양수받았으므로 최초 영업양도인인 피고에게

경업금지를 청구할 수 있다고 보아야 한다.”라는 취지로 판시하였다(원심을 파기·환송함).

위 대법원 2021다227629 판결에 대하여 “원심은 양도통지권한이 위임되었다고 인정할 증거가 없다고 판단”하였으나, 대법원은 “지명채권인 경업금지청구권이 양도되는 것이므로 대항요건의 구비가 문제되는데, 대상판결은 경업금지청구권의 전전양도시 그에 수반하여 지명채권인 경업금지청구권의 양도에 관한 통지권한도 전전이전된다고 판단한바, 지명채권의 양도로 이론구성을 하면서도 최종 영업양수인이 최초 영업양도인에 대하여 경업금지청구를 하면서 동시에 양도통지를 한 것으로 볼 수 있어 실질적으로는 대항요건을 갖출 필요 없이 최후 영업양수인은 최초 영업양도인에 대해 경업금지청구권을 직접 행사할 수 있게 되었다는 견해가 있다(연도별 2023. 9. 1. ‘서울고등법원판례공보스터디’ 제2862쪽, 제2863쪽 참고).

13. 신규 임차인의 권리금계약 이행거절에 따른 기존 임차인의 손해배상청구

서울북부지방법원 2022나32697 판결 사안을 기초로 설명한다. 기존 임차인이 신규 임차인이 될 자와 권리금을 2,200만원으로 하는 권리금계약을 체결하고 계약금 200만원도 받았는바, 잔금 2,000만원이 미지급된 상황이다. 권리금계약의 내용에 따라 잔금지급기일 이전에 기존 임차인이 임차물에 설치되어 있었던 시설 및 집기를 철거하고 폐업신고까지 마쳤다. 그런데 신규 임차인이 될 자가 돌연 계약금 200만원을 포기한다면서 권리금계약의 파기를 주장한다. 이에 기존 임차인이 신규 임차인이 될 자에게 잔금지급기일에 잔금지급을 요구하자 신규 임차인이 될 자가 권리금을 깎아주지 않으면 방법이 없다는 취지로 답변하였다. 이러한 일련의 일들은 잔금지급기일 전에 있었던 일이다.

신규 임차인이 될 자는 권리금계약서상 잔금지급 전 계약금 200만원 포기에 따른 해약금 조항을 근거로 계약해제에 문제가 없다는 태도이고, 기존 임차인은 신규 임차인이 될 자가 권리금계약에 따라 기존 임차인에게 지급할 잔금지급의무를 이행하지 않을 의사를 명백히 밝혔는바, 신규 임차인이 될 자는 이행거절로 인한 손해배상으로 잔금 2천만원에서 이후 기존 임차인이 이 사건 점포 권리를 제3자에게 매도하고 받은 400만원을 공제한 나머지 금액인 1,600만원과 그 지연손해금을 지급할 의무가 있다고 주장한다.

기존 임차인과 신규 임차인 사이에 체결된 권리금 계약서 제4조 제1항에는 “신규 임차인(피고)이 ‘중도금(중도금 약정이 없을 때는 잔금)’을 지급하기 전까지 임차인(원고)은 계약금의 2배를 배상하고, 신규 임차인은 계약금을 포기하고 본 계약을 해제할 수 있다.”라고 적시되어 있다.

권리금계약의 내용에 따라 기존 임차인이 시설 및 집기를 철거하는 이행의 착수에 나아갔음에도 불구하고, 신규 임차인이 될 자가 위 권리금 계약서 제4조 제1항에 따라 계약금 200만원을 포기하고 권리금계약을 해제할 수 있는 것이 아닌가?

위 서울북부지방법원 2022나32697 판결에 의하면 명시적으로 해약금 해제 규정인 민법 제565조 제1항의 적용배제를 특약하지 않은 이상, 권리금 계약서 제4조 제1항의 규정만으로 신규 임차인이 될 자가 계약금 200만원만을 포기하고 계약을 해제할 수는 없다는 취지이다.

즉, 위 서울북부지방법원 2022나32697 판결에 의하면 "민법 제565조 제1항이 해제권 행사 시기를 당사자의 일방이 이행에 착수할 때까지로 제한한 취지, 이행기 약정이 있더라도 당사자가 채무의 이행기 전에는 착수하지 않는다는 특약을 하는 등 특별한 사정이 없는 한 이행기 전에 이행에 착수할 수 있다는 법리에 비추어 보면(대법원 92다31323 판결 등),

매매계약서에 위 민법 조항의 적용을 명시적으로 제한하거나 배제하는 내용의 약정이 없고, 당사자 일방의 이행기 전의 이행 착수를 제한하여야 할 특별한 사정도 보이지 않는 경우에까지 이 사건 권리금계약 제4조 제1항과 같은 문구가 있다고 해서 이를 당사자의 이행 착수와 관계없이 잔금지급기일 전에는 언제나 해약금에 의한 해제권 행사를 허용하는 의미로 해석하는 것은 상대방에게 예측 못한 손실을 보게 하는 것으로서 부당하다."는 취지이다.

또한 위 서울북부지방법원 2022나32697 판결에 의하면 "이 사건 권리금계약서 제4조 제1항은 민법 제565조 제1항과 표현이 거의 유사한데 계약서 하단에 'F협회'라고 적혀 있고, 원고가 이후 소외 E과 체결한 권리금계약의 계약서(갑 제7호증)에도 이 사건 권리금계약 제4조 제1항과 같은 조항이 들어간 것에 비추어 이 조항은 해약금에 의한 해제권 행사시기 제한을 배제하려는 의사의 합치 하에 계약서에 포함된 것이 아니라 통상적인 계약서 양식상의 전형적인 문구에 불과하다고 보이는 점 등을 종합해 보면,

위 조항이 원고의 이행 착수 여부에 관계없이 잔금지급 전에는 피고가 제한 없이 계약금을 포기하고 이 사건 권리금계약을 해제할 수 있다는 취지의 해제권유보조항을 정한 것이라고 보기 어렵다."는 취지이다.

결국 위 판결은 신규 임차인이 될 자가 잔금지급 기일 전에 권리금계약을 포기한다는 의사를 표시한 사실, 그 후 권리금을 1,500만원으로 감액해주지 않으면 더 이상 방법이 없다는 문자메시지를 발송한 사실 등을 고려하여 신규 임차인이 될 자의 권리금계약에 대한 이행거절 의사가 명백하고 종국적으로 표현되었으므로, 기존 임차인이 신규 임차인이 될 자에게 이행거절에 의한 손해배상책임을 물을 수 있다면서, 신규 임차인이 될 자가 권리금계약에 따라 잔금지급의무를 이행하였을 경우 기존 임차인이 얻을 수 있었던 이행이익은 2천만원이고, 기존 임차인은 이후 제3자에게 이 사건 점포 권리를 양도하고 대금으로 400만원을 지급받았으므로, 신규 임차인이 될 자는 기존 임차인에게 채무불이행으로 인한 손해배상으로 차액 1,600만원 및 관련이자 등을 지급할 의무가 있다고 판시한 것이다.

14. 상가임대차계약갱신요구 및 거부의 시기

현재 상임법에 의하면 소액·고액 등 환산보증금 액수에 상관없이 임차인에게 임대차계약의 갱신요구권을 인정하고 있다(상임법 제2조 제3항, 제10조 제1항). 따라서 별다른 문제가 없고, 임차인이 법으로 정해진 기간 내에 임대차계약갱신요구권을 임대인에게 행사하면, 10년간의 임대차계약기간이 보장될 가능성이 높다(상임법 제10조 제2항).

그렇다면 임차인은 언제 계약갱신요구권을 행사해야 하는가? 상임법 제10조 제1항은 "임차인이 임대차기간이 만료되기 6개월 전부터 1개월 전까지 사이에 계약갱신을 요구"해야 한다고 그 행사 기간을 법으로 규정하고 있다.

따라서 임차인이 계약기간을 연장하고 싶다면, 임대인과 약정한 계약기간 종료 6개월 전부터 1개월 전까지 사이에 계약갱신을 요구하는 내용증명우편이 임대인에게 도달될 수 있도록 해야 한다(도달주의).

상임법 제10조 제1항에 의하면 임차인이 법정된 기간 내에 계약갱신을 요구할 경우 임대인이 정당한 이유 없이 거절하지 못한다고 규정하고 있다. 그렇다면 임대인이 임차인의 계약갱신요구를 거절하는 시기의 제한이 있는가?

최근 필자가 수행한 판결(인천지방법원 2012가단88654 판결)에 의하면 상임법 제10조 제4항이 계약만료 6개월 전부터 1개월 전까지 갱신거절의 통지를 하지 않으면 묵시의 갱신을 인정하고 있음을 이유로 임대인의 갱신거절도 계약기간 종료 전 6개월 전부터 1개월 전까지 해야 한다는 취지의 판결을 내렸다. 이러한 판결에 의할 경우 계약기간 만료 1개월 전에 근접한 시기에 임차인이 계약갱신을 요구할 경우 임대인의 계약갱신거절권이 사실상 부정되는 것이 아닌지 의문이 들 수 있다.

결국 임대인이 계약갱신을 원하지 않을 경우 임차인이 계약갱신요구를 하지 않더라도 계약기간 만료 6개월 전부터 1개월 전 사이에 갱신거절의 내용증명우편이 임차인에게 도달토록 조치하는 것이 필요해 보인다.

참고로 계약기간 만료 6개월 전부터 1개월 전 사이에 임대인과 임차인이 계약갱신과 관련된 어떠한 의사표시도 없었다면 상임법 제10조 제4항에 의하여 이전 임대차와 동일한 조건으로 다시 임대차한 것으로 보며, 이를 묵시의 갱신(법정갱신)이라고 부른다. 다만, 묵시의 갱신의 경우 '이전 임대차와 동일한 조건으로 다시 임대차한 것'으로 보지만 계약기간만은 전임대차계약기간과 무관하게 '1년 연장'된 것으로 봄에 주의해야 한다.

15. 상가임차인의 계약갱신요구권은 적시에 행사 필요

상담을 진행하다 보면, 상가를 임차한 경우 무조건 그리고 아무런 행동이 없어도 10년이 보장된다고 생각하는 분들이 많다. 하지만 그렇지 않다. 우선, 상가임차권 10년 보장(상임법 제10조 제2항)이 인정되려면, 상임법이 적용되는 상가를 임차했어야 하고, 임차인이 계약갱신요구를 적절한 시기에 해야 한다.

상임법 제2조 제3항에 따라, 적시에 계약갱신요구를 했을 때에 상가임대차 기간이 10년까지 보장되는 규정인 상임법 제10조 제1항, 제2항은 환산보증금 소액·고액 등 액수에 상관없이 적용된다. 따라서 고액의 보증금과 고액의 월세인 상가를 임차했을 때에도 상가임차인이 10년의 범위 안에서 계약갱신요구를 할 수 있다.

그렇다면, 상가건물을 임차했을 때에 무조건 10년의 임차기간이 보장될까? 아니다. 예를 들어, 계약기간을 1년으로 정하였다면, 계약만료 6개월 전부터 1개월 사이에 임대인에게 임대차계약에 대한 갱신을 요구한다는 의사표시가 매번 필요하다(상임법 제10조 제1항).

이런 의사표시가 없었다면 어떻게 될까? 계약만료 6개월 전부터 1개월 사이에 임차인이 계약갱신요구를 하지 않았는데, 임대인이 계약종료 통보를 했다면, 임차인의 10년 보장은 인정되지 않고, 계약종료 시 임차상가를 비워줘야 하는 문제가 발생한다.

계약만료 6개월 전부터 1개월 사이에 임차인이 계약갱신요구를 하지 않았는데, 임대인도 아무런 의사표시를 하지 않았다면? 이런 경우는 계약이 자동 연장되어(묵시의 갱신), 임차인은 1년의 기간 동안 임차인의 지위를 누릴 수 있다(상임법 제10조 제4항).

다만, 상임법이 적용되는 경우라도 임차인이 3회분 이상 월세를 내지 않은 전력이 있었거나, 건물 재건축 등의 사유가 있을 경우에는 임대인의 갱신거절에 따라 임차인의 계약갱신요구가 인정되지 않을 수도 있다(상임법 제10조 제1항 참고).

참고로 대법원 2021다233730 판결에 의하면 "상가건물 임대차보호법에서 기간을 정하지 않은 임대차는 그 기간을 1년으로 간주하지만(제9조 제1항), 대통령령으로 정한 보증금액을 초과하는 임대차는 위 규정이 적용되지 않으므로(제2조 제1항 단서), 원래의 상태 그대로 기간을 정하지 않은 것이 되어 민법의 적용을 받는다. 민법 제635조 제1항, 제2항 제1호에 따라 이러한 임대차는 임대인이 언제든지 해지를 통고할 수 있고 임차인이 그 통고를 받은 날로부터 6개월이 지남으로써 효력이 생기므로, 임대차기간이 정해져 있음을 전제로 그 기간 만료 6개월 전부터 1개월 전까지 사이에 행사하도록 규정된 임차인의 계약갱신요구권(상임법 제10조 제1항)은 발생할 여지가 없다."는 취지이다. 위 대법원 사안은 상임법상 계약갱신요구에 의한 갱신이란 기간이 정해져 있음을 전제로 하고, 민법 제635조 취지에 의하면 당사자의 해지통고로 일정기간이 경과하면 해지의 효력이 발생하여 종료될 뿐이라고 해석하는 것이 타당하며, 상임법상 갱신요구권에 따른 갱신을 인정하면 갱신되는 임대차도 기간의 약정이 없는 임대차가 되는 불안정한 상황에 이르게 되어 부당하다는 원심(2심)의 판결에 문제가 없다는 취지였다[1심은 원심(2심)과 반대였음].

결국 상임법상 환산보증금 기준(서울을 예로 할 경우 현재 9억원)을 초과하는 고액의 상가임대차의 경우에 계약기간을 정하였으나, 묵시의 갱신이 되어 임대인이 계약해지를 통고(민법 제639조, 제635조)하면 그 통고가 임차인에게 도달한 날로부터 6개월이 되는 시점에 해지의 효력이 발생하게 되는바, 상임법상 계약갱신요구권이 고액의 환산보증금의 경우에 적용(상임법 제2조 제3항, 제10조 제1항)됨에도 불구하고, 위 대법원 2021다233730 판결 취지에 의하면 계약갱신요구가 인정되지 않고, 해지통고에 따라 그 해지통고 도달 후 6개월이 되는 시점에 해지의 효력이 발생한다고 해석이 가능할 수 있는바 주의할 일이다.

이러한 견해에 대하여는 묵시의 갱신이 되면 전임대차와 동일조건(민법 제639조 제1항 참고)이 되어 전임대차의 계약기간이 2년이었다면 묵시의 갱신에 따른 계약연장기간도 2년이 되어 계약종기가 명확해지므로 계약갱신요구가 가능할 수 있다는 반론이 있을 수 있으나, 민법상의 묵시의 갱신은 상임법상 묵시의 갱신과 달리 임대인이 1년의 계약기간을 보장할 필요가 없이 해지통고를 할 수 있고, 그 해지통고가 임차인에게 도달한 후 6개월이 되는 시점에 해지의 효력이 생기고, 위 해지통고 규정은 민법 제635조에 따른 것으로 "기간의 약정 없는 임대차의 해지통고"를 전제하기 때문에 이러한 논의가 가능한 것이다.

위 대법원 2021다233730 판결 사안은 "피고들은 상가건물을 상가임대차법 제2조 제1항 단서에 따라 대통령령으로 정한 금액을 초과하는 보증금으로 임차했는데, 최초 계약한 기간이 끝나 이를 갱신하면서 앞으로는 기간을 정하지 않고 임차하기로 당시 임대인과 합의했고, 그 임대인의 지위를 승계한 원고의 해지통고를 받은 날로부터 6개월이 지났으므로 임차한 건물을 인도할 의무가 있다고 판단"한 사안으로 묵시의 갱신 사안이 아니라 계약기간을 약정했다가 그 기간이 끝난 후에 기간을 약정하지 않은 사안이다.

결국 임차인의 입장에서 안전해 보이는 방안은 고액의 환산보증금 사안(현재 서울을 전제할 때 환산보증금 9억원 초과 사안)의 경우라면 계약기간 종료 전 6개월 전부터 1개월 이전에 주기적으로 상임법상의 계약갱신요구권을 행사하거나, 묵시의 갱신이 이루어질 경우를 대비하여 특약으로 묵시의 갱신이 이루어지면 계약기간이 1년 연장된다는 등의 약정을 미리 해두어야 계약기간이 존재하는 약정이 되어 묵시의 갱신이 이루어진 이후에도 상임법상 계약갱신요구권을 행사하는 데 어려움이 없을 것으로 보인다(참고로 민법 제652조는 임차인을 위한 편면적 강행규정으로 묵시의 갱신 규정인 민법 제639조를 언급하지 않고 있어, 민법 제639조와 다른 특약이 임차인에게 불리하더라도 유효로 해석됨).

16. 상가건물 임대차보호법상의 계약갱신과 갱신기간

상임법에 의하면, 임차인에게 법정기간 준수를 전제로 계약갱신요구권이 인정되고 있을 뿐만 아니라(상임법 제10조 제1항), 법정된 기간 내에 임대인이 갱신거절 또는 조건변경 통지를 하지 않으면 묵시의 갱신을 인정하고 있다(상임법 제10조 제4항). 즉 상임법에 의하면 ① 임차인의 계약갱신요구에 의하여 계약이 갱신될 수도 있고, ② 묵시의 갱신에 의하여 계약이 갱신될 수도 있다.

① 임차인의 계약갱신요구에 의한 계약갱신과 ② 묵시의 갱신에 의한 계약갱신의 차이점은 무엇인가? 상임법 제10조 제3항은 임차인의 계약갱신요구에 의한 계약갱신의 경우 전 임대차와 동일한 조건의 계약을 인정하되, 차임과 보증금이 증감될 수 있음을 규정하고 있다.

그리고 상임법 제10조 제4항은 묵시의 갱신의 경우 계약기간 만료 시 전 임대차와 동일한 조건으로 다시 임대차한 것으로 보는 것은 갱신요구에 의한 계약갱신과 동일하지만, 임대차계약기간의 연장은 1년으로 한정하고 있다.

따라서 계약갱신요구에 의한 계약갱신과 묵시의 갱신의 가장 큰 차이는 계약기간 연장가능 기간이라고 말할 수 있다. 예를 들어보자. 종전 상가임대차계약서상의 계약기간이 2년이었고, 임차인이 법정기간을 지켜 임대인에게 계약갱신요구권을 행사하였고, 임대인이 정당한 사유를 들어 갱신거절을 하지 않았다면, 임차인의 갱신요구에 의한 계약기간연장은 2년이 된다.

그런데 종전 상가건물임대차계약서상의 계약기간이 2년이었는데, 임대인이 법정기간 내에 갱신거절 또는 조건변경통지를 하지 않아 묵시의 갱신이 이루어진 상태라면 묵시의 갱신으로 연장되는 계약기간은 종전 계약서상 계약기간과 무관하게 1년이 추가로 보장될 뿐이다.

그렇다면, 상가임대차계약서상의 계약기간은 2년이었고, 한 차례 묵시의 갱신이 이루어진 상태에서 임차인이 법정기간을 지켜 계약갱신요구권을 행사했다면? 예를 들어 임대차계약서상의 계약기간 2년이 지나서 묵시의 갱신이 되었는데, 묵시의 갱신으로 연장된 1년의 종료 전 3개월 정도 즈음에 임차인이 계약갱신요구를 하였다면?

임차인이 법정기간을 지켜서 계약갱신요구를 하면 상임법 제10조 제3항에 의할 경우 "전 임대차와 동일한 조건으로 다시 계약된 것으로 본다."고 규정하고 있으므로 계약기간 연장과 관련하여 위 규정상 "전 임대차"는 연장되는 계약기간만에 한하여 논의함을 전제할 때 계약서상의 2년이 되어야 하는 것인지 아니면, 묵시의 갱신으로 인정된 1년이 갱신요구에 의하여 연장되는 기간인지 문제되는 것이다.

상임법이 임차인을 보호하기 위하여 제정된 법임을 강조한다면 "전 임대차"는 임대인과 임차인이 계약서에 적어둔 계약기간을 중요시할 것이고, 그렇지 않거나, 법 문언 자체를 고려한다면 "전 임대차"는 묵시의 갱신에 의해 인정된 1년을 중요시할 것이다. 이와 관련하여 최근 필자가 수행한 판결(인천지방법원 2012가단88654 판결)은 법률규정 그대로 종전 기간, 즉 묵시의 갱신으로 연장된 기간이라 할 수 있는 1년만 연장된다는 취지의 판결을 내렸다.

참고로 대법원 2010다81254 판결에 의하면, 예외로 허용되는 농지임대차에 있어 농지법 제25조에 따라 묵시의 갱신이 되는 경우에 '임대차 조건의 핵심이 차임과 기간'인 사정을 고려하여 "농지법 제25조에 규정된 '임대차 기간이 끝난 때에 이전의 임대차와 같은 조건으로 다시 임대차한 것'으로 보는 같은 조건에는 임대차 기간도 포함된다고 해석함이 타당"하다면서, 임대차 기간 5년인 이전의 임대차와 같은 조건으로 묵시적으로 갱신되었다고 판단한 원심이 타당하다는 결론을 내린 사정이 있다.

그렇다면, 제소전 화해를 통해 특정일에 상가의 인도를 약정한 후에 상임법상 계약갱신요구권을 적기에 행사할 경우에 계약갱신이 인정될 수 있는가? 구체적 사정에 따라 인정될 수 있다는 것이 대법원 2019다299058 판결(청구이의)의 취지이다(원심파기 · 환송).

위 대법원 판결의 이유를 확인하면 "이 사건 화해조서에는 이 사건 임대차계약이 2018. 10. 29. 임대차기간 만료로 종료하는 경우 원고가 임대차보증금을 반환받음과 동시에 피고들에게 이 사건 점포를 인도한다고 기재되어 있을 뿐, 원고의 계약갱신요구권이나 이에 관한 권리관계에 대하여는 아무런 기재가 없다. 또한 그 내용이 원고의 계약갱신요구권 행사와 양립할 수 없는 것이라고 보기도 어렵다. 이 사건 임대차계약 내용이 최초 2015. 4.경 체결된 임대차계약보다 원고에게 유리한 것이라고 볼 수 없고, 달리 이 사건 화해로써 원고가 계약갱신요구권을 미리 포기할 이유가 있었다고 볼 만한 사정을 찾기 어렵다. 이 사건 화해조서에서 점포의 반환일을 임대차기간 만료일로 기재한 점이나 원고와 피고들이 이 사건 화해의 신청원인으로 '합의된 사항의 이행을 보장하고 장래에 발생할 분쟁을 방지하고자' 함에 있다고 기재한 점 등 원심이 드는 사정만으로 원고가 이 사건 임대차계약의 갱신요구권을 포기하는 의사를 표시한 것이라고 단정하기 어렵다."라는 취지이다.

17. 재건축 등을 이유로 한 상가임대인의 갱신거절

현재 상임법에 의하면, 환산보증금 액수의 크기에 상관없이 상가임차인에게 10년을 초과하지 않는 범위 내에서 계약갱신요구권을 인정하고 있다(상임법 제10조 제2항).

그렇다면, 상가임차인이 10년을 초과하지 않는 범위 내에서 임대인에게 계약갱신을 요구할 경우 임대인은 항상 임차인의 요구에 응해야 할까? 아니다. 갱신거절을 할 수 있는 사유가 상임법에 법정화되어 있는데, 그 중 하나가 상가임대인의 상가 "재건축 등"이다.

즉, 임차인이 임대인에게 계약 종료일부터 역산하여 6개월 전부터 1개월 전 사이에 10년을 초과하지 않은 범위 내에서 계약갱신을 요구할 경우에 임대인은 임차인의 갱신요구를 정당한 사유 없이 거절할 수 없다(상임법 제10조 제1항, 제2항).

다만, "재건축 등"과 관련하여 ① 임대차계약 체결 당시 공사시기 및 소요기간 등을 포함한 철거 또는 재건축 계획을 임차인에게 구체적으로 고지하고 그 계획을 따르는 경우, ② 건물이 노후 · 훼손 또는 일부멸실되는 등 안전사고의 우려가 있는 경우, ③ 다른 법령에 따라 철거 또는 재건축이 이루어지는 경우 등 임대인이 ①~③의 어느 하나에 해당하는 사유로 목적 건물의 전부 또는 대부분을 철거하거나 재건축을 하기 위하여 목적 건물의 점유를 회복할 필요가 있는 경우에는 위와 같은 사유를 들어 임차인의 갱신요구를 거절할 수 있다

(상임법 제10조 제1항 제7호).

갱신거절사유로서의 "재건축 등"은 도시정비법 등의 도시정비 관련 법규의 재건축만을 의미할까? ③의 경우는 도시정비관련 법규의 재건축 등을 의미한다고 할 수 있을 것이나, 갱신거절사유로서의 "재건축 등"이 도시정비관련 법규의 재건축에 한정된다고 해석하기는 어렵다. 즉 ②를 고려하면, 도시정비사업과 관련 없이 안전진단 결과 노후·훼손·멸실 등에 이른 사정이 있다면, 갱신거절사유로서의 "재건축 등"에 포함될 수 있을 뿐만 아니라, ①을 고려하더라도, 갱신거절사유로서의 "재건축 등"에 도시정비관련 법규를 전제한다고 볼 수 없기 때문이다.

그렇다면, 상가철거 및 재건축을 고려하는 상가소유자는 어떤 점을 고려해야 할까? 해당 상가 주변이 재개발 내지 재건축 예정이거나, 해당상가에 대한 안전진단 결과 재건축이 필수적이라면, 별다른 고려점이 없을 것이다. 다만, 위와 같은 사정이 없다면, 상가소유자이자 임대인은 계약당시 계약서에 "공사시기 및 소요기간 등을 포함한 철거 또는 재건축 계획을 임차인에게 구체적으로 적시"하는 행동과 "위 계획을 따른다."는 실천이 필요하게 된다.

이와 관련하여 대법원 2019다249831 판결에 의하면 도시정비법상 정비사업의 관리처분인가가 고시된 경우라면 임대인이 갱신을 거절할 사유가 되지만, 사업시행인가가 고시된 경우에는 갱신거절 사유가 될 수 없다면서, 관리처분계획인가가 임박했다면 갱신을 거절할 수 있지만 그런 사정은 임대인에게 증명책임이 있다는 취지이다.

즉 위 대법원 판결에 의하면 "구 도시 및 주거환경정비법(2017. 2. 8. 법률 제14567호로 전부개정되기 전의 것, 이하 '구 도시정비법')에 따라 정비사업이 시행되는 경우 관리처분계획인가·고시가 이루어지면 종전 건축물의 소유자나 임차권자는 그때부터 이전고시가 있는 날까지 이를 사용·수익할 수 없고(구 도시정비법 제49조 제6항), 사업시행자는 소유자, 임차권자 등을 상대로 부동산의 인도를 구할 수 있다. 이에 따라 임대인은 원활한 정비사업 시행을 위하여 정해진 이주기간 내에 세입자를 건물에서 퇴거시킬 의무가 있다. 따라서 임대차 종료 시 이미 구 도시정비법상 관리처분계획인가·고시가 이루어졌다면, 임대인이 관련 법령에 따라 건물 철거를 위해 건물 점유를 회복할 필요가 있어 구 상가건물 임대차보호법(2018. 10. 16. 법률 제15791호로 개정되기 전의 것, 이하 '구 상가임대차법') 제10조 제1항 제7호 다목에서 정한 계약갱신 거절사유가 있다고 할 수 있다. 그러나 구 도시정비법상 사업시행인가·고시가 있는 때부터 관리처분계획인가·고시가 이루어질 때까지는 일정한 기간의 정함이 없고 정비구역 내 건물을 사용·수익하는 데 별다른 법률적 제한이 없다. 이러한 점에 비추어 보면, 정비사업의 진행 경과에 비추어 임대차 종료 시 단기간 내에 관리처분계획인가·고시가 이루어질 것이 객관적으로 예상되는 등의 특별한 사정이 없는 한, 구 도시정비법에 따른 사업시행인가·고시가 이루어졌다는 사정만으로는 임대인이 건물 철거 등을 위하여 건물의 점유를 회복할 필요가 있다고 할 수 없어 구 상가임대차법 제10조 제1항 제7호 다목에서 정한 계약갱신 거절사유가 있다고 할 수 없다. 이와 같이 임대차 종료 시 관리처분계획인가·고시가 이루어졌거나 이루어질 것이 객관적으로 예상되는 등으로 구 상가임대차법 제10조 제1항 제7호 다목의 사유가 존재한다는 점에 대한 증명책임은 임대인에게 있다."라는 취지이다.

18. 임대차계약 체결 당시 재건축 계획 등 고지에 따른 갱신거절의 의미

상임법 제10조 제1항 제7호 가목에 의하면 "임대차계약 체결 당시 공사시기 및 소요기간 등을 포함한 철거 또는 재건축 계획을 임차인에게 구체적으로 고지(이하 '관련내용 고지')하고 그 계획에 따르는 경우"에 임차인이 적시에 계약갱신요구권을 행사하더라도 임대인이 정당하게 임차인의 계약갱신요구를 거절할 수 있다는 취지로 규정하고 있다.

그렇다면 상임법 제10조 제1항 제7호 가목의 "임대차계약 체결 당시"의 의미는 무엇일까? 그리고 상임법 제10조 제1항 제7호 가목은 "고지"라는 표현을 쓰고 있으므로 '관련내용 고지'를 임차인의 동의하에 계약서에 쓰는 것이 아니라 말 그대로 관련내용에 대한 일방적인 "고지"로 족한 것인가?

필자의 개인적 의견으로는 "계약서"에 '관련내용 고지'가 적시되면 "고지"하였음이 분명해지는 것이고 임차인의 동의도 있었다고 할 것이므로 ① "최초 임대차계약 체결 당시"에 "재건축 계획 등을 '계약서'에 구체적으로 적시하고 그에 따르는 경우"뿐만 아니라, ② "재계약 체결 당시"에 "재건축 계획 등을 '계약서'에 구체적으로 적시하고 그에 따르는 경우"를 포함한다고 해석된다.

그렇다면 "계약서"에 적시하지 않고 '관련내용 고지'를 일방적으로 "고지"한 경우는 어떠한가? 이에 대하여는 계약갱신요구문제가 아니라 권리금회수방해행위에 관련된 판례이지만 관련된 판례로 보이는 대법원 2022다202498 판결의 분석이 필요하다.

위 판결 사안을 정리한다. 원고는 소외 1로부터 이 사건 점포를 임차하였고, 피고는 위 임차기간 중 이 사건 점포를 포함한 건물 전체의 소유권을 취득하였는데, 원고는 피고에게 '임대차계약 갱신 의사 및 신규 임차인과의 계약 체결 의사를 명확히 하여 달라'는 취지의 내용증명을 발송하였고, 피고는 원고에게 '수년 내에 건축물 신축을 기획·준비 중이다. 계약갱신 또는 신규 임차인과의 계약체결 시 구체적인 계획을 고지하겠다'라는 취지의 내용증명('이 사건 고지')을 보냈다.

원고는 이 사건 고지가 상임법 제10조의4 제1항의 권리금 회수 방해행위에 해당함을 이유로 피고에게 손해배상을 구하는 이 사건 소를 제기한 후, 이 사건 점포에서 퇴거하였다. 이때 원고는 피고에게 신규 임차인을 주선하거나 신규 임차인에 관한 정보를 제공한 사실이 없다.

이후 피고는 소외 2에게 이 사건 점포를 임대하면서 그 임대차계약서에 '건물 철거·재건축 계획 및 공사시기·소요기간'에 관한 자료를 첨부하였다.

1심(서울중앙지방법원 2019가단5107176 판결)은 이 사건 고지가 권리금회수방해행위에 해당하지 않는다는 취지였으나, 항소심(서울중앙지방법원 2020나73008 판결)은 이 사건 고지가 권리금회수방해행위에 해당한다는 취지로 피고의 손해배상책임을 일부 인정한 것이었고, 대법원은 권리금회수방해행위로 볼 수 없다는 취지로 항소심(원심)을 파기 · 환송한 것이다.

다시 본론으로 돌아와 보자. 상임법 제10조 제1항 제7호 가목에 의하면 "임대차계약 체결 당시 공사시기 및 소요기간 등을 포함한 철거 또는 재건축 계획을 임차인에게 구체적으로 고지(이하 '관련내용 고지')하고 그 계획에 따르는 경우"에 임차인이 적시에 계약갱신요구권을 행사하더라도 임대인이 정당하게 임차인의 계약갱신요구를 거절할 수 있다는 취지로 규정하고 있다. 위 법조항의 '관련내용 고지'를 "계약서"에 적지 않고 일방적인 "고지"만 한 경우는 어떠한가?

위 대법원 2022다202498 판결의 1심은 "법 제10조 제1항 제7호 가목의 '임대차계약 체결 당시'란 '최초' 임대차계약 체결 당시뿐 아니라 '갱신'되는 임대차계약 체결 당시도 포함되고, 따라서 임대인이 최초 임대차계약 체결 당시 미리 재건축 계획을 임차인에게 구체적으로 고지하지 않아 임차인의 갱신요구에 응할 수밖에 없더라도, 갱신을 하면서 재건축 계획을 고지하고 그 계획에 따르는 경우라면 더 이상 임차인의 추가 갱신요구에는 응하지 않아도 된다고 해석함이 상당하다. 마찬가지로 임대인은 종전 임차인과 임대차 갱신 대신 종전 임차인이 주선하는 신규 임차인과 새로이 임대차계약을 체결하여야 하는 경우에도 신규 임차인에게 미리 재건축 계획을 구체적으로 고지하여 추후 신규 임차인의 계약 갱신요구에 대비할 수 있어야 한다."라고 판시하였다.

즉 위 대법원 판결의 1심 판결에 의하면 상임법에 규정된 '관련내용 고지'를 일방적인 "고지"만으로 족하다는 취지로 보이는바, 기존 계약서에 '관련내용 고지'가 적시되지 않은 경우라도 임차인이 계약갱신요구권을 행사한 경우에 '관련내용 고지'를 일방적으로 "고지"한 후 그 계획에 따르게 되면 그 다음의 추가적인 임차인의 갱신요구에는 응하지 않아도 된다는 취지로 이해된다.

그런데 위 대법원 판결의 항소심판단은 다르다. 위 항소심 판결에 의하면 "임차인의 계약갱신요구권은 '차임과 보증금' 외에는 전 임대차와 동일한 조건으로 임대차계약의 갱신을 요구하는 것이다(제10조 제3항). 따라서 피고가 주장하는 '건물의 재건축 예정 사실'은 임차인의 동의가 없는 이상 갱신계약서 또는 신규계약서에 반영할 수 없고, 임차인에게 그와 같이 요구하는 것은 제15조의 입법취지에 위반되어 허용할 수 없다. 그런데도 피고는 소유권을 취득한 날부터 원고 및 신규 임차인에게 '건물의 재건축 예정 사실'을 갱신계약서 또는 신규 계약서에 반영하겠다고 말하였고, 이로써 원고 또는 신규 임차인으로 하여금 갱신계약 또는 신규 계약의 체결을 주저하게 하였으며, 이는 곧 정당한 사유 없이 원고의 계약갱신요구를 거절한 것이나 다름없는 것으로서 원고의 권리금 회수를 방해한 것이다."라고 판시하였다.

즉 위 대법원 판결의 항소심 판결은 '관련내용 고지'가 임차인과의 최초 계약서 내지 갱신계약서에 적시되어야 한다는 취지로 이해된다. "임차인의 동의"를 언급하여 '관련내용 고지'에 대한 임차인의 동의가 필요하다는 것으로 이해되기 때문이다(다만 계약서에 '관련내용 고지'가 적시되지 않았더라도 임대인의 동의가 증거로 확인되면 계약서에 '관련내용 고지'가 적시된 것과 동일한 효력이 있을 것).

이와 관련하여 위 대법원 판결은 "이 사건 고지 당시 철거·재건축 계획의 내용이 구체적이지 않고, 이 사건 고지가 원고와의 최초 임대차계약 체결 무렵 이루어진 것이 아니어서 상가임대차법 제10조 제1항의 법리상 원고의 임대차계약 갱신요구를 거절할 사유는 될 수 없다 하더라도, 그로 인하여 당연히 상가임대차법 제10조의4 제1항 각 호에서 정한 '권리금 회수 방해행위'가 된다고 볼 수도 없다."로 판시한바, 위 대법원의 표현에 대하여 "대법원은 원심(항소심)과 같이 위 '임대차계약 체결 당시'란 '최초' 임대차계약 체결 당시만을 의미한다고 봄"이라는 견해(연도별 2023. 9. 1.자 '서울고등법원판례공보스터디' 제2487쪽 참고)가 있으나, 위 견해는 위 대법원의 가정적 표현을 고려한 것으로 필자의 개인의견으로는 대법원의 견해로 보기 어렵다.

일단 상임법상 계약갱신요구권에 대한 '관련내용 고지'에 대한 명확한 대법원 판례는 확인되지 않는다고 이해된다. 위 대법원판례는 계약갱신요구권에 대한 판례라기보다는 권리금 회수기회방해와 관련된 판례이고 관련내용도 가정적으로 일부 언급한 내용이 존재할 뿐이기 때문이다. 결국 '관련내용 고지'에 대한 대법원 내지 하급심판결을 더 기다려 볼 필요가 있다.

정리하자면 상임법 제10조 제1항 제7호 가목은 "임대차계약 체결 당시 공사시기 및 소요기간 등을 포함한 철거 또는 재건축 계획을 임차인에게 구체적으로 고지(이하 '관련내용 고지')하고 그 계획에 따르는 경우"에 임차인이 적시에 계약갱신요구권을 행사하더라도 임대인이 정당하게 임차인의 계약갱신요구를 거절할 수 있다는 취지로 규정하고 있다.

'관련내용 고지'를 '최초 계약서'에 적시하고 그 '관련내용 고지' 계획을 따르면 임차인의 계약갱신요구에 대하여 임대인은 거절을 해도 정당한 것이 된다. 필자는 '관련내용 고지'를 '최초 계약서'가 아닌 '재계약서'에 적시하고 그 '관련내용 고지' 계획을 따르는 것도 문제없다는 입장이다. 위 상임법 규정에 최초 계약당시로 한정하는 문구는 없기 때문이다.

다만 '관련내용 고지'가 그 용어 그대로 '임대인의 일방적인 고지로 족한 것인지' 아니면 '임차인의 동의를 요하는 고지이기 때문에 계약서에 적시되거나 임차인이 동의하였다는 것이 입증되어야 하는 것인지'의 문제는 향후 법원의 판결 누적에 따른 최종적 결론도출이 필요한 영역으로 이해된다.

19. 약정에 없던 상가관리비 청구와 계약갱신요구

필자의 최근 상담사례를 각색하여 설명하고자 한다. 상가임대차에 있어 월세와 보증금에 대한 약정만 있었고, 관리비에 대한 약정이 없었다. 따라서 임차인은 임대인에게 관리비를 지급해 오지 않았고, 특별히 임대인이 상가에 대한 관리를 한 사실도 없다.

그런데 상가의 매매로 상가의 소유자가 변경되면서, 변경된 소유자가 고액의 관리비를 요구한다. 월세와 보증금도 5% 선에서 올리겠다고 한다(환산보증금 9억원 이하 사례). 변경된 소유자(임대인)에게 월세와 보증금도 올려주고 약정에 없었던 관리비도 지급해야 할까?

상가임차인이 인도와 사업자등록이라는 대항요건을 갖추었다면 신소유자가 상임법 제3조 제1항, 제2항에 따라 임대인의 지위를 승계한다. 임차인 입장에서는 신소유자와 구소유자가 같은 임대인으로 생각하면 족하다는 것이다. 임차인은 이와 같은 상황에서 계약갱신요구권을 행사할 수 있다.

즉 임차인은 상임법 제10조 제1항에 따라 계약종료 6개월 전부터 1개월 전까지 계약갱신요구를 할 수 있고, 정당한 사유가 없는 한 임대인은 임차인의 계약갱신요구를 받아들여야 한다. 그리고 상임법 제10조 제3항은 "갱신되는 임대차는 전 임대차와 동일한 조건으로 다시 계약된 것으로 본다. 다만, 차임과 보증금은 제11조에 따른 범위에서 증감할 수 있다."고 규정하고 있다. 따라서 임차인이 상임법 제10조 제1항에 따라 계약갱신요구권을 적시에 행사하면 계약이 갱신되어 전임대차와 동일한 조건으로 재계약을 한 것으로 보되, 차임과 보증금이 5% 이내로 증액되거나, 제한 없이 감액될 수도 있다.

결국 계약갱신요구권을 행사하기 전에 관리비에 대한 약정이 없었다면 임대인의 관리비 요구는 인정되기 어렵다고 해석된다. 임차인의 계약갱신요구권행사로 차임과 보증금을 제외하면 전임대차와 동일조건으로 재계약이 의제되기 때문이다.

그렇다면 월세와 보증금을 5% 올려달라는 임대인의 주장은 타당한가? 임대인이 월세와 보증금을 5% 올려달라는 주장에 대하여 임차인이 오히려 상임법 제11조 제1항에 따라 "조세, 공과금, 그 밖의 부담의 증감 등"을 고려하여 감액할 사안이라는 주장을 하면 임대인이 주장하는 5%의 차임과 보증금의 증액은 소송을 통한 법원감정에 따라 증액되어야 할 사안으로 확인되지 않는 한 인정되기 어렵다.

위와 같은 사례에서 임차인이 확인할 내용은 '계약갱신요구권'을 적시에 행사해야 한다는 것이다. 즉 계약종료 6개월 전부터 1개월 전까지 꼭 '계약갱신요구권'을 행사해야 한다는 것이다. 필자가 여러 차례 강조하였지만, 상가임차인에게 무조건 10년 보장되는 것이 아니라 적시에, 즉 계약종료 6개월 전부터 1개월 전까지 '계약갱신요구권'을 행사해야 10년 보장 가능성이 존재한다는 점을 기억해 두자.

20. 상당보상 합의를 이유로 한 임대인의 계약갱신거절 사례

상임법 제10조 제1항에 의하면 "① 임대인은 임차인이 임대차기간이 만료되기 6개월 전부터 1개월 전까지 사이에 계약갱신을 요구할 경우 정당한 사유 없이 거절하지 못한다. 다만, 다음 각 호의 어느 하나의 경우에는 그러하지 아니하다."라고 규정하면서 제3호에 "3. 서로 합의하여 임대인이 임차인에게 상당한 보상을 제공한 경우"를 규정하고 있다.

따라서 '임대인과 임차인이 서로 합의하여 임대인이 임차인에게 상당한 보상을 제공한 경우'라면 임차인이 계약갱신요구권을 행사하더라도 임대인이 거절할 수 있다.

그렇다면 이주비로 지급받기로 한 금원을 '임대인과 임차인이 서로 합의하여 임대인이 임차인에게 상당한 보상을 제공한 경우'로 해석할 수 있는가?

이와 관련하여 대구지방법원 2021가단146666 판결(확정)은 "이 사건 계쟁부분의 권리(시설)를 J으로부터 양수함에 있어 총 권리금으로 5,500만원을 지급한 점, 그때로부터 지금까지 약 7년이 경과하였으므로 그동안의 감가상각을 고려해야 하고 또 코로나 사태가 지속되고 있는 점, 전 세계에 만연해 있는 경기불황 등의 경제 사정을 종합적으로 고려할 때 임대차 종료 시 피고가 이주비(사업비)로 지급받기로 한 4,000만원이 결코 위 권리금에 못 미친다고 볼 수 없는바, 전 소유자들과 피고(임차인) 간에 이주비(사업비) 4,000만원을 인도와 동시에 지급하기로 한 약정은 '서로 합의하여 임대인이 임차인에게 상당한 보상을 제공한 경우'에 해당한다."는 취지로 판시하였다.

결국 '상당한 보상'인지 여부는 구체적 사정에 따라 판단한다는 것으로 그 지급 명목이 중요한 것으로 해석되지는 않는다. 위 판결의 논리구조가 도움이 될 것으로 보여, 다소 중복되는 내용이 있지만, 그 중복되는 내용을 포함하여 정리하면 다음과 같다.

〈주요 주문〉

별지 ㈜ C 기재 주상복합 신축공사의 건축 인·허가를 받는 것을 조건으로, 피고는 원고로부터 190,000,000원을 지급받음과 동시에 원고에게 별지 목록 기재 부동산 중 별지 도면 표시 1층 1, 2, 3, 4, 1의 각 점을 차례로 연결한 선내 (가)부분 94.62㎡, 2층 내지 5층 각 194.95㎡를 각 인도하라.

〈이유〉

1. 인정사실

이 사건 부동산은 소외 D, E, F, G(이하 '전 소유자들')의 각 1/4 공유관계인데, 2021. 9. 29. 원고에게 신탁을 등기원인으로 같은 날 공유자 지분 전부를 소유권이전등기 하였다. 원고는 수탁부동산의 개발사업을 수행하기 위한 건설업 등을 목적으로 설립된 법인인바, 이 사건 부동산을 포함한 대구 수성구 인근 토지에 대하여 현재 재개발사업을 진행하고 있고 개발예정 토지는 총 11필지, 면적은 5,007.2㎡이다. 위 사업을 위하여 원고는 2021. 9. 29. 위탁자 소외 ㈜ C(재개발사업의 시행사임), 위탁자 겸 물상보증인 소외 D 등 14명과 부동산담보신탁계약을 체결하였고, 피고는 이 사건 부동산 중 계쟁부분의 임차인으로 'H모텔'이라는 숙박업소를 운영하고 있다.

전 소유자들은 2017. 9. 25. 매매로 이 사건 부동산을 취득하면서 전전 소유자 I과 피고 사이의 임대차계약을 승계하였는데, 2020. 1.경부터 이미 이 사건 부동산을 포함한 인근 토지들에 대하여 재개발사업을 위하여 시행사의 토지매입 작업이 진행 중이었고, 전 소유자들도 이 사건 부동산의 소유자로서 이미 시행사와 부동산매매계약을 체결하였으며, 이 사건 부동산의 명도 책임을 전 소유자들이 부담하는 것으로 약정하였다.

피고도 이러한 사실을 잘 알고 있었기에 피고가 이 사건 부동산 중 계쟁부분을 언제라도 명도하여야 하는 상황을 고려하여, 전 소유자들과 피고는 2020. 6. 20.경 별지와 같이 부동산임대차계약서를 다시 작성하였다.

그 주된 내용은 '① 보증금 150,000,000원, ② 월세 4,600,000원(부가가치세 포함, 후불로 매월 10일에 지급), ③ 임대차 기간은 인도일(2015. 6. 26.)로부터 재건축, 재개발할 때까지로 한다.'라는 것이었다.

이에 특약사항으로 '1. 재건축이나 재개발 사업이 진행될 때에는 건물주로부터 보증금 1억 5,000만원 및 이주비(사업비) 4,000만원을 받기로 하며 명도와 동시에 보증금 및 이주비(사업비)를 지불하기로 한다. 2. 재건축이나 재개발 시행이 불가능할 때는 이주비(사업비)는 없었던 것으로 하며, 임대인과 임차인 공히 3개월 전에는 계약의 존속을 의사 표시하며 계약 만료 시 보증금은 반환한다.'라고 명시하였다.

원고는 당초 늦어도 2022. 4. 이전에 건축인 · 허가가 날 것으로 예상하였지만 코로나 사태로 인하여 각종 위원회의 회의가 지연되고 민원관련 회의도 지연되는 바람에 예상보다 건축허가가 늦어졌는데, 현재는 민원협의가 종료되어 2022. 8. 하순경 건축인 · 허가가 날 것으로 예상하고 있다.

2. 원고의 주장 및 판단

가. 주장

원고는 피고의 이 사건 부동산 중 계쟁부분에 관한 임대차계약이 종료하였다고 하면서 피고가 보증금 1억 5,000만원 및 이주비(사업비) 4,000만원의 수령과 동시이행으로 이 사건 부동산 중 계쟁부분을 인도할 의무가 있다고 주장함에 대하여, 피고는 이 사건 부동산 중 계쟁부분에 관한 임대차계약이 종료하지 않았고 상가건물임대차보호법상 계약갱신요구권을 행사한다고 주장한다.

나. 판단

상임법 제10조(계약갱신요구 등)는 제1항에서 '임대인은 임차인이 임대차기간이 만료되기 6개월 전부터 1개월 전까지 사이에 계약갱신을 요구할 경우 정당한 사유 없이 거절하지 못한다. 다만, 다음 각 호의 어느 하나의 경우에는 그러하지 아니하다. 제3호 서로 합의하여 임대인이 임차인에게 상당한 보상을 제공한 경우'를 규정하고 있다.

위 인정사실에서 본 바와 같이 피고는 이 사건 계쟁부분의 권리(시설)를 J으로부터 양수함에 있어 총 권리금으로 5,500만원을 지급한 점, 그때로부터 지금까지 약 7년이 경과하였으므로 그동안의 감가상각을 고려해야 하고 또 코로나 사태가 지속되고 있는 점, 전 세계에 만연해 있는 경기불황 등의 경제 사정을 종합적으로 고려할 때 임대차 종료 시 피고가 이주비(사업비)로 지급받기로 한 4,000만원이 결코 위 권리금에 못 미친다고 볼 수 없는바, 전 소유자들과 피고 간에 이주비(사업비) 4,000만원을 인도와 동시에 지급하기로 한 약정은 '서로 합의하여 임대인이 임차인에게 상당한 보상을 제공한 경우'에 해당한다고 할 것이므로, 이에 반하는 피고의 계약갱신요구권 행사로 인한 임대차계약 존속의 주장은 이유 없다.

한편, 전 소유자들의 임대인 지위를 승계한 원고와 피고 사이의 위 2020. 6. 20.경 부동산임대차계약이 종료하였는지에 관하여 보건대, 약정된 임대차 기간은 '인도일(2015. 6. 26.)로부터 재건축, 재개발할 때까지로 한다.'라는 것인바, '재건축, 재개발할 때(또는 재건축이나 재개발 사업이 진행될 때)까지'의 의미는 다소 불분명하나 원고의 주장대로 별지 ㈜ C 기재 주상복합 신축공사의 건축인·허가가 나는 날까지로 해석함이 사회통념상 타당하다고 할 것이고, 일반적으로 채무자가 채무의 이행기 도래 전부터 채무의 존재를 다투기 때문에 이행기가 도래하거나 조건이 성취되었을 때에 임의의 이행을 기대할 수 없는 경우에는 장래이행의 소로써 미리 청구할 필요가 인정되는데(대법원 92다43128 판결 등), 피고가 위와 같이 다투고 있는 이상 원고의 이 사건 인도청구는 장래이행의 소로서 미리 청구할 필요성도 인정된다고 할 것이다.

따라서 별지 ㈜ C 기재 주상복합 신축공사의 건축인·허가를 받는 것을 조건으로, 피고는 원고로부터 임차보증금과 이주비(사업비)의 합계 190,000,000원을 지급받음과 동시에 원고에게 이 사건 부동산 중 이 사건 계쟁부분을 인도할 의무가 있다고 할 것이다.

21. 10년이 도래하면 상가를 인도하라는 취지의 장래 이행의 소의 가능성

상임법상 계약갱신 요건에 맞추어 상가임차인이 임대인에게 주기적으로 계약갱신요구권을 행사하게 되면 임대인의 정당한 거절사유가 없는 한 상가임차인은 최대 10년까지 임차인의 지위를 보장받게 된다(상임법 제10조).

그런데, 민소법 제251조는 "장래의 이행을 청구하는 소"라는 제목 아래, "장래에 이행할 것을 청구하는 소는 미리 청구할 필요가 있어야 제기할 수 있다."고 규정하고 있는바, 상가임차인이 권리금 회수 기회가 보장되어야 한다면서 계약갱신요구권에 따른 상가임대차 최대 보장기간에 해당하는 10년이 도래하더라도 권리금 회수기회 요청권 등의 권리를 행사하겠다는 의사를 표시할 경우에 장래이행의 소를 통한 임대인의 임차인을 향한 상가인도청구가 가능할까?

위와 같은 사안에서 원심(서울중앙지방법원 2021나72408 판결)은 임대인의 장래이행의 소 즉 상가인도청구를 받아들였으나, 대법원(대법원 2022다286786 판결)은 원심과 달리 원심판결을 파기한 후에 자판하였다. 원심처럼 판단할 경우 임차인의 중요한 권리인 권리금회수기회요청권이 사실상 박탈되는 결과가 발생할 여지가 있을 뿐만 아니라, 장래의 상가 인도시점까지의 여러 변수를 고려하기 어렵다는 측면에서 대법원 판단이 지극히 타당하다고 해석된다.

즉 대법원 2022다286786 판결에 의하면 "이행의 소는 청구권의 이행기가 도래한 경우에 한하여 허용되는 것이 원칙이지만, 이행기가 도래하더라도 채무자가 임의이행을 거부할 것이 명백히 예상되는 상황과 같이 예외적으로 채권자로 하여금 이행기에 이르러 소를 제기하게 하는 것보다 미리 그 집행권원을 확보하게 함으로써 이행기가 도래하면 곧바로 강제집행을 할 필요가 인정되는 경우를 대비하여 민사소송법 제251조에서 '장래이행의 소'를 정하였다. 장래이행의 소가 적법하기 위해서는 청구권 발생의 기초가 되는 법률상·사실상 관계가 변론종결 당시 존재하여야 하고, 그 상태가 계속될 것이 확실히 예상되어야 하며, 미리 청구할 필요가 인정되어야만 한다(대법원 2000다25576 판결 등). 그런데 장래이행의 소는 통상적인 이행의 소의 예외에 해당하는 것일 뿐 채무자의 무자력에 따른 강제집행의 곤란에 대비하기 위해 마련된 것이 아니다. 더구나, 쌍무계약관계의 이행기가 도래하지 않은 상태임에도 당사자 일방에 대하여 선제적으로 집행권원을 확보할 수 있게 하는 것은 자칫 계약관계의 균형이 상실되어 상대방 당사자의 계약상 권리가 침해될 수 있을 뿐만 아니라 장래의 이행기에 이르기까지 발생할 수 있는 계약상 다양한 변화를 반영하지 못함으로써 이행기 당시 쌍방 당사자의 권리의무관계와 집행권원이 모순·충돌되는 불합리한 결과를 초래할 수 있다. 따라서 장래 이행의 소의 적법 여부는 엄격한 기준에 따라 신중하게 판단하여야 한다."는 취지이다.

위 대법원 2022다286786 판결의 내용을 확인하면 매우 자세하게 적시된바, 이해를 위해 그 내용을 일부 수정하여 그대로 옮기면 다음과 같다.

〈소송 경과〉

원심판결 이유와 기록에 따르면, 다음과 같은 사정을 알 수 있다. 원고는 2020. 10. 8. 피고에 대하여 이 사건 임대차계약이 2021. 3. 31. 기간만료로 종료될 것임을 청구원인으로 하여, '2021. 4. 1.이 도래하면 이 사건 건물을 인도하라.'는 청구취지로 이 사건 소를 제기하였다. 제1심은 피고가 원고에게 상가임대차법에 따른 계약갱신요구권을 행사하였기에 원고가 정당한 사유 없이 이를 거절할 수 없다고 보아, 이 사건 임대차계약이 2021. 3. 31. 기간만료로 종료되었음을 전제로 한 원고의 청구를 기각하였다.

원고는 2022. 8. 9. 원심에 '청구취지 및 청구원인변경신청서'를 제출하였는데, ① 단순이행 청구로 이 사건 건물의 인도를 구하였고(이하 '주위적 청구'), ② 이 사건 임대차계약과 2008년 임대차계약이 동일함을 전제로, 2008년 임대차계약의 목적물에 해당하는 이 사건 건물 중 일부의 인도를 구하였으며(이하 '제1 예비적 청구'), ③ 장래이행의 소로서 2024. 4. 1.이 도래하면 이 사건 건물을 인도할 것을 구하였다(이하 '제2 예비적 청구').

피고는 2022. 8. 11. 준비서면을 제출하여, ① 주위적 청구 및 제1 예비적 청구에 대하여는 상가임대차법에 따라 10년의 계약갱신요구권이 있어 이 사건 임대차계약이 2024. 3. 31.까지 존속할 수 있음을 주장하였고, ② 제2 예비적 청구에 대하여는 이 사건 임대차계약이 2024. 3. 31.까지 존속하고, 피고는 현재 원고에게 채무불이행 사실이 없으며, 상가임대차법 제10조의4에 따라 권리금을 회수할 예정일 뿐 원고의 인도청구를 거부할 생각은 없다. 피고의 임의이행을 기대할 수 없다는 원고의 주장은 사실이 아니어서 장래이행의 소를 구할 수 없다는 취지로 주장하였다.

원고는 2022. 8. 18. 제2 예비적 청구를 인용하되 나머지 청구를 포기하는 내용의 '화해권고결정 요청서'를 제출하였고, 2022. 8. 26. 제3회 변론기일에 피고가 이를 수용하지 아니하자, 그에 관한 별다른 추가 심리도 없이 같은 날 변론이 종결되었다.

원심은 주위적 청구 및 제1 예비적 청구를 기각하면서, '피고가 권리금 회수 기회가 보장되어야 한다며 2024. 4. 1.이 도래하더라도 이 사건 건물의 인도를 거절하겠다는 의사를 나타내고 있으므로 미리 청구할 필요성이 있다.'고 보아 제2 예비적 청구를 인용하였다.

〈대법원 판단〉

원심의 판단은 아래와 같은 이유로 수긍할 수 없다. 제2 예비적 청구는 이행기가 2024. 4. 1. 도래하여 원심 변론종결 당시를 기준으로 이행기가 도래하지 않은 청구이므로 장래이행의 소에 해당한다. 그런데 이 사건 소제기 이후부터 원고가 원심에서 '청구취지 및 청구원인 변경신청서'를 제출함으로써 제2 예비적 청구를 추가할 때까지 약 2년 동안의 쟁점은 '이 사건 임대차계약이 2021. 3. 31. 기간만료로 이미 종료되었는지 여부'였는데, 결과적으로 원고의 주장 내용은 모두 받아들여지지 않았다.

즉, 피고가 적법한 계약갱신요구권을 행사하여 이 사건 임대차계약이 유효하게 존속한 상태였음에도, 원고가 정당한 이유 없이 이를 부정하여 이 사건 임대차계약이 이미 종료되었음을 주장하면서 이 사건 소를 제기하였고, 피고는 이에 응소하였을 뿐 제2 예비적 청구는 쟁점이 아니어서 이에 관하여 다툰 적은 없다.

제2 예비적 청구의 적법 여부는 위 '청구취지 및 청구원인 변경신청서' 제출 후 원심 변론종결일까지 약 20일 동안에만 한정된 쟁점이었는데, 앞서 본 이 사건 소송의 경위 · 경과에다가 제2 예비적 청구가 추가된 이후 피고 주장의 전체적인 취지를 더하여 보면, 피고는 이 사건 임대차계약이 2024. 4. 1. 종료된다는 점 및 그 시점이 도래되어야 원고에 대하여 이 사건 건물의 인도의무가 있음을 주장하면서 이를 인정하였을 뿐 그 의무의 존부나 이행기의 도래 여부를 부정하거나 다툰 것으로 보이지는 않는다.

비록 피고가 원고의 '화해권고결정 요청서'의 내용에 동의하지 않았지만, 원심이 정식으로 화해권고결정을 한 적도 없을 뿐만 아니라 원고의 '화해권고결정 요청서'는 갱신된 임대차계약의 종료 시점에 문제될 수 있는 임대차보증금의 반환, 권리금 회수 기회의 보장, 연체차임 등의 문제에 관하여 어떠한 언급도 없이 임대인인 원고에게 이 사건 건물에 관한 인도청구권에 대해서 집행권원을 부여하는 것으로만 되어 있어 전적으로 원고의 이해관계에 부합하여, 그것만으로는 장래 이 사건 임대차계약의 종료에 따른 법률관계를 일회적으로 해결할 수 있다고 보이지 아니하고, 피고 역시 그러한 이유로 원고의 제의에 적극적으로 응할 수 없었던 것으로 보일 뿐이므로, 위와 같은 피고의 입장이 법률상 근거가 없거나 부당하다고 보기 어렵다.

오히려, 원고는 이 사건 소 제기 후 약 2년 동안 이 사건 임대차계약이 이미 종료되었다고 주장하면서 이 사건 건물의 인도를 구하다가 청구원인에 관한 주장 · 증명이 모두 배척되자, 원심 변론종결 직전에 이르러 화해권고결정을 요청하면서 향후 이 사건 임대차계약이 종료될 것임을 전제로 그에 따른 권리의무관계와 법률관계를 전체적으로 일괄 해결하는 방식이 아니라 그 중 자신의 권리인 이 사건 건물에 관한 인도청구권에만 국한하여 집행권원을 확보하려 하였는바, 이를 함부로 허용할 경우에는 현재 존속 중이고 상당기간 지속되어야 할 이 사건 임대차계약관계의 균형이 상실됨은 물론 향후 이 사건 임대차계약의 종료 시점에 인정될 피고의 여러 권리가 침해될 가능성도 있어 보인다.

그러므로 피고가 원고의 '화해권고결정 요청서'를 수용하지 않았다고 하여, 이 사건 건물 인도의무의 이행기가 도래하더라도 피고의 임의이행을 기대할 수 없는 경우에 해당하는 등 제2 예비적 청구에 관하여 '미리 청구할 필요'가 있다고 단정할 수 없다. 그럼에도 제2 예비적 청구를 인용한 원심의 판단에는 장래이행의 소에서 '미리 청구할 필요'에 관한 법리를 오해함으로써 판결에 영향을 미친 잘못이 있다.

22. 상가임대차와 묵시의 갱신

상가를 임차한 경우에 계약이 자동으로 연장되는 경우가 있다. 이를 법에서는 묵시의 갱신이라고 한다. 그렇다면, 어떠한 경우에 상가임대차계약이 자동으로 연장될까? 결론부터 말하자면, 상임법이 적용될 때와 민법이 적용될 때가 다르다.

즉, ① 상임법이 적용되는 경우에는 임대차기간이 만료되기 6개월 전부터 1개월 전까지 임대인이 임차인에게 갱신 거절의 통지 또는 조건 변경의 통지를 하지 아니한 경우에 묵시의 갱신이 인정되고(상임법 제10조 제4항), ② 민법이 적용되는 경우에는 임대차기간이 만료한 후에 임차인이 임차물의 사용, 수익을 계속하는 경우에 임대인이 상당한 기간 내에 이의를 하지 않을 경우에 묵시의 갱신이 인정된다(민법 제639조/이와 관련하여 대법원 2024다315046 판결에 의하면 "민법 제639조 제1항 본문은 '임대차기간이 만료한 후 임차인이 임차물의 사용·수익을 계속하는 경우에 임대인이 상당한 기간 내에 이의를 하지 아니한 때에는 전 임대차와 동일한 조건으로 다시 임대차한 것으로 본다.'라고 규정하고 있다. 이때 임대인의 이의는 명시적으로 뿐만 아니라 묵시적으로도 할 수 있고, 차임을 증액하지 않으면 임대차관계를 지속하지 않겠다는 것과 같이 조건부로도 할 수 있다. 다만 임차인의 신뢰를 보호하기 위한 위 규정의 취지에 비추어 볼 때, 묵시적 또는 조건부 이의가 있다고 보기 위해서는 더 이상 임대차관계를 지속하지 않겠다는 임대인의 의사를 객관적으로 추단할 만한 사정이 있어야 한다. 한편 민법 제628조의 차임증액청구권은 임대차계약이 존속하고 있음을 전제로 행사하는 권리이므로, 임대인이 전 임대차기간 만료 후 차임증액청구권을 행사하였다는 사정만으로는 임대인이 더 이상 임대차관계를 지속하지 않겠다는 의사에 기하여 민법 제639조 제1항의 이의를 하였다고 보기 어렵다."는 취지로 판시).

상담을 하다 보면, 상가를 임차하는 모든 경우에 계약종료 6개월 전부터 1개월 이전에 임대인이 아무런 말을 하지 않을 경우 묵시의 갱신이 된다고 생각하는 분들이 많다. 이러한 생각은 상임법 적용을 전제한 것이고, 민법이 적용되는 사안의 경우는 임대차기간이 만료된 경우라도 상당기간 내에 임대인이 임대차계약의 종료를 이유로 명도를 요구할 경우에는 묵시의 갱신이 부정될 수 있다.

그렇다면 어떤 경우에 상임법이 적용되고, 어떤 경우에 민법이 적용될까? 이 글을 쓰는 현재를 기준으로 묵시의 갱신과 관련하여서는 서울의 경우 환산보증금 9억원까지만 상임법이 적용되고, 환산보증금 9억원을 초과하는 경우에는 민법이 적용된다.

2015. 5. 13.에 공포·시행된 상임법은 서울을 예로 들 경우, 그 당시의 환산보증금 기준 4억원을 초과하는 경우에도 상임법을 적용하는 내용을 몇 가지 추가하였지만, 묵시의 갱신과 관련된 규정은 추가하지 않았기 때문에, 환산보증금 요건을 초과하는 경우에는 일반법에 해당하는 민법이 적용된다.

즉 상임법 제2조 제3항에 묵시갱신 규정인 상임법 제10조 제4항을 추가하지 않았기 때문에 서울의 경우 환산보증금 9억원을 초과하는 경우에 민법의 묵시갱신 규정인 민법 제639조가 적용된다는 것이다(서울 9억원 규정은 상임법 시행령 제2조 제1항 참고).

따라서 묵시의 갱신이 되었는지를 판단하기 위해서는 지역이 어디인지 그리고 환산보증금이 얼마인지를 확인할 필요가 있다.

그렇다면, 묵시의 갱신이 인정되는 사례를 전제할 경우 임차인에게 보장되는 계약기간은 얼마나 될까? 상임법이 적용되는 사례이고, 상임법상 묵시의 갱신이 인정되는 사례라면, 임차인은 묵시의 갱신을 통하여 1년간의 계약기간 연장이 보장된다(상임법 제10조 제4항). 다만, 임차인이 묵시의 갱신 후 계약종료를 원할 경우 언제든 계약해지 통고가 가능하며, 임대인이 통고를 받은 날로부터 3개월이 지나면 효력이 발생한다(상임법 제10조 제5항).

민법이 적용되는 사례이고, 민법상 묵시의 갱신이 인정되는 사례라면, 임대인은 언제든지 계약해지를 통보할 수 있고, 그 해지통보가 임차인에게 도달한 날로부터 6개월이 되는 날에 해지의 효과가 발생하므로 결국 임대인의 해지통보일로부터 6개월간의 계약기간이 보장되는 결과가 된다(민법 제639조 제1항, 제635조). 반면, 민법상 묵시의 갱신 이후 임차인이 해지통보 및 도달 시 그 도달 시로부터 1개월이 지나면 계약해지의 효과가 발생한다.

그렇다면, 상임법이 적용되는 경우로서 그 전까지는 임대인 및 임차인 어느 쪽으로부터도 갱신거절의 통지가 없다가 임대차기간 만료 1개월 전부터 임대차기간 만료 시까지의 사이에 임차인이 갱신거절의 통지를 한 경우에 묵시의 갱신이 인정될까?

대법원 2023다307024 판결에 의하면 주임법(제6조 제1항 후문 참고)과 달리 이런 경우에는 묵시의 갱신이 이루어질 수 없다는 취지이다(1심과 원심은 모두 묵시의 갱신을 인정하였으나, 대법원은 묵시의 갱신 부정).

그 핵심적 이유는 묵시의 갱신을 각 규정한 상임법 제10조 제4항과 주임법 제6조 제1항 후문의 조문구조가 다르다는 것이다. 주임법 제6조 제1항 후문은 임대인과 마찬가지로 임차인에게도 갱신거절(묵시의 갱신거절)에 대한 기간 제한이 존재하나, 상임법 제10조 제4항에서는 임대인만 갱신거절에 대한 기간 제한만이 존재할 뿐이고, 임차인에게는 갱신거절(묵시의 갱신거절)에 대한 기간 제한이 없으므로, 계약종료일 1일 전에 계약종료 즉 묵시의 갱신거절 통보를 임차인이 임대인에게 하더라도, 그에 따라 묵시의 갱신 없이 그 다음날인 계약종료일에 계약이 종료된다는 것이다. 이렇게 해석하는 것이 임차인을 보호하려는 상임법 규정취지에 부합한다는 취지이다.

주택임대차보호법	상가건물 임대차보호법
제6조(계약의 갱신) ① 임대인이 임대차기간이 끝나기 6개월 전부터 2개월 전까지의 기간에 임차인에게 갱신거절의 통지를 하지 아니하거나 계약조건을 변경하지 아니하면 갱신하지 아니한다는 뜻의 통지를 하지 아니한 경우에는 그 기간이 끝난 때에 전 임대차와 동일한 조건으로 다시 임대차한 것으로 본다. 임차인이 임대차기간이 끝나기 2개월 전까지 통지하지 아니한 경우에도 또한 같다	제10조(계약갱신요구 등) ① 임대인은 임차인이 임대차기간이 만료되기 6개월 전부터 1개월 전까지 사이에 계약갱신을 요구할 경우 정당한 사유 없이 거절하지 못한다. 다만, 다음 각 호의 어느 하나의 경우에는 그러하지 아니하다. ④ 임대인이 제1항의 기간 이내에 임차인에게 갱신 거절의 통지 또는 조건 변경의 통지를 하지 아니한 경우에는 그 기간이 만료된 때에 전 임대차와 동일한 조건으로 다시 임대차한 것으로 본다. 이 경우에 임대차의 존속기간은 1년으로 본다.

23. 상가임차인의 임차권 보장기간과 공유자의 갱신거절 방법

상가를 임차한 경우 무조건 임차기간 10년이 보장되는가? 아니다. 상임법 제10조 제1항과 제2항을 해석하면, 임차인은 임대차계약 종료일로부터 역산해서 6개월부터 1개월 사이에 임대인에게 갱신요구를 할 수 있되, 이러한 임차인의 갱신요구권은 10년의 한도 내에서만 행사할 수 있도록 규정하고 있기 때문이다.

따라서 임차인은 주기적으로 법정기간을 준수하면서 갱신요구권을 행사해야 하며, 이 경우에도 임대인은 법정사유 등을 들어 갱신요구를 거절할 수 있다. 그렇다면, 10년이 된 임차인은 그 이상의 임차기간이 보장될 수는 없을까? 우선 장기간의 임차기간을 약정한 경우에는 약정을 따르면 될 것이다.

그리고 상임법 제10조 제4항은 임대인이 계약종료일로부터 역산해서 6개월부터 1개월 사이에 임차인에게 갱신거절 통지 또는 조건 변경의 통지를 하지 않은 경우, 10년이 경과한 경우라도 1년의 기간이 연장될 수 있음 규정하고 있다. 이를 묵시의 갱신(법정갱신)이라고 하는데, 묵시의 갱신은 그 요건만 갖춘다면 햇수에 관계없이 인정된다고 해석된다.

이와 관련하여 대법원도 임차인의 갱신요구권에 관하여 전체 임대차기간을 5년(현재는 10년)으로 제한하는 동법 제10조 제2항의 규정은 같은 조 제4항에서 정하는 법정갱신에 대하여는 적용되지 않는다고 판시한 사실이 있다(대법원 2009다64307 판결).

임차인의 갱신요구에 대하여 임대인은 법정사유(예를 들어 상임법 제10조 제1항 1호 사유인 차임 3기 연체 사실 등)를 들어 갱신요구에 대한 갱신거절을 할 수 있는데, 임대인이 임대건물의 공유자의 지위에 있을 경우에는 갱신거절을 공유자 1인이 할 수 있을까?

공유물의 임대행위 및 임대차계약 해지행위는 공유물의 관리행위에 해당하므로, 공유자의 지분의 과반수로 결정해야 한다(민법 제265조 본문). 따라서 임대인이 임대건물의 공유자들인 경우에는 공유자 1인의 지분이 과반수가 아닌 경우라면, 1인의 갱신거절로 상임법상의 임대인의 갱신거절로 인정받기 어렵다.

이와 관련하여 대법원도, 상임법상 임대인의 갱신거절통지도 실질적으로 임대차계약 해지와 같이 공유물의 임대차를 종료시키는 행위라서 공유물의 관리행위에 해당하고, 결국 공유자의 지분의 과반수로 결정해야 한다는 입장을 밝힌 사실이 있다(대법원 2010다37905 판결).

24. 묵시의 갱신과 상가임차인의 계약해지 통고

계약기간이 도과하였음에도 불구하고 계약이 연장되는 것으로 처리되는 것을 묵시의 갱신 또는 계약의 자동연장이라는 말을 쓴다. 상가임대차의 경우 묵시의 갱신이 된 상태에서 임차인이 계약해지 통고를 한 경우, 임대인이 그 통고를 받은 날로부터 3개월이 되는 날에 계약해지의 효과가 발생한다는 상식이 어느 정도 정착된 것 같다(상임법 제10조 제4항, 제5항).

그렇다면, 모든 상가임대차가 이렇게 해결될까? 그렇지는 않다. 예를 들어 서울의 경우 환산보증금 9억원 이하의 경우에만, 묵시의 갱신이 된 상태에서 임차인이 계약해지 통고를 할 경우, 그 통고 도달일로부터 3개월이 지난 시점에 보증금반환청구권이 임차인에게 발생될 뿐이고(상임법 제2조 제3항에서 상임법 제10조 제4항, 제5항을 언급하지 않기 때문), 환산보증금 9억원이 초과되는 경우에는 민법에 따라 달리 판단된다.

상임법상의 묵시의 갱신은 "임대인이 임대차기간 만료 6개월 전부터 1개월 전까지 사이의 기간 이내에 임차인에게 갱신 거절의 통지 또는 조건 변경의 통지를 하지 않아야 묵시의 갱신"이 인정되나(상임법 제10조 제4항), 민법이 적용되는 경우, 즉 서울을 예로 들 경우에 환산보증금 9억원을 초과하는 경우는 이와 다르다.

예를 들어 환산보증금이 10억원이라고 가정할 경우라면 어떨까? 상임법이 적용되는 경우처럼 묵시의 갱신 성립을 위하여, 계약기간 만료 6개월 전부터 1개월 전 사이라는 요건이 적용될까? 그렇게 보기 힘들다.

민법 제639조 제1항은 "임대차기간이 만료한 후 임차인이 임차물의 사용, 수익을 계속하는 경우에 임대인이 상당한 기간 내에 이의를 하지 아니한 때에는 전임대차와 동일한 조건으로 다시 임대차한 것으로 본다. 그러나 당사자는 제635조의 규정에 의하여 해지의 통고를 할 수 있다."고 규정하고 있다.

그뿐만 아니라, 대법원 68다1537 판결에 의하면 "기간 약정이 있는 임대차에 있어 특별사유가 없는 한 기간이 만료되면 사전최고나 해지를 할 필요 없이 임대차가 종료된다."는 취지인바, 민법상의 묵시의 갱신은 계약기간 만료로 계약이 종료하되, 계약종료 후에도 임차인이 사용·수익을 계속하고 임대인이 상당기간 이의하지 않아야 묵시의 갱신이 인정되는 구조다.

또한, 민법상 묵시의 갱신의 경우 임차인이 계약해지 통고 시 그 통고가 임대인에게 도달한 날로부터 1개월이 지난 시점에 계약해지의 효력이 발생한다(민법 제635조 제2항 제1호 참고).

25. 계약갱신요구 등에 관한 임시 특례

상가임차인이 3회분 이상의 차임을 미납하면, 상가임차인의 여러 중요권리가 제한된다. 즉 상가임차인이 3회분 이상의 차임을 연체한 상황이라면, 임차인이 계약갱신요구를 하더라도 임대인이 임차인의 계약갱신요구를 거절할 수 있고(상임법 제10조 제1항 제1호), 임차인이 임대인을 상대로 권리금회수기회요청권을 행사할 때에도 임대인이 이를 거절할 수 있으며(상임법 제10조의4 제1항 단서, 제10조 제1항 제1호), 임대인은 임차인이 3회분 이상의 차임을 연체한 사실을 들어 임대차계약을 즉시 해지할 수 있다(상임법 제10조의8).

임차인의 차임 3회분의 연체에 따른 위 임차인의 권리제한 규정들은 임차인의 핵심의무가 차임지급의무라는 사정을 고려하면, 충분하게 이해할 수 있는 규정들이다. 그러나 이러한 규정들도 상황에 따라 부당한 결론에 도달하는 상황에 처할 수 있는 것인데, 2020년에 불어닥친 코로나19가 이에 해당한다.

천재지변에 가까운 코로나19 사태가 발생하자 입법부는 2020. 9. 29.경 상임법을 개정하여 제10조의9를 신설하였다. 즉 코로나19로 인하여 지극히 비정상적인 상황이 계속되자, 상가임차인의 영업기반 상실 위기 등을 고려하여 경제적 위기 상황 동안 한시적으로 임대인의 계약해지 등을 제한하는 임시적 특례규정(이하 "임시특례")으로 상임법 제10조의9를 신설한 것이다.

신설된 "임시특례" 규정인 상임법 제10조의9는 "임차인이 이 법 시행일부터 6개월까지의 기간 동안 연체한 차임액은 제10조 제1항 제1호, 제10조의4 제1항 단서 및 제10조의8의 적용에 있어서는 차임연체액으로 보지 아니한다. 이 경우 연체한 차임액에 대한 임대인의 그 밖의 권리는 영향을 받지 아니한다."고 규정하였다. 위 "임시특례" 규정은 부칙 제2조에 따라 "이 법 시행 당시 존속 중인 임대차에 대하여도 적용"된다.

그뿐만 아니라, 상임법 제2조 제3항에 따라 환산보증금의 소액·고액 등 그 액수에 상관없이 위 신설된 "임시특례" 규정이 모든 상가건물임대차에 적용되며, 전대인과 전차인 사이의 전대차관계에도 적용된다(상임법 제13조 제1항). 다만, 전대차의 경우는 권리금회수기회요청권 규정(상임법 제10조의4) 자체가 적용되지 않는다는 점을 주의하자. 결국, 위 "임시특례" 규정에 따라 2020. 9. 29.경부터 6개월간 월세를 연체한 경우라도, 상가임차인은 상임법 제10조 제1항에 따른 계약갱신요구권을 행사할 수 있고, 상임법 제10조의4에 따른 권리금회수기회요청권도 행사할 수도 있다. 또한 위 6개월간의 월세가 연체되었더라도, 임대인은 상임법 제10조의 8에 따른 즉시해지권을 행사할 수 없다.

정리하자면, 2020. 9. 29.부터 2021. 3. 28.까지의 6개월간의 차임 연체를 상임법 제10조 제1항 제1호, 제10조의4 제1항 단서 및 제10조의8의 적용에 있어서는 연체로 보지 않기 때문에 위 "임시특례" 시행일 즈음에 2회분의 월세를 연체한 임차인이라면, 도합 9개월간의 차임을 연체해야 종전 3회분 차임연체의 효력이 발생한다. 즉 2020. 9. 29.경 이전에 일부 차임을 연체한 상황이라면, 2020. 9. 29.경부터 2021. 3. 28.까지의 6개월간의 차임연체를 빼고, 2020. 9. 29.경 이전의 차임 연체액과 2020. 9. 29.경부터 6개월이 지난 2021. 3. 29.경 이후의 차임연체액을 고려하여 3회분의 차임연체를 계산하게 된다. 그리고 "임시특례" 규정에 의하면, "연체한 차임액에 대한 임대인의 그 밖의 권리는 영향을 받지 아니한다."라고 규정하고 있으므로, 임차인의 차임지급의무 자체가 면제되지는 않는다고 해석된다.

이와 관련하여 대법원 2022다309337 판결에 의하면 "원심은 판시와 같은 이유로, ① 임차인인 원고와 임대인인 피고는 이 사건 조정에서 차임 및 관리비 연체액이 3개월분에 달하는 때에 이 사건 임대차계약이 자동 해지되는 것으로 정하였는바, ② 원고가 2021. 3. 28.까지 피고에게 지급한 총 차임 10,145,380원 중 9,174,610원은 민법 제477조 제3호에 따라 특례기간 이전의 연체 차임에 충당되고, 나머지 970,770원은 특례기간의 연체 차임에 충당되어 특례기간의 연체 차임 잔액이 24,556,080원이 되며, ③ 제1심 변론종결일 무렵인 2021. 9.경 피고가 연체 차임액으로 자인한 36,714,100원 중 특례기간의 연체 차임 잔액을 공제한 나머지 12,158,020원은 차임 및 관리비 3개월분에 미치지 못하고, 원심 변론종결일 무렵인 2022. 8. 25.경 연체 차임액은 특례기간의 연체 차임 잔액에도 미치지 못하므로, 이 사건 조정에서 정한 자동해지 사유를 인정할 수 없다고 판단하였다. 원심판결 이유를 관련 법리 및 기록에 비추어 살펴보면, 이러한 원심의 판단에 상가 임대차법 제10조의9 및 법정변제충당의 적용 여부에 관한 법리를 오해하거나 상가임대차법 제10조의9의 적용에 대한 판단누락 등으로 판결에 영향을 미친 잘못이 없다."는 취지로 판시하면서 "임차인의 변제제공이 특례기간을 포함하여 그 전후의 연체 차임액 전부에 미치지 못하는 경우에는, 합의충당이나 임차인의 지정변제충당(민법 제476조 제1항) 등의 특별한 사정이 없는 이상 변제기가 도래하지 않은 차임에 먼저 충당된다고 볼 수 없으므로, 민법 제477조의 법정변제충당이 적용된다. 따라서 변제제공 시점에 이미 이행기가 도래한 연체 차임의 변제에 먼저 충당되고(민법 제477조 제1호), 그 중 상가임대차법 제10조의9에 따른 '특례기간의 연체 차임'은 임대인의 계약갱신 거절권 · 계약해지권 등의 권리 행사가 제한되어 상대적으로 변제이익이 적은 경우에 해당되므로, 이행기가 도래한 다른 연체 차임보다 후순위로 충당된다(민법 제477조 제2호)."는 취지로 판시하였다.

참고로 코로나와 관련하여 신설된 조문이 있는데, '폐업으로 인한 임차인의 해지권' 조항이다(상임법 제11조의2). 즉 2022. 1. 4.부터 시행되는 신설조문 상임법 제11조의2에 의하면 "① 임차인은 「감염병의 예방 및 관리에 관한 법률」 제49조 제1항 제2호에 따른 집합 제한 또는 금지 조치(같은 항 제2호의2에 따라 운영시간을 제한한 조치를 포함한다)를 총 3개월 이상 받음으로써 발생한 경제사정의 중대한 변동으로 폐업한 경우에는 임대차계약을 해지할 수 있다. ② 제1항에 따른 해지는 임대인이 계약해지의 통고를 받은 날부터 3개월이 지나면 효력이 발생한다."라고 규정하여 '임차인이 3개월 이상 감염병 예방을 위한 집합 제한 또는 금지 조치를 받음으로써 발생한 경제사정의 중대한 변동으로 폐업한 경우에는 사정 변경을 이유로 임대차계약을 해지할 수 있도록 명문의 규정을 마련'한 것이다. 상임법 부칙은 "제2조(임차인의 해지권에 관한 적용례) 제11조의2의 개정규정은 이 법 시행 당시 존속 중인 임대차에 대해서도 적용한다."고 규정하여 시행 당시 존속 중 임대차에도 위 신설조문이 적용되도록 조치하였다.

26. 전임차인이 설치한 부분에 대한 원상회복의무와 존부

전임차인에게 권리금을 주고 시설 등을 인수하여 상가에서 영업을 하고 있다. 새로운 임차인을 구하기도 어려워 권리금회수를 포기하고, 계약종료일에 상가를 임대인에게 인도를 하기 위해 연락을 했더니, 임대인이 상가임대차계약서에 적시된 원상회복 규정을 들어 상가에 대한 원상회복을 요구하면서 전임차인이 설치한 시설까지 모두 원상회복하라고 요구한다.

참고로 민법 제654조, 제615조에 의하면, 임차인이 임차물을 반환하는 경우에 이를 원상으로 회복하도록 규정하고 있다(민법 제654조가 사용대차편의 규정인 민법 제615조를 준용하고 있음. 즉 민법 제615조는 "(사용)차주의 원상회복의무와 철거권"이라는 제목 아래에 "차주가 차용물을 반환하는 때에는 이를 원상에 회복하여야 한다. 이에 부속시킨 물건은 철거할 수 있다."라고 규정).

이러한 경우에 현 임차인은 전임차인이 설치한 시설까지 모두 원상회복해야 하는가? 현 임차인이 설치한 것만 원상회복하면 되는 것이 아닌가?

대법원 2017다268142 판결에 의하면 전임차인이 설치한 시설까지 모두 원상회복이 이루어져야 한다는 취지로 이해된다.

즉, "임대차계약서에 임대차 종료 시 을(임차인 원고)의 원상회복의무를 정하고 있으므로 병 회사(임대인 피고)가 철거한 시설물이 점포에 부합되었다고 할지라도 임대차계약의 해석상 을이 원상회복의무를 부담하지 않는다고 보기 어렵고, 병 회사가 철거한 시설은 프랜차이즈 커피전문점의 운영을 위해 설치된 것으로서 점포를 그 밖의 용도로 사용할 경우에는 불필요한 시설이고, 을이 비용상환청구권을 포기하였다고 해서 병 회사가 위와 같이 한정된 목적으로만 사용할 수 있는 시설의 원상회복의무를 면제해 주었다고 보기 어려우므로, 병 회사가 비용을 들여 철거한 시설물이 을의 전 임차인이 설치한 것이라고 해도 을이 철거하여 원상회복할 의무가 있다."는 취지이다.

이 사안은 임차인 원고의 보증금 청구에 대하여 임대인 병의 시설철거비에 대한 공제항변이 받아들여진 것인데, 원심(서울고등법원 2017나2007444 판결)을 확인하면, 전임차인뿐만 아니라, 현 임차인도 특정 커피프랜차이즈 업종에 속하여 커피점을 운영한 사실, 사실상 임차권 양도로 보이는 사실(임대조건이 동일하고 계약기간도 승계), 현 임차인이 전임차인이 시설한 부분도 자신의 소유임을 전제로 권리금을 주장한 사실이 보이는 바, 전임차인이 설치한 시설을 권리금을 주고 현 임차인이 매입한 경우에 전임차인이 설치한 시설도 현 임차인이 원상으로 회복할 의무가 있다는 취지로 이해하면 될 것이다(필자의 개인의견).

이와 관련하여 원심은 "원고는 피고가 철거한 시설을 포함하여 이 사건 임대차계약 종료 시 이 사건 점포에 있던 시설 일체(유형재산)가 원고의 소유임을 전제로 그 가액을 포함한 금액이 이 사건 점포의 권리금이라고 주장하였다."는 설시를 하고 있다.

이 사안에서는 임차인 원고가 "임차인이 그가 임차 받았을 때의 상태로 반환하면 되는 것이지 그 이전의 사람이 시설한 것까지 원상회복할 의무가 있다고 할 수 없다."라는 취지의 대법원 90다카12035 판결을 법원에 제시한 것으로 보였으나, 위 대법원 2017다268142 판결은 "상고이유에서 들고 있는 대법원 90다카12035 판결은 이 사건과 사안이 달라 이 사건에 원용하기에 적절하지 않다."면서 원고의 주장을 배척한 사실이 있다.

대법원 90다카12035 판결 사안은 어떠한 사안이었을까? 대법원 90다카12035 판결에 의하면, "원고(임차인)는 다른 사람(제1심의 피고 소송대리인의 제출한 1988.6.30.자 준비서면에 의하면 피고는 위 건물이 준공되자 1979. 6. 18. 최초로 소외 양○○에게 임대하여 주었다고 되어 있다)이 무도유흥음식점으로 경영하던 이 사건 점포를 피고로부터 임차하여 내부시설을 개조단장하였다는 것인바 그렇다면 원고에게 임대차 종료로 인하여 목적물을 원상회복하여 반환할 의무가 있다고 하여도 별도의 약정이 없는 한 그것은 원고가 개조한 범위 내의 것으로서 원고는 그가 임차받았을 때의 상태로 반환하면 되는 것이지 원고 이전의 사람이 시설한 것까지 원상회복할 의무가 있다고 할 수는 없을 것이다."라는 취지이다.

필자는 과거에 가끔 대법원 90다카12035 판결을 들고 필자의 사무실을 방문하여 현 임차인의 경우에 종전 임차인이 설치한 시설의 원상회복의무가 없는 것이 아닌지 질문하는 고객분들에게 권리금을 주고 시설을 인수하였거나, 임차권을 양수한 사례라면 현 임차인이 종전 임차인이 설치한 시설도 원상회복의무가 인정될 가능성도 있다는 설명을 했었는데, 대법원 2017다268142 판결은 이를 명확히 한 것으로 해석된다(필자의 개인의견).

다만 임차인의 원상회복의무에 대하여는 민법 제654조, 제615조에 원상회복만을 규정할 뿐이고 원상회복의무의 범위 · 내용에 대한 규정이 없음을 들어 원상회복의 범위는 '임대차 개시 당시의 상태'가 기준이 된다면서 '계약서에 특별한 약정이 없으면 임차인이 들어갔을 때 상태대로 해 놓고 나가는 것이 상식에 부합'하며 위 대법원 2017다268142 판결은 임대차 계약서에 "이 사건 임대차계약 종료 시 원고가 이 사건 점포에 설치된 원고 소유의 파스쿠치 커피숍 인테리어 시설과 장비를 반출하여야 한다."라는 약정에 따라서 원상회복의무가 발생한 것이라는 취지의 견해도 보인다(2021. 11. 19.자 '서울고등법원판례공보스터디' 제125쪽, 제126쪽 참고).

이와 관련하여 대법원 2023다249661 판결은 "특별한 사정이 없는 한 임차인은 그가 임차하였을 때의 상태로 임차목적물을 반환하면 되고 종전 임차인 등이 설치한 부분까지 원상회복할 의무는 없다."는 취지의 위 대법원 90다카12035 판결을 원용하면서,

"임대차계약서의 특약사항 기재 내용만으로 임차목적물이 아닌 부분까지 원상회복의 대상으로 약정하였다고 보기 어렵고, 피고가 임대 당시와 비교하여 현상이 변경된 부분에 한하여 원상회복의무를 부담할 뿐 이를 초과하여 원상회복의무를 부담한다고 보기 어렵다는 등의 이유로, 철거청구 부분을 파기 · 환송"한 사실이 있다.

2023. 12. 15.자 공보에 대한 '서울고등법원판례공보스터디'에 의하면 위 대법원 2023다

249661 판결을 설명하면서 임대인과 임차인 사이 이해관계의 균형을 고려하면 위 대법원 90다카12035 판결과 같이 임차인의 임대차 개시 상태를 기준으로 원상회복의무를 정하는 것이 합리적이며, 통상적으로 임차인은 종전 임차인으로부터 시설을 인수하면서 향후 권리금을 받고 제3자에게 영업을 양도할 것을 계획하지, 임대차계약이 종료되어 권리금을 받지 못할 상황에서 종전 임차인의 시설까지 철거할 의무를 부담한다는 것은 전혀 예상하지 못하였을 것이라는 의견을 밝히고 있다(위 견해는 '대법원 2017다268142 판결'사안에 대하여, 종전 임차인의 영업을 양수한 임차인은 자신이 설치하지 않은 인테리어시설 등에 대해서도 원상회복의무를 부담하는 것처럼 오해될 소지가 있으나 해당 사안의 임대차계약서에 특별한 약정("이 사건 임대차계약 종료 시 임차인이 이 사건 점포에 설치된 임차인 소유의 ○○커피숍 인테리어 시설과 장비를 반출하여야 한다.")이 있었기 때문에 임차인의 철거의무가 인정된 것이지, 판시사항에 나타난 사정들만으로 철거의무에 관한 특별한 약정이 있다고 인정된 것이 아니라는 의견을 밝히고 있음).

참고로 대법원 97다15104 판결에 의하면 "임대차 종료시 임차인의 원상회복의무 지체로 인하여 임대인이 입은 손해는 이행지체일로부터 임대인이 실제로 원상회복을 완료한 날까지의 임대료 상당액이 아니라 임대인 스스로 원상회복을 할 수 있었던 기간까지의 임대료 상당액이다."는 취지이다.

필자의 경험에 의하면 '임대인이 스스로 원상회복을 할 수 있었던 기간까지의 임대료 상당액'은 해당 재판부에서 경위 등을 고려하여 직권으로 정하고 있다.

그렇다면 이때 임대인이 실제로 원상회복을 완료한 날까지의 임대료 상당액을 그때까지 임차인이 임차물을 불법점유를 한 것이라면서 불법점유에 의한 손해배상청구 명목으로 구할 수는 없는가? 보증금을 돌려주지 않은 경우라면 어렵다.

즉 대법원 2017다224630, 224647 판결에 의하면 "임대차계약의 종료에 의하여 발생된 임차인의 목적물반환의무와 임대인의 연체차임 등을 공제한 나머지 보증금의 반환의무는 동시이행의 관계에 있으므로, 임대차계약 종료 후에도 임차인이 동시이행의 항변권을 행사하여 임차건물을 계속 점유하여 온 것이라면, 임대인이 임차인에게 보증금반환의무를 이행하였다거나 현실적인 이행의 제공을 하여 임차인의 건물명도의무가 지체에 빠지는 등의 사유로 동시이행의 항변권을 상실하지 않는 이상, 임차인의 건물에 대한 점유는 불법점유라고 할 수 없으며, 따라서 임차인으로서는 이에 대한 손해배상의무도 없다."라는 취지이기 때문이다.

게다가 임대인이 원상회복을 한 것이니 미리 인도를 받은 것으로도 해석되어 임대인이 원상회복을 할 때까지 임차인이 임차물을 '점유'했다고 단정하기도 어려워 보인다(필자의 개인 의견).

27. 특약이 상가임차인의 원상회복의무를 면제한 것으로 해석되는 경우

임대차계약서를 확인하면, 계약이 종료된 경우에 임차인이 임차물을 원상회복해서 임대인에게 인도해야 한다는 취지의 인쇄된 부동문자가 적시되어 있는 경우가 대부분이다. 또한 민법 제654조, 제615조에 의하면, 임차인이 임차물을 반환하는 경우에 이를 원상으로 회복하도록 규정하고 있다.

그렇다면, 원상회복을 면제하는 특약에도 불구하고 임대차계약서의 인쇄된 부동문자 또는 민법규정에 따라 임차인이 원상회복의무를 부담하는가? 그렇지 않다. 다수의 대법원 판결에 의하면, 임대차계약서상의 인쇄된 부동문자에도 불구하고 원상회복을 면제하는 특약에 따라 임차인의 원상회복의무가 면제된다는 취지이다.

임대차계약서의 특약에 임차인의 원상회복의무를 면제한다고 직접적으로 적시되어 있다면, 그 특약에 따르면 될 것이나, 특약의 해석상 원상회복의무가 면제되는지 여부가 불분명한 경우에는 과연 그 특약이 임차인의 원상회복의무를 면제하고 있는 것인지 법원의 판단이 필요하게 된다. 대법원 판결 사안들을 살펴보자.

대법원 판결에 의하면, 임차인이 임차물의 보수비용이나 시설비용을 임차기간 동안 전적으로 부담하되, 그 비용의 상환청구권을 포기하는 특약을 한 경우에는 임차인이 위 상환청구권을 포기하는 대신 원상회복의무도 부담하지 않기로 약정한 것으로 해석한다(대법원 98다6497 판결, 대법원 2002다38828 판결 등).

즉 대법원 98다6497 판결에 의하면, "원심은, 이 사건 임대차계약서에 '임차인은 임대인의 승인하에 개축 또는 변조할 수 있으나 계약대상물을 명도시에는 임차인이 일체 비용을 부담하여 원상복구하여야 함.'이라는 내용이 인쇄되어 있기는 하나, 한편 원·피고는 위 계약체결 당시에 특약사항으로 '보수 및 시설은 임차인이 해야 하며 앞으로도 임대인은 해주지 않는다. 임차인은 설치한 모든 시설물에 대하여 임대인에게 시설비를 요구하지 않기로 한다.' 등의 약정을 한 사실이 인정되므로, 원고는 시설비용이나 보수비용의 상환청구권을 포기하는 대신 원상복구의무도 부담하지 않기로 하는 합의가 원·피고 사이에 있었다고 보기에 충분하다고 하여, 원고로서는 위 계약서의 조항에 의한 원상복구의무를 부담하지 않는다고 판단하였는바, 기록에 의하여 살펴보면 위와 같은 원심의 사실인정과 판단은 모두 수긍이 가고, 거기에 채증법칙 위반이나 원상회복의무에 관한 법리오해의 위법이 있다고 할 수 없다."라는 취지이다.

그리고 대법원 2002다38828 판결에 의하면, "원심은, 원고가 승계한 이 사건 임대차계약에서 임대차계약이 해제(이는 종료를 포함하는 의미로 보인다.)된 때에는 임차인은 자기의 비용으로 임차한 목적물을 원상복구하여 임대인에게 명도하여야 한다고 정하여져 있는 사실을 인정할 수 있으나, 위 임대차계약에서 임차인은 목적물 관리 및 유지·보존에 따른 관리비와 수리비, 조세공과금 등 일체의 유지비를 부담하기로 약정한 사실에 비추어 임차인은 시설비용이나 보수비용의 상환청구권을 포기하는 대신 원상복구의무도 부담하지 않기로 합의를 한 것이라고 볼 것이므로, 피고에게 원상복구의무가 있음을 전제로 하는 원고의 주장은 이유 없다고 판단하였다. 기록에 비추어 살펴보면, 원심의 위와 같은 인정 및 판단은 정당하고, 거기에 상고이유에서 주장하는 바와 같은 원상복구의무에 관한 사실오인 내지 법리오해의 위법이 없다."라는 취지이다.

민법 제623조는 "임대인은 목적물을 임차인에게 인도하고 계약존속 중 그 사용, 수익에 필요한 상태를 유지하게 할 의무를 부담한다."고 적시하고 있다. 게다가 민법 제626조는 임차인의 임대인에 대한 필요비, 유익비의 상환청구권을 인정하고 있다.

따라서 임차물을 임차목적에 부합하도록 임차물의 증·개축이 필요하다면, 그러한 증·개축은 임대인의 책임범위에 있는 것으로 해석되는데, 임대차계약서의 특약으로 '임차인이 임차건물을 증·개축 기타 필요한 시설을 하되 임대인에게 그 투입비용의 변상이나 일체의 권리주장을 포기'하기로 약정하였다면, 이는 임차인이 임차건물을 반환시에 비용상환청구 등 일체의 권리를 포기하는 대신 원상회복의무도 부담하지 아니한다는 내용을 포함하는 약정으로 보아야 한다는 취지의 대법원 판례도 보인다.

즉, 대법원 80다320, 321 판결에 의하면, "임차인이 임차건물을 증·개축 기타 필요한 시설을 하되 임대인에게 그 투입비용의 변상이나 일체의 권리주장을 포기하기로 특약하였다면 이는 임차인이 임차건물을 반환 시에 비용상환청구 등 일체의 권리를 포기하는 대신 원상복구의무도 부담하지 아니한다는 내용을 포함하는 약정으로 볼 것이므로, 동 임차계약서상에 '임차인은 임대인의 승인 하에 가옥을 개축 또는 변조할 수 있으나 차가를 반환할 기일 전에 임차인이 일체의 비용을 부담하여 원상복구키로 함'이라는 인쇄된 부동문구가 그대로 남아 있다하여 이에 기하여 임차인의 원상복구의무를 인정할 수 없다."라는 취지이다.

그렇다면, 임차인이 자신의 영업을 위해 설치한 시설에 대한 비용을 임대인에게 청구하지 않기로 특약한 경우에, 그 특약을 임차인의 원상회복의무 면제특약을 해석할 수 있을까? 그렇지 않다.

즉, 대법원 2002다42278 판결에 의하면 "이 사건의 경우 임차인이 자신의 영업을 위하여 설치한 시설에 관한 비용을 임대인에게 청구하지 않기로 약정한 사정만으로 원상복구의무를 부담하지 아니하기로 하는 합의가 있었다고 볼 수 없고, 임대차계약서상 기재된 임차인의 원상복구의무에 관한 조항이 단지 부동문자로 남아 있는 무의미한 내용에 불과하다고 볼 수 없다."라는 취지이다.

제 5 장 상가건물임대차 대항력 · 우선변제권 · 임차권등기명령신청

1. 상가건물 임대차보호법상 소유자 변경과 그에 대응한 임차인의 대항요건과 대항력

상가를 임차하였는데, 소유자가 변경되었다. 이 경우 임차인은 자신의 임차권을 신소유자에게 주장(대항)할 수 있는가? 우선 일반적인 매매로 상가의 소유권이 변경되는 사례를 살펴보자. 상임법은 환산보증금 액수의 소액 · 고액에 상관없이 임차건물의 신규 소유자가 임대인의 지위를 승계하는 것으로 규정하였는데, 이는 임차인이 임차물을 점유하면서 사업자등록을 하였음을 전제한다.

즉, 상임법 제2조 제3항은 환산보증금의 액수에 상관없이 상가임차인이 건물의 인도와 사업자등록을 완료한 경우(상임법 제3조 제1항)에 임차건물의 양수인이 임대인의 지위를 승계하도록 규정하고 있다(상임법 제3조 제2항). 따라서 상가임차인이 상가를 점유하면서 사업자등록을 한 경우라면, 일반 매매를 통하여 상가를 매수한 상가의 신소유자는 임대인의 지위를 승계하게 된다.

그렇다면, 상가임차인이 사업자등록을 신청하기 전에 은행의 근저당권이 설정되어 있는 경우는 어떠한가? 상가임차인이 사업자등록을 신청하기 전에 해당 상가를 담보로 은행이 대출을 해주고 근저당권 설정을 받은 상황이라고 하더라도, 상가의 소유권을 매매로 취득한 상가의 소유자는 임대인의 지위를 승계한다고 해석된다.

상가임차인은 점유와 사업자등록이라는 대항요건을 갖추었는데, 그 대항요건으로 일반 매매로 인한 신소유자에게 선순위 근저당권의 존재 여부와 관련 없이 대항할 수 있고, 결국 임차인은 대항요건 취득일보다 후순위로 소유권을 일반 매매로 취득한 신소유자에게 대항력을 보유하고 있기 때문이다.

그렇다면, 경매로 상가를 취득한 상가의 신소유자인 낙찰자는 어떠한가? 경매로 상가의 소유권을 취득하는 상황일 경우라면, 경매의 특수성을 고려할 필요가 있다. 즉, 말소기준권리를 찾아야 하고, 사업자등록이 말소기준권리보다 늦게 이루어진 경우라면, 경매로 상가의 소유권을 취득하는 낙찰자에게 대항할 수 없는바, 상가임차인은 대항요건을 갖추었으되, 상가의 신소유자인 낙찰자에게 대항할 수 없어, 상가의 신소유자인 상가의 낙찰자는 임대인의 지위를 승계하지 않게 된다. 말소기준권리의 대표적인 것은 앞서 설명한 선순위 근저당권이다(민사집행법 제91조).

민사집행법 제91조 제2항은 "매각부동산 위의 모든 저당권은 매각으로 소멸한다."고 규정하고 있어 부동산이 경매로 넘어가면 저당권(근저당권)은 무조건 소멸하게 되고, 저당권(근저당권) 이후의 권리로 낙찰자에게 대항할 수 없다.

이렇듯 대항요건이라는 개념과 대항력이라는 개념은 다른 개념이다. 또한, 경매에서는 근저당권 등과 같은 선순위 말소기준권리라는 개념으로 인하여 상가의 임차인이 신소유자인 경매낙찰자에게 임차권으로 대항할 수 없어, 개정 상임법에도 불구하고 임차인의 지위를 누리지 못할 수도 있음을 기억할 필요가 있다.

2. 상가건물 임대차보호법상 임대인지위 승계와 차임연체

상임법에 의하면 상가임차인이 대항력을 취득한 경우에 상가의 양수인이 임대인의 지위를 승계한다고 규정하고 있다(상임법 제3조 제2항). 따라서 경매 또는 매매 등을 통하여 상가의 소유권을 취득한 자는 대항력 있는 임차인에 대한 임대인의 지위를 취득한다. 결국 상가 양수인은 보증금반환의무를 부담하고, 임차인은 양수인에게 차임지급의무를 부담한다.

임차인이 상가의 소유권이 이전되기 전에 차임 등을 연체한 경우에 양수인이 전소유자에 대한 임차인의 연체차임 등을 임차인에게 청구할 수 있을까? 원칙적으로 청구할 수 없다. 즉, 채권양도절차가 없는 한 원칙적으로 연체차임 등의 채권이 양수인에게 이전되지 않기 때문에 전소유자(임대인)만이 임차인에게 연체차임을 청구할 수 있다(대법원 2016다218874 판결).

그렇다면, 양수인이 전소유자에게 임차인이 연체한 차임 등을 반환되는 보증금에서 공제할 수는 있는가? 특별한 사정이 없는 한 전소유자에게 임차인이 연체한 차임 등이 양수인이 반환할 보증금에서 당연 공제된다(대법원 2016다218874 판결).

그 이유는 무엇일까? 대법원은 "일반적으로 임차건물의 양도 시에 연체차임이나 관리비 등이 남아 있더라도 나중에 임대차관계가 종료되는 경우 임대차보증금에서 이를 공제하겠다는 것이 당사들의 의사나 거래관념에 부합하기 때문"이라고 한다. 대법원 판례를 정리하면, 임차인이 전소유자에게 연체한 차임 등을 양수인이 청구할 수는 없지만, 양수인이 임차인에게 반환할 임대차보증금에서는 당연 공제된다는 것이다.

이때 의문이 하나 생기는데, 양수인이 상가를 양수하자마자 임차인이 전소유자에게 연체한 차임이 3기에 달한다는 이유로 계약을 해지할 수 있는가이다. 대법원 2008다3022 판결에 의하면 "임대인 지위가 양수인에게 승계된 경우 이미 발생한 연체차임채권은 따로 채권양도의 요건을 갖추지 않는 한 승계되지 않고, 따라서 양수인이 연체차임채권을 양수받지 않은 이상 승계 이후의 연체차임액이 3기 이상의 차임액에 달하여야만 비로소 임대차계약을 해지할 수 있는 것"이라는 취지이다.

필자의 개인의견으로도 채권양도절차를 거치지 않은 경우 양수인에게 전소유자의 연체차임청구권을 인정하지 않은 이상, 전소유자에 대한 차임 3기 연체를 이유로 계약해지는 어렵다고 본다.

결국 임대인 지위가 양수인에게 승계되면서 이미 발생한 연체차임채권에 대하여 채권양도요건을 갖추었다면 승계 이후에 차임연체액이 3기 이상에 이르지 않았더라도 승계차임연체액이 3기에 달하면 차임연체로 인한 계약해지가 인정될 여지가 있어 보인다. 참고로 위 대법원 2016다218874 판결 사안 및 대법원 2008다3022 판결 사안은 전임대인과 양수인 모두에게 임차인이 각 3기 이상 연체한 사안이었다.

다만, 법정지상권의 경우는 명시적 판례가 존재하는데, 법정지상권의 부담을 떠안고 있는 토지를 매수하면서 연체된 지료(2년 미만)에 대한 채권양도를 받아 채권양도절차를 마쳤고, 토지의 전소유자(토지 양도인)에 대한 연체액과 현 소유자(토지 양수인)의 연체액의 합계가 2년 이상에 이르렀음에도 불구하고 지상권소멸청구가 어렵다는 것이다.

즉 대법원 99다17142 판결에 의하면 "민법 제287조가 토지소유자에게 지상권소멸청구권을 부여하고 있는 이유는 지상권은 성질상 그 존속기간 동안은 당연히 존속하는 것을 원칙으로 하는 것이나, 지상권자가 2년 이상의 지료를 연체하는 때에는 토지소유자로 하여금 지상권의 소멸을 청구할 수 있도록 함으로써 토지소유자의 이익을 보호하려는 취지에서 나온 것이라고 할 것이므로, 지상권자가 그 권리의 목적이 된 토지의 특정한 소유자에 대하여 2년분 이상의 지료를 지불하지 아니한 경우에 그 특정의 소유자는 선택에 따라 지상권의 소멸을 청구할 수 있으나, 지상권자의 지료 지급 연체가 토지소유권의 양도 전후에 걸쳐 이루어진 경우 토지양수인에 대한 연체기간이 2년이 되지 않는다면 양수인은 지상권소멸청구를 할 수 없다."는 취지이므로 주의할 필요가 있다.

참고로 위 대법원 99다17142 판결은 토지 양도인과 법정지상권자 사이의 판결에 따른 지료결정이 토지 양수인에게 미치지 않았던 사정이 존재한다. 위 판결에 의하면 "지료액 또는 그 지급시기 등 지료에 관한 약정은 이를 등기하여야만 제3자에게 대항할 수 있는 것이고, 법원에 의한 지료의 결정은 당사자의 지료결정청구에 의하여 형식적 형성소송인 지료결정 판결로 이루어져야 제3자에게도 그 효력이 미친다고 할 것"인데, 토지 양도인(전소유자)과 법정지상권자 사이에 지료의 결정은 단지 “서울지방법원 95가합66264 사건의 판결에서 1995. 4. 10.부터 1996. 3. 13.까지는 금 27,695,710원, 1996. 3. 14. 이후는 연 금 26,655,270원으로 결정”되어 “위 판결 이유에서 정한 지료에 관한 결정은 원고들(토지 양수인, 즉 현 소유자)과 피고 박학○(법정지상권자) 사이에는 그 효력이 없다.”라는 취지였다.

3. 상가소유자의 변경과 변경 전 연체차임 등이 보증금에서 당연공제되는지

상가건물의 임차인은 인도(이사)와 사업자등록 요건을 갖추면, 대항력이 발생한다(경매의 경우는 말소기준보다 후순위라면 대항력이 인정되지 않을 수도 있음). 대법원 2016다218874 판결 사안을 분석해 보자. 사안은 설명의 단순화를 위해 일부 수정하였다.

공인중개사 을이 상가를 보증금 2천 5백만원, 월세 180만원 등에 임차하면서, 인도와 사업자등록 요건을 갖추었는데, 임대인 갑(6인) 소유 상가가 공유물분할경매를 통해 병에게 매각되었다. 결국 상임법 제3조에 따라, 병이 임대인의 지위를 승계하고, 공인중개사 을은 임차인의 지위를 그대로 유지하게 되어, 상가의 임대인은 병, 임차인은 을이 된다.

그런데 임차인 을이 전소유자 갑에게 연체한 월세 등 금액의 합계가 3천 4백만원에 달하였다. 신소유자인 임대인 병이 소유자가 된 뒤에도 임차인 을은 차임연체를 계속하여, 을이 병에게 연체한 차임 등의 합계가 1,800만원에 이르렀고, 신소유자 병은 을에게 계약해지통보를 하였다.

임차건물의 소유권이 이전되기 전에 이미 발생한 연체차임이나 관리비 등은 별도의 채권양도절차가 없는 한 원칙적으로 양수인에게 이전되지 않고 기존 임대인만이 임차인에게 연체차임 등을 청구할 수 있다는 법원 판례를 고려하면, 채권양도절차 없이 신소유자 병이, 을이 갑에게 연체한 금 3천 4백만원에 대한 공제주장을 할 수 없는가?

대법원 판결은 “임대차계약에서 임대차보증금은 임대차계약 종료 후 목적물을 임대인에게 명도할 때까지 발생하는, 임대차에 따른 임차인의 모든 채무를 담보한다. 따라서 이러한 채무는 임대차관계 종료 후 목적물이 반환될 때에 특별한 사정이 없는 한 별도의 의사표시 없이 보증금에서 당연히 공제된다. 임차건물의 양수인이 건물 소유권을 취득한 후 임대차관계가 종료되어 임차인에게 임대차보증금을 반환해야 하는 경우에 임대인의 지위를 승계하기 전까지 발생한 연체차임이나 관리비 등이 있으면 이는 특별한 사정이 없는 한 임대차보증금에서 당연히 공제된다. 일반적으로 임차건물의 양도 시에 연체차임이나 관리비 등이 남아있더라도 나중에 임대차관계가 종료되는 경우 임대차보증금에서 이를 공제하겠다는 것이 당사자들의 의사나 거래관념에 부합하기 때문이다.”는 취지이다.

따라서 신소유자인 병이 전소유자 갑에게 임차인 을이 연체한 금 3천 4백만원이 보증금 2천 5백만원에서 공제되어야 한다는 주장[위 판결에서 원고(병)는 이 사건 건물의 소유권을 취득하기 전 피고(을)가 전임대인인 소외인 등(갑)에게 연체한 차임 등이 34,951,320원에 이르러 임대차보증금이 모두 소멸하였다고 주장을 하였음]을 하게 되면 위와 같은 법리에 따라 당연 공제된다고 한다(결국 보증금 2천 5백만원은 소멸함).

위와 같은 결론과 더불어 신소유자 병은 을에게 을이 병에게 연체한 금 1천 8백만원을 청구할 수 있게 된다. 결국, 임차인이 전임대인에게 연체한 차임을 임대인의 지위를 승계한 신소유자가 청구를 하려면 채권양도절차를 거쳐야 하지만, 전임대인에게 연체한 차임이라도 보증금에서는 당연 공제된다는 것이다.

이와 달리 원심은 "전 임대인인 소외인 등과 피고 사이에 이 사건 임대차계약 종료 전에 보증금에서 연체차임 등을 공제한다는 의사표시가 있었음을 인정할 증거가 없고, 원고가 소외인 등으로부터 위 연체차임채권을 양수받았다는 점에 관한 주장과 증명도 전혀 없어 원고가 임대인의 지위를 승계하기 전에 발생한 연체차임 등을 임대차보증금에서 공제할 수 없다."는 취지였다.

위와 같은 사정을 고려하면, 상가를 경매로 낙찰받는 것이 아니라, 일반적인 매매로 산다면 연체차임에 대한 채권양도절차를 거치는 것이 임대인에게 유리하다. 위 사례에서 채권양도절차를 거쳤다면, 보증금 2천 5백만원을 공제받는 것뿐만 아니라, 차임연체액 3천 4백만원에서 보증금 2천 5백만원의 차액인 9백만원을 추가로 부당이득 청구 등을 할 수 있게 되어, 부당이득 등의 청구액의 총액이 2,700만원(1,800만원+900만원)에 이르는 이익이 발생하기 때문이다.

참고로 대법원 2016다211309 판결에 의하면 "임대인에게 임대차보증금이 교부되어 있더라도 임대인은 임대차관계가 계속되고 있는 동안에는 임대차보증금에서 연체차임을 충당할 것인지 여부를 자유로이 선택할 수 있다(대법원 2005다459, 466 판결 등). 따라서 임대차계약의 종료 전에는 공제 등의 별도의 의사표시 없이 연체차임이 임대차보증금에서 당연히 공제되는 것은 아니고(대법원 2011다49608, 49615 판결 등), 임차인도 임대차보증금의 존재를 이유로 차임의 지급을 거절할 수 없다."고 판시하여 임대차계약 종료 시와 달리 임대계약 종료 전에는 임대인이 공제 등의 의사표시를 해야 연체차임이 보증금에서 공제된다는 취지의 판시를 한 사실이 있다.

4. 세무서의 확정일자 날인 거부

상임법이 적용되려면 서울의 경우 현재 환산보증금 9억원 이하여야 한다[단, 상임법 제2조 제3항을 통해 대항력 규정(제3조), 적시의 계약갱신요구에 따른 10년 보장규정(제10조 제1항, 제2항, 제3항 본문), 권리금회수기회보호 규정(제10조의4), 3기 연체 시 해지규정(제10조의8) 등은 환산보증금의 소액·고액 등 그 액수에 상관없이 모든 상가임대차계약에 적용].

환산보증금은 월세에 100을 곱하고, 그 금액에 보증금을 합산하여 계산한다. 예를 들어,

보증금 3억원에 월세가 600만원(부가가치세 60만원)이라면 환산보증금은 9억원이 된다. 이때 부가가치세를 제외하고 계산함이 타당하다. 상입법 제2조 제2항은 "차임"이라는 용어를 쓰고 있을 뿐이기 때문이다. 즉 "차임"에 부가가치세가 포함되기는 어려울 것이다. 왜냐하면, 부가가치세는 임대인에게 최종적으로 귀속되는 "차임"이 아닐 뿐만 아니라, 부가가치세는 상인인 임차인이 환급을 받기 때문이다.

환산보증금을 계산할 때의 "차임"에는 부가가치세가 포함되지 않는다는 취지의 대법원 판결을 확인하지는 못했지만, 하급심 판례는 존재하는 것으로 보인다. 즉 수원지방법원 2008나27056 판결에 의하면 "임차인이 부담하기로 한 부가가치세액이 상가건물 임대차보호법 제2조 제2항에 정한 '차임'에 포함되는지 여부에 관하여 보건대, 부가가치세법 제2조, 제13조, 제15조에 의하면 임차인에게 상가건물을 임대함으로써 임대용역을 공급하고 차임을 지급받는 임대사업자는 과세관청을 대신하여 임차인으로부터 부가가치세를 징수하여 이를 국가에 납부할 의무가 있는바, 임대차계약의 당사자들이 차임을 정하면서 '부가세 별도'라는 약정을 하였다면 특별한 사정이 없는 한 임대용역에 관한 부가가치세의 납부의무자가 임차인이라는 점, 약정한 차임에 위 부가가치세액이 포함된 것은 아니라는 점, 나아가 임대인이 임차인으로부터 위 부가가치세액을 별도로 거래징수할 것이라는 점 등을 확인하는 의미로 해석함이 상당하고, 임대인과 임차인이 이러한 약정을 하였다고 하여 정해진 차임 외에 위 부가가치세액을 상가건물 임대차보호법 제2조 제2항에 정한 '차임'에 포함시킬 이유는 없다."는 취지이다.

다만, 대법원 2017다9657 판결 이유를 확인하면 환산보증금 계산에 있어 부가가치세를 포함하여 계산한 것이 확인되는데, 이는 부가가치세 문제가 쟁점화되지 않은 상태에서의 이유설시임을 주의할 필요가 있다(2022. 9. 30.자 '서울고등법원판례공보스터디' 제1531쪽에서도 대법원 2021다233730 판결을 해설함에 있어 환산보증금을 계산하면서 "차임"에 부가가치세를 포함하여 설명하는 부분이 확인되는데, 위 판례에서도 부가가치세 문제가 쟁점화되지 않은 고액의 환산보증금 사례였음. 즉 환산보증금이 대략 25억원에 달하는 사례).

그런데 필자는 위와 같은 사례, 즉 보증금 3억원에 월세가 600만원이고 이에 대한 부가가치세가 60만원과 같은 사례에서 세무서가 확정일자 날인을 거부한 사례의 상담을 한 적이 있다(상임법 환산보증금 기준이 계속 개정되는 문제로 인하여 위 보증금 및 월세 사례는 가공하여 설명함). 이에 필자는 관련 하급심 판례까지 찾아 그 판례를 세무서 직원에게 보여주고 확정일자를 받으라고 상담을 했고, 몇 달이 흘렀는데 그 고객이 다른 문제로 상담을 하러 왔기에 확정일자 문제를 물었더니, 그럼에도 불구하고 확정일자를 거부했다고 한다.

세무서 직원은 내부문서를 보여주면서 부가가치세까지 포함해서 환산보증금을 정해서 확정일자 날인 여부를 결정한다고 답했다고 한다. 법무부가 종전에 부가가치세를 "차임"에 포함하여 환산보증금을 결정해야 한다는 취지의 유권해석을 한 것으로 보이는데, 세무서 직원은 아마도 그 해석에 근거한 것으로 보였다. 필자가 제공한 자료에 대해서는 대법원 판례가 없는 이상 자신들은 확정일자를 날인해 줄 수 없다는 답변을 하였다고 한다.

상입법 제5조 제2항에 의하면 문언상 확정일자는 세무서장으로부터 받게 되어 있다. 이에 대하여 확정일자 부여기관을 관할세무서장으로 한정한 것인지 견해가 대립하지만, 이런저런 이유로 세무서장에 한정된다는 것이 일반적인 것 같다. 결국 상가임차인이 확정일자를 받을 수 있는 곳은 세무서뿐이다.

이와 같은 상황에서는 세무서가 상임법상 환산보증금 요건 충족 여부가 불분명할 경우 확정일자를 날인해주는 것이 타당하다. 확정일자를 날인하는 이유는 해당 상가가 경매에 부쳐질 때 순위에 따른 배당을 받게 하려는 것이기 때문에 확정일자를 받지 못할 경우에 배당에서 아예 제외되는 문제가 발생한다(상임법 제5조 제2항).

세무서는 법률적인 판단을 하는 곳이 아니다. 환산보증금 계산에 이견이 있을 수 있는 경우에는 확정일자를 날인해 주고, 그에 대한 배당이 인정될 수 있는지는 법원이 결정할 문제이기 때문이다.

필자가 상임법과 관련된 상담을 하면서 관심을 가졌던 내용이라 다른 고객에게도 위와 같은 사례가 걸리면 묻곤 했는데, 세무서에서 확정일자 날인을 거부하는 경우는 드물었다. 몇몇 세무서의 확정일자 날인 거부행위는 구상책임을 부담할 여지가 있을 뿐만 아니라, 법원이 판단할 문제에 행정기관이 개입하는 것과 다를 바 없어 개선될 필요가 있다.

5. 상가임차인의 사업자등록은 필수적

상가임차인에게 있어 사업자등록은 어떠한 의미가 있을까? 주택에 있어 주민등록(전입신고)과 같은 의미가 있다. 즉, 상가임차인이 임대차계약을 체결한 후, 인도(이사)와 사업자등록을 마치게 되면, 상임법에 따른 대항요건을 취득하게 되고, 임대차계약서에 확정일자까지 받으면, 경매에 있어 순위에 따른 배당권도 인정된다(상임법 제3조, 제5조 제2항).

좀 더 구체적으로 살펴보자. 현재, 서울은 9억원을 기준으로 환산보증금에 대한 문제해결이 달라지는 경우가 있다(상임법 제2조, 동법 시행령 제2조 제1항). 만약, 상가임차인의 환산보증금이 10억원이었다고 가정하자.

위와 같은 상황에서 상가임차인이 인도(이사), 사업자등록, 확정일자를 받았다. 즉, 대항요건을 취득하고 확정일자를 받은 것이다(다만, 환산보증금 9억원 초과 시 확정일자를 찍어주지 않은 세무서도 존재함). 이러한 경우 대항요건에 따른 대항력은 인정될 가능성이 있지만(상임법 제3조, 제2조 제3항), 확정일자를 받았더라도, 우선변제권은 인정되기 어렵다(상임법 제3조, 제2조 제3항, 제5조 제2항 참고).

그 이유는 무엇일까? 상임법 제5조 제2항은 "제3조 제1항의 대항요건을 갖추고 관할 세무서장으로부터 임대차계약서상의 확정일자를 받은 임차인은 민사집행법에 따른 경매 또는 국세징수법에 따른 공매 시 임차건물(임대인 소유의 대지를 포함한다)의 환가대금에서 후순위권리자나 그 밖의 채권자보다 우선하여 보증금을 변제받을 권리가 있다."고 규정하고 있지만, 상임법 제2조 제3항은 "제1항 단서에도 불구하고 제3조, 제10조제1항, 제2항, 제3항 본문, 제10조의2부터 제10조의9까지의 규정, 제11조의2 및 제19조는 제1항 단서에 따른 보증금액을 초과하는 임대차에 대하여도 적용한다."고 규정한바, 확정일자에 따른 우선변제 규정인 상임법 제5조 제2항이 상임법 제2조 제3항에서 배제되어 있기 때문이다.

환산보증금(서울)이 8억원이라면? 이런 경우라면, 대항요건에 따른 대항력도 인정되고, 우선변제권도 인정된다(상임법 제5조 제2항, 상임법 제2조 제1항).

대항요건의 하나인 '사업자등록'의 의미는 무엇일까? 대법원 2013다215676 건물명도 판결에 의하면, 제3자에 대한 공시방법이라는 취지다. 따라서 보증금과 월세가 임차인의 사업자등록 시 관청에 제출된 서류에 적시된 내용과 다르더라도, 공시방법을 믿은 제3자에게는 실제 보증금과 월세를 기준으로 하지 않고, 공시방법인 사업자등록(등록사항현황서 등)을 기준으로 하게 된다. 이러한 법리는 임대차계약이 변경되거나 갱신되었는데, 임차인이 사업자등록 정정 신고를 하지 아니하여 '등록사항현황서 등'에 기재되어 공시된 내용과 실제 임대차계약의 내용이 불일치하게 된 경우에도 마찬가지라고 한다[과거 환산보증금 액수에 따라 대항력(상임법 제2조 제3항 및 제3조 참고) 규정 적용 여부가 다를 때를 전제한 판결].

위 판례는 실제 계약내용과 달리 세무서 제출용 계약서를 별도로 작성하는 경우가 많은 현실에 많은 시사점을 줄 수 있다. 필자의 개인적 생각으로는 실제 계약서보다 적은 보증금과 월세로 인하여 확정일자를 받은 임차인이 배당을 받게 되는 상황일 경우에도 위와 같은 판례가 유지될지 미지수다.

6. 상가건물일부에 대한 임차인의 대항력 등 취득방법

상가건물에 대한 임대차계약을 체결할 때에 인도와 사업자 등록이라는 요건을 충족하면 대항요건을 충족한 것이 되고(상임법 제3조), 대항요건을 충족한 상태에서 확정일자를 받으면, 서울을 기준으로 환산보증금 9억원 이하라면 순위에 따른 우선배당권(우선변제권)이 생긴다(상임법 제2조, 제4조, 제5조).

이때 상가임차인이 1개의 집합건물상가를 임차한 경우라면 등기사항증명서상의 그 해당 상가의 동호수를 표시하여 특정하면 족할 것이나, 집합건물이 아닌 건물의 일부분을 임차하는 경우라면 임차한 부분의 도면을 첨부하는 등 임차물을 명확하게 특정해야 대항요건을 충족할 수 있고, 수 개의 집합건물을 임차한 경우라면 그 수 개의 집합건물에 대한 동호수를 명확하게 특정해야 할 것이다.

이렇듯 도면 등을 통한 특정 내지 동호수 특정에 실패한 상가임차인이라면 해당 상가가 경매로 넘어갈 경우에 그 상가임차인이 말소기준에 앞서 인도 및 전입신고 등을 충족하여 대항요건을 일견 충족한 것으로 보이더라도 그 경매매수인에게 대항할 수 없거나, 경매배당 절차에서 우선변제요건(인도+사업자 등록+확정일자)을 충족하지 못한 것으로 보아 배당에서 제외될 수 있다.

이와 관련된 대법원 2008다44238 판결의 판결이유를 살펴보자.

상가건물임대차보호법 제3조 제1항에서 건물의 인도와 더불어 대항력의 요건으로 규정하고 있는 사업자등록은 거래의 안전을 위하여 임차권의 존재를 제3자가 명백히 인식할 수 있게 하는 공시방법으로서 마련된 것이므로, 사업자등록이 어떤 임대차를 공시하는 효력이 있는지 여부는 일반 사회통념상 그 사업자등록으로 당해 임대차건물에 사업장을 임차한 사업자가 존재하고 있다고 인식할 수 있는지 여부에 따라 판단하여야 한다.

상가건물임대차보호법 제4조와 그 시행령 제3조 및 부가가치세법 제5조와 그 시행령 제7조(소득세법 및 법인세법상의 사업자등록에 준용)에 의하면, 건물의 임대차에 이해관계가 있는 자는 건물의 소재지 관할 세무서장에게 임대차와 사업자등록에 관한 사항의 열람 또는 제공을 요청할 수 있고, 사업자가 사업장을 임차한 경우에는 사업자등록신청서에 임대차계약서 사본을 첨부하도록 하여 임대차에 관한 사항의 열람 또는 제공은 첨부한 임대차계약서의 기재에 의하도록 하고 있으므로, 사업자등록신청서에 첨부한 임대차계약서상의 임대차목적물 소재지가 당해 상가건물에 대한 등기부상의 표시와 불일치하는 경우에는 특별한 사정이 없는 한 그 사업자등록은 제3자에 대한 관계에서 유효한 임대차의 공시방법이 될 수 없다.

또한 위 각 법령의 위 각 규정에 의하면, 사업자가 상가건물의 일부분을 임차하는 경우에는 사업자등록신청서에 해당 부분의 도면을 첨부하여야 하고, 이해관계인은 임대차의 목적이 건물의 일부분인 경우 그 부분 도면의 열람 또는 제공을 요청할 수 있도록 하고 있으므로, 건물의 일부분을 임차한 경우 그 사업자등록이 제3자에 대한 관계에서 유효한 임대차의 공시방법이 되기 위해서는 사업자등록신청 시 그 임차 부분을 표시한 도면을 첨부하여야 할 것이다.

원심판결 이유 및 기록에 의하면, 원고는 집합건물로서 '안산시 단원구 고잔동(지번, 빌딩 이름 생략) 3층 304호' 등 3층 304호 내지 310호, 4층 401호 내지 410호, 5층 501호 내지 510호로 구분 등기되어 사우나 시설로 사용 중인 이 사건 각 부동산에서 음료 등의 판매업을 할 목적으로 2003. 8. 4. 소외인과 사이에 임대차계약서상 임대차목적물을 '위 (빌딩 이름 생략) (○○○사우나) 3-5층 8.3평'으로 표시하여 임대차계약을 체결한 사실, 원고는 2003. 9. 23. 해당 부분의 도면 첨부는 생략한 채 위 임대차계약서만을 첨부하여 부가가치세법상의 사업자등록을 한 뒤[사업자등록증상 사업장 소재지도 '위 (빌딩 이름 생략) 3-5층'으로 되어 있다] 2003. 11. 15.경 소외인에게 임대차보증금의 지급을 완료하고 이 사건 각 부동산 중 3 내지 5층의 각 일부 면적 합계 8.3평을 매점이나 음료 자동판매기 설치장소로 점유하면서 음료 등의 판매업을 영위해 온 사실을 알 수 있다.

그렇다면 원고는 이 사건 각 부동산의 일부분을 임차하였다 할 것이지만, 사업자등록신청 시에 첨부한 임대차계약서상의 임대차목적물 소재지가 이 사건 각 부동산에 대한 등기부상의 표시와 불일치할뿐더러 상가건물의 일부분만을 임차하였으면서도 사업자등록신청을 함에 있어 해당 부분에 대한 도면조차 첨부하지 아니하였으니 앞서 본 법리에 비추어 원고가 한 사업자등록은 이 사건 각 부동산에 관한 근저당권자인 피고에 대한 관계에서 유효한 임대차의 공시방법이 될 수 없다.

7. 상가건물 임대차보호법상 지역별 환산보증금 범위와 최우선변제의 범위 정리

상임법은 사업자등록의 대상이 되는 상가건물에 대한 임대차에 적용된다(상임법 제2조 제1항). 상임법은 임대차에 대한 환산보증금을 기준으로 하여 그 환산보증금이 일정금액 이하인 경우에만 적용되는 경우와 환산보증금의 액수에 상관없이 모든 상가에 적용되는 경우로 나누어진다(상임법 제2조 제1항, 제3항). 환산보증금은 "보증금 + (월차임 × 100)"으로 계산한다.

예를 들어, 보증금 3억원에 월세가 2백만원(부가가치세 별도)이라면, 환산보증금은 월세 2백만원에 100을 곱한 금액인 2억원에 원래의 보증금 3억원을 더하여 5억원이 되는 것이다.

현재를 시점으로 상임법의 지역별 환산보증금 기준과 최우선변제의 범위를 정리하면 다음의 <표>와 같다.

〈표〉 지역별 환산보증금 기준 및 최우선변제의 범위

지역 / 내용	상가임대차보호법 적용대상 보증금액기준 (상임법 시행령 제2조) (환산보증금 O)	우선변제 소액임차인의 범위 (상임법 시행령 제6조) (환산보증금 O)	우선변제 받을 소액보증금의 범위 (상임법 시행령 제7조) (환산보증금 X, 보증금 O)
서울특별시	900,000,000원 이하	65,000,000원 이하	22,000,000원 이하
과밀억제권역 (서울 제외), 부산	690,000,000원 이하	55,000,000원 이하 부산X	19,000,000원 이하 부산X
광역시(과밀억제권역, 군 제외), 세종, 파주, 화성, 안산, 용인, 김포, 광주	540,000,000원 이하	38,000,000원 이하 세종X, 파주X, 화성X	13,000,000원 이하 세종X, 파주X, 화성X
그 밖의 지역	370,000,000원 이하	30,000,000원 이하	10,000,000원 이하

* 과밀억제권역(수도권정비계획법 제6조 제2항, 동법 시행령 제9조 별표 1): 서울특별시, 인천광역시(강화군, 옹진군, 서구 대곡동·불로동·마전동·금곡동·오류동·왕길동·당하동·원당동, 인천경제자유구역<경제자유구역에서

해제된 지역 포함> 및 남동 국가산업단지는 제외한다), 의정부시, 구리시, 남양주시(호평동, 평내동, 금곡동, 일패동, 이패동, 삼패동, 가운동, 수석동, 지금동 및 도농동만 해당한다), 하남시, 고양시, 수원시, 성남시, 안양시, 부천시, 광명시, 과천시, 의왕시, 군포시, 시흥시(반월특수지역<반월특수지역에서 해제된 지역 포함>은 제외한다)

상임법 제3조 제1항에 의하면, 인도(점유)와 사업자등록을 임차인의 대항요건으로 규정하면서, 상임법 제2조 제3항을 통해 상가임차인의 환산보증금의 액수에 상관없이 모든 상가임차인에게 대항력 규정(상임법 제3조)을 적용하고 있다. 그러나 인도와 사업자등록 그리고 확정일자를 통해 확보되는 우선변제권 규정인 상임법 제5조 제2항은 상임법 제2조 제3항에서 제외되어 현재 서울을 기준으로 할 경우에 환산보증금 9억원까지만 확정일자 순위에 따른 우선변제가 인정된다.

그뿐만 아니라, 소액임차인의 최우선변제 규정인 상임법 제14조 규정도 상임법 제2조 제3항에서 제외되어 현재 서울을 기준으로 할 경우에 환산보증금 6천 5백만원까지만 적용된다. 다만, 이때에는 확정일자라는 요건은 필요하지 않고, 상임법 제14조 제1항에 따라 건물에 대한 경매신청 등기 전에 대항요건인 인도 및 사업자등록만을 요구한다. 상임법 제14조 제3항에 따르면, 최우선변제를 받을 일정액의 기준은 임대건물가액(임대인 소유 대지가액 포함)의 2분의 1 범위 내로 한정된다.

제 6 장 농지법 · 민법상 임대차 · 대부계약

1. 농지임대차를 금지한 농지법규정은 강행규정

농지법 제23조 제1항은 "다음 각 호의 어느 하나에 해당하는 경우 외에는 농지를 임대하거나 사용대할 수 없다."고 규정하면서, 각 호에 질병 등 부득이한 사유, 주말 체험 영농 등의 예외를 두고 있다.

그렇다면, 농지법상 농지임대차를 할 수 있는 예외규정에 해당하지 않음에도 불구하고, 농지를 임대차할 경우 그 임대차계약의 효력은 어떠한가? 대법원은 무효로 본다[대법원 2013다79887(본소), 2013다79894(반소) 판결(토지인도등 · 손해배상)].

그 이유는 무엇일까? 농지법과 헌법규정(헌법 제121조)을 종합하면, 경자유전원칙을 명확히 하고 있고, 게다가 허용되지 않는 농지임대차의 경우 형사처벌까지 규정하고 있기 때문일 것이다(농지법 제61조 제2호에 의할 경우 2천만원 이하의 벌금).

그렇다면, 농지 불법임대기간 동안의 임대료를 임대인이 임차인에게 받을 수 있을까? 이러한 의문은 농지의 불법임대 자체가 불법원인급여가 될 수 있는지 문제이다.

이와 관련하여 민법 제746조는 "불법의 원인으로 인하여 재산을 급여하거나 노무를 제공한 때에는 그 이익의 반환을 청구하지 못한다. 그러나 그 불법원인이 수익자에게만 있는 때에는 그러하지 아니하다."고 규정하고 있다. 이에 대하여 원심은 불법원인급여라는 입장이었으나, 대법원은 좀 더 신중한 입장을 견지하면서, 특별한 사정이 없는 한 불법원인급여가 아니라는 취지다[대법원 2013다79887(본소), 2013다79894(반소) 판결(토지인도등 · 손해배상)].

대법원 판결의 취지는 "오늘날의 통상적인 임대차는 경자유전의 원칙과 농지의 합리적인 이용 등을 위하여 특별한 규제의 대상이 되어 있기는 하지만, 특별한 사정이 없는 한 그 계약내용이나 성격 자체로 반윤리성·반도덕성·반사회성이 현저하다고 단정할 수 없다."는 것이다.

결국, 불법 농지임대차 계약의 경우 그 계약이 무효가 되는 것이나, 임대기간 동안의 차임은 부당이득 등으로 원칙적으로 반환청구의 대상이 될 수 있다. 다만, 임대차계약의 내용이나 성격 자체로 반윤리성·반도덕성·반사회성이 현저하다고 판단된다면 임대는 불법원인급여에 해당할 것이고, 차임상당액 청구도 어렵게 된다. 예를 들어, 과거 소작제도처럼 불법 농지임대차가 신분예속관계에까지 이른 경우라면 불법원인급여에 해당할 가능성이 높다.

그렇다면, 부당이득금을 어떠한 기준으로 산정할까? 대법원 2021다216421(본소), 2021다216438(반소) 판결에 의하면 '임대차보증금이 없는 농지를 전제한 임료 상당액'이 부당이득금이 된다는 것이다.

즉 위 대법원 판결의 이유를 살피면 "원심판결 이유 및 기록에 따르면, ① 피고가 이 사건 부동산을 원고로부터 임차하여 컨테이너 등을 설치하여 석재가공업 등을 영위한 이 사건 임대차계약에서 정한 임대차보증금은 3,200만원, 차임은 월 90만원인 사실, ② 이 사건 부동산이 '농지'로 이용되는 것을 전제로 임대차보증금이 없는 상태에서의 임료 상당액에 관한 원심의 감정결과에 따른 월 임료 상당액은 이 사건 임대차계약에서 임대차보증금을 제외한 약정 차임 월 90만원보다 현저히 적은 사실이 인정된다. 그렇다면, 원심으로서는 본소와 반소 중 임대차보증금반환청구 부분에 관하여, 감정촉탁절차를 거쳐 임대차보증금이 없는 농지인 상태를 전제로 객관적으로 산정된 임료 상당액을 기준으로 이 사건 부동산에 관한 피고의 부당이득액을 산정하였어야 함에도, 단지 원고가 이 사건 임대차계약상 임대차보증금 3,200만원을 감안하지 아니한 채 차임 상당의 부당이득만을 구하는 이상 이 사건 임대차계약에서 정한 약정 차임이 피고에게 불리하다고 볼 수 없다는 이유만을 들어 약정 차임을 기준으로 이를 산정하였는바, 이러한 원심의 판단에는 부당이득금의 산정방법에 관한 법리를 오해하여 판결에 영향을 미친 잘못이 있다."라는 취지이다.

즉 위 대법원 판결은 "농지에 관한 임대차계약이 강행법규인 농지법 제23조에 위반되어 무효가 되는 경우, 임차인이 법률상 권원 없이 농지를 점유·사용함에 따라 얻게 된 이득은 특별한 사정이 없는 한 그 농지의 임료 상당액이고(대법원 93다51539 판결, 대법원 2006다56367 판결 등), 이때의 '임료 상당액'은 해당 농지가 다른 용도로 불법으로 전용되어 이용되는 상태임을 전제로 산정하여서는 안 됨은 물론, 임대차보증금이 없는 경우를 전제로 객관적으로 산정된 금액을 의미하는 것이 원칙이다. 그러므로 강행법규인 농지법 제23조의 위반을 이유로 임대차계약이 무효가 되는 경우에도 특별한 사정이 있는 경우가 아니라면 임대인이 임차인에 대하여 그 점유·사용에 관한 부당이득의 반환을 구할 수 있지만, 그 약정 차임이 해당 농지가 불법으로 전용되는 상태가 아닌 경우로서, 임대차보증금이 없는 경우임을 전제로 객관적으로 산정된 '임료 상당액'과 사실상 동일하다는 등의 특별한 사정이 없음에도, 곧바로 이를 그 점유·사용에 따른 부당이득 금액으로 추인하는 것은 결과적으로 무효인 농지임대차계약의 내용을 적극적으로 실현하는 것이 되어 강행법규인 농지법 제23조의 규범 목적과 취지를 사실상 잠탈하게 되므로 허용될 수 없다(대법원 2013다79887, 79894 판결, 대법원 2016다261274 판결 등)."라는 것이다.

참고로, 대법원 2019다277157 판결에 의하면 "강행규정을 위반한 법률행위를 한 사람이 스스로 그 무효를 주장하는 것이 신의칙에 위배되는 권리의 행사라는 이유로 이를 배척한다면 강행규정의 입법 취지를 몰각시키는 결과가 되므로 그러한 주장은 신의칙에 위배된다고 볼 수 없음이 원칙이다. 다만 신의칙을 적용하기 위한 일반적인 요건을 갖추고 강행규정성에도 불구하고 신의칙을 우선하여 적용할 만한 특별한 사정이 있는 예외적인 경우에는 강행규정을 위반한 법률행위의 무효를 주장하는 것이 신의칙에 위배될 수 있다."라는 취지이다. 따라서 허용되지 않은 농지임대차계약을 체결한 임차인이 그 임대차계약의 무효를 주장하는 것은 원칙적으로 신의칙에 위반된다고 보기 어렵다.

위 대법원 2021다216421(본소), 2021다216438(반소) 판결에 대하여 임대인과 임차인은 농지를 다른 용도로 전용하는 것을 전제로 임대차계약을 체결하였으므로, 그 '약정 차임'에는 농지를 불법으로 전용하는 이익이 반영되어 있기 때문에 '약정 차임'으로 임대인이 부당이득금을 반환받게 되면, 임대인과 임차인이 당초에 농지의 불법 전용으로써 도모하였던 경제적 이익이 결과적으로 실현되므로 위 판결이 농지임대차가 농지법 위반으로 무효인 경우 임차인이 부당이득으로 반환할 농지의 임료 상당액에서 '농지를 불법 전용하는 이익'을 빼야 한다고 본 것이라면서, 결국 임료 감정으로 '임대차보증금 없이 농지로 이용하는 임료'를 산정할 수밖에 없고, 농지임대차가 원칙적으로 무효여서 유사 임대 사례(이른바 '임대사례비교법'을 의미)를 찾기 어렵더라도, 임료 감정은 농지의 시가에 기대이율을 곱하는 방식으로 산정된 '적산임료'를 임료 감정결과로 삼을 수 있으며, 이때의 기대이율은 국공채이율, 은행 장기대출금리, 일반 시중금리, 국유재산법·지방재정법상 대부료율 등을 참작하여 정하여지고, 대개 2% ~ 4%수준이 그친다면서 결과적으로는 '약정 차임'보다 훨씬 낮은 금액의 임료상당 부당이득금만 인정될 것이라는 취지의 견해가 있다(연도별 2023. 9. 1.자 '서울고등법원판례공보스터디' 제2168쪽~제2170쪽 참조).

2. 임차인의 지상물매수청구권의 상대방

건물소유목적으로 토지를 임대차했는데 임차권이 소멸한 경우 임차인은 임대인에게 건물의 매수를 청구할 수 있다(민법 제643조, 제283조). 다만, 임차권의 소멸 원인이 차임연체로 인한 해지였다면 임차인에게 건물매수청구권이 인정되지 않는다(대법원 2003다7685 판결 등).

임차인이 임대인에게 건물매수를 청구한다고 할 때, 소유권이 없는 임대인에게도 건물매수청구를 할 수 있는가? 대법원은 원칙적으로 '임차권 소멸 당시 토지소유권을 가진 임대인'을 상대로 건물매수청구권을 행사할 수 있다는 취지다(대법원 2014다72499 판결 등). 따라서 건물매수청구권의 상대방은 단순한 '임대인'이 아니라, '임차권 소멸 당시 토지소유권을 가진 임대인'임을 기억하자. 이와 관련하여 최근 선고된 대법원 2020다254228(본소), 2020다254235(반소) 판결에 의하면 "건물의 소유를 목적으로 하는 토지 임차인의 지상물매수청구권 행사의 상대방은 원칙적으로 임차권 소멸 당시의 토지소유자인 임대인이다(대법원 93다59717 판결 참조). 토지소유자가 아닌 제3자가 토지를 임대한 경우에 임대인은 특별한 사정이 없는 한 지상물매수청구권의 상대방이 될 수 없다. 원심은 원고가 대한민국으로부터 제1토지의 관리를 위탁받아 피고와 사용수익계약을 체결한 자일뿐 토지소유자가 아니므로 지상물매수청구권의 상대방이 될 수 없다고 판단하였다. 원심판결은 위에서 본 법리에 기초한 것으로 정당하고, 상고이유 주장과 같이 지상물매수청구권의 상대방에 관한 법리를 오해한 잘못이 없다."라고 판시하였다.

소유권자이자 임대인이었던 토지소유자가 토지를 매도한 경우는 어떠한가? 대법원 75다348 판결에 의하면 "건물의 소유를 목적으로 한 토지임차인의 건물매수청구권 행사의 상대방은 통상의 경우 기간의 만료로 인한 임차권 소멸 당시 토지소유자인 임대인뿐만 아니라 임차권 소멸 후 임대인이 그 토지를 제3자에게 양도하는 등 그 소유권이 이전되었을 때에는 그 건물에 대하여 보존등기를 필하여 제3자에 대하여 대항할 수 있는 차지권을 가지고 있는 토지임차인은 그 신소유자에 대하여도 위 매수 청구권을 행사할 수 있다."라는 취지이다(동일 취지로는 대법원 96다14517 판결).

민법 제622조 제1항은 "건물의 소유를 목적으로 한 토지임대차는 이를 등기하지 아니한 경우에도 임차인이 그 지상건물을 등기한 때에는 제3자에 대하여 임대차의 효력이 생긴다."고 규정하고 있다. 결국 건물소유목적으로 토지를 임차하면서, ① 토지에 대한 임차권 등기를 마치거나, ② 토지에 대한 임차권 등기를 마치지 않았더라도 지상건물의 등기를 마친 경우에는 토지임차인에게 대항력이 발생하고, 건물소유목적 토지임차인은 그 신소유자에게 건물매수청구권을 행사할 수 있다.

따라서 대항력을 유지하는 가장 손쉬운 방법은 임대인의 동의를 받아 토지에 대한 임차권등기를 마치는 것이다. 민법 제621조는 임대인의 협력을 통해 임차인이 임차권등기를 마치면, 그때부터 제3자에 대한 대항력이 생김을 규정하고 있다.

그렇다면, 지상건물에만 등기를 마쳐 토지임대차에 대한 대항력이 생겼는데, 임대차종료 전에 건물이 멸실된 경우에도 대항력이 유지될까? 민법 제622조 제2항은 이와 같은 경우 대항력이 소멸된다고 규정하고 있다.

정리하자면, 지상물매수청구권의 상대방은 '임대차종료 당시에 임대인이자 토지소유자'일 것을 요건으로 한다. 이에 대하여 "지상물매수청구권의 입법취지는 지상 건물의 잔존 가치를 보존하고 토지소유자의 배타적 소유권 행사로부터 임차인을 보호하기 위한 것인데, 임대인과 토지소유자가 다른 상황이라면 임대인에 대한 지상물매수청구권이 인정되더라도 그 지상물은 결국 철거될 운명에 놓이므로 지상 건물의 잔존 가치를 보존할 필요성이 현저히 낮아진다."라는 견해가 있다(2022. 9. 30.자 '서울고등법원판례공보스터디' 제1954쪽 참고).

이와 관련하여 대법원 2014다72449(본소), 2014다72456(반소) 판결은 "건물 등의 소유를 목적으로 하는 토지 임대차에서 임대차 기간이 만료되거나 기간을 정하지 않은 임대차의 해지통고로 임차권이 소멸한 경우에 임차인은 민법 제643조에 따라 임대인에게 상당한 가액으로 건물 등의 매수를 청구할 수 있다. 임차인의 지상물매수청구권은 국민경제적 관점에서 지상 건물의 잔존 가치를 보존하고 토지소유자의 배타적 소유권 행사로부터 임차인을 보호하기 위한 것으로서, 원칙적으로 임차권 소멸 당시에 토지소유권을 가진 임대인을 상대로 행사할 수 있다. 임대인이 제3자에게 토지를 양도하는 등으로 토지소유권이 이전된 경우에는 임대인의 지위가 승계되거나 임차인이 토지소유자에게 임차권을 대항할 수 있다면 새로운 토지소유자를 상대로 지상물매수청구권을 행사할 수 있다. 한편 토지소유자가 아닌 제3자가 토지 임대행위를 한 경우에는 제3자가 토지소유자를 적법하게 대리하거나 토지소유자가 제3자의 무권대리행위를 추인하는 등으로 임대차계약의 효과가 토지소유자에게 귀속되었다면 토지소유자가 임대인으로서 지상물매수청구권의 상대방이 된다. 그러나 제3자가 임대차계약의 당사자로서 토지를 임대하였다면, 토지소유자가 임대인의 지위를 승계하였다는 등의 특별한 사정이 없는 한 임대인이 아닌 토지소유자가 직접 지상물매수청구권의 상대방이 될 수는 없다."라는 취지이다.

3. 토지임대차와 건물매수청구권

건물을 소유하기 위해 땅을 빌리는 경우가 있다. 예를 들어보자. 도시의 삶을 접고 농촌에서 목장을 운영하기 위해 부지를 알아보던 중 지인의 소개로 시골의 땅을 빌리는 데 성공해서 10년째 목장을 운영하고 있다.

물론 땅 소유자의 허락을 얻어 축사도 짓고 집도 조그맣게 지어 생활하고 있다. 지료는 매년 말에 200만원 정도를 지급해오고 있지만, 계약기간을 정하거나 계약서를 작성하지도 않았다. 그런데 갑자기 땅 소유자가 땅을 비워달라고 연락이 왔다. 땅을 빌려 목장을 운영해서 생활의 터전이 된 곳을 임대인의 말 한마디로 떠나려니 억울하다는 생각이 들게 된다.

이럴 경우 임차인이 땅 소유자이자 임대인에게 대항할 방법은 없을까? 이때 가장 바람직한 방법은 땅을 매수하는 것이다. 다만, 땅 값에 대한 이해 조절 실패로 매수협상이 결렬되면 임차인으로서 주장할 수 있는 권리들을 검토하게 된다.

어찌 되었든 간에 땅 소유자는 임차인에게 나가달라는 통보를 하게 되는데, 임대차계약 기간이 정해져 있지 않았기 때문에 임대인이 임차인에게 나가달라는 통보를 할 경우 그 통보가 임차인에게 도달한 날로부터 6개월이 되는 날에 임차인은 임대인에게 땅을 넘겨줄 의무를 부담하게 된다(민법 제635조).

땅 소유자이자 임대인의 해지통고를 받은 임차인은 보통 계약갱신청구를 하게 된다. 계약갱신청구란 계약을 계속 유지하고 싶다는 의미인데, 이때 보통 매매 협상이 이루어지게 될 것이다. 다만, 매매 협상에 실패하거나, 임대인이 계약을 갱신하지 않겠다는 뜻을 임차인에게 표시하게 되면, 임차인은 건물을 사달라는 건물매수청구권을 행사하게 된다(민법 제643조, 제283조).

〈민법 제643조 및 민법 제283조〉

제643조(임차인의 갱신청구권, 매수청구권) 건물 기타 공작물의 소유 또는 식목, 채염, 목축을 목적으로 한 토지임대차의 기간이 만료한 경우에 건물, 수목 기타 지상시설이 현존한 때에는 제283조의 규정을 준용한다.

제283조(지상권자의 갱신청구권, 매수청구권) ① 지상권이 소멸한 경우에 건물 기타 공작물이나 수목이 현존한 때에는 지상권자는 계약의 갱신을 청구할 수 있다.
② 지상권설정자가 계약의 갱신을 원하지 아니하는 때에는 지상권자는 상당한 가액으로 전항의 공작물이나 수목의 매수를 청구할 수 있다.

임차인이 건물매수청구권을 행사하면 임대인은 건물을 매수할 의무를 부담하게 된다. 이때 건물 가격에 대한 다툼이 있어 토지소유자에 의해 명도소송이 제기된다면, 건물가격에 대한 감정으로 문제가 해결된다.

그렇다면 법원감정인이 산정한 시가를 법원에서 직권으로 감액할 수 있는가? 대법원 2023다309020, 309037 판결에 의하면 감액할 수 없다는 취지이다(감액을 인정한 원심판결을 파기·환송한 것). 즉 위 대법원 판결에 의하면 "건물 소유를 목적으로 한 토지임대차계약의 기간이 만료함에 따라 지상건물소유자가 임대인에 대하여 민법 제643조에 따른 지상물매수청구권을 행사한 경우에 그 건물의 매수가격은 건물 자체의 가격 외에 건물의 위치, 주변 토지의 여러 사정 등을 종합적으로 고려하여 매수청구권의 행사 당시 건물이 현재하는 대로의 상태에서 평가된 시가를 말한다. 그런데 민법 제643조에서 정한 지상물매수청구권은 이른바 형성권이므로, 그 행사로써 곧바로 임대인과 임차인 사이에 임차 토지 지상의 건물에 관하여 매수청구권 행사 당시의 건물 시가를 대금으로 하는 매매계약이 체결된 것과 같은 효과가 발생한다. 따라서 지상물매수청구의 대상이 된 건물의 매수가격에 관하여 당사자 사이에 의사합치가 이루어지지 않았다면, 법원은 위와 같은 여러 사정을 종합적으로 고려하여 인정된 매수청구권 행사 당시의 건물 시가를 매매대금으로 하는 매매계약이 성립하였음을 인정할 수 있을 뿐, 그와 같이 인정된 시가를 임의로 증감하여 직권으로 매매대금을 정할 수는 없다."라는 취지이다.

대법원은 2기 이상의 차임연체로 인하여 임대차가 종료된 경우에는 매수청구를 부정하고 있다(대법원 2003다7685 판결). 즉, 지료연체가 누적 2회분에 달한 경우여서 임대인이 계약을 해지한 경우라면 임차인에게 건물매수청구를 인정하지 않는다. 이 사례에서 400만원 이상 지료연체로 계약이 해지된 경우에는 건물매수청구가 인정되기 어렵다.

땅 소유자가 땅을 빌려주면서 건물 짓는 것을 허용하되 임대차가 종료되면 건물을 모두 헐어야 한다고 특약을 했다면, 임차인이 건물매수청구권을 행사할 수 없을까? 민법은 임차인의 건물매수청구 조항을 임차인을 위한 강행규정으로 규정하고 있다(민법 제652조, 제643조). 따라서 건물을 헐기로 약정했더라도 원칙적으로 임차인에게 건물매수청구권이 인정된다.

다만, 건물매수청구권을 제한하는 특약이 실질적으로 임차인이 불리하지 않은 경우에는 특약의 유효성을 인정하기도 한다. 민법 제652조가 임차인의 건물매수청구에 위반하는 약정으로 임차인이나 전차인에게 불리한 것은 효력이 없다는 취지로 규정하여, 건물매수청구가 인정되지 않는다는 취지의 특약을 했더라도 여러 조건 등을 평가하여 위 특약이 임차인에게 불리한 특약이 아니라고 볼 수 있다면, 특약의 유효성이 인정될 수 있기 때문이다.

땅을 임차한 동안 토지소유자가 변경된 경우에 임차인이 현소유자에게 건물매수청구권을 행사할 수 있을까? 원칙적으로는 종전 소유자는 물론 변경된 소유자에게도 건물매수청구권을 행사할 수 없다. 다만, 건물등기 등을 하여 대항력을 갖춘 임차인이라면, 변경된 토지소유자에게도 건물매수청구를 할 수 있다는 것이 법원의 입장이다(대법원 96다14517 판결, 대법원 75다348 판결).

소송을 할 때에 주의할 점은 없을까? 내용증명우편이 오고 간 결과 임차인이 건물매수청구를 적법하게 행사한 경우라면, 임대인은 가처분과 함께 건물에 대한 소유권이전등기청구와 건물인도 및 토지인도를 구해야 한다. 이때 임차인의 건물 소유권이전등기 및 건물명도 그리고 토지인도의무와 임대인의 건물대금지급의무는 동시이행관계가 된다.

대법원은 임대인이 임차인에게 건물철거 및 대지인도를 구하는데, 임차인이 건물매수청구권을 행사하는 경우 철거 및 대지인도청구에는 건물명도를 구하는 청구가 포함되어 있지 않아 청구를 기각해야 하되(대법원 94다51178 판결), 임대인에게 종전 청구를 유지할 것인지 아니면 대금지급과 상환으로 건물명도를 청구하는 의사가 있는지에 대해 석명을 구할 의무가 있다고 한다[대법원(전합) 94다34265 판결].

4. 토지임차인의 비닐하우스 설치와 각종 권리행사

토지에 대한 임대차계약이 있었고, 임차인이 토지 위에 비닐하우스를 설치하여, 화훼산업을 위해 사용하였다. 민법 제643조 및 민법 제283조에 따라 임대차 종료 시, 토지임차인의 비닐하우스 매수청구가 인정될까?

〈민법 제643조 및 민법 제283조〉

제643조(임차인의 갱신청구권, 매수청구권) 건물 기타 공작물의 소유 또는 식목, 채염, 목축을 목적으로 한 토지임대차의 기간이 만료한 경우에 건물, 수목 기타 지상시설이 현존한 때에는 제283조의 규정을 준용한다. **제283조(지상권자의 갱신청구권, 매수청구권)** ① 지상권이 소멸한 경우에 건물 기타 공작물이나 수목이 현존한 때에는 지상권자는 계약의 갱신을 청구할 수 있다. ② 지상권설정자가 계약의 갱신을 원하지 아니하는 때에는 지상권자는 상당한 가액으로 전항의 공작물이나 수목의 매수를 청구할 수 있다.

대법원 96다46668 판결에 의하면, "비닐하우스는 화훼 판매를 위하여 필요한 시설물이라 하더라도 그 자체의 소유가 이 사건 임대차의 주된 목적은 아니었을 뿐 아니라, 비용이 다소 든다고 하더라도 토지상에서 쉽게 분리·철거해 낼 수 있는 그 구조에 비추어 이를 철거할 경우 전혀 쓸모가 없어진다거나 사회경제적으로 큰 손실을 초래하지 않는다."라는 이유로, 임차인의 매수청구권 주장을 배척하였다. 결국, 토지임대차계약 종료 시 토지임차인이 설치한 비닐하우스에 대한 임차인의 매수청구는 인정되기 어렵다.

위와 같은 상황에서 토지임차인이 임대인에게 권리금상당액을 요구하고 있다. 즉, 토지임차인이 종전 토지임차인에게 권리금을 주고 비닐하우스와 화훼산업을 양도받았으니, 권리금상당액을 주지 않을 경우 토지를 넘겨줄 수 없다는 주장이다.

언뜻 보기에 토지임차인의 권리금상당액 요구 주장은 상임법상의 권리금회수기회요청권 행사로 보이기도 하고(상임법 제10조의4), 유익비 내지 필요비 주장 등으로 볼 여지도 있어 보인다. 토지임대차계약서에 보통 원상회복 규정이 있는바, 원상회복 규정이 있다면, 유익비 내지 필요비는 포기한 것으로 해석하는 것이 대법원 73다2010 판결 취지이다. 그렇다면, 토지임차인에게 상임법상의 권리금회수기회요청권이 인정되는가? 상임법은 상가건물을 임대차한 경우에 적용된다는 측면에서, 상가건물이 아닌 토지를 임차하여 비닐하우스를 설치한 토지임차인에게 상임법이 인정하는 권리금회수기회요청권이 인정된다고 보기 어렵다(필자의 개인의견).

5. 임대차기간을 영구로 설정한 임대차계약도 유효

임대차계약을 체결하였는데, 임대차기간을 영구로 설정하였다. 이러한 임대차계약이 유효할까? 유효하다는 것이 대법원의 입장이다.

원심(대구지방법원 2021나327169 판결)은 임대차계약에서 임대차기간을 영구로 설정한 것은 채권인 임차권의 성질로 보아 허용되지 않고, 사용·수익 권능을 영구적으로 포기함으로써 처분 권능만이 남는 새로운 유형의 소유권을 창출하는 것이어서 그 임대차계약이 무효라고 판단하였지만 대법원은 그렇지 않다는 것이다.

즉, 대법원 2023다209045 판결을 정리하면 아래와 같다.

구 민법(2016. 1. 6. 법률 제13710호로 삭제되기 전의 것) 제651조에서는 '석조, 석회조, 연와조 또는 이와 유사한 견고한 건물 기타 공작물의 소유를 목적으로 하는 토지임대차 및 식목, 채염을 목적으로 하는 토지임대차'를 제외한 임대차의 존속기간을 20년으로 제한하고 있었으나, 헌법재판소는 2013. 12. 26. 위 조항의 입법취지가 불명확하고, 과잉금지원칙을 위반하여 계약의 자유를 침해한다는 이유로 헌법에 위반된다는 결정을 선고하였다(헌법재판소 2011헌바234 전원재판부 결정).

결국 민법 제619조에서 처분능력, 권한 없는 자의 단기임대차의 경우에만 임대차기간의 최장기를 제한하는 규정만 있을 뿐, 민법상 임대차기간이 영구인 임대차계약의 체결을 불허하는 규정은 없다.

소유자가 소유권의 핵심적 권능에 속하는 사용·수익의 권능을 대세적으로 포기하는 것은 특별한 사정이 없는 한 허용되지 않으나, 특정인에 대한 관계에서 채권적으로 사용·수익권을 포기하는 것까지 금지되는 것은 아니다(대법원 2017다211528, 211535 판결 등).

따라서 임대차기간이 영구인 임대차계약을 인정할 실제의 필요성도 있고, 이러한 임대차계약을 인정한다고 하더라도 사정변경에 의한 차임증감청구권이나 계약해지 등으로 당사자들의 이해관계를 조정할 수 있는 방법이 있을 뿐만 아니라, 임차인에 대한 관계에서만 사용·수익권이 제한되는 외에 임대인의 소유권을 전면적으로 제한하는 것도 아닌 점 등에 비추어 보면, 당사자들이 자유로운 의사에 따라 임대차기간을 영구로 정한 약정은 이를 무효로 볼 만한 특별한 사정이 없는 한 계약자유의 원칙에 의하여 허용된다.

특히 영구임대라는 취지는, 임대인이 차임지급 지체 등 임차인의 귀책사유로 인한 채무불이행이 없는 한 임차인이 임대차관계의 유지를 원하는 동안 임대차계약이 존속되도록 이를 보장하여 주는 의미로, 위와 같은 임대차기간의 보장은 임대인에게는 의무가 되나 임차인에게는 권리의 성격을 갖는 것이므로 임차인으로서는 언제라도 그 권리를 포기할 수 있고, 그렇게 되면 임대차계약은 임차인에게 기간의 정함이 없는 임대차가 된다(대법원 99다64438 판결).

민법 제635조는 "기간의 약정없는 임대차의 해지통고"라는 제목으로 "① 임대차기간의 약정이 없는 때에는 당사자는 언제든지 계약해지의 통고를 할 수 있다. ② 상대방이 전항의 통고를 받은 날로부터 다음 각호의 기간이 경과하면 해지의 효력이 생긴다. 1. 토지, 건물 기타 공작물에 대하여는 임대인이 해지를 통고한 경우에는 6월, 임차인이 해지를 통고한 경우에는 1월, 2. 동산에 대하여는 5일"라고 규정하고 있다.

따라서 부동산을 영구임대한 임차인이 이를 포기하였다면 임대차계약은 임차인에게 기간의 정함이 없는 임대차가 되고 임차인이 임대인에게 임대차계약의 해지를 통고하면 임대인이 위 해지통고를 받은 날로부터 1월이 되는 날에 해지의 효력이 생긴다고 해석된다.

6. 산림청장 허가없이 체결한 준보전국유림 대부권 양도계약의 효력

국유림법(국유림의 경영 및 관리에 관한 법률)에 따라 준보전국유림을 대부받은 자가 산림청장의 허가 없이 체결한 대부권 양도계약의 효력은 어떠한가? 유효하다는 것이 대법원 2020다289163 판결 취지이다.

일단 준보전국유림에 대하여 알아보자. 위 대법원 2020다289163 판결에 의하면 준보전국유림은 행정재산이 아닌 일반재산이라는 취지이다(보전국유림은 '행정재산'으로 해석됨). 따라서 준보전국유림에 대한 대부계약은 사법상 계약으로 민법상 임대차에 관한 사법상 규정이 적용될 수 있다.

즉 위 대법원 2020다289163 판결에 의하면 "국유재산법상 일반재산에 관한 관리·처분의 권한을 위임받은 기관의 일반재산대부 행위는 국가나 지방자치단체가 사경제 주체로서 상대방과 대등한 위치에서 행하는 사법상 계약이므로 그 권리관계는 사법의 규정이 적용됨이 원칙이다. 다만 계약당사자의 일방이 국가나 지방자치단체이고 그 목적물이 국유재산이라는 공적 특성이 있어서 국유재산법 등 특별법의 규제를 받을 수 있다(대법원 2011다1231 판결 등). 이는 국유재산법상 일반재산에 해당하는 준보전국유림도 마찬가지다. 준보전국유림에 관한 대부계약은 국가가 사경제 주체로서 대부를 받는 자와 대등한 위치에서 체결한 사법상 계약이므로 그에 관한 권리관계를 특별히 규제하는 법령이 없는 이상 민법상 임대차에 관한 사법상 규정이 적용될 수 있다."라는 취지이다.

결국 준보전국유림을 대부받은 자가 산림청장의 허가 없이 체결한 대부권 양도계약은 민법상 임대차에 관한 사법상 규정이 적용될 수 있고 위 대부권 양도계약은 유효하다는 것이다.

이러한 입장에서 위 대법원 2020다289163 판결은 그 판결이유에서 "준보전국유림을 대부받은 자가 제3자에게 그 권리를 양도하는 행위의 효력을 제한하는 특별법의 규제가 없는 이상 민법상 임대차에서 임대인의 동의 없이 임차권이 무단양도된 경우에도 임차권 양도계약이 유효한 것과 마찬가지로 준보전국유림을 대부받은 자가 제3자에게 그 권리를 양도하는 계약도 유효하다고 봄이 타당하다."라는 취지로 판시한 것이다.

결국 위 대법원 2020다289163 판결 취지에 의하면 준보전국유림을 대부받은 자가 제3자에게 그 권리를 양도할 경우에 그 계약은 유효하므로, 준보전국유림을 대부받은 자가 제3자에게 그 권리를 양도한 후에 사망하였고, 위 망자의 상속인이 국유림관리소장으로부터 상속에 따른 명의변경 허가를 받아 준보전국유림에 관한 수대부자 지위를 승계한 경우, 위 수대부자의 지위를 승계한 상속인이, 위 피상속인으로부터 준보전국유림 대부권을 양수받은 자를 상대로 산림관리사에서의 퇴거를 청구할 경우에 인용될 수 없다.

위 대법원 2020다289163 판결의 원심은 "관할 행정청의 허가를 받지 않은 이 사건 양도계약은 원칙적으로 무효이되, 허가를 받는 경우 소급하여 유효하게 될 수 있는 이른바 유동적 무효 상태에 있다고 봄이 타당한데, 공동 수대부자인 소외 3의 동의가 없어 관할 행정청의 허가를 받을 수 없게 되었으므로 이 사건 양도계약이 확정적으로 무효가 되었음을 전제로 피고의 이 사건 관리사에 대한 퇴거를 구하는 원고의 청구를 인용"하였으나,

대법원은 "국유림법은 준보전국유림을 대부받은 자가 그 권리를 양도할 경우 산림청장의 허가를 받도록 정하고 있으나 준보전국유림을 대부받은 자가 산림청장의 허가 없이 한 권리양도의 효력에 관하여 별도로 정한 바가 없고 산림청장의 허가 없는 양도행위를 처벌하는 조항도 두지 않았다. 이러한 사정을 종합하면 준보전국유림을 대부받은 자가 권리를 양도할 때 산림청장의 허가를 받도록 한 것은 준보전국유림이 대부 목적에 맞게 사용되도록 하고 대부 현황을 파악하여 준보전국유림을 효율적으로 관리하기 위한 목적에 따른 것일 뿐, 산림청장의 허가를 양도행위의 효력요건으로 정하여 허가가 없으면 양도행위의 효력 자체를 부정할 목적에 따른 것으로 보기는 어렵다."라고 판시한 것이다.

위 판결 사안을 정리한다. 망 소외 1은 사위인 소외 2와 공동으로 수원국유림관리소장으로부터 준보전국유림인 화성시 소재 임야(이하 '이 사건 토지')를 산업용(야생조수인공사육)으로 대부받아 꿩농장을 운영하였다.

소외 2와 소외 3은 2001. 3.경 수원국유림관리소장으로부터 허가를 받아 이 사건 토지에 관한 공동 수대부자 명의를 소외 2에서 소외 3으로 변경하였다.

한편 망 소외 1은 2012. 10.경 소외 4와 사이에, 소외 4에게 이 사건 토지에 관한 대부권을 대금 1억원에 양도하는 내용의 이 사건 양도계약을 체결하고 그 무렵 소외 4에게 이 사건 토지와 그 안에 있는 이 사건 관리사의 점유를 이전하였다. 소외 4는 이 사건 토지에서 꿩농장을 운영하면서 2015. 5.경 피고에게 이 사건 관리사의 점유를 이전하였다.

망 소외 1과 소외 4는 이 사건 토지에 관한 공동 수대부자 명의를 망 소외 1에서 소외 4의 배우자인 소외 5로 변경하기 위해 수원국유림관리소장에게 허가를 신청하였으나, 수원국유림관리소장은 이 사건 토지에 관한 공동 수대부자인 소외 3의 동의가 없다는 이유로 허

가를 하지 않았다.

망 소외 1이 2017. 8. 29. 사망하자, 망 소외 1의 아들인 원고가 2018. 1.경 수원국유림관리소장으로부터 상속에 따른 명의변경 허가를 받아 망 소외 1의 이 사건 토지에 관한 공동 수대부자 지위를 승계하였다.

준보전국유림 수대부자 소외 1의 승계인에 해당하는 원고가 위 대부권을 양수한 이 사건 관리사 점유자인 피고를 상대로 이 사건 관리사에서의 퇴거를 청구한 것인데, 대법원은 "이 사건 양도계약에 대하여 산림청장의 허가를 받지 못했다고 하더라도 양도인이 이 사건 양도계약을 국가에 대하여 주장할 수 없을 뿐 양도인과 양수인 사이에서 이 사건 양도계약은 여전히 유효하다. 이 사건 양도계약의 양도인 지위를 승계한 원고는 이 사건 양도계약이 무효임을 이유로 피고에 대하여 이 사건 관리사에서 퇴거할 것을 구할 수는 없다."라는 취지로 판시한 것이다[이와 관련하여 연도별 2023. 9. 1.자 '서울고등법원판례공보스터디' 제2680쪽~제2682쪽에 의하면 "준보전국유림에 관한 대부권을 양도하기 위해서는 '산림청장의 허가'를 받아야 하고, 산림청장은 대부권자가 허가 없이 대부권을 양도한 경우, 그 '대부'를 취소할 수 있는바(재량행위)(국유림법 제21조, 제25조 제1항, 제26조 제1항 제4호), 산림청장이 대부를 취소하지 않는 한 '임대인(산림청장)－임차인(양도인/수대부자)－양수인' 사이의 법률관계에는 아무런 문제가 없고, 산림청장이 대부를 취소한다 하더라도, 이로써 '임대인(산림청장)－임차인(양도인/수대부자)' 사이의 법률관계가 취소될 뿐 '임차인(양도인/수대부자)－양수인' 사이의 법률관계에는 아무런 영향이 없으며, 이는 민법상 임대인 동의 없는 임차권의 무단양도의 경우에도, 임차권 양도계약은 유효한 것과 마찬가지(민법 제629조)라면서 '이 사건 양도계약'은 '산림청장의 허가'가 없어도 '유효'하다."라는 설명을 하고 있음].

제 7 장 부동산매매

1. 당사자의 의사를 탐구하여 부동산 일부만의 매매성립을 인정한 사례

원고가 임야를 피고에게 매도하고 소유권이전등기까지 완료한 후에, 원고가 피고명의로 원고주택(농업인 주택) 증축을 위하여 불가피하게 피고에게 임야를 명의신탁한 것(또는 통정허위표시)이라면서, 피고를 향하여 소유권이전등기의 말소를 구하고 있다.

그런데 피고는 원고의 주장에 대하여 다투면서, 피고가 임야를 원고로부터 정상적으로 매수한 것이고, 등기부에서 확인되는 거래가액 1천 7백만원도 피고가 원고에게 입금한 사실이 확인된다고 주장한다.

법원에서 심리를 해보니, 임야의 일부에 대한 매매사실은 인정되지만, 나머지 일부에 대하여는 명의신탁으로 해석되는 경우에, 명의신탁부분인 일부에 대한 말소만을 인용할 수 있는가? 가능하다.

대법원 2017다20371 판결에 의하면, 당사자의 의사를 탐구하여 원고와 피고 사이에 위 임야 중 피고 소유의 대지와 접해 있는 부분만에 관한 매매계약이 성립하였다고 본 원심판단이 정당하다는 취지이다.

또한, "매매목적물과 대금은 반드시 계약 체결 당시에 구체적으로 특정할 필요는 없고, 이를 나중에라도 구체적으로 특정할 수 있는 방법과 기준이 정해져 있으면 충분하다."라는 취지(1심에서 유효거래부분에 대한 매매가격으로 3천만원이 적절하다고 적시)이다.

게다가, "당사자 사이에 계약을 체결하면서 일정한 사항에 관하여 장래의 합의를 유보한 경우에 당사자에게 계약에 구속되려는 의사가 있고 계약 내용을 나중에라도 구체적으로 특정할 수 있는 방법과 기준이 있다면 계약체결 경위, 당사자의 인식, 조리, 경험칙 등에 비추어 당사자의 의사를 탐구하여 계약 내용을 정해야 한다."라는 취지이다.

위 대법원 2017다20371 판결은 어떠한 사안이었을까?

"원고와 피고가 각 소유한 대지가 서로 인접해 있으면서 위 대지들에는 원고 소유의 임야가 접해 있는데, 원고가 피고에게 위 임야에 관하여 매매를 원인으로 소유권이전등기를 마쳐주었고, 관할 지방자치단체의 장이 피고를 건축주로 하여 위 임야 등에 단독주택을 증축하기로 하는 신고를 수리한 후 원고가 위 임야에 관하여 평탄작업을 하고 그 중간에 석축을 쌓는 토목공사를 한 다음 석축을 경계로 하여 원고 소유의 대지와 접해 있는 부분에 대해서만 단독주택 증축을 위한 건축공사를 진행한 사안"이다.

대법원은 "제반 사정에 비추어 원고와 피고는 소유권이전등기 당시 원고가 피고에게 위 임야 중 피고 소유의 대지와 접하는 부분을 매도하되, 구체적인 매매목적물은 경계 부분에 석축공사를 마침으로써 특정하고, 구체적인 대금은 피고가 원고의 증축을 위해 건축주 명의를 대여하는 등 편의를 제공한 것을 감안하여 시세보다 저렴하게 하되 향후 구체적인 매매목적물이 특정된 시점에 합의하여 정하며, 소유권이전등기는 증축신고의 대지 위치와 맞추기 위해 실제로 증축을 할 원고 소유 대지에 접하는 부분까지 포함하여 마치기로 합의하였다고 볼 수 있는데, 위 합의 당시 매매목적물을 구체적으로 특정하지 않았더라도 원고가 석축을 쌓아 이를 경계로 원고 소유의 대지와 접해 있는 부분과 피고 소유의 대지와 접해 있는 부분을 구분하는 토목공사를 함으로써 매매목적물을 특정하였고, 원고 소유의 대지와 접해 있는 부분에 대해서만 단독주택 증축을 위한 건축공사를 진행하는 등 계약을 이행하였으므로 계약에 구속되려는 의사가 있었으며, 또한 위 합의 당시 대금에 관하여 장래에 확정하기로 유보하였고, 이후 대금에 관한 합의가 이루어지지 않았더라도 계약체결 경위 등에 비추어 당사자의 의사를 탐구하여 대금을 정해야 하므로 원고와 피고 사이에 위 임야 중 피고 소유의 대지와 접해 있는 부분에 관한 매매계약이 성립하였다고 본 원심판단이 정당하다."라는 취지이다.

위 대법원 판결의 1심(대구지방법원 김천지원 2015가단6766 판결)은 "이 사건 소유권이전등기 중 (ㄱ)부분(피고의 대지 접면부분)에 관한 것은 위와 같이 확정된 매매계약에 터 잡은 것이므로 원고는 이 부분에 대하여는 말소등기절차의 이행을 구할 수 없고, (ㄴ)부분(원고의 대지 접면부분)에 관한 것은 탈법행위를 목적으로 한 명의신탁약정에 기한 것이므로 피고는 원고에게 그 말소등기절차를 이행할 의무가 있다."라고 판시하였고, 2심(대구지방법원 2016나11163 판결), 대법원(대법원 2017다20371 판결) 모두 동일한 취지로 판시한 것이다.

2. 공정위가 제시한 부동산매매약관의 유효성

공정위(공정거래위원회)는 2012. 9. 12.자 보도자료를 통하여 부동산을 사고팔 때 주의가 요구되는 11가지의 대표적인 불공정약관 유형을 공개한 사실이 있고, 필자가 위 보도자료를 설명한 칼럼을 여러 매체에 제공한 적이 있다. 오래되기는 하였으나, 도움이 될 내용이 있다고 판단하여 이 공정위 보도자료에 대한 필자의 과거 설명을 현재에 맞게 일부 수정하여 본서에 싣는다.

약관이란 무엇인가? 약관법에 의하면 약관이란 "그 명칭이나 또는 범위를 불문하고 계약의 일방 당사자가 다수의 상대방과 계약을 체결하기 위하여 일정한 형식에 의하여 미리 마련한 계약의 내용이 되는 것"을 말한다(약관법 제2조 제1항).

예를 들어 아파트나 상가를 분양하기 위해 시행사가 작성한 분양계약서가 이에 해당한다. 시행사가 작성해 둔 분양계약서는 우월적 지위에 있는 시행사가 자신의 입장을 위주로 일방적으로 미리 작성해 둔 것으로 다수의 상대방이 예정되어 있기 때문이다. 따라서 공인중개사가 중개업을 위해 사용하는 매매계약서 또는 임대차계약서는 그 공인중개사가 일방 계약 당사자가 되는 것도 아니고 그 공인중개사가 작성한 것도 아니므로 약관으로 보기 어렵다.

공정위가 불공정약관에 해당하여 무효라고 한 사례를 하나씩 살펴보자(11가지를 예시함).

① 포괄·자의적 계약해제 가능조항

계약해제사유에 "기타 본 계약상의 의무사항을 이행하지 아니하였을 경우"에 분양사업자가 계약의 해제나 취소가 가능하다는 약관은 해제권 발생사유가 지나치게 포괄적이고 불분명하여 고객에게 부당하게 불이익을 줄 우려가 있어 무효이다(약관법 제9조 제3호).

② 과다 위약금 조항

부동산계약과 관련하여 위약금은 매매대금의 10% 정도로 정해두는 것이 거래관행인 점에 비추어 위약금을 분양대금 총액의 20%, 많게는 30%까지 정하는 약관은 고객에 대하여 부당하게 과중한 손해배상의무를 부담시키는 조항으로 무효이다(약관법 제8조).

③ 과다 연체료 조항

관리비 및 제비용을 체납할 경우 수분양자의 연체료를 연 30%가 넘도록 한 약관은 고객에게 부당하게 과중한 손해배상의무를 부담시키는 조항으로 무효이다(약관법 제8조).

④ 원상회복의무 부당경감 조항

계약해제로 인하여 원상회복을 할 의무가 쌍방 당사자에게 있음에도 불구하고 수분양자가 이미 납부한 이자의 반환을 배제하는 약관은 사업자의 원상회복의무를 부당하게 경감하는 조항으로 무효이다(약관법 제9조 제4호).

⑤ 일방적 관리업체 선정 조항

집합건물의 관리업체 선정에 대하여 수분양자의 잔금 납부 시 상가운영 및 관리에 관한 일체의 권한을 사업자가 지정하는 관리회사에 위임할 수 있도록 한 약관은 고객의 권리를 상당한 이유 없이 배제 또는 제한하는 조항으로 무효이다(약관법 제11조 제1호).

⑥ 홍보물 등과 상이한 내용 이의제기금지 조항

상가나 아파트 분양계약 약관에 팸플릿, 배치도, 조감도 등이 실제 시공과 다소 차이가 날 경우 고객이 아무런 이의도 할 수 없도록 규정한 약관은 고객의 항변권, 상계권 등의 권리를 상당한 이유 없이 배제 또는 제한한 것으로 무효이다(약관법 제6조 제2항 제1호, 제11조 제1호).

⑦ 귀책사유 유무를 불문하고 미입점에 따른 제반비용을 매수인에게 부담시키는 조항

사업자의 귀책 유무를 따질 필요 없이 수분양자가 미입점으로 인한 시설물의 훼손 등 모든 책임을 부담토록 한 약관은 사업자의 고의 또는 과실로 인한 법률상 책임을 배제하는 조항으로 무효이다(약관법 제7조 제1호).

⑧ 인근 설립예정학교 변경에 대한 이의신청금지 조항

학교의 개교시기와 건물위치가 교육부의 결정에 따라 변동될 수 있고, 수분양자가 분양회사에 이의를 제기할 수 없다는 약관은 수분양자가 구체적인 사유를 불문하고 어떠한 이의도 제기하지 못하도록 차단하는 것으로 사업자의 담보책임을 배제 또는 제한하거나 법률의 규정에 의한 고객의 항변권, 상계권 등의 권리를 상당한 이유 없이 배제 또는 제한하는 조항으로 무효이다(약관법 제7조 제3호, 제11조 제1호).

⑨ 보존등기 및 소유권이전등기 지연가능 조항

보존등기 및 소유권이전등기는 입주일과 관계없이 지연될 수 있다는 약관은 상당한 이유 없이 급부의 내용을 사업자가 일방적으로 결정하거나 변경할 수 있도록 한 것으로 무효이다(약관법 제10조 제1호).

⑩ 개별약정 배제조항

본 계약서에 기재되지 않은 특약사항 및 서류는 일절 인정하지 않으며, 별도의 특약사항

을 제공치 아니한다는 약관은 고객에게 부당하게 불리한 조항으로 무효이다(약관법 제6조 제2항 제1호).

⑪ 부당한 관할법원 조항

본 계약에 관한 분쟁이 발생할 경우 소송은 분양회사 소재지 관할법원으로 한다는 약관은 고객에 대하여 부당하게 불리한 재판관할의 합의조항으로 무효이다(약관법 제14조 제1호).

공정위는 위와 같이 일정한 약관이 무효라는 내용을 공고했는데, 위와 같은 내용은 "약관"으로 판단되는 계약에 한정된다는 점을 주의할 필요가 있다. 즉, 어떠한 부동산 계약이 법률판단을 한 결과 약관이라면 위 내용이 적용되겠지만, 약관으로 볼 수 없다면 계약의 일반법리에 따라 판단하게 된다. 즉 대부분의 계약내용은 유효가 되며 개별법에서 무효로 규정하는 사항에 한하여 그에 해당하는 계약이 무효가 될 여지가 있다. 예를 들어, 상임법 제15조는 "강행규정"이라는 제목 아래에 "이 법의 규정에 위반된 약정으로서 임차인에게 불리한 것은 효력이 없다."고 규정하고 있다.

3. 상가분양계약 해제에 따른 상가개발비의 반환 문제

상가의 분양회사가 수분양자의 잔금미지급을 이유로 계약을 해제하였다. 이때 수분양자가 분양회사를 상대로 상가개발비의 반환을 청구할 수 있는가? 계약이 해제되면 원상회복이 원칙이기 때문에 분양회사인 피고는 수분양자인 원고에게 지급받은 계약금 등의 금원을 반환하는 것이 원칙이다.

다만, 위약금 등의 약정이 있다면, 그 약정에 따라 처리하게 된다. 물론 분양계약서는 약관으로 해석되므로 위약금 등의 약정이 약관규제법에 따라 무효가 될 수 있는지 그리고 위약금이 부당하게 고액으로 직권감액의 여지가 있는지 등의 심리를 거치게 된다.

상가개발비의 반환문제를 다룬 대법원 2010다22415 판결 사안의 분양계약서를 확인하면 "제6조는 수분양자(원고)는 피고(분양회사)에게 분양대금과는 별도로 개발비를 지급하며(제2항), 피고는 상인유치, 상권개발, 상가기본 인테리어 및 수분양자의 원활한 영업활동지원 등을 통하여 상권 활성화에 노력하여야 하고(제1항), 개발비는 건축물의 공유면적에 속하는 부분의 실내의 인테리어 설계 및 시공비, 개별 점포의 기본 인테리어 설계 및 시공비, 분양 및 상권 조성을 위한 각종 조사, 홍보비용 등으로 사용하되, 계약해지 시 반환하지 않는다(제3항)고 규정하고, 한편 제12조 제2항은 수분양자의 귀책사유로 분양계약이 해제되는 경우에는 계약금과 개발비는 위약금으로서 피고에게 귀속된다."라고 규정하고 있다.

대법원은 위 분양계약서를 근거로 상가개발비 약정은 "수분양자(원고)가 분양자(피고)에게 상가의 활성화 사무를 위임하고 그 위임사무의 처리를 위한 비용 및 보수를 개발비란 명목으로 지급하기로 한 약정(위임약정)"으로 해석하였다.

분양계약 제3항에 의하면 계약해지 시 상가개발비를 분양회사가 수분양자에게 반환하지 않는다고 규정하고 있는데, 위 분양계약 제6조 제3항은 유효한가? 유효하다는 것이 원심취지였으나 대법원은 무효취지로 원심을 파기하였다.

즉 원심은 "이 사건 분양계약서 제6조 제3항의 개발비 귀속 조항이 분양자의 귀책사유로 계약이 해제된 경우에도 개발비의 반환을 인정하지 않는 취지라면 약관의 규제에 관한 법률 제9조 제3항, 제4항에 의해 무효라고 볼 여지가 있으나 이 사건과 같이 수분양자인 원고의 귀책사유로 분양계약이 해제되는 경우에까지 무효라고 볼 수는 없으므로 개발비는 분양계약서 제6조 제3항에 따라 피고(분양회사)에게 귀속된다고 봄이 상당"하다는 취지였다.

그러나 대법원은 약관법에 따라 무효라는 것이다.

즉 위 대법원은 "약관법 제9조는 계약의 해제·해지에 관하여 사업자의 원상회복의무나 손해배상의무를 부당하게 경감하는 조항은 무효라고 규정하고 있으므로, 분양계약 해제로 인하여 상가개발비 약정이 종료된 경우에 상가개발비를 어떠한 경우에도 반환하지 않는다고 규정하는 조항은 수분양자에게 일방적으로 불리한 약관으로 무효"라는 취지이다.

다만, 상가개발비 약정의 성격이 위임약정으로 볼 경우 "분양자의 책임 없는 사유로 분양계약이 해제되었을 때에는 분양계약 종료 당시까지 분양자가 처리한 사무의 정도와 난이도, 노력의 정도, 처리된 사무에 대하여 가지는 쌍방 당사자의 이익 등 제반 사정을 참작하여 상당하다고 인정되는 보수 금액 및 상당하다고 인정되는 사무처리 비용 등을 공제하고 남은 나머지 상가개발비만을 반환받을 수 있다고 봄이 상당하고, 이 경우 처리한 사무의 정도, 사용된 사무처리 비용 등은 공제를 주장하는 분양자가 그 증명책임을 부담"한다는 취지이다.

그런데, 분양계약서 제12조 제2항에 따르면, 수분양자의 귀책사유로 분양계약이 해제되는 경우에는 계약금과 개발비는 위약금으로 분양회사에 귀속된다고 규정되어 있다. 이러한 손해배상의 예정조항은 유효한가? 유효하다.

위 대법원 판결은 "이 사건 상가개발비는 개별 점포의 기본 인테리어 설계 및 시공비 등에 사용하게 되어 있는데 현재까지도 이 사건 점포에는 격벽도 설치되어 있지 않아 기본 인테리어 시공에 이 사건 상가개발비가 사용된 것으로 보이지는 않는 점, 피고가 이 사건 상가개발비를 사용한 구체적인 내역을 전혀 밝히고 있지 않은 점, 만일 상가개발비 전액이 반환되어야 할 금액이라면 원고가 지급한 계약금과 상가개발비의 합계액은 46,940,000원(=계약금 16,940,000원+상가개발비 3,000만원)이 되어 분양대금인 169,400,000원의 27% 정도(=6,940,000원÷168,400,000원×100)가 되는데 이는 통상적인 분양계약에서의 위약금 비율인 분양대금의 10%를 훨씬 상회하는 것으로 보이는 점 등에 비추어 보면, 이 사건 손해배상의 예정액이 부당하게 과다하다고 볼 여지가 상당"하다는 취지이다.

결국 파기·환송심에서는 상가개발비 중에서 수분양자인 원고가 분양회사인 피고로부터 돌려받을 수 있는 상가개발비 액수 등을 고려하여 위약금을 직권으로 감액할 여지가 있는지를 심리하는 것이 필요하게 된다.

4. 급매의 함정

필자는 퇴근길에 "상가 10억원(×), 급매 6억 5천만원"이라는 광고지가 전봇대에 붙어 있는 것을 본 적이 있다. 이른바 '급매'다. '경매보다 급매가 더 좋은 경우도 있다.'라는 말도 가끔 하는데, 급매로 부동산을 산 경우 어떤 법률문제들이 있을까?

부동산을 급매로 내놓았다는 것은 부동산 소유자의 경제사정이 좋지 못할 가능성이 있다. 다만, 등기부를 볼 줄 모르더라도 중개사가 어느 정도 설명을 해주므로 그 설명을 듣고, 등기와 관련하여 궁금증이 있을 경우 추가로 더 물어보면 될 것이다. 즉, 공시된 등기부를 확인해서 일반 매매와 동일하게 매수를 하면 되기 때문에 급매라고 해서 등기부에 특별한 사정이 반영되어 있는 것은 별로 없을 것이다.

그렇다면, 제목을 급매의 함정으로 적었는데, 어떠한 함정이 있다는 것인가? 함정이라기보다는 등기부와 같이 공시된 사정이 반영되지 않은 부분을 알아둘 필요가 있다는 취지로 이해하면 될 것 같다.

예를 들어보자. 사업을 영위하는 회사가 은행으로부터 대출을 받기 위해 보증기금으로부터 보증을 받는 경우가 있다. 즉 회사가 사업 확장을 위해 은행 대출이 필요한데, 은행에서는 보증인을 요구하고, 일정요건에 해당하는 회사는 보증기금을 통해 은행에 보증인으로 보증기금을 세울 수 있다.

이때 은행에 보증을 서준 보증기금은 회사의 은행 부채에 대한 채무불이행 시 보증책임을 지게 된다. 보증기금은 그냥 보증을 서주지 않는다. 즉, 보증기금은 자신이 보증책임을 부담할 경우를 대비하여 대출을 받은 회사의 대표나 이사 등의 연대보증을 받아둔다.

이런 경우 회사가 부도에 직면하게 되면 회사의 대표나 이사는 자신의 부동산을 처분해서라도 문제를 해결하려 하거나, 자신이 보증기금에 책임을 부담할 상황을 고려하여 자신의 부동산을 빨리 팔아치우려 하는 경우가 있다. 이러한 부동산은 대게 급매상품으로 시장에 나오게 된다.

위에 설명한 내용을 법률적으로 구성할 경우 보증기금은 채무자인 회사의 대표나 이사의 부동산매도행위가 보증기금의 구상채권을 해하는 사해행위라는 생각을 할 수 있고, 이러한 급매상품을 매수한 사람은 졸지에 채권자 취소소송의 피고가 될 가능성이 있다. 즉, 급매상품을 살 경우 채권자취소소송이라는 소송에 휘말릴 가능성이 있는 것이다.

그렇다면 급매상품을 피해야만 하는 것인가? 이와 관련하여 여러 대법원의 판례를 종합하여 일반화시켜 정리하면, 일반적으로 매수인이 실수요자이고, 부동산을 매도한 사람과 친인척이라는 등의 특별한 관계가 없으며, 공인중개사나 제3자의 소개로 적정한 금액으로 부동산을 매수하였다면(다소 저렴한 가격으로 매수한 경우도 사해행위 부정), 매수인이 소유권을 취득하는 데 문제가 없다는 태도를 보이고 있고, 사해의사가 없었다는 취지의 이러한 내용은 매수인이 입증해야 한다는 태도다. 결국, 위와 같은 판례를 고려하면 과도하게 저렴한 급매를 매수하기에는 다소 부담스러울 수밖에 없을 것으로 보인다.

5. 부동산 매도와 등기이전 선이행의 문제

부동산매매의 경우 매수인의 잔금지급의무와 매도인의 소유권이전등기의무 및 부동산인도의무는 동시이행관계가 된다. 이때, 이런저런 사정 때문에 매도인이 잔금도 받지 않은 상태에서 소유권이전등기의무를 먼저 이행하여 등기를 매수인에게 넘기는 경우가 있다.

어떤 경우에 이런 일이 벌어질까? 여러 상황이 있을 수 있지만, 두 가지만 살펴보자(필자의 경험사례 단순화 및 각색).

매수인이 매도인에게 먼저 등기를 넘겨주면 지급하지 못한 잔금을 매매대상 부동산을 통해 대출을 일으켜 지급하겠다고 주장하여 이런 일이 발생할 수 있다. 또한 매수인이 매도인에게 매매대상 부동산을 직접 개발 및 분양을 해서 그 분양대금으로 잔금을 지급하겠고 하여 매도인이 등기의무를 선이행하기도 한다.

매수인의 주장이 사실이라고 해도 매도인 입장에서 소유권이전등기의무를 선이행하는 것은 삼가는 것이 좋다. 대출을 일으켜 잔금을 지급하든, 개발을 통해 잔금을 지급하든, 대체적으로 매수인은 자신의 명의로 된 해당 부동산을 갖고 은행에서 대출을 일으키게 되는데, 대출을 일으킨 후 이자조차 갚지 못해 해당 부동산이 경매에 들어가서 문제되는 경우가 많다.

어쨌든 잔금을 전부 지급받았다면 문제될 것이 없지 않은가? 그럴 수도 있다. 그러나, 대출을 일으켜 잔금을 지급하겠다고 약속을 했으나, 대출액이 잔금에 미치지 못하거나, 개발이 좌초되는 경우 매도인은 계약해제를 고려할 수밖에 없는데, 계약해제를 다투는 사이 매매대상 부동산이 제3자에게 경락될 경우 계약해제를 통한 부동산회수도 불가능해질 가능성이 있다.

일이 잘 되어 계약해제가 되어 경락 이전에 말소등기청구의 승소가 가능하다고 해도 대출을 통해 근저당권을 설정받은 은행에 대한 말소 승낙 요구가 인정되지 못할 가능성도 많다. 은행은 계약해제의 제3자로 보호될 가능성이 있기 때문이다(민법 제548조 제1항). 결국 계약해제를 통한 이전등기(진정명의회복)를 소구함으로써 은행의 근저당권을 인수하는 결과가 발생할 수 있다.

계약해제 문제도 살펴보자. 매도인이 소유권이전등기는 선이행을 하였지만, 잔금지급을 담보하기 위해 매매대상 부동산을 점유하고 있다면, 해당 부동산의 인도의무와 잔금을 받을 권리가 동시이행관계에 있어 동시이행관계를 깨는 행동이 필요하다.

물론 매도인이 소유권이전등기의무뿐만 아니라 인도의무까지 선이행을 하였다면, 잔금지급을 할 수 있는 기간을 정해 독촉한 후 계약해제가 가능할 것이다. 사기취소가 가능한 경우는 독촉이 필요 없으나, 이 경우도 선의의 제3자 보호가 문제될 수 있다(민법 제110조 제3항). 결론적으로 부동산매매를 할 때 매도인이 등기이전의무를 선이행하는 것은 많은 문제점이 있으므로 삼가는 것이 좋다.

6. 부동산 소유자의 아내로부터 부동산을 매수할 때의 주의점

부동산 소유자의 아내와 부동산매매계약을 체결할 때에 주의할 점이 많다. 부동산을 매수하려는데, 부동산 명의자의 아내가 매도자 대신 계약을 체결하기 위해 나오는 경우가 있다. 이러한 경우에도 매도자의 아내는 매도자, 즉 남편의 인감도장, 인감증명서, 등리권리증(등기필증), 위임장 등을 모두 구비하고 나타나는 것이 일반적이다. 이런 경우에 덜컥 부동산을 매수해도 될까? 아니다. 더 주의할 것이 있다. 매도자의 아내가 진정 매도자의 대리인이라면 문제가 되지 않는다. 그런데 부부 사이가 좋지 않은 상황, 예를 들어 이혼 직전의 상황에서 매도자의 아내가 매도자의 관련 서류를 가지고 나와 매도하고자 하는 경우가 있을 수 있다. 이런 경우에 매수인의 부동산 매수는 무효가 될 가능성이 있다. 다만, 민법상 권한을 넘은 표현대리가 성립한다면(민법 제126조), 부동산매매계약이 유효로 될 수 있고, 이런 경우는 매수인의 피해가 없게 된다. 따라서 매수인은 매도자의 아내와 같은 매도자의 대리인이 진정한 대리인인지 여부를 확인할 필요가 있다.

매도자와 전화 통화만 하면 안전할까? 안전하다고 장담할 수 없다. 전화를 받는 사람이 진정한 매도자가 아닐 가능성을 배제할 수 없기 때문이다.

매수인 입장에서 전화 통화를 했다면 표현대리상 정당한 이유가 인정되어 매매계약이 유효한 것이 아닌가? 정당한 이유는 매수인이 입증해야 하기 때문에 전화를 했다는 사실 자체를 입증하기도 만만치 않을 뿐만 아니라 전화 통화 자체만으로 상황에 따라서 표현대리가 인정되지 않을 수도 있다. 결론적으로 매도인의 대리인과 계약을 체결할 때에는 할 수 있는 모든 행위를 해두고 근거 자료 등을 남겨두는 것이 좋다.

즉 매도인의 아내가 가져온 인감도장, 인감증명서(본인발급), 등기권리증(등기필증), 위임장 등을 확인하는 것은 물론이고, 필요한 서류는 받아두어야 하며, 매도인과 전화를 하고 그 전화내역에 대한 중개사의 확인서를 받아두고, 중개사가 매도인을 알고 있다면, 전화 통화를 한 사람이 매도자가 확실하다는 확인서까지 받아두는 것이 보다 안전하다고 할 수 있다. 되도록이면 부동산 소유자 본인과 매매계약을 체결하는 것이 좋다.

7. 가압류된 부동산의 매수

가압류가 되어 있는 부동산을 매수하면 어떤 상황이 벌어질까? 가압류가 실현되면, 가압류 후 부동산을 매수한 사람은 소유권을 잃게 된다. 따라서 가압류가 되어 있는 부동산을 매수하는 일은 삼가야 한다. 가압류가 실현된다는 것은 어떤 의미인가? 가압류가 실현된다는 것은 가압류 후 소송을 통해 승소를 한 금전채권자가 가압류한 부동산을 경매에 부친다고 생각하면 쉽다.

가압류 후 승소해서 가압류를 하여 둔 부동산을 경매에 부치면, 가압류보다 후 순위로 해당 부동산의 소유권을 취득한 부동산 소유자는 해당 부동산의 소유권을 상실하게 된다.

이때 부동산의 소유권을 상실한 부동산의 매수인은 부동산 매도인에게 책임을 물을 수 있겠지만, 부동산 매도인이 채무가 많아 부동산이 경매에 부쳐진 사정을 고려하면, 부동산 매수인이 부동산 매도인에게 소송을 통해 승소판결을 얻더라도, 승소판결문이 무용지물이 될 가능성이 높다.

상담을 하다 보면, 참으로 다양한 사연들을 접하게 된다. 상담인은 가압류된 부동산을 매수하는 것이 위험하다는 사실을 알고 있음에도 불구하고, 그 위험을 상쇄시킬 방법을 묻고 있다. 그러한 방법이 있을까? 가압류권자의 법적 능력 등이 수준미달이라면 몰라도, 그러한 위험을 상쇄시키기는 쉽지 않다.

다만, 가압류권자의 가압류기간이 3년을 도과하였다면 희망이 있을 수 있다. 즉, 가압류권자의 가압류기간이 3년을 도과한 경우라면, 부동산의 매수인이 소유권을 취득한 후 이해관계인으로서 보전처분의 취소를 구할 수 있다(민사집행법 제288조 제1항 제3호). 이를 사정변경에 따른 보전처분의 취소라고 한다. 그러나 부동산 매도인과 부동산 매수인이 가족과 같은 특수관계인 경우라면, 부동산매매행위가 사해행위로 취소될 여지가 있음을 알아둘 필요가 있다.

8. 타인 토지 일부를 침범한 건물 매도인의 책임

토지와 건물을 매수하고, 등기까지 완료하였는데, 옆집 소유자가 내가 매수한 건물의 일부에 대한 철거소송을 제기한다면? 알고 보니 내가 매수한 건물 일부가 옆집 소유 토지의 일부를 침범한 것이었다.

이러한 경우 건물매수인은 어떠한 조치를 취할 수 있을까? 토지와 건물의 전소유자에게 불법행위 또는 채무불이행책임을 물을 수 있을까?

쉽게 단정하기는 어렵지만, 판례는 토지와 건물의 전소유자도 해당 토지와 건물을 '전전소유자'로부터 매수한 사례에서, 토지와 건물의 전소유자가 타인 토지 침범사실을 알았거나 알 수 있었다고 단정하기 부족하다는 판시를 한 사실이 있다(서울동부지방법원 2008나7668 판결).

그렇다면, 토지와 건물의 매수인인 내가 해당 토지와 건물 매도인에게 민법 제572조를 근거로 담보책임을 물을 수 있을까? 민법 제572조는 '권리의 일부가 타인에게 속한 경우'에 매도인의 담보책임을 규정하고 있다.

문제는 민법 제572조가 적용되려면, '권리의 일부가 타인에게 속한 경우'여야 하는데, 본건의 경우는 결과적으로 타인 토지를 침범한 '건물의 일부'가 타인에게 속한 것이 아니라, 매수인 본인의 소유라는 것이다. 이에 대하여 대법원 2009다33570 판결은 "매매목적물인 건물의 일부가 그 피침범토지소유자의 권리행사에 좇아 결국 이를 철거하여야 하는 등 그 존립을 유지할 수 없는 운명에 있다고 하면, 이는 매도인에게 그 건물부분의 존립 자체에 관한 권리가 흠결된 것으로서 종국적으로는 매매목적물을 취득하지 못하게 되는 바의 전형적인 위험요소가 당해 매매계약에 내재하고 있다는 흠이 있어, 앞서 본 대지의 일부만이 타인에게 속하는 경우 또는 나아가 일반적으로 매매목적물인 건물의 일부만이 타인에게 속하는 경우에 준하여 처리되어야 할 것"이라는 태도를 보이면서, 본건과 같은 경우 민법 제572조가 유추 적용된다고 한다[민법 제580조(하자담보책임)를 적용한 원심을 파기함, 원심은 위 서울동부지방법원 2008나7668 판결임]. 다만, 민법 제572조는 "매도인이 그 권리를 취득하여 매수인에게 이전할 수 없을 것"을 요구하는바, 이에 대한 요건충족이 필요할 것인데, 위 대법원 2009다33570 판결에 의하면 "이웃 토지의 소유자가 소유권에 기하여 그와 같은 방해상태의 배제를 구하는 소를 제기하여 승소의 확정판결을 받았으면, 다른 특별한 사정이 없는 한 매도인은 그 대지부분을 취득하여 매수인에게 이전할 수 없게 되었다고 봄이 상당하다."라는 취지이다.

결국, 토지와 건물의 선의의 매수인은 해당 사실을 안 날로부터 1년 이내에 대금감액청구와 손해배상청구를 할 수 있고, 철거 후 잔존한 건물부분만 있었다면, 매수인이 이를 매수하지 않았을 것이라는 판단이 가능하다면 계약해제도 가능하게 된다(객관적 판단).

9. 아파트 분양계약과 수량을 지정한 매매

선분양 아파트의 경우, 아파트 분양계약을 수량을 지정한 매매로 볼 수 있을까? 수량을 지정한 매매란 "당사자들이 매매목적물의 일정한 수량의 존재를 확보하는 데 주안점을 두고 이 수량을 기준으로 매매대금을 정하는 것"을 말한다.

따라서 단순히 대금이 일정한 수량을 기준으로 정하여졌다는 사실만으로는 수량을 지정한 매매로 단정할 수 없다. 예를 들어, 매매계약서에 "평당 ○○○원"이라는 기재가 있다는 사실만으로 수량을 지정한 매매로 단정하기 어렵다(대법원 73다582 판결).

아파트 분양과 관련하여 목적물이 일정한 면적(수량)을 가지고 있다는 데 주안을 두고 대금도 면적을 기준으로 하여 정하여진 것으로 보인다면, 수량을 지정한 매매로 볼 수 있다는 것이 법원의 입장이다(대법원 99다58136 판결 등).

또한, 대법원 94다56098 판결은 "비록 아파트 분양계약서상의 공유대지 표기란이 공란이었다 하더라도 분양계약자들과 주택건설사업자는 당해 아파트에 대한 분양계약을 체결함에 있어서 공유대지면적에 관하여는 분양공고의 내용을 계약내용의 일부로 흡수시키기로 하는 묵시적인 합의가 있었다."라고 판시한 사실도 있다.

따라서 선분양 아파트의 경우 아파트 분양계약이 수량을 지정한 매매로 판단될 수 있다(이 경우 1년의 제척기간 적용). 다만, 대법원 94다56098 판결은 수분양자들에게 이전등기된 각 공유지분이 부족하게 된 원인이 분양계약 후 공용시설용 대지에 편입되어 서울시에 기부채납을 한 사실에 근거하여 민법 제574조(수량부족, 일부멸실의 경우와 매도인의 담보책임)에 의한 담보책임을 부정하고, 감소된 지분범위 내에서 이행불능에 근거한 계약해제를 이유로 감소된 부분만큼의 대금반환의무를 인정하였다.

그렇다면, 준공이 완료된 후에 연립주택의 평형을 다소 과장한 경우는 어떠한가? 이 경우에도 수량을 지정한 매매로 담보책임을 고려할 수 있을까? 수량을 지정한 매매로 담보책임을 고려하려면, 원시적 일부불능을 전제하는데, 평형을 과장한 것은 원시적 일부불능과는 관련이 없으므로, 사기 또는 착오에 의한 계약취소가 고려될 여지가 있을 것이다.

이와 관련하여 대법원 95다19515, 19522(반소) 판결(실제면적이 27.39평임에도, 서비스 면적을 포함하여 33평형으로 광고한 사안)은 "이 사건 빌라를 분양함에 있어 평형의 수치를 다소 과장하여 광고한 사실을 인정"하면서도, "분양가의 결정방법, 분양계약 체결의 경위, 수분양자가 분양계약서나 건축물관리대장 등에 의하여 이 사건 빌라의 공급면적이 평으로 환산하여 27.39평임을 쉽게 확인할 수 있었던 점" 그리고 "단지 분양대상 주택의 규모를 표시하여 분양이 쉽게 이루어지도록 하려는 의도에서 한 것에 지나지 않음" 등을 근거로 사기에 의한 분양으로 계약취소를 청구한 수분양자의 주장을 배척하였다.

10. 아파트 분양권을 불법으로 전매한 경우의 효력

주택법 제64조 제1항은 "제64조(주택의 전매행위 제한 등) ① 사업주체가 건설·공급하는 주택[해당 주택의 입주자로 선정된 지위(입주자로 선정되어 그 주택에 입주할 수 있는 권리·자격·지위 등을 말한다)를 포함한다. 이하 이 조 및 제101조에서 같다]으로서 다음 각 호의 어느 하나에 해당하는 경우에는 10년 이내의 범위에서 대통령령으로 정하는 기간이 지나기 전에는 그 주택을 전매(매매·증여나 그 밖에 권리의 변동을 수반하는 모든 행위를 포함하되, 상속의 경우는 제외한다. 이하 같다)

하거나 이의 전매를 알선할 수 없다. 이 경우 전매제한기간은 주택의 수급 상황 및 투기 우려 등을 고려하여 대통령령으로 지역별로 달리 정할 수 있다."라고 규정하여, 아파트 분양권을 전매제한 기간 내에 불법으로 전매하는 것을 금지하고 있다.

이 주택법 조항에도 불구하고, 아파트 분양권을 전매제한 기간 내에 불법으로 전매를 하는 경우가 있다. 아파트 분양권을 불법으로 전매하는 경우, 주택법 제101조 제2호는 "제101조(벌칙) 다음 각 호의 어느 하나에 해당하는 자는 3년 이하의 징역 또는 3천만원 이하의 벌금에 처한다. 다만, 제2호 및 제3호에 해당하는 자로서 그 위반행위로 얻은 이익의 3배에 해당하는 금액이 3천만원을 초과하는 자는 3년 이하의 징역 또는 그 이익의 3배에 해당하는 금액 이하의 벌금에 처한다. 2. 제64조 제1항을 위반하여 입주자로 선정된 지위 또는 주택을 전매하거나 이의 전매를 알선한 자"라고 규정하여 전매하거나 전매를 알선한 자를 형사처벌하고 있다.

주택법 제101조 제2호는 "전매한 자"를 형사처벌하고 있는데, 그렇다면 전매도자 및 전매수자를 모두 처벌하는 것일까?

대법원 2009도10477 판결은 "(구)주택법 제41조의2 제1항의 규정을 위반하여 입주자로 선정된 지위를 전매한 자라고 함은 그러한 지위를 전매한 매도인만을 의미하고 그러한 지위를 매수한 매수인은 해당하지 않는다고 할 것이다."라는 취지이므로, 전매도자가 처벌대상에 포함될 뿐이라고 해석된다.

그렇다면, 형사처벌까지 이루어지는 분양권 불법전매행위의 사법상 효력은 어떻게 될까?

대법원 2005다34612 판결에 의하면 "원심은, 구 주택건설촉진법(2003. 5. 29. 법률 제6916호 주택법으로 전문 개정되기 전의 것) 제32조의5 등에 의하면 투기과열지구 내에서 주택의 입주자로 선정된 지위에 관하여는 일정한 기간 동안 전매행위가 제한되어 있기는 하나 이에 위반하는 전매당사자 사이의 전매계약의 사법상의 효력까지 무효로 되는 것은 아니라고 판단하였는바, 관계 법령에 비추어 살펴보면, 원심의 위와 같은 판단은 옳고, 거기에 상고이유의 주장과 같은 법리오해의 위법이 있다고 할 수 없다."는 취지인바, 형사처벌에도 불구하고 당사자 사이의 전매계약은 유효하다는 취지이다.

다만, 주목할 지방법원 판결이 존재하는데, 대전지방법원 2017가합104228 판결에 의하면, 분양권 불법전매를 금지하는 주택법 규정은 단속규정이 아닌 효력규정으로 이를 위반한 전매약정은 무효라는 취지이다. 판결요지를 확인하면 분양권전매제한의 목적은 부동산투기를 진정시켜 중산서민층의 주거비 부담을 막고 주택공급 질서를 유지하고자 하는 것인바, 형사처벌 규정만으로 분양권전매 금지제도의 목적을 달성할 수 없고, 전전매도인들이 형사처벌 대상이 되는 분양권 불법전매를 통해 막대한 이익을 얻었음에도 민사법적으로 전매의 효력을 인정할 경우 사회정의 및 국민의 법 감정에도 반한다는 취지이다.

11. 이주자택지 분양권 등을 불법으로 전매한 경우의 효력

이주자택지란 정부 주도로 택지가 개발되는 경우에 원주민에게 주어지는 토지를 의미하는데, 이주자택지는 대체로 단독주택을 지을 수 있는 단독주택지가 되거나 점포주택을 지을 수 있는 점포 겸용 단독주택지가 된다.

택지개발에 있어 사업시행자는 이주자택지 대상자를 선정하고 통보하고 그 후 택지공급계약인 분양계약을 원주민과 체결하게 되는데, 이러한 분양계약에 따라 원주민이 분양권을 취득하게 된다.

원주민이 얻은 이주자택지 분양권은 전매가 가능한가? 택지개발촉진법은 "제19조의2(택지의 전매행위 제한 등) ① 이 법에 따라 조성된 택지에 대한 공급계약을 체결한 자(이하 '공급받은 자'라 한다)는 소유권이전등기를 하기 전까지는 그 택지를 공급받은 용도대로 사용하지 아니한 채 그대로 전매(轉賣)(명의변경, 매매 또는 그 밖에 권리의 변동을 수반하는 모든 행위를 포함하되, 상속의 경우는 제외한다. 이하 같다)할 수 없고, 누구든지 그 택지를 전매받아서도 아니 된다. 다만, 이주대책용으로 공급하는 주택건설용지 등 대통령령으로 정하는 경우에는 본문을 적용하지 아니할 수 있다. ② 조성된 택지의 공급대상자로 선정된 자(이하 '공급대상자'라 한다)는 해당 택지를 공급받을 수 있는 권리·자격·지위 등을 전매할 수 없고, 누구든지 이를 전매받아서도 아니 된다. ③ 공급받은 자가 제1항을 위반하여 택지를 전매한 경우 해당 법률행위는 무효로 하며, 택지개발사업의 시행자(당초의 택지공급자를 말한다)는 이미 체결된 택지의 공급계약을 취소한다. 이 경우 택지개발사업의 시행자는 공급받은 자가 지급한 금액 중 해당 택지 공급계약에서 정한 계약보증금을 제외한 금액 및 이에 대한 이자(「은행법」에 따른 은행의 1년 만기 정기예금 평균이자율을 적용한 이자를 말한다)를 합산한 금액을 지체 없이 지급하여야 한다. ④ 공급대상자가 제2항을 위반하여 택지를 공급받을 수 있는 권리·자격·지위 등을 전매한 경우 해당 법률행위와 택지를 공급받을 수 있는 권리·자격·지위 등은 무효로 한다."고 규정하여,

이주자택지 분양권 전매를 원칙적으로 금지하고, 이주자택지 분양권전매의 원칙적 무효를 선언하면서 사업시행자가 이미 체결한 택지의 공급계약을 취소하도록 규정하고 있다. 다만, 동법 시행령 제13조의3에 따라, 예외적으로 투기거래의 염려가 없는 경우에 시행자의 동의를 요건으로 이주자택지의 전매를 일부 허용하고 있다.

또한 택지개발촉진법 제31조의2(벌칙)는 "제19조의2 제1항 또는 제2항을 위반하여 택지를 전매한 자는 3년 이하의 징역 또는 1억원 이하의 벌금에 처한다."라는 규정을 통해 이주자택지 분양권 불법전매행위에 대하여 형사처벌을 하고 있다.

이주자택지 불법전매의 모습을 살피면, 원주민들이 이주자택지 대상자로 통보되어 흔히 말하는 '딱지'만 갖고 있거나, 대상자 통보 이후 사업시행자와 원주민 사이에 분양계약에 따

라 '분양권'이 발생한 상태이거나, 심지어 '딱지'도 받기 전에 사업시행자의 동의 없이 '분양권' 취득을 전제한 전매 내지 전전매 등을 하고 나중에 법에서 정한 형식에 맞추어 분양권 전매의 동의를 사업시행자로부터 득하는 방법을 사용하게 된다.

즉 최후의 매수인과 원주민이 마치 최초로 법이 허용하는 전매계약을 한 것처럼 위장하여 사업시행자의 동의를 득하는 것이다. 이러한 합법을 가장한 형식에도 불구하고 이주자택지 불법전매라는 진실이 밝혀지면, 택지개발촉진법 제19조의2 제3항 등에 따라 전매행위가 모두 무효로 된다.

이주자택지 가격이 급등하자 이주자택지 불법전매가 무효라는 사정을 이용하여, 원주민이 최후의 전매인 등을 상대로 전매계약의 원인무효소송을 제기할 수 있을까? 원주민이 원고가 되어 적극적인 소송을 제기한 경우와 원주민이 전매계약에도 불구하고 전매계약이행을 하지 않자, 전매수자가 원주민을 피고로 소송을 제기한 두 가지 판례를 검토해 보고자 한다.

우선 원주민이 원고가 된 사례로 대법원 2018다272216 판결(원심은 서울고등법원 2017나2076594 판결) 사안이다.

이주자택지의 원주민 원고는 일명 '딱지'도 받기 전에 이주자택지 불법전매 계약을 체결한 후, 위 '딱지'가 여러 차례 전전매도되어 피고들이 최종적인 매수인이 되었다. 원주민 원고와 최종 매수인 피고들 사이의 이 사건 최종 매매계약은 원고와 피고들이 직접 당사자로 전매계약을 체결한 것이 아니었음에도 원주민 원고로부터 피고들에게 '분양권'이 바로 이전하는 형식을 취하고, 사업시행자의 전매동의를 득하였다.

대법원은 사건의 실질을 고려할 때에 무효인 최초 전매계약을 전제하여 전매행위가 이루어졌음을 근거로 모든 전매행위가 무효라면서, 사업시행자의 동의도 적법하다고 할 수 없어 이 사건 권리의무 승계계약도 무효라고 판단한 원심이 타당하다는 취지로 판시하였다.

즉 서울고등법원 2017나2076594 판결은 "원고와 피고들 사이의 별지 목록 기재 부동산에 관하여 체결한 2016. 11. 10.자 매매계약 및 2016. 11. 11.자 권리의무승계계약은 각 무효임을 확인한다."고 선고하였고, 대법원도 이를 타당하다고 보았다.

그다음 판례로 원주민이 피고가 된 대법원 2017다222153 판결(명의변경절차이행청구의소) 사안을 확인해 보자. 이 판례는 원심을 파기한 사안이다. 한국토지주택공사와 경기도시공사에 의하여 평택 고덕개발사업이 시행되고, 원주민 피고 소유 가옥이 개발구역에 포함되었다.

원주민 피고는 일명 '딱지'를 받기도 전에 사업시행자의 동의 없이 분양지위를 양도하는 계약을 원고와 체결하였다. 이 계약 후에 피고가 이주자택지 공급대상자로 선정되어 일명 '딱지'를 취득하게 되었고, 사업시행자와 원주민 피고 사이에 이주자택지를 분양받기로 하는 분양계약을 체결하였다.

원심은 시행자의 사후동의를 받으면 소급하여 전매계약이 유효하게 될 수 있는 유동적 무효상태에 있다면서, 매매계약 유효를 위한 협력의무가 있으므로, 매매계약에 따라 원주민에 해당하는 피고에게 분양계약에 관하여 수분양자명의변경을 위한 전매동의 신청절차 이행의무를 인정하였다.

그러나 대법원은 "이 사건 시행령 규정이 전매제한에 대한 특례 요건으로 규정한 '시행자의 동의'는 택지개발촉진법에 따라 조성된 택지에 관하여 택지공급계약이 체결되었음을 전제로 하는 것으로서, 이 택지공급계약을 체결하기 전에 장차 공급받을 택지를 그대로 전매하기로 하는 내용의 택지분양권 매매계약이 체결되었다 하더라도 그 택지분양권 매매계약에 대한 시행자의 동의 자체가 불가능하므로 이는 무효이고 매도인이 장차 공급받을 택지에 관하여 '시행자의 동의' 절차에 협력할 의무도 지지 아니한다고 해석함이 타당하다."라는 취지로 원심을 파기한 바, 전매수자 원고의 패소취지로 판시하였다.

12. 수분양아파트의 대지권이전등기 장기지연에 따른 손해배상청구

아파트를 분양받고 분양대금을 모두 치렀는데 전유부분에 대한 소유권이전등기만을 경료받고, 대지권이전등기가 장기간 지연되는 경우가 있다. 이때 수분양자가 분양자를 상대로 대지권이전등기 장기지연에 따른 손해배상을 청구할 경우에 승소할 수 있을까? 대법원 2017다230963 판결에 의하면 손해배상청구가 인정될 수 있다는 취지이다.

대지권이전등기의 장기간 지연이란 이행지체를 의미하므로 이행기가 문제된다. 그렇다면, 대지권이전등기의 이행기는 언제인가? 위 대법원 판결에 의하면 토지매도자인 한국토지주택공사가 대지에 관하여 소유권보존등기를 한 다음에 분양자인 피고들(예원건설 주식회사 외 2인) 일부에게 매매를 원인으로 지분비율에 따른 소유권이전등기를 해준 시점인 2012. 10. 30. 무렵에 이행기에 도달하였다는 취지이다.

분양자인 피고들(예원건설 주식회사 외 2인) 일부가 2012. 10. 30.경에 토지 매도자인 한국토지주택공사로부터 토지에 대한 소유권을 이전받았으니 그 무렵에 분양자가 수분양자들에게 대지권이전등기를 할 수 있고, 이행기가 도래한 것으로 본 것이다(원심은 대지권이전등기의무는 이행기의 정함이 없는 채무에 해당하고, 원고들이 이행지체를 이유로 손해배상을 청구하는 2015. 9. 1.자 청구취지 및 원인변경신청서가 피고들에게 송달된 날인 2015. 9. 8. 이행기가 도래하여 피고들은 그다음날인 2015. 9. 9. 이행지체에 빠진다고 보았음).

즉 위 대법원 2017다230963 판결에 의하면 "집합건물법 제20조 제1항은 '구분소유자의 대지사용권은 그가 가지는 전유부분의 처분에 따른다.'라고 정하여 전유부분과 대지권의 일체성을 명시하고 있다. 거래관행이나 사회통념에 비추어 수분양자가 분양계약 당시에 전유부분과 대지권의 이행기가 따로 있다고 예상하기 어렵다. 기록에 따르면, 이 사건 분양계약서에는 분양목적물로 전유부분과 그 대지권이 포함된 해당 아파트 건물 전체가 표시되어 있고, 전유부분과 대지권을 별도로 취급하는 규정이 없음을 알 수 있다. 이 사건 분양계약의 체결

경위와 동기, 당사자들의 진정한 의사, 당사자들이 계약을 통해 달성하려는 목적 등을 종합하면 이 사건 분양계약에서 정하고 있는 피고들의 소유권이전등기 관련 의무는 원심판결과 같이 전유부분만을 대상으로 하는 것이 아니라 대지권을 포함한 해당 아파트 건물 전체를 대상으로 한다고 보아야 한다. 이 사건 분양계약 제8조 제3항의 문언만 보면 소유권이전등기에 관한 의무를 수분양자에게만 부담시키는 것으로 보이나, 이는 분양자인 피고들이 먼저 수분양자가 소유권이전등기를 할 수 있도록 만반의 준비를 갖추고 있다는 것을 당연한 전제로 한다. 따라서 위 조항은 수분양자뿐만 아니라 분양자인 피고들에 대해서도 해당 아파트에 관한 대지권을 확보하는 등 수분양자가 해당 아파트 건물 전체에 관하여 완전한 소유권이전등기를 이전받을 수 있도록 준비를 마칠 의무를 지우면서 이행기의 기준을 정하되, 다만 이행기는 확정기한이 아니라 불확정기한으로 하는 합의가 담긴 조항으로 보아야 한다. 그리고 이행기는 건설공사의 진척상황과 사회경제적 상황에 비추어 분양대금을 다 내고 분양자가 건물을 준공한 날부터 수분양자가 완전한 소유권이전등기를 이전받는 데 들 것으로 예상할 수 있는 합리적인 기간이 지난 때 도래한다(대법원 2006다25745 판결 참조). 이러한 사정을 관련 법리에 비추어 보면, 이 사건에서 피고들이 원고들에게 대지권등기를 포함하여 완전한 소유권이전등기를 이전하거나 또는 그 이전 준비를 마칠 의무는 늦어도 공사(한국토지주택공사)가 일부 피고들에게 이 사건 아파트의 대지에 관한 소유권이전등기를 한 시점인 2012. 10. 30. 무렵에는 이행기가 되었다."라는 취지이다.

그렇다면, 분양자(예원건설 주식회사 외 2인)의 대지권이전등기 절차 장기지연으로 인한 손해는 통상손해로 보아야 하는가 아니면 특별손해로 보아야 하는가?

위 대법원 2017다230963 판결에 의하면 "분양받은 아파트에 관하여 소유권이전등기절차의 이행이 장기간 지연되었다면 수분양자에게는 재산권을 완전히 행사하지 못하는 손해가 발생하였다고 볼 수 있다. 주위 부동산들의 거래상황 등에 비추어 볼 때 등기절차가 이행되지 않아 수분양자 등이 활용기회의 상실 등의 손해를 입었을 개연성이 인정된다면, 등기절차 지연으로 인한 통상손해가 발생하였다고 할 것이고, 이 손해가 특별한 사정으로 인한 손해라고 하더라도 예견 가능성이 있다고 보아야 한다(대법원 2006다25745 판결 참조). 이러한 법리는 분양된 아파트에 관하여 전유부분에 대한 소유권이전등기절차만을 이행하고 그에 관한 대지권이전등기의 이행을 장기간 지연한 경우에도 마찬가지로 적용될 수 있다."라는 취지이다(통상손해에 가깝다는 취지로 이해됨).

손해액은 어떻게 되는가? 과연 수분양자가 대지권이전등기 장기지연에 따른 손해액을 입증하는 것이 가능할까?

위 대법원 2017다230963 판결에서 수분양자들인 원고들은 "원고들 및 승계참가인들은 위 이행지체로 인하여 재산상 손해(재산세 납부, 담보대출 제한, 정부지원대출 불가, 전세자금대출을 위한 전세금반환보증보험 불가, 매도 및 임대 기회 감소, 매매대금 및 임료 하락, 매매계약 취소 등)와 정신적 손해를 입었다. 구체적인 손해의 액수를 증명하는 것이 사안의 성질상 매우 어려우므로, 손해액은 분양계약상 대지가격의 3%(상사법정이율의 1/2)의 비율에 의한 금원으로 보아야 한다. 따라서 공동분양자인 피고들은 연대하여 위와 같은 지위에 있는 원고들 및 승계참가인들에게 별지 3 목록 '청구금액'란 기재 각 해당 손해배상금 및 이에 대한 지연손해금을 지급할 의무가 있다."라고 주장하였으나 원심에서는 모두 입증부족이라는 취지였다(자세한 원심판결 내용은 1심판결인 서울중앙지방법원 2015가합548306 판결 이유 참고).

그러나 위 대법원 2017다230963 판결은 민소법 제202조의2 규정을 들어 손해액 인정이 가능하다는 취지로 원심을 파기·환송하였다.

즉 위 대법원 2017다230963 판결에 의하면 "채무불이행이나 불법행위로 손해가 발생한 사실은 인정되나 구체적인 손해의 액수를 증명하는 것이 사안의 성질상 매우 어려운 경우에 법원은 변론 전체의 취지와 증거조사의 결과에 의하여 인정되는 모든 사정을 종합하여 상당하다고 인정되는 금액을 손해배상 액수로 정할 수 있다(민소법 제202조의2). 이때 고려할 사정에는 당사자 사이의 관계, 채무불이행이나 불법행위와 그로 인한 손해가 발생하게 된 경위, 손해의 성격, 손해가 발생한 이후의 정황 등이 포함된다(대법원 2002다6951, 6968 판결 등). 그리고 손해배상책임이 인정되는 경우 법원은 손해액에 관한 당사자의 주장과 증명이 미흡하더라도 적극적으로 석명권을 행사하여 증명을 촉구하여야 하고, 경우에 따라서는 직권으로 손해액을 심리·판단하여야 한다(대법원 2018다301336 판결 참고). 원심판결 이유를 이러한 법리에 비추어 살펴보면, 피고들의 대지권이전등기절차 이행이 장기간 지연됨에 따라 원고들에게 재산권을 완전히 행사하지 못하는 손해 등이 발생하였다고 볼 수 있다. 그런데도 원심은 이러한 재산상 손해에 관하여 심리를 제대로 하지 않은 채, 대지지분이전등기에 관한 피고들의 이행지체로 원고들이 손해를 입었을 개연성을 인정하기 어렵다는 등의 이유로 원고들의 손해 발생 주장을 배척하였다. 원심판결에는 상고이유 주장과 같이 필요한 심리를 다하지 않은 채 논리와 경험의 법칙에 반하여 자유심증주의의 한계를 벗어나거나 손해에 관한 법리 등을 오해하여 판결에 영향을 미친 잘못이 있다."라는 취지이다.

참고로 채무불이행이나 불법행위가 존재하고 손해도 발생하였다고 판단하면서도 단지 '손해액에 대한 입증이 없다(손해액 산정이 불가하다).'라고 판단하여 손해배상청구를 기각하는 판결을 하게 되면 대법원에서 파기당한다면서 이러한 경우는 재판과정에서 드러난 여러 제반 간접사실들을 나열한 다음, 이러한 사정을 종합하면 손해액이 얼마라고 볼 수 있다는 취지로 판시하는 것이 타당하다는 견해가 있다(2022. 9. 30.자 '서울고등법원판례공보스터디' 제914쪽 참고).

13. 신축빌라를 매수하는 경우의 문제점

개인이 신축빌라를 지어 분양하는 경우를 적지 않게 볼 수 있는데, 신축빌라를 매수할 때 주의할 점은 어떤 것이 있을까?

필자의 상담사례를 일부 각색하여 설명하고자 한다. 상담인은 수원에 아들을 위한 신축빌라 분양계약서에 아들의 동의도 없이 아들 이름으로 서명하였다. 상담인이 판단하기로 빌라주변이 살기 좋다고 생각하였으나, 계약 후 아들에게 물어보니, 그 지역이 싫다고 한다. 상담인의 고민은 이렇듯, 단순변심을 통하여도 계약을 깰 수 있는지 여부였다. 단순변심을 통하여 계약을 깰 수 있을까? 매매계약이나 분양계약을 체결하고 나서 단순변심을 통하여 계약을 깨려면, 특별한 사정이 없는 한 지급한 계약금을 포기하는 방법 이외에는 없다고 보면 된다(민법 제565조. 단, 별도의 특약이 있다면 별론. 즉 대법원 2008다50615판결에 의하면 "민법 제565조의 해약권은 당사자 간에 다른 약정이 없는 경우에 한하여 인정되는 것이고, 만일 당사자가 위 조항의 해약권을 배제하기로 하는 약정을 하였다면 더 이상 그 해제권을 행사할 수 없다."라는 취지).

그렇다면, 아들의 허락도 없이 아들의 이름을 상담인이 직접 쓰고 아들의 도장을 찍은 것을 문제삼아 계약을 깰 수 있을까? 즉, 지급한 계약금을 돌려받을 수 있을까? 계약당사자인 아들이 상담인의 행위를 무권대리라고 주장하면서 계약의 무효를 주장할 수 있겠으나, 상담인이 무권대리인으로서 책임질 가능성이 있어 무권대리 주장이 실효적인 해결책이라고 할 수도 없다(민법 제135조 제1항은 "① 다른 자의 대리인으로서 계약을 맺은 자가 그 대리권을 증명하지 못하고 또 본인의 추인을 받지 못한 경우에는 그는 상대방의 선택에 따라 계약을 이행할 책임 또는 손해를 배상할 책임이 있다."라고 규정).

그렇다면, 어떠한 방식을 고려해야 할까? 분양자를 설득하여 지급한 계약금을 합의로 돌려받거나, 분양자로부터 분양권전매를 동의 받는 형식을 고민할 필요가 있을 것이다.

그런데 필자의 상담사례에서는 상담인의 고민 이외에 추가적인 문제가 발견되었다. 분양자는 법인이 아닌 개인이었는데, 분양건물이 지어지고 있는 토지등기사항증명서를 확인하였더니, 분양자가 토지를 매수한 금액보다도 더 많은 대출이 제2금융권을 통하여 실행된 상태였고, 지상권까지 설정된 상태였다.

은행에서 나대지를 저당잡아 대출을 해줄 때 나대지에 차후에 건립될 건물에 대한 근저당권까지 차후 확보하기 위해 지상권을 설정하는 관행을 고려하면, 지상권설정이 큰 문제가 되지 않을 수도 있으나, 토지대금보다 더 많은 대출이 존재한다는 것은 문제발생 여지가 있다.

분양자는 토지를 담보한 대출 및 수분양자들로부터 받은 계약금 등을 자금으로 하여 건물을 짓고, 수분양자들로부터 잔금을 받으면서 이전등기를 해줄 때에, 토지에 설정된 근저당권과 지상권을 말소해 줄 생각이었겠지만, 분양이 뜻대로 이루어지지 않을 경우 상담인이 계약을 유지하더라도 어려움이 발생할 가능성이 있어 보였다(단, 분양자가 수분양자의 잔금지급기일 즈음에도 불구하고, 토지담보대출을 갚은 능력이 없는 상황에 처하게 된다면, 수분양자인 상담인 측은 잔금이행제공과 함께 이행지체에 따른 계약해제권을 발동할 수 있을 것).

이렇게 이러지도 저러지도 못하는 상황이 발생할 경우 상담인이 그나마 위안을 얻으려면, 분양률이 얼마나 되는지 확인하는 것일 것이다. 해당 구분건물이 대부분 분양이 이루어졌다면, 수분양자들의 계약금 등 지급이 상당수 이루어졌을 것이고, 토지에 있는 근저당권 등이 해결될 가능성이 높아질 것이기 때문이다.

14. 부동산매매에 있어 무권대리인의 책임범위

원고가 4명의 동생들에게 도움이 되도록 부동산을 매수한다면서, 동생들을 대리하여 피고와 매매대금을 34억 2,500만원으로 하는 부동산매매계약을 체결하였다.

그런데 동생들로부터 대리권을 받지 못했고, 차후에 추인도 받지 못한 경우일 때에 무권대리인 원고는 부동산 매도인인 피고에게 어떠한 책임을 부담할까?

민법 제135조 제1항은 “다른 자의 대리인으로서 계약을 맺은 자가 그 대리권을 증명하지 못하고 또 본인의 추인을 받지 못한 경우에는 그는 상대방의 선택에 따라 계약을 이행할 책임 또는 손해를 배상할 책임이 있다.”고 규정하고, 같은 조 제2항은 “대리인으로서 계약을 맺은 자에게 대리권이 없다는 사실을 상대방이 알았거나 알 수 있었을 때 또는 대리인으로서 계약을 맺은 사람이 제한능력자일 때에는 제1항을 적용하지 아니한다.”고 규정하고 있다.

대법원 2018다210775 판결에 의하면, “다른 자의 대리인으로서 계약을 맺은 자가 그 대리권을 증명하지 못하고 또 본인의 추인을 받지 못한 경우에는 그는 상대방의 선택에 따라 계약을 이행할 책임 또는 손해를 배상할 책임이 있다(민법 제135조 제1항). 이때 상대방이 계약의 이행을 선택한 경우 무권대리인은 계약이 본인에게 효력이 발생하였더라면 본인이 상대방에게 부담하였을 것과 같은 내용의 채무를 이행할 책임이 있다. 무권대리인은 마치 자신이 계약의 당사자가 된 것처럼 계약에서 정한 채무를 이행할 책임을 지는 것이다. 무권대리인이 계약에서 정한 채무를 이행하지 않으면 상대방에게 채무불이행에 따른 손해를 배상할 책임을 진다. 위 계약에서 채무불이행에 대비하여 손해배상액의 예정에 관한 조항을 둔 때에는 특별한 사정이 없는 한 무권대리인은 조항에서 정한 바에 따라 산정한 손해액을 지급하여야 한다. 이 경우에도 손해배상액의 예정에 관한 민법 제398조가 적용됨은 물론이다.”라는 취지이다.

따라서 피고가 무권대리인 원고에게 계약이행책임을 선택하는 경우, 원고는 부동산 매수인의 지위와 동일한 책임을 부담하게 되고, 부동산매매계약서에 적시된 손해배상예정조항도 그대로 원고에게 적용된다.

위 대법원 판결 사안은 부동산매매계약서 제6조에 "채무불이행과 손해배상"이라는 제목으로 '채무불이행시 최고 후 계약해제 및 그에 따른 손해배상, 손해배상의 액수는 계약금이 기준'이 적시되어 있었다. 따라서 피고는 무권대리인 원고가 계약의 이행책임을 불이행할 경우에 계약의 해제와 함께 계약금 상당액의 손해배상청구를 할 수 있다. 다만, 법원은 민법 제398조 제2항을 적용하여 손해배상예정액을 직권감액을 할 수 있다. 민법 제398조 제2항은 "손해배상의 예정액이 부당히 과다한 경우에는 법원은 적당히 감액할 수 있다."라고 규정하고 있기 때문이라는 취지로 판결하였다.

대법원 판결은 계약금이 3억원이되, 계약당일에 3천만원을 원고가 피고에게 지급하고 5일 후에 나머지 계약금 2억 7천만원을 원고의 동생들이 피고에게 지급하기로 하였으나, 계약금 일부인 3천만원 지급 이외에 나머지 계약금 2억 7천만원 등이 지급되지 않자, 피고가 원고와 원고의 동생 일부에게 1차 및 2차 이행통보를 하였고, 원고는 피고에게 매매계약의 무효를 통보하면서 원고가 피고에게 이미 지급한 일부 계약금 3천만원의 반환을 요구함으로써 매매대금지급의무의 이행을 거절하는 의사표시를 명백히 한 것이다.

원고는 2016. 9. 9.경 매매계약이 무효임을 이유로 피고를 상대로 이미 지급한 3천만원의 반환을 구하는 소를 제기하였고, 피고는 2016. 9. 19.경 별소로 원고를 상대로 2억 7천만원의 손해배상을 구하는 소를 제기하였는데, 위 대법원은 앞서 설명한 논리에 기초하여 계약금 3억원이 손해배상의 기준이 되기는 하나 사안의 경위에 비추어 이러한 손해배상액의 예정액은 과다하므로 그 중 약 10%에 해당하는 3천만원으로 감액함이 타당한데, 피고가 계약금 일부로 지급된 3천만원을 손배배상으로 몰취하였으므로 피고가 위 돈을 법률상 원인 없이 부당이득하였다고 볼 수 없다면서 원고의 피고에 대한 부당이득반환청구를 배척하였다(1심, 2심, 3심 모두 결론 동일).

대법원 사안의 1심에서는 계약의 성립 여부도 다툼이 되었다. 즉, 원고는 부동산에 대한 매매계약 당시에 매수인의 일부를 특정하지 아니한 채, 부동산 매수 명의자들인 원고의 동생들을 '소외 1 외 3인'이라고 기재한 사정을 근거로, 계약의 본질적 사항이나 중요사항에 대한 구체적 의사의 합치가 없었다면서 계약의 불성립에 따른 부당이득반환청구를 주장하였다.

그런데 1심법원(대법원 확정)은 "이 사건 매매계약 당시 원고는 피고측에 가족관계증명서를 제시하며 장녀로서 형편이 넉넉하지 않은 동생들에게 생활에 도움이 되도록 공동명의로 매입한려고 한다는 취지로 설명을 하였고, 이에 따라 가족관계증명서상 원고의 동생 중 1인이었던 '소외 1'을 대표매수인으로 하여 나머지 동생들 수에 따라 '소외 1 외 3인'으로 기재하였던 것으로 원고와 피고 사이에 원고의 동생들을 매수인으로 하기로 하는 의사의 합치가 있었다."고 판시함으로써 원고의 계약 불성립 주장도 배척하였다.

15. 명도책임을 매수인에게 부과하는 부동산매매계약

부동산매매계약을 체결하게 되면, 일반적으로 부동산 매도인은 소유권등기이전의무와 부동산명도의무 등을 부담하고, 부동산 매수인은 대금지급의무를 부담하는 것이 일반적이다.

매도인의 부동산명도의무에는 임차인을 내보낼 의무도 포함될 것이나, 보통은 임차인의 보증금을 매수인이 승계하는 것으로 약정함으로써, 결과적으로 매수인이 매도인의 임대인의 지위를 승계하는 방식을 선택한다. 그런데, 필자의 상담사례 중 매수인 입장에서 무단 임차인을 매수인이 내보내도록 하는 매매계약을 발견한 바, 계약서 검토 시 주의가 필요해 보인다(필자의 상담내용 일부 각색).

상담인은 신탁회사와 부동산매매계약을 체결하였고, 신탁회사가 제시하는 매매계약서에 서명 및 날인을 하고 계약금을 지급하였다.

부동산을 신탁회사(수탁자)에 신탁한 곳은 시행사(신탁자)였는데, 시행사가 부도가 나서 부실채권을 관리하는 회사(NPL회사)가 실질적인 신탁자가 된 상태라고 한다.

상담인은 신탁회사와 부동산매매계약을 체결하였지만, 계약의 진행은 NPL회사가 진행한 것으로 보였는데, NPL회사는 현재 부동산을 점유하는 임차인과 임대차계약이 승계되는 듯한 설명을 하고 계약을 체결한 것으로 보였다.

그러나 관련자료를 검토한 결과 계약승계가 불분명한 상태였다. 계약승계가 명확하다면, 잔금지급 시 보증금의 승계문제 등이 계약서에 적시되어야 할 것인데, 그러한 약정이 없었을 뿐만 아니라, 계약서에는 무단 임차인의 명도책임을 매수인이 부담하는 것으로 적시되어 있었기 때문이다.

결국 계약서의 내용은 구두설명과 판이하게 다른 것이었고, 일반적인 계약보다 훨씬 불리한 계약을 체결한 상황이 된 것이다.

이러한 경우에 신탁회사를 상대로 계약을 해제하거나, 수탁자(신탁회사) 또는 신탁자(NPL회사)를 상대로 손해배상책임을 물을 수 있을까?

우선 계약서의 계약해제사유를 확인해 보았는데, 특별히 계약서를 근거로 계약을 해제할 만한 사유가 보이지 않았다. 손해배상문제도 아직 손해가 현실화되지 않은 상황을 고려할 때 문제제기가 쉽지 않은 상황이었다. 그렇다면 착오나 사기 등을 이유로 계약을 취소할 수는 없는가?

이론적으로 불가능한 것은 아니지만, 구두 약속을 입증하기 어렵다는 측면에서 쉽지 않은 싸움이 될 것으로 예상되었다. 다만, 불리한 약정임에도 불구하고 매수인이 소유권을 취득할 경우 부동산의 가격이 급등할 가능성이 높다거나, 임대수익 가능성이 그 불리함을 상쇄할 수 있다면 해제나 취소를 고려할 필요는 없을 것이다.

16. 부동산처분행위와 권한을 넘은 표현대리

민법 제126조는 "대리인이 그 권한 외의 법률행위를 한 경우에 제3자가 그 권한이 있다고 믿을 만한 정당한 이유가 있는 때에는 본인은 그 행위에 대하여 책임이 있다."고 규정하고 있다. 결국 무권대리인의 법률행위의 상대방은 자신의 '정당한 이유'를 증명해야 무권대리의 본인에게 법률행위에 따른 책임을 물을 수 있게 된다.

그렇다면, '정당한 이유'의 의미는 무엇인가? 대법원 99다47525 판결 등에 의할 경우 '정당한 이유'란 "제반사정에 비추어 보통의 주의력을 가진 사람이 대리권의 존재를 믿는 데 아무런 과실이 없는 경우"를 말하고, '정당한 이유' 여부를 판단할 때에는 "계약 성립 당시의 제반사정을 객관적으로 판단하여 결정해야 하며, 표현대리인의 주관적 사정을 고려하지 말아야 한다."는 취지다.

'정당한 이유'의 판단시점은 어떤가? 이에 대하여 대법원 2007다30331 판결 등은 상대방이 "대리행위가 행하여지는 시점"에서 대리인이 그러한 법률행위를 할 수 있는 대리권이 있다고 믿어야 한다는 취지다.

부동산처분행위와 관련하여 '정당한 이유'가 인정되려면, 어떠한 사정이 존재해야 할까? 무권대리인이 등기권리증(등기필증), 위임장, 인감도장, 부동산명의 변경용 인감증명서 등 부동산거래에 필요한 서류 일체를 구비하였다면 정당한 이유를 인정할 여지가 있을 것이다. 그리고 본인과 무권대리인 사이에 부모, 자식과 같은 친족관계 내지 특수한 관계가 존재할 경우에는 아무래도 '정당한 이유'가 인정될 가능성이 좀 더 높을 것이다. 또한 과거에 동종행위가 반복된 사정, 월권행위가 위임받은 행위와 동종행위라는 사정은 '정당한 이유'를 인정하는 주된 요소가 될 수 있다.

아내가 남편의 재산을 무단으로 처분한 경우는 어떠한가? 아내가 남편의 재산을 무단으로 처분한 경우 일상가사대리권을 기본대리권으로 하여 민법 제126조의 성립 여부에 대하여는 엄격한 요건하에 이를 인정하는 경향이다. 다만, 일상가사대리권 외에 별도의 기본대리권이 있는 아내가 근저당권설정등기에 필요한 각종 서류를 소지하고, 그 인감증명서가 본인 발급이며, 남편 스스로 아내에게 인감을 보냈음을 추단할 수 있는 문서와 남편의 무인이 찍힌 위임장 및 주민등록증 등을 제시하는 등 남편이 아내에게 대리권을 수여하였다고 믿게 할 특별한 사정까지 있었다면, 그 상대방으로서는 아내가 남편을 대리할 적법한 권한이 있었다고 믿은 데 정당한 이유가 있다고 한다(대법원 94다45098 판결).

17. 상가분양대금으로 공사대금을 지급하기로 한 약정

상가건물을 짓기 위해 건축주가 도급인이 되어 공사업자인 수급인과 도급계약을 체결하였다. 그런데 건축주인 도급인과 공사업자인 수급인은 공사와 관련한 공사대금을 분양대금 또는 임대차보증금으로 해결하기로 약정하였다.

이때 공사대금의 변제기는 분양대금 또는 임대차보증금을 건축주가 제3자로부터 받은 때가 되는가? 일률적인 변제기를 확정할 수는 없고, 구체적 사정에 따라 달리 판단할 문제라고 할 수 있다. 즉, ① 공사대금 지급시기는 공사완공 시이고 분양대금 등으로 공사대금을 지급하는 것은 공사대금 지급방법일 뿐으로 해석해야 되는 경우가 있을 수 있는 반면, ② 공사대금의 지급시기를 분양 또는 임대로 분양대금 또는 보증금을 받은 시기(불확정기한)로 해석해야 되는 경우도 있을 수 있다.

그렇다면, "전세금 또는 융자금으로 공사대금을 지불한다."고 약정한 경우에는 공사대금 지급방법을 약정한 것으로 보아야 할까 아니면, 공사대금지급시기를 약정한 것으로 보아야 할까? 대법원은 이 약정을 공사대금지급방법을 약정한 것으로 보아야 한다는 취지다(대법원 2000다60685 판결).

결국, 위 약정은 건물을 임대하거나 이를 담보로 융자를 받아야만 공사대금을 지급한다는 공사대금지급의 기한을 정한 것이 아니므로, 수급인은 공사대상 부동산을 가압류하여 권리행사를 할 수 있고, 수급인의 가압류를 들어 공사대금채무 지체에 관한 건축주인 도급인의 책임이 부정될 수 없다. 이와 관련하여 대규모 상가 등에서 분양이나 임대가 불확실할 것을 예상하면서 대급지급 기한 유예를 준 경우 등의 경우는 불확정기한으로 해석해야 하며, 특히 수급인이 분양 등을 책임지기로 한 경우는 불확정기한으로 해석해야 한다는 견해가 존재한다.

대법원은 불확정기한과 관련하여 불확정사실의 발생이 불가능하게 된 경우 이행기간이 도래된다는 입장이므로(대법원 88다카10579 판결), 상가분양을 기한으로 공사대금 지급시기를 정한 경우에도 상당기간 상가분양이 되지 않아(예컨대, 상가의 점포 임대 시 공사대금을 지급하기로 약정하였는데, 1년 5개월 동안 상가임대가 되지 않았던 경우) 상가분양이 당분간 불가능하게 된 경우 이행기가 도래한 것이고 목적물을 가압류하고 공사대금을 청구할 수 있다는 취지이다.

18. 전매차익 목적의 토지에 대한 공동투자

한 필지의 토지를 수인의 투자금으로 전매차익을 목적으로 매수하였다. 이러한 경우 동업을 전제한 합유등기가 가능할 것이나, 실사례에서는 합유등기를 찾아보기 힘들고, 투자자 1인 명의로 등기를 하거나, 투자자 모두의 명의로 공유등기를 하는 경우가 많다.

토지를 공동투자로 매수하고 전매차익을 얻기 위하여 다시 매각 여부를 검토할 때 적용 여부가 검토되는 민법상의 주요 규정은 '조합' 관련 규정과 '공동소유' 관련 규정이 된다.

민법상 어느 규정이 적용되느냐에 따라 투자문제의 해결방향이 크게 달라지게 되는데,

토지의 공동매수인들이 전매차익을 얻기 위하여 '공동의 목적 달성'을 위하여 상호 협력한 것에 불과하고 이를 넘어 '공동사업을 경영할 목적'이 있었다고 인정되지 않는다면, 이들 투자자들의 법률관계는 공유관계에 불과할 뿐이고, 민법상 조합관계(동업)에 있다고 보기는 어렵다. 조합은 2인 이상이 서로 출자하여 '공동사업을 경영할 것을 약정'함으로써 성립하기 때문이다(민법 제703조 제1항).

물론, 공동으로 토지를 매수하여 그 명의형태를 어떻게 하였건 상관없이, 투자자들 사이의 아무런 다툼 없이 투자목적에 맞게 토지를 제때에 매각하여 투자금 비율대로 그 매각 대금을 나누어 가진다면 별다른 문제가 없을 것이나, 투자자들 사이에 투자금 회수시기, 투자금의 분배방법 등에 대한 의견이 대립하고, 이해관계가 달라질 경우 법률적인 문제로 비화될 가능성이 있다.

전매차익 목적의 당해 토지투자가 단순 공유관계로 해석된다면, 지분의 처분이 자유롭기 때문에 각자 지분을 매각하는 방법에 대하여 누구도 이의를 제기하지 못할 것이지만(민법 제263조), 조합관계(동업)라면 조합원은 조합원 전원의 동의 없이는 자신의 지분조차도 처분하기 어렵게 된다(민법 제273조). 즉, 전매차익을 위한 토지투자가 조합으로 해석되는지 아니면, 단순 공유관계로 해석되는지 여부에 따라 법률적 해결방법이 전혀 다른 방향으로 흘러가게 된다.

조합으로 해석될 경우 좀 더 복잡한 이론 등이 등장하게 되는데, 이러한 경우 조합의 탈퇴문제, 조합의 해산문제, 합유관계의 청산문제, 명의신탁의 문제 등이 주요 쟁점으로 등장하게 된다[부동산 투자 수익을 위한 동업관계를 전제로 조합재산 분배 등을 청구한 사례로는 필자가 수행한 인천지방법원 2018가단249475 판결(1심 확정) 참고].

예를 들어, 조합의 탈퇴와 관련하여서는 원칙적으로 '다른 조합원 전원에 대한 의사표시'로 하여야 하며, 이에 관하여 따로 정한 바가 있다면 그 정한 바에 따라야 한다(대법원 96다16896 판결). 그뿐만 아니라, 조합원이 탈퇴하더라도 조합은 잔존조합원들 사이에 동일성을 유지하면서 존속하고 탈퇴조합원은 지분환급청구권을 행사하되 출자종류에 상관없이 금전반환청구만 가능하게 된다(민법 제719조 제2항).

그리고 대법원 2003다25256 판결에 의하면 "매수인들이 상호 출자하여 공동사업을 경영할 것을 목적으로 하는 조합이 조합재산으로서 부동산의 소유권을 취득하였다면 민법 제271조 제1항의 규정에 의하여 당연히 그 조합체의 합유물이 되고, 다만 그 조합체가 합유등기를 하지 아니하고 그 대신 조합원 1인의 명의로 소유권이전등기를 하였다면 이는 조합체가 그 조합원에게 명의신탁한 것으로 보아야 한다."라는 취지이므로, 부동산공동투자가 조합으로 볼 여지가 있더라도 명의신탁이론에서 자유롭지 못하게 되는바, 공동투자자 일부가 명의자인 조합원에게 조합이론에 따른 잔여재산분배를 주장하면서 지분이전을 소구하더라도 조합체가 명의자 조합원에게 명의신탁을 한 것으로 되는바, 이때 매도인 선의 계약명의신탁이론이 적용되는 사안이라면 명의자가 부동산실명법 제4조에 따라 신탁부동산의 소유권을 확정적으로 취득하고 신탁부동산이 조합재산임을 전제한 공동투자자 일부(조합원)의 지분이전등기청구는 기각될 가능성이 있다.

즉 대법원 2017다246180 판결에 의하면 "부동산 실권리자명의 등기에 관한 법률 제4조에 따르면 부동산에 관한 명의신탁약정과 그에 따른 부동산 물권변동은 무효이고, 다만 부동산에 관한 물권을 취득하기 위한 계약에서 명의수탁자가 어느 한쪽 당사자가 되고 상대방 당사자는 명의신탁약정이 있다는 사실을 알지 못한 경우 명의수탁자는 부동산의 완전한 소유권을 취득하되 명의신탁자에 대하여 부당이득반환의무를 부담하게 될 뿐이다(대법원 2002다66922 판결 등). 조합원들이 공동사업을 위하여 매수한 부동산에 관하여 합유등기를 하지 않고 조합원 중 1인 명의로 소유권이전등기를 한 경우 조합체가 조합원에게 명의신탁한 것으로 보아야 한다(대법원 2003다25256 판결 등). 조합체가 조합원에게 명의신탁한 부동산의 소유권은 위에서 본 법리에 따라 물권변동이 무효인 경우 매도인에게, 유효인 경우 명의수탁자에게 귀속된다. 이 경우 조합재산은 소유권이전등기청구권 또는 부당이득반환채권이고, 신탁부동산 자체는 조합재산이 될 수 없다. ~중략~ 원고와 피고 2 등이 결성한 조합체가 이 사건 임야를 매수하여 피고 2 앞으로 이전등기를 마쳤으므로, 조합체가 피고 2에게 임야를 명의신탁한 것으로 보아야 한다. 이 경우 조합재산은 피고 2에 대한 매매대금에 해당하는 부당이득반환채권 등이고 신탁부동산인 이 사건 임야는 조합재산이 될 수 없다. 따라서 원고의 탈퇴 또는 해산으로 조합관계가 종료되었다고 해도 원고는 이 사건 임야가 조합재산임을 전제로 지분이전등기를 청구할 수 없다. 원심이 이 사건 임야를 조합재산이라고 본 것은 명의신탁의 성립과 신탁부동산의 소유권 변동에 관한 법리를 오해한 것이지만, 원고가 이 사건 임야의 지분에 관한 이전등기를 청구할 수 없다는 원심의 결론은 정당하다. 원심의 판단에 상고이유 주장과 같이 조합관계의 종료와 민법 제719조의 해석에 관한 법리를 오해하는 등으로 판결에 영향을 미친 잘못이 없다."라는 취지이다.

이와 관련하여 대법원 2024다234239 판결은 "2인으로 구성된 조합에서 한 조합원이 탈퇴하면 조합관계는 종료되나 특별한 사정이 없는 한 조합은 해산이나 청산이 되지 않는다. 다만 조합원의 합유에 속한 조합재산은 남은 조합원의 단독소유에 속하여 탈퇴 조합원과 남은 조합원 사이에는 탈퇴로 인한 계산을 해야 한다. 이때 탈퇴 조합원이 탈퇴로 인한 계산 결과 남은 조합원에게 가지게 되는 지분반환청구권(민법 제719조 참조)은 조합의 해산에 따른 잔여재산 분배청구권(민법 제724조 제2항 참조)과 구별되는 별도의 권리이다."라는 취지이다.

19. 상가매매와 기존 임차인의 명도특약

상가매매계약서를 확인하면, 매도인의 책임으로 기존 임차인의 명도문제를 해결하겠다는 취지의 특약을 많이 볼 수 있다. 이러한 특약대로 매도인이 기존 임차인을 내보낼 수 있다면 문제될 일이 없을 것이나, 매도인이 기존 임차인을 내보낼 수 없는 상황에 처할 경우에 문제가 복잡해질 수 있다.

우선 매수인이 해당 상가를 매입하여, 직접 상가를 사용할 계획이었다면, 상황에 따라 매수인이 매도인에게 계약취소 내지 계약해제 및 손해배상을 청구할 여지가 있다.

그뿐만 아니라, 현재 상임법은 사업자등록을 한 모든 상가의 상가임차인이 계약기간 중일 경우에 해당 상가의 기존 소유자는 물론이고, 상가 매수인에게도 임차인의 지위를 주장할 수 있도록 규정하고 있어(상임법 제3조, 제2조), 상가 매수인이 법률에 의하여 임대인의 지위를 승계할 가능성도 높다. 따라서 상가를 매수하는 경우에는 매도인의 약속만을 믿어서는 낭패를 볼 수 있다는 사실을 알고 있어야 한다.

그뿐만이 아니다. 상임법 제10조의4는 임차인에게 '권리금회수기회요청권'을 부여하고 있어, 임대인의 지위를 승계한 상가건물의 신소유자에게 기존 임차인이 '권리금회수기회요청권'을 행사할 경우, 정당한 사유가 없는 한 거절하기 어렵다. 정당한 사유 없이 임차인의 요구를 거절할 경우, 권리금상당액의 손해배상을 청구당할 가능성이 높기 때문이다(상임법 제10조의4 제3항). 최근 대법원 2018다252441(본소), 2018다252458(반소) 판결에서 대법원은 상임법상 계약갱신요구권 행사기간 5년(현재는 10년으로 변경됨)을 초과한 임차인에게 권리금회수기회가 인정되지 않는다는 원심[수원지방법원 2017나74542(본소), 2017나74559(반소) 판결]의 부당함을 지적하면서, 임차인이 갱신요구권 행사기간을 초과한 문제로 인하여 갱신요구권을 행사할 수 없는 경우에도 상임법 제10조의4 제1항에 따른 권리금회수기회가 보장되며, 임대인 본인이 직접 샌드위치 가게를 운영할 계획은 새로운 임차인이 될 권리 양수인과 임대차계약의 체결을 거절하는 데에 정당한 사유가 없다면서, 임대인이 손해배상을 부담할 여지가 있다는 취지로 원심을 파기·환송하였다.

그렇다면, 상가건물을 매수하면서 매도인이 임차인을 내보내는 것이 문제되지 않는다고 말하며, 그 내용을 특약으로 써준다고 할 경우, 매수인은 어떠한 추가적 조치를 해야 할까? 매수인이 가장 먼저 해야 할 일은 임차인의 의사를 직접 확인하는 일이다. 임차인이 상가에서 나가는 것이 명확하다면, 문제될 일이 없을 것이기 때문이다. 다만, 이 경우에도 임차인의 의사를 서면화하는 것이 좋다.

임차인의 의사를 확인하기 어렵다면, 어떠한 조치를 취해야 할까? 매도인과 작성하는 상가매매계약서에 명도특약의 이행시점과 명도특약불이행에 대한 계약해제조항을 명시하고, 명도특약 불이행에 대한 손해배상액을 구체화하는 것도 도움이 될 수 있다.

20. 다세대주택 분양계약상 유의점

부동산정책이 바뀌면서 대출조건이 강화되는 경우가 있다. 과거 대출조건 강화 전 아파트 가격이 급등하면서, 대안으로 서울을 중심으로 다세대주택 등 연립주택이 우후죽순으로 건립되었고, 계약도 상당히 많이 진행된 적이 있다.

다세대주택 분양계약서를 보면, 대출을 조건으로 부동산을 매각하는 것으로 정리된 것을 볼 수 있는데, 대출조건 강화문제 때문에 대출이 일어나지 않을 경우 계약을 깰 수 있을까?

우선 생각할 수 있는 문제는 착오취소 문제인데(민법 제109조), 중과실 여부가 문제될 수 있다. 분양계약서에 부동문자로 분양대금 일부를 대출하는 것으로 적시되었다면, 중과실이 문제되지 않을 수도 있겠으나, 소송결과를 단정하기는 어렵다.

분양계약서에 해약금 규정이 없다면, 민법상 해약금 규정에 따라 중도금 지급단계에 이르지 않았다면, 계약금을 포기하고 계약을 해제할 수 있을 것이지만, 대부분의 분양계약서에는 해약금 유사 규정이 있다.

즉, 시중의 분양계약서를 확인하면, 계약금 상당액이 아닌 더 큰 금액을 위약금으로 규정하는 경우가 있다는 사실을 알고 있어야 한다. 계약금보다 더 많은 금액을 지불 내지 포기하고 계약을 해제하거나, 그 경우에도 매도인(분양업자)의 동의를 추가적 요건으로 하는 경우가 많다는 것이다(다만 약관법 적용을 주장할 경우에 계약금보다 더 많은 금액의 위약금이 무효가 될 가능성도 있을 것).

물론 주고받은 돈을 서로 모두 반환하고 계약을 해제한다는 합의를 통하여 문제를 해결할 수 있다면 좋겠지만, 사실상 이러한 합의가 성립되기는 어렵다.

채무불이행을 이유로 계약을 해제할 수 있을 것이나, 매도인이 자신의 의무를 불이행하는 상황이 많지 않고, 그 불이행도 주된 급부 불이행을 요건으로 한다는 점에서, 특별한 사정이 없는 한 매수인이 매도인을 상대로 채무불이행에 의한 계약해제를 하기도 어렵다.

분양대금 일부를 대출금으로 충당한다는 취지의 다세대주택 분양계약서를 살펴보면, 매도인이 주선하는 대출업자와 계약체결을 의무화하는 규정도 볼 수 있다. 그런데, 대출이자가 급등하는 상황에 처하게 될 경우, 매수인이 고율의 대출이자를 문제삼기 어려울 수 있다는 점도 고려해야 한다.

매도인(분양업자)과 매수인(수분양자) 모두 예상하지 못한 문제로 인하여 대출이 쉽지 않은 상황에 처할 경우, 매도인이 매수인에게 각서를 추가로 요구하면서, 법적책임을 면하려는 경우도 있는 것으로 보이는데, 매수인 입장에서는 주의할 필요가 있다.

분양대금 일부를 대출금으로 충당한다는 취지의 다세대주택 분양계약서가 작성된 것이 아니라, 부동산을 매수하면서 부동산 매수인 스스로 잔금지급 전에 매매대상 부동산을 은행에 담보로 넣어 대출을 받아 잔금을 해결하려는 계획을 세우고, 이러한 계획을 부동산 매수인이 매도인에게 알렸고 매도인이 협조하기로 하였다면 어떨까?

그런데 막상 매매대상 부동산을 담보로 잔금대출을 받을 수 없는 상황이 발생한 경우라면? 이러한 경우에 부동산매수인이 매도인을 향해 민법 제109조의 착오취소 규정을 근거로 부동산매매계약을 취소할 수 있을까?

원심(서울고법 93나4238 판결)은 착오취소가 인정된다는 취지였으나 대법원 93다55487 판결은 착오취소가 인정될 수 없다는 취지이다.

즉 위 대법원 93다55487 판결에 의하면 "이 사건 부동산을 매수하면서 잔금지급 전에 위 부동산을 은행 등에 담보로 넣어 대출을 받아 잔금을 마련하기로 계획을 세우고 피고들에게 이와 같은 자금마련 계획을 알려 피고들이 원고의 부탁을 받아들여 잔금지급 전에 원고가 은행 등으로부터 대출을 받을 수 있도록 협조하여 주기로 약속하였다는 사실만으로, 바로 원고가 위 계획하였던 대출이 제대로 이루어질 수 없는 경우에는 이 사건 부동산을 매수하지 아니하였을 것이라는 사정을 피고들에게 표시하였다거나 피고들이 이러한 사정을 알고 있었다고 단정할 수는 없다 할 것이고, 원심이 들고 있는 관계 증거들을 기록에 비추어 살펴보아도 위와 같은 사정이 피고들에게 표시되고 피고들이 이를 알고 있었음을 인정하기에 넉넉한 자료가 보이지 아니하니, 원고가 위와 같이 대출을 받아 잔금을 지급하려 하였던 원고의 잔금지급 방법이나 계획이 이 사건 매매계약의 내용의 중요한 부분으로 되었다고 할 수 없는 것"이라는 취지이다.

21. 토지오염 유발자의 손해배상책임

오염된 토지를 매수하였다. 토지를 매수한 사람이 토지오염과 무관하게 그 토지를 사용하는 경우라면, 토지가 오염되었는지조차 모르는 경우가 있다. 그런데 그 토지가 전전매도되고 전전매수자가 토지의 지하까지 개발하는 경우가 발생한 경우 토지가 오염되었음을 인지하게 되는 경우가 발생한다.

결국 토지소유권을 완전하게 행사하기 위하여 오염토양 정화비용이나 폐기물 처리비용을 지출하였거나 지출해야만 하는 상황에 이를 때 토지의 현소유자가 오염을 유발한 전소유자 또는 전전소유자에게 불법행위책임을 원인으로 하는 손해배상책임을 물을 수 있는가?

종전 대법원 판결은 "자신의 소유 토지에 폐기물 등을 불법으로 매립하였다고 하더라도 그 후 그 토지를 매수하여 소유권을 취득한 자에 대하여 불법행위가 성립하지 않는다(대법원 99다16460 판결)."라는 취지였다. 그러나 대법원(전합) 2009다66549 판결에서 대법원은 불법행위 책임이 인정된다는 태도다(종전 대법원 판결 변경).

대법원 판결의 취지를 고려하여 예를 들어보자. 토지소유자인 甲이 토지를 오염시킨 후 乙에게 매도하였다. 乙은 토지가 오염되었는지조차 모른 채 토지를 사용하다가 다시 丙에게 해당 토지를 매각했다. 丙은 토지 매수 후 지하까지 개발해야 하는 상황이어서 지하를 확인하다가 토지오염을 확인하였다. 丙은 甲에게 불법행위책임을 물을 수 있게 된다는 것이다.

그렇다면, 토지를 오염시킨 행동이 10년이 훌쩍 넘어선 경우에는 어떠한가? 민법 제766조 제2항은 "불법행위를 한 날로부터 10년이 경과한 경우"에 소멸시효완성을 규정하고 있다.

즉 민법 제766조는 제1항에서 "불법행위로 인한 손해배상의 청구권은 피해자나 그 법정대리인이 그 손해 및 가해자를 안 날로부터 3년간 이를 행사하지 아니하면 시효로 소멸한다."고 규정하고, 같은 조 제2항에서 "불법행위를 한 날로부터 10년을 경과한 때에도 전항과 같다."고 규정하고 있다.

이에 대하여 대법원은 "불법행위를 한 날"에 대하여 "가해행위가 있었던 날이 아니라 현실적으로 손해의 결과가 발생된 날"이라면서 "원고의 이 사건 오염토양 등에 대한 정화비용 및 처리비용 지출이라는 손해가 현실화된 것은 토지를 매입하여 지반조사를 실시함으로써 토지의 지하 현황을 파악한 이후"라는 취지이다.

결국, 대법원 판결을 고려하면, 불법행위시효의 기산점이 후퇴하여 매입토지의 지하현황을 확인 후 소송을 제기하게 되면 사실상 시효소멸이 문제되지 않는다.

대법원(전합) 2009다66549 판결 사안에서는 추가로 알아둘 내용이 있어 소개한다. 다수의견대로 하면 위 설명내용과 같으나, 반대의견에 따르면 직접 거래관계가 있는 토지오염 유발자에게 정화비용을 지출한 매수인이 불법행위에 의한 손해배상청구 가능성을 논할 수 있을 뿐이라는 취지이다.

즉 반대의견에 의하면 오염된 토지를 매수한 매수인은 토양오염의 내용을 충분히 알았을 수도 있고 전혀 몰랐을 수도 있으며, 토양오염이 매수인의 매수 목적에 전혀 영향이 없을 수도 있고 중대한 영향을 미칠 수도 있다.

만약 토지 매수인이 토양오염 사실을 충분히 알고 있었고, 매수 목적의 달성에 전혀 영향이 없음을 확인한 다음 매매가격을 결정하여 매수하였다면 매수인의 손해는 없다. 손해가 없는 이상 불법행위책임이 성립되지 않는다.

반면 토양오염이 매수목적 달성에 중대한 영향이 있음에도 토지 매수인이 토양오염 사실을 충분히 알지 못한 채 매매가격을 결정하였다면 손해가 발생할 수 있고, 불법행위 성립 가능성도 있다. 따라서 불법행위의 성립여부는 '토지의 거래 상대방 사이에서 논의 될 수 있을 뿐'이라는 것이다.

그렇다면, 다수의견이 나온 배경은 무엇일까? 토지오염과 관련된 여러 법규(구 토지환경보전법 등)에 토지오염으로 인하여 피해가 발생한 경우에 해당 오염원인자가 피해를 배상하고 오염토양을 정화토록 규정토록 하고 있다.

이러한 사정 등을 토대로 다수의견은 "토지의 소유자라 하더라도 토양오염물질을 토양에 누출·유출하거나 투기·방치함으로써 토양오염을 유발하였음에도 오염토양을 정화하지 않은 상태에서 그 오염토양이 포함된 토지를 거래에 제공함으로써 유통되게 하거나, 토지에 폐기물을 불법으로 매립하였음에도 이를 처리하지 않은 상태에서 그 해당 토지를 거래에 제공하는 등으로 유통되게 하였다면, 다른 특별한 사정이 없는 한 이는 거래의 상대방 및 위 토지를 전전 취득한 현재의 토지소유자에 대한 위법행위로서 불법행위가 성립할 수 있다고 봄이 타당하다."는 취지이다.

이에 대하여 반대의견은 "다수의견의 법리가 이처럼 불법행위 체계에서 완전히 이탈하게 된 이유"는 "실제로는 오염행위 그 자체를 근거로 하여 오염된 토지의 전전 매수인에 대해서까지 절대적인 책임을 부담시키려고 하였기 때문"이라는 취지이다.

이와 관련하여 반대의견에 대한 보충의견은 "다수의견은 환경오염·훼손에 대하여 엄중한 책임을 묻고자 하는 목적에 집착하여 실정법의 해석은 물론이고 불법행위 이론과 전체 법체계에 맞지 않는 무리한 법리를 구성한 것으로 보인다."라는 의견을 제시하였다.

참고로 대법원 2011다10266 판결에 의하면, 폐기물이 묻힌 토지를 한국토지공사로부터 전전매수한 토지매수인이 한국토지공사에 폐기물의 존재를 전제로 소송 후 승소하여 한국토지공사에 손해가 발생하자, 한국토지공사(매수인)가 매도인에게 하자담보책임을 전제로 소송을 제기한 사안에서,

"매도인에 대한 하자담보에 기한 손해배상청구권에 대하여는 민법 제582조의 제척기간이 적용되고(제척기간 6개월 적용 취지), 이는 법률관계의 조속한 안정을 도모하고자 하는 데에 그 취지가 있다. 그런데 하자담보에 기한 매수인의 손해배상청구권은 그 권리의 내용·성질 및 취지에 비추어 민법 제162조 제1항의 채권 소멸시효의 규정이 적용된다고 할 것이고(소멸시효 10년 적용 취지), 민법 제582조의 제척기간 규정으로 인하여 위 소멸시효 규정의 적용이 배제된다고 볼 수 없으며, 이때 다른 특별한 사정이 없는 한 무엇보다도 매수인이 매매의 목적물을 인도받은 때부터 그 소멸시효가 진행한다고 해석함이 상당하다."면서,

매도인으로부터 매매대상 토지를 인도받은 날로부터 10년이 경과한 후에 한국토지공사(매수인)가 매도인을 상대로 소송을 제기한 사실을 들어, 한국토지공사의 손해배상청구를 기각하였다.

위 대법원 2011다10266 판결의 원심인 광주고등법원 2010나3451 판결에서는 불법행위가 주요쟁점으로 다루어진 것으로 확인되는데, 위 광주고등법원은 매도인이 오염 유발자라는 증거가 없고, 가사 오염 유발자라고 가정하더라도, 대법원 99다16460 판결에 따르면 매도인이 불법행위책임을 부담하지 않는다고 판시하였다. 그런데 대법원 99다16460 판결이 대법원(전합) 2009다66549 판결에 의하여 폐기된 상황인바, 현재 시점에서 보자면 '매도인이 오염 유발자라는 사실이 입증'될 경우에 매도인의 '불법행위책임'이 인정될 가능성이 있다(필자의 개인의견).

위 대법원 2011다10266 판결 사안은 내용증명우편을 신속하게 발송함으로써 제척기간은

준수하였으나 인도받은 날로부터 10년이 경과한 후에 손해배상청구의 소를 제기하여 소멸시효가 완성된 것이다.

즉 매수인은 목적물 하자를 안 날로부터 6개월 이내에 권리행사를 해야 하며(제척기간), 하자담보로 인한 손해배상청구권은 시효의 대상이 되므로 매수인이 목적물을 인도받은 날로부터 소멸시효기간이 진행되는바, 민법 제162조 제1항에 따라 10년 내에 소제기가 필요하다. 제척기간 및 소멸시효기간을 모두 지킨 사례로는 대법원 2017다265389 판결이 있다(상사소멸시효 5년을 적용한 원심을 파기·환송한 사례).

이와 관련하여 건축폐기물 등 쓰레기를 매립한 오염유발자에게 민법 제214조에 따른 물권적 청구권을 행사하여 위 쓰레기의 제거할 것을 청구할 수 있을까?

쓰레기 등을 매립한 시점이 수십 년에 달하여 토지와 사실상 분리가 불가능한 상황에 이른 상황이라면 손해배상만을 청구할 수 있을 뿐이고 물권적 청구권이 인정되기 어렵다.

대법원 2016다205540 판결은 '갑 지방자치단체가 30여 년 전 쓰레기매립지에 쓰레기를 매립하는 과정에서 매립지와 경계를 같이하는 인접 토지에 상당한 양의 쓰레기가 매립되었고, 그 후 인접 토지의 소유권을 취득한 을이 토지를 굴착한 결과 지하 1.5~4m 지점 사이에 비닐, 목재, 폐의류, 오니류, 건축폐기물 등 각종 생활쓰레기가 뒤섞여 혼합된 상태로 매립되어 있었고 주변 토양은 검게 오염되어 있었으며, 이에 을이 갑 지방자치단체를 상대로 매립물 제거 등을 구한 사안'에서,

"위 토지 지하에 매립된 생활쓰레기는 매립된 후 30년 이상 경과하였고, 그 사이 오니류와 각종 생활쓰레기가 주변 토양과 뒤섞여 토양을 오염시키고 토양과 사실상 분리하기 어려울 정도로 혼재되어 있다고 봄이 타당하며, 이러한 상태는 과거 갑 지방자치단체의 위법한 쓰레기매립행위로 인하여 생긴 결과로서 토지소유자인 을이 입은 손해에 불과할 뿐 생활쓰레기가 현재 을의 소유권에 대하여 별도의 침해를 지속하고 있는 것이라고 볼 수 없으므로, 을의 방해배제청구는 인용될 수 없는데도, 갑 지방자치단체가 토지 지하에 매립한 생활쓰레기가 현재도 계속 존재하는 이상 을의 방해배제청구권이 인정된다고 본 원심판단에 법리오해의 잘못이 있다."는 취지로 판시하였다(관련된 자료로는 2021. 11. 19.자 '서울고등법원판례공보스터디' 제67쪽 이하 참고).

정리하자면, 오염된 토지의 현 소유자가 토지의 전소유자·전전소유자 등에게 손해배상청구권을 행사함에 있어서 토지오염 유발자임을 입증하여 불법행위를 이유로 손해배상을 청구하게 되면, 청구권의 시효소멸 문제에서 어느 정도 자유로울 수 있으나, 토지오염 유발자가 아니거나 토지오염 유발자라는 사실의 입증에 실패할 경우에는 담보책임을 주장할 수밖에 없고, 결국 담보책임 규정에 따라 오염된 토지의 현소유자는 목적물 하자를 안 날로부터 6개월의 제척기간 및 토지를 인도받은 날로부터 10년의 시효라는 제한이 따르게 된다고 해석된다(필자의 개인의견).

참고로 대법원 2017다242232 판결에 의하면 오염된 토지의 매매계약이 상행위에 해당하는 경우 매매계약에 의해 직접 생긴 채권뿐만 아니라 매도인의 채무불이행책임이나 하자담보책임에 기한 매수인의 손해배상채권에 대해서도 5년의 상사소멸시효가 적용된다는 취지이다.

이와 관련하여 연도별 2023. 9. 1.자 '서울고등법원판례공보스터디' 제2731쪽 이하의 '대법원 2022다4199,4205 판결 해설'을 확인하면 '토양환경보전법의 개정과정과 헌법불합치 결정'부분을 확인할 수 있는바, 헌법재판소가 토양오염의 발생 당시 토양오염의 원인이 된 토양오염관리대상시설을 소유·점유 또는 운영하고 있는 자들에게 사실상 면책이 불가능한 1차적인 무과실 책임을 부담시킨 것은 과잉금지원칙에 반한 재산권 침해이고, 합리적 이유 없는 평등권 침해에 해당함을 이유로 헌법불합치 및 적용중지결정(헌법재판소 2012. 8. 23. 선고 2010헌바167 전원재판부)을 하고,

또한 구 토양환경보전법(2001. 3. 28. 법률 제6452호로 개정되고, 2004. 12. 31. 법률 제7291호로 개정되기 전의 것) 제23조 제3항 제3호의 시행일인 2002. 1. 1. 이전에 토양오염관리대상시설을 양수한 자를 그 양수 시기의 제한 없이 모두 오염원인자로 간주하여 보호가치 있는 신뢰를 침해하였으므로 신뢰보호원칙에 위배된다는 취지로 헌법불합치 및 적용중지결정(헌법재판소 2012. 8. 23. 선고 2010헌바28 전원재판부)을 하여,

위 각 헌법재판소 결정에 따라 소유자 또는 양수인의 손해배상책임 규정이 삭제되고, 토양오염을 발생시킨 자만 책임을 지고 그 당시의 소유자 또는 그 시설을 양수한 자의 경우에는 정화책임, 즉 공법적인 책임은 있지만 피해자에 대한 손해배상책임은 지지 않게 되었다는 설명을 확인할 수 있다(토양환경보전법 제10조의 3 및 제10조의 4 참고).

22. 오염토지에 대한 매도인의 채무불이행 또는 하자담보책임

매매 목적물인 토지에 폐기물이 매립되어 있었고, 매수인이 그 폐기물을 처리하기 위한 비용이 발생하였다. 이때 토지 매수인은 위 폐기물 처리비용을 매도인에게 청구할 수 있는가? 청구할 수 있다.

그 근거는 무엇인가? 민법 제390조에 따른 채무불이행으로 인한 손해배상청구 또는 민법 제580조 제1항에 따른 하자담보책임으로 인한 손해배상청구가 그 근거가 된다.

즉, 대법원 2017다202050 판결에 의하면 "매매의 목적물에 하자가 있는 경우 매도인의 하자담보책임과 채무불이행책임은 별개의 권원에 의하여 경합적으로 인정된다. 이 경우 특별한 사정이 없는 한 하자를 보수하기 위한 비용은 매도인의 하자담보책임과 채무불이행책임에서 말하는 손해에 해당한다. 따라서 매매 목적물인 토지에 폐기물이 매립되어 있고 매수인이 폐기물을 처리하기 위해 비용이 발생한다면 매수인은 그 비용을 민법 제390조에 따라

채무불이행으로 인한 손해배상으로 청구할 수도 있고, 민법 제580조 제1항에 따라 하자담보책임으로 인한 손해배상으로 청구할 수도 있다."는 취지이다.

따라서 매수인은 구체적 사정에 따라 그에 적합한 법리로 매도인을 상대로 폐기물 처리비용 등을 청구할 수 있다.

폐기물이 매립된 '지목'이 '전'인 토지를 국가로부터 매입한 매수인이, 토지 매입 후에 아들에게 그 매입토지를 증여하였다. 증여 이후 매수인이 아들 명의로 건축허가를 받고 토지의 지목을 '전'에서 '대지'로 변경하였다. 그 과정에서 매수인이 건축을 위해 매입토지를 굴착하였는데, 대략 1~2m 가량 굴착을 하다 매입 토지에 폐합성수지, 폐콘크리트 등 약 331톤 가량의 폐기물이 매립되어 있는 것을 발견하였다.

이에 매수인은 매입토지에 있어 매매계약의 수탁자인 한국자산관리공사 담당직원에게 폐기물 처리에 관한 견적서를 발송하면서 분류작업을 통해 폐기물을 처리하겠다고 통지하였다.

그렇다면, 증여를 통해 매입토지의 소유권을 상실한 매수인이 국가에 하자담보책임을 물을 수 있는 것인가? 가능하다.

위 대법원 2017다202050 판결에 의하면 "하자담보책임으로 인한 손해배상청구권은 매수인이 매매 목적물을 인도받은 때 발생한다. 원고의 손해배상청구권은 피고로부터 이 사건 토지를 인도받은 때 발생하였고 이후 원고가 소외인에게 이 사건 토지를 증여하였다는 사정만으로 손해배상청구권이 소멸하거나 수증자에게 양도되지 않는다."는 취지이다.

참고로 하자담보책임은 "매수인이 그 사실을 안 날로부터 6월 내에 행사"하여야 한다(민법 제582조).

국가가 토지오염의 유발자가 아닌 경우에 국가에게 채무불이행책임을 물을 수 있을까? 쉽지는 않을 것이다. 위 대법원 2017다202050 판결의 원심판결(서울중앙지방법원 2016나54727 판결)을 확인하면 국가의 채무불이행책임을 부정하였다.

즉 "이 사건 토지에 폐기물이 매립된 시기를 확정할 수 있는 객관적인 자료가 없고, 피고가 정상적인 절차를 거치지 않고 이 사건 토지에 폐기물을 매립하였다거나 제3자가 무단으로 폐기물을 매립하는 사정을 알고도 이를 방치하였다고 보기 어려운 점, 국유지의 면적이나 통상의 관리현황에 비추어 단순히 국유지에 제3자가 폐기물을 매립하는 것을 방지하지 못하였다는 사정만으로 피고에게 과실이 있다고 단정할 수 없는 점 등에 비추어 볼 때, 피고에게 불완전이행과 관련하여 고의, 과실을 있다고 할 수 없어 불완전이행을 전제로 한 손해배상책임을 인정할 수 없다."는 취지이다.

채무불이행책임이 인정되는 경우에는 과실상계(민법 제396조)가 적용된다. 즉 민법 제396조는 "채무불이행에 관하여 채권자에게 과실이 있는 때에는 법원은 손해배상의 책임 및 그 금액을 정함에 이를 참작하여야 한다."고 규정하여 채무불이행책임이 인정되는 사안에서는 국가의 배상책임이 감경할 수 있다.

그렇다면 하자담보책임이 인정되는 경우에는 어떠한가? 이때에도 과실상계가 적용될까? 매도인의 하자담보책임은 법이 특별히 인정한 무과실책임으로서 여기에 민법 제396조의 과실상계 규정이 준용될 수는 없다. 다만, 공평의 원칙상 손해배상액이 제한될 수는 있다(대법원 94다23920 판결).

위 대법원 2017다202050 판결 사안에서 1심법원(서울중앙지방법원 2015가단5321776 판결)은 국가의 하자담보책임을 인정하면서 매수인(토지매매대금 금 57,368,000원)의 폐기물 처리비용 금 60,925,170원 중에서 국가의 책임범위를 70%로 제한하였으나, 항소심(서울중앙지방법원 2016나54727 판결)은 국가의 배상책임을 제한하지 않았다. 즉 국가의 100% 책임을 인정하였고, 대법원도 동일취지이다.

위 항소심의 판결 이유를 확인하면 “원고가 이 사건 매매계약 체결 당시에 이 사건 폐기물의 존재를 알았다거나 알지 못한데 과실이 있다고 볼 수 없고, 이 사건 소를 통하여 인정된 손해는 이 사건 토지에 매립된 폐기물의 처리비용에 불과하며 그 처리비용에 관하여 한국자산관리공사 담당직원의 확인을 받은 바 있으며, 달리 위 처리비용이 특별히 과다하게 산정된 것이라고 볼 자료도 없으므로, 원고에게 하자 발생 및 확대에 잘못이 있다고 볼 수도 없어 피고의 위 책임제한 주장 또한 이유 없다.”는 취지이다.

정리하자면, 오염된 토지의 현 소유자가 토지의 전소유자·전전소유자 등에게 손해배상청구권을 행사함에 있어서 토지오염 유발자임을 입증하여 불법행위를 이유로 손해배상을 청구하게 되면, 청구권의 시효소멸 문제에서 어느 정도 자유로울 수 있으나, 토지오염 유발자가 아니거나 토지오염 유발자라는 사실의 입증에 실패할 경우에는 담보책임을 주장할 수밖에 없고, 결국 담보책임 규정에 따라 오염된 토지의 현소유자는 목적물 하자를 안 날로부터 6개월의 제척기간 및 토지를 인도받은 날로부터 10년의 시효라는 제한이 따르게 된다고 해석된다(필자의 개인의견).

참고로 대법원 2017다242232 판결에 의하면 오염된 토지의 매매계약이 상행위에 해당하는 경우 매매계약에 의해 직접 생긴 채권뿐만 아니라 매도인의 채무불이행책임이나 하자담보책임에 기한 매수인의 손해배상채권에 대해서도 5년의 상사소멸시효가 적용된다는 취지이다.

23. 토지매도와 잔금 수령방법에 대한 유의점

필자가 상담을 하면서 간간이 접하는 토지에 대한 사기적 계약에 대해 알아보자. 토지를 급히 팔고 싶은데, 아니면 별로 팔 생각도 없는데, 대체로 연립주택을 건축하는 소규모 개발업자들이 토지소유자에게 접근하여 토지매도를 권유하는 경우가 있다.

그런데 소규모 개발업자들은 돈이 없는 경우가 많다. 있어도 없는 척하기도 하고, 재산도 전부 다른 사람 명의로 돌려둔 경우가 다반사다. 이러한 상황인데도, 토지매매계약서를 확인하면 잔금을 매도인 명의로 대출을 받아 지급한다든지, 건축허가도 매도인 명의로 한다든지, 게다가 필지에 대한 분필도 매도인 도움으로 매수인이 언제든 어떠한 방법으로든 할 수 있다든지 등 수없이 매도인 입장을 불안하게 하는 독소특약이 산재해 있는 경우가 많다.

위와 같은 독소특약들은 한두 가지만 봐도 '물귀신 작전'임을 확인할 수 있지 않은가? 즉 계약상의 서로의 의무 이행 여부를 따질 때 매수인이 매도인에게 '네탓'으로 돌릴 여지가 많아, 매도인이 '큰일 날 계약이구나.'라고 느꼈을 때 계약을 깨는 것이 쉽지 않기 때문이다.

연립주택을 잘 지어서 분양이 잘되고 토지 매수인이 돈을 벌면 별다른 문제가 생기지 않을까? 그렇게 보기도 힘들다. 토지 매도인은 자신에게 불리한 조항인 것 같다는 생각을 하면서도, 매수인의 감언이설을 들으면 개발에 문제가 없는 것처럼 느껴지고 잔금을 받는 데 문제가 없을 거라는 환상을 갖게 되지만 개발 가능성 등의 문제는 경제의 변동 상황과도 맞물리기 때문이다.

보통, 매수인은 계약체결 후에 추가적 약정서를 매도인에게 요구하면서, 매매계약에서 더욱 빠져 나가지 못하게 매도인을 붙들게 되고, 잔금을 지급받지 못한 매도인은 잔금을 받기 위해서 매수인이 요구하는 추가 약정서에 서명하면서, 점점 문제가 꼬이게 된다.

잔금을 매도인 명의로 대출받아 지급한다는 것만 보아도 얼마나 비정상적인 계약이라는 것을 알 수 있는데, 필자는 이러한 계약서를 간간이 보는 것이 신기하기도 하다. 쉽게 이야기해서 매도인이 매도인 이름으로 대출받아 잔금을 지급받는다는 것(차후 대출 승계)인데, 매수인에게 문제라도 생기면, 대출에 대한 책임은 전적으로 매도인에게 있게 된다.

구체적 사정에 따라 매도인이 매수인에게 구상권을 행사할 수는 있겠지만, 시간은 벌써 수년이 흐른 경우가 많고, 매수인에게 문제가 생겼다는 것은 매수인의 자력이 없다는 것이므로 문제가 해결되기도 어렵다. 게다가 은행이 대출승계를 거절해도 문제가 발생한다.

토지를 매도할 때 매수인이 개발업을 하는 사람이고, 이와 같은 특약을 원한다면, 재고할 필요가 있다. 매수인이 어떠한 감언이설을 쏟아내더라도 매매대금을 매수인이 직접 지급하는, 정상적인 방법이 가장 안전한 방법임을 기억하자.

24. 분할 불가능 토지에 대한 일부매매 시 매도인의 소유권이전의무 이행불능

법령에 따라 토지분할에 행정관청의 분할허가를 받아야 하는 토지 중 일부를 특정하여 매매계약이 체결되었다.

그런데, 그 부분의 면적이 법령상 분할허가가 제한되는 토지분할 제한면적에 해당하여 분할이 불가능하다. 이때 매도인의 소유권이전등기 의무를 이행불능으로 보아야 하는가? 그렇다(대법원 2016다9643 판결).

채무의 이행이 불가능하다는 것은 절대적·물리적으로 불가능한 경우만이 아니라 사회생활상 경험칙이나 거래상의 관념에 비추어 볼 때 채권자가 채무자의 이행의 실현을 기대할 수 없는 경우도 포함하고(대법원 94다42020 판결 등), 채무를 이행하는 행위가 법률로 금지되어 그 행위의 실현이 법률상 불가능한 경우에도 마찬가지이기 때문이다(대법원 2016다212524 판결).

이러한 경우에는 토지매수인이 토지매도인에게 지급한 매수대금을 부당이득으로 반환 청구할 수 있다.

즉 쌍무계약에서 계약체결 후에 당사자 쌍방의 귀책사유 없이 채무의 이행이 불가능하게 된 경우 채무자는 급부의무를 면함과 더불어 반대급부도 청구하지 못하므로, 쌍방 급부가 없었던 경우에는 계약관계는 소멸하고, 이미 이행한 급부는 법률상 원인 없는 급부가 되어 부당이득의 법리에 따라 반환 청구할 수 있기 때문이다(대법원 2008다98655, 98662 판결).

또한 계약 당시에 이미 채무의 이행이 불가능했다면 특별한 사정이 없는 한 채권자(토지매수인은 소유권이전등기청구권자로 채권자에 해당)가 그 이행을 구하는 것은 허용되지 않고, 이미 이행한 급부는 법률상 원인 없는 급부가 되어 부당이득의 법리에 따라 반환 청구할 수 있으며, 나아가 민법 제535조에서 정한 계약체결상의 과실 책임을 추궁하는 등으로 권리를 구제받을 수 있다(대법원 2016다212524 판결).

민법 제535조는 "계약체결상의 과실"이라는 제목 아래에 "① 목적이 불능한 계약을 체결할 때에 그 불능을 알았거나 알 수 있었을 자는 상대방이 그 계약의 유효를 믿었음으로 인하여 받은 손해를 배상하여야 한다. 그러나 그 배상액은 계약이 유효함으로 인하여 생길 이익액을 넘지 못한다. ② 전항의 규정은 상대방이 그 불능을 알았거나 알 수 있었을 경우에는 적용하지 아니한다."라고 규정하고 있다.

위 대법원 2016다9643 판결은 "갑이 을 주식회사로부터 안동시에 소재한 1필지의 임야 중 특정 위치의 628㎡를 매수하는 내용의 매매계약을 체결하였는데, 당시 구 안동시 도시계획 조례에서 '녹지지역·계획관리지역·생산관리지역 안에서 관계법령에 따른 허가·인가 등을 받지 아니하고 지목이 임야인 토지를 분할하는 경우 분할 면적이 990㎡ 이상이어야 한다.'라고 규정한 사안"이다.

위 대법원 2016다9643 판결은 "지목이 임야인 위 토지의 면적은 법령상 분할허가가 제한되는 토지분할 제한면적에 해당하기 때문에, 위 토지가 녹지지역·계획관리지역·생산관리지역 안에 소재하는 경우, 특별한 사정이 없는 한 매도인인 을 회사가 토지를 분할하여 소유권이전등기절차를 이행할 수 없으므로, 분할을 전제로 한 을 회사의 소유권이전등기의무는 이행이 불가능하다."는 취지였다.

유사한 취지의 판례로는 대법원 2016다212524 판결이 있는데 "1필지의 토지 중 일부를 특정하여 매매계약이 체결되었으나 그 부분의 면적이 건축법 제57조 제1항, 건축법 시행령 제80조에 따라 분할이 제한되는 경우에 해당한다면, 매도인으로서는 그 부분을 분할하여 소유권이전등기절차를 이행할 수 없다. 따라서 매도인이 매매계약에 따라 매수인에게 부담하는 소유권이전등기절차 이행의무는 이행이 불가능하다고 보아야 한다. 이는 교환계약에서도 마찬가지이다."라는 취지이다.

정리하자면, 국토계획법 제56조에 의하면 토지분할은 대체로 개발행위허가 대상으로 되어 있고, 건축법 제57조 제1항은 건축물이 있는 대지의 경우에 대통령령으로 정하는 범위에서 해당 지방자치단체의 조례로 정하는 면적에 못 미치게 분할할 수 없도록 규정하고 있으며, 각 지방자치단체의 조례에도 분필면적을 제한하는 경우 등이 존재하는 바, 이렇게 법령상 분할허가가 제한되는 토지분할 제한면적에 해당하여 분할이 불가능하다면, 토지 매도인의 소유권이전등기 의무를 이행불능이 되며, 토지 매수인이 이미 매도인에게 지급한 매매대금은 법률상 원인 없는 급부가 되어 부당이득의 법리에 따라 반환 청구할 수 있다.

이때 구체적 상황에 따라 토지매수인이 토지매도인에게 계약체결상 과실책임을 물을 여지도 있다는 것이다.

25. 부동산매매에 있어서의 위험부담과 대상청구권

갑(매도인)이 을(매수인)에게 토지를 1억원에 매도하는 계약을 체결하고 계약금 1천만을 받았다. 중도금은 없으며 잔금 9천만원을 잔금예정일에 받기로 하였는데, 을이 갑에게 잔금지급일 연기를 요청하여 잔금지급기일이 갑과 을의 합의로 연기되었는데, 그 사이에 위 토지가 수용되었다고 가정하자.

결국 매매대상 토지가 수용됨으로써 갑의 을에 대한 토지소유권 이전등기의무는 갑의 귀책사유 없이 이행불능이 되어 소멸되었다.

이와 관련하여 민법 제537조는 "채무자위험부담주의"라는 제목아래에 "쌍무계약의 당사자 일방의 채무가 당사자 쌍방의 책임없는 사유로 이행할 수 없게 된 때에는 채무자는 상대방의 이행을 청구하지 못한다."라고 규정하고 있다.

토지급부의무의 채무자인 갑의 채무가 갑·을 쌍방의 책임없는 사유로 이행할 수 없게 된 본건에 있어 토지급부의무의 채무자 갑은 상대방에게 아직 지급받지 못한 잔금 9천만원을 청구할 수 없다는 것이다.

민법 제537조를 '반대급부(대가)의 위험부담 문제'라고 말하며 반대급부(대가)의 위험부담은 채무자가 부담하는 '채무자위험부담의 원칙'이라고 표현한다. 본건에 있어 채무자는 급부의무를 부담하는 갑이 되며, 갑이 반대급부(대가) 9천만원을 청구할 수 없다는 것으로 이해된다.

갑이 받은 계약금은 어떻게 처리되는가? 갑과 을의 위 토지애 대한 매매계약은 '수용'을 통해 갑·을 쌍방의 책임없는 사유로 이행불능이 되어 소멸된바, 위 매매계약의 종된 계약인

계약금 약정도 효력을 상실한다. 결국 갑은 을에게 갑이 받은 계약금 1천만원을 부당이득명목으로 반환해야 한다.

예를 들어 매매대상 토지에 대한 수용금액이 9천만원이라면, 위 토지를 1억원에 매수하였던 매수인 을은 매매계약 전체가 실효되었음을 이유로 갑에게 지급한 1천만원을 부당이득으로 반환하라고 청구하면 족할 것이다.

그렇다면 매매대상 토지에 대한 수용금액이 1억 5천만원이라면 어떻게 될까? 이때에는 을이 9천만원을 갑에게 지급(을의 반대채무는 금전지급채무로서 이행가능)하여 총매매대금 1억원을 모두 지급한 후에, 위 수용대금 1억 5천만원에 대한 대상청구권을 행사할 수 있어, 결과적으로 5천만원의 이익을 얻을 여지가 있다(대법원 2013다7769 판결, 대법원 2005두5956 판결).

대상청구권이란 '급부의 후발적 불능으로 인하여 채무자가 이행의 목적물에 갈음하는 이익을 취득하는 경우에 채권자가 채무자에 대하여 그 이익의 상환을 청구하는 권리'로 대법원 95다38080 판결에 의하면 "우리 민법에는 이행불능의 효과로서 채권자의 전보배상 청구권과 계약 해제권 외에 별도로 대상청구권을 규정하고 있지는 않으나 해석상 대상청구권을 부정할 이유가 없다."라는 취지이다.

대상청구권을 행사하는 방법으로는 ① 채무자에 대하여 지급받은 보상금의 반환을 구하거나, ② 채무자로부터 보상청구권을 양도받아 보상금을 지급받는 식으로 행사하여야 한다. 다만 어떠한 사유로 인하여 채권자가 직접 자신의 명의로 대상청구의 대상이 되는 보상금을 지급받은 경우에는 채무자에 대한 관계에서 부당이득이 되는 것은 아니며(대법원 99다23901 판결), 대상청구권을 행사한 것으로 볼 수 있다(대법원 2005두5956 판결). 그리고 쌍무계약에 있어 채권자가 대상청구권을 행사할 경우에 자신의 반대급부도 이행하여야 하는데(대법원 95다6601 판결), 양자는 동시이행의 관계에 있다.

참고로 대법원 2018다248244 판결에 의하면 "매매 목적물의 수용 또는 국유화로 인하여 매도인의 소유권이전등기의무가 이행불능된 경우 매수인에게 인정되는 대상청구권에 대하여는 특별한 사정이 없는 한 매수인이 그 대상청구권을 행사할 수 있는 시점인 매도인의 소유권이전등기의무가 이행불능되었을 때부터 소멸시효가 진행하는 것이 원칙이다(대법원 99다23901 판결 등). 그리고 이러한 대상청구권의 소멸시효 기산점에 관한 법리는 매매 목적물의 이중매매로 인하여 매도인의 소유권이전등기의무가 이행불능된 경우와 같이 그 대상청구권이 채무자의 귀책사유로 발생한 때에도 마찬가지로 적용된다."라는 취지이다.

그리고 대법원 2005두5956 판결에 의하면 "매매의 일종인 경매의 목적물인 토지가 경락허가결정 확정 이후 하천구역에 편입되어 국유로 됨으로써 소유자의 경락인에 대한 소유권이전등기의무가 이행불능이 되었다면, 경락인은 소유자가 위 하천구역 편입으로 인하여 지급받게 되는 손실보상금에 대한 대상청구권을 행사할 수 있다고 할 것이다. 그런데 이러한 대상청구권에 대하여는 특별한 사정이 없는 한 매각 목적물의 수용 내지 국유화로 인하여 매도인의 소유권이전등기의무가 이행불능이 되었을 때 매수인이 그 권리를 행사할 수 있다고 할 것이나, 국유화가 된 사유의 특수성과 법규의 미비 등으로 그 보상금의 지급을 구할 수 있는 방법이나 절차가 없다가 상당한 기간이 지난 뒤에야 보상금청구의 방법과 절차가 마련된 경우라면, 대상청구권자로서는 그 보상금청구의 방법이 마련되기 전에는 대상청구권을 행사하는 것이 불가능하였던 것이고, 따라서 이러한 경우에는 보상금을 청구할 수 있는 방법이 마련된 시점부터 그 권리를 행사할 수 있다고 봄이 상당하다."라는 취지이다.

위 사례에서 잔금지급기일에 이르러 갑이 매매대상 토지에 대한 인도의무 및 소유권이전등기의무에 대하여 이행제공을 하였음에도 불구하고 을이 돈을 마련하지 못하여 잔금을 지급하지 못하고 있었던 사이에 매매대상 토지에 대한 '수용'이 이루어졌다면 어떻게 되는가?

이러한 경우라면 갑을 을에게 매매대금의 잔금 9천만원을 청구할 수 있을 것이다. 민법 제538조는 "채권자귀책사유로 인한 이행불능"이라는 제목 아래에 "① 쌍무계약의 당사자 일방의 채무가 채권자의 책임있는 사유로 이행할 수 없게 된 때에는 채무자는 상대방의 이행을 청구할 수 있다. 채권자의 수령지체 중에 당사자 쌍방의 책임없는 사유로 이행할 수 없게 된 때에도 같다. ② 전항의 경우에 채무자는 자기의 채무를 면함으로써 이익을 얻은 때에는 이를 채권자에게 상환하여야 한다."라고 규정하고 있기 때문이다. 다만 이 경우에는 갑이 토지를 수용당함으로써 자신의 소유권이전등기의무를 면함으로써 얻은 수용보상금을 을에게 지급해야 할 것이다.

따라서 수용보상금이 9천만원이라면 수용보상금 9천만원을 갑이 을에게 주고, 갑이 을에게 잔금 9천만원을 청구하여 받음으로써, 매매대금 1억원을 모두 확보하게 될 것이다. 수용보상금이 토지매매대금 1억원을 초과하는 경우라면 갑이 위 민법 제538조를 활용할 실익은 없어 보인다.

게다가 수용보상금이 매매대금 1억원을 밑도는 9천만원에 불과하다고 가정할 경우라도, 현실에 있어서는 '수용'절차가 진행되는 문제를 당사자가 알고 있을 것인바, 갑이 을에게 토지 인도의무 및 소유권이전등기의무를 이행제공하면서 최고 및 계약해제의 의사표시를 함으로써 매매대상 토지 수용 전에 계약이 해제되는 사안이 더 많을 것이므로 수용으로 인한 이행불능의 문제가 아니라 이행지체에 따른 손해배상문제로 해결될 가능성이 더 높아 보인다.

또한 수용보상금이 매매대금 1억원보다 더 많은 1억 5천만원이라면 수용이 임박한 사정이 더 많은 것이므로, 갑이 위 민법 제538조를 활용할 이유는 없어 보인다. 이러한 경우라면 갑이 매매매상 토지 수용 전에 매매대상 토지에 대한 이행제공 후 해제를 통해 이행지체에 따른 손해배상문제로 해결할 것이 일반적으로 보이기 때문이다(필자의 개인의견).

26. 구분소유적 공유관계의 승계

1필지의 토지의 위치와 면적을 특정하여 2인 이상이 구분소유하기로 약정을 하였음에도 불구하고, 등기부에는 그 구분소유자의 공유지분으로 등기하는 것을 이른바 "구분소유적 공유관계"에 있다고 말한다. 정리하면, 등기부에는 지분등기로 되어 공유관계로 되어 있지만, 공유등기자 내부적으로는 특정된 부분을 단독소유하는 것으로 약정되어 있는 것을 "구분소유적 공유관계"라고 한다.

구분소유적 공유관계의 경우에 이를 승계한 매수인도 구분소유적 공유관계에 있게 되는 것인가? 아니면 구분소유적 공유관계가 소멸하고, 등기부에 공시된 대로 부동산 전체에 대한 공유지분권자가 되는 것인가?

대법원 2006다68810 판결에 의하면 "구분소유의 목적인 특정 부분을 처분하면서 등기부상의 공유지분을 그 특정 부분에 대한 표상으로서 이전하는 경우에는 제3자가 구분소유적 공유관계를 승계하게 되지만, 등기부의 기재대로 1필지 전체에 대한 진정한 공유지분으로서 처분하는 경우에는 제3자가 그 부동산 전체에 대한 공유지분을 취득하고, 구분소유적 공유관계는 소멸된다."는 취지이다.

구분소유적 공유관계의 부동산이 경매로 처분될 경우에는 어떠한가? 위 대법원 판결에 의하면, "구분소유적 공유관계의 승계에 해당하기 위하여는 집행법원이 공유지분이 아닌 특정 구분소유 목적물에 대한 평가를 하게 하고 그에 따라 최저경매가격을 정한 후 경매를 실시하여야 한다고 할 것이고, 그러한 사정이 없는 경우에는 1필지에 관한 공유자의 지분에 대한 경매목적물은 원칙적으로 1필지 전체에 대한 공유지분이라고 봄이 상당하다."는 취지이다.

결국, 감정평가서(특정 구분소유 부분을 전제로 감정평가를 했는지 여부), 현황조사보고서(전체 부동산에 대한 구분소유관계조사 여부), 매각물건명세서 등을 확인하여, 구분소유적 공유관계를 전제한 매각인지를 확인하고, 위 각 서류에 구분소유적 공유관계가 확인되었다면, 경락인은 구분소유적 공유관계를 승계한다고 해석될 것이다.

위 각 서류에는 단지 부동산 전체에 대한 진정한 공유지분으로 표시되었지만, 낙찰자(법무사로 오랜 근무)는 구분소유관계를 알고 있었다면, 구분소유적 공유관계를 승계하게 되는가? 아니다. 위 대법원 2006다68810 판결에 의하면 "그 경매절차에서 이 사건 지분이 위 공터 부분에 대한 구분소유적 공유관계를 표상하는 것으로 취급되어 그에 따른 감정평가와 최저경매가격이 결정되고 경매가 실시되었다는 점이 입증되지 아니하는 이상, 원고는 이 사건 전체 대지에 대하여 이 사건 지분에 상응하는 공유지분소유권을 적법하게 취득하고 이 부분에 관한 상호명의신탁관계는 소멸되는 것으로 보아야 할 것이고, 원고가 이 사건 지분을 경락받음에 있어 그것이 구분소유적 공유관계를 표상하는 것으로 인식하고 있었는지 여부에 따라서 달리 볼 것은 아니다."라는 취지이다.

참고로 건물에 대한 구분소유적 공유도 인정된다. 즉 대법원 2011다42430 판결에 의하면, "1동의 건물 중 위치 및 면적이 특정되고 구조상·이용상 독립성이 있는 일부분씩을 2인 이상이 구분소유하기로 하는 약정을 하고 등기만은 편의상 각 구분소유의 면적에 해당하는 비율로 공유지분등기를 하여 놓은 경우, 구분소유자들 사이에 공유지분등기의 상호명의신탁관계 내지 건물에 대한 구분소유적 공유관계가 성립하지만, 1동 건물 중 각 일부분의 위치 및 면적이 특정되지 않거나 구조상·이용상 독립성이 인정되지 아니한 경우에는 공유자들 사이에 이를 구분소유하기로 하는 취지의 약정이 있다 하더라도 일반적인 공유관계가 성립할 뿐, 공유지분등기의 상호명의신탁관계 내지 건물에 대한 구분소유적 공유관계가 성립한다고 할 수 없다."고 한다.

27. 부동산매매에 있어 근저당권 피담보채권인수의 의미

원고(매수인)가 2001. 11. 7. 피고(매도인)로부터 서울 중랑구 소재 대지 및 그 지상 쇼핑센터건물('이 사건 부동산')을 90억 1,500만원에 매수하는 매매계약을 체결하고 피고에게 계약금 및 중도금 16억 5,000만원을 지급하였다.

그리고 이 사건 부동산에 관한 임대차보증금 10억원의 반환채무 및 근저당권의 피담보채무인 농업협동조합중앙회에 대한 대출금 40억원의 상환채무를 원고가 인수하고, 잔금 23억 6,500만원을 소유권이전등기서류와 상환하여 지급하기로 약정을 하였다. 채권자인 농업협동조합중앙회의 승낙이 있거나 특별히 그 채무를 면책적으로 인수하기로 하는 약정도 없었다.

이러한 경우에 원고가 근저당권의 채무자를 매수인인 원고로 변경하는 절차를 이행할 의무가 있을까? 대법원 2004다13083 판결에 의하면, 이러한 경우 면책적 채무인수가 아니라 이행인수에 불과하여 원고가 근저당권의 채무자를 매수자인 원고로 변경하는 절차를 이행할 의무가 없다고 한다.

결국, 특별한 사정이 없는 한 매매대금에서 그 채무액을 공제한 나머지 금액인 23억 6,500만원을 원고가 피고에게 지급함으로써 잔금지급의무를 다하게 된다. 따라서 원고의 대출금 채무 상환의무와 피고의 소유권이전등기절차 이행의무가 동시이행관계에 있다고 할 수도 없다.

판례의 취지를 고려하면, 근저당권자의 채무자가 그대로 매도인인 피고로 존재하기 때문에 채무자인 피고가 근저당권의 피담보채무를 변제해야 구상권 등에 근거하여 근저당권의 피담보채권 상당액에 대하여 피고가 소유권이전등기의무와의 동시이행관계를 주장할 수 있게 되며, 결국 근저당권 피담보채무 변제를 위한 노력이 피고에게 전가되는 문제가 발생한다.

즉, 위 대법원 판례는 "부동산매매계약과 함께 이행인수계약이 이루어진 경우, 매수인이 인수한 채무는 매매대금지급채무에 갈음한 것으로서 매도인이 매수인의 인수채무불이행으로 말미암아 또는 임의로 인수채무를 대신 변제하였다면, 그로 인한 손해배상채무 또는 구상채무는 인수채무의 변형으로서 매매대금지급채무에 갈음한 것의 변형이므로 매수인의 손해배상채무 또는 구상채무와 매도인의 소유권이전등기의무는 대가적 의미가 있어 이행상 견련관계에 있다고 인정되고, 따라서 양자는 동시이행의 관계에 있다고 해석함이 공평의 관념 및 신의칙에 합당하다(대법원 92다23193 판결).”라는 취지의 판시를 하였다.

그리고 대법원 2020다294516 판결에 의하면 “부동산의 매수인이 매매목적물에 관한 근저당권의 피담보채무를 인수하고 그 채무액을 매매대금에서 공제하기로 약정한 경우, 특별한 사정이 없는 한 매도인을 면책시키는 채무인수가 아니라 이행인수로 보아야 한다. 이행인수계약의 불이행으로 인한 손해배상의 범위는 원칙적으로 채무자가 채무의 내용에 따른 이행을 하지 않음으로써 생긴 통상의 손해를 한도로 한다. 매수인이 인수하기로 한 근저당권의 피담보채무를 변제하지 않아 원리금이 늘어났다면 그 원리금이 매수인의 이행인수계약 불이행으로 인한 통상의 손해액이 된다.”는 취지이다.

결국, 부동산매매계약서를 작성하면서 단순히 근저당권의 피담보채권인 대출금상환의무를 매수인이 인수한다는 취지만을 약정하게 되면, 매도인이 상황에 따라 어려움에 처할 가능성이 있다. 따라서, 매도인 입장에서 안전거래를 위해서는 기존 은행의 피담보채무를 매수인에게 인수시키면서, 기존은행의 승낙 등 면책적채무인수를 받는 방식의 약정체결 또는 부동산명의변경과 함께 매수인이 기존 근저당권의 피담보채무액 상당액을 타은행으로부터 담보대출받아 즉시 그 돈으로 기존은행의 피담보채무를 변제하는 방식의 약정체결이 안전해 보인다.

참고로 대법원 2007다54627 판결에 의하면, “사업이나 부동산을 매수하는 사람이 근저당채무 등 그 부동산에 결부된 부담을 인수하고 그 채무액만큼 매매대금을 공제하기로 약정하는 경우에, 매수인의 그러한 채무부담의 약정이 이행인수에 불과한지 아니면 병존적 채무인수 즉 제3자를 위한 계약인지를 구별하는 판별 기준은, 계약 당사자에게 제3자 또는 채권자가 계약당사자 일방 또는 채무인수인에 대하여 직접 채권을 취득케 할 의사가 있는지 여부에 달려 있다. 구체적으로는 계약체결의 동기, 경위 및 목적, 계약에 있어서의 당사자의 지위, 당사자 사이 및 당사자와 제3자 사이의 이해관계, 거래 관행 등을 종합적으로 고려하여 그 의사를 해석하여야 하는 것인데, 인수의 대상으로 된 채무의 책임을 구성하는 권리관계도 함께 양도한 경우이거나 채무인수인이 그 채무부담에 상응하는 대가를 얻을 때에는 특별한 사정이 없는 한 원칙적으로 이행인수가 아닌 병존적 채무인수로 보아야 한다.”고 판시하여 부동산 매수인이 근저당채무 등 그 부동산에 결부된 부담을 인수하고 그 채무액을 매매대금에서 공제하기로 약정한 경우, 이행인수인지 병존적 채무인수인지의 판별 기준을 제시한 바 있다.

28. 부동산매매계약과 매수인의 이행인수

부동산을 매입하면서, 매도인의 근저당권의 피담보채무를 부동산 매수인이 인수하는 경우가 적지 않다. 이때 채무인수(면책적 채무인수)가 되는가?

채권자인 근저당권자의 승낙 등이 없다면 채무인수가 아니라 이행인수에 불과하다는 것이 법원의 입장이다. 매도인의 채무를 매수인이 갚을 의무가 있지만, 이 의무는 매수인의 매도인에 대한 의무일 뿐이고 채권자에 대한 의무는 아니라는 것이다.

채권자인 근저당권자가 굳이 승낙을 해서 기존 채무자를 면책시킬 이유도 없다. 근저당권은 소유자가 변경되어도 그대로 따라가기 때문이다.

이행인수인에 해당하는 매수인이 인수채무를 이행하지 않았다면 어떻게 되는가?

인수인이 인수채무를 현실적으로 변제하지 않았다는 사정만으로 곧바로 매도인이 매매계약을 해제할 수는 없다. 해제를 위해서는 자신의 소유권이전등기의무를 이행제공하여 매수인을 이행지체에 빠뜨려야 할 것이다.

다만 매수인의 인수채무불이행으로 인하여 근저당권에 의한 경매 즉 임의경매가 진행되었고, 이를 막고자 매도인이 인수채무를 대신 변제하였다면 인수채무 이행불능상황에 이른 것으로 이해되므로 계약해제가 가능할 것이다.

이행인수계약 불이행으로 인한 손해배상의 범위는 어떻게 되는가? 채무자가 이행하지 않음으로 생긴 통상 손해를 한도로 하는데, 매수인이 인수채무를 변제하지 않아 원리금이 늘어났다면 그 원리금이 통상손해가 될 것이다. 이하에서는 관련판례를 적시한다.

대법원 92다23193 판결에 의하면 "부동산의 매수인이 매매목적물에 관한 근저당권의 피담보채무, 가압류채무, 임대차보증금반환채무를 인수하는 한편 그 채무액을 매매대금에서 공제하기로 약정한 경우, 다른 특별한 약정이 없는 이상 이는 매도인을 면책시키는 채무인수가 아니라 이행인수로 보아야 하고, 매수인이 위 채무를 현실적으로 변제할 의무를 부담한다고도 해석할 수 없으며 특별한 사정이 없는 한 매수인이 매매대금에서 그 채무액을 공제한 나머지를 지급함으로써 잔금지급의무를 다하였다 할 것이고, 또한 위 약정의 내용은 매도인과 매수인의 계약으로 매수인이 매도인의 채무를 변제하기로 하는 것으로서 매수인은 제3자의 지위에서 매도인에 대하여만 그의 채무를 변제할 의무를 부담함에 그치므로 채권자의 승낙이 없으면 그에게 대항하지 못할 뿐 당사자 사이에서는 유효하게 성립한다."라는 취지이다.

대법원 2007다54627 판결에 의하면 "사업이나 부동산을 매수하는 사람이 근저당채무 등 그 부동산에 결부된 부담을 인수하고 그 채무액만큼 매매대금을 공제하기로 약정하는 경우에, 매수인의 그러한 채무부담의 약정이 이행인수에 불과한지 아니면 병존적 채무인수 즉 제3자를 위한 계약인지를 구별하는 판별 기준은, 계약당사자에게 제3자 또는 채권자가 계약

당사자 일방 또는 채무인수인에 대하여 직접 채권을 취득케 할 의사가 있는지 여부에 달려 있다. 구체적으로는 계약체결의 동기, 경위 및 목적, 계약에 있어서의 당사자의 지위, 당사자 사이 및 당사자와 제3자 사이의 이해관계, 거래 관행 등을 종합적으로 고려하여 그 의사를 해석하여야 하는 것인데, 인수의 대상으로 된 채무의 책임을 구성하는 권리관계도 함께 양도한 경우이거나 채무인수인이 그 채무부담에 상응하는 대가를 얻을 때에는 특별한 사정이 없는 한 원칙적으로 이행인수가 아닌 병존적 채무인수로 보아야 한다."라는 취지이다.

대법원 2007다8464 판결에 의하면 "부동산 매수인이 매매목적물에 설정된 근저당권의 피담보채무에 관하여 그 이행을 인수한 경우, 채권자에 대한 관계에서는 매도인이 여전히 채무를 부담한다고 하더라도, 매도인과 매수인 사이에서는 매수인에게 위 피담보채무를 변제할 책임이 있으므로, 매수인이 그 변제를 게을리하여 근저당권이 실행됨으로써 매도인이 매매목적물에 관한 소유권을 상실하였다면, 특별한 사정이 없는 한, 이는 매수인에게 책임 있는 사유로 인하여 소유권이전등기의무가 이행불능으로 된 경우에 해당하고, 거기에 매도인의 과실이 있다고 할 수는 없다."라는 취지이다.

대법원 92다23193 판결에 의하면 "원고가 이 사건 인수채무의 일부인 위 근저당권의 피담보채무의 변제를 게을리 함으로써 이 사건 매매목적물에 관하여 위 근저당권의 실행으로서 임의경매절차가 개시되고 피고가 위 경매절차의 진행을 막기 위하여 부득이 위 근저당권의 피담보채무를 변제하였다면, 피고는 원고에 대하여 손해배상채권을 취득하는 이외에, 이 사유를 들어 이 사건 매매계약을 해제할 수 있다고 하겠다(대법원 91다38341 판결)."라는 취지이다.

대법원 2020다294516 판결은 "이행인수계약의 불이행으로 인한 손해배상의 범위는 원칙적으로 채무자가 채무의 내용에 따른 이행을 하지 않음으로써 생긴 통상의 손해를 한도로 한다. 매수인이 인수하기로 한 근저당권의 피담보채무를 변제하지 않아 원리금이 늘어났다면 그 원리금이 매수인의 이행인수계약 불이행으로 인한 통상의 손해액이 된다."라는 취지이다.

29. 토지거래허가구역 내의 토지매수와 처분금지가처분 가부

토지를 매수하였고, 토지매매대금도 매도인에게 모두 지급하였다. 그런데 해당 토지가 토지거래허가구역 내의 토지이며, 토지거래허가 여부가 불분명한 문제도 있고, 매수인의 개인사정도 겹쳐서 차후에 소유권이전등기를 계획하고 있다. 이러한 경우라면, 차후 토지거래허가를 전제로 소유권이전등기청구권 보전가등기 등을 통하여 소유권이전등기청구권을 확보할 수 있을 것이다[대법원 96다6431 판결 등 참고. 단, 뒤에서 보는 대법원 2012다89900 판결에 의하면 이와 같은 매매예약 가등기는 무효 가능(즉, 허가대상). 그러나 실제 가등기가 경료되는 경우가 있는 것으로 보임].

그러나, 이와 같은 가등기에 대하여 매도인이 협조하지 않을 경우, 매수인이 독자적으로 할 수 있는 처분금지가처분 등이 고려될 것인데, 처분금지가처분이 가능할까? 처분금지가처분을 신청하기 위해서는 '피보전권리'가 존재해야 하고, '피보전권리'에 대한 소명을 법원에 해야 하는 문제가 있다. 이때, 처분금지가처분의 '피보전권리'를 '소유권이전등기청구권'으로 할 수 있을까?

대법원은 부정한다(대법원 2010마818 결정). 대법원 결정의 요지는 토지거래허가를 받기 전에는 유동적 무효에 불과하여 이행청구를 허용하지 않는 취지를 고려할 때, 매매계약에 기한 소유권이전등기청구권 또는 토지거래계약에 관한 허가를 받을 것을 조건으로 한 소유권이전등기청구권을 피보전권리로 한 처분금지가처분이 인정될 수 없다는 것이다.

그렇다면, 처분금지가처분을 할 수 있는 방법이 없을까? 그렇지는 않다. 대법원 98다44376 판결은, '토지거래허가신청절차청구권'을 피보전권리로 하는 처분금지가처분은 가능하다는 취지이기 때문이다. 다만, 보전의 필요성이라는 요건상 '매도인이 그 매매계약을 다투는 경우'를 전제할 것이다.

대법원 98다44376 판결은 "토지거래허가를 받지 아니하여 유동적 무효 상태에 있는 계약이라고 하더라도 일단 거래허가신청을 하여 불허되었다면 특별한 사정이 없는 한 불허가된 때로부터 그 거래계약은 확정적으로 무효로 되었다고 할 것이지만, 그 불허가의 취지가 미비된 요건의 보정을 명하는 데에 있고 그러한 흠결된 요건을 보정하는 것이 객관적으로 불가능하지도 아니한 경우라면 그 불허가로 인하여 거래계약이 확정적으로 무효가 되는 것은 아니라고 할 것이며, 또한 토지거래허가신청절차청구권을 피보전권리로 하는 처분금지가처분의 집행을 이미 마친 채권자로서는 그 후 당해 부동산의 소유권이 낙찰로 인하여 타인에게 이전된 경우라도 그 가처분의 효력으로 새로운 토지소유자에게 대항할 수 있어 여전히 그 거래계약의 효력이 발생될 여지가 있으므로 그 때문에 당해 거래계약이 확정적으로 무효로 된다고 볼 수 없다."는 취지이다.

반면, 가등기와 관련하여 참고할 판례가 있는데, 대법원 2012다89900 판결에 의할 경우에 토지거래허가 없이 체결된 토지거래허가구역 내 토지에 관한 매매예약에 기하여 소유권이전등기청구권의 보전을 위한 가등기가 마쳐진 상태에서 위 토지가 제3자에게 낙찰되어 소유권이 이전된 경우, 그 거래허가가 나지 아니한 상태에서 당해 토지에 관한 경매절차가 개시되어 제3자에게 소유권이 이전되었다면, 위 토지거래계약에 기한 소유권이전의무는 특별한 사정이 없는 한 이행불능 상태에 이르렀다고 보아야 하고, 이로써 유동적 무효상태에 있던 이 토지거래계약은 확정적으로 무효가 되고, 가등기에 의한 본등기도 무효가 된다는 취지이다.

30. 부동산 이중매매의 경우에 배임죄 성립

대법원(전합) 2017도4027 판결에 의하면, 부동산 이중매매를 한 매도인에게 배임죄가 성립한다. 즉, 대법원(전합) 2017도4027 판결의 주요 요지는 부동산매매대금을 통상적으로 계약금, 중도금, 잔금으로 나뉘어 지급하는데, 제1매수인이 매도인에게 계약금과 중도금 지급한 상태에서 매도인이 제2매수인에게 이중매매를 한 경우에 매도인의 배임죄가 성립된다는 취지로, 피해자는 제1매수인이 된다.

그렇다면, 매도인이 제1매수인에게 소유권이전청구권 보전가등기를 경료해 준 경우는 어떠한가? 소유권이전청구권 보전가등기를 경료해 준 경우에 제1매수인이 매도인의 협력 없이 가등기의 순위보전효력 때문에 제1매수인 명의로 소유권이전등기를 마칠 수단이 마련된 것이고, 이러한 경우에는 매도인의 제1매수인의 재산보전에 협력할 신임관계가 없어 제1매수인이 중도금을 지급한 사정만으로 매도인의 지위를 배임죄의 주체인 '타인사무를 처리하는 자'로 볼 수 없어 무죄가 되는 것이 아닌가? 원심은 위와 같은 판결을 선고하였으나, 대법원 2019도16228 판결에 의하면, 이러한 경우에도 배임죄가 성립한다는 취지이다.

즉 대법원 2019도16228 판결에 의하면, 매도인이 제1매수인에게 가등기를 설정해 주었더라도, 가등기는 순위보전효력만 있을 뿐 소유권이전등기와 동일한 물권변동의 효력이 없고, 중도금이 지급된 단계부터 매도인에게 제1매수인을 위해 부동산소유권을 이전할 의무가 발생하는 것은 동일하기 때문에, 매도인은 '타인의 사무를 처리하는 자'임에도 매도인과의 신임관계를 위배하여 제2매수인에게 소유권이전등기를 경료해 주었으므로 배임죄가 성립한다는 취지다.

어떠한 사안이었을까? 매도인(피고인)이 제1매수인에게 토지매매대금의 중도금까지 받은 상황에서 제2매수인에게 토지를 이중으로 매도하였는데, 매도인은 제1매수인으로부터 계약금 중 일부를 받으면서 소유권이전등기청구권 보전가등기를 마쳐주었다. 제2매수인이 이중매매를 통해 토지소유권을 취득한 후에 본소로 제1매수인을 상대로 가등기말소 청구소송을 제기하자 제1매수인은 반소로 가등기에 의한 본등기소송을 제기하였고, 제2매수인의 가등기말소청구 패소, 제1매수인의 가등기에 의한 본등기청구 승소로 판결이 선고되었다. 다만, 매도인, 제1매수인, 제2매수인이 합의를 통해 가등기를 말소한 사안이다.

참고로 부동산 이중매매가 아닌 부동산 이중 근저당권계약행위, 즉 근저당권설정 약정에 위배하여 제3자에게 근저당권설정행위를 한 부동산 이중근저당권설정행위는 배임죄를 구성할까? 대법원은 배임죄의 성립을 부정한다. 주의할 일이다. 즉 피고인이 피해자에게 근저당권을 설정해 주겠다고 약속하였지만, 제3자에게 근저당권을 설정해 준 사안에서 원심은 배임죄를 인정하였지만, 대법원은 배임죄를 부정하였다.

즉 대법원(전합) 2019도14340 판결에 의하면, 피고인이 피해자로부터 18억을 차용하면서, 이 사건 아파트에 4순위 근저당권 설정을 약정하였다. 그러나, 제3자에게 채권최고액 12억원의 4순위 근저당권을 설정해 주고 말았다. 이에 대하여 원심법원은 피해자에게 12억원의 피해를 인정하여 특경법(특정경제범죄 가중처벌 등에 관한 법률)상 배임죄 유죄로 판단하였으나, 위 대법원은 무죄취지로 파기·환송한 것이다[종전 유죄취지의 대법원 판결(2007도9328, 2011도11224 등) 변경]. 위 대법원(전합) 2019도14340 판결의 논리는 무엇이었을까? 배임죄 요건 중 하나인 타인사무를 처리하는 자는 이익대립관계에 있는 계약관계의 이행에 있어 상대보호 내지 배려의 부수적 의무로 부족하고, 위임 등과 같이 상대방의 재산상 사무를 일정한 권한을 갖고 맡아 처리하는 것이 필요한데, 본건처럼 채무자가 금전채무 담보를 위해 저당권설정계약에 따라 저당권설정 의무를 부담한 것을 두고 통상 계약의 이익대립관계를 넘어 채권자와 신임관계에 기초하여 채권자 사무를 맡아 처리하는 것으로 볼 수 없다는 취지이다[유사취지로는 "채무자가 금전채무를 담보하기 위하여 그 소유의 동산을 채권자에게 동산·채권 등의 담보에 관한 법률에 따른 동산담보로 제공하였는데, 그가 담보물을 제3자에게 처분하는 등으로 담보가치를 감소 또는 상실시켜 채권자의 담보권 실행이나 이를 통한 채권실현에 위험을 초래하더라도 배임죄가 성립하지 아니한다."는 취지의 대법원(전합) 2019도14770 판결 참고].

31. 부동산 이중매매의 민사적 쟁점

대법원(전합) 2017도4027 판결에 의하면, 제1매수인이 매도인에게 중도금까지 지급하는 등 계약이 본격적으로 이행되는 단계에 이른 경우에 매도인이 제2매수인에게 이중매매를 하여 소유권이전등기를 경료하기에 이른 경우에 제1매수인을 피해자로 하는 배임죄가 성립한다는 것이다.

그렇다면, 매도인의 제2매수인에 대한 이중매매의 민사상 효력은 어떻게 되는가? 제1매수인이 매도인에게 계약금만 지급한 단계라면, 매도인은 민법 제565조의 해약금 규정 내지 계약서상 해약금 조항에 따라 지급받은 계약금과 계약금 상당액을 제1매수인에게 돌려주고 문제가 해결될 가능성이 있어, 고액을 제시하는 제2매수인에 대한 매매는 유효가 될 가능성이 높다.

이와 관련하여 위 대법원(전합) 2017도4027 판결도 "부동산매매계약에서 계약금만 지급된 단계에서는 어느 당사자나 계약금을 포기하거나 그 배액을 상환함으로써 자유롭게 계약의 구속력에서 벗어날 수 있다. 그러나 중도금이 지급되는 등 계약이 본격적으로 이행되는 단계에 이른 때에는 계약이 취소되거나 해제되지 않는 한 매도인은 매수인에게 부동산의 소유권을 이전해 줄 의무에서 벗어날 수 없다."고 하여 이를 명백히 하고 있다.

그렇다면, 제1매수인이 매도인에게 중도금까지 지급한 단계일 때에 민사적 문제는 어떻게 해결될까? 제1매수인이 중도금을 지급하여 '이행의 착수'가 인정되는 경우에는 민법 제565조에 따른 해약금 해제가 인정되지 않아 문제된다.

매도인이 제1매수인으로부터 중도금까지 수령하였다고 하더라도 계약자유의 원칙, 채권의 상대성 원칙, 자유경쟁의 원리상 매도인과 제2매수인 사이의 이중매매가 금지되지는 않는다. 다만, 제2매수인이 매도인의 배임행위에 적극 가담한 경우에 무효가 된다.

즉, 대법원 2009다34481 판결에 의하면, "이중매매를 사회질서에 반하는 법률행위로서 무효라고 하기 위해서는 양수인이 양도인의 배임행위를 아는 것만으로는 부족하고, 나아가 배임행위를 유인, 교사하거나 이에 협력하는 등 적극 가담하는 것이 필요하다 할 것인데, 이 때에는 제2양수행위의 상당성과 특수성 및 제2양도계약의 성립과정, 경위, 양도인과 제2양수인의 관계 등을 고려하여 판단하여야 한다."는 취지이다.

그렇다면, 제2매수인이 매도인의 제1매수인에 대한 배임행위를 아는 정도이거나, 매도인의 제1매수인에 대한 배임행위를 알지 못한 상황에서 매도인으로부터 부동산에 대한 소유권이전등기를 넘겨받아 제2매수인의 소유권이전등기가 유효로 되는 경우에 제1매수인은 어떠한 방법으로 구제받을 수 있을까?

매도인의 제2매수인에 대한 소유권이전등기가 유효하여 결과적으로 매도인의 제1매수인에 대한 소유권이전등기의무가 이행불능에 이른 것에 해당하므로 제1매수인은 매도인을 향하여 민사상 이행불능에 의한 손배배상청구권 내지 불법행위를 이유로 한 손해배상청구권을 행사할 여지가 있다.

또한 대상청구권을 행사할 여지도 있다. 이와 관련하여 대법원 2018다248244 판결에 의하면 "매매 목적물의 수용 또는 국유화로 인하여 매도인의 소유권이전등기의무가 이행불능된 경우 매수인에게 인정되는 대상청구권에 대하여는 특별한 사정이 없는 한 매수인이 그 대상청구권을 행사할 수 있는 시점인 매도인의 소유권이전등기의무가 이행불능되었을 때부터 소멸시효가 진행하는 것이 원칙이다(대법원 2002. 2. 8. 선고 99다23901 판결 등). 그리고 이러한 대상청구권의 소멸시효 기산점에 관한 법리는 매매 목적물의 이중매매로 인하여 매도인의 소유권이전등기의무가 이행불능된 경우와 같이 그 대상청구권이 채무자의 귀책사유로 발생한 때에도 마찬가지로 적용된다."라는 취지이다.

매도인의 배임행위에 제2매수인이 적극가담한 경우라면, 매도인과 제2매수인 사이의 매매계약은 무효가 되는데, 이러한 경우에 제1매수인은 어떠한 방법으로 구제받을 수 있을까?

제1매수인은 채권자대위권을 활용하여 매도인을 대위하여 제2매수인의 소유권이전등기의 말소를 구하고, 매도인에게 소유권이전등기를 청구하는 방법을 통해 구제받을 수 있다.

즉 대법원 83다카57 판결에 의하면, "매도인의 매수인에 대한 배임행위에 가담하여 증여를 받아 이를 원인으로 소유권이전등기를 경료한 수증자에 대하여 매수인은 매도인을 대위하여 위 등기의 말소를 청구할 수는 있으나 직접 청구할 수는 없다는 것은 형식주의 아래서의 등기청구권의 성질에 비추어 당연하다."는 취지이다.

그런데 제1매수인이 채권자대위권을 활용하여 매도인을 대위하여 제2매수인의 소유권이전등기의 말소를 구하는 채권자대위권 행사와 관련하여, 불법원인급여를 규정한 민법 제746조로 인하여 매도인의 피대위권리가 없는 것이 아닌가? 앞서 본바와 같이, 대법원 판결은 별다른 근거설시 없이 채권자대위를 긍정한다.

이와 관련하여 항소심판결인 수원지방법원 99나17767 판결에 의하면 "토지의 이중매매가 선량한 풍속 기타 사회질서에 위반하여 무효인 경우, 제2매수인의 불법성이 매도인의 그것보다 현저히 큰 데 반하여 매도인의 불법성은 미약한 경우에는 민법 제746조 본문의 적용이 배제되어 매도인은 제2매수인에게 소유권이전등기의 말소등기청구를 할 수 있고 따라서 제1매수인은 매도인의 말소등기청구권을 대위 행사할 수 있으며, 가사 제2매수인의 불법성이 매도인의 불법성에 비하여 불법원인급여의 반환을 허용할 정도로 현저히 강하다고 할 수 없다고 하더라도 다른 반사회적 법률행위에 있어서와는 달리 이중매매의 반사회성은 매매계약 당사자 사이의 법률행위과정에 그러한 선량한 풍속 기타 사회질서에 반하는 요소가 있다고 하기보다는 제1매수인에 대한 관계에 있어서 그 법률행위가 반사회성을 띠고 있다고 보아야 할 것이어서, 반사회적 이중매매에 있어서는 다른 반사회적 법률행위에 있어서와는 달리 이를 무효라고 주장할 수 있는 자는 제1매수인뿐이고, 매도인과 제2매수인간의 이중매매는 제1매수인이 그것이 반사회적 법률행위라고 주장할 때에 비로소 무효가 되는 것이라 할 것이므로, 제1매수인이 이중매매의 무효를 주장하여 자신의 권리를 보전하려고 하는 한 매도인 및 제2매수인은 각 이에 협력하여야 할 의무가 있고, 이러한 한도 내에서 반사회적 이중매매로 인한 급여는 매도인과 제2매수인 사이에서 불법원인급여에 해당하지 아니한다고 할 것인바, 제1매수인이 매도인과 제2매수인 사이의 매매계약이 반사회적 이중매매에 해당하여 무효라고 주장하며 매도인을 대위하여 위 각 지분이전등기의 말소를 구하는 경우, 제2매수인은 민법 제746조를 들어 제1매수인의 청구를 거절할 수 없다고 할 것이다."라는 취지이다.

제2매수인의 소유권이전등기가 배임행위 적극가담이론에 의하여 무효인 경우는 물론이고, 제2매수인의 소유권이전등기가 유효한 경우라도 제1매수인이 매도인에 대하여 가지는 소유권이전등기청구권을 보전하기 위하여 채권자취소권제도를 활용할 수 있을까?

제1매수인의 채권자취소권은 인정되기 어렵다. 채권자취소권은 모든 채권자의 이익을 위하여 행사되어야 하므로(민법 제407조), 소유권이전등기청구권처럼 '특정채권'을 보전하기 위해서는 인정되기 어렵기 때문이다.

즉, 대법원 98다56690 판결에 의하면, "채권자취소권을 특정물에 대한 소유권이전등기청구권을 보전하기 위하여 행사하는 것은 허용되지 않으므로, 부동산의 제1양수인은 자신의 소유권이전등기청구권 보전을 위하여 양도인과 제3자 사이에서 이루어진 이중양도행위에 대하여 채권자취소권을 행사할 수 없다."는 취지이다.

32. 토지 매도인에 대한 매수인의 소유권이전등기청구권이 상사시효로 소멸된 사례

대법원 2023다249876 판결 사안을 전제로 설명한다. 원고(주식회사 현대000유통)가 피고(한국토지주택공사)로부터 토지를 매수하여 매매대금을 모두 지급하였지만, 소유권이전등기를 마치지는 않았다. 그러한 상태에서 원고가 그 토지 지상에 공장건물을 신축하여 그 공장건물에 대한 소유권보존등기를 마쳤는데 국세체납을 이유로 공매되어 위 공장건물의 소유권이 제3자에게 이전되었다.

이러한 상황에서 원고가 피고를 상대로 위 매매대상 토지에 대한 소유권이전등기청구권을 행사하였다. 피고는 위 토지를 매도한 후에 그제서야 위 토지에 대한 소유권보존등기를 경료하였는바, 위 토지에 대한 소유권보존등기일로부터 원고가 피고에게 매매토지에 대한 소유권이전등기청구권을 행사할 수 있었다. 따라서 원칙적으로는 피고가 매매토지에 대한 소유권보존등기를 마친 때로부터 원고의 피고에 대한 소유권이전등기청구권의 시효가 기산될 것이다.

다만 원고가 위 매수 토지를 피고로부터 매수하여 인도받아 사용·수익하고 있다면 소유권이전등기청구권의 시효는 진행되지 않는다.

즉 대법원 91다40924 판결에 의하면 "부동산의 매수인이 매매목적물을 인도 받아 사용·수익하고 있는 경우 매수인의 이전등기청구권은 소멸시효에 걸리지 아니하나, 매수인이 그 목적물의 점유를 상실하여 더 이상 사용·수익하고 있는 상태가 아니라면 점유상실 시부터 매수인의 이전등기청구권에 관한 소멸시효가 진행함이 원칙이다."라는 취지이기 때문이다.

이때 원고가 토지를 점유하는지 여부는 어떻게 판단할까? 원고가 매수 토지 위에 공장건물을 짓고 그 공장건물에 대한 소유권보존등기를 경료 하였으며, 그 공장건물에 대한 소유권을 원고가 계속 유지하는 한 원고의 위 매수 토지에 대한 점유가 인정되고 원고의 피고에 대한 소유권이전등기청구권의 소멸시효는 진행되지 않는다.

즉 대법원 2012다72469 판결 등에 의하면 "건물은 일반적으로 그 대지를 떠나서는 존재할 수 없으므로, 건물의 소유자는 건물의 소유를 위하여 그 대지인 토지를 점유하고 있다고 볼 수 있고, 이는 건물의 소유자가 현실적으로 건물이나 그 대지를 점유하지 않더라도 마찬가지이지만, 그가 건물의 소유권을 상실한 경우에는 특별한 사정이 없는 한 그 대지에 대한 점유도 함께 상실한다."는 취지이기 때문이다.

그런데 본건은 원고가 신축하여 소유권보존등기를 마친 공장건물이 공매로 제3자에게 넘어갔기 때문에 그 공장건물의 소유권이전시점이 원고의 피고에 대한 토지소유권이전등기청구권의 소멸시효의 기산점이 되는 사안이었다.

즉 공장건물의 소유권이 제3자에게 넘어가면서 원고가 매수 토지에 대한 점유를 상실하였고 그 때로부터 매수 토지에 대한 원고의 피고에 대한 소유권이전등기청구권의 시효가 진행된 것이다.

결국 위 대법원 2023다249876 판결 사안에서의 원고의 피고에 대한 위 매수 토지에 대한 소유권이전등기청구권은 공장건물의 소유권이 제3자에게 넘어간 시점부터 5년 이상이 경과한 사정으로 인하여 시효로 소멸하여 원고의 피고에 대한 청구가 기각되었다.

공매도 매매의 일종이므로 공장건물이 공매로 넘어간 것을 원고의 매수 토지에 대한 적극적 권리행사로 볼 수는 없는가? 부동산매매의 매수인이 적극적 권리행사의 일환으로 부동산을 매도하여 해당 부동산을 매수인에게 인도해 준 경우에 매도인의 소유권이전등기청구권의 시효가 진행되지 않는다는 판례가 존재하기 때문이다.

즉 대법원 (전합) 98다32175 판결에 의하면 “부동산의 매수인이 그 부동산을 인도받아 사용·수익하다가 이에 대한 보다 적극적인 권리 행사의 일환으로 다른 사람에게 그 부동산을 처분하고 점유를 승계하여 준 경우에는 그 이전등기청구권의 행사 여부에 관하여 그 부동산을 자신이 계속 사용·수익하고 있는 경우와 특별히 다르지 않으므로 이전등기청구권의 소멸시효는 진행되지 않는다고 보아야 한다.”고 판시한 사실이 있다.

그러나 세금을 체납하여 공장건물이 공매로 넘어간 것을 두고 매매처럼 원고가 적극적인 권리행사의 일환으로 토지를 매도한 것으로 볼 수는 없다는 것이 위 대법원 2023다249876 판결의 취지이다.

이해의 편의를 위해 위 대법원 2023다249876 판결의 사실인정부분 등을 정리한다. 원고는 2001. 8. 6. 한국토지공사(이후 한국토지공사와 대한주택공사가 합병하여 피고가 설립됨. 이하 ‘피고’)로부터 이 사건 토지를 매수하였고(이하 ‘이 사건 매매계약’), 2001. 11. 12.까지 피고에게 매매대금을 모두 지급하였다. 원고는 2001. 8. 11. 피고로부터 이 사건 토지의 사용을 승낙받아 그 지상에 이 사건 공장을 건축하였다.

이 사건 토지에 대한 토지대장은 2002. 5. 9. 작성되었고, 2002. 5. 14. 피고 명의 소유권보존등기가 마쳐졌다. 원고는 그 무렵부터 이 사건 토지에 대한 소유권이전등기를 마칠 수 있었다. 원고가 이 사건 토지의 매수가격을 훨씬 넘는 부가가치세 등을 체납하자, 국가는 2002. 7. 22. 이 사건 공장을 압류하였고, 2002. 10. 9. 원고의 피고에 대한 이 사건 토지에 관한 소유권이전등기청구권을 압류하였다. 소외인은 2003. 2. 12. 이 사건 공장에 관한 공매절차에서 이를 매수하여 2003. 2. 19. 소유권이전등기를 마쳤다.

원고는 2008. 12. 1. 상법 제520조의2 제1항에 따라 해산 간주되고, 2011. 12. 1. 같은 조 제4항에 따라 청산종결 간주되어 2011. 12. 6. 원고에 대한 법인등기부가 폐쇄되었다.

원심은 위와 같은 사실인정을 기초로, 이 사건 토지에 건축된 이 사건 공장에 대한 공매가 위 토지에 대한 원고의 권리행사라고 보기 어렵고, 원고가 2003. 2. 19. 공매로 이 사건 공장의 소유권을 상실함으로써 그 대지인 이 사건 토지의 점유를 상실하였으므로, 그 때부터 이 사건 소유권이전등기청구권에 관한 상사소멸시효가 진행한다고 판단하였다. 나아가 공매가 매매와 다르지 않다는 것을 전제로 이 사건 공장의 소유권이 공매를 통하여 소외인에게 이전됨과 동시에 이 사건 토지의 점유도 위 공장의 소유자인 소외인에게 승계되었으므로 이 사건 소유권이전등기청구권의 소멸시효가 진행하지 않는다는 원고의 주장을 배척하였다. 원심의 위와 같은 판단은 앞서 본 법리에 기초한 것으로서 정당하다.

제 8 장 부동산 증여

1. 타인소유 부동산에 대한 증여 가능성

타인소유의 부동산에 대한 증여가 가능한가? 증여는 채권계약이고 증여자가 재산급여의 의무를 부담할 뿐이기 때문에 자기소유의 부동산이 아닌 타인소유의 부동산이라도 증여의 목적으로 할 수 있다. 따라서 타인소유 부동산에 대한 증여도 가능하다.

그렇다면 타인소유의 부동산을 증여하기로 약정하였는데, 증여자가 증여대상 부동산에 대한 소유권이전등기의무를 이행하지 않을 경우에 수증자가 증여자를 상대로 소유권이전등기청구의 절차이행의 소를 제기할 수 있는가? 가능하다.

증여자가 증여를 약정한 증여대상 부동산은 증여자 소유의 부동산이 아닌 제3자 소유의 부동산이므로 증여자가 이행불능을 주장하면 이행불능에 의한 손해배상책임만이 문제될 여지가 있는 것이고, 증여자의 소유권이전등기의무가 이행불능이 되는 것은 아닌가? 그렇지 않다.

즉 대법원 2016다200729 판결에 의하면 "채무의 이행불능이란 단순히 절대적 · 물리적으로 불능인 경우가 아니라, 사회생활의 경험법칙 또는 거래상의 관념에 비추어 채권자가 채무자의 이행 실현을 기대할 수 없는 경우를 말한다. 이와 같이 사회통념상 이행불능이라고 보기 위해서는 이행의 실현을 기대할 수 없는 객관적 사정이 충분히 인정되어야 하고, 특히 계약은 어디까지나 내용대로 지켜져야 하는 것이 원칙이므로, 채권자가 굳이 채무의 본래 내용대로의 이행을 구하고 있는 경우에는 쉽사리 채무의 이행이 불능으로 되었다고 보아서는 아니 된다."는 취지이다.

또한 위 대법원 2016다200729 판결에 의하면 "민법이 타인의 권리의 매매를 인정하고 있는 것처럼 타인의 권리의 증여도 가능하며, 이 경우 채무자는 권리를 취득하여 채권자에게 이전하여야 하고, 이 같은 사정은 계약 당시부터 예정되어 있으므로, 매매나 증여의 대상인 권리가 타인에게 귀속되어 있다는 이유만으로 채무자의 계약에 따른 이행이 불능이라고 할 수는 없다. 이러한 경우 채무 이행이 확정적으로 불능으로 되었는지는 계약의 체결에 이르게 된 경위와 경과, 채무자와 권리를 보유하고 있는 제3자와의 관계, 채무자가 권리를 취득하는 것이 불가능하다고 단정할 수 있는지 여부, 채무의 이행을 가로막는 법령상 제한의 유무, 채권자가 채무의 이행이 불투명한 상황에서 계약에서 벗어나고자 하는지 아니면 채무의 본래 내용대로의 이행을 구하고 있는지 여부 등의 여러 사정을 종합적으로 고려하여 신중히 판단하여야 한다."라는 취지이다.

따라서 타인소유의 부동산에 대한 증여를 약속한 증여자가 수증자에게 증여대상 부동산의 소유권이전을 게을리 하고 있는 경우에 제3자가 증여대상 부동산의 소유권을 보유하고 있는 문제로 인하여 채권자인 수증자가 채무자인 증여자를 상대로 이행불능에 의한 손해배상을 청구하는 것이 아니라 굳이 채무의 본래 내용대로의 소유권이전등기절차 이행을 구하고 있는 경우에는 쉽사리 채무의 이행이 불능으로 되었다고 단정할 것이 아니라 증여 약속에 대한 이행이 확정적으로 불능이 된 것인지 등 여러 요소를 고려하여 종합적으로 판단해야 한다.

그렇다면 수증자의 증여자에 대한 소유권이전등기청구가 승소할 가능성이 있는 사안이라고 가정할 때에 그 승소판결의 확정에도 불구하고 법원 예상과 달리 증여자가 제3자로부터 증여대상 부동산을 취득하여 수증자에게 소유권이전등기를 하여 주지 않으면 그 판결은 아무런 효력도 없는 것이 아닌가? 그럴 가능성이 있다.

따라서 제3자 소유 부동산에 대하여 증여를 원인으로 소유권이전등기를 구하는 경우가 많지는 않을 것이고, 설사 그러한 청구가 가능하더라도 수증자는 증여자를 상대로 주위적으로 증여대상 부동산에 대한 소유권이전등기청구를 구하고, 예비적으로 이행불능에 따른 손해배상청구를 구하는 것이 합리적으로 해석된다(필자의 개인의견).

다만 위 대법원 2016다200729 판결은 제3자 소유의 증여대상 부동산을 수증자가 증여자에게 소유권이전등기청구한 사안(이행불능에 의한 손해배상청구는 하지 않은 사례임)인데, 수증자의 청구를 인용한 보기 드문 판결로 해석된다(1심은 수증자인 원고 승소, 2심은 수증자인 원고 패소, 대법원은 수증자인 원고승소 취지로 원심파기 · 환송).

위 대법원 판결이 제3자 소유의 증여대상 부동산에 대한 수증자의 증여자에 대한 소유권이전등기청구를 인용한 이유는 무엇일까?

수증자인 원고는 기부채납을 약속받은 경상남도 의령군이었고, 피고는 재단법인 ○○교육재단이었는바, 증여대상 부동산의 소유자인 제3자는 피고의 대표이사도 역임한 인물이었으며 수증자와 증여자는 협약을 통해 증여자가 장학사업 등을 목적으로 하는 공익법인 업무 등을 어려움 없이 진행할 수 있도록 수증자가 각종 인허가 문제를 해결함에 대하여 협조하고, 증여 대상 부동산을 증여자가 제3자로부터 취득하여 수증자에게 이전할 것을 약정한 사안이다(수증자와 증여자가 교육관광시설 구축을 통해 지역경제 활성화를 목적으로 하는 공동시행자로 약정).

수증자인 의령군의 증여대상 부동산에 대한 소유권이전등기청구가 승소할 경우에 승소판결에 따른 소유권이전등기 가능성이 일반 개인보다는 사실상 높을 수밖에 없다는 사실 등 해당사안의 구체적 사정이 고려된 것으로 이해된다(필자의 개인의견).

참고로 대법원 92다4031 판결 등에 의하면 '기부채납'은 기부자가 그의 소유 재산을 지방자치단체의 공유재산으로 증여하는 의사표시를 하고 지방자치단체는 이를 승낙하는 채납의 의사표시를 함으로써 성립하는 증여계약이라는 취지이다.

구체적인 이해를 위해 위 대법원 2016다200729 판결의 사건 개요를 정리한다.

피고는 장학사업 등을 목적으로 하는 공익법인으로서 2011. 8. 17. 원고와 사이에 의령교육관광시설 구축사업(이하 '이 사건 사업')을 시행하기 위한 이 사건 협약을 체결하였다.

이 사건 협약에 의하면 원고는 이 사건 사업을 위한 부지의 용도 변경 등에 협조하고, 피고는 사업부지를 매입·확보하며, 피고는 이 사건 사업이 완료된 때에 조성된 시설 및 건축물을 피고에게 무상으로 기부채납하기로 하였다.

경상남도지사는 2011. 11. 10.경 이 사건 사업 부지인 이 사건 각 토지를 농림지역에서 계획관리지역으로 변경하는 의령군 관리계획을 결정·고시하였다.

피고의 이사인 소외 1은 2012. 3. 2. 본래 자신의 소유였던 이 사건 각 토지 중 2필지 외에 나머지 2필지에 관하여도 소유권이전등기를 마친 다음, 그 무렵 이 사건 각 토지 지상에 문화 및 집회시설 건축신고를 하였고, 그에 따라 이 사건 건물들을 신축하여 2015. 1. 19. 자신 앞으로 소유권보존등기를 마친 사실 등을 인정하였다. 증여 대상 토지의 소유자인 소외 1이 이 사건 각 토지 및 건물들을 피고에게 매각하거나 기부할 의사가 없는 것으로 보인다.

그러나 소외 1은 피고의 설립자인 소외 2의 장남으로서 2009. 9. 22.경부터 피고의 이사였다. 소외 1은 이미 이 사건 협약이 체결되기 전부터 이 사건 각 토지 중 자신의 소유였던 2필지 지상에 소외 2의 생가를 복원하려는 시도를 하였었고, 2011년 5월경에는 원고로부터 생가 복원에 필요한 허가를 받지 못하여 실패한 적도 있었다.

당시 소외 1이 시도하였던 규모로 소외 2의 생가를 복원하려면 이 사건 각 토지의 용도지역을 농림지역에서 계획관리지역으로 변경하는 것이 필요하였는데, 이 사건 협약은 이러한 배경에서 체결되었다. 이 사건 협약의 첫머리에는 이 사건 사업이 피고가 제안한 것이라고 명시되어 있다.

이 사건 협약은 피고가 소외 1로부터 이 사건 사업 부지를 매입·확보할 것을 예정하고 있다. 당시 이 사건 사업부지 중 상당 부분은 소외 1이 소유하고 있었는데, 피고가 소외 1로부터 이를 취득할 수 없다면 이 사건 협약은 아무런 의미를 가질 수 없는 상황이었다.

또한 소외 1로부터의 토지 취득이 불가능한 상황이었다면 피고가 위와 같이 용도지역이 변경되도록 하는 등으로 이 사건 협약상의 의무를 이행할 이유도 없었을 것으로 보인다.

더욱이 소외 1은 이 사건 협약 당시인 2011. 8. 17.경은 물론 이후 2014. 9. 12.경까지도 피고의 이사였고, 위와 같이 2필지의 토지를 취득하고 건축신고를 할 당시에는 피고의 대표권 있는 이사이기도 하였다.

피고는 이 사건 협약에 따라 소외 1로부터 이 사건 각 토지 및 건물들을 취득하여 이를 원고에게 이전해 주어야 할 의무가 있는 자이다. 그런데 원고로부터는 이 사건 각 토지의 용도변경 등 이 사건 협약에 따른 이행을 모두 받았음에도 불구하고, 소외 1을 상대로 소유권이전을 요구하는 등 정작 피고 자신의 의무이행을 적극적으로 시도하였다는 사정은 기록상 나타나지 않는다.

원심이 거론하고 있는 을 제1호증(부동산 기부 관련 질의 회신)은 서울특별시교육감이 '공익법인이 목적사업 외의 사업을 영위하는 것은 원칙적으로 허용되지 아니 한다'는 등의 원론적인 입장을 밝힌 것에 불과하여, 이를 근거로 피고가 이 사건 사업을 위하여 이 사건 각 토지 및 건물들을 소외 1로부터 취득하여 원고에게 기부채납하는 것이 공익법인의 설립·운영에 관한 법률 및 그 시행령의 규정상 불가능한 것이라고 단정하기는 어렵다.

2. 부동산 증여계약에 따라 이미 이행한 부분을 돌려받을 수 있는지

부동산에 대한 증여계약을 체결하였다. 증여계약에 따라 증여자가 수증자에게 증여 부동산을 인도를 하였으나, 소유권이전등기는 하지 않은 상태이다.

이러한 상황에서 ① 증여자의 증여의사가 서면으로 표시되지 않았거나(민법 제555조), ② 수증자의 증여자에 대한 망은행위가 있는 경우(단 이 경우는 망은행위를 증여자가 안날부터 6개월의 해제기간 준수)이거나(민법 제556조), ③ 증여계약 후 증여자의 재산상태가 현저히 악화되고 증여의 이행으로 생계에 중대영향을 미칠 경우(민법 제557조)에 증여자는 수증자를 향하여 증여계약을 해제한 후에 원상회복 취지로 증여부동산의 인도를 청구할 수 있다.

그렇다면 증여계약에 따라 증여자가 수증자에게 증여부동산에 대한 소유권이전등기를 경료해준 경우에는 어떠한가? 이러한 경우에도 위 ①, ②, ③의 상황이라면 증여계약해제를 한 후에 부동산을 돌려받을 수 있는가?

이러한 경우에는 증여자가 수증자를 향하여 증여계약의 해제의 의사표시를 하더라도 소유권이전등기의 말소를 통해 증여부동산을 돌려받을 수는 없다.

민법 제558조는 "전3조의 규정에 의한 계약의 해제는 이미 이행한 부분에 대하여는 영향을 미치지 아니한다."고 규정하고 있기 때문이다. 관련조문은 아래 <표>와 같다.

〈표〉

> **제555조(서면에 의하지 아니한 증여와 해제)** 증여의 의사가 서면으로 표시되지 아니한 경우에는 각 당사자는 이를 해제할 수 있다.
> **제556조(수증자의 행위와 증여의 해제)** ① 수증자가 증여자에 대하여 다음 각호의 사유가 있는 때에는 증여자는 그 증여를 해제할 수 있다.
> 1. 증여자 또는 그 배우자나 직계혈족에 대한 범죄행위가 있는 때
> 2. 증여자에 대하여 부양의무 있는 경우에 이를 이행하지 아니하는 때
>
> ② 전항의 해제권은 해제원인 있음을 안 날로부터 6월을 경과하거나 증여자가 수증자에 대하여 용서의 의사를 표시한 때에는 소멸한다.
> **제557조(증여자의 재산상태변경과 증여의 해제)** 증여계약 후에 증여자의 재산상태가 현저히 변경되고 그 이행으로 인하여 생계에 중대한 영향을 미칠 경우에는 증여자는 증여를 해제할 수 있다.
> **제558조(해제와 이행완료부분)** 전3조의 규정에 의한 계약의 해제는 이미 이행한 부분에 대하여는 영향을 미치지 아니한다.

결국 민법 제558조에 따라 "이미 이행한 부분"으로 판단되면 증여자는 수증자를 향하여 계약해제의 의사를 표시하더라도 증여 부동산을 되찾아 오지 못한다는 것을 명심하자.

그렇다면 민법 제558조에 따른 "이미 이행한 부분"의 구체적 의미는 무엇인가? 부동산 증여에 한정하자면 부동산을 증여자가 수증자에게 인도하는 것으로는 부족하고 소유권이전등기가 경료 되어야 한다.

즉 대법원 77다834 판결에 의하면 "물권변동에 관하여 형식주의를 채택하고 있는 현행 민법의 해석으로서는 부동산 증여에 있어서 이행이 되었다고 함은 그 부동산의 인도만으로써는 부족하고 이에 대한 소유권이전등기절차까지 마친 것을 의미한다."라는 취지이다.

또한 대법원 81다649 판결에 의하면 "부동산의 증여에 있어서는 목적부동산을 인도받지 아니하여도 그에 대한 소유권이전등기절차를 마침으로써 그 이행이 종료되어 수증자는 그로써 확정적으로 그 소유권을 취득한다."는 취지이다.

그렇다면 반드시 소유권이전등기가 완료되어야 민법 제558조의 "이미 이행한 부분"으로 볼 것인가? 그렇지는 않다. 판례는 "이미 이행한 부분"의 범위를 넓게 인정하고 있다.

즉 대법원 2001다29643 판결에 의하면 "증여의 의사가 서면으로 표시되지 아니한 경우라도 증여자가 생전에 부동산을 증여하고 그의 뜻에 따라 그 소유권이전등기에 필요한 서류를 제공하였다면 증여자가 사망한 후에 그 등기가 경료되었다고 하더라도 증여자의 의사에 따른 증여의 이행으로서의 소유권이전등기가 경료되었다 할 것이므로 증여는 이미 이행되었다 할 것이어서 증여자의 상속인이 서면에 의하지 아니한 증여라는 이유로 증여계약을 해제하였다 하더라도 이에 아무런 영향이 없다."라는 취지이다.

또한 대법원 98다22543 판결에 의하면 "증여자가 서면에 의하지 않고 소유권이전등기가

경료되지 않은 매수 토지를 증여하였으나 위 토지에 관한 소유권이전등기청구권을 수증자에게 양도하고 매도인에게 양도통지까지 마친 경우에는, 그 이후 증여자의 상속인들에 의한 서면에 의하지 아니한 증여라는 이유의 해제는 이에 아무런 영향을 끼치지 않는다."라는 취지이다(이와 관련하여 증여자의 상속인도 서면에 의하지 않은 증여임을 이유로 증여계약을 해제할 수 있다는 취지의 판결로는 대법원 95다54006 판결 참고).

그렇다면 부동산 증여자의 증여의사에 따라 수증자에게 증여부동산에 대한 소유권이전등기까지 경료 된 경우에 증여자가 증여부동산을 수증자로부터 되찾아 올 방법은 전혀 없는 것인가?

해당 증여가 부담부 증여라면 쌍무계약이 준용됨으로 인하여 수증자가 부담을 불이행 하였을 경우에 계약해제가 가능하고 결과적으로 증여부동산을 되찾아 올 여지가 있다.

즉 대법원 97다2177 판결에 의하면 "상대부담 있는 증여에 대하여는 민법 제561조에 의하여 쌍무계약에 관한 규정이 준용되어 부담의무 있는 상대방이 자신의 의무를 이행하지 아니할 때에는 비록 증여계약이 이미 이행되어 있다 하더라도 증여자는 계약을 해제할 수 있고, 그 경우 민법 제555조와 제558조는 적용되지 아니한다."라는 취지이다.

부담부 증여계약이 서면에 의하지 않고 성사된 사안인데 증여자의 증여이행이 완료되지 않았지만 수증자가 부담의 이행을 완료하였다. 예를 들어 증여자가 수증자에게 증여부동산을 인도하였을 뿐이고, 증여부동산에 대한 소유권이전등기를 경료해 주지는 않았다. 따라서 증여부동산의 인도만으로는 민법 제558조에 따라 "이미 이행"하였다고 볼 수는 없다.

그렇다면 증여자가 서면에 의하지 않고 성사된 계약임을 이유로 민법 제555조에 따라 증여계약을 해제(철회)하면서 증여부동산의 인도를 청구할 수 있는가?

증여자가 증여부동산의 인도를 청구할 경우에 부담을 이미 이행한 수증자는 증여자에게 증여부동산의 소유권이전등기를 요구할 것이다. 이러한 경우에는 민법 제555조에 따른 증여자의 해제(철회)를 인정할 수 없다는 것이 대법원의 입장이다.

즉, 대법원 2021다299976, 299983 판결에 의하면 "부담부 증여계약에서 증여자의 증여이행이 완료되지 않았더라도 수증자가 부담의 이행을 완료한 경우에는, 그러한 부담이 의례적·명목적인 것에 그치거나 그 이행에 특별한 노력과 비용이 필요하지 않는 등 실질적으로는 부담 없는 증여가 이루어지는 것과 마찬가지라고 볼 만한 특별한 사정이 없는 한, 각 당사자가 서면에 의하지 않은 증여임을 이유로 증여계약의 전부 또는 일부를 해제할 수는 없다."라는 취지이다(증여자의 토지 인도 및 그 지상 건물 철거의 본소 청구를 기각하고 수증자의 증여를 원인으로 한 소유권이전등기의 예비적 반소청구 인용한 사례).

대법원이 위와 같은 결론에 도달한 이유를 정리하면 다음과 같다.

① 부담부 증여계약이 체결된 경우 민법 제561조에 따라 쌍무계약에 관한 규정이 준용되고, 민법 제559조 제2항에 따라 증여자는 그 부담의 한도에서 매도인과 같은 담보책임을

진다. 이처럼 민법에서는 부담부 증여에 부담 없는 증여와 구별되는 성격이 있음을 고려하여 계약의 이행과 소멸 과정에서 증여자와 수증자의 공평을 특별히 도모하고 있다.

② 민법 제558조는 제555조에 따라 증여계약을 해제하더라도 이미 이행한 부분에 대해서는 영향을 미치지 못한다고 정하고, 부담부 증여에서는 이미 이행한 부담 역시 제558조에서의 '이미 이행한 부분'에 포함된다. 따라서 수증자가 부담의 이행을 완료하였음에도 증여자가 증여를 이행하지 않은 상태에서 민법 제555조에 따라 부담부 증여계약을 자유롭게 해제할 수 있다고 본다면, 증여자가 아무런 노력 없이 수증자의 부담 이행에 따른 이익을 그대로 보유하는 부당한 결과가 발생할 수 있다.

③ 민법 제555조에서 말하는 해제는 일종의 특수한 '철회'로서 민법 제543조 이하에서 규정한 본래 의미의 해제와는 다르고, 그 사유가 증여계약 체결 당시 이미 존재했다는 측면에서 수증자의 망은행위 등을 이유로 한 민법 제556조에 따른 해제, 증여자의 재산상태변경을 이유로 한 민법 제557조에 따른 해제와도 다르다. 따라서 부담부 증여에서 수증자의 채무불이행이나 각 당사자의 사정변경이 없고 오히려 수증자가 증여자의 증여 의사를 신뢰하여 계약 본지에 따른 부담 이행을 완료한 상태임에도 증여자가 민법 제555조에 따른 특수한 '철회'를 통해 손쉽게 계약의 구속력에서 벗어나게 할 경우 법적 안정성을 해치게 된다.

④ 민법 제555조에서 서면에 의하지 아니한 증여를 해제할 수 있도록 정한 것은 증여자가 경솔하게 증여하는 것을 방지함과 동시에 증여자의 의사를 명확하게 하여 후일에 분쟁이 생기는 것을 피하려는 데 있다. 그러나 부담부 증여의 경우 부담 없는 증여와 달리 증여자의 재산의 수여뿐만 아니라 수증자의 부담 이행까지 의사표시의 내용이 되므로 증여자가 경솔하게 증여하거나 증여 의사가 불분명할 가능성이 많지 않다. 수증자가 부담의 이행을 완료한 상황이라면 더욱 그러하다.

참고로 대법원 2003다1755 판결에 의하면 "민법 제555조에서 말하는 해제는 일종의 특수한 철회일 뿐 민법 제543조 이하에서 규정한 본래 의미의 해제와는 다르다고 할 것이어서 형성권의 제척기간의 적용을 받지 않는다고 할 것이다. 따라서 민법 제555조 소정의 해제권은 형성권으로서 10년의 제척기간이 적용됨을 전제로 판시 증여계약이 성립된 때로부터 10년이 경과한 후에 이루어진 피고의 증여계약 해제의사표시는 효력이 없다는 원고들의 주장을 배척한 원심의 판단은 정당"하다는 취지이다.

제 9 장 건설 도급

1. 도급계약서에 계약당사자 일부를 '외 ○인'로 적시한 때에 계약당사자 확정방법

건설과 관련된 도급계약을 체결할 때에 도급인이 도급인 란에 "피고 16 외 16인"으로 기재하였고 그 옆에 피고 16의 인영만 있을 뿐이며 위 "외 16인"의 이름이나 인영이 없었다. 이러한 경우에 당사자 확정과 관련하여 "피고 16"만이 도급인이 되는가? 아니면 "피고 16외 16인"이 도급인이 되는가? 대법원 2022다247422 판결에 의하면 "피고 16"만이 도급인이 될 수 있다는 취지이다.

즉 위 대법원 판결에 의하면 "실제 계약을 체결한 행위자가 자신의 이름은 특정하여 기재하되 불특정인을 추가하는 방식으로 계약서상 당사자를 표시한 경우(즉, 실제 계약체결자의 이름에 '외 ○인'을 부가하는 형태), 계약서 자체에서 당사자로 특정할 수 있거나 상대방의 입장에서도 특정할 수 있는 특별한 사정이 인정될 수 있는 당사자만 계약당사자 지위를 인정할 수 있다. 계약당사자가 되면 계약으로 발생하는 권리·의무의 주체가 될 수 있다는 점에서 당사자 사이의 법률관계에 중대한 영향을 초래하는 것이고, 때로는 강행규정 등 법률상 제한규정의 적용을 잠탈하려는 탈법적 의도에 따른 법률효과가 부여될 수도 있음을 고려하여, 위 특별한 사정의 인정 여부는 신중하게 판단하여야 한다."는 취지이다.

그렇다면 위 사례에서 "외 16인"이 건축법상 건축주가 된 경우에는 어떠한가? 위 대법원 판결의 원심[광주고등법원 (전주) 2021나10574 판결]은 나머지 피고들인 "외 16인"이 건축법상 건축주가 됨으로써 도급계약의 도급인으로서 책임까지 부담하겠다는 의사로 변경도급계약서 작성 권한을 피고 16에게 위임한 것으로 보아 "외 16인"도 도급인에 해당한다고 보았지만 대법원은 달랐다.

즉 대법원은 위임을 부정하고 도급인을 "피고 16"으로 한정한 것이다. 그 이유는 무엇일까?

위 대법원 판결에 의하면 건축법에 의할 때에 "건축주는 건축물의 건축 등에 관한 공사를 발주하거나 현장 관리인을 두어 스스로 그 공사를 하는 자(제2조 제1항 제12호)로 규정되어 있으므로, 공사시공자에 대한 관계에서 도급인의 지위에 있음을 전제로 하고 있지 않고, 건축법에 건축주로 하여금 공사시공자에게 공사대금을 지급하도록 하는 규정도 없으며 신축 중인 집합건물의 일부 전유부분 수분양자가 전유부분에 관한 소유권보존등기를 하기 위하여 자신을 건축물 전체에 관한 공동건축주로 추가하는 건축관계자 변경신고를 하기도 한다."는 것을 전제로 건축법상 건축주가 되었다고 하여 위 "외 16인"이 도급인이 되었다고 볼 수 없다는 취지이다.

즉 "건축법 규정과 건축관계자 변경신고의 실태 등에 비추어 보면, 나머지 피고들('외 16인')이 각자 분양받은 전유부분에 관한 소유권보존등기 목적으로 건축법상 건축주가 된다고 해서 도급계약의 도급인으로서 수급인에 대하여 공사대금 지급의무까지 부담하겠다는 의사를 인정할 수 없다."는 것이다.

도급계약서뿐만 아니라 부동산에 대한 일반적인 임대차계약서 내지 매매계약서에서도 임대인을 "홍길동 외 3인"으로 적시하거나 매수인을 "홍길동 외 3인"으로 적시하는 경우를 적지 않게 볼 수 있는데(부동산 매수에 있어 투자자로서의 매수인 변경 가능성이 있는 경우에 "외 ○인"의 형태를 볼 수 있음), 위 판례는 이러한 사안에서 하나의 지침이 될 수 있다고 해석된다.

위 대법원 2022다247422 판결의 사건 개요를 정리하면 다음과 같다.

피고 16, 피고 8, 피고 17은 2016년 건물 신축·분양 사업을 하려고 토지를 1/3 지분씩 매수한 공유자들이다. 원고는 2017. 4.경 위 피고들로부터 위 피고들이 공유하는 토지 지상에 근린생활시설인 이 사건 건물을 신축하는 공사를 대금 68억 8,600만원(부가가치세 포함)으로 정하여 도급받아 그 무렵 공사를 시작하였다.

원고와 피고 16은 2017. 12.경 도급인을 피고 16으로만 하는 도급계약서를 작성하였는데, 작성일자가 2017. 4.경으로 소급하여 기재된 도급계약서가 피고 16의 이 사건 공사 기성금 대출 신청 당시 금융기관에 제출되었고, 작성일자가 2017. 12.경으로 기재된 도급계약서는 이 사건 건물 건축주를 위 피고들 3인에서 '피고 16'만으로 변경하는 건축관계자 변경신고 당시 행정관청에 제출되었다.

피고 16은 이 사건 건물 완공 무렵인 2018. 7.경 나머지 피고들에게 이 사건 건물의 전유부분 일부를 매도하는 각 분양계약을 체결하였다. 원고와 피고 16은 2018. 7.경 변경도급계약서(작성일자를 2018. 5. 1.로 소급하여 기재)를 작성하였는데, 위 변경도급계약서에는 도급인이 "피고 16 외 16인"으로 기재되어 있고 그 옆에 피고 16의 인영만 있을 뿐이며 위 16인의 이름이나 인영이 없다.

위와 같이 작성된 변경도급계약서 사본이 2018. 7.경 이 사건 건물 건축주를 '피고 16'에서 '피고들' 전부로 변경하는 내용의 건축관계자 변경신고 당시 제출되었다. 그 뒤 이 사건 건물에 대한 사용승인이 이루어졌으며, 2018. 8.경 나머지 피고들이 분양받은 전유부분에 관하여는 그들 명의의 각 소유권보존등기가 마쳐졌다.

원고가 2018. 7.경 작성된 변경도급계약서에 근거하여 피고들 모두 공동 도급인이라고 주장하는 이 사건에서, 원심은 피고 16이 나머지 피고들의 위임을 받아 나머지 피고들을 대리하여 원고와 변경도급계약을 체결함으로써 나머지 피고들도 변경도급계약의 공동 도급인이 되었다고 판단하고, 나머지 피고들에 대하여도 피고 16과 공동하여 미지급 공사대금의 지급을 명하였다.

그러나 대법원은 피고 16만이 도급인이라는 취지로 원심을 파기·환송한 것이다.

민법 제547조 제1항에 의하면 "당사자의 일방 또는 쌍방이 수인인 경우에는 계약의 해지나 해제는 그 전원으로부터 또는 전원에 대하여 하여야 한다."라고 규정하여 '해지, 해제권의 불가분성'을 규정하고 있는바, 계약당사자를 '외 ○인' 등으로 적시할 때에 적지 않은 문제가 발생한다.

이와 관련하여 수원지방법원 2023가단555300 판결에 의하면 "당사자의 일방 또는 쌍방이 수인인 경우에는 계약의 해지나 해제는 그 전원으로부터 또는 전원에 대하여 하여야 한다(민법 제547조 제1항). 피고 입장에서 이 사건 매매계약서 자체로 '외 3인'에 해당하는 원고 B, C, D를 특정하는 것이 상당히 곤란하다는 사정은 위에서 본 바와 같다. 원고 B, C, D를 이 사건 매매계약의 당사자로 본다면, 피고로서는 특정하기 어려운 그들 모두를 상대로 계약해제의 의사표시를 하여야 하고, 이는 피고의 법정해제권과 약정해제권(민법 제547조 제1항은 임의규정이나 약정해제권의 경우에도 적용된다)을 부당하게 제한하는 결과가 된다."라고 판시한 사실이 있다.

참고로 대법원 2007다76603 판결에 의하면 "실제 매매계약을 체결한 행위자가 자신의 이름은 특정하여 기재하되 불특정인을 추가하는 방식으로 매매계약서상의 매수인을 표시한 경우(즉, 실제 계약체결자의 이름에 '외 ○인'을 부가하는 형태)에 있어서는, 비록 실제 계약을 체결한 행위자가 당시 계약금 마련 과정에서 일부 자금을 출연한 사람이나 장래 중도금 및 잔금의 지급과정에서 예상되는 제3자의 투자자 등을 '외 ○인'에 해당하는 공동매수인으로 추가시키려는 내심의 의사를 가지고 있었다고 하더라도, 계약체결시나 그 이후 합의해제 시점까지 매도인에게 '외 ○인'에 해당하는 매수인 명의를 특정하여 고지한 바가 없고 매도인의 입장에서 이를 특정 내지 확정할 수 있는 다른 객관적 사정도 존재하지 않는다면, 그러한 계약의 매수인 지위는 매도인과 명확하게 의사합치가 이루어진 부분으로서 실제 계약을 체결한 행위자에게만 인정된다고 보아야 할 것이다."라는 취지이다.

결국, 계약당사자를 명확히 특정하여 기재하는 것이 바람직할 것인바, 그럼에도 불구하고 '외 ○인'과 같은 표현을 사용할 경우에는 계약서에 추가 문서를 첨부하여 해당 당사자들을 특정하여 모든 당사자의 서명·날인을 받는 등의 방법으로 계약당사자를 명확히 하는 것이 추후 분쟁을 예방하는 데 도움이 될 것이다.

2. 지방계약법상 부당한 특약 등 무효법리는 단독행위에도 적용

지방계약법(지방자치단체를 당사자로 하는 계약에 관한 법률) 제6조 제3항은 "지방자치단체의 장 또는 계약담당자는 계약을 체결할 때 이 법 및 관계 법령에 규정된 계약상대자의 계약상 이익을 부당하게 제한하는 특약이나 조건(이하 '부당한 특약 등')을 정하여서는 아니 되고, 부당한 특약 등은 무효로 한다(신설 2023. 4. 11)."라고 규정하고 있다.

그렇다면 지방자치단체의 계약상대자가 계약체결 이후에 계약금액 조정신청을 포기하는 경우처럼 계약상 이익이 부당하게 제한되는 단독행위 내지 의사표시를 한 경우에는 어떠한가? 이러한 경우에도 무효가 된다는 것이 대법원 2022다286212 판결의 취지이다.

그 이유는 무엇일까? 위 대법원 2022다286212 판결을 확인해 보자. 지방계약법(2023. 4. 11. 법률 제19332호로 개정되기 전의 것) 제6조 제1항은 "계약은 상호 대등한 입장에서 당사자의 합의에 따라 체결되어야 하고, 당사자는 계약의 내용을 신의성실의 원칙에 따라 이행하여야 하며, 지방자치단체의 장 또는 계약담당자는 이 법 및 관계 법령에 규정된 계약상대자의 계약상 이익을 부당하게 제한하는 특약이나 조건을 정하여서는 아니 된다."고 규정하고 있다.

이러한 규정의 취지는 지방자치단체가 계약의 적정한 이행을 위하여 계약상대방과의 계약에 근거하여 계약특수조건 등을 부가하는 것이 금지되거나 제한되지 않지만 지방계약법 제6조 제1항에 따라 계약상대방의 계약상 이익을 부당하게 제한하는 특약은 효력이 없다는 것이다(대법원 2014두11328 판결 등).

그런데 이러한 법리는 계약체결 이후의 계약금액 조정신청 포기처럼 계약상대방의 계약상 이익이 부당하게 제한되는 단독행위 내지 의사표시의 경우에도 마찬가지로 적용된다는 것이다.

위 대법원 2022다286212 판결의 개요 등을 정리한다. 지방자치단체인 피고(인천광역시)는 2017. 10.경 제1심 공동피고 주식회사 하늘도시건설(이하 '하늘도시건설')에 ○○○초등학교 신축공사(이하 '이 사건 공사')를 도급주었다.

피고는 이 사건 공사현장의 폐기물 예상 수량을 산출한 다음, 2018. 2.경 원고 및 주식회사 순환골재협회(이하 '순환골재협회')에 건설폐기물 처리용역을 도급주었다(이하 '이 사건 용역계약').

이 사건 용역계약은 용역계약일반조건을 계약의 일부로 삼고 있고, 용역계약일반조건은 용역계약특수조건이 계약상대자의 계약상 이익을 부당하게 제한하는 경우 지방계약법 제6조에 따라 그 내용은 효력이 인정되지 아니한다고 규정하는 한편, 과업내용의 변경과 계약금액의 조정에 관한 규정도 두고 있다. 그런데 이 사건 공사현장에서는 피고가 산출한 예상 물량의 1.5배 이상의 폐기물이 배출되었다.

원고 및 순환골재협회는 이 사건 공사 준공 무렵인 2019. 1.경 피고에게 초과물량에 대한 비용을 청구하지 않겠다는 내용의 정산동의서와 포기각서를 작성·교부하였고, 이후 준공검사 등이 이루어졌다.

폐기물관리법은 사업장폐기물배출자는 그의 사업장에서 발생하는 폐기물을 스스로 처리하거나 위탁하여 처리하여야 하고, 폐기물의 인계·인수에 관한 내용을 전자정보처리프로그램에 입력하도록 규정하고 있다(제18조).

사업장폐기물 중에서도 건설폐기물에 대해서는 「건설폐기물의 재활용촉진에 관한 법률」(이하 '건설폐기물법')에 따라 발주자에게 처리에 필요한 비용을 공사금액에 계상할 의무가 부과된다(제5조).

나아가 건설폐기물법은 지방자치단체가 일정 규모 이상의 건설공사를 발주하려는 경우 건설공사와 건설폐기물 처리용역을 분리하여 발주하여야 하고, 그 경우 적절한 건설폐기물의 처리비용을 반영하여 적격업체를 선정하여야 하며(제15조), 건설폐기물을 배출하는 자는 건설폐기물의 인계·인수에 관한 내용 등을 전자정보처리프로그램에 입력하도록 규정하고 있다(제18조)는 것이다.

따라서 지방자치단체인 피고는 초등학교를 신축하는 사업을 함에 있어 발생하는 건설폐기물을 처리하여야 하였는데, 건설폐기물법 등 관련 법령에 따라 이 사건 공사는 하늘도시건설에 도급을 주면서도, 건설폐기물 처리부분은 원고 등과 이 사건 용역계약을 체결하였고, 용역계약일반조건이 계약 일부로 편입되었다.

결국 원고와 피고 사이의 이 사건 용역계약에 대하여 용역계약일반조건, 지방계약법, 폐기물관리법, 건설폐기물법이 적용된다. 지방계약법 제22조 및 같은 법 시행령 제73조 내지 제75조 등에 의하면 계약체결 후 물가 변동, 설계 변경, 그 밖에 계약내용의 변경으로 인하여 계약금액 조정사유가 발생하면 계약당사자인 원고는 계약금액 조정신청을 할 수 있다.

지방계약법 제6조 제1항에 의하면 피고는 지방계약법 및 관계 법령에 규정된 계약상대자의 계약상 이익을 부당하게 제한하는 특약이나 조건을 정하여서는 아니 되고, 계약체결 이후의 계약금액 조정신청 포기처럼 계약상대방의 계약상 이익이 부당하게 제한되는 단독행위 내지 의사표시의 경우에도 마찬가지이다.

또한 피고는 건설폐기물법에 따라 이 사건 공사 발주자로서 건설폐기물 처리에 필요한 비용을 공사금액에 계상할 법률상 의무가 있다.

원고 등은 이 사건 용역계약체결 후 예상 물량을 초과한 건설폐기물을 처리하고 피고측에 물량 초과 사실을 알렸으나, 피고측은 시공사인 하늘도시건설측에게 협의를 하라고 전가하면서, 위 초과된 건설폐기물 처리비용을 공사비용에 계상하기 위한 별다른 조치를 취하지 아니하였다.

이후 원고는 준공검사 및 기존 대금 수령 등을 위하여 초과 물량에 대한 용역금액청구를 포기한다는 내용의 포기각서를 피고에게 제출하였고, 피고는 초과 물량에 대한 용역대금을 지급하지 아니하였다.

이는 공사발주자로 하여금 폐기물처리업체에게 충분한 처리비용을 지급하도록 함으로써 건설폐기물의 적정한 처리를 기할 목적으로 도입된 건설폐기물 분리발주제의 취지에 반하고, 피고가 건설폐기물법상 발주자로서 건설폐기물 처리에 필요한 비용을 공사금액에 계상할 법률상 의무를 위반한 것이다.

또한 계약상대방인 원고 등은 초과 물량과 관련하여 용역계약일반조건이 정한 과업내용의 변경 등을 이유로 계약금액 조정신청을 할 수 있고, 지방자치단체인 피고로서는 계약상대자인 원고 등의 계약금액 조정신청을 부당하게 제한하는 특약이나 조건을 정할 수 없음은 물론, 계약금액 조정신청에 따른 절차 진행을 거부하겠다는 취지의 의사를 드러내는 등으로 원고 등이 계약금액 조정신청을 포기하도록 하여서는 아니 된다.

그럼에도 피고측은 원고측의 물량 초과 통지에 대하여 시공사와 협의하라고만 하였고, 이후 원고 등은 포기각서를 작성하여 계약금액 조정신청을 포기하는 등 불리한 의사표시를 하였다. 이로 인해 예상 물량 초과로 인한 부담이 상당한 이유 없이 원고 등에게 전가되거나, 원고 등의 초과 물량 처리에 따른 권리 행사가 부당하게 제한되었다.

이러한 사정을 종합하면, 원고 등이 포기각서를 작성·교부한 것은 지방계약법 제6조 제1항에 반하여 계약상 이익을 부당하게 제한하는 불리한 의사표시를 한 것으로서 그 효력을 인정할 수 없다.

결국 피고는 건설폐기물 처리에 필요한 비용을 공사금액에 계상하지 않음으로써 건설폐기물법이 정한 공사금액 계상의무를 위반하였고 그와 같은 피고의 일련의 행위로 인해 원고 등의 권리가 제한되었으므로 피고는 원고 등이 입은 손해를 배상할 책임이 있다는 것이다.

3. 완성된 건물의 하자가 도급인의 지시에 의한 것이라도 하자담보책임 가능

민법 제667조는 "수급인의 담보책임"이라는 제목 아래에 "① 완성된 목적물 또는 완성 전의 성취된 부분에 하자가 있는 때에는 도급인은 수급인에 대하여 상당한 기간을 정하여 그 하자의 보수를 청구할 수 있다. 그러나 하자가 중요하지 아니한 경우에 그 보수에 과다한 비용을 요할 때에는 그러하지 아니하다. ② 도급인은 하자의 보수에 갈음하여 또는 보수와 함께 손해배상을 청구할 수 있다. ③ 전항의 경우에는 제536조(동시이행의 항변권)의 규정을 준용한다."고 규정하고 있다.

그렇다면 도급계약에 따라 완성된 석축의 하자가 도급인의 지시에 의한 것일 때에도 수급인이 하자담보책임을 부담하는 것인가? 하자담보책임을 부담할 수 있다. 수급인은 공사 전문가이기 때문에 도급인의 지시가 부적당하다면 이를 고지할 의무가 있기 때문이다.

즉 대법원 2014다31691, 31707 판결 이유에 의하면 "수급인인 원고는 토목 및 건축 공사의 전문가로서 이 사건 공동도급업체들의 요구와 상관없이 비탈면 공사를 위한 석축의 안전성, 견고성, 적합성 등을 판단하여야 할 기본적인 의무가 있고, 설령 이 사건 공동도급업체들이 원고에게 이 사건 공사구간에 전석 쌓기 방식의 석축을 시공해 달라고 요구하였다 하더라도, 원고는 이를 그대로 수용하여 계약을 체결할 것이 아니라 그 타당성 여부를 검토하여 A, F 구간의 비탈면 공사에 콘크리트 옹벽 또는 보강토 옹벽이 아닌 전석 쌓기 방식의 석축을 시공하는 것이 부적당하다고 판단되었다면, 피고들에게 알려 이를 바로잡았어야 한다."라는 취지이다.

이와 관련하여 민법 제669조는 "전2조의 규정은 목적물의 하자가 도급인이 제공한 재료의 성질 또는 도급인의 지시에 기인한 때에는 적용하지 아니한다. 그러나 수급인이 그 재료 또는 지시의 부적당함을 알고 도급인에게 고지하지 아니한 때에는 그러하지 아니하다."고 규정하고 있다.

도급계약에서 완성된 목적물에 하자가 있는 경우에 도급인은 수급인에게 그 하자의 보수나 하자의 보수에 갈음한 손해배상을 청구할 수 있다. 이때 하자가 중요한 경우에는 비록 보수에 과다한 비용이 필요하더라도 그 보수에 갈음하는 비용, 즉 실제로 보수에 필요한 비용이 모두 손해배상에 포함된다(대법원 95다30345 판결 등).

그렇다면 완성된 석축에 중대한 하자가 있고 이로 인하여 석축이 무너질 위험이 있어 보수가 불가능하고 다시 건축할 수밖에 없는 경우에는 어떠한가?

위 대법원 2014다31691, 31707 판결에 의하면 이러한 경우에 특별한 사정이 없는 한 석축을 철거하고 다시 건축하는 데 드는 비용 상당액을 하자로 인한 손해배상으로 청구할 수 있다는 취지이다.

비록 공사전문가인 수급인이 도급 약정 시에 적합한 시공방식을 도급인에게 고지하여 잘못된 시공 방식을 바로잡을 의무를 진다고 하더라도, 약정한 시공을 전제한 공사대금을 초과하는 공사비용까지 부담하여 새로 시공할 공사계약상의 의무가 있는가? 그렇지는 않다.

즉 위 대법원 2014다31691, 31707 판결에 의하면 "피고들(도급인들)이 원고(수급인)에게 A, F 구간의 비탈면에 대하여 다시 시공하거나 그에 따른 손해를 배상하도록 청구할 수 있다 하더라도, 이러한 경우의 비용 부담에 관하여 사전에 약정이 있었다는 등의 특별한 사정이 없는 한 석축 시공을 전제로 약정된 비탈면 공사대금을 초과하는 비용을 들여 비탈면 공사를 재시공하도록 요구할 수 없으며, 결국 위 석축을 철거하는 비용 외에 제대로 된 공법에 의하여 다시 시공하는 데 드는 비용에 관하여는 약정된 비탈면 공사대금 상당액을 초과하여 손해배상을 청구할 수 없다."는 취지이다.

완성된 석축의 하자가 도급인의 지시에 의한 것이라도 수급인이 공사전문가인 사정을 고려하면 하자담보책임이 발생한다는 사실은 수긍할 수 있다. 그렇다면 도급인의 지시를 과실로 파악하여 과실상계를 할 수 있는 것이 아닌가? 과실상계는 인정되지 않지만 도급인의 잘못을 고려하여 손해배상의 액수를 정할 수는 있다.

즉 대법원 2001다70337 판결에 의하면 "수급인의 하자담보책임은 법이 특별히 인정한 무과실책임으로서 여기에 민법 제396조의 과실상계 규정이 준용될 수는 없다 하더라도 담보책임이 민법의 지도이념인 공평의 원칙에 입각한 것인 이상 하자발생 및 그 확대에 가공한 도급인의 잘못을 참작할 수 있다."라는 취지이다.

이러한 관점에서 위 대법원 2014다31691,31707 판결은 "약정에 이르게 된 과정에 도급인인 피고들 측에도 잘못이 있는지 여부를 살펴 그 잘못이 위와 같은 하자 및 손해 발생 내지는 그 확대에 가공하였다고 인정되는 경우에는 이를 참작하여 손해배상의 범위를 정하여야 할 것이다."라는 취지로 판시하였다.

정리하자면 공사수급인은 공사전문가이기 때문에 완성한 석축의 하자가 도급인의 지시에 의한 것이더라도 도급인의 지시가 부적당함을 알고 이를 도급인에게 고지하지 아니하였다면 하자담보책임을 부담할 수 있으며 그 하자가 중요한 것이라면 비록 하자 보수에 과다한 비용이 들더라도 그 보수에 갈음하는 비용, 즉 실제로 보수에 필요한 비용이 모두 손해배상에 포함됨이 원칙이다.

따라서 완성된 석축에 중대한 하자가 있고 이로 인하여 그 석축이 무너질 위험이 있어 보수가 불가능하고 다시 건축할 수밖에 없는 경우라면 특별한 사정이 없는 한 석축을 철거하고 다시 건축하는 데 드는 비용 상당액을 도급인이 수급인을 향해 하자로 인한 손해배상으로 청구할 수 있다.

그러나 석축을 철거하는 비용 외에 제대로 된 방법으로 다시 건축을 하는 데 드는 비용에 관하여는 기존에 약정된 공사대금 상당액으로 손해배상 인정액수가 제한된다. 이때에도 도급인의 잘못이 확인되면 도급인에게 인정되는 손해배상액수는 공평의 원칙 등을 고려하여 추가로 감액된다.

4. 수급인의 저당권설정청구권의 소멸시효기간 및 그 기산점

민법 제666조는 "수급인의 목적부동산에 대한 저당권설정청구권"이라는 제목 아래에 "부동산공사의 수급인은 전조의 보수에 관한 채권을 담보하기 위하여 그 부동산을 목적으로 한 저당권의 설정을 청구할 수 있다."고 규정하고 있다.

부동산에 관한 공사도급의 경우에 수급인의 노력과 출재로 완성된 목적물의 소유권은 원칙적으로 수급인에게 귀속되지만 도급인과 수급인 사이의 특약에 의하여 달리 정하거나 기타 특별한 사정이 있으면 도급인이 원시 취득한다.

이렇듯 도급인이 원시 취득하는 경우에 민법 제666조는 수급인에게 목적물에 대한 저당권설정청구권을 부여함으로써 수급인이 목적물로부터 공사대금을 사실상 우선적으로 변제받을 수 있도록 하고 있다. 도급인이 원시 취득하는 경우에도 수급인의 노력과 출재를 무시할 수 없기 때문이다.

건물신축공사에 관한 도급계약에 있어 수급인에게 소유권이 귀속되는 경우에는 어떠한가? 이러한 경우라면 하수급인이 수급인에게 민법 제666조에 따른 저당권설정청구권을 행사할 수 있다.

즉 대법원 2014다211978 판결에 의하면 "건물신축공사에 관한 도급계약에서 수급인이 자기의 노력과 출재로 건물을 완성하여 소유권이 수급인에게 귀속된 경우에는 수급인으로부터 건물신축공사 중 일부를 도급받은 하수급인도 수급인에 대하여 민법 제666조에 따른 저당권설정청구권을 가진다."라는 취지이다.

그렇다면 민법 제666조가 규정하는 수급인의 저당권설정청구권의 시효기간은 어떻게 되는가? 3년의 단기시효가 적용된다.

즉 대법원 2014다211978 판결에 의하면 "도급받은 공사의 공사대금채권은 민법 제163조 제3호에 따라 3년의 단기소멸시효가 적용되고, 공사에 부수되는 채권도 마찬가지인데, 민법 제666조에 따른 저당권설정청구권은 공사대금채권을 담보하기 위하여 저당권설정등기절차의 이행을 구하는 채권적 청구권으로서 공사에 부수되는 채권에 해당하므로 소멸시효기간 역시 3년이다."라는 취지이다.

그렇다면 민법 제666조가 규정하는 수급인의 저당권설정청구권의 시효기간의 기산점은 언제인가? 건물신축공사를 전제한다면 도급인이 건물의 소유권을 취득하면 그때부터 수급인이 저당권설정청구권을 행사할 수 있으므로 도급인의 건물소유권 취득시가 수급인의 저당권설정청구권의 기산점이 될 것이다. 다만 수급인의 저당권설정청구권의 시효기간 기산점이 뒤로 후퇴하는 예외가 있다.

즉 위 대법원 2014다211978 판결에 의하면 "건물 소유권의 귀속주체는 하수급인의 관여 없이 도급인과 수급인 사이에 체결된 도급계약의 내용에 따라 결정되고, 더구나 건물이 완성된 이후 소유권 귀속에 관한 법적 분쟁이 계속되는 등으로 하수급인이 수급인을 상대로 저당권설정청구권을 행사할 수 있는지를 객관적으로 알기 어려운 상황에 있어 과실 없이 이를 알지 못한 경우에도 청구권이 성립한 때부터 소멸시효가 진행한다고 보는 것은 정의와 형평에 맞지 않을 뿐만 아니라 소멸시효 제도의 존재이유에도 부합한다고 볼 수 없다. 그러므로 이러한 경우에는 객관적으로 하수급인이 저당권설정청구권을 행사할 수 있음을 알 수 있게 된 때부터 소멸시효가 진행한다."는 취지이다.

결국 건물신축공사 하도급에 있어 신축건물의 소유권이 도급인에게 귀속되는지 아니면 수급인에게 귀속되는지 분쟁이 있는 경우라면 차후 수급인이 신축건물의 소유자로 판결 등으로 확정된 때가 하수급인이 신축건물의 소유자인 수급인을 향해 청구하는 저당권설정등기청구권의 시효기간이 기산점이 된다고 해석된다.

그리고 신축건물의 도급인이 민법 제666조가 정한 수급인의 저당권설정청구권의 행사에 따라 공사대금채무의 담보로 그 건물에 저당권을 설정하는 행위는 특별한 사정이 없는 한 사해행위에 해당하지 아니한다.

또한 민법 제666조에서 정한 수급인의 저당권설정청구권은 공사대금채권을 담보하기 위하여 인정되는 채권적 청구권으로서 공사대금채권에 부수하여 인정되는 권리이므로, 당사자 사이에 공사대금채권만을 양도하고 저당권설정청구권은 이와 함께 양도하지 않기로 약정하였다는 등의 특별한 사정이 없는 한, 공사대금채권이 양도되는 경우 저당권설정청구권도 이에 수반하여 함께 이전된다(대법원 2015다19827 판결).

5. 도급인에 대한 수급인과 하수급인의 부진정연대채무

상가건물신축공사의 도급인을 甲(조합), 수급인을 乙(고합엔지니어링), 위 상가건물신축공사의 철근콘크리트 공사의 하수급인을 丙(피고)으로 정리한다. A(원고)는 乙의 甲에 대한 도급계약상 부담하는 채무를 연대 보증하였다.

건설산업기본법 제32조 제1항은 "하수급인은 하도급받은 건설공사의 시공에 관하여는 발주자에 대하여 수급인과 같은 의무를 진다."고 규정하고 있다.

따라서 하수급인 丙은 하도급을 받은 철근콘크리트 공사 시공에 관하여 도급인 甲에 대하여 수급인 乙과 같은 의무를 부담한다. 이는 위 건설산업기본법에 따른 법률에 기한 책임이므로 공사도급계약에 따른 수급인 乙의 도급인 甲에 대한 계약책임과는 별개의 독립된 채무이다.

대법원 2009다85861 판결에 의하면 "수급인이 도급인에게 건물신축공사 전체에 대하여 시공상 잘못으로 말미암아 발생한 하자의 보수에 갈음하는 손해배상채무를 부담하는 경우, 이는 공사도급계약에 따른 계약책임이며, 하수급인은 구 건설업법 제25조 제1항 및 건설산업기본법 제32조 제1항에 따라 하도급받은 공사에 대하여 도급인에게 수급인과 동일한 채무를 부담하는데,

이는 법률에 의하여 특별히 인정되는 책임이므로, 수급인과 하수급인의 채무는 서로 별개의 원인으로 발생한 독립된 채무이기는 하지만, 어느 것이나 도급인에 대하여 시공상 잘못으로 말미암아 발생한 하자의 보수에 갈음하는 손해를 배상하려는 것으로서 서로 동일한

경제적 목적을 가지고 있어, 수급인이 도급인에게 위 하자보수에 갈음하는 손해배상채무를 이행함으로써 그와 중첩되는 부분인, 하수급인의 도급인에 대한 하자보수에 갈음하는 손해배상채무도 함께 소멸되는 관계에 있으므로, 양 채무는 서로 중첩되는 부분에 관하여 부진정연대채무 관계에 있다."라는 취지이다.

결국 丙의 甲에 대한 책임 그리고 乙의 甲에 대한 책임, 그 어느 채무이든 시공상의 잘못으로 말미암아 발생한 하자의 보수에 갈음하는 손해를 배상하려는 동일한 경제적 목적을 가지고 있어서 乙이 甲에게 하자보수에 갈음하는 손해배상의무를 이행함으로써 그와 중첩되는 부분인 丙의 甲에 대한 하자보수에 갈음하는 손해배상채무도 함께 소멸되는 관계에 있으므로 양 채무는 서로 중첩되는 부분에 관하여 부진정연대채무의 관계에 있다는 것이다.

그리고 乙의 甲에 대한 도급계약상 부담하는 채무를 연대 보증한 A가 乙을 위하여 그 채무를 변제한 경우에는 A는 피보증인 乙이 아닌 다른 부진정연대채무자에 해당하는 丙에 대하여는 그 부담 부분에 한하여 구상권을 행사할 수 있다.

즉 위 대법원 2009다85861 판결의 이유에 의하면 "원고(A)는 고합엔지니어링(乙)의 연대보증인으로서 조합(甲)에 대하여 이 사건 공사로 인한 손해를 변제함으로써 고합엔지니어링(乙)과 부진정연대채무 관계에 있는 피고(丙)에 대하여 그 부담 부분에 한하여 직접 구상권을 행사할 수 있고, 피고(丙)의 이 사건 공사 중 철근콘크리트공사 하자보수에 갈음하는 손해배상채무는 고합엔지니어링(乙)과 피고(丙) 사이의 내부 관계에서는 피고(丙)가 고합엔지니어링(乙)에게 하도급계약상 부담하여야 하는 피고(丙)의 채무이므로 그 손해배상채무가 소멸함에 따른 구상의무는 피고(丙)가 전부 부담하여야 한다고 봄이 상당하다."라는 취지이다.

민법 제481조, 제482조에서 규정하고 있는 변제자대위는 제3자 또는 공동채무자의 한 사람이 채무자 또는 다른 공동채무자에 대하여 가지는 구상권의 실현을 목적으로 하는 제도이다. 이때 대위에 의한 원채권 및 담보권 행사의 범위는 구상권의 범위로 한정되는데 이는 위와 같은 제도적 취지를 반영한 것이다(대법원 94다38106 판결, 대법원 98다22451 판결 등).

그렇다면 乙을 위하여 보증인이 된 A가 그 채무를 이행한 경우에 다른 부진정연대채무자인 丙에게 직접 구상권을 취득하게 되고, 그러한 구상권을 확보하기 위해 채권자인 甲을 대위하여 甲의 丙에 대한 채권 및 그 담보에 관한 권리를 구상권의 범위 내에서 행사할 수 있게 된다.

즉 위 대법원 2009다85861 판결의 이유에 의하면 "원고들(A)은 고합엔지니어링(乙)이 아니라 직접 피고(丙)에 대하여 가지는 구상권을 확보하기 위하여 채권자인 조합(甲)을 대위하여 조합의 피고(丙)에 대한 채권 및 그 담보에 관한 권리를 구상권의 범위 내에서 행사할 수 있다."라고 판시하였다.

원심판결(서울고등법원 2009나24721 판결)은 "원고들(A)이 채권자인 조합(甲)을 대위하여 조합(甲)의 피고(丙)에 대한 하자보수에 갈음하는 손해배상청구권을 행사할 수 있다는 취지의 원고들(A)의 주장에 대하여, 원고들(A)이 고합엔지니어링(乙)에 대한 구상권자로서 조합(甲)을 대위할 수 있는 권리는 조합(甲)의 고합엔지니어링(乙)에 대한 채권 및 그 담보에 관한 권리인데, 조합(甲)이 구 건설업법 제25조 제1항 및 건설산업기본법 제32조 제1항에 의하여 피고들(丙)에 대하여 가지는 하자보수에 갈음하는 손해배상청구권은 조합(甲)의 고합엔지니어링(乙)에 대한 채권도 아니고, 그 채권을 담보하기 위한 권리도 아니라는 이유로, 원고들의 위 주장을 배척"하였는데, 위 대법원 판결은 원심판결을 파기·환송한 것이다.

6. 하도급법상 직접지급청구권의 범위와 발주자의 대항사유

대법원 2023다221830 판결 사안을 전제로 설명한다. 위 사안의 발주자는 최초 다인디벨로퍼에서 공사도급계약의 승계계약 등에 따라 피고 코람코자산신탁으로 변경되며, 원사업자는 다인건설, 수급사업자는 원고 반도엔지니어링이다.

발주자·원사업자 및 수급사업자 사이에서 발주자가 하도급대금을 직접 수급사업자에게 지급하기로 합의하여 하도급법(하도급거래 공정화에 관한 법률) 제14조 제1항, 제2항에 따라 수급사업자의 발주자에 대한 직접 지급청구권이 발생함과 아울러 발주자의 원사업자에 대한 대금지급채무가 하도급대금의 범위 안에서 소멸하는 경우를 상정하자.

이때 발주자가 직접지급의무를 부담하게 되는 부분에 해당하는 원사업자의 발주자에 대한 공사대금 채권은 동일성을 유지한 채 수급사업자에게 이전되고, 발주자는 수급사업자의 직접 지급청구권이 발생하기 전에 원사업자에 대하여 대항할 수 있는 사유로써 수급사업자에게 대항할 수 있으나, 수급사업자의 직접 지급청구권이 발생한 후에 원사업자에 대하여 생긴 사유로는 수급사업자에게 대항할 수 없음이 원칙이다(대법원 2009다19574 판결, 대법원 2013다81224, 81231 판결 등).

이는 발주자에게 도급대금채무를 넘는 새로운 부담을 지우지 아니하는 범위 내에서 수급사업자가 시공한 부분에 상당한 하도급대금채무에 대한 직접지급의무를 부담하게 함으로써 수급사업자를 원사업자 및 그 일반채권자에 우선하여 보호하려는 것이다.

이러한 하도급법의 입법 취지를 고려하면 특별한 사정이 없는 한 발주자는 하도급법 시행령 제9조 제3항에 따라 원사업자에 대한 대금지급의무를 한도로 하여 하도급대금의 직접지급의무를 부담한다(대법원 2014다203960 판결, 대법원 2017다242300 판결 등).

따라서 하도급법상 원사업자이자 이 사건 신탁약정, 신탁계약, 승계계약 등을 체결한 당사자인 원사업자 다인건설이 피고 코람코자산신탁 등과 사이에 신탁사업약정 등에 따른 자금집행순서에 따라 공사대금을 청구하기로 합의한 이상 피고 코람코자산신탁은 다인건설이 공사대금을 청구할 경우 자금집행순서 약정을 이유로 지급을 거절할 수 있다.

그리고 발주자인 피고 코람코자산신탁이 하도급법상 직접지급의무를 부담하는 공사대금

채권은 동일성을 유지한 채 수급사업자인 원고 반도엔지니어링에게 이전되고, 피고 코람코자산신탁은 새로운 부담을 지지 않는 범위 내에서 직접지급의무를 부담하므로, 피고 코람코자산신탁은 원고 반도엔지니어링의 직접청구에 대해서도 동일한 사유로 대항할 수 있다.

위 대법원 2023다221830 판결 내용을 더 구체적으로 정리하면 다음과 같다.

건축사업의 시행사인 다인디벨로퍼(발주자)와 시공사인 다인건설(원사업자)이 공사도급계약을 체결한 다음, 신탁업자인 피고 코람코자산신탁과 토지신탁사업약정, 관리형토지신탁계약, 위 공사도급계약의 승계계약을 체결하여 피고 코람코자산신탁이 발주자의 지위를 취득하였다.

공사도급계약의 승계계약을 체결하면서 위 공사도급계약에 관하여 '수탁자의 자금집행순서상 공사비의 90%는 7순위로 하여 매 2개월 단위로 지급하고, 잔여공사비는 13순위로 하여 1, 2, 3순위 우선수익자의 대출원리금이 모두 상환되고 수탁자의 신탁사무처리비용 정산이 완료된 이후 신탁재산의 범위 내에서 지급하며, 토지신탁사업약정서와 관리형토지신탁계약서는 승계계약서보다 우선 적용한다.'고 정하였다.

그 후 도급공사 중 일부 공사를 수급사업자 원고 반도엔지니어링에 하도급을 한 원사업자 다인건설이 발주자인 피고 코람코자산신탁 및 수급사업자 원고 반도엔지니어링과 하도급대금 직불합의를 하면서, '피고 코람코자산신탁이 부담하게 되는 공사대금의 범위는 피고 코람코자산신탁과 다인건설 사이의 공사도급계약에 따라 피고 코람코자산신탁이 다인건설에 지급해야 할 공사대금채무의 범위를 초과하지 않고, 피고 코람코자산신탁은 원고 반도엔지니어링의 직접지급 요청이 있기 전에 다인건설에 대하여 대항할 수 있는 사유 등으로 원고 반도엔지니어링에 대항할 수 있다.'고 약정하였다.

그런데 공사비의 90% 이상이 지급된 상태에서 원고 반도엔지니어링이 건물 완공 후 일정기간이 지났다며 피고 코람코자산신탁을 상대로 하도급대금 직접지급을 요청하였다.

하도급법상 원사업자이자 위 신탁약정, 신탁계약, 승계계약 등을 체결한 당사자인 다인건설과 발주자인 피고 코람코자산신탁 등과 사이에 신탁사업약정 등에 따른 자금집행순서에 따라 공사대금을 청구하기로 합의한 이상 발주자인 피고 코람코자산신탁은 원사업자인 다인건설이 공사대금을 청구할 경우 자금집행순서 약정을 이유로 지급을 거절할 수 있다.

그리고 발주자인 피고 코람코자산신탁이 하도급법상 직접지급의무를 부담하는 공사대금채권은 동일성을 유지한 채 수급사업자인 원고 반도엔지니어링에게 이전되고 피고 코람코자산신탁은 새로운 부담을 지지 않는 범위 내에서 직접지급의무를 부담하고 원고 반도엔지니어링의 직접청구에 대하여도 동일한 사유로 대항할 수 있다는 것이다(원심은 이러한 대법원 입장과 달리 발주자인 피고 코람코자산신탁이 수급사업자인 원고 반도엔지니어링에게 신탁자금 집행순서를 이유로 대항할 수 없다는 취지로 판시).

그리고 자금집행순서의 성격은 정지조건으로 보는 것이 타당하고 그 정지조건이 성취되었다는 사실에 관한 증명책임은 원고 반도엔지니어링측이 부담한다는 원고 패소취지의 판시를 한 것이다(원심은 이러한 대법원 입장과 달리 자금집행순서의 성격을 불확정기한으로 본 다음 지급순서가 도래하지 않았다는 피고 코람코자산신탁의 증명이 부족하다는 등의 이유로 피고 코람코자산신탁의 공사대금 직접지급의무의 이행기가 도래하였다고 판시).

즉 자금집행순서 관련 약정의 문언, 동기와 목적 등 제반사정을 고려하면, 이 사건 사업시행에 따른 건물 완공 후 일정기간이 도과하였다고 하여 집행순서와 상관없이 신탁자금에서 지급받을 수 있다고 보는 것은 신탁약정 등의 당사자들 의사에 부합한다고 볼 수 없고, 선순위 채권에 대한 자금이 집행되지 않은 상태에서는 특별한 사정이 없는 한 후순위 채권을 지급하지 않는다는 취지에서 자금집행순서를 정한 것으로 보아야 하므로, 위 자금집행순서의 성격은 정지조건으로 보는 것이 타당하고 정지조건부 법률행위에서 조건이 성취되었다는 사실은 이에 의하여 권리를 취득하고자 하는 측에게 그 증명책임이 있으므로(대법원 81다카692 판결 등), 이 사건에서 자금집행순서상 지급순서가 도래하였다는 정지조건이 성취되었다는 사실은 직접청구권의 효력을 주장하는 원고측이 부담한다고 보아야 한다는 것이다.

이와 관련하여 하도급법상 직접지급청구에 대한 발주자의 대항사유에 대한 판례들을 확인하면, 발주자는 시적 측면에서 직접지급청구권의 발생 전에 대항할 수 있는 사유로만 대항할 수 있고, 그 발생 후에 생긴 사유의 경우에는 동시이행관계 등 밀접한 관련이 있는 경우에만 대항할 수 있다(대법원 2018다265911 판결 등).

사례를 보면서 이야기 해보자. 수급사업자의 시공 부분에 상당하는 하도급대금 1억원, 발주자가 원사업자에 대하여 부담하는 대금지급의무 1억 2,000만원이라고 가정한다. 이때 별다른 대항사유가 없는 경우라면 직접지급청구권은 도급대금 1억 2,000만원의 한도 내에서 하도급대금 1억원 전부 행사할 수 있다.

시적 측면에서 대항 가능한 사유로서 원사업자의 수급사업자에 대한 사유, 예를 들어 변제, 하자보수 갈음 손해배상채권 등이 4,000만원이 인정되는 경우에 직접지급청구권은 도급대금 1억 2,000만원의 한도 내에서 하도급대금 6,000만원(=1억원-4,000만원)만 행사할 수 있다.

또한 시적 측면에서 대항 가능한 사유로서 발주자의 원사업자에 대한 사유, 예를 들어 변제, 하자보수 갈음 손해배상채권 등 5,000만원이 인정되는 경우에 직접지급청구권은 비록 하도급대금이 1억원일지라도 도급대금인 7,000만원(=1억 2,000만원-5,000만원)의 한도 내에서 인정되므로, 하도급대금 1억원 중 7,000만원만 행사할 수 있다(<표>로 정리되어 있는 '직접지급청구권의 성립요건 및 범위 등'에 대한 구체적이고 상세한 내용에 대하여는 2023. 8. 15.자 공보에 대한 '서울고등법원판례공보스터디' 참고).

7. 도급계약의 임의해제와 위임계약의 임의해지

민법 제673조는 "완성전의 도급인의 해제권"이라는 제목 아래에 "수급인이 일을 완성하기 전에는 도급인은 손해를 배상하고 계약을 해제할 수 있다."라고 규정하여 도급계약의 임의해제를 규정하고 있다.

그렇다면 도급계약의 경우 채무불이행을 원인으로 한 해제·해지의 의사표시 속에 임의해제·해지의 의사표시가 포함되어 있다고 볼 수 있는가? 포함되어 있지 않다는 것이 판례의 입장이다.

즉, 대법원 2022다246757 판결에 의하면 "도급인이 수급인의 채무불이행을 이유로 도급계약 해제의 의사표시를 하였으나 실제로는 채무불이행의 요건을 갖추지 못한 것으로 밝혀진 경우, 도급계약의 당사자 사이에 분쟁이 있었다고 하여 그러한 사정만으로 위 의사표시에 민법 제673조에 따른 임의해제의 의사가 포함되어 있다고 볼 수는 없다."라는 취지이다.

그 이유는 무엇일까? 위 대법원 2022다246757 판결이 적시한 이유는 다음과 같다.

도급인이 수급인의 채무불이행을 이유로 도급계약을 해제하면 수급인에게 손해배상을 청구할 수 있다. 이에 반하여 민법 제673조에 기하여 도급인이 도급계약을 해제하면 오히려 수급인에게 손해배상을 해주어야 하는 처지가 된다.

도급인으로서는 자신이 손해배상을 받을 수 있다고 생각하였으나 이제는 자신이 손해배상을 하여야 하는 결과가 된다면 이는 도급인의 의사에 반할 뿐 아니라 의사표시의 일반적인 해석의 원칙에도 반한다.

수급인의 입장에서 보더라도 채무불이행 사실이 없으므로 도급인의 도급계약해제의 의사표시가 효력이 없다고 믿고 일을 계속하였는데, 민법 제673조에 따른 해제가 인정되면 그 사이에 진행한 일은 도급계약과 무관한 일을 한 것이 되고 그 사이에 다른 일을 할 수 있는 기회를 놓치는 경우도 있을 수 있어 불측의 손해를 입을 수 있다.

따라서 채무불이행을 원인으로 한 해제의 주장에 대하여 법원이 임의해제를 원인으로 한 해제를 인정하는 것은 변론주의에도 위반된다.

그렇다면 도급계약이 아닌 위임계약에 있어, 채무불이행을 원인으로 한 해제·해지의 의사표시 속에 임의해제·해지의 의사표시가 포함되어 있다고 볼 수 있는가?

이와 관련하여 대법원 2012다71411 판결은 "위임계약의 각 당사자는 민법 제689조 제1항에 따라 특별한 이유 없이도 언제든지 위임계약을 해지할 수 있다. 따라서 위임계약의 일방 당사자가 타방 당사자의 채무불이행을 이유로 위임계약을 해지한다는 의사표시를 하였으나 실제로는 채무불이행을 이유로 한 계약해지의 요건을 갖추지 못한 경우라도, 특별한 사정이 없는 한 의사표시에는 민법 제689조 제1항에 따른 임의해지로서의 효력이 인정된다."라는 취지이다.

참고로 민법 제689조는 “위임의 상호해지의 자유”라는 제목 아래에 “① 위임계약은 각 당사자가 언제든지 해지할 수 있다. ② 당사자 일방이 부득이한 사유없이 상대방의 불리한 시기에 계약을 해지한 때에는 그 손해를 배상하여야 한다.”라고 규정하고 있다.

이에 대하여 “위임인의 수임인에 대한 ‘채무불이행을 원인으로 위임계약을 해지하고 손해배상을 청구하겠다.’는 의사표시에는 손해배상은 별론으로 하더라도 ‘위임사무를 더 이상 처리하지 말라.’라는 의사표시, 즉 임의해지의 의사표시는 포함되어 있다고 보는 것이 합리적”이라면서,

“위임계약에서는 임의해지 시 위임인이 수임인에 대하여 손해배상책임을 지는 경우가 예외적이기 때문에 채무불이행을 원인으로 한 해지의 의사표시에 임의해지의 의사표시가 포함되어 있다고 보더라도 위임인에게 그다지 불리하지 않고, 다만 그렇지 않은 경우도 있으므로 판례에서도 ‘특별한 사정이 없는 한’이라는 단서를 붙였다.”면서,

“예컨대 임의해지를 한 경우에는 많은 금액의 손해배상을 한다는 손해배상예정조항을 둔 경우에는 채무불이행을 원인으로 한 해지의 의사표시에 임의해지 의사표시가 포함되어 있지 않다고 해석할 수도 있다.”라는 견해가 있다.

또한 위 견해는 위임계약에 있어 당사자가 채무불이행을 원인으로 한 해지 주장만을 한 경우, 임의해지주장으로 받아들여 판결할 수 있는지가 변론주의와 관련하여 문제되는데, “변론주의 위반 여부를 판단하는 기준은 당연히 ‘불의타’ 여부라면서 당사자가 생각하지도 못한 이유로 패소하게 되는 ‘불의타’는 당사자의 법원에 대한 원망이나 재판에 신뢰 상실의 문제에 그치는 것이 아니라, 당사자가 ‘항변 또는 재항변’을 할 수 있는 기회를 상실한다는 점에서도 큰 문제가 되고,

법원이 당사자가 주장하지도 않은 법률효과에 관한 요건사실을 인정하고 받아들이면, 당사자는 그에 대하여 항변 또는 재항변을 할 기회를 박탈당하게 되므로 위임인의 주장 내용이 애매한 경우, 법원으로서는 석명권을 행사하여 판결하는 것이 바람직하다고 한다(연도별 2023. 9. 1.자 ‘서울고등법원판례공보스터디’ 제2695쪽, 제2696쪽 참고).

8. 공사로 인한 배상약정을 기초로 준소비대차가 성립한 경우 입증책임

원고가, 원고와 피고 사이에 건설공사로 인한 손해배상약정이 존재하였다고 주장하면서, 원고가 피고로부터 받은 차용증을 법원에 제출하였다. 그 차용증에는 피고가 원고에게 2억 1천만원을 빌린 것으로 기재되어 있는데, 원고는 원고 소지 차용증에 대하여 준소비대차에 관한 처분문서라고 주장한다. 이에 대하여 피고는 추후 원고가 피고에게 건설공사를 소개해 주면 일정부분을 떼어 준다는 의미로 차용증을 작성해 준 것뿐이라고 맞서면서 원고의 청구 기각을 구하고 있다.

차용증이라는 명백한 처분문서가 있으니, 피고가 피고의 주장을 입증하지 못하면 피고가 패소를 해야 하는가? 아니면 차용증이라는 처분문서가 있더라도 피고가 기존 채무를 다투므로 원고가 차용증을 법원에 제시하는 것으로는 부족하고 추가로 원고가 기존 채무 즉 건설공사로 인한 손해배상약정의 존재를 입증해야 원고가 승소를 할 수 있는가?

소비대차가 있었고, 그에 따른 차용증이 존재하는 상황이라면 차용증을 제시한 채권자인 원고가 패소하기 어렵다. 그러나 본건처럼 준소비대차의 경우로서, 기존 채무가 소비대차가 아닌 경우에는 처분문서인 차용증을 제시한 채권자가 언제나 승소한다고 볼 수는 없을 것이다.

대법원 2022다254024 판결에 의하면 본건처럼 준소비대차에 있어 기존 채무의 존부 등이 다투어지는 경우에는 채권자인 원고가 법원에 차용증을 제시하는 것만으로는 부족하고, 기존 채무의 존재를 입증해야 한다는 취지이다. 즉 채권자인 원고가 처분문서로 이해되는 차용증을 제시하더라도, 준소비대차에 있어 기존 채무의 존부 등이 다투어지면 채권자인 원고가 기존 채무의 존재를 입증해야 한다는 것이니 주의할 필요가 있다.

위 대법원 2022다254024 판결에 의하면 "준소비대차계약이 성립하려면 당사자 사이에 금전 기타의 대체물의 급부를 목적으로 하는 기존 채무가 존재하여야 하고, 기존 채무가 존재하지 않거나 또는 존재하고 있더라도 그것이 무효가 된 때에는 준소비대차계약은 효력이 없다. 준소비대차계약의 채무자가 기존 채무의 부존재를 주장하는 이상 채권자로서는 기존 채무의 존재를 증명할 책임이 있는데, 원고가 제출한 증거들을 종합하여 보더라도 피고가 원고에게 2억 1,200만원을 지급하기로 하는 내용의 약정금 채무가 이 사건 준소비대차계약의 기존 채무로 존재하였음을 인정하기 어렵다."라는 취지이다.

이와 관련하여 민법 제605조는 "준소비대차"라는 제목 아래에 "당사자 쌍방이 소비대차에 의하지 아니하고 금전 기타의 대체물을 지급할 의무가 있는 경우에 당사자가 그 목적물을 소비대차의 목적으로 할 것을 약정한 때에는 소비대차의 효력이 생긴다."라고 규정하고 있다.

위 대법원 2022다254024 판결에 대하여, "종래 주석서의 설명으로는, 준소비대차의 기초가 되는 채무의 존부에 관하여는 준소비대차계약의 효력을 주장하는 자가 그 증명책임을 지는 것이 아니라, 그 부존재를 사유로 하여 준소비대차계약의 효력을 다투는 측에 증명책임이 있다고 적시"되어 위 대법원 판결과 다름을 주의하라면서, "다수의 소비대차가 있는 채권자와 채무자 사이에 준소비대차계약이 체결되었는데, 기존의 잔존채무액이 다투어지는 경우 등에도 이번 판결이 그대로 적용될 수 있는지는 다시 생각해 볼 문제"이며, "위 대법원 판결 사안만 놓고 보면, 타당한 결론이라고 볼 수도 있으나, 보다 면밀한 법리 설시가 필요"하다는 견해가 있다(2024. 6. 15.자 공보에 대한 '서울고등법원판례공보스터디' 제4번 판결 해설 참고).

제10장 부동산계약의 취소 및 채권자취소권

1. 쌍방 공통하는 동기의 착오와 일부취소 인정 사례

부동산매매에 있어 거래 쌍방 모두 동기의 착오가 있었을 때에 그 착오를 이유로 매매계약을 취소할 수 있을까? 당사자 쌍방이 착오가 없었다면 합의하였을 내용으로 수정하여 보고 그 공통의 동기의 착오로 인하여 불리하게 계약을 체결한 당사자에게는 계약의 구속력에서 벗어날 수 있게 하는 것이 합리적일 것이다.

대법원 2005다13288 판결은 "계약당사자 쌍방이 계약의 전제나 기초가 되는 사항에 관하여 같은 내용으로 착오가 있고 이로 인하여 그에 관한 구체적 약정을 하지 아니하였다면, 당사자가 그러한 착오가 없을 때에 약정하였을 것으로 보이는 내용으로 당사자의 의사를 보충하여 계약을 해석할 수 있는바, 여기서 보충되는 당사자의 의사는 당사자의 실제 의사 또는 주관적 의사가 아니라 계약의 목적, 거래관행, 적용법규, 신의칙 등에 비추어 객관적으로 추인되는 정당한 이익조정 의사를 말한다."고 판시하고 있다.

이와 관련하여 대법원 97다44737 판결 사안을 검토해 보자. 원고(인천광역시)는 한국도로공사 등이 시행하는 인천신공항고속도로 건설사업에 편입될 토지의 용지보상 업무를 위탁받아 시행하게 되었다. 이 사건 토지들이 그 도로 부지로 편입되게 되자, 공공용지의 취득 및 손실보상에 관한 특례법(이하 '공특법')에 정한 절차에 따라 이를 취득하기 위하여 소유자인 피고들에게 협의를 요청하였다. 원고는 위 협의에 앞서 공특법이 정하는 바에 따라 대금액을 결정하기 위하여 두 곳의 감정평가법인에 토지가격에 대한 감정평가를 의뢰하여, ㎡당 금 76,000원 및 금 74,000원으로 평가한 감정서를 각 제출받은 후, 그 두 감정가격의 산술평균치인 금 75,000원을 피고들에게 대금 결정 기준액으로 제시하여, 매매대금을 ㎡당 금 75,000원을 기초로 하여 산정한 금액으로 정하여 협의매수가 성립되었다. 이에 따라 원고가 피고들로부터 이 사건 토지들을 매수하는 계약을 체결하고, 그 무렵 피고들에게 각 그 해당 금액을 지급하였다. 그런데 위 두 감정평가법인은 협의매수가 이루어진 이후에, 이 사건 토지들에 대한 최초 평가 시 용도지역 인정에 착오가 있어 자연녹지 개발제한구역을 생산녹지로 잘못 알고 평가하였음을 발견하고 ㎡당 금 41,000원 및 금 40,000원으로 각 다시 평가하여 작성한 정정서를 원고에게 통보하였고, 원고는 그 무렵 피고들에게 그러한 사정을 통지하면서, 이미 지급한 매매대금 중 정정된 두 감정가격의 산술평균치인 금 40,500원을 기준으로 계산한 금액을 초과하는 금액(㎡당 금 34,500원)을 반환할 것을 요청하였다. 한편 원고가 피고들에 대한 협의 요청 시, 공특법이 정한 방법에 따라 두 개의 감정평가기관의 평가액을 산술평균한 금액을 기준으로 결정한다는 점 및 그에 따라 ㎡당 금 75,000원씩으로 산출한 금액을 서면으로 통지·제시하였고, 그 후 피고들과 협의매수 계약 시 그러한 내용을 설명하고, 매매계약서 '물건의 표시'란에 그 대금 결정 내역에 관하여 단가와 면적을 기재함과 아울러, 대금결정 방법에 관하여도 매매계약서 제1조 제1항에 "가격은 공특법 제4조 및 동법 시행령 제2조 관련 조항의 규정에 따라 산정된 단가를 쌍방 협의에 의하여 정하였음"을 명시하였다.

동기의 착오가 법률행위의 내용의 중요 부분의 착오에 해당함을 이유로 표의자가 법률행위를 취소하려면 그 동기를 당해 의사표시의 내용으로 삼을 것을 상대방에게 표시하고 의사표시의 해석상 법률행위의 내용으로 되어 있다고 인정되면 충분하고 당사자들 사이에 별도로 그 동기를 의사표시의 내용으로 삼기로 하는 합의까지 이루어질 필요는 없다. 위 사안은 목적물의 시가에 관한 착오로서 이른바 동기의 착오에 해당하는데, 동기가 매매계약서에 표시되어 법률행위의 내용으로 편입된 사안이다.

착오를 이유로 계약을 취소(민법 제109조 제1항)를 하려면, 법률행위의 내용에 착오가 있어야 하고, 중요부분에 착오가 있어야 하며, 표의자에게 중과실이 없어야 한다.

위 대법원 97다44737 판결 사안은 매매대금액 결정에 착오가 있는 것인데, 이것이 중요부분의 착오가 될 수 있는가? 시장경제하에서 가격은 늘 변동하므로 매매대금액 결정에 다소간의 차이는 중요부분의 착오로 볼 수 없다. 그러나 위 대법원 판결은 중요부분 착오로 보았다. 즉 정당 평가액을 무려 85%나 과다하게 평가된 사정, 전문가가 아닌 원고가 목적물의 시가에 관한 착오인 동기의 착오가 없었더라면 그처럼 과다하게 잘못 평가된 금액을 기준으로 협의매수 계약을 체결하지 않았을 것이 명백한 사정 등을 고려하여 중요부분의 착오로 판단하였다.

그렇다면, 원고에게 중과실이 있어 취소할 수 없다고 볼 수 있지 않을까? 위 대법원 판결은 원고가 인천신공항고속도로 건설사업으로 도로로 편입될 예정 토지가 수백필지에 이르고 시가감정은 평가기관의 전문영역임을 고려할 때에 원고가 착오를 일으킨 데에 중대한 과실은 없다고 보았다. 결국 원고의 착오에 의한 취소를 인정한 것이다.

그렇다면, 착오취소로 인하여 매매계약 전부가 취소되는 것인가? 일부취소가 인정될 수 있는가? 위 대법원 판결은 "하나의 법률행위의 일부분에만 취소사유가 있다고 하더라도 그 법률행위가 가분적이거나 그 목적물의 일부가 특정될 수 있다면, 나머지 부분이라도 이를 유지하려는 당사자의 가정적 의사가 인정되는 경우 그 일부만의 취소도 가능하다고 할 것이고, 그 일부의 취소는 법률행위의 일부에 관하여 효력이 생긴다고 할 것이다."는 취지로 일부취소를 인정하면서, 그 취소 부분만 소급적으로 무효를 인정하였다(일부취소 부분에 대한 원고의 부당이득 반환청구 인정).

2. 유동적 무효상태에서의 해제합의의 유효성과 해제합의의 착오취소

토지거래허가 구역에서 시장, 군수 등의 허가 없이 토지에 대한 매매계약을 체결하였다면, 부동산거래신고법(부동산 거래신고 등에 관한 법률)이 무효를 선언(제11조 제1항, 제6항)하고 있음에도 불구하고 원칙적으로 유동적 무효라고 보는 것이 판례의 입장이다[대법원(전합) 90다12243 판결].

토지에 대한 매매계약이 유동적 무효인 상태에서는 그 계약 내용대로의 효력이 있을 수 없어 매수인에게 그 계약 내용에 따른 대금지급의무가 없다.

따라서 매수인이 약정한 잔금을 지급하지 않았다고 하여 매도인이 매수인을 상대로 대금지급의무 불이행을 이유로 매매계약을 해제할 수 없다. 다만, 당사자 사이에 별개의 약정으로 매매 잔금이 그 지급기일에 지급되지 아니하는 경우 토지에 대한 매매계약을 자동적으로 해제하기로 약정하는 것은 가능하다(대법원 2010다1456 판결).

그렇다면, 토지거래허가구역 내에서 토지에 대한 매매계약을 체결한 후에 약정한 잔금지급기일에 잔금을 지급하지 못하게 되자, 매수인이 매도인에게 제안하여 잔금지급기일을 연기하되, 그 연기된 기일까지도 잔금을 지급하지 못할 경우 이 사건 매매계약은 해제된 것으로 처리하고 기지급된 계약금의 반환청구권은 포기하기로 하는 합의(이하 '이 사건 합의')는 유효한가?

이 사건 매매계약이 이 사건 토지에 대한 토지거래허가를 받지 않아 유동적 무효인 상태에서도 이 사건 합의는 유효하며, 연장된 잔금지급기일까지 잔금을 지급하지 못할 경우 토지에 대한 매매계약은 자동적으로 해제된다(대법원 2010다1456 판결).

한편, 부동산매매계약에 있어서 매수인이 잔금지급기일까지 그 대금을 지급하지 못하면 그 계약이 자동적으로 해제된다는 취지의 약정이 있더라도 매도인이 이행의 제공을 하여 매수인을 이행지체에 빠뜨리지 않는 한 그 약정기일의 도과 사실만으로는 매매계약이 자동해제된 것으로 볼 수 없으나, 매수인이 수회에 걸친 채무불이행에 대하여 책임을 느끼고 잔금

지급기일의 연기를 요청하면서 새로운 약정기일까지는 반드시 계약을 이행할 것을 확약하고 불이행 시에는 매매계약이 자동적으로 해제되는 것을 감수하겠다는 내용의 약정을 한 특별한 사정이 있다면, 매수인이 잔금지급기일까지 잔금을 지급하지 아니함으로써 그 매매계약은 자동적으로 실효된다(대법원 2010다1456 판결).

그런데, 매수인이 유동적 무효상태에 있기 때문에 매수인에게 잔금지급의무가 없다는 것을 모르고 '이 사건 합의'를 하였다면 어떠한가? 착오를 이유로 '이 사건 합의'를 취소할 수는 없는가?

대법원 2010다1456 판결의 원심은 착오취소를 부정하였으나, 원심판결과 달리 위 대법원은 합의서에 "이 사건 매매계약에 있어 2008. 1. 31.로 지정된 잔금일을 원고의 귀책사유로 지연함을 확인하며"라고 기재된 사정을 들어 동기의 착오가 표시되었음을 인정하면서, 착오취소가 가능하다는 취지로 원심을 파기·환송하였다.

유동적 무효상태에서는 매수인이 잔금지급기일에 잔금을 지급하지 못하더라도 매수인인 원고에게 귀책사유가 인정되지 않는다. 매수인의 대금지급의무 자체가 없기 때문이다. 위 합의서의 문구를 고려하면, 매수인인 원고가 합의서를 작성한 이유는 잔금지급의무가 있다고 착오한 것인데, 그 착오가 합의서에 명확하게 표시된 것으로 해석된다는 것이다.

즉, 대법원 2010다1456 판결은 판결 이유에서 "원고(매수인)가 이 사건 합의에 이르게 된 동기는 이 사건 매매계약이 유동적 무효 상태이어서 자신에게 잔금지급의무가 없다는 사실을 알지 못하여 잔금지급의무를 지체하고 있다고 생각했기 때문이라고 할 것이고, 그러한 동기는 이 사건 합의 과정에서 위 합의서 문언을 통해 의사표시의 내용으로 삼을 것이 피고에게 표시됨으로써 의사표시의 내용으로 되었다고 봄이 상당하다."고 설명하였다.

3. 토지매매에 있어 토지의 현황과 경계에 관한 착오 취소

민법은 "제109조(착오로 인한 의사표시) ① 의사표시는 법률행위의 내용의 중요부분에 착오가 있는 때에는 취소할 수 있다. 그러나 그 착오가 표의자의 중대한 과실로 인한 때에는 취소하지 못한다. ② 전항의 의사표시의 취소는 선의의 제삼자에게 대항하지 못한다. 제146조(취소권의 소멸) 취소권은 추인할 수 있는 날로부터 3년 내에 법률행위를 한 날로부터 10년 내에 행사하여야 한다."라고 규정하고 있다.

따라서 토지매매에 있어 착오를 이유로 매매계약을 취소하려면, 중요부분에 대한 착오, 그리고 착오에 있어 중대한 과실이 없을 것을 최소한의 요건으로 한다.

대법원 2016다239345 판결에 의하면 "착오를 이유로 의사표시를 취소하는 자는 법률행위의 내용에 착오가 있었다는 사실과 함께 착오가 의사표시에 결정적인 영향을 미쳤다는 점, 즉 만일 착오가 없었더라면 의사표시를 하지 않았을 것이라는 점을 증명하여야 한다."는 취지이고, 대법원 2005다6228 판결에 의하면 "민법 제109조 제1항 단서에서 규정하는 착오한 표의자의 중대한 과실 유무에 관한 주장과 입증책임은 착오자가 아니라 의사표시를 취소하게 하지 않으려는 상대방에게 있는 것"이라는 취지이다.

그렇다면, 토지매매에 있어 토지의 현황과 경계에 대한 착오를 이유로 계약을 취소할 수 있을까?

대법원 2019다288232 판결에 의하면, "가령 토지의 현황과 경계에 착오가 있어 계약을 체결하기 전에 이를 알았다면 계약의 목적을 달성할 수 없음이 명백하여 계약을 체결하지 않았을 것으로 평가할 수 있을 경우에 계약의 중요부분에 관한 착오가 인정된다(대법원 67다2160 판결, 대법원 74다54 판결 동일 취지)."는 취지이므로, 추가요건인 표의자에게 중대한 과실이 없다면 착오취소가 인정된다.

토지의 현황과 경계에 착오가 있었다는 것은 주로 토지의 매수인이 착오를 일으켰다고 보는 것이 일반적일 것이다.

그렇다면, 추가적 요건에 해당하는 '중과실이 없을 것'이라는 요건과 관련하여, 매수인이 경계측량을 하지 않고 매매계약을 체결하였다면 곧바로 매수인에게 중대한 과실이 있는 것인가?

토지 매수인이 토지에 대한 경계확인을 위해 측량도 하지 않고 매수를 하였다면, 계약 후 매수인이 착오취소를 주장할 수 없는 것인가? 그렇지 않다.

매수인이 매매계약시점에 토지를 측량하고 매수할 의무는 없다. 즉 대법원 2019다288232 판결 등에 의하면, "토지매매에서 특별한 사정이 없는 한 매수인에게 측량을 하거나 지적도와 대조하는 등의 방법으로 매매목적물이 지적도상의 그것과 정확히 일치하는지 여부를 미리 확인하여야 할 주의의무가 있다고 볼 수 없다."는 취지이다(대법원 84다카2344 판결 동일 취지).

토지매매에 있어서 경계와 현황에 대한 정보는 매수인이 일단 매도인 내지 중개인으로부터 설명을 듣는 것이 일반적이라는 점을 고려하면, 토지 매수인에게 경계확인을 위한 측량의무를 부과할 수는 없다는 측면에서 위 대법원 판결은 타당하다.

토지의 경계와 현황에 대하여 매도인도 착오에 빠져 있었고, 이러한 착오에 근거해서 토지의 경계와 현황을 매수인에게 잘못 설명한 경우라면 어떠한가?

이는 매도인에 의하여 유발된 착오에 해당하여, 매수인에게 중대한 과실이 있다고 볼 수 없다(대법원 2019다288232 판결)(참고로 대법원 2013다49794 판결에 의하면 "상대방이 표의자의 착오를 알고 이를 이용한 경우에는 착오가 표의자의 중대한 과실로 인한 것이라고 하더라도 표의자는 의사표시를 취소할 수 있다"라고 판시하여 유발된 착오에 있어서는 취소하고자 하는 자의 중과실이 있더라도 취소가 가능하자는 취지임).

결국 이러한 사안에서는 매수인의 착오취소가 인정된다. 민법은 "제141조(취소의 효과) 취소된 법률행위는 처음부터 무효인 것으로 본다. 다만, 제한능력자는 그 행위로 인하여 받은 이익이 현존하는 한도에서 상환할 책임이 있다."고 규정하므로, 매수인이 착오로 매매계약을 취소하면, 매수인이 매도인에게 지급한 계약금 등을 반환 청구할 수 있게 된다.

위 대법원 2019다288232 판결의 구체적 내용을 정리해 본다.

원고(매수인)는 피고(매도인)와 충남 청양군 소재 '이 사건 토지'를 4,875만원에 매수하는 이 사건 매매계약을 체결하고, 피고에게 계약금 2,000만원을 지급하였다. 원고는 이 사건 매매계약 당시 '이 사건 토지에 인접한 매실나무 밭 바로 앞부분 약 80평이 포함되고 인접한 도로 부분 약 40평이 포함되지 않는다.'고 잘못 알고 있었다.

피고도 원고와 같이 이 사건 토지의 경계를 잘못 인식하고 있었고, 이에 따라 이 사건 매매계약 당시 원고에게 이 사건 토지의 경계에 대하여 정확한 설명을 하지 않았다.

원고가 이 사건 토지에 포함되거나 포함되지 않는다고 잘못 인식한 부분의 면적은 이 사건 토지면적인 약 325평 중 상당한 부분을 차지한다. 따라서 원고는 이 사건 매매계약의 목적물의 경계에 대하여 착오를 하였고, 그 착오는 중요한 부분에 해당한다.

피고(매도인)는 원고(매수인)의 착오에는 중대한 과실이 있다고 주장하나, 피고도 이 사건 토지의 경계에 관하여 잘못 인식하고 있었고, 피고측의 잘못된 설명으로 원고의 착오가 유발되었으므로, 원고의 착오에 중대한 과실이 있다고 보기 어렵다.

이 사건 매매계약이 착오를 이유로 한 원고의 취소 의사표시에 따라 적법하게 취소되었다고 인정하여, 계약금의 반환을 구하는 원고의 주위적 청구를 일부 인용한 원심은 타당하다는 취지이다(상고기각).

4. 부동산매수인의 잔금대출 지급계획과 착오취소 가능성

부동산을 매수하면서 잔금지급 전에 매매대상 부동산을 은행에 담보로 넣어 대출을 받아 잔금을 해결하려는 계획을 세우고, 이러한 계획을 부동산 매수인이 매도인에게 알렸고 매도인이 협조하기로 하였다. 그런데 막상 매매대상 부동산을 담보로 잔금대출을 받을 수 없는 상황이 발생하였다. 이러한 경우에 부동산매수인이 매도인을 향해 민법 제109조의 착오취소 규정을 근거로 부동산매매계약을 취소할 수 있을까?

민법 제109조는 "착오로 인한 의사표시"라는 제목 아래에 "① 의사표시는 법률행위의 내용의 중요부분에 착오가 있는 때에는 취소할 수 있다. 그러나 그 착오가 표의자의 중대한 과실로 인한 때에는 취소하지 못한다. ② 전항의 의사표시의 취소는 선의의 제삼자에게 대항하지 못한다."라고 규정하고 있다.

원심(서울고법 93나4238 판결)은 착오취소가 인정된다는 취지였으나 대법원 93다55487 판결은 착오취소가 인정될 수 없다는 취지이다.

즉 위 대법원 93다55487 판결에 의하면 "이 사건 부동산을 매수하면서 잔금지급 전에 위 부동산을 은행 등에 담보로 넣어 대출을 받아 잔금을 마련하기로 계획을 세우고 피고들에게 이와 같은 자금마련 계획을 알려 피고들이 원고의 부탁을 받아들여 잔금지급 전에 원고가 은행 등으로부터 대출을 받을 수 있도록 협조하여 주기로 약속하였다는 사실만으로, 바로 원고가 위 계획하였던 대출이 제대로 이루어질 수 없는 경우에는 이 사건 부동산을 매수하지 아니하였을 것이라는 사정을 피고들에게 표시하였다거나 피고들이 이러한 사정을 알고 있었다고 단정할 수는 없다 할 것이고, 원심이 들고 있는 관계 증거들을 기록에 비추어 살펴보아도 위와 같은 사정이 피고들에게 표시되고 피고들이 이를 알고 있었음을 인정하기에 넉넉한 자료가 보이지 아니하니, 원고가 위와 같이 대출을 받아 잔금을 지급하려 하였던 원고의 잔금지급 방법이나 계획이 이 사건 매매계약의 내용의 중요한 부분으로 되었다고 할 수 없는 것"이라는 취지이다.

착오취소를 긍정한 원심의 논리는 무엇이었을까? 원심은, 원고가 피고들로부터 이 사건 부동산(4층의 여관건물과 그 대지)을 금 422,000,000원에 매수함에 있어서 계약금과 중도금만을 준비하고 잔금 182,000,000원은 이를 준비하지 못하여 계약체결을 망설였으나 소개인인 소외인이 잔금지급은 이 사건 부동산을 잔금지급 전에 미리 담보로 넣어 은행이나 보험회사로부터 대출을 받아 해결할 수 있다고 종용하므로 그렇게 대출을 받을 수 있는 것으로 믿고 대출을 받아 잔금을 지급하기로 하여 피고들에게 원고의 이와 같은 자금사정을 알리고 피고들의 협조를 부탁하였던바, 피고들이 원고의 부탁을 받아들여 잔금지급 전에 원고가 위 부동산을 담보로 하여 은행이나 보험회사로부터 대출을 받을 수 있도록 협조하여 주기로 약속한 사실, 그런데 위 계약 당시 은행이나 보험회사의 대출관계 규정에 의하면 건물의 연면적의 반 이상이 임대되고 있는 제3자 소유의 부동산을 담보로 하는 대출은 금지되어 있었고, 위 여관건물은 당시 소외 제3자에게 임대되어 있었으므로 이 사건 부동산을 담보로 하는 대출은 불가능하게 되어 있었던 사실, 그런데도 원고는 이와 같이 대출을 받을 수 없는 사정을 모른 채 위 계약을 체결하였던 사실을 인정한 다음, 원고는 이 사건 부동산을 담보로 하여 대출을 받아 매수대금의 일부를 조달할 수 있을 것으로 착각하고 위 매매계약을 체결하였으므로 위 매매계약체결의 동기에 착오가 있었다 할 것인데, 위 동기는 상대방인 피고들에게 표시되어 있었을 뿐 아니라 위 매매계약의 내용을 이루고 있었다 할 것이고 또한 원고가 위 매매계약을 체결할 당시 위 부동산을 담보로 위 대금 잔금을 대출받을 수 없다는 사정을 알았더라면 위 매매계약을 체결하지 아니하였을 것임이 명백하므로 위 동기의 착오는 법률행위 내용의 중요한 부분에 관한 착오라고 할 것이므로, 원고의 착오를 이유로 하는 위 매매계약의 취소의 주장은 이유 있다는 것이었다.

그러나 위 대법원 93다55487 판결은 착오취소가 인정될 수 없다는 것이었고, 그 근거 법리에 대하여 "의사표시는 법률행위의 내용의 중요부분에 착오가 있는 때에는 취소할 수 있고 의사표시의 동기에 착오가 있는 경우에는 당사자 사이에 그 동기를 의사표시의 내용으로 삼았을 때에 한하여 의사표시의 내용의 착오가 되어 취소할 수 있는 것이며(대법원 87다카1271 판결), 법률행위의 중요부분의 착오라 함은 표의자가 그러한 착오가 없었더라면 그 의사표시를 하지 않으리라고 생각될 정도로 중요한 것이어야 하고 보통 일반인도 표의자의 처지에 섰더라면 그러한 의사표시를 하지 않았으리라고 생각될 정도로 중요한 것이어야 한다."라는 취지로 판시한 것이다.

정리하자면 대법원 93다55487 판결의 핵심은 착오취소에 있어 "법률행위의 중요부분의 착오라 함은 표의자가 그러한 착오가 없었더라면 그 의사표시를 하지 않으리라고 생각될 정도로 중요한 것이어야 하고 보통 일반인도 표의자의 처지에 섰더라면 그러한 의사표시를 하지 않았으리라고 생각될 정도로 중요한 것이어야 한다."라는 것인데, 매수인이 매매대상 부동산을 담보로 대출을 받아 잔금을 지급하기로 한 잔금지급계획은 일반인의 입장에서 볼 경우에 매매계약의 중요한 부분이라고 할 수 없다는 것으로 이해된다. 잔금지급방법은 여러 가지가 있을 수 있다는 점 등이 반영된 판례로 보인다는 것이다.

돈이 부족한 상태에서 부동산을 매수하는 입장에서 잔금지급계획은 중요부분으로 이해되는 면이 있고, 매수인의 착오 자체는 충분히 인정된다는 점에서 위 판결의 의미를 잘 새겨볼 필요가 있다.

결국 매매대상 부동산을 담보로 제공하여 잔금을 지급하려는 계획을 갖고 있는 부동산매수인은 이러한 잔금지급계획을 구체적으로 계약서에 명시하고, 대출이 불가능한 상황에 이르면 계약을 취소할 수 있다는 취지의 구체적 특약을 적시하는 것이 좋은 방법으로 이해된다.

이와 관련하여 위 대법원 판결을 원용한 인천지방법원 2020가단234315 판결을 살펴보자. 원고(매수인)와 피고들(매도인)이 부동산매매계약을 체결하면서 "계약금 입금과 동시에 매도인은 은행 담보대출에 필요한 서류를 제공한다."고 약정하였는데, 원고는 2020. 4. 8. 피고들에게 피고들이 이 사건 매매계약 중 특약에서 정한 바와 달리 은행 담보대출에 필요한 서류 중 하나인 임차인동의서를 제공하지 아니하였음을 이유로 이 사건 매매계약의 해제를 통지하였다.

원고의 주위적 청구는 대출에 필수 서류인 임차인 동의서를 제공하지 아니한 채무불이행을 이유로 한 계약해제권의 행사에 따른 원고가 지급한 계약금 1억원 반환 및 계약금 상당액으로 위약금 1억원 반환청구였으나, "원고가 은행으로부터 대출을 받지 못한 이유는 이 사건 각 부동산의 지목이 맹지이고 건축물대장이 없거나 무허가 미등기 건물의 존재, 그에 따른 채권확보 리스크, 원고가 대표로 있는 주식회사 L의 재무현황, 이자 납입 가능 여부 등의 문제 때문일 뿐 원고가 주장하는 임차인 동의서(인도확인서, 인도증명서 등)가 대출을 받지 못한 원인이라고 보기 어려운 점 등"은 근거로 기각되었다.

원고의 예비적 청구는 "원고로서는 이 사건 부동산에 대한 대출이 불가능한 사실을 알았다면 이 사건 매매계약을 체결하지 않았을 것이므로 원고는 이러한 착오를 이유로 이 사건 매매계약을 취소"하고 "피고는 원고에게 그에 따른 부당이득으로서 기지급된 계약금 1억원을 반환할 의무가 있다."는 것이었으나, "설령 원고의 주장과 같이 원고가 이 사건 각 부동산을 매수하면서 잔금지급 전에 그 부동산을 은행 등에 담보로 넣어 대출을 받아 잔금을 마련하기로 계획을 세우고 피고들에게 그와 같은 자금마련 계획을 알려 잔금지급 전에 피고들이 대출을 받을 수 있도록 협조하여 주기로 약속하였다고 하더라도 그러한 사실만으로, 바로 원고가 계획하였던 대출이 제대로 이루어질 수 없는 경우에는 그 부동산을 매수하지 아니하였을 것이라는 사정을 피고들에게 표시하였다거나 피고들이 이러한 사정을 알고 있었다고 단정할 수는 없다 할 것이어서, 원고가 대출을 받아 잔금을 지급하려 하였던 잔금지급 방법이나 계획이 이 사건 매매계약의 내용의 중요한 부분으로 되었다고 할 수는 없다(대법원 93다55487 판결). 따라서 원고의 예비적 주장 역시 이유 없다."는 취지로 원고의 청구가 기각되었다.

5. 가등기유용에 따른 본등기에 있어 사해행위취소소송의 제척기간 기산일

채권자 취소소송의 채무자가 A에게 매매예약가등기를 마친 후 매수인의 매매예약완결권 행사 필요 없이 2004. 8. 30. 자동 완결되도록 약정하였다. 그 후 원고(채권자취소소송의 채권자)는 채무자에 대한 피보전채권을 취득하였다.

위 자동완결일 2004. 8. 30.로부터 대략 11년 후에 A의 협조 하에 피고(채권자취소소송의 수익자)에게 가등기 이전의 부기등기(매매예약 완결에 따른 본등기청구권 즉 소유권이전등기청구권의 소멸시효 완성 후에 이를 유용한 것: 필자가 정리. 참고로 매매예약완결권은 일종의 형성권으로 소멸시효가 아닌 제척기간 적용(대법원 2016다42077 판결 등))를 경료하였고, 채무자가 피고와 직접 매매계약을 체결하고 본등기를 경료해 주었는데, 채무자와 피고 사이에 매매계약을 체결할 때의 채무자는 채무초과상태였다.

사해행위 취소소송의 채권자 원고가 즉각적으로 수익자인 피고를 상대로 채무자와 피고 사이의 매매계약을 취소하고 본등기를 말소청구할 경우 승소할 수 있을까? 채무자와 A 사이의 매매예약 가등기 일자로부터 10여 년 이상 흘렀으므로 사해행위 취소소송의 제척기간이 도과된 것이 아닌가?

대법원 2019다266409 판결에 의하면 이러한 사안에서는 채무자와 피고 사이의 매매계약이 사해행위 취소의 대상이 되므로 제척기간이 도과된 것으로 볼 수 없다는 취지이다. 즉 가등기 및 본등기 경료 과정에서 채무자의 법률행위는 대개 '매매예약의 체결'이 되고 위 '매매예약'이 사해행위취소의 대상이 되는 사안과 구별된다.

이와 관련하여 대법원 97다51919 판결에 의하면 "가등기에 기하여 본등기가 경료된 경우 가등기의 원인인 법률행위와 본등기의 원인인 법률행위가 명백히 다른 것이 아닌 한 사해행위의 요건의 구비 여부는 가등기의 원인된 법률행위 당시를 기준으로 하여 판단하여야 할 것이다."라는 취지이다.

그뿐만 아니라 대법원 91다14079 판결에 의하면 "채권담보를 위한 가등기이든 매매예약에 기한 청구권보전의 가등기이든 체납자 소유의 부동산에 관하여 가등기를 경료한 후 본등기하였을 때 그 기본이 된 가등기를 한 법률행위와 본등기를 한 법률행위가 명백히 다른 원인으로 된 경우가 아니라면 가등기를 한 법률행위를 제쳐 두고 그 본등기를 한 법률행위만이 취소의 대상이 되는 위 '가'항의 사해행위라고 할 것은 아니므로 본등기한 때로부터 따로 제척기간이 진행된다고 할 수 없다."라는 취지이다.

그런데 위 대법원 2019다266409 판결 사안은 가등기를 한 법률행위와 본등기를 한 법률행위가 명백하게 다른 원인에 따른 것으로 이해된다.

즉, 채무자와 피고 사이의 이 사건 매매계약은 채무자와 A 사이의 이 사건 매매예약 및 이 사건 가등기와 무관하다고 이해되는바, 이 사건 매매예약이 자동 완결됨에 따른 소유권이전등기청구권은 매매예약 완결일(2004. 8. 30.)로부터 10년이 지나 소멸시효가 완성되었으므로 이 사건 가등기는 말소되어야 하는데, 채무자가 피고와 이 사건 매매계약을 체결한 후 피고에게 가등기를 기초로 본등기를 해 준 것은, 가등기 후 이루어진 압류·가압류등기 등 중간처분등기를 말소하기 위하여 이 사건 가등기를 유용한 것에 불과하기 때문이다.

결국 채무자와 피고 사이에서 채무자의 책임재산을 감소시킨 법률행위는 채무자와 피고 사이의 이 사건 매매계약이므로 사해행위 요건 성립 판단 기준 시점과 제척기간의 기산일 모두 채무자와 피고사이의 이 사건 매매계약 시를 기준으로 하여야 한다는 것이다.

이해를 돕기 위하여 위 대법원 2019다266409 판결의 실제 사안 정리부분을 현출한다. 파산채무자 나라종합금융 주식회사의 파산관재인은 소외 1(채권자 취소소송의 채무자)을 상대로 10억원과 그 지연손해금을 청구하는 지급명령을 신청하였고 지급명령이 2007. 11. 11. 확정되었다. 원고(채권자취소소송의 채권자)는 위 채권을 양수하고 파산관재인이 소외 1(채권자 취소소송의 채무자)에게 채권양도통지를 하였다.

소외 1(채권자취소소송의 채무자)은 그 소유인 제1, 2 부동산에 관하여 2004. 3. 15. 소외 2(A)와 각 매매예약을 체결하고 2004. 3. 16.과 2004. 3. 15. 소유권이전등기청구권을 보전하기 위한 가등기를 해주었다.

소외 1(채권자취소소송의 채무자)은 제1부동산에 관하여 2016. 1. 14. 피고 1(채권자취소소송의 수익자)과 매매계약을 체결하고, 2016. 2. 5. 가등기 이전의 부기등기와 매매를 원인으로 한 지분이전의 본등기를 해주었다. 소외 1(채권자취소소송의 채무자)은 제2부동산에 관하여 2015. 9. 11. 피고 2(채권자취소소송의 수익자)와 매매계약을 체결하고, 2015. 9. 16. 가등기 이전의 부기등기와 매매를 원인으로 한 소유권이전의 본등기를 해주었다. 소외 1(채권자취소소송의 채무자)은 피고들(채권자취소소송의 수익자)과 매매계약을 체결할 당시 채무초과 상태였던 것이다.

6. 국민건강보험공단이 제기한 사해행위취소의 소 제척기간 기산점

대법원은 국가(대법원 2015다247707 판결)나 법률에 따라 설립된 법인인 예금보험공사(대법원 2018다222747 판결)의 채권자취소권 행사에서 제척기간의 기산점인 '채권자가 취소원인을 안 날'에 대하여, 채권의 추심 및 보전 등에 관한 업무를 담당하는 직원의 인식을 기준으로 판단해야 한다는 취지이다.

그렇다면 국민건강보험공단이 채권자취소권을 행사하는 경우에는 어떠한가?

대법원 2021다309231 판결에 의하면 국민건강보험공단이 채권자취소권을 행사하는 경우에도 국가 또는 예금보험공사가 소를 제기하는 것과 마찬가지로 채권자취소권 행사에서 제척기간의 기산점인 '채권자가 취소원인을 안 날'에 대하여, 채권의 추심 및 보전 등에 관한 업무를 담당하는 직원의 인식을 기준으로 판단하여야 한다는 취지이다.

즉 국민건강보험법에 따라 설립된 공법인인 국민건강보험공단(원고)이 채무자에 대한 채권을 피보전채권으로 하여 채무자의 법률행위를 대상으로 채권자취소권을 행사하는 경우, 제척기간의 기산점과 관련하여 국민건강보험공단(원고)이 취소원인을 알았는지는 특별한 사정이 없는 한 피보전채권의 추심 및 보전 등에 관한 업무를 담당하는 직원의 인식을 기준으로 판단하여야 하므로, 담당직원이 채무자의 재산 처분행위 사실뿐만 아니라 구체적인 사해행위의 존재와 채무자에게 사해의 의사가 있었다는 사실까지 인식하였다면 이로써 국민건강보험공단(원고)도 그 시점에 취소원인을 알았다고 볼 수 있다는 것이다(대법원 2015다247707 판결, 대법원 2018다222747 판결 등).

그리고 채권자취소권의 행사에서 그 제척기간의 기산점인 '채권자가 취소원인을 안 날'은 채권자가 채권자취소권의 요건을 안 날, 즉 채무자가 채권자를 해함을 알면서 사해행위를 하였다는 사실을 알게 된 날을 말한다.

이때 채권자가 취소원인을 알았다고 하기 위해서는 단순히 채무자가 재산의 처분행위를 하였다는 사실을 아는 것만으로는 부족하며, 구체적인 사해행위의 존재를 알고 나아가 채무자에게 사해의 의사가 있었다는 사실까지 알 것을 요한다.

사해행위의 객관적 사실을 알았다고 하여 취소원인을 알았다고 추정할 수는 없고, 그 제척기간의 도과에 관한 증명책임은 사해행위취소소송의 상대방에게 있다고 한다(대법원 2013다79320 판결, 대법원 2016다272311 판결).

이해의 편의를 위해 위 대법원 2021다309231 판결 사안을 정리한다.

소외 1은 2016. 7.경 '약사가 아닌 사람이 약국을 개설하여 운영하는 데 공모하고, 약국이 적법하게 설립된 것처럼 요양급여비용을 청구하여 원고로부터 요양급여비용을 지급받았다'는 취지의 「특정경제범죄 가중처벌 등에 관한 법률」위반(사기) 등 공소사실로 공소제기가 되어, 2017. 9.경 소외 1에 대한 공소사실 전부를 유죄로 인정한 판결이 확정되었다.

한편 원고의 종로지사는 2016. 7. 말경 소외 1에 대한 요양급여비용 환수결정을 하였다. 소외 1은 2016. 8.경 외삼촌인 소외 2에게 자신 소유의 이 사건 각 부동산에 관하여 2016. 4. 매매계약(이하 '이 사건 매매계약')을 원인으로 한 소유권이전등기를 마쳐주었다.

소외 1에 대하여 국민건강보험법에 따라 산정된 보험료부과점수 중 재산에 부과하는 점수는 2016. 8. 기준 365점이었는데, 2016. 9. 기준 22점으로 변경되었다. 위와 같이 점수가 변경된 이유에 관한 소외 1의 질문에 대하여, 원고의 민원 담당 직원은 '이 사건 각 부동산이 매각되어 조정이 이루어진 것으로 소유권변동일은 2016. 8. 19.로 확인된다.'고 답변한 사실이 있다.

소외 2는 2017. 10.경 소외 2의 여동생이자 소외 1의 어머니인 피고에게 이 사건 각 부동산을 매도하고, 2017. 11.경 이 사건 각 부동산에 관한 소유권이전등기를 마쳐주었다.

원심은 원고가 늦어도 소외 1의 재산에 부과하는 점수가 변경된 2016. 9.경 무렵에는 소외 1이 채권자인 원고를 해함을 알면서 이 사건 매매계약을 체결하였다는 사실을 알았고, 그로부터 1년이 지나 제기한 이 사건 소는 채권자취소소송의 제척기간을 도과한 것이어서 부적법하다고 판단하여, 이 사건 소를 각하한 것이었다.

그러나 대법원은 국민건강보험공단이 채권자취소권을 행사하는 경우에도 국가 또는 예금보험공사가 소를 제기하는 것과 마찬가지로 채권자취소권 행사에서 제척기간의 기산점인 '채권자가 취소원인을 안 날'에 대하여, 채권의 추심 및 보전 등에 관한 업무를 담당하는 직원의 인식을 기준으로 판단하여야 한다는 취지로 원심을 파기·환송한 것이다.

7. 부동산계약에 대한 사해행위 취소와 입증책임

부동산을 매수하여 등기까지 마쳤는데, 뜬금없이 매매계약이 사해행위라는 취지의 처분금지가처분이 등기부에 기입되는 경우가 있다. 이를 예방할 방법은 없을까? 가처분을 예방하는 것이 쉽지는 않다. 구조적인 문제도 있기 때문에 이런 문제를 예방하지 못했다고 자책할 필요도 없다.

이런 문제는 왜 발생할까? 부동산 매도인의 채권자가 부동산 매도인으로부터 돈을 받을 것이 있는데, 이러한 상황에서 부동산 매도인이 부동산을 매각할 경우, 채권자 입장에서는 자신의 채권확보를 채무자(부동산 매도인)가 방해한다고 판단하는 경우가 발생할 수 있다. 주로 급매로 나온 부동산에서 문제되는 경우가 많다.

그렇다고 싸게 나온 급매를 피할 수도 없지 않은가? 어찌 되었든 급매 부동산 거래에서 계약취소소송이 일어날 가능성이 조금 더 높다는 사실을 알아둘 필요가 있고, 그에 더하여 부동산 매도인이 사업자이거나, 등기부에 여러 채권자들이 존재(가압류, 근저당권 등)할 경우에 조심할 필요는 있는 것이다.

사해행위를 의심하는 채권자는 부동산에 대하여 처분금지가처분을 한 후에 사해행위취소소송을 제기하거나, 처분금지가처분을 한 후 협상에 돌입하는 경우가 있다. 처분금지가처분의 피해를 보게 된 부동산 매수인은 제소명령신청을 통하여 소송화하여 불안한 상태를 제거할 여지도 있다.

사해행위취소소송이 제기되면, 기본적으로 부동산 매수인이 소송구조상 입증책임에서 불리한 경우가 많다는 점도 알아둘 필요가 있다.

즉, 채권자가 채무자인 부동산 매도인의 사해의사를 입증하면, 수익자나 전득자의 악의가 추정되므로(민법 제406조 제1항 단서), 결국 부동산 매수인이 자신이 선의임을 입증해야 하기 때문이다.

이와 관련하여 대법원 2007다18218 판결에 의하면 "사해행위취소소송에 있어서 채무자가 악의라는 점에 대하여는 그 취소를 주장하는 채권자에게 입증책임이 있으나 수익자 또는 전득자가 악의라는 점에 관하여는 채권자에게 입증책임이 있는 것이 아니라 수익자 또는 전득자 자신에게 선의라는 사실을 입증할 책임이 있다고 할 것이다."는 취지이고,

대법원 2008다84458 판결에 의하면 "채무자가 유일한 재산인 부동산을 매각하여 소비하기 쉬운 금전으로 바꾸는 것은 특별한 사정이 없는 한 사해행위가 되고, 사해행위의 주관적 요건인 채무자의 사해의사는 채권의 공동담보에 부족이 생기는 것을 인식하는 것을 말하는 것으로서, 채권자를 해할 것을 기도하거나 의욕하는 것을 요하지 아니하며, 채무자가 유일한 재산인 부동산을 매각하여 소비하기 쉬운 금전으로 바꾸는 경우에는 채무자의 사해의사는 추정되는 것이고, 이를 매수하거나 이전받은 자가 악의가 없었다는 입증책임은 수익자에게 있다."는 취지이다.

그렇다면, 부동산 매수인(사해행위 취소소송의 수익자)의 선의입증은 수월할까? 입증책임이 있다는 것은 우선 불리하다는 것임을 염두에 둘 필요가 있지만, 부동산 매수인이 정상적 거래를 통하여 부동산을 매수하였음을 입증하면, 대체로 선의를 인정하는 경향을 보이는 것이 판례로 해석된다.

결국 부동산 매수인의 선의 여부는 부동산 매도인과 부동산 매수인의 관계, 매매의 내용과 경위 및 동기, 거래조건, 공인중개사 개입 여부 등이 중요한 쟁점으로 떠오르게 된다.

즉 대법원 2009다80484 판결은 "부동산매매계약이 사해행위에 해당함을 이유로 한 사해행위취소소송에서, 매매계약당사자 사이에 친인척관계나 거래관계가 없어 채권채무관계나 재산상태 등에 관하여 알기 어려운 상태였고, 매매대금의 지급 등 계약의 이행이 정상적으로 이루어지는 등의 제반 사정상 사해행위의 수익자와 전득자가 각 매매계약 체결 당시 선의라고 봄이 상당함에도 불구하고, 악의의 추정이 번복되지 않는다고 한 원심판결을 파기한 사례"이며,

대법원 2002다62036 판결은 "사해행위의 수익자가 채무자와 일면식이 없이 이웃의 소개

로 급히 금전이 필요한 채무자로부터 다소 저렴한 가격으로 토지를 매수하였을 뿐이어서 그 과정에서 단기간에 매매대금이 지급되고 그 직후 소유권이전등기가 경료되는 등 부동산거래 관행과 다소 다르게 매매가 이루어진 사정이 있다고 하더라도 채무자로부터의 토지매수가 채권자를 해하는 사해행위임을 알지 못한 선의의 수익자에 해당한다고 판단한 사례"이다.

8. 사해행위 당시 계속적인 물품거래관계가 존재한 경우의 기초적 법률관계론

채권자취소권을 행사하는 자의 채권(피보전채권)은 채무자의 사해행위 이전에 성립될 것을 원칙으로 한다. 다만 예외적인 이론으로 채권자취소권의 피보전채권에 관한 '기초적 법률관계론'이 존재하는데, '기초적 법률관계론'은 형식상 사해행위 이후 발생한 채권을 채권자취소권의 피보전채권으로 확장하는 법리인바, 그 요건은 3가지로 정리된다.

즉 ① 사해행위 당시 이미 채권 성립의 기초가 되는 법률관계가 발생되어 있고, ② 가까운 장래에 그 법률관계에 기해 채권이 성립될 것이라는 점에 대한 고도의 개연성이 있으며, ③ 실제로 가까운 장래에 그 개연성이 현실화되어 채권이 성립하였음을 그 요건으로 한다.

'기초적 법률관계론'이 적용되는 사례로는 보증기금의 구상권, 조세채권, 대환 등을 들 수 있으며, '기초적 법률관계론'이 부정되는 사례로는 신용카드가입계약사례 등이다.

보증기금의 구상권 사례를 살펴보면, 채무자의 입장에서는 사해행위 당시에 이미 사해행위로써 침해하려는 은행의 대출금채권이 존재하였던 것인데, 그 채권자인 은행으로서는 보증기금이 보증채무를 이행했기 때문에 사해행위취소 소송을 낼 필요가 없었을 뿐이므로 '기초적 법률관계론'을 적용하는 데에 무리가 없다(대법원 95다27905 판결 참고). 보증기금이 보증채무 변제에 따른 변제자대위 법리에 의해 채권자의 원채권(은행의 대출금채권)이 변제자인 보증기금에게 이전된다고 볼 수 있기 때문이다.

이와 관련하여 판례는 사해행위 이전에 성립된 채권이 사해행위 이후에 양도된 경우에도 양수인은 채권자취소권을 행사할 수 있다고 보고 있다(대법원 2011다77146 판결 등). 이러한 측면에서도 기술보증기금이 채권자취소권의 피보전채권 성립을 주장할 수 있다.

조세채권 사례를 살펴보면, 조세채권을 발생시키는 '조세부과처분'은 과세 대상이 되는 법률관계나 사실관계를 적발한 뒤에야 이루어지기 마련이고, 그 사이에 사해행위가 행해질 수 있다.

그런데 조세채권의 성립 일시만을 가지고 피보전채권 인정 여부를 판단하게 되면 많은 사해행위를 놓칠 수 있다. 따라서 '기초적 법률관계론'을 적용하여 사해행위 당시 조세채권 발생의 원인이 되는 기초적 법률관계가 이미 있었다고 판단된다면 그 조세채권도 사해행위의 피보전채권으로 인정할 수 있다(대법원 2000다37821 판결 참고).

대환 사례를 살펴보면, 기존 대출계약과 대환에 따른 새로운 대출계약 사이에 사해행위가 이루어진 경우, 수익자는 피보전채권이 사해행위 후에 성립됐다는 주장을 많이 하는데, 이러한 경우 '대환은 종전 채무의 변제를 위한 것이고 대출 내용이 달라진 부분이 없어 채권의 동일성이 유지된다.'는 법리로 피보전채권으로 인정하는 판결들이 있지만, 경우에 따라서는 대환 과정에서 대출의 이율이나 변제기가 달라져 대환 전후 채권의 동일성을 인정하기에 무리가 있는 경우도 있다. 이러한 이론적 문제를 극복하기 위해 대환이 '경개'로 인정되는 경우에도 채권자취소권의 피보전채권이 될 수 있다는 취지의 대법원 2001다81870 판결을 알아둘 필요가 있다.

신용카드 가입계약 사례를 살펴보면, 대법원 2004다40955 판결은 채무자가 신용카드가입계약을 체결하고 자신의 아파트(유일한 부동산)를 매도하기 전에는 신용카드를 사용하지 않다가 그 이후부터 신용카드를 사용하고 그 대금을 연체한 사안에서, 그 신용카드 대금채권은 사해행위 이후에 발생한 채권으로서 사해행위의 피보전채권이 될 수 없다는 취지이다.

그렇다면, '계속적 물품공급계약' 사례는 어떠한가?

대법원 2022다272046 판결에 의하면 "계속적인 물품공급계약에서 대상이 되는 물품의 구체적인 수량, 거래단가, 거래시기 등에 관하여까지 구체적으로 미리 정하고 있다거나, 일정한 한도에서 공급자가 외상으로 물품을 공급할 의무를 규정하고 있지 않은 이상, 계속적 물품공급계약 그 자체에 기하여 거래당사자의 채권이 바로 성립하지는 아니하며, 주문자가 상대방에게 구체적으로 물품의 공급을 의뢰하고 그에 따라 상대방이 물품을 공급하는 별개의 법률관계가 성립하여야만 채권이 성립한다. 따라서 특별한 사정이 없는 한 사해행위 당시 계속적인 물품거래관계가 존재하였다는 사정만으로 채권 성립의 기초가 되는 법률관계가 발생하여 있었다고 할 수 없다."라는 취지이다.

위 대법원 2022다272046 판결에 대하여 연도별 2023. 9. 1.자 '서울고등법원판례공보스터디' 제3100쪽, 제3101쪽에 의하면,

남기정 부장판사님은 그 논문["채권자취소권의 기초적 법률관계론의 바람직한 적용에 대한 검토," 사법 43호(2018)]에서 기초적 법률관계론의 3가지 요건은 사해행위 및 사해의사의 존부를 판단하기 위함이고, 위 3가지 요건을 사해의사 등과 무관하게 기계적인 순서로 적용해서는 안 된다고 보았다면서, 이는 사해행위 및 사해의사가 명확한 경우에 피보전채권의 존부를 보다 넓게 인정할 수 있다는 취지로 보이는바, 사견으로는 남기정 부장님의 견해에 찬성한다면서, 위 사안의 경우에 사해행위 당시 존재하였던 채권자의 채권액에 관하여는 사해행위의 취소를 인정하는 것이 형평에도 부합한다는 견해를 밝히고 있다.

위 대법원 2022다272046 판결 사안을 정리한다. 원고(채권자)는 2014. 10. 25. 이한소재 주식회사(이하 '이한소재')(채무자)와 석유화학제품을 공급하는 물품공급계약을 체결하였다.

위 물품공급계약은 공급할 물품의 구체적인 수량이나 단가, 거래 시기 등을 구체적으로 정하고 있지 않고, 물품대금은 물품 공급 후 익월 말일까지 지급하도록 정하고 있을 뿐 일

정한 한도에서 외상으로 물품을 공급할 의무를 규정하고 있지 않다.

이한소재는 2018. 4. 24. 피고(수익자)에게 이 사건 부동산을 매도하는 계약(이하 '이 사건 매매계약')을 체결하고, 2018. 6. 28. 피고 앞으로 소유권이전등기를 마쳤다.

원고는 2018. 5. 이전 공급한 물품의 대금은 모두 변제받았으나, 2018. 5. 공급한 물품대금 중 일부 6,372,000원, 2018. 6. 공급한 물품대금 26,741,000원, 합계 33,113,000원을 변제받지 못하였다. 원고는 이 사건 매매계약이 원고의 위 물품대금채권을 해하는 사해행위라고 주장하면서, 이 사건 소송을 제기하였다.

원심은 원고의 물품대금채권이 채권자취소권의 피보전채권이 된다고 판단하였으나, 대법원은 이 사건 매매계약이 체결되기 전부터 소외 회사와 물품공급거래를 계속하여 왔더라도 이 사건 매매계약이 체결된 후 소외 회사로부터 구체적인 물품 공급을 의뢰받아 공급한 물품에 대한 대금채권은 사해행위 이후에 발생한 채권에 불과하므로 채권자취소권의 피보전채권이 된다고 보기 어렵다는 이유로 원심을 파기·환송한 것이다.

9. 채권자취소에 있어 채무초과 판단 시 양도소득세 등은 소극제산에서 제외

채무자가 부동산을 매도하여 수익자에게 등기를 넘겼는데, 채권자가 수익자를 상대로 채권자취소소송을 제기할 경우에 그 부동산매매를 취소하고 원상회복 등을 구하게 되는데, 채무자의 채무초과(무자력) 판단 시 위 부동산 매매에 있어 발생하는 세금 즉 양도소득세, 지방소득세 등을 소극재산에 포함해야 하는가? 대법원 2019다281156 판결에 의하면 위 양도소득세, 지방소득세 등은 소극재산에 포함될 수 없다는 취지이다.

채권자취소권행사에 있어 채권자의 채권(피보전채권)의 경우는 사해행위 당시 이미 성립한 채권을 원칙으로 하지만, 예외적으로 사해행위 당시 아직 발생하지 않은 채권이더라도, ① 성립의 기초가 되는 법률관계가 이미 발생하였고, ② 가까운 장래에 발생할 개연성이 있으며, ③ 실제로 가까운 장래에 개연성이 현실화되어 채권이 성립했다면, 피보전채권으로 인정될 수 있으며(대법원 95다27905 판결), 이처럼 사해행위 이후에 발생한 채권이 피보전채권으로 될 수 있다면, '사해행위 이후에 발생한 채무' 또한 사해행위 당시의 채무초과상태를 판단하기 위한 소극재산에 산입되어야 한다는 점에서 위 대법원 2019다281156 판결은 다소 이례적이라고 이해된다(위 대법원 2019다281156 판결에 대하여 양도소득세·지방소득세는 부과되지 않는 경우가 없어 그 채무의 성립이 명백히 확실하므로, 성립의 기초를 인정해서 소극재산에 산입해도 되지 않을까 싶은 생각이 들 수도 있다면서 결론을 정확히 기억해야 한다는 취지의 견해로는 연도별 2023. 9. 1.자 '서울고등법원판례공보스터디' 제2351쪽 참고).

여기서 말하는 '사해행위 이후의 채무'에는 ① '취소채권자 이외의 채권자'에 대한 채무(대법원 2000다30639 판결)는 물론, ② '취소채권자'에 대한 채무, 즉 사해행위 이후에 발생하였으나 '피보전채권'으로 인정되는 경우도 포함된다.

위 대법원 2019다281156 판결 사안을 정리한다. 원고(채권자)는 소외인(채무자)과 사이에 신용보증약정을 체결한바, 아직은 구상금 채권이 발생하지 않은 상태였다. 소외인은 자신의 소유인 이 사건 부동산에 관하여, 채권자인 피고 1(수익자)과 사이에 이 사건 매매계약을 체결하였다.

이 사건 매매계약 당시 소외인의 적극재산은 이 사건 부동산을 포함하여 총 813,843,000원, 소극재산은 채권자가 원고인 구상금채무를 포함하여 총 795,143,427원이었고, 이 사건 매매 계약에 따라 발생한 양도소득세·지방소득세 채무('이 사건 조세채무')는 약 2억원이었다.

원고는 신용보증약정에 따라 소외인의 채무를 대위변제하였고, 이에 따라 구상금채권이 발생하였다. 그 후 원고는 피고 1을 상대로, 위 구상금채권을 피보전채권으로 하여 이 사건 매매계약을 사해행위로서 취소하고 그 원상회복을 구하는 이 사건 소를 제기하였다.

피고 1은, 이 사건 조세채무는 이 사건 매매계약 당시 아직 성립하지 않았으므로 그 당시 소외인의 채무초과 상태를 판단함에 소극재산에서 제외되어야 한다고 다투었다.

원심은, 이 사건 조세채무를 포함하여 채무초과 상태를 판단한 다음 청구를 인용하였는바, 이 사건 매매계약이 체결되기 이전에 교섭이 상당히 진행되어 있었을 것이므로, 이 사건 조세채무는 그 성립의 기초가 되는 법률관계가 이 사건 매매계약 체결 당시에 이미 형성되어 있었고, 양도소득세는 매매계약이 체결되면 가까운 장래에 부과절차가 예정되어 있으므로, 이 사건 조세채무는 채무발생의 고도의 개연성이 있고 그 현실화까지 이루어졌다고 보아야 한다는 것이었다.

그러나 대법원은, 사해행위로 주장되는 부동산 양도계약 자체에서 발생한 양도소득세·지방소득세 채무는 양도계약 당시의 채무초과상태를 판단함에 소극재산으로 고려할 수 없다고 보아, 원심을 파기·환송한 것이다.

위 대법원 2019다281156 판결의 논거를 그대로 현출한다.

민법 제406조의 채권자취소권의 대상인 '사해행위'란 채무자가 적극재산을 감소시키거나 소극재산을 증가시킴으로써 채무초과상태에 이르거나 이미 채무초과상태에 있는 것을 심화시킴으로써 채권자를 해치는 행위를 말한다(대법원 2015다254675 판결 등).

채무초과상태를 판단할 때 소극재산은 원칙적으로 사해행위가 있기 전에 발생되어야 하지만, 사해행위 당시 이미 채무 성립의 기초가 되는 법률관계가 성립되어 있고 가까운 장래에 그 법률관계에 기초하여 채무가 성립되리라는 고도의 개연성이 있으며 실제로 가까운 장래에 그 개연성이 현실화되어 채무가 성립되었다면, 그 채무도 채무자의 소극재산에 포함된다(대법원 2000다30639 판결, 대법원 2010다68084 판결 등).

여기에서 채무 성립의 기초가 되는 법률관계에는 당사자 사이의 약정에 의한 법률관계에 한정되지 않고 채무 성립의 개연성이 있는 준법률관계나 사실관계 등도 포함된다. 따라서 당사자 사이에 채권 발생을 목적으로 하는 계약의 교섭이 상당히 진행되어 계약체결의 개연성이 고도로 높아진 단계도 여기에 포함될 수 있다(대법원 2002다42957 판결 등).

토지나 건물의 양도에 따른 양도소득세와 지방소득세는 과세표준이 되는 금액이 발생한 달, 즉 양도로 양도차익이 발생한 토지나 건물의 양도일이 속하는 달의 말일에 소득세를 납부할 의무가 성립한다(대법원 2019다298451 판결 등).

여기에서 양도는 대가적 수입을 수반하는 유상양도를 가리키고 소득세법 제98조, 같은 법 시행령 제162조에 따르면 양도시기는 대금을 청산하기 전에 소유권이전등기를 하는 경우 등 예외적인 경우를 제외하고는 대금이 모두 지급된 날을 가리킨다(대법원 92누17525 판결, 대법원 91누4980 판결 등).

사해행위로 주장되는 토지나 건물의 양도 자체에 대한 양도소득세와 지방소득세 채무는 통상적으로 토지나 건물의 양도에 대한 대금이 모두 지급된 이후에 비로소 성립하므로 사해행위로 주장하는 행위 당시에는 아직 발생하지 않는다.

양도소득세와 지방소득세 채무 성립의 기초가 되는 법률관계가 사해행위로 주장되는 행위 당시 이미 성립되었다거나 이에 기초하여 이러한 채무가 성립할 고도의 개연성이 있다고 볼 수도 없다.

토지나 건물에 관하여 소득세법에 따른 양도가 이루어지지 않았을 때에는 양도소득세와 지방소득세 채무 성립의 기초가 되는 법률관계가 존재한다고 보기 어렵고, 토지나 건물을 양도에 관한 계약 등의 교섭이 진행되는 경우라 하더라도 이는 양도소득세와 지방소득세 채무를 성립시키기 위한 교섭이라고 볼 수 없어서 채무 성립의 개연성 있는 준법률관계나 사실관계 등에 해당한다고 볼 수 없다.

따라서 사해행위로 주장되는 토지나 건물의 양도 자체에 대한 양도소득세와 지방소득세 채무는 사해행위로 주장되는 행위 당시의 채무초과상태를 판단할 때 소극재산으로 고려할 수는 없다는 것이다.

참고로 연도별 2023. 9. 1.자 '서울고등법원판례공보스터디' 제956쪽에 의하면 "사해행위취소소송에서 채무자의 '무자력 여부'에 관한 심리에 지나치게 집중할 필요가 없다면서, 원고(채권자)가 채무자의 재산처분행위가 사해행위라고 주장하며 수익자(피고)를 상대로 사해행위취소소송까지 제기하고 있는 이상, 보통의 경우는 채무자가 이미 원고를 포함한 채권자들에게 변제할 충분한 능력이 없는 상태일 것이고, 채무자가 가진 채권 등으로 인해 적극재산이 소극재산을 초과하고 있는 상황이라면, 원고로서는 그 채권에 대하여 채권 압류 및 추심 또는 전부명령을 받아 직접 집행을 하는 것이 더 효과적인 방법이지, 굳이 번거롭게 채무자 외의 수익자를 상대로 사해행위취소소송을 제기할 이유가 별반 없으므로, 사해행위취소소송의 재판부로서는 피고(수익자)가 주장하는 채무자의 재산 내역 중에서 변제받을 것이 확실하다고 예상되는 일부를 제외한 나머지 대부분의 채권을 적극재산에서 배제하여 소극재산과 비교하여 보고, 나아가 채무자의 재산처분행위가 사해행위인지, 채무자에게 사해의사가 있었는지 여부에 관한 심리에 더 집중하는 것이 바람직하다고 한다.

10. 부동산에 대한 사해행위취소와 상대무효의 구체적 의미

채무자가 채권자에 대한 사해의사로 부동산을 처분하여, 채권자가 수익자 등을 상대로 소송을 제기하여 승소하였다. 결국, 수익자(매수인)의 소유권이전등기는 말소되고 해당 부동산의 명의자는 채무자(매도인)로 복귀될 것이다.

부동산 명의가 채무자로 회복되자, 채무자가 곧바로 제3자에게 부동산을 매각하고 그 제3자 명의로 소유권이전등기를 경료할 경우 그 효력이 인정될까?

사해행위취소가 인정되더라도 채무자(매도인)와 수익자(매수인) 사이의 매매행위는 그들 사이에서는 유효하나, 채권자에게는 무효가 될 뿐이다. 따라서 채무자의 제3자에 대한 재매각행위는 무권리자의 처분에 불과하여 효력이 없다. 즉, 사해행위 취소소송을 통하여 채무자에게 원상회복된 부동산은 채권자와 수익자 사이에 채무자의 책임재산으로 취급될 뿐이다.

결국 채무자가 원상회복을 기화로 제3자에게 재매각할 경우, 제3자에게 마쳐진 소유권이전등기나 이에 기초하여 순차로 마쳐진 소유권이전등기 등은 모두 원인 무효로 말소되어야 한다.

그렇다면, 사해행위취소를 소송을 통하여 인정받은 채권자만 이와 같은 이론의 적용을 받게 되는가? 재매각을 통하여 사해대상 부동산을 매수한 제3자는 사해행위취소소송을 제기하지 않았던 채권자에게 당신은 사해행위취소소송을 한 채권자가 아니니 별도소송으로 제3자인 나에게 소유권이전등기 말소소송 등을 하더라도, 사해행위취소 등의 효력을 주장할 수 없다는 주장을 할 것이다.

결국 사해행위취소의 상대적 효력의 범위문제(민법 제407조)가 되는데, 대법원 2009다18502 판결에 의하면 사해행위취소소송을 한 채권자가 아니라고 하더라도, 사해행위 성립 전에 채무자에게 채권을 취득한 경우라면, 사해행위취소소송에 의한 취소와 원상회복의 효력을 받은 채권자에 포함된다는 것이다.

그리고 대법원 2015다217980 판결은 "(사해행위취소소송으로 승소한) 취소채권자나 민법 제407조에 따라 사해행위취소와 원상회복의 효력을 받는 채권자는 채무자의 책임재산으로 취급되는 그 부동산에 대한 강제집행을 위하여 이와 같은 원인무효등기의 명의인을 상대로 그 등기의 말소를 청구할 수 있다."는 취지로 원심을 파기하였다.

즉 대법원 2009다18502 판결에 의하면 "채권자취소권은 채무자가 채권자를 해함을 알면서 자기의 일반재산을 감소시키는 행위를 한 경우에 그 행위를 취소하여 채무자의 재산을 원상회복시킴으로써 모든 채권자를 위하여 채무자의 책임재산을 보전하는 권리이나, 사해행위 이후에 채권을 취득한 채권자는 채권의 취득 당시에 사해행위취소에 의하여 회복되는 재산을 채권자의 공동담보로 파악하지 아니한 자로서 민법 제407조에 정한 사해행위취소와 원상회복의 효력을 받는 채권자에 포함되지 아니한다."는 취지이며,

대법원 2015다217980 판결에 의하면 "사해행위의 취소는 채권자와 수익자의 관계에서 상대적으로 채무자와 수익자 사이의 법률행위를 무효로 하는 데에 그치고 채무자와 수익자 사이의 법률관계에는 영향을 미치지 아니하므로, 채무자와 수익자 사이의 부동산매매계약이 사해행위로 취소되고 그에 따른 원상회복으로 수익자 명의의 소유권이전등기가 말소되어 채무자의 등기명의가 회복되더라도, 그 부동산은 취소채권자나 민법 제407조에 따라 사해행위취소와 원상회복의 효력을 받는 채권자와 수익자 사이에서 채무자의 책임재산으로 취급될 뿐, 채무자가 직접 그 부동산을 취득하여 권리자가 되는 것은 아니다(대법원 2012다2743 판결 등). 따라서 채무자가 사해행위 취소로 그 등기명의를 회복한 부동산을 제3자에게 처분하더라도 이는 무권리자의 처분에 불과하여 효력이 없으므로, 채무자로부터 제3자에게 마쳐진 소유권이전등기나 이에 기초하여 순차로 마쳐진 소유권이전등기 등은 모두 원인무효의 등기로서 말소되어야 한다. 이 경우 취소채권자나 민법 제407조에 따라 사해행위 취소와 원상회복의 효력을 받는 채권자는 채무자의 책임재산으로 취급되는 그 부동산에 대한 강제집행을 위하여 위와 같은 원인무효 등기의 명의인을 상대로 그 등기의 말소를 청구할 수 있다고 보아야 한다."라는 취지이다.

11. 수급인의 저당권설정청구권 행사에 따른 저당권설정행위의 사해행위 여부

민법 제666조는 "수급인의 목적부동산에 대한 저당권설정청구권"이라는 제목 아래에 "부동산공사의 수급인은 전조의 보수에 관한 채권을 담보하기 위하여 그 부동산을 목적으로 한 저당권의 설정을 청구할 수 있다."라고 규정하고 있다.

그렇다면 리모델링 공사의 수급인이 공사대금을 주지 않은 집합건물소유자에게 민법 제666조에 따른 저당권설정청구권을 행사하여 저당권등기를 마친 것이 집합건물소유자의 다른 채권자들을 해하는 사해행위가 될 것인가? 그렇게 보기는 힘들다(대법원 2017다225268 판결 취지).

민법 제666조를 통해 수급인에게 우선적인 담보권을 부여하는 저당권설정청구권의 인정 취지를 고려하면, 그에 따라 저당권을 설정하는 것 자체가 곧바로 일반 채권자들을 해하는 사해행위가 된다고 볼 수 없을 뿐만 아니라, 수급인이 유치권을 행사할 수도 있는데, 그 경우에 비해 특별히 더 유리해지는 것도 아니기 때문이다(이런 문제로 인하여 실무에서는 수급인이 유치권을 행사하는 경우가 대다수).

집합건물소유자, 수급인, 하수급인이 합의를 통해 하수급인에게 민법 제666조에 따른 저당권설정을 해준 경우는 어떠한가? 이러한 경우에도 하수급인의 저당권설정행위를 사해행위

로 보기 어렵다.

이는 '제3자 명의의 근저당권설정등기의 유효성'이라는 문제로 다루어지는데, '채권이 제3자에게 실질적으로 귀속'되었다고 볼 수 있으면 제3자 명의의 근저당권설정등기도 유효하기 때문이다.

즉 대법원(전합) 99다48948 판결에 의하면 "채권자와 채무자 및 제3자 사이에 합의가 있고, 채권양도, 제3자를 위한 계약, 불가분적 채권관계의 형성 등 방법으로 채권이 그 제3자에게 실질적으로 귀속되었다고 볼 수 있는 특별한 사정이 있는 경우에는 제3자 명의의 근저당권설정등기도 유효하다."라는 취지이기 때문이다.

이와 관련하여 "연도별 2023. 9. 1.자 '서울고등법원판례공보스터디' 제920쪽, 제921쪽"에 의하면, 제3자 명의로 근저당권을 설정하기로 하는 3자(채권자, 채무자, 근저당권 명의자)간 합의가 있는 경우, 당사자의 의사는 채무자의 근저당권 명의자에 대한 변제 역시 유효한 변제로 인정하겠다는 것이라면서, 채권양도계약, 제3자를 위한 계약 등이 명시적으로 체결된 경우가 아니라고 하더라도, 이처럼 3자 간의 합의를 통해 채권자와 제3자 사이에 '불가분적 채권관계'가 형성되어 제3자에게도 실질적으로 채권이 귀속되는 것과 같은 결론이 되는 것이라고 설명하고 있다.

또한 위 견해에 의하면 이러한 경우에 '부동산실명법 위반 여부' 및 '담보물권의 부종성' 모두 문제되지 않으며, 그 유효성을 인정하는 것이 타당하다면서 만일 이와 달리 제3자 명의의 근저당권설정등기를 무효로 본다면, 근저당권설정등기의 공신력이 없기 때문에 그 등기가 무효임을 알지 못하고 경매에 의하여 소유권을 취득한 매수인 및 그 후의 양수인의 지위가 현저히 불안정하게 된다면서, 다만 위 전원합의체 판결이 '채권이 제3자에게 실질적으로 귀속되었다고 볼 수 있는 특별한 사정이 있는 경우'에 유효하다고 판시한 부분을 오해하면 안 되는바, 대부분의 '제3자 명의의 근저당권설정등기'에는 위와 같은 특별한 사정, 즉 당사자들 사이의 불가분적 채권관계 형성에 관한 합의가 묵시적으로라도 존재하기 때문에 사실상 제3자 명의의 근저당권 역시 대부분의 경우에 유효하고, 무효인 경우가 드물다고 한다.

위 쟁점 설명의 기초가 된 대법원 2017다225268 판결의 사안을 정리한다.

원고들은 주식회사 홍익(이하 '홍익')과 집합건물인 이 사건 건물(다만, 구분된 각 부분은 통틀어 '이 사건 각 부동산')의 해당 부분에 관하여 임대차계약을 체결한 임차인들이다.

피고 주식회사 부환종합건설(이하 '피고 부환종합건설')은 홍익으로부터 이 사건 건물에 관한 리모델링 공사(이하 '이 사건 공사')를 도급받고, 피고 부환종합건설을 제외한 나머지 피고들(이하 '나머지 피고들')과 이 사건 공사 중 해당 부분에 관하여 하도급계약을 체결하거나 이들로부터 공사에 필요한 물품을 공급받아 이 사건 공사를 진행하였다.

피고 부환종합건설은 이 사건 공사를 마쳤으나, 전체 공사대금 중 17억 8,000만원을 받지 못하였고, 나머지 피고들에게도 하도급 공사대금이나 물품대금을 전부 지급하지 못하였다. 홍익은 피고들에게 이 사건 각 부동산에 관하여 채권최고액 17억 8,000만원, 채무자 홍익, 근저당권자 피고들로 된 각 근저당권(이하 '이 사건 근저당권')을 설정해 주었다.

그 후 이 사건 각 부동산에 관하여 경매절차가 개시되자, 원고들은 우선변제권 있는 채권자, 가압류권자 또는 집행력 있는 정본을 가진 채권자로서, 피고들은 근저당권자로서 각각 배당요구 또는 배당참가를 하였다.

집행법원은 원고 5와 피고들에게 해당 금액을 배당하고, 나머지 원고들에게는 배당을 하지 않는 배당표를 작성하였고, 원고들은 피고들에 대한 배당금액 전부에 대하여 이의하였다.

원고들은 이 사건 근저당권 설정행위가 사해행위에 해당하므로 이를 취소하고 원상회복으로 배당표가 경정되어야 한다는 주장 등을 하면서 이 사건 소를 제기하였다. 이에 피고들은 이 사건 근저당권 설정행위는 민법 제666조에 따라 적법하게 이루어진 것으로 사해행위에 해당하지 않는다고 주장한 사안이다.

제11장 부동산계약의 해제 · 해지 일반

1. 부동산매매계약의 해제 · 합의해제

부동산을 매도하거나, 매수하였을 때 이런저런 사정으로 인하여 계약을 해제하는 경우가 있다. 계약해제사유로는 어떤 것들이 있을까? 계약당사자 사이에 해제에 대한 합의가 성립된 경우에 발생하는 합의해제가 있을 수 있다. 이때 해제의 구체적인 내용은 합의에 의하여 결정될 것이다.

해제에 대한 합의가 성립될 수 없다면, 계약당사자 일방이 계약을 해제하는 경우가 발생할 수 있다. 그런데 계약당사자 일방이 계약을 해제하고, 그 해제에 따른 법적 효과가 인정되려면, 해제의 근거가 있어야 한다. 계약해제의 사유로 법률상 인정되는 것은 해약금에 근거한 해제, 채무불이행에 의한 해제, 약정해제 등이 있다.

시중에 유통되는 부동산매매계약서 등을 확인하면, "계약의 해제"라는 제목의 규정도 있고, "채무불이행과 손해배상"이라는 제목의 규정도 있다.

"계약의 해제"라는 제목의 규정은 대체로 민법 제565조를 옮겨 놓은 것으로 "해약금에 의한 계약해제"를 의미한다. 이 규정은 중도금 지급 전에 매도인은 계약금 배액을 상환하고, 매수인은 지급한 계약금을 포기하고 각 계약을 해제할 수 있다는 것으로, 이유를 불문하고 계약의 구속으로부터 자유로워지고 싶다면, 계약금상당액을 포기하면 된다는 취지로 이해하면 된다.

"채무불이행과 손해배상"이라는 제목의 규정은 계약일방이 채무불이행할 경우 상대방이 계약을 해제하면서 손해배상을 청구할 수 있다는 것인데, 이때 주의할 것은 계약서에 손해배상기준이 적시되었는지 여부를 확인하는 것이다.

손해배상기준이 계약금이라고 계약서에 적시되어 있다면, 채무불이행을 이유로 계약을 해제하는 자는 상대방에게 손해배상예정액으로 해석되는 계약금 상당액을 청구할 수 있지만, 손해배상기준이 계약금이라는 문구가 계약서에 적시되어 있지 않으면, 계약을 해제하면서 손해배상을 청구하려면 손해액을 입증해야 하는 문제가 발생한다.

채무불이행에는 크게 이행지체와 이행불능 등이 있는데, 이행지체의 경우는 이행할 기회를 제공(이른바 '최고')해야 한다는 점을 주의해야 하고, 동시이행항변이 붙어 있는 경우에는 이행제공이 필요하다는 사실도 주의할 필요가 있다.

다만, 상대방이 명백히 이행거절을 하는 경우라면, 이행제공이 필요 없다는 것이 법원의 입장이다.

약정해제는 계약서에 "~ 사유가 발생하면 계약을 해제할 수 있다."고 약정하여 적시하였는데, "~ 사유"가 발생한 경우 그 사유를 근거로 계약을 해제하는 것으로 계약 후 차후에 합의로 계약을 해제하기로 약정하여 합의해제를 하는 것과 구별된다는 것도 알아두자.

참고로 엄격한 요건의 충족을 전제로 '사정변경에 의한 계약해제'가 인정될 수 있다는 취지의 대법원 판례도 있다는 사실도 알아두자[대법원 2004다31302 판결, 대법원(전합) 2012다13637 판결, 대법원 2016다249557 판결 등].

합의해제와 관련하여 대법원 2020다271315 판결에 의하면 "당사자 사이의 합의로 성립한 계약을 합의해제하기 위하여서는 계약이 성립하는 경우와 마찬가지로 기존 계약의 효력을 소멸시키기로 하는 내용의 해제계약의 청약과 승낙이라는 서로 대립하는 의사표시가 합치될 것을 그 요건으로 하며, 이러한 합의가 성립하기 위하여는 쌍방 당사자의 표시행위에 나타난 의사의 내용이 서로 객관적으로 일치하여야 한다. 계약의 합의해제는 묵시적으로 이루어질 수도 있으나, 계약이 묵시적으로 합의해제 되었다고 하려면 계약의 성립 후에 당사자 쌍방의 계약실현의사의 결여 또는 포기로 인하여 당사자 쌍방의 계약을 실현하지 아니할 의사가 일치되어야 한다. 한편 당사자 사이에 계약을 종료시킬 의사가 일치되었더라도 계약이 일부 이행된 경우에는 이미 이행된 부분에 관한 원상회복 및 손해배상에 관하여 아무런 약정 없이 계약을 종료시키는 합의만 하는 것은 경험칙에 비추어 이례적이고, 이 경우 합의해제가 성립하였다고 보기 어렵다(대법원 94다17093 판결, 대법원 98다17602 판결, 대법원 2004다11506 판결 등)."라는 취지이다.

그리고 대법원 2017다220416 판결에 의하면 "계약이 합의에 따라 해제되거나 해지된 경우에는 상대방에게 손해배상을 하기로 특약하거나 손해배상 청구를 유보하는 의사표시를 하는 등 다른 사정이 없는 한 채무불이행으로 인한 손해배상을 청구할 수 없다(대법원 86다카1147,1148 판결). 그와 같은 손해배상의 특약이 있었다거나 손해배상 청구를 유보하였다는 점은 이를 주장하는 당사자가 증명할 책임이 있다(대법원 2013다8755 판결). ~중략~ 위와 같은 특약이나 의사표시가 있었는지는 합의해제 · 해지 당시를 기준으로 판단하여야 하는데, 원래의 계약에 있는 위약금이나 손해배상에 관한 약정은 그것이 계약 내용이나 당사자의 의사표시 등에 비추어 합의해제 · 해지의 경우에도 적용된다고 볼 만한 특별한 사정이 없는 한 합의해제 · 해지의 경우에까지 적용되지는 않는다."는 취지이다.

또한 대법원 95다16011 판결에 의하면 "합의해제 또는 해제계약이라 함은 해제권의 유무에 불구하고 계약 당사자 쌍방이 합의에 의하여 기존의 계약의 효력을 소멸시켜 당초부터 계약이 체결되지 않았던 것과 같은 상태로 복귀시킬 것을 내용으로 하는 새로운 계약으로서, 그 효력은 그 합의의 내용에 의하여 결정되고 여기에는 해제에 관한 민법 제548조 제2항의 규정은 적용되지 아니하므로, 당사자 사이에 약정이 없는 이상 합의해제로 인하여 반환할 금전에 그 받은 날로부터의 이자를 가하여야 할 의무가 있는 것은 아니다."는 취지이다(합의해지와 관련된 유사취지의 판결로는 대법원 2000다5336,5343 판결 참고).

정리하자면 합의해제는 '계약'이므로 당사자들의 청약과 승낙의 내용 중 사소한 부분이 불일치해도 인정되기 어렵다고 할 것인바, 당사자 쌍방이 모두 채무불이행을 이유로 해제한다는 주장을 하고 있더라도 계약이 합의해제된 것으로 볼 수는 없다.

계약이 합의해제된 경우에도 종전의 법률관계가 소급하여 소멸하고 합의해제가 된 경우의 원상회복에는 민법 제548조 제2항에 따른 받은 날로부터 연 5%의 이자가 가산되지 않는다(대법원 95다16011 판결).

합의해제가 인정되는 경우에 손해배상을 하기로 하는 특약을 하거나 손해배상청구를 유보하는 의사표시가 있는 경우가 아니라면 손해배상의무도 부담하지 않으며 민법상 해제의 일반적인 효과가 모두 그대로 적용되는 것도 아니다(2022. 9. 30.자 '서울고등법원판례공보스터디' 제869쪽, 제870쪽 참고).

2. 부동산매매계약 해제로 인한 원상회복법리

임야에 대한 매매계약이 체결되었다고 가정하자. 임야 매수인이 임야를 매수한 후 이를 인도받아 점유하다가 적법한 해제의 의사표시를 통해 매매계약이 해제되었다. 임야매수인은 지급한 매매대금의 반환을 구할 것이고, 임야매도인은 임야의 인도를 구할 것이다.

부동산매매계약이 해제되면 계약의 효력이 소급적으로 소멸된다. 결국 계약이 무효로 돌아가는 것이므로 계약에 의하여 실행된 급부는 부당이득으로 반환되어야 한다. 부당이득의 반환에 대하여 민법 제748조는 "수익자의 반환범위"라는 제목아래 "① 선의의 수익자는 그 받은 이익이 현존한 한도에서 전조의 책임이 있다. ② 악의의 수익자는 그 받은 이익에 이자를 붙여 반환하고 손해가 있으면 이를 배상하여야 한다."라고 규정하고 있다.

부동산매매계약이 해제되면 위 민법 제748조 규정에 따라 해결될까? 아니다. 계약의 해제에 대하여는 민법 제748조에 대한 특칙으로 민법 제548조를 규정하고 있으므로, 민법 제548조에 따라 해결된다.

민법 제548조는 "해제의 효과, 원상회복의무"라는 제목 아래에 "① 당사자 일방이 계약을 해제한 때에는 각 당사자는 그 상대방에 대하여 원상회복의 의무가 있다. 그러나 제삼자의 권리를 해하지 못한다. ② 전항의 경우에 반환할 금전에는 그 받은 날로부터 이자를 가하여야 한다."라고 규정하고 있다.

따라서 임야에 대한 매매계약이 있은 후에 임야 매수인이 임야를 인도받아 점유하다가 적법한 해제를 하였다면, 민법 제548조에 따라 당사자 쌍방은 원상회복의무를 부담하게 되는데, 임야매수인의 경우에 임야매도인으로부터 금전을 반환받을 때에, 매도인이 매매대금을 받은 날로부터 민법 내지 상법이 정한 법정이자를 가산하여 반환받아야 하며, 위 법정이자와의 균형상 임야매수인은 임야매도인에게 원물을 반환하면서 그 사용이익을 반환해야 한다.

임야 매수인의 원물반환의무 및 사용이익반환의무와 임야 매도인의 매매대금반환의무 및 법정이자반환의무는 동시이행관계에 있다. 따라서 임야 매수인 내지 임야 매도인이 이행제공을 하지 않은 경우라면 이행지체로 인한 손해배상문제가 발생하지 않는다.

즉 임야 매수인이 임야 매도인을 상대로 적법하게 매매계약을 해제하고 매매대금의 반환을 구함에 있어 이행제공을 한 사실이 없다면 채무불이행으로 인한 지연손해금 문제가 생기지 않는다. 따라서 이러한 경우라면 소송촉진법(소송촉진 등에 관한 특례법) 소정의 법정이율이 적용되지 않는다. 단지 민법 제548조 제2항에 따라 민법이나 상법이 정한 법정이율이 적용될 뿐이다. 민법 제548조 제2항은 계약해제로 인한 원상회복의무의 이행으로서 반환하는 금전에는 받은 날로부터 이자를 가산하여야 한다고 정하였는데, 위 이자의 반환은 원상회복의무의 범위에 속하는 것이기 때문이다(2024. 4. 15.자 공보에 대한 '서울고등법원판례공보스터디' 해설 참고).

이와 관련하여 대법원 2023다289720 판결은 그 판결이유에서 아래와 같이 설명하고 있다. 쌍무계약에서 쌍방의 채무가 동시이행관계에 있는 경우 일방 채무의 이행기가 도래하더라도 상대방 채무의 이행제공이 있을 때까지는 그 채무를 이행하지 않아도 지체책임을 지지 않는 것이고, 이는 지체책임의 면책을 주장하는 자가 상대방의 이행청구에 대하여 동시이행의 항변권을 재판상 또는 재판 외에서 행사하여야만 발생하는 것은 아니다(대법원 96다40851, 40868 판결 등).

한편 매매계약이 해제된 경우에 당사자 쌍방의 원상회복의무는 동시이행의 관계에 있고, 이때 계약의 해제로 인하여 당사자가 상대방에 대하여 원상회복의무와 손해배상의무를 부담하는 경우에는 당사자가 부담하는 원상회복의무뿐만 아니라 손해배상의무도 함께 동시이행관계에 있다(대법원 95다25138, 25145 판결 등).

민법 제548조 제2항은 계약해제로 인한 원상회복의무의 이행으로서 반환하는 금전에는 받은 날로부터 이자를 가산하여야 한다고 정하였는데, 위 이자의 반환은 원상회복의무의 범위에 속하는 것으로 일종의 부당이득반환의 성질을 가지는 것이지 반환의무의 이행지체로 인한 손해배상은 아니고, 소송촉진법 제3조 제1항은 금전채무의 전부 또는 일부의 이행을 명하는 판결을 선고할 경우에 있어서 금전채무불이행으로 인한 손해배상액 산정의 기준이 되는 법정이율에 관한 특별규정이므로, 위 이자에는 소송촉진법 제3조 제1항에서 정한 이율을 적용할 수 없다(대법원 2000다16275, 16282 판결 등).

한편 매매계약이 해제된 경우에 매수인이 목적물을 인도받아 사용하였다면 원상회복으로서 목적물을 반환하는 외에 사용이익을 반환할 의무를 부담하고(대법원 2009다30724 판결), 이때 사용이익의 반환의무는 부당이득반환의무에 해당하므로, 특별한 사정이 없는 한 매수인이 점유·사용한 기간 당해 재산으로부터 통상 수익할 수 있을 것으로 예상되는 이익, 즉 임료 상당액을 매수인이 반환하여야 할 사용이익으로 보아야 한다(대법원 2020다290804 판결 등).

원심판결 이유를 위 법리 및 기록에 비추어 살펴보면, 피고들(임야매도인)에게 계약금반환의무 및 위약금지급의무와 관련하여 지연손해금의 지급을 명한 원심의 판단은 다음과 같은 이유에서 수긍하기 어렵다.

원심판결 이유에 따르면, 이 사건 매매계약은 이 사건 임야의 인도일을 2008. 9. 30.로 정하였고, 원고(임야매수인)는 이 사건 매매계약 후 이 사건 임야 중 일부를 인도받아 장기간 동안 피고들에게 특별한 대가를 지급하지 않고 점유하여 왔다.

이 사건 매매계약의 해제로 인한 원고와 피고들의 원상회복의무는 동시이행관계에 있으므로, 피고들은 원상회복의무로서 계약금에 대하여 받은 날로부터 민법이 정한 연 5%의 법정이율로 계산한 법정이자를 부가하여 반환하여야 한다.

반면, 원고는 원상회복의무로서 이 사건 임야 중 점유한 부분은 물론 특별한 사정이 없는 한 원고가 해당 부분을 점유·사용한 기간 통상 수익할 수 있을 것으로 예상되는 이익까지도 반환하여야 한다.

즉, 원고의 이러한 원상회복의무에 관한 이행제공이 있었음에 관한 주장·증명이 없는 이상 피고들은 계약금반환의무에 관한 지체책임을 지지 않으므로, 이에 대하여 금전채무불이행으로 인한 손해배상액 산정의 기준이 되는 소송촉진법 제3조 제1항에서 정한 법정이율을 적용하여 피고들에게 원고에 대한 계약금반환의무의 이행지체로 인한 지연손해금의 지급을 명할 수는 없다.

또한 원심판결 이유에 따르더라도, 피고들의 위약금지급의무는 이 사건 매매계약이 피고 1 등의 이행거절을 원인으로 해제되었음을 전제로 이 사건 매매계약 제6조에 근거한 것이므로, 이 사건 매매계약의 해제로 인한 피고들의 계약금반환의무는 물론 위약금지급의무까지도 원고의 원상회복의무와 동시이행관계에 있다고 볼 여지가 크다.

그럼에도 원심은 판시와 같은 이유만으로, 이 사건 매매계약의 해제에 따라 피고들이 부담하는 계약금반환의무 및 위약금지급의무와 원고의 원상회복의무가 동시이행관계에 있는지 여부나 그 범위, 원고의 원상회복의무에 관한 이행제공 여부에 관하여 구체적으로 살펴보지 않은 채 피고들에게 계약금반환의무 및 위약금지급의무의 이행지체로 인한 (소송촉진법상) 지연손해금의 지급을 명하였다. 이러한 원심의 판단에는 지연손해금의 적용 대상, 소송촉진법의 적용 여부 등에 관한 법리를 오해함으로써 판결에 영향을 미친 잘못이 있다.

3. 아파트 분양계약 해제로 인한 수분양자의 계약금 등 반환청구와 분양회사의 공제 내지 상계의 정산기준 시점

대법원 2024다227699 판결 사안을 확인해 보자. 아파트의 수분양자인 원고들은 한국주택금융공사의 보증 아래 각 금융기관으로부터 중도금을 전액 대출받아 분양회사인 피고에게 지급하였다. 분양회사인 피고는 원고들의 한국주택금융공사에 대한 구상채무를 연대보증하였다.

그런데, 원고들은 중도금 대출 만기가 도래하였음에도 불구하고 대출금을 상환하지 않았고, 이에 한국주택금융공사가 그 대출원리금을 각 금융기관에 변제하였다, 피고는 한국주택금융공사에 위 공사가 원고들을 위하여 대위변제한 돈을 변제하였고, 2018. 2. 20. 원고들의 분양대금 미지급 등을 이유로 이 사건 분양계약을 해제한다는 의사표시를 하였다.

결국 수분양자들인 원고와 분양회사 피고 사이의 아파트에 대한 분양계약이 해제되어 원상회복의 문제가 남게 된 것이다.

이에 원고들이 아파트분양계약 해제에 따른 원상회복으로 이미 납부한 계약금 등의 반환을 구하자, 피고는 주위적으로 중도금대출신청에 따른 확인서(이하 '이 사건 확인서') 제1조 제3항 및 제2조에 따른 공제 내지 상계항변, 그 후에도 원고들의 채권액이 남는다면 예비적으로 피고가 별도로 대위변제한 소송비용에 관한 구상권을 자동채권으로 하는 상계항변을 하였다.

원고들과 피고가 원심 판시 별지상의 '원상회복금 정산내역' 기재 각 채권을 서로 가지고 있고 각 채권이 상계 등에 의하여 상호 정산되어야 한다는 점은 당사자 사이에 다툼이 없으나, 그 정산의 기준시점에 관하여는 다툼이 있다. 즉 정산기준 시점만이 재판의 쟁점이 된 것이다.

원고들과 피고 등 사이에 작성된 '이 사건 확인서' 제1조 제3항은 '피고는 원고들에게 중도금 대출과 관련하여 금융기관과 체결한 대출협약서상 기한의 이익 상실사유가 발생함과 동시에 대출금 원금 및 이자(연체이자 포함) 등 일체의 금원에 대하여 사전구상권을 가지며, 원고들은 위 사유가 발생하는 즉시 그 금원을 피고에게 지급하기로 한다.'고 정하고 있고, 제2조는 '피고는 제1조에서 정한 사유가 발생함과 동시에 원고들이 기납입한 분양대금 또는 분양대금반환청구채권에서 위 사전구상권에 기한 금원을 공제 내지 상계할 수 있으며, 원고들은 이에 대하여 일체의 이의를 제기치 않기로 한다.'고 정하고 있다.

또한 이 사건 분양계약서 제2조 제4항은 '이 사건 분양계약이 해제 또는 해지될 경우 원고들이 기납부한 분양대금은 위약금, 연체료(연체이자 포함), 대출금, 대납이자, 관리비 등의 순서로 충당하기로 한다.'고 정하고 있다.

공제와 상계의 구별도 중요하지만, 이 사건에서는 정산기준 시점만이 문제되고 있다. 기한의 이익 상실 사유 발생과 동시에 사전구상권 발생하는 것은 보증보험 등에서 흔히 있는 일로 이해되는데, 이 사건은 아파트 수분양자에 해당하는 원고들이 분양대금을 지급하지 아니하여, 피고가 2018. 2. 20. 분양계약 해제한 사안으로 공제 내지 상계의 정산기준 시점을 해제 의사표시의 효력 발생일로 보면, 원고가 납부한 돈에 대한 연 6%의 법정이자가 늘어나 피고에게 불리하게 되는 구조이고, 금융기간에 대한 중도금 대출만기일(원고 1의 중도금대출 만기일은 2013. 1. 6.임)을 공제 내지 상계의 정산기준 시점으로 보면 원고들에게 유리한 상황인데, 대법원은 공제 내지 상계의 정산기준 시점을 이 사건 확정서의 특약을 고려하여 원고 1을 기준으로 볼 때에 '분양계약해제시점'인 2018. 2. 20.이 아니라 '중도금 대출만기일'인 2013. 1. 6.로 본 것이다.

이 사건 확인서 제2조는 "제1조에서 정한 사유(기한이익 상실사유)가 발생함과 동시에 원고가 기납부한 분양대금 또는 분양대금반환청구채권에서 위 사전구상권에 기한 금원을 공제 내지상계할 수 있으며"라고 적시하고 있어, 공제 내지 상계의 정산시점은 해제한 때가 중요한 것이 아니라 해제할 수 있는 때를 기준으로 정산하기로 한 것으로 이해된다는 점에서 대법원 판결이 타당하다고 이해된다(2024. 10. 1.자 공보에 대한 서울고등법원판례공보스터디 제5번 해설 참고).

위 판결은 공제와 상계에 대한 법리도 설시하였다. 다만 이 사건에 있어서는 '이 사건 확인서'에 따른 공제 내지 상계의 정산시점만이 문제되어 공제와 상계의 법리가 다름에도 불구하고 특별히 구별하지 않고 판시한 사실이 있다. 위 판결에서 설시한 공제와 상계의 차이를 판례의 법리공부를 위해 현출한다.

공제는 복수 채권·채무의 상호 정산을 내용으로 하는 채권소멸 원인이라는 점에서 상계와 유사하다. 그러나 공제에는 원칙적으로 상계적상, 상계 금지나 제한, 상계의 기판력 등 상계에 관한 법률 규정이 적용되지 않는다는 점, 부동산임대차관계 등 특정법률관계에서는 일정한 사유가 발생하면 원칙적으로 공제의 의사표시 없이도 당연히 공제가 이루어진다고 보는 점 등에서 공제는 상계와 구별된다.

또한 공제는 상계 금지나 제한과 무관하게 제3자에 우선하여 채권의 실질적 만족을 얻게 한다는 점에서 상계보다 강한 담보적 효력을 가진다.

한편 계약자유의 원칙에 따라 당사자는 강행규정에 반하지 않는 한 공제나 상계에 관한 약정을 할 수 있으므로, 공제나 상계적상 요건을 어떻게 설정할 것인지, 공제 기준시점이나 상계적상 시점을 언제로 할 것인지, 공제나 상계의 의사표시가 별도로 필요한지 등을 자유롭게 정하여 당사자 사이에 그 효력을 발생시킬 수 있다.

또한 공제와 상계 중 무엇에 관한 약정인지는 약정의 문언과 체계, 약정의 경위와 목적, 채권들의 상호관계, 제3자의 이해관계 등을 종합적으로 고려하여 합리적으로 해석하여야 한다.

4. 채무불이행 대상채권 시효완성시 그 채무불이행을 이유로 한 해제권 행사불가

대법원 2019다204593 판결에 의하면 "채무불이행에 따른 해제의 의사표시 당시에 이미 채무불이행의 대상이 되는 본래 채권이 시효가 완성되어 소멸하였다면, 채무자가 소멸시효의 완성을 주장하는 것이 신의성실의 원칙에 반하여 허용될 수 없다는 등의 특별한 사정이 없는 한, 채권자는 채무불이행 시점이 본래 채권의 시효 완성 전인지 후인지를 불문하고 그 채무불이행을 이유로 한 해제권 및 이에 기한 원상회복청구권을 행사할 수 없다."는 취지이다.

위 판결 사안을 정리한다. 대목은 2007. 1. 10. 주택건설사업을 추진하기 위하여 피고와 이 사건 부동산을 3억원에 매수하는 내용의 매매계약(이하 '이 사건 계약')을 체결하고, 2007. 1. 12. 매매대금 중 계약금 3,000만원을 지급하였다.

이 사건 계약은 대목이 2007. 2. 28.에 중도금으로 6,000만원을, 이 사건 사업계획승인 후 10일 이내 잔금으로 2억 1,000만원을 지급하고, 피고는 잔금 수령과 동시에 소유권이전등기의무를 이행하도록 정하고 있었다.

대목은 중도금 및 잔금을 지급하지 않았고 2012. 2.경까지도 사업계획승인을 얻지 못했다. 피고는 2012. 2. 10. 소외인에게 이 사건 부동산을 매도하고, 2012. 2. 13. 위 부동산에 관한 소유권이전등기를 마쳐 주었다.

원고는 대목에 대하여 원고에게 약정금 13억 7,030만원과 지연손해금의 지급을 명하는 지급명령을 받았고, 위 지급명령은 2016. 8. 2. 확정되었다. 원고는 2017. 1. 5. 위 지급명령에 기한 채권을 집행채권으로, 대목을 채무자, 피고를 제3채무자로 하여 피고의 채무불이행에 따른 이 사건 계약의 해제로 인하여 대목이 피고에 대하여 가지는 계약금 등 반환채권에 대하여 압류·추심명령(이하 '이 사건 압류·추심명령')을 받았고, 이는 2017. 2. 11. 피고에게 송달되었다.

피고는 원고의 이 사건 압류·추심명령에 기한 이 사건 추심금 청구에 대하여 원고의 청구는 이미 시효로 인하여 소멸한 채권에 기한 청구라는 내용의 항변을 하였다.

위 사안에 대하여 원심은 계약해제로 인한 원상회복청구권의 소멸시효는 해제 시로부터 진행하는데, 원고는 피고에게 송달된 이 사건 지급명령정본을 통하여 대목의 추심채권자로서 이행불능을 원인으로 이 사건 매매계약을 해제하였으므로, 대목의 계약금 등 반환채권이 시효로 소멸하였을 여지는 없다고 보아 피고의 소멸시효 항변을 배척하였다.

그러나 대법원은 원심을 파기·환송하였다. 즉 대목의 소유권이전등기청구권의 이행기는 불확정기한이므로 이 사건 사업계획승인이 불가능하게 됨으로써 그 이행기가 도래하였고, 원고의 해제 의사표시가 포함된 이 사건 압류·추심명령이 피고에게 도달한 시점에는 대목의 소유권이전등기청구권이 시효가 완성되어 이미 소멸한 상태였을 개연성이 있다는 것이고, 만약 대목의 소유권이전등기청구권이 시효로 소멸하였다면, 그 기산일에 소급하여 그 채권은 존재하지 않는 것이 되므로, 설령 피고가 이 사건 부동산을 소외인에게 매도하였더라도 대목은 이미 시효완성으로 소멸한 피고의 소유권이전등기채무의 불이행을 이유로 이 사건 계약을 해제하거나 계약 해제를 전제로 원상회복청구권을 행사할 수 없다는 취지였다.

위 사안을 분석해 보자. 첫 번째 문제로, 채권의 시효완성 후 그 채무의 이행불능 등을 이유로 계약을 해제할 수 있는지 확인해 보자.

이 사건 계약에 기하여 대목이 피고에 대하여 가지는 이 사건 부동산에 관한 소유권이전등기청구권은 상사채권으로서 그 소멸시효기간은 5년이다. 이 사건 계약에서는 대목의 소유권이전등기청구권의 이행기를 매매대금 잔금지급기일로 정한 것으로 볼 수 있는데, 잔금지급기일은 이 사건 사업계획승인 후 10일 이내의 불확정기한이다. 당사자가 불확정한 사실이 발생한 때를 이행기로 정하였다면 그 사실이 발생한 때는 물론 그 사실의 발생이 불가능하게 된 때에도 이행기가 도래하였다고 보아야 한다(대법원 2017다205127 판결). 대목은 피고에게 계약금만 지급하고는 이 사건 계약에 따른 이행을 전혀 하지 않았고, 이 사건 사업도 상당한 기간 진행되지 않았던 것으로 보인다.

이러한 사정에 비추어 보면 이 사건 사업계획승인은 이미 불가능하게 됨으로써 대목의 소유권이전등기청구권의 이행기가 도래하였고, 원고의 이 사건 계약에 관한 해제의의사표시가 포함된 이 사건 압류·추심명령이 피고에게 도달한 2017. 2. 11.에는 그 이행기로부터 5년이 지나 대목의 소유권이전등기청구권이 시효가 완성되어 이미 소멸한 상태였을 개연성이 있다.

본래 채권인 대목의 소유권이전등기청구권이 시효로 인하여 소멸하였다면 그 기산일에 소급하여 그 채권은 존재하지 않는 것이 되므로, 피고가 이 사건 부동산을 소외인에게 매도하였더라도 대목은 피고의 채무불이행을 이유로 이 사건 계약을 해제하거나 계약 해제를 전제로 한 원상회복청구권을 행사할 수 없다(이와 관련하여 참고할 판례로는 부동산에 대한 매매대금 채권이 소유권이전등기청구권과 동시이행의 관계에 있다고 할지라도 매도인의 매매대금 청구권은 그 지급기일 이후 시효의 진행에 걸리며, 매수인의 소유권이전등기청구권은 채권적 청구권이므로 10년의 소멸시효에 걸리지만 매수인이 매매목적물인 부동산을 인도받아 점유하고 있는 이상 매매대금의 지급 여부와는 관계없이 그 소멸시효가 진행되지 아니한다는 대법원 90다9797 판결 참고).

두 번째 문제로, 변론주의와 관련하여 계약금 등 반환채권에 대한 소멸시효 항변에 본래 채권인 소유권이전등기청구권이 시효완성으로 소멸함에 따라 채권자가 해제권을 행사할 수 없다는 주장이 포함된 것인지 확인해 보자. 일단 위 대법원판례는 계약금 등 반환채권에 대한 소멸시효 항변에 본래 채권인 소유권이전등기청구권이 시효완성으로 소멸되어 채권자가 해제권을 행사할 수 없다는 주장이 포함되었다는 취지로 판시하였다.

즉 위 대법원은 "피고의 소멸시효 항변에는 본래 채권인 대목의 소유권이전등기청구권이 시효의 완성으로 소멸함에 따라 원고가 해제권 및 이에 기한 원상회복청구권을 행사할 수 없다는 주장도 포함되었다고 볼 수 있다. 사정이 이러하다면 원심은 원고가 해제권을 행사할 당시 대목의 소유권이전등기청구권이 시효가 완성되어 소멸하였는지를 심리한 다음 원고가 대목을 대신하여 피고에 대하여 피고의 채무불이행을 이유로 해제권을 행사할 수 있는지를 판단하였어야 한다. 그럼에도 원심은 대목의 소유권이전등기청구권이 시효가 완성되어 소멸하였더라도 원고가 해제권을 행사할 수 있다고 전제하고, 피고의 소멸시효 항변을 해제권의 행사에 따른 원상회복청구권에 관한 항변이라고 단정하여 위 원상회복청구권의 소멸시효가 아직 완성되지 않았다는 이유로 피고의 소멸시효 항변을 배척하였다. 이러한 원심의 판단에는 본래 채권의 소멸시효 완성과 해제권의 행사에 관한 법리를 오해하고 필요한 심리를 다하지 않아 판결에 영향을 미친 잘못이 있다. 이를 지적하는 상고이유 주장은 이유 있다." 라고 판시한 것이다.

위 대법원 판결에 대하여 원고의 청구를 기각한 결론은 정당하나, 기존 대법원 판결 취지에 따르면 변론주의와 관련하여 의문이 있다는 견해가 있다(연도별 2023. 9. 1.자 '서울고등법원 판례공보스터디' 제2618쪽 ~ 제2621쪽 참고).

즉 계약해제로 발생한 원상회복청구권의 소멸시효가 완성하였다는 항변(①항변)과 매매계약에 따른 소유권이전등기청구권의 소멸시효가 완성되었다는 항변(②항변)은 명백히 다른 별개의 항변이라면서, ①항변은 해제로 인해 발생한 원상회복청구권이 그 이후에 시효로 소멸했다는 항변이고, ②항변은 해제의 요건인 (1) 채무의 발생, (2) 채무의 불이행, (3) 해제의 의사표시 도달 중 (1)의 요건과 관련하여 채무가 발생하였으나, 그 채무의 소멸시효가 완성되어 소멸하였으므로 해제가 부적법하다는 항변이라는 것이다.

정리하자면 소송물(청구원인)과 관련하여 보면, ①항변은 소멸시효 완성의 항변이고, ②항변은 해제의 부적법 항변인바, 소멸시효 항변에는 소멸시효의 기산일에 대한 주장이 포함되어야 한다는 점에서도 ①항변에 ②항변이 포함되어 있다고 보기 어렵다는 것이다.

즉 대법원 94다35886 판결은 소멸시효의 기산일에 관하여도 주장책임을 적용하고 있는바, 본래의 기산일보다 앞의 날짜를 기산일로 주장한 경우에 법원이 뒤의 날짜를 기산일로 인정하는 것도 변론주의 위반으로 보고 있으므로 본건에 있어 피고는 ①항변을 하면서 계약금 지급일을 기산일로 주장하였을 뿐인바, 위 대법원 94다35886 판결에 비추어 위 주장 속에 기산일을 약정된 이전등기일(사업계획승인일로부터 10일 이내)로 하는 ②항변이 포함되어 있다고 보는 것은 변론주의원칙에 반하는 것이 아닌지 의문이 있다는 것이다.

5. 사정변경을 이유로 한 토지임대차계약의 해지를 인정한 사례

부동산계약에 있어서 사정변경에 의한 계약해제 또는 계약해지를 인정하는 사례가 많지는 않다. 그 요건이 까다롭기 때문이다.

착오취소(민법 제109조)라는 제도가 있는데, 민법 제109조 제1항은 "의사표시는 법률행위의 내용의 중요부분에 착오가 있는 때에는 취소할 수 있다. 그러나 그 착오가 표의자의 중대한 과실로 인한 때에는 취소하지 못한다."고 규정하고 있어 '계약당시' 중요부분의 착오를 전제하므로 '계약당시'가 아닌 '계약 후'에 사정변경으로 인한 계약의 해소 문제를 민법상 착오취소(민법 제109조) 제도로 해결하기 어렵다.

즉 '계약 후'에 사정이 변경된 경우에 엄격한 요건 하에 일방적인 사정변경에 의한 계약해제·해지가 인정될 수 있다.

이와 관련하여 대법원 2016다249557 판결에 의하면 "계약 성립의 기초가 된 사정이 현저히 변경되고 당사자가 계약의 성립 당시 이를 예견할 수 없었으며, 그로 인하여 계약을 그대로 유지하는 것이 당사자의 이해에 중대한 불균형을 초래하거나 계약을 체결한 목적을 달성할 수 없는 경우에는 계약준수 원칙의 예외로서 사정변경을 이유로 계약을 해제하거나 해지할 수 있다[대법원 2004다31302 판결, 대법원(전합) 2012다13637 판결 등]. 여기에서 말하는 사정이란 당사자들에게 계약 성립의 기초가 된 사정을 가리키고, 당사자들이 계약의 기초로 삼지 않은 사정이나 어느 일방 당사자가 변경에 따른 불이익이나 위험을 떠안기로 한 사정은 포함되지 않는다. 경제상황 등의 변동으로 당사자에게 손해가 생기더라도 합리적인 사람의 입장에서 사정변경을 예견할 수 있었다면 사정변경을 이유로 계약을 해제할 수 없다. 특히 계속적 계약에서는 계약의 체결 시와 이행 시 사이에 간극이 크기 때문에 당사자들이 예상할 수 없었던 사정변경이 발생할 가능성이 높지만, 이러한 경우에도 위 계약을 해지하려면 경제적 상황의 변화로 당사자에게 불이익이 발생했다는 것만으로는 부족하고 위에서 본 요건을 충족하여야 한다."는 취지이다.

그렇다면 사정변경을 이유로 계약해지를 인정한 판례는 어떠한 사안이었을까?

대법원 2020다254846 판결이 사정변경을 이유로 토지임대차계약의 계약해지를 인정하였는바, 위 판례 사안을 살펴보자.

원고(임차인)와 피고(임대인) 사이에 2016. 2. 17. 이 사건 토지에 관하여 임차보증금 1억원, 연 차임 3,000만원, 기간 3년으로 한 임대차계약이 체결되었다. 따라서 원고는 임대차 종료 후 피고에게 임대차보증금 1억원의 반환을 청구할 수 있다. 임대차계약은 2017. 2. 17.

경 원고의 사정변경에 의한 해지통보로 적법하게 해지되었고, 피고는 원고에게 임대차보증금을 반환할 의무가 있다. 그 이유는 다음과 같다.

원고와 피고는 견본주택 건축을 목적으로 임대차계약을 체결하였고, 임대차계약서에도 특약사항으로 위 목적이 명시되었는데, 이는 임대차계약에서 매우 중요한 사항이다. 피고는 이 사건 사업을 추진하던 지주공동사업 추진위원회의 추진위원으로서 이 사건 사업의 진행 내용 등에 대하여 잘 알고 있었기 때문에 견본주택이 건축되지 않을 경우 원고가 이 사건 토지를 사용할 이유가 없다는 것을 임대차계약 당시부터 인식하고 있었다.

원고는 2016. 4. 21. 용인시장으로부터 가설건축물 축조신고 반려통보를 받고 2016. 8. 8. 주택사업계획승인신청 반려통보를 받음으로써 이 사건 토지에 견본주택을 건축할 수 없게 되었고, 피고도 그 무렵 이 사건 토지에 견본주택을 건축할 수 없다는 것을 알게 되었다. 임대인은 목적물을 사용·수익에 적당한 상태를 갖추어 임차인에게 인도해야 할 뿐만 아니라 계약존속 중에도 사용·수익에 필요한 상태를 유지하게 할 의무를 부담한다(민법 제623조). 이 사건 토지는 이 사건 임대차계약 체결 당시부터 현재까지 소외인이 무단으로 점유하면서 새시 제조를 위한 임시가설물 설치, 각종 자재 보관 용도로 사용하고 있다.

견본주택 건축은 이 사건 임대차계약 성립의 기초가 된 사정이다. 견본주택을 건축할 수 없어 원고가 임대차계약을 체결한 목적을 달성할 수 없고, 피고가 원고에게 이 사건 토지를 사용·수익할 수 있는 상태로 인도한 것으로 볼 수도 없다. 이 사건 임대차계약을 그대로 유지하는 것은 원고와 피고 사이에 중대한 불균형을 초래하는 경우에 해당한다고 보아야 한다. 따라서 원고(임차인)의 피고(임대인)에 대한 사정변경에 의한 토지임대차 계약해지가 인정된다.

위 대법원 22020다254846 판결의 소송 경위를 간략하게 정리하면, 1심(수원지방법원 2018가단521112 판결)에서는 원고(임차인)가 계약당시 확정적 불능으로 인한 무효, 착오취소, 약정해제 사유의 발생, 이행불능에 의한 해제 등을 주장한 것으로 보였으나, 원고의 주장이 모두 인정되지 않았고, 항소심(수원지방법원 2018나87538 판결)에 이르러 원고(임차인)가 사정변경에 의한 해제(지)를 추가로 주장하면서, 원고의 청구가 인용되고 대법원에서 항소심 판단이 그대로 확정된 사안이다.

원고의 청구를 모두 받아들이지 않았던 1심(수원지방법원 2018가단521112 판결)의 논리 구조를 살펴보자.

① 이 사건 임대차계약의 목적인 토지를 견본주택으로 사용하는 것이 위 계약의 체결 시에 이미 확정적으로 불가능하였다는 점을 인정할 만한 아무런 증거가 없으므로 이 사건 임대차계약이 무효라고 보기는 어렵다.

② 의사표시는 법률행위 내용의 중요 부분에 착오가 있는 때에는 취소할 수 있으나, 이 사건의 경우 이 사건 임대차계약 체결의 동기가 된 견본주택의 설치 여부가 이 사건 임대차계약의 내용이 되었다고 보더라도 원고가 제출한 증거들만으로는 원고가 이 사건 임대차계

약 체결 당시 중요 부분에 대하여 어떠한 착오를 일으켰다는 점을 인정하기 부족하고, 달리 이를 인정할 증거가 없다.

③ 당사자의 고의 또는 과실과 무관한 사유를 약정해제 또는 해지사유로 정하였다고 해석하려면, 계약의 내용과 경위, 거래관행 등에 비추어 그렇게 인정할 만한 특별한 사정이 있어야 하는바, 이 사건 임대차계약에서에 특약사항으로 'G 지주공동 사업의 견본주택 건축을 목적으로 한다.'라고 기재한 사실만으로는 이 사건 임대차계약의 약정해제사유를 정한 것으로 보기 부족하고, 달리 이를 인정할 만한 증거가 없다.

④ 또한 이 사건 신고가 반려된 이유는 "해당 주택건설사업계획부지에는 지역주택조합이 설립되었거나 설립인가가 신청된 바 없으며, 지역주택조합이 아닌 개인사업자로부터 주택건설사업계획승인이 신청이 접수되어 검토 중인 사항으로, 승인되지 않은 주택건설사업의 견본주택의 건립은 불가능하다."는 것으로 이는 주택건설사업계획승인을 받지 못한 원고측의 사정에 의한 것으로 보이고, 피고의 귀책사유로 인하여 이행불능된 것이라고 볼 만한 아무런 증거가 없으므로, 법정해제사유가 존재한다고 보기도 어렵다.

정리하자면 위 대법원 2020다254846 판결 사안은 '계약당시' 중요부분의 착오를 전제한 착오취소는 적용되기 어려우나, '계약 후' 사정이 변경된 사안으로 엄격한 요건 하에 일방적인 사정변경에 의한 계약해지가 인정된 사안으로 이해된다.

6. 부동산가압류와 계약해제 가능성

부동산 매매에 대한 계약서를 쓰면서, 계약 당시에 부동산등기사항증명서를 떼어 보았는데, 근저당권이나 가압류 및 가처분 등 그 부동산의 권리행사를 제한하는 권리 등이 없었다. 이러한 상황에서 매수인이 계약금을 지급하고, 중도금 없이 잔금 및 잔금지급일을 별도로 정한 계약서를 작성하였다고 가정하자.

그런데 잔금일에 이르러, 잔금을 주기 위해 다시 해당 부동산의 등기사항증명서를 떼어 보았더니, 가압류가 걸려 있는 것이 아닌가? 이때 계약을 해제할 수 있을까? 계약해제사유는 ① 약정해제, ② 합의해제, ③ 채무불이행에 의한 계약해제, ④ 해약금에 의한 해제 등이 있다.

우선 부동산매매계약 당시에 잔금일 전에 가압류 등이 걸리면 계약을 해제할 수 있다는 약정을 특약으로 적어두었다면, 그에 따른 해제, 즉 약정해제권을 행사할 수 있을 것이다. 또한 잔금일에 가압류를 발견한 계약 당사자가 합의로 계약을 해제할 수도 있다.

그런데 계약을 해제하려는 사람은 매수인일 것이기 때문에 매수인이 계약금을 포기하고 계약을 해제하는 해약금에 의한 해제는 기대하기 어려울 것이다. 그렇다면, 채무불이행에 의한 계약해제가 남게 되는데, 채무불이행 중에서 검토할 수 있는 것은 이행지체에 의한 계약해제와 이행불능에 의한 계약해제가 있을 수 있다.

시중에서 많이 사용되는 부동산매매계약서에는 "매도인은 위 부동산에 설정된 저당권, 지상권, 임차권 등 소유권 행사를 제한하는 사유가 있거나, 조세금과 기타 부담금의 미납금 등이 있을 때에는 잔금 수수일까지 그 권리의 하자 및 부담 등을 제거하여 완전한 소유권을 매수인에게 이전한다. 다만, 승계하기로 합의하는 권리 및 금액은 그러하지 아니하다"라는 문구가 부동문자로 인쇄되어 있는 경우가 있다.

위와 같은 취지의 부동문자가 인쇄되어 있다면, 부동산 매수인이 매도인에게 내용증명우편 등을 활용하여 가압류를 풀어줄 기간을 설정해서 그 기간 내에 가압류를 풀지 않으면 이행지체에 의해 계약을 해제하겠다는 취지를 통보하는 방식의 계약해제가 가능할 수 있다. 다만, 잔금일이 지난 경우 매수인이 동시이행관계를 깨기 위해 잔금을 이행제공해야 하는 문제가 있다.

대법원 2000다50688 판결에 의하면 "매매목적물인 부동산에 근저당권설정등기나 가압류등기가 있는 경우에 매도인으로서는 위 근저당권설정등기나 가압류등기를 말소하여 완전한 소유권이전등기를 해주어야 할 의무를 부담한다고 할 것이지만, 매매목적물인 부동산에 대한 근저당권설정등기나 가압류등기가 말소되지 아니하였다고 하여 바로 매도인의 소유권이전등기의무가 이행불능으로 되었다고 할 수 없고, 매도인이 미리 이행하지 아니할 의사를 표시한 경우가 아닌 한, 매수인이 매도인에게 상당한 기간을 정하여 그 이행을 최고하고 그 기간 내에 이행하지 아니한 때에 한하여 계약을 해제할 수 있다."라는 취지이다.

이행불능을 이유로 계약을 해제할 수는 없을까? 대법원은 이행불능의 의미에 대하여 "단순히 절대적·물리적으로 불능인 경우가 아니라 사회생활에 있어서의 경험법칙 또는 거래상의 관념에 비추어 볼 때 채권자가 채무자의 이행의 실현을 기대할 수 없는 경우(대법원 2009다75321 판결)"라고 정의하고 있다. 또한 대법원은 잔금지급 전에 부동산에 가압류가 집행되었다고 해서 이행불능이라고 단정할 수 없고, 신의칙 등에 의하여 매수인은 대금지급채무의 이행을 거절할 수 있을 뿐이라는 태도를 보이고 있다(대법원 99다11045 판결).

다만 관련된 대법원 판례로는 "매도인이 매매목적물의 원소유자에 대하여 가지는 소유권이전등기청구권 또는 분양권에 대한 가압류 또는 처분금지가처분을 해제하여 다시 매수인에게 소유권이전등기절차를 이행하는 것이 불가능하거나 극히 곤란한 무자력 상태에 있다고 봄이 상당하고 이러한 경우에는 이행불능을 이유로 매매계약을 해제할 수 있다(대법원 2005다39211 판결)."라는 취지의 판시가 있다.

즉 대법원 2005다39211 판결에 의하면 "채무의 이행이 불능이라는 것은 단순히 절대적·물리적으로 불능인 경우가 아니라 사회생활에 있어서의 경험법칙 또는 거래상의 관념에 비추어 볼 때 채권자가 채무자의 이행의 실현을 기대할 수 없는 경우를 말하는 것인바, 매매목적물에 대하여 가압류 또는 처분금지가처분 집행이 되어 있다고 하여 매매에 따른 소유권이전등기가 불가능한 것은 아니며(대법원 94다6529 판결, 대법원 99다11045 판결 등), 이러한 법리는 가압류 또는 가처분집행의 대상이 매매목적물 자체가 아니라 매도인이 매매목적물의 원소유자에 대하여 가지는 소유권이전등기청구권 또는 분양권인 경우에도 마찬가지라고 할 것임은 원심이 설시하고 있는 바와 같다. 그러나 매도인의 소유권이전등기청구권이 가압류되어 있거나 처분금지가처분이 있는 경우에는 그 가압류 또는 가처분의 해제를 조건으로 하여서만 소유권이전등기절차의 이행을 명받을 수 있는 것이어서, 매도인은 그 가압류 또는 가처분을 해제하지 아니하고서는 매도인 명의의 소유권이전등기를 마칠 수 없고, 따라서 매수인 명의의 소유권이전등기도 경료하여 줄 수 없다고 할 것이므로(대법원 98다42615 판결, 대법원 2001다27784, 27791 판결 등), 매도인이 그 가압류 또는 가처분 집행을 모두 해제할 수 없는 무자력의 상태에 있다고 인정되는 경우에는 매수인이 매도인의 소유권이전등기의무가 이행불능임을 이유로 매매계약을 해제할 수 있다고 할 것이다(대법원 2000다22850 판결).”라는 취지이다.

결국 위 대법원 2005다39211 판결을 고려할 경우에 이행불능을 이유로 계약을 해제하기 위해서는 매도인이 가압류 집행을 해제할 수 없는 무자력 상태임을 입증해야 할 것이고, 입증이 불가능하다면 잔금지급을 거절할 수 있을 뿐이다.

7. 아파트 분양과 아파트 자체의 하자를 이유로 한 계약해제

아파트 분양의 경우 대체로 선분양·후시공이 일반화되어 있다. 따라서 아파트 분양이라는 측면에서는 매매계약이라는 성질이 있고, 선분양·후시공이라는 측면에서는 도급계약이라는 성질이 있다. 민법 제668조는 “도급인은 완성된 목적물의 하자로 인하여 계약의 목적을 달성할 수 없는 때에는 계약을 해제할 수 있다. 그러나 건물 기타 토지의 공작물에 대하여는 그러하지 아니하다.”고 규정하고 있다. 그리고 집합건물법(집합건물의 소유 및 관리에 관한 법률) 제9조 제1항은 민법 제667조 및 제668조를 준용하고 있다.

민법 제668조를 고려한다면, 분양 후 입주한 아파트에 하자가 존재하고, 그 하자로 인하여 계약의 목적을 달성할 수 없음에도 불구하고 아파트가 건물에 포함되기 때문에 계약을 해제할 수 없게 된다. 이와 같은 결론이 타당할까? 대법원은 이러한 해석이 부당하다는 태도이다.

즉, 대법원 2002다2485 판결은 “통상 대단위 집합건물의 경우 분양자는 대규모 건설업체임에 비하여 수분양자는 경제적 약자로서 수분양자를 보호할 필요성이 높다는 점, 집합건물이 완공된 후 개별분양계약이 해제되더라도 분양자가 집합건물의 부지사용권을 보유하고 있으므로 계약해제에 의하여 건물을 철거하여야 하는 문제가 발생하지 않을 뿐 아니라 분양자는 제3자와 새로 분양계약을 체결함으로써 그 집합건물 건축의 목적을 충분히 달성할 수 있는 점 등에 비추어 볼 때 집합건물법 제9조 제1항이 적용되는 집합건물의 분양계약에 있어서는 민법 제668조 단서가 준용되지 않고 따라서 수분양자는 집합건물의 완공 후에도 분양

목적물의 하자로 인하여 계약의 목적을 달성할 수 없는 때에는 분양계약을 해제할 수 있다." 라고 판시한 사실이 있다.

다만, 위의 "하자"는 건축물 자체의 하자를 의미할 뿐이고, 완성된 아파트 단지 인근의 편의시설이나 복지시설, 아파트 주변의 교통여건 등 해당 아파트의 외적조건이 기준에 미달한다고 보이는 경우 등은 제외된다. 이러한 아파트의 외적조건 미달문제는 결국 하자담보책임으로 인한 계약해제가 아니라, 채무불이행에 의한 계약해제가 가능한지의 문제가 될 것이다.

아파트는 여러 동이 하나의 단지를 이루는 경우가 많으므로, 단지 내 아파트의 조경시설, 놀이시설, 보도 및 도로 불량, 옹벽 및 담장의 불량 등 해당 아파트 외의 결함도 하자담보책임문제로 논의될 여지가 있을 것이나, 이와 같은 하자가 분양계약의 목적을 달성할 수 없는지 여부의 문제는 별도의 문제가 될 것이다.

8. 부동산거래에 있어 이행지체와 이행거절

부동산에 대한 매매계약을 체결하거나, 임대차계약을 체결할 때 계약당사자 쌍방이 서로가 각 의무를 불이행하였다면서 다투는 경우가 있다. 이 경우 가장 많이 검토되는 것이 이행지체와 이행거절의 문제다. 상대방의 행동이 이행지체 또는 이행거절로 판단된다면 계약해제 내지 손해배상이 문제될 수 있는데, 관련 법리는 어떻게 될까?

우선 이행지체부터 살펴보자. 이행지체란 '이행이 가능함에도 불구하고 이행기에 채무자에게 책임 있는 사유로 인하여 이행하지 않은 것'을 의미한다. 이행지체에서 가장 많이 다루어지는 것이 동시이행항변권의 문제다. 즉, 상대방이 이행을 지체하더라도 동시이행항변권이 존재하는 경우는 상대방이 이행기에 채무를 이행하지 않더라도 이행지체로 평가되지 않는다. 이를 '이행지체 저지 효'라 한다(대법원 97다54604 판결 등).

이는 상대방에게 이행지체책임을 물으려면, 이행지체책임을 물으려는 본인도 그에 상응하는 의무를 이행하라는 것으로 생각하면 된다. 이때 이행지체책임을 물으려는 본인은 최소한 이행제공이라는 행위를 하여야 한다. 예를 들어, 부동산 매수인의 이행제공은 잔금 등의 이행제공이 될 것이고, 부동산 매도인의 이행제공으로는 이전등기관련서류의 이행제공 내지 부동산의 인도제공 등이 될 것이다.

이해의 편의를 위해 판례문구를 그대로 옮긴다. 즉 대법원 2022다238053 판결에 의하면 "당사자 일방이 그 채무를 이행하지 아니하는 때에는 상대방은 상당한 기간을 정하여 그 이행을 최고하고 그 기간 내에 이행하지 아니한 때에는 계약을 해제할 수 있다(민법 제544조 본문). 채무자는 변제의 제공으로 채무불이행의 책임을 면하고 변제의 제공은 채무내용에 좇은 현실제공으로 하여야 하는데(민법 제460조, 제461조), 금전채무의 현실제공은 특별한 사정이 없는 한 채권자가 급부를 즉시 수령할 수 있는 상태에 있어야만 인정될 수 있다(대법원 2011다17403 판결). 채권자가 채무자의 급부불이행 사정을 들어 계약을 해제하겠다는 통지를 한 때에는 특별히 그 급부의 수령을 거부하는 취지가 포함되어 있지 아니하는 한 그로써 이행의 최고를 하였다고 볼 수 있으며, 그로부터 상당한 기간이 경과하도록 이행되지 아니하였다면 채권자는 계약을 해제할 수 있다(대법원 2020다290804 판결). 다만 동시이행관계에 있는 반대급부의무를 지고 있는 채권자는 채무자의 변제의 제공이 없음을 이유로 계약해제를 하기 위하여는 스스로의 채무의 변제제공을 하여야 한다(대법원 2004다49525 판결).”라는 취지이다.

다음으로 이행거절을 살펴보자. 이행거절이란 ‘채무자가 채무의 이행이 가능함에도 이를 행할 의사가 없음을 채권자에 대하여 진지하고 종국적으로 표시하여 객관적으로 보아 채권자로 하여금 채무자의 임의의 이행을 더 이상 기대할 수 없게 하는 경우’를 의미한다. 이행거절과 이행지체의 가장 큰 차이점을 무엇일까?

이행거절의 경우는 이행지체와 달리 책임을 물으려는 본인이 상대방에 대하여 ‘자기 채무의 이행제공이나 최고 없이’ 계약을 해제할 수 있다는 점이다(대법원 2005다63337 판결 등). 상대방이 이행을 하지 않겠다고 명시적인 선언을 하였기 때문에 계약을 해제하려는 본인이 본인의 의무를 이행(이행제공)할 필요가 없다는 취지로 이해하면 될 것이다.

다만 대법원 88다1516,1523, 88다카10029, 10036 판결에 의하면 “쌍방의 채무가 동시이행관계에 있는 쌍무계약에 있어서 당사자의 일방이 미리 그 채무를 이행하지 아니할 의사를 표시한 때에는 상대방은 이행의 최고를 하지 아니하고 바로 그 계약을 해제할 수 있으나 그 이행거절의 의사표시가 적법히 철회된 경우 상대방으로서는 자기채무의 이행을 제공하고서 상당한 기간을 정하여 이행을 최고한 후가 아니면 채무불이행을 이유로 계약을 해제할 수 없다.”는 취지로 판시하여 이행거절에 있어서도 ‘철회’를 하게 되면 이행거절이 종료되어 그 후로는 이행지체 법리에 따라 이행제공 및 최고가 필요하다는 입장이다.

상담을 하다 보면 이행거절이 아닌, 이행지체 상황임에도 불구하고, 본인의 채무에 대하여 이행제공조차 하지 않은 채 내용증명을 통하여 계약을 해제한다는 의사표시를 한 경우를 상당수 볼 수 있는데, 이러한 경우에는 계약해제가 인정되지 않을 수 있다는 사실을 알아둘 필요가 있다.

그리고 위 대법원 2022다238053 판결에 의하면 부동산매매에 있어 동시이행관계에 있는 매수인이 이행지체를 이유로 계약을 해제하라면 잔금 등의 이행을 제공해야 하는데, 매수인이 잔금대출을 받기 위하여 부동산담보신탁계약을 체결한 사정만으로는 금전채무의 현실제공으로 볼 수 없고, 금전채무의 현실제공은 특별한 사정이 없는 한 채권자가 급부를 즉시 수령할 수 있는 상태에 있어야만 인정될 수 있다는 취지이다.

9. 부동산계약해제와 주된 급부의무 위반

부동산에 대한 매매계약 또는 임대차계약을 체결하고 나서, 상대방의 채무불이행(의무불이행)을 이유로 계약을 해제하거나, 손해배상을 청구하는 것을 고려하는 경우가 있다. 즉, 계약당사자 중 일방이 의무를 불이행하는 경우 의무불이행의 상대방이 계약해제나 손해배상을 고려하게 되는데, 이때 일방의 의무불이행(채무불이행)이 존재할 경우 상대방이 항상 계약해제 및 손해배상청구를 할 수 있을까?

그렇지 않다. 손해배상 문제와 계약해제 문제를 구별해서 살펴볼 필요가 있다. 즉, 일방의 의무불이행으로 인하여 손해가 발생하였다면, 일방의 의무불이행이 그 계약에 있어서 중요한 것인지, 중요하지 않은 것인지 여부와 상관없이 의무불이행의 상대방은 손해발생 사실 및 손해액 등을 입증하는 방법으로 손해배상을 청구할 수 있다. 그러나 계약해제를 하려면, 일방의 의무불이행에 있어 그 의무는 주된 의무여야 한다. 부동산매매계약을 생각한다면, 매도인의 주된 의무는 등기이전의무, 부동산인도의무 등이 될 것이고, 매수인의 주된 의무는 대금지급의무 등이 될 것이다.

예를 들어, 상가에 대한 매매계약을 체결하면서 특약란에 "깨진 창문은 매도인이 잔금을 받기 전에 모두 수리해 주기로 한다."고 적시되었는데 잔금지급일까지 매도인이 깨진 창문을 수리하지 않았다고 채무불이행을 이유로 부동산 매수인이 매도인을 상대로 계약을 해제할 수 있다고 보기는 어렵다. 깨진 창문을 수리하는 의무가 부동산 매도인의 주된 의무로 보기는 어렵기 때문이다. 다만, 구체적 사정에 따라 창문수리 시까지 잔금(일부) 지급을 거절할 권한은 있을 수 있다고 본다(필자의 개인의견).

이와 관련하여 대법원 2022다203804 판결에 의하면 "민법 제544조(이행지체와 해제)에 의하여 채무불이행을 이유로 계약을 해제하려면, 당해 채무가 계약의 목적 달성에 있어 필요불가결하고 이를 이행하지 아니하면 계약의 목적이 달성되지 아니하여 채권자가 그 계약을 체결하지 아니하였을 것이라고 여겨질 정도의 주된 채무이어야 하고 그렇지 아니한 부수적 채무를 불이행한 데에 지나지 아니한 경우에는 계약을 해제할 수 없다. 또한 계약상의 의무 가운데 주된 채무와 부수적 채무를 구별함에 있어서는 급부의 독립된 가치와는 관계없이 계약을 체결할 때 표명되었거나 그 당시 상황으로 보아 분명하게 객관적으로 나타난 당사자의 합리적 의사에 의하여 결정하되, 계약의 내용·목적·불이행의 결과 등의 여러 사정을 고려하여야 한다."는 취지이다(이 대법원 판례사안을 정리하면 중국인인 원고가 대한민국 체류 및 영주자격 취득을 위해 피고와 이 사건 계약을 체결하여 콘도미니엄 객실 1개를 분양받아 소유권이전등기를 마치고 5년 이상이 흘렀는데, 이 사건 계약서에는 객실 바로 앞의 고압선을 지중화하기로 하는 특약이 수기로 기입되어 있었음. 원심은 원고가 이 사건 계약을 체결한 주된 목적이 대한민국 체류 및 영주자격 획득이었다는 사정 등을 고려하여 피고의 고압선 지중화 의무를 부수적 채무로 보아 원고의 청구를 기각하였으나, 대법원은 피고의 고압선 지중화 의무가 주된 채무라는 취지로 원심을 파기·환송한 것. 같은 콘도미니엄의 다른 수분양자가 동일한 이유로 분양대금 반환소송에서 승소판결을 받은 것을 보고 원고가 소송을 제기했던 사례임).

그렇다면, 상가에 대한 매매계약을 체결하면서 특약란에 "매수인이 잔금기일에 잔금을 모두 제공하였음에도 불구하고, 깨진 창문을 매도인이 잔금을 받기 전에 모두 수리하지 않은 경우 매수인은 즉시 계약을 해제할 수 있다."고 약정하였다면 어떨까? 이러한 약정을 하였다면, 매도인의 잔금지급 전 깨진 창문 불수리는 약정해제사유의 발생이 될 것이고, 매수인은 약정해제사유를 들어 계약을 해제할 수 있을 것이다. 다만, 이 부분은 견해가 대립될 수 있을 것으로 보인다. 약정해제사유는 법정 채무불이행 사유를 계약서에 예시한 것에 불과하다면서 결국 채무불이행을 전제한 계약해제를 검토해야 하므로 주된 의무인지 별도로 따져서 계약해제 여부를 결정해야 한다는 의견이 가능할 수 있다.

상담을 하다 보면, 부동산계약을 체결한 후에 단순 변심으로 계약을 깨고 싶어 그 사유를 사후적으로 찾고자 하면서, 이런저런 상대방의 의무불이행을 이야기하는 분들이 있는데, 주된 의무의 불이행이 아니라면, 이행지체에 의한 계약해제를 논하기 어렵다는 사실을 알아둘 필요가 있다. 따라서, 주된 의무로 보기 어려운 의무 불이행이 계약당사자인 본인에게 중요한 내용일 경우라면, 그 의무불이행 시 계약을 즉시 해지할 수 있다는 특약을 함으로써 약정해지권 행사 가능성을 확보해둘 필요가 있을 것이다.

10. 다운계약과 계약해제

상담을 하다 보면 부동산실거래가 신고제에도 불구하고, 아파트 분양권 전매 시 양도소득세 문제로 인하여 다운계약서를 작성하는 사례가 끊이지 않는 것 같다. 예를 들어보자. 분양권 전매를 하면서, 공인중개사는 프리미엄이 6천만원이 된다는 것을 설명하였고, 분양권 매수인은 이를 수긍하였다. 이때 분양권 전매제한 문제는 없는 것을 전제한다.

분양권매매계약서에 매수인이 도장을 찍은 후, 프리미엄 6천만원 중에서 2천만원만 계약서에 기재되어 있으니, 나머지 4천만원은 계좌이체가 아닌 탈법적인 방법으로 매도인에게 지급하라고 공인중개사가 권한다. 매수인은 분양권매매계약서에 프리미엄 6천만원을 기재하고, 그 약정에 따라 지급하는 것으로 알았으나, 도장을 찍을 때는 이를 미처 확인하지 못한 상황이었다.

이때, 매수인은 적법한 계약서 작성을 요구하면서, 적법한 계약서 작성에 불응할 경우에 계약을 해제할 수 있을까? 이 사안과 동일하지는 않지만 대법원 2014다236410 판결은 정상적인 계약서를 작성한 후 세금문제로 다운계약서 작성을 특약한 사례에서 다운계약서 작성 의무를 주된 의무가 아닌 부수적 의무로 본 사실이 있다.

즉, "다운계약서 작성 합의는 양도소득세와 관련한 피고의 편의를 보아 준다는 취지에서 이루어진 것으로 보이므로, 다운계약서 작성의무는 그 불이행이 있으면 이 사건 매매계약의 목적을 달성할 수 없는 필요불가결한 채무라고 볼 수 없어 이 사건 매매계약의 주된 채무가 아닌 부수적 채무에 불과하고, 따라서 원고가 그 부수적 채무를 이행하지 아니하였다고 하여 피고가 이를 들어 그의 주된 채무의 이행을 거절할 수는 없고, 다만 계약해제 등의 경우 손해배상액을 산정할 때 이러한 사정을 참작할 여지가 있을 뿐이라고 할 것이다(대법원 2014다236410 판결).”는 취지이다.

또한, 대법원 2007다3285 판결은 양도소득세의 일부를 회피할 목적으로 매매계약서에 실제로 거래한 가액보다 낮은 금액을 매매대금으로 기재한 것만으로 그 매매계약이 사회질서에 반하는 법률행위로서 무효가 되지는 않는다는 취지다. 결국, 정상적인 계약서 작성을 요구하는 행위는 계약의 주된 의무를 이행하라는 것으로 보기 어렵고, 정상적인 계약서 작성의무 불이행을 이유로 계약을 해제하기도 어렵다(필자의 개인의견). 참고로 다운계약서 작성특약에도 불구하고 일방 당사자가 실거래가로 신고를 하였다면 탈법을 적법으로 돌리는 행위이므로, 이에 대한 책임을 묻기는 어려울 것으로 해석된다(필자의 개인의견).

11. 경매진행에 따른 차임연체와 계약해지, 그리고 불안의 항변

상가임대차계약을 체결한 후 약 3년 정도가 지났는데, 대뜸 법원에서 임차상가에 대하여 경매가 진행되고 있으니, 권리신고를 하라는 취지의 안내문이 왔다. 임차인은 부랴부랴 법원의 통고문을 들고, 법률구조공단의 무료법률상담부터 변호사 유료상담까지 여러 법률상담을 진행하였고, 대부분의 전문가로부터 임차상가에 경매가 들어올 경우에는 보증금을 돌려받지 못할 가능성이 높으니, 월세의 미지급을 고려하라는 답변을 들었다.

이러한 상황이 되자 상가임차인은 임대인에게 내용증명우편을 통하여, 경매가 취소되기 전에는 월세를 지급할 수 없다는 취지의 의사를 표시하고 월세를 지급하지 않았다. 이에 상가임대인은 경매가 취하되거나 취소되지는 않았지만, 경매의 전제가 된 소송의 항소심에서 공탁을 함으로써 경매가 중지되었고, 임대인의 자력도 충분하니, 월세미납은 타당하지 않다는 취지의 내용증명우편을 상가임차인에게 보냈고, 경매진행 후에 차임연체가 3회분에 이른 사정을 들어 계약을 해지하고 명도소송을 진행하였다.

경매가 진행되기 전에 상가임차인은 차임을 연체한 사실이 없었다. 경매진행 후 보증금을 받지 못할 수도 있다는 불안한 상황 속에서 차임을 연체한 사실을 근거로, 임대인이 계약을 해지하고 상가에서 나가라는 취지의 명도소송을 제기하는 것이 타당한 것일까?

필자가 최근 임차인을 대리하여 승소한 인천지방법원 부천지원 2017가단115288(본소) 건물인도, 2017가단117147(반소) 손해배상사건에서 법원은 임대인의 명도소송이 부당하다는 취지로, 필자의 불안의 항변권 행사를 인정하였다(상대방이 항소한 후 조정 성립).

불안의 항변권이란 무엇일까? 민법 제536조 제2항은 "당사자 일방이 상대방에게 먼저 이행하여야 할 경우에 상대방의 이행이 곤란한 현저한 사유가 있는 때"에 "자신의 채무이행을 거절"할 수 있도록 규정하는데, 이를 불안의 항변권이라고 한다.

불안의 항변권이 인정될 상황일 경우에 임대인의 신용불안이나 재산상태 악화 등이 회복될 때까지(대법원 2004다24106 판결 등), 임차인이 월세를 미납하더라도, 월세미납에 따른 책임을 질 필요가 없고, 결국 월세미납액이 3회분에 이르더라도, 임대인의 계약해지권은 인정되지 않는다.

인천지방법원 부천지원에서는 불안의 항변권 인정의 논거로, 필자가 주장한 임차상가에 적지 않은 근저당권의 피담보채권이 존재하는 점, 경매진행 전에 차임연체사실이 없는 점, 강제집행정지는 임시적 조치에 불과한 점, 임대인의 재산 상태를 고려하더라도 임차인의 보증금확보(배당) 가능성을 예측하기 어려운 점 등이 설시되었다. 결론적으로, 경매가 진행될 경우에 보증금 미확보를 우려하여 월세를 지급하지 않는 경우가 있는데, 이는 불안의 항변권 여부가 문제될 수 있다는 사실을 알고 있을 필요가 있다.

12. 아파트 매매계약에 있어 선이행 의무에 대한 불안의 항변권이 인정

민법 제536조는 "① 쌍무계약의 당사자 일방은 상대방이 그 채무이행을 제공할 때까지 자기의 채무이행을 거절할 수 있다. 그러나 상대방의 채무가 변제기에 있지 아니하는 때에는 그러하지 아니하다. ② 당사자 일방이 상대방에게 먼저 이행하여야 할 경우에 상대방의 이행이 곤란할 현저한 사유가 있는 때에는 전항 본문과 같다."라고 규정하여 제1항에서는 동시이행의 항변권을, 제2항에서는 불안의 항변권을 규정하고 있다.

그렇다면 불안의 항변권은 어떠한 의미인가? 민법 제536조 제2항에서 정한 '선이행 의무를 지고 있는 당사자가 상대방의 이행이 곤란할 현저한 사유가 있는 때에 자기의 채무이행을 거절할 수 있는 경우'란 선이행 채무를 지고 있는 당사자가 계약 성립 후 상대방의 신용불안이나 재산상태 악화 등과 같은 사정으로 상대방의 이행을 받을 수 없는 사정변경이 생기고 이로 말미암아 당초의 계약 내용에 따른 선이행의무를 이행하게 하는 것이 공평과 신의칙에 반하게 되는 경우를 가리킨다(대법원 2011다93025 판결 등).

따라서 상대방의 채무가 아직 이행기에 이르지 않았지만 이행기에 이행될 것인지 여부가 현저히 불확실하게 된 경우에는 선이행채무를 지고 있는 당사자라도 상대방의 이행이 확실하게 될 때까지 선이행의무의 이행을 거절함으로써(대법원 97다5541 판결, 대법원 2019다215791 판결 등), 불안의 항변권을 행사할 수 있다.

그렇다면 매매계약서 본문에서 '매도인은 매매대금의 잔금 수령과 동시에 매수인에게 소유권 이전등기에 필요한 모든 서류를 교부하고 등기절차에 협력하며, 위 부동산의 인도일은

2021. 4. 22.로 한다'고 정하고 있는 반면, 특약사항으로 '실제명도는 2021. 12. 6.로 한다.'고 정하였을 때에 이 사건 매매계약을 어떻게 해석해야 할까?

원심(인천지방법원 2022나53870 판결)은 피고가 원고에게 2021. 4. 22.자로 임차인에 대한 목적물반환청구권을 양도 등의 방법으로 인도할 의무가 있다고 보는 것이 타당하고 2021. 12. 6.까지 이 사건 아파트를 원고에게 현실인도할 의무가 인정되지 않으므로 위 현실인도의무 불이행의 염려가 있음을 이유로 한 원고의 잔금지급의무 이행거절이 정당화될 수 없다는 전제 하에, 원고의 잔금지급의무 불이행을 원인으로 한 피고의 계약 해제 항변이 이유 있다는 취지로 판단하였다.

그러나 대법원은 원심과 달리 "이 사건 매매계약의 문언 해석상 쌍방이 피고의 현실인도의무 이행일은 2021. 12. 6.로 하되 임차인에 대한 이 사건 아파트의 반환청구권 양도에 의한 간접점유의 이전의무는 그보다 앞서 2021. 4. 22. 잔금지급, 소유권 이전등기 의무의 이행과 함께 이행하기로 합의한 것으로 볼 수 있다. 이러한 해석은 완전한 권리의 이전을 목적으로 하는 매매계약의 성격(대법원 2000다8533 판결 등)이나 기록에 의해 알 수 있는 이 사건 매매계약 체결 당시 당사자 쌍방의 동기, 목적, 계약체결 경위, 부동산매매계약서 작성 관행, 사회일반의 상식과 거래의 통념에 부합한다."라는 취지로 판시하면서 원심을 파기·환송한 것이다(대법원 2023다269139 판결).

어떠한 사안이었을까? 간략하게 정리한다. 원고는 피고와 피고 소유의 아파트('이 사건 아파트')를 매수하기로 하는 계약('이 사건 매매계약')을 체결하였는데, 당시 이 사건 아파트에는 임차인이 거주하고 있었고 매매계약 체결 당시 임차인은 원고에게 주택임대차보호법 제6조의3 제1항 본문에 따른 갱신요구권을 행사하지 않겠다는 의사를 명확히 밝힌 상태였다.

그리고 이 사건 매매계약 제2조는 '매도인은 매매대금의 잔금 수령과 동시에 매수인에게 소유권이전등기에 필요한 모든 서류를 교부하고 등기절차에 협력하며, 위 부동산의 인도일은 2021. 4. 22.로 한다.'고 정하고 있고, 특약사항으로 '실제명도는 2021. 12. 6.로 한다.'고 정하고 있었다.

임차인은 이 사건 매매계약에 따른 잔금지급일 직전 갱신요구권을 행사하였고, 원고는 피고의 잔금지급 요구에 대해 임차인의 갱신요구권 행사를 이유로 잔금지급을 거절하였으며, 피고는 등기서류 등을 공탁한 후 이 사건 계약을 해제한다는 의사를 표시하였다.

이에 원고는 피고에게 이 사건 매매계약에 따른 소유권이전등기절차의 이행을 구하는 소를 제기하였고(이후 원심에서 손해배상청구 등을 추가), 피고는 이 사건 매매계약이 피고의 해제권 행사로 인해 적법하게 해제되었다고 항변하였다.

정리하자면, 위 대법원 2023다269139 판결은 실거주 목적으로 아파트를 매수한 매수인 원고의, 매도인 피고에 대한 불안의 항변권이 인정된 사안으로 정리할 수 있다. 즉 실거주 목적으로 아파트를 매수한 원고는 실제 아파트를 명도받아 그 아파트에서 거주하는 것이 목적이지 임차인에 대한 반환청구권을 양도받는 방식에는 관심이 없었다고 해석한 후에 아파트 매매계약 체결 당시에는 갱신요구권을 행사하지 않을 태도를 취했던 임차인이 잔금지급일 직전에 갱신요구권을 행사함으로써 원고가 실제 아파트의 명도를 받지 못하는 상황에 이른 사정을 고려할 때에 선이행의무로 이해되었던 잔금지급을 거절할 사유가 충분했다는 취지로 이해된다.

13. 약정해제권과 이행지체를 전제한 해제권

부동산과 관련된 계약을 해제하기 위해서는 해제사유가 있어야 한다. 계약을 해제할 수 있는 사유로는 ① 해제사유가 법에 정해져 있거나(법정해제사유), ② 계약 당시 일방적으로 계약을 해제할 수 있는 사유를 계약서에 적시하였거나(약정해제사유), ③ 민법상의 해약금 조항에 의하여 계약을 해제하거나(해약금에 의한 해제), ④ 합의로 계약을 해제(합의해제)하는 방법 등을 생각할 수 있다.

채무불이행에 의한 계약해제는 법정해제의 대표주자라고 할 수 있는데, 그 중에서도 이행지체에 의한 계약해제가 가장 많이 문제되고 있다.

예를 들어보자. 아파트 분양계약서에 "'을(수분양자)'은 '갑(분양회사)'의 귀책사유로 인해 입주예정일로부터 3월 이내에 입주할 수 없게 되는 경우 이 계약을 해제할 수 있다."라는 규정이 있다고 가정하자. 이는 약정해제권을 규정한 것인가? 아니면 이행지체로 인한 계약해제권을 규정한 것인가?

이행지체로 인한 계약해제권을 규정한 것이라면 수분양자의 잔금지급기일이 도과한 경우에 수분양자의 미지급 중도금 및 잔금의 지급과 분양회사의 입주시킬 의무가 동시이행관계가 되어 수분양자가 잔금 등의 이행제공을 하지 않은 상황에서의 계약해제가 인정되지 않는 반면, 약정해제권 규정으로 해석하게 되면, 수분양자는 이행제공이라는 행위 없이도 입주예정일로부터 3월 이내에 입주가 되지 않으면 일방적 계약해제가 가능할 수 있다.

지방법원 판례 중에는 이행지체로 인한 계약해제권을 규정한 것으로 해석한 판례도 있고, 약정해제권을 규정한 것으로 해석한 판례도 있다(다만, 대법원 2013다14972, 14989, 14996, 15005 판결은 이를 약정해제권을 규정한 것으로 보면서, 구체적 사정을 고려하여 약정해제사유는 없다는 판단을 내림).

이러한 규정은 분양계약의 수분양자의 열악한 지위를 고려한 조항이므로, 이행제공이라는 추가적 요건을 수분양자에게 요구하는 것은 해당 규정의 취지를 몰각하는 것으로 해석되기 때문에 약정해제권을 규정한 것으로 해석하는 것이 타당하다. 이와 관련하여 서울중앙지방법원 2010가합58945 분양대금반환 등 판결은 약정해제권을 규정한 것으로 해석하였다.

즉, "원고들(수분양자들)은 이 사건 각 분양계약 제2조 제2항에 따른 약정해제권을 행사하고 있고, 위 조항에 기한 해제의 경우에는 이 조항에서 정한 요건 외에 중도금 및 잔금지급 의무의 이행제공을 해제의 요건으로 하고 있지 않으므로 이에 관하여 피고(분양회사)가 이 약정해제권에도 이행지체에 따른 법정해제권의 행사요건이 요구됨을 전제로 이와 같이 주장하는 것은 나아가 살펴볼 필요 없이 이유 없다."라는 판시를 했다.

계약당사자가 약정해제사유를 계약서에 적을 때 그 사유를 살펴보면 대부분 채무에 대한 불이행을 전제하는 경우가 많다. 그렇다면 약정해제사유가 채무불이행을 전제하므로 채무불이행에 의한 계약해제의 요건을 추가적으로 충족해야 한다는 논리를 관철하게 되면 약정해제사유를 적어둔 취지가 몰각된다.

결국 약정해제사유는 채무불이행에 의한 계약해제사유와 구별하여 해당 약정사유가 발생하면 추가적인 요건충족 없이 즉시 계약해제가 가능하다고 해석하는 것이 타당하다. 다만, 계약서에 약정해제사유를 적고 그 약정해제사유를 행사하는 방법 및 절차를 구체적으로 적어두었다면, 그 방법과 절차를 따라야 한다는 제한이 있을 뿐이라고 해석하는 것이 타당할 것이다.

14. 부동산계약에 있어 약정해제권의 중요성

부동산계약을 하면서 계약의 목적을 밝히는 경우가 적지 않다. 그뿐만 아니라, 계약의 목적을 달성할 수 없는 상황이 벌어지게 되면, 해당 부동산계약이 아무런 소용이 없는 경우가 허다하다. 이러한 상황에도 불구하고 부동산계약을 체결하면서 계약의 목적을 구두로만 표현할 뿐, 계약서에 명시하는 경우가 많지 않다.

따라서 부동산계약서에 계약의 목적을 명시하고, 계약의 목적 달성이 어려울 경우 계약을 해제할 수 있다는 조항을 기재해야 문제를 해결하기 수월해 진다. 예를 들어보자. 토지를 매수하면서 매수인은 해당 토지에 공장을 지을 것임을 강조하였고, 중개인과 매도인은 공장을 짓는 데 무리가 없을 것이라고 말하였다. 이러한 상황이라면, 매수인은 공장건축을 위한 허가 등이 나오지 않을 경우 매매계약을 해제할 수 있다는 약정해지권을 계약서에 명기해두는 것이 좋다는 것이다.

공장건축을 목적으로 토지를 매입하였는데, 공장건축이 불가능할 경우 계약을 해제할 수 있다는 특약을 계약서에 명시하지 않았다면, 계약을 파기하는 것이 불가능할까? 그렇지는 않다. 착오취소라는 제도가 존재하기 때문이다. 다만, 약정해제권 행사보다 '착오취소'를 통하여 계약파기를 이끌어내는 것이 훨씬 어렵다는 것을 알고 있어야 한다(패소확률이 높아짐). 그뿐만 아니라, 계약 당시에는 공장건축이 가능했는데, 잔금을 지급할 때에 법령이 변화되면서 공장건축이 불가능한 상황에 처할 수도 있기 때문에 이러한 상황을 고려한 약정해제권의 특약 작성은 필요하다.

또한, 공장건축 등 개발을 목적으로 토지를 매입하는 경우, 매매대금을 모두 지급하고 소유권이전등기까지 마친 다음 바로 개발할 수도 있겠지만, 일정기간 경과 후 개발이 진행되는 것으로 예정되어 있는 경우도 있을 것인데, 이러한 경우에도 그사이 법령 등 상황 변화로 공장건축이 불가능한 사유가 발생할 수 있다. 이러한 경우에 대비하여 해당내용을 계약서에 구체화하고, 구체화된 내용의 조건을 충족할 경우 매수인이 매도인에게 약정해제권을 행사할 수 있다는 특약을 넣는 것이 필요하게 된다.

15. 부동산매매 잔금 미지급 시 자동해제 약정의 효력

부동산에 대한 매매계약을 체결하면서, "부동산매매계약에 있어서 매수인이 잔금지급기일까지 그 대금을 지급하지 못하면 그 계약이 자동적으로 해제된다는 취지의 특약"을 적시하였다. 이러한 특약은 유효한가? 위 특약의 유효성만을 논한다면 무효라 볼 근거가 없으므로 유효하다.

그렇다면, 잔금기일에 매수인이 대금을 지급하지 못하면 매수인의 잔금미지급 사실만으로 계약이 자동으로 해제되고, 매수인이 지급한 계약금도 잔금지급불이행으로 인하여 몰수될까?

그렇게 보기는 힘들다. 대법원 98다505 판결에 의하면 "특별한 사정이 없는 한 매수인의 잔대금 지급의무와 매도인의 소유권이전등기의무는 동시이행의 관계에 있으므로 매도인이 잔대금 지급기일에 소유권이전등기에 필요한 서류를 준비하여 매수인에게 알리는 등 이행의 제공을 하여 매수인으로 하여금 이행지체에 빠지게 하였을 때에 비로소 자동적으로 매매계약이 해제된다고 보아야 하고 매수인이 그 약정 기한을 도과하였더라도 이행지체에 빠진 것이 아니라면 대금 미지급으로 계약이 자동해제된 것으로 볼 수 없다."라고 판시하면서 "원고가 이 사건 부동산매매계약의 잔대금 지급기일인 1996. 4. 30.까지 잔대금을 지급하지 않아 그 지급기일을 같은 해 5. 13.까지 연기하여 주면서 그 때까지 잔대금을 지급하지 않으면 별도의 통지 없이 매매계약이 해제되는 것으로 하기로 약정하였는데 원고가 결국 같은 해 5. 13.까지 잔대금 지급채무를 불이행함으로써 이 사건 매매계약은 적법히 해제되었다는 피고의 주장에 대하여, 원고가 연기된 지급기일까지 잔대금을 피고에게 지급하지 못한 사실은 인정되나, 이 사건 부동산매매에 관하여 원고가 피고로부터 부동산매도용 인감증명서, 등기권리증, 위임장 등 소유권이전등기신청에 필요한 일체의 서류를 제공받음이 없이 위 잔대금을 같은 해 5. 13.까지 무조건적으로 지급하기로 약정하였다고 볼 아무런 증거가 없으므로 원고의 잔대금 지급의무와 피고의 소유권이전 등기서류의 제공의무는 서로 동시이행의 관계에 있다고 할 것인데, 피고 제출의 전 증거에 의하더라도 피고는 당초의 잔대금 지급기일인 같은 해 4. 30.에는 위와 같은 서류를 전혀 준비하지 않았고, 그 후 다시 정한 잔대금 지급기일인 같은 해 5. 13.에도 매수인란이 공란으로 된 자신의 인감증명서와 주민등록등본만을 준비하고 있었을 뿐 달리 원고에게 부동산의 소유권이전등기절차를 이행할 서류들을 준비하고 있었음을 인정할 증거가 없으므로 피고가 자신의 의무이행의 제공을 하지 아니한 이상 단지 잔대금 지급기일이 도과되었다는 이유만으로는 위 계약의 해제사유가 발생한 것으로 볼 수 없다고 판단하였는바, 기록과 앞서 본 법리에 비추어 보면 원심의 이러한 인정과 판단은 옳다고 여겨지고, 거기에 상고이유의 주장과 같은 위법이 있다고 할 수 없다."라는 취지였다.

결국 잔금지급기일에 자동해제를 매도인이 원한다면, 매도인은 잔금지급기일 당일에 소유권이전등기의무 등에 대한 이행제공을 하거나 잔금지급기일 이전에 미리 소유권이전등기의무를 이행하기 위한 준비, 즉 소유권이전을 위한 서류 등을 준비하여 매수인에게 알리는 등 이행제공을 하고 있었던 상태에 있어야 한다. 잔금지급기일 당일에 이행제공을 하였거나, 잔금지급기일 이전에 매도인이 이행제공을 하여 잔금지급기일까지 지속한 경우가 아니라면, 잔금지급기일 후에 이행제공을 하면서, 이행을 위한 기간을 주고 계약해제권을 행사하는 일반적인 방법을 사용할 수밖에 없을 것이다(필자의 개인의견).

그렇다면, 잔금지급기일에 잔금을 지급하지 못한 상황에서 매수인이 수회에 걸친 채무불이행에 대하여 책임을 느끼고 잔금지급기일의 연기를 요청하면서 새로운 약정기일까지는 반드시 계약을 이행할 것을 확약하고 불이행 시에는 매매계약이 자동적으로 해제되는 것을 감수하겠으며 "계약금의 반환청구권도 포기"하는 내용의 약정을 한 특별한 사정이 있다면 어떠한가?

이러한 경우에 그 연기된 잔금지급기일의 도과만으로 계약이 자동해제되고, 계약금의 반환도 위 약정에 따라 불가능할까? 이러한 경우 대법원 2010다1456 판결은 "매수인이 (매수인의 요청으로 연기된) 잔금지급기일까지 잔금을 지급하지 아니함으로써 그 매매계약은 자동적으로 실효된다."는 취지인바, 연기된 잔금지급 약정기일도과로 계약의 자동해제가 인정된다.

다만, 동시이행의 항변권을 포기하는 약정은 유효하다고 해석된다. 즉 대법원 87다카2498 판결에 의하면 "부동산매매당사자 간에 작성된 매매계약서에 잔대금을 소유권이전등기절차의 완비서류와 교환하여 수도하기로 되어 있고 매수인이 그 계약에 의한 동시이행항변권을 포기하였다고 볼 만한 사정이 없는 경우에는 매도인이 매매계약을 해제하려면 매수인에게 부동산소유권이전등기에 필요한 서류를 완비하여 제시한 후 잔대금의 지급을 최고하고 그래도 잔대금을 지급하지 아니할 때에 한한다."는 취지이고, 대법원 97다37852, 37869 판결에 의하면 "아파트 공급계약서상 분양자가 입주예정일을 넘길 경우 기납부한 중도금에 대하여 입주예정일로부터 입주지정기간 개시일 전일까지 경과된 일수를 입주지체일수로 하여 지체상금을 지급하기로 약정한 반면 수분양자들이 중도금 및 잔금의 납기를 지연한 때에는 지연일수에 지체상금률과 동일한 요율에 따른 연체료를 지급하기로 하는 별도의 약정을 하고,

각각 이행기인 납기 혹은 입주예정일이 지나면 곧바로 지체책임이 발생하도록 하고, 그 대금지급방법도 아파트 건축공정에 상응하여 중도금을 7회에 걸쳐 분납하도록 한 경우, 위 지체상금 및 연체료의 약정은 쌍무계약상 동시이행에 관한 권리를 쌍방이 포기하기로 하는 특약을 한 것으로 해석된다."라는 취지이다.

따라서 부동산에 대한 매매계약을 체결하면서, "부동산매매계약에 있어서 매수인이 잔금지급기일까지 그 대금을 지급하지 못하면 그 계약이 자동적으로 해제된다는 취지의 특약"과 함께 "매수인의 동시이행항변권을 포기하는 구체적이고 명확한 약정"을 부가했다면 매수인이 부동산매매의 잔금을 미지급할 경우 자동으로 계약이 해제된다고 해석된다.

이와 관련하여 대법원 2022다255614 판결에 의하면 "부동산매매계약에서 매수인이 잔대금 지급기일까지 그 대금을 지급하지 못하면 계약이 자동적으로 해제된다는 취지의 약정이 있더라도 매도인이 이행의 제공을 하여 매수인을 이행지체에 빠뜨리지 않는 한 지급기일의 도과사실만으로는 매매계약이 자동해제된 것으로 볼 수 없다. 다만 매도인이 소유권이전등기에 필요한 서류를 갖추었는지 여부를 묻지 않고 매수인의 지급기일 도과사실 자체만으로 계약을 실효시키기로 특약을 하였다거나, 매수인이 수회에 걸친 채무불이행에 대하여 책임을 느끼고 잔금지급기일의 연기를 요청하면서 새로운 약정기일까지는 반드시 계약을 이행할 것을 확약하고 불이행 시에는 매매계약이 자동적으로 해제되는 것을 감수하겠다는 내용의 약정을 하였다고 볼 특별한 사정이 있다면, 매수인이 잔금지급기일까지 잔금을 지급하지 않음으로써 그 매매계약은 자동적으로 실효된다."라는 취지이다.

16. 부동산매매계약에 있어 자동해제 특약의 효력

부동산매매계약을 체결함에 있어 일방 당사자의 채무불이행 시 계약이 자동으로 해제된다는 특약을 계약서에 적시하는 경우가 있다. 이와 같은 경우에 계약의 일방 당사자가 계약서에 적시된 채무를 불이행한 경우에 부동산매매계약이 위 특약에 따라 별도의 해제의 의사표시 없이도 자동으로 해제되는가? 구체적 내용에 따라 다르다.

대법원 92다5928 판결에 의하면, "매매계약 당시 매수인이 매도인에게 중도금을 그 약정일자에 지급하지 아니할 때에는 매매계약이 취소되는 것으로 하되, 이미 지급한 대금은 반환하지 않기로 약정하였는데, 그 후 매수인이 중도금을 그 약정일자에 지급하지 아니하였다면 위 불이행 자체로써 위 매매계약은 그 일자에 자동적으로 해제된 것으로 보아야 한다."는 취지이다.

또한 대법원 91다13717 판결에 의하면, "매매계약에 있어서 매수인이 중도금을 약정한 일자에 지급하지 아니하면 그 계약을 무효로 한다고 하는 특약이 있는 경우 매수인이 약정한 대로 중도금을 지급하지 아니하면 (해제의 의사표시를 요하지 않고) 그 불이행 자체로써 계약은 그 일자에 자동적으로 해제된 것이라고 보아야 한다."는 취지이다.

따라서 부동산매매에 있어 중도금 지급의무 불이행 시 매매계약이 자동적으로 해제된다는 특약이 있을 경우에 특별한 사정이 없는 한 별도의 해제의 의사표시를 요하지 않고, 중도금 지급의무 불이행 자체로 계약은 자동으로 해제된다. 이러한 대법원 판례의 취지는 중도금 단계에서는 대체로 매도인의 의무가 존재하지 않음에 기인한 것으로 해석된다.

그렇다면, 부동산매매계약에 있어 잔금지급기일까지 잔금을 지급하지 않을 경우 계약이 자동해제된다는 특약을 한 경우에도 그 특약이 그대로 적용되어 별도의 행위가 필요 없는 것인가?

대법원 판결 취지를 고려하면 별도의 해제의 의사표시는 필요하지 않은 것으로 보이나, 자동해제의 전제로써 동시이행관계를 깨기 위한 매도인의 소유권이전등기 서류 등의 이행제공이 필요한 것으로 해석된다.

즉, 대법원 91다15614 판결에 의하면, "부동산매매계약에 잔대금지급기일까지 잔대금을 지급하지 아니할 때에는 위 매매계약은 자동적으로 해제된다고 하는 약정이 있더라도 매도인이 그 대금지급기일에 자기 채무의 이행제공을 하여 매수인으로 하여금 이행지체에 빠지게 하여야 비로소 자동적으로 매매계약이 해제되는 것이고 매수인이 그 약정기한을 도과하였다고 하더라도 이행지체에 빠진 것이 아니라면 대금 미지급으로 계약이 자동해제되는 것은 아니다."라고 하면서,

"매도인이 대금지급기일에 매도인의 부동산 매도용 인감증명서와 위 부동산에 대한 가등기말소용 인감증명서 및 그 외 각 등기권리증, 인감도장 등을 준비하였다면 비록 매도인이 준비한 위 각 인감증명서에 기재된 매도인 및 가등기명의자의 주소가 각자의 등기부상 주소와 일치하지 않더라도 매수인이 요구하는 매도증서, 매매예약해제증서나 위임장 등은 매도인이 준비해 간 인감도장과 법무사 사무실에 비치된 용지를 이용하여 그 자리에서 쉽게 마련할 수 있는 것들이고,

위와 같은 등기부상 주소와 인감증명서상 주소의 불일치는 매수인이 매도인 및 가등기명의자의 주민등록표등본을 발급받아 표시변경등기를 함께 신청하는 방법으로 쉽게 해결할 수 있으니, 신의칙에 비추어 볼 때 매도인은 자신과 가등기명의자의 각 인감증명서와 등기권리증 및 인감도장을 준비함으로써 비록 완전하다고는 할 수 없지만 일응 자기 채무의 이행제공을 하였다고 봄이 상당하다."라는 취지로 판시하였다.

결국, 중도금이 아닌 잔금지급기일에 이르러서는 매도인의 소유권이전등기 의무 등과 매수인의 잔금지급 의무가 동시이행관계에 있기 때문에 "잔금지급 의무 불이행 시 매매계약 자동해제 특약"이 존재하더라도, 매도인이 동시이행관계를 깨는 이행의 제공이 있어야 비로소 자동해제가 인정된다는 취지로 이해된다.

광주고등법원 78나293 판결도 "매매계약에 있어서 어느 일방이 위약시에는 하등의 통지

없이 계약이 해약된다는 약정이 있다고 하더라도 특단의 사정이 없는 한 매수인의 잔대금지급의무와 매도인의 소유권이전등기의무는 동시이행의 관계에 있으므로 이행기에 이행의 제공이 없는 한 이행기일의 도과로 인하여 계약이 당연히 해제된다고는 볼 수 없다."는 취지로 판시하였다.

그렇다면, 매도인이 소유권이전등기에 필요한 서류를 갖추었는지 여부를 묻지 않고 매수인의 잔금지급기일 도과사실 자체만으로 계약을 실효시키기로 특약(이른바 '동시이행관계 배제특약'으로 볼 수 있을 것. 동시이행의 항변권 배제특약이 가능하다는 취지의 판례로는 대법원 87다카2498 판결, 대법원 97다37852, 37869 판결 등)을 하였다거나, 매수인이 수회에 걸친 채무불이행에 대하여 책임을 느끼고 잔금지급기일의 연기를 요청하면서 새로운 약정기일까지는 반드시 계약을 이행할 것을 확약하고 불이행 시에는 매매계약이 자동적으로 해제되는 것을 감수하겠다는 내용의 약정을 하였다고 볼 특별한 사정이 있다면 어떠한가?

대법원 2022다255614 판결에 의하면 위와 같은 경우에는 "매수인이 잔금지급기일까지 잔금을 지급하지 않음으로써 그 매매계약은 자동적으로 실효된다."는 취지이다.

즉 위 대법원 2022다255614 판결에 의하면 "부동산매매계약에서 매수인이 잔금지급기일까지 그 대금을 지급하지 못하면 계약이 자동적으로 해제된다는 취지의 약정이 있더라도 매도인이 이행의 제공을 하여 매수인을 이행지체에 빠뜨리지 않는 한 지급기일의 도과사실만으로는 매매계약이 자동해제된 것으로 볼 수 없다. 다만 매도인이 소유권이전등기에 필요한 서류를 갖추었는지 여부를 묻지 않고 매수인의 지급기일 도과사실 자체만으로 계약을 실효시키기로 특약을 하였다거나, 매수인이 수회에 걸친 채무불이행에 대하여 책임을 느끼고 잔금지급기일의 연기를 요청하면서 새로운 약정기일까지는 반드시 계약을 이행할 것을 확약하고 불이행 시에는 매매계약이 자동적으로 해제되는 것을 감수하겠다는 내용의 약정을 하였다고 볼 특별한 사정이 있다면, 매수인이 잔금지급기일까지 잔금을 지급하지 않음으로써 그 매매계약은 자동적으로 실효된다."라는 취지이다.

17. 부동산 매도인의 계약해제통지를 최고로 인정한 사례

대법원 2022다238053 판결 사안을 토대로 설명한다. 원고와 피고들은 2019. 12. 20. 원고가 피고들로부터 골프연습장 용도로 사용되던 이 사건 부동산을 대금 155억원에 매수하는 이 사건 매매계약을 체결하였다.

이때 원고가 피고들에게 계약금 10억 5,000만원을 지급하였고, 2020. 3. 30. 중도금 20억원, 2020. 5. 29. 잔금 124억 5,000만원을 지급하고, 잔금지급과 동시에 이 사건 부동산에 관한 소유권이전등기절차를 이행하기로 하였으며, 이 사건 매매계약에 따른 의무를 이행하지 아니할 경우 서면으로 이행을 최고하고 계약을 해제할 수 있다고 정하였다.

원고는 2020. 3. 30. 피고들에게 중도금 20억원 중 15억원만을 지급하면서, 나머지 5억원을 잔금과 함께 지급하기로 합의하고 위 5억원에 대한 이자 명목으로 1,500만원을 지급하였다.

원고는 잔금지급기한의 연장을 요청하였고, 피고들은 2020. 6. 3. 이 사건 매매계약에서 정한 잔금지급기한을 2020. 6. 10.까지로 연장해 주었다.

피고들은 2020. 6. 7. 원고에게 "○○동 계약 관련 본건 잔금 2020. 5. 28.을 매수인/중개인 소외 1로부터 은행대출관련 2020. 6. 1.~3. 조건으로 구두 연장하였으나 2020. 6. 3. 또한 잔금지불 연장요구하시어 2020. 6. 10. 잔금기일 최종 구두연장하면서 서로 불미스러운 책임을 묻지 않기로 구두 약속한바 2020. 6. 10. 잔금 차질이 없도록 선처 부탁합니다."라는 내용의 문자메시지를 보냈다.

피고들은 원고의 요청에 따라 2020. 5. 29., 2020. 6. 5. 및 2020. 6. 8. 매수인을 유한회사 보리영과 소외 2로 한 매도용 인감증명서와 주민등록초본을 각 발급받음으로써 이 사건 부동산의 소유권이전등기에 필요한 서류의 준비를 마쳤고, 이러한 사실을 공인중개사 소외 1에게 알려주었다.

또한 피고 주식회사 일진스포렉스는 이 사건 부동산 내의 골프연습장 영업을 중단하고 회원들에게 회비를 환불해 주었고, 직원들을 퇴사시킨 뒤 2020. 6. 1. 퇴직금을 지급하였으며, 최초 잔금지급기일인 2020. 5. 29. 이전까지 이 사건 부동산 내의 임차인들과 임대차계약을 해지하거나 그들로부터 임대차목적물을 반환받는 등 원고에게 이 사건 부동산을 인도하기 위한 준비를 마쳤다.

원고가 2020. 6. 10.까지 잔금을 지급하지 않자, 피고들은 2020. 6. 11. 원고에게 잔금 미지급을 이유로 이 사건 매매계약을 해제한다는 내용의 문자메시지를 보냈다.

원고는 2020. 6. 11. 대출을 받기 위하여 우리자산신탁 주식회사와 이 사건 부동산 중 광주 광산구 소재 토지를 제외한 나머지 부동산을 담보신탁하는 등의 내용으로 부동산담보신탁계약을 체결하였다.

피고들은 제1심 소송 중인 2020. 7. 7. 이 사건 매매계약이 원고의 잔금 미지급으로 해제되었다는 취지의 답변서를, 2021. 6. 16. 같은 취지의 준비서면을 각 제출하였고, 2020. 7. 8. 및 2021. 6. 16. 원고측에게 각 송달되었다.

이 사건 부동산 매도인 피고들의 행동은 적법한 이행제공으로 볼 수 있는가? 그렇다. 즉 위 대법원 판결에 의하면 피고들은 잔금지급일인 2020. 6. 10. 이전에 이 사건 부동산의 소유권이전등기에 필요한 서류의 준비를 마치고 담당 공인중개사에게 이를 통지하였고, 피고 주식회사 일진스포렉스는 이 사건 부동산을 인도하기 위한 준비를 마치는 등으로 원고에게 이행제공을 하였다는 취지이다.

반면 원고는 최종 잔금지급기일 다음 날인 2020. 6. 11. 잔금 상당의 대출을 받기 위하여 부동산담보신탁계약을 체결하는 등 잔금의 지급을 준비하고 있었을 뿐 피고들에게 잔금을 즉시 수령할 수 있는 상태로 현실제공하였다고 볼 수 없다고 한다(다만 연도별 2023. 9. 1.자 '서울고등법원판례공보스터디' 제2747쪽 이하에 의하면 "이 사안에서 잔금이 약 130억원으로 매우 큰 금액이기에, 원고는 피고들로부터 이 사건 부동산에 관한 등기를 이전받아 이를 담보신탁한 후 신탁회사로부터 받은 대출금을 매매대금으로 지급하기로 하였는바, 거래관행은 매도인, 매수인, 금융기관이 법무사 사무실에 모여 부동산등기 및 대출 등에 필요한 서류를 작성하고 법무사에게 위임장을 작성해준 후 금융기관이 대출금을 매도인에게 직접 지급하고 법무사는 추후에 담보신탁등기를 해주므로 원고가 이행제공을 하였다고 보는 것이 정당한 결론일 가능성이 크다면서, 원고가 2020. 6. 11. 부동산담보신탁계약이 성사되었으므로 부동산을 담보로 대출을 받고 등기를 마쳐달라고 통지했다면, 응당 피고들로서는 법무사 사무실에 모여 이 사건 매매계약을 이행하여야 하는데, 피고들은 같은 날 잔금지급기일이 단 하루 지났다는 이유로 이행최고 절차도 없이 계약해제 통지를 하였고, 원고는 위 통지를 받고 4일 만에 이 사건 소송을 제기한바, 파기환송 후 원심은 원고가 2020. 6. 11. 피고들에게 잔금지급채무의 이행제공을 했다고 볼 수 있는지 여부에 대하여 추가로 심리해볼 필요가 있다는 견해 밝히고 있음).

그렇다면 피고들의 매매계약 해제 통지 중 2020. 6. 11.자 문자메시지에 의한 해제 통지는 적법한가? 아니다. 위 대법원 판결에 의하면 이 사건 매매계약에 따른 의무를 이행하지 아니할 경우 서면으로 이행을 최고하고 계약을 해제를 약정하였으므로 "서면에 의한 이행의 최고가 없어 해제 통지로서의 효력을 인정할 수 없을 뿐만 아니라 이 사건 매매계약에서 정한 서면에 의한 것이 아니므로 이행의 최고로서의 효력을 인정할 수도 없다."라는 취지이다.

그렇다면 피고들의 2020. 7. 7.자 답변서에 의한 해제 통지는 이행의 최고로서의 효력이 인정되는가? 그렇다. 위 대법원 판결에 의하면 "피고들의 2020. 7. 7. 자 답변서에 의한 해제 통지는 그에 앞서 서면에 의한 이행의 최고가 없어 해제 통지로서의 효력은 없지만, 위 답변서에 특별히 잔금의 수령을 거부하는 취지가 포함되어 있지 않은 이상 이행의 최고로서의 효력이 있어, 이 사건 매매계약은 피고들의 2021. 6. 16.자 준비서면이 원고측에게 송달된 2021. 6. 16.경 적법하게 해제되었을 여지가 있다."라는 취지이다.

위 대법원은 판결 이유를 통해 "환송 후 원심은 피고들의 원고에 대한 이행제공이 위 2020. 7. 8.로부터 상당한 기간이 경과할 때까지 계속되고 있었는지에 대해서 추가로 심리·확정할 필요가 있음을 지적하여 둔다."라는 취지로 마무리 하였다.

정리하자면 원심은 피고들이 2020. 6. 11. 이 사건 매매계약의 해제 통지 전에 상당한 기간을 정하여 이행최고를 하지 않았고, 원고가 2020. 6. 11.경 이 사건 매매계약의 잔금에 관한 대출을 성사시켜 잔금의 이행 준비 또는 제공을 했다는 이유로 피고들의 이 사건 매매계약 해제 항변을 배척하고, 피고들은 원고로부터 잔금을 지급받음과 동시에 원고에게 이 사건 부동산에 관한 소유권이전등기절차를 이행할 의무가 있다고 판단하였으나, 대법원은 원고는 2020. 6. 11. 잔금 상당의 대출을 받기 위해 부동산담보신탁계약을 체결하는 등 잔금의 지급을 준비하고 있었을 뿐 피고들에게 잔금을 즉시 수령할 수 있는 상태로 현실제공하였다고 볼 수 없는 반면, 피고들은 2020. 6. 10. 이전 원고에게 이행제공하였으므로 원고는 위 잔금지급기일 무렵 이행지체 상태에 있었고, 피고들의 2020. 7. 7.자 답변서에 의한 해제 통지는 이행의 최고로서의 효력이 있어, 이 사건 매매계약은 2021. 6. 16.자 준비서면이 원고 측에게 송달된 2021. 6. 16. 적법하게 해제되었을 여지가 있다는 이유로 원심을 파기·환송한 것이다.

위 대법원 판결에서 밝힌 관련법리는 다음과 같다. 당사자 일방이 그 채무를 이행하지 아니하는 때에는 상대방은 상당한 기간을 정하여 그 이행을 최고하고 그 기간 내에 이행하지 아니한 때에는 계약을 해제할 수 있다(민법 제544조 본문).

채무자는 변제의 제공으로 채무불이행의 책임을 면하고 변제의 제공은 채무내용에 좇은 현실제공으로 하여야 하는데(민법 제460조, 제461조), 금전채무의 현실제공은 특별한 사정이 없는 한 채권자가 급부를 즉시 수령할 수 있는 상태에 있어야만 인정될 수 있다(대법원 2011다17403 판결).

채권자가 채무자의 급부불이행 사정을 들어 계약을 해제하겠다는 통지를 한 때에는 특별히 그 급부의 수령을 거부하는 취지가 포함되어 있지 아니하는 한 그로써 이행의 최고를 하였다고 볼 수 있으며, 그로부터 상당한 기간이 경과하도록 이행되지 아니하였다면 채권자는 계약을 해제할 수 있다(대법 2020다290804 판결).

다만 동시이행관계에 있는 반대급부의무를 지고 있는 채권자는 채무자의 변제의 제공이 없음을 이유로 계약해제를 하기 위하여는 스스로의 채무의 변제제공을 하여야 한다(대법원 2004다49525 판결).

18. 가압류로 인한 부동산매매계약의 해제와 매도인의 가압류권자에 대한 손해배상청구

부동산 소유자인 갑(매도인)이 을(매수인)에게 부동산을 매도하는 계약을 체결하였다. 계약 당시에 부동산에 가압류 등이 존재하지 않았으나, 잔금지급 전에 부동산을 확인해 보니, 가압류가 경료되어 있었다.

가압류가 경료되어 있는 상태에서도 매수인이 부동산에 대한 잔금을 지급하고, 소유권이전등기를 경료할 수는 있다. 다만, 가압류권자가 매도인을 상대로 승소하여 승소판결문을 근거로 경매를 신청하게 되면 매수인은 소유권을 잃게 된다.

그렇다면, 계약 당시에 없었던 가압류를 문제삼아 매수인이 계약을 해제할 수 있을까? 대법원 92다28518 판결 등의 취지는 신의칙 등을 근거로 대금(잔금)의 지급을 거절할 수 있을 뿐이고 계약해제사유가 되지는 않는다는 취지이다. 이러한 취지의 판례에도 불구하고, 계약 당시에 없었던 가압류를 잔금지급 전에 발견한 경우에, 계약을 해제하면서 매도인이 매수인에게 위약금을 지급하는 경우가 실무적으로 발생하고 있다.

즉, 매도인은 자신이 매수인에게 채무불이행을 한 것으로 오인하고, 매도인이 매수인으로부터 지급받은 계약금의 배액을 지급한 후, 매도인이 가압류권자와 소송을 통해 승소할 경우, 매도인이 가압류권자에게 매도인이 손해를 본 계약금 상당액을 청구하는 경우가 발생하고 있다.

이처럼, 가압류권자에게 승소한 매도인이 가압류권자에게 계약금 상당액을 손해배상으로 청구할 수 있을까? 대법원 2002다35461 판결에 의하면, 가압류나 가처분 등 보전처분집행 후 집행채권자가 본안소송에서 패소 확정된 경우 그 보전처분의 집행으로 채무자가 손해를 입었다면 책임을 지되, 특별한 반증이 없는 한 집행채권자의 고의 또는 과실이 추정된다고 한다. 다만, 이러한 손해는 특별손해에 해당하므로 가압류권자가 특별한 사정을 알았거나 알 수 있었어야 한다고 한다.

대법원 2002다35461 판결은 "매매목적물이 가압류되는 것을 매매계약해제 및 위약금 지급사유로 삼기로 약정하지 아니한 이상, 매수인으로서는 위 가압류집행을 이유로 매도인이 계약을 위반하였다고 하여 매매계약을 해제할 수는 없는 노릇이어서, 매도인이 받은 계약금의 배액을 매수인에게 지급하였다고 하더라도 그것은 매매계약에 의거한 의무에 의한 것이라고는 볼 수 없고 호의적인 지급이거나 지급의무가 없는데도 있는 것으로 착각하고 지급한 것으로 보일 뿐이어서 위 위약금 지급과 위 가압류집행 사이에는 법률적으로 상당인과관계가 있다고 볼 수 없다."면서 매도인이 가압류권자에게 청구한 손해배상청구를 기각하였다.

19. 부동산계약에 있어서의 특약

부동산계약의 대표적인 것은 매매계약과 임대차계약이다. 상담을 하다 보면, 계약서에 없는 내용에 대한 법원의 판결이 필요할 때, 법원이 상담인에 대해 알지도 못하는 사정을 모두 고려하여 판단을 한다고 착각하는 경우가 많다. 법원의 재판장이 신이 아닌 이상, 개개인의 이력이나 억울한 부분까지 알아서 고려해 판단할 수는 없는 일이며, 게다가 민사재판은 주장과 입증이라는 틀이 유지되는 것으로, 진실을 밝히는 것이라기보다는 증거에 의한 재판이 이루어지기 때문에 아무리 억울하고, 그 억울한 사정을 재판장이 알고 있다고 한들 재판장이 증거도 없이 그 억울한 사람의 손을 들어줄 수도 없다. 결국 부동산계약에서 억울한 일이 발생하지 않으려면, 계약서를 작성할 때 상대방이 약속하는 부분을 잘 정리해서 계약서 특약란에 적시하는 것이 필요하다.

계약서를 보면 인쇄되어 있는 계약조항이 있는데, 이를 '인쇄된 문자' 또는 '부동문자'라는 표현을 한다. 계약서에 쓰여 있는 '부동문자'와 반대되는 특약을 쓸 경우에는, 대체로 특약이 우선한다는 해석을 하는 경우가 많다. 따라서 불리한 '부동문자'를 계약을 체결하면서 지적했을 때, 계약상대방이 그 '부동문자'는 형식적으로 쓴 것이니 신경쓰지 말라면서, '부동문자'와 다른 내용을 설명한다면, 계약 상대방에게 그 다른 내용을 특약으로 적어줄 것을 요구하는 것이 필요하다.

공인중개사들이 사용하는 시중의 계약서는 '특약'을 적을 수 있는 공란(공간)이 있지만, 분양계약과 같은 대량계약이 예정된 계약서의 경우는 '특약'을 넣을 수 있는 공란(공간)이 없는 경우가 대부분인바, '특약'을 요구하기 쉽지 않고, '특약'을 기재하기도 쉽지 않다. 이러한 문제 때문에 분양계약과 같은 대량계약에 있어서는 '약관'이라는 틀을 이용하여 약관법에 의한 통제를 하고 있다.

다만, 약관법에 의하여 수분양자의 모든 억울함이 해소될 수는 없다는 사실을 인지하고, 분양자의 약속을 특약화하는 지혜가 필요할 것이나, 특약화가 쉽지 않다는 점에서 분양을 받을 때에는 분양계약서를 꼼꼼하게 분석하고 분양계약을 체결해도 되는지 여부를 판단할 필요가 있다.

분양계약에 있어서는 분양자(주로 시행사)가 분양대행사를 내세워 허위 약속을 남발하는 점이 있다는 사실도 알아둘 필요가 있다. 분양대행사가 각서까지 써주면서 수분양자를 안심시킨 경우, 분양자가 각서를 나 몰라라 하면 수분양자가 분양사를 상대로 소송을 하여 해당 각서의 이행을 요구하더라도, 승산이 별로 없을 수 있다는 사실을 알고 있을 필요가 있다(분양대행사에 대한 소송을 고려할 수도 있겠으나, 분양대행사는 돈이 없는 경우가 대부분이어서 소송에서 승소를 해도 실익이 없는 경우가 많음).

20. 상가분양계약의 합의해제와 시공사의 해약금 인출동의 거부행위

상가에 대한 수분양자가 분양상가의 매도인에 해당하는 시행사와 분양계약을 합의해제를 하였다. 합의해제의 내용은 수분양자가 시행사에게 지급한 계약금과 개발비는 포기하고, 중도금 중 수분양자 부담금 1억 3,200만원(이하 '이 사건 해약금')만 반환받기로 한 것이다.

시행사, 시공사, 케이비부동산신탁 등은 2002. 12. 24. 분양사업에서 각자의 역할과 업무에 관한 사업약정을 하였는데, 그중 '분양 및 분양수입금 관리'에 관해서는 "분양사업과 관련된 수입금 일체를 케이비부동산신탁 명의로 개설한 분양수입금 관리계좌에 입금하고, 분양개시 후 이 사건 관리계좌에 입금된 수입금의 인출절차는 시공사의 동의서를 첨부한 시행사의 서면 요청에 따라 케이비부동산신탁이 인출하기로 한다."고 정하였다.

시행사는 2005. 10. 8. 시공사에게 이 사건 분양계약이 해제되었음을 알리면서 이 사건 해약금을 이 사건 관리계좌에서 인출해 달라는 통지서와 함께 인출 일자가 2005. 10. 19.로 기재되어 있는 분양수입금 관리계좌 인출결의서와 계약해지신청서, 분양계약서 사본 등을 첨부하여 발송하여 이 사건 해약금 인출에 대한 동의를 요청하였고 위 서류들은 그 무렵 시공사에게 도달하였다.

그런데도 시공사는 인출에 동의하지 않은 채 2006. 3. 13.까지 이 사건 관리계좌에서 자신의 공사대금을 변제받고자 지속적으로 분양수입금을 인출·수령하였고, 결국 이 사건 관리계좌의 잔고가 부족하게 되어 수분양자는 이 사건 해약금을 반환받지 못하였다.

이때 수분양자(원고)가 시공사(피고)를 상대로 불법행위에 의한 손해배상을 청구하면 승소할 수 있는가? 대법원 2016다10827 판결에 의하면 승소가능하다는 취지이다.

즉, "일반적으로 채권에 대해서는 배타적 효력이 부인되고 채권자 상호 간 및 채권자와 제3자 사이에 자유경쟁이 허용되므로 제3자에 의하여 채권이 침해되었다는 사실만으로 바로 불법행위가 성립하지는 않는다. 그러나 거래에서 자유경쟁 원칙은 법질서가 허용하는 범위에서 공정하고 건전한 경쟁을 전제로 하므로, 제3자가 채권자를 해친다는 사정을 알면서도 법규를 위반하거나 선량한 풍속 그 밖의 사회질서를 위반하는 등 위법한 행위를 하여 채권의 실현을 방해하는 등으로 채권자의 이익을 침해하였다면 불법행위가 성립한다. 채권침해의 위법성은 침해되는 채권 내용, 침해행위의 양태, 침해자의 고의나 해의 등 주관적 사정 등을 참작하여 구체적·개별적으로 판단하되, 거래자유 보장의 필요성, 경제·사회 정책적 요인을 포함한 공공의 이익, 당사자 사이의 이익 균형 등을 종합적으로 고려하여야 한다(대법원 2000다32437 판결 등). 피고는 자신의 동의 없이는 이 사건 관리계좌에서 돈이 인출될 수 없다는 것을 기화로 시행사의 이 사건 해약금 반환을 위한 금원 인출 요청을 거부한 채 이 사건 관리계좌에서 자신의 공사대금을 변제받고자 우선적으로 금원을 인출함으로써 이 사건 관리계좌의 잔고가 부족하게 되어 원고가 이 사건 해약금을 반환받지 못하도록 하였다. 피고는 원고의 이 사건 해약금 반환채권이 자신의 행위로 침해됨을 알면서도 원고에 대한 관계에서 법률상 우선변제권이 인정되지 않는 피고의 공사대금을 우선적으로 추심하기 위하여 금원을 인출하였다. 피고의 이러한 행위는 이 사건과 같은 부동산 선분양 개발사업 시장에서 거래의 공정성과 건전성을 침해하고 사회통념상 요구되는 경제질서에 위반하는 위법한 행위이다. 원고는 피고의 위와 같은 위법행위로 말미암아 시행사로부터 이 사건 해약금을 반환받지 못하는 손해를 입었다. 따라서 피고는 원고에게 그 손해를 배상할 책임이 있다."라는 취지이다.

위 사안에서 시공사인 피고는 원고의 불법행위에 의한 손해배상채권이 시효로 소멸하였다고 항변하였으나, 받아들여지지 않았다.

즉 "민법 제766조 제1항은 불법행위로 인한 손해배상청구권은 피해자나 그 법정대리인이 그 손해와 가해자를 안 날부터 3년간 이를 행사하지 않으면 시효로 소멸한다고 정하고 있다. '손해와 가해자를 안 날'이란 피해자나 그 법정대리인이 손해와 가해자를 현실적이고도 구체적으로 인식한 날을 뜻하고, 그 인식은 손해발생의 추정이나 의문만으로는 충분하지 않으며, 손해의 발생사실뿐만 아니라 가해행위가 불법행위를 구성한다는 사실, 즉 불법행위의 요건사실에 대한 인식으로서 위법한 가해행위의 존재, 손해의 발생, 가해행위와 손해 사이의

인과관계 등이 있다는 사실까지 안 날을 뜻한다. 피해자 등이 언제 불법행위의 요건사실을 현실적이고도 구체적으로 인식하였다고 볼 것인지는 개별 사건의 여러 객관적 사정을 참작하고 손해배상청구가 사실상 가능하게 된 상황을 고려하여 합리적으로 인정하여야 하고, 손해를 안 시기에 대한 증명책임은 소멸시효 완성으로 인한 이익을 주장하는 자에게 있다(대법원 2006다17539 판결 참조)."면서 피고의 항변을 배척하였다.

위 사안에서 원고는 1심에서 피고를 향하여 ① 계약당사자 내지 분양사업의 공동주체로서의 원상회복 책임, ② 제3자를 위한 계약 책임, ③ 사업약정 해석상 원고에 대한 분양대금반환채무가 피고에 대한 공사대금채무보다 선순위에 따른 피고의 부당이득반환책임, ④ 불법행위에 따른 손해배상책임을 주장하였으나 모두 인정되지 않자 원고가 항소를 한 것인데, 2심에서는 피고의 원고에 대한 불법행위책임이 인정된 것이고, 대법원에서 2심의 판단이 옳다는 해석을 한 것이다.

위 대법원 2016다10827 판결과 관련하여 실질적으로 재산을 가진 '신탁회사'에게 수분양자가 어떠한 권리를 행사할 수 있을지 고민이 필요하다면서, 수분양자들은 분양회사를 대위하여 신탁회사를 상대로 사업비 지출 요청권을 행사(대법원 2013다71784 판결)하면서 시공사 등을 공동피고로 추가하여 '동의하라'는 취지의 의사표시를 구하는 청구를 함께 제기하는 방법이 가능할 것으로 보이는바, 이때 신탁회사에 대한 청구는 '시공사 등이 동의하면 지급하라'는 형태의 장래이행청구가 될 것이고 신탁계정에 입금된 자금 등이 계속하여 줄어들고 있는 상황에서 미리 청구할 필요가 인정될 가능성이 있으며, 시공사 등에 분양계약 해제 등을 입증할 만한 '서류'를 제공하도록 하는 부분은 수분양자가 공동피고로 추가한 시공사 등에게 해당자료를 첨부하여 준비서면을 송달시키는 방법을 고민할 수 있다는 견해가 있다(2022. 9. 30.자 '서울고등법원판례공보스터디' 제1009쪽, 제1010쪽 참고).

21. 범죄행위로 인한 증여계약의 해제 가능성

민법 제556조 제1항 제1호에 의하면 "증여자 또는 그 배우자나 직계혈족에 대한 범죄행위가 있는 때"에 증여자는 그 증여를 해제할 수 있음을 규정하고 있다. 다만 민법 제558조는 '이미 이행한 부분'에 대하여는 그 해제로 영향을 받지 않음을 규정하고 있다.

민법 제556조 제1항 제1호의 '범죄행위'는 유죄판결을 필요로 하는가? 그렇지 않다. 대법원 2017다207475(본소), 207482(반소) 판결에 의하면 "민법 제556조 제1항 제1호는 '수증자가 증여자에 대하여 증여자 또는 그 배우자나 직계혈족에 대한 범죄행위가 있는 때에는 증여자는 그 증여를 해제할 수 있다.'고 정한다. 이는 중대한 배은행위를 한 수증자에 대해서까지 증여자로 하여금 증여계약상의 의무를 이행하게 할 필요가 없다는 윤리적 요청을 법률적으로 고려한 것이다. 여기에서 '범죄행위'는, 수증자가 증여자에게 감사의 마음을 가져야 함에도 불구하고 증여자가 배은망덕하다고 느낄 정도로 둘 사이의 신뢰관계를 중대하게 침해하여 수증자에게 증여의 효과를 그대로 유지시키는 것이 사회통념상 허용되지 아니할 정도의 범죄를 저지르는 것을 말한다. 이때 이러한 범죄행위에 해당하는지는 수증자가 범죄행위에 이르게 된 동기 및 경위, 수증자의 범죄행위로 증여자가 받은 피해의 정도, 침해되는 법익의 유형, 증여자와 수증자의 관계 및 친밀도, 증여행위의 동기와 목적 등을 종합적으로 고려하여 판단하여야 하고, 반드시 수증자가 그 범죄행위로 형사처벌을 받을 필요는 없다."라는 취지이기 때문이다.

따라서 수증자가 형사사건에서 무죄판결을 받아 확정되었더라도, 곧바로 '범죄행위'에 해당하지 않는다고 볼 수는 없을 것이나, 현실적으로는 무죄의 확정판결에 반하는 내용으로 판단하기는 어려울 것이다. '범죄행위'에 대한 '사실'의 '증명 부족'으로 볼 여지가 있기 때문이다.

위 대법원 2017다207475(본소), 207482(반소) 판결 사안을 정리하면 "갑의 어머니인 을이 갑 등에게 토지 및 건물을 증여하되 을이 살아있는 동안에는 직접 관리하기로 하는 내용의 증여증서를 작성하여 갑 등에게 교부한 다음 건물에 관하여 갑 명의로 소유권이전등기를 마쳤고(증여된 토지에 대한 등기를 마치지 않음), 갑과 을은 토지 및 건물의 운영에 관하여 동업계약서를 작성하고 공동명의로 사업자등록을 마쳤으며, 그 후 을이 알츠하이머병에 걸렸고 갑은 자신의 단독명의로 건물의 임대차계약을 체결하면서 을의 동의 없이 작성된 을 명의의 동업해지계약서를 세무서에 제출하여 사업자명의를 갑의 단독명의로 변경하였는데, 갑의 행위가 민법 제556조 제1항 제1호에서 정한 범죄행위에 해당하는지 문제 된 사안"이었다.

위 대법원 2017다207475(본소), 207482(반소) 판결은 "을은 갑에게 재정적 도움을 주기 위하여 토지 및 건물을 증여한 것으로 보이는 점, 갑이 을 명의의 동업해지계약서를 작성하고 세무서에 제출한 것은 을이 알츠하이머병에 걸려 건물을 관리하는 것이 어려워진 상황에서 건물의 소유자로서 건물을 직접 관리하기 위해 단독명의로 임대차계약을 체결하려는 과정에서 절차상 요건을 갖추기 위해 발생한 일로 볼 여지가 있으며, 이후 갑은 건물 임대수입의 상당 부분을 토지 및 건물의 관리나 을을 위하여 사용한 것으로 보이는 점, 갑은 사문서위조 및 위조사문서행사의 범죄사실에 관한 형사재판에서 계속하여 무죄를 주장하며 다투었고, 이후 무죄판결이 선고·확정된 점을 종합하면, 갑의 행위가 을과의 신뢰관계를 중대하게 침해하여 증여의 효과를 그대로 유지시키는 것이 사회통념상 허용되지 아니할 정도에 이르렀다고 단정하기 어려운데도, 이와 달리 본 원심판단에 법리오해 등의 잘못이 있다고 한 사례"이다.

위 사안에서 원심은 원고(갑)의 어머니 피고(을)에 대한 토지에 대한 증여를 원인으로 한 소유권이전청구 본소를 기각하고, 피고(피고의 큰딸인 소외 1이 피고에 대하여 금치산선고 심판을 청구한 후에 피고의 후견인으로 선임됨)의 범죄행위(망은행위)에 따른 건물증여계약의 해제를 전제한 반소도 기각하였는데, 건물증여계약 해제를 구하는 반소는 이미 이행된 것(민법 제558조)이라는 취지였고, 반소에 한하여 미상고 확정되었다(결국 본건의 쟁점은 증여가 있었지만 아직 등기가 되어 있지 않았던 이 사건 토지에 대한 소유권이전등기청구의 가능여부라 할 것).

위 대법원 판결에서 관련사건이 무죄로 선고된 이유는 동업해지약정서를 작성한 소외 4가 수사단계에서는 일관되게 '원고(갑)의 지시로 작성하였다'는 내용으로 진술하였던 것으로 보이나 공판단계에서는 끝까지 출석을 하지 않아 그 진술조서의 증거능력이 인정되지 않았던 사실이 존재했던 것으로 보인다.

위 대법원 판결에 대하여는 원고(갑)의 어머니 피고(을)가 알츠하이머 진단 이후에 어떠한 심경변화가 있었는지도 알 수 없다는 점에서 원고(갑)가 생전에 찾아뵙지도 않고 전화도 거의 하지 않고 치료비나 생활비도 보내지 않는 등 피고(을)에게 아들로서 불효하였다는 사정이 일부 보이더라도 피고가 증여계약을 해제하기로 마음먹은 것이 명확하지 않는 이상 법원이 도덕적 잣대를 들이밀며 증여를 해제시켜 주는 것은 적절하지 않다는 견해가 있다(2022. 9. 30.자 '서울고등법원판례공보스터디' 제1737쪽 참고).

22. 농지가 관련법에 의한 법정해제조건에 따라 원소유자에게 환원된 경우에 제3자 보호 여부

구 농지개혁법에 따른 국가의 매수조치에는 일정 기간 내에 농지분배절차와 농지대가상환 및 등기를 마쳐야 한다는 '해제조건'이 있다. 이러한 '해제조건'은 '법정조건'에 해당하기 때문에 제3자의 보호도 근거법률에서 정해야 하는데, 구 농지개혁법 등에 제3자 등을 보호할 수 있는 규정이 없다.

그렇다면 민법 제147조가 당사자의 의사표시에 의한 부관으로서의 해제조건을 규정하는데, 위 민법 규정에 따라 제3자가 보호될 수는 없는가? 그러나 위 민법규정이 적용되지 않는다. 대법원 92다5584 판결에 의하면 "해제조건부증여로 인한 부동산소유권이전등기를 마쳤다 하더라도 그 해제조건이 성취되면 그 소유권은 증여자에게 복귀한다고 할 것이고, 이 경우 당사자 간에 별단의 의사표시가 없는 한 그 조건성취의 효과는 소급하지 아니하나, 조건성취 전에 수증자가 한 처분행위는 조건성취의 효과를 제한하는 한도 내에서는 무효라고 할 것이고, 다만 그 조건이 등기되어 있지 않는 한 그 처분행위로 인하여 권리를 취득한 제3자에게 위 무효를 대항할 수 없다."고 판시하여 제3자 보호 가능성이 있다. 다만 대법원 66다2567 판결에 의하면 "그와 같은 조건은 지주와 정부의 합의에 의한 조건이 아니고, 법의해석상 나오는 즉 법규정에 의하여 정해진 법정조건이라고 볼 것이고, 그 효력도 그에 따를 것이므로, 당사자의 합의에 의한 고유의 의미에서의 부관과는 그 성질이 다르다고 할 것이고, 따라서 정부의 농지 매수가 사법행위라는 전제에서, 또는 위에서 본 해제조건이 민법상의 부관이라는 전제에서의 모든 주장은 이유 없다."는 취지이기 때문이다. 게다가 채무불이행으로 인한 계약해제에 있어 제3자를 보호하는 민법 제548조 제1항 단서 규정도 '사법상 계약'을 전제하므로 본건에 적용될 수 없음은 마찬가지이다.

이와 관련하여 대법원 2021다294186 소유권말소등기 판결은 "구 농지개혁법(1994. 12. 22. 법률 제4817호 농지법 부칙 제2조 제1호로 폐지, 이하 '구 농지개혁법')에 의하여 국가가 자경하지 않는 농지를 매수한 것은 후에 그 농지가 분배되지 않을 것을 해제조건으로 하여 행한 조치이므로, 후에 그 농지가 분배되지 않기로 확정되었다면 원소유자에게 농지대가보상금이 지급되었는지 여부를 불문하고 원소유자에게 소유권이 환원된다. 구 농지개혁법의 시행에 따라 국가에 매수된 농지 중 구 '농지개혁사업정리에 관한 특별조치법'(1994. 12. 22. 법률 제4817호 농지법 부칙 제2조 제2호로 폐지, 이하 '특별조치법') 시행 당시에 분배되지 않은 농지로서 특별조치법 제2조 제1항에 의하여 국유로 등기한 농지라고 하더라도 그 후 특별조치법 제2조 제3항에서 정한 기간인 1년 내에 특별조치법 제2조 제2항에 따라 분배된 농지를 제외한 나머지 농지는 그 기간이 지남과 동시에 국가의 매수조치가 해제되어 원소유자의 소유로 환원된다. 그리고 구 농지법(1994. 12. 22. 법률 제4817호로 제정되어 1996. 1. 1.부터 시행된 것, 이하 '구 농지법'이라 한다)은 그 부칙 제2조에서 구 농지개혁법 및 특별조치법을 각 폐지하는 한편, 부칙 제3조에서 "이 법 시행 당시 종전의 구 농지개혁법 및 특별조치법에 의하여 농지대가상환 및 등기 등이 종료되지 아니한 분배농지에 대한 농지대가상환 및 등기 등은 이 법 시행일부터 3년 이내에 종전의 규정에 의하여 완료하여야 한다."라고 규정하고 있는데, 이 규정에 의하면 농지법 시행일부터 3년의 기간이 경과함으로써 농지대가상환에 관한 근거 규정이 없어질 뿐만 아니라 그 후에는 농지대가상환을 하더라도 구 농지개혁법 및 특별조치법의 적용을 받을 수 없어 법률의 규정에 의한 소유권취득이 불가능하게 되므로 농지법 시행일부터 3년 내에 농지대가상환 및 등기를 완료하지 않은 농지에 대하여는 더 이상 분배의 절차인 농지대가상환을 할 수 없다. 따라서 위와 같은 농지는 분배되지 않기로 확정된 것으로 보고 그 소유권이 원소유자에게 환원된다고 해석하여야 한다. 민법 제548조 제1항은 "당사자 일방이 계약을 해제한 때에는 각 당사자는 그 상대방에 대하여 원상회복의 의무가 있다. 그러나 제3자의 권리를 해하지 못한다."라고 규정함으로써 해제된 계약으로부터 생긴 법률효과를 기초로 하여 해제 전에 새로운 이해관계를 가지고 등기 등으로 권리를 취득한 제3자, 계약해제로 인한 원상회복등기 등이 이루어지기 전에 계약당사자와 양립하지 않는 법률관계를 가지게 된 선의의 제3자에 대하여는 계약해제를 주장할 수 없다. 그러나 구 농지법(1994. 12. 22. 법률 제4817호로 제정되어 1996. 1. 1.부터 시행된 것), 구 농지개혁법(1994. 12. 22. 법률 제4817호 농지법 부칙 제2조 제1호로 폐지) 및 구 농지개혁사업정리에 관한 특별조치법(1994. 12. 22. 법률 제4817호 농지법 부칙 제2조 제2호로 폐지)에 따라 분배되지 않기로 확정되어 원소유자에게 농지의 소유권이 환원되는 경우에는 원인무효인 국가 명의의 소유권이전등기에 근거하여 제3자가 소유권이전등기를 마쳤다고 하더라도 민법 제548조 제1항 단서가 적용 또는 유추적용되지 않는다."는 취지이다.

정리하자면 구 농지개혁법 등에 있어 원소유자(사정명의인)는 1999. 1. 1.(구 농지법 시행일로부터 3년) 당시 농지의 등기명의자가 국가라면 승소할 가능성이 높은 바, 이때 국가는 취득시효도 주장할 수 없다. 국가가 매수조치로 취득한 농지에 대한 점유는 타주점유이기 때문이다(대법원 2011다15094 판결). 그러나 1999. 1. 1. 당시 제3자가 농지의 등기명의자라면 그 제3자는 적법한 농지의 수분배자로서 농지대가상환 및 등기를 마쳤을 것이고 적어도 그러하다고 법률상 추정되며(등기의 추정력), 제3자는 취득시효의 항변도 할 수 있다. 즉 대법원 99다50705 판결에 의하면 "시효취득을 주장하는 점유자가 상환이 완료되지 아니한 분배농지라는 사실을 알면서 이를 매수하여 점유를 시작한 경우에는 위 법리에 비추어 자주점유의 추정이 번복된다고 보아야 할 것이지만, 미상환 분배농지라도 상환이 완료되지 아니하였다는 사실을 알지 못하거나 상환이 완료되었다고 믿고서 이를 매수하여 점유를 시작한 경우에는 자주점유의 추정이 번복되지 아니한다."는 취지이다(2022. 9. 30.자 '서울고등법원판례공보스터디' 제1977쪽 내지 제1982쪽 참고).

23. 계약내용이 되기 위한 약관사본 교부요구 및 교부시점은 계약체결 당시

약관법(약관의 규제에 관한 법률) 제3조 제2항은 "사업자는 계약을 체결할 때에는 고객에게 약관의 내용을 계약의 종류에 따라 일반적으로 예상되는 방법으로 분명하게 밝히고, 고객이 요구할 경우 그 약관의 사본을 고객에게 내주어 고객이 약관의 내용을 알 수 있게 하여야 한다. 다만, 다음 각 호의 어느 하나에 해당하는 업종의 약관에 대하여는 그러하지 아니하다."라고 규정하고, 동조 제4항은 "사업자가 제2항 및 제3항을 위반하여 계약을 체결한 경우에는 해당 약관을 계약의 내용으로 주장할 수 없다."라고 규정하고 있다.

위 규정을 고려할 때에 고객이 요구하면 사업자는 약관사본을 교부해야 하고, 위 약관사본 교부의무를 이행하지 않으면 약관을 계약의 내용으로 주장할 수 없게 되는바, 이때 고객이 사업자에게 약관사본 교부를 요구해야 하는 시점 내지 사업자가 약관사본을 교부해야 하는 시점은 언제인가?

이에 대하여 대법원 2020다248384, 248391 판결은 "고객이 계약체결 당시 사업자에게 약관 사본을 내줄 것을 요구하여 사업자가 약관 사본 교부의무를 부담하게 되었음에도 이를 이행하지 아니한 경우를 의미하고, 계약이 체결된 이후 고객이 사업자에게 약관의 사본을 내줄 것을 요구하고 사업자가 이에 불응한 경우까지 포함하는 것은 아니다."라는 취지이다.

따라서 고객이 단순 변심하였을 뿐임에도 불구하고, 계약의 무효를 주장하기 위해 계약체결 이후 약관 사본을 사업자에게 요구하였는데, 사업자가 불응하였다고 하더라도 그 약관은 계약의 내용이 되고, 그 약관을 위반하면 고객은 그에 따른 책임을 부담하게 된다.

위 대법원 2020다248384, 248391 판결 사안을 정리한다. 원고는 피고들과 이 사건 건물 중 5개 호실을 분양받는 내용의 이 사건 공급계약을 체결하고, 각 호실별로 공급계약서와 계약 해제조항 변경동의 각서를 작성한 후, 계약금 중 일부를 지급하였다.

원고는 계약체결 당시 인감을 소지하지 않아 서명 또는 무인의 방식으로 위 서류들을 작성하였고, 피고들에게 인감과 인감증명서를 지참하여 위와 같이 작성한 문서를 보완하기로 약속하였으나 약속한 기한까지 이를 이행하지 않았다.

이후 원고는 피고들에게 이 사건 각 공급계약에 관한 문서 사본을 요구하였는데, 피고들은 원고의 약속 불이행을 이유로 이를 거절한바, 원고가 계약금 잔금을 지급하지 않자, 피고들과 대우건설은 원고에게 계약금 잔금 및 연체료 등의 납부를 최고하다가 '이 사건 각 공급계약을 해제하고, 원고가 납부한 돈은 피고들에게 귀속되며, 계약금 잔금에 해당하는 금원을 위약금으로 지급하라'는 내용의 내용증명 우편을 발송하였다.

이에 원고는 피고들을 상대로 이 사건 소를 제기하여 기지급 계약금의 반환을 구하였고, 피고들은 반소로써 원고에 대하여 이 사건 공급계약서 및 변경동의 각서에 따른 위약금의 지급을 구한 것이다.

원심은 피고들은 이 사건 각 공급계약이 체결되고 5일 후 이 사건 각 공급계약에 관한 문서 사본을 내달라는 원고의 요구를 거절함으로써 약관법 제3조 제2항 본문에 따른 약관 사본 교부의무를 위반하였으므로 약관법 제3조 제4항에 따라 이를 계약의 내용으로 주장할 수 없고, 이 사건 각 공급계약서(약관)와 이 사건 각 변경동의 각서(약관)는 이 사건 각 공급계약에 따른 매매대금의 지급시기, 매도인과 매수인의 의무사항 등을 정하고 있는바, 이는 계약의 필수적이고 중요한 내용에 해당하고 이를 제외한 나머지 부분만으로는 계약의 목적 달성이 불가능하므로 약관법 제16조에 따라 이 사건 각 공급계약은 전부 무효로 된다고 판시한 것(원고청구 인용취지)이나, 대법원은 원심과 달리 약관사본의 요구 및 교부시점은 계약체결 당시임을 전제로 원심을 파기 · 환송한 것이다.

위 대법원 2020다248384, 248391 판결이유를 정리한다. 약관법 제3조 제2항, 제4항이 사업자에 대하여 약관의 명시의무와 약관 사본 교부의무를 부과하고 이를 위반하여 계약을 체결한 경우에는 그 약관을 계약의 내용으로 주장할 수 없도록 한 것은, 고객으로 하여금 각 당사자를 구속하게 될 내용을 미리 알고 약관에 의한 계약을 체결하도록 함으로써 예측하지 못한 불이익을 받게 되는 것을 방지하여 고객을 보호하려는 데 입법 취지가 있다(대법원 2015다5194 판결 참조).

이러한 약관법 제3조 제2항 및 제4항의 규정내용과 입법 취지를 고려하면, 약관법 제3조 제4항에 따라 해당 약관을 계약의 내용으로 주장할 수 없는 사유로서 '약관 사본 교부와 관련하여 약관법 제3조 제2항을 위반하여 계약을 체결한 경우'라 함은 고객이 계약체결 당시 사업자에게 약관 사본을 내줄 것을 요구하여 사업자가 약관 사본 교부의무를 부담하게 되었음에도 이를 이행하지 아니한 경우를 의미하고, 계약이 체결된 이후 고객이 사업자에게 약관의 사본을 내줄 것을 요구하고 사업자가 이에 불응한 경우까지 포함하는 것은 아니다.

원고는 이 사건 각 공급계약 체결 이후 피고들에게 약관인 계약서 사본 등의 교부를 요구하였으므로 피고들이 이에 응하지 아니하였더라도 약관법 제3조 제4항이 적용되는 경우로서 약관법 제3조 제2항을 위반하여 계약을 체결한 경우에 해당한다고 할 수 없다.

제12장 부동산계약의 위약금 및 해약금 해제

1. 부동산계약과 위약금

부동산계약을 체결할 때 위약금을 정해두는 경우가 있다. 이때, 위약금은 민법 제398조 제4항에 의하여 손해배상액의 예정으로 추정되므로, 위약금이 위약벌로 해석되기 위해서는 특별한 사정에 대한 주장과 증명이 있어야 한다.

그렇다면, 손해배상액의 예정과 위약벌은 어떠한 의미를 가지며, 그 차이는 무엇인가?

부동산계약서상의 "채무불이행과 손해배상"이라는 조문 속의 "별도의 약정이 없는 한 계약금을 손해배상의 기준으로 본다."라는 부동문자(인쇄된 문자)가 손해배상액의 예정조항으로 해석되고 있다. 이렇듯 손해배상액을 예정한 경우에 채권자는 채무자가 "채무를 불이행하였다"는 사실만 주장하고 증명하면 되고, 손해의 발생 및 손해의 액수를 증명할 필요가 없다(대법원 2000다50350 판결 등).

손해배상액의 예정을 인정하는 이유는 손해의 발생사실과 손해액에 대한 증명의 어려움을 덜고 분쟁의 발생을 사전에 방지하여 법률관계를 쉽게 해결하기 위한 것이다. 다만, 손해배상액의 예정을 근거로 채권자가 채무자에게 책임을 추궁할 경우, 해당 손해배상예정액이 부당하게 과다한 경우에는 법원이 이를 적절한 선에서 직권으로 감액할 수 있다(민법 제398조 제2항).

손해배상액의 예정이 부당하게 과다할 경우 법원에 의하여 직권으로 감액되는 것과 달리 계약서상 약정조항이 '위약벌'로 판단된다면, 위약벌이 과다하다고 하여 법원이 직권으로 감액할 수는 없고, '위약벌'이 과다하다고 주장하는 자가 '공서양속에 반하여 위약벌의 일부 내지 전부가 무효'라는 점을 주장하고 증명해야 한다(대법원 2005다26277 판결 등).

그뿐만 아니라, 손해배상액의 예정조항으로 판단될 경우 특약이 없는 한 채무불이행으로 인하여 입은 통상손해는 물론 특별손해까지도 손해배상예정액에 포함되어 채권자의 손해가 예정액을 초과하더라도 초과부분의 청구가 인정될 수 없는 반면(대법원 2007다18478 판결 등), 위약벌로 판단될 경우에는 채무자의 채무불이행 시 채권자는 초과부분의 손해도 청구할 수 있다.

'위약벌'이란 계약위반 시 실손해 배상과 별도로 지급하기로 약속한 금전을 말하는 것이기 때문이다. 위약벌은 계약위반자에게 사적 제재를 가함과 동시에 채무자의 계약이행을 간접적으로 강제하는 작용을 한다.

법원의 판례를 검토해 보면, 계약서상의 위약금조항이 있을 경우에 대체로 손해배상예정조항으로 해석하면서, 직권감액의 여지를 활용하고 있는 것으로 보이나, 직권감액이 가능함을 설시하면서도, 실제 직권감액에 이른 사례는 많지 않은 것으로 보이고, 위약금조항에 대하여 특별한 사정이 주장 및 증명되어 위약벌로 볼 수 있는 경우라도, 공서양속에 위반됨을 이유로 일부 내지 전부무효를 인정한 사례는 더욱 드물어 보이는바(대법원 2015다239324 판결에 의하면 위약벌을 공서양속 위반으로 무효로 판단할 때에는 신중해야 하고 위약벌 액수가 많다는 이유만으로 섣불리 무효로 판단해서는 안된다는 취지), 이러한 사실을 참고할 필요가 있다.

앞서 확인한 바와 같이, 손해배상액의 예정조항으로 판단될 경우 특약이 없는 한 채권자의 손해가 예정액을 초과하더라도 초과부분의 청구가 인정될 수 없는 것이 원칙이나(대법원 2007다18478 판결 등), 예외적인 판례가 있다.

즉 대법원 2000다17810 판결에 의하면 "공사도급계약서 또는 그 계약내용에 편입된 약관에 수급인이 하자담보책임 기간 중 도급인으로부터 하자보수요구를 받고 이에 불응한 경우 하자보수보증금은 도급인에게 귀속한다는 조항이 있을 때 이 하자보수보증금은 특별한 사정이 없는 한 손해배상액의 예정으로 볼 것이고, 다만 하자보수보증금의 특성상 실손해가 하자보수보증금을 초과하는 경우에는 그 초과액의 손해배상을 구할 수 있다는 명시 규정이 없다고 하더라도 도급인은 수급인의 하자보수의무 불이행을 이유로 하자보수보증금의 몰취 외에 그 실손해액을 입증하여 수급인으로부터 그 초과액 상당의 손해배상을 받을 수도 있는 특수한 손해배상액의 예정으로 봄이 상당하다."라는 취지이다.

이와 관련하여 최근에 선고된 대법원 전원합의체 판결을 소개한다.

즉 대법원(전합) 2018다248855,248862 판결(손해배상(기)·위약벌)에 의하면 "위약금은 민법 제398조 제4항에 따라 손해배상액의 예정으로 추정되지만, 당사자 사이의 위약금 약정이 채무불이행으로 인한 손해의 배상이나 전보를 위한 것이라고 보기 어려운 특별한 사정, 특히 하나의 계약에 채무불이행으로 인한 손해의 배상에 관하여 손해배상예정에 관한 조항이 따로 있다거나 실손해의 배상을 전제로 하는 조항이 있고 그와 별도로 위약금 조항을 두고 있어서 그 위약금 조항을 손해배상액의 예정으로 해석하게 되면 이중배상이 이루어지는 등의 사정이 있을 때에는 그 위약금은 위약벌로 보아야 한다."면서, "위약벌의 약정은 채무의 이행을 확보하기 위하여 정하는 것으로서 손해배상액의 예정과 그 내용이 다르므로 손해배상액의 예정에 관한 민법 제398조 제2항을 유추적용하여 그 액을 감액할 수 없다."는 취지이다.

그리고 위 판례는 "위약벌은 손해배상과는 무관하므로 위약벌 약정에 해당한다면 위약벌과 별도로 채무불이행으로 인하여 실제 발생한 손해에 대하여 배상을 청구할 수 있다고 해석"된다는 취지이다.

연도별 2023. 9. 1.자 '서울고등법원판례공보스터디' 제2391쪽, 제2392쪽을 확인하면 손해배상액의 예정과 위약벌을 구별하는 단 하나의 기준은 '별도로 손해배상을 구할 수 있는가'라면서 위약금 약정이 약정금액만 청구할 수 있는 내용이라면, 별도로 실제 손해의 배상을 청구할 수 있는 내용이 위약벌이라면서 위 대법원(전합) 2018다248855,248862 판결(손해배상(기)·위약벌)은 이 사건 계약 제11조에 명문으로 "손해배상금과는 별로도"라고 기재되어 있으므로 위약벌이라고 설명하면서 위 판결의 반대의견(위약벌의 경우에도 손해배상액의 예정에 관한 민법 제398조 제2항을 유추적용하여 감액하자는 취지의 반대의견)에 찬동하고 있다.

앞서 필자는 손해배상액의 예정조항으로 판단될 경우 특약이 없는 한 채무불이행으로 인하여 입은 통상손해는 물론 특별손해까지도 손해배상예정액에 포함되어 채권자의 손해가 예정액을 초과하더라도 초과부분의 청구가 인정될 수 없음이 원칙임을 밝혔다(대법원 2007다18478 판결 등).

이러한 사례로는 부동산매도인의 이중매매사례를 들 수 있다. 즉 매수인이 매도인으로부터 부동산을 매입한 후 해당 부동산의 시세가 급등하자 매도인이 제3자에게 부동산을 매각하여 등기를 마친 경우에, 제1매매계약에 손해배상예정조항이 있었던 경우를 들 수 있다는 것이다.

이와 관련하여 대법원 93다17638 판결에 의하면 "부동산매매에 있어 매도인이 매매목적물을 2중으로 양도하여 제3자에게 소유권이전등기를 하여 줌으로써 매수인에 대한 소유권이전등기의무가 이행불능된 경우 그 손해배상의 액은 특별한 사정이 없는 한 제3자에게 소유권이전등기를 넘겨준 날 현재의 시가상당액이라고 할 것이나, 매매계약시에 미리 손해배상의 예정에 관한 특약을 하였다면 매수인은 매도인에 대하여 예정된 손해배상액만을 청구할 수 있다고 볼 것이다(대법원 92다30320 판결 참조)."라는 취지이다.

2. 분양계약에 있어 계약이 해제된 경우 위약금의 범위

아파트 등을 분양받았는데, 수분양자가 잔금납부를 지연하여 분양회사에 의하여 계약이

해제되었다. 분양계약서에 잔금 등 납부 불이행에 따른 계약해제와 관련하여 위약금으로 분양대금 총액의 10%를 규정하고 있다면, 이와 같은 위약금 약정은 '계약관계의 청산에 대비하여 손해배상액을 예정한 것으로 해석'되고, 분양회사의 계약해제에 따라 계약금 상당액 10%가 몰수될 것이다.

이처럼, 잔금납부지연으로 계약이 해제된 상황에서 분양계약서에 수분양자의 잔금납부지연에 대해 연체료를 가산하는 규정이 있다면, 이러한 연체료 약정에 따라, 해제에 따른 위약금 10% 몰수 외에 추가로 분양회사가 수분양자에게 잔금납부지연에 따른 연체료를 청구할 수 있을까? 청구할 수 없다는 것이 대법원 입장이다[대법원 2008다31690 판결(매매대금 등 반환)].

즉, 대법원 2008다31690 판결은 "원고의 잔금납부 지연에 대해 연체료를 가산하도록 한 이 사건 분양계약서 제5조 제2항은 계약의 존속을 전제로 잔금지급의무의 이행지체에 대비하여 손해배상액을 예정한 것으로 해석된다. 따라서 원고의 잔금지급의무 이행지체로 이 사건 분양계약이 해제된 이상, 원고가 부담할 손해배상책임의 범위는 위약금으로 정한 분양대금 총액의 10%에 한정되고, 피고는 연체료 약정에 따른 연체료뿐만 아니라, 법정이율에 의한 지연손해금도 따로 청구할 수 없다."고 한다.

그렇다면, 분양회사가 분양계약을 체결하면서, 수분양자가 중도금 납부를 위해 금융기관으로부터 대출을 받을 때에 은행 대출이자, 즉 최초 입주지정일까지의 은행 대출이자를 분양회사가 부담하기로 약정한 후 그 약정이행으로 수분양자의 대출이자를 분양회사가 대납한 경우 그 대납이자 부담자는 누가 될까?

위 대법원 판결 취지는 수분양자가 부담해야 한다는 취지다. 즉, 대법원은 "대출이자 부담약정은 이 사건 분양계약의 존속을 전제로 하는 것이어서 분양계약이 해제됨에 따라 대출이자 부담약정 또한 소급적으로 효력을 잃었다고 보아야 하므로, 원고는 그 원상회복을 위하여 대납 대출이자 상당액의 금전을 피고에게 지급하여야 한다."는 취지이다.

위 대법원 판결 취지는 서울중앙지방법원 2018가합543592 계약금반환 판결에서도 확인된다. 이는 오피스텔 분양계약서에 '입주예정일로부터 5개월 이상 지연 시 수분양자의 계약해제가 약정'되어 있는 사안이었는데, 분양회사가 입주예정일을 지키지 못하자 수분양자가 계약해제를 한 사례이다. 서울중앙지방법원은 수분양자의 계약해제를 인정하면서 분양회사가 대출이자 부담약정에 따른 대출이자 공제주장을 펴자, 앞선 대법원 논리를 차용하여, 수분양자의 분양회사에 대한 위약금 청구를 인용하되, 분양회사가 부담했던 대출이자 상당액에 대한 공제를 인정하였다.

3. 부동산계약위반과 손해배상액의 예정

부동산계약의 상대방이 계약의 주된 의무를 위반(채무불이행)하여 반대 당사자가 계약을 해제하였다. 이 경우 계약을 해제한 자는 언제나 상대방으로부터 손해배상금으로 계약금 상당액의 이익을 얻게 되는가? 아니다. 상담을 하다 보면, 계약위반으로 계약을 해제한 경우 계약금 상당액이 항상 손해배상금으로 위반자의 상대방에게 귀속된다고 생각하는 경우가 있다.

이는 해약금에 의한 계약해제를 할 때에 계약으로부터 해방되기 위해 포기하는 계약금 상당액을 손배배상액으로 오해하거나, 계약서상 손해배상예정에 따른 계약금상당 손해배상액 귀속을 당연귀속으로 오해함에서 비롯되는 것으로 보인다.

따라서 부동산계약서에 채무불이행으로 인한 계약해제 시 손해배상액은 계약금을 기준으로 한다는 손해배상예정조항이 없다면, 계약금 상당액이 손해배상액으로 인정받는 것이 쉽지 않다(대법원 2007다24930 판결). 의외로 손해배상예정액을 계약금을 기준으로 한다는 취지의 부동문자(인쇄된 문자)가 없는 계약서가 많기 때문이다.

결국, 채무불이행으로 인한 계약해제 시 계약금을 손배배상의 기준으로 한다는 약정이 계약서에 없다면, 채무불이행을 이유로 계약을 해제한 자는 채무불이행사실은 물론이고, 손해의 발생사실과 손해액을 입증하고, 그 입증한 손해액만을 배상액으로 인정받을 수 있게 된다. 이때 특별한 사정이 없는 한 손해액이 계약금에 미치기 어려울 가능성이 있다. 즉 대법원 2007다24930 판결에 의하면 "유상계약을 체결함에 있어서 계약금이 수수된 경우 계약금은 해약금의 성질을 가지고 있어서, 이를 위약금으로 하기로 하는 특약이 없는 이상 계약이 당사자 일방의 귀책사유로 인하여 해제되었다 하더라도 상대방은 계약불이행으로 입은 실제 손해만을 배상받을 수 있을 뿐 계약금이 위약금으로서 상대방에게 당연히 귀속되는 것은 아니다."는 취지이다.

다만, 판례는 "재산적 손해의 발생 사실은 인정되나 구체적인 손해의 액수를 증명하는 것이 사안의 성질상 곤란한 경우, 법원은 증거조사의 결과와 변론 전체의 취지에 의하여 밝혀진 당사자들 사이의 관계, 채무불이행과 그로 인한 재산적 손해가 발생하게 된 경위, 손해의 성격, 손해가 발생한 이후의 제반정황 등 관련된 모든 간접사실들을 종합하여 상당인과관계 있는 손해의 범위인 수액을 판단할 수 있다(대법원 2013다22553 판결 등)."면서도, "법관에게 손해액의 산정에 관한 자유재량을 부여한 것은 아니(대법원 2010다40505 판결 등)"라는 태도이다.

이러한 문제 때문에 채무불이행으로 인하여 손해발생이 인정됨에도 불구하고 손해액 입증에 실패하여 손해배상청구가 기각되는 사례가 다수 존재한다.

다만, 민소법이 개정되면서 위 판례취지가 반영된 입법이 이루어졌다. 즉 민소법 제202조의2 규정이 2016. 3. 29. 신설되었고, 그 내용은 "손해가 발생한 사실은 인정되나 구체적인 손해의 액수를 증명하는 것이 사안의 성질상 매우 어려운 경우에 법원은 변론 전체의 취지와 증거조사의 결과에 의하여 인정되는 모든 사정을 종합하여 상당하다고 인정되는 금액을 손해배상액수로 정할 수 있다."고 규정하고 있는바, 손해액의 인정에 있어 법관에게 자유재량이 부여된 것으로 보기는 어렵더라도, 손해액 인정에 숨통이 트일 것으로 보인다.

4. 부동산계약과 손해배상예정액 감액의 요건

부동산거래에서 사용되는 대부분의 계약서를 확인하면, "채무불이행과 손해배상"이라는 제목의 계약조항에 "계약당사자 일방이 채무불이행을 한 경우 그 불이행자의 타방 당사자가 계약해제를 할 수 있음은 물론이고, 손해배상을 청구할 수 있되, 그 배상액은 계약금을 기준으로 한다."는 취지의 문구를 흔하게 볼 수 있다.

이와 같은 계약서상의 조항은 위약금 약정으로 해석되는데, 민법 제398조 제4항은 "위약금의 약정은 손해배상액의 예정으로 추정한다."고 규정하고 있어, 이 계약서상 조항은 "손해배상액의 예정조항"으로 해석하는 것이 일반적이다. 대법원은 "손해배상액 예정조항"에 대하여 "채권자는 채무불이행 사실만 증명하면 손해의 발생 및 그 액수를 증명하지 아니하고 예정 배상액을 청구할 수 있다(대법원 2009다83797 판결)."는 취지이다.

결국 "손해배상액 예정조항"에 따라 손해배상예정액을 청구하는 경우, 채권자에게 '현실적인 손해의 발생'은 그 요건이 아니다. 이러한 문제를 고려한 것인지는 몰라도, 민법 제398조 제2항은 "손해배상의 예정액이 부당히 과다한 경우에는 법원은 적당히 감액할 수 있다."라는 법원의 '직권감액규정'을 두고 있다.

법원의 '직권감액규정'은 그 핵심적 요건으로 '손해배상예정액이 부당히 과다'할 것을 요구하기 때문에 이러한 요건에 부합하지 않는다면, 법원은 직권감액을 할 수 없게 된다. '손해배상예정액이 부당히 과다'한 경우는 어떠한 경우일까?

대법원은 여러 사정을 참작하여 일반 사회관념에 비추어 그 예정액의 지급이 경제적 약자의 지위에 있는 채무자에게 부당한 압력을 가하여 공정을 잃은 결과를 초래한다고 인정되는 경우를 뜻한다고 한다(대법원 2013다213090 판결 등). 따라서 '손해배상예정액'이 계약금에 한정되고, '손해배상예정액'을 청구하는 채권자가 오히려 임차인과 같은 경제적 약자일 경우라면, 법원이 '손해배상예정액'을 '직권감액'하기는 쉽지 않다.

앞서 살핀 바와 같이, '손해배상액 예정조항'에 따라 손해배상예정액을 청구하는 경우, 채권자에게 '현실적인 손해의 발생'은 그 요건이 아니다. 그러나 '손해배상예정액'에 대한 '직권감액'을 주장하는 채무자는 실손해액이 예정액에 미치지 못한다는 점을 주장·증명할 필요가 있게 되며(대법원 95다33658 판결), 법원은 사실심 변론종결당시를 기준으로 예정액 부당과다 여부를 판단하게 된다(대법원 2010다60042 판결).

5. 손해배상예정액의 직권감액 가능성

부동산매매 내지 임대차계약서를 확인하면, 대부분 "채무불이행과 손해배상"이라는 제목의 규정이 적시되어 있고, 채무불이행 시 계약해제와 더불어 손해배상을 청구할 수 있다고 규정하면서, 손해배상기준으로 계약금을 적시하고 있는 경우가 많다. 그리고 대체로 계약금은 매매대금 또는 보증금의 10%에 해당한다.

민법 제398조 제4항은 "위약금의 약정은 손해배상액의 예정으로 추정한다."고 규정하고 있어 "채무불이행과 손해배상" 규정에 있어 '계약금이 손해배상기준'이라는 부분은 손해배상 예정으로 추정된다. 그런데 민법 제398조 제2항은 "손해배상의 예정액이 부당히 과다한 경우에는 법원은 적당히 감액할 수 있다."고 규정하여, 손해배상예정액을 법원의 재량에 따라 감액할 수 있음을 규정하고 있다.

대법원은 '부당히 과다한 경우'의 의미에 대하여 "여기서 '부당히 과다한 경우'라고 함은 채권자와 채무자의 각 지위, 계약의 목적 및 내용, 손해배상액을 예정한 동기, 채무액에 대한 예정액의 비율, 예상 손해액의 크기, 그 당시의 거래관행과 경제상태 등 모든 사정을 참작하여 일반 사회관념에 비추어 그 예정액의 지급이 경제적 약자의 지위에 있는 채무자에게 부당한 압박을 가하여 공정성을 잃는 결과를 초래한다고 인정되는 경우를 뜻하는 것으로 보아야 하고, 이 경우에 실제 발생할 것으로 예상되는 손해액의 크기를 참작하여 손해배상액의 예정액이 부당하게 과다한지 여부 내지 그에 대한 적당한 감액의 범위를 판단함에 있어서는 실제의 손해액을 구체적으로 심리·확정할 필요는 없으나, 기록상 실제의 손해액 또는 예상 손해액을 알 수 있는 경우에는 이를 그 예정액과 대비하여 볼 필요는 있다(대법원 2007다18478 판결 등)."라는 취지다.

그렇다면, 부동산매매대금 또는 임대차보증금의 10%에 대한 손해배상예정규정이 '부당히 과다한 경우'로 보아야 할까? 대법원은 "손해배상 예정액의 과다 여부 판단에 있어 실제의 손해액을 구체적으로 심리·확정할 필요는 없고, 다만 기록상 실제의 손해액 또는 예상 손해액을 알 수 있는 경우 그 예정액과 대비하여 보면 족하다 할 것이며, 실제의 손해액이 예정액에 미치지 못한다는 점은 그 예정액이 부당히 과다하다고 주장하는 채무자가 입증할 필요가 있다(대법원 95다33658 판결)."라는 취지이다.

결국, 채무자가 실제의 손해액이 예정액에 미치지 못하는 점을 입증하지 못하는 한, 매매대금 등의 10%를 손해배상예정으로 규정한 것을 '부당히 과다한 경우'로 보기는 쉽지 않아 보인다.

대법원 2008다46906 판결도, 10% 상당을 손해배상의 예정액으로 정하는 것이 일반적인 거래관행인 점 등을 고려하여 몰취되는 계약금 자체가 크다는 사유만으로는 이 사건 손해배상의 예정액이 부당히 과다하다고 단정하기는 어렵다는 취지의 판시를 한 사실이 있다.

이와 관련하여 "부동산매매계약에서 위약금으로 정한 계약금 10%에 있어 매매대금액이 큰 경우에는 위약금의 액수가 과다하다고 하여 감액을 하는 사례가 있으나, 계약금을 매매대금의 10%로 하면서 위약금 약정을 하는 것은 거래관행이므로 이를 감액하면 대법원에서 파기될 가능성이 있고, 부동산매매계약에서 위약금으로 정한 계약금 20%를 15% 정도로 감액하는 것은 파기될 가능성이 낮다면서 다만, 거래관행 수준인 10%로 감액을 하면 거래관행을 알고도 구태여 고율을 약정한 당사자의 의사(계약이행의 강제)를 무시한 것으로 대법원에서 파기될 가능성이 있다는 견해(2022. 9. 30.자 '서울고등법원판례공보스터디' 제1452쪽, 제1453쪽 참고)." 가 있다.

6. 해약금에 의한 계약해제와 이행기 이전의 이행착수

부동산매매계약을 하였을 때, 계약금 지급 단계에서 계약금을 지급한 매수인은 계약금을 포기하고, 계약금을 받은 매도인은 계약금과 더불어 계약금에 해당하는 금액을 추가로 지급하고 계약에서 해방될 수 있다(민법 제565조 참고). 이러한 내용은 상식화되어 있는 것으로 보이는데, 법률적으로 이러한 행동을 "해약금에 의한 계약해제"라는 표현을 쓰고 있다. 이때 해약금이란, 계약에서 해방되기 위하여 지급하는 돈이라고 생각하면 쉽다.

대부분의 부동산계약서에는 이러한 "해약금에 의한 계약해제"를 명문화하고 있지만, 부동산계약서에 명문화되어 있지 않더라도, 민법 제565조에 의하여 "해약금에 의한 계약해제"가 인정된다. 예를 들어, 부동산매매계약서를 확인하면 대체로 "매수인이 매도인에게 중도금(중도금이 없을 때에는 잔금)을 지불하기 전까지 매도인은 계약금의 배액을 상환하고, 매수인은 계약금을 포기하고 본 계약을 해제할 수 있다."고 적시되어 있다.

결국, 중도금 지급 또는 잔금지급(중도금이 없을 때) 전에 해약금에 의한 계약해제가 가능하다는 것인데, 이를 "이행착수 전에 해약금에 의한 계약해제가 가능하다."는 표현을 사용한다.

"해약금에 의한 계약해제"를 이행착수 전으로 제한하는 이유는 무엇일까? 대법원 92다31323 판결에 의하면 "당사자의 일방이 이미 이행에 착수한 때에는 그 당사자는 그에 필요한 비용을 지출하였을 것이고, 또 그 당사자는 계약이 이행될 것으로 기대하고 있는데, 만일 이러한 단계에서 상대방으로부터 계약이 해제된다면 예측하지 못한 손해를 입게 될 우려" 때문이라고 한다.

예를 들어보자. 상가 부동산에 대한 매매가 있었다. 계약 당시는 매도인 및 매수인이 모두 만족하였지만, 중도금 기일이 다가오면서, 상가에 대한 가치가 급등하였고, 매도인이 상가를 팔고 싶어하지 않는 상황이고, 이를 상가 매수인이 알아차렸다. 이때 마음이 급한 상가 매수인이, 중도금 약정일 이전에 중도금을 미리 계좌이체할 경우 상가매도인의 "해약금에 의한 계약해제"가 인정되지 않을까?

중도금 지급기일 이전에 지급을 금지한다는 특약이 없는 한 해약금에 의한 계약해제가 인정되지 않는다. 즉, 대법원 92다31323 판결에 의하면, "계약당사자가 채무의 이행기 전에 착수하지 아니하기로 하는 특약을 하는 등 특별한 사정이 없는 한 이행기 전에 이행에 착수할 수 있다."고 한다.

결국, 부동산의 가격이 급등하여 매도인이 해약금에 의한 해제를 하려는 상황이 포착될 경우에는 중도금의 지급일로 정한 날짜가 도래하지 않은 경우라도, 이행기 전에 착수금지 특약이 없었다면, 매수인이 중도금 등을 즉각적으로 지급함으로써 매도인의 해약금에 의한 해제를 막고, 매수인은 매도인에게 계약의 이행을 촉구할 수 있게 된다.

이와 관련하여 대법원 2004다11599 판결은 매매계약의 체결 이후 시가 상승이 예상되자 매도인이 구두로 구체적인 금액의 제시 없이 매매대금의 증액요청을 하였고, 매수인은 이에 대하여 확답하지 않은 상태에서 중도금을 이행기 전에 제공하였는데, 그 이후 매도인이 계약금의 배액을 공탁하여 해제권을 행사한 사안에서, 시가 상승만으로 매매계약의 기초적 사실관계가 변경되었다고 볼 수 없어 '매도인을 당초의 계약에 구속시키는 것이 특히 불공평하다'거나 '매수인에게 계약내용 변경요청의 상당성이 인정된다.'고 할 수 없고, 이행기 전의 이행의 착수가 허용되어서는 안 될 만한 불가피한 사정이 있는 것도 아니므로 매도인은 위의 해제권을 행사할 수 없다고 한 원심의 판단을 수긍하였다.

7. 계약금과 중도금을 합한 금액을 계약금으로 하는 재계약과 해약금에 의한 해제

상가건물에 대한 매매계약이 있었다. 매도인이 상가건물에 대한 계약금과 중도금을 받은 후에 약정된 중도금의 수령확인과 잔금지급일자의 확정을 위하여 이미 지급받은 계약금과 중도금을 계약금으로 하고, 나머지 금원을 잔금으로 하며, 잔금지급일자를 새로이 정하는 재계약서를 작성하였다.

이러한 경우에 "이행의 착수"가 없었음을 이유로 해약금에 의한 해제가 가능할까? 민법 제565조는 매매계약에 있어 계약금을 교부한 후, 계약당사자 일방이 이행에 착수하지 않은 경우, 교부자는 계약금을 포기하고 수령자는 그 배액을 상환하면서 매매계약을 해제할 수 있도록 규정하고 있다.

재계약을 기준으로 할 경우 재계약서상으로는 계약금만 지급한 것이어서 매수인은 지급한 재계약서상의 계약금을 포기하고 계약을 해제할 수 있고, 매도인은 재계약서상의 계약금과 더불어 재계약서상의 계약금 상당액을 매수인에게 지급하면서 계약을 해제할 수 있다는 생각을 할 수 있다. 그러나 본래의 계약을 기준으로 할 경우에는 계약금뿐만 아니라, 중도금을 지급하였기 때문에 민법 제565조에 따른 "이행의 착수"가 있다고 볼 수 있어, 민법 제

565조에 따른 해약금에 의한 계약해제는 인정되기 어렵다.

이에 대하여 대법원은 "해약금에 의한 계약해제"가 인정되기 어렵다는 태도이다. 즉 대법원은 "매매계약당사자의 일방 또는 쌍방이 이행에 착수한 후에 당초 매매계약의 내용을 그대로 유지하면서 다만 이미 수수된 계약금과 중도금의 합계금원을 새로이 계약금으로, 나머지 미지급 금원을 잔금으로 하고 그 잔금지급일자를 새로이 정하는 내용의 재계약을 체결하였다 하더라도, 당사자 간에 다른 약정이 없는 한 당사자 일방이나 상대방이 새로이 결정된 계약금의 배액상환 또는 포기로써 해제권을 행사할 수는 없다고 봄이 상당하다(대법원 94다17659 판결)."고 한다.

위 대법원 94다1765 판결 이유를 확인하면 "원고 이복○가 이미 피고로부터 당초 매매계약에 따른 계약금 300,000원과 중도금 2,000,000원을 각 수령한 후 피고에게 이 사건 건물의 열쇠를 주었고, 이에 따라 피고는 이 사건 건물의 보일러를 수리하여 같은 해 6. 3. 이 사건 건물에 입주하였다면, 위 원고는 매매 목적물을 인도함으로써, 피고는 중도금을 지급함으로써 이 사건 매매계약의 당사자들 모두가 그 계약의 이행에 착수하였다고 볼 수 있고, 위와 같이 매매계약당사자가 이행에 착수한 후에 원심이 적법하게 확정한 바와 같이 당초 매매계약의 내용을 그대로 유지하면서 다만 당초 약정된 중도금의 수령확인과 잔금지급일자의 확정을 위하여 원·피고들 간에 이미 수령한 계약금 300,000원과 중도금 2,000,000원의 합계 금 2,300,000원을 새로이 계약금으로 하고, 잔금 4,200,000원을 같은 해 6. 15.까지 소유권이전등기에 필요한 서류와 상환하여 지급하기로 하는 내용의 재계약서를 작성하였다고 하더라도, 기록상 위 재계약 당시 원·피고들이 새로이 결정된 계약금의 배액상환 또는 포기로써 해제권을 행사할 수 있다는 등의 다른 특약이 없었음이 분명한 이 사건에 있어서, 원고들로서는 새로이 결정된 위 계약금의 배액을 상환하고 매매계약을 해제할 수는 없다고 할 것이다."는 취지이다.

따라서 계약해제사유를 만들기 어려운 상황에서 계약해제사유(해약금에 의한 해제사유)를 만들기 위한 것임을 숨긴 채, 지급한 계약금과 중도금을 계약금으로 하는 재계약을 체결하였다고 하더라도, 이러한 상황을 이용하여 해약금에 의한 계약해제를 하기는 쉽지 않다.

결국 상가나 기타 부동산에 대한 매매계약을 체결하면서, 해당 부동산의 매각이나 매수에 대하여 확신이 서지 않을 경우에는 그러한 사정을 설명하고, 해제권을 유보하는 약정을 하는 것도 하나의 방법이 될 수 있다. 즉, 구체적 사정에 따라서는 약정해제사유를 명기하는 방법도 고려할 필요가 있다는 것이다.

8. 이행착수 전 해약금 해제의사의 전달과 상대방의 기습적 이행

부동산매매와 관련하여 해약금에 의한 계약해제를 하려면(민법 제565조), 계약 쌍방의 이행

착수가 없어야 한다. 예를 들어 매수인이 계약금만 지급한 상태에서는 ① 매수인은 계약금을 포기하고, ② 매도인은 계약금과 계약금 상당액을 매수인에게 지급하고, 계약에서 해방될 수 있다.

그러나 매수인이 중도금을 지급한 경우라면, 민법 제565조의 "이행의 착수"가 존재하여 매수인이 계약금을 포기하거나, 매도인이 계약금과 계약금 상당액을 매수인에게 지급하는 방식의 해제, 즉 해약금에 의한 계약해제는 인정되지 않는다.

그렇다면, 중도금 지급일로 약정한 날보다 매수인이 중도금을 일찍 지급했을 경우에도 해약금에 의한 해제가 인정되지 않을까? 부동산을 매수하고, 부동산 가격이 급등하였을 경우 매수인은 해당 부동산을 잡아두기 위하여 약정된 중도금 지급기일보다 일찍 중도금을 지급할 가능성이 있기 때문에 문제된다.

이러한 경우 매수인이 약정된 중도금 지급기일보다 일찍 중도금을 지급하더라도, 원칙적으로 "이행의 착수"가 인정되며, 결국 해약금에 의한 해제방식으로는 계약을 깰 수 없다. 다만, 중도금 지급기일 이전에 중도금을 지급하지 않기로 특약을 하는 등 특별한 사정이 있다면 중도금 지급을 하더라도 이행착수로 인정될 수 없고, 결국 이러한 경우 계약당사자는 해약금에 의한 계약해제 방식을 통하여 계약을 해제할 수 있다고 해석된다.

또 다른 사례를 살펴보자. 매도인이 계약금 배액을 상환하면서 계약을 해제하기 위하여, 즉 해약금에 의한 계약해제를 하기 위하여 매수인에게 매수인이 상환액을 받기 위한 서류 등으로 인감증명서 등을 요구하고, 수령일자를 명시하면서, 수령이 지체될 경우 공탁하겠다는 내용증명우편을 매수인에게 도달시켰고, 그 내용증명우편을 받은 매수인이 중도금 지급기일 이전에 기습적으로 중도금을 지급한 경우, 매도인의 해약금에 의한 계약해제가 가능할까?

매도인의 내용증명우편 발송행위는 계약금 배액을 상환한 것으로 보기 어렵기 때문에 내용증명우편을 도달시킨 행위만으로 해약금에 의한 계약해제가 인정되기는 어렵다. 그렇다면, 이행기 전에 중도금 지급도 "이행의 착수"가 되기 때문에 매도인이 해약금에 의한 계약해제가 불가능할까?

대법원은 이러한 경우에 대하여 "매수인이 이행기 전에 이행에 착수할 수 없는 특별한 사정이 있는 경우"이기 때문에 매도인의 의사에 반한 일방적인 이행기 전 "이행의 착수"가 인정될 수 없고, "매도인이 계약해제를 위하여 계약금의 배액을 공탁하는 경우 그 공탁원인 사실에 계약해제의 의사가 포함"되어 있어 "상대방에게 공탁통지가 도달할 때에 계약해제 의사표시가 있었다."는 입장이다(대법원 92다31323 판결).

위 대법원 92다31323 판결 이유에 의하면 "피고(한국토지개발공사)가 한 1990. 7. 13.자 토지매매계약해제통지(갑 제6호증의1)에 의하면, 피고는 원고들에게 이 사건 매매계약은 합의해약이 성립되지 않아 부득이 민법 제565조에 의거 계약해제를 통지하니 계약보증금의 2배에 해당하는 변제금을 같은 해 7. 18.까지 수령하라고 되어 있고, 지참서류로서 인감증명서 1부

(변제금 수령용), 사용인감계 1부, 계좌입금의뢰서 1부를 든 다음, 변제금을 기한 내에 미수령 시는 공탁처리한다고 되어 있는바, 그렇다면 그 취지는 피고는 계약금의 배액을 상환할 준비를 하고, 원고들에게 이 해약금영수에 관한 증빙서류를 제시하면 그 돈을 원고들의 계좌에 입금시키고 그렇게 하지 아니하면 공탁의 방법으로라도 지급하겠다는 것으로서,

결국 해약금을 제공함에 있어 그 영수증을 청구한 것과 다를 바 없어서, 피고(한국토지개발공사)가 엄격한 회계처리가 요구되는 공법인인 점에 비추어 보면, 이와 같은 경우에도 해약금의 이행의 제공이 없었다고 보아야 할 것인지 의문이다. 또 이것으로서 적법한 해약금의 제공에까지 이르렀다고 볼 수 없다고 하여도, 이와 같이 피고가 민법 제565조에 의하여 계약을 해제한다는 의사표시를 하고 일정한 기한까지 해약금의 수령을 최고하며, 그 기한을 넘기면 공탁하겠다고 통지를 한 이상, 중도금 지급기일은 매도인인 피고를 위하여서도 그 기한의 이익이 있다고 보는 것이 옳고,

따라서 이 사건과 같은 경우에는 매수인인 원고들은 이행기 전에 이행에 착수할 수 없는 특별한 사정이 있는 경우에 해당하여 원고들은 피고의 의사에 반하여 이행할 수 없다고 보는 것이 옳을 것이고, 원고들이 그 이행기 전에 더욱이 피고가 정한 해약금 수령기한 이전에 일방적으로 이행에 착수하였다고 하여도 피고의 계약해제권 행사에 영향을 미칠 수 없다고 보아야 할 것이다. 이 사건에서 원고들이 서둘러 중도금의 6분의 1에도 미치지 아니하는 금 200,000,000원을 피고의 은행거래 구좌에 일방적으로 입금시킨 것은 피고의 계약해제권을 소멸시키고자 한 것으로서 통상적인 계약의 이행이라고 볼 수 없고, 또 이와 같은 원고들의 행위는 피고의 해약금의 수령을 거절할 의사를 명백히 한 것으로 볼 수도 있을 것이다. 그리고 매도인이 민법 제565조에 의하여 계약을 해제하고자 하는 경우에는 계약금의 배액을 제공하고 하여야 할 것이나, 이 해약금의 제공이 적법하지 못하다면 해제권을 보유하고 있는 기간 안에 적법한 제공을 한 때에 계약이 해제된다고 볼 것이고, 또 매도인이 계약을 해제하기 위하여 계약금의 배액을 공탁하는 경우에는 그 공탁원인사실에 계약해제의 의사가 포함되어 있다고 할 것이므로, 상대방에게 그 공탁통지가 도달한 때에는 계약해제 의사표시가 있었다고 보는 것이 옳을 것이다."라는 취지이다.

이와 관련하여 대법원 2022다256624 판결이 존재한다. 즉 원고는 피고로부터 이 사건 아파트의 분양권을 금401,400,000원에 매수하면서 피고에게 계약금을 지급한 뒤 피고 명의 계좌로 거래 명목을 '축 생신'으로 기재하여 4회에 걸쳐 합계 2,000만원을 송금하였으나, 그 전후에 피고측에 송금사실을 고지한 적은 없었다. 피고는 원고의 송금사실을 알고서 그 직후부터 수차례에 걸쳐 원고측에 반환하겠다고 고지하였다.

위 사안의 원심은, 매수인인 원고가 일방적으로 잔금지급기일 이전에 2,000만원을 송금하였다는 사정만으로 매도인인 피고의 약정해제권 행사에 영향을 미칠 수 없으므로, 피고가 계약금의 배액을 상환하면서 해제 의사표시를 하여 적법하게 해제되었다고 판단하였고, 대법

원도 원심의 판단이 옳다는 취지이다.

즉 대법원은, 이 사건 계약의 내용, 잔금지급기일을 정하는 외에 사전 지급에 관한 특약까지 명시한 점, 원고가 잔금지급기일에 앞서 송금한 액수 및 명목, 이에 대한 피고의 반응과 조치, 그러한 상황 하에서 피고의 계약해제권 행사가 계약의 구속력의 본질을 침해하는 등 신의칙에 반하거나 원고에게 예측하지 못한 손해를 가한 것으로 볼 수 있는지 등을 종합하여, 이 사건에서는 잔금지급기일과 관련하여 매도인인 피고에게도 기한의 이익이 인정되므로 원고가 잔금지급기일 전에 이행에 착수할 수 없는 특별한 사정이 있는 경우에 해당한다고 보아, 원고의 청구를 기각한 원심판결을 수긍하여 상고를 기각하였던 것이다.

위 대법원 2022다256624 판결 사안을 간략하게 정리하면 "특약사항으로 '잔금일은 2021. 1. 4.로 정하고 ○○건설 본사 일정 및 상호협의 하에 앞당겨질 수 있다.'는 내용이 포함"되어 잔금 사전 지급에 대한 특약이 존재하였고, "원고는 2020. 11. 9. 피고 명의 계좌로 거래명목을 '축 생신'으로 기재하여 총 4회에 걸쳐 합계 20,000,000원을 송금하였으나, 그 전후에 피고 또는 피고측 대리인에게 송금사실을 고지한 적은 없었다. 피고는 2020. 11. 13.경 원고의 송금사실을 알고서 그 직후부터 수차례에 걸쳐 원고측에게 반환하겠다고 고지하였으나, 원고는 이를 거부"하였던 사안이다(위 사안은 "원고는 계약일로부터 불과 6일 후인 2020. 11. 9. 피고에게 아무런 고지도 없이 원고가 지급의무를 부담하는 나머지 금액 대비 약 5.2%에 불과한 20,000,000원을 일방적으로 송금"한 사정도 고려함).

위 대법원 2022다256624 판결 사안에 대하여 2024. 3. 1.자 판례공보에 대한 서울고등법원판례공보스터디 2번 해설에 의하면 "기존 선행 판결(대법원 92다31323)의 경우, 매도인측이 먼저 민법 제565조에 의한 해제 의사표시를 하였고(그러나 계약금의 배액을 상환하면서 한 것이 아니기 때문에 해제의 효력이 발생하지는 않았음), 그런 의사표시가 있자 매수인측에서 해제를 저지하기 위하여 서둘러 중도금 중 일부를 일방적으로 입금한 사안인데, 이런 경우 형평 감각에 비추어 보더라도 해약금 해제가 제한되어서는 안 될 것으로 보이나(그러나 이런 경우에만 이행의 착수로 해약금 해제를 저지할 수 없는 특별한 사정이 있다고 보는 것이 아님은 물론임). 대상판결 사안의 경우, 매도인측의 해제 움직임은 없었으나 매수인측이 계약일로부터 불과 6일 후에 매도인에게 고지도 없이 일부 대금(잔금의 약 5.2%)을 일방적으로 송금하였고, 잔금일을 정하면서 상호 협의로 이를 앞당길 수 있다고 정하였는데 그러한 협의가 없었으며, 매도인측에서는 매수인측의 송금 사실을 알고서 수 차례에 걸쳐 이를 반환해 주겠다는 의사를 밝혔으나 매수인 측이 불응한 사안으로, 선행판결의 사실관계와는 다소 차이가 있다면서, 앞으로 개별 사안의 구체적 사실관계에 따라 상대방이 본조의 해약금 해제를 할 수 없는 이행에 착수하였다고 평가할 수 있는지 판단이 달라질 수 있기는 하지만, 기본적으로 해약금 해제를 저지하기 위한 것을 주목적으로 약정 이행기 전에 일방적으로 대금 일부를 지급한 경우에는 위에서 말하는 특별한 사정이 있는 경우에 해당하여 매도인측의 계약금 배액 상환을 통한 해제가 허용된다고 볼 가능성이 크다."고 설명하고 있다.

참고로 대법원 93다56954 판결에 의하면 "민법 제565조에 의하여 매도인이 계약금의 배액을 상환하고 계약을 해제하려면 매수인이 이행에 착수할 때까지 계약금의 배액을 상환하고 하여야 할 것인바, 여기에서 이행에 착수한다는 것은 객관적으로 외부에서 인식할 수 있는 정도로 채무의 이행 행위의 일부를 하거나 또는 이행을 하기 위하여 필요한 전제 행위를 하는 경우를 말하는 것으로서 단순히 이행의 준비를 하는 것만으로는 부족하나, 반드시 계약내용에 들어 맞는 이행의 제공의 정도에까지 이르러야 하는 것은 아니다."라는 취지이다.

9. 부동산 매도인의 해약금 규정에 의한 계약해제 시점과 방법

부동산 매도인이 계약금을 받은 상태에서 해약금에 의한 계약을 하고 싶은 상황이다. 아마도 부동산의 가격이 급등했거나, 부동산을 팔면 안 되는 사정이 갑자기 생겼기 때문일 것이다. 반면, 매수인은 매도인과 달리 해당 부동산의 소유권을 적극적으로 취득하고 싶어 한다. 이러한 경우라면, 부동산매매계약 체결 후 계약금을 받고 변심한 매도인이 해약금 규정에 의한 해제를 언제까지 해야 할까? 우선 계약서에 규정된 해약금 규정을 따라야 할 것이다. 다만, 편의상 민법의 해약금 규정이 그대로 계약서에 규정되어 있음을 전제로 이야기를 전개한다.

민법 제565조 제1항은 "매매의 당사자 일방이 계약 당시에 금전 기타 물건을 계약금, 보증금 등의 명목으로 상대방에게 교부한 때에는 당사자 간에 다른 약정이 없는 한 당사자의 일방이 이행에 착수할 때까지 교부자는 이를 포기하고 수령자는 그 배액을 상환하여 매매계약을 해제할 수 있다."고 규정하고 있다.

따라서 계약서상 중도금 지급일이 지났다고 하더라도 매수인이 중도금의 일부 내지 중도금을 지급하지 않은 상황이라면, 매도인의 해약금 규정에 의한 계약해제가 인정된다는 해석이 가능하다. 그렇다면, 매도인이 부동산매매계약을 해약금 규정에 따라 해제하고자 하는데, 매수인이 계약금의 배액을 받기를 거부할 경우에 매도인이 취할 방법이 있을까?

대법원 91다33612 판결은 "매수인이 계약의 이행에 착수하기 전에는 매도인이 계약금의 배액을 상환하고 계약을 해제할 수 있으나, 이 해제는 통고로써 즉시 효력을 발생하고 나중에 계약금 배액의 상환의무만 지는 것이 아니라 매도인이 수령한 계약금의 배액을 매수인에게 상환하거나 적어도 그 이행제공을 하지 않으면 계약을 해제할 수 없다."고 한다.

또한 대법원 80다2784 판결은 "매매당사자 간에 계약금을 수수하고 계약해제권을 유보한 경우에 매도인이 계약금의 배액을 상환하고 계약을 해제하려면 계약해제의 의사표시 외에 계약금 배액의 이행의 제공이 있으면 족하고, 상대방이 이를 수령하지 아니한다 하여 이를 공탁할 필요는 없다."는 취지다.

결국 대법원 판결취지를 종합하면, 매수인이 계약금의 배액 수령을 거부할 경우, 매도인은 계약금 배액을 이행제공하는 방식으로 해제통고를 할 수 있다고 해석된다. 이행제공 방식은 대체로 은행의 자기앞수표를 끊어 원본을 보관한 후에 수표 복사본을 내용증명우편에 첨부하여 보내면서, 돈이 준비되어 있으니 계좌번호를 알려달라고 하거나 직접 수령하라는 취지를 밝히는 방법이 주로 사용된다(대법원 4292민상784 판결에 의하면 "특단의 사유 없는 한 신용 있는 은행의 수표 제공은 일반거래상 현금의 제공과 동일하게 볼 것이므로 이를 채무본지에 따른 현실제공으로 해석할 것"이라는 취지).

참고로, 대법원 91다2151 판결은 부동산 매도인이 계약금을 받은 후 1989. 6. 21.경 해약금 약정에 의한 계약해제 의사를 전달한 후 1989. 6. 30.경 매수인으로부터 1989. 7. 3.경 계약금의 배액을 수령하겠다는 전화연락을 받고, 계약금 배액을 지참하여 위 날짜인 1989. 7. 3.경 약속장소에 나갔으나, 매수인이 나오지 않은 사안에서 매도인의 1989. 7. 3.경 이행제공을 인정하면서 "피고의 위 1989.7.3. 변제제공으로 위 매매계약은 이미 적법하게 해제된 것"이라는 취지로 판시하였다.

10. 계약금 중 일부지급과 민법상 해약금 규정에 따른 계약해제 가능성

주된 계약과 함께 계약금계약을 한 경우에는 민법 제565조 제1항의 규정(해약금 규정)에 따라 임의해제를 할 수 있다. 다만, 계약금계약은 금전 등의 교부를 요건으로 하므로 단지 계약금을 지급하기로 약정만 한 단계에서는 위 민법 규정에 의해 계약해제를 할 수 있는 권리는 발생하지 않는다. 따라서 당사자가 계약금의 일부만을 먼저 지급하고 잔액은 나중에 지급하기로 약정하거나 계약금 전부를 나중에 지급하기로 약정한 경우, 원칙적으로 교부자가 계약금의 잔금 또는 전부를 지급하지 아니하는 한 계약금계약은 성립하지 아니하므로 당사자가 임의로 주계약을 해제할 수는 없다.

즉 대법원 2007다73611 판결에 의하면 "계약이 일단 성립한 후에는 당사자의 일방이 이를 마음대로 해제할 수 없는 것이 원칙이고, 다만 주된 계약과 더불어 계약금계약을 한 경우에는 민법 제565조 제1항의 규정에 따라 임의 해제를 할 수 있기는 하나, 계약금계약은 금전 기타 유가물의 교부를 요건으로 하므로 단지 계약금을 지급하기로 약정만 한 단계에서는 아직 계약금으로서의 효력, 즉 위 민법 규정에 의해 계약해제를 할 수 있는 권리는 발생하지 않는다고 할 것이다. 따라서 당사자가 계약금의 일부만을 먼저 지급하고 잔액은 나중에 지급하기로 약정하거나 계약금 전부를 나중에 지급하기로 약정한 경우, 교부자가 계약금의 잔금이나 전부를 약정대로 지급하지 않으면 상대방은 계약금 지급의무의 이행을 청구하거나 채무불이행을 이유로 계약금약정을 해제할 수 있고, 나아가 위 약정이 없었더라면 주계약을 체결하지 않았을 것이라는 사정이 인정된다면 주계약도 해제할 수도 있을 것이나,

교부자가 계약금의 잔금 또는 전부를 지급하지 아니하는 한 계약금계약은 성립하지 아니하므로 당사자가 임의로 주계약을 해제할 수는 없다 할 것이다."는 취지이다.

따라서 부동산 매수인이 민법상 해약금 규정에 따라, 계약을 해제하기 위해서는 '지급한 일부계약금'을 포기함을 물론이고, '약정계약금'에 달하는 계약금 전부를 부동산 매도인에게 지급해야한다고 해석된다.

그렇다면 부동산 매수인이 계약금의 일부만 지급한 상태에서 매도인이 민법상 해약금 규정에 따라 계약을 해제할 수 없는 것인가? 위 대법원 2007다73611 판결을 그대로 관철하면 이러한 상황에서 매수인과 달리 매도인은 민법상 해약금 규정에 따라 계약을 해제할 수 없다는 결론에 도달한다.

이와 관련하여 대법원 2014다231378 판결 이유에 의하면 "피고(매도인)는, 원고(매수인)가 계약금을 전부 지급하기 전까지는 이 사건 매매계약의 구속력이 약하므로 피고는 계약금 일부로서 지급받은 1,000만원의 배액을 상환하면 얼마든지 이 사건 매매계약을 해제할 수 있는데도, 이와 달리 판단한 원심판결에는 계약금 일부만 지급된 경우에 계약의 해제에 관한 법리를 오해한 잘못이 있다고 주장한다. 그러나 앞서 본 바와 같이 원고가 계약금 1억 1,000만원을 전부 지급하였다고 봄이 타당하므로 피고는 위 계약금의 배액을 상환해야 이 사건 매매계약을 해제할 수 있다. 이와 다른 전제에 선 이 부분 상고이유 주장은 이유 없다. 설령 원고가 계약금 1억 1,000만원 중 일부인 1,000만원만을 지급한 것이라고 하더라도, 다음의 이유로 이 부분 상고이유 주장은 이유 없다. ① 매매계약이 일단 성립한 후에는 당사자의 일방이 이를 마음대로 해제할 수 없는 것이 원칙이다. 다만 주된 계약과 더불어 계약금계약을 한 경우에는 민법 제565조 제1항의 규정에 따라 해제를 할 수 있기는 하나, 당사자가 계약금 일부만을 먼저 지급하고 잔액은 나중에 지급하기로 약정하거나 계약금 전부를 나중에 지급하기로 약정한 경우, 교부자가 계약금의 잔금 또는 전부를 지급하지 아니하는 한 계약금계약은 성립하지 아니하므로 당사자가 임의로 주계약을 해제할 수는 없다(대법원 2007다73611 판결). ② 피고의 주장과 같이 계약금 일부만 지급된 경우 수령자가 매매계약을 해제할 수 있다고 하더라도, 그 해약금의 기준이 되는 금원은 '실제 교부받은 계약금'이 아니라 '약정 계약금'이라고 봄이 타당하다. '실제 교부받은 계약금'의 배액만을 상환하여 매매계약을 해제할 수 있다면 이는 당사자가 일정한 금액을 계약금으로 정한 의사에 반하게 될 뿐 아니라, 교부받은 금원이 소액일 경우에는 사실상 계약을 자유로이 해제할 수 있어 계약의 구속력이 약화되는 결과가 되어 부당하기 때문이다. 따라서 피고가 계약금 일부로서 지급받은 금원의 배액을 상환하는 것으로는 이 사건 매매계약을 해제할 수 없다."는 취지이다.

위 대법원 2014다231378 판결은 일단 위 대법원 2007다73611 판결을 옹호하면서 계약금 일부만 지급한 상황에서 매도인의 해약금에 의한 계약해제가 부정되지만, 가사 매도인(피고)

의 주장처럼 계약금 일부만 지급된 경우에 매도인이 계약을 해제할 수 있다고 가정하더라도, 해약금 기준이 '실제 교부받은 계약금'이 아닌 '약정 계약금'이 되어야 한다는 판시를 통하여 매도인은 '실제 교부받은 계약금'과 '약정 계약금'을 합한 금액을 매수인에게 상환해야 해약금에 의한 계약해제가 가능하다는 취지로 판시하였다.

위 대법원 2007다73611 판결 및 대법원 2014다231378 판결에 의할 경우에 계약금 일부만 지급한 매수인이 약정 계약금 전부를 지급한 후에 해약금에 의한 해제를 할 수 있는 것에는 의문이 없다. 그렇다면 공평의 원칙상 매수인이 계약금 일부만 지급한 경우에 매도인도 '실제 교부받은 계약금'과 '약정 계약금'을 합한 금액을 매수인에게 상환하고 해약금에 의한 해제를 인정함이 타당하다. 해약금에 의한 해제는 계약금 상당액을 포기하고 계약에서 해방되는 것이 그 골자이기 때문이다. 따라서 위 대법원 2007다73611 판결 및 대법원 2014다231378 판결에도 불구하고, 부동산 매도인이 '지급받은 계약금 일부', 즉 '실제 교부받은 계약금'을 돌려주고, 계약서상의 '약정 계약금'을 추가로 부동산 매수인에게 지급하는 방식으로 해약금에 의한 계약해제를 할 수 있다고 해석된다(필자의 개인의견).

이와 관련하여, 대구고등법원 2016나26458 판결을 주목할 필요가 있는데, 위 대구고등법원 판결의 사안을 살펴보자. 원고와 피고들은 이 사건 매매계약서에 "계약금 3억원은 계약 시에 지불하고 영수함"이라고 기재하면서 동시에 특약사항으로 매수인(원고)은 계약금 3억원 중 5,000만원은 계약 시 지급하고 미지급금 2억 5,000만원에 대한 이자로 월 300만원을 매도인(피고)에게 지급하기로 하면서 임차인의 점포 명도 시에 미지급된 계약금 2억 5,000만원을 매도인(피고)에게 지급하기로 하면서 계약금의 상환 또는 포기 등에 의하여 계약을 해제할 수 있도록 정하였다.

이 사안에 대하여 대구고등법원은 "매수인인 원고가 계약금 전액을 매매계약 당시에 지불하지 않고 그 일부를 지급하고 다만 나머지 계약금에 관하여는 나머지 계약금의 지급기일까지 그 돈이 실제 지급된 것과 같은 이익을 줄 수 있도록 그 이자 상당의 돈을 매도인인 피고들에게 지급하기로 하면서 계약금의 상환 또는 포기 등에 의하여 계약을 해제할 수 있도록 약정하였다고 할 것이므로, 그 계약금은 계약해제권 유보를 위한 해약금의 성질을 갖고 당사자 사이에는 적어도 나머지 계약금의 지급기일까지는 계약금 전부가 현실로 지급된 것과 마찬가지의 구속력을 갖게 되어 그로써 당사자 사이에 계약금계약이 성립(대법원 91다9251 판결 참조)"하였다고 판단하였다. 즉, 계약금계약 성립을 인정하면서 피고(부동산 매도인)의 해약금 규정에 따른 해제를 인정하였다.

또한, 위 대구고등법원은 "다른 한편으로 설령 원고의 주장과 같이 원고가 계약금 중 일부만을 지급하여 원고와 피고들 사이에 당초 계약금계약이 성립하지 않았다고 하더라도 이 사건 매매계약은 적법하게 해제되었다고 할 것이다. 즉 이 경우에도 매수인인 원고가 매도인인 피고들에게 미지급한 나머지 계약금을 지급함으로써 계약금계약을 성립시킨 후 계약금

전부를 포기함으로써 이 사건 매매계약을 해제할 수 있음에는 의문이 없다. 그렇다면 매도인인 피고들에게도 계약금계약에 의한 매매계약의 해제를 허용하는 것이 매수인과 매도인 사이의 형평에 부합한다. 또한 피고들이 오로지 계약금계약의 성립이라는 외형을 갖추기 위하여 '원고를 대신하여 자신들에게 미지급한 나머지 계약금을 지급하였다가 이를 계약금의 배액에서 공제하는' 등의 비현실적인 조치를 취하지 아니하고 이미 지급받은 계약금에다가 당초 약정한 계약금을 합한 금액만을 원고에게 지급하였다고 하더라도 이로써 그 순간 계약금계약이 성립하였다고 볼 수 있다."고 판시하였다.

11. 부동산매매계약서상의 해약금 규정과 위약금 규정

공인중개사들이 사용하는 부동산매매계약서에는 보통, "① 계약의 해제"라는 규정과 "② 채무불이행과 손해배상"이라는 규정이 함께 존재한다.

"① 계약의 해제" 규정은 대체로 "매수인이 매도인에게 중도금(중도금이 없을 때에는 잔금)을 지불하기 전까지 매도인은 계약금의 배액을 상환하고, 매수인은 계약금을 포기하고 본 계약을 해제할 수 있다."고 규정되어 있다.

"② 채무불이행과 손해배상" 규정도 대체로 "매도인 또는 매수인이 본 계약상의 내용에 대하여 불이행이 있을 경우 그 상대방은 불이행한 자에 대하여 서면으로 최고하고 계약을 해제할 수 있다. 그리고 계약당사자는 계약해제에 따른 손해배상을 각각 상대방에게 청구할 수 있으며, 별도의 약정이 없는 한 계약금을 손해배상의 기준으로 본다."고 규정하고 있다.

"① 계약의 해제" 규정은 '해약금 규정'으로 해석하면 되고, "② 채무불이행과 손해배상" 규정은 '위약금 규정'으로 해석하면 된다. 그런데, 민법 제398조 제4항은 "위약금의 약정은 손해배상액의 예정으로 추정한다."고 규정하고 있고, 동조 제2항은 법원의 직권 감액 가능성도 인정하고 있다.

민법 제565조(해약금) 제1항은 "매매의 당사자 일방이 계약 당시에 금전 기타 물건을 계약금, 보증금 등의 명목으로 상대방에게 교부한 때에는 당사자 간에 다른 약정이 없는 한 당사자의 일방이 이행에 착수할 때까지 교부자는 이를 포기하고 수령자는 그 배액을 상환하여 매매계약을 해제할 수 있다."고 규정하고 있다.

결국, 민법 제565조는 '해약금 규정'으로 부동산매매계약서에 위 "① 계약의 해제" 규정, 즉 '해약금 규정'이 없더라도, 민법 제565조에 따라 '중도금 지급 전 매도인은 계약금 배액을 상환하고, 매수인은 계약금을 포기하고 계약을 해제할 수 있'게 된다.

"② 채무불이행과 손해배상" 규정은 어떠한가? 부동산매매계약서에 "② 채무불이행과 손해배상" 규정이 없어도, 채무불이행 시 계약금 상당액을 청구할 수 있을까? 그렇지 않다. 일반적인 부동산매매계약서에는 "② 채무불이행과 손해배상" 규정에 "계약금을 손해배상의 기준으로 본다."는 문구가 있어, 채무불이행 시 계약금 상당액에 대한 청구가 가능한 것이기 때문이다.

부동산매매계약서 중에서도 가끔은, "② 채무불이행과 손해배상" 규정에 "손해배상액의 기준이 없는 경우"를 확인할 수 있는데, 이러한 경우는 채무불이행을 주장하면서 손해를 청구하는 자가 입증하는 손해만 손해배상으로 인정받게 된다. 즉 대법원 2007다24930 판결에 의하면 "유상계약을 체결함에 있어서 계약금이 수수된 경우 계약금은 해약금의 성질을 가지고 있어서, 이를 위약금으로 하기로 하는 특약이 없는 이상 계약이 당사자 일방의 귀책사유로 인하여 해제되었다 하더라도 상대방은 계약불이행으로 입은 실제 손해만을 배상받을 수 있을 뿐 계약금이 위약금으로서 상대방에게 당연히 귀속되는 것은 아니다."는 취지이다.

12. 부동산 매도인의 해약금에 의한 계약해제

매매당사자 사이에 수수된 계약금에 대하여 매수인이 위약을 하였을 때에는 이를 무효로 하고 계약금 반환청구를 할 수 없으며, 매도인이 위약하였을 때에는 그 배액을 상환할 뜻의 약정을 한 경우, 이러한 약정의 성질은?

대법원 91다2151 판결에 의하면, 이와 같은 약정은 특별한 사정이 없는 한 그 계약금은 민법 제398조 제1항 소정의 손해배상액의 예정의 성질을 가질 뿐만 아니라, 민법 제565조 소정의 해약금의 성질도 가진다고 해석하고 있다.

민법 제398조 제1항은 "당사자는 채무불이행에 관한 손해배상액을 예정할 수 있다."고 규정하며, 동조 제4항은 "위약금의 약정은 손해배상액의 예정으로 추정한다."고 규정하고 있다.

그리고, 민법 제565조 제1항은 "매매의 당사자 일방이 계약 당시에 금전 기타 물건을 계약금, 보증금 등의 명목으로 상대방에게 교부한 때에는 당사자 간에 다른 약정이 없는 한 당사자의 일방이 이행에 착수할 때까지 교부자는 이를 포기하고 수령자는 그 배액을 상환하여 매매계약을 해제할 수 있다."고 규정하고 있다.

그렇다면, 위와 같은 약정이 있었던 경우(약정이 없었던 경우도 동일), 부동산 매도인이 부동산의 매수인으로부터 지급받은 계약금의 배액을 상환하고 계약을 해제하려 할 때, 계약금의 배액을 공탁해야 할까?

대법원 91다2151 판결에 의하면, 부동산 매도인이 위 약정을 이유로 계약을 해제할 경우, 계약금의 배액에 대한 이행의 제공이 있으면 족하고, 상대방이 이를 수령하지 않는다고 하여 계약금의 배액을 반드시 공탁해야 하는 것이 아니라는 취지다.

어떠한 사안이었을까? 부동산 매도인이 계약금을 받은 후 1989. 6. 21.경 해약금 약정에 의한 계약해제 의사를 전달한 후 1989. 6. 30.경 매수인으로부터 1989. 7. 3.경 계약금의 배액을 수령하겠다는 전화연락을 받고, 계약금 배액을 지참하여 위 날짜인 1989. 7. 3.경 약속 장소에 나갔으나, 매수인이 나오지 않았다. 매도인은 1989. 7. 5.자 내용증명우편으로 해약금 수령을 촉구하였다. 매수인은 1989. 7. 13. 종전과 달리 해약금 수령을 거절하였다. 매수인은 1989. 7. 5.경 이미 매매계약의 중도금 및 잔금을 공탁한 상황이었는데, 매도인은 1989. 7. 14.경 매수인에게 해약금인 계약금의 배액을 공탁하였다.

해약금인 계약금의 배액을 공탁해야 매도인의 해약금 해제가 가능하다면, 매수인의 중도금 및 잔금공탁으로 매도인의 해약금규정에 의한 해제가 불가능하고(이행착수가 있었기 때문), 해약금인 계약금의 배액 공탁이 필요 없고 단지 이행제공만으로 족하다면, 계약금 배액지참일인 1989. 7. 3.경 매도인의 해약금규정에 의한 해제가 인정되는 사안이었다. 이때 대법원은 매도인의 1989. 7. 3.자 계약해제를 인정한 것이다.

매수인이 해약금 약정에 의한 계약해제를 하려면 어떻게 해야 할까? 매수인은 계약금을 포기하여 계약을 해제할 수 있다. 매수인이 해제권을 행사하면 계약금의 반환청구권을 상실하는 구조다.

13. 민법 제565조 해약금 규정에 있어 이행착수의 의미

민법 제565조 제1항은 "매매의 당사자 일방이 계약당시에 금전 기타 물건을 계약금, 보증금 등의 명목으로 상대방에게 교부한 때에는 당사자 간에 다른 약정이 없는 한 당사자의 일방이 이행에 착수할 때까지 교부자는 이를 포기하고 수령자는 그 배액을 상환하여 매매계약을 해제할 수 있다."고 규정하고 있다.

부동산매매계약을 체결하였다고 가정하자. 부동산가격이 갑자기 폭등하자 매도인이 지급받은 계약금 배액을 매수인에게 지급하고 민법 제565조 제1항에 따라 계약을 해제할 태세를 보인다.

이때 중도금 지급기일이 아직 도래하지 않은 상태에서 매수인이 중도금 지급을 통해 이행착수를 하여 매도인의 민법 제565조 제1항에 따른 계약해제를 막을 수 있을까? 막을 수 있다.

대법원 2004다11599 판결에 따르면, "당사자가 채무의 이행기 전에는 착수하지 아니하기로 하는 특약을 하는 등 특별한 사정이 없는 한 이행기 전에 이행에 착수할 수 있다."라는 취지이기 때문이다.

매수인이 아닌 매도인이 이행에 착수한 경우에도 매도인의 민법 제565조 제1항에 따른 계약해제가 불가능한가? 그렇다.

대법원 70다105 판결에 의하면 "본조 제1항에서 말하는 당사자의 일방이라는 것은 매매쌍방 중 어느 일방을 지칭하는 것이고 상대방이라고 국한하는 것이 아니므로 매매계약의 일부 이행에 착수한 당사자는 비록 상대방이 이행에 착수하지 않았다 하더라도 해제권을 행사할 수 없다."는 취지이다.

위 사안은 매도인 피고가 임야매매계약을 체결한 후에 임야매매계약의 이행을 위하여 임야가 귀속재산으로 잘못 처리된 공부상 기재를 시정하고 이어서 매도인 피고 단독 명의로 소유권이전등기를 경료하였을 뿐만 아니라 매수인 원고에게 분할 후 소유권이전등기를 하기 위해 본건 임야에 대한 분할절차를 밟은 사실에 대하여 이행에 착수한 것이라면서, 매도인 피고의 민법 제565조 제1항에 따른 계약해제를 부정하였다.

매도인이 부동산가격 폭등을 계기로 민법 제565조 제1항에 따른 계약해제의 태세를 보이자, 매수인이 약정된 중도금 지급기일 이전에 중도금 전부가 아닌 중도금의 일부를 기습적으로 매도인계좌로 송금한 경우에도 이행에 착수한 것으로 보아 매도인의 민법 제565조 제1항에 따른 계약해제가 부정될까? 계약해제가 부정될 가능성이 있다.

대법원 2005다39594 판결에 의하면, "매매계약 당시 매수인이 중도금 일부의 지급에 갈음하여 매도인에게 제3자에 대한 대여금채권을 양도하기로 약정하고, 그 자리에 제3자도 참석한 경우, 매수인은 매매계약과 함께 채무의 일부 이행에 착수하였으므로, 매도인은 민법 제565조 제1항에 정한 해제권을 행사할 수 없다."는 취지로 판시한 사실이 있기 때문이다.

그리고 대법원 93다1114 판결에 의하면, "매도인이 민법 제565조에 의하여 계약금의 배액을 상환하고 계약을 해제하려면 매수인이 이행에 착수할 때까지 하여야 할 것인바, 여기에서 이행에 착수한다는 것은 객관적으로 외부에서 인식할 수 있는 정도로 채무의 이행행위의 일부를 하거나 또는 이행을 하기 위하여 필요한 전제행위를 하는 경우를 말하는 것으로서 단순히 이행의 준비를 하는 것만으로는 부족하나 반드시 계약내용에 들어맞는 이행의 제공의 정도에까지 이르러야 하는 것은 아니다."는 취지이므로, 매수인이 중도금 지급기일 전에 중도금 일부를 송금할 경우 매도인의 민법 제565조 제1항에 따른 계약해제는 인정되기 어렵다. 다만, 중도금 일부금액이 지나치게 적은 금액일 경우에는 별도의 쟁점이 있을 수 있겠다.

대법원 91다25369 판결은 매도인 피고가 매수인 원고들에게 계약금의 배액인 금 34,000,000원을 제공하여 계약을 해제하려 하였으나 수령을 거절하므로 위 금액을 변제공탁을 하였는데, 매도인 피고가 위 금액을 공탁하기 전에 매수인 원고들이 중도금 전액과 잔금 일부를 변제공탁한 사실을 들어 매도인 피고의 민법 제565조 제1항에 따른 계약해제는 매수인 원고들이 이행에 착수한 이후에 이루어진 것으로 효력이 없다는 취지로 판시하였다.

이와 관련하여 대구지방법원 포항지원 2022가단106871, 107690 판결에 의하면 "당사자 사이에 매매계약을 체결하면서 당해 부동산에 대한 임대차보증금이나 전세금을 계약금 이외의 매매대금의 일부로 갈음하기로 약정하였을 뿐 그와 같은 임대차보증금 등의 상당액이 현실적으로 지급되지 아니하였다면, 달리 민법 제565조 제1항(해약금)의 적용을 배제하여 해약금 지급에 따른 매수인의 해제권을 원천적으로 봉쇄하기로 약정하지 아니한 이상(통상적으로는 임대차보증금 등을 매매대금의 일부로 갈음하기로 한 약정은 위 법조항의 적용을 배제하기로 하는 약정이 포함되었다고 보기는 어렵다), 단순히 그와 같은 약정이 있었다는 것만으로는 '이행의 착수'로 보기 어렵다."라는 취지이다.

14. 토지거래허가구역 내의 토지매매와 민법 제565조에 따른 계약해제

부동산거래신고법 제11조 제1항, 제6항 등에 규정에 의하면(과거에는 국토계획법 제118조 등에 규정되어 있었음), 토지거래허가 구역으로 지정된 지역의 토지를 거래할 때에 시장, 군수 등의 허가를 받아야 하고, 허가를 받지 않은 계약은 무효를 규정하고 있다.

이에 대하여 대법원(전합) 90다12243 판결 등에 의하면, 허가를 받기까지는 유동적 무효라는 취지이다. 즉 허가대상 토지에 대한 허가 전 계약은 물권적 효력과 채권적 효력이 인정되지는 않지만, 허가를 받을 경우 그 계약이 소급하여 유효한 계약이 되며, 불허가 시 무효로 확정되므로 허가를 받기까지는 유동적 무효라는 것이다.

민법 제565조 제1항은 "매매의 당사자 일방이 계약당시에 금전 기타 물건을 계약금, 보증금등의 명목으로 상대방에게 교부한 때에는 당사자 간에 다른 약정이 없는 한 당사자의 일방이 이행에 착수할 때까지 교부자는 이를 포기하고 수령자는 그 배액을 상환하여 매매계약을 해제할 수 있다."고 규정하고 있는데, 부동산매매에 있어 매도인의 어떠한 행동이 이행의 착수로 평가될까?

대법원 70다105 판결을 확인하면, 매도인 피고가 임야매매계약을 체결한 후에 임야매매계약의 이행을 위하여 임야가 귀속재산으로 잘못 처리된 공부상 기재를 시정하고 이어서 매도인 피고 단독 명의로 소유권이전등기를 경료하였을 뿐만 아니라 매수인 원고에게 분할 후 소유권이전등기를 하기 위해 본건 임야에 대한 분할절차를 밟은 사실에 대하여 이행에 착수한 것이라면서, 매도인 피고의 민법 제565조 제1항에 따른 계약해제를 부정한 바, 위 판례에서 보는 것처럼, 임야매도를 위해 사전적으로 매도인이 행하는 공부 정리, 분필절차의 진행 등을 민법 제565조 제1항의 "이행에 착수"로 보아야 할 것이다.

그렇다면, 토지거래허가 구역으로 지정된 지역의 토지를 거래할 때에 당사자 쌍방이 "그 매매계약이 효력이 있는 것으로 완성될 수 있도록 서로 협력할 의무"에 기초하여 "토지거래허가 신청을 하고 이에 따라 관할관청으로부터 그 허가를 받았을 때"에 이행에 착수한 것으로 볼 수 있을까?

이행에 착수한 것으로 본다면, 매매당사자 쌍방은 민법 제565조 제1항에 따른 계약해제를 할 수 없다. 이에 대하여 대법원 2008다62427 판결은 이행의 착수로 볼 수 없다는 취지이다. 그 이유는 무엇일까?

위 대법원 2008다62427 판결에 의하면 "매매계약이 효력이 있는 것으로 완성될 수 있도록 서로 협력할 의무는 그 매매계약의 효력으로서 발생하는 매도인의 재산권이전의무나 매수인의 대금지급의무와는 달리 신의칙상의 의무에 해당하는 것이어서 당사자 쌍방이 위 협력의무에 기초해 토지거래허가신청을 하고 이에 따라 관할관청으로부터 그 허가를 받았다 하더라도, 아직 그 단계에서는 당사자 쌍방 모두 매매계약의 효력으로서 발생하는 의무를 이행하였거나 이행에 착수하였다고 할 수 없을 뿐만 아니라, 그 단계에서 매매계약에 대한 이행의 착수가 있다고 보아 민법 제565조의 규정에 의한 해제권 행사를 부정하게 되면 당사자 쌍방 모두에게 해제권의 행사 기한을 부당하게 단축시키는 결과를 가져올 수도 있기 때문"이라는 취지이다.

그리고 대법원 91다33612 판결에 의하면, "토지거래허가를 전제로 하는 매매계약의 경우 허가가 있기 전에는 매수인에게 그 계약내용에 따른 대금의 지급의무가 없는 것이므로 설사 그전에 매도인이 소유권이전등기 소요서류의 이행제공을 하였다 하더라도 매수인이 이행지체에 빠지는 것이 아니고 허가가 난 다음 그 이행제공을 하면서 대금지급을 최고하고 매수인이 이에 응하지 아니한 경우에 비로소 이행지체에 빠져 매도인이 계약을 해제할 수 있는 것이다."는 취지이다.

제13장 부동산계약의 무효

1. 유동적 무효의 해소

부동산거래신고법 제11조 제1항, 제6항 등의 규정에 의하면[과거에는 국토의 계획 및 이용에 관한 법률(이하 '국토계획법') 제118조 등에 규정되어 있었음], 토지거래허가 구역으로 지정된 지역의 토지를 거래할 때에는 시장, 군수 등의 허가를 받아야 하고, 허가를 받지 않은 계약의 무효를 선언하고 있다.

다만, 토지거래허가 구역으로 지정되었더라도 '대가를 받고 이전하거나 설정하는 경우'가 아니라면 토지거래허가를 받을 필요가 없고(유상성), 대통령령이 정하는 용도별 면적 이하의 토지는 허가를 요구하지 않는다. 즉, 대통령령이 용도별로 분류해서 정한 소규모의 토지에 대하여는 토지거래허가를 받을 필요가 없다.

유상성이 있는 토지거래허가구역의 소규모 토지 이외의 토지에 대하여 허가를 신청할 경우 허가의 기준은 무엇인가? 허가를 내주는 관청이 허가의 기준으로 삼는 사항은 크게 ① 매수자가 실제로 필요로 하는 토지인지, ② 이용하고자 하는 면적이 적절한 것인지, ③ 법령에서 요구한 일정한 거주 요건 등을 충족하였는지 등이 기준이 된다고 한다.

토지거래허가구역 내의 허가 없는 계약의 무효를 선언한 부동산거래신고법의 규정에도 불구하고 대법원은 허가 전 계약의 유동적 무효를 인정하고 있다. 즉, 대법원 판결의 핵심은 허가대상 토지에 대한 허가 전 계약은 물권적 효력과 채권적 효력이 인정되지는 않지만, 허가를 받을 경우 그 계약은 소급하여 유효한 계약이 되며, 불허가 시 무효로 확정되므로, 허가를 받기까지는 유동적 무효라는 것이다[대법원(전합) 90다12243 판결].

그렇다면 유동적 무효상태를 해소할 방법이 있을까? 예를 들어 토지거래허가구역의 대규모 토지를 구입한 매수인이 시장 등으로부터 토지거래허가를 받기 전에 계약을 해소하거나, 허가를 받은 후라도 계약을 해소할 방법은 없을까?

계약의 해소 방법으로 생각할 수 있는 것은 계약해제, 착오 등에 의한 취소나 무효 주장 등이 있을 수 있다. 우선 해제가능 여부를 고려해 보자. 해제사유의 일반이론을 검토할 때 생각할 수 있는 계약의 해소 방법은 ① 합의해제, ② 해약금에 의한 해제, ③ 약정해제, ④ 채무불이행에 의한 해제 등이 있다.

유동적 무효상태라도 합의로 문제를 해결하는 방식의 ① 합의해제는 가능할 것으로 본다.

② 해약금에 의한 해제가 가능한지 여부에 대하여 대법원은 가능하다는 태도다[다만, 해약금에 의한 해제조항, 즉 민법 제565조는 임의규정으로 특약으로 배제가능(대법원 2008다50615 판결)]. 즉, 토지거래허가가 없어 유동적 무효인 상태에서도, 이행착수 전에 계약금 교부자는 계약금을 포기하고, 상대방은 계약금의 배액을 상환하고 계약을 해제할 수 있다는 것이다(대법원 97다9369 판결).

이에 더하여 대법원은 당사자가 토지거래허가신청을 하여 관할관청으로부터 그 허가를 받았다고 하더라도 이러한 사정만으로는 아직 이행에 착수가 있다고 볼 수 없으므로 매도인은 계약금의 배액을 상환하여 매매계약을 해제할 수 있다고 한다(대법원 2008다62427 판결).

또한 대법원 판결은 ③ 약정해제는 가능하다는 취지로 해석된다. 즉 "매매계약 체결 당시 일정한 기간 안에 토지거래허가를 받기로 약정하였다고 하더라도, 그 약정된 기간 내에 토지거래허가를 받지 못할 경우 계약해제 등의 절차 없이 곧바로 매매계약을 무효로 하기로 약정한 취지라는 등의 특별한 사정이 없는 한, 이를 쌍무계약에서 이행기를 정한 것과 달리 볼 것이 아니므로 약정기간이 경과하였다는 사정만으로 곧바로 매매계약이 확정적으로 무효가 된다고 할 수 없다(대법원 2008다50615 판결)."고 한다.

그러나 대법원은 유동적 무효상태에서의 ④ 채무불이행에 의한 계약해제를 부정한다. 즉, 유동적 무효상태에서는 물권적, 채권적 무효이므로 계약당사자는 소유권이전등기나 토지의 인도를 구하거나 매매대금의 이행 등을 구할 수 없고, 상대방도 그러한 이행을 할 의무가 없으며, 거래계약에 따른 이행의무가 없어 이행지체가 발생할 수 없고, 이에 기반한 채무불이행에 의한 손해배상청구권이나 계약해제권도 발생하지 않는다고 한다(대법원 97다4357 판결 등).

그렇다면 ⑤ 협력의무 위반을 이유로 계약을 해제할 수 있을까? 대법원은 부정적이다(대법원 98다40459 판결).

다음으로 계약의 무효화 가능 여부를 살펴보자. 즉, 의사의 불일치 또는 사기나 강박을 근거로 유동적 무효상태의 토지거래 계약을 무효화시킬 수 있을까? 요건이 된다면 가능할 것이다.

대법원은 거래허가를 신청하기 전 단계에서 이러한 사유를 주장하여 협력에 대한 거절의사를 명백히 하여 그 계약을 확정적으로 무효화시키고 협력의무를 면할 수 있다고 한다(대법원 97다36118 판결).

2. 유동적 무효와 해약금에 의한 계약해제

부동산거래신고법 제11조 제1항, 제6항 등의 규정에 의하면(과거에는 국토계획법 제118조 등에 규정되어 있었음), 토지거래허가 구역으로 지정된 지역의 토지를 거래(유상계약)할 때에는 시장, 군수 등의 허가를 받아야 하고, 허가를 받지 않은 계약의 무효를 선언하고 있다.

토지거래허가구역 내의 허가 없는 계약의 무효를 선언한 부동산거래신고법의 규정에도 불구하고 대법원은 허가 전 계약의 유동적 무효를 인정하고 있다.

즉, 대법원 판결의 핵심은 허가대상 토지에 대한 허가 전 계약은 물권적 효력과 채권적 효력이 인정되지는 않지만, 허가를 받을 경우 그 계약은 소급하여 유효한 계약이 되며, 불허가 시 무효로 확정되므로, 허가를 받기까지는 유동적 무효라는 것이다(대법원(전합) 90다12243 판결).

그렇다면, 유동적 무효상태에서 해약금에 의한 계약해제가 가능할까? 대법원은 가능하다는 태도다[다만, 해약금에 의한 해제조항, 즉 민법 제565조는 임의규정으로 특약으로 배제가능(대법원 2008다50615 판결)].

즉, 토지거래허가가 없어 유동적 무효인 상태에서도, 이행착수 전에 계약금 교부자는 계약금을 포기하고, 상대방은 계약금의 배액을 상환하고 계약을 해제할 수 있다는 것이다(대법원 97다9369 판결).

즉 대법원 97다9369 판결은 "매매당사자 일방이 계약 당시 상대방에게 계약금을 교부한 경우 당사자 사이에 다른 약정이 없는 한 당사자 일방이 계약 이행에 착수할 때까지 계약금 교부자는 이를 포기하고 계약을 해제할 수 있고, 그 상대방은 계약금의 배액을 상환하고 계약을 해제할 수 있음이 계약 일반의 법리인 이상, 특별한 사정이 없는 한 국토이용관리법상(현 '부동산거래신고법')의 토지거래허가를 받지 않아 유동적 무효 상태인 매매계약에 있어서도 당사자 사이의 매매계약은 매도인이 계약금의 배액을 상환하고 계약을 해제함으로써 적법하게 해제된다."는 취지이다.

다만, 토지거래허가를 전제로 하는 매매계약의 경우 허가가 있기 전에는 매수인이나 매도인에게 그 계약내용에 따른 대금의 지급이나 소유권이전등기 소요서류의 이행제공의 의무가 있다고 할 수 없다는 것이 대법원의 견해이므로(대법원 97다9369 판결 등), 중도금 내지 잔금까지 지급을 하였을 경우라도 이를 이행의 착수로 볼 수 없어, 민법 제565조에 따른 해약금해제가 가능한 것은 아닌지에 대한 의문이 있다.

해약금 규정은 이행의 착수 전에 계약금 상당액을 포기함으로서 그 계약에서 해방되는 것이 그 취지이고, 부동산거래신고법은 토지거래허가구역 지정 토지에 대하여 토지거래허가 없는 유상거래를 '무효'로 선언하여 유동적 무효도 원칙적으로는 무효이기 때문이다(필자의 개인의견).

다만, 위 대법원 97다9369 판결 취지는 유동적 무효인 상태에서도 계약금 지급단계에서만 민법 제565조에 따른 해약금해제가 가능하다는 취지로 이해되는바(필자의 개인의견이나 이견이 있을 수 있음), 이는 유동적 무효상태에서는 계약 당사자가 서로 계약완성에 협력할 의무가 부담한다는 입장이 고려된 것으로 이해된다.

이에 더하여 대법원 2008다62427 판결에 의하면, "토지거래계약에 관한 허가구역으로 지정된 구역 안의 토지에 관하여 매매계약이 체결된 후 계약금만 수수한 상태에서 당사자가 토지거래허가신청을 하고 이에 따라 관할관청으로부터 그 허가를 받았다 하더라도, 그러한 사정만으로는 아직 이행의 착수가 있다고 볼 수 없어 매도인으로서는 민법 제565조에 의하여 계약금의 배액을 상환하여 매매계약을 해제할 수 있다."라는 취지이다.

유동적 무효상태에서 허가를 받았으니, 특별한 사정이 없는 한 확정적 유효가 된 것이고, 유효한 계약에 계약금만 지급한 상태이니 민법 제565조에 따른 해약금 해제가 가능하다는 취지로 이해된다.

그렇다면, 토지거래허가 협력의무의 이행을 구하는 소송을 제기하여 1심에서 승소한 경우는 어떠한가? 이렇게 소송을 제기하여 1심에서 승소한 경우에도 과연 이행의 착수로 볼 수 없어, 민법 제565조에 따른 해약금 해제가 가능할까?

대법원 97다9369 판결에 의하면, 이러한 경우에도 이행의 착수로 볼 수 없어 계약당사자는 민법 제565조에 따른 해약금 해제를 할 수 있다는 취지이다.

즉, "매수인이 매도인의 의무이행을 촉구하였거나 매도인이 그 의무 이행을 거절함에 대하여 의무이행을 구하는 소송을 제기하여 1심에서 승소판결을 받은 것만으로는 매수인이 그 계약의 이행에 착수하였다고 할 수 없고, 또한 매도인이 계약금의 배액을 상환하고 매매계약을 해제하는 것을 신의칙에 반하는 것이라고 할 수 없다."라는 취지이다.

그렇다면, 계약금은 계약일에 지급하되 잔금은 토지거래허가 후에 쌍방 합의 하에 지급하기로 하는 매매계약이 체결되었는데, 매수인이 매도인의 계약해제를 거절하기 위하여 서둘러 잔금을 공탁한 것은 적법한 계약이행의 착수라고 할 수 있는가?

적법한 이행의 착수로 볼 수 없다는 것이 위 대법원 97다9369 판결의 취지이다. 즉, "유동적 무효 상태에 있는 위 매매계약은 토지거래허가가 있을 때까지는 계약내용에 따른 중도금이나 잔금의 지급의무가 발생하지 아니하므로 당초 약정에 위반하여 중도금이나 잔금을 지급하지 아니하였다고 하더라도 계약의 위반이 되지 아니하는 반면 그 지급기일 이전에 이를 지급하였다고 하더라도 이를 계약의 이행으로 볼 수는 없다"는 것이다.

3. 토지거래허가구역 내의 토지매매와 확정적 무효

토지거래허가구역 내의 토지를 매매할 경우에 처음부터 허가를 배제하거나 잠탈하는 계약을 체결한 경우에 계약체결 시부터 확정적으로 무효가 된다는 것이 대법원의 일반적 입장이다. 이에 대하여 계약서를 허위로 작성하는 경우도 확정적으로 무효가 된다는 대법원 2009다96328 판결을 확인해 보자.

대법원 2009다96328 판결은 1심과 2심의 동일했던 결론을 부정한 것인데, 위 대법원 판결취지를 보면 1심과 2심의 결론이 명백하게 부당해 보인다.

그럼에도 불구하고, 1심과 2심이 동일하지만 부당한 결론을 어떻게 도출했는지 확인하는 것도 좋을 것 같아 1심, 2심, 대법원 판결을 모두 요약하니 참고하면 될 것이다.

〈1심: 인천지방법원 부천지원 2007가단48570 판결〉

반소 청구취지 요약: 2005. 3. 23. 매매계약에 따른 토지거래허가신청절차를 이행하라.

반소원고가 반소피고 1, 2로부터 이 사건 1, 2, 3, 4 토지를 2005. 3. 23.경 매입하였다. 이 사건 1, 2, 3, 4 토지는 토지거래허가구역 내에 존재한 상황이었다(당시는 국토계획법이 적용, 현재는 부동산거래신고법 제11조 등이 적용).

토지거래허가구역 내 토지매매 시 처음부터 허가를 배제하거나 잠탈하는 계약인 경우를 제외하고는 허가를 받을 때까지 유동적 무효. 계약당사자는 계약이 효력 있는 것으로 완성될 수 있도록 협력의무 존재. 본건은 유동적 무효상태다. 반소피고들은 반소원고에게 이 사건 1, 2, 3, 4 토지에 대하여 매매계약에 기한 토지거래허가신청절차를 각 이행할 의무가 있다(반소원고를 매수인으로 인정함).

1심은 반소피고들의 항변을 모두 배척했는데, 항변내용을 요약하면, "① 반소피고들은 소외 1이 매수자인 줄 알았다. 소외 1이 이전등기 필요서류라고 준 백지에 반소피고들 도장을 날인해 주었을 뿐이다. ② 반소원고는 매매 당시 토지거래허가요건을 충족하지 못하자 소외 1의 명의를 도용한 것이다. 즉 확정적 무효"라는 것이었다.

〈2심: 인천지방법원 2008나15728 판결 – 1심유지〉

추가판단: 반소피고들이 반소원고에게 토지거래허가신청서를 작성해 준 사실이 있다(단, 대신 접수를 위한 반소피고들의 위임장을 작성해주지 않음) 등이 근거. 반소원고가 거래허가에 필요한 거주요건을 충족하지 못했어도, 매매계약 체결 당시 거주요건이 충족되어 있던 소외 1을 매수자로 기재했어도 토지거래허가 잠탈 목적 단정은 어렵다는 취지.

〈3심: 대법원 2009다96328 판결 – 원심파기 · 환송〉

토지거래허가구역 내 토지매매 시 처음부터 허가를 배제하거나 잠탈 계약은 계약체결 시부터 확정적 무효. 허가의 배제 잠탈행위는 계약서를 허위로 작성하는 행위도 포함. 따라서 원심파기 · 환송.

원심수긍불가 이유 ① 반소피고들 2004. 2. 3. 소외 2에게 이 사건 각 토지 매도. 소외 2는 매매대금 지급 후 이전등기하지 않은 채 전매, ② 반소원고는 2005. 3. 23. 2천만원 추가지급하고 반소피고들과 매매계약 체결, ③ 반소원고는 매매계약서상에 무단으로 소외 1을 매수인으로 기재(사문서위조 및 동행사로 형사처벌까지 받음), 반소피고들은 반소원고와 소외 1이 공동매수하는 것으로 알았음, ④ 계약 당시 소외 1은 거주요건 충족, 반소원고는 거주요건 불충족, ⑤ 반소원고가 거래허가를 위한 거주요건 충족위해 2004. 11.경 전입신고를 했는데, 실제거주하지 않았으며, 건설업자로 농업인, 임업인도 아니고 자영요건도 갖추지 못함, ⑥ 반소원고가 거래허가를 받지 못한 이유는 반소피고들의 비협조보다는 본인의 허가요건 불충족 때문.

결국, 반소원고가 허가요건을 갖춘 소외 1 명의를 도용하여 한 매매계약 체결행위는 허가잠탈 매매계약으로 처음부터 확정무효. 반소원고청구 기각취지로 파기 · 환송.

4. 토지거래허가를 잠탈하려는 증여를 원인으로 한 소유권이전등기는 무효

부동산거래신고법 제11조 제1항, 제6항 등의 규정에 의하면(과거에는 국토계획법 제118조 등에 규정되어 있었음), 토지거래허가 구역으로 지정된 지역의 토지를 거래할 때에는 시장, 군수 등의 허가를 받아야 하고, 허가를 받지 않은 계약의 무효를 선언하고 있다.

다만, 토지거래허가 구역으로 지정되었더라도 '대가를 받고 이전하거나 설정하는 경우'가 아니라면 토지거래허가를 받을 필요가 없고(유상성), 대통령령이 정하는 용도별 면적 이하의 토지는 허가를 요구하지 않는다.

그렇다면, 실제 매매를 하였음에도 불구하고, 토지거래허가를 잠탈하기 위하여 유상성 요건을 결하는 증여를 원인으로 소유권이전등기를 경료한 경우는 어떠한가? 대법원 93다44319, 44326 판결 취지에 의하면, 위 소유권이전등기는 무효가 된다.

즉, 대법원은 "매수인들이 국토이용관리법상의 규제지역에 속하는 임야를 매수하였음에도 관할관청으로부터 토지거래허가를 받은 바 없이 위 임야에 관하여 증여를 원인으로 소유권이전등기를 경료하였다면, 적어도 매수인들이 토지거래허가를 받지 아니하고 이를 잠탈하기 위하여 증여를 원인으로 소유권이전등기를 하기로 한 때로부터는 매매계약은 확정적으로 무효로 되었고, 이에 터 잡은 매수인들 명의의 소유권이전등기 역시 원인이 없게 되어 무효라고 보아야 한다."고 판시하였다.

강행법규인 부동산거래신고법상 토지거래허가 규정한 위반한 자가 스스로 무효를 주장할 수 있을까? 원칙적으로 가능하다.

대법원은 "강행법규인 국토이용관리법 제21조의3 제1항, 제7항을 위반하였을 경우에 있어서 위반한 자 스스로가 무효를 주장함이 신의성실의 원칙에 위배되는 권리의 행사라는 이유로서 이를 배척한다면 투기거래계약의 효력발생을 금지하려는 국토이용관리법의 입법취지를 완전히 몰각시키는 결과가 되므로, 거래당사자 사이의 약정내용과 취득목적대로 관할관청에 토지거래허가신청을 하였을 경우에 그 신청이 국토이용관리법 소정의 허가기준에 적합하여 허가를 받을 수 있었으나 다른 급박한 사정으로 이러한 절차를 회피하였다고 볼만한 특단의 사정이 엿보이지 아니하는 한, 그러한 주장이 신의성실의 원칙에 반한다고는 할 수 없다(대법원 93다44319,44326 판결)."라는 취지이다.

따라서 거래당사자 일방이 무효를 주장하고 나올 경우, 무효가 아닌 유효임을 주장하는 자는 위 대법원 판결 취지대로, "거래당사자 사이의 약정내용과 취득목적대로 관할관청에 토지거래허가신청을 하였을 경우에 그 신청이 국토이용관리법 소정의 허가기준에 적합하여 허가를 받을 수 있었으나 다른 급박한 사정으로 이러한 절차를 회피하였다고 볼 만한 특단의 사정"을 입증해야 한다.

토지거래허가구역에서 토지를 매수하려는 자가 토지취득요건을 결하자, 매도인과 매수인이 매매대상 토지에 대하여 증여를 원인으로 소유권이전등기를 경료한 후에 토지가격이 급등하자, 매도인이 무효를 주장하면서 소유권이전등기의 말소를 청구할 경우, 매수인의 방어책은 어떻게 되는가?

확정적으로 무효가 되었을 때에 매수인이 매도인에게 지급한 금원에 대하여 부당이득으로 그 반환을 청구할 수 있고, 민법 제748조 제2항의 악의의 수익자가 된 때로부터 이자의 반환을 구할 수 있다.

즉, 대법원은 토지거래허가를 받지 못해 매매계약이 무효로 된 사안에서, 민법 제548조 제2항을 준용하여 매도인은 매매대금을 받은 날로부터의 이자를 가산하여 지급하여야 한다는 매수인의 주장에 대하여,

"매매계약이 무효인 때의 매도인의 매매대금 반환 의무는 성질상 부당이득 반환 의무로서 그 반환 범위에 관하여는 민법 제748조가 적용된다 할 것이고, 명문의 규정이 없는 이상 그에 관한 특칙인 민법 제548조 제2항이 당연히 유추적용 또는 준용된다고 할 수 없다(대법원 96다54997 판결)."고 판시하였다.

부동산이 급등했을 때 매도인이 계약의 무효를 주장하는 것이 신의칙에 반하기는 어려운 상황일 경우에, 매수인 입장에서 지급한 매매대금과 민법 제748조 제2항의 악의의 수익자가 된 때로부터 이자만을 청구할 수 있다는 것은 부당한 면이 없지 않다. 부동산 매수인이 급

등한 부동산가격을 모두 보전받을 방법은 없을까?

대법원 94다51789 판결에 의하면, "토지거래허가를 받지 아니하여 유동적 무효상태에 있는 계약이라고 하더라도 일단 거래허가신청을 하여 불허되었다면 특별한 사정이 없는 한, 불허된 때로부터는 그 거래계약은 확정적으로 무효가 된다고 보아야 하고, 거래허가신청을 하지 아니하여 유동적 무효인 상태에 있던 거래계약이 확정적으로 무효가 된 경우에는 거래계약이 확정적으로 무효로 됨에 있어서 귀책사유가 있는 자라고 하더라도 그 계약의 무효를 주장하는 것이 신의칙에 반한다고 할 수는 없다(이 경우 상대방은 그로 인한 손해의 배상을 청구할 수는 있다)."는 취지이므로, 구체적 사정에 따라 부동산 매수인의 손해배상청구 가능성을 검토할 수 있을 것으로 해석된다.

5. 토지거래허가구역 내에서의 토지거래의 효력에 대한 유형별 정리

부동산거래신고법 제11조 제1항, 제6항 등의 규정에 의하면(과거에는 국토계획법 제118조 등에 규정되어 있었음), 토지거래허가 구역으로 지정된 지역의 토지를 거래할 때에는 시장, 군수 등의 허가를 받아야 하고, 허가를 받지 않은 계약의 무효를 선언하고 있다. 그럼에도 불구하고 대법원은 허가 전 계약의 유동적 무효를 인정하고 있다.

즉, 대법원 판결의 핵심은 허가대상 토지에 대한 허가 전 계약은 물권적 효력과 채권적 효력이 인정되지는 않지만, 허가를 받을 경우 그 계약은 소급하여 유효한 계약이 되며, 불허가 시 무효로 확정되므로, 허가를 받기까지는 유동적 무효라는 것이다[대법원(전합) 90다12243 판결].

위 대법원(전합) 90다12243 판결 이후에 각 구체적 사정을 고려한 추가적 판례들이 나오게 되었는데, 이를 종합하여 정리하면 ① 토지거래가 처음부터 확정적으로 무효가 되는 경우, ② 유동적이었던 토지거래계약이 후발적으로 확정무효가 되는 경우, ③ 유동적이었던 토지거래계약이 후발적으로 확정유효가 되는 경우로 구분할 수 있다.

① 토지거래가 처음부터 확정적으로 무효가 되는 경우는 어떠한 경우인가?

대법원(전합) 90다12243 판결에 의하면, "허가를 받기 전의 거래계약이 처음부터 허가를 배제하거나 잠탈하는 내용의 계약일 경우에는 확정적으로 무효"라고 한다.

그리고 대법원 2009다96328 판결에 의하면, "허가의 배제·잠탈행위에는 토지거래허가가 필요한 계약을 허가가 필요하지 않은 것에 해당하도록 계약서를 허위로 작성하는 행위뿐만 아니라, 정상적으로는 토지거래허가를 받을 수 없는 계약을 허가를 받을 수 있도록 계약서를 허위로 작성하는 행위도 포함된다."는 취지이다.

이렇게 토지거래가 확정적으로 무효가 되면, 계약체결 후에 허가구역 지정이 해제되더라도 유효로 전환될 여지가 없다(대법원 2017다228618 판결).

이처럼 토지거래계약이 처음부터 확정적 무효인 경우에 강행법규를 위반한 것으로 볼 수 있는데, 강행법규를 위반한 자 스스로가 무효를 주장하더라도 특단의 사정이 없는 한 이를 신의성실의 원칙에 위배되는 권리의 행사라고 볼 수 없다(대법원 93다44319, 93다44326 판결).

토지거래허가를 배제하기 위하여 매매계약일자를 소급작성하고 매매대금액도 낮춘 별도의 매매계약서를 허위로 작성한 것은 토지거래허가를 배제하거나 잠탈하려는 경우에 해당한다(대법원 92다44671 판결).

② 유동적이었던 토지거래계약이 후발적으로 확정무효가 되는 경우는 어떠한 경우인가?

토지거래허가를 받지 않아 유동적 무효상태였던 계약은 관할관청의 불허가 처분 또는 당사자 쌍방이 허가신청 협력의무의 이행거절 의사를 명백히 표시한 경우에 그때부터 확정적 무효가 된다.

토지거래계약이 유동적 무효의 상태에 있었는데, 토지에 대한 경매절차가 개시되어 제3자에게 소유권이 이전되었다면(참고로 부동산거래신고법 제14조 제2항 제2호에 의하면, 토지거래허가구역 내 토지를 경매로 취득하는 경우에는 토지거래허가를 받을 필요가 없음) 이행불능으로 유동적 무효의 토지거래는 확정무효가 된다(대법원 2012다89900 판결).

다만, 매수인이 토지거래허가신청절차청구권을 피보전권리로 하는 처분금지가처분을 마친 상태라면 경매로 제3자가 토지의 소유권을 취득하더라도 제3자에 대항할 수 있어 확정적 무효로 볼 수 없다(대법원 98다44376 판결).

토지거래허가 전의 거래계약이 정지조건부 계약인 경우에 있어서 그 정지조건이 토지거래허가를 받기 전에 이미 불성취로 확정되었다면 허가 전 거래계약의 유동적 무효상태가 더 이상 지속된다고 볼 수 없고 그 계약관계는 확정적으로 무효가 된다(대법원 97다36996 판결).

대법원 97다36965 판결에 의하면 단지 매매계약의 일방 당사자만이 임의로 토지거래허가신청에 대한 불허가처분을 유도할 의도로 허가신청서에 기재하도록 되어 있는 계약 내용과 토지의 이용 계획 등에 관하여 사실과 다르게 또는 불성실하게 기재한 경우라면 실제로 토지거래허가신청에 대한 불허가처분이 있었다는 사유만으로 곧바로 매매계약이 확정적인 무효상태에 이르렀다고 할 수 없다는 취지이다. 당사자 쌍방이 허가 신청을 하지 아니하기로 의사표시를 한 경우에 확정적 무효가 되므로 당사자 중에서 일방만이 매매계약을 철회하고 토지거래허가의무를 이행하지 않겠다고 거절하는 경우에는 계약이 확정적으로 무효가 되지 않는다(대법원 93다26397 판결).

그 이유는 당사자 중에서 어느 일방이 허가신청 협력의무의 이행거절 의사를 명백히 하였다고 하더라도 그 상대방은 소로써 허가신청절차에 협력해 줄 것을 청구할 수 있기 때문이다(대법원 95다28236 판결).

③ 유동적이었던 토지거래계약이 후발적으로 확정유효가 되는 경우는 어떠한 경우인가?

토지거래계약 후에 토지거래허가를 받은 경우와 허가구역 지정이 해제되거나 허가구역지정기간이 만료되었으나 허가구역으로 재지정되지 않은 경우에 그 토지거래계약이 확정적으로 유효가 된다[대법원(전합) 90다12243 판결, 대법원(전합) 98다40459 판결].

거래한 토지가 허가구역과 비허가구역으로 나뉘는 경우와 허가구역 내의 토지와 건물을 일괄적으로 거래한 경우는 어떠한가? 민법 제137조에 따라 일부무효법리에 따라 그 효력유무가 결정될 것이다.

대법원 93다45930 판결에 의하면, "설사 위 지침 등이 행정내규로서 법규로서의 효력이 없고, 따라서 위 매매계약이 그 목적물 중 자연녹지지역에 관한 부분에 관하여서만 무효라고 하더라도, 민법 제137조에 따라서 원칙적으로 위 매매계약 전부가 무효가 되며, 다만 그 무효부분이 없더라도 위 매매계약을 체결하였을 것이라고 인정될 때에 한하여 나머지 부분은 무효가 되지 아니한다."라는 취지이다.

참고로 대법원 2019다289815 판결에 의하면 "학교법인이 기본재산에 대한 용도변경 등을 하거나 의무를 부담하려는 경우에는 관할청의 허가를 받아야 하고(사립학교법 제28조 제1항 본문), 관할청의 허가 없이 이러한 행위를 하면 효력이 없다. 위 규정은 학교법인의 용도변경 등 자체를 규제하려는 것이 아니라 사립학교를 설치·운영하는 학교법인의 재산을 유지·보전하기 위하여 관할청의 허가 없이 용도를 변경하거나 의무를 부담하는 것 등을 규제하려는 것이다. 따라서 학교법인이 용도변경이나 의무부담을 내용으로 하는 계약을 체결한 경우 반드시 계약 전에 관할청의 허가를 받아야만 하는 것은 아니고 계약 후라도 관할청의 허가를 받으면 유효하게 될 수 있다. 이러한 계약은 관할청의 불허가 처분이 있는 경우뿐만 아니라 당사자가 허가신청을 하지 않을 의사를 명백히 표시하거나 계약을 이행할 의사를 철회한 경우 또는 그 밖에 관할청의 허가를 받는 것이 사실상 불가능하게 된 경우 무효로 확정된다."는 취지이다.

6. 토지거래허가에 있어서 허가신청 협력의무의 의미

토지거래허가구역에 있어 허가신청 협력의무의 의미는 무엇인가? 대법원(전합) 90다12243 판결에 의하면, "규제지역 내의 토지에 대하여 거래계약이 체결된 경우에 계약을 체결한 당사자 사이에 있어서는 그 계약이 효력 있는 것으로 완성될 수 있도록 서로 협력할 의무가 있음이 당연하므로, 계약의 쌍방 당사자는 공동으로 관할 관청의 허가를 신청할 의무가 있고, 이러한 의무에 위배하여 허가신청절차에 협력하지 않는 당사자에 대하여 상대방은 협력의무의 이행을 소송으로써 구할 이익이 있다."는 취지이다.

그렇다면, 위 협력의무를 위반할 경우에 상대방이 거래계약을 해제할 수 있는가? 대법원 2005다52047 판결에 의하면, "유동적 무효상태인 토지거래계약의 당사자는 상대방이 그 토지거래허가 신청절차에 협력하지 아니한다 하더라도 소로써 이를 구할 수 있음은 별론, 그러한 사유만으로 거래계약 자체를 일방적으로 해제할 수 없다."라는 취지이다.

그렇다면, 유동적 무효인 상태에서는 이행지체에 따른 계약해제가 불가능한가? 대법원 94다23319 판결에 의하면, "허가가 있기 전에는 매수인에게 그 계약내용에 따른 대금의 지급의무가 없는 것이므로 설사 그 전에 매도인이 소유권이전등기 소요서류의 이행제공을 하였다고 하더라도 매수인이 이행지체에 빠지는 것이 아니고 허가가 난 다음 그 이행제공을 하면서 대금지급을 최고하고 매수인이 이에 응하지 아니한 경우에 비로소 이행지체에 빠져 매도인이 계약을 해제할 수 있다."라는 취지이다.

허가신청 협력의무를 구하는 토지의 매수인이 할 수 있는 적절한 보전처분은 무엇인가? 대법원 98다44376 판결에 의하면, "토지거래허가신청절차청구권을 피보전권리로 하여 매매목적물의 처분을 금하는 가처분을 구할 수 있고, 매도인이 그 매매계약을 다투는 경우 그 보전의 필요성도 있다고 보아야 할 것이며, 이러한 가처분이 집행된 후에 진행된 강제경매절차에서 당해 토지를 낙찰받은 제3자는 특별한 사정이 없는 한 이로써 가처분채권자인 매수인의 권리보전에 대항할 수 없다."라는 취지이므로 토지거래허가신청절차청구권을 피보전권리로 하는 처분금지가처분이 적절하다.

즉, 매매계약에 기한 소유권이전등기청구권 또는 토지거래계약에 관한 허가를 받을 것을 조건으로 한 소유권이전등기청구권을 피보전권리로 한 부동산처분금지가처분신청은 허용되지 않는다.

그뿐만 아니라, 피보전권리가 없음에도 그 권리보전이라는 구실 아래 처분금지가처분 결정을 받아 이를 집행한 경우에는 그 가처분 후에 그 가처분에 반하여 한 행위라도 그 행위의 효력은 그 가처분에 의하여 무시될 수 없는 것이고, 피보전권리가 없다는 것은 가처분결정에 대한 이의 사유로 할 수 있으나 또한 피보전권리 없음이 분명히 되었다는 것은 사정변경으로 보아 민사집행법에 의한 사정변경으로 인한 가처분 취소신청을 할 수 있다고 해석되며, 가처분 목적물의 양수인도 사정변경으로 인한 가처분 취소신청을 할 수 있다(대법원 2010마818 결정).

허가신청 협력의무 불이행 시 손해배상은 인정되는가? 인정될 수 있다.

대법원 93다26397 판결에 의하면, "유동적 무효 상태에 있는 매매계약에 대하여 허가를 받을 수 있도록 허가신청을 하여야 할 협력의무를 이행하지 아니하고 매수인이 그 매매계약을 일방적으로 철회함으로써 매도인이 손해를 입은 경우에 매수인은 이 협력의무 불이행과 인과관계가 있는 손해는 이를 배상하여야 할 의무가 있다."라는 취지이다.

참고로 위 대법원 판결에서는 유동적 무효상태의 매매계약을 체결하고 매수인이 임의로 지급한 계약금은 유동적 무효상태가 확정적으로 무효로 되었을 때 비로소 부당이득으로 그 반환을 구할 수 있다고 한다.

그렇다면, 일방적인 방법으로 허가신청 협력의무를 면할 방법은 없는가? 대법원 97다

36118 판결에 의하면, "그 토지거래가 계약 당사자의 표시와 불일치한 의사(비진의표시, 허위표시 또는 착오) 또는 사기, 강박과 같은 하자 있는 의사에 의하여 이루어진 경우에 있어서는, 이들 사유에 의하여 그 거래의 무효 또는 취소를 주장할 수 있는 당사자는 그러한 거래허가를 신청하기 전 단계에서 이러한 사유를 주장하여 거래허가신청 협력에 거절 의사를 일방적으로 명백히 함으로써 그 계약을 확정적으로 무효화시키고 자신의 거래허가절차에 협력할 의무를 면할 수 있는 것"이라는 취지이다.

7. 통정허위표시를 이유로 한 무효판결의 확정과 선의의 제3자 여부

민법 제108조는 "① 상대방과 통정한 허위의 의사표시는 무효로 한다. ② 전항의 의사표시의 무효는 선의의 제3자에게 대항하지 못한다."라고 규정하고 있다.

허위표시의 무효를 선의의 제3자에게 대항하지 못하게 한 취지는 이를 기초로 하여 별개의 법률원인에 의하여 고유한 법률상의 이익을 갖는 법률관계에 들어간 자를 보호하기 위한 것이므로 제3자의 범위는 권리관계에 기초하여 형식적으로만 파악할 것이 아니라 허위표시행위를 기초로 하여 새로운 법률상 이해관계를 맺었는지 여부에 따라 실질적으로 파악하여야 한다.

甲이 미국으로 이민을 가면서 평소 친분이 있었던 乙에게 甲 소유의 부동산을 관리하게 할 목적으로 매매예약을 등기원인으로 하는 소유권이전등기청구권 가등기를 마쳐주었다. 이때 위 가등기는 통정허위표시로 무효에 해당할 것이다.

그렇다면, 乙이 일방적으로 가등기를 기초로 한 공시송달의 1심판결에 의하여 본등기를 마치고, 위 본등기에 기초하여 부동산이 전전 매도된 경우에 부동산 매수인이 통정허위표시의 선의의 제3자로 보호될 수 있을까?

대법원 2019다280375 판결에 의하면, 甲이 추완항소로 위 1심판결이 번복되고 그 추완항소가 확정된 사안에서 위 부동산 매수인이 선의의 제3자로 보호될 수 없다는 취지이다. 1심 그리고 2심 모두 대법원과 다른 판결을 내렸던 조금은 특별한 사안이다. 어떠한 사례인지 정리해 보도록 하자.

甲이 乙에게 설정해 준 매매예약 가등기는 통정허위표시(이른바 '가장행위')로 무효다. 부동산관리 목적으로 가등기를 경료해 준 것이기 때문이다. 乙은 미국으로 이민을 간 甲이 국내로 돌아올 예정이 없다는 사실을 알고, 가등기에 기한 본등기 소를 제기하여 공시송달로 승소하고 외형적으로 확정되었다. 그런데 甲이 추완항소를 제기하여 乙의 청구를 기각하는 판결이 선고되고 확정된 것이다. 결국, 종국적으로 乙의 甲에 대한 본등기 청구가 기각되었다.

그럼에도 불구하고 甲의 추완항소 이전에 乙이 발급받아 두었던 1심판결의 송달증명원 및 확정증명원을 가지고, 乙이 자신 명의로 소유권이전등기를 경료한 것이다.

이에 대하여 위 대법원은 1심 및 2심 판결과 달리 "이 사건 부동산에 관한 乙 명의의 본등기는 甲과 乙 사이의 허위 가등기 설정이라는 통정한 허위의 의사표시 자체에 기한 것이 아니라, 이러한 통정한 허위의 의사표시가 철회된 이후에 乙이 항소심판결에 의해 취소 확정되어 소급적으로 무효가 된 위 제1심판결에 기초하여 일방적으로 마친 원인무효의 등기라고 봄이 타당하다. 이에 따라, 乙 명의의 본등기를 비롯하여 그 후 원고(매수인)에 이르기까지 순차적으로 마쳐진 각 지분소유권이전등기는 부동산등기에 관하여 공신력이 인정되지 아니하는 우리 법제 하에서는 특별한 사정이 없는 한 무효임을 면할 수 없다."고 판시한 것이다.

결국, 통정허위표시에 의하여 마친 가등기와 매수인의 소유권이전등기 사이에 乙이 일방적으로 마친 원인 무효의 본등기가 중간에 개입되어 있어, 이러한 본등기를 기초로 한 매수인의 소유권이전등기는 乙 명의의 가등기와 단절되고 가등기의 설정행위와 본등기의 설정행위는 엄연하게 구분되는 것으로서 부동산 매수인에게 신뢰의 대상이 될 수 있는 외관은 가등기가 아니라 본등기일 뿐이라는 점에서 부동산 매수인을 두고 가등기 자체를 기초로 하여 새로운 법률상 이해관계를 맺은 제3자의 지위에 있다고 볼 수 없다는 것이다.

甲의 추완항소를 계기로 甲과 乙 사이에 통정허위표시가 실체적으로 철회되었음에도 불구하고 그 외관인 乙 명의의 가등기가 미쳐 제거되지 않고 잔존하는 동안에 乙 명의의 본등기가 마쳐졌다고 하여 달리 볼 수도 없다는 것이다.

정리해 보자. 가등기가 통정허위표시에 해당하는데, 당사자 사이의 합의 또는 양해 하에 본등기를 하게 되면 본등기도 통정허위표시에 의한 것으로 무효가 되고 이러한 본등기를 기초로 소유권을 이전받은 제3자는 선의의 제3자에 해당할 경우에 보호가 될 것이나, 가등기는 통정허위표시에 해당하나 본등기가 가등기에 기초한 것이 아닌 경우에는 통정허위표시의 제3자로서 보호받을 수 없다. 예를 들어, 가등기권자가 서류를 위조해서 본등기를 한 후에 그와 같은 본등기를 기초로 해당 부동산의 소유권을 취득한 경우라면 제3자는 선의·악의를 불문하고 보호받을 수 없다(2021. 11. 19.자 '서울고등법원판례공보스터디' 제271쪽 참고).

8. 지역주택조합 가입계약의 해제 가능성과 환불보장약정의 무효

첫 번째 쟁점으로 지역주택조합 가입계약의 해제 가능성을 살펴본다.

지역주택조합사업은 통계적으로 실패하는 사례가 더 많다. 따라서 지역주택사업의 실패가 가시화되는 상황에서는 조합원들이 위 사업에서 이탈하려는 경우가 적지 않다. 이와 관련하여 지역주택조합 가입계약의 해제 가능성을 판시한 대법원 2021다286116 판결을 살펴보자.

주택법상 지역주택조합 사업은 통상 지역주택조합 설립 전에 미리 조합원을 모집하면서 그 분담금 등으로 사업부지를 매수하거나 사용승낙을 얻고, 그 이후 조합설립인가를 받아 추가적으로 소유권을 확보하고 사업승인을 얻어 아파트 등 주택을 건축하는 방식으로 진행된다.

따라서 그 진행과정에서 조합원의 모집, 재정의 확보, 토지매입 작업 등 사업의 성패를 좌우하는 여러 변수들에 따라 최초 사업계획이 변경되는 등의 사정이 발생할 수 있다(대법원 2013다75892 판결).

결국 지역주택조합의 조합원이 된 사람이, 사업 추진 과정에서 조합규약이나 사업계획 등에 따라 당초 체결한 조합가입계약의 내용과 다르게 조합원으로서의 권리·의무가 변경될 수 있음을 전제로 조합가입계약을 체결한 경우에는 그러한 권리·의무의 변경이 당사자가 예측 가능한 범위를 초과하였다는 등의 특별한 사정이 없는 한 이를 조합가입계약의 불이행으로 보아 조합가입계약을 해제할 수는 없다(대법원 2018다212467 판결).

위 대법원 2021다286116 판결 사안을 정리하면 다음과 같다. 피고는 고양시 일원에서 아파트를 신축하여 조합원들에게 공급하는 사업 시행을 목적으로 설립된 지역주택조합이다. 원고들은 2018. 8. 25.부터 2018. 9. 14.까지 탄현역 지역주택조합 추진위원회와 조합가입계약을 체결하고, 그 무렵 위 추진위원회에 조합원부담금으로 각 7,000만원을 납입하였다(피고가 위 추진위원회의 법률행위를 승계함).

피고는 2020. 7. 13. 지역주택조합 설립인가신청을 하여 2020. 9. 29. 고양시장으로부터 지역주택조합설립인가를 받았다. 이 사건 아파트는 당초 전용면적을 49㎡ 및 59㎡로 하여 신축될 계획이었으나 사업계획의 변경으로 전용면적이 70㎡ 및 84㎡로 변경되었다.

이에 따라 원고들이 부담해야 할 조합원부담금이 약 2배로 증가하게 되었다. 이렇게 원고들이 입주하게 될 주택의 전용면적이 현저하게 늘어나고 그에 따라 원고들이 부담하게 될 조합원부담금이 2배로 치솟는 경우에도 원고들이 조합계약을 해제할 수 없는 것인가?

원심은 "원고들이 피고의 이행불능 또는 사정변경을 이유로 이 사건 각 조합가입계약을 해제할 수 있다고 판단"하였지만, 대법원은 계약해제를 부정한 것이다. 그 이유는 무엇일까?

위 대법원 2021다286116 판결의 이유를 확인하면 "조합가입계약서 및 피고 조합 규약에 건설 예정 아파트의 세대수·주택평형 등의 변경 및 추가부담금 발생 가능성이 명시되어 있었고, 사업계획의 변경에 관하여 피고 조합원들의 총회승인결의도 있었던 이상, 원고들이 당초 공급받기로 한 아파트의 전용면적이 넓게 변경되고 이에 따라 조합원부담금이 증가하였다는 사정만으로 원고들에 대한 피고의 아파트 공급이 불가능하게 되었다고 볼 수 없다. 위 각 조합가입계약 당시 원고들이 이 사건 사업계획의 변경을 예측할 수 없었다거나 그 변경의 정도가 예측 범위를 초과한다고 보이지 않는다. 또 사업계획 변경이 조합원인 원고들에게 책임 없는 사유로 발생하여 조합가입계약의 내용대로 구속력을 인정한다면 신의칙에 현저히 반하는 결과가 생긴다고 보기도 어렵다."라는 취지이다[유사 판결로는 대법원 2018다212467 판결이 존재하는 데, 위 판결은 "원고가 당초 지정한 동·호수의 아파트를 공급받지 못하게 되었다는 사정만으로 이 사건 조합가입계약의 위반이라거나 원고에 대한 피고(지역주택조합)의 아파트 공급이 불가능하게 되었다고 단정할 수 없다."라는 취지임].

대법원이 위와 같이 판단하는 데에는 지역주택조합 가입계약의 특수성이 반영된 것이라는 견해가 있다. 즉 지역주택조합 가입계약 불이행으로 인한 해제를 인정하기에는 지역주택조합 가입계약의 특수성에서 비롯되는 난점이 있다는 것이다.

지역주택조합 가입계약의 내용상, 조합원의 권리 실현에 관한 장애를 조합가입계약의 불이행으로 구성하기 어렵고, 조합가입계약의 내용은 사단인 지역주택조합의 일원이 되기로 하는 내용, 즉 '조합원이 되는 것'일 뿐이므로, 가입하기로 하는 합의만 있으면 계약의 목적은 달성되며, 조합원으로서의 권리와 의무, 즉 공급받을 주택의 위치·면적, 분담금의 액수·납입시기 등은 조합의 규약으로 결정되는 것이므로, 사단의 구성원이 된 이후의 내부 규율 문제일 뿐인바, 조합원으로서의 권리와 의무는 조합가입계약의 내용 자체와는 아무런 관련이 없고, 계약서에 기재되었다고 하여 조합가입계약으로부터 발생하는 것도 아니며, 이는 당해 조합의 규약 내용을 확인·고지하는 것에 불과하여 지역주택조합사업이 실패하는 등으로 인하여 조합원의 권리가 만족되지 못하였더라도, 이를 조합가입계약 자체의 불이행으로 평가하기는 어렵다는 것이다.

결국 지역주택조합은 통계적으로 실패하는 사례가 더 많으므로, 실패가 가시화되는 상황에서는 누구나 앞 다투어 사업에서 이탈하려고 하는바, 조합가입계약의 해제를 인정하여 납입금 전액에 법정이자까지 추가로 회수하는 것을 허용한다면, 사업이 부진한 조합에서는 조합원의 이탈과 사업의 실패를 유발·심화시키게 된다는 것이다.

게다가 지역주택조합은 사단이므로, 그 사업의 위험과 결과는 모든 조합원이 스스로 부담하여야 하고 사업의 부진에 따른 조합가입계약의 해제가 인정된다면 조합원은 사업의 성패에 따라 선택적으로 책임을 회피할 수 있게 되고, 이는 자기책임의 원칙에 반한다는 취지이다(연도별 2023. 9. 1.자 '서울고등법원판례공보스터디' 제2103쪽, 제2104쪽 참조).

두 번째 쟁점이다. 지역주택조합의 추진위원회가 가입계약과 함께 체결된 환불보장 약정이 총유물의 처분행위에 해당하는 경우에 일부무효 법리에 따라 조합가입계약도 무효가 되어 조합원이 지역주택조합의 추진위원회에게 제공한 납입금 전액의 반환을 청구할 수 있는가? 가능하다는 것이 대법원 2020다288375 판결의 취지이다.

위 대법원 2020다288375 판결을 사안을 정리한다. 피고는 평택시 D 일원을 사업시행구역으로 하여 지하 1층~지상 25층, 약 1,400세대의 아파트 조성사업(이하 '이 사건 사업')을 추진하고 있는 지역주택조합 추진위원회이다.

원고 A는 2016. 10. 10. 피고로부터 '2017. 11. 30.까지 사업계획이 승인되지 않는 경우 납부한 전액의 환불을 보장한다.'는 취지가 포함된 안심보장증서(이하 '이 사건 안심보장증서')를 받고, 피고와 사이에 분양 목적물을 E호로, 총 납입금을 196,710,000원으로 정하여 조합가입계약을 체결하였다.

원고 B은 2017. 10. 16. 피고로부터 위와 같은 취지의 안심보장증서를 받고, 피고와 사이에 분양 목적물을 F호로, 총 납입금을 204,910,000원으로 정하여 조합가입계약을 체결하였다. 위 각 조합가입계약(이하 '이 사건 각 계약')에 따른 계약금 등으로 원고 A는 35,142,012원을, 원고 B은 40,090,000원을 피고에게 납입하였다(이하 '이 사건 각 납입금').

위 사안에 대하여 원심은, 환불보장 약정은 총유물의 처분행위에 해당하나 피고의 총회결의가 없었으므로 무효이며, 조합가입계약과 서로 독립된 법률행위이므로 일부무효의 법리가 적용될 수 없다고 보아, 원고의 청구를 기각하였으나, 대법원은, 환불보장 약정은 조합가입계약의 납입금에 관한 특약 사항을 정하기 위한 목적으로 조합가입계약에 수반하여 경제적·사실적으로 일체로서 체결되었으므로 하나의 계약인 것과 같은 관계에 있기에 일부무효의 법리가 적용될 수 있어, 원고들과 피고의 가정적 의사를 심리하여야 한다고 보아 원심을 파기 환송한 것이다.

파기·환송심(수원지방법원 2022나62475 판결)은 환불보장 약정이 총유물의 처분행위에 해당하여 무효가 되고, 일부무효 법리에 따르면 조합가입계약도 무효가 되므로 원고들이 피고를 향해 납입금 전액을 부당이득으로 반환 청구할 수 있다는 취지로 판시하였다.

위 파기·환송심(수원지방법원 2022나62475 판결)의 판결문 내용을 적시한다.

지역주택조합 추진위원회는 그 법적성격이 비법인 사단이고(대법원 2000다18271 판결), 그 구성원들이 납부한 분담금은 당해 비법인 사단의 재산으로서 구성원들의 총유에 속한다(민법 제275조 제1항).

한편, 총유물의 관리 및 처분에 관하여 정관이나 규약에 정한 바가 있으면 이에 따라야 하고 그에 관한 정관이나 규약이 없으면 총회의 결의에 의하여야 할 것이며, 그와 같은 절차를 거치지 않은 행위는 무효이다(대법원 2001다73626 판결).

법률행위의 일부분이 무효인 때에는 그 전부를 무효로 한다. 그러나 그 무효 부분이 없더라도 법률행위를 하였을 것이라고 인정될 때에는 나머지 부분은 무효가 되지 아니한다(민법 제137조).

지역주택조합 가입계약 당시 작성·교부된 안심보장증서상의 환불보장 약정은 조합가입계약에 따른 납입금에 관한 특약 사항을 정하기 위한 목적으로 조합가입계약에 수반하여 경제적, 사실적으로 일체로서 체결된 것이므로, 전체적으로 하나의 계약인 것과 같은 관계에 있다.

따라서 안심보장증서상의 환불보장 약정이 지역주택조합 총회의 결의 없이 이루어진 총유물의 처분행위에 해당하여 무효라면, 법률행위의 일부무효의 법리에 따라 이와 일체로서 체결된 조합가입계약도 무효가 되는 것이 원칙이지만, 환불보장 약정이 없더라도 조합가입계약을 체결하였을 것이 인정되는 경우 조합가입계약은 여전히 효력을 가지게 되므로, 이에 관한 당사자들의 가정적 의사를 심리하여 조합가입계약의 무효 여부를 판단하여야 한다(대법원 2020다288375 판결).

이 사건 환불약정은 일정한 경우 잔존 조합원들의 총유로 귀속되는 총유물인 조합원 분담금 등의 반환을 그 내용으로 하는데, 이 사건 환불약정이 그대로 이행될 경우 피고가 분담금을 반환하여 분담금의 규모가 감소하게 되고, 결국 감소한 분담금만큼 피고의 남은 조합원들이 추가적으로 사업비를 부담하게 될 것이므로, 이는 조합원 분담금 자체를 감소시키는 행위로서 총유물의 처분에 해당하고 단순한 채무부담행위라고는 볼 수 없는 점에 비추어 보면, 이 사건 환불약정이 유효하게 성립하기 위해서는 피고의 총회 결의가 필요하다고 봄이 타당하다.

그런데 이 사건 각 계약체결 당시 이 사건 환불약정에 관한 피고의 총회 결의가 있었다거나 그 후 추인 의결이 있었다고 볼 증거가 없으므로 이 사건 환불약정은 효력이 없다.

그리고 다음과 같은 사정, 즉 ① 이 사건 안심보장증서는 이 사건 각 계약체결 당시 원고들에게 교부되었던 점, ② 이 사건 환불약정의 내용은 이 사건 각 계약에 따른 조합원의 분담금에 관한 것인 점, ③ 원고들은 이 사건 사업이 무산되더라도 이 사건 환불약정에 따라 기 납입한 분담금을 반환받을 수 있을 것으로 기대하고 이 사건 각 계약의 체결에 이르게 된 점 등에 비추어, 이 사건 환불약정은 이 사건 각 계약의 일부를 구성한다고 판단된다.

나아가 지역주택조합사업은 그 특성상 장래의 진행경과를 예측하기 어렵고 사업이 지연되거나 무산될 위험성도 높기 때문에 조합원 분담금의 환불에 관한 약정의 존재는 지역주택조합 가입계약의 체결 여부를 결정함에 있어 중요한 고려사항이 되는 점에 비추어, 이 사건 환불약정이 없더라도 원고들이 이 사건 각 계약을 체결하였을 것으로 보기 어렵고, 달리 이를 인정할 증거가 없다.

결국 이 사건 각 계약은 무효이므로 피고는 원고들로부터 위 각 계약에 따라 지급받은 이 사건 각 납입금을 부당이득으로 반환하여야 한다.

참고로 대법원 2021다281999, 282008 판결에 의하면 "지역주택조합과 조합원 사이의 법률관계는 근거 법령이나 조합 규약의 규정, 조합총회의 결의 또는 조합과 조합원 사이의 약정에 따라 규율된다. ~중략~ 조합원이 그 지위를 상실하면 그 효력은 장래에 향해서만 미친다고 보아야 한다. 따라서 조합가입계약 체결 당시에는 조합원 자격 요건을 충족하였으나 주택조합설립인가신청일 이후 조합원의 지위를 상실한 자는 그 지위를 상실한 이후부터는 그 후 이행기가 도래하는 부담금을 납부할 의무를 면하지만, 그 전에 발생하여 이행기가 도래한 부담금은 이를 납부할 의무가 있다. 나아가 조합가입계약을 체결하였으나 그 당시는 물론 주택조합설립인가 신청일까지도 조합원 자격 요건을 충족하지 못한 자에 대하여도 마찬가지로 볼 수 있으므로 그와 같은 자는 주택조합설립인가신청일 이후 이행기가 도래하는 부담금을 납부할 의무를 면하지만, 그 전에 발생하여 이행기가 도래한 부담금은 이를 납부할 의무가 있다."라고 판시한 사실이 있다(위 대법원 판결에 대하여 연도별 2023. 9. 1.자 '서울고등법원판례공보스터디' 제2371쪽에 의하면 "그 의미는 '선납부 후정산', 즉 납부의무가 있는 분담금은 일단 납부하고 나서 정산을 받으라는 것"이라면서 "조합원은 조합원 지위를 상실하면 조합 규약, 총회 결의, 조합과의 약정 등으로 정하여진 바에 따라, 이미 납부한 분담금을 정산하여 환급받을 권리가 있다."고 설명하고 있음).

추가로 참고할 내용을 설명한다. 주택법 제11조의 6은 "조합 가입 철회 및 가입비 등의 반환"이라는 제목 아래에 "① 모집주체는 주택조합의 가입을 신청한 자가 주택조합 가입을 신청하는 때에 납부하여야 하는 일체의 금전(이하 '가입비등'이라 한다)을 대통령령으로 정하는 기관(이하 '예치기관'이라 한다)에 예치하도록 하여야 한다. ② 주택조합의 가입을 신청한 자는 가입비등을 예치한 날부터 30일 이내에 주택조합 가입에 관한 청약을 철회할 수 있다. ③ 청약 철회를 서면으로 하는 경우에는 청약 철회의 의사를 표시한 서면을 발송한 날에 그 효력이 발생한다. ④ 모집주체는 주택조합의 가입을 신청한 자가 청약 철회를 한 경우 청약 철회 의사가 도달한 날부터 7일 이내에 예치기관의 장에게 가입비등의 반환을 요청하여야 한다. ⑤ 예치기관의 장은 제4항에 따른 가입비등의 반환 요청을 받은 경우 요청일부터 10일 이내에 그 가입비등을 예치한 자에게 반환하여야 한다. ⑥ 모집주체는 주택조합의 가입을 신청한 자에게 청약 철회를 이유로 위약금 또는 손해배상을 청구할 수 없다. ⑦ 제2항에 따른 기간 이내에는 제11조제8항 및 제9항을 적용하지 않는다. ⑧ 제1항에 따라 예치된 가입비등의 관리, 지급 및 반환과 제2항에 따른 청약 철회의 절차 및 방법 등에 관한 사항은 대통령령으로 정한다."라고 규정하고 있다.

이와 관련하여 대전지방법원 2022가단114635 판결은 "청약을 임의로 철회할 수 있다는 등의 위 규정들을 신설하는 주택법 일부개정 법률에 적힌 개정 이유는 이러하다: 현행법은 주택조합의 조합원이 탈퇴하는 경우 조합규약이 정하는 바에 따라 부담한 비용의 환급을 청구할 수 있도록 하고 있으나, 조합규약의 불명확성과 불합리성으로 인하여 이를 원활히 환급받지 못하는 사례가 발생하고 있는바, 조합가입 철회 및 가입비 등의 반환에 필요한 사항을 정하고, 주택 공급과 관련된 허위·과장 광고에 대한 통제를 강화하기 위하여 사업 주체에게 공급하려는 주택에 대한 표시 및 광고 사본의 제출 의무를 부과하는 등 현행 제도의 운용상 나타난 일부 미비점을 개선·보완하려는 것임. 이러한 입법 취지를 감안할 때, 피고 측 직원의 이러한 법령상 여러 조항들의 위반행위는 단순하고 사소한 위반이 아니고 적극적 기망으로써 원고를 속인 데에 해당한다고 보아야 한다."라는 취지로 판시하였다.

위 대전지방법원 2022가단114635 판결을 요약하면 지역주택조합 추진위원회측에서 조합의 가입 철회 및 가입비 등의 반환에 대한 주택법상의 설명의무를 이행하였다고 보기 어렵고, 오히려 주택법령을 위반한 행위를 하였고 그 행위가 기망에 해당함을 이유로 조합 가입 신청인의 계약 취소를 인정하면서 계약금 반환 청구를 인용한 사건으로 정리할 수 있는바, 주택법상 설명의무 이행 여부, 기망 인정 여부 등에 대해 구체적으로 판단한 판결로서 의미가 있다고 이해된다.

9. 상가임대차에 있어 위약금약정이 약관법 위반일 때 감액 아닌 무효

'약관'이란 "그 명칭이나 형태 또는 범위에 상관없이 계약의 한쪽 당사자가 여러 명의 상대방과 계약을 체결하기 위하여 일정한 형식으로 미리 마련한 계약의 내용(약관규제법 제2조 제1호)"을 의미한다. 대체로 분양자가 다수의 수분양자와 매매계약 내지 임대차계약 체결을 예정하여 미리 만들어 둔 분양계약서가 이에 해당한다.

약관으로 이해되는 상가임대차계약을 체결하였는데, 그 임대차계약에 위약금 내지 위약벌 규정이 존재한다. 약정된 위약금 내지 위약벌이 지나치게 과중한 경우에 약관규제법에 따라 위 위약금 내지 위약벌의 무효를 판단할 수 있는가? 가능하다.

대법원 2009다20475, 20482 판결에 의하면 "약관의 규제에 관한 법률 제6조, 제8조의 각 규정에 비추어 보면, 고객에 대하여 부당하게 과중한 손해배상의무나 위약벌 등을 부담시키는 약관 조항은 고객에게 부당하게 불리하여 공정을 잃은 것으로 추정되고 신의성실의 원칙에 반하는 것으로서 무효라고 보아야 할 것이다."라는 취지이기 때문이다.

그렇다면, 직권감액이 가능한 위약금이 약관규제법에 따라 무효로 판단되는 경우일 때에 위약금을 감액하여 인정할 수는 없는가? 그렇게 할 수는 없다. 무효이기 때문에 감액의 여지가 없기 때문이다.

이에 대하여 위 대법원 2009다20475, 20482 판결은 "약관의 규제에 관한 법률에 의하여 약관조항이 무효인 경우 그것이 유효함을 전제로 민법 제398조 제2항을 적용하여 적당한 한도로 손해배상예정액을 감액하거나, 과중한 손해배상의무를 부담시키는 부분을 감액한 나머지 부분만으로 그 효력을 유지시킬 수는 없다."라는 취지이다.

위 대법원 2009다20475, 20482 판결 사안을 간략하게 정리하면 "임차인의 월차임 연체에 대하여 월 5%(연 60%)의 연체료를 부담시킨 계약조항 및 임차인의 월차임 연체 등을 이유로 계약을 해지한 경우 임차인에게 임대차보증금의 10%를 위약금으로 지급하도록 한 계약조항이, 임차인에게 부당하게 불리한 조항으로서 공정을 잃은 것으로 추정되어 신의성실의 원칙에 반하거나 부당하게 과중한 지연손해금 등의 손해배상의무를 부담시키는 약관조항으로서 약관의 규제에 관한 법률 제6조, 제8조에 의하여 무효라고 볼 수 있다"라는 취지의 판결이다.

위 대법원 2009다20475,20482 판결의 판결이유를 확인해 보자.

원심은, 피고가 이 사건 임대차계약서 제5조 제3항의 연체료 약정이 경제적 약자인 임차인에게 절대적으로 불리한 반사회질서의 법률행위이고, 약관의 규제에 관한 법률 제8조의 고객에게 부당하게 과중한 지연손해금 등의 손해배상의무를 부담시키는 약관 조항으로서 무효라고 주장한 데 대하여, 위 연체료 약정이 임차인에 대하여 월 차임을 지체할 경우 고율의 연체료를 부담시키는 것을 내용으로 한다는 점만으로는 선량한 풍속 기타 사회질서에 반하는 법률행위에 해당한다고 보기 어렵고, 다만 위 연체료 약정은 민법 제398조 제4항에 따라 손해배상액의 예정으로 추정되므로 법원은 같은 조 제2항에 의하여 이를 적당히 감액할 수 있는데 위 연체료 약정은 그 손해액의 크기나 채무액에 대한 비율에 비추어 부당히 과다하므로 이를 연 20%의 비율로 감액함이 상당하다고만 판단하고, 위 연체료 약정이 약관의 규제에 관한 법률 제8조에 의하여 무효인지 여부에 대하여는 판단하지 않았음을 알 수 있다.

그런데 약관의 규제에 관한 법률에 의하여 약관조항이 무효인 경우 그것이 유효함을 전제로 민법 제398조 제2항을 적용하여 적당한 한도로 손해배상예정액을 감액하거나, 과중한 손해배상의무를 부담시키는 부분을 감액한 나머지 부분만으로 그 효력을 유지시킬 수는 없다(대법원 96다19758 판결 등).

한편 임차인의 월 차임 연체에 대하여 월 5%(연 60%)에 달하는 연체료를 부담시키는 것은 부당하게 과중한 손해배상의무를 부담시키는 것으로서 약관의 규제에 관한 법률 제6조, 제8조 등에 의하여 무효로 볼 여지가 있다(대법원 2000다18288, 18295 판결).

따라서 원심판결에는 위 연체료 약정이 약관의 규제에 관한 법률 제8조에 의하여 무효라는 피고의 위 주장에 대한 판단을 유탈함으로써 이 부분에 관한 심리를 다하지 아니하여 판결 결과에 영향을 미친 위법이 있다 할 것이므로, 이 점을 지적하는 상고이유의 주장은 이유 있다.

약관의 규제에 관한 법률은 제6조 제1항에서 "신의성실의 원칙에 반하여 공정을 잃은 약관조항은 무효이다"라고 규정하고, 제2항에서 "약관은 다음 각 호의 1에 해당되는 내용을 정하고 있는 경우에는 당해 약관 조항은 공정을 잃은 것으로 추정된다"라고 규정하면서 그 제1호에 '고객에 대하여 부당하게 불리한 조항'을 들고 있으며, 제8조에서는 "고객에 대하여 부당하게 과중한 지연손해금 등의 손해배상의무를 부담시키는 약관조항은 이를 무효로 한다." 라고 규정하고 있다.

따라서 고객에 대하여 부당하게 과중한 손해배상의무나 위약벌 등을 부담시키는 약관 조항은 고객에게 부당하게 불리하여 공정을 잃은 것으로 추정되고 신의성실의 원칙에 반하는 것으로서 무효라고 보아야 할 것이다(대법원 96다19758 판결, 대법원 97다56969 판결 등).

원심판결 이유에 의하면 원심은, 이 사건 임대차계약서 제16조 제3항에서 규정한 위약금을 위약벌 약정으로 보아야 한다고 한 다음, 위약벌 약정은 위 법률 제8조에서 정하는 손해배상액의 예정에 해당한다고 볼 수 없을 뿐 아니라, 위 위약금 규정이 고객에게 부당하게 과중한 손해배상의무를 부담시키는 조항으로 볼 수도 없다고 판단하였다.

그러나 이러한 원심의 판단은 앞서 본 법리에 비추어 다음과 같은 이유로 수긍할 수 없다.

우선 이 사건 임대차계약서 제16조 제3항에서 규정한 위약금을 원심과 같이 이른바 위약벌로 본다 하더라도, 그것이 약관 조항인 이상 앞서 본 바와 같이 약관의 규제에 관한 법률 제6조 및 제8조의 적용 대상이 되는 것이다.

또한 원심판결 및 원심이 적법한 증거조사를 거쳐 채택한 증거 등에 의하면, 이 사건 임대차계약서 제16조 제1항 '바'호에서 월 차임을 2개월 이상 연체할 경우 등에는 계약을 해제·해지할 수 있도록 하고 제3항에서는 제1항의 각 호에 해당하는 사유 등으로 계약이 해제·해지되는 경우 임대차보증금의 10%를 위약금으로 지급하도록 하면서, 제4항에서는 임차인으로 하여금 제3항의 위약금과 별도로 제1항 각 호의 사유로 인한 실손해를 배상하도록 할 뿐 아니라, 제5조 제3항에서 임차인으로 하여금 월 차임 연체에 대한 고율의 연체료를 지급하도록 하고 있는 사실, 이 사건 임대차계약에는 임대인의 귀책사유로 계약이 해제·해지될 경우 등에 관한 손해배상액의 예정 또는 위약벌의 규정이 전혀 없고, 그 밖에도 임대차보증금을 임대차 목적물의 명도 및 원상복구 완료 후에 반환하도록 한다는 등(제7조 제2항) 임대인의 편의를 위한 여러 규정을 두고 있는 사실, 반면 임차인은 월 차임에 관한 부가가치세를 포함한 각종 공과금을 모두 부담하도록 되어 있고, 계약기간이나 월 차임 등에서 임대인으로부터 어떠한 혜택을 부여받지도 못하고 있는 사실을 알 수 있다.

이와 같은 사정들을 종합하여 보면, 월 차임 연체 등을 이유로 계약을 해지한 경우 임차인으로 하여금 임대차보증금의 10%를 위약금으로 지급하도록 한 이 사건 임대차계약서 제16조 제3항은 임차인에 대하여 부당하게 불리한 조항으로서 공정을 잃은 것으로 추정되어 신의성실의 원칙에 반하거나, 부당하게 과중한 지연손해금 등의 손해배상의무를 부담시키는 약관 조항으로서 위 법률 제6조 제1항, 제2항 제1호, 제8조에 위반되어 무효라고 볼 수 있다.

그럼에도 원심은 앞서와 같은 이유로 이 사건 임대차계약서 제16조 제3항이 위 법률 제8조 등에 위반되지 않는다고 판단하였으니, 이러한 원심판결에는 약관의 규제에 관한 법률 제6조 및 제8조에 관한 법리를 오해하여 판결에 영향을 미친 위법이 있다 할 것이므로, 이 점을 지적하는 피고의 상고이유는 이유 있다.

제14장 부동산경매 일반

1. 부동산권리분석의 핵심정리

부동산권리분석이란 경매의 낙찰자 입장에서, 법원에 내는 경락대금 이외에 추가로 들어갈 돈이 있는지 여부에 대한 확인을 위해 경매부동산과 연결되어 있는 권리 등을 확인하는 것이다.

이와 관련하여 대법원 2016다242716,242723 판결은, 무자격 컨설팅업자의 부동산경매 권리분석 컨설팅계약에 대한 무효로 선언하면서 "권리분석업무"를 "부동산 권리관계 또는 부동산등기기록에 등재된 권리관계의 법적 효과에 해당하는 권리의 득실·변경이나 충돌 여부, 우열관계 등을 분석하는 것"으로, "경매대상 부동산에 대한 권리분석"을 "경매대상 부동산에 대하여 필요한 자료를 제시하고 그 권리관계나 거래 또는 이용제한 사항 등을 확인·설명해 주며 그 경제적 가치에 관하여 정보를 제공하고 조언하는 것을 내용으로 하는 것"으로 각 설명하고 있다.

부동산권리분석을 한 결과 인수하는 권리가 없다면, 경락대금 이외에 추가지출 비용이 없다는 것이고, 인수하는 권리가 있다면, 그 인수하는 권리를 제거하기 위한 추가비용이 지출되어야 한다. 경우에 따라서는 인수하는 권리 때문에 낙찰자가 취득한 소유권 자체를 박탈당하기도 하므로 부동산권리분석은 경매에 있어 중요한 부분이 된다.

부동산권리분석과 관련된 핵심적인 조문은 민사집행법 제91조다. 민사집행법 제91조는 다음과 같다.

> 제91조(인수주의와 잉여주의의 선택 등) ① 압류채권자의 채권에 우선하는 채권에 관한 부동산의 부담을 매수인에게 인수하게 하거나, 매각대금으로 그 부담을 변제하는 데 부족하지 아니하다는 것이 인정된 경우가 아니면 그 부동산을 매각하지 못한다.
> ② 매각부동산 위의 모든 저당권은 매각으로 소멸된다.
> ③ 지상권·지역권·전세권 및 등기된 임차권은 저당권·압류채권·가압류채권에 대항할 수 없는 경우에는 매각으로 소멸된다.
> ④ 제3항의 경우 외의 지상권·지역권·전세권 및 등기된 임차권은 매수인이 인수한다. 다만, 그중 전세권의 경우에는 전세권자가 제88조에 따라 배당요구를 하면 매각으로 소멸된다.
> ⑤ 매수인은 유치권자에게 그 유치권으로 담보하는 채권을 변제할 책임이 있다.

부동산권리분석에서 가장 먼저 할 일은 말소기준을 찾는 것이다. 말소기준은 민사집행법 제91조에서 도출된다. 민사집행법 제91조 제3항에서 언급되는 "저당권, 압류채권, 가압류채권"이 말소기준이 되는 것이다. 그뿐만 아니라, 말소기준 판단에 있어 저당권과 동일시할 수 있는 근저당권 및 가등기담보법 시행일인 1984. 1. 1. 이후 설정된 담보가등기, 압류채권과 동일시할 수 있는 경매개시결정기입등기(압류등기) 등도 말소기준이 된다. 또한, 저당권을 보전하기 위한 가등기 내지 가처분도 저당권을 보전한다는 측면이 고려되어 말소기준이 될 수 있다. 실무에서는 민사집행법 제91조 제4항에서 언급되는 전세권도 말소기준으로 기능하는 경우가 있다. 즉 전세권의 경우는 위 말소기준보다 선순위를 전제로 배당요구를 하거나 경매(임의경매)를 신청하면 말소기준이 된다[단 '부분 전세권'은 제외(대법원 96다53628 판결)].

말소기준을 찾게 되면, 말소기준 이후의 권리 등은 경매로 소멸하는 것이 원칙이다. 말소기준이 여러 개 보일 때에는 첫 번째 순위의 것이 말소기준이 된다. 다만, 말소기준보다 후순위임에도 경매로 소멸되지 않고, 낙찰자가 인수하게 되는 것들이 존재하는데, 현재는 폐지된 예고등기, 법정지상권, 관습법상 법정지상권, 분묘기지권, 민사유치권, '수용 또는 사용재결'에 의해 취득한 구분지상권(도시철도법 등에 의한 구분지상권 등기규칙 4조. 참고) 등이 그것이다.

말소기준보다 후순위 권리 등은 경매로 소멸함에도 불구하고, 낙찰자가 인수할 위험이 있는 것들도 있다. 예를 들어, 건물을 낙찰받기 위해 건물에 대한 권리분석을 해보았더니, 토지소유자가 건물에 대한 처분금지가처분을 한 것이 확인되었다. 그런데 건물에 대한 말소기준보다 토지소유자의 처분금지가처분이 후순위이다. 이런 경우, 건물에 대한 말소기준보다 처분금지가처분이 후순위이므로 건물을 낙찰받더라도 문제없다고 생각할 수 있으나, 건물을 낙찰받은 후에 건물이 철거될 수도 있는 운명에 있기에 낙찰 여부를 신중하게 판단해야 한다. 즉 토지소유자가 건물철거를 청구하면서, 건물에 대한 처분금지가처분을 한 상황이고, 토지소유자가 승소한다면, 건물은 애초부터 철거될 운명이었기 때문에 최종적으로는 토지소유자에게 건물낙찰자가 대항할 수 없게 될 가능성이 있다[관련 판례로는 대법원 2017다9121, 2017다9138(병합) 판결(건물철거 등)].

부동산에 대한 권리분석에 있어서 대부분은 등기부를 분석함으로써 해결되나, 등기부에 나오지 않는 부분에 대한 권리분석이 필요함은 물론이다. 등기부에는 나오지 않지만, 권리분석에 필수적인 권리 등으로는 주임법상의 임차인, 상임법상의 임차인, 법정지상권, 관습법상 법정지상권, 분묘기지권, 민사유치권, 상사유치권 등을 들 수 있다[보다 더 상세한 내용은 필자의 저서인 '부동산권리분석 및 배당 판례특강 제2판(박영사)' 참고].

2. 무자격자의 부동산경매 권리분석 컨설팅계약은 무효

부동산경매에 있어 권리분석을 해주고 그에 대한 대가를 받기로 하는 부동산컨설팅계약을 체결하였다. 다만, 컨설팅 업체는 주식회사였고, 그 자체로 어떠한 자격도 없었다. 즉, 변호사(법무법인), 법무사, 공인중개사(중개법인) 등의 자격증이 없었다. 컨설팅 업체는 단지 부동산 컨설팅업 등을 영위하는 회사였다.

부동산컨설팅계약서를 확인하면, 계약의 목적은 피고(컨설팅 업체)가 의뢰된 물건의 권리분석 등 제반사항을 검토하여 원고(컨설팅 의뢰인)에게 최대한의 서비스를 제공하는 것이고 그 업무범위는 피고가 법원에 비치된 매각물건명세서 자료를 참조하여 컨설팅을 하고 본 자료 외에 책임이 없으며, 피고(컨설팅 업체)가 경매에 있어 참조할 가격을 원고(컨설팅 의뢰인)에게 제시할 수는 있지만 입찰가에 대한 최종결정은 원고(컨설팅 의뢰인)가 한다는 것으로 정리되어 있다.

경매부동산의 감정가는 7,147,206,040원이었으나, 피고의 조언에 따라 원고가 경매부동산을 4,037,800,000원에 낙찰받았고, 차순위 입찰가는 3,851,210,000원이었다. 부동산컨설팅계약서에 따르면, 수수료 1억원으로 적시되어 있는데, 원고는 피고에게 부가가치세를 포함하여 44,000,000원만을 지급하였다.

부동산컨설팅계약서에 의하면, 피고가 원고에게 60,000,000만원(반소 청구 금액이었음)을 더 주어야 할 것이고, 부동산컨설팅계약이 무효라면, 원고가 오히려 피고에게 지급한 44,000,000원(부가가치세 포함)을 부당이득으로 반환청구할 수 있을 것이다.

컨설팅 업체인 피고가 약정에 따른 추가청구를 할 수 있는가? 아니면 컨설팅 의뢰인인 원고가 약정무효를 전제로 이미 지급한 돈마저 부당이득으로 반환을 청구할 수 있는가? 1심과 2심은 부동산컨설팅계약이 유효함을 전제로 컨설팅 업체인 피고의 반소를 받아들이되 위임법리를 유추하여 일부 감액하였으나, 대법원은 원심을 파기하고, 부동산컨설팅계약의 무효를 선언하면서, 원심법원에 환송하였다.

그 이유는 무엇일까? 간략하게 정리하면, 변호사법 제109조 제1호(변호사가 아니면서 일반 법률사건 상담 및 수수료 받는 행위 형사처벌 규정)와 법무사법 제3조 제1항 및 제74조 제1항 제1호(법무사 아닌 자의 행위 형사처벌 규정)에 따르면, 부동산경매에 있어 권리분석업무는 변호사 및 법무사의 업무인데, 컨설팅 업체인 피고주식회사는 위와 같은 자격이 없다는 것이다.

즉 대법원 2016다242716, 242723 판결에 의하면, "피고는 이 사건 컨설팅계약에 따라 이 사건 부동산에 대한 경매사건의 매각물건명세서와 유치권 관련 서류를 토대로 권리분석업무를 수행하였고 이 사건 부동산의 매수와 유치권자에 대한 대항 여부에 관하여 법률적인 조언까지 하였다. 이 사건 컨설팅계약은 변호사법 제109조 제1호에서 금지하고 있는 '법률상담 등의 법률사무'를 취급하는 내용으로 볼 수 있고, 법무사법 제2조 제1항 제5호의 '재산취득에 관한 상담' 등을 내용으로 한다고도 볼 수 있다. 따라서 이 사건 컨설팅계약은 변호사법 제109조 제1호와 법무사법 제74조 제1항 제1호에서 금지하고 있는 행위를 내용으로 하는 계약으로서 반사회적 법률행위에 해당하므로 무효라고 보아야 한다."는 취지이다.

위 사건의 1심판결[수원지방법원 2014가단532015(본소), 537744(반소) 판결]을 확인하면, 피고가 원고와 체결한 이 사건 컨설팅계약은 경매대행계약이 아닌 부동산컨설팅계약이며, 그 업무를 수행하는 데 특별한 자격이 필요하지 않으므로 유효하다는 판시가 보이고, 항소심인 2심판결도 위 1심판결을 그대로 인용하였다[수원지방법원 2015나44578(본소), 2015나44585(반소) 판결]. 어떠한 행위가 무효인지 여부는 해당 법률에서 무효라고 적시한 경우도 있고, 형사처벌 등을 규정한 경우도 있는데, 해당 법률에서 무효라고 선언한 경우는 구체적 사정에 따라 그 무효를 유동적 무효라도 보기도 하나, 무효라는데 의문이 없지만, 형사처벌 등만을 규정한 경우에는 단속규정으로 보아 사법상 효력을 유효로 보아야 하는지 아니면, 효력규정으로 보아 사법상 효력도 무효로 보아야 하는지 실무상 문제되는 경우가 있는데, 본건은 형사처벌 규정을 근거로 부동산컨설팅계약의 사법상 효력도 무효로 본 사안으로 정리하면 되겠다.

위 대법원 2016다242716,242723 판결의 파기·환송심인 수원지방법원 2018나74303, 74310 판결은 원고(컨설팅 의뢰인)의 주장을 "경매물건에 대한 권리분석, 현황 내지 공부 등의 조사, 적정매수 가격의 제시, 정보제공, 입찰대리 등의 경매서비스를 제공하고 그에 따른 수수료를 받을 수 있는 자는 변호사, 법무사, 매수신청대리인 등록을 한 공인중개사에 한하며 그 외의 자가 이러한 행위를 하는 것은 위법하므로, 무자격자인 피고가 경매대행계약을 체결하고 수수료 명목의 돈을 지급받기로 하는 약정은 선량한 풍속 기타 사회질서에 반하여 무효이다. 따라서 무효인 이 사건 컨설팅계약에 기하여 피고가 받은 수수료는 부당이득으로서 반환되어야 하는데, 다만 원고는 피고가 실제 수행한 업무에 대한 대가로 '법무사보수표'에 의하여 법무사가 경매사건에 있어 재산취득에 관한 상담을 한 경우 목적물의 감정가격에 따라 정하도록 되어 있는 보수액인 23,794,412원을 인정하므로, 피고는 원고로부터 지급받은 수수료 4,400만원에서 원고가 인정하는 23,794,412원을 공제한 20,205,588원을 원고에게 반환할 의무가 있다. ~중략~ (주위적 주장)"로 정리한 후,

"이 사건 컨설팅계약은 변호사법 제109조 제1호와 법무사법 제74조 제1항 제1호에서 금지하고 있는 행위를 내용으로 하는 계약으로서 반사회적 법률행위에 해당하므로 무효라고

보아야 하므로 피고는 원고에게 원고로부터 지급받은 이 사건 컨설팅계약에 의하여 지급받은 수수료 중 원고가 구하는 20,205,588원을 부당이득으로 반환해야 할 의무가 있고, 원고는 피고에게 무효인 위 컨설팅계약에 의한 나머지 수수료 6,000만원을 지급할 의무가 없다."라고 판단하였다.

참고로 공인중개사법 제14조 제2항, 제3항은 공인중개사의 경우에 대법원 규칙이 정하는 요건(실무교육 이수 등)을 갖춰 법원에 등록을 하고 감독을 받으면서, 경매대상 부동산에 대한 권리분석, 입찰대리 등을 할 수 있도록 규정하고 있다.

공인중개사법 제14조(개업공인중개사의 겸업제한 등) ② 개업공인중개사는 「민사집행법」에 의한 경매 및 「국세징수법」 그 밖의 법령에 의한 공매대상 부동산에 대한 권리분석 및 취득의 알선과 매수신청 또는 입찰신청의 대리를 할 수 있다. ③ 개업공인중개사가 제2항의 규정에 따라 「민사집행법」에 의한 경매대상 부동산의 매수신청 또는 입찰신청의 대리를 하고자 하는 때에는 대법원규칙으로 정하는 요건을 갖추어 법원에 등록을 하고 그 감독을 받아야 한다.

3. 부동산경매에 있어 인수와 소멸

부동산경매를 통하여 부동산을 매수하는 경우 낙찰자가 인수하는 권리가 있고, 낙찰자가 인수하지 않고, 그대로 소멸하는 권리가 있다. 인수하는 권리 및 소멸하는 권리의 의미는 무엇인가?

인수하는 권리란 경매로 부동산을 낙찰받았을 때에 낙찰 부동산에 해당 권리가 따라온다고 생각하면 되고, 소멸하는 권리란 경매로 부동산을 낙찰받았을 때 낙찰 부동산에 해당 권리가 따라오지 않고 그대로 소멸하여, 낙찰자에게는 낙찰대금 이외에 추가적인 부담으로 작용하지 않는 권리라고 생각하면 쉽다. 소멸하는 것의 대표주자는 근저당권을 들 수 있다(민사집행법 제91조 제2항).

즉, 부동산이 경매에 부쳐지는 경우에 근저당권은 무조건 소멸하는데(민사집행법 제91조 제2항), 소멸을 하는 대신 근저당채권자는 낙찰대금에 대하여 순위에 따른 배당을 받게 된다. 부동산을 낙찰받은 사람은 낙찰대금을 법원에 낼 것이고, 그 낙찰대금 안에서 근저당권채권자가 배당을 받고 끝나기 때문에 낙찰자가 낙찰대금 이외에 추가적 비용을 부담하지 않는다.

인수되는 것의 예로는 말소기준보다 선순위의 처분금지가처분을 들 수 있다. 말소기준이 근저당권인 경우에 근저당권보다 선순위인 처분금지가처분이 있었다고 가정하자. 해당 부동산이 경매에 부쳐졌는데, 누군가가 해당 부동산을 낙찰받았다면, 그 낙찰자는 선순위의 처분금지가처분을 인수한다.

즉, 낙찰대금을 지급하였지만, 처분금지가처분으로 인하여 추가적인 비용이 들어갈 수 있다는 것이다(단, 실무는 가처분에 따른 결론이 내려질 때까지 경매절차를 사실상 중지하는 경우도 있음). 처분금지가처분으로 인하여 추가적인 비용이 들어간다는 것은 여러 의미가 있을 수 있으나, 최악의 경우는 낙찰자가 취득한 부동산의 소유권을 상실할 수도 있다는 것이다. 처분금지가처분권자가 소송을 통해 해당 부동산의 소유권자로 판명되고 그 판결이 확정될 경우 낙찰자는 처분금지가처분보다 후순위 근저당권을 기초로 경매부동산의 소유권을 취득하였기 때문에 처분금지가처분권자에게 대항할 수 없기 때문이다.

부동산을 낙찰받을 때 인수하는 권리와 소멸되는 권리를 구분할 수 있는 가장 단순한 방법은 말소기준을 찾는 것인데, 원칙적으로 말소기준 이후의 권리는 소멸되고, 말소기준 이전의 권리는 인수된다. 당연히 예외도 있다.

말소기준으로 언급되는 등기는 (근)저당권등기, 가압류 및 압류등기, 담보가등기, 경매개시결정기입등기 등인데(민사집행법 제91조), 말소기준과 상관없이 언제나 인수되는 권리로 언급되는 권리로는 법정지상권, 관습상 법정지상권, 분묘기지권, 유치권 등이 있다. 언제나 인수되는 것(권리)으로 언급되었던 예고등기는 현재 폐지된 상태다.

관련된 최근 대법원 2019다265376 판결에 의하면 "소유권이전등기청구권 보전의 가등기보다 후순위로 마쳐진 근저당권의 실행을 위한 경매절차에서 매각허가결정에 따라 매각대금이 완납된 경우에도, 선순위인 가등기는 소멸하지 않고 존속하는 것이 원칙이다. 다만, 그 가등기보다 선순위로 기입된 가압류등기는 근저당권의 실행을 위한 경매절차에서 매각으로 인하여 소멸하고, 이러한 경우에는 가압류등기보다 후순위인 가등기 역시 민사집행법 제144조 제1항 제2호에 따라 매수인이 인수하지 아니한 부동산의 부담에 관한 기입에 해당하여 말소촉탁의 대상이 된다(대법원 2007다57459 판결 등)."라는 취지이다(연도별 2023. 9. 1.자 '서울고등법원판례공보스터디' 제2085쪽~2089쪽을 확인하면 관련된 구체적 판례 등을 확인할 수 있음. 부동산권리분석에 관심이 있는 분들에게 도움이 될 듯. 부동산권리분석의 구체적 사례 등은 필자의 저서인 '부동산권리분석 및 배당 판례특강 제2판(박영사)' 참조).

4. 말소기준보다 선순위이지만 인수되지 않는 가등기

일반적인 부동산경매에 있어서, 근저당권과 같은 말소기준보다 매매예약에 기한 소유권이전등기청구권 보전을 위한 가등기가 선순위로 존재하는 경우라면, 부동산을 경매로 매수한 낙찰자가 위 가등기를 인수한다는 표현을 한다.

즉, 경매로 부동산을 매수하더라도 선순위 가등기권자가 본등기를 하게 되면, 순위보전 효력에 의하여 낙찰자가 본등기권자에게 대항하지 못하여 결과적으로 낙찰자가 취득한 부동산소유권을 상실할 위험이 있다는 것이다.

그렇다면, 토지거래허가구역에 있어 허가를 받지 못한 부동산 매수인이 허가를 받기 전에 매매예약에 기한 소유권이전등기청구권 보전을 위한 가등기를 경료하였는데, 해당 부동산이 경매에 부쳐진 경우는 어떠한가?

이러한 경우에도 부동산을 경매로 매수한 낙찰자가 경매부동산의 소유권을 취득할 수 없는가? 그렇지 않다는 것이 대법원 2012다89900 판결의 취지이다. 즉, 가등기권자가 본등기를 하더라도 경매로 부동산의 소유자가 변경되면 가등기권자가 주장할 수 있는 소유권이전등기의무가 이행 불능이 되어 유동적 무효 상태에 있었던 매매예약 등은 확정적으로 무효가 되는바, 결과적으로 가등기 및 그에 따른 본등기가 모두 무효가 된다는 것이다.

대법원 판결의 사실관계를 정리해 본다.

① 원고는 낙찰자이고 피고는 가등기 및 본등기권자이다.

② 피고는 본래 매도인 소유의 부동산에 관하여 2003. 1. 8. "2002. 12. 29. 매매예약"을 원인으로 소유권이전청구권가등기를 마쳤고, 2011. 3. 21. "2003. 1. 15. 매매"를 원인으로 소유권이전등기(본등기)를 마쳤다.

③ 경매 부동산에 관하여 2004. 7. 15. 부동산강제경매절차가 개시되어 원고가 2011. 1. 5. 위 부동산을 낙찰받고 2011. 1. 20. 소유권이전등기를 마쳤다.

④ 경매 부동산은 2002. 11. 20.부터 토지거래계약허가구역으로 지정되어 있었는데, 피고는 매도인과의 위 매매예약 및 매매계약('매매예약 등')에 관하여 토지거래허가 신청을 한 적이 없다.

⑤ 피고는 매도인과의 매매예약 등이 실제로는 토지거래계약허가구역 지정 전인 2002. 11. 20. 이전에 체결되었다고 주장하였으나, 인정되지 않았다.

대법원이 설시한 법리부분을 현출하면, "토지거래허가구역 내의 토지에 관하여 위와 같은 허가를 받지 아니하고 체결한 토지거래계약이나 예약은 채권적 효력조차도 발생하지 않는다. 다만 허가받을 것을 전제로 한 토지거래계약의 경우에는, 나중에 허가를 받으면 소급해서 유효로 되고 반대로 불허가가 되면 무효로 확정되는 이른바 유동적 무효의 상태에 있다고 보아야 할 것인데,

만약 그 거래허가가 나지 아니한 상태에서 당해 토지에 관한 경매절차가 개시되어 제3자에게 소유권이 이전되었다면, 위 토지거래계약에 기한 소유권이전의무는 특별한 사정이 없는 한 이행불능 상태에 이르렀다고 보아야 하고, 이로써 유동적 무효 상태에 있던 위 토지거래계약은 확정적으로 무효가 된다고 할 것이다. 따라서 토지거래허가가 없이 체결된 매매예약에 기하여 소유권이전청구권 보전을 위한 가등기가 경료되어 있는 상태에서 당해 토지가 제3자에게 낙찰되어 소유권이 이전된 경우에는 그 후 그 가등기에 기한 본등기까지 경료되었더라도 이는 효력이 없는 무효의 등기라 할 것이다."라는 취지이다.

5. 담보부 부실채권(NPL)과 부동산경매

NPL(Non Performing Loan)은 한국말로 '부실채권'이라고 할 수 있는데, 대체로 은행이 대출을 해주었는데, 3개월 이상 원리금이 연체된 채권을 일컫는 말이다. 부실채권은 크게 ① 담보부 부실채권과 ② 무담보부 부실채권으로 구분된다.

예를 들어 은행이 채무자의 부동산에 근저당권을 설정받은 후에 대출을 해주었는데, 원리금을 연체하고 있다면 담보부 부실채권이라 할 수 있고, 채무자의 신용을 보고 대출을 해주었는데, 원리금을 연체하고 있다면 무담보부 부실채권이라 할 수 있다. 그렇다면, 부실채권에 투자를 해서 수익을 올린다는 말은 무슨 의미인가?

무담보부 부실채권을 매수해서 채권추심을 하거나, 담보부 부실채권을 매수해서 배당수익 등을 얻는 것을 의미한다고 볼 수 있다. 그렇다면, 부동산경매와 관련된 담보부 부실채권에 대하여 살펴보자.

은행이 돈을 빌려주면서 부동산에 근저당권을 설정받았는데, 채무자가 3개월 이상 원리금을 변제하지 않고 있다. 이때 은행은 근저당권을 근거로 해당 부동산을 경매에 부쳐 채권을 회수하게 된다. 하지만, 경매로 돈을 회수하려면 시일이 상당기간 소요될 뿐만 아니라 부실채권이 누적될 경우 대손충당금이 증가하면서 은행의 자기자본비율이 하락하고 신용도가 하락할 가능성이 높아진다. 이런 문제를 해결하기 위해 은행은 부실채권을 묶어 할인된 가격으로 떨어내게 되는데, 그러한 부실채권을 인수해서 투자수익을 올리는 방법이 담보부 부실채권 투자방법이다.

담보부 부실채권을 매수하여 수익을 올리는 구조는 어떨까? 1순위 근저당권이 설정된 부동산 소유자이자 채무자가 은행에 채무를 갚지 않는다. 은행은 부실채권의 할인매각을 선택했고, 몇 단계를 거쳐 일반인이 담보부 부실채권을 매수한다. 담보부 부실채권을 매수한 일반투자자는 직접 경매를 실행하여 1순위 근저당권자로서 배당을 받거나, 여의치 않을 경우 직접 낙찰자가 된 후 매각하여 수익을 창출하게 된다.

예를 들어, 은행의 1순위 근저당권의 채권최고액이 2억 6천만원이었다고 가정하자. 은행의 실채권액은 2억원이었는데, 채무자가 원리금을 3개월 이상 연체하여 담보부 부실채권을 할인 매각하였다. 최종 소비자가 중간 도매상 등으로부터 매수한 가격이 2억 3천만원이라면 배당을 통해 3천만원의 수익을 달성할 수 있다.

부실채권을 인수한 일반투자자는 해당 부동산을 직접 낙찰받을 가능성도 있다. 즉, 해당 부동산의 낙찰가가 여러 차례의 유찰 끝에 2억 6천만원도 안 된다고 가정할 때 부실채권 투자자가 낙찰가를 2억 6천만원으로 쓰더라도 실투자액은 2억 3천만원에 불과하여 낙찰 가능성도 높을 뿐만 아니라, 양도세도 줄어드는 효과가 있다고 한다. 즉, 부동산을 낙찰받은 부실채권 투자자가 낙찰대금 납부(상계를 통해 납부처리)를 통하여 부동산의 소유권을 취득한 후에 가공과정을 거쳐 해당 부동산을 매각할 때에 양도세 계산의 근거가 되는 종전 매수가격은 실투자한 2억 3천만원이 아니라 낙찰가인 2억 6천만원이 될 수 있기 때문이다(세무 실무적인 문제는 전문세무사에게 추가로 확인할 것).

6. 부동산경매와 매수인의 자격

부동산경매에 있어 일반적인 상황에서 임차인이 우선적으로 경매의 낙찰자(매수인)가 될 수 있는지 묻는 분들이 제법 있다.

부동산경매에서 우선매수권이 인정되는 경우는 공유자에 한하기 때문에 일반적인 상황에서 임차인의 경우에 임차건물이 경매에 부쳐질 때 경매에 참가할 수는 있어도, 우선매수권을 행사할 수는 없다(임대주택 등과 관련된 특별법상의 임차인 우선매수 조항 여부는 별론으로 함).

공유자의 우선매수권이란, 민사집행법 제140조에 의하여 인정되는 것으로 공유지분이 경매에 부쳐질 때에, 최고가 매수신고인이 있는 경우에도 최고가 매수신고가격으로 우선적인 매수권을 인정하는 제도다. 공유자에게 우선매수권을 인정하는 이유는 공유자 간의 유대관계를 유지할 필요가 있기 때문이다.

따라서 공유자의 우선매수권은 공부상으로만 공유자일 뿐이고 실질은 단독소유자에 불과한 구분소유적 공유자에게는 인정되지 않는다(서울북부지방법원 2006라56 판결 참고). 그렇다면 공유지분을 경매하는 경우에 적용되는 공유자의 우선매수권이 공유물 전부를 경매하는 경우에도 적용될까?

예를 들어 부동산을 공유하고 있는 형제인 갑(채무자)과 을[물상보증인(지분)]이, 갑의 채무를 위하여 을이 물상보증(지분)을 통하여 부동산 전부에 대하여 은행에 근저당권을 설정해 주었는데, 은행이 근저당권에 기하여 경매신청을 하려 할 경우, 물상보증인이자 지분권자인 을이 우선매수권을 행사할 수 있을까? 이런 경우에는 을이 우선매수권을 행사하기 어려울 것이다. 지분경매가 아닌 공유물 전부에 대한 경매이기 때문이다(대법원 2008마693, 694 결정 참고).

그렇다면 을이 우선매수권자의 지위가 아니라, 매수인으로서의 지위는 인정되는가? 즉, 을이 경매절차에 참가하여 해당 부동산을 낙찰받을 수 있을까? 을이 경매절차에 참여하여 경쟁을 통하여 부동산을 낙찰받는 것은 가능하다. 임의경매의 경우에 채무자가 아닌 소유자(물상보증인)는 다른 이해관계인을 불리하게 하는 바도 없고, 특별히 이를 규제하는 규정도 없기 때문이다. 다만, 채무자, 매각절차에 관여한 집행관, 매각 부동산을 감정한 감정인은 매수인(낙찰자)이 될 수 없다.

〈관련 법조문〉

민사집행규칙 제59조(채무자 등의 매수신청금지) 다음 각 호의 사람은 매수신청을 할 수 없다. 1. 채무자 2. 매각절차에 관여한 집행관 3. 매각 부동산을 평가한 감정인(감정평가법인이 감정인인 때에는 그 감정평가법인 또는 소속 감정평가사)

공유물분할청구소송을 통하여 공유물이 경매에 부쳐지는 경우는 어떠한가? 이런 경우에는 공유자의 우선매수권이 인정되지 않는다. 공유물분할청구소송을 통하여 경매가 이루어지는 것은 우선적으로 분할협의가 이루어지지 않는 등의 문제로 경매에 부쳐지는 것이고, 지분에 대한 경매도 아닌 공유물 전부에 대한 경매이며, 형식적 경매에 속하기 때문에, 공유자의 우선매수권이 인정되기 어렵기 때문이다. 이와 관련하여 대법원 91마239 결정에 의하면, "공유물분할판결에 기하여 공유물 전부를 경매에 붙여 그 매득금을 분배하기 위한 환가의 경우에는 공유물의 지분경매에 있어 다른 공유자에 대한 경매신청통지와 다른 공유자의 우선매수권을 규정한 민사소송법 제649조, 제650조는 적용이 없다."고 판시한 사실이 있다.

7. 타인 명의 부동산낙찰과 소유권귀속 등

경매부동산에 대하여 타인 명의로 낙찰을 받았다면, 그 부동산의 소유자는 누가 될까? 경매부동산을 낙찰받은 명의자(수탁자)가 소유자가 될까? 아니면, 돈을 제공한 사람(신탁자)이 경매부동산의 소유자가 될까? 이때 경매부동산의 소유자는 명의자(수탁자)가 된다.

계약명의신탁이란, 명의수탁자가 부동산의 매수인으로 나서서 계약을 하고, 매매계약의 매수인 명의도 수탁자로 하는 계약을 의미한다. 계약명의신탁이면서 매도인이 명의신탁사실을 몰랐다면 명의자인 수탁자가 땅의 소유권을 취득하고, 원칙적으로 신탁자는 수탁자에게 땅의 반환을 청구할 수는 없고, 단지 땅을 매입하라면서 수탁자에게 지급한 돈에 대한 부당이득반환청구가 가능하다는 것이 계약명의신탁이론이다(부동산실명법 제4조 참고).

경매로 부동산을 매수할 경우 매도인은 경매대상 부동산의 소유자, 즉 경매에 있어 채무자가 되는데, 채무자는 특별한 사정이 없는 한, 계약명의신탁 사실 자체를 알지 못할 것인바, 경매부동산의 소유자는 명의자(수탁자)가 될 것이다. 다만, 대법원 2012다69197 판결 사안에 따르면, 경매에 있어서는 그 특수성을 고려하여 일반 매매와는 다르게, 매도인의 명의신탁사실에 대한 악의 또는 선의에 상관없이 명의수탁자가 부동산의 소유권을 취득한다는 취지이다.

또한 대법원 2005다664 판결에 의하면, "부동산경매절차에서 부동산을 매수하려는 사람이 매수대금을 자신이 부담하면서 다른 사람의 명의로 매각허가결정을 받기로 그 다른 사람과 약정함에 따라 매각허가가 이루어진 경우 그 경매절차에서 매수인의 지위에 서게 되는 사람은 어디까지나 그 명의인이므로 경매목적 부동산의 소유권은 매수대금을 실질적으로 부담한 사람이 누구인가와 상관없이 그 명의인이 취득한다고 할 것이고, 이 경우 매수대금을 부담한 사람과 이름을 빌려준 사람 사이에는 명의신탁관계가 성립한다."고 판시한 사실이 있다.

그렇다면, 신탁자가 수탁자에게 청구할 수 있는 부당이득반환청구의 범위는 어떻게 되는가?

이와 관련하여 대법원 2007다90432 판결에 의하면, "명의수탁자가 소유권이전등기를 위하여 지출하여야 할 취득세, 등록세 등을 명의신탁자로부터 제공받았다면, 이러한 자금 역시 위 계약명의신탁약정에 따라 명의수탁자가 당해 부동산의 소유권을 취득하기 위하여 매매대금과 함께 지출된 것이므로, 당해 부동산의 매매대금 상당액 이외에 명의신탁자가 명의수탁자에게 지급한 취득세, 등록세 등의 취득비용도 특별한 사정이 없는 한 위 계약명의신탁약정의 무효로 인하여 명의신탁자가 입은 손해에 포함되어 명의수탁자는 이 역시 명의신탁자에게 부당이득으로 반환하여야 한다."고 판시한 사실이 있다.

그리고 신탁자가 수탁자에게 지급한 매수자금을 청구함에 있어 ① 매수자금의 이자는 언제부터 청구할 수 있는지, ② 신탁부동산에서 신탁자가 수탁자 명의로 대출을 일으켜 매수자금 일부를 대체하고 그 대출이자를 신탁자가 부담한 경우에 대출이자도 수탁자에게 청구할 수 있는지 문제된다.

① 신탁자가 수탁자에게 청구하는 매수자금의 청구는 그 성격이 부당이득반환청구에 해당하는바, 대법원 2009다24187·24194 판결에서 확인되는 것처럼 부당이득반환채무는 이행기간의 정함이 없는 채무이므로 수탁자가 신탁자로부터 매수자금의 이행청구를 받은 때에 비로소 지체책임을 부담한다(민법 제387조 제2항)고 해석되므로 매수자금 이행청구를 받은 다음날부터 매수자금에 대한 이자를 부담한다고 해석된다. 다만, 수탁자가 악의의 수익자라는 사실을 신탁자가 입증한다면 신탁자가 매수자금을 지급한 다음날부터의 이자(예를 들어, 민사이자 연 5%)를 청구할 수 있을 것이다(10년을 계산하면 50%가 되어 큰돈이 됨).

위 대법원 2009다24187·24194 판결에 의하면 "부당이득반환의무자가 악의의 수익자라는 점에 대하여는 이를 주장하는 측에서 입증책임을 진다. 여기서 '악의'라고 함은, 민법 제749조 제2항에서 악의로 의제되는 경우 등은 별론으로 하고, 자신의 이익 보유가 법률상 원인 없는 것임을 인식하는 것을 말하고, 그 이익의 보유를 법률상 원인이 없는 것이 되도록 하는 사정, 즉 부당이득반환의무의 발생요건에 해당하는 사실이 있음을 인식하는 것만으로는 부족하다. 따라서 계약명의신탁에서 명의수탁자가 수령한 매수자금이 명의신탁약정에 기하여 지급되었다는 사실을 알았다고 하여도 그 명의신탁약정이 부동산 실권리자명의 등기에 관한 법률 제4조 제1항에 의하여 무효임을 알았다는 등의 사정이 부가되지 아니하는 한 명의수탁자가 그 금전의 보유에 관하여 법률상 원인 없음을 알았다고 쉽사리 말할 수 없다."는 취지인바, 위 대법원 2009다24187·24194 판결 이유를 살피면 수탁자의 행동을 통해 수탁자의 부실법상 신탁행위 무효에 대한 선의와 악의 여부를 판단하고 있음이 확인된다. 결국 실무적으로는 '계약명의신탁에서 수탁자가 신탁자에게 매수자금을 부당이득으로 반환하여야 하는 경우'에 수탁자는 선의로 인정되는 경우가 많아 매수자금을 청구하는 소송을 제기한 후에나 이자가 붙는 경우가 많다(제4판 주석민법 채권각칙5 제713쪽 참고).

② 신탁부동산에서 신탁자가 수탁자 명의로 대출을 일으켜 매수자금 일부를 대체하고 그 대출이자를 신탁자가 부담한 경우에 대출이자도 수탁자에게 청구할 수 있는지 문제되는데, 창원지방법원 2017가합18 판결에 의하면 "갑 제7, 19호증의 각 기재에 의하면 원고는 이 사건 부동산의 매수자금을 마련하기 위하여 이 사건 부동산을 담보로 제공하여 피고의 명의로 G협으로부터 대출을 받았고 2014. 12. 15.부터 2016. 8. 22.까지 G협에 대출금에 대한 이자 52,990,510원을 지급한 사실이 인정된다. 그러나 위와 같은 대출이자는 원고가 매수자금을 마련하는 방법으로 대출이라는 방법을 선택함으로써 발생한 비용으로서 이 사건 부동산의 취득에 반드시 필요한 비용이라고 보기 어려운 점, 매수자금을 마련함에 있어 명의신탁자가 자신의 명의로 대출을 받은 경우에는 그 이자를 자신이 부담하여야 할 것인데 명의수탁자 명의로 대출을 받았다는 사정만으로 명의수탁자로 하여금 대출이자를 부담하게 하는 것은 형평에 맞지 않는 점, 부동산 매수자금이나 취득비용 지급을 위한 자금은 명의신탁약정에 기하여 지급된 것으로서 명의신탁약정이 무효이므로 그 지급을 위한 법률상 원인이 없다고 할 것이지만, 대출이자는 명의신탁약정과 함께 이루어지기는 하였으나 이와는 별개인 대출명의대여약정에 기하여 지급된 것이므로 이것이 법률상 원인 없이 지급된 것이라고 할 수 없는 점 등에 비추어 보면, 원고가 지급한 대출이자는 피고가 반환할 부당이득의 범위에 포함되지 않는다고 하여야 한다."고 판시한바, 신탁자가 매수자금을 수탁자에게 청구하면서 추가로 신탁자가 부담한 대출이자를 청구할 경우 그 대출이자 청구가 인정되기는 어렵다.

8. 소유부동산경매와 채무면책 여부

상가를 매수하면서, 은행으로부터 돈을 빌리고 해당 상가를 담보로 제공하여 근저당권이 설정되었다고 가정하자. 그런데 상가가 공실이 되면서 월세 수익이 나오지 않고, 월세 수익이 없으니, 은행 대출에 대한 원금은 물론이고 이자까지 체납되기에 이르렀다.

이자 등의 체납이 가중되면서 경제적인 어려움에 처하게 되고, 설상가상으로 추가적인 경제적 문제가 발생할 경우에 상가를 담보로 잡힌 은행채무자는 상가가 경매로 매각되더라도, 채무에서 벗어나고 싶은 생각이 들 수 있다. 결국 근저당 채무자는 "피담보채무의 이자 등을 은행에 지급하지 말까?"라는 유혹이 빠지게 된다.

상담을 하다 보면, 이와 같은 상황을 전제로, 상가만 경매에 부쳐지고 제3자에 낙찰되면, 채무가 모두 소멸되는지 묻는 분들이 있다. 즉, 상가를 담보로 은행이 근저당권을 설정할 때에는 상가가 담보로서 충분하였지만, 시간이 지나면서 상가의 가치가 하락하자 은행의 근저당채무에도 못미치는 상황에서, 이자부담이 가속될 때, 상가만 경매가 부쳐지고, 은행이 해당 상가의 경매를 통하여 은행의 채권을 모두 회수하지 못하는 경우에, 은행채무자가 채무부담에서 벗어나는지 묻는 것이다.

결론적으로 상가가 경매에 부쳐졌음에도 불구하고 은행이 해당 상가만으로 근저당권의 피담보채권을 모두 회수하지 못하면, 채무자의 다른 재산(월급 등)에도 가압류와 같은 집행이 가능하다. 즉, 상가만 경매에 부쳐진다고 하여 채무가 면책되는 것이 아니다.

다만, 은행 등의 주택담보대출의 경우에 담보로 잡힌 주택만을 책임재산으로 하고, 주택으로 회수하지 못한 나머지 채권에 대하여는 책임(내지 채무)을 면책시키자는 '책임한정 주택담보대출(비소구 주택담보대출)'이 논의된 적이 있었던 것으로 알고 있다. 이러한 경우도 공적자금은 별론으로 하고 사적자금에의 적용 여부는 미지수일 것이다. '책임한정 주택담보대출'이 도입된다면, 은행 등이 주택을 담보로 대출을 해줄 때에, 해당 주택의 담보가치를 정확하게 판단하려 노력할 것이다. 왜냐하면, 담보가치를 잘못 평가할 경우 담보로 제공된 주택 이외의 채무자 재산에는 소송이나 집행이 어려울 것이기 때문이다.

다만, '책임한정 주택담보대출'이 도입될 경우, 주택담보대출 자체가 위축되거나, 주택담보대출의 이자율 상승이 우려된다. 그뿐만 아니라, 주택을 담보로 대출을 받은 채무자들이 고의로 채무불이행에 이를 가능성을 배제할 수 없어 은행 등의 부실화를 초래할 가능성도 있다.

9. 부동산에 대한 임의경매의 신청과 피담보채권의 존부

부동산에 대한 경매는 크게 강제경매와 임의경매로 나눌 수 있다. 강제경매의 권원은 여러 가지가 있을 수 있지만, 대표적인 것은 승소판결문인 반면, 임의경매의 대표적인 권원은 근저당권이다.

근저당권에 의하여 임의경매가 법원에 신청되었다고 가정하자. 이때 근저당권자는 어떠한 서류를 제출해야 임의경매개시결정을 법원으로부터 얻을 수 있을까? 핵심서류에 한정하여 설명하고자 한다. 민사집행법 제264조 제1항에 의하면, "담보권이 있다는 것을 증명하는 서류"를 법원에 제출토록 하고 있다.

이에 대한 해석의 일반론은 "적어도 경매신청 전 1개월 이내에 교부받은 등기사항증명서의 제출이 필요하나, 담보권설정계약서의 제출까지는 필요하지 않다."고 한다. 임의경매는 공신력이 없기 때문에 피담보채권의 존부가 중요한 문제가 되므로 경매를 신청할 때에도 피담보채권을 증명하는 담보계약서와 같은 채권증서의 제출이 필요한 것이 아닐까?

이에 대하여 앞서 설명한 바와 같이, 대법원은 채권증서와 같은 피담보채권의 존재를 증명할 서류를 반드시 제출할 필요가 없다는 입장이다(대법원 2004다29279 판결 등). 그 이유는 무엇일까? 민사집행법 제264조 제1항은 "담보권이 있다는 것을 증명하는 서류"만을 요구하고 있을 뿐만 아니라, 경매개시결정 후에 피담보채권 존부에 대한 다툼이 있다면, 임의경매개시결정에 대한 이의 등이 가능하기 때문이라고 이해하면 될 것이다.

즉 대법원 2004다29279 판결에 의하면 "구 민사소송법(2002. 1. 26. 법률 제6626호로 전문 개정되기 전의 것)은 부동산에 대한 담보권실행을 위한 경매의 개시요건으로서 구 민사소송규칙(2002. 6. 28. 대법원규칙 제1761호로 전문 개정되기 전의 것) 제204조에 정해진 채권자·채무자 및 소유자(제1호), 담보권과 피담보채권의 표시(제2호), 담보권의 실행 대상이 될 재산의 표시(제3호), 피담보채권의 일부에 대하여 담보권을 실행하는 때에는 그 취지 및 범위(제4호)를 기재한 신청서와 민사소송법 제724조에 정해진 담보권의 존재를 증명하는 서류(제1항)와 담보권에 관하여 승계가 있는 경우에는 승계를 증명하는 서류(제2항)를 제출하면 되는 것이고, 집행법원은 담보권의 존재 및 승계에 관해서 위 서류의 한도에서 심사를 하지만, 그 밖의 실체법상 요건인 피담보채권의 존재 등에 관해서는 신청서에 기재하도록 하는 데 그치고, 담보권실행을 위한 경매절차의 개시요건으로서 피담보채권의 존재를 증명하도록 요구하고 있는 것은 아니므로 경매개시결정을 함에 있어서 채권자에게 피담보채권의 존부를 입증하게 할 것은 아니"라는 취지이다.

그렇다면, 경매대상물의 소유자이자 채무자가 임의경매개시결정에 대한 이의 등을 하였을 때에 피담보채권의 존부에 대한 입증책임을 누가 부담할까? 대법원 2009다72070 판결에 의하면, 경매신청채권자가 증명할 문제라는 취지이다.

즉 대법원 2009다72070 판결에 의하면 "근저당권은 그 담보할 채무의 최고액만을 정하고, 채무의 확정을 장래에 보류하여 설정하는 저당권으로서(민법 제357조 제1항), 계속적인 거래관계로부터 발생하는 다수의 불특정채권을 장래의 결산기에서 일정한 한도까지 담보하기 위한 목적으로 설정되는 담보권이므로, 근저당권설정행위와는 별도로 근저당권의 피담보채권을 성립시키는 법률행위가 있어야 하고, 근저당권의 성립 당시 근저당권의 피담보채권을 성립시키는 법률행위가 있었는지 여부에 대한 입증책임은 그 존재를 주장하는 측에 있다."는 취지이다.

결국 임의경매를 신청하는 단계에서는 원칙적으로 피담보채권의 존재를 증명하는 서류를 경매법원에 제출할 필요가 없다. 다만, 근저당권의 청구채권이 담보된 범위 내의 채권인가 여부에 대하여 의문이 발생할 경우 피담보채권의 표시의 정확성과 관련하여 채권증서 등의 제출을 촉구할 수 있고, 불응 시 표시의 불명확, 불특정을 이유로 경매신청을 각하할 수 있다는 소수견해가 있다. 정리하자면, 피담보채권존부가 문제될 때에는 경매신청단계가 아니라 임의경매개시결정에 대한 이의 내지 근저당권말소소송 또는 채무부존재확인소송 등에서 다투어지게 될 것이다.

10. 채권양도의 대항요건을 갖추지 못한 선순위 근저당권부채권 양수인의 지위

근저당권부 채권을 양도하려면, 채권양도절차를 거쳐야 대항요건을 취득하게 된다.

즉 민법 제450조는 "지명채권양도의 대항요건"이라는 제목으로 "① 지명채권의 양도는 양도인이 채무자에게 통지하거나 채무자가 승낙하지 아니하면 채무자 기타 제삼자에게 대항하지 못한다. ② 전항의 통지나 승낙은 확정일자 있는 증서에 의하지 아니하면 채무자 이외의 제삼자에게 대항하지 못한다."고 규정하고 있다.

실무적으로는 내용증명우편을 활용하여 양도인이 채무자에게 채권양도를 통지하는 방식으로 진행한다. 내용증명우편 그 자체가 확정일자 있는 증서로 해석되기 때문이다.

경매대상부동산에 선순위 근저당권부채권이 채권양도를 통하여 이전된 경우에 후순위 근저당권자가 위 채권양도에 있어 '제3자'에 해당하는가? 후순위 근저당권자는 위 '제3자'에 해당하지 않는다.

즉 대법원 2004다29279 판결에 의하면, "채권양도의 대항요건의 흠결의 경우 채권을 주장할 수 없는 채무자 이외의 제3자는 양도된 채권 자체에 관하여 양수인의 지위와 양립할 수 없는 법률상 지위를 취득한 자에 한하므로, 선순위의 근저당권부채권을 양수한 채권자보다 후순위의 근저당권자는 채권양도의 대항요건을 갖추지 아니한 경우 대항할 수 없는 제3자에 포함되지 않는다."라는 취지이다.

따라서 근저당권부채권 양도인이 채무자에게 채권양도를 통지하지 못했더라도, 선순위 근저당권부채권의 양수인은 후순위 근저당권보다 우선하여 배당된다.

근저당권부채권을 양수한 자가 저당권이전의 부기등기를 마친 상황이라면, 채권양도의 대항요건을 갖추지 못한 경우에도 경매신청을 할 수 있는가? 가능하다.

즉 대법원 2004다29279 판결에 의하면 "피담보채권을 저당권과 함께 양수한 자는 저당권이전의 부기등기를 마치고 저당권실행의 요건을 갖추고 있는 한 채권양도의 대항요건을 갖추고 있지 아니하더라도 경매신청을 할 수 있으며, 채무자는 경매절차의 이해관계인으로서 채권양도의 대항요건을 갖추지 못하였다는 사유를 들어 경매개시결정에 대한 이의나 즉시항고절차에서 다툴 수 있고, 이 경우는 신청채권자가 대항요건을 갖추었다는 사실을 증명하여야 할 것이나, 이러한 절차를 통하여 채권 및 근저당권의 양수인의 신청에 의하여 개시된 경매절차가 실효되지 아니한 이상 그 경매절차는 적법한 것이고, 또한 그 경매신청인은 양수채권의 변제를 받을 수도 있다."는 취지이다.

위 대법원 2004다29279 판결 사안을 정리한다. 쌍용캐피탈은 강신○로부터 이 사건 부동산을 담보로 근저당권을 설정받았는데, 채권최고액 56억원의 1순위 근저당권이었다. 그리고, 쌍용캐피탈은 강신○의 남편 亡 전수○으로부터 이 사건 부동산을 담보로 근저당권을 설정받았는데, 채권최고액 71억원의 2순의 근저당권이었다. 쌍용캐피탈이 이 사건 부동산에 대한

1순위 및 2순위 근저당권의 채권최고액 합계는 127억원(56억원+71억원)에 이른 것이다.

피고 현대해상은 소외 망 전수○으로부터 이 사건 부동산을 담보로 3순위의 근저당권을 설정받았는데, 채권최고액 123억 2천만원이었다. 쌍용캐피탈은 강신○이 일부대출금만 갚고 채무를 갚지 않자, 채권액을 115억원으로 표시하여 경매신청하였다(1경매신청).

이후 쌍용캐피탈은 1순위 및 2순위 근저당권부채권(최고액 합계 127억원, 1경매신청액 115억원)을 원고에게 양도하였다. 쌍용캐피탈이 근저당권부채권을 원고에게 양도한 후에 채무자인 소외 망 전수○의 상속인 강신○과 전익○에게 내용증명우편을 통하여 채권양도통지를 5차례나 하였지만, 모두 수취인 부재 등으로 반송되었다.

원고는 청구채권의 확장을 위해 1경매신청의 배당요구 종기까지 이중경매를 신청하였다(2경매신청). 즉, 1순위 및 2순위 근저당권의 최고액 합계는 127억원이었는데, 근저당권부채권 양도인 쌍용캐피탈이 1경매신청시 적시한 금 115억원에서 모자라는 금 12억원(127억원-115억원)을 더 배당받기 위해 원고가 이중경매를 신청한 것이다(2경매신청).

이 사건 부동산은 대략 135억 5천만원에 낙찰이 되고, 경매법원은 1순위로 송파구청에 대략 3억원, 2순위로 원고가 1경매신청시 청구한 금 115억원, 3순위로 피고에게 대략 16억원을 배당을 한 것이었는데, 원고가 피고의 배당액 중에서 원고가 최고액에 달하는 127억 중 배당받지 못한 12억원을 더 배당하여 달라는 배당이의소를 제기한 것이다.

원심은 근저당권부 채권양도의 대항요건을 갖추지 못하여 피고에게 대항할 수 없다면서 경매법원의 배당에 문제가 없다는 취지였으나, 대법원은 피고는 후순위 근저당권자에 불과하여 채권양도의 대항요건을 갖출 필요가 없다는 취지였다. 결국, 대법원은 원고는 피고가 받은 16억원 중에서 12억원을 더 배당받아야 한다는 취지이다.

참고로 대법원 96다39479 판결에 의하면, "담보권의 실행을 위한 경매에서 신청채권자가 경매를 신청함에 있어서 그 경매신청서에 피담보채권액 중 일부만을 청구금액으로 기재하였을 경우에는 다른 특별한 사정이 없는 한 신청채권자가 당해 경매절차에서 배당을 받을 금액이 기재된 청구금액을 한도로 확정되며, 신청채권자가 이중경매신청을 할 수 있는 것은 별론으로 하고, 청구금액확장신청서나 채권계산서를 제출하는 방법 등에 의하여 청구금액을 확장할 수는 없다."는 취지이다.

11. 대여금 사기와 경매

언제라도 부동산경매신청이 가능한 공정증서를 작성해 줄 테니 돈을 빌려달라고 한다. 돈을 갚지 않을 경우에 경매해도 좋다는 부동산등기부를 보니 근저당권 등이 전혀 없이 깨끗하다.

이런 경우 덜컥 돈을 빌려줘도 될까? 실제 상담사례인데, 위와 같은 경우 아무런 문제가 없는 것 아닌가? 그렇지 않다. 부동산등기부가 깨끗하다면, 은행에서 돈을 빌려도 되는데, 왜 당신에게 빌려달라고 할까? 다 이유가 있지 않겠는가?

해당 부동산이 주택이라면, 임차인이 살면서 그 임차인이 전입신고를 하고 확정일자까지 갖추었다면, 등기부는 깨끗하겠지만 은행에서 대출을 받고자 할 때 선순위 임차인의 보증금을 고려하게 되고, 대출이 어려울 수 있다. 등기부에 나타나지 않은 함정이 있을 수 있다는 이야기이다.

집행을 해도 좋다는 취지, 즉 집행수락문언이 있는 공정증서는 집행권원(채무명의)이 되고, 승소판결문을 별도로 받을 필요 없이 강제집행이 가능하다. 이러한 법률상식을 이용하여, 공정증서를 작성해 줄 테니 돈을 빌려달라는 사실상 사기가 적지 않게 일어나고 있는 것 같다.

집행수락문언이 존재하는 공정증서가 존재한다고 하더라도, 채무자에게 집행할 재산이 없다면, 무용지물이 될 수 있다. 채무자에게 집행할 재산이 없다면, 공정증서도 무용지물이 될 수 있다는 상식까지 안다고 해도 "부동산등기부가 깨끗한 경우 아무런 문제가 없는 것 아닌가?"라는 정도의 상식만 갖고 있는 사람도 앞서 본 것처럼 사기에 당할 수 있다.

왜 이런 현상이 벌어질까? 대체로 대여금 약정이나 공정증서를 확인하면, 이자가 상당히 높다. 즉 돈을 빌려주는 사람의 욕심도 사기를 당함에 한몫을 하는 경우가 많다.

주택 전세금은 해당 주택 가격에 육박하는 경우가 적지 않다. 따라서 주택에 임차인이 존재하는 경우라면 등기부가 깨끗한 경우라도, 그리고 그 주택에 근저당권까지 설정해준다고 하더라도 돈을 빌려주었을 경우, 경매배당에서 선순위 임차인에 밀려 상황에 따라 한 푼도 건질 수 없는 상황에 처할 수 있음을 알아두자.

12. 일괄경매청구권과 토지만의 경매신청 가부

민법 제365조는 토지 저당권자의 일괄경매청구권을 규정하고 있다. 즉, 민법 제365조는 "토지를 목적으로 저당권을 설정한 후 그 설정자가 그 토지에 건물을 축조한 때에는 저당권자는 토지와 함께 그 건물에 대하여도 경매를 청구할 수 있다. 그러나 그 건물의 경매대가에 대하여는 우선변제를 받을 권리가 없다."고 규정하고 있다. 민법 제365조가 토지 저당권자에게 건물까지 경매를 신청할 수 있게 하는 이유는, 건물소유자에게 민법 제366조에서 정하는 법정지상권이 인정되지 않기 때문이다.

대법원 2011다54587 판결에 의하면 "민법 제365조 본문이 토지를 목적으로 한 저당권을 설정한 후 저당권설정자가 그 토지에 건물을 축조한 때에는 저당권자가 토지와 건물에 대하여 일괄하여 경매를 청구할 수 있도록 규정한 취지는, 저당권설정자로서는 저당권 설정 후에도 그 지상에 건물을 신축할 수 있는데 후에 저당권 실행으로 토지가 제3자에게 매각될 경우에 건물을 철거하여야 한다면 사회경제적으로 현저한 불이익이 생기게 되므로 이를 방지할 필요가 있고, 저당권자에게도 저당토지상 건물의 존재로 인하여 생기게 되는 경매의 어려움을 해소하여 저당권 실행을 쉽게 할 수 있도록 한 데 있다."면서 "토지와 신축건물에 대하여 민법 제365조에 의하여 일괄매각이 이루어졌다면 일괄매각대금 중 토지에 안분할 매각대금은 법정지상권 등 이용 제한이 없는 상태의 토지로 평가하여 산정하여야 한다. 그리고 집행법원이 위와 같은 일괄매각절차에서 각 부동산별 매각대금의 안분을 잘못하여 적법한 배당요구를 한 권리자가 정당한 배당액을 수령하지 못하게 되었다면 그러한 사유도 배당이의의 청구사유가 될 수 있다."라는 취지이다.

즉 토지에 대한 저당권이 실행되어 토지소유자가 변경되었는데, 법정지상권이 없는 건물이 존재할 경우에 토지소유자는 건물소유자를 상대로 건물철거 및 토지인도를 청구하게 될 것인데, 멀쩡한 건물이 철거될 경우에 사회·경제적으로 큰 손실이 발생되기 때문에 토지 저당권자의 일괄경매청구권이 인정되는 것이다. 그렇다면, 토지 저당권 설정 후 그 설정자가 건물을 축조한 경우, 저당권자의 일괄경매청구가 의무인가?

토지 저당권자가 의무적으로 일괄경매청구권을 행사해야 하는 것은 아니라는 것이 대법원의 태도다(대법원 77다77 판결, 제3판 주석민법 물권4 제197쪽). 다만, 저당권자가 단지 건물소유자를 괴롭힌다는 것만을 목적으로 일부러 토지에 대해서만 경매신청을 하여 경락인이 되어 건물을 철거를 구하는 등 특별한 사정이 있다면, 건물철거 등을 구하는 것이 신의칙에 반할 수도 있을 것이다.

일괄경매청구가 가능한 경우에, 토지만의 경매로 피담보채권의 변제가 가능하더라도, 일괄경매가 인정되는 것이 과잉경매로 볼 수는 없다는 것도 대법원의 입장이다.

토지 저당권자가 일괄경매청구권을 행사하였다고 해도, 민법 제365조 단서에 따라 건물의 경매대가에서 우선변제권은 인정되지 않지만, 다른 저당권자나 일반채권자가 없는 경우에는 건물의 경매대금에서 변제를 받을 수 있다는 것이 일반적인 학설이다. 다만, 이러한 학설과 달리 대법원은 "토지의 저당권자가 건물의 매각대금에서 배당을 받으려면 민사집행법 제268조, 제88조의 규정에 의한 적법한 배당요구를 하였거나 그 밖에 달리 배당을 받을 수 있는 채권으로서 필요한 요건을 갖추고 있어야 한다(대법원 2011다54587 판결)."는 취지의 판시를 하였다.

대법원 2003다3850 판결은 "저당지상의 건물에 대한 일괄경매청구권은 저당권설정자가 건물을 축조한 경우뿐만 아니라 저당권설정자로부터 저당토지에 대한 용익권을 설정받은 자가 그 토지에 건물을 축조한 경우라도 그 후 저당권설정자가 그 건물의 소유권을 취득한 경우에는 저당권자는 토지와 함께 그 건물에 대하여 경매를 청구할 수 있다."고 한다.

13. 낙찰자의 우선변제권자인 주택임차인에 대한 부당이득반환청구

甲이 경매로 A주택을 낙찰받았다. 기존에 A주택을 임차했던 임차인 乙은 인도, 주민등록,

확정일자 등의 요건을 갖추어 대항력과 우선변제권을 취득한 상태였다. 근저당권자에 의한 주택에 대한 경매가 진행되자, 임차인 乙은 배당요구 종기 전까지 배당요구를 하여 배당을 받을 수 있는 지위에 있었다(낙찰자: 甲, 임차인: 乙).

A주택을 경매로 낙찰받은 甲은 A주택을 낙찰받은 후 A주택의 인도를 임차인 乙에게 요청하였으나, 乙은 배당을 받지 못하는 상황에 이르러, A주택의 인도를 거부하고 있다. 乙에게 甲이 집행법원에 지급한 낙찰대금이 배당될 상황이라면, 乙이 당연히 甲에게 A주택을 인도해 주었을 것이다.

그러나 배당절차에서 乙보다 후순위였던 근저당권자가 선순위인 乙의 배당에 대하여 배당이의 후에 배당이의소송을 제기하면서, 배당표의 확정이 늦추어졌고, 결국 배당이의소송이 확정될 때까지 배당을 받지 못하는 상황에 처하게 된 것이다.

A주택의 낙찰자인 甲의 입장에서는 경매대금을 모두 지불하였고, 배당요구까지 하였던 乙이 배당금을 받지 못하였다는 이유만으로 배당이의소송이 확정될 때까지 계속적으로 A주택을 점유하는 것은 타당하지 못함을 들어, 월세상당의 부당이득반환청구를 하게 된다. 이 경우, 낙찰자 甲의 乙에 대한 월세상당 부당이득 반환청구가 인정될 수 있을까?

대법원 2003다23885 판결은 이와 같은 경우에, 낙찰자 甲의 乙에 대한 월세상당 부당이득반환청구를 부정한다. 결론적으로는 근저당권자의 배당이의소송에 대한 판결이 확정되어 乙의 배당이 가능하게 되는 시점, 즉 배당표 확정시점(배당이의 소송 확정시점)까지 乙의 임차권이 소멸하지 아니하여 낙찰자인 甲에 대하여 乙이 임차권의 존속을 주장할 수 있다는 것이다. 결국, 배당이의소송으로 인하여 배당표가 확정될 때까지의 乙의 주택의 사용·수익은 임차권에 기한 것으로 甲에 대한 관계에서 부당이득이 성립하지 않게 된다.

즉 대법원 2003다23885 판결에 의하면 "주택임대차보호법 제3조의5는, '임차권은 임차주택에 대하여 민사집행법에 의한 경매가 행하여진 경우에는 그 임차주택의 경락에 의하여 소멸한다. 다만, 보증금이 전액 변제되지 아니한 대항력이 있는 임차권은 그러하지 아니하다.'라고 규정하고 있는바, 위 조항의 입법 취지와 규정 내용에 비추어 보면, 주택임대차보호법상의 대항력과 우선변제권의 두 권리를 겸유하고 있는 임차인이 우선변제권을 선택하여 임차주택에 대하여 진행되고 있는 경매절차에서 보증금에 대한 배당요구를 하여 보증금 전액을 배당받을 수 있는 경우에는, 특별한 사정이 없는 한 임차인이 그 배당금을 지급받을 수 있는 때, 즉 임차인에 대한 배당표가 확정될 때까지는 임차권이 소멸하지 않는다고 해석함이 상당하다 할 것이므로, 경락인이 낙찰대금을 납부하여 임차주택에 대한 소유권을 취득한 이후에 임차인이 임차주택을 계속 점유하여 사용·수익하였다고 하더라도 임차인에 대한 배당표가 확정될 때까지의 사용·수익은 소멸하지 아니한 임차권에 기한 것이어서 경락인에 대한 관계에서 부당이득이 성립되지 아니한다고 보아야 한다."라는 취지이다.

대법원이 이와 같이 판단한 근본이유는 무엇일까? 乙에 있어 배당금은 보증금과 다를 바가 없고, 보증금을 지급받는 것과 주택을 인도하는 것은 동시이행관계에 있다고 보는 것이 법원의 확고한 태도임을 고려하면, 판례가 이해될 수 있을 것이다. 다만, 이 판례는 보증금으로 볼 수 있는 배당금을 지급하는 주체가 소유자 또는 임대인이 아닌 법원이 되는 것에 차이가 있다.

14. 집합건물 토지의 경매로 인한 분리처분과 부당이득 반환청구

집합건물 구분소유자의 대지사용권은 전유부분과 분리처분이 가능하도록 규약으로 정하였다는 등의 특별한 사정이 없는 한 전유부분과 종속적 일체불가분성이 인정된다(집합건물법 제20조). 따라서 구분건물의 전유부분에 대한 저당권 또는 경매개시결정과 압류의 효력은 당연히 종물 내지 종된 권리인 대지사용권에까지 미치고, 그에 터 잡아 진행된 경매절차에서 전유부분을 경락받은 자는 그 대지사용권도 함께 취득한다.

집합건물의 전유부분과 함께 그 대지사용권인 토지공유지분이 일체로서 경락되고 그 대금이 완납되면, 설사 대지권 성립 전부터 토지만에 관하여 별도등기로 설정되어 있던 근저당권이라 할지라도 경매과정에서 이를 존속시켜 경락인이 인수하게 한다는 취지의 특별매각조건이 정하여져 있지 않았던 이상 위 토지공유지분에 대한 범위에서는 매각부동산 위의 저당권에 해당하여 소멸한다.

그런데 경매과정에서 토지에 있는 근저당권을 인수한다는 취지의 특별매각조건이 붙어 있는 경우는 어떠한가? 사정이 위와 같다면, 토지별도등기상의 근저당권은 소멸하지 않게 되고, 차후 해당 토지의 근저당권이 실행되어 토지가 경매에 부쳐질 경우, 집합건물법상의 분리처분금지 규정에도 불구하고, 토지와 건물의 구분소유가 분리처분되는 결과가 발생한다.

결국, 토지의 근저당권 실행으로 토지의 소유자가 된 낙찰자는 해당 토지지분에 대한 소유권을 근거로, 그 구분소유권자에게 지료상당의 부당이득반환청구가 가능하다는 것이 대법원의 입장이다(대법원 2005다15048 판결).

즉, 대법원 2005다15048 판결은 "이 사건 다세대주택은 당초부터 구분건물별로 대지권이 존재하여 각 전유부분과 그에 관한 대지사용권(이 사건의 경우 공유지분)이 상호대응관계를 유지하면서 일체불가분성을 갖고 있었고, 그 후 대지에 관한 별도등기인 근저당권의 실행으로 일부 구분건물의 대지권에 해당하는 공유지분들에 대하여 경매가 진행되고 그중 4층 401호의 경우 그 대지권이었던 이 사건 공유지분이 원고 1에게 경락됨으로써 전유부분으로부터 분리처분되는 결과를 낳기는 하였으나, 그 과정에서 이 사건 공유지분이 4층 401호를 위하여 사용되고 있는 대지에 관련된 공유지분이라는 점이 관련 당사자들 사이뿐만 아니라 객관적으로도 충분히 공시되었으므로, 특별한 사정이 없는 한 이러한 경우에는 대지권을 가지고 있는 구분건물소유자들과 토지의 공유지분권자 사이에서 공유물의 사용에 관한 합의의 일종으로서 구분건물에서 분리된 이 사건 공유지분을 분리되기 전의 전유부분을 위한 사용에 제공하여 상호관련성을 유지함에 관한 묵시적 합의가 있는 것으로 봄이 상당하고, 또 그와 같이 해석하는 것이 집합건물에서 전유부분과 대지사용권이 분리되는 것을 최대한 억제하여 집합건물에 관한 법률관계의 안정과 합리적 규율을 도모하려는 '집합건물법'의 입법 취지에도 부합한다고 할 것이다. 따라서 위 4층 401호 전유부분의 소유자인 피고 2로서는, 위와 같은 공유물 사용에 관한 합의에 변경이 있다거나 그가 다른 방법으로 대지사용권을 취득하였다는 등의 특별한 사정을 내세우지 못하는 한, 이 사건 토지 중 위 4층 401호의 지분(287.5분의 30.13)에 상응하는 임료 상당액 전부를 그에 관한 대지권 지분을 경락받아 취득한 원고 1에게 지급하여야 할 것이다."라는 취지의 판결을 선고하였다.

위 대법원 2005다15048 판결의 원심에 해당하는 서울중앙지방법원 2004나23638 판결은 이 사건 다세대주택 중 4층 401호를 대지권 없이 소유하고 있는 피고 2가 그에 관한 대지권 지분을 경락받아 소유하고 있는 원고 1에 대하여 지급해야 할 토지사용이익 상당 부당이득액을 산정함에 있어, 위 4층 401호의 대지권 지분이었던 공유지분이라도 그것이 별도로 경락되어 대지권의 목적이 아닌 것으로 된 후에는 그 구분건물의 소유자(피고 2)가 4층 401호의 대지권의 목적이었던 공유지분을 취득한 자(원고 1)의 공유지분만을 사용한다고는 볼 수 없고, 이 사건 토지 전체를 권원 없이 점유함으로써 대지권의 목적이 아닌 지분의 모든 공유지분권자에 대하여 손해를 입히고 있는 것으로 보아야 한다고 판단한 뒤, 그 판시와 같은 방법, 즉 '이 사건 토지 중 4층 401호의 지분(287.5분의 30.13)에 대한 임료 상당액(월 391,120원)'에다가 '이 사건 토지 중 대지권의 목적이 아닌 지분' 가운데 '원고 1의 공유지분'이 차지하는 비율(117.76분의 30.13)을 곱하는 방법으로 부당이득액을 산정하여 월 100,071원으로 확정하였던 것이나, 대법원이 원심을 파기하고 자판한 것이다.

15. 집합건물의 경매와 토지저당권의 인수 여부

집합건물법 제20조는 전유부분과 대지사용권의 분리처분을 원칙적으로 금지하고 있고, 경매도 처분에 해당하므로 위 규정이 적용된다. 아파트(집합건물) 대지사용권에 대하여 대지권등기 설정 전에 이미 아파트 전체 부지에 저당권이 설정된 경우 즉, '토지별도등기 있음'의 경우에는 어떨까? 부동산 매각 조건과 관련하여 '토지 저당권 인수부 특별매각조건'이 없다면, 어떤 결과가 발생할까?

대법원 2012다103325 판결을 정리하면, 아파트 전유부분에 관해서만 감정평가가 실시되었고, 최저매각가격에도 대지지분의 평가액은 반영되지 않았으며, 매각허가결정의 부동산 표시에도 전유부분만 표시되었음에도 불구하고, 집합건물법 제20조의 전유부분과 대지사용권의 분리처분 규정에 따를 때에, 규약에 특별한 정함이 없는 한 낙찰자는 대지지분까지 소유권을 취득하게 되고, 토지에 존재했던 근저당권이 인수된다는 특별매각조건이 없었으므로, 낙찰자가 매각대금을 완납함으로써, 낙찰가가 인수할 여지가 있는 토지 저당권은 소멸하게 된다는 취지다.

즉 위 대법원 2012다103325 판결에 의하면 "집합건물에서 구분소유자의 대지사용권은 규약이나 공정증서로써 달리 정하는 등의 특별한 사정이 없는 한 전유부분과 종속적 일체불가분성이 인정되므로(집합건물법 제20조 제1항, 제2항), 대지소유권을 가진 집합건물의 건축자로부터 전유부분을 매수하여 그에 관한 소유권이전등기를 마친 매수인은 전유부분의 대지사용권에 해당하는 토지공유지분(이하 '대지지분')에 관한 이전등기를 마치지 아니한 때에도 대지지분에 대한 소유권을 취득한다(대법원 2010다11668 판결, 대법원 2011다79210 판결 등). 그리고 동일인의 소유에 속하는 전유부분과 대지지분 중 전유부분만에 관하여 설정된 저당권의 효력은 규약이나 공정증서로써 달리 정하는 등의 특별한 사정이 없는 한 종물 내지 종된 권리인 대지지분에까지 미치므로, 전유부분에 관하여 설정된 저당권에 기한 경매절차에서 전유부분을 매수한 매수인은 대지지분에 대한 소유권을 함께 취득하고, 그 경매절차에서 대지에 관한 저당권을 존속시켜 매수인이 인수하게 한다는 특별매각조건이 정하여져 있지 않았던 이상 설사 대지사용권의 성립 이전에 대지에 관하여 설정된 저당권이라고 하더라도 대지지분의 범위에서는 민사집행법 제91조 제2항이 정한 '매각부동산 위의 저당권'에 해당하여 매각으로 소멸하는 것이며, 이러한 대지지분에 대한 소유권의 취득이나 대지에 설정된 저당권의 소멸은 전유부분에 관한 경매절차에서 대지지분에 대한 평가액이 반영되지 않았다거나 대지의 저당권자가 배당받지 못하였다고 하더라도 달리 볼 것은 아니다(대법원 2001다22604 판결, 대법원 2005다15048 판결 등)."라는 취지이다.

결국, 차후 집합건물이 존재하고 있는 토지에 대한 저당권자가 임의경매를 진행하여 그 토지를 낙찰받게 되는 자가 있을 경우, 그 낙찰자는 이 집합건물 낙찰자를 상대로 지료상당 부당이득반환청구를 할 경우, 승소하기 어렵게 된다. '토지 저당권 인수부 특별매각조건'이 없는 상태에서 집합건물에 대한 경매가 진행되었고, 집합건물 낙찰자가 경매대금을 납부함으로써 함께 취득한 소유권대지권에 설정된 저당권(경매대상 집합건물 지분만큼의 저당권)이 소멸하였기 때문이다. 이러한 결론에 이르게 되는 이유는 민사집행법 제91조 제2항이 "매각 부동산 위의 모든 저당권은 매각으로 소멸된다."는 규정과 집합건물법 제20조의 전유부분과 대지사용권의 분리처분금지의 조화로운 해석에 근거한다.

즉, 집합건물법 제20조에 따라 특별한 사정이 없는 한 전유부분인 구분건물이 경매에 부쳐질 때에 대지사용권까지 매각대상이 되고, 민사집행법 제91조 제2항은 매각대상 부동산의 저당권의 무조건 소멸을 규정하고 있으므로, 저당권이 인수된다는 특별매각조건이 없을 경우, 토지저당권은 소멸하게 되기 때문이다. 단, 집합건물법 제20조의 분리처분금지규정의 전제는 원칙적으로 전유부분 소유자와 대지에 대한 소유자가 동일한 경우를 전제한다고 보아야 할 것으로 해석된다(필자의 개인의견).

16. 수급인의 목적부동산에 대한 저당권설정청구권과 경매배당

민법 제666조는 "부동산공사의 수급인은 전조의 보수에 관한 채권을 담보하기 위하여 그 부동산을 목적으로 한 저당권의 설정을 청구할 수 있다."고 규정하고 있다. 민법 제666조의 "저당권설정청구권자"는 "도급공사의 대상이 건물일 때에는 건축공사의 수급인이며, 공사의 대상이 대지조성·축대 또는 제방의 축조·단지 조성인 때에는 토지공사의 수급인"이다(제3판 주석민법 채권각칙4 제206쪽).

따라서 부동산공사를 도급받아 일처리를 하였음에도 불구하고, 도급인이 보수를 주지 않을 경우, 소송을 제기하여 해당 부동산에 저당권을 설정받을 수 있다. 다만, 유치권이라는 제도를 통해 사실상 우선변제권을 행사할 수 있음을 고려컨대, 유치권 요건을 결한 경우에 실효성이 있을 수 있겠다.

유치권 요건을 결여했을 경우, 부동산공사 수급인은 부동산공사에 따른 보수를 받기 위해, ① 가압류를 하고, 공사대금청구소송을 제기하는 방법과 ② 가처분을 하고 민법 제666조에 따른 저당권설정등기청구소송을 제기하는 방법이 있을 수 있다. ①과 ②의 방법 중에서 어떠한 방법이 부동산공사 수급인에게 이익이 될까?

경매실행 시 가압류는 후순위자와 동순위 안분배당, 근저당권은 우선배당이라는 측면에서 '② 가처분을 하고 민법 제666조에 따른 저당권설정등기청구소송을 제기하는 것'이 부동산공사 수급인에게 유리하다고 해석된다.

"Ⓐ 민법 제666조의 저당권설정등기청구권 보전을 위한 가처분, Ⓑ 가압류, Ⓒ 민법 제666조를 근거로 한 소송에서 승소 후 저당권설정" 사안을 고려해 보자.

권리분석을 할 때, 말소기준은 민사집행법 제91조에 따라, Ⓑ로 해석할 여지도 있으나, 말소기준을 Ⓑ로 해석하면, Ⓑ의 가압류와 Ⓒ의 저당권이 동순위가 되는 문제가 발생하고, Ⓒ가 Ⓐ라는 가처분을 통해 사실상 순위를 보전(상대적 무효)하려던 목적에 위배된다.

결국, Ⓒ의 저당권은 그 순위가 Ⓐ로 보전된 것이고, "Ⓐ 저당권, Ⓑ 가압류"로 해석되어 결국 Ⓐ가 사실상 말소기준이 되며, Ⓐ가 Ⓑ보다 우선배당을 받게 된다[대법원 2015다202360 판결(배당이의)].

즉 위 대법원 2015다202360 판결에 의하면 "부동산에 관하여 처분금지가처분의 등기가 된 후에 가처분채권자가 본안소송에서 승소판결을 받아 확정되면 그 피보전권리의 범위 내에서 가처분 위반행위의 효력을 부정할 수 있다(대법원 2000다65802, 65819 판결). 따라서 저당권설정등기청구권을 보전하기 위한 처분금지가처분의 등기가 이미 되어 있는 부동산에 관하여 그 후 소유권이전등기나 처분제한의 등기 등이 이루어지고, 그 뒤 가처분채권자가 본안소송의 승소확정으로 그 피보전권리 실현을 위한 저당권설정등기를 하는 경우에, 가처분등기 후에 이루어진 위와 같은 소유권이전등기나 처분제한의 등기 등 자체가 가처분채권자의 저당권 취득에 장애가 되는 것은 아니어서 그 등기가 말소되지는 않지만, 가처분채권자의 저당권 취득과 저촉되는 범위에서는 가처분등기 후에 등기된 권리의 취득이나 처분의 제한으로 가처분채권자에게 대항할 수 없게 된다. 저당권 등 소유권 외의 권리의 설정등기청구권을 보전하기 위한 처분금지가처분의 등기 후 그 피보전권리 실현을 위한 저당권 등의 설정등기를 하는 때에는 가처분등기 후에 등기된 권리의 취득이나 처분의 제한으로 가처분채권자의 저당권 등의 취득에 대항할 수 없다는 점을 표시하기 위하여 그 설정등기가 가처분에 기초한 것이라는 뜻도 함께 등기하게 되어 있고(부동산등기법 제95조), 이와 같이 가처분의 피보전권리 실현을 위한 등기가 되면 가처분은 목적을 달성하여 효력을 잃고 그 가처분등기는 존치할 필요가 없는 것에 불과하게 된다. 따라서 저당권설정등기청구권을 보전하기 위한 처분금지가처분의 등기 후 그 피보전권리 실현을 위한 저당권설정등기가 되면, 그 후 가처분등기가 말소되더라도 여전히 가처분등기 후에 등기된 권리의 취득이나 처분의 제한으로 가처분채권자의 저당권 취득에 대항할 수 없다. 원심이 인용한 제1심판결 이유 및 기록에 의하면, 주식회사 로하시안(이하 '로하시안') 소유인 이 사건 건물의 각 전유부분에 관하여, 2009. 1. 5. 원고의 로하시안에 대한 저당권설정등기청구권을 보전하기 위한 처분금지가처분(이하 '이 사건 가처분')의 등기가 마쳐지고, 2009. 12. 24. 소외인의 신청에 의한 강제경매개시결정 기입등기가 마쳐진 사실, 이후 '로하시안은 원고에게 이 사건 건물의 각 전유부분에 관하여 채권액 4,941,400,000원, 채무자 로하시안, 변제기 2008. 2. 28.의 저당권설정등기절차를 이행하라'는 판결이 확정됨에 따라, 2011. 1. 5. 이 사건 건물의 각 전유부분에 관하여 원고 명의의 저당권설정등기가 마쳐지고, 2011. 1. 17. '위 저당권설정등기가 2009. 1. 5. 접수 제361호로 등기된 이 사건 가처분에 기초한 것'이라는 취지가 추가되는 경정등기까지 마쳐진 사실, 로하시안은 2012. 5. 3. 이 사건 가처분의 발령법원에 가처분해제신청서를 제출하였고, 위 법원의 말소등기촉탁에 따라 2012. 5. 7. 이 사건 가처분등기가 말소된 사실, 이후 위 강제경매 절차에서 이 사건 건물의 각 전유부분이 매각된 사실, 한편 피고는 위 강제경매 신청채권자인 소외인의 로하시안에 대한 채권을 전부받은 사실 등을 알 수 있다. 이러한 사실관계를 앞서 본 법리에 따라 살펴보면, 원고 명의의 저당권설정등기는 이 사건 가처분의 피보전권리 실현을 위한 등기로서, 이 사건 가처분등기 후에 등기된 강제경매개시결정에 의한 압류의 효력으로 원고의 저당권 취득에 대항할 수 없고, 이는 그 후 이 사건 가처분등기가 말소되었더라도 마찬가지이므로, 이 사건 건물의 각 전유부분 매각대금에서 원고의 저당권의 피담보채권은 피고에게 전부된 소외인의 채권보다 우선 배당되어야 한다."라는 취지이다.

17. 담보지상권과 해당 토지에 대한 제3자의 사용 · 수익 가능성

지상권이란, '타인의 토지에 건물 기타의 공작물이나 수목을 소유하기 위하여 그 토지를 사용할 수 있는 물권(민법 제279조)'을 의미한다. 따라서, 민법상 지상권은 담보목적의 이른바 '담보지상권'을 예정하고 있지는 않다. 실무상으로는 나대지를 담보로 은행 대출을 받으면서 나대지에 대한 근저당권과 더불어 지료약정이 없는 지상권까지 설정하는 경우가 있고, 이러한 지상권을 담보지상권으로 부르고 있다.

대법원 판례의 기본취지는 실무적으로 발생하는 '담보지상권' 자체를 부정하고 있지는 않는 것으로 해석된다. 즉 대법원 2011다6342 판결에 의하면, "근저당권 등 담보권 설정의 당사자들이 그 목적이 된 토지 위에 차후 용익권이 설정되거나 건물 또는 공작물이 축조·설치되는 등으로써 그 목적물의 담보가치가 저감하는 것을 막는 것을 주요한 목적으로 하여 채권자 앞으로 아울러 지상권을 설정하였다면, 그 피담보채권이 변제 등으로 만족을 얻어 소멸한 경우는 물론이고 시효소멸한 경우에도 그 지상권은 피담보채권에 부종하여 소멸한다."는 태도를 보이고 있기 때문이다.

'담보지상권'에 대하여 대법원 2015다69907 판결은, "금융기관이 대출금 채권의 담보를 위하여 토지에 저당권과 함께 지료 없는 지상권을 설정하면서 채무자 등의 사용·수익권을 배제하지 않은 경우, 지상권은 저당권이 실행될 때까지 제3자가 용익권을 취득하거나 목적 토지의 담보가치를 하락시키는 침해행위를 하는 것을 배제함으로써 저당 부동산의 담보가치를 확보하는 데에 목적이 있으므로, 토지소유자는 저당 부동산의 담보가치를 하락시킬 우려가 있는 등의 특별한 사정이 없는 한 토지를 사용·수익할 수 있다고 보아야 한다."는 취지다.

또한, 위 대법원 2015다69907 판결은 "지상권자는 타인의 토지에 건물 기타 공작물이나 수목을 소유하기 위하여 그 토지를 사용하는 권리가 있으므로(민법 제279조), 지상권설정등기가 경료되면 토지의 사용·수익권은 지상권자에게 있고, 지상권을 설정한 토지소유자는 지상권이 존속하는 한 토지를 사용·수익할 수 없다."는 취지이므로 결국 담보지상권은 민법상의 지상권과는 전혀 다른 의미를 갖게 된다.

민법 제256조는 "부동산의 소유자는 그 부동산에 부합한 물건의 소유권을 취득한다. 그러나 타인의 권원에 의하여 부속된 것은 그러하지 아니하다."고 규정한다.

그렇다면 근저당권과 담보지상권을 설정한 토지소유자가 제3자와 사용대차계약을 체결하고, 제3자가 300주의 단풍나무를 식재하였는데, 경매로 토지소유자가 변경된 경우 낙찰자는 위 나무의 소유권을 부합물로 취득할까?

대법원은 단풍나무의 소유권이 낙찰자에게 부합되었다고 보기 어렵다는 태도다. 즉, 대법원 판결은 담보지상권으로 해석되는 지상권의 경우, 토지소유자가 토지에 대한 한정적인 사용·수익권이 있음을 전제로, 제3자의 사용대차계약이 민법 제256조 단서상 '권원'으로 해석된다는 취지로 판시한 바. 이 대법원 2015다69907 판례 사안은 낙찰자가 단풍나무 일부를 임의수거 및 매도하여 제3자가 낙찰자에게 손해배상청구를 한 것이었다.

참고로 대법원 2020다266375 판결에 의하면 "부합"과 관련하여 "토지 위에 식재된 입목은 토지의 구성부분으로 토지의 일부일 뿐 독립한 물건으로 볼 수 없으므로 특별한 사정이 없는 한 토지에 부합하고, 토지의 소유자는 식재된 입목의 소유권을 취득한다(대법원 71다2313 판결, 대법원 2007다75853 판결). 토지 위에 식재된 입목을 그 토지와 독립하여 거래의 객체로 하기 위해서는 「입목에 관한 법률」에 따라 입목을 등기하거나 명인방법을 갖추어야 한다. 물권변동에 관한 성립요건주의를 채택하고 있는 민법에서 명인방법은 부동산의 등기 또는 동산의 인도와 같이 입목에 대하여 물권변동의 성립요건 또는 효력발생요건에 해당하므로 식재된 입목에 대하여 명인방법을 실시해야 그 토지와 독립하여 소유권을 취득한다(대법원 69다1346 판결, 대법원 95도2754 판결). 이는 토지와 분리하여 입목을 처분하는 경우뿐만 아니라, 입목의 소유권을 유보한 채 입목이 식재된 토지의 소유권을 이전하는 경우에도 마찬가지이다."는 취지이다(원고들이 이 사건 입목 등 지장물을 식재·설치하고 관리해 왔다는 이유로 그에 대한 소유권을 인정한 원심을 파기·환송한 사례).

그리고 대법원 2023도11885 판결에 의하면 "민법 제256조에서 부동산에의 부합의 예외사유로 규정한 '권원'은 지상권, 전세권, 임차권 등과 같이 타인의 부동산에 자기의 동산을 부속시켜서 그 부동산을 이용할 수 있는 권리를 뜻한다(대법원 2004도6289 판결, 대법원 2010도4880 판결 등). 따라서 타인 소유의 토지에 수목을 식재할 당시 토지의 소유권자로부터 그에 관한 명시적 또는 묵시적 승낙·동의·허락 등을 받았다면, 이는 민법 제256조에서 부동산에의 부합의 예외사유로 정한 '권원'에 해당한다고 볼 수 있으므로, 해당 수목은 토지에 부합하지 않고 식재한 자에게 그 소유권이 귀속된다."라는 취지이다.

18. 연속된 경매에 있어 주택임차인의 우선변제권 소멸

보증금 3천 3백만원의 주택임차인이, 전입신고(1995. 3. 22.)와 확정일자(1995. 7. 4.)를 받았다. 계약종료에도 불구하고 임대인이 보증금을 주지 않자, 임차인이 임대인을 상대로 보증금반환청구 승소판결을 받아 강제경매를 신청하였다.

임차인인 원고가 확정일자를 부여받은 날 이전에 설정된 선순위 권리자들이 배당할 금액을 모두 배당받은 결과 원고는 위 배당절차에서 임차보증금을 전혀 회수하지 못하였다. 단 전입신고에 우선하는 권리가 없어, 대항력이 인정되었다. 이러한 경우에 임차인에게 대항력은 인정되기 때문에, 낙찰자에게 보증금을 받을 때까지 임대차의 존속을 주장할 수 있다(주임법 제3조의5, 제4조 제2항 참고).

그럼에도 불구하고, 원고가 낙찰자인 신소유자를 상대로 다시 보증금반환청구소송을 제기하여 승소한 후, 경매를 신청할 경우 우선변제권이 인정될까?

대법원 2005다21166 판결에 의하면, 첫 번째 경매 당시 배당요구를 한 임차인은 그 배당요구로 우선변제권이 소멸되어 두 번째 경매절차에서 우선변제권에 따른 배당을 받을 수 없다고 한다. 즉, "주택임대차보호법상의 대항력과 우선변제권의 두 가지 권리를 함께 가지고 있는 임차인이 우선변제권을 선택하여 제1경매절차에서 보증금 전액에 대하여 배당요구를 하였으나 보증금 전액을 배당받을 수 없었던 때에는 경락인에게 대항하여 이를 반환받을 때까지 임대차관계의 존속을 주장할 수 있을 뿐이고, 임차인의 우선변제권은 경락으로 인하여 소멸하는 것이므로 제2경매절차에서 우선변제권에 의한 배당을 받을 수 없다. 원고는 주택임대차보호법 제3조의5(경매에 의한 임차권의 소멸)의 '임차권은 임차주택에 대하여 민사소송법에 의한 경매가 행하여진 경우에는 그 임차주택의 경락에 의하여 소멸한다. 다만, 보증금이 전액 변제되지 아니한 대항력이 있는 임차권은 그러하지 아니하다.'는 규정이 신설된 것과 관련하여, 위 소멸하지 아니하는 임차권의 내용에는 대항력뿐만 아니라 우선변제권도 포함되고, 따라서 일부라도 보증금을 변제받지 못하는 경우의 임차인은 보증금을 전액 반환받을 때까지 완전한 임차권을 보유한다는 것을 상고이유로 내세우고 있다. 그러나, ~중략~ 위 소멸하지 아니하는 임차권의 내용에 대항력뿐만 아니라 우선변제권도 당연히 포함되는 것으로 볼 수는 없다."고 한다.

결국, 앞선 판결을 고려하면, 첫 번째 경매에서 우선변제권을 행사한 임차인은 두 번째 경매를 신청하여 우선변제가 아닌 일반채권자로 배당을 받거나, 부동산경매의 낙찰자, 즉 매수인으로부터 나머지 임대차보증금을 반환받을 때까지 임차목적물에 계속하여 거주할 수 있다고 해석된다(필자의 개인의견).

이와 관련하여 임차인이 대한민국을 상대로 국가배상을 청구한 사안인 부산고등법원 2005나17600 판결에 의하면 "원고는 제2경매절차에서 임차보증금 전액을 반환받지 못하였더라도 대항력에 기하여 이 사건 부동산의 양수인을 상대로 임차보증금 잔액의 반환을 구할 수 있어 제2경매절차에서 배당받지 못한 임차보증금 상당의 손해가 현실적으로 발생하였다고 할 수 없으므로, 대항력 상실로 인한 현실적 손해가 발생하였음을 전제로 한 원고의 주장은 이유 없다."라는 취지로 판시하였다.

19. 집합건물상가를 경매로 취득한 경우에 관리비의 책임 범위

집합건물상가를 경매로 취득할 경우에 전소유자 등이 체납한 관리비에 대하여 누가 책임을 부담해야 하는가? 민법상의 원칙만을 고려한다면, 체납한 사람이 책임질 문제이고 경매로 집합건물상가를 낙찰받은 사람이 다른 사람의 체납액에 책임질 이유는 없을 것이다. 그럼에도 불구하고 집합건물의 특성상 공용부분에 해당하는 체납액을 경매낙찰자가 부담한다고 보는 것이 법원의 입장이다.

대법원(전합) 2001다8677 판결, 대법원 2005다65821 판결 등에 의하면, "집합건물의 공용부분은 전체 공유자의 이익에 공여하는 것이어서 공동으로 유지·관리해야 하고 그에 대한 적정한 유지·관리를 도모하기 위하여는 소요되는 경비에 대한 공유자 간의 채권은 이를 특히 보장할 필요가 있어 공유자의 특별승계인에게 그 승계의사의 유무에 관계없이 청구할 수 있도록 집합건물법 제18조에서 특별규정을 두고 있는바, 위 관리규약 중 공용부분 관리비에 관한 부분은 위 규정에 터 잡은 것으로서 유효하다고 할 것이므로, 아파트의 특별승계인은 전 입주자의 체납관리비 중 공용부분에 관하여는 이를 승계하여야 한다고 봄이 타당하다."는 취지이다. 이와 관련하여 집합건물법 제18조는 "공유자가 공용부분에 관하여 다른 공유자에 대하여 가지는 채권은 그 특별승계인에 대하여도 행사할 수 있다."고 규정하고 있다.

집합건물의 관리비는 필요비로 볼 여지가 있는데, 관리주체가 낙찰자에게 유치권을 행사한다면? 유치권의 성립 가능성이 있다. 이때 유치권의 피담보채권은 앞서 확인한 것처럼 특별한 사정이 없는 한 공용부분 관리비의 3년분 원금에 한정될 것이다. 관리비채권은 3년의 시효에 걸리는 것으로 해석되고(민법 제163조 제1호), 승계인이 공용부분 관리비를 승계한다고 하더라도 이자까지 승계한다고 보기는 어렵기 때문이다.

그렇다면, 관리주체가 관리비를 체납한 자에게 소멸시효를 중단하는 행위, 예를 들어 관리비 체납자에게 소송을 제기하여 승소한 경우에 그 효력이 집합건물상가의 낙찰자에게 미치는가? 낙찰자에게도 미친다는 결론에 도달할 경우, 낙찰자는 소멸시효 중단의 효력을 승계하여 공용부분 관리비에 대한 책임범위가 늘어나게 된다.

대법원 2014다81474 판결 취지에 의하면, 승계인에게도 미친다는 취지이다. 민법 제169조가 "시효의 중단은 당사자 및 승계인간에만 효력이 있다."고 규정하고 있으므로, 승계인에게도 시효중단의 효력이 미친다는 것이다.

사안은 필자가 낙찰자를 대리하여 진행한 사안인데, 1심은 패소, 2심은 일부 승소, 대법원은 패소취지였다. 적지 않은 쟁점을 두고 다투었던 기억이 있는데, 아쉬운 결과였다. 대법원 사안에서 주목할 것은 집합건물상가를 낙찰받을 경우에는 일단 관리사무소 등을 방문해서 전소유자 등의 체납액을 확인하고, 관리주체가 체납자를 상대로 소송을 제기한 사실이 있는지 또는 가압류 등을 한 사실이 있는지 등을 확인하는 것이다. 집합상가 관리비 체납액은 억대를 넘는 경우도 있어 적지 않은 체납관리비를 낙찰자가 부담할 가능성을 고려해야 한다.

20. 배당이의를 하지 않은 일반채권자의 부당이득반환청구 가능성

원고는 집행력 있는 정본을 가진 채권자로서 배당요구 종기 전에 배당요구를 하였으나,

배당기일에 출석하고도 이의하지 않았다. 또 다른 집행력 있는 정본을 가진 채권자인 피고가 배당요구 종기 전에 배당요구를 하고 배당기일에 참여하여 배당이의를 하고 나서 배당이의의 소를 제기하여 승소하였다.

즉, 1위부터 5순위는 채권액 전부가 배당되었으나, 6순위인 원고와 피고를 포함한 5인은 자신들의 채권금액 중 일정금액(배당비율 0.53%)만이 배당된 것인데 피고는 2순위자인 상호저축은행을 상대로 배당이의 소송을 제기하면서 상호저축은행 근저당권의 피담보채권 소멸시효 완성을 주장하자, 상호저축은행이 곧바로 청구를 인낙하는 취지의 준비서면을 제출하였고 법원은 기일 외에서 상호저축은행의 배당금을 모두 피고에게 배당하는 것으로 배당표를 경정하는 내용의 화해권고결정를 내려 확정된바, 피고가 경정된 배당표에 따라 배당금 전액을 수령한 것이었다.

배당요구는 하였으나 배당이의를 하지 않았던 원고가 배당요구를 하고 배당이의 및 배당이의소송을 진행하여 상호저축은행으로부터 배당금을 수령한 피고를 상대로 위 배당금에 대하여, 원고와 피고를 포함한 5인의 6순위 채권자들의 채권액 비율에 따른 안분액 중 원고의 몫인 99,733,514원에 대하여 부당이득반환을 구하는 소를 제기할 경우 승소할 수 있는가?

원고가 승소할 수 있다는 것이 대법원(전합) 2014다206983 판결의 취지이다. 즉, 위 대법원(전합) 2014다206983 판결의 다수의견에 의하면, “배당절차에 참가한 채권자가 배당이의 등을 하지 않아 배당절차가 종료되었더라도 그의 몫을 배당받은 다른 채권자에게 그 이득을 보유할 정당한 권원이 없는 이상 잘못된 배당의 결과를 바로잡을 수 있도록 하는 것이 실체법 질서에 부합한다.”는 취지이다.

물론, 적법한 배당요구가 필요함에도 이를 하지 않아 배당에서 제외된 선순위 채권자는 대신 배당받은 후순위 채권자를 상대로 부당이득반환을 청구할 수 없다(대법원 96다10263 판결, 대법원 98다12379 판결 등).

그렇다면, 부당이득반환 청구를 허용해야 하는 구체적 필요성은 무엇인가[위 대법원(전합) 2014다206983 판결의 다수의견의 판결 이유 정리]?

첫 번째는 배당이의의 소의 한계 때문이다. 민사집행법은 배당이의의 소와 같이 채권자가 자신의 실체법상 권리를 주장할 수 있는 권리구제수단을 마련하고 있기는 하나, 배당이의의 소는 제소권자를 ‘배당기일에 이의를 진술한 채권자나 채무자’에 한정하고 제소기간을 ‘1주일’이라는 짧은 기간으로 정하는 등 그 행사요건을 엄격하게 정하고 있다.

게다가, 대법원의 확립된 판례에 따르면 채권자가 제기한 배당이의의 소에서는 원고의 청구가 이유 있으면 ‘배당이의를 하지 않은 다른 채권자의 채권을 참작할 필요 없이’ 피고가 배당받을 수 없게 된 금액을 원고의 채권액에 달할 때까지 원고에게 배당하는 것으로 배당표를 경정하도록 하고 있다(이른바 ‘흡수설’. 대법원 98다3818 판결 등).

이는 배당이의소송 제도의 본질이 배당이의에 관계된 당사자들 사이의 상대적인 해결을 도모하는 데 기인한 것으로 소송심리의 효율성이 확보되는 이 점이 있지만, 이러한 법리를 따를 경우 당초 권리 없는 피고를 제외하고 배당을 실시하였을 경우 받을 수 있었던 배당액 이상을 원고가 보유하도록 하는 결과가 생길 수 있는데, 이러한 결과는 채권자평등 원칙에 부합하지 않는다.

두 번째는 사해행위 취소소송에서 가액반환의 문제점을 보완하기 위해서다. 부동산에 대한 (근)저당권설정행위가 사해행위에 해당하는 경우 원칙적으로 취소채권자는 원상회복으로서 (근)저당권설정등기의 말소를 구하여야 하지만 부동산에 대한 경매절차가 개시되어 부동산이 매각되고 매수인이 대금을 납부하여 저당권설정등기가 집행법원의 촉탁에 따라 말소되면 취소채권자는 더 이상 원상회복으로서 (근)저당권설정등기의 말소를 구할 수 없게 되고, 원상회복의 방법으로서 가액반환이 허용된다(대법원 2000다44348 판결).

즉, 취소채권자는 이미 배당금을 현실적으로 수령한 수익자인 (근)저당권자에 대하여 직접 자기에게 배당금을 반환할 것을 청구할 수 있으나(대법원 97다58316 판결, 대법원 98다41490 판결), 취소채권자가 회복해 온 재산(배당금)은 모든 채권자를 위한 공동담보로 제공되어야 한다(민법 제407조).

원상회복된 배당금에 대하여 취소채권자는 우선권을 가지지 않지만, 실제로는 취소채권자가 수령한 배당금을 채무자에게 반환할 채무와 채무자에 대한 자신의 채권과 상계하는 등으로 사실상 우선변제 받는 것을 막을 수 없어 민법 제407조의 채권자평등 원칙에 위반된다는 지적이 있어 왔다.

이때 배당절차에서 배당이의 등을 하지 않은 다른 채권자들도 취소채권자를 상대로 부당이득반환 청구를 할 수 있으므로, 결과적으로 배당절차에 참가한 채권자들 사이에 채권자평등 원칙이 구현될 수 있는 기회가 어느 정도 보장될 수 있다.

세 번째는 배당기일 통지와 관련한 문제 때문이다. 현행 민사집행법에 따른 배당기일 통지 실무상 적법한 발송송달이나 공시송달을 받은 채권자임에도 배당이의 등을 할 기회를 실질적으로 보장받지 못하는 경우가 있어, 함부로 부당이득반환 청구권의 행사를 제한할 수 없다.

네 번째는 단기간의 배당표원안 열람기간 및 배당이의의 소 제기기간에 따른 문제 때문이다. 현행 민사집행법에서는 배당에 참가한 채권자가 권리관계나 순위 등을 확인하고 배당이의 여부를 결정하는 데에 필요한 배당표원안의 열람기간도 최대 '3일'에 불과하다. 따라서 배당기일 전에 배당표원안을 열람하지 못하거나 열람하더라도 짧은 기간 내에 배당표를 검토하여 이의하는 것이 쉽지 않다.

다섯 번째는 채무자의 부당이득반환 청구에 관한 문제 때문이다. 채권이 없음에도 배당이 되었거나 채권의 범위를 초과하여 배당이 이루어진 때에는 배당이의 등을 하지 않은 채권자의 부당이득반환 청구를 제한하더라도 그 채권자가 채무자를 대위하여 부당이득반환 청구를 하는 것까지 막을 방법은 없다.

그런데 채무자가 배당이의 등을 하지 않은 경우 채무자의 부당이득반환 청구를 허용하면서 배당이의 등을 하지 않은 채권자의 부당이득반환 청구를 제한하는 것은 논리적으로 일관되지 않고, 배당이의 등을 하지 않은 채권자가 여전히 채무자를 대위하여 부당이득반환 청구를 할 수 있게 된다면 절차의 안정을 도모하기 위해 판례를 변경하는 실익은 적을 수밖에 없다는 것이다.

21. 경매에 있어 배당금지급청구권의 양도에 의한 부당이득반환청구

배당요구를 하여 배당절차에 참여한 일반채권자가 배당이의를 하지 않은 경우라도 그의 몫을 배당받은 다른 채권자에게 그 이득을 보유할 정당한 권원이 없는 이상 부당이득반환청구를 할 수 있다.

대법원(전합) 2014다206983 판결의 다수의견에 의하더라도, "배당절차에 참가한 채권자가 배당이의 등을 하지 않아 배당절차가 종료되었더라도 그의 몫을 배당받은 다른 채권자에게 그 이득을 보유할 정당한 권원이 없는 이상 잘못된 배당의 결과를 바로잡을 수 있도록 하는 것이 실체법 질서에 부합한다."라는 취지이다.

즉 확정된 배당표에 의하여 배당을 실시하는 것은 실체법상의 권리를 확정하는 것이 아니므로, 배당을 받아야 할 채권자가 배당을 받지 못하고 배당을 받지 못할 자가 배당을 받은 경우에는 배당을 받지 못한 채권자로서는 배당에 관하여 이의를 한 여부에 관계없이 배당을 받지 못할 자이면서도 배당을 받았던 자를 상대로 부당이득반환청구권을 갖는다(대법원 86다카2949 판결, 대법원 93다55241 판결, 대법원 96다51585 판결, 대법원 99다53230 판결 등). 잘못된 배당표에 따라 실제로 배당금이 지급되었다면 금전지급을 구하는 부당이득반환청구를 할 수 있는 것이다.

그렇다면 아직 배당금이 지급되지 않은 경우에는 어떠한가?

대법원 99다26948 판결취지에 의하면, 아직 배당금이 지급되지 아니한 때에는 그 배당금지급청구권의 양도에 의한 부당이득의 반환을 구하여야지 그 채권 가액에 해당하는 금전의 지급을 구할 수는 없다고 한다. 따라서 보전처분의 경우도 가압류가 아닌 가처분을 해야 한다.

즉 대법원 2009마1932 결정에 의하면, "그 경우 집행의 보전은 가압류에 의할 것이 아니라 배당금지급금지가처분의 방법으로 하여야 한다."는 취지이다.

이해를 돕기 위하여 아직 배당금이 지급되지 않은 경우에 배당금지급청구권 양도방식의 부당이득반환을 청구해야 한다는 취지의 위 대법원 99다26948 판결과 이때 가압류가 아니라 배당금지급금지가처분을 해야 한다는 취지의 위 대법원 2009마1932 판결의 구체적 사안을 확인해 보자.

〈대법원 99다26948 부당이득금 반환 판결의 구체적 사안 정리〉

소외회사 부동산에 대하여 소외 임정○의 강제경매신청이 있었다. 경매가 진행되어 소외 한창○이 부동산을 낙찰받았다. 경매대금 배당표에 있어, 1순위는 소외 거제시(조세채권)였다. 2순위는 모두 일반채권자였는데 ① 강제경매신청인 임정○, ② 피고 보조참가인(가압류권자), ③ 피고(가압류권자), ④ 원고(배당요구권자)였다.

배당표에 있어서는 피고에게 66,241,250원, 원고에게 18,210,470원을 배당하는 것으로 작성되었고, 배당표가 작성된 후에 피고 보조참가인은 피고를 채무자로 하고 소외 대한민국을 제3채무자로 하여(소관청: 위 법원의 세입세출 외 현금출납공무원) 피고가 대한민국에 대하여 갖고 있는 위 66,241,250원의 배당금지급채권을 가압류하였다.

위 사안에 대하여 부당이득이 성립되는 경우에 아직 그 채권을 현실적으로 추심하지 못한 경우에 손실자는 채권의 이득자에 대하여 그 채권의 반환을 구하여야 하고 그 채권 가액에 해당하는 금전의 반환을 구할 수는 없다고 할 것이므로(대법원 95다22061 판결, 대법원 96다34009 판결), 원심이 부가적 판단으로서 피고가 아직 배당금을 출급하지 아니하였으므로 청구취지 기재 금원 상당을 부당이득한 것은 아니라는 이유로 원고의 청구를 기각한 것은 결론에 있어서 정당하다고 판시한 것이다.

결국, 위 사안에서 피고 보조참가인이 피고의 배당금지급채권을 가압류한 것도 적절하지 않고, 원고가 피고에게 지급되지 않은 배당금에 대한 본안소송을 하려면, 배당금지급청구권의 양도를 구해야 한다는 취지이다.

〈대법원 2009마1932 가압류 취소 판결의 구체적 사안 정리〉

피신청인들은 신청인을 상대로 신청인이 배당절차에서 자신들의 배당받을 권리를 침해하여 93,681,071원을 배당받았음을 이유로 위 부당이득금반환청구권을 피보전채권으로 하여 신청인이 대한민국에 대하여 가지는 93,681,071원의 배당금출급청구권에 대하여 채권가압류신청을 하여 채권가압류 결정을 받았다.

그 후 피신청인들 등 가압류채권자들은 신청인을 상대로 본안소송인 부당이득금반환소송을 제기하여 위 93,681,071원의 지급을 구하였다가, 신청인이 배당표상의 배당금을 아직 지급받지 못하였음을 확인하고, 그 청구취지를 '신청인이 대한민국에 대하여 가지는 배당금출급청구권을 가압류채권자들에게 양도하고 이를 대한민국에 통지할 것을 구하는 내용'으로 변경하였다.

그에 따라 위 본안소송에서 법원은, 2009. 2. 18. "신청인은 대구지방법원 2005타기5106 배당절차에서 배당받은 93,681,071원에 대한 배당금출급청구권 중 13,028,411원의 배당금출급청구권을 피신청인 1에게, 14,331,252원의 배당금출급청구권을 피신청외 2에게, 4,333,380

원의 배당금출급청구권을 피신청인 주식회사 메디뱅크에게, 6,319,465원의 배당금출급청구권을 신청외 1에게, 8,352,951원의 배당금출급청구권을 신청외 2에게 각각 양도하고, 대한민국에 위 각 채권을 양도하였다는 취지의 통지를 하라."는 판결을 선고하였고, 신청인이 항소하였으나 항소가 기각되었다.

변경된 청구인 '배당금출급청구권의 양도 및 양도통지 청구'는 의사의 진술을 구하는 것으로서, 이는 의사표시의무의 집행에 관한 민사집행법 제263조에 따라 집행되어야 할 것이지 금전채권에 기초한 강제집행의 방법으로 집행할 수 있는 권리가 아니므로 가압류로써 집행을 보전할 피보전채권이 될 수 없다.

따라서 위 청구취지 변경 전의 부당이득금반환청구권을 피보전채권으로 한 이 사건 가압류의 효력은 본안소송에서 변경된 청구권, 즉 '배당금출급청구권의 양도 및 양도통지 청구'에 관한 권리를 위한 강제집행의 보전에 대하여는 미친다고 할 수 없다.

결국 이 사건 가압류는 가압류이유가 소멸되거나 그 밖에 사정이 바뀐 때에 해당하여 취소되어야 한다고 봄이 상당하다는 것이다.

22. 배당표 자체에 실체적 하자가 없는 경우는 부당이득반환청구 불가능

대법원 2001다3054 판결에 의하면, "실체적 하자 있는 배당표에 기한 배당으로 인하여 배당 받을 권리를 침해당한 자는 원칙적으로 배당기일에 출석하여 이의를 하고 배당이의의 소를 제기하여 구제받을 수 있고, 가사 배당기일에 출석하여 이의를 하지 않음으로써 배당표가 확정되었다고 하더라도, 확정된 배당표에 의하여 배당을 실시하는 것은 실체법상의 권리를 확정하는 것이 아니기 때문에 부당이득금반환청구의 소를 제기할 수 있지만, 배당표가 정당하게 작성되어 배당표 자체에 실체적 하자가 없는 경우에는 그 확정된 배당표에 따른 배당액의 지급을 들어 법률상 원인이 없는 것이라고 할 수 없다."는 취지이다.

그렇다면, 임의경매에 있어 경매신청채권자가 착오로 경매법원에 실제 피담보채권보다 적은 금액을 기재하여 그 신고된 채권계산서상의 채권액 전부를 배당하는 것으로 배당표가 작성·확정된 경우에 차후 위 근저당권자인 경매신청채권자가 부당이득반환청구를 통해 구제를 받을 수 있는가?

구제받기 어렵다. 즉 위 대법원 2001다3054 판결에 의하면, "담보권실행을 위한 경매절차에서 경매신청채권자는 특별한 사정이 없는 한 경매신청서에 기재한 청구금액을 채권계산서의 제출에 의하여 확장할 수 없지만(대법원 94다8952 판결), 그 후 배당표가 작성될 때까지 청구금액을 감축한 채권계산서를 제출할 수 있으며, 이 경우 배당법원으로서는 채권계산서상의 감축된 채권액을 기준으로 하여 배당할 수밖에 없고, 그 채권액을 초과하여 배당할 수는 없는 만큼 그 계산서에 따른 배당표는 정당하게 작성된 것이라 할 것이다(대법원 99다24911 판

결).”라면서,

“담보권의 실행을 위한 경매절차에서 경매신청채권자(1순위 근저당권자)인 원고가 경매신청서상의 청구금액은 제대로 기재하였으나 그 후 채권계산서를 제출하면서 착오로 경매법원에 실제 피담보채권보다 적은 금액을 기재하여 그 신고된 채권계산서상의 채권액 전부를 배당하는 것으로 배당표가 작성·확정되고, 그 확정된 배당표에 따라 배당이 실시된 이후, 실제 채권액으로 채권계산서를 작성·제출하였더라면 더 배당 받을 수 있었던 금원을 2순위 근저당권자인 피고가 배당 받은 것은 부당이득에 해당한다는 이유로 그 금원의 반환을 구하는 원고의 청구에 대하여, 배당기일 전에 원고가 경매법원에 작성·제출한 채권계산서에 따라 배당표가 작성되어 확정되고 그 확정된 배당표에 의하여 배당이 실시된 이상, 그로 인하여 원고가 제대로 청구하였더라면 배당 받았을 금액이 후순위 근저당권자인 피고에게 배당되었다 하여도 이를 법률상 원인이 없는 부당이득이라고 볼 수는 없다고 판단하였는바, 원심의 판단은 위 법리에 따른 것으로 정당하고, 거기에 부당이득에 관한 법리오해나 대법원판례에 위반한 위법이 없다.”는 취지이기 때문이다.

위 사안에서 원고가 굳이 채권계산서를 제출하지 않았다면, 경매신청서상 청구금액에 따라 배당이 되었을 것으로 보이는바, 경매과정에서 채권계산서를 제출해야 한다면, 채권계산서 작성에 있어 실수가 없도록 주의할 필요가 있다.

임의경매를 신청한 근저당권자가 두 개의 근저당권을 가지고 있었고, 위 두 개의 근저당권 중에서 선순위 근저당권을 기초로 임의경매를 신청을 한 경우는 어떠한가?

선순위 근저당권을 기초로 임의경매를 신청하였을 때에 특별한 사정이 없는 한 경매신청서에 기재한 청구금액을 채권계산서의 제출에 의하여 확장할 수 없으므로(대법원 94다8952 판결), 경매신청서에 청구금액이 선순위 근저당권의 채권최고액보다 훨씬 적더라도 경매절차 진행 중에 채권액을 확장하는 내용의 채권계산서를 제출하더라도 청구금액이 확장되지 않는다. 결국 경매신청서에 청구금액을 기초로 배당될 뿐이다.

다만, 위 근저당권자는 다른 한편으로 경매개시결정등기 전에 등기된 후순위 근저당권자이기도 하므로, 위 후순위 근저당권에 기해서는 배당요구를 하지 않았다고 하여도 위 후순위 근저당권자로서 배당을 받을 자에 포함된다.

즉 대법원 2004다68427 판결에 의하면, “경매신청기입등기 전에 등기된 근저당권자는 경락으로 인하여 그 권리가 소멸하는 대신 별도로 배당요구를 하지 않더라도 그 순위에 따라 경락대금에서 우선변제를 받을 수 있어 당연히 배당요구를 한 것과 같은 효력이 있으므로, 그러한 근저당권자가 배당요구를 하지 아니하였다 하여도 배당에서 제외하여서는 아니 되고(대법원 95다34415 판결), 다만 그러한 근저당권자가 경락기일까지 구 민사소송법(2002. 1. 26. 법률 제6626호로 개정되기 전의 것) 제653조 제1항에 의한 채권계산서를 제출하지 않았다면 특별한 사정이 없는 한 경매법원은 등기부등본에 기재된 채권최고액을 현실의 채권액으로 보아 배당함이 상당하다."는 취지이기 때문이다.

위 대법원 2004다68427 판결 사안을 정리하면, 경매신청기입 등기 전에 두 개의 근저당권을 이미 가지고 있었던 원고(해태제과 관리인)가 선순위 근저당권을 기초로 임의경매를 신청하면서 채권최고액에 한참 미달하는 경매신청서를 제출하여 그 금액만 받은 후에 조세채권자인 대한민국 등을 상대로 부당이득반환청구를 한 것이다. 선순위 근저당권의 채권최고액은 80억원인데, 이를 기초로 한 경매신청서에는 청구금액을 '22억원'으로 기재하여 '22억원'만 배당되는 경우에도, 원고는 다른 한편으로 이 사건 경매개시결정등기 전에 등기된 후순위 근저당권자이기도 하므로, 원고가 위 후순위 근저당권에 기해서는 배당요구를 하지 않았다고 하여도 그 후순위 근저당권자로서의 원고를 배당에서 제외하여서는 아니 되기 때문에 경매법원으로서는 선순위 근저당권자로서의 원고에게 22억원을 배당하고 남은 잔액 237,196,633원을 피고들의 조세채권에 그 배당순위가 앞서는 후순위 근저당권자로서의 원고에게 배당하였어야 할 것이라고 판단한 것은 정당하다고 판시한 것이다.

23. 무효인 임의경매절차의 매수인이 배당금 수령자를 상대로 한 부당이득반환청구

이미 피담보채권이 소멸되어 무효인 근저당권에 기초하여 임의경매절차가 개시되고 매수인이 해당 부동산의 매각대금을 지급하였더라도, 그 경매절차는 무효이므로 매수인은 부동산의 소유권을 취득할 수 없다[대법원 2013도564 판결, 대법원(전합) 2018다205209 판결 등].

그렇다면 무효인 임의경매절차의 매수인이 배당금을 수령한 자를 상대로 매수대금에 대한 부당이득반환청구를 할 수 있는가? 가능하다.

즉 경매가 무효인 경우 매수인은 경매채권자 등 배당금을 수령한 자를 상대로 그가 배당받은 금액에 대하여 부당이득반환을 청구할 수 있다(대법원 91다21640 판결 등).

그렇다면 무효인 근저당권의 피담보채권자의 배당금채권에 대하여 별개의 강제집행절차를 통하여 배당금을 수령하였다면 어떤가? 예를 들어 무효인 근저당권의 피담보채권자의 배당금 채권에 대하여 제3자가 압류 및 추심·전부명령에 따라 별도의 채권배당절차를 통해 그 중 일부를 배당금으로 수령하였다면 어떨까? 이러한 경우에도 매수인이 배당을 받은 제3자에게 부당이득반환을 청구할 수 있다는 것이 대법원 2023다228107 판결의 취지이다.

즉 원심(서울고등법원 2022나2046184 판결)은 제3자가 이 사건 경매절차에 따른 '배당금채권'을 별개의 강제집행절차를 통하여 지급받았기에 이 사건 경매절차로 인하여 부당이득을 하였다고 볼 수 없다는 취지였으나 대법원은 원심의 판단을 파기·환송한 것이다.

그 이유는 무엇일까? 비록 제3자가 이 사건 경매절차에서 인정된 배당금채권에 대하여 적법하게 발부되어 확정된 압류 및 추심·전부명령에 따라 별도의 채권배당절차에서 그 중 일부를 배당금으로 수령하였더라도, 이 사건 경매절차가 무효인 이상, 위 배당금채권 자체가 존재하지 않아 제3자의 압류 및 추심·전부명령 역시 무효이므로, 제3자는 법률상 원인 없이 매수인의 매각대금으로 인하여 수령한 배당금 상당의 이익을 얻고 매수인에게 같은 금액 상당의 손해를 가하였다고 봄이 타당하다는 취지이다.

위 대법원 판결에서 설시한 관련 법리를 정리한다.

임의경매의 정당성은 실체적으로 유효한 담보권의 존재에 근거하므로, 담보권에 실체적 하자가 있다면 그에 기초한 경매는 원칙적으로 무효이다. 특히 채권자가 경매를 신청할 당시 실행하고자 하는 담보권이 이미 소멸하였다면, 그 경매개시결정은 아무런 처분권한이 없는 자가 국가에 처분권을 부여한 데에 따라 이루어진 것으로서 위법하다.

그러므로 피담보채권이 소멸되어 무효인 근저당권에 기초하여 임의경매절차가 개시되고 매수인이 해당 부동산의 매각대금을 지급하였더라도, 그 경매절차는 무효이므로 매수인은 부동산의 소유권을 취득할 수 없다[대법원 2013도564 판결, 대법원(전합) 2018다205209 판결 등].

이와 같이 경매가 무효인 경우 매수인은 경매채권자 등 배당금을 수령한 자를 상대로 그가 배당받은 금액에 대하여 부당이득반환을 청구할 수 있다(대법원 91다21640 판결 등).

압류 당시에 피압류채권이 존재하지 않는 경우에는 압류로서의 효력이 없고, 그에 기한 추심명령도 무효이므로, 해당 압류채권자는 압류 등에 따른 집행절차에 참여할 수 없다(대법원 2022다247521 판결).

또한 압류된 금전채권에 대한 전부명령이 절차상 적법하게 발부되어 확정되었더라도, 전부명령이 제3채무자에게 송달될 때에 피압류채권이 존재하지 않으면 전부명령도 무효이므로, 피압류채권이 전부채권자에게 이전되거나 집행채권이 변제되어 소멸하는 효과는 발생할 수 없다(대법원 80누484 판결, 대법원 2005다1407 판결, 대법원 2022다247521 판결 등).

위 대법원 2023다228107 판결에 대하여 "민사집행법 제267조는 대금완납에 따른 부동산 취득의 효과로, '매수인의 부동산 취득은 담보권 소멸로 영향을 받지 않는다.'고 정하고 있는데, 여기서 말하는 담보권 소멸은 '경매개시결정 이후의 담보권 소멸'에 한정되므로, 경매개시결정 당시 이미 담보권이 소멸한 경우 경매절차는 무효라는 것이 일관된 대법원의 입장이라면서, 대상판결도 피담보채권이 소멸되어 무효인 근저당권에 기초하여 개시된 부동산 임의경매절차가 무효라는 점을 명확히 선언한 것이고 나아가 대상판결은, '경매절차 무효 → 매수인(원고) 소유권 취득 불가 → 매수인은 매각대금을 가지고 배당금을 받은 사람을 상대로 부당이득반환 청구 가능'하다는 점을 선언"한 것이라고 설명하는 견해가 있다(2023. 9. 15.자 공보에 대한 '서울고등법원판례공보스터디' 참고).

24. 공동근저당권자와 동순위인 선순위 가압류가 있을 때의 구체적 배당방법

민법 제368조 제1항은 "동일한 채권의 담보로 수개의 부동산에 저당권을 설정한 경우에 그 부동산의 경매대가를 동시에 배당하는 때에는 각 부동산의 경매대가에 비례하여 그 채권의 분담을 정한다."라고 규정하고 있다.

여기에서 '각 부동산의 경매대가'는 각 부동산에 대하여 저당권이 독점적으로 파악하는 담보가치를 의미한다. 예를 들어, 공동저당권이 설정된 부동산 중 하나의 가액이 4억원인데, 채권최고액 2억원인 선순위저당권이 있다면 2억원은 공동저당권자가 독점적으로 파악하는 담보가치가 아니므로 민법 제368조 제1항의 '각 부동산의 경매대가'를 산정할 때에는 이를 공제해야 하는 것이다. 따라서 '각 부동산의 경매대가'란 일반적으로 매각대금에서 당해 부동산이 부담할 경매비용과 선순위채권을 공제한 잔액을 의미한다.

第368조 (공동저당과 대가의 배당, 차순위자의 대위) ① 동일한 채권의 담보로 수개의 부동산에 저당권을 설정한 경우에 그 부동산의 경매대가를 동시에 배당하는 때에는 각부동산의 경매대가에 비례하여 그 채권의 분담을 정한다. ② 전항의 저당부동산중 일부의 경매대가를 먼저 배당하는 경우에는 그 대가에서 그 채권전부의 변제를 받을 수 있다. 이 경우에 그 경매한 부동산의 차순위저당권자는 선순위저당권자가 전항의 규정에 의하여 다른 부동산의 경매대가에서 변제를 받을 수 있는 금액의 한도에서 선순위자를 대위하여 저당권을 행사할 수 있다.

그렇다면 근저당권 설정등기 전에 가압류등기가 마쳐진 경우처럼 공동저당권과 동순위로 배당받는 채권이 있는 경우에는 어떠한가?

대법원 2020다258893 판결에 의하면 민법 제368조 제1항이 의미하는 '각 부동산의 경매대가'에 대하여 "매각대금에서 당해 부동산이 부담할 경매비용과 선순위채권뿐만 아니라 동순위채권에 안분되어야 할 금액까지 공제한 잔액을 말한다고 봄이 타당하다."는 취지이다.

그 이유는 무엇일까? 위 대법원 판결에 의하면 "당해 부동산에서 동순위채권에 안분되는 금액은 공동저당권의 우선변제권이 미치지 아니하여 담보가치에서 제외되고 이는 선순위채권의 경우와 다를 바 없기 때문"이라고 한다.

따라서 선행 가압류와 같이 공동저당권과 동순위로 배당받는 채권이 있는 경우 동시배당을 하는 때 민법 제368조 제1항에 따른 채권의 분담은, 먼저 공동저당권과 동순위로 배당받을 채권자가 존재하는 부동산의 매각대금에서 경매비용과 선순위채권을 공제한 잔여금액을, 공동저당권의 피담보채권액과 동순위채권액에 비례하여 안분한 다음, 공동저당권의 피담보채권에 안분된 금액을 경매대가로 삼아 다른 부동산들과 사이에서 각 경매대가에 안분하여 채권의 분담을 정하는 방법으로 이루어진다. 이는 공동근저당의 경우에도 마찬가지이다.

위 대법원 판결의 원심은 "민법 제368조 제1항의 '경매대가' 산정 시 동순위채권에 안분하여야 할 금액은 공제되지 않는다는 전제에서 배당 금액을 산정하면서도, 이러한 방식에 따르면 채권자평등의 원칙에 반하게 되므로 동순위 가압류권자인 반소피고의 청구채권 역시 각 부동산의 경매대가에 비례하여 그 채권의 분담을 정함이 타당"하다는 취지여서 대법원 판결과 이론구성은 달랐으나, 해당사안의 결과에 있어서는 대법원과 동일하여 상고가 기각되었다(위 대법원 판결 사안과 그에 따른 구체적 계산방법에 대하여는 2024. 8. 1.자 공보에 대한 '서울고등법원판례공보스터디' 참고).

25. 매수인의 부동산 취득은 담보권 소멸로 영향을 받지 아니한다는 민집법 규정의 해석

담보권 실행을 위한 경매절차에 관한 민사집행법 제267조는 '대금완납에 따른 부동산취득의 효과'라는 제목 아래 "매수인의 부동산 취득은 담보권 소멸로 영향을 받지 아니한다." 라고 규정하고 있다.

종래 대법원은 위 민사집행법 제267조가 신설되기 전에도 실체상 존재하는 담보권에 기하여 경매개시결정이 이루어졌으나 그 후 경매 과정에서 담보권이 소멸한 경우에는 예외적으로 공신력을 인정하여, 경매개시결정에 대한 이의 등으로 경매절차가 취소되지 않고 매각이 이루어졌다면 경매는 유효하고 매수인이 소유권을 취득한다고 해석해 왔다[대법원(전합) 64다588 판결, 대법원 80다475 판결 등].

대법원은 위 민사집행법 제267조가 신설된 후에도 같은 입장을 유지하였다(대법원 98다51855 판결, 대법원 2011다68012 판결 등). 즉, 위 민사집행법 제267조는 경매개시결정이 있은 뒤에 담보권이 소멸하였음에도 경매가 계속 진행되어 매각된 경우에만 적용된다고 보는 것이 대법원의 일관된 입장이다.

그렇다면 대법원의 위 일관된 입장이 변경될 필요가 있는가? 변경될 필요가 없고 그대로 유지되어야 한다는 것이 대법원(전합) 2018다205209 판결의 취지이다.

위 대법원 판결이 밝히는 이유는 다음과 같다. 강제경매는 판결 등 공적으로 확인된 집행권원에 기초하여 실시되어 집행력 있는 정본 그 자체가 경매의 근거가 되므로, 집행채권이 실체적으로 부존재하거나 소멸한 경우에도 매수인의 소유권 취득에 영향이 없어 공신적 효력이 인정된다.

반면 임의경매는 집행권원을 요구하지 않고 사인들이 설정한 담보권에 내재하는 실체적 환가권능에 기초하여 실시되므로, 국가가 그 환가권능에 기한 처분행위를 대행하는 것이라는 점에서 강제경매와 근본적인 차이가 있다.

임의경매의 정당성은 실체적으로 유효한 담보권의 존재에 근거하므로, 담보권에 실체적 하자가 있다면 그에 기초한 경매는 원칙적으로 무효이다. 특히 채권자가 경매를 신청할 당시 실행하고자 하는 담보권이 이미 소멸하였다면, 그 경매개시결정은 아무런 처분권한이 없는 자가 국가에 처분권을 부여한 데에 따라 이루어진 것으로서 위법하다.

반면 일단 유효한 담보권에 기하여 경매개시결정이 개시되었다면, 이는 담보권에 내재하는 실체적 환가권능에 기초하여 그 처분권이 적법하게 국가에 주어진 것이다. 이러한 점에서 담보권의 소멸은 그 소멸 시기가 경매개시결정 전인지 또는 후인지에 따라 그 법률적 의미가 본질적으로 다르다고 할 수 있다.

위 민사집행법 제267조는 매수인의 부동산 취득이 '담보권 소멸'로 영향을 받지 않는다고 규정하고 있으므로, 담보권이 애초에 존재하지 않았던 경우에는 경매의 공신력을 인정하지 않으려는 취지임은 분명하다. 그런데 경매개시결정이 있기 전에 담보권이 소멸하였다면 그 담보권은 실체가 없으므로 담보권이 부존재하는 것과 법률적으로 아무런 차이가 없고, 그러한 경매개시결정은 애초에 적법하게 개시된 것이라고 볼 수 없다.

그러므로 위 민사집행법 제267조가 담보권의 소멸 시기를 언급하지 않고 있더라도 그것이 경매개시결정 전에 담보권이 소멸한 경우까지도 포함하여 경매의 공신력을 인정하려는 취지인지는 그 문언만으로는 분명하지 않고, 여전히 법률해석의 여지가 남아 있게 되었다. 이는 이 사건 조항을 도입할 때의 논의상황에 비추어 보더라도 그러하다.

소유자는 자신의 재산에 관하여 설정된 담보권이 유효하다는 전제 아래 그 재산을 강제로 환가하는 경매절차의 진행을 받아들이는 것이다. 그러므로 무효인 경매절차에서 소유자가 적극적인 이의 조치를 취하지 않았다는 이유로 그 권리를 상실시킬 수 없는 것이 원칙이다. 그러나 다른 한편으로 경매가 국가기관이 개입하는 공적 절차라는 특수성이 있으므로 그에 대한 신뢰와 매수인의 지위 안정 및 거래안전을 특별히 보호할 필요성도 있다.

결국 이렇게 대립하는 두 가치를 비교형량하여 무엇을 근거로 하여 어느 범위에서 진정한 권리자의 소유권이 상실되는 결과를 정당화할 것인지가 결정되어야 한다.

경매개시결정 당시 유효하게 존재하는 담보권에 기하여 적법하게 경매가 개시되었으나 도중에 담보권이 소멸한 경우, 채무자 및 소유자가 경매가 진행되고 있다는 사실을 알면서도 경매개시결정에 대한 이의를 비롯한 아무런 이의제기를 하지 않음으로써 경매가 계속 진행되었다면, 자신의 권리를 상실할 구체적 위험을 현실적으로 인지하면서도 방치한 권리자보다는 경매절차에 대한 신뢰와 거래안전을 보호할 필요가 더 크다고 할 수 있다.

즉, 원칙적으로는 경매가 무효라 하더라도 상대적으로 진정한 권리자에 대한 보호가치가 줄어든 경우에 한하여 실권효에 기초하여 예외적으로 경매의 공신력을 부여할지를 논할 수 있는 것이고, 이러한 논의에 애초부터 담보권이 소멸하여 위법하게 경매절차가 개시된 경우를 포함하는 것은 타당하다고 할 수 없다.

경매가 무효인 경우 이에 기초한 거래가 모두 무효가 되는 것은 근본적으로 우리 법이 부동산등기에 공신력을 인정하지 않고 있기 때문이다. 민법 제정 당시 등기의 공신력을 부정한 것은 부동산물권의 변동에서는 진정한 권리자의 보호를 중시하고, 그에 따라 거래안전이 희생되는 것을 감수하도록 하는 입법적 결단이라고 평가할 수 있다.

부동산등기의 공신력을 인정하지 않고 있는 우리 법체계 하에서 일반인들은 실체관계와 부합하지 않는 등기가 남아 있어도 그 효력이 없다고 신뢰하고 그러한 신뢰에 기하여 이미 소멸한 담보권 등기를 말소하지 않고 있었을 수도 있다.

그런데 경매개시결정이 있기 전에 담보권이 소멸한 경우에도 그 담보권에 기한 경매의 공신력을 인정한다면, 이는 소멸한 담보권 등기에 공신력을 인정하는 것과 같은 결과를 가져오므로 현재의 등기 제도와도 조화된다고 볼 수 없다.

결국 대법원이 현재에 이르기까지 위 민사집행법 제267조의 규정이 경매개시결정이 있은 뒤에 담보권이 소멸한 경우에만 적용되는 것으로 해석해 온 것은 이 사건 조항의 입법경위, 임의경매의 본질과 성격 및 부동산등기제도 등 법체계 전체와의 조화를 고려하여 다양한 해석이 가능한 법문언의 의미를 분명히 밝힌 것으로 보아야 한다.

대법원은 임의경매의 공신력을 제한적으로 인정하는 방향으로 이 사건 조항을 해석해 왔고, 이러한 판례의 태도에 따라 오랜 기간 실무례가 정착되어 왔다. 확립된 법리는 등기의 공신력 부정과 함께 거래실무에 영향을 미치고 있고, 그에 대한 신뢰도 확보된 상태이다. 판례의 태도가 당사자의 권리 구제나 법논리적 측면에서 부당하여 이를 변경할 필요성과 당위성이 있다고 할 수 없다.

또한 현재의 판례에 따르더라도 구체적 사안에서 소유자가 경매가 유효하다는 신뢰를 부여하였거나 경매를 저지하지 않은 데 귀책사유가 있는 등 소유자가 매수인의 소유권 취득을 다투는 것이 부당하고 그를 보호할 필요성이 크지 않다고 판단되는 경우에는 금반언의 원칙 또는 신의성실의 원칙을 적용함으로써 충분히 타당한 결론을 도모할 수 있다. 이는 원칙적으로 부동산등기 및 임의경매의 공신력을 인정하지 않는 우리법체계 하에서, 진정한 소유자의 보호와 경매절차의 적정한 운영 사이에서 조화를 도모할 수 있는 가장 바람직한 방법이다.

위 대법원(전합) 2018다205209 판결의 관련쟁점에 해당하는 '공동근저당권에 있어 피담보채권의 확정문제'를 확인해 보자.

근저당권자가 그 피담보채무의 불이행을 이유로 경매신청한 때에는 그 경매신청 시에 근저당권은 확정되고, 근저당권이 확정되면 그 이후에 발생하는 원금채권은 그 근저당권에 의하여 담보되지 않는다(대판 87다카545 등).

공동근저당권자가 스스로 일부 근저당권을 실행한 경우에도 마찬가지이다. 즉 공동근저당권자가 일부 근저당권을 실행한 경우에 아직 실행하지 않은 공동근저당권에서도 피담보채권이 확정되고, 그 이후 발생하는 채권은 담보되지 않는다. 근저당권자가 채무자와 더 이상 거래하지 않겠다는 의사를 표시한 것이라고 할 수 있기 때문이다.

제3자가 공동근저당의 목적물 중 일부에 대해서 경매를 신청한 경우 또는 물상보증인이 파산한 경우에는 어떠한가?

이러한 경우에는, 그 경매목적물 또는 그 물상보증인 소유의 부동산상의 근저당권에 대해서만 피담보채권이 확정된다(대법원 2015다50637 판결). 이와 같은 사유만으로 당연히 채권자와 채무자의 거래관계가 종료된다고 볼 수 없기 때문이다.

이러한 경우에는 채권자가 그 근저당권에 기하여 변제를 받으면 거래가 계속되는 도중에 채권의 일부를 변제받는 것과 같고, 다른 근저당권상의 피담보채권은 확정되지 않은 채 여전히 장래에 발생하는 채권을 담보하게 된다.

위 대법원(전합) 2018다205209 판결은 1997. 3. 물상보증인 소유의 제1, 2 부동산에 공동근저당권이 설정된 사안으로 1998. 1. 가압류등기, 2003. 4. 공동근저당권자(피고)가 그중 제1부동산에 대해서만 경매신청(제1경매)을 하였고, 채무자와의 거래관계 종료 의사표시에 따라 아직 실행되지 않은 제2부동산에 대한 공동근저당권도 확정되고, 이후 발생되는 채권은 담보되지 않았던 사안이었다.

피고는 제1경매절차에서 채권최고액(3억원) 범위에서 청구금액 전액을 배당받았는바, 제2부동산에 설정된 공동근저당권의 피담보채무도 제1부동산에 대한 경매신청(제1경매)로 확정되어 소멸되었음에도 불구하고 2009. 9. 피고가 제2부동산에 경매신청(제2경매)을 하여 배당받았던 것이다(공동근저당권의 피담보채권 확정 후에 피고에게 발생한 새로운 채권은 위 공동근저당권으로 담보되지 않음에도 불구하고, 제1부동산에 대한 경매신청으로 인하여 공동근저당권의 피담보 채권이 확정된 후에 발생한 채권을 기초로 제2부동산에 대한 경매를 신청하였던 것으로 이해됨).

결국 위 대법원(전합) 2018다205209 판결의 핵심 쟁점이 "이미 소멸한 담보권에 기한 제2부동산에 대한 경매절차의 효력"이 되었던 것이다(연도별 2023. 9. 1.자 '서울고등법원판례공보스터디' 제2510쪽~제2522쪽 참고).

26. 청구이의 소송 중 집행 불허 취지의 화해권고결정 확정과 강제경매신청 기각 여부

민사집행법 제44조는 "청구에 관한 이의의 소"라는 제목 아래에 "① 채무자가 판결에 따라 확정된 청구에 관하여 이의하려면 제1심 판결법원에 청구에 관한 이의의 소를 제기하여야 한다. ② 제1항의 이의는 그 이유가 변론이 종결된 뒤(변론 없이 한 판결의 경우에는 판결이 선고된 뒤)에 생긴 것이어야 한다. ③ 이의이유가 여러 가지인 때에는 동시에 주장하여야 한다."라고 규정하고 있다.

따라서 금전채권에 대한 확정판결로 부동산에 대한 강제경매신청이 이루어질 경우에 채무자는 청구에 관한 이의의 소를 제기할 수 있다.

다만 청구에 관한 이의의 소는 변론이 종결된 뒤에 그 이의 사유가 발생된 경우에 한정된다. 대법원 2012다108863 판결에 의하더라도 "청구이의의 소는 집행권원이 가지는 집행력의 배제를 목적으로 하는 것으로서 판결이 확정되더라도 당해 집행권원의 원인이 된 실체법상 권리관계에 기판력이 미치지 않는다."는 취지이다.

그렇다면 청구에 관한 이의의 소의 수소법원이 '이 사건 집행권원에 기한 강제집행을 불허한다.'라는 화해권고결정을 하였고, 쌍방이 이의하지 않아 그 화해권고결정이 2021. 4. 27. 자로 확정되었는데, 부동산 강제경매절차에서 최고가로 매수신고를 하여 2021. 2. 9. 매각허가결정을 받은 자가 있었던 경우에 위 강제경매개시결정이 취소될 수 있는가(강제집행 정지명령이 집행법원에 2021. 2. 16. 집행법원에 제출되어 위 매각허가결정이 유효한 상태였음)?

매각허가결정은 매수인의 지위를 부여하는 효력이 있다는 점에서 강제경매개시결정을 취소하려면 매각허가결정을 받은 자로부터 동의를 받아야 하는 것이 아닌지 문제되는 것이다.

① 채무자의 '청구에 대한 이의의 소'가 계속되어 위 채무자의 청구에 관한 이의의 소가 채무자 승소로 확정된 경우와 ② 채무자의 '청구에 대한 이의의 소'가 계속된 도중에 재판부의 화해권고결정에 따라 채무자 승소취지로 화해권고가 확정된 경우를 달리 보아야 한다는 것이 대법원 2022그534 결정의 결론이다.

①의 경우에는 매각허가결정을 받은 자로부터 동의를 받을 필요 없이 집행이 취소되지만, ②의 경우에는 매각허가결정을 받은 자로부터 동의를 받아야 집행이 취소된다는 것이다.

그 이유는 무엇일까? ①의 경우는 민사집행법 제49조 제1호, 제50조 제1항에 따라 처리된다는 것인데, '청구에 관한 이의의 소'의 확정판결은 민사집행법 제49조 제1호의 '집행처분의 취소를 명한 취지를 적은 집행력 있는 재판의 정본'이라는 것이다.

그렇다면 채무자가 제기한 '청구에 관한 이의의 소'에서 채무자 승소취지의 '재판상 화해'를 민사집행법 제49조 제1호의 '집행처분의 취소를 명한 취지를 적은 집행력 있는 재판의 정본'으로 볼 수 없다는 것인가? 그렇다.

위와 같이 '이 사건 집행권원에 기한 강제집행을 불허한다.'는 취지의 '재판상 화해'는 민사집행법 제49조 제1호가 아니라 '제6호'로 볼 여지가 있다는 것인데, '제6호'는 '강제집행을 하지 아니한다거나 강제집행의 신청이나 위임을 취하한다는 취지를 적은 화해조서의 정본 또는 공정증서의 정본'라고 규정하고 있고, 민사집행법 제93조 제2항, 제3항에 의하면 매수신고가 있은 뒤 경매신청을 취하하는 경우에는 최고가매수신고인 또는 매수인과 차순위매수신고인 등의 동의를 받아야 하는데, 이는 '제6호'의 서류를 제출하는 경우에도 준용됨을 규정하고 있기 때문이다.

위와 같은 '재판상 화해'는 '청구에 관한 이의의 소'가 형성판결인 점과 달리 개인 당사자들 사이의 '부집행 합의'로 볼 여지만 있기 때문에 채권자와 채무자가 '청구에 관한 이의의 소'에서 '화해권고결정'에 쌍방이 이의하지 않은 사정만으로는 경매절차의 이해관계인에 해당하는 매각허가결정을 받은 자의 동의 없이 경매취소는 할 수 없다는 것이다.

위 대법원 2022그534 결정의 판결 이유를 정리하면 다음과 같다.

확정판결의 집행력 배제를 구하는 청구이의의 소에서 해당 집행권원에 기한 강제집행을 불허한다는 내용이 담긴 이 사건 화해권고결정 정본이 민사집행법 제49조 제1호에서 정한 집행취소서류임을 전제로 한 사법보좌관의 처분이 정당하다고 본 원심의 결정은 수긍하기 어렵다.

법률관계의 변경·형성을 목적으로 하는 형성의 소는 법률에 명문의 규정이 있어야 제기할 수 있고 그 판결이 확정됨에 따라 효력이 생긴다. 이러한 형성판결의 효력을 개인 사이의 합의로 창설할 수는 없으므로, 형성소송의 판결과 같은 내용으로 재판상 화해를 하더라도 판결을 받은 것과 같은 효력은 생기지 않는다(대법원 2010다97846 판결).

이 사건 화해권고결정의 '이 사건 집행권원에 기한 강제집행을 불허한다.'는 내용은 형성소송인 청구이의의 소 재판의 대상으로서 당사자가 자유롭게 처분할 수 있는 사항이 아니므로, 그 문구 그대로 확정되더라도 이 사건 집행권원에 기한 강제집행을 허가하지 않는 효력은 생기지 않고, 이 사건 집행권원이 확정판결로서 갖는 집행력은 여전히 남아 있다. 따라서 이 사건 화해권고결정 정본은 민사집행법 제49조 제1호에서 정한 '강제집행을 허가하지 아니하는 취지를 적은 집행력 있는 재판의 정본'에 해당하지 않는다.

다만 위 청구이의의 소 당사자 모두 이 사건 화해권고결정에 이의를 신청하지 않았던 것을 보면 그들 사이에 '이 사건 집행권원으로 강제집행을 하지 않는다.'는 명시적·묵시적 합의가 있었을 개연성이 크고, 그렇다면 이 사건 화해권고결정의 문구를 부집행 합의가 이루어졌다는 뜻으로 새길 여지가 있을 뿐이다.

당사자 사이에 강제집행을 하지 않기로 하는 합의를 담은 화해조서 정본도 집행취소서류가 되나(민사집행법 제49조 제6호), 그 서류를 매각허가결정이 있은 뒤에 제출한 경우에는 매수인의 동의를 받아야 집행취소의 효력이 생긴다(민사집행법 제93조).

그런데도 원심이 이 사건 화해권고결정 정본이 제출되었다는 사정만으로 이 사건강제경매절차를 취소한 사법보좌관의 처분이 정당하다고 보아, 특별항고인의 이의신청을 기각한 것은 잘못이다. 이 점을 지적하는 취지인 특별항고인(매각허가결정을 받은 자)의 주장은 이유 있다.

정리하자면, 경매진행이 매각허가결정에 이른 경우에 청구에 관한 이이의 소와 집행정지결정을 받았다면, 채권자와 채무자가 그들간 합의 즉 '이 사건 집행권원으로 강제집행을 하지 않는다.'는 합의내용으로 화해권고요청을 하여 화해권고결정이 확정되면 이해관계인에 해당하는 매각허가결정을 받은 자의 동의를 얻어야 하는 매우 어려운 상황에 처하게 되나, 그렇지 않고 청구에 관한 이의의 소에서 채무자가 '부집행 합의'를 전제로 승소확정판결을 얻게 되면 이해관계인 즉 매각허가결정을 받은 자의 동의가 필요 없다는 것이다.

이런 문제에 대하여 "청구에 관한 이의의 소도 '자백'(자백간주 포함)이 인정되고, '부집행 합의'도 청구에 관한 이의 사유가 된다는 것이 대법원 95다19072 판결의 입장이고, 확정판결(집행권원) 이후에 '부집행 합의'를 한 경우에 청구에 관한 이의의 소를 제기할 수 있으며 그뿐만 아니라 청구에 관한 이의의 소에 있어 사실심 변론종결시까지 발생한 청구이의사유를 주장할 수 있으므로, 최고가매수신고인 등 이해관계인이 생긴 이후에 이루어진 변제 내지 '부집행 합의' 등을 이유로 하는 경우에도, 청구에 관한 이의의 소를 제기한 자에게 승소판결을 할 수 있게 되는데, 이 경우에는 이해관계인 동의를 요한다고 보기 어렵다고 생각한다."라는 견해가 있다(연도별 2023. 9. 1.자 '서울고등법원판례공보스터디' 제2196쪽~2203쪽 참조).

27. 사회복지법인의 기본재산처분 허가가 문제된 사례

사회복지사업법 제23조 제3항은 사회복지법인이 기본재산에 관하여 '매도·증여·교환·임대·담보제공 또는 용도변경을 하려는 경우'(이하 '처분행위')에는 시·도지사의 허가를 받도록 정하고 있다.

이처럼 기본재산 처분행위에 관하여 관할관청의 허가를 받도록 한 위 규정들은 강행규정으로 허가 없이 이루어진 기본재산에 관하여 체결된 계약은 채권적으로 무효(대법원 2002마4353 결정 등)이며, 그에 따라 경료된 등기도 무효가 된다.

그 이유는 무엇일까? 사회복지법인과 같은 공익적 성격의 법인이 해당 사업을 정상적으로 수행하기 위하여는 일정한 시설 등 필수적인 물적인 기초가 요구되는데, 관련 법률에서 이를 '기본재산'이라고 보고 그 처분에 주무관청의 허가를 받도록 함으로써 공익적 사업의 물적인 기초가 공동화되는 것을 방지하고자 하는 취지로 이해된다.

따라서 경매로 사회복지법인의 기본재산이 처분되는 경우에도 시·도지사의 허가가 필요한 것이 원칙이다. 이러한 사정을 전제로 대법원 2022마118 결정 사안을 확인해 보자.

사회복지법인 기쁜우리월드는 이 사건 부동산 등을 그 정관상 기본재산으로 보유하고 있었다. 기쁜우리월드는 2016. 12.경 이 사건 부동산 등을 처분하는 데 있어 서울특별시장의 기본재 산처분 허가를 받았고, 위 허가에 따라 기쁜우리월드는 우리샘물 주식회사에 이 사건 부동산을 매도하였으며, 우리샘물 주식회사가 2018. 2.경 이 사건 부동산에 관한 소유권이전등기를 마쳤다.

그런데 서울특별시장은 2020. 1.경 위 기본재산처분 허가를 취소하였다. 한편, 주식회사 삼익디앤에이는 2017. 12.경 기쁜우리월드에 대한 공사대금채권을 청구채권으로 당시 기쁜우리월드 소유이던 이 사건 부동산에 대하여 가압류결정을 받았고, 이 사건 부동산에 가압류등기를 마쳤다.

주식회사 삼익디앤에이는 2020. 9.경 기쁜우리월드에 대한 공사대금청구 소송에서 승소확정 판결을 받아 2020. 10.경 이 사건 부동산 등에 대한 강제경매를 신청하였고, 이에 따라 이 사건 강제경매절차가 개시되어 위 가압류가 본압류로 이행되었다.

이를 순서대로 도식화하면, "2016. 12.경 기쁜우리월드의 기본재산(부동산) 처분허가 → 2017. 12.경 기쁜우리월드 채권자의 부동산가압류 → 2018. 2.경 우리샘물 주식회사의 소유권이전등기 → 2020. 1.경 서울시장의 기본재산 허가 취소 → 2020. 10.경 기쁜우리월드 채권자의 승소확정에 따른 본압류(강제경매)"로 정리된다.

이러한 사안에서 '기본재산허가가 취소'되었으니 경매대상 부동산의 소유권은 기쁜우리월드로 복귀되어 강제경매의 낙찰자가 매각결정기일까지 기본재산처분 허가서를 제출해야 하는가?

아니면 '기본재산허가의 취소'는 소급효가 없는 철회의 의미이므로 경매당시의 소유자는 가압류를 떠안은 우리샘물주식회사가 되고 우리샘물주식회사는 사회복지법인이 아니므로 기본재산처분 허가서가 필요 없는 것인가?

원심은 서울특별시장이 2020. 1.경 위 기본재산처분 허가를 취소한 이상 이 사건 부동산이 기쁜우리월드의 기본재산임을 전제로 다시 기본재산처분 허가를 받아야만 매각을 허가할 수 있다고 판단하면서 제1심결정을 유지하였으나, 대법원은 원심결정을 파기·환송하였다(대법원 2022마118 결정).

그 이유는 집행법원으로서는 기쁜우리월드의 정관에 이 사건 부동산이 기본재산으로 남아있다는 사정만으로 기쁜우리월드의 기본재산으로 취급할 것이 아니고, 서울특별시장의 취소는 그 명칭에도 불구하고 법적 성격은 소급효가 없는 허가의 '철회'에 해당할 여지가 있다는 것이다(자세한 내용은 연도별 2023. 9. 1.자 '서울고등법원판례공보스터디' 제2644쪽~제2655쪽 참고).

위 대법원 2022마118 결정의 이유를 정리한다. 사회복지사업법은 '사회복지법인은 사회복지사업의 운영에 필요한 재산을 소유하여야 하고, 사회복지법인의 재산은 기본재산과 보통재산으로 구분하며 기본재산은 그 목록을 정관에 적어야 한다'라고 규정하고 있다(제23조 제1항, 제2항).

한편 사회복지법인 설립허가신청서에는 재산의 소유를 증명할 수 있는 서류 등을 첨부하여 제출해야 하고, 허가권자인 시·도지사는 건물 및 토지의 등기사항을 확인해야 한다(사회복지사업법 시행규칙 제7조 제2항). 사회복지법인이 정관을 변경하고자 정관변경인가신청서를 제출할 경우에도 시·도지사는 건물 및 토지의 등기사항을 확인해야 한다(사회복지사업법 시행규칙 제8조 참조).

이러한 사회복지사업법령에 의하면 어떠한 부동산이 사회복지법인의 기본재산이라고 보기 위해서는 원칙적으로 그 사회복지법인 명의로 소유권에 관한 등기가 마쳐져야 한다고 해석된다.

사회복지법인이 시·도지사의 허가를 받아 기본재산인 부동산을 처분하고 그에 따라 매수자 등의 소유권이전등기까지 마쳐준 경우라면, 특별한 사정이 없는 한 사회복지법인이 정관변경절차를 소홀히 하여 정관에 기본재산으로 남아있다는 사유만으로 이를 사회복지법인의 기본재산으로 볼 수는 없다.

이 사건 부동산은 기쁜우리월드가 서울특별시장의 기본재산처분 허가를 받아 우리샘물주식회사에 매도하였고, 우리샘물 주식회사가 그 소유권이전등기까지 마쳤으며 이 사건 강제경매절차에서도 우리샘물 주식회사의 소유권이전등기가 말소되지 않고 그대로 있는 이상, 집행법원으로서는 기쁜우리월드의 정관에 이 사건 부동산이 기본재산으로 남아있다는 사정만으로 기쁜우리월드의 기본재산으로 취급할 것이 아니다.

한편 행정행위의 취소는 일단 유효하게 성립한 행정행위를 그 성립 당시 존재하던 하자를 사유로 소급하여 그 효력을 소멸시키는 행정처분이고, 행정행위의 철회는 적법요건을 구비하여 유효한 행정행위를 행정행위 성립 이후 새로이 발생한 사유로 그 행위의 효력을 장래에 향해 소멸시키는 행정처분이다(대법원 2003다6422 판결, 대법원 2003다37969 판결 등).

행정청의 행정행위취소가 있더라도 그 취소사유의 내용, 경위 기타 제반 사정을 종합하여 그 명칭에도 불구하고 행정행위의 효력을 장래에 향해 소멸시키는 행정행위의 철회에 해당하는지 살펴보아야 한다.

서울특별시장의 기본재산처분 허가에 따라 우리샘물 주식회사에 처분되어 소유권이전등기까지 마쳐진 이후 서울특별시장이 위 허가를 취소하였더라도, 말소되지 않고 있는 우리샘물 주식회사의 소유권이전등기가 당연히 무효임을 전제로 이 사건 부동산이 기쁜우리월드의 기본재산이라고 볼 것은 아니다.

서울특별시장이 허가를 취소하면서 내세운 취소사유가 허가 당시에 그 허가에 존재하던 하자가 아니라면, 그 명칭에도 불구하고 법적 성격은 허가의 '철회'에 해당할 여지가 있어 그 전에 이루어진 기쁜 우리월드와 우리샘물 주식회사의 이 사건 부동산매매계약과 이를 원인으로 마쳐진 우리샘물 주식회사의 소유권이전등기는 서울특별시장의 허가 취소에도 불구하고 여전히 유효하다고 볼 수 있기 때문이다.

원심은 기쁜우리월드의 정관에 이 사건 부동산이 기본재산으로 남아있다거나 서울특별시장의 기본재산처분 허가 취소가 있었다는 이유만을 들어, 이 사건 부동산이 기쁜우리월드의 기본재산이 아니라는 재항고인의 주장을 배척하였다. 이러한 원심결정에는 사회복지법인의 기본재산, 행정처분의 취소·철회에 관한 법리를 오해하고 필요한 심리를 다하지 아니한 잘못이 있다. 이 점을 지적하는 재항고이유 주장은 이유 있다.

다만 이 사건 부동산이 기쁜우리월드의 기본재산이 아니라서 이 사건 강제경매절차에서 매수인이 소유권을 취득함에 있어 그 처분허가를 받을 필요가 없었음에도 사회복지법인의 기본재산이라는 이유로 주무관청의 처분허가서를 제출하도록 매각물건명세서에 기재되어 매각기일공고가 되었다면, 그러한 하자는 일반 매수희망자가 매수의사나 매수신고가격을 결정함에 있어 실질적인 영향을 미쳤을 것이므로 '매각물건명세서 작성에 중대한 흠'이 있는 경우(민사집행법 제123조 제2항, 제121조 제5호)에 해당하여 집행법원은 직권으로 매각을 불허해야 하는지도 살펴볼 필요가 있음을 지적하여 둔다(대법원 2002마1208 결정, 대법원 2012마1177 결정 등).

제15장 유치권 · 법정지상권

1. 판결에 의한 지료확정과 지료연체에 따른 법정지상권의 소멸청구

민법 제287조는 "지상권자가 2년 이상의 지료를 지급하지 아니한 때에는 지상권설정자는 지상권의 소멸을 청구할 수 있다."고 규정하고 있다.

따라서 민법 제366조에 따라 (근)저당권의 실행으로 지상 건물에 법정지상권이 설정된 경우에도 법정지상권자가 지료를 2년 이상 미납한 경우에는 토지소유자가 지상권의 소멸을 청구할 수 있다.

민법 제366조에 따라 법정지상권이 설정된 경우에는 당사자 사이에 지료를 협의해서 결정하거나, 협의가 성립하지 않으면 당사자의 청구에 의하여 법원이 지료를 결정하게 되는데 (민법 제366조 후문), 법정지상권이 성립한 상태에서 당사자 간 협의가 성립하지 않아 지료를 법원에서 결정할 당시에 이미 2년 이상의 지료가 연체된 경우에 판결이 확정되자마자 토지소유자의 즉각적인 지상권 소멸청구가 가능할까?

대법원 92다44749 판결에 의하면, 즉각적인 지상권 소멸청구는 인정되지 않으며, "신의칙상 상당기간 동안은 소멸청구권의 행사가 유예되어야 한다."는 취지이다.

대법원 판결 사안은 법정지상권 성립에 따른 지료를 지급하라는 판결이 1991. 7. 26.경에 확정되었는데, 그 판결의 취지는 지료를 1987. 5. 19.경부터 지급하라는 것이었다. 즉, 판결 확정시에 이미 4년 이상의 지료연체가 있었는데, 판결확정 후에 신의칙상 상당기간 동안 소멸청구권 행사가 유예되어야 한다는 취지인 것이다.

대법원 사안에서는 판결이 확정된 후에 토지소유자가 건물소유자에게 계속적으로 구두로 지료청구를 하다가 1991. 9. 12.경 토지소유자의 내용증명이 법정지상권자에게 도달되고, 추가적으로 소장을 통해 소멸청구를 행사하였는데, 이러한 경위를 고려하여 소장이 건물소유자에게 송달된 1991. 11. 7.경 법정지상권이 소멸되었다고 판단하였다. 소장을 송달받은 건물소유자가 1991. 11. 28.경에 법원판결을 통해 결정된 지료를 지급하였으나, 그러한 지료의 지급은 토지소유자의 지상권소멸청구를 막지는 못하는 결과가 되었다.

그렇다면, 지료를 정하는 판결의 확정 당시에 이미 발생한 지료가 2년분에 이르지 못한 경우에는 어떠한가? 이러한 경우에는 토지소유자가 지료를 정하는 판결을 받아 확정된 이후에 지료를 지급하지 아니한 기간이 총 2년에 이르면 그 시점에 즉각적인 지상권 소멸청구가 가능하다고 해석된다(필자의 개인의견).

지료 2년분 이상을 연체한 후에 지료일부를 아무런 이의 없이 토지소유자가 지급받아, 결과적으로 2년분의 지료 연체가 아니게 된 경우에, 토지소유자의 지상권 소멸청구가 인정되는가? 아니다. 대법원 2012다102384 판결에 의하면, 이러한 경우는 지상권 소멸청구가 인정되지 않는다.

즉, “지상권자가 2년 이상의 지료를 지급하지 아니한 때에는 지상권설정자는 지상권의 소멸을 청구할 수 있으나(민법 제287조), 지상권설정자가 지상권의 소멸을 청구하지 않고 있는 동안 지상권자로부터 연체된 지료의 일부를 지급받고 이를 이의 없이 수령하여 연체된 지료가 2년 미만으로 된 경우에는 지상권설정자는 종전에 지상권자가 2년분의 지료를 연체하였다는 사유를 들어 지상권자에게 지상권의 소멸을 청구할 수 없으며, 이러한 법리는 토지소유자와 법정지상권자 사이에서도 마찬가지이다.”는 취지이다.

2. 유치권의 불가분성

민법 제320조 제1항은 “타인의 물건 또는 유가증권을 점유한 자는 그 물건이나 유가증권에 관하여 생긴 채권이 변제기에 있는 경우에는 변제를 받을 때까지 그 물건 또는 유가증권을 유치할 권리가 있다.”고 규정하고 있고, 민법 제321조는 “유치권의 불가분성”이라는 제목으로 “유치권자는 채권 전부의 변제를 받을 때까지 유치물 전부에 대하여 그 권리를 행사할 수 있다.”고 규정하고 있다. 유치권의 불가분성이라는 의미는 구체적으로 어떠한 의미를 담고 있는가?

대법원 2005다16942 판결에 의하면, 원심과 달리 결론적으로 “다세대주택의 창호 등의 공사를 완성한 하수급인이 공사대금채권 잔액을 변제받기 위하여 위 다세대주택 중 한 세대를 점유하여 유치권을 행사하는 경우, 그 유치권은 위 한 세대에 대하여 시행한 공사대금만이 아니라 다세대주택 전체에 대하여 시행한 공사대금채권의 잔액 전부를 피담보채권으로 하여 성립한다.”는 취지다.

〈원심판결〉 비록 채권자가 적법한 권원에 기하여 유치권을 행사하고 있다고 하더라도 그 행사범위는 공평의 원칙상 당해 채권과 유치권자가 점유하고 있는 특정한 물건과의 견련성이 인정되는 범위로 엄격히 제한될 필요성이 있는 점, 민법 제320조 규정의 문언 자체의 해석에 의하더라도 타인 소유의 특정한 물건을 점유하고 있는 자는 그 특정한 물건에 관하여 생긴 채권에 대하여만 유치권을 행사할 수 있는 것으로 해석되고, 이 사건 주택은 구분건물로서 다른 55세대의 주택과는 구별되어 독립한 소유권의 객체가 되는 특정한 부동산인 점 등에 비추어, 독립한 특정물로서의 이 사건 주택을 담보로 성립하는 피고의 유치권은 피고가 시행한 이 사건 공사에 대한 나머지 공사대금 전부에 해당하는 157,387,000원이 아니라, 피고가 점유하고 있는 이 사건 주택에 대하여 시행한 공사대금 3,542,263원만을 피담보채권으로 하여 성립한다고 봄이 상당하다고 판단하여, 피고에 대하여 소외 2로부터 위 3,542,263원을 지급받음과 동시에 이 사건 주택을 인도할 것을 명하였다.

〈원심판결에 대한 대법원 2005다16942 판결(원심파기·환송)**〉** 이 사건 공사의 공사대금이 각 구분건물에 관한 공사부분별로 개별적으로 정해졌거나 처음부터 각 구분건물이 각각 별개의 공사대금채권을 담보하였던 것으로 볼 수 없는 이상, 피고가 소외 2에 대하여 가지는 이 사건 공사 목적물(7동의 다세대주택) 전체에 관한 공사대금채권은 피고와 소외 2 사이의 하도급계약이라는 하나의 법률관계에 의하여 생긴 것으로서 그 공사대금채권 전부와 공사 목적물 전체 사이에는 견련관계가 있다고 할 것이고, 피고가 2003년 5월경 이 사건 공사의 목적물 전체에 대한 공사를 완성하여 이를 점유하다가, 현재 나머지 목적물에 대하여는 점유를 상실하고 이 사건 주택만을 점유하고 있다고 하더라도, 유치물은 그 각 부분으로써 피담보채권의 전부를 담보한다고 하는 유치권의 불가분성에 의하여 이 사건 주택은 이 사건 공사로 인한 공사대금채권 잔액 157,387,000원 전부를 담보하는 것으로 보아야 할 것이고, 그렇게 보는 것이 우리 민법상 공평의 견지에서 채권자의 채권확보를 목적으로 법정담보물권으로서의 유치권 제도를 둔 취지에도 부합한다(원심파기·환송).

참고로 대법원 2018다301350 판결에 의하면 "유치권의 불가분성은 그 목적물이 분할 가능하거나 수개의 물건인 경우에도 적용되며(대법원 2005다16942 판결), 상법 제58조의 상사유치권에도 적용된다(대법원 2016다244835 판결). 민법 제324조는 '유치권자에게 유치물에 대한 선량한 관리자의 주의의무를 부여하고, 유치권자가 이를 위반하여 채무자의 승낙 없이 유치물을 사용, 대여, 담보 제공한 경우에 채무자는 유치권의 소멸을 청구할 수 있다.'고 정한다. 하나의 채권을 피담보채권으로 하여 여러 필지의 토지에 대하여 유치권을 취득한 유치권자가 그 중 일부 필지의 토지에 대하여 선량한 관리자의 주의의무를 위반하였다면 특별한 사정이 없는 한 위반행위가 있었던 필지의 토지에 대하여만 유치권 소멸청구가 가능하다고 해석하는 것이 타당하다."면서 그 이유에 대하여 "① 여러 필지의 토지에 대하여 유치권이 성립한 경우 유치권의 불가분성으로 인하여 각 필지의 토지는 다른 필지의 토지와 관계없이 피담보채권의 전부를 담보한다. 이때 일부 필지 토지에 대한 점유를 상실하여도 나머지 필지 토지에 대하여 피담보채권의 담보를 위한 유치권이 존속한다. 같은 취지에서 일부 필지 토지에 대한 유치권자의 선량한 관리자의 주의의무 위반을 이유로 유치권 소멸청구가 있는 경우에도 그 위반 필지 토지에 대하여만 소멸청구가 허용된다고 해석함이 타당하다. ② 민법 제321조에서 '유치권의 불가분성'을 정한 취지는 담보물권인 유치권의 효력을 강화하여 유치권자의 이익을 위한 것으로서 이를 근거로 오히려 유치권자에게 불이익하게 선량한 관리자의 주의의무 위반이 문제 되지 않는 유치물에 대한 유치권까지 소멸한다고 해석하는 것은 상당하지 않다. ③ 유치권은 점유하는 물건으로써 유치권자의 피담보채권에 대한 우선적 만족을 확보하여 주는 법정담보물권이다(민법 제320조 제1항, 상법 제58조). 한편 민법 제324조에서 정한 유치권 소멸청구는 유치권자의 선량한 관리자의 주의의무 위반에 대한 제재로서 채무자 또는 유치물의 소유자를 보호하기 위한 규정이다. 유치권자가 선량한 관리자의 주의의무를 위반한 정도에 비례하여 유치권소멸의 효과를 인정하는 것이 유치권자와 채무자 또는 소유자 사이의 이익균형을 고려한 합리적인 해석이다."라는 취지이다.

3. 부동산에 대한 압류와 가압류, 그리고 체납처분압류와 유치권 대항 여부

민법상 유치권은 타인의 물건을 점유한 자가 그 물건에 관하여 생긴 채권을 가지는 경우에 법률상 당연히 성립하는 법정담보물권이다(민법 제320조 제1항). 따라서 어떤 부동산에 이미 저당권과 같은 담보권이 설정되어 있는 상태에서도 그 부동산에 관하여 민사유치권이 성립될 수 있다.

민사집행법은 경매절차에서 저당권 설정 후에 성립한 용익물권은 매각으로 소멸된다고 규정하면서도, 유치권에 관하여는 그와 달리 저당권 설정과의 선후를 구별하지 아니하고 경매절차의 매수인(낙찰자)이 유치권의 부담을 인수하는 것으로 규정하고 있다(민사집행법 제91조 제3항, 제5항).

따라서 민사유치권자는 저당권 설정 후에 유치권을 취득한 경우에도 경매절차의 매수인에게 유치권을 행사할 수 있다.

그렇다면, 부동산에 관하여 이미 경매절차가 개시되어 진행되고 있는 상태에서 비로소 그 부동산에 유치권을 취득한 경우에도 아무런 제한 없이 유치권자에게 경매절차의 매수인에 대한 유치권의 행사를 허용해야 할까? 그렇지 않다.

채무자 소유의 부동산에 경매개시결정의 기입등기가 경료되어 압류의 효력이 발생한 후에 부동산의 점유를 이전받아 유치권을 취득한 채권자는 유치권을 내세워 매수인(낙찰자)에게 대항할 수 없다.

즉, 대법원 2006다22050 판결에 의하면, "채무자 소유의 부동산에 경매개시결정의 기입등기가 경료되어 압류의 효력이 발생한 이후에 채권자가 채무자로부터 위 부동산의 점유를 이전받고 이에 관한 공사 등을 시행함으로써 채무자에 대한 공사대금채권 및 이를 피담보채권으로 한 유치권을 취득한 경우, 이러한 점유의 이전은 목적물의 교환가치를 감소시킬 우려가 있는 처분행위에 해당하여 민사집행법 제92조 제1항, 제83조 제4항에 따른 압류의 처분금지효에 저촉되므로,

위와 같은 경위로 부동산을 점유한 채권자로서는 위 유치권을 내세워 그 부동산에 관한 경매절차의 매수인에게 대항할 수 없고, 이 경우 위 부동산에 경매개시결정의 기입등기가 경료되어 있음을 채권자가 알았는지 여부 또는 이를 알지 못한 것에 관하여 과실이 있는지 여부 등은 채권자가 그 유치권을 매수인에게 대항할 수 없다는 결론에 아무런 영향을 미치지 못한다."는 취지이다.

이처럼 유치권을 제한하는 이유는 무엇일까?

부동산에 관하여 이미 경매절차가 개시되어 진행되고 있는 상태에서 비로소 그 부동산에 유치권을 취득한 경우에도 아무런 제한 없이 유치권자에게 경매절차의 매수인에 대한 유치권의 행사를 허용하면 경매절차에 대한 신뢰와 절차적 안정성이 크게 위협받게 됨으로써 경매목적 부동산을 신속하고 적정하게 환가하기가 매우 어렵게 되고 경매절차의 이해관계인에게 예상하지 못한 손해를 줄 수도 있으므로, 그러한 경우에까지 압류채권자를 비롯한 다른 이해관계인들의 희생 하에 유치권자만을 우선 보호하는 것은 집행절차의 법적 안정성이라는 측면에서 받아들일 수 없기 때문이다[대법원(전합) 2009다60336 판결].

이와 관련하여 대법원 2021다253710 판결(건물인도)은 "경매개시결정이 있기 전부터 유치권을 이유로 부동산을 점유하면서 채무자와 일정기간 동안 변제기를 유예하기로 합의한 甲 주식회사가 그 후 개시된 경매절차에서 유치권 신고를 하였다가, 이후 甲 회사를 상대로 유치권부존재확인의 소가 제기되어 그 소송에서 甲 회사에 유치권이 존재한다는 판결이 선고되어 확정되자, 속행된 경매절차에서 다시 유치권 신고를 하였는데, 경매절차에서 부동산의 소유권을 취득한 乙이 甲 회사를 상대로 부동산 인도와 부당이득반환을 청구한 사안'에서

甲 회사가 경매개시결정 전후로 계속하여 경매목적물을 점유해 왔으므로 甲 회사의 공사대금채권 변제기가 변제기 유예 이전에 이미 도래하여 甲 회사가 경매개시결정등기 전에 유치권을 취득하였을 경우, 경매개시결정 이후 변제기가 재차 도래함으로써 甲 회사가 다시 유치권을 취득하였다고 볼 여지가 있는 점, 경매개시결정 전후로 유치권자가 부동산을 계속 점유하면서 유치권을 신고하였고 현황조사보고서에 이러한 사정이 기재된 점, 유치권의 존재를 확인하는 판결까지 확정되어 매수인 등이 유치권의 존재를 알고 있었던 것으로 보이고 달리 거래당사자가 유치권을 자신의 이익을 위하여 고의로 작출하였다는 사정을 찾아볼 수 없는 점을 종합하면,

유치권의 행사를 허용하더라도 경매절차의 이해관계인에게 예상하지 못한 손해를 주지

않고 집행절차의 법적 안정성을 해치지 않아 유치권의 행사를 제한할 필요가 없으므로, 甲 회사가 경매절차의 매수인인 乙에게 유치권을 주장할 수 있다고 봄이 타당한데도, 변제기 유예 전에 공사대금채권의 변제기가 도래하여 甲 회사가 경매개시결정등기 전에 유치권을 취득한 적이 있고 경매개시결정 이후 변제기가 재차 도래함으로써 다시 유치권을 취득한 것인지 등을 더 심리하지 아니한 채, 변제기 유예로 경매개시결정 당시 甲 회사의 공사대금채권이 변제기에 있지 않았다는 이유만으로 甲 회사가 유치권을 주장할 수 없다고 본 원심판단에 법리오해 등의 잘못이 있다."는 취지로 판시하였다.

그렇다면, 압류가 아닌 가압류의 경우는 어떠한가? 즉, 채무자 소유의 부동산에 가압류 효력이 발생한 후에 부동산의 점유를 이전받아 유치권을 취득한 채권자도 유치권을 내세워 매수인(낙찰자)에게 대항할 수 없는가?

경매개시결정 기입등기가 경료되어 압류의 효력이 발생한 경우와 달리, 가압류만 된 상태에서는 유치권자가 매수인(낙찰자)에게 대항할 수 있다.

즉 대법원 2009다19246 판결에 의하면, "부동산에 경매개시결정의 기입등기가 경료되어 압류의 효력이 발생한 후에 채무자가 제3자에게 당해 부동산의 점유를 이전함으로써 그로 하여금 유치권을 취득하게 하는 경우 그와 같은 점유의 이전은 처분행위에 해당한다는 것이 당원의 판례이나,

이는 어디까지나 경매개시결정의 기입등기가 경료되어 압류의 효력이 발생한 후에 채무자가 당해 부동산의 점유를 이전함으로써 제3자가 취득한 유치권으로 압류채권자에게 대항할 수 있다고 한다면 경매절차에서의 매수인이 매수가격 결정의 기초로 삼은 현황조사보고서나 매각물건명세서 등에서 드러나지 않는 유치권의 부담을 그대로 인수하게 되어 경매절차의 공정성과 신뢰를 현저히 훼손하게 될 뿐만 아니라, 유치권신고 등을 통해 매수신청인이 위와 같은 유치권의 존재를 알게 되는 경우에는 매수가격의 즉각적인 하락이 초래되어 책임재산을 신속하고 적정하게 환가하여 채권자의 만족을 얻게 하려는 민사집행제도의 운영에 심각한 지장을 줄 수 있으므로,

위와 같은 상황 하에서는 채무자의 제3자에 대한 점유이전을 압류의 처분금지효에 저촉되는 처분행위로 봄이 타당하다는 취지이다. 따라서 이와 달리 부동산에 가압류등기가 경료되어 있을 뿐 현실적인 매각절차가 이루어지지 않고 있는 상황 하에서는 채무자의 점유이전으로 인하여 제3자가 유치권을 취득하게 된다고 하더라도 이를 처분행위로 볼 수는 없다."는 취지이다.

국세징수법에 의한 체납처분절차에서의 체납처분압류의 경우는 어떠한가?

이 경우는 가압류등기가 경료된 것처럼 취급한다. 체납처분압류의 등기가 있은 후에 채무자로부터 점유를 이전받아 유치권을 취득한 채권자도 매수인(낙찰자)에게 대항할 수 있다는 것이다.

즉 대법원(전합) 2009다60336 판결에 의하면 "부동산에 관한 민사집행절차에서는 경매개시결정과 함께 압류를 명하므로 압류가 행하여짐과 동시에 매각절차인 경매절차가 개시되는 반면, 국세징수법에 의한 체납처분절차에서는 그와 달리 체납처분에 의한 압류(이하 '체납처분압류')와 동시에 매각절차인 공매절차가 개시되는 것이 아닐 뿐만 아니라, 체납처분압류가 반드시 공매절차로 이어지는 것도 아니다. 또한 체납처분절차와 민사집행절차는 서로 별개의 절차로서 공매절차와 경매절차가 별도로 진행되는 것이므로,

부동산에 관하여 체납처분압류가 되어 있다고 하여 경매절차에서 이를 그 부동산에 관하여 경매개시결정에 따른 압류가 행하여진 경우와 마찬가지로 볼 수는 없다. 따라서 체납처분압류가 되어 있는 부동산이라고 하더라도 그러한 사정만으로 경매절차가 개시되어 경매개시결정등기가 되기 전에 부동산에 관하여 민사유치권을 취득한 유치권자가 경매절차의 매수인에게 유치권을 행사할 수 없다고 볼 것은 아니다."는 취지이다.

4. 유치권과 저당권의 우열 및 압류의 처분금지효와 유치권의 대항력

유치권은 인도거절권, 경매청구권은 있지만, 우선변제권은 없다. 즉 민법 제322조는 "경매, 간이변제충당"이라는 제목아래에 "① 유치권자는 채권의 변제를 받기 위하여 유치물을 경매할 수 있다."라고 규정하고 있고, 유치권자가 유치목적물의 경매를 청구할 경우에 유치권은 소멸하고(소멸주의), 유치권자는 평등배당을 받을 뿐 우선변제적 효력은 없다(대법원 2010마1059 결정).

반면 유치목적물에 대한 제3자 신청에 의한 임의경매절차 또는 강제경매절차가 개시된 경우, 유치권자는 경락인에게 인도거절권을 행사를 할 수 있을 뿐이고 위 경매절차에서 배당받을 수 없다(이와 관련하여 유치권자가 피담보채권에 대한 이행판결을 받았다면 위 경매절차에서 배당요구를 하여 배당을 받을 수 있는 것이 아닌지 의문이 있을 수 있으나, 그런 의문은 실익이 없어 보임. 유치권자는 저당권보다 후순위로 배당받거나 다른 일반채권자와 안분비율에 따른 배당을 받을 여지만 있기 때문. 따라서 유치권자는 인도거절권을 통해 피담보채권을 온전히 확보하는 방안이 일반적일 것으로 이해됨(필자의 개인의견)).

저당권과 달리 유치권에는 우선변제권이 없음에도 불구하고 유치권과 저당권은 서로 양립 가능할 뿐만 아니라 유치권이 사실상 최우선순위의 담보권으로 기능한다(대법원 2011다84298 판결 참고).

즉 저당권이 먼저 설정되고 나서 유치권이 성립하고, 그 이후 위 저당권에 기한 임의경매절차가 진행되어 유치물이 경락된 경우에도 유치권은 경매에 의하여 소멸되지 않고, 유치권자는 자신의 피담보채권이 변제될 때까지 유치목적물의 인도를 거절할 수 있기 때문이다. 이와 관련하여 민사집행법 제91조 제5항은 "매수인은 유치권자에게 그 유치권으로 담보하는

채권을 변제할 책임이 있다."라고 규정하고 있다.

결론적으로 유치권의 피담보채권액만큼 경락대금이 낮아져 유치권자는 보호받고 근저당권자는 위험 부담을 떠안게 되는 결과 유치권은 사실상 최우선순위의 담보권 기능을 하게 된다는 것이다.

다만 유치권을 고의적으로 작출함으로써 사실상 최선순위 담보권자의 지위를 부당하게 이용하여 유치권제도 남용으로 평가될 경우에 유치권 행사는 허용될 수 없으며 이와 같은 유치권의 남용을 방지하기 위해서 나온 이론이 '압류의 처분금지효'이론 이라 할 수 있다.

그렇다면 '압류의 처분금지효'와 유치권의 대항력에 대한 몇몇의 판례를 확인해보자. 대법원 2006다22050 판결은 압류 후 목적물의 점유를 이전하여 공사가 완공된 경우에 유치권자는 압류의 처분금지효에 의하여 경락인에게 대항할 수 없어 경락인에게 경락부동산에 대한 인도의무를 부담한다는 취지로 판시하였다.

대법원 2005다22688 판결은 공사완공 후 압류가 되고 목적물의 점유가 이전된 경우에 유치권자는 압류의 처분금지효에 의하여 경락인에게 대항할 수 없는바, 경락인에게 경락부동산에 대한 인도의무를 부담한다는 취지로 판시하였다.

대법원 2011다55214 판결은 목적물의 점유가 먼저 이전되어 공사가 시작되고 그 후 압류가 된 다음 공사가 완공된 경우에 유치권자는 경락인에게 대항할 수 없어 경락인에게 경락부동산에 대한 인도의무를 부담한다고 판시하였다.

대법원 2013다84971 판결(공사 완공 → 변제기 연장 → 압류 → 변제기 도래)은 공사 완공 후 피담보채권의 변제기가 연장되었고, 압류 후 그 변제기가 도래한 바, 압류 당시 피담보채권의 변제기 미도래로 유치권을 주장할 수 없다고 판시하였다. 다만 위 대법원 판결은 '압류 전 점유 이전'이 없었던 사안이다.

그렇다면 '점유 이전 → 공사 완공 → 변제기 연장 → 압류 → 변제기 도래'의 사안은 유치권이 인정될까? 위 대법원 2013다84971 판결(공사 완공 → 변제기 연장 → 압류 → 변제기 도래) 사안과 다른 점은 '압류' 이전에 '점유이전'이 있었다는 점이다.

이와 관련하여 대법원 2021다253710 판결은 유치권의 성립을 인정한다. 위 대법원 2021다253710 판결에 대하여 찬성한다면서 '유치권제도 남용' 법리는 고의적으로 유치권을 작출함으로써 저당권자에게 피해를 입히는 사안을 막기 위하여 발달된 법리인데 위 대법원 판결은 ① 유치권자가 계속 점유하면서 변제기를 한 번 연장해 주었을 뿐으로 유치권자의 보호가치가 높고, ② 선행 유치권 부존재 확인소송에서 유치권이 인정된 사안이므로 압류의 처분금지효와 상관이 없어, 유치권의 성립을 인정하는 것이 더 정의에 부합한다는 견해가 있다(연도별 2023. 9. 1.자 '서울고등법원판례공보스터디' 제2962쪽~제2966쪽 참고).

위 대법원 2021다253710 판결 사안을 정리한다. 피고는 '이 사건 주택'의 인테리어 공사를 마친 후 위 주택을 점유하며 공사대금채권을 피담보채권으로 하는 유치권을 행사하다가,

피담보채권의 변제기를 2010. 9. 6.로 유예하여 주었다.

'이 사건 주택'의 근저당권자들의 신청에 따라 2010. 8. 24. 위 주택에 대한 '이 사건 경매개시결정등기'가 마쳐졌고, 피고는 위 경매절차에서 위 유치권을 신고하였다.

위 근저당권자들은 피고를 상대로 유치권부존재확인의 소를 제기하였고, 피고의 유치권이 존재한다는 판결이 선고 및 확정되었다. 위 판결 선고 후 속행된 경매절차에서 피고는 다시 유치권을 신고하였고(피고는 원심 변론종결일까지 계속하여 '이 사건 주택'을 점유함), 원고는 '이 사건 주택'을 매수하였다.

원고는 피고를 상대로 '이 사건 주택'의 인도 및 인도 완료일까지 차임 상당액의 부당이득 반환을 구하는 이 사건 소를 제기한 바, 원심은 이 사건 경매개시결정등기 당시 피담보채권의 변제기가 도래하지 않았다고 보아 피고의 유치권 항변을 배척하였으나, 대법원은 원심판결을 파기·환송한 것이다.

5. 유치권 배제특약의 유효성과 그 인적 범위

민사유치권(민법 제320조)의 기본적 성립요건을 적시하면, "① 타인의 물건 또는 유가증권의 적법 점유, ② 채권과 물건의 견련성, ③ 채권의 변제기 도래, ④ 유치권 배제특약의 부존재"가 된다. 즉, 위 요건을 모두 충족해야 유치권의 성립이 인정될 여지가 있고, 최근 판례에 따른 추가적 제한 요건의 충족도 필요하게 된다. 예를 들어, 판례는 압류등기 후에 점유를 취득함으로써 유치권을 취득하는 경우에 압류의 처분금지효에 반하므로 낙찰자에게 대항할 수 없다고 하여 유치권의 성립요건을 사실상 제한하고 있다(대법원 2005다22688 판결).

유치권의 기본적 성립요건에서 확인한 것처럼, '유치권 배제특약'이 존재한다면, 유치권 자체가 성립할 수 없게 된다. '유치권 배제특약'은 부동산임대차계약서에서 흔히 볼 수 있는데, 대부분의 부동산임대차계약서상의 원상회복약정 내지 원상회복약정이 그것이다.

대법원 73다2010 판결은 "건물의 임차인이 임대차관계 종료 시에는 건물을 원상으로 복구하여 임대인에게 명도하기로 약정한 것은 건물에 지출한 각종 유익비 또는 필요비의 상환청구권을 미리 포기하기로 한 취지의 특약이라고 볼 수 있어 임차인은 유치권을 주장을 할 수 없다."라는 취지의 판결을 선고한 사실이 있다.

위 판결 취지를 고려하면, 대부분의 임차인은 '원상회복약정'에 따라 유치권 배제특약을 임대인과 체결한 꼴이 되어 유치권으로 유익비 내지 필요비를 주장할 수 없게 될 것이다. 그렇다면, 유치권 배제특약의 효력이 특약당사자에 한하여 미칠 것인지 아니면 특약당사자 이외의 제3자도 유치권 배제특약을 원용할 수 있을지 문제된다. 이 문제에 대하여, 여러 의견이 존재하였고, 지방법원 판례의 의견도 분분하였던 것으로 알고 있다.

유치권 배제특약, 즉 "특약"이라는 문구를 고려하면, 약정당사자만 유치권 배제특약을 원용할 수 있다는 주장이 가능할 것이지만, 위 "특약"을 고려하더라도 유치권을 포기한 자가 유치권을 주장하는 것은 신의칙에 위반될 수 있다는 논거도 존재하였던 것이다. 신의칙이라는 것이 보충적이고 제한적인 논거인 사실을 고려하면, 신의칙을 논거로 유치권 배제특약이 특약당사자 이외의 자인 제3자에게까지 미친다는 취지의 판시는 설득력이 떨어지는 측면이 있었다.

그러나 대법원 2014다52087 판결에 의하면, 유치권의 기본적 성립요건을 전제로 특약당사자가 아닌 제3자도 유치권 배제특약을 원용할 수 있다는 판시를 하였는데, 그 주요 논거는 "유치권은 법정담보물권이기는 하나 채권자의 이익보호를 위한 채권담보의 수단에 불과하므로 이를 포기하는 특약은 유효하고, 유치권을 사전에 포기한 경우 다른 법정요건이 모두 충족되더라도 유치권이 발생하지 않는 것과 마찬가지로 유치권을 사후에 포기한 경우 곧바로 유치권은 소멸한다. 그리고 유치권 포기로 인한 유치권의 소멸은 유치권 포기의 의사표시의 상대방뿐 아니라 그 이외의 사람도 주장할 수 있다."라는 것이다(대법원 2016다234043 판결도 동일 취지).

6. 소유자의 동의를 얻지 않은 유치 부동산의 임대행위

민법 제324조 제2항은 "유치권자는 채무자의 승낙 없이 유치물의 사용, 대여 또는 담보 제공을 하지 못한다. 그러나 유치물의 보존에 필요한 사용은 그러하지 아니하다."라고 규정하고 있고, 동조 제3항은 "유치권자가 전2항의 규정에 위반한 때에는 채무자는 유치권의 소멸을 청구할 수 있다."고 규정하고 있다.

이에 대하여 대법원 2010다94700 판결은 "유치권자는 채무자 또는 소유자의 승낙이 없는 이상 그 목적물을 타에 임대할 수 있는 권한이 없으므로"라는 표현을 통하여 채무자와 소유자가 동일하지 않은 경우 채무자뿐만 아니라 소유자의 승낙 없는 사용, 대여, 예를 들어 소유자의 승낙 없는 임대행위를 금지하고, 이를 위배한 경우 소유자의 유치권 소멸청구를 인정하고 있다.

그렇다면, 유치권자가 종전 소유자로부터 임대행위를 허락받았지만, 새로운 소유자의 허락을 받지 못한 경우에 새로운 소유자가 유치권의 소멸을 청구할 수 있을까?

서울고등법원 2016나2085102 판결은 새로운 소유자가 유치권소멸을 청구할 수 없다고 한다. 즉, "유치권자는 피담보채권 전부의 변제를 받을 때까지 유치물을 유치할 권리가 있고, 유치물에 대한 경매가 있는 경우에도 유치권으로써 새로운 소유자에게 대항할 수 있다. 그러므로 유치권자인 보조참가인으로서는, 원고가 경매로 이 사건 부동산의 소유권을 취득하기 전에 소외 조합으로부터 유치물의 사용 등에 관하여 승낙을 받고 그 승낙을 받은 범위 내에서 사용 등을 하였다면, 새로운 소유자인 원고로부터 별도의 승낙을 받지 않았다고 하여 민법 제324조 제2항에 따른 유치물사용금지의무를 위반하였다고 할 수 없고, 소외 조합에서 원고로 소유자가 변동되었다는 사정만으로 보조참가인이 소외 조합의 승낙을 받아 유치물을 사용한 행위 등이 곧바로 유치권 소멸청구의 대상인 의무위반행위로 전환된다고 볼 수도 없으며, 보조참가인 또는 피고들이 원고에게 새롭게 승낙을 받아야 하는 것도 아니다."는 취지이고, 위 서울고등법원 2016나2085102 판결의 상고심인 대법원 2019다205329 판결도 같은 취지이다[위 대법원 판결은 부동산소유권자인 원고가 임대인인 유치권자(보조참가인)로부터 임차인의 지위를 취득한 피고를 상대로 부동산인도청구를 한 사안인바, 유치권자(임대인)가 피고(임차인)에게 임대차계약을 해지한 상황이더라도 유치권자(간접점유자)의 피고(직접점유자)에 대한 반환청구권이 존재하는 이상 점유매개관계가 단절되지 않아 원고의 피고에 대한 명도청구를 인용될 수 없다면서 원심을 파기한 사례. 피고는 유치권자(간접점유자)의 유치권을 점유권원으로 주장할 수 있다는 취지로 이해됨(2021. 11. 19.자 '서울고등법원판례공보스터디' 제110쪽, 제111쪽 참고)].

한편, 위 판례 취지와 상반되는 취지의 판례도 보인다. 즉, 서울고등법원 2011나27983 판결은, "유치권자가 종전 소유자의 승낙을 받아 임차물을 타인에게 임대하고 있다가 소유자가 바뀐 경우 종전 임차인이 새로운 소유자의 승낙을 받지 않은 상태에서 종전의 임대차로써 새로운 소유자에게 대항할 수 있는지 여부에 관하여는, 유치권자 및 그로부터 부동산을 임차한 자에게 예측하지 못한 손실을 줄 우려가 있고, 극단적으로 유치물의 사용을 허락한 종전 소유자가 제3자와 통모하여 소유권을 이전할 경우 유치권자의 유치권이 무력해진다는 점에서 이를 긍정하여야 한다고 볼 여지도 있으나, 아래와 같은 논거를 종합하여 보면, 유치권자 또는 임차권자가 소유권변동 사실을 알 수 없어 새로운 소유자의 승낙을 받을 수 있는 시간적 여유가 없었다거나 새로운 소유자의 소멸청구가 신의칙에 위반하여 권리남용에 해당된다는 특별한 사정이 없는 한 새로운 소유자에게 대항할 수 없다고 보는 것이 타당하다."는 취지이다.

결국 부동산경매에 참여를 하고자 하는 상황인데, 유치권 신고자가 있다고 할 때, 유치부동산을 임차를 통해 유치권자 이외의 제3자가 점유하고 있는 상황이라면, 유치권자가 소유자로부터 임대에 대한 승낙을 받았는지 확인하는 등 입찰 참가 여부를 신중하게 결정할 필요가 있다.

그렇다면 유치권자가 유치물을 무단으로 임대한 경우 그 임대차가 종료한 뒤에 유치물의 소유권을 취득한 자가 유치권소멸청구권을 행사할 수 있는가? 원칙적으로 가능하다.

즉 대법원 2019다295278 판결에 의하면 "유치권자가 민법 제324조 제2항을 위반하여 유치물 소유자의 승낙 없이 유치물을 임대한 경우 유치물의 소유자는 이를 이유로 민법 제324조 제3항에 의하여 유치권의 소멸을 청구할 수 있다. 민법 제324조에서 정한 유치권소멸청구는 유치권자의 선량한 관리자의 주의의무위반에 대한 제재로서 채무자 또는 유치물의 소유자를 보호하기 위한 규정이므로(대법원 2018다301350 판결), 특별한 사정이 없는 한 민법 제

324조 제2항을 위반한 임대행위가 있은 뒤에 유치물의 소유권을 취득한 제3자도 유치권소멸청구를 할 수 있다."는 취지이다[위 대법원 판결에 대하여 2023. 10. 15.자 공보에 대한 '서울고등법원 판례공보스터디'는 "유치권 소멸청구는 '유치권자의 선관주의 의무 위반에 대한 제재'에 해당한다는 점을 고려하면, 유치권 소멸청구의 의사표시가 유치권자에게 도달하기 전에 위반행위가 종료되었다고 유치권이 소멸되지 않는다고 보는 것은 공평하지 않다면서, 의무위반 행위가 있고 난 뒤 '소유자의 변경'이라는 우연적 사정으로 인하여 유치권 소멸여부가 달라진다는 것은 합리적이지 않다."면서 위 대법원 판결이 타당하다는 입장이다. 다만 위 대법원 판결에 대하여 "민법 제324조 제3항의 해석상 유치권소멸청구권은 유치권자의 무단임대행위 등을 할 때 발생하는 것으로 보인다는 점, 무단임대행위 등 당시 유치권자와 새로운 소유자 간에는 아무런 권리의무관계가 없다는 점 등을 고려하면, 새로운 소유자에게 유치권소멸청구권을 인정하지 않은 원심판결이 타당한 것으로 사료된다는 견해(2023. 11. 9.자 법률신문 11쪽 배상현 변호사 판례평석 참고)도 있다.].

참고로, 민법 제327조는 "채무자는 상당한 담보를 제공하고 유치권의 소멸을 청구할 수 있다."고 규정하고 있는데, 대법원 2019다216077 판결에 의하면 "채무자는 상당한 담보를 제공하고 유치권의 소멸을 청구할 수 있다(민법 제327조). 유치권 소멸 청구는 민법 제327조에 규정된 채무자뿐만 아니라 유치물의 소유자도 할 수 있다. 민법 제327조에 따라 채무자나 소유자가 제공하는 담보가 상당한지는 담보가치가 채권 담보로서 상당한지, 유치물에 의한 담보력을 저하시키지 않는지를 종합하여 판단해야 한다. 따라서 유치물 가액이 피담보채권액보다 많을 경우에는 피담보채권액에 해당하는 담보를 제공하면 되고(대법원 2001다59866 판결), 유치물 가액이 피담보채권액보다 적을 경우에는 유치물 가액에 해당하는 담보를 제공하면 된다."는 취지이다[원심이 타당하다는 취지. 원심판결은 원고가 제공하는 부동산에 대한 1순위 근저당권을 피고가 인수한 후 건물을 인도하라는 취지로 판시(대전지방법원 2018나106744 판결)].

7. 유치권에 의한 경매가 강제경매 등으로 정지된 경우 유치권의 소멸 여부

대법원 2010마1059 결정 등에 의하면, 민법 제322조 제1항에 의하여 실시되는 유치권에 의한 경매도 강제경매나 담보권실행을 위한 경매와 마찬가지로 목적부동산 위의 부담을 소멸시키는 것을 법정매각조건으로 하여 실시되고 우선채권자뿐만 아니라 일반채권자의 배당요구도 허용되며, 유치권자는 일반채권자와 동일한 순위로 배당을 받을 수 있다고 봄이 상당하다는 취지다.

그렇다면, 유치권자가 경매를 진행하고 있던 와중에 해당 부동산에 대한 강제경매나 담보권실행 경매가 진행될 경우 유치권자의 경매신청은 어떻게 되는가?

유치권에 의한 경매절차는 목적물에 대하여 강제경매 또는 담보권실행을 위한 경매절차가 개시된 경우에는 정지되도록 되어 있으므로(민사집행법 제274조 제2항), 유치권자의 경매절차는 정지되고, 강제경매 또는 담보권실행 경매절차가 진행된다. 그렇다면, 강제경매 또는 담보권실행 경매절차에서 유치권이 소멸되는가? 유치권자가 경매신청을 한 후에 강제경매 또는 담보권실행 경매절차가 진행되어 유치권경매절차가 정지된 것이니, 강제경매 또는 담보권실행 경매절차에서도 유치권이 소멸되는 것으로 처리되어야 하는 것이 아닌가?

이러한 의문은 유치권자가 경매신청을 했는데, 강제경매 또는 담보권실행경매 절차가 진행되어 유치권자의 경매절차가 정지되고, 강제경매 등의 절차에서 해당 부동산을 낙찰받고자 하는 매수인이 고려할 사안이다. 유치권이 소멸하지 않고, 승계된다면, 경매를 통해 부동산을 매수하려는 사람이 낙찰 여부를 고민할 때, 신중한 접근이 필요하기 때문이다.

대법원 2011다35593 건물명도 판결에 의하면, “유치권에 의한 경매절차가 정지된 상태에서 그 목적물에 대한 강제경매 또는 담보권 실행을 위한 경매절차가 진행되어 매각이 이루어졌다면, 유치권에 의한 경매절차가 소멸주의를 원칙으로 하여 진행된 경우와는 달리 그 유치권은 소멸하지 않는다고 봄이 상당하다.”고 한다.

그 이유는 무엇일까? 관련법 조문에 의할 때, 부동산에 관한 강제경매 또는 담보권 실행을 위한 경매절차에서의 매수인(낙찰자)은 유치권자에게 그 유치권으로 담보하는 채권을 변제할 책임이 있기 때문이다(민사집행법 제91조 제5항, 제268조). 즉, 민사집행법 제91조 제5항은 “매수인(강제경매의 낙찰인)은 유치권자에게 그 유치권으로 담보하는 채권을 변제할 책임이 있다.”고 규정하여 민사유치권에 있어 인수주의를 채택하고 있다(민사집행법 제268조는 담보권실행 경매에 대한 제91조 제5항 준용 규정).

즉 위 대법원 2011다35593 판결 이유에 의하면 “민법 제322조 제1항에 의하여 실시되는 유치권에 의한 경매도 강제경매나 담보권 실행을 위한 경매와 마찬가지로 목적부동산 위의 부담을 소멸시키는 것을 법정매각조건으로 하여 실시되고 우선채권자뿐만 아니라 일반채권자의 배당요구도 허용되며, 유치권자는 일반채권자와 동일한 순위로 배당을 받을 수 있다고 봄이 상당하다. 다만 집행법원은 부동산 위의 이해관계를 살펴 위와 같은 법정매각조건과는 달리 매각조건 변경결정을 통하여 목적부동산 위의 부담을 소멸시키지 않고 매수인으로 하여금 인수하도록 정할 수 있다(대법원 2010마1059 결정, 대법원 2009마2063 결정 등). 그런데 부동산에 관한 강제경매 또는 담보권 실행을 위한 경매절차에서의 매수인은 유치권자에게 그 유치권으로 담보하는 채권을 변제할 책임이 있고(민사집행법 제91조 제5항, 제268조), 유치권에 의한 경매절차는 목적물에 대하여 강제경매 또는 담보권 실행을 위한 경매절차가 개시된 경우에는 정지되도록 되어 있으므로(민사집행법 제274조 제2항), 유치권에 의한 경매절차가 정지된 상태에서 그 목적물에 대한 강제경매 또는 담보권 실행을 위한 경매절차가 진행되어 매각이 이루어졌다면, 유치권에 의한 경매절차가 소멸주의를 원칙으로 하여 진행된 경우와는 달리 그 유치권은 소멸하지 않는다고 봄이 상당하다.”라는 취지이다.

8. 유치권 확인소송과 피담보채권의 소멸시효 중단 여부

민법 제320조 제1항은 "타인의 물건 또는 유가증권을 점유한 자는 그 물건이나 유가증권에 관하여 생긴 채권이 변제기에 있는 경우에는 변제를 받을 때까지 그 물건 또는 유가증권을 유치할 권리가 있다."고 규정하고 있고 동조 제2항은 "전항의 규정은 그 점유가 불법행위로 인한 경우에 적용하지 아니한다."고 규정하고 있다.

이러한 유치권은 그 성질상 유치권 자체의 요건을 충족하고 있다면, 소멸시효의 대상이 되지 않는다. 다만, 유치권의 피담보채권이 소멸하면 유치권도 함께 소멸한다(부종성).

민법 제326조는 "피담보채권의 소멸시효"라는 제목 아래에 "유치권의 행사는 채권의 소멸시효의 진행에 영향을 미치지 아니한다."고 규정하고 있다.

위 규정의 "유치권의 행사"는 유치물의 점유계속을 의미한다는 것이 일반적이고, "소멸시효의 진행에 영향을 미치지 아니한다."라는 것은 유치권이 유효하게 존재하는 경우에도 유치권의 피담보채권은 유치권과 별도로 소멸시효가 진행한다는 것으로 채권자가 피담보채권의 소멸시효를 중단하여 유치권의 소멸을 막으려면 민법 제168조(소멸시효의 중단사유) 이하의 수단을 취해야 한다는 것을 의미한다.

그렇다면, 유치권을 주장하는 자가 유치권확인소송을 제기한 경우에 유치권의 피담보채권에 대한 시효중단사유가 되는가?

대법원 2015다226144 판결에 의하면, 유치권확인소송의 제기는 "유치권의 행사"에 불과하여 피담보채권에 대한 시효중단사유가 될 수 없다는 취지이다.

따라서 유치권을 주장하는 자는 피담보채권에 대하여 별도로 소를 제기하는 등의 민법 제168조 등의 시효중단행위를 해야 피담보채권소멸로 인한 유치권의 소멸을 방지할 수 있다.

부동산경매에 있어 매수인(경락인)이 피담보채권의 소멸시효 완성을 원용할 수 있을까? 그렇다.

대법원 2009다39530 판결에 의하면 "유치권이 성립된 부동산의 매수인은 피담보채권의 소멸시효가 완성되면 시효로 인하여 채무가 소멸되는 결과 직접적인 이익을 받는 자에 해당하므로 소멸시효의 완성을 원용할 수 있는 지위에 있다고 할 것이나, 매수인은 유치권자에게 채무자의 채무와는 별개의 독립된 채무를 부담하는 것이 아니라 단지 채무자의 채무를 변제할 책임을 부담하는 점 등에 비추어 보면, 유치권의 피담보채권의 소멸시효기간이 확정판결 등에 의하여 10년으로 연장된 경우 매수인은 그 채권의 소멸시효기간이 연장된 효과를 부정하고 종전의 단기소멸시효기간을 원용할 수는 없다."라는 취지이다.

유치권자는 채무자의 승낙을 얻어 유치물의 사용 또는 대여 등을 할 수 있는데(민법 제324조 제2항), 이러한 채무자의 승낙이 유치권의 피담보채권에 대한 시효중단사유인 채무의 승인(민법 제168조 제3항)이 되는가? 채무의 승인으로 볼 수는 없다. 단지 유치권의 행사방법을 승낙할 것에 그치기 때문이다.

다만, 유치권자가 형식적 경매절차에 나아가 유치물에 대한 경매를 신청한 경우는 민법 제168조 제2항의 "압류"에 해당하여 피담보채권에 대한 시효중단의 효력이 있다.

채무자에 대한 유치권자의 유치물 반환 거부가 민법 제174조의 최고에 해당하여 시효중단의 효력이 인정되는가?

견해가 대립되는 것으로 보이나, 반환거절 자체를 최고로 볼 수는 없을 것이고, 유치권자의 반환거절 속에 피담보채권의 존재를 주장하고 그 채권을 청구하는 의사가 명백하다면, 이를 최고로 볼 수 있을 것이다.

다만 민법 제174조의 최고는 독립하여 중단사유로 되어 있지 않고, 후에 강력한 중단방법을 수반하여야 비로소 중단의 효력이 생기기 때문에 이를 넓게 해석하여 채권주장의 의사가 표시되었다고 보고 최고로 해석하는 견해도 보인다.

민법 제174조는 "최고는 6월내에 재판상의 청구, 파산절차참가, 화해를 위한 소환, 임의출석, 압류 또는 가압류, 가처분을 하지 아니하면 시효중단의 효력이 없다."고 규정하고 있다.

9. 근저당권자의 유치권부존재확인 청구소송

부동산에 대한 유치권이 존재하는지 여부에 대하여 다투는 민사소송의 대표적이 방법은 명도(인도)소송으로 볼 수 있다. 명도(인도)소송이 가능한 경우라면, 유치권부존재확인 등의 확인소송은 확인의 이익이 없어 각하된다.

즉 대법원 2010다84932 판결에 의하면, "확인의 소는 확인판결을 받는 것이 원고의 법적 지위에 대한 불안과 위험을 제거하는 데 가장 유효·적절한 수단인 경우에 인정되는바, 이 사건과 같이 원고 소유의 이 사건 점포를 피고가 점유하고 있는 경우에는 이 사건 점포의 인도를 구하는 것이 원고의 소유권에 대한 불안과 위험을 유효하고 적절하게 제거하는 직접적인 수단이 되므로 이와 별도로 피고를 상대로 이 사건 점포에 대한 유치권의 부존재확인을 구하는 것은 확인의 이익이 없어 부적법하다."고 한다.

그러나 부동산에 대한 근저당권자는 부동산에 대한 교환가치를 담보하기 위해 근저당권을 설정 받은 자인바 유치권 주장자에게 건물명도(인도)소송을 제기하기에 적절하지 않은 지위에 있다. 이에 대법원 2004다32848 판결은 "담보권 실행을 위한 경매절차에서 근저당권자가 유치권자로 권리신고를 한 자에 대하여 유치권부존재확인의 소를 구할 법률상의 이익이 있다."는 취지이다.

그렇다면, 경매절차에 있어 근저당권자에게 유치권부존재확인의 법률상 이익이 있는 이유는 무엇인가? 대법원 2019다247385 판결에 의하면, "근저당권자에게 담보목적물에 관하여 각 유치권의 부존재 확인을 구할 법률상 이익이 있다고 보는 것은 경매절차에서 유치권이 주장됨으로써 낮은 가격에 입찰이 이루어져 근저당권자의 배당액이 줄어들 위험이 있다는 데에 근거가 있다."는 취지이다.

따라서 경매절차에서 유치권이 주장되었으나 담보목적물이 매각되어 근저당권이 소멸하였다면, 근저당권자는 유치권부존재확인을 구할 법률상 이익이 없다. 참고로 민사집행법 제91조 제2항은 "매각부동산 위의 모든 저당권은 매각으로 소멸된다."고 규정하고 있다.

결국, 근저당권자는 경매를 신청하기 전에 유치권 주장자를 확인한 경우에는 유치권 주장자를 상대로 유치권부존재확인의 소를 제기하여 승소판결을 받은 후에 임의경매를 신청하거나, 경매를 신청한 후에 유치권신고자가 확인된 경우라면, '매각기일 연기신청' 등을 통해 경매를 사실상 중단시킨 후에 유치권부존재확인 소송을 제기하는 방법을 고민해야 한다.

대법원 2004다32848 판결의 이유 부분을 확인하면, "법원은 그 후 입찰물건명세서의 비고란에 피고로부터 105,669,000원의 유치권 신고가 있다는 기재를 하여 2002. 6. 11.과 2002. 7. 9. 두 번의 입찰기일을 진행하였으나 모두 입찰자가 없어 유찰되었고 그 후 원고의 입찰기일 연기신청에 따라 이 사건 경매는 현재까지 연기되고 있다."는 내용을 설시한 사실이 있다.

그렇다면, 유치권부존재확인소송에 있어 입증책임 문제는 어떻게 해결되나? 대법원 2013다99409 판결에 의하면, "소극적 확인소송에서는 원고가 먼저 청구를 특정하여 채무발생원인 사실을 부정하는 주장을 하면 채권자인 피고는 권리관계의 요건사실에 관하여 주장·증명책임을 부담하므로, 유치권부존재확인소송에서 유치권의 요건사실인 유치권의 목적물과 견련관계 있는 채권의 존재에 대해서는 피고가 주장·증명하여야 한다."는 취지이다.

결국 유치권부존재확인 청구를 하는 원고인 근저당권자가 유치권의 요건이 부존재한다고 주장을 하면, 유치권자라고 주장하는 피고는 적극적으로 채권의 존재한다는 사실 등을 주장하고 입증해야 할 것으로 해석된다.

10. 경매절차에서 유치권이 주장되지 않은 경우에 유치권부존재확인소송

경매절차에서 유치권이 주장되는 경우에 경매대상 부동산의 소유자나 근저당권자는 유치권부존재확인을 구할 법률상 이익이 있다.

즉, 근저당권자에게 담보목적물에 관하여 유치권부존재확인을 구할 법률상 이익이 있다고 보는 것은 경매절차에서 유치권이 주장됨으로써 낮은 가격에 입찰이 이루어져 근저당권자의 배당액이 줄어들 위험이 있다는 데에 근거가 있고, 이는 소유자가 그 소유의 부동산에 관한 경매절차에서 유치권의 부존재확인을 구하는 경우에도 마찬가지이다.

다만, 위와 같이 경매절차에서 유치권이 주장되었으나 소유부동산 또는 담보목적물이 매각되어 그 소유권이 이전되어 소유권을 상실하거나 근저당권이 소멸하였다면, 소유자와 근저당권자는 유치권의 부존재확인을 구할 법률상 이익이 없다(대법원 2019다247385 판결).

결국, 경매절차에서 유치권 주장자가 확인된 경우에는 '매각기일 연기신청' 등을 통해 경매를 사실상 중단시킨 후에 유치권부존재확인소송을 제기하는 방법을 고민해야 한다(대법원 2004다32848 판결 이유 참고).

그렇다면, 경매절차에서 유치권이 주장되지 않은 경우에는 어떠한가? 경매절차에서 유치권이 주장되지 아니하였으나, 경매절차 후에 유치권 주장자가 나타난 경우를 의미할 것이다. 이 경우에도 경매대상부동산의 근저당권자나 소유자에게 유치권부존재확인을 구할 법률상 이익이 있다고 보아야 하는가?

대법원 2019다247385 판결에 의하면, 근저당권자는 유치권부존재확인을 구할 법률상 이익이 있으나, 소유자는 유치권부존재확인을 구할 법률상 이익이 없다는 취지이다.

그 이유는 무엇일까? 위 대법원 판결에 의하면, "경매절차에서 유치권이 주장되지 아니한 경우에는, 담보목적물이 매각되어 그 소유권이 이전됨으로써 근저당권이 소멸하였더라도 채권자는 유치권의 존재를 알지 못한 매수인으로부터 민법 제575조, 제578조 제1항, 제2항에 의한 담보책임을 추급당할 우려가 있고, 위와 같은 위험은 채권자의 법률상 지위를 불안정하게 하는 것이므로, 채권자인 근저당권자로서는 위 불안을 제거하기 위하여 유치권 부존재 확인을 구할 법률상 이익이 있다. 반면 채무자가 아닌 소유자는 위 각 규정에 의한 담보책임을 부담하지 아니하므로, 유치권의 부존재 확인을 구할 법률상 이익이 없다."고 한다.

민법 제575조(제한물권 있는 경우와 매도인의 담보책임) 제1항은 "매매의 목적물이 지상권, 지역권, 전세권, 질권 또는 유치권의 목적이 된 경우에 매수인이 이를 알지 못한 때에는 이로 인하여 계약의 목적을 달성할 수 없는 경우에 한하여 매수인은 계약을 해제할 수 있다. 기타의 경우에는 손해배상만을 청구할 수 있다."고 규정하고 있고, 같은 법 제578조 제1항, 제2항은 "① 경매의 경우에는 경락인은 전 8조의 규정에 의하여 채무자에게 계약의 해제 또는 대금감액의 청구를 할 수 있다. ② 전항의 경우에 채무자가 자력이 없는 때에는 경락인은 대금의 배당을 받은 채권자에 대하여 그 대금 전부나 일부의 반환을 청구할 수 있다."고 규정하고 있다.

이처럼 경매절차에서 유치권이 주장되지 아니한 경우에는, 담보목적물이 매각되어 그 소유권이 이전됨으로써 근저당권이 소멸하였더라도 채권자는 유치권의 존재를 알지 못한 매수인으로부터 위 각 규정에 의한 담보책임을 추급당할 우려가 있고, 위와 같은 위험은 채권자의 법률상 지위를 불안정하게 하는 것이므로, 채권자인 근저당권자로서는 위 불안을 제거하기 위하여 유치권부존재확인을 구할 법률상 이익이 있다. 반면 채무자가 아닌 소유자는 위 각 규정에 의한 담보책임을 부담하지 아니하므로, 유치권의 부존재확인을 구할 법률상 이익이 없다(대법원 2019다247385 판결 이유 참고).

참고로, 민사집행법 제91조 제2항은 "매각 부동산 위의 모든 저당권은 매각으로 소멸한다."고 규정하여, 경매가 진행되면 저당권이 소멸되는 것으로 규정하고 있다.

11. 유치권 주장자의 점유회수 및 유치권존재확인소송

공사대금 채권자가 유치권을 주장하면서, 부동산을 점유하고 있는데, 해당 부동산을 공매로 취득한 사람이 부동산의 점유를 침탈하였다.

공사대금 채권자가 어떠한 소송을 제기해야 할까? 대구지방법원 포항지원 2014가합1732 판결을 고려하면, 점유회수의 소에 따른 부동산인도 및 유치권존재확인의 병합청구가 가능하다.

민법 제204조 제3항은 점유를 침탈당한 사람의 침탈자에 대한 점유회수청구권에 대하여 그 점유를 침탈당한 때로부터 1년 내에 행사하여야 하는 것으로 정하고 있는데, 위의 제척기간은 재판 외에서 권리를 행사하는 것으로 족한 기간이 아니라 그 기간 내에 소를 제기하여야 하는 이른바 출소기간으로 해석함이 상당하다는 것이 대법원 2001다8097, 8103 판결의 취지다.

그렇다면, 가처분 신청을 점유물반환청구권을 행사한 것으로 볼 수 있는가? 대구고등법원 2015나23230 판결에 의하면, 가처분신청에 의하여 점유물반환청구권을 행사한 것을 소를 제기한 것으로 볼 수는 없다는 취지이다.

한편, 대법원 2010다18294 판결에 의하면, 점유회수의 청구에 있어서는 점유를 침탈당하였다고 주장하는 당시에 점유하고 있었는지의 여부만을 살피면 된다고 한다.

점유회수의 소에 있어 점유는 물리적이고 현실적인 점유를 의미하는가? 대법원 95다8713 판결에 의하면, 반드시 물건을 물리적, 현실적으로 지배하는 것만을 의미하는 것이 아니고 물건과 사람과의 시간적, 공간적 관계와 본권관계, 타인지배의 배제 가능성 등을 고려하여 사회관념에 따라 합목적적으로 판단하여야 한다는 취지이다.

대법원 2010다2459 판결에 의하면, 원칙적으로 점유물반환청구는 원고가 목적물을 점유하였다가 피고에 의하여 이를 침탈당하였다는 사실을 주장·증명하면 족하고 그 목적물에 대한 점유가 본권에 기한 것이라는 점은 주장·증명할 필요가 없다. 그리고 대법원 2010다18294 판결에 의하면, 점유회수의 청구에 대하여 점유침탈자가 점유물에 대한 본권이 있다는 주장으로 점유회수를 배척할 수는 없다.

유치권은 점유의 상실로 인하여 소멸하므로(민법 제328조), 목적물을 점유하는 것은 유치권의 성립요건이자 존속요건으로서 그 점유가 단절되지 않고 계속 유지되어야 한다(대법원 2003다46215 판결).

그렇다면, 점유침탈에 의하여 점유를 상실한 경우에는 어떠한가? 점유회수의 소에 관한 승소판결을 받아 이를 집행하는 등의 방법으로 점유를 회복하기 전에는 부동산에 관한 유치권이 존재한다고 할 수 없다.

즉, 대법원 2011다72189 판결에 의하면, "피고의 점유침탈로 원고가 이 사건 상가에 대한 점유를 상실한 이상 원고의 유치권은 소멸하고, 원고가 점유회수의 소를 제기하여 승소판결을 받아 점유를 회복하면 점유를 상실하지 않았던 것으로 되어 유치권이 되살아나지만, 위와 같은 방법으로 점유를 회복하기 전에는 유치권이 되살아나는 것이 아님에도, 원심은 원고가 이 사건 상가에 대한 점유를 회복하였는지를 심리하지 아니한 채 점유회수의 소를 제기하여 점유를 회복할 수 있다는 사정만으로 원고의 유치권이 소멸하지 않았다고 판단하였으니, 원심의 이와 같은 판단에는 점유상실로 인한 유치권 소멸에 관한 법리를 오해하여 필요한 심리를 다하지 아니한 위법이 있다."는 취지이다.

유치권의 점유가 침탈되자마자 유치권자가 그 즉시 자력으로 점유회복을 할 수는 없는가? 민법 제209조 제2항은 "점유물이 침탈되었을 경우에 부동산일 때에는 점유자는 침탈 후 직시 가해자를 배제하여 이를 탈환할 수 있고 동산일 때에는 점유자는 현장에서 또는 추적하여 가해자로부터 이를 탈환할 수 있다."라고 규정하고 있다.

대법원 91다14116 판결에 의하면, "민법 제209조 제1항에 규정된 점유자의 자력방위권은 점유의 침탈 또는 방해의 위험이 있는 때에 인정되는 것인 한편, 제2항에 규정된 점유자의 자력탈환권은 점유가 침탈되었을 때 시간적으로 좁게 제한된 범위 내에서 자력으로 점유를 회복할 수 있다는 것으로서, 위 규정에서 말하는 "직시"란 "객관적으로 가능한 한 신속히" 또는 "사회 관념상 가해자를 배제하여 점유를 회복하는 데 필요하다고 인정되는 범위 안에서 되도록 속히"라는 뜻으로 해석할 것이므로 점유자가 침탈사실을 알고 모르고와는 관계없이 침탈을 당한 후 상당한 시간이 흘렀다면 자력탈환권을 행사할 수 없다."는 취지이다.

유치권을 포기한 사람이 유치권포기 특약의 당사자가 아닌 유치 부동산을 공매로 매수한 제3자를 상대로 유치권이 존재한다는 주장을 할 수 있는가?

유치권배제특약을 할 경우 유치권 자체가 발생하지 않기 때문에 특약당사자가 아닌 사람도 유치권이 발생하지 않았음을 주장할 수 있다는 것이 대법원의 입장이다.

즉 대법원 2016다234043 판결에 의하면, "제한물권은 이해관계인의 이익을 부당하게 침해하지 않는 한 자유로이 포기할 수 있는 것이 원칙이다. 유치권은 채권자의 이익을 보호하기 위한 법정담보물권으로서, 당사자는 미리 유치권의 발생을 막는 특약을 할 수 있고 이러한 특약은 유효하다. 유치권 배제 특약이 있는 경우 다른 법정요건이 모두 충족되더라도 유치권은 발생하지 않는데, 특약에 따른 효력은 특약의 상대방뿐 아니라 그 밖의 사람도 주장할 수 있다."고 한다(대법원 2014다52087 판결도 동일취지).

그렇다면 점유의 상호침탈, 즉 갑이 을의 점유를 침탈하자 을이 다시 갑의 점유를 침탈한 경우에 갑이 을에게 점유회수청구권을 행사할 수 있는가? 이러한 경우에는 갑이 을에 대한 점유회수청구권이 인정되지 않는다.

즉 대법원 2022다269675 판결에 의하면 "상대방(갑)으로부터 점유를 위법하게 침탈당한 점유자(을)가 상대방(갑)으로부터 점유를 탈환하였을 경우(이른바 '점유의 상호침탈'), 상대방(갑)의 점유회수청구가 받아들여지더라도 점유자(을)가 상대방(갑)의 점유침탈을 문제삼아 점유회수청구권을 행사함으로써 다시 자신의 점유를 회복할 수 있다면 상대방(갑)의 점유회수청구를 인정하는 것이 무용할 수 있다. 따라서 이러한 경우 점유자(을)의 점유탈환행위가 민법 제209조 제2항의 자력구제에 해당하지 않는다고 하더라도 특별한 사정이 없는 한 상대방(갑)은 자신의 점유가 침탈당하였음을 이유로 점유자(을)를 상대로 민법 제204조 제1항에 따른 점유의 회수를 청구할 수 없다고 보는 것이 타당하다."라는 취지이다(위 사안에서 '을'은 공사대금채권을 받지 못해 건물에 대한 유치권을 행사하고 있었는데 '갑'의 대표이사의 폭행 등에 의해 건물에서 퇴거(상대방의 점유침탈)한 후에 '을'이 용역직원 등을 통해 위 건물을 다시 탈환(점유자의 점유침탈)하여 점유의 상호침탈이 있었던 사례임).

12. 저당물 제3취득자의 비용상환청구권을 전제한 유치권 주장 불가

민법 제367조는 "제3취득자의 비용상환청구권"이라는 제목 아래 "저당물의 제3취득자가 그 부동산의 보존, 개량을 위하여 필요비 또는 유익비를 지출한 때에는 제203조 제1항, 제2항의 규정에 의하여 저당물의 경매대가에서 우선상환을 받을 수 있다."라고 규정하고 있다.

저당부동산의 소유권을 취득한 자도 민법 제367조의 제3취득자에 해당한다(대법원 2004다36604 판결). 이때 제3취득자가 민법 제367조에 의하여 우선상환을 받으려면 저당부동산의 경매절차에서 배당요구의 종기까지 배당요구를 하여야 한다(민사집행법 제268조, 제88조).

그렇다면 저당부동산의 소유권을 취득한 자가 저당토지의 개량을 위하여 유익비를 지출한 경우에 민법 제367조에 의하여 근저당권 실행 경매절차에서 매각대금으로 우선변제를 받는 것 이외에 위 비용(유익비)상환청구권을 근거로 유치권을 주장할 수 있는가? 대법원 2022다265093 판결에 의하면 유치권을 주장할 수 없다는 취지이다.

즉 "피고가 근저당권이 설정된 이 사건 각 토지의 소유권을 취득한 자로서 이 사건 각 토지의 개량을 위하여 유익비를 지출하였다면 민법 제367조에 의하여 근저당권이 실행되는 경매절차의 매각대금에서 우선변제받는 것은 별론으로 하고, 민법 제367조에 의하여 곧바로 피고가 경매절차 매수인인 원고 등에 대하여 비용상환청구권을 가진다거나 이를 피담보채권으로 하여 피고가 원고에게 대항 가능한 유치권을 갖는다고 볼 수 없다."는 것이다.

위 대법원 판결의 원심(수원지방법원 2021나78022 판결)은 "피고가 이 사건 각 토지를 건물부지로 개량하는 데 비용을 지출하였고 그 가치 증가액이 현존하는 사실을 인정한 다음 피고가 민법 제367조에 의한 비용상환청구권을 가지고 이를 피담보채권으로 하여 경매절차 매수인인 원고에게 대항 가능한 유치권을 주장할 수 있다."고 판단하였으나, 대법원이 원심을 파기·환송한 것이다.

그 이유는 무엇일까? 민법 제367조는 저당물의 제3취득자가 그 부동산의 보존, 개량을 위하여 필요비 또는 유익비를 지출한 때에는 제203조 제1항, 제2항의 규정에 의하여 저당물의 경매대가에서 우선상환을 받을 수 있다고 규정하고 있을 뿐이다.

이는 저당권이 설정되어 있는 부동산의 제3취득자가 저당부동산에 관하여 지출한 필요비, 유익비는 그 부동산 가치의 유지·증가를 위하여 지출된 일종의 공익비용이므로 저당부동산의 환가대금에서 부담하여야 할 성질의 비용이고 더욱이 제3취득자는 경매의 결과 그 권리를 상실하게 되므로 특별히 경매로 인한 매각대금에서 우선적으로 상환을 받도록 한 것이다.

민법 제367조에 의한 우선상환은 제3취득자가 경매절차에서 배당받는 방법으로 민법 제203조 제1, 2항에서 규정한 비용에 관하여 경매절차의 매각대금에서 우선변제받을 수 있다는 것이지 이를 근거로 제3취득자가 직접 저당권설정자, 저당권자 또는 경매절차 매수인 등에 대하여 비용상환을 청구할 수 있는 권리가 인정될 수 없다.

따라서 제3취득자는 민법 제367조에 의한 비용상환청구권을 피담보채권으로 주장하면서 유치권을 행사할 수 없다는 것이다(관련된 내용으로는 2023. 10. 19.자 법률신문 "민법 제367조에 정하여진 저당부동산 제3취득자의 비용상환청구권"이라는 양창수 전 대법관의 글 참조).

저당부동산의 소유권을 취득한 제3취득자(위 사안의 '피고')의 비용상환청구권을 전제한 유치권 주장이 어렵다면 배당받은 자를 상대로 부당이득반환청구를 할 수는 없는가?

제3취득자가 경매절차에서 적법한 배당요구를 하지 않아 그 비용을 상환받지 못한 경우에는 배당을 받은 다른 채권자를 상대로 그가 적법한 배당요구를 한 경우 배당받을 수 있었던 금액 상당을 부당이득이라 하여 반환을 청구할 수는 없다[당연배당권자는 부당이득반한청구가 가능하나, 배당요구를 해야 배당을 받은 채권자는 배당요구 즉 배당참가를 해야 부당이득반환청구 가능(대법원(전합) 2014다206983 판결 등 참고)]. 따라서 배당받은 자를 상대로 부당이득반한청구를 할 수 없다.

위 사안의 피고(저당부동산의 소유권을 취득한 제3취득자)에 대한 구제방법에 대하여 2023. 9. 1.자 공보에 대한 '서울고등법원판례공보스터디'는 "우선상환청구권이 있는 제3취득자라도 적법한 배당요구를 하지 않으면, 그 매각대금에서 배당을 받을 수 없다면서, 제3취득자가 경매절차에서 적법한 배당요구를 하지 않아 그 비용을 상환받지 못한 경우에는 배당을 받은 다른 채권자를 상대로 그가 적법한 배당요구를 한 경우 배당받을 수 있었던 금액 상당을 부당이득이라 하여 반환을 청구할 수도 없으므로, 피고의 비용 투입에 따른 저당물의 가치 증가로 인한 이익은 저당권 설정자가 얻은 것으로 볼 수 있기(매각대금이 높게 책정되어, 배당액이 많아져 채무변제의 규모가 커짐) 때문에 저당권설정자를 상대로 비용상환청구를 할 수 있지만, 자력이 없는 경우가 많아서 실질적으로 구제를 받을 가능성은 높지 않을 것이며, 이 사건에서 피고는 잉여금(담보권 변제에 사용되고 남은 금액)을 수령하였는데, 부동산의 가치가 근저당권자의 채권최고액에도 미치지 않는 경우라면 근저당권자가 이익을 보았다고 할 수 있으므로(가치증가로 인해서 배당액이 증가되었음) 그 조건과 범위에서 근저당권자가 이익을 본 부분에 관해서 비용상환청구가 가능할 것인지 문제될 여지가 있다."는 견해를 밝히고 있다.

참고로 위 대법원 판결의 원심은 유치권이 성립한다고 보았는데, 그 근거로 제시한 대법원 76다2079 판결은 가등기된 부동산 소유권을 이전받은 갑이 유익비를 지출했는데, 이후 가등기에 기한 본등기가 마쳐 갑의 등기가 저촉등기로 직권 말소된 사례에서 갑의 유치권의 성립을 인정하였다.

13. 구분건물의 합동 등에 따른 유치권의 성립범위

구분건물이 합동된 경우에 그 합동된 구분건물은 구분건물이 아니라 하나의 건물이 된다. 구분건물의 성립요건은 '구조상·이용상 독립성'과 '구분행위'로 이해되는데, 위 구분건물의 성립요건 중에서 '구조상·이용상 독립성'요건의 경우에 집합건물법상 상가건물의 경우 그 인정요건이 완화(집합건물법 제1조의 2)되어 있고, 대법원도 위 요건을 완화하여 해석하고 있다.

따라서 구분건물의 성립요건 중 '구조상·이용상 독립성'이 일시적으로 상실된 경우라도 그 복원이 용이하다면 그대로 구분건물로 인정되고 각 구분건물이 하나의 건물이 되는 합동이 되는 것은 아니다.

예를 들어 집합건물에 해당하는 오피스텔 201호, 202호, 203호, 205호를 임차인이 빌려 일시적으로 칸막이 등을 철거하고 뷔페식당을 운영하는 바람에 경계표지가 제거되어 각 구분건물들이 합동된 것처럼 보이더라도, 집합건축물대장에 첨부된 평면도 등을 토대로 원상태로 복원할 수 있는 상황이라면 위 각 구분건물들이 구분건물로서의 실체를 상실했다고 쉽게 단정할 수 없다는 것이다.

그런데 위 오피스텔 201호에 대해서만 유익비상환청구권이 존재하고 임차인이 유치권을 주장할 수 있는 상황일 경우라고 가정할 때에, 칸막이 등의 제거로 201호, 202호, 203호, 205호이 합동된 것으로 해석된다면 유치권의 주장범위는 위 합동된 건물 전체에 미칠 것이고, 합동된 것이 아니라 위 각 호실이 구분건물로 그대로 존속하는 것이라면 유익비상환청구권을 전제한 유치권의 주장범위는 201호에 한정될 것이다.

유익비상환청구권 규정인 민법 제626조는 임의규정이므로 유익비상환에 따른 약정을 전제한 유치권주장도 가능할 것이지만, 이는 어디까지나 유익비의 개념에 따른 제한을 받을 것이다.

예를 들어 201호의 임차인과 임대인 사이에 공사비반환 약정이 있었다고 가정할 경우에 유치권으로 담보되는 채권은 유익비의 개념범위에 포함되는 것에 한정되므로 건물의 객관적 가치증가와 관련된 비용만이 유치권으로 담보된다.

위 사안과 관련된 대법원 2022다273018 판결을 정리한다. 원고는 식당업을 주목적으로 하는 회사인데, 구분등기된 오피스텔 중 일부 호실을 임차한 자로서 오피스텔 201호, 202호, 203호, 205호 호실(이하 '오피스텔 각 호실')을 점유하면서 각 호실 사이의 칸막이를 철거한 후 뷔페영업 공간으로 사용하였다.

피고가 임의경매 절차에서 오피스텔 각 호실을 매수하자, 원고는 "소외 1, 2, 4로부터 오피스텔 각 호실을 임차하였고, 각 임대차계약에서 '임대차 종료시 임대인은 원고가 뷔페영업을 위하여 투입한 총공사비의 70%를 반환한다.'는 약정을 하였으므로, 위 약정에 따른 유익비상환채권이 있다."라고 주장하면서 피고를 상대로 오피스텔 각 호실 전부에 관하여 유치권 존재확인의 소를 제기하였다.

원심은 다음과 같이 판단하였다. 202호, 203호, 205호의 경우 해당 호실에 관한 임대차계약에 공사비반환약정이 포함되었다고 볼 수 없다거나, 임대차계약 체결 사실 자체를 인정할 수 없다는 이유로 청구를 기각하였다. 다만 201호의 경우는 공사비 반환약정에 따라 유익비상환채권의 범위가 정해지고, 원고가 지출한 총 공사비를 오피스텔 4개 호실 중 201호실이 차지하는 면적 비율(1/4)로 안분한 금액 중 70%에 해당하는 금원이 유익비상환채권으로 인정되는바, 각 호실 사이의 칸막이 철거로 인하여 오피스텔 각 호실들은 '구조상, 이용상 독립성'이 상실되었고 각각 구분소유권의 객체가 될 수 없으므로 원고가 오피스텔 각 호실 전부에 대하여 유치권을 주장할 수 있다는 것이다.

원심판결에 대하여 대법원은 201호 임대차계약 및 공사비반환약정의 진정성에 의심스러운 부분이 있고, 원고가 주장하는 공사비용에는 민법상 유익비 개념에 해당하지 않는 비용이 포함되어 있으며, 오피스텔 각 호실 사이의 칸막이가 철거되었으나 건축물대장에 근거하여 언제든지 원상태로 복원할 수 있으므로 오피스텔 각 호실이 구분소유권의 객체가 될 수 없다고 단정하기 어렵다는 취지로 원심을 파기·환송하였다.

14. 건축 중인 건물의 법정지상권·매매·경매

민법상의 건물은 토지와 분리된 독립한 별개의 부동산에 해당한다. 이때의 건물은 완성된 건물을 의미하는 것이 원칙일 것이다. 그렇다면 건축 중인 건물은 부동산이 될 수 없는 것인가? 그것이 아니라면, 건축 중의 건물은 어느 단계에서 독립한 부동산으로서 인정될 것인가?

이에 대하여 법원은 원칙적으로 독립된 부동산으로서의 건물의 요건으로 "최소한의 기둥과 지붕, 그리고 주벽의 존재"를 요구하고 있다(대법원 2000다51872 판결 등). 그렇다면, 법정지상권에서의 건물, 매매대상으로서의 건물, 경매대상으로서의 건물 모두가 "최소한의 기둥과 지붕, 그리고 주벽의 존재"를 그 요건으로 하는 것일까? 그렇지는 않다. 판례에 나타난 각 건물의 요건을 확인해 보자.

첫째, 법정지상권을 살펴보자. 민법 제366조의 법정지상권은 저당권 설정 당시 동일인의 소유에 속하던 토지와 건물이 경매로 양자의 소유자가 다르게 된 경우 건물의 소유자를 위해 발생하는 것이다. 판례는 법정지상권이 성립되는 건물에 대하여 "토지에 대하여 저당권이 설정될 당시에 토지소유자에 의하여 그 지상에 '건물이 건축 중'이었던 경우, 사회통념상 독립된 건물로 볼 정도에 이르지 않은 경우라도, 건물의 규모, 종류가 외형상 예상할 수 있는 정도까지 건축이 진전되었고, 그 후 경매절차에서 매수인이 매각대금을 완납한 때까지 최소한의 지붕과 기둥 그리고 주벽이 이루어진 경우 독립된 부동산으로서의 건물요건을 충족한다는 취지다. 결국 '지붕, 기둥, 주벽'의 요건시기를 낙찰자의 소유권 취득 시(매각대금 완납 시)로 완화한 셈이 된다.

둘째, 건축 중 건물이 보통의 매매의 대상일 경우를 살펴보자. 이 경우는 판례의 기본원칙에 따라 "최소한의 기둥과 지붕, 그리고 주벽의 존재"를 독립된 부동산으로서의 건물요건으로 해석하는 것이 판례다(대법원 2000다51872 판결 등).

셋째, 건축 중 건물이 부동산경매의 대상일 경우를 살펴보자. 판례는 "완공되지 아니하여 보존등기가 경료되지 아니하였거나 사용승인되지 아니한 건물이라고 하더라도 채무자의 소유로서 건물로서의 실질과 외관을 갖추고, 그의 지번·구조·면적 등이 건축허가 또는 건축신고의 내용과 사회통념상 동일하다고 인정되는 경우에는 이를 부동산경매의 대상으로 삼을 수 있다(대법원 2004마696 결정 등)."라는 태도이다. 따라서 건축 중 건물이 부동산경매의 대상이 되려면, 건축 중 건물의 요건 중 가장 까다로운 요건을 충족해야 한다는 결론에 도달한다. 건축허가 내역과 건물의 실질 외관이 사회통념상 동일해야 하기 때문이다.

결국, 건축 중 건물의 독립된 부동산으로서의 건물요건의 강도는 "법정지상권 < 매매대상 < 부동산경매대상"의 순서가 될 것이다(한국사법행정학회 2017년 간행 '부동산경매(1)' 윤경·손흥수 제40쪽 참고).

15. 저당권 실행에 의한 법정지상권의 성립과 지료청구

민법 제366조는 "법정지상권"이라는 제목 아래에 "저당물의 경매로 인하여 토지와 그 지상건물이 다른 소유자에 속한 경우에는 토지소유자는 건물소유자에 대하여 지상권을 설정한 것으로 본다. 그러나 지료는 당사자의 청구에 의하여 법원이 이를 정한다."고 규정하여, '저당권실행에 의한 법정지상권'의 성립을 인정하면서, 지료에 대하여 당사자가 청구할 때에 법원에서 판단하도록 규정하고 있다.

이는 지상건물의 철거를 방지하여 사회경제적 손실을 줄이고 저당권제도의 효율성 있는 보장을 위해 마련된 제도로 설명된다.

'저당권 실행에 의한 법정지상권'은 '① 저당권설정 당시에 건물의 존재, ② 저당권설정 당시에 토지와 건물이 동일한 소유자에 속할 것, ③ 경매(저당권 실행)로 인하여 토지와 건물의 소유자가 달라질 것, ④ 토지와 건물 어느 한쪽이나 또는 토지와 건물 모두에 저당권이 설정될 것'을 그 요건으로 한다.

다만 ④ 요건과 관련하여 판례사안에서는 대체로 토지에 저당권이 설정된 경우가 흔하다.

그렇다면, ① 요건은 '저당권설정당시의 건물의 존재'를 요구하고, ③ 요건에서는 '경매로 토지와 건물의 소유자가 달라질 것'을 요구하는데, 위 ① 요건에서의 '건물'과 ③ 요건에서의 '건물'은 같은 의미인가? 아니면 그 의미가 다른가? 참고로 저당권실행에 의한 법정지상권은 경매절차에서 경락대금(낙찰대금)을 완납한 때에 법정지상권이 성립한다.

대법원 2010다67159 판결에 의하면, ① 요건에서의 '건물'과 ③ 요건에서의 '건물'은 그 의미가 다르다는 취지이다.

즉, 위 대법원 2010다67159 판결에 의하면, "민법 제366조의 법정지상권은 저당권설정 당시 동일인의 소유에 속하던 토지와 건물이 경매로 인하여 양자의 소유자가 다르게 된 때에 건물의 소유자를 위하여 발생하는 것으로서, 토지에 관하여 저당권이 설정될 당시 토지 소유자에 의하여 그 지상에 건물이 건축 중이었던 경우 그것이 사회관념상 독립된 건물로 볼 수 있는 정도에 이르지 않았다 하더라도 건물의 규모, 종류가 외형상 예상할 수 있는 정도까지 건축이 진전되어 있었고, 그 후 경매절차에서 매수인이 매각대금을 다 낸 때까지 최소한의 기둥과 지붕 그리고 주벽이 이루어지는 등 독립된 부동산으로서 건물의 요건을 갖춘 경우에는 법정지상권이 성립한다."는 취지이다.

결국 저당권 설정당시의 건물은 "사회관념상 독립된 건물로 볼 수 있는 정도에 이르지 않았다 하더라도 건물의 규모, 종류가 외형상 예상할 수 있는 정도까지 건축이 진전"되어 있으면 족하고, 매수인이 매각대금을 다 내어 소유권을 취득하고 건물소유자에게는 법정지상권이 성립하는 즈음의 건물은 "최소한의 기둥과 지붕 그리고 주벽이 이루어지는 등 독립된 부동산으로서 건물의 요건"을 갖추어야 한다.

그렇다면, 매수인이 매각대금을 낼 즈음에 무조건적으로 기둥, 지붕, 주벽의 요건을 완벽하게 갖추어야 하는가? 그렇지 않다. 집합건물은 예외가 인정된다.

즉 대법원 2002다21592, 21608 판결은 원심과 달리 "신축건물은 경락대금 납부 당시 이미 지하 1층부터 지하 3층까지 기둥, 주벽 및 천장 슬라브 공사가 완료된 상태이었을 뿐만 아니라 지하 1층의 일부 점포가 일반에 분양되기까지 한 사정을 엿볼 수 있는바, 비록 피고 등이 경락을 원인으로 이 사건 토지의 소유권을 취득할 당시 신축건물의 지상층 부분이 골조공사만 이루어진 채 벽이나 지붕 등이 설치된 바가 없다 하더라도, 지하층 부분만으로도 구분소유권의 대상이 될 수 있는 구조라는 점에서 신축건물은 경락 당시 미완성 상태이기는 하지만 독립된 건물로서의 요건을 갖추었다고 봄이 상당하다."고 판시하였다(12층까지 예정된 주상복합신축 공사였음).

위 대법원 2010다67159 판결 사안에서는 원심판결(대구지방법원 2009나13437 판결)이 타당하다는 취지인데, 원심판결은 ① 요건, 즉 '저당권설정당시의 건물의 존재'에 대하여 "이 사건 근저당권이 설정될 당시 이 사건 토지의 소유자였던 피고 1은 피고 2와 공동으로 그 지상에 요사채 부분의 지하 1층 슬라브 및 벽면 등 골조공사를 마무리한 상태였는데, 요사채 부분은 그 위치와 면적, 용도 등에 비추어 이 사건 건물들 중에서 상당한 비중을 차지하는 점, 납골공원 및 종교시설로서 이 사건 건물들이 기능하기 위해서는 요사채 부분과 이 사건 건물들의 나머지 부분들이 유기적으로 함께 사용되어져야 하는 점, 이 사건 근저당권자인 소외 1은 이 사건 건물들의 공사수급업자로서 완성될 이 사건 건물들 전부를 예상하고 있었고 이를 전제로 이 사건 토지를 평가하여 근저당권을 설정한 점 등에 비추어 보면, 이 사건 근저당권이 설정될 당시 이 사건 건물들의 규모·종류가 외형상 예상할 수 있는 정도까지 건축이 진전되었다고 봄이 상당"하다는 취지이다.

위 원심판결은 건물에 대한 법정지상권을 인정하면서, 지료납부의무를 인정하였는데, '지료의 액수'에 대하여 "법정지상권이 설정된 건물이 건립되어 있음으로 인하여 토지의 소유권이 제한을 받는 사정은 참작·평가하여서는 안 되고(대법원 94다61144 판결), 통상적인 경우 토지의 점유사용으로 인한 이득액은 그 토지의 임료 상당액"이라고 판시하였다.

참고로 대법원 87다카1564 판결에 의하면 "민법 제366조는 가치권과 이용권의 조절을 위한 공익상의 이유로 지상권의 설정을 강제하는 것이므로 저당권설정당사자 간의 특약으로 저당목적물인 토지에 대하여 법정지상권을 배제하는 약정을 하더라도 그 특약은 효력이 없다."라는 취지이다(위 대법원은 "이 사건 대지가 경매될 경우에 이 사건 건물의 소유자인 차○○가 법정지상권을 행사하지 아니하기로 약정한 것이라고 하더라도 위 약정은 당사자 간에 채권적인 효력이 있을 뿐 경락자인 부산은행으로부터 이 사건 대지를 전득한 원고로서는 이를 주장할 수 없다"는 취지로 판시).

16. 관습상 법정지상권의 성립요건과 '토지와 건물의 소유자 동일'의 판단 기준시점

동일인의 소유에 속하였던 토지와 그 지상 건물이 매매, 증여, 강제경매, 국세징수법에 의한 공매 등으로 인하여 양자의 소유자가 다르게 된 때에 그 건물을 철거한다는 특약이 없는 한 건물소유자는 토지소유자에 대하여 그 건물의 소유를 위한 관습상 법정지상권을 취득한다. 그리고 관습상 법정지상권이 성립하려면 토지 또는 그 지상 건물의 소유권이 유효하게 변동될 당시에 동일인이 토지와 그 지상 건물을 소유하였던 것으로 족하다(대법원 2009다62059 판결).

결국, 관습상 법정지상권의 성립요건을 정리하면 ① 처분 당시(소유권이 유효하게 변동될 당시) 토지와 건물의 소유자 동일, ② 매매 기타 원인으로 소유자 변경, ③ 건물철거 특약의 부존재 등이다.

다만, 관습상 법정지상권에 있어 ① 요건, 즉 '처분당시(소유권이 유효하게 변동될 당시) 토지와 건물의 소유자 동일'요건은 '강제경매'의 경우는 '가압류'가 있었다면 '가압류 시점에 토지와 소유자 동일요건 충족을 요'하며, 가압류가 없었다면, '압류시점에 토지와 소유자 동일요건 충족을 요'한다.

즉 대법원(전합) 2010다52140 판결에 의하면, "강제경매의 목적이 된 토지 또는 그 지상 건물의 소유권이 강제경매로 인하여 그 절차상의 매수인에게 이전된 경우에 건물의 소유를 위한 관습상 법정지상권이 성립하는가 하는 문제에 있어서는 그 매수인이 소유권을 취득하는 매각대금의 완납시가 아니라 그 압류의 효력이 발생하는 때를 기준으로 하여 토지와 그 지상 건물이 동일인에 속하였는지가 판단되어야 한다. 강제경매개시결정의 기입등기가 이루어져 압류의 효력이 발생한 후에 경매목적물의 소유권을 취득한 이른바 제3취득자는 그의 권리를 경매절차상 매수인에게 대항하지 못하고, 나아가 그 명의로 경료된 소유권이전등기는 매수인이 인수하지 아니하는 부동산의 부담에 관한 기입에 해당하므로(민사집행법 제144조 제1항 제2호) 매각대금이 완납되면 직권으로 그 말소가 촉탁되어야 하는 것이어서, 결국 매각대금 완납 당시 소유자가 누구인지는 이 문제맥락에서 별다른 의미를 가질 수 없다는 점 등을 고려하여 보면 더욱 그러하다. 한편 강제경매개시결정 이전에 가압류가 있는 경우에는, 그 가압류가 강제경매개시결정으로 인하여 본압류로 이행되어 가압류집행이 본집행에 포섭됨으로써 당초부터 본집행이 있었던 것과 같은 효력이 있다. 따라서 경매의 목적이 된 부동산에 대하여 가압류가 있고 그것이 본압류로 이행되어 경매절차가 진행된 경우에는, 애초 가압류가 효력을 발생하는 때를 기준으로 토지와 그 지상 건물이 동일인에 속하였는지를 판단하여야 한다."는 취지이다.

그렇다면, 강제경매의 목적이 된 토지 또는 그 지상 건물에 관하여 강제경매를 위한 압류나 그 압류에 선행한 가압류가 있기 이전에 저당권이 설정되어 있다가 강제경매로 저당권이 소멸한 경우, 건물 소유를 위한 관습상 법정지상권의 성립 요건인 '토지와 그 지상 건물이 동일인 소유에 속하였는지'를 판단하는 기준 시기는 무엇을 기준으로 하는가? 대법원 2009다62059 판결에 의하면 "저당권 설정 당시"를 기준으로 한다.

즉, 위 대법원 판결에 의하면, "강제경매의 목적이 된 토지 또는 그 지상 건물에 관하여 강제경매를 위한 압류나 그 압류에 선행한 가압류가 있기 이전에 저당권이 설정되어 있다가 그 후 강제경매로 인해 그 저당권이 소멸하는 경우에는, 그 저당권 설정 이후의 특정 시점을 기준으로 토지와 그 지상 건물이 동일인의 소유에 속하였는지에 따라 관습상 법정지상권의 성립 여부를 판단하게 되면, 저당권자로서는 저당권 설정 당시를 기준으로 그 토지나 지상 건물의 담보가치를 평가하였음에도 저당권 설정 이후에 토지나 그 지상 건물의 소유자가 변경되었다는 외부의 우연한 사정으로 인하여 자신이 당초에 파악하고 있던 것보다 부당하게 높아지거나 떨어진 가치를 가진 담보를 취득하게 되는 예상하지 못한 이익을 얻거나 손해를 입게 되므로, 그 저당권 설정 당시를 기준으로 토지와 그 지상 건물이 동일인에게 속하였는지에 따라 관습상 법정지상권의 성립 여부를 판단하여야 한다."는 취지이다.

17. 관습상 법정지상권의 취득과 양도 및 건물철거청구

대법원 2009다62059 판결에 의하면, "동일인의 소유에 속하였던 토지와 그 지상 건물이 매매, 증여, 강제경매, 국세징수법에 의한 공매 등으로 인하여 양자의 소유자가 다르게 된 때에 그 건물을 철거한다는 특약이 없는 한 건물소유자는 토지소유자에 대하여 그 건물의 소유를 위한 관습상 법정지상권을 취득한다. 그리고 관습상 법정지상권이 성립하려면 토지 또는 그 지상 건물의 소유권이 유효하게 변동될 당시에 동일인이 토지와 그 지상 건물을 소유하였던 것으로 족하다."는 취지이다.

따라서 관습상 법정지상권의 성립요건을 정리하면, ① 처분 당시(소유권이 유효하게 변동될 당시) 토지와 건물의 소유자 동일, ② 매매 기타 원인으로 소유자 변경, ③ 건물철거 특약의 부존재 등이다.

이러한 판례를 전제로 사례를 하나 살펴보자. 대지와 건물을 甲이 소유하고 있다. 그런데, 甲이 대지를 乙에게 매도하여 대지에 대한 소유권이 乙에게 이전되었다. 이때, 甲에게 건물의 소유를 위한 관습상 법정지상권이 성립된다.

즉, 대법원 70다2576 판결에 의하면, "관습상의 지상권은 관습법에 의한 부동산물권의 취득이므로 이를 취득한 당시의 토지소유자나 그 토지소유권을 전득한 제3자에 대하여는 등기 없이도 그 지상권을 주장할 수 있는 것이고 다만 그 지상권을 등기하지 아니하면 이를 처분할 수 없을 뿐이다."라는 취지이다.

위 사안에서 건물이 丙에게 매각되어 丙이 건물에 대한 소유권이전등기까지 경료하였다면, 丙은 甲이 취득한 관습상 법정지상권도 취득하는가? 그렇지 않다.

대법원 78다52 판결에 의하면, "건물과 함께 미등기인 법정지상권을 가지고 있는 사람이 건물을 제3자에게 처분하고 그 명의의 소유권이전등기를 경료하면서도 법정지상권의 처분에 따른 이전등기 등을 하지 아니하였다면 그 법정지상권은 의연히 원래의 법정지상권자에게 유보되어 있는 것으로 보아야 한다."는 취지이고, 대법원 87다카279 판결에 의하면, "법정지상권을 취득한 건물소유자가 법정지상권의 설정등기를 경료함이 없이 건물을 양도하는 경우에는 특별한 사정이 없는 한 건물과 함께 지상권도 양도하기로 하는 채권적 계약이 있었다고 할 것"이라는 취지이기 때문이다.

다만, 대법원 2011다13463 판결에 의하면, “동일한 소유자에 속하는 대지와 그 지상건물이 매매에 의하여 각기 소유자가 달라지게 된 경우에는 특히 건물을 철거한다는 조건이 없는 한 건물소유자는 대지 위에 건물을 위한 관습상의 법정지상권을 취득하는 것이고, 한편 건물 소유를 위하여 법정지상권을 취득한 자로부터 경매에 의하여 건물의 소유권을 이전받은 경락인은 경락 후 건물을 철거한다는 등의 매각조건 하에서 경매되는 경우 등 특별한 사정이 없는 한 건물의 경락취득과 함께 위 지상권도 당연히 취득한다. 이러한 법리는 압류, 가압류나 체납처분압류 등 처분제한의 등기가 된 건물에 관하여 그에 저촉되는 소유권이전등기를 마친 사람이 건물의 소유자로서 관습상의 법정지상권을 취득한 후 경매 또는 공매절차에서 건물이 매각되는 경우에도 마찬가지로 적용된다.”고 판시하여, ‘경매’로 건물을 취득하는 경우에는 법정지상권도 함께 취득한다는 취지로 판시한 사실이 있다.

관련조문으로는 민법 제187조가 있는데, 민법 제187조는 “등기를 요하지 아니하는 부동산물권취득”이라는 제목 아래에 “상속, 공용징수, 판결, 경매 기타 법률의 규정에 의한 부동산에 관한 물권의 취득은 등기를 요하지 아니한다. 그러나 등기를 하지 아니하면 이를 처분하지 못한다.”라고 규정하고 있다.

위 사안에서 대지의 소유자 乙이 자신의 토지를 戊에게 매각하여 토지에 대한 소유권이전등기까지 완료를 하였다면, 대지의 소유자인 戊가 건물의 소유자인 丙을 상대로 건물의 철거를 청구할 수 있는가?

민법 제213조는 “소유물반환청구권”이라는 제목 아래 “소유자는 그 소유에 속한 물건을 점유한 자에 대하여 반환을 청구할 수 있다. 그러나 점유자가 그 물건을 점유할 권리가 있는 때에는 반환을 거부할 수 있다.”고 규정하고 있고, 민법 제214조는 “소유물방해제거, 방해예방청구권”이라는 제목 아래 “소유자는 소유권을 방해하는 자에 대하여 방해의 제거를 청구할 수 있고 소유권을 방해할 염려 있는 행위를 하는 자에 대하여 그 예방이나 손해배상의 담보를 청구할 수 있다.”고 규정하고 있다. 그러나 건물의 철거를 구할 수는 없다.

즉 대법원(전합) 84다카1131 판결에 의하면, “법정지상권을 가진 건물소유자로부터 건물을 양수하면서 법정지상권까지 양도받기로 한 자는 채권자대위의 법리에 따라 전 건물소유자 및 대지소유자에 대하여 차례로 지상권의 설정등기 및 이전등기절차이행을 구할 수 있다 할 것이므로 이러한 법정지상권을 취득할 지위에 있는 자에 대하여 대지소유자가 소유권에 기하여 건물철거를 구함은 지상권의 부담을 용인하고 그 설정등기절차를 이행할 의무 있는 자가 그 권리자를 상대로 한 청구라 할 것이어서 신의성실의 원칙상 허용될 수 없다.”는 취지이다.

대지 소유자 戊의 건물소유자 丙에 대한 철거청구가 인정되지 않는다면, 지료는 청구할 수 있는가? 지료청구는 가능하다.

즉 대법원 87다카1604 판결에 의하면, “법정지상권자라고 할지라도 대지소유자에게 지료를 지급할 의무는 있는 것이고 법정지상권을 취득할 지위에 있는 자 역시 지료 또는 임료상당이득을 대지소유자에게 반환할 의무를 면할 수는 없는 것이므로 이러한 임료상당 부당이득의 반환청구까지도 신의성실의 원칙에 반한다고 볼 수 없다."는 취지이다.

18. 관습상 법정지상권의 성립과 토지소유자의 대처방법

대법원 2009다62059 판결에 의하면, "동일인의 소유에 속하였던 토지와 그 지상 건물이 매매, 증여, 강제경매, 국세징수법에 의한 공매 등으로 인하여 양자의 소유자가 다르게 된 때에 그 건물을 철거한다는 특약이 없는 한 건물소유자는 토지소유자에 대하여 그 건물의 소유를 위한 관습상 법정지상권을 취득한다. 그리고 관습상 법정지상권이 성립하려면 토지 또는 그 지상 건물의 소유권이 유효하게 변동될 당시에 동일인이 토지와 그 지상 건물을 소유하였던 것으로 족하다."는 취지이다.

따라서 관습상 법정지상권의 성립요건을 정리하면, ① 처분 당시(소유권이 유효하게 변동될 당시) 토지와 건물의 소유자 동일, ② 매매 기타 원인으로 소유자 변경, ③ 건물철거 특약의 부존재 등이다.

참고로 최근에 선고된 대법원(전합) 선고 2017다236749 판결은 "동일인 소유이던 토지와 그 지상 건물이 매매 등으로 인하여 각각 소유자를 달리하게 되었을 때 그 건물 철거 특약이 없는 한 건물소유자가 법정지상권을 취득한다는 관습법은 현재에도 그 법적 규범으로서의 효력을 여전히 유지하고 있다고 보아야 한다."면서 현재에도 관습상 법정지상권의 존재필요성이 인정된다는 취지이다.

이렇게 관습상 법정지상권이 성립한 경우에 토지소유자는 자신의 토지 위에 존속하는 건물의 철거는 물론이고 자신의 토지의 인도를 구할 수도 없고 단지 지료를 청구할 수 있게 된다. 건물소유자자가 지료를 연체한 경우는 어떠한가?

민법 제287조는 "지상권소멸청구권"이라는 제목 아래에 "지상권자가 2년 이상의 지료를 지급하지 아니한 때에는 지상권설정자는 지상권의 소멸을 청구할 수 있다."고 규정하고 있다.

대법원 92다44749 판결은 "법정지상권이 성립되고 지료액수가 판결에 의하여 정해진 경우 지상권자가 판결확정 후 지료의 청구를 받고도 책임 있는 사유로 상당한 기간 동안 지료의 지급을 지체한 때에는 지체된 지료가 판결확정의 전후에 걸쳐 2년분 이상일 경우에도 토지소유자는 민법 제287조에 의하여 지상권의 소멸을 청구할 수 있다."는 취지이다.

위 사안은 대략 4년간의 미납지료를 지급하라는 판결이 확정된 후에 원고가 몇 차례 피고에게 구두로 위 지료지급을 구하였으나, 위 미납지료를 지급하지 않자, 2년 이상 지료미납을 이유로 법정지상권소멸청구의 서면통고 후 소송을 제기하였고, 이러한 소송이 제기되자 지상권자가 지료확정판결 후 4개월이 지난 즈음에 지료를 지급한 사안에서 상당기간 지료지급을 하지 않았음을 이유로 토지소유자의 지상권소멸청구를 인정한 사안이다.

법정지상권의 부담을 떠안고 있는 토지를 매수하면서, 연체된 지료(2년 미만)에 대한 채권양도를 받아 채권양도절차를 마쳤고, 토지의 전소유자에 대한 연체액과 현 소유자의 연체액의 합계가 2년 이상에 이를 때에 토지의 현 소유자가 지료연체를 이유로 법정지상권의 소멸청구를 할 수 있는가? 지상권 소멸청구가 인정되기 어렵다는 것이 대법원 99다17142 판결의 취지이다.

즉, "법정지상권의 경우 당사자 사이에 지료에 관한 협의가 있었다거나 법원에 의하여 지료가 결정되었다는 아무런 입증이 없다면, 법정지상권자가 지료를 지급하지 않았다고 하더라도 지료 지급을 지체한 것으로는 볼 수 없으므로 법정지상권자가 2년 이상의 지료를 지급하지 아니하였음을 이유로 하는 토지소유자의 지상권소멸청구는 이유가 없고(대법원 93다52297 판결, 대법원 95다52864 판결 등), 지료액 또는 그 지급시기 등 지료에 관한 약정은 이를 등기하여야만 제3자에게 대항할 수 있는 것이고, 법원에 의한 지료의 결정은 당사자의 지료결정청구에 의하여 형식적 형성소송인 지료결정판결로 이루어져야 제3자에게도 그 효력이 미친다고 할 것이다. ~중략~ 법원에 의하여 제3자에게도 효력이 미치는 지료가 결정되었다고 할 수도 없고 달리 원·피고 사이에 지료에 관한 협의가 있었다는 주장·입증이 없으므로, 원고들은 위 박학○의 지료연체를 이유로 지상권소멸청구를 할 수 없다고 할 것이다. ~중략~ 지상권자가 그 권리의 목적이 된 토지의 특정한 소유자에 대하여 2년분 이상의 지료를 지불하지 아니한 경우에 그 특정의 소유자로 하여금 선택에 따라 지상권의 소멸을 청구할 수 있도록 한 것이라고 해석함이 상당하다."는 취지이다(원심은 채권양도절차를 준수한 사정, 토지의 전소유자에 대한 연체액과 현 소유자의 연체액의 합계가 2년 이상에 이른 사정 등을 고려하여 지료연체를 이유로 한 현소유자의 법정지상권의 소멸청구를 인정하였으나, 대법원이 위와 같은 이유로 원심을 파기·환송한 것).

관습상 법정지상권과 유사한 분묘기지권의 경우는 "당사자 사이에 그 존속기간에 관한 약정이 있는 등 특별한 사정이 없는 한, 권리자가 분묘의 수호와 봉사를 계속하며 그 분묘가 존속하고 있는 동안 존속(대법원 2011다38592, 38608 판결)"한다.

그렇다면, 관습상 법정지상권을 어떠한가? 건물이 존속하고 사용하는 기간 내내 관습상 법정지상권이 인정되는가? 그렇지 않다.

민법 제283조는 "지상권자의 갱신청구권, 매수청구권"이라는 제목 아래에 "① 지상권이 소멸한 경우에 건물 기타 공작물이나 수목이 현존한 때에는 지상권자는 계약의 갱신을 청구할 수 있다. ② 지상권설정자가 계약의 갱신을 원하지 아니하는 때에는 지상권자는 상당한 가액으로 전항의 공작물이나 수목의 매수를 청구할 수 있다."라고 규정하고 있고, 동법 제281조는 "존속기간을 약정하지 아니한 지상권"이라는 제목 아래에 "① 계약으로 지상권의 존속기간을 정하지 아니한 때에는 그 기간은 전조의 최단존속기간으로 한다. ② 지상권설정

당시에 공작물의 종류와 구조를 정하지 아니한 때에는 지상권은 전조 제2호의 건물의 소유를 목적으로 한 것으로 본다."고 규정하여 지상권의 존속기간을 규정하고 있기 때문이다.

결국 민법 제280조에 따라 존속기간을 정하지 않은 관습상 법정지상권은 '견고한 건물'은 30년, 그렇지 않은 건물은 15년의 존속기간이 인정되고, 위 기간이 경과되면 건물소유자는 계약의 갱신을 청구할 수 있겠으나, 토지소유자가 갱신을 원하지 않으면 계약이 종료된다. 다만, 토지소유자는 건물소유자의 매수청구에 따라 건물을 매수할 의무를 부담한다.

즉 대법원 2022다306642 판결에 의하면 "민법 제283조 제2항에서 정한 지상물매수청구권은 지상권이 존속기간의 만료로 인하여 소멸하는 때에 지상권자에게 갱신청구권이 있어 갱신청구를 하였으나 지상권설정자가 계약갱신을 원하지 아니할 때 비로소 행사할 수 있는 권리이다. 한편 지상권갱신청구권의 행사는 지상권의 존속기간 만료 후 지체 없이 하여야 한다. 따라서 지상권의 존속기간 만료 후 지체 없이 행사하지 아니하여 지상권갱신청구권이 소멸한 경우에는, 지상권자의 적법한 갱신청구권의 행사와 지상권설정자의 갱신 거절을 요건으로 하는 지상물매수청구권은 발생하지 않는다."는 취지이다[위 판결 사안은 피고인 관습상 법정지상권자가 지상권갱신청구권 내지 건물매수청구권을 주장하였으나, 그 주장이 존속기간 30년으로부터 4년이나 경과 후에 있었음을 이유로 피고의 갱신청구 내지 건물매수청구는 그 효력이 인정될 수 없다고 한 사례이다. 위 사례에 대해 구체적으로 설명하자면 민법 제283조 제1항에 규정한 지상권자의 갱신청구권은 지상권 존속기간을 만료한 즉시 청구하여야 하고, 지체 없이 행사하지 않는 경우 소멸하는바(대법원 2022다306642 판결), 이와 달리 임대차는 민법 제639조 즉 묵시의 갱신 규정 때문에 민법 제643조에서 제283조를 준용하고 있음에도 존속기간 만료 후 지체 없이 갱신청구권을 행사하지 않아도 갱신청구권 및 매수청구권이 소멸하지 않는다고 본다. 그리고 임대차기간이 만료된 경우 종전계약과 동일한 내용으로 다시 임대한 것으로 간주되기 때문에 임차인은 갱신청구권을 행사할 필요가 없다. 지상권의 경우에는 묵시의 갱신 규정이 없는데, 이는 지상권의 존속기간 장기이기 때문인 것으로 이해된다. 즉 지상권은 석조, 돌로 지은 건물을 목적으로 하는 경우 30년, 수목 소유를 목적으로 하는 경우 30년의 기간 동안 지상권이 인정되는 결과, 지상권이 갱신된다면 30년을 존속기간으로 하는 지상권이 갱신된다는 것을 의미한다. 위 판결은 이러한 사정을 고려하여 지상권자가 지상권 존속기간이 만료된 후 약 4년의 기간 동안 갱신청구권을 행사하지 않았으므로 지상권이 소멸한 것으로 해석한 것이다].

그리고 대법원 93다10781 판결에 의하면, "민법 제283조 제2항 소정의 지상물매수청구권은 지상권이 존속기간의 만료로 인하여 소멸하는 때에 지상권자에게 갱신청구권이 있어 그 갱신청구를 하였으나 지상권설정자가 계약갱신을 원하지 아니할 경우 행사할 수 있는 권리이므로, 지상권자의 지료연체를 이유로 토지소유자가 그 지상권소멸청구를 하여 이에 터 잡아 지상권이 소멸된 경우에는 매수청구권이 인정되지 않는다."는 취지이므로 지료 2년분 이상 연체로 법정지상권이 소멸되는 상황이라면, 법정지상권자가 건물매수청구를 하더라도 토지소유자가 건물을 매수할 의무를 부담하지는 않는다.

관습상 법정지상권을 부담하게 되는 토지소유자 입장에서 지료를 받는 이외에 권리행사가 제한되므로, 토지 위의 건물이 견고한 건물인지 아닌지가 중요한 문제가 될 수 있다. '견고한 건물'로 평가될 경우에 30년간 토지소유권이 제한되기 때문이다.

민법 제281조 제2항, 제280조 제1항 제2호는 존속기간을 정하지 않은 지상권에 있어 지상권 설정당시에 공작물의 종류와 구조를 정하지 않은 경우에 '견고한 건물 이외의 건물'로 보아 존속기간은 15년으로 정하고 있는데, 관습상 법정지상권의 경우 그 개념상 지상권 성립 당시에 공작물의 종류와 구조를 정하지 않은 경우에 해당하므로, 지상 건물은 무조건 15년 동안만 관습상 법정지상권이 인정될 것인가? 그렇지 않다.

대법원 87다카2404 판결에 의하면, "민법 제281조 제2항은 당사자가 지상권설정의 합의를 함에 있어서 다만 그 존속기간을 정하지 아니하고 지상권을 설정할 토지상에 소유한 공작물의 종류와 구조가 객관적으로 확정되지 않을 경우에 한하여 적용이 있는 것이므로 비록 무허가 또는 미등기 건물이라 하더라도 그 건물의 종류와 구조가 확정되어 있는 경우에는 적용되는 것이 아니고 이러한 경우에는 민법 제281조 제1항에 의하여 존속기간을 정하여야 한다."고 판시하여, 법원에서 감정인의 감정결과에 구애받지 않고 법원 스스로 판단하여 '견고한 건물'로 볼 수 있을 경우에는 30년의 존속기간이 인정된다는 취지이다.

그리고 대법원 2013다43345 판결에 의하면, "견고한 건물인지의 여부는 그 건물이 갖고 있는 물리적·화학적 외력 또는 화재에 대한 저항력 및 건물해체의 난이도 등을 종합하여 판단"한다는 취지이다.

민법 제286조는 "지료증감청구권"이라는 제목 아래에 "지료가 토지에 관한 조세 기타 부담의 증감이나 지가의 변동으로 인하여 상당하지 아니하게 된 때에는 당사자는 그 증감을 청구할 수 있다."고 규정하고 있다. 따라서 위 규정을 기초로 하여 토지소유자는 구체적 사정에 따라 지료증액 청구가 가능할 것이다.

이에 대하여 대법원 2002다61934 판결은 "법정지상권 또는 관습에 의한 지상권이 발생하였을 경우에 토지의 소유자가 지료를 청구함에 있어서 지료를 확정하는 재판이 있기 전에는 지료의 지급을 소구할 수 없는 것은 아니고, 법원에서 상당한 지료를 결정할 것을 전제로 하여 바로 그 급부를 구하는 청구를 할 수 있다 할 것이며, 법원도 이 경우에 판결의 이유에서 지료를 얼마로 정한다는 판단을 하면 족한 것이므로, 토지소유자와 관습에 의한 지상권자 사이의 지료급부이행소송의 판결의 이유에서 정해진 지료에 관한 결정은 그 소송의 당사자인 토지소유자와 관습에 의한 지상권자 사이에서는 지료결정으로서의 효력이 있다고 보아야 할 것이고, 한편, 지료증감청구권에 관한 민법 제286조의 규정에 비추어 볼 때, 특정기간에 대한 지료가 법원에 의하여 결정되었다면, 당해 당사자 사이에서는 그 후 위 민법규정에 의한 지료증감의 효과가 새로 발생하는 등의 특별한 사정이 없는 한, 그 후의 기간에 대한 지료 역시 종전 기간에 대한 지료와 같은 액수로 결정된 것이라고 봄이 상당하다."라는 취지이다.

19. 가등기에 의한 본등기와 관습상 법정지상권의 성립 여부

대법원 판결 사안을 정리해 본다. "① 갑 소유 토지에 대한 을의 소유권이전등기청구권 보전가등기, → ② 토지소유자인 갑의 건물신축 및 건물에 대한 갑의 소유권보존등기, → ③ 토지에 대한 가등기권자인 을의 본등기, → ④ 을이 토지에 대한 본등기 후 토지를 병에게 매도"가 있었다고 가정할 때에, 병이 갑이 건축한 건물의 철거를 청구할 수 있을까?

갑이 건축한 건물에 대한 관습상 법정지상권이 인정된다면 병의 갑에 대한 건물철거청구는 패소할 것이고, 위 건물에 대한 관습상 법정지상권이 인정되지 않는다면 병의 갑에 대한 건물철거청구는 승소할 것이다.

관습상 법정지상권의 성립요건을 정리하면 ① 처분 당시(소유권이 유효하게 변동될 당시) 토지와 건물의 소유자 동일, ② 매매 기타 원인으로 소유자 변경, ③ 건물철거 특약의 부존재 등이다.

즉 동일인의 소유에 속하였던 토지와 그 지상 건물이 매매, 증여, 강제경매, 국세징수법에 의한 공매 등으로 인하여 양자의 소유자가 다르게 된 때에 그 건물을 철거한다는 특약이 없는 한 건물소유자는 토지소유자에 대하여 그 건물의 소유를 위한 관습상 법정지상권을 취득하며, 관습상 법정지상권이 성립하려면 토지 또는 그 지상 건물의 소유권이 유효하게 변동될 당시에 동일인이 토지와 그 지상 건물을 소유하였던 것으로 족하다(대법원 2009다62059 판결).

대법원 81다1298 판결은 위와 같은 경우에 관습상 법정지상권이 인정된다는 취지이다.

그 이유는 무엇일까? 위 대법원 판결에 의하면 "가등기는 그 성질상 본등기의 순위보전에 효력만이 있고 후일 본등기가 경료된 때에는 본등기의 순위가 가등기한 때로 소급함으로써 가등기후 본등기 전에 이루어진 중간처분이 본등기보다 후순위로 되어 실효될 뿐이고 본등기에 의한 물권변동의 효력이 가등기한 때로 소급하여 발생하는 것은 아니다."라는 것이다.

즉 을이 본등기를 할 때에 물권변동의 효력이 가등기를 한 때로 소급하지 않는바, 갑이 지상건물을 신축할 때에 토지는 여전히 갑의 소유였기 때문에, 관습상 법정지상권의 성립요건 중 "처분 당시 토지와 건물의 소유자 동일"요건을 충족한다는 것이다.

결국 관습상 법정지상권의 성립요건 중에서 "② 매매 기타 원인으로 소유자 변경"에, "소유권이전등기청구권 보전가등기를 전제한 본등기로 인한 소유자 변경"이 포함되는 꼴이 된다.

그렇다면 가등기이기는 하나 담보가등기인 경우에도 위와 같은 사안에서 건물에 대한 관습상 법정지상권이 인정되는가? 소유권이전등기청구권 보전가등기와 달리, 담보가등기의 경우에는 관습상 법정지상권이 인정되지 않는다는 취지다.

그 이유는 무엇일까? 대지에 담보가등기를 마친 사람의 이익을 크게 해치기 때문이라는 것이 대법원의 입장이다.

즉 대법원 94다5458 판결에 의하면 "원래 채권을 담보하기 위하여 나대지상에 가등기가 경료되었고, 그 뒤 대지소유자가 그 지상에 건물을 신축하였는데, 그 후 그 가등기에 기한 본등기가 경료되어 대지와 건물의 소유자가 달라진 경우에 관습상 법정지상권을 인정하면 애초에 대지에 채권담보를 위하여 가등기를 경료한 사람의 이익을 크게 해하게 되기 때문에 특별한 사정이 없는 한 건물을 위한 관습상 법정지상권이 성립한다고 할 수 없다."라는 취지이다.

이에 대하여는 담보가등기도 저당권과 같은 담보물권(가등기담보 등에 관한 법률 제12조 등 참고)이라는 점에서 민법 제366조 법정지상권 요건을 고려하면 건물에 대한 관습상 법정지상권을 인정하기 어렵다는 이론이 가능해 보인다.

즉, 민법 제366조 법정지상권의 요건 중에서 "저당권 설정당시에 건물존재" 즉 "담보가등기 설정당시에 건물존재"요건을 결하므로 민법 제366조의 법정지상권 요건을 고려(유추)할 때에 관습상 법정지상권을 인정할 수 없다는 이론구성도 가능해 보인다는 것이다(필자의 개인 의견).

정리하자면, 토지에 대한 소유권이전등기청구권 보전가등기와 본등기 사이에 토지소유자가 건물을 신축하여 건물에 대한 소유권보존등기를 마친 상황이라면, 위 가등기권자가 토지에 대한 본등기를 할 경우에, 건물에 대한 관습상 법정지상권이 인정되나, 위 가등기가 담보가등기라면 담보가등기를 할 당시에 건물이 존재하지 않았기 때문에 가등기담보권자의 담보가치에 대한 기대 내지 이익을 고려할 때에 건물에 대한 관습상 법정지상권이 인정되지 않는다는 것이다.

20. 건물의 증축, 개축, 신축과 법정지상권

민법 제366조는 "법정지상권"이라는 제목 아래에 "저당물의 경매로 인하여 토지와 그 지상건물이 다른 소유자에 속한 경우에는 토지소유자는 건물소유자에 대하여 지상권을 설정한 것으로 본다. 그러나 지료는 당사자의 청구에 의하여 법원이 이를 정한다."고 규정하고 있다.

민법 제366조에 의한 '저당권 실행에 의한 법정지상권'은 '① 저당권설정 당시에 건물의 존재, ② 저당권설정 당시에 토지와 건물이 동일한 소유자에 속할 것, ③ 경매(저당권 실행)로 인하여 토지와 건물의 소유자가 달라질 것, ④ 토지와 건물 어느 한쪽이나 또는 토지와 건물 모두에 저당권이 설정될 것'을 그 요건으로 한다. 다만 ④요건과 관련하여 판례 사안에서는 대체로 토지에 저당권이 설정된 경우가 흔하다.

위 ①요건과 관련하여 '토지에 저당권이 설정될 당시에 건물이 존재'한다고 할 때에 그 '건물'이 증축, 개축, 신축된 경우에도 법정지상권이 인정되는가?

대법원 90다19985 판결은 "민법 제366조 소정의 법정지상권이 성립하려면 저당권의 설정 당시 저당권의 목적이 되는 토지 위에 건물이 존재하여야 하고, 저당권 설정 당시 건물이 존재한 이상 그 이후 건물을 개축, 증축하는 경우는 물론이고 건물이 멸실되거나 철거된 후 재축, 신축하는 경우에도 법정지상권이 성립하며, 이 경우의 법정지상권의 내용인 존속기간, 범위 등은 구건물을 기준으로 하여 그 이용에 일반적으로 필요한 범위 내로 제한된다."고 판시하여, '토지에 저당권이 설정될 당시에 건물이 존재'하였다면, 그 '건물'이 증축, 개축되거나 신축된 경우에도 법정지상권이 성립된다는 취지이다.

그렇다면, 민법 제366조에 따른 법정지상권이나 관습상 법정지상권이 성립한 후에 건물이 증축, 개축, 신축된 경우에 건물의 법정지상권이 소멸하는가? 예를 들어 법정지상권이 성립한 후에 건물을 신축하는 경우라면 건물의 철거가 수반되므로, 건물의 철거로 법정지상권이 곧바로 소멸하는 것은 아닌가?

민법 제279조는 "지상권의 내용"이라는 제목 아래에 "지상권자는 타인의 토지에 건물 기타 공작물이나 수목을 소유하기 위하여 그 토지를 사용하는 권리가 있다."고 규정하고 있으므로, 건물이 철거되거나 멸실이 되면 곧바로 법정지상권도 소멸되는 것인지 의문이 들 수 있다. 민법교과서들을 확인해 보면, 지상권의 "일반적인 소멸원인"이라는 목차에서 "지상물이 소멸한다고 해서 지상권이 소멸되지는 않는다."라는 표현을 볼 수 있다.

결국, 법정지상권이 성립된 후에 건물의 증축, 개축, 신축된 경우라도 건물의 법정지상권이 소멸되지는 않는다고 해석된다. 다만, 이러한 경우의 법정지상권의 내용인 존속기간, 범위 등은 구건물을 기준으로 하여 그 이용에 일반적으로 필요한 범위 내로 제한될 뿐이다.

대법원 96다40080 판결도 "민법 제366조 소정의 법정지상권이나 관습상의 법정지상권이 성립한 후에 건물을 개축 또는 증축하는 경우는 물론 건물이 멸실되거나 철거된 후에 신축하는 경우에도 법정지상권은 성립하나, 다만 그 법정지상권의 범위는 구건물을 기준으로 하여 그 유지 또는 사용을 위하여 일반적으로 필요한 범위 내의 대지 부분에 한정된다."는 취지이다.

결국 법정지상권이 성립된 경우에 건물의 멸실이나 철거로 법정지상권이 소멸되는 것은 아니지만, 오히려 토지가 멸실된다면 법정지상권이 소멸될 수 있을 것이다. 지상권의 목적물은 건물이 아닌 토지이고 목적물인 토지가 멸실되면 물권인 지상권이 소멸하기 때문이다.

필자의 개인의견을 언급하자면 토지에 저당권설정 당시에 건물이 존재하였다면 저당권자는 건물의 존재를 전제로 토지에 대한 담보평가를 하였을 것이고, 그 후 건물소유자가 건물을 철거 후 신축을 하더라도 토지저당권자를 해하지 않은 선, 즉 구건물을 기준으로 법정지상권을 인정하더라도 별다른 문제가 없기 때문일 것으로 이해된다. 따라서 신축건물과 구건물의 동일성 여부 등은 문제될 여지가 없다. 구건물을 기준으로 법정지상권의 범위와 내용 등을 확정하면 족하기 때문이다.

그렇다면, 토지에만 근저당권이 설정되어 있었던 것이 아니라, 동일인의 소유에 속하는 토지와 건물에 대하여 공동저당권이 설정되어 있었는데, 건물이 철거되고 신축된 경우에도 법정지상권이 인정될까? 저당권의 목적물인 건물이 철거(멸실)되면 물권인 저당권도 소멸되는 문제로 인하여 이러한 의문이 발생한다.

신축건물의 소유자가 토지의 소유자와 동일하고 토지의 저당권자에게 신축건물에 관하여 토지의 저당권과 동일한 순위의 공동저당권을 설정해 주는 등 특별한 사정이 없는 한 저당물의 경매로 인하여 토지와 그 신축건물이 다른 소유자에 속하게 되더라도 그 신축건물을 위한 법정지상권은 성립하지 않는다는 것이 법원입장이다(기존 대법원 판결의 변경).

즉, 대법원(전합) 98다43601 판결에 의하면, "동일인의 소유에 속하는 토지 및 그 지상 건물에 관하여 공동저당권이 설정된 후 그 지상 건물이 철거되고 새로 건물이 신축된 경우에는 그 신축건물의 소유자가 토지의 소유자와 동일하고 토지의 저당권자에게 신축건물에 관하여 토지의 저당권과 동일한 순위의 공동저당권을 설정해 주는 등 특별한 사정이 없는 한 저당물의 경매로 인하여 토지와 그 신축건물이 다른 소유자에 속하게 되더라도 그 신축건물을 위한 법정지상권은 성립하지 않는다고 해석하여야 하는바, 그 이유는 동일인의 소유에 속하는 토지 및 그 지상 건물에 관하여 공동저당권이 설정된 경우에는, 처음부터 지상 건물로 인하여 토지의 이용이 제한받는 것을 용인하고 토지에 대하여만 저당권을 설정하여 법정지상권의 가치만큼 감소된 토지의 교환가치를 담보로 취득한 경우와는 달리, 공동저당권자는 토지 및 건물 각각의 교환가치 전부를 담보로 취득한 것으로서, 저당권의 목적이 된 건물이 그대로 존속하는 이상은 건물을 위한 법정지상권이 성립해도 그로 인하여 토지의 교환가치에서 제외된 법정지상권의 가액 상당 가치는 법정지상권이 성립하는 건물의 교환가치에서 되찾을 수 있어 궁극적으로 토지에 관하여 아무런 제한이 없는 나대지로서의 교환가치 전체를 실현시킬 수 있다고 기대하지만, 건물이 철거된 후 신축된 건물에 토지와 동순위의 공동저당권이 설정되지 아니 하였는데도 그 신축건물을 위한 법정지상권이 성립한다고 해석하게 되면, 공동저당권자가 법정지상권이 성립하는 신축건물의 교환가치를 취득할 수 없게 되는 결과 법정지상권의 가액 상당 가치를 되찾을 길이 막혀 위와 같이 당초 나대지로서의 토지의 교환가치 전체를 기대하여 담보를 취득한 공동저당권자에게 불측의 손해를 입게 하기 때문이다."라는 취지이다.

위 대법원(전합) 98다43601 판결은 판결 이유를 통하여 "동일인의 소유에 속하는 토지와 그 지상건물에 관하여 공동저당권이 설정된 후 그 지상건물이 철거되고 새로 건물이 신축된 경우에도 그 후 저당권의 실행에 의하여 토지가 경락됨으로써 대지와 건물의 소유자가 달라지면 언제나 토지에 관하여 신축건물을 위한 법정지상권이 성립된다는 취지의 대법원 1990.

7. 10. 선고 90다카6399 판결, 1992. 6. 26. 선고 92다9388 판결, 1993. 6. 25. 선고 92다20330 판결, 2000. 12. 12. 선고 2000다19007 판결, 2001. 3. 13. 선고 2000다48517, 48524, 48531 판결의 견해는, 위와 저촉되는 한도 내에서 이를 변경"한다고 판시하였다.

21. 무허가 미등기 건물에 대하여도 성립하는 법정지상권 사례

무허가 건물이거나 미등기 건물의 경우도 법정지상권이 성립될 수 있다.

즉 대법원 87다카2404 판결에 의하면, "동일인의 소유에 속하였던 토지와 건물이 매매, 증여, 강제경매, 국세징수법에 의한 공매 등으로 그 소유권자를 달리하게 된 경우에 그 건물을 철거한다는 특약이 없는 한 건물소유자는 그 건물의 소유를 위하여 그 부지에 관하여 관습상의 법정지상권을 취득하는 것이고 그 건물은 건물로서의 요건을 갖추고 있는 이상 무허가건물이거나 미등기 건물이거나를 가리지 않는다."고 판시하고 있고,

대법원 2004다13533 판결도 "민법 제366조의 법정지상권은 저당권 설정 당시 동일인의 소유에 속하던 토지와 건물이 경매로 인하여 양자의 소유자가 다르게 된 때에 건물의 소유자를 위하여 발생하는 것으로서, 토지에 관하여 저당권이 설정될 당시 토지소유자에 의하여 그 지상에 건물을 건축 중이었던 경우 그것이 사회관념상 독립된 건물로 볼 수 있는 정도에 이르지 않았다 하더라도 건물의 규모·종류가 외형상 예상할 수 있는 정도까지 건축이 진전되어 있었고, 그 후 경매절차에서 매수인이 매각대금을 다 낸 때까지 최소한의 기둥과 지붕 그리고 주벽이 이루어지는 등 독립된 부동산으로서 건물의 요건을 갖추면 법정지상권이 성립하며, 그 건물이 미등기라 하더라도 법정지상권의 성립에는 아무런 지장이 없는 것이다."고 판시하여,

관습상 법정지상권을 물론이고 민법 제366조에 의한 법정지상권의 경우에도 무허가 미등기 건물에 대한 법정지상권의 성립을 인정한다.

그렇다면, 甲이 대지와 무허가 미등기 건물을 함께 양수했는데, 대지만 등기를 하고 건물에 대하여 등기를 하지 못한 경우에, 甲으로부터 토지만을 양수한 乙에게 甲이 관습상 법정지상권의 성립을 주장할 수 있을까? 이런 경우에는 법정지상권이 성립되지 않는다. 무허가 미등기 건물이라서 등기를 이전받을 수 없었다고 하더라도 법정지상권이 인정되지 않는다. 법정지상권에서 말하는 '건물의 소유권'은 '법률상의 소유권'을 의미하기 때문이다.

즉 대법원 87다카634 판결에 의하면, "이 사건 건물을 그 부지인 이 사건 토지와 함께 피고 한창○이 양수하였어도 토지에 대하여만 소유권이전등기를 경료하고 건물에 대하여는 등기를 하지 아니하였다면 위 피고는 건물에 대하여 소유권을 취득하였다 할 수 없어 토지에 대하여 위 피고로부터 전전하여 소유권을 양수한 원고에게 관습상의 법정지상권을 주장할 수 없고, 이는 위 건물이 무허가건물로서 원래 미등기 건물이라 하더라도 마찬가지라 할

것"이라는 취지이다.

또한, 대법원 94다53006 판결에 의하더라도 "미등기 무허가건물의 양수인이라 할지라도 그 소유권이전등기를 경료받지 않는 한 건물에 대한 소유권을 취득할 수 없고, 그러한 건물의 취득자에게 소유권에 준하는 관습상의 물권이 있다고 볼 수 없다."는 취지이다.

정리하자면, 미등기 무허가 건물이라도 법정지상권 성립에 있어 '건물'로서의 요건을 갖춘다면, 법정지상권이 성립될 수는 있지만, 법정지상권에 있어 '건물'의 의미는 '사실상 소유권'으로는 부족하고 '법률상 소유권'에 한정된다. 따라서, 대지와 건물을 매수하기는 하였으나, 건물이 무허가 미등기이기 때문에 대지만 소유권이전등기를 한 사안에서는 건물에 대한 등기가 없어 '법률상 소유권'이 인정될 수 없고 법정지상권도 인정되기 어렵다.

결국 대지의 소유자가 무허가 미등기 건물을 원시 취득한 경우에 법정지상권의 성립 가능성이 높아질 것으로 해석된다.

이와 관련하여 위 대법원 2004다13533 판결 사안을 정리하면, "위 근저당권이 설정될 당시 이 사건 각 주택은 사회관념상 독립된 건물로 볼 수 있는 정도에 이르지는 않았더라도 1층 바닥의 기초공사(콘크리트 타설공사)가 완성되었으므로 '건물의 규모·종류가 외형상 예상할 수 있는 정도까지 건축이 진전되어 있는 경우'에 해당한다고 할 것이고, 그 후 약 2개월만에 벽체와 지붕공사가 완성되어 독립된 건물로서의 요건을 갖추었다고 인정함이 상당하다."면서 법정지상권이 성립될 수 있다는 취지인바,

미등기 건물인 경우라도 '신축건물의 소유권취득'은 민법 제187조에 따라 등기를 요하지 않고 건물의 '법률상 소유권취득'이 가능하고 이러한 경우에는 법정지상권도 가능하다는 취지이다.

그리고 대법원 2020다224821 판결에 의하면 일시사용을 위해 건축되는 가설건축물은 법정지상권 성립에 있어 '건물'로 볼 수 없다는 취지이다.

즉 위 대법원 판결에 의하면 "민법 제366조의 법정지상권은 저당권 설정 당시 동일인의 소유에 속하던 토지와 건물이 경매로 인하여 양자의 소유자가 다르게 된 때에 건물의 소유자를 위하여 발생하는 것으로서, 법정지상권이 성립하려면 경매절차에서 매수인이 매각대금을 다 낸 때까지 해당 건물이 독립된 부동산으로서 건물의 요건을 갖추고 있어야 한다. 독립된 부동산으로서 건물은 토지에 정착되어 있어야 하는데(민법 제99조 제1항), 가설건축물은 일시 사용을 위해 건축되는 구조물로서 설치 당시부터 일정한 존치기간이 지난 후 철거가 예정되어 있어 일반적으로 토지에 정착되어 있다고 볼 수 없다. 민법상 건물에 대한 법정지상권의 최단 존속기간은 견고한 건물이 30년, 그 밖의 건물이 15년인 데 비하여, 건축법령상 가설건축물의 존치기간은 통상 3년 이내로 정해져 있다. 따라서 가설건축물은 특별한 사정이 없는 한 독립된 부동산으로서 건물의 요건을 갖추지 못하여 법정지상권이 성립하지 않는다."는 취지이다.

이와 관련하여 필자가 수행한 대법원 2024다215313 판결의 '원심(청주지법 2022나59688 판결)'은 토지와 미등기 지상물(간이상수도용 지하수저장탱크)을 피고가 매입한 후 토지에 근저당권이 설정되었는데, 그 후에 토지를 경락받은 원고가 위 미등기 지상물(간이상수도용 지하수저장탱크)의 소유권 및 법정지상권을 주장하는 피고에 대하여 위 미등기 지상물(간이상수도용 지하수저장탱크)에 대한 철거, 토지인도 및 지료를 청구한 사안에서, 위 미등기 지상물(간이상수도용 지하수저장탱크)에 법정지상권이 성립되었음을 근거로 원고의 피고에 대한 철거 및 토지인도청구를 기각하고 지료만을 인정하였으나,

대법원은 "미등기 건물의 양수인은 미등기 건물을 처분할 수 있는 권리는 있을지언정 소유권은 가지고 있지 아니하므로 그 저당권 설정 당시에 이미 대지와 건물이 각각 다른 사람의 소유에 속하고 있어 법정지상권이 성립될 여지가 없다."면서 "미등기 건물을 양수하여 건물에 관한 사실상의 처분권을 보유하게 됨으로써 그 양수인이 건물부지 역시 아울러 점유하고 있다고 볼 수 있는 경우에는 미등기 건물에 관한 사실상의 처분권자도 건물 철거의무와 건물 부지에 대한 점유·사용에 따른 부당이득반환의무를 부담한다."는 취지로 원심을 파기·환송하였다(필자는 위 판결의 1심(원고본인이 대리인 없이 스스로 진행)을 제외한 원심과 대법원에 있어 원고를 대리하였고, 충분하게 기존에 확립된 대법원 판례의 입장을 재판부에 전달하였음에도 불구하고 원심이 이해하기 어려운 판결을 선고한 사례였으나 다행히 대법원에서 원심의 잘못을 바로잡은 것. 다만 원심을 이해해 보려 노력할 때에 위 쟁점 이외에 다른 여러 쟁점으로 인하여 원심재판부가 실수를 한 것으로 보임).

22. 공유관계와 법정지상권

관습상 법정지상권은 동일인의 소유에 속하였던 토지와 그 지상 건물이 매매, 증여, 강제경매, 국세징수법에 의한 공매 등으로 인하여 양자의 소유자가 다르게 된 때에 그 건물을 철거한다는 특약이 없는 한 건물소유자에게 인정되는 것이고(대법원 2009다62059 판결),

민법 제366조에 의하여 인정되는 저당권실행에 의한 법정지상권은 "법정지상권"이라는 제목 아래에 "저당물의 경매로 인하여 토지와 그 지상건물이 다른 소유자에 속한 경우에는 토지소유자는 건물소유자에 대하여 지상권을 설정한 것으로 본다. 그러나 지료는 당사자의 청구에 의하여 법원이 이를 정한다."라고 규정하고 있다.

그렇다면 토지가 공유로 된 경우 또는 건물이 공유로 된 경우에 위 각 요건을 갖추었다면 법정지상권이 인정될까? 토지가 공유로 되어있기는 하지만, 토지 공유의 실체가 구분소유적 공유관계일 때에는 어떠한가?

첫 번째 사안을 살펴보자. 토지는 단독소유, 건물은 공유인 사례로 민법 제366조에 따른 법정지상권이 문제된 사안이다.

즉 대법원 2010다67159 판결에 의하면, "건물공유자의 1인이 그 건물의 부지인 토지를

단독으로 소유하면서 그 토지에 관하여만 저당권을 설정하였다가 위 저당권에 의한 경매로 인하여 토지의 소유자가 달라진 경우에도, 위 토지소유자는 자기뿐만 아니라 다른 건물공유자들을 위하여도 위 토지의 이용을 인정하고 있었다고 할 것인 점, 저당권자로서도 저당권 설정 당시 법정지상권의 부담을 예상할 수 있었으므로 불측의 손해를 입는 것이 아닌 점, 건물의 철거로 인한 사회경제적 손실을 방지할 공익상의 필요성도 인정되는 점 등에 비추어 위 건물공유자들은 민법 제366조에 의하여 토지 전부에 관하여 건물의 존속을 위한 법정지상권을 취득한다고 보아야 한다."는 취지이다.

두 번째 사안을 살펴보자. 토지는 단독소유, 건물은 공유인 사례로 관습상 법정지상권이 문제된 사안이다.

즉 대법원 76다388 판결에 의하면, "대지소유자가 그 지상건물을 타인과 함께 공유하면서 그 단독소유의 대지만을 건물철거의 조건 없이 타에 매도한 경우에는 건물공유자들은 각기 건물을 위하여 대지 전부에 대하여 관습에 의한 법정지상권을 취득한다."는 취지이다.

세 번째 사안을 살펴보자. 토지는 공동소유, 건물은 단독소유인 사례로 관습상 법정지상권이 문제된 사안이다.

즉 대법원 92다55756 판결에 의하면 "토지공유자의 한 사람이 다른 공유자의 지분 과반수의 동의를 얻어 건물을 건축한 후 토지와 건물의 소유자가 달라진 경우 토지에 관하여 관습법상의 법정지상권이 성립되는 것으로 보게 되면 이는 토지공유자의 1인으로 하여금 자신의 지분을 제외한 다른 공유자의 지분에 대하여서까지 지상권설정의 처분행위를 허용하는 셈이 되어 부당하다."는 취지이다.

그리고 대법원 2011다73038, 73045 판결은 "토지공유자의 한 사람이 다른 공유자의 지분 과반수의 동의를 얻어 건물을 건축한 후 토지와 건물의 소유자가 달라진 경우 토지에 관하여 관습법상의 법정지상권이 성립되는 것으로 보게 되면 이는 토지공유자의 1인으로 하여금 자신의 지분을 제외한 다른 공유자의 지분에 대하여서까지 지상권설정의 처분행위를 허용하는 셈이 되어 부당하다. 그리고 이러한 법리는 민법 제366조의 법정지상권의 경우에도 마찬가지로 적용되고, 나아가 토지와 건물 모두가 각각 공유에 속한 경우에 토지에 관한 공유자 일부의 지분만을 목적으로 하는 근저당권이 설정되었다가 경매로 인하여 그 지분을 제3자가 취득하게 된 경우에도 마찬가지로 적용된다."는 취지이다.

네 번째 사안을 살펴보자. 토지는 등기부상으로 공유이지만, 실제로는 각 부분을 특정하여 소유권을 행사하기로 내부적으로 약정된 구분소유적 공유이고, 이러한 구분토지에 건물이 존재하는 경우이다.

즉 대법원 2004다13533 판결에 의하면, "공유로 등기된 토지의 소유관계가 구분소유적 공유관계에 있는 경우에는 공유자 중 1인이 소유하고 있는 건물과 그 대지는 다른 공유자와의 내부관계에 있어서는 그 공유자의 단독소유로 되었다 할 것이므로 건물을 소유하고 있는 공유자가 그 건물 또는 토지지분에 대하여 저당권을 설정하였다가 그 후 저당권의 실행으로 소유자가 달라지게 되면 건물 소유자는 그 건물의 소유를 위한 법정지상권을 취득하게 되며, 이는 구분소유적 공유관계에 있는 토지의 공유자들이 그 토지 위에 각자 독자적으로 별개의 건물을 소유하면서 그 토지 전체에 대하여 저당권을 설정하였다가 그 저당권의 실행으로 토지와 건물의 소유자가 달라지게 된 경우에도 마찬가지라 할 것이다."는 취지이다.

필자의 개인의견을 정리하면, 법정지상권 요건 중 핵심은 ① 토지와 건물의 소유자 동일, ② 토지 위에 건물이 이미 존재라는 것인데, 토지의 소유자가 단독소유자일 경우, 법정지상권 성립 가능성 높으며, 토지의 소유형태가 공유일 경우 법정지상권 성립 가능성이 낮다는 것이다.

토지 단독 소유에 건물이 공유라는 것은 건물 공유자 일부가 토지와 건물소유자 동일 요건을 결여한 것이겠지만, 법정지상권 제도는 건물 유지가 목적이므로 위 요건을 완화하여 적용할 수 있다는 취지가 판례에 반영된 반면, 토지가 공유라는 것은 법정지상권이 토지에 부담을 준다는 측면에서, 토지와 건물의 소유자 동일요건을 엄격하게 해석할 수밖에 없다는 측면을 고려하면 이해될 수 있겠다. 토지가 구분소유적 공유인 경우는 실질이 구분된 소유권으로 일반적인 공유와 다르다고 이해하면 족하다.

23. 담보지상권과 법정지상권의 충돌

민법상의 지상권은 담보목적의 이른바 '담보지상권'을 예정하고 있지는 않다. 민법 제279조는 지상권에 대하여 '타인의 토지에 건물 기타의 공작물이나 수목을 소유하기 위하여 그 토지를 사용할 수 있는 물권(민법 제279조)'으로 규정할 뿐이다.

다만 실무상으로는 나대지를 담보로 은행 대출을 받으면서 나대지에 대한 근저당권과 더불어 지료약정이 없는 지상권까지 설정하는 경우가 있고, 이러한 지상권을 담보지상권으로 부르고 있다.

대법원 2011다6342 판결에 의하면, "근저당권 등 담보권 설정의 당사자들이 그 목적이 된 토지 위에 차후 용익권이 설정되거나 건물 또는 공작물이 축조·설치되는 등으로써 그 목적물의 담보가치가 저감하는 것을 막는 것을 주요한 목적으로 하여 채권자 앞으로 아울러 지상권을 설정하였다면, 그 피담보채권이 변제 등으로 만족을 얻어 소멸한 경우는 물론이고 시효소멸한 경우에도 그 지상권은 피담보채권에 부종하여 소멸한다."는 취지이다.

그런데, 토지에 대한 근저당권을 설정할 당시에 나대지가 아니라 건물이 존재하였고, 토지에 대한 근저당권의 담보가치 확보를 위해 지상권까지 설정하였다면 어떠한가?

담보지상권에 불과하기 때문에 토지에 대한 근저당권 실행으로 지상권도 함께 소멸하고, 기존 건물에 민법 제366조에 따른 법정지상권이 성립되었다고 보아야 하는가? 아니면, 이러한 경우에는 지상권이 소멸하지 않고, 민법 제366조에 따른 법정지상권의 성립을 부정해야 하는가?

대법원 2012다97871, 97888 판결에 의하면, 이러한 경우에도 근저당권이 실행되면서 담보지상권이 함께 소멸되며(지상권등기가 일정기간 존재하여 지상권이 존재한다는 외관을 보인 경우에도 법리적으로 소멸된 것으로 봄), 건물소유자에게 법정지상권이 인정될 수 있다는 취지이다.

즉, 위 대법원 2012다97871, 97888 판결은 "토지에 관하여 담보권이 설정될 당시 담보권자를 위하여 동시에 지상권이 설정되었다고 하더라도, 담보권 설정 당시 이미 토지소유자가 그 토지상에 건물을 소유하고 있고 그 건물을 철거하기로 하는 등 특별한 사유가 없으며 담보권의 실행으로 그 지상권도 소멸하였다면 건물을 위한 법정지상권이 발생하지 않는다고 할 수 없다."는 취지이다. 위 대법원 2012다97871, 97888 판결 사안을 정리해 본다.

〈원심판결 : 울산지방법원 2011나1316 판결〉

지상권은 용익물권으로서 일물일권주의의 원칙상 동일 부동산에 관하여는 순위를 달리하더라도 중복하여 설정될 수 없는데, 소외인이 양산시 소재 임야 95,287㎡(이하 '이 사건 토지')에 관한 경매절차에서 이 사건 토지의 소유권을 취득할 당시 이 사건 토지에는 이미 '동남은행' 명의의 지상권(이하 '이 사건 지상권')이 설정되어 있었으므로, 이 사건 토지와 양산시 소재 공장용지 615㎡(이하 '1180 토지') 양 지상에 건축된 건물 중 이 사건 토지상에 있는 부분(이하 '이 사건 건물 부분')을 위한 법정지상권은 성립할 수 없다.

〈원심파기 · 환송: 대법원 2012다97871, 97888 판결〉

'진일산업'은 이 사건 토지에 관하여 1992. 1. 8. 소유권이전등기를 마치고, 1180 토지에 관하여 1992. 9. 22. 소유권이전등기를 마치는 한편, 위 양 토지 지상에 건축된 건물에 관하여 1992. 2. 12. 소유권보존등기를 마친 사실, 그 후인 1992. 10. 29. 이 사건 토지에 관하여 채무자 진일산업, 채권최고액 10억원으로 된 동남은행 명의의 근저당권설정등기가 마쳐지고, 이어서 목적 철근콘크리트건물의 소유, 범위 토지의 전부, 존속기간 1992. 10. 29.부터 만 30년, 지료 무료로 된 동남은행 명의의 이 사건 지상권설정등기가 마쳐진 사실, 이후 공동담보 추가를 위하여 위 근저당권설정등기가 1993. 5. 8. 말소되고, 곧바로 이 사건 토지 및 양산시 소재 임야 595㎡에 관하여 위와 같은 내용으로 된 동남은행 명의의 근저당권설정등기가 다시 마쳐진 사실, 위 근저당권은 전전양도되어 최종적으로 한국자산관리공사 명의로 근저당권이전의 부기등기가 마쳐졌고, 한국자산관리공사는 이 사건 토지 등에 관하여 임의경매신청을 하여 2000. 4. 14. 울산지방법원 2000타경14707호로 임의경매개시결정이 내려졌으며, 이에 따른 경매절차에서 소외인이 2000. 12. 22. 이 사건 토지를 낙찰받고 매각대금을 완납함으로써 이 사건 토지의 소유권을 취득한 사실, 한편 이 사건 지상권설정등기는 그 이후인 2001. 1. 4.에서야 말소된 사실 등을 알 수 있다.

이 사건 지상권은 이 사건 토지에 관한 근저당권의 담보가치가 차후 저감되는 것을 방지하기 위한 목적으로 설정되었다고 할 것이어서, 위 임의경매절차에서 소외인이 이 사건 토지의 매각대금을 완납하여 근저당권이 소멸함에 따라 이 사건 지상권도 그 목적을 잃어 이때 함께 소멸하였다고 할 것이다.

따라서 이 사건 토지에 관한 근저당권 설정 당시 이미 건축되어 진일산업이 소유하고 있던 이 사건 건물 부분을 철거하기로 약정하였다는 등의 특별한 사유가 없는 한, 이 사건 건물 부분을 위한 법정지상권이 성립하고, 이 사건 지상권설정등기가 말소되지 아니하고 있었다는 사정은 이에 방해가 되지 아니한다.

원심은 소외인이 이 사건 토지의 소유권을 취득할 당시 이 사건 지상권설정등기가 말소되지 않고 있었다는 이유만으로 이 사건 건물 부분을 위한 법정지상권이 성립할 수 없다고 판단하였으니, 이러한 원심판단에는 지상권이나 법정지상권의 성립 등에 관한 법리를 오해하여 필요한 심리를 다하지 아니함으로써 판결에 영향을 미친 위법이 있다.

법정지상권이라는 것은 건물의 사회경제적 효용을 그대로 유지하자는 것이 그 주요 취지이므로 근저당권 및 담보지상권 설정 당시에 이미 건물이 존재하였고, 경매 등으로 법정지상권 요건이 충족되는 경우에는 근저당권 및 담보지상권의 소멸과 건물의 위한 법정지상권 성립으로 정리하는 것이 법정지상권 인정취지에 부합한다고 이해하면 되겠다(필자의 개인의견).

第16장 부동산중개 일반

1. 부동산 중개사고의 큰 흐름

부동산을 중개사를 통해 매수하거나 임차했는데, 중개사의 설명과 달리 중개부동산의 권리관계에 문제가 발생하여 매수인 또는 임차인 등 중개의뢰인이 손해를 보는 경우가 있다. 이런 경우 중개의뢰인은 중개사와 공제증서를 발급한 한국공인중개사협회(이하 "협회") 등에 공인중개사법 내지 민법상의 손해배상책임을 묻게 된다.

협회에 손해에 대한 배상청구를 하기 위해서는 중개사의 중개행위에 기초하여 중개의뢰인에게 손해가 발생해야 하므로, 중개행위로 판단되지 않은 중개사의 행위에 대하여는 협회에 책임을 묻기 어렵다.

중개행위로 보기 힘든 대표적인 경우가 중개사의 권리금 컨설팅행위라고 할 수 있다. 중개사고라는 판단을 받더라도, 중개사에게 고의가 있다는 사정이 있다면 별론으로 하고, 대체로 법원에서는 과실상계를 통해 중개의뢰인의 과실책임을 손해액 산정에 고려하고 있다.

예를 들어, 중개사의 부동산에 대한 권리관계 설명이 부실하여 해당 부동산이 경매로 매각된 상황에서 임차인이 보증금의 일부만 배당을 받은 손해가 발생하였다고 가정하자. 즉, 보증금이 1억원이었는데, 중개사의 중개대상물 확인·설명의무 위반(공인중개사법 제25조, 제30조)으로 인하여 배당액이 3천만원에 불과하였다. 이때 중개의뢰인의 손해는 7천만원이 되지만, 법원에서는 중개의뢰인의 7천만원의 손해를 모두 인정하는 경우가 많지 않다는 것이다. 중개의뢰인도 중개를 의뢰할 때 해당 부동산에 권리관계 등에 문제가 있는지 살펴볼 의무가 있다는 것이다.

다만, 중개의뢰인과 달리 중개사는 부동산거래의 전문가임을 강조하면서 중개사의 책임을 100% 인정한 판례도 간혹 볼 수 있고 가까운 일본의 경우도 중개사의 전문성 등을 고려하여 중개의뢰인의 과실 인정 시 신중한 태도를 보이는 것으로 알고 있다. 아무튼 중개사고라는 판단이 내려져도 손해액이 전액 인정되는 경우가 많지 않다는 사실에 주의할 필요가 있다.

참고로 서울북부지방법원 2011가단18564 판결은 중개사고에 있어 중개사의 과실을 80%로 제한하였으나, 항소심인 서울북부지방법원 2011나11007 판결은 중개사 책임을 100%로 변경하였고, 상고심인 대법원 2012다69654 판결은 2심의 중개사에 대한 100% 책임인정을 문제삼아 과실상계를 하라는 취지로 파기·환송한 사실이 있다.

중개사고에 대하여 판례는 등기부와 대장과 같은 공적장부에 나타난 내용에 대한 중개대상물 확인·설명을 요구하는 경향이 강했지만, 최근 들어 등기부 및 대장과 같은 공적장부에서 일견 쉽게 확인하기 어려운 부분까지 설명을 요구하는 경우가 늘어나고 있다.

대표적인 것이 다가구주택의 경우 법원에서는 선순위 임차인의 보증금 등까지 확인하여 임차인에게 설명할 의무를 부과하고 있는 점 등이다. 결국 이러한 법원의 태도는 "원고가 임대차보증금을 회수하기 위한 적절한 조치를 취할 수 있도록 조력할 주의의무가 있다(부산고등법원 2013나3750 판결)"거나 "부동산의 임대, 매매 등 거래에서 무권리자로 인한 피해를 방지하는 것이 부동산 중개업자의 가장 중요한 주의의무 중 하나(서울북부지방법원 2011나11007 판결)" 등의 문구를 통해 공적장부 등에 대한 설명이라는 형식적 기준이 아니라, 실질적으로 중개의뢰인의 손해 방지를 위한 설명이라는 차원이 고려된 것으로 보인다.

참고로 춘천지방법원 원주지원 2017가합83 판결은 부동산중개사가 아파트 매수인에게 누수로 인한 수선공사 전력을 고지하거나 설명할 의무가 있는지 여부가 쟁점이 된 사안인데, '이 사건 아파트의 중개대상물 확인·설명서에도 현재의 벽면 누수 여부에 관하여 점검하는 사항이 있을 뿐 과거 누수 전력으로 인하여 수선공사가 있었는지에 관하여 점검하는 사항은 존재하지 않을뿐더러, 공인중개사법 제25조 제1항, 같은 법 시행령 제21조 제1항은 당해 중개대상물의 상태·입지 및 권리관계, 수도·전기·가스·소방·열공급·승강기 및 배수 등 시설물의 상태, 벽면 및 도배의 상태, 일조·소음·진동 등 환경조건 등을 공인중개사의 확인·설명의 대상으로 규정하고 있을 뿐이어서, 과거 누수로 수선공사를 하였는지는 그 누수가 수리되어 현재의 사용에 지장을 초래하고 있지 아니한 이상 공인중개사의 확인·설명의무의 대상에 포함된다고 할 수 없다고 보아 아파트 매수인인 원고의 부동산중개사인 피고에 대한 손해배상청구를 기각'한 사실이 있다.

2. 종중의 부동산중개 의뢰행위의 유효성

종중은 민법상의 비법인사단에 해당하고, 민법 제275조, 제276조 제1항이 총유물의 관리 및 처분에 관하여는 정관이나 규약에 정한 바가 있으면 그에 의하고 정관이나 규약에서 정한 바가 없으면 사원총회의 결의에 의하도록 규정하고 있으므로, 종중의 이러한 절차를 거치지 아니한 총유물의 관리·처분행위는 무효가 된다.

그렇다면, 종중이 그 종중 소유의 부동산의 매매를 중개한 중개업자에게 중개수수료를 지급하기로 약정을 했는데, 종중규약에서 정한 결의 등을 거치지 않은 경우에 그 중개수수료 약정이 유효할까? 원심은 무효로 보았으나, 대법원 2011다107900 판결은 원심과 달리, 위 중개수수료 약정이 유효라는 취지이다.

즉 위 대법원 판결에 의하면, "총유물의 관리 및 처분이라 함은 총유물 그 자체에 관한 이용·개량행위나 법률적·사실적 처분행위를 의미하는 것이므로, 피고 종중이 그 소유의 이 사건 토지의 매매를 중개한 중개업자에게 중개수수료를 지급하기로 하는 약정을 체결하는 것은 총유물 그 자체의 관리·처분이 따르지 아니하는 단순한 채무부담행위에 불과하여 이를 총유물의 관리·처분행위라고 할 수 없다."는 취지이다.

다만, 대법원(전합) 2004다60072, 60089 판결에 의하면, "조합 임원회의의 결의 등을 거치도록 한 조합규약은 조합장의 대표권을 제한하는 규정에 해당하는 것이므로, 거래 상대방이 그와 같은 대표권 제한 및 그 위반 사실을 알았거나 과실로 인하여 이를 알지 못한 때에는 그 거래행위가 무효로 된다고 봄이 상당하며, 이 경우 그 거래 상대방이 대표권 제한 및 그 위반 사실을 알았거나 알지 못한 데에 과실이 있다는 사정은 그 거래의 무효를 주장하는 측이 이를 주장·입증하여야 한다."는 취지이므로, 중개업자인 공인중개사가 종중규약에 존재하는 종중대표권의 제한 및 그 위반사실을 알았거나 알지 못한 데에 과실이 있다면, 중개수수료 약정이 무효가 될 가능성이 있다. 이 경우 종중의 종중규약에 종중의 대표가 중중의 채무부담행위를 하는 경우에는 총회결의 내지 이사회결의 등을 요구하는 규약이 존재하는 것이 전제되어야 할 것이다.

그렇다면, 중개업자가 종중이 중개수수료 약정에 앞서, 관련된 결의를 한 것인지 여부에 대하여 확인할 의무가 있을까? 위 대법원 2011다107900 판결에 의하면, 중개업자가 결의유무까지 확인할 의무는 없다는 취지이다.

즉, "원고가 이 사건 매매계약 체결 당시 피고 종중을 대표하는 이사장 소외 1로부터 직접 의뢰받아 부동산매매계약 변경 합의서의 작성을 알선함에 있어 피고 종중 대표자의 의뢰를 믿고 이에 응한 것을 넘어 피고 종중의 유효한 결의 유무까지 확인할 의무는 없다고 판단한 것은 정당하다."는 취지이다.

참고로 위 대법원 2011다107900 판결은 "부동산중개업자와 중개의뢰인과의 법률관계는 민법상의 위임관계와 같은바, 위임계약에서 보수액에 관하여 약정한 경우에 수임인은 원칙적으로 약정보수액을 전부 청구할 수 있는 것이 원칙이지만, 그 위임의 경위, 위임업무처리의 경과와 난이도, 투입한 노력의 정도, 위임인이 업무처리로 인하여 얻게 되는 구체적 이익, 기타 변론에 나타난 제반 사정을 고려할 때 약정보수액이 부당하게 과다하여 신의성실의 원칙이나 형평의 원칙에 반한다고 볼 만한 특별한 사정이 있는 때에는 예외적으로 상당하다고 인정되는 범위 내의 보수액만을 청구할 수 있다."면서,

"원고가 피고 회사로부터 이 사건 매매계약의 중개를 수임하게 된 경위, 위임업무처리의 경과와 난이도, 원고가 투입한 노력의 정도, 피고 회사가 얻게 되는 구체적 이익 등을 고려할 때 원고와 피고 회사 사이에 정한 '매매대금의 0.9%에 해당하는 금액'의 약정보수액이 부당하게 과다하다고 하여 이를 50% 감액한 원심의 조치는 정당"하다는 취지로 판시하였다.

3. 중개인이 한 명인 경우 중개의뢰인으로부터만 중개수수료를 받을 수 있는지

부동산중개에 있어 중개인이 거래 쌍방에 각각 따로 존재할 경우에는 각 중개인은 중개의뢰를 받은 쪽 당사자만을 위하여 중개하고 그로부터 중개수수료를 받으면 족하다.

중개인이 거래 쌍방으로부터 모두 중개의뢰를 받고 중개행위를 했다면 중개인은 쌍방 의뢰인으로부터 중개수수료를 받을 수 있다.

그렇다면 중개인이 한쪽의 당사자로부터만 중개의뢰를 받았고, 다른 당사자로부터는 명시적인 중개의뢰를 받지 않은 경우에 그 다른 당사자로부터 중개수수료를 받을 수 있는가?

대법원 2023다252162 판결의 원심(서울중앙지방법원 2022나67014 판결)은 명시적인 중개의뢰를 받지 않은 당사자로부터도 중개수수료를 받을 수 있다는 취지였으나, 대법원은 원심이 판단을 잘못하였다고 판단하여 원심을 파기·환송하였다.

즉 위 대법원의 원심판결에 의하면 '원고(중개사)가 피고들(공유자인 임대인들)로부터 이 사건 임대차계약의 중개를 의뢰받았다고 인정할 만한 직접적인 증거는 없다'는 사실을 인정하면서도,

"중개인이 거래 쌍방에 각각 따로 존재할 경우에는 각 중개인은 중개의뢰를 받은 쪽 당사자만을 위하여 중개하면 충분하지만, 그렇지 않은 경우에는 비록 한 쪽으로부터만 명시적으로 중개의뢰를 받았다 하더라도 앞서 본 바와 같은 중개업무의 특성상 부분적으로는 명시적으로 중개의뢰를 받지 않은 쪽의 중개업무도 간접적으로 수행하여야 한다. 이 경우 중개수수료 지급 문제에 있어서는 중개를 명시적으로 의뢰하지 않은 거래당사자라 할지라도 중개수수료를 지급하지 않겠다는 의사를 명백히 표시하지 않는 한 중개수수료 지급의무를 부담한다. 원고와 피고들 사이에는 중개대상물 확인·설명서의 '중개보수 등에 관한 사항'란에 기재된 바와 같이 중개수수료를 지급하기로 하는 약정이 성립하였으므로, 피고들은 원고에게

중개수수료를 지급할 의무가 있다."라는 취지였다(이 사건 건물의 공유자들인 피고들이 이 사건 건물 외벽에 건물을 임대한다는 문구와 건물 관리소장의 전화번호가 연락처로 기재된 광고물을 설치하였는데, 원고가 관리소장에게 공인중개사임을 밝힌 후 임대가 가능한지 문의하여 임대가 가능하다는 답변을 듣고 임차인으로부터 의뢰를 받아 이 사건 건물을 소개하여 임대차계약이 체결된 사안임)

그러나 대법원은 ① 원고가 임차인으로부터 중개의뢰를 받아 알선 행위를 하는 과정에서 거래당사자 쌍방의 의사를 조정 및 전달하는 행위를 하였다고 하여 그것만으로 임대인인 피고들의 중개의뢰 또는 중개수수료 지급 약정의 성립을 당연히 긍정하여야 하는 사정에 해당하는 것은 아닌 점, ② 피고들의 중개수수료 지급의무가 인정되기 위해서는 원고에 대하여 중개수수료를 지급하기로 하는 별도의 약정이 존재하였어야 하는데, 원심이 인정하고 있는 바와 같이 별다른 증거가 없는 점, ③ 원고가 작성한 '중개대상물 확인·설명서'에 피고들의 기명·날인도 포함되어 있으나, 피고들의 원고에 대한 중개의뢰 사실 자체를 인정하기 어려운 상황에서는 그와 같은 기명·날인이 해당 서면을 영수하였다는 의미를 넘어 중개의뢰 또는 중개수수료 지급 약정의 성립에 관하여 특별한 의미를 가진다고 단정하기는 어려운 점, ④ 피고 3의 단편적인 발언이 중개수수료 지급 약정의 성립을 뒷받침하는 간접사실에 해당한다고 보기 어렵고, 원고는 이 사건 임대차계약이 체결되기 불과 5일 전인 2021. 5. 20. 피고들 중 1명을 처음으로 만났을 뿐 그 전까지는 피고들과 직접 의사교환을 한 적이 없으며, 피고들은 이 사건 임대차계약 체결 과정에서 주로 이 사건 건물의 관리소장을 통하여 원고와 상호간 의사를 나누었을 뿐인데다가 앞서 본 것처럼 중개수수료 지급에 관한 별도의 언급이나 협상도 없었던 점 등을 종합하여,

이러한 정황은 피고들과 원고 사이에 중개의뢰 및 중개수수료 지급 약정의 성립을 인정하기에는 상당히 이례적인 정황이라고 보아, 이와 달리 피고들이 원고에게 중개수수료를 지급할 의무가 있다고 판단한 원심판결을 파기·환송하였던 것이다.

위 대법원 2023다252162 판결이 설시한 관련 법리를 그대로 옮긴다.

공인중개사법 제2조 제1호는 '중개'에 관하여 "제3조의 규정에 의한 중개대상물에 대하여 거래당사자 간의 매매·교환·임대차 기타 권리의 득실·변경에 관한 행위를 알선하는 것"이라고 정하였다. 이러한 '중개'에는 중개업자가 거래의 쌍방 당사자로부터 중개의뢰를 받은 경우뿐만 아니라 일방 당사자의 의뢰로 중개대상물의 매매 등을 알선하는 경우도 포함된다(대법원 94다47261 판결, 대법원 2017다243723 판결 등).

공인중개사법 제32조 제1항 본문은 "개업 공인중개사는 중개업무에 관하여 중개의뢰인으로부터 소정의 보수를 받는다."라고 정하였으므로, 공인중개사가 중개대상물에 대하여 거래당사자 간의 매매·교환·임대차 기타 권리의 득실·변경을 알선하는 행위를 하였더라도, 해당 중개업무를 의뢰하지 않은 거래당사자로부터는 별도의 지급 약정 등 특별한 사정이 없는 한 원칙적으로 중개보수를 지급받을 수 없다.

공인중개사법 제25조 제1항에서 정한 공인중개사의 중개대상물에 관한 확인·설명의무는 해당 중개대상물에 관한 권리를 취득하고자 하는 중개의뢰인에 대하여 인정되는 것이므로, 공인중개사가 공인중개사법 제25조 및 공인중개사법 시행령 제21조에 따라 작성한 '중개대상물 확인·설명서'의 직접적인 대상자 역시 해당 중개대상물에 관한 권리를 취득하고자 하는 중개의뢰인에 한정된다.

따라서 공인중개사법 시행령 제21조 제1항 제3호에서 공인중개사가 공인중개사법 제25조 제1항에 따라 확인·설명할 사항 중 '중개보수 및 산출내역'을 명시한 것도 중개의뢰인과의 관계에서만 의미를 가지고, 비록 공인중개사법 시행령 제21조 제3항이 공인중개사로 하여금 중개의뢰인이 아닌 거래당사자에게도 위 서면을 교부할 의무를 부과하였지만, 이는 행정적 목적을 위해 공인중개사에게 부과한 의무일 뿐 공인중개사의 중개대상물에 관한 확인·설명의무의 대상을 중개의뢰인이 아닌 거래당사자에 대해서까지 확대하는 취지라고 볼 수는 없다.

그러므로 중개의뢰인이 아닌 거래당사자가 '중개대상물 확인·설명서'에 기명·날인을 하였더라도, 이는 공인중개사로부터 '중개대상물 확인·설명서'를 수령한 사실을 확인하는 의미에 불과할 뿐 '중개보수 등에 관한 사항'란에 기재된 바와 같이 중개수수료를 지급하기로 하는 약정에 관한 의사표시라고 단정할 수 없다.

결국 공인중개사입장에서 중개 내지 알선당사자 쌍방으로부터 중개수수료를 받기 위해서는 중개의뢰 즉 중개수수료 약정을 사전에 체결하는 것이 안전해 보인다.

4. 분양권매매 알선행위와 분양대행행위가 중개행위인지 여부

분양권전매 내지 분양권매매를 할 때에 공인중개사가 개입하는 경우에 이를 공인중개사법상의 중개행위로 볼 수 있는가?

중개행위로 볼 경우에 공인중개사법상 중개수수료 한도 규정(공인중개사법 제33조 제1항 제3호)이 적용되고, 초과수수료를 받을 경우에 행정조치(공인중개사법 제36조 제1항 제7호, 제38조 제2항 제9호), 형사처벌(공인중개사법 제49조 제1항 제10호), 초과이득에 대한 민사상 부당이득청구가 가능하다는 점(대법원 2000다54406, 54413 판결)에서 중개행위 여부를 확인할 실익이 있다.

대법원 2004도62 판결(부동산중개업법위반)에 의하면, 분양권매매에 대한 공인중개사의 알선행위도 공인중개사법상의 중개행위에 해당한다는 취지이다.

그렇다면, 공인중개사의 분양대행행위도 공인중개사법상의 중개행위에 해당하는가?

대법원 98도1914 판결(부동산중개업법위반)에 의하면, 분양대행행위로 판단되는 경우 중개행위가 아니며, 결과적으로 공인중개사법상 중개수수료 한도 규정의 적용이 없다는 취지다(무죄 취지). 여기서, 중개행위로 볼 수 없다는 '분양대행행위'란 무엇을 의미하는가?

위 대법원 98도1914 판결에서 '분양대행행위'의 개념을 일부 엿볼 수 있는데, '공인중개사가 분양을 하면서 어느 정도 위험을 부담하고 이와 함께 이득을 취할 수 있는 영업행위'임을 전제하였다. 판례는 명확하게 '분양대행행위'의 개념을 정리하지는 않았지만, '분양대행행위'로 판단되어, 중개수수료 한도 규정이 배제되려면, 공인중개사법상의 중개행위개념을 벗어나야 한다는 것은 자명한 일이다.

결국, 시행사로부터 분양대행을 의뢰받은 공인중개사가 분양을 대행하면서, 시행사로부터 분양 관련 수수료를 받는 이외에 수분양자로부터도 수수료를 받는다면, 중개행위로 볼 여지가 있을 것이다(필자의 개인의견). 또한, 중개행위인지 아니면 중개행위가 아닌 분양대행행위인지의 판단에는 시행사와 분양대행을 의뢰받은 공인중개사 사이의 분양대행계약의 내용도 중요한 역할을 하게 될 것이다.

앞서 공인중개사가 행하는 분양권매매의 알선은 중개행위에 포함된다는 판례를 확인하였다. 공인중개사의 분양권매매 알선이 중개행위라면, 공인중개사법상 중개수수로 한도가 적용되는데, 중개수수료 한도를 적용하기 위한 분양권의 거래가액은 어떻게 결정되는가?

대법원 2004도62 판결(부동산중개업법위반)에 의하면, '당사자가 거래 당시 수수하게 되는 총대금 즉 통상적으로 계약금, 기납부한 중도금, 프리미엄을 합한 금액을 거래가액'으로 본다는 것이다. 즉, 장차 건물 완성 시의 총분양대금과 프리미엄을 합산한 금액이 아니라는 것이다.

5. 분양전속계약서상 분양수수료 청구에 있어 법률행위 해석방법

공인중개사가 빌라 1동 8세대에 대하여 전속분양대행계약을 체결하였는데, 특약으로 "분양계약기간 완료 후 미분양 물건은 원고(공인중개사)가 모두 인수하는 조건으로 한다(이하 '이 사건 조항')."라고 특약사항을 두었는데, 공인중개사가 미분양물건을 인수하지 않으면, 분양대행수수료를 청구할 수 없는 것인가? 위 특약에도 불구하고, 구체적 사정에 따라 분양이 이루어진 빌라에 대한 분양수수료를 청구할 수 있다는 것이 대법원 2020다202821 판결의 취지이다(원심반대).

원고의 주장 요지는 "원고는 이 사건 분양전속계약상 총 8세대 중 6세대의 분양을 완료하였고, 나머지 미분양 2개 세대의 경우 피고들이 분양계약 체결을 미루어 피고들과 사이에 새로운 분양업자에게 분양업무를 인수인계"하였다는 것이었다.

대법원과 견해를 달리했던 원심판단(수원지방법원 2018나70370 판결)을 정리하면, "이 사건 분양전속계약서는 제1조에서 제5조까지는 이 사건 빌라의 8세대를 원고만이 분양관련 업무를 전속으로 처리하는 것을 내용으로 하는 일반사항으로 하고, 제6조에서 일반사항보다 우선적용되는 특약사항으로서 '분양계약기간 완료 후 미분양물건을 원고가 모두 인수하기로 하는 조건으로 한다'고 명시하고 있는 점, 따라서 위 특약사항은 이 사건 분양전속계약서의 계약금의 지급 및 반환이나 분양대행수수료의 지급에 관한 일반사항에 관하여 우선적용되는 '조건'이라고 봄이 상당한 점, 그런데 원고는 이 사건 빌라의 8세대 중 6세대에 관하여만 분양을 완료하였고, 나머지 2세대에 관하여는 분양계약을 완료하지 못한 점, 이에 대하여 원고는 피고들과 사이에 2세대를 완료하지 아니하고 타 업체에 인수인계하되, 피고들로부터 기분양세대의 수수료 6천만원을 지급받기로 새로운 합의를 하였다고 주장하나 이를 인정할 만한 아무런 증거가 없는 점 등에 비추어 보면, 원고가 제출한 증거들만으로는 이 사건 분양전속계약서 제6조의 특약사항의 조건이 성취되었다거나 피고들과 사이에 2세대를 완료하지 아니하기로 하는 새로운 합의를 하였다고 보기 어렵고, 달리 이를 인정할 만한 증거가 없다."는 취지였다.

대법원이 위 원심과 다르게 판단한 이유는 무엇일까?

대법원 판결의 핵심 요지는 "이 사건 조항은 분양계약기간 만료 후 미분양 세대를 원고가 인수할 의무를 부담한다는 계약의 내용을 정한 것에 불과하고, 이와 달리 이 사건 계약의 효력발생이 좌우되게 하려는 법률행위의 부관으로서 조건을 정한 것이라고 보기는 어렵다."는 것이다.

대법원 판결을 정리하면 "이 사건 조항은 '인수하는 조건'이라는 문언을 사용하고 있기는 하나, 이 사건 조항이 일반사항에 우선하여 적용되는 특약사항이라는 것 외에 그 조항 자체만으로 당사자가 조건을 붙여 효력발생이 좌우되게 하려는 계약의 내용이 특정되어 있지 아니하다. 오히려 이 사건 조항에서 사용한 '인수하는 조건'이라는 문언은 미분양 세대의 인수에 따라 계약의 효력발생이 좌우되게 하려는 의사라기보다는 단순히 이를 계약의 내용 중 하나로 정한다는 의미로 사용되었다고 볼 소지가 크다. 나아가 이 사건 조항을 둔 이유도 분양계약기간이 만료되었음에도 미분양 세대가 있는 경우 원고가 이를 인수할 의무를 부담하도록 하기 위함이지 원고가 미분양 세대를 인수하지 아니할 경우 조건이 성취되지 않은 것으로 보아 수수료 전부를 포기하게 할 의사였다고 보기는 어렵다. 이는 원고가 이 사건 빌라 총 8세대의 분양을 전부 완료하지 못한 채 계약이 중단된 경우에도 원고가 이미 분양하거나 인수한 세대만큼 피고측에 이익이 된다면, 신의칙에 비추어 원고에게 적어도 그에 상응하는 수수료를 지급하도록 하는 것이 옳다는 점에서 더욱 그러하다."는 것이다.

대법원은 위 판단에 앞서, 관련 법리를 제시하였는데, 제시된 법리를 정리하면, "법률행위의 해석에 있어 당사자가 표시한 문언에 의하여 그 객관적인 의미가 명확하게 드러나지 않는 경우에는 그 문언의 형식과 내용, 그 법률행위가 이루어진 동기 및 경위, 당사자가 그 법률행위에 의하여 달성하려는 목적과 진정한 의사, 거래의 관행 등을 종합적으로 고려하여 사회정의와 형평의 이념에 맞도록 논리와 경험의 법칙, 그리고 사회일반의 상식과 거래의 통념에 따라 합리적으로 해석하여야 한다(대법원 2005다19415 판결 등). 한편 조건은 법률행위 효력의 발생 또는 소멸을 장래 불확실한 사실의 발생 여부에 따라 좌우되게 하는 법률행위의 부관이고, 법률행위에서 효과의사와 일체적인 내용을 이루는 의사표시 그 자체이다. 조건을 붙이고자 하는 의사는 법률행위의 내용으로 외부에 표시되어야 하고, 조건을 붙이고자 하는 의사가 있는지는 의사표시에 관한 법리에 따라 판단하여야 한다(대법원 2014다52087 판결, 대법원 2016다234043 판결 등). 조건을 붙이고자 하는 의사가 외부에 표시되었다고 인정하려면, 그 법률행위가 이루어진 동기와 경위, 그 법률행위에 의하여 달성하려는 목적, 거래의 관행 등을 종합적으로 고려하여 그 법률행위 효력의 발생 또는 소멸을 장래의 불확실한 사실의 발생 여부에 따라 좌우되게 하려는 의사가 인정되어야 한다(대법원 2016다221368 판결)."로 요약된다.

참고할 판례로는 대법원 2019다226395 판결이 있는데 "갑이 자신이 건축·분양하는 집합건물에 관하여 을과 '을은 갑에게 일정 금액을 예치하여야 한다. 갑은 분양실적이 분양목표에 미달한 경우 분양대행계약을 해제 또는 해지할 수 있다. 분양대행계약의 해제 또는 해지로 갑에게 손해가 발생하는 경우 갑은 계약이 종료하면 을에게 반환하여야 할 예치금에서 손해액을 공제할 수 있다.'는 내용 등으로 분양대행계약을 체결하였다가 이후 분양실적이 저조하다는 이유로 위 계약을 해지한 다음, 을이 예치금 반환을 구하자 예치금은 갑의 채무불이행에 따른 손해에 모두 충당되어 존재하지 않는다고 항변한 사안에서, 계약의 내용 등 제반 사정에 비추어 위 분양대행계약에 따라 을이 부담하는 채무는 계약기간 내에 목표분양률을 달성하여 그 결과를 제공하여야 할 결과채무가 아니라 분양완료를 위하여 선량한 관리자의 주의의무를 가지고 분양에 필요한 적절한 조치를 취하여 분양대행 업무를 진행할 수단채무에 해당한다고 봄이 타당한데도, 이와 달리 보아 을이 갑에게 채무불이행으로 인한 손해배상책임을 부담한다고 본 원심판단에는 법리오해 등 잘못이 있다고 한 사례"가 있다.

6. 부동산에 대한 중개행위와 컨설팅행위

공인중개사의 중개행위와 공인중개사 또는 공인중개사 자격 없는 일반인의 부동산컨설팅행위는 어떠한 차이가 있을까? 우선, 중개행위를 업으로 하려면 공인중개사의 자격을 가져야 하나, 부동산컨설팅업의 경우는 공인중개사는 물론이고 공인중개사의 자격이 없는 일반인도 세무서에 사업자등록을 하고 영위할 수 있다는 차이가 있다.

공인중개사인 부동산컨설팅업자의 행위가 공인중개사법상의 중개행위로 판단되면, 중개수수료에 대한 법적한도를 지키지 않을 경우에 형사처벌(공인중개사법 제49조 제1항 제10호, 제33조 제1항 제3호) 등이 이루어질 수 있다.

또한, 부동산컨설팅업자가 공인중개사 자격이 없으면서, 중개행위를 한 것으로 판단되면 무등록중개행위로 형사처벌(공인중개사법 제48조 제1항)이 이루어질 수 있다. 그러나, 공인중개사가 아닌 부동산컨설팅업자의 행위가 중개행위가 아닌 부동산컨설팅행위로 판단될 경우에는 무등록중개행위에도 해당되지 않을 뿐만 아니라, 컨설팅수수료에 대한 법적 한도적용도 없다.

결국, 공인중개사 또는 부동산컨설팅업자는 중개행위 또는 컨설팅행위를 하면서 공인중개사법에 규정된 수수료를 초과하여 받을 경우 중개행위가 아닌 컨설팅행위로 판단을 받고자 할 것이다. 그렇다면 공인중개사가 중개행위 또는 컨설팅행위를 하였을 때, 어떠한 상황이어야 컨설팅행위로 평가받을 수 있을까?

공인중개사의 행위가 중개행위가 아닌 컨설팅행위로 평가받으려면, 컨설팅계약 체결, 컨설팅 보고서 작성제출, 컨설팅을 위한 상당기간 소요사실, 컨설팅 업자의 전문능력 등에 대한 입증이 필요할 것이다. 예를 들어 공인중개사가 단순히 부동산매매계약을 중개하면서, 부동산 매도인으로부터 공인중개사법상 수수료 한도를 초과하여 보수를 받았다면, 컨설팅행위로 판단받기 힘들 뿐만 아니라, 형사처벌 가능성이 높다.

매매계약에 대한 중개행위는 통상의 중개행위로 볼 수 있을 뿐이고, 부동산경제적인 전문지식 등을 요하는 컨설팅행위로 판단되기 어렵다고 보이기 때문이다. 따라서 매매계약에 대한 중개행위를 함에 불과한 사안에서 별도의 컨설팅계약을 체결하였다고 하여 이를 중개행위가 아닌 부동산컨설팅행위로 보기는 어려울 것이다. 즉, 부동산 소유자가 공인중개사에게 부동산매도를 의뢰하면서, 매도액의 일정 퍼센트를 수수료로 주겠다고 약정하는 경우가 많은데, 그 약정금액이 공인중개사법상 수수료 한도를 초과한다면, 형사처벌 가능성이 높다는 사실을 인식할 필요가 있다.

참고로, 부동산컨설팅이라는 개념을 고려할 때, 부동산 매도인보다는 부동산 매수인이 부동산컨설팅의 대상자가 될 가능성이 높다고 볼 수 있다. 부동산 매수인이 부동산에 대한 개발 등에 필요한 컨설팅을 필요로 하는 수요자일 가능성이 크기 때문이다.

7. 권리금계약에 대한 공인중개사의 책임

권리금계약 체결에 공인중개사가 개입하는 것은 공인중개사법상의 중개업무(공인중개사법 제32조 제1항 참고)로 보기 어려워 공인중개사법상의 중개수수료 규정이 적용되지 않는다는 것이 일반론이다. 따라서 공인중개사가 권리금계약을 주선하는 경우 공인중개사법상 중개수수료 한도 규정의 적용이 없다고 해석된다. 이러한 논리에 의하여 공인중개사 자격이 없는 '권리금컨설팅' 업체가 권리금계약을 주선하는 경우가 많고, 위 권리금컨설팅 업체들이 적지 않은 컨설팅보수를 받고 있는 것도 현실이다.

대법원 2005도6054 판결에 의하면, "법령의 규정을 종합하여 보면, 영업용 건물의 영업시설·비품 등 유형물이나 거래처, 신용, 영업상의 노하우 또는 점포위치에 따른 영업상의 이점 등 무형의 재산적 가치는 구법 제3조, 구법 시행령 제2조에서 정한 중개대상물이라고 할 수 없으므로, 그러한 유·무형의 재산적 가치의 양도에 대하여 이른바 '권리금' 등을 수수하도록 중개한 것은 구법이 규율하고 있는 중개행위에 해당하지 아니한다 할 것이고, 따라서 구법이 규정하고 있는 중개수수료의 한도액 역시 이러한 거래대상의 중개행위에는 적용되지 아니한다."는 취지이다.

공인중개사법상 중개업무가 아니라면, 공인중개사법상의 중개업무를 전제한 중개대상물확인 설명의무가 존재한다고 보기도 어려울 것이다(공인중개사법 제25조). 다만, 대법원 2016다261175 판결에 의하면, "임차권양도계약과 이에 수반하여 체결되는 권리금계약이 원칙적으로 별개의 계약이 되지만, 위 계약 전부가 하나의 계약인 것과 같은 불가분의 관계에 있다고 보아야 하는 경우"가 있다는 취지이므로 주의할 필요가 있다.

판례 사안은 공인중개사(중개보조원)가 "권리양수양도계약서" 작성에 개입하고, 임대인과의 임대차계약서 작성에는 개입하지 않았던 경우였다. 그런데 공인중개사가 개입한 위 '권리양수양도계약서'에 '권리금뿐만 아니라 임차권을 양도한다.'는 내용까지 포함되어 있었으며, 특약으로 '본 계약은 임대차계약에 준한다.'는 내용까지 포함되어 있어서 임차권양도계약과 권리금계약이 하나의 계약인 것과 같은 불가분의 관계가 있다는 것이 판례의 취지였다.

판례는 사안에서 임차권양도계약과 권리금계약이 불가분의 관계에 있는 하나의 계약으로 '권리양수양도계약서'가 작성되었음을 근거로, "중개업자는 상가건물 임차권양도계약을 중개할 때 상가임대차계약을 중개하는 것에 준하여 등기부상 권리관계뿐만 아니라, 상가건물임대차보호법이 정한 보호 가능성에 대한 권리관계 자료 등을 확인·설명할 의무"가 있다면서, 구법상 환산보증금과 연결된 임대차존속기간 보장 가능성을 설명하지 않은 과실로 인하여 중개의뢰인이 입게 된 손해에 대한 공인중개사의 손해배상의무를 인정하였다.

문제는 판례를 고려할 때, 필자가 보게 되는 '권리양수양도계약서'들이 단순히 '권리금계약'으로 보이기보다는 임차권양도계약과 권리금계약이 불가분적으로 결합된 계약으로 볼 여지가 적지 않다는 것이다. 결국 권리금계약을 주선하려는 공인중개사들은 권리금계약이 공인중개사법상 중개계약에 포함될 수도 있다는 사실을 인지하고, 좀 더 신중한 접근이 필요해 보인다.

8. 공인중개사의 권리금계약 알선은 행정사법 위반

대법원 2005도6054 판결에 의하면, "이른바 권리금 등을 수수하도록 중개한 것은 구법이 규율하고 있는 중개행위에 해당하지 아니한다."라는 취지인바, 권리금계약 중개 내지 알선은 공인중개사법상 중개행위의 대상이 아니라는 취지이다.

따라서 권리금계약 체결에 공인중개사가 개입하는 것은 공인중개사법상의 중개업무(공인중개사법 제32조 제1항 참고)로 보기 어려워 공인중개사법상의 중개수수료 규정이 적용되지 않는다는 것이 일반론이다.

이에 따라 과거에는 공인중개사가 권리금계약을 알선하면서 공인중개사법상의 중개수수료 한도를 넘어서 수수료도 받을 수 있다고 해석하는 경우가 있었다. 게다가 공인중개사 자격이 없는 '권리금컨설팅' 업체가 권리금계약을 주선하는 경우도 적지 않았으며, 위 권리금컨설팅 업체들이 많은 컨설팅보수를 받고 있는 것도 현실이었다.

그런데 최근에 선고된 대법원 2024도1766 판결에 의하면 공인중개사가 종전 임차인과 신규 임차인 사이의 권리금계약을 알선하고 수수료를 받는 것이 '행정사법 위반'이라는 취지이다.

공인중개사가 부동산매매 또는 임대차 계약 등 공인중개사법상 중개행위 과정에서 받는 중개수수료와 별개로 권리금계약은 반드시 위 계약에 수반되는 것이 아니라 종전 임차인과 신규 임차인 사이에 체결되며, 이러한 권리금계약 알선행위는 공인중개사법상 중개행위에도 포함되지 않아서 공인중개사의 업무범위에 포함되지 않으므로 공인중개사가 권리금계약을 알선하였다고 하더라도 그에 따른 수수료를 받으면 현행법상으로는 '행정사법 위반'에 해당할 수밖에 없다는 취지로 이해된다(항소심: 수원지방법원 2022노6573 판결, 1심: 수원지방법원 성남지원 2022고단577 판결).

위 대법원 판결의 1심, 항소심 모두 대법원 판결과 동일한 결론인바, 1심 판결을 확인하면 법원의 입장을 확인할 수 있다. 즉 1심판결에 해당하는 수원지방법원 성남지원 2022고단577 판결을 요약하여 현출한다.

〈범죄 사실〉

피고인 B는 '㈜C'의 대표이고 'D공인중개사사무소'의 개업공인중개사이고, 피고인 A은 'D공인중개사무소'의 소속 공인중개사이자 '㈜C'의 직원이다. 누구든지 행정사의 자격 없이 행정사의 업무를 업으로 하여서는 아니 된다. 그럼에도 불구하고 피고인들은 2020. 8. 6.경 성남시 분당구 E건물 F호에서, 어린이집 부동산임대차계약을 중개하면서 위 어린이집의 종전 임차인 G과 신규 임차인 H 사이의 권리금계약서인 "컨설팅(인가용역, 시설·권리) 계약서"를 작성하고, 해당 수수료 명목으로 250만원을 받았다. 이로써 피고인들은 공모하여, 행정사가 아님에도 권리의무나 사실증명에 관한 서류를 작성하는 업무를 업으로 하였다.

〈유죄 이유 : 벌금 100만원 선고유예〉

이 사건 컨설팅계약은 어린이집에 관한 영업권의 양도에 따른 권리금계약에 해당함이 분명하고, 피고인들이 그 권리금계약을 중개하고 권리금계약서를 작성한 것은 구 행정사법 제2조 제1항 제2호에서 정한 '권리·의무나 사실증명에 관한 서류'를 작성한 것에 해당한다고 판단된다.

권리금계약을 중개하고 권리금계약서를 작성하는 행위는 공인중개사법 및 그 시행령에서 공인중개사의 업무범위로 정하고 있는 중개행위에 해당하지 아니하므로, 결국 피고인들이 권리금계약을 중개하고 권리금계약서를 작성한 행위는 구 행정사법 제2조 제1항 제2호를 위반한 행위에 해당한다.

이에 대하여 피고인들은 오히려 위 대법원 2005도6054 판결을 들어 공인중개사가 권리금계약을 체결하는 것이 허용된다는 취지로도 주장하나, 위 대법원 2005도6054 판결은 권리금계약이 공인중개사법에서 정한 중개행위에 해당하지 아니함을 전제로, 권리금계약을 중개한 보수로 공인중개사법이 정한 중개보수의 한도액을 초과한 보수를 받았다고 하더라도 이를 처벌할 수 없다는 취지일 뿐, 공인중개사가 법령에 따라 권리금계약을 체결할 수 있다는 취지가 아님이 분명하다.

피고인들은 대법원 2016다261175 판결을 들어, 권리금계약과 임차권양도계약은 하나의 계약인 것과 같은 불가분의 관계에 있으므로, 피고인들이 권리금계약서에 해당하는 이 사건 컨설팅계약서를 작성한 것은 공인중개사법에서 정한 중개행위의 범위에 속한다는 취지로 주장한다.

그러나 위 대법원 판결은 임차권양도계약과 그 양도에 수반된 권리금계약이 일체 불가분의 관계에 있는 경우, 양도인이 임차권양도계약상 의무를 제대로 이행하지 아니함으로써 양수인이 임대인에게 임차권을 주장하지 못하게 된 때에는 양도인은 양수인이 입은 권리금 상당액의 손해(다만, 손해배상책임을 일부 제한함)를 배상할 책임이 있고, 공인중개사가 상가건물에 대한 임차권양도계약을 중개할 때에는 중개대상물인 임차권의 존재와 내용에 관하여 확인·설명할 의무가 있으므로, 그 계약이 권리금뿐만 아니라 임차권을 양도한다는 내용까지 포함하고 있는 이상, 공인중개사는 상가임대차계약 체결을 중개하는 것과 같은 정도의 주의의무가 있다는 취지일 뿐, 공인중개사가 권리금계약을 중개하는 것이 공인중개사 관련 법령상 허용된다는 취지가 아님은 분명하다.

실무상으로 권리금계약과 임차권양도계약이 일체 불가분의 관계에 있는 경우 공인중개사가 이를 함께 중개하는 경우가 종종 있는 것으로 보이긴 하나, 그러한 실무가 일반 상거래의 관행으로 의심 없이 정착되었다고 보기에도 부족하다.

오히려 실무 또는 강학상으로, 권리금계약은 공인중개사의 중개범위에 속하지 않는 것은 분명하고, 다만, 권리금계약이 임차권양도계약과 불가분의 관계에 있는 경우 임차권양도계약이 공인중개사의 중개범위에 속하기 때문에 그에 불가분의 관계로 붙어 있는 권리금계약에도 임차권양도계약에 따른 공인중개사법상 효과가 미치는 것에 불과할 뿐, 권리금계약이 예외적으로 공인중개사법상 중개행위에 해당한다는 의미는 아니라고 해석되는 것으로 보인다.

비록 권리금계약에 해당하는 이 사건 컨설팅계약서와 이 사건 임대차계약서가 같은 날,

같은 자리에서 작성되기는 하였으나, ① 이 사건 임대차계약서의 당사자는 임대인인 I과 새로운 임차인인 H이고, 이 사건 컨설팅계약서의 당사자는 전 임차인이자 영업양도인인 G과 새로운 임차인이자 영업양수인인 H로서, 그 당사자들이 서로 다른 점, ② 따라서 이 사건 컨설팅계약의 당사자가 아닌 임대인 I과 이 사건 임대차계약의 당사자가 아닌 전 임차인 G의 경우, 반드시 컨설팅계약과 임대차계약이 전체로서 하나의 법률효과를 가지는 계약으로 취급될 필요가 없고, 다른 계약이 체결되지 않으면 당해 계약을 체결하지 아니할 의사가 객관적으로 명백하였다고 볼 수도 없는 점, ③ 임대차계약과 컨설팅계약을 동시에 진행할 경우, 임대차계약을 중개한 공인중개사와 실질적으로 권리금계약서를 작성하는 행정사가 같은 날, 같은 자리에 모여 동시에 각자 담당하는 업무를 진행하는 것이 불가능하거나 현저히 곤란하지도 않은 점 등을 종합하면, 이 사건 임대차계약과 이 사건 컨설팅계약이, 그 하나가 다른 하나의 조건이 되어 어느 하나의 존재 없이는 당사자가 다른 하나를 의욕하지 않을 정도에 이르러 그 계약 전부가 하나의 계약인 것과 같은 불가분의 관계에 있다고 단정하기도 어렵다.

이 법원이 적법하게 채택하여 조사한 증거들에 의하여 인정되는 다음의 사실 또는 사정들, 즉 ① 피고인들이 이 사건 컨설팅계약을 중개하고 계약서를 작성하기에 앞서 관련 기관에 질의하여 회신을 받거나 법률전문가로부터 자문을 받은 적은 없는 점, ② 피고인들은 '컨설팅계약'이라는 제목으로 계약서를 작성하였으나, 앞서 본 것처럼 그 내용은 실질적으로 어린이집 영업권 양도에 따른 권리금계약이 분명한바, 피고인들도 권리금계약서를 중개하여 작성할 경우 행정사법위반의 문제가 생길 것을 의식하여 '컨설팅계약'이라는 제목으로 계약서를 작성한 것으로 보이는 점, ③ 국토교통부도 '상가권리금 계약 알선 및 계약서 작성업무는 공인중개사의 고유업무에 해당하지 않고, 행정사법에서 관련 업무를 금지하는지 여부는 소관부처인 행정자치부에 문의하기 바란다'는 내용으로 질의회신한 점 등에 비추어 보면, 피고인들의 행위가 죄가 되지 않는 것으로 오인한 데에 정당한 이유가 있다고 보기 어렵다.

정리하자면, 과거에는 실무적으로 공인중개사가 권리금계약을 알선하고 수수료를 받는 것이 별다른 문제가 되지 않았지만, 현재는 위 대법원 2024도1766 판결에 따라 공인중개사가 권리금계약을 알선하고 수수료를 받는 것을 업으로 하게 될 경우에 행정사법 위반에 따른 형사처벌 가능성이 높아졌으며, 권리금컨설팅 업체도 권리금계약을 알선하고 그에 따른 수수료를 받는 것을 업으로 할 경우에 컨설팅 용역계약의 특수성에 대하여 법원을 설득하는 데에 실패할 가능성이 높아진 것으로 보여 행정사법 위반 가능성이 있다고 이해된다.

다만 현실적으로 상업용 부동산거래 전문가인 공인중개사가 권리금계약 알선행위를 할 수 없다고 보는 것은 현실과 동떨어진 것으로 이해되므로, 권리금계약 알선행위를 공인중개사법상 중개행위에 포섭시키는 입법이 필요한 것으로 이해된다. 권리금계약 알선행위를 공인중개사법상 중개행위로 포섭할 경우에 중개수수료 한도 규정이 적용되는 순기능도 예상되기 때문이다(필자의 개인의견).

9. 중개보조원의 불법행위와 개업공인중개사 등의 책임범위

공인중개사법 제30조 제1항은 "개업공인중개사는 중개행위를 함에 있어서 고의 또는 과실로 인하여 거래 당사자에게 재산상의 손해를 발생하게 한 때에는 그 손해를 배상할 책임이 있다."고 규정하고 있다. 또한, 공인중개사법 제15조 제2항은 "소속공인중개사 또는 중개보조원의 업무상 행위는 그를 고용한 개업공인중개사의 행위로 본다."고 규정하고 있다.

따라서 중개보조원의 중개보조행위가 불법행위를 구성하는 경우에는 개업공인중개사가 중개보조원의 행위에 대한 책임을 부담할 수 있게 된다(민법 제756조에 따른 사용자책임으로도 이론 구성이 가능할 것).

중개보조원의 중개보조행위가 불법행위에 해당하는데, 그 불법의 정도가 과실에 의한 경우에는 공인중개사의 책임범위는 어떻게 될까? 과실상계가 가능하다는 데에는 의문이 없는데, 중개보조원의 책임범위와 사용자인 공인중개사의 책임범위가 항상 동일한 것일까?

대법원 2015다242429 판결(임차권확인 등)에 의하면, 과실상계를 할 때에 공인중개사가 불법행위에 관여한 사실이 없는 등 구체적이고 개별적인 사정을 고려하여, 중개보조원보다 가볍게 책임을 제한할 수 있다는 취지의 판결을 선고하였다.

예를 들어, 중개보조원의 과실에 따른 불법행위로 중개의뢰인에게 1억원의 보증금 피해가 발생하였을 경우, 중개보조원이 70% 선(7천만원)에서 책임지는 판단이 선고되는 상황일 때, 사용자인 공인중개사가 불법에 관여한 사실이 없는 등 책임제한 사유가 발견된다면, 60% 선(6천만원)에서 책임지는 판결이 가능하다는 것이다. 판결은 더 나아가, 사용자인 공인중개사와 공제계약을 체결한 한국공인중개사협회에 대하여도 추가적 책임제한 사유를 인정하면서, 공인중개사보다 더 책임을 제한하였다.

중개보조원의 중개보조행위가 불법행위에 해당하는데, 그 불법의 정도가 고의에 해당하는 경우에는 어떠한가? 판결은 고의의 불법행위자가 피해자의 부주의를 이유로 자신의 책임을 줄여 달라고 주장하는 것은 허용될 수 없다면서 과실상계 주장 자체가 신의칙에 반한다는 취지다(다만, 고의 없는 다른 불법행위자는 과실상계 및 책임제한 주장가능).

결국 대법원 판결은 불법행위책임과 관련하여, "중개보조원을 고용한 개업공인중개사의 손해배상금액을 정할 때 불법행위에 관여하지는 않았다는 등의 개별적인 사정까지 고려하여 중개보조원보다 가볍게 책임을 제한할 수 있다."는 취지로 볼 수 있다. 다만, 대법원 판결의 참조조문에 공인중개사법 제15조 제2항이 보이지 않는 것으로 보이는데, 공인중개사법 제15조 제2항까지 고려하여 판결이 선고된 것인지에 대한 의문이 남는다. 공인중개사법 제15조 제2항은 "소속공인중개사 또는 중개보조원의 업무상 행위는 그를 고용한 개업공인중개사의 행위로 본다."고 규정하여 중개보조원의 행위가 곧 공인중개사의 행위라는 취지로 적시되어 있어 중개보조원과 공인중개사의 책임범위를 동일하게 볼 여지도 있어, 과연 이 조문까지 고려하여 판결한 것인지 의문이 남는다는 것이다. 변론을 할 때에 주의할 일이다.

10. 개업공인중개사의 직접거래 금지는 단속규정

공인중개사법 제33조 제1항 제6호는 개업공인중개사가 중개의뢰인과 직접거래를 하는 것을 금지하고 있다. 이 규정을 개업공인중개사가 위반할 경우에 어떠한 행정적 내지 형사적 조치가 내려질까? 공인중개사법 제36조 제1항 제7호에 따른 자격의 정지, 제38조 제2항 제9목에 따른 개설등록취소, 제48조 제3호에 따른 3년 이하의 징역 또는 3천만원 이하의 벌금 등이 가능하다.

그렇다면, 개업공인중개사가 중개의뢰인과 직접거래를 한 그 계약의 효력도 무효가 될까? 대법원은 직접거래계약자체가 무효가 되지는 않는다는 태도다(대법원 2016다259677 판결. 원심파기). 개업공인중개사가 중개의뢰인과 직접 거래하는 것을 금지하는 규정을 강행규정으로 본다면, 공인중개사가 처벌 등을 받는 것과 별개로 부동산 거래계약도 무효가 되어야 하지만, 대법원은 단속규정으로 보아 공인중개사가 처벌 등은 받지만 계약까지 무효가 되는 것은 아니라는 것이다.

그렇다면 공인중개사가 상대방이 되는 부동산계약 모두가 공인중개사법 제33조 제6호에 규정한 개업공인중개사의 직접거래위반 행위가 되는가? 그렇지는 않다. 즉, 공인중개사의 직접거래금지규정의 적용되려면, 그 전제로 "중개의뢰인으로부터 중개의뢰를 받았음"이 전제되어야 하고, 그 중개의뢰인과 부동산거래를 해야 되기 때문이다(대법원 2005도4494 판결).

즉 대법원 2005도4494 판결에 의하면 "부동산중개업법 제15조 제5호는 중개인이 중개의뢰인과 직접 거래를 하는 행위를 금지하고 있는바, 중개인에 대하여 이 규정을 적용하기 위해서는 먼저 중개인이 중개의뢰인으로부터 중개의뢰를 받았다는 점이 전제되어야만 하고, 위 규정에서 금지하고 있는 '직접거래'란 중개인이 중개의뢰인으로부터 의뢰받은 매매·교환·임대차 등과 같은 권리의 득실·변경에 관한 행위의 직접 상대방이 되는 경우를 의미한다."라는 취지이다.

간혹 상담을 하다 보면 공인중개사와 계약서를 썼으니 공인중개사법에 따른 직접거래위반이 아닌가라는 질문을 받는데, 공인중개사 직접거래금지규정은 "중개의뢰"를 전제한다는 사실을 알고 있을 필요가 있다. 따라서 중개사가 부동산 매도 신문광고 등을 보고 해당 부동산을 매입한 것을 두고 금지되는 직접거래로 보기 어렵다.

이와 관련하여 대법원은 중개업자가 매도인으로부터 매도중개의뢰를 받은 다른 중개업자의 중개로 부동산을 매수하여 매수중개의뢰를 받은 또 다른 중개업자의 중개로 매도한 경우,

직접거래금지규정과 무관한 것으로 해석한 바 있다(대법원 90도2858 판결).

11. 공인중개사를 배제한 직거래와 중개보수청구

개업공인중개사가 중개를 완성하면 중개보수를 청구할 수 있다(대법원 90다18968 판결 등). 중개의 완성이란 대체로 '거래의 성사' 내지 '중개대상물에 대한 계약서의 작성업무 등 계약 체결의 완료'를 전제한다고 해석할 수 있다(울산지방법원 2013나2146 판결 참고).

다만, 이 경우에도 중개계약이 존재해야 하는데, 부동산중개계약의 체결은 명시적 또는 묵시적으로도 가능하고 구두이든 서면이든 그 형식여하를 불문할 것이나(수원지방법원 성남지원 2013가합3763 판결), 서면화하지 않을 경우에는 입증에 있어 불리하게 작용할 것이다.

또한 부동산매매를 중개함에 있어 계약당사자의 이익을 위하여 행위를 한 사실이 없다면 그 당사자에 대한 보수청구권이 인정되기 어렵다(대법원 77다1889 판결). 중개를 통하여 부동산 계약이 체결된 후 해당 계약이 해제 또는 해지된 경우는 어떠한가? 개업공인중개사의 고의 또는 과실이 없다면 계약이 깨지더라도 중개보수를 청구할 수 있다는 해석이 가능하다(공인중개사법 제32조 제1항 단서).

공인중개사법 시행령 제27조의2에 따르면, 중개보수지급시기를 약정이 있으면 그 약정에 의하고, 약정이 없으면 중개대상물 거래대금지급 완료일을 기준으로 하므로, 계약이 개업공인중개사의 과실 없이 중도에 깨지더라도, 중개보수를 청구할 수 있는지 논란이 있을 수 있다. 결국 중개계약 시 특약을 작성해 논란을 사전 차단하는 것이 필요하다. 다만, 공인중개사들이 사용하는 계약서 말미에 중개수수료 지급시기가 계약체결시점으로 기재되어 있는 경우가 있어, 이를 배제하는 특약을 하지 않는 한 일응 계약서 작성과 동시에 중개보수를 청구할 수 있다는 해석이 가능하다.

권리금계약을 중개한 경우에는 어떨까? 권리금계약의 중개는 공인중개사법상의 중개행위라 보기 어렵지만(대법원 2005도6054 판결), 앞선 논의가 유추될 수 있다고 해석된다(필자의 개인의견). 그렇다면, 개업공인중개사에게 고의 또는 과실이 없음에도 불구하고 당사자들이 공인중개사를 배제하고 직거래를 한 경우에 과연 공인중개사가 중개보수를 청구할 수 있을까?

중개업자가 계약 성립에 결정적인 역할을 하여 계약이 거의 성사되기에 이르렀음에도 불구하고 중개행위가 그의 책임 없는 사유로 중단되어 중개업자가 최종적인 계약서 작성 등에 관여하지 못하는 등의 특별한 사정이 있는 경우에는 민법 제686조 제3항, 상법 제61조 규정의 취지나 신의성실의 원칙 등에 비추어 그 중개업자는 중개의뢰인에 대하여 이미 이루어진 중개행위의 정도에 상응하는 중개수수료를 청구할 권한이 있다고 해석된다(울산지방법원 2013나2146 판결).

결국 개업공인중개사의 깊숙한 개입에도 불구하고 당사자가 개업공인중개사를 배제하고 직거래계약을 체결하여 개업공인중개사에 보수청구권 인정 여부가 문제될 경우에 과연 개업공인중개사가 계약 성립에 결정적 역할을 하였는지가 중요쟁점이 될 것이다.

12. 공인중개사를 배제한 직거래와 손해배상청구

친분이 있던 공인중개사에게 아파트를 보여 달라고 한 후, 직거래를 하였다면? 즉, 공인중개사를 통하여 매입할 아파트를 보고 나서, 공인중개사를 배제하고 매도인과 직거래를 하였다면, 공인중개사가 매수인에게 중개보수 내지 손해배상을 청구할 수 있을까?

구체적 사정에 따라 다를 것이다. 지방법원 판례 중에는 중개에 대한 계약이 없는 경우라도 부동산중개업자가 계약의 성립에 결정적인 역할을 하였음에도 중개행위가 그의 책임 없는 사유로 중단되어 최종적인 계약서 작성 등에 관여하지 못한 경우, 중개의뢰인에 대하여 중개수수료를 청구할 수 있다는 판례들이 있다(부산지방법원 2005나10743 판결, 울산지방법원 2013나2146 판결 등).

즉, 민법 제686조 제3항, 상법 제61조, 신의칙 등을 근거로 중개수수료 청구를 인정하는데, 근거 중 상법 제61조는 "상인이 그 영업범위 내에서 타인을 위하여 행위를 한 때에는 이에 대하여 상당한 보수를 청구할 수 있다."고 규정하고 있다. 결국 상법 제61조와 관련근거의 의미는, 속된 말로 '영업하는 사람에게 그 영업과 관련된 일을 시켰으면 명시적 계약이 없더라도 당연이 보수를 줘야지'라는 취지로 이해되는데, 단 그 조건으로 '그 일이 계약 성립에 결정적'이어야 한다는 것이다.

중개보수청구의 근거는 앞서 본 것처럼, 민법 제686조 제3항, 상법 제61조, 신의칙 등이 되는데, 불법행위에 의한 손해배상을 청구할 수는 없을까? 불법행위에 의한 손해배상청구의 요건을 충족할 수 있다면, 이를 부정할 이유가 없다[필자가 수행한 서울서부지빙법원 2016가단16354 판결(손해배상사건) 참고].

그렇다면, 중개보수청구와 불법행위에 의한 손해배상청구의 차이가 존재하는가? 각 청구의 요건도 다르고 효과도 다르니 분명 차이가 존재한다. 예를 들어, 부동산을 매수인에게 보여주면서 물건에 대한 설명을 하였고, 매도인에게는 물건을 보러왔던 매수인의 존재가 있었음을 알리지 않았는데, 매수인이 매도인을 찾아 직거래를 하였다면?

이런 경우라면 중개사는 보통 매수인에게만 중개수수료 또는 불법행위에 의한 손해배상을 청구할 것인데, 법령상 중개수수료 100만원을 청구할 수 있는 상황이라면, 중개사가 매도인 및 매수인 모두를 의뢰인으로 두고 있는 상황을 전제할 때에 이론상으로는 불법행위로 인한 손해배상의 경우 200만원을 청구할 수 있는 차이가 존재한다. 다만, 위와 같은 이론적 차이에도 불구하고 구체적 타당성 측면에서 결론에 있어 큰 차이가 나지 않을 가능성이 있다.

13. 중개수수료 약정의 유효성

공인중개사와 중개수수료 약정을 체결하였는데, 관련법에 의하여 한정된 수수료를 초과하는 계약은 유효한가? 관련법에 의한 한정된 수수료 규정은 이른바 강행규정에 속하는 것으로 그 한도액을 초과하는 중개수수료 약정부분은 무효가 된다(대법원 2000다54406, 54413 판결 등).

한도액 초과부분을 부동산컨설팅 명목으로 전환하여 한도초과부분 무효를 피할 수 있을까? 대법원은 중개행위 해당 여부의 경우 행위자의 주관이 아닌 객관적 사정을 고려하여 판단한다는 취지인바, 중개행위를 업으로 하는 공인중개사가 이른바 부동산 컨설팅 등의 용역을 제공하였다고 하여 이를 중개행위가 아니라고 볼 수 없다는 취지의 판시를 한 사실이 있음을 주의할 필요가 있다(대법원 2009다4572 판결).

공인중개사가 아닌 무자격자와 중개수수료 약정을 한 경우에는 어떠한가? 시골 땅을 중개하는 경우 공인중개사 이외에 그 지역의 바람잡이들이 적지 않고, 그들과 중개수수료 약정을 체결하는 경우가 상당한데, 이러한 경우 그 약정이 유효할까?

대법원 2008다75119 판결은 "중개사무소 개설등록에 관한 구 부동산중개업법 관련 규정들은 공인중개사 자격이 없는 자가 중개사무소 개설등록을 하지 아니한 채 부동산중개업을 하면서 체결한 중개수수료 지급약정의 효력을 제한하는 이른바 강행법규에 해당한다."는 취지이다. 따라서, 공인중개사 자격이 없는 자와 중개수수료 약정을 체결하였다면, 원칙적으로 그 약정의 무효를 주장할 수 있다.

그렇다면, 공인중개사 자격이 없는 자와 중개수수료 약정을 체결한 모든 경우에 그 약정의 무효를 주장할 수 있을까? 그렇지는 않다. 대법원 2010다86525 판결에 의하면, "공인중개사 자격이 없는 자가 우연한 기회에 단 1회 타인 간의 거래행위를 중개한 경우 등과 같이 '중개를 업으로 한' 것이 아니라면 그에 따른 중개수수료 지급약정이 강행법규에 위배되어 무효라고 할 것은 아니고, 다만 중개수수료 약정이 부당하게 과다하여 민법상 신의성실의 원칙이나 형평 원칙에 반한다고 볼만한 사정이 있는 경우에는 상당하다고 인정되는 범위 내로 감액된 보수액만을 청구할 수 있다."고 한다. 다만, 이때 단 1회의 중개행위라도 반복의사가 있었다면 '중개를 업으로 한' 것에 해당할 가능성이 있음을 주의할 필요가 있다.

즉 대법원 2010다86525 판결에 의하면 "공인중개사 자격이 없는 자가 중개사무소 개설등록을 하지 아니한 채 부동산중개업으로서 부동산매매계약을 중개하며 매매당사자와 체결한 중개수수료 지급 약정은 강행법규에 위배되어 무효라고 할 것이다(대법원 2008다75119 판결). 한편 부동산중개업법은 그 제2조 제2호에서 '중개업'이라 함은 타인의 의뢰에 의하여 일정한 수수료를 받고 중개를 업으로 하는 것을 말한다고 규정하고 있고, 여기서 '중개를 업으로 한다'고 함은 영업으로서 중개를 하는 것을 말하며 중개를 영업으로 하였는지 여부는 중개행위의 목적이나 규모·횟수·기간·태양 등 여러 사정에 비추어 사회통념에 따라 판단하여야 할 것이므로, 반복·계속하여 중개행위를 한 것은 물론 비록 단 한 번의 행위라 하더라도 반복 계속할 의사로 중개행위를 하였다면 여기에 해당할 것이나, 그렇지 않고 우연한 기회에 타인 간의 거래행위를 중개하고 수수료를 받은 것이라면 중개를 업으로 한 것이라고 볼 수 없다(대법원 2006도342 판결, 대법원 2007도5246 판결 등). 따라서 공인중개사 자격이 없는 자가 우연한 기회에 단 1회 타인 간의 거래행위를 중개한 경우 등과 같이 '중개를 업으로 한' 것이 아니라면 그에 따른 중개수수료 지급약정이 강행법규에 위배되어 무효라고 할 것은 아니고, 다만 그 중개수수료의 약정이 부당하게 과다하여 민법상 신의성실의 원칙이나 형평의 원칙에 반한다고 볼만한 사정이 있는 경우에는 그 상당하다고 인정되는 범위 내로 감액된 보수액만을 청구할 수 있다고 할 것이다."라는 취지이다.

14. 공인중개사의 사기행위에 따른 중개협회의 공탁과 공탁금의 출급

오피스텔의 중개와 관련하여 공인중개사가 작심하고 사기를 치는 행위가 주기적으로 발생하고 있다.

예를 들어, 오피스텔 소유자이자 임대인은 공인중개사에게 월세 60만원에 보증금 500만원을 원한다. 공인중개사는 오피스텔 임대인의 조건에 적합한 임차인을 구했다면서, 실제는 보증금 6천만원의 전세계약을 임차인과 임의로 체결한 후, 수년간 임대인에게 월세 60만원을 송금하다가 감당을 하지 못할 즈음에 잠적하는 수법이다. 공인중개사가 잠적할 즈음의 피해자는 수십명에서 수백명에 달하고, 피해금액만 100억이 넘는 경우가 적지 않다. 필자도 이러한 사례를 몇 건 진행한 사실이 있다.

이러한 상황에서 임차인이 불법행위자인 공인중개사와 공제기관인 한국공인중개사협회(이하 '중개협회')에 소송을 제기할 경우, 피해금액인 보증금 6천만원을 모두 회수할 수 있을까?

공인중개사에 대한 청구는 승소 가능성이 높을 것이나, 공제기관에 대한 청구에 어려움이 따른다. 개인 개업공인중개사는 보통 2억원의 공제보험에 가입[공인중개사 개인은 보통 2억원, 중개법인은 4억원(2023. 1. 1. 시행 공인중개사법 시행령 제24조 제1항에 따라 증액된 것)]하는데, 현재의 판례에 따르면 위 2억원은 '공제사고 1건당 보상한도'를 정한 것이 아니라, '공제가입자(공인중개사)의 공제기간 동안 발생하는 모든 공제사고에 대한 총 보상한도'를 정한 것으로 보기 때문이다(대법원 2012다98713 판결).

즉, 공제약관이 개정되기 전과 달리, 2009. 1. 1.부터 시행(2008. 6. 11. 개정, 2009. 1. 1. 시행)된 중개협회의 개정 공제약관에 따라 본건처럼 수백명의 피해자가 양산된 공인중개사의 불법행위의 경우, 공제기간 1년 동안의 피해자들의 피해액수가 수십억에 달할 때에, 각 피해자들의 피해가 2억원 내에서 각각 보장되는 것이 아니라, 공인중개사가 가입한 2억원의 공제금액을 한도로 피해자들이 보호될 뿐이라는 것이다(2008. 12. 31.까지는 '공제사건 1건당 보상한도'로 해석하는 것이 대법원 2010다92407 판결 등의 취지).

그렇다면, 중개협회는 각 피해자들에게 피해금액의 안분비율로 공제금을 지급해야 할까?

예를 들어 1년 동안의 공제기간 피해자가 10명이고, 각 피해액이 4천만원이라고 가정하면, 피해액 총액은 4억원이 되는데, 각 피해액이 모두 4천만원으로 동일하므로, 중개협회는 각 피해자 10명에게 공제금액한도 2억원에 기초하여 각 피해금액이 안분비율로 2천만원씩 지급하면 될까? 아니다.

서울고등법원 2011나65718 판결에 따르면, 피해자들이 중개협회를 상대로 각각 공제금의 지급을 구하는 소송에서 피해자별로 인정되는 공제금의 합계액이 공제가입금액을 초과하는 경우에도 법원은 총보상한도액인 공제가입금액을 피해자별로 인정되는 공제금의 비율에 따라 안분하여 지급을 명할 수 있는 근거가 없으므로 피해자별로 인정되는 공제금 전부에 대한 이행판결을 선고할 수밖에 없다는 취지이다.

이러한 판결의 취지대로 해석하면, 다수의 중개사고 피해자들의 피해금액이 2억원을 넘어서는 경우 피해자 중에서 판결을 받은 사람이 먼저 집행해 버리면 다른 피해자는 공제금을 전혀 받지 못하는 상황이 발생할 수 있다.

이러한 문제로 인하여 중개협회는 소를 제기한 피해자 등을 어느 정도 파악한 후에 소송도중에 피해자들을 피공탁자로 하여 변제공탁을 하는 경우가 있다.

이와 관련하여 서울고등법원 2012나37772 판결은 중개협회의 변제공탁을 이유로 임차인 패소판결을 내렸다.

즉, 위 판례에 의하면, "이 사건 공제규정 및 공제약관에 공제가입금액을 피고(중개협회)가 인정하는 손해액의 비율에 따라 배분할 권리나 의무에 관한 아무런 규정이 없는 이상, 피고가 어느 한 피해자에게 공제금을 지급하는 등으로 공제금지급채무가 소멸하면 그 범위 내에서 다른 피해자들에 대한 공제금지급채무도 소멸하고 따라서 공제기간 중의 공제사고로 인하여 재산상 손해를 입은 피해자들의 청구금액의 합계액이 보상한도액을 초과한다는 이유로 피고가 피해자들을 피공탁자로 표시하여 공제가입금액 전액을 민법 제487조에 의하여 변제공탁함으로써 피해자들에 대한 관계에서 공제금지급채무를 면하게 된다."는 취지이다[대법원 2012다98713 판결(상고기각)에 따라 위 서울고등법원 2012나37772 판결이 그대로 확정].

필자가 경험한 중개협회의 금전공탁서를 확인하면, '공탁원인사실'에 '공탁자(중개협회)를 상대로 공제금 청구소송을 제기한 피공탁자 a, b, c, d 중 누가 진정한 공제금청구권자인지 알 수가 없는 상태이고 아울러 각 피공탁자들에게 지급하여야 할 책임이 있는 공제금의 액수도 알 수 없는 상태'라는 취지로 기술하는바, 채권자 상대적 불확지 변제공탁 형식을 취하고 있다.

그렇다면, 피해자들인 임차인들은 어떻게 공탁금을 찾게 되는가? 공인중개사에 대한 승소

판결을 토대로 피해자들과의 합의를 통한 승낙서를 담당 부서에 제출하면서 공탁금 출급청구를 하거나, 피해자 1인 등이 다른 피해자들을 상대로 공탁금출급청구권확인 승소 확정판결을 받아 이를 담당 부서에 제출하여 공탁금을 출급해야 할 것으로 보인다(대법원 2011다55405 판결 참고).

이와 관련하여, 서울중앙지방법원 2013가합506124 공탁금출급청구권 확인의 소 사건에 의하면 "원고 및 피고들은 이 부분 공탁 중 각자의 '공인중개사'에 대한 손해배상채권액에 따라 안분한 만큼의 금액에 대하여 권리를 가진다."면서 "위 채권액에 따라 안분하면 원고는 그 중 11,626,987원에 대하여 출급청구권을 가진다."는 취지로 판시하였다.

그렇다면 중개협회가 명확하게 알고 있는 중개사고 피해자를 피공탁자로 표시하지 않고 누락하여 공탁한 경우는 어떻게 되는가? 상황에 따라 중개협회는 불법행위 책임을 부담할 여지가 있다.

즉 인천지방법원 2015나58211 판결은 중개협회인 피고가 원고로부터 공제금지급청구서를 접수한 바 있고, 관련 소송인 서울중앙지방법원 2011가합56144호 사건에서 이 사건 공제계약상 공제금을 원고의 손해액 등을 기초로 안분하여 지급할 의무가 있을 뿐이라고 다투기까지 하는 등 공제금지급청구권자인 원고의 존재를 알고 있었음에도 채권자의 변제 수령에 협력할 의무에 위반하여 피공탁자 목록에서 원고를 누락한 채 변제공탁을 하였음을 근거로 원고가 중개협회인 피고에 의하여 피공탁자로 지정되었을 경우 공탁금 100,000,000원을 피공탁자들의 채권액의 비율로 안분한 금액인 14,583,332원 상당의 손해를 현실적으로 입었다고 보아야 할 것이어서, 피고(중개협회)는 원고에게 위 금액 상당의 불법행위에 따른 손해배상금을 지급할 의무가 있다고 판시하였다.

위 인천지방법원 2015나58211 판결은 원고가 피고(중개협회)를 상대로 공제금지급청구 소송 및 피고(중개협회)를 대위하여 피공탁자를 상대로 공탁금출급청구권양도 소송을 제기하였으나, 모두 피고(중개협회)의 변제공탁을 이유로 패소하거나 각하 판결을 선고받았고, 정작 피고(중개협회)가 공탁한 공탁금에 대하여 어떠한 권리행사도 할 수 없게 되었던 사안이었는바, 비록 원고가 피고(중개협회)의 주장처럼 이 사건 공탁의 피공탁자들을 상대로 부당이득반환청구권을 행사할 여지가 있다고 하더라도, 실제로 원고가 피공탁자들 전원을 상대로 소를 제기하고, 집행에까지 이르러 채권의 만족을 얻는 것을 기대하기는 곤란하다고 보인다고 판단한 것이다.

15. 공인중개사의 공매부동산 취득 알선 행위도 중개보수 제한규정 적용

대법원(전합) 2005다32159 판결 등에 의하면, 공인중개사법 등 관련 법령에서 정한 한도를 초과하는 부동산 중개보수약정은 그 한도를 초과하는 범위 내에서 무효이다(중개보수 제한 규정에 대하여 사법상 효력을 제한하는 강행규정으로 해석한 것). 결국 약정 보수가 공인중개사법 등에 규정된 중개보수 제한규정을 초과하였다면, 그 초과부분에 대한 반환청구가 가능하다.

공인중개사법상 제2조 제1호는 "중개"라 함은 제3조에 따른 중개대상물에 대하여 거래당사자간의 매매·교환·임대차 그 밖의 권리의 득실변경에 관한 행위를 알선하는 것을 말한다."라고 규정하고 있다. 그렇다면, 공인중개사가 공매대상 부동산의 취득을 알선한 것에 대하여도 공인중개사법에 따른 보수 제한 규정이 적용되는가?

대법원 2017다243723 판결에 의하면, 공인중개사가 공매대상 부동산의 취득을 알선한 경우에도 공인중개사법상의 보수 제한 규정이 적용된다는 취지이다.

즉, 원심은 "공매대상인 각 부동산에 관한 권리분석 및 취득의 알선한 사실"이 있었을 뿐이고, 공인중개사법상 "중개"가 인정되지 않는다는 취지였으나, 위 대법원은 원심과 달리 "공매대상인 각 부동산에 대한 권리분석 및 취득의 알선"이 "중개"의 개념에 포섭되지는 못할지라도 중개보수의 전제인 "중개업무"는 공인중개사법에 그 정의규정이 없어 법원의 해석에 의하여 그 개념이 유연하게 해석될 수 있다면서, 공인중개사법이 공매대상 부동산에 대하여 권리분석, 취득의 알선 및 매수신청대리 등을 할 수 있음을 규정하고 있고, 대법원 규칙에서는 공매대상 부동산에 관한 권리분석과 매수신청대리에 대한 보수에 관한 법정한도를 정하고 있는데, '취득의 알선'에 대한 보수에 관하여는 아무런 규정을 두고 있지 않은데, 만일 공매대상 부동산 취득의 알선에 관하여 보수 제한 규정이 적용되지 않는다고 본다면, 공인중개사가 취득의 알선에서 나아가 매수신청대리까지 한 경우에는 법령상 보수 제한을 받는 것에 비해 취득의 알선에 그치는 경우에는 오히려 제한 없이 보수를 받을 수 있다는 부당한 결론에 이른다는 것이다. 게다가, 공매는 본질적으로 매매의 성격을 지니고 있어 공인중개사법상 매매를 알선하는 것과 차이가 없다고 한다.

위 대법원 사안을 정리하면, "원고는 공인중개사인 피고로부터 공매 대상 토지에 대해서 취득의 알선 등을 받고 그 대가로 소정의 보수를 지급하기로 약정하였다. 원고는 피고가 취득을 알선한 공매 대상 토지의 입찰에 참가하여 일부 토지에 대해서는 매각결정까지 받았으나, 나머지 토지에 대해서는 원고가 공매보증금을 납부하지 않아 이후 공매 절차에 참가할 수 없었다. 원고는 공인중개사인 피고가 보수 제한 규정에 정한 보수 한도를 초과하여 보수를 받았다는 주장을 포함하여 포괄적으로 피고가 원고로부터 중개업무에 대한 과도한 보수를 받은 부분을 반환해야 한다고 주장"한 것이었다. 위 판결취지는 공매는 물론 경매의 경우도 동일하게 해석될 것으로 보인다.

본 사안과 관련하여 참고할 대법원 2005다40853 판결을 확인해 보자.

공인중개사법은 공인중개사의 "중개행위"로 인한 손해배상책임을 보장하기 위하여 공인중개사의 공제가입 내지 공탁을 의무화하고 있다. 그런데 공제기관(대한공인중개사협회 등)의 공제책임이 인정되려면, 공인중개사의 "중개행위"를 전제하는데, "중개"는 공인중개사법상 정의규정을 두고 있으나, "중개행위"는 공인중개사법에 정의규정을 두고 있지 않음을 지적하면서, 손해배상책임 보장을 위한 "중개행위"의 개념은 "중개행위를 매개로 한 여러 법조항과 보증보험 또는 공제대상의 합리적인 해석을 위하여 다소 유연하게 해석할 수 있으며, "중개행위는 중개업자의 행위 중 반드시 중개업법상 '중개'에 속하는 것만으로 좁게 해석할 필요는 없다."고 한다.

따라서 '경매 대상 부동산에 대한 권리분석 및 취득의 알선'이 경매대상 부동산에 권리관계 또는 이용제한 사항 등의 확인·설명 및 경매절차에 개입하지 않고 그 취득을 도와주는 것으로 해석되어, 비록 그 행위가 '중개' 그 자체에는 해당되는 것이 아니라 하여도 실질적 내용은 '거래의 알선'과 다를 바 없고, 경매도 본질적으로 매매의 성격을 지니는 점을 고려하면, 결국 '경매 대상 부동산에 대한 권리분석 및 취득의 알선'행위도 '중개행위'에 해당하여 '중개법인'이 원고의 의뢰를 받아 경매대상 부동산에 대한 권리분석 및 취득의 알선을 한 행위에 대한 공제기관(대한공인중개사협회)의 공제책임을 인정한 원심의 판단은 정당하다는 취지로 판시하였다.

제17장 개업공인중개사의 중개대상물 확인 · 설명의무

1. 위법건축물에 대한 공인중개사의 중개행위

공인중개사가 위법건축물을 중개할 수 있을까? 중개대상물확인 · 설명서를 확인하면, "대상물건의 표시" 파트의 "건축물" 부분에 "건축물대장상 위반건축물 여부"를 적시하게 되어 있고, 위법건축물에 대한 중개를 금지하는 규정을 찾기 어려워 특별한 사정이 없는 한 공인중개사가 위법건축물을 중개할 수 없다고 보기는 어렵다.

그렇다면, 공인중개사가 위법건축물을 중개할 때에는 "건축물대장"만을 보고 "건축물대장"에 나타난 위법건축물 여부만을 확인해서 중개하면 족한가? 원칙적으로 보자면, 공인중개사가 건축전문가가 아닌 이상 "건축물대장"상에 나타나지 않은 위법 여부까지 확인해서 중개의뢰인에게 설명해야 한다는 판단이 내려지기는 어려울 것이다. 다만, 누가 보더라도 위법건축이 명확한 경우라든지 아니면 위법건축물인 사실을 중개사가 알고 있었다면, 이를 설명할 의무가 부과될 수 있다.

예를 들어 건축물대장상의 건축면적과 실제면적이 두 배 가까이 차이가 나며, 소규모 건물이라면, 누가 보아도 불법증축을 예상할 수 있을 것이고, 이와 같은 경우는 매도인을 통하여 불법증축 여부 등을 확인하여 이를 설명할 필요가 있을 것이다(서울중앙지방법원 2010가합60252 판결). 건축물대장에 위법건축물 표시가 되어 있을 때 공인중개사의 설명범위는 어떻게 될까?

예를 들어 건축물대장에 위법건축물이 표시되어 있고, 해당 건물의 매매를 중개하는 경우를 가정하자. 이러한 경우라면, 해당 건물에 대하여 시정명령(원상회복명령)이 내려지고 시정명령에 대한 이행 기간까지 시정명령을 이행하지 않으면 1년에 2회의 범위 내에서 해당 지방자치단체의 조례로 정하는 횟수만큼 시정명령이 이행될 때까지 이행강제금이 부과될 수 있다는 사실 등을 구체적으로 설명하고(건축법 제80조), 그 설명내용을 중개대상물확인·설명서에 기재해야 할 것이다.

건축물대장에 위법건축물 표시가 없지만, 실제 일부 위법건축부분이 있었고, 다만, 그 위법건축부분이 눈에 띄지 않을 정도라면 공인중개사에게 그 위법건축부분에 대한 설명의무가 있을까? 앞서 설명한 바와 같이, 공인중개사에게 건축전문가에 준하는 능력을 요구할 수 없는 점을 고려하면, 이러한 부분까지 확인하여 설명할 것을 요구할 수는 없을 것이다. 다만, 필자의 경험에 의하면 구체적 사정에 따라 건축물대장에 위법건축물 표기가 없었던 경우라도 실제 불법건축이 있었고 그로 인하여 인허가 제한 등이 발생하여 임차인 등 중개의뢰인의 손해가 적지 않은 경우에 공인중개사의 책임을 일정부분이라도 인정하려는 실무적 경향이 존재한다.

위법건축물임이 대장상 또는 육안상 명백하거나, 위법건축물임을 공인중개사가 알고 있었다면, 이러한 건축물을 중개하는 공인중개사는 그로 인한 행정조치 등이 매수인에게 부과될 수 있음을 구체적으로 설명·명기하고, 위법건축물의 거래당사자의 위법건축물 처리문제까지 계약서에 적시한다면, 비교적 안전한 중개행위가 될 수 있을 것이다.

2. 개업공인중개사의 대리권 확인의무 여부

부동산매매계약이나 임대차계약을 체결할 경우에 매도인이나 임대인의 대리인이 계약을 체결하러 공인중개사사무실에 오는 경우가 있다. 물론, 부동산 매수인이나 부동산 임차인의 경우도 대리인이 계약을 체결하러 오는 경우가 있지만, 매도인이나 임대인의 대리인이 계약을 체결하는 사례가 더 빈번한 듯하다.

그렇다면, 공인중개사는 거래당사자의 대리인이 진정한 대리인인지 여부를 어떻게 확인해야 할까? 부산지방법원 2005가단57109 판결에 의하면 "중개업자는 타인의 위임을 받은 자로부터 매도, 임대차 등에 관한 중개를 의뢰받은 경우 선량한 관리자의 주의와 신의성실로써 중개대상물에 대한 등기권리증이나 등기사항증명서는 물론 본인의 인감증명서, 인감도장 등의 확인을 통해 위임관계를 확인할 의무가 있다."라는 취지이다.

따라서 대리인을 통한 부동산거래를 중개하는 공인중개사 입장에서는 대리인이라고 칭하는 자의 대리권 유무를 확인하고, 중개행위에 나아가야 중개사고에 대한 책임을 면할 여지가 있을 것이다.

그렇다면, 공인중개사가 대리권 유무를 확인할 때에 어느 정도의 노력을 기울여야 하는 것일까? 반드시 위임장을 받아두어야 하는가? 반드시 위임장을 받아두어야 한다고 말하기는 어렵겠지만, 위임을 통한 대리권을 확인하는 방법의 기초는 대리인이라고 칭하는 자로부터 인감도장이 찍힌 위임장과 인감증명서를 확인하는 것이라는 점에서, 중개사가 할 최소한이 대리권 확인방법은 위임장과 인감증명서를 확인하는 것이라 할 것이고, 대리권 확인 시 의심이 드는 상황에 처할 경우라면 등기권리증 등의 추가적 확인도 필요할 것이다.

공인중개사는 거래당사자가 아닌 중개행위를 하는 자이므로, 계약단계에서 위임장과 인감증명서의 원본 그리고 등기권리증(등기필증) 등의 사본 등을 소지할 필요가 있는 자는 대리권을 보유하였다고 주장하는 자의 거래 상대방이 될 것이고, 공인중개사는 거래 상대방이 받은 위임장과 인감증명서 등의 사본 정도를 보관하는 것이 필요할 것이다.

이와 같은 논의는 중개사고를 전제하므로, 대리권을 믿은 상대방에게 손해가 발생해야 논쟁의 실익이 있게 된다. 그렇다면, 어떠한 사례가 있을 수 있을까? 대법원 판례 중에는 장모 대신 부동산을 매도하는 계약서를 작성한 사위가 계약서 작성 후 하루가 지난 다음에 장모의 진의를 확인하고, 계약을 파기한 사례가 있었다.

계약파기를 통보받은 부동산 매수인은 부동산 매도인의 대리인을 칭한 사위를 상대로 무권대리책임을 묻는 소송을 진행하면서, 공인중개사도 피고로 하여 병합소송을 제기하였고, 하급심에서는 사위 및 중개사의 책임을 인정하지 않았으나, 대법원에서는 사위의 책임 및 중개사의 중개사고가 인정된다는 취지의 판시를 한 사실이 있다(대법원 2007다73611 판결).

즉, 위 대법원 2007다73611 판결에 의하면 "부동산중개업자는 당해 중개대상물의 권리관계 등을 확인하여 중개의뢰인에게 설명할 의무가 있고, 한편 직접적인 위탁관계가 없다고 하더라도 부동산중개업자의 개입을 신뢰하여 거래를 하기에 이른 거래 상대방에 대하여도 부동산중개업자는 신의성실의 원칙상 목적부동산의 하자, 권리자의 진위, 대리관계의 적법성 등에 대하여 각별한 주의를 기울여야 할 업무상의 일반적인 주의의무를 부담한다고 할 것이다. 기록에 의하면, 피고 2(공인중개사)는 피고 1(무권대리인)로부터 이 사건 아파트의 중개를 의뢰받은 사실, 이 사건 매매계약 체결 당시 피고 2(공인중개사)는 피고 1(무권대리인)이 원심공동피고 1(본인)의 위임장이나 인감도장을 소지하지 아니하고 있어 원심공동피고 1의 의사를 확인하고자 하였다가 피고 1이 원심공동피고 1이 러시아에 체류 중이고 잠잘 시간이라는 이유로 난색을 표하는 바람에 본인의 의사를 확인하지 못한 채 매도인 본인의 인장을 날인하지 못한 채 매매계약서를 작성하면서 계약서 비고란에 '장모님 피고 1님이 매도인을 일방 대리함'이라고 기재한 사실, 피고 1은 당일 원심공동피고 1이 이 사건 아파트를 처분할 의사가 없다는 것을 뒤늦게 확인하고 그 다음날 계약금이 입금되기 전에 피고 2 등을 통하여 원고에게 이 사건 매매계약 파기의 의사표시를 한 사실, 그 후 이 사건 매매계약 체결 당시 매도인측을 대리한 피고 1이 대리권이 없음이 판명된 사실이 인정되는바, 위 인정 사실에 의하면, 피고 2는 거래상대방인 원고에 대하여 신의성실의 원칙상 피고 1이 원심공동피고 1의 적법한 대리인인지 여부를 위임장, 인감증명서 등의 방법으로 조사·확인할 의무가 있다고 할 것임에도, 이를 게을리 한 과실이 있다고 할 것이므로, 피고 2는 그로 인하여 원고가 입은 손해를 배상할 책임이 있다."라는 취지이다(원심파기 · 환송).

3. 공인중개사가 보증금 채무인수의 법적성격까지 설명할 의무는 없다는 사례

주임법상의 대항력 등 규정 적용에 있어 임차인은 원칙적으로 법인을 제외한 자연인을 전제한다. 다만 주임법 제3조 제2항, 제3항은 일정한 요건을 갖춘 법인에 한하여 주임법에 의하여 보호될 주택 임차인으로 인정하고 있다.

> 제3조(대항력 등) ① 임대차는 그 등기가 없는 경우에도 임차인이 주택의 인도와 주민등록을 마친 때에는 그 다음 날부터 제삼자에 대하여 효력이 생긴다. 이 경우 전입신고를 한 때에 주민등록이 된 것으로 본다. ② 주택도시기금을 재원으로 하여 저소득층 무주택자에게 주거생활 안정을 목적으로 전세임대주택을 지원하는 법인이 주택을 임차한 후 지방자치단체의 장 또는 그 법인이 선정한 입주자가 그 주택을 인도받고 주민등록을 마쳤을 때에는 제1항을 준용한다. 이 경우 대항력이 인정되는 법인은 대통령령으로 정한다. ③ 「중소기업기본법」 제2조에 따른 중소기업에 해당하는 법인이 소속 직원의 주거용으로 주택을 임차한 후 그 법인이 선정한 직원이 해당 주택을 인도받고 주민등록을 마쳤을 때에는 제1항을 준용한다. 임대차가 끝나기 전에 그 직원이 변경된 경우에는 그 법인이 선정한 새로운 직원이 주택을 인도받고 주민등록을 마친 다음 날부터 제삼자에 대하여 효력이 생긴다. ④ 임차주택의 양수인(그 밖에 임대할 권리를 승계한 자를 포함한다)은 임대인의 지위를 승계한 것으로 본다.

정리하자면 주택임차인이 법인이 아닌 자연인인 경우에는 주임법 제3조 제1항의 인도 및 주민등록이라는 요건을 갖추면 대항요건을 갖춘 것이 되고, 이러한 요건을 갖춘 경우에 임차인이 임차주택의 양수인에게 대항할 수 있는 경우라면 양도인은 임차보증금반환채무를 면하게 되어 면책적 채무인수로 평가되는바, 이는 당사자의 의사에 해당하는 법률행위에 의한 것이 아니라 법률의 규정에 의한 것이다.

반면, 임차인이 법인인 경우에는 원칙적으로 주임법이 적용되지 않으나, 예외적으로 주임법 제3조 제2항, 제3항은 임차인이 법인인 경우에도 주임법상 대항요건이 인정되는 경우를 정하고 있는데, 법인이 임차인인 경우, 주임법 제3조 제2항, 제3항에 해당하지 않는 한, 주임법에 따른 대항요건이 인정되거나 그에 따른 대항력 인정의 법률적 효과로서 임차주택의 양도인이 임차보증금반환채무를 면할 여지는 없게 된다.

따라서 이러한 경우에는 임차주택의 양도인이 임차보증금반환채무를 면하는지 아닌지는 당사자 사이의 약정 해석과 그에 대한 채권자의 승낙이 있는지(민법 제454조)에 따라 결정되는 문제이지, 어떤 사실이 있으면 법률의 규정에 의하여 효력이 발생하는 문제는 아니다.

> 제454조(채무자와의 계약에 의한 채무인수) ① 제삼자가 채무자와의 계약으로 채무를 인수한 경우에는 채권자의 승낙에 의하여 그 효력이 생긴다. ② 채권자의 승낙 또는 거절의 상대방은 채무자나 제삼자이다.

그렇다면 이처럼 주임법 제3조 제2항, 제3항에 해당하지 않는 법인이 임차인인 사안, 즉 주임법이 적용되지 않는 사안에서 주택임차인의 보증금을 인수하는 취지로 주택에 대한 매매계약을 알선한 공인중개사가, 주택매도인에게 채무인수의 법적성격을 설명하여 주택매도인을 보호할 의무가 있는가?

채무인수의 법적성격에 대한 판단은 법률사무에 속하는 부분으로 공인중개사의 설명의무가 없다는 것이 대법원 2024다239364 판결의 취지이다.

즉 대법원은 공인중개사에게 법인인 임차인이 주임법 제3조 제2항, 제3항에 해당하여 그 임차인 법인이 주임법상 대항력을 가질 수 있는지 여부, 주임법 제3조 제2항, 제3항에 해당하지 않아 결과적으로 주임법이 적용되지 않을 경우에 주택 매매계약의 약정의 해석을 통하여 매도인이 임차보증금반환채무를 면하는 면책적 채무인수에 해당하는지 아닌지를 조사·확인, 설명할 의무는 없다는 취지이다. 이러한 법령의 해석이나 약정의 법적 효력에 관한 해석은 변호사만이 할 수 있는 법률사무일 뿐이라는 것이다.

원심은 공인중개사에게 "공인중개사법 제29조 제1항에 따라 주택매도인에게 임대차보증금 반환채무의 면책적 인수에 필요한 요건과 이를 갖추지 못할 시의 위험성에 관하여 성실하고 정확하게 설명할 의무가 있었다."는 취지로 판단하였으나, 대법원은 원칙적으로 공인중개사에 대하여 이러한 의무의 존재를 부정한 것이다.

나아가, 공인중개사인 피고가 원고에게 이 사건 약정이 면책적 채무인수에 해당한다고 그릇된 정보를 제공하였다고 볼 만한 증거도 없다고 취지이다.

그렇다면, 공인중개사인 피고가 주택매도인인 원고에게 이 사건 약정이 면책적 채무인수에 해당한다고 그릇된 정보를 제공하였다면 어떻게 될까? 이러한 경우에는 공인중개사가 책임질 가능성이 있다.

즉 대법원 2022다212594 판결에 의하면 "공인중개사는 자기가 조사·확인하여 설명할 의무가 없는 사항이라도 중개의뢰인이 계약을 맺을지를 결정하는 데 중요한 것이라면 그에 관해 그릇된 정보를 제공해서는 안 되고, 그 정보가 진실인 것처럼 그대로 전달하여 중개의뢰인이 이를 믿고 계약을 체결하도록 했다면 선량한 관리자의 주의로 신의를 지켜 성실하게 중개해야 할 의무를 위반한 것이 된다(대법원 98다30667 판결, 대법원 2008다42836 판결 참조)."라는 취지이기 때문이다.

4. 전대차 중개 시 개업공인중개사의 중개대상물 확인·설명의무의 범위

공인중개사가 전대차계약을 중개한다. 이때, 공인중개사의 중개대상물 확인·설명의무의 범위는 어떻게 될까? 전대차의 개념부터 살펴보자. 특정 부동산의 임차인이 전대인이 되어 제3자와 그 특정 부동산에 대하여 임대차계약을 체결하는 것을 전대차라 할 수 있는데, 이때 임차인은 전대인이 되고, 제3자는 전차인이 된다.

이러한 전대차계약은 전대인과 전차인 사이의 합의로 유효하게 성립하지만, 임대인의 동의가 없을 경우, 전차인은 임대인에게 대항할 수 없게 된다. 결국 정상적인 전대차계약이 성립하려면, 임대인의 동의가 필요하므로, 전대차를 중개하는 공인중개사는 임대인의 동의를 확인할 수 있는 서류 등을 전차인에게 교부하거나, 임대인의 동의를 확인시키는 행동이 필요할 것이다.

그뿐만 아니라 공인중개사는 등기사항전부증명서 등 임대차계약에 관한 자료를 전대인(임차인)으로부터 제출받아 전차인에게 제시하면서, 그 내용을 설명한 후 그 내용을 중개대상물 확인·설명서에 기재할 의무가 있다고 해석된다[서울남부지방법원 2014가합108844 판결(손해배상(기))].

그렇다면, 공인중개사가 전대인(임차인)의 잔존 보증금을 임대인에게 조사·확인하여 이를 전차인에게 알려줄 의무가 존재하는가? 서울남부지방법원 2014가합108844 판결(손해배상(기))은 보증금을 전제로 근저당권이 설정되고 전차인이 그 저당권부 보증금채권에 질권을 설정한 사안에서 그와 같은 의무가 있다고 보기 어렵다는 취지이다.

공인중개사법 제25조 제2항이 개업공인중개사에게 중개대상물 확인·설명을 위하여 중개대상물의 임대의뢰인(본건의 전대인)에게 당해 중개대상물의 상태에 관한 자료를 요구할 수 있도록 규정하고 있다고 하여, 임대인에게까지 잔존보증금을 확인하여 이를 전차인에게 알려줄 의무를 부과하였다고 보기 어렵기 때문이다. 다만, 공인중개사가 "임대의뢰인"인 전대인(임차인)에게 직접 중개대상물에 대한 상태라 할 수 있는 잔존보증금을 확인하여 이를 설명할 수는 있을 것이다.

그러나 공인중개사에게 부과된 중개대상물 확인·설명의무가 중개대상물에 대한 조사권을 발동하여 이를 확인·설명하라는 취지로 보이지는 않으므로, 전대인이 실질 내용을 숨기는 경우는 사실상 실익이 없다. 게다가 전대인이 제공하는 서류가 의심하기 어려울 정도로 정상적이라면 공인중개사에게 더 이상의 중개대상물 확인·설명의무를 부과하기 어렵다.

5. 집합건물의 토지별도등기에 대한 개업공인중개사의 설명의무

공인중개사가 집합건물을 중개할 때에는 일반건물과 달리 주의할 내용이 있는데, 토지별도등기가 있을 경우에 토지별도등기에 대한 설명의무가 존재한다는 점이다. 그렇다면, 토지별도등기란 무엇일까? 집합건물이 아닌 일반건물의 경우는 건물등기부와 토지등기부가 별도로 존재한다. 그러나 집합건물의 경우는 원칙적으로 건물과 대지(토지)부분을 하나의 집합건물등기사항증명서에 기재하게 된다.

다만, 집합건물을 건축하기 전에 토지에 존재하였던 근저당권 등의 문제가 해결되지 않아, 집합건물등기사항증명서에 더하여 토지에 대한 별도등기사항증명서가 존재하는 경우가 발생하고, 이러한 경우에 집합건물등기사항증명서의 '대지권의 목적인 토지의 표시란'에 '토지등기사항증명서에 토지에 관한 별도의 등기가 있다.'는 취지의 등기를 하게 되고, 이를 토지별도등기라고 한다.

공인중개사가 중개의뢰인에게 설명할 내용에 대한 판례를 확인하다 보면, 공적장부인 등기부와 건축물대장 등에 나오는 내용의 경우에는 적어도 공인중개사가 중개의뢰인에게 설명해야 하는 기초적 내용으로 보고 있음을 알 수 있다. 따라서, 집합건물등기사항증명서를 확인한 결과, '대지권의 목적인 토지의 표시란'에 '토지별도등기 있음' 취지가 보일 경우, 토지등기사항증명서를 확인하여 토지등기사항증명서의 권리관계를 공인중개사가 중개의뢰인에게 설명할 필요가 있다.

이와 관련하여 서울동부지방법원 2010나189 판결은 "피고 1(공인중개사)은 원고(임차인)로부터 이 사건 아파트에 관한 임대차계약의 중개를 의뢰받았으므로 공인중개사법 제25조 제1항, 같은 법 시행령 제21조 제1항의 규정에 따라 소유권 · 전세권 · 저당권 · 지상권 및 임차권 등 중개대상물의 권리관계에 관한 사항 등을 확인하여 이를 중개대상물에 관한 임차권을 취득하고자 하는 원고(임차인)에게 성실 · 정확하게 설명할 의무가 있었음에도 불구하고, 이 사건 아파트의 대지권의 목적인 이 사건 토지에 관하여 별도등기가 있다는 부분을 간과하는 바람에 원고(임차인)에게 이 점에 관하여 아무런 설명도 하지 않았고, 이로 말미암아 원고는 배당절차에서 이 사건 토지의 근저당권보다 배당순위에서 밀려 배당을 적게 받는 재산상 손해(신한은행 앞으로 배당된 71,042,991원 상당)를 입게 된 것으로 보아야 하므로, 원고에게 피고 1(공인중개사)은 공인중개사법 제30조 제1항의 규정에 의하여, 피고 협회(공인중개사협회)는 피고 1(임차인)의 공제계약에 따라 5,000만원의 한도 내에서, 이러한 확인 · 설명의무 위반으로 말미암아 발생한 위 손해를 각자 배상할 책임이 있다."고 판시하였다.

위 사안은 임차아파트에 관한 임의경매의 배당절차에서 토지의 근저당권보다 배당순위에서 밀려 배당을 적게 받는 재산상 손해를 입은 임차인에 대하여 공인중개사에게 중개대상물의 확인 · 설명의무 위반으로 인한 손해배상책임을 인정하면서, 과실상계를 고려하여 중개사 책임을 70%로 제한한 사례이다.

6. 공인중개사의 조세에 대한 설명의 범위와 정도

공인중개사는 중개의뢰인에게 토지대장, 등기사항증명서 등에서 확인되는 중개대상물에 대한 권리관계를 설명해야 한다. 그렇다면 공인중개사가 중개의뢰인에게 중개대상물에 대한 조세를 설명할 의무가 있는가? 조세는 공인중개사의 중개행위와는 또 다른 분야이므로 공인중개사가 중개대상물에 대한 조세를 설명할 의무가 있는지 의문이 드는 것이다.

이와 관련하여 공인중개사법 제25조 제1항 제3호는 '그 밖에 대통령령으로 정하는 사항'을 중개대상물 확인·설명의무의 대상으로 규정하고 있는바, 대통령령에 해당하는 공인중개사법 시행령 제21조 제1항 제9호는 "중개대상물에 대한 권리를 취득함에 따라 부담하여야 할 조세의 종류 및 세율"을 규정하여 공인중개사가 취득과 관련된 조세 즉 '중개대상물 취득과 관련된 조세의 종류 및 세율'을 확인하고 중개의뢰인에게 설명할 의무를 부과하고 있다.

그렇다면 부동산취득과 관련된 조세는 무엇이 있을까? 이와 관련하여 공인중개사법 시행규칙 제16조에서 규정하는 '중개대상물의 확인·설명서의 서식'을 확인하면 '취득 시 부담할 조세의 종류 및 세율'란에 '취득세, 농어촌특별세, 지방교육세가 각 몇 퍼센트인지를 적시'하도록 규정하고 있어 부동산취득과 관련된 조세는 '취득세, 농어촌특별세, 지방교육세'로 정리된다.

결국 공인중개사는 부동산취득과 관련된 조세에 해당하는 '취득세, 농어촌특별세, 지방교육세가 몇 퍼센트 부과되는지에 대하여 확인하고 이를 중개의뢰인에게 설명할 의무'가 있다고 해석된다.

그렇다면 양도소득세는 어떠한가? 해당 부동산 거래가 양도소득세가 부과되는 거래인지 양도소득세가 부과된다면 얼마나 부과되는지도 공인중개사가 중개의뢰인에게 확인하고 설명해야 할 의무가 있는가?

그렇지 않다. 양도소득세는 취득과 관련된 조세가 아니므로 원칙적으로는 공인중개사가 중개의뢰인에게 양도소득세를 확인하고 설명할 의무는 없다.

이와 같은 내용을 기초로 관련판례를 확인해 보자.

첫 번째 사안은 서울동부지방법원 2013나2988 판결(손해배상) 사안인바 이를 정리해 보자.

피고 문OO는 중개보조원인 OOO으로 하여금 중개 업무를 보조하도록 하였는데, OOO은 2011. 12월 말일까지 잔금지급을 마칠 경우에만 취득세와 지방교육세가 한시적으로 50%씩 감면되고 이 사건 아파트의 매매와 같이 잔금을 2012. 4. 28.에 지급하는 경우에는 감면대상이 되지 않음에도 불구하고, 이 사건 아파트 매매의 경우에도 취득세와 지방교육세가 50%씩 감면되어 취득가액의 2.2%라고 잘못 설명하였다. 이로 인하여 원고들은 실제 본인들이 부담하여야 할 세금을 감안하여 이 사건 아파트의 매수 여부를 결정할 기회나 잔금지급 기일을 2011. 12월 말 이전으로 정하여 세금을 줄일 수 있는 기회를 잃어버린 채 이 사건 매매계약을 체결하게 되었다.

따라서 피고 문OO는 공인중개사법 제15조 제2항, 제30조 제1항에 따라 원고들에게 중개보조원 OOO의 과실로 인하여 원고들이 입은 손해액(이는 원고들이 감면받지 못한 채 납부한 세액 상당액으로 잘못된 중개행위와 상당인과관계가 인정된다) 및 이에 대한 지연손해금을 배상할 책임이 있다고 판시한 사안이다(단 제반사정을 종합하여 피고들의 책임을 70%로 제한).

두 번째 사안은 서울중앙지방법원 2015가단134106 판결(손배배상) 사안인바 이를 정리해 보자.

이 사건 부동산 중 주택은 지방세법령이 정한 고급주택으로서 중과세의 대상이 되어 이 사건 부동산의 취득에 따라 매매대금의 약 13%에 해당하는 금액을 취득세 등으로 부담하여야 함에도, 피고 C와 보조참가인은 이를 조사·확인하지 아니한 채 이 사건 부동산에 대한 중개대상물확인·설명서의 '취득 시 부담할 조세의 종류 및 세율'란에 '취득세 1%, 농어촌특별세 0.2%, 지방교육세 0.1%'라고 잘못 기재하였고, 그와 같이 잘못 설명한 세율과 실제 법령상의 세율에 따른 세액의 차이가 65,666,000원으로서 작지 아니하므로, 피고 C와 보조참가인의 위와 같은 행위는 공인중개사로서 부담하는 조세의 세율에 대한 확인·설명의무를 위반한 것이라고 판시하여 중개대상물 확인·설명의무를 위반한 사실은 인정하였으나, 세액 73,141,000원의 지출은 피고 C 등의 중개행위상 과실과 인과관계 있는 손해라고 할 수 없다면서 원고들의 재산상 손해를 배척하고 단지 위자료 5,000,000원만을 인정한 사안이다(위 판결에 대하여 원고들이 항소를 하였으나 항소심인 서울중앙지방법원 2016나46566 판결에서는 위자료만 5,000,000원을 증액하여 줌).

〈재산적 손해를 부정한 판시 부분〉

원고들이 손해의 기초로 주장하는 실제 납부한 세액 73,141,000원은 이 사건 부동산을 취득하기 위하여 법률상 당연히 납부하여야 하는 세금으로서 원고들은 법령상 부담하는 납세의무의 이행을 위하여 위 돈을 지출한 것이고, 원고들의 이 사건 부동산에 관한 소유권 취득이 피고 C 등의 위와 같은 과실로 인하여 무효화되었다는 사정은 없으므로, 위 세액 73,141,000원의 지출은 피고 C 등의 중개행위상 과실과 인과관계 있는 손해라고 할 수 없다.

원고들은, 이 사건 부동산 중 주택에 대한 중과세 사실을 알았더라면 매매대금의약 13%에 해당하는 금액을 취득세 등으로 부담하면서까지 이 사건 매매계약을 체결하지 아니하였을 것이라는 점을 전제로 실제 납부한 세액 73,141,000원과 잘못 설명된 세율에 의한 세액 7,475,000원의 차액을 손해로 주장하는 취지로도 보인다.

살피건대 실제 납부한 세액과 잘못 설명된 세율에 의한 세액의 차액 65,666,000원은 이 사건 매매계약에서 정한 매매대금의 10%를 초과하는 금액으로서 작지 아니한 금액이라고 할 수 있다. 그러나 ① 부동산의 매수 여부를 결정하는 고려요소에는 매수에 소요되는 총비용 외에도 부동산의 위치, 주변 환경, 부동산 자체의 상태 등 다양한 사항들이 있을 수 있는 점, ② 그런데 이 사건 부동산은 전원주택으로서, 쉽게 대체가능한 아파트 등과는 달리 매수 비용 이외의 위와 같은 고려요소들이 매수 여부를 결정하는 데에 영향을 미칠 가능성이 상대적으로 더 큰 점, ③ 원고들이 이 사건 매매계약 당시 이 사건 부동산과 유사한 실질적인 조건들을 갖춘 주택 중에서 중과세가 아닌 일반과세의 대상이 되는 주택을 물색할 수 있었는지는 알 수 없는 점, ④ 이 사건 부동산의 취득으로 원고들이 부담하여야 하는 세액의 크기가 이 사건 매매계약의 체결 과정에서 매수 여부를 결정하는 중요한 고려요소로 대두되었다는 사정을 인정할 증거는 없는 점, ⑤ 갑 제8호증의 기재에 의하면 이 사건 부동산에 관한 국토교통부의 개별주택가격은 2015. 1. 1. 기준으로 6억 3,600만원이어서, 이 사건 매매계약에서 정한 매매금액 5억 7,500만원은 그보다 6,000만원 이상 저렴하였던 점 등에 비추어 보면,

실제 납부한 세액과 잘못 설명된 세율에 의한 세액의 차액이 작지 아니하다는 사정 및 갑 제9 내지 10호증(가지번호 포함)의 각 기재만으로는 피고 C 등의 위와 같은 과실이 없었더라면 원고들이 이 사건 매매계약을 체결하지 아니하였을 것이라고 단정하기에 부족하고, 달리 이를 인정할 증거가 없다.

따라서 원고들의 재산상 손해배상에 관한 주장은 이유 없다.

〈위자료 청구부분을 인정한 부분〉

피고 C가 원고들에게 이 사건 부동산의 취득에 따른 조세의 세율을 잘못 설명함으로써 원고들은 실제 납부하게 될 고액의 세금을 감안하여 이 사건 부동산의 매수 여부를 결정할 수 있는 기회 또는 고액의 세금을 납부하여야 함을 이유로 매도인과 사이에 매매금액에 관하여 추가 협상을 할 수 있는 기회 등을 상실하였고, 그로 인하여 원고들이 상당한 정신적 고통을 입었을 것임은 경험칙상 명백하므로, 피고 C는 원고들에게 그에 대한 손해배상금을 지급할 의무가 있다.

나아가 피고 C가 지급하여야 하는 위자료의 액수에 관하여 보건대, 이 사건 매매계약의 체결 경위, 이 사건 매매계약에서 정한 매매대금의 액수, 원고들이 예상 외로 납부하게 된 세금의 액수 등 변론 전체에 나타난 여러 가지 사정을 참작하면, 위자료의 액수를 5,000,000원으로 정함이 상당하다.

세 번째 사안은 서울중앙지방법원 2017가단5110987 판결(손해배상) 사안인바 이를 정리해 보자.

공인중개사법 제25조 제1항은 개업공인중개사는 중개대상물의 상태·입지 및 권리관계, 법령의 규정에 의한 거래 또는 이용제한사항, 그 밖에 대통령령이 정하는 사항을 확인하여 성실·정확하게 설명하고 근거자료를 제시하여야 한다고 정하고 있고, 같은 법 시행령 제21

조 제1항 제9호에서는 같은 법 제25조 규정에 따라 개업공인중개사는 중개대상물에 대한 '권리를 취득함에 따라 부담하여야 할' 조세의 종류 및 세율을 확인·설명해야 할 의무가 있다고 정하고 있는 점, 공인중개사법 시행령 제21조 제3항, 같은 법 시행규칙 제16조에 따라 작성되는 중개대상물 확인·설명서 I(주거용 건축물)에도 개업공인중개사가 확인·설명하여야 할 '취득시 부담할 조세의 종류 및 세율'로 '취득세, 농어촌특별세, 지방교육세'만을 규정하고 있고 양도소득세는 그 대상이 아닌 점 등에 비추어 특별한 사정이 없는 한 부동산매매거래에 있어 공인중개사는 매도의뢰인에게 매매로 인한 양도소득세 등의 부과여부 및 그 세액에 관한 확인, 설명의무까지 있다고 볼 수 없다.

그러나 부동산중개업자와 중개의뢰인의 법률관계는 민법상의 위임관계와 같으므로 중개업자는 중개의뢰의 본지에 따라 선량한 관리자의 주의로 의뢰받은 중개업무를 처리할 의무가 있고(대법원 2007다44156 판결 참조), 부동산중개업자는 비록 그가 조사·확인하여 의뢰인에게 설명할 의무를 부담하지 않는 사항이더라도 의뢰인이 계약체결 여부를 결정하는 데 중요한 자료가 되는 사항에 관하여 그릇된 정보를 제공하여서는 안 되고, 그릇된 정보를 제대로 확인하지도 않은 채 마치 그것이 진실인 것처럼 의뢰인에게 그대로 전달하여 의뢰인이 그 정보를 믿고 상대방과 계약에 이르게 되었다면, 부동산중개업자의 그러한 행위는 선량한 관리자의 주의로 신의를 지켜 성실하게 중개행위를 하여야 할 중개업자의 의무에 위반된다(대법원 98다30667 판결, 대법원 2008다42836 판결 등 참조).

위 법리에 비추어 이 사건에 관하여 보건대, 위 인정사실에 의하면, 통상 매도 의뢰인에게 있어 주택의 매도로 양도소득세가 부과되는 지 여부는 매도여부 및 매도가격을 정하는 데 있어서 중요한 요소일 뿐 아니라 피고 C으로서는 원고가 보유기간 2년 도과로 양도소득세 비과세대상이기 때문에 이 사건 아파트를 매도하게 되었음을 잘 알고 있었고 더구나 원고로부터 이에 관한 확인까지 요청받았으므로 잔금지급일을 정하기 전에 원고로 하여금 전문적인 지식을 가지고 있는 세무사 등에게 정확하게 확인하도록 하거나 스스로 이를 확인하여 알려주어야 함에도 이에 이르지 아니한 채 잘못된 세무지식에 기초하여 잔금지급일을 보유기간 2년 내로 정하여 매도를 중개함으로써 원고가 예상치 못한 양도소득세 등을 납부할 수밖에 없게 되는 손해를 입었으므로 피고 C는 선량한 관리자의 주의로 신의를 지켜 중개행위를 할 계약상의 의무를 위반한 자로서, 피고 B는 피고 C를 고용한 개업공인중개사로서 공인중개사법 제15조 제2항, 제30조 제1항에 의하여, 피고 협회는 공제사업자로서 피고 B과 체결한 공제계약에 따라 공동하여 원고에게 위 손해를 배상할 책임이 있다.

다만, 앞서 본 증거들에 의하여 인정되는 다음과 같은 사정, 즉, 양도소득세의 부과 여부, 보유기간 등에 관하여 확인하여야 할 주된 의무와 책임은 이 사건 아파트의 소유자인 원고에게 있는 점, 원고가 피고 C에게 양도소득세의 부과여부 확인에 관하여 명시적으로 별도 위임을 하거나 이에 관하여 따로 보수를 약정한 바는 없는 점, 피고 C의 권유에도 불구하고 원고도 세무전문가에게 별도로 자문을 의뢰하지 아니한 점 등 제반사정에 비추어 피고들의 책임을 전체의 30%로 제한하기로 한다.

정리하자면, 취득세, 농어촌특별세, 지방교육세에 대한 공인중개사의 잘못된 설명으로 인하여(인과관계 필요), 중개의뢰인이 손해를 입은 경우에 공인중개사가 중개의뢰인에게 중개사고의 책임을 부담하나, 양도소득세는 부동산 취득관련 세금이 아니므로 공인중개사가 중개의뢰인에게 양도소득세 관련 문제를 설명할 의무가 없다.

다만, 공인중개사와 중개의뢰인은 민법상 위임관계에 있기 때문에 양도소득세와 관련하여 공인중개사가 중개의뢰인에게 적극적으로 그릇된 정보를 제공하여 중개의뢰인이 피해를 보게 된 경우에는 중개 사고에 해당한다는 것이다(결국 공제사업자도 공동책임을 부담함).

7. 신탁부동산의 임대차계약을 중개할 때 공인중개사의 설명의무의 범위

신탁관계가 설정된 부동산에 대한 임대차계약을 중개하는 공인중개사는 중개의뢰인에 해당하는 임차인에게 어떠한 범위까지 임대차목적물의 권리관계 등을 설명해야 하는가? 특히 신탁부동산의 위탁자를 임대인으로 계약서에 적시하는 경우가 문제된다.

이러한 경우에 최소한 '신탁원부의 제시', '신탁관계 설정사실 및 그 법적의무와 효과', '신탁부동산의 소유자가 수탁자라는 사실', '임대인으로 적시되는 위탁자는 소유자가 아니라는 사실', '수탁자의 승낙 등이 없으면 임차인이 수탁자에게 임대차계약으로 대항할 수 없다는 사실' 등이 공인중개사의 중개대상물 설명의무 범위에 포함된다.

즉 대법원 2023다224327 판결에 의하면 "신탁관계가 설정된 부동산에 관하여 임대차계약을 중개하는 공인중개사로서는 선량한 관리자의 주의와 신의성실로써 신탁관계에 관한 조사·확인을 거쳐, 중개의뢰인에게 신탁원부를 제시하고, 신탁관계 설정사실 및 그 법적인 의미와 효과, 즉 대상 부동산의 소유자가 수탁자이고, 임대인 소유 아닌 부동산에 관하여 임대차계약이 체결되는 것이며, 수탁자의 사전승낙이나 사후승인이 없다면 수탁자에게 임대차계약으로서 대항할 수 없다는 점 등을 성실하고 정확하게 설명하여야 할 의무가 있다(대법원 2011다76754 판결 등)."라는 취지이다.

공인중개사가 신탁부동산에 대한 임대차계약을 중개하면서 임대인인 위탁자에 대한 임대차보증금 잔금지급과 동시에 신탁등기를 말소 받은 내용의 특약을 작성하여 임차인이 신탁사실을 잘 알고 있었으며 이러한 사정에도 불구하고 임차인이 신탁등기도 말소받지 않은 채 임대인에 해당하는 위탁자에게 임대차보증금을 먼저 지급한 경우에는 어떠한가?

이러한 경우에는 임대인에 해당하는 위탁자가 신탁등기 말소약정을 불이행한 것일 뿐이므로 공인중개사에 책임을 묻기 어려운 것이 아닌가?

이에 대하여 원심(부산지방법원 2022나53334 판결)은 "조희종합건설(위탁자)이 신탁등기 말소

약정을 불이행한 것뿐인 점, 설혹 피고 1(공인중개사)의 주의의무위반이 있었다고 하더라도 원고(임차인)가 임대차계약으로서 아시아신탁(수탁자)에 대항할 수 있다고 오인한 것으로 보기도 어려운 점 등에서, 피고 1(공인중개사)이 주의의무를 다하지 않았다거나 원고(임차인)가 조희종합건설(위탁자)로부터 임대차보증금을 반환받지 못한 손해와의 사이에 상당인과관계가 있음을 인정할 수 없다."면서 공인중개사의 책임이 없다는 취지였다.

그러나 대법원은 원심과 달리 공인중개사의 책임이 인정된다는 취지로 원심을 파기·환송한 것이다. 즉 대법원 2023다224327 판결을 정리하면 다음과 같다.

피고 1(공인중개사)이 작성한 중개대상물 확인·설명서에는 '소유권에 관한 사항'란에 조희종합건설(위탁자)이, '소유권 외의 권리사항'란에 아시아신탁(수탁자)이 각 기재되어 있고, 임대차계약서 중 '특약사항'란에는 '임대인은 임차인의 잔금과 동시에 신탁사항 및 소유권 이외의 권리사항을 말소키로 한다.'는 기재가 있을 뿐이다.

피고 1(공인중개사)이 신탁관계에 관한 조사·확인을 거쳐 원고(임차인)에게 신탁원부를 제시하거나 이 사건 건물의 소유자가 조희종합건설이 아닌 아시아신탁으로서 그의 사전승낙이나 사후승인이 없다면 임차권으로 대항할 수 없다는 설명 등을 함으로써 그 법적인 의미와 효과를 성실하고 정확하게 설명하였다고 볼 자료는 없다.

특히 임차인에게는 임대차관계 종료 시에 임대차보증금을 반환받는 것이 매우 큰 관심사이자 그 반환을 받지 못할 위험 유무가 계약체결 여부를 결정하는 중요한 요소이므로, 피고 1(공인중개사)이 이 사건 건물의 권리관계에 관하여 성실하고 정확하게 설명하였다면 원고(임차인)가 조희종합건설(위탁자)과 임대차계약을 체결하지 않았거나 신탁등기를 말소받기도 전에 미리 임대차보증금을 지급하지 않았을 가능성이 크다.

따라서 피고 1(공인중개사)에게는 민법 위임에서의 선관주의의무나 공인중개사법이 정하는 공인중개사로서의 주의의무를 다 하지 않은 과실이 있고, 그로 인하여 거래당사자에게 재산상의 손해를 발생하게 한 때에 해당한다고 볼 여지가 있다.

원고(임차인)가 특약사항과 달리 신탁등기 말소 없이 임대차보증금을 먼저 지급하였다는 사정은 이를 손해배상책임제한의 사유로 참작함은 별론으로 하고, 그로 인하여 피고 1(공인중개사)의 과실과 임대차보증금을 반환받지 못한 원고(임차인)의 손해와의 사이에 상당인과관계가 단절된다고 할 수 없다.

위 대법원 판결의 사안을 정리하면 '임차인에 해당하는 원고가 공인중개사인 피고 1의 중개로 신탁부동산을 임차하면서 임대차보증금 잔금 지급과 동시에 신탁등기를 말소받기로 특약하였으나, 임대인에게 잔금을 모두 지급하였음에도 신탁등기가 말소되지 않아 임대차계약을 해지하고 임대인에게 보증금 반환을 구하였는데 임대차보증금 중 일부만 회수하자, 피고 1 및 공제계약자인 피고 공인중개사협회를 상대로, 피고 1이 신탁부동산 중개에 관한 주의의무를 다하지 않았다고 주장하면서 회수하지 못한 나머지 임대차보증금 상당액의 손해배상'을 청구하였던 사례이다.

2023. 10. 15.자 공보에 대한 '서울고등법원판례공보스터디'에 의하면 "부동산이 신탁회사에 신탁된 경우 신탁법의 법리에 따라 소유권은 대내외적으로 신탁회사에 있는데, 이러한 경우 법리상 임차인에게 신탁회사가 사전에 승낙하거나 사후에 승인하지 않으면 임대차계약을 주장할 수 없는 위험이 있는바, 공인중개사가 임차인에게 이러한 위험을 설명하지 않은 상태에서 임대차계약을 중개하여 손해가 발생한 경우에 공인중개사에게 책임이 있다고 보았던 대법원 2011다76754 판결이 존재하는데, 대상판결은 잔금지급과 신탁등기 말소를 동시에 이행하기로 약정한 점에서 차이가 있다면서 이러한 사실을 고려하면 공인중개사가 설명의무를 이행하였을 가능성도 있는데, 어쨌든 대법원은 공인중개사가 이 부분 설명의무를 이행하지 않은 것으로 전제하여 판단하였던 것인데, 원심은 원고가 동시이행의 약정대로 이행을 하였더라면 원고에게 손해가 발생하지 않았을 것이므로 공인중개사가 설명의무를 이행하지 않았더라도 원고의 손해발생과 인과관계가 없다고 보았지만, 등기는 약 2~3일 정도의 시간이 소요되므로 임차인이 임대차목적물에 관해 등기된 이후에 잔금을 지급하겠다고 주장하기는 어렵고, 이 경우 법무사에게 위임 서류를 교부하는 것을 확인하고 임대보증금을 지급하는 것이 가장 안전한 방법이지만, 이러한 법리를 아는 임차인은 소수에 불과할 것인바, 이 사건에서도 임차인은 먼저 임대보증금을 지급하였다면서 이러한 현실을 감안하면 동시이행 조항을 넣었다고 하여 인과관계를 부정하기는 어려울 것이고, 이 부분은 책임제한 사유에 해당할 것이므로 종전 판례(대법원 2011다76754 판결)의 법리를 유지한 대상판결이 타당하다." 고 설명하고 있다.

8. 중개사의 중개대상물 확인·설명의무와 다가구주택

원룸을 임차하였고, 개인사정으로 계약완료 전에 원룸을 비우고 이사를 가게 되었다. 임차인은 대략 계약종료 3개월 전 즈음에 계약종료 통보를 하고 그 통보가 그즈음 도달하였다. 그럼에도 불구하고 임대인은 임차인에게 새로운 임차인이 들어오면 보증금을 주겠다는 말만 되풀이 한다.

이에 계약기간이 경과하자 임차인은 어쩔 수 없이 임차권등기명령신청을 통해 임차권등기를 경료하고 지급명령신청을 통하여 지급명령 확정결정문까지 법원으로부터 받았다. 지급명령이 확정되었고, 임차권등기까지 이미 마쳐졌음에도 임대인은 보증금을 줄 생각도 없다. 이런 경우에는 확정된 지급명령을 근거로 해당 부동산을 경매에 부칠 수 있다.

문제는 해당 부동산에 선순위 근저당권자(은행)가 있을 뿐만 아니라, 선순위 확정일자 임차인도 다수가 있다. 결국 경매에 부치더라도 배당순위에 밀려 배당을 일부만 받을 가능성이 있고, 배당을 전혀 받지 못할 가능성도 있다[다만, 경매신청자가 배당을 전혀 받지 못할 상황이라면 법원에 의하여 경매가 취소됨(잉여주의를 규정한 민사집행법 제102조 및 제91조 제1항 등 참고)].

보증금에 대한 배당을 전혀 받지 못하거나 배당을 받더라도 보증금의 일부만 배당받을 경우 임차인은 어떠한 보호도 받지 못할까? 이러한 경우에도 임차인이 보호를 받을 방법이 있을 수 있다. 배당을 받아 문제가 해결되면 좋겠지만, 배당을 일부라도 받지 못한 경우 다가구주택은 법률적으로 단독주택이라는 다가구 주택의 특수성에 주목할 필요가 있다. 다가구주택은 다가구의 각 호실별로 매각되지 않고 단독주택과 동일하게 일괄 매각이 된다.

따라서 다가구에 먼저 전입한 선순위 임차인들이 확정일자를 받을 경우 그 후에 입주한 임차인은 확정일자를 받더라도 순위에 따른 배당만을 받게 되므로 다가구를 중개하는 공인중개사는 이러한 다가구주택의 특수성을 설명할 의무가 있다. 결국 배당을 일부라도 받지 못한 다가구주택의 임차인은 다가구주택에 대한 특수성을 설명하지 않은 공인중개사 등을 상대로 손해배상청구를 할 수 있다.

대법원은 이와 관련하여 "중개업자는 다가구주택 일부에 관한 임대차계약을 중개하면서 임차의뢰인이 임대차계약이 종료된 후에 임대차보증금을 제대로 반환받을 수 있는지 판단하는 데 필요한 다가구주택의 권리관계 등에 관한 자료를 제공하여야 하므로, 임차의뢰인에게 부동산 등기부상에 표시된 중개대상물의 권리관계 등을 확인 · 설명하는 데 그쳐서는 아니 되고, 임대의뢰인에게 다가구주택 내에 이미 거주해서 살고 있는 다른 임차인의 임대차계약내역 중 개인정보에 관한 부분을 제외하고 임대차보증금, 임대차의 시기와 종기 등에 관한 부분의 자료를 요구하여 이를 확인한 다음 임차의뢰인에게 설명하고 자료를 제시하여야 하며, 공인중개사의 업무 및 부동산 거래신고에 관한 법률 시행규칙 제16조에서 정한 서식에 따른 중개대상물 확인 · 설명서의 중개목적물에 대한 '실제 권리관계 또는 공시되지 아니한 물건의 권리 사항'란에 그 내용을 기재하여 교부하여야 할 의무가 있고, 만일 임대의뢰인이 다른 세입자의 임대차보증금, 임대차의 시기와 종기 등에 관한 자료요구에 불응한 경우에는 그 내용을 중개대상물 확인 · 설명서에 기재하여야 할 의무가 있다. 그러므로 중개업자가 고의나 과실로 이러한 의무를 위반하여 임차의뢰인에게 재산상의 손해를 발생하게 한 때에는 공인중개사의 업무 및 부동산 거래신고에 관한 법률 제30조에 의하여 이를 배상할 책임이 있다(대법원 2011다63857 판결)."라고 판시한 사실이 있다(단, 공인중개사의 책임을 30%로 제한).

또한 대법원 2023다259743 판결은 "직접 조사 · 확인하여 설명할 의무가 없는 사항이라고 할지라도 중개의뢰인이 계약을 맺을지를 결정하는 데 중요한 것이라면 그에 관하여 그릇된 정보를 제공해서는 아니 되고, 그 정보가 진실인 것처럼 그대로 전달하여 중개의뢰인이 이를 믿고 계약을 체결하도록 했다면 선량한 관리자의 주의로 신의를 지켜 성실하게 중개해야 할 의무를 위반한 것이 된다(대법원 98다30667 판결, 대법원 2022다212594 판결 등)."면서,

"중개업자로서는 설혹 임대인이 관련 자료제공을 거부해 실상을 정확히 알기 어려웠더라도 이 사건 다가구주택의 규모와 전체 세대수, 인근 유사 부동산의 임대차보증금 시세에 비

추어 임대인이 구두로 확인한 금액이 실제와 다를 수 있고 상당수의 소액임차인이 있을 것임을 충분히 알 수 있었다고 보아야 한다. 그런데도 피고 1은 중개대상물 확인·설명서에 임대인이 총액으로 알려준 금액만을 기재하였을 뿐 그 내용이 불충분하거나 부정확할 수 있음을 알리는 등으로 다가구주택의 중개업자로서 준수하여야 할 선량한 관리자의 주의의무를 다하지 않았고, 원고로서는 이러한 사정을 알았다면 이 사건 다가구주택을 임차하지 않았거나 적어도 같은 조건으로는 계약을 체결하지 않았을 여지가 크다."라고 판시하였다(피고 1이 중개대상물 확인·설명의무를 부실하게 한 것이 아니라고 판시하여 원고의 손해를 인정할 수 없다고 본 원심판결의 파기·환송한 사례).

이와 관련하여 주목할 참고판례를 설명한다. 2022. 4. 7.자 법률신문에 소개된 판례인데, 서울중앙지방법원 2019가단13221 판결에 의하면, 공인중개사는 중개대상물 이외의 공동담보 부동산 내역까지 확인·설명해야 한다는 취지이다. 공동담보 부동산 내역을 설명하지 않아 임차인이 보증금을 전혀 배당받지 못한 사안에서 공인중개사에게 40%의 책임을 부담시켜 보증금 1억 2천만원 중에서 4천 8백만원에 대한 공인중개사의 중개의뢰인에 대한 배상책임을 인정한 것이다. 즉 "중개업자는 임차의뢰인에게 부동산등기부상 표시된 중개대상물의 권리관계 등을 확인·설명하는데 그쳐서는 안 된다."면서 "임대의뢰인에게 근저당권의 공동담보로 제공된 부동산에 관한 시가 및 권리관계, 다른 임차인들의 임대차관계 등 자료를 요구해 이를 확인한 다음 임차의뢰인에게 설명하고 자료를 제기해야 할 의무가 있다." 이어 "계약서 특약사항에는 임차인이 임차한 건물을 포함해 임대인의 공동담보 부동산에 은행의 근저당권(채권최고액 약 39억원)이 설정돼 있고, 선순위 임차인들의 보증금 합계액이 약 5억원이라는 내용이 있다."며, "하지만 공인중개사가 임차인에게 임대차 종료 이후 보증금을 반환받을 수 있는지 판단하는 데 필요한 자료를 제공하고 설명한 증거는 없다."는 취지이다.

위 판례에서 주의할 점은 '중개대상물'에 해당하는 임차목적물(단독주택 일부) 이외의 공동담보부동산에 대한 시가, 권리관계 등까지 확인·설명해야 할 뿐만 아니라 보증금 반환청구 가능성까지 설명해야 한다는 취지인데, 위 판례의 법리가 대법원에서도 인정될 수 있을지 주목된다. 참고로 공인중개사법 제25조 제1항 제1호는 "제25조(중개대상물의 확인·설명) ① 개업공인중개사는 중개를 의뢰받은 경우에는 중개가 완성되기 전에 다음 각 호의 사항을 확인하여 이를 해당 중개대상물에 관한 권리를 취득하고자 하는 중개의뢰인에게 성실·정확하게 설명하고, 토지대장 등본 또는 부동산종합증명서, 등기사항증명서 등 설명의 근거자료를 제시하여야 한다. 1. 해당 중개대상물의 상태·입지 및 권리관계"라고 규정하고 있다.

9. 다가구주택 중개에 있어 임대인 자료요구불응 적시로 배상책임 면책 여부

공인중개사법 제25조는 "중개대상물의 확인·설명"이라는 제목 아래에 "② 개업공인중개사는 제1항에 따른 확인·설명을 위하여 필요한 경우에는 중개대상물의 매도의뢰인·임대의뢰인 등에게 해당 중개대상물의 상태에 관한 자료를 요구할 수 있다."고 규정하고 있다.

그리고 공인중개사법시행령 제21조는 "중개대상물의 확인·설명"라는 제목 아래에 "② 개업공인중개사는 매도의뢰인·임대의뢰인 등이 법 제25조 제2항의 규정에 따른 중개대상물의 상태에 관한 자료요구에 불응한 경우에는 그 사실을 매수의뢰인·임차의뢰인 등에게 설명하고, 제3항의 규정에 따른 중개대상물확인·설명서에 기재하여야 한다."라고 규정하고 있다.

그렇다면 공인중개사가 임대차계약을 중개하면서 위 공인중개사법 규정에 따라 임대인에게 중개대상물 즉 다가구주택에 기존 세입자가 몇 명이고 그 세입자들의 각 보증금 등이 얼마인지에 대한 관련자료를 요구하였는데 임대인이 불응하였고, 이러한 임대인의 불응사실을 중개대상물확인·설명서에 기재하였다면 임차인이 차후 선순위 임차인 등에 순위가 밀려 보증금을 확보하지 못하는 손해가 발생하였을 때에 공인중개사가 면책될 수 있는가?

원심은 면책이 될 수 있다(공인중개사에게 과실이 없다)는 취지였으나, 대법원은 공인중개사의 과실 책임이 인정될 수 있다는 취지이다(대법원 2022다212594 판결). 그 이유는 무엇일까?

임대인이 공인중개사의 자료제공요구에 불응하고 그 불응사실을 공인중개사가 중개대상물확인·설명서에 기재하면 더 이상 중개대상물에 대한 조사·확인 설명의무는 없을 수는 있지만 중개의뢰인이 계약을 맺을지 여부를 결정하는 중요사항에 대한 그릇된 정보를 제공하거나 그 정보가 진실인 것처럼 그대로 전달하였다면 공인중개사의 책임이 인정될 수 있다는 것이다.

즉 위 대법원 2022다212594 판결에 의하면 "공인중개사는 자기가 조사·확인하여 설명할 의무가 없는 사항이라도 중개의뢰인이 계약을 맺을지를 결정하는 데 중요한 것이라면 그에 관해 그릇된 정보를 제공해서는 안 되고, 그 정보가 진실인 것처럼 그대로 전달하여 중개의뢰인이 이를 믿고 계약을 체결하도록 했다면 선량한 관리자의 주의로 신의를 지켜 성실하게 중개해야 할 의무를 위반한 것이 된다(대법원 98다30667 판결, 대법원 2008다42836 판결 참조)."라는 취지이다

위 대법원 2022다212594 판결의 핵심은 기존 임차인들의 보증금 총액은 실제로 대략 11억원이었는데, 임대인이 선순위 임차인 보증금 등 자료제공에 불응하자 공인중개사가 중개대상물확인·설명서에 임대인의 자료제공 요구 불응사실을 기재한 후에 임대인의 공인중개사에게 구두로 언급한 선순위 보증금 합계가 5~6억원에 불과하다는 내용을 중개대상물확인·설명서에 기재하여 임대인이 제공한 허위정보를 원고들에게 그대로 전달한 사례(공인중개사의 과실 책임 인정취지)로 정리된다(참고로 다가구주택은 법률적으로 단독주택이라서 다가구의 각 호실별로 매각되는 것이 아니라 단독주택처럼 일괄하여 매각되므로 선순위 임차인 등이 존재하는 경우에 후순위 임차인은 순위에 따른 보증금만 확보된다는 문제점이 있음).

이해를 돕기 위해 대법원 2022다212594 판결의 판결이유를 그대로 옮긴다.

공인중개사가 중개대상물 확인·설명서에 적은 5억원 또는 6억원은 당시 이 사건 다가구주택 임차인들의 실제 보증금 합계액 11억여 원에 크게 못 미치는 금액이고, 그 중 소액보증금이 얼마인지도 알 수 없게 되어 있다.

공인중개사로서는 설령 임대인이 관련 자료제공을 거부해 실상을 정확히 알기 어려웠더라도, 이 사건 다가구주택의 규모와 전체 세대수, 인근 유사 부동산의 임대차보증금 시세에 비추어 임대인이 구두로 알려 준 금액이 실제와 차이가 클 수 있고 상당수의 소액임차인도 있다는 것 정도는 충분히 알 수 있었다.

그럼에도 공인중개사가 중개대상물 확인·설명서에 임대인이 각 호실별 임대차보증금은 함구한 채 그 합계라고 알려 준 금액을 그대로 적어 주었을 뿐 그 내용이 불충분하거나 부정확할 수 있음은 알리지 않았으므로 원고들에게 그릇된 정보를 전달한 것이라고 볼 수 있다.

다가구주택에서 먼저 대항력을 취득한 임차인의 보증금이 얼마나 되는지 또는 소액임차인의 수가 어느 정도인지는 임차인이 보증금을 돌려받지 못할 위험성을 따져보고 계약체결 여부를 결정하는 데 중요한 사항이므로, 기존 임차인들의 실제 보증금 합계액이 임대인이 공인중개사를 통해 알려 준 것보다 훨씬 많고 그중 상당수의 임차인들이 소액임차인에 해당할 수 있다는 것을 원고들이 알았다면 이 사건 다가구주택을 임차하지 않았을 개연성은 충분하다.

이와 관련하여 참고할 판례로 대전지방법원 2023가단220803 판결을 소개한다. 위 판결 사안은 임차인이 다가구건물에 관해 임대차계약을 중개한 공인중개사 및 그와 공제계약을 체결한 협회를 상대로 공인중개사의 과실로 인해 임차보증금을 회수하지 못한 손해를 입었음을 이유로 손해배상청구를 한 것인데, 재판부는 공인중개사에게 임차보증금 회수 가능 여부 등과 관련하여 주의의무 위반을 인정하기 어렵고, 그 외 다른 과실도 인정하기 어렵다고 보아 원고의 청구를 기각한 사례이다.

위 대전지방법원 2023가단220803 판결이유의 논리흐름 내지 그 내용이 훌륭하여 위 판결이유를 거의 그대로 싣는다.

〈공인중개사의 주의 의무 : 임대인의 말을 믿은 데에 과실 여부〉

피고 B의 직원(중개보조원)인 D가 이 사건 임대차계약을 중개하면서 임대인으로부터, 이 사건 건물에 거주하던 다른 임차인 가구 수와 임대차보증금 총액(미등기 총 2.9억원+등기된 전세권 1.5억원으로 합계 4.4억원)을 구두로 고지받아 이를 그대로 원고에게 전달한 사실, 위 2.9억원에 관하여 임대인이 계약 당일 '선순위 임차보증금확인서'(갑3-1)를 작성하여 원고에게 교부한 사실, D가 선순위 근저당에 대하여 건물등기부를 기초로 원고에게 설명한 사실은 당사자 사이에 다툼이 없다.

그러니 원고는 건물등기부상 근저당권이 2건으로 채권최고액 합계 7.9억원, 기존(선순위일 가능성이 높은) 임대차보증금 총액이 4.4억원, 즉 합계액이 무려 12.3억원인 줄 알면서도 임대차계약을 맺은 것이다.

피고측이 임대인으로부터 듣고 전달한 위 설명이(거짓으로 밝혀졌는지 여부를 떠나서) 그 자체로 터무니없거나 또는 석연치 아니하여 이를 그대로 전달한 것 자체가 피고측의 과실이라고 할 만한 경우인지를 보면, 이에 대하여 원고의 증명이 없다.

계약서 작성 당시에 임대인이 동석하고 있었으므로 임차인인 원고는 임대인에게 직접 따져 묻고 확인하였거나 또는 확인할 수 있었을 것으로 보인다.

임대인 E가 위 등기된 전세권을 말소등기해주겠다고 약속하고 이를 임대차계약서 특약 제10항으로 명시적 기재를 하였는데 그러고도 그 후 이를 불이행하였다. 그런데 이러한 임대인의 행위에 관하여 피고 B의 유책사유가 있다고 볼 만한 사정에 대하여는 원고의 별다른 증명이 없다.

〈공인중개사의 성실 의무 : 직접 조사의 범위와 한계〉

원고의 주장 중에는, 공인중개사가 임대인의 말만 믿고 이를 임차의뢰인인 원고에게 그냥 그대로 전달할 것이 아니라 임대인에게 다른 세입자의 임대차계약서나 이 사건 건물의 주민등록등본을 제시할 것을 요구하거나 인근 중개업자들에게 이 사건 건물의 임대차조건 등을 문의해 보는 조치를 취했어야 한다는 취지도 있어 보인다. 호실의 수량, 주변 건물의 시세 등으로써 추정되는 임대차보증금 총액을 스스로 분석하여 임차의뢰인의 보증금 회수 가능성을 가늠하고 이를 임차의뢰인에게 설명해주어야 하는 의무가 있다는 취지의 주장으로 선해하여 볼 수 있다.

그러나 공인중개사가 다가구주택 건물의 호실 총수, 공실의 개수, 임대 중인 호실의 개수, 각 임대차보증금의 액수, 확정일자 부여 현황을 정확히 수시로 파악할 공권적 조사권한을 갖고 있지 않은 것이 현행 제도이다. 그 정확한 파악을 위해서는 그 건물소유자 내지 임대인 및 임차인들의 구두 정보 제공에 의존하는 면이 크다. 그리고 인근 중개업자들과 정보교환, 중개매물 현황에 대한 인터넷 검색 등을 최대한 활용하여 정확한 예측을 도모할 것이 상당한 정도로 권고된다.

위와 같은 현행 제도에서는 공인중개사가 임차보증금 회수 가능성에 대한 전문적 예상정보를 제공치 않거나 분석적 예측을 정확히 하지 못했다고 하여 그로 인해 공인중개사의 과실로 인한 불법행위가 성립하고 임차보증금 회수불능 상당의 손해배상책임이 발생한다고 보는 것은, 과실이 없는데도 손해라는 결과에 대한 책임을 져야 한다고 법원이 명하는 불의(不義)한 결과에 이르게 될 수 있다. 오늘날 전국의 수많은 임차인들이 보증금 상실의 피해를 당한 안타깝고 엄중한 상황이다. 하지만, 그처럼 무과실책임을 법령상 근거 없이 함부로 창설하는 일은 마땅히 경계하여야 옳다.

임차인으로부터 임대차계약의 중개의뢰를 받은 중개업자는, 물론 감정평가인이 시가나 차임을 감정하듯이 시세 조사를 하여 이를 설명할 의무까지 있다고 할 수는 없으나, 의뢰인이 요구하는 경우 중개업자가 업무를 통하여 이미 인지하고 있거나 통상 조사할 수 있는 방법을 통하여 확인할 수 있는 범위 내에서는 신의성실로써 목적물의 시세를 설명하여 줄 의무가 있고, 중개업자가 이에 그치지 않고 시세에 관한 그릇된 정보를 제대로 확인하지도 않은 채 마치 그것이 진실인 것처럼 의뢰인에게 그대로 전달하여 의뢰인이 그 정보를 믿고 상대방과 계약에 이르게 되었다면, 부동산중개업자의 그러한 행위는 선량한 관리자의 주의로 신의를 지켜 성실하게 중개행위를 하여야 할 중개업자의 의무에 위반된다 할 것이다.

하지만 이 사건은 다가구주택 건물의 '시세'뿐만 아니라 호실 총수, 공실의 개수, 임대 중인 호실의 개수, 각 임대차보증금의 액수, 확정일자 부여 현황 등을 종합적으로 모두 파악하여야 비로소 보증금 회수 가능성을 가늠할 수 있다는 데에 차이가 있다.

〈자료제공 거부 시 공인중개사 역할의 규범적 범위〉

피고 B 내지 그 중개보조원 D는 임대인으로부터 임차인의 수, 임대차보증금 액수, 임대차계약의 시기와 종기 등에 관하여 서면 자료를 받아 확인하려고 시도하였고, 임대인으로부터 '선순위 임차보증금 확인서'(갑3-1)를 받았을 뿐 다른 더 구체적인 근거자료는 받지 못하였던 것으로 보인다. 이 부분 임대인의 거부 내지 비협조 사실을 원고에게 명시하여 설명하였고 이를 중개대상물 확인·설명서의 해당란에 기재하였다. 여기에 원고도 확인의 의미로 서명하였다.

이처럼 피고측은 임대인이 위 '선순위 임차보증금 확인서'(갑3-1)를 뒷받침할 만한 다른 '자료'는 제공하지 않았다는 등의 여러 사정을 구두 설명하고 위 확인서에도 명시해서 알려줌으로써 원고 스스로 정확한 판단을 할 수 있도록 정보 제공을 해주었다. 이는 공인중개사법 시행령 제21조 제2항을 준수하고 그 정해진 바대로 이행한 것에 해당한다. 비교적 그 기재가 자세한 편이니 충실한 이행이라고 볼 수 있다.

그렇다면, 원고는 임대인의 근거자료 제공 거부 사실을 알고 있었다고 볼 수 있다. 원고가 이를 알고도 이 사건 임대차계약을 체결한 것이니, 피고측이 원고를 기망하거나 적극 유도했다는 등의 특별한 사정에 대하여 원고가 증명한 바 없는 한, 원고는 자신의 위험 부담, 즉 자기 책임으로 임대차계약을 체결했다고 보아야 한다.

〈확정일자 부여현황을 발급받도록 조언하거나 발급 방법을 설명해주지 않으면 손해배상책임이 발생하는지 여부〉

원고의 주장을 선해하여 본다면, 피고측이 '확정일자 부여현황'을 발급받도록 조언하거나 발급 방법을 설명했어야 함에도 피고측이 그렇게 하지 않았다는 취지도 있다고 볼 수 있다.

그러나 다음과 같은 이유로 원고의 주장을 받아들이지 아니한다.

주택임대차보호법 제3조의6 제4항, 제6항, 주택임대차보호법 시행령 제6조 제2항 및 해당 대법원규칙과 예규의 각 규정을 살펴보면, 임대차계약을 체결하려는 사람은 일정한 서류(임대인의 동의서)를 구비하여야 해당 주택에 관한 임대차 정보제공 요청을 할 수 있는 것이다.

임대인의 협조가 없는 경우에는, 임대차계약을 체결하려는 사람은 위와 같은 방법으로 선순위 임대차계약에 관한 현황을 뜻대로 확인할 수 없다. 임대차계약의 체결(그 계약서의 작성) 전에는, 임대인이 협조를 거부할 경우, 임차의뢰인은 그러한 정보를 파악하기 위해 필수적인 '확정일자 부여현황'을 발급받을 방법이 제도상 없는 것이다. 임대차계약의 체결(그 계약서의 작성) 이후라야 임차인으로서, 즉 이해관계인으로서 발급받을 수 있다. 한편, 공인중개사는 자신이 신청하여 발급받을 방법이 아예 없다.

몇 해 전에 생긴 이러한 현행 제도에서, 임차인은 계약서를 작성한 직후에라도 스스로 위 현황을 확인하는 조치를 취할 것이 권고된다. 그리하여 임차보증금 반환이 곤란할 것으로 예상됨을 알아차리게 됐다거나 임대인의 설명에 거짓이 있음을 발견했다는 등의 사정이 있다면 적시에(중도금·잔금의 지급 전에) 임대차계약을 해제하거나 취소함으로써 손해의 발생이나 확대를 예방할 기회를 모색할 수 있을 것이다.

공인중개사는 임대인이 자료 제공이나 협조를 거부할 경우 임차의뢰인의 보증금의 회수가 어려워질 수 있음을 예상하여 이를 위해 적절한 조치를 할 의무, 즉 주택임대차보호법상의 정보제공요청, 주민등록법령상의 전입세대열람신청과 같은 방법을 강구하도록 그 방법을 알려주려고 설명하거나 그 방법을 취하라고 조언할 의무가 더 커지고, 공인중개사가 이러한 작위 의무를 위반하면 업무상 과실이 있다는 의견에도 일리 있는 면이 있기는 하다.

확정일자 부여현황이라는 서류의 존재, 그 중요성이나 의미에 대하여 무지하고 이를 발급받는 방법조차 모르는 국민이 다수인 마당에, 임차인이 임대차계약을 체결한 날부터는 그 중도금·잔금 납부 전이라도 확정일자 부여현황을 스스로 발급받아 보는 것이 가능해진다는 것을 공인중개사는 임차인에게 알려줄 의무가 있다는 고려, 임대인이 거부하는 경우라면 더욱 그러하다는 고려이다.

하지만 확정일자 부여현황 발급에 관하여 공인중개사가 설명·조언을 하지 않았다는 것만으로는 임차인의 임대차보증금 상실의 손해에 대한 배상책임이 발생한다고 보아서는 아니된다. 이를 위반할 시 그 자체로 손해배상책임이 발생하는 법적 의무라고까지 보는 것은 타당하지 아니하다. 권고되는 차원의 것이라고 보아야 옳다고 본다. 이 사건 임대차계약 중개 시점인 2022. 8. 당시에 그러하였다는 판단으로서, 다음과 같은 점들을 고려한 판단이다.

확정일자 부여현황 발급에 관하여 공인중개사가 설명·조언하는 것이 '의무'라는 취지가 담긴 지침, 교육자료, 설명자료, 안내문, 의견서, 논문, 판결 등이 있는지를 이 사건 임대차계약 중개 시점과 그에 앞선 기간에 대하여 살펴보니 아무 것도 발견되지 아니한다. C협회가 운영하는 교육의 내용 중에도 공인중개사가 임차인에게 확정일자 부여현황 발급 방법을 설명하고 이를 발급받아 보도록 조언을 반드시 하여야 한다고 명시되어 있지 아니하다.

공인중개사가 임차인더러 확정일자 부여현황을 발급 받아서 직접 확인해보라고 성심껏 설명·조언하는 것은 바람직하다. 상당수의 공인중개사가 이러한 할 일을 지금도 저버리고 있으니 안타까운 현실이다. 임대인이 자료 제공을 거부하는 상황인데도 공인중개사가 임차인에게 확정일자 부여현황 발급을 해보도록 설명·조언하지 않았다면 이는 도덕적으로 비난 받을 만한 부적절한 행동이라고 해도 과언이 아니다. 그러나 그로 인해 공인중개사의 과실로 인한 불법행위가 성립하고 보증금 회수불능 상당의 손해배상책임이 발생한다고 보는 것은 부당하다.

〈적극적 권유 · 유도 여부〉

원고의 주장 중에는, 공인중개사인 피고 B 또는 그 중개보조원 D가 원고에게 만연히 이 사건 임차목적물이 매우 안전한 매물인 것처럼 설명하여 적극적으로 임대차계약을 권유하고 유도했고 이로 인하여 임대차계약을 하게 되어 손해를 보았다는 취지도 있다 하겠다.

그러나 이를 인정할 만한 원고의 아무런 증명이 없다. 원고가 주장하려는 구체적인 경위사실을 자세하게 적시하여 주장했다고 보기에 부족하고, 해당 증거를 제출한 바도 없다.

제18장 가 계 약

1. 가계약과 계약금계약의 해소

주택이나 상가에 대하여 매매계약을 체결할 때 우선 해당 부동산을 잡아두기 위해 계약서를 작성하지 않고 중개사 등에게 돈을 지급해 두는 경우가 있다. 이를 가계약이라 하고 지급한 금원을 가계약금이라고 한다(가계약서를 쓰고 가계약금을 지급하는 경우는 별론).

계약서를 작성하기는 했는데, 계약서에 계약금으로 명시한 돈이 모자라서 계약금의 일부만 지급하고 내일이나 모레 나머지 계약금을 지급한다고 구두상 약정하거나, 계약금 전체를 내일이나 모레 지급한다고 구두상 약정하는 경우가 있는데, 이때는 계약서를 작성해서 계약금이 얼마인지 적시했기 때문에 일응 계약금계약과 본계약이 성립단계에 접어든 것으로 볼 수 있다(단, 계약금계약의 요물성을 요구하는 판례로는 대법원 2007다73611 판결 등).

가계약은 중개사가 "이 물건을 잡아두려면 다만 얼마라도 주고 가라"는 말에 의해 성립되는 경우가 많고, 계약금계약은 계약체결을 원하는 매수인이 자신의 욕심으로 당장 계약서를 쓰되 당장 돈이 모자라니 계약금의 일부만 지급하거나 나중에 계약금을 지급하겠다는 상황에서 많이 발생한다.

계약서가 작성되어 있는 경우는 계약금계약과 본계약의 조건이 명확한 반면, 계약서 없이 가계약한 상황에서는 실제 계약의 계약금이나 본계약이 명확하게 정해져 있지 않다. 문제는 계약서의 작성 없이 가계약을 한 경우 및 계약서까지 작성을 한 후에 매수인이 마음이 바뀌어(이른바 '단순변심') 계약을 각 해제하고자 하는 경우이다.

민법 제565조(해약금에 의한 계약해제)는 "매매의 당사자 일방이 계약 당시에 금전 기타 물건을 계약금, 보증금 등의 명목으로 상대방에게 교부한 때에는 당사자 간에 다른 약정이 없는 한 당사자의 일방이 이행에 착수할 때까지 교부자는 이를 포기하고 수령자는 그 배액을 상환하여 매매계약을 해제"할 수 있도록 규정하면서 같은 조 제2항에서 이와 같이 해약금에 의한 계약을 해제할 때는 손해배상을 별도로 청구하지 못함을 규정하고 있다.

계약서를 작성하지 않은 가계약의 경우에 민법 제565조의 규정에 따라 매수인이 지급한 가계약금을 포기하고 계약을 해제할 수 있을까? 매수인이 스스로 매도인에게 계약 및 가계약금의 포기의사를 밝히고 매도인이 이를 받아들인다면 계약에서 해방될 수는 있을 것이다.

그러나 대법원 2022다247187 판결에 의할 경우 민법 제565조에 따른 해제는 계약의 성립을 전제하므로 민법 제565조에 따른 계약 해제는 어렵다는 취지로 이해된다. 즉 계약서를 작성하지 않아 계약의 내용이 불분명한 가계약의 경우에는 매수인이 단순변심으로 계약을 포기하면서 매수인이 매도인에게 지급한 가계약금을 부당이득으로 반환청구할 때 그 부당이득반환청구가 인용될 수 있다는 취지이다. 즉 아직 계약이 성립되지 않았으니, 단순변심으로 가계약금을 돌려달라는 것도 가능하다는 취지이다.

위 대법원 2022다247187 판결은 "가계약금에 관하여 해약금 약정이 있었다고 인정하기 위해서는 약정의 내용, 계약이 이루어지게 된 동기 및 경위, 당사자가 계약에 의하여 달성하려고 하는 목적과 진정한 의사, 거래의 관행 등에 비추어 정식으로 계약을 체결하기 전까지 교부자는 이를 포기하고, 수령자는 그 배액을 상환하여 계약을 체결하지 않기로 약정하였음이 명백하게 인정되어야 한다(대법원 2021다248312 판결 참조)."라는 취지로 판시하였다.

이에 계약서를 작성하지 않은 가계약의 경우는 민법 제565조의 규정에 의하여 매수인이 지급한 가계약금을 포기하고 계약을 해제할 수 있다고 해석된다는 취지의 기존 필자의 개인의견은 폐기한다(기존 필자의 개인의견은 위 대법원 2022다247187 판결의 원심의견과 같음).

그렇다면, 계약서를 작성하여 계약을 한 뒤 계약서에 적힌 계약금의 일부만 지급했거나, 계약금을 나중에 지급하기로 한 후 매수인이 마음이 바뀌어 민법 제565조에 의하여 계약해제를 할 수 있을까? 이에 대하여 대법원 2007다73611 판결은 계약금계약의 요물성을 강조하면서 "교부자가 계약금의 잔금 또는 전부를 지급하지 아니하는 한 계약금계약은 성립하지 아니하므로, 당사자가 임의로 주계약을 해제할 수 없다."는 태도다.

결국 계약서를 작성하여 계약금계약과 본계약(주계약)을 체결한 경우 계약금의 일부만 지급하거나, 계약금을 나중에 지급하기로 한 후에 매수인이 마음이 바뀌어 민법 제565조를 이용하여 계약을 해제하려면 지급하지 못한 계약금의 일부나 계약금의 전부를 지급한 후에나 계약을 해제할 수 있다고 해석된다.

즉, 지급한 계약금의 일부만 포기하고 계약을 해제할 수는 없으며, 계약금을 전혀 지급하지 않았다면 아무런 돈도 지급하지 않고 계약을 해제할 수는 없다는 것이다. 다만, 민법 제565조 이외의 계약해제사유(약정해제사유 또는 채무불이행 등의 사유)가 있다면 그 사유를 근거로 계약해제가 가능할 것이다.

2. 국토교통부 실거래가 공개시스템

인터넷에서 "국토교통부 실거래가 공개시스템"을 검색하면, 주택 등 각종 부동산에 대한 최근의 실거래가를 확인할 수 있다. 즉 "국토교통부 실거래가 공개시스템"의 "공개안내"를 클릭하면 "매매 실거래 공개는 2006년 1월부터 부동산거래신고 및 주택거래신고를 한 주택(아파트, 연립/다세대, 단독/다가구), 오피스텔, 토지, 상업·업무용, 공장·창고 등 부동산 및 2007년 6월 29일 이후 체결된 아파트 분양/입주권을 대상으로", "전월세 실거래가 공개는 2021년 6월부터 임대차계약 신고를 한 주택(아파트, 연립/다세대, 단독/다가구, 오피스텔) 및 2011년 1월부터 주민센터 및 일부 공개 가능한 대법원 등기소의 주택 확정일자 자료를 대상으로" 각 공개하고 있다는 취지가 적시되어 있다.

주택을 매입할 때 적정가격은 해당 주택을 중개하는 공인중개사의 말에 의존하는 경우가 있다. 그러나 공인중개사는 중개를 통한 수수료를 받아 생계를 유지하는 사람이기 때문에 정확한 적정가격을 알려주길 꺼리는 경우가 있다. 이럴 때 활용할 수 있는 것이 "국토교통부 실거래가 공개시스템" 사이트다. 즉 "국토교통부 실거래가"를 확인하면 매매대상 주택 지역의 분기별 매매가격 등을 확인할 수 있다.

필자의 상담사례를 살펴보자(액수 및 구체적 내용의 일부는 설명 편의상 각색함). 상담인은 중개사를 통해 주택에 대한 계약을 체결하고 계약서에 적힌 계약금의 일부를 가계약금 명목으로 매도인에게 지급하였다. 그런데 계약을 체결하고 난 후 인근의 다른 공인중개사로부터 해당 주택의 가격이 너무 부풀려졌다는 이야기를 들었다. 3억원대의 주택이 실제로는 2억 5천만원이 적정가격이라는 것이었다.

2억원 내지 3억원대의 주택에 대하여 잘못된 정보를 통해 5천만원의 가격차이를 알게 된 경우 그 계약을 유지하고자 하는 사람은 별로 없을 것이고, 이런 일을 당하게 되면 속된 말로 사기를 당한 기분이 들기 마련이다. 그 상담인은 필자를 찾아와 지급한 가계약금을 되찾을 수 있는지 문의하였으나, 필자는 우선 해당 주택의 가격이 적정한지 확인할 것을 제의하였다.

필자와 상담인이 "국토교통부 실거래가 공개시스템" 사이트를 확인하였고, 인근의 다른 공인중개사 말대로 같은 다세대의 인근 주택이 얼마 전에 2억 5천만원에 거래된 사실을 확인할 수 있었다. 이러한 경우 상담자는 지급한 가계약금을 돌려받을 수 있을까? 결론적으로 가계약금을 돌려받는 것이 쉽지 않다.

우선 생각할 수 있는 것은 착오취소 등이 문제될 수 있지만, 시가에 대한 착오가 착오취소에 해당하기 쉽지 않을 뿐만 아니라[다만, 지나치게 큰 가격차이가 날 경우(불확정개념) 다른 판단

가능. 관련 판례로는 대법원 97다44737 판결 참조], 계약서를 작성하고 그 계약서에 적어둔 계약금의 일부를 지급했다면, 계약금계약의 요물성 때문에 계약을 해약하기 위해서는 계약서에 적힌 계약금을 모두 지급한 후에 계약을 해약할 수 있다는 판단이 내려질 가능성이 있다(대법원 2007다73611 판결).

뿐만 아니라 주택의 계약서를 확인하니, 채무불이행에 의한 계약해제의 경우 손해배상기준을 계약금으로 한다고 규정하고 있어 상담자가 계약에 의해 추가적으로 지급해야 할 계약금 등을 지급하지 않을 경우 상대방(매도인)이 최고 후에 계약을 해제하면서 계약금 상당액을 청구할 가능성도 배제할 수 없는 상황이었다(잔금기일 경과 후 동시이행문제는 별론). 부동산 상식이라고 할 수 있는 "국토교통부 실거래가 공개시스템" 제도를 알았다면 이런 상황까지 가지는 않았을 것이다.

3. 부동산거래에 있어 계약서 없는 가계약의 문제

부동산에 대한 임대차계약을 체결하거나, 매매계약을 체결할 때에 가계약금을 걸어두는 경우가 있다. 대체로 중개행위를 하는 공인중개사의 권유, 즉 "지금 가계약금을 걸어두지 않으면 금방 소진될 물건이다."라는 취지의 공인중개사 말에 따라 계약서 작성 없이 적게는 몇십만원에서 많게는 몇천만원씩 가계약금 명목으로 거래 상대방의 은행계좌(또는 공인중개사의 은행계좌)로 이체를 하는 것이다.

이처럼 계약서 작성을 하지 않은 상태에서 일정금액을 가계약금 명목으로 계좌이체를 하다보니, 신중함이 결여되어 계약서 작성 단계에서는 물론이고, 계좌이체 후 바로 계약조건 등을 조율하다가 분쟁이 발생하는 경우가 적지 않다.

가계약금을 걸어둔 상태에서 계약조건 조율 중 분쟁이 일어나면 가계약금은 어떻게 처리되는가? 보통 중개업을 하시는 분들은 구두로 오고 간 계약조건을 위반한 사람에게 책임을 전가하는 방식으로 문제를 해결하는 경우가 많은 듯하다.

예를 들어, ① 부동산 매도인이 구두로 오고 간 계약조건을 위반하면, 지급받은 가계약금을 반환하는 것은 물론이고, 가계약금 상당액을 추가로 부동산 매수인에게 반환토록 하고 합의서를 작성하거나, ② 부동산 매수인이 구두로 오고 간 계약조건을 위반하면, 지급한 가계약금을 포기하는 취지의 합의서를 작성하는 경우가 많다는 것이다.

이와 같은 해결이 법률에 충실한 해석이 될까? 모든 내용을 알고 합의서를 작성한 것이라면, 합의에 따른 것으로 문제될 것이 없겠으나, 공인중개사가 하라는 대로 한 것일 뿐이고, 공인중개사의 법률적 식견을 믿고 합의한 것이라면 문제될 여지가 있다. 즉, 합의를 고려하지 않고, 법률적인 측면에서만 사례를 바라보면 이러한 해결은 문제될 소지가 있다.

부동산거래의 일방 당사자가 계약조건을 위반하였을 때(입증필요), 타방 당사자는 계약해제를 고려하게 되는데, 이는 채무불이행의 문제가 될 것이고, 채무불이행에 따라 계약해제를 고려할 것인바, 이때 손해배상액은 계약서 작성에 따른 손해배상예정조항이 없었던 관계로 입증하는 만큼만 인정될 가능성이 있을 뿐이기 때문이다.

게다가 대법원 2022다247187 판결에 의하면 "가계약금에 관하여 해약금 약정이 있었다고 인정하기 위해서는 약정의 내용, 계약이 이루어지게 된 동기 및 경위, 당사자가 계약에 의하여 달성하려고 하는 목적과 진정한 의사, 거래의 관행 등에 비추어 정식으로 계약을 체결하기 전까지 교부자는 이를 포기하고, 수령자는 그 배액을 상환하여 계약을 체결하지 않기로 약정하였음이 명백하게 인정되어야 한다(대법원 2021다248312 판결 참조)."는 취지여서 계약서를 작성하지 않은 단계이고 계약의 본질적 내용 등이 확정되지 않은 상태에서 매수인의 단순변심으로 계약을 포기할 경우라도 매수인이 지급한 가계약금을 부당이득으로 반환청구를 할 수 있다.

4. 가계약금의 부당이득반환청구 가능성

부동산에 대한 매매계약이나 임대차계약을 체결할 때, 계약서를 작성하지 않은 상태에서 가계약금을 걸어두는 경우가 있다.

민법 제565조 제1항은 "매매의 당사자 일방이 계약 당시에 금전 기타 물건을 계약금, 보증금 등의 명목으로 상대방에게 교부한 때에는 당사자 간에 다른 약정이 없는 한 당사자의 일방이 이행에 착수할 때까지 교부자는 이를 포기하고 수령자는 그 배액을 상환하여 매매계약을 해제할 수 있다."고 규정하고 있다.

또한 민법 제567조는 "본절의 규정은 매매 이외의 유상계약에 준용한다. 그러나 그 계약의 성질이 이를 허용하지 아니하는 때에는 그러하지 아니하다."고 규정하고 있다.

계약서를 작성하지 않은 가계약의 경우에 민법 제565조의 규정에 따라 매수인이 지급한 가계약금을 포기하고 계약을 해제할 수 있을까? 매수인이 스스로 매도인에게 계약 및 가계약금의 포기의사를 밝히고 매도인이 이를 받아들인다면 계약에서 해방될 수는 있을 것이다.

그러나 대법원 2022다247187 판결에 의할 경우 민법 제565조에 따른 해제는 계약의 성립을 전제하므로 민법 제565조에 따른 계약 해제는 어렵다는 취지이다. 즉 계약서를 작성하지 않아 계약의 내용이 불분명한 가계약의 경우에는 매수인이 단순변심으로 계약을 포기하면서 매수인이 매도인에게 지급한 가계약금을 부당이득으로 반환청구할 때인 경우라도, 그 부당이득반환청구가 인용될 수 있다는 취지이다.

위 대법원 2022다247187 판결은 "가계약금에 관하여 해약금 약정이 있었다고 인정하기 위해서는 약정의 내용, 계약이 이루어지게 된 동기 및 경위, 당사자가 계약에 의하여 달성하려고 하는 목적과 진정한 의사, 거래의 관행 등에 비추어 정식으로 계약을 체결하기 전까지 교부자는 이를 포기하고, 수령자는 그 배액을 상환하여 계약을 체결하지 않기로 약정하였음이 명백하게 인정되어야 한다(대법원 2021다248312 판결 참조).”라는 취지로 판시한 것이다.

이에 부동산에 대한 매매계약이나 임대차계약 체결과 관련하여 계약서는 작성하지 않은 상태에서 가계약금을 걸어두었는데, 그 가계약에서 해방되고자 하는 일방 당사자가 있는 경우 가계약금 교부자는 가계약금을 포기하고, 가계약금 수령자는 가계약금의 배액을 상환하여 해약금 규정에 따라 매매계약을 해제할 수 있다고 해석된다는 취지의 기존 필자의 개인의견은 폐기한다(위 대법원 2022다247187 판결의 원심의견이었음).

위 논의와 별개로 가계약금 교부자가 가계약금 수령자를 상대로 가계약금의 부당이득을 이유로 지급한 가계약금의 반환을 청구할 수는 있을까? 울산지방법원 2017나20531 판결에 의하면, “계약의 본질적 사항이나 중요 사항에 관하여 구체적 의사 합치가 있거나, 장래 구체적으로 특정할 수 있는 기준과 방법 등에 관한 합의가 없다면” 가계약금의 부당이득반환청구가 가능하다는 취지이다.

위 울산지방법원 판결 사안을 확인해 보자. 원고는 화훼농원을 이전하기 위하여 매수할 토지를 알아보던 중에 공인중개사 사무실 직원으로부터 피고 소유의 토지를 추천받고, 매매계약서 작성일, 잔금지급 방법 등 중요부분에 관한 합의도 없이 직원의 요구에 따라 피고 계좌로 500만원을 지급하였다. 원고는 피고에게 원고와 피고 사이에 매매계약이 체결된바 없다면서, 500만원과 지연손해금의 지급을 청구하였다.

이에 법원은 “계약이 성립하기 위하여는 당사자 사이에 의사의 합치가 있을 것이 요구되고 이러한 의사의 합치는 당해 계약의 내용을 이루는 모든 사항에 관하여 있어야 하는 것은 아니나 그 본질적 사항이나 중요사항에 관하여는 구체적으로 의사의 합치가 있거나 적어도 장래 구체적으로 특정할 수 있는 기준과 방법 등에 관한 합의가 있어야 한다(대법원 2000다51650 판결).”라는 대법원 판례를 언급하면서, “원고와 피고 사이에 매매계약에 있어서 그 본질적 사항인 매매대금에 관하여 구체적으로 의사의 합치가 있거나 장래 구체적으로 특정할 수 있는 기준과 방법 등에 관하여 합의가 있었음을 인정하기 부족”하다는 취지로, 원고와 피고 사이의 매매계약의 성립을 부정하고, 원고의 피고에 대한 부당이득반환청구를 인정하였다.

5. 가계약금의 반환청구 가능성에 대한 종합정리

부동산 계약을 체결함에 있어, 계약서를 작성하지 않은 채 가계약금 명목으로 돈이 오고 간 경우에, 그 가계약금의 반환을 청구할 수 있는지를 종합적으로 정리해 본다.

일단 계약이 성립되지 않았다는 판단이 내려진다면, 가계약금은 단지 증거금에 해당하는 것으로 보아 가계약금을 지급한 자가 가계약금을 지급받은 자에게 부당이득반환청구를 소구할 경우, 승소할 가능성이 높다(서울남부지방법원 2018가소204587 판결).

대법원 2000다51650 판결 취지는 "계약이 성립하기 위하여는 당사자 사이에 의사의 합치가 있을 것이 요구되고 이러한 의사의 합치는 당해 계약의 내용을 이루는 모든 사항에 관하여 있어야 하는 것은 아니나 그 본질적 사항이나 중요사항에 관하여는 구체적으로 의사의 합치가 있거나 적어도 장래 구체적으로 특정할 수 있는 기준과 방법 등에 관한 합의는 있어야 한다."는 것이므로, 계약의 본질적 사항이 정해지지 않아 계약이 성립되지 않은 경우는 지급한 가계약금의 부당이득반환청구가 인정될 것이다.

(가)계약서를 작성했다면, 계약의 성립이 인정될 가능성이 있다. 이와 관련하여 대법원 2005다39594 판결에 의하면, "부동산매매에 관한 가계약서 작성 당시 매매목적물과 매매대금 등이 특정되고 중도금 지급방법에 관한 합의가 있었다면 그 가계약서에 잔금지급시기가 기재되지 않았고 후에 정식계약서가 작성되지 않았다 하더라도 매매계약은 성립하였다."는 취지이므로, 정식계약서를 작성하지는 못했더라도, 가계약서를 작성하면서 계약의 본질적 내용을 적시하였다면, 매매계약 성립이 인정될 가능성이 있다.

결국 계약서를 작성하지는 않았지만 계약의 성립이 인정된다면, 가계약금을 지급한 자가 가계약금을 받은 자에게 계약불성립을 이유로 가계약금의 부당이득반환을 청구할 수는 없다. 다만 계약서를 작성하지 않았고 계약의 본질적 내용도 명확하지 않은 경우에 매수인이 단순 변심으로 계약을 포기하면서 매수인이 매도인에게 지급한 가계약금을 부당이득이라면서 반환청구를 할 경우에 매수인이 승소할 가능성이 있다. 해약금에 의한 계약해제 규정인 민법 제565조는 계약의 성립을 전제하는데, 위와 같은 경우는 계약이 성립되지 않은 것으로 이해되기 때문이다(대법원 2022다247187 판결 취지).

그렇다면, 공인개업중개사(이하 '중개사')가 핸드폰 문자메시지 내지 카톡 메시지 등으로 계약조건을 적시한 경우에 계약의 성립이 인정될 것인가? 필자 개인적으로는 핸드폰 문자메시지 내지 카톡 메시지 등을 통해 계약의 본질적 내용을 조율하였고, 중개사가 '사자의 권한'을 보유한 상황이라면(이때 '사자의 권한' 보유를 입증해야 할 것. 현실적으로 입증하기 어려워 보임), '사자'는 '대리'와 달리 '사실행위'에도 인정되는 경우가 있다는 점에서 구체적 사정에 따라 계약의 성립이 인정될 수 있다고 본다.

다만, '대리'에 대한 규정이 '사자'의 성질에 반하지 않은 한 '본인'·'사자'·'상대방'의 법률관계에 유추 적용된다는 것이 일반론이므로 구체적 사정에 따라 '쌍방 사자' 등의 문제가 쟁점이 될 여지는 있어 보인다(공인중개사법 제33조 제1항 제6호는 중개사의 쌍방대리를 금지함. 다만, 각 당사자에게 각 중개사가 중개행위를 하고 있는 상황이라면 쌍방대리·쌍방사자 문제는 없을 것).

그러나 '중개사는 알선이라는 사실행위를 하는 자'이고, "중개사가 당사자로부터 수권을 받았다는 특별한 사정이 없는 한 법률행위의 대리인이 아니며 당사자의 완성된 의사표시를 전달하거나 완성하는 사실행위의 사자도 아니다."는 전제 하에 계약의 성립을 부정하는 견해도 보인다(김상철 변호사, '공인중개사의 계약 조건 제시와 계약 성립 여부에 대한 소고', 법률신문 2021.

1. 7.자 법조광장).

인천지방법원 부천지원 2018가합100655 판결 사안의 경우 계약서를 작성하는 단계에는 이르지 못했지만, 공인중개사를 통해 계약조건이 여러 날에 걸쳐 전달되었음에도 불구하고, 계약의 구체적인 내용은 유동적인 상태에서 계속하여 합의하는 단계에 있었다고 보는 것이 타당하다면서 매매계약의 성립을 부정하는 판단을 내렸으니, 주의할 일이다. 결국 이러한 경우에 지급한 가계약금은 증거금으로 부당이득반환청구의 대상이 될 것이다.

중개사가 쌍방 당사자의 동의 아래 쌍방 계약당사자로부터 '사자의 권한'을 받아 계약의 본질적 내용을 처음부터 한 번의 문자메시지 등으로 전달하되 문자 등으로 적시된 본질적 내용이 계약서를 작성하는 것과 버금가도록 표시하고, 그에 따라 계약을 진행했다면 '다른 결론이 나올 수 있지 않을까'라는 생각을 하나, 일단 계약서가 작성되지 않은 경우에는 계약 성립에 소극적 판단이 내려질 가능성이 있다는 사실을 알고 있을 필요가 있다.

이와 관련하여 수원지방법원 성남지원 2018가소23127 판결에 의하면, "공인중개사가 '매매대금 3억 8,500만원, 계약금 3,500만원 중 당일에 1,000만원을 입금하고 2018. 7. 9. 오후 2시에 계약서 작성하고 나머지 입금한다. 중도금 지급일과 잔금지급일(계약일로부터 3개월)은 계약 시 협의한다.'는 문자메시지를 원고에게 보내고 원고가 피고에게 1,000만원을 송금한 사실 등만으로는 중도금과 잔금의 액수, 각 단계별 지급일, 목적물인 아파트의 인도와 소유권이전등기일 등의 매매계약의 중요사항이 정하여졌다고 볼 수 없다."는 태도다.

그리고 앞서 언급한 대법원 2022다247187 판결은 원심판결을 파기·환송한 것인데, 환송심인 서울중앙지방법원 2022나59242 판결은 '이 사건 아파트의 소유자인 피고는 중개사에게 이 사건 아파트의 임대차 중개를 의뢰하였을 뿐이고 자신을 대리하여 임대차계약을 체결할 권한을 위임한 사실을 인정할만한 주장이나 증거가 없'고, '가계약금을 지급한 원고와 피고는 중개인을 통해 간접적으로 연락을 주고받았을 뿐 서로의 인적사항에 대하여 잘 알지 못하였고, 임대차보증금 액수와 대략적인 입주시기 외에 부동산 임대차계약의 중요사항(임대차계약기간, 대금 지급방법 등)에 대하여도 구체적으로 협의하지 않았다.'면서 '중개인을 통해 임대차보증금을 협의하고 계약일을 정하면서 가계약금을 지급하는 것만으로는 당사자 사이에 임대차계약이 성립하였다고 볼 수 없다'라는 취지로 판시하여 원고의 피고에 대한 가계약금 반환청구를 인용하였다(위 사안을 정리하면 원고가 중개사에게 이 사건 아파트를 임차하겠다는 의사를 밝히자, 위 중개사는 피고에게 '0호 전세금 8억 7천만원에 2월 24일까지 입주'라는 문자메시지와 함께 '이 사건 아파트 0호 전세금 금8억 7천만원으로 2021. 2. 24.까지 입주키로 하고 계약금 중 3,000,000원을 신한은행(계좌번호 생략) 피고로 송금합니다. 원고명의로 입금예정'으로 기재된 메모지를 촬영한 사진을 전송하였고, 원고가 그 계좌로 3,000,000원을 송금한 후, 중개사는 피고에게 '300입금하였답니다. 다음 주 목요일까지 계약서 쓰도록 할께요~'라는 내용의 문자메시지를 보낸 것. 위 환송심 판결에 대한 재상고 사건 대법원 2023다272463 판결을 확인하면 심리불속행 기각된 것이 확인됨).

제19장 부동산소유권

1. 부동산소유권의 취득시기

부동산에 대하여 매매계약을 체결하고 매매대금을 완납하였다. 그러나 매수인의 개인적 사정으로 소유권이전등기를 미루고 있었는데, 매도인의 채권자가 해당 부동산에 권리행사를 한다면, 매수인이 보호될 수 있을까? 예를 들어, 매도인의 채권자가 해당 부동산에 가압류를 할 수 있을 것이고, 매도인의 채권자인 조세당국이 해당 부동산에 압류처분을 할 수도 있을 것이다.

이런 경우 매수인이 보호받기는 어렵다(대법원 86누744 판결 등). 이와 관련하여 민법 제186조는 "부동산에 관한 법률행위로 인한 물권의 득실변경은 등기하여야 그 효력이 생긴다."고 규정하고 있다. 즉, 매수인은 해당 부동산에 대하여 이전등기를 하지 않아 아직 소유자로 볼 수 없고, 해당 부동산의 소유자는 여전히 매도인으로 해석될 수밖에 없어 매매대금을 완납한 매수인이 보호받기는 어렵다는 것이다.

그렇다면 돈을 준 매수인이 보호될 방법은 없을까? 상황판단이 필요하겠지만, 가등기를 고려할 필요가 있다. 가등기는 실무상 크게 담보목적의 담보가등기와 소유권이전등기청구권 보전목적의 소유권이전등기청구권보전 가등기로 나눌 수 있는데, 실질에 부합하게 해당 부동산에 소유권이전등기청구권보전 가등기를 기입할 경우 순위보전의 효과를 볼 수 있다.

즉, 가등기 후 본등기가 있을 때까지 경료된 제3자의 권리에 관한 등기(이를 '중간등기'라 함)는 본등기가 된 권리와 저촉되는 범위 내에서 모두 실효되거나 후순위가 되므로, 가등기는 그 가등기 이후의 중간등기에 대하여 본등기의 순위를 보전하게 된다.

그런데 이때 소유권이전등기청구권보전 가등기를 하지 않았다면? 매수인은 매도인의 채권자가 해당 부동산에 권리행사를 할 경우 권리행사에 대한 대납을 한 후 구상권을 행사할 여지가 있을 것이다. 이와 관련하여 민법 제481조는 "변제할 정당한 이익이 있는 자는 변제로 당연히 채권자를 대위한다."고 규정하고 있다.

참고로 민사집행법 제135조는 "소유권의 취득시기"라는 제목 아래에 "매수인은 매각대금을 다 낸 때에 매각의 목적인 권리를 취득한다."고 규정하고 있는바, 부동산경매에 있어 매수인의 소유권 취득시기는 매각대금 완납시로 이해된다.

2. 토지소유자의 독점적·배타적 사용·수익권 행사의 제한 법리

대법원은 기존 토지소유자의 독점적·배타적 사용·수익권 행사의 제한 법리를 그대로 유지하는 판결을 선고하였다[대법원(전합) 2016다264556 판결].

그렇다면, 토지소유자의 독점적·배타적 사용·수익권 행사의 제한 법리란 무엇일까?

토지소유자가 그 소유 토지를 도로, 수도시설의 매설 부지 등 일반 공중을 위한 용도로 제공한 경우, 여러 경위 및 사정을 종합하여 고찰하고, 토지소유자의 소유권이라는 사익과 공익 사이를 비교형량한 결과, 소유자가 그 토지의 독점적·배타적 사용·수익권을 포기한 것으로 볼 수 있을 경우, 타인(사인, 국가, 지자체 등)이 그 토지를 점유·사용하더라도, 특별한 사정이 없는 한 토지소유자의 부당이득청구가 인정되지 않으며, 토지의 인도청구 내지 도로의 철거 청구 등이 인정되지 않는다는 것이다.

다만, 소유권의 핵심적 권능인 사용·수익권능의 영구적 포기는 허용되지 않기 때문에 토지소유자의 독점적·배타적 사용·수익권이 제한되는 경우라도 일반 공중의 통행 등 이용을 방해하지 않는 범위 내에서 그 토지를 처분하거나, 사용·수익할 권능을 상실하지는 않는다.

피상속인(사망자)의 사용·수익권이 이 법리에 따라 제한된 경우, 특별한 사정이 없는 한 상속인의 사용·수익권도 제한되며, 이 법리로 사용·수익권이 제한된 토지를 경매·매매·대물변제 등으로 특정승계한 경우도, 특별한 사정이 없는 한 그 특정승계인의 사용·수익권도 제한된다(물권은 채권을 깨뜨린다는 원칙에 대한 예외가 된다는 것. 이에 대하여는 2021. 11. 19.자 '서울고등법원판례공보스터디' 제190쪽 참고).

결국, 경매로 사용·수익권이 제한된 토지를 낙찰받았다면, 그 낙찰자가 자신의 독점적·배타적 사용·수익권의 행사를 허용할 특별한 사정을 입증해야 하는 문제가 발생하게 된다.

다만, 토지소유자의 독점적·배타적 사용·수익권 행사의 제한 법리도, 공익목적을 위해 그 토지를 제공할 당시 객관적인 토지이용상황이 유지되는 한도 내에서만 존속하므로, 사정변경이 현저하고, 토지제공 당시 이와 같은 변화를 예견할 수 없었고, 사정변경이 현저한 경우에도 계속 제한 시 공익과 사익의 중대한 불균형 등이 초래될 경우, 사정변경원칙에 따라 토지소유자는 다시 사용·수익권능을 포함한 완전한 소유권에 기한 권리주장이 가능하다.

즉 대법원 2022다228544 판결(통행권존재확인 등 청구)에 의하면 "이러한 사정변경이 있는지는 해당 토지의 위치와 물리적 형태, 토지소유자가 토지를 일반 공중의 이용에 제공하게 된 동기·경위, 해당 토지와 인근 다른 토지와의 관계, 토지이용상태가 바뀐 경위와 종전 이용 상태와의 동일성 여부 및 소유자의 권리행사를 허용함으로써 일반 공중의 신뢰가 침해될 가능성 등 전후 여러 사정을 종합적으로 고려하여야 한다."는 취지이다.

위 대법원(전합) 2016다264556 판결은 어떠한 사안이었을까? 요약 정리한다.

원고는 용인시 소재 토지를 상속을 원인으로 소유한 사람이고, 피고는 용인시이다. 원고는 피상속인 생전에 용인시가 상속토지에 매설한 우수관의 철거와 차임상당 부당이득을 피고에게 청구한 것인데, 1심은 원고승소를, 항소심은 원고패소를, 대법원은 토지소유자의 독점적·배타적 사용·수익권 행사의 제한 법리에 따라 항소심이 옳다는 판결을 내렸다(원고패소 확정).

원고의 피상속인이 우수관 설치를 허용한 것이 주민회의를 거친 것이었으며, 피상속인에게도 이익이 되었던 점과 단독주택 철거 전 피상속인과 원고가 우수관 철거 및 부당이득을 요구한 사실도 없는 점, 우수관이 공공이익에 부합하는 점 등이 고려되었던 판결이다.

참고로 대법원 2015다211685 토지사용료 청구 판결에서 "토지소유자의 독점적·배타적 사용·수익권 행사 제한의 법리는 토지가 도로, 수도시설의 매설 부지 등 일반 공중을 위한 용도로 제공된 경우에 적용되는 것이어서, 토지가 건물의 부지 등 지상 건물의 소유자들만을 위한 용도로 제공된 경우에는 적용되지 않는다. 따라서 토지소유자가 그 소유 토지를 건물의 부지로 제공하여 지상 건물소유자들이 이를 무상으로 사용하도록 허락하였다고 하더라도, 그러한 법률관계가 물권의 설정 등으로 특정승계인에게 대항할 수 있는 것이 아니라면 채권적인 것에 불과하여 특정승계인이 그러한 채권적 법률관계를 승계하였다는 등의 특별한 사정이 없는 한 특정승계인의 그 토지에 대한 소유권 행사가 제한된다고 볼 수 없다."고 판시하였다.

이 사안은 토지소유자들이 시장건물 건축을 위하여 소외 회사를 설립하여 각자 소유 토지를 출자하기로 한 뒤에 그 토지들에 집합건물 상가 두 동을 건축하고 각 출자 토지 면적 비율에 의한 구분건물을 각 분배받아 구분건물에 대한 보존등기를 마쳤으나, 위 집합건물 상가 두 동의 대지에 국유지가 포함되어 있어 토지들을 합필하여 소외 회사에 이전하지 못하였고, 그로 인하여 위 토지들의 소유권은 현재까지 원소유자인 지주들이나 그 상속인들 또는 그들로부터 토지소유권을 양수한 사람들에게 남아 있었던 사례이다.

원고는 위 집합건물의 대지 중 7필지를 경매 등으로 양수한 자이고, 피고들은 위 집합건물의 구분소유자들 중 일부이다. 원심은 토지소유자의 독점적·배타적 사용·수익권 행사의 제한 법리를 적용하였으나, 대법원은 "원심으로서는 이 사건 지주들 및 원지상권자들과 이 사건 상가건물들의 구분소유자들 사이의 토지사용에 관한 법률관계의 내용이 어떠한지, 그러한 법률관계가 특정승계인에게 대항할 수 있는 것인지, 법률관계가 채권적인 것이라면 원고가 그러한 법률관계를 승계하였다고 볼 수 있는지 등에 관하여 심리하였어야 한다."고 판시하여 원심을 파기한 것이다.

다만, 대법원은 "원심이 집합건물 대지의 권원 없는 사용으로 인한 구분소유자들의 대지소유자에 대한 부당이득반환의무가 전유부분의 면적비율에 따른 가분채무라고 본 것은 정당"하다고 한다. 참고로 이와 달리 대법원 2016다219419(본소), 2016다219426(반소) 판결(부당이득금·소유권이전등기)에 의하면 대지사용권이 없는 전유부분의 공유자(예를 들어 부부로써 201호를 공유한 경우)의 대지지분 소유자에 대한 부당이득반환의무는 특별한 사정이 없는 한 불가분채무, 201호의 일부지분만 공유해도 전체면적에 대한 부당이득반환의무 부담한다는 취지이다.

그리고 대법원 2018다278320 판결(건물 등 철거)에서도 국가지정문화재(중요민속자료)로 지정된 '○○마을' 내의 전통고택에 해당하는 이 사건 건물 부지로 이 사건 토지 일부가 제공되었다고 하더라도 토지소유자가 이 사건 토지에 대하여 배타적 사용·수익권을 포기하였다고 볼 수 없다는 취지로 판시하였다.

즉 토지소유자의 배타적 사용·수익권 행사 제한의 법리는 토지가 도로, 수도시설의 매설부지 등 일반 공중을 위한 용도로 제공된 경우에 적용되고, 토지가 건물의 부지 등 지상 건물의 소유자들만을 위한 용도로 제공된 경우에는 적용되지 않기 때문이다.

결국 공익과 사익이 충돌하는 경우에 토지소유자의 독점적·배타적 사용·수익권 행사의 제한 법리가 적용되고, 시간이 지나면서 공익이 사익으로 바뀌거나 공익이 아니라 사익과 사익의 문제에 불과하다면 위 법리가 적용되기 어렵다. 그리고 공익 때문에 사익이 희생되는 경우라도 사익을 주장할 자도 그로 인한 이익을 누린 사정도 고려된다[대법원(전합) 2016다264556 판결(시설물철거 및 토지인도 청구의소)의 다수의견에 대한 보충의견 참조].

이와 관련하여 대법원 2018다228868 판결(부당이득금 반환)에 의하면 "원심은 소외 1이 이 사건 도로에 대하여 독점적·배타적인 사용·수익권을 포기하였다고 보기 어렵다고 하면서도 원고들이 이 사건 도로를 무상으로 통행에 제공하기로 용인하였다고 단정하고 원고들의 청구가 신의성실의 원칙에 위배된다고 판단하였다. 이러한 판단에는 필요한 심리를 다하지 않은 채 논리와 경험의 법칙에 반하여 자유심증주의의 한계를 벗어나거나 신의성실의 원칙에 관한 법리를 오해하여 판결에 영향을 미친 잘못이 있다."고 판단하였는 바,

위 판결의 요지는 "지목이 도로인 토지의 지분을 보유하고 있던 갑 교회와 을 교회가 위 도로를 통해서만 공로로 출입할 수 있는 인접 건물과 그 대지의 소유자인 병 주식회사를 상대로 자신들이 위 도로의 지분을 보유한 기간 동안 병 회사가 위 도로를 통행하면서 법률상 원인 없이 사용료에 해당하는 이익을 얻고 자신들에게 그 지분에 해당하는 손해를 입게 하였다며 부당이득반환을 구한 사안에서,

갑 교회와 을 교회 또는 위 도로 지분의 종전 소유자가 도로 지분을 취득할 당시부터 주위 토지 또는 인접 대지의 소유자에게 위 도로를 무상으로 통행에 제공하기로 용인하였다고 보기 어렵고, 을 교회가 위 인접 대지에 건축허가를 받으면서 위 도로에 대한 도로 지정·공고로 건축법 제44조 제1항 본문의 접도의무를 충족하게 되었다는 사정이나 갑 교회와 을 교회가 위 인접 건물과 대지의 종전 소유자로부터 도로의 사용료를 지급받지 않았다는 사정만으로는 위 부당이득 반환청구가 신의성실의 원칙에 반한다고 볼 수 없는데도,

갑 교회와 을 교회가 위 도로를 무상으로 통행에 제공하기로 용인하였다고 단정하여 위 부당이득 반환청구가 신의성실의 원칙에 위배된다고 본 원심판단에는 법리오해 등의 잘못이 있다."는 취지의 판결로 사익과 사익이 충돌하여 토지소유자의 독점적·배타적 사용·수익권 행사의 법리가 적용되지 않는 경우에는 토지사용자에 대한 부당이득반환 청구의 인용 가능성이 높아진다고 이해하면 될 것으로 보인다.

또한 대법원 2023다295695 판결은 '망인은 1974. 4. 10. 이 사건 분할 전 토지를 매수한 후 이 사건 토지를 포함하여 총 31필지로 분할하였고, 그 중 도로 부분인 이 사건 토지 외 2필지를 제외한 나머지 토지를 모두 매도한바, 이 사건 토지는 망인이 이 사건 분할 전 토지를 매수하기 전인 1970. 1. 25. 이미 서울특별시 고시에 의하여 도시계획시설(도로)로 결정된 상태였으며, 원고들이 망인의 상속인으로서, 도로로 사용되는 이 사건 토지의 점유자인 피고를 상대로 부당이득반환을 구하는 사안'인데,

위 대법원 2023다295695 판결의 원심은, '망인이 이 사건 토지에 대한 독점적·배타적인 사용·수익권을 포기하였다고 보아, 상속인인 원고들이 부당이득반환을 구할 수 없다고 판단' 하였으나,

위 대법원은 ① 망인이 이 사건 분할 전 토지를 분할할 당시 이 사건 토지는 도로가 아닌 '답'으로 이용되었을 뿐, 아직 도로가 개설되기 전이었던 점(망인이 이 사건 토지를 분할할 당시 이 사건 토지가 '답'으로 이용되었을 뿐, 아직 도로가 개설되기 전이었으므로, 망인이 무상으로 이 사건 토지 부분을 도로 부지로 제공하겠다는 의사를 가졌다기보다는, 향후 서울특별시가 도로를 개설하는 과정에서 수용 등의 보상을 기대하였을 것으로 보는 것이 합리적), ② 이 사건 토지 부분이 공로에 출입하는 유일한 통행로라고 보기도 어려운 점 등 이 사건에서 나타난 각 판단요소들에 비추어 망인이 이 사건 토지에 대한 독점적·배타적 사용·수익권을 포기하였다고 쉽게 단정하기 어렵다고 보아, 이와 달리 판단한 원심을 파기·환송하였다.

이와 관련하여 연도별 2023. 9. 1.자 '서울고등법원판례공보스터디' 제2385쪽, 제2386쪽에 의하면 "이익균형이 맞는 상황, 즉 토지소유자가 독점적·배타적 사용수익권을 포기하는 데에 '상응하는 이익'을 얻었을 때에만 독점적·배타적 사용수익권 포기를 인정"한다면서, 다만 "독점적·배타적 사용수익권의 포기는 영구적인 것이 아니므로 토지소유자는 이를 다시 회복하여 완전한 소유권을 주장할 수는 있으나, 토지소유자가 임의로 이를 회복할 수는 없고, 이

익균형상 회복을 인정할 만한 '객관적인 사정변경'이 필요"하다는 취지의 설명을 하고 있다(위 '서울고등법원판례공보스터디' 제2386쪽에서 독점적·배타적 사용수익권의 회복이 인정된 사례로 대법원 2012다54133 판결을 언급하고 있음).

정리하자면 토지소유자의 사익과 토지를 사용하는 자들의 공익을 비교·형량하여 토지소유자가 그 토지의 독점적·배타적 사용·수익권을 포기한 것으로 볼 수 있을 경우 타인(사인, 국가, 지자체 등)이 그 토지를 점유·사용하더라도 특별한 사정이 없는 한 토지소유자의 부당이득반환청구, 토지인도, 철거청구 등이 인정되지 않고, 토지소유자는 공익에 반하지 않는 한도 내에서 그 토지를 사용할 권한 및 매도권한 등만을 보유한다는 것이고, 물권이 채권을 깬다는 원칙의 예외로 토지소유자의 특정승계인(경매포함)도 위 독점적·배타적 사용·수익권의 포기를 그대로 승계하고, 단지 공익 대 사익의 문제가 사익 대 사익의 변동되는 등 사정변경이 생기면 토지소유자의 부당이득반환청구 등이 인정될 수 있으며, 다만 토지소유자의 그 토지에 대한 독점적·배타적 사용·수익 제한 이론이 적용되려면 토지소유자가 독점적·배타적 사용수익권을 포기하는 데에 '상응하는 이익'을 얻었어야 한다는 것이다.

3. 도로 소유자의 지자체를 상대로 한 부당이득청구와 독점적·배타적 사용·수익 제한법리

도로를 관리하는 지방자치단체(이하 '지자체')를 상대로 도로의 소유자가 지료 상당의 부당이득반환청구를 하는 경우가 있다. 이러한 경우에 지자체는 대체로 토지소유자의 독점적·배타적 사용·수익권 행사가 제한된다는 이론을 펼치면서 도로소유자의 부당이득반환청구의 기각을 구하는 사례가 많은데, 이런 경우에 누가 승소할 것인가?

일률적으로 말하기는 어려우나, 인근 도로소유자들에게 보상 등의 절차를 거쳤음에도, 해당 도로 소유자에 대한 보상절차를 거지치 않았다면 도로소유자가 승소할 가능성이 높다.

이와 관련하여 헌법 제23조는 "① 모든 국민의 재산권은 보장된다. 그 내용과 한계는 법률로 정한다. ② 재산권의 행사는 공공복리에 적합하도록 하여야 한다. ③ 공공필요에 의한 재산권의 수용·사용 또는 제한 및 그에 대한 보상은 법률로써 하되, 정당한 보상을 지급하여야 한다."라고 규정하고 있다.

관련된 판례로 대법원 2023다295442 판결을 살펴보자.

위 대법원 판결은 도로소유자가 도로 관리주체인 지자체를 상대로 지료상당의 부당이득반환청구를 한 것인데, 1심, 2심 모두 도로소유자가 패소하였으나, 위 대법원은 원심을 깨고 도로소유자인 원고에게 토지소유자의 독점적·배타적 사용·수익권행사 제한이론이 적용되지 않는다는 취지(원고의 부당이득반환청구가 인정된다는 취지)로 파기·환송한 사안이다. 위 대법원 판결을 정리한다.

〈사안의 개요〉

망인(소외인)은 이 사건 토지들(경남 거재 일운면 고현리 '답' 등)을 1914. 3. 10. 사정받았고, 위 토지들은 일제강점기인 1931년 분할되어 그 중 일부가 1931. 9. 17. 지목이 도로로 변경되었다. 이 사건 토지들은 위와 같은 지목 변경 시점 무렵부터 도로로 사용되다가 1979. 6. 5. 도시계획시설(도로: 중로 1-5호선) 구간에 포함되었다. 망인(소외인)의 상속인들은 2021. 1. 19. 이 사건 토지들에 대하여 소유권보존등기를 마쳤고, 원고는 2021. 4. 5. 상속인들 중 일부로부터 이 사건 토지들에 대한 지분을 매수(소유권이전등기일: 2021. 4. 7.)하였으며, 이들이 피고에 대하여 가지는 부당이득반환청구권도 양수하였다면서, 2021. 4. 5. 피고를 상대로 부당이득반환을 구하는 이 사건 소를 제기하였다. 2021. 4. 21.까지 이 사건 토지들의 소유자들은 피고가 이 사건 토지들을 도로로 사용하는 것에 대하여 이의를 제기하지 않았다.

〈원심의 판단〉

원심은 소외인(망인)과 상속인들이 이 사건 토지들에 대한 독점적·배타적 사용·수익권을 포기하였으므로 원고가 부당이득반환을 구할 수 없다고 판단하였다. 즉 이 사건 토지들은 1931년경부터 약 90년 간 도로로 사용되었고 다른 용도로는 사용하기 어렵다. 그동안 종전 소유자들은 이에 이의를 제기하거나 이 사건 토지들에 대한 권리를 행사하지 않았다. 이는 종전 소유자들이 이 사건 토지들을 도로로 제공하였거나 적어도 이 사건 토지들이 점유·사용되는 것을 묵시적으로 용인하여 왔음을 의미한다. 그리고 원고는 사실상 사용·수익이 불가능함에도 2021. 4. 7. 위 지분을 매수하고 2021. 4. 15. 곧바로 이 사건 소를 제기하였다. 이러한 매수 및 소 제기는 지방자치단체인 피고를 상대로 수익을 올리려는 목적이었을 가능성을 배제할 수 없다. 따라서 원고의 사용·수익권보다 이 사건 토지들을 도로로 사용하면서 얻는 공익의 보호 필요성이 더 크다.

〈대법원의 판단〉

대법원은 원심의 판단을 수긍하기 어렵다면서 원심을 파기·환송하였다. 그 이유를 살펴보자.

독점적·배타적 사용·수익권을 행사하는 것을 제한할 수 있는지 여부는 소유자가 토지를 소유하게 된 경위와 보유기간, 소유자가 토지를 공공의 사용에 제공하거나 그 사용을 용인하게 된 경위와 그 규모, 토지 제공 당시 소유자의 의사, 토지 제공에 따른 소유자의 이익 또는 편익의 유무와 정도, 해당 토지의 위치나 형태, 인근의 다른 토지들과의 관계, 주위 환경, 소유자가 보인 행태의 모순 정도 및 이로 인한 일반 공중의 신뢰 내지 편익 침해 정도, 소유자가 행사하는 권리의 내용이나 행사 방식 및 권리보호의 필요성 등 여러 사정을 종합적으로 고찰하고, 토지소유자의 소유권 보장과 공공의 이익 사이의 비교형량을 하여 판단하여야 한다.

또한 독점적·배타적 사용·수익권 행사를 제한하는 법리는 토지소유자의 권리행사를 제한하는 예외적인 법리이므로, 공공필요에 의한 재산권의 수용·사용 또는 제한에 관한 정당한 보상을 지급하여야 한다는 헌법 제23조 제3항 및 법치행정의 취지에 비추어 신중하고 엄격하게 적용되어야 하고, 독점적·배타적 사용·수익권 행사의 제한을 주장하는 사람이 그 제한 요건을 충족하였다는 점에 대한 증명책임을 진다[대법원(전합) 2016다264556 판결, 대법원 2017다249073, 249080 판결 등].

이 사건 토지들의 종전 소유자들 및 그 일부 승계인인 원고의 이 사건 토지들에 대한 독점적·배타적 사용수익권 행사가 제한된다고 보기 어렵다. 소외인은 1914. 3. 10. 이 사건 토지들의 모토지들을 사정받았고 1931. 9. 17. 분할되기까지 17년이 넘는 기간 동안 이를 소유하여 왔다. 지목이 답 또는 전인 것으로 보아 소외인은 이를 농경지로 사용하였던 것으로 보인다.

이 사건 토지들은 1931. 9. 17. 분할될 무렵부터 도로로 사용되었다. 그런데 토지분할이 소외인의 신청에 의한 것인지, 조선총독부 등 관할관청이 적법한 취득절차를 밟았는지 또는 도로 사용에 대한 소외인의 동의가 있었는지 등 이 사건 토지들이 분할되고 도로로 제공된 구체적인 과정이나 경위에 대한 자료가 없다.

다만 1931. 6. 23. 작성된 '일운면 측량원도 제9호'에는 이 사건 토지들의 모토지 및 인근 여러 필지의 토지 위에 일직선의 도로부지를 붉은 선으로 표시하고 그에 맞게 위 각 토지들을 분할하며 도로부지에 포함된 토지는 지목을 도로로 변경하는 내용이 있다. 그로부터 몇 달 지나지 않은 1931. 9. 17. 이 사건 토지들의 모토지들이 위 측량원도와 같은 내용으로 분할되었다. 그렇다면 당시 이 사건 토지들 등 도로부지에 포함된 토지들이 조선총독부 등 관할관청에 의하여 직권으로 모토지에서 분할되면서 도로로 개설되어 공중의 통행에 이용되었을 가능성을 배제할 수 없다.

이 사건 토지들의 면적(108평)은 그 모토지들 면적(547평)의 약 19.7%에 이른다. 또한 이 사건 토지들의 모토지들은 왼쪽으로 도로에 접해 있어 별도의 통행로를 개설할 필요가 있었다고 보기 어렵다. 오히려 분할 결과 고현리 235-3 도로 58평이 모토지를 관통함으로써 나머지 토지가 3필지로 분리되어 토지의 효율적 이용에 장애가 되었을 것으로 보인다. 소외인은 토지 분할 이후에도 분할된 토지를 상당 기간 그대로 소유하다가 1942년에 고현리 236-2 전 283평을, 1974년에 고현리 235-1 답 5평을, 1977년에 고현리 235-4 답 45평을 각 제3자들에게 매도하였다.

위 측량원도는 고현리 233-2 도로 264㎡(현재 '거제시 고현동 233-2 도로 264㎡')가 고현리 235-3 도로 58평에 연결된 도로부지에 포함되어 고현리 233 토지에서 분할되는 것으로 되어 있다. 그리고 실제 그와 같이 분할되어 현재 도로로 사용되고 있고 김○○이 2016. 5.

13. 소유권보존등기를 마쳤다.

그러자 피고는 2019. 4. 23. 위 토지를 「공익사업을 위한 토지 등의 취득 및 보상에 관한 법률 시행규칙」 제25조의 미지급용지(종전에 시행된 공익사업의 부지로서 보상금이 지급되지 아니한 토지)로 보아 보상을 하고 공공용지의 협의취득을 원인으로 소유권이전등기를 마쳤다. 이를 비롯하여 피고는 1985년경부터 지속적으로 이 사건 토지들이 있는 도로의 연장선에 포함되어 있는 여러 필지의 토지에 대하여 같은 방법으로 소유권이전등기를 마치고 있다.

이와 달리 이 사건 토지들이 모토지들에서 분할되어 도로로 사용됨에 따라 나머지 토지들의 효용가치가 확보되거나 증대되었다거나 소외인이나 상속인들이 관할관청으로부터 보상을 받았다는 등 이들이 토지 분할로 인하여 얻은 이익이나 편익이 있었다고 볼만한 자료는 제출되지 않았다.

원심은 종전 소유자들이 장기간 이의하지 않은 것을 이유로 이들이 이 사건 토지들을 도로로 제공하였거나 이 사건 토지들이 점유·사용되는 것을 묵시적으로 용인하여 왔다고 보았다. 그러나 토지가 도로로 사용되는 것에 대하여 소유자가 적극적으로 이의하지 않았고 그 기간이 길다는 것만으로 소유자가 사전에 무상 점유·사용에 대한 동의를 하였다거나 사후에 이를 용인하였다고 볼 수는 없다.

토지소유자에게는 권리를 행사할 자유뿐만 아니라 권리를 행사하지 않을 자유도 있으므로 소유자가 장기간 권리를 행사하지 않았다는 것만으로 그가 소유권의 일부 권능을 포기하였다거나 향후에도 소유권을 계속 행사하지 않겠다는 의사를 표시하였다는 점이 곧바로 도출될 수 있는 것도 아니다.

원고는 소멸시효가 완성하지 않은 과거 5년 및 장래의 토지 임료 상당 부당이득반환청구를 하고 있을 뿐, 토지 인도청구 등 일반 공중의 도로 통행에 관한 신뢰나 편익에 직접적으로 영향을 줄 만한 청구는 하고 있지 않다.

또한 피고가 이미 이 사건 토지들이 있는 도로의 연장선에 포함된 다른 토지들에 대하여 적법한 절차를 거쳐 보상을 하고 소유권을 확보해오고 있는 점을 고려하면, 이 사건 토지들에 대한 토지 임료 상당 부당이득을 반환하는 것은 재산권의 제한에 관한 정당한 보상의 실질도 가지고 있으므로, 신의성실의 원칙에 비추어 용인하기 어려울 정도로 공익에 부정적이고 중대한 영향을 미친다고 할 수도 없다.

이상에서 살펴본 사정들을 종합하면 원고의 종전 소유자들이 이 사건 토지들에 대한 독점적·배타적인 사용·수익권을 행사하는 것을 제한할 수 있다고 보기 어렵다. 또한 원고가 종전 소유자들의 일부로부터 이 사건 토지들 중 일부 지분을 매수하여 피고를 상대로 소를 제기한 것이 수익을 올리려는 목적이었을 가능성을 배제할 수 없다는 원심 판시 사정만으로는 원고가 소유권에 기하여 이러한 권리를 행사하는 것을 제한할 수 있다고 보기 어렵다.

위 대법원 2023다295442 판결에 대하여 토지소유자의 독점적·배타적 사용·수익권행사

제한이론을 예외적으로만 인정하려는 경향이 강해지고 있다면서, 지방자치단체가 사인 소유 부동산을 보상 없이 점유·사용하는 것에 대한 헌법적 문제점이 존재하고, 단지분할형과 같이 토지소유자의 자발성이 인정되는 등 그로 인한 토지소유자의 현실적 이익이나 효용이 있을 것 등을 요한다면서, 대상판결에 대하여 위 판결의 흐름에 따른다면, 도로로 사용된 경위에 관한 자료가 부족할수록 원칙으로 돌아가서, 배타적 사용·수익권의 포기('포기'가 아닌 '제한'이라는 용어가 더 합리적으로 보임: 필자 설명)를 쉽게 인정하지 않는 쪽으로 볼 가능성이 커진다고 이해되며, 도로로 사용되지 않던 토지가 도로예정지로 지정되는 바람에 그 후 도로로 사용된 경우에도 독점적·배타적 사용·수익권의 포기로 인정되지 않을 가능성이 크다면서, 물론 대상판결과 같은 법리는 지방자치단체의 점유로 인정될 것을 전제로 하는 것이라고 설명하는 견해가 있다(2024. 4. 1.자 공보에 대한 '서울고등법원판례공보스터디' 참고).

이와 관련된 판례로 대법원 2025. 1. 23. 선고 2024다277885 판결이 있다. 위 판결은 '갑 주식회사 등이 도시계획시설사업을 추진하는 과정에서 도로부지의 기부채납 확약을 하여 실시계획인가의 부관으로 기부채납이 붙었고, 그 후 을 지방자치단체가 위 부지에 도로를 개설하여 관리하고 있는데, 위 사업은 시행을 마치지 못한 채로 시행 기간이 만료되어 무산되었고, 갑 회사 등이 파산선고를 받은 후 위 부지의 특별승계인인 병 주식회사가 을 지방자치단체를 상대로 도로부지에 관한 부당이득반환을 구한 사안에서, 제반 사정에 비추어 종전 소유자인 갑 회사 등이 위 부지에 관한 독점적·배타적 사용·수익권을 포기하였다고 단정하기 어려운데도 이와 달리 본 원심판단에 법리오해 등의 잘못이 있다고 한 사례'이다.

4. 통행로 소유자의 통행로 사용자에 대한 인도 및 부당이득청구와 독점적·배타적 사용·수익 제한 법리

내 토지(통행로)를 인접 집합건물의 소유자들이 통행로로 사용하고 있다. 이때 내가 인접 집합건물의 소유자들을 상대로 토지의 인도를 청구하고, 지료상당의 부당이득을 청구할 수 있을까?

인접 집합건물의 소유자들이 내토지를 통행로로 사용할 뿐이라면, 인접 집합건물의 소유자들이 내 토지(통행로)를 점유한다고 볼 수 없어, 인도청구를 할 수는 없다.

이와 관련하여 대법원 2002다53469 판결에 의하면 "주위토지통행권자가 통로를 개설하였다고 하더라도 그 통로에 대하여 통행지 소유자의 점유를 배제할 정도의 배타적인 점유를 하고 있지 않다면 통행지 소유자가 주위토지통행권자에 대하여 주위토지통행권이 미치는 범위 내의 통로 부분의 인도를 구하거나 그 통로에 설치된 시설물의 철거를 구할 수 없다."라는 취지이다.

그렇다면 내 토지(통행로)를 통행로로 사용하는 인접 집합건물의 소유자들에게 지료상당의 부당이득을 청구할 수는 없을까? 지방자치단체가 나에게 어떠한 보상도 하지 않고, 내 토지에 나의 허락 없이 아스팔트 등을 깔아 일반인들이 사용토록 하였다면 나의 지방자치단체에 대한 부당이득반환청구는 인정될 것이다.

그러나 본건은 부당이득청구의 상대방이 지방자치단체가 아닌 인접 집합건물의 소유자들이라는 점에서, 그 경위를 확인하는 것이 필요한데, 대법원 2024다251470 판결 사안에서는 통행로 소유자의 인접 집합건물소유자들에 대한 부당이득반환청구를 부정하는 취지의 판시를 내렸고, 그 근거는 토지소유자의 독점적·배타적 사용·수익 제한 법리였다(통행로 소유자의 통행로가 인접 집합건물의 부지가 되었다면서 인접 집합건물 소유자들의 점유를 긍정하여 인도 및 부당이득반환청구를 긍정한 원심을 파기·환송함).

위 대법원 2024다251470 판결 사안은, 통행로 소유자의 피상속인(망인)이 자발적으로 토지를 분할하여 통행로로 제공하였던 사안으로, 피상속인은 분할 전 토지들을 여러 필지로 분할하여 제3자에게 소유권을 이전하였고, 이 사건 통행로는 이처럼 분할 전 토지들 중간에 위치한, 남북으로 좁고 긴 도로 모양의 토지였고, 피상속인이 도로 제공에 따른 이익(분할된 토지 중 이 사건 각 토지 인근에 있는 토지를 처분할 수 있는 이익)을 얻었다고 볼 여지가 있는 사안이었다(2025. 1. 1.자 판례공보에 대한 '서울고등법원판례공보스터디' 제40쪽 참고).

토지소유자의 독점적·배타적 사용·수익 제한 법리가 적용되어 토지소유자의 부당이득청구가 부정되려면 토지소유자(피상속인 등 전소유자 포함)에게 이익이 되었다는 요건이 필요한데 그러한 요건을 충족한 것으로 이해된다는 것이다.

위 대법원 2024다251470 판결을 정리한다. 피고들은 원고 소유의 이 사건 각 토지 인근에 집합건물('이 사건 건물')을 소유하면서, 이 사건 각 토지를 공로로 통하는 통행로(보행 및 차량 통행)로 이용하던 사람들이다. 원고는 피고들이 위와 같은 방법으로 이 사건 각 토지를 도로로 사용함으로써 이 사건 각 토지를 점유하고 있다고 주장하면서, 피고들을 상대로 토지 인도 및 부당이득반환을 청구하였다.

피고들은 원고의 이 사건 각 토지에 관한 독점적·배타적 사용·수익권 행사가 제한되므로 원고의 청구가 이유 없다고 주장하였다. 1심은 피고들이 이 사건 각 토지를 차량 출입 통행로로 이용하고 있다는 사정만으로 피고들이 이 사건 각 토지를 배타적으로 지배하여 공동으로 점유한다거나 차임 상당의 부당이득을 얻고 있다고 볼 수 없다고 보아, 원고의 청구를 모두 기각하였다.

그러나 원심은, 이 사건 건물에 차량이 출입하기 위해서는 이 사건 각 토지를 도로로 이용해야 하므로 이 사건 각 토지는 이 사건 건물의 '부지'이고, '건물의 부지가 된 토지는 그 건물의 소유자가 점유하는 것'이므로, 이 사건 건물의 소유자인 피고들은 이 사건 각 토지를 점유하고 있는 것이라고 판단하였고, 이에 따라 원고의 토지 인도청구를 인용하면서, 피고들의 독점적·배타적 제한 주장을 배척하고 원고의 부당이득반환청구까지 인용하였다.

대법원은, 원심이 든 사정, 즉 피고들이 이 사건 각 토지를 유일한 차량통행로로 사용하고 있다는 사정만으로는 이 사건 각 토지가 이 사건 건물의 '부지'라고 볼 수 없다고 판단하였다.

'건물의 부지라 함은 건물을 세우기 위하여 마련한 땅으로서 그 건물의 존립에 필요한 범위 내의 토지를 가리킨다'라는 법리를 설시하면서, 이 사건 각 토지가 이 사건 건물의 부지라는 원심의 판단이 잘못되었다고 본 것이다.

그렇다면 피고들이 이 사건 건물을 소유하고 있다는 이유만으로 이 사건 각 토지를 점유하고 있다고 볼 수는 없을 것이므로, 원심으로서는 피고들이 이 사건 각 토지를 통행로로 사용하면서 타인의 간섭을 배제할 정도의 배타적인 점유를 하고 있는지를 심리했어야 하는데, 이러한 심리를 다하지 않은 원심판결에는 잘못이 있다고 판단하면서, 부당이득반환청구에 관하여는, 제반 사정을 종합하여 보면 원고의 독점적·배타적인 사용·수익권 행사가 제한되었다고 볼 여지가 크다고 보아, 원심판결을 파기·환송한 것이다.

위 대법원 2024다251470 판결에 대하여 "피고들이 토지를 점유하고 있다고 볼 수 없더라도, 법률상 원인 없이 원고의 토지를 통행로로 사용하고 있으므로, '사용료' 상당의 부당이득반환의무를 부담할 여지는 있으며, 현황이나 지목이 '도로'라는 이유만으로 부당이득의 성립이 부정되지는 않는바, 도로로 이용되고 있는 사정을 감안하여 부당이득의 액수를 산정하면 될 뿐이지만(대법원 2016다210320 판결), 이 사건에서는 원고의 독점적·배타적 사용·수익권의 행사가 제한되었다고 볼 수 있으므로 피고들의 부당이득반환의무도 인정되지 않는다고 본 것"이라고 설명하는 견해가 있다(2025. 1. 1.자 판례공보에 대한 '서울고등법원판례공보스터디' 제40쪽 참고).

5. 지방자치단체를 상대로 한 임야낙찰자의 임야 내 공로철거 및 인도청구를 권리남용으로 본 사례

김천시가 을 사찰로 출입하는 유일한 통행로로서 사찰의 승려, 신도, 탐방객 및 인근 주민들이 이용하고 있던 도로를 농어촌도로 정비법 제2조 제1항의 농어촌도로로 지정하고 30년 이상 관리하고 있었다. 위 도로가 있는 임야를 임의경매절차에서 매수한 병이 김천시를 상대로 도로의 철거 및 인도를 구할 수 있는가?

대법원 2020다229239 판결(토지인도)에 의하면, 병의 김천시에 대한 도로의 철거 및 인도청구는 권리남용이 될 수 있다는 취지이다. 그 이유는 무엇일까?

위 대법원 판결에 의하면 "위 도로는 아주 오래전에 자연발생적으로 형성되었고 김천시가 농어촌도로 정비법상 농어촌도로로 지정하고 30년 이상 관리하면서 일반 공중의 통행에 공용되는 도로, 즉 공로에 해당한다고 봄이 타당하고, 이러한 이용상황을 알면서도 임의경매절차에서 위 임야를 매수한 병이 김천시를 상대로 도로의 철거·인도를 구하는 것은 권리남용이라고 볼 여지가 큰데도, 이와 달리 본 원심판단에 법리오해의 잘못이 있다."는 취지이다.

그렇다면, 도로의 철거 및 인도청구를 하지 않고 지료를 청구하는 것은 가능할까? 지료청구는 가능하다고 해석된다. 위 대법원 판결의 원심(대구지방법원 2019나303788 판결)은 1심판결(대구지방법원 서부지원 2017가단54873 판결)을 그대로 유지한 것이었고, 1심판결에서는 도로에 대한 지료상당 부당이득청구, 도로의 철거 및 인도청구를 모두 인용한 것이었는데, 대법원에서 도로의 철거 및 인도청구만 권리남용취지로 파기·환송하였기 때문이다.

그렇다면, 권리남용이라는 보충적 법리가 아닌 '토지소유자의 독점적·배타적 사용·수익권 행사의 제한 법리'의 적용 가능성은 없는가? 위 대법원 판결의 원심(대구지방법원 2019나303788 판결)에서 위 '토지소유자의 독점적·배타적 사용·수익권 행사의 제한 법리'가 문제되었으나, 원심이 위 법리를 인정하지 않았고, 대법원도 위 법리를 언급하지 않고, 권리남용이라는 보충적 법리로 원심을 파기·환송하였다.

그렇다면 위 대법원 판결의 원심(대구지방법원 2019나303788 판결)에서 '토지소유자의 독점적·배타적 사용·수익권 행사의 제한 법리'가 적용되지 않는다고 판시한 부분을 살펴보자.

"이 사건 임야의 종전 소유자인 소외인이 이 사건 도로 부분에 대한 독점적이고 배타적인 사용·수익권을 포기하였다고 가정하더라도, 갑 제1 내지 6, 8 내지 18, 22, 23호증, 을 제2, 3, 5 내지 8호증(각 가지번호 포함, 이하 같다)의 각 기재 또는 영상, 제1심법원의 감정인 소외 2에 대한 감정촉탁결과와 변론 전체의 취지를 종합하여 인정되는 다음과 같은 사실 또는 사정에 비추어,

원고에게 이 사건 도로 부분에 대한 독점적·배타적인 사용·수익권의 행사를 허용할 특별한 사정이 있다고 보이므로, 원고의 이 사건 도로 부분에 대한 권리 행사가 제한되지 않는다고 봄이 타당하다. ① 이 사건 도로와 이어진 길은 ○○사까지만 연결되고 그 뒤로는 막다른 곳이어서, 이 사건 도로가 ○○사의 내방객이 아닌 일반 공중을 위한 용도로 제공되어 왔다고 보기는 어렵다. ② ○○사는 원고를 상대로 대구지방법원 김천지원 2019가단31531호로 주위토지통행권확인의 소를 제기하였는데, 2019. 12. 12. 별지 목록 가.항 기재 토지에 대하여 ○○사에 주위토지통행권이 있다는 취지의 판결이 선고되었고, 원고가 항소하여 대구지방법원 2019나325542호로 소송 계속 중이다. ③ 원고가 이 사건 토지를 도로로 제공하는지 여부는 주로 ○○사와의 관계에서만 문제될 뿐 피고와 직접적인 이해관계가 있다고 보이지 않는다. 따라서 피고의 위 주장은 받아들일 수 없다."는 취지이다.

결국 위 대법원 판결의 원심은 '토지소유자의 독점적·배타적 사용·수익권 행사의 제한 법리'는 사익 대 공익을 전제하는데, 위 도로의 사용문제는 사익 대 사익으로 볼 여지가 있어 '토지소유자의 독점적·배타적 사용·수익권 행사의 제한 법리'가 적용되지 않는다는 취지

로 이해된다.

그러나 위 대법원 판결을 자세하게 살피면 원심과 다르게 도로의 공익성을 인정('공로'로 표현)하는 취지이면서도 위 '토지소유자의 독점적·배타적 사용·수익권 행사의 제한 법리'를 적용하지는 않았다.

원심판결문을 확인하면 김천시의 주장이 명확하지 아니하여 '토지소유자의 독점적·배타적 사용·수익권 행사의 제한 법리'를 주장한 것으로 선해하여 판시한다는 내용이 영향을 미쳤을 가능성이 엿보인다.

참고로 대법원 2015다211685 토지사용료 청구 판결에 의하면 "토지소유자의 독점적·배타적 사용·수익권 행사 제한의 법리는 토지가 도로, 수도시설의 매설 부지 등 일반 공중을 위한 용도로 제공된 경우에 적용되는 것이어서, 토지가 건물의 부지 등 지상 건물의 소유자들만을 위한 용도로 제공된 경우에는 적용되지 않는다."는 취지이다.

위 대법원 판결 이유를 확인하면 "어떤 토지가 그 개설경위를 불문하고 일반 공중의 통행에 공용되는 도로, 즉 공로가 되면 그 부지의 소유권 행사는 제약을 받게 되며, 이는 소유자가 수인하여야 하는 재산권의 사회적 제약에 해당한다. 따라서 공로 부지의 소유자가 이를 점유·관리하는 지방자치단체를 상대로 공로로 제공된 도로의 철거, 점유 이전 또는 통행금지를 청구하는 것은 법질서상 원칙적으로 허용될 수 없는 '권리남용'이라고 보아야 한다(대법원 93다26076 판결 등)."고 언급하고 있다.

'권리남용'이 되려면 원래는 그 요건이 매우 까다롭다. 즉 "주관적으로 그 권리행사의 목적이 오직 상대방에게 고통을 주고 손해를 입히려는 데 있을 뿐 행사하는 사람에게 아무런 이익이 없을 경우이어야 하고, 객관적으로는 그 권리행사가 사회질서에 위반된다고 볼 수 있어야 하는 것이며, 이러한 경우에 해당하지 않는 한 비록 그 권리의 행사에 의하여 권리행사자가 얻는 이익보다 상대방이 잃을 손해가 현저히 크다 하여도 그 사정만으로는 이를 권리남용이라 할 수 없다(대법원 3003다11967 판결, 대법원 2007다5397 판결 등)."라는 것인데, 사익을 넘어 공익으로 옮겨간 '공로'부지의 소유자는 지방자체단체를 상대로 '공로'의 철거, 점유이전 또는 통행금지를 청구하면 '권리남용'이 된다는 것으로 사익이 공익에 맞서게 되면 '권리남용'의 요건이 완화된다고 이해하면 될 것이다(필자의 개인의견).

위 판결과 유사한 판결로는 대법원 2021다242154 판결(토지인도)이 존재한다.

이 판결을 정리하면 "갑 주식회사가 마을 주민 등의 통행로로 주요 마을안길의 일부를 이루고 있는 토지가 위치한 부동산을 매수하였고, 그 후 을 지방자치단체가 통행로 부분을 도로로 포장하여 현재까지 마을 주민들과 차량 등의 통행로로 사용되고 있는데,

갑 회사가 을 지방자치단체를 상대로 도로 부분의 인도를 구한 사안에서, 위 도로 부분은 갑 회사가 부동산을 매수하거나 을 지방자치단체가 도로로 포장하기 수십 년 전부터 자연발생적으로 마을 주민 등의 통행로로 제공되어 온 점, 갑 회사는 위 부동산을 현황대로

매수하여 도로 부분이 마을 주민 등의 통행로로 이용되고 있는 사실도 잘 알고 있었다고 보이므로, 이를 다른 용도로 사용하지 못하고 있다 하여 갑 회사가 불측의 손해를 입게 된 것이라고 보기 어려운 점, 위 부동산에 공장을 신축하기 위한 건축허가 등에 위 도로 부분을 공중의 통행에 제공하여 통행에 방해가 되지 않도록 하여야 한다는 취지의 부관이 부가되었고, 이는 특별한 사정이 없는 한 갑 회사에 효력이 미치는 점, 도로 부분이 폐쇄된다면 인근 주민 등은 상당한 거리를 우회해야만 하는 큰 불편과 혼란이 예상되어 공익에 현저히 반하는 결과가 초래될 것으로 보이는 점, 갑 회사가 부동산에 신축한 공장의 운영이 도로 부분으로 인하여 지장을 받고 있다고 보이지 아니하며, 도로 부분을 다른 용도로 사용해야 할 만한 긴급한 필요성이나 그에 관한 구체적인 계획도 보이지 않는 점 등 제반 사정에 비추어, 갑 회사의 청구는 객관적으로 사회질서에 위반되는 것으로서 권리남용에 해당하거나 신의칙에 반하여 허용되지 않는다고 본 원심판단이 정당하다고 한 사례"이다.

이와 관련하여 일반 공중의 통행에 공용되는 '공로'로 인정된 부지의 소유자가 그 부지에 대한 인도·도로철거·통행금지 등을 청구하면 원칙적으로 권리남용법리에 따라 기각되며, 이때 오히려 문제되는 것은 '지료상당의 부당이득반환청구'의 문제인데, 독점적·배타적 사용·수익권의 포기가 인정되면 부당이득반환청구권 조차도 부정되는바, 토지소유자가 '상응하는 이익'을 얻었을 때에만 독점적·배타적 사용·수익권 포기가 인정된다는 견해가 있다(2022. 9. 30.자 '서울고등법원판례공보스터디' 제1339쪽, 제1340쪽 참고).

6. 토지소유자의 독점적·배타적 사용·수익권 제한과 권리남용인정의 차이

도로소유자가 지방자치단체를 상대로 도로로 사용되는 토지의 인도를 구하고 있다.

이러한 토지소유자의 권리행사에 대하여 ① 토지소유권의 독점적·배타적 사용·수익권이 제한된다는 판단이 내려질 경우와 ② 토지소유자의 권리행사가 권리남용에 해당한다는 판단이 내려질 때의 차이는 무엇일까? '지료를 청구할 수 있는지'에 대한 차이가 발생한다.

즉, 도로소유자의 지방자치단체에 대한 도로 인도청구(철거, 점유 이전 또는 통행금지 청구 등)에 대하여 도로소유자의 권리행사에 대하여 해당 사안이 ① 토지소유자의 독점적·배타적 사용·수익권이 제한되는 것으로 판단되면, 도로소유자의 지방자치단체에 대한 인도청구는 물론이고 지료상당의 부당이득반환청구까지 부정되는데 반하여, 해당사안이 ② 권리남용으로 판단되면 인도청구가 인정되지 않을 뿐이고 지료상당 부당이득반환청구는 인정된다.

결국 위 ①과 ②의 차이는 '지료상당 부당이득반환청구가 인정되는지'가 그 핵심이 된다(관련된 사례로는 대법원 2023다214108 판결 참고).

대법원(전합) 2016다264556 판결(시설물 철거 및 토지인도 청구의소)에 의하면, 토지소유자가 그 소유 토지를 도로, 수도시설의 매설 부지 등 일반 공중을 위한 용도로 제공한 경우, 여러 경위 및 사정을 종합고찰하고, 토지소유자의 소유권과 공익 사이를 비교형량한 결과, 소유자가 그 토지의 독점적·배타적 사용·수익권을 포기한 것으로 볼 수 있을 경우, 타인(사인, 국가, 지자체 등)이 그 토지를 점유·사용하더라도, 특별한 사정이 없는 한 토지소유자의 부당이득청구가 인정되지 않으며, 토지의 인도청구도 인정되지 않는다는 것이다.

다만, 소유권의 핵심적 권능인 사용·수익권능의 영구적 포기는 허용되지 않기 때문에 토지소유자의 독점적·배타적 사용·수익권이 제한되는 경우라도 일반 공중의 통행 등 이용을 방해하지 않는 범위 내에서 그 토지를 처분하거나, 사용·수익할 권능을 상실하지는 않는다는 취지이다.

그리고 대법원 2020다254280 판결에 의하면 "민법 제2조 제1항은 권리남용 금지 원칙에 관하여 '권리는 남용하지 못한다.'라고 정한다. 권리남용에 해당하는지는 구체적인 사안에서 개별적으로 판단해야 하는데, 권리 행사자에게 아무런 이익이 없는데도 상대방을 괴롭히기 위해 권리를 행사하거나 권리 행사에 따른 이익과 손해를 비교하여 권리 행사가 사회 관념에 비추어 도저히 허용할 수 없는 정도로 막대한 손해를 상대방에게 입히게 한다거나 권리 행사로 말미암아 사회질서와 신의성실의 원칙에 반하는 결과를 초래하는 경우에는 권리남용으로서 허용되지 않는다. 소유권에 기초를 둔 토지 인도 청구가 권리남용에 해당하는지는 토지 취득 경위와 이용현황 등에 비추어 토지 인도에 따른 소유자의 이익과 상대방의 손해 사이에 얼마나 큰 차이가 있는지, 토지소유자가 인도 청구를 하는 실제 의도와 목적이 무엇인지, 소유자가 적절한 가격으로 토지를 매도해 달라는 상대방의 요구에 정당한 이유 없이 불응하며 상대방에게 부당한 가격으로 토지를 매수할 것을 요구하고 있는지, 토지에 대한 법적 규제나 토지 이용현황 등에 비추어 다른 용도로 사용할 수 있는지, 토지 인도로 말미암아 사회 일반에 중대한 불이익이 발생하는지, 인도 청구 이외에 다른 권리구제수단이 있는지 등 여러 사정을 종합적으로 고려해서 판단해야 한다(대법원 64다720 판결, 대법원 68다1526 판결, 대법원 73다995, 996 판결, 대법원 77다2324, 2325 판결, 대법원 83다카335 판결, 대법원 97다42823 판결 등). 원심은 다음과 같은 이유로 이 사건 토지 인도를 청구하는 것이 권리남용에 해당한다고 보아 원고의 청구를 받아들이지 않았다. 이 사건 토지는 오래 전부터 도로로 이용되었고 원고는 경매절차에서 이를 알면서 매수하였다. 원고는 피고에게 높은 금액의 보상금을 요구하였으나 피고가 응하지 않자 이 사건 토지의 인도를 구하였다. 이 사건 토지는 평택로의 일부로 은실고가도로를 연결하는 지점에 위치하고 있어 차량 통행에 필수적이고 통행량도 많다. 이 사건 토지가 인도되면 교통에 큰 지장이 초래되는 반면 주변 현황에 비추어 원고가 이를 다른 용도로 사용하기 어렵다. 원심판결 이유를 위에서 본 법리와 기록에 비추어 살펴보면, 원심판결 이유 중 권리남용 여부를 판단하면서 독점적·배타적인 사용·수익권 포기의 법리를 언급한 부분은 부적절하지만, 원고의 청구를 배척한 결론은 정당하다."라는 취지이다.

위 대법원 2020다254280 판결의 원심(특히 1심인 수원지방법원 평택지원 2019가합11854 판결)을 확인하면 권리남용을 인정하면서 '토지소유자의 독점적·배타적 사용·수익권 제한 법리'를 원용한 부분이 있는데, 대법원에서는 위 '토지소유자의 독점적·배타적 사용·수익권 제한 법리'를 원용한 부분은 부적절하나 원심이 권리남용을 인정하여 원고의 피고(평택시)에 대한 인도청구를 기각한 것은 타당하다는 취지이다.

위 원심(특히 1심)을 확인하면 이미 원고가 피고(평택시)에게 지료상당 부당이득반환청구의 소(증액청구소송도 진행)를 제기하여 승소·확정된 사실도 언급되고 있다. 따라서 대법원은 토지인도청구가 권리남용으로 판단되는 경우에는 토지소유자의 독점적·배타적 사용·수익권 제한이론이 적용되는 경우와는 달리 지료상당 부당이득반환청구가 허용됨을 지적한 것이다.

이와 관련하여 부당이득액수에 대한 관련판례를 확인해 보자. 즉 대법원 2022다293999(반소) 판결에 의하면 "타인 소유의 토지를 법률상 권원 없이 점유함으로 인하여 토지소유자가 입은 통상의 손해는 특별한 사정이 없는 한 점유 토지의 임료 상당액이지만(대법원 93다51539 판결 등), 수익자가 단지 공로에 이르는 통로로 통행지를 통행함에 그치고 통행지 소유자의 점유를 배제할 정도의 배타적인 점유를 하고 있지 않다면, 통행지 소유자가 통행지를 그 본래 목적대로 사용·수익할 수 없게 되는 경우의 손해액이라 할 수 있는 임료 상당액 전부가 통행지 소유자의 손해액이 된다고 볼 수는 없고,

구체적 사안에서 사회통념에 따라 쌍방 토지의 토지소유권 취득 시기와 가격, 통행지에 부과되는 재산세, 본래 용도에의 사용 가능성, 통행지를 공동으로 이용하는 사람이 있는지를 비롯하여 통행 횟수·방법 등의 이용태양, 쌍방 토지의 지형적·위치적 형상과 이용관계, 부근의 환경, 상린지 이용자의 이해득실 기타 제반 사정을 고려하여 이를 감경할 수 있다(대법원 2010다22927, 22934 판결, 대법원 2013다11669 판결 등)."라는 취지이다.

참고로 대법원 2018다284608 판결에 의하면 "토지가 구 소하천정비법(2016. 1. 27. 법률 제13919호로 개정되기 전의 것)에 의하여 소하천구역으로 적법하게 편입된 경우 그로 인하여 그 토지의 소유자가 사용·수익에 관한 권리행사에 제한을 받아 손해를 입고 있다고 하더라도 구 소하천정비법 제24조에서 정한 절차에 따라 손실보상을 청구할 수 있음은 별론으로 하고, 관리청의 제방 부지에 대한 점유를 권원 없는 점유와 같이 보아 손해배상이나 부당이득의 반환을 청구할 수 없다."는 취지이다.

한편 무단축조 건물에 대한 토지소유자의 부당이득반환청구와 관련하여 그 무단축조 건물이 미등기 건물인 경우에 건물의 원시취득자와 사실상 처분권자가 부진정연대하여 토지소유자에 대하여 부당이득반환의무를 부담하게 된다.

즉 대법원 2018다243133(본소), 2018다243140(반소) 판결에 의하면 "미등기 건물을 양수하여 건물에 관한 사실상의 처분권을 보유하게 됨으로써 그 양수인이 건물 부지 역시 아울러 점유하고 있다고 볼 수 있는 경우에는 미등기 건물에 관한 사실상의 처분권자도 건물 부지

의 점유·사용에 따른 부당이득반환의무를 부담한다. 이러한 경우 미등기 건물의 원시취득자와 사실상의 처분권자가 토지소유자에 대하여 부담하는 부당이득반환의무는 동일한 경제적 목적을 가진 채무로서 부진정연대채무 관계에 있다고 볼 것이다."는 취지이다[미등기 건물의 법률상 소유자인 원시취득자에 한하여 부당이득반환의무를 부담한다는 취지의 원심판결을 파기·환송함. 위 대법원 판결에 대하여 일물일권주의(민법 제185조)에 따라 미등기·무허가 건물의 '원시취득자'와 '양수인(사실상의 처분권자)'은 그 건물을 '공동 점유(직·간접점유 등)'하고 있다고 볼 수밖에 없는바, 대법원 91다3901 판결 등에 의하면 종전부터 '공동 점유'로 인한 부당이득반환의무를 '불가분채무'라고 판시하였으므로 '원시취득자'와 '양수인(사실상의 처분권자)'의 각 부당이득반환채무를 '부진정연대채무'로 보기보다는 '불가분채무'로 보는 것이 더 타당하다는 견해로는 연도별 2023. 9. 1.자 '서울고등법원판례공보스터디' 제2609쪽 참고].

7. 수용 등의 절차 없이 사방시설을 설치한 자치구에 부당이득의무를 인정한 사례

서울 서초구 예술의 전당 인근 우면산 일대('이 사건 토지'가 속한 우면산 일대)에 2011년 7월경 기습적 폭우로 산사태가 발생하여 심각한 인명피해가 발생했던 적이 있다. 당시 필자도 그 인근에 살았었기 때문에 많이 놀랐던 기억이 선명하다. 이와 관련된 대법원 2023다275530 판결 사안을 확인해 보자.

피고(서울 서초구)는 2011. 12. 22. 이 사건 토지를 사방지로 지정·고시하고, 2012. 4.경 이 사건 토지 위에 구 사방사업법(2013. 8. 13. 법률 제12052호로 개정되기 전의 것, 이하 같다) 제2조 제3호에서 정한 사방시설을 설치하는 사방공사에 착수하여 2012. 12.경 준공하였다.

위 사방공사 결과 이 사건 토지 위에 콘크리트로 이루어진 사방시설과 이를 관리하기 위한 CCTV 등(이하 '이 사건 사방시설')이 설치되었다.

원고들은 사방시설이 설치된 후인 2017. 8. 21. 이 사건 토지의 공유지분을 취득하였는데, 피고가 이 사건 사방시설의 설치를 통해 법률상 원인 없이 원고들이 공유하는 토지를 점유·사용하고 있음을 이유로 부당이득의 반환을 구하고 있다.

원고의 서울시 서초구를 피고로 한 부당이득반환청구가 인정될 수 있을까? 위 대법원 2023다275530 판결(원심 동일)에 의하면 부당이득반환청구가 인정된다는 취지이다.

피고는, 이 사건 사방시설이 구 사방사업법 제9조 제3항을 근거로 설치되었으므로 법률상 원인 없는 점유가 아니고, 원고들로서는 구 사방사업법 제10조의 손실보상을 구할 수 있을 뿐이라고 주장하였다.

그런데, (2013. 8. 13. 법률 제12052호로 개정된) 개정 사방사업법은 인공구조물을 설치할 수 있다는 규정을 두고 있지만, 이 사건 사방시설은 개정 사방사업법 시행 전에 준공되었기 때문에, 이 사건 사방시설의 설치에 관하여는 구 사방사업법이 적용되는데, 구 사방사업법 제9조 제3항은 인공구조물을 설치할 수 있다는 규정을 두고 있지 않았다.

결국 대법원은 구 사방사업법 제9조 제3항은 이 사건 사방시설 설치의 근거 규정이 될 수 없고, 그 결과 원고들도 구 사방사업법 제10조에 근거한 손실보상을 구할 수 없다고 보고, 피고의 이 부분 상고이유는 받아들일 수 없다고 보았던 것이다.

이와 같이 직접적인 근거 규정이 없는 상황에서는, 피고가 토지보상법에 따른 수용·사용 절차를 거쳐야만 사유지에 사방사업을 위한 인공구조물을 설치할 수 있었다고 본 것이다. 그런데, 피고가 그러한 절차를 거쳤다고 볼 만한 증거가 없어, 피고에게는 부당이득반환의무가 있다고 보았다.

위 대법원은 또한, 이 사건과 같이 국가 또는 지방자치단체가 위법하게 사유지에 대한 점유를 개시한 경우, 토지보상법에 따라 해당 토지에 대한 수용 또는 사용 절차를 거쳐 손실보상금을 지급할 가능성이 있었다는 사정만으로 부당이득반환의무가 소멸한다고 볼 수 없다고 판단하였다.

즉, 토지보상법에 따른 적법한 수용 또는 사용 절차를 통해 정당한 보상을 함으로써 그 토지에 대한 사용권을 획득한 이후에야 그 범위 내에서 부당이득반환의무를 면할 뿐이라는 것이다.

원심판결은 이 사건 토지에 설치한 시설들이 구 급경사지법이나 구 재난안전법에서 정한 안전조치에 해당하지 않는다고 판단하면서, 위 시설들이 위 법률에 따라 원래 원고들이 설치할 의무를 부담했던 시설에 불과하였다는 취지의 피고 주장을 배척하였는데, 대법원도 그 결론을 긍정하였다.

또한 대법원은 이 사건 토지에서 발생할 위험을 방지할 의무가 그 소유자인 원고들에게 있으므로, 그 방지 목적으로 설치된 사방시설을 이유로 부당이득반환을 구할 수 없다는 주장 역시도 받아들일 수 없다는 취지이다.

위 대법원 판결의 판결이유를 확인하면 “수용된 토지의 소유자가 손실보상을 받을 수 있는 이상 부당이득 반환청구를 할 수 없다는 취지의 대법원 1995. 12. 8. 선고 95다39441 판결은 이미 법령에 따라 적법하게 국유지로 편입된 하천부지에 관한 사건으로서, 피고가 법령에서 정한 절차를 따르지 않은 채 사방시설을 설치함으로써 무단으로 점유를 개시한 이 사건에 원용하기에 적절하지 않다.”라는 부분이 확인된다.

이에 대하여 “2024. 8. 15.자 공보에 대한 ‘서울고등법원판례공보스터디’ 판례 4번 해설”에 의하면 “수용·사용 등이 관련 법령의 규정에 따라 적법하게 이루어졌지만, 손실보상은 이루어지지 않은 경우가 있을 수 있는데, 피고가 상고이유에서 원용하는 대법원 1995. 12. 8. 선고 95다39441 판결이 그러한 사안을 다루고 있다.”면서, “이 사건의 경우도 개정 사방사업법이 적용되는 사안이었다면 위 대법원 95다39441 판결의 논리가 적용될 수 있을 것”이라는 취지이다.

즉, “대법원 1995. 12. 8. 선고 95다39441 판결의 사안은 법령 자체에 의하여 사용·수익이 제한되는 것이어서 그 법령이 곧 법률상 원인이 되는 것"이라는 취지이다.

위 대법원 95다39441 판결에 의하면 "토지가 준용하천의 하천구역으로 편입됨으로써 손실을 받은 토지의 소유자는 하천법 제74조가 정하는 바에 따라 하천관리청과의 협의를 하고 그 협의가 성립되지 아니하거나 협의를 할 수 없을 때에는 관할 토지수용위원회에 재결을 신청하고 그 재결에 관하여도 불복일 때에는 바로 관할 토지수용위원회를 상대로 재결 자체에 대한 행정소송을 제기하여 그 결과에 따라 손실보상을 받을 수 있을 뿐이고, 직접 하천관리청을 상대로 민사소송으로 손실보상을 청구할 수는 없는 것이며, 또한 토지가 하천구역으로 편입된 이상 소유자로서는 사용·수익에 관한 사권의 행사에 제한을 받아 손해를 입고 있다고 하여도 같은 법 제74조의 규정에 의한 손실보상을 받음은 별론으로 하고, 하천관리청인 지방자치단체의 점유를 권원 없는 점유와 같이 보아 부당이득의 반환을 청구할 수는 없다."라는 취지이다.

또한 관련판결에 해당하는 대법원 93다46827 판결에 의하면 "하천법상 하천의 횡적인 구역은 같은 법 제2조 제1항 제2호에서 하천구간 내의 토지 중 일정한 구역으로 인정하고 있어 같은 호 (다)목의 규정에 의하여 지정되는 것을 제외하고는 당연히 하천구역이 되고, 따로 하천관리청의 지정처분이 있어야 하는 것이 아니므로", ~중략~ "토지가 하천관리청의 제방신축공사로 인하여 하천구역으로 편입된 이상, 소유자로서는 사용, 수익에 관한 사권의 행사에 제한을 받아 손해를 받고 있다고 하여도 같은 법 제74조의 규정에 의한 손실보상을 받음은 별론으로 하고, 하천관리청인 지방자치단체의 점유를 권원 없는 점유와 같이 보아 부당이득의 반환을 청구할 수는 없다."라는 취지이다.

8. 고압송전선 통과로 토지소유자의 토지 상공에 대한 사용·수익이 제한되는 경우

한국전력공사가 설치하여 소유하고 있는 고압송전선이 개인소유 토지의 상공을 지나고 있다. 그런데, 위 고압송전선을 설치함에 있어서 한국전력공사가 적법하게 그 토지 상공의 공간 사용권을 취득하거나 그에 따른 손실을 보상하였다는 자료가 전혀 없다.

이때 토지소유자가 위 고압송전선의 철거를 청구할 수 있을까? 서울고등법원 2013나50284 판결에 의하면 가능하다는 취지이다.

즉 위 판결은 "토지의 소유권은 정당한 이익이 있는 범위 내에서 그 토지의 상공에도 미치는 것인데, 피고가 정당한 권원 없이 원고들 소유의 이 사건 임야 지상에 송전선을 설치, 통과시킴으로써 원고들의 이 사건 임야에 관한 소유권행사를 방해하고 있으므로, 특별한 사정이 없는 한, 피고는 원고들에게 이 사건 송전선을 철거할 의무가 있다."는 취지이다.

이때 토지소유자의 사용·수익이 제한되는 상공에 대하여 고압전선의 소유자는 특별한 사정이 없는 한 차임 상당의 부당이득을 토지소유자에게 반환할 의무를 부담한다.

그렇다면, 한국전력공사가 위 토지 상공의 사용을 위한 재결 등의 절차를 거쳐 구분지상권설정등기를 거친 경우는 어떠한가? 한국전력공사가 권원을 확보한 것이므로 철거청구가 인용되기 어렵다.

한국전력공사가 확보한 권원의 범위와 토지소유자의 소유권이 제한되는 상공에 대한 범위에 차이가 나는 경우에 그 차이부분에 대한 토지소유자의 부당이득반환청구가 인정될까?

토지소유자의 실제 토지소유권 제한 범위보다 더 적은 권원을 송전선의 소유자가 확보한 후 그 적은 부분에 대한 사용료만을 지급하겠다는 주장을 할 경우에 토지소유자가 대응할 수 있는지 문제된다.

이와 관련하여 대법원 2017다257043 판결은 “토지의 상공에 고압전선이 통과하게 됨으로써 토지소유자가 토지 상공의 사용·수익을 제한받게 되는 경우, 특별한 사정이 없는 한 고압전선의 소유자는 토지소유자의 사용·수익이 제한되는 상공 부분에 대한 차임 상당의 부당이득을 얻고 있으므로, 토지소유자는 이에 대한 반환을 구할 수 있다. 이때 토지소유자의 사용·수익이 제한되는 상공의 범위에는 고압전선이 통과하는 부분뿐만 아니라 관계 법령에서 고압전선과 건조물 사이에 일정한 거리를 유지하도록 규정하고 있는 경우 그 거리 내의 부분도 포함된다. 한편 고압전선의 소유자가 해당 토지 상공에 관하여 일정한 사용권원을 취득한 경우, 그 양적 범위가 토지소유자의 사용·수익이 제한되는 상공의 범위에 미치지 못한다면, 사용·수익이 제한되는 상공 중 사용권원을 취득하지 못한 부분에 대해서 고압전선의 소유자는 특별한 사정이 없는 한 차임 상당의 부당이득을 토지소유자에게 반환할 의무를 부담한다.”는 취지이다.

위 대법원 사안을 정리하면, 한국전력공사가 권원 없이 토지소유자의 상공에 고압송전선을 설치하자, 토지소유자가 한국전력공사를 상대로 고압송전선 철거 및 부당이득반환청구의 소송을 제기하여 승소 확정되었다.

이에 따라 한국전력공사가 재결 등의 절차를 거쳐 토지 상공에 대한 사용 권원을 확보한 후에 구분지상권설정등기까지 마쳤는데, 토지소유자가 고압송전선 철거 및 부당이득금 집행에 나아가자 한국전력공사가 청구이의를 하였는바, 원심은 한국전력공사가 권원을 확보하였음을 이유로 고압송전선 철거 및 부당이득금 집행을 불허하였으나, 대법원은 고압송전선 철거 집행 불허는 타당하나, 한국전력공사가 확보한 권원의 범위가 토지소유자의 토지소유 제한 범위보다 부족함을 들어 부당이득반환범위에 대한 심리를 다시 하라는 취지로 원심을 파기·환송한 사안이다.

또 다른 사례를 살펴보자. 한국전력공사가 설치한 고압송전선이 개인소유 토지 상공을 통과하여 위 토지의 소유자 소외 1이 한국전력공사를 상대로 부당이득반환청구의 소를 제기하여 “피고는 소외 1에게 1996. 9. 1.부터 이 사건 송전선의 철거완료시까지 월 62,282원의 비율로 계산한 돈을 지급하라.”라는 정기금의 지급을 명하는 판결이 선고 및 확정되었다고 가정하자.

이때 소외 1이 소외 1소유의 토지를 소외 2.에게 매각하여 소외 2명의로 소유권이전등기가 완료되었는데, 얼마 후 원고에게 위 토지의 소유권이 이전되었다. 이때 원고가 한국전력공사를 상대로 재차 부당이득반환청구를 하는 것이 타당한 것인지 아니면 소외 1이 받은 판결이 효력이 원고에게 미쳐서 기판력 이론에 따라 원고의 소송은 각하되는지 문제된다.

원심(서울중앙지방법원 2020나24303 판결)은 원고가 소외 2를 거쳐 소외 1로부터 전소판결에 따른 부당이득반환청구권을 묵시적으로 양수하였으므로, 민사소송법 제218조 제1항에서 정한 전소판결의 기판력이 미치는 변론을 종결한 뒤의 승계인에 해당한다고 보아 이 사건 소를 각하하였으나, 대법원 2021다206349 판결은 원고의 한국전력공사에 대한 부당이득청구가 가능하다는 취지로 원심을 파기·환송한 것이다.

즉 위 대법원 2021다206349 판결에 의하면 "전소판결의 소송물은 채권적 청구권인 부당이득반환청구권이므로 원고가 전소판결소송 변론종결 뒤에 이 사건 토지의 소유권을 취득하였다는 사정만으로는 전소판결의 기판력이 미치는 변론을 종결한 뒤의 승계인에 해당할 수 없고(대법원 2014다31721 판결 등), 전소판결의 소송물인 부당이득반환청구권은 소외 1의 이 사건 토지 소유를 요건으로 하므로 이 사건 토지소유권이 소외 1에서 다른 사람으로 이전된 이후에는 더 이상 발생하지 않고, 그에 대한 양도도 있을 수 없다. 따라서 이 사건 소에서 자신이 이 사건 토지의 소유권을 취득한 이후의 부당이득반환을 구하는 원고로서는 전소판결 소송의 소송물을 양수한 변론을 종결한 뒤의 승계인에도 해당하지 않는다."는 취지이다.

참고로 대법원 2014다31721 판결에 의하면 "토지의 소유자가 소유권에 기하여 토지의 무단 점유자를 상대로 차임 상당의 부당이득반환을 구하는 소송을 제기하여 무단 점유자가 점유 토지의 인도 시까지 매월 일정 금액의 차임 상당 부당이득을 반환하라는 판결이 확정된 경우, 이러한 소송의 소송물은 채권적 청구권인 부당이득반환청구권이므로, 소송의 변론종결 후에 토지의 소유권을 취득한 사람은 민사소송법 제218조 제1항에 의하여 확정판결의 기판력이 미치는 변론을 종결한 뒤의 승계인에 해당한다고 볼 수 없다. 따라서 토지의 전 소유자가 제기한 부당이득반환청구소송의 변론종결 후에 토지의 소유권을 취득한 사람에 대해서는 소송에서 내려진 정기금 지급을 명하는 확정판결의 기판력이 미치지 아니하므로, 토지의 새로운 소유자가 토지의 무단 점유자를 상대로 다시 부당이득반환청구의 소를 제기하지 아니하고, 토지의 전 소유자가 앞서 제기한 부당이득반환청구소송에서 내려진 정기금판결에 대하여 변경의 소를 제기하는 것은 부적법하다."라는 취지이다.

9. 토지사용승낙서의 채권적 효력

토지사용승낙서란 '토지소유자가 타인으로 하여금 자신의 토지를 사용할 수 있도록 승낙하는 의사표시를 문서로 작성한 것'을 의미한다. 건축법상의 건축허가 등을 받기 위해서는 일정한 길이의 도로접면이 필요한데, 이를 위해 타인 소유의 토지에 대하여 토지사용승낙서가 필요한 경우가 적지 않다.

그렇다면, 토지사용승낙서의 효력은 어떠할까? 대법원 79다438 판결에 의하면, "피고들 선대가 이 사건에서 문제된 땅 위에 문제의 건물을 지을 때에 그 땅의 2분지 1, 지분소유권자이던 원고의 선대로부터 땅에 대한 사용승낙을 받은 일이 있다 하더라도 그것만으로서는 지상권이 설정되었거나 관습상의 지상권이 발생하는 것이라 할 수는 없다."는 취지다.

따라서 토지사용승낙서는 단순히 승낙목적에 사용할 수 있는 채권적 권리가 생길 뿐이라 해석된다.

이와 관련하여, 수원지방법원 2008가단32927 통행금지 판결은 "피고들은, 원고로부터 이 사건 도로부분에 대한 사용승낙을 받았다고 주장하므로 살피건대, 을 제6호증의 기재에 의하면 원고가 2002. 12.경 피고 B에 대하여 이 사건 토지를 피고 B가 사용함에 동의한다는 내용의 토지사용승낙서를 작성하여 준 사실은 인정되나, 위 토지사용승낙서에는 피고 B가 사용하는 면적이 구체적으로 표시되어 있지 아니하고, 그 작성시점이 원고가 이 사건 토지 위에 공장을 신축 중이던 2002. 12.경으로서 2007. 12. 5.자 경계복원측량에 의하여 위 토지 전체 면적인 ○○○㎡ 중 약 36.9%에 해당하는 ○○○㎡에 해당하는 부분에 이 사건 도로가 지나가게 된다는 것을 확인할 수 없었던 시점인 점, 위와 같이 이 사건 토지 중 상당한 면적이 도로부지로 사용될 것임에도 원고가 어떠한 보상 없이 위와 같은 토지사용승낙서를 작성하여주는 것은 매우 이례적인 점 등에 비추어 볼 때 위 토지사용승낙서가 구체적으로 이 사건 도로 부분의 사용을 허락하는 취지로는 볼 수 없으므로, 피고들의 이 부분 주장은 이유 없다."고 판시하여, 토지사용승낙서의 효력을 제한한 사례도 보인다.

토지사용승낙은 허가나 사업승인 등 특정목적을 정하여 해주는 것이 좋다. 이때 사용자가 그 목적에 위배할 경우에 대비하여 위반 시 무효로 하거나, 위약금을 약정하거나 유효기간을 명시하는 등 조건을 붙여 승낙할 필요가 있다.

또한, 토지사용승낙서는 채권적 효력만 인정되므로, 원칙적으로 당사자 사이에서만 그 효력이 있고, 제3자에게는 효력이 없다고 해석되기에, 토지사용승낙서를 사업시행권과 함께 양수받은 자가 있더라도 양수인은 별도로 토지소유자의 사용승낙을 받아야 한다고 해석된다.

토지사용승낙과 관련하여 참고할 대법원 판례로는 "토지 매수인이 매수 토지의 통로로 이용되는 매도인 소유 토지 중 일부 지분을 직접 매수하면서 그 토지 전체를 통로로 사용할 것을 합의한 후 건축허가신청을 하면서 그 토지에 관한 매도인의 소유 지분에 대하여 건축허가신청을 위한 토지사용승낙의 의사표시를 구한 경우, 그 청구취지는 건축법상 건축허가에 필요한 도로를 개설하기 위한 범위 내에서 이해관계자의 동의를 구하는 것으로 보아야 한다는 이유로, 이에 대한 심리 없이 매도인에게 토지사용승낙의 의사표시를 이행할 의무가 없다고 본 원심판결을 파기한 사례(대법원 97다50121 판결)"가 있다.

또한 집합건물법 제20조의 분리처분금지라는 특수성 등이 반영되어 토지무상 사용승낙의 채권적 효력을 확대한 판례사례도 확인할 수 있는데, 대법원 2023다254816 판결은 '토지소유자와 대한주택공사 사이에 체결한 협정의 체결 경위와 그 내용, 토지소유자가 이 사건 공동주택의 입주예정자에게 작성·교부한 각서의 내용, 대한주택공사가 수분양자들과 체결한 주택분양계약의 내용 등을 종합하여 보면,

토지소유자는 대한주택공사와 수분양자들에게 이 사건 공동주택이 존속하는 동안 이 사건 공동주택의 개별 호실에 해당하는 전유부분의 소유를 위하여 이 사건 토지를 무상으로 사용·수익할 것을 승낙하였고, 그러한 승낙의 효력은 수분양자들로부터 이 사건 공동주택의 전유부분을 양수한 사람들에게까지 미친다.'라는 취지이다(이와 달리 이 사건 공동주택의 수분양자 등인 피고들이 가지는 토지사용권이 원고 등에게 효력이 미치지 아니한다고 판단한 원심판결을 파기·환송한 것).

10. 점유침탈로 인한 점유회수청구와 본권자의 소유권에 기한 인도청구

A건물의 소유자 甲은 A건물의 주차장 출입을 위해 乙 소유의 토지를 통행하고 있었다. 乙은 A건물의 이전 소유자인 '아시아건설'에게 "이 사건 토지는 乙의 소유로 2010. 7. 26.부로 아시아건설의 제2종 근린생활시설 건축허가 신청용도로 사용을 승낙함"이라고 기재한 토지사용승낙서를 작성해 주었던 것이다.

A건물은 '아시아건설'이 2012. 1. 20. 신축하여 소유권보존등기를 마친 다음 2016. 11. 7. 임의경매절차에서 소외인이 매수하여 같은 날 '덕우산업개발'을 거쳐 다시 甲에게 신탁을 원인으로 한 소유권이전등기가 마쳐진 것이었다. 甲은 A건물의 소유권을 취득한 다음 이 사건 토지를 A건물의 주차장 진출입로로 계속하여 사용해 왔다.

그런데 A건물에 대한 임의경매사건의 매각물건명세서 비고란에는 "대지사용권이 없으므로 건물만 매각, 최저매각가격은 건물만의 평가액임"이라고 기재되어 있다(일반건물에서 집합건물로 전환등록 후 경매로 매각된 사례).

乙은 2016. 12. 29.경 A건물의 이전 소유자인 덕우산업개발에 "이 사건 토지에 대한 사용료를 지급하지 아니하면 이 사건 토지의 출입을 제한하겠다."는 취지의 내용증명을 보내고, 2017. 1. 10. 이 사건 토지의 사용료가 지급되지 않았음을 이유로 이 사건 토지에 이 사건 펜스를 설치하였다. 乙의 펜스설치는 타당한 것인가?

甲에게 점유권이 인정되는 상황이라면 펜스설치가 타당하다고 보기 어렵다.

민법 제204조는 "점유의 회수"라는 제목 아래에 "① 점유자가 점유의 침탈을 당한 때에는 그 물건의 반환 및 손해의 배상을 청구할 수 있다. ② 전항의 청구권은 침탈자의 특별승계인에 대하여는 행사하지 못한다. 그러나 승계인이 악의인 때에는 그러하지 아니하다. ③

제1항의 청구권은 침탈을 당한 날로부터 1년 내에 행사하여야 한다."고 규정하고 있다.

따라서 乙의 적절하지 않은 자력구제를 통하여 점유를 침해당한 甲은 乙에게 펜스의 철거와 乙 소유의 '이 사건 토지'의 인도를 청구할 수 있다.

乙의 입장에서는 '이 사건 토지'가 乙의 소유이므로 甲의 펜스철거 및 이 사건 토지 인도청구가 부당한 것이 아닌가? 그렇지 않다.

민법 제208조는 "점유의 소와 본권의 소와의 관계"라는 제목 아래에 "① 점유권에 기인한 소와 본권에 기인한 소는 서로 영향을 미치지 아니한다. ② 점유권에 기인한 소는 본권에 관한 이유로 재판하지 못한다."고 규정하고 있기 때문이다.

결국 乙은 이 사건 토지에 무작정 펜스를 치는 것이 아니라 甲과 협의를 통해 해결하거나 乙의 '이 사건 토지'에 대한 소유권에 근거하여 甲에게 이 사건 토지의 인도 내지 지료청구 등을 하는 것이 적절할 것이다.

그렇다면 甲의 점유권에 근거한 청구에 대하여 乙이 아무런 대응을 할 수 없는가? 그렇지 않다. 乙은 甲의 본소에 대하여 반소로 '이 사건 토지'의 소유자로서 '이 사건 토지'의 인도 및 지료청구를 소구할 수 있다.

즉 乙은 甲의 점유 회복에 의해 장래 이를 상실할 위험이 있으므로, 민법 제208조에 불구하고 소유권에 기한 피고의 이 사건 토지 인도의 반소청구는 장래이행의 소로서의 정당한 이익이 있다[수원지방법원 2018나70752(본소), 70769(반소) 판결].

따라서 乙의 소유권에 기한 甲에 대한 '이 사건 토지'에 대한 인도청구 및 지료청구가 가능하다.

그렇다면, 집행단계에서는 어떻게 처리되는가? 甲이 본소 확정판결에 의하여 집행문을 부여받아 강제집행으로 물건의 점유를 회복하면, 乙의 소유권에 기한 반소청구는 본소의 의무실현을 정지조건으로 하므로, 乙은 위 본소 집행 후 집행문을 부여받아 비로소 반소 확정판결에 따른 강제집행으로 물건의 점유를 회복할 수 있게 된다.

즉 대법원 2019다202795(본소), 202801(반소) 판결(소유권이전등기·토지인도)에 의하면 "점유자가 본소 확정판결에 의하여 집행문을 부여받아 강제집행으로 물건의 점유를 회복할 수 있다. 본권자의 소유권에 기한 반소청구는 본소의 의무 실현을 정지조건으로 하므로, 본권자는 위 본소 집행 후 집행문을 부여받아 비로소 반소 확정판결에 따른 강제집행으로 물건의 점유를 회복할 수 있다. 이러한 과정은 애당초 본권자가 허용되지 않는 자력구제로 점유를 회복한 데 따른 것으로 그 과정에서 본권자가 점유침탈 중 설치한 장애물 등이 제거될 수 있다. 다만 점유자의 점유회수의 집행이 무의미한 점유상태의 변경을 반복하는 것에 불과할 뿐 아무런 실익이 없거나 본권자로 하여금 점유회수의 집행을 수인하도록 하는 것이 명백히 정의에 반하여 사회생활상 용인할 수 없다고 인정되는 경우, 또는 점유자가 점유권에 기한 본소 승소 확정판결을 장기간 강제집행하지 않음으로써 본권자의 예비적 반소 승소 확정판결까지 조건불성취로 강제집행에 나아갈 수 없게 되는 등 특별한 사정이 있다면 본권자는 점유자가 제기하여 승소한 본소 확정판결에 대한 청구이의의 소를 통해서 점유권에 기한 강제집행을 저지할 수 있다."는 취지이다.

위 사안은 乙이 소유권자로서 '이 사건 토지'에 펜스를 설치하자 '이 사건 토지'를 A건물의 주차장 진출입로로 사용·수익하지 못하게 된 甲이 乙에 대하여 이 사건 펜스 설치에 대하여 주위적으로 민법 제205조에 따라 점유물에 대한 방해제거로 이 사건 펜스의 철거를 구하고, 예비적으로 민법 제204조에 따라 점유물의 반환으로 이 사건 펜스의 철거 및 이 사건 토지의 인도를 구하였는데, 乙이 甲에 대하여 甲의 청구가 인용될 경우에 대비하여 민법 제213조에 따라 소유권에 기하여 이 사건 토지의 인도 및 지료청구를 구하였고 원심은 甲의 예비적 청구와 乙의 예비적 반소 청구를 모두 인용한 사안이다(대법원은 원심 확정).

이와 관련하여 대법원 2019다208441 판결에 의하면 "점유권을 기초로 한 본소에 대하여 본권자가 본소청구의 인용에 대비하여 본권에 기초한 장래이행의 소로서 예비적 반소를 제기하고 양 청구가 모두 이유 있는 경우, 법원은 점유권에 기초한 본소와 본권에 기초한 예비적 반소를 모두 인용해야 하고 점유권에 기초한 본소를 본권에 관한 이유로 배척할 수 없다. 이러한 법리는 점유를 침탈당한 자가 점유권에 기한 점유회수의 소를 제기하고, 본권자가 그 점유회수의 소가 인용될 것에 대비하여 본권에 기초한 장래이행의 소로서 별소를 제기한 경우에도 마찬가지로 적용된다."는 취지이다.

'점유권에 기인한 소와 본권에 기인한 소의 관계'에 대하여 2023. 10. 1.자 공보에 대한 '서울고등법원판례공보스터디'에 의하면 "민법 제208조 제1항은 '점유권에 기인한 소와 본권에 기인한 소는 서로 영향을 미치지 아니한다.'고 규정하고 있는바, 점유권에 기인한 소와 본권에 기인한 소는 서로 영향을 미치지 아니하고, 점유권에 기인한 소는 본권에 관한 이유로 재판하지 못하므로 점유회수의 청구에 대하여 점유침탈자가 점유물에 대한 본권이 있다는 주장으로 점유회수를 배척할 수 없다면서, 소유권자가 법에 의한 절차가 아닌 강제적인 침탈행위로 점유권자의 점유를 침탈한 경우에 소유권과 같은 본권이 있다는 이유로 점유자의 점유회수의 소를 받아들이지 않는다면, 소유권자로서는 법에 의한 절차를 거치지 않고서도 언제든지 자력구제를 할 수 있게 되는데, 이러한 결과는 법질서 안정을 위해서는 허용될 수 없어서 점유회수의 소에서 소유권자가 본권이 있다고 주장하는 것은 그 주장 자체로 이유 없다면서, 점유권에 기한 본소에 대하여 본권자가 본소청구 인용에 대비하여 본권에 기한 예비적 반소를 제기하고 양 청구가 모두 이유 있는 경우, 법원은 점유권에 기한 본소와 본권에 기 한 예비적 반소를 모두 인용해야 한다(본소의 원고가 현재 물건을 점유하고 있지 않다고 하더라도, 본권자의 반소는 장래이행청구로 볼 수 있으므로 인용하는 것이 타당)."고 설명하고 있다.

참고로 대법원 2021다213866 판결에 의하면 "민법 제204조에 따르면, 점유자가 점유의 침탈을 당한 때에는 그 물건의 반환 및 손해의 배상을 청구할 수 있고(제1항), 위 청구권은 점유를 침탈당한 날부터 1년 내에 행사하여야 하며(제3항), 여기서 말하는 1년의 행사기간은 제척기간으로서 소를 제기하여야 하는 기간을 말한다. 그런데 민법 제204조 제3항은 본권 침해로 발생한 손해배상청구권의 행사에는 적용되지 않으므로 점유를 침탈당한 자가 본권인 유치권 소멸에 따른 손해배상청구권을 행사하는 때에는 민법 제204조 제3항이 적용되지 아니하고, 점유를 침탈당한 날부터 1년 내에 행사할 것을 요하지 않는다."는 취지이다.

즉 점유침탈로 인한 손해배상 청구는 1년의 제척기간이 적용되나, 점유를 기초로 한 본권(예: 유치권) 침해로 발생한 손해배상권의 행사에는 적용되지 않는다.

점유침탈 외에도 유치권을 침해하는 방법은 여러 가지가 있는데, 이 경우 불법행위를 원인으로 한 손해배상청구권(소멸시효)을 행사할 수 있다는 사정을 고려하면 '점유침탈'의 방법으로 '유치권'이라는 본권을 침해한 경우에만 1년의 제척기간에 걸리게 하는 것은 같은 물권의 침해를 침해방법에 따라 체적기간 적용 여부를 달리하는 것으로 부당하다는 측면에서 위 판결이 타당하다(2022. 9. 30.자 '서울고등법원판례공보스터디' 제1203쪽, 제1204쪽 참고).

11. 주위토지통행권자의 보상 손해액 산정방법

민법 제219조는 "주위토지통행권"이라는 제목 아래에 "① 어느 토지와 공로 사이에 그 토지의 용도에 필요한 통로가 없는 경우에 그 토지소유자는 주위의 토지를 통행 또는 통로로 하지 아니하면 공로에 출입할 수 없거나 과다한 비용을 요하는 때에는 그 주위의 토지를 통행할 수 있고 필요한 경우에는 통로를 개설할 수 있다. 그러나 이로 인한 손해가 가장 적은 장소와 방법을 선택하여야 한다. ② 전항의 통행권자는 통행지소유자의 손해를 보상하여야 한다."라고 규정하고 있다.

따라서 주위토지통행권자는 민법 제219조 제2항에 따라 통행지소유자의 손해를 보상해야 한다. 이때 주위토지통행권자가 보상하는 손해액을 산정함에 있어 주위토지통행권이 인정되는 당시의 현실적 이용 상태에 따른 통행지의 임료 상당액을 기준으로 하는가?

아니면 주위토지통행권이 인정되어 통행하고 있으므로 통행지를 '도로'로 평가하여 산정한 임료 상당액이 통행지 소유자의 손해액이 된다고 볼 수 있는가?

대법원 2013다11669 판결은 주위토지통행권이 인정되는 당시의 현실적 이용 상태에 따른 통행지의 임료 상당액을 기준으로 하되 여러 가지 제반 사정을 고려하여 이를 법원이 직권으로 감경할 수 있다는 취지이다.

그 이유는 무엇일까?

타인 소유의 토지를 법률상 권원 없이 점유함으로 인하여 그 토지소유자가 입은 통상의 손해는 특별한 사정이 없는 한 그 점유토지의 임료 상당액이라고 할 것이지만(대법원 93다51539 판결), 주위토지통행권자가 단지 공로에 이르는 통로로서 통행지를 통행함에 그치고 통행지 소유자의 점유를 배제할 정도의 배타적인 점유를 하고 있지 않다면 통행지 소유자가 통행지를 그 본래 목적대로 사용·수익할 수 없게 되는 경우의 손해액이라 할 수 있는 임료 상당액 전부가 통행지 소유자의 손해액이 된다고 볼 수는 없다(대법원 2010다22927, 22934 판결).

따라서 주위토지통행권자가 통행지 소유자에게 보상해야 할 손해액은 주위토지통행권이 인정되는 당시의 현실적 이용 상태에 따른 통행지의 임료 상당액을 기준으로 하여, 구체적인 사안에서 사회통념에 따라 쌍방 토지의 토지소유권 취득시기와 가격, 통행지에 부과되는 재산세, 본래 용도에의 사용 가능성, 통행지를 공동으로 이용하는 사람이 있는지를 비롯하여 통행 횟수·방법 등의 이용태양, 쌍방 토지의 지형적·위치적 형상과 이용관계, 부근의 환경, 상린지 이용자의 이해득실 기타 제반 사정을 고려하여 이를 감경할 수 있고, 단지 주위토지통행권이 인정되어 통행하고 있다는 사정만으로 통행지를 '도로'로 평가하여 산정한 임료 상당액이 통행지 소유자의 손해액이 된다고 볼 수 없다는 것이다(대법원 2022다293999(반소) 판결도 동일취지).

위 대법원 2013다11669 판결의 판결이유를 확인하면 "원심판결 이유에 의하면 이 사건 토지 부분은 지목이 대지이고 원고가 유료 주차장으로 사용하는 토지의 일부인 사실을 알 수 있으므로 소외인 등의 예에 따라서 이 사건 토지 부분에 관하여 피고에게 주위토지통행권이 인정된다 하더라도 피고가 이 사건 토지 부분을 공로에 이르는 통로로서 통행함에 그치고 원고의 점유를 배제할 정도의 배타적인 점유를 하고 있지 아니한 이상,

피고의 통행으로 인한 원고의 손해액은 이 사건 토지 부분의 현실적 이용 상태인 '주차장 부지'로서의 임료 상당액을 기준으로 하여, 원고·피고 쌍방의 토지소유권의 취득시기, 이 사건 토지 부분에 부과되는 재산세, 이 사건 토지 부분을 공동으로 이용하는 사람들의 통행 횟수·방법 등의 이용태양, 상업 지구에 인접한 주차장과 숙박업소로서의 상호 이용관계, 원고·피고의 이해득실 기타 제반 사정을 고려하여 적절하게 감경하여 정해져야 하고,

단지 이 사건 토지 부분에 관하여 피고에게 주위토지통행권이 인정된다고 하여 이 사건 토지 부분을 '도로'로 평가하여 원고의 손해액을 산정할 수 없다."고 판시하여 "이 사건 토지 부분이 '도로'임을 전제로 한 차임 상당의 부당이득금을 원고에게 반환하여야 한다고 판단" 한 원심을 파기·환송한 것이다.

결국 실무적으로는 원고의 주위토지통행권 주장에 대하여 통행지소유자인 피고가 반소로 임료상당액의 보상 손해액을 청구할 것으로 보이고, 피고의 반소에 따라 원고가 피고에게 보상할 손해액은 "주위토지통행권이 인정되는 당시의 현실적 이용 상태에 따른 통행지의 임료 상당액"을 법원감정을 통해 확인한 후에 그 해당사건의 구체적인 기타 제반 사정을 감안하여 법원이 위 법원감정 손해액을 직권으로 감액을 할 수 있다고 해석된다[대법원 2022다293999(반소) 판결 이유 참고].

12. 무상의 주위토지통행권과 특정승계인의 책임

공중이 통행하는 도로에 붙어 있는 토지가 있었는데, 이 토지가 분할되면서 분할된 토지 일부가 맹지가 되었다. 이러한 경우, 맹지소유자는 다른 분할토지소유자를 상대로 무상의 통행권을 주장할 수 있게 된다(민법 제220조).

토지분할이 아니라 일부양도의 경우는 어떠한가? 일부양도의 경우에도 맹지소유자는 양수인을 상대로 무상의 통행권을 주장할 수 있다(민법 제220조).

무상의 주위토지통행권을 규정한 민법 제220조의 핵심은 ① 임의적인 분할, 양도행위로 피포위지(맹지)가 생긴 때에는 잔여지에 대해서만 주위토지통행권이 있다는 것, 즉 잔여지를 통행지로 하는 주위토지통행권만 있다는 것과 ② 피포위지(맹지)의 소유자는 통행지인 잔여지 소유자에게 보상의무가 없다는 것이다.

이러한 종류의 피포위지(맹지)는 당사자의 부주의 또는 태만으로 생긴 것으로 피포위지(맹지)를 만든 당사자 사이에 해결할 문제로 제3자에게 책임을 돌릴 수 없어, 제3자 소유의 토지에 대한 주위토지통행권을 주장할 수 없다는 것이다(제5판 주석민법 물권1 제735쪽 참고).

하나의 토지를 여러 필지로 나누어 동시 또는 동일한 기회에 전부를 양도한 경우에도 무상통행권이 인정되는가? 여러 견해가 있지만, 여러 분할 양도된 토지에 어느 것이 통행지로 될지 알 수 없는 문제도 있고, 어느 것이 통행지로 될지 결정되지 않는 한 분양지의 가격에 통행권 부담을 고려하기 어려운 문제가 많다는 점에서 분할 양도된 토지 내부에서는 원칙으로 돌아가 유상통행권이 문제될 뿐이라고 보는 것이 타당할 것이다.

무상통행의 인용의무를 부담한 토지를 상속한 경우는 무상통행을 인용할 의무도 승계한다고 보는 것이 타당할 것이나(대법원 73다401 판결), 매매로 취득한 경우 등 특정승계의 경우에는 어떠할까? 특정승계인도 무상통행의 인용의무를 부담할까?

판례 중에는 특정승계인이 계속하여 무상통행의 부담을 질 것인지 여부를 무상통행의 사정을 알았는지 여부에 따라 판단하는 경우도 있다(대법원 97다47118 판결).

그러나 대체적인 판례는 "분할 또는 토지의 일부 양도로 인하여 공로에 통하지 못하는 토지가 생긴 경우에 분할 또는 일부 양도 전의 종전 토지소유자가 그 포위된 토지를 위하여 인정한 통행사용권은 직접 분할자, 일부 양도의 당사자 사이에만 적용되므로, 포위된 토지 또는 피통행지의 특정승계인의 경우에는 주위토지통행권에 관한 일반원칙으로 돌아가 그 통행권의 범위를 따로 정하여야 한다(대법원 96다33433, 33440 판결)."라고 판시하여, 결국 무상이 아닌 유상의 주위토지통행권 여부를 확정해야 한다는 취지이다.

참고로 소유자가 소유권의 핵심적 권능에 속하는 사용·수익의 권능을 대세적으로 포기하는 것은 특별한 사정이 없는 한 허용되지 않는다는 취지의 판례도 함께 살펴보자.

즉, 최근 대법원은 "사유지가 일반 공중의 교통을 위한 도로로 사용되고 있는 경우, 토지

소유자가 스스로 토지의 일부를 도로 부지로 무상 제공하더라도 특별한 사정이 없는 한 이는 대세적으로 사용·수익권을 포기한 것이라기보다는 토지소유자가 도로 부지로 무상 제공받은 사람들에 대한 관계에서 채권적으로 사용·수익권을 포기하거나 일시적으로 소유권을 행사하지 않겠다고 양해한 것이라고 보아야 한다(대법원 2017다211528 등 판결).”라고 판시하였다.

그렇다면, 토지소유자의 독점적·배타적 사용·수익권 행사의 제한 법리를 확인한 대법원(전합) 2016다264556 판결이 무상의 주위토지통행권에도 적용될 것인가? 적용된다면, 특별한 사정이 없는 한 잔여지의 특정승계인이 무상의 주위토지통행권을 수인할 의무를 부담하게 된다.

민법 제220조가 통행권의 무상성을 인정하는 근거는 인적관계에서 찾을 수 있는데, 특정승계인은 인적관계와 관련이 없는 점 등을 고려하면, 배타적 사용·수익권 포기이론을 적용할 것이 아니라, 구체적 사안에 따라 현저하게 부당한 결과가 발생할 사정이 있는 경우에 한정하여 신의칙을 적용(대법원 91다40399 판결)함이 타당할 것이다(제5판 주석민법 물권1 제741쪽 참고).

그리고 주위토지통행권은 자기의 공유토지가 공로와 연결되면, 그 요건상 인정되기 어렵다.

이와 관련하여 대법원 2021다245443(본소), 245450(반소) 판결에 의하면 “공로에 통할 수 있는 자기의 공유 토지를 두고 공로에의 통로라 하여 남의 토지를 통행한다는 것은 민법 제219조, 제220조에 비추어 허용될 수 없다(대법원 81다515, 516 판결 참조). 설령 위 공유토지가 구분소유적 공유관계에 있고 공로에 접하는 공유 부분을 다른 공유자가 배타적으로 사용, 수익하고 있다고 하더라도 마찬가지”라면서,

“원고가 소외인과의 관계에서 공로와 접한 위 대지 부분에 대하여 소외인의 배타적 소유임을 인정할 수밖에 없다고 할지라도 이는 어디까지나 공유자간의 내부적 사정에 불과하므로 다른 특별한 사정이 없는 한 공유토지를 통하여 공로에 출입할 수 있는 길을 놓아두고 제3자인 피고 소유의 인접지에 관하여 통행권을 주장할 수는 없다.”는 취지이다.

결국 이러한 경우에는 원고가 구분소유적 공유관계(상호명의신탁)를 해소하여 분필등기를 마친 후에 피고들을 상대로 주위토지통행권 확인소송을 제기하는 방법을 고민할 필요가 있다(2022. 9. 30.자 ‘서울고등법원판례공보스터디’ 제1320쪽 참고).

13. 주위토지통행권과 통행지역권의 구별

민법 제219조는 ‘주위토지통행권’이라는 제목 아래에 “① 어느 토지와 공로사이에 그 토지의 용도에 필요한 통로가 없는 경우에 그 토지소유자는 주위의 토지를 통행 또는 통로로 하지 아니하면 공로에 출입할 수 없거나 과다한 비용을 요하는 때에는 그 주위의 토지를 통행할 수 있고 필요한 경우에는 통로를 개설할 수 있다. 그러나 이로 인한 손해가 가장 적은

장소와 방법을 선택하여야 한다. ② 전항의 통행권자는 통행지소유자의 손해를 보상하여야 한다."라고 규정하고 있다.

그리고 민법전 제2편 제5장에서는 "지역권"을 규정하고 있는바, 이와 관련하여 민법 제291조는 "지역권의 내용"이라는 제목 아래에 "지역권자는 일정한 목적을 위하여 타인의 토지를 자기토지의 편익에 이용하는 권리가 있다."고 규정하고 있다.

이와 관련하여 통행지역권이 설정되어 있는 경우에 통행지역권 개념상 그 통행로가 항상 특정한 장소로 고정되어 있는 것을 전제하는 것으로 이해된다.

그렇다면 주위토지통행권도 그 통행로가 항상 특정한 장소로 고정되어 있다고 볼 수 있는가? 그렇지 않다.

즉 대법원 2008다75300, 75317, 75324 판결에 의하면 "주위토지통행권은 통행을 위한 지역권과는 달리 그 통행로가 항상 특정한 장소로 고정되어 있는 것은 아니고, 주위토지통행권확인청구는 변론종결시에 있어서의 민법 제219조 소정의 요건에 해당하는 토지가 어느 토지인가를 확정하는 것이므로, 주위토지소유자가 그 용법에 따라 기존 통행로로 이용되던 토지의 사용방법을 바꾸었을 때에는 대지소유자는 그 주위토지소유자를 위하여 보다 손해가 적은 다른 장소로 옮겨 통행할 수밖에 없는 경우도 있는 것이다(대법원 88다카10739, 10746 판결 등)."라고 판시하였다.

또한 위 대법원 2008다75300, 75317, 75324 판결은 "주위토지통행권은 공로와의 사이에 그 용도에 필요한 통로가 없는 토지의 이용이라는 공익목적을 위하여 피통행지 소유자의 손해를 무릅쓰고 특별히 인정되는 것이므로, 그 통행로의 폭이나 위치 등을 정함에 있어서는 피통행지의 소유자에게 가장 손해가 적게 되는 방법이 고려되어야 할 것이고, 어느 정도를 필요한 범위로 볼 것인가는 구체적인 사안에서 사회통념에 따라 쌍방 토지의 지형적·위치적 형상 및 이용관계, 부근의 지리상황, 상린지 이용자의 이해득실 기타 제반 사정을 기초로 판단하여야 한다. 한편, 주거는 사람의 사적인 생활공간이자 평온한 휴식처로서 인간생활에 있어서 가장 중요한 장소라고 아니할 수 없어 우리 헌법도 주거의 자유를 보장하고 있는바, 주위토지통행권을 행사함에 있어서도 이러한 주거의 자유와 평온 및 안전을 침해하여서는 아니 된다(대법원 2003다18661 판결 등)."라는 취지이다.

여기서 우리가 주목할 것은 주위토지통행권확인청구는 변론종결시에 있어서의 민법 제219조 소정의 요건에 해당하는 토지가 어느 토지인가를 확정하는 것이라는 점이다.

따라서 원고가 통행로라고 주장하는 부분을 오랜 기간 동안 이용하고, 피고 등이 원고의 통행을 묵인하여 왔다는 사실 등은 주위토지통행권의 인정 여부를 판단함에 있어서 크게 고려할 것은 아니라는 점이다.

이와 같은 관점에서 위 대법원 2008다75300, 75317, 75324 판결은 '인접 토지의 일부를 통행로로 이용하던 중 그 토지 위에 연립주택이 건축된 사안에서, 연립주택 단지 내 기존 통행로는 연립주택 주민들 전체의 주거공간이므로, 공로로 통할 수 있는 다른 인접 토지가 있다면 별도의 통행로를 개설하는 비용이 들더라도 그 인접 토지를 통하여 공로로 나가는 것이 연립주택 단지 내의 주거의 평온과 안전에 대한 침해를 최소화할 수 있다는 이유로, 기존 통행로에 대한 주위토지통행권을 인정한 원심판결을 파기한 사례'로 정리된다(유사한 논리로 원고의 주위토지청구권을 배척한 사례로는 제주지방법원 2022가단4921 판결 참조).

14. 수도 등 시설권이 있다는 취지의 확인을 구하는 소와 토지사용승낙의 소

민법 제218조는 "수도 등 시설권"이라는 제목 아래에 "① 토지소유자는 타인의 토지를 통과하지 아니하면 필요한 수도, 소수관, 가스관, 전선 등을 시설할 수 없거나 과다한 비용을 요하는 경우에는 타인의 토지를 통과하여 이를 시설할 수 있다. 그러나 이로 인한 손해가 가장 적은 장소와 방법을 선택하여 이를 시설할 것이며 타토지의 소유자의 요청에 의하여 손해를 보상하여야 한다. ② 전항에 의한 시설을 한 후 사정의 변경이 있는 때에는 타토지의 소유자는 그 시설의 변경을 청구할 수 있다. 시설변경의 비용은 토지소유자가 부담한다."라고 규정하고 있다.

원고는 토지소유자로서 그 지상에 신축한 건물의 급수공사(수도, 하수 및 오수, 통신, 가스관, 전선 시설공사)를 위하여 성남시에 급수공사 시행신청서를 제출하였는데, 성남시는 급수공사를 시행하기 위해서는 피고 소유인 성남시 분당구 소재 도로 411㎡를 경유하여야 하며 타인의 토지에 수도관 등을 설치할 경우 '성남시 수도급수 조례' 및 '성남시 수도급수 조례 시행규칙'에 따라 토지소유자의 토지사용승낙서를 첨부해야 한다는 회신을 하였다.

이때 원고가 인접지 소유자인 피고를 향해 토지사용승낙을 하라는 취지의 소송을 제기해야 해야 하는가? 아니면 원고가 피고를 향해 수도 등 시설권이 있다는 취지의 확인의 소를 제기해야 하는가?

원심(서울고등법원 2015나2025707 판결)은 원고의 토지사용승낙의 의사표시를 구하는 소를 인용하였으나, 대법원 2015다247325 판결은 이러한 경우에는 수도 등 시설권이 있다는 취지의 확인의 소를 제기해야 한다는 취지이다(원심을 파기 · 환송함).

그 이유는 무엇일까? 민법 제218조 제1항 본문은 '토지소유자는 타인의 토지를 통과하지 아니하면 필요한 수도, 소수관, 가스관, 전선 등을 시설할 수 없거나 과다한 비용을 요하는 경우에는 타인의 토지를 통과하여 이를 시설할 수 있다.'고 규정하고 있는데, 이와 같은 수도 등 시설권은 법정의 요건을 갖추면 당연히 인정되는 것이고, 그 시설권에 근거하여 수도 등 시설공사를 시행하기 위해 따로 수도 등이 통과하는 토지소유자의 동의나 승낙을 받아야 하는 것이 아니다.

따라서 이러한 토지소유자의 동의나 승낙은 민법 제218조에 기초한 수도 등 시설권의 성립이나 효력 등에 어떠한 영향을 미치는 법률행위나 준법률행위라고 볼 수 없다는 것이다.

한편 '성남시 수도급수 조례'에서 급수공사 신청 시 필요하다고 판단될 경우 이해관계인의 동의서를 제출하게 할 수 있다고 한 것은, 급수공사 신청인이 아닌 타인 소유 토지에 급수공사를 시행할 경우에 발생할 수 있는 분쟁을 사전에 예방하고 성남시가 신청인의 사용권한에 근거하여 타인 소유 토지에 급수공사를 원활하게 시행하고자 하는 목적에서 신청인에게 해당 토지에 대한 사용권한이 있는지를 확인하기 위하여 증명자료의 하나로서 그 토지소유자의 급수공사에 대한 동의 내지 승낙의 뜻이 표시된 서류의 제출을 요구할 수 있다는 취지라고 보아야 하고, 급수공사 신청인이 다른 자료에 의하여 해당 토지의 사용권한이 있음을 증명하였음에도 급수공사를 승인하기 위해서는 예외 없이 토지사용승낙서의 제출이 필요한 것이라고 볼 수는 없다는 취지이다.

결국 민법 제218조에 근거하여 수도 등 시설권이 있음을 주장하면서 해당 토지의 소유자를 상대로 '수도 등 시설공사에 필요한 토지 사용을 승낙한다.'는 진술을 구하는 이 사건 소는, 그 시설공사를 하는 데 필요한 증명자료를 소로써 구하는 것에 불과하고, 민법 제389조 제2항에서 규정하는 '채무가 법률행위를 목적으로 한 때에 채무자의 의사표시에 갈음할 재판을 청구하는 경우'에 해당한다고 볼 수 없으므로, 권리보호의 이익을 인정할 수 없어 부적법하다는 것이다.

따라서 원고로서는, 피고가 토지사용승낙서의 작성을 거절하는 경우라도 위와 같은 진술을 소로써 구할 것이 아니라, 원고에게 이 사건 도로 중 이 사건 사용부분에 대하여 민법 제218조의 수도 등 시설권이 있다는 확인을 구하는 소 등을 제기하여 승소 판결을 받은 다음, 이를 이 사건 사용부분에 대한 원고의 사용권한을 증명하는 자료로 제출하여 성남시에 이 사건 급수공사의 시행을 신청하면 된다는 취지이다.

파기된 원심판결의 이유를 확인하면, 급수공사를 위한 성남시의 토지사용승낙서 서식에 '토지매매로 소유자가 변경될 시 본 승낙서를 토지 매입자에게 인계하며, 토지 매입자는 본 승낙서의 모든 내용을 승계하고, 상기 토지의 형질변경에 의해 급수공급시설의 이전이 불가피할 경우 사전에 귀시와 협의하겠으며, 이하 모든 사유로 발생되는 공사비는 원인자가 부담한다.'는 내용이 포함되어 있었는바, 피고는 성남시가 급수공사 실시의 전제조건으로 요구한 피고의 토지사용승낙서에는 피고의 재산권을 과도하게 침해하는 내용이 포함되어 있으므로 피고에 대하여 이 사건 도로에 대한 사용승낙의 의사표시를 구하는 원고의 주장은 부당하다고 주장하였다.

이에 대하여 파기된 원심은 성남시에 대한 사실조회결과를 기초로 토지사용승낙서 서식의 문구는 급수공사 후 설치되는 급수설비에 대한 소유권을 성남시로 하고 급수설비 개량 및 교체 등의 유지관리에 지장이 발생되지 않도록 하기 위하여 급수설비에 대한 내용을 규정한 것으로 이러한 내용이 이 사건 도로 사용이나 재산권 행사를 본질적으로 침해하는 것으로는 보이지 않는다고 판시하였다.

결국 원심처럼 원고의 토지사용승낙의 소를 인용하게 되면 승낙서 내용에 따른 분쟁이 발생할 여지가 있다는 점뿐만 아니라, 민법 제218조는 인접지 소유자의 승낙의 의사를 요건으로 하지 않는 점 등을 고려할 때 대법원 판례가 수긍된다.

정리하자면 대법원 판결 취지에 따라 원고가 피고에게 토지사용승낙을 구할 수는 없지만, 민법 제218조에 따라 원고의 수도 등 시설권이 있다는 취지의 확인을 구하는 소가 인용되어 수도 등 시설이 설치될 경우에 피고는 위 민법 제218조에 기하여 사정 변경이 있는 경우 이 사건 시설에 대한 변경을 청구할 수 있고 나아가 손해 보상을 청구할 수 있다고 해석된다.

15. 토지소유자의 인접 토지소유자에 대한 담장설치 협력 요구권

내 소유의 토지와 인접 토지 사이에 담이 존재하지 않을 경우에 내가 임의로 담을 설치할 수 있는가? 이와 관련하여 민법 제237조는 "경계표, 담의 설치권"이라는 제목 아래에 "① 인접하여 토지를 소유한 자는 공동비용으로 통상의 경계표나 담을 설치할 수 있다. ② 전항의 비용은 쌍방이 절반하여 부담한다. 그러나 측량비용은 토지의 면적에 비례하여 부담한다. ③ 전2항의 규정은 다른 관습이 있으면 그 관습에 의한다."라고 규정하고 있다.

따라서 내 토지와 인접 토지 사이에 담이 존재하지 않을 경우 그 경계부분에 내가 임의로 담을 설치할 수 있다고 보기는 어렵고, 인접 토지의 소유자에게 공동의 비용으로 담을 설치하자는 요구를 할 수 있다고 해석된다(단 경계가 명확함을 전제로 내가 내 토지의 내부에 담으로 해석될 수 있는 설치물을 내 소유권에 의하여 임의로 설치할 수는 있을 것).

그렇다면 담이 설치되어 있기는 한데, 그 담이 실제 경계와 맞지 않는 경우에는 어떠한가? 이와 관련하여 민법 제239조는 "경계표 등의 공유추정"이라는 제목 아래에 "경계에 설치된 경계표, 담, 구거 등은 상린자의 공유로 추정한다. 그러나 경계표, 담, 구거 등이 상린자 일방의 단독비용으로 설치되었거나 담이 건물의 일부인 경우에는 그러하지 아니하다."고 규정하고 있다.

따라서 기존에 설치된 담을 내가 내 비용으로 설치한 것이라면 내 소유의 담으로 이해되므로 기존의 담을 철거한 후에 인접 토지의 소유자에게 공동의 비용으로 새로운 담을 설치하자는 요구를 할 수 있다고 해석된다.

그러나 실제 경계와 맞지 않는 기존에 설치된 담이 나와 인접 토지소유자의 공동의 비용으로 설치된 것이거나, 공유로 추정되는 경우이고 그 담이 내 토지를 침범한 경우라면 내가 그 담을 임의로 철거할 수는 없고 인접 토지소유자의 동의를 얻어 그 담을 철거하거나 철거소송을 통한 승소 판결이 필요할 수 있다고 해석된다. 물론 내 토지를 침범한 담의 소유자가 인접 토지소유자의 단독 소유일 경우도 마찬가지로 해석된다.

다만 이러한 상황에서 담에 대한 철거소송을 제기 해야 하는 경우라면 인접 토지소유자가 기존의 담을 통해 점유한 내 토지 일부를 시효 취득한 것은 아닌지 여부에 대한 검토를 할 필요성이 있다.

기존에 설치되어 있었던 담이 인접 토지소유자가 자신의 비용으로 설치하거나 나와 공동의 비용으로 설치한 것인데 그 담이 내 토지를 침범한 것이 아니고 오히려 그 담이 인접 토지를 침범한 상황이라면 굳이 내가 그 담을 철거를 요구할 이유는 없어 보인다. 구체적 사정에 따라서는 내가 취득시효를 주장할 여지도 있기 때문이다.

결과적으로는 내가 내 비용으로 설치한 기존의 담이 내 토지를 침범한 경우에는 그 담은 내 소유이므로 내가 임의로 철거하고, 인접 토지소유자에게 공동의 비용으로 경계에 맞는 새로운 담을 설치하자는 요구를 할 수 있다고 해석되며, 기존의 담이 내 토지를 침범한 상황인데, 그 담이 인접 토지소유자가 설치한 것이거나 나와 공동으로 설치한 것이라면 인접 토지소유자의 동의를 얻어 그 담을 철거하거나 철거판결을 받아 경계에 맞는 새로운 담의 설치를 요구 내지 소구할 수 있다고 해석된다(필자의 개인의견).

담이 없는 상황에서 내가 단독으로 담을 설치한 후에 비용의 분담을 청구할 수는 없는가? 단독으로 담을 설치한 후에 비용의 분담을 청구하지는 못한다. 일의 성질상 그다지 긴급을 요구하지 않기 때문이다. 인접 토지소유자에게 담의 설치에 관한 협력의무의 이행을 명하는 판결은 대체적 작위채무의 집행방법(민사집행법 제260조)에 의하여 집행할 수 있을 것이다(제5판 주석민법 물권1 제787쪽 참고).

이와 관련하여 대법원 2021다271725 판결은 "토지의 경계에 경계표나 담이 설치되어 있지 아니하다면 특별한 사정이 없는 한 어느 한쪽 토지의 소유자는 인접한 토지의 소유자에 대하여 공동비용으로 통상의 경계표나 담을 설치하는 데에 협력할 것을 요구할 수 있고, 인접 토지소유자는 그에 협력할 의무가 있다고 보아야 하므로,

한쪽 토지소유자의 요구에 대하여 인접 토지소유자가 응하지 아니하는 경우에는 한쪽 토지소유자는 민사소송으로 인접 토지소유자에 대하여 그 협력 의무의 이행을 구할 수 있다. 법원은 당해 토지들의 이용 상황, 그 소재 지역의 일반적인 관행, 설치비용 등을 고려하여 새로 설치할 경계표나 담장의 위치(특별한 사정이 없는 한 원칙적으로 새로 설치할 경계표나 담장의 중심 또는 중심선이 양 토지의 경계선상에 위치하도록 해야 한다), 재질, 모양, 크기 등 필요한 사항을 심리하여 인접 토지소유자에 대하여 협력 의무의 이행을 명할 수 있다.

한편 기존의 경계표나 담장에 대하여 어느 쪽 토지소유자도 일방적으로 처분할 권한을 가지고 있지 아니하다면 한쪽 토지소유자가 인접 토지소유자의 동의 없이 임의로 기존의 경계표나 담장을 제거하는 것은 허용되지 않으므로 그 경우 한쪽 토지소유자의 의사만으로 새로운 경계표나 담장을 설치하도록 강제할 수는 없으나,

그와 달리 기존의 경계표나 담장에 대하여 한쪽 토지소유자가 처분권한을 가지고 있으면서 기존의 경계표나 담장을 제거할 의사를 분명하게 나타내고 있는 경우라면 한쪽 토지소유자는 인접 토지소유자에 대하여 새로운 경계표나 담장의 설치에 협력할 것을 소구할 수 있다(대법원 97다6063 판결). 담장의 처분권한이 없는 토지소유자가 그 처분권한이 있는 인접 토지소유자를 상대로 기존 담장의 철거를 명하는 판결을 받아 그 담장이 적법하게 철거되어야 하는 경우에도 인접 토지 사이에 경계를 표시할 통상의 담장이 설치되지 않은 상태와 마찬가지로 볼 수 있으므로, 이와 같은 법리가 그대로 적용된다."는 취지이다.

위 대법원 2021다271725 판결 사안을 정리한다. 원고가 일부 지분을 소유한 토지(이하 '원고측 토지')와 피고가 소유한 토지의 경계에는 피고가 설치한 담장(이하 '이 사건 담장')이 존재하고, 그 중 1㎡(이하 '계쟁 부분')가 원고측 토지에 위치하며, 이 사건 담장에는 피고 주차장을 위한 기둥과 출입 셔터 문(이하 이 사건 담장과 통틀어 '이 사건 담장 등')이 연결되어 있다.

원고는 피고를 상대로 '피고는 원고에게 이 사건 담장의 계쟁 부분을 철거하고, 그 부분 토지를 인도하라.'는 취지의 소를 제기하여 승소판결이 확정되었다(이하 '선행판결').

원고는 선행판결에 따라 대체집행을 실시하였는데, 집행관은 '이 사건 담장에 균열이 존재하고, 담장 지반 하층이 흙으로 되어 있어 지반이 약하며, 담장을 절단할 경우 10cm 미만으로 남게 되어 담장 붕괴가 우려된다.'는 등의 이유로 선행판결에 따른 철거 및 인도 집행을 실시하지 않았다.

원심 감정인도 '이 사건 담장의 계쟁 부분만을 다른 부분의 손상이나 붕괴 없이 정밀하게 구획하여 철거하는 것은 불가능하다.'는 내용으로 감정하였다.

원고는 원심에서 '원고가 선행판결의 집행으로 이 사건 담장을 철거하고 이를 재축하는 것은 피고가 민법 제217조에 따라 사회통념상 용인하여야 할 원고 토지소유권의 행사'라고 주장하며, '피고는 원고가 선행판결의 집행으로 이 사건 담장 등에 손상을 가하는 것을 용인하고, 선행판결의 집행 및 피고 소유 토지에 기존의 것과 동일한 담장, 주차장 출입기둥, 출입 셔터 문을 재설치하는 공사를 방해하여서는 아니 된다.'는 취지의 예비적 청구를 추가하였다.

위 사안에 대하여 원심은 "선행판결의 집행으로 피고의 재산권에 대한 일시적 침해가 발생하더라도 피고에 대하여 사회통념상 일반적으로 수인할 정도를 넘지 않는다는 등 판시와 같은 이유를 들어 원고의 예비적 청구(피고는 원고가 선행판결의 집행으로 이 사건 담장 등에 손상을 가하는 것을 용인하고, 선행판결의 집행 및 피고 소유 토지에 기존의 것과 동일한 담장, 주차장 출입기둥, 출입 셔터 문을 재설치하는 공사를 방해하여서는 아니 된다)를 인용"하였지만, 위 대법원은 원심을 파기·환송한 것이다.

대법원의 입장은 무엇이었을까? 원심의 판단은 두 가지 잘못이 있었던 것인데, 첫 번째는 이 사건 예비적 청구는 민법 제237조에서 정한 인접 토지소유자에 대한 협력의무 이행청구로 볼 수 있다는 점이고, 두 번째는 새로 설치하려는 담장의 위치가 '피고 소유 토지'로만 되어있다는 점이다.

대법원의 입장을 정리한다. 민법 제217조는 토지소유자에 대하여 매연, 열기체, 액체, 음향, 진동 기타 이에 유사한 것으로 이웃 토지의 사용을 방해하거나 이웃 거주자의 생활에 고통을 주지 아니하도록 적당한 조처를 할 의무가 있고(제1항), 이웃 거주자는 전항의 사태가 이웃 토지의 통상의 용도에 적당한 것인 때에는 이를 인용할 의무가 있다(제2항)고 정하였다.

이는 토지를 이용하는 과정에서 매연 등에 의한 생활방해가 발생하는 경우 토지소유자로 하여금 생활방해를 금지하는 등의 적당한 조치를 할 의무가 있음(민법 제217조 제1항)을, 그러한 생활방해가 이웃 토지의 통상의 용도에 적당한 것인 때에 이웃 토지소유자가 이를 용인할 의무가 있음(같은 조 제2항)을 규정한 것이다.

원고는 예비적 청구에 관하여 이 사건 담장 등의 존재로 인하여 원고에게 매연, 열기체, 액체, 음향, 진동 기타 이에 유사한 것으로 생활방해가 발생하였다는 사실을 전혀 주장·증명한 바 없고, 기록상 그와 같은 사정을 발견하기도 어렵다.

원심이 원고의 예비적 청구를 인용하면서 설시한 사정도 민법 제217조에서 정한 매연 등으로 인한 생활방해와 관련성을 찾기 어렵다.

민법 제217조에 관한 원심의 해석 역시 문언의 통상적 의미를 벗어났을 뿐만 아니라, 입법 취지와 목적, 법질서 전체와의 조화, 다른 법령과의 관계 등을 고려하더라도, 법적 안정성에 손상을 가하지 아니하는 객관적으로 타당한 해석이라고 볼 수도 없다.

한편 원고는 소장에서 '피고에게 지적측량을 통해 경계점을 기준으로 새로 담장을 설치할 것을 요구하였으나 피고가 이를 완강히 거부하였다.'고 주장하였고, 예비적 청구취지도 '피고는 원고가 이 사건 담장 등을 새로 설치하는 것을 방해하여서는 아니 된다.'는 내용이므로, 실질적으로는 민법 제237조 제1항에 따른 새로운 담장 설치에 관한 협력 의무 이행 청구로 볼 여지가 충분하다.

반면 원고의 주장은 선행판결의 집행 불능으로 원고측 토지의 소유권 행사가 침해되어 피고 소유 토지에 기존과 같은 담장을 설치할 권한이 인정되어야 한다는 것일 뿐, 민법 제217조에 따른 매연 등으로 인한 생활방해와는 아무런 관련이 없으므로, 원고의 주장과 그 근거로 든 사유 사이에 현저히 모순된 점이 있거나 불완전·불명료한 점이 존재한다고 볼 수 있다.

따라서 원심으로서는 석명권을 행사하여 원고가 예비적 청구원인의 권원이 되는 법적 근거를 잘못 주장한 것은 아닌지 의견진술의 기회를 부여하고, 원고 주장이 민법 제237조 제1항에 따른 협력 의무의 이행을 구하는 것이라면 토지의 경계선을 중심으로 담장을 다시 설치할 필요성이 인정되는지, 새로 설치할 담장의 위치·재질·모양·크기 등은 어떠한지, 비용부담은 어떻게 할 것인지 여부 등을 더 심리한 다음 주장의 당부를 판단하였어야 한다.

만약 원심의 판단과 같이 원고가 피고 소유 토지에만 담장을 새로 설치할 경우, 앞서 본 법리에 비추어 피고는 원고를 상대로 경계를 중심으로 한 통상의 담장을 다시 설치할 협력의무의 이행을 소구할 여지가 있으므로, 불필요하고 소모적인 다툼이 반복될 수 있다. 이러한 점에서도 원심으로서는 석명권을 적절히 행사할 필요가 있었던 것으로 보인다.

그렇다면 환송 후의 원심에서는 어떠한 점을 고려하여 판결을 해야 하는가? 원고의 예비적 청구는 민법 제237조 제1항에 따른 새로운 설치에 관한 협력의무 이행청구로 볼 여지가 있으므로, 환송 후의 항소심에서는 이 부분을 석명하여 심리해야 할 것으로 보인다.

이때 민법 제237조에 따른 협력의무 이행청구에 대한 주문은 어떤 형식일지가 문제가 되는데, 위 대법원 판결과 관련된 대법원 97다6063판결의 판시사항으로부터 두 가지 아이디어를 얻을 수 있다.

첫 번째는 '재질 · 모양 · 크기 등 사항'을 심리하라는 것이고, 두 번째는 '새로 설치할 담장은 특별한 사정이 없는 한 그 중심선이 양 토지의 경계선 상에 위치하여야 한다.'는 것이다.

실제로 대법원 97다6063 판결의 파기 환송심 판결에서는 아래와 같은 형식으로 설치할 담장을 표시하여, 대법원이 심리한 사항을 착실하게 반영하였다.

담장의 표시
1. 구조 상부는 ○○인치 및 ○○인치 블록의 블록구조, 하부는 두께 ○○○mm의 불규칙 단배근 철근콘트리트 구조
2. 사용 벽돌 : 시멘트 벽돌
3. 높이 : 원고 토지 쪽에서는 ○○m, 피고 토지 쪽에서는 ○○m
4. 길이 : ○○m
5. 위치: 담장 중심선이 별지 도면 표시 1과 2를 연결한 선상에 위치 끝

만약 인접 토지소유자가 담장 설치에 협력하지 않으면, '피고는 원고가 위와 같이 담장을 설치하는 것을 용인하고, 설치비용의 2분의 1을 지급하라'는 청구 및 판결을 할 수 있을 것이다(연도별 2023. 9. 1.자 '서울고등법원판례공보스터디' 제3146쪽~제3148쪽 참고).

16. 진정명의회복을 원인으로 하는 소유권이전등기청구권

실체적 법률관계에 부합하지 않는 무효의 등기가 경료된 경우에 말소등기를 통하여 등기부기재와 실체적 법률관계의 합치를 도모함이 원칙이다. 그렇다면, 무효등기를 유효등기로 바로잡기 위하여 부동산 소유명의자를 상대로 등기의 말소를 청구하는 방법 이외에 무효등기의 명의인에 대하여 직접 소유권이전등기를 청구할 수 있을까?

대법원 판례에 의하면, 이미 자기 앞으로 소유권을 표상하는 등기가 되어 있었거나 법률에 의하여 소유권을 취득한 그 부동산의 진정한 소유자가 그의 등기명의를 회복하기 위한 방법으로 현재의 등기부상 소유명의자를 상대로(대법원 2015다240645 판결), 그 등기의 말소를 구하는 외에 진정명의회복을 (등기)원인으로 한 소유권이전등기절차의 이행을 직접 구할 수 있다는 태도이다[대법원(전합) 89다카12398 판결].

그렇다면, 말소등기에 갈음하여 허용되는 진정명의회복을 원인으로 한 소유권이전등기청구권과 무효등기의 말소청구권은 그 실질이 같다고 보아 상호 기판력이 미친다고 보아야 하는가?

대법원(전합) 99다37894 판결에 의하면, "말소등기에 갈음하여 허용되는 진정명의회복을 원인으로 한 소유권이전등기청구권과 무효등기의 말소청구권은 어느 것이나 진정한 소유자의 등기명의를 회복하기 위한 것으로서 실질적으로 그 목적이 동일하고, 두 청구권 모두 소유권에 기한 방해배제청구권으로서 그 법적 근거와 성질이 동일하므로, 비록 전자는 이전등기, 후자는 말소등기의 형식을 취하고 있다고 하더라도 그 소송물은 실질상 동일한 것으로 보아야 하고, 따라서 소유권이전등기 말소청구소송에서 패소확정판결을 받았다면 그 기판력은 그 후 제기된 진정명의회복을 원인으로 한 소유권이전등기 청구소송에도 미친다."라는 취지이다.

진정명의회복을 원인으로 하는 등기청구권자에 해당하는 '법률에 의하여 소유권을 취득한 그 부동산의 진정한 소유자'와 관련하여 서울고등법원 2015누50322 판결을 확인하면, "토지조사부나 임야조사부에 소유자로 등재된 자는 재결에 의하여 사정 내용이 변경되었다는 등의 반증이 없는 이상 토지의 소유자로 사정받고 그 사정이 확정된 것으로 추정되며, 토지의 사정을 받은 자는 그 토지를 원시적으로 취득한다(대법원 83다카1152 판결)."라는 취지이다.

그렇다면, 말소등기청구가 아닌 진정명의회복을 원인으로 한 소유권이전등기청구를 인정할 실익이 있는 경우는 어떠한 경우일까?

첫째, 부동산에 관하여 원인무효의 등기가 순차로 마쳐진 경우에 모든 중간명의인을 상대로 말소청구를 하는 것은 번거롭다. 중간명의인이 사망을 했다면 그 상속인들 모두를 피고로 삼아야 하는데, 이러한 경우에 진정한 소유자가 최종등기명의인을 상대로 직접 이전등기청구를 하게 되면 간명하게 된다.

둘째, 무효등기임에도 불구하고 제3자에 대항할 수 없는 경우에 실익이 있다. 예를 들어, 甲 소유의 부동산에 대하여 허위표시(민법 제108조)에 의하여 乙 앞으로 소유권이전등기를 한 후에 그 등기가 허위표시에 따라 무효라는 사실을 모르는 丙 앞으로 근저당권설정등기가 이루어졌다면, 乙 등기가 무효인 사정을 丙에게 대항할 수 없다. 이러한 경우는 甲이 등기상 이해관계자에 해당하는 丙의 승낙을 얻지 못하는 한 乙의 등기말소를 할 수 없기 때문(부동산등기법 제57조 제1항)에 甲이 乙을 상대로 진정명의회복을 원인으로 한 소유권이전등기청구권을 행사할 실익이 있다.

다만, 선의자인 丙의 근저당권을 甲이 인수하는 상황이 발생할 것이다. 물론 甲이 乙과 丙을 상대로 말소청구(丙에 대하여는 승낙의 의사표시를 구할 수도 있을 것)를 해서 乙에게는 승소, 丙에게는 패소를 하게 되면, 甲이 丙에게 근저당권 피담보채권을 갚고 승낙을 받아 乙의 등기를 말소하는 방법도 가능할 것으로 보인다.

셋째, 단독소유부동산에 대하여 공유등기가 되어 있거나 공유부동산에 대하여 단독명의 등기가 되어 있는 경우이다.

대법원 2016다6309 판결에 의하면, "실체관계상 공유인 부동산에 관하여 단독소유로 소유권보존등기가 마쳐졌거나 단독소유인 부동산에 관하여 공유로 소유권보존등기가 마쳐진 경우에 소유권보존등기 중 진정한 권리자의 소유부분에 해당하는 일부 지분에 관한 등기명의인의 소유권보존등기는 무효이므로 이를 말소하고 그 부분에 관한 진정한 권리자의 소유권보존등기를 하여야 한다. 이 경우 진정한 권리자는 소유권보존등기의 일부말소를 소로써 구하고 법원은 그 지분에 한하여만 말소를 명할 수 있으나, 등기기술상 소유권보존등기의 일부말소는 허용되지 않으므로, 그 판결의 집행은 단독소유를 공유로 또는 공유를 단독소유로 하는 경정등기의 방식으로 이루어진다. 이와 같이 일부말소 의미의 경정등기는 등기절차 내에서만 허용될 뿐 소송절차에서는 일부말소를 구하는 외에 경정등기를 소로써 구하는 것은 허용될 수 없다."는 취지이다.

따라서 이러한 경우에 진정명의회복을 원인으로 하는 소유권등기청구권을 활용하면 간명하게 처리될 여지가 있다(논점 민법강의 재산법 제7판 송영곤 제1305쪽 참고).

17. 토지조사부 등 판례상 권리추정력이 인정되는 문서

토지에 대한 사정명의인이 토지에 대한 소유권을 주장하는 사안과 관련하여 판례상 권리추정력을 인정하는 문서로는 토지조사부, 토지대장(임야대장), 등기부라고 할 수 있다.

다만 일제 강점기 때 작성된 토지대장은 권리추정력이 있으나, 6·25 전쟁이 발생하여 농지분배 관련 서류가 소실된 후 1975. 12. 31. 지적법 개정 전에 복구된 구 토지대장은 권리 추정력이 없다. 이때 권리추정력은 입증책임이 전환되는 것뿐이므로 권리추정력이 없는 여러 서류들에 근거하여 소유권을 인정하는 것도 가능하다.

즉 대법원 2021다216766 판결에 의하면 "1975. 12. 31. 지적법 개정 전에 복구된 구 토지대장상의 소유자란에 이름이 기재되어 있다고 하더라도 그 기재에는 권리추정력을 인정할 수 없다. 또한 구 농지개혁법(1949. 6. 21. 법률 제31호로 제정되었다가, 1994. 12. 22. 법률 제4817호 농지법 부칙 제2조 제1호로 폐지되기 전의 것, 이하 같다)에 따른 농지분배 과정에서 작성된 서류들에 지주 또는 피보상자로 등재되어 있더라도 그 사람이 분배대상 농지의 소유자로 추정되는 것은 아니다. 따라서 구 토지대장이나 분배농지부 등에 토지의 사정명의인 아닌 사람이 소유자로 등재되어 있더라도 그것만으로 그 명의자가 소유자로 추정된다고 할 수는 없다. 그러나 구 토지대장이나 농지분배 관련 서류들의 기재 내용을 다른 사정들과 종합하여 권리변동에 관한 사실인정의 자료로 삼는 데는 아무런 제약이 없다. 또한 농지소표, 분배농지부 등 분배대상 농지를 확인하는 서류나 상환대장 등 상환에 필요한 사항을 기재하는 서류뿐 아니라 농지를 국가에 매수당한 지주가 보상을 받는 과정에서 작성된 보상신청서, 지주신고서, 지가사정조서, 지가증권 등 보상에 관한 서류에도 소유자 기재가 일치되어 있는 경우라면, 이러한 서류들은 적어도 농지분배 당시에는 그 토지소유권이 그 명의자에게로 이전되어 있었다는 사실을 인정할 수 있는 유력한 자료가 된다. 그리고 이러한 경우 위와 같은 유력한 자료의 증명력을 배척하려면, 그에 배치되는 합리적인 다른 사정이 있는지를 면밀히 살펴 신중하게 판단하여야 한다(대법원 2012다91354 판결, 대법원 2014다13808 판결, 대법원 2012다17455 판결 등).”라는 취지이다.

위 대법원 판결 사안을 정리한다. 장단군 소재 토지에 대한 토지조사부에는 소외 1이 이 사건 토지를 사정받은 것으로 기재되어 있었고, 이후 2019년경 원고가 상속재산분할협의를 통해 이 사건 토지를 단독으로 상속하였다.

구 농지개혁법 시행 당시인 1950.5.경 소외 2는 이 사건 토지를 포함한 장단군 소재 토지 일대 농지에 관한 보상신청서를 작성하여 해당지역의 면장의 확인을 받아 서울특별시장에게 제출하였는데, 이 사건 토지의 등기부명의인으로 소외 2가 기재되어 있었다.

대한민국은 위 신청에 따라 이 사건 토지 등에 관한 지가사정을 거친 다음 소외 2에게 지가증권을 발급한 후 보상금 중 일부를 지급하였다. 그 직후 6·25 전쟁이 발생하여 지적공부와 함께 농지분배 관련 서류가 소실되었고, 이 사건 토지는 1980. 2. 28. 지적이 복구되었으나 토지대장의 소유권 란은 ‘소유자 미복구’ 상태로 남아 있었다.

피고 보조참가인은 이 사건 토지를 소외 2의 상속인인 소외 3등으로부터 매수하였음을 이유로 소외 3 등을 상대로 소유권이전등기절차의 이행을 구하는 한편, 대한민국을 상대로 이 사건 토지가 소외 3 등의 소유임의 확인을 구하는 소를 제기하였고, 2000. 2. 3. 그 청구를 인용하는 판결이 선고되어 그 무렵 확정되었다.

피고 보조참가인은 2006. 6. 28. 이 사건 토지에 관하여 위 소외 3 등 명의의 소유권보존등기를 마친 다음, 같은 날 피고 보조참가인 앞으로 소유권이전등기를 마쳤다. 피고 보조참가인은 2018. 4. 10. 이 사건 토지를 피고에게 매도한 다음 피고 앞으로 소유권이전등기를 마쳐주었다.

원고는 피고를 상대로 진정명의회복을 원인으로 한 소유권이전등기를 구하는 이 사건 소를 제기하였는데, 원심은 이 사건 토지는 사정명의인 소외 1의 상속인인 원고의 소유라고 판단하여 원고의 청구를 인용하였으나, 위 대법원은 이 사건 토지는 농지개혁 당시 소외 2

의 소유였다고 볼 여지가 충분하다는 이유로 원심을 파기·환송한 것이다.

위 대법원 판결에 대하여 농지분배 당시 두 종류의 서류가 있었는바, 한 종류는 분배에 관한 서류, 즉 어떤 소작인이 농지분배를 신청하였고, 이에 따라 농지를 누구에게 분배하였는지를 확인 및 확정하는 서류이고, 다른 한 종류는 보상에 관한 서류, 즉 종전 농지 소유자가 누구이고, 그 소유자에게 얼마를 보상해줘야 하며, 이에 따라 실제로 얼마를 보상해주었다는 내용의 서류인데, 이 사건의 경우에는 위 두 종류의 서류가 모두 남아 있고, 위 두 종류의 서류에 모두 소외 2가 소유자로 기재되어 있으며,

특히 보상신청서에는 소외 2가 등기부명의인이라는 기재도 있었다면서 농지분배 이전에 사정명의자 쪽에서 직접 또는 제3자를 거쳐서 소외 2 앞으로 등기까지 경료되어 있었다고 보는 것이 타당하다면서, 원심은 소외 2가 소유권을 취득했다는 피고의 항변에 관하여 입증이 부족하다고 보았는데, 다른 사안에서도 이 사건에서 제출된 정도의 서류들을 제출하면 승소를 시켜주었고, 승소를 시켜주는 것이 옳다는 취지의 주장이 있다.

또한 위 견해는 위 대법원 사안에 대하여 농지분배는 전국적인 사업이었고, 사정명의인을 포함하여 당사자들은 해당 토지에 관한 농지분배 경과에 관하여 잘 알고 있었다고 봄이 타당해 보이고, 소외 2는 지가증권에 보상대상자로 기재되어 있으며, 대한민국으로부터 일부 보상을 받았는바, 농지분배 당시 사정명의인 소외 1로부터 소외 2 측으로 등기가 넘어간 상태라고 봄이 타당하다고 한다(연도별 2023. 9. 1.자 '서울고등법원판례공보스터디' 제2557쪽, 제2558쪽 참고).

18. 소유권과 근저당권에 의한 각 가등기말소청구권의 행사의 차이와 기판력

대법원 2019다261381 판결 사안(이하 '쟁점 판례')을 토대로 글을 쓴다(1심, 2심, '쟁점 판례' 모두 동일한 결론이었음).

소유권에 기한 방해배제청구권을 근거로 가등기말소 소송을 제기하였는데, 패소한 경우에 다시 동일한 취지의 소송을 제기할 수 있는가? 다시 동일한 소송을 제기하면 기판력에 반한다는 취지로 기각될 가능성이 높다.

'쟁점 판례'의 1심(수원지방법원 여주지원 2018가합5323 판결)을 확인하면, 피고회사의 대표 소외 1과 부부사이였지만, 재판상 이혼한 당사자인 소외 2 등의 소유부동산에 대한 피고회사 명의의 매매예약가등기에 대하여 ① "소외 1이 소외 2 등 명의의 인감도장, 인감증명서를 보관하고 있음을 기화로 이 사건 가등기를 임의로 마쳤다."고 주장하면서 소유권에 기하여 이 사건 가등기의 말소를 구하는 소를 제기하였으나,

법원은 "소외 1이 소외 2 등으로부터 부동산 처분 위임 권한을 수여받은 바에 따라 이 사건 가등기를 마쳤다."고 보아 소외 2 등의 청구를 기각하는 판결을 선고되고 확정되었는

데, 대략 2년이 흐른 후에 다시 ② 소외 2 등이 피고회사를 상대로 "이 사건 가등기는 소외 1이 위조한 이 사건 매매예약서에 의하여 이루어진 것으로서 무효이거나, 이 사건 매매예약은 쌍방대리에 해당하여 무효이다."라고 주장하면서 소유권에 기하여 이 사건 가등기의 말소를 구하는 소를 제기한 바,

위 소송의 항소심 법원은 "이 사건 매매예약은 민법 제124조 소정의 쌍방대리에 해당하여 무효이나, 이 사건 전소의 확정판결의 기판력에 의하여 이 사건 가등기의 말소를 구할 수 없다."고 판단하여 위 청구를 기각하는 판결을 선고한 후 확정되었던 것이다.

일단 '쟁점 판례'의 1심에 의하면, 부부사이였던 소외 1과 소외 2 사이에 있어 소외 2 등 소유의 부동산에 대하여 소외 2 등이 소외 1에게 '처분권한을 위임한 사실이 존재'한다는 사실은 인정되었으나, '쌍방대리 사전허락'에 대하여는 증거가 없다는 취지였다. 이 부분에서 '주장이 있어야 판단을 한다는 변론주의의 위력'을 실감할 수 있다.

'쟁점 판례'의 1심을 확인하면, 소외 2 등이 피고회사를 상대로 소송을 제기하여 패소·확정되고 나서 또다시 피고회사를 상대로 소송을 하였으나, 매매예약이 허락 없는 쌍방대리에 해당하여 무효라는 판단을 받았음에도 불구하고 기판력에 의하여 또다시 패소·확정된 후에,

소외 2 등이 소외 2의 조카인 원고에게 소외 2 등의 소유부동산에 대하여 근저당권을 설정해 주었는데, 그 근저당권의 피담보채권이 발생된 이유는 소외 2 등과 소외 1 및 피고회사등과 사이에 2009년경부터 다수의 소송을 계속하였고, 변호사에게 수건의 소송을 위임하면서 성과보수로 승소금액의 10%를 지급하기로 하는 내용의 계약을 체결하였으며, 소외 2의 조카인 원고가 소외 2 등의 변호사에 대한 위 성과보수 지급채무를 연대보증을 선 것이 그 경위였다.

소외 2 등이 피고회사를 상대로 소외 2 등의 부동산소유권에 근거한 방해배제로서의 가등기말소청구소송이 두 차례나 패소·확정된 상황에서, 소외 2 등으로부터 근저당권을 취득한 원고가 피고회사를 상대로 근저당권에 의한 방해배제로서, 피고회사의 매매예약가등기의 말소를 구할 수 있는가? 가능하다는 것이 '쟁점 판례'의 취지이다.

그 이유는 "토지소유권에 기한 물권적 청구권을 원인으로 하는 가등기말소청구소송의 소송물은 가등기말소청구권이므로 그 소송에서 청구기각된 확정판결의 기판력은 가등기말소청구권의 부존재 그 자체에만 미치고, 소송물이 되지 않은 토지소유권의 존부에 관하여는 미치지 않는다. 나아가 위 청구기각된 확정판결로 인하여 토지소유자가 갖는 토지소유권의 내용이나 토지소유권에 기초한 물권적 청구권의 실체적인 내용이 변경, 소멸되는 것은 아니다. 위 가등기말소청구소송의 사실심 변론종결 후에 토지소유자로부터 근저당권을 취득한 제3자는 적법하게 취득한 근저당권의 일반적 효력으로서 물권적 청구권을 갖게 되고, 위 가등기말소청구소송의 소송물인 패소자의 가등기말소청구권을 승계하여 갖는 것이 아니며, 자신이 적법하게 취득한 근저당권에 기한 물권적 청구권을 원인으로 소송상 청구를 하는 것

이므로, 위 제3자는 민사소송법 제218조 제1항에서 정한 확정판결의 기판력이 미치는 '변론을 종결한 뒤의 승계인'에 해당하지 않는다."는 것이다.

그렇다면, 소외 2 등이 소외 2의 조카인 원고에게 소외 2 등의 소유부동산에 대하여 근저당권을 설정해 주는 것이 아니라, 소유권을 이전해 줄 경우에도 원고가 피고회사에게 소송을 할 경우 승소할 수 있는가? 소유권이전이 실체에 부합한다면, 그렇다는 것이 '쟁점 판례'의 2심의 취지이다.

즉, "토지소유권에 기한 물권적 청구권을 원인으로 하는 방해배제청구의 소송물은 토지소유권이 아니라 그 물권적 청구권인 방해배제청구권이므로 그 소송에서 확정된 청구기각판결의 기판력은 방해배제청구권의 존부 그 자체에만 미치는 것이고 소송물이 되지 아니한 토지소유권의 존부에 관하여는 미치지 아니한다 할 것이므로 그 방해배제청구소송의 사실심 변론종결 후에 그 패소자인 토지소유자로부터 토지를 매수하고 소유권이전등기를 마침으로써 그 소유권을 승계한 제3자의 토지소유권의 존부에 관하여는 위 확정판결의 기판력이 미치지 않는다 할 것이고,

또 이 경우, 위 제3자가 가지게 되는 물권적 청구권인 방해배제청구권은 적법하게 승계한 토지소유권의 일반적 효력으로서 발생된 것이지, 위 방해배제청구의 소송물인 패소자의 방해배제청구권을 승계함으로써 가지게 된 것이라고는 할 수 없으므로 위 제3자는 위 확정판결의 변론종결 후의 승계인에 해당한다고 할 수도 없다(대법원 84다카148 판결 등). 이 사건 전소의 소송물은 이 사건 각 부동산의 소유권에 기한 물권적 청구권을 원인으로, 그 소유권을 방해하는 이 사건 각 가등기의 말소를 청구하는 것이지 이 사건 각 부동산의 소유권 자체의 존부 확정을 구하는 것이 아니므로,

그 소송에서 확정된 청구기각판결의 기판력은 이 사건 각 가등기의 말소청구권에 관한 존부 그 자체에만 미치는 것이고 토지소유권의 존부에 관하여는 미치지 아니한다. 따라서 이 사건 전소의 사실심 변론종결 후에 그 패소자인 소외 2 등으로부터 이 사건 각 부동산을 매수하고 소유권이전등기를 마침으로써 그 소유권을 승계한 제3자의 이 사건 각 부동산에 대한 소유권의 존부에 관하여는 위 확정판결의 기판력이 미치지 않는다. 이러한 제3자가 가지게 되는 물권적 청구권인 이 사건 각 가등기의 말소등기청구권은 적법하게 승계한 이 사건 각 부동산에 대한 소유권의 일반적 효력으로서 발생된 것이지 이 사건 전소의 소송물인 패소자의 가등기말소청구권을 승계함으로써 가지게 된 것이라고는 할 수 없으므로, 위 제3자는 위 확정판결의 변론종결 후의 승계인에 해당한다고 할 수 없다. 이와 같이 이 사건 전소의 사실심 변론종결 후 소외 2 등으로부터 이 사건 각 부동산의 소유권을 취득하여 승계한 제3자가 앞서 본 이유에 따라 변론종결 후의 승계인에 해당하지 않는 이상, 이 사건 각 부동산의 소유권 중 일부 권능인 근저당권을 설정적 승계로써 취득한 원고 또한 같은 이유로 이 사건 전소의 기판력이 미치는 변론종결 후의 승계인에 해당한다고 볼 수 없다."는 취

지이다.

참고로 대법원 98다6855 판결에 의하면, "건물 소유권에 기한 물권적 청구권을 원인으로 하는 건물명도소송의 소송물은 건물 소유권이 아니라 그 물권적 청구권인 건물명도청구권이므로 그 소송에서 청구기각된 확정판결의 기판력은 건물명도청구권의 존부 그 자체에만 미치는 것이고, 소송물이 되지 아니한 건물 소유권의 존부에 관하여는 미치지 아니하므로, 그 건물명도소송의 사실심 변론종결 후에 그 패소자인 건물 소유자로부터 건물을 매수하고 소유권이전등기를 마침으로써 그 소유권을 승계한 제3자의 건물소유권의 존부에 관하여는 위 확정판결의 기판력이 미치지 않으며,

또 이 경우 위 제3자가 가지게 되는 물권적 청구권인 건물명도청구권은 적법하게 승계한 건물 소유권의 일반적 효력으로서 발생된 것이고, 위 건물명도소송의 소송물인 패소자의 건물명도청구권을 승계함으로써 가지게 된 것이라고는 할 수 없으므로, 위 제3자는 위 확정판결의 변론종결 후의 승계인에 해당한다고 할 수 없다."는 취지이다.

위 대법원 98다6855 판결에 대하여 계쟁물 승계의 경우에 물권적 청구권은 변론종결 후 승계인으로 보는 일반법리에 비추어 의문이 있는바, 만일 종전 소송에서 전소유자가 승소 확정판결을 받을 경우에는 소유권의 승계인이 변론종결 후의 승계인으로 볼 여지가 있다면서 다만 '소유권의 일반적 효력으로 새롭게 취득한 권리'라는 논리가 설득력이 있으므로 결론적으로 이 판례가 타당하고,

위 대법원 2019다261381 판결은 변론종결 후 근저당권을 취득한 경우로서 위 대법원 98다6855 판결의 사안과 동일한 법리가 적용되어야 하므로 패소 확정된 종전 소송의 기판력이 근저당권이 미치지 않아 위 대법원 2019다261381 판결이 타당하다는 견해가 있다(2021. 11. 19.자 '서울고등법원판례공보스터디' 제370쪽 참고).

19. 토지소유자가 권원 없는 건물소유자를 상대로 퇴거청구를 할 수 있는지

어떤 토지에 법정지상권 등의 권원도 없이 건물이 들어서 있다면, 토지소유자는 건물소유자를 상대로 건물을 철거하고 토지를 인도하라는 소송을 할 수 있다. 이때 건물에서 퇴거하라는 청구(청구취지)가 가능할까? 불가능하다.

토지소유자는 토지만을 소유하고 있을 뿐이고 건물의 소유자는 아니므로 건물소유자에게 건물에서 퇴거하라고 할 권한이 없기 때문이다.

어떤 토지에 아파트가 들어서 있는데, 토지에 대한 법정지상권 등의 권원이 전혀 없다. 이에 토지소유자가 아파트 소유자 일부를 상대로 아파트의 철거 및 토지의 인도를 구하여 승소·확정되었다.

이러한 상황인데도 패소한 아파트 소유자 일부가 그 아파트를 계속 점유할 경우에도 승

소한 위 토지소유자가 그 점유자를 상대로 아파트에서 퇴거하라는 소송(청구취지)을 할 수 없는가? 퇴거소송을 할 수 있겠지만 패소하게 된다.

결국 토지소유자로서는 건물 전체에 대하여 철거에 관한 집행권원을 확보하여 곧바로 집행에 들어가거나(건물전체에 대한 철거의 집행권원만으로 집행관이 건물소유자를 퇴거시키고 건물을 철거하게 됨) 철거집행 전까지 토지 점유에 관한 부당이득반환 등을 청구하는 방법으로 권리구제를 받을 수 있다.

즉 대법원 2021다276256 판결에 의하면, “건물소유자가 건물의 소유를 통하여 타인 소유의 토지를 점유하고 있다고 하더라도 토지소유자로서는 건물의 철거와 대지 부분의 인도를 청구할 수 있을 뿐, 자기 소유의 건물을 점유하고 있는 사람에 대하여 건물에서 퇴거할 것을 청구할 수 없다. 이러한 법리는 건물이 공유관계에 있는 경우에 건물의 공유자에 대해서도 마찬가지로 적용된다. 그 이유는 다음과 같다. ① 모든 공유자는 공유물 전부를 지분의 비율로 사용·수익할 수 있다(민법 제263조). 공유자가 공유물에 대하여 가지는 공유지분권은 소유권의 분량적 일부이지만 하나의 독립된 소유권과 같은 성질을 가지므로, 공유자는 소유권의 권능에 속하는 사용·수익권을 갖는다. 설령 공유자 중 1인이 공유물을 독점적으로 점유하여 사용·수익하고 있더라도, 공유자 아닌 제3자가 공유물을 무단으로 점유하는 것과는 다르다. 따라서 공유자가 건물을 점유하는 것은 그 소유 지분과 관계없이 자기 소유의 건물에 대한 점유로 보아야 하고, 소유 지분을 넘는 부분을 관념적으로 분리하여 그 부분을 타인의 점유라고 볼 수 없다. ② 토지소유자는 토지소유권에 기한 방해배제청구권의 행사로써 그 지상 건물의 철거와 해당 토지의 인도를 구할 수 있을 뿐이고 건물의 점유 자체를 회복하거나 건물에 관한 공유자의 사용관계를 정할 권한이 없다. 토지소유자로 하여금 그 지상 건물 공유자를 상대로 퇴거 청구를 할 수 있도록 허용한다면 토지소유자가 건물의 점유 자체를 회복하도록 하거나 해당 건물에 관한 공유자의 사용관계를 임의로 정하게 하는 결과를 가져오게 된다. ③ 소유 지분의 범위에서 철거를 명하는 확정판결을 받은 공유자가 계속하여 건물을 점유하는 것은 토지소유자가 건물 전체의 철거를 명하는 확정판결을 받지 못하여 철거집행이 불가능한 상황에 따른 반사적 효과에 지나지 않는다. 토지소유자로서는 건물 전체에 대하여 철거에 관한 집행권원을 확보하여 곧바로 집행에 들어가거나 철거집행 전까지 토지 점유에 관한 부당이득반환 등을 청구하는 방법으로 권리구제를 받을 수 있다.”라는 취지이다.

위 대법원 2021다276256 판결 사안을 정리하면 “피고는 2003. 7. 28. 서울 서초구 소재 ‘이 사건 토지’와 ‘도로’에 7층의 집합건물 ‘이 사건 아파트’를 건축하여 원시취득 하였다. 원고는 2013. 3. 21. 경매를 통해 이 사건 토지를 낙찰받아 소유권을 취득하였다. 원고는 2014. 12. 11. 피고를 상대로 이 사건 아파트 중 이 사건 토지에 있는 부분의 철거와 이 사건 토지의 인도를 청구하는 소를 제기하여 제1심에서 승소판결을 받았다. 피고는 항소심에서 이 사건 아파트의 일부 전유부분에 관하여 소외인 등에게 일부 지분을 양도하여 지분이전등기를 해주었고, 소외인 등은 인수참가인으로 소송에 참가하였다. 항소심법원은 2017. 4. 6. '피고와 소외인 등은 원고에게 각 소유지분 비율에 따라 이 사건 건물의 각 전유부분과 공용부분을 철거하고 이 사건 토지를 인도하라.'는 '이 사건 선행판결'을 선고하였는데,

이 사건 선행판결은 이 사건 아파트 중에서 도로에 위치한 부분은 철거 대상에서 제외하였다. 피고는 이 사건 선행판결에 불복하여 상고를 제기하였으나, 2017. 8. 23. 상고가 기각됨에 따라 위 선행판결은 그대로 확정되었다. 선행판결이 확정된 후에도 피고가 이 사건 아파트의 공용부분인 이 사건 다목적실에 대한 점유를 계속하자, 원고는 피고를 상대로 이 사건 다목적실에서 퇴거하라고 청구하는 이 사건 소를 제기"한 것이었다.

이와 관련하여 "연도별 2023. 9. 1.자 '서울고등법원판례공보스터디' 제2307쪽"에 의하면 건물철거의무에는 퇴거의무가 포함되어 있어서, 건물철거를 명하는 판결의 효력은 건물소유자 등 건물철거의무가 있는 자의 퇴거에도 효력을 미치므로, 건물소유자에 대하여 건물퇴거의 집행권원을 따로 얻어둘 필요가 없는바 건물철거의 집행권원만 있어도 집행관이 건물소유자를 퇴거시키고 건물을 철거하므로 건물철거를 위한 건물소유자의 퇴거를 별도로 구하는 소는 소의 이익이 없어서 부적법 각하되어야 한다는 설명을 하고 있다.

대법원 2016다213916 판결에 의하면 "관계법령상 행정대집행의 절차가 인정되어 행정청이 행정대집행의 방법으로 건물의 철거 등 대체적 작위의무의 이행을 실현할 수 있는 경우에는 따로 민사소송의 방법으로 그 의무의 이행을 구할 수 없다(대법원 90다카23448 판결, 대법원 99다18909 판결 등). 한편, 건물의 점유자가 철거의무자일 때에는 건물철거의무에 퇴거의무도 포함되어 있는 것이어서 별도로 퇴거를 명하는 집행권원이 필요하지 않다(대법원 2007다75099 판결 참조). 따라서 행정청이 행정대집행의 방법으로 건물철거의무의 이행을 실현할 수 있는 경우에는 건물철거 대집행 과정에서 부수적으로 그 건물의 점유자들에 대한 퇴거 조치를 할 수 있는 것이고, 그 점유자들이 적법한 행정대집행을 위력을 행사하여 방해하는 경우 형법상 공무집행방해죄가 성립하므로(대법원 2007도7514 판결), 필요한 경우에는 「경찰관 직무집행법」에 근거한 위험발생 방지조치 또는 형법상 공무집행방해죄의 범행방지 내지 현행범체포의 차원에서 경찰의 도움을 받을 수도 있다."라는 취지이다.

이와 관련하여 민사집행법 제258조 제1항은 "① 채무자가 부동산이나 선박을 인도하여야 할 때에는 집행관은 채무자로부터 점유를 빼앗아 채권자에게 인도하여야 한다."라고 규정하고 있다.

그렇다면 토지소유자가 토지의 소유권을 방해하고 있는 건물소유자를 상대로는 철거청구를 하고, 그 건물의 소유자로부터 건물을 임차한 임차인을 상대로는 퇴거청구를 할 수는 있는가? 가능하다.

실무에서는 주로 토지소유자의 소유권을 방해하는 건물의 철거를 구하면서, 그 건물의

처분권자는 아니지만 그 건물을 현실적으로 점유하고 있는 사람을 상대로 토지소유자에 대한 방해제거청구(민법 제214조)로서 그 건물에서의 퇴거를 청구할 수 있다는 것인데, 이러한 퇴거청구가 허용되지 않으면 철거집행을 할 수 없어 토지소유권의 완전한 실현이 방해가 되기 때문이다.

위와 같은 경우의 퇴거집행에 관하여, 주문에 특별한 제한이 없더라도 철거집행과 함께 신청할 때에만 집행할 수 있다고 설명하는 것이 일반적인 견해이다(2024. 8. 1.자 공보에 대한 '서울고등법원판례공보스터디' 참고).

부동산에서의 '퇴거'는 점유자로 하여금 물건(동산)을 가지고 나가면서 점유를 포기하게 하는 것이고, 채무자의 점유를 빼앗은 다음 채권자에게 점유를 취득하게 하는 것이 아니라는 점에서 '인도'와 차이가 있다.

정리하자면, 토지소유자가 소유권방해제거로서 건물소유자를 상대로는 건물철거를, 건물소유자로부터의 임차인 등 건물점유자를 상대로는 건물에서의 퇴거를 구할 수는 있지만, 위 건물점유자를 상대로 토지소유자에 대한 건물'인도'를 구할 수는 없다. 토지소유자가 그 건물을 인도받아 점유하거나 사용할 권원은 없기 때문이다.

이와 관련하여 대법원 2024다213157 판결에 의하면 "민사소송법 제203조는 '처분권주의'라는 제목으로 "법원은 당사자가 신청하지 아니한 사항에 대하여는 판결하지 못한다."라고 정하고 있다. 민사소송에서 심판 대상은 원고의 의사에 따라 특정되고, 법원은 당사자가 신청한 사항에 대하여 신청 범위 내에서만 판단하여야 한다(대법원 2015다49422 판결). 건물의 '인도'는 건물에 대한 현실적·사실적 지배를 완전히 이전하는 것을 의미하고, 민사집행법상 인도 청구의 집행은 집행관이 채무자로부터 물건의 점유를 빼앗아 이를 채권자에게 인도하는 방법으로 한다(대법원(전합) 2018다287522 판결). 한편 건물에서의 '퇴거'는 건물에 대한 채무자의 점유를 해제하는 것을 의미할 뿐, 더 나아가 채권자에게 그 점유를 이전할 것까지 의미하지는 않는다는 점에서 건물의 '인도'와 구별된다. 그러므로 채권자가 소로써 채무자가 건물에서 퇴거할 것을 구하고 있는데 법원이 채무자의 건물 인도를 명하는 것은 처분권주의에 반하여 허용되지 않는다."라는 취지이다.

종합적으로 정리해 보자(이하 필자의 개인의견). 토지소유자는 자신의 토지에 권원 없는 건물을 소유한 자를 상대로 그 건물의 철거를 청구할 수 있지만, 건물소유자를 상대로 건물에서 퇴거하라는 청구는 할 수 없다. 철거판결에 따른 집행을 할 때에 건물을 점유하고 있는 건물소유자를 퇴거시키고 철거할 수 있기 때문이다.

위 권원 없는 무단축조 건물이 집합건물이라도 이러한 원칙에는 변함이 없는바, 집합건물 1동 전부에 대한 철거판결의 집행권원이 없어 집합건물 1개, 예를 들어 201호에 대한 철거판결의 확정에도 불구하고 사실상 철거집행이 불가능한 상황에서 위 201호 소유자가 계속 201호를 점유함에도 추가적으로 퇴거를 청구할 수 없는 결과가 발생하더라도 마찬가지이다.

이러한 문제는 부당이득반환청구로 해결하면 족하다는 것이다.

그러나 토지소유자의 토지에 권원 없는 건물의 소유자가 있을 뿐만 아니라, 위 건물을 임차한 임차인이 위 건물을 점유하는 경우라면, 토지소유자가 건물소유자에게는 그 건물의 철거청구를 하고, 건물임차인에게는 그 건물에서의 퇴거청구를 할 수 있다. 건물소유자에 대한 철거판결을 받더라도 집행을 할 때에 임차인을 퇴거시킬 근거가 없는바, 당사자가 다른 임차인에게 퇴거판결을 받을 실익이 있기 때문이다. 이때 토지소유자가 위 건물임차인을 상대로 인도를 청구할 수는 없다. 토지소유자가 위 권원 없는 건물을 인도받아 점유 또는 사용할 권원 내지 근거가 없기 때문이다.

'퇴거'라는 것은 '점유자로 하여금 물건(동산)을 가지고 나가면서 점유를 포기하게 하는 것을 의미'하며, '인도'라는 것은 '채무자의 점유를 빼앗은 다음에 채권자에게 취득하게 하는 것'으로 정리할 수 있겠다.

20. 소유자입장에서 무단점유자에게 부동산반환청구를 할 때 점유자의 비용청구방법

내 소유의 토지를 나의 동명이인이 나의 동의 없이 처분하였다. 이를 무권리자의 처분행위라고 한다. 이러한 무권리자의 처분은 무효가 된다. 따라서 무권리자의 처분에 따라 나의 토지를 매수하여 이전등기를 마친 자가 또 다른 자에게 그 토지를 매도하여 이전등기를 마쳤더라도 그 각 소유권이전등기는 모두 무효가 된다.

이러한 상황에서, 나는 무권리자로부터 내 토지를 매수하여 이전등기를 마친 자와 그로부터 다시 이전등기를 마친 자 모두를 상대로 각 이전등기의 말소를 청구할 수 있고, 맨 마지막 이전등기명의인을 상대로 진정명의회복을 원인으로 하는 소유권이전등기를 청구하여 나의 토지를 찾아올 가능성이 있다.

다만 내 토지의 명의자 등이 시효로 내 토지의 소유권을 취득하였다면 나의 청구는 패소할 가능성이 있다.

내가 내 토지의 등기명의를 찾아오는 것과 함께 내 토지의 인도를 청구할 수도 있을 것인데, 이때 내 토지를 나의 동명이인으로부터 매수하여 이전등기를 갖춘 자, 그리고 그로부터 다시 매수하여 이전등기를 갖춘 자가 내 토지에 돈을 들여 토지 등의 가치를 상승시켰다면? 이때 나의 내토지 인도청구에 대응하여 가치상승분 등에 대한 부당이득반환청구를 할 수 있는 것이 아닌가?

대법원 2024. 12. 24. 선고 2020다275744, 275751 판결에 의하면 민법 제741조에 따른 부당이득반환청구는 인정되지 않고, 민법 제741조의 특별규정이라 할 수 있는 민법 제203조에 따른 비용상환청구권만이 인정된다는 취지이다.

즉 아무런 법률관계가 없었던 자들 사이의 부당이득반환문제 특히 소유권자 입장에서 정당한 법률관계 없이 부동산을 점유한 자에게 그 부동산의 반환을 청구하는 관계에서는 민법 제741조가 아니라 민법 제201조 내지 제203조의 규정이 적용된다는 것이다.

내가 각 이전등기의 말소 내지 진정명의회복에 의한 이전등기청구만을 하고 토지의 인도를 청구하지 않는 경우에는 어떠한가? 이러한 경우라면 민법 제741조에 따른 부당이득반환청구는 물론이고 민법 제203조에 따른 비용상환청구권을 모두 행사할 수 없다. 민법 제203조에 의하면 민법 제203조에 따른 비용상환청구권은 점유자가 회복자로부터 점유물 반환을 청구받거나 회복자에게 점유물을 반환한 때에 비로소 발생하여 점유자가 이를 행사할 수 있는 상태가 되고 이행기가 도래한다고 해석되기 때문이다.

> **민법 제203조(점유자의 상환청구권)** ① 점유자가 점유물을 반환할 때에는 회복자에 대하여 점유물을 보존하기 위하여 지출한 금액 기타 필요비의 상환을 청구할 수 있다. 그러나 점유자가 과실을 취득한 경우에는 통상의 필요비는 청구하지 못한다. ② 점유자가 점유물을 개량하기 위하여 지출한 금액 기타 유익비에 관하여는 그 가액의 증가가 현존한 경우에 한하여 회복자의 선택에 좇아 그 지출금액이나 증가액의 상환을 청구할 수 있다. ③ 전항의 경우에 법원은 회복자의 청구에 의하여 상당한 상환기간을 허여할 수 있다.

이하에서는 대법원 2024. 12. 24. 선고 2020다275744, 275751 판결 사안을 정리한다.

원고(반소피고, 이하 '원고')는 김해시 소재 임야(이하 '이 사건 토지')의 소유자이다. 소외 1 회사는 2010. 8. 30. 원고의 동명이인인 소외 2와 이 사건 토지에 관한 매매계약을 체결하였다. 이 사건 토지는 이를 원인으로 2011. 8. 31. 소외 1 회사 명의로 소유권이전등기가 마쳐졌다가 2013. 10. 17. 소외 3 신탁회사 앞으로 소유권이전등기가 마쳐졌다.

피고(반소원고, 이하 '피고')는 소외 1 회사, 소외 4 회사, 소외 5 회사와 함께 김해시 소재 일반산업단지 개발사업(이하 '이 사건 사업')의 공동사업시행자로서 그 일대의 이 사건 토지를 비롯한 사업부지에 산업단지를 조성하였다.

이 사건 사업이 완료되어 이 사건 토지를 비롯한 사업부지에 관한 종전의 지적공부가 모두 폐쇄되고 새로운 지적공부가 작성됨에 따라 이 사건 토지의 등기부도 폐쇄되었고, 2013. 12. 24. 이 사건 공장용지 및 이 사건 공원 등에 소외 3 신탁회사 명의의 소유권보존등기가 마쳐졌다. 위 각 토지는 2013. 12. 31. 소외 1 회사 명의로 소유권이전등기가 마쳐졌고, 2014. 1. 15. 피고 앞으로 2013. 12. 10.자 매매를 원인으로 소유권이전등기가 마쳐졌으며, 이 사건 토지는 '이 사건 공장용지 부분' 및 '이 사건 공원 부분' 등에 해당한다.

피고는 이 사건 공장용지 부분 및 이 사건 공원 부분을 점유하고 있다. 점유자가 점유물을 보존하거나 개량하기 위하여 지출한 필요비나 유익비에 관하여 민법 제203조 제1항, 제2항은 점유자가 '점유물을 반환할 때'에 상환을 청구할 수 있도록 규정하고 있으므로, 그 상환청구권은 점유자가 회복자로부터 점유물 반환을 청구받거나 회복자에게 점유물을 반환한 때에 비로소 발생하여 점유자가 이를 행사할 수 있는 상태가 되고 이행기가 도래한다(대법원 93다30488 판결, 대법원 2009다5162 판결 등).

민법 제203조는 정당한 법률관계가 없는 물건 점유자와 회복자 사이에서 점유물을 반환하는 경우 점유자가 지출한 필요비 또는 유익비의 상환청구 범위와 상환시기에 관하여 규정한 특별규정이므로(대법원 69다726 판결 등), 물건의 소유자가 적법한 점유 권원 없는 점유자를 상대로 민법 제213조에 따른 물권적 청구권을 행사하여 물건의 반환을 구할 수 있는 경우 점유자는 물건의 소유자를 상대로 민법 제741조에 따라 해당 비용의 반환을 구할 수는 없고 민법 제203조에 따라 '점유물을 반환할 때' 비로소 비용상환청구권을 행사할 수 있을 뿐이다.

피고는 현재 이 사건 공장용지 부분 및 이 사건 공원 부분을 점유하고 있고, 그에 대한 적법한 점유 권원이 없으므로 진정한 소유자인 원고는 피고를 상대로 민법 제213조에 따라 위 각 부분 토지의 반환을 청구할 수 있다.

따라서 피고가 이 사건 공장용지 부분 및 이 사건 공원 부분에 필요비 또는 유익비를 지출하였더라도 피고는 민법 제203조에 따라 원고로부터 위 각 부분 토지의 반환청구를 받거나 원고에게 이를 반환한 때 비용의 상환을 청구할 수 있을 뿐, 민법 제741조에 따른 부당이득반환청구권을 행사할 수는 없다.

그런데 원고는 피고를 상대로 이 사건 공장용지 부분 및 이 사건 공원 부분에 관하여 진정명의회복을 원인으로 하는 소유권이전등기절차의 이행을 구하고 있을 뿐이다. 원고가 점유의 반환을 구한다거나 피고가 점유를 반환하였다는 사정은 보이지 않는다. 그렇다면 피고가 주장하는 유익비상환청구권은 아직 발생하지 않았으므로 피고의 청구는 받아들이기 어렵다.

제20장 공유부동산

1. 단독소유, 구분소유, 구분소유적 공유, 공유

부동산소유권과 관련하여 여러 개념이 있는데, 이번에는 ① 단독소유, ② 구분소유, ③ 구분소유적 공유, ④ 공유의 개념을 확인해 보자. 1필지의 토지가 있다고 가정하자. 1필지의 토지를 1인이 소유하고 있다면, 그 1필지의 토지를 '① 단독소유'하고 있다고 말할 수 있다. 1필지의 토지를 2인 이상이 공유지분으로 소유하고 있는 경우에는 어떠한가? 이러한 경우에는 그 1필지의 토지를 '④ 공유'한다고 보는 것이 일반적이다.

예를 들어보자. 갑 토지 1필지의 토지 면적이 300㎡라고 가정하자. 갑 토지를 a가 100㎡, b가 100㎡, c가 100㎡를 공유지분으로 소유하고 있다. 이러한 경우에 등기부상의 표시는 보통 표제부 면적란에 300㎡로 적시되어 있고, 등기부의 갑구란에 a, b, c의 각 경우 모두 공유자 지분 3분의 1(또는 300분의 100)의 형식으로 기재된다. 이러한 경우에 일반적으로 1필지의 토지를 a, b, c라는 3인이 공유한다고 말하는데, 이는 1필지의 전체 토지를 a, b, c라는 3인이 지분의 비율로 사용·수익할 수 있음을 의미한다.

그렇다면, 등기부에 공유지분으로 기재되어 있음에도 불구하고, 실제로는 갑 토지 1필지를 a, b, c라는 3인이 특정부분을 배타적으로 점유하여 사용하고 있다면? 이런 경우는 등기부의 형식적 기재와 달리 '③ 구분소유적 공유'로 판단될 가능성이 있다.

구분소유적 공유란, 등기부에는 공유형식인 지분형태로 적시되어 있어 공유로 보이지만, 실제 각 공유자가 해당 필지의 특정부분을 점유하면서 배타적으로 사용하고 있고, 형식상의 공유등기는 편의적으로 해둔 경우라고 이해하면 쉽다(구분소유적 공유는 통상 1필지의 토지에 대하여 성립하는 경우가 많지만, 1동의 건물의 경우에도 성립될 수 있다는 취지의 판례로는 대법원 2011다42430 판결).

등기부상의 공유의 실질이 말 그대로 공유라면, 공유물을 분할할 필요가 있을 때에 '공유물분할청구소송'을 제기하면 되지만, 등기부상의 공유의 실질이 구분소유적 공유라면 '공유물분할청구소송'이 아니라, 상호명의신탁해지를 전제한 '지분이전등기청구소송'을 고려해야 한다(대법원 2006다84171 판결 등).

마지막으로 '② 구분소유'란 무엇인가? 아파트와 같은 집합건물에서 내가 살고 있는 아파트의 하나의 '호'를 말한다고 보면 쉽다. 예를 들어, "서초구 서초동 ○○아파트 ○○동 ○○호"가 하나의 구분소유가 된다.

2. 공유물분할청구소송에 있어 미성년자가 당사자로 포함될 경우

공유물분할청구소송은 필수적 공동소송이므로, 소송당사자인 공유자 중에 친권자와 그 친권에 따르는 미성년자가 있을 때에는 언제나 특별대리인을 선임하여야 한다.

즉 수인의 미성년자와 그들의 친권자가 공유물분할의 소의 당사자가 된 경우, 민법 제921조 제1항, 제2항에 따라 미성년자마다 특별대리인을 선임하여야 한다. 이와 관련된 대법원 2023다301941 판결을 확인해 보자.

원고는 피고들을 상대로 공유물분할청구소송을 제기하였는데, 피고들 중 피고 7, 8은 미성년자이고, 이들의 친권자인 피고 6이 원심에 이르기까지 법정대리인으로서 이들을 대리하여 소송행위를 하였다. 원심은 피고 6에게 피고 7, 8을 대리하여 소송행위를 할 법정대리권이 있음을 전제로 본안판단을 한 것이다.

그러나 위 대법원은 공유물분할청구소송에서의 절차는 그 절차의 객관적 성질상 공유자들 사이에 이해의 대립이 생길 우려가 있으므로 민법 제921조의 이해상반행위에 해당하고, 이 사안과 같은 경우 미성년자인 피고 7, 8마다 특별대리인의 선임이 필요함에도 그렇게 하지 않아 피고 7, 8의 적법한 추인이 없는 한 소송행위가 무효라고 보았던 것이다.

위 대법원은 이러한 경우, 원심이 당사자들에게 보정을 명하여 피고 7, 8의 특별대리인이 선임되면 그 특별대리인들에게 소장 부본을 송달하고 이들로 하여금 위 피고들을 대리하여 소송행위를 하도록 하였어야 한다고 보았다(원심판결 파기·환송).

민법 제921조는 "친권자와 그 자간 또는 수인의 자간의 이해상반행위"라는 제목 아래에 "① 법정대리인인 친권자와 그 자 사이에 이해상반되는 행위를 함에는 친권자는 법원에 그 자의 특별대리인의 선임을 청구하여야 한다. ② 법정대리인인 친권자가 그 친권에 따르는 수인의 자 사이에 이해상반되는 행위를 함에는 법원에 그 자 일방의 특별대리인의 선임을 청구하여야 한다."라고 규정하고 있다.

즉 민법 제921조 제1항은 법정대리인인 친권자와 미성년자 사이에, 제2항은 친권에 따르는 미성년자들 상호 간에 이해상반되는 행위를 할 때 적용되는 규정인데, 위 대법원 사안은 친권자 및 미성년자들 상호 간에 이해상반행위에 해당하므로, 각각의 미성년자마다 특별대리인을 선임하여야 한다는 것이다.

이해상반행위의 판단기준은 행위자인 친권자의 의도, 동기 등을 고려하지 않고 형식적, 객관적으로 판단하여야 한다는 이른바 '형식적 판단설'이 판례의 주류적인 입장이다(대법원 96다10270 판결 등).

위 대법원 사안의 경우, 친권자와 미성년자들 모두 피고측에 속하기는 하나, 이 사건 소는 공유물분할청구소송이고(민법 제269조 제1항), 형식적 형성의 소인 공유물분청구소송의 특성상 원고와 피고의 구분은 큰 의미가 없다고 할 것인바, 친권자와 미성년자가 반대당사자인 원고와 피고로 나뉘지 않았다고 하더라도 민법 제921조의 이해상반행위에 해당할 수 있다는 취지이다.

민법 제921조에 의한 특별대리인은 친권자가 선임을 청구하여야 하고, 관할법원은 미성년자 주거지 가정법원이 되는 것이 원칙이다.

그러나 소송에서 특별대리인을 선임하는 절차는 민사소송법 제62조에 의하여 수소법원에서 선임할 수도 있을 것이며, 대리할 행위가 소송행위라면 일반적으로 민사소송법 제62조의 절차에 따르는 것이 편리할 것인바, 실무의 운영도 같다(2024. 9. 1.자 공보에 대한 '서울고등법원 판례공보스터디' 참고).

이와 관련하여 소송법상 특별대리인과 실체법상 특별대리인의 관계 등에 관하여는 대법원 2023마7226 결정에 의하면 "법인이 당사자인 경우 이해관계인 등은, 법인의 대표자가 없거나 대표자에게 소송에 관한 대리권이 없는 경우 또는 법인의 대표자가 사실상 또는 법률상 장애로 대표권을 행사할 수 없는 경우에, 소송절차가 지연됨으로써 손해를 볼 염려가 있다는 것을 소명하여 수소법원에 특별대리인을 선임하여 주도록 신청할 수 있다(민사소송법 제64조, 제62조 제1항). 여기서 특별대리인 선임을 신청해야 하는 수소법원은 본안사건이 장래에 계속될 또는 이미 계속되어 있는 법원을 의미한다."라는 취지이다.

단체의 대표권 없는 사람이 한 소송행위는 그 소송행위 후에 대표자 자격을 적법하게 취득한 대표자가 소송행위를 추인하면 소급하여 효력을 가지고, 이러한 추인은 상고심에서도 할 수 있다는 것이 판례이다(대법원 96다25227 판결, 대법원 2022다209529 판결 등).

그런데 위 대법원 사안의 경우에, 민법 제921조에 따라 친권자의 법정대리가 불가능한 미성년자들에 대해서는 아직 소장 부본의 송달조차 없는 사안이고, 상고심에서 소장 부본을 송달하고 소송행위를 하게 할 수 없는 경우였다.

이에 대법원은 "민사소송법 제59조 전단과 제60조는 소송능력·법정대리권 또는 소송행위에 필요한 권한의 수여에 흠이 있는 경우에는 법원은 기간을 정하여 이를 보정하도록 명하여야 하고, 소송능력·법정대리권 또는 소송행위에 필요한 권한의 수여에 흠이 있는 사람이 소송행위를 한 뒤에 보정된 당사자나 법정대리인이 이를 추인한 경우에는 그 소송행위는 이를 한 때에 소급하여 효력이 생긴다고 규정하고 있다. 그러므로 미성년자의 법정대리인에게 법정대리권이 흠결된 경우 법원은 그 흠을 보정할 수 없음이 명백한 때가 아닌 한 기간을 정하여 보정을 명하여야 할 의무가 있고, 법정대리권의 보정은 항소심에서도 가능하다(대법원 2024. 4. 12. 선고 2023다313241 판결 참조).”면서 원심을 파기·환송한 것으로 이해된다.

3. 공유물분할의 원칙적인 방법은 현물분할임을 선언한 판례

공유물분할과 관련하여 민법 제269조는 “① 분할의 방법에 관하여 협의가 성립되지 아니한 때에는 공유자는 법원에 그 분할을 청구할 수 있다. ② 현물로 분할할 수 없거나 분할로 인하여 현저히 그 가액이 감손될 염려가 있는 때에는 법원은 물건의 경매를 명할 수 있다.”라고 규정하고 있다.

위 민법조문을 토대로 공유 토지를 분할한다고 가정해 보자.

공유 토지를 분할할 때에는 우선 공유자 사이에 분할에 대한 협의를 한 후에 협의가 성립되지 않으면 공유자가 나머지 공유자 ‘전부’를 상대로 공유물분할 청구의 소를 제기하게 된다. 이때 법원은 위 공유 토지를 현물로 분할하는 것이 원칙이고, 공유 토지를 현물로 분할할 수 없거나 분할로 인하여 공유토지의 가액이 현저하게 감손될 염려가 있으면 예외적으로 대금분할(경매분할)을 명하게 된다.

이와 관련하여 대법원 2022다294107 판결 사안을 정리해 보자.

분할하려는 공유 토지는 임야이고 공유자들 중 절대 다수의 조상분묘가 위 임야에 설치된 경우에 대금분할을 명하게 되면 공유자들은 위 공유 토지의 소유권을 상실할 가능성이 크다는 점에서 공유자들 다수의 조상분묘가 존재한다는 사정은 현물분할을 필요로 하는 대표적인 정황에 해당한다.

이에 반하여 공유 토지에서 상당히 먼 거리에 주소를 둔 채 위 공유토지의 지분일부를 경매절차를 통해 취득한 자가 그 공유지분을 취득한 직후 다른 공유자들과 그 분할에 관한 협의도 제대로 거치지 않은 상태에서 공유물분할 청구의 소를 제기하였고, 소송과정에 나타난 주장의 내용 및 경위를 고려할 때에 오로지 공유물분할 청구의 소를 통하여 경매에 의한 대금분할 방법으로 자신의 공유지분을 매각함으로써 경제적 이익을 극대화하기 위하여 다른 공유자들이 수용할 수 없는 비합리적인 방안만을 제시하거나 경매에 의한 대금분할 방법만을 계속 고집한 사정은 공유물분할의 원칙적인 방법이 현물분할이라는 점에서 대금분할을 명하기에는 장애사유로 해석된다.

재판에 의한 공유물분할은 합리적인 분할을 할 수 있는 한 현물분할을 하는 것이 원칙이고, 오히려 공유토지의 현황 및 내역에 비추어 특히 현물분할을 필요로 하는 사정이 존재하고, 경매로 공유토지 일부를 취득한 후 대금분할만을 고집하면서 공유물분할을 청구한 자 또한 이러한 사정을 알고 있었다면, '현물분할의 원칙'에 따른 다양한 합리적인 분할방법의 가능 여부에 대한 객관적·구체적인 심리 없이 단순히 공유자들 사이에 분할의 방법에 관하여 의사가 합치되지 않았다거나 공유토지 중 특정 부분을 서로 소유하기를 원한다는 등의 주관적·추상적인 사정에만 터 잡아 함부로 경매에 의한 대금분할을 명하는 것은 장기간 동안 위 공유 임야의 공유관계를 유지해왔던 다른 공유자들의 의사에 배치됨은 물론 이로 인해 불필요하게 다른 공유자들의 소유권마저 상실시킬 수 있다는 점에서 쉽게 받아들이기 어렵다. 대법원 2022다294107 판결은 위와 같은 이유로 원심판결을 파기·환송한 것이다.

위 대법원 판결이 정리한 공유물분할에 관한 법리가 여러모로 유용하므로 이를 소개한다.

공유는 물건에 대한 공동소유의 한 형태로서 물건에 대한 1개의 소유권이 분량적으로 분할되어 여러 사람에게 속하는 것이므로, 별도의 약정 등 특별한 사정이 없는 한 공유자는 공유물의 분할을 청구하여 기존의 공유관계를 폐지하고 공유자 간에 공유물을 분배하는 법률관계를 실현할 수 있는 일방적인 권리를 가진다.

나아가 공유물의 분할은 당사자 간에 협의가 이루어지는 경우에는 그 방법을 임의로 선택할 수 있으나, 협의가 이루어지지 아니하여 재판에 의하여 공유물을 분할하는 경우에 법원은 현물로 분할하는 것이 원칙이고, 현물로 분할할 수 없거나 현물로 분할을 하게 되면 현저히 그 가액이 감손될 염려가 있는 때에 비로소 물건의 경매를 명할 수 있다(민법 제269조 제2항).

이때 '현물로 분할할 수 없다'는 요건은 이를 물리적으로 엄격하게 해석할 것은 아니고, 공유물의 성질, 위치나 면적, 이용 상황, 분할 후의 사용가치 등에 비추어 보아 현물분할을 하는 것이 곤란하거나 부적당한 경우를 포함하고, '현물로 분할을 하게 되면 현저히 그 가액이 감손될 염려가 있다'는 요건 역시 공유자의 한 사람이라도 현물분할에 의하여 단독으로 소유하게 될 부분의 가액이 분할 전의 소유 지분 가액보다 현저하게 감손될 염려가 있는 경우도 포함한다(대법원 84다카1194 판결).

다만 그 어느 경우이든 재판에 의한 공유물분할은 공유자별 지분에 따른 합리적인 분할을 할 수 있는 한 현물분할을 하는 것이 원칙이므로(대법원 91다27228 판결 등), 불가피하게 대금분할을 할 수밖에 없는 요건에 관한 객관적·구체적인 심리 없이 단순히 공유자들 사이에 분할의 방법에 관하여 의사가 합치하고 있지 않다는 등의 주관적·추상적인 사정에 터 잡아 함부로 대금분할을 명하는 것은 허용될 수 없다(대법원 2009다40219, 40226 판결).

공유물의 분할은 공유자 간에 협의가 이루어지는 경우에는 그 방법을 임의로 선택할 수 있으나 협의가 이루어지지 아니하여 재판에 의하여 공유물을 분할하는 경우에는 위와 같이 현물로 분할하는 것이 원칙이고, 현물로 분할할 수 없거나 현물로 분할을 하게 되면 현저히 그 가액이 감손될 염려가 있는 때에 비로소 물건의 경매를 명하여 대금분할을 할 수 있는 것이다.

그러므로 이러한 예외적인 사정이 없는 한 법원은 공유자의 지분비율에 따라 공유물을 현물 그대로 수개의 물건으로 분할하고 분할된 물건에 대하여 각 공유자의 단독소유권을 인정하는 판결을 하여야 하고, 분할의 방법은 당사자가 구하는 방법에 구애받지 아니하고 법원의 재량에 따라 공유관계나 그 객체인 물건의 제반 상황에 따라 공유자의 지분비율에 따른 합리적인 분할을 하면 충분하며, 이때 공유지분비율에 따른다 함은 지분에 따른 가액비율에 따름을 의미한다.

토지를 분할하는 경우에는 원칙적으로는 공유자가 취득하는 토지의 면적이 공유지분의 비율과 같아야 할 것이나, 반드시 그래야만 하는 것은 아니고, 토지의 형상이나 위치, 이용상황이나 경제적 가치가 균등하지 아니할 때에는 이와 같은 제반사정을 고려하여 경제적 가치가 지분비율에 상응되도록 분할하는 것도 허용되며, 일정한 요건이 갖추어진 경우에는 공유자 상호 간에 금전으로 경제적 가치의 과부족을 조정하게 하여 분할을 하는 것도 현물분할의 한 방법으로 허용되고, 여러 사람이 공유하는 물건을 현물 분할하는 경우에는 분할을 원하지 않는 나머지 공유자는 공유로 남는 방법도 허용된다(대법원 90다카7620 판결, 대법원 93다27819 판결, 대법원 97다18219 판결 등).

특히 공동상속을 원인으로 하는 공유관계 혹은 조상분묘가 설치된 임야에 대한 일가 친족의 공유관계 등과 같이 다수 공유자들 사이에 긴밀한 유대관계가 있어 이들 사이에 공유물 사용에 관한 명시적 또는 묵시적 합의가 있었고, 공유자 전부 또는 일부가 분할의 목적이 된 공유 토지나 그 지상 건물에서 거주·생활하거나 묘소를 설치하는 등 공유물 점유·사용의 형태를 보더라도 이러한 합의를 충분히 추단할 수 있는 사안에서, 그러한 공유자 일부의 지분에 대한 경매 등으로 새롭게 공유지분을 취득한 사람이 공유물의 점유·사용에 관한 기존의 명시적 또는 묵시적 합의를 무시하고 경매 분할의 방법으로 분할할 것을 주장한다면 법원으로서는 기존의 공유물 점유·사용관계를 해치지 않고 공유물을 분할할 수 있는 방법을 우선적으로 참작할 필요가 있다.

이러한 경우 법원이 경매분할을 선택하기 위해서는 현물로 분할할 수 없거나 현물로 분할하게 되면 그 가액이 현저히 감손될 염려가 있다는 사정이 분명하게 드러나야 하고, 현물분할을 위한 금전적 조정에 어려움이 있다고 하여 경매분할을 명하는 것에는 신중하여야 한다.

필자의 개인의견을 첨부하자면 위 판례는 실무적으로 매우 중요한 의미를 갖는다. 다만 실제 공유물분할 청구의 소를 제기하면 법원이 재량을 활용하여 현물분할 방법으로 이끌기는 매우 어렵다. 즉 분할의 방법은 당사자가 구하는 방법에 구애받지 아니하고 법원의 재량에 따라 공유관계나 그 객체인 물건의 제반 상황에 따라 공유자의 지분비율에 따른 합리적인 분할을 하면 충분하다는 것이 법원의 입장임에도 불구하고 공유물분할 청구의 당사자가 법원으로 하여금 원칙적 방법인 현물분할 방법을 유도하기가 쉽지 않다는 것이다.

결국 현물분할을 원하는 공유지분권자는 현물분할 방법의 여러 가능성을 재판절차에서 공론화하는 것이 필요하고, 그 공론화를 통해 여러 현물분할 가능성이 재판과정에 현출되어야 한다.

그리고 필요한 경우 법원에서 현물분할판결을 부담 없이 할 수 있도록 현물분할을 원하는 공유지분권자가 현물분할의 전제에 해당하는 측량감정을 실시하거나 공유물의 현물분할에 따른 공유자 상호 간의 경제적 가치의 과부족을 금전으로 조정하기 위한 시가감정 등의 절차도 진행해야 한다.

이런 과정을 거치지 않은 상태에서 법원의 재량권에만 의존할 경우에 민사소송 구조상 현물분할판결을 받는 것이 쉽지 않다는 사실을 인식할 필요가 있다.

참고로 대법원 2020다260025 판결은, 특히 공동상속을 원인으로 하는 공유관계처럼 공유자들 사이에 긴밀한 유대관계가 있어서 이들 사이에 공유물 사용에 관한 명시적 또는 묵시적 합의가 있었고, 공유자 전부 또는 일부가 분할의 목적이 된 공유 토지나 그 지상 건물에서 거주·생활하는 등 공유물 점유·사용의 형태를 보더라도 이러한 합의를 충분히 추단할 수 있는 사안에서, 그러한 공유자 일부의 지분을 경매 등으로 취득한 사람이 공유물 점유·사용에 관한 기존의 명시적·묵시적 합의를 무시하고 경매분할의 방법으로 분할할 것을 주장한다면 법원으로서는 기존 공유자들의 합의에 의한 점유·사용관계를 해치지 않고 공유물을 분할할 수 있는 방법을 우선적으로 강구하여야 한다면서, 이러한 경우 법원이 경매분할을 선택하기 위해서는 현물로 분할할 수 없거나 현물로 분할하게 되면 그 가액이 현저히 감손될 염려가 있다는 사정이 분명하게 드러나야 하고, 현물분할을 위한 금전적 조정에 어려움이 있다고 하여 경매분할을 명하는 것에는 매우 신중하여야 한다는 취지이다.

위 대법원 2020다260025 판결은 "원심이 피고의 이 사건 토지 사용현황 등을 고려하였을 때 원고와 피고 사이에서 가장 바람직한 공유물분할 방법은 피고가 원고 지분을 매수하는 방법이라고 판단"한 사실을 지적하면서, "지분의 적정한 매수가격을 사실심 변론종결일을 기준으로 변론과정에 나타난 관련 자료를 토대로 최대한 객관적·합리적으로 평가하여 산정" 하는 방법을 제시하였다(즉 이 사건 토지상의 미등기 건물에 거주하고 있는 공동상속인인 피고가 또 다른 공동상속인 소외3의 지분을 경매로 매수한 자로부터 그 지분을 매수한 원고에게 가격보상을 하는 방식의 현물분할 방식을 대법원이 제시한 것. 원고는 경매전문업체인 것으로 이해됨)(유사 취지의 판례로는 대법원 2023다217916 판결 참조).

이와 관련하여 공유물분할판결의 원칙적 모습인 '현물분할'에 대하여 그동안의 판례를 종합하면 ① 각 공유자가 취득하는 공유물의 면적×가격비율=각 공유자의 지분비율, ② 각 공유자가 취득하는 공유물의 가격비율=각 공유자의 지분비율, ③ 일부 가격배상(가격조정), ④ 전면적 가격배상(일부 공유자가 공유물 취득, 나머지 공유자에게는 금전 지급)의 순으로 현물분할

방법을 검토하면 된다는 견해가 있다.

위 견해에 의하면, 전면적 가격배상에 대하여는 대법원 2004다30583 판결이 최초로 '전면적 가격배상이 현물분할의 한 방법으로서 허용된다.'고 판시하였는데, 위 판결은 원고의 지분이 피고의 지분보다 약 30배 많은바, 피고가 공유물분할의 소를 제기하여 경매분할을 주장한 사안으로 금전의 수령이 피고의 주된 목적인 경우 공유물을 원고의 소유로 하고, 피고에게는 가격을 배상하는 것이 공평의 관념에 부합하고 합리적이라고 한다(2023. 8. 15.자 공보에 대한 '서울고등법원판례공보스터디' 참고).

4. 집합건물 대지공유자의 분할청구 금지의 예외에 해당하는 전면적 가격보상 사례

집합건물법 제8조는 "대지공유자의 분할청구 금지"라는 제목 아래에 "대지 위에 구분소유권의 목적인 건물이 속하는 1동의 건물이 있을 때에는 그 대지의 공유자는 그 건물 사용에 필요한 범위의 대지에 대하여는 분할을 청구하지 못한다."고 규정하고 있다.

집합건물법 제8조의 입법취지는 무엇일까? 위 법률 규정의 입법 취지는 집합건물 대지의 분할금지를 통하여 1동의 건물로서 개개의 구성부분이 독립한 구분소유권의 대상이 되는 집합건물의 존립 기초를 확보하려는 데 있다.

집합건물의 대지는 그 지상의 구분소유권과 일체성 내지 불가분성을 가지는데 일반의 공유와 같이 공유지분권에 기한 공유물 분할을 인정한다면 그 집합건물의 대지사용관계는 파탄에 이르게 되므로 집합건물의 공동생활관계의 보호를 위하여 분할청구가 금지되는 것이다.

그렇다면 집합건물의 대지를 집합건물의 구분소유자인 공유자와 구분소유자가 아닌 공유자가 공유하고 있고 있는 경우에는 어떠한가? 이런 경우에도 공유물분할이 금지된다면 집합건물의 구분소유자가 아닌 공유자는 일정한 요건을 갖춘 경우에 집합건물의 구분소유자인 공유자에게 부당이득반환청구를 할 수 있을 뿐이고, 자신이 지분에 대한 온전한 권리를 행사하기 어려워 부당한 면이 있다.

이와 관련하여 대법원 2022다271753 판결은 집합건물의 구분소유자가 아닌 공유자들의 공유지분을 전면적 가격보상에 의한 공유물분할을 통해 집합건물의 구분소유자인 공유자에게 귀속시키는 방법으로 집합건물 대지에 대한 공유물분할을 명할 수 있다는 취지이다. 그 이유는 무엇일까?

위 대법원 2022다271753 판결에 의하면 "집합건물 대지의 공유자가 청구한 대지의 분할청구가 허용되는지 여부를 판단함에 있어서는 집합건물법 제8조의 입법 취지가 우선 고려되어야 하는바, 집합건물의 대지를 집합건물의 구분소유자인 공유자와 구분소유자가 아닌 공유자가 공유하고 있고, 당해 대지를 집합건물의 구분소유자인 공유자에게 취득시키고 구분소유자가 아닌 다른 공유자에게는 그 지분의 가격을 취득시키는 것이 공유자 간의 실질적인 공평을 해치지 않는다고 인정되는 특별한 사정이 있어 그와 같이 공유물을 분할하는 것이 허용되는 경우에는(대법원 2004다30583 판결 등), 그러한 공유물에 대한 분할청구는 집합건물법 제8조의 입법 취지에 비추어 허용된다고 보는 것이 타당하다."라는 취지이다.

이와 관련하여 앞서 설명한 바와 같이 집합건물의 대지를 집합건물의 구분소유자인 공유자와 구분소유자가 아닌 공유자가 공유하고 있고 있는 경우에 집합건물의 구분소유자가 아닌 공유자는 일정한 요건을 갖춘 경우에 집합건물의 구분소유자인 공유자에게 부당이득반환청구를 할 수 있다.

즉 대법원 2016다12823 판결에 의하면 "집합건물의 구분소유자들이 건물의 대지 중 일부 지분만 가지고 있고 구분소유자 아닌 대지 공유자가 나머지 지분을 가지고 있는 경우에, 구분소유자 아닌 대지공유자는 대지 공유지분권에 기초하여 구분소유자 중 자신의 전유부분 면적 비율에 상응하는 대지 공유지분(이하 '적정 대지지분')을 가진 구분소유자를 상대로는 대지의 사용·수익에 따른 부당이득반환을 청구할 수 없다[대법원(전합) 2017다257067 판결]. 그러나 적정 대지지분보다 부족한 대지 공유지분(이하 '과소 대지지분')을 가진 구분소유자는, ① 과소 대지지분이 적정 대지지분에 매우 근소하게 부족하여 그에 대한 부당이득반환청구가 신의성실의 원칙에 반한다고 볼 수 있는 경우, ② 구분건물의 분양 당시 분양자로부터 과소 대지지분만을 이전받으면서 건물 대지를 무상으로 사용할 수 있는 권한을 부여받았고 이러한 약정이 분양자의 대지지분을 특정승계한 사람에게 승계된 것으로 볼 수 있는 경우, 또는 ③ 과소 대지지분에 기하여 전유부분을 계속 소유·사용하는 현재의 사실상태가 장기간 묵인되어온 경우 등과 같은 특별한 사정이 없는 한, 구분소유자 아닌 대지공유자에 대하여 적정 대지지분에서 부족한 지분의 비율에 해당하는 차임 상당의 부당이득반환의무를 부담한다고 봄이 타당하다."라는 취지이다(대법원 2019다266386 판결에 의하면 "이때 구분소유자가 적정 대지지분을 소유하였는지 여부나 과소 대지지분권자로서 구분소유자 아닌 대지공유자에 대하여 부당이득반환의무를 부담하는지 여부 및 그 범위는 구분소유권별로 판단하여야 하고, 이는 특정 구분소유자가 복수의 구분소유권을 보유한 경우에도 마찬가지이므로 특별한 사정이 없는 한 복수의 구분소유권에 관한 전체 대지지분을 기준으로 이를 판단하여서는 아니 된다."라고 판시함).

정리하자면, 집합건물의 구분소유자가 아닌 대지공유자는 집합건물의 구분소유자 중 전유부분 면적 비율에 상응하는 적정 대지지분보다 부족한 대지지분을 가진 구분소유자를 상대로 부당이득반환청구를 하거나, 전면적 가격보상을 주장하면서 공유물분할청구를 할 수 있다. 이때 원고들이 피고들로부터 돈을 받음과 동시에 피고들에게 이전등기를 해주라는 상환이행판결을 해야 할 것이다(2023. 11. 1.자 공보에 대한 '서울고등법원판례공보스터디' 참고).

이와 관련하여 대법원 2004다30583 판결에 의하면, 대지와 건물(구분건물 아님)의 각 지분을 보유한 공유자 사이에 공유물분할 소송이 제기된 경우에, "공유관계의 발생원인과 공유지분의 비율 및 분할된 경우의 경제적 가치, 분할 방법에 관한 공유자의 희망 등의 사정을 종합적으로 고려하여 당해 공유물을 특정한 자에게 취득시키는 것이 상당하다고 인정되고, 다른 공유자에게는 그 지분의 가격을 취득시키는 것이 공유자 간의 실질적인 공평을 해치지 않는다고 인정되는 특별한 사정이 있는 때에는 공유물을 공유자 중의 1인의 단독소유 또는 수인의 공유로 하되 현물을 소유하게 되는 공유자로 하여금 다른 공유자에 대하여 그 지분의 적정하고도 합리적인 가격을 배상시키는 방법에 의한 분할도 현물분할의 하나로 허용된다."면서,

"만일 그런 방법이 허용되지 않는다고 한다면 특히 구분건물의 대상이 되지 않는 건물의 공유자가 분할을 원하는 경우에는 그 지분이 적정하고 합리적으로 평가되고, 상대방 공유자가 그 대금을 지불할 능력이 있어 대금분할보다는 가격배상에 의한 분할방법이 더 공평한 방법이 될 수 있는 때에도 항상 경매에 의한 대금분할을 명하여야 하는 불합리한 점을 극복할 수 없게 된다."라는 취지이다(토지와 집합건물이 아닌 일반건물에 대하여 각 지분을 보유한 자들 사이에 공유물분할소송이 진행된 경우에 각 지분에 대한 가격이 적정하게 평가되고, 현물을 전부 갖게 되는 공유자가 상대 공유자에게 대금을 지불할 능력이 있다면, 구체적 사정에 따라 경매를 통한 대금분할 보다는 전면적 가격배상(가격보상)에 의한 현물분할방법이 타당할 수 있다는 취지).

5. 민법상의 공유법리와 집합건물대지의 공유법리의 차이

민법상 공유법리에 대해 정리해 보자. 민법 제265조는 "공유물의 관리, 보존"이라는 제목 아래에 "공유물의 관리에 관한 사항은 공유자의 지분의 과반수로써 결정한다. 그러나 보존행위는 각자가 할 수 있다."라고 규정하고 있다.

따라서 공유자의 지분 과반수로써 공유물의 관리방법을 결정하였다면, 가사 그 관리방법이 특정 공유지분권자의 공유물 사용·수익을 완전히 배제하는 것이라고 하더라도, 그 관리방법은 적법하고 유효하다. 따라서 침해되는 특정 공유지분권자의 이익은 부당이득반환문제로 해결하면 족하다.

예를 들어, A, B, C가 각 1/3 지분씩 공유하고 있는 토지를 C를 제외한 A, B가 협의하여 A가 토지 중 1/3 부분을, B가 나머지 2/3를 각 배타적으로 점유·사용하는 경우로 정하였고, 월 차임 상당액은 900만원으로 가정한다.

이때 C는 A, B를 상대로 위 공유토지에 대한 인도청구를 할 수 없다(민법 제265조). A, B가 2/3의 지분 즉 과반수의 지분으로 공유토지의 관리방식을 결정하였기 때문에 A, B의 각 배타적 점유는 적법하기 때문이다[참고로 공유물의 소수지분권자는 공유물을 독점적으로 점유하는 다른 소수지분권자를 상대로 하여서 방해배제를 구할 수 있으나, 인도를 구할 수는 없다(대법원(전합) 2018다287522 판결)].

A, B의 점유는 적법하므로 C는 A, B를 상대로 불법행위로 인한 손해배상청구를 할 수는

없다. 다만 C는 A, B를 상대로 부당이득반환청구를 할 수 있다. 즉 C는 민법 제263조에 의하여 공유물 전부를 지분에 따라 사용할 수 있는 권리가 있기 때문에 C는 B를 상대로 300만원의 부당이득반환청구를 할 것이 아니라, A에 대하여 100만원, B에 대하여 200만원의 부당이득반환청구를 해야 한다(민법상 공유개념상 공유토지의 1/3지분권자인 A가 자신의 지분비율과 같은 1/3만큼만 그 공유토지를 배타적 점유·사용한다고 하여 부당이득반환의무를 면할 수는 없다는 것).

그리고 A는 B에 대하여 200만원의 부당이득반환청구를 할 수 있고, B는 A에 대하여 100만원의 부당이득반환청구를 할 수 있다. 결과적으로 B는 A에게 100만원을 부당이득으로 반환하여야 한다.

그렇다면 집합건물대지의 공유법리는 어떠한가? 민법상 공유법리와는 다른 면이 있는바, 이를 정리해보자.

민법상 공유법리와 달리 집합건물대지의 경우, 집합건물법을 해석하면 1동의 건물 구분소유자들이 당초 그 건물을 분양받을 당시의 대지 공유지분 비율대로 그 건물의 대지를 공유하고 있는 경우, 구분소유자들 상호 간에 대지에 대한 공유지분 비율의 차이를 이유로 부당이득반환을 청구할 수 없다. 집합건물법에 의하면 집합건물의 구분소유자들은 특별한 사정이 없는 한 그 대지에 대하여 가지는 공유지분의 비율에 관계없이 그 건물의 대지 전부를 용도에 따라 사용할 수 있는 적법한 권원을 가진다고 해석되기 때문이다(대법원 2009다76522, 76539 판결).

그리고 민법상 공유법리와 달리 집합건물대지의 경우, 집합건물의 구분소유자가 아닌 대지 공유자는 그 대지 공유지분권에 기초하여 적정 대지지분을 가진 구분소유자를 상대로는 대지의 사용·수익에 따른 부당이득반환을 청구할 수 없다[대법원(전합) 2017다257067 판결].

민법상 공유법리에 따른다면, 집합건물의 구분소유자가 아닌 대지공유자는 상대방이 전유부분의 지분만큼 대지지분을 갖고 있다고 하더라도 부당이득반환청구를 할 수 있을 것(위 사례의 C의 A에 대한 부당이득반환청구)이지만 집합건물대지의 경우는 다르다는 것이다.

집합건물의 구분소유자가 아닌 대지 공유자는 그 대지 공유지분권에 기초하여 적정 대지지분을 가진 구분소유자를 상대로는 대지의 사용·수익에 따른 부당이득반환을 청구할 수 없다고 보아야 할 이유는 무엇인가[종전 대법원 2000다13948 판결, 대법원 2009다76522, 76539 판결 등을 변경한 대법원(전합) 2017다257067 판결 참고]?

집합건물의 경우 구분소유자들은 전유부분 외에 대지사용권을 확보하여야 하고, 전유부분과 대지사용권 사이에는 종속적 일체 분가분성에 따른 '분리처분 불가'라는 법리가 적용되는바(대법원 2005다15048 판결, 대법원 2013다46047 판결), 이렇듯 집합건물 대지의 공유관계에는 민법상 공유법리와는 다른 특수성이 존재하므로 민법상 공유법리가 그대로 적용될 수 없다.

게다가 구분소유자가 대지사용권으로 보유하여야 할 적정 대지지분은 원칙적으로 전유부분의 면적 비율인바(대법원 2012다72469 판결), 구분소유자가 적정 대지지분을 모두 확보한 경우에는 전유부분을 소유하기 위하여 대지 전부를 온전히 사용·수익할 권리를 가지게 되므로, 법률상 원인 없는 이익을 얻는다고 볼 수도 없다(민법상 공유법리에서는 공유물 전부를 지분의 비율로 사용·수익할 수 있을 뿐임).

또한 민법상 공유법리에 따라 구분소유자 전원이 각자 보유한 대지지분의 비율과 관계없이 구분소유자 아닌 대지 공유자에 대하여 전유부분 면적 비율에 따라 부당이득반환의무를 부담한다면, 적정 대지지분을 가진 구분소유자가 손실을 회복하기 위하여 다른 구분소유자를 상대로 부당이득반환청구를 하게 되어 연쇄적 소송으로 이어지게 되고, 이는 정의 관념과 소송경제 등의 측면에서 불합리한 결과를 초래한다.

이와 관련하여 "집합건물 대지의 공유관계에 관하여는 민법상 공유법리를 그대로 적용하는 것은 타당하지 않고, 집합건물의 경우, ① 구분건물의 독립성, ② 구분행위가 있어야 구분소유권이 성립하는바, 통상적으로 '구분행위'는 분양계약인 경우가 많은데, 수분양자가 분양계약을 체결하고 분양대금을 지급한 경우, 그 분양대금에는 대지지분권에 대한 대가도 포함되어 있는 것이므로, 이후에 다른 수분양자의 분양계약이 해제되어 일부 대지의 소유권이 수분양자 아닌 사람의 소유가 되거나 애초에 분양자가 대지지분을 전부 확보하지 못했다고 하더라도, 수분양자가 집합건물의 전유부분을 소유하는 데 필요한 대지지분(즉, 적정 대지지분)을 취득하였다면 그 자체로 보호받을 가치가 있다라면서 위 대법원(전합) 2017다257067 판결이 타당하다."라는 취지의 견해가 있다(연도별 2023. 9. 1.자 '서울고등법원판례공보스터디' 제2506쪽~제2509쪽 참고).

6. 공유토지의 분할과 건물이 존재하는 토지의 분할

토지를 공유지분으로 소유하는 경우가 있다. 이러한 경우는 부부가 토지를 매수하면서 부부의 공유지분으로 등기한 경우, 상속을 받아 공유지분으로 등기한 경우, 토지에 여러 명이 투자를 하면서 공유지분으로 등기를 한 경우, 법령상 토지분할이 어려운 토지라서 공유지분으로 등기된 경우(예: 기획부동산 개입) 등 다양하다.

그렇다면, 공유지분으로 등기된 토지의 분할이 가능할까? 공유라는 개념부터 살펴보자. A라는 필지를 갑과 을이 공유한다는 것은 A라는 필지 전부를 갑과 을이 각 지분비율만큼의 소유권을 가지고 있다고 생각하면 된다. 즉 A라는 필지에 갑과 을이 2분의 1의 지분을 각각 가지고 있다면, A라는 필지가 반으로 쪼개지고 그 각각의 반에 대하여 갑과 을이 소유권을 행사하는 것은 아니다. 갑과 을은 A라는 필지 전부를 지분비율만큼 소유권을 행사한다는 것이다. A라는 필지 전영역에 빨강색 점을 찍고, A라는 필지 전영역에 파랑색 점을 찍었다고 가정할 때 빨강색은 갑, 파랑색은 을이 각각 소유권을 행사할 수 있다고 생각해 보면 이해가 쉬울 수도 있다.

따라서 공유토지는 이 이론을 전제할 때 분할하기 어렵다. 그러나 민법 제269조 제1항은 공유물에 대하여 "분할의 방법에 관하여 협의가 성립되지 아니한 때에는 공유자는 법원에 그 분할을 청구할 수 있다."라고 규정하여 공유토지의 분할을 인정한다. 즉, 공유토지소유자인 갑과 을이 협의로 우선 분할해 보고, 협의가 성립되지 않을 경우 법원에 공유물분할청구소송을 제기할 수 있다[다른 법령 등에 의하여 분할에 규제가 있는 것은 별론. 참고로 국토계획법 제56조 제1항 제4호는 일정한 요건하에 '토지분할(분필)'을 개발행위 허가대상으로 규정하고 있음].

이때의 분할은 원칙적으로 A토지가 갑과 을의 지분에 대응하는 비율만큼인 2분의 1씩 '무' 쪼개지듯이 쪼개지는 것이라고 생각하면 된다. 결국, A토지는 A－1이라는 토지와 A－2라는 토지로 쪼개지게 된다. 즉 하나의 필지가 두 개의 필지로 나뉘게 된다.

민법 제269조 제2항은 "현물로 분할할 수 없거나 분할로 인하여 현저히 그 가액이 감손될 염려가 있는 때에는 법원은 물건의 경매를 명할 수 있다."고 규정한다. 즉, 공유토지분할청구소송이 법원에 들어오면 법원에서는 우선 해당 토지를 쪼개는 방법을 강구하고, 토지를 쪼개서 분할할 경우 분할로 인하여 가치가 현저히 하락할 경우 등의 경우에는 경매에 부쳐 경매대금의 분할로 문제를 해결할 수도 있다.

토지를 물리적으로 쪼개는 분할방법을 현물분할이라고 하고 경매에 부치는 분할 방법을 대금분할(경매분할)이라고 한다. 민법은 현물분할과 대금분할만을 규정하고 있지만, 법원에서는 이에 더하여 가격보상에 의한 현물분할을 인정하기도 하고, 현물분할 방법도 다양하다. 가격보상에 의한 현물분할은 공유자 중의 일부가 자신의 공유지분비율을 초과하여 공유물을 취득하는 대신 공유지분비율 미만으로 공유물을 취득한 다른 공유자에게 대가를 지급하는 방식이고 법원에서 이러한 분할도 현물분할의 형태로 인정하고 있다.

그렇다면 이때 가격보상의 기준이 되는 '지분가격'의 의미는 무엇일까? 공유물분할 시점의 객관적인 교환가치에 해당하는 시장가격 또는 매수가격이라 할 것인바, 사실심 변론종결시점에 가장 가까운 시장가격 또는 매수가격이 될 것이다. 따라서 법원에서 진행한 감정평가금액이 사실심 변론종결시점과 많은 시일 차이가 나고 시장가격 또는 매수가격의 급격한 변동 등이 기록으로 확인될 경우에는 감정평가금액에만 의존할 필요가 없다는 것이 법원의 입장이다.

즉 대법원 2022다244805 판결에 의하면, "공유관계의 발생원인과 공유지분의 비율 및 분할된 경우의 경제적 가치, 분할 방법에 관한 공유자의 희망 등의 여러 사정을 종합적으로 고려하여 당해 공유물을 특정한 자에게 취득시키는 것이 상당하다고 인정되고, 다른 공유자에게는 그 지분의 가격을 취득시키는 것이 공유자 간의 실질적인 공평을 해치지 않는다고 인정되는 특별한 사정이 있는 때에는 공유물을 공유자 중의 1인의 단독소유 또는 수인의 공유로 하되 현물을 소유하게 되는 공유자로 하여금 다른 공유자에 대하여 그 지분의 적정하고도 합리적인 가격을 배상시키는 방법에 의한 분할도 현물분할의 하나로 허용된다. 이때 그 가격배상의 기준이 되는 '지분가격'이란 공유물분할 시점의 객관적인 교환가치에 해당하는 시장가격 또는 매수가격을 의미하는 것으로, 그 적정한 산정을 위해서는 분할 시점에 가까운 사실심 변론종결일을 기준으로 변론과정에 나타난 관련 자료를 토대로 최대한 객관적·합리적으로 평가하여야 하므로, 객관적 시장가격 또는 매수가격에 해당하는 시가의 변동이라는 사정을 일절 고려하지 않은 채 그러한 사정이 제대로 반영되지 아니한 감정평가액에만 의존하여서는 아니 된다."는 취지이다.

건물이 존재하는 토지의 분할에서는 주의할 것이 있다. 건축법 제57조는 "대지의 분할 제한"이라는 제목 아래에 "① 건축물이 있는 대지는 대통령령으로 정하는 범위에서 해당 지방자치단체의 조례로 정하는 면적에 못 미치게 분할할 수 없다. ② 건축물이 있는 대지는 제44조(대지와 도로의 관계), 제55조(건축물의 건폐율), 제56조(건축물의 용적률), 제58조(대지 안의 공지), 제60조(건축물의 높이 제한) 및 제61조(일조 등의 확보를 위한 건축물의 높이 제한)에 따른 기준에 못 미치게 분할할 수 없다. ③ 제1항과 제2항에도 불구하고 제77조의6에 따라 건축협정이 인가된 경우 그 건축협정의 대상이 되는 대지는 분할할 수 있다."고 규정하고 있기 때문이다.

문제는 소송을 하는 쌍방 당사자 내지 변호사들이 위 규정을 모르고 판결을 받은 후에 그 판결을 기초로 행정관청에 분필절차를 거치는 단계에서 위 건축법 규정에 따라 분필이 불가능한 경우가 있을 수 있다는 것이다. 필자는 소송 도중에 위 내용을 확인하고 위 내용에 합치되는 방향으로 분할 판결을 진행하여 문제되지는 않았으나, 필자의 상담인 중 몇몇 분들은 위 규정으로 인하여 분할판결에도 불구하고 분필에 어려움을 겪은 사정을 확인할 수 있었다. 이러한 상황에 처하게 될 경우에는 변호사·건축사 등과 의논을 거쳐 기존 건물을 철거하는 방법 등을 동원하여 위 건축법 규정을 충족하는 방법을 고민할 필요가 있다. 다만, 이러한 방법은 소송 상대방의 도움이 필요하다는 측면에서 쉽지 않은 난간이 예상된다. 필자의 사례를 하나 더 공개하자면 건축물이 존재하는 대지 분필에 있어 원하는 분필을 할 경우에 2미터 도로접면 요건을 충족하지 못하여 분필하는 토지 상호 간에 통행지역권을 설정하여 2미터 도로접면 요건을 충족시키는 조정을 성사시킨 사실이 있다.

정리하자면 공유토지분할은 원칙적으로 가능한데, 현물분할을 원칙으로 하되 대금분할(경매분할)도 가능하다. 다만, 법원은 가격보상에 의한 현물분할 등 변형된 형태의 분할방법도 인정하고 있다. 건물이 존재하는 토지의 분할에 있어서는 건축법상 규제가 있다는 사실을 알고 있어야 한다. 참고로 공유물분할청구소송 등에 있어 판결을 받기 위해 토지에 대한 측량을 실시하는 경우가 있는데, 이때 측량결과가 나온 후에 청구취지를 정정할 때에 "공간정보의 구축 및 관리 등에 관한 법률 시행령(이하 '공간시행령')" 제60조 제1항 제1호, 제2호에 의하면, 면적의 계산에 있어 끝수처리에 대한 규정이 존재한다는 사실을 주의할 필요가 있다. 예를 들어, 축척이 600분의 1인 경우에 소수점 이하 한 자릿수로 면적을 정리해야 한다.

즉 축척이 600분의 1이고 분할되는 필지의 면적을 측량결과를 토대로 계산해 보니 '276.746㎡'였다면, '276.7㎡'로 청구취지를 정리해야 한다는 것이다. '276.746㎡'로 판결을 받은 경우에 해당관청에서 축척이 600분의 1인 경우에 소수점 이하 세 자릿수는 전자로 입력하는 공간 자체가 없다면서 분필절차진행을 거절하는 경우가 있는데, 이때에는 판결경정절차를 활용할 여지가 있다. 대법원 85그66 결정에 의하면 "토지의 면적표시에 관한 잘못 표시는 단지 위산, 오기에 유사한 표현상의 오류에 불과하므로 이는 판결경정의 대상이 된다."는 취지이기 때문이다.

〈관련 법조문〉

'공간시행령' 제60조(면적의 결정 및 측량계산의 끝수처리) ① 면적의 결정은 다음 각 호의 방법에 따른다.

1. 토지의 면적에 1제곱미터 미만의 끝수가 있는 경우 0.5제곱미터 미만일 때에는 버리고 0.5제곱미터를 초과하는 때에는 올리며, 0.5제곱미터일 때에는 구하려는 끝자리의 숫자가 0 또는 짝수이면 버리고 홀수이면 올린다. 다만, 1필지의 면적이 1제곱미터 미만일 때에는 1제곱미터로 한다.
2. 지적도의 축척이 600분의 1인 지역과 경계점좌표등록부에 등록하는 지역의 토지 면적은 제1호에도 불구하고 제곱미터 이하 한 자리 단위로 하되, 0.1제곱미터 미만의 끝수가 있는 경우 0.05제곱미터 미만일 때에는 버리고 0.05제곱미터를 초과할 때에는 올리며, 0.05제곱미터일 때에는 구하려는 끝자리의 숫자가 0 또는 짝수이면 버리고 홀수이면 올린다. 다만, 1필지의 면적이 0.1제곱미터 미만일 때에는 0.1제곱미터로 한다.

7. 구분소유적 공유토지의 분할방법

공유토지의 분할은 민법 제269조에 의한 "공유물분할"의 방법에 의하면 된다. 그렇다면 구분소유적 공유토지의 분할도 민법 제269조에 의한 "공유물분할" 방식으로 가능한가? 아니다.

대법원은 "공유물분할청구는 공유자의 일방이 그 공유지분권에 터 잡아서 하여야 하는 것이므로 공유지분권을 주장하지 아니하고 목적물의 특정부분을 소유한다고 주장하는 자는 그 부분에 대하여 신탁적으로 지분등기를 가지고 있는 자들을 상대로 하여 그 특정부분에 대한 명의신탁해지를 원인으로 한 지분이전등기절차의 이행만을 구하면 될 것이고 공유물분할청구를 할 수 없다 할 것이다(대법원 88다카10517 판결)."라고 판시하고 있기 때문이다.

따라서 구분소유적 공유토지의 경우 "공유물분할"을 실시할 것이 아니라, 특정부분을 점유하여 그 분할을 원하는 자가 신탁적으로 지분등기를 가지고 있는 자들을 상대로 하여 지분이전등기를 청구하는 방식에 의하여야 한다(대법원 2006다84171 판결 등).

그렇다면 구분소유적 공유토지란 무엇인가? 구분소유적 공유토지란 수인이 1필지의 대지를 매수함에 있어 각자가 위치를 특정하여 그 특정부분을 매수하되 등기 편의상 분필등기를 하지 않고 종전 토지에 대하여 공유지분등기를 하는 경우를 의미한다.

예를 들면, A라는 하나의 토지를 갑과 을이 함께 매수하여 A－1과 A－2로 구분하여 점유하되, 등기부상으로는 A토지에 대하여 갑이 2분의 1, 을이 2분의 1로 각 지분등기를 경료한 것을 의미한다.

등기에 의하면 갑과 을이 A라는 토지 전부를 지분의 비율로 사용·수익할 수 있는 것처럼 되어 있지만, 실제 갑과 을은 A라는 토지를 A－1이라는 토지와 A－2라는 토지로 나누어 소유권을 행사한다는 것이다.

사례에서 구분소유적 공유토지가 명의신탁(상호명의신탁)해지에 의하여 해소되는 경우를 가정해 보자. 갑이 A토지의 등기부상 2분의 1의 지분을 근거로 은행으로부터 대출을 받아 근저당권을 설정했다면? 대법원 2004다32992 판결에 의하면, 구분소유적 공유관계가 해소되는 경우 쌍방의 지분소유권이전등기의무와 위와 같은 근저당권설정 등기의 말소의무 또한 동시이행관계에 있게 된다.

즉 위 대법원 2004다32992 판결에 의하면 “구분소유적 공유관계가 해소되는 경우 공유지분권자 각자의 상대방에 대한 지분이전등기의무는 모두 그 구분소유적 공유관계에서 발생된 채무일 뿐만 아니라, 구분소유적 공유관계에 있어서 그 각 공유지분은 서로 담보의 역할을 하고 있어 그 지분이전등기의무는 동시에 이행됨이 형평에 맞는다는 점을 참작하여 보면, 구분소유적 공유관계가 해소되는 경우 공유지분권자 상호 간의 지분이전등기의무는 그 이행상 견련관계에 있다고 봄이 공평의 관념 및 신의칙에 부합한다. 한편, 구분소유적 공유관계가 해소되는 경우 각 공유지분권자는 특별한 사정이 없는 한 제한이나 부담이 없는 완전한 지분소유권이전등기의무를 지므로, 그 구분소유권 공유관계를 표상하는 공유지분에 근저당권설정등기 또는 압류, 가압류등기가 경료되어 있는 경우에는 그 공유지분권자로서는 그러한 각 등기도 말소하여 완전한 지분소유권이전등기를 해 주어야 하고, 따라서 구분소유적 공유관계가 해소되는 경우에 있어서 쌍방의 지분소유권이전등기의무와 아울러 그러한 근저당권설정등기 등의 말소의무 또한 동시이행의 관계에 있다고 봄이 상당하다. 그리고 구분소유적 공유관계에 있어서 어느 일방이 그 명의신탁을 해지하고 지분소유권이전등기를 구함에 대하여 상대방이 자기에 대한 지분소유권이전등기 절차의 이행이 동시에 이행되어야 한다고 항변하는 경우, 그 동시이행의 항변에는 특별한 사정이 없는 한 명의신탁 해지의 의사표시가 포함되어 있다고 보아야 한다.”는 취지이다.

위 대법원 2004다32992 판결과 비교해 볼 판례로는 본건처럼 ‘구분소유적 공유의 해소’ 문제가 아닌 ‘공유물분할’과 관련된 대법원 2018다241410, 241427 판결인바, 위 대법원 2018다241410,241427 판결 취지는 “공유물분할청구의 소는 형성의 소로서 법원은 공유물분할을 청구하는 원고가 구하는 방법에 구애받지 않고 재량에 따라 합리적 방법으로 분할을 명할 수 있다. 그러나 법원은 등기의무자, 즉 등기부상의 형식상 그 등기에 의하여 권리를 상실하거나 기타 불이익을 받을 자(등기명의인이거나 그 포괄승계인)가 아닌 자를 상대로 등기의 말소절차 이행을 명할 수는 없다."라는 취지인바, 주의할 필요가 있다[위 판결은 지분에 대한 근저당권설정자(근저당권자 아님)에게 근저당권을 말소하라는 취지의 원심판결(동시이행판결)을 파기한 사안임].

이와 관련하여 대법원 2012다25944 판결에 의하면 "1필지의 토지의 위치와 면적을 특정하여 2인 이상이 구분소유하기로 하는 약정을 하고 구분소유자의 공유로 등기하는 이른바 구분소유적 공유관계에 있어서, 1필지의 토지 중 특정 부분에 대한 구분소유적 공유관계를 표상하는 공유지분을 목적으로 하는 근저당권이 설정된 후 구분소유하고 있는 특정 부분별로 독립한 필지로 분할되고 나아가 구분소유자 상호 간에 지분이전등기를 하는 등으로 구분소유적 공유관계가 해소되더라도 그 근저당권은 종전의 구분소유적 공유지분의 비율대로 분할된 토지들 전부의 위에 그대로 존속하는 것이고, 근저당권설정자의 단독소유로 분할된 토지에 당연히 집중되는 것은 아니다."라는 취지이다.

참고로 부동산실명법은 명의신탁의 무효(부동산실명법 제4조) 등을 규정하고 있는데, 구분소유적 공유의 경우 이 법이 적용되지 않아, 명의신탁이 무효임을 전제한 부동산실명법의 각 규정은 적용되지 않는다(부동산실명법 제2조 제1호 나목 참조).

8. 공유지분에 근저당권 설정 등을 이유로 공유토지에 대한 대금분할을 명한 사례

공유부동산의 분할에 대하여 협의가 성립되지 않으면 법원에 공유물분할청구소송을 제기할 수 있다. 민법 제269조 제1항은 "현물로 분할할 수 없거나 분할로 인하여 현저히 그 가액이 감손될 염려가 있는 때에는 법원은 물건의 경매를 명할 수 있다."고 규정하고 있다.

결국 공유부동산분할의 방법을 정리하면, 현물분할이 원칙이며, 현물분할의 일종으로 볼 수 있는 가액보상에 따른 분할, 대금분할이 가능하게 된다.

공유부동산에 대하여 현물분할을 하는 경우에 반드시 공유지분의 비율대로 분할을 해야 하는가? 아니다. 대법원 92다30603 판결에 의하면, "공유토지를 현물분할하는 경우에 반드시 공유지분의 비율대로 토지면적을 분할해야 하는 것은 아니고 토지의 형상이나 위치, 이용상황이나 경제적 가치 등 제반 사정을 고려하여 경제적 가치가 지분비율에 상응하도록 분할할 수 있다."는 취지이다(따라서 구체적인 상황에 따라 각 분할예정 부분에 대한 측량감정과 더불어 경제적 가치 산정을 위한 시가감정 등이 필요할 수 있음).

대금분할의 요건은 "현물로 분할할 수 없거나 분할로 인하여 현저히 그 가액이 감손될 염려가 있는 때"가 된다. 이때, 특히 "현물분할로 인하여 현저히 그 가격이 감손"의 의미는 무엇인가?

위 대법원 92다30603 판결에 의하면, "그 공유물 전체의 교환가치가 현물분할로 인하여 현저하게 감손될 경우뿐만 아니라 공유자들에게 공정한 분할이 이루어지지 아니하여 그 중의 한 사람이라도 현물분할에 의하여 단독으로 소유하게 될 부분의 가액이 공유물분할 전의 소유지분가액보다 현저하게 감손될 경우도 이에 포함된다."면서, "비록 형식적으로는 현물분할이 가능하다고 하더라도 공유물의 위치, 면적과 주변도로상황, 사용가치, 가격, 공유자의 소유지분 비율 및 사용수익의 현황 등을 종합하여 볼 때 각 공유자의 소유지분비율에 따른 공평한 분할이 이루어질 수 없는 경우에는 현물분할방법에 의할 것이 아니라 대금분할의 방법으로 그 공유물을 분할하여야 할 것"이라는 취지이다.

건축이 가능한 대지를 분할할 경우에 공유자 1인이 소유할 부분이 너무 작아 건축이 불가능하다면, 현물분할이 어렵다고 보아야 할까?

위 대법원 92다30603 판결에 의하면, "공유토지를 공유지분비율에 따라 현물분할할 경우 공유자 1인이 소유할 부분이 너무 작아서 지상에 건축이 불가능하게 된다면 그 대지부분의 가액은 분할 전 건축이 가능한 대지의 지분가액보다 현저하게 감손될 것이 명백하여 공정한 분할이라고 보기 어렵다."는 취지이므로 현물분할에 신중을 기해야 할 것이다.

위 대법원 92다30603 판결은 갑의 공유지분에 대하여 근저당권이 설정되어 있고 이 근저당권은 분할 후 을의 단독소유가 될 토지에도 지분비율대로 존속하게 될 것이어서 갑은 을에게 이로 인한 가액감손을 보상하여야 할 것이므로 상호보상관계가 매우 복잡해진다는 점에서 가액보상의 방법에 의한 공유물분할도 부적당하여 대금분할을 하는 것이 상당하다고 한 사례로, 그 구체적 사안을 간략히 정리한다.

원고와 피고가 8:1의 지분비율로 서울 종로구 와룡동 152 대 559.3m²를 공유하고 있다. 이 토지는 대지로서 용도지역은 상업지역이고 토지주위에는 상가가 밀접해 있으며, 건축법령 등의 규정에 의하면 상업지역에서의 건축물의 대지면적의 최소한도는 150m² 이상이다. 이 토지를 원고가 주장하는 바와 같이 공유지분비율에 따라 9분의 1지분에 상당한 62.1m²를 피고의 단독소유로 현물분할을 할 경우에 그 부분은 건축물 대지면적의 최소한도 이하의 면적이 되어 그 지상에 건축이 불가능한 대지가 된다. 건축이 불가능한 대지부분의 가액은 분할 전의 건축이 가능한 대지의 지분가액보다 현저하게 감손될 것이 명백하여 공정한 분할이라고 보기 어렵다.

공유물을 현물로 분할하는 경우에 반드시 공유지분의 비율대로 토지면적을 분할해야 하는 것은 아니고 제반 사정을 고려하여 경제적 가치가 지분비율에 상응하도록 분할할 수 있기는 하나, 피고의 단독소유가 될 부분의 면적이 최소한 건축가능한 150㎡가 되도록 분할하려고 한다면 이번에는 원고의 단독소유가 될 부분의 면적이 409.3㎡에 불과하게 되어 분할 전의 소유지분가액보다 지나치게 감소된다.

이때 원고 소유토지가액의 감손부분에 대하여 피고에게 가액보상을 명하는 방법을 생각할 수 있으나, 현재 원고 소유지분에 대하여 소외 한국외환은행 명의로 근저당권이 설정되어 있고 이 근저당권은 분할 후 피고 단독소유가 될 토지에도 그 지분비율대로 존속하게 될 것이어서 원고는 피고에게 이로 인한 가액감손을 보상하여야 할 것이므로 상호보상관계가 매우 복잡해진다.

결국 이 사건 토지를 경매에 붙여 그 대금 중 경매비용을 공제한 나머지 금액을 원·피고의 각 지분비율에 따라 분배함이 상당하다.

9. 공유지분에 근저당권 등이 설정된 경우 공유물분할청구소송에 있어서의 쟁점

A필지의 토지를 갑과 을이 공유하고 있다. 그런데, 을의 지분에 근저당권등기가 경료되어 있다. 현물분할을 원하는 갑이 을에게 공유물분할 협의를 진행하면서, 근저당권의 말소도 언급하였으나, 을과의 분할협상이 결렬되었다.

이때, 현물분할을 원하는 갑이 을을 상대로 공유물분할청구소송을 제기할 수밖에 없게 되는데, 을을 상대로 공유물분할청구소송을 진행함과 동시에 근저당권자인 병을 상대로도 근저당권의 말소를 청구할 수 있는가? 아니면, 을에게 공유물분할청구소송을 제기하면서, 을을 향해 근저당권을 말소하라는 주장을 할 수 있는가?

대법원 88다카24868 판결 등에 의하면, "공유자의 한 사람의 지분 위에 설정된 근저당권 등 담보물권은 특단의 합의가 없는 한 공유물분할이 된 뒤에도 종전의 지분비율대로 공유물 전부의 위에 그대로 존속하는 것이고 근저당권설정자 앞으로 분할된 부분에 당연히 집중되는 것은 아니"라는 취지이기 때문에 이러한 의문이 생긴다(이 판결은 공유물분할청구소송이 아니라 공유물분할 합의에 따라 공유물이 분할되어 등기까지 이루어진 사례임).

대법원 2018다241410(본소), 241427(반소) 판결 이유에 의하면, "법원은 등기의무자, 즉 등기부상의 형식상 그 등기에 의하여 권리를 상실하거나 기타 불이익을 받을 자(등기명의인이거나 그 포괄승계인)가 아닌 자를 상대로 등기의 말소절차이행을 명할 수는 없다."는 취지이므로, 지분에 대한 근저당권설정자인 을을 상대로 근저당권을 말소하라는 주장을 하기 어렵다. 위 대법원 판결은 을이 근저당권을 말소하라는 취지의 원심판결(동시이행판결)을 파기한 사안이다.

그렇다면, 갑이 을에게는 현물에 의한 공유물분할판결을 구하고, 근저당권인 병에게는 원고(갑)가 갖게 될 분할토지에 전사될 근저당권의 말소(소유권에 의한 방해배제)를 구할 수 있을까? 쉽지 않다.

분할소송을 하는 과정에서는 갑과 을이 분할 전 토지의 공유자로 등기되어 있고, 을의 지분에 설정된 근저당권등기는 분필등기가 마쳐지지 않아 아직 전사되지 않은 상태이며, 다만 분할 전 토지가 분할되어 각 단독 소유로 될 경우에 그에 따라 갑이 취득하게 분할토지에 전사되어 등재될 예정인 등기에 불과한 것으로서 말소청구의 대상이 존재하지 아니하여 갑으로서는 자신이 소유하게 될 분할토지에 어떠한 침해가 있다고 보기 어렵기 때문이다.

게다가 가사 갑이 병을 상대로 미리 근저당권등기의 말소를 청구할 수 있다고 가정하더라도, 갑의 단독 소유로 될 토지의 등기용지에도 위 근저당권설정등기 등이 그대로 남거나 전사되어 그 효력이 인정되는 것이므로, 을 앞으로 분할된 토지에만 집중되어 전사되는 것이 아닌바(구분소유적 공유관계의 해소 방법인 상호명의신탁 해지의 경우에도 동일), 갑과 병 사이에서 근저당권등기가 을이 단독으로 소유하게 될 토지에만 전사되기로 하도록 약정하였다는 등의 특별한 사정이 인정되지 아니하는 이상 갑이 병을 상대로 근저당권등기 등의 말소를 구할 수는 없기 때문이다(제주지방법원 98나611 판결).

위 제주지방법원 98나611 판결 사안을 확인하면, 을 지분에 대하여 가압류등기 및 가처분등기를 한 제3자를 상대로도 분할에 대한 승낙을 구하는 소송을 진행하였는데, "공유자 중의 1인의 소유 지분에 관하여 가압류나 가처분 기입등기를 마친 가압류권자 등이 있을 경우 그 가압류권자 등이 공유물 분할에 대한 승낙 또는 반대의 의사표시를 하더라도 그 의사표시는 공유물 분할의 성립 여부에 대하여 아무런 영향을 미치지 못하고, 다만 그 가압류나 가처분의 기입등기는 공유물 분할이 된 뒤에도 종전의 지분비율대로 분할된 공유물 전부의 위에 전사되어 그대로 존속"한다면서,

갑의 분할토지 위에 전사될 제3자 명의의 가압류나 가처분기입등기의 말소를 구하는 취지가 아닌 이상 갑이 을을 상대로 공유물분할청구소송의 승소판결을 받는 것으로 충분하므로, 가압류 내지 가처분권자인 제3자를 상대로 한 공유물분할에 대한 승낙을 구할 소의 이익이 없다는 취지이다. 위 판결 취지를 고려할 때에 갑이 가압류 내지 가처분권자인 제3자를 상대로 가압류 내지 가처분 기입등기의 말소를 구하더라도, 승소는 어려워 보인다. 즉 위 가압류 내지 가처분 기입등기는 갑이 소유하게 될 분할토지에도 그 효력이 미치기 때문이다.

참고로 대법원 92다30603 판결, 대법원 2002다4580 판결은 공유지분에 근저당권이 설정되어 있는 사정과, 기타 사정이 결합하여 경매분할을 명한 사안으로 참고할 만하다.

위 대법원 92다30603 판결 이유를 옮기면, "토지의 현물분할 가능성을 살펴보건대, 위 토지를 원고가 주장하는 바와 같이 공유지분비율에 따라 9분의 1지분에 상당한 62.1m²를 피고의 단독소유로 현물분할을 할 경우에 그 부분은 건축물 대지면적의 최소한도 이하의 면적이 되어 그 지상에 건축이 불가능한 대지가 되므로, 이러한 건축이 불가능한 대지부분의 가액은 분할 전의 건축이 가능한 대지의 지분가액보다 현저하게 감손될 것이 명백하여 공정한 분할이라고 보기 어려울 것이다. 공유물을 현물분할하는 경우에 반드시 공유지분의 비율대로 토지면적을 분할해야 하는 것은 아니고 토지의 형상이나 위치, 그 이용상황이나 경제적 가치 등 제반 사정을 고려하여 경제적 가치가 지분비율에 상응하도록 분할할 수 있음은 소론과 같으나, 피고의 단독소유가 될 부분의 면적이 최소한 건축가능한 150㎡가 되도록 분할하려고 한다면 이번에는 원고의 단독소유가 될 부분의 면적이 409.3㎡에 불과하게 되어 분할전의 소유지분가액보다 지나치게 감소된다. 다만 이와 같은 경우에 원고 소유토지 가액의 감손부분에 대하여 피고에게 가액보상을 명하는 방법을 생각할 수 있으나, 원심이

확정한 바와 같이 현재 원고 소유지분에 대하여 소외 한국외환은행 명의로 근저당권이 설정되어 있고 이 근저당권은 분할 후 피고 단독소유가 될 토지에도 그 지분비율대로 존속하게 될 것이어서 원고는 피고에게 이로 인한 가액감손을 보상하여야 할 것이므로 상호보상관계가 매우 복잡"해진다는 취지이다.

위 대법원 2002다4580 판결에 의하면 원심법원의 판단이 타당하다면서 다음과 같은 내용이 확인되는 바, "원심판결 이유에 의하면 원심은, 원심 판시 '이 사건 건물'은 각 층별로 효용가치가 각 상이하고 효용가치가 높은 부분 특히 이 사건 건물 중 1, 2층의 귀속에 관하여 당사자 간의 이해관계가 첨예하게 대립되어 있는 점, 이 사건 건물을 층별로 현물분할하는 경우 이 사건 건물 전체에 대한 각 공유지분의 가액과는 경제적인 차이가 발생하므로 그 차이를 금액으로 계산하여 가액 보상을 하여야 할 것이나, 원고 및 인수참가인의 공유지분 모두에 대하여 각 근저당권이 설정되어 있고 그 근저당권은 원칙적으로 이 사건 건물 중 분할 후 단독소유가 될 부분에도 지분비율대로 존속하게 될 것이어서 원고와 인수참가인 사이에 이로 인한 상호 보상관계가 매우 복잡해진다는 점, 이 사건 건물 중 1, 2층에서 운영되던 한솔유치원에 대한 폐쇄명령이 있었고, 그 용도도 변경되어 현재 사설학원으로 사용되고 있어서 유치원으로 계속 사용될 수 없는 점 등 변론에 나타난 제반 사정을 고려하면 이 사건 건물은 현물분할 방법에 의한 공유물분할이 부적당하다 할 것이고, 이를 경매에 부쳐 그 대금 중 경매비용을 공제한 나머지 금액을 원고와 인수참가인의 각 지분비율에 따라 분배함이 상당하다고 판단"이 옳다는 것이다.

10. 공유물분할판결의 올바른 주문형식이 문제된 사례

대법원 2018다241410, 241427 판결 사안을 전제하여 설명한다. 원고의 부친 甲은 피고의 모친 乙에게 이 사건 토지 중 198/463 지분 및 이 사건 (가), (나) 부분 토지에 위치한 건물을 매도하고, 소유권이전등기까지 마쳐 주었고, 피고는 乙이 사망함에 따라 상속을 원인으로 위 토지 지분 및 건물에 관한 소유권이전등기를 마쳤다.

원고는 甲이 사망함에 따라 상속을 원인으로 이 사건 토지 중 나머지인 265/463 지분 및 이 사건 (다) 부분 토지에 위치한 건물에 관한 소유권이전등기를 마쳤다(정확하게는 원고와 A가 상속재산 분할 협의를 원인으로 위 각 부동산에 관한 1/2 지분씩을 취득한 것이나, 원고는 이후 각 부동산 중 A가 상속한 부분에 대한 소유권이전등기를 마침).

원고는 2016. 7. 13. 이 사건 토지 중 265/463 지분 및 (다) 부분 건물을 공동담보로 근저당권자 신한은행으로 된 근저당권설정등기를 마쳤는데 원고와 피고 사이에 이 사건 토지에 관하여 분할에 관한 협의가 성립하지 않은 사안이다.

위 사안에 대하여 원심의 주문은 <표 1>과 같다.

〈표 1〉

1. 가. 이 사건 (가), (나) 부분 토지는 피고의 소유로, 이 사건 (다) 부분 토지는 원고의 소유로 각 분할한다. 나. 원고는 피고로부터 약 3억원을 지급받음과 동시에, 피고에게 이 사건 (가), (나) 부분 토지 중 265/463 지분에 관하여 공유물분할을 원인으로 한 소유권이전등기절차 및 2016. 7. 13. 마쳐진 이 사건 근저당권설정등기의 말소등기절차를 이행하라. 다. 피고는 원고로부터 이 사건 (가), (나) 부분 토지 중 265/463 지분에 관하여 공유물분할을 원인으로 한 소유권이전등기절차 및 2016. 7. 13. 마쳐진 이 사건 근저당권설정등기의 말소등기절차를 이행받음과 동시에, 원고에게 약 3억원을 지급하라

위 <표 1>의 원심 주문 제1의 가.항 부분은 아무런 문제가 없다. 공유물분할소송은 형성의 소인바, 위 소송에 따른 형성판결이 그대로 확정될 경우, 원고, 피고는 각 토지에 관한 단독소유권을 취득하게 된다.

따라서 원고가 피고에게 (가), (나) 부분 토지 중 265/463 지분에 관하여 소유권이전등기 신청에 대한 의사표시를 별도로 할 필요가 없으며 각 단독으로 등기를 신청하면 된다.

위 <표 1>의 원심 주문 제1의 나.항 부분은 타당하지 않다. 소유권이전등기절차 이행 부분은 이행판결이고, 피고가 반대의무인 가액보상금 지급의무를 이행한 사실을 증명하여 재판장의 명령에 의하여 집행문을 받아야만 원고의 소유권이전등기신청에 대한 의사표시 의제의 효과가 발생하는바, (가), (나) 부분 토지 중 265/463 지분에 관하여 원고의 소유권이전등기신청에 대한 의사표시가 필요함을 전제로 하는 것이므로, 원심 주문 제1의 가.항 부분과 모순되기 때문이다.

또한 근저당권설정등기의 말소등기절차 이행 부분은 원고가 근저당권설정등기의 말소등기의 등기의무자가 아니므로, 원고에게 위 근저당권설정등기의 말소절차 이행을 명할 수 없다. 등기의무자가 아닌 자를 상대로 한 등기의 말소절차이행을 구하는 소는 당사자적격이 없는 자를 상대로 한 것으로서 부적법한 소에 해당하기 때문이다(대법원 94다24367 판결 등).

따라서 올바른 주문례는 <표 2>와 같다.

〈표 2〉

1. 가. 이 사건 (가), (나) 부분 토지는 피고의 소유로, 이 사건 (다) 부분 토지는 원고의 소유로 각 분할한다. 나. 피고는 원고에게 약 3억원을 지급하라.

위 <표 2>가 올바른 주문례이기는 하지만, 원고가 신한은행에 설정해준 근저당권이 분

할된 피고의 이 사건 (가), (나)토지에 그대로 전사되는 문제가 있는바, 이 문제는 본건에서 고려하지 않았다.

민법 제269조는 공유물분할에 대하여 "분할의 방법"이라는 제목아래에 "① 분할의 방법에 관하여 협의가 성립되지 아니한 때에는 공유자는 법원에 그 분할을 청구할 수 있다. ② 현물로 분할할 수 없거나 분할로 인하여 현저히 그 가액이 감손될 염려가 있는 때에는 법원은 물건의 경매를 명할 수 있다."규정하고 있는바, 근저당권의 존재로 인하여 구체적 사정에 따라서는 경매분할판결이 적절하거나 피고가 원고에게 지급하는 돈의 액수 등이 달라질 여지도 있다고 이해된다는 것이다(필자의 개인의견).

그리고 앞서 확인한 바와 같이 공유물분할청구의 소는 형성의 소에 해당하는바, 실무적으로 형성의 소는 거의 없으나, 그 중 대표적인 것이 바로 공유물분할소송이다.

형성의 소는 판결이 확정된 날 판결의 내용대로 권리관계가 변경된다. 따라서 공유물분할 판결이 확정된 후 공유자가 제3자에게 자신 명의의 공유지분을 처분하여 등기를 마치더라도, 공유물분할소송의 판결 내용에 배치되는 경우 무권리자의 처분이 되어 모두 무효인 등기가 된다(제3자 보호규정이 없음).

참고로 공유물분할의 소송절차 또는 조정절차에서 공유자 사이에 공유토지에 관한 현물분할의 협의가 성립하여 조정이 성립한 경우, 물권변동의 효력 발생 시기는 등기를 마친 때라는 것이 법원의 입장이다[대법원(전합) 2011두1917 판결].

위 대법원(전합) 2011두1917 판결의 다수의견은 협의분할과 본질적으로 크게 차이가 없다는 등의 이유로 등기를 마친 때 물권변동의 효력이 발생한다고 한다는 것이고, 위 판결의 소수의견은 조정조서에는 확정판결과 동일한 효력이 있다는 이유로 공유물분할소송이 형성소송인 이상 조정이 성립한 때 물권변동의 효력이 발생한다고 본 것인데, 위 두 견해는 제3자 보호에 있어 차이가 있다.

즉 다수의견에 의하면 등기를 마치기 전에 권리를 취득한 제3자는 보호받을 수 있으나, 소수의견에 의하면 조정이 성립한 후 등기를 마치기 전에 권리를 취득한 제3자는 보호받을 수 없게 된다(연도별 2023. 9. 1.자 '서울고등법원판례공보스터디' 제485쪽, 제486쪽 참고).

11. 공시송달에 의한 공유물분할판결에 따라 원고가 공유물 전체를 처분한 사례

원고와 피고들이 부동산을 공유하던 중, 원고가 피고들을 상대로 원고가 매수하는 가액보상 방법으로 위 부동산의 분할을 구하는 이 사건 소를 제기하였다. 제1심에서는 소장부터 공시송달되었고, 제1심법원은 원고가 피고들의 지분을 4,800만원에 매수하는 가액보상 방법으로 분할하는 판결이 선고되었으며, 위 판결문도 공시송달 되었다.

원고는 주가람(농업회사법인 유한회사 주가람)에 위 부동산을 2억원에 매도한 후, 피고들 앞으로 분할대금을 공탁하고 자기 앞으로 소유권이전등기를 마친 다음, 주가람 앞으로 소유권이전등기를 마쳤다.

그 후 피고들은 추완항소를 하면서, 원고가 이미 위 부동산에 관하여 소유권이전등기를 마친 후 처분까지 하였으므로 원고의 본소청구는 유지될 수 없다고 주장하였다. 피고들은 원고를 상대로 반소를 제기하여, 위 매매대금 2억원 중 피고들 지분 상당액(공탁금액 제외)의 부당이득반환을 구하였다.

원고에 대한 피고들의 반소는 피고들 지분 매도에 대한 추인이 될 수 있는가? 그렇다. 즉 대법원 2020다210686, 210693 판결에 의하면 원고의 주가람에 대한 위 부동산 처분 중에서 자신의 지분 부분은 유효하고, 피고들의 지분 부분은 피고들이 추완항소를 하면서 반소로 매매대금의 부당이득반환을 구함으로써 묵시적으로 추인하였다고 볼 수 있다는 것이다. 결국 제1심판결이 취소되더라도 주가람은 공유부동산 전체의 소유권을 취득하게 된다.

따라서 사실심변론종결 당시 원고와 피고들 모두 위 부동산의 소유자가 아니므로 공유물분할을 구하는 원고의 본소는 부적법하게 된다.

그 이유는 무엇일까? 공유물분할청구소송은 분할을 청구하는 공유자가 원고가 되어 다른 공유자 전부를 공동피고로 삼아야 하는 고유필수적 공동소송인데, 소송계속 중 원심 변론종결일 전에 공유자의 지분이 이전된 경우에는 원심 변론종결 시까지 민사소송법 제81조에서 정한 승계참가나 민사소송법 제82조에서 정한 소송인수 등의 방식으로 그 일부지분권을 이전받은 자가 소송당사자가 되어야 하는바, 그렇지 못할 경우에는 소송 전부가 부적법하게 되기 때문이다(대법원 2013다78556 판결 참조).

그렇다면 피고들이 주장하는 위 부동산에 대한 피고들 지분의 매매대금에 상당하는 부당이득반환청구는 인용가능한가? 인용가능하다. 이때 피고들이 원고로부터 반환받아야 할 부당이득금액은 '무권리자로서 처분하여 얻은 이득' 즉 원고가 취득한 매매대금 2억원 중 피고들의 지분 상당액이지, '공유물분할에 따른 보상가액'이 아니다.

무권리자에 의한 처분행위를 권리자가 추인한 경우에 권리자는 무권리자에 대하여 무권리자가 처분행위로 인하여 얻은 이득의 반환을 청구할 수 있기 때문이다(대법원 2001다44291 판결 참조).

정리하자면 피고들의 반소는 원고의 위 부동산 처분에 대한 추인(피고들 지분 처분에 대한 추인)으로 판단되어 주가람의 소유권이전등기는 실체관계에 부합하는 등기로서 유효하게 되었고, 주가람은 피고들의 지분권까지 적법하게 취득하여 위 부동산 전체를 단독소유하게 된 것이며, 원고뿐만 아니라 피고들까지도 부동산의 공유자가 아닌 상황에 이르러 공유물분할을 구하는 원고의 본소는 확정적으로 부적법하게 되어 각하되어야 한다.

그리고 위 부동산에 대한 피고들 지분에 대한 권리자인 피고들은 무권리자인 원고에게 '처분행위로써 얻은 이익' 즉 매매대금 2억원 중에서 피고들 지분 상당액을 각 부당이득으로 반환을 구할 수 있게 된 것이다. 결과적으로 1심판결에 따른 보상가액은 4,800만원 중 피고들의 각 지분비율 상당액에 불과하지만 매매대금에 대한 부당이득금액은 위 부동산의 매각대금 2억원 중에서 각 피고들 지분비율 상당액이 되므로, 피고들은 더 많은 액수를 지급받게 된 것이다.

12. 공유물에 대한 대금분할판결 후에 설정된 가등기에 대한 매수인의 말소청구

공유자 甲이 다른 공유자 乙과 丙을 상대로 공유물분할청구소송을 제기하여 대금분할판결을 받았다. 공유물분할판결에 따른 경매를 형식적 경매라고 하는데, 판례는 원칙적으로 강제경매나 담보권 실행 경매와 마찬가지로 공유물분할판결에 따른 경매의 경우에도 목적부동산 위의 부담을 소멸시키는 것을 법정매각조건으로 한다는 입장이다.

즉 대법원 2006다37908 판결에 의하면 "공유물분할을 위한 경매도 강제경매나 담보권 실행을 위한 경매와 마찬가지로 목적부동산 위의 부담을 소멸시키는 것을 법정매각조건으로 하여 실시된다고 봄이 상당하다. 다만, 집행법원은 필요한 경우 위와 같은 법정매각조건과는 달리 목적부동산 위의 부담을 소멸시키지 않고 매수인으로 하여금 인수하도록 할 수 있으나, 이때에는 매각조건 변경결정을 하여 이를 고지하여야 한다."는 취지이다.

그렇다면, 공유물분할판결 이후에 공유자 일부가 그 공유지분 일부에 대하여 제3자에게 소유권이전등기청구권 보전가등기(이하 '가등기')를 경료해 준 경우, 대금분할판결에 따라 경매로 공유부동산을 매입한 매수인(낙찰자)이 위 가등기권자를 상대로 가등기의 말소를 청구할 수 있을까?

즉 공유물분할청구소송에 따른 대금분할 판결 후에 일부 공유자가 그 지분에 대한 '가등기'를 제3자에게 경료해 주었고, 그 '가등기'가 경료된 후에 대금분할판결에 따른 경매가 진행되었다면 위 '가등기'는 소멸주의에 따라 매수인(낙찰자)이 인수하지 않아 매수인(낙찰자)이 가등기권자를 상대로 가등기의 말소를 청구할 수 있는가?

위 대법원 2006다37908 판결 취지는 공유물분할경매도 강제경매 또는 담보권실행 경매와 유사하게 처리한다는 것이므로, 공유부동산에 근저당권 등 선순위의 말소기준이 있다면 후순위인 '가등기'는 말소될 것이나, 공유부동산에 근저당권 등 선순위 말소기준이 없다면 매수인(낙찰자)이 인수할 가능성도 배제할 수 없다.

민사집행규칙 제59조는 "채무자, 매각절차에 관여한 집행관, 매각 부동산을 평가한 감정인(감정평가법인이 감정인인 때에는 그 감정평가법인 또는 소속 감정평가사)(이하 '채무자 등')"은 매수신청을 할 수 없도록 규정하고 있다.

결국 공유물분할판결에 있어 공유자는 위 '채무자 등'으로 보기 어려워 공유물대금분할판결에 따라 진행되는 경매에 있어 경쟁을 통해 매수인이 될 여지가 있다.

따라서 공유물분할청구소송을 제기하여 대금분할판결을 받은 후에 공유자 일부가 그 지분에 '가등기'를 경료하여 낙찰가를 저감시키는 방법을 통해 그 공유부동산을 공유자 본인이 낙찰받으려는 경우가 있을 수 있다. 다만 공유자도 경쟁을 통하여 낙찰을 받게 되므로 공유자 아닌 다른 사람이 공유부동산을 낙찰받게 되면 공유자의 목적 달성이 어렵게 된다. 이때 그 공유자 아닌 공유부동산 매수인(낙찰자)이 '가등기'를 인수하게 되는지 문제되는 것이다.

이에 대하여 대법원은 공유물분할판결에 따른 기판력이 가등기권자에 미치므로 매수인(낙찰자)의 가등기권자에 대한 가등기말소청구가 인용될 수 있다는 취지이다.

즉 대법원 2020다253836 판결(가등기말소)에 의하면 "대금분할을 명한 공유물분할 확정판결의 당사자인 공유자가 공유물분할을 위한 경매를 신청하여 진행된 경매절차에서 공유물 전부에 관하여 매수인에 대한 매각허가결정이 확정되고 매각대금이 완납된 경우, 매수인은 공유물 전부에 대한 소유권을 취득하게 되고, 이에 따라 각 공유지분을 가지고 있던 공유자들은 지분소유권을 상실하게 된다. 그리고 대금분할을 명한 공유물분할판결의 변론이 종결된 뒤(변론 없이 한 판결의 경우에는 판결을 선고한 뒤) 해당 공유자의 공유지분에 관하여 소유권이전청구권의 순위보전을 위한 가등기가 마쳐진 경우, 대금분할을 명한 공유물분할 확정판결의 효력은 민사소송법 제218조 제1항이 정한 변론종결 후의 승계인에 해당하는 가등기권자에게 미치므로, 특별한 사정이 없는 한 위 가등기상의 권리는 매수인이 매각대금을 완납함으로써 소멸한다."는 취지이다(기판력이 가등기권자에게 미친다는 취지).

위 대법원 2020다253836 판결(가등기말소)의 1심판결(서울중앙지방법원 2018가단5164882 판결)과 2심판결(서울중앙지방법원 2019나70799 판결)을 확인하면 매수인(낙찰자)측인 원고승계참가인의 기판력에 대한 주장이 없음을 확인할 수 있다. 다만 위 1심판결을 확인하면 공유물분할청구소송을 제기한 공유자가 경매를 수차례 유찰시키고 낙찰가를 큰 폭으로 떨어뜨리기 위해 매매예약을 한 것은 통정허위표시로 무효이고, 그 무효인 매매예약에 따른 가등기가 원인무효라는 주장 그리고 위와 같은 공유자의 행위는 형법 제315조의 경매방해행위에 해당하여 무효라는 주장이 나오나, 1심은 원고승계참가인의 주장을 모두 증거부족으로 배척한 것이 확인된다.

참고로 대법원 96다32706 판결에 의하면, "후소가 전소판결의 기판력을 받는지 여부는 직권조사사항으로서 이에 관한 당사자의 주장은 직권발동을 촉구하는 의미"라는 취지이다.

그렇다면 만약 공유물분할 확정판결의 변론종결 전에 일부 지분에 가등기가 마쳐진 경우라면 어떻게 될 것인가? 담보가등기라면 배당받고 말소되어 문제가 없을 것이나, 순위보전가등기라는 문제가 될 수 있다.

이에 대하여 경매분할에 있어 순위보전가등기도 담보가등기처럼 말소된다면 문제가 없을 것이지만, 경매로 말소가 되지 않는다고 하면 공유자 입장에서는 상대방 공유자의 임의적 가등기 설정으로 경매분할 시 매각가격이 하락하는 손해가 발생한다면서 상대방 공유자에게 발생하는 손해에 관한 사정은 공유자 사이의 내부적 문제이므로 가등기권자가 우선적으로 보호됨이 타당하다는 견해가 있다(2021. 11. 19.자 '서울고등법원판례공보스터디' 제778쪽, 제779쪽 참고).

13. 공유물분할청구소송과 상속재산분할심판

어머니는 한참 전에 돌아가셨는데, 최근 아버지가 돌아가셨다. 아버지 명의의 부동산이 몇 개 존재하고, 상속인으로 아들과 딸이 한 명씩 있는 경우 상속문제는 어떻게 되는가? 부동산 명의자가 사망하면, 부동산등기와 무관하게 원칙적으로 상속지분대로 소유권을 취득하게 된다. 다만, 상속인 명의로 등기이전을 하지 않고는 처분하지 못한다(민법 제187조). 피상속인(사망자)이 아무런 유언도 없이 사망한 상황인데, 일부상속인이 상속지분대로 등기하는 것이 못마땅한 경우는 어떠한가?

피상속인(사망자)은 유언으로 상속재산의 분할방법을 정하거나 이를 정할 것을 제3자에게 위탁할 수 있고 상속개시의 날로부터 5년을 초과하지 아니하는 기간 내에서 분할을 금지할 수 있다(민법 제1012조). 다만, 이와 같이 정함이 없는 경우에는 공동상속인은 언제든지 협의로 상속재산을 분할할 수 있고, 협의가 성립되지 않으면 가정법원에 분할심판을 청구할 수 있다(민법 제1013조).

따라서 상속지분대로 등기하는 것이 부당하다고 생각되는 경우는 상속인이 다른 상속인을 상대로 상속재산분할 심판을 청구하면서 기여분을 주장하는 방법을 고민할 필요가 있다.

피상속인(사망자)이 사망하고 나서, 상속인들이 협의를 통하여 상속지분대로 등기를 완료하였다고 가정하자. 상속인들이 아들과 딸, 두 명뿐이라고 한다면, 각각의 상속지분은 2분의 1이 된다. 따라서 피상속인(사망자)의 부동산은 모두 아들과 딸이 2분의 1씩 공유하는 것이므로 공유지분등기가 완료될 것이다.

아들과 딸이 모두 장년층이 되면서 아이들이 생기고 그 아이들이 성인이 되었다고 가정하자. 아들과 딸은 피상속인(사망자)의 부동산에 지분을 보유하고 있었기 때문에 해당 부동산에 상가와 같은 수익형 부동산이 포함되었을 경우, 월세 등을 받아 지분대로 분배하였을 것이다.

그런데 아들과 딸이 장년층이 되면서, 아이들이 성인이 되면 월세 등을 분배하는 것도 쉽지 않아지고, 부동산을 정리할 필요성이 생길 수 있다. 이때 아들과 딸이 입장 차이가 있어 부동산 정리방법에 다툼이 생길 경우에 어떠한 방법이 있을까? 이런 경우에는 소송을 통하여 공유물을 분할할 수 있는데, 이를 공유물분할청구소송이라 한다(민법 제269조).

요컨대, 피상속인(사망자)이 사망 후 사망자 명의로 등기가 존속하는 경우에는 상속재산분할심판을, 피상속인 사망 후 상속재산분할심판 내지 상속재산분할 협의를 통하여 상속부동산에 대한 공유관계가 형성된 이후에는 공유물분할청구소송을 각 제기할 수 있다(따라서 공동상속인 중 1인의 일방적 등기신청에 따라 법정상속분대로 상속등기(공유등기)된 경우에 기여분 주장 공동상속인, 특별수익을 받지 않은 공동상속인 등은 상속재산분할심판을 제기할 수 있음).

참고로 공유물분할청구소송을 형성의 소라고 하는데, 형성의 소는 판결이 확정된 날 판결의 내용대로 바로 권리가 변경된다(민법 제187조 소정의 '판결'에 해당). 따라서 공유물분할판결 확정 후에 공유자가 제3자에게 자신명의의 공유지분을 처분하여 등기를 마치더라도 공유물분할청구소송의 판결 내용에 배치되는 경우 무권리자의 처분이 되어 모두 무효인 등기가 된다(제3자 보호 규정이 없음).

이와 관련하여 대법원(전합) 2011두1917 판결에 의하면 "공유물분할의 소송절차 또는 조정절차에서 공유자 사이에 공유토지에 관한 현물분할의 협의가 성립하여 그 합의사항을 조서에 기재함으로써 조정이 성립하였다고 하더라도, 그와 같은 사정만으로 재판에 의한 공유물분할의 경우와 마찬가지로 그 즉시 공유관계가 소멸하고 각 공유자에게 그 협의에 따른 새로운 법률관계가 창설되는 것은 아니고, 공유자들이 협의한 바에 따라 토지의 분필절차를 마친 후 각 단독소유로 하기로 한 부분에 관하여 다른 공유자의 공유지분을 이전받아 등기를 마침으로써 비로소 그 부분에 대한 대세적 권리로서의 소유권을 취득하게 된다고 보아야 한다(다수의견)."라는 취지이므로 위 판결에 의하면 등기를 마치기 전에 권리를 취득한 제3자는 보호받을 수 있게 된다(2021. 11. 19.자 '서울고등법원판례공보스터디' 제475쪽, 제476쪽 참고).

14. 금전채권자가 채무자를 대위하여 공유물분할청구권을 행사할 수 있는지 여부

금전채권자가 채무자의 부동산지분에 대한 강제집행을 하려는데 쉽지 않은 상황이다. 이때 금전채권자가 자신의 금전채권을 보전하기 위하여 채무자를 대위하여 공유물분할청구권을 행사할 수 있을까?

종전 판례인 대법원 2013다56297 판결은 대위를 인정하였다. 즉, 공유물에 근저당권 등 선순위 권리가 남아 있어 남을 가망이 없다는 이유로 공유지분에 대한 경매절차가 취소되는 경우, 공유자의 금전채권자가 공유자의 공유물분할청구권을 대위행사할 수 있다는 취지였다.

그러나 최근 대법원은 전원합의체 판결을 통해 종전 판례를 변경하면서, 대위를 부정하였다[대법원(전합) 2018다879 판결]. 즉, 공유물분할청구권도 공유자 본인만 행사할 수 있는 권리는 아니므로, 채권자대위권의 목적이 되지만 채권자대위권의 요건 중 하나인 보전의 필요성이 없다는 것이다. 대위를 인정하게 되면, 채무자 재산관리에 부당하게 간섭하는 꼴이 되고, 채무자 소유 아닌 재산(다른 사람의 지분)마저 경매토록 일괄경매를 인정하는 꼴이 되는데, 민법 및 민사집행법상 근거가 없다는 것이다.

게다가 공유물분할청구권은 법원의 재량이 강해서 법원이 재량으로 청구 이외의 방법으로 분할할 수 있는데, 공유물분할에 있어 공유자의 채권자를 고려하여 분할의 방법을 정하는 것도 아니라는 점에서 그리고 공유물분할판결의 원칙적 모습은 현물분할이라는 점에서도 대위를 인정하기 어렵다고 한다. 결국, 채권자는 선순위공동근저당권자의 근저당권실행을 기다려 채무자의 공유지분에서 채권의 만족이 가능이 가능하며, 이는 선순위 담보권을 설정하지 않은 일반채권자가 감수할 일이라는 취지이다.

즉, 위 대법원(전합) 2018다879 판결 이유에 의하면 "각 공유지분이 근저당권의 공동담보로 되어 있는 부동산이 현물로 분할되면, 분할 후 공유자들이 취득하는 각 부동산 역시 근저당권의 공동담보가 되므로, 현물분할로 채무자가 취득하는 부동산을 경매하더라도 경매대가에서 여전히 공동근저당권의 피담보채권 전액을 변제해야 한다. 공동근저당 법리로 인하여 채무자의 책임재산에 대한 강제집행이 남을 가망이 없는 사정은 현물분할을 전후로 달라지지 않는다. 그렇다고 하여 채권자가 공동근저당의 목적물인 분할 후 각 부동산에 대하여 일괄경매신청권을 갖는 것도 아니다. 공유물분할청구권은 이러한 모습으로 귀결될 가능성을 포함하고 있는 권리일 뿐이고, 위와 같은 경우를 모두 배제하고 오로지 대금분할만을 요구할 수 있는 '대금분할청구권'이 아니다. 그러한 '대금분할청구권'은 존재하지 않는다. 법원이 공유물분할의 방법 중 하나인 대금분할을 명함에 따라 공유물 전부가 경매되고 민법 제368조 제1항에 따른 배당이 이루어져 공동근저당권의 피담보채권이 각 공유지분의 경매대가에 비례하여 분담되는 것은 ① 공유물을 현물로 분할할 수 없거나 분할로 인하여 현저히 그 가액이 감손될 염려가 있는 때에 법원이 물건의 경매를 명할 수 있도록 정한 민법 제269조 제2항과, ② 이러한 공유물분할을 위한 경매도 담보권 실행을 위한 경매의 예에 따라 실시하도록 정한 민사집행법 제274조 제1항이 함께 적용될 때 발생하는 우연한 결과에 불과하다. 재판에 의한 공유물분할의 경우 법원은 당사자가 구하는 방법에 구애받지 않고 공유자의 소유지분비율과 사용·수익 현황, 공유물의 위치, 면적, 주변상황, 사용가치, 가격 등 공유관계와 공유물과 관련된 제반 사정을 고려하여 자유로운 재량에 따라 합리적인 분할의 방법을 정할 수 있다. 법원이 민법 제269조 제2항에서 정한 대금분할을 명할 것인지를 판단할 때에도 공유관계와 공유물과 관련된 제반 사정을 고려하여 현물분할로 인하여 각 공유자의 소유지분 비율에 따른 공평한 분할이 이루어질 수 없는 현저한 감손의 염려가 있는지 여부를 판단하면 되고, 공유물분할의 목적과 취지에서 벗어나 공유자의 채권자가 채권 만족을 얻을 수 있는지 여부를 고려하여 분할의 방법을 정할 것은 아니다. 금전채권자는 위와 같이 공유물분할 과정에서 발생하는 우연한 결과를 이용하여 채권 만족을 얻을 수도 있으나, 법원이 반드시 채권자의 그러한 이익을 보호해야 하는 것도 아니다. 공유물이 원칙적인 방법에 따라 현물로 분할되었을 때 금전채권자가 받아들여야 하는 결과에 비추어 보면, 금전채권자가 바라는 특정한 공유물분할 방법을 전제로 한 공유물분할청구권의 대위행사를 허용하지 않더라도 특별히 부당하다고 볼 수 없다."라는 취지이다.

15. 공유지분의 처분과 공유물의 처분

공유지분의 처분과 공유물의 처분을 혼동하는 분들이 있다. 공유지분을 처분하는 경우에는 공유자의 동의가 필요 없지만, 공유물을 처분할 경우에는 공유자의 동의가 필요하다. 따라서 공유지분을 처분하는 경우도 공유자의 동의가 필요하다고 생각하는 것은 잘못이다.

이와 관련하여 민법 제263조는 "공유자는 그 지분을 처분할 수 있고, 공유물 전부를 지분의 비율로 사용, 수익할 수 있다."고 규정하고 있고, 제264조는 "공유자는 다른 공유자의 동의 없이 공유물을 처분하거나 변경하지 못한다."고 규정하고 있다.

대법원도 "공유자 중 1인이 다른 공유자의 동의 없이 그 공유토지의 특정부분을 매도하여 타인 명의로 소유권이전등기가 마쳐졌다면 그 매도 부분 토지에 관한 소유권이전등기는 처분공유자의 공유지분 범위 내에서의 실체관계에 부합하는 유효한 등기라고 보아야 한다(대법원 93다1596 판결)."고 판결하여 공유지분 처분에 공유자 동의가 필요 없다는 입장이다.

그렇다면 지분에 지상권, 전세권 등의 용익권을 설정하는 것은 공유자의 동의를 필요로 하는가? 이러한 경우에는 공유자 전원의 동의가 필요하다는 것이 학계의 일반적 견해인 것으로 보인다. 그 이유는 용익물권의 설정은 그 효과가 공유지분에 한정되는 것이 아니라 공유물 전체에 미쳐 실질적으로 공유물 전체를 처분하는 결과가 되기 때문이다.

그렇다면 공유지분의 지분양도를 금지하는 특약을 공유자들끼리 하였을 경우 그 효력은 어떻게 되는가? 공유자들 사이의 지분양도 금지특약은 채권적 효력만을 가질 뿐, 등기를 할 수 있는 방법도 없기 때문에 그러한 특약에 반하여 공유자 1인이 공유지분을 매각할 경우 해당 공유지분 매수인에게 대항하기 어려울 것이다.

16. 공유부동산의 관리 및 처분

공유부동산에 대한 법리는 여러 측면에서 혼동될 수 있다. 한번 정리해 보고자 한다. 아파트에 대한 소유가 부부의 공유로 되어 있는 상황을 가정하자. 이러한 상황에서 남편이 아내의 허락을 받지 않고, 또는 아내가 남편의 허락을 받지 않고, 자신의 아파트 공유지분을 처분할 수 있을까? 처분할 수 있다. 이와 관련하여, 민법 제263조는 "공유자는 그 지분을 처분할 수 있고, 공유물 전부를 지분의 비율로 사용, 수익할 수 있다."고 규정하고 있다.

그렇다면, 남편이 아내의 허락을 받지 않고, 또는 아내가 남편의 허락을 받지 않고, 아파트 자체를 처분할 수 있을까? 아파트 자체, 즉 아파트 전체를 처분할 수는 없다. 이와 관련하여, 민법 제264조는 "공유자는 다른 공유자의 동의 없이 공유물을 처분하거나 변경하지 못한다."고 규정하고 있다.

이번에는 임대에 대한 문제를 살펴보자. 남편이 아내의 허락을 받지 않고, 또는 아내가 남편의 허락을 받지 않고, 임대차계약을 체결할 수 있을까? 이때의 공유지분은 각 2분의 1로 가정한다. 예를 들어 남편 동의 없이 아내가 제3자와 임대차계약을 체결하였는데, 남편이 임차인인 제3자를 상대로 무단점유임을 들어 명도소송을 하는 경우의 승소 가능성이 문제된다. 과거 판례에 의할 경우에 임차인인 제3자가 패소할 가능성이 있다.

민법 제265조는 "공유물의 관리에 관한 사항은 공유자의 지분의 과반수로써 결정한다. 그러나 보존행위를 각자가 할 수 있다."고 규정하고 있는데, 부동산의 임대행위는 공유물의 관리에 관한 사항으로 분류되기 때문이다. 아내가 보유한 2분의 1의 지분은 반수를 초과하는 과반수에 이르지 못하였기 때문에 문제될 수 있는 것이다.

그렇다면, 남편의 동의 없이 아내가 제3자와 임대차계약을 체결하였다고 하여 남편이 제3자인 임차인에게 명도소송을 제기하는 것이 현실적으로 가능한 일인가? 남편과 아내가 사실상 수년간 별거에 들어간 사정이 있었다는 등 구체적 사정에 따라서는 충분히 있을 수 있는 일이다. 따라서 공유자로부터 공유부동산을 임차하는 임차인은 공유자 전원 또는 최소한 공유지분이 2분의 1을 초과하는 사람과 계약을 해야 안전하다는 것을 알아두자.

다만, 대법원(전합) 2018다287522 판결은 종전 판례를 변경하여, 소수지분권자의 다른 소수지분권자에 대한 보존행위로서의 방해배제 및 인도청구를 모두 부정하고 단지 지분소유권에 의한 방해배제만을 인정하는 취지로 판시하였다. 이러한 판결취지를 고려하면, 남편의 동의 없이 아내가 제3자와 임대차계약을 체결한 경우에도 남편이 제3자에 대한 보존행위로서의 인도청구가 부정될 가능성이 있다.

위 대법원 판결에 의하면, "원고는 공유물의 종류(토지, 건물, 동산 등), 용도, 상태(피고의 독점적 점유를 전후로 한 공유물의 현황)나 당사자의 관계 등을 고려해서 원고의 공동 점유를 방해하거나 방해할 염려 있는 피고의 행위와 방해물을 구체적으로 특정하여 방해의 금지, 제거, 예방(작위·부작위의무의 이행)을 청구하는 형태로 청구취지를 구성할 수 있다. 법원은 이것이 피고의 방해 상태를 제거하기 위하여 필요하고 원고가 달성하려는 상태가 공유자들의 공동 점유 상태에 부합한다면 이를 인용할 수 있다. 이와 같이 공유물의 소수지분권자가 다른 공유자와 협의 없이 공유물의 전부 또는 일부를 독점적으로 점유·사용하고 있는 경우 다른 소수지분권자는 공유물의 보존행위로서 그 인도를 청구할 수는 없고, 다만 자신의 지분권에 기초하여 공유물에 대한 방해 상태를 제거하거나 공동 점유를 방해하는 행위의 금지 등을 청구할 수 있다고 보아야 한다."는 취지이므로 남편은 제3자를 상대로 보존행위가 아니라, 자신의 지분권에 기초하여 공유물에 대한 방해 상태를 제거하거나 공동 점유를 방해하는 행위의 금지 등을 청구할 수 있다고 보아야 할 것인데, 이러한 내용에 인도청구가 포함될 수 있을지는 후속 판결이 확인시켜 줄 것으로 보인다.

이와 관련하여 "제5판 주석민법 물권2"의 제46쪽 각주 39에 의하면, "소수지분권자가 간접점유를 하면서 제3자에게 임의로 임대해준 경우는 어떠한가? 이 경우에도 다른 소수지분권자가 직접점유자인 제3자에게 인도청구를 할 수는 없다고 보아야 하지 않을까?"라는 입장으로 위 변경된 판례에 의할 때에 남편의 제3자에 대한 인도청구에 대하여는 부정적인 입장으로 해석된다. 이와 관련하여 대법원 2017다204810 판결(점포인도등)에 의하면 집합건물 4층에 대한 구분점포의 구분이 폐지되어 4층 구분소유자들이 공유자로 변경된 사안에서 구분폐지 전 구분소유자였던 공유지분권자로부터 점유할 권리를 이전받은 피고가 4층 전유부분 중 일부인 이 사건 계쟁 부분을 단독으로 점유·사용하고 있어 임대인인 공유지분권자가 단독으로 점유·사용하는 경우와 같은 지위에 있으므로, 구분소유권의 비율에 따른 공유지분권을 취득한 원고승계참가인은 공유물의 보존행위로서 피고에게 이 사건 계쟁 부분에 대한 방해 상태를 제거하거나 공동 점유를 방해하는 행위의 금지 등을 청구할 수 있을 뿐이고, 위 대법원(전합) 2018다287522 판결 취지에 따라 이 사건 계쟁 부분의 인도는 구할 수 없다는 취지로 판시하여 보존행위로서 제3자인 피고에 대한 인도청구를 부정하였다. 위 대법원 2017다204810 판결의 파기·환송심인 수원지방법원 2020나82840 판결을 확인하면 원고의 승계참가인이 환송심에서 과반수지분권자의 인도청구라는 예비적 청구원인을 추가하여 위 예비적 청구가 인용되었다.

참고로 공유물의 과반수 지분권자가 공유물의 소수 지분권자를 향하여 공유물 관리의 방법으로 공유물의 인도를 청구할 수는 있다. 즉 대법원 2022다253243 판결(건물인도)에 의하면 "공유자 사이에 공유물을 사용·수익할 구체적인 방법을 정하는 것은 공유물의 관리에 관한 사항으로서 공유자의 지분의 과반수로써 결정하여야 할 것이고, 과반수 지분의 공유자는 다른 공유자와 사이에 미리 공유물의 관리방법에 관한 협의가 없었다 하더라도 공유물의 관리에 관한 사항을 단독으로 결정할 수 있으므로, 과반수 지분의 공유자가 그 공유물의 특정 부분을 배타적으로 사용·수익하기로 정하는 것은 공유물의 관리방법으로서 적법하다. 또한 공유 지분 과반수 소유자의 공유물인도청구는 민법 제265조의 규정에 따라 공유물의 관리를 위하여 구하는 것으로서 그 상대방인 타 공유자는 민법 제263조의 공유물의 사용수익권으로 이를 거부할 수 없다."는 취지이다.

17. 공유물의 관리행위와 임대차

공유자 중 1인이 임의로 임대차계약을 체결할 수 있을까? 상황에 따라 다르다. 민법 제265조는 "공유물의 관리에 관한 사항은 공유자의 지분의 과반수로 결정한다. 그러나 보존행위는 각자가 할 수 있다."고 규정하고 있다. 공유물의 관리에 관한 사항 중 대표적인 것이 임대차계약이라고 할 수 있다. 따라서 임대차계약은 민법 제265조에 따라 공유자의 지분의 과반수로 결정한다.

예를 들어보자. 갑과 을이 A라는 건물을 각각 2분의 1의 지분으로 소유하고 있다. 그런데 갑이 독자적으로 임대인의 지위에서 병과 임대차계약을 체결하였다면? 갑과 병의 임대차계약을 A건물의 2분의 1 지분권자인 을이 문제를 삼는다면? 예를 들어, 을이 임차인 병에게 명도소송을 제기한다면? 과거 판례에 의할 경우에 임차인 병이 패소할 가능성이 있다.

을은 임차물의 보존행위로서 명도소송을 진행하는 것인데, 갑의 지분은 2분의 1에 불과하여 과반수지분권자(과반수란 말 그대로 반수를 초과하는 것)가 아니므로 을의 명도청구에 병이 패소할 가능성이 있다는 것이다. 따라서 공유건물을 임차할 경우에 임대인의 지분이 2분의 1을 초과하지 않는 경우는 다른 공유자도 임대인으로 끌어들이려는 노력이 필요하다.

다만, 대법원(전합) 2018다287522 판결은 종전 판례를 변경하여, 소수지분권자의 다른 소수지분권자에 대한 보존행위로서의 방해배제 및 인도청구를 모두 부정하고 단지 지분소유권에 의한 방해배제만을 인정하는 취지로 판시하였다. 이러한 판결취지를 고려하면, 을이 임차인 병에게 보존행위를 근거로 명도소송을 제기할 경우에 을이 패소할 가능성이 있다.

위 대법원 판결에 의하면, "원고는 공유물의 종류(토지, 건물, 동산 등), 용도, 상태(피고의 독점적 점유를 전후로 한 공유물의 현황)나 당사자의 관계 등을 고려해서 원고의 공동 점유를 방해하거나 방해할 염려 있는 피고의 행위와 방해물을 구체적으로 특정하여 방해의 금지, 제거, 예방(작위·부작위의무의 이행)을 청구하는 형태로 청구취지를 구성할 수 있다. 법원은 이것이 피고의 방해 상태를 제거하기 위하여 필요하고 원고가 달성하려는 상태가 공유자들의 공동 점유 상태에 부합한다면 이를 인용할 수 있다. 이와 같이 공유물의 소수지분권자가 다른 공유자와 협의 없이 공유물의 전부 또는 일부를 독점적으로 점유·사용하고 있는 경우 다른 소수지분권자는 공유물의 보존행위로서 그 인도를 청구할 수는 없고, 다만 자신의 지분권에 기초하여 공유물에 대한 방해 상태를 제거하거나 공동 점유를 방해하는 행위의 금지 등을 청구할 수 있다고 보아야 한다."는 취지이므로,

을은 임차인 병을 상대로 보존행위가 아니라, 자신의 지분권에 기초하여 공유물에 대한 방해 상태를 제거하거나 공동 점유를 방해하는 행위의 금지 등을 청구할 수 있다고 보아야 할 것인데, 이러한 내용에 명도청구가 포함될 수 있을지는 후속판결이 확인시켜 줄 것으로 보인다.

이와 관련하여 "제5판 주석민법 물권2"의 제46쪽 각주 39에 의하면, "소수지분권자가 간접점유를 하면서 제3자에게 임의로 임대해준 경우는 어떠한가? 이 경우에도 다른 소수지분권자가 직접점유자인 제3자에게 인도청구를 할 수는 없다고 보아야 하지 않을까?"라는 입장으로 위 변경된 판례에 의할 때에 을의 임차인 병에 대한 인도청구에 대하여는 부정적인 입장으로 해석된다.

이와 관련하여 대법원 2017다204810 판결(점포인도 등)에 의하면 집합건물 4층에 대한 구분점포의 구분이 폐지되어 4층 구분소유자들이 공유자로 변경된 사안에서 구분폐지 전 구분소유자였던 공유지분권자로부터 점유할 권리를 이전받은 피고가 4층 전유부분 중 일부인 이

사건 계쟁 부분을 단독으로 점유·사용하고 있어 임대인인 공유지분권자가 단독으로 점유·사용하는 경우와 같은 지위에 있으므로, 구분소유권의 비율에 따른 공유지분권을 취득한 원고승계참가인은 공유물의 보존행위로서 피고에게 이 사건 계쟁 부분에 대한 방해 상태를 제거하거나 공동 점유를 방해하는 행위의 금지 등을 청구할 수 있을 뿐이고, 위 대법원(전합) 2018다287522 판결 취지에 따라 이 사건 계쟁 부분의 인도는 구할 수 없다는 취지로 판시하여 보존행위로서 제3자인 피고에 대한 인도청구를 부정하였다. 위 대법원 2017다204810 판결의 파기·환송심인 수원지방법원 2020나82840 판결을 확인하면 원고의 승계참가인이 환송심에서 '과반수지분권자의 인도청구'라는 예비적 청구원인을 추가하여 위 예비적 청구가 인용되었다.

갑과 을이 A라는 건물을 공유하되 갑이 3분의 2의 지분을, 을이 3분의 1의 지분을 각 보유하고 있다면 어떨까? 이런 경우 을이 임차인 병에게 건물명도소송을 제기한다면 을이 병에게 패소할 가능성이 크다. 민법 제265조에 의하면 공유물의 관리에 관한 사항은 공유자의 지분의 과반수로 결정하는데, 갑의 지분이 3분의 2로 과반수 요건을 충족하기 때문에 갑이 독자적으로 임대차계약을 체결할 수 있기 때문이다.

그렇다면 을의 입장에서는 월세도 받지 못하여 부당하지 않은가? 을은 갑에게 자신의 지분에 해당하는 월세 등을 부당이득반환청구하면 될 것이다. 을이 병에게 부당이득반환청구를 할 수는 없는가? 병은 임대권한 있는 갑과 임대차계약을 체결하고 월세를 지급하였으니, 을이 병에게 지분상당 월세를 부당이득으로 청구하기는 어렵다.

대법원도 이러한 경우에 제3자(병)의 점유는 다수지분권자(갑)의 공유물관리권에 터 잡은 적법한 점유이므로 그 제3자는 소수지분권자(을)에 대하여도 그 점유로 인하여 법률상 원인 없이 이득을 얻고 있다고 볼 수 없다는 취지의 판단하고 있다.

즉 대법원 2002다9738 판결에 의하면 "과반수 지분의 공유자는 공유자와 사이에 미리 공유물의 관리방법에 관하여 협의가 없었다 하더라도 공유물의 관리에 관한 사항을 단독으로 결정할 수 있으므로 과반수 지분의 공유자는 그 공유물의 관리방법으로서 그 공유토지의 특정된 한 부분을 배타적으로 사용·수익할 수 있으나, 그로 말미암아 지분은 있으되 그 특정 부분의 사용·수익을 전혀 하지 못하여 손해를 입고 있는 소수지분권자에 대하여 그 지분에 상응하는 임료상당의 부당이득을 하고 있다 할 것이므로 이를 반환할 의무가 있다 할 것이다. 그러나 그 과반수 지분의 공유자로부터 다시 그 특정 부분의 사용·수익을 허락받은 제3자의 점유는 다수지분권자의 공유물관리권에 터 잡은 적법한 점유이므로 그 제3자는 소수지분권자에 대하여도 그 점유로 인하여 법률상 원인 없이 이득을 얻고 있다고는 볼 수 없다."는 취지이다.

참고로 대법원 2018다261889 판결(부당이득금)에 의하면 "부동산의 일부 지분 소유자가 다른 지분 소유자의 동의 없이 부동산을 다른 사람에게 임대하여 임대차보증금을 받았다면,

그로 인한 수익 중 자신의 지분을 초과하는 부분은 법률상 원인 없이 취득한 부당이득이 되어 다른 지분 소유자에게 이를 반환할 의무가 있다. 또한 이러한 무단 임대행위는 다른 지분 소유자의 공유지분의 사용·수익을 침해한 불법행위가 성립되어 그 손해를 배상할 의무가 있다. 다만 그 반환 또는 배상의 범위는 부동산 임대차로 인한 차임 상당액이고 부동산의 임대차보증금 자체에 대한 다른 지분 소유자의 지분비율 상당액을 구할 수는 없다."는 취지이다.

상담을 하다 보면 임차인이 공유자 중 1인과 상가 등 건물임대차계약을 체결한 사례를 찾아볼 수 있는데, 공인중개사가 아무리 안전하다고 설명을 하고 계약체결을 독촉하더라도 임차인 입장에서는 의연하게 다른 공유지분권자까지 임대인으로 하지 않으면 계약체결을 하지 않겠다는 주장을 하고 기타 안정성을 확보하는 방안을 강구하는 것이 필요하다.

18. 건물의 2분의 1지분권자의 무단임대행위에 대한 임차인의 부당이득반환의무

건물에 대한 두 명의 공유자 갑과 을이 각 2분의 1지분을 보유하고 있는데, 그 중 갑이 다른 공유자인 을의 동의 없이 무단으로 병에게 임대하여 임대료 월 200만원을 받고 있다. 이때 을이 병을 상대로 월세상당 부당이득반환청구를 할 수 있을까? 이론적으로 가능하다.

대법원 2010다569 판결에 의하면 "공유자가 공유물을 타인에게 임대하는 것과 같은 행위는 공유물의 관리행위라 할 것이고, 공유물의 관리행위는 민법 제265조가 정하는 바에 따라 공유자의 지분의 과반수로써 결정하여야 할 것이어서, 공유자의 지분의 과반수가 되지 못하는 공유자의 임대행위는 적어도 나머지 공유자에 대하여는 무효인 계약이라 할 것이다(대법원 62다1 판결). 따라서 제3자가 소수지분권자과 사이에 공유물인 부동산에 관하여 임대차계약을 체결하였다면 이는 다른 공유자에 대한 관계에서 무효인 임대차계약에 기하여 권원 없이 공유물인 부동산을 점유·사용하는 것이고, 이로써 다른 공유자의 사용·수익을 제한하고 있는 것이므로, 제3자는 선의의 점유자로서 과실수취권이 있다는 등의 특별한 사정이 없는 한 법률상 원인 없이 그 부동산을 점유하여 사용·수익하는 이득을 얻고 다른 공유자는 그만큼의 손해를 입고 있는 것으로 보아야 할 것이다."라는 취지이기 때문이다.

다만 갑이 병에게 임대를 하여 월세 200만원을 상당기간 받아 왔는데, 그 후 을이 병에게 문제를 제기하면서 월세상당 부당이득을 청구하는 상황이라면 을이 병에게 소제기를 한 시점부터만 을의 지분에 해당하는 월 100만원의 월세상당액의 부당이득을 청구할 수 있을 것이다.

그 이유는 병이 갑과 임대차계약을 체결하고 상당기간 월세 200만원을 지급하여 왔다면 선의의 점유자로 이해되어 을에게 부당이득반환의무가 인정되지 않지만(민법 제201조), 선의의 점유자라도 본권에 관한 소에 패소한 때에는 그 소가 제기된 때로부터 악의의 점유자로 간주되므로 을이 병에게 소를 제기한 때에게 악의의 점유자로(민법 제197조 제2항), 을의 지분의 한도에서 월세상당의 부당이득반환의무를 부담한다고 해석되기 때문이다.

제197조(점유의 태양) ② 선의의 점유자라도 본권에 관한 소에 패소한 때에는 그 소가 제기된 때로부터 악의의 점유자로 본다. 제201조(점유자와 과실) ① 선의의 점유자는 점유물의 과실을 취득한다. ② 악의의 점유자는 수취한 과실을 반환하여야 하며 소비하였거나 과실로 인하여 훼손 또는 수취하지 못한 경우에는 그 과실의 대가를 보상하여야 한다. ③ 전항의 규정은 폭력 또는 은비에 의한 점유자에 준용한다.

다만, 일반적으로는 을이 갑에게 을의 지분에 해당하는 월 100만원의 월세상당액에 대한 부당이득반환청구를 하는 방식으로 해결될 가능성이 높을 것이다.

이와 관련하여 대법원 2018다261889 판결(부당이득금)에 의하면 "부동산의 일부 지분 소유자가 다른 지분 소유자의 동의 없이 부동산을 다른 사람에게 임대하여 임대차보증금을 받았다면, 그로 인한 수익 중 자신의 지분을 초과하는 부분은 법률상 원인 없이 취득한 부당이득이 되어 다른 지분 소유자에게 이를 반환할 의무가 있다. 또한 이러한 무단 임대행위는 다른 지분 소유자의 공유지분의 사용·수익을 침해한 불법행위가 성립되어 그 손해를 배상할 의무가 있다. 다만 그 반환 또는 배상의 범위는 부동산 임대차로 인한 차임 상당액이고 부동산의 임대차보증금 자체에 대한 다른 지분 소유자의 지분비율 상당액을 구할 수는 없다."는 취지이다.

19. 공유물의 관리행위 및 처분행위에 구별되는 공유물 보존행위의 의미

민법 제265조는 "공유물의 관리, 보존"이라는 제목 아래에 "공유물의 관리에 관한 사항은 공유자의 지분의 과반수로써 결정한다. 그러나 보존행위는 각자가 할 수 있다."고 규정하고 있다.

따라서 공유물을 보존하는 행위는 공유자 누구라도 즉 공유자 혼자라도 다른 공유자의 동의 없이 할 수 있고, 공유물을 관리하는 행위는 공유자 지분의 과반수로 결정한다.

민법 제264조는 "공유물의 처분, 변경"이라는 제목 아래에 "공유자는 다른 공유자의 동의 없이 공유물을 처분하거나 변경하지 못한다."고 규정하여 공유물 전체에 대한 처분·변경은 다른 공유자들의 동의를 받도록 규정하고 있다.

이와 달리 공유자는 자신의 지분을 자유로이 처분할 수 있다. 즉 민법 제263조는 "공유지분의 처분과 공유물의 사용, 수익"이라는 제목 아래에 "공유자는 그 지분을 처분할 수 있고 공유물 전부를 지분의 비율로 사용, 수익할 수 있다."라고 규정하고 있다.

그렇다면 제3자 명의로 마쳐진 부동산의 소유권이전등기가 원인무효인 경우에 그 부동산의 실제 공유자 1인이 공유물에 관한 보존행위를 근거로 제3자를 향하여 그 등기 전부의 말소를 구할 수 있는가?

그렇다. 대법원 92다52870 판결에 의하면 "부동산의 공유자의 1인은 당해 부동산에 관하여 제3자 명의로 원인무효의 소유권이전등기가 마쳐져 있는 경우 공유물에 관한 보존행위로서 제3자에 대하여 그 등기 전부의 말소를 구할 수 있다."라는 취지이다.

그렇다면 공유물에 관한 원인무효의 등기에 대하여 모든 공유자가 항상 공유물의 보존행위로서 말소를 구할 수 있다고 해석할 수 있는가? 그렇지는 않다.

대법원 2023다273206 판결에 의하면 "공유자가 다른 공유자의 지분권을 대외적으로 주장하는 것을 공유물의 멸실·훼손을 방지하고 공유물의 현상을 유지하는 사실적·법률적 행위인 공유물의 보존행위에 속한다고 할 수는 없으므로(대법원 94다35008 판결 참조), 자신의 소유지분 범위를 초과하는 부분에 관하여 마쳐진 등기에 대하여 공유물에 관한 보존행위로서 무효라고 주장하면서 말소를 구할 수는 없다(대법원 2006다72802 판결, 대법원 2009다67429 판결). 결국 공유물에 관한 원인무효의 등기에 대하여 모든 공유자가 항상 공유물의 보존행위로서 말소를 구할 수 있는 것은 아니고, 원인무효의 등기로 인하여 자신의 지분이 침해된 공유자에 한하여 공유물의 보존행위로서 그 등기의 말소를 구할 수 있을 뿐이므로, 원인무효의 등기가 특정 공유자의 지분에만 한정하여 마쳐진 경우에는 그로 인하여 지분을 침해받게 된 특정 공유자를 제외한 나머지 공유자들은 공유물의 보존행위로서 위 등기의 말소를 구할 수는 없다."라는 취지이다.

위 대법원 판결 사안을 정리하면 '이 사건 토지 중 262/280 지분에 관하여 소유권이전등기를 마친 원고가 나머지 지분에 관한 피고 명의 소유권보존등기의 원인무효를 이유로 피고에 대하여 공유물의 보존행위로서 나머지 지분의 소유자인 소외인에게 진정명의회복을 원인으로 한 소유권이전등기절차의 이행을 구하는 주위적 청구는 원고가 소외인의 지분권을 대외적으로 주장하는 것이어서 공유물의 보존행위에 해당하지 않는다고 보아 이를 기각한바, 위 부분에 대한 원심의 판단에 공유물 보존행위에 관한 법리를 오해함으로써 판결에 영향을 미친 잘못이 없다.'고 설시한 것이다.

20. 공유토지 위에 집합건물과 일반건물이 존재하는 경우에 공유물의 변경행위

대법원 2024다202317 판결 사안을 전제로 설명한다. 1필의 대지 위에 집합건물과 일반건물이 공존하고 있고, 집합건물 구분소유자들에게는 집합건물법상 대지사용권이 있는 반면 일반건물소유자에게는 대지에 대한 민법상 공유지분이 있다.

이때 집합건물 구분소유자들과 일반건물소유자 사이의 대지 이용관계는 어떻게 되는가?

집합건물 구분소유자들의 대지지분의 합계가 반수를 넘는 경우에 집합건물의 구분소유자들이 일반건물의 소유자를 상대로 그 일반건물의 철거 및 대지의 인도를 구할 수 있을까?

집합건물 구분소유자들의 대지지분의 합계가 과반수라고 하더라도 일반건물의 소유자가 그 대지에 대하여 민법상 공유지분이 있는 경우라면, 그 일반건물의 철거 및 대지의 인도를 구할 수는 없다.

그 핵심적 이유는, 이러한 경우에 민법상 공유물에 관한 일반법리가 적용되는데, 대지 공유자 중 일부가 대지에 적법하게 건축된 일반건물을 소유하고 있음에도 불구하고 그 건물을 철거하게 하는 행위는 특별한 사정이 없는 한 공유물인 대지의 변경에 해당하고, 민법 제264조는 "공유물의 처분, 변경"이라는 제목 아래에 "공유자는 다른 공유자의 동의 없이 공유물을 처분하거나 변경하지 못한다."라고 규정하여 공유물의 변경에 공유자 '전원'의 동의를 요구하기 때문이다.

또한 위 대법원 판결 사안에 대하여 2024. 12. 15.자 공보에 대한 서울고등법원판례공보스터디 제11번 판례해설에 의하면, 이 사건 일반건물 건축 당시 이 사건 토지는 A회사의 단독 소유이고, A회사는 위 일반건물의 원시취득자이므로 토지와 건물의 소유자가 같았는데, 집합건물인 아파트를 분양하면서 대지지분을 이전해 주어 대지가 공유로 되면서 토지와 건물의 소유자가 달라졌는바, 그 일반건물에 대한 철거의 특약 없이 대지를 전부 처분하였으면 관습법상 법정지상권이 성립되었을 것임은 당연한 것인데, A회사의 대지 지분이 일부 남아 있다고 하여 관습법상 법정지상권이 성립하지 않는다고 보는 것은 균형이 맞지 않는다면서, 이와 같은 명시적인 판례는 발견하지 못하였으나 관습법상 법정지상권의 성립을 긍정하여야 할 것으로 생각되므로, 이러한 측면에서도 집합건물 구분소유자들의 일반건물소유자를 상대로 한 그 일반건물철거 및 토지인도청구는 인정되지 어렵다는 취지로 설명하고 있다.

위 대법원 2024다202317 판결의 판결이유 중에서 '법리'부분을 그대로 현출한다.

집합건물법 제20조에 따라 분리처분이 금지되는 대지사용권이란 구분소유자가 전유부분을 소유하기 위하여 건물의 대지에 대하여 가지는 권리로서, 구분소유의 성립을 전제로 한다. 1동 건물의 구분소유자들이 당초 건물을 분양받을 당시 대지 공유지분 비율대로 그 건물 대지를 공유함으로써 집합건물법상 대지사용권을 가지는 경우에는 별도 규약이 존재하는 등 특별한 사정이 없는 한 구분소유자들이 그 대지에 대하여 가지는 공유지분 비율과 상관없이 대지 전부를 용도에 따라 사용할 수 있는 적법한 권원이 있다.

그러나 그 대지에 관하여 구분소유자 외의 다른 공유자가 있는 경우에는 공유물에 관한 민법의 일반 법리에 따라 대지를 사용·수익·관리할 수 있다고 보아야 한다(대법원 2016다219419, 219426 판결).

따라서 1필의 대지 위에 집합건물과 일반건물이 공존하고 있고, 집합건물 구분소유자들에게는 집합건물법상 대지사용권이 있는 반면 일반건물소유자들에게는 대지에 대한 민법상 공유지분이 있는 경우, 집합건물 구분소유자들과 일반건물소유자들 사이의 대지 이용관계에는 공유물에 관한 민법의 일반 법리가 적용된다.

공유물의 변경은 공유물을 그 자체의 경제적 용도에 따라 활용하는 이용행위나 공유물의 사용가치 내지 교환가치를 증대시키는 개량행위를 넘어서 공유물에 사실상의 물리적 변화를 가하여 공유자들의 공유물 이용관계에 중대한 변화를 가져오는 것을 말한다. 공유물의 변경은 공유자 지분의 과반수로써 결정하는 공유물의 관리(민법 제265조 본문)와 달리 공유자 전원의 동의가 있어야 할 수 있다(민법 제264조).

어떤 행위가 공유물의 변경에 해당하는지는 그 행위가 공유물의 외관이나 용도에 본질적이거나 현저한 변화를 가져오는지, 공유물에 대한 사용·수익 방법에 중대한 영향을 미치는지, 그 행위로 발생하는 비용이 얼마나 큰지, 공유자 전원이 그 비용을 분담하는 것이 적정한지, 그 행위의 목적이 정당한지, 그 행위로 영향을 받게 되는 소수 지분권자를 보호할 필요성이 있는지 등 여러 사정을 종합적으로 고려할 때 공유자 전원의 의사 일치가 요구되는 정도로 중대한 행위인가의 관점에서 판단하여야 한다.

한편 대지 공유자 중 일부가 대지에 적법하게 건축된 건물을 소유하고 있는데 그 건물을 철거하게 하는 행위는 특별한 사정이 없는 한 공유물인 대지의 변경에 해당한다.

21. 공유 부동산을 일부 공유자가 낙찰받은 경우의 임대인 지위변동 여부

6명의 상가건물 공유자가 임차인 갑과 임대차계약을 체결하였다. 6명의 상가 공유자는 상속으로 공유자가 된 사람들인데, 공유자인 상속인들 간의 사이가 틀어지면서 공유물분할청구소송이 제기되었고, 결국, 소송 결과에 따라 '공유물분할을 위한 경매로 인한 매각'을 등기원인으로 하는 경매가 진행되었다.

경매에서 공유자 3명이 낙찰자가 되었다. 이에 따라 위 상가건물의 소유자는 '6명의 공유자'에서 '3명의 공유자'로 변경되었고, '3명의 공유자'는 종전 소유자 '6명의 공유자'에 모두 포함되었던 사람들이다.

부동산경매에 있어 낙찰자는 민사집행법 제136조에 따라, '점유자(임차인 등)가 매수인(낙찰자)에게 대항할 수 있는 권원에 의하여 점유한 것으로 인정되지 않은 경우'에 매수대금 납부 후 6개월 내에 '부동산인도명령'을 신청할 수 있다. 그렇다면, '6명의 공유자'의 일부였던 낙찰자인 '3명의 공유자'가 임차인 갑을 상대로 부동산인도명령신청을 하면 그 신청이 인용(인정)될 수 있을까?

'3명의 공유자'는 종전 임대인인 '6명의 공유자'의 일부였으므로, 존속 중 임대차의 임대인 지위에 있는 자가 부동산인도명령을 신청하는 것으로 타당하지 않다고 보아야 할까? 아니면, '3명의 공유자'는 종전 임대인인 '6명의 공유자' 중 일부에 불과하고, 경매로 소유권자가 바뀐 것으로 볼 여지도 있으므로, '3명의 공유자'가 법원에 신청한 부동산인도명령이 인용되어야 하는 것일까?

이와 관련하여 대법원 98다43137 판결은 "건물의 공유자가 공동으로 건물을 임대하고 보증금을 수령한 경우 특별한 사정이 없는 한 그 임대는 각자 공유지분을 임대한 것이 아니고 임대목적물을 다수의 당사자로서 공동으로 임대한 것이며 그 보증금 반환채무는 성질상 불가분채무에 해당된다고 보아야 할 것이다."라는 취지이다.

결국, '6인의 공유자'와 임대차계약을 체결한 임차인 갑은 부동산인도명령을 신청한 '3인의 공유자'에 대하여 보증금반환채무와 동시이행을 주장하면서, 상가건물의 인도를 거부할 수 있어, 낙찰자인 '3인의 공유자'의 임차인 갑에 대한 부동산인도명령신청이 인용되기 어렵다. 게다가 상가건물의 임차인들은 대부분 사업자등록을 마친 경우가 많기 때문에 대항력을 갖춘 경우도 상당한 사정을 고려하면, '3인의 공유자'의 부동산인도명령신청이 인용되기 어렵다.

이와 관련하여 대법원 2012다110064 판결에 의하면 "건물의 공유자가 공동으로 건물을 임대하고 임차보증금을 수령한 경우 특별한 사정이 없는 한 그 임대는 각자 공유지분을 임대한 것이 아니라 임대목적물을 다수의 당사자로서 공동으로 임대한 것이고 그 임차보증금 반환채무는 성질상 불가분채무에 해당된다고 보아야 하므로(대법원 98다43137 판결) 공유자 전원으로부터 주택을 임차하고 주택임대차보호법 제3조 제1항이 정한 대항력을 갖추어 임차보증금에 관하여 우선변제를 받을 수 있는 권리를 가진 임차인이 있는 주택의 공유자 중 1인인 채무자가 자신의 지분을 처분한 경우 그 지분 중에서 일반채권자들의 공동담보에 제공되는 책임재산은 우선변제권이 있는 임차보증금반환채권 전액을 공제한 나머지 부분만이라고 할 것이다(대법원 2007다29119 판결). 원심은, C와 D가 각 1/2 지분씩 공동소유하던 이 사건 주택 중 C의 지분을 C가 피고에게 매도한 것이 사해행위임을 이유로 그 매매계약의 취소와 원상회복을 구하는 원고의 이 사건 청구에 대하여, 이 사건 매매 당시를 기준으로 하여 이 사건 주택 전체에 관하여 설정된 각 근저당권의 피담보채권액 합계 494,995,974원과 이 사건 주택 전채를 임차한 E의 주택임대차보호법 제3조에 따른 우선변제권 있는 4억 5천만원의 임차보증금반환채권 전액은 모두 이 사건 지분의 가액에서 공제되어야 하는데 두 금액의 합계가 이 사건 매매계약 당시를 기준으로 한 이 사건 지분의 가액인 7억원을 초과하므로 이 사건 매매계약은 사해행위에 해당하지 않는다고 하여 이를 기각하였다. 원심의 이와 같은 판단은 위 법리에 따른 것으로 정당"하다는 취지이다.

'3인의 공유자'들이 '임대차계약 해지사유'를 주장하면서 부동산인도명령을 신청할 수는 없을까? '임대차계약 해지사유'의 주장을 통한 인도청구는 민사집행법상의 부동산인도명령신청의 사유가 아니다. 해지사유 등의 주장을 통한 인도청구는 별도의 민사상 명도(인도)청구 사안으로 해석된다[부산지방법원 2018타인301 판결(부동산인도명령) 참고].

22. 공유자가 공유자를 상대로 한 인도 및 방해배제청구

공유부동산의 소수지분권자가 공유부동산을 독점적으로 사용하는 다른 공유부동산 소수지분권자에게 공유물의 보존행위를 근거로 방해배제 및 공유부동산의 인도청구를 할 수 있는가?

종전 판례는 소수지분권자의 다른 소수지분권자에 대한 방해배제 및 인도청구를 인정하였다[대법원(전합) 93다9392, 9408 판결]. 그러나 최근 대법원(전합) 2018다287522 판결은 종전 판례를 변경하여, 소수지분권자의 다른 소수지분권자에 대한 보존행위로서의 방해배제 및 인도청구를 모두 부정하고 단지 지분소유권에 의한 방해배제만을 인정하는 취지로 판시하였다.

즉 최근 변경된 대법원 판결은 "공유토지의 소수지분권자인 피고가 다른 공유자와 협의 없이 공유토지의 전부 또는 일부를 독점적으로 점유하는 경우 다른 소수지분권자인 원고가 공유물의 보존행위로서 방해배제와 인도를 청구할 수 있는지 여부"가 주요 쟁점임을 밝히면서, "소수지분권자가 공유물을 독점적으로 점유하는 다른 소수지분권자를 상대로 보존행위로서 공유물의 인도를 인정하게 되면, 피고가 공유물을 독점적으로 점유하는 위법한 상태를 시정한다는 명목으로 피고의 점유를 전면적으로 배제함으로써 지분비율에 따른 피고의 사용·수익권까지 근거 없이 박탈하여 부당"하다는 것이다.

또한 "소수지분권자가 공유물을 독점적으로 점유하는 다른 소수지분권자를 상대로 보존행위로 방해배제를 청구할 수 있는지 여부"에 대하여, "보존행위로서 전면적인 방해배제를 인정할 수는 없지만, 공유자는 자신의 지분권 행사를 방해하는 행위에 대하여 민법 제214조에 따른 방해배제청구권을 행사할 수 있고, 공유물에 대한 지분권은 공유자 개개인에게 귀속되는 것으로 공유자 각자가 행사할 수 있는 바, 공유지분 소유권에 의한 방해배제는 청구할 수 있다."는 취지이다.

변경된 대법원 판결에서는 공유물에 대한 방해배제청구의 구체적 모습까지 나열하고 있는데, 그 내용을 살펴본다. 즉 "공유물에 대한 방해배제청구의 구체적 모습으로, 공유 토지에 피고가 무단으로 건축·식재한 건물, 수목 등 지상물이 존재하는 경우 지상물은 그 존재 자체로 다른 공유자의 공유토지에 대한 점유·사용을 방해하므로 원고는 지상물의 철거나 수거를 청구할 수 있다(이는 대체집행의 방법으로 집행된다). 지상물이 제거되고 나면 공유토지는 나대지 상태가 되고 피고가 다시 적극적인 방해행위를 하지 않는 한 원고 스스로 공유토지에 출입하여 토지를 이용할 수 있으므로, 일반적으로 공유토지에 피고의 지상물이 존재하는 사안에서 지상물의 제거만으로도 공유토지의 독점적 점유 상태를 해소시킬 수 있다. 지상물 제거 후에도 피고가 원고의 공동점유를 방해하는 행위를 하거나 그러한 행위를 할 것이 예상된다면, 원고는 피고를 상대로 그러한 방해행위의 금지, 예를 들어 원고의 공유토지에 대한 출입이나 통행에 대한 방해금지를 청구할 수 있다. 그 밖에도 원고는 공유물의 종류(토지,

건물, 동산 등), 용도, 상태(피고의 독점적 점유를 전·후로 한 공유물의 현황)나 당사자의 관계 등을 고려해서 원고의 공동점유를 방해하거나 방해할 염려 있는 피고의 행위와 방해물을 구체적으로 특정하여 그 방해의 금지, 제거, 예방(작위·부작위의무의 이행)을 청구하는 형태로 청구취지를 구성할 수 있다. 법원은 이것이 피고의 방해 상태를 제거하기 위하여 필요하고 원고가 달성하려는 상태가 공유자들의 공동점유 상태에 부합한다면 이를 인용할 수 있다. 위와 같은 출입 방해금지 등의 부대체적 작위의무와 부작위의무는 간접강제의 방법으로 민사집행법에 따라 실효성 있는 강제집행을 할 수 있다."는 취지이다.

그렇다면 공유물의 과반수 지분권자가 공유물의 소수 지분권자를 향하여 공유물 관리의 방법으로 공유물의 인도를 청구할 수 있는가? 공유물의 인도를 청구할 수 있다. 즉 대법원 2022다253243 판결(건물인도)에 의하면 "공유자 사이에 공유물을 사용·수익할 구체적인 방법을 정하는 것은 공유물의 관리에 관한 사항으로서 공유자의 지분의 과반수로써 결정하여야 할 것이고, 과반수 지분의 공유자는 다른 공유자와 사이에 미리 공유물의 관리방법에 관한 협의가 없었다 하더라도 공유물의 관리에 관한 사항을 단독으로 결정할 수 있으므로, 과반수 지분의 공유자가 그 공유물의 특정 부분을 배타적으로 사용·수익하기로 정하는 것은 공유물의 관리방법으로서 적법하다. 또한 공유 지분 과반수 소유자의 공유물인도청구는 민법 제265조의 규정에 따라 공유물의 관리를 위하여 구하는 것으로서 그 상대방인 타 공유자는 민법 제263조의 공유물의 사용수익권으로 이를 거부할 수 없다."는 취지이다.

참고로 대법원 2021다252458 판결에 의하면 "과반수 지분권자는 공유물인 토지의 관리방법으로서 특정 부분을 배타적으로 사용·수익할 수 있으나, 그로 말미암아 그 부분을 전혀 사용·수익하지 못하여 손해를 입는 소수지분권자의 지분만큼 임료 상당 부당이득을 얻는 것이므로 이를 반환할 의무가 있다. 소수지분권자가 공유물을 자기 지분 비율로 사용·수익할 권리(민법 제263조)가 침해되었기 때문이다."는 취지이다.

제21장 부동산취득시효 · 소멸시효

1. 토지 공유자 사이의 취득시효 주장 가능성

토지에 대하여 공유를 하고 있는 공유자 사이에 취득시효 완성을 이유로 한 소유권이전등기청구가 가능할까? 기본적으로 어렵다.

민법 제263조는 "공유자는 그 지분을 처분할 수 있고 공유물 전부를 지분의 비율로 사용, 수익할 수 있다."고 규정하고 있는바, 공유 토지는 공유자 1인이 그 전부를 점유하고 있다고 하여도 다른 특별한 사정이 없는 한 그 권원의 성질상 다른 공유자의 지분비율 범위 내에서는 타주점유로 해석되기 때문이다.

그렇다면 공유자 사이에서는 취득시효 주장이 전면적으로 부정되는 것인가? 그렇지는 않다.

대법원 2018다245597 판결에 의하면 "공유 토지는 공유자 1인이 그 전부를 점유하고 있다고 하여도 다른 특별한 사정이 없다면 그 권원의 성질상 다른 공유자의 지분비율의 범위 내에서는 타주점유라고 볼 수밖에 없지만, 공유자들이 분할 전 토지의 전체면적 중 각 점유 부분을 구분소유하게 된다고 믿고서 그 각 점유 부분의 대략적인 면적에 해당하는 만큼의 지분에 관하여 소유권이전등기를 경료받은 경우에는, 등기부상 공유자들이 각 토지의 일부 공유자로 되어 있다고 하더라도 그들의 점유가 권원의 성질상 타주점유라고 할 수는 없다(대법원 95다53768 판결, 대법원 2006다79995 판결 등)."라는 취지이기 때문이다.

위 대법원 2018다245597 판결 이유를 정리한다.

원심은, 원심판결 별지 목록 기재 각 부동산(이하 '이 사건 각 토지') 중 별지 목록 제2항 기재 토지의 일부인 약 360㎡(이하 '이 사건 주택부지')를 1987년경부터 20년 이상 점유하여 점유취득시효가 완성되었다는 피고 1의 주장에 대하여, 위 피고가 1989. 2. 22. 이 사건 각 토지 중 364/2651 지분에 관하여 소유권이전등기를 경료하고 그 지상에 무허가 주택(이하 '이 사건 주택')을 짓고 이를 점유하고 있는 사실 등을 인정하면서도,

이 사건 각 토지에 대한 전소유자들, 원고와 피고들의 각 매매와 경매절차에서 해당 지분이 이 사건 각 토지에 대한 구분소유적 공유관계를 표상하는 것으로 취급되었다고 인정할 증거가 없으므로 원고와 피고 2는 이 사건 각 토지에 대한 공유지분소유권을 적법하게 취득하고, 피고 1이 이 사건 각 토지에 관한 구분소유적 공유관계가 소멸한 사실을 알지 못하였다는 사정만으로 피고 1의 이 사건 주택부지에 관한 점유가 자주점유라고 볼 수 없다고 판단하고, 피고 1의 점유취득시효에 관한 항변을 배척하였다.

그러나 원심의 판단은 아래와 같은 이유에서 받아들이기 어렵다. 원심판결 이유와 기록에 의하면 다음과 같은 사실을 알 수 있다.

1) 이 사건 각 토지는 분할 전 충남 ○○군 △△읍 □□리 ◇◇◇ 과수원 2,651㎡(이하 '이 사건 분할 전 토지'라 한다)의 일부였다가 1992. 12. 8. 충남 ☆☆군 △△읍 □□리 ◇◇◇ 과수원 1,651㎡, 같은 리 ◇◇◇－▽ 과수원 975㎡와 같은 리 ◇◇◇－◎ 과수원 25㎡로 각 분할되었고, 위 같은 리 ◇◇◇ 과수원 1,651㎡는 최종적으로 이 사건 각 토지로 분할되었다.

2) 소외 1은 1987. 5.경 소외 2 명의로 이 사건 분할 전 토지 2,651㎡ 중 661㎡를 매수한 뒤 그중 364㎡(이 사건 주택부지와 같은 부분으로 보인다) 지상에 이 사건 주택을 건축하기로 하여 같은 달 28일 소외 2 명의로 건축허가를 받아 신축공사에 착수하였으나 자금사정으로 공사를 중단하였고, 소외 2는 1988. 2.경 이 사건 주택부지와 당시까지 축조된 건물을 일괄하여 소외 3에게 2,800만원에 양도하였으며, 소외 3은 건축공사를 진행하지 않고 있다가 1989. 2. 20. 피고 1에게 이 사건 주택부지와 지상건물을 일괄하여 4,100만원에 양도하였다.

3) 피고 1은 소외 3으로부터 이 사건 주택부지와 지상건물을 매수한 후 이 사건 분할 전 토지 중 364/2651 지분에 관하여 1989. 2. 22. 지분소유권이전등기를 경료하였고, 자신의 비용과 노력으로 공사를 진행하여 1989. 4. 말경 이 사건 주택을 완공한 뒤 현재까지 이 사건 주택부지를 점유하여 왔는데, 당시 이 사건 분할 전 토지 2,651㎡를 기준으로 보면 피고 1의 지분비율에 따른 면적과 실제 점유면적이 약 364㎡로 일치한다. ~중략~

6) 이 사건 각 토지 중 원고는 그중 1487/2651 지분을, 피고 1은 364/2651 지분을, 피고 2는 800/2651 지분을 소유하고 있다.

이러한 사정들을 앞서 본 법리에 비추어 살펴보면, 이 사건 주택부지를 피고 1이 점유하게 된 경위나 점유의 용도, 이 사건 주택부지와 이 사건 분할 전 토지 및 분할 후 이 사건 각 토지의 처분·이용·권리행사 관계 등을 고려할 때, 피고 1이 이 사건 분할 전 토지 중 이 사건 주택부지를 구분소유하게 된다고 믿고서 이 사건 주택부지의 면적에 해당하는 만큼

의 지분에 관하여 소유권이전등기를 경료받으면서 이 사건 주택부지에 관한 점유를 취득하였을 가능성을 배제할 수 없으므로, 이 사건 토지에 관한 피고 1의 자주점유의 추정이 번복되었다고 보기 어렵다.

그런데도 원심은 피고 1이 이 사건 주택부지를 점유하게 된 경위, 그 시기 및 이후 점유의 현황과 위 피고의 점유 개시 당시 이 사건 각 토지에 관한 구분소유적 공유관계가 성립하였는지 여부 등에 관하여 나아가 살펴보지 아니한 채, 그 판시와 같은 이유만으로 이 사건 주택부지에 관한 위 피고의 점유를 타주점유라고 판단하여 위 피고의 점유취득시효에 관한 항변을 배척하였다.

이와 같은 원심의 판단에는 자주점유의 추정에 관한 법리를 오해하고 필요한 심리를 다하지 않음으로써 판결에 영향을 미친 잘못이 있다. 이 점을 지적하는 피고 1의 상고이유 주장은 이유 있다.

정리하자면, 공유 토지는 공유자 1인이 그 전부를 점유하더라도 취득시효의 자주점유 요건을 결하여 다른 공유자의 지분에 대한 취득시효를 주장할 수 없는 것이 원칙이지만, 공유자들이 각 점유하고 있는 부분을 구분소유하게 된다고 믿고 그 각 점유부분의 유사면적만큼의 지분에 대한 소유권이전등기를 경료받은 경우라면 다른 공유자의 지분에 대한 취득시효에 있어 자주점유 요건을 충족하여 취득시효 가능성이 있다는 것이다(이 쟁점은 공유 토지를 어느 공유자가 배타적으로 점유하는 경우에 그 공유 토지를 점유하지 않은 다른 공유자의 지분을 시효로 취득할 수 있는지 여부에 대한 문제라는 것을 주의할 것).

2. 공유관계와 취득시효

토지에 대하여 공유를 하고 있는 공유자 사이에는 원칙적으로 취득시효가 인정되기 어렵다. 대법원 94다19884 판결에 의하면 "공유부동산은 공유자 1인이 전부를 점유하고 있다고 하여도 다른 특별한 사정이 없는 한 권원의 성질상 다른 공유자의 지분비율의 범위 내에서는 타주점유라고 볼 수밖에 없다."라는 취지이기 때문이다.

다만, 공유자들이 각 점유하고 있는 부분을 구분소유한다고 믿고 그 각 점유부분의 유사면적만큼의 지분에 대한 소유권이전등기를 경료받은 경우라면 취득시효 가능성이 있다(대법원 2018다245597 판결).

그렇다면 취득시효 대상이 되는 인접 토지가 공유토지인 경우에 그 인접 토지 공유지분에 대한 취득시효는 인정될까? 예를 들어 취득시효 대상 토지가 3명의 공유토지이고 각 공유자가 각 3분의 1지분을 보유하고 있다고 가정하자. 이때에는 위 각 공유지분에 대한 취득시효 주장이 가능하다.

즉 취득시효 주장자는 취득시효 대상 인접 토지의 3분의 1지분권자 3명 모두에게 취득시효를 주장하여 각 공유지분에 대한 소유권이전등기청구권을 행사할 수도 있지만 1명에게만 또는 2명에게만 취득시효를 주장할 수도 있게 된다.

대법원 93다32880 판결에 의하면 "토지를 수인이 공유하는 경우에 공유자들의 소유권이 지분의 형식으로 공존하는 것뿐이고, 그 처분권이 공동에 속하는 것은 아니므로 공유토지의 일부에 대하여 취득시효완성을 원인으로 공유자들을 상대로 그 시효취득부분에 대한 소유권이전등기절차의 이행을 청구하는 소송은 필요적 공동소송이라고 할 수 없다."라는 취지이기 때문이다.

그리고 인접 토지가 취득시효 대상일 경우에 취득시효 대상 인접 토지를 점유하는 자는 일반적으로 건물을 소유함으로써 그 인접 토지를 점유하게 되는데, 그 건물을 실제 누가 점유하는지 여부와 관련 없이 건물의 소유자가 취득시효 대상 인접 토지를 점유하는 것으로 해석된다.

또한 그 건물이 공유건물이고 그 건물 공유자 중에서 일부 공유자만이 실제 해당건물을 점유하는 경우에도 취득시효 대상 인접 토지에 대한 취득시효 완성을 원인으로 한 소유권이전등기청구권은 실제 해당 공유건물을 점유하는 공유자만이 아니라 해당 공유건물의 공유자들 모두에게 공유지분비율로 귀속된다.

즉 대법원 2002다57935 판결에 의하면 "사회통념상 건물은 그 부지를 떠나서는 존재할 수 없는 것이므로 건물의 부지가 된 토지는 그 건물의 소유자가 점유하는 것으로 볼 것이고, 이 경우 건물의 소유자가 현실적으로 건물이나 그 부지를 점거하고 있지 아니하고 있더라도 그 건물의 소유를 위하여 그 부지를 점유한다고 보아야 한다(대법원 84누763 판결, 대법원 93다2483 판결, 대법원 95다23200 판결, 대법원 95다47282 판결, 대법원 96다34559 판결, 대법원 98다2389 판결 등). 한편, 미등기 건물을 양수하여 건물에 관한 사실상의 처분권을 보유하게 됨으로써 그 양수인이 건물부지 역시 아울러 점유하고 있다고 볼 수 있는 등의 다른 특별한 사정이 없는 한 건물의 소유명의자가 아닌 자로서는 실제로 그 건물을 점유하고 있다고 하더라도 그 건물의 부지를 점유하는 자로는 볼 수 없다고 할 것이고(대법원 93다2483 판결, 대법원 94다27809 판결 등),

건물 공유자 중 일부만이 당해 건물을 점유하고 있는 경우라도 그 건물의 부지는 건물 소유를 위하여 공유명의자 전원이 공동으로 이를 점유하고 있는 것으로 볼 것이며, 건물 공유자들이 건물부지의 공동점유로 인하여 건물부지에 대한 소유권을 시효취득하는 경우라면 그 취득시효 완성을 원인으로 한 소유권이전등기청구권은 당해 건물의 공유지분비율과 같은 비율로 건물 공유자들에게 귀속될 것이다(대법원 96다34559 판결 참조)."라는 취지이다.

3. 점유취득시효 완성에 따른 등기청구의 상대방

민법 제186조는 “부동산물권변동의 효력”이라는 제목 아래에 “부동산에 관한 법률행위로 인한 물권의 득실변경은 등기하여야 그 효력이 생긴다.”이라고 규정하고, 민법 제187조는 “등기를 요하지 아니하는 부동산물권취득”이라는 제목 아래에 “상속, 공용징수, 판결, 경매 기타 법률의 규정에 의한 부동산에 관한 물권의 취득은 등기를 요하지 아니한다. 그러나 등기를 하지 아니하면 이를 처분하지 못한다.”라고 규정하고 있다.

따라서 점유취득시효에 따른 소유권취득은 법률행위에 의한 것은 아니므로 위 민법 제187조에 따라 등기 없이 취득시효 대상 부동산의 소유권을 취득한다고 해석할 여지가 있다.

그러나 민법 제245조 제1항은 “20년간 소유의 의사로 평온, 공연하게 부동산을 점유하는 자는 등기함으로써 그 소유권을 취득한다.”고 규정하고 있어 민법 제187조에 대한 예외로 등기를 하여야 소유권을 취득할 수 있도록 규정하고 있다.

따라서 점유취득시효의 완성으로 점유자는 채권적 등기청구권이 발생할 뿐이고, 등기를 통해서 소유권을 취득하게 된다. 그리고 취득시효 완성에 기한 등기청구권은 채권적 청구권으로 시효기간 10년의 소멸시효의 대상이 되지만, 시효 완성자가 점유를 계속하는 한 소멸시효가 진행되지 않는다(대법원 90다카25352 판결).

이와 관련하여 대법원 88다카5843,5850 판결은 “취득시효기간 완성 후 아직 그것을 원인으로 소유권이전등기를 경료하지 아니한 자는 종전 소유자로부터 그 부동산에 대한 등기부상 소유명의를 넘겨받은 제3자에 대하여 시효취득을 주장할 수 없으나 취득시효기간 만료전에 등기명의를 넘겨받은 시효완성당시의 등기명의자에 대하여는 그 소유권취득을 주장할 수 있다.”고 판시한 사실이 있다.

점유취득시효 완성에 따른 등기청구의 상대방은 시효완성 당시의 소유자가 된다. 그렇다면 시효 완성 당시의 소유권보존등기 또는 소유권이전등기가 무효일 경우에는 어떠한가?

무효인 등기명의자를 상대로 소유권이전등기를 구해야 하는가? 아니면 시효권리자가 진정한 소유자를 대위하여 무효등기의 말소를 구하고 다시 소유자를 상대로 취득시효 완성을 이유로 소유권이전등기를 구해야 하는가? 대법원의 원칙적 입장은 시효권리자가 진정 소유자를 대위하여 무효등기를 말소한 후 진정소유자를 상대로 소유권이전등기를 구해야 한다는 취지이다.

즉 대법원 2008다71858 판결은 “점유취득시효가 완성된 경우에 그 효력으로 시효완성점유자는 다른 특별한 사정이 없는 한 당해 부동산의 시효완성 당시의 소유자에 대하여 소유권이전등기청구권을 취득하는 것이고, 비록 등기부상 소유자 또는 공유자로 등기되어 있는 사람이라고 하더라도 그가 진정한 소유자가 아닌 이상 그를 상대로 취득시효의 완성을 원인으로 소유권이전등기를 청구할 수 없다.”는 취지이다.

다만, 예외가 인정된다. 즉 대법원 98다29575 판결에 의하면 "부동산의 점유로 인한 시효취득자는 취득시효 완성 당시의 소유자에 대하여 소유권이전등기를 청구할 수 있다고 할 것인바, 취득시효 완성 당시 그 부동산의 등기부상 소유명의자의 등기가 원인 무효의 흠결이 있다 하더라도 그 등기명의 소유자가 진정한 소유자를 상대로 제기한 소유권이전등기 청구소송의 기판력 있는 확정판결에 의하여 소유권이전등기를 경료 하였던 것이고, 따라서 시효취득자가 진정한 소유자를 대위하여 등기부상 소유자를 상대로 위 등기의 말소를 구하는 것은 위 판결의 기판력 때문에 극히 어려운 것이고, 그 등기명의를 둔 채 진정한 소유자를 상대로 시효취득을 원인으로 한 이전등기를 구하여 판결을 받더라도 위 등기가 말소되지 않는 한 그 판결이 이행될 수 없는 것이라면 특별한 사정이 없는 한 시효취득자는 그 등기부상 소유명의자를 상대로 취득시효를 원인으로 한 소유권이전등기를 청구할 수 있다고 보아야 할 것이다."라는 취지이다.

또한 대법원 2002다43417 판결에 의하면 "구 토지조사령(1912. 8. 13. 제령 제2호)에 따라 토지조사부가 작성되었으나 그 토지조사부의 소유자란 부분이 훼손되어 사정명의인이 누구인지 확인할 수 없게 되었지만 누구에겐가 사정된 것은 분명하고 시효취득자가 사정명의인 또는 그 상속인을 찾을 수 없어 취득시효완성을 원인으로 하는 소유권이전등기에 의하여 소유권을 취득하는 것이 사실상 불가능하게 된 경우, 시효취득자는 취득시효완성 당시 진정한 소유자는 아니지만 소유권보존등기명의를 가지고 있는 자에 대하여 직접 취득시효완성을 원인으로 하는 소유권이전등기를 청구할 수 있다."는 취지이다.

정리하자면, 점유취득시효 완성에 따른 등기청구의 상대방은 시효완성 당시의 소유자가 된다. 대법원의 원칙적 입장은 시효권리자가 진정한 소유자를 대위하여 무효등기의 말소를 구하고 다시 소유자를 상대로 취득시효 완성을 이유로 소유권이전등기를 구해야 한다. 다만 무효인 등기명의자를 상대로 소유권이전등기를 구해야 하는 예외적인 경우가 있을 수 있다.

즉 기판력으로 인하여 대위에 의한 말소등기청구가 사실상 불가능하거나, 사정된 것은 분명하나 사정명의인이 누구인지 확인할 수 없는 경우 등 시효취득자가 사정명의인 내지 그 상속인을 찾는 것이 불가능한 경우라면 현재 명의자를 상대로 직접 취득시효완성을 원인으로 한 소유권이전등기를 청구할 수 있다는 것이다.

4. 점유취득시효 완성 후 소유권이전등기청구권 소멸시효 관련 쟁점

점유취득시효에 따른 소유권취득은 법률행위에 의한 것은 아니므로 민법 제187조에 따라 등기 없이 취득시효 대상 부동산의 소유권을 취득한다고 해석할 여지가 있다.

그러나 민법 제245조 제1항은 "20년간 소유의 의사로 평온, 공연하게 부동산을 점유하는 자는 등기함으로써 그 소유권을 취득한다."고 규정하고 있어 민법 제187조에 대한 예외로 등기를 하여야 소유권을 취득할 수 있도록 규정하고 있다.

따라서 점유취득시효의 완성으로 점유자는 채권적 등기청구권이 발생할 뿐이고, 등기를 통해서 소유권을 취득하게 된다. 그리고 취득시효 완성에 기한 등기청구권은 채권적 청구권으로 시효기간 10년의 소멸시효의 대상이 되지만, 시효 완성자가 점유를 계속하는 한 소멸시효가 진행되지 않는다.

그렇다면 시효 완성자가 점유를 상실한 경우에는 어떠한가? 시효완성자가 점유를 상실한 경우에는 시효완성자가 이미 취득한 소유권이전등기청구권이 바로 소멸하지 않으며, 점유를 상실한 때로부터 10년 내에 위 소유권이전등기청구권을 행사해야 한다.

즉 대법원 95다34866,34873 판결에 의하면 "토지에 대한 취득시효 완성으로 인한 소유권이전등기청구권은 그 토지에 대한 점유가 계속되는 한 시효로 소멸하지 아니하고, 그 후 점유를 상실하였다고 하더라도 이를 시효이익의 포기로 볼 수 있는 경우가 아닌 한 이미 취득한 소유권이전등기청구권은 바로 소멸되는 것은 아니나, 취득시효가 완성된 점유자가 점유를 상실한 경우 취득시효 완성으로 인한 소유권이전등기청구권의 소멸시효는 이와 별개의 문제로서, 그 점유자가 점유를 상실한 때로부터 10년간 등기청구권을 행사하지 아니하면 소멸시효가 완성한다."라는 취지이다.

부동산 매매계약에 있어 부동산 매수인의 소유권이전등기청구권도 10년의 소멸시효에 걸리는데 위 부동산매수인이 해당 부동산을 인도받아 점유하다가 제3자에게 매도하여 그 제3자에게 점유를 이전해 준 경우에 소멸시효가 진행하지 않는다. 부동산 매수인이 적극적인 권리 행사의 일환으로 제3자에게 그 부동산을 처분하고 그 점유를 승계하여 준 것이기 때문이다.

즉 대법원(전합) 98다32175 판결에 의하면 "부동산의 매수인이 그 부동산을 인도받은 이상 이를 사용·수익하다가 그 부동산에 대한 보다 적극적인 권리 행사의 일환으로 다른 사람에게 그 부동산을 처분하고 그 점유를 승계하여 준 경우에도 그 이전등기청구권의 행사 여부에 관하여 그가 그 부동산을 스스로 계속 사용·수익만 하고 있는 경우와 특별히 다를 바 없으므로 위 두 어느 경우에나 이전등기청구권의 소멸시효는 진행되지 않는다고 보아야 한다."라는 취지이다.

그렇다면 위 대법원(전합) 98다32175 판결이 점유취득시효 완성자에게도 적용될 것인가? 점유취득시효 완성자에게는 적용되지 않는다.

즉 대법원 2023다240428,240435 판결에 의하면 "부동산에 대한 점유취득시효가 완성된 점유자가 그 부동산에 대한 점유를 상실한 때로부터 10년간 소유권이전등기청구권을 행사하지 아니하면 소멸시효가 완성한다(대법원 95다34866 판결 등). 원심이 원용한 대법원 1999. 3. 18. 선고 98다32175 전원합의체 판결 등은 이 사건에 적용되지 않는다."라는 취지이다.

위 대법원 2023다240428,240435 판결의 원심은 "망 소외인의 취득시효 완성을 원인으로 한 소유권이전등기청구권은 그가 피고에게 이 사건 제1 토지 중 피고 점유 부분을 인도하여 점유를 상실한 2007. 11.경부터 10년이 경과하였더라도 망 소외인이 적극적인 권리행사의 일환으로 피고에게 점유를 승계하여 준 이상 소유권이전등기청구권의 소멸시효는 진행하지 아니한다."라는 취지였던 것인데, 위 대법원이 원심을 파기·환송한 것이다.

정리하자면 부동산매매에 있어 부동산을 인도받아 점유하던 매수인이 적극적 권리행사의 일환으로 해당 부동산을 매도하고 그 점유를 제3자에게 이전해 준 경우에는 부동산매수인의 해당 부동산에 대한 소유권이전등기청구권의 소멸시효가 진행하지 않지만, 이와 달리 부동산에 대한 점유취득시효 완성자는 해당 부동산을 점유하고 있는 상태에서는 부동산매매처럼 소유권이전등기청구권의 소멸시효가 진행되지 않지만, 점유시효취득 대상 부동산의 점유를 제3자에게 인도하여 그 점유를 상실하면 이른바 부동산매매에 있어 '적극 권리행사'이론이 적용되지 않아 점유 상실일로부터 소유권이전등기청구권의 소멸시효가 진행된다는 것이다.

5. 토지에 대한 취득시효 완성 이후 점유상실 여부에 대한 판단방법

토지에 대한 취득시효 완성으로 인한 소유권이전등기청구권은 그 토지에 대한 점유가 계속되는 한 시효로 소멸하지 않는다(대법원 95다34866, 34873 판결 등).

따라서 토지에 대한 시효취득자가 점유를 상실하고 나서 10년이 지난 후에 취득시효대상 토지소유자에게 취득시효 완성을 원인으로 한 소유권이전등기청구권을 행사한 경우에 취득시효대상 토지소유자가 소멸시효항변을 하면 승소하기 어렵다.

그렇다면 토지에 대한 취득시효 완성 자의 점유는 직접점유에 한정되는가? 그렇지는 않다. 간접점유도 허용된다. 즉 물건에 대한 점유란 사회관념상 어떤 사람의 사실적 지배에 있다고 할 수 있는 객관적 관계를 가리키는 것으로서, 사실상의 지배가 있다고 하기 위하여는 반드시 물건을 물리적·현실적으로 지배할 필요는 없고, 물건과 사람과의 시간적·공간적 관계와 본권관계, 타인의 간섭 가능성 등을 고려하여 사회관념에 따라 합목적적으로 판단하여야 하므로, 물건에 대한 사실상의 지배를 상실했는가의 여부도 역시 위와 같은 사회관념에 따라 결정되어야 하기 때문이다(대법원 2011다74949 판결, 대법원 2013다212790 판결 등).

토지에 대한 취득시효 완성 이후 점유상실을 하게 되면 시효취득자의 소유권이전등기청구권의 시효가 진행되는 문제가 있는바, '점유상실여부'를 어떻게 판단해야 하는지 문제된다.

대법원 2023다249555 판결이 그 기준을 제공하고 있는데, 위 대법원 판결의 원심은 원고의 취득시효에 따른 취득시효 대상 토지에 대한 소유권이전등기청구를 일부 인용하고 점유상실로 판단된 토지부분에 대한 청구를 기각하였으나 위 대법원은 원심이 기각한 점유상실 토지에 대하여 간접점유를 유지하고 있다는 취지로 원심을 파기·환송하였다. 어떠한 사안이었을까?

원고가 자신이 소유, 거주하고 있는 건물의 대지로 사용되거나 밭으로 사용하는 토지 등에 관하여 점유취득시효가 완성되었다고 주장하면서 국유재산법에 따른 무주부동산 공고절차를 거쳐 소유권보존등기를 마친 피고(대한민국)를 상대로 소유권이전등기절차 이행을 구하는 사안이었다.

즉 '점유상실 여부'가 문제된 '쟁점 토지'는 아파트 신축 과정에서 공사완료 시 원상복구를 조건으로 공사 출입로로 포장하여 사용한 것으로서 이러한 사용은 원상복구를 전제로 한 일시적인 것에 불과하고, 원고는 원상복구 약정에 따라 아파트 시행사를 통하여 쟁점 토지를 간접점유 하였다고 볼 수 있고 아파트 완공 이후에도 원상복구가 되지 않은 채 그러한 간접점유 상태가 아파트 주민들을 통하여 유지되었다고 볼 여지가 있으며, 쟁점 토지는 그 바로 오른쪽에 원고가 직접 경작하는 밭과 그 바로 왼쪽에 원고가 거주하는 주택 사이에 존재하는 토지로서 위 밭과 주택 사이를 연결하는 통로로서의 역할을 한다고 볼 수 있어 시간적·공간적 관계에서 원고가 직접 쟁점 토지에 관한 사실상의 지배 상태를 유지하여 왔다고 볼 여지도 충분하다는 것이다.

따라서 원고가 쟁점 토지에 관한 점유를 상실하지 않은 것으로 볼 수 있다고 보아, 이와 달리 쟁점 토지 부분에 관한 원고의 소유권이전등기청구권의 소멸시효가 완성되었다고 판단한 원심판결을 파기·환송한 사안이다.

위 대법원 판결을 정리한다.

〈원심의 판단〉

원심은 원고의 부친인 소외인이 이 사건 각 토지와 지상 건물을 매수하고 1964. 4. 25. 무렵부터 소유의 의사로 평온, 공연하게 이를 점유하였으므로 그로부터 20년이 지난 1984. 4. 25. 무렵 이 사건 각 토지에 관한 점유취득시효가 완성되었고, 다만 이 사건 각 토지 중 각 쟁점토지에 해당하는 '(지번 6), (지번 3) 토지'는 이 사건 아파트 주차장의 일부 또는 아파트와 공로 사이 진출입로가 되어 주차장이나 출입로로 사용되고 있으므로, 소외인이나 원고가 아파트 주차장이나 진출입로를 사실적으로 지배하여 점유하였다거나 통행인들을 통해 간접 점유하였다고 인정하기 어렵다고 보아, 각 쟁점토지에 관한 원고의 소유권이전등기청구권은 소멸시효가 완성되었다.

〈대법원의 판단〉

각 쟁점 토지는 원고의 부친 소외인이 밭으로 사용하다가 1991년경 이 사건 아파트를 신축하는 과정에서 아파트 시행사가 원고의 부친인 소외인으로부터 공사 완료 시 원상복구 해주는 조건으로 사용승낙을 받아 공사 출입로로 포장하여 사용한 것으로 보인다. 위와 같은 사용은 원상복구를 전제로 한 일시적인 것에 불과하므로, 이러한 일시적인 사용승낙에 의한 현상변경만으로는 소외인이 이 부분 토지에 관하여 사실상의 지배를 상실하였다고 단정할 수 없다.

이 사건 아파트가 완공된 1994. 2.경 이후에도 각 쟁점 토지가 아파트 주차장 부지와 아파트 진출입로로 사용되어 온 것으로 보이기는 한다. 그러나 ① 소외인이 위와 같은 원상복구 약정에 따라 아파트 시행사를 통하여 각 쟁점 토지를 간접점유 하였다고 볼 수 있고, 아파트 완공 이후 원상복구가 되지 않은 채 그러한 간접점유 상태가 아파트 주민들을 통하여 유지되었다고 볼 여지가 있으며, 달리 위와 같은 간접점유 상태가 해소되었다고 볼 만한 사정이 보이지 않는 점, ② 각 쟁점 토지가 이 사건 아파트의 유일한 진출입로는 아니고, 이 사건 주택 왼쪽 (지번 7) 토지에 진출입로가 새롭게 개설되기 전에도 이 사건 아파트 북쪽에 진출입로가 있었던 점, ③ 원고는 아파트 입주민들의 임시 통행로로 사용할 수 있게 해달라는 아파트 측의 요청이 있어 원고측에서 동의하였고 이후 지속적으로 아파트 측에 각 쟁점 토지의 원상복구를 요청하였다고 주장하였는데, 실제로 새로운 진출입로가 개설된 점 등을 고려해 보면, 앞서 본 원상복구를 전제로 한 일시적인 사용승낙에 의한 현상변경 상태가 위와 같은 새로운 진출입로가 개설될 때까지 유지되어 온 것으로 볼 여지도 있다.

또한 각 쟁점 토지는 그 바로 오른쪽에 있는 원고가 직접 경작하는 밭과 그 바로 왼쪽에 있는 원고가 거주하는 이 사건 주택 사이에 존재하는 토지로서 위 밭과 주택 사이를 연결하는 통로로서의 역할을 한다고 볼 수 있으므로, 시간적·공간적 관계에서 원고가 직접 각 쟁점 토지에 관한 사실상의 지배 상태를 유지하여 왔다고 볼 여지도 충분하다.

6. 인접 토지소유자의 변경과 점유취득시효의 법리

〈사례 1〉

내 소유의 토지에 집을 짓고 담을 설치하여 20년 이상을 점유하였다. 그런데 옆집(토지 포함)이 팔리면서, 옆집의 신소유자가 토지측량을 실시해 보니 내가 점유하고 있던 토지의 일부(담을 포함한 내가 점유한 부분의 일부)가 옆집 소유라는 측량결과가 나왔다. 나는 내 소유의 토지인 줄 알고 그곳에 집을 짓고 담까지 설치한 것이었다.

이런 경우 내가 옆집 소유자에게 20년간 점유를 근거로 취득시효를 주장할 수 있을까? 옆집의 신소유자에게 내가 점유취득시효를 주장하더라도 취득시효가 인정되기 어렵다. 옆집의 신소유자에 대한 나의 점유는 20년간의 점유로 인정되지 않기 때문이다.

〈사례 2〉

내 소유의 토지에 집을 짓고 담을 설치하여 19년 정도가 경과되었다. 그런데 그즈음에

옆집이 팔렸고 옆집(토지 포함)이 신소유자의 소유가 되었다. 그 후 3년 정도 경과한 후(즉 22년 경과)에 내가 집을 다시 짓기 위해 토지측량을 해보니, 내가 옆집의 토지 일부를 점유하고 있다는 측량결과가 나왔다.

이런 경우 내가 옆집(토지 포함) 소유자에게 해당 토지의 점유취득시효 주장을 할 수 있을까? 할 수 있고, 취득시효가 인정될 가능성이 높다.

〈정리〉

점유취득시효의 요건인 20년간의 점유가 완성되었지만 시효완성자가 아직 등기를 하지 않고 있는 사이에 부동산이 양도되어 그 등기를 마친 제3자에게도 시효완성자가 취득시효를 주장할 수 있는가? 이에 대하여 현재의 판례는 제3자가 취득시효 완성 전에 부동산을 취득한 경우는 점유자가 취득시효를 주장할 수 있지만, 제3자가 취득시효 완성 후에 부동산을 취득한 경우에는 점유자가 그 제3자에 대하여 취득시효를 주장할 수 없는 것으로 확립되어 있다[대법원 76다487 판결, 대법원(전합) 2007다15172, 15189 판결 등].

즉 대법원(전합) 2007다15172, 15189 판결에 의하면 "부동산에 대한 점유취득시효가 완성된 후 취득시효완성을 원인으로 한 소유권이전등기를 하지 않고 있는 사이에 그 부동산에 관하여 제3자 명의의 소유권이전등기가 경료된 경우라 하더라도 당초의 점유자가 계속 점유하고 있고 소유자가 변동된 시점을 기산점으로 삼아도 다시 취득시효의 점유기간이 경과한 경우에는 점유자로서는 제3자 앞으로의 소유권 변동시를 새로운 점유취득시효의 기산점으로 삼아 2차의 취득시효의 완성을 주장할 수 있다[대법원(전합) 93다46360 판결 등]. 그리고 취득시효기간이 경과하기 전에 등기부상의 소유명의자가 변경된다고 하더라도 그 사유만으로는 점유자의 종래의 사실상태의 계속을 파괴한 것이라고 볼 수 없어 취득시효를 중단할 사유가 되지 못하므로(대법원 75다2220, 2221 판결, 대법원 97다6186 판결 등), 새로운 소유명의자는 취득시효완성 당시 권리의무 변동의 당사자로서 취득시효완성으로 인한 불이익을 받게 된다 할 것이어서 시효완성자는 그 소유명의자에게 시효취득을 주장할 수 있는바(대법원 73다1093, 1094 판결, 대법원 91다43329 판결 등), 이러한 법리는 위와 같이 새로이 2차의 취득시효가 개시되어 그 취득시효기간이 경과하기 전에 등기부상의 소유명의자가 다시 변경된 경우에도 마찬가지로 적용된다고 봄이 상당하다."는 취지이다.

판례의 태도에 비추어 볼 때, 토지를 매수하게 되면 반드시 측량을 하고 나서 측량결과 타인이 내 토지를 침범한 것으로 밝혀지면 바로 토지의 인도를 구하는 것을 고려하는 것이 필요하다. 내 토지의 점유자가 아직 20년간 점유를 한 것이 아니라면 토지인도청구에 문제가 없을 것이며, 20년을 넘긴 경우라면 점유취득시효의 기산점이 내가 토지소유권을 취득한 때를 기준으로 하게 되어 토지인도청구가 인정될 것이기 때문이다.

다만, 판례 중에는 토지를 침범한 건물의 침범 정도가 경미한 경우 토지소유자가 건물철거를 구한 사안에서 권리남용을 인정한 사례(대법원 93다4366 판결)도 있으니 이러한 내용도 고려하여 문제해결에 나아가야 할 것이다.

7. 인접 토지 건물소유자에 대한 철거 등 본소청구와 취득시효 반소청구 사례

필자가 최근 수행한 서울중앙지방법원 2022가단6674(본소)·5124706(반소)·5113638(반소)·5154783(반소) 판결에 대하여 설명하고자 한다.

토지소유자인 원고가 원고 소유의 토지 일부를 침범한 피고들을 상대로 건물철거 및 토지인도 그리고 10년간의 임대료 각 2천만원 내지 3천만원을 청구하였다. 피고들은 원고의 본소청구에 대항하여 취득시효를 원인으로 한 소유권이전등기의 반소를 청구하였고, 피고들이 승소한 사안이다(필자는 피고 1,2,3 중에서 피고 1,3을 대리함).

서울 관악구 지역의 토지소유자인 원고는 측량결과 피고들이 원고 소유토지 일부를 침범했다면서 피고들 건물의 철거 및 토지인도 그리고 10년에 해당하는 지료상당 부당이득을 청구하였다. 필자가 소장을 가져온 피고 1과 상담한 결과 원고 소유 토지의 일부를 피고들이 침범한 것으로 보이기는 하였지만, 오히려 피고들의 시효취득이 가능한 사안으로 보였다. 한마디로 원고가 소송을 하면 안 되는 사건이었다.

게다가 해당지역은 재개발 진행이 충실하게 이행되고 있다고 하는바 원고가 소송을 할 실익도 없었다. 등기부 등 공적장부를 기준으로 보상 등이 이루어질 것인데 굳이 소송을 해서 원고가 땅을 찾아야 할 필요성도 없어 보였기 때문이다.

필자가 피고 1에게 피고들이 승소 가능성이 있다는 설명을 하자 피고 1은 필자에게, '그런데, 왜 원고가 소송을 했는지' 되물었다. 원고를 탓하기도 뭐하니 이런 경우가 가장 난감하지만 별다른 방법은 없고 법률적 내용을 설명하면서 필자의 의견이라고 말할 수밖에 없다. 필자는 이와 같은 분들에게 다른 변호사분들의 상담도 받아보라고 조언한다. 피고 1의 소송대리인이 대법원 나의사건 검색에 필자로 뜨자 피고 3도 필자를 찾아와 소송을 의뢰하였다. 이렇게 필자가 피고 1,3을 대리하게 된 것이다.

이 사건은 피고들이 각 토지를 공유하되 자신들의 건물을 각 보유하는 형태로 원고의 토지 일부를 각 점유하고 있었다(설명의 편의를 위해 일부 내용을 각색함).

즉 피고들은 토지를 공유하였으나 공유토지에 각 건물을 단독으로 소유하였고, 그 각 단독 건물이 원고 토지 일부를 침범한 것이다. 그런데, 피고 1은 그 소유건물이 무허가 건물이었고, 피고 3은 그 소유건물이 정상적으로 등기가 된 건물이었다. 피고들의 건물은 특별히 담장이 없었고, 각 건물 자체가 원고의 토지를 일부(대략 한 평 내지 두 평) 침범한 상황이었다.

피고들이 공유토지에 각 건물을 소유하고 있다는 것이 피고들이 주장하는 취득시효에 영향을 미칠까? 영향을 미치지 않는다.

등기부에 공유토지로 되어 있더라도 피고들이 각 단독건물을 가지고 있다면 피고들이 그 공유토지를 각 구분소유적 공유로 소유한다고 해석하는 것이 일반적이고, 건물의 소유자인 피고들은 그 해당 부지를 각 점유한고 해석되기 때문이다. 따라서 피고들이 각 건물을 소유하면서 원고 소유 토지 일부를 각 침범한 경우에 그 점유부분에 대한 취득시효 주장이 가능하다.

그렇다면 피고 1의 건물이 무허가·미등기 건물인데, 이때에도 취득시효를 주장할 수 있는가? 취득시효를 주장할 수 있다.

이와 관련하여 대법원 2009다28462 판결에 의하면 "건물의 부지가 된 토지는 건물의 소유자가 점유하는 것이고, 이 경우 건물의 소유자가 현실적으로 건물이나 그 부지를 점거하고 있지 않다 하더라도 건물의 소유를 위하여 그 부지를 점유한다고 보아야 한다. 한편 미등기 건물을 양수하여 건물에 관한 사실상의 처분권을 보유하게 됨으로써 건물부지 역시 아울러 점유하고 있다고 볼 수 있는 등의 특별한 사정이 없는 한 건물의 소유명의자가 아닌 자는 실제 건물을 점유하고 있다 하더라도 그 부지를 점유하는 자로 볼 수 없다."는 취지이다.

피고 1은 피고 1의 점유만으로 취득시효를 주장할 수 있는 상황이었으나, 피고 3은 전소유자의 점유를 아울러 주장한 사안이다. 피고 3이 전소유자의 점유를 아울러 주장할 수 있는가? 전소유자의 점유를 아울러 주장할 수 있다. 민법 제199조 제1항에 의하면 점유자의 승계인은 자기의 점유만을 주장하거나 자기의 점유와 전점유자의 점유를 아울러 주장할 수 있기 때문이다.

이와 관련하여 대법원 91다26577·26584(반소) 판결에 의하면 "취득시효의 기초가 되는 점유가 법정기간 이상으로 계속되는 경우, 취득시효는 그 기초가 되는 점유가 개시된 때를 기산점으로 하여야 하고 취득시효를 주장하는 사람이 임의로 기산일을 선택할 수는 없으나 점유가 순차 승계된 경우에 있어서는 취득시효의 완성을 주장하는 자는 자기의 점유만을 주장하거나 또는 자기의 점유와 전 점유자의 점유를 아울러 주장할 수 있는 선택권이 있는 것이고, 전 점유자의 점유를 아울러 주장하는 경우에도 어느 단계의 점유자의 점유까지를 아울러 주장할 것인가도 이를 주장하는 사람에게 선택권이 있다."고 한다.

그렇다면, 취득시효기간 경과 전에 등기부상 소유명의자가 변경될 경우에 취득시효의 중단사유가 되는 것은 아닌가? 취득시효 중단 사유가 된다면 사실상 전소유자의 점유승계 주장이 어려울 것이다. 대법원 판결에 의하면 취득시효 중단사유가 아니다.

즉 대법원(전합) 2007다15172, 15189 판결에 의하면 "취득시효기간이 경과하기 전에 등기부상의 소유명의자가 변경된다고 하더라도 그 사유만으로는 점유자의 종래의 사실상태의 계속을 파괴한 것이라고 볼 수 없어 취득시효를 중단할 사유가 되지 못하므로, 새로운 소유명의자는 취득시효 완성 당시 권리의무 변동의 당사자로서 취득시효 완성으로 인한 불이익을 받게 된다 할 것이어서 시효완성자는 그 소유명의자에게 시효취득을 주장할 수 있는바, 이러한 법리는 새로이 2차의 취득시효가 개시되어 그 취득시효기간이 경과하기 전에 등기부상의 소유명의자가 다시 변경된 경우에도 마찬가지로 적용된다고 봄이 상당하다."는 취지이다.

이처럼 인접 토지 일부에 대한 취득시효에 따른 소유권이전등기청구가 승소하게 되면, 분필에 따른 소유권이전등기를 고민하게 되는데, 행정적으로 분필이 어려운 경우가 발생하는 경우가 있고(국토계획법 제56조 제1항 제4호 등 참고), 분필이 가능하더라도 취득시효 대상토지의 기존 근저당권이 그대로 인수될 여지가 있다(대법원 2005다75910 판결 등)는 사실도 인식할 필요성이 있다.

또한 구체적 사정에 따라서 인접 토지 전체에 대한 처분금지가처분의 필요성도 고민해야 한다. 의외로 소송 도중에 취득시효 대상토지의 소유권을 이전하는 경우가 있다. 다만, 취득시효 대상 토지에 대한 토지소유자의 제3자에 대한 소송 도중 소유권이전행위는 취득시효를 주장하는 자에 대한 불법행위가 될 가능성이 있다(대법원 88다카8217 판결, 대법원 99다20926 판결 등).

이와 관련하여 대법원 2023두50349 판결은, 원고가 자신의 소유 토지와 인접하여 있는 1필지의 토지 중 일부에 관한 취득시효로 인한 소유권이전등기절차 이행청구소송에서 청구인용 판결을 받아 그 판결이 확정되자, 그 판결에 근거하여 1필지의 토지 중 일부에 관하여 토지분할신청과 지적측량성과도 검사신청을 하였는데, 피고 ○○구청장이 위 각 신청이 건축법 제57조 제2항, 제61조에서 규정하고 있는 일조 등의 확보를 위한 이격거리에 관한 토지분할제한 규정에 위반된다는 이유로 각 반려처분을 하자, 원고가 그 반려처분의 취소를 구한 사안에서 피고 ○○구청장이 반려처분이 적법하다는 취지로 원심판결을 파기·환송하였다.

즉, 원심은, 확정판결에 근거한 토지분할신청과 그 전제가 되는 지적측량성과도 검사신청은 건축법 등 관계 법령상의 토지분할제한 규정에 저촉된다는 이유로 반려할 수 없다고 판단하였으나, 대법원은 확정판결에 기한 토지분할신청 또는 지적측량성과도 검사신청이라고 하더라도, 건축법령상 대지의 분할제한 규정에 저촉될 경우 지적소관청은 해당 토지분할신청 또는 지적측량성과도 검사신청을 반려하여야 하므로, 피고가 건축법령에서 정한 인접 대지경계선으로부터의 이격거리 기준에 저촉됨을 처분사유로 한 토지분할신청 반려처분 및 지적측량성과도 검사신청 반려처분은 적법하다고 보아, 이와 달리 판단한 원심을 파기·환송한 것이다.

위 대법원 2023두50349 판결이 설시한 내용을 정리해보자. 「공간정보의 구축 및 관리 등에 관한 법률」(이하 '공간정보관리법') 제79조 제1항 및 그 위임에 따른 「공간정보의 구축 및 관리 등에 관한 법률 시행령」 제65조 제1항에 의하면, 토지소유자는 '소유권이전, 매매 등을 위하여 필요한 경우'와 '토지이용상 불합리한 지상 경계를 시정하기 위한 경우'에는 지적소관청에 토지분할을 신청할 수 있다.

한편, 건축법 제57조는 '건축물이 있는 대지'를 분할하는 것을 일정한 경우에 금지하고 있는데, 공간정보관리법 제23조 제1항 제3호 (라)목, 제25조 제1항 본문, 제2항, 지적측량 시행규칙 제28조 제2항에 의하면, 공간정보관리법에 따른 토지분할에 있어서는 지적측량수행자가 토지소유자 등 이해관계인으로부터 의뢰를 받아 지적측량을 한 후 지적소관청으로부터 측량성과에 대한 검사를 받아야 하고, 이 검사 과정에서 지적소관청은 건축법 등 관계 법령상의 분할제한 규정에의 저촉 여부 등을 심사하여야 한다.

이러한 관련 규정들의 체계와 내용을 종합하면, 지적소관청은 토지분할신청 또는 지적측량성과도 검사신청이 건축법령에서 규정하는 분할제한 사유에 해당하는지를 심사하여야 하고, 건축법령상 분할제한 규정에 저촉되는 경우에는 그 토지분할신청 또는 지적측량성과도 검사신청을 반려하여야 한다(대법원 93누18228 판결, 대법원 2015두47737 판결 등). 이와 같은 법리는 토지분할신청 또는 지적측량성과도 검사신청이 확정판결에 기초한 것이라고 하더라도 마찬가지이다. 그 이유는 다음과 같다.

토지분할이 개발행위허가의 대상이 되는 경우, 신청인이 토지분할을 위한 개발행위 허가신청을 하면서 확정판결을 제출하더라도, 개발행위허가권자는 「국토의 계획 및 이용에 관한 법률」에서 정한 개발행위 허가 기준 등을 고려하여 반려처분을 할 수 있고, 이러한 반려처분은 확정판결의 효력에 반하는 것이 아니다(대법원 2013두1621 판결, 대법원 2012두28582 판결 등).

즉, 토지분할에 관한 사법상의 권리관계가 판결에 의하여 확정되었다고 하더라도, 이에 대한 공법상 규제의 적용이 전면적으로 배제되지 않는다. 여기에 토지분할이 허가사항으로 규정되어 있는 경우와 비교하여 절대적으로 금지되어 있는 경우에는 더 엄격한 규제가 이루어져야 한다는 점을 더하여 보면, 지적소관청은 확정판결에 기초한 토지분할신청 또는 지적측량성과도 검사신청이라고 하더라도 건축법령상의 분할제한 규정에 저촉될 경우 이를 반려할 수 있다고 보아야 한다.

건축법 제57조는 '대지의 분할 제한'이라는 제목 하에 건축물이 있는 대지는 대통령령으로 정하는 범위에서 해당 지방자치단체의 조례로 정하는 면적에 못 미치게 분할할 수 없고(제1항), 건축법 제44조, 제55조, 제56조, 제58조, 제60조 및 제61조에 따른 기준에 못 미치게 분할할 수 없다고 규정하고 있다(제2항). 「공유토지분할에 관한 특례법」 제6조 제1항 제2호, 「도시 및 주거환경정비법」 제67조 제1항은 건축법 제57조가 토지분할제한 규정인 것을 전제로 규정하고 있다. 따라서 건축법 제57조를 제정한 입법자의 의사는 위 규정으로 단순히 대지면적과 그 지상 건물 크기의 비율만을 제한하려는 것이 아니라 대지 자체의 분할을 제한하려는 취지라고 해석함이 타당하다.

당사자 상호 간의 합의에 기한 법률행위에 따라 토지분할을 신청하더라도 공법상 규제사유에 해당하면 반려되는바, 당사자 사이의 법률행위 확정에 관여하는 법원의 확정판결이 있다고 하더라도, 이를 달리 볼 이유가 없다.

사법상 권리관계에 있어서도 건축법령상 대지의 분할제한은 해당 청구권의 실현에 대한 이행불능사유로 이해되고 있다(대법원 2016다212524 판결). 그러나 사법상 권리관계에 관한 소송에서는 실체적 권리관계의 유무에 주안점을 두고, 변론주의의 원칙에 따라 당사자들이 주장하는 사항에 대하여만 심리·판단을 하며, 지적소관청 등 관계 행정청이 당사자로서 어떠한 관여도 하지 않으므로, 1필지의 토지 중 일부에 관한 소유권이전등기절차의 이행을 명하는 확정판결에 있어서는 건축법령상 대지의 분할제한이라는 공법상 규제에 관한 고려가 적절히 반영되지 않을 수도 있다.

만약 지적소관청이 확정판결에 기초한 토지분할신청 또는 지적측량성과도 검사신청을 원칙적으로 반려할 수 없다고 볼 경우, 지적소관청은 건축법령상 대지의 분할제한에 관한 규제를 자백간주 등을 이용한 확정판결 또는 이와 같은 효력을 가지는 문서들을 통하여 탈법적으로 회피하려고 하는 경우를 통제할 수 없게 된다.

8. 점유취득시효와 타주점유

20년간 타인의 토지를 점유한 경우에 그 토지를 점유한 사람이 무조건 그 토지의 소유권을 취득할 수 있을까? 상담을 하다 보면, 남의 토지를 오랜 기간 점유한 경우 그 남의 토지를 취득할 수 있는 것 아니냐라는 질문을 받곤 하는데, 남의 토지를 20년 이상 오랫동안 점유했다고 해서 그 토지의 소유권을 무조건 취득하지는 못한다.

취득시효가 부정되는 대표적인 요건으로는 점유자의 점유가 "타주점유"일 경우인데, "타주점유"란 무엇인가? "타주점유"란 "소유의 의사 없는 점유"를 의미한다(민법 제197조 참고).

예를 들어보자(필자의 상담사례 일부 각색). 갑은 친척인 을로부터 농지를 구입한 후에 농사를 짓기 어려운 상황에 처하자, 을이 계속 농사를 짓게 하였고, 1년에 한 번 정도 쌀로 임대료를 받았다. 을이 농사를 지은 기간이 20여 년이 넘으면서, 최근 태도가 달라지더니, 급기야 그 땅이 자신의 땅이라고 주장하고 있다.

이러한 경우 실제의 사실과 공부(등기사항증명서)가 동일하다면, 즉 등기부에 등기원인이 매매로 적시되어 있고, 등기부상 현재의 토지소유자는 갑이며 직전 토지소유자가 을일 경우 그리고 임대료로 쌀을 받은 사실이 확인될 경우에 을의 점유는 "타주점유"라는 판단을 받게 될 가능성이 높고, 을이 점유취득시효를 주장하더라도, 을이 점유를 통하여 해당 토지를 취득했다는 판단이 내려지기는 어렵다. 을의 점유권원은 임대차로 보이기 때문이다. 즉, 점유자의 점유가 "자주점유(소유의 의사를 가지고 하는 점유)"일 경우에는 취득시효 가능성이 있으나, 점유자의 점유가 "타주점유"일 경우에는 취득시효가 인정되기 어려운데, "타주점유"의 판단에 있어 "권원의 성질"이 하나의 기준이 되기 때문이다.

사안을 확인하면 갑과 을이 농지에 대한 임대차계약을 한 것으로 보이므로, 을은 "소유의 의사를 가지고 하는 점유"로 인정되기 어렵다는 것이다. 판례를 확인할 때 취득시효가 인정되기 어려운 "타주점유"로 인정되는 권원으로는 "토지임차인(대법원 65다1427 판결)", "토지관리인(대법원 66다1256 판결)", "소작계약(대법원 75다236 판결)", "명의수탁자(대법원 96다7403 판결)" 등이며, "자주점유"로 인정되어 취득시효 가능성이 있는 권원으로는 "증여(대법원 72다1540 판결)", "교환(대법원 69다5 판결)", "상속권이 없음에도 불구하고 상속한 것으로 믿고 점유한 경우(대법원 81다1174 판결)" 등이다. 참고로 대법원 2001다17572 판결은 부동산실명법 시행 전에 있었던 계약명의신탁에 있어 신탁자의 점유를 자주점유로 판단하였으나, 대법원 2019다249428 판결은 부동산실명법 시행 후에 있었던 계약명의신탁에 있어 부동산 신탁자의 점유를 타주점유로 판단하였다(연도별 2023. 9. 1.자 '서울고등법원판례공보스터디' 제2083쪽, 제2084쪽 참고).

9. 점유취득시효에 있어 자주점유의 구체적인 의미

'소유의 의사로 하는 점유'는 부동산점유취득시효의 요건 중의 하나이다. 즉 민법 제245조 제1항은 "20년간 소유의 의사로 평온, 공연하게 부동산을 점유하는 자는 등기함으로써 그 소유권을 취득한다."고 규정하고 있다.

이러한 '소유의 의사'는 '자주점유'라고도 말하는데, 민법 제197조 제1항은 "점유자는 소유의 의사로 선의, 평온 및 공연하게 점유한 것으로 추정한다."고 규정하여, 점유자의 '자주점유'가 추정됨을 규정하고 있다. 결국 취득시효를 부정하는 당사자가 점유자가 '자주점유'가 아닌 '타주점유'임을 입증해야 한다.

이때 점유자의 점유가 '자주점유'인지 아니면 '타주점유'인지는 원칙적으로 점유취득의 원인된 사실, 즉 '권원'에 의하여 결정된다(대법원 93다12176 판결 등).

그렇다면 '자주점유', 즉 '소유의 의사에 의한 점유'란 소유권이 있다고 믿고서 하는 점유를 의미하는가? 아니다. '자주점유'란 소유권이 있다고 믿고서 하는 점유를 말하는 것이 아니라 '소유자처럼 배타적 지배를 행사하려는 의사'를 의미할 뿐이다.

즉 대법원 93다24889 판결에 의하면, "부동산취득시효를 인정하기 위한 요건으로서의 자주점유라 함은 소유자와 동일한 지배를 하려는 의사를 가지고 하는 점유를 의미하는 것이지, 법률상 그러한 지배를 할 수 있는 권원, 즉 소유권을 가지고 있거나 또는 소유권이 있다고 믿고서 하는 점유를 의미하는 것은 아니다."는 취지이다.

대법원 94다14612 판결은 "부동산을 증여받아 그 점유를 개시하였다면 그 점유권원의 성질상 이는 자주점유라 할 것이고 설사 그 증여가 무권리자에 의한 것이어서 소유권을 적법하게 취득하지 못한다는 사정을 알았다고 하더라도 그와 같은 사유만으로 그 점유가 타주점유가 된다고 볼 수는 없다."는 취지인 바, '자주점유'의 구체적인 의미를 확인시켜주고 있다. 위 사안을 정리해 보고자 한다.

위 대법원 94다14612 판결의 이유를 정리하면 "원심은, 원고의 시어머니인 망 전○○이 충남 당진군 소재의 대 278㎡ 중 원심판시 (ㄹ)부분 131㎡ 지상에 창고, 장독대, 돈사 등을 지어 이를 바깥마당으로 사용하다가 1967년경 그 곳에 있던 창고 등을 철거하고 집을 지어, 같은 해인 1967년 7월 25일경 아들인 소외 정○○에게 증여하고, 정○○이 1971. 8. 20. 사망함으로써 원고가 그 점유를 승계하여 이를 점유사용하고 있는 사실을 인정하고 망 정○○과 원고의 점유가 타주점유라는 피고의 항변을 배척한 다음, 망 정○○이 점유를 개시한 1967. 7. 25.로부터 20년이 경과함으로써 위 (ㄹ)부분 토지에 대한 원고의 점유취득시효가 완성된 것으로 판단하였는바, 기록에 의하여 살펴보면, 원심의 위와 같은 사실 인정과 판단은 대법원이 보기에 수긍이 간다."는 취지이다.

즉, 망 정○○의 점유개시시점으로 볼 수 있는 1967. 7. 25. 시점의 '권원'은 '증여'로 점유권원의 성질상 자주점유이고, 증여자인 망 정○○의 어머니가 취득시효 대상 토지에 대하여 무권자인지 여부는 중요하지 않다는 것이다.

다만, 대법원 2017다228342 판결에 의하면, "점유자의 점유가 소유의 의사 있는 자주점유인지는 점유자의 내심의 의사에 의하여 결정할 것은 아니고 점유취득의 원인이 된 권원의 성질이나 점유와 관계있는 모든 사정에 비추어 외형적·객관적으로 결정하여야 할 문제이므로, 점유자가 점유 개시 당시에 소유권 취득의 원인이 될 수 있는 법률행위 기타 법률요건이 없이 그와 같은 법률요건이 없다는 사실을 잘 알면서 다른 사람 소유의 부동산을 무단으로 점유한 것이라면 특별한 사정이 없는 한 점유자는 타인의 소유권을 배척하고 점유할 의사를 갖고 있지 않다고 보아야 하고, 이로써 소유의 의사가 있는 점유라는 추정은 깨어진 것이다."는 취지이므로, 점유개시 당시에 소유권취득의 원인이 될 만한 법률요건이 없음을 잘 알면서 타인 소유부동산을 무단 점유한 악의의 무단점유로 판단되는 경우에는 '자주점유' 추정이 깨어진다.

참고로 대법원 81다1174, 1175 판결에 의하면, "피상속인의 장조카가 자기가 그 상속인 또는 권리귀속자인 것으로 믿고 점유를 개시하여 관리 및 수익을 독점하여 왔다면, 타주점유 중 자기에게 권리귀속된 것으로 믿는 경우와 달리 그 점유의 시초에 있어 권원의 성질상 자주점유라고 보아야 할 것이다."는 취지인 바, 권리귀속자로 믿고 점유를 개시한 경우에도 '자주점유'의 추정이 유지됨은 물론이다.

10. 지방자치단체의 도로에 대한 자주점유 추정을 통한 점유취득시효 인정사례

국가 또는 지방자치단체가 개인의 토지를 무단으로 도로로 점유·사용하는 경우에 그 도로소유자는 국가 또는 지방자치단체를 상대로 도로사용에 대한 부당이득반환청구를 할 수 있다(대법원 2007다64372 판결).

이때 부당이득반환청구는 국가의 경우는 국가재정법 제96조 제2항, 지방자치단체의 경우에는 지방재정법 제82조 제2항에 따라 각 소멸시효 5년에 걸리므로 소급하여 5년간의 지료만을 부당이득으로 반환 청구할 수 있다.

다만, 도로소유자가 그 도로(토지)에 대한 독점적·배타적 사용·수익권을 포기하였다면 도로소유자의 국가 또는 지방자치단체에 대한 부당이득반환청구는 인정되지 않는다[대법원(전합) 2016다264556 판결(시설물철거 및 토지인도청구의소)].

도로소유자가 국가 또는 지방자체단체를 상대로 지료상당의 부당이득반환청구를 하였는데, 국가 또는 지방자치단체가 점유취득시효를 주장할 수 있는가? 점유취득시효의 요건을 충족한다면 충분히 가능하다.

그뿐만 아니라, 국가나 지방자치단체가 원고로써 점유취득시효를 주장하면서 도로소유자를 피고로 하여 소유권이전등기청구권도 행사할 수 있다.

이와 관련하여 대법원 2019다297663 판결(소유권이전등기)은, 원심과 달리 지방자치단체인 울산광역시의 도로에 대한 점유취득시효를 긍정하였다. 위 대법원 판결의 주요 쟁점은 '자주점유'의 추정이 민법 제197조 제1항의 규정에 따라 그대로 유지될 것인지 아니면 '악의의 무단점유'에 해당하여 자주점유의 추정이 번복되는지에 대한 문제였다.

위 대법원 2019다297663 판결은 어떠한 사안이었을까? 위 대법원 판결 사안은 울산광역시가 원고가 되어 피고인 ㈜하나은행을 상대로, 주위적으로는 이 사건 각 토지를 기부채납받았다는 이유로, 예비적으로는 이 사건 각 토지에 관한 원고의 점유취득시효가 완성되었다는 이유로, 그 소유권이전등기를 구하는 소송을 제기하였던 것인데, 원심은 원고의 청구를 모두 기각하였으나, 위 대법원은 원고의 예비적 청구를 받아들여 원고의 점유취득시효 완성에 따른 소유권이전등기청구를 인용하는 취지로 원심을 파기·환송한 것이다.

즉 ㈜하나은행(피고)의 자회사인 ㈜한신부동산이 민자 도로를 건설하여 운영하다가 그중 진입도로의 관리 업무를 울산광역시(원고)에 이관하여 그 무렵부터 울산광역시(원고)가 위 진입도로에 편입한 토지들을 점유하고 있고, 그 후 ㈜하나은행(피고)이 ㈜한신부동산에 대한 자백간주 승소판결을 받아 위 토지들에 대한 소유권이전등기를 마쳤는데, 울산광역시(원고)가 ㈜하나은행(피고)을 상대로 위 토지들에 대한 예비적 청구로 점유취득시효 완성을 원인으로 소유권이전등기를 구한 사안에서,

비록 울산광역시(원고)가 위 토지들을 ㈜한신부동산로부터 기부채납받았다는 점에 관한 근거 서류를 제출하지 못하고 있더라도, 울산광역시(원고)가 위 토지들을 점유할 당시 구체적인 내용은 다소 불분명하지만, ㈜한신부동산이 울산광역시(원고)에 위 토지들의 소유권을 양도하였을 가능성이 충분히 있으므로, 다른 특별한 사정이 없는 한 위 토지들에 대한 울산광역시(원고)의 자주점유 추정이 번복된다고 보기 어려운데도, 위 토지들에 관한 울산광역시(원고)의 자주점유 추정이 깨졌다고 판단하여 점유취득시효 완성 주장을 배척한 원심판단에는

자주점유 추정과 번복에 관한 법리오해의 잘못이 있다고 한 사례이다.

이와 관련된 기존의 대법원 판결들의 법리를 정리하면 "국가나 지방자치단체가 점유하는 토지에 대하여 취득시효의 완성을 주장하는 경우 그 토지의 취득절차에 관한 서류를 제출하지 못하고 있다 하더라도 그 점유의 경위와 용도, 국가 등이 점유를 개시한 후에 지적공부 등에 그 토지의 소유자로 등재된 자가 소유권을 행사하려고 노력하였는지 여부, 함께 분할된 다른 토지의 이용 또는 처분관계 등 여러 가지 사정을 감안할 때 국가 등이 점유 개시 당시 공공용 재산의 취득절차를 거쳐서 소유권을 적법하게 취득하였을 가능성을 배제할 수 없는 경우에는, 국가나 지방자치단체가 소유권 취득의 법률요건이 없이 그러한 사정을 잘 알면서 무단 점유한 것이 증명되었다고 보기 어려우므로 자주점유의 추정은 깨어지지 않는다고 할 것이다(대법원 2010다94731, 94748 판결, 대법원 2019다236620 판결 등)."라는 것이고,

"그 토지에 관한 지적공부 등이 6·25 전란으로 소실되었거나 기타의 사유로 존재하지 아니하여 국가나 지방자치단체가 지적공부 등에 소유자로 등재된 자가 따로 있음을 알면서 그 토지를 점유하여 온 것이라고 단정할 수 없고, ~중략~ (그러나), 국가나 지방자치단체가 해당 토지의 점유·사용을 개시할 당시의 지적공부 등이 멸실된 바 없이 보존되어 있고 거기에 국가나 지방자치단체의 소유권 취득을 뒷받침하는 어떠한 기재도 없는 경우까지 함부로 적법한 절차에 따른 소유권 취득의 가능성을 수긍하여서는 아니 된다(대법원 2009다99143 판결)."라는 것이다.

원심은 위 기존 대법원 판례의 내용 중에서 "해당 토지의 지적공부 등이 멸실된 적 없이 보존되어 있고 거기에 국가나 지방자치단체의 소유권 취득을 뒷받침하는 어떠한 기재도 없는 경우까지 함부로 국가나 지방자치단체의 소유권 취득의 가능성을 수긍하여서는 아니 된다"는 부분을 중시하여 '자주점유 추정이 번복된다고 해석'한 것으로 보이는데, 대법원은 판결 이유를 통해 "건설부 담당공무원은 한국도로공사와 피고 등과 함께 위 1974. 10. 14.자 회의에 참석하고 그 회의 결과를 보고서로 작성하였는데, 거기에는 '이 사건 민자도로 중 이 사건 진입도로는 피고가 기부채납 형식으로 원고에게 이관토록 함'이라고 기재되어 있다. 이에 의하면 당시 회의에 참석한 건설부 담당공무원도 피고측이 이 사건 진입도로를 원고에게 양도하기로 하였다고 이해한 것으로 보인다. 위 1974. 10. 14.자 회의 결과에 따라 한신부동산은 한국도로공사로부터 이 사건 진입도로의 건설비용 중 1/2 상당액을 실제로 지급받은 것으로 보이고, 1975. 2. 19. 원고에게 이 사건 진입도로의 관리 업무를 이관하였다. 한신부동산이 한국도로공사로부터 지급받은 금액은 이 사건 진입도로를 원고에게 양도하는 것에 대한 대가이고, 이 사건 진입도로의 관리 업무를 원고에게 이관한 것은 이 사건 각 토지의 소유권을 양도하는 조치의 일환으로 볼 여지가 크다."는 취지로 원심을 파기·환송한 것이다.

참고로 대법원 2020다290767 판결은 "농지개량시설부지 실사용조사표에 따르면, 시설물 등록대장에는 이 사건 토지(취득시효 대상토지)의 지목이 '유지'로, 관리기관이 '선산농조'로, 소

유자가 '농조'로 기재되어 있으나 토지대장과 등기부등본에는 그 지목이 '임야'로, 소유자가 '소외 1'로 되어 있고, 사실상 지목은 '유지', 소유자는 '개인', 용도는 '제당'으로 조사된 것으로 확인"된 사안에서,

"비록 이 사건 토지에 관한 지적공부 등이 멸실되지 않고 보존되어 있음에도 거기에 피고(한국농어촌공사)의 소유권취득을 뒷받침하는 기재가 없고 피고가 취득절차에 관한 객관적 자료를 제출하지 못하고 있다고 하더라도, 금오저수지가 조선총독부의 농지개발사업을 위해 설립된 조선농지개발영단에 의해 설치된 점, 금오저수지가 설치될 당시부터 현재까지 금오저수지의 면적, 제당의 길이, 제당사면의 넓이에 큰 변화가 없었던 점, 이 사건 토지는 금오저수지가 설치될 무렵부터 제당부지에 속하였던 것으로 보이는 점, 소외 1(원고의 조부)이나 그 상속인들이 이 사건 소 제기 이전까지 이 사건 토지에 관한 소유권을 행사하려고 노력하였다고 볼 만한 자료가 없는 점, 이 사건 토지와 달리 제당부지에 속하지 아니한 ○○○-○ 토지는 이 사건 토지에서 분할된 후 수 차례 소유권이 변동되었고 2011년 구미시가 협의취득을 한 점, 그 밖에 이 사건 토지의 처분·이용·권리 행사관계 등 여러 사정을 종합하여 보면, 조선농지개발영단이 금오저수지를 설치할 무렵 공공용 재산의 취득절차를 거쳐서 이 사건 토지의 소유권을 적법하게 취득하였을 가능성을 배제할 수 없다. 따라서 이 사건 토지에 대한 피고의 자주점유의 추정을 부정하여 무단점유로 인정할 것이 아니다."라고 판시하여 원심을 파기·환송하였다.

위 대법원 2020다290767 판결과 관련하여 '국가나 지방자치단체의 점유취득시효에서의 자주점유' 쟁점에 대한 '기본 판례'는 "국가 등이 점유 개시 당시 공공용 재산의 취득절차를 거쳐서 소유권을 적법하게 취득하였을 가능성을 배제할 수 없는 경우에는, 국가의 자주점유의 추정을 부정하여 무단점유로 인정할 것이 아니다."라는 취지의 대법원 2010다94731, 94748 판결이라면서,

"국가나 지방자치단체가 해당 토지의 점유·사용을 개시할 당시의 지적공부 등이 멸실된 적 없이 보존되어 있고 거기에 국가나 지방자치단체의 소유권 취득을 뒷받침하는 어떠한 기재도 없는 경우까지 함부로 적법한 절차에 따른 소유권 취득의 가능성을 수긍하여서는 아니 된다."라는 취지의 대법원 2009다99143 판결은 위 '기본 판례'에 의하여 사실상 변경되었다고 보아야 하지만,

국가의 취득시효가 문제된 사건에서는 아직도 당사자들이 위 대법원 2009다99143 판결을 많이 제출하고 있고, 법원도 이에 따라 판결을 하는 경우가 많은바, 대상판결의 원심도 위 대법원 2009다99143 판결을 참조판례로 거시하고, 그 기준에 따라 판단한 것이지만 '기본 판례'의 법리가 위 대법원 2009다991143 판결보다 타당하다는 견해가 있다(2023. 8. 15.자 공보에 대한 '서울고등법원판례공보스터디' 참고).

11. 계약명의신탁에 있어 신탁자의 점유취득시효 가능성

부동산매매에 있어 부동산 매도인이 명의신탁 사실을 모르고 수탁자와 부동산에 대한 매매계약을 체결하는 경우가 있다. 이를 매도인 선의 계약명의신탁이라고 한다. 즉 신탁자가 수탁자와 명의신탁약정을 맺고 그에 따라 수탁자가 계약당사자가 되어 매도인과 부동산에 대한 매매계약을 체결하는 것이다. 이때 매도인이 명의신탁사실을 몰랐다면(매도인 선의 계약명의신탁), 수탁자가 신탁부동산의 소유권을 취득한다. 다만 매도인이 명의신탁사실을 알았다면(매도인 악의 계약명의신탁) 부동산의 소유권은 매도인이 그대로 보유한다.

이는 부동산실명법 제4조의 해석에 따른 것인데, 동법 제4조는 "① 명의신탁약정은 무효로 한다. ② 명의신탁약정에 따른 등기로 이루어진 부동산에 관한 물권변동은 무효로 한다. 다만, 부동산에 관한 물권을 취득하기 위한 계약에서 명의수탁자가 어느 한쪽 당사자가 되고 상대방 당사자는 명의신탁약정이 있다는 사실을 알지 못한 경우에는 그러하지 아니하다. ③ 제1항 및 제2항의 무효는 제3자에게 대항하지 못한다."라고 규정하고 있다.

그렇다면, 계약명의신탁에 있어 신탁자가 수탁자로부터 신탁부동산의 점유를 이전받아 20년이 경과한 경우에 신탁부동산의 점유취득시효가 인정될 것인가? 매도인 선의 계약명의신탁에 있어서는 수탁자가 신탁부동산의 소유권을 취득하기 때문에 신탁자의 점유취득시효 인정 가능성이 문제될 수 있다.

이에 대하여 대법원 2019다249428 판결(소유권이전등기)에 의하면 "명의신탁에 대한 매도인의 선의·악의를 불문하고 특별한 사정이 없는 한 신탁자는 악의의 무단점유자로 점유취득시효가 인정되기 어렵다."는 취지이다.

즉 "계약명의신탁에서 명의신탁자는 부동산의 소유자가 명의신탁약정을 알았는지 여부와 관계없이 부동산의 소유권을 갖지 못할 뿐만 아니라 매매계약의 당사자도 아니어서 소유자를 상대로 소유권이전등기청구를 할 수 없고, 이는 명의신탁자도 잘 알고 있다고 보아야 한다. 명의신탁자가 명의신탁약정에 따라 부동산을 점유한다면 명의신탁자에게 점유할 다른 권원이 인정되는 등의 특별한 사정이 없는 한 명의신탁자는 소유권 취득의 원인이 되는 법률요건이 없이 그와 같은 사실을 잘 알면서 타인의 부동산을 점유한 것이다. 이러한 명의신탁자는 타인의 소유권을 배척하고 점유할 의사를 가지지 않았다고 할 것이므로 소유의 의사로 점유한다는 추정은 깨어진다."는 취지이다.

결국 계약명의신탁으로 판단되는 경우에 매도인이 명의신탁사실을 알았는지 그리고 명의신탁사실을 몰랐는지에 상관없이 신탁자가 신탁부동산을 20년간 점유를 하였다고 하더라도 특별한 사정이 없는 한 악의의 무단점유자에 해당하여 점유취득시효가 인정되기 어렵다.

참고로 부동산실명법은 그 시행일이 1995. 7. 1.이며, 제정일은 1995. 3. 30.이다. 부동산실명법 제11조에 의하면, 시행일(1995. 7. 1.)로부터 1년의 기간 내에 기존에 명의신탁한 사람들에게 부동산에 대한 실명등기를 하라고 규정하고 있다. 결국, 유예기간 1년이 경과하면, 매도인 선의 계약명의신탁의 경우에 명의신탁 부동산의 소유권은 명의수탁자에게 귀속된다.

위 대법원 2019다249428 판결 사안은 수탁자에게 소유권이전등기가 경료된 시점이 1997. 4. 18.으로 부동산실명법이 제정되고 시행된 이후였다. 그렇다면, 부동산실명법이 시행되기 전에 계약명의신탁의 신탁자가 점유를 취득한 경우에도 점유취득시효가 부정될까? 이러한 경우에는 점유취득시효가 인정될 가능성이 있다.

필자가 수행한 대법원 2020다288153 소유권이전등기 판결도 부동산실명법 이전에 점유를 개시한 계약명의신탁 사례였는데, 신탁자의 점유취득시효를 인정했기 때문이다. 필자가 부동산실명법상의 유예기간 1년 경과 후에 신탁자의 자주점유가 타주점유로 전환된다는 이론을 펼쳤으나, 받아들여지지 않았다(타주점유 전환주장에 대한 판단은 없었음).

게다가 부동산실명법 시행 전에 있었던 계약명의신탁에 있어 신탁자의 점유취득시효가 인정된 대법원 판결이 존재한다. 즉 대법원 2001다17572 판결이 그것인데, 갱개계약을 통해 계약명의신탁이 이루어진 사례이고 점유취득시효완성시점이 부동산실명법 시행 후인 사례였다.

위 대법원 2001다17572 판결의 이유 중 일부를 그대로 옮기면 "원고는 1977. 1. 19. 소외 주식회사 서울신탁은행으로부터 이 사건 토지를 매수한 후 여동생인 피고와 사이에 이를 피고에게 명의신탁하기로 약정을 하고, 같은 해 12월 8일 위 은행과 사이에 매수인 명의를 원고로부터 피고로 변경하는 갱개계약을 체결하였는데, 위 은행은 위와 같은 명의신탁약정이 있었다는 것을 알지 못하였으며, 원고는 위 은행에게 매매대금을 모두 지급하고 그 무렵부터 이 사건 토지를 인도받아 점유·사용하여 온 사실, 위 갱개계약에 따라 이 사건 토지에 관하여 1978. 8. 11. 위 은행으로부터 피고 앞으로의 소유권이전등기가 경료된 사실을 인정할 수 있고, 점유자는 소유의 의사로 평온·공연하게 점유한 것으로 추정되므로, 원고의 위 점유개시일로부터 20년이 경과한 1997. 12. 9. 이 사건 토지에 관한 취득시효가 완성되었고, 따라서 이 사건 토지의 소유자인 피고는 원고에게 이 사건 토지에 관하여 위 취득시효 완성을 원인으로 한 소유권이전등기절차를 이행할 의무가 있다 할 것인바, 같은 취지의 원심판결은 결론에 있어서 수긍할 수 있고, 거기에 주장과 같은 판결에 영향을 미친 법리오해 등의 위법이 없다."는 취지이다(이와 관련하여 연도별 2023. 9. 1.자 '서울고등법원판례공보스터디' 제2083쪽, 제2084쪽에 의하면 '부동산실명법 시행 전의 계약명의신탁에서는 명의신탁자의 자주점유가 인정된 사례가 있었다면서 위 대법원 2001다17572 판결을 언급하면서 부동산실명법 시행 후에는 위 대법원 2019다249428 판결에서 확인되는 것처럼 명의신탁자가 계약명의신탁으로는 목적물의 소유권이나 소유권이전등기청구권을 취득할 방법이 없으므로 소유의 의사가 인정될 수 없다고 설명하고 있음).

최근 서울고등법원 2023나2004729 판결은 원고가 부동산실명법 시행 이전에 계약명의신탁 약정을 맺고 명의신탁자로서 부동산을 점유하여 오다가 수탁자의 상속인들을 상대로 점유취득시효완성을 원인으로 한 소유권이전등기를 청구한 사안에서 명의신탁자의 자주점유를 인정하여 취득시효완성에 따른 원고의 소유권이전등기청구를 인용하였다.

즉 부동산실명법 시행 전에 이루어진 명의신탁약정을 무효로 볼 근거가 없으므로 점유개시 당시 원고의 점유가 권원의 성질상 타주점유라고 할 수 없으며, 부동산실명법상 실명전환 유예기간이 경과한 경우에도 계약명의신탁자는 명의수탁자를 상대로 부당이득반환을 원인으로 신탁부동산 자체에 대한 소유권이전등기청구권을 가지는 점 등에 비추어 실명전환 유예기간이 경과하였다고 하여 그것만으로 계약명의신탁자의 점유가 타주점유로 전환되었다고 볼 수 없다는 취지이다(2023. 11. 30.자 법률신문 제25쪽 '서울고법 중요판결·결정' 참고).

이와 관련하여 최근에 선고된 대법원 2023다304650 판결 사안을 살펴보자. 위 판결 사안을 정리하면 '피고(명의수탁자)는 甲(명의신탁자) 소유의 부동산에 관한 경매절차에서 부동산을 매수한 다음 자신의 명의로 소유권이전등기를 마쳤다. 甲은 피고가 위 소유권이전등기를 마친 전후로 위 부동산에서 계속 거주하다가 사망하였고, 이후에는 甲의 공동상속인인 배우자 乙과 자녀 원고가 위 부동산을 점유하여 왔다. 甲 사망 후 乙이 사망하자 공동상속인인 원고 등 6인은 乙의 상속재산 일체를 원고가 단독으로 상속하기로 하는 내용의 상속재산분할협의를 하였다. 원고는, 甲이 피고에게 위 부동산을 명의신탁하여 피고의 명의로 위 부동산을 매수하여 계속 거주하였고, 甲이 사망한 이후 甲의 배우자이자 원고의 어머니인 乙과 원고가 망인으로부터 그 점유권을 상속하여 이 사건 부동산을 계속 점유함으로써 점유취득시효가 완성되었다고 주장하면서, 피고를 상대로 소유권이전등기절차 이행을 구하는 사안'이다.

위 사안에 대하여 원심은, 피고가 甲과 체결한 명의신탁계약에 따라 부동산경매절차에서 甲 소유인 위 부동산을 매수하였는데 甲이 그때부터 사망한 때까지 위 부동산을 점유하였고, 상속인 중 일부인 乙과 원고가 이를 승계하여 위 부동산을 소유의 의사로 점유함에 따라 乙과 원고의 점유취득시효가 완성되었다고 판단하고, 甲 및 그 상속인들의 점유가 타주점유라는 피고의 항변을 배척하였다.

이에 대하여 위 대법원 2023다304650 판결은, 甲이 자기 소유의 위 부동산을 점유하고 있는 상태에서 피고 명의로 소유권이전등기가 된 이상 甲의 위 부동산에 관한 점유는 피고의 소유권 취득 시점부터 취득시효의 기초가 되는 점유로서 개시되었다고 보아야 하고, 경매절차에서 위 부동산의 매수대금을 실질적으로 부담한 사람이 누구인가와 상관없이 甲과의 명의신탁계약에 따라 매수인이 된 피고가 위 부동산의 소유권을 취득하며, 특별한 사정이 없는 한 명의신탁자인 甲은 소유권 취득의 원인이 되는 법률요건이 없이 그와 같은 사실을 잘 알면서 타인의 부동산을 점유하였다고 보아야 하므로 甲이 위 부동산을 소유의 의사로 점유하였다는 추정은 깨어졌고, 원고 스스로도 乙과 원고가 甲의 상속인으로서 위 부동산에 관한 甲의 점유를 승계하였다고 주장할 뿐 새로운 권원에 의하여 자기 고유의 점유를 시작하였다고 주장하지 않고 있는 이상 점유취득시효의 기초가 되는 점유라고 볼 수 없다고 보아, 이와 달리 위 부동산에 관한 甲과 그 상속인인 乙과 원고의 점유가 타주점유라는 피고의 항변을 배척한 원심을 파기·환송하였다.

12. 자기소유 토지에 대한 취득시효 및 무효등기의 유용이 문제된 사례

교과서를 확인하면 자기소유 토지에 대한 시효취득도 인정된다는 표현을 하고 있는데, 이러한 표현이 100% 맞는 것일까? 그렇지 않다(이하의 내용은 아래에서 언급하는 대법원 2017다204629 판결에 대한 해설을 담은 연도별 2023. 9. 1.자 '서울고등법원판례공보스터디' 제2399쪽~제2402쪽 참고).

대법원 2001다17572 판결에 의하면 "시효취득의 목적물은 타인의 부동산임을 요하지 않고 자기 소유의 부동산이라도 시효취득의 목적물이 될 수 있다."고 표현하고 있으나, 위 판례는 부동산실명법 시행 이전의 사안으로서, 당시 명의신탁법리상 시효취득의 목적물인 부동산이 대내적으로는 신탁자의 소유였기 때문에 대법원이 신탁자의 시효취득을 인정하면서 자기 소유의 부동산이라도 시효 취득이 가능하다는 판시를 냈었던 것이지만, 부동산실명법 시행 후에는 이런 사안이 발생하기 어렵다.

그런데 대법원 2016다224596 판결에 의하면 "부동산의 소유명의자는 부동산에 대한 소유권을 적법하게 보유하는 것으로 추정되어 소유권에 대한 증명의 곤란을 구제할 필요 역시 없으므로, 그러한 점유는 취득시효의 기초가 되는 점유하고 할 수 없다. 다만 그 상태에서 다른 사람 명의로 소유권이전등기가 되는 등으로 소유권의 변동이 있는 때에 비로소 취득시효의 요건인 점유가 개시된다고 볼 수 있을 뿐이다."라는 취지이다.

따라서 부동산에 관하여 적법·유효한 등기를 마친 상태의 점유는 취득시효에서 말하는 점유요건으로서의 점유가 아니고, 그 부동산에 관한 등기 명의가 타인에게 이전되면 그때부터 취득시효에서 말하는 점유가 개시된다.

즉 대법원 2017다204629 판결에 의하면 "부동산에 관하여 적법·유효한 등기를 하고 소유권을 취득한 사람이 자기 소유의 부동산을 점유하는 경우 특별한 사정이 없는 한 그러한 점유는 취득시효의 기초가 되는 점유라고 할 수 없다. 이러한 경우에는 사실 상태를 권리관계로 높여 보호할 필요가 없고, 부동산의 소유명의자는 부동산에 대한 소유권을 적법하게 보유하는 것으로 추정되어 소유권에 대한 증명의 곤란을 구제할 필요도 없기 때문이다(대법원 88다카26574 판결, 대법원 2016다224596 판결 등). 그러나 소유권에 기초하여 부동산을 점유하는 사람이더라도 그 등기를 하고 있지 않아 자신의 소유권을 증명하기 어렵거나 소유권을 제3자에게 대항할 수 없는 등으로 점유의 사실 상태를 권리관계로 높여 보호하고 증명곤란을 구제할 필요가 있는 예외적인 경우에는, 자기 소유 부동산에 대한 점유도 취득시효를 인정하기 위해 기초가 되는 점유로 볼 수 있다."고 판시하였다.

위 대법원 2017다204629 판결 사안을 확인하면서 차근차근 관련내용을 확인해 보자. 소외 1은 소외 2에게 이 사건 부동산에 관하여 매매예약을 원인으로 하는 이 사건 가등기를 마쳐 주었는데, 그 후 매매예약완결권의 제척기간이 도과하였다.

매매의 일방예약에서 예약자의 상대방이 매매예약 완결의 의사표시를 하여 매매의 효력을 생기게 하는 권리, 즉 매매예약의 완결권은 일종의 형성권으로서 당사자 사이에 그 행사기간을 약정한 때에는 그 기간 내에, 그러한 약정이 없는 때에는 그 예약이 성립한 때로부터 10년 내에 이를 행사하여야 하고 그 기간을 지난 때에는 예약완결권은 제척기간의 경과로 인하여 소멸한다(대법원 91다44766,44773 판결 등).

본건에서는 이 사건 매매예약이 성립한 1985. 11. 21.로부터 10년이 경과할 때까지 이 사건 매매예약 완결권을 행사하지 않은 사실은 당사자 사이에 다툼이 없었다. 이러한 사실에 비추어 보면 위 매매예약 완결권은 그 제척기간이 경과되어 소멸된바, 이 사건 가등기는 실효된 등기가 된다(위 대법원 판결의 원심판결 이유 참고).

원고는 이 사건 부동산에 관하여 가압류등기를 마쳤는데, 그 후 소외 1과 소외 2는 이 사건 가등기를 유용하기로 합의하여 이 사건 본등기를 마쳤고, 이에 위 가압류등기가 말소되었다(소외 1과 소외 2의 매매예약 가등기 → 원고의 가압류 → 실효된 가등기에 기한 소외 1과 소외 2의 본등기).

소외 2는 소외 1과 무효가 된 가등기에 기해서 본등기를 하기로 하는 무효등기 유용의 합의를 한 것인데 이러한 합의가 유효한가? 무효등기 유용의 합의는 이해관계 있는 제3자가 없을 때에나 유효하다.

결국 가등기에 의한 본등기는 무효등기 유용의 합의 당시에 이해관계자였던 가압류권자 원고에 대하여만 무효(상대적 효력)이고, 원고를 제외한 나머지 사람에 대한 관계에서는 유효하다.

소외 2는 피고들에게 이 사건 부동산을 매도한 후 소유권이전등기를 마쳐 주었고, 현재 피고들은 소외 2의 점유 및 등기기간을 포함하여 10년 동안 이 사건 부동산을 점유하고 그 등기명의를 보유한 상태이다.

그런데 피고들의 소유권취득은 적법 유효한 것이며 결과적으로 이 사건 부동산에 관한 소유관계가 분명하므로 피고의 항변 즉 "이 사건 부동산을 등기부시효취득 하였고, 그 효과는 원시취득이므로 다른 등기권리자들의 권리가 모두 소멸한다."는 항변은 받아들여질 수 없다. 부동산에 관하여 적법·유효한 등기를 마친 상태인 피고들의 점유는 취득시효에서 말하는 점유 요건으로서의 점유가 아니기 때문이다.

이때 가압류권자인 원고는 어떠한 방식으로 말소된 가압류 등기를 회복해야 하는가? 가압류는 직권으로 말소를 한 것이므로 말소된 가압류등기를 회복시키려는 경우, 그 회복등기도 직권으로 해야 한다.

따라서 원고는 현재의 명의자인 피고들에게 '가압류등기회복등기절차를 이행하라'고 청구를 하는 것이 아니라 '이 사건 가압류등기의 회복등기에 관하여 승낙의 의사표시를 하라'는 청구를 해야 한다. 피고들은 말소된 가압류등기의 회복과 관련한 이해관계인으로서 이 사건 가압류등기의 회복등기에 관하여 승낙의 의사표시를 할 의무가 있기 때문이다.

이 사안에서 원고는 피고들을 상대로 이 사건 소를 제기하여, 주위적으로는 소외 1을 대위하여 소유권 이전등기의 말소등기를, 예비적으로는 가압류 회복등기에 대한 승낙의 의사표시를 각 청구하였고, 결과적으로 예비적 청구가 인용된 것이다.

이 사안에서 피고들이 등기부취득시효 완성 항변을 하면서 이 사건 부동산에 관하여 아무런 제한 없는 소유권을 취득하였다고 항변하였던 것인데, 피고들의 항변이 받아들여지지 않은 것이다. 피고들의 점유는 부동산에 관하여 적법·유효한 등기를 마친 상태의 점유로서 취득시효에서 말하는 점유요건으로서의 점유자체가 아니라는 것이다.

원고의 피고들에 대한 주위적 청구, 즉 원고가 소외 1을 대위하여 피고들의 소유권이전등기를 말소하라는 청구가 기각된 이유는 무엇일까?

채권자대위권은 채무자의 제3채무자에 대한 권리를 행사하는 것이므로, 제3채무자는 채무자에 대해 가지는 모든 항변사유로 채권자에게 대항할 수 있으나, 채권자는 채무자 자신이 주장할 수 있는 사유의 범위 내에서 주장할 수 있을 뿐 자기와 제3채무자 사이의 독자적인 사정에 기한 사유를 주장할 수는 없다(대법원 2009다4787 판결).

그런데, 소외 1과 소외 2사이의 등기유용의 합의가 이해관계자인 원고에 대하여 무효라는 원고의 주장은 채권자대위에 있어 채권자인 원고와 제3채무자 사이의 독자적인 사정에 기한 사유이므로 채권자대위권 행사가 인정될 수 없다는 것이다.

결국 원고의 가압류가 회복되면 피고들은 그대로 부동산의 소유권을 보유하면서 원고의 가압류를 떠안는 꼴이 된다고 이해된다. 즉 일단 피고들의 소유권취득에는 문제가 없다는 것이다(필자의 개인의견으로는 피고들이 사정변경에 의한 가압류취소(민사집행법 제288조)를 고민할 여지가 있을 것으로 이해됨).

13. 점유취득시효와 점유의 권원

남의 토지를 오랜 기간 점유한 경우 점유자가 그 토지를 취득하는 경우가 있고, 이러한 내용도 상식화되어 있는 것 같다. 이 경우 보통 토지의 소유권취득을 주장하는 원고는 "20년간의 토지의 점유'를 주장하고 입증하면 족하다. 그런데 이 경우에도 민법 제198조가 '전후 양시에 점유한 사실이 있는 때에는 그 점유는 계속한 것으로 추정한다."고 규정하고 있어, 토지에 대한 점유취득시효를 주장하는 자는 '특정 시점에서의 점유와 그로부터 20년 후의 특정 시점에서의 점유' 사실만을 주장·입증하면 된다(민법 제245조).

그렇다면, 취득시효를 부정하는 토지소유자는 어떠한 주장을 해야 취득시효를 통한 소유권 박탈을 방어할 수 있을까? 가장 대표적인 것이 '악의의 무단점유'를 주장하고 입증하는 것이다. 즉, 토지소유자는 취득시효를 주장하는 자에게 '취득시효 주장자는 남의 토지인 줄 알면서 토지를 점유하였으므로 취득시효를 주장할 수 없다는 취지'를 주장하고 입증해야 한다.

이처럼 '악의의 무단점유' 사실을 들어 취득시효 주장을 방어할 수도 있을 것이나, '20년의 기간 도중에 취득시효를 주장하는 자의 점유가 중단, 상실된 사실'의 주장 및 입증을 통해서도 취득시효 주장을 방어할 수 있다. 그뿐만 아니라, 취득시효를 주장하는 자의 점유가 '폭력 또는 은비의 점유'임을 주장 및 입증함으로써 취득시효주장의 방어가 가능하다.

'악의의 무단점유'는 민법 제197조 제1항과 관련되는데, 민법 제197조 제1항은 "점유자는 소유의 의사로 선의, 평온 및 공연하게 점유한 것으로 추정한다."고 규정하고 있는바, 취득시효를 주장하는 자의 점유는 '소유의 의사(자주점유)'로 점유한 것으로 추정된다.

결국 점유취득시효를 방어하는 자는 취득시효 주장자의 점유가 '소유의 의사가 없는 점유(타주점유)'임을 주장하고 입증해야 된다. 실무에서는 이처럼 '타주점유'가 쟁점이 되는 경우가 많은데, 그중에서도 '권원의 성질상 타주점유로 인정되는 것'들이 많다. 예를 들어 토지임대차계약서가 작성되어 있고, 취득시효 주장자가 임차인으로 기재되어 있다면, 취득시효 주장자는 임차인으로 생각하고 있을 뿐이고, '소유의 의사'는 존재하지 않으므로 취득시효가 인정되지 않는다는 결론에 도달하게 된다.

이와 관련하여 대법원 2023다214566 판결은 "점유자가 진정한 소유자라면 통상 취하지 아니할 태도를 나타내거나 소유자에게 당연히 기대되는 권능의 행사를 하지 아니한 경우 등 외형적·객관적으로 보아 점유자가 타인의 소유권을 배척하고 점유할 의사를 갖고 있지 아니하였던 것이라고 볼 만한 사정이 증명된 경우에도 그 (자주점유의) 추정은 깨어진다(대법원 95다31317 판결, 대법원 99다56765 판결, 대법원 2010다106719 판결 등)."면서, "타인의 토지 위에 분묘를 설치 또는 소유하는 자는 다른 특별한 사정이 없는 한 그 분묘의 보존·관리에 필요한 범위 내에서만 타인의 토지를 점유하는 것이라고 할 것이고, 따라서 이 경우에는 점유의 성질상 소유의 의사가 추정되지 않는다(대법원 97다3651, 3668 판결 등)."라는 취지로 판시하였다.

14. 전점유자의 취득시효완성과 소유권이전등기청구권의 대위행사 법리

민법 제199조 제1항은 "점유자의 승계인은 자기의 점유만을 주장하거나 자기의 점유와 전점유자의 점유를 아울러 주장할 수 있다."고 규정하고 있고, 제199조 제2항은 "전점유자의 점유를 아울러 주장하는 경우에는 그 하자도 승계한다."고 규정하고 있다. 따라서 점유취득시효와 관련하여 현재 점유자는 전점유자의 점유 승계를 주장할 수 있다.

예를 들어, 전점유자가 점유취득시효 기간인 20년을 도과한 상태에서 현점유자가 점유취득시효 대상 토지소유자에게 전점유자의 취득시효 완성의 효과를 주장하여 직접 자기에게 소유권이전등기를 청구할 수 있는가? 아니면, 현점유자는 전점유자의 토지소유자에 대한 소유권이전등기청구권을 대위해서 행사할 수밖에 없는가?

대법원(전합) 93다47745 판결은 대위행사만이 가능하다는 취지이니, 주의할 필요가 있다. 즉, 이 판결의 다수의견은 "전점유자의 점유를 승계한 자는 그 점유 자체와 하자만을 승계하는 것이지 그 점유로 인한 법률효과까지 승계하는 것은 아니므로 부동산을 취득시효기간 만료 당시의 점유자로부터 양수하여 점유를 승계한 현점유자는 자신의 전점유자에 대한 소유권이전등기청구권을 보전하기 위하여 전점유자의 소유자에 대한 소유권이전등기청구권을 대위 행사할 수 있을 뿐, 전점유자의 취득시효 완성의 효과를 주장하여 직접 자기에게 소유권이전등기를 청구할 권원은 없다."는 취지의 판시를 하였다.

다만, 이 판결 속의 반대의견도 경청할 만한데, 반대의견의 취지는 전점유자는 점유를 상실하였으니, 시효취득을 주장할 수 없고, 취득시효기간 만료 후에 부동산에 대한 점유승계가 이루어진 경우에는 민법 제199조 제1항에 따라 자기점유와 전점유자의 점유를 아울러 주장할 수 있으므로 대위할 필요 없이 승계한 점유의 시초부터 현재까지 자기가 점유한 것과 동일하게 등기부상 소유자에 대하여 직접 취득시효 완성에 따른 소유권이전등기를 청구할 수 있다는 취지이다.

필자의 개인의견은 반대의견이 더 간명한 방법이 아닌가라는 생각을 하게 된다. 반대의견에서 지적하는 것처럼, 다수의견과 같이 취득시효 완성으로 인한 소유권이전등기청구권을 점유와 분리하여 행사할 수 있는 것이고, 다수의견이 취득시효완성으로 인한 등기청구권의 법적성질을 물권적인 것으로 파악하는지, 채권적인 것으로 파악하는지 밝히고 있지 않지만, 만일 채권적인 것으로 보는 것이라면, 그 등기청구권은 점유를 이전한 후 10년을 경과함으로써 소멸시효가 완성되고 이를 소유자 측에서 주장하면 현점유자로서는 속수무책이 되고 말 것이기 때문이다.

또한, 다수의견에 따른다면 최후의 점유자가 취득시효완성을 원인으로 한 소유권이전등기를 소송으로 청구하자면 (1) 소유자뿐 아니라 취득시효기간 만료 당시 및 그 후의 전점유자도 피고로 삼아야 하고, (2) 부동산을 20년간 점유한 사실 외에 취득시효기간 만료 후 전전 이전된 점유자들 사이의 법률관계가 무엇인지를 밝혀서 그것이 순차적으로 채권자대위를 가능하게 하는 법률관계임을 주장, 입증하여야만 하는 반면, 현점유자가 소유자를 상대로 직접 청구가 가능하다는 견해를 취할 경우에는 현재의 점유자는 (1) 소유자만을 피고로 하면 되고, (2) 입증사항도 목적부동산의 점유관계만 입증하면 되는 것이라 할 것이므로, 이러한 소송절차적인 측면을 비교하여 보더라도 다수의견이 취하는 견해는 소송경제적인 측면에서도 불합리할 뿐만 아니라, 취득시효제도에 걸맞지 아니한 것임을 쉽게 알 수 있기 때문이다.

다만, 시효기간 중에 계속해서 등기명의자가 동일한 경우 전점유자가 점유를 개시한 이후의 임의의 시점을 기산점으로 삼는 방법이 허용된다는 것이 대법원 97다8496 판결의 입장이므로 현 점유자로서는 '점유의 시점을 임의로 선택하는 방법(역산의 방법)'을 통하여 등기명의자를 상대로 직접 소유권이전등기를 청구할 수 있다. 이는 시효완성자가 원소유자에 대하여 갖는 소유권이전등기청구권(피대위권리)이 시효로 소멸된 경우에 실익이 있다.

대법원 95다22078 판결에 의하면, 점유자가 소유명의자에 대하여 직접 취득시효 완성으로 인한 소유권이전등기청구권을 갖는다는 것과 점유자가 전 점유자를 대위하여 그가 소유명의자에 대하여 가지는 소유권이전등기청구권을 대위행사한다는 것은 그 청구원인이 다르므로, 점유자가 소유명의자를 상대로 직접 취득시효 완성을 원인으로 한 소유권이전등기 청구를 하고 있음이 명백한 경우, 그 점유자에 대하여 전 점유자를 대위하여 소유명의자에게 취득시효 완성을 원인으로 한 소유권이전등기 청구를 하는 것인지의 여부에 관하여 심리하지 않았다 하여 석명권 불행사의 위법이 있다고 할 수 없다고 한다.

참고로 대법원(전합) 2007다15172, 15189 판결에 의하면, 부동산 점유취득시효 완성 후 제3자 명의의 소유권이전등기가 마쳐진 경우, 그 소유권 변동시를 새로운 기산점으로 삼아 2차 취득시효의 완성을 주장할 수 있다.

15. 점유취득시효 주장자의 지적공부 등록사항 정정절차 이행청구 가능성

타인 소유 토지에 대한 점유취득시효 완성을 주장하면서 그 타인 토지에 대한 측량을 실시하였는데, 측량을 담당하는 한국국토정보공사가 그 토지의 지적공부상 면적이 실제의 면적과 불일치하여 등록사항 정정이 완료되기 전까지는 지적측량을 수행할 수 없다는 취지이다.

이러한 경우에 점유취득시효 주장자가 취득시효 대상 토지소유자에게 지적공부 등록사항 정정절차 이행청구의 소를 제기할 수 있는가?

원심(서울고등법원 2022나2004906 판결)은 "원고가 점유취득시효 완성으로 이 사건 토지의 소유권을 취득할 지위에 있다는 사정만으로 피고에게 지적공부등록사항 정정절차의 협력을 구할 수는 없다. 이 사건 토지의 분필을 전제로 하지 않은 현황측량 감정은 충분히 가능하므로 한국국토정보공사의 지적측량 거절이라는 사정만으로 피고의 지적공부 등록사항 정정절차 이행의무를 인정하기도 어렵다."는 취지였지만, 대법원은 "원고로서는 피고를 상대로 이 사건 토지의 지적공부 등록사항 정정절차의 이행을 구할 수 있다."는 취지로 원심을 파기·환송하였다(대법원 2022다303766 판결).

어떠한 사안이었을까? 원고는 피고를 상대로 이 사건 토지에 관하여 점유취득시효 완성을 원인으로 한 소유권이전등기절차의 이행을 구하는 소를 서울동부지방법원 2020가단109640호로 제기하였다. 위 소송에서 법원은 이 사건 토지 중 원고가 점유하고 있는 부분을 특정하기 위해 한국국토정보공사에 측량감정을 촉탁하였다. 그런데 한국국토정보공사는 이 사건 토지의 지적공부상 면적이 실제의 면적과 불일치하여 등록사항 정정이 완료되기 전까지는 지적측량을 수행할 수 없다고 회신하였고, 이 사건 토지는 등록사항 정정 대상토지로 등록되었다.

그런데 '공간정보관리법(공간정보의 구축 및 관리 등에 관한 법률)' 제84조 제1항은 "토지소유자는 지적공부의 등록사항에 잘못이 있음을 발견하면 지적소관청에 그 정정을 신청할 수 있다." 라고 규정하고, 제2항은 "지적소관청은 지적공부의 등록사항에 잘못이 있음을 발견하면 대통령령으로 정하는 바에 따라 직권으로 조사·측량하여 정정할 수 있다."라고 규정하고 있다.

공간정보관리법 시행령 제82조 제1항 제2호는 지적소관청이 직권으로 조사·측량하여 정정할 수 있는 경우 중 하나로 '지적도 및 임야도에 등록된 필지가 면적의 증감 없이 경계의 위치만 잘못된 경우'를 규정하고 있다.

그런데 지적공부의 등록사항 중 '면적'의 표시에 잘못이 있는 경우에는 지적소관청이 이를 직권으로 정정할 수 없고 토지소유자의 신청에 의하여만 정정할 수 있다. 게다가 공간정보관리법 제87조는 토지소유자의 채권자 등은 이 법에 따라 토지소유자가 해야 하는 신청을 대신할 수 있다고 규정하면서 그 단서에서 등록사항 정정 대상토지는 제외한다고 정하고 있다.

1필지의 토지 중 일부에 관하여 점유취득시효가 완성된 경우, 점유자가 토지소유자로부터 그 부분에 관한 소유권을 이전받으려면 먼저 그 1필지의 토지 중 점유취득시효가 완성된 부분에 대한 분할절차를 거치는 것이 일반적인 방법이다.

이때 그 1필지의 토지가 지적공부상 면적의 표시가 잘못된 등록사항 정정 대상토지라면 면적이 확정되어 있지 않아 그 상태로 토지분할을 하는 것은 어려우므로 면적의 확정이 선행되어야 한다.

그런데 그 방법으로는 공간정보관리법 제84조에서 규정하는 지적공부의 등록사항 정정절차가 있다. 그러나 앞서 보았듯이 공간정보관리법은 토지소유자가 아닌 점유취득시효가 완성된 점유자가 직접 지적공부의 등록사항 정정신청을 하거나 토지소유자를 대위하여 신청할 수 있는 방법을 규정하고 있지 않다.

결국 지적공부상 면적의 표시가 잘못된 등록사항 정정 대상토지의 일부를 점유함으로써 점유취득시효가 완성된 점유자가 자신의 점유 부분에 관한 소유권이전등기를 위하여 선행절차로 토지분할을 하여야 하는 경우, 점유자는 그 소유권이전등기청구권을 실행하기 위하여 토지소유자를 상대로 지적공부 등록사항 정정절차의 이행을 구할 수 있다고 보아야 한다는 것이다.

위와 같은 법리에서 본건 사안을 확인해 보자. 원고는 이 사건 토지에 관하여 점유취득시효가 완성되었으므로 피고에 대하여 이 사건 토지에 관한 소유권이전등기청구권이 있다고 주장하고, 이에 대하여 피고는 원고의 점유 부분이 이 사건 토지 전체인지, 그 일부인지에 관하여 다투고 있다.

이 사건 토지 일부에 관하여 원고의 점유취득시효가 완성되었다면 이 사건 토지를 분할한 다음 점유 부분에 관한 소유권이전등기를 하여야 할 것인데, 이 사건 토지는 지적공부상 면적의 표시가 잘못된 등록사항 정정 대상토지로 지적공부 등록사항 정정절차가 선행되어야 할 필요가 있다.

이러한 경우 원고로서는 피고를 상대로 이 사건 토지의 지적공부 등록사항 정정절차의 이행을 구할 수 있다고 할 것이고, 원고의 청구취지와 청구원인에 비추어 보면 원고의 청구에 이러한 취지도 포함되었다고 볼 여지가 있다.

사정이 이러하다면 원심으로서는 원고의 청구취지와 청구원인을 명확히 하여 원고가 피고에 대하여 이 사건 토지에 관한 지적공부 등록사항 정정절차 이행을 구하는 청구를 하고 있는지 여부, 원고의 청구에 이러한 취지가 포함되어 있다면 원고가 이 사건 토지의 일부에 관하여 점유취득시효가 완성되었음을 이유로 이에 대한 소유권을 이전받기 위해서는 이 사건 토지를 분할하는 절차가 필요한지 여부 등을 심리하여 원고가 피고에게 이 사건 토지에 관한 지적공부 등록사항 정정절차 이행을 구할 수 있는지를 판단하였어야 한다는 것이다.

위 대법원 2022다303766 판결에 대하여 "원심판결의 청구취지는 '피고는 원고에게 이 사건 토지에 관하여 그 면적을 ○㎡에서 □㎡로 정정하는 내용의 지적공부 등록사항 정정절차에 협력하라'였는데, 청구취지를 이처럼 '협력하라'라고 기재하면, 마치 '원고가 지적공부 등록사항 정정을 신청할 수 있고, 피고(토지소유자)에 대해서 이에 대한 협력을 구한다.'고 오해될 여지가 있으므로, 토지소유자를 상대로 지적공부상 면적의 정정을 구하는 경우 '지적공부 등록사항 정정절차를 이행하라'는 청구를 해야 한다는 견해가 있다(2023. 8. 1.자 공보에 대한 '서울고등법원판례공보스터디' 참고).

16. 토지 시효취득과 기존 근저당권의 효력

남의 토지를 20년간 점유한 경우, 소유자의 타주점유 입증 등이 없는 한 점유자의 해당 토지에 대한 시효취득 가능성이 있다. 민법 제245조 제1항은 "20년간 소유의 의사로 평온, 공연하게 부동산을 점유하는 자는 등기함으로써 그 소유권을 취득한다."고 규정하고 있기 때문이다.

그렇다면, 취득시효를 이유로 소유자를 상대로 소송을 해서 점유자가 승소를 했다면, 소유권 취득시점은 언제가 되는 것일까? 소유권 취득시점은 점유를 개시한 때로 소급한다. 즉 민법 제247조 제1항은 "전2조의 규정에 의한 소유권 취득의 효력은 점유를 개시한 때에 소급한다."고 규정하고 있기 때문이다.

그렇다면, 소유자가 제3자에게 근저당권을 설정해 주었고, 그 근저당권이 살아 있을 경우에도, 점유시효취득자의 소급효로 인하여 그 근저당권은 효력을 잃게 되는가?

원칙적으로 그렇게 보기 힘들다(필자의 개인의견). 점유취득시효의 소급효는 연속된 사실관계를 그대로 권리관계로 인정함으로써 사회적 안정을 꾀하려는 취득시효의 취지에서 나온 것일 뿐이고, 제3자의 권리를 배제하기 위한 것으로 보기는 어렵기 때문이다.

토지소유자를 "갑"이라고 하고, 20년 이상 토지점유자를 "을"이라 하자. 을이 갑을 상대로 토지에 대한 점유취득시효를 원인으로 소송을 제기하여 승소하였는데, 시효기간 중 또는 시효기간 완성 이후에 갑으로부터 근저당권을 이미 설정 받아 둔 "A"가 있었던 경우, A의 근저당권은 원칙적으로 그대로 유효하다고 해석된다(시효기간 완성 이후 갑으로부터 A가 근저당권을 받아둔 사례에서 A의 근저당권이 유효하다는 취지의 판례로는 대법원 2005다75910 판결. 단 시효기간 완성 전의 근저당권은 시효취득의 소급효로 인하여 무효가 될 여지가 있다는 견해 존재). 따라서 토지에 대한 시효취득자 을은 근저당권 말소를 위하여 A에게 근저당권의 피담보채무를 변제하였다고 하더라도, 갑에게 구상권을 행사하거나 부당이득반환청구를 하기 어렵다.

즉 위 대법원 2005다75910 판결에 의하면 "타인의 토지를 20년간 소유의 의사로 평온·공연하게 점유한 자는 등기를 함으로써 비로소 그 소유권을 취득하게 되므로 점유자가 원소유자에 대하여 점유로 인한 취득시효기간이 만료되었음을 원인으로 소유권이전등기청구를 하는 등 그 권리행사를 하거나 원소유자가 취득시효완성 사실을 알고 점유자의 권리취득을 방해하려고 하는 등의 특별한 사정이 없는 한 원소유자는 점유자 명의로 소유권이전등기가 마쳐지기까지는 소유자로서 그 토지에 관한 적법한 권리를 행사할 수 있다. 그와 같은 경위로 원소유자가 취득시효의 완성 이후 그 등기가 있기 전에 그 토지를 제3자에게 처분하거나 제한물권의 설정, 토지의 현상 변경 등 소유자로서의 권리를 행사하였다 하여 시효취득자에 대한 관계에서 불법행위가 성립하는 것이 아님은 물론 위 처분행위를 통하여 그 토지의 소유권이나 제한물권 등을 취득한 제3자에 대하여 취득시효의 완성 및 그 권리취득의 소급효를 들어 대항할 수도 없다 할 것이니, 이 경우 시효취득자로서는 원소유자의 적법한 권리행사로 인한 현상의 변경이나 제한물권의 설정 등이 이루어진 그 토지의 사실상 혹은 법률상 현상 그대로의 상태에서 등기에 의하여 그 소유권을 취득하게 된다. 따라서 시효취득자가 원소유자에 의하여 그 토지에 설정된 근저당권의 피담보채무를 변제하는 것은 시효취득자가 용인하여야 할 그 토지상의 부담을 제거하여 완전한 소유권을 확보하기 위한 것으로서 그 자신의 이익을 위한 행위라 할 것이니, 위 변제액 상당에 대하여 원소유자에게 대위변제를 이유로 구상권을 행사하거나 부당이득을 이유로 그 반환청구권을 행사할 수는 없다."라는 취지이다.

다만, 취득시효의 시효기간 완성 이전에 토지소유자 "갑"이 토지에 대하여 "A"에게 근저당권을 설정해 준 경우에는 특별한 사정이 없는 한 시효완성자인 "을"이 소유권이전등기를 경료함으로써 위 근저당권의 부담에서 벗어나 완전한 소유권을 취득한다는 견해가 보인다(제5판 주석민법 물권1 제901쪽, 제902쪽 및 홍문사 간행 지원림 민법 강의 제20판 405쪽 참고).

위 견해의 근거는 대법원 2004다31463 판결로 보이는데 위 판결은 취득시효의 시효기간 완성 이전에 매매예약을 원인으로 한 소유권이전등기청구권 가등기권자가 시효완성을 원인으로 소유권이전등기를 마친 자에게 대항할 수 없다는 취지의 판결로 근저당권에도 위 대법원 2004다31463 판결 취지가 그대로 적용될지는 의문이다(위 지원림 교수의 의견 등을 확인하면 "시효완성 전에 소유권이전등기가 경료된 경우와 균형을 고려"할 필요가 있다는 취지이나 필자 개인적으로는 근저당권자는 점유와 무관하게 교환가치만을 목적으로 하고 특히 인접 토지 일부만이 취득시효의 대상이 되는 경우에 근저당권자에게 점유의 구체적 현황까지 확인해야 하는 부담을 준다는 측면에서 의문이 있다는 취지).

즉 위 대법원 2004다31463 판결의 요지는 "부동산점유취득시효는 20년의 시효기간이 완성한 것만으로 점유자가 곧바로 소유권을 취득하는 것은 아니고 민법 제245조에 따라 점유자 명의로 등기를 함으로써 소유권을 취득하게 되며, 이는 원시취득에 해당하므로 특별한 사정이 없는 한 원소유자의 소유권에 가하여진 각종 제한에 의하여 영향을 받지 아니하는 완전한 내용의 소유권을 취득하게 되고, 이와 같은 소유권취득의 반사적 효과로서 그 부동산에 관하여 취득시효의 기간이 진행 중에 체결되어 소유권이전등기청구권가등기에 의하여 보전된 매매예약상의 매수인의 지위는 소멸된다고 할 것이지만, 시효기간이 완성되었다고 하더라도 점유자 앞으로 등기를 마치지 아니한 이상 전 소유권에 붙어 있는 위와 같은 부담은 소멸되지 아니한다."는 취지이다.

그렇다면, 을이 갑을 상대로 토지에 대한 취득시효를 전제로 소송을 제기하여 소장이 도달하였거나 취득시효완성이라는 입증까지 마친 상황에 있는데, 그 와중에 갑이 A에게 돈을 빌리면서 근저당권을 설정해 주었다면 어떻게 될까(비용 내지 구체적 사정 등의 문제로 처분금지가처분을 하지 않은 상황을 전제)?

이러한 경우라면, 구체적 사정에 따라, 을이 취득시효소송 승소 후 갑에게 근저당권 피담보채무 상당액의 불법행위책임을 물을 수 있을 것으로 해석된다.

즉 대법원 99다20926 판결에 의하면 "부동산에 관한 점유취득시효가 완성된 후에 그 취득시효를 주장하거나 이로 인한 소유권이전등기청구를 하기 이전에는 그 등기명의인인 부동산 소유자로서는 특단의 사정이 없는 한 그 시효취득 사실을 알 수 없는 것이므로 이를 제3자에게 처분하였다 하더라도 그로 인한 손해배상책임을 부담하지 않는 것이나(대법원 73다1276 판결, 대법원 93다60779 판결), 등기명의인인 부동산 소유자가 그 부동산의 인근에 거주하는 등으로 그 부동산의 점유·사용관계를 잘 알고 있고, 시효취득을 주장하는 권리자가 등기명의인을 상대로 취득시효완성을 원인으로 한 소유권이전등기 청구소송을 제기하여 등기명의인이 그 소장 부본을 송달받은 경우에는 등기명의인이 그 부동산의 취득시효완성 사실을 알았거나 알 수 있었다고 봄이 상당하므로, 그 이후 등기명의인이 그 부동산을 제3자에게 매도하거나 근저당권을 설정하는 등 처분하여 취득시효완성을 원인으로 한 소유권이전등기의무가 이행불능에 빠졌다면 그러한 등기명의인의 처분행위는 시효취득자에 대한 소유권이전등기의무를 면탈하기 위하여 한 것으로서 위법하다고 보아야 할 것이고, 부동산을 처분한 등기명의인은 이로 인하여 시효취득자가 입은 손해를 배상할 책임이 있다 할 것이다(대법원 88

다카8217 판결, 대법원 92다47892 판결, 대법원 94다52416 판결, 대법원 95다10303 판결).”라는 취지이다.

17. 담보권설정자의 점유취득시효 완성에 따른 담보권말소청구 가능성

민법 제247조 제1항은 “전2조의 규정에 의한 소유권취득의 효력은 점유를 개시한 때에 소급한다.”고 규정하고 있다. 따라서 점유취득시효 완성자가 소유권이전등기를 완료하면 점유취득시효 완성자의 소유권취득의 효력은 점유를 개시한 때로 소급함이 원칙이다.

위 민법규정에 대하여 대법원 2014다21649 판결 등에 의하면 “부동산점유취득시효는 원시취득에 해당하므로 특별한 사정이 없는 한 원소유자의 소유권에 가하여진 각종 제한에 의하여 영향을 받지 아니하는 완전한 내용의 소유권을 취득하는 것”이라고 해석한다.

그럼에도 불구하고 등기부취득시효에 있어서 시효 완성 전에 점유자이자 등기명의인이 저당권자에게 저당권설정등기를 경료하여 주었다면 시효 완성 후에도 점유자이자 등기명의인이 저당권자를 향하여 저당권의 말소를 청구할 수는 없다고 해석된다.

이는 점유자이자 등기명의인의 저당권 설정은 원소유자에 의해 가해진 각종 제한으로 볼 수도 없으며 시효를 완성한 점유자이자 등기명의인이 언제나 아무런 제한이 없는 완전한 소유권을 취득할 수는 없다는 점을 고려하면 당연하다.

그렇다면 점유취득시효를 완성한 진정한 권리자가 아니었던 채무자 또는 물상보증인이 채무담보의 목적으로 채권자에게 부동산에 관하여 저당권설정등기를 경료해 준 후 그 부동산을 시효 취득하는 경우에 위 채무자 또는 물상보증인이 저당목적물을 시효취득 하였음을 이유로 저당권의 말소를 청구할 수 있는가? 저당권 말소청구를 할 수 없다는 것이 대법원의 입장이다.

즉 대법원 2014다21649 판결에 의하면 “부동산점유취득시효는 원시취득에 해당하므로 특별한 사정이 없는 한 원소유자의 소유권에 가하여진 각종 제한에 의하여 영향을 받지 아니하는 완전한 내용의 소유권을 취득하는 것이지만, 진정한 권리자가 아니었던 채무자 또는 물상보증인이 채무담보의 목적으로 채권자에게 부동산에 관하여 저당권설정등기를 경료해 준 후 그 부동산을 시효 취득하는 경우에는, 채무자 또는 물상보증인은 피담보채권의 변제의무 내지 책임이 있는 사람으로서 이미 저당권의 존재를 용인하고 점유하여 온 것이므로, 저당목적물의 시효취득으로 저당권자의 권리는 소멸하지 않는다.”라는 취지이다.

그렇다면 양도담보를 설정해준 경우는 어떠한가? 부동산양도담보의 경우에도 위와 같은 법리가 적용된다.

즉 위 대법원 2014다21649 판결에 의하면 “양도담보권설정자가 양도담보부동산을 20년간 소유의 의사로 평온, 공연하게 점유하였다고 하더라도, 양도담보권자를 상대로 피담보채권의 시효소멸을 주장하면서 담보 목적으로 경료된 소유권이전등기의 말소를 구하는 것은 별론으로 하고, 점유취득시효를 원인으로 하여 담보 목적으로 경료된 소유권이전등기의 말소를 구할 수 없고, 이와 같은 효과가 있는 양도담보권설정자 명의로의 소유권이전등기를 구할 수도 없다."는 취지이다.

위 대법원 판결의 원심(대전지방법원 2012나10520 판결)은 양도담보부동산을 양도담보권설정자가 점유취득시효 하였음을 이유로 양도담보권설정자의 양도담보권자에 대한 소유권이전등기청구를 인용한 것이었으나, 대법원이 원심을 파기하고 원심으로 환송한 것이다.

환송심(대전지방법원 2015나3073 판결)에 이르러 양도담보권설정자는 양도담보권자를 상대로 피담보채권의 시효소멸을 주장하면서 진정명의 회복을 원인으로 한 소유권이전등기절차의 이행을 구하는 것으로 청구취지 및 청구원인을 변경하였고 환송심은 위 대법원 판결취지대로 피담보채권의 시효소멸을 인정하면서 원고의 진정명의회복을 원인으로 한 소유권이전등기절차 이행청구를 인용하였다.

18. 내용증명우편 발송과 소멸시효의 중단

소멸시효라는 제도가 있다. 소멸시효라는 것은 권리자가 법이 정해둔 기간 내에 권리를 행사하지 않을 경우 그 권리자의 권리를 박탈하는 것이라고 이해하면 쉽다. 그렇다면, 권리자가 내용증명우편만 보내면 소멸시효를 중단시킬까?

예를 들어보자. 공사대금채권이 있다. 즉 나는 공사업자다. 그런데, 발주자가 공사비를 주지 않는다. 발주자와 공사업자는 공사 전에 도급계약서와 같은 계약서를 작성하게 되는데, 그 계약서에는 공사대금을 지급하는 기간이 정해져 있다.

나는 계약대로 공사를 완료했지만 발주자는 공사대금 지급을 차일피일 미루었고, 어느새 2년 6개월이 흘렀다. 이때 내가 발주자에게 공사대금을 달라는 내용증명우편을 보냈다면, 어떨까?

민법은 공사업자의 공사대금채권의 소멸시효기간을 3년으로 정하고 있다(민법 제163조 제3호). 즉, 공사대금을 주기로 약정한 날로부터 3년이 지나면 공사업자는 발주자에게 공사대금을 달라고 주장할 수는 있겠지만, 발주가가 그 돈을 주지 않아도 법이 도와주지 않는다. 소멸시효가 완성되면, 즉 공사대금의 경우 3년이 지나버리면, 돈을 받지 못하는 것이다. 만약 3년 내에 권리행사를 했다면? 이런 경우에는 소멸시효가 중단된다고 말하고, 권리행사를 한 때로부터 다시 3년의 소멸시효가 적용된다.

내용증명우편으로 공사대금을 독촉하는 것도 권리행사에 해당한다. 그렇다면, 공사업자인 내가 내용증명우편을 보내고 나서 아무 행동도 하지 않았다면? 내용증명우편이 발주자에게 도달하고 나서 다시 3년 내에는 공사대금을 받을 수 있을까? 아니다. 이 점을 주의해야 한다.

민법에서는 내용증명우편을 "최고"라는 표현을 써서 규정하고 있는데, 내용증명우편과 같은 최고는 최고 후 6개월 내에 소송을 제기하거나, 가압류 등을 해야 그 시효중단효력이 유지된다(민법 제174조). 즉, 민법 제174조는 "최고와 시효중단"이라는 제목 아래에 "최고는 6개월 내에 재판상의 청구, 파산절차 참가, 화해를 위한 소환, 임의출석, 압류 또는 가압류, 가처분을 하지 아니하면 시효중단의 효력이 없다."고 규정하고 있다.

따라서 내용증명우편으로 공사대금을 청구하고 그 내용증명우편이 발주자에게 도달한 날로부터 6개월 이내에 최소한 가압류 등을 받아두어야 시효가 중단된다. 내용증명우편을 보내는 방법에 의한 시효중단은 시효가 완성되려면 얼마 남지 않은 상황에서 급히 시효를 일시적으로 중단시키고자 할 때 사용하는 방법임을 명심하자.

19. 사정받은 토지에 대한 종중의 토지 시효취득

원고들의 망 증조부는 이 사건 임야를 일제 강점기에 사정받았다. 피고 종중의 종원들은 이 사건 임야에 대하여 구 임야소유권이전등기에 관한 특별조치법에 따라 소유권보존등기를 마쳤다가 명의신탁해지를 원인으로 이 사건 토지를 피고종중 명의로 소유권이전등기를 완료하였다. 이 사건 임야는 피고 종중의 유일한 종산으로 여러 기의 선조묘소가 존재하고 있다.

대법원(전합) 86다카2928 판결에 의하면 "임야소유권 이전등기에 관한 특별조치법(법률 제2111호)에 의한 소유권보존등기가 경료 된 임야에 관하여서는 그 임야를 사정받은 사람이 따로 있는 것으로 밝혀진 경우라도 그 등기는 동법 소정의 적법한 절차에 따라 마쳐진 것으로서 실체적 권리관계에 부합하는 등기로 추정된다 할 것이므로 위 특별조치법에 의하여 경료된 소유권보존등기의 말소를 소구하려는 자는 그 소유권보존등기 명의자가 임야대장의 명의변경을 함에 있어 첨부한 원인증서인 위 특별조치법 제5조 소정의 보증서와 확인서가 허위내지 위조 되었다던가 그 밖에 다른 어떤 사유로 인하여 그 소유권보존등기가 위 특별조치법에 따라 적법하게 이루어진 것이 아니라는 주장과 입증을 하여야 한다."는 취지다.

그렇다면, 사정명의인의 상속인들인 원고들이 피고 종중을 상대로 진정명의회복을 원인으로 한 소유권이전등기절차 이행청구가 인용되어야 할까? 이 대법원(전합) 86다카2928 판결취지를 고려하면, 특조법상 등기의 추정력을 번복하지 못한다면, 사정명의인의 상속인인 원고들의 피고종중에 대한 청구가 인용되기 힘들다.

특조법에 의하여 등기한 것이 아닌 일반적 형식에 의한 등기가 이루어졌다면 어떤가?

소유권보존등기가 마쳐진 부동산이라고 하더라도, 이 사건 토지에 대한 사정명의인이 따로 존재한다면 이 사건 보존등기는 그 추정력이 번복되어 무효이고, 보존등기에 터 잡은 피고종중의 소유권이전등기도 무효가 된다.

즉, 대법원(전합) 84다카1773 판결에 의하면, "구 토지조사령(1912. 8. 13. 제령 제2호)에 의한 토지조사부에 토지소유자로 등재되어 있는 자는 재결에 의하여 사정내용이 변경되었다는 등의 반증이 없는 이상 토지소유자로 사정받고 그 사정이 확정된 것으로 추정된다."는 취지다.

그렇다면, 사정명의인의 상속인들인 원고들이 피고 종중을 상대로 진정명의회복을 원인으로 한 소유권이전등기절차 이행청구를 하면서, 특조법상의 절차위반을 근거로 특조법상 등기의 무효를 주장하고 그 주장에 대한 입증이 이루어졌다면 어떠한가?

수원지방법원 여주지원 2018가단52056 판결은 특조법상 절차위법을 인정하여 원고들의 청구를 인용하였다. 피고 종중은 항변을 통하여, ① 피고 종중이 사정명의인에게 이 사건 임야를 명의신탁한 것이다. ② 가사 명의신탁부동산이 아니라 할지라도 피고 종중이 이 사건 임야를 시효로 취득하였다는 주장을 하였으나 법원은 피고종중의 주장을 모두 배척하고 원고들의 청구를 인용하였다.

즉 명의신탁은 증거가 없다는 취지로 배척하였고, 취득시효 항변에 대하여는 이 사건 보존등기가 소유자 미복구 부동산인 이 사건 임야에 관하여 이 사건 특별조치법을 위반하여 마쳐진 것으로 그 등기절차가 위법함을 들어 피고종중의 '소유의 의사'를 부정한 것이다.

참고로, 대법원 2010다78739 판결에 의할 경우에 특조법상의 추정력을 번복시키기 위해서는 "특별조치법의 적용을 받은 수 없는 시점의 취득원인일자를 내세우는 경우와 같이 그 주장 자체에서 특별조치법에 따른 등기를 마칠 수 없음이 명백하거나 그 주장하는 내용이 구체성이 전혀 없다든지 그 자체로서 허구임이 명백한 경우 등의 특별한 사정과 더불어 그 밖의 자료에 의하여 새로이 주장된 취득원인 사실에 관하여도 진실이 아님을 의심할 만큼 증명되어야 한다."는 취지이다.

특별조치법상의 절차위법이 존재한다고 하여 위 수원지방법원 여주지원 2018가단52056 판결처럼 곧바로 피고 종중의 '소유의 의사'가 부정되는 것일까?

필자가 위 사건의 항소심을 맡아, 원심판단 취지처럼 종원들이 이 사건 임야에 대해 특별조치법에 따라 보존등기를 함에 있어 절차위반이 존재한다고 가정하더라도, 그 절차위반이 곧 무단점유가 될 수 없다는 점과 민법 제197조 제1항에 의하면 점유자의 소유의사는 추정된다는 것을 계속적으로 주장하면서, 유사 사안인 서울고등법원 2010나56656 판결(확정됨)을 항소심에서 제시한 바, 항소심에서 몇 차례 조정 끝에 피고 종중이 전부 패소했던 1심과 달리 피고 종중이 원고들에게 일정금액을 지급함과 더불어 피고 종중이 이 사건 임야의 70% 지분을 갖고 원고들이 나머지 지분 30%를 갖는 것으로 정리되었다.

서울고등법원 2010나56656 판결(확정됨)의 내용은 무엇일까?

일제 강점기에 작성된 토지조사부에는 이 사건 사정토지를 원고의 선조가 사정받은 것으로 등재되어 있다. 이 사건 사정토지는 6·25 사변으로 지적공부가 멸실되었다가 지적복구 등을 거쳐 피고들이 소유권등기를 마친 것이었다.

결국 사정받은 토지로 밝혀진 이상 소유권보존등기는 추정력이 깨어지는 것이고, 등기명의인이 토지의 승계취득사실을 주장·입증하지 못하는 한 그 소유권보존등기는 무효다. 그런데, 피고들은 피고들 선조 때부터 이 사건 사정토지를 임대하여 종중시제를 위한 도지를 받아온 사실을 주장하여 인정받았고, 피고들의 취득시효가 인정되었던 것이다.

원고가 피고들의 무단점유를 주장하였으나, 위 법원은 피고들이 등기권리증을 보관하고 있는 점, 점유기간 동안 다툼이 있었다는 자료가 없는 점, 원고들이 피고들의 무단점유사실을 입증하지 못한 점을 들어 피고들의 취득시효항변을 인정하였다(위 판결의 1심판결인 의정부지방법원 2009가단21843 판결 참고).

피고들은 이 사건 사정토지가 실질적으로 종중소유임을 주장하였고, 이에 원고는 피고들 개인이 아닌 피고들이 속한 종중토지라 주장함을 들어 타주점유라 주장하였으나, 법원은 가사 피고들이 종중을 위하여 점유를 하였더라도 종중은 피고들 등을 통하여 위 토지를 점유함으로써 점유취득시효가 완성된 것이고, 종중은 피고들에게 명의신탁을 할 수 있다면서, 이 사건 소유권보존등기가 실체관계에 부합하는 유효한 등기라고 판단하였다.

필자가 수행한 위 항소심 사안도, 피고 종중이 등기권리증을 수십 년 동안이나 보관해온 점, 점유기간 동안 다툼이 없었던 점, 이 사건 임야는 피고 종중의 유일한 종산으로 피고 종중의 선조묘가 여러 기 존재하는 점 등 여러 쟁점을 주장한 사실이 있었고 조정으로 마무리가 된 것이다.

참고로 대법원 2015다249352 판결에 의하면 "원고가 피고에 대하여 피고 명의로 마쳐진 소유권이전등기의 말소를 구하려면 먼저 원고에게 그 말소를 청구할 수 있는 권원이 있음을 적극적으로 주장·증명하여야 하고, 만일 원고에게 그러한 권원이 있음이 인정되지 않는다면 설령 피고 명의의 소유권이전등기가 말소되어야 할 무효의 등기라고 하더라도 원고의 청구를 인용할 수는 없다(대법원 2004다50044 판결, 대법원 2008다35128 판결 등). 피고로부터 매매 등의 방법으로 부동산에 대한 권리가 순차적으로 이전되어 최종적으로 소유권이전등기를 마친 제3자가 시효취득을 원인으로 부동산에 대한 소유권을 취득함에 따라 당초 부동산의 소유자인 원고가 소유권을 상실하게 되면, 비록 피고 명의의 소유권이전등기가 원인무효라고 하더라도 원고에게 피고 명의의 소유권이전등기의 말소를 청구할 수 있는 권원이 없으므로, 원고는 피고에 대하여 소유권에 기한 등기말소청구를 할 수 없다."는 취지이다(원심은 공동 피고였던 제3자에 대하여는 취득시효를 인정하여 원고의 청구를 기각했는데, 피고에 대하여는 원고의 청구를 인용함. 위 대법원은 피고에 대한 원고의 청구도 기각해야 한다는 취지로 원심을 파기·환송한 것. 원고의 토지 소유권은 사정받은 토지를 전제하였던 사례).

이와 관련하여 2021. 11. 19.자 '서울고등법원판례공보스터디' 제147쪽에 의하면 대법원 2013다41790(미간행) 판결에 대한 해설이 확인되는데, 원고는 사정명의인 측이고 피고는 보존등기명의인 측인 상황에서 피고가 점유취득시효를 주장하였는데, 원심은 피고의 점유취득시효 주장을 배척하였으나, 대법원은 피고의 점유취득시효를 긍정하는 취지의 판시를 하였다.

이 사건 임야에는 피고의 조상이 아닌 먼 친척의 묘가 두세 개 흩어져 있었고, 피고는 위 임야에 가본 적이 없었는데, 원심을 이를 토대로 피고가 이 사건 임야를 배타적으로 점유했다고 볼 증거가 없다는 취지였지만, 대법원은 피고의 점유를 인정한 사례이다.

위 판례에 대하여 위 '서울고등법원판례공보스터디'는 점유의 판단기준에 대하여 점유자가 없는 무주물을 제외하면 모든 물건에 점유가 인정되며, 그 점유자는 특별한 사정이 없는 한 한 사람이며, 점유의 유무를 판단할 때에 '그 사람이 지배를 했느냐 안했느냐'가 아니라 '누가 점유자인가, 점유자에 제일 가까운 사람이 누구인가'를 판단하여 그 제일 가까운 사람의 점유라고 판단해야 오류가 없다면서, 위 사건의 경우에 피고 명의로 등기를 해 놓고 세금을 내 왔으며, 종래에 임야를 개발하여 묘를 쓰고 했던 것은 임야가 사용가치가 있을 때이고, 현재는 임야의 사용가치가 없어 땅 값이 오르기만을 기다리고 있는 상태이고, 임야에는 걸어 들어가지도 못하고 2~3년 지나면 묘가 어디에 있는지 찾을 수도 없을 정도로 대부분 방치된 상태인바, 그 상태에서 등기를 해 놓고 세금을 내고 있다면 그 사람이 점유자라고 보는 것이 타당하다는 취지이다. 이 사건에서 피고보다 더 부동산의 점유에 근접한 사람이 없기 때문이다. 위와 같은 해설과 함께 '종래 판례는 임야의 점유에 관하여 통상 임야에 대해 개간한 흔적, 묘를 쓴 것 등이 있으면 점유를 인정'해 왔다고 한다. 참고할 만한 해설이라고 본다.

다만 대법원 90다17507 판결에 의하면 "타인의 토지에 분묘가 설치되었다고 하여 그 분묘를 설치한 자가 그 분묘의 기지를 반드시 소유의 의사로 점유하고 있는 것으로 보아야만 되는 것은 아니다."라는 취지이고, 제주지방법원 2021가단64414 판결에 의하면 "임야의 일부에 설치되어 있는 선조의 분묘를 관리하면서 시제를 지내왔다고 하더라도 점유권원의 X 소유의 의사는 추정되지 아니하고, 임야 전체를 배타적으로 점유·관리하여 왔다고 볼 수도 없다(대법원 90다17507 판결, 대법원 2003다47393 판결 등)."라는 취지이므로 단지 임야 일부에 분묘를 설치 내지 관리한 사실만으로는 취득시효를 주장하기 어렵다고 해석된다.

20. 지방자치단체가 등기부취득시효를 주장하는 경우에 무과실의 의미

민법 제245조 제2항은 "부동산의 소유자로 등기한 자가 10년간 소유의 의사로 평온, 공연하게 선의이며 과실 없이 그 부동산을 점유한 때에는 소유권을 취득한다."고 규정하여 등기부취득시효를 규정하고 있다.

민법 제199조를 고려할 때에 등기부취득시효에 있어서도 점유의 승계는 인정된다. 이와 관련하여 대법원 88다카22763 판결에 의하면, "민법 제245조 제2항의 규정에 의하여 소유권을 취득하는 자는 10년간 반드시 그의 명의로 등기되어 있어야 하는 것은 아니고 앞사람의 등기까지 아울러 그 기간 동안 부동산의 소유자로 등기되어 있으면 된다."고 판시하여 등기의 승계도 인정한다.

등기부취득시효에 있어서는 등기와 점유를 동시에 충족해야 하는 것으로 해석되는바, 등기된 기간과 점유기간이 다같이 10년임을 요하므로 점유기간이 10년이라도 등기기간이 10년에 미달하면 등기부취득시효의 완성을 인정할 수 없다.

등기부취득시효가 문제되는 경우는 '무효인 등기'라는 점에서 등기부취득시효에서의 등기는 무효를 전제하나(대법원 2013다206313 판결, 대법원 93다23367 판결), 중복등기에 있어서 후 등기에 기한 등기부취득시효는 인정되지 않는다.

즉, 어느 부동산에 관하여 등기명의인을 달리하여 소유권보존등기가 이중으로 경료된 경우 먼저 이루어진 소유권보존등기가 원인무효가 아니어서 뒤에 된 소유권보존등기가 무효로 되는 때에는, 뒤에 된 소유권보존등기나 이에 터 잡은 소유권이전등기를 근거로 하여서는 등기부취득시효의 완성을 주장할 수 없다[대법원(전합) 96다12511 판결].

대법원 2005다12704 판결에 의하면, "등기부취득시효에 있어서는 점유의 개시에 과실이 없었음을 필요로 하고, 그 입증책임은 주장자에게 있으며, 여기서 무과실이라 함은 점유자가 자기의 소유라고 믿은 데에 과실이 없음을 말한다."는 취지이다.

그렇다면, 부동산을 매수함에 있어 매도인이 등기부상의 소유명의자와 동일인인 경우에 매수인에게 과실이 있다고 볼 수 있는가?

대법원 94다7829 판결에 의하면, "부동산을 매수하는 사람은 매도인에게 부동산을 처분할 권한이 있는지 여부를 알아보아야 하는 것이 원칙이고, 이를 알아보았더라면 무권리자임을 알 수 있었을 때에는 과실이 있다고 보아야 할 것이나, 매도인이 등기부상의 소유명의자와 동일인인 경우에는 등기부나 다른 사정에 의하여 매도인의 소유권을 의심할 수 있는 여지가 엿보인다면 몰라도 그렇지 않은 경우에는 등기부의 기재가 유효한 것으로 믿고 매수한 사람에게 과실이 있다고 할 수 없다."는 취지이다.

매도인이 등기부상 소유명의자와 동일인이기는 하나, 매수인이 대장상의 소유명의인 변경등록을 처리하는 지방자치단체인 경우는 어떠한가?

즉, 특조법(부동산소유권 이전등기 등에 관한 특별조치법) 등에 따라 임야대장 등재 및 관리 등의 사무를 담당하는 국가기관인 지방자치단체가 매수인에 해당할 때에 임야대장 등을 확인하여 소유자 변동사항의 적법여부 등 공부상 소유자가 진정한 소유자인지 여부를 확인해야 하는가?

지방자치단체가 사경제주체로서 토지를 매수하였다면, 그렇지 않다는 것이 대법원의 태도다. 원심은 지방자치단체가 임야대장 등을 확인하여 매도인이 진정소유자인지 여부를 확인해야 한다는 취지였으나, 대법원은 원심과 달랐던 것이다.

즉 대법원 2019다267464 판결에 의하면, "매도인이 등기부상의 소유명의자와 동일인인 경우에는 그 등기부나 다른 사정에 의하여 매도인의 소유권을 의심할 수 있는 여지가 엿보인다면 몰라도 그렇지 않은 경우에는 등기부의 기재가 유효한 것으로 믿고 매수한 사람에게 과실이 있다고 말할 수는 없는 것이다. 이러한 법리는 매수인이 지적공부 등의 관리주체인 국가나 지방자치단체라고 하여 달리 볼 것은 아니다. 원심이 인정한 바와 같이 피고가 특별조치법에 의한 소유권보존등기 명의인으로부터 증여를 받아 이전등기를 마친 소외인으로부터 이 사건 부동산을 매수하였다면, 등기부나 다른 사정에 의하여 위 소외인의 소유권을 의심할 만한 특별한 사정이 없는 한 피고에게 과실이 없다고 보아야 할 것인바, 기록을 살펴보아도 위와 같은 특별한 사정을 인정할 만한 자료를 찾아 볼 수 없다. 또한 이 사건의 경우에는 피고가 사경제주체로서 법령에 정해진 절차에 따라 등기부상 소유자인 소외인으로부터 이 사건 부동산을 협의취득한 것인 점에서 피고가 지방자치단체라는 이유로 특별히 가중된 조사의무를 부과하여 그 요건을 제한해야 한다고 볼 수 없다."는 취지이다.

21. 중복된 소유권보존등기를 전제한 등기부취득시효와 점유취득시효

대법원(전합) 87다카2961, 87다453 판결에 의하면, "동일부동산에 관하여 등기명의인을 달리하여 중복된 소유권보존등기가 경료 된 경우에는 먼저 이루어진 소유권보존등기가 원인무효가 되지 아니하는 한 뒤에 된 소유권보존등기는 비록 그 부동산의 매수인에 의하여 이루어진 경우에도 1부동산 1용지주의를 채택하고 있는 부동산등기법 아래에서는 무효"라는 취지이다.

결국, 먼저 이루어진 소유권보존등기가 원인무효가 되지 아니하는 한 그 부동산의 매수인이 소유권보존등기를 한 경우, 부동산 매수인이 실체관계에 부합하는 등기로 유효하다는 주장을 하더라도, 뒤의 소유권보존등기는 무효를 면치 못한다.

그렇다면, 등기부취득시효에 있어 등기는 무효의 등기도 가능(대법원 96다48527 판결)하다는 측면에서 무효인 뒤의 이중소유권보존등기를 기초로 하여 등기부취득시효가 인정될 수 있는가? 대법원 96다12511 판결에 의하면, 등기부취득시효가 인정될 수 없다는 취지이다.

즉, "민법 제245조 제2항은 부동산의 소유자로 등기한 자가 10년간 소유의 의사로 평온·공연하게 선의이며 과실 없이 그 부동산을 점유한 때에는 소유권을 취득한다고 규정하고 있는바, 위 법 조항의 '등기'는 부동산등기법 제15조가 규정한 1부동산 1용지주의에 위배되지 아니한 등기를 말하므로, 어느 부동산에 관하여 등기명의인을 달리하여 소유권보존등기가 2중으로 경료 된 경우 먼저 이루어진 소유권보존등기가 원인무효가 아니어서 뒤에 된 소유권보존등기가 무효로 되는 때에는, 뒤에 된 소유권보존등기나 이에 터 잡은 소유권이전등기를 근거로 하여서는 등기부취득시효의 완성을 주장할 수 없다."는 취지이다.

등기부취득시효는 점유취득시효와 달리 점유자가 이미 등기까지 갖추고 있다는 점에서 등기청구권의 행사와 같은 문제가 발생하지 않는다. 이러한 사정을 고려하면, 등기부취득시효에 있어 등기는 무효의 등기도 상관이 없기는 하나, 유효로 보일 수 있는 외관은 필요할 것인데, 이중의 소유권보존등기는 외관상으로도 후등기를 유효로 보기 어렵다는 측면이 고려된 것으로 해석된다(필자의 개인의견).

그렇다면, 뒤의 중복 소유권보존등기가 무효라는 주장에 대하여 점유취득시효 완성을 이유로 실체관계에 부합한다는 취지의 주장이 가능할까? 대법원 97다37494 판결은 판결 이유에서 "동일 부동산에 관하여 등기명의인을 달리하여 중복된 소유권보존등기가 경료 된 경우에는 먼저 이루어진 소유권보존등기가 원인무효가 되지 아니하는 한 뒤에 된 소유권보존등기는 실체적 권리관계에 부합하는지의 여부를 살펴볼 필요도 없이 무효라 할 것이고, 이러한 법리는 뒤에 된 소유권보존등기의 명의인이 당해 부동산의 소유권을 원시취득한 경우에도 그대로 적용된다고 할 것인바, 원심이 같은 취지에서 이 사건 부동산에 관하여 먼저 경료된 위 허○ 및 망 허○ 명의의 각 소유권보존등기가 원인무효임을 인정할 수 없는 이 사건에서 피고들의 다음과 같은 주장, 즉 위 별지 목록 기재 각 부동산에 관하여 피고들의 점유취득시효가 완성되었으므로 결국 그 각 등기가 실체적 권리관계에 부합한다는 취지의 주장은 이를 더 살필 것 없이 이유 없다고 판단한 조치를 정당한 것"이라는 취지로 판시하였다.

결국, 무효인 뒤의 중복 소유권보존등기를 전제하여 ① 실체관계에 부합한다는 취지로 점유취득시효를 주장하거나(대법원 93다20177, 20184 판결, 대법원 2007다63690 판결, 대법원 2010다107064 판결), ② 무효의 등기로도 등기부취득시효[대법원(전합) 96다12511 판결]가 가능하다면서 등기부취득시효를 주장할 경우에는 그러한 주장들은 모두 배척될 가능성이 높다.

다만, 반소 내지 별소 등을 통하여 점유취득시효완성을 원인으로 해서 소유권이전등기청구권을 행사하는 것은 별문제로 될 것이며, 뒤의 이중의 소유권보존등기 사실을 점유자가 인식하였는지 여부, 그러한 인식의 정도, 그 인식이 악의의 무단점유자로 평가될 수 있는지 여부가 쟁점이 될 것으로 예상한다. 다만 부동산 매수인이 등기절차상의 실수로 소유권이전등기가 아닌 소유권보존등기를 경료한 것이라면 소유의 의사에 의한 점유로 보이는바 악의의 무단점유는 문제가 되지 않을 것이라고 생각한다(필자의 개인의견).

22. 무권리자로부터 토지를 매수한 자의 등기부취득시효 완성에 따른 문제

무권리자로부터 토지를 매수하였고, 그 매수인이 토지에 대한 등기를 마치고 등기부취득시효의 요건을 충족하였다. 이때 진정한 소유자는 무권리자가 토지 매수인으로부터 받은 매매대금을 부당이득으로 반환청구할 수 있는가?

원심은 진정한 소유자가 무권리자에게 매매대금에 대한 부당이득반환청구를 할 수 있다는 취지였으나, 대법원은 부당이득반환청구를 인정할 수 없다는 취지이다.

즉 무권리자의 등기와 매수인의 등기가 모두 무효인데, 매수인이 등기부취득시효의 요건을 갖추어 토지에 대한 소유권을 취득하는 것은 등기부취득시효 요건 완성에 따른 물권변동의 효과일 뿐이고, 무권리자가 매수인과 체결한 매매계약의 효력이 진정한 소유자에게 미치는 것도 아니므로, 진정한 소유자의 무권리자에 대한 매매대금반환 취지의 부당이득반환청구는 인정될 수 없다는 것이다(대법원 2019다272275 판결). 어떠한 사안이었을까?

〈판결 사안 정리〉

이 사건 모토지는 망 소외 1이 일제강점기인 1917. 10. 15. 사정받은 토지인데, 이후 지적공부가 멸실되었다가 1977. 3. 5. 소유자가 기재되지 않은 채로 임야대장이 복구되었다.

피고 대한민국은 1986. 12. 19. 이 사건 모토지에 관하여 소유권보존등기를 마친 후 1997. 12. 1. 소외 2에게 이를 5,499만원에 매도하고 1998. 1. 5. 소유권이전등기를 마쳐주었다. 이후 이 사건 모토지는 분할, 등록변경, 지목변경 등의 절차를 거쳐 이 사건 각 토지가 되었다.

망 소외 1의 상속인들인 원고들은 2017. 4. 21. 피고 대한민국과 소외 2를 상대로 이 사건 각 토지에 관하여 소유권보존등기와 소유권이전등기의 말소를 구하는 등의 소를 제기하였다(이하 '선행소송').

선행소송 제1심법원은 2017. 12. 8. 원고들의 피고 대한민국에 대한 소유권보존등기말소청구는 인용하되 소외 2에 대한 소유권이전등기말소청구는 민법 제245조 제2항에 따른 등기부취득시효가 완성되었음을 이유로 기각하는 판결을 선고하였고, 위 판결은 2018. 1. 4. 그대로 확정되었다.

원고들은 2018. 1. 15. 다시금 피고 대한민국을 상대로 이 사건 소를 제기하면서 국가배상청구를 하였으나 2019. 1. 24. 제1심에서 패소하였고(이러한 경우 대체로 국가배상청구가 인정되지 않음. 관련 판례로는 대법원 2011다38219 판결 참고), 이에 항소하면서 2019. 3. 22. 추가로 부당이득반환을 청구하였다.

〈원심의 판단〉

원심은 원심에서 추가된 원고들의 부당이득반환청구를 일부 인용하였다. 즉, 이 사건 모토지에 관한 피고 명의의 소유권보존등기와 이를 기초로 한 소외 2 명의의 소유권이전등기는 무효인데, 선행소송에서 원고들의 소외 2에 대한 소유권이전등기말소청구가 등기부취득시효완성을 이유로 기각되어 그 판결이 확정되었다.

이로써 피고는 법률상 원인 없이 소외 2로부터 받은 매매대금 5,499만원의 이익을 얻었고, 원고들은 이 사건 각 토지의 소유권을 상실하는 손해를 입었다. 따라서 피고는 원고들에게 침해부당이득 5,499만원 중 각 최종상속분에 상응하는 금액을 반환할 의무가 있다.

〈대법원의 판단 : 원심파기 · 환송〉

적법한 원인 없이 타인의 소유 부동산에 관하여 소유권보존등기를 마친 무권리자가 그 부동산을 제3자에게 매도하고 소유권이전등기를 마쳐주었다고 하더라도, 그러한 소유권보존등기와 소유권이전등기는 실체관계에 부합한다는 등의 특별한 사정이 없는 한 모두 무효이다.

따라서 이 경우 원소유자가 소유권을 상실하지 아니하고, 또 무권리자가 제3자와 체결한 매매계약의 효력이 원소유자에게 미치는 것도 아니므로, 무권리자가 받은 매매대금이 부당이득에 해당하여 이를 원소유자에게 반환하여야 한다고 볼 수는 없다.

한편 무권리자로부터 부동산을 매수한 제3자나 그 후행 등기 명의인이 과실 없이 점유를 개시한 후 소유권이전등기가 말소되지 않은 상태에서 소유의 의사로 평온, 공연하게 선의로 점유를 계속하여 10년이 경과한 때에는 민법 제245조 제2항에 따라 바로 그 부동산에 대한 소유권을 취득하고(대법원 99다25785 판결 등), 이때 원소유자는 소급하여 소유권을 상실함으로써 손해를 입게 된다.

그러나 이는 민법 제245조 제2항에 따른 물권변동의 효과일 뿐 무권리자와 제3자가 체결한 매매계약의 효력과는 직접 관계가 없으므로, 무권리자가 제3자와의 매매계약에 따라 대금을 받음으로써 이익을 얻었다고 하더라도 이로 인하여 원소유자에게 손해를 가한 것이라고 볼 수도 없다.

여기서 추가적으로 생각할 수 있는 쟁점을 확인해 보자. 사정명의인의 후손들인 원고들이 피고 대한민국의 처분행위 즉 무권리자의 처분행위를 추인한다는 주장을 한 경우에는 부당이득반환청구가 인정될까? 인정될 가능성이 있다.

이와 관련하여 대법원 2001다44291 판결은, 원고 소유의 토지에 관하여 피고 명의의 등기가 마쳐져 있었는데(원고와 피고는 남매 사이), 피고가 부산 동래구에 위 토지를 매도(협의취득)하였고, 이에 원고가 피고에 대하여 매매대금 상당액의 부당이득반환을 구한 사안인바, 대법원은 원고가 피고에 대하여 부당이득반환청구소송을 제기함으로써 무권리자인 피고의 처분행위를 묵시적으로 추인하였다고 보아, 이로써 원고와 부산 동래구 사이에 위 토지에 관한 매매계약이 성립을 인정하고 위 부당이득반환청구를 인용한 사실이 있다.

이와 관련하여 원고가 무권리자 처분행위의 추인을 주장하는 경우에도 소송물은 '부당이득반환청구권'으로 동일한바, 추인 전에는 부당이득이 성립하지 않으나, 추인 후에는 부당이득이 성립하고, 다만 추인의 제척기간 또는 소멸시효도과로 인하여 결국 사정명의자의 후손들인 원고들이 부당이득을 반환받기 어려울 것으로 생각된다는 견해가 있다(연도별 2023. 9. 1.자 '서울고등법원판례공보스터디' 제2954쪽, 제2955쪽 참고).

진정한 소유자가 무권리자를 상대로 불법행위를 이유로 손해배상을 청구할 수는 없는가? 가능하다. 다만 대상청구는 어렵다.

정리해 보자. 부동산의 진정한 소유자가 있고, 소유권보존등기를 마친 무권리자가 있는데, 소유권보존등기를 마친 무권리자가 제3자에게 매매를 이유로 소유권이전등기를 마쳤다. 이때 제3자가 등기부취득시효를 하였다고 가정하자. 대법원 2019다272275 판결은 '이익'과 '손해' 사이의 인과관계를 부정하여 부동산원소유자의 무권리자에 대한 부당이득반환청구를 부정하였다. 다만 부동산원소유자의 무권리자에 대한 불법행위에 따른 손해배상청구는 인정될 것이다(대법원 2007다36445 판결취지). 그러나 무권리자가 취득한 매매대금에 대한 대상청구는 부정된다. '대상'과 '불능' 사이의 인과관계를 인정하기 어렵기 때문이다(대법원 2003다35482 판결).

이와 관련하여 참고할 판결을 소개한다. 대법원 2010다40239 판결에 의하면 "무권리자가 타인의 권리를 제3자에게 처분하였으나 선의의 제3자 보호규정에 의하여 원래 권리자가 권리를 상실하는 경우, 권리자는 무권리자를 상대로 제3자에게서 처분의 대가로 수령한 것을 이른바 침해부당이득으로 보아 반환청구할 수 있다."라는 취지이다.

23. 친일재산에 대한 친일반민족행위자 등의 취득시효 인정 불가

친일재산에 대하여는 친일반민족행위자나 그 상속인들에게 점유취득시효 및 등기부취득시효가 인정되지 않는다는 취지의 대법원 2010두17557 판결을 확인해 보자.

첫 번째 쟁점이다. 구 '친일반민족행위자 재산의 국가귀속에 관한 특별법'(2011. 5. 19. 법률 제10646호로 개정되기 전의 것. 이하 '특별법')이 진정소급입법으로 위헌인가?

특별법은 제2조 제1호 가목 본문에서 '일제강점하 반민족행위 진상규명에 관한 특별법' 제2조 제6호 내지 제9호의 행위를 한 자(제9호에 규정된 참의에는 찬의와 부찬의를 포함한다)를 친일반민족행위자의 하나로 정의하고 있고, 제2조 제2호 후문에서 러·일전쟁 개전 시부터 1945년 8월 15일까지 친일반민족행위자가 취득한 재산(이하 '친일재산')은 친일행위의 대가로 취득한 재산으로 추정하면서, 제3조 제1항 본문(이하 '이 사건 귀속조항')에서 그러한 친일재산은 그 취득·증여 등 원인행위 시에 국가의 소유로 한다고 정하고 있다.

그런데 이 사건 귀속조항은 다음과 같은 이유로 소급입법에 의하여 재산권을 박탈하거나 과잉금지원칙을 위반함으로써 재산권을 침해하는 것으로 볼 수 없으므로 헌법에 위배되지 아니한다(헌법재판소 2008헌바141 등 결정).

이 사건 귀속조항은 진정소급입법에 해당하지만 진정소급입법이라 하더라도 예외적으로 국민이 소급입법을 예상할 수 있었거나 신뢰보호의 요청에 우선하는 심히 중대한 공익상의 사유가 소급입법을 정당화하는 경우 등에는 허용될 수 있다.

친일재산의 소급적 박탈은 일반적으로 소급입법을 예상할 수 있었던 예외적인 사안이고, 진정소급입법을 통해 침해되는 법적 신뢰는 심각하다고 볼 수 없는 데 반해 이를 통해 달성되는 공익적 중대성은 압도적이라고 할 수 있으므로 진정소급입법이 허용되는 경우에 해당한다. 따라서 이 사건 귀속조항이 진정소급입법이라는 이유만으로 헌법 제13조 제2항에 위배된다고 할 수 없다.

또한 이 사건 귀속조항은 일본제국주의에 저항한 3·1운동의 헌법이념을 구현하기 위한 것으로 그 입법목적이 정당하고, 민법 등 기존 재산법 조항의 해석 및 적용에 의존하는 방법만으로는 친일재산의 처리가 어려운 점에 비추어 적절한 수단이며, 사안이 중대하고 범위가 명백한 네 가지 친일반민족행위를 한 자의 친일재산으로 그 귀속대상을 한정하고 있을 뿐만 아니라 친일반민족행위 후에 독립운동에 적극 참여한 자 등으로 친일반민족행위자 재산조사위원회가 결정한 자에 대하여는 다시 예외를 인정하여 귀속대상에서 제외하고 있으며, 친일반민족행위자측은 그 재산이 친일행위의 대가로 취득한 것이 아니라는 점을 증명하여 국가귀속을 막을 수 있고 선의의 제3자에 대한 보호 규정도 마련되어 있어 피해의 최소성 원칙에 반하지 않고, 법익의 균형성도 충족하므로 헌법 제37조 제2항이 정한 과잉금지의 원칙에 반하거나 헌법 제23조가 정한 재산권보장의 원칙을 침해하지 아니한다.

두 번째 쟁점이다. 특별법 제2조 제2호에 정한 '취득'에 사정(査定)에 의한 취득은 포함되지 않는가? 결론적으로 사정에 의한 취득도 포함된다.

즉 토지 및 임야조사사업을 통한 사정은 원칙적으로는 '소유자'의 신고로 시작되고 이에 따른 토지·임야 조사 및 측량, 토지·임야조사부 및 지적도·임야도의 조제, 사정 후 공시 및 이의신청절차를 거쳐 사정명의인이 확정되도록 되어 있어 확인적 성격을 갖고 있음을 부인할 수는 없다.

그러나 당시는 일제의 식민통치를 통해 근대적 법률관계가 우리나라에 막 이식되기 시작하던 시기로서 소유권의 귀속에 혼란스러운 점이 적지 아니하였고, 이에 따라 여러 가지 사정으로 소유자의 신고가 이루어지지 아니하거나 소유자가 없는 토지, 소유권의 귀속이 명확하지 아니한 토지에 대하여도 사정이 이루어지는 등 토지 및 임야조사사업이 일제나 그와 결탁한 친일반민족행위자들에 의하여 토지를 수탈하는 수단으로 이용되기도 하였음은 널리 알려진 사실이다.

따라서 사정이라는 제도가 반드시 사정명의인의 해당 토지나 임야에 대한 기존의 소유권을 확인받는 절차에 불과하다고 볼 것은 아니다. 더욱이 사정의 결과로 작성된 토지대장, 임야대장을 토대로 근대적 등기제도가 시행됨으로써 근대적 의미의 소유권이 처음으로 생겨났으며 이를 통해 토지나 임야에 관하여 그 명의로 사정을 받은 사람은 해당 토지나 임야를 원시적·창설적으로 취득하게 되었으므로(대법원 83다카1152 판결, 대법원 2007다79718 판결 등), 이러한 사정에 의한 취득 역시 특별법 제2조 제2호에 정한 '취득'에 포함된다.

세 번째 쟁점이다. 특별법상 친일재산에 관하여는 친일반민족행위자나 그 상속인들에 의한 시효취득이 허용되지 아니하는가? 그렇다.

이 사건 귀속조항을 포함한 특별법의 취지와 내용 및 관련 법리, 특히 3·1운동의 정신을 담고 있는 헌법 전문 및 정의의 실현 등을 위하여 이 사건 귀속조항이 친일재산은 그 취득·증여 등 원인행위 시에 소급하여 국가의 소유로 된다고 정한 점, 그 결과 친일반민족행위자의 친일재산 취득의 원인행위는 부정되고, 한편 친일재산의 취득 경위에 내포된 민족배반적 성격, 대한민국임시정부의 법통 계승을 선언한 헌법 전문 등에 비추어 친일반민족행위자, 그 상속인 또는 악의의 수증자로서는 친일재산의 소급적 박탈을 충분히 예상할 수 있었다고 볼 수 있는 점 등에 비추어 기록을 살펴보면, 특별법상 친일재산에 관하여는 친일반민족행위자나 그 상속인들에 의한 시효취득이 허용되지 아니한다는 이유로 원고들의 선대인 공소외인이 사정받은 토지들에서 순차 분할된 이 사건 토지들에 관한 원고들의 점유취득시효 내지 등기부취득시효 완성의 주장을 모두 배척한 원심은 타당하다.

24. 소유권이전등기청구권의 상사 소멸시효의 기산점이 문제된 사건

대법원 2022다217117 판결 사안을 전제로 설명한다. 지식경제부장관은 경남 하동군 소재 지역의 매립지 및 매립배후지 개발사업의 시행자를 원고 회사 및 피고로 변경하는 내용의 개발계획 변경 승인을 고시한 후 위 매립지와 매립배후지 개발사업을 '이 사건 사업'(조선산업단지 개발사업')으로 통합하였다.

원고 회사와 피고는 이 사건 사업 시행에 따른 실시협약을 맺고, 위 실시협약에 따라 원고회사가 피고에게 이 사건 사업부지 내 편입된 토지 매수 및 손실보상 등에 관한 업무를 위탁하기로 하는 내용의 이 사건 보상업무대행협약을 체결하였다.

피고는 이 사건 사업부지 내 토지인 이 사건 각 토지에 관하여 각 토지소유자들을 매도인으로, 피고를 매수인으로 한 매매계약을 체결하였고, 2012. 7.경부터 2014. 12. 24.경까지 피고 명의로 소유권이전등기를 모두 마쳤다.

원고 회사는 2018. 4. 17. 파산 선고를 받았고, 원고가 파산관재인으로 선임되었다. 그 후 원고는 2020. 5. 4. 이 사건 각 토지에 관한 소유권이전등기를 청구하는 이 사건 소를 제기하였다.

위 소송에서는 원고 회사의 이 사건 보상업무대행협약에 따른 소유권이전등기청구권이 5년의 상사시효가 경과하여 소멸되었는지 여부가 쟁점이고, 소멸시효 완성 여부와 관련하여 위 소유권이전등기청구권의 소멸시효 기산점이 문제되었다.

원심은 원고 회사의 피고에 대한 이 사건 각 토지에 관한 소유권이전등기청구권은 피고가 위 토지의 취득 및 보상업무를 수행하여 이를 취득한 시점에 발생한다고 보아야 하고, 위 소유권이전등기청구권의 소멸시효도 피고가 이 사건 각 토지를 취득한 각 시점부터 진행한다고 판단하여, 원고의 소유권이전등기청구권의 소멸시효가 완성되었다는 이유로 원고의 청구를 기각하였다.

그러나 대법원은 피고가 이 사건 보상업무대행협약에 의한 업무 처리 과정에서 자기 명의로 취득한 이 사건 각 토지에 관한 소유권은 특별한 사정이 없는 한 위 협약의 종료 시점을 기준으로 원고 회사에 이전되어야 하고, 위 각 토지에 관한 원고 회사의 피고에 대한 소유권이전등기청구권의 소멸시효는 위 협약의 종료 시점부터 진행하는 것으로 보아야 한다는 이유로 원심을 파기·환송한 것이다.

관련 쟁점을 정리해 보자. 원심은 소멸시효는 권리를 행사할 수 있을 때부터 진행하므로, 피고가 이 사건 각 토지의 소유권을 취득한 날이 소멸시효 기산점이라고 보았던 것인데, 대법원은 이와 달리 피고의 이 사건 보상업무대행협약에 따른 소유권이전등기의무의 이행기가 불확정 기한인 '위임계약 종료 시'라고 보았던 것이다.

위 대법원이 '위임계약 종료 시'를 이행기로 본 근거는 민법상 위임에 관한 규정을 고려한 것이다. 민법에 수임인의 취득물 등의 이전시기에 관한 명시적인 규정은 없으나, 민법 제684조 제2항을 고려하면, 위임인과 수임인 사이에 특약이 있거나 위임의 본뜻에 반하는 경우 등과 같은 특별한 사정이 없다면 수임인의 취득물 등의 이전시기는 위임계약 종료 시로 해석된다.

결국 원고 회사와 피고 사이에 특약이 없다면, 피고의 원고에 대한 이 사건 각 토지에 관한 소유권이전등기의무의 소멸시효 기산점은 피고가 이 사건 각 토지에 관하여 피고 명의로 소유권이전등기를 마친 때가 아니라 원고 회사와 피고 사이에 '위임계약이 종료되었을 때'이다.

따라서 이 사건의 쟁점은 '당사자 간 특약이 존재하는가'로서 사실인정의 문제에 가깝고, 원고는 이 사건 사업부지 내 편입된 전체 토지에 관한 소유권 취득을 마친 후 그 토지 위에 조선산업단지를 조성하는 일을 해야 하는바, 원심과 달리 시효가 완성되지 않았다고 볼 여지가 충분했던 것이다(연도별 2023. 9. 1.자 '서울고등법원판례공보스터디' 제2566쪽~제2569쪽 참고).

위 대법원 2022다217117 판결의 판결 이유를 정리해 보자. 이 사건 보상업무대행협약의 목적(제1조)이나 업무의 내용(제6조), 계약상 권리와 의무의 양도나 처분이 금지된다는 점(제17조 제2항), 수탁자에게 보고의무가 있으며(제4조 제3항, 제7조 제3항, 제14조), 수탁자에게 비용(보상금, 부대비용)의 선급청구권이 있다는 점(제8조, 제10조), 수탁자에게 보수(위탁수수료)청구권이 인정된다는 점(제9조), 수탁자가 위탁자를 위하여 취득한 토지소유권을 위탁자에게 이전해 주어야 한다는 점(제12조) 등에 비추어 보면, 이 사건 보상업무대행협약의 법적 성질은 민법상의 위임계약 또는 그와 유사한 비전형계약이라고 봄이 타당하다.

피고는 이 사건 보상업무대행협약에 따라 업무를 처리하는 과정에서 자기 명의로 이 사건 각 토지에 관한 소유권을 취득하였고, 위 토지에 관하여 원고 회사 명의로 소유권을 이전할 의무를 부담하게 된다. 그런데 그 권리의 이전 시기에 관하여 위 협약에서 특별히 정한 바가 없으므로 민법상 위임에 관한 규정 중 제684조 제2항이 적용되어야 한다.

민법 제684조 제2항은 "수임인이 위임인을 위하여 자기의 명의로 취득한 권리는 위임인에게 이전하여야 한다."라고 규정하고 있는데, 이때 그 이전 시기는 당사자 간에 특약이 있거나 위임의 본뜻에 반하는 경우 등과 같은 특별한 사정이 없는 한 위임계약이 종료된 때이다(대법원 2004다64432 판결, 대법원 2016다11295 판결). 따라서 위임사무로 수임인 명의로 취득한 권리에 관한 위임인의 이전청구권의 소멸시효는 위임계약이 종료된 때부터 진행하게 된다.

결국 피고가 이 사건 보상업무대행협약에 의한 업무 처리 과정에서 자기 명의로 취득한 이 사건 각 토지에 관한 소유권은 특별한 사정이 없는 한 위 협약의 종료 시점을 기준으로 원고 회사에 이전하여야 하고, 위 각 토지에 관한 원고 회사의 피고에 대한 소유권이전등기청구권의 소멸시효는 위 협약의 종료 시점부터 진행하는 것으로 보아야 한다.

그렇다면 원심으로서는 이 사건 보상업무대행협약의 종료 이전에 피고가 원고 회사에 이 사건 각 토지의 소유권을 이전해야 할 특별한 사정이 있는지, 그와 같은 사정이 없다면 어느 시점에 위 협약이 종료되는지를 추가로 심리한 다음 그때를 기준으로 소멸시효의 완성 여부를 판단하였어야 한다.

제22장 부동산명의신탁

1. 부동산명의신탁 사실의 인정방법

부동산명의신탁을 전제로 소송을 제기할 때에 해당 사안이 명의신탁의 법리가 적용되는지 아니면 다른 법리가 적용되는지 문제될 수 있다. 법원의 기준은 어떻게 될까? 기본적으로 명의신탁 여부를 가릴 때에 그 부동산에 대한 등기권리증(등기필증)을 누가 소지하고 있는지가 가장 중요한 징표가 된다. 즉, 명의신탁자라고 주장하는 자가 등기권리증을 소지하고 있다면 이는 명의신탁을 뒷받침하는 유력한 자료가 될 수 있다는 것이다.

즉 대법원 89다카14530 판결에 의하면 "일반적으로 부동산의 소유자명의만을 다른 사람에게 신탁한 경우에 등기권리증과 같은 권리관계를 증명하는 서류는 실질적인 소유자인 명의신탁자가 소지하는 것이 상례라고 할 것이므로 명의신탁자라고 주장하는 사람이 이러한 권리관계서류를 소지하고 있는 사실은 명의신탁을 뒷받침하는 유력한 자료가 된다."는 취지이다.

다만, 대법원 2001다1478 판결에 의하면, "명의신탁은 당사자 사이의 의사의 합치에 의하여 성립되는 계약이고, 이와 같은 계약은 명시적으로는 물론 묵시적으로도 성립될 수 있으며, 명의신탁 사실의 인정은 사실인정의 문제로서 어느 특정한 증거나 사실이 있으면 이에 의하여 필연적으로 명의신탁 사실을 인정하여야 하거나 또는 이를 인정하지 않아야 하는 것은 아니며, 일반적으로 부동산의 소유 명의만을 다른 사람에게 신탁한 경우에 등기권리증과 같이 권리관계를 증명하는 서류는 실질적인 소유자인 명의신탁자가 소지하는 것이 상례이나, 반대로 명의수탁자가 이러한 권리관계서류를 소지하고 있다고 해서 반드시 명의신탁이 아니라고 인정하여야 하는 것은 아니다."는 취지이다.

위 대법원 2001다1478 판결은 '명의수탁자로 지칭되는 자가 토지에 대한 등기권리증을 보관해 오면서 종합토지세, 농지개량조합비를 납부하고 비용을 들여 과수원을 조성한 사실이 인정되나, 그 주장의 토지매수대금이 당시의 토지공시지가에 비하여 현저히 적어 매수 주장에 설득력이 없으며, 그 상속인들이 명의신탁자라고 주장하는 자에게 소유권이전등기를 경료해 주기로 약속한 적이 있고, 과수원 관리대가를 요구한 적도 있으며, 매수제의를 하여 매매계약서를 작성한 적도 있는 점 등에 비추어 계쟁 토지가 명의신탁된 것이라고 인정한 사례'이다.

종중이 명의신탁을 주장하는 경우에는 부동산 명의신탁 여부를 어떻게 판단할까? 종중의 경우도 등기권리증이 명의신탁 여부를 확인하는데 하나의 자료가 되기는 하나, 기타 여러 기준이 적용된다. 즉 ① 신탁을 했다고 주장할 시점에 종중의 존재, ② 명의인과 종중과의 관계, ③ 명의인이 수인일 경우 그들의 관계, ④ 명의인 앞으로 등기가 경료된 경위, ⑤ 종중 소유 타토지의 등기 관계, ⑥ 종중분묘의 설치 상태, ⑦ 분묘수호와 봉제사의 실태, ⑧ 토지에 대한 수익이나 보상금 수령 및 지출상태, ⑨ 세금 등의 납부상태 등을 고려하여 종중소유로 판단될 경우에는 종중의 명의신탁을 인정하게 되지만(대법원 99다11397 판결 등), 단지 해당 토지에 공동 선조의 분묘가 있다거나 위토 등이라는 사실만으로는 이를 종중의 명의신탁 부동산으로 단정하기 어렵다[대법원(전합) 95다57029 판결].

부동산경매에 있어 매수자금을 부담한 사람과 명의자의 관계는 어떠한가? 이 경우는 명의자는 소유권을 취득하지만, 매수자금을 부담한 사람은 명의신탁자가 되고, 소유권을 취득한 명의자는 명의수탁자가 된다(대법원 2012다69197 판결).

그렇다면, 명의신탁 부동산이 반드시 신탁자의 자금으로 취득되어야만 하는가? 명의신탁의 관계는 당사자 사이에 신탁자가 소유권을 유보하되, 외부적으로 수탁자가 소유자로 행세하기로 약정함으로써 성립하는 것이므로, 명의신탁 목적물이 반드시 신탁자의 자금으로 취득되어야만 성립된다고 볼 수는 없다(대법원 2007다22859 판결).

부모가 자식에게 부동산 명의를 이전해 준 후에 그 부동산의 관리 및 처분권 등을 행사하였을 때 명의신탁이 성립할까? 구체적 사정에 따라 다른 판단이 가능하겠지만, 대체로 명의신탁이라기보다는 증여로 판단될 가능성이 높다고 하겠다(대법원 2007다22859 판결, 대법원 95다15209 판결 등).

다만, 2022. 9. 30.자 '서울고등법원판례공보스터디' 제2020쪽 이하에 의하면 3자 간 명의신탁과 계약명의신탁의 구별에 관한 사례로 이해되는 대법원 2019다300422 판결을 해설함에 있어 '부모가 자신의 자금으로 매수한 부동산의 등기명의를 자식 앞으로 마치는 것은 세금 등의 경제적 유인을 고려하면 명의신탁보다는 증여의 의사였을 개연성이 있다.'면서 '유사 선례를 보면 명의신탁이 인정되어 부모가 승소한 사례와 증여가 인정되어 자식이 승소한 사례가 엇비슷하다.'면서 '부모가 전적으로 자금을 부담하여 매수한 후 자식에게 대가 없이 소유권이전등기를 마쳤다가 자식의 과오를 탓하면서 이를 돌려받으려 한다면 돌려받을 수 있게 하는 것이 정의 관념에 부합한다고 보는 것이 아닌가라는 생각을 하게 된다'는 취지의 해설을 확인할 수 있다.

2. 분양권에 대한 명의신탁과 부동산실명법의 적용 여부

분양자조합으로부터 아파트를 분양받은 수분양자가 분양권전매를 하면서, 분양자조합으로부터 적법하게 명의변경에 대한 동의 내지 승낙을 받았다. 그런데, 겉으로 보기에는 아무런 문제가 없는 분양권 전매였지만, 전매도자인 수분양자와 전매수자 사이에 명의신탁이 존재하였다.

즉, 수분양자인 전매도자가 전매수자에게 분양권을 양도하면서 분양자조합으로부터 명의변경에 대한 동의 내지 승낙을 받았으나, 수분양자인 전매도자와 전매수자 사이에 명의신탁약정이 있었던 것이고, 내부적으로 분양권을 보유한 자는 전매를 하기 전과 동일하게 수분양자, 즉 전매도자였던 것이다.

이 사안은 대법원 2012다202932 판결 사안으로 1심판결과 대법원의 판단이 달랐다. 이를 정리해 보고자 한다.

이 사안에 부동산실명법이 적용될까? 1심판결(서울서부지방법원 2011가합13883 판결)은 전매도자인 수분양자와 전매수자 사이에 이른바 양자 간 명의신탁관계가 성립한 것으로 볼 수 있지만, 명의신탁관계는 채권적 권리에 속하는 분양권에 관한 것으로서 부동산에 관한 소유권 및 그 밖의 물권을 규율대상으로 하는 부동산실명법이 적용되지 않는다는 취지였다.

그러나 2심판결(서울고등법원 2012나46721 판결)과 대법원은 1심판결과 달리 부동산실명법의 적용대상이라는 취지이다.

즉, 아파트분양권 전매의 경우, 분양자조합의 분양권전매에 대한 동의 내지 승낙으로 인하여 수분양자의 권리와 의무 등이 포괄적으로 전매수자에게 이전되고, 수분양자가 계약관계에서 탈퇴하는 계약인수임을 강조하면서 분양계약의 당사자는 분양자조합과 전매수자가 되며, 수분양자인 전매도자와 전매수자 사이의 명의신탁약정은 수분양자의 명의뿐만 아니라 수분양자의 지위에서 가지는 소유권이전등기청구권의 행사를 통해 그 소유권자체를 대상으로 하는 명의신탁약정으로서 부동산실명법의 적용대상이 된다는 것이다.

그렇다면 명의신탁의 형태는 1심판결 취지처럼 수분양자인 전매도자와 전매수자 사이의 양자 간 명의신탁으로 보아야 할까? 아니다. 2심판결(대법원 동일취지)은 1심판결과 달리 계약명의신탁이라는 취지이다.

즉, 계약인수를 통해 전매도자인 수분양자가 계약에서 탈퇴하기 때문에 분양자조합과 전매수자가 분양계약의 당사자가 되는 것이며, 분양자조합이 명의신탁약정에 관하여 알고 있었음을 인정할 증거가 없는 바, 부동산실명법상의 매도인 분양자조합 선의의 계약명의신탁법리에 따라 전매수자가 분양계약상의 매수인으로서의 지위를 확정적으로 취득한다는 것이다.

위 대법원 2012다202932 판결 요지를 현출하면, "아파트의 수분양자가 타인과 대내적으로는 자신이 수분양권을 계속 보유하기로 하되 수분양자 명의만을 타인의 명의로 하는 내용의 명의신탁약정을 맺으면서 분양계약의 수분양자로서의 지위를 포괄적으로 이전하는 내용의 계약인수약정을 체결하고 이에 대하여 명의신탁약정의 존재를 모르는 분양자가 동의 내지 승낙을 한 경우, 이는 계약명의신탁 관계에서 명의수탁자가 당초 명의신탁약정의 존재를 모르는 분양자와 분양계약을 체결한 경우와 다를 바 없으므로, 분양계약인수약정은 유효하다."는 취지이다.

결국 위 판결취지에 의할 경우에 수분양자가 실질은 명의신탁임에도 불구하고 형식적으로 전매 및 분양자조합의 전매동의를 받으면서 제3자에게 분양권을 이전할 경우, 부동산실명법상의 매도인(분양자조합) 선의 계약명의신탁법리에 따라 위 명의신탁약정에도 불구하고, 분양권을 인수한 전매수자가 분양권을 취득하게 된다는 사실을 인식할 필요가 있다.

3. 명의신탁자의 부동산자체의 부당이득반환청구 가능성과 소멸시효

부동산실명법 제4조에 의하면, 명의신탁약정은 무효이며, 명의신탁에 따라 행하여진 등기에 의한 부동산 물권변동도 무효가 된다. 다만, 계약명의신탁에 있어서 매도인이 선의인 경우에는 부동산 물권변동이 무효가 되지 않는다.

계약명의신탁이란 무엇인가? 계약명의신탁이란, 부동산에 관한 물권을 취득하기 위한 계약에서 명의수탁자가 일방 당사자가 되는 것으로, 예를 들어, 명의신탁자가 명의수탁자를 통해 명의수탁자가 계약당사자가 되어 부동산을 매수하는 계약을 체결하는 것을 의미한다.

계약명의신탁에 있어서, 부동산의 매도인이 명의신탁사실을 몰랐다면, 명의수탁자가 부동산의 소유권을 취득하게 된다. 결국, 매도인 선의의 계약명의신탁의 경우 명의신탁자와 명의수탁자 사이의 명의신탁약정은 무효가 되지만, 부동산 매도인과 부동산 매수인(명의수탁자) 사이의 물권변동인 소유권이전등기는 유효가 된다(부동산실명법 제4조 제2항 단서).

명의신탁자는 명의수탁자에게 어떠한 행동을 취할 수 있을까? 명의신탁약정이 무효가 되었고, 명의수탁자는 부동산의 소유권을 취득하였으니, 명의신탁자는 부동산을 사기 위해 명의수탁자에게 건넨 돈을 부당이득으로 반환청구를 할 수 있을 것이다.

명의신탁자가 명의수탁자에게 명의수탁자가 취득한 부동산 자체를 부당이득으로 반환청구할 수 있을까? 원칙적으로 부동산자체에 대한 부당이득반환청구는 인정되지 않는다. 즉, 부동산실명법이 시행된 이후에 계약명의신탁이 있었던 경우라면, 부동산자체에 대한 부당이득반환청구는 인정되지 않는다.

부동산실명법 시행 전에 명의수탁자가 명의신탁약정에 따라 부동산에 관한 소유명의를 취득하였고, 부동산실명법 시행 후에 같은 법 제11조의 유예기간이 경과하기 전에 실명등기를 하지 않은 경우는 어떠한가? 이와 같은 경우에 있어서는 대법원이 부동산자체에 대한 부당이득 반환청구를 인정한다(대법원 2002다66922 판결). 그 이유는 "유예기간이 경과하기 전까지 명의신탁자는 언제라도 명의신탁약정을 해지하고 당해 부동산에 관한 소유권을 취득할 수 있었기 때문"이라고 한다.

부당이득반환청구권은 10년의 소멸시효에 걸린다. 부동산실명법 시행 전에 계약명의신탁에 따라 명의수탁자가 명의신탁약정에 따라 부동산에 관한 소유명의를 취득하였고, 부동산실명법 시행 후에 같은 법 제11조의 유예기간이 경과하기 전에 실명등기를 하지 않았지만, 명의신탁자가 부동산을 계속 점유하고 사용하여 왔다면, 10년이 경과된 경우에도 명의신탁자가 명의수탁자에게 부동산자체에 대한 부당이득반환청구를 할 수 있는가?

이와 같은 의문이 드는 이유는 부동산을 매수한 자가 부동산을 인도받은 경우 소멸시효가 진행하지 않는다는 판례[대법원(전합) 98다32175 판결]가 본건에 적용되는지 여부가 문제될 수 있기 때문이다. 이에 대하여 대법원은 명의신탁자가 점유하고 사용하였다고 해도 10년이 경과했다면, 부동산자체에 대한 부당이득반환청구가 인정되지 않는다고 한다(대법원 2009다23313 판결).

그 이유는 무엇일까? 대법원은 부동산실명법이 명의신탁 및 그에 따른 등기를 원칙적으로 무효로 하고 있는 취지와 부동산실명법 위반에 대하여 형사처벌까지 하는 취지를 고려할 때 점유·사용이 10년이 경과한 명의신탁자에게 명의수탁자를 상대로 부동산자체에 대한 부당이득반환청구를 인정하는 것은 부실법의 취지에 맞지 않는다고 한다. 이론적으로 보더라도, 부동산 매수인이 점유를 한 경우에는 매수인으로서 점유라는 권리행사를 한 것을 고려하여 소멸시효가 진행될 수 없는 것이지만, 부당이득에 있어 점유는 부당이득청구에 있어 권리행사라고 보기 어려워 소멸시효의 진행을 막기 어렵다(필자의 개인의견).

부동산실명법 시행 전에 명의수탁자가 명의신탁약정에 따라 부동산에 관한 소유명의를 취득하였고, 부동산실명법 시행 후에 같은 법 제11조의 유예기간이 경과하기 전에 실명등기를 하지 않아 부동산자체에 대한 부당이득 반환청구가 인정되는 사안(대법원 2002다66922 판결)에서, 소멸시효 10년이 넘어가면 신탁자는 아무런 조치를 취할 수 없는 것인가(소멸시효의 기산점은 부동산실명법 제11조에서 유예기간 1년이 경과한 1996. 7. 1.로 해석됨)?

수탁자가 신탁자에게 부동산에 대한 세금 등의 납부를 요구하여 위 세금 등을 신탁자가 부담하였다면, 채무승인에 해당하여 시효중단이 인정되어, 신탁자가 보호될 여지가 있다.

즉 대법원 2012다45566 판결에 의하면 "피고는 2004년까지 이 사건 각 부동산이 원고와의 관계에서는 자신의 소유가 아니라 원고의 소유임을 스스로 인정하는 것을 전제로 하여서만 취하였을 행태로서 관련 세금의 부담과 같은 재산적 지출을 원고에게 적극적으로 요청하는 등에 나아갔다고 할 것이고, 이와 같이 피고가 명의신탁받은 이 사건 각 부동산에 관하여 권리를 가지지 아니하고 원고의 대내적 소유권을 인정한 것에는 달리 특별한 사정이 없는 한 원고에 대하여 소유권등기를 이전·회복하여 줄 의무를 부담함을 알고 있다는 것이 묵시적으로 포함되어 표현되었다고 봄이 상당하다. 따라서 피고는 원고의 반환요구를 거부하기 시작한 2004년경까지는 이 사건 각 부동산에 관한 소유권이전등기의무를 승인하였다고 할 것이어서 그 무렵까지 원고의 이 사건 각 부동산에 관한 소유권이전등기청구권의 소멸시효는 중단되었고, 이 사건 소가 그로부터 10년이 경과하지 아니한 2009. 4. 30.에 제기되었음이 기록상 분명한 이상 결국 피고의 소멸시효 항변은 받아들일 수 없다고 할 것"이라는 취지이다.

4. 명의신탁부동산의 반환청구

필자의 고향에서 중개사를 하시는 삼촌이 얼마 전 필자에게 전화를 하였다. "승주야. 오늘 찾아온 고객이 명의신탁 문제로 묻는데, 땅을 명의신탁을 했는데, 돌려주질 않는데! 소송하면 찾을 수 있냐?" 이런 질문을 받으면 난감하다. 장황한 설명이 불가피한데, 필자의 삼촌은 성격이 급하기 때문이다. 땅을 명의신탁하였는데, 돌려주지 않을 때 소송을 하면 그 땅을 찾을 수 있을까?

우선 부동산명의신탁이 무엇인지 살펴보자. 부동산명의신탁은 ① 2자 간 명의신탁(양자 간 명의신탁), ② 중간생략 명의신탁(3자 간 명의신탁), ③ 계약명의신탁으로 구분된다.

2자 간 명의신탁('양자 간 명의신탁'이라고도 함)이란 신탁자 명의의 부동산을 수탁자 명의로 바꿔 둔 것으로 의미한다. 중간생략명의신탁은 신탁자가 계약상의 부동산 매수인이고 매도인도 신탁약정 등 모든 사정을 알고 있지만, 부동산의 명의만을 수탁자로 해둔 것을 말한다. 계약명의신탁이란 수탁자가 부동산 매수인으로 나서서 계약을 하고 명의도 수탁자인 경우를 말한다.

부동산실명법 제4조는 명의신탁약정과 물권변동을 무효로 하고 있다. 그렇다면, 명의신탁한 땅을 돌려받을 수 있는지 하나씩 살펴보자.

2자 간 명의신탁의 경우 신탁행위와 물권변동이 모두 무효이므로 신탁자는 여전히 토지의 소유권을 보유한다. 따라서 신탁자는 수탁자를 상대로 말소등기 내지 이전등기 청구를 통해 땅을 되찾아올 수 있다. 참고로 대법원(전합) 2013다218156 판결에서는 2자 간 명의신탁에 있어 명의신탁자의 명의수탁자에 대한 신탁무효 및 물권변동 무효를 통한 방해배제청구로서의 말소등기청구 등이 불법원인 급여에 해당하는지 문제되었으나, 격론 끝에 불법원인 급여가 아니라는 취지의 판시가 있었다. 즉 "부동산실명법의 규정의 문언, 내용, 체계와 입법 목적 등을 종합하면, 부동산실명법을 위반하여 무효인 명의신탁약정에 따라 명의수탁자 명의로 등기를 하였다는 이유만으로 그것이 당연히 불법원인급여에 해당한다고 단정할 수는 없다. 이는 농지법에 따른 제한을 회피하고자 명의신탁을 한 경우에도 마찬가지"라는 취지이다. 다만, 불법원인급여라는 취지의 반대의견도 4명에 달하였다.

중간생략 명의신탁('3자 간 명의신탁'이라고도 함)의 경우 땅의 소유권은 신탁자도 수탁자도 아닌 매도인이 된다. 물권변동이 무효이기 때문이다. 다만, 신탁자와 매도인 사이의 매매계약은 유효이기 때문에 신탁자는 매도인을 대위하여 수탁자를 상대로 말소등기를 구하고 아울러 매도인을 상대로 매매계약에 의한 이전등기를 청구할 수 있어 땅의 반환청구가 일단 가능하다.

계약명의신탁의 경우는 매도인이 명의신탁사실을 알았다면 물권변동이 무효이므로 소유권을 매도인이 그대로 보유하고 있는 상황이 되지만, 신탁자가 매수인이 되어 계약을 한 것이 아니므로 땅의 반환청구는 어렵다.

계약명의신탁이면서 매도인이 명의신탁사실을 몰랐다면 수탁자는 땅의 소유권을 취득한다. 이런 경우 원칙적으로 신탁자는 수탁자에게 땅의 반환을 청구할 수는 없고, 단지 땅을 매입하라면서 수탁자에게 지급한 돈에 대한 부당이득반환청구가 가능하다.

다만, 부동산실명법 시행 전에 명의수탁자가 명의신탁약정에 따라 부동산에 관한 소유명의를 취득하였고, 부동산실명법 시행 후에 같은 법 제11조의 유예기간이 경과하기 전에 실명등기를 하지 않은 경우는 대법원이 부동산자체에 대한 부당이득반환청구를 인정한다(대법원 2002다66922 판결). 결국 이런 경우라면 땅의 반환을 청구할 여지가 있다.

참고로 계약명의신탁인지 아니면 중간생략명의신탁(3자 간 명의신탁)인지 문제되는 경우가 있는데, 대법원 2012두28414 판결에 의하면 "명의신탁약정이 3자 간 등기명의신탁인지 아니면 계약명의신탁인지를 구별하는 것은 계약당사자를 확정하는 문제로서, 타인을 통하여 부동산을 매수하면서 매수인 명의를 그 타인 명의로 하기로 하였다면, 계약명의자인 명의수탁자가 아니라 명의신탁자에게 계약에 따른 법률효과를 직접 귀속시킬 의도로 계약을 체결하였다는 등의 특별한 사정이 없는 한, 그 명의신탁관계는 계약명의신탁에 해당한다고 보아야 한다."는 취지이고. 대법원 2019다300422 판결에 의하면 "명의신탁약정이 3자 간 등기명의신탁인지 아니면 계약명의신탁인지의 구별은 계약당사자가 누구인가를 확정하는 문제로 귀결되는데, 계약명의자가 명의수탁자로 되어 있다 하더라도 계약당사자를 명의신탁자로 볼 수 있다면 이는 3자 간 등기명의신탁이 된다. 따라서 계약명의자인 명의수탁자가 아니라 명의신탁자에게 계약에 따른 법률효과를 직접 귀속시킬 의도로 계약을 체결한 사정이 인정된다면 명의신탁자가 계약당사자이고, 이 경우의 명의신탁관계는 3자 간 등기명의신탁으로 보아야 한다."는 취지이다. 결국 수탁자가 계약명의자라면 계약명의신탁으로 보는 것 타당하되, 3자 간 명의신탁을 주장하는 자가 수탁자가 계약명의자임에도 불구하고 계약당사자가 명의신탁자임을 주장·입증한다면 그 입증정도에 따라 3자 간 등기명의신탁으로 볼 여지가 있다고 해석된다(필자의 개인의견).

참고로 신탁자가 매수인으로서 매도인에게 계약금부터 중도금, 잔금을 모두 지급하면서 소유권이전등기만을 제3자인 수탁자 앞으로 마치는 경우, 즉 신탁자가 매수인으로서 자기명의로 계약을 체결하고 대금을 완납하면서 등기만 제3자 앞으로 마쳤다면 3자 간 명의신탁으로 인정될 것이나, 3자 간 명의신탁은 실무상 별로 많지 않은데다가 사실관계상 계약명의신탁과 뚜렷하게 구별되지도 않는데 이는 3자 간 명의신탁에서도 '제3자(수탁자)와 매도인 사이의 매매계약서를 새로 작성'하기 때문이다. 게다가 신탁자가 매수인으로 나섰으나 계약도중에 수탁자로 명의를 변경하면서 신탁자가 지급하던 매매대금에 대한 잔금을 수탁자가 지급하는 경우도 있다. 즉 매매계약의 이행 도중에 매도인의 동의를 받아 매매계약서 자체를 교체하거나 매수인 명의 및 대금지급의무의 주체를 변경하는 방식도 적지 않다. 이러한 경우 3자 간 명의신탁인지 계약인수에 따른 계약명의신탁인지 여부도 명확하게 알기 어렵고, 3자 간 명의신탁으로 인정되는 사례도 많지 않게 된다(2022. 9. 30.자 '서울고등법원판례공보스터디' 제2020쪽 참고).

5. 계약명의신탁에 있어 신탁자의 매수자금 반환청구의 범위

계약명의신탁이란 수탁자가 부동산 매수인으로 나서서 계약을 하고 명의도 수탁자인 경우를 말하는데, 이러한 계약명의신탁의 경우는 매도인이 명의신탁사실을 알았다면 부동산실명법 제4조에 따라 물권변동이 무효이므로 소유권을 매도인이 그대로 보유하고 있는 상황이 되지만, 신탁자가 매수인이 되어 계약을 한 것이 아니므로 부동산 자체의 반환청구를 할 수는 없다.

그러나 계약명의신탁이면서 매도인이 명의신탁사실을 몰랐다면 수탁자는 부동산의 소유권을 취득한다(부동산실명법 제4조 제2항 단서). 이런 경우 원칙적으로 신탁자는 수탁자에게 부동산의 반환을 청구할 수는 없고, 단지 부동산을 매입하라면서 수탁자에게 지급한 매수자금에 대한 부당이득반환청구만이 가능하다.

다만, 부동산실명법 시행 전에 명의수탁자가 명의신탁약정에 따라 부동산에 관한 소유명의를 취득하였고, 부동산실명법 시행 후에 같은 법 제11조의 유예기간이 경과하기 전에 실명등기를 하지 않은 경우는 대법원이 부동산자체에 대한 부당이득반환청구를 인정한다(대법원 2002다66922 판결). 결국 이러한 경우라면 부동산 자체의 반환을 청구할 여지가 있다.

정리하자면, 부동산실명법 시행 후에는 매도인 선의 계약명의신탁의 경우에 부동산자체를 찾아오기가 어려우며, 신탁자가 수탁자에게 지급한 부동산 매수자금에 대한 부당이득반환청구가 가능할 뿐이다(단 부동산을 경매로 취득한 경우에 매도인의 선의·악의를 불문하고 수탁자가 소유권을 취득한다는 판례로는 대법원 2012다69197 판결).

신탁자가 수탁자에게 지급한 매수자금을 청구함에 있어 그 범위는 어떻게 될까? 매수자금 자체를 청구하는 것은 당연하다. 다만 ① 매수자금의 이자는 언제부터 청구할 수 있는지, ② 신탁부동산에서 신탁자가 수탁자 명의로 대출을 일으켜 매수자금 일부를 대체하고 그 대출이자를 신탁자가 부담한 경우에 대출이자도 수탁자에게 청구할 수 있는지 문제된다.

① 신탁자가 수탁자에게 청구하는 매수자금의 청구는 그 성격이 부당이득반환청구에 해당하는바, 대법원 2009다24187·24194 판결에서 확인되는 것처럼 부당이득반환채무는 이행기간의 정함이 없는 채무이므로 수탁자가 신탁자로부터 매수자금의 이행청구를 받은 때에 비로소 지체책임을 부담(민법 제387조 제2항)한다고 해석되므로 매수자금 이행청구를 받은 다음날부터 매수자금에 대한 이자를 부담한다고 해석된다. 다만, 수탁자가 악의의 수익자라는 사실을 신탁자가 입증한다면 신탁자가 매수자금을 지급한 다음날부터의 이자(예를 들어, 민사이자 연 5%)를 청구할 수 있을 것이다(10년을 계산하면 50%가 되어 큰돈이 됨).

이와 관련하여 위 대법원 2009다24187·24194 판결에 의하면 "부당이득반환의무자가 악의의 수익자라는 점에 대하여는 이를 주장하는 측에서 입증책임을 진다. 여기서 '악의'라고 함은, 민법 제749조 제2항에서 악의로 의제되는 경우 등은 별론으로 하고, 자신의 이익 보유가 법률상 원인 없는 것임을 인식하는 것을 말하고, 그 이익의 보유를 법률상 원인이 없는 것이 되도록 하는 사정, 즉 부당이득반환의무의 발생요건에 해당하는 사실이 있음을 인식하는 것만으로는 부족하다. 따라서 계약명의신탁에서 명의수탁자가 수령한 매수자금이 명의신탁약정에 기하여 지급되었다는 사실을 알았다고 하여도 그 명의신탁약정이 부동산 실권리자명의 등기에 관한 법률 제4조 제1항에 의하여 무효임을 알았다는 등의 사정이 부가되지 아니하는 한 명의수탁자가 그 금전의 보유에 관하여 법률상 원인 없음을 알았다고 쉽사리 말할 수 없다."는 취지인바,

위 대법원 2009다24187·24194 판결 이유를 살피면 수탁자의 행동을 통해 수탁자의 부실법상 신탁행위 무효에 대한 선의와 악의 여부를 판단하고 있음이 확인된다. 결국 실무적으로는 '계약명의신탁에서 수탁자가 신탁자에게 매수자금을 부당이득으로 반환하여야 하는 경우'에 수탁자는 선의로 인정되는 경우가 많아 매수자금을 청구하는 소송을 제기한 후에나 이자가 붙는 경우가 많다(제4판 주석민법 채권각칙5 제713쪽 참고).

② 신탁부동산에서 신탁자가 수탁자 명의로 대출을 일으켜 매수자금 일부를 대체하고 그 대출이자를 신탁자가 부담한 경우에 대출이자도 수탁자에게 청구할 수 있는지 문제되는데,

창원지방법원 2017가합18 판결에 의하면 "갑 제7, 19호증의 각 기재에 의하면 원고는 이 사건 부동산의 매수자금을 마련하기 위하여 이 사건 부동산을 담보로 제공하여 피고의 명의로 G협으로부터 대출을 받았고 2014. 12. 15.부터 2016. 8. 22.까지 G협에 대출금에 대한 이자 52,990,510원을 지급한 사실이 인정된다. 그러나 위와 같은 대출이자는 원고가 매수자

금을 마련하는 방법으로 대출이라는 방법을 선택함으로써 발생한 비용으로서 이 사건 부동산의 취득에 반드시 필요한 비용이라고 보기 어려운 점, 매수자금을 마련함에 있어 명의신탁자가 자신의 명의로 대출을 받은 경우에는 그 이자를 자신이 부담하여야 할 것인데 명의수탁자 명의로 대출을 받았다는 사정만으로 명의수탁자로 하여금 대출이자를 부담하게 하는 것은 형평에 맞지 않는 점, 부동산 매수자금이나 취득비용 지급을 위한 자금은 명의신탁약정에 기하여 지급된 것으로서 명의신탁약정이 무효이므로 그 지급을 위한 법률상 원인이 없다고 할 것이지만, 대출이자는 명의신탁약정과 함께 이루어지기는 하였으나 이와는 별개인 대출명의대여약정에 기하여 지급된 것이므로 이것이 법률상 원인 없이 지급된 것이라고 할 수 없는 점 등에 비추어 보면, 원고가 지급한 대출이자는 피고가 반환할 부당이득의 범위에 포함되지 않는다고 하여야 한다."라고 판시한바,

신탁자가 매수자금을 수탁자에게 청구하면서 추가로 신탁자가 부담한 대출이자를 청구할 경우 그 대출이자 청구가 인정되기는 어렵다(위 창원지방법원 2017가합18 판결과 유사한 취지의 판례로는 수원지방법원 안양지원 2013가단107063 판결 및 대구지방법원 2021나308083, 308090 판결 등 참고).

이와 관련하여 대법원 2007다90432 판결에 의하면, "명의수탁자가 소유권이전등기를 위하여 지출하여야 할 취득세, 등록세 등을 명의신탁자로부터 제공받았다면, 이러한 자금 역시 위 계약명의신탁약정에 따라 명의수탁자가 당해 부동산의 소유권을 취득하기 위하여 매매대금과 함께 지출된 것이므로, 당해 부동산의 매매대금 상당액 이외에 명의신탁자가 명의수탁자에게 지급한 취득세, 등록세 등의 취득비용도 특별한 사정이 없는 한 위 계약명의신탁약정의 무효로 인하여 명의신탁자가 입은 손해에 포함되어 명의수탁자는 이 역시 명의신탁자에게 부당이득으로 반환하여야 한다."고 판시한 사실이 있다.

6. 계약명의신탁에 있어 매수자금 부당이득반환청구의 시효소멸 문제

부동산실명법 제4조는 "명의신탁약정의 효력"이라는 제목 아래 "① 명의신탁약정은 무효로 한다. ② 명의신탁약정에 따른 등기로 이루어진 부동산에 관한 물권변동은 무효로 한다. 다만, 부동산에 관한 물권을 취득하기 위한 계약에서 명의수탁자가 어느 한쪽 당사자가 되고 상대방 당사자는 명의신탁약정이 있다는 사실을 알지 못한 경우에는 그러하지 아니하다. ③ 제1항 및 제2항의 무효는 제3자에게 대항하지 못한다."라고 규정하고 있다.

위 부동산실명법 제4조 제2항 단서가 적시한 "부동산에 관한 물권을 취득하기 위한 계약에서 명의수탁자가 어느 한쪽 당사자가 되고 상대방 당사자는 명의신탁약정이 있다는 사실을 알지 못한 경우"를 대체로 "매도인 선의 계약명의신탁"이라고 말하는데, 이러한 "매도인 선의 계약명의신탁"의 경우에는 명의신탁약정은 무효이나 물권변동은 유효가 되기 때문에 결과적으로 명의수탁자가 부동산의 소유권을 취득하게 된다.

결국 부동산실명법에 따르면 매도인 선의 계약명의신탁에 있어 신탁자는 수탁자에게 신탁부동산의 반환을 청구할 수 없으며 신탁자가 수탁자에게 제공한 매수자금을 부당이득으로 반환을 청구할 수 있을 뿐이다(특히 부동산실명법 이후에 명의신탁이 있었던 경우를 전제).

즉 대법원 2014다30483 판결에 의하면 "부동산 실권리자명의 등기에 관한 법률(이하 '부동산실명법') 제4조 제1항, 제2항에 의하면, 명의신탁자와 명의수탁자가 이른바 계약명의신탁 약정을 맺고 명의수탁자가 당사자가 되어 명의신탁약정이 있다는 사실을 알지 못하는 소유자와의 사이에 부동산에 관한 매매계약을 체결한 후 매매계약에 따라 당해 부동산의 소유권이전등기를 수탁자 명의로 마친 경우에는 명의신탁자와 명의수탁자 사이의 명의신탁약정의 무효에도 불구하고 명의수탁자는 당해 부동산의 완전한 소유권을 취득하게 되고, 다만 명의수탁자는 명의신탁자에 대하여 부당이득반환의무를 부담하게 될 뿐이다. 그런데 계약명의신탁약정이 부동산실명법 시행 후에 이루어진 경우에는 명의신탁자는 애초부터 당해 부동산의 소유권을 취득할 수 없었으므로 위 명의신탁약정의 무효로 명의신탁자가 입은 손해는 당해 부동산 자체가 아니라 명의수탁자에게 제공한 매수자금이고, 따라서 명의수탁자는 당해 부동산 자체가 아니라 명의신탁자로부터 제공받은 매수자금만을 부당이득 한다."라는 취지이다.

다만 신탁자가 수탁자를 향하여 행사할 수 있는 매수자금에 대한 부당이득 반환청구권은 10년의 시효에 걸린다(신탁부동산이 매도인으로부터 수탁자명의로 이전 등기된 시점이 부당이득반환청구권의 시효의 기산점이 될 것: 서울북부지방법원 2008나1499 판결 참고).

문제는 신탁자와 수탁자 사이에 긴밀한 관계를 맺어온 경우에 신탁자의 수탁자에 대한 매수자금 부당이득반환 청구에 대한 수탁자의 소멸시효 항변이 무조건 인정되는지 여부이다. 신탁자와 수탁자의 긴밀한 관계로 인하여 신탁자가 시효중단을 위한 행위를 전혀 하지 않고 10년 이상의 기간이 지난 사안이 적지 않아 실무적으로 문제가 되는 것이다.

이와 관련하여 대법원(전합) 2012다202819 판결은 채무자인 수탁자의 소멸시효의 항변권 행사가 구체적 사정에 따라 권리남용이 될 수 있다는 취지이다.

즉 위 대법원(전합) 2012다202819 판결은 "소멸시효를 이유로 한 항변권의 행사도 민법의 대원칙인 신의성실의 원칙과 권리남용금지의 원칙의 지배를 받는 것이어서 채무자가 소멸시효 완성 후 시효를 원용하지 아니할 것 같은 태도를 보여 권리자로 하여금 이를 신뢰하게 하였고, 권리자가 그로부터 권리행사를 기대할 수 있는 상당한 기간 내에 자신의 권리를 행사하였다면, 채무자가 소멸시효 완성을 주장하는 것은 신의성실 원칙에 반하는 권리남용으로 허용될 수 없다. 채무자가 소멸시효의 이익을 원용하지 않을 것 같은 신뢰를 부여한 경우에도 채권자는 그러한 사정이 있은 때로부터 상당한 기간 내에 권리를 행사하여야만 채무자의 소멸시효의 항변을 저지할 수 있는데, 여기에서 '상당한 기간' 내에 권리행사가 있었는지는 채권자와 채무자 사이의 관계, 신뢰를 부여하게 된 채무자의 행위 등의 내용과 동기 및 경위, 채무자가 그 행위 등에 의하여 달성하려고 한 목적과 진정한 의도, 채권자의 권리행사가 지연될 수밖에 없었던 특별한 사정이 있었는지 여부 등을 종합적으로 고려하여 판단할 것이다. 다만 신의성실의 원칙을 들어 시효 완성의 효력을 부정하는 것은 법적 안정성의 달성, 입증곤란의 구제, 권리행사의 태만에 대한 제재를 이념으로 삼고 있는 소멸시효 제도에 대한 대단히 예외적인 제한에 그쳐야 할 것이므로, 위 권리행사의 '상당한 기간'은 특별한 사정이 없는 한 민법상 시효정지의 경우에 준하여 단기간으로 제한되어야 한다."는 취지이다 (참고로 "소멸시효 완성 주장이 신의성실 원칙에 반하여 허용되지 아니한다고 평가하는 것은 신중을 기할 필요가 있다"라는 취지의 판결로는 대법원 2024다294705 판결 참고).

이와 관련하여 서울북부지방법원 2008나1499 판결은 계약명의신탁에 있어 신탁자(원고)의 수탁자(피고)에 대한 매수자금에 대한 부당이득반환청구가 시효로 소멸한 사안에서 수탁자(피고)가 소멸시효 항변을 하였으나, 신탁자(원고)의 권리남용항변을 받아들여 신탁자(원고)의 수탁자(피고)에 대한 매수자금에 대한 부당이득반환청구를 인정하였다.

즉 위 서울북부지방법원 2008나1499 판결은 "원고와 피고는 자매사이로 오랜 기간 동안 가까이 거주하면서 2003.경 자녀들의 동업문제로 사이가 나빠지기 전까지는 좋은 사이로 지내왔던 점, 피고 명의로 이전등기를 해둔 뒤에도 피고는 이 사건 토지에 대한 취득세나 종합토지세 등의 세금문제를 비롯한 이 사건 토지의 관리문제에 대하여 원고로 하여금 처리하게 하거나 함께 처리하여 왔던 점, 원고와 피고는 이 사건 이행각서를 작성하면서 원고가 원할 때 항시라도 이 사건 토지의 1/2 지분에 대한 소유권이전등기를 하여 주기로 약정한 이래, 이 사건 토지를 팔아 그 대금을 1/2씩 나누는 문제에 관하여도 논의를 하는 등 원고로서는 시효중단을 위한 조치가 불필요하다고 믿었을 것으로 보이는 점 등 제반 정황을 종합하여 보면, 피고의 원고에 대한 이 사건 부당이득금 반환 채무이행의 거절을 인정하는 것은 현저히 부당하거나 불공평하게 되어 피고가 소멸시효의 완성을 주장하는 것이 신의성실의 원칙에 반한다고 인정되므로, 이 점에서도 피고의 시효 소멸 주장은 받아들일 수 없다."는 취지이다[위 사안은 신탁자(원고)가 수탁자(피고)의 요구에 따라 신탁부동산의 세금을 납부한 사정 등을 들어 신탁자(원고)의 수탁자(피고)에 대한 매수자금에 대한 부당이득반환청구권의 시효중단도 인정함].

정리하자면, 부동산실명법 시행 이후의 부동산명의신탁이 있었음을 전제할 때에 매도인 선의 계약명의신탁에 있어 수탁자는 신탁부동산의 소유권을 취득하고 신탁자는 수탁자에게 단지 매수자금에 대한 부당이득반환청구권을 행사할 수 있는데, 이러한 부당이득반환청구권도 소멸시효의 대상이 된다.

다만, 신탁자가 수탁자를 향해 시효중단 조치를 할 필요가 없을 정도로 믿고 긴밀한 관계를 이어오는 등 구체적 사정이 존재한다면 수탁자의 매수자금에 대한 소멸시효 항변이 권리남용이 될 수 있고, 결과적으로 신탁자의 수탁자에 대한 매수자금의 부당이득반환청구가 인정될 수 있다고 해석된다.

7. 아파트 계약명의신탁에 따른 수탁자의 명도청구 등이 성공한 필자의 사례

계약명의신탁과 관련하여 다양한 쟁점이 문제되었던 필자가 수행한 울산지방법원 2022가합11513(본소) 건물인도, 11520(반소) 부당이득반환 사건을 설명한다(필자는 원고를 대리함. 피고들 항소 후 조정이 성립됨).

원고의 돌아가신 어머니와 피고 1은 누나와 남동생 사이이다. 즉 피고 1은 원고의 외삼촌이다. 피고 2는 피고 1의 처로 원고의 외숙모이다. 피고 3은 피고 1의 오래된 지인으로 분쟁대상 아파트(이하 '이 사건 아파트')에 대한 근저당권자에 해당하는데, 위 근저당권의 채무자는 원고의 돌아가신 어머니로 적시되어 있다.

원고의 외숙모 피고 2는 원고의 어머니 명의로 2008. 8. 17.경 '이 사건 아파트'의 분양권을 제3자로부터 5억 6,550만원에 매수하였다. 이 사건 아파트는 2008. 8. 27. 분양회사 명의로 소유권보존등기가 마쳐진 후에 2008. 9. 16. 원고의 어머니 명의로 2005. 12. 26. 매매를 원인으로 소유권이전등기가 마쳐졌다.

원고의 어머니는 2021. 9. 23. 사망하였고, 원고는 이 사건 아파트를 2021. 11. 18.에 2021. 9. 23. 상속을 원인으로 소유권이전등기를 경료하였다. 원고의 외삼촌과 외숙모 즉 피고 1, 2는 현재 이 사건 아파트에 거주 중이다.

〈원고의 본소 쟁점 : 원고의 본소 모두 승소〉

이 사건 아파트에 대하여 매도인(분양회사) 선의 계약명의신탁이 성립되었음을 전제로 원고는 본소를 통해 이 사건 아파트를 점유하는 피고 1, 2에 대하여 사용대차 종료를 전제한 명도청구와 이 사건 소장 송달로 사용대차가 해소된 사정을 전제로 사용대차 해지 다음날로부터 인도일까지 차임상당 부당이득반환청구, 그리고 피고 3을 상대로는 피담보채권 부존재를 전제로 근저당권 말소를 청구하였는데, 원고의 청구가 모두 인용되었다.

원고 본소의 첫째 쟁점에 해당하는 계약명의신탁의 성립에 대하여 알아보자.

판결문에는 나오지 않지만 피고측은 제3자인 수분양자로부터 분양권을 원고의 어머니 명의로 매수한 사정을 기초로 여러 주장을 펼쳤으나, 분양권을 매수한 경우라도 계약명의신탁 판단에 있어 매도인은 수분양자가 아니라 분양회사가 된다는 전제의 판단을 받았다. 이때 분양회사는 원고와 피고 2 사이의 명의신탁약정 사실을 알기 어렵다.

결국 이 사건 아파트의 매도인 분양회사는 원고와 피고 2 사이의 명의신탁 약정을 알지 못하는 매도인 선의이며, 명의신탁약정이 이른바 3자 간 명의신탁인지 아니면 계약명의신탁인지는 계약당사자가 누구인가를 확정하는 문제인데, 특별한 사정이 없는 한 그 명의신탁관계는 계약명의신탁이라는 취지의 2012다105369 판결 등에 따라 매도인 선의 계약명의신탁으로 판단된 것이다.

따라서 이 사건 아파트는 원고의 어머니가 매도인 선의 계약명의신탁의 수탁자로서 소유권을 취득한 후에 원고가 상속을 원인으로 소유권을 확보한 것으로 정리되었다(아파트 수분양자가 전매를 하고 분양회사의 동의 내지 승낙을 받았으나 수분양자와 전매수자 사이에 내부적으로 수분양자가 그대로 소유권을 보유하는 약정을 한 경우에도 매도인(분양회사) 선의 계약명의신탁이 되어 전매수자가 신탁부동산의 소유권을 취득한다는 취지의 판례로는 대법원 2012다202932 판결 참조).

원고 본소의 두 번째 쟁점에 해당하는 피고 1, 2에 대한 이 사건 부동산의 인도청구를 알아보자.

매도인 선의 계약명의신탁에 있어 이 사건 아파트는 분양 당시 원고의 어머니 소유로 확정된 것이므로 피고 1, 2가 이 사건 아파트에 대하여 거주를 시작한 2008. 9.경 묵시적으로 사용대차가 성립된 것이다. 민법 제613조 제2항은 사용대차의 존속기간에 대하여 "② 시기의 약정이 없는 경우에는 차주는 계약 또는 목적물의 성질에 의한 사용, 수익이 종료한 때에 반환하여야 한다. 그러나 사용, 수익에 족한 기간이 경과한 때에는 대주는 언제든지 계약을 해지할 수 있다."고 규정하고 있다.

필자는 10여 년 이상 피고 1, 2가 이 사건 아파트에 무상으로 거주한 사실, 신뢰관계가 극도로 파괴된 사실(친족관계는 오히려 더 용이하게 사용대차의 신뢰관계 파괴 긍정 가능 취지의 관련자료 등 법원에 제출) 등을 근거로 인도청구를 하였던 것인바, 위 법원은 "피고 1, 2가 이 사건 소가 제기될 때까지 약 14년 동안 이 사건 아파트에 거주하고 있었던 점, 원고와 피고 1, 2 사이에 신뢰관계가 깨진 점 등에 비추어 보면, 이 사건 소가 제기될 무렵 이 사건 아파트의 사용수익에 충분한 시간이 경과"하였다는 취지로 원고의 인도청구를 긍정하였다. 이에 따라 법원감정을 통해 산정된 월 1,840,000원의 월세상당 부당이득청구가 모두 인용되었다.

원고 본소의 세 번째 쟁점에 해당하는 원고의 피고 3에 대한 근저당권말소청구를 알아보자.

필자가 본소를 제기하기에 앞서 원고를 상담한 결과 피고 3의 근저당권은 허위의 근저당권으로 파악하였다. 원고는 원고의 어머니가 사망한 후에 원고의 외삼촌인 피고 1을 직접 찾아가 문제를 해결하려 하였고, 그 당시만 해도 해결 가능성이 존재하여 피고 1이 원고에게 명의신탁사실 때문에 허위의 근저당권을 설정해 둔 것이라고 말했다는 것이다.

그러나 소송이 제기되자 원고의 외삼촌 피고 1의 지인이었던 피고 3은 진정한 근저당권임을 주장하였고, 원고는 근저당권의 피담보채권이 부존재 한다는 주장과 함께 적지 않은 노력을 해야 했다. 다행인 것은 근저당권의 피담보채권이 존재한다는 입증책임은 근저당권자가 부담한다는 대법원 2010다107408 판결 등이 존재한다는 것이다.

즉 위 대법원 2010다107408 판결 등에 의하면 "근저당권의 성립 당시 근저당권의 피담보채권을 성립시키는 법률행위가 있었는지 여부에 대한 증명책임은 그 존재를 주장하는 측에 있다."는 취지이다.

결국 위 법원은 "피고 3이 2018. 9. 10. 망인의 농협계좌에 2억 9,000만원을 송금한 사실은 있지만, 근저당권의 피담보채권을 성립시키는 법률행위를 직접 뒷받침할 수 있는 처분문서가 존재하지 않는 점, 피고 3은 근저당권설정등기가 마쳐진 때로부터 약 5개월이 지난 후에야 비로소 원고 어머니 계좌로 2억 9천만원을 송금하였는데, 이는 매우 이례적인 점 등을 근거로 피고 3이 제출한 증거만으로는 피고 3의 근저당권의 피담보채권이 존재한다고 인정하기 부족"하다는 판결을 내렸다(필자는 근저당권의 피담보채권에 대한 의문 즉 피고 3이 원고의 어머니 계좌로 보낸 금 2억 9,000만원이 실제로는 피고 1, 2의 돈이라고 의심을 하였기 때문에 이를 확인하기 위해 수많은 은행에 조회신청 등을 하였고, 그 와중에 법원이 위와 같은 판단을 해도 무리가 없을 정도의 각종 자료가 확보되었던 것).

〈피고의 반소 쟁점 : 매수자금 상당의 부당이득반환청구 등〉

본건과 같은 경우에 신탁자는 자신이 부담한 매수자금에 대한 청구를 하는 것이 일반적인데, 위 사건에 대하여 피고는 적지 않은 쟁점을 주장하였다. 다만 피고의 반소쟁점은 매수자금에 대한 부당이득반환 청구이외에는 대부분 기각되었다.

본건에 있어 신탁자인 피고 2에게 인정된 매수자금에 대한 부당이득반환청구와 그 범위를 살펴보자.

매도인 선의 계약명의신탁에 있어서 명의수탁자는 명의신탁자로부터 제공받은 부동산 매수자금을 명의신탁자에게 부당이득으로 반환해야 한다(대법원 2002다66922 판결 등). 그리고 명의신탁자로부터 제공받은 취득세·등록세 등 부동산 취득비용 지급을 위한 자금도 명의신탁 약정에 따라 명의수탁자가 당해 부동산을 취득하기 위하여 지출된 것이므로 이 역시 특별한 사정이 없는 한 부당이득으로서 명의신탁자에게 반환하여야 한다(대법원 2007다90432 판결 등).

원고의 외숙모 피고 2가 '이 사건 아파트' 매매계약 대금전액 5억 6,550만원(현금+이 사건 아파트를 담보로 망인을 명의로 한 대출금액), 취·등록세 등 부대비용 16,618,446원, 인지대 156,000원 합계 582,274,446원을 지출한 사실이 인정되고, 원고는 피고 2에게 위 582,274,446원을 부당이득으로 반환할 의무가 있다. 또한 부동산중개수수료 700만원, 아파트 관리비 예치금 334,000원 합계 금7,334,000원도 부당이득반환채무에 포함된다. 결국 원고는 피고 2에게 부당이득으로 589,608,446원(=582,274,446원+7,334,000원)을 반환할 의무가 있다.

다만 피고 2가 이 사건 아파트 매수자금 마련을 위해 이 사건 아파트를 담보로 제공하고 망인 명의로 각 은행으로부터 대출받은 후 지급한 이자 22,417,990원 및 78,440,182원 등은 원고가 피고 2에게 반환한 부당이득금액으로 볼 수 없다(신탁자인 피고 2는 매수자금을 현금으로 마련할 수도 있는데, 피고 2가 이 사건 아파트를 마련하는 방법으로 대출이라는 방법을 선택함으로써 발생한 비용에 불과하기 때문 등).

앞서 확인한 바와 같이 원고는 피고 2에게 부당이득으로 589,608,446원(=582,274,446원

+7,334,000원)을 반환할 의무가 있다. 이에 원고는 상계항변을 하였고, 원고의 상계항변이 받아 들여졌다.

즉 피고 2는 망인(원고의 어머니) 명의를 사용하여 이 사건 아파트를 담보로 2014. 12. 17. 국민은행으로부터 4억원을 대출받아 2022. 9. 30. 현재 326,829,930원의 채무가 남아 있다. 그리고 2017. 3. 8. 울산원예농협으로부터 3,400만원을 대출받아 원고의 상속 당시 3,400만원의 채무가 그대로 남아 있다. 따라서 피고 2는 원고에게 합계 금360,829,930원(=326,829,930원+3,400만원)을 부당이득으로 반환할 의무가 있는바, 원고는 위 반환채권으로 피고 2의 부당이득채권 금589,608,446원과 상계할 수 있다. 결국 원고는 피고 2에게 상계후 남은 부당이득금 228,778,516원(=589,608,446원+360,829,930원)을 지급할 의무가 있다.

피고 2는 망인 명의로 이 사건 아파트를 5억 6,550만원에 매입한 것인데, 이때 피고 2는 이 사건 아파트 매입을 "피고 2의 현금+이 사건 아파트를 담보로 망인 명의로 대출"을 받았던 것인데, 원고가 피고 2에게 반환할 매수자금 계산에 있어 "이 사건 아파트를 담보로 망인 명의로 대출"을 받은 금액까지 포함하여 이 사건 아파트 매수대금 전액 5억 6,550만원이 원고가 피고 2에게 지급한 부당이득반환채무로 계산이 되었기 때문에 이 사건 아파트에 남아 있는 대출 잔금은 피고 2가 부당이득을 한 것이 되어 상계의 대상이 되는 것이다(실제 재판에서는 위와 같은 계산법으로 공방이 된 것은 아니지만 판사님께서 잘 정리하여 판결한 것. 필자가 쌍방 주장 계산이 다소 혼란스럽고 복잡하게 전개되어 몇 차례 표를 만들어 정리하여 법원에 제출. 기타 '소비대차' 등 여러 쟁점은 생략함).

그리고 원고는 피고의 반소채권 즉 피고의 매수자금 등 부당이득반환청구권이 시효로 소멸하였다는 취지의 소멸시효항변권을 행사하였다. 원고의 어머니 명의로 이 사건 아파트에 대한 소유권이전등기가 2008. 9.경 마쳐진 때로부터 10년이 경과된 후인 2022. 3. 15.자로 피고의 반소가 있었기 때문이다.

다만 피고는 재항변을 통해 채무승인을 주장하였고, 피고의 재항변이 받아들여졌다. 즉 위 법원은 "망인은 사망 직전까지 매월 피고 2에게 대출이자, 재산세 등의 납부를 요청하고 대납을 수인함으로써 피고 2에게 위 각종 비용 상당의 부당이득반환채무를 승인하였으므로 위 부당이득반환채무의 소멸시효는 완성되지 않았다."라는 취지이다(본건과 달리 부동산자체의 부당이득반환청구가 가능한 경우는 별론으로 하고 매수자금 상당 부당이득반환청구는 채무승인 법리가 위와 달리 판단되어야 한다는 원고주장은 받아들여지지 않음).

정리해보자. 분양회사로부터 아파트를 분양받은 수분양자로부터 아파트를 전매수한 경우에 아파트의 매매당사자는 "매도인=분양회사, 매수인=전매수인"이 된다. 전매에 있어 전매도인에 불과한 수분양자가 부동산실명법 제4조가 규정하는 계약명의신탁 판단에 있어 매도인이 되는 것이 아니라는 것이다. 이런 경우에는 분양회사가 신탁계약이 있었다는 사실을 알기 어렵고, 수탁자가 매수인으로 나설 수밖에 없어 매도인 선의 계약명의신탁으로 판단될 가능성이 매우 높다.

매도인 선의 계약명의신탁에 있어 신탁자는 매수자금을 수탁자에게 부당이득으로 반환청구 할 수 있는데, 신탁부동산을 담보로 대출을 일으킨 신탁자가 그 이자를 부담하였다고 가정하더라도 그 이자는 신탁자의 부당이득반환채권이 될 수 없다. 신탁자가 현금으로 매수대금을 제공하였다면 발생할 수 없는 비용이기 때문이다.

필자가 수행한 위 판결에서 피고는 반소를 통해 위 쟁점 이외에 '진정명의회복 원인 소유권이전등기청구', '대물변제 및 증여 약정에 기한 소유권이전등기청구', '금전청구' 등 가능해 보이는 모든 법리를 동원하였으나, 위 쟁점들은 모두 기각되었다.

8. 상호명의신탁과 공유물분할

한 필지의 토지를 세 명이 등기부상으로 공유지분으로 소유하고 있는데, 실제는 지분만큼의 땅 위에 각자 집을 짓고 살고 있다.

공유지분이라는 것은 한 필지의 땅 전부에 대하여 지분만큼 소유하는 것을 전제한 개념이기 때문에, 한 필지의 땅의 일부를 배타적으로 사용하는 개념과는 거리가 있다. 즉, 공유토지인 한 필지의 일부에 집을 지어 사용할 경우, 그 집을 지은 사람은 한 필지의 땅 일부를 배타적으로 사용하는 것이어서, 등기부상의 공유지분의 형식과 배치되는 행동을 하는 것이 된다.

그렇다면, 한 필지의 토지의 일부를 배타적으로 사용하고 있는 현실과, 공유지분으로 등기부에 기재된 형식을 어떻게 합치시켜야 할까? 이는 형식을 현실에 맞게 고치는 작업이 될 것이다. 우선, 요건충족이 가능하다면 한시법인 공유토지 분할에 관한 특례법에 따른 행정절차를 통한 공유물분할절차를 고려할 수 있다. 다만, 공유물분할을 반대하는 공유자가 있을 경우 소송이 불가피한 상황에 처할 가능성이 있다.

소송을 통할 경우 공유물분할청구소송을 진행하면 족한가? 그렇지 않다. 구분소유적 공유관계, 즉 상호명의신탁으로 판단될 경우에는 명의신탁해지에 근거한 지분이전등기청구권을 행사해야 한다는 것이 대법원의 입장이기 때문이다(대법원 88다카10517 판결, 대법원 2006다84171 판결 등). 즉, 일반공유관계에서는 공유물분할의 방식에 따라 공유관계가 해소되어야 하지만(민법 제268조, 제269조 등), 구분소유적 공유관계의 경우에는 공유물분할청구가 아니라 상대방에 대하여 상호명의신탁관계를 해지를 통하여 명의신탁관계를 해소하고, 그 특정매수부분에 대한 소유권확인 또는 지분이전청구가 가능하다는 것이다.

즉 대법원 88다카10517 판결에 의하면 "공유물분할청구는 공유자의 일방이 그 공유지분권에 터 잡아서 하여야 하는 것이므로 공유지분권을 주장하지 아니하고 목적물의 특정부분을 소유한다고 주장하는 자는 그 부분에 대하여 신탁적으로 지분등기를 가지고 있는 자들을 상대로 하여 그 특정부분에 대한 명의신탁해지를 원인으로 한 지분이전등기절차의 이행만을 구하면 될 것이고 공유물분할 청구를 할 수 없다 할 것이다."는 취지이다.

그렇다면 구분소유적 공유관계란 무엇인가? 여러 사람이 한 필지의 토지를 매수함에 있어 각자의 위치를 특정하여 그 특정부분을 매수한 경우에는 먼저 분필등기를 한 후에 각 필지에 대하여 각자 이전등기를 하는 것이 원칙이다. 그런데 등기의 편의상 분필등기를 하지 않고, 한 필지의 토지에 공유지분등기를 하는 경우, 이를 구분소유적 공유라고 한다(구분소유적 공유는 통상 1필지의 토지에 대하여 성립하는 경우가 많지만, 1동의 건물의 경우에도 성립될 수 있다는 취지의 판례로는 대법원 2011다42430 판결). 대법원 2011다42430 판결에 의하면 "1동의 건물 중 위치 및 면적이 특정되고 구조상·이용상 독립성이 있는 일부분씩을 2인 이상이 구분소유하기로 하는 약정을 하고 등기만은 편의상 각 구분소유의 면적에 해당하는 비율로 공유지분등기를 하여 놓은 경우, 구분소유자들 사이에 공유지분등기의 상호명의신탁관계 내지 건물에 대한 구분소유적 공유관계가 성립하지만, 1동 건물 중 각 일부분의 위치 및 면적이 특정되지 않거나 구조상·이용상 독립성이 인정되지 아니한 경우에는 공유자들 사이에 이를 구분소유하기로 하는 취지의 약정이 있다 하더라도 일반적인 공유관계가 성립할 뿐, 공유지분등기의 상호명의신탁관계 내지 건물에 대한 구분소유적 공유관계가 성립한다고 할 수 없다."는 취지이다.

참고로 명의신탁해지소송은 통상 공동소송, 공유물분할청구소송은 고유필수적 공동소송이 될 것으로 보인다.

9. 계약명의신탁에 있어 매도인의 선의·악의 등에 대한 입증책임

부동산명의신탁의 경우 부동산실명법 제4조 규정에 따라, 원칙적으로 신탁행위는 물론이고, 물권변동도 무효가 된다. 부동산명의신탁의 유형은 2자 간 명의신탁(양자 간 명의신탁), 중간생략 명의신탁(3자 간 명의신탁), 계약명의신탁으로 구분된다.

계약명의신탁이란 출연자가 여러 이유로 자신이 전면에 나서기를 꺼려하여 다른 사람의 승낙하에 그 사람 명의로 계약을 체결하는 것이다. 즉, 명의신탁의 목적이 단순한 공부상의 명의가 아니라 계약당사자 지위 자체라는 점에서 단순한 공부상의 명의만을 그 대상으로 하는 등기명의신탁과 구별된다.

부동산실명법 제4조 제2항은 명의신탁에 따른 물권변동의 무효를 규정하면서, 단서조항에 "부동산에 관한 물권을 취득하기 위한 계약에서 명의수탁자가 어느 한 쪽의 당사자가 되고 상대방 당사자는 명의신탁약정이 있다는 사실을 알지 못한 경우에는 그러하지 아니하다."라고 규정하여, 계약명의신탁의 방법으로 수탁자가 부동산 매수인이 된 경우에는 매도인이 명의신탁사실에 대하여 선의인 경우에 수탁자의 소유권취득(물권변동)을 인정하고 있다. 결국 부동산에 대한 계약명의신탁에 의하여 물권변동이 발생한 경우에 명의신탁약정은 무효가 되지만, 매도인이 명의신탁약정 사실을 모른 경우에 매수인에 해당하는 수탁자가 부동산의 소유권을 취득하는 구조가 된다.

문제는 명의신탁 분쟁에 있어 소송당사자는 신탁자와 수탁자가 되는 경우가 적지 않은데, 신탁자와 수탁자가 소송을 하면서, 명의신탁사실에 대하여 매도인이 선의였는지 또는 악의였는지가 쟁점이 되는 경우가 발생한다. 매도인이 선의였다면 수탁자가 부동산의 소유권을 취득하게 되며, 매도인이 악의였다면 부동산실명법상 물권변동무효 조항에 따라 소유권은 매도인에게 남아 있게 된다.

그렇다면, 매도인의 선악 여부를 누가 입증을 해야 할까? 부동산에 관하여 소유자로 등기된 경우 적법한 절차와 원인에 의하여 소유권을 취득한 것으로 법률상 추정되므로 명의신탁에 기한 것으로 원인무효라는 점은 이를 주장하는 자에게 증명책임이 있으므로(대법원 2007다90883 판결 등), 매도인도 선의로 추정된다고 보아야 할까? 아니면, 명의신탁의 경우에 물권변동이 무효가 되는 것이 원칙이므로 매도인이 선의라고 주장하는 자가 매도인이 선의임을 입증해야 할까?

판례는 계약명의신탁과 관련하여 명의신탁등기 명의자(수탁자)의 소유권을 부정하는 자는 '계약명의신탁 약정사실'에 더하여 '부동산실명법 제4조 제2항 단서에 따라 부동산 물권취득계약의 상대방(매도인)이 명의신탁약정이 있었다는 사실을 안 사실'까지 주장·증명해야 한다는 취지로 해석된다. 즉 대법원 2008다34828 판결 이유에 의하면 "이른바 계약명의신탁의 경우 매도인인 ○○○신용협동조합이 피고와 소외인 사이의 명의신탁 약정 사실을 알고 있었다는 점에 관한 주장·입증이 없는 한 부동산 실권리자명의 등기에 관한 법률 제4조 제1, 2항에 따라 수탁자인 소외인이 이 사건 부동산의 완전한 소유권을 취득"한다고 설시하였다.

그리고 서울고등법원 2019나2026289 판결에 의하면, "부동산실명법 제4조 제1, 2항에 의하면, 명의신탁자와 명의수탁자가 이른바 계약명의신탁 약정을 맺고 명의수탁자가 당사자가 되어 명의신탁약정이 있다는 사실을 알지 못하는 소유자와의 사이에 부동산에 관한 매매계약을 체결한 후 그 매매계약에 따라 당해 부동산의 소유권이전등기를 수탁자 명의로 마친 경우에는 명의신탁자와 명의수탁자 사이의 명의신탁약정의 무효에도 불구하고 그 명의수탁자는 당해 부동산의 완전한 소유권을 취득하고, 다만 명의수탁자는 명의신탁자에 대하여 부당이득반환의무를 부담하게 된다(대법원 2002다66922 판결, 대법원 2014다30483 판결 등). 한편 매도인이 명의신탁약정을 알았는지 여부는 계약체결시를 기준으로 판단하여야 하고, 매도인을 보호하기 위하여 규정된 부동산실명법 제4조 제2항 단서의 입법 취지를 고려할 때 매도인의 악의에 대한 입증책임은 이를 주장하는 자가 부담하는 것이 입증책임분배의 원칙에 부합한다."는 취지이다(단, 위 서울고등법원 판결은 다른 쟁점으로 대법원에서 파기됨).

10. 계약명의신탁과 과징금

부동산을 명의신탁한 경우에 민사 문제, 과징금 문제, 이행강제금 문제, 형사 문제 등이 발생하는데, 이 모든 내용이 부동산실명법에 규정되어 있다.

부동산실명법 제7조는 명의신탁자 및 명의수탁자 모두에 대하여 형사처벌을 하고 있다. 즉, 명의신탁자는 5년 이하의 징역 또는 2억원 이하의 벌금에 처하도록 규정하고 있고, 명의수탁자는 3년 이하의 징역 또는 1억원 이하의 벌금에 처하도록 규정하고 있다.

명의신탁자와 명의수탁자 처벌에 있어서는 공소시효 문제가 있다. 형사소송법 제249조에 의할 경우, 명의신탁자의 공소시효는 7년, 명의수탁자의 공소시효는 5년으로 해석된다. 이때 공소시효기산점이 문제될 것인데, 수사실무는 명의신탁 등기시를 기준으로 하는 것으로 보인다(2015년 법무부 발간 '부동산 실권리자 명의등기에 관한 법률 해석사례집' 제236쪽 제106번 '부동산실명법 제7조와 공소시효' 참고).

과징금 문제는 어떻게 되는가? 부동산실명법 제5조 제1항은 명의신탁자에게 부동산가액의 30%에 해당하는 범위 내에서 과징금을 부과하도록 규정하고 있다. 다만, 명의수탁자에게는 과징금을 부과하는 규정이 없어, 명의수탁자에게는 과징금을 부과할 수 없다.

이행 강제금 문제는 어떻게 되는가? 부동산실명법 제6조 제1항, 제2항은 과징금을 부과받은 명의신탁자가 실명등기를 하지 않을 경우에 이행강제금을 부과하도록 규정하고 있다. 다만 매도인 선의 계약명의신탁(부동산실명법 제4조 제2항 단서)으로 수탁자가 소유권을 취득하는 경우에 명의신탁자의 실명등기의무가 이론상 있을 수 없음을 고려하여 이행강제금도 부과하지 않는다. 즉 매도인 선의 계약명의신탁은 명의신탁자에게 과징금만 부과되며 이행강제금은 부과되지 않는다.

계약명의신탁에 있어 신탁자에게 부과되는 과징금의 제척기간은 지방세기본법 제38조 제1항 제3호 등을 고려할 때 5년으로 해석된다. 매도인 선의 계약명의신탁의 경우에 과징금이 부과되는지, 과징금이 부과된다면 제척기간의 기산점은 언제인지 문제된다.

즉 부동산실명법 제5조 제3항에 의하면, 과징금 부과기준을 명의신탁금지기간을 고려하도록 규정하고 있고, 매도인 선의 계약명의신탁의 경우에 부동산실명법에 의하면, 수탁자가 소유권을 취득(특히 부동산실명법 시행 이후의 계약명의신탁은 곧바로 수탁자 소유권취득)하며, 명의수탁자 명의로 등기된 시점에 명의신탁관계가 종료되는바, 의무위반 기간이 존재할 수 없어 과징금을 부과할 수 없는가?

그렇지 않다면, 매도인 선의 계약명의신탁도 명의신탁을 금지한다는 부동산실명법 취지를 위반한 것이기 때문에 명의수탁자 등기시점이 신탁관계 종료시점이 되고, 명의수탁자 등기시점부터 과징금 5년이 기산되어 수탁자 등기시점부터 제척기간 5년이 지나면 과징금을 부과할 수 없는가?

그것도 아니라면, 부당이득반환청구권을 명의신탁자가 보유하는 한 명의신탁자에 대한 과징금의 제척기간이 도래하지 않아, 명의신탁자에게 과징금이 부과될 가능성이 명의수탁자 등기시점으로부터 5년이 지나도 남아 있는가?

대법원 2011두26626 판결에 의하면, 매도인 선의 계약명의신탁으로 수탁자가 신탁부동산의 소유권을 취득(위 대법원 사안은 부동산실명법 이후의 명의신탁사건)하더라도 수탁자는 신탁자에게 부당이득반환의무를 부담하므로, 명의신탁관계가 종료되었다고 단정할 수 없다고 한다.

이 대법원 판결의 원심은 매도인 선의 계약명의신탁의 경우에 실명등기를 하지 않은 경우에 이행강제금 부과대상 제외를 규정하지만, 신탁자의 과징금 부과규정을 제외하는 규정을 두고 있지 않으며, 매도인 선의 계약명의신탁도 그 자체로 실명법 위반으로 과징금 부과의 필요성이 있어 과징금 부과대상으로 설명하고 있으며, 대법원도 원심의 판단을 수긍하였다.

결과적으로 부동산실명법 이후 신탁관계를 형성한 신탁자는 수탁자에게 제공한 매수대금에 대한 부당이득반환청구권이 존재하고, 수탁자는 채무승인을 할 수도 있으므로, 부당이득반환청구권을 명의신탁자가 보유하는 한, 과징금 제척기간의 기산점이 도래하지 않고 과징금의 제척기간도 만료되지 않아 신탁자에게 과징금이 부과될 가능성 상존한다는 점을 유의할 필요가 있다.

즉, 위 대법원 2011두26626 판결 이유에 의하면 "부동산실명법 제3조 제1항, 제5조 제1항, 제3항, 제6조 제1항 등 관련 법령의 규정 내용과 체계에 비추어 보면, 원칙적으로 부동산에 관한 물권을 명의신탁 약정에 의하여 명의수탁자 명의로 등기한 경우 그 명의신탁자에게는 과징금을 부과하도록 되어 있으므로,

명의신탁자와 명의수탁자가 이른바 계약명의신탁약정을 맺고 명의수탁자가 당사자가 되어 명의신탁약정이 있다는 사실을 알지 못하는 소유자와의 사이에 부동산에 관한 매매계약을 체결한 후 그 매매계약에 따라 당해 부동산의 소유권이전등기를 수탁자 명의로 마친 경우에는, 비록 부동산실명법 제4조 제2항 단서에 따라 그 명의수탁자가 당해 부동산의 완전한 소유권을 취득하게 된다고 하더라도, 부동산실명법 제5조 제1항이 정하는 과징금 부과대상에 해당된다고 할 것이다.

한편 부동산실명법 제5조 제2항 단서의 '명의신탁관계 종료시점'은 단지 명의신탁자와 명의수탁자 사이에 대내적으로 명의신탁을 해지한 시점이 아니라, 대외적으로도 명의신탁관계가 종료되어 부동산실명법 위반상태가 해소된 시점인 실명등기를 할 필요가 없거나 실명등기를 한 것으로 볼 수 있는 시점,

즉 공용징수·판결·경매 기타 법률의 규정에 의하여 명의수탁자로부터 제3자에게 부동산에 관한 물권이 이전되거나 또는 명의신탁자가 당해 부동산에 관한 물권에 관하여 매매 기타 처분행위를 하고 그 처분행위로 인한 취득자에게 직접 등기를 이전하거나 명의신탁자가 당해 부동산의 소재지를 관할하는 시장·군수 또는 구청장에게 매각을 위탁하거나 한국자산

관리공사에 매각을 의뢰한 시점 등으로 보아야 하고,

명의신탁자가 명의수탁자를 상대로 명의신탁의 해지를 원인으로 하여 소를 제기하였다거나 그 소송에서의 승소판결이 확정되었다는 사정만으로는 그때 부동산실명법상 명의신탁관계가 종료되었다고 할 수 없으며(대법원 2007두21563 판결),

부동산실명법 제4조 단서에 따라 그 명의수탁자가 당해 부동산의 소유권을 완전하게 취득하게 되더라도 그 명의수탁자는 그 명의신탁자에 대하여 부당이득반환의무를 부담하게 되므로(대법원 2007다90432 판결 등), 그 명의수탁자가 부동산실명법 제4조 제2항 단서에 따라 완전한 소유권을 취득하게 되었다는 사정만으로 바로 부동산실명법상 명의신탁관계가 종료되었다고 단정할 수 없다."라는 취지이다.

11. 계약명의신탁과 이행강제금

부동산실명법 제6조 제1항, 제2항은 과징금을 부과받은 명의신탁자가 실명등기를 하지 않을 경우에 이행강제금을 부과하도록 규정하고 있다. 다만 매도인 선의 계약명의신탁(부동산실명법 제4조 제2항 단서)으로 수탁자가 소유권을 취득하는 경우에 명의신탁자의 실명등기의무가 이론상 있을 수 없음을 고려하여 이행강제금도 부과하지 않는다. 즉 매도인이 명의신탁사실을 모르는 매도인 선의 계약명의신탁의 경우에는 명의신탁자에게 과징금만 부과되며 이행강제금이 부과되지 않는다.

그렇다면, 매도인 악의 계약명의신탁의 경우에 명의신탁자에게 이행강제금이 부과되는가? 부동산실명법 제6조 제1항은 "제5조 제1항 제1호에 따른 과징금을 부과받은 자는 지체 없이 해당 부동산에 관한 물권을 자신의 명의로 등기하여야 한다. 다만, 제4조 제2항 단서에 해당하는 경우에는 그러하지 아니하며, 자신의 명의로 등기할 수 없는 정당한 사유가 있는 경우에는 그 사유가 소멸된 후 지체 없이 자신의 명의로 등기하여야 한다."라고만 규정하고 있다.

부동산실명법 제6조 제1항은 "제4조 제2항 단서, 즉 매도인 선의 계약명의신탁"의 경우에만 과징금을 부과받은 명의신탁자에게 이행강제금을 부과할 수 없는 것처럼 규정하고 있어, 명의신탁사실을 알고 있는 매도인 악의 계약명의신탁에 있어 과징금을 부과받은 명의신탁자가 실명등기를 하지 않을 경우에 이행강제금이 부과되는지 해석상 문제된다.

대법원 2014두6456 판결에 의하면, 매도인 악의 계약명의신탁에 있어 과징금을 부과받은 명의신탁자도 이행강제금 부과대상이 되지 않는다는 취지이다(원심판결 파기·환송).

그 이유는 무엇일까? 위 대법원 2014두6456 판결은 "매도인이 악의인 계약명의신탁에서 부동산실명법 제4조에 따라 명의신탁약정과 물권변동이 모두 무효인 까닭으로 명의신탁자가 부동산의 소유자를 상대로 이전등기청구권을 가지지 못하는 경우까지 부동산에 관한 물권을 자신의 명의로 등기하지 아니하였다는 이유로 명의신탁자에게 이행강제금을 부과하는 것은 부동산실명법 제6조가 정한 이행강제금의 제도적 취지에 부합한다고 보기 어렵다. 매도인이 악의인 계약명의신탁에서 명의신탁자는 부동산실명법 제6조가 정한 이행강제금 부과대상에 해당하지 아니한다."는 취지이다.

이행강제금을 부과하는 취지는 "부동산실명법 제3조 제1항, 제4조 제2항 단서, 제5조 제1항 제1호, 제6조 제1항, 제2항의 규정 내용과 체계 등을 종합하면, 부동산실명법이 제3조 제1항을 위반한 명의신탁자에 대하여 위반행위 자체에 대한 제재로서 과징금을 부과하는 것에 그치지 아니하고 명의신탁자에게 부동산에 관한 물권을 자신의 명의로 등기할 의무를 부과하고 위반할 경우 이행강제금을 부과하도록 정한 것은, 이를 통하여 명의신탁자에게 심리적 압박을 주어 위반행위로 초래된 등기명의와 실체적 권리관계의 불일치 상태를 해소할 것을 간접적으로 강제함으로써 위법상태를 제거하고 부동산실명법의 실효성을 확보하기 위한 데 취지가 있다."는 것이다.

원심의 판단은 어떠했을까? 원심인 부산고등법원(창원) 2013누1341 판결은 1심이 그대로 타당하다는 판결을 선고한 것이었는데, 1심(창원지방법원 2012구합3680 판결)은 "매도인이 악의인 계약명의신탁에 의하여 명의수탁자 명의로 등기가 경료된 경우에도 그 등기가 부동산에 관한 실체적 권리와 불일치하는 부실등기에 해당하는 이상, 명의신탁자는 다른 명의신탁과 마찬가지로 실명등기의무를 부담하는 것이 원칙이고, 다만 앞서 본 바와 같은 정당한 사유가 있는 때에 한하여 이행강제금의 부과가 면제될 뿐이다. 또한 위와 같은 부실등기를 초래한 명의신탁자의 실명등기의무는 앞서 본 바와 같은 부동산실명법의 목적, 과징금 및 이행강제금 제도의 취지에 비추어 볼 때 반드시 명의신탁자가 당해 부동산에 관하여 등기청구권을 보유하고 있음을 전제로 한다고 볼 수는 없고, 현실적으로 명의신탁자 명의로 이전등기가 가능한 경우에는 명의신탁자가 위와 같은 등기청구권을 보유하고 있는지 여부에 관계없이 실명등기의무를 부담한다고 봄이 타당하다."면서

매매대금을 이미 수령한 이 사건 토지의 매도인들이 명의수탁자 명의로 되어 있는 등기의 말소를 요구할 가능성이 희박하여 계약명의신탁의 명의신탁자인 원고가 이 사건 토지를 자신의 명의로 등기하는 것이 현실적으로 가능하다는 이유 등을 들어 원고에게 이행강제금을 부과한 이 사건 처분이 적법하다고 판단하였던 것이다.

12. 계약명의신탁과 법률상 장애, 그리고 부동산자체의 부당이득청구 가능성

부동산실명법 시행일은 1995. 7. 1.이며, 제정일은 1995. 3. 30.이다. 부동산실명법 제11조에 의하면, 시행일(1995. 7. 1.)로부터 1년의 기간 내에 기존에 명의신탁한 사람들에게 부동산에 대한 실명등기를 하라고 규정하고 있다.

부동산실명법 제12조 제1항에 의하면, 위 1년의 유예기간 내에 부동산에 대한 실명등기

를 하지 않을 경우에, 그 기간이 경과한 날 이후의 명의신탁약정 등의 효력은 부동산실명법 제4조를 적용하도록 규정하고 있다. 결국, 유예기간 1년이 경과하면, 매도인 선의의 계약명의신탁의 경우에 명의신탁 부동산의 소유권은 명의수탁자에게 귀속된다.

그런데 부동산실명법 시행일 이전에 부동산에 대한 명의신탁이 있었고, 부동산실명법 시행일인 1995. 7. 1.부터 1년 내에 실명등기를 하지 않았다. 이러한 경우 대법원은 부동산자체의 부당이득반환청구를 통해, 명의신탁자가 부동산자체를 자신의 명의로 찾을 수 있는 방법을 인정하고 있다.

그렇다면, 부동산실명법 시행일인 1995. 7. 1.부터 1년 내에 부동산신탁자로 명의를 이전하는 데에 법률상 장애가 존재하는 경우에도, 차후 유예기간 경과 후에 소송을 통해 부동산자체의 부당이득반환청구권을 행사할 수 있는가?

대법원 2007다74690 판결은 부동산실명법상 1년의 실명등기 유예기간 동안 법률상 장애로 실명등기를 할 수 없었던 사람에게는 차후 유예기간이 지난 후 부동산자체의 부당이득반환청구권 행사를 통해 실명등기를 할 수 없다는 취지이다.

대법원 판결 사안은 부동산실명법 제11조에 따른 유예기간이 경과하기까지 명의신탁자로 명의를 이전하는 데에 법률상 장애가 존재하였는데, 그 법률상 장애는 농지를 소유할 지위가 없던 것이었다. 즉, 명의신탁자가 구 농지개혁법상 농지매매증명이나 농지법상 농지취득자격증명 발급요건을 충족하지 못한 상태였다. 위 유예기간 내에 농지를 취득할 수 없는 상태였기 때문에, 부동산자체 부당이득반환청구가 불가능하다는 것이 대법원 판결의 취지이다. 따라서 이러한 경우에는 명의신탁자가 명의수탁자에게 부동산을 매입하라고 주었던 매수대금만을 부당이득으로 청구할 여지가 있게 된다.

13. 지역주택조합의 조합원 자격자 명의로 아파트를 분양받은 경우 계약명의신탁

대구지방법원 2021가합210366 판결을 기초로 설명한다. 원고는 2015. 7. 27. 조합원 자격이 있는 피고 명의로 경산시 일원에서 사업 시행 중이던 D주택조합과 주택조합 가입계약을 체결한바, 부동산실명법 시행 이후의 문제임을 전제한다.

지역주택조합의 조합원 자격에는 제한이 있다. 원고가 지역주택조합의 조합원 자격 요건을 충족하지 못하여 조합원 자격이 있는 피고 명의로 조합원지위를 득한 후에 원고가 이 사건 아파트 매수자금을 지급한 경우 명의신탁이 성립한다고 볼 수 있다. 이때 계약명의신탁이 성립하는 것인지 아니면 3자 간 명의신탁이 성립하는 것인지 문제된다.

명의신탁약정이 이른바 3자 간 등기명의신탁인지 아니면 계약명의신탁인지의 구별은 계약당사자가 누구인가를 확정하는 문제로 귀결된다.

그런데 타인을 통하여 부동산을 매수함에 있어 매수인 명의를 그 타인 명의로 하기로 하였다면 이때의 명의신탁관계는 그들 사이의 내부적인 관계에 불과하므로, 설령 계약의 상대방인 매도인이 그 명의신탁관계를 알고 있었다고 하더라도, 계약명의자인 명의수탁자가 아니라 명의신탁자에게 계약에 따른 법률효과를 직접 귀속시킬 의도로 계약을 체결하였다는 등의 특별한 사정이 인정되지 아니하는 한, 그 명의신탁관계는 계약명의신탁에 해당한다고 보아야 함이 원칙이다(대법원 2013스133 결정, 대법원2016다207928 판결 등).

따라서 3자 간 명의신탁을 주장하는 자가 그 사실을 주장·입증하지 못한다면 계약명의신탁으로 이해된다. 또한 신탁자인 원고가 조합원자격이 없고, 명의자인 피고가 조합원자격이 있다는 사실을 고려하더라도 계약명의신탁으로 이해된다.

다만 3자 간 명의신탁이 성립된 사안으로 가정한다면 신탁자인 원고가 수탁자인 피고를 향해 직접 진정명의회복을 원인으로 하는 소유권이전등기청구권을 행사할 수 있는가?

자기 명의로 소유권을 표상하는 등기가 되어 있었거나, 법률에 의하여 소유권을 취득한 진정한 소유자는 그 등기명의를 회복하기 위한 방법으로 그 소유권에 기하여 현재의 원인무효인 등기명의인을 상대로 진정한 등기명의의 회복을 원인으로 한 소유권이전등기절차의 이행을 구할 수도 있다(대법원 2002다35157 판결 참조).

따라서 3자 간 명의신탁에 해당되고 원고가 원시취득자로 법률에 의하여 소유권을 취득한 자로 판단된다면 신탁자인 원고가 수탁자인 피고를 향해 직접 진정명의회복을 원인으로 하는 소유권이전등기청구권을 행사할 여지가 있다.

그렇다면 지역주택조합의 조합원 자격이 없지만 이 사건 아파트 분양자금을 지급한 원고가 이 사건 아파트를 원시 취득하였다고 볼 수 있는가? 피고가 이 사건 아파트에 대하여 소유권이전등기를 한 것이 아니라 소유권보전등기를 한 경우에 문제된다.

집합건물법 및 구 주택건설촉진법에 근거하여 설립된 재건축조합은 기존의 노후 건축물을 철거하고 재건축사업을 시행하는 것을 목적으로 하는 법인 아닌 사단으로서 그 사업구역 내에 있는 조합원들 소유의 토지는 재건축조합에게 현물로 출자되고 그 지상의 주택은 사업시행에 따라 철거될 것을 전제로 하는 것이어서, 재건축조합이 시공회사와 사이에서 조합원으로부터 출자받은 대지상에 집합건물을 신축하기로 하는 공사계약을 체결하고 이를 시행함에 있어 도급계약당사자가 아니라 제3자에 불과한 조합원들이 그 신축자금의 일부를 제공하였다 하여 그러한 사정만 가지고 개별 조합원들이 신축된 집합건물 중 특정 부분의 구분소유권을 원시 취득한다고 볼 것은 아니고 재건축조합의 규약 및 공사계약서의 내용을 모두 살펴 원시취득자를 확정하여야 한다(대법원 2003다3072 판결 참조). 이러한 법리는 지역주택조합의 경우에도 마찬가지라 할 것이다.

대법원 96다3807 판결이 "주택조합이 신축한 건물의 소유권은 조합원이 아닌 일반인에게 분양된 주택부분 등을 제외하고는 특단의 사정이 없는 한 건축자금의 제공자인 조합원들이 원시 취득한다."는 취지로 판시한 사실이 있기는 하나 이 판결은 지방세법상 취득세 납세의

무자의 확정이라는 조세관계의 특유한 법리가 반영된 것으로서 세법상 원래 금전을 출연한 자가 원시취득자라는 해석은 이미 형성되어 있었던 점, 민사법적으로는 주택조합에 있어서 조합원이 건축자금을 제공한다는 사정만으로 조합원이 배정받은 아파트를 원시 취득한다고 보는 것은 도급건축물의 소유권 귀속에 관한 법리와 부합하지 않는 점을 감안하면, 이 판결을 민사상 소유권 귀속에 관한 일반 법리로 확장해석하는 것은 적절하지 아니하다.

결국 원고가 이 사건 계약에 따른 분담금을 부담하였는지와 무관하게 이 사건 아파트의 원시취득자는 조합이고, 원고 명의로 이 사건 아파트의 소유권을 표상하는 등기가 마쳐진 사실도 없으므로 원고는 이 사건 아파트에 관하여 진정명의회복을 원인으로 하는 소유권이전등기절차의 이행을 구할 수 없다.

3자 간 명의신탁이 인정된다면, 원고가 매도인 즉 조합을 대위하여 피고 명의의 소유권보전등기의 말소를 청구할 여지가 있을 것이나, 3자 간 명의신탁이라는 사실이 부정되고 계약명의신탁이 문제될 뿐이므로 원고의 조합에 대한 피보전권리가 존재하지 않아 원고의 당사자 적격이 없고(대법원 91다13243 판결), 피보전권리의 존부는 직권조사사항(대법원 2009다3234 판결)인바, 원고의 피고에 대한 소유권보전등기 말소청구는 각하된다.

그런데 계약명의신탁에 있어 매도인의 악의에 대한 입증책임은 이를 주장하는 자가 부담한다(대법원 2010다41348, 2010다41355 판결). 결국 본건은 매도인 선의 계약명의신탁에 해당하여 피고가 이 사건 아파트의 소유권을 취득하게 된다.

설령 조합이 원고와 피고 사이의 명의신탁약정의 존재를 알고 있었다고 가정하더라도, 피고 명의로 마쳐진 이 사건 아파트에 관한 소유권보존등기는 효력을 상실하여 그 소유권이 원시취득자인 조합에 귀속되고, 원고가 조합원에 해당하지 않는바 원고의 3자 간 명의신탁을 전제한 피고를 향한 진정명의회복을 원인으로 한 소유권이전등기 청구 및 조합을 대위한 소유권보전등기 말소청구는 인정되기 어렵다.

14. 명의신탁과 횡령, 그리고 부당이득반환청구

계약명의신탁의 경우, 명의수탁자가 신탁부동산을 임의처분할 경우에 명의신탁자에 대하여 횡령죄 및 배임죄 성립을 부정한다(대법원 98도4347 판결, 대법원 2011도7361 판결, 대법원 2010도10515 판결). 명의수탁자를 명의신탁자에 대한 관계에서 횡령죄의 '타인재물 보관자'의 지위에 있다고 볼 수 없고, 배임죄에 있어 '타인사무 처리자'의 지위에 있다고 볼 수 없기 때문이다.

과거 중간생략형 명의신탁(3자 간 명의신탁)의 경우 명의수탁자가 신탁부동산을 임의로 처분할 경우에 신탁자에 대한 관계에서 횡령죄를 인정했었다(대법원 2000다3463 판결, 대법원 2001도6209 판결, 대법원 2002도2926 판결 등 다수). 그런데, 대법원(전합) 2014도6992 판결로 중간생략형 명의신탁(3자 간 명의신탁)에 있어 횡령죄가 성립된다는 앞선 판결을 폐기하였다.

즉, 구체적 사건에서 명의신탁약정이 중간생략형 명의신탁인지 매도인 악의 계약명의신탁인지 법률전문가도 판단하기 어려운데, 계약명의신탁 부동산을 임의로 처분한 경우에 아무런 형사제재가 없다. 따라서 중간생략형 명의신탁도 달리 취급할 이유가 없다는 것이다. 횡령죄는 '타인재물 보관자'라는 요건이 필요한데, 중간생략형 명의신탁(3자 간 명의신탁)의 부동산소유권자는 매도인이고 명의수탁자 역시 명의신탁자에 대해 신탁부동산 소유권이전 의무가 없다. 따라서 타인재물보관자의 지위가 없다는 것이다.

2자 간 명의신탁(양자 간 명의신탁)의 경우에 종전 대법원은 횡령죄로 처벌해 왔다(대법원 99도3170 판결, 대법원 99도5227 판결 등). 그러나 대법원(전합) 2016도18761 판결에 의하여 종전 판례가 폐기되고 "부동산실명법을 위반한 양자 간 명의신탁의 경우 명의수탁자가 신탁 받은 부동산을 임의로 처분하여도 명의신탁자에 대한 관계에서 횡령죄가 성립되지 아니한다."는 취지이다. 즉, 대법원(전합) 2016도18761 판결에 의하면 "명의신탁자와 명의수탁자 사이에 무효인 명의신탁약정 등에 기초하여 존재한다고 주장될 수 있는 사실상의 위탁관계라는 것은 부동산실명법에 반하여 범죄를 구성하는 불법적인 관계에 지나지 아니할 뿐 이를 형법상 보호할 만한 가치 있는 신임에 의한 것이라고 할 수 없다."고 한다.

그렇다면, 형사적 문제 아닌 명의신탁자의 민사적 구제방안이 있는가? 대법원 2019다203811, 203828 판결에 의하면, 3자 간 명의신탁에 있어 명의수탁자가 신탁부동산을 임의처분한 경우에 부동산처분대금에 대한 부당이득반환청구를 인정한다. 즉, 민사적으로 해결할 여지가 있다는 것이다. 명의수탁자가 신탁부동산을 임의로 처분한 경우에 부동산실명법 제4조 제3항에 따라 특별한 사정이 없는 한 제3취득자는 유효하게 소유권을 취득하고, 매도인의 명의신탁자에 대한 소유권이전등기의무가 이행불능이 된다. 이때 명의신탁자는 소유권을 이전받을 권리 상실에 따른 손해가 발생하고, 명의수탁자는 처분대금이라는 이익을 취득하는바, 부당이득채권이 성립하게 된다는 취지이다.

정리하자면 부동산실명법에 위반한 명의신탁의 경우에 명의수탁자가 신탁받은 부동산을 임의 처분하더라도 횡령죄 내지 배임죄가 성립하기 어렵지만 부동산실명법 위반이 아닌 적법한 종중명의신탁의 경우에는 그 구체적 사정에 따라 횡령죄 성립여지가 있다. 이와 관련하여 인천지방법원 2020노4736 판결에 의하면 종중으로부터 명의신탁된 부동산을 명의수탁자(수탁자가 종원은 아니었던 것으로 보임)가 임의로 처분한 경우에 횡령죄가 성립한다는 취지이다.

15. 3자 간 명의신탁에 있어 수탁자의 임의처분에 대한 신탁자의 부당이득반환청구

3자 간 명의신탁(중간생략형 명의신탁)이란 신탁자가 계약상의 부동산 매수인이고 매도인도 신탁약정 등 모든 사정을 알고 있지만, 부동산의 명의만을 수탁자로 해둔 것을 말한다.

부동산실명법 제4조는 부동산명의신탁에 있어 신탁약정 무효, 물권변동 무효를 선언하면서도, 수탁자가 제3자에게 신탁부동산을 임의로 처분한 경우는 그 제3자가 권리를 취득한다는 취지로 규정하고 있다.

참고로 대법원 2021다209225(본소), 2021다209232(반소) 판결에 의하면, "부동산 실권리자명의 등기에 관한 법률 제4조 제3항에 따르면 명의수탁자가 신탁부동산을 임의로 처분하거나 강제수용이나 공공용지 협의취득 등을 원인으로 제3취득자 명의로 이전등기가 마쳐진 경우, 특별한 사정이 없는 한 제3취득자는 유효하게 소유권을 취득한다. 그리고 이 경우 명의신탁관계는 당사자의 의사표시 등을 기다릴 필요 없이 당연히 종료되었다고 볼 것이지, 주택 재개발 정비 사업으로 인해 분양받게 될 대지 또는 건축시설물에 대해서도 명의신탁관계가 그대로 존속한다고 볼 수 없다."는 취지이다.

그렇다면, 3자 간 명의신탁에서 명의수탁자가 제3자에게 부동산을 매도하거나 부동산에 관하여 근저당권을 설정하는 등으로 처분행위를 하고 제3자가 부동산실명법 제4조 제3항에 따라 부동산에 관한 권리를 취득하게 되는 경우, 그 과정에서 명의수탁자가 얻은 이익에 관하여 명의신탁자가 명의수탁자를 상대로 직접 부당이득반환을 청구할 수 있는가?

신탁자와 수탁자 사이의 신탁약정이 부동산실명법 제4조에 따라 무효가 됨에도 불구하고, 신탁자의 수탁자에 대한 처분대금 등의 직접적 부당이득반환청구가 가능하다는 것이 대법원(전합) 2018다284233 판결(소유권이전등기)의 결론이다.

위 대법원 전원합의체 판결은 기존 대법원 판결(대법원 2009다49193, 49209 판결, 대법원 2015다207235 판결, 대법원 2019다203811, 203828 판결 등)을 그대로 유지한 것이었다.

위 대법원(전합) 2018다284233 판결의 이론적 근거는 무엇일까?

3자 간 명의신탁에 있어서는 신탁자와 수탁자 사이의 신탁약정이 무효가 되고, 매도인과 수탁자 사이의 물권변동도 무효가 되어 명의자가 수탁자임에도 불구하고 신탁부동산의 소유자는 종전대로 매도인이 되는데, 신탁자와 매도인 사이의 매매계약 자체는 유효인 까닭에 신탁자가 매도인을 대위하여 수탁자명의에 대한 말소청구 등을 대위하여 명의를 매도인으로 복귀시킨 뒤, 매도인을 상대로 소유권이전등기청구권을 행사할 수 있다.

이런 이론적 배경을 근거로 대법원은 "명의수탁자가 부동산의 처분행위 등에 대한 대가로 받은 이익은 명의수탁자의 처분행위 등과 부동산실명법 제4조 제3항에 따라 제3자가 유효하게 소유권을 취득함에 따라 얻게 된 이익이고, 명의신탁자는 당초 매도인을 통하여 부동산 소유권을 취득할 수 있는 권리를 가지고 있다가 위와 같은 제3자의 유효한 소유권 취득으로 인하여 매도인을 매개로 하더라도 부동산 소유권을 취득할 수 없는 손해를 입은 한편, 매도인은 위와 같이 제3자의 유효한 소유권 취득에도 불구하고 그의 재산에 경제적 손실을 입었다고 할 수 없다. 이러한 사정을 고려하면, 명의수탁자가 부동산의 처분행위 등으로 법률상 원인 없이 얻은 이익은 사회통념상 명의신탁자가 입은 손해로 인한 것으로서 명의신탁자에게 반환되어야 한다."는 취지이다.

또한 "명의수탁자의 처분행위 등으로 인한 명의신탁자, 명의수탁자 및 매도인 사이의 권리·의무의 변동은 명의신탁자와 명의수탁자 사이에서 이루어진 명의신탁약정이 무효인 데서 비롯된 것이므로 이에 따른 이해관계 조정의 문제도 명의신탁약정의 당사자인 명의신탁자와 명의수탁자 사이에서 해결하는 것이 타당하고 이 과정에서 매도인이 반드시 개입해야 할 논리 필연적 이유도 없기 때문"이라는 것이다.

결국 위 대법원(전합) 2018다284233 판결의 태도에 의하면, "명의신탁자는 명의수탁자가 처분행위 등을 하기 전까지는 매도인에 대한 소유권이전등기청구권을 보전하기 위하여 매도인을 대위해서만 명의수탁자에 대한 권리행사가 가능하였는데, 명의수탁자의 처분행위 등이 있다는 우연한 사정에 의하여 종전까지 존재하지 않았던 명의수탁자에 대한 청구권이 발생하여 직접 권리행사가 가능하게 된다[대법원(전합) 2018다284233 판결의 반대의견]."라는 문제가 발생한다.

이런 문제로 인하여 위 대법원(전합) 2018다284233 판결의 반대의견은 "수탁부동산이 처분대금이나 보상금 등의 대상물로 변할 경우 명의신탁자와 명의수탁자의 직접적인 법률관계를 긍정하는 결과가 되어 명의신탁을 유효하게 보는 것과 같은 효과를 낳게 한다."면서 다수의견을 반박하고 있다.

위 대법원(전합) 2018다284233 판결의 보충의견(다수의견에 대한 보충의견)에 의하면, "부동산실명법이 명의수탁자에게 신탁부동산의 처분대가 등을 보유하도록 허용한 것이 아닌 바에야 그 이익의 반환문제는 당사자 사이에 재산상 가치의 부당한 변동이 야기된 당초의 원인인 명의신탁약정의 당사자 사이에서 해결하는 것이 직접적이면서도 합리적이다. 뿐만 아니라 앞서 본 바와 같이 명의신탁자의 명의수탁자에 대한 부당이득반환청구권의 성립요건도 충족되므로 매매계약에 따라 매매대금을 취득하고 의무를 이행한 매도인을 굳이 부당이득반환의 법률관계에 다시 끌어들일 필요가 없다."는 취지이다.

정리하자면, 위 대법원(전합) 2018다284233 판결의 취지는 3자 간 명의신탁에 있어 수탁자가 신탁부동산을 임의 처분한 경우에, 신탁자가 수탁자를 상대로 그 처분대금의 직접적 반환청구를 인정하였다는 것이며, 위 임의처분에는 매매는 물론이고 근저당권설정행위 등이 포함되고, 넓게는 강제수용이나 공공용지 협의취득 등을 원인으로 제3자 명의로 소유권이전등기가 마쳐진 경우에도 그 수용보상금 등에 대한 신탁자의 수탁자에 대한 부당이득반환청구가 가능하다는 것이다.

위 대법원(전합) 2018다284233 판결 사안은 수탁자가 은행에 근저당권을 설정하는 처분행위가 있었던 사안이었다. 원심은 원고(신탁자), 피고(수탁자)와 소외인(매도인) 사이의 신탁부동산에 관한 3자 간 명의신탁을 인정한 후에 신탁자인 원고가 매도인인 소외인을 대위하여 피고를 상대로 소외인에게 진정한 등기명의회복을 위한 소유권이전등기절차의 이행을 구하는 원고의 청구를 인용하되, 원고의 피고에 대한 근저당권의 피담보채무액만큼의 부당이득반환청구를 기각하였으나, 대법원은 원심에서 기각된 부당이득반환청구를 인용하는 취지의 판시를 한 것이다.

16. 양자 간 명의신탁과 3자 간 명의신탁에 있어 수탁자의 임의처분에 대한 신탁자의 불법행위 청구

양자 간 명의신탁에 따라 명의신탁자로부터 소유권이전등기를 넘겨받은 부동산을 명의수탁자가 임의로 처분한 경우, 판례변경에 따라 현재는 형사상 횡령죄가 성립하지 않는다[대법원(전합) 2016도18761 판결]. 그렇다면, 임의처분한 명의수탁자가 명의신탁자에 대하여 민사상 불법행위책임을 부담하는가? 불법행위책임을 부담한다.

즉 대법원 2016다34007 판결에 의하면 "민사책임과 형사책임은 지도이념 및 증명책임의 부담과 증명의 정도 등에서 서로 다른 원리가 적용된다. 불법행위에 따른 형사책임은 사회의 법질서를 위반한 행위에 대한 책임을 묻는 것으로서 행위자에 대한 공적인 제재(형벌)를 내용으로 함에 비하여, 민사책임은 타인의 법익을 침해한 데 대하여 행위자의 개인적 책임을 묻는 것으로서 피해자에게 발생된 손해의 전보를 내용으로 하고 손해배상제도는 손해의 공평·타당한 부담을 지도원리로 하는 것이므로,

형사상 범죄를 구성하지 않는 침해행위라고 하더라도 그것이 민사상 불법행위를 구성하는지는 형사책임과 별개의 관점에서 검토되어야 한다. 부동산실명법은 명의신탁약정(제4조 제1항)과 명의신탁약정에 따른 등기로 이루어진 부동산에 관한 물권변동(제4조 제2항 본문)은 무효라고 명시하고 있다. 명의신탁약정에 따라 명의수탁자 앞으로 등기를 하더라도 부동산에 관한 물권변동의 효력이 발생하지 않는다. 그 결과 부동산 소유권은 등기와 상관없이 명의신탁자에게 그대로 남아 있게 되고,

명의신탁자는 부동산 소유자로서 소유물방해배제청구권에 기초하여 명의수탁자를 상대로 등기의 말소를 청구할 수 있다. 그런데 부동산실명법 제4조 제3항에서는 명의신탁약정과 그에 따른 물권변동의 무효는 '제3자에게 대항하지 못한다.'라고 정하고 있다. 이에 따라 명의신탁자는 명의수탁자가 제3자에게 부동산을 임의로 처분한 경우 제3자에게 자신의 소유권을 주장하여 소유권이전등기의 말소를 구할 수 없고,

명의수탁자로부터 부동산을 양수한 제3자는 소유권을 유효하게 취득하게 된다. 그렇다면 명의신탁받은 부동산을 명의신탁자의 동의 없이 제3자에게 임의로 처분한 명의수탁자는 명의신탁자의 소유권을 침해하는 위법행위를 한 것이고 이로 인하여 명의신탁자에게 손해가 발생하였으므로, 명의수탁자의 행위는 민법 제750조에 따른 불법행위책임의 성립 요건을 충족한다."는 취지이다.

3자 간 명의신탁은 어떠한가? 3자 간 등기명의신탁에 따라 매도인으로부터 소유권이전등기를 넘겨받은 부동산을 명의수탁자가 임의로 처분하더라도 종전과 달리 형사상 횡령죄로 처벌되지 않는다[대법원(전합) 2014도6992 판결]. 그렇다면, 명의수탁자가 명의신탁자에게 민법 제750조에 따른 불법행위책임을 부담하는가? 불법행위책임을 부담한다.

즉, 대법원 2020다208997 판결에 의하면 "3자 간 등기명의신탁에서 명의수탁자의 임의처분 등을 원인으로 제3자 앞으로 소유권이전등기가 한 경우, 특별한 사정이 없는 한 제3자는 유효하게 소유권을 취득한다(부동산실명법 제4조 제3항). 그 결과 매도인의 명의신탁자에 대한 소유권이전등기의무는 이행불능이 되어 명의신탁자로서는 부동산 소유권을 이전받을 수 없게 된다. 명의수탁자가 명의신탁자의 채권인 소유권이전등기청구권을 침해한다는 사정을 알면서도 명의신탁받은 부동산을 자기 마음대로 처분하였다면 이는 사회통념상 사회질서나 경제 질서를 위반하는 위법한 행위로서 특별한 사정이 없는 한 제3자의 채권침해에 따른 불법행위책임이 성립한다."는 취지이다.

17. 재소금지로 인한 양자 간 명의신탁에 있어 신탁자의 손해배상청구

양자 간 명의신탁이 존재한 경우는 부동산실명법 제4조에 따라 신탁무효, 물권변동 무효인바, 신탁자가 수탁자를 상대로 소유권이전등기말소를 청구하면 승소할 가능성이 높다.

양자 간 명의신탁에 있어 신탁자의 수탁자에 대한 등기말소청구가 1심 및 2심에서 승소한 후에 상고심에서 상고심 계속 중 소를 취하를 하였다면? 이때 차후 신탁자가 수탁자를 상대로 신탁부동산에 대한 소유권이전등기의 말소청구를 할 수 있는가? 할 수 없다. 민소법 제267조가 규정하는 재소금지에 해당하기 때문이다.

이와 관련하여 민소법 제267조는 "소취하의 효과"라는 제목 아래에 "① 취하된 부분에 대하여는 소가 처음부터 계속되지 아니한 것으로 본다. ② 본안에 대한 종국판결이 있은 뒤에 소를 취하한 사람은 같은 소를 제기하지 못한다."고 규정하고 있다.

그렇다면 손해배상청구로 청구취지 및 청구원인을 변경해도 될까? 신탁자가 수탁자를 향해 소유권이전등기말소청구를 하였다는 것은 아직 수탁자가 신탁부동산을 매각하지 않은 것이고 따라서 신탁자에게 손해가 없다. 결국 신탁자의 청구취지변경 등을 통한 손해배상청구는 인정되기 어렵다.

이와 관련하여 대법원 2022다266874 판결도 신탁자의 수탁자에 대한 손해배상청구는 인정될 수 없다는 취지이다.

위 대법원 판결이유를 현출한다. 불법행위로 인한 재산상 손해는 위법한 가해행위로 생긴 재산상 불이익, 즉 그 위법행위가 없었더라면 존재하였을 재산상태와 그 위법행위가 가해진 현재의 재산상태의 차이를 말한다[대법원(전합) 91다33070 판결 등].

이 사건 부동산 교환가치 전액이 원고의 손해가 되려면, 피고의 행위 때문에 이 사건 부동산이 멸실되거나 원고가 소유권을 잃는 등의 결과가 사회통념상 현실적으로 발생해야 한다.

양자 간 등기명의신탁의 경우 '부동산실명법'에 따라 명의신탁 약정과 그에 터 잡은 등기가 무효이므로, 원고가 이 사건 부동산 소유권을 여전히 보유하고 있는 이상 피고 앞으로 마친 소유권이전등기로 인하여 어떠한 '손해'를 입게 되는 것은 아니다(대법원 2012다97864 판결).

재소금지의 효과는 동일한 당사자 사이에 같은 소송물에 관하여 다시 소를 제기하지 못하게 하는 것일 뿐 실체상의 권리는 소멸하지 않는다(대법원 87다카2406 판결 등). 원고가 종전 소송을 취하함에 따라 원인무효인 피고 명의 소유권이전등기의 말소를 소송을 통해 강제할 수 없을 뿐이고, 이 사건 부동산 소유권은 계속 원고에게 남아 있다.

따라서 피고가 이 사건 부동산을 제3자에게 처분할 경우에 비로소 원고가 소유권을 상실하게 된다(부동산실명법 제4조 제3항).

이처럼 피고가 원인무효인 소유권이전등기의 말소를 거부하고 있을 뿐인데도 원심은 원고의 소유권이 침해되어 이 사건 부동산 가액 상당 손해가 발생했다고 보아 그 금액의 배상을 명하였다. 이러한 원심의 판단에는 소유권 침해로 인한 손해배상에 관한 법리를 오해한 잘못이 있다. 이 점을 지적하는 상고이유 주장은 이유 있다.

위 대법원 2022다266874 판결에 대하여 연도별 2023. 9. 1.자 '서울고등법원판례공보스터디' 제2984쪽, 제2985쪽의 의견을 실무하시는 분들에게 도움이 될 것 같아 정리한다.

피고 명의의 등기는 명의신탁약정을 무효로 하는 부동산실명법에 위반한 무효의 등기이고, 부동산의 소유권은 여전히 원고에게 있다. 다만 재소금지 규정에 의하여 원고가 피고에게 소유권이전등기의 말소청구를 하지 못하는 것일 뿐이다.

양자 간 명의신탁의 경우 명의수탁자가 부동산을 처분할 경우 횡령죄가 성립하지 않고(대법원 2016도18761 판결), 명의수탁자가 법률상 원인 없이 매매대금 상당을 취득하였음을 이유로 부당이득반환청구나 명의신탁자의 소유권을 침해하여 소유권을 상실시키는 손해를 발생케 하였음을 이유로 손해배상청구만 가능하다(대법원 2016다34007 판결).

명의수탁자가 명의신탁 부동산을 처분하지 않은 상태에서는 달리 등기 명의를 회복한 방법이 없는바, 진정 등기명의 회복을 원인으로 한 소유권이전등기청구도 말소등기청구와 소송물이 동일하여 재소금지에 반하기 때문이다[대법원(전합) 99다37894 판결].

원고를 위한 현실적인 대책은 소유권확인청구의 소를 제기해서 승소판결을 받아 놓거나 인도청구를 하여 인도를 받아놓고 이를 바탕으로 피고와 교섭을 하는 정도이다. 이때 인도청구는 기판력에 저촉되지 않는다.

18. 매도인 선·악 불문하고 명의수탁자가 경매 부동산의 소유권취득

대법원 2012다69197 판결 사안에 따르면, 명의수탁자가 명의신탁자의 돈으로 부동산을 낙찰받은 경우에 매도인의 명의신탁사실에 대한 악의 또는 선의에 상관없이 명의수탁자가 부동산의 소유권을 취득한다는 취지이다. 경매가 아닌 일반적인 경우는 부동산실명법 제4조 제2항 단서에 의하여, 매도인이 명의신탁사실에 대하여 선의인 경우에만 명의수탁자가 부동산의 소유권을 취득하는 것과 다름을 유의하자.

이 대법원 판결 사안을 정리해 보자. 소외인이자 부동산 소유자인 신탁자가 매수자금을 부담하여, 명의수탁자인 피고가 경매로 소외인(명의신탁자) 소유였던 부동산을 낙찰받았다.

부동산실명법 제정일인 1995. 3. 30.경 이전에 명의신탁약정을 했는데 부동산실명법 시행일은 1995. 7. 1.경이며, 명의수탁자인 낙찰자의 대금 완납일(소유권이전일. 등기가 있는 것과 동일)은 부동산실명법 시행일 이후인 1995. 9.경이었다.

부동산실명법 부칙 제2조 제2항은 "② 제4조의 규정은 이 법 시행 전에 명의신탁약정을 하고 이 법 시행 후에 이에 의한 등기를 한 경우에도 이를 적용한다."고 규정하여, 본건에 부동산실명법 제4조가 바로 적용되었다.

부동산실명법 제11조 제1항에 의하면, "이 법 시행 전에 명의신탁약정에 의하여 부동산에 관한 물권을 명의수탁자의 명의로 등기하거나 하도록 한 명의신탁자(이하 "기존 명의신탁자"라 한다)는 이 법 시행일부터 1년의 기간(이하 "유예기간"이라 한다) 이내에 실명등기하여야 한다."고 규정하여 부동산실명법 시행 전에 명의신탁약정뿐만 아니라 등기이전까지 요구하여 부동산실명법 제11조가 본건에 적용되지 않는 사안이었다. 부동산실명법 제11조가 적용되면, 부동산자체의 부당이득 가능성이 존재하는데, 본건은 그에 해당하지 않아 원고는 부당이득으로 부동산자체를 청구할 수는 없고, 단지 매수자금반환만 청구 가능한 상황이었다.

본건은 부동산경매에 있어 채무자인 소외인이 자금을 대면서 피고에게 소외인 부동산을 낙찰받도록 한 사안이었다. 부동산실명법 제4조에 따르면 매도인(소외인)이 명의신탁 사실을 몰랐을 때에만 수탁자가 소유권을 취득하나, 경매로 부동산을 취득하는 경우는 매도인이 명의신탁사실을 몰랐다는 요건이 불필요하다는 것이 대법원 판결의 취지이다.

즉 본건의 매도인 소외인의 선의 또는 악의를 불문하고 수탁자가 소유권을 취득한다는 것이다. 그 이유는 ① 경매가 사법상 매매성질을 보유하기는 하나 법원이 소유자 의사와 관련 없이 소유물을 처분하는 공법상 처분성을 보유하고, ② 소유자는 경매절차에서 매수인의 결정과정에 관여할 수 없으며, ③ 경매절차의 안정성 때문이라는 취지이다.

즉 위 대법원 2012다69197 판결 이유에 의하면 "부동산경매절차에서 부동산을 매수하려는 사람이 매수대금을 자신이 부담하면서 타인의 명의로 매각허가결정을 받기로 함에 따라 그 타인이 경매절차에 참가하여 매각허가가 이루어진 경우에도 그 경매절차의 매수인은 어디까지나 그 명의인이므로 경매목적 부동산의 소유권은 매수대금을 실질적으로 부담한 사람이 누구인가와 상관없이 그 명의인이 취득한다 할 것이고, 이 경우 매수대금을 부담한 사람과 이름을 빌려 준 사람 사이에는 명의신탁관계가 성립한다(대법원 2008다62687 판결 등). 이러한 경우 매수대금을 부담한 명의신탁자와 명의를 빌려 준 명의수탁자 사이의 명의신탁약정은 '부동산실명법률' 제4조 제1항에 의하여 무효이나(대법원 2006다73102 판결 등), 경매절차에서의 소유자가 위와 같은 명의신탁약정 사실을 알고 있었거나 소유자와 명의신탁자가 동일인이라고 하더라도 그러한 사정만으로 그 명의인의 소유권취득이 부동산실명법 제4조 제2항에 따라 무효로 된다고 할 것은 아니다. 비록 경매가 사법상 매매의 성질을 보유하고 있기는 하나 다른 한편으로는 법원이 소유자의 의사와 관계없이 그 소유물을 처분하는 공법상 처분으로서의 성질을 아울러 가지고 있고, 소유자는 경매절차에서 매수인의 결정 과정에 아무런 관여를 할 수 없는 점, 경매절차의 안정성 등을 고려할 때 경매부동산의 소유자를 위 제4조 제2항 단서의 '상대방 당사자'라고 볼 수는 없기 때문이다."라는 취지이다.

19. 3자 간 명의신탁에 있어 재산세를 납부한 명의수탁자의 부당이득청구

3자 간 명의신탁(중간생략형 명의신탁)에 있어 공부상 명의자인 명의수탁자가 재산세를 납부한 후에 명의신탁자에게 명의수탁자가 납부한 재산세를 부당이득으로 반환을 청구할 수 있을까? 과세관청이 부동산 명의자인 명의수탁자에게 재산세 부과처분을 하고 명의수탁자가 재산세를 납부하였다고 하더라도, 명의수탁자의 명의신탁자 또는 그 상속인을 상대로 한 재산세 상당의 금액에 대한 부당이득청구권이 인정되지 않는다는 것이 대법원 2018다283773 판결의 취지이다.

그 이유는 무엇일까? 대법원 판결이 언급한 이유는 다음과 같다. 3자 간 명의신탁이란 명의신탁자가 소유자로부터 부동산을 양수하면서 명의수탁자와 명의신탁약정을 하여 소유자로부터 바로 명의수탁자 명의로 부동산의 소유권이전등기를 하는 것으로, 명의신탁자가 부동산매매계약을 체결하고 매매대금을 모두 지급하였다면, 재산세 과세기준일 당시 그 부동산에 대한 소유권이전등기를 마치기 전이라도 부동산의 실질소유자로서 특별한 사정이 없는 한 명의신탁자가 재산세를 납부할 의무가 있다. 따라서 명의수탁자에 대한 재산세 부과처분은 특별한 사정이 없는 한 위법한 것으로 항고소송의 일종인 취소소송의 대상이 된다.

명의수탁자는 항고소송으로 재산세 취소소송을 제기하거나 관련 부동산의 소유권에 관한 판결이 확정됨을 안 날부터 일정기간 이내에 지방세기본법 제50조 제2항 제1호의 후발적 사유에 의한 경정청구를 하는 등의 방법으로 재산세를 환급받을 수 있다. 따라서 명의수탁자가 위법한 재산세 부과처분을 항고소송 등으로 다투지 않아 재산세 납부로 인한 손해가 발생하였을 때의 이러한 손해는 과세처분 불복기간이나 경정청구기간 도과 등으로 인한 것이다.

설령 과세관청이 명의신탁자에게 재산세부과처분을 하지 않게 됨으로써 명의신탁자가 재산세를 납부하지 않는 이익을 얻게 되더라도 사실상 이익이나 반사적 이익에 불과하다. 이러한 문제는 명의수탁자와 과세관청, 과세관청과 명의신탁자 각각의 관계에서 해결할 문제이고, 명의수탁자와 과세관청 사이에 해결할 문제를 명의수탁자에게 또 다른 구제수단을 부여할 필요성도 없다.

명의수탁자의 명의신탁자에 대한 부당이득반환청구권을 인정하게 되면, 과세처분의 취소 여부에 따라 복잡한 문제가 생길 수 있다. 명의수탁자가 명의신탁부동산에 대한 재산세를 납부함으로써 명의신탁자에 대한 부당이득반환청구권을 가지게 된다고 가정할 경우에도 명의수탁자가 과세관청을 상대로 과세처분의 취소를 구하는 항고소송을 진행하거나 후발적 사유에 의한 경정청구를 하는 것에 장애가 되지 않으므로 명의수탁자의 이중구제가 가능해지는 문제가 있기 때문이다.

위 대법원 2018다283773 판결에 대하여 분쟁은 종국적으로 그리고 간이하게 해결하는 것이 바람직한데, 위 판결은 명의수탁자는 경정청구 또는 취소소송을 하여 환급을 받고, 지방자치단체는 명의신탁자에게 다시 과세처분을 하여야 한다는 취지로 실익이 없는 번거로운 절차를 요구한다면서, 신탁자와 수탁자 사이에 위임계약이 유효한 경우라면 수탁자에게 신탁자에 대한 비용상환청구권을 인정하고, 위임계약이 무효인 경우라면 수탁자에게 신탁자에 대한 부당이득반환청구권을 인정하는 것이 타당하다는 견해가 있다(2021. 11. 19.자 '서울고등법원 판례공보스터디' 제505쪽 내지 제507쪽 참고).

20. 계약명의신탁에 대한 부동산실명법 제4조를 무력화하는 약정의 효력

부동산실명법 제4조 제1항은 명의신탁약정의 무효를 선언하면서, 제4조 제2항 단서에서 매도인 선의 계약명의신탁의 경우에 수탁자가 부동산의 소유권을 취득하는 것으로 규정하고 있다. 따라서 부동산의 매도인이 명의신탁사실을 알지 못한 선의자일 경우에 계약명의신탁에 있어 명의수탁자가 부동산의 소유권을 취득하고, 명의신탁은 무효이므로 명의신탁자는 명의수탁자에게 부동산을 매입하기 위해 제공한 돈을 부당이득으로 반환을 청구할 수 있을 뿐이다.

그렇다면, 매도인 선의 계약명의신탁에 대한 부동산실명법상의 결론, 즉 수탁자가 부동산의 소유권을 취득하고 신탁자는 수탁자에게 부동산매입을 위해 제공한 돈만을 부당이득으로 청구할 수 있다는 결론에도 불구하고, 명의신탁자와 명의수탁자가 내부적인 약정을 통해 명의신탁부동산의 소유 명의를 수탁자가 신탁자에게 이전하는 약정을 하거나, 차후 신탁부동산을 매각한 대금을 수탁자가 신탁자에게 반환하기로 약정할 경우, 그 약정은 유효한가? 대법원 2006다35117 판결은 이러한 약정은 무효라는 취지이다. 이는 부동산실명법 제4조가 강행규정이라는 취지로 이해할 수 있다.

즉, 대법원 2006다35117 판결 요지는 "부동산경매절차에서 매수대금의 실질적 부담자와 명의인 간에 명의신탁관계가 성립한 경우, 그들 사이에 매수대금의 실질적 부담자의 지시에 따라 부동산의 소유 명의를 이전하거나 그 처분대금을 반환하기로 약정하였다 하더라도, 이는 부동산 실권리자명의 등기에 관한 법률에 의하여 무효인 명의신탁약정을 전제로 명의신탁부동산 자체 또는 그 처분대금의 반환을 구하는 범주에 속하는 것이어서 역시 무효"라는 것이다.

그렇다면, 명의수탁자가 앞서 본 바와 같이 명의수탁자의 완전한 소유권 취득을 전제로 하여 사후적으로 명의신탁자와의 사이에 위에서 본 매수자금반환의무의 이행에 갈음하여 명의신탁된 부동산 자체를 양도하기로 합의하고 그에 기하여 명의신탁자 앞으로 소유권이전등기를 마쳐준 경우에는 어떠한가?

대법원 2014다30483 판결에 의하면, "그 소유권이전등기는 새로운 소유권 이전의 원인인 대물급부의 약정에 기한 것이므로 약정이 무효인 명의신탁약정을 명의신탁자를 위하여 사후에 보완하는 방책에 불과한 등의 다른 특별한 사정이 없는 한 유효하고, 대물급부의 목적물이 원래의 명의신탁부동산이라는 것만으로 유효성을 부인할 것은 아니다."는 취지이다.

대법원 2014다30483 판결 사안을 요약 정리하면 다음과 같다. 원고와 피고가 계약명의신탁약정 체결 후 명의수탁자인 원고가 토지에 대한 매매계약을 체결하고 원고명의로 등기하였고, 매도인은 명의신탁약정이 있었다는 사실을 몰랐다. 그 후 원고와 피고 사이에 신탁부동산의 소유권을 피고 앞으로 이전하여 주기로 하는 양도약정을 체결하고, 신탁부동산에 관하여 피고 앞으로 이전등기를 마쳤다. 원심은 피고명의의 이전등기는 무효의 등기라면서 원고의 신탁부동산에 대한 말소등기청구를 인용하였다. 원심판결의 취지는 새로운 약정의 형식을 통하여 무효인 명의신탁약정이 유효함을 전제로 명의신탁부동산 자체의 반환을 약속한 것에 불과하여 부동산실명법 제4조 제1항, 제2항을 고려할 때에 역시 무효이고, 피고 명의의 신탁부동산에 대한 이전등기는 적법한 원인이 없는 무효의 등기라는 것이다.

그러나 대법원은 원심판결을 파기·환송하였다. 즉, 수탁자인 원고명의로 신탁부동산에 대한 이전등기를 마쳤다가 원고와 피고 사이에서 원고의 피고에 대한 매수자금 부당이득반환의무의 이행에 갈음하여 이 사건 각 부동산 자체를 대물급부로 하여 명의신탁자인 피고에게 양도하기로 하는 내용의 이 사건 양도약정을 체결한 사실, 그 후 이 사건 양도약정에 기하여 피고 앞으로 이 사건 각 소유권이전등기가 마쳐진 사실을 알 수 있다는 것이고, 원고는 신탁부동산을 매도인으로부터 매수한 후 다시 피고에게 매도한 것이라고 주장하면서 피고를 상대로 매매대금의 지급을 구하였다가 패소 확정된 사실도 있으며, 위 패소 확정된 소송에서 피고명의 소유권이전등기는 유효로 확정된 것이 반영된 것이다.

대법원 2006다35117 판결과 대법원 2014다30483 판결의 차이점은 무엇일까? 이 판결들의 공통점은 일단 부동산실명법 제4조는 강행규정으로 이에 위반한 약정은 원칙적으로 무효가 된다는 것이다. 다만, 필자 개인적인 의견을 정리해 보자면, 대법원 2014다30483 판결은 수탁자인 원고가 신탁자인 피고에게 후발적 약정에 따라 신탁부동산에 대한 이전등기를 하고, 그 후 매매대금을 청구하는 소송을 하여 신탁부동산에 대한 피고의 소유권이 인정된다는 판결이 확정되고 나서, 다시 원고가 피고에게 피고의 소유권말소를 구하는 상황이었고, 이러한 상황에서 원고승소판결을 내리게 되면, 종전에 피고소유로 확정된 판결과 모순되는 판결이 선고될 수밖에 없는 상황에서 원고의 대금부당이득반환에 갈음하여 신탁부동산을 신탁자인 피고에게 이전한 것은 부동산실명법 제4조에 반하는 것이 아니라는, 충분히 이해할 만한 논리를 개발한 것이 아닌가 한다.

그렇다면, 부동산실명법이 시행되기 전에 매도인 선의 계약명의신탁이 있었고, 그 당시에 이미 장차 신탁부동산의 처분대가를 명의신탁자에게 지급하기로 하는 정산약정을 한 경우는 어떠한가? 이 경우에도 위 정산약정이 무효가 되는가? 이러한 정산약정은 유효라는 것이 대법원 2019다266751 판결의 취지이다. 즉 위 대법원 판결에 의하면 "부동산실명법이 시행되기 전에 명의신탁자와 명의수탁자가 명의신탁 약정을 맺고 이에 따라 명의수탁자가 당사자가 되어 명의신탁 약정이 있다는 사실을 알지 못하는 소유자와 부동산에 관한 매매계약을 체결한 후 그 매매계약에 기하여 당해 부동산의 소유권이전등기를 자신의 명의로 마치는 한편, 장차 위 부동산의 처분대가를 명의신탁자에게 지급하기로 하는 정산약정을 한 경우, 그러한 약정 이후에 부동산실명법이 시행되었다거나 그 부동산의 처분이 부동산실명법 시행 이후에 이루어졌다고 하더라도 그러한 사정만으로 위 정산약정까지 당연히 무효로 된다고 볼 수 없다."는 취지이다.

그 이유에 대하여 위 대법원은 "위와 같은 정산약정 당시에는 부동산실명법이 시행되기 전으로서 부동산에 관한 명의신탁 약정이 허용되었고, 명의신탁의 당사자들 사이에 명의신탁자가 이른바 내부적 소유권을 가진다고 보았다. 이에 따라 장차 명의신탁자 앞으로 목적 부동산에 관한 소유권등기를 이전하거나 그 부동산의 처분대가를 명의신탁자에게 지급하는 것 등을 내용으로 하는 약정도 유효하였다(대법원 2015다17494 판결). 부동산실명법 시행 전에 명의수탁자가 명의신탁 약정에 따라 부동산에 관한 소유명의를 취득한 경우에 부동산실명법 시행 후 같은 법 제11조의 유예기간이 경과하기 전까지 명의신탁자는 언제라도 명의신탁 약정을 해지하고 해당 부동산에 관한 소유권을 취득할 수 있었던 것으로, 실명화 등의 조치 없이 위 유예기간이 경과함으로써 같은 법 제12조 제1항, 제4조에 의해 명의신탁 약정은 무효로 되는 한편, 명의수탁자가 해당 부동산에 관한 완전한 소유권을 취득하게 된다. 그런데 부동산실명법 제3조 및 제4조가 명의신탁자에게 소유권이 귀속되는 것을 막는 취지의 규정은 아니므로 명의수탁자는 명의신탁자에게 자신이 취득한 해당 부동산을 부당이득으로 반환할 의무가 있다(대법원 2000다21123 판결, 대법원 2008다62687 판결 등). 이와 같은 경위로 명의신탁자가 해당 부동산의 회복을 위해 명의수탁자에 대해 가지는 소유권이전등기청구권은 그 성질상 법률의 규정에 의한 부당이득반환청구권이다(대법원 2009다23313 판결 등). 만일 명의수탁자가 신탁부동산을 처분하였다면, 앞서 본 바와 같은 처분대가에 관한 정산약정이 없는 경우라도 명의수탁자는 민법 제747조 제1항에 의하여 명의신탁자에게 그 부동산의 가액을 반환할 의무를 부담한다. 부동산실명법 시행 전에 명의수탁자가 신탁부동산의 처분대가를 명의신탁자에게 지급하기로 하는 정산약정을 한 경우 그러한 약정에 따른 법적 효과는 위와 같이 법률에 의하여 이미 명의신탁자에게 인정되는 권리의 범위 내에 속하는 것이라고 볼 수 있다. 따라서 위 약정이 애초부터 신탁부동산의 소유권을 취득할 수 없는 명의신탁자를 위하여 사후에 보완하는 방책에 해당한다거나 무효인 명의신탁 약정이 유효함을 전제로 명의신탁 부동산 자체 또는 그 처분대금의 반환을 구하는 범주에 든다고 보기 어렵다. 달리 위 정산약정 이후에 부동산실명법이 시행되었다거나 신탁부동산의 처분이 부동산실명법 시행 이후에 이루어졌다는 것만으로 그 유효성을 부인할 것은 아니다."는 취지이다.

위 대법원 2019다266751 판결에 대하여 부동산실명법은 유예기간 경과 후에는 더 이상 명의신탁약정의 효력을 인정하지 않는다는 태도를 취하고 있으므로 실질적으로는 그 일부분의 성격을 지닌 이 사건 정산약정도 함께 무효라고 보는 것이 법 취지에 부합한다면서, 위 판시대로라면 유예기간 경과 후 10년이 지나 소멸시효 완성으로 권리를 상실한 명의신탁자들이 다시 '정산약정'에 근거한 소송을 제기(정산금청구는 신탁부동산의 처분을 정지조건으로 하는 권리로서 처분 시부터 소멸시효가 진행되기 때문)하여 부동산 가치 상당을 회수할 가능성이 생긴다면서 위 판결이 참조판결로 제시한 대법원 2015다17494 판결은 조합관계에 따른 정산약정 사안으로 위 판례사안(부동산 투자하여 처분수익배분 목적)과 그 성격을 달리한다는 견해가 있다(2022. 9. 30.자 '서울고등법원판례공보스터디' 제1095쪽, 제1096쪽 참고).

21. 계약명의신탁의 신탁자인 상속인이 수탁자인 피상속인으로부터 신탁부동산을 증여받은 경우

부동산실명법 시행 후에 성립된 매도인 선의 계약명의신탁의 경우에는 수탁자가 신탁부동산의 소유권을 확정적으로 취득하고, 신탁자는 신탁자가 수탁자에게 지급한 매수자금을 부당이득반환으로 청구할 수 있을 뿐이고 신탁부동산을 찾아오기 어렵다.

즉 대법원 2006다35117 판결에 의하면, 신탁자와 수탁자 사이에 매수대금의 실질적 부담자인 신탁자의 지시에 따라 부동산의 소유 명의를 이전하거나 그 처분대금을 반환하기로 약정하였다 하더라도, 이는 부동산실명법에 의하여 무효인 명의신탁약정을 전제로 명의신탁 부동산 자체 또는 그 처분대금의 반환을 구하는 범주에 속하는 것이어서 역시 무효라는 취지이다.

다만 대법원 2014다30483 판결에 의하면, 명의수탁자가 명의수탁자의 완전한 소유권 취득을 전제로 하여 사후적으로 명의신탁자와의 사이에 매수자금반환의무의 이행에 갈음하여 명의신탁된 부동산 자체를 양도하기로 합의하고 그에 기하여 명의신탁자 앞으로 소유권이전등기를 마쳐준 경우에는 그 소유권이전등기는 새로운 소유권이전의 원인인 대물급부의 약정에 기한 것이므로 약정이 무효인 명의신탁약정을 명의신탁자를 위하여 사후에 보완하는 방책에 불과한 등의 다른 특별한 사정이 없는 한 유효하고, 대물급부의 목적물이 원래의 명의신탁부동산이라는 것만으로 유효성을 부인할 것은 아니라는 취지이다.

그렇다면, 소외 망 피상속인이 생전에 토지를 상속인 중 1인(피고)에게 증여하고 소유권이전등기를 마쳐 주었는데, 그 토지의 매수자금을 위 증여의 수증자(피고)가 부담하여 매도인 선의 계약명의신탁이 성립된 경우였다면, 위 증여에 따른 등기를 위 대법원 2014다30483 판결이 설명하는 대물급부의 약정으로 보아 유효로 볼 수 있을까?

위 사안에서 대법원 2023다304568 판결은, 매도인 선의 계약명의신탁으로 수탁자가 소유권을 취득하지만 수탁자가 완전한 소유권취득을 전제로 사후적으로 명의신탁자와 사이에 매수자금반환의무 이행에 갈음하여 신탁부동산 자체를 양도하기로 합의한 것으로 볼 여지가 있다는 취지로 판시하였다.

다만 위 판결은, 다른 상속인들(원고)이 수증자(피고)에게 청구한 유류분 청구의 특수성이 고려되었다는 점을 유의할 필요가 있다. 매수자금과 신탁부동산의 가치가 동일하다면 이러한 이론에 무리가 없겠지만, 대체로 매수자금보다는 신탁부동산의 가치가 큰 폭으로 상승한 경우가 많아 위 이론을 함부로 적용하기는 어렵기 때문이다.

이러한 사정을 고려하여 위 대법원 2023다304568 판결도, 위 증여를 대물급부의 약정으로 보아 유효성을 긍정하면서도, 그에 따른 정산 여부를 확인해서 정산이 되지 않은 부분은 신탁자인 피고의 특별수익(유류분에 있어)에 해당할 수 있다는 취지로 판시하였다.

즉, 신탁부동산의 가치에서 매수자금을 공제한 돈이 피상속인의 다른 상속인들인 원고가 주장하는 피고의 특별수익(유류분에 있어)이 될 수 있다는 것으로 이해된다는 것이다. 위 대법원 판결의 판결이유를 확인하면 "이 사건 각 부동산에 관하여 피고 앞으로 2013년 및 2016년 각 증여를 원인으로 한 소유권이전등기가 마쳐지기는 하였으나, 망인이 2010. 10. 29. '이 사건 각 부동산은 피고가 자기 돈을 투자하여 매수한 토지이고 이를 피고에게 증여한다.'는 취지의 유언증서를 작성"되었다는 내용이 확인된다.

위 대법원 2023다304568 판결 사안은 피상속인의 상속인으로 자녀들인 원고들 및 피고가 있었는데, 피상속인은 생전에 본건 토지를 피고에게 증여하고 소유권이전등기를 마쳐주었는바, 피상속인이 사망한 후에 원고들이 피상속인이 피고에게 본건 토지를 증여함으로 인한 유류분 침해되었다고 주장하면서, 유류분반환을 구한 사안이다. 이에 대해 피고는 자신이 본건 토지의 매수자금을 부담하여 매수하여 피상속인에게 명의신탁하였다가 돌려받은 것일 뿐 증여받은 것이 아니라고 주장한 사안이다.

원심은 계약명의신탁에서 명의신탁자(피고)는 당해 부동산의 소유권을 취득할 수 없고 다만 명의수탁자(피상속인)에게 제공한 매수자금 상당액에 대한 부당이득반환청구권을 취득함에 그친다는 이유로, 본건 토지는 피상속인이 그 소유권을 확정적으로 취득하였고 그 후 피고가 이를 증여받은 것은 특별수익이라고 판단하였다.

그러나 대법원은 그 판결 이유에서 "등기원인은 실질적인 관점에서 피상속인의 재산을 감소시키는 무상처분인 증여가 아니라 새로운 소유권 이전의 원인인 대물급부의 약정에 기한 것으로 인정될 가능성이 있다. 따라서 원심으로서는 명의신탁약정에 따라 수탁된 재산을 신탁자가 돌려받는 경우 그것이 실질적인 관점에서 피상속인의 재산을 감소시키는 무상처분에 해당하는지 여부에 따라 그 재산의 전부 또는 일부가 신탁자의 특별수익에서 제외되는지 여부를 심리·판단하였어야 한다. 원심이 이를 살펴보지 않은 채 이 사건 각 부동산의 상속개시 당시 가액 전부가 피고의 특별수익에 해당한다고 보아 이를 유류분 산정을 위한 기초재산에 포함시킨 것에는 특별수익에 관한 법리를 오해하거나 필요한 심리를 다하지 아니하여 판결에 영향을 미친 잘못이 있다."라는 취지로 판시한 것이다.

여기서 추가로 확인할 내용은 유류분제도의 입법취지라고 할 수 있는데, 이에 대하여 위 대법원 판결은 "유류분 산정의 기초재산에 산입되는 증여에 해당하는지 여부를 판단할 때에는 피상속인의 재산처분행위의 법적 성질을 형식적·추상적으로 파악하는 데 그쳐서는 안 되고, 재산처분행위가 실질적인 관점에서 피상속인의 재산을 감소시키는 무상처분에 해당하는지 여부에 따라 판단하여야 한다."라는 것이다.

정리해 보자. 부동산실명법 시행 후에 성립된 매도인 선의 계약명의신탁의 경우에는 수탁자가 신탁부동산의 소유권을 확정적으로 취득하고, 신탁자는 신탁자가 수탁자에게 지급한 매수자금을 청구할 수 있을 뿐이다. 따라서 이를 기초로 하면서도 부동산의 소유 명의를 신탁자에게 이전하거나 그 처분대금을 반환하기로 한 신탁자와 수탁자 사이의 약정은 무효다. 다만 수탁자의 신탁부동산에 대한 완전한 소유권 취득을 전제로 하여 신탁자와 합의 하에 사후적으로, 매수자금반환의무의 이행에 갈음하여 신탁부동산 자체를 양도하기로 합의하고 그에 따라 명의신탁자 앞으로 소유권이전등기를 마쳐준 경우에는, 대물급부의 약정에 기한 것이므로, 특별한 사정이 없는 한 유효하다. 그런데 피상속인 명의로 토지를 취득함에 있어, 상속인 중 1인(피고)이 매수자금을 제공한 매도인 선의 계약명의신탁에 있어, 피상속인이 생전에 위 신탁 토지를 매수자금 제공자인 상속인 중 1인(피고)에게 증여를 하였다면, 구체적 사정에 따라서는 매수자금 지급에 갈음하여 대물변제한 것으로 볼 수 있고, 다른 상속인들(원고)은 신탁부동산의 가치와 매수자금의 차액에 해당하는 금액에 한하여 유류분 산정에 있어 '특별수익'이라고 주장할 여지가 있다는 것으로 정리된다.

22. 명의신탁에 있어 수탁자의 임의처분을 저지하기 위한 가등기의 효력

명의신탁자가 부동산 매도인으로부터 부동산을 매수하면서, 피고들과의 명의신탁약정에 따라 부동산을 피고들 명의로 소유권이전등기를 마쳤다[중간생략형 명의신탁, 즉 3자 간 명의신탁 존재. 다만, 1심판결인 인천지방법원 2012가단71915 판결에 의할 때 원고의 주장인 "E(신탁자)에게 매수를 권유하였고, 이에 E(신탁자)는 D(매도인)를 대리한 F와 위 각 토지에 관하여 매매계약을 체결"이라는 부분이 받아들여진 사실에 근거해 3자 간 명의신탁으로 정리했을 뿐인바, 위 1심판결의 판단부분을 확인하면, 명의신탁이 계약명의신탁인지 아니면 3자 간 명의신탁인지에 대한 명확한 판단을 하고 있지 않음. 단지 "E(신탁자)가 이 사건 1, 2 토지와 소외 토지들에 대한 매매대금을 모두 부담하면서 이 사건 1, 2 토지의 소유 명의를 피고들에게 신탁한 것으로 봄이 상당하다."라고만 판시. 명의신탁의 유형구분이 쉽지 않은 사안으로 해석됨. 따라서 계약명의신탁으로 볼 여지도 있어 보임].

명의신탁약정과 함께 신탁자와 수탁자는 명의신탁자가 요구하는 경우 명의신탁자가 지정한 원고에게 부동산에 대한 소유권이전등기를 마쳐주기로 약정하였다. 명의신탁자는 명의수탁자인 피고들이 부동산을 임의로 처분하는 것을 막고, 약정에 따른 소유권이전등기청구권을 확보하기 위해 피고들과 합의하에 원고와 피고들 사이에 매매예약의 형식으로 원고명의로 가등기를 경료하였다.

원고는 피고들을 상대로 신탁부동산의 가등기에 의한 본등기절차 이행의 소송을 제기하였다. 원고의 청구가 인용될 수 있을까? 원심은 원고의 청구를 인용하였으나(인천지방법원 2013나1952 판결), 대법원은 원심을 깨고 원고의 청구를 기각하는 취지로 파기·환송하였다(대법원 2014다63315 판결).

그 이유는 무엇일까? 위 대법원 판결에 의하면 "부동산실명법 시행 이후 부동산을 매수하면서 매수대금의 실질적 부담자와 명의인 간에 명의신탁관계가 성립한 경우, 그들 사이에 매수대금의 실질적 부담자의 요구에 따라 부동산의 소유 명의를 이전하기로 하는 등의 약정을 하였다고 하더라도, 이는 부동산실명법에 의하여 무효인 명의신탁약정을 전제로 명의신탁 부동산 자체 또는 처분대금의 반환을 구하는 범주에 속하는 것이어서 역시 무효이고,

나아가 명의신탁자와 명의수탁자가 위와 같이 무효인 명의신탁약정을 함과 아울러 그 약정을 전제로 하여 이에 기한 명의신탁자의 명의수탁자에 대한 소유권이전등기청구권을 확보하기 위하여 명의신탁 부동산에 명의신탁자 명의의 가등기를 마치고 향후 명의신탁자가 요구하는 경우 본등기를 마쳐 주기로 약정하였더라도, 이러한 약정 또한 부동산실명법에 의하여 무효인 명의신탁약정을 전제로 한 것이어서 무효이고, 위 약정에 의하여 마쳐진 가등기는 원인무효"라는 취지이다.

명의신탁자가 새로운 수탁자인 원고에게 소유권이전등기를 하도록 피고들과 약정한 것은 또 다른 명의신탁으로 무효라고 보아야 하지 않나? 그렇다. 무효로 보아야 한다.

즉 위 대법원은 “명의신탁자가 명의신탁약정과는 별개의 적법한 원인에 기하여 명의수탁자에 대하여 소유권이전등기청구권을 가지게 되었다 하더라도, 이를 보전하기 위하여 자신의 명의가 아닌 제3자 명의로 가등기를 마친 경우 위 가등기는 명의신탁자와 제3자 사이의 명의신탁약정에 기하여 마쳐진 것으로서 약정의 무효로 말미암아 효력이 없다.”는 취지이다.

부동산에 대한 명의신탁에 해당하기는 하나 조세포탈 등의 목적이 없는 종중명의신탁의 경우에 명의신탁이 유효가 되는데(부동산실명법 제8조), 이때 신탁부동산을 수탁자가 임의 처분하는 것을 방지하기 위해 가등기를 설정한 경우, 그 가등기의 효력은 어떠한가? 그러한 가등기는 유효하다.

즉 대법원 2001다15170, 15187 판결에 의하면, 비록 그 가등기의 등기원인을 매매예약으로 하고 있고 종중과 명의수탁자 사이에 그와 같은 매매예약이 체결된 바 없다 하더라도, 가등기를 경료하기로 하는 종중과 명의수탁자의 합의가 통정허위표시로 무효라 할 수 없고, 실제로 매매예약 사실이 없었다고 하여 그 가등기가 무효가 되는 것도 아니며, 그 가등기권리자는 언제든지 가등기에 기한 본등기의 이행을 청구할 수 있다는 취지이다.

매매예약을 등기원인으로 하는 가등기이므로 10년의 제척기간이 경과한 다음 행사한 것도 위 판결에 있어서 쟁점이 되었으나, 비록 매매예약의 형식을 취했더라도 그 본등기에는 원고들에 의한 별도의 실질적 매매예약완결권의 행사를 요하지 아니하고 원고들이 청구하면 언제든지 매매예약완결권의 행사라는 형식을 취하지 아니하여도 이 사건 가등기에 기한 본등기를 경료해 주기 위함이었다면서, 매매예약의 제척기간 10년 경과라는 사실을 들어 가등기에 의한 본등기청구가 부정될 수 없다는 취지로 판시하였다.

23. 명의신탁에 있어 신탁자를 근저당권자로 하는 근저당권의 효력

명의신탁에 있어 명의수탁자가 신탁부동산을 임의로 처분하는 것을 저지하고 약정에 따른 명의신탁자 지정 제3자의 소유권이전등기청구권을 확보하기 위해 수탁자와 합의하에 매매예약을 원인으로 한 가등기를 경료한 경우(가등기권자는 명의신탁자가 지정한 제3자. 제3자는 또 다른 명의수탁자에 해당)에 대법원 2014다63315 판결에 의하면 위 소유권확보 약정은 부동산실명법에 의하여 무효인 명의신탁약정을 전제로 한 것으로 무효이고, 위 약정에 의하여 마쳐진 가등기도 원인무효라는 취지이다.

수탁자가 신탁부동산의 소유권을 취득할 수 없는 3자 간 명의신탁(중간생략형 명의신탁)에 있어 수탁자가 신탁부동산을 임의로 처분한 경우에 그 부동산 임의처분대금에 대하여 신탁자는 수탁자에게 부당이득반환청구권을 행사할 수 있다(대법원 2019다203811, 203828 판결).

부동산실명법 제4조는 “명의신탁약정의 효력”이라는 제목 아래에 “① 명의신탁약정은 무효로 한다. ② 명의신탁약정에 따른 등기로 이루어진 부동산에 관한 물권변동은 무효로 한다. 다만, 부동산에 관한 물권을 취득하기 위한 계약에서 명의수탁자가 어느 한쪽 당사자가 되고 상대방 당사자는 명의신탁약정이 있다는 사실을 알지 못한 경우에는 그러하지 아니하다. ③ 제1항 및 제2항의 무효는 제3자에게 대항하지 못한다."라고 규정하고 있다.

그렇다면 3자 간 명의신탁에 있어 수탁자가 신탁부동산을 임의처분할 경우에 신탁자가 수탁자에게 행사할 수 있는 처분대금의 부당이득반환청구권을 담보하기 위한 근저당권을 설정하였을 때에 '신탁자가 부동산실명법 제4조 제3항을 근거'로 위 근저당권이 유효하다는 주장을 할 수 있을까? 대법원 2014다53790 판결에 의하면, 이러한 근저당권은 무효라는 취지이다.

즉 위 대법원 2014다53790 판결에 의하면, "명의수탁자로부터 명의신탁된 부동산에 관한 등기를 받은 사람이 위 규정의 제3자에 해당하지 아니하면 그는 부동산실명법 제4조 제3항의 규정을 들어 무효인 명의신탁등기에 터 잡아 마쳐진 자신의 등기의 유효를 주장할 수 없다. 따라서 무효인 명의신탁등기에 터 잡아 명의신탁자 앞으로 마쳐진 근저당권설정등기는 무효"라고 판시하면서 원심(서울고등법원 2013나54644 판결)이 타당하다는 취지이다.

위 원심판결(서울고등법원 2013나54644 판결)을 확인하면, 명의신탁의 성격을 3자 간 명의신탁으로 확정한 뒤, 3자 간 명의신탁에 있어 수탁자명의의 등기는 무효이고, 신탁부동산의 소유권은 매도인에게 남게 되는바, 수탁자의 소유권이전등기가 무효이므로 이에 터 잡아 이루어진 근저당권등기도 무효라는 것이다.

그리고 위 원심에서는 "공동매수인에게 명의신탁한 부동산 소유지분에 대한 권리를 확보하기 위하여 경료한 근저당권설정등기는 통정허위표시에 의한 것이거나 피담보채권이 없는 것이어서 무효가 아니라는 취지의 대법원 93다6362 판결"이 쟁점이 되었으나, 원심은 위 대법원 93다6362 판결은 부동산실명법 시행 이전의 판결로 원심사건에 적용하기 어렵다는 취지로 판시하였다.

'부동산실명법 제4조 제3항의 제3자의 의미'에 대하여 대법원 2005다34667, 34674 판결은 "명의신탁 약정의 당사자 및 포괄승계인 이외의 자로서 명의수탁자가 물권자임을 기초로 그와의 사이에 직접 새로운 이해관계를 맺은 사람을 말한다고 할 것이므로, 명의수탁자로부터 명의신탁된 부동산의 소유명의를 이어받은 사람이 위 규정에 정한 제3자에 해당하지 아니한다면 그러한 자로서는 부동산실명법 제4조 제3항의 규정을 들어 무효인 명의신탁등기에 터 잡아 마쳐진 자신의 등기의 유효를 주장할 수 없고, 따라서 그 명의의 등기는 실체관계에 부합하여 유효라고 하는 등의 특별한 사정이 없는 한 무효"라는 취지이다.

따라서 신탁자는 명의신탁의 당사자이기 때문에 신탁자가 근저당권자가 되면 '부동산실명법 제4조 제3항의 제3자'의 개념상 위 개념의 '제3자'가 될 수 없으므로 신탁자가 근저당권의 유효를 주장하면서 '부동산실명법 제4조 제3항을 그 근거로 제시'하면 그 근저당권은 무효로 해석할 수밖에 없을 것이다.

다만, 3자 간 명의신탁에 있어 신탁자는 수탁자가 임의처분한 부동산처분대금에 대한 부당이득반환청구권을 행사할 수 있으므로 위 부동산처분대금 부당이득반환청구권을 피담보채권으로 하는 근저당권은 실체관계에 부합하는 등기로 유효가 될 수도 있다는 이론은 가능해 보인다(본서 제2판에 없었던 필자의 개인의견).

그렇다면, 신탁부동산의 소유권을 수탁자가 취득할 수 있는 매도인 선의 계약명의신탁의 경우에, 부동산처분대금 또는 신탁자가 수탁자에게 지급한 매수자금의 채권담보를 위한 근저당권설정이 가능할까? 이러한 의문이 드는 것은 수탁자의 등기가 유효하므로, 유효한 등기에 근거한 근저당권설정이 가능하지 않을까라는 생각 때문이다.

이 부분을 콕 찍어 판결한 사안을 확인하지는 못했다. 다만, 위 대법원 2014다53790 판결 취지는 "무효인 명의신탁 등기에 터 잡아 명의신탁자 앞으로 마쳐진 근저당권설정등기는 무효"라는 것이고, 매도인 선의 계약명의신탁의 경우에도 물권변동은 유효가 되나 명의신탁은 무효라는 점에서 매도인 선의 계약명의신탁의 경우에도 신탁자가 신탁부동산에 근저당권을 설정받더라도 무효 가능성이 있다고 생각한다(필자의 개인의견).

게다가 매도인 선의 계약명의신탁의 경우에 신탁자는 수탁자에게 매수자금만의 부당이득을 청구할 수 있을 뿐이고, 처분대금 내지 시가 상당액을 청구할 수 없다는 점에서 근저당권의 피담보채권을 확정하기도 어려운 문제가 있다.

결국 위 대법원 2014다53790 판결의 원심(서울고등법원 2013나54644 판결)에서 지적하는 것처럼(단, 위 원심은 3자 간 명의신탁 사례임), "이 사건 근저당권설정계약은 '명의신탁약정이 유효함을 전제로 명의신탁 부동산 자체 또는 그 처분대금의 반환을 구하는 약정' 또는 '명의신탁약정에서 정한 급부의 내용을 새로운 약정 형식을 통해 정리한 것'이라고 보는 것이 타당"하고 따라서 "이 사건 근저당권은 무효"라는 것인바, 이러한 취지를 고려하더라도, 매도인 선의 계약명의신탁의 경우에, 부동산처분대금 또는 신탁자가 수탁자에게 지급한 매수자금의 채권담보를 위하여 근저당권설정을 한 경우도 이러한 근저당권은 무효가 될 가능성이 있다고 본다(필자의 개인의견).

24. 3자 간 명의신탁에 있어 수탁자가 신탁자에게 자의로 이전등기를 한 경우 유효

3자 간 명의신탁(중간생략형 명의신탁)이란 명의신탁자가 소유자(매도인)로부터 부동산을 양도받으면서 명의수탁자와 사이에 명의신탁약정을 하여 소유자(매도인)로부터 바로 명의수탁자 명의로 소유권이전등기를 경료하는 것을 의미한다.

3자 간 등기명의신탁에 있어서, 명의수탁자가 부동산실명법에서 정한 유예기간(1996. 7. 1.) 경과 후에 자의로 명의신탁자에게 바로 소유권이전등기를 경료해 준 경우, 그 등기의 효력은 유효한가? 그렇다. 대법원 2004다6764 판결에 의하면, 실체관계에 부합하는 등기로서 유효하다는 취지이다.

위 대법원 2004다6764 판결 요지를 확인하면, "이른바 3자 간 등기명의신탁에 있어서, 명의수탁자가 부동산실명법에서 정한 유예기간 경과 후에 자의로 명의신탁자에게 바로 소유권이전등기를 경료해 준 경우, 같은 법에서 정한 유예기간의 경과로 기존 명의신탁약정과 그에 의한 명의수탁자 명의의 등기가 모두 무효로 되고, 명의신탁자는 명의신탁약정의 당사자로서 같은 법 제4조 제3항의 제3자에 해당하지 아니하므로 명의신탁자 명의의 소유권이전등기도 무효가 된다 할 것이지만,

한편 같은 법은 매도인과 명의신탁자 사이의 매매계약의 효력을 부정하는 규정을 두고 있지 아니하여 유예기간 경과 후로도 매도인과 명의신탁자 사이의 매매계약은 여전히 유효하므로, 명의신탁자는 매도인에 대하여 매매계약에 기한 소유권이전등기를 청구할 수 있고, 그 소유권이전등기청구권을 보전하기 위하여 매도인을 대위하여 명의수탁자에게 무효인 그 명의 등기의 말소를 구할 수도 있으므로, 명의수탁자가 명의신탁자 앞으로 바로 경료해 준 소유권이전등기는 결국 실체관계에 부합하는 등기로서 유효하다."는 취지이다.

이론적으로만 따질 경우에 명의신탁자와 명의수탁자 사이의 명의신탁약정과 그에 따른 명의수탁자의 소유권이전등기는 부동산실명법에서 정한 유예기간(1996. 7. 1.)의 경과로 무효가 된다. 따라서 명의신탁자 명의의 소유권이전등기 역시 부동산 매도인 명의로의 복귀절차를 밟지 않은 채 명의수탁자에서 바로 명의신탁자에게로 소유권이전등기가 마쳐진 것으로 일응 무효가 된다.

다만, 명의신탁자가 유효한 매매계약에 따라 매도인에게 소유권이전등기를 청구할 수 있고, 매도인을 대위하여 명의수탁자에게 무효등기의 말소를 구할 수 있다는 점이 고려되어 명의수탁자에서 바로 명의신탁자에게로 마쳐진 소유권이전등기는 실체관계에 부합하는 등기로 유효하다는 것이다.

3자 간 등기명의신탁에 의한 명의수탁자 명의의 등기가 유예기간(1996. 7. 1.) 경과로 무효로 된 경우에 앞서 확인한 것처럼 명의신탁자는 매도인에게 매매계약에 따른 소유권이전등기청구권을 갖는데, 이러한 청구권은 10년의 시효에 걸린다.

따라서 매도인의 소멸시효항변이 우려될 사안이라면, 명의신탁자는 명의수탁자와 적극적인 합의를 통해 명의수탁자로부터 명의신탁자로 곧바로 이전등기를 실행하는 것도 하나의 방법이 될 수 있다.

다만, 대법원 2013다26647 판결에 의하면, "부동산의 매수인이 목적물을 인도받아 계속 점유하는 경우에는 매도인에 대한 소유권이전등기청구권은 소멸시효가 진행되지 않고, 이러한 법리는 3자 간 등기명의신탁에 의한 등기가 유효기간의 경과로 무효로 된 경우에도 마찬가지로 적용된다. 따라서 그 경우 목적 부동산을 인도받아 점유하고 있는 명의신탁자의 매도인에 대한 소유권이전등기청구권 역시 소멸시효가 진행되지 않는다."는 취지이므로, 명의

신탁자가 신탁부동산을 점유하고 있는 상황이라면, 매도인의 소멸시효항변은 인정되기 어려울 것이다.

참고로 대법원 2006다35117 판결에 의하면, 매도인이 명의신탁 사실을 모르는 매도인 선의 계약명의신탁에 있어서는 명의수탁자가 신탁부동산의 소유권을 취득하게 되고, 명의신탁자는 명의수탁자에게 부동산 매입을 위해 제공한 돈만을 부당이득으로 청구할 수 있는데, 명의신탁자와 명의수탁자가 내부적인 약정을 통해, 신탁부동산의 소유명의를 명의수탁자가 명의신탁자에게 이전하는 약정을 하거나 차후 신탁부동산을 매각한 대금을 명의수탁자가 신탁자에게 반환하는 약정을 체결하는 경우, 그 약정은 무효가 된다.

즉, 3자 간 명의신탁과 계약명의신탁에 있어 이처럼 다르게 문제가 해결되는 사실을 인지할 필요가 있다.

25. 연속된 명의신탁관계에 있어 부동산실명법 제4조 제3항의 제3자의 의미

부동산실명법 제4조는 "명의신탁약정의 효력"이라는 제목 아래에 "① 명의신탁약정은 무효로 한다. ② 명의신탁약정에 따른 등기로 이루어진 부동산에 관한 물권변동은 무효로 한다. 다만, 부동산에 관한 물권을 취득하기 위한 계약에서 명의수탁자가 어느 한쪽 당사자가 되고 상대방 당사자는 명의신탁약정이 있다는 사실을 알지 못한 경우에는 그러하지 아니하다. ③ 제1항 및 제2항의 무효는 제3자에게 대항하지 못한다."라고 규정하고 있다.

위 부동산실명법 제4조 제3항에 있어 '제3자'의 범위는 어떻게 되는가? 대법원 2019다272725 판결에 의하면 "부동산실명법 제4조 제3항에 의하면 명의신탁약정 및 이에 따른 등기로 이루어진 부동산에 관한 물권변동의 무효는 제3자에게 대항하지 못한다. 여기서 '제3자'는 명의신탁약정의 당사자 및 포괄승계인 이외의 자로서 명의수탁자가 물권자임을 기초로 그와 사이에 직접 새로운 이해관계를 맺은 사람으로서 소유권이나 저당권 등 물권을 취득한 자뿐만 아니라 압류 또는 가압류채권자도 포함하고 그의 선의·악의를 묻지 않는다(대법원 99다56529 판결, 대법원 2012다107068 판결 등). 이러한 법리는 특별한 사정이 없는 한 명의신탁약정에 따라 형성된 외관을 토대로 다시 명의신탁이 이루어지는 등 연속된 명의신탁관계에서 최후의 명의수탁자가 물권자임을 기초로 그와 사이에 직접 새로운 이해관계를 맺은 사람에게도 적용된다."는 취지이다.

따라서 연속된 명의신탁에 있어 최후의 명의수탁자가 물권자임을 기초로 그와 사이에 직접 새로운 이해관계를 맺은 사람도 제3자에 해당할 수 있다.

위 대법원 판결 사안을 정리해 보자. 원고(신탁자)와 소외인(수탁자) 사이에 첫 번째 명의신탁이 있었다. 원고와 소외인 사이의 명의신탁은 원고와 소외인 사이의 명의신탁약정에 따라 부동산의 소유명의가 원고로부터 소외인으로 이전된 형태의 양자 간 명의신탁이었다. 소외인(채무자)과 피고 2(채권자) 사이에는 채권채무관계에 있었는데, 채무자인 소외인에 대한 피고 2의 채권에 갈음하여 위 부동산을 피고 2의 아들인 피고 1에게 이전하는 약정에 따라 위 부동산이 소외인으로부터 피고 1로 이전등기되었다. 제3자 간 명의신탁에 해당하는 두 번째 명의신탁이 이루어진 것이다. 즉 피고 2(아버지)가 신탁자, 피고 1(아들)이 수탁자인 제3자 간 명의신탁에 따라 소외인으로부터 피고 1 부동산소유명의가 이전된 것이다.

정리하자면 원고(신탁자)와 소외인(수탁자) 사이에 부동산에 대한 양자 간 명의신탁이 있은 후에 피고 2(신탁자)와 피고 1(수탁자) 사이에 또 다른 명의신탁약정에 따라 피고 2(채권자)와 소외인(채무자) 사이의 채무변제에 갈음하여 위 부동산명의가 소외인으로부터 피고 1로 이전되어 3자 간 명의신탁이 이루어진 것이다. 이후 부동산 명의자 피고 1은 피고 양산농협으로부터 대출을 받아 근저당권을 설정해 주었는데, 원고가 피고 양산농협을 상대로 근저당권말소청구소송을 제기한 것이다.

대법원은 연속된 명의신탁에 있어 수탁자 피고 1에게 대출을 해주고 근저당권을 설정받은 피고 양산농협을 부동산실명법 제4조 제3항의 제3자로 해석하여 원고의 피고 양산농협에 대한 근저당권말소청구에 대한 기각취지로 원심을 파기·환송한 것이다. 원심판결(특히 1심)의 판결 이유와 대법원의 판결 이유를 정리하면 다음과 같다.

부산지방법원 2017가단334151 판결(1심)	대법원 2019다272725 판결
피고 농협은 제2명의신탁의 수탁자인 피고 1과는 직접 새로운 이해관계를 맺은 자로서 제2명의신탁에 있어서는 부동산실명법 제4조 제3항 소정의 '제3자'에 해당하여 신탁자인 소외인이 제2명의신탁의 무효로써 피고 농협에게 대항하지 못한다고 할 것이나, 이 사건에서 제1명의신탁의 수탁자인 소외인은 제1명의신탁의 무효로 인하여 이 사건 부동산의 소유권을 취득하지 못하였고 제1명의신탁의 신탁자인 원고가 그 무효에 따른 이 사건 부동산의 소유권을 주장하고 있는 것이므로, 이러한 원고와의 관계에서 부동산실명법 제4조 제3항 소정의 '제3자'가 되기 위하여는 제1명의신탁의 수탁자인 소외인과 직접 새로운 이해관계를 맺은 자이어야 하는데, 피고 농협은 이에 해당하지 않아 부동산실명법 제4조 제3항 소정의 '제3자'로 볼 수 없는 것이다.	피고 농협은 제1명의신탁약정의 명의수탁자인 소외인과 제1근저당권설정계약에 이어 대물변제 약정을 맺은 피고 2가 피고 1과 체결한 제2명의신탁약정에 따라 피고 1이 소외인으로부터 이어받은 소유권등기를 바탕으로 피고 1이 물권자임을 기초로 피고 1로부터 직접 근저당권을 설정받은 자로서 부동산실명법 제4조 제3항에서 말하는 '제3자'에 해당하여, 제1명의신탁약정의 명의신탁자인 원고에게 제2근저당권설정등기의 유효를 주장할 수 있다고 보아야 한다. 이는 특별한 사정이 없는 한 제1명의신탁약정이 원고에 대한 관계에서 무효라는 사정 및 제2명의신탁약정이 피고 2에 대한 관계에서 무효라는 사정만으로 영향을 받지 않는다.

26. 명의수탁자의 배신행위에 적극 가담한 제3자와 명의수탁자의 계약은 무효

부동산실명법 제4조는 "명의신탁약정의 효력"이라는 제목 아래에 "① 명의신탁약정은 무효로 한다. ② 명의신탁약정에 따른 등기로 이루어진 부동산에 관한 물권변동은 무효로 한다. 다만, 부동산에 관한 물권을 취득하기 위한 계약에서 명의수탁자가 어느 한쪽 당사자가 되고 상대방 당사자는 명의신탁약정이 있다는 사실을 알지 못한 경우에는 그러하지 아니하다. ③ 제1항 및 제2항의 무효는 제3자에게 대항하지 못한다."라고 규정하고 있다.

따라서 명의수탁자로부터 명의신탁 부동산을 양수한 제3자는 명의신탁 사실을 알았는지 또는 몰랐는지에 상관없이 신탁부동산의 소유권을 취득한다(이른바 제3자가 신탁사실에 대하여 선·악 불문하고 소유권을 취득한다는 취지). 다만, 명의수탁자의 배신행위에 제3자가 적극 가담한 사실이 밝혀진다면 명의수탁자와 제3자의 계약은 무효가 된다.

즉 대법원 91다29842 판결에 의하면 "일반적으로 명의수탁자는 신탁재산을 유효하게 제3자에게 처분할 수 있고 제3자가 명의신탁 사실을 알았다 하여도 그의 소유권취득에 영향이 없는 것이기는 하지만, 특별한 사정이 있는 경우, 즉 명의수탁자로부터 신탁재산을 매수한 제3자가 명의수탁자의 명의신탁자에 대한 배신행위에 적극 가담한 경우에는 명의수탁자와 제3자 사이의 계약은 반사회적인 법률행위로서 무효라고 할 것이고, 따라서 명의수탁받은 부동산에 관한 명의수탁자와 제3자 사이의 매매계약은 무효로 보아야 할 것이다."라는 취지이다.

적극가담의 구체적 의미에 대하여 대법원 2007다82875 판결은 "제3자가 명의수탁자의 배임행위에 적극 가담하는 행위란 수탁자가 단순히 등기명의만 수탁받았을 뿐 그 부동산을 처분할 권한이 없는 줄을 잘 알면서 명의수탁자에게 실질소유자 몰래 신탁재산을 불법 처분하도록 적극적으로 요청하거나 유도하는 등의 행위를 의미하는 것이다."라는 취지이다[현재의 판례에 의하면 명의수탁자가 신탁부동산을 임의로 처분하더라도 배임죄 내지 횡령죄 등으로 처벌할 수 없으므로 배임행위라는 용어보다는 '배신행위'라는 용어가 적절해 보이며, 위 판례의 '불법'은 민사적 불법을 의미한다고 해석하는 것이 타당할 것(필자의 개인의견)].

그렇다면 명의수탁자와의 매매계약이 무효인 상황에서 제3자가 명의수탁자의 채무불이행을 근거로 손해배상을 청구할 수 있을까? 매매계약 자체가 무효이므로 매매계약이 유효함을 전제한 채무불이행책임을 물을 수는 없다.

즉 위 대법원 91다29842 판결에 의하면 "명의수탁자와 제3자 사이의 매매계약이 반사회적인 법률행위로서 무효라고 한다면 이는 제3자와 명의신탁자 사이에서만 상대적으로 효력이 없는 것이라고는 할 수 없고 제3자와 명의수탁자 사이에서도 무효인 것으로 보아야 하는 것이므로 제3자가 명의수탁자에 대하여 위 매매계약이 유효함을 전제로 하여 그 불이행을 이유로 하는 손해배상을 청구할 수는 없는 것이다."라는 취지이다(채무불이행을 전제한 손해배상책임을 인정한 원심을 파기·환송함).

그렇다면 명의수탁자가 그 부동산을 매도한 것이 반사회적 법률행위로서 무효인 경우에 신탁부동산을 매수한 제3자가 명의수탁자를 상대로 매매대금의 반환을 부당이득으로 청구할 수 있는가? 가능성이 있다.

즉 대법원 93다12947 판결에 의하면 "수익자의 불법성이 급여자의 그것보다 현저히 크고, 그에 비하면 급여자의 불법성은 미약한 경우에도 급여자의 반환청구가 허용되지 않는다고 하는 것은 공평에 반하고 신의성실의 원칙에도 어긋난다고 할 것이므로, 이러한 경우에는 민법 제746조 본문의 적용이 배제되어 급여자의 반환청구는 허용된다고 해석함이 상당하다."면서 부동산의 명의수탁자가 그 부동산을 매도한 것이 반사회적 법률행위로서 무효인 경우에 매도인인 명의수탁자의 불법성이 매수인의 불법성보다 큰 경우에는 매수인의 매매대금에 대한 부당이득반환청구가 가능하다는 취지이다.

즉 위 대법원 93다12947 판결의 판결이유를 확인하면 "종중으로부터 명의신탁해지를 원인으로 이 사건 토지에 관하여 소유권이전등기청구의 소를 제기당하여 그 패소판결을 선고받은 바 있는 제1심 피고들로서는 원고측의 권유가 있다고 하더라도 이에 절대로 응하지 말았어야 할 것이므로, 제1심 피고들의 위와 같은 불법성은 명의 신탁된 토지임을 알면서 명의수탁자인 제1심 피고들을 권유하여 매매계약을 체결한 원고측의 불법성보다 더욱 크다"는 취지이다.

명의수탁자의 배신행위에 적극가담한 제3자와 명의수탁자의 계약은 무효가 된다. 이때 위 무효를 알지 못하고 제3자와 계약을 체결할 경우에 그 계약도 무효가 되는가? 그렇다. 절대무효이기 때문이다.

즉 대법원 2007다82875 판결에 의하면 "부동산의 매수인이 매도인의 배임행위에 적극 가담하여 그 매매계약이 반사회적 법률행위에 해당하는 경우에는 매매계약은 절대적으로 무효이므로, 당해 부동산을 매수인으로부터 다시 취득한 제3자는 설사 매수인이 당해 부동산의 소유권을 유효하게 취득한 것으로 믿었다고 하더라도 매매계약이 유효하다고 주장할 수 없는 것이며, 이러한 법리는 담보권설정계약에서도 마찬가지라 할 것이다(대법원 82다카672 판결, 대법원 96다29151 판결 등)."라는 취지이다.

27. 명의수탁자로부터 신탁부동산에 관한 등기를 마친 자의 항변

부동산에 대한 명의수탁자로부터 신탁부동산에 관한 소유권이전등기 등을 마친 자가 그 소유권에 대한 말소등기청구 내지 진정명의회복을 원인으로 한 소유권이전등기청구에 대하여 가능한 항변으로는 무엇이 있을까?

자신이 부동산실명법 제4조 제3항의 제3자에 해당한다는 항변과 자신의 등기가 실체관계에 부합한다는 항변이 있을 수 있다. 이와 관련하여 부동산실명법 제4조 제3항은 신탁무효, 물권변동 무효는 제3자에게 대항하지 못한다고 규정하고 있다.

즉 부동산실명법 제4조 제3항은 제3자 보호를 위해 제3자가 명의신탁 사실을 알았는지 또는 몰랐는지를 불문하고, 명의신탁약정 및 그에 따른 등기로 이루어진 부동산에 관한 물권변동이 무효임을 제3자에게 대항하지 못한다고 규정하고 있다. 명의신탁 사실에 대한 선의·악의를 불문하고 대항하지 못하도록 함으로써 제3자의 악의를 입증하여 제3자 명의의 등기가 무효임을 주장하려는 소송 자체를 저지하는 효과가 있다.

이러한 부동산실명법의 입법취지를 고려하면 부동산실명법 제4조 제3항에서 말하는 제3자란 명의수탁자와 신탁부동산에 관한 거래를 한 사람을 말한다. 따라서 명의신탁자와 신탁부동산에 관한 물권계약을 맺고 단지 등기명의만을 명의수탁자로부터 경료받은 것과 같은 외관을 갖춘 자는 부동산실명법 제4조 제3항의 제3자에 해당하지 않는다. 결국 이러한 경우에는 부동산실명법 제4조 제3항에 따라 자신의 등기가 유효하다는 항변을 할 수 없다(아래의 대법원 2022다228933 판결 취지).

다만 실체관계에 부합한다는 취지의 항변은 가능하다. 즉 명의신탁자와 신탁부동산에 관한 물권계약을 맺고 단지 등기명의만을 명의수탁자로부터 경료받은 것과 같은 외관을 갖춘 자도 자신의 등기가 실체관계에 부합하는 등기로서 유효하다는 항변은 할 수 있다는 것이다.

실체관계에 부합한다는 취지의 주장은 특히 3자 간 명의신탁에서 유용하게 활용될 수 있다. 그 이유는 명의신탁자는 매도인에 대한 소유권이전등기청구권이 있으며, 매도인은 명의수탁자에 대한 말소등기청구권이 있고, 명의신탁자와 계약을 맺은 제3자는 명의신탁자에 대하여 소유권이전등기청구권을 행사할 지위에 있기 때문이다.

즉 3자 간 명의신탁의 경우, 명의수탁자의 등기가 말소되고, 매도인으로부터 명의신탁자 앞으로 소유권이전등기가 이루어진 후에 제3자 앞으로 소유권이전등기가 차례로 이루어져야 할 것이지만, 이러한 과정을 생략하고 바로 명의수탁자로부터 제3자 앞으로 이전등기가 마쳐졌더라도, 제3자 명의의 등기는 실체관계에 부합하는 등기가 된다는 것이다.

이와 관련된 대법원 2022다228933 판결을 정리해 보자. 이 사건 회사는 소외 1 등으로부터 이 사건 각 부동산에 관한 매매계약을 체결한 후, 위 각 매매계약에 기초하여 이 사건 각 부동산에 관하여 이 사건 회사 직원인 소외 4 앞으로 소유권이전등기를 마쳤다.

이 사건 회사는 이 사건 종중으로부터 30억원을 차용하였으나 이를 변제하지 못하였고, 이 사건 종중과 사이에 위 차용금 채무를 담보하기 위하여 이 사건 종중이 지정하는 제3자에게 소외 4 명의의 이 사건 각 부동산에 관한 소유권을 이전해주기로 하는 내용의 이 사건 양도담보약정을 하였다.

이 사건 양도담보약정에 따라 이 사건 각 부동산에 관하여 이 사건 종중의 종중원인 피고들 명의로 각 1/3 지분에 관한 소유권이전등기가 마쳐졌다.

이 사건 회사에 대한 채권자들인 원고들은 ① 피고 종중을 상대로는 사해행위취소 및 원상회복청구를, ② 이 사건 회사와 소외 1 등을 순차 대위하여 피고들을 상대로는 진정명의 회복을 원인으로 한 소유권이전등기를, ③ 이 사건 회사를 대위하여 소외 1 등을 상대로는 매매를 원인으로 한 소유권이전등기를 각 구하는 이 사건 소를 제기하였다.

이 사건 소송의 제1심법원은 이 사건 각 부동산에 관한 매매계약의 당사자가 이 사건 회사임을 전제로 매도인인 소외 1 등에 대하여 이 사건 회사에 이 사건 각 부동산에 관하여 위 각 매매를 원인으로 한 소유권이전등기절차를 이행하라는 판결을 선고하였고, 이 부분은 그대로 확정되었다.

원심은 이러한 사실관계를 기초로 이 사건 각 부동산에 관한 소외 4 명의의 등기는 명의신탁약정에 따른 등기로서 무효이고, 이에 터 잡아 이루어진 피고들 명의의 등기도 무효이며, 피고들 명의의 등기는 실체관계에 부합하는 등기가 아니라고 판단하여 피고들의 항소를 기각하였다.

그러나 대법원은 피고들 명의의 등기는 특별한 사정이 없는 한 실체관계에 부합하는 유효한 등기라고 볼 여지가 있으므로 원심으로서는 이에 관해 심리해보았어야 한다는 이유로 원심을 파기·환송한 것이다.

위 대법원 판결에 대하여 연도별 2023. 9. 1.자 '서울고등법원판례공보스터디' 제2462쪽을 확인하면 다음과 같이 설명하고 있다. 이 사건 회사의 직원인 소외 4가 명의수탁자이고, 명의신탁자는 이 사건 회사, 원래 소유자는 소외 1 등이다. 명의신탁자인 이 사건 회사가 이 사건 종중과 양도담보약정을 체결하고, 이 사건 각 부동산에 관하여 소외 4로부터 이 사건 종중이 지정한 피고들 앞으로 소유권이전등기가 마쳐졌다.

원칙적으로 소외 4 명의의 등기를 말소하고, 소외 1 등 앞으로 소유권이 회복되면 소외 1등이 이 사건 회사 앞으로 소유권이전등기를 마쳐준 후, 이 사건 회사가 피고들 앞으로 소유권이전등기를 마쳐주어야 하나, 그 절차를 생략하고 소외 4로부터 피고들 앞으로 직접 소유권이전등기를 한 것이어서 피고들 명의의 등기는 특별한 사정이 없는 한 실체관계에 부합한다.

다만, 이 사건 종중과 종중원인 피고들 사이의 명의신탁약정이 무효라면 피고들 명의의 등기가 실체관계에 부합할 수 없다. 그런데 종중과 그 종중원 사이의 명의신탁약정 및 그에 따른 등기는 부동산실명법 제8조에 따라 '조세 포탈, 강제집행의 면탈 또는 법령상 제한의 회피'를 목적으로 하지 않는 경우에는 유효하다.

따라서 파기·환송 후 원심으로서는 이 사건 종중과 피고들 사이의 명의신탁약정이 위와 같은 목적을 갖고 있는지에 관해서 심리를 해보고, 위와 같은 목적이 없다면 피고들 명의의 등기는 실체관계에 부합하여 유효하다고 보아야 한다.

부동산실명법 제4조 제3항의 제3자에 해당한다는 항변과 자신의 등기가 실체관계에 부합하여 유효하다는 항변이 별개라는 것을 기억하면 명의수탁자로부터 신탁부동산에 관한 등기를 경료 받은 제3자 명의의 등기의 효력에 관한 판단 시 실수하지 않을 수 있다.

28. 3자 간 명의신탁에 있어 신탁자의 대위 말소청구 각하판결 후 무효인 피보전채권 추인의 효과

3자 간 명의신탁에 있어 신탁자는 매도인과 계약관계가 존재하기 때문에, 매도인을 대위하여 수탁자의 등기말소를 청구하고, 매도인과의 계약관계에 기초하여 매도인에게 복귀된 등기의 이전을 청구할 수 있다.

그렇다면 신탁자와 매도인 사이의 부동산에 대한 매매계약이 토지거래허가구역의 토지라면 어떠한가? 이런 경우라면 토지거래허가를 받아야 할 것이다. 그런데, 신탁자와 매도인 사이의 부동산에 대한 매매계약이 토지거래계약 허가구역 내의 토지에 관하여 허가를 배제하거나 잠탈하는 것을 내용으로 하는 것이었다면? 이런 경우는 그 매매계약이 체결된 때로부터 확정적으로 무효가 된다.

따라서 신탁자가 매도인을 대위하여 수탁자의 등기말소를 청구하면 신탁자와 매도인 사이의 계약이 확정적으로 무효인 까닭에 신탁자의 매도인에 대한 피보전채권이 무효임을 전제로 각하판결이 선고된다.

그런데 신탁부동산에 대한 토지거래허가구역 지정 해제가 이루어졌다면? 게다가 신탁자와 매도인이 신탁부동산에 대한 매매계약을 유효로 하기로 약정하고, 매도인이 위 약정 체결일자 매매를 원인으로 소유권이전등기를 마쳐주기로 합의를 하였다면? 즉 무효행위를 추인하였다면 그 효과를 인정할 수 있을까?

대법원 2024다255328 판결에 의하면, 무효행위의 추인을 부정할 이유가 없다는 취지이다. 따라서 신탁자의 선행소송에서의 각하 판결에도 불구하고, 신탁자가 매도인의 추인에 따라 다시 수탁자를 상대로 매도인을 대위하여 수탁자의 등기말소를 청구하면 승소가 가능하다는 취지이다.

위 대법원 2024다255328 판결 사안을 정리한다.

원고들(신탁자)과 피고(수탁자)는 매매대금을 1/3씩 균등하게 부담하여 토지거래허가구역 내 농지인 이 사건 모토지를 공동으로 매수하여 각 1/3지분씩 소유하기로 하되, 소유권이전등기는 피고 단독 명의로 하기로 약정하였다.

이에 따라 원고들과 피고는 소외인(매도인)과 이 사건 매매계약을 체결하였고, 피고와 소외인이 토지거래허가를 받았으며, 소외인과 피고 단독 명의의 매매계약서를 작성하고, 소외인이 피고에게 소유권이전등기를 마쳐주었던 것이다.

이후 이 사건 모토지는 토지거래허가구역 지정 해제가 이루어졌고, 그 후 분할, 합병 등을 거쳐 이 사건 각 부동산 등이 되었다.

원고들은 피고를 상대로 소외인을 대위하여 이 사건 각 부동산 중 2/3 지분에 관한 피고 명의의 소유권이전등기가 3자 간 명의신탁 약정에 따라 무효라고 주장하면서 그 말소를 구하는 선행 소송을 제기하였지만, 이 사건 매매계약 중 위 2/3 지분 부분은 토지거래허가를 배제하거나 잠탈하는 내용의 것으로 확정적 무효여서 피보전채권이 없다는 이유로 각하하는 판결이 선고·확정되었다.

이후 원고들과 소외인은 이 사건 매매계약 중에서 원고들 지분 부분을 유효로 하기로 약정하면서, 소외인이 위 약정 체결일자 매매를 원인으로 한 소유권이전등기를 마쳐주기로 합의하였다.

원고들은 이 사건 약정에 따른 소유권이전등기청구권을 피보전채권으로 하여 소외인을 대위하여 피고를 상대로 위 2/3 지분에 관한 소유권이전등기의 말소를 구하는 이 사건 후행 소송을 제기하였다.

원심은 이처럼 토지거래허가를 배제하거나 잠탈하는 내용의 매매계약으로 확정적 무효가 되면, 이는 강행법규 위반으로 인한 확정적 무효이므로 추인의 효력이 발생하지 않는다고 보고, 후행소송의 당사자적격을 부정했지만, 위 대법원은 확정적 무효에서도 토지거래허가구역 지정이 해제되고 매매계약당사자들이 기존 매매계약이 무효임을 알면서 이를 추인하였다면 기존 매매계약은 민법 제139조 단서에 따라 추인한 때로부터 새로운 법률행위로 유효하게 된다고 본 것이다.

> 제139조(무효행위의 추인) 무효인 법률행위는 추인하여도 그 효력이 생기지 아니한다. 그러나 당사자가 그 무효임을 알고 추인한 때에는 새로운 법률행위로 본다.

제23장 부동산신탁

1. 부동산담보신탁과 물상보증은 다르지만 변제자대위 관련규정은 적용

민법 제482조는 "변제자대위의 효과, 대위자 간의 관계"라는 제목 아래에 "채권자를 대위한 자는 자기의 권리에 의하여 구상할 수 있는 범위에서 채권 및 그 담보에 관한 권리를 행사할 수 있다."고 규정하면서 "그 권리행사 방법"을 정하고 있는데, 같은 조 제2항 제5호 전문은 "자기의 재산을 타인의 채무의 담보로 제공한 자와 보증인 간에는 그 인원수에 비례하여 채권자를 대위한다."고 규정하고 있다.

따라서 자기의 재산을 타인의 채무의 담보로 제공한 물상보증인과 (연대)보증인 간에는 그 인원수에 비례하여 부담부분이 정하여지고 부담부분을 넘는 변제를 해야 채권자를 대위한다고 해석된다(연도별 2023. 9. 1.자 '서울고등법원판례공보스터디' 제2075쪽 참고).

결국 대위변제를 할 자가 2명이고 1명은 연대보증인, 또 다른 1명은 물상보증인이라면 각자의 부담부분은 채무자 채무의 각 2분의 1이 된다. 따라서 연대보증인이 대위변제를 하였는데, 그 대위변제액이 자신의 부담부분을 넘지 못한 경우에는 물상보증인에게 변제자대위권을 행사할 수 없다.

그 이유에 대하여 대법원 2007다61113, 61120 판결은 "민법 제482조 제2항 제4호, 제5호가 물상보증인 상호 간에는 재산의 가액에 비례하여 부담 부분을 정하도록 하면서, 보증인과 물상보증인 상호 간에는 보증인의 총 재산의 가액이나 자력 여부, 물상보증인이 담보로 제공한 재산의 가액 등을 일체 고려하지 아니한 채 형식적으로 인원수에 비례하여 평등하게 대위비율을 결정하도록 규정한 것은, 인적 무한책임을 부담하는 보증인과 물적 유한책임을 부담하는 물상보증인 사이에는 보증인 상호 간이나 물상보증인 상호 간과 같이 상호 이해 조정을 위한 합리적인 기준을 정하는 것이 곤란하고, 당사자 간의 특약이 있다는 등의 특별한 사정이 없는 한 오히려 인원수에 따라 대위비율을 정하는 것이 공평하고 법률관계를 간명하게 처리할 수 있어 합리적이며 그것이 대위자의 통상의 의사 내지 기대에 부합하기 때문"이라는 취지이다.

그렇다면 타인 채무를 담보하기 위한 담보신탁도 물상보증에 해당하는가? 대법원 2017다278187 판결에 의하면 채무자가 아닌 위탁자가 타인의 채무를 담보하기 위하여 금전채권자를 우선수익자로 하는 부동산담보신탁을 설정한 경우, 그 위탁자를 물상보증인으로 볼 수는 없다는 취지이다.

즉 위 대법원 판결에 의하면 "위탁자가 금전채권을 담보하기 위하여 금전채권자를 우선수익자, 위탁자를 수익자로 하여 위탁자 소유의 부동산을 신탁법에 따라 수탁자에게 이전하면서 채무불이행시에는 신탁부동산을 처분하여 우선수익자의 채권 변제 등에 충당하고 나머지를 위탁자에게 반환하기로 하는 내용의 담보신탁을 한 경우, 특별한 사정이 없는 한 우선수익권은 경제적으로 금전채권에 대한 담보로 기능하지만, 그 성질상 금전채권과는 독립한 신탁계약상의 별개의 권리이다[대법원(전합) 2014다225809 판결]. 우선수익권은 수익급부의 순위가 다른 수익자에 앞선다는 점을 제외하면 일반적인 수익권과 법적 성질이 다르지 않고, 채권자가 담보신탁을 통하여 담보물권을 얻는 것도 아니다(대법원 2016다223357 판결). 그러므로 채무자가 아닌 위탁자가 타인의 채무를 담보하기 위하여 금전채권자를 우선수익자로 하는 부동산담보신탁을 설정한 경우에, 설령 경제적인 실질에 있어 위탁자가 부동산담보신탁을 통하여 신탁부동산의 처분대금을 타인의 채무의 담보로 제공한 것과 같이 볼 수 있다고 하더라도, 위탁자가 자기의 재산 그 자체를 타인의 채무의 담보로 제공한 물상보증인에 해당한다고 볼 수는 없다."라는 취지이다.

대위변제를 할 자가 2명이고 1명은 연대보증인, 또 다른 1명은 물상보증인이라면 각자의 부담부분은 채무자 채무의 각 2분의 1이 된다는 점은 앞서 살펴보았다. 그렇다면 대위변제를 할 자가 2명이고 1명은 연대보증인. 또 다른 1명은 부동산담보신탁의 위탁자일 경우에는 어떠한가?

부동산담보신탁의 위탁자를 물상보증인으로 볼 수 없으니 변제자 대위 규정에 해당하는 민법 제482조 제2항 제5호 전문이 적용될 수 없는 것인가? 아니다. 부동산담보신탁의 위탁자를 물상보증인으로 볼 수는 없지만 위 민법 제482조 제2항 제5호 전문이 적용된다.

즉 위 대법원 2017다278187 판결에 의하면 "법정대위자 상호 간의 관계에 관하여 민법 제482조 제2항 제5호가 보증인과 물상보증인 사이에 우열을 인정하지 않고 양자를 동등하게 취급하여 그에 따라 변제자대위를 제한하거나 같은 항 제4호가 물상보증인 상호 간에 그 재산의 가액에 따라 변제자대위의 범위를 제한하거나 민법의 해석상 공동보증인 상호 간의 변제자대위가 구상권의 범위에 따라 제한된다고 보는 것은 변제자대위의 순환을 방지하여 혼란을 피하고 채무자의 무자력 위험을 보증인과 물상보증인 등 법정대위자 어느 일방이 종국적으로 부담하지 않도록 함으로써 당사자 사이의 공평을 도모하고자 하는 데 그 취지가 있다. 이러한 취지에 비추어 볼 때, 채무자가 아닌 제3자인 위탁자가 채권자를 우선수익자로 정하여 부동산담보신탁을 한 경우에 채권자가 가지는 우선수익권이 민법 제481조, 제482조 제1항에 의하여 보증채무를 이행한 보증인이 법정대위할 수 있는 '담보에 관한 권리'에 해당한다고 하더라도, 먼저 보증채무를 이행한 보증인이 채권자의 우선수익권에 대하여 아무런 제한 없이 보증채무를 이행한 전액에 대하여 변제자대위를 할 수 있다고 볼 수는 없으며, 다른 기준이나 별도의 약정 등 특별한 사정이 없는 이상, 채권자의 우선수익권에 대한 보증인의 변제자대위도 인원수에 비례하여 채권자를 대위할 수 있다고 보는 것이 대위자 상호 간의 합리적이고 통상적인 기대에도 부합한다고 할 것이므로, 채권자의 우선수익권에 대한 보증인의 변제자대위도 보증인과 물상보증인 상호 간의 관계와 마찬가지로 그 인원수에 비례하여 채권자를 대위하는 제한을 받는다고 해석함이 타당하다."라는 취지이다.

위 대법원 2017다278187 판결 사안을 정리한다. 동림산업개발(채무자)은 경남은행(채권자, 신탁계약의 우선수익자)으로부터 40억원을 대출받았다. 원고(연대보증인)는 위 대출채무를 연대보증하였다. 동림개발(위탁자, 신탁계약의 수익자)은 위 대출을 위해 코리아신탁(수탁자)과 부동산담보신탁 계약을 체결하였다. 원고는 대출금 40억원의 이자 대략 1억 8천만원을 변제하는 대위변제를 실행하였다. 피고들은 동림개발(위탁자)의 수익권에 대하여 가압류 또는 압류·추심명령을 받았고, 코리아신탁은 동림개발에 지급할 수익금을 공탁하였다. 원고는 변제자대위로써 경남은행의 우선수익권을 취득하였음을 근거로 후순위자인 피고들보다 순위가 앞선다는 이유로 피고들을 상대로 배당금에 대한 부당이득반환을 구한 것인데, 대법원은 원고의 청구를 기각한 원심이 타당하다는 취지이다.

정리하자면 경남은행의 대출채무자인 동림산업개발의 대출금 40억원에 대한 대출금채무를 대위변제할 자는 연대보증인에 해당하는 원고와 부동산담보신탁의 위탁자인 동림개발 둘 뿐이므로 대출채무액 40억원에 대한 원고와 동림개발의 부담금액은 민법 제482조 제2항 제5호 전문에 의하여 2분의 1에 해당하는 각 20억원이 된다(지연손해금도 각 2분의 1씩 부담할 것). 그런데, 원고는 대출금 40억원에 대한 이자 1억 8천만원만을 대위변제하여 자신의 부담금인 대출원금 20억원에도 미치지 않는 부분을 변제하였을 뿐이므로 변제자대위를 전제한 피고들(위탁자이자 대위변제할 자에 해당하는 동림개발의 수익권에 대하여 가압류 또는 압류·추심명령을 받은 자들)에 대한 부당이득반환청구는 인정될 수 없다는 것이다.

2. 아파트 분양계약의 당사자 아닌 신탁회사에 지급한 분양대금 반환청구

건물에 대한 분양사업은 대체로 금융기관, 시행사, 시공사, 신탁회사 사이의 사업약정, 신탁계약, 대리사무계약 등 다수의 계약을 기초로 한다. 수분양자는 신탁회사 또는 많은 경우 시행사와 분양계약을 체결하는 데, 특히 분양계약의 일방 당사자인 시행사가 부실화되면서 분양을 받은 목적물을 취득할 수 없게 되는 등 여러 원인으로 인하여 수분양자가 분양계약을 해제하거나 취소하는 경우가 발생한다.

예를 들어 아파트를 분양받으면서 수분양자는 시행사를 계약당사자로 하였다. 즉 아파트 매도인을 시행사로 하고, 아파트 매수인을 수분양자로 하였다. 다만 매매대금은 위 분양계약에 따라 신탁회사 계좌로 입급하였다. 이러한 상황에서 수분양자가 아파트매매계약을 해제한 경우에 계약당사자인 시행사가 아닌 매매대금을 지급받은 신탁회사를 상대로 매매대금의 반한청구를 할 수 있는가? 쉽지 않다. 아파트 매도인은 신탁회사가 아니라 시행사이기 때문이다.

즉 보통 시행사가 신탁회사와 신탁계약을 체결하면서 대리사무계약도 체결하게 되는데, 시행사의 요청으로 급부과정을 단축하여 시행사와 대리사무계약관계를 맺고 있는 신탁회사에 직접 급부를 하도록 하는 이른바 '단축급부'가 이루어진 경우에 이는 수분양자가 시행사에게 급부를 한 것일 뿐만 아니라 시행사가 신탁회사에 급부를 한 것이므로 수분양자가 시행사와의 계약을 해제하였다고 하더라도 수분양자가 분양대금을 지급받은 신탁회사에 직접 부당이득반환청구권을 행사할 수는 없다. 신탁회사가 시행사에 대하여 갖는 항변권 등을 침해할 여지가 있기 때문이다.

이와 관련하여 대법원 2018다204992 판결에 의하면 "계약의 한쪽 당사자가 상대방의 지시 등으로 급부과정을 단축하여 상대방과 또 다른 계약관계를 맺고 있는 제3자에게 직접 급부를 하는 경우(이른바 삼각관계에서 급부가 이루어진 경우), 그 급부로써 급부를 한 계약당사자가 상대방에게 급부를 한 것일 뿐만 아니라 그 상대방이 제3자에게 급부를 한 것이다. 따라서 계약의 한쪽 당사자는 제3자를 상대로 법률상 원인 없이 급부를 수령하였다는 이유로 부당이득반환청구를 할 수 없다. 이러한 경우에 계약의 한쪽 당사자가 상대방에게 급부를 한 원인관계인 법률관계에 무효 등의 흠이 있거나 그 계약이 해제되었다는 이유로 제3자를 상대로 직접 부당이득반환청구를 할 수 있다고 보면, 자기 책임 아래 체결된 계약에 따른 위험부담을 제3자에게 전가하는 것이 되어 계약법의 원리에 반하는 결과를 초래할 뿐만 아니라 수익자인 제3자가 상대방에 대하여 가지는 항변권 등을 침해하게 되어 부당하다."라는 취지이다.

위 대법원 2018다204992 판결 사안을 정리한다. '아천세양건설'은 안양시 만안구 소재 '이 사건 아파트'를 신축·분양하는 시행사 겸 시공사이다. 수분양자인 소외인은 2008. 10.

20. 아천세양건설과 이 사건 아파트에 관한 '이 사건 분양계약'을 체결하였다.

아천세양건설은 이 사건 분양계약에 따른 분양대금을 부동산신탁회사인 피고 명의로 개설된 자금관리계좌로 입금받았다. 아천세양건설과 피고 등이 분양수입금 등 사업과 관련한 수입금 일체를 피고 명의의 자금관리계좌에 입금하기로 하는 등의 '이 사건 사업약정'과 '이 사건 추가약정'을 하였기 때문이다.

피고는 2008. 11. 28. 아천세양건설과 이 사건 아파트에 관하여 아천세양건설을 위탁자, 피고를 수탁자, 한국상호저축은행 주식회사를 1순위 우선수익자, 세양물류 주식회사를 2순위 우선수익자로 하는 '이 사건 신탁계약'을 체결하였다.

이후 이 사건 분양계약이 해제되자, 원고는 소외인에 대한 서울중앙지방법원 2014가단143578 대여금 사건의 확정판결에 기초하여 2016. 1. 8. 소외인을 채무자, 피고를 제3채무자로 하여 소외인이 피고가 분양한 이 사건 아파트에 대한 분양권을 취득함으로써 분양계약이 해제될 경우에 지급받을 분양대금반환채권 중 200,045,291원'에 대하여 채권압류 및 추심명령을 받았다. 위 채권압류 및 추심명령은 2016. 1. 13. 피고에게 송달되었다.

소외인이 이 사건 분양계약에 따라 피고의 계좌에 분양대금을 입금한 것은 이른바 '단축급부'에 해당하고, 피고는 아천세양건설과의 이 사건 사업약정에 따라 수분양자인 소외인으로부터 정당하게 분양대금을 수령한 것이다.

수분양자인 소외인은 이 사건 사업약정의 당사자가 아니고, 또한 소외인과 아천세양건설의 분양계약이 해제되었다고 하더라도 피고와 아천세양건설이 맺은 사업약정의 효력에 영향을 미치지는 않는다.

따라서 분양계약이 해제된 것만으로 곧바로 피고가 소외인으로부터 수령한 분양대금을 보유할 원인이 없어지지 않고, 나아가 소외인에게 분양대금을 부당이득으로 반환할 의무가 생기는 것은 아니다.

계약은 일반적으로 그 효력을 당사자 사이에서만 발생시킬 의사로 체결되지만, 제3자를 위한 계약은 당사자가 자기들 명의로 체결한 계약으로 제3자로 하여금 직접 계약당사자의 일방에 대하여 권리를 취득하게 하는 것을 목적으로 하는 계약이다. 따라서 어떤 계약이 제3자를 위한 계약에 해당하는지는 당사자의 의사가 그 계약으로 제3자에게 직접 권리를 취득하게 하려는 것인지에 관한 의사해석의 문제로서, 계약체결의 목적, 당사자가 한 행위의 성질, 계약으로 당사자 사이 또는 당사자와 제3자 사이에 생기는 이해득실, 거래 관행, 제3자를 위한 계약제도가 갖는 사회적 기능 등을 종합하여 계약당사자의 의사를 합리적으로 해석함으로써 판별할 수 있다(대법원 97다28698 판결, 대법원 2004다18804 판결 등).

이 사건 신탁계약 제21조 제1항에 신탁기간 종료 전 우선수익자의 요청으로 신탁부동산을 처분한 경우 처분대금의 정산순위를 정하고 있는데, '신탁계약과 관련된 비용 및 보수'가 1순위로 규정되어 있다. 이 사건 사업약정 제20조 제1항과 이 사건 추가약정 제6조는 자금

관리계좌에 입금된 자금의 집행순서를 정하고 있는데, '신탁처리비용' 등이 1순위로 규정되어 있다.

원고는 수분양자인 소외인과 아천세양건설 사이에 체결된 이 사건 분양계약이 해제됨에 따라 소외인이 피고에 대하여 직접 분양대금반환채권을 가진다고 주장하였으나, 이 사건 신탁계약과 이 사건 사업약정은 아천세양건설과 피고 등 사이에 체결된 것이 분명할 뿐만 아니라, 이 사건 신탁계약과 사업약정 관련 규정의 문언, 체계, 취지 등에 비추어 이 사건 신탁계약 제21조 제1항, 이 사건 사업약정 제20조 제1항은 신탁사업에 드는 비용의 부담주체를 정한 것이거나 비용 지출순서, 지출방법, 절차 등을 정한 것에 불과하다. 따라서 원고가 들고 있는 위 조항들은 이 사건 신탁계약 등의 당사자가 아닌 제3자로 하여금 수탁자인 피고에 대한 권리를 직접 취득하게 하는 것을 목적으로 한 규정이라고 해석할 수 없다.

위 대법원 2018다204992 판결에 대하여 '수분양자의 보호를 위한 특별법(주택법, 건축물분양법 등)이 존재하지만 그 적용범위와 요건은 제한적이기 때문에, 수분양자의 보호를 위한 방안이 필요한데, 그 방안은 계약의 해석에서 찾을 수 있다면서 사업약정 및 이를 기초로 한 신탁계약과 대리사무계약은 분양사업과 관련한 당사자들의 법률관계에 일차적인 기준이 되며, 분양대금반환의 가부도 대리사무계약의 해석에 달려 있다면서, 분양계약의 해제에 따른 대금반환은 분양사업에 내재된 필연적인 비용이므로, 이를 대리사무계약에서 정한 사업비 지출항목 중 필수적 사업비로 볼 수 있을 것이고, 시행사가 사업비지출 요청권을 행사함에 있어서 요구되는 우선수익자의 동의의 경우도 우선수익자가 근거 없이 이를 거부하는 때에는 강제할 수 있다고 해석하여 수분양자는 이러한 시행사의 권리를 대위행사함으로써 분양대금반환채권을 확보할 수 있고, 수분양자가 시행사의 무자력 위험을 전적으로 부담하게 되는 부당한 결과를 방지하기 위해서도 향후 법원의 전향적인 해석과 판단이 기대된다.'는 취지의 견해가 있다(인권과 정의 2019년 9월 논문 "분양계약의 해제에 따른 분양대금의 반환 －대법원 2018다204992 판결을 계기로－ 최수정"참고. 이 견해는 시행사의 신탁회사에 대한 권리를 대위행사하여 문제를 해결할 수 있다는 것으로 이해됨).

다만, 앞서 확인한 바와 같이 제3자를 위한 계약으로 판단된다면, 수분양자가 분양계약의 당사자가 아닌 신탁회사에 지급한 분양대금의 직접적인 반환을 청구할 수 있을 것인데, 제3자를 위한 계약으로 인정되어 수분양자의 신탁회사에 대한 직접적 반환청구를 인정한 사례가 확인된다.

즉 서울중앙지방법원 2023가단5427860 판결에 의하면 "소외 회사와 피고는 이 사건 공급계약이 종료되어 원고가 납부한 분양대금이 반환되어야 하는 경우 적어도 신탁사업 정산의 단계에서는, 이 사건 신탁계약당사자가 아닌 원고가 수탁자인 피고에게 분양대금을 직접 청구할 수 있도록 이 사건 공급계약, 이 사건 신탁계약 및 이 사건 대리사무계약을 각 체결한 것으로 해석함이 타당하다."면서,

그 이유로 "이 사건 신탁계약 제1조, 이 사건 대리사무계약 제1조는 모두 명시적으로 '피분양자 보호'를 신탁계약 및 대리사무계약의 목적 중 하나로 삼고 있고, 이 사건 신탁계약 제12조 제2항, 제24조 제1항은 신탁계약을 중도에 해지하여 정산하는 경우이든 신탁재산을 처분, 환가하여 정산하는 경우이든 수분양자의 분양대금 반환금을 우선수익자 등 다른 권리자에 우선하여 지급하도록 정하고 있으며, 이 사건 공급계약 체결 당시 피고 역시 직접 당사자로서 위 공급계약서에 날인한 점" 등을 들면서, "원고가 2024. 10. 28.자 준비서면을 통하여 이 사건 신탁계약 및 이 사건 대리사무계약에 따라 피고를 상대로 수익의 의사표시를 한 사실은 기록상 명백하므로, 그에 따라 피고는 소외 회사로부터 신탁받은 재산의 범위 내에서 원고가 지급한 분양대금을 원고에게 반환할 의무가 있다."라는 것이다.

3. 수분양자의 분양대금반환채권과 우선수익권의 신탁목적물 처분대금 집행순서

부동산신탁 개발사업에서 신탁목적물의 처분대금을 정산함에 있어 수분양자의 분양대금반환채권이 우선수익자의 우선수익권보다 우선하는가?

이와 관련하여 대법원 2008다19034 판결이 선고된 적이 있는데, 판례공보에서 위 판결의 판결요지를 "부동산담보신탁의 수탁자가 분양된 신탁부동산을 매각한 후 매매대금을 정산하면서 그 매각대금채권과 분양계약 해제로 인한 분양대금반환채무를 상계하거나 공탁한 사안에서, 수분양자에 대한 분양대금반환채무는 부동산담보신탁계약에서 정한 1순위로 정산하여야 하는 채무 또는 그보다 앞선 순위로 정산하여야 할 채무이므로 위 행위가 정당하다고 한 사례"라고 설명하고 있다.

위 대법원 판결을 근거로 신탁부동산의 처분대금을 정산함에 있어서 수분양자의 분양대금반환채권이 우선수익자의 우선수익권에 우선한다는 해석하는 견해가 있었고, 특히 부동산신탁회사는 위 대법원 판결을 근거로 수분양자의 분양대금반환 요청이 있으면 우선수익권자의 처분대금 지급 요청이 있더라도 그 지급을 잠정 보류하는 경우도 많았다.

또한 부실화된 대출채권과 우선수익권을 인수하고자 하는 NPL 사업자들은 우선수익권에 기해 신탁부동산을 공매하더라도 위 대법원 판결로 인해 매각대금으로부터 대출금을 제대로 회수하지 못할 것을 우려하여 채권 매입을 주저하는 사례도 다수 있었다(2023. 6. 29.자 법률신문, "신탁목적물 처분대금의 집행순서에 있어 수분양자의 분양대금반환채권과 우선수익권 간 순위", "이동수 변호사·윤정노 변호사" 참고).

그런데 대법원은 수분양자의 분양대금반환채무가 '신탁부동산 처분대금으로 최우선순위로 집행되어야 하는 채무인지 여부'가 정면으로 문제된 사안에서 앞서 확인한 대법원 2008다19034 판결은 단순히 건물 매각대금으로 수분양자에 대한 분양대금 반환채권과 상계 또는 공탁하는 행위가 우선수익권을 침해하지는 않는 적법한 행위임을 개별적으로 판단한 것이지,

수분양자의 분양대금반환채무가 신탁부동산 처분대금으로 최우선순위로 집행되어야 하는 채무인지 여부를 일반적이고 보편적인 법리로 밝힌 판결이 아니라는 취지로 판시하였다(대법원 2019다266997 판결).

결국 대법원 2008다19034 판결을 근거로 수분양자의 분양대금반환채무가 신탁부동산 처분대금에 있어 최우선순위로 집행되어야 한다는 주장은 타당하지 않은 것으로 이해된다.

위 대법원 2019다266997 판결을 정리한다. '피고 B'는 이 사건 아파트를 신축하는 사업을 시행하여 이 사건 수분양자들에게 이 사건 각 부동산을 분양하였다. 원고는 이 사건 수분양자들에게 이 사건 각 부동산 분양에 따른 중도금을 대출하였고, 그 담보로 분양계약 해제 시 피고 B에 대하여 가지는 분양대금 반환채권의 일부 금액을 양수하였다.

피고 B는 이 사건 아파트를 완공하고 소유권보존등기를 마친 다음 이 사건 각 부동산을 포함한 이 사건 아파트 일부 전유부분을 '피고 신탁회사'에 신탁하는 내용의 이 사건 신탁계약을 체결하고, 2010. 9. 1. 소유권이전등기를 마쳐주었다.

피고 신탁회사는 이 사건 신탁계약 우선수익자의 요청에 따라 2017. 5. 31. K 유한회사에 이 사건 각 부동산과 향후 이전될 대지권을 매도하고 소유권이전등기를 마쳐주었다. 이 사건 신탁계약 제23조 제1항 제1호에는 피고 신탁회사가 신탁부동산을 환가하여 정산하는 경우 처분대금을 제1순위로 '부동산관리 및 공매절차에 따른 비용', '피고 신탁회사가 수취할 보수'에 충당하는 것으로 약정되어 있다.

이 사건 신탁계약은 신탁부동산의 소유권관리와 위탁자가 부담하는 채무나 책임의 이행을 보장하기 위하여 수탁자가 신탁부동산을 보전관리하고 채무불이행 시 환가 정산하는 것을 목적으로 하고, 이 사건 아파트의 수분양자가 피고 B에 지급한 분양대금 처리에 관하여는 아무런 정함이 없다.

이 사건 신탁계약 제23조 제1항은 신탁부동산 처분대금의 집행순서, 절차 등을 정한 조항으로서, 그중 제1호는 신탁재산의 처분대금에서 수탁자인 피고 신탁회사가 지출한 비용과 보수를 우선적으로 집행하겠다는 취지로 보이고, 이 사건 아파트 분양계약 해제로 발생하는 피고 B의 분양대금 반환채무가 이 사건 신탁계약 제23조 제1항 제1호의 '공매절차에 따른 비용'에 해당하여 신탁부동산 처분대금에서 우선 정산되어야 한다고 보기 어렵다.

나아가 이 사건 신탁계약상 신탁재산이나 정산 대상인 처분대금은 이 사건 아파트 수분양자가 미납한 잔금 상당액에 한정된다고 볼 수 없다. 원심판결(서울고등법원 2019나2006919 판결) 이유를 관련 법리와 기록에 비추어 살펴보면, 이러한 원심판단은 수긍할 수 있고, 거기에 상고이유 주장과 같이 신탁부동산 처분대금 집행순서, 담보신탁계약 해석에 관한 법리를 오해하여 필요한 심리를 다하지 아니함으로써 판결에 영향을 미친 잘못이 없다(원고가 상고이유에서 들고 있는 대법원 2009. 7. 9. 선고 2008다19034 판결은 해당 사건의 부동산담보신탁계약과 대리사무계약의 해석에 따라 이미 분양된 건물 매각대금으로 수분양자에 대한 분양대금 반환채권과 상계 또는 공탁하는 행위가 우선수익권을 침해하지는 않는다고 판단한 것으로서, 이 사건과 사안을 달리하므로 이 사건에 원용하기에 적절하지 아니하다).

참고로 위 대법원 판결의 1심(서울중앙지방법원 2017가합555032 판결)에 의하면, "피고 신탁사는 이 사건 아파트가 완공된 이후에 피고 에프제이유디로부터 이 사건 아파트 중 일부전유부분을 신탁받는 내용의 이 사건 신탁계약을 체결하였을 뿐 분양수입금 등 자금관리를 위탁받고 시행사가 대출금융기관 등 확인을 받아 사업비 지급을 요청하는 경우 이를 지급하도록 약정하는(대법원 2012다70852 판결 참조) 대리사무계약을 체결하지 아니하여 이 사건 수분양자들로부터 직접 분양대금을 수령하여 이를 관리하는 지위에 있지 아니한 점"이라는 표현을 확인할 수 있는바, 피고 신탁회사가 수분양자들로부터 분양대금을 받은 사안도 아님을 확인할 수 있다(결국 금융기관으로서 중도금대출을 실행하는 원고입장에서는 분양계약해제로 인한 분양대금 반환채권을 담보로 설정받는 경우에 해당 채권의 실현 가능성을 면밀히 검토해야 할 것인바, 특히 시행사의 재정상태와 신탁계약의 내용을 확인하는 것이 중요해 보이고, 이때 원고는 시행사와 신탁회사 사이의 신탁계약의 내용을 검토하여 분양대금 반환채권의 실현 가능성을 평가하고, 필요시 추가적인 담보를 확보하는 것이 바람직할 것임).

4. 위탁자의 잔여대금채권 압류 후에 위탁자가 다른 채권자를 2순위 우선수익자로 지정하고 나서 후행압류가 있는 경우 배당

금전채권에 대한 압류명령이 있으면 제3채무자는 채무자에 대한 지급이 금지되고, 채무자는 채권의 처분과 영수가 금지되므로(민사집행법 제227조 제1항), 채무자는 채권을 소멸 또는 감소시키는 등의 행위를 할 수 없고 그와 같은 행위로 채권자에게 대항할 수 없다. 다만, 채권이 압류되었다고 해서 채무자가 피압류채권을 발생시킨 기본적 법률관계 그 자체를 처분하지 못하게 되는 것은 아니다. 즉 채권의 발생원인인 법률관계에 대한 채무자에 대한 처분까지 구속하는 효력은 없다는 것이다(대법원 98다17930 판결 등).

위탁자가 금전채권을 담보하기 위하여 그 금전채권자를 우선수익자, 위탁자를 수익자로 하여 위탁자 소유의 부동산을 신탁법에 따라 수탁자에게 이전하면서 채무불이행 시에는 신탁부동산을 처분하여 수령한 대금으로 우선수익자에게 채권 금액 상당을 지급하고 나머지를 위탁자에게 반환하기로 하는 내용의 담보신탁을 한 경우에, 신탁부동산의 처분대금에서 신탁계약과 관련된 비용 등의 지급에 사용하고 남은 돈에 대하여, 우선수익자는 일정 한도 내에서 자신의 채권 금액 상당을 청구할 수 있는 수익채권을 가지고, 위탁자는 우선수익자의 채권 금액을 차감한 잔여대금 상당을 청구할 수 있는 채권(이하 '잔여대금 채권')을 가진다.

그렇다면, 위탁자의 잔여대금 채권이 압류된 후에, 위탁자가 우선수익자를 추가로 지정하는 행위가 압류의 처분금지 효력에 반하는 것인가? 그렇다. 즉 대법원 2021다261704 판결은 위탁자의 잔여대금 채권이 압류된 후에 우선수익자를 추가로 지정하는 행위는 압류의 처분금지효력에 반하는 행위라는 취지이다.

그 이유는 무엇일까? 담보신탁에서 수익자를 새로 지정하거나 변경할 권한을 가진 위탁자가 다른 금전채권을 담보하기 위하여 그 채권자를 우선수익자로 추가 지정하면, 그 우선수익자는 우선수익권의 범위 내에서 수익채권을 취득하고, 위탁자가 가진 잔여대금 채권은 새로운 우선수익자의 수익채권 상당액만큼 감소하게 된다.

이처럼 담보신탁에서 위탁자가 우선수익자를 추가하는 행위는 위탁자의 잔여대금 채권 중에서 새로운 우선수익자의 수익채권에 상응하는 부분에 대하여 그 수익자에게 우선적 지위를 부여하면서 해당 채권을 처분하는 것으로 볼 수 있다.

따라서 위탁자의 잔여대금 채권이 압류된 후에, 위탁자가 우선수익자를 추가로 지정하는 행위는 위탁자가 가지는 잔여대금 채권 중 새로운 우선수익자의 수익채권 상당액을 그 우선수익자에게 처분함으로써 피압류채권을 감소시키는 행위에 해당하여 압류의 처분금지 효력에 반하므로, 이러한 행위로 압류채권자에게 대항할 수 없다는 것이다.

다만 압류의 처분금지 효력은 절대적인 것이 아니고, 채무자의 처분행위 또는 제3채무자의 변제로써 처분 또는 변제 전에 집행절차에 참가한 압류채권자나 배당요구채권자에게 대항하지 못한다는 의미로서 상대적 효력을 가진다. 채무자가 채권을 처분하기 전에 먼저 압류한 채권자에게, 그 처분으로 대항할 수 없다는 것이다.

위 대법원 2021다261704 판결 사안을 정리해 보자(이하의 구체적인 내용 및 계산 방법은 2024. 8. 15.자 공보에 대한 '서울고등법원판례공보스터디' 박진수 판사님 특별해설 참고).

A(위탁자 겸 수익자), D1(신탁회사, 수탁자, 피고 1)과 사이에 부동산 담보신탁계약 체결(1순위 우선수익자: 금융회사 등)되었다. 피고 2(D2, 선행압류권자)는 위탁자인 A에 대한 공사대금(21억원 중 청구채권은 16억원) 채권에 기해서 위탁자인 A가 수탁자인 신탁회사 D1에 대하여 가지는 신탁재산 처분 후 잔여대금 채권에 대하여, 선행 압류 및 추심명령(청구금액 약 16억원)을 받았다.

그 후 위탁자 A는 원고(P)에 대한 채무(약 4.7억원) 담보를 위해서 원고(P)를 2순위 우선수익자로 지정하였다. 원고(P)가, 위탁자 A에 의하여 2순위 우선수익자 지정 후에 위탁자 A의 다른 일반채권자(B, 후행압류권자)가 이 사건 잔여대금 채권에 대해서 후행 압류 및 추심명령을 받았다.

수탁자 D1은 신탁부동산을 처분한 후에, 그 처분대금에서 1순위 우선수익자에게 지급하고 나서 남은 15억원 중 4.7억원(처분된 부분)과 10.3억원(미처분된 부분)으로 나눠서 집행공탁을 하였다.

집행공탁에 따른 위 15억원의 배당에 있어, 4.7억원 부분은 선행압류권자인 피고 2(D2, 선행압류권자)가 모두 배당받았고, 나머지 10.3억원 부분은 선행압류권자인 피고 2(D2)와 후행

압류권자인 B가 안분하여 배당받았다.

2순위 우선수익자인 원고(P)는 ① 신탁회사로서 수탁자인 D1(피고 1) 상대로 수익금 청구 내지 불법행위에 기한 손해배상청구를 하고, ② 선행압류권자인 D2(피고 2)를 상대로 부당이득반환청구를 한 것인데, 대법원은 위 배당에 문제가 없다는 취지로 판시한 것이다(원심은 원고청구 모두 배척하였고, 대법원은 원고의 상고를 기각함).

그 이유를 간략하게 정리해 보자. 선행압류명령의 청구금액 16억원이 신탁부동산 처분 후 잔여액 15억원을 초과하고, 선행압류 이후 원고(P)가 2순위 우선수익권을 설정받은 행위는 선행압류명령에 대항할 수 없기 때문에 신탁회사인 수탁자(D1)가 집행공탁을 한 것은 적법하고, 선행압류권자인 D2가 배당액을 부당이득을 한 것으로 볼 수 없다. 압류의 처분금지효에 따라 압류명령 이후의 우선수익권 지정이나 채권양도는 처분금지효에 저촉되므로, 압류채권자만이 우선하여 배타적인 채권자 지위에 있게 되기 때문이다.

그렇다면, 이 사건처럼 위탁자(A)의 신탁회사인 수탁자(D1)에 대한 잔여대금 채권에 대한 선행 압류(채권전부)되고 나서, 위탁자(A)의 2순위 우선수익자 추가 지정행위(압류명령에 반하는 채권일부 양도와 유사)가 있고, 또다시 다른 채권자(B)의 후행 압류(채권 일부)가 순차로 이루어진 경우 잔여대금의 분배방법이 문제된다.

채권 전부압류, 채권 일부양도, 채권 일부압류가 순차로 이루어진 경우에 개별상대효설에 따르면, 채권이 일부 양도된 부분은 후행압류채권자에게 배당가입차단효가 발생하여 나머지 양도되지 않은 부분과 구분되어 배당재단이 2개로 분할되는 결과가 발생한다.

첫 번째로, 위탁자(A)에 의하여 원고(P)의 우선수익권으로 처분된 4.7억원 부분을 살펴보자.

위탁자(A)가 원고(P)를 2순위 우선수익권자로 지정한 행위는, 판례의 입장인 개별적 상대효설을 따를 때에 당사자 사이에서는 유효하고, 처분행위 이후 집행에 참가한 후행압류권자(B)에 대해서도 유효함을 주장할 수 있다. 다만, 선행압류권자(D2)에 대해서는 대항할 수가 없다.

피압류채권인 잔여대금 채권 중에서 원고의 우선수익권에 관한 4.7억원 부분은 후행압류의 효력이 미치지 않는다. 후행압류권자 B의 배당가입차단효가 발생하는 것이다. 그런데 원고(P)는 선행압류권자(D2)에 대해서는 대항할 수 없으므로, 선행압류권자(D2)가 4.7억 전액을 지급 내지 배당받을 수 있게 된다.

두 번째로, 처분되지 않고 남은 10.3억원 부분을 살펴보자.

원고(P)는 상고이유로 처분되지 않고 남은 10.3억원 부분에 관해서 자신은 2순위 우선수익자이기 때문에 적어도 후행압류권자에 대한 관계에서는 개별상대효설 중에서도 안분 후 흡수설과 같은 결론에 따라 후행압류권자의 배당액을 자신이 흡수해서 받을 권리가 있고, 따로 배당요구 등을 할 필요가 없다는 취지로 주장하였다. 담보신탁에서의 우선수익권자가 담보권자(근저당권자)와 유사한 성격을 가진다는 것을 근거로 해서 주장한 것으로 이해된다.

그러나 위탁자(A)의 수탁자(D1)에 대한 잔여대금 채권 15억원 중에서 우선수익권과 관련된 부분은 4.7억원이었고, 그 4.7억원을 제외한 나머지 10.3억원 부분은 우선수익권과는 관련이 없다. 따라서 원고의 주장은 단지 원고에 대한 일반 채권자로서의 권리를 주장하는 것으로 볼 수 있을 뿐이다. 이러한 경우에, 원고로서는 집행력이 있는 정본을 가진 채권자로서 배당요구를 해야 배당을 받을 자격이 있다(민사집행법 제247조).

그리고 위 10.3억원 부분에 대해서 원고가 민사집행법 제247조에서 정한 '민법·상법, 그 밖의 법률에 의하여 우선변제청구권이 있는 채권자'에 해당한다고 볼 수 있는지는 의문인데, 만일 원고가 위 민사집행법 제248조에서 정한 '민법·상법, 그 밖의 법률에 의하여 우선변제청구권이 있는 채권자'에 해당한다고 가정하더라도 배당요구는 해야 하는데, 이 사건에서 원고는 배당요구를 하지 않았다.

정리하자면 위 대법원 사안의 결론은, 처분금지효가 미치는 처분된 부분 4.7억원은 선행압류권자가 전액 배당받고, 처분되지 않은 부분인 10.3억원은 선행압류채권자와 후행압류채권자가 각자 채권액에 따라서 안분하여 배당을 받게 된다.

5. 부동산담보신탁 수탁자의 단축급부행위는 가압류권자에게 불법행위 가능

아파트 즉 부동산담보신탁에 있어 위탁자는 분양회사, 수탁자는 신탁회사, 수익자는 금융기관인 경우를 전제한다. 원고는 분양회사의 채권자들로 분양회사와 각 아파트에 대한 분양계약해제를 이유로 한 매매대금반환 채권자들이다. 여기서 피고는 수탁자이다.

이런 구도 하에서 부동산 담보신탁계약이 해지된 경우에는 '신탁재산 귀속'을 원인으로 위탁자인 분양회사에게 소유권이전등기를 한 다음 '분양계약'을 원인으로 매수인(수분양자)에게 소유권이전등기를 하는 것이 원칙이다.

우선수익자의 서면요청에 따라 수탁자인 신탁회사가 매도인으로서의 책임을 부담하지 않는 조건으로 신탁부동산의 소유권을 매수인에게 직접 이전할 수 있다는 내용을 특약사항으로 정하였다면(이른바 '단축급부 특약'), 이는 신탁계약 해지에 따른 소유권이전등기절차를 간편하게 처리하기 위하여 위탁자 대신 수탁자로 하여금 아파트 수분양자인 매수인에게 직접 신탁부동산에 관한 소유권이전등기를 하는 것을 예외적으로 허용하는 취지일 뿐 신탁회사인 수탁자에게 신탁부동산에 관한 처분권한을 부여하거나 매수인에게 수탁자에 대하여 소유권이전등기청구권을 직접 취득할 수 있음을 정한 규정으로 볼 수는 없다.

따라서 위 특약사항에 따른 소유권이전등기는 신탁회사인 수탁자가 신탁계약에 따라 신탁부동산을 처분하여 마쳐준 것이 아니고, 신탁계약 해지에 따른 수탁자의 위탁자에 대한 소유권이전등기와 이를 전제로 한 위탁자의 매수인에 대한 소유권이전등기가 단축되어 이행된 것에 불과(이른바 '단축급부 특약')하다(대법원 2010다19433 판결, 대법원 2018다237329 판결).

그렇다면 원고가 위탁자인 분양회사를 채무자, 신탁회사 즉 수탁자인 피고를 제3채무자로 하여 위탁자가 수탁자를 향해 갖는 신탁계약 해지에 따른 소유권이전등기청구권을 가압류한 경우에 수탁자인 신탁회사가 위 특약에 따른 단축급부를 실행하여 수분양자들인 매수인에게 직접 신탁부동산의 등기를 이전해 주었다면, 가압류권자인 원고에 대한 불법행위가 성립할까?

원심은 불법행위를 부정하였으나, 대법원 2022다247750 판결은 수탁자인 피고 신탁회사의 단축급부실행행위가 불법행위가 된다는 취지이다.

즉 소유권이전등기청구권에 대한 압류가 있으면 변제금지의 효력에 따라 제3채무자(수탁자, 즉 신탁회사)는 채무자(분양회사)에게 임의로 이전등기를 이행하여서는 아니 되나, 이러한 압류에는 청구권의 목적물인 부동산 자체의 처분을 금지하는 대물적 효력이 없으므로, 제3채무자나 채무자로부터 이전등기를 마친 제3자에 대하여는 취득한 등기가 원인무효라고 주장하여 말소를 청구할 수 없지만, 제3채무자가 압류결정을 무시하고 이전등기를 이행하고 채무자가 다시 제3자에게 이전등기를 마쳐준 결과 채권자에게 손해를 입힌 때에는 불법행위에 따른 배상책임을 진다(대법원 2005다44886 판결 등)는 것이다.

위 대법원 2022다247750 판결을 정리한다. 분양회사인 '동보주택건설'은 2012. 10. 10. 수탁자 즉 신탁회사인 피고와 이 사건 아파트에 관하여 이 사건 담보신탁계약을 체결하고 그 무렵 피고에게 신탁등기를 마쳐주었다.

이 사건 담보신탁계약 제17조 제1항 제1호는 '우선수익자와 채무자 사이에 체결한 여신거래계약을 불이행할 경우에는 신탁기간 종료 전이라도 우선수익자의 요청에 따라 신탁부동산을 처분할 수 있다.'고 정하였다.

한편, 이 사건 담보신탁계약 특약사항 제7조 제3항은 '처분대금을 완납한 매수인에 대한 소유권이전을 위하여 신탁자의 서면 요청 및 우선수익자의 서면동의가 있는 경우 신탁계약을 해지하고, 신탁자에게 신탁부동산의 소유권을 귀속시킬 수 있다.'고 정하였고, 같은 조 제4항은 '제3항에도 불구하고 수탁자는 우선수익자의 서면요청에 따라 매도인으로서의 책임을 부담하지 않는 조건으로 매수인과 매매계약을 체결하는 등의 방법으로 신탁부동산의 소유권을 매수인에게 직접 이전할 수 있으며 이에 대한 환가처분 보수를 수취한다.'고 정하였다.

2013. 10. 18.경 및 2014. 7. 10.경 동보주택건설의 채권자인 원고들의 신청으로 이 사건 아파트 중 일부 호실에 관하여 동보주택건설이 피고에 대하여 갖는 '이 사건 담보신탁계약의 해지를 원인으로 한 소유권이전등기청구권' 또는 '이 사건 담보신탁계약의 종료(해지 포함)를 원인으로 한 소유권이전등기청구권'에 관하여 이 사건 압류 및 가압류결정이 내려졌고, 위 각 결정은 그 무렵 피고에게 송달되었다.

피고는 이 사건 압류 및 가압류결정에도 불구하고 그 후 우선수익자의 동의 및 동보주택건설의 요청에 따라 매수인들에게 이 사건 압류 및 가압류결정의 대상에 포함된 이 사건 아파트 중 일부 호실에 관하여 ‘매매’를 원인으로 소유권이전등기를 마쳐주었고, 이로 말미암아 위 호실에 관한 신탁등기는 ‘신탁재산의 처분’을 원인으로 말소되었다.

피고와 매수인들 사이에 작성된 부동산매매계약서에는 이 사건 담보신탁계약 특약사항 제7조에 따라 작성되었다는 내용이 명시되어 있고(제1조), 매매대금은 동보주택건설과 매수인들 사이에 체결한 ‘분양계약’에 따라 지급되며(제2조), 수탁자인 피고는 이 사건 담보신탁계약 특약사항 제7조에 따라 매수인들의 잔금 납입에 따른 등기상 소유권이전에 관하여만 책임을 부담할 뿐 명도·하자담보·매매대금 반환 등 매도자로서의 제반 책임과 의무를 부담하지 않고, 그 책임과 의무는 위탁자인 동보주택건설에 있으며, 매수인들도 수탁자인 피고에게 매도인의 책임을 묻지 않기로 하는 내용이 기재되어 있다(제3조).

동보주택건설·매수인 사이에 작성된 ‘분양계약서’와 별도로 피고·매수인들 사이에 ‘부동산매매계약서’가 작성된 후 이에 따라 소유권이전등기가 마쳐지기는 하였지만, 피고와 매수인들 사이에 작성된 부동산매매계약서는 이 사건 담보신탁계약 특약사항 제7조에 따라 작성되었음이 문언상 명백하고, 위 부동산매매계약서에 포함된 신탁부동산의 매매에 따른 권리·의무의 주체와 그 내용 등 핵심사항은 대부분 동보주택건설·매수인들 사이의 분양계약에서 정한 것을 그대로 따랐으며, 수탁자인 피고는 등기이전의무 이외에 매도인으로서 아무런 책임을 부담하지 않을 것을 조건으로 정하였다.

그러므로 피고가 매수인들에게 이 사건 아파트 중 일부 호실을 매도한 것이 이 사건 담보신탁계약 특약사항 제7조 제3항 및 이를 전제로 하는 같은 조 제4항에 따른 이 사건 담보신탁계약의 해지 및 신탁부동산의 귀속과 무관하게 이 사건 담보신탁계약 제17조 제1항 제1호 등에서 정한 바에 따라 이 사건 담보신탁계약의 본래 목적을 달성하기 위하여 신탁부동산을 처분하여 환가한 후 신탁비용 및 대출원리금 채무의 변제 등에 충당한 경우에 해당한다고 보기는 어렵다.

즉, 이 사건 담보신탁계약 특약사항 제7조 제4항은 수탁자인 피고가 매수인들과 매매계약을 체결하는 등의 방법으로 신탁부동산의 소유권을 매수인들에게 직접 이전할 수 있다고 명시하였지만, 이 역시 같은 조 제3항에 따라 이 사건 담보신탁계약이 해지됨을 전제로 하여 피고의 동보주택건설에 대한 소유권이전등기의무와 동보주택건설의 매수인들에 대한 소유권이전등기의무를 단축하여 이행하는 방법을 정한 것으로 보일 뿐 피고에게 신탁부동산의 독자적인 처분권을 부여하는 조항으로 해석할 수는 없다.

이 사건 담보신탁계약 특약사항 제7조 제3항은 이 사건 담보신탁계약이 해지됨을 전제로 매수인들에 대한 소유권이전등기를 이행하는 원칙적인 방법을 정한 것이고, 같은 조 제4항은 위 제3항에 따른 소유권이전등기절차를 간편하게 처리하기 위한 예외적인 방법을 정하였음이 분명하기 때문이다.

부동산 담보신탁계약의 수탁자에 대한 분양 부동산의 소유권이전등기청구권을 매수인이 직접 취득·행사할 수 있는 특약이 적용될 수 있는 경우가 아닌 한, '분양대금에 의한 우선수익자의 채권변제가 확보된 상태'에서의 부동산 담보신탁계약 해지의 경우에만 한정하여 적용되는 것이 아니라, 그 실질에 있어서 부동산 담보신탁계약의 해지 및 그와 관련한 신탁재산 귀속과 분양계약을 원인으로 최종적으로 매수인에게 분양 부동산의 소유권이전등기가 이루어지는 경우에 전반적으로 적용되고, 이 사건 담보신탁계약의 해지 사유에 달리 특별한 제한이 명시되지 않은 이상, 이 사건 담보신탁계약 특약사항 제7조가 동보주택건설이 우선수익자인 이 사건 금융기관들에게 분양대금에 상응하는 대출금을 모두 변제한 경우에만 적용된다고 볼 수는 없다.

소유권이전등기청구권에 관한 이 사건 압류 및 가압류결정의 변제금지 효력에 따라 제3채무자인 피고는 채무자인 동보주택건설에 대하여 이 사건 담보신탁계약의 해지 또는 종료를 원인으로 하여 임의로 소유권이전등기를 이행할 수 없다. 피고가 위 각결정을 송달받은 후 매수인들에게 그 각 결정의 대상에 포함된 이 사건 아파트 중 일부 호실에 관한 소유권이전등기를 마쳐준 것이 이 사건 담보신탁계약 특약사항 제7조에서 정한 이 사건 담보신탁계약의 해지에 따른 것이라면, 이는 이 사건 담보신탁계약의 해지에 따른 피고의 동보주택건설에 대한 소유권이전등기의무와 동보주택건설의 매수인들에 대한 소유권이전등기의무를 단축하여 이행한 것에 해당한다.

이는 결과적으로 제3채무자인 피고가 이 사건 압류 및 가압류결정을 무시한 채 동보주택건설에 대한 소유권이전등기를 이행한 후 채무자인 동보주택건설이 다시 제3자인 매수인들에게 소유권이전등기를 마쳐줌으로써 채권자인 원고들에게 손해를 입힌 때에 해당하므로 불법행위책임이 성립한다고 볼 수 있다.

정리해보자. 아파트에 대한 부동산담보신탁계약은 주로 위탁자(분양회사)가 아파트를 수분양자(매수인)에게 분양하는 한편, 우선수익자인 금융기관으로부터 추가로 자금을 빌리기 위해서 수탁자(신탁회사)에 아파트를 담보로 신탁하기 위하여 이루어지는 약정으로 이해된다.

수분양자(매수인)가 분양대금을 모두 납부하면, 위탁자(분양회사)가 분양계약에 따른 소유권이전등기를 하기 위해서, 금융기관인 우선수익자의 서면 요청을 받아 해당 아파트에 대한 담보신탁 계약을 해지한다.

신탁회사인 수탁자가 이를 위탁자(분양회사)에게 반환(소유권이전등기완료)하면, 위탁자(분양회사)는 수분양자(매수인)에게 매매를 원인으로 소유권이전등기를 마치는 과정을 거치는 것이 원칙이다.

그런데 특약(본건 특약 제17조 3항, 4항)에 따른 단축 급부의 경우라도 실질은 위와 같다는 것이다. 단지 신탁계약 해지에 따른 소유권이전등기절차를 간편하게 처리하기 위해 특약에 따라 단축급부가 이루어지는 것뿐이라는 것이다.

위 대법원 판결은 이처럼 특약에 따라 단축급부(수탁자인 신탁자로부터 수분양자에게 직접 소유권이전)가 이루어진 경우 그 자체가, 위탁자(분양회사)의 수탁자(신탁자)에 대한 담보신탁해지에 따른 소유권이전등기청구권 가압류권자인 원고에게 불법행위가 된다는 점을 명확히 한 것이다. 이때 원고들의 손해는 원고들의 채권액이 아니라 해당 아파트에 대한 경매에서 원고들이 배당받을 금액이 된다.

즉 대법원 2002다39371 판결에 의하면 "소유권이전등기청구권을 압류한 경우 채권자가 채권을 추심하기 위하여는 우선 민사집행법 제244조에서 정한 절차에 따라 부동산에 관하여 채무자 명의로 소유권이전등기를 경료한 다음 다시 그 부동산에 대한 강제경매를 실시하여 그 경매절차에서 배당받아야 할 것이므로, 제3채무자의 고의 또는 과실로 소유권이전등기청구권이 압류된 부동산에 관하여 채무자, 제3자 명의의 소유권이전등기가 순차 경료됨으로써 채권자에 대한 불법행위책임이 성립하는 경우, 그로 인한 압류채권자의 손해액은 압류채권액 범위 내에서 압류채권자가 배당받을 금액이라고 보아야 한다."라는 취지이다.

참고로 우선수익자인 금융기관이 위탁자(채무자, 분양회사)의 채무불이행을 이유로 담보신탁계약에 따라 수탁자(신탁회사)에게 신탁부동산의 공매를 요청하여 그에 따라 공매가 이루어지는 경우는 가압류권자인 원고에게 불법행위가 된다고 보기는 어렵다.

즉 이는 이 사건 담보신탁계약 제17조 제1항 제1호 등에서 정한 바에 따라 이 사건 담보신탁계약의 본래 목적을 달성하기 위하여 신탁부동산을 처분하여 환가한 후 신탁비용 및 대출원리금 채무의 변제 등에 충당하는 경우로 이해되기 때문이다.

이 경우 원고는 신탁재산처분 후에 정산되어 채무자에게 귀속되는 돈에 대한 채권(가)압류 등을 고려될 여지가 있을 것으로 보인다.

6. 구 임대주택법상 금지사항 부기등기 후의 담보신탁등기의 무효

구 임대주택법 제18조에서 저당권 설정 등 금지사항 부기등기 제도를 두면서 시행령 제17조 제2항에서 임대사업자가 신탁업자에게 신탁하는 경우에는 부기등기의 예외를 인정하고 있다.

그렇다면, 신탁의 종류가 담보신탁인 경우에도 시행령 제17조 제2항을 이유로 금지사항 부기등기 후 이루어진 담보신탁등기를 유효라고 보아야 하는가? 이러한 담보신탁등기가 임대사업자의 제한물권 설정 등 처분행위 금지에 관한 금지사항 부기등기 이후에 설정되었다면 제한물권 설정 등과 마찬가지로 그 효력이 없다는 것이 대법원 2022다204333 판결의 취지이다.

그 이유를 살펴보자. 구 임대주택법(2015. 8. 28. 법률 제13499호 '민간임대주택에 관한 특별법'으로 전부 개정되기 전의 것, 이하 같다) 제18조는 제1항에서 '임대사업자는 임차인이 동의하지 않는 한 임대주택에 관하여 분양전환 이전까지 담보물권 등을 설정하는 행위를 하여서는 아니

된다.'고 규정하고, 제2항에서 '임대사업자는 소유권보존등기신청과 동시에 제1항에 따른 임대주택에 관하여 분양전환 이전까지 제한물권의 설정이나 압류·가압류·가처분 등을 할 수 없는 재산임을 부기등기 신청하여야 한다.'고 규정한다.

또한 제3항에서 '이미 소유권보존등기를 마친 후 임대 중인 임대주택의 임대사업자는 제2항과 동일한 내용의 등기를 신청하여야 한다.'고 규정하고, 제4항에서 '제2항에 따른 부기등기일 후에 해당 임대주택에 관하여 제한물권을 설정하거나 압류·가압류·가처분 등을 하면 그 효력이 없다.'고 규정한다.

이러한 규정의 취지는, 임차인이 장차 분양전환에 의하여 유효한 소유권을 취득할 수 있도록 임대사업자의 임대주택에 관한 저당권 설정 등 일정한 처분행위를 금지하되 이러한 처분 제한으로 말미암아 제3자가 불측의 손실을 입는 것을 방지하기 위하여 일정한 금지사항의 취지에 관한 부기등기를 하도록 하고, 이러한 부기등기 이후에는 임대주택에 관하여 처분금지의 대상이 되는 담보권 설정 등을 원인으로 한 등기 내지 압류·가압류·가처분 등의 효력을 부정함으로써 임대사업자의 채권자들에 우선하여 임차인을 보호하려는 데에 있다.

담보신탁은 위탁자가 금전채권을 담보하기 위하여 금전채권자를 우선수익자로, 위탁자를 수익자로 하여 위탁자 소유의 부동산을 신탁법에 따라 수탁자에게 이전하면서 채무불이행 시에는 신탁부동산을 처분하여 우선수익자의 채권 변제 등에 충당하고 나머지를 위탁자에게 반환하기로 하는 것을 내용으로 하는 신탁계약이다.

담보신탁의 위탁자가 우선수익자에 대한 채무를 이행하지 못하면 신탁기간 중이라도 우선수익자의 요청에 따라 신탁재산이 매각되고 그 대금이 우선수익자의 채권 변제에 충당되는 경우가 있다.

만약 임대사업자가 임대주택에 관하여 담보신탁을 설정하는 것을 허용하게 되면 임대사업자가 우선수익자에 대한 채무를 이행하지 않을 경우 임대주택이 처분됨에 따라 임차인이 장차 분양전환을 통하여 임대주택의 소유권을 유효하게 취득하는 것을 방해하는 결과를 가져오게 된다.

이는 임대사업자의 임대주택에 관한 제한물권 설정 등의 일정한 처분행위를 금지함으로써 임대사업자의 채권자로부터 임차인을 보호하려는 구 임대주택법 제18조의 취지에 반한다.

따라서 임대사업자의 담보신탁도 임대사업자의 제한물권 설정 등 처분행위 금지에 관한 부기등기 이후에 설정되었다면 제한물권 설정 등과 마찬가지로 그 효력이 없다고 보아야 한다는 것이다.

구 임대주택법 시행령 제17조 제2항이 신탁의 경우에 임대사업자에게 금지사항의 부기등기 신청의무를 면제한 것은 부기등기 없이도 신탁으로써 임차인이 충분히 보호를 받을 수 있기 때문인데, 담보신탁의 경우는 임차인을 보호하는 것이 아니라 오히려 임차인을 해하는 행위에 해당하기 때문에 담보신탁의 경우는, 구 임대주택법 시행령 제17조 제2항의 신탁에 해당하지 않는다는 것이다.

이 사건의 경우는 구 임대주택법 시행령 제17조 제2항에도 불구하고 이미 금지사항의 부기등기가 마쳐져 있었는바, 이 사건 담보신탁 설정으로써 임차인인 원고의 우선 분양전환권이 침해될 위험이 발생하였다고 할 수 있으므로, 담보신탁계약에 따른 소유권이전등기는 구 임대주택법 제18조 제4항의 취지에 반하여 효력이 없다는 취지이며, 한편, 구 임대주택법 제18조 제4항, 시행령 제17조 제2항에 따라 허용되는 신탁등기가 마쳐질 때에는 금지사항 부기등기는 직권으로 말소되었어야 하는 것으로 보이는데(2019. 9. 10. 등기선례 제9-281호), 이 사건의 경우 금지사항 부기등기가 남아 있었던 것으로 보인다(더 자세한 내용은 2024. 9. 15.자 공보에 대한 '서울고등법원판례공보스터디' 7번 판례 해설 참고. 추가적으로 참조할 판례로는 대법원 2011다84335 판결 및 대법원 2012다2682 판결 참고).

7. 관리비 위탁자 부담 신탁등기에도 불구하고 관리단의 수탁자에 대한 관리비청구 가능

수탁자인 '갑' 신탁회사가 위탁자인 '을' 주식회사와 체결한 담보신탁계약에 따라 집합건물 중 '을' 회사 소유의 전유부분인 부동산에 관하여 신탁을 원인으로 소유권이전등기를 마쳤고, 위 부동산에 관한 관리비를 위탁자가 부담한다고 규정한 신탁계약서가 신탁등기 당시 신탁원부에 포함되어 부동산등기부에 편철되었다.

이러한 상황에서 집합건물 관리단이 수탁자인 '갑' 신탁회사를 상대로 체납 관리비의 지급을 구할 수 있을까? 공시된 신탁등기에 관리비를 위탁자가 부담하는 것으로 기재된 꼴이므로 집합건물 관리단은 등기의 공시대로 위탁자에게만 관리비를 청구해야 되는 것이 아닌가?

원심은 위탁자에게 관리비를 청구해야 한다는 취지였으나, 대법원 2025. 2. 13. 선고 2022다233164 판결은 이와 달리 소유자인 수탁자 '갑' 신탁회사에게 관리비를 청구할 수 있다는 취지이다.

그 핵심적 이유는 신탁법 제4조 제1항은 '등기 또는 등록할 수 있는 재산권에 관하여는 신탁의 등기 또는 등록을 함으로써 그 재산이 신탁재산에 속한 것임을 제3자에게 대항할 수 있다.'고 규정하는데, 이러한 규정의 취지는 "어떠한 재산에 신탁의 등기 또는 등록을 하면 그 재산이 수탁자의 다른 재산과 독립하여 신탁재산을 구성한다는 것을 제3자에게 대항할 수 있다는 의미"일 뿐이라는 취지이다.

즉 "신탁법 제4조 제1항이 적용되는 신탁계약에서는 특별한 사정이 없는 한 신탁계약의 내용이 신탁원부에 기재되어 부동산등기법 제81조 제3항에 따라 등기기록의 일부로 보게 되더라도 위와 같은 신탁재산의 구성에 관한 사항 외에는 이로써 제3자에게 대항할 수 없"는바, 본건은 "이 사건 신탁계약에서 이 사건 부동산에 관한 관리비 납부의무를 위탁자가 부담한다고 정하였고, 이러한 사정이 신탁원부에 기재되었다고 하더라도 수탁자인 피고 신탁회사는 제3자인 원고 관리단에게 대항할 수 없다."라는 취지이다.

위 대법원 2022다233164 판결에 대하여 "구 신탁법(2011. 7. 25. 법률 제10924호로 전부 개정되어 2012. 7. 26. 시행되기 전의 것) 하에서는 구 신탁법 제3조 제1항의 문언이 현행 신탁법 제4조 제1항과 다르게 규정되어 있었고, 판례는 구 신탁법 제3조 제1항의 문언에 기초하여 신탁원부에 포함된 신탁계약상 약정의 효력을 제3자에게 대항하는 것을 폭넓게 허용(대법원 2019다300095 판결이 이에 해당한다는 취지도 확인됨)하고 있었는데, 이러한 판례에 관하여는 학설상 비판적인 견해가 많았지만 대상판결은 현행 신탁법 제4조 제1항의 문언에 충실하게 신탁등기의 대항력의 범위를 제한하였고, 구 신탁법상의 판례와 결별을 선언한 것으로 보인다"면서 "대상판결에 따라 환송심이 심리한 결과 수탁자인 신탁회사가 집합건물 관리단에 대하여 관리비를 부담하여야 한다고 보게 된다면, 집합건물 관리단은 수탁자 명의의 구분건물에 대하여 강제집행을 할 수 있을 것(신탁법 제22조 제1항 참고)"이라는 취지의 해설이 확인된다(2025. 4. 1.자 판례공보에 대한 서'울고등법원판례공보스터디' 해설 참고).

제24장 전 세 권

1. 부동산에 대한 전세권과 채권적 전세

전세계약을 체결하였다는 이야기를 많이 한다. 이때의 전세계약은 전세권등기를 하지 않은 것을 일컫는 것으로 이를 보통 학문적으로는 '채권적 전세'라고 한다.

'채권적 전세'와 '전세권'은 전혀 다른 개념이다. 즉, 기본적으로 '채권적 전세'는 임대차문제(채권문제)로 다루어지지만, '전세권'은 '전세금'을 요소('차임' 개념이 없음)로 하며, 민법상의 물권(민법 제303조)으로 다루어진다.

우리가 사회생활을 하면서 보는 대부분의 계약은 부동산등기를 전제한 '전세권'계약이 아니라, '채권적 전세'계약이다. 즉, 집을 빌리면서 임대차계약서를 쓰고 보증금을 주는 계약을 체결하되, 이를 등기부에 기입하는 행위를 하지 않은 '채권적 전세'계약이 많이 체결되며, 사람들은 이를 '전세를 얻었다'고 표현하고 있다.

민법상 임대차의 개념은 '차임의 지급'이 기본이므로(민법 제618조), 사실상 보증금만 있는 임대차를 '전세권'과 구별되는 '전세'로 부른 것으로 해석되는데, 이러한 '채권적 전세'는 사실상 임대차로 다루는 것이 일반적이다.

상담을 하다 보면, 실질은 '채권적 전세'인데, '전세권'등기를 경료하면 어떠냐는 질문을 받곤 한다. 실질은 '채권적 전세'인데, '전세권'등기를 하게 되면, 경매배당과 관련하여 등기를 전제한 '전세권자'로서의 지위를 누릴 수 있다는 것이 법원의 입장이다.

예를 들어, 주택에 대한 '채권적 전세'계약을 체결하고, 전입신고와 확정일자를 받게 되면, 주택임대차보호법상의 대항력과 순위에 따른 우선배당권(우선변제권)을 취득하게 되는데,

'전세권'등기를 경료하게 되면, 주택임대차보호법상의 지위와 더불어 등기를 전제한 '전세권자'의 지위를 겸유하게 되는 것이다.

즉, 대법원 2010마900 결정에 의하면, "주택에 관하여 최선순위로 전세권설정등기를 마치고 등기부상 새로운 이해관계인이 없는 상태에서 전세권설정계약과 계약당사자, 계약목적물 및 보증금(전세금액) 등에 있어서 동일성이 인정되는 임대차계약을 체결하여 주택임대차보호법상 대항요건을 갖추었다면, 전세권자로서의 지위와 주택임대차보호법상 대항력을 갖춘 임차인으로서의 지위를 함께 가지게 된다. 이러한 경우 전세권과 더불어 주택임대차보호법상의 대항력을 갖추는 것은 자신의 지위를 강화하기 위한 것이지 원래 가졌던 권리를 포기하고 다른 권리로 대체하려는 것은 아니라는 점, 자신의 지위를 강화하기 위하여 설정한 전세권으로 인하여 오히려 주택임대차보호법상의 대항력이 소멸되는 것은 부당하다는 점, 동일인이 같은 주택에 대하여 전세권과 대항력을 함께 가지므로 대항력으로 인하여 전세권설정 당시 확보한 담보가치가 훼손되는 문제는 발생하지 않는다는 점 등을 고려하면, 최선순위 전세권자로서 배당요구를 하여 전세권이 매각으로 소멸되었다 하더라도 변제받지 못한 나머지 보증금에 기하여 대항력을 행사할 수 있고, 그 범위 내에서 임차주택의 매수인은 임대인의 지위를 승계한 것으로 보아야 한다."는 취지이다.

일부 지역의 경우 주택을 임차하면서, 전입신고 및 확정일자를 받는 외에 전세권등기를 경료하는 관행이 존재하는 것으로 보이는데, 전세권등기비용을 감당하는 것에 문제가 없다면, 전세권등기를 경료하는 것도 나쁘지는 않다고 본다.

다만, 주택임대차보호법에 따른 전입신고와 확정일자를 받게 되면 전세권과 유사하게 순위에 따른 보증금의 보전이 가능하다. 따라서 주택임대차보호법상 대항력 등을 갖춘 경우와 달리 전세권등기를 할 경우에 임의경매신청이 가능하다는 점 등을 제외하고는 보증금의 보전이라는 측면에서는 특별한 사정이 없는 한 전세권등기를 한 것과, 주택임대차보호법상의 대항력과 확정일자를 받는 것이 큰 차이가 없다는 점도 알아둘 필요가 있다.

2. 건물 일부에 대한 전세권자의 경매신청

건물 일부에 대한 전세권자의 경매신청을 논하기에 앞서 '건물 일부에 대한 전세권자'의 개념을 살펴보자. 다가구건물은 하나의 건물로 보기 때문에 다가구건물의 독립된 부분을 빌리면서 전세권등기를 경료하더라도, 이는 건물 일부에 대한 전제권자가 된다.

반면, 다세대건물은 독립된 부분이 독립된 하나의 건물이 되기 때문에 다세대건물을 빌리면서 독립된 부분에 대한 전세권등기를 경료하면, 이는 건물 일부가 아닌 건물에 대한 전세권자가 된다. 다만, 다세대건물이나 아파트와 같은 공동주택의 '방 하나'를 빌리면서 전세권등기를 갖추었다면 이는 건물 일부에 대한 전세권자가 될 것이다.

그렇다면, '건물 일부에 대한 전세권자의 경매신청'이 인정될 수 있을까? 순위에 따른 우선변제권은 인정될 수 있지만, 건물 전부에 대한 경매신청권은 없다. 즉, 건물 일부의 전세권자에게 건물 전부에 대한 우선변제권은 인정되나(민법 제303조 제1항 후단), 그 전세권자가 전세권의 목적물이 아닌 나머지 건물 부분에 대하여 경매신청을 할 수는 없다(대법원 2001마212 결정 등). 그러나 건물 전부에 대한 전세권자는 건물 전부에 대한 경매를 신청할 수 있을 뿐만 아니라, 우선변제권도 있다.

즉 대법원 2001마212 결정에 의하면 "건물의 일부에 대하여 전세권이 설정되어 있는 경우 그 전세권자는 민법 제303조 제1항의 규정에 의하여 그 건물 전부에 대하여 후순위권리자 기타 채권자보다 전세금의 우선변제를 받을 권리가 있고, 민법 제318조의 규정에 의하여 전세권설정자가 전세금의 반환을 지체한 때에는 전세권의 목적물의 경매를 청구할 수 있는 것이나, 전세권의 목적물이 아닌 나머지 건물부분에 대하여는 우선변제권은 별론으로 하고 경매신청권은 없으므로(대법원 91마256, 257 결정), 위와 같은 경우 전세권자는 전세권의 목적이 된 부분을 초과하여 건물 전부의 경매를 청구할 수 없다고 할 것이고, 그 전세권의 목적이 된 부분이 구조상 또는 이용상 독립성이 없어 독립한 소유권의 객체로 분할할 수 없고 따라서 그 부분만의 경매신청이 불가능하다고 하여 달리 볼 것은 아니다."는 취지이다.

그렇다면, '건물 일부에 대한 전세권자'가 경매를 신청할 방법은 없을까? 건물 일부에 대한 전세권자가 건물 전부에 대한 경매를 신청하려면, 전세금반환청구소송을 제기하여 승소판결을 얻은 후 강제경매를 통하여, 그 매각절차에서 전세권에 근거한 순위에 따른 우선변제를 받을 수 있다.

전세권자가 아닌 임차권자는 어떠한가? 주택을 임차하거나, 상가를 임차한 경우 주임법이나 상임법이 적용되는 건물이라면, 대항력 및 확정일자를 갖춘 경우에 한하여 우선변제권이 있을 뿐이고(상가임대차의 우선변제권은 환산보증금 요건 충족 전제. 그 이유는 상임법 제5조 제2항이 상임법 제2조 제3항에서 언급되지 않고 있음), 경매를 신청할 권리는 없다.

따라서 주택임차인이나 상가임차인이 경매를 신청하려면, 보증금반환청구소송을 제기하여 승소판결을 받아 강제경매를 신청해야 한다. 주임법이나 상임법이 적용되는 사안일 경우에, 해당 법률에 따라 대항력 및 확정일자 충족을 전제로 순위에 따른 우선변제권이 인정될 수 있다.

3. 전세권과 전세금반환채권의 분리양도 가능성

전세금을 필수요소로 하며(민법 제303조 제1항), 전세권등기가 이루어지는 전세권은 용익물권성과 담보물권성을 겸유하고 있다는 표현을 한다. 민법 제306조에 의하면, 전세권의 양도가 가능하다. 그렇다면, 전세권과 전세금반환채권의 분리양도가 가능할까? 담보물권의 수반성이라는 특성상, 원칙적으로는 전세권과 전세금반환채권의 분리양도가 인정되기 어렵다.

즉 대법원 97다33997 판결에 의하면 "전세권이 담보물권적 성격도 가지는 이상 부종성과 수반성이 있는 것이므로 전세권을 그 담보하는 전세금반환채권과 분리하여 양도하는 것은 허용되지 않는다고 할 것이나, 한편 담보물권의 수반성이란 피담보채권의 처분이 있으면 언제나 담보물권도 함께 처분된다는 것이 아니라 채권담보라고 하는 담보물권 제도의 존재 목적에 비추어 볼 때 특별한 사정이 없는 한 피담보채권의 처분에는 담보물권의 처분도 당연히 포함된다고 보는 것이 합리적이라는 것일 뿐이므로, 피담보채권의 처분이 있음에도 불구하고 담보물권의 처분이 따르지 않는 특별한 사정이 있는 경우에는 채권양수인은 담보물권이 없는 무담보의 채권을 양수한 것이 되고 채권의 처분에 따르지 않은 담보물권은 소멸한다고 할 것이다(대법원 97다29790 판결)."라면서, "전세권설정계약의 당사자 사이에 그 계약이 합의 해지된 경우 전세권설정등기는 전세금반환채권을 담보하는 효력은 있다고 할 것이나, 그 후 당사자 간의 약정에 의하여 전세권의 처분이 따르지 않는 전세금반환채권만의 분리양도가 이루어진 경우에는 양수인은 유효하게 전세금반환채권을 양수하였다고 할 것이고, 그로 인하여 전세금반환채권을 담보하는 물권으로서의 전세권마저 소멸된 이상 그 전세권에 관하여 가압류부기등기가 경료되었다고 하더라도 아무런 효력이 없다."는 취지다. 결국, 전세권설정자는 가압류권자에 대하여 전세권설정등기말소등기에 대하여 등기상 이해관계 있는 제3자로서 승낙의 의사표시를 구하는 소송을 제기할 여지가 있게 된다.

위 대법원 97다33997 판결 사안(원심이 타당하다는 취지)을 정리하면 "원심은, 원고들은 1993. 11. 1.부터 1994. 4. 14.까지 사이에 원심 공동피고 '덕산○○○'에게 이 사건 건물 중 일부에 관하여 전세금 합계 금3,543,260,400원으로 한 각 전세권설정계약을 체결하고 1993. 12. 28.부터 1994. 6. 22.까지 사이에 각 전세권설정등기를 경료하여 준 사실, 원고들은 1995. 2. 말경 덕산○○○과의 사이에 위 각 전세권설정계약을 합의해지하였고, 덕산○○○는 1995. 3. 4. 원고들에 대한 위 전세금반환채권의 사실상 전액에 해당하는 금3,543,136,600원(차액은 계산상 착오)을 덕산○○○ 및 그 계열사 근로자 1,697명의 대표자인 소외 장진○에게 양도한 후 원고들에게 확정일자 있는 증서에 의하여 채권양도의 통지를 하여 그 통지가 1995. 3. 7. 원고들에게 도달하자 원고들도 이를 승낙하였으며, 덕산○○○이 1995. 3. 9. 원고들에게 전세권의 목적물인 건물 부분을 명도한 사실, 한편 피고들은 덕산시멘트를 상대로 위 각 전세권에 대한 가압류결정을 받아 1995. 3. 9.부터 1995. 4. 28.까지 사이에 전세권 가압류의 부기등기를 차례로 경료한 사실을 확정하고, 원고들의 전세권설정등기 말소청구에 대한 덕산○○○의 항변을 그 판시와 같이 배척한 다음, 위와 같이 전세권설정자와 전세권자 사이에 전세권설정계약이 합의해지되고 전세금반환채권이 제3자에게 양도되었으며 전세권설정자가 전세권의 목적물을 명도까지 받았다면, 그 전세권설정등기가 말소되지 않고 있는 사이에 위 전세권을 가압류한 피고들로서는 원고들이 전세권설정등기의 말소를 신청하는 경우 등기상 이해관계 있는 제3자로서 이를 승낙하여야 할 의무가 있다고 판단"한 것이다.

그렇다면 전세권 존속 중에 전세금반환채권만을 전세권과 분리하여 양도한 경우는 어떠한가? 대법원 2001다69122 판결에 의하면 "전세권은 전세금을 지급하고 타인의 부동산을 그 용도에 따라 사용·수익하는 권리로서 전세금의 지급이 없으면 전세권은 성립하지 아니하는 등으로 전세금은 전세권과 분리될 수 없는 요소일 뿐 아니라, 전세권에 있어서는 그 설정행위에서 금지하지 아니하는 한 전세권자는 전세권 자체를 처분하여 전세금으로 지출한 자본을 회수할 수 있도록 되어 있으므로 전세권이 존속하는 동안은 전세권을 존속시키기로 하면서 전세금반환채권만을 전세권과 분리하여 확정적으로 양도하는 것은 허용되지 않는 것이며(대법원 66다771 판결, 대법원 66다850 판결 등), 다만 전세권 존속 중에는 장래에 그 전세권이 소멸하는 경우에 전세금 반환채권이 발생하는 것을 조건으로 그 장래의 조건부 채권을 양도할 수 있을 뿐이라 할 것이다."라는 취지이다.

위 대법원 2001다69122 판결 이유에 의하면 "원심이 이 사건 건물에 대한 전세권의 존속기간은 1997. 3. 1.이나 피고들이 전세권의 존속기간 만료 전 6월부터 1월까지 사이에 소외 회사에 대하여 전세권의 갱신거절의 통지나 조건을 변경하지 아니하면 갱신하지 아니한다는 뜻의 통지를 하지 아니하였고, 한편 소외 회사도 전세권의 존속기간이 만료된 이후에도 계속하여 이 사건 건물을 점유·사용하여 옴에 따라 이 사건 건물에 관한 전세권은 원래의 존속기간이 만료된 이후에도 묵시적으로 갱신되어 소외 회사가 피고들에게 이 사건 건물 중 일부를 명도한 1998. 6. 27.까지는 존속하고 있었다고 본 후 소외 회사가 1998. 3. 30. 이경○에게 전세금반환채권을 양도할 당시 피고들과 사이에 위의 전세권설정계약을 합의해지하였다거나 전세권을 소멸시키기로 합의하였다고 볼 아무런 증거가 없으므로 소외 회사가 전세권이 존속하는 동안에 전세권을 존속시키기로 하면서 전세금반환채권만을 전세권과 분리하여 양도한 것은 무효라고 판단한 것은 위의 법리에 따른 것으로서 정당"하다는 취지이다.

4. 부동산에 대한 전세권 소멸의 의미

판례를 읽다 보면 존속기간이 있는 전세권은 그 기간의 만료로 인하여 말소등기를 하지 않아도 당연히 소멸한다는 표현을 볼 수 있는데, 이러한 표현이 항상 옳다고 보아야 할까? 그렇지 않다. 민법 제303조 제1항은 "전세권자는 전세금을 지급하고 타인의 부동산을 점유하여 그 부동산의 용도에 좇아 사용·수익하며, 그 부동산 전부에 대하여 후순위 권리자 기타 채권자보다 전세금의 우선변제를 받을 권리가 있다."고 규정하여, 전세권에 있어 용익물권성과 담보물권성 모두를 인정하고 있다.

결국, 전세권이 존속기간의 만료로 인하여 종료된 경우에도 당해 전세권설정등기는 전세금반환채권을 담보하는 범위 내에서는 유효한 것이 된다(대법원 2003다35659 판결). 따라서 전세권의 존속기간이 만료되고 전세금의 반환시기가 경과된 전세권의 경우에도 설정행위로 금지하지 않은 한 전세권의 이전등기가 가능하며, 담보물권적 권능만 남아 있는 전세권에 대하여도 그 피담보채권인 전세금반환채권과 함께 제3자에게 이를 양도할 수 있다.

다만, 이 경우 민법 제450조 제2항 소정의 확정일자 있는 증서에 의한 채권양도절차를 거치지 않는 한 전세금반환채권의 압류·전부채권자 등 제3자에게 위 전세보증금반환채권의 양도사실로 대항할 수 없다(대법원 2003다35659 판결).

위 대법원 2003다35659 판결은 "전세기간 만료 이후 전세권양도계약 및 전세권이전의 부기등기가 이루어진 것만으로는 전세금반환채권의 양도에 관하여 확정일자 있는 통지나 승낙이 있었다고 볼 수 없어 이로써 제3자인 전세금반환채권의 압류·전부 채권자에게 대항할 수 없다고 한 사례"로 판결 이유를 통해 "전세권설정등기를 마친 민법상의 전세권은 그 성질상 용익물권적 성격과 담보물권적 성격을 겸비한 것으로서, 전세권의 존속기간이 만료되면 전세권의 용익물권적 권능은 전세권설정등기의 말소 없이도 당연히 소멸하고 단지 전세금반환채권을 담보하는 담보물권적 권능의 범위 내에서 전세금의 반환시까지 그 전세권설정등기의 효력이 존속하고 있다 할 것인데, 이와 같이 존속기간의 경과로서 본래의 용익물권적 권능이 소멸하고 담보물권적 권능만 남은 전세권에 대해서도 그 피담보채권인 전세금반환채권과 함께 제3자에게 이를 양도할 수 있다 할 것이지만 이 경우에는 민법 제450조 제2항 소정의 확정일자 있는 증서에 의한 채권양도절차를 거치지 않는 한 위 전세금반환채권의 압류·전부 채권자 등 제3자에게 위 전세보증금반환채권의 양도사실로써 대항할 수 없다."는 취지의 판시를 하였다.

전세권은 건물은 물론이고 토지에도 설정될 수 있고, 하나의 건물 일부는 물론이고 1필의 토지 일부에도 전세권설정이 가능하다. 건물 전세권의 경우 존속기간이 지난 경우 전세권이 무조건 종료될까? 건물 전세권의 경우는 묵시의 갱신(법정갱신)이 인정된다(민법 제312조 제4항).

따라서 건물 전세권자의 존속기간이 만료되었으나, 묵시의 갱신(법정갱신)이 이루어진 경우, 이른바 '의제된 법률행위'로 민법 제187조에 의하여 등기를 하지 않아도 효력이 인정되고, 그 결과 묵시의 갱신(법정갱신) 후 갱신등기를 하지 않은 경우라고 하더라도 전세물건의 소유권을 취득한 제3자에 대하여 전세권을 주장할 수 있게 된다(대법원 2009다35743 판결 등).

토지 전세권의 경우는 어떠한가? 토지 전세권의 경우는 묵시의 갱신(법정갱신) 규정이 없다. 따라서 토지 전세권의 존속기간이 지난 경우에 용익권으로서의 전세권은 종료되지만, 당해 토지에 대한 전세권등기는 전세금반환채권을 담보하는 범위에서 유효하다고 해석된다.

5. 전세권등기와 통정허위표시의 선의의 제3자

상가에 대한 임대차계약을 체결하면, 대개 보증금 얼마에 월세 얼마라는 약정을 하여, 임대차계약서를 작성하고 임대인, 임차인, 공인중개사 등이 서명·날인하게 된다. 그리고 임대차계약이 체결된 후에 임차인이 월세를 3회분 이상 미납하게 되면, 계약기간 중이라도 임대인은 계약을 즉시 해지할 수 있다(상임법 제10조의8). 이때 해지통보를 발한 내용증명우편이 임차인에게 도달하기 전에 임차인이 밀린 월세를 넣게 되면, 차임연체를 이유로 한 계약의 즉시해지는 인정되지 않는다. 상임법 제10조의8은 "임차인의 차임연체액이 3기의 차임액에 달하는 때에는 임대인은 계약을 해지할 수 있다."라고 규정하고 있기 때문이다.

차임 3회분 이상 연체를 이유로 한 계약해지가 적법하게 진행되었음에도 불구하고 임차인이 상가를 넘겨주지 않게 되면, 임대인은 점유이전금지가처분신청과 함께 명도소송을 진행하는 것이 일반적이고, 명도소송 진행과정에서 임차인이 보증금반환의 항변을 하게 되면, 밀린 월세를 공제한 보증금의 반환과 동시에 명도하라는 취지의 판결(상환이행판결)을 받게 된다.

이때 임차인의 채권자가 보증금반환채권에 대하여 가압류를 하거나, 압류 및 추심명령 등을 받는 경우가 있는데, 임대인은 보통 월세를 공제한 보증금을 공탁하게 된다. 임대차의 경우는 이와 같이 해결되기 때문에 월세연체액의 합계가 보증금을 넘지 않는다면 임대인에게 별다른 피해가 없다.

그런데 실제 계약은 임대차계약을 체결했음에도 불구하고, 임차인의 요구에 의해 임대인이 전세권등기를 경료해주는 경우가 있다. 이렇게 임대차계약을 하면서 보증금과 월세를 정했음에도 불구하고 전세권등기를 하게 되면, 보증금을 전세금으로 등기부에 표기하게 되고, 월세는 등기부에 표시되지 않는다.

이런 상황에서 임차인의 채권자가 전세권부채권, 즉 등기부에 나오는 전세금에 가압류를 하거나 압류 및 추심명령 등을 받게 되면, 어떻게 될까? 이때에도 임대인은 보증금에서 밀린 월세를 공제하고 공탁하면 책임을 면하게 되는 것일까? 대법원은 그렇지 않다고 한다(대법원 2005다59864 판결, 대법원 2006다29372, 29389 판결, 대법원 2018다233860 판결 등). 즉, 임차인의 채권자는 통정허위표시의 선의의 제3자에 해당하여 임대인의 보증금에서의 월세공제 행위가 용인되지 않는다는 것이다(민법 제108조 제2항).

위 대법원 2005다59864 판결 이유를 옮기면 "소외인(임차인)은 2001. 8. 21. 피고(임대인)와 사이에 이 사건 부동산을 임대차보증금 1억원, 월 차임 195만원, 임차기간 2년으로 정하여 임차하기로 하는 내용의 임대차계약을 체결하고, 위 임대차보증금 반환채권을 담보하기 위하여 같은 날 전세금 1억원, 기간 2001. 8. 21.부터 2003. 8. 21.까지로 하는 전세권설정계약을 별도로 체결한 다음, 같은 날 위와 같은 내용의 전세권설정등기를 경료하였고, 한편 원고(임차인 소외인의 대출금 채권자)는 2001. 8. 21. 소외인(임차인)과 사이에 동인에 대한 대출금

채권을 담보하기 위하여 위 전세권에 대하여 저당권설정계약을 체결한 다음, 같은 날 그 저당권설정등기를 마치고, 그 후 위 전세권의 존속기간이 만료되자 2003. 12. 15. 위 대출금채권을 변제받기 위하여 소외인의 전세금반환채권에 대하여 청구금액을 75,377,790원으로 하여 채권압류 및 전부명령을 받았음을 알 수 있는바, 사정이 이러하다면 소외인(임차인)과 피고(임대인) 사이에 있어서는 위 임대차계약만이 유효하고 외형만 작출된 위 전세권설정계약은 무효라고 주장할 수 있다고 하더라도, 제3자인 원고와 사이에 있어서는 원고가 그와 같은 사정을 알고 있었던 경우에만 그러한 주장을 할 수 있다고 할 것이므로(대법원 98다20981 판결), 원고가 위 전세권에 대하여 저당권을 설정하면서 그와 같은 사정을 알았다고 볼 증거가 전혀 없는 이 사건에 있어, 위 전세권설정자인 피고는 위 전세권저당권자로서 소외인의 전세금반환채권을 압류·전부받은 원고에 대하여 소외인이 연체한 차임의 공제를 주장할 수 없다."는 취지이다. 그리고 참고로 위 대법원 2006다29372, 29389 판결에 의하면 "민법 제370조, 제342조 단서가 저당권자는 물상대위권을 행사하기 위하여 저당권설정자가 받을 금전 기타 물건의 지급 또는 인도 전에 압류하여야 한다고 규정한 것은 물상대위의 목적인 채권의 특정성을 유지하여 그 효력을 보전함과 동시에 제3자에게 불측의 손해를 입히지 않으려는 데 그 목적이 있으므로, 적법한 기간 내에 적법한 방법으로 물상대위권을 행사한 저당권자는 전세권자에 대한 일반채권자보다 우선변제를 받을 수 있다."라는 취지이다.

임대인과 임차인의 행위는 실질이 임대차임에도 불구하고, 전세권으로서의 외관이 있는 상황인데, 이는 통정허위표시에 해당하고, 통정허위표시를 모르는 임차인의 채권자인 제3자는 이를 알 길이 없기 때문에(알았다는 점을 입증할 경우 반대결론 가능) 임대인이 월세를 공제한 부분으로 임차인의 채권자에게 대항할 수 없다는 것이다. 이런 상황에 마주하게 되는 임대인은 참으로 억울할 것이다. 이와 관련하여 하나의 예를 들어보자. 임차인의 채권자가 일반인이라면 모르되, 은행과 같은 사회적 강자라면 구체적 상황에 따라서는 이러한 대법원의 이론은 재고의 여지가 있다고 생각한다.

은행 등이 건물에 입주를 할 경우에는 실질이 임대차임에도 불구하고 전세권등기의 설정을 요구하거나, 근저당권설정을 요구하는 것이 현실에 있어 다반사임에도 불구하고, 은행이 임차인의 채권자인 경우에 임대인이 은행의 악의를 입증하지 못했다고 해서 임대인이 패소를 해야만 한다는 것은 구체적 타당성 면에서 부당한 결과를 초래할 여지가 있다.

결국, 보증금반환과 관련하여 통정허위표시의 제3자이론을 적용시킬 경우에는 구체적 타당성을 고려하여 선의의 제3자를 보호할 가치가 있는지 여부도 함께 검토하는 것이 어떨까 한다(필자의 개인의견).

6. 보증금 담보목적의 전세권등기사실을 알고 있는 제3자의 보호범위

상가를 보증금 1억원, 월세 500만원에 임대차하였다. 임차인이 임대인에게 보증금 담보목적으로 전세권등기를 요청하였는데, 임대인이 흔쾌하게 수락하여 상가에 대한 전세금 1억원의 전세권등기가 경료된 상황이다.

임대차 보증금 담보목적의 전세권등기는 허용되는가? 허용된다.

대법원 2018다268538 판결에 의하면 "임대차계약에 따른 임대차보증금반환채권을 담보할 목적으로 임대인과 임차인 사이의 합의에 따라 임차인 명의로 전세권설정등기를 마친 경우, 그 전세금의 지급은 이미 지급한 임대차보증금으로 대신한 것이고, 장차 전세권자가 목적물을 사용·수익하는 것을 완전히 배제하는 것도 아니므로, 그 전세권설정등기는 유효하다. 이때 임대인과 임차인이 그와 같은 전세권설정등기를 마치기 위하여 전세권설정계약을 체결하여도, 임대차보증금은 임대차계약이 종료된 후 임차인이 목적물을 인도할 때까지 발생하는 차임 및 기타 임차인의 채무를 담보하는 것이므로(대법원 2005다8323, 8330 판결 등), 임대인과 임차인이 위와 같이 임대차보증금반환채권을 담보할 목적으로 전세권을 설정하기 위하여 전세권설정계약을 체결하였다면, 임대차보증금에서 연체차임 등을 공제하고 남은 돈을 전세금으로 하는 것이 임대인과 임차인의 합치된 의사라고 볼 수 있다."는 취지이다.

그런데 실질 계약은 보증금 1억원, 월세 500만원이라는 '임대차계약'인데, 월세가 없어 차임 공제가 예정되어 있지 않은 전세금을 요소로 하는 '전세권계약'을 유효로 볼 수 있는가? 특히 전세권등기를 기초로 새로운 이해관계로 들어선 제3자가 존재하는 경우에 문제된다.

이와 관련하여 민법은 "제108조(통정한 허위의 의사표시) ① 상대방과 통정한 허위의 의사표시는 무효로 한다. ② 전항의 의사표시의 무효는 선의의 제삼자에게 대항하지 못한다."고 규정하고 있다.

위 대법원 판결은 "그 전세권설정계약은 외관상으로는 그 내용에 차임지급 약정이 존재하지 않고 이에 따라 전세금이 연체차임으로 공제되지 않는 등 임대인과 임차인의 진의와 일치하지 않는 부분이 존재한다. 따라서 그러한 전세권설정계약은 위와 같이 임대차계약과 양립할 수 없는 범위에서 통정허위표시에 해당하여 무효라고 봄이 타당하다. 다만 그러한 전세권설정계약에 의하여 형성된 법률관계에 기초하여 새로이 법률상 이해관계를 가지게 된 제3자에 대하여는 그 제3자가 그와 같은 사정을 알고 있었던 경우에만 그 무효를 주장할 수 있다."는 취지이다.

따라서 제3자가 통정허위표시에 대하여 악의라면 임대인이 통정허위표시의 무효를 제3자에게 주장할 수는 있지만, 그러한 무효는 보증금에서 연체된 월세 등을 공제한 부분만 해당하므로 월세 등을 공제한 나머지 보증금에 대하여 무효를 주장할 수는 없다.

민법 제371조에 따라 전세권을 목적으로 저당권이 설정된 경우에는 어떠한가?

일단 전세권 저당권이 설정되었는데 전세권의 존속기간이 종료되면 전세금반환채권에 대하여 압류 및 추심명령 또는 전부명령을 받거나 제3자가 전세금반환채권에 대하여 실시한 강제집행절차에서 배당요구를 하는 등의 방법으로 물상대위권을 행사하여 전세금의 지급을 구하여야 한다.

즉 위 대법원 판결에 의하면, "전세권을 목적으로 한 저당권이 설정된 경우, 전세권의 존속기간이 만료되면 전세권의 용익물권적 권능이 소멸하기 때문에 더 이상 전세권 자체에 대하여 저당권을 실행할 수 없게 되고, 저당권자는 저당권의 목적물인 전세권에 갈음하여 존속하는 것으로 볼 수 있는 전세금반환채권에 대하여 압류 및 추심명령 또는 전부명령을 받거나 제3자가 전세금반환채권에 대하여 실시한 강제집행절차에서 배당요구를 하는 등의 방법으로 물상대위권을 행사하여 전세금의 지급을 구하여야 한다(대법원 2013다91672 판결). 전세권저당권자가 물상대위권을 행사하여 전세금반환채권에 대하여 압류 및 추심명령 또는 전부명령을 받고 이에 기하여 추심금 또는 전부금을 청구하는 경우 제3채무자인 전세권설정자는 일반적 채권집행의 법리에 따라 압류 및 추심명령 또는 전부명령이 송달된 때를 기준으로 하여 그 이전에 채무자와 사이에 발생한 모든 항변사유로 압류채권자에게 대항할 수 있다(대법원 2003다46260, 53879 판결)."라는 취지이다.

결국 전세권 저당권이 설정되고 위 제3자인 전세권 저당권자가 일반적 채권집행의 법리에 따라 압류 및 추심명령 또는 전부명령을 임대인에게 송달시켰고, 보증금반환채권을 담보하기 위하여 전세권이 설정된 사실을 위 제3자가 알고 있었다면, 임대인은 전세권 저당권자에게 그 전세권설정계약이 임대차계약과 양립할 수 없는 범위에서 무효임을 주장할 수 있으므로, 그 임대차계약에 따른 연체차임 등의 공제 주장으로 대항할 수 있게 된다.

위 대법원 2018다268538 판결 사안을 정리한다.

임대인 원고, 소외인 임차인, 임차인의 채권자 피고가 존재한다. 임대인 원고는 임차인 소외인에게 보증금 1억원 월세 500만원에 상가를 임대해 주었다. 소외인이 원고에게 전세권 설정을 요구하여 결국 보증금 담보목적의 전세권등기가 경료되었다. 피고는 소외인의 전세권에 채권최고액 1억원의 전세권저당권을 경료하였다.

임차인의 채권자인 피고는 소외인이 보증금 1억원을 담보하기 위에 전세권을 설정받은 사실을 알고 있었다. 피고는 전세권이 통정허위표시라는 사실을 알고 있었던 것이다. 원심은 임차인의 채권자인 피고가 통정허위표시사실을 알고 있었음을 근거로 임대인 원고의 피고에 대한 청구를 인용하였다.

즉 피고는 이 사건 전세권설정등기의 말소에 대하여 (무조건적으로) 승낙의 의사표시를 할 의무가 있다고 판단하였다.

그러나 대법원은 피고가 전세권저당권에 근거하여 물상대위에 의한 채권압류 및 추심명령이 원고에게 송달시킨 사실을 기초로 하여 위 법리를 근거로 원심을 파기·환송한 것이다.

대법원 판결의 취지는 원심이 이 사건 전세권설정등기는 이 사건 임대차보증금 중 소외인의 연체차임 등을 공제한 나머지를 담보하는 범위에서 여전히 유효하다면서 임대차보증금에서 공제되는 소외인의 연체차임 등의 존재 여부와 그 범위를 심리하여 이 사건 전세권설정등기가 그 나머지 임대차보증금을 담보하는 범위에서 유효한지 여부 등을 판단하였어야 한다는 취지였다.

7. 사용·수익권능이 배제된 채권담보목적 전세권의 유효성

민법 제303조 제1항은 "전세권자는 전세금을 지급하고 타인의 부동산을 점유하여 그 부동산의 용도에 좇아 사용·수익하며, 그 부동산 전부에 대하여 후순위권리자 기타 채권자보다 전세금의 우선변제를 받을 권리가 있다."고 규정하고 있어, 전세권은 용익물권성과 담보물권성을 모두 가지고 있는데, 사용·수익권능, 즉 용익물권성을 배제한 전세권이 유효할까? 구체적 사정에 따라 결론을 달리한다고 해석된다.

대법원 94다18508 판결은 "전세권이 용익물권적 성격과 담보물권적 성격을 겸비하고 있다는 점 및 목적물의 인도는 전세권의 성립요건이 아닌 점 등에 비추어 볼 때, 당사자가 주로 채권담보의 목적으로 전세권을 설정하였고, 그 설정과 동시에 목적물을 인도하지 아니한 경우라 하더라도, 장차 전세권자가 목적물을 사용·수익하는 것을 완전히 배제하는 것이 아니라면, 그 전세권의 효력을 부인할 수는 없다 할 것이고, 한편 전세금의 지급은 전세권 성립의 요소가 되는 것이지만 그렇다고 하여 전세금의 지급이 반드시 현실적으로 수수되어야만 하는 것은 아니고 기존의 채권으로 전세금의 지급에 갈음할 수도 있다 할 것이다. 그리고 전세권이 담보물권적 성격도 가지는 이상 부종성과 수반성이 있는 것이기는 하지만, 채권담보를 위하여 담보권을 설정하는 경우 채권자와 채무자 및 제3자 사이에 합의가 있으면 채권자가 그 담보권의 명의를 제3자로 하는 것도 가능하고, 이와 같은 경우에는 채무자와 담보권명의자인 제3자 사이에 담보계약관계가 성립하는 것으로 그 담보권명의자는 그 피담보채권을 수령하고 그 담보권을 실행하는 등의 담보계약상의 권한을 가진다 할 것"이라는 태도이다. 따라서 사용·수익 권능이 배제된 채권담보목적의 전세권이라도 장차 전세권자가 목적물의 사용·수익하는 것을 완전히 배제하는 것이 아니라면 전세권의 효력이 인정될 수 있다(일반적인 사례에서 판례의 일반적인 입장으로 해석됨).

그러나 사용·수익권능이 완전히 배제된 경우라면 전세권의 효력이 인정되지 않는다. 즉 대법원 2018다40235(본소), 40242(반소) 판결에 의하면 "민법 제185조는 '물권은 법률 또는 관습법에 의하는 외에는 임의로 창설하지 못한다.'라고 정하여 물권법정주의를 선언하고 있다. 물권법의 강행법규성에 따라 법률과 관습법이 인정하지 않는 새로운 종류나 내용의 물권을 창설하는 것은 허용되지 않는다(대법원 2001다64165 판결). 전세권자는 전세금을 지급하고 타인의 부동산을 점유하여 그 부동산의 용도에 좇아 사용·수익하며, 그 부동산 전부에 대하여 후순위권리자 기타 채권자보다 전세금의 우선변제를 받을 권리가 있다(민법 제303조 제1항). 전세권설정계약의 당사자가 주로 채권 담보 목적으로 전세권을 설정하고 설정과 동시에 목적물을 인도하지 않는다고 하더라도 장차 전세권자가 목적물을 사용·수익하는 것을 배제하지 않는다면, 전세권의 효력을 부인할 수는 없다(대법원 94다18508 판결). 그러나 전세권 설정의 동기와 경위, 전세권 설정으로 달성하려는 목적, 채권의 발생 원인과 목적물의 관계, 전세권자의 사용·수익 여부와 그 가능성, 당사자의 진정한 의사 등에 비추어 전세권설정계약의 당사자가 전세권의 핵심인 사용·수익 권능을 배제하고 채권 담보만을 위해 전세권을 설정하였다면, 법률이 정하지 않은 새로운 내용의 전세권을 창설하는 것으로서 물권법정주의에 반하여 허용되지 않고 이러한 전세권설정등기는 무효라고 보아야 한다."는 취지이다.

대법원 94다18508 판결과 대법원 2018다40235(본소), 40242(반소) 판결의 차이점을 정리해 보자. 대법원 2018다40235(본소), 40242(반소) 판결은 채권담보 목적의 전세권설정등기가 물권법정주의 위반으로 무효라고 본 최초의 판결로 해석되는데, 사안을 구체적으로 확인해 보면 목적물과 무관한 채권담보를 위해 전세권이 설정되었고, 목적물의 사용·수익은 전세권자가 아닌 전세권설정자가 하였던 사안이고, 전세권의 사용·수익권능이 완전히 배제되었다고 판시한 핵심적인 이유가 있었는데, 그 이유는 전세권자인 원고의 점유·사용 방해금지가처분 신청에 대하여 기각결정이 확정되었기 때문이다. 즉 해당 전세권에는 용익물권적 권능이 배제되었다는 판단이 재항소심까지 거쳐서 확정되었다. 결국 기판력이 미치지는 않지만, "해당 전세권에는 당사자 사이에 사용·수익을 배제하기로 하는 합의가 있었다."고 사실인정이 된 것이다.

위 대법원 2018다40235(본소), 40242(반소) 판결에 대하여는 물권법정주의가 금지하는 것은 물권의 '창설'인데, 사용·수익을 배제하는 채권담보 목적의 전세권이 물권의 '창설'이라고 보기 어려운 측면이 있다면서, 물권법정주의는 강행규정으로 제3자 보호규정이 따로 없으므로 제3자는 선의·무과실이어도 보호받지 못하는 문제가 있는 점 등을 고려할 때에 '통정허위표시'의 문제로 보아 선의의 제3자를 보호할 필요가 있다는 견해가 있다. 즉 사용·수익권능을 배제하는 채권담보목적의 전세권은, 당사자들이 새로운 물권을 창설하려는 의사였다라고 보기보다는 법률이 정한 물권인 전세권을 설정하되(표시상의 효과의사), 내부적으로 사용·수익권능을 배제하는 합의(내심의 효과의사)를 한 것으로 해석되기 때문이다(2022. 9. 30.자 '서울고등법원판례공보스터디' 제1513쪽, 1514쪽 참고).

제25장 근저당권 · 저당권 · 양도담보 · 담보가등기 등

1. 근저당권과 공정증서, 그리고 연대보증

필자가 과거에 채권회수에 관한 책을 써서 그런지 가끔씩 가장 확실한 담보방법을 묻는 고객들이 있다. 그렇다면, 채권확보를 위한 가장 확실한 담보는 무엇인가? 시장에서 가장 많이 활용되는 것은 아무래도 연대보증이겠지만, 가장 확실한 담보로 보기는 어렵다. 연대보증을 서준 사람에게 재력이 없다면 무용지물이 될 수 있기 때문이다.

연대보증이 가장 많이 활용되는 이유는 아무래도 계약서(물품공급계약서, 소비대차계약서 등의 채권채무발생 계약서)에 연대보증인란을 만들어 서명과 날인만으로 연대보증계약이 성립하는 간편함 때문일 것이다.

고객 중에는 약속어음에 집행수락문언이 담긴 공정증서를 가지고 와서 상담을 하는 경우가 있는데, 대체로 위와 같은 공정증서를 만들어 준 사람들은 대부분 재산이 없는 경우가 많다. 이렇게 공정증서를 만들어 주면서 돈을 빌리면 법률의 집행구조를 잘 모르는 채권자들이 돈을 쉽게 빌려준다는 사실을 이용하는 경우가 있는 것 같다.

집행수락문언이 담긴 공정증서의 경우 소송 없이 집행문을 얻어 강제집행을 할 수는 있지만, 공정증서를 작성해 준 사람에게 재산이 없다면 집행대상이 없어 채권확보가 불가능하다. 따라서 재산이 없는 것처럼 보이는데도, 공정증서를 작성해줄 테니 믿고 투자하라는 식으로 나오는 채무자에게 덜컥 돈을 빌려주는 일은 없어야 하겠다. 결국 시장에서 활발하게 담보방법으로 활용되는 연대보증, 공정증서 및 (근)저당권 중에서 특정물건에 대하여 우선순위를 확보할 수 있는 (근)저당권이 가장 확실한 담보방법이 된다.

다만, 이 경우에도 주의할 점이 없지 않다. (근)저당권을 설정해서라도 돈을 빌리고자 하는 사람은 해당 부동산을 은행에 담보로 제공하고(즉 근저당권을 설정해 주고) 돈을 빌릴 수 있다. 따라서 개인에게 돈을 빌리면서 (근)저당권을 설정해 주겠다고 한다면 등기부를 확인하는 절차가 필요하다. 권리분석을 통해 빌린 돈을 주지 않아 경매에 부치게 될 때에 내 채권 확보가 가능한지 확인해야 한다는 것이다(이때 등기부에서 확인할 수 없는 우선변제권을 취득한 주택임차인 등을 주의해야 함).

그리고 돈을 빌리면서 자신 소유의 부동산으로 담보를 제공하는 경우뿐만 아니라 제3자 소유의 부동산을 담보로 제공하는 경우도 있다. 예를 들어 채권자가 돈을 빌리는 사람(또는 투자를 받는 사람)에게 부모님 소유의 부동산에 대해 (근)저당권을 설정해달라고 요구할 수도 있기 때문이다. 이런 경우는 선순위 (근)저당권이 없거나, 있더라도 권리분석 결과에 따라 채권이 확보 가능한 경우도 있을 수 있다. 이런 경우를 물상보증이라 부른다.

2. 한정승인과 한정승인자의 근저당권 설정행위

남편이 사망하자, 상속인인 아내가 한정승인을 하였다. 한정승인을 한 아내는 남편의 부동산을 자신의 이름으로 상속을 원인으로 소유권이전등기를 한 후에, 자신의 채권자(고유채권자)를 위하여 근저당권을 설정해 주었다. 이 경우 남편의 채권자(상속채권자)가 우선할까? 아니면, 아내의 채권자인 근저당권자(고유채권자)가 우선할까?

아내의 채권자가 우선한다는 것이 대법원의 입장이다[대법원(전합) 2007다77781 판결]. 법원의 입장에 따르면, 한정승인을 한 후에 한정승인자가 피상속인(남편)의 부동산에 대하여 한정승인자 명의로 상속을 원인으로 하는 소유권이전등기를 하고 나서 한정승인자의 채권자를 위한 근저당권을 설정해 줄 경우 한정승인자의 채권자가 우선하는 결과에 이른다.

그렇다면, 한정승인자가 한정승인자의 채권자에게 근저당권을 설정해 주지 않은 경우는 어떨까? 즉, 상속채권자와 고유채권자가 존재하는데, 한정승인자가 한정승인을 하였고, 한정승인자가 상속을 원인으로 하여 한정승인자 명의로 이전등기를 경료하였지만, 해당 부동산에 한정승인자의 채권자(고유채권자)를 위하여 근저당권을 설정해 주지 않았다면 어떨까?

이때 상속채권자와 고유채권자 모두 근저당권자와 같은 담보권자가 아니며, 이러한 경우 상속채권자와 고유채권자를 모두 '일반채권자'라고 부른다.

상속채권자는 한정승인자의 고유재산에 대하여, 한정승인자의 고유채권자는 상속재산에 대하여 각각 강제집행을 할 수 없기 때문에 결과적으로 상속채권자가 우선하게 될 것이다. 즉, 상속채권자는 한정승인 취지에 맞추어, 남편의 재산이었던, 해당 부동산만을 승소판결을 근거로 강제집행할 수 있을 뿐이고, 아내의 고유재산에 대하여는 강제집행을 할 수 없게 된다.

또 다른 예를 들어보자. 남편이 사망 전에 남편 명의 부동산에 남편의 채권자(상속채권자)

에게 근저당권을 설정해 주었고, 남편이 사망하자, 아내가 한정승인을 하고, 아내 명의로 상속을 원인으로 이전등기를 한 후, 아내의 채권자(고유채권자)에게 근저당권을 설정해 주었다면? 이런 경우 해당 부동산이 경매에 들어가면, 근저당권 순위대로 배당이 될 것이므로, 남편의 채권자인 상속채권자가 우선하는 결과에 이를 것이다.

이 사례에서 볼 수 있듯이 대법원(전합) 2007다77781 판결의 기본 논리구조는 '일반채권자' 대 '담보물권자(근저당권자)'의 구도를 전제한 판결, 즉 담보권이 일반채권에 우선한다는 구도를 전제한 것으로 이해하면 쉽겠다.

즉 대법원(전합) 2007다77781 판결 이유에 의하면 "민법 제1028조는 '상속인은 상속으로 인하여 취득할 재산의 한도에서 피상속인의 채무와 유증을 변제할 것을 조건으로 상속을 승인할 수 있다.'고 규정하고 있다. 이에 따라 법원이 한정승인신고를 수리하게 되면 피상속인의 채무에 대한 상속인의 책임은 상속재산으로 한정되고, 그 결과 상속채권자는 특별한 사정이 없는 한 상속인의 고유재산에 대하여 강제집행을 할 수 없다(대법원 2003다30968 판결). 그런데 민법은 한정승인을 한 상속인(이하 '한정승인자')에 관하여 그가 상속재산을 은닉하거나 부정 소비한 경우 단순승인을 한 것으로 간주하는 것(제1026조 제3호) 외에는 상속재산의 처분행위 자체를 직접적으로 제한하는 규정을 두고 있지 않기 때문에, 한정승인으로 발생하는 위와 같은 책임제한 효과로 인하여 한정승인자의 상속재산 처분행위가 당연히 제한된다고 할 수는 없다. 또한 민법은 한정승인자가 상속재산으로 상속채권자 등에게 변제하는 절차는 규정하고 있으나(제1032조 이하), 한정승인만으로 상속채권자에게 상속재산에 관하여 한정승인자로부터 물권을 취득한 제3자에 대하여 우선적 지위를 부여하는 규정은 두고 있지 않으며, 민법 제1045조 이하의 재산분리 제도와 달리 한정승인이 이루어진 상속재산임을 등기하여 제3자에 대항할 수 있게 하는 규정도 마련하고 있지 않다. 따라서 한정승인자로부터 상속재산에 관하여 저당권 등의 담보권을 취득한 사람과 상속채권자 사이의 우열관계는 민법상의 일반원칙에 따라야 하고, 상속채권자가 한정승인의 사유만으로 우선적 지위를 주장할 수는 없다고 할 것이다. 그리고 이러한 이치는 한정승인자가 그 저당권 등의 피담보채무를 상속개시 전부터 부담하고 있었다고 하여 달리 볼 것이 아니다."라는 취지이다.

정리하자면 민법 제1025조는 "단순승인의 효과"라는 제목 아래에 "상속인이 단순승인을 한 때에는 제한 없이 피상속인의 권리의무를 승계한다."고 규정하고 있고, 동법 제1026조에 단순승인을 의제하는 각 호를 규정하고 있는데, 그 내용은 "1. 상속인이 상속재산에 대한 처분행위를 한 때 2. 상속인이 제1019조 제1항의 기간 내에 한정승인 또는 포기를 하지 아니한 때 3. 상속인이 한정승인 또는 포기를 한 후에 상속재산을 은닉하거나 부정소비하거나 고의로 재산목록에 기입하지 아니한 때"로 규정하고 있다. 한정승인자의 근저당권설정행위는 위 단순승인 의제규정(민법 제1026조) 제1호가 아닌 제3호와 관련된 것이다. 즉 "3. 상속인이 한정승인 또는 포기를 한 후에 상속재산을 은닉하거나 부정소비하거나 고의로 재산목록에 기입하지 아니한 때"와 관련되는데, 한정승인자의 근저당권설정행위를 "한정승인을 한 후에 상속재산을 은닉하거나 부정소비"한 것으로 볼 수 없다는 것이다.

3. 부동산에 설정된 근저당권의 소멸

근저당권은 저당권과 달리 피담보채권의 확정이라는 문제가 있다. 근저당권이란 '계속적인 거래관계로부터 발생하고 소멸하는 불특정다수의 장래채권을 결산기에 계산한 후 잔존채무를 일정 한도액의 범위 내에서 담보하는 저당권'을 의미하기 때문이다. 즉, 근저당권의 피담보채권은 저당권의 피담보채권과 달리 계속적 거래관계로 인하여 증감·변동하는데, 이러한 상태를 종료시키는 것이 필요하고, 이를 '피담보채권의 확정'이라고 한다.

근저당권에 있어 '피담보채권의 확정'사유로는 ① 근저당권설정계약에서 규정한 결산기(존속기간)의 도래, ② 존속기간 약정이 없을 경우에는 설정계약의 해지(제), ③ 존속기간 약정이 없을 경우의 거래관계의 종료합의(묵시합의 포함), ④ 근저당권자의 경매신청(경매신청 시 확정), ⑤ 제3자의 경매신청[예를 들어 제3자인 후순위 근저당권자가 경매신청 시 경락인의 경락대금 완납 시 피담보채권 확정(대법원 99다26085 판결)] 등이다.

근저당권의 '피담보채권이 확정'되면, 보통의 저당권으로 전환된다(대법원 97다25521 판결). 다만, 이 경우에도 근저당권의 특질은 그대로 유지되므로, 확정된 원본채권으로부터 생기는 이자 기타 부수채권은 근저당권이 실행될 때까지 발생한 것이라도 최고액 범위 내에서 담보되므로 지연이자 등 1년분에 한정시키는 민법 제360조 단서는 적용되지 않는다(대법원 2005다38300 판결 등).

피담보채권이 확정된 경우에 근저당권설정자는 피담보채권을 변제하고 근저당권의 말소를 청구할 수 있을 것이다. 반대로 근저당권자는 피담보채권이 확정되고 확정된 피담보채권의 변제기가 도래하면 근저당권을 실행하여 최고액까지 피담보채권의 우선변제를 받게 된다. 이러한 사정 때문에 근저당권의 경우 근저당권의 피담보채권이 확정되기 전에는 비록 발생한 채권에 대해 채무자가 모두 변제한 경우라도 근저당권이 소멸하지 않는다.

그렇다면, 기본계약의 결산기가 약정되어 있는 경우에도 근저당권을 소멸시킬 수 있을까? 기본계약의 결산기 전에 상당기간 거래가 없고, 앞으로도 거래 가능성이 없을 경우 기본계약을 해지하고 확정된 피담보채권을 모두 변제하면 근저당권을 소멸시킬 수 있다는 것이 일반적이다.

근저당권의 '피담보채권의 확정' 후에 확정채권액이 피담보채권의 최고액을 초과하는 경우에 담보물의 제3취득자, 후순위담보권자 및 물상보증인은 최고액만 변제하면 근저당권소멸청구가 가능한 반면(대법원 74다998 판결 등), 채무자 겸 근저당권설정자 또는 연대보증인 겸 근저당권설정자의 경우는 채무전액을 변제하여야 근저당권말소청구가 가능하다고 보는 것이 법원의 입장이다(대법원 92다1896 판결).

4. 근저당권의 피담보채무의 존부 등에 대한 다툼

근저당권에 기초하여 경매가 이루어지고 있다. 그런데 근저당권자의 행동과 달리 피담보채권의 채무자 입장에서 보니 해당 근저당권이 존재하지 않거나, 변제 등으로 이미 소멸된 상황이라면? 즉, 근저당권의 피담보채무의 부존재 내지 피담보채무의 소멸을 주장하는 자는 어떠한 절차를 거쳐 구제를 받아야 할까? '경매개시결정에 대한 이의'라는 제도가 있는데, 학문적으로는 근저당권의 실행과 같은 임의경매의 경우 피담보채무의 부존재 등이라는 실체적 문제를 이유로도 경매개시결정에 대한 이의가 가능하다.

즉, 채권자가 소송을 통하여 승소한 뒤, 강제경매를 신청할 경우 실체적 문제로 경매개시결정에 대한 이의가 부정되는 것과 달리, 근저당권의 실행으로 경매가 진행될 때에는 피담보채무가 존재하지 않는다는 실체적 문제를 주장하는 채무자는 임의경매에 대한 이의신청을 통하여 다툴 수 있고, 더불어 경매의 집행정지를 구할 수 있다. 다만, 실무의 경우 근저당권의 피담보채무의 존부에 대하여 당사자 사이의 다툼이 있는 경우에 집행법원에서는 채무자가 채권자를 상대로 근저당권설정등기의 말소청구를 제기하고, 그 해당 재판부에서 집행정지결정을 받아오도록 권유하는 경우가 있다.

이는 실체 판단에 대하여 집행법원이 부담을 갖고 있는 이유로 인한 듯하다. 그뿐만 아니라, 임의경매개시결정에 대한 이의가 제기되었을 경우에 이의신청에 대한 판단은 매각허가결정 시까지 보류하였다가 매각허가결정과 함께하게 되는데, 이 경우에 집행법원에서 신청이나 직권에 의하여 민사집행법 제86조 제2항에 따른 잠정처분(집행정지결정)을 하는 경우가 사실상 거의 없다고 한다.

따라서 채무자 입장에서는 임의경매개시결정에 대한 이의로 불복한다는 생각보다는 채권자를 상대로 피담보채무부존재 확인 내지 근저당권등기 말소청구의 소를 본안소송으로 제기하고 본안소송의 재판부에서 집행정지결정을 받아, 그 집행정지결정문을 집행법원에 제출하는 것이 여러 모로 유익하다.

본안소송에서는 집행정지결정 여부에 대한 빠른 결정이 내려지는 경우가 많을 뿐만 아니라, 집행정지 여부에 대한 판단을 매각허가결정 시까지 기다리지도 않기 때문이다. 다만, 근저당등기말소청구라는 실체소송을 고려할 즈음에 매각허가결정이 내려질 상황에 처한 경우 등과 같이 긴급한 경우라면 임의경매개시결정에 대한 이의와 그와 더불어 경매진행의 정지신청 등을 하는 것에 대한 고민할 필요가 있을 것이다.

이와 관련하여 피담보채무의 존부에 다툼이 있음에도 그 부존재 등을 이유로 임의경매개시결정에 대한 이의를 하는 것은 바람직하지 않다면서, 채무자로서는 피담보채권의 존부에 관하여 당사자 사이에 다툼이 있는 경우 임의경매개시결정에 대한 이의를 하기보다는 채권자를 상대로 피담보채무부존재확인이나 저당권설정등기말소청구의 소를 본안으로 제기하고 본안재판부에서 민사집행법 제46조 제2항에 의한 잠정처분(집행정지결정)을 받아 그 정지결정 정본을 경매법원에 제출하는 것이 손쉽고 바람직하다는 견해가 있다(한국사법행정학회 2017년 간행 '부동산경매(1)' 윤경·손흥수 제570쪽 참고).

5. 부동산에 대한 근저당권과 근저당권의 피담보채권

부동산에 근저당권설정등기를 기입하는 경우가 있다. 부동산에 근저당권설정등기가 경료되려면, 근저당설정계약이 체결되어야 할 뿐만 아니라, 피담보채권을 성립시키는 계약도 필요하다.

근저당권이라는 것이 "그 담보할 채무의 최고액만을 정하고 채무의 확정을 장래에 보류하여 설정"하는 것임을 감안하면, 피담보채권은 "계속적 거래관계"를 전제한 계약이 되어야 할 것이고, 이러한 피담보채권을 담보하기 위하여 근저당권설정계약에 따른 근저당권설정등기가 경료된다. 결국 근저당권설정에 있어서는 두 개의 계약이 존재한다는 사실을 기억하고 있어야 한다. 이러한 사실은 "근저당권설정등기청구권과 그 피담보채권은 별개로 소멸시효에 걸린다(대법원 2002다7213 판결)."라는 대법원 판결을 보더라도 명확하다.

근저당권말소청구소송을 할 경우에는 어떠한가? 근저당권설정등기가 경료된 경우 그 등기는 적법하게 된 것으로 진실한 권리상태를 공시하는 것이라고 추정된다. 따라서 그 등기가 위법하게 된 것이라고 주장하는 자가 있다면 그자가 근저당권설정등기의 추정력을 번복할 만한 반대사실을 증명할 책임이 있다(대법원 2000다72763 판결).

그렇다면, 근저당권의 피담보채권도 그 존재의 적법성이 추정되는 것일까? 아니다. 근저당권설정행위와 별도로 근저당권의 피담보채권을 성립시키는 법률행위가 있어야 하고, 근저당권의 성립 당시 근저당권의 피담보채권을 성립시키는 법률행위가 있었는지 여부에 대한 증명책임은 그 존재를 주장하는 측에 있기 때문이다.

결국 근저당권설정자가 근저당권설정등기 당시에 피담보채권을 성립시키는 법률행위가 없었다고 다투게 되면, 근저당권설정자가 근저당권자로부터 금전을 차용하였는지 여부에 대한 증명책임은 차용행위의 존재를 주장하는 근저당권자(내지 근저당권의 피담보채권을 압류한 압류채권자)에게 있다(대법원 2010다107408 판결).

이는 금전채무부존재확인소송에서 채무자인 원고가 청구를 특정하여 채무발생원인사실을 부정하는 주장을 할 경우에 채권자인 피고가 그 권리관계의 요건사실(채권의 발생사실)에 대하여 주장·증명책임을 부담하게 되는 점과 일맥상통한다.

위 대법원 2010다107408 판결은 근저당권의 피담보채권을 압류한 압류채권자에게 피담보채권에 대한 입증책임이 있다면서 원심판결을 파기·환송한 사안이다.

즉 "근저당권은 그 담보할 채무의 최고액만을 정하고, 채무의 확정을 장래에 보류하여 설정하는 저당권으로서(민법 제357조 제1항), 계속적인 거래관계로부터 발생하는 다수의 불특정 채권을 장래의 결산기에서 일정한 한도까지 담보하기 위한 목적으로 설정되는 담보권이므로, 근저당권설정행위와는 별도로 근저당권의 피담보채권을 성립시키는 법률행위가 있어야 하고, 근저당권의 성립 당시 근저당권의 피담보채권을 성립시키는 법률행위가 있었는지 여부에 대한 증명책임은 그 존재를 주장하는 측에 있다(대법원 2009다72070 판결). 한편 근저당권이 있는 채권이 압류되는 경우, 근저당권설정등기에 부기등기의 방법으로 그 피담보채권의 압류사실을 기입등기하는 목적은 근저당권의 피담보채권이 압류되면 담보물권의 수반성에 의하여 종된 권리인 근저당권에도 압류의 효력이 미치게 되어 피담보채권의 압류를 공시하기 위한 것이므로, 만일 근저당권의 피담보채권이 존재하지 않는다면 그 압류명령은 무효라고 할 것이다(대법원 2003다70041 판결 등). 원심판결 이유에 의하면, 원심은 피고는 2007. 10. 11. 채권자들의 강제집행을 면탈할 목적으로 아무런 원인관계 없이 그 소유인 이 사건 부동산에 관하여 채무자를 피고, 근저당권자를 소외인으로 한 채권최고액 7,000만원의 이 사건 근저당권설정등기를 마친 사실, 원고는 2007. 11. 7. 소외인에 대한 집행력 있는 화해권고결정 정본을 집행권원으로 하여 소외인의 피고에 대한 이 사건 근저당권부 채권 중 69,899,972원에 관하여 채권압류 및 전부명령을 받은 사실을 인정한 다음, 피고와 소외인 사이에 체결된 이 사건 근저당권설정계약은 통정허위표시에 해당하여 무효이고, 원고는 통정허위표시를 기초로 하여 새로이 법률상 이해관계를 가진 선의의 제3자에 해당하므로, 피고는 원고에 대하여 위 근저당권설정계약의 무효를 주장할 수 없다고 판단하였다. 그러나 피고는 이 사건 근저당권설정계약만을 체결하였을 뿐 근저당권의 피담보채권을 성립시키는 법률행위 자체가 없었다고 다투고 있으므로, 그러한 법률행위가 존재하는지 여부가 문제된다 할 것인데, 그에 대한 증명책임은 그 존재를 주장하는 원고에게 있고, 그에 관한 원고의 증명이 부족하다면 이 사건 압류는 무효라고 할 것이다."라는 취지이다.

참고로 대법원 2024다271825 판결에 의하면 "원고가 피담보채무 전액을 변제하였다고 주장하면서 근저당권설정등기의 말소등기절차 이행을 청구하였으나 원리금의 계산에 관한 다툼 등으로 인하여 변제액이 채무 전액을 소멸시키는 데에 미치지 못하고 잔존채무가 있는 것으로 밝혀진 경우에는 특별한 사정이 없는 한 원고의 청구에 확정된 잔존채무를 변제하고 그 다음에 위 등기의 말소를 구한다는 취지도 포함되어 있다고 해석함이 상당하고, 이는 장래이행의 소로서 미리 청구할 이익도 인정되므로, 피담보채무가 전액 변제되지 않았다는 이유만으로 원고의 청구를 단순히 기각할 것이 아니라 근저당권설정등기의 피담보채무 중 잔존원금 및 지연손해금의 액수를 심리·확정한 후 그 변제를 조건으로 근저당권설정등기의 말소를 명하여야 한다(대법원 80다2270 판결, 대법원 2023다266390 판결 등). 이는 채무의 담보를 위하여 설정된 지상권설정등기 말소청구의 경우에도 마찬가지이다."라는 취지이다.

6. 근저당권과 근저당권의 피담보채권과의 관계

민법 제361조(저당권의 처분제한)는 "저당권은 그 담보한 채권과 분리하여 타인에게 양도하거나 다른 채권의 담보로 하지 못한다."고 규정하고, 제369조(부종성)는 "저당권으로 담보한 채권이 시효의 완성 기타 사유로 인하여 소멸한 때에는 저당권도 소멸한다."고 규정한다.

이에 따라 대법원 2002다27910 판결도 "피담보채권이 소멸하면 저당권은 그 부종성에 의하여 당연히 소멸하게 되므로, 그 말소등기가 경료되기 전에 그 저당권부채권을 가압류하고 압류 및 전부명령을 받아 저당권 이전의 부기등기를 경료한 자라 할지라도, 그 가압류 이전에 그 저당권의 피담보채권이 소멸된 이상, 그 근저당권을 취득할 수 없고, 실체관계에 부합하지 않는 그 근저당권 설정등기를 말소할 의무를 부담한다."라고 판시하여 저당권의 부종성을 인정하고 있다.

근저당권은 어떠한가? 근저당권은 "계속적인 거래관계로부터 발생·소멸하는 불특정다수의 장래채권을 결산기에 계산한 후 잔존하는 채무를 일정한 한도액의 범위 내에서 담보하는 저당권"을 의미하므로 그 개념적으로 저당권의 부종성이 완화된 형태가 된다.

즉 근저당권의 피담보채권은 증감·변동을 계속하는데, 그러한 상태가 종료되는 '근저당권의 확정' 또는 '피담보채권의 확정'으로 일반 저당권으로 전환되기 전까지는 부종성이 완화되는 것이다. 이러한 이론적 토대를 기초로 근저당권과 근저당권의 피담보채권과 관련된 두 가지의 쟁점을 살펴본다.

첫 번째 쟁점이다. 근저당권의 피담보채권이 명확하지 않다고 곧바로 근저당권말소청구의 대상이 될까? 그렇게 보기 힘들다.

대법원 2014다32007 판결은 "甲이 어머니인 乙로부터 부동산을 증여받아 소유권이전등기를 마쳤는데, 甲의 형제인 丙 등이 위 부동산에 관하여 근저당권설정등기를 마치자, 甲이 丙 등을 상대로 근저당권설정등기의 말소를 구한 사안"에서,

"甲이 丙 등에게 위 부동산 중 일부 지분을 이전하여 주기로 약정한 점 등에 비추어, 丙 등이 甲이 부동산을 임의로 처분하는 것을 방지함과 동시에 부동산과 관련하여 장차 丙 등이 甲에 대하여 갖게 될 금전채권을 담보하기 위하여 근저당권을 설정받았다고 볼 여지가 충분함에도, 이와 달리 위 근저당권설정등기가 피담보채권이 존재하지 않는 무효의 등기라고 본 원심판결에 의사표시의 해석을 그르친 위법이 있다."고 판시하였다.

위 대법원은 판결 이유를 통하여 "의사표시와 관련하여, 당사자에 의하여 무엇이 표시되었는가 하는 점과 그것으로써 의도하는 목적을 확정하는 것은 사실인정의 문제이고, 인정된 사실을 토대로 그것이 가지는 법률적 의미를 탐구 확정하는 것은 이른바 의사표시의 해석으로서, 이는 사실인정과는 구별되는 법률적 판단의 영역에 속한다. 그리고 어떤 목적을 위하여 한 당사자의 일련의 행위가 법률적으로 다듬어지지 아니한 탓으로 그것이 가지는 법률적

의미가 명확하지 아니한 경우에는 그것을 법률적인 관점에서 음미, 평가하여 그 법률적 의미가 무엇인가를 밝히는 것 역시 의사표시의 해석에 속한다. 근저당권자와 근저당권 설정자의 행위가 가지는 법률적 의미가 분명하지 않은 경우 그 법률관계의 실체를 밝히는 것은 단순한 사실인정의 문제가 아니라 의사표시 해석의 영역에 속하는 것일 수밖에 없고, 따라서 그 행위가 가지는 법률적 의미는 근저당권자와 근저당권 설정자의 관계, 근저당권설정의 동기 및 경위, 당사자들의 진정한 의사와 목적 등을 종합적으로 고찰하여 논리와 경험칙에 따라 합리적으로 해석하여야 한다(대법원 2010다69940 판결 참조)."면서,

"원고가 피고들에게 이 사건 각 부동산 중 3분의 1 또는 7분의 1 지분을 이전하여 주기로 약정한 사실은 넉넉히 인정되고, 원고가 피고들에게 이 사건 근저당권을 적법하게 설정하여 준 사실은 이 사건 근저당권설정등기가 마쳐진 사실로부터 추정된다. 근저당권설정계약서의 문언, 원고와 피고들의 관계, 원고가 이 사건 각 부동산의 소유권을 취득한 경위 및 이 사건 각 부동산의 지목과 면적 등을 더하여 종합적으로 살펴보면, 피고들은 원고로부터 이 사건 각 부동산에 관하여 지분이전등기를 마치는 대신 이 사건 근저당권설정등기를 경료받았다고 할 것인데, 이는 원고가 이 사건 각 부동산을 임의로 처분하는 것을 방지하는 사실상의 효과를 기대하는 동시에, 만일 원고가 이 사건 각 부동산을 임의로 처분하거나 이 사건 각 부동산이 수용 또는 협의매수될 경우 지분이전의무의 불이행으로 인한 손해배상채권이나 보상금에 대한 대상청구권 등 이 사건 각 부동산과 관련하여 장차 피고들이 원고에 대하여 갖게 될 금전채권을 담보하기 위한 것이었다고 볼 여지가 충분하고, 그와 같이 보는 것이 일련의 과정에 나타난 당사자들의 진정한 의사에 부합하는 해석"이라고 판시한 것이다.

참고로, 위 대법원 사안에 있어 원고와 피고들 사이에 작성된 근저당권설정계약서에는 "근저당권설정자는 채무자가 채권최고액의 범위 안에서 채권자에 대하여 기왕 현재 부담하거나 장래 부담하게 될 단독 혹은 연대채무나 보증인으로서 기명날인한 차용금증서·각서·지급증서 등의 채무와 발행·배서·보증·인수한 모든 어음채무 및 수표금상의 채무 또는 상거래로 인하여 생긴 모든 채무를 담보하고자 이 사건 각 부동산에 근저당권을 설정한다."고 기재되어 있었다.

두 번째 쟁점이다. 근저당권자와 피담보채권의 채권자가 형식상 일치하지 않은 경우에 무조건 그 근저당권도 말소청구의 대상이 될까? 반드시 그런 것은 아니다.

대법원 2019다212594 판결은 "갑이 을에게 금원을 대여하면서 이에 대한 담보로 을의 배우자인 병 소유의 부동산에 갑의 자녀인 무 등의 명의로 근저당권설정등기를 마쳤는데, 병의 채권자인 정 주식회사가 근저당권등기와 피담보채권의 주체가 다르다고 주장하며 무 등을 상대로 근저당권설정등기의 말소(채권자대위제도 활용)를 구한 사안"에서,

"근저당권자인 무 등이 갑과 함께 유효하게 채권을 변제받을 수 있고 채무자 을도 유효하게 변제할 수 있는 관계, 즉 갑과 무 등이 불가분적 채권자의 관계에 있다고 볼 여지가

상당한데도, 이와 달리 본 원심판단에 법리오해 등의 잘못이 있다."고 판단하였기 때문이다.

이와 관련하여 대법원(전합) 99다48948 판결에 의하면, "근저당권은 채권담보를 위한 것이므로 원칙적으로 채권자와 근저당권자는 동일인이 되어야 하지만, 제3자를 근저당권 명의인으로 하는 근저당권을 설정하는 경우 그 점에 대하여 채권자와 채무자 및 제3자 사이에 합의가 있고, 채권양도, 제3자를 위한 계약, 불가분적 채권관계의 형성 등 방법으로 채권이 그 제3자에게 실질적으로 귀속되었다고 볼 수 있는 특별한 사정이 있는 경우에는 제3자 명의의 근저당권설정등기도 유효하다."는 취지이다.

참고로 대법원 2000다49879 판결에 의하면, 위와 같은 법리는 "저당권의 경우뿐 아니라 채권 담보를 목적으로 가등기를 하는 경우에도 마찬가지로 적용된다고 보아야 할 것이고, 이러한 법리가 부동산 실권리자명의 등기에 관한 법률에 규정된 명의신탁약정의 금지에 위반된다고 할 것은 아니다."라는 취지이다.

7. 저당권에 의한 임의경매에 있어 피담보채권양도의 대항요건에 대한 증명책임

부동산에 대한 근저당권과 근저당권의 피담보채권을 양수한 자가 근저당권 이전의 부기등기 경료한 후에 해당 부동산을 임의경매에 부쳤다. 이때 채무자가 채권양도통지를 받지 못한 사정을 들어 경매개시결정에 대한 이의 또는 매각허가결정에 대한 이의로 다툴 수 있는가? 다툴 수 있다.

다툴 수 있다면, 채권양도와 관련된 입증책임을 누구에게 있는가? 대법원 2024마6339 결정에 의하면 경매신청채권자에 해당하는 채권양수인이 채권양도의 대항요건을 갖추었음을 증명할 책임이 있다는 취지이다(원심은 위 대법원 판결과 달리 위 임의경매절차가 실효되지 않은 이상 경매절차는 적법한 것이므로, 이에 따라 진행된 매각허가결정은 민집법 제121조에서 정한 매각허가결정에 대한 이의신청사유가 있거나 그 결정절차 자체에 중대한 절차상 잘못이 있지 않은 이상 정당하다는 취지였음).

그 이유를 살펴보자. 저당권은 피담보채권과 분리하여 양도하지 못하는 것이어서 저당권부 채권의 양도는 언제나 저당권양도와 채권양도가 결합되어 행해지므로 저당권부 채권의 양도는 민법 제186조의 부동산물권변동에 관한 규정과 민법 제449조 내지 제452조의 채권양도에 관한 규정에 의해 규율된다.

저당권양도의 경우 물권변동의 일반원칙에 따라 저당권을 이전할 것을 목적으로 하는 물권적 합의와 등기가 있으면 저당권이 이전된다. 지명채권양도의 경우 채권을 이전하는 것을 목적으로 하는 준물권적 합의가 있으면 양도당사자 사이에 채권이 이전되지만 이로써 채무자에게 대항하려면 채권양도의 통지나 이에 대한 채무자의 승낙이 있어야 한다(대법원 2002다15412, 15429 판결, 대법원 2010다100711 판결 등).

한편 이처럼 저당권과 함께 피담보채권을 양수한 자는 저당권이전의 부기등기를 마치고 저당권실행의 요건을 갖추고 있는 한 채권양도의 대항요건을 갖추고 있지 않더라도 경매신청을 할 수 있고, 이 경우 경매개시결정을 할 때 피담보채권의 양수인이 채권양도의 대항요건을 갖추었다는 점을 증명할 필요는 없다.

하지만 채무자는 임의경매 신청채권자가 채권양도의 대항요건을 갖추지 못하였는데도 경매개시결정 또는 매각허가결정이 이루어졌음을 이유로 경매개시결정에 대한 이의신청이나 매각허가결정에 대한 즉시항고를 할 수 있고, 임의경매 신청채권자는 이에 따른 절차에서 채권양도의 대항요건을 갖추었음을 증명하여야 한다는 것이다(대법원 2019마71 결정 등).

이와 관련하여 2024. 10. 15.자 공보에 대한 서울고등법원판례공보스터디 제2번 판례해설에 의하면 강제경매와 달리 민사집행법 제265조는 담보권실행을 위한 경매절차에서 경매개시결정에 대한 이의사유로 '담보권의 부존재, 소멸'(실체상의 사유)을 주장할 수 있다고 정하고 있는데, 대법원은 이러한 담보권의 존부에 관한 사유는 매각허가결정에 대한 항고사유에도 해당한다고 보고 있어 중복을 허용해 왔고(대법원 90마946 결정), 한편 민사집행법 제86조 제1항에 따르면, 이해관계인은 '매각대금이 모두 지급될 때까지' 경매개시결정에 대한 이의신청을 할 수 있는데, 이는 매각허가결정이 있은 이후에도 가능하다면서, 이 사건에 있어서 채무자는 매수인의 소유권취득(매각대금 납부) 전까지 경매개시결정에 대한 이의신청, 항고를 통해서 채권양도에서의 대항요건 불비를 이유로 경매개시결정의 취소를 구할 수 있는바, 그렇다면 경매개시결정에 대한 이의가 아니라 매각허가결정에 대한 이의, 항고를 통해서도 채권양도의 대항요건 불비를 주장할 수 있고, 이 경우 법원은 대항요건 충족 여부를 심리하여 대항요건을 못 갖춘 경우 매각불허가 사유에 해당한다고 보는 것이 바람직하다는 취지로 설명하고 있다.

8. 근저당권의 피담보채권 확정 후 발생한 원금채권은 우선변제대상 제외

근저당권의 피담보채권이 확정된 이후에 비로소 발생하는 원금채권은 더 이상 근저당권에 의하여 담보될 수 없다(대법원 89다카15601 판결, 대법원 97다26104, 26111 판결 등).

따라서 근저당권자가 경매를 신청하면서 경매신청서의 청구금액 등에 장래 발생될 것으로 예상되는 원금채권을 기재하였거나 그 구체적인 금액을 밝혔다는 사정만으로 경매신청 당시에 발생하지 않은 장래의 원금채권까지 피담보채권액에 추가될 수 없을 뿐만 아니라 경매절차상 청구금액이 그와 같이 확장될 수 있는 것도 아니다.

다만 담보권 실행을 위한 임의경매절차에서 근저당권자가 경매신청서에 청구채권으로 원금 외에 이자, 지연손해금 등의 부대채권을 개괄적으로나마 표시하였다가 나중에 채권계산서에 의하여 그 부대채권의 구체적인 금액을 특정하는 것은 경매신청서에 개괄적으로 기재하였던 청구금액의 산출 근거와 범위를 밝히는 것이므로 허용된다(대법원 2017다225619 판결 등).

그렇다면 근저당권설정자가 담보목적물(공장부지, 건물 및 기계기구)을 제대로 관리하지 않자 근저당권자가 근저당권설정계약에 따라 근저당권설정자를 대신하여 담보목적물을 점유·관리하기 위해 경비용역업체에게 경비용역 도급을 주면서 임의경매를 신청하고 그 후 근저당권 등 권리 일체를 양수받은 원고도 추가적으로 경비용역비를 지출하였는데, 임의경매절차에서 위 경비용역비 상당을 배당받지 못한 원고가 후순위로 배당받은 피고를 상대로 부당이득 반환을 청구할 수 있는가?

대법원 2022다300248 판결에 의하면 근저당권설정계약 등에 따라 원고가 지출한 경비용역비가 근저당권설정계약에 따라서 근저당권의 피담보채무에 포함될 수는 있더라도, 근저당권자가 임의경매를 신청하여 그 피담보채무가 확정된 이상 그 이후 발생된 경비용역비 채권은 이자, 지연손해금 채권과 같은 부대채권이 아닌 장래의 원금채권에 해당하여 경매절차에서 추가하여 확장할 수 없고 달리 근저당권 실행비용 등에도 해당하지 않아 우선하여 변제받을 수 없다는 취지이다.

결국 위 대법원 판결은 원고가 위 경비용역비를 우선 변제받을 권리가 있음을 전제로 피고에 대한 부당이득반환 청구를 인용한 원심판결(서울중앙지방법원 2022나479 판결)을 일부 파기·환송한 것이다.

다만 위 대법원 판결의 이유에 의하면 "하나은행이 경비용역 도급계약을 체결한 2020. 2. 7.부터 경매법원에 임의경매를 신청한 2020. 3. 6. 이전까지 발생한 경비용역비 채권 부분은 피담보채권의 확정 전에 발생하였으므로, 이 부분 경비용역비 및 그 지연손해금은 근저당권의 피담보채권액에 포함될 여지는 있다."는 취지로 판시하였다.

위 대법원 판결 사안을 정리한다.

하나은행은 2016. 12. 9. 및 2018. 2. 9. 채무자 회사에게 일반자금을 대출하면서, 채무자 회사 소유의 이 사건 공장(공장부지, 건물 및 기계기구 등)에 관하여 채권최고액 2,486,400,000원으로 정하여 이 사건 근저당권설정계약을 체결하고 근저당권설정등기를 마쳤다.

이 사건 근저당권설정계약에 의하면, 근저당권의 피담보채무는 일반자금대출 거래로 인한 대출원리금, 지연배상금 기타 부대채무이고, 채무자 회사가 행방을 감추거나 기타 사유로 근저당 목적물인 이 사건 공장이 정상적으로 유지·관리되지 아니하고 멸실·훼손·분실 등의 우려가 있는 때에는 근저당권자가 이 사건 공장을 점유하여 관리할 수 있으며, 그러한 경우 점유 또는 관리에 관한 지출비용 및 지연손해금은 채무자회사로부터 변제받기로 하였다.

하나은행은 채무자 회사가 이 사건 공장을 제대로 관리하지 않는다는 이유로 2020. 2. 7. 범호개발 주식회사와 사이에, 경비용역비 1일 115,000원, 관리비 월 100,000원, 지급기일 매월 말일로 정하여 경비용역 도급계약을 체결한 다음 이 사건 공장을 관리하였다.

그 후 하나은행은 2020. 3. 6. 이 사건 공장에 관하여 임의경매를 신청하여 2020. 3. 9. 경매법원으로부터 경매개시결정을 받았는데, 당시 경매법원에 제출한 경매신청서의 청구금액란에 채무자 회사에 대한 대출원리금 외에 담보감수보전비용 중 경비용역비 명목으로 2020. 2. 7.부터 배당일까지 1일 115,000원, 관리비 월 100,000원 및 이에 대한 연 6%의 비율로 계산한 지연손해금을 기재하였다.

원고는 2020. 6. 26. 대신에프앤아이 주식회사를 거쳐 하나은행으로부터 채무자 회사에 대한 대출금 등 채권을 비롯한 자산 일체를 인수하여 근저당권자 등의 지위를 양수받고, 같은 날 범호개발 주식회사와 사이에 경비용역비 1일 104,500원, 관리비 월 100,000원으로 정하여 경비용역 도급계약을 다시 체결하였으며, 2020. 7. 16. 경매법원에 채권자변경신고를 하였다.

원고는 2021. 1. 7. 경매법원에 채무자 회사에 대한 대출원리금을 1,427,018,382원으로 기재한 채권계산서를 제출하면서 2021. 1. 20. 기준 경비용역비 합계 34,024,380원을 추가하여 기재한 채권계산명세서를 첨부하여 제출하였다.

경매법원은 2021. 1. 20. 배당기일에서, 2순위 근저당권자인 원고에게 경비용역비를 제외한 대출원리금 합계 1,427,018,382원을, 4순위 근저당권자인 피고에게 530,134,965원을, 5순위 교부권자인 국민건강보험공단에게 5,090,529원 등을 배당하는 내용으로 배당표를 작성하여 배당하였던 사안이다.

원심은 근저당권자가 지출한 경비용역비는 주된 채무인 대여원리금 채무의 부대채무로서 설정계약상 피담보채무의 범위에 포함된다고 판단한 것이었으나, 대법원은 경비용역비가 설정계약상 피담보채무에 포함될 수 있지만, 일종의 원금채권이지 대여금채권에 대한 부대채권으로 볼 수 없다면서, 경매개시결정으로 근저당권의 피담보채무가 확정된 다음 발생한 경비용역비채권은 더는 피담보채권에 포함될 수 없다는 취지로 원심을 파기·환송한 것이다.

근저당권자가 피담보채무의 불이행을 이유로 경매신청을 한 경우에는 경매신청시에 근저당권의 피담보채권액이 확정된다(대법원 89다카15601 판결, 대법원 92다48567 판결 등). 근저당권이 확정되면 그 후에 발생한 원금채권은 그 근저당권에 의하여 담보되지 않는바(대법원 89다카15601 판결, 대법원 92다48567 판결 등), 이는 경매신청 시 청구금액의 특정 및 확장 등의 문제와 별개의 것이다.

이와 관련하여 담보권실행을 위한 경매에서의 청구금액의 특정 및 확장문제를 간략하게 정리하면, 담보권실행을 위한 경매신청서에는 피담보채권과 청구금액을 표시해야 하고, 피담보채권 일부에 대해 담보권을 실행할 때에는 그 취지와 범위를 기재해야 한다(민사집행규칙 제192조). 판례는 원칙적으로 담보권실행을 위한 경매신청 시 피담보채권 일부만 청구금액으로 기재한 경우 그 채권액으로 확정되고, 이후 채권계산서 제출로 이를 확장할 수 없다고 한다.

이때 신청채권자는 신청 시 제외한 나머지 청구금액으로 '이중경매신청'을 하여 청구금액을 (사실상) 확장할 수 있는데, 경매신청 시까지 발생한 원금 채권과 지연손해금 채권에 한하고, 경매신청 이후에 발생한 원금채권은 그 근저당권에 의하여 담보되지 않는다(대법원 89다카

15601 판결, 대법원 2005다6235 판결 등 참조).

원금 외 이자, 지연손해금 등 부대채권을 개괄적으로 표시(이자, 지연손해금의 기산일과 이율만 기재하고, 종기는 '다 갚는 날까지'로 표시)하였다가 나중에 채권계산서로 구체적인 금액을 특정하는 것은 가능하고, 이는 청구채권의 확장이 아니다(대법원 2007다14933 판결 등).

예외적으로 경매신청서에 경매청구채권으로 이자 등 부대채권을 표시한 경우, 나중에 채권계산서에 의해 부대채권을 증액하는 방법으로 청구금액 확장하는 것이 허용된다. 다만, 채권계산서 제출시한인 현행 배당요구종기(=경락기일)까지 해야 한다(대법원 99다 11526 판결 등). 일부 채권을 청구채권으로 한 것인지, 원금 외 이자, 지연손해금등 부대채권을 개괄적으로 표시한 것인지는 경매신청서의 청구금액란 외에도 청구원인 기재도 함께 종합적으로 고려해야 한다(2023. 8. 15.자 공보에 대한 '서울고등법원판례공보스터디' 참고).

9. 담보권실행을 위한 경매에서의 청구금액의 특정 및 확장

임의경매 즉 담보권실행을 위한 경매신청서에는 피담보채권과 청구금액을 표시해야 하고, 피담보채권 일부에 대해 담보권을 실행할 때에는 그 취지와 범위를 기재해야 한다(민사집행규칙 제192조). 이와 관련하여 담보권 실행을 위한 경매를 신청할 때에 기재한 청구금액을 그 이후에 확장할 수 있는지 문제된다.

대법원 92다50270 판결의 취지는 담보권실행을 위한 경매 신청시 피담보채권 일부만 청구금액으로 기재한 경우 그 채권액으로 확정되고, 이후 채권계산서 제출로 이를 확장할 수 없다라는 취지이다. 다만, 신청채권자는 신청시 제외한 나머지 청구금액으로 '이중경매신청'을 하여 청구금액을 사실상 확장할 수 있는데, 이때에도 경매신청 시까지 발생한 원금 채권과 지연손해금 채권에 한정된다(대법원 2005다6235 판결). 이때 담보권실행을 위한 경매의 신청채권자는 민사집행법 제88조 제1항에서 정한 배당요구 채권자가 아니므로, 나머지 피담보채권에 관해서 배당요구의 방법으로 배당에 참가할 수는 없다(대법원 95다22788 판결)

원금 이외의 부대채권은 어떠한가? 원금 외 이자, 지연손해금 등 부대채권을 "이자, 지연손해금의 기산일과 이율만 기재하고, 종기는 '다 갚는 날까지' 등"으로 개괄적으로 표시하였다가 나중에 채권계산서로 구체적인 금액을 특정하는 방법은 가능하다. 이는 청구채권의 확장으로 보기 어렵기 때문이다(대법원 2007다14933 판결).

이와 관련하여 대법원 2011다59377 판결에 의하면 "원고는 이 사건 경매신청서의 청구금액란에 '금102,000,000원'이라고만 기재하였으나, 그 청구원인란에는 '채무자는 2008. 6. 27. 채권자로부터 금102,000,000원을 차용하면서 이자는 월 1.5%로, 변제기는 2008. 12. 27.로 위 금액을 차용하였으나 현재에 이르기까지 차용금 및 이자를 변제하지 아니하고 있으므로, 동 저당권을 실행하여 차용금 및 완제시까지(장래 배당일) 약정이자를 변제받기 위하여 이 신청에 이른 것입니다.'라고 기재하고 위 '차용금 및 완제시까지(장래 배당일) 약정이자' 부분에 밑줄을 그어 강조하고 있는 사실을 알 수 있는바, 이러한 경매신청서의 전체 기재내용에다가, 경매신청 당시에는 배당기일이 언제인지 알 수 없어 경매신청서에 완제일까지의 약정이자를 계산하여 확정액으로 기재하는 것은 불가능한 사정 등을 종합하여 보면,

원고는 원금 102,000,000원 뿐만 아니라 이에 대한 완제일까지의 약정이자 전부를 그 청구금액으로 삼은 것이라고 봄이 상당하고, 이자를 제외한 원금 102,000,000원만을 청구금액으로 하는 취지라거나, 이자채권 중 일부를 청구금액에서 제외하는 취지로 볼 것은 아니다. 따라서 원고가 나중에 이자채권액을 포함한 채권계산서를 제출하는 것은 경매신청서에 개괄적으로 기재하였던 청구금액의 산출 근거와 범위를 밝히는 것에 불과하여 허용된다고 보아야 하고, 이를 청구금액의 확장으로 보아 일체 허용되어서는 아니 된다거나 채권계산서 제출시한까지만 허용된다고 볼 수는 없다."라는 취지이다.

부대채권을 개괄적으로 표시했는데, 이후 신청채권자가 채권계산서를 제출하지 않아 이를 특정하지 않으면, 집행법원은 등기사항 증명서 등 집행기록과 증빙에 따라 계산을 하게 된다(민사집행법 제268조, 제84조 제5항).

이에 대한 예외로 경매신청서에 경매청구채권으로 이자 등 부대채권을 표시한 경우, 나중에 채권계산서에 의해 부대채권을 증액하는 방법으로 청구금액 확장하는 것이 허용된다. 다만, 채권계산서 제출시한인 현행 배당요구종기(=경락기일)까지 해야 한다(대법원 99다11526 판결).

이때 일부 채권을 청구채권으로 한 것인지, 원금 외 이자, 지연손해 등 부대채권을 개괄적으로 표시한 것인지는 경매신청서의 청구금액란 외에도 청구원인 기재도 함께 종합적으로 고려해야 한다. 경매신청기입등기 전 등기된 근저당권자 즉 당연배당권자인 '경매신청자 아닌 선순위 저당권자'는 배당표 작성시까지 피담보채권액을 보정하는 채권계산서를 제출할 수 있다(대법원 98다21946 판결). 경매신청기입등기 전 등기된 근저당권자 즉 당연배당권자가 채권계산서를 제출하지 않았다면, 집행법원은 특별한 사정이 없는 한 등기부상 '채권최고액'을 현실 채권액으로 보아 배당한다(대법원 2004다68427 판결).

이와 관련하여 '국민씨앤씨대부(근저당권자)의 담보권실행을 위한 경매 신청(신청 시까지 지연손해금을 확정금액으로 기재) 이후 근저당권부 채권을 양수한 원고가 배당요구 종기 이후 배당기일까지의 지연손해금을 포함하는 채권계산서 제출'한 사안에서 대법원은 담보권 실행을 위한 부동산경매절차에서 신청채권자가 경매신청서에 청구채권 중 이자, 지연손해금 등의 부대채권을 확정액으로 표시한 경우에도 나중에 부대채권을 증액하여 청구금액을 확장하는 것이 허용되지만 그 시한은 배당요구종기까지 가능할 뿐이고, 배당요구 종기 이후 배당기일까지의 지연손해금을 산정한 채권계산서를 제출하는 방법으로 청구금액 확장할 수는 없다는 취지이다(대법원 2017다225619 판결(원심의 결론이 타당하다는 취지)).

즉 대법원 2017다225619 판결은 "담보권 실행을 위한 경매절차에서 신청채권자가 경매

신청서에 피담보채권의 일부만을 청구금액으로 하여 경매를 신청하였을 경우에는 다른 특별한 사정이 없는 한 신청채권자의 청구금액은 그 기재된 채권액을 한도로 확정되고 그 후 신청채권자가 채권계산서에 청구금액을 확장하여 제출하는 등의 방법으로 청구금액을 확장할 수 없다. 그러나 경매신청서에 청구채권으로 원금 외에 이자, 지연손해금 등의 부대채권을 개괄적으로나마 표시하였다가 나중에 채권계산서에 의하여 그 부대채권의 구체적인 금액을 특정하는 것은 경매신청서에 개괄적으로 기재하였던 청구금액의 산출 근거와 범위를 밝히는 것이므로 허용된다. 또한 신청채권자가 경매신청서에 청구채권 중 이자, 지연손해금 등의 부대채권을 확정액으로 표시한 경우에는 나중에 배당요구 종기까지 채권계산서를 제출하는 등으로 부대채권을 증액하여 청구금액을 확장하는 것은 허용된다."라는 취지이다(연도별 2023. 9. 1.자 '서울고등법원판례공보스터디' 제2456쪽 이하 참고).

10. 근저당권과 사해행위의 취소의 범위

돈을 빌려간 채무자가 돈을 주지 않는다. 이런 경우라면 대여금청구소송을 통해 승소 후 채무자의 부동산이 있다면 빌려준 돈을 받기 위한 강제집행을 해야 할 것이다. 또는 공증을 한 집행증서가 있다면, 이를 통하여 채무자 부동산에 대한 강제집행도 가능할 것이다.

그런데 채무자가 그의 유일한 부동산을 매각해 버린다면 돈을 받기 어렵게 된다. 이처럼 채무자의 악의적인 재산 감소행위를 방지하기 위한 제도로 민법은 채권자취소권 제도를 두고 있다(민법 제406조 제1항).

즉, 채권자를 해한다는 사정을 알면서 채무자가 자기의 일반재산을 감소시키는 법률행위를 할 경우에 채권자가 그 행위(예: 부동산매매행위)를 취소하고 채무자 재산으로 원상회복시킨 후 강제집행을 하게 된다.

채무자가 이미 근저당권이 설정되어 있는 채무자 소유의 유일한 토지를 제3자에게 매각할 경우, 채권자취소의 범위는 어떻게 될까? 위 근저당권이 사해행위 후 변론 종결 시까지 계속 존속한 경우에, 사해행위취소에 의한 원상회복의 방법은 수익자 명의의 소유권이전등기를 말소하는 등의 원물반환방법에 의한다[단, 대법원 99다53704 판결에 의하면 "채권자는 사해행위의 취소로 인한 원상회복 방법으로 수익자 명의의 등기의 말소를 구하는 대신 수익자를 상대로 채무자 앞으로 직접 소유권이전등기절차를 이행할 것을 구할 수도 있다(진정명의회복)."라는 취지임. 선의의 전득자 명의로 근저당권이 설정된 경우에 전득자 명의의 근저당권을 인수하면서 채무자 앞으로 이전등기를 마침으로써 채무자의 책임재산을 회복할 때 유용하다는 취지의 해설로는 2019년 법문사 간행 '채권자취소권법(조해섭 저)', 제456쪽의 청구취지 작성법 등 참고]. 원물반환에 의하여 부동산 자체가 채무자의 책임재산으로 회복되더라도 종전의 근저당권에 아무런 영향을 미치지 않고 원상회복의 실제 범위도 부동산 가액에서 근저당권의 실제 피담보채권액을 공제한 잔액 범위에 한정되기 때문이다. 결국 사해행위 범위는 부동산의 가액에서 근저당권의 피담보채권을 공제한 만큼이지만, 그 공제부분만 취소하는 것이 아니라 부동산의 경우는 매매계약 자체를 취소할 수 있다는 것이다.

다만, 사해행위 후 변제 등으로 근저당권이 말소된 경우에는 사해행위 범위 내에서 가액반환만 인정된다. 즉 대법원 2001다33734 판결에 의하면 "부동산에 관한 법률행위가 사해행위에 해당하는 경우에는 원칙적으로 그 사해행위를 취소하고 소유권이전등기의 말소 등 부동산 자체의 회복을 명하는 것이 원칙이지만, 저당권이 설정되어 있는 부동산에 관하여 사해행위가 이루어진 경우에 그 사해행위는 부동산의 가액에서 저당권의 피담보채권액을 공제한 잔액의 범위 내에서만 성립한다고 보아야 하므로, 사해행위 후 변제 등에 의하여 저당권설정등기가 말소된 경우, 사해행위를 취소하여 그 부동산 자체의 회복을 명하는 것은 당초 일반 채권자들의 공동담보로 되어 있지 아니하던 부분까지 회복을 명하는 것이 되어 공평에 반하는 결과가 되므로, 그 부동산의 가액에서 저당권의 피담보채무액을 공제한 잔액의 한도에서 사해행위를 취소하고 그 가액의 배상을 구할 수 있을 뿐이고, 그와 같은 가액 산정은 사실심 변론종결시를 기준으로 하여야 한다."는 취지이다.

그러나 위 토지상의 근저당권으로 담보되는 피담보채권액이 부동산의 가액을 초과할 때의 목적물의 양도는 사해행위가 될 수 없다. 취소채권자를 포함한 일반채권자들의 공동담보에 제공되는 책임재산은 부동산의 가액에서 피담보채권액을 공제한 나머지 부분만이기 때문이다[대법원(전합) 2012다5643 판결].

부동산 매수인에게 소유권이전등기가 마쳐지는 과정에서 근저당권의 피담보채무가 채무자에 의하여 일부 변제되어 피담보채권액이 목적물 가액을 초과하지 않게 된 경우는 어떠한가? 대법원은 목적물의 가액에서 잔존 피보전채권액을 공제한 범위 내에서 사해행위가 성립할 수 있다는 취지이다(대법원 2016다208792 판결).

11. 무권리자 처분의 추인에 따른 근저당권등기 말소의무의 부존재

토지소유자(원고)의 ① 대출거래약정서와 ② 근저당권설정계약서를 토지소유자의 아들(갑)과 아들의 친구(을)가 위조하여 대출을 받았다.

피고는 대출을 해준 조합인데, 토지소유자의 아들(갑)과 아들의 친구(을)는 위 피고조합의 직원이다. 원고는 이에 갑(원고의 아들)과 을(원고 아들의 친구)을 형사고소해서 갑과 을은 사문서위조죄와 사기죄로 처벌되었다. 그런데 피고는 원고에게 근저당권의 피담보채무 미상환에 따른 기한이익 상실 예고통지를 하고 원고의 연체가 계속되자 임의경매 실행예정 통지를 하였으며, 원고가 피고의 각 통지를 직접 수령하였다.

이 상황에서 원고가 위조서류에 의한 근저당권설정계약임을 들어 피고에게 근저당권말소소송을 제기했다면? 갑과 을이 형사처벌까지 받은 사실 그리고 원고의 위조 주장은 소송법상 부인에 해당한다는 사실을 고려하면, 원고의 피고에 대한 근저당권말소청구는 승소할 가능성이 있다.

대법원 2017다3499 근저당권말소등기 사건에서 원고는 피고의 기한이익 상실 예고통지와 임의경매 실행예정 통지가 날아오자 피고조합을 방문하여 제2의 근저당권을 설정하면서, 1,400만원을 대출받아, 갑과 을이 위조서류에 의해 설정된 근저당권의 피담보채권에 대한 이자를 납부하고 말았다. 이런 경우, 사실상 원고가 갑(원고의 아들)과 을(원고 아들의 친구)의 무권리행위를 자신의 행위로 인정한 것은 아닌가?

이 대법원 판결은 그렇다는 취지이다. 즉, 무권리자(갑, 을)가 타인(원고)의 권리를 처분한 경우 특별한 사정이 없는 한 그 권리의 이전이 인정될 수 없지만, 권리자(원고)가 무권리자(갑, 을)의 처분을 알고 추인하면, 민법상 무권대리인 추인규정이 유추되어, 소급하여 무권리자(갑, 을)의 처분이 유효하다는 것이다(대법원 2017다3499 판결). 결국 원고의 미숙한 대응 탓에 원고의 피고에 대한 근저당권말소청구소송이 기각(원고패소)된 것이다.

갑과 을이 피고조합의 직원임을 고려할 때, 피고조합의 사용자책임이 인정될 여지가 있는 것은 아닌가? 사용자책임이 인정된다면, 구체적 사정에 따라서는 말소청구의 승소 가능성도 있을 것이나, 갑과 을이 위조서류를 통하여 대출받은 일부의 돈으로 원고토지의 기존 근저당권을 소멸시킨 사정이 밝혀져서 원고의 사용자책임 주장은 받아들여지지 않았다.

12. 임대인의 전세권근저당권등기 말소청구가 기각된 사례

임대인(원고)이 임차인과 보증금 1억원, 차임 800만원의 임대차계약을 체결한 후에 임대인(원고), 임차인, 임차인의 직원 합의(3자 간 합의)로, 임차인의 직원명의로 전세권등기를 경료해 주었다.

그 후 임차인이 피고로부터 대출계약을 체결하고 대출금을 받으면서, 위 전세권에 대한 근저당권등기를 피고에게 경료해 주었는데, 임대인이 임차인 직원 명의의 전세권등기가 통정허위표시임을 이유로 이를 기초한 근저당권의 말소를 청구할 수 있을까?

임대인 원고의 전세권근저당권자 피고에 대한 전세권근저당권 말소청구는 인정될 수 없다는 것이 대법원 98다20981 판결의 결론이다.

그 핵심적 이유는 “임대차계약에 바탕을 두고 이에 기한 임차보증금반환채권을 담보할 목적으로 임대인, 임차인 및 제3자 사이의 합의에 따라 제3자 명의로 경료된 전세권설정등기는 유효”하다고 이해될 뿐만 아니라, “가사 위 전세권설정계약만 놓고 보아 그것이 통정허위표시에 해당하여 무효라고 한다 하더라도, 이로써 위 전세권설정계약에 의하여 형성된 법률관계를 토대로 별개의 법률원인에 의하여 새로운 법률상 이해관계를 갖게 된 근저당권자에 대해서는 그와 같은 사정을 알고 있었던 경우에만 그 무효를 주장할 수 있다”는 것이다.

또한 "전세권설정등기가 명의신탁등기로 무효이기는 하나 부동산실명법 제4조 제3항에 의하여 그 무효는 제3자인 피고에게 대항하지 못한다."는 것이다.

위 대법원 98다20981 판결의 판결 사안을 정리하면 다음과 같다.

당사자를 정리하면 원고가 임대인, 소외 1은 임차인, 소외 2는 전세권명의자로 소외 1의 직원, 피고는 소외 1과 대출계약을 맺고 소외 1에게 대출금을 지급한 자로, 소외 2의 전세권에 근저당권을 경료받은 전세권근저당권자이다.

소외 1은 제1심 공동피고 소외 2 등을 직원으로 채용하여 같은 해 대표자를 위 소외 2, 상호를 신웅컨설팅, 사업의 종류를 커피 및 차 도매로 하여 사업자등록을 한 다음, 같은 달에 원고와 사이에 이 사건 건물을 임차보증금 100,000,000원, 차임 월 8,000,000원으로 하는 임대차계약을 체결하고 원고에게 위 임차보증금을 지급하고 그로부터 위 건물을 인도받아 위 사업을 운영하였다. 위 소외 2도 차임액 등 위 임대차계약의 내용을 알고 있었다.

위 소외 1은 위 임대차보증금반환채권을 담보할 목적으로, 우선 위 소외 2로부터 위 건물에 관한 전세권설정등기를 동인 명의로 하는 것에 대하여 승낙을 받은 다음, 원고에게 위 임대차보증금을 전세금으로 삼아 전세권설정등기를 해 주되 권리자 명의를 위 소외 2로 해 줄 것을 요구하였고, 원고도 이에 동의하여 위 소외 1이나 위 소외 2와 사이에 별도의 전세권설정계약을 체결하거나 전세금을 지급받지 아니한 채 위 소외 1과 사이의 위 임대차계약을 기초로 하여, 위 소외 1 및 위 소외 2가 참석한 자리에서 법무사 소외 3에게 전세권설정등기신청을 위임하여 전세권설정자 원고, 전세권자 위 소외 2, 전세금 100,000,000원, 존속기간 등을 기재한 전세권설정계약서를 작성한 다음, 위 건물에 관하여 위 소외 2 명의의 이 사건 전세권설정등기를 경료하였다.

한편 위 소외 1은 위 소외 2를 내세워 동인 명의로 피고로부터 시설자금 90,900,000원을 대출받고 같은 달 위 전세권에 관하여 채권최고액 100,000,000원, 채무자 위 소외 2, 근저당권자 피고로 된 이 사건 근저당권설정등기를 경료하였다. 그런데 위 소외 1은 원고에게 1개월 분 차임에도 미치지 못하는 금 6,000,000원만 지급하였을 뿐 그 이후로는 차임을 전혀 지급하지 아니하였던 사안이다.

위 대법원 98다20981 판결이 설시한 법리를 현출한다.

전세권이 담보물권적 성격을 아울러 가지고 있는 이상 부종성과 수반성이 있기는 하지만, 다른 담보권과 마찬가지로 전세권자와 전세권설정자 및 제3자 사이에 합의가 있으면 그 전세권자의 명의를 제3자로 하는 것도 가능하다 할 것인데(대법원 94다18508 판결), 위 전세권설정등기가 원고와 위 소외 1 사이의 위 임대차계약에 바탕을 두고 이에 기한 임차보증금반환채권을 담보할 목적으로 원고, 위 소외 1, 위 소외 2 사이의 합의에 따라 위 소외 2 명의로 경료된 사실은 위에서 본 바와 같으므로, 위 전세권설정등기는 유효하다.

그리고 비록 원고와 위 소외 1 또는 위 소외 2 사이에 실제로 전세권설정계약이 체결되거나 전세금이 수수된 바 없다거나, 위 전세권설정등기의 피담보채권인 위 임차보증금반환채권의 귀속자는 위 소외 1이고 위 소외 2는 원고에 대하여 직접 어떤 채권을 가지고 있지 아니하다 하더라도 달리 볼 것은 아니다.

가사 본건 경위를 사상한 채 위 전세권설정계약만 놓고 보아 그것이 통정허위표시에 해당하여 무효라고 한다 하더라도 이로써 위 전세권설정계약에 의하여 형성된 법률관계를 토대로 별개의 법률원인에 의하여 새로운 법률상 이해관계를 갖게 된 제3자인 피고에게 대항하기 위해서는 피고가 그와 같은 사정을 알고 있었어야 할 것인데 이를 인정할 아무런 증거가 없으므로, 원고의 위 주장은 이유 없다.

원고와 위 소외 1, 위 소외 2가 원고와 위 소외 1 사이의 위 임대차계약만 있을 뿐 원고와 위 소외 2 사이의 전세권설정계약은 없음에도 불구하고 3자 합의에 따라 위 임대차계약은 은닉한 채 위 전세권설정계약이라는 외형행위를 작출한 사실은 위에서 본 바와 같은바, 이러한 경우 당사자 사이에 있어서는 은닉된 위 임대차계약만이 유효하고 외형만 작출된 위 전세권설정계약은 무효라고 주장할 수 있다고 하더라도 제3자인 피고와 사이에 있어서는 피고가 그와 같은 사정을 알고 있었던 경우에만 위와 같은 주장을 할 수 있다.

이 사건 전세권설정등기는 전세권의 명의신탁등기에 해당한다 할 것인데, 1995. 7. 1.부터 시행된 부동산실권리자명의등기에관한법률 제11조, 제12조, 제4조 등에 의하면 이 사건 전세권의 명의신탁 약정은 1996. 6. 30.까지 실명등기를 하지 아니하여 원고와 위 소외 1, 위 소외 2 등 당사자 사이에서는 무효이기는 하나 같은 법 제4조 제3항에 의하여 그 무효는 제3자인 피고에게 대항하지 못한다.

13. 물상보증인 등이 변제기 전에 공탁한 후 근저당권 말소를 청구하는 경우의 문제

은행에 대한 대출채무자를 위해 근저당권을 설정해 준 물상보증인이 대출약정상의 변제기 이전에 공탁 등을 하면서 근저당권 말소를 청구할 경우에 중도상환 수수료 면제 약정 등이 없다면 원칙적으로 그 말소 청구가 인용되기 힘들다.

기한의 이익은 포기할 수 있으나, 상대방의 이익을 해하지 못하고(민법 제153조 제2항), 변제기 전이라도 채무자는 변제할 수 있으나, 상대방의 손해는 배상하여야 하며(민법 제468조), 채무의 변제는 제3자(물상보증인)도 할 수 있으나(민법 제469조 제1항 본문), 그 경우에도 급부행위는 채무내용에 좇은 것이어야 하기 때문이다(민법 제460조).

즉 대법원 2021다305338 근저당권말소 판결에 의하면 "채권자와 채무자 모두가 기한의 이익을 갖는 이자부 금전소비대차계약 등에 있어서, 채무자가 변제기로 인한 기한의 이익을 포기하고 변제기 전에 변제하는 경우 변제기까지의 약정이자 등 채권자의 손해를 배상하여야 하고, 이러한 약정이자 등 손해액을 함께 제공하지 않으면 채무의 내용에 따른 변제제공이라고 볼 수 없으므로, 채권자는 수령을 거절할 수 있다. 이는 제3자가 변제하는 경우에도 마찬가지이다. 그러나 기한의 이익과 그 포기에 관한 민법 제153조 제2항, 변제기 전의 변제에 관한 민법 제468조의 규정들은 임의규정으로서 당사자가 그와 다른 약정을 할 수 있다. 은행여신거래에 있어서 당사자는 계약 내용에 편입된 약관에서 정한 바에 따라 위 민법 규정들과 다른 약정을 할 수도 있다."는 취지이다.

따라서 위 민법 규정들에도 불구하고 채무자와 은행사이의 대출약정에 포함된 약관 등에 중도상환수수료 면제 약정 등이 존재한다면 물상보증인이 변제기 전에 중도 상환수수료를 제외한 금액을 공탁한 후에 은행에 근저당권 말소를 청구할 경우에 인용될 가능성이 있다.

위 대법원 2021다305338 근저당권말소 판결에서 확인되는 '사건의 경위' 및 '판단' 부분을 요약 정리하면 다음과 같다.

〈사건의 경위〉

소외인(채무자)은 2011. 2.경 피고(주식회사 우리은행)로부터 대출기간을 2031. 2.경까지로 정하여 대출을 받았고, 대출 당시 소외인과 피고 사이에 작성된 대출거래약정서에는 '대출거래를 함에 있어 「은행여신거래기본약관(가계용)」이 적용됨을 승인'한다는 내용이 포함되어 있다. 소외인이 피고와 사이의 대출거래약정에 따라 부담하는 모든 채무를 담보하기 위하여, 원고(물상보증인)는 피고와 원고 소유 이 사건 부동산에 관하여 이 사건 근저당권설정계약을 체결하고, 피고에게 이 사건 근저당권설정등기를 마쳐주었다. 원고는 2020. 4.경 피고에게 이 사건 근저당권설정계약 해지 통고를 하였다. 원고는, 위 해지 통고에 따라 2020. 5.경 결산기가 도래하였음을 전제로, 2020. 10.경 피고 앞으로 피담보채무 잔액 명목의 돈을 공탁하였는데, 위 공탁금에는 피고가 대출만기까지 받을 수 있었던 약정이자 등은 포함되어 있지 아니하였다.

〈판단〉

원고(물상보증인)가 이 사건 근저당권설정등기의 말소를 구하기 위해서는 소외인(채무자)이 피고(주식회사 우리은행)와 사이의 대출거래약정에 따라 부담하는 모든 채무를 변제하여야 한다. 이 사건 부동산의 소유자 겸 근저당권설정자인 원고의 해지 통고 등에 따라 이 사건 근저당권의 결산기가 지정되었다고 하더라도, 이 사건 근저당권설정계약에 따른 결산기 지정은 소외인과 피고 사이의 대출거래약정상 피담보채무의 변제기에 관한 약정과 구별되므로, 결산기 지정만으로 대출금 채무의 변제기가 도래하였다고 보기는 어렵다.

민법 규정에 따를 경우 원고가 근저당권설정자 내지 물상보증인의 지위에서 소외인과 피고 사이의 대출거래약정에서 정한 변제기 전에 대출금을 변제하기 위해서는 변제기까지의 약정이자 등 손해를 배상하여야 할 것이다. 그러나 대출거래약정상 약정한 상환기일이 도래하기 전이라도 중도상환수수료 등 배상금 부담 없이 원금을 갚을 수 있다는 다른 약정이 있는 경우에는 채무자 등은 손해배상 없이 변제할 수 있다.

소외인과 피고는 대출거래약정 당시 중도상환수수료에 관한 구체적 약정을 하지 않은 것으로 보이고, 위 대출거래약정당사자들이 대출거래약정 내용에 포함시키기로 합의한 약관의 규정에 기한의 이익 내지 변제기 전의 변제에 관하여 민법 규정과 달리 정한 바가 있어 기한의 이익이 대출채무자인 소외인측에게만 있을 여지가 있다.

따라서 원심으로서는 소외인과 피고가 대출거래약정 당시 계약 내용에 포함시키기로 한 약관의 규정이 변제기 전의 변제에 관하여 민법과 달리 정하고 있거나 그 밖에 당사자 사이에 다른 약정이 있었는지 등을 확인하고, 민법 규정과 다른 약정이 있었다면 원고의 공탁이 채무의 내용에 따른 변제제공으로 볼 수 있었는지 등에 대하여 심리하였어야 한다.

그럼에도 원심이 적절한 조치를 취하지 아니한 채 원고가 대출만기까지의 약정이자 등 손해 상당액까지 배상하여야 한다는 등 이유로 원고의 청구를 받아들이지 아니한 데에는 대출거래약정서의 해석에 관하여 필요한 심리를 다하지 아니하거나 기한의 이익에 관한 법리를 오해한 잘못이 있다.

14. 토지 근저당권에 기초한 건축공사 중지청구

대지 소유자가 나대지 상태에서 저당권을 설정한 다음 대지상에 건물을 신축하기 시작하였으나, 피담보채무를 변제하지 못함으로써 저당권이 실행에 이르렀거나 실행이 예상되는 상황이다. 이때 그 대지의 소유자 또는 제3자가 신축공사를 계속한다면 신축건물을 위한 법정지상권이 성립하지 않는다고 할지라도 경매절차에 의한 매수인으로서는 신축건물의 소유자로 하여금 이를 철거하게 하고 대지를 인도받기까지 별도의 비용과 시간을 들여야 하므로, 저당목적 대지상에 건물신축공사가 진행되고 있다면 이는 경매절차에서 매수희망자를 감소시키거나 매각가격을 저감시켜 결국 저당권자가 지배하는 교환가치의 실현을 방해하거나 방해할 염려가 있는 사정에 해당한다. 따라서 (근)저당권자가 저당권에 기초한 방해배제청구권을 행사하여 건물신축공사의 중지청구가 가능하지 않을까?

대법원 2003다58454 판결에 의하면, 구체적 사정에 따라 건물신축공사의 중지청구가 가능하다는 입장이다. 즉, 저당권은 목적물의 교환가치에 대하여 우선변제받을 수 있는 권리이고, 목적부동산을 사용·수익할 권리는 여전히 저당권 설정자에게 있으므로 저당권이 설정된 토지소유자나 토지소유자로부터 시공권을 인수한 제3자가 저당목적물인 토지 위에 건물을 신축하는 것은 토지소유권에 기한 사용·수익권의 행사에 해당하여 저당권자가 그 공사의 중단을 요구할 수는 없음이 원칙이다.

그러나 경매절차를 통하여 경매목적물을 환가하고 위 환가대금에서 저당권의 피담보 채무를 우선변제받을 수 있는 권리는 저당권의 본질적인 내용이라 할 것이므로 이러한 본질적 내용을 침해하는 행위가 있을 경우에는 저당권자로서는 그 침해행위의 중지를 구하는 등 방해배제청구를 할 수 있다고 할 것이다(민법 제370조, 제214조).

더욱이 채무자에게 부도 등의 사유가 발생하여 신용상태가 악화되거나 채권회수를 위해 저당권자가 언제라도 저당권을 실행할 수 있는 상태가 된 이후에는 저당권자로서는 경매실행을 통한 채권회수의 필요성이 특히 강조된다고 할 것이고, 경매절차의 안정성 등 경매 목적의 실현을 위하여는 저당목적물의 소유자가 목적물인 토지를 이용하는 이익보다 저당권자가 저당권을 실행하고 토지의 교환가치를 실현할 수 있는 이익을 보다 중시해야 할 필요가 있다고 할 것이다.

또한, 경매목적물에 대한 압류가 이루어지면 이에 대한 법률적 처분행위뿐만 아니라 경매목적물을 멸실 또는 훼손시키거나 경매목적물인 토지 위에 공작물, 건물 등을 축조하는 등의 사실적 처분행위까지 금지되는 효력이 발생하는데, 이에 위반하여 경매목적물에 대한 법률적 처분행위를 하는 것은 경매채권자가 그 효력을 부정함으로써 실효를 거둘 수 있지만, 경매목적물의 가격을 감소하게 하거나 감소하게 할 우려가 있는 사실적 처분행위에 대하여는 그러할 수가 없다.

따라서 이 경우에는 채무자 또는 경매목적물의 점유자로서는 경매의 목적에 위반되거나 경매목적물의 가치를 감소시키는 사실행위를 하여서는 아니 되는 일종의 부작위 의무를 부담하고 있다고 할 수밖에 없고 채무자나 부동산의 점유자가 그러한 의무를 무시하고 위반행위를 하게 되면 저당권자로서는 저당권에 근거한 방해배제청구를 할 수 있다.

위 대법원 2003다58454 판결 이유에 의하면 "원심은 그 판결에서 들고 있는 증거들을 종합하여, 나산종합건설 주식회사가 판시 대지에 관하여 주식회사 한국외환은행에게 근저당권설정등기를 마치고 그 대지상에 20층 규모의 오피스텔을 신축한 지 1년여 만에 지하층의 공사를 한 상태에서 부도를 내자 피고 조합이 그 무렵 위 회사로부터 건축사업 시행권을 양수하고 공사를 속행하였고, 이후 위 은행으로부터 근저당권부 채권을 양수한 원고의 신청에 의하여 임의경매절차가 개시되었음에도 공사를 강행한 사실을 인정한 다음 피고 조합의 공사는 원고의 저당권을 침해하는 행위라고 판단하여 그 중지를 구하는 이 사건 청구를 인용하였는바, 원심의 위와 같은 판단은 앞에서 본 법리에 비추어 볼 때 정당하고, 거기에 상고이유 주장과 같이 근저당권에 기한 방해배제청구권과 경매에 관한 법리오해의 위법이 없다."는 취지이다.

15. 근저당권설정 약정을 위배하여 제3자에게 근저당권설정행위의 배임죄 부정

피고인이 피해자에게 근저당권을 설정해 주겠다고 약속하였지만, 제3자에게 근저당권을 설정해 준 사안에서 원심은 배임죄를 인정하였지만, 대법원은 배임죄를 부정하였다. 이에 대한 대법원 전원합의체 판결을 확인해 보자.

대법원(전합) 2019도14340 판결에 의하면, 피고인이 피해자로부터 18억원을 차용하면서, 이 사건 아파트에 4순위 근저당권을 설정하기로 약정하였다. 그러나 제3자에게 채권최고액 12억원의 4순위 근저당권을 설정해 주고 말았다. 이에 대하여 원심법원은 피해자에게 12억원의 피해를 인정하여 특경법상 배임죄 유죄로 판단하였으나, 대법원은 무죄취지로 파기·환송한 것이다[종전 유죄 취지의 대법원 판결들(2007도9328, 2011도11224 등) 변경].

위 대법원(전합) 2019도14340 판결의 논리는 무엇이었을까? 배임죄 요건 중 하나인 타인 사무를 처리하는 자는 이익대립관계에 있는 계약관계의 이행에 있어 상대보호 내지 배려의 부수적 의무로 부족하고, 위임 등과 같이 상대방의 재산상 사무를 일정한 권한을 갖고 맡아 처리하는 것이 필요한데, 본건처럼 채무자가 금전채무 담보를 위해 저당권설정계약에 따라 저당권설정 의무를 부담한 것을 두고 통상 계약의 이익대립관계를 넘어 채권자와 신임관계에 기초하여 채권자사무를 맡아 처리하는 것으로 볼 수 없다는 취지이다.

다만, 부동산 이중매매의 배임죄 성립을 긍정한 대법원(전합) 2017도4027 판결은 그대로 유효하다고 한다. 즉, 대법원(전합) 2019도14340 판결에서는 부동산 이중매매판결[대법원(전합) 2017도4027 판결]을 언급하면서, 모순되지 않는다고 밝힌 것이다.

즉, 두 전원합의체 판결 모두 유효하다는 취지이다. 부동산 이중매매에 대하여 배임죄를 인정한 대법원 판결이 유효한 이유는 이중매매를 방지할 충분한 수단이 없는 거래현실의 특수성을 고려한 것이기 때문이라는 것이다. 이는 부동산 이중매매 판결도 본건 논리에 의할 경우, 배임죄가 부정될 여지가 있음을 고려하여 부연하여 설명한 것으로 해석된다.

참고로 부동산 이중매매 판결[대법원(전합) 2017도4027 판결]의 주요 요지는 부동산매매대금을 통상적으로 계약금, 중도금, 잔금으로 나누어 지급하는데, 매수인이 매도인에게 계약금과 중도금을 지급한 상태에서 매도인이 이중매매를 한 경우에 매도인의 배임죄가 성립된다는 취지로, 피해자는 제1매수인이 된다.

16. 집합건물 건축 전 토지지분에 대한 근저당권의 효력 및 배당범위

토지 공유자인 甲과 乙이 분할 전의 대지를 소유하고 있다. 그런데, 甲이 丙(피고)에게 채권최고액을 2,250원으로 하는 근저당권을 설정해 주었다. 甲과 乙의 공유 대지가 분할이 된다면 丙(피고)의 근저당권의 효력이 분할된 甲의 토지에만 미치는가? 아니다. 丙의 근저당권의 효력은 분할된 甲과 乙의 각 부동산에 종전의 지분비율대로 존속하고, 분할된 각 부동산은 丙의 근저당권의 공동담보가 된다.

즉 대법원 2011다74932 판결에 의하면, “부동산의 일부 공유지분에 관하여 저당권이 설정된 후 부동산이 분할된 경우, 그 저당권은 분할된 각 부동산 위에 종전의 지분비율대로 존속하고, 분할된 각 부동산은 저당권의 공동담보가 된다."는 취지이다.

토지 공유자인 甲과 乙의 분할 전 대지가 분할되기 전에 '丁'이 乙의 분할 전 대지를 경매를 통하여 낙찰받았다. '丁'은 이후 분할 전 대지를 분할하여 분할된 1필의 대지에 집합건물인 다세대주택을 건축하고 각 구분건물에 대한 소유권보전등기와 대지권등기를 마쳤다.

원고가 '丁'이 건축한 집합건물 중에서 201호를 매입한 후에 국민은행으로부터 대출을 받으면서 채권최고액 1,300만원으로 하는 근저당권을 설정해 주었는데, 대출을 갚지 못하는 상황이 되었고, 국민은행은 201호에 대한 임의경매를 신청하였다.

집합건물인 다세대 201호에 대한 경매가 진행된 것인데, 배당은 어떻게 이루어질까? 다세대 201호를 경매할 경우에 201호 건물(전유부분)에 대한 배당은 국민은행이 1순위가 될 것이고, 201호의 대지권에 대한 배당은 丙이 1순위가 될 것이다.

이때 국민은행의 근저당권의 효력은 201호와 대지권에도 미칠 것이나, 丙(피고)의 근저당권의 효력은 대지권에만 미칠 것이다.

이와 관련하여, 위 대법원 2011다74932 판결의 원심판결인 수원지방법원 2011나1566 판결에 의하면, "이 사건 대지에 관하여 이 사건 집합건물(전유부분)과 분리하여 처분할 수 없다는 취지의 대지권등기가 마쳐진 사실은 앞서 본 바와 같으므로, 그 후 이 사건 전유부분에 관하여 마쳐진 한국주택은행 내지 ㈜국민은행의 근저당권 효력은 이 사건 전유부분에 종된 권리인 그 대지권에 대하여도 미친다고 할 것이고, 따라서 이 사건 전유부분의 대지권도 이 사건 경매대상목적물에 포함된다."면서.

"민법 제365조 단서는 나대지 저당권자는 그 후 저당권설정자가 신축한 건물 부분의 매각대금으로부터는 우선변제를 받을 수 없다고 규정하고 있을 뿐만 아니라, 대지권발생 전에 대지 또는 건물 어느 일방에 마쳐진 저당권설정등기의 효력은 그 후 대지권등기가 마쳐지더라도 다른 일방에 미치지 않는다고 보아야 하므로, 피고는 전체 매각대금 중 이 사건 전유부분에 대한 부분에 관하여는 우선하여 배당받을 권리는 없다."고 판시하였다.

위 다세대 집합건물은 201호를 포함하여 총 9세대로 구성되어 있다. 대지권에 대한 丙의 1순위 배당에 있어 丙은 201호에 해당하는 9분의 1 세대에 한정되어 1순위 배당권을 취득하는가? 아니면 丙의 피담보채권 전액에 대하여 201호의 대지권으로부터 1순위 배당권을 취득하는가?

위 대법원 2011다74932 판결에 의하면, 민법 제368조 제2항에 따라 201호의 대지권 매각대금으로부터 丙의 피담보채권 전액에 대한 1순위 배당권을 취득한다.

민법 제368조는 "공동저당과 대가의 배당, 차순위자의 대위"라는 제목 아래에 "① 동일한 채권의 담보로 수개의 부동산에 저당권을 설정한 경우에 그 부동산의 경매대가를 동시에 배당하는 때에는 각부동산의 경매대가에 비례하여 그 채권의 분담을 정한다. ② 전항의 저당부동산중 일부의 경매대가를 먼저 배당하는 경우에는 그 대가에서 그 채권전부의 변제를 받을 수 있다. 이 경우에 그 경매한 부동산의 차순위저당권자는 선순위저당권자가 전항의 규정에 의하여 다른 부동산의 경매대가에서 변제를 받을 수 있는 금액의 한도에서 선순위자를 대위하여 저당권을 행사할 수 있다."고 규정하고 있다.

따라서 본건처럼 집합건물 9세대 중에서 201호만이 경매로 나와 이시배당이 이루어지는 경우에 丙은 201호의 대지권에 대한 매각대금으로부터 201호의 한정된 9분의 1만큼이 아니라, 丙 채권 전액에 대한 1순위 배당권을 확보하게 된다.

원고(201호 매입자. 임의경매에 있어 채무자)는 피고(丙: 토지공유자 갑에 대한 근저당권자)를 향하여 丙의 근저당권의 효력은 집합건물의 각 세대에 대하여 균분하게 미치므로 이 사건 세대, 즉 201호의 대지권 매각대금에 관하여도 丙의 근저당권의 피담보채권액 9분의 1에 한하여 우선변제권이 인정될 뿐이라는 취지로 배당이의의 소송을 제기하였으나, 원고가 패소한 것이다(대법원 2011다74932 판결. 원심도 동일).

즉 위 대법원 2011다74932 판결에 의하면, "저당권이 설정된 1필의 토지가 전체 집합건물에 대한 대지권의 목적인 토지가 되었을 경우에는 종전의 저당목적물에 대한 담보적 효력은 그대로 유지된다고 보아야 하므로 저당권은 개개의 전유부분에 대한 각 대지권 위에 분화되어 존속하고, 각 대지권은 저당권의 공동담보가 된다고 봄이 타당하다. 따라서 집합건물이 성립하기 전 집합건물의 대지에 관하여 저당권이 설정되었다가 집합건물이 성립한 후 어느 하나의 전유부분 건물에 대하여 경매가 이루어져 경매 대가를 먼저 배당하는 경우에는 저당권자는 매각대금 중 대지권에 해당하는 경매 대가에 대하여 우선변제받을 권리가 있고 그 경우 공동저당 중 이른바 이시배당에 관하여 규정하고 있는 민법 제368조 제2항의 법리에 따라 저당권의 피담보채권액 전부를 변제받을 수 있다고 보아야 한다."는 취지이다.

17. 피담보채권 양도와 근저당권 명의인의 배당이의 가능성

민법 제361조는 "저당권의 처분제한"이라는 제목 아래에 "저당권은 그 담보한 채권과 분리하여 타인에게 양도하거나 다른 채권의 담보로 하지 못한다."고 규정하고 있다.

대법원 95다53812 판결에 의하면, "근저당권이라고 함은 계속적인 거래관계로부터 발생하고 소멸하는 불특정다수의 장래채권을 결산기에 계산하여 잔존하는 채무를 일정한 한도액의 범위 내에서 담보하는 저당권이어서, 거래가 종료하기까지 채권은 계속적으로 증감·변동되는 것이므로, 근저당 거래관계가 계속 중인 경우 즉 근저당권의 피담보채권이 확정되기 전에 그 채권의 일부를 양도하거나 대위변제한 경우 근저당권이 양수인이나 대위변제자에게 이전할 여지가 없다."는 취지이다.

근저당권은 채권자와 채무자 사이에 계속적 거래관계가 존재함이 전제되므로, 근저당권의 피담보채권이 거래관계의 종료(대법원 95다2494 판결) 등으로 확정되면, 근저당권은 보통의 저당권으로 전환되고, 담보할 '원본채권'이 새로이 발생하지 않게 된다. 이렇게 근저당권의 피담보채권의 확정으로 저당권으로 전환되면, 확정된 피담보채권과 전환된 저당권의 양도가 가능하게 된다.

결국 근저당권이 담보하는 채권이 확정된 후에 피담보채권과 함께 근저당권(정확하게는 확정으로 전환된 '저당권')을 양도할 수 있다고 해석된다(저당권부 채권의 양도).

참고로 대법원 2001다77888 판결 및 위 판결의 원심 서울고등법원 2001나35534 판결에 의하면, "피담보채권을 양도하는 당사자 사이에 저당권의 양도를 배제하는 특약이 있는 등의 특별한 사유가 존재하는 경우에만 채권양수인은 저당권이 없는 무담보의 채권을 양수한 것이 되고, 피담보채권의 처분에 따르지 않는 저당권은 소멸하게 되는데, 저당권의 양도를 배제하는 특약이 있었다고 인정할 증거가 없다면 저당권 양도의 약정이 있다고 봄이 상당하다."는 취지이다.

저당권부 채권을 양도하는 경우에 채권양도(민법 제450조) 당사자 사이의 의사표시만으로 효력이 발생하지만, 저당권의 이전은 그 이전등기(부기등기)를 해야 하는데, 채권양도와 저당권이전등기 사이에 어느 정도의 시차가 불가피하게 된다. 이때 채권양도의 의사표시는 있으나 아직 저당권이전등기가 행하여지지 않은 경우에 원래의 저당권등기를 피담보채권이 없기 때문에 담보물권의 부종성에 비추어 무효라고 해야 하는가?

위 저당권등기를 무효로 보기는 어렵다. 그렇다면, 피담보채권이 양도되고, 일시적으로 저당권이전등기(부기등기)가 행하여지지 않은 상태에서, 기존 저당권 명의자가 부동산경매절차에서 배당이의를 할 자격이 있는가?

기존 저당권 명의자는 피담보채권을 양도하여 결국 피담보채권을 상실한 셈이므로, 집행채무자로부터 변제를 받기 위하여 배당표에 자신에게 배당하는 것으로 배당표의 경정을 구할 수 있는 지위에 있다고 볼 수 없다.

즉, 대법원 2001다77888 판결에 의하면, "피담보채권과 근저당권을 함께 양도하는 경우에 채권양도는 당사자 사이의 의사표시만으로 양도의 효력이 발생하지만 근저당권이전은 이전등기를 하여야 하므로 채권양도와 근저당권이전등기 사이에 어느 정도 시차가 불가피한 이상 피담보채권이 먼저 양도되어 일시적으로 피담보채권과 근저당권의 귀속이 달라진다고 하여 근저당권이 무효로 된다고 볼 수는 없으나, 위 근저당권은 그 피담보채권의 양수인에게 이전되어야 할 것에 불과하고, 근저당권의 명의인은 피담보채권을 양도하여 결국 피담보채권을 상실한 셈이므로 집행채무자로부터 변제를 받기 위하여 배당표에 자신에게 배당하는 것으로 배당표의 경정을 구할 수 있는 지위에 있다고 볼 수 없다."는 취지이다(원심이 피담보채권 양도로 근저당권이 소멸한다고 볼 수 없다고 본 것은 타당하나, 근저당권이 소멸하지 아니하였다는 이유만으로 기존 근저당권 명의자인 원고가 피담보채권의 변제를 수령할 수 있음을 전제로 원고의 배당이의를 인용한 것을 대법원 입장에서는 수긍할 수 없다는 취지).

위 대법원 2001다77888 판결 사안을 정리한다.

채권자인 원고 서울은행은 채무자 소외 이종○과 계속적 거래를 하였고, 위 계속적 거래에 대해 연대보증인 소외 김경○은 자신소유 이 사건 부동산에 대하여 물상보증인으로서 근저당권을 설정해 주었다. 원고 서울은행은 원고의 보조참가인 한국자산관리공사에 거래관계 종료로 확정된 근저당권의 피담보채권을 양도(피담보채권이 확정되면서 일반 저당권으로 전환된 저당권부 채권이 양도된 것)하고 확정일자 있는 증서로 채무자 소외 이종○과 연대보증인 소외 김경○에게 채권양도 통지를 하였는데, 위 보조참가인은 단지 등록세 등의 비용을 절약하기 위하여 장기간 저당권의 이전등기(부기등기)를 해태한 끝에 결국 저당권이 말소되었다. 그리고 채무자 소외 이종○이 원고 서울은행에 대한 채무를 불이행하였다.

물상보증인 소외 김경○의 또다른 근저당권자 국민은행이 소외 김경○ 소유의 이 사건 부동산에 대한 임의경매를 신청하였다. 소외 김경○의 딸 피고는 주택임차인으로 확정일자를 받아 배당요구를 하였고, 피고에게 배당이 이루어지는 배당표가 작성되었다. 임의경매 절차에서 채권계산서를 제출했던 원고는 피고를 상대로 배당이의 소송을 제기한 것이다. 원심은 소외 김경○과 김경○의 딸 피고 사이의 임대차계약을 통정허위표시로 보아 무효를 선언하면서 원고의 배당이의를 받아들인 것이나, 대법원은 원고가 배당이의를 할 자격이 없다는 취지로 원심판결을 파기·환송한 것이다.

18. 채권일부씩 대위변제 후 근저당권일부이전 부기등기시의 배당순위

민법 제480조는 "변제자의 임의대위"라는 제목으로 "① 채무자를 위하여 변제한 자는 변제와 동시에 채권자의 승낙을 얻어 채권자를 대위할 수 있다. ② 전항의 경우에 제450조 내지 제452조의 규정을 준용한다."고 규정하고, 동법 제481조는 "변제자의 법정대위"라는 제목으로 "변제할 정당한 이익이 있는 자는 변제로 당연히 채권자를 대위한다."고 규정하고 있다.

이를 '변제자 대위'로 통칭하는데, 변제자 대위를 개념을 정리하면, "제3자 또는 연대채무자·보증채무자·불가분채무자 중 1인이 변제를 함으로써 채무자에 대하여 구상권을 취득한 경우, 별제로 소멸하게 될 채권자의 채권 또는 그 담보권을 변제자와 채무자 사이의 관계에서는 그대로 존속시키면서 구상권자에 의한 행사를 허용하는 것"을 의미한다. 변제자 대위는 "채권 및 담보권의 법률상 이전"으로 설명된다.

그렇다면, 시기를 달리하여 채권일부씩 대위변제를 한 다음에 근저당권일부이전의 부기등기를 경료한 자들의 배당순위는 어떻게 될까?

부동산등기법 제4조 제1항은 "권리의 순위"라는 제목으로 "같은 부동산에 관하여 등기한 권리의 순위는 법률에 다른 규정이 없으면 등기한 순서에 따른다."고 규정하고, 제5조는 "부기등기의 순위"라는 제목으로 "부기등기(附記登記)의 순위는 주등기(主登記)의 순위에 따른다.

다만, 같은 주등기에 관한 부기등기 상호 간의 순위는 그 등기 순서에 따른다."고 규정하고 있으니, 일부대위변제 후에 근저당권일부이전의 부기등기 순위에 따라 배당을 실시해야 하는가? 아니면 민법 제483조 제1항 "일부의 대위"라는 제목으로 "채권의 일부에 대하여 대위변제가 있는 때에는 대위자는 그 변제한 가액에 비례하여 채권자와 함께 그 권리를 행사한다."고 규정하고 있으므로 일부대위변제자들의 부기등기의 순위를 고려하지 않고, 각 변제자의 변제가액에 비례하여 안분·배당을 해야 하는가?

부기등기의 순위를 고려하지 않고, 각 변제자의 변제가액에 비례하여 안분·배당해야 한다.

즉 대법원 2000다37319 판결에 의하면, "채권의 일부에 대하여 대위변제가 있는 때에는 대위자는 민법 제483조 제1항에 의하여 그 변제한 가액에 비례하여 채권자의 권리를 행사할 수 있으므로, 수인이 시기를 달리하여 채권의 일부씩을 대위변제하고 근저당권 일부이전의 부기등기를 각 경료한 경우 그들은 각 일부대위자로서 그 변제한 가액에 비례하여 근저당권을 준공유하고 있다고 보아야 하고, 그 근저당권을 실행하여 배당함에 있어서는 다른 특별한 사정이 없는 한 각 변제채권액에 비례하여 안분·배당하여야 한다."는 취지이다.

두 번째 쟁점을 살펴보자. 보증채무자(원고 기술보증기금 및 원고 신용보증기금)가 채권자(신한은행)에게 일부대위변제를 하면서, "채권자 우선회수특약"을 하고 대위변제에 따른 근저당권 일부이전의 부기등기를 경료하였는데, 위 "채권자 우선회수특약"의 내용은 "위 근저당권에 관하여는 배당일 현재 양도인(채권자)의 잔존채권을 우선 변제받기로 하고 잔여가 있는 경우에 한하여 양수인(대위변제자)이 변제받기로 한다."는 내용이었다.

이때 채권자(신한은행)의 나머지 잔액을 모두 대위변제를 한 자(상덕건설 → 피고 상호신용금고)가 채권자(신한은행)로부터 근저당권의 일부를 양도받아 채권자를 대위하게 되었다면, 위 잔존채권 대위변제자(상덕건설 → 피고 상호신용금고)가 "채권자 우선변제특약"을 원용하여 배당에 있어서 대위권자(원고 기술보증기금 및 원고 신용보증기금)보다 우선할 수 있는가? 그렇지 않다. 동순위에 불과하다.

즉 위 대법원 2000다37319 판결에 의하면, "대여금 채권의 잔액을 대위변제한 자가 채권자로부터 근저당권의 일부를 양도받아 채권자를 대위하게 된 경우, 채권자의 채무자에 대한 담보권 외에 일부 대위변제자에 대한 우선변제특약에 따른 권리까지 당연히 대위하거나 이전받는다고 볼 수는 없다."는 취지이다.

위 대법원 2000다37319 판결 사안을 정리해 본다. 신한은행이 신화공업에게 대출을 해주었고, 신화공업은 자신 소유의 부동산을 최권최고액 12억원으로 하여 근저당권을 설정해주었다. 신화공업의 주채무자에 대한 보증인들인 원고 기술보증기금과 원고 신용보증기금(이하 '원고들')은 각 일부대위변제를 한 후에 근저당권일부이전의 부기등기를 경료하였다.

이때 원고들과 신한은행은 근저당권실행에 있어 신한은행의 잔존채권이 우선한다는 취지의 '채권자 우선회수특약'을 하였다. 원고들이 대위변제한 금원 이외의 나머지 채무잔액금 11억원을 소외 상덕건설이 신한은행에 대위변제한 후에 근저당권일부이전의 부기등기가 경료하였다, 이후 위 소외 상덕건설의 근저당권일부이전의 부기등기는 전전양도된 바, 피고 상호신용금고가 소외 상덕건설의 근저당권일부를 양도받아 부기등기한 것이다.

그 후 채무자 신화공업의 근저당대상 부동산이 피고 및 원고 신용보증기금의 임의경매신청으로 966,500,000원에 낙찰되었고, 집행비용을 공제한 955,507,077원이 전부 피고에게 배당되는 배당표가 작성된 것(채권자 우선회수특약을 피고가 원용할 수 있다는 입장)인데, 원심은 근저당권부기등기의 순서에 따라 "원고 기술보증기금 → 원고 신용보증기금 → 피고 상호신용금고" 순위로 배당을 실시하는 것이 타당하다는 입장이었으나, 대법원은 원고들과 피고는 동순위자로 안분비율 배당해야 한다는 취지로 파기·자판한 사안이다.

정리하자면, 배당법원은 '채권자 우선회수특약'을 피고가 원용할 수 있다는 취지로, 피고에게 전액을 배당하였으나, 항소심은 피고가 우선회수특약에 따른 권리까지 당연히 대위하거나 이전받게 되는 것은 아니라면서 부기등기의 순위로 배당을 실시하는 것이 타당하다는 입장이었는데, 대법원은 피고가 우선회수특약에 따른 권리까지 당연히 대위하거나 이전받게 되는 것이 아니라는 원심의 판단에는 문제가 없지만, 원고들과 피고는 동순위로 안분비율배당을 받아야 한다는 취지로 원심을 파기하고 대법원 스스로 판단한 것이다.

일부대위변제의 경우에 '채권자 우선회수특약'이 없더라도 채권자가 우선한다는 점, 민법 제483조 제1항은 "일부의 대위"라는 제목으로 "채권의 일부에 대하여 대위변제가 있는 때에는 대위자는 그 변제한 가액에 비례하여 채권자와 함께 그 권리를 행사한다."고 규정하고 있는 점 등을 고려하면, 위 판례를 이해할 수 있다.

참고로 대법원 2011다9013 판결에 의하면, "변제할 정당한 이익이 있는 사람이 채무자를 위하여 근저당권 피담보채무의 일부를 대위변제한 경우에는 대위변제자는 근저당권 일부 이전의 부기등기 경료 여부에 관계없이 변제한 가액 범위 내에서 채권자가 가지고 있던 채권 및 담보에 관한 권리를 법률상 당연히 취득한다. 한편 수인이 시기를 달리하여 채권의 일부씩을 대위변제한 경우 그들은 각 일부 대위변제자로서 변제한 가액에 비례하여 근저당권을 준공유한다고 보아야 하나, 그 경우에도 채권자는 특별한 사정이 없는 한 채권의 일부씩을 대위변제한 일부 대위변제자들에 대하여 우선변제권을 가지고, 채권자의 우선변제권은 채권최고액을 한도로 자기가 보유하고 있는 잔존 채권액 전액에 미치므로, 결국 근저당권을 실행하여 배당할 때에는 채권자가 자신의 잔존 채권액을 일부 대위변제자들보다 우선하여 배당받고, 일부 대위변제자들은 채권자가 우선 배당받고 남은 한도액을 각 대위변제액에 비례하여 안분 배당받는 것이 원칙이다. 다만 채권자가 어느 일부 대위변제자와 변제 순위나 배당금 충당에 관하여 따로 약정을 한 경우에는 약정에 따라 배당방법이 정해지는데, 이 경우에 채권자와 다른 일부 대위변제자들 사이에 동일한 내용의 약정이 있는 등 특별한 사정이 없는 한 약정의 효력은 약정당사자에게만 미치므로, 약정당사자가 아닌 다른 일부 대위변제자가 대위변제액에 비례하여 안분 배당받을 권리를 침해할 수는 없다. 따라서 경매법원으로서는 ① 채권자와 일부 대위변제자들 전부 사이에 변제 순위나 배당금 충당에 관하여 동일한 내용의 약정이 있으면 약정 내용에 따라 배당하고, ② 채권자와 어느 일부 대위변제자 사이에만 그와 같은 약정이 있는 경우에는 먼저 원칙적인 배당방법에 따라 채권자의 근저당권 채권최고액 범위 내에서 채권자에게 그의 잔존 채권액을 우선 배당하고, 나머지 한도액을 일부 대위변제자들에게 각 대위변제액에 비례하여 안분 배당하는 방법으로 배당할 금액을 정한 다음, 약정당사자인 채권자와 일부 대위변제자 사이에서 약정 내용을 반영하여 배당액을 조정하는 방법으로 배당을 하여야 한다."라는 취지이다.

19. 근저당권 포기행위가 변제자대위권자에게 불법행위가 되는 경우

채무자, 물상보증인 소유의 부동산에 공동저당권이 설정되고, 물상보증인 소유부동산에 대하여 먼저 경매가 이루어진 경우에 ① 물상보증인은 채무자에 대한 구상권을 취득하고, 위 구상권 확보를 위해, ② 물상보증인에게 채권자가 채무자에 대하여 가지고 있던 채권과 담보물권이 이전되는데, 이를 '변제자대위'라고 한다.

이때 물상보증인 소유 부동산에 대하여 경매가 진행되고, 경락인이 경락대금을 완납하면 물상보증인은 부동산의 소유권을 상실하는데, 이때 '변제자대위'는 물상보증인이 소유권을 상실한 시점이 아닌, 채권자가 대금을 수령하였을 때 또는 수령한 것에 준할 때, 즉 배당표가 확정된 때 발생한다(대법원 2015다70822 판결).

담보물권자의 채무자에 대한 담보물권 포기는 담보물권자가 자신의 권리를 처분한 것이기 때문에 '변제자대위'에 대한 기대권을 가진 물상보증인에 대한 관계에서 '원칙'적으로 불법행위에 해당하지 않는다.

즉 대법원 2001다42677 판결에 의하면 "채권자가 자신의 채권이나 담보권을 행사할지 여부는 채권자가 자유롭게 선택할 수 있는 영역에 속하는 것이므로 채권자가 제3자에 대하여 자신의 채권이나 담보권을 성실하게 행사하여야 할 의무를 부담하는 특단의 사정이 없는 한 채권자가 자신의 채권이나 담보권을 행사하지 않거나 포기하였다고 하여 이를 불법행위에 해당한다고 할 수는 없는 것이고, 대위변제의 정당한 이익을 갖는 자가 채권자의 담보상실 또는 감소 행위를 들어 민법 제485조 소정의 면책을 주장할 수 있음은 별론으로 하더라도 대위변제의 정당한 이익을 갖는 자가 있다는 사정만으로 채권자가 자신의 채권이나 담보권을 성실히 행사하여야 할 의무를 부담한다고는 할 수 없다."라는 취지이다.

근저당권자인 담보물권자가 채무자에 대한 근저당권 포기가 '원칙'적으로 물상보증인에게 불법행위가 아니라면 물상보증인은 어떠한 방법으로 구제받아야 하는가?

민법 제485조는 "채권자의 담보상실, 감소행위와 법정대위자의 면책"이라는 제목 아래에

"제481조의 규정에 의하여 대위할 자가 있는 경우에 채권자의 고의나 과실로 담보가 상실되거나 감소된 때에는 대위할 자는 그 상실 또는 감소로 인하여 상환받을 수 없는 한도에서 그 책임을 면한다."라고 규정하고 있다.

따라서 물상보증인은 '변제자대위 전'이라면 민법 제485조에 따라 근저당권자인 채권자에게 '면책'을 주장할 수 있다.

'변제자 대위 후'라면 어떠한가? 이러한 경우에는 물상보증인은 근저당권설정등기가 말소되었더라도 채권자에게 '회복등기'를 청구할 수 있다. 민법 제187조에 의하여 담보물권이 물상보증인에게 이전되기 때문이다(대법원 2001다21854 판결 참고).

다만, 예외적으로 근저당권자인 담보물권자가 채무자에 대한 근저당권을 포기한 것이 물상보증인에게 불법행위가 되는 두 가지 사례가 있다.

첫 번째 사례이다. 물상보증인이 변제자대위에 따라 저당권을 취득했다고 하더라도, 대위의 부기등기를 하지 않으면 저당물의 제3취득자에게 이를 대항할 수 없다(민법 제482조 제2항 제1호). 따라서 물상보증인이 대위의 부기등기를 마치기 전에 채권자가 채무자의 저당권을 말소하였고, 이후 제3자가 저당물의 소유권을 취득한 경우, 채권자에게 물상보증인의 저당권 침해로 인한 불법행위가 성립한다.

이때 저당권 침해로 인한 물상보증인의 손해는 채권자의 저당권 불법말소로 인하여 확정적으로 발생한 것으로 보아야 하고, 물상보증인이 대위의 부기등기를 마치지 않아서 발생한 것으로 볼 수는 없다.

즉 대법원 2011다30666, 30673 판결에 의하면 "매각대금이 완납된 날 병의 공동근저당권 불법말소로 인한 정의 손해가 확정적으로 발생하였고, 병이 배당을 받은 날과 공동근저당권이 말소된 날 사이에 정이 대위의 부기등기를 마치지 않은 사정만으로 병의 불법행위와 정의 손해 사이의 인과관계가 단절된다고 할 수 없다."라는 취지이다.

두 번째 사례이다. 물상보증인 소유 부동산의 담보권이 실행되어 경락되었고, 배당이 진행되지 않고 있는 사이에(물상보증인은 경락으로 인하여 부동산의 소유권을 상실하였으나 채권자가 대금을 수령하기 이전이어서 변제자대위가 일어나지 않은 상태) 채권자가 담보권을 포기한 경우에 물상보증인은 법률상 면책 주장을 할 수 없고 저당권 말소 여부는 별도의 공시 절차가 마련되어 있지 않아 이를 알기 어려워서 물상보증인은 사실상 면책 주장을 하기 어렵다. 이렇게 물상보증인이 면책주장을 하지 못한 경우에 물상보증인의 대위의 기대권을 침해한 것으로 불법행위가 성립한다.

이와 관련하여 대법원 2017다292756 판결에 의하면 "채무자 소유 부동산과 물상보증인 소유 부동산에 공동근저당권을 설정한 채권자가 공동담보 중 채무자 소유 부동산에 대한 담보 일부를 포기하거나 순위를 불리하게 변경하여 담보를 상실하게 하거나 감소하게 한 경우, 물상보증인은 그로 인하여 상환받을 수 없는 한도에서 책임을 면한다. 그리고 이 경우 공동

근저당권자는 나머지 공동담보 목적물인 물상보증인 소유 부동산에 관한 경매절차에서, 물상보증인이 위와 같이 담보 상실 내지 감소로 인한 면책을 주장할 수 있는 한도에서는, 물상보증인 소유 부동산의 후순위 근저당권자에 우선하여 배당받을 수 없다."라는 취지이다.

위 두 번째 사례에 해당하는 대법원 2017다261882 판결 사안을 정리한다(원심과 동일결론).

민법 제485조는 보증인 등 법정대위를 할 자가 있는 경우에 채권자에게 담보보존의무를 부담시킴으로써 대위할 자의 구상권과 대위에 대한 기대권을 보호하려는 것이다(대법원 2013다91788 판결, 대법원 2015다65042 판결 등).

법정대위를 할 자는 채권자가 고의나 과실로 담보를 상실하게 하거나 감소하게 한 때에는 원칙적으로 민법 제485조에 따라 면책을 주장할 수 있을 뿐이지만(대법원 97다1013 판결, 대법원 2012다106218 판결 등), 채권자가 제3자에 대하여 자신의 담보권을 성실하게 보존 · 행사하여야 할 의무를 부담하는 특별한 사정이 인정되는 경우에는 채권자의 담보권의 포기 행위가 불법행위에 해당할 수 있다(대법원 2001다42677 판결).

피고 1은 농협중앙회로부터 대출을 받으면서 원고와 피고 1이 각 1/2 지분씩 소유하고 있는 이 사건 토지에 근저당권을 설정하였고, 농협중앙회는 피고 2에게 근저당권을 양도하였다.

피고 2의 신청에 따라 개시된 이 사건 토지 중 '원고 지분'에 한정된 임의경매절차에서 소외 인이 이를 경락받았고, 같은 날 피고 2는 이 사건 토지 중 '피고 1 지분'에 관한 근저당권을 말소해 주었고, 이후 위 임의경매절차에서 피고 2에게 신고채권액 전액을 배당하는 내용의 배당표 작성되었다.

원고는 피고 2의 근저당권 말소로 자신의 변제자대위권이 침해되었음을 이유로 피고 2에 대하여 손해배상(민법 제750조) 등을 구하는 이 사건 소를 제기한바, 원심은 피고 2의 근저당권 말소행위가 불법행위에 해당한다고 보았고, 대법원은 상고를 기각한 것이다(연도별 2023. 9. 1. '서울고등법원판례공보스터디' 제2940쪽~제2945쪽 참고).

즉 위 대법원 2017다261882 판결은 "피고 2가 곧 변제자대위의 대상이 될 채무자에 대한 근저당권설정등기를 말소하여 줌으로써 저당권을 포기한 행위는 변제자대위에 의하여 취득한 권리의 침해에 준하는 물상보증인의 변제자대위에 대한 정당한 기대를 침해하는 행위로서 민법 제750조에 정한 불법행위에 해당한다고 봄이 타당하다. 그리고 이러한 불법행위의 성립은 원고가 피고 2에 대한 배당에 관하여 배당이의를 통하여 민법 제485조에 따른 면책을 주장하지 않았다거나, 민법 제485조에 따른 면책을 전제로 피고 2에 대하여 면책되는 금액 상당의 배당금에 관한 부당이득반환을 청구할 수 있다고 하더라도 달라지지 않는다."라는 취지로 판시하였다.

20. 매매대금 담보를 위해 가등기를 마친 경우 약한 의미의 양도담보로 해석

당사자 사이에 부동산에 대한 매매대금 채무를 담보하기 위해 부동산에 대한 가등기(매매예약을 원인으로 한 소유권이전청구권가등기)를 마친 후에 위 매매대금 채무를 변제하지 않으면 그 가등기에 기한 본등기를 마치기로 약정하였다. 이때 채무자가 변제기에 위 채무를 변제하지 않을 경우 대물변제의 약정이 있었다고 볼 것인가? 아니다.

대법원 2015다63138, 63145 판결에 의하면 “변제기에 위 채무를 변제하지 아니하면 채권채무관계가 소멸하고 부동산의 소유권이 확정적으로 채권자에게 귀속된다는 명시의 특약이 없는 이상 대물변제의 약정이 있었다고 인정할 수 없고, 단지 위 채무에 대한 담보권 실행을 위한 방편으로 소유권이전등기를 하는 약정, 이른바 정산절차를 예정하고 있는 ‘약한 의미의 양도담보’ 계약이라고 봄이 타당”하다는 취지이다.

‘약한 의미의 양도담보’가 이루어졌다는 것은 어떠한 의미인가?

위 대법원 2015다63138, 63145 판결에 의하면 “채권자는 채무의 변제기가 지나면 부동산의 가액에서 채권원리금 등을 공제한 나머지 금액을 채무자에게 반환하고 부동산의 소유권을 취득하거나(귀속정산), 부동산을 처분하여 그 매각대금에서 채권원리금 등의 변제에 충당하고 나머지 금액을 채무자에게 반환할 수도 있다(처분정산). 그렇지만 채무자가 채권자에게 적극적으로 위와 같은 정산을 요구할 청구권을 가지지는 아니하며, 다만 채무자는 채무의 변제기가 지난 후에도 채권자가 그 담보권을 실행하여 정산절차를 마치기 전에는 언제든지 채무를 변제하고 채권자에게 위 가등기 및 그 가등기에 기한 본등기의 말소를 청구할 수 있다.”라는 취지이다.

매매대금 채무를 담보하기 위해 가등기가 마쳐졌으니, 가등기담보 등에 관한 법률(이하 ‘가담법’)이 적용되는 것은 아닌가? 가담법이 적용되지는 않는다.

즉 위 대법원 2015다63138, 63145 판결에 의하면 “가담법은 차용물의 반환에 관하여 다른 재산권을 이전할 것을 예약한 경우에 적용되므로, 매매대금 채무를 담보하기 위하여 가등기를 한 경우에는 가등기담보법이 적용되지 아니한다.”라는 취지이다.

이와 관련하여 가담법 제1조는 “이 법은 차용물의 반환에 관하여 차주가 차용물을 갈음하여 다른 재산권을 이전할 것을 예약할 때 그 재산의 예약 당시 가액이 차용액과 이에 붙인 이자를 합산한 액수를 초과하는 경우에 이에 따른 담보계약과 그 담보의 목적으로 마친 가등기 또는 소유권이전등기의 효력을 정함을 목적으로 한다.”고 규정하고 있다.

그렇다면 변제기까지 채무자가 매매대금채무를 이행하지 않은 경우에 채권자는 어떻게 해야 하는가?

매매예약을 원인으로 하는 소유권이전등기청구권 보전의 가등기를 경료 하였으니, 매매예약을 원인으로 하는 소유권이전등기를 청구할 수 있는 것이 아닌가? ‘약한 의미의 양도담보'로 판명된 것이니 매매예약 완결을 원인으로 한 가등기에 의한 본등기절차의 이행을 구한다면 인용되기 어렵다.

그렇다면 채권자는 어떠한 청구원인을 구성해야 할까?

일단 위 가등기의 피담보채권이 존재하는 한 청산절차를 거치지 아니하고 채권자는 담보권실행을 위해 채무자에게 위 가등기에 기한 본등기절차의 이행을 바로 청구할 수 있다. 이때 채무자는 채권자에게 적극적으로 정산을 요구할 수 있는 청구권이 없고 그 정산을 이유로 본등기절차의 이행을 거절할 수도 없다.

원심의 원고는 "주위적으로, 피고는 원고에게 별지 목록 기재 부동산에 관하여 서울중앙지방법원 2006. 7. 6. 접수 제32466호로 마친 가등기에 기하여 매매예약완결 또는 가등기담보권실행을 원인으로 한 소유권이전등기절차를 이행하라."는 청구취지를 구성하였다.

이에 대하여 위 대법원 2015다63138, 63145 판결에 의하면 가등기에 의한 매매예약완결을 원인으로 한 본등기절차의 이행을 구한 부분에 대한 원심의 기각결정에는 문제가 없다는 태도를 보였으나, "가등기담보권실행을 원인으로 한 소유권이전등기절차 이행 청구"부분에 대하여, "원심으로서는 이 사건 부동산의 가액과 이 사건 가등기의 피담보채권액을 제대로 심리하여, ① 이 사건 부동산의 가액이 이 사건 가등기의 피담보채권액에 미달하는 경우에는 원고의 이 사건 가등기에 기한 귀속정산 완료를 원인으로 하는 본등기 청구를 인용하여야 하고, ② 이 사건 부동산의 가액이 이 사건 가등기의 피담보채권액을 넘는 경우에는 원고의 이 사건 가등기에 기한 담보권 실행을 원인으로 하는 본등기 청구를 인용하였어야 한다."라는 취지로 판시하였다.

위 대법원 2015다63138, 63145 판결의 파기 환송심(서울중앙지방법원 2016나72602(본소), 72619(반소) 판결)의 주문은 "피고는 원고에게 별지 목록 기재 부동산에 관하여 서울중앙지방법원 2006. 7. 6. 접수 제32466호로 마친 소유권이전청구권가등기에 기하여 귀속정산 완료를 원인으로 한 소유권이전등기절차를 이행하라."라는 취지였다(원고는 가등기담보권실행을 원인으로 한 소유권이전등기절차 이행을 청구하다가 환송 후 당심에서 귀속정산 완료를 원인으로 한 소유권이전등기절차 이행을 구하는 것으로 제1 예비적 청구를 교환적으로 변경함).

그 이유는 "환송 후 당심 변론종결일을 기준으로 한 이 사건 부동산의 가액 187,000,000원이 이 사건 가등기의 피담보채권액 231,095,890원에 미달하므로, 피고는 이 사건 부동산에 관하여 원고에게 이 사건 가등기에 기한 귀속정산 완료를 원인으로 한 본등기절차를 이행할 의무가 있다."는 취지였기 때문이다.

21. 건물의 양도담보가 가담법 적용대상인 경우에 대지점유사용자는 양도담보설정자

원고가 원심 공동피고(건물에 대한 양도담보설정자)에게 토지를 매도하였다. 원심 공동피고가 원고에게 토지에 대한 잔금을 미지급한 상태에서 원고로부터 토지사용승낙서를 건네받아 건축허가를 득한 후에 건축회사와 도급계약을 체결하였다.

원심 공동피고는 건축회사의 대표인 피고(건물에 대한 양도담보권자)로부터 공사대금을 차용한 후에 그 담보로 건물의 건축주명의를 피고로 변경하며, 준공 후 1년 이내에 차용금 전액을 변제할 경우 이 사건 건물을 반환받기로 합의하였다.

피고는 건축회사에 공사대금을 대신 지급하고, 건물에 관하여 피고 앞으로 건축주명의를 변경한 다음, 피고 명의의 소유권보존등기를 하였다. 원고는 원심 공동피고가 토지매매에 따른 잔금을 지급하지 않자 토지에 대한 매매계약을 해제하고, 건물에 대한 명의자인 피고를 상대로 원고소유 토지의 점유로 인한 부당이득반환 등을 청구하는 소를 제기하였다.

위 사안에서 원고가 승소할까? 대법원 2021다263519 판결(건물 등 철거)에 의하면 원고가 피고를 상대로 승소하기 어렵지만, 원심 공동피고에게 소송을 하면 승소할 가능성이 있다는 취지이다.

원심 공동피고가 건물에 대한 양도담보설정자이고, 피고가 건물에 대한 양도담보권자에 해당하는데, 본건은 가등기담보법(가등기담보 등에 관한 법률)이 적용되므로, 청산 전의 건물의 소유자는 명의자이자 양도담보권자인 피고가 아니라 양도담보설정자인 원심 공동피고라는 취지이다.

참고로 원심은 "피고는 원심 공동피고에게 대여한 공사자금을 담보하기 위하여 이 사건 건물의 건축주명의자가 되고 소유권보존등기를 한 것이므로 이 사건 건물의 양도담보권자에 해당한다. 등기된 부동산의 양도담보권자는 대외적 관계에서 소유자로 인정된다. 따라서 피고는 자신의 명의로 소유권보존등기가 된 때로부터 이 사건 토지의 점유로 인한 부당이득을 원고에게 반환할 의무가 있다."는 취지로 판시하였으나, 대법원에서 원심을 파기·환송한 것이다.

위 대법원 판결 이유에 의하면 "가등기담보법 제1조는 '이 법은 차용물의 반환에 관하여 차주가 차용물을 갈음하여 다른 재산권을 이전할 것을 예약할 때 그 재산의 예약 당시 가액이 차용액과 이에 붙인 이자를 합산한 액수를 초과하는 경우에 이에 따른 담보계약과 그 담보의 목적으로 마친 가등기 또는 소유권이전등기의 효력을 정함을 목적으로 한다.'고 정하고 있고,

제3조 제2항은 '채권자가 담보계약에 따른 담보권을 실행하여 그 담보목적 부동산의 소유권을 취득하기 위하여는 그 채권의 변제기 후에 제4조의 청산금의 평가액을 채무자등에게 통지하고, 그 통지가 채무자등에게 도달한 날부터 2개월이 지나야 한다. 이 경우 청산금이 없다고 인정되는 경우에는 그 뜻을 통지하여야 한다.'고 정하고 있으며,

제4조 제2항은 '채권자는 담보부동산에 관하여 이미 소유권이전등기가 경료된 경우에는 청산기간 경과 후 청산금을 채무자등에게 지급한 때에 목적부동산의 소유권을 취득한다.'고 정하고 있다. 이러한 규정에 따르면 가등기담보법이 적용되는 경우에는 채권자가 담보목적

부동산에 관하여 소유자로 등기되어 있다고 하더라도 청산절차 등 법에 정한 요건을 충족해야만 비로소 담보목적 부동산의 소유권을 취득할 수 있다. 채무를 담보하기 위하여 채무자가 자기의 비용과 노력으로 신축하는 건물의 신축허가 명의를 채권자 명의로 한 경우 이는 완성될 건물을 양도담보로 제공하기로 하는 담보권 설정의 합의가 있다고 볼 수 있다(대법원 2001다48347 판결 등). 이때 완성된 건물의 소유권은 이를 건축한 채무자가 원시적으로 취득하고, 채권자가 그 명의로 소유권보존등기를 함으로써 건물에 대한 양도담보가 설정된 것으로 보아야 한다. 이러한 양도담보가 가등기담보법의 적용대상이 되는 경우에는 양도담보권자가 청산절차 등을 거쳐 담보목적 부동산의 소유권을 취득하기 전까지 특별한 사정이 없는 한 양도담보 설정자가 건물의 소유자로서 이를 현실적으로 점유하면서 사용·수익하고 있다고 볼 수 있으므로 채권자가 건물에 대한 양도담보권을 취득했다고 해서 그 대지 소유자에게 부당이득반환의무를 부담하는 것은 아니다. 원심판결 이유와 기록에 나타난 피고와 원심 공동피고 사이의 합의 내용과 그 경위, 피고의 원심 공동피고에 대한 대여금과 이 사건 건물에 관한 공사대금의 액수, 피고와 원심 공동피고 사이의 관련사건 판결 내용 등 여러 사정을 종합하면,

이 사건 건물에 설정된 양도담보는 가등기담보법의 적용대상이라고 볼 여지가 있다. 위 양도담보에 가등기담보법이 적용된다면, 특별한 사정이 없는 한 양도담보 설정자인 원심 공동피고가 이 사건 건물의 소유자로서 이를 현실적으로 점유하면서 사용·수익하고 있다고 볼 수 있고, 반대로 피고가 이 사건 건물의 소유자로 등기되어 있다고 하더라도 담보권자인 피고가 이 사건 토지에 관해 이익을 얻고 토지소유자인 원고에게 손해를 입혔다고 볼 수 없다. 그런데도 원심은 이 사건 건물에 설정된 양도담보가 가등기담보법의 적용대상이 되는지 여부 등에 관하여 아무런 심리를 하지 않은 채, 피고가 대외적 관계에서 이 사건 건물의 소유자에 해당한다는 이유로 이 사건 토지의 점유로 인한 부당이득을 원고에게 반환해야 한다고 판단하였다. 원심판결에는 가등기담보법, 부동산 양도담보와 부당이득반환에 관한 법리를 오해하거나 필요한 심리를 다하지 않아 판결에 영향을 미친 잘못이 있다. 이를 지적하는 상고이유는 정당하다."는 취지이다.

참고로 대법원 2015다63138, 63145 판결에 의하면 "가등기담보법은 차용물의 반환에 관하여 다른 재산권을 이전할 것을 예약한 경우에 적용되므로, 매매대금 채무를 담보하기 위하여 가등기를 한 경우에는 가등기담보법이 적용되지 아니한다."는 취지이다.

정리하자면, '차용물의 반환에 관하여 다른 재산권을 이전할 경우'가 아닌 '매매대금'이나 '공사대금'을 담보하거나, '부동산의 가액이 채무원리금보다 적은 경우'에는 가등기담보법이 적용되지 않고, 가등기담보법 제정(1983) 전 판례이론이 적용된다.

가등기담보법 제정 전의 판례이론에 의하면 담보목적으로 부동산에 대한 소유권이전등기를 하면서 돈을 갚지 않으면 채권자 소유로 하기로 약정한 경우에 민법 제607조, 제608조에

따라 그 약정이 무효가 될 수 있는데, 대법원 2015다63138 판결 등에 의하면 민법 제608조에 반하는 등기는 '약한 의미의 양도담보', 즉 채권자에게 신탁적으로 소유권이 이전되지만 채권자가 정산의무를 부담한다는 것이 되어 내부관계에 있어서 그 부동산에 대한 등기는 담보등기에 불과하지만 대외적으로는 양도담보권자가 소유권자가 된다(이른바 '신탁적 이전설').

이와 달리 가등기담보법이 적용되는 경우에는 담보권자가 소유권이전등기 내지 소유권보전등기를 마쳤다고 하더라도 담보물권의 효력 밖에 없고 대내적·대외적 구분 없이 명의자가 아닌 담보권설정자가 소유자(가등기담보법 제4조 제2항)가 되므로 소유권보존 내지 이전등기를 마친 가등기담보법상의 담보권자라도 이 사건 토지 점유로 인한 부당이득반환의무를 면하게 된다(이른바 '담보물권설').

이 사건 토지에는 그 지상에 이 사건 건물이 있으므로 이 사건 건물의 소유자가 이 사건 토지를 점유하는 것이어서 원고는 피고가 이 사건 건물의 소유자임을 입증하면 원고의 피고에 대한 부당이득반환청구가 인정된다.

그런데 가등기담보법 적용여지가 있으므로 이 사건 건물에 대한 소유권보존등기를 마친 양도담보권자는 '담보권설'에 따라 이 사건 건물의 소유자가 아니므로(가등기담보법 제4조 제2항), 원고의 위 담보권자(소유권보존등기권자)에 대한 부당이득반환청구가 인정되기 어렵다는 것이 위 대법원 판결의 결론이다(자세한 논의는 2022. 9. 30.자 '서울고등법원판례공보스터디' 제1962쪽 내지 제1965쪽 참고).

22. 담보가등기권리자가 경매를 선택한 경우 청산에 따른 본등기 청구 불가

담보가등기권자가 담보목적부동산에 대하여 경매청구를 선택하여 경매절차가 진행 중일 경우에 청산절차에 따른 가등기에 따른 본등기를 청구할 수 있을까? 경매절차를 진행할 수 있을 뿐이고, 본등기를 청구할 수는 없다는 것이 대법원의 입장이다.

즉, 대법원 2017다232167(본소), 2017다232174(반소) 판결(가등기말소, 소유권이전등기)에 의하면, "가등기담보 등에 관한 법률('가등기담보법') 제12조 제1항 전문은 '담보가등기권리자는 그 선택에 따라 제3조에 따른 담보권을 실행하거나 담보목적부동산의 경매를 청구할 수 있다.'라고 규정하고,

제13조 전문은 '담보가등기를 마친 부동산에 대하여 강제경매 등이 개시된 경우에 담보가등기권리자는 다른 채권자보다 자기채권을 우선변제 받을 권리가 있다.'라고 규정하며,

제14조는 '담보가등기를 마친 부동산에 대하여 강제경매 등의 개시 결정이 있는 경우에 그 경매의 신청이 청산금을 지급하기 전에 행하여진 경우(청산금이 없는 경우에는 청산기간이 지나기 전)에는 담보가등기권리자는 그 가등기에 따른 본등기를 청구할 수 없다.'라고 규정하고 있다. 이러한 가등기담보법 규정의 문언 형식과 내용 및 체계에 더하여 담보목적부동산에

대한 경매절차가 개시된 경우 그 경매절차에 참가할 수 있을 것이라는 후순위권리자 등의 기대를 보호할 필요가 있는 점 등을 고려하면,

담보가등기권리자가 담보목적부동산의 경매를 청구하는 방법을 선택하여 그 경매절차가 진행 중인 때에는 특별한 사정이 없는 한 가등기담보법 제3조에 따른 담보권을 실행할 수 없으므로 그 가등기에 따른 본등기를 청구할 수 없다고 봄이 타당하다."는 취지이다.

위 대법원 사안은 원고가 담보가등기에 대한 피담보채무 변제(공탁)를 이유로 피고를 상대로 가등기의 말소를 청구하자, 피고가 반소장의 송달을 통해 원고에게 지급할 청산금이 존재하지 않는다는 통지를 하면서 본등기를 청구한 사안이다.

원심은 원고의 공탁이 무효임을 이유로 청산기간 경과에 따른 피고의 가등기에 따른 본등기절차청구를 받아들였으나, 대법원은 피고가 담보가등기권자로서 이미 경매절차에 나아갔음을 근거로 피고의 반소를 기각하는 취지로 원심을 파기 · 환송한 사안이다.

결국 피고가 담보권행사 방법으로 경매절차를 선택한 이상 피고는 담보부동산의 소유권을 취득하는 방법이 아니라 경매절차를 진행하는 방법으로 채권을 회수하면 족하다는 것이다.

원고는 자신의 공탁이 유효한 일부공탁이라고 주장하였으나 받아들여지지 않았다. 즉 위 대법원 판결은 "변제공탁이 유효하려면 채무 전부에 대한 변제의 제공 및 채무 전액에 대한 공탁이 있어야 하고, 채무 전액이 아닌 일부에 대한 공탁은 일부의 제공이 유효한 제공이라고 볼 수 있거나 변제자의 공탁금액이 채무의 총액에 비하여 아주 근소하게 부족하여 해당 변제공탁을 신의칙상 유효한 것이라고 볼 수 있는 등의 특별한 사정이 있는 경우를 제외하고는 채권자가 이를 수락하지 않는 한 그 공탁 부분에 관하여서도 채무소멸의 효과가 발생하지 않는다(대법원 98다17046 판결, 대법원 2002다12871, 12888 판결, 대법원 2011다11580 판결 등). 원심은, 원고(반소피고) 1이 이 사건 변제공탁 당시 원금 잔액 명목의 1,459,699,679원 및 이에 대한 지연손해금 명목의 284,741,417원을 공탁하였을 뿐 약정이자 또는 일부 지연손해금에 해당하는 77,365,903원을 공탁하지 않았으므로,

이 사건 변제공탁은 채무 일부에 대한 공탁이고 이를 유효하다고 볼 수 있는 특별한 사정이 있다고 볼 수 없으며 채권자인 피고가 이를 수락한 바도 없다는 이유로 이 사건 변제공탁은 효력이 없다고 판단하였다. 앞서 본 법리와 기록에 비추어 살펴보면, 이러한 원심의 판단에 상고이유 주장과 같이 유효한 일부 공탁에 관한 법리를 오해하는 등으로 판결에 영향을 미친 잘못이 없다."라는 취지이다.

위 대법원 판결에 대하여 연도별 2023. 9. 1.자 '서울고등법원판례공보스터디' 제2852쪽, 제2853쪽에 의하면 원래 '일반 채권자의 경매절차 참가에 대한 기대'는 보호되지 아니하는 바, 가등기담보법 제14조는 '경매신청인'을 보호하는 취지이고, 가등기담보법상 가등기 이후의 이해관계인(가압류 · 압류 등)을 보호하는 규정도 없어서 가등기담보권자가 담보권을 실행하면 이해관계인의 등기는 모두 말소되는 바, 이해관계인이 경매에 참가할 가능성이 있다는

이유로 가등기담보권자의 담보권실행을 금지시키는 것은 위 가등기담보법 제14조의 취지와는 맞지 않다면서 가등기담보권자에게 '담보실행권'과 '경매청구권' 모두를 인정해줘야 할 필요성이 있다고 한다.

즉 가등기담보권자가 '담보실행권'을 행사할 경우, 청산금을 정확하게 계산하기 어렵기 때문에(특히 지연손해금) 소송의 승패를 장담할 수 없고, 한편 '경매청구권'을 행사할 경우, 낙찰가격 하락으로 인한 채권 미회수의 위험이 있는바, 이러한 상황에서는 가등기담보권자에게 두 개의 권리를 인정해 주는 것이 더 적절한 경우도 있다는 것이다.

또한 위 견해는 이 사건에서 대상판결에 의하면 피고는 반소청구가 인용되기 위해서는 우선 경매신청을 취하하여야 하나, 청산금이 남아 있다는 이유로 반소청구가 기각될 수도 있는바, 이렇게 되면 피고는 청산금을 지급하고 다시 이전등기청구를 할 수도 있지만 자금이 부족할 경우에는 다시 경매신청을 하여야 하는 바, 이렇게 되는 것보다는 경매절차를 정지시켰다가 반소청구의 인용 여부에 따라 처리하는 것이 효율적일 것이라고 한다.

23. 가등기에 있어 담보가등기와 순위보전 가등기의 구별방법

가등기말소청구 등의 재판과정에서 가등기가 담보가등기인지 아니면 소유권이전등기청구권 보존 가등기인지를 어떻게 구별하는가? 가등기의 성격이 명확해져야 그에 따른 판단이 가능하다는 점에서 가등기에 있어 담보가등기 또는 순위보전 가등기의 판결기준이 문제된다.

가등기가 담보가등기인지 여부는 거래의 실질과 당사자의 의사해석에 따라 결정될 문제이다(대법원 91다36932 판결, 대법원 2011다70640 판결 등). 그리고 처분문서에 나타난 당사자의 의사해석이 문제되는 경우에는 문언의 내용, 그와 같은 약정이 이루어진 동기와 경위, 약정에 의하여 달성하려는 목적, 당사자의 진정한 의사 등을 종합적으로 고찰하여 논리와 경험의 법칙에 따라 합리적으로 해석하여야 한다(대법원 2002다6753 판결, 대법원 2004다60065 판결 등).

이와 관련된 대법원 2023다263346 판결 사안을 살펴보자.

원고는 매수인에게 원고 소유의 '이 사건 각 부동산'을 매도하면서 매수인이 지정하는 사람의 명의로 가등기를 설정하는 데 동의하였다. 매수인은 피고보조참가인으로부터 금전을 차용하면서 예약자를 원고, 예약권리자를 피고보조참가인으로 하는 매매예약서를 작성하였고, 이에 따라 이 사건 각 부동산에 관하여 보조참가인 명의의 소유권이전청구권가등기 즉 '이 사건 가등기'가 마쳐졌다.

원심은, 원고는 적어도 이 사건 가등기 관련 서류를 작성할 당시에는 이 사건 가등기가 매수인의 피고보조참가인에 대한 차용금 채무를 담보하기 위한 것임을 인식한 상태에서 본인의 의사에 따라 위 서류 작성에 동의하였다고 보아, 원고가 이 사건 가등기를 통하여 매수인을 물상보증한 것으로 봄이 타당하다고 판단하였다.

위 원심에 대하여 대법원 2023다263346 판결은, 매매계약의 당사자가 아닌 제3자 앞으로 가등기가 마쳐졌다고 하여 이 사건 가등기가 매매계약과 무관한 담보가등기라고 단정할 수 없고, 이 사건 가등기는 그 등기부에 담보가등기라고 기재되어 있지 않고 순위보전 가등기와 같은 형식으로 되어 있을 뿐이며, 보증의사의 존재나 보증범위는 이를 엄격하게 제한하여 인정하여야 하는 점 등을 고려하면 이 사건 가등기는 담보가등기가 아닌 매매계약에 따른 순위보전을 위한 가등기라고 보아야 한다고 보아, 이와 달리 이 사건 가등기가 매수인의 피고보조참가인에 대한 차용금 채무를 담보하기 위한 담보가등기라고 판단한 원심판결을 파기·환송한 것이다.

위 대법원 2023다263346 판결의 판결이유 부분을 정리한다. 이 사건 가등기는 담보가등기가 아닌 이 사건 매매계약에 따른 순위보전을 위한 가등기라고 보아야 한다. 그 이유는 다음과 같다.

이 사건 매매계약은 매도인 원고와 매수인 소외 1 사이에 체결되었으나, 이 사건 특약조건에는 잔금지급 전에 매수인 또는 매수인이 지정하는 사람 명의로 가등기설정에 동의한다는 내용이 기재되어 있다. 따라서 매매계약의 당사자가 아닌 제3자 앞으로 가등기가 마쳐졌다고 하여 이 사건 가등기가 이 사건 매매계약과 무관한 담보가등기라고 단정할 수는 없다.

또한 이 사건 특약조건에는 매매계약이 매수인의 귀책사유로 해지되면 가등기를 즉시 말소해야 한다고 되어 있는바, 순위보전 가등기가 아닌 담보가등기라면 매매계약 해제와는 무관하게 피담보채무가 변제되지 않는 이상 이를 말소할 이유가 없으므로, 위와 같은 특약조건은 담보가등기라기보다는 순위보전 가등기임을 전제로 한 것으로 볼 수 있다.

가등기에 관한 업무처리지침(등기예규 제1632호)에서는 대물반환의 예약을 원인으로 한 가등기신청을 할 경우 등기신청서 기재사항 중 등기의 목적을 소유권이전담보가등기라고 기재하도록 함으로써 담보가등기와 순위보전 가등기를 구별하고 있는데, 이 사건 가등기는 그 등기부에 담보가등기라고 기재되어 있지 않고, 순위보전 가등기와 같은 형식으로 되어 있을 뿐이다.

만일 이 사건 가등기가 담보가등기라면 원고에게 소외 1의 피고보조참가인에 대한 이 사건 차용금 채무의 담보를 위하여 자기 소유 부동산을 담보로 제공하겠다는 의사, 즉 물상보증의 의사가 존재하여야 한다. 보증은 이를 부담할 특별한 사정이 있을 경우에 이루어지는 것이므로, 보증의사의 존재나 보증범위는 이를 엄격하게 제한하여 인정하여야 한다(대법원 98다39923 판결, 대법원 2011다93636 판결, 대법원 선고 2021다296120 판결 등).

그런데 당시 소외 1과 피고보조참가인 사이에 작성된 차용증과 확인각서는 원고에게 제시되지도 아니하였으므로, 원고는 소외 1이 피고보조참가인으로부터 얼마의 금원을 어떤 조건(변제기 및 이자율)으로 차용하는지 알지 못한 상태였던 것으로 보인다.

증인 소외 1도 제1심에서 “증인이 원고에게 피고보조참가인으로부터 돈을 빌리는 것에 대하여 직접적으로 말을 하지 아니하여 원고는 증인이 다른 사람으로부터 구체적으로 얼마를 빌리는지 알지 못하였다."라는 취지로 증언하였을 뿐이다.

위와 같은 사정에다가 원고는 소외 1과 평소 알던 사이가 아니고 이 사건 각 부동산을 매매하는 과정에서 매수인으로서 소외 1을 알게 된 것에 불과한 점, 매도인이 매매대금을 지급받지도 못한 상황에서 매수인의 채무를 담보하기 위하여 자신 소유 부동산을 담보로 제공한다는 것은 매우 이례적인 점, 앞서 본 바와 같이 이 사건 매매계약 특약조건에는 제3자 앞으로 가등기를 마쳐주는 것으로 되어 있을 뿐만 아니라, 이 사건 각 부동산에 관하여 작성된 여러 매매계약서 중 하나에는 매수인란에 소외 1과 피고보조참가인의 이름이 기재되기도 한 점 등을 고려해 보면,

원고에게 물상보증의 의사가 있다고 보기 어렵고, 오히려 원고는 이 사건 매매계약에 따른 순위보전을 위하여 피고보조참가인 앞으로 이 사건 가등기를 마쳐주었다가 잔금 미지급으로 계약이 해제되면 이 사건 가등기를 말소할 의사가 있었던 것으로 보일 뿐이다.

더욱이 이 사건 가등기가 담보가등기라면 이 사건 매매계약의 해제 등과는 무관하게 가등기담보 등에 관한 법률 제3, 4조에 의하여 담보권자인 피고보조참가인이 변제기 후 원고에게 청산금을 지급함으로써 소유권을 취득할 수도 있고, 같은 법 제12, 13조에 의하여 경매절차에서 우선변제권을 행사할 수도 있는데, 매도인인 원고가 이러한 위험을 감수하면서까지 소외 1을 위하여 자신의 부동산을 담보로 제공할 만한 이유를 찾아보기 힘들다.

원심은 이 사건 가등기를 통해 소외 1로부터 매매대금을 지급받을 수 있기 때문에 담보를 제공할 동기가 충분하다고 보았으나, 매도인인 원고 입장에서는 잔금이 지급되지 못하면 계약금을 몰취하고 매매계약을 해제하면 될 뿐인데, 매매계약 해제와는 무관하게 본인이 피담보채무의 부담을 떠안으면서까지 소외 1을 위해 담보를 제공할 이유가 없다.

또한 원심은 원고가 이 사건 가등기를 설정하기 바로 직전에 이 사건 각 부동산 중 일부에 설정되어 있던 근저당권 및 지상권설정등기를 각 말소하여 주었는바, 이 사건 가등기가 순위보전의 가등기였다면 위와 같이 이 사건 가등기를 설정하기 직전에 굳이 위 근저당권 및 지상권설정등기를 말소할 이유는 없다고 판단하였다.

그러나 근저당권이 설정된 부동산에 소유권이전등기청구권보전의 가등기가 이루어지고 그 후에 강제경매가 실시되어 매각허가결정이 확정된 경우에는 민사집행법 제91조 제2항에 의하여 선순위의 근저당권은 매각으로 인하여 소멸되고 그보다 후순위인 가등기상의 권리도 소멸되는 것이므로, 이 가등기 또한 같은 법 제144조 제1항 제2호에 따라 말소촉탁의 대상이 된다(대법원 91다41996 판결 등).

따라서 이 사건 가등기가 순위보전 가등기라고 하더라도 위와 같은 이유로 근저당권 및 지상권설정등기를 말소할 실익이 있다.

제26장 부동산등기

1. 등기 불능의 판결

부동산등기와 관련된 승소 판결을 얻었는데, 등기소에서 등기법상의 문제를 들어 판결대로의 등기를 거부하는 경우가 있다. 이를 집행불능 판결이라고 부르고 있다. 예를 들어보자. 갑이 을에게 부동산을 팔았고 이전등기까지 끝내주었다. 이후 법률적 문제로 인하여 갑이 계약을 해제하였는데, 을이 갑에게 부동산을 넘겨주지 않고 있다. 즉, 등기가 을에게 그대로 남아 있다.

부동산등기는 공동신청주의가 적용되기 때문에 상대방이 등기이전 등을 거부하게 되면 등기를 넘겨달라고 주장하는 사람이 등기 관련 승소 판결을 통해 혼자서 등기소를 통해 등기를 넘겨 받을 수 있게 된다.

그래서 갑은 계약해제를 원인으로 을에게 이전된 매매원인 이전등기의 말소청구를 소송으로 청구해서 승소했다. 갑은 그 승소판결문을 갖고 등기소에 가서 을 명의 이전등기의 말소를 구했더니 등기소에서는 등기 말소가 안 된다는 것이다. 알고 보니 을이 이전등기 후 바로 은행에 부동산을 담보로 근저당권을 설정해 둔 것이다(부동산등기법 제57조 제1항은 "등기의 말소를 신청하는 경우에 그 말소에 대하여 등기상 이해관계 있는 제3자가 있을 때에는 제3자의 승낙이 있어야 한다."라고 규정하고 있음).

이런 경우는 을에게 말소등기청구소송과 은행에 대한 말소에 대한 승낙의 의사표시를 구하는 소송을 하나의 소장을 통해 소송을 진행했다면 쉽게 풀릴 일이었다(병합청구). 그런데 승낙의 의사표시를 구하더라도 패소하는 경우가 발생할 수 있다. 민법 제548조는 계약해제의 경우 제3자의 권리를 해할 수 없다고 규정하기 때문이다.

은행에 대한 승낙의 의사표시를 구하는 청구 부분의 승소가 어려운 상황이라면 어찌해야 할까? 이런 경우라면 을에 대한 말소청구 대신 진정명의회복을 원인으로 한 이전등기를 청구하는 방법을 고민할 필요가 있다.

대법원은 이미 자기 앞으로 소유권을 표상하는 등기가 되어 있었거나 법률에 의하여 소유권을 취득한 자가 진정한 등기명의를 회복하기 위한 방법으로 말소청구 외에 진정한 등기명의의 회복을 원인으로 한 이전등기이행을 직접 구하는 것도 허용된다고 보기 때문이다[대법원(전합) 89다카12398 판결].

갑이 은행으로부터 승낙을 받지 못하거나, 갑이 은행을 상대로 승낙의 의사를 구하는 소송이나 말소청구소송을 해서 패소 가능성이 크다면, 갑은 을을 상대로 진정명의회복 원인의 이전등기소송을 진행할 것이고, 그 승소판결문을 가지고 등기를 신청하면 등기가 가능할 것이다.

다만, 은행으로부터 승낙을 받지 못했으니, 은행의 근저당권은 갑이 인수하는 결과가 될 것이고, 그 부분에 대한 손해는 을에게 청구할 수 있을 것이다(을과 은행에 대한 청구취지 구성은 갑의 승소 가능성이나 목적에 따라 다양할 수 있음).

예를 들어보자. 갑이 을에게 말소청구를 해서 승소판결을 얻은 후에 얼마 있다가 은행을 상대로 말소청구(승낙의 의사표시를 구하는 취지)를 했는데 패소하였다. 이런 경우는 갑이 을에 대한 말소청구 승소판결문을 가지고 등기소에 갈 경우 등기를 해주지 않는다. 은행의 승낙이 없기 때문이다.

이때 갑은 등기를 하기 위해 다시 을을 상대로 진정명의회복을 원인으로 한 이전등기를 청구할 수 있을까? 이와 관련하여 대법원은 갑이 을에게 종전에 제기한 말소청구와 갑이 을에게 나중에 제기한 진정명의회복을 원인으로 한 이전등기가 실질적으로 소유권에 기한 방해배제청구로 동일하다면서 후에 제기한 소는 전소의 기판력에 반한다는 판결을 선고했다(대법원 99다37894 판결). 다만, 이 대법원 판결은 "소유권이전등기말소청구소송에서 패소확정판결을 받은 경우에 그 기판력은 그 후 제기된 진정명의회복을 원인으로 한 소유권이전등기청구소송에도 미친다."는 것이다. 즉 대법원(전합) 99다37894 판결에 의하면 "진정한 등기명의의 회복을 위한 소유권이전등기청구는 이미 자기 앞으로 소유권을 표상하는 등기가 되어 있었거나 법률에 의하여 소유권을 취득한 자가 진정한 등기명의를 회복하기 위한 방법으로 현재의 등기명의인을 상대로 그 등기의 말소를 구하는 것에 갈음하여 허용되는 것인데, 말소등기에 갈음하여 허용되는 진정명의회복을 원인으로 한 소유권이전등기청구권과 무효등기의 말소청구권은 어느 것이나 진정한 소유자의 등기명의를 회복하기 위한 것으로서 실질적으로 그 목적이 동일하고, 두 청구권 모두 소유권에 기한 방해배제청구권으로서 그 법적 근거와 성질이 동일하므로, 비록 전자는 이전등기, 후자는 말소등기의 형식을 취하고 있다고 하더라도 그 소송물은 실질상 동일한 것으로 보아야 하고, 따라서 소유권이전등기말소청구소송에서 패소확정판결을 받았다면 그 기판력은 그 후 제기된 진정명의회복을 원인으로 한 소유권이전등기청구소송에도 미친다."라는 취지이다.

그런데 필자가 제시한 이 사례는 소유권이전등기말소청구소송에서 갑이 을에게 승소한 후에 다시 갑이 을에게 진정명의회복을 원인으로 소유권이전등기청구소송을 제기하는 것이다.

따라서 ① 기판력에 중점을 두는 견해는 갑이 등기를 위해 을을 상대로 진정명의회복을 원인으로 한 이전등기를 청구하면 기각을 면치 못한다는 주장을 할 수 있을 것이고, ② 승소한 갑이 소송을 하는 것에 중점을 둔 견해는 권리보호의 이익이 없어 각하된다는 주장을 하거나, 은행의 근저당권을 인수하는 조건으로 등기를 해야 하는 실익을 근거로 권리보호의 이익이 인정되고 결국 후소인 진정명의회복을 원인으로 한 이전등기청구는 인용되어야 한다는 주장도 가능하다.

이와 관련하여 대법원 2017다265815 판결에 의하면 "채권자가 일단 사해행위취소 및 원상회복으로서 수익자 명의 등기의 말소를 청구하여 승소판결이 확정되었다면, 어떠한 사유로 수익자 명의 등기를 말소하는 것이 불가능하게 되었다고 하더라도 다시 수익자를 상대로 원상회복청구권을 행사하여 가액배상을 청구하거나 원물반환으로서 채무자 앞으로 직접 소유권이전등기절차를 이행할 것을 청구할 수는 없으므로, 그러한 청구는 권리보호의 이익이 없어 허용되지 않는다."는 취지로 원심을 파기·환송하였는바, 승소한 갑이 을에게 다시 진정명의회복을 원인으로 한 소유권이전등기청구소송을 제기하는 것은 권리보호의 이익이 없어 부적법하다는 취지이다.

아무튼, 재판장 입장에서 원고의 청구취지가 집행불능 판결로 보이더라도 변호사가 소송대리를 하는 경우라면 석명권을 행사하는 것도 책문권의 대상에 포함될 여지가 있어 쉽지 않을 것이고, 재판장도 원고의 청구취지가 과연 등기가 어려운 내용인지 간파하기 쉽지 않은 사례도 다수 있을 수 있다. 결국 부동산등기와 관련된 소송을 진행할 경우는 이 소송을 진행해서 승소했을 때 과연 등기가 가능한지 고민할 필요성이 있다.

2. 가등기와 제척기간 또는 소멸시효

실무적으로 가등기는 담보가등기와 소유권이전등기청구권 보전가등기가 주를 이루고 있다. 담보가등기의 등기원인은 대물반환예약이 일반적이나, 소유권이전등기청구권 보전가등기의 등기원인은 매매예약 또는 매매계약이 일반적이다.

부동산경매실무에 있어서, 가등기가 경료된 부동산의 경우는 경매법원에서 가등기권자에게 담보가등기인지 여부를 명확하게 할 것을 최고하고, 그 결과에 따라 처리하고 있다. 이때 가등기의 성격이 담보가등기라면 채권계산서 등을 법원에 제출하면서 배당요구를 할 것이기 때문에 낙찰자 입장에서는 고려대상이 아니다.

가등기의 성격이 소유권이전등기청구권 보전가등기라서 채권자가 배당요구를 하지 않을 경우에는 어떠한가? 이렇듯 소유권이전등기청구권 보전가등기라면 낙찰자 입장에서는 인수되는 가등기가 되어 차후 경매로 취득한 부동산의 소유권을 상실할 위험이 있다.

그렇다면, 소유권이전등기청구권 보전가등기일 경우 무조건 낙찰을 피해야 할까? 앞서 설명한 것처럼, 소유권이전등기청구권 보전가등기의 등기원인은 매매예약 또는 매매계약이 일반적인데, 매매예약에 있어 매매예약완결권은 형성권으로서 중단이나 정지가 인정되지 않는 10년의 제척기간이 적용된다는 것이 법원의 입장이다(대법원 2000다26425 판결).

따라서 경매대상부동산의 가등기 접수일이 10년을 훌쩍 넘어선 상황이고, 그 성격이 소유권이전등기청구권 보전가등기이며 등기원인이 매매예약이라면, 낙찰을 고려할 필요가 있을 것이다. 다만 이때에도 매매예약완결권의 행사기간의 약정 여부를 확인할 필요성이 있다. 예를 들어, 매매예약완결권 발생일로부터 20년까지 그 행사기간을 정했다면 그 약정이 유효하기 때문이다. 이러한 몇몇 문제들을 아래에서 설명한다.

민법 제166조 제1항은 "소멸시효는 권리를 행사할 수 있는 때로부터 진행한다."고 규정하고 있다. 그렇다면 당사자 사이에 매매예약완결권을 행사할 수 있는 시기를 특별하게 약정한 경우에 그 약정에 따라 권리를 행사할 수 있는 때로부터 10년이 되는 날까지 연장되는가? 아니다.

즉 판례는 소멸시효의 기산점과 달리 매매예약완결권과 같은 제척기간의 기산점은 당초 권리의 발생일이라는 취지이다.

즉 대법원 94다22682, 22699 판결에 의하면, 매매예약완결권에 있어 "상고이유의 요지는 원·피고 사이에 1980. 8. 19. 위 예약 완결권을 1985. 3. 26.부터 행사하기로 하는 합의가 있었으므로 위 예약완결권의 제척기간은 그 때로부터 진행하여 10년이 되는 1995. 3. 25.에야 만료되는 것으로 보아야 한다는 취지이다. 그러나 매매의 일방예약에서 예약자의 상대방이 매매예약 완결의 의사표시를 하여 매매의 효력을 생기게 하는 권리, 즉 매매예약의 완결권은 일종의 형성권으로서 당사자 사이에 그 행사기간을 약정한 때에는 그 기간 내에, 그러한 약정이 없는 때에는 그 예약이 성립한 때로부터 10년 내에 이를 행사하여야 하고 그 기간을 지난 때에는 예약완결권은 제척기간의 경과로 인하여 소멸하는 것이다(대법원 91다44766, 44773 판결). 제척기간은 권리자로 하여금 당해 권리를 신속하게 행사하도록 함으로써 법률관계를 조속히 확정시키려는 데 그 제도의 취지가 있는 것으로서, 소멸시효가 일정한 기간의 경과와 권리의 불행사라는 사정에 의하여 권리소멸의 효과를 가져오는 것과는 달리 그 기간의 경과 자체만으로 곧 권리소멸의 효과를 가져오게 하는 것이므로 그 기간 진행의 기산점은 특별한 사정이 없는 한 원칙적으로 권리가 발생한 때이고, 당사자 사이에 위와 같이 위 매매예약 완결권을 행사할 수 있는 시기를 특별히 약정한 경우에도 그 제척기간은 당초 권리의 발생일로부터 10년간의 기간이 경과되면 만료되는 것이지 그 기간을 넘어서 위 약정에 따라 권리를 행사할 수 있는 때로부터 10년이 되는 날까지로 연장된다고 볼 수 없다. 따라서 원·피고 사이에 위와 같은 매매예약 완결권의 행사시기에 관한 합의가 있었다 하여, 그 제척기간이 그 약정 시기인 1985. 3. 26.부터 10년이 경과되어야 만료된다고 할 수 없으므로, 이 사건 매매예약 완결권은 매매예약 성립일인 1980. 5. 1.(매매예약 체결일)로부터 10년이 경과함으로써 소멸되었다고 본 원심의 판단은 정당하고, 이와 반대의 견해를 펴는 상고이유는 받아들일 수 없다."라는 취지이다.

또한, 대법원 91다44766, 44773 판결에 의하면 "민법 제564조가 정하고 있는 매매의 일방예약에서 예약자의 상대방이 매매완결의 의사를 표시하여 매매의 효력을 생기게 하는 권리(이른바 예약완결권)는 일종의 형성권으로서 당사자 사이에 그 행사기간을 약정한 때에는 그 기간 내에, 그러한 약정이 없는 때에는 예약이 성립한 때부터 10년 내에 이를 행사하여야 하고 위 기간을 도과한 때에는 상대방이 예약목적물인 부동산을 인도받은 경우라도 예약완결권은 제척기간의 경과로 인하여 소멸된다."는 취지이다.

그렇다면 매매예약완결권의 행사기간을 매매예약완결권의 발생일로부터 10년 이후로 정한 약정은 유효한가? 유효하다.

즉 대법원 2016다42077 판결에 의하면 "당사자 사이에 약정하는 예약 완결권의 행사기간에 특별한 제한은 없다."면서 그 판결 이유에서 "원심은 그 채택 증거에 의하여, 원고가 2002. 4. 30. 이 사건 부동산에 관하여 피고에게 2002. 4. 26.자 매매의 일방예약을 원인으로 한 이 사건 가등기를 마쳐 준 사실을 인정하였다. 나아가 원심은, 원고와 피고 사이에 예약 완결권을 2032. 4. 25.까지 행사할 수 있도록 약정한 사실은 인정되나, 피고의 예약 완결권은 원고와 피고가 10년을 초과하여 약정한 위 기간까지 존속하는 것은 아니므로 피고의 예약 완결권은 2002. 4. 26.부터 10년이 경과한 2012. 4. 25. 제척기간 10년의 도과로 소멸하였고, 따라서 피고는 원고에게 이 사건 부동산에 관하여 이 사건 가등기의 말소등기절차를 이행할 의무가 있다고 판단하였다. 그러나 앞서 본 법리에 비추어 살펴보면, 원고와 피고가 예약 완결권의 행사기간을 2032. 4. 25.까지 행사하기로 약정하였으므로 약정한 2032. 4. 25. 이 지나야 그 예약 완결권이 제척기간의 경과로 인하여 소멸한다고 할 것이어서, 이 사건 가등기가 예약 완결권의 소멸을 이유로 무효라고 할 수는 없다."라는 취지이다.

그렇다면 소유권이전등기청구권 보전가등기의 등기원인이 매매계약일 때는 어떠한가?

매매계약을 근거로 한 소유권이전등기청구권은 형성권이 아닌 청구권으로서 제척기간이 적용되는 것이 아니라, 소멸시효의 대상으로 보는 것이 일반적이고 그 기산점도 권리를 행사할 수 있는 때라는 점 그리고 시효가 중단되었는지 등의 구체적 사례를 확인한 후 낙찰 여부를 고려할 필요가 있을 것이다.

대법원 90다카27570 판결(가등기말소등기 등)에 의하면, "가등기에 기한 소유권이전등기청구권이 시효의 완성으로 소멸되었다면 그 가등기 이후에 그 부동산을 취득한 제3자는 그 소유권에 기한 방해배제청구로서 그 가등기권자에 대하여 본등기청구권의 소멸시효를 주장하여 그 등기의 말소를 구할 수 있다."는 취지이다.

다만 대법원 94다28468 판결에 의하면, "토지에 대한 취득시효완성으로 인한 소유권이전등기청구권은 그 토지에 대한 점유가 계속되는 한 시효로 소멸하지 아니하고, 여기서 말하는 점유에는 직접점유뿐만 아니라 간접점유도 포함한다고 해석하여야 한다."는 취지이므로, '매매계약'을 등기원인으로 하였고, 매수인이 경매부동산을 점유하고 있다면 시효가 진행되지 않는다고 해석된다.

참고로, 소유권이전등기청구권 보전가등기의 등기원인이 '매매예약'인 경우에 있어서 제척기간 이내에 '매매예약완결권'을 행사하게 되면, '매매계약'이 성립하므로 그 후 다시 소멸시효가 문제될 수 있음도 알아두자.

'매매예약완결권'을 제척기간 내에 행사하고 등기를 이전하지 않은 경우라면, '매매계약'이 성립하여 10년의 시효기간이 남아 있을 수 있으니 조심할 필요가 있다는 취지이다.

다만, 대법원 93다4908, 4915, 4922 판결에 의하면 "매매의 예약은 당사자의 일방이 매매를 완결할 의사를 표시한 때에 매매의 효력이 생기는 것이므로 적어도 일방예약이 성립하려면 그 예약에 터 잡아 맺어질 본계약의 요소가 되는 매매목적물, 이전방법, 매매가액 및 지급방법 등의 내용이 확정되어 있거나 확정할 수 있어야 한다."는 취지이다.

어찌 되었든 간에 제척기간이나 소멸시효가 완성된 부동산이라면, 낙찰을 받은 후 가등기말소청구를 통하여 소유권자의 지위를 확고하게 할 여지가 있다.

이와 관련하여 대법원 2021다210799 판결에 의하면 '가등기담보법'의 적용을 받는 담보가등기권리자는 가등기담보법 제3조, 제4조에서 정한 귀속정산절차에 따라 가등기설정자에 대하여 담보가등기에 기한 본등기를 청구할 수 있고, 이러한 경우 담보가등기권리자의 본등기청구는 가등기담보법 제2조 제1호가 정하고 있는 담보계약에 따른 담보권을 실행하는 것에 해당한다(대법원 2011다106778 판결)는 취지이다.

위 대법원 2021다210799 판결은 '원고가 피고 소유 부동산에 관하여 담보가등기('이 사건 가등기')를 마치는 과정에서 가등기의 등기원인으로 매매예약이 형식적으로 기재되었고, 이후 원고의 이 사건 가등기에 기한 본등기를 청구하는 의사표시(소장)가 위 매매예약일로부터 10년이 지나 피고에게 도달한 사안'이다.

위 대법원 2021다210799 판결의 원심은, 원고의 청구는 이 사건 가등기가 담보가등기임을 전제로 가등기담보법에서 정한 청산기간이 경과하였음을 원인으로 본등기절차의 이행을 구하는 것이고, 이 사건 가등기의 등기원인이 매매예약으로 기재되어 있기는 하나 이는 통상의 매매예약이 아니라 장래의 담보권실행을 위한 수단으로서 등기형식에 불과하므로 제척기간의 적용 대상이 아니라고 판단한바, 위 대법원은 청산대금과 상환으로 원고의 본등기청구를 인용한 원심의 결론을 수긍하여 상고를 기각하였다.

3. 등기인수청구권

부동산등기는 등기권리자와 등기의무자 쌍방이 공동으로 신청하는 것이 원칙이다. 그러나 등기 당사자 일방이 공동신청에 협조하지 않을 경우, 판결을 받아 공동이 아닌 일방의 신청으로 등기를 할 수 있는데, 이를 '판결에 의한 등기'라고 한다.

판결에 의한 등기는 보통 '등기의무자에게 등기에 관한 의사의 진술을 명한 판결' 형태가 된다. 즉, 등기를 넘겨줄 의무가 있는 자가 등기를 넘겨주지 않을 경우, 등기권리자가 등기의무자를 상대로 이전등기청구소송 등을 제기한 후, 승소판결을 받아, 그 판결문을 근거로 등기권리자가 단독으로 등기신청을 하게 된다.

그렇다면, '등기권리자가 등기를 가져가기를 거부하거나 지체할 경우'에는 어떠한가? 이러한 경우에는 등기의무자가 등기권리자를 피고로 하여 등기를 신청할 것을 명하는 확정판결을 받아, 이를 근거로 등기의무자 단독으로 등기를 신청할 수 있다. 이를 '등기인수청구권'이라 표현한다. 이때, 굳이 등기의무자가 등기권리자에게 등기를 가져가라는 요구를 할 실익이 있을까? 자신의 소유도 아닌 부동산이 자신의 명의로 된 상황에서는 세금 등을 부과당하는 불이익 등이 충분하게 있을 수 있어, 등기의무자가 등기권리자에게 등기를 가져가라고 할 실익이 있다.

이러한 '등기인수청구권'은 부동산명의신탁에서 주로 문제되며, 구분소유적 공유관계의 상호명의신탁에서도 문제될 수 있다.

구분소유적 공유관계에 있어 상호명의신탁의 해지는 가능하다. 즉 부동산실명법 제2조 제1호 나목에 의하면, 구분소유적 공유의 경우 부동산실명법상의 명의신탁약정의 개념에서 제외된다. 부동산실명법상 명의신탁이 동법 제4조에 따라 무효가 되는 것과 달리 구분소유적 공유관계에 있어서는 상호명의신탁 해지라는 이론구성이 가능해지는 것이다. 이때, 명의신탁자가 명의수탁자에게 주로 명의신탁해지의 의사표시를 한다는 점에서, 등기의무자인 명의수탁자가 등기권리자인 명의신탁자에게 명의신탁 해지의 의사표시를 할 수 있을까?

당사자 사이에 특별한 약정이 없는 한 명의수탁자도 언제든지 명의신탁약정을 해지하고, 명의신탁자에게 등기를 회복하여 갈 것을 청구할 수 있다고 해석해야 할 것이다. 이와 관련하여, 대구고등법원 86나740 판결은 "선박에 관하여 신탁자로부터 명의신탁을 받은 수탁자가 명의신탁된 소유권보존등기 때문에 공조, 공과를 부담하여야 할 지위에 있는 등 각종 불이익을 받고 있는 경우에 이를 면하기 위하여 신탁자에 대하여 명의신탁을 해지하고 명의신탁자 명의로 소유권이전등기를 구할 수 있다."고 판시한 사실이 있다[필자가 등기인수청구권을 주장하여 성공한 사례로는 서울고등법원 2015나2071267(본소), 2015나2071274(반소) 판결. 항소심에서 등기인수청구권을 행사함].

이와 관련하여 대법원 2021다213019 판결에 의하면 "부동산등기법은 등기는 등기권리자와 등기의무자가 공동으로 신청하여야 함을 원칙으로 하면서도(제23조 제1항), 판결에 의한 등기는 승소한 등기권리자 또는 등기의무자가 단독으로 신청할 수 있도록 규정하고 있다(제23조 제4항). 위 조항에서 승소한 등기권리자 외에 등기의무자도 단독으로 등기를 신청할 수 있게 한 것은, 통상의 채권채무 관계에서는 채권자가 수령을 지체하는 경우 채무자는 공탁 등에 의한 방법으로 채무부담에서 벗어날 수 있으나 등기에 관한 채권채무 관계에서는 이러한 방법을 사용할 수 없으므로, 등기의무자가 자기 명의로 있어서는 안 될 등기가 자기 명의로 있음으로 인하여 사회생활상 또는 법상 불이익을 입을 우려가 있는 경우에는 소의 방법으로 등기권리자를 상대로 등기를 인수받아 갈 것을 구하고 그 판결을 받아 등기를 강제로 실현할 수 있도록 한 것이다(대법원 2000다60708 판결 참조)."는 취지이다.

4. 중간생략등기의 쟁점과 3자 간 명의신탁과의 차이점

필자는 최근 중간생략등기와 3자 간 명의신탁(중간생략등기에 의한 명의신탁, 즉 중간생략형 명의신탁)의 차이를 묻는 상담인을 만난 사실이 있다. 상담인 본인에게 닥친 문제를 해결하기 위해 열심히 공부를 하다가 이해의 어려움을 느껴 상담을 하러 온 사례였다.

예를 들어, 갑, 을, 병이 존재한다고 가정하자. 중간생략등기란 갑의 소유인 A부동산에 대하여 갑과 을이 매매계약을 체결하고 난 후에, 을이 병과 A부동산에 대하여 매매계약을 체결하였을 때에 을에 대한 소유권이전등기를 생략하고 갑으로부터 병에게 직접 소유권이전등기를 하는 경우를 말하며, 3자 간 명의신탁(중간생략형 명의신탁)이란, 갑의 소유인 A부동산에 대하여 갑과 을이 매매계약을 체결한 후에 을에게 소유권이전등기를 하지 않고, 을이 병과 명의신탁계약을 체결한 후에 갑으로부터 병으로 소유권이전등기를 하는 것을 의미한다. 위 사례를 전제할 때에 을과 병 사이에 매매계약이 있었다면 중간생략등기, 을과 병 사이에 명의신탁약정이 있었다면 3자 간 명의신탁(중간생략형 명의신탁)이 되는 셈이다.

중간생략등기에서는 A부동산에 대하여 갑으로부터 병으로 직접 소유권이전등기가 이미 경료된 경우에 3자 간 합의가 있을 때에 유효성을 인정함은 물론이고, 그러한 합의가 없더라도 그 등기가 적법한 등기원인에 의하여 성립된 경우에는 중간생략등기에 관한 합의가 없었다는 이유만으로 중간생략등기의 무효를 주장하지 못한다(대법원 2003다40651 판결)라고 하는데 반하여, 3자 간 명의신탁에 있어서는 물권변동은 물론이고 신탁약정도 무효가 되므로(부동산실명법 제4조), 갑으로부터 병으로 직접 소유권이전등기를 경료한 경우, 소유권이전등기는 무효가 되고 A부동산의 소유권은 갑에게 그대로 남아 있게 된다.

이처럼 중간생략등기와 3자 간 명의신탁은 그 구조와 해결 방법이 다르다. 3자 간 명의신탁에서는 종국적으로 을이 갑과의 A부동산에 대한 매매계약에 따라 갑을 상대로 소유권이전등기청구권을 행사한다. 즉, 을은 갑을 대위하여 A부동산에 대한 병 명의의 소유권이전등기의 말소를 구하고, 갑과 을 사이에 체결된 매매계약에 근거하여 을이 갑에게 A부동산에 대한 소유권이전등기청구권을 행사하는 방법을 강구하게 된다.

그렇다면, 중간생략등기에 있어서 갑과 을, 을과 병 사이에 각 매매계약이 체결되고, 갑으로부터 병에게 직접 소유권이전등기가 경료되지 않은 상태에서 병이 갑에게 직접 A부동산에 대한 소유권이전등기청구권을 행사할 수 있는가?

대법원 91다5761 판결 등의 취지에 의하면, 갑, 을, 병 모두의 합의가 있을 경우에 한하여 병이 갑에게 직접 A부동산에 대한 소유권이전등기청구권을 행사할 수 있다는 취지이다(다만 실무적으로 중간생략등기의 합의를 인정하여 직접 청구를 허용한 사례를 보기 어려움).

즉 위 대법원 판결은 "부동산이 전전양도된 경우에 중간생략등기의 합의가 없는 한 그 최종 양수인은 최초 양도인에 대하여 직접 자기명의로의 소유권이전등기를 청구할 수는 없다 할 것이고, 부동산의 양도계약이 순차 이루어져 최종 양수인이 중간생략등기의 합의를 이유로 최초 양도인에게 직접 그 소유권이전등기청구권을 행사하기 위하여는 관계당사자 전원의 의사합치, 즉 중간생략등기에 대한 최초 양도인과 중간자의 동의가 있는 외에 최초 양도인과 최종 양수인 사이에도 그 중간등기생략의 합의가 있었음이 요구된다."는 취지로 판시하였다.

갑, 을, 병 사이에 중간생략등기에 대한 합의가 없을 경우에 병이 자신명의로 등기할 수 있는 방법은 있을까? 소유권이전등기청구권의 양도에 의한 방법은 어떠한가?

대법원 2004다67653 판결에 의하면, "부동산의 매매로 인한 소유권이전등기청구권은 물권의 이전을 목적으로 하는 매매의 효과로서 매도인이 부담하는 재산권이전의무의 한 내용을 이루는 것이고, 매도인이 물권행위의 성립요건을 갖추도록 의무를 부담하는 경우에 발생하는 채권적 청구권으로 그 이행과정에 신뢰관계가 따르므로, 소유권이전등기청구권을 매수인으로부터 양도받은 양수인은 매도인이 그 양도에 대하여 동의하지 않고 있다면 매도인에 대하여 채권양도를 원인으로 하여 소유권이전등기절차의 이행을 청구할 수 없고, 따라서 매매로 인한 소유권이전등기청구권은 특별한 사정이 없는 이상 그 권리의 성질상 양도가 제한되고 그 양도에 채무자의 승낙이나 동의를 요한다고 할 것이므로 통상의 채권양도와 달리 양도인의 채무자에 대한 통지만으로는 채무자에 대한 대항력이 생기지 않으며 반드시 채무자의 동의나 승낙을 받아야 대항력이 생긴다."는 취지이다.

병이 채권자대위권을 활용한 권리행사도 물론 인정된다. 대법원 69다1351 판결에 의하면 "중간생략등기의 합의가 없다면 부동산의 전전매수인은 매도인을 대위하여 그 전매도인인 등기명의자에게 매도인 앞으로의 소유권이전등기를 구할 수는 있을지언정 직접 자기 앞으로의 소유권이전등기를 구할 수는 없다 할 것이다."는 취지이다.

토지거래허가구역 내에서의 중간생략등기에 있어 대법원 97다33218 판결에 의하면, “토지거래허가구역 내의 토지가 토지거래허가 없이 소유자인 최초 매도인으로부터 중간 매수인에게, 다시 중간 매수인으로부터 최종 매수인에게 순차로 매도되었다면 각 매매계약의 당사자는 각각의 매매계약에 관하여 토지거래허가를 받아야 하며, 위 당사자들 사이에 최초의 매도인이 최종 매수인 앞으로 직접 소유권이전등기를 경료하기로 하는 중간생략등기의 합의가 있었다고 하더라도 이러한 중간생략등기의 합의란 부동산이 전전 매도된 경우 각 매매계약이 유효하게 성립함을 전제로 그 이행의 편의상 최초의 매도인으로부터 최종의 매수인 앞으로 소유권이전등기를 경료하기로 한다는 당사자 사이의 합의에 불과할 뿐, 그러한 합의가 있었다고 하여 최초의 매도인과 최종의 매수인 사이에 매매계약이 체결되었다는 것을 의미하는 것은 아니므로 최초의 매도인과 최종 매수인 사이에 매매계약이 체결되었다고 볼 수 없고, 설사 최종 매수인이 자신과 최초 매도인을 매매당사자로 하는 토지거래허가를 받아 자신 앞으로 소유권이전등기를 경료하였다고 하더라도 이는 적법한 토지거래허가 없이 경료된 등기로서 무효”라는 취지이다.

참고로 부동산등기특별조치법 제8조는 일정요건을 갖춘 미등기전매행위(중간생략등기)가 “조세부과를 면하려 하거나 다른 시점간의 가격변동에 따른 이득을 얻으려 하거나 소유권 등 권리변동을 규제하는 법령의 제한을 회피할 목적”으로 행하여진 경우에 “3년 이하의 징역이나 1억원 이하의 벌금”에 처하도록 규정하고 있다(부동산등기특별조치법 제2조 제2항, 제8조 참고. 구체적 사정에 따라 조세범처벌법이 적용될 여지도 있을 것).

5. 확정판결에 의해 마쳐진 등기의 추정력

확정판결에 의하여 마쳐진 소유권이전등기의 추정력에 대하여 판시한 대법원 2023다223591, 223607 판결을 전제로 설명한다. 갑이 2018. 11. 6. 확정판결에 따라 A토지에 대하여 1994. 12. 31.자 취득시효완성을 원인으로, A토지 지상 B건물에 관하여 1998. 12. 30.자 취득시효 완성을 원인으로 각 소유권이전등기를 마쳤다. 갑으로부터 원고가 2018. 11. 28.자 위 A토지 및 B건물에 관하여 2018. 11. 5. 매매를 원인으로 한 소유권이전등기를 마쳤다.

피고(반소원고)는 1974. 12. 24. A토지에 인접한 피고 토지에 관하여 소유권이전등기를 마쳤고, 피고 토지 등 2필지 위에 피고 건물이 신축되어 1991. 2. 11. 그 소유권보존등기를 마쳤다. 제1심의 측량감정결과, 피고 건물 중의 일부가 원고 토지를 침범한 상태이다.

정리하자면 갑이 소송을 거쳐 1994. 12. 31.자 점유취득완성을 원인으로 소유권이전등기를 마친 A토지를 원고가 매수하였는데, 측량감정결과 위 A토지에 인접한 피고 토지에 신축되어 1991. 2. 11. 소유권보존등기가 마친 피고 건물 중 일부가 원고소유가 된 위 A토지를 침범한 사실이 밝혀진 것이다.

원고는 본소로서 피고 건물 중 침범부분의 철거와 해당 부분 토지의 인도 및 지료상당부당이득반환청구를 한 것이다.

원심은 피고가 1991. 2. 11. 피고 건물에 관하여 소유권보존등기를 마침에 따라 갑이 이 사건 침범 토지에 대한 점유를 상실하였다고 보아, 원고 토지에 관한 갑 명의의 소유권이전등기중 이 사건 침범 토지에 관한 부분은 점유취득시효가 완성되지 않았으므로 원인무효이고, 이를 승계취득한 원고 명의 소유권이전등기 역시 원인무효라고 보아, 이 사건 침범 토지의 소유자가 원고임을 전제로 한 본소 청구는 모두 이유가 없다고 판단하였다.

위 원심판결이 타당한가? 위 대법원 2023다223591, 223607 판결에 의하면 원심판단은 타당하지 않다는 취지이다. 갑이 소송을 통해 1994. 12. 31.자 점유취득완성을 원인으로 한 소유권이전등기의 추정력은 매우 강력하다는 것이다. 위 대법원 판결의 판결이유를 정리하면 다음과 같다.

갑이 1978. 12. 30.경부터 B건물의 소유자로서 그 부지에 해당하는 원고 토지를 점유한 사실이 인정되었는데, 건물의 부지가 된 토지는 건물의 소유자가 점유한다고 볼 것이므로 건물의 소유자가 현실적으로 건물이나 부지를 점거하고 있지 아니하더라도 그 건물의 소유를 위하여 해당 부지를 점유한 것이 되는 점(대법원 95다47282 판결 등)에 비추어 보면, 갑이 원고 건물의 소유자로서 그 부지에 해당하는 원고 토지를 점유하게 된 이후의 어느 시점부터 피고 건물의 신축에 따라 피고가 원고 토지 중 극히 일부분에 해당하는 이 사건 침범 토지를 직접적·현실적으로 점거하였더라도, 이러한 사정만으로는 갑의 이 사건 침범 토지에 관한 점유 사실이 부정된다거나 갑의 이 사건 침범 토지에 관한 점유가 상실되었다고 평가할 수 없다.

물건에 대한 점유는 사회 관념상 어떤 사람의 사실적 지배 아래에 있는 객관적 상태를 말하는 것으로서, '사실적 지배'는 반드시 물건을 물리적·현실적으로 지배하는 것만을 의미하는 것이 아니고, 물건과 사람과의 시간적·공간적 관계와 본권 관계, 타인지배의 배제 가능성 등을 고려하여 사회 관념에 따라 합목적적으로 판단해야 하는바(대법원 2012다201410 판결 등), 피고가 이 사건 침범 토지를 직접적·현실적으로 점유하기 시작한 당시를 기준으로 보더라도 그것이 적법한 권원에 의하여 개시되었음을 인정할 만한 증명이 없는 이상, 원고 토지의 매수자 겸 소외 1에 대한 명의신탁자의 지위에 있었던 갑이 피고의 위 점유를 배제할 수 없는 상황이었다고 단정할 수는 없고, 이러한 점에서도 갑의 이 사건 침범 토지에 관한 점유사실이 부정된다거나 갑의 이 사건 침범 토지에 관한 점유가 상실되었다고 볼 수 없다.

위와 같은 상황에서 원고 토지에 관하여 점유취득시효 완성에 따라 갑 명의의 소유권이전등기가 마쳐진 이상, 갑이 적법한 등기원인에 따라 소유권을 취득한 것으로 추정되므로, 피고가 갑의 취득시효 기간 중 일부 기간 동안 이 사건 침범 토지에 관하여 직접적·현실적인 점유를 한 사정이 증명되었다고 하여, 이러한 사정만으로 이 사건 침범 토지에 관한 갑 명의 소유권이전등기의 추정력이 깨어진다거나 위 소유권이전등기가 원인무효의 등기가 된다고 볼 수는 없다.

더욱이 원고 토지에 관한 갑 명의 소유권이전등기는 소외 1과의 민사소송에서 해당 등기원인인 '점유취득시효 완성' 사실이 인정됨에 따라 마쳐진 것으로, 비록 위 소송의 기판력이 피고에게는 미치지 않는다고 하더라도 피고가 '점유취득시효 완성' 사실을 부정하면서 확정판결에 기한 갑 명의 소유권이전등기의 추정력을 번복하기 위해서는 일반적으로 등기의 추정력을 번복함에 있어서 요구되는 증명의 정도를 넘는 명백한 증거나 자료를 제출하여야 한다.

그런데 피고가 갑의 점유취득시효 기간 중 일부 기간 동안 그 점유 토지의 일부인 이 사건 침범 토지에 관하여 직접적·현실적인 점유를 한 사실이 있다는 사정만으로는 일반적으로 등기의 추정력을 번복함에 요구되는 증명의 정도에 미치지 못하고, 달리 그 정도를 넘는 명백한 증거나 자료가 제출되었다고 보이지도 않는 이상, 확정판결에 기한 등기에 해당하는 이 사건 침범 토지에 관한 갑 명의 소유권이전등기를 원인무효라고 함부로 단정하여서도 아니 된다.

그렇다면, 이 사건 침범 토지의 면적·내역 등에 비추어 원고의 본소 청구 중 그 지상 건물의 철거 및 토지의 인도를 구하는 부분이 권리남용에 해당할 여지가 있음은 별론으로 하더라도, 원심이 판시와 같은 이유를 들어 이 사건 침범 토지에 관한 원고 명의 소유권이전등기의 추정력이 복멸되었음을 전제로 이를 원인무효의 등기라고 판단한 것은 등기의 추정력, 확정판결에 따른 등기 추정력의 복멸에 관한 법리를 오해함으로써 판결에 영향을 미친 잘못이 있다.

2023. 9. 1.자 공보에 대한 '서울고등법원판례공보스터디'에 의하면 위 판결에 대하여 "피고 건물이 지상에 존재하는 이 사건 침범토지 1㎡(해당 건물 부분의 부지를 포함할 경우 4㎡)에 불과한데도, 원고가 그 지상 건물의 철거 및 토지의 인도를 구하는 것은 권리남용에 해당할 여지가 있다면서, 대상판결에도 권리남용 부분을 심리하라는 취지의 판시가 있다."는 견해를 밝히고 있다.

6. 실체관계에 부합하는 등기의 진정한 의미

등기가 실체관계에 부합한다고 하는 것은 그 등기절차에 어떤 하자가 있다고 하더라도 진실한 권리관계와 합치하는 것, 즉 소유권이전에서 등기이전절차만이 위법하고 그 외의 다른 법률행위는 적법·유효한 상태로 소유권이전등기청구권을 가지고 있는 경우를 말하고, 원인 없이 이루어진 무효의 소유권이전등기라고 하더라도 그 등기가 다른 사정에 의하여 실체관계에 부합하게 되면 유효한 것으로 된다.

그렇다면, 소유권이전등기청구권이 시효소멸한 후에 매수인이 시효소멸 전에 받아 놓은 확정판결이나 그 밖의 방법으로 매도인의 공동신청 없이 소유권이전등기를 마친 경우 매도인이 소유권이전등기의 말소를 구할 수 있는가? 대법원 2024다232523 판결에 의하면 가능하다는 취지이다.

어떠한 사안이었을까? 사안을 정리해보자.

피고는 주택재건축 정비사업 조합이고, 원고는 정비구역 내에 있는 이 사건 부동산의 소유자로 등기되었던 사람이다. 피고는 원고를 상대로 이 사건 부동산의 매도를 청구하는 소를 제기하여 2010. 11. 9. 대금지급 동시이행 조건부의 승소판결을 선고받고, 이는 2010. 12. 8. 그대로 확정되었다. 피고는 위 판결확정일로부터 10년을 넘어선 2021. 4. 8.에 원고를 피공탁자로 하여 매매대금을 공탁하고 2021. 4. 12.에 소유권이전등기를 마쳤다.

이에 원고는 이 사건 소유권이전등기 말소청구 등을 구하였는데, 위 판결에서 문제된 부분은 소멸시효 완성을 원인으로 한 소유권이전등기 말소청구였던 것이다.

원심은 이 사건 확정판결에 따른 소유권이전등기청구권이 시효완성으로 소멸하였더라도 이 사건 소유권이전등기는 실체관계에 부합하여 원인무효가 아니라고 보았던 것이나, 대법원은 원심과 달랐다.

즉 대법원은 일단 이 사건 소유권이전등기는 이 사건 확정판결에서 정한 매매대금을 전액 공탁한 후 마친 것으로, 그 등기절차에 어떠한 하자가 있다고 볼 만한 사정이 없으므로, 실체관계에 부합하는 등기 법리가 적용될 대상이라고 할 수는 없다고 보았다.

그뿐만 아니라 대법원은 피고의 소유권이전등기청구권은 이 사건 확정판결 이후 10년의 시효기간이 경과하여 소멸하였고, 이 사건 소유권이전등기는 이에 부합하는 적법·유효한 실체관계가 존재하지 않는다고 본 것이다.

그런데 원고는 위 권리의 소멸시효 완성을 주장하며 이 사건 소유권이전등기의 말소를 구하고 있으므로, 이 사건 소유권이전등기는 원인무효로 말소되어야 한다는 것이다.

위 대법원 2024다232523 판결의 '법리설시' 부분을 그대로 현출한다.

소유권이전등기절차의 이행을 명하는 판결은 등기신청 의사의 진술을 명하는 것으로서 그 판결이 확정되면 확정 시에 채무자의 의사표시가 있는 것으로 본다(민사집행법 제263조 제1항). 의사표시를 명하는 집행권원의 집행이 채권자의 반대의무와 동시이행관계에 있는 때와 같이 반대의무가 이행된 뒤에 의사를 진술할 것인 경우에는 집행문을 내어준 때에 그 효력이 생긴다(같은 조 제2항).

등기가 실체관계에 부합한다고 하는 것은 그 등기절차에 어떤 하자가 있다고 하더라도 진실한 권리관계와 합치하는 것, 즉 소유권이전에서 등기이전절차만이 위법하고 그 외의 다른 법률행위는 적법·유효한 상태로 소유권이전등기청구권을 가지고 있는 경우를 말하고(대법원 93다55777 판결, 대법원 2001다33017 판결), 원인 없이 이루어진 무효의 소유권이전등기라고 하더라도 그 등기가 다른 사정에 의하여 실체관계에 부합하게 되면 유효한 것으로 된다(대법원

2001다81801 판결, 대법원 2020다293773 판결 등).

소멸시효에서 그 시효기간이 만료되면 소멸시효 중단 등 특별한 사정이 없는 한 권리는 당연히 소멸하는 것이지만 그 시효의 이익을 받는 자가 소송에서 소멸시효의 주장을 하지 아니하면 그 의사에 반하여 재판할 수 없다(대법원 91다5631 판결).

한편 소멸시효 완성으로 소유권이전등기청구권이 소멸한 상태에서 소유권이전등기가 이루어졌고 그 시효의 이익을 받는 자가 소송에서 이러한 소멸시효의 주장까지 하였다면, 그 소유권이전등기는 원인무효의 등기에 해당하므로 말소되어야 한다.

제27장 집합건물 일반

1. 집합건물상가의 구분소유

집합건물로 등기되어 있는 상가를 분양받았는데, 등기가 무효로 판단되는 경우가 있다. 집합건물법 제1조는 "1동의 건물 중 구조상 구분된 여러 개의 부분이 독립한 건물로서 사용될 수 있을 때 그 각 부분은 이 법에서 정하는 바에 따라 각각 소유권의 목적으로 할 수 있다."라고 규정하고 있다.

즉, 집합건물법은 1동의 건물 중 구조상 구분된 여러 부분이 독립한 건물로서 사용될 수 있을 때와 상가 중 이용상 구분(집합건물법 제1조의2에 따른 구분점포)된 경우 민법상 일물일권주의의 예외로 구분소유권을 인정한다.

1동의 건물 일부가 독립된 건물로 판단되려면, 구조상 독립성과 이용상의 독립성뿐만 아니라 건축허가신청이나 분양계약 등의 구분행위가 필요하다[대법원(전합) 2010다71578 판결, 대법원 2016다32841, 32858 판결 등의 취지에 의하면 구분행위 요건으로 "구분건물이 물리적으로 완성되기 전에도 건축허가신청이나 분양계약 등을 통하여 장래 신축되는 건물을 구분건물로 하겠다는 구분의사가 객관적으로 표시되면 구분행위의 존재를 인정할 수 있다."는 취지이므로 대장 등록이나 등기부 등기가 구분행위의 필수요건이라 볼 수는 없음]. 쉽게 이야기해서 집합건물로 판단되려면, 벽체 등을 통하여 구조적으로 독립되어야 하고 이용도 전유적으로 할 수 있어야 한다.

상가의 경우는 어떤가? 집합건물법 제1조의2는 상가건물의 경우 보통의 집합건물보다 구조적 독립성을 완화시켜 몇 가지 요건을 충족시키면, 벽체 등을 요구하지 않고, 경계를 명확하게 알아볼 수 있는 표지를 바닥에 견고하게 설치하고 구분점포별로 건물번호표지 등이 명확할 경우 집합건물의 구분소유를 인정한다.

그렇다면 상가의 실제 사정은 어떠한가? 많은 상가들이 집합건물로 대장에 등재되고, 그 대장에 근거하여 집합건물로 등기가 되었음에도 불구하고 집합건물법 제1조의2의 완화된 상가구분소유 요건조차 충족하지 못하고 있다.

예를 들어, 등기부에 집합건물로 되어 있는 상가건물이 있다고 가정하자. 이러한 상가건물 중 2층을 예로 들자. 2층 상가는 10명이 각 구분하여 등기가 설정되어 구분소유로 되어 있었지만, 실제는 하나의 층으로 임대되어 활용되고 있고, 경계를 확인할 수도 없으며, 건물번호 표지도 없다(스포츠센터, 교회 등 통으로 임대된 경우).

이런 경우 집합건물법 제1조의2의 완화된 상가건물의 구분소유 요건조차 충족시키지 못하여 집합건물등기가 무효로 될 가능성이 높다. 결국, 해당 상가건물과 관련된 소송이 진행되었을 때 구분소유등기가 무효라는 판단이 내려질 가능성이 있다.

어떤 상황에서 이와 같은 판결이 가능할까? 대법원은 등기부상 상가구분소유자의 근저당권자가 해당 상가를 경매에 부친 사안에서 집합건물법 제1조의2 요건을 충족하지 못한 경우 구분등기가 무효가 되고, 그에 터 잡은 근저당권도 무효가 되어 결국 낙찰자는 해당 상가의 소유권을 취득할 수 없다는 판결을 선고했다(대법원 2008마696 판결).

사안은 상가건물소유자인 채무자가 '근저당권의 무효'를 근거로 임의개시결정에 대한 이의를 한 것으로 보인다. 그렇다면, 근저당권을 설정해 준 채무자가 그 근저당권의 무효를 주장하여 임의경매개시결정에 대하여 이의를 한 것은 신의칙상 용인될 수 없는 것이 아닌가? 또는 적어도 구분소유적 공유관계에 있으므로 경매를 취소하는 것은 형평에 어긋나는 것이 아닌가?

이에 대하여 원심은 채무자의 행동이 신의칙상 용인될 수 없고, 형평에 어긋난다는 태도를 보였지만, 대법원은 그러한 사정만으로는 점포에 대한 구분소유등기나 그에 기한 근저당권이 유효로 된다고 보기는 어렵다면서 채무자 귀책을 따져 손해배상문제로 접근하는 것은 별개라는 태도를 보였다.

즉 대법원 2008마696 결정에 의하면 "1동의 건물의 일부분이 구분소유권의 객체가 될 수 있으려면 그 부분이 구조상으로나 이용상으로 다른 부분과 구분되는 독립성이 있어야 하고, 그 이용 상황 내지 이용 형태에 따라 구조상의 독립성 판단의 엄격성에 차이가 있을 수 있으나, 구조상의 독립성은 주로 소유권의 목적이 되는 객체에 대한 물적 지배의 범위를 명확히 할 필요성 때문에 요구된다고 할 것이므로 구조상의 구분에 의하여 구분소유권의 객체 범위를 확정할 수 없는 경우에는 구조상의 독립성이 있다고 할 수 없다. 그리고 구분소유권의 객체로서 적합한 물리적 요건을 갖추지 못한 건물의 일부는 그에 관한 구분소유권이 성립될 수 없는 것이어서, 건축물관리대장상 독립한 별개의 구분건물로 등재되고 등기부상에도 구분소유권의 목적으로 등기되어 있어 이러한 등기에 기초하여 경매절차가 진행되어 이를 낙찰받았다고 하더라도, 그 등기는 그 자체로 무효이므로 낙찰자는 그 소유권을 취득할 수 없다(대법원 99다46096 판결 등). 한편, 민사집행법 제265조는 담보권의 실행을 위한 경매절차에서 경매절차의 개시결정에 대한 이의신청사유로 담보권이 없다는 것 또는 소멸되었다는 것을 주장할 수 있다고 규정하고 있다. 따라서 부동산의 임의경매에 있어서는 강제경매의 경우와는 달리 경매의 기본이 되는 저당권이 존재하는지 여부는 경매개시결정에 대한 이의사유가 되고, 그 부동산의 소유자가 경매개시결정에 대하여 저당권의 부존재를 주장하여 즉시항고를 한 경우에는 항고법원은 그 권리의 부존재 여부를 심리하여 항고이유의 유무를 판단하여야 한다(대법원 90마946 결정 등). 원심은, 기록에 의하여 그 판시와 같은 사실들을 인정한 다음, 이 사건 경매의 목적물인 이 사건 건물 내 340개 점포(이하 '이 사건 점포들')는 각기 독립하여 거래의 목적물이 되고 각 점포의 소유권의 공간적 범위인 위치와 면적이 특정되어 그 부분이 구조상으로나 이용상으로 다른 부분과 구분되는 독립성이 있으므로 구분소유권의 객체가 된다고 할 것이고, 설사 이 사건 점포들이 구분소유권의 대상이 될 수 있는 요건을 갖추지 못하였다고 하더라도, 이 사건 점포들의 소유자들은 단순한 공유관계가 아닌 적어도 구분소유적 공유관계에 있으므로 이를 고려할 때 이 사건 경매개시결정을 취소하고 경매신청을 기각하는 것은 지나치게 형평에 어긋나는 결과가 되며, 또한 채무자가 이 사건 경매절차의 진행을 저지하기 위하여 이 사건 점포들이 구조상으로나 이용상으로 독립성이 없어서 구분소유권의 객체가 될 수 없다고 주장하는 것은 신의칙상 용인될 수 없으므로, 어느 모로 보나 이 사건 경매개시결정을 취소하고 이 사건 경매신청을 기각한 제1심결정은 부당하다고 판단하였다. 그러나 원심의 이러한 판단은 다음과 같은 이유에서 수긍하기 어렵다. 기록에 의하면, 이 사건 점포들에 관한 각 소유권보존등기 당시에 이 사건 점포들을 포함한 이 사건 건물 내의 모든 점포들 사이에는 각 점포를 구분할 수 있는 벽체 등이 설치되지 아니한 채 다만 도면상으로만 각 점포가 구분될 수 있을 뿐이었고, 다만 이 사건 건물의 지하1층 내의 점포들 사이에는 각 점포 호수를 구별할 수 있도록 바닥의 타일색깔을 달리하는 방법으로 구획선만 그어져 있었던 사실, 그 후 이 사건 건물의 지하1층 내의 점포들은 바닥으로부터 1m 30~40cm 정도 높이로 설치된 칸막이 또는 '파티션'이라 불리는 분리와 이동이 용이한 경량칸막이 등으로 구분되어 있었고 일부 점포는 주방기구나 식탁 등으로 이웃 점포와 경계를 삼기도 하였으나, 상가가 활성화되지 않자 상가활성화를 위하여 위 파티션 등을 철거하고 지하1층 중 일부를 대형마트 용도로 제3자에게 임대하기도 한 사실, 그 후 이 사건 점포들이 포함되어 있는 이 사건 건물의 각 층을 층별로 일체로서(다만 1층의 경우 일부씩 구획하여) 하나의 용도로 사용하려는 시도에 의하여 각 층을 사우나(지하1층), 식당 및 사무실(1층), 웨딩홀(2층), 뷔페식당(3층), 성인콜라텍(4층), 찜질방(6층) 등으로 임대, 사용하기도 한 사실, 이 사건 경매 신청 무렵에는 이 사건 건물의 지하1층은 사우나(휴업), 1층은 슈퍼, 식당, 부동산사무소 등, 2층은 웨딩홀(공사중), 3층은 뷔페식당(공사중), 4층은 성인콜라텍, 6층은 공실로 사용되거나 비어 있는 상태였고, 각 층 모두 인접 호수와 벽체구분 없이 도면상의 각 점포의 구분과는 상관없이 일체로 또는 구획하여 사용중인 사실 등을 알 수 있다. 앞서 본 바와 같은 법리 및 위와 같은 사실들에 비추어 살펴볼 때, 이 사건 점포들은 구분소유권의 객체가 될 수 있는 구조상 및 이용상의 독립성을 갖추지 못하여 이 사건 건물의 일부에 불과할 뿐 구분소유권의 객체가 될 수 없다고 봄이 상당하고, 따라서 비록 이 사건 점포들에 관하여 건축물관리대장상 독립한 별개의 구분건물로 등재되고 등기부상에도 구분소유권의 목적으로 등기되어 있다고 하더라도 그러한 등기는 그 자체로 무효이고 그러한 등기에 기한 이 사건 근저당권설정등기 역시 무효라고 할 것이므로, 이러한 무효인 근저당권에 기한 경매개시결정은 위법하다. 그리고 설사 이 사건 점포들에 대하여 구분소유등기를 마친 등기명의자들 사이에서 이 사건 건물을 그 구분소유등기에 맞추어 구분소유의 형태로 사용·수익하기로 하는 특약의 존재가 인정된다고 하더라도, 그러한 사정만으로 이 사건 점포들에 대한 구분소유등기나 그에 기한 이 사건 근저당권이 유효하게 된다고 볼 수는 없으므로, 위와 같은 경우에도 여전히 이 사건 근저당권은 무효이고 이러한 무효인 근저당권에 기한 경매개시결정은 위법하며, 그러한 결과가 지나치게 형평에 어긋난다고 볼 수 없다. 또한, 채무자가 그 소유의 이 사건 점포들에 관하여 근저당권을 설정하여 이를 담보로 제공하였는데 그 근저당권설정등기가 무효로 되어 결과적으로 담보권 실행에 장애를 가져오게 된 경우, 그에 관하여 채무자가 귀책사유의 존부에 따라 손해배상책임을 부담하는지 여부는 별론으로 하고, 채무자가 그 근저당권이 무효임을 이유로 이러한 무효인 근저당권에 기한 경매개시결정이 위법하다고 주장하는 것이 신의칙상 용인될 수 없다고 볼 수는 없다."라는 취지이다.

또 다른 사례로는 등기부상 집합건물 일부 구분소유자가 임의로 전체 상가를 사용할 경우에 문제가 발생할 수 있다(최근 필자의 상담사례 각색). 그 일부 소유자가 51% 이상의 면적을 소유하고 있다면 더욱 문제가 된다.

해당 상가가 등기부상 집합건물이긴 하나 집합건물법 제1조의2 상가건물구분소유 요건을 충족하지 못하는 경우라면 내부적으로 51%를 넘는 부분을 소유한 구분소유적 공유자가 등기의 무효를 주장하는 경우 막기 어렵게 된다(51%를 넘는 소유자가 무효를 주장해서 전체상가를 사용하고, 단지 나머지 49% 소유자들에게 부당이득반환의무만을 부담하겠다는 전략을 쓸 수 있다는 것).

대법원은 등기부상으로는 완벽한 구분소유자이지만, 등기가 무효가 되어 실질적으로 구분소유적 공유가 되는 경우라도, 해당 구분소유적 공유자가 등기무효를 주장하는 것에 대하여 신의칙에 위반되지 않는다는 태도이기 때문이다. 이와 같은 경우 상가전체를 임의로 사용하는 구분소유적 공유자에 대하여 다른 구분소유적 공유자는 그 임의사용자에게 부당이득 내지 불법행위책임을 물을 여지가 있다.

최근의 대법원 2018다232898 판결요지가 도움이 될 것 같다. 판결요지는 "1동의 상가건물이 리모델링 공사로 구조 및 층수, 면적 등이 변경되었음에도 리모델링 공사의 허가를 받지 못하여 준공 이후에도 상가건물 내 구분건물에 관한 사용승인이 나지 않음에 따라 리모델링에 따른 공부상 표시변경등록 및 표시변경등기가 이루어지지 않았고, 그 결과 상가건물의 구분소유 부분으로 각 등기된 건물 부분에 관한 건축물대장과 등기부가 현재 건물의 현황을 제대로 반영하지 못하고 있는 사안에서, 상가건물 내 기존 구분소유로 각 등기된 구분건물은 격벽이 처음부터 없었거나 리모델링으로 제거되고, 구조, 위치와 면적이 모두 변경됨으로써 구분건물로서의 구조상 및 이용상의 독립성을 상실하여 일체화되었고, 비록 일체화 후에 상가건물이 여러 개의 점포로 나뉘어 이용되고 있더라도, 상가건물의 구조상 구분에 의해서는 기존 구분등기에 따른 구분소유권의 객체 범위를 확정할 수 없으며, 리모델링이 기존 구분건물로서 복원을 전제로 한 일시적인 것이라거나 복원이 용이해 보이지도 않으므로, 기존 구분건물로서의 구조상의 독립성이 있다고 할 수 없는바, 상가건물 내 구분건물에 관한 구분등기는 그 자체로 무효이고, 리모델링으로 생겨난 새로운 건물 중에서 구분건물이 차지하는 비율에 상응하는 공유지분등기로서의 효력만 인정되는데도, 이와 달리 새로운 건물의 특정 점포에 대하여 구분건물의 소유권의 효력이 미친다고 본 원심판결에 법리오해 등의 잘못이 있다."는 취지이다.

2. 상가의 업종제한의 가능성

상가에 대한 업종제한이 가능한가? 공익 등을 위하여 공법적인 측면에서 상가의 업종제한이 가능할 수 있다. 즉, 법규에 의하여 이미 설정된 용도지역에 따라 건축물의 이용용도와 건폐율 내지 용적률 등이 제한될 수 있기 때문에 해당 용도지역에 개설이 불가능한 상가 업종(용도)이 있을 수 있다.

예를 들어, 주거지역에는 위락시설 관련 상가가 들어서기 어렵다(이런 문제 때문에 상가를 임차할 때에는 해당 상가에 임차인이 원하는 업종이 입점 가능한지 여부를 구청 해당과에 문의하는 것이 필요함).

그렇다면, 개인들 간의 합의에 의하여 상가의 동종업종을 제한할 수 있을까(용도지역 제한에는 어긋나지 않는 업종을 전제함)? 상담을 하다 보면, 집합건물이 아닌 일반건물에서 임차를 한 상인이 같은 건물에서 동일한 업종을 개설할 때 상가개설행위를 막을 수 없는지 문의하는 고객이 있다. 이와 같은 경우 동일업종상가를 개설하는 사람을 막을 수 있을까? 집합건물이 아닌 경우는 사실상 동일업종이 들어와도 기존 임차인이 막기 어렵다.

왜 그럴까? 같은 지역, 같은 건물이라도 원칙적으로 공법적인 제한에 벗어나지 않는 한 자신이 원하는 업종을 영위할 권리가 있기 때문이다. 그렇다면 집합건물의 경우에는 어떠한가? 집합건물이란 무엇인가? 1동의 건물 중 구조상 구분된 여러 개의 부분이 독립된 건물로서 사용될 수 있을 때 그 독립되어 구획된 각 부분이 구분소유권의 목적이 되고, 구분소유권의 목적이 되는 건물부분을 전유부분이라고 하는데, 각 전유부분 모두를 포함하여 전유부분의 집합으로 구성된 건물을 집합건물이라고 부른다. 예를 들어, 아파트와 같은 공동주택 내지는 주상복합건물 등을 집합건물로 볼 수 있다.

집합건물에 존재하는 상가의 경우는 대체적으로 업종제한이 따른다. 예를 들어 아파트 단지 내의 상가라면, 해당 아파트 단지에서 여러 동일한 업종이 개설될 경우 해당 업종의 과다경쟁으로 생존에 문제가 발생할 가능성이 있는 등의 문제로 분양계약을 체결할 때 또는 관리단에 의한 관리규약으로 동종업종을 제한하는 경우가 많기 때문이다. 즉 집합건물에서 동종업종이 제한되는 경우는 분양계약 시 업종이 지정되어 있었다거나, 관리단 규약에 의하여 업종이 제한되어 그 약정에 구속되기 때문이다(대법원 2004다20081 판결 등).

정리하자면, 상가의 업종은 용도지역 등 공법적 제한에 의하여 제한될 수도 있지만, 원칙적으로 업종제한이 인정되지 않는다. 다만, 집합건물상가의 경우는 분양계약 또는 관리규약상의 약정에 의하여 동종업종이 제한될 수 있다.

이와 관련하여 대법원 2023다270047 판결은 "건축주가 상가를 건축하여 점포별로 업종을 정하여 분양한 경우 점포의 수분양자나 그의 지위를 양수한 자 또는 그 점포를 임차한 자는 특별한 사정이 없는 한 상가의 점포 입점자들에 대한 관계에서 상호 묵시적으로 분양계약에서 약정한 업종제한 등의 의무를 수인하기로 동의하였다고 봄이 상당하므로, 상호 간의 업종제한에 관한 약정을 준수할 의무가 있다고 보아야 한다. 따라서 이와 같은 업종제한 약정을 위반할 경우 이로 인하여 영업상의 이익을 침해당할 처지에 있는 자는 침해배제를 위하여 동종업종의 영업금지를 청구할 권리가 있다(대법원 2009다61179 판결, 대법원 2011다79258 판결 등). 상가를 분양하는 계약에서 업종제한 약정을 하면서도 그 업종의 의미 및 영업범위에 관하여 따로 정하지 않은 경우에는, 그 업종의 사전적 의미, 일반적으로 행해지는 그 업종의 영업내용, 한국표준산업분류표의 분류기준 등을 모두 종합하여 결정하되, 획일적·절대적으로 결정할 것이 아니라 상가가 위치한 도시와 아파트단지의 규모, 그 상가의 크기와 상권형성 정도, 인근 동종업종의 상황 등도 아울러 고려하여, 지정된 업종의 점포 입점자가 거래관념상 통상적으로 수인하여야 할 정도를 넘는 약정 위반인지 여부를 판단하여야 한다(대법원 2006다63747 판결 등)."고 판시하였다.

위 대법원 2023다270047 판결 사안을 정리하면 편의점 소유자, 운영자(임차인)인 원고들이 상가 내 같은 층에서 24시간 무인 아이스크림 등 할인점을 운영하는 피고를 상대로 업종제한 약정 위반을 주장하며 영업금지를 청구한 사안이었다.

원심은, 원고들의 편의점('이 사건 편의점')과 피고의 아이스크림 등 할인점('이 사건 할인점')은 업종제한 약정의 적용을 받는 동종업종이라고 볼 수 없고, 이 사건 할인점으로 인한 편의점의 매출하락을 인정할 구체적인 자료도 없어 영업상 이익의 침해를 인정하기도 어렵다고 판단하였다.

그러나 대법원은, 이 사건 24시간 할인점과 편의점이 동종업종으로 볼 여지가 많을 정도로 영업내용과 방식에서 유사한 점, 같은 상가건물 내 같은 층에 인접하여 배후 아파트 주민들을 주된 고객층으로 공유하고 있으므로 업종제한약정의 체결로 의도한 영업권의 독점적 보장 범위 내에 있다고 봄이 약정에 관한 합리적 의사해석인 점, 경쟁업체로 인한 매출 하락 정도가 거래관념상 통상 수인하여야 할 정도를 넘는 것으로 보이는 점 등에 비추어 업종제한약정 위반에 해당할 수 있다고 보아, 이와 달리 원고들의 위 할인점에 대한 영업금지청구를 배척한 원심판결을 파기·환송한 사례이다.

3. 집합건물상가의 업종제한의 효과

집합건물상가의 경우 해당 집합건물의 상거래질서 확립 내지 과다경쟁 방지를 위하여 업종제한이 가능하다. 업종제한이 가능하려면, 분양계약 체결 당시에 업종이 지정되어 있거나, 관리규약에 업종이 지정되어 있어야 한다.

업종이 제한되는 이유는 여러 가지 논의가 있지만, 업종을 지정한 것에 동의를 한 것이 그 근거가 된다고 보는 것이 유력하다. 영업금지청구권자가 누구인지에 대하여 분양계약의 수분양자 및 수분양자 지위를 양수한 특정승계인이며, 임차인은 수분양자를 대위하여 영업금지를 청구할 수 있다고 해석하는 견해가 있다. 그러나 대법원 2011다79258 판결의 1심인 대전지방법원 2010가합3067 판결을 확인하면, 약국을 운영하는 임차인이 직접 원고가 되어 약국을 운영하는 또 다른 임차인을 피고로 하여 약국에 대한 영업금지청구소송을 제기하였음이 확인된다.

그렇다면, 분양계약이나 관리규약에 동의를 하지 않은 해당 구분소유자의 승계인이나, 임차인도 업종제한에 따라야 하는가? 결론적으로 구분소유자의 승계인이나 임차인도 지정된 업종에 따라야 한다는 것이 법원의 입장이다. 대법원 2004다20081 판결을 확인하면 제과점으로 지정된 105호의 수분양자로부터 위 105호를 전전 매수한 구분소유자가 원고가 되어, 숙녀화 영업점으로 지정된 224호 수분양자를 피고 1 그리고 종전 임차인에게 권리금을 지급하고 임차인의 지위를 취득한 현 임차인을 피고 2로 지목하여 224호의 제과점 영업에 대한 영업금지청구소송을 제기한 사례가 확인된다(단, 원고가 금전을 지급받고 업종제한의무의 상대적으로 면제한 것으로 보아 원고의 청구 기각).

구분소유자의 승계인이나 임차인이 지정된 업종을 따라야 한다는 법원의 입장에 대한 근거는, ① 업종지정을 알면서 점포를 매수한 특정승계인이나 임차인은 그러한 업종제한의무를 수인할 것을 묵시적으로 동의한 것이라거나, ② 집합건물법이 전유부분의 이용방법을 제한하는 것은 그 내용이 구분소유자 상호 간의 사항이고 그 내용이 타당하며 제한의 정도·방법에 합리성이 있으며 관리규약으로서 유효하다는 등 각각의 이론적 근거가 존재한다.

이와 관련하여 대법원 2009다61179 판결에 의하면 “분양계약서에서 업종제한 조항을 두는 경우에 어떠한 범위의 업종변경을 제한할 것인가, 업종변경을 절대적으로 금지할 것인가 아니면 일정한 범위에서 변경을 허용할 것인가는 사적 자치의 원칙에 따라 당사자가 자유로이 정할 수 있는 것이고, 업종변경의 허부, 범위 및 절차 등은 분양계약서의 합리적 해석을 통하여 판단하여야 할 것이나 이 경우에도 분양회사가 수분양자에게 특정 영업을 정하여 분양하는 것은 기본적으로 수분양자에게 그 업종을 독점적으로 운영하도록 보장하는 의미가 내포되어 있는 것이다(대법원 2003다45496 판결 등). 한편, 건축주가 상가를 건축하여 각 점포별로 업종을 정하여 분양한 후에 점포에 관한 수분양자의 지위를 양수한 자 또는 그 점포를 임차한 자는 특별한 사정이 없는 한 상가의 점포 입점자들에 대한 관계에서 상호 묵시적으로 분양계약에서 약정한 업종제한 등의 의무를 수인하기로 동의하였다고 봄이 상당하므로, 상호 간의 업종제한에 관한 약정을 준수할 의무가 있다고 보아야 하고, 따라서 점포 수분양자의 지위를 양수한 자, 임차인 등이 분양계약 등에 정하여진 업종제한 약정을 위반할 경우, 이로 인하여 영업상의 이익을 침해당할 처지에 있는 자는 침해배제를 위하여 동종업종의 영업금지를 청구할 권리가 있는 것이다(대법원 2004다20081 판결, 대법원 2006마164, 165 결정 등).”라는 취지이다.

동종업종 영업을 승낙하였다면, 승낙자의 특별승계인에게도 승낙의 효과가 미친다는 것이 대법원 2004다20081 판결 취지이다(즉 ‘분양계약에 보장된 영업독점권의 포기’가 아니라 ‘업종제한 의무의 상대적 면제에 해당’한다는 취지). 분양회사가 수분양자들에게 동종업종금지의무를 부과하였는데, 수분양자 일부가 동종업종금지의무를 위반한 경우는? 이런 경우 분양회사는 해당 수분양자와의 분양계약을 해제하고 건물명도를 청구하는 등의 행위를 통해 피해를 본 수분양자의 독점운영권을 보장할 필요가 있다.

분양회사가 위와 같은 독점운영권 보장행위(업종제한 준수의무)를 하지 않을 경우 피해 수분양자는 분양계약을 해제할 수 있다(대법원 2000다22515 판결 등). 분양회사의 이러한 업종제한 준수의무는 수분양자들이 관리단을 구성하여 스스로 집합건물의 관리를 행하게 될 때까지 지속된다. 따라서 관리단이 구성되어 업종제한 규정이 포함된 관리규약을 정하고 공동관리가 이루어진 경우 분양계약상의 업종제한조항의 효력은 사실상 소멸한다(대법원 2004다67011 판결).

수분양자들 사이에 업종제한에 따른 소송이 가능한가? 가능하다. 즉, 기존의 수분양자는 업종제한약정을 위반한 다른 수분양자를 상대로 영업금지가처분을 구하거나, 가처분과 함께 영업금지청구 내지 손해배상의 본안소송이 가능하다는 것이 법원의 입장이다.

관리규약으로 업종제한이 지정된 후 업종제한 변경은 가능한가? 집합건물법 제29조 제1항은 규약의 변경은 관리단집회에서 구분소유자 4분의 3 이상 및 의결권의 4분의 3 이상의 찬성을 얻어 가능하다고 규정한바, 의결요건을 충족할 경우 업종제한 변경이 가능할 것이다. 다만, 같은 조 단서는 “일부 구분소유자의 권리에 특별한 영향을 미칠 때 그 구분소유자의 승낙을 받아야 한다."고 규정하고 있어, 기존 업종제한 수혜자의 동의가 필요할 것이라고 본다(대법원 2011다79258 판결의 1심인 대전지방법원 2010가합3067 판결 참고).

이와 관련하여 대법원 2011다79258 판결에 의하면 "상가건물이 집합건물법의 규율대상인 집합건물인 경우 분양이 개시되고 입주가 이루어짐으로써 공동관리의 필요가 생긴 때에는 그 당시의 미분양된 전유부분의 구분소유자를 포함한 구분소유자 전원을 구성원으로 하는 집합건물법 제23조 소정의 관리단이 당연히 설립되고, 관리단의 설립 이후에는 집합건물법 제28조의 관리단 규약을 통하여 위와 같은 업종제한을 새로 설정하거나 변경할 수도 있는데, 이러한 업종제한에는 기본적으로 수분양자 또는 구분소유자에게 해당 업종에 관한 독점적 운영권을 보장하는 의미가 내포되어 있으므로 이를 사후에 변경하기 위해서는 임차인 등의 제3자가 아닌 수분양자들이나 구분소유자들 스스로의 합의가 필요하다. 다만 관리단 규약의 제·개정을 위한 구분소유자의 의결권 행사는 대리인을 통하여서도 할 수 있고(집합건물법 제38조 제2항), 업종제한의 변경에 관한 구분소유자나 수분양자의 동의의 의사표시도 마찬가지라고 보아야 하며, 이러한 의결권의 위임이나 대리권의 수여가 반드시 개별적·구체적으로 이루어져야만 한다고 볼 근거도 없으므로, 구분소유자나 수분양자가 임차인 등에게 사전적·포괄적으로 상가건물의 관리에 관한 의결권을 위임하거나 업종제한 변경의 동의에 관한 대리권을 수여한 경우에는 위 임차인 등이 참여한 결의나 합의를 통한 업종제한의 설정이나 변경도 가능(대법원 94다27199 판결, 대법원 2003다45496 판결 등)하다"면서 판결 이유를 통하여 "이 사건 규약은 1995. 2.경 제정된 이래 이 사건 소가 제기될 무렵까지 약 15년가량 이 사건 상가에 관한 집합건물법상 관리단 규약으로서 유효하게 받아들여졌고 구분소유자들도 종전에는 임차인들에 의한 의결권 행사에 아무런 이의를 제기하지 않았던 점 등 이 사건 기록에 나타난 제반 사정들을 종합하여 보면,

이 사건 규약 제5조 제3항은 그에 따라 회원이 되는 임차인인 영업자가 해당 구분소유 목적물을 임대한 구분소유자의 대리인으로서 의결권을 행사함을 명시하거나 나아가 그 대리권의 사전적·포괄적 수여를 간주하는 취지로 이해할 수 있고, 이 경우 임대인인 구분소유자들로서도 분양계약의 체결이나 구분소유권의 취득 과정에서 위와 같은 규약의 내용에 동의하거나 혹은 그 규약의 존재와 내용을 알면서도 임차인에 의한 의결권의 행사에 대하여 아무런 이의를 제기하지 아니함으로써 이를 묵시적으로 승인하였다고 볼 여지가 있다. 그리고 위와 같은 구분소유자의 임차인에 대한 사전적·포괄적 대리권의 수여나 그 간주가 구분소유자의 명시적 반대나 대리권 수여의 철회를 통한 직접 의결권 행사의 가능성까지 전적으로 배제하는 것으로 볼 수 없는 이상, 집합건물법상 구분소유자의 권리를 본질적으로 침해하여 무효라고 볼 것도 아니다(원심파기·환송)."라는 취지이다.

4. 상가건물과 집합건물

집합건물법의 적용을 받는 집합건물은 구분소유관계가 성립되어 있는 1동의 건물을 의미한다. 즉 집합건물법은 1동의 건물의 각 부분이 구조상 그리고 이용상 독립성을 갖추고 있는 때에는 그 부분에 대하여 구분소유권의 목적이 될 수 있음을 규정하고 있다.

다만, 건물이 구분소유권의 목적이 될 수 있는 객관적 요건을 갖추고 있어도 추가적으로 그 건물을 집합건물로 하고자 하는 구분행위(소유자의 의사)가 있어야 하기 때문에, 집합건물의 객관적 요건 충족 외에 건축허가신청이나 분양계약 등의 구분행위가 필요하다[대법원(전합) 2010다71578 판결, 대법원 2016다32841(본소), 32858(반소) 판결 등의 취지에 의하면 구분행위 요건으로 "구분건물이 물리적으로 완성되기 전에도 건축허가신청이나 분양계약 등을 통하여 장래 신축되는 건물을 구분건물로 하겠다는 구분의사가 객관적으로 표시되면 구분행위의 존재를 인정할 수 있다."는 취지이므로 대장 등록이나 등기부 등기가 구분행위의 필수요건이라 볼 수는 없음].

집합건물법 제1조는 용도를 특별히 제한하지 않기 때문에 그 용도와 종류를 불문하므로, 상가건물도 당연히 집합건물 구분소유의 대상이 될 수 있다. 집합건물법상 집합건물의 성립을 위한 구분소유관계의 요건 중 구조상 독립성과 이용상 독립성의 의미는 무엇인가? 구조상 독립성이란 그 부분이 구조상 그리고 물리적으로 구분되어야 한다는 것을 의미하며, 이용상의 독립성이란 그 부분이 독립한 건물로서 사용될 수 있어야 한다는 것을 의미한다.

건축물대장과 등기부에 구분건물로 등재되어 있음에도 불구하고 구조상 독립성이 없는 경우는 집합건물의 구분소유가 인정될 수 있을까? 구조상 독립성이 없는 경우에는 대장이나 등기부에 구분소유로 등재되어 있더라도, 그 등기부상의 등기는 그 자체가 무효가 된다. 이러한 건물을 경매로 낙찰받을 경우 소유권을 취득할 수 없다(대법원 2009마1449 결정). 결국 이와 같은 건물은 집합건물로 볼 수는 없을 것이고, 여러 소유자가 각 지분을 가지는 단일건물로 취급될 것이다.

그렇다면, 이른바 오픈상가는 집합건물의 구분소유가 인정될 수 있을까? '오픈상가'는 이용상의 독립성은 인정되지만, 구조상의 독립성이 인정되기 어려운 건물을 의미하는데, 집합건물법 제1조의2는 이른바 '오픈상가'의 구분소유(구분점포) 인정요건을 명시하고 있다. 즉, 판매시설이나 운수시설에 한하여 일정한 바닥면적, 경계표시, 건물번호표지 등의 요건충족을 전제로 구분점포의 물리적 그리고 구조적 구분요건을 완화하고 있다.

즉 대법원 2009마1449 결정에 의하면 "1동의 건물의 일부분이 구분소유권의 객체가 될 수 있으려면 그 부분이 이용상은 물론 구조상으로도 다른 부분과 구분되는 독립성이 있어야 하고, 그 이용 상황 내지 이용 형태에 따라 구조상의 독립성 판단의 엄격성에 차이가 있을 수 있으나, 구조상의 독립성은 주로 소유권의 목적이 되는 객체에 대한 물적 지배의 범위를 명확히 할 필요성 때문에 요구된다고 할 것이므로, 구조상의 구분에 의하여 구분소유권의 객체 범위를 확정할 수 없는 경우에는 구조상의 독립성이 있다고 할 수 없다. 그리고 구분소유권의 객체로서 적합한 물리적 요건을 갖추지 못한 건물의 일부는 그에 관한 구분소유권이 성립할 수 없는 것이어서, 건축물관리대장상 독립한 별개의 구분건물로 등재되고 등기부상에도 구분소유권의 목적으로 등기되어 있어 이러한 등기에 기초하여 경매절차가 진행되어 매각허가를 받고 매수대금을 납부하였다 하더라도, 그 등기는 그 자체로 무효이므로 매수인은 소유권을 취득할 수 없다(대법원 2008마696 결정 등). 한편, 집합건물의 소유 및 관리에 관한 법률(이하 '집합건물법') 제1조의2, 집합건물의 소유 및 관리에 관한 법률 제1조의2 제1항의 경계표지 및 건물번호표지에 관한 규정의 경계표지 및 건물번호표지에 관한 규정(이하 '경계표지 및 건물번호 표지규정') 제1조, 제2조에서는 일정한 범위의 상가건물에 관하여는 구조상 독립성 요건을 완화하여 '경계를 명확하게 식별할 수 있는 표지를 바닥에 견고하게 설치하고 구분점포별로 부여된 건물번호 표지를 견고하게 부착'함으로써 구분소유권의 객체가 될 수 있다고 규정하고, 집합건물법 제60조 제1항은 건축물대장 소관청은 관계 공무원의 조사 결과 그 건물의 현황이 제1조 또는 제1조의2의 규정에 부합하지 아니한다고 인정될 때에는 집합건축물대장의 등록신청을 거부하고 일반건축물대장에 등록하여야 한다고 규정하고 있다. 기록에 의하면, 이 사건 부동산은 구조상 독립성을 갖추지 못하였고, 집합건물법 제1조의2, 경계표지 및 건물번호 표지규정 제1조, 제2조에 규정된 완화된 요건마저도 다 갖추지 못하였음을 알 수 있는바, 앞서 본 법리에 위와 같은 사정을 비추어 보면, 원심이 이 사건 부동산이 비록 집합건축물관리대장에 독립한 별개의 구분건물로 등록되어 있고 부동산등기부상에도 구분소유권의 목적으로 등기되어 있다 하더라도 구분소유권의 객체가 될 수 없다고 판단한 것은 정당"하다는 취지이다.

5. 벽이 없는 집합상가의 매매

집합건물상가를 매수하고자 한다. 그런데, 내가 매수하고자 하는 상가를 포함하여 벽을 허물고 옆에 붙어 있는 집합상가와 함께 임차한 임차인이 존재하는 경우가 있다. 집합건물은 일반적으로 벽과 기둥 그리고 지붕(천장) 등을 통하여 독립성을 갖춘 구분소유를 전제한 개념인데, 매수하려고 하는 집합상가의 벽이 터져 있는 상황이라면, 이러한 집합상가를 매수하였을 때 어떠한 문제가 발생할 수 있는지 고민하게 된다.

집합건물로 등기된 부분임에도 바로 옆에 붙어 있는 집합건물과의 사이에 벽이 허물어져 있는 상황이라면, 해당 집합건물을 집합건물법이 인정하는 집합건물로 보기는 어려울 것이다. 따라서 벽을 원상으로 복구한 다음 매수하는 것이 집합건물법상의 집합건물 요건을 충족하는 것이 된다. 그러나 내가 매수하고자 하는 집합건물과 바로 옆의 집합건물을 함께 임차한 임차인이 존재하고, 그 곳에 인테리어를 한 상황이라면, 벽을 원상으로 복구한 다음 해당 집합건물을 매수하는 것이 경제적으로 보더라도 올바른 선택이 되지 않을 수도 있을 것이다.

현재 상임법상의 대항력 규정은 환산보증금(월세에 100을 곱한 금액에 보증금 더하여 계산) 액수에 상관없이 모든 상가에 적용되므로(상임법 제2조 제3항, 제3조), 상가를 매입할 경우에 임차인이 사업자등록을 한 상황이라면, 신소유자가 임대인의 지위를 승계한다. 따라서 상가 매매 당사자인 매수인 및 매도인인 뿐만 아니라, 임차인이 함께 참가하여 매매계약과 임대차계약을 체결하면서, 임대차 종료 시 벽에 대한 "원상회복"를 어떻게 할지 여부를 명확히 해두는 것이 필요해 보인다.

필자의 경험에 의하면, 법원에서는 등기부상 집합건물이지만, 집합건물법상 집합건물로서의 요건을 충족하지 못하는 부동산이 경매에 부쳐진 경우에, 요건 충족에 대한 보정을 명하고, 요건을 충족할 경우 경매절차를 진행하는 경우가 있다. 집합건물법상 집합건물로서의 요건을 충족하지 못하였음에도 불구하고 경매가 진행될 경우 상황에 따라 경매개시결정에 대한 이의도 가능할 것이다.

벽이 허물어진 집합상가를 구매하고자 할 경우에는 이러한 사정을 인지하고 매매절차를 수행하는 것이 필요할 것이다. 참고로, 집합상가의 특수성을 고려하여 집합건물법 제1조의2는 일정요건하에 '구분점포'라는 개념으로 벽이 없는 '오픈상가'를 인정하는 경우가 있는데, 집합건물법 제1조의2는 본 논의에서 고려하지 않았다.

이와 관련하여 대법원 2019마5500 결정(경매개시결정에 대한 이의)에 의하면 "집합건물법이 제1조의2에서 정하는 구분점포에 관하여는 반드시 소관청의 현황조사를 거쳐 위 조항에서 규정한 요건을 충족하는지와 건축물의 실제 현황과 건축물대장의 신청 내용이 일치하는지를 확인한 다음 그 규정에 들어맞는다고 인정될 때에만 집합건축물대장에 등록하도록 정하고 있고,

이러한 절차를 거쳐 작성된 집합건축물대장이 제출되어야 비로소 구분점포에 관한 소유권보존등기 및 표시변경등기가 마쳐질 수 있다. 그렇다면 집합건물법 제1조의2가 시행된 2004. 1. 19. 이후 집합건축물대장의 신규 또는 변경등록이 이루어지고 그에 따라 구분등기가 마쳐진 구분점포에 대하여는, 특별한 사정이 없는 한 집합건물법 소정의 절차에 따라 적법하게 대장이 등록되고 이에 기하여 구분등기가 마쳐진 것으로서 그 등록 및 등기가 마쳐질 당시 집합건물법 제1조의2에서 정한 구분소유권의 요건을 갖추고 있었다고 추정되고,

그와 다른 사실은 이를 다투는 측에서 주장·증명하여야 한다. 인접한 구분건물 사이에 설치된 경계벽이 제거됨으로써 각 구분건물이 구분건물로서의 구조상 및 이용상 독립성을 상실하게 되었다고 하더라도, 각 구분건물의 위치와 면적 등을 특정할 수 있고 사회통념상 그것이 구분건물로서의 복원을 전제로 한 일시적인 것일 뿐만 아니라 그 복원이 용이한 것이라면, 각 구분건물이 구분건물로서의 실체를 상실한다고 쉽게 단정할 수는 없고, 아직도

그 등기는 구분건물을 표상하는 등기로서 유효하다고 해석해야 한다(대법원 98마1438 결정, 대법원 2013마2324 결정 등)."라는 취지이다.

6. 집합건물 경계소멸과 구분소유권의 통합 여부

집합건물은 아파트 또는 집합상가와 같이 하나의 동건물에 벽체 등으로 구분되어 각 소유권이 인정되는 이른바 구분소유권이 인정되는 건물을 의미한다. 예를 들어 집합상가가 구분소유로 건축물대장에 등록되어 등기까지 되었는데, 101호와 102호의 경계벽 등이 허물어져, 구분소유권의 객체로서 적합한 물리적 요건을 갖추지 못한 상황일 경우, 두 개의 구분소유권이 인정되었던 101호와 102호는 하나의 구분소유권으로 변경되는 것인가?

대법원 2012다4985 판결에 의하면, 101호와 102호는 하나의 구분소유권으로 변경되고, 101호 소유자와 102호 소유자는 공유관계에 들어서게 되며, 101호 및 102호 이외의 다른 기존 구분소유자들과는 집합건물관계를 그대로 유지한다는 취지다.

그렇다면, 101호와 102호 사이에 각 인정되었던 의결권의 숫자도 1개로 줄어들게 될까? 집합건물법 제37조 제2항은 "전유부분을 여럿이 공유하는 경우에는 공유자는 관리단집회에서 의결권을 행사할 1인을 정한다."고 규정하고 있는바, 위 규정을 고려할 때, 의결권 숫자도 1개로 줄어든다고 해석된다.

101호와 102호가 하나의 구분소유권으로 변경되었음에도, 101호가 독립적으로 구분소유권이 인정됨을 전제로 경매에 부쳐져 낙찰이 된 경우, 그 낙찰자는 101호의 구분소유권을 취득할 수 있을까?

대법원 99다46096 판결에 의하면, 101호의 낙찰자는 101호가 구분소유임을 전제로 한 101호의 근저당권에 의한 경매(임의경매)에 있어 101호의 구분소유권을 취득하지 못한다. 즉, 위 대법원은 구분소유권의 객체로서 적합한 물리적 요건을 갖추지 못한 건물의 일부는 그에 관한 구분소유권이 성립될 수 없는 것이어서, 건축물관리대장상 독립한 별개의 구분건물로 등재되고 등기부상에도 구분소유권의 목적으로 등기되어 있어 이러한 등기에 기초하여 경매절차가 진행되어 이를 낙찰받았다고 하더라도, 그 등기는 그 자체로 무효이므로 낙찰자는 그 소유권을 취득할 수 없다는 입장을 취하고 있다.

그렇다면, 101호와 102호의 벽체 등의 소멸이 일시적이고 복원이 용이한 경우에는 어떻게 될까? 대법원 98마1438 판결에 의하면, 이러한 경우는 101호와 102호 각자의 구분소유권이 그대로 유지된다.

즉, 대법원은 "인접한 구분건물 사이에 설치된 경계벽이 일정한 사유로 제거됨으로써 각 구분건물이 구분건물로서의 구조상 및 이용상의 독립성을 상실하게 되었다고 하더라도, 각 구분건물의 위치와 면적 등을 특정할 수 있고 사회통념상 그것이 구분건물로서의 복원을 전제로 한 일시적인 것일 뿐만 아니라 그 복원이 용이한 것이라면, 각 구분건물은 구분건물로서의 실체를 상실한다고 쉽게 단정할 수는 없고, 아직도 그 등기는 구분건물을 표상하는 등기로서 유효하다고 해석해야 한다."는 취지이다.

7. 격벽 등의 제거로 구분건물등기가 공유지분등기로서의 효력만 인정

구분건물의 격벽 등이 제거되어 각 구분건물의 독립성이 상실된 경우에 구분건물등기는 단지 공유지분등기로서의 효력만 인정될 뿐이다.

즉, 대법원 2018다232898 판결에 의하면, "1동의 건물 중 구조상 구분된 수개의 부분이 독립한 건물로서 구분소유권의 목적이 되었으나 그 구분건물들 사이의 격벽이 제거되는 등의 방법으로 각 구분건물이 건물로서의 독립성을 상실하여 일체화되고 이러한 일체화 후의 구획을 전유부분으로 하는 1개의 건물이 되었다면 기존 구분건물에 대한 등기는 합동으로 인하여 생겨난 새로운 건물 중에서 위 구분건물이 차지하는 비율에 상응하는 공유지분 등기로서의 효력만 인정된다."는 취지이다.

그렇다면, 구분건물 사이에 설치된 경계벽이 일시적으로 제거된 것일 뿐이고, 그 복원이 용이한 경우에는 어떠한가? 이러한 경우에는 구분건물로서의 실체를 그대로 유지하게 된다.

즉, 위 대법원 2018다232898 판결에 의하면, "인접한 구분건물 사이에 설치된 경계벽이 일정한 사유로 제거됨으로써 각 구분건물이 구분건물로서의 구조상 및 이용상의 독립성을 상실하게 되었다고 하더라도, 각 구분건물의 위치와 면적 등을 특정할 수 있고 사회통념상 그것이 구분건물로서의 복원을 전제로 한 일시적인 것일 뿐만 아니라 그 복원이 용이한 것이라면, 각 구분건물은 구분건물로서의 실체를 상실한다고 쉽게 단정할 수는 없고, 아직도 그 등기는 구분건물을 표상하는 등기로서 유효"하다는 취지이다.

위 대법원 2018다232898 판결은 어떠한 사안이었을까?

서울 중구소재 시장상가 건물 1동이 있었는데, 집합건물이다. 집합건물 등기부상의 특정 호실(이 사건 건물)의 소유자가 점유자인 피고들을 상대로 각 점포의 인도를 구하는 주위적 청구를 한 것이다. 위 시장상가 건물은 1958년 준공된 건물로 2002년 실시된 구조안전점검 결과 위험건축물로 판정되어 서울시 등으로부터 보강지시명령을 받았고, 그에 따라 2005년 경부터 2006년경까지 이루어진 시장상가건물에 대한 이 사건 리모델링 공사로 ① 그 구조가 철근콘크리트 구조에서 철골콘크리트 구조로, ② 층수가 2층에서 4층으로, ③ 면적이 1층 873.04㎡, 2층 702.75㎡에서 1층 및 2층 각 925㎡, 3층 및 4층 각 524.1㎡로 각 변경되었고, ④ 점포의 수도 기존 약 170개에서 증축 후 약 250개로 증가하였다.

그런데, 관할관청으로부터 이 사건 리모델링 공사의 허가를 받지 못하여 준공 이후에도 이 사건 건물에 관한 사용승인이 나지 않음에 따라, 이 사건 리모델링에 따른 공부상 표시

변경등록 및 표시변경등기가 이루어지지 않았다. 그리고, 이 사건 건물에 관하여 개시된 서울중앙지방법원 각 임의경매사건의 감정평가서에는 이 사건 건물의 현황에 관하여, "공부상 호실로 구분되어 있지 아니하고 공부상 호칭과는 별도로 지주회에서 구획한 각층별 위치를 점유하여 사용 중"이고, "본건 건물은 집합건축물로 등기되어 있으나 약 2년 전 증·개축으로 공유자 사이에 위치가 특정되어 있지 않고 공유자 전체가 공동운영(임대)하여 지분비율대로 수익을 배분하는 형태로 운용되고 있는 것으로 조사되므로 본건 평가는 토지 및 건물 소유지분만 각각 평가하였다."라는 취지로 기재되어 있다.

원심은 원고인 이 사건 건물의 소유자가 점유자인 피고들을 상대로 각 점포의 인도를 구하는 주위적 청구를 인용한 것이나, 대법원은 원심과 달리 원고의 피고들에 대한 주위적 청구를 기각하는 취지의 판시를 한 것이다.

감정평가서에서도 확인되는 것처럼, 시장상가 건물의 구조, 층수, 면적, 점포의 수가 모두 변경되고, 변경에 따른 사용승인 및 등록, 등기도 존재하지 않아, 이 사건 건물에 관한 구분등기는 그 자체로 무효이고, 이 사건 리모델링으로 생겨난 새로운 시장상가건물 중에서 이 사건 건물이 차지하는 비율에 상응하는 공유지분 등기로서의 효력만 인정된다는 것이다.

대법원 2008마696 결정, 대법원2009마1449 결정 등에 의하면, "구조상의 구분에 의하여 구분소유권의 객체 범위를 확정할 수 없는 경우에는 구조상의 독립성이 있다고 할 수 없고, 구분소유권의 객체로서 적합한 요건을 갖추지 못한 건물의 일부는 그에 관한 구분소유권이 성립할 수 없으므로, 건축물관리대장상 독립한 별개의 구분건물로 등재되고 등기부상에도 구분소유권의 목적으로 등기되어 있더라도, 그 등기는 그 자체로 무효"라는 취지이다.

그렇다면, 이러한 경우에는 어떤 방식으로 인도청구를 해야 하는가? 이 사건 건물에 대한 감정평가서에 의하면, '공유자 전체가 공동운영(임대)하여 지분비율대로 수익을 배분하는 형태로 운용되고 있는 것으로 조사'되었다는 취지이므로, 특정호실의 점유자에 대하여 특정호실의 구분소유자로서가 아니라 시장상가건물의 공유지분권자로서 그 특정호실의 점유자에 대한 인도청구를 하는 방법을 강구할 필요가 있다.

8. 구분점포 요건불비와 그 점포에 대한 소유권이전등기 및 점포인도청구

집합건물법 제1조의2의 적용을 받는 '구분점포'의 경우에 경계를 확인할 바닥의 견고한 표시 등 '구분점포'로서의 요건을 처음부터 전혀 갖추지 못했지만, 이미 오랜 기간 상인들 사이에 점포는 점포대로 등기는 등기대로 이전해가며 상가가 유지되어 왔다. 즉 공부상으로는 점포별 구분소유 등기가 되어 있지만, 집합건물 신축 당시부터 점포 사이의 구분을 위한 칸막이, 차단시설 등이 전혀 설치되지 않았고 단지 상인들 간 판매대가 현실적인 경계의 역할을 해왔는데, 이러한 상태에서 오랜 기간에 걸쳐 상인들이 매대 위치를 옮기거나 자신의 점포를 이전하고 이사를 가는 등 개별 점포에 대한 양도가 이루어져 왔다. 결국 등기부에 기재된 구분소유 목적물과 현실적인 점포의 구분, 이용현황이 일치하지 않아 등기부가 공시 기능을 전혀 수행하지 못하는 상황이다.

이러한 상황에서 1개의 점포를 매수한 자가 매도인을 상대로 매매대금을 전부 지급한 후에 그 점포에 대한 소유권이전등기 및 점포인도청구를 할 경우에 승소할 수 있는가? 원심은 소유권이전등기청구는 인용하였으나, 점포인도청구는 기각하였다. 즉 원심은 "이 사건 매매계약의 목적물은 이 사건 상가건물 중 특정부분이 아니라 공유지분이므로 이 사건 매매계약에 따라 피고가 원고에게 이 사건 상가건물의 특정 부분을 인도할 의무가 발생하지 아니한다는 이유로 원고의 인도 청구를 기각(서울중앙지방법원 2019나71440 판결)"하였다.

그러나 대법원은 매매계약목적물이 공부를 기준으로 한 것인지 실제 이용상황을 기준으로 한 것인지 파악하라면서 매매계약목적물이 실제 이용상황을 기준으로 한 것이라면 점포인도청구가 가능하다는 취지로 원심판결을 파기·환송하였다(대법원 2021다220666 판결).

즉 위 대법원 판결에 의하면 "원고와 피고 사이에 작성된 처분문서인 매매계약서에는 이 사건 상가건물 중 특정 부분인 이 사건 부동산이 매매목적물로 기재되어 있을 뿐만 아니라 그 목적물의 구체적인 인도 시점까지 특정되어 있으므로, 특별한 사정이 없는 한 거기에 기재된 문언대로 원고와 피고 사이에 위 매매목적물을 대상으로 한 매매계약이 체결되었다고 보아야 한다. 이 사건 상가건물에는 상인들이 서로 구분할 수 있도록 판매대가 나눠져 있으며, 원고와 피고가 이 사건 매매계약을 체결한 당시 피고는 이 사건 상가건물 중 특정 부분에서 위와 같은 판매대를 이용하여 '○○○화원'이라는 상호로 영업을 하고 있기까지 하였다. 사정이 위와 같다면, 앞서 본 이 사건 상가건물의 구조와 운영 현황의 특수성만으로는 이 사건 매매계약의 목적물을 매매계약서에서 정한 특정 부분이 아니라 공유지분이라고 보아야 할 특별한 사정이 존재한다고 보기 어렵다. 원심의 위와 같은 판단은 이 사건 상가건물의 공유자 중 1인에 불과한 피고가 다른 공유자들의 동의 없이 위 상가건물 중 특정한 부분을 처분할 수는 없으므로, 설령 피고가 원고와 사이에 이 사건 매매계약의 목적물로 이 사건 상가건물 중 특정 부분을 정하였다고 해도 그 매매계약의 효력을 그대로 인정할 수는 없다는 데에서 비롯된 듯하다. 그러나 매매의 목적이 된 권리가 매도인이 아닌 타인에게 속한 경우에도 매도인은 매매계약을 체결할 수 있고, 이때 매도인은 그 권리를 취득하여 매수인에게 이전하여야 할 의무를 부담한다(민법 제569조). 이와 같은 법리는 매매의 목적이 된 권리가 매도인과 타인의 공유라고 해도 마찬가지이다. 원고와 피고 사이에 체결된 이 사건 매매계약에서 그 매매목적물을 피고의 단독소유라고 볼 수 없는 이 사건 상가건물의 특정 부분으로 정하였다고 하더라도 이를 이유로 매매계약의 효력을 부인하거나 원래와는 다르게 매매계약의 내용을 해석할 이유는 없다. 상가집합건물의 구분점포에 대한 매매는 원칙적으로 실제 이용현황과 관계없이 집합건축물대장 등 공부에 따라 구조, 위치, 면적이 확정된 구분점포를 매매의 대상으로 삼았다고 보아야 할 것이다. 그러나 1동의 상가집합건물의 점포들이 구분소유 등기가 되어 있기는 하나 실제로는 위 상가건물의 각 점포들에 관한 집합건축물대장 등 공부상 호수와 구조, 위치 및 면적이 실제 이용현황과 일치하지 아니할 뿐만 아니라 그 복원조차 용이하지 아니하여 단지 공부가 위 상가건물에서 각 점포들이 차지하는 면적비율에 관하여 공유지분을 표시하는 정도의 역할만을 하고 있고, 위 점포들이 전전매도되면서 매매당사자들이 실제 이용현황대로의 점포를 매매할 의사를 가지고 거래한 경우 등과 같이 특별한 사정이 있는 경우에는 그 점포의 구조, 위치, 면적은 실제 이용현황에 의할 수밖에 없을 것이다. 원심판결 이유에 의하면, 이 사건 상가건물의 점포들은 그에 관한 건축물관리대장이나 부동산등기부에 의하여 그 번호, 종류, 구조, 위치, 면적들이 전혀 특정되지 아니하는 것으로 보인다. 따라서 원심으로서는 원고와 피고가 이 사건 매매계약의 목적물을 집합건축물대장 등 공부상에 의한 것과 실제 이용현황 중 어느 것으로 특정하였는지, 공부상의 목적물에 관하여 권리를 이전하되, 인도는 실제 이용하고 있는 목적물을 대상으로 하기로 한 것인지, 이 사건 상가건물에 속한 점포들의 거래관행은 어떠한지에 대해 추가로 심리를 하였어야 한다."는 취지이다.

위 판결에 대하여 "등기는 공부상 기재에 따라, 인도는 실제 이용하고 있는 목적물을 대상으로 하라."는 취지로 타당하다면서, 엄밀하게 말하면 등기부는 구분소유의 공시기능을 수행하고 있지 못한 이상 공유지분을 표상하는 것으로 볼 수밖에 없고 원심은 이 때문에 인도청구를 기각한 것으로 보이지만, 현실적으로 계속하여 개별 점포가 이전, 양도되어 온 상황에서 구분소유권의 성립을 부정함으로써 대금을 모두 지급한 매수인이 공유지분을 취득하였을 뿐이고 점포를 인도받지 못한다는 결론을 내리는 것은 정의감에 반한다면서 원고(매수인)의 청구가 소유권에 기한 청구가 아니라 계약상 청구인 이상 이러한 당사자의 의사를 존중함이 타당하다는 견해가 있다(2022. 9. 30.자 '서울고등법원판례공보스터디' 제1003쪽, 제1004쪽 참고).

9. 집합건물상가에 대한 임차인의 구조변경의 문제점

상가를 임차하는 임차인이 소유자가 다른 두 개의 호실을 임차한 후 경계벽을 허물어 사용하거나, 1층 상가 및 2층 상가를 빌려 내부계단을 만들어 사용하려는 경우가 있다. 이런 경우 어떤 문제가 발생할 수 있을까? 집합건물이 아닌 소유자 1인의 일반건물을 임차하는 것이라면 임대인의 협조로 문제가 해결될 여지도 있겠지만, 집합건물의 경우는 임차 당시 임대인뿐만 아니라, 임차인도 생각하지 못했던 문제가 발생할 수 있다.

집합건물은 각각의 구분소유자들의 이해관계가 얽혀 있고, 집합건물법상의 제한을 받게 된다. 예를 들어보자. 집합건물 상가를 빌린 임차인이 1층의 연이은 두 개의 호실을 빌려 경계벽을 허물고 장사를 하려고 한다. 임차인의 경계벽 제거는 임대인의 동의를 받았겠지만, 집합건물의 강도를 약하게 하고, 내구연한을 떨어뜨리는 행위가 될 가능성이 있어, 집합건물법 제5조 제1항의 "건물의 보존에 해로운 행위" 내지는 "구분소유자 공동의 이익에 어긋나는 행위"에 해당할 가능성이 있다.

결국 집합건물의 관리인 등은 소송을 통해 임차인의 이와 같은 행위에 대한 정지청구가 가능할 것이다(집합건물법 제43조 제1항). 그뿐만 아니라, 임차인 내지 임대인이 경계벽 철거에 대한 허가를 신청하더라도, 관청에서 구분소유자 등의 동의 등이 없는 한 허가가 반려될 가능성이 높다.

또 다른 예를 들어보자. 집합건물상가 중에는 이른바 오픈상가라는 것이 있다. 집합건물법은 이를 "구분점포"라고 표현하고 있는데(집합건물법 제1조의2), "구분점포"의 경우 구분소유의 객관적 요건이 완화되고 있다.

즉, 집합건물법상 구분소유가 인정되려면 객관적으로는 구조상, 이용상 독립성이 인정되어야 하고, 주관적으로는 건축허가신청이나 분양계약 등을 통하여 신축건물을 구분건물로 하겠다는 구분의사(구분행위)가 필요[대법원 2016다32841(본소), 32858(반소) 판결]한데, "구분점포"의 경우는 "구조상 독립성"의 요건이 완화된다.

구조상의 독립성이란 쉽게 말해 벽체 등이 있어야 한다고 생각하면 되는데, "구분점포"의 경우는 집합건물법 제1조의2에 의하여, ① 용도(판매시설, 운수시설), ② 바닥경계표지, ③ 건물번호 표지 등의 누적요건 충족 시 벽체 등을 갖추지 않더라도 구조상의 독립성을 인정하고 있다.

오픈상가에 대하여 시중에서는 "구좌"를 빌렸다는 말을 사용하는 경우가 있는데, 예를 들어 같은 층의 "구좌" 30개를 빌려 그 해당 층 전부를 빌렸다고 가정할 때, 그 해당 층 전부를 빌린 임차인은 바닥에 표시된 경계표시나 건물번호 표시를 무시하고, 인테리어 공사를 진행할 가능성을 배제할 수 없다.

집합건물법 제54조 제6항에 의하면 "구분점포의 경우에는 (건축물대장의) 전유부분 용지의 구조란에 경계벽이 없다는 뜻을 적어"야 하고, 집합건물법 제65조 제1항에 의하면 구분점포의 "경계표지 또는 건물번호 표지를 파손, 이동 또는 제거하거나 그 밖의 방법으로 경계를 알아볼 수 없게 한 사람"을 형사처벌을 하도록 규정하고 있다. 따라서, 집합건물법 규정만을 고려할 때에 인테리어 공사를 하면서 "구분점포"의 경계표지 등을 훼손할 경우 처벌 가능성도 배제할 수 없다.

10. 집합건물법상 구분소유자의 대지공유와 민법상의 대지공유

집합건물법상의 '대지사용권'이란 '구분소유자가 전유부분을 소유하기 위하여 건물의 대지에 관하여 가지는 권리(집합건물법 제2조 제6호)'로 '대지사용권'은 구분소유자가 대지에 대하여

'소유권'을 취득하는 경우가 대부분이다. 이때, 구분소유자가 대지에 대한 소유권자로서 대지를 이용하는 경우에 있어서 그 대지에 대한 소유권의 형태는 구분소유자 각자가 대지에 대한 지분권을 갖는 공유의 방식을 취하는 것이 가장 일반적 형태이다.

그렇다면 집합건물법상 구분소유자의 대지공유와 민법상의 대지공유는 어떠한 차이가 있을까? 민법상 공유자의 공유지분은 그 처분이 자유롭지만(민법 제263조), 집합건물법상 구분소유자는 규약이나 공정증서로 분리처분을 인정하지 않는 한 원칙적으로 그가 가지는 전유부분과 분리하여 대지사용권을 처분할 수 없다(집합건물법 제20조 제2항, 제3조 제3항).

민법상 공유자의 공유지분은 균등한 것으로 추정되지만(민법 제262조 제2항), 집합건물법에 있어 대지사용권은 '규약으로 달리 정한 바 없는 한 각 전유부분의 면적의 비율(집합건물법 제21조 제1항, 제12조)'에 의한다.

민법상의 공유물은 분할청구가 인정되지만(민법 제268조), 집합건물법 제8조는 "대지 위에 구분소유권의 목적인 건물이 속하는 1동의 건물이 있을 때에는 그 대지의 공유자는 그 건물 사용에 필요한 범위의 대지에 대하여는 분할을 청구하지 못한다."고 규정함으로써 '대지공유자의 분할청구를 금지'하고 있다.

민법 제263조는 공유자의 경우 공유물 전부를 지분의 비율로 사용·수익할 수 있음을 규정하고 있다. 그렇다면, 집합건물법상 대지공유자(대지사용권자)도 공유물 전부를 지분의 비율로 사용·수익할 수 있을까?

대법원에 따르면 각 구분소유자는 별도의 규약이 존재하는 등의 특별한 사정이 없는 한, 그 대지에 대하여 가지는 공유지분의 비율에 관계없이 그 건물의 대지 전부를 용도에 따라 사용할 수 있는 적법한 권원을 갖는다는 취지이다(대법원 93다60144 판결).

즉 대법원 93다60144 판결에 의하면 "1동의 건물의 구분소유자들이 그 건물의 대지를 공유하고 있는 경우, 각 구분소유자는 별도의 규약이 존재하는 등의 특별한 사정이 없는 한 그 대지에 대하여 가지는 공유지분의 비율에 관계없이 그 건물의 대지 전부를 용도에 따라 사용할 수 있는 적법한 권원을 가진다 할 것이고, 이러한 법리는 1필의 토지 위에 축조된 수동의 건물의 구분소유자들이 그 토지를 공유하고 있는 경우에도 마찬가지로 적용된다고 보아야 한다."는 취지이다.

그렇다면 아파트 입주자대표회의가 아파트 단지 출입구에 차단기를 설치한 것이, 단지 내 상가건물 구분소유자들의 대지사용권을 무조건 침해하는 것일까? 이에 대하여 대법원은 제반사정을 고려할 때, 아파트 단지 내 상가건물 구분소유자들의 수인한도를 넘어 그 대지사용권을 침해하였다고 볼 수 없다고 한다(대법원 2009다49971 판결).

즉 대법원 2009다49971 판결에 의하면 "아파트 단지를 관리하는 단체가 외부차량의 아파트 단지 내 출입을 통제하는 행위가 아파트 단지 내 상가건물 구분소유자들의 대지사용권을 방해하는 침해행위가 되는지 여부는 아파트 단지 내 상가건물과 그 부속주차장의 위치 및 이용관계, 아파트 단지 안으로의 출입 통제 방법, 아파트 및 상가건물 부근의 지리적 상황, 아파트 입주자들과 상가건물의 소유자 또는 이용자의 이해득실 기타 제반 사정을 참작하여 사회통념에 따라 판단하여야 한다. 기록에 의하면, 이 사건 차단기는 아파트 단지 내의 불법주차와 도난사고 및 과속으로 인한 교통사고를 막기 위한 조치로서 아파트 입주자들뿐만 아니라 상가건물의 구분소유자인 원고들에게도 이익이 될 수 있는 점, 아파트 입주자들과 원고들을 포함한 상가건물의 구분소유자들은 자동차를 이용한 아파트 단지 내외로의 출입을 위하여 자동카드를 받아 이용하고 있는데, 상가건물의 구분소유자들에게는 2개의 카드가 교부된 점, 상가건물의 지상주차장은 8대의 차량만이 주차할 수 있을 뿐이고, 상가건물 내에 설치된 지하주차장은 현재 폐쇄되어 이용할 수 없는 점, 이 사건 차단기 옆에 설치된 경비실에는 경비원이 24시간 교대로 근무하면서 차량을 이용하여 이 사건 상가건물을 방문하는 이용자의 차량번호를 확인하는 절차만 거칠 뿐 실질적으로 아무런 제한 없이 출입을 허용하고 있는 점, 차단기 바로 옆에 설치되어 있는 간이경비실 상단에는 '아파트 상가 방문 환영'이라고 기재되어 있어 상가를 방문하는 사람들이 심리적인 거부감을 느낄 가능성이 거의 없는 점 등을 알 수 있는바, 사정이 이와 같다면 이 사건 차단기의 설치가 원고들의 수인한도를 넘어 그 대지사용권을 침해하였다고 단정할 수 없다."라는 취지이다.

11. 집합건물상가의 용도변경

집합건물 내에 상가를 하나 가지고 있다. 이때 상가의 전유부분을 용도변경하기 위하여 다른 구분소유자의 동의를 얻어야 하는가? 집합건물에 있어 전유부분은 구분소유권의 목적물로서 구분소유자가 배타적으로 사용·수익할 수 있으므로 전유부분의 용도변경은 원칙적으로 다른 구분소유자의 동의를 요하지 않는다.

집합건물 내의 상가도 마찬가지라고 볼 수 있다. 다만, 전유부분의 용도변경이 공용부분의 변경을 수반하게 될 경우라면, 집합건물법 제15조(공용부분의 변경)에 따른 요건, 즉 구분소유자의 3분의 2 이상 및 의결권의 3분의 2 이상이라는 결의 요건(원칙적 요건)을 구비해야 한다[서면결의를 할 경우에는 구분소유자의 5분의 4 이상 및 의결권의 5분의 4 이상 결의(집합건물법 제41조)].

공용부분의 변경을 수반한다는 것은 어떤 의미일까? 예를 들어, 전유부분의 용도를 변경함으로써 주차장법상의 법정주차대수가 증가하는 것이 이에 해당할 수 있을 것이고, 이러한 상황이라면, 앞에서 언급한 집합건물법 제15조의 공용부분의 변경을 위한 요건을 갖추어야 할 것이다.

상가 전유부분에 대한 용도변경이 공용부분의 변경까지 수반하지 않는다면, 해당 상가 전유부분에 대한 용도변경이 무제한 허용될까? 그렇게 보기는 힘들다. 집합건물법 제5조 제1항은 "구분소유자는 건물의 보존에 해로운 행위나 그 밖에 건물의 관리 및 사용에 관하여 구분소유자 공동의 이익에 어긋나는 행위를 하여서는 아니 된다."고 규정하고 있기 때문이다.

결국 상가 전유부분에 대한 용도변경이 구분소유자의 공동의 이익에 반한다면(집합건물법 제5조 제1항), 그 용도변경에 제한(집합건물법 제43조에 따른 공동의 이익에 어긋나는 행위의 정지청구 등)이 가해질 수 있다[예컨대, 모든 구분소유부분이 사무실로 사용되는 건물 내에 독서실 개설 사례(대법원 86다카2478 판결)].

즉 대법원 86다카2478 판결에 의하면 "집합건물의 소유 및 관리에 관한 법률 제43조 제1항은 '구분소유자가 제5조 제1항(구분소유자는 건물의 보존에 해로운 행위 기타 건물의 관리 및 사용에 관하여 구분소유자의 공동의 이익에 반하는 행위를 하여서는 아니 된다)의 행위를 한 경우 또는 그 행위를 할 염려가 있는 경우에는 관리인 또는 관리단집회의 결의에 의하여 지정된 구분소유자는 구분소유자의 공동의 이익을 위하여 그 행위를 정지하거나 그 행위의 결과를 제거하거나 또는 그 행위의 예방에 필요한 조치를 취할 것을 청구할 수 있다', 같은조 제2항은 '제1항의 규정에 의한 소송의 제기는 관리단집회의 결의가 있어야 한다', 같은조 제3항은 '제1항 및 제2항의 규정은 점유자가 제5조 제4항에서 준용하는 같은조 제1항에 규정한 행위를 한 경우 또는 그 행위를 할 염려가 있는 경우에도 이를 준용한다'고 각 규정하고 있는 바, 위 규정들에 의하면 집합건물의 관리인이 관리단의 대표자로서 위 규정들에 의한 소송을 제기할 수 있을 뿐만 아니라 관리단집회의 결의에 의하여 지정받은 구분소유자도 관리단집회의 결의가 있으면 관리인과는 별도로 소송당사자가 되어 위와 같은 소송을 제기할 수 있다고 해석된다. 원심이 같은 취지에서 집합건물인 이 사건 빌딩의 관리단집회에서 원고로 하여금 구분소유자의 지위에서 피고들을 상대로 이 사건 소송을 제기하도록 지정, 결의한 사실을 확정한 다음, 원고에게 당사자 적격이 없다는 취지의 피고들의 항변을 받아들이지 아니한 조치는 정당"하다면서, "원심판결 이유에 의하면, 원심은 그 채택한 증거들을 종합하여 원고는 이 사건 빌딩을 신축함에 있어서 지하 1층의 근린생활시설과 지하 2, 3, 4층의 기계실, 주차실 등을 제외하고 지상 1 내지 14층 모두를 사무실로 하여 건축허가를 받았고 이를 분양함에 있어서도 위 빌딩을 사무실전용건물로 선전광고하여 피고 윤직홍, 장기효에 대하여는 물론 다른 피분양자에 대하여도 그 용도를 사무실로 특정하여 분양하였으며, 그 분양이 60퍼센트 정도 완료된 현재 분양 또는 임대된 지상층 부분중 위 피고들에게 분양된 10층 부분을 제외한 모든 구분 소유부분이 사무실로 사용되고 있는 사실, 위 10층 부분은 총전용면적이 718.27평방미터로서 화장실, 승강기, 급기 및 배기의 시설용량상 약 120명 가량이 사용할 수 있도록 건축되어 있으며, 이 사건 빌딩의 구분소유자 및 입주자들의 합의에 의한 위 빌딩관리규정에 따르면 원심판시와 같이 위 빌딩의 현관출입문의 개문시간, 승강기의 운행시간, 냉난방가동시간 등을 제한하고 있는데 피고 이장우가 피고 윤직홍, 장기효로부터 위 10층 부분을 임차하여 개설하려고 하는 독서실은 그 정원이 415명일 뿐만 아니라 통상 독서실을 이용하는 사람들은 자정에 가깝게 혹은 밤을 새워 공부하는 경우가 많아 이 사건 빌딩의

10층 부분에 독서실이 개설되는 경우 출입문의 개폐시간, 승강기의 운행시간, 냉난방가동시간상의 부적합함과 그 밖에 화재나 도난발생의 위험 등이 있는 사실을 인정한 다음, 위 인정사실에 의하면 피고들에 의한 위독서실의 개설은 위 법률 제43조 제1항, 재5조 제1항에 정한 건물의 보존에 해로운 행위 기타 건물의 관리 및 사용에 관하여 구분소유자의 공동이익에 반하는 행위에 해당한다고 판단하고 있다. 기록에 비추어 살펴보면, 원심의 위 사실인정과 판단은 정당"하다라는 취지이다.

집합건물의 전유부분이 상가가 아닌 주거의 용도로 분양된 것이라면 어떤가? 집합건물법 제5조 제2항은 "전유부분이 주거의 용도로 분양된 것인 경우에는 구분소유자는 정당한 사유 없이 그 부분을 주거 외의 용도로 사용하거나 그 내부 벽을 철거하거나 파손하여 증축·개축하는 행위를 하여서는 아니 된다."고 규정하여, 정당한 사유 없는 주거 외의 용도사용(변경)을 금지하고 있다.

12. 집합건물의 옥상누수와 방수공사

집합건물에 옥상누수가 발생하였다. 옥상은 공용부분에 해당하는가? 옥상은 1동의 건물의 상부로서 1동의 건물전체의 유지·보전이나 미관을 위하여 필요한 부분일 뿐만 아니라, 그 구조 및 이용상 1동의 건물의 구분소유자들 모두에게 제공되고 있다고 보이므로, 공용부분에 해당한다고 볼 수 있다[참고로 여러 동의 집합건물로 이루어진 단지 내 특정동의 아파트 옥상은 그 해당 동의 구분소유자들의 일부공용부분에 해당한다는 취지의 판례로는 대법원 2019다294947(반소) 판결(공유물인도청구)].

공용부분에 해당한다면 방수공사는 누가 해야 하는가? 방수공사는 공용부분의 '관리'행위에 해당하는가? 아니면, 공용부분의 '보존'행위에 해당하는가? 공용부분의 '관리'행위의 개념에는 공용부분을 '보존'하거나, '이용' 또는 '개량'하는 행위를 포함하고, '처분'행위를 제외한다. 따라서 '관리'행위와 '보존'행위는 구분된 개념이 아니고, '관리'행위의 개념 속에 '보존'행위가 포함되어 있다고 해석할 수 있다.

즉 공용부분의 '관리'행위에는 공용부분을 '보존'하거나, '이용' 또는 '개량'하는 행위를 포함하며, '보존'은 공용부분의 멸실·훼손을 방지하고, 그 현상을 유지하기 위하여 하는 사실적·법률적 행위를 말하며, '이용'은 공용부분을 그 자체의 경제적 용도에 따라 활용하는 것을 말하며, '개량'은 공용부분의 사용가치 또는 교환가치를 증대시키는 행위를 말한다.

이러한 개념 정의에도 불구하고, 집합건물법 제16조 제1항은 공용부분의 관리에 관한 사항은 통상의 집행결의를 요한다고 규정하여 구분소유자의 과반수 및 의결권의 과반수 결의를 요하나, 보존행위의 경우 집행결의를 요하지 않고, 각 공유자가 할 수 있음을 규정하고 있다.

결국, 옥상누수에 대한 방수공사는 공용부분의 관리행위에 해당하여 원칙적으로는 구분소유자의 과반수 및 의결권의 과반수의 결의를 요하지만, 옥상누수에 대한 방수공사는 공용부분의 관리행위 중에서도, 공용부분의 보존행위에 속하므로, 공용부분의 관리행위에서 요구하는 집행결의 없이, 각 공유자가 옥상누수에 대한 방수공사를 할 수 있다고 해석된다.

따라서, 옥상누수에 대한 방수공사는 구분소유자의 과반수 및 의결권의 과반수 결의로 실행할 수도 있고, 옥상의 현상을 유지하기 위한 목적이라면 구분소유자 누구라도 공사를 진행하고, 이에 관한 비용을 공용부분에 대한 지분비율에 따라 각 구분소유자에게 청구할 수 있다고 해석된다(필자의 개인의견). 이와 관련하여 집합건물법 제17조는 "각 공유자는 규약에 달리 정한 바가 없으면 그 지분의 비율에 따라 공용부분의 관리비용과 그 밖의 의무를 부담하며 공용부분에서 생기는 이익을 취득한다."고 규정하고 있다.

13. 집합건물의 누수와 입증책임

아파트에 살고 있는데, 아파트 천장에서 물이 샐 경우 누수에 대한 책임은 누구에게 물어야 할까? 위층 점유자 또는 위층 소유자에게 물어야 할까? 아니면 입주자대표회의 등에게 책임을 물어야 할까? 민법에 의할 경우는 공작물책임(민법 제758조)이 문제되기 때문에, 전유부분의 하자로 누수가 발생되었다면, 위층 점유자에게 책임을 물어야 할 것이고, 공용부분의 하자로 누수가 발생되었다면 입주자대표회의 등에게 책임을 물어야 할 것이다.

보통 사람들이 집합건물의 전유부분과 공용부분을 구별할 수 있을까? 집합건물의 전유부 대장을 확인하면, 전유부분과 공용부분을 구별하여 놓고 있어 외견상 전유부분과 공용부분의 구별이 용이할 것으로 보이기도 하나, 실제 전유부분과 공용부분은 그 경계가 모호하여 건물하자로 손해가 발생한 경우 전문가들도 그 하자의 원인이 전유부분의 하자로 인한 것인지 아니면 공용부분의 하자로 인한 것인지 판단하기 어려운 경우가 많다.

이러한 사정을 고려하여 집합건물법은 법률상 추정규정을 두고 있다. 즉, 집합건물법 제6조는 "전유부분에 속하는 1동의 건물의 설치 또는 보존의 흠으로 인하여 다른 자에게 손해를 입힌 경우에는 그 흠은 공용부분에 존재하는 것으로 추정한다."라고 규정하고 있다.

결국 피해자는 1동의 건물의 설치 또는 보존상의 하자로 인하여 손해를 입었다는 전제사실을 입증하면 족한 것이다. 누수의 원인이 전유부분의 문제인지 아니면 공용부분의 문제인지 명확하지 않을 경우에는 누수를 입은 피해자는 입주자대표회의에 문제를 제기하는 것이 원칙이고, 입주자대표회의는 하자가 공용부분에 존재하지 아니하였다는 점을 입증해야 한다(서울동부지방법원 99가단22374 판결 참고).

즉 서울동부지방법원 99가단22374 판결 이유를 확인하면 "1405호 누수는 위 101동 외벽 부분의 하자로 인한 것이라 할 것이고, 위와 같은 공동주택의 외벽은 그 건물의 외관이나 안전을 유지하기 위하여 필요한 부분으로서 구조상 공용부분이라 할 것(대법원 92다32272 판결, 대법원 94다50380 판결 등)이며, 위 1505호의 외벽은 위 101동 구분소유자 전원의 공용에 제공되는 부분이라 할 것이다. 그리고 공용부분의 하자로 인하여 발생한 손해는 그 공용부분의 소유자 전원의 책임에 돌아가므로 결국 이를 구성원으로 하는 입주자대표회의 또는 관리단에게 책임이 있다고 볼 것이다(이와 같이 보는 것이 공동주택 또는 집합건물의 성질에 맞고, 더구나 집합건물의 소유 및 관리에 관한 법률 제6조는 "전유부분이 속하는 1동의 건물의 설치 또는 보존의 하자로 인하여 타인에게 손해를 가한 때에는 그 하자는 공용부분에 존재하는 것으로 추정한다."고 규정하여 하자가 전유부분에 있는지 공용부분에 있는지 분명하지 아니한 경우에는 공용부분에 있는 것으로 추정하고 있다)."라는 취지이다.

예를 들어보자. 아파트에 물이 새서 천장에 누수가 발생하였고(누수사실 자체 입증필요), 이를 위층에 문제삼자 위층에서는 전유부분과 관련이 없으니, 관리사무소에 문제를 제기하라고 주장한다. 이에 피해자는 관리사무소에서 문제를 제기하였으나, 관리사무소는 위층과의 문제를 관리사무소에게 해결할 수 없다는 태도를 보인다. 이러한 관리사무소의 태도는 집합건물법 제6조의 취지상 정상적인 반응이 될 수 없다는 것이다.

관리사무소를 통해 아파트 입주자대표회의에 문제를 제기하였음에도 불구하고, 문제가 해결되지 않으면, 집합건물법 제6조를 근거로 하여 아파트 입주자대표회의와 위층 소유자 등에 대한 손해배상청구소송 등을 고려할 수 있을 것이다[필자가 수행한 소송사례로는 서울서부지방법원 2017가소324438 판결이 존재함. 판결의 소장에서는 아파트 입주자대표회의를 집합건물법 제6조를 전제하여 주위적 공동소송 대상으로 삼고, 위층 소유자를 예비적 공동소송 대상으로 삼았음. 다만, 하자 원인을 감정한 결과 공용부분(90%)과 위층 전유부분(10%)에 각 하자가 존재하는 것으로 밝혀져 병합청구로 청구취지 변경하여 승소함].

14. 집합건물법상 관리단과 일부공용부분관리단

집합건물의 관리단은 어떠한 조직행위를 통해야만 성립될까? 그렇지 않다. 즉, 집합건물의 관리단은 어떠한 조직행위를 거쳐야 비로소 성립되는 단체가 아니라 구분소유관계가 성립하는 건물이 있는 경우 당연히 그 구분소유자 전원을 구성원으로 하여 성립되는 단체다. 이와 관련하여, 집합건물법 제23조 제1항은 "건물에 대하여 구분소유관계가 성립되면 구분소유자 전원을 구성원으로 하여 건물 및 그 대지와 부속시설의 관리에 관한 사업의 시행을 목적으로 하는 관리단이 성립된다."고 규정하고 있다.

그렇다면, "일부공용부분관리단"의 경우도 조직행위 등을 필요로 하지 않고, 일부공용부분의 구분소유관계가 성립할 때에 당연 설립될까? 그렇게 보기 힘들다. 즉 "일부공용부분관리단"의 경우는 집합건물법 제28조 제2항에 따라 별도의 규약을 만들고 그 공용부분이 관리에 관한 사업의 시행을 목적으로 하는 관리단을 구성할 수 있을 뿐이라고 해석된다(집합건물법 제23조 제2항). 따라서 집합건물 전체의 관리단과 달리, "일부공용부분관리단"의 경우는 그 성립을 위하여 조직행위 등이 필요하다.

그렇다면, 구분소유자 전원으로 구성된 당연 설립 관리단과 "일부공용부분관리단"의 핵심적 차이는 무엇인가? "일부공용부분관리단"이 집합건물 전체의 관리단과 달리 조직행위 등을 거쳐 설립될 경우라고 하더라도, "일부공용부분관리단"에서 설정된 규약에서 정할 수 있는 사항은 일부공용부분에 관한 사항으로서 집합건물 구분소유자 전원에게 이해관계가 있지 아니하거나 구분소유자 전원의 규약에 따로 정하지 아니한 사항에 국한된다(집합건물법 제28조 제2항)는 점이 핵심적 차이일 것이다(필자가 수행한 서울고등법원 2016나2071004 판결).

주상복합아파트의 경우, 이러한 논의가 존재하는 경우가 상당하다. 즉, 주상복합아파트의 상가구분소유자들이 상가관리단을 분리하여 주택부분 또는 집합건물 전체 관리단과 다른 목소리를 내고자 한다면, 그 최소한의 요건으로 상가부분이 특정(분리)되어야 하며, 상가구분소유자들에 의한 집합건물법 제28조 제2항의 규약을 설정하는 별도의 조직행위가 필요함을 기억할 필요가 있다.

이와 관련하여 대법원 2023다268402 판결에 의하면 "집합건물법상의 일부공용부분관리단은 일부의 구분소유자만이 공용하도록 제공되는 것임이 명백한 일부공용부분의 관리에 관한 사항으로서, 구분소유자 전원에게 이해관계가 없고 구분소유자 전원의 규약에 따로 정하지 않은 사항에 관하여, 일부공용부분을 공용하는 구분소유자의 4분의 3 이상 및 의결권의 4분의 3 이상의 찬성결의로 설정된 규약에 따라 일부공용부분의 관리에 관한 사업의 시행을 목적으로 구성되어야 한다(대법원 2012다34382, 34399 판결, 대법원 2015다239263, 239270 판결). 한편 구분소유자의 4분의 3 이상을 계산할 때에 한 사람이 그 집합건물 내에 수 개의 구분건물을 소유한 경우에는 이를 1인의 구분소유자로 보아야 한다(대법원 2009다65546 판결). 구분소유자의 의결권은 규약에 특별한 규정이 없으면 전유부분의 면적비율에 의한 지분비율에 따르고(제12조, 제37조 제1항), 전유부분을 여럿이 공유하는 경우에 공유자는 서로 협의하여 공유자 중 1인을 의결권을 행사할 자로 정하여야 하며, 협의가 이루어지지 않을 경우에는 공유물의 관리에 관한 민법 제265조에 따라 공유지분의 과반수로써 의결권 행사자를 정하거나 공유자 중 전유부분 지분의 과반수를 가진 자가 의결권 행사자가 된다(제37조 제2항, 대법원 2007마1734 결정, 대법원 2012다4985 판결 등)."라는 취지로 판시하였다(원고 상가관리단이 대규모 주상복합건물 중 상가 부분의 '일부공용부분관리단'이라고 주장하면서 상가 전유부분 소유자인 피고에게 관리비를 청구하는 사안인데, 원심은, 2019. 8. 17.자 총회에서 이 사건 건물 중 상가 부분 구분소유자 및 의결권의 4분의 3 이상의 찬성으로 일부공용부분의 관리에 관한 규약이 설정되고 원고가 일부공용부분관리단으로 적법하게 구성되었다고 판단하여 관리비청구를 인용하였으나, 위 대법원은, 2019. 8. 17.자 총회의 의결이 이 사건 건물 중 일부의 구분소유자만이 공용하도록 제공되는 것임이 명백한 일부공용부분의 관리에 관한 사항으로서, 구분소유자 전원에게 이해관계가 없고 구분소유자 전원의 규약에 따로 정하지 않은 사항에 관한 것이라고 단정할 수 없고, 이 사건 건물의 일부공용부분을 공용하는 구분소유자의 현황과 구분소유자 1명이 여러 개의 전유부분을 소유하는지 여부 및 전유부분을 여럿이 공유하는 경우에 공유자들이 의결권을 행사할 1인을 지정하고 그 지정된 1인이 총회에 참석하였는지 여부 등 구분소유자 및 의결권의 4분의 3 이상이 찬성하였는지를 확인할 수 있는 객관적인 자료가 제출되지 아니하였음에도, 구분소유자 및 의결권의 4분의 3 이상이 찬성하여 일부공용부분의 관리에 관한 규약을 설정하였고 원고가 위 규약에 따라 일부공용부분관리단으로 적법하게 구성되었다고 판단한 원심판결에는 집합건물법상 일부공용부분관리단의 성립요건과 의결정족수 산정에 대한 법리를 오해하여 '대법원의 판례에 상반되는 판단'을 함으로써 판결에 영향을 미친 잘못이 있다는 이유로 원심판결을 파기·환송한 사례).

참고로 실무적 문제를 이야기해보고자 한다. 집합건물 관리단이 소송을 제기하려 하는데, 관리단집회의 특별결의 정족수 요건을 갖추어 규약을 제정한 적이 없다면? 다만 관리단이 관리단집회를 개최하여 공용부분 관리 및 활용방안에 관한 의결기구로서 역할을 할 14인의 대표위원을 선출하여 대표위원회(이하 '이 사건 대표위원회')를 구성하였고, 이 사건 대표위원회는 소송에 관한 변호사 선임비용 지출에 관하여 결의하였다. 이 경우 변호사 선임이 적절한 것일까?

원심은 "관리인이 관리단(원고)을 대표하여 공용부분의 관리행위에 해당하는 공용부분 무단점유자에 대한 부당이득반환을 구하는 소를 제기하려면 규약에 특별한 수권규정이 없는 한 미리 관리단집회의 결의를 거쳐야 하는데, 원고(관리단)가 피고들(공용부분 무단점유자)을 상대로 제기한 이 사건 시설물 부지의 무단점유로 인한 차임 상당 부당이득반환을 구하는 이 부분 소는 관리단집회의 결의를 거쳤다거나 규약에 그에 관한 수권조항이 있음을 인정할 증거가 없어, 원고적격이 없는 자에 의하여 제기된 것이라는 이유로 이를 부적법"하다는 취지였으나, 대법원은 원심의 위 판단부분을 파기·환송하였다.

즉 대법원 2021다292425 판결에 의하면 "원고(관리단)는 2016. 5. 27. 관리단 집회에서 통상의 집회결의로써 14인의 대표위원을 선임하는 결의를 하였고, 위 관리단 집회에서 의장은 구분소유자들에게 대표위원의 역할이 '공용부분의 관리'임을 언급하였으며, 위 관리단 집회에 관한 소집통지에서도 그와 같은 사항을 공지한 것으로 보인다. 구분소유자들은 이 사건 대표위원회에 공용부분 관리권한이 위임된다는 것을 인식하면서 이 사건 대표위원회를 구성하는 결의를 하였다고 볼 수 있다. 이 사건 대표위원회는 2019. 4. 5. 피고들에 대한 부당이득금반환청구 등 이 사건 소송에 관한 변호사 선임비용 지출에 관하여 결의하였으므로, 관리단인 원고로부터 위임받은 바에 따라 공용부분 관리행위에 해당하는 부당이득반환청구권 행사에 관한 의결을 하였다고 볼 여지가 있다."는 취지이다.

15. 집합건물 구분소유자의 법원에 대한 임시관리인 선임신청

집합건물 관리단의 관리인은 원칙적으로 관리단집회의 결의로 선임되거나 해임된다(집합건물법 제24조 제3항). 그렇다면 구분소유자 1인이 관리단의 관리인이 없음을 이유로 법원에 임시관리인의 선임을 청구할 수 있는가? 가능하다.

집합건물법 제24조의2 제1항은 "구분소유자, 그의 승낙을 받아 전유부분을 점유하는 자, 분양자 등 이해관계인은 제24조 제3항에 따라 선임된 관리인이 없는 경우에는 법원에 임시관리인의 선임을 청구할 수 있다."라고 규정하고 있기 때문이다.

이때 법원에서 임시관리인 선임요건으로 '임시관리인을 선임하지 아니하면 손해가 생길 염려'를 고려해야 하는가?

이러한 의문이 드는 것은 위 집합건물법 관련 조문에 해당하는 민법 제63조가 "이사가 없거나 결원이 있는 경우에 이로 인하여 손해가 생길 염려 있는 때에는 법원은 이해관계인이나 검사의 청구에 의하여 임시이사를 선임하여야 한다."고 규정하고 있기 때문이다.

이에 대하여 대법원 2024마6239 결정에 의하면 "집합건물법 제24조 제3항에 따라 선임된 관리인이 없는 경우 특별한 사정이 없는 한 구분소유자, 그의 승낙을 받아 전유부분을 점유하는 자, 분양자 등 이해관계인은 집합건물법 제24조의2 제1항에 의하여 법원에 임시관리인의 선임을 청구할 수 있고, 이와 별도로 곧바로 임시관리인을 선임하지 아니하면 손해가 생길 염려가 있다는 사정이 요구되는 것은 아니다."라는 취지이다.

1심과 원심은 위 대법원 판결과 달리 "집합건물법 제24조의2에 따른 임시관리인 선임 청구는 통상의 절차에 따른 관리인의 선임이 극히 곤란한 상태로서 곧바로 임시관리인을 선임하지 아니하면 손해가 생길 염려가 있다는 특별한 사정이 있는 때에 할 수 있다고 전제한 뒤, 신청인이 제출한 자료만으로는 이러한 사정이 있는 경우라고 보기 어렵다는 이유로 신청인의 신청을 기각"한 것이었는데, 위 대법원은 원심을 파기·환송한 것이다.

> 제24조의2(임시관리인의 선임 등) ① 구분소유자, 그의 승낙을 받아 전유부분을 점유하는 자, 분양자 등 이해관계인은 제24조 제3항에 따라 선임된 관리인이 없는 경우에는 법원에 임시관리인의 선임을 청구할 수 있다. ② 임시관리인은 선임된 날부터 6개월 이내에 제24조 제3항에 따른 관리인 선임을 위하여 관리단집회 또는 관리위원회를 소집하여야 한다. ③ 임시관리인의 임기는 선임된 날부터 제24조 제3항에 따라 관리인이 선임될 때까지로 하되, 같은 조 제2항에 따라 규약으로 정한 임기를 초과할 수 없다.

위 대법원이 "임시관리인을 선임하지 아니하면 손해가 생길 염려"를 요구하지 않은 이유는 무엇일까? 집합건물법은 임시관리인이 선임된 경우 그에게 관리인의 조속한 선임을 위한 관리단집회 등 소집 의무를 부과하고 그의 임기도 제한함으로써 임시관리인의 지위가 임시적인 것임을 분명히 하고 있어 구분소유자 등 1인이 법원에 임시관리인 선임을 청구해도 별다른 부작용이 없다고 판단하고 있는 것으로 이해된다.

이와 관련하여 2024. 10. 15.자 공보에 대한 '서울고등법원판례공보스터디' 판례 1번 해설에 의하면 "대표자의 선임을 비롯한 단체의 의사결정은 단체의 자율에 맡기는 것이 바람직하다는 측면에서, 구분소유자 1인이나 다른 이해관계인이 단체의 대표자를 선임할 수 있도록 하는 것보다는 구분소유자 5분의 1 이상 등 조금이라도 다수가 참여하여 대표자를 선임하는 것이 바람직하다고 볼 수도 있어서, 이해관계인이 집합건물법 제24조의2에 따라 임시관리인 선임을 신청할 때에는 민법 제63조와 같이 임시관리인이 없어 손해가 생길 염려가 있다는 요건이 요구된다는 제1심과 원심의 입장도 이해되지만, 집합건물법 제24조의2의 법문이 '관리인이 없는 경우'에는 임시관리인의 선임을 청구할 수 있다고 규정하고 있고, 집합건물법 제33조 제4항에 의하면 관리인이 없는 경우에는 구분소유자의 5분의 1 이상은 법원의 허가 없이도 곧바로 관리단집회를 소집할 수 있기는 하나, 구분소유자 5분의 1 이상이 관리단집회를 소집하는 것이 반드시 용이한 것이 아니고, 구분소유자 외의 이해관계인은 이 방법으로는 관리인 선임을 위한 관리단집회를 개최할 수 없으며, 관리인이 없는 경우 구분소유자 5분의 1 이상이 관리단집회를 소집할 수 있다고 하더라도 5분의 1 이상에 해당하는지 등 절차의 적법성과 관련하여 법적 분쟁이 발생할 가능성이 크다는 점에서, 그보다는 집합건물법 제24조의2의 규정에 따라 임시관리인을 선임하고 임시관리인이 6개월 내에 관리인 선임을 위한 관리단집회를 개최하는 편이 법적 분쟁 발생의 리스크를 줄일 수 있을 것이라면서, 집합건물법 제24조의2 제2항에 관리인 선임을 위한 임시관리인의 관리단집회 소집의무가 규정되어 있으므로, 제도의 남용 위험성도 크지 않아 대법원 판결이 타당"하다는 취지로 설명하고 있다.

16. 관리단집회 결의 없는 관리인의 행위가 무효로 되었던 사례

집합건물의 관리인은 공용부분 관리를 위한 행위에 관하여 관리단집회에서 결의된 사항을 구체적으로 집행하는 것이지, 공용부분의 관리에 관한 사항을 독자적으로, 그리고 관리단집회 결의 없이 결정할 수 있는 권한을 가지는 것이 아니다.

이러한 관점에서, 집합건물법에서 관리단집회의 결의사항으로 정한 사항에 관하여 관리인이 관리단집회를 거치지 않고 한 법률행위의 효력에 대하여 무효를 선언한 대법원 2023다287861 판결을 확인해 보자.

원고 1은 피고의 관리인과 '집합건물 공용부분의 조명등을 교체하여 주고 그 설치비용을 지급받는 내용'의 계약(대금 48,100,420원, '이 사건 조명공사계약')을 체결하였다.

원고 2는 피고의 관리인과 '집합건물 지하주차장에 무인주차시스템을 설치하고 피고로부터 매월 영업이익금을 지급받는 내용'의 계약(60개월 동안 월 2,200,000원, 합계 1억 3,200만원, '이 사건 주차설비계약')을 체결하였다.

피고가 원고들에게 각각의 계약에 따른 대금을 지급하지 않자 원고들이 피고를 상대로 이 사건 소를 제기하여 대금 지급을 구한 사안이다.

이때 원고들의 청구가 인용되어야 하는가? 원심은 원고들의 청구를 일부 인용하였지만, 대법원은 원고들과 피고 관리인 사이의 계약의 효력이 없다면서 원고들의 피고에 대한 청구에 대한 원심을 파기·환송한 것이다.

즉, 원심은 이 사건 각 계약이 집합건물 공용부분의 관리행위에 해당하므로 집합건물법 제16조 제1항에 따라 계약체결에는 관리단집회의 결의가 필요하다고 보면서도, 집합건물법 제16조 제1항은 관리인의 대표권을 제한하는 것이고, 이러한 대표권 제한은 집합건물법 제25조 제2항에 따라 선의의 제3자에게 대항할 수 없는 것인데, 피고가 제출한 증거들만으로는 원고들이 악의 또는 중과실이었다고 인정하기 어렵다는 이유로 피고가 원고들을 상대로 각 계약이 무효라고 주장할 수 없다고 판단하고 원고들의 청구를 일부 인용한 것이다.

그러나 대법원은 집합건물법 제16조 제1항은 단순히 관리인의 대표권을 제한하는 것에 그치는 것이 아니라고 하면서, 집합건물 공용부분의 관리행위에 해당하는 계약을 관리단집회의 결의 없이 체결하였다면 그러한 계약은 효력이 없다고 보아 원심판결을 파기·환송하였던 것이다.

> **제16조(공용부분의 관리)** ① 공용부분의 관리에 관한 사항은 제15조 제1항 본문 및 제15조의2의 경우를 제외하고는 제38조 제1항에 따른 통상의 집회결의로써 결정한다. 다만, 보존행위는 각 공유자가 할 수 있다.
> **제25조(관리인의 권한과 의무)** ① 관리인은 다음 각 호의 행위를 할 권한과 의무를 가진다. 1. 공용부분의 보존행위 1의 2. 공용부분의 관리 및 변경에 관한 관리단집회 결의를 집행하는 행위
> ② 관리인의 대표권은 제한할 수 있다. 다만, 이로써 선의의 제3자에게 대항할 수 없다.
> **제38조(의결 방법)** ① 관리단집회의 의사는 이 법 또는 규약에 특별한 규정이 없으면 구분소유자의 과반수 및 의결권의 과반수로써 의결한다.

위 대법원 2023다287861 판결에 의하면 "구 집합건물법의 규정형식과 내용 및 취지 등에 비추어 보면, 집합건물 공용부분의 '관리에 관한 사항'은 규약에 달리 정함이 없는 한 구분소유자들로 구성된 관리단집회의 결의로써 결정되어야 하고, 관리인은 그와 같이 관리단집회에서 결의된 사항에 관하여 공용부분 관리를 위한 행위를 구체적으로 집행할 수 있을 뿐이다. 따라서 관리인이 구 집합건물법 제16조 제1항에 따라 관리단집회의 결의로 결정되어야 하는 공용부분의 '관리에 관한 사항'에 대해서 관리단규약에 정함이 없는데도 관리단집회

를 거치지 않은 채 그러한 사항에 관하여 한 법률행위는 그 효력이 없다고 보아야 한다."라는 취지이다.

이와 관련하여 2024. 11. 15.자 공보에 대한 '서울고등법원판례공보스터디' 판례 2번 해설에 의하면 "법령 자체가 일정한 절차와 방식을 요구하는 경우와 단체가 내부적으로 일정한 절차나 방식을 거치도록 정한 경우를 구분하는 접근방법이 일반적이고 타당"하다면서, "관리업무 위·수탁계약의 체결은 집합건물법 제16조 제1항의 '공용부분의 관리에 관한 사항' 그 자체를 결정하는 것이 아니라, 공용부분의 관리에 관한 사항에 관하여 관리단의 결의로 결정된 내용에 따라 집합건물의 관리비의 부과·징수를 포함하는 관리업무를 집행할 권한을 부여하는 행위라고 볼 수 있다."라고 설명하면서, "본건의 관련판결인 대법원 2020다292091 판결에서, 관리업무 위·수탁계약을 관리단집회 결의 없이 체결한 것에 대하여, 집합건물법 제16조 제1항의 '공용부분의 관리에 관한 사항' 문제가 아니라 집합건물법 제25조 제2항의 대표권 제한에 관한 문제라고 보았지만, 관리인은 관리업무 위·수탁계약 등을 통해 집합건물의 관리업무를 위탁할 수 있고(대법원 2006다33340 판결, 대법원 2014다218528 판결 등), 관리업무 위·수탁계약을 통해 관리업무를 수탁받은 관리업체가 수행할 수 있는 업무는 관리인의 권한범위를 넘어설 수 있다고 보기 어렵다는 점에서, 이 사건 판결인 대법원 2023다287861 판결과 모순되지 않는다."라는 취지로 설명하고 있다.

또한, 위 2024. 11. 15.자 공보에 대한 서울고등법원판례공보스터디 판례 2번 해설에 의하면, 공동주택관리법 제7조에서는 주택관리업자(위탁관리업체)의 선정에 관하여 전체 입주자 등의 과반수의 동의를 얻을 것을 규정하고 있는바, 이처럼 법령 자체에서 위탁관리업체의 선정 절차에 관하여 규정하고 있는 경우에는 그 법령을 위반한 위탁관리업체 선정 계약은 무효라고 보아야 할 것이라고 설명하고 있다.

17. 집합건물상가 관리단의 집합상가 수탁자에 대한 미납관리비 청구 기각 사례

집합건물상가의 관리단이 구분소유자로부터 부동산담보신탁을 위한 소유권이전등기를 마친 수탁자에게 미납관리비를 청구할 수 있을까? 구분소유자로부터 신탁법상 신탁을 마친 수탁자는 해당 구분건물의 소유자이므로 원칙적으로 집합건물상가의 관리단에게 미납관리비를 지급할 의무가 있다고 해석된다.

그렇다면 신탁원부에 신탁부동산에 대한 관리비 납부의무를 위탁자가 부담한다는 내용이 기재되어 있다면 어떠한가? 이러한 경우에도 수탁자가 집합건물상가의 관리단에게 미납관리비를 납부할 의무가 있는가?

대법원 2012다13590 판결에 의하면 "신탁법 제3조는 '등기 또는 등록하여야 할 재산에 관하여는 신탁은 그 등기 또는 등록을 함으로써 제3자에게 대항할 수 있다.'고 규정하고, 구

부동산등기법(2011. 4. 12. 법률 제10580호로 전문개정되기 전의 것) 제123조, 제124조는 신탁의 등기를 신청하는 경우에는 ① 위탁자, 수탁자 및 수익자 등의 성명, 주소 ② 신탁의 목적 ③ 신탁재산의 관리방법 ④ 신탁종료사유 ⑤ 기타 신탁의 조항을 기재한 서면을 그 신청서에 첨부하도록 하고 있고 그 서면을 신탁원부로 보며 다시 신탁원부를 등기부의 일부로 보고 그 기재를 등기로 본다고 규정하고 있다. 따라서 위의 규정에 따라 등기의 일부로 인정되는 신탁원부에 신탁부동산에 대한 관리비 납부의무를 위탁자가 부담한다는 내용이 기재되어 있다면 수탁자는 이로써 제3자에게 대항할 수 있다."는 취지이다.

결국 신탁원부에 관리비부담 주체를 위탁자로 적시한 경우에는 집합건물상가의 관리단이 수탁자를 향해 미납관리비를 청구할 수 없다.

이와 관련하여 대구지방법원 2022나318230 판결은 위 대법원 판결취지에 따라 '신탁원부에 신탁부동산인 상가건물에 대한 관리비 납부의무를 위탁자가 부담하는 것으로 기재되어 있다는 이유로, 상가건물 관리단의 수탁자에 대한 미납관리비 청구를 기각'하였다(1심 판결 취소).

위 대구지방법원 2022나318230 판결의 '구체적 판단'부분을 소개하면 다음과 같다.

〈구체적 판단〉

갑 제1, 7, 8호증, 을 제1, 2호증의 각 기재 및 변론 전체의 취지에 의하면, 이 사건 각 점포의 구분소유자였던 C(208호), D(302호)는 2020. 1. 23. 피고와 이 사건 각 점포에 관하여 부동산담보신탁계약을 체결하면서 신탁원부 및 부동산담보신탁계약서(이하 '이 사건 신탁계약서')를 작성한 사실, 이 사건 신탁계약서 제9조 제1항은 "위탁자는 신탁부동산을 사실상 계속 점유 사용하고, 신탁부동산에 대한 실질적인 보존과 일체의 관리행위 및 이에 따른 일체의 비용을 부담한다."고 기재되어 있고, 위 계약서 특약사항 제6조 제1항은 "위탁자는 신탁부동산을 사실상 계속 점유·사용하며, 신탁부동산에 대한 보존·유지·수선 등 실질적인 관리행위(신탁부동산의 임대차관리 및 임차보증금 반환·현장관리·수선유지 등을 포함하여 이에 한정되지 아니한다)와 이에 소요되는 일체의 비용을 부담한다."고 규정되어 있는 사실, 이 사건 신탁계약서는 위 신탁원부에 포함되어 이 사건 각 점포의 등기부에 편철되어 있는 사실이 각 인정된다.

위 인정사실에 의하면, 이 사건 신탁계약서는 신탁부동산인 이 사건 각 점포에 대한 실질적인 보존과 일체의 관리행위 및 이에 따른 일체의 비용을 위탁자인 C(208호), D(302호)가 부담한다고 규정하고 있으므로, 이는 신탁부동산에 대한 관리비 납부의무를 위탁자가 부담한다는 내용으로 보아야 한다. 또한 원고가 구하는 이 사건 상가의 관리비는 이 사건 상가의 보존과 관리 등에 따른 비용에 해당하고, 이 사건 신탁계약서는 이 사건 각 점포에 관한 신탁등기의 신탁원부에 포함되어 등기의 일부가 되었으므로, 피고는 이 사건 신탁계약서의 규정을 들어 제3자인 원고에게 대항할 수 있다.

따라서 피고는 이 사건 상가에 관한 관리비를 지급할 의무가 없으므로, 이를 전제로 피고에 대하여 미납관리비 등의 지급을 구하는 원고의 이 사건 청구는 이유 없다.

18. 집합건물 분양자가 지정한 위탁관리회사의 관리업무 종료시기

대법원 2020다229192(본소), 229208(반소) 판결(용역비·관리비반환청구의소)에 의하면 분양자와 관리위탁계약을 체결한 위탁관리회사는 분양자가 집합건물을 관리하는 기간 동안 위탁받은 관리업무를 수행할 수 있을 뿐이고, 관리단이 관리를 개시한 이후에는 더 이상 관리비 징수 등 집합건물에 관한 관리업무를 수행할 수 없다는 취지이다.

그 이유는 무엇일까? 집합건물법 제9조의3이 "분양자의 관리의무 등"을 규정하고 있는데, 제1항이 "분양자는 제24조 제3항에 따라 선임된 관리인이 사무를 개시할 때까지 선량한 관리자의 주의로 건물과 대지 및 부속시설을 관리하여야 한다."고 규정하고 있고, 제3항이 "분양자는 예정된 매수인의 2분의 1 이상이 이전등기를 한 때에는 규약 설정 및 관리인 선임을 위한 관리단집회(제23조에 따른 관리단의 집회를 말한다. 이하 같다)를 소집할 것을 대통령령으로 정하는 바에 따라 구분소유자에게 통지하여야 한다. 이 경우 통지받은 날부터 3개월 이내에 관리단집회를 소집할 것을 명시하여야 한다."고 규정하고 있기 때문이다.

그리고 2012. 12. 18. 집합건물법 개정으로 신설된 위 구 집합건물법 제9조의3은 집합건물의 분양자에게 한시적으로 집합건물의 관리의무를 부과한 것이라는 취지이고, 관리단이 관리업무를 수행할 실질적인 조직을 갖추기 전까지 분양자로 하여금 집합건물을 관리하게 함으로써 관리 공백을 막으면서도 분양자가 집합건물을 장기간 관리함으로써 관리에 관한 사항을 독단적으로 처리하여 구분소유자들의 집합건물의 관리에 관한 권한을 침해하는 상황을 방지하는 것을 목적으로 하기 때문이라는 것이다.

그렇다면 집합건물의 분양계약서에 "구분소유 관계가 성립된 이후 일정기간 동안 분양자가 지정한 자가 집합건물을 관리한다."는 등의 내용이 포함된 경우에는 어떠한가? 분양자와 구분소유자 사이의 위 분양계약서의 효력을 위탁관리회사가 계속관리를 위한 논거로 쓸 수 있는가? 그렇지 않다는 것이 위 대법원 판결의 취지이다.

즉 위 대법원 판결에 의하면 "분양계약서에 포함된 내용을 어떠한 의미로 파악할 것인지는 원칙적으로 개별 분양계약의 해석 문제이기는 하나 분양자와 수분양자 사이의 구분건물 매매를 주된 목적으로 하는 분양계약에서 분양이 이루어지고 구분소유 관계가 성립된 이후 집합건물의 관리에 관한 내용을 정하는 것은 분양계약의 부수적 약정에 불과하다. 신설된 구 집합건물법 제9조의3의 목적과 취지를 고려할 때 이러한 부수적 약정의 내용을 구 집합건물법 제9조의3에 우선하여 해석할 수는 없다. 분양계약서의 내용으로 집합건물의 관리에 관한 관리단, 분양자, 위탁관리회사의 관계에 구 집합건물법 제9조의3의 적용을 배제하거나 집합건물법에서 보장하는 관리단의 관리권한을 제한하는 것은 엄격하게 인정하여야 한다. 따라서 분양계약서에 위와 같은 내용이 포함되었더라도 특별한 사정이 없는 한 구분소유자들이 구분소유 관계가 성립한 후 관리단이 관리를 개시하기 전까지 분양자의 관리기간 동안 분양자와 관리위탁계약을 체결한 위탁관리회사의 위탁관리업무를 승인한다는 의사표시로 해석하여야 하지, 분양자가 체결한 관리위탁계약의 효력을 관리단이 관리를 개시한 뒤에도 인정하겠다는 구분소유자들의 서면 합의로 해석할 것은 아니다."는 취지이다.

그렇다면, 분양자가 지정한 위탁관리회사의 관리업무 종료시기는 언제인가? 관리단이 집합건물에 관한 관리를 개시한 때가 기존 위탁관리회사의 관리업무 종료시기가 된다.

즉 위 대법원 판결에 의하면 "피고(관리단)는 2017. 7. 27. 관리단집회를 개최하여 소외인을 관리인으로 선임한 다음 이 사건 집합건물에 관한 관리를 개시하였으므로, 안강개발(분양자)의 이 사건 집합건물에 관한 관리권한은 그때에 종료된다."는 취지이다. 따라서 분양자(안강개발)의 관리업무가 종료한 뒤에 원고(위탁관리회사)가 피고(관리단)에게 관리위탁계약에 따른 용역대금청구는 인정되기 어렵다.

그렇다면, 관리단(피고)과 새롭게 위탁관리계약을 체결한 관리회사가 기존 위탁관리회사(원고)에게 관리업무 인계를 요청한 2017. 11. 15. 이후에 기존 위탁관리회사(원고)가 구분소유자들로부터 징수한 관리비에 대하여, 관리단(피고)이 기존 위탁관리회사(원고)에게 반소로 그 반환을 청구할 수 있을까? 관리단이 기존 위탁관리회사에게 관리비의 반환을 청구할 수는 없다.

즉 위 대법원 판결에 의하면 "원고는 권한 없이 징수한 관리비를 이를 지급한 구분소유자들에게 반환하여야 하지, 피고에게 반환할 것은 아니다. 구분소유자들이 원고에게 관리비를 지급하였다고 하더라도 피고가 정당하게 관리를 개시한 이후 피고의 구분소유자들에 대한 관리비 징수권한이 소멸되는 것은 아니므로(대법원 2016다260882 판결 등), 원고의 관리비 징수로 피고에게 손해가 발생하는 것은 아니다. 따라서 피고는 원고에게 부당이득반환이나 불법행위에 따른 손해배상을 구할 수 없다."는 취지이다.

이와 관련하여 피고가 소외인을 관리인으로 선임한 이후에 원고가 징수한 관리비는, 그 징수 권한이라는 법률상 원인이 없는 이득이기는 하나, 이로써 피고의 관리비채권은 소멸하지 않으므로, 손실을 입은 자는 피고가 아니라 구분소유자이고, 따라서 그 부당이득반환청구권도 피고가 아니라 구분소유자들이 취득한다면서 채권자대위소송으로 간편하게 해결될 수 있을 것으로 보인다는 견해가 있다.

즉 피고가 구분소유자들로부터 부당이득반환청구권을 개별적으로 양도받는 방법도 가능하나, 구분소유자들의 수가 적지 않은데다가, 대개는 구분소유자들이 이미 관리비를 지급하였다고만 할 뿐 추가적인 절차 진행에 협조적이지 않을 것이므로 피고가 구분소유자들을 대위하여 부당이득반환을 청구하면 법원이 '보전의 필요성'을 인정하여 주는 방향으로 소송을 진행하는 것이 간편하고 합리적일 것이라면서 위 판결 사안에서도, 피고가 채권자대위를 주장하였더라면 결론이 바뀔 수 있었을 것으로 짐작된다는 것이다(연도별 2023. 9. 1.자 '서울고등법원판례공보스터디' 제2296쪽 참고).

참고로 채권자대위에 있어 피보전채권이 금전채권일 경우에 원칙적으로는 변론종결 당시를 기준으로 '채무자의 무자력'이 요건('보전의 필요성' 관련 요건)이지만, 예외적으로 피보전채권과 피대위채권이 밀접한 관련이 있고, 피보전채권의 현실적 이행을 유효·적절하게 확보하기 위해서 대위권 행사가 필요하며, 채무자의 재산관리 자유에 부당한 간섭이 되는 것이 아니라면 '채무자의 무자력'은 그 요건이 될 수 없다는 것이 판례이다(대법원 2013다71784 판결). 위 견해는 이러한 판결을 염두한 견해로 이해된다(필자의 개인의견).

19. 집합건물 분양자의 관리권한과 의무는 관리단의 그것과 구별

관리단의 집합건물에 대한 관리가 개시되면, 구 집합건물법 제9조의3에 따라 집합건물을 관리하던 분양자는 그때에 관리비 징수권한을 포함한 관리권한을 상실하게 되고, 관리단이 집합건물법에서 부여받은 관리권한을 행사할 수 있게 된다.

분양자의 관리권한과 의무는 관리단의 그것과는 서로 구분되는 것이므로 분양자가 집합건물을 관리하면서 형성된 관리업무에 관한 법률관계가 새롭게 관리를 개시하는 관리단에 당연히 승계되는 것도 아니다. 따라서 분양자와 관리위탁계약을 체결한 위탁관리업자는 특별한 사정이 없는 한 그러한 관리위탁계약의 효력을 관리단에게 주장할 수 없다[대법원 2020다229192(본소), 229208(반소) 판결(용역비·관리비반환청구의소) 참조].

그렇다면, 관리단(피고)으로부터 관리업무 종료를 통보받은 분양자와 계약했던 위탁관리회사(원고)가 관리업무를 계속하면서 피고가 원고의 관리업무 수행으로 인하여 위탁용역비에 상당하는 이득을 얻었다면서 부당이득반환청구권을 행사할 수 있을까?

원심은, 위탁용역비는 원고(위탁관리회사)와 관리위탁계약을 체결한 분양자가 원고에게 이행하여야 할 계약상 채무에 불과할 뿐이고 이 사건 집합건물의 관리업무를 수행함에 있어 당연히 지출되어야 하는 필요경비가 아니어서 피고가 그와 상당한 비용의 지출을 면하는 이득을 얻었다고 보기 어렵다는 이유로 이를 배척하였으나 대법원은 원심의 위와 같은 판단은 위탁용역비 중 위탁관리 수수료에 대해서는 옳다고 볼 수 있지만, 나머지 관리인력 인건비에 대하여는 다음과 같은 이유로 수긍할 수 없다고 판시하였다(대법원 2022다233560 판결).

① 피고(관리단)가 2019. 2. 26. 관리단집회를 개최하여 소외인을 관리인으로 선임한 다음 이 사건 집합건물에 관한 관리를 개시하였으므로, 분양자들의 이 사건 집합건물에 관한 관리권한은 그때 종료되었다. 게다가 피고(관리단)가 원고(위탁관리회사)에게 2019. 6. 30.자로 이 사건 집합건물에 관한 관리업무의 종료를 요청함으로써 원고와 분양자들 사이에 체결된 관리위탁계약의 승계를 명시적으로 거부하였으므로 위 관리위탁계약은 2019. 6. 30.에 그 효력

을 상실하였다.

② 원고는 아무런 계약관계가 없는 상황에서 피고가 이 사건 집합건물에 관한 관리의 주체였던 2019. 7.경부터 2020. 10.경까지 이 사건 집합건물의 관리업무를 계속 수행하였다. 그런데 원고가 소속 관리인력을 통하여 수행한 업무 중에는 이 사건 집합건물 중 공용부분의 멸실·훼손을 방지하고 그 현상을 유지하는 데에 필요한 가장 기본적이고 필수적인 업무도 포함되어 있는 것으로 보인다. 이는 피고가 자치관리의 방식을 택하여 이 사건 집합건물의 관리업무를 수행한다고 하더라도 필요한 성격의 업무에 해당한다.

③ 원고는 피고의 가처분신청으로 법원이 이 사건 집합건물에 관한 관리행위의 금지를 명하는 가처분결정을 하자 얼마 지나지 않아 관리업무를 중단하였고, 원고가 위와 같은 업무를 수행하는 과정에서 피고와의 사이에 물리적 충돌이 발생하는 등으로 피고에게 피해를 입혔다거나 피고가 이 사건 집합건물의 관리와 관련하여 별도로 비용을 부담하였다고 볼 만한 자료가 없다.

이와 같은 사정에 비추어 볼 때, 원고가 이 사건 집합건물에 대하여 그와 같은 업무를 수행함에 따른 이득은 이 사건 집합건물의 관리 주체인 피고에게 귀속되었다고 할 수 있으므로 피고로 하여금 이를 원고에게 반환하도록 하는 것이 공평의 원칙에도 부합한다.

따라서 원심으로서는 원고의 관리인력이 수행한 업무 중 피고에게 이득이 된 부분을 특정하고, 그와 관련한 관리인력의 인건비가 적정한지 여부를 추가로 심리·판단하였어야 한다.

정리해보자. 원고는 분양회사가 선정한 위탁관리회사인데, 관리단에서 새로운 위탁관리회사를 선정하면 그때에 관리 권한이 종료된다. 위에서 언급한 대법원 2020다229192, 229208 판결 법리에 따르면, 관리 권한 종료 이후 원고가 관리단을 상대로 관리비를 청구할 어떠한 법적 근거도 없다.

다만 위 대법원 2022다233560 판결의 사실관계에 의하면, 원고가 관리 권한이 종료된 이후에도 자신의 소속 관리인력을 투입하여 이 사건 집합건물을 계속 관리하였는바, 관리회사의 관리 업무의 주된 내용은 관리인력을 집합건물에 투입하여 관리하는 것으로서 관리회사가 받는 용역비는 주로 ① 관리인력의 인건비와 ② 관리회사의 이익으로 구성되어 있다.

이로 인해 피고는 자신이 선정한 새로운 위탁관리회사에게 용역비 중 관리인력 인건비 상당을 지급하지 않아도 되는 이득을 보았으므로 그 이득액 만큼은 부당이득으로 원고에게 반환해야 한다.

다만, 원고의 입장에서는 자신의 소속 관리인력에게 지급한 인건비가 전부 손해에 해당하지만, 피고의 입장에서는 관리인력의 적정한 인건비만큼만 이득을 얻었다고 보아야 하므로 원고가 주장하는 지출 인건비를 모두 피고의 부당이득액으로 인정할 수는 없고, 파기·환송심에서 심리를 통하여 적정금액을 판단하여야 한다(연도별 2023. 9. 1.자 '서울고등법원판례공보스터디' 제2491쪽 참고).

20. 공용부분을 침해한 구분점포의 매수와 손해배상

집합건물의 구분점포를 매수하였는데, 해당 구분점포가 공용부분을 침범한 상태였다. 이를 잘 몰랐던 매수인이 구분점포 매수 후 관리소장으로부터 침범한 공용부분의 철거를 요구받았다. 이때 매수인이 매도인을 상대로 타인권리매매 등을 이유로 손해배상을 청구할 수 있을까?

구분점포의 매매 당사자가 집합건축물대장 등에 의하여 구조와 위치 그리고 면적이 특정된 구분점포를 매매할 의사가 아니라고 인정되는 등 특별한 사정이 없다면, 쉽지 않다는 것이 법원의 입장이다(대법원 2012다105 판결).

즉, 대법원은 "구분점포의 매매 당사자가 집합건축물대장 등에 의하여 구조, 위치, 면적이 특정된 구분점포를 매매할 의사가 아니라고 인정되는 등 특별한 사정이 없다면, 점포로서 실제 이용현황과 관계없이 집합건축물대장 등 공부에 의해 구조, 위치, 면적에 의하여 확정된 구분점포를 매매의 대상으로 하는 것으로 보아야 하고, 매매당사자가 매매계약 당시 구분점포의 실제 이용현황이 집합건축물대장 등 공부와 상이한 것을 모르는 상태에서 점포로서 이용현황대로 위치 및 면적을 매매목적물의 그것으로 알고 매매하였다고 해서 매매당사자들이 건축물대장 등 공부상 위치와 면적을 떠나 이용현황대로 매매목적물을 특정하여 매매한 것이라고 볼 수 없다(대법원 2012다105 판결)."는 취지이다.

'구분점포'란 무엇인가? 집합건물은 원칙적으로 구분된 건물이 구조상·이용상으로 독립되어야 하고, 분양계약 등의 구분행위가 있어야 해당 구분건물에 대한 구분소유가 인정된다.

예를 들어 상가나 아파트의 경우 101호가 존재한다면, 그 101호는 벽 등이 있어 옆 호실과 물리적으로 구별되어야 하고, 건축허가신청이나 분양계약 등의 구분행위[대법원(전합) 2010다71578 판결, 대법원 2016다32841(본소), 32858(반소) 판결 등의 취지에 의하면, 주관적인 구분의사는 건축허가신청이나 분양계약 등을 통하여 인정 가능]가 있어야 그 101호를 구분소유권의 객체로 삼을 수 있다는 것이다.

반면, 상가는 독특하게, 집합건물법 제1조의2를 통하여, 옆 호실과 구분되는 벽이 없어도, 구분소유권의 객체가 될 수 있는 요건을 정리해두고 있다. 즉, 경계표시, 구분점포별 건물번호 등의 요건을 갖춘 오픈상가의 경우 구분소유권이 인정될 수 있도록 법규로 정한 것이다. 이러한 오픈상가를 집합건물법에서는 '구분점포'라고 한다(집합건물법 제1조의2).

오픈상가는 집합건물의 물리적 요건인 '벽'이 존재하지 않기 때문에, 일정 '구분점포'를 매수할 때, '구분점포'를 공시해 둔 집합건축물대장이나 등기부의 현황과 실제 현황이 일치하지 않는 경우가 발생할 수 있는데, 이러한 사실을 매수인이 모를 경우에 피해를 볼 여지가 있다는 것을 알아둘 필요가 있다.

위 대법원 2012다105 판결은 "甲과 乙이 甲의 남편이 보유한 아파트와 乙의 남편이 丙

한테서 매수한 상가 구분점포를 교환하는 계약을 체결함에 따라, 甲이 丙에게서 직접 매수하는 형식의 매매계약서를 작성하여 구분점포를 인도받아 사용하던 중 상가 관리소장으로부터 공용부분을 침범한 구분점포 시설물의 철거요구를 받자 乙을 상대로 타인 권리의 교환으로 인한 손해배상을 구한 사안에서, 교환계약에 관한 처분문서인 매매계약서에 매매목적물로 집합건축물대장 및 등기부등본과 일치하는 내용의 구분점포가 명확히 기재되어 있으므로, 甲과 乙이 교환계약의 목적물을 공용부분이 포함된 실제 이용현황대로의 점포 부분으로 할 의사를 가졌다고 볼 만한 특별한 사정이 인정되지 않는 한 그 목적물은 매매계약서 및 공부인 집합건축물대장, 등기부등본에 의하여 구조, 위치, 면적이 특정된 구분점포의 전유부분이라고 보아야 하는데도, 甲과 乙이 구분점포 시설물이 공용부분을 침범하여 설치되어 있다는 사실을 몰랐다는 등 사정만으로 교환계약의 목적물을 공용부분이 포함된 이용현황대로의 점포 부분이라 인정하여 甲의 손해배상청구를 인정한 원심판결에 교환계약 목적물의 특정에 관한 법리오해 등 위법이 있다고 한 사례"이다.

21. 집합건물분양자가 대지의 일부지분을 분양자명의로 남겨둔 경우 지료청구 가능성

대법원 2016다245142 판결 사안(이하 '쟁점 판례')을 기초로 글을 쓰고자 한다.

집합건물에 있어 구분건물의 구분소유자 아닌 자가 경매절차 등에서 대지의 공유지분만을 취득하게 되었는데, 대지를 전혀 사용·수익하지 못하고 있는 경우에 대지 공유지분권에 기해 구분소유자들에게 지료상당의 부당이득반환청구를 할 수 있는가? 가능하다.

즉, 대법원 2010다108210 판결에 의하면 "1동의 건물의 구분소유자들이 당초 건물을 분양받을 당시의 대지 공유지분 비율대로 건물 대지를 공유하고 있는 경우 구분소유자들은 특별한 사정이 없는 한 대지에 대한 공유지분 비율에 관계없이 건물의 대지 전부를 용도에 따라 사용할 적법한 권원이 있으므로 구분소유자들 상호 간에는 대지 공유지분 비율의 차이를 이유로 부당이득반환을 구할 수 없으나, 건물의 구분소유자 아닌 자가 경매절차 등에서 대지의 공유지분만을 취득하게 되어 대지에 대한 공유지분은 있으나 대지를 전혀 사용·수익하지 못하고 있는 경우에는 다른 특별한 사정이 없는 한 대지 공유지분권에 기해 부당이득반환청구를 할 수 있다."라는 취지이다.

그렇다면, 집합건물법 제20조가 집합건물의 전유부분과 대지사용권의 분리처분을 금지하고 있는데, 대지의 공유지분만을 취득할 수 있다는 것인가?

'쟁점 판례'에 의하면, 복수의 구분소유자들이 제정한 규약을 통해 전유부분과 대지사용권의 분리처분을 허용하거나(집합건물법 제20조 제2항 단서), 복수의 구분소유자들이 존재하기 전이라도 집합건물 전유부분 전부를 소유하는 사람은 공정증서로 전유부분과 대지사용권의 분리처분을 허용할 수 있다(집합건물법 제20조 제4항, 제3조 제3항)는 취지이다.

그렇다면, 위 구분소유자는 등기부상 구분소유자로 등기된 사람에 한정되는가? 그렇지 않다. '쟁점 판례'에 의하면, "일반적으로 구분소유권을 취득한 사람(등기부상 구분소유권자로 등기되어 있는 사람)을 지칭하는 것이나, 다만 수분양자로서 분양대금을 완납하였음에도 분양자측의 사정으로 소유권이전등기를 마치지 못한 경우와 같은 특별한 사정이 있는 경우에는 이러한 수분양자도 구분소유자에 준하는 것으로 보아야 한다."는 취지이다.

따라서 이처럼 "구분소유자에 준하는 수분양자가 있는 경우에는 구 집합건물법 제20조 제2항 단서에 따라 규약으로써 전유부분과 대지사용권을 분리하여 처분할 수 있도록 정하여야 하고, 구 집합건물법 제20조 제2항, 제4항에 따라 분양자 단독으로 작성한 공정증서로는 대지사용권의 분리처분이 허용되지 않는다."는 취지이다.

그렇다면, 분양자가 각 구분건물의 소유권을 구분소유자들에게 이전하고 대지사용권의 목적이 된 이 사건 계쟁지분을 분양자 명의로 유보하는 등기를 할 때 전유부분과 이 사건 계쟁지분을 분리하여 처분하는 것을 허용하는 공정증서가 제출되었다면 어떠할까?

공정증서로 분리처분을 허용하였으니, 위 계쟁지분을 공매로 매수한 원고가 구분소유자들인 피고들을 상대로 지료상당의 부당이득반환청구가 가능할까?

위 '쟁점 판결'의 이유에 의하면, "당시에는 일부 수분양자들이 이미 분양대금을 완납하고 해당 전유부분을 인도받아 사용하기 시작하였지만 대원개발(분양자)의 사정으로 그 소유권이전등기를 미처 마치지 못한 것으로 보이므로, 이 경우 대원개발(분양자)은 구 집합건물법 제20조 제2항 단서에 따라 구분소유자에 준하는 수분양자들과 함께 설정한 규약에 의해서만 이 사건 계쟁지분을 전유부분과 분리하여 처분하는 것을 정할 수 있고, 대원개발(분양자)이 단독으로 작성한 공정증서로는 그 분리처분을 정할 수 없다."는 취지이다.

결국 '쟁점 판례'에 의하면, '집합건물의 부지전체에 대지권이 성립된 이후'에는 규약으로 분리처분 가능성을 열어두지 않으면 분리처분이 금지된다는 것인데, 대지권 성립시점은 언제로 보아야 할까?

분양자가 대지를 소유한 상태로 수분양자들을 상대로 집합건물에 대한 분양계약을 체결(구분행위)하였고, 이후 집합건물 건축에 따른 사용승인이 있었다면, 그 사용승인 즈음에 대지권과 구분소유권이 성립되었다고 볼 수 있을 것이다('쟁점 판례'의 1심판결인 수원지방법원 평택지원 2013가합1558 판결 이유 참고).

'쟁점 판례'의 사안은 분양자가 분양당시의 계획에 따라 6층 규모의 집합건물을 지으려다가 분양과정에서 3층으로 집합건물의 규모가 축소되면서, 집합건물 대지 일부를 분양자 단독의 공유지분으로 돌려놓았던 것인데, 이를 세무당국인 성남시가 압류 후에 공매를 하였고, 위 분양자 단독의 공유지분을 공매로 매수한 원고가 집합건물의 구분소유자들을 상대로 지료를 청구한 것인데, 원고의 청구가 기각된 것이다.

위 판결 사안의 핵심적 내용을 정리하자면, 집합건물의 경우에 전유부분과 대지사용권은 분리하여 처분할 수 없음이 원칙이고, 전유부분 전부를 소유하는 자가 공정증서로 분리처분이 가능함을 규율할 수는 있으나, 본건은 수분양자들 일부가 잔금을 지급함으로써 분양자가 전유부분 전부를 소유한다는 전제 자체가 인정되지 않아, 분양자가 작성한 공정증서에 따른 분리처분 가능규정은 무효이고, 결국 복수의 구분소유자에 의한 분리처분 가능규약이 존재해야 하는데, 그러한 규약이 없었는바, 분양자의 계획변경에 따라 구분건물의 숫자가 줄어들어, 결과적으로 구분소유자들이 분양당시의 계획보다 더 많은 대지지분을 갖게 되는 상황이 발생하더라도, 분양자가 기존 대지지분을 분리하여 단독으로 소유한 부분은 무효이고, 이를 전제로 하여 분양자 단독 공유지분을 공매로 매수한 원고의 위 분양자 단독 공유지분취득도 무효이므로 원고가 구분소유자인 피고들에 상대로 지료상당 부당이득 반환청구를 할 수 없다는 것이다.

참고로 대법원(전합) 2017다257067 판결에 의하면 "공유자는 공유물 전부를 지분의 비율로 사용·수익할 수 있으므로 공유토지의 일부를 배타적으로 점유하면서 사용·수익하는 공유자는 그가 보유한 공유지분의 비율에 관계없이 다른 공유자에 대하여 부당이득반환의무를 부담한다. 그런데 일반 건물에서 대지를 사용·수익할 권원이 건물의 소유권과 별개로 존재하는 것과는 달리, 집합건물의 경우에는 대지사용권인 대지지분이 구분소유권의 목적인 전유부분에 종속되어 일체화되는 관계에 있으므로, 집합건물 대지의 공유관계에서는 이와 같은 민법상 공유물에 관한 일반 법리가 그대로 적용될 수 없고, 이는 대지 공유자들 중 구분소유자 아닌 사람이 있더라도 마찬가지이다. 집합건물에서 전유부분 면적 비율에 상응하는 적정 대지지분을 가진 구분소유자는 그 대지 전부를 용도에 따라 사용·수익할 수 있는 적법한 권원을 가지므로, 구분소유자 아닌 대지 공유자는 그 대지 공유지분권에 기초하여 적정 대지지분을 가진 구분소유자를 상대로는 대지의 사용·수익에 따른 부당이득반환을 청구할 수 없다."는 취지이다.

22. 관리비 청구소송 및 구분소유권 침해 소송에 있어 집합건물과 당사자 적격

관리비 청구 소제기에 있어 관리단 내지 입주자대표회의 또는 관리회사의 당사자 적격이 인정되는지 문제된다.

공동주택의 관리비청구의 소는 '주택관리업자' 등 공동주택의 관리주체가 자신의 이름으로 제기할 수 있다. 공동주택관리법 제23조 제1항이 "의무관리대상 공동주택의 입주자등은 그 공동주택의 유지관리를 위하여 필요한 관리비를 관리주체에게 납부하여야 한다."고 규정하고 있으며, 공동주택관리법 제2조 제1항 제10호는 '주택관리업자'도 '관리주체'로 인정하고 있기 때문이다.

상가의 경우에는 관리단으로부터 관리업무를 위탁받은 위탁관리회사가 자신의 이름으로 관리비 청구의 소를 제기할 수 있다. 대법원 2014다87885 · 87892 판결에 의하면 "재산권에 관한 소송에서 소송물인 권리 또는 법률관계에 관한 관리처분권을 가지는 권리주체가 관련 소송을 제3자에게 위임하여 하게 하는 것은 임의적 소송신탁에 해당하므로 원칙적으로 허용되지 않는다. 다만 민사소송법 제87조가 정한 변호사대리의 원칙이나 신탁법 제6조가 정한 소송신탁의 금지 등을 회피하기 위한 탈법적인 것이 아니고, 이를 인정할 합리적인 이유와 필요가 있는 경우에는 예외적 · 제한적으로 허용될 수 있다. 집합건물의 관리단이 관리비의 부과 · 징수를 포함한 관리업무를 위탁관리회사에 포괄적으로 위임한 경우에는, 통상적으로 관리비에 관한 재판상 청구를 할 수 있는 권한도 함께 수여한 것으로 볼 수 있다. 이 경우 위탁관리회사가 관리업무를 수행하는 과정에서 체납관리비를 추심하기 위하여 직접 자기 이름으로 관리비에 관한 재판상 청구를 하는 것은 임의적 소송신탁에 해당한다. 그러나 다수의 구분소유자가 집합건물의 관리에 관한 비용 등을 공동으로 부담하고 공용부분을 효율적으로 관리하기 위하여 구분소유자로 구성된 관리단이 전문 관리업체에 건물 관리업무를 위임하여 수행하도록 하는 것은 합리적인 이유와 필요가 있고, 그러한 관리방식이 일반적인 거래현실이며, 관리비의 징수는 그 업무수행에 당연히 수반되는 필수적인 요소이다. 또한, 집합건물의 일종인 일정 규모 이상의 공동주택에 대해서는 주택관리업자에게 관리업무를 위임하고 주택관리업자가 관리비에 관한 재판상 청구를 하는 것이 법률의 규정에 의하여 인정되고 있다[구 주택법(2015. 8. 11. 법률 제13474호로 개정되기 전의 것) 제43조 제2항, 제5항, 제45조 제1항]. 이러한 점 등을 고려해 보면 관리단으로부터 집합건물의 관리업무를 위임받은 위탁관리회사는 특별한 사정이 없는 한 구분소유자 등을 상대로 자기 이름으로 소를 제기하여 관리비를 청구할 당사자 적격이 있다고 할 것이다."라는 취지이다.

그렇다면 구분소유권 침해로 인한 부당이득반환청구 등 소유권에 의한 청구의 경우는 어떠한가? 입주자대표회의는 임차인들을 포함하여 입주자들로부터 선출된 소수의 동대표들의 모임이므로 소유권 침해에 대하여는 어떠한 권한을 행사할 수 없다. 그러나 구분소유자들이 각자 또는 전원의 이름으로 소를 제기하는 것은 가능하다. 이와 관련하여 판례는 관리단도 소송을 제기할 수 있다고 한다. 즉 대법원 2003다17774 판결에 의하면 "집합건물에 있어서 공용부분이나 구분소유자의 공유에 속하는 건물의 대지 또는 부속시설을 제3자가 불법으로 점유하는 경우에 그 제3자에 대하여 방해배제와 부당이득의 반환 또는 손해배상을 청구하는 법률관계는 구분소유자에게 단체적으로 귀속되는 법률관계가 아니고 공용부분 등의 공유지분권에 기초한 것이어서 그와 같은 소송은 1차적으로 구분소유자가 각각 또는 전원의 이름으로 할 수 있고, 나아가 집합건물에 관하여 구분소유관계가 성립하면 동시에 법률상 당연하게 구분소유자의 전원으로 건물 및 그 대지와 부속시설의 관리에 관한 사항의 시행을 목적으로 하는 단체인 관리단이 구성되고, 관리단집회의 결의에서 관리인이 선임되면 관리인이 사업집행에 관련하여 관리단을 대표하여 그와 같은 재판상 또는 재판 외의 행위를 할 수 있다. 한편, 주택건설촉진법 제38조, 공동주택관리령 제10조의 규정에 따라 성립된 입주자대표회의는 공동주택의 관리에 관한 사항을 결정하여 시행하는 등의 관리권한만을 가질 뿐으로 구분소유자에게 고유하게 귀속하는 위와 같은 권리를 재판상 행사할 수 없고, 또 집합건물의 소유 및 관리에 관한 법률 부칙 제6조에 따라서 집합주택의 관리방법과 기준에 관한 주택건설촉진법의 특별한 규정은 그것이 위 법률에 저촉하여 구분소유자의 기본적인 권리를 해하면 효력이 없으므로 공동주택관리규약에서 입주자대표회의가 공동주택의 구분소유자를 대리하여 공용부분 등의 구분소유권에 기초한 방해배제청구 등의 권리를 행사할 수 있다고 규정하고 있다고 하더라도 이러한 규약내용은 효력이 없다."라는 취지이다.

이와 관련하여 관리단이 소를 제기하는 것은 임의적 소송담당도 아니어서 그 성격에 의문이 있을 수 있지만, 상가에는 다수의 구분소유자들이 있고 구분소유권침해로 인한 소송에서는 대부분 이해관계가 일치할 것이므로 관리단이 소송을 제기하도록 하여 일회적으로 해결하는 것이 분쟁을 효율적으로 해결하는 방안이 될 것이라는 견해가 있다(2021. 11. 19.자 '서울고등법원판례공보스터디' 제373쪽 참고). 참고로 소송신탁의 우려가 없다는 이유로 대규모점포의 경우 대규모점포 등 관리자로부터 다시 위임받은 상인회 또는 그 지회도 관리비의 지급을 재판상 청구할 당사자 적격이 인정된다(대법원 2020다221020 판결. 구체적 내용은 2022. 9. 30.자 '서울고등법원판례공보스터디' 제1264쪽 내지 제1266쪽 참고).

23. 집합건물 위탁관리업자의 관리비 청구소송 도중 위탁관리계약이 종료된 경우

집합건물상가의 관리단은 집합건물의 구분소유자 등이 관리비를 체납할 경우에 소송을 통해 그 구분소유 등에게 체납관리비를 청구할 수 있다. 그렇다면 관리단과 위탁관리계약을 체결한 위탁관리업자에게도 구분소유자 등 관리비를 체납한 자에게 소송을 통하여 체납관리비를 청구할 권한이 있는가? 그렇다.

즉 대법원 2019다229516 판결에 의하면 "집합건물의 관리업무를 담당할 권한과 의무는 관리단과 관리인에게 있고(집합건물법 제23조의2, 제25조), 관리단이나 관리인은 집합건물을 공평하고 효율적으로 관리하기 위하여 전문적인 위탁관리업자와 관리위탁계약을 체결하고 건물관리업무를 수행하게 할 수 있다. 이 경우 위탁관리업자의 관리업무의 권한과 범위는 관리위탁계약에서 정한 바에 따르나 관리비의 부과·징수를 포함한 포괄적인 관리업무를 위탁관리업자에게 위탁하는 것이 통상적이므로, 여기에는 관리비에 관한 재판상 청구 권한을 수여하는 것도 포함되었다고 봄이 타당하다. 이러한 관리업무를 위탁받은 위탁관리업자가 관리업무를 수행하면서 구분소유자 등의 체납 관리비를 추심하기 위하여 직접 자기 이름으로 관리비에 관한 재판상 청구를 하는 것은 임의적 소송신탁에 해당하지만, 집합건물 관리업무의 성격과 거래현실 등을 고려하면 이는 특별한 사정이 없는 한 허용되어야 하고, 이때 위탁관리업자는 관리비를 청구할 당사자 적격이 있다고 보아야 한다."라는 취지이다.

그렇다면 위탁관리업자가 구분소유자 등을 상대로 관리비청구 소송을 수행하던 도중에 관리위탁계약이 종료된 경우에는 어떠한가? 위 대법원 2019다229516 판결에 의하면 이는 소송중단사유에 해당하고 소송수계가 허용된다는 취지로 이와 반대취지의 원심판단을 파기·환송하였다.

그렇다면 원심은 어떠한 판단을 내려서 대법원에서 파기된 것일까? 원심은 소송도중에 관리위탁계약이 종료되었다면 그 소송은 처음부터 당사자 적격이 없는 원고(위탁관리업자)가 제기한 것으로서 그 소송 제기 전 그 위·수탁관리계약이 이미 종료되었으므로, 소송이 계속되었다고 볼 수 없다면서 소송절차의 중단도 있을 수 없다는 취지였다.

즉 소송절차의 중단이란 소송이 계속된 후 그 종료 전에 민사소송법 제233조 내지 제237조 등 법정 사유가 발생하여 소송절차가 법률상 진행되지 않는 상태를 말하는데, 위탁관리업자가 소송도중에 관리위탁계약이 종료된 경우는 소송계속이 없어 소송절차 중단도 있을 수 없다는 것이다.

원심과 달리 대법원이 소송중단사유에 해당하고 소송수계도 인정된다고 본 이유는 무엇일까?

위 대법원 2019다229516 판결에 의하면 "관리비징수 업무를 위탁받은 위탁관리업자는 민사소송법 제237조 제1항에서 정한 '일정한 자격에 의하여 자기의 이름으로 남을 위하여 소송당사자가 된 사람'에 해당한다. 따라서 위탁관리업자가 구분소유자 등을 상대로 관리비 청구 소송을 수행하던 중 관리위탁계약이 종료되어 그 자격을 잃게 되면 소송절차는 중단되고, 같은 자격을 가진 새로운 위탁관리업자가 소송절차를 수계하거나 새로운 위탁관리업자가 없으면 관리단이나 관리인이 직접 소송절차를 수계하여야 한다(민사소송법 제237조 제1항). 다만 소송대리인이 있는 경우에는 관리위탁계약이 종료하더라도 소송절차가 중단되지 않는다(민사소송법 제238조)."라는 취지이다.

위 대법원 판결에 대하여, "관리비채권의 귀속주체는 이 사건 관리단 그대로이고 그 징수 대행 권한의 귀속주체만 원고에서 원고 소송수계신청인(새롭게 관리위탁계약을 체결한 위탁관리업자)으로 변동된 경우인바, 원고 소송수계신청인은 원고가 이 사건 소제기로써 청구하였던 부분까지 포함하여 종전의 체납관리비를 재판상 청구를 할 권한을 얻었으므로, 소송수계가 허용되어야 한다."고 해석하는 견해가 있다(연도별 2023. 9. 1.자 '서울고등법원판례공보스터디' 제2122쪽~2124쪽 참고).

참고로 민소법 제237조 제1항은 "일정한 자격에 의하여 자기 이름으로 남을 위하여 소송당사자가 된 사람이 그 자격을 잃거나 죽은 때에 소송절차는 중단된다. 이 경우 같은 자격을 가진 사람이 소송절차를 수계하여야 한다."라고 규정하고 있고, 민소법 제238조는 "소송대리인이 있는 경우에는 제233조제1항, 제234조 내지 제237조의 규정을 적용하지 아니한다."

고 규정하고 있다.

위 대법원 2019다229516 판결 사안을 정리한다. 원고는 관리단과 관리위탁계약을 체결한 위탁관리업자로서, 2015. 4. 27. 피고(구분 소유자)를 상대로 체납관리비의 지급을 구하는 이 사건 소를 제기하였다.

그런데 소송계속 중인 2016. 11. 25. 원고의 위탁관리계약이 종료하자 관리단은 소송수계를 신청하였다. 그러나 제1심은 원고에게 당사자 적격이 없다면서 소를 각하하였고, 위 소송수계신청도 민사소송법 제237조 제1항이 적용되는 사유가 아니라면서 받아들이지 않았다. 원고는 2018. 2. 2. 소송대리인을 선임하였으나, 이때는 이미 관리위탁계약이 종료된 후였다.

이에 원고가 항소를 하였고, 항소심에서 원고 소송수계신청인이 2018. 10. 30. 새롭게 관리위탁계약을 체결한 위탁관리업자라고 주장하면서 소송수계신청을 하였다. 그러나 원심은 제1심과 같은 이유로 원고의 항소와 원고 소송수계신청인의 소송수계신청을 모두 기각하였다. 그런데 대법원은 원심을 파기·환송한 것이다.

24. 집합건물의 일부 구분소유자에 대한 토지소유자의 철거청구 가능성

집합건물의 대지소유자가 대지사용권 없이 전유부분을 소유하면서 대지를 무단 점유하는 구분소유자에게 그 전유부분의 철거를 구할 수 있는가? 전유부분의 철거가 불가능한 것이 아닌가?

대법원 2017다204247 판결에 의하면, 일부 전유부분만의 철거가 사실상 불가능하다는 사정은 집행 개시의 장애요인에 불과할 뿐이고, 철거청구를 기각할 사유가 아니라는 취지이므로 원고의 철거청구에 따른 철거판결이 가능하다.

즉 "1동의 집합건물의 구분소유자들은 그 전유부분을 구분소유하면서 건물의 대지 전체를 공동으로 점유·사용하는 것이므로(대법원 2012다7670 판결 등), 대지 소유자는 대지사용권 없이 전유부분을 소유하면서 대지를 무단 점유하는 구분소유자에 대하여 그 전유부분의 철거를 구할 수 있다(대법원 95다40465 판결 등). 집합건물은 건물 내부를 (구조상·이용상 독립성을 갖춘) 여러 개의 부분으로 구분하여 독립된 소유권의 객체로 하는 것일 뿐 1동의 건물 자체는 일체로서 건축되어 전체 건물이 존립과 유지에 있어 불가분의 일체를 이루는 것이므로, 1동의 집합건물 중 일부 전유부분만을 떼어내거나 철거하는 것은 사실상 불가능하다. 그러나 구분소유자 전체를 상대로 각 전유부분과 공용부분의 철거 판결을 받거나 동의를 얻는 등으로 집합건물 전체를 철거하는 것은 가능하고 이와 같은 철거청구가 구분소유자 전원을 공동 피고로 해야 하는 필수적 공동소송이라고 할 수 없으므로, 일부 전유부분만을 철거하는 것이 사실상 불가능하다는 사정은 집행 개시의 장애요건에 불과할 뿐 철거청구를 기각할 사유에 해당하지 않는다(대법원 2011다23125 판결 참조). 원심은, 피고가 이 사건 토지 위에 대지사용권 없이 이 사건 구분건물을 소유하고 있고 원고는 이 사건 구분건물의 대지권에 상응하는 이 사건 계쟁 지분을 소유하고 있는 사실을 인정한 다음, 피고는 원고에게 이 사건 구분건물을 철거할 의무가 있고 이 사건 구분건물이 3층 집합건물 중 2층에 있다는 이유만으로 그 부분 철거가 물리적으로 불가능하다고 단정할 수 없을 뿐 아니라 이는 집행개시의 장애요건에 불과하여 청구를 기각할 사유가 아니라고 판단하였다. 원심이 이 사건 건물 중 이 사건 구분건물만의 철거가 물리적으로 가능하다고 판단한 것은 적절하지 않으나, 원고의 철거청구를 받아들인 원심의 결론은 정당하다. 원심의 판단에 상고이유 주장과 같이 건물철거청구권에 관한 법리를 오해하는 등으로 판결 결과에 영향을 미친 잘못이 없다."는 취지이다.

1동의 집합건물 중 일부 전유부분만의 철거가 불가능한데, 철거를 구하는 것이 권리남용에 해당하는 것은 아닌가? 권리남용도 될 수 없다는 것이 위 대법원 판결취지이다.

즉 "집합건물 대지의 소유자는 대지사용권을 갖지 아니한 구분소유자에 대하여 전유부분의 철거를 구할 수 있고, 일부 전유부분만의 철거가 사실상 불가능하다고 하더라도 이는 집행개시의 장애요건에 불과할 뿐이어서 대지 소유자의 건물 철거청구가 권리남용에 해당한다고 볼 수 없다(대법원 2010다18447 판결 참조). 원심은 원고의 이 사건 구분건물 철거청구가 신의칙 위반 내지 권리남용에 해당한다고 보기 어렵다고 판단하였는바, 관련 법리와 기록에 비추어 살펴보면 이러한 원심의 판단을 수긍할 수 있고, 거기에 상고이유 주장과 같이 권리남용에 관한 법리를 오해하여 판결에 영향을 미친 잘못이 없다."라는 취지이다.

위 대법원 2017다204247 판결의 원심(서울중앙지방법원 2014가합558412 판결)은 "대지공유자는 공유물의 보존행위로서 그 공유 대지상에 권원 없이 건물을 소유하고 있는 자에 대하여 건물의 철거 및 토지의 인도를 구할 수 있다. 원고가 이 사건 구분건물의 대지권에 상응하는 이 사건 계쟁 지분의 소유자인 사실, 피고가 이 사건 토지위에 권원 없이 이 사건 구분건물을 소유하고 있는 사실은 앞에서 본 바와 같으므로 특별한 사정이 없는 한 피고는 원고에게 이 사건 구분건물을 철거하고, 이 사건 토지를 인도할 의무가 있다."는 취지이다.

참고로 공유물의 소수지분권자가 다른 공유자와 협의 없이 공유물의 전부 또는 일부를 독점적으로 점유·사용하고 있는 경우, 다른 소수지분권자가 공유물의 보존행위로서 공유물의 인도를 청구할 수 없다는 취지의 대법원(전합) 2018다287522 판결은 공유자 간의 문제일 뿐이고 본건과 무관하다. 본건은 소수지분의 토지 공유자라도 제3자에 대하여는 보존행위로서 본인과 다른 공유자들을 위하여 철거 및 인도를 구할 수 있다는 취지의 판례 중 하나로 이해하면 된다.

25. 주상복합아파트의 주차장 차단기 분쟁 관련

주상복합아파트(특히 소규모 집합건물)에 있어 주차장 사용문제로 적지 않은 분쟁이 일어나고 있는 것 같다. 주상복합아파트의 경우, 아파트가 먼저 분양되고 상가가 나중에 분양되는 경우가 많은데, 분양 후 적지 않은 시간이 지난 후 상가가 자리를 잡아 손님이 늘어나면서 문제가 발생하게 된다.

보통의 주상복합아파트는 관리의 필요성 때문에 상가주차장과 아파트주차장을 분리하여 차단기를 설치하는 경우가 많고, 분양 당시에 아파트 또는 상가구분소유자 모두 이러한 차단기에 문제를 제기하는 경우가 거의 없다. 그런데 상가가 자리를 잡으면서 손님이 늘어나게 되자, 상가쪽의 주차장이 부족해지는 경우가 발생하고, 상가쪽에서 집합건물등기부를 확인하게 된다.

집합건물등기부를 확인해 보니, 주상복합아파트의 주차장은 아파트구분소유자들 뿐만 아니라, 상가구분소유자들 모두의 공유로 되어 있는 것이다. 이러한 사정에 기초하여 상가구분소유자들은 차단기 철거를 관리단에 요구하게 되고, 아파트 구분소유자들은 이를 거부하면서, 분쟁이 발생하는 것이다.

주상복합아파트 1동에 상가와 아파트가 공존하고, 주차장은 지상 1층, 지하 2층, 지하 3층, 지하 4층, 지하 5층에 존재하며, 지하 2층에 차단기가 설치되어 지상 1층과 지하 2층 일부를 상가가 사용하고, 지하 2층 나머지 일부와 지하 3층, 지하 4층, 지하 5층을 아파트가 사용함에도 집합건물등기부에는 이 주차장 전부가 아파트 및 상가 구분소유자들의 공유로 표시되어 있을 때, 상가구분소유자들의 주차장 차단기 철거청구가 인정될 수 있을까?

구체적 사정에 따라 다른 판단이 내려질 것이지만, 필자는 필자가 수행한 소송에서 아파트가 사용하는 주차장 부분이 집합건물법상 일부공용부분임을 주장(기타 적지 않은 쟁점이 있었음)하여, 승소판결을 받았다(서울동부지방법원 2017가합104406 차단기 철거 등 사건 판결).

그 이유는 무엇일까? ① 집합건물법 제10조 제1항은 "공용부분은 구분소유자 전원의 소유에 속한다. 다만, 일부의 구분소유자만이 공용하도록 제공되는 것임이 명백한 공용부분은 그들 구분소유자의 공유에 속한다."는 규정 및 "② 집합건물의 어느 부분이 구분소유자 전원 또는 일부의 공용에 제공되는지 여부는 소유자들 간에 특단의 합의가 없는 한 그 건물의 구조에 따른 객관적인 용도에 의하여 결정되어야 한다(대법원 2004다30279 판결 등)."는 판결 등에 기초한 것이었다. 즉, 아파트 주차장 부분인 지하 3층 내지 5층 주차장은 그 구조 및 이용형태상 아파트 구분소유자들만에 공용하도록 제공한 일부공용부분에 해당됨이 인정되었던 것이다.

참고로 대법원 2020다278156 판결은 주상복합아파트가 아니라 공동주택 용도의 아파트 10개동(1,036세대), 근린생활시설 용도의 상가 1개동, 그 밖에 관리사무소, 주민공동시설, 경로당, 보육시설과 지하주차장 등으로 구성된 집합건물 단지에 있어 상가의 구분소유자 및 임차인들로 구성된 원고가 아파트단지 관리단을 피고로 하여 지하주차장의 이용을 방해하는 행위를 금지하고 위자료의 지급을 청구하는 소송을 제기한 사안에서 지하주차장이 아파트 구분소유자만의 공용에 제공되는 일부공용부분이라고 보아 원고의 청구를 배척하였다.

위 대법원 2020다278156 판결은 판결 이유를 통해 "상가는 이 사건 단지의 대로변에 위치하고 단지의 부속상가로 건축되었으나, 아파트 10개동과 상가는 별개의 건물로 신축·분양되고 구조나 외관상 분리·독립되어 있으며 기능과 용도가 다르다. 지하주차장은 구조에 따른 객관적 용도에 비추어 아파트 구분소유자만의 공용에 제공되고 있다. 지하주차장은 이 사건 단지 정문의 출입구로만 들어갈 수 있고 차단기가 설치되어 아파트 입주민과 방문자만 출입할 수 있으나, 지상주차장은 누구나 이용할 수 있다. 지하주차장에는 아파트 10개동의 승강기로 직접 연결되는 출입문이 있고 출입문에는 해당 아파트 동의 입주민만 들어갈 수 있는 출입통제장치가 있으나, 지하주차장과 상가는 직접 연결되어 있지 않다. 아파트 구분소유자는 지하주차장 전체 면적 중 전유부분 면적에 비례하여 분할·산출한 면적을 공용부분으로 분양받았다. 아파트의 집합건축물대장에는 지하주차장에 대해 아파트 구분소유자만이 공유하고 위와 같이 분양받은 면적이 공용부분 면적으로 기재되어 있다. 이러한 공용부분 면적을 계산할 때 상가의 연면적은 고려되지 않았다. 반면 상가의 분양계약서와 건축물대장에는 지하주차장이 분양면적이나 공용부분으로 기재되어 있지 않다. 지하주차장은 대지사용권의 대상이 아니므로, 대지사용권이 있다고 하여 지하주차장을 사용할 수 있는 것은 아니다." 라는 취지이다. 그리고 위 대법원 2020다278156 판결에 의하면 "건물의 어느 부분이 구분소유자 전원이나 일부의 공용에 제공되는지 여부는 일부공용부분이라는 취지가 등기되어 있거나 소유자의 합의가 있다면 그에 따르고, 그렇지 않다면 건물의 구조·용도·이용 상황, 설계도면, 분양계약서나 건축물대장의 공용부분 기재 내용 등을 종합하여 구분소유가 성립될 당시 건물의 구조에 따른 객관적인 용도에 따라 판단하여야 한다."라는 취지이다.

26. 주상복합건물에 있어 주차장 사용문제

주상복합건물에서 주차장 사용문제로 분쟁이 발생하는 경우가 적지 않은 것 같다. 필자도 주상복합건물의 주차장 사용문제 등으로 소송을 대리한 경험이 있는데, 최근 유사문제의 상담도 진행한 적이 있다.

주상복합건물의 구분소유자들은 상가구분소유자들과 주택구분소유자들로 나뉘는데, 상가와 주택의 소유자들은 이해관계가 다를 수밖에 없다. 특히, 주차장 사용문제는 분양 및 준공 후 수년 후에 발생하는 경우가 있는데, 그 이유는 주택은 분양 및 준공 후 바로 입주를 하는 반면, 상가는 주택처럼 분양 및 준공 후 바로 입주는 할 수 있지만 상권형성이라는 문제 때문에 입주 초기보다는 상권이 형성되기까지 준공 후 수년이 지난 후 주차장 공간이 더 필요한 경우가 많기 때문이다.

즉, 분양 및 준공 당시에는 주차장에 신경을 덜 쓰던 상가쪽에서 상권이 형성되면서 손님들을 위한 주차장이 더 필요해지고, 결국 주차장 사용 비율에 대한 분쟁의 싹이 트게 된다는 것이다. 이때, 상가쪽에서 해결방안으로 고민하는 것이 일부공용부분관리단의 설립이다. 집합건물법상 일부공용부분관리단의 요건을 갖춰 상가쪽에서 일부공용부분관리단을 성립시키면, 주차장 사용 문제가 해결될 수 있을까?

우선 일부공용부분관리단이 성립하려면, 서울고등법원 2016나2071004 판결(필자 수행)에 의할 때 "우선 일부공용부분이 특정"되어야 하고, 일반 관리단이 당연 설립되는 것과 달리 "일부공용부분을 공용하는 구분소유들이 집합건물법 제28조 제2항의 규약을 설정하는 별도의 조직행위를 거쳐야만 설립"되며, "일부공용부분 관리단의 규약은 일부공용부분 구분소유자의 4분의 3 이상 및 의결권의 4분의 3 이상 다수의 결의"에 의해야 하고, "설정된 규약에서 정할 수 있는 사항은 일부공용부분에 관한 사항으로서 집합건물 구분소유자 전원에게 이해관계가 있지 아니하거나 구분소유자 전원의 규약에 따로 정하지 아니한 상항에 국한(집합건물법 제28조 제2항)"된다(특히 150세대 미만의 공동주택).

따라서 상가구분소유자들이 일부공용부분관리단을 설립하였더라도 그 일부공용부분에 대한 관리권만 있기 때문에 주상복합건물의 주차장 중에서 상가만을 위하여, 즉 원하는 주차공간이 상가의 구분소유자들만의 공용에만 제공되어 해당 주차장이 일부공용부분으로 특정되었음을 입증하지 못하는 한 상가구분소유자들의 목적을 달성하기는 쉽지 않다.

상가구분소유자 개인들이 소유권 개념을 전제로 주차장 문제를 제기할 수는 없을까? 문제제기를 할 수는 있을 것이나, 집합건물법 제10조 제1항 단서를 주의할 필요가 있다. 잘못하면 주차공간에 대한 지분권을 뺏기는 결론에 도달할 수도 있기 때문이다. 집합건물법 제10조 제1항 단서는 "일부의 구분소유자만이 공용하도록 제공되는 것임이 명백한 공용부분은 그들 구분소유자의 공유에 속한다."고 규정하고 있다(필자가 수행한 서울동부지방법원 2017가합104406 판결).

대법원 2020다278156 판결에 의하면 "집합건물 중 여러 개의 전유부분으로 통하는 복도, 계단, 그 밖에 구조상 구분소유자의 전원 또는 일부의 공용에 제공되는 건물부분과 규약이나 공정증서로 공용부분으로 정한 건물부분 등은 공용부분이다. 집합건물의 공용부분은 원칙적으로 구분소유자 전원의 공유에 속하지만, 일부 구분소유자에게만 공용에 제공되는 일부공용부분은 그들 구분소유자의 공유에 속한다(집합건물법 제3조, 제10조 제1항). 건물의 어느 부분이 구분소유자 전원이나 일부의 공용에 제공되는지 여부는 일부공용부분이라는 취지가 등기되어 있거나 소유자의 합의가 있다면 그에 따르고, 그렇지 않다면 건물의 구조·용도·이용 상황, 설계도면, 분양계약서나 건축물대장의 공용부분 기재내용 등을 종합하여 구분소유가 성립될 당시 건물의 구조에 따른 객관적인 용도에 따라 판단하여야 한다. 이러한 법리는 여러 동의 집합건물로 이루어진 단지 내 특정 동의 건물부분으로서 구분소유의 대상이 아닌 부분이 해당 단지 구분소유자 전원의 공유에 속하는지, 해당 동 구분소유자 등 일부 구분소유자만이 공유하는 것인지를 판단할 때에도 마찬가지로 적용된다(대법원 2018다217875 판결, 대법원 2019다294947 판결 참조).”는 취지이다.

27. 집합건물 공용부분의 시효취득 가능성

공부상 아직 분필이 이루어지지 않은 1필의 토지 일부에 대하여도 점유취득시효가 인정된다(대법원 2012다2408 판결). 즉 대법원 2012다2408 판결에 의하면 “1필의 토지의 일부에 대한 시효취득을 인정하기 위하여는 그 부분이 다른 부분과 구분되어 시효취득자의 점유에 속한다는 것을 인식하기에 족한 객관적인 징표가 계속하여 존재할 것을 요한다.”는 취지이다.

그렇다면, 1필의 토지의 공유지분에 대한 시효취득도 인정될까? 원칙적으로 공유자가 다른 공유자에게 공유지분을 넘어서 점유한 부분에 대하여 취득시효를 주장하기 어렵다. 즉, 대법원 2012다68750 판결에 의하면 “공유부동산의 경우에 공유자 중의 1인이 공유지분권에 기초하여 부동산 전부를 점유하고 있다고 하여도 다른 특별한 사정이 없는 한 권원의 성질상 다른 공유자의 지분비율의 범위 내에서는 타주점유라고 할 것이다. 그렇지만 이와 달리 구분소유적 공유관계에서 어느 특정된 부분만을 소유·점유하고 있는 공유자가 매매 등과 같이 종전의 공유지분권과는 별도의 자주점유가 가능한 권원에 의하여 다른 공유자가 소유·점유하는 특정된 부분을 취득하여 점유를 개시하였다고 주장하는 경우에는 타인 소유의 부동산을 매수·점유하였다고 주장하는 경우와 달리 볼 필요가 없으므로, 취득 권원이 인정되지 않는다고 하더라도 그 사유만으로 자주점유의 추정이 번복된다거나 점유권원의 성질상 타주점유라고 할 수 없고, 상대방에게 타주점유에 대하여 증명할 책임이 있다.”라는 취지이다.

그리고 대법원은 “건물 공유자 중 일부만이 당해 건물을 점유하고 있는 경우라도 그 건물의 부지는 건물 소유를 위하여 공유명의자 전원이 공동으로 이를 점유하고 있는 것으로 볼 것이며, 건물 공유자들이 건물부지의 공동점유로 인하여 건물부지에 대한 소유권을 시효취득하는 경우라면 그 취득시효 완성을 원인으로 한 소유권이전등기청구권은 당해 건물의 공유지분비율과 같은 비율로 건물 공유자들에게 귀속된다(대법원 2002다57935 판결).”라는 취지이므로 1필의 토지의 공유지분에 대한 시효취득도 인정된다고 해석된다.

참고할 판례로는 대법원 2012다72469 판결인데, 위 판결의 이유를 확인하면 “집합건물의 구분소유자들이 대지 전체를 공동점유하여 그에 대한 점유취득시효가 완성된 경우에도 구분소유자들은 대지사용권으로 그 전유부분의 면적 비율에 따른 대지 지분을 보유한다고 보아야 한다. 집합건물의 대지 일부에 관한 점유취득시효의 완성 당시 구분소유자들 중 일부만 대지권등기나 지분이전등기를 마치고 다른 일부 구분소유자들은 이러한 등기를 마치지 않았다면, 특별한 사정이 없는 한 구분소유자들은 각 전유부분의 면적 비율에 따라 대지권으로 등기되어야 할 지분에서 부족한 지분에 관하여 등기명의인을 상대로 점유취득시효완성을 원인으로 한 지분이전등기를 청구할 수 있다."라는 취지이다.

그렇다면, 집합건물 바로 밑의 토지가 아닌, 집합건물 내부의 공용부분이 시효취득의 대상이 될 수 있을까? 대법원 2011다78200, 78217 판결에 의하면, 이하에서 보는 바와 같이 집합건물 내부의 공용부분에 대한 시효취득이 인정되기 어렵다는 취지이다.

집합건물법 제1조, 제2조 제1호 및 제3호는 1동의 건물 중 구조상 구분된 수 개의 부분이 독립한 건물로서 사용될 수 있을 때에는 그 각 부분을 집합건물법이 정하는 바에 따라 각각 소유권의 목적으로 할 수 있고, 그 각 부분을 목적으로 하는 소유권을 구분소유권으로, 구분소유권의 목적인 각 건물부분을 전유부분으로 규정하고 있다. 공용부분은 전유부분으로 변경되지 않는 한 구분소유권의 목적이 될 수 없다.

집합건물의 공용부분은 구분소유자 전원의 공유에 속하나(집합건물법 제10조 제1항), 그 공유는 민법상의 공유와는 달리 건물의 구분소유라고 하는 공동의 목적을 위하여 인정되는 것으로 집합건물법 제13조는 공용부분에 대한 공유자의 지분은 그가 가지는 전유부분의 처분에 따를 뿐 전유부분과 분리하여 처분할 수 없도록 규정하고 있다.

또한 공용부분을 전유부분으로 변경하기 위하여는 집합건물법 제15조에 따른 구분소유자들의 집회결의와 그 공용부분의 변경으로 특별한 영향을 받게 되는 구분소유자의 승낙을 얻어야 한다.

그런데 공용부분에 대하여 취득시효의 완성을 인정하여 그 부분에 대한 소유권취득을 인정한다면 전유부분과 분리하여 공용부분의 처분을 허용하고 일정기간의 점유로 인하여 공용부분이 전유부분으로 변경되는 결과가 되어 집합건물법의 취지에 어긋나게 된다. 따라서 집합건물의 공용부분은 취득시효에 의한 소유권 취득의 대상이 될 수 없다고 봄이 타당하다(구분소유 성립 전 조합총회 등을 통해 집합건물 공용부분인 '온실'에 대한 소유권인정결의가 있었음에도 위 '온실'에 대한 취득시효 부정사례).

28. 공동주택 관리규약의 성립과 효력

아파트와 같은 공동주택의 관리규약은 어떻게 성립될까? 아파트가 건설되고 분양이 이루어진다고 가정할 때, 아파트 입주자 및 사용자의 자치규범인 관리규약은 구성원들의 합의로 성립한다.

그러나 아파트 입주자 등이 규약 전문가가 아닌 이상 아파트에서 벌어질 가능성이 있는 문제를 모두 고려하여 관리규약을 제정한다는 것은 그리 쉽지 않다. 따라서 주택법령은 시·

도지사 등이 관리규약준칙을 정하도록 규정하고 있고, 이러한 관리규약준칙을 참고로 하여 개별적 공동주택의 관리규약이 제정되고 있는 상황이다.

즉, 공동주택 분양 후 최초의 관리규약은 사업주체가 관리규약준칙을 참고하여 제안한 내용을 입주예정자의 과반수가 서면으로 동의하는 방법으로 제정된다(공동주택관리법 제18조 제3항, 동법 시행령 제20조 제2항). 이렇듯 관리규약준칙은 사업주체나 입주자 등이 해당 공동주택의 관리규약을 제정·개정 및 폐지할 때 참고해야 하는 것이지만, 관리규약준칙 자체가 법규성이 있는 것은 아니므로 입주자대표회의나 관리주체의 행위가 관리규약준칙을 위반하였다고 하여 무효가 될 수는 없다(서울북부지방법원 2011가합1563 판결).

즉, 관리규약준칙 자체가 아파트 입주자 및 사용자들을 구속하는 것은 아니다. 다만, 관리규약준칙을 참고로 하여 입주예정자 과반수의 서면동의를 통하여 만들어진 관리규약은 아파트 입주자 등을 구속하게 되는데, 구속의 대상은 자치규범의 특성상 제정 당시 구성원에 한정되지 않고 그 후 가입한 구성원 등도 포함한다.

아파트와 같은 공동주택의 관리규약이 성립되었을 경우, 그 관리규약의 모든 규정이 언제나 유효할까? 그렇지는 않다. 관리규약의 내용이 구성원들의 헌법상 기본권을 과도하게 침해 내지 제한하거나 그 내용이 강행법규 내지 선량한 풍속 기타 사회질서에 위반되면 무효가 된다.

예를 들어, 아파트 관리규약에서 체납관리비 채권 전체에 대하여 입주자의 지위를 승계한 자에 대하여도 행사할 수 있도록 규정하고 있다 하더라도 이러한 규정은 집합건물법 제28조 제3항에 비추어 자치규범인 관리규약의 제정 한계를 벗어난 것이고 개인의 기본권을 침해하는 것이므로 집합건물법 제18조 규정에 터 잡은 공용부분 체납관리비에 한하여만 유효하게 된다[대법원(전합) 2001다8677 판결]. 다만, 관리규약 일부 조항의 무효 확인을 구하는 것은 일반적·추상적 법규의 효력을 다투는 것일 뿐 원고의 구체적 권리 또는 법률관계를 대상으로 하는 것이 아님이 명백하므로, 이를 독립한 소로서 구할 수 없다(서울남부지방법원 2010가합2276 판결).

제28장 집합건물의 분리처분금지 · 보존행위

1. 집합건물법상 분리처분금지와 집합건물의 증축문제

토지소유자가 4층짜리 건물을 짓고, 등기를 완료하였다(토지 및 건물 동일인 소유). 이러한 4층짜리 건물에 대하여 토지소유자는 구분건물로 등록하고 각 전유부분에 대한 등기부가 작성되었다. 4층짜리 건물이니, 4층에 맞추어 소유권대지권이 각 전유부분 등기부에 기입되었다.

예를 들어, 1층 103호의 경우, '대지권 종류 소유권대지권, 대지권비율 912분의 18.1255'로 하는 대지권등기가 마쳐진 것이다. 이렇게 집합건물에 대한 각 등기가 경료된 후에, 토지 및 집합건물의 소유자가 4층 건물이던 집합건물을 5층부터 10층까지 증축하였고, 증축된 5층부터 10층까지의 소유 명의도 토지 및 집합건물 소유 명의자와 동일인으로 등기를 완료하였다.

그런데 증축된 각 전유부분에 대하여는 대지권등기를 마치지 못하였다. 이러한 상황에서 증축부분을 포함하여 집합건물에 대한 임의경매가 진행되었고, 집합건물의 각 전유부분이 제3자들(낙찰자들)에게 경매절차에 따라 매각되었다.

103호를 낙찰받은 자가 증축된 5층 이상의 구분소유자들에게 '내 소유권대지권'을 무단으로 사용하고 있으니, 차임상당 부당이득을 반환하라는 청구를 할 수 있을까? 대법원은 원심과 달리 그렇다고 판시했다. 즉 부당이득 청구가 가능하다는 것이다[대법원 2014다236809 판결(지료)]. 대법원은 본건처럼, 증축 당시 증축부분 소유자가 대지 및 집합건물 전체를 소유하고 있었다고 하더라도 결론이 달라지지 않는다는 설명도 추가하였다.

이와 같은 결론에 도달하는 이유는 무엇일까? 집합건물법 제20조는 구분소유자의 대지사용권은 그가 가지는 전유부분의 처분에 따르고(제1항), 구분소유자는 규약 또는 공정증서로써 달리 정하지 않은 한 그가 가지는 전유부분과 분리하여 대지사용권을 처분할 수 없다(제2항, 제4항)고 규정하고 있다.

결국, 전유부분에 대한 대지사용권을 분리처분할 수 있도록 정한 규약이 존재한다는 등의 특별사정이 없는 한 전유부분과 분리하여 대지사용권을 처분할 수 없고, 이를 위반한 대지지분의 처분행위는 무효가 된다(대법원 2004다742 판결 등). 따라서 구분소유권이 이미 성립하였고 그 집합건물의 각 전유부분에 대한 각 소유권대지권이 성립한 후에, 증축되어 새 전유부분이 생긴 경우 규약 등으로 정하는 등 특별사유가 없는 한 새 전유부분을 위한 대지사용권이 인정될 수 없다는 것이다.

즉 위 대법원 2014다236809 판결에 의하면 "집합건물의 소유 및 관리에 관한 법률(이하 '집합건물법')은 제20조에서, 구분소유자의 대지사용권은 그가 가지는 전유부분의 처분에 따르고(제1항), 구분소유자는 규약 또는 공정증서로써 달리 정하지 않는 한 그가 가지는 전유부분과 분리하여 대지사용권을 처분할 수 없다(제2항, 제4항)고 규정하고 있다. 집합건물의 건축자가 그 소유인 대지 위에 집합건물을 건축하고 전유부분에 관하여 건축자 명의로 소유권보존등기를 마친 경우, 건축자의 대지소유권은 집합건물법 제2조 제6호 소정의 구분소유자가 전유부분을 소유하기 위하여 건물의 대지에 대하여 가지는 권리인 대지사용권에 해당한다. 따라서 전유부분에 대한 대지사용권을 분리처분할 수 있도록 정한 규약이 존재한다는 등의 특별한 사정이 인정되지 않는 한 전유부분과 분리하여 대지사용권을 처분할 수 없고, 이를 위반한 대지지분의 처분행위는 그 효력이 없다(대법원 2004다742 판결 등). 그러므로 구분소유권이 이미 성립한 집합건물이 증축되어 새로운 전유부분이 생긴 경우에는, 건축자의 대지소유권은 기존 전유부분을 소유하기 위한 대지사용권으로 이미 성립하여 기존 전유부분과 일체불가분성을 가지게 되었으므로 규약 또는 공정증서로써 달리 정하는 등의 특별한 사정이 없는 한 새로운 전유부분을 위한 대지사용권이 될 수 없다."면서 "위와 같은 사실관계를 앞서 본 법리에 비추어 살펴보면, 위 501호, 502호, 901호, 1001호, 1002호와 같이 증축된 구분건물에 대하여 대지사용권을 부여하기 위해서는 위 103호 등 기존 구분건물의 대지지분 중 각 일부에 대한 분리처분이 필수적이라 할 것이므로, 반드시 규약 등으로 이를 정해 놓았어야 한다. 그리고 이는 위 증축 당시 다빈치디엔씨가 증축된 부분을 포함한 이 사건 건물의 각 구분건물 전체를 소유하고 있었다고 하더라도 달리 볼 것은 아니다."라고 판시하였다.

2. 집합건물의 분리처분금지등기와 선의의 제3자

집합건물법 제20조 제3항은 집합건물의 전유부분과 대지사용권의 분리처분금지에 대하여 그 취지를 등기하지 않을 경우 선의로 물권을 취득한 제3자에게 대항할 수 없다고 규정하고 있다. 즉 집합건물법 제20조(전유부분과 대지사용권의 일체성)는 "① 구분소유자의 대지사용권은 그가 가지는 전유부분의 처분에 따른다. ② 구분소유자는 그가 가지는 전유부분과 분리하여 대지사용권을 처분할 수 없다. 다만, 규약으로써 달리 정한 경우에는 그러하지 아니하다. ③ 제2항 본문의 분리처분금지는 그 취지를 등기하지 아니하면 선의(善意)로 물권을 취득한 제3자에게 대항하지 못한다. ④ 제2항 단서의 경우에는 제3조 제3항을 준용한다."라고 규정한다. 이때 선의의 물권취득 제3자에 있어서, "선의"란 무엇일까?

① "선의"란 '분리처분금지라는 제약의 존재를 알지 못하는 것'을 의미하는 것일까? 아니면, ② "선의"란 '원칙적으로 집합건물의 대지로 되어 있는 사정을 알지 못하는 것'을 의미할까?

원심은 "선의"의 의미에 대하여 ①로 해석하였으나, 대법원은 "선의"의 의미에 대하여 ②로 해석하면서, 원심판결을 파기하였다(대법원 2009다26145 판결). 결국, 전유부분과 대지사용권의 분리처분금지가 등기되어 있지 않은 경우에 토지에 대한 소유권을 취득한 사람이 선의의 제3자임을 주장하기 위해서는 "원칙적으로 집합건물의 대지로 되어 있는 사정을 알지 못했음"이 인정되어야 할 것이다.

따라서 집합건물이 소재한 토지를 낙찰받은 자가 경매절차 진행 당시에 등기부, 경매물건명세서, 현황조사보고서, 감정평가서 등을 통하여 해당 토지가 해당 아파트가 속한 집합건물의 대지로 사용되고 있음을 알았다면, 토지 낙찰자는 '선의의 제3자'가 될 수 없다.

이 대법원 판례사안을 정리하면 다음과 같다. 피고가 이 사건 토지지분을 경매로 취득할 당시 등기부상 분리처분금지의 취지가 기재된 사실이 없었다. 그 후 원고가 이 사건 아파트의 전유부분을 경매절차에서 취득함으로써 대지사용권까지 취득하였다.

원고는 피고를 상대로, 피고 명의의 토지에 대한 소유권이전등기의 말소를 청구하였고, 원심은 원고의 청구를 기각하였으나, 대법원은 원고승소 취지로 원심을 파기 · 환송하였다. 결국, 토지 낙찰자가 분리처분금지 미등기에 대한 선의의 제3자로 판단되지 않을 경우, 낙찰자의 소유권이전등기는 무효가 된다.

즉, "분리처분금지는 그 취지를 등기하지 아니하면 선의로 물권을 취득한 제3자에 대하여 대항하지 못한다."고 정한 집합건물법 제20조 제3항의 '선의의 제3자'는 원칙적으로 집합건물의 대지로 되어 있는 사정을 모른 채 대지사용권의 목적이 되는 토지를 취득한 제3자를 의미한다. 따라서 선의로 인정되는 사례가 많지 않을 것이다.

대법원(전합) 2010다71578 판결도 동일 취지이다. 즉 대법원은 "甲이 아파트를 신축하면서 내부 구분건물 각각에 대하여 분양계약을 체결한 후 토지에 관하여 乙 주식회사와 부동산담보신탁계약을 체결하고 신탁등기를 마쳐 준 사안에서, 신탁등기를 마친 당시 아파트 각 층의 기둥, 주벽 및 천장 슬래브 공사가 이루어져 건물 내부의 각 전유부분이 구조상 · 이용상의 독립성을 갖추었고, 그보다 앞서 甲이 구분건물 각각에 대하여 분양계약을 체결함으로써 구분의사를 외부에 표시하였으므로 구분행위의 존재도 인정된다고 보아, 아파트의 전유부분에 관하여 이미 구분소유권이 성립한 이상 부동산담보신탁계약은 집합건물의 소유 및 관리에 관한 법률 제20조에 위배되어 무효이므로 신탁등기는 말소되어야 하고, 신탁계약 체결 당시 아파트가 집합건물로서 모습을 갖춘 점 등에 비추어 乙 회사는 위 토지가 집합건물의 대지로 되어 있는 사정을 알고 있었다고 보이므로 선의의 제3자에 해당하지 않는다고 본 원심판단이 정당하다."는 취지이다.

3. 집합건물법상 분리처분금지는 구분소유 성립을 전제

집합건물법 제20조 제2항 본문은 "구분소유자는 그가 가지는 전유부분과 분리하여 대지사용권을 처분할 수 없다."고 규정하여, 구분건물의 전유부분과 대지사용권의 분리처분금지를 규정하고 있다(원칙). 조문에서도 확인되는 것처럼, 분리처분이 금지되는 대지사용권이란 구분소유자가 전유부분을 소유하기 위하여 건물의 대지에 대하여 가지는 권리로서, 구분소유의 성립을 전제한다.

그렇다면, 구분소유의 성립요건은? 구분소유가 성립하려면, ① 객관적·물리적으로 1동의 건물이 존재하고 구분된 건물부분이 구조상·이용상 독립성이 인정되어야 하며(객관적 요건), ② 구획된 건물부분을 각각 구분소유권의 객체로 하려는 구분행위가 있어야 하는데(주관적 요건), 구분행위는 구분건물이 물리적으로 완성되기 전이라도 건축허가 신청이나 분양계약 등을 통하여 구분의사가 객관적으로 표시되어야 한다.

즉 주관적 요건인 구분행위에 대하여 대법원 2016다32841(본소), 32858(반소) 판결취지에 의하면 그 요건으로 "구분건물이 물리적으로 완성되기 전에도 건축허가신청이나 분양계약 등을 통하여 장래 신축되는 건물을 구분건물로 하겠다는 구분의사가 객관적으로 표시되면 구분행위의 존재를 인정할 수 있다."는 취지이다. 결국, 분양계약 등을 통하여 구분행위라는 요건충족이 가능하더라도, 구분건물의 객관적·물리적 완성시점이 늦어지면, 그 구분건물 완성시점에 구분소유의 성립이 인정된다[대법원(전합) 2010다71578 판결].

이 내용과 관련하여 대법원 2016다219419(본소), 2016다219426(반소) 판결(부당이득금·소유권이전등기)을 살펴보자. 대양건설은 1989년경 대전 유성구 토지에 지하 4층, 지상 13층의 오피스텔에 관한 허가를 받아 공사착수 후 분양을 하였고, 대양건설과 원고는 1991. 4. 1.경 위 토지에 대한 근저당권설정계약을 체결하였다.

원고는 1992. 4. 20.경 근저당권을 실행하여 원고 스스로 위 토지를 1995. 4. 21.경 낙찰받아 1995. 7. 5. 소유권이전등기를 마쳤고, 근저당권설정 당시 10층 골조까지만 마쳤던 오피스텔은 1997. 3.경에야 공사가 완공되었다.

원고는 1997. 4.경부터 2009. 6.경까지 오피스텔 전유부분 소유자들에게 전유부분면적에 상응하는 토지의 공유지분권을 매도하였고 약 3분의 1에 대한 지분이 남은 상태다. 피고들은 오피스텔 전유부분을 소유하고 있으나, 토지공유지분권을 매수하거나 임차하지 않았다.

원고가 피고들에게 지료상당 부당이득청구를 하자, 피고들은 집합건물법 제20조에 따라 전유부분과 대지사용권의 분리처분이 금지되므로 원고가 근저당권을 실행하여 위 토지를 낙찰받은 것은 무효라는 취지로 주장하였다. 타당할까? 타당하지 않다는 것이 대법원 취지이다.

그 이유는 무엇일까? 집합건물법상 분리처분금지조항이 적용되려면, 근저당권설정 당시에 전유부분에 대한 구분소유권이 성립되었어야 하는데, 근저당권설정 당시에 건축허가내용과 동일한 정도로 건물축조가 이루어지지 않았기 때문이다(즉, 객관적 요건 결여). 결국 원고의 피고들에 대한 지료상당의 부당이득청구가 인정되었다(대지사용권 없는 전유부분공유자의 경우 불가분채무로 일부지분만 공유해도 전유부분 전체면적에 대한 부당이득반환의무 인정).

그리고 대법원 2017다9121, 2017다9138(병합) 판결(건물철거 등)에 의하면 "집합건물법 제20조에 따라 분리처분이 금지되는 대지사용권이란 구분소유자가 전유부분을 소유하기 위하여 건물의 대지에 대하여 가지는 권리로서, 구분소유의 성립을 전제로 한다. 따라서 구분소유가 성립하기 전에는 집합건물의 대지에 관하여 분리처분금지 규정이 적용되지 않는다(대법원 2010다6017 판결 등). 1동의 건물에 대하여 구분소유가 성립하기 위해서는 객관적 · 물리적인 측면에서 1동의 건물이 존재하고 구분된 건물부분이 구조상 · 이용상 독립성을 갖추어야 할 뿐 아니라 1동의 건물 중 물리적으로 구획된 건물부분을 각각 구분소유권의 객체로 하려는 구분행위가 있어야 한다. 여기서 구분행위는 건물의 물리적 형질을 변경하지 않고 그 건물의 특정 부분을 구분하여 별개의 소유권의 객체로 하려는 법률행위로서, 그 시기나 방식에 특별한 제한이 있는 것은 아니고 처분권자의 구분의사가 객관적으로 외부에 표시되면 충분하다. 구분건물이 물리적으로 완성되기 전에도 건축허가신청이나 분양계약 등을 통하여 장래 신축되는 건물을 구분건물로 하겠다는 구분의사가 객관적으로 표시되면 구분행위의 존재를 인정할 수 있다. 그러나 그 구조와 형태 등이 1동의 건물로서 완성되고 구분행위에 상응하는 구분건물이 객관적 · 물리적으로 완성되어야 그 시점에 구분소유가 성립한다(대법원 2012다109538 판결, 대법원 2016다219419, 219426 판결 등). 구분소유가 성립하기 전에 대지에 관하여만 근저당권이 설정되었다가 구분소유가 성립하여 대지사용권이 성립되었더라도 이미 설정된 그 근저당권 실행으로 대지가 매각됨으로써 전유부분으로부터 분리처분된 경우에는 그 전유부분을 위한 대지사용권이 소멸하게 된다(대법원 2013다46047 판결, 대법원 2016다219419, 219426 판결)."라는 취지이다.

참고로 대법원 2018다43128 판결(부당이득금 반환)은 "갑 등(소외 1, 2, 3, 4)이 신축한 집합건물에 관한 구분소유가 성립하기 전에 대지에 관하여 근저당권이 설정되어 있었는데, 위 대지와 건물에 관한 강제경매절차에서 을(원고)이 대지와 건물을 매수한 후 대지에 관하여 소유권이전등기를 마쳤고, 위 경매절차 개시 전에 건물에 관하여 가등기를 마친 병(피고)이 일부 전유부분에 관하여 본등기를 함으로써 각 전유부분과 전유부분의 대지사용권에 해당하는 토지공유지분이 분리된 사안에서, 각 전유부분에 관하여 가등기에 기한 본등기를 하더라도 집합건물의 소유 및 관리에 관한 법률 제20조에서 금지하는 대지사용권의 분리처분으로 볼 수 없다."는 취지인데, 그 이유에 대하여 위 판결을 확인하면 "이 사건 대지 및 이 사건 건물에 관하여 적법하게 진행된 이 사건 강제경매절차에서 대지사용권 성립 전에 이 사건 대지에 관하여 설정된 근저당권이 매각으로 소멸하면서 그 근저당권이 확보한 담보가치의 보장을 위하여 그보다 뒤에 이 사건 각 전유부분에 관하여 경료된 가등기의 효력이 이 사건 대지지분에 대하여 미치지 않게 됨으로 인한 것"이라는 취지이다[이 사건 강제경매절차에서 원고는 이 사건 대지와 이 사건 건물을 매수하고 매각대금을 납부하였고, 2016. 8. 18. 이 사건 대지에 관하여 소유권이전등기를 마쳤으며, 이 사건 각 근저당권은 위 매각으로 모두 소멸하였고, 피고는 이 사건 건물(동호수 생략)을 제외한 나머지 '이 사건 각 전유부분'에 관하여 2016. 8. 18. 위 가등기에 기한 본등기를 한 사안].

4. 집합건물법상 분리처분금지의 적용범위

1984. 4. 10. 법률 제3725호로 제정된 '집합건물법' 제20조는 "구분소유자의 대지사용권은 그가 가지는 전유부분의 처분에 따른다(제1항). 구분소유자는 그가 가지는 전유부분과 분리하여 대지사용권을 처분할 수 없다. 다만 규약으로써 달리 정한 때에는 그러하지 아니하다(제2항)"라고 규정하고, 같은 법 부칙 제1조는 "이 법은 공포 후 1년이 경과한 날로부터 시행한다.", 제4조는 "이 법 시행 당시 현존하는 전유부분과 이에 대한 대지사용권에 관한 제20조 내지 제22조의 규정은 이 법의 시행일로부터 2년이 경과한 날로부터 적용한다."라고 규정한다.

그렇다면 집합건물법상 분리처분금지규정(동법 제20조) 적용 전에 구분소유자가 전유부분과 분리하여 대지사용권을 처분하는 것이 유효할까? 그렇다.

이때 집합건물법 제20조가 적용된 이후에도 그 전유부분과 대지사용권을 각자 처분하는 것이 유효한가? 그렇다. 전유부분과 대지사용권의 일체성에 위배되어 무효라고 할 수 없기 때문이다(대법원 2010다72779, 72786 판결).

그 이유는 무엇일까? 대법원 2023다229896 판결에 의하면 "집합건물법 제20조에 의하여 분리처분이 금지되는 같은 법상 대지사용권은 구분소유자가 전유부분을 소유하기 위하여 건물의 대지에 대하여 가지는 권리이므로(집합건물법 제2조 제6호 참조), 구분소유자 아닌 자가 전유부분의 소유와 무관하게 집합건물의 대지로 된 토지에 대하여 가지고 있는 권리는 같은 법 제20조에 규정된 분리처분금지의 제한을 받지 않기 때문(대법원 2011다12149, 12156 판결)."이라는 취지이다.

위 대법원 2023다229896 판결은 어떠한 사안이었을까? 갑은 이 사건 토지 및 인접 토지

지상에 구분소유 형태의 이 사건 건물을 신축한 후 1978. 1.경부터 1983. 11.경 사이에 자신이 보유한 전유부분을 전부 분양하거나 양도하면서도 이 사건 토지에 관한 1/2 지분('이 사건 공유지분')은 그의 소유로 남겨두었다가 2004. 12. 6. 이 사건 공유지분을 乙에게 이전하였는데, 을로부터 2009. 6. 26. 이 사건 공유지분을 이전받은 원고가 이 사건 건물의 구분소유자들인 피고들을 상대로 부당이득의 반환을 구한 사례였다.

이에 대하여 원심은, 갑의 이 사건 공유지분 처분행위가 집합건물법 제20조 제2항에 반하여 무효라고 판단하였다.

그러나 대법원은, 갑은 이 사건 토지 및 이 사건 인접 토지 지상에 구분소유 형태의 이 사건 건물을 신축한 후 자신이 보유한 전유부분을 수분양자들에게 분양하는 등 모두 처분하면서 이 사건 공유지분은 그의 소유로 남겨두었는바, 이는 집합건물법 부칙 제4조에 따라 같은 법 제20조의 규정이 적용되기 전이므로 같은 법 제20조가 정한 분리처분금지의 제한을 받지 않고, 나아가 갑은 집합건물법 시행 당시 이 사건 건물의 전유부분을 모두 처분하여 이를 소유하고 있지 않았으므로, 이 사건 공유지분은 전유부분의 소유와 무관하게 갑에게 유보되어 있다가, 을 및 원고에게 순차로 이전된 것이라고 보아야 하므로, 이 사건 공유지분은 전유부분의 소유를 위한 대지사용권으로 제공되었다고 볼 수 없어 이를 따로 처분하였다고 하여 그것이 분리처분금지 규정에 위배된다고 볼 수는 없다고 보아, 이와 달리 원고의 부당이득반환청구를 배척한 원심판결을 파기·환송한 것이다.

5. 집합건물분리처분금지의 예외로 해석되는 토지별도등기

집합건물법 제20조는 구분건물과 대지사용권의 원칙적 분리처분금지를 규정하면서, 예외적으로 규약 등에 분리처분이 가능하도록 할 수 있다는 취지를 규정하고 있다. 다만, 집합건물(구분건물)의 대지권 성립 전부터 토지등기부에 근저당권 등이 설정되어 있었다면, 집합건물등기사항증명서에 '토지별도등기 있음'으로 표시되며, 집합건물의 분리처분이 가능한 결과가 발생할 수 있다. 이는 집합건물이 성립되지 않아 집합건물법상의 분리처분금지 원칙이 적용되지 않는다고 볼 수 있다.

예를 들어, 대지권 성립 전부터 토지등기부에 은행의 근저당권이 설정되었을 때, 그 은행이 경매를 실행할 경우, 집합건물법 제20조가 적용되기 어렵다는 것이다. 집합건물의 구분소유자가 토지근저당권자에 대항하기 어렵다고 보이기 때문이다.

토지등기사항증명서의 근저당권자가 임의경매를 신청하여, 이를 낙찰받은 경우 대지권 없는 구분소유자에게 지료상당의 부당이득청구가 가능하다는 취지의 대법원 2005다15048 판결이 존재한다. 대법원 판결 사안은 근저당권을 인수한다는 특별매각조건하에 4층 401호를 피고가 대지권과 함께 경락받은 사안이다. 당시 경매개시결정, 경매공고, 경락허가결정에서도 토지의 공유지분이 아니라, 다세대주택 401호의 대지권에 해당하는 공유지분임을 특정했었고, 이 사건 토지의 일부 공유지분에 대한 근저당권이 실행되어, 공유지분을 원고가 낙찰받은 것이었다. 부당이득반환청구 인정금액에 대하여 원심은 "4층 401호의 대지권 지분이었던 공유지분이라도 그것이 별도로 경락되어 대지권의 목적이 아닌 것으로 된 후에는 그 구분건물의 소유자(피고 2)가 4층 401호의 대지권의 목적이었던 공유지분을 취득한 자(원고 1)의 공유지분만을 사용한다고는 볼 수 없고, 이 사건 토지 전체를 권원 없이 점유함으로써 대지권의 목적이 아닌 지분의 모든 공유지분권자에 대하여 손해를 입히고 있는 것으로 보아야 한다고 판단한 뒤, 그 판시와 같은 방법, 즉 '이 사건 토지 중 4층 401호의 지분(287.5분의 30.13)에 대한 임료 상당액(월 391,120원)'에다가 '이 사건 토지 중 대지권의 목적이 아닌 지분' 가운데 '원고 1의 공유지분'이 차지하는 비율(117.76분의 30.13)을 곱하는 방법으로 부당이득액을 산정하여 월 100,071원으로 확정"하였으나, 대법원은 "당시의 경매개시결정, 경매공고 및 경락허가결정에서도 위 경매의 목적물을 단순히 이 사건 토지의 공유지분이 아니라 '이 사건 다세대주택 중 4층 401호의 대지권에 해당하는 공유지분'임을 특정"하였음 등을 이유로 "이 사건 토지 중 위 4층 401호의 지분(287.5분의 30.13)에 상응하는 임료 상당액 전부를 그에 관한 대지권 지분을 경락받아 취득한 원고 1에게 지급하여야 할 것"이라는 취지로 원심을 파기하고 자판하였다.

그렇다면, 철거청구는 가능할까? 이론상 가능할 수 있다. 즉, 집합건물 토지에 토지별도등기로 설정된 근저당권이 실행되어 지분이 아닌 전체 대지의 낙찰자가 대지의 소유권을 취득할 경우에 법정지상권이 성립되지 않았다면 가능할 수 있을 것이다. 과거에 토지별도등기가 있는 집합건물 매각 시, 인수가 원칙이었으나, 현재는 소멸이 원칙이고, 특별매각조건으로 인수한다는 조건이 붙어야 인수된다는 취지의 대법원 2005다15048 판결이 있다.

대법원 판결에 의하면, 민사집행법 제91조 제2항은 매각부동산 위의 모든 저당권은 경락으로 인하여 소멸한다고 규정하고 있으므로, 집합건물의 전유부분과 함께 그 대지사용권인 토지공유지분이 일체로서 경락되고 그 대금이 완납되면, 설사 대지권 성립 전부터 토지만에 관하여 별도등기로 설정되어 있던 근저당권이라 할지라도 경매과정에서 이를 존속시켜 경락인이 인수하게 한다는 취지의 특별매각조건이 정하여져 있지 않았던 이상 토지공유지분에 대한 범위에서는 매각부동산 위의 저당권에 해당하여 소멸한다.

대법원 2005다15048 판결은 "집합건물에 있어서 구분소유자의 대지사용권은 전유부분과 분리처분이 가능하도록 규약으로 정하였다는 등의 특별한 사정이 없는 한 전유부분과 종속적 일체불가분성이 인정되므로(집합건물법 제20조 제1항, 제2항), 구분건물의 전유부분에 대한 저당권 또는 경매개시결정과 압류의 효력은 당연히 종물 내지 종된 권리인 대지사용권에까지 미치고, 그에 터 잡아 진행된 경매절차에서 전유부분을 경락받은 자는 그 대지사용권도 함께 취득한다 할 것이다(대법원 94다12722 판결, 대법원 97마814 결정 등). 그리고 구 민사소송법

(2002. 1. 26. 법률 제6626호로 전문 개정되기 전의 것) 제608조 제2항 및 현행 민사집행법 제91조 제2항에 의하면 매각부동산 위의 모든 저당권은 경락으로 인하여 소멸한다고 규정되어 있으므로, 위와 같은 이유로 전유부분과 함께 그 대지사용권인 토지공유지분이 일체로서 경락되고 그 대금이 완납되면, 설사 대지권 성립 전부터 토지만에 관하여 설정되어 있던 별도등기로서의 근저당권이라 할지라도 경매과정에서 이를 존속시켜 경락인이 인수하게 한다는 취지의 특별매각조건이 정하여져 있지 않았던 이상 위 토지공유지분에 대한 범위에서는 매각부동산 위의 저당권에 해당하여 소멸하게 되는 것이라 할 것이다."라는 취지이다.

이와 관련하여 "연도별 2023. 9. 1.자 '서울고등법원판례공보스터디' 제2262쪽"에 의하면, 구분소유권이 성립하기 전에 이미 대지에 저당권이 설정되었거나 압류 · 가압류 · 가처분이 마쳐진 경우에도 분리처분을 금지하면, 전유부분의 소유자가 아니면 대지에 관하여 경락을 받거나 가처분에 따른 본등기를 마치더라도 소유권을 취득할 수 없게 되는바, 이러한 위험을 방치하면 토지는 거래 계에서 담보가치를 사실상 전혀 인정받을 수 없게 된다면서 판례는 예외적으로, 구분소유권이 성립하기 전에 대지에 설정된 저당권의 실행이나 압류 · 가압류 · 가처분의 집행에 따라 대지의 소유권이 변동하는 경우에는 분리처분금지의 제한을 받지 않는다고 보고 있다고 설명하고 있다.

대법원 2010다6017 판결에 의하면 "구 집합건물의 소유 및 관리에 관한 법률(2010. 3. 31. 법률 제10204호로 개정되기 전의 것) 제20조에 의하여 분리처분이 금지되는 같은 법상 대지사용권이란 구분소유자가 전유부분을 소유하기 위하여 건물의 대지에 대하여 가지는 권리이므로(같은 법 제2조 제6호 참조), 구분소유자 아닌 자가 집합건물의 건축 전부터 전유부분의 소유와 무관하게 집합건물의 대지로 된 토지에 대하여 가지고 있던 권리는 같은 법 제20조에 규정된 분리처분금지의 제한을 받는다고 할 수 없다."라는 취지이다.

6. 집합건물 공용부분의 무단 사용과 공용부분의 보존행위

집합건물법 제16조 제1항은 "공용부분의 관리에 관한 사항은 제15조 제1항 본문의 경우를 제외하고는 제38조 제1항에 따른 통상의 집회결의로써 결정한다. 다만, 보존행위는 각 공유자가 할 수 있다."고 규정하고 있다.

따라서 과거 판례는 집합건물의 공용부분이라 할 수 있는 복도 등을 배타적으로 사용하는 자가 있을 경우, 집합건물법상의 결의 등을 거칠 필요 없이 각 구분소유자는 공용부분의 보존행위로서 특별한 사정이 없는 한 그 배타적 사용의 배제를 구할 수 있어 철거 및 인도청구가 가능하다고 해석하였다(대법원 2006다56565 판결, 춘천지방법원 속초지원 2006가합523 판결 등).

그러나, 최근 대법원(전합) 2018다287522 판결에 의하면, 원고가 이 사건 토지의 1/2 지분을 소유하고 있는 이른바 소수지분권자로서, 그 지상에 나무를 식재하여 토지를 독점적으로 점유하고 있는 피고를 상대로 소나무 등 지상물의 수거와 점유 토지의 인도 등을 청구한 사례에서 종전에 소수지분권자의 다른 소수지분권자에 대한 방해배제 및 인도청구를 인정했던 대법원(전합) 93다9392, 9408 판결을 파기하고, 종전 판례를 변경하여 소수지분권자의 다른 소수지분권자에 대한 보존행위로서의 방해배제 및 인도청구를 모두 부정하고 단지 지분소유권에 의한 방해배제만을 인정하는 취지로 판시하였다.

이에 따라 대법원 2019다245822 판결(공용부분인도청구등의소)은 과거 판례와 달리 보존행위로서의 인도청구는 부정하되, 철거청구는 인정하는 취지로 판시하였다.

즉 "공유물의 소수지분권자가 다른 공유자와 협의 없이 공유물의 전부 또는 일부를 독점적으로 점유·사용하고 있는 경우 다른 소수지분권자는 공유물의 보존행위로서 그 인도를 청구할 수는 없고, 다만 자신의 지분권에 기초하여 공유물에 대한 방해 상태를 제거하거나 공동 점유를 방해하는 행위의 금지 등을 청구할 수 있다. 이러한 법리는 집합건물의 소유 및 관리에 관한 법률(이하 '집합건물법')에 따라 구분소유자 전원 또는 일부의 공유에 속하고(제10조 제1항), 공유자가 그 용도에 따라 사용할 수 있는 집합건물의 공용부분(제11조)에도 마찬가지로 적용된다. 따라서 집합건물의 구분소유자가 집합건물법의 관련 규정에 따라 관리단집회 결의나 다른 구분소유자의 동의 없이 공용부분의 전부 또는 일부를 독점적으로 점유·사용하고 있는 경우 다른 구분소유자는 공용부분의 보존행위로서 그 인도를 청구할 수는 없고, 특별한 사정이 없는 한 자신의 지분권에 기초하여 공용부분에 대한 방해 상태를 제거하거나 공동 점유를 방해하는 행위의 금지 등을 청구할 수 있다."면서 그 판결 이유에서 "원심이 이 사건 건물부분의 인도청구를 받아들인 것에는 공유물의 보존행위에 관한 법리를 오해하여 판결에 영향을 미친 잘못이 있다. 한편 원심이 원고의 유리문 등 철거청구를 공유물의 보존행위로서 허용된다고 본 것은 적절하지 않지만, 위에서 본 바와 같이 원고의 유리문 등 철거청구를 받아들인 결론은 정당하므로 판결 결과에 영향을 미친 잘못이 없다."는 취지로 판결하였다.

그렇다면, 집합건물 복도와 같은 공용부분을 무단으로 배타적으로 사용하는 자에게 각 구분소유자가 자신의 전유부분 지분의 비율에 상응한 부당이득반환청구를 할 수 있는가? 종전 대법원 판결은 할 수 없다는 취지였다.

즉, 종전 대법원은 "피고가 무단으로 점유·사용한 부분은 구조상 복도와 비상계단인 사실을 알 수 있는데, 이는 공용부분으로서 원고로서도 점포로 사용하는 등 별개의 용도로 사용하거나 그와 같은 목적으로 타에 임대할 수 있는 대상이 아니므로, 원고가 다른 구분소유자인 피고의 위와 같은 행위로 인하여 임료 상당의 이익을 상실하는 손해를 입었다고 할 수 없다(대법원 2014다202608 판결)."라는 취지였다.

그러나 이 대법원 판결은 전원합의체 판결로 변경되었다. 즉 대법원(전합) 2017다220744 판결에 의하면, "구분소유자 중 일부가 정당한 권원 없이 집합건물의 복도, 계단 등과 같은 공용부분을 배타적으로 점유·사용함으로써 이익을 얻고, 그로 인하여 다른 구분소유자들이 해당 공용부분을 사용할 수 없게 되었다면, 공용부분을 무단 점유한 구분소유자는 특별한 사정이 없는 한 해당 공용부분을 점유·사용함으로써 얻은 이익을 부당이득으로 반환할 의무가 있다. 해당 공용부분이 구조상 이를 별개 용도로 사용하거나 다른 목적으로 임대할 수 있는 대상이 아니더라도, 무단점유로 인하여 다른 구분소유자들이 해당 공용부분을 사용·수익할 권리가 침해되었고 이는 그 자체로 민법 제741조에서 정한 손해로 볼 수 있다."는 취지이다.

그리고 더 나아가 대법원 2021다239301 판결에 의하면 "정당한 권원 없는 사람이 집합건물의 공용부분이나 대지를 점유·사용함으로써 이익을 얻고, 구분소유자들이 해당 부분을 사용할 수 없게 됨에 따라 부당이득의 반환을 구하는 법률관계는 구분소유자의 공유지분권에 기초한 것이어서 그에 대한 소송은 1차적으로 구분소유자가 각각 또는 전원의 이름으로 할 수 있다."면서 "관리단은 관리단집회의 결의나 규약에서 정한 바에 따라 집합건물의 공용부분이나 대지를 정당한 권원 없이 점유하는 사람에 대하여 부당이득의 반환에 관한 소송을 할 수 있다. 관리단이 집합건물의 공용부분이나 대지를 정당한 권원 없이 점유·사용하는 사람에 대하여 부당이득반환청구 소송을 하는 것은 구분소유자의 공유지분권을 구분소유자 공동이익을 위하여 행사하는 것으로 구분소유자가 각각 부당이득반환청구 소송을 하는 것과 다른 내용의 소송이라 할 수 없다. 관리단이 부당이득반환 소송을 제기하여 판결이 확정되었다면 그 효력은 구분소유자에게도 미치고(민소법 제218조 제3항), 특별한 사정이 없는 한 구분소유자가 부당이득반환 소송을 제기하여 판결이 확정되었다면 그 부분에 관한 효력도 관리단에게 미친다고 보아야 한다. 다만 관리단의 이러한 소송은 구분소유자 공동이익을 위한 것으로 구분소유자가 자신의 공유지분권에 관한 사용수익 실현을 목적으로 하는 소송과 목적이 다르다. 구분소유자가 부당이득반환청구 소송을 제기하였다가 본안에 대한 종국판결이 있은 뒤에 소를 취하하였더라도 관리단이 부당이득반환청구의 소를 제기한 것은 특별한 사정이 없는 한 새로운 권리보호이익이 발생한 것으로 민사소송법 제267조 제2항의 재소금지 규정에 반하지 않는다고 볼 수 있다."라는 취지이다.

위 대법원 2021다239301 판결에 대하여 "연도별 2023. 9. 1.자 '서울고등법원판례공보스터디' 제2304쪽"을 확인하면 관리단이 구분소유자들의 공유지분권을 '재판상' 행사한다면, 이는 '제3자 소송담당'에 해당하는바, 공유지분권이라는 청구권원의 귀속주체가 아닌 관리단이, 직접 소송의 당사자가 되어 자기 명의로 소송을 수행하고 판결도 받는다면서 제3자 소송담당에서 소송담당자와 본인은 '동일한 당사자'로 취급되므로 어느 한쪽이 선행소송으로 확정판결을 받으면 다른 한쪽에도 그 기판력이 미치고, 어느 한쪽이 먼저 소를 제기하면 다른 한쪽의 후소 제기는 중복제소에 해당하기 때문에 어느 한쪽이 전소를 제기했다가 그 항소심에서 소를 취하하면, 다른 한쪽도 재소가 금지되는 당사자에 해당하지만 재소금지 규정이 적용되려면, 당사자의 동일, 소송물의 동일 외에 '권리보호이익의 동일'이 필요한데 관리단이 구분소유자의 공유지분권을 행사하는 것은 전체 구분소유자 공동의 이익을 위한 것이므로, 개별 구분소유자들이 자신의 이익을 위한 선행소송과는 '권리보호이익이 다르다'고 볼 수 있는 바 위 판결은 이를 근거로 관리단인 원고에게 '새로운 권리보호이익'을 인정하여, 이 사건 소가 금지되는 재소에 해당하지 않는다고 본 것이라는 설명을 하고 있다.

7. 구분점포소유자의 공유지분침해에 따른 방해배제청구와 보존행위

대법원 2023다240879 판결을 기초로 설명한다. 피고 공사(서울주택도시공사)는 서울시 송파구 소재 이 사건 집합건물을 신축하여 일부는 분양하고 일부는 직접소유하면서 임대하는 자이고, 원고는 피고 공사로부터 이 사건 집합건물의 점포를 분양받거나 임차하여 사업을 운영하고 있는 자이다.

이 사건 집합건물 관리단 대표위원회는 이 사건 집합건물의 각 층의 일부를 피고 회사(주식회사 현대백화점)에게 일괄 임대하여 판매시설을 개점하도록 그 용도와 업종의 변경을 승인하는 의결을 하였는데, 원고는 이 사건 일괄임대차의 대상구역에 속하지 않았고, 이 사건 일괄임대차에 대하여 동의하지 않았으나, 이 사건 일괄임대차 대상구역에 속하는 점포의 구분소유자 중 86%가 동의함에 따라 일괄임대차와 이를 위한 공사를 승인하기로 의결하였다.

이 사건 집합건물 관리단은 일괄임대차의 대상구역에서 종전 벽을 철거하는 공사를 하였고, 피고 회사는 전유부분과 공용부분의 구조와 배치를 바꾸고 인테리어를 하는 등의 공사를 하였다. 피고 회사는 이 사건 공사를 통하여 원고 소유의 점포들이 있는 층의 공용부분 통로에 변경된 전유부분을 구획하기 위한 각 벽('이 사건 각 벽')을 설치하였다.

원고는 피고 회사에게 원고 소유 점포의 구분소유자로서 이 사건 점용 통로 부분에 관한 지분권에 기한 방해배제청구로 이 사건 각 벽의 철거 등을 구하는 소송을 제기하였다.

임차인인 피고 회사의 이 사건 공사로 피고 회사가 원래 공용부분이던 이 사건 점용 통로부분을 배타적으로 점유·사용하게 된 것이, 집합건물법 제15조의 '공용부분의 변경'에 해당하는가? 그렇다. 다만 구분소유자인 원고의 권리에 특별한 영향을 미쳐 그의 승낙을 받아야 하는 경우에는 해당하지 않는다고 이해된다.

집합건물법 제15조는 "공용부분의 변경"이라는 제목 아래에 "① 공용부분의 변경에 관한 사항은 관리단집회에서 구분소유자의 3분의 2 이상 및 의결권의 3분의 2 이상의 결의로써 결정한다. 다만, 다음 각 호의 어느 하나에 해당하는 경우에는 제38조제1항에 따른 통상의 집회결의로써 결정할 수 있다. ~중략~ ② 제1항의 경우에 공용부분의 변경이 다른 구분소유자의 권리에 특별한 영향을 미칠 때에는 그 구분소유자의 승낙을 받아야 한다."라고 규정하고 있다.

결국 이 사건 일괄구획 및 일괄임대차는 공용부분의 변경에 해당하고, 공용부분을 변경하기 위해서는 집합건물법 제15조 제1항에 따라 관리단집회의 결의를 갖추어야 하는데 이를 갖추지 못하였으므로 무효이다.

그렇다면 피고 회사가 원고의 공유지분권을 침해하고 있는 것이 되므로, 원고가 단독으로 피고회사를 상대로 민법 제214조에 따른 방해배제청구권을 행사하여 이 사건 각 벽의 철거를 청구할 수 있는가? 그렇게 보기는 어렵다.

이 사건 각 벽의 철거청구는 구분소유자 단독으로 행사할 수 있는 보존행위로 보기 어렵고 관리행위로 이해되기 때문이다.

즉 구분소유자가 공용부분에 대해 그 지분권에 기하여 권리를 행사할 때 이것이 다른 구분소유자들의 이익에 어긋날 수 있다면 이는 각 구분소유자가 개별적으로 할 수 있는 보존행위라고 볼 수 없고 관리단집회의 결의를 거쳐야 하는 관리행위로 보아야 하는 데 원고가 구하는 이 사건 각 벽의 철거는 이 사건 일괄임대차에 따라 피고 회사에 점포를 임대한 다른 다수 구분소유자들의 이익에 어긋나는 것으로서 공용부분의 보존행위가 아니라 관리행위로 이해되기 때문이다.

결국, 이 사건 각 벽의 철거를 위해서는 관리행위의 전제인 관리단집회의 결의를 통과해야 할 것으로 보인다. 그렇다면 관리단집회의 결의를 통과하면 피고회사에 대한 이 사건 각 벽의 철거청구가 가능할까? 가능하다고 이해된다.

이 사건 일괄구획 및 일괄임대차는 공용부분의 변경에 해당하고, 공용부분을 변경하기 위해서는 집합건물법 제15조 제1항에 따라 관리단집회의 결의를 갖추어야 하는데 이를 갖추지 못하였으므로 무효로 이해되기 때문이다.

결국 구분소유자 단독으로 이 사건 각 벽의 철거는 보존행위로 볼 수 없어 인정되기 어렵지만, 관리행위의 요건을 충족하여 관리주체가 소를 제기한다면 이 사건 각 벽의 철거청구가 인정될 것으로 이해된다는 것이다(필자의 개인의견).

위 대법원 판결에 대하여 "이 사건의 사안과 같이 공용부분 변경의 경우에는 원래 구분소유자 및 의결권의 3분의 2 이상의 결의가 있어야 하므로, 구분소유자 및 의결권의 3분의 1 이상의 반대만 있으면 공용부분 변경이 불가능한 것인데, 일단 실력으로 공용부분을 변경해 놓으면 그것을 다시 원상회복시키기 위해서는 구분소유자 및 의결권의 과반수 결의가 필요하다고 하는 것은 불합리하다는 지적이 있을 수 있다."면서 "그러나 그렇다고 하여 구분소유자 1인만으로 원상회복을 구할 수 있다고 보는 것도 불합리한 측면이 있고, 다만 어느 구분소유자의 권리에 특별한 영향을 미침에도 그의 승낙 없이 관리방법을 결정하거나 공용부분을 변경한 경우에는 그 구분소유자가 단독으로 원상회복을 구할 수 있다고 보아야 할 것으로 사료"된다는 견해가 있다(2024. 5. 1.자 공보에 대한 '서울고등법원판례공보스터디' 제7번 해설 참고).

위 대법원 2023다240879 판결에 의하면 "집합건물의 공용부분이 적법한 용도 또는 관리방법에 어긋나게 사용되고 있어 일부 구분소유자가 방해배제 청구로 원상회복을 구하는 경우라도 이러한 행위가 다른 구분소유자들의 이익에 어긋날 수 있다면 이를 관리행위로 보아서 관리단집회의 결의를 거치도록 하는 것이 집합건물 내 공동생활을 둘러싼 다수 구분소유자들 상호 간의 이해관계 조절을 위하여 제정된 구 집합건물법의 입법 취지에 부합하고 분쟁의 일회적인 해결을 위하여 바람직하다."라면서,

"원고가 구하는 이 사건 각 벽의 철거는 이 사건 일괄구획 및 일괄임대차에 따라 피고 회사에 점포를 임대한 다른 다수 구분소유자들의 이익에 어긋나는 것으로서 공용부분의 보존행위가 아니라 관리행위에 해당한다고 보아야 한다. 그렇다면 이 사건 각 벽의 철거를 위해서는 관리단집회의 결의를 거쳐야 하는데 그러한 결의를 거친 바가 없다."라는 취지이다.

8. 구분점포들 사이의 구분폐지와 공유자 사이의 보존행위로서의 인도청구 부정

수원시 팔달구에 건립된 주상복합건물(지하 5층, 지상 19층의 집합건물) 중 지하 1층부터 지상 5층까지의 상가(이하 '이 사건 상가')는 2001년 8월 개점할 당시에는 수분양자들의 구분소유권에 맞춰 바닥 경계표지, 칸막이 또는 벽체, 건물번호표지 등이 설치되어 있었다. 즉 집합건물법 제1조의2에 따른 구분점포로서의 요건을 구비하고 있었다.

그런데, 이 사건 상가의 시설관리와 임대대행권을 취득한 주식회사 월드존의 대표이사가 이 사건 상가의 구분소유자들 전원의 동의 없이 이 사건 상가의 칸막이, 천장, 바닥, 화장실 등 내부시설을 모두 철거하고, 4층에 찜질방 시설공사를, 5층에 목욕탕 시설공사를 각 진행하였다. 그 결과 이 사건 상가의 층별 구분은 유지되었으나, 위 각 시설공사 부분의 구분점포들 사이의 구분은 폐지되었다. 이후 이 사건 상가 중 4, 5층은 이 사건 사우나 시설로 운영·관리되었다.

이러한 경우에 구분폐지로 인하여 이 사건 상가 전체가 하나의 공유물이 되는가 아니면 이 사건 상가 4, 5층만 공유물이 되고 이 사건 상가 4, 5층과 나머지 구분건물들로 구성된 1동의 건물전체가 집합건물법의 적용을 받는가?

원심은 이 사건 상가 전체를 하나의 공유물로 보고, 이 사건 상가 중 지상 4층을 포함한 10개 구분점포에 관한 소유권이전등기를 받은 원고승계참가인이 이 사건 상가 전체에 대한 공유지분권을 취득하였고, 4층 전유부분 중 일부인 이 사건 계쟁부분에 대한 원고승계참가인의 인도청구가 공유물의 보존행위로서 허용되며, 피고는 이 사건 계쟁부분의 점유·사용에 관하여 공유지분권 과반수의 동의를 얻었다고 볼 수 없다고 판단하여 원고승계참가인의 보전행위에 근거한 인도청구를 받아들였다.

그러나 대법원은 위 원심을 파기하였다.

즉 대법원 2017다204810 판결(점포인도 등)에 의하면, 이 사건 상가 중에서 4, 5층만 구분폐지로 공유물이 될 여지가 있고, 나머지 상가는 원래의 구분 건물로 존속하며, 이 사건 상

가 4, 5층과 나머지 구분건물들로 구성된 1동 건물 전체는 집합건물의 적용을 받는다는 취지이다.

위 대법원 판결의 파기·환송심(수원지방법원 2020나82840 판결)은 이 사건 상가 4층과 이 사건 상가 5층을 각 구분건물로 인정하였다. 결국 이 사건 상가 4층과 이 사건 상가 5층이 각 하나의 구분건물로 변경된 것이고, 이 사건 상가 4층과 이 사건 상가 5층의 각 기존 구분소유자들은 위 4층과 5층을 각 공유한다는 것이다.

즉 위 대법원 판결에 의하면 "구분건물로 등기된 1동의 건물 중 일부에 해당하는 구분건물들 사이에서 구조상의 구분이 소멸되는 경우에 그 구분건물에 해당하는 일부 건물 부분은 종전 구분건물 등기명의자의 공유로 된다. 구조상의 독립성이 상실되지 아니한 나머지 구분건물들의 구분소유권은 그대로 유지됨에 따라 그 일부 건물 부분은 나머지 구분건물들과 독립되는 구조를 이룬다고 할 것이고, 또한 집합건물 중 일부 구분건물에 대한 공유도 당연히 허용되므로 그 일부 건물 부분과 나머지 구분건물들로 구성된 1동의 건물 전체는 집합건물법(집합건물의 소유 및 관리에 관한 법률)의 적용을 받는다."는 취지이다.

그렇다면, 이 사건 상가 4층 일부를 4층의 기존 일부구분소유자들로부터 임차하여 배타적으로 사용하는 피고에게 이 사건 상가 4층 일부의 기존 구분소유자가 보존행위로서 그 배타적 사용부분에 대한 인도청구를 할 수 있을까?

앞서 확인한 것처럼 보존행위로서의 인도청구는 인정되지 않는다. 다만 새로운 구분 건물로 생성된 이 사건 상가 4층의 공유자로서 공유지분의 과반수권자라면 관리행위로서 인도청구는 인정된다.

즉, 위 대법원 2017다204810 판결에 의하면 "공유자 사이에 공유물을 사용·수익할 구체적인 방법을 정하는 것은 공유물의 관리에 관한 사항으로서 공유자 지분의 과반수로써 결정하여야 한다(대법원 2000다33638, 33645 판결). 공유물의 소수지분권자가 다른 공유자와 협의 없이 공유물의 전부 또는 일부를 독점적으로 점유·사용하고 있는 경우 다른 소수지분권자는 공유물의 보존행위로서 그 인도를 청구할 수는 없고, 다만 자신의 지분권에 기초하여 공유물에 대한 방해 상태를 제거하거나 공동 점유를 방해하는 행위의 금지 등을 청구할 수 있다[대법원(전합) 2018다287522 판결]."라는 취지이다.

결국, 이 사건 상가 4층에 대한 과반수지분권자인 원고승계참가인의 피고에 대한 보전행위로서의 인도청구는 인정되지 않지만, 관리행위로서의 인도청구는 인정된다(수원지방법원 2020나82840 판결).

9. 집합건물의 일부공용부분에 대한 보존행위로서의 철거청구

서울 강남에 26개동, 1,304세대로 구성된 아파트 단지가 있다. 아파트의 각 동에 출입하기 위하여는 1층과 지하층 출입문에 설치되어 있는 스크린 도어를 통과하여야 하고, 다른 동의 구분소유자의 경우에는 출입권한을 부여받거나 관리사무소의 허가를 받아야 출입할 수 있다.

이때 각 동의 아파트 옥상이 전체 아파트 구분소유자 전원의 공유에 속하는 것인가? 아니면 그 해당 동의 구분소유자들의 일부공용부분에 해당할 뿐인가?

집합건물법 제10조 제1항은 "공용부분은 구분소유자 전원의 공유에 속한다. 다만, 일부의 구분소유자만이 공용하도록 제공되는 것임이 명백한 공용부분(이하 "일부공용부분"이라 한다)은 그들 구분소유자의 공유에 속한다."고 규정하고 있다.

대법원 2019다294947(반소) 판결(공유물인도청구)에 의하면, 아파트 옥상은 그 해당 동의 구분소유자들의 일부공용부분에 해당한다는 취지이다.

즉, "집합건물의 공용부분 중 일부의 구분소유자만의 공용에 제공되는 것임이 명백한 일부공용부분은 그들 구분소유자의 공유에 속한다(집합건물법 제10조 제1항). 이때 건물의 어느 부분이 구분소유자의 전원 또는 일부의 공용에 제공되는지는 소유자들 사이에 특단의 합의가 없는 한 구분소유가 성립될 당시 건물의 구조에 따른 객관적인 용도에 의하여 결정되고(대법원 2015다77212 판결, 대법원 2018다217875 판결 등), 구분소유가 성립될 당시 건물의 구조에 따른 객관적인 용도에 비추어 일부공용부분인 부분의 구조나 이용 상황을 그 후에 변경하더라도, 그 부분을 공유하는 일부 구분소유자 전원의 승낙을 포함한 소유자들의 특단의 합의가 없는 한, 그러한 사정만으로 일부공용부분이 전체공용부분이 되는 것은 아니다. 그리고 이러한 법리는 여러 동의 집합건물로 이루어진 단지 내의 특정 동의 건물 부분으로서 구분소유의 대상이 아닌 부분이 해당 단지 구분소유자 전원의 공유에 속하는지, 해당 동 구분소유자 등 일부의 구분소유자만이 공유하는 것인지를 판단할 때에도 마찬가지로 적용된다(집합건물법 제52조, 제51조, 제3조 제1항)."면서,

"412동 구분소유자는 이 사건 옥상과 일체를 이루는 지붕을 건물의 안전과 외관 유지라는 기본적 용도대로 이용할 뿐 아니라 이 사건 옥상을 능동적으로 이용하는 데에 건물의 구조상 아무런 장애가 없는 반면, 다른 동의 구분소유자는 412동 출입구에 의하여 이 사건 옥상에의 접근이 차단되고, 다만 입주자대표회의 등의 결정을 집행하는 관리사무소의 승인을 얻어 이 사건 옥상에 접근할 수 있을 뿐이므로, 건물의 구조에 따른 이 사건 옥상의 이용 가능성에서 412동 구분소유자와 412동 구분소유자 아닌 이 사건 아파트 단지 구분소유자는 본질적인 차이가 있다고 할 것이다. 따라서 이 사건 옥상은 412동 구분소유자만의 공용에 제공되는 것임이 명백한 일부공용부분으로서 412동 구분소유자만의 공유에 속한다고 보아야 하고, 이 사건 아파트의 구분소유가 성립한 후에 이 사건 옥상 등을 어느 용도로 이용한 데 따른 반사적 이익의 귀속이나 412동 구분소유자 전원의 승낙을 포함한 구분소유자들의 특단의 합의가 아닌 입주자대표회의의 결정을 고려하여 이 사건 옥상 소유권의 귀속주체를 달리

볼 수 없다."라는 취지이다.

따라서 이 사건 아파트 419동의 구분소유자가 412동의 옥상에서 무단으로 농작물을 경작하는 412동의 구분소유자에게 보존행위로서 농작물의 철거를 청구할 수 없다. 412동의 옥상은 412동의 구분소유자들만의 일부공용부분에 해당하기 때문이다.

참고로 대법원(전합) 2018다287522 판결에 의하면 "공유물의 소수지분권자가 다른 공유자와 협의 없이 공유물의 전부 또는 일부를 독점적으로 점유·사용하고 있는 경우 다른 소수지분권자는 공유물의 보존행위로서 그 인도를 청구할 수는 없고, 다만 자신의 지분권에 기초하여 공유물에 대한 방해 상태를 제거하거나 공동 점유를 방해하는 행위의 금지 등을 청구할 수 있다고 보아야 한다."라는 취지이므로 소수지분권자가 그 지분권에 기초하여 다른 소수지분권자에게 공유물에 대한 방해상태를 제거하거나 공동 점유를 방해하는 행위의 금지 등의 방법으로 철거청구 등이 인정될 여지가 있다(이러한 판결을 고려할 때라도 412동의 구분소유자만이 412동의 옥상 경작물에 문제를 제기할 수 있을 것(필자의 개인의견)).

위 대법원 2019다294947(반소) 판결(공유물인도청구) 사안을 정리하면 다음과 같다. 412동의 구분소유자 甲이 아파트의 입주자대표회의 회장을 역임했던 419동의 구분소유자 乙에게 명예훼손을 이유로 한 손해배상청구(본소)를 하자, 乙을 甲에게 412동 옥상에 甲이 임의로 일구어온 텃밭 부분에 식재된 농작물의 철거와 위 부분의 인도청구(반소)를 하였다. 1심 법원은 甲의 본소청구와 乙의 반소청구를 모두 기각하였는데, 乙만이 제1심판결에서 반소청구 기각 부분에 관하여 항소를 제기하였다. 항소심은 412동의 옥상이 412동 구분소유자만이 공용하도록 제공되는 것임이 명백하다고 볼 수 없고, 따라서 419동의 구분소유자 중 1인인 乙 등이 사건 아파트 단지의 구분소유자 전원이 이 사건 옥상을 공유한다면서 乙의 甲에 대한 옥상텃밭에 대한 농작물 철거 및 위 부분의 인도청구를 인용하였다. 그러나 대법원은 앞서 본 이유에 따라 412동의 옥상은 412동 구분소유자들만의 일부공용부분에 해당한다면서 파기·환송한 것이다.

파기·환송심에서 반소를 한 乙은 인도청구를 철회하고 철거청구만을 유지하였는데[공유물의 소수지분권자가 다른 소수지분권에게 보존행위로서 인도를 청구할 수 없다는 변경된 판례(대법원(전합) 2018다287522 판결)를 고려한 것으로 보임], 乙의 철거청구를 기각한 것이다[412동의 옥상이 일부공용부분이 아니고 단지 전체의 공용부분이라면 乙의 철거청구가 인용될 수도 있을 것. 乙의 철거청구는 소수지분권자의 지분권에 기초한 방해상태를 제거하거나 공동 점유를 방해하는 행위의 금지를 청구하는 것으로 볼 여지가 있기 때문(필자의 개인의견)].

이와 관련하여 집합건물법 제16조 제1항에 의하면, 보존행위는 구분소유자 단독으로 할 수 있고, 관리행위는 통상의 집회결의를 필요로 한다. 따라서 보존행위는 모든 구분소유자에게 이익이 되는 행위에 한정된다고 해석된다. 이러한 취지의 대법원 2023다240879 판결을 확인해 보자.

위 대법원 2023다240879 판결에 있어, 이 사건 집합건물 관리단 대표위원회는 피고 회사(피고 주식회사 현대백화점)에 집합건물 각 층의 일부를 일괄임대하여 판매시설을 개점하도록 하고, 일괄구획 대상구역에 속한 구분소유자의 5분의 4 이상 및 의결권의 5분의 4 이상의 동의를 받아 공사를 승인하였으며, 피고 회사는 대형 아울렛 점포 운영을 위해 종전 벽을 철거하고 새로운 벽을 설치하는 방식으로 전유부분과 공용부분의 구조와 배치를 바꾸고 인테리어 공사를 진행하였다.

원고는 일괄구획 및 일괄임대차의 대상구역에 속하지 않는 점포의 구분소유자 및 임차인으로, 위 일괄구획 및 일괄임대차가 적법한 관리단집회의 결의를 갖추지 못한 공용부분의 변경에 해당하여 무효라고 주장하면서, 피고 회사를 상대로 집합건물의 공용부분 통로에 설치된 각 벽의 철거를 청구하였다.

원심은, 이 사건 일괄구획 및 일괄임대차는 적법한 관리단집회의 결의를 갖추지 못하였고, 피고 회사는 이와 같이 무효인 이 사건 일괄구획 및 일괄임대차에 근거하여 이 사건 각 벽을 설치하여 이 사건 점용 통로 부분을 사실상 전유부분과 같이 배타적으로 점유·사용함으로써 원고의 공유지분권을 침해하고 있다는 등의 이유로, 피고 회사는 원고에게 이 사건 각 벽을 철거할 의무가 있다고 판단하였다.

그러나 대법원은, 원고가 구하는 이 사건 각 벽의 철거는 이 사건 일괄구획 및 일괄임대차에 따라 피고 회사에 점포를 임대한 '다른 구분소유자들의 이익에 어긋나는 것'으로서 공용부분의 '보존행위'가 아니라 '관리행위'에 해당하므로 이 사건 각 벽의 철거를 위해서는 관리단집회의 결의를 거쳐야 한다고 보아, 이와 달리 원고의 이 사건 각 벽 철거청구에 대하여 관리단집회의 결의 없이도 방해배제청구권을 행사할 수 있다고 판단한 원심을 일부 파기·환송한 것이다.

위 대법원 2023다240879 판결의 판결이유를 확인하면, "원심이 원용한 대법원(전합) 2018다287522 판결은 소수지분권자가 공유물을 독점적으로 점유하는 다른 소수지분권자를 상대로 방해배제를 청구한 사안에 관한 것으로서, 다수의 구분소유자가 존재하는 집합건물 공용부분의 방해배제청구와 관련된 이 사건에 원용하기에는 적절하지 않다."라는 내용이 확인된다[즉 대법원(전합) 2018다287522 판결은 공유지분권자 사이의 문제라는 것].

10. 집합건물법에 있어 보존행위와 관리행위의 구별기준

민법 제265조는 "공유물의 관리, 보존"이라는 제목 아래에 "공유물의 관리에 관한 사항은 공유자의 지분의 과반수로써 결정한다. 그러나 보존행위는 각자가 할 수 있다."고 규정하고 있다.

민법의 특별법이라 할 수 있는 집합건물법 제16조 제1항은 "공용부분의 관리에 관한 사항은 제15조제1항 본문의 경우를 제외하고는 제38조 제1항에 따른 통상의 집회결의로써 결정한다. 다만, 보존행위는 각 공유자가 할 수 있다."고 규정하고 있다. 또한 집합건물법 제38조 제1항은 "관리단집회의 의사는 이 법 또는 규약에 특별한 규정이 없으면 구분소유자의 과반수 및 의결권의 과반수로써 의결한다."고 규정하여 집합건물에 있어 관리행위는 통상의 집회결의에 의하고, 이러한 통상의 집회결의는 구분소유자의 수가 반수를 초과해야 하는 것에 더하여 전유부분의 지분의 합계(집합건물법 제37조 제1항, 제12조)까지도 반수를 초과해야 한다.

즉 집합건물에 있어 보존행위로 판단되면 구분소유자 각자가 행할 수 있으나, 관리행위로 판단되면 통상의 집회결의라는 까다로운 절차를 통해야 한다. 그렇다면 보존행위와 관리행위는 어떻게 구별해야 할 것인가?

보존행위를 구분소유자 누구나 단독으로도 할 수 있도록 한 이유는 구분소유자 누가 나서서 해도 모든 구분소유자에게 이익이 되는, 즉 불법적인 것을 막기 위한 것으로 해석된다. 따라서 소송상의 청구내용이 다른 구분소유자에게 해가 될 가능성이 있다면 보존행위로 볼 수 없을 것이다.

그렇다면 아파트 대지에 설치된 '지역정압기실'의 철거 및 그 부지인도 청구는 보존행위인가 관리행위인가? '지역정압기실'의 철거 및 부지인도 청구는 이 사건 아파트 대지의 '관리'를 위한 행위라는 것이 대법원 2015다208252 판결의 취지이다.

'정압기실'은 고압의 도시가스를 저압의 가정용으로 변환하기 위한 것으로 아파트에 도시가스를 공급하기 위해 필수적인 시설이다. 원고는 아파트의 구분소유자들이었고, 피고는 도시가스업자였다. 피고는 아파트 건축 시 시행사로부터 사용기간 영구, 무상의 사용승낙을 얻어 아파트 대지 중 일부 지상에 '정압기실'을 설치하여 해당 아파트와 인근지역에 도시가스를 공급했던 것이다.

위 대법원 판결의 1심(서울동부지방법원 2013가단104999 판결)은 "이 사건 지역정압기실을 철거, 이전하여 원활하게 도시가스를 공급하게 하는 데에 소요되는 비용이 그 사용자인 이 사건 아파트 구분소유자들에게 전가될 수도 있다는 사정만으로 이 사건 대지의 공유자인 원고들이 방해배제청구권의 행사로써 불법점유자인 피고를 상대로 이 사건 지역정압기실의 철거 및 이 사건 대지의 인도를 구하는 것이 다른 공유자인 이 사건 아파트의 나머지 구분소유자들의 이익에 반하여 보존행위가 될 수 없다고 할 수 없고, 이 사건 대지 위에 정당한 권원 없이 설치된 이 사건 지역정압기실을 통하여 이 사건 대지의 공유자들이 도시가스를 공급받고 있다는 사정만으로 이 사건 대지의 멸실·훼손을 방지하고 그 현상의 유지를 위하여 이 사건 지역정압기실의 철거 및 이 사건 대지의 인도를 구하는 것이 보존행위가 아닌 관리행위가 된다고도 할 수 없다."는 취지였으나,

항소심(서울동부지방법원 2014나21221 판결)은 1심판결과 달리 "원고들은 이 사건 대지의 일부 공유자에 불과하고, 이 사건 정압기실이 이 사건 아파트와 인근 아파트에 도시가스를 안

정적으로 공급하기 위한 시설이라는 점에 대해서는 당사자 사이에 다툼이 없다. 그런데 이 사건 정압기실을 철거하여 다른 곳으로 이전하는 경우 피고로서는 대체부지를 마련하는 비용(매수비용 또는 점용료)에 정압시설 철거와 설치비용, 도시가스 공급을 위한 배관설치비용 등 추가비용이 발생할 것이므로, 이는 요금인상이나 설치비용 분담[피고는 도시가스사업법 제19조의2, 도시가스공급규정(갑 제10호증) 제7조에 따라 구분소유자들에게 설치비용 분담을 요구할 수 있을 것으로 보인다]으로 이어져 도시가스를 공급받는 이 사건 아파트의 구분소유자들에게 전가될 가능성이 높다. 그리고 피고가 원고들의 청구에 따라 이 사건 정압기실을 철거해야 하는 경우 피고에게 철거에 앞서 대체시설을 설치해야 할 의무가 있다고까지 보기는 어려우므로, 위 시설이 철거되는 경우 이 사건 아파트의 다른 구분소유자들에 대한 도시가스 공급이 불안정해질 염려도 있다. 이와 같이 이 사건 정압기실을 철거하게 되면 이 사건 대지의 공유자인 이 사건 아파트의 구분소유자들 전부에 대한 도시가스 공급에 영향을 미칠 수밖에 없고, 이에 관한 구분소유자 사이의 이해관계가 서로 다를 수 있으므로, 이 사건 정압기실 철거청구는 단순히 공유물의 멸실·훼손을 방지하고 그 현상을 유지하기 위한 행위로 보기는 어렵고, 현상의 변경을 수반하는 것으로 공유물의 관리에 해당하는 행위로 보아야 할 것이다. 이는 구분소유자의 비용부담 문제를 수반하는 것이므로, 피고가 도시가스사업법 제11조의3에 따라 공공용의 토지를 가스공급시설 부지로 사용할 수 있는 등 대체부지를 어렵지 않게 찾을 수 있다고 해서 달리 보기는 어렵다. 따라서 이 사건 정압기실 철거청구 등은 공용부분의 관리에 관한 사항을 규정한 집합건물법 제16조 제1항, 제38조 제1항에 따라 구분소유자 및 의결권의 과반수로 결정되어야 할 것이다. 이에 대해 원고들은 입주자대표회의 결의를 거쳤으므로 구분소유자들의 동의를 얻은 것이라는 취지로 주장한다. 보건대, 이 사건 아파트의 입주자대표회의가 사실상 관리단으로서의 역할을 해 온 것으로 짐작되기는 하나, 입주자대표회의가 이 사건 아파트의 관리단이나 관리인은 아니고, 집합건물의 공용부분이나 구분소유자의 공유에 속하는 건물의 대지를 불법으로 점유하는 제3자에 대한 방해배제 청구는 구분소유자에게 단체적으로 귀속하는 법률관계가 아니고 공용부분 등의 공유지분권에 기초한 것이어서 각각의 구분소유자가 행사할 수 있는 권리이므로(대법원 2003. 6. 24. 선고 2003다17774 판결 참조), 입주자대표회의에서 이 사건 소 제기에 대한 결의를 하였다는 사정만으로는 다른 구분소유자들과의 이해 충돌이 없어 철거청구 등이 보존행위에 해당한다거나 집합건물법상 구분소유자 과반수의 동의를 얻었다고 볼 수는 없다."라는 취지였다.

대법원은 항소심이 옳다는 취지이다. 즉 대법원은 "이 사건 정압기실은 이 사건 아파트의 구분소유자들이 도시가스를 공급받기 위해 필수적인 시설로서 이 사건 정압기실을 철거할 경우 이 사건 아파트의 도시가스 공급에 지장을 줄 수 있고, 도시가스의 공급 없이는 원만한 주거생활이 어려운 점을 고려하면, 원고들이 구하는 이 사건 정압기실의 철거와 부지의 인도 청구는 이 사건 아파트의 다른 구분소유자들의 이익에 반할 수 있다. 또한 피고가 이 사건 아파트 건축시 시행사의 사용승낙을 받아 적법하게 이 사건 정압기실을 설치하였고 그 후 현재까지 이 사건 정압기실이 이 사건 아파트의 대지에 존재해 왔으므로, 그 철거를 구하는 것이 이 사건 아파트 대지의 현상을 유지하기 위한 행위라고 보기도 어렵다. 그렇다면 이 사건 청구는 보존행위가 아니라 이 사건 아파트 대지의 관리를 위한 행위로서 집합건물법 제16조 제1항에 따라 이 사건 아파트 관리단집회의 결의를 거쳐야 하는데도, 그러한 결의를 거치지 않았으므로 원고들의 청구는 허용될 수 없다."라는 취지이다.

11. 집합건물 외벽에 임의로 설치된 간판의 철거문제

집합건물의 외벽 그리고 외벽의 바깥면은 공용부분에 해당할까? 대체로 집합건물 외벽은 1동 건물 전체의 안전과 외관 유지에 필요한 부분인바, 외벽의 바깥쪽 면도 외벽과 일체를 이루므로 외벽과 마찬가지로 공용부분이 될 것이다.

대법원도 "집합건물에서 건물의 안전이나 외관을 유지하기 위하여 필요한 지주, 지붕, 외벽, 기초공작물 등은 구조상 구분소유자의 전원 또는 일부의 공용에 제공되는 부분으로서 구분소유권의 목적이 되지 않으며 건물의 골격을 이루는 외벽이 구분소유권자의 전원 또는 일부의 공용에 제공되는지 여부는 그것이 1동 건물 전체의 안전이나 외관을 유지하기 위하여 필요한 부분인지 여부에 의하여 결정되어야 할 것이고 그 외벽의 바깥쪽 면도 외벽과 일체를 이루는 공용부분이라고 할 것이다(대법원 92다32272 판결 등)."라고 판시한 사실이 있다.

집합건물 외벽에 집합건물법 또는 관리규약에 따른 절차를 거치지 않고, 구분소유자 내지 구분건물의 임차인이 간판을 설치하여 그 외벽 면을 배타적으로 점유·사용하는 상황에 이른 경우, 다른 구분소유자가 간판의 철거를 구할 수 있을까?

가능하다는 것이 대법원 판결의 취지다. 즉 대법원은 "집합건물법 제16조 제1항의 취지는 집합건물의 공용부분의 현상을 유지하기 위한 보존행위는 관리행위와 구별하여 공유자인 구분소유권자가 단독으로 행할 수 있도록 한 것이며, 그 보존행위의 내용은 통상의 공유관계처럼 사실상의 보존행위뿐 아니라 지분권에 기한 방해배제청구권도 포함하여 공유자인 구분소유권자가 이를 단독으로 행할 수 있고, 공유자의 위 보존행위의 권한은 관리인 선임 여부에 관계없이 행사할 수 있다[대법원 2011다12163 판결(건물 등 철거)]."는 것이다.

이 사안은 피고가 이 사건 건물 1층 중 102호, 103호, 104호를 임차하였음에도 1층 외벽 바깥쪽 면에 간판을 설치함으로써 다른 구분소유자는 그 간판이 설치된 외벽을 사용할 수 없게 되어 피고가 그곳을 배타적으로 점유·사용하는 것이고, 이러한 행위는 집합건물의 관리행위에 해당하는데 피고가 이 사건 간판을 설치한 때부터 원고를 제외한 나머지 구분소유자들로부터 이의제기를 받지 않았다는 사정만으로는 구분소유자들이 피고의 간판설치에 동의한 것으로 보기 어렵고, 공용부분의 보존·관리 및 변경을 위한 행위를 할 권한이 있는 자로서 구분소유자 전원을 구성원으로 하여 당연 성립된 관리단집회의 결의로 선임된 관리인으로부터 피고가 이 사건 1층 외벽 바깥면을 사용할 권한을 부여받았다고 볼 증거가 없다는 이유로 피고가 이 사건 1층 외벽을 사용할 권리가 있다는 주장을 배척한 사례이다.

위 대법원 2011다12163 판결 이유에 의하면 "구분소유자인 원고는 공유지분권자로서 공용부분에 대한 보존행위로서 단독으로 피고에게 이 사건 간판의 철거를 구할 수 있다고 판단하였다. 관계 법령과 위 법리에 비추어 보면, 원심의 위와 같은 판단은 정당"하다는 것이다.

그러나 대법원(전합) 2018다287522 판결에 의하면 "이와 같이 공유물의 소수지분권자가 다른 공유자와 협의 없이 공유물의 전부 또는 일부를 독점적으로 점유·사용하고 있는 경우 다른 소수지분권자는 공유물의 보존행위로서 그 인도를 청구할 수는 없고, 다만 자신의 지분권에 기초하여 공유물에 대한 방해 상태를 제거하거나 공동 점유를 방해하는 행위의 금지 등을 청구할 수 있다고 보아야 한다."는 취지이다.

따라서 위 대법원(전합) 2018다287522 판결의 취지까지 고려하면 구분소유자 단독으로 자신의 지분권을 기초로 방해배제청구의 일환으로 간판의 철거를 구할 수 있다고 봄이 더 선명한 이론구성이 될 것으로 보인다(필자의 개인의견).

이와 관련하여 대법원 2019다245822 판결 이유에 의하면 "원고는 이 사건 건물부분의 공유자로서 그중 유리문 등이 설치된 부분을 독점적으로 점유하는 또 다른 공유자인 피고들을 상대로 이 사건 건물부분의 인도를 청구할 수 없다. 다만 원고는 공유자의 지분권에 기초한 방해배제로서 이 사건 건물부분에 설치된 유리문 등 지상물의 철거를 청구할 수 있다. ~중략~ 한편 원심이 원고의 유리문 등 철거청구를 공유물의 보존행위로서 허용된다고 본 것은 적절하지 않지만, 위에서 본 바와 같이 원고의 유리문 등 철거청구를 받아들인 결론은 정당하므로 판결 결과에 영향을 미친 잘못이 없다."는 취지이므로 철거청구의 근거는 보존행위가 아니라 지분권에 의한 방해배제로 해석된다.

다만, 대법원 2017다204810 판결은 판결 이유를 통해 "구분소유권의 비율에 따른 공유지분권을 취득한 원고승계참가인은 공유물의 보존행위로서 피고에게 이 사건 계쟁 부분에 대한 방해 상태를 제거하거나 공동 점유를 방해하는 행위의 금지 등을 청구할 수 있다. 다만 앞서 본 대법원(전합) 2018다287522 판결에 따라 이 사건 계쟁 부분의 인도는 구할 수 없다."는 취지로 판시하여 보존행위로서의 철거청구도 가능하다는 취지가 보인다.

관련된 사례로는 집합건물의 내부공용부분에 간판이 설치되어 있었던 대구지방법원 2021가합212843 판결이 있다. 위 대구지방법원 2021가합212843 판결에 의하면 '이 사건 간판은 이 사건 복도 중 방화문이 설치된 부분에 인접하여 천장과 제308호 격벽을 이용하여 각 설치되어 있으며, ① 이 사건 건물은 내과병원, 한의원, 약국, 스크린 골프장 등 여러 업종의 점포들이 입점하여 함께 영업을 하는 상가건물인 사실, ② 이 사건 복도 부분은 이 사건 건물의 에스컬레이터 및 엘리베이터에서 순차로 제308호를 비롯하여 원고들 및 피고가 구분소유한 상가에 이르는 통로로 사용되는 복도의 일부인 사실을 인정할 수 있는바, 그 구조 및 용도에 비추어 본다면, 이 사건 건물 구분소유자 전체에 공용되는 전체 공용부분이라고 봄이 타당하고, 설령 이를 일부공용부분으로 본다고 하더라도, 적어도 해당 부분과 같은 층에 위치한 원고들 및 피고가 각 구분소유한 상가에 대하여는 그 공용에 제공되는 것으로 볼 수 있다. 원고들은 이 사건 건물의 구분소유자로서 원고들의 지분권에 기초하여 보존행위로서 이 사건 복도 중 방화문이 설치된 부분의 앞쪽을 배타적으로 점유·사용하고 있는 이 사건 간판의 철거를 청구할 수 있다.'라는 취지이다.

제29장 부동산에 대한 보전처분 · 집행

1. 부동산에 대한 가압류 내지 가처분과 제소명령신청

부동산에 대한 보전처분(가압류 또는 가처분)등기가 경료된 후 그 사실을 부동산 소유자가 알게 되었다. 부동산에 대한 보전처분등기가 이루어지고 나면, 부동산 소유자는 해당 부동산을 매각하거나, 임대차계약을 체결하는 것이 사실상 어려워진다.

보전처분이 있게 되면, 보전처분의 처분금지효이론(상대적 무효론)에 따라, 보전처분 채무자인 부동산 소유자가 부동산 처분행위를 할 경우, 보전처분 채권자에 대하여 대항할 수 없는 상황이 발생하게 되고, 결국 부동산 소유자인 보전처분채무자의 처분권 등이 제한되는 상황이 발생하기 때문이다.

부동산 소유자의 입장에서 보전처분이 정당한 경우도 있을 것이고, 보전처분이 정당하지 않은 경우도 있을 것이다. 정당하지 않은 보전처분을 다투는 방법은 보전처분 이의 내지 보전처분 취소 등의 절차가 있지만, 가장 많이 활용되는 제도는 보전처분 채무자가 법원에 제소명령신청(민사집행법 제287조, 제301조)을 하여 보전처분 채권자로 하여금 본안소송을 제기하도록 하는 것이다.

보전처분 채무자가 법원에 제소명령신청을 하면, 법원은 특별한 심리 없이, 대략 2주간의 기간을 정하여 소제기 명령(제소명령)을 보전처분 채권자에게 발령하게 되는데, 이때 보전처분 채권자가 법원의 명령을 따르지 않으면, 이를 근거로 보전처분 채무자는 법원에 보전처분의 취소를 신청할 수 있게 된다.

채권자에 의한 보전처분에 대응하는 보전처분 채무자의 제소명령신청은 보전처분 채권자가 보전처분을 하고 나서, 본안소송을 제기하지 않고 방치하는 상황이 발생할 경우에 많이 활용된다. 보전처분 채권자가 보전처분을 한 후 본안소송을 제기하지 않고 있는 경우 보전처분 취소를 위한 제소명령신청 이외에 다른 방법은 없을까?

사정변경에 의한 보전처분 취소라는 제도가 있는데, 그 내용 중 하나가 보전처분을 받은 채권자가 3년간 본안소송을 제기하지 않은 경우에 보전처분채무자가 보전처분의 취소를 구할 수 있도록 하고 있다(민사집행법 제288조 제1항 제3호). 따라서, 부동산에 보전처분 등기가 경료된 후에 3년이 지나도록 보전처분채권자가 본안소송을 제기하지 않는다면, 보전처분채무자는 법원에 사정변경을 이유로 한 보전처분의 취소를 구할 수 있다.

이때 보전처분 집행 후 3년이 경과하면 취소의 요건이 완성되며, 3년이 경과한 후에 보전처분 채권자가 본안소송을 제기하여도 보전처분의 취소를 배제하는 효력이 생기지는 않는다는 점도 알아두자.

2. 가처분이 되어 있는 부동산에 대한 가처분

소유권이전등기청구권을 보전하기 위해서는 계약 당시에 가등기를 해두거나, 계약 당시에 가등기를 하지 못했다면, 소유권 분쟁이 발생하는 과정 속에서 소유권이전등기청구권 보전을 위한 처분금지가처분이 고려되는 것이 일반적이다.

그럼에도 불구하고, 부동산을 매수하면서 가등기를 해두는 것이 아니라, 근저당권을 설정해 두는 경우를 간혹 볼 수 있다. 이러한 근저당권은 실질을 반영한다고 볼 수 없어 소유권이전등기청구권을 보전하는 방법으로는 적당하지 않다.

그리고 부동산을 매수하면서, 소유권이전등기청구권보전가등기를 경료하지 않고 있다가, 지가가 폭등하자 소유권에 대한 분쟁이 생길 경우 가처분을 하면 족하다는 생각을 할 수도 있으나, 가처분이 시기적으로 늦음에 따라 복잡한 문제가 야기될 가능성이 있다.

이와 관련하여 필자의 상담사례를 각색하여 설명해 보고자 한다. 상담인은 부동산을 매수하였다. 해당 부동산은 토지거래허가구역으로 묶여 있어, 바로 소유권이전등기를 할 수 없었고, 지급한 매수대금이라도 보전하고자 근저당권을 설정하였다.

토지거래허가구역이 풀리자 지가가 폭등하였고, 해당 부동산에 대한 매도인의 태도가 돌변하였을 뿐만 아니라, 급기야 해당 부동산에 대한 추가적인 분쟁이 발생하였다. 즉, 해당 부동산의 매도인이 진정소유자인지 여부에 대한 추가적 분쟁이 발생한 것이었는데, 이로 인하여 제3자가 해당 부동산에 처분금지가처분을 한 것이다.

결국, 해당 부동산에는 "① 매수인의 근저당권등기, ② 해당부동산의 소유권을 주장하는 제3자의 처분금지가처분등기, ③ 소유권이전등기청구권을 주장하는 매수인의 처분금지가처분등기"가 차례대로 경료되었다.

이와 같은 상황에서 부동산 매수인이 매도인을 상대로 소유권이전등기청구의 소송을 제기하여 승소를 하였다고 가정하더라도, 제3자가 부동산 소유자를 상대로 소유권이전등기말소 소송을 제기하여 승소할 경우 제3자의 처분금지가처분등기에 대항하기 어렵다는 문제가 발생할 수 있다.

매수인이 근저당권을 설정해 두었으니 안전하지 않을까? 매수인의 근저당권은 소유권이전등기청구권을 보전하기 위한 방안으로 볼 수 없기 때문에 매수인이 소유권을 이전받는 데 도움이 되기 어렵다. 그뿐만 아니라, 매수인이 근저당권을 실행하여 매수대금을 찾는 방법이 고려될 수 있겠으나, 임의경매개시결정에 대한 이의가 제기되어 쉽지 않은 문제가 발생할 가능성도 배제할 수 없다(특히 제3자 승소시 문제발생 가능성 높음).

결론적으로 등기부에 권리행사를 위한 등기를 기입할 때에는 실질에 맞는 등기방법을 고민할 필요가 있다. 다만, 본건은 제3자 승소 시 매도인 소유 자체가 무효가 되므로 제3자의 가처분보다 매수인이 가처분을 먼저 했더라도, 제3자에게 매수인이 대항하기 어려울 것 같다는 생각이 든다. 필자가 하고 싶은 말은 적절한 시기에 실질에 맞는 가등기 내지 보전처분이 이루어지는 것이 비교적 법률문제 해결에 도움이 된다는 것이다.

3. 말소되지 않는 가처분

부동산권리분석이라는 것이 있다. 권리분석은 보통 경매 낙찰자의 입장에서 경매부동산이 경매로 낙찰될 때에 낙찰자가 인수(부담)하는 권리가 있는지 여부를 판단하는 것이라고 생각하면 쉽다.

부동산권리분석에 있어 말소기준이라는 개념이 있는데 말소기준 이후의 권리 등은 경매시 원칙적으로 모두 소멸된다. 말소기준으로는 ① 저당권등기 및 근저당권등기, ② 가압류등기 및 압류채권등기, ③ 등기접수일이 1984. 1. 1. 이후에 설정된 담보가등기, ④ 경매개시결정기입등기 등이다(민사집행법 제91조 참조). ⑤ 전세권(부동산 전체에 대한 전세권)의 경우는 위 말소기준보다 선순위를 전제로 배당요구를 하거나 경매(임의경매)를 신청하면 말소기준이 된다. '말소기준'을 정의해 보자면 '경매부동산 위에 성립되어 있는 것 중에서 말소 또는 인수되는 것인지 여부를 결정하기 위한 기준이 되는 등기'라고 할 수 있다. 말소기준으로 보이는 것들이 여러 개일 경우 가장 선순위가 말소기준이 된다(필자가 쓴 '부동산권리분석 및 배당 판례특강 제2판(박영사)' 제1강 참고).

예를 들어보자. 부동산에 대한 권리분석을 해보니 ① 근저당권자(또는 가압류) → ② 처분금지가처분 → ③ 근저당권자의 임의경매개시결정기입등기(또는 본 압류(강제경매개시결정기입등기)) 순위가 확인된다.

여기서 말소기준권리로 보이는 것은 ①과 ③이지만, 그들 중 선순위인 ①이 말소기준권리가 되고, 그 이후의 ②와 ③은 경매로 소멸된다.

최근 필자의 상담사례를 사안에 대입해 보자. 상담인은 최근 법정지상권이 성립하지 않은 건물이 존재하는 토지를 경매로 낙찰받았다. 결국 상담인은 건물철거 및 토지인도소송을 고려하고 있는데, 가처분 가능성을 필자에게 문의하였다. 함께 경매를 하시는 분들의 의견이 분분했던 것 같았다.

이때의 고려대상 가처분은 건물소유자가 소유권을 제3자에게 넘겨 철거판결의 집행방해를 사전차단하기 위한 것이므로 건물에 대한 처분금지가처분이 된다. 그런데 문제는 건물에 다양한 권리들이 존재하고 있었다. 즉 말소기준권리로 보이는 권리들이 건물등기부에 많이 존재하고 있었는데, 준공(사용승인)도 되지 않은 건물이었지만, 채권자에 의한 대위등기가 경료된 상태였다.

그렇다면, 처분금지가처분을 해도 건물이 경매에 부쳐질 때 말소될 운명에 처하는 것이 아닐까? 아니다. 토지소유자가 그 지상건물소유자에 대한 건물철거 및 토지인도청구권을 보전하기 위해 건물에 대한 처분금지가처분을 한 경우는 처분금지가처분등기가 건물에 관한 강제경매개시결정등기 또는 담보권설정등기 이후에 이루어졌어도 매각으로 인하여 말소되지 않기 때문이다.

즉, 토지소유자에게 대항하지 못하는 건물이 철거될 경우 건물에 존재하는 권리 등은 그 순위와 관련 없이 어떠한 의미도 없게 되므로 철거를 전제한 건물에 대한 처분금지가처분등기는 말소된다고 보기 어렵다(다만, 아래의 판례에 의하면 처분금지가처분등기가 말소되지 않은 이유에 대하여 "가처분이 건물 자체에 대한 어떠한 권리를 보전하기 위한 것이 아니기 때문"이라는 취지).

이와 관련하여 대법원 2017다9121, 2017다9138(병합) 판결(건물철거 등)에 의하면 "부동산 처분금지가처분은 부동산에 대한 채무자의 소유권이전, 저당권, 전세권, 임차권의 설정 그 밖의 일체의 처분행위를 금지하는 가처분으로서, 자기 소유 토지 위에 채무자 소유 건물에 대한 철거청구권, 즉 방해배제청구권의 보전을 위해서도 할 수 있다. 채무자 소유 건물에 대한 철거청구권을 피보전권리로 한 가처분에도 불구하고 채무자가 건물을 처분하였을 때에는 이를 채권자에게 대항할 수 없으므로 채권자에 대한 관계에 있어서 채무자가 여전히 그 건물을 처분할 수 있는 지위에 있다고 볼 수 있다. 처분행위가 가처분에 저촉되는지 여부는 그 처분행위에 따른 등기와 가처분등기의 선후에 따라 정해진다(대법원 82다129 판결, 대법원 2009다32928 판결). 그런데 가등기는 본등기 순위보전의 효력이 있기 때문에, 가처분등기보다 먼저 마쳐진 가등기에 의하여 본등기가 마쳐진 경우에는 그 본등기가 설사 가처분등기 후에 마쳐졌더라도 채권자에게 대항할 수 있다. 또한 근저당권이 소멸되는 경매절차에서 부동산이 매각된 경우에는 근저당권설정등기와 가처분등기의 선후에 따라 채무자가 채권자에게 대항할 수 있는지 여부가 정해진다. 따라서 가처분등기보다 먼저 설정등기가 마쳐진 근저당권이 소멸되는 경매절차에서의 매각으로 채무자가 건물 소유권을 상실한 경우에는 채권자로서도 가처분 효력을 내세워 채무자가 여전히 그 건물을 처분할 수 있는 지위에 있다고 주장할 수 없다. 한편 경매절차에서 매각대금이 지급되면 법원사무관 등은 매수인 앞으로 소유권을 이전하는 등기와 함께 매수인이 인수하지 아니한 부동산의 부담에 관한 기입을 말소하는 등기 등도 촉탁하여야 하는데(민사집행법 제144조 제1항), 이때 토지소유자가 그 소유 토지 위에 채무자 소유 건물 철거청구권을 보전하기 위하여 건물에 대한 처분금지가처분으로 마쳐진 가처분등기는, 건물에 관한 압류 또는 근저당권설정등기 이후에 마쳐졌더라도 말소되지 않은 채 남아 있지만, 이는 위 가처분이 건물 자체에 대한 어떠한 권리를 보전하기 위한 것이 아니기 때문이다. 위와 같이 압류나 근저당권설정등기 이후에 마쳐진 위 가처분등기가 경매절차 매각대금 지급 후에도 말소되지 않은 채 남아 있다고 해서 채무자가 여전히 그 건물을 처분할 수 있는 지위에 있다고 볼 수는 없다."라는 취지이다.

위 대법원 2017다9121, 2017다9138(병합) 판결에 대하여 '건물'에 대한 압류, 근저당권설정등기 이후 이루어진 건물철거청구권 보전을 위한 처분금지가처분등기가 매각대금 납부로 인하여 당연 말소되지는 않지만 가처분채권자가 이를 들어 가처분채무자에 대한 당사자 항정효를 주장할 수는 없고(처분금지가처분에도 불구하고 제3자는 건물소유권취득), 건물소유권을 취득한 제3자는 가처분 목적물의 양수인으로서 사정변경으로 인한 보전처분의 취소를 구할 수 있을 것(대법원 2004다50235 판결 등)이라면서 결과적으로 처분금지가처분등기가 남아 있는 실익이 거의 없어졌다면서 우연히 다른 경위로 가처분채무자 앞으로 소유권이 이전된 경우에 여전히 처분금지효를 주장할 수 있으나, 그럼에도 불구하고 토지소유자는 현재의 건물소유자(기존 건물의 선순위 근저당권 등 말소기준은 경매로 소멸하였을 것. 필자의 부가 설명임)인 제3자를 상대로 방해배제청구권에 기하여 건물철거와 토지인도를 구할 수 있고, 당사자 항정을 위해서 현 소유자인 제3자를 상대로 다시 건물에 대한 처분금지가처분결정을 받아 집행(등기촉탁으로 이루어짐)할 수 있다는 견해가 있다(2022. 9. 30.자 '서울고등법원판례공보스터디' 제1838쪽, 제1839쪽 참고).

일반적인 사안(철거운명의 건물에 처분금지가처분보다 선순위 말소기준이 없는 경우. 필자의 부가 설명임)에서는 가처분채권자가 가처분채무자를 상대로 건물철거 및 토지인도 취지의 본안승소판결을 받게 되면 처분금지가처분 집행 이후에 채무자가 건물을 제3자에게 처분(저촉처분)한 경우에 제3자는 건물 철거의 집행을 감수해야 하는 바 가처분채권자는 승계집행문을 부여받아 제3자를 상대로 건물철거 등 집행을 할 수 있다(2022. 9. 30.자 '서울고등법원판례공보스터디' 제1833쪽 참고).

4. 가등기청구채권을 보전하기 위한 처분금지가처분 등기의 효력

처분금지가처분의 피보전권리로는 소유권에 의한 이전등기청구권과 말소등기청구권, 공유물분할청구권, 건물철거 및 토지인도청구권, 저당권(지상권, 전세권, 임차권) 설정등기청구권, 계약상 이전등기청구권, 재산분할청구권 등이 있을 수 있다.

그렇다면 소유권이전청구권가등기 청구채권을 보전하기 위한 처분금지가처분 등기가 가능한가? 가능하다. 즉 소유권이전청구권가등기 청구채권을 피보전권리로 하는 처분금지가처분이 가능하다.

당사자 사이에 가등기 설정등기에 관한 약정이 있음에도 불구하고 채무자가 이행하지 않는 경우, 재판상 가등기 설정등기청구가 가능하기 때문이다. 결국 위 재판상 청구의 집행을 위한 보전처분으로 처분금지가처분의 필요성이 있다[단 부동산등기법 제90조에 따른 가등기가처분 명령을 활용할 여지도 있음(연도별 2023. 9. 1.자 '서울고등법원판례공보스터디' 제2275쪽 참고)].

소유권이전등기청구권가등기 청구채권을 보전하기 위한 처분금지가처분 등기 후에 채권자(원고)가 채무자(피고)를 상대로 본안소송을 통해 매매예약 등을 원인으로 한 소유권이전등기청구권가등기 절차이행의 소를 제기할 수 있을 것이다.

위 가등기절차이행을 구하는 본안소송에서 승소한 원고가 그 확정판결에 따라 가등기를 한 후에 처분금지가처분 등기 이후에 경료 된 제3자의 가압류가 말소되는가? 말소되지 않는다.

그 이유는 무엇일까? 대법원 2018다276218 판결에 의하면 "저당권설정등기청구권을 보전하기 위한 처분금지가처분의 등기가 이미 되어 있는 부동산에 관하여 그 후 소유권이전등기나 처분제한의 등기 등이 이루어지고, 그 뒤 가처분채권자가 본안소송의 승소확정으로 그 피보전권리 실현을 위한 저당권설정등기를 하는 경우에, 가처분등기 후에 이루어진 위와 같은 소유권이전등기나 처분제한의 등기 등 자체가 가처분채권자의 권리 취득에 장애가 되는 것은 아니어서 그 등기가 말소되지는 않지만, 가처분채권자의 권리 취득과 저촉되는 범위에서는 가처분등기 후에 등기된 권리의 취득이나 처분의 제한으로 가처분채권자에게 대항할 수 없게 된다. 이러한 법리는 소유권이전청구권가등기 청구채권을 보전하기 위한 처분금지가처분의 등기가 마쳐진 부동산에 관하여 그 피보전권리 실현을 위한 가등기와 그에 의한 소유권이전의 본등기가 마쳐진 때에도 마찬가지로 적용되어야 한다."라는 취지이다.

즉 처분금지가처분에 이은 본안소송결과 소유권이전청구권가등기가 경료된 경우, 처분금지가처분에 기하여 저당권설정등기가 마쳐진 경우에 준하여, 가처분등기 이후에 마쳐진 이 사건 가압류등기가 말소되지는 않는다고 보아야 한다는 것이다.

그렇다면 처분금지가처분에 이은 본안소소결과 소유권이전청구권가등기가 경료된 후에 위 가등기에 따라 본등기가 이루어진 경우에는 어떠한가? 본등기가 경료가 되면 가처분 등기 이후에 설정되었던 가압류 등기는 그제서야 직권말소대상이 된다.

즉 위 대법원 2018다276218 판결에 의하면 "원고는 이 사건 토지에 관하여 소유권이전청구권가등기 절차이행을 구하는 소송에 앞서 소유권이전청구권가등기 청구채권을 보전하기 위한 처분금지가처분신청을 하였고 같은 내용의 결정에 따라 이 사건 가처분등기가 마쳐졌으며, 이후 가처분채권자인 원고는 본안소송의 승소확정으로 피보전권리 실현을 위한 이 사건 가등기를 마쳤다. 따라서 가처분채권자가 가등기를 통하여 가지는 순위보전의 효력과 저촉되는 범위에서는 이 사건 가처분등기 후에 마쳐진 이 사건 가압류등기로 가처분채권자인 원고에게 대항할 수 없고, 가등기에 의한 소유권이전의 본등기가 마쳐진 경우에는 그 가처분에 기초한 가등기에 대항할 수 없는 가압류등기는 가등기권자의 본등기 취득으로 인한 등기순위 보전 및 물권의 배타성에 의하여 등기의 효력을 상실하게 되므로(대법원 81마140 결정, 대법원 2008마1883 결정 참조), 원고가 이 사건 가등기에 의한 소유권이전의 본등기를 함으로써 이 사건 가등기에 대항할 수 없는 이 사건 가압류등기는 등기의 효력을 상실하게 된다."는 취지이다.

이와 관련하여 대법원 81마140 결정에 의하면 "소유권이전청구권 보전을 위한 가등기는 부동산의 물권변동에 있어 순위보전의 효력이 있는 것이므로 그 가등기에 의한 소유권이전의 본등기가 경료 된 경우에는 그 가등기 후 본등기 전에 행하여진 가압류등기는 가등기권자의 본등기 취득으로 인한 등기순위와 물권의 배타성에 의하여 실질적으로 등기의 효력을 상실하게 되는 것이어서, 등기공무원은 본법 제175조 내지 본조 및 제55조 제2호에 의하여 위 가압류등기를 직권으로 말소할 수 있는 것이라 할 것"이라는 취지이다.

위 대법원 2018다276218 판결 사안을 확인하면 "원고의 의뢰를 받은 피고는 2013. 11. 21. 법원에 이 사건 가등기에 기한 소유권이전의 본등기를 신청함과 동시에 이 사건 가압류등기의 말소를 신청하였다. 2013. 11. 27. 이 사건 토지에 관하여 원고 명의의 소유권이전등기가 마쳐졌으나(이하 '이 사건 본등기'), 이 사건 가압류등기 말소 신청에 관하여는 담당 등기관으로부터 각하결정이 내려졌다."는 부분이 확인된다. 위 판결에 있어 담당 등기관의 각하결정은 타당한가? 부당하다.

이와 관련하여 "연도별 2023. 9. 1.자 '서울고등법원판례공보스터디' 제2277쪽, 제2278쪽"에 의하면 "등기관이 이 사건 가압류의 말소등기 신청에 대하여 '각하' 결정을 한 것은 잘못이므로, 원고는 등기관의 결정(처분)에 대한 이의신청(부동산등기법 제100조)을 통해서 이를 바로잡을 수 있었다고 보인다면서 등기신청에 대한 각하결정이나 이의신청에 대한 기각결정에는 기판력이 발생하지 않으므로 각하결정 등을 받더라도 추가 자료를 확보하여 다시 등기신청을 할 수 있다(대법원 2015다73753 판결 등)."라는 취지로 설명하고 있다.

5. 명도단행가처분

상가나 주택을 빌려주었는데, 임차인이 계약종료에도 불구하고 임차건물을 비워주지 않는다. 이런 경우 구두로 또는 서면으로 건물의 인도를 요구하고, 그럼에도 불구하고 계약종료를 부정하거나, 인도를 거부하게 되면 법적조치를 고려하게 된다. 가장 일반적인 법적조치는 점유이전금지가처분과 명도소송이다.

점유이전금지가처분과 명도소송을 고려할 때에는 계약서상의 임차인뿐만 아니라, 실제 점유자가 누구인지 정확히 확인할 필요가 있고, 상가임대차인 경우에는 사업자등록증상의 사업자가 누구인지, 그리고 영업허가를 누가 받았는지 등까지 확인하여 소송을 진행하는 것이 필요하다.

그렇다면, 명도단행가처분이란 무엇인가? 명도소송을 진행할 경우 최소한 4개월에서 6개월 이상 소요되는 것이 일반적인데, 상대방이 의도적으로 소송을 지연시키거나 법리적으로 다툴 사안인 경우 1년에 이르는 지지부진한 소송이 진행될 수 있다. 즉, 명도소송은 본안심리를 하는 정식소송으로 일정한 기일이 반드시 필요하다.

따라서 임차인을 빨리 내보내야 하는 부득이한 사정이 있는 임대인은 해당 사안이 명도단행가처분을 받아낼 수 있는 사안인지 고려할 필요가 있다. 명도단행가처분은 대체로 1~2개월 정도면 결판이 나기 때문에, 급박히 인도를 받아야 하는 임대인 입장에서 고려해 볼 만한 제도이다.

실무상 명도단행가처분은 명도소송과 동시에 가처분을 신청하는 경우가 많지만, 이를 인용하게 되면 본안소송에서 다투어 볼 기회조차 상실하는 결과가 되기 때문에, 인용례가 많지 않다. 즉, 이미 명도집행이 마쳐진 건물에 채무자가 침입하여 점유를 하거나, 불법적인 점유침탈이 이루어진 직후인 경우 등에 한하여 예외적으로 허용되는 경우가 일반적이다. 따라서 동시이행항변이나 유치권항변의 존부가 다투어지는 등 무조건적인 인도의무의 존부에 의심이 있는 경우에는 명도단행가처분이 인용되기 힘들다.

상담을 하다 보면 부동산을 매도하면서, 매도인이 매수인에게 일정기일까지 명도를 완료하여 주겠다고 특약을 하고, 명도단행가처분이 가능한지 묻는 경우가 있는데, 명도단행가처분신청을 할 수는 있겠지만, 인용이 쉽지 않다는 사실을 알아두는 것이 필요하다. 다만, 이러한 경우라도 급박한 사정이 있을 경우에 빠른 시일 내에 명도가 필요함을 법원에 호소하는 취지의 명도단행가처분신청을 내면서 그 내용 속에 조정에 부쳐달라는 요청을 할 수는 있을 것이다. 실무적으로 보전처분단계에서 본안에 대한 조정이 가능하기 때문이다.

따라서 부동산 매수인에게 약정한 일정기일까지 부동산 매도인이 명도를 완료하여 주지 못할 수 있음을 인지하고, 명도지연에 따른 법률적 책임에 대한 정리를 계약서에 적어두는 것이 분쟁의 확산을 막는 길이 될 수 있다.

6. 부동산 강제집행특약의 유효성

부동산임대차계약서에 "본 임대차계약의 종료일 또는 계약해지통보 1주일 이내에도 임차인이 임차인의 소유물 및 재산을 반출하지 않은 경우에는 임대인은 임차인의 물건을 임대인 임의대로 철거·폐기처분할 수 있으며, 임차인은 개인적으로나 법적으로나 하등의 이의를 제기하지 않는다."고 이례적인 임의명도 약정이 적시되어 있다.

위 약정에도 불구하고, 임차인이 명도의무를 불이행할 경우, 임대인은 어떠한 조치를 취할 수 있을까? 임대인 본인 스스로 약정에 따라서 강제집행을 할 수 있을까? 임대인이 해당 약정을 근거로 강제집행 수준으로 부동산의 명도를 확보하는 것은 쉽지 않다.

이와 관련하여, 대법원은 "법률이 정한 집행기관에 강제집행을 신청하지 않고 채권자가 임의로 강제집행을 하기로 하는 계약이라고 한다면 이는 사회질서에 위반되어 무효라고 할 것이고, 또한 이 사건 임대차계약을 체결할 당시 공인중개사가 입회하였다든가 간판철거 당시 피해자의 신고로 출동한 경찰관이 간판철거를 제지하지 아니하고 그냥 돌아갔다는 사정만으로 피고인의 간판철거 행위가 죄가 되지 아니하는 것으로 오인한 데 정당한 이유가 있다고 볼 수 없다(대법원 2004도341 판결)."는 취지이다.

즉 "피해자가 이 사건 점포를 점유하고 식당영업을 하고 있는 상태에서, 피고인이 간판업자를 동원하여 이 사건 점포에 설치된 피해자 소유의 간판을 철거하여 그 효용을 해한 것은 피고인이 손괴를 함과 동시에 위력을 사용하여 피해자의 업무를 방해한 것이고, 피고인이 피해자가 아직 식당영업을 종국적으로 포기하였다고 볼 만한 사정이 없는데도 피해자가 영업을 하지 못하도록 이 사건 점포의 출입문을 자물통으로 채우고 창문에 폐업이라는 공고문을 붙인 것은 위력을 사용하여 피해자의 업무를 방해한 것에 해당(대법원 2004도341 판결)"하게 된다.

그렇다면, 약정에도 불구하고 임대인은 아무런 조치를 취할 수 없는 것인가? 판례사안과 달리 임차인이 점포를 점유하지 않고, 대부분의 물건을 뺀 상태에서 자물쇠만 잠가둔 상황이라면? 게다가 임차인과 연락도 되지 않은 상황이라면 어떻게 될까? 이러한 경우라면, 약정의 일부 수정을 전제로 임대인의 임의명도가 인정될 여지도 있어 보인다.

즉, 약정 중 "임대인은 임차인의 물건을 임대인 임의대로 철거·폐기처분"할 수 있다는 부분이 문제될 여지가 있는바, 이를 "임대인은 임차인의 물건을 ○○에 보관하고, 그 보관료는 임차인이 부담한다."는 취지로 수정하고, 임차인 또는 임차물의 특정상황을 전제한 임의명도의 승낙취지를 구체화하는 등 위 약정을 조정한다면, 수정된 약정의 내용에 따라 그 유효성이 인정될 여지가 있을 것이다(필자의 개인의견).

7. 부동산인도 집행에 있어 집행관의 동산제거 집행의무

부동산인도 집행을 의뢰받은 집행관에게 부동산 내부의 동산을 제거하여 집행할 책무가 있을까? 동산을 제거하여 인도 집행할 책무가 집행관에게 있다는 것이 대법원 2021그796 결정(집행관의 집행위임거부 등에 대한 이의신청서)의 취지이다.

즉, 위 대법원 결정에 의하면 "부동산 등의 인도집행에서 강제집행의 목적물이 아닌 동산이 있는 경우에 집행관에게는 강제집행의 목적물이 아닌 동산을 제거하여 인도집행을 할 책무가 있으므로, 이를 제거하여 보관 혹은 매각하는 것이 다소 곤란하다는 사유만으로는 목적물의 인도 집행을 불능으로 처리할 수는 없다."는 취지이다.

위 대법원 결정이유를 정리해 본다. 임의경매절차에서 매각허가를 받은 후 매각대금을 납부한 신청인은 종교시설인 이 사건 건물에 관하여 2019. 9. 4. 점유자인 피신청인들을 상대로 청주지방법원 2019타인269호로 부동산인도명령 결정을 받았고, 같은 달 19. 집행문을 부여받아 위 건물의 인도집행을 집행관에게 위임하였다.

청주지방법원 소속 집행관은 신청인의 위임에 따라 2021. 6. 24. 청주지방법원 2021본704호로 이 사건 건물의 인도집행을 하려고 하였으나 이 사건 건물 내부에 다수의 유골함이 안치되어 있어 인도집행이 불가능하다는 이유로 인도집행을 실시하지 아니하였다.

위와 같은 사실관계를 앞서 본 법리에 비추어 살펴보면, 신청인으로부터 이 사건 건물의 인도집행을 위임받은 집행관으로서는, 건물 내에 있는 유골함을 피신청인이나 그 대리인 등에게 인도할 수 없고 집행관 스스로도 그 유골함을 계속하여 보관하기 곤란한 사정이 있다면, 신청인이 현상을 그대로 유지하는 조건으로 유골함을 보관할 의사가 있는지, 혹은 그 밖에 다른 적정한 방법으로 이를 보관할 수는 없는지 등을 추가로 확인하여야 하고 그와 같은 조치를 취하지 아니한 채 부동산의 인도집행 자체를 거부할 수는 없다고 보아야 한다.

그럼에도 원심은 이와 달리 그 판시와 같은 이유만으로 이 사건 건물에 관한 인도집행을 거부한 집행관의 조치를 정당한 것으로 보고 신청인의 이 사건 집행에 관한 이의신청을 기각하였다.

이러한 원심의 조치에는 신청인이 적법한 절차에 따른 재판의 집행을 통하여 재산권을 보장받아야 할 헌법상의 권리를 침해하여 재판에 영향을 미친 헌법 위반의 잘못이 있다.

위 판결에 대하여는 민사집행법 제258조에 있어 집행관의 보관은 '채무자에 대한 동산인도' 내지 '매각'을 전제하는 것인데, 원심은 '매각'만을 전제하는 태도였다면서, 채권자가 건물을 인도받기 위하여 유골함에 대한 보관(현상보존)을 승낙하거나 스스로 희망하는 경우(특히, 채권자가 건물을 기존 용도대로 사용하겠다고 하는 경우)에도 건물의 인도집행을 거부하는 것은 채권자의 권리실현을 극도로 무력화하는 것이고, 이때 집행관이 인도집행 위임을 거부하는 것은 적법절차에 따른 재판을 받을 권리를 침해한 헌법위반으로 특별항고 인용사안이라는 견해가 있다.

그리고 위 견해는 이 사건과 달리 채권자가 유골함의 보관을 거부하고 달리 적정한 보관방법을 찾기 어려운 경우에는 유골함이 안치된 건물(부동산)에 대한 인도집행은 불가능하다고 할 수 있다면서 원심이 참조한 것으로 보이는 대법원 2012그186 결정은 채무자 소유의 종교시설(봉안시설 및 납골묘)에 대한 철거집행 및 토지인도집행의 경우에 채무자, 채권자도 유골함에 대한 보관을 거부하고, 집행관이 보관을 의뢰한 전문 보관업자(공설봉안시설업자, 사설봉안시설업자)도 유족의 동의가 없는 이상 분쟁 있는 유골함을 보관할 수 없다고 하여 보관을 거부하자 집행관이 집행불능으로 판단한 것으로 타당하다면서, 이렇게 건물에 대한 인도집행이 불가능한 경우에는 채권자가 간접강제의 방법으로 건물에 대한 인도를 시도할 수밖에 없을 것인데, 채무자에게 자력이 있는 경우라면 간접강제의 방법이 실효적 수단이 될 수 있을 것이라고 설명하고 있다(2022. 9. 30.자 '서울고등법원판례공보스터디' 제1959쪽 내지 제1961쪽 참고).

8. 부동산 인도판결을 집행할 때에 집행관이 채무자의 점유 여부를 판단하는 방법

민사집행법 제258조 "부동산 등의 인도청구의 집행"이라는 제목 아래에 "① 채무자가 부동산이나 선박을 인도하여야 할 때에는 집행관은 채무자로부터 점유를 빼앗아 채권자에게 인도하여야 한다."라고 규정하고 있다. 따라서 채무자가 부동산을 인도하여야 할 경우 집행관은 채무자로부터 점유를 빼앗아 채권자에게 이를 인도하는 방법으로 집행한다.

즉 부동산 인도청구권의 집행은 직접 부동산에 대한 채무자의 점유를 빼앗아 채권자에게 그 점유를 취득하게 하는 직접강제 방법에 의하여 진행하므로(민사집행법 제258조 제1항), 집행의 대상자는 집행권원에 표시된 채무자 본인이고, 목적물을 제3자가 점유하고 있는 경우에는 민사집행법 제258조에 의한 인도 집행을 할 수 없다(대법원 2022그505 결정).

따라서 집행기관으로서 집행관은 부동산 인도 집행을 개시함에 있어 집행권원에 표시된 채무자가 목적물을 점유하는지를 스스로 조사 · 판단하여야 한다. 이때 집행관은 그 개연성을 인정할 수 있는 외관과 징표에 의하여서만 판단할 수 있을 뿐이고 실질적 조사권은 없다.

다만 집행관이 집행권원 등 관련 자료를 조사하면 쉽게 그 점유관계를 판단할 수 있는 경우 이를 조사 · 판단하여야 한다(대법원 2013그336 결정, 대법원 2018그758 결정 등).

한편 점유사실을 인정하거나 점유자가 누구인지 판단함에 있어서 주민등록표 등본이나 사업자등록증은 중요한 자료이지만 유일한 자료는 아니다.

집행관은 이러한 자료뿐만 아니라 실제의 점유상황과 그 밖의 사정 등을 종합적으로 살펴 점유사실의 인정 내지 점유자를 특정하여야 한다. 특히 영업장 등의 점유자를 판단함에 있어서는 사업자등록증, 간판, 상호, 영수증, 기타 영업장 내의 부착물이나 집기, 각종 우편물, 납세고지서 등으로 점유자를 확인하고, 이를 통하여도 채무자의 점유를 확인할 수 없는 경우에 이르러야 '집행불능'으로 처리할 수 있다.

이와 관련하여 대법원 2022그505 결정 판결 사안을 정리한다. 위 판결 사안은 공시송달에 의한 부동산인도 판결을 집행권원으로 해서, 부동산인도 판결을 받은 채권자가 2019년경 부동산인도 집행을 집행관에게 위임하였는데, 집행관이 현장을 수색하던 중 제3자 명의의 카드단말기와 카드전표를 발견한 뒤 '집행불능'으로 처리하였고, 이후 2년이 지나 다시 위 채권자가 같은 집행권원으로 인도집행을 위임하였는데, 집행관이 같은 사유로 또다시 '집행불능'으로 처리한 사안이다.

위 판결 사안은 채권자가 이의신청을 하면서 추가자료(상대방이 전기요금 체납으로 공급계약이 해지된 내역, 상대방이 운영하던 주점 등록면허세 납세고지서와 우편물, 영업용 집기 등이 남아 있고, 훼손된 건물 내부 사진 등)를 제출하고, 수색 당시 발견된 카드전표의 가맹점 주소와 상호가 이 사건 건물의 주소와 채무자 운영 상호와 다르고, 거래일시도 채무자의 점유 시점이전으로 밝혀진 사안으로, 채권자의 권리 구제 필요성이 있었던 사례였던 것이다(특별항고 인용).

위 대법원 2022그505 결정의 이유를 확인하면 "집행관은 상대방의 사업자등록증, 영업허가증, 카드단말기를 찾지 못했더라도 실제 점유상황과 각종 우편물, 납세고지서, 간판, 상호 등까지 조사·확인하고 상대방이 점유하는지 판단했어야 하는데, 상대방의 사업자등록증 등을 찾을 수 없고, 다른 사람이 영업한 적이 있다고 한 특별항고인의 진술, 약 2년 이상 이전의 인도 집행 시도 당시 제3자 명의의 카드단말기와 카드전표를 발견했었다는 이유만으로 이 사건 건물 점유관계가 불분명하다고 보아인도 집행을 거절하였을 가능성이 크다. 따라서 원심으로서는 이의재판 당시까지 제출된 자료까지 종합하여, 집행관이 이 사건 건물인도 집행을 실시하지 않음에 있어 위와 같은 사정까지 제대로 조사·확인하는 등 집행관이 지킬 집행절차를 위반하였는지를 면밀히 심리하였어야 함에도, 그 판시와 같은 이유만으로 집행에 관한 이의신청을 기각하고 말았다. 이러한 원심의 조치에는 특별항고인이 적법한 절차에 따른 재판을 받을 권리를 침해하여 재판에 영향을 미친 헌법 위반이 있다. 이 점을 지적하는 취지의 특별항고이유 주장은 이유 있다."라는 취지이다.

9. 금전청구를 본안으로 하는 가처분등기 이후 설정된 근저당권에 의한 배당은 적법

가압류는 금전채권이나 금전으로 환산할 수 있는 채권의 집행보전을 위한 것이고, 가처분은 금전채권 이외의 권리 또는 법률관계에 관한 확정판결의 강제집행을 보전하기 위한 집행보전제도라 할 수 있다. 따라서 가처분신청에 따른 가처분등기를 마쳤지만 본안소송을 금전청구로 하였다면 적절한 보전처분으로 보기 힘들다.

이와 관련하여 대구지방법원 2022가단107057 판결은 '가처분등기의 본안사건이 소유권이전등기나 그 등기의 말소를 명하는 판결이 아닐 경우 가처분등기 이후에 경료된 근저당권설정등기의 말소를 구할 수 없으므로 그 근저당권에 기한 배당이 적법하다.'는 취지이다.

위 판결을 정리하면 다음과 같다.

〈인정 사실〉

이 사건 배당표에 의하여 피고는 근저당권자(물건2)로서 채권최고액 1억 8,000만원 중 163,135,117원을 배당받았고, 원고는 배당요구권자(물건1,3)로서 채권금액 685,090,255원 중 105,622,806원을 배당받았다. 원고는 배당기일에 피고의 배당액 전부에 관하여 이의를 제기하고 1주일 내에 이 사건 배당이의 소송을 제기하였다.

원고는 위 '물건 2 등'에 대하여 사해행위취소로 인한 소유권이전등기말소청구권을 피보전권리로 하여 소유자인 ㈜ C를 상대로 2018. 1. 30. 대구지법의 가처분결정(2018카단308)을 받아 같은 날 처분금지가처분등기를 마쳤다.

원고는 그 후 2019. 5. 24. 사해행위취소에 따른 부동산 가액 상당의 배상청구채권을 피보전권리로 하여 위 '물건 2 등'에 대하여 대구지법 2019카합10228호로 부동산가압류 결정을 받아 가압류등기가 마쳐졌다.

피고는 2019. 2. 18. 설정계약을 원인으로 같은 날 ㈜ C를 채무자로 하여 채권최고액 1억 8,000만원의 근저당권설정등기를 마쳤다.

원고는 ㈜ C를 상대로 위 처분금지가처분의 본안소송인 대구지법 2018가합210403 사해행위취소 소송을 제기하여, 2020. 11. 26. '수익자인 ㈜ C와 채무자인 ㈜ D 사이의 2017. 10. 30.자 부동산 매매계약이 사해행위로 인정되어 338,993,763원의 한도에서 취소되어야 하고, ㈜ C는 원고에게 동액 및 지연손해금을 지급하라'는 일부 승소 판결을 받았고, 위 판결은 2020. 12. 19. 그대로 확정되었다.

〈원고의 주장요지〉

원고는 피고의 근저당권설정등기는 원고가 받은 가처분결정에 저촉되므로 피고의 배당액은 전액 삭제되어야 하고, 가사 동순위라고 하더라도 안분 배당되어야 하므로 피고의 배당액은 54,459,722원만 인정되어 나머지는 삭제되어야 하며, 또한 피고의 근저당권설정등기는 채권자가 E임에도 피고로 등기되어 있으므로 이는 허위채권에 의한 것으로 무효이다.

〈판결 요지〉

원고는 본안사건에서 소유권이전등기나 소유권이전등기의 말소를 명하는 판결이 아닌 가액배상을 명하는 판결을 받았으므로 그 판결로는 소유권이전등기나 소유권이전등기의 말소를 신청할 수 없어 가처분등기 이후 경료 된 근저당권설정등기의 말소도 신청할 수 없다.

그리고 원고는 자신의 사해행위취소 가액배상 판결금액과 피고의 배당금이 동순위라고 주장하나, 피고의 근저당권은 우선변제권이 있는데, 원고의 가압류등기는 그 후에 이루어졌으므로 동순위라고 볼 수 없고, 피고의 근저당권설정등기와 관련하여 대주가 E라거나 위 등기가 무효라고 보기 어렵다.

참고로 대법원 95다53768 판결에 의하면 "취득시효 완성을 원인으로 한 소유권이전등기 의무를 부담하는 자는 취득시효기간 완성 당시의 소유자이며 그 후 그 소유자로부터 부동산을 매수하여 소유권이전등기를 마친 자는 달리 특별한 사정이 없는 한 위의 의무를 승계한다고 볼 수 없고, 이것은 취득시효기간이 완성된 점유자가 그 완성 당시의 소유자를 상대로 취득시효 완성을 원인으로 한 소유권이전등기청구권을 보전하기 위하여 처분금지가처분 결정을 받아 그 등기를 마쳐 둔 경우에도 마찬가지이며, 부동산처분금지가처분 등기가 유효하게 기입된 이후에도 가처분채권자의 지위만으로는 가처분 이후에 경료된 처분등기의 말소청구권은 없고, 나중에 가처분채권자가 본안 승소판결에 의한 등기의 기재를 청구할 수 있게 되면서 가처분등기 후에 경료된 가처분 내용에 위반된 등기의 말소를 청구할 수 있을 뿐이다."라는 취지이다.

제30장 종중부동산

1. 종중 땅을 매수할 때의 주의 점

개인 명의의 토지를 매수하려 하는데, 소문에 또는 매도자가 사실은 종중토지라고 말한다. 이때 주의할 점은 무엇일까? 우선 개인 명의인데, 매도자가 종중토지라고 하는 것은 종중이 그 개인에게 명의신탁을 한 것으로 해석된다.

이 경우 토지의 명의자가 임의로 해당 토지를 매도하여도 매수인이 매도인과 공모하는 등 적극가담하지 않는 한 매수인은 소유권을 유효하게 취득한다. 다만, 매수인이 명의신탁 사실을 알고도 명의수탁자의 배임행위에 적극 가담하여 매매계약을 체결하였다면 그 매수행위도 반사회질서 법률행위로 무효가 될 수 있다(대법원 2007다82875 판결 등).

따라서 매도인이 명의신탁이 된 토지임을 밝힌다면, 매도자가 적법하게 해당 종중토지를 매도할 권한이 있는지 여부를 확인한 후 매매계약을 체결하는 것이 안전하다. 즉, 우선 종중 규약 및 매도결의가 있는 종중총회 회의록은 물론이고 총회를 적법한 소집권자가 적법한 소집절차에 따라 소집했는지를 확인해야 한다.

공동선조의 자손인 성년 여자도 종중원이므로, 총회 당시 남성종원에게만 소집통지를 하였다면, 그 종중총회에서의 매도결의는 효력이 없다(대법원 2009다83650 판결 등). 종중 소유 토지는 종원의 총유에 속하고, 그 관리 및 처분은 종중규약이 정한 바 있으면, 그에 따르고, 규약에 정한 바 없으면, 총회결의에 의하여야 한다. 따라서, 종중대표자에 의한 종중재산의 처분이라고 하더라도 위와 같은 절차를 거치지 아니한 종중 토지의 매각행위는 무효가 될 수 있다(대법원 96다18656 판결).

종중총회는 종중의 대표자격이 있는 연고항존자가 직접 총회를 소집하거나 그가 다른 종중원의 총회 소집에 동의하여 그 종중원으로 하여금 소집하게 한 때에 적법한 권한 있는 자의 소집으로 효력이 있다(대법원 2003다61689 판결 등).

연고항존자는 종중에서 항렬이 가장 높고 나이가 많은 사람을 가리키며, 연고항존자는 종장이 선출되어 있지 않은 종중에서 그 종중에 종장의 선임에 대한 규약이나 일반관례가 없다면 종장이 된다. 결국, 종중 대표나 종손, 종원 등 개인 명의로 등기된 토지가 종중토지라는 소문이 들린다면 그 개인소유인지 아니면 종중소유인지를 명확하게 확인한 후 매수해야 한다.

2. 총회결의 없는 종중 토지매매의 무효와 부당이득반환청구의 가능성

종중으로부터 부동산을 매입할 때에는 종중이 해당 부동산 매도에 대한 총회결의 등을 거쳤는지 확인해야 한다. 총회결의 등이 없는 종중의 토지매도행위는 무효 가능성이 높기 때문이다.

이와 관련하여 대법원 2005다69908 판결에 의하면 “종중 소유의 재산은 종중원의 총유에 속하는 것이므로 그 관리 및 처분에 관하여 먼저 종중 규약에 정하는 바가 있으면 이에 따라야 하고, 그 점에 관한 종중 규약이 없으면 종중 총회의 결의에 의하여야 하므로 비록 종중 대표자에 의한 종중 재산의 처분이라고 하더라도 그러한 절차를 거치지 아니한 채 한 행위는 무효이다(대법원 96다18656 판결, 대법원 2000다22881 판결 등 참조).”라는 취지이다.

임야를 매도한 종중이 총회결의가 없었음을 전제로 임야 매매의 무효를 주장하여 그 판결이 확정되었다고 가정하자. 그런데 매수인이 종중임야를 매수하여 인도를 받은 후에 위 임야를 공장으로 지목변경하고 그에 따라 공장건물까지 신축한 상황이었고, 이와 같은 매수인의 개발행위로 인하여 해당 토지의 가치가 10배 이상 급등하였다면?

토지매매가 무효가 되었으니, 종중이 토지의 소유권을 회복하겠지만 종중으로부터 임야를 매수하여 공장용지로 바꾸어 토지의 가치를 급등시킨 매수인은 종중에게 매매대금의 반환뿐만 아니라 토지가치 급등에 따른 부당이득반환청구권을 행사할 수 있을 것이다.

이와 관련하여 대법원 2020다209815 판결 사안을 확인해 보자. 원고는 피고(종중)로부터 임야를 매수하고 소유권이전등기를 마친 후, 그 지상에 개발절차를 거쳐 공장건물을 신축하였다. 원고의 채권자들의 신청으로 위 토지 및 건물에 대한 경매절차가 개시되었는데, 피고가 원고를 상대로 위 임야 매매에 총회의 결의가 없었다고 주장하면서 그 소유권이전등기 말소청구의 소를 제기하였고, 승소판결을 받았다.

이에 따라 위 토지에 관한 원고의 소유권이전등기는 말소되었고, 공장건물만 경락되어 그 경락인이 이 사건 토지를 점유하고 있다(건물의 소유자가 해당 부지의 점유자로 인정된다는 취지의 판결로는 대법원 2011두10348 판결 등 참조). 원고는 피고를 상대로 이 사건 소를 제기하여, 위 토지를 공장용지로 개발하기 위하여 지출한 비용 등을 유익비로서 상환하라고 청구하였다.

원고의 피고에 대한 유익비 상환청구가 인정될 수 있는가? 민법 제741조에 따른 부당이득반환청구 등은 가능할 수 있어도 민법 제203조에 따른 유익비 상환청구는 인정될 수 없다는 것이 대법원의 결론이다.

즉 위 대법원 2020다209815 판결에 의하면 "물건의 소유자는 적법한 점유 권한 없는 점유자를 상대로 물권적 청구권을 행사하여 반환을 청구할 수 있고(민법 제213조), 점유자는 점유물을 반환하거나 그 반환을 청구받은 때에 회복자에 대하여 자기가 거기에 지출한 필요비나 유익비의 상환을 청구할 수 있다(민법 제203조). 그러나 점유자가 점유물 반환 이외의 원인으로 물건의 점유자 지위를 잃어 소유자가 그를 상대로 물권적 청구권을 행사할 수 없게 되었다면, 그들은 더 이상 민법 제203조가 규율하는 점유자와 회복자의 관계에 있지 않으므로, 점유자는 위 조항을 근거로 비용상환청구권을 행사할 수 없고, 다만 비용 지출이 사무관리에 해당할 경우 그 상환을 청구하거나(민법 제739조), 자기가 지출한 비용으로 물건 소유자가 얻은 이득의 존재와 범위를 증명하여 반환청구권(민법 제741조)을 행사할 수 있을 뿐이다."라는 취지이다(상고기각).

위 대법원 판결에 대하여 점유를 상실하면 민법 제203조의 비용상환청구권은 이를 인정할 여지가 전혀 없고, 위 판결은 이러한 법리를 선언한 것으로서 명백히 타당하지만 청구기각을 한 것에는 의문이 있다는 견해가 있다.

즉 민법 제203조의 비용상환청구권은 일반부당이득(민법 제741조)의 특칙으로서 법조경합 관계에 있고, 청구권경합 관계가 아니라는 점은 이론이 없다면서 위 판결의 원심이 확정되면, 기판력 때문에 원고가 피고에게 일반부당이득(민법 제741조)으로서도 그 반환을 청구할 수도 없게 된다는 점에서 법원은 석명의무에 따라 원고에게 석명을 구하여 부당이득반환청구로 청구변경을 시킨 다음 승소판결을 하였어야 타당하다는 것이다(연도별 2023. 9. 1.자 '서울고등법원판례공보스터디' 제2286쪽 내지 제2289쪽 참고).

그 이유에 대하여 위 임야의 공시지가는 2008년에 약 1억 8,000만원(18,200원/㎡)이었으나, 원고가 공장용지로 개발한 직후인 2009년에는 약 10억 3,000만원(103,000원/㎡)로 급등하였고, 2022년에는 약 20억 1,300만원(201,300원/㎡)에 이르렀는바, 그 과정에서 원고는 거액의 개발부담금과 개발비용을 투입하였다고 주장하였고 실제로 거액이 투입된 것으로 보이며 피고가 공시지가 상승액 만으로도 최소 약 9억원은 이득을 보았으며 토지의 매매가 무효로 된 사유인 '피고 종중의 총회결의 흠결'은, 그 책임을 원고에게만 돌릴 수는 없는 사정이 존재하는 사례라는 것이다. 타당한 의견으로 이해된다.

3. 종중토지의 명의신탁과 종중의 성립시기

종중이 종원에게 토지를 명의신탁을 하는 경우가 있다. 이때 명의신탁 해지를 원인으로 종중이 종원을 상대로 소유권이전등기청구 내지 소유권말소등기청구 등을 하는 경우가 발생한다. 즉, 종중이 종원을 상대로 위와 같은 소송을 하려면, 종중이 이미 성립되었다는 전제가 성립하게 되는데, 대법원은 이에 대하여 다음과 같은 판시를 한 사실이 있다.

대법원 2006다74273 판결은 "종중과 종중원 등 등기명의인 사이에 어떤 토지에 관한 명의신탁 여부가 다투어지는 사건에 있어서, 일단 그 토지에 관하여 등기명의인 앞으로 등기가 경료될 당시 어느 정도의 유기적 조직을 가진 종중이 존재한 사실이 증명되고, ~중략~ 그 토지가 종중 소유라고 볼 수밖에 없는 상당한 자료가 있는 경우라면 그 토지가 종중의 소유로서 등기명의인 앞으로 명의를 신탁한 것이라고 인정할 수 있으나, 그와 같은 자료들이 충분히 증명되지 아니하거나 오히려 반대되는 사실의 자료가 많을 때에는 이를 인정하여서는 아니 되며, 그 토지가 위토라는 사실만으로 종중 소유의 토지라고 볼 수는 없다[대법원 96다15923 판결, 대법원(전합) 95다57029 판결, 대법원 99다11397 판결 등]."라는 취지다.

그렇다면, 종중이 성립된 상태가 아니라면, 차후에 성립된 종중이 종원을 상대로 이와 같은 소송을 제기하는 것이 불가능한 것인가? 꼭 그런 것만은 아니라는 것이 대법원의 입장이다.

즉, 대법원 92다54180 판결은 "토지매수인이 그 토지에 사후 자신의 분묘를 설치하게 한 경우에는, 후손 중의 1인이 개인의 자금으로 분묘지를 단독 매수하여 조상의 분묘를 설치한 경우와는 달리, 장손에게 단독 상속시켜 후에 용이하게 처분할 수 있게 하기보다는 오히려 자신을 공동선조로 하는 종중의 총유재산으로 하여 자손들로 하여금 영구 보존하게 할 의사였다고 봄이 우리의 전통적 사고에 부합 한다."는 취지다.

종중이 명의신탁 해지를 전제로 종원에게 소송을 제기한다는 것은 종중이 종원보다 먼저 성립함을 전제하는 것이 원칙일 것이나, 구체적 사정에 따라서는 종중이 나중에 성립한 경우도 소송이 가능할 수 있다는 것도 알아두자.

4. 종중분열은 인정될 수 없다는 취지의 판례해설

'고유 의미의 종중'은 자연발생적인 관습상 종족집단체로 특별한 조직행위를 요하지 않는다.

즉 대법원 2019다216411 판결에 의하면 "고유 의미의 종중이란 공동선조의 분묘 수호와 제사, 종원 상호 간 친목 등을 목적으로 하는 자연발생적인 관습상 종족집단체로서 특별한 조직행위를 필요로 하는 것이 아니고, 공동선조의 후손은 그 의사와 관계없이 성년이 되면 당연히 그 구성원(종원)이 되는 것이며 그 중 일부 종원을 임의로 그 종원에서 배제할 수 없다. 따라서 공동선조의 후손 중 특정 범위 내의 자들만으로 구성된 종중이란 있을 수 없으므로, 만일 공동선조의 후손 중 특정 범위 내의 종원만으로 조직체를 구성하여 활동하고 있다면 이는 본래 의미의 종중으로는 볼 수 없고, 종중 유사의 권리능력 없는 사단이 될 수 있을 뿐이다."라는 취지이다.

따라서 고유한 의미의 종중의 경우에 그 종중의 소멸과 분열은 인정되지 않는다(대법원 97도1993 판결). 즉 종중의 내분으로 인하여 종중을 양분하는 것과 같은 종중분열은 인정되지 아니하고, 공동선조의 후손 중 특정 범위 내, 즉 예를 들어 종원의 자격을 지역적으로 제한하는 조직체를 구성하는 내용의 종중규약도 효력이 없다(대법원 92다15048 판결).

고유한 의미의 종중이 자연발생적으로 성립한 후에 정관 등 종중규약을 작성하면서 일부 종원의 자격을 임의로 제한하거나 확장하여 종중규약이 종중의 본질에 반한다고 하더라도, 이미 성립되어 있는 고유한 의미의 종중의 실재 자체가 부인되는 것도 아니다(대법원 2008다30482, 30499 판결).

이제 대법원 2023다278829 판결사례를 전제로 이야기해보자.

갑을 시조로 하는 갑종중이 종원을 상대로 명의신탁해지를 주장하면서 소유권을 이전해 달라는 소송을 제기하였다고 가정하자. 그런데, 갑종중이 버젓이 실재하고 있음에도 불구하고 갑종중의 시조인 갑의 차남 병을 시조로 하는 병종중의 이름으로 소송을 제기했다면 어떻게 될까? 갑종중의 시조에 해당하는 갑은 장남 을과 차남 병이 있었던 것인데, 갑종중의 후손들이 분쟁이 생기면서 갑종중의 시조에 해당하는 갑의 차남 병종중의 이름으로 종원을 상대로 명의신탁해지소송을 제기한 것이었다.

이때 재판과정에서 실재하는 종중이 갑을 시조로 하는 갑종중으로 밝혀졌고, 이에 따라 원고가 종중규약에 따른 절차를 거쳐 실재하는 종중인 갑종중으로 원고의 표시를 정정하기 위해 당사자 표시정정을 신청하고 법원이 허락하였다면 어떻게 될까?

대법원 2023다278829 판결의 원심은 원고가 병을 공동시조로 하는 종중이라는 이유로 원고를 이 사건 종중 즉 갑을 시조로 하는 갑종중과 동일한 종중이라고 볼 수 없다고 판단하여 원고의 항소를 기각하였다.

그러나 위 대법원은 원심과 달리 '위와 같은 원고의 명칭 및 회원 자격 변경과정과 원고와 피고 모두 시제 때 갑, 을의 후손 모두 참석하여 시제를 지냈다는 취지로 주장하고 있는 점에 비추어 보면, 원고는 갑을 공동시조로 하는 고유 의미의 종중에 해당한다고 볼 여지가 있고, 을 자손의 종원자격을 박탈하는 내용의 결의 및 정관변경은 종중의 본질에 반하여 무효이고, 이로 인하여 원고 종중의 실체가 부인되거나 기존 종중에서 분열된 별개의 종중이 되는 것은 아니다'라는 이유로 원심판결을 파기·환송한 것이다.

위 대법원 2023다278829 판결 사안을 정리한다.

'○○○씨 종중회'(이하 '이 사건 종중')의 공동선조인 ○○○씨 △△ 공파 □□(이하 '갑')는 장남인 ☆☆(이하 '을'), 차남인 ◇◇(이하 '병') 두 아들을 두었다. 1989. 6.경 제정된 이 사건 종중 회칙에는 그 명칭을 '갑 자손 종중회'라 정하고 그 회원을 '대종계 자손전원'으로 정하였다. 한편, 원고는 본래 명칭이 '갑 자손 종중회'였고, 정관에서 회원을 '대종계 갑자손'이라고 정하였는데, 2018년경 총회를 통해 그 명칭을 '병자손 종중회', 회원자격을 '대종계 병자손'으로 변경하였다.

이후 원고는 이 사건 종중이 소외인 1에게 이 사건 부동산을 명의신탁하였다고 주장하며, 위 부동산을 호주상속받은 소외인 3의 공동상속인들인 피고들을 상대로 이 사건 소를 제기하여 명의신탁계약 해지를 원인으로 한 소유권이전등기를 구하였는데, 소제기 당시 원고는 '병자손 종중회'를 원고로 표시하였다.

제1심법원은 이 사건 종중이 대종중, 원고가 소종중인 관계에 있고, 원고가 이 사건 종중회로부터 명의신탁자 지위를 승계한 사실을 인정할 증거가 없다는 이유로 원고의 청구를 기각하였다. 그러자 원고는 총회 결의를 통해 명칭을 '갑자손 종중회', 회원자격을 '성별 불문 갑자손'으로 변경한 후 원심에서 원고의 명칭을 '갑자손 종중회'로 변경하는 당사자 표시정정신청을 하였고, 원심은 이를 허가하였다.

대법원은 위 사안에서 다음과 같은 법리를 설시하였다.

고유 의미의 종중이란 공동선조의 후손 중 성년인 사람을 종원으로 하여 구성되는 자연발생적인 종족집단으로서 특별한 조직행위를 필요로 함이 없이 관습상 당연히 성립하는 것이고, 종중이 자연발생적으로 성립한 후에 정관 등 종중규약을 작성하면서 일부 종원의 자격을 임의로 제한하거나 확장하더라도 그러한 규약은 종중의 본질에 반하여 무효이고, 그로 인하여 이미 성립한 종중의 실재 자체가 부인되는 것은 아니다(대법원 92다15048 판결, 대법원 2008다30482, 30499 판결).

또한 종중이 종중원의 자격을 박탈하거나 종중원이 종중을 탈퇴할 수 없는 것이어서 공동선조의 후손들은 종중을 양분하는 것과 같은 종중분열을 할 수 없다(대법원 97도1993 판결).

원고는 원심에서 공동시조가 □□ 또는 ◇◇ 중 누구인지 등에 관하여 일부 명확하지 않은 주장을 하기는 하였으나, 시제일에 ◇◇의 후손뿐만 아니라 ☆☆의 후손까지 모여 □□을 포함하여 ◇◇, ☆☆의 제사를 함께 지내왔다고 주장하였다.

피고 또한 원심에서 ○○○씨종중회는 □□을 모시는 종중으로 시제 때 ◇◇과 ☆☆의 후손이 함께 참석하여 □□의 묘를 관리하고 시제를 지내왔는데, 일부 종원이 ☆☆후손을 배제하기 위하여 2018. 3. 5. 자 정관변경을 한 것이라는 취지로 주장하였다.

위와 같은 사실관계를 앞서 본 법리에 따라 살펴보면, 원고는 공동시조를 □□으로 하여 그 후손인 ◇◇자손과 ☆☆자손을 종원으로 하는 고유 의미의 종중에 해당한다고 볼 여지가 있다.

그 후 일부 종원들이 주동하여 ☆☆자손의 종원자격을 박탈하는 내용의 결의를 하거나 정관변경을 한 것은 종중의 본질에 반하여 무효이고, 그로 인하여 이미 성립한 원고 종중의 실체가 부인되거나 기존 종중에서 분열된 별개의 종중이 되는 것이 아니다.

그럼에도 원심은 판시와 같은 이유로, 원고가 ○○○씨종중회와 동일한 종중이라고 볼 수 없다고 판단하고, 이를 전제로 원고가 종전 토지의 소유자로서 소외인에게 위 토지를 명의신탁하였다고 인정하기 부족하다고 보아 원고의 청구를 기각하였는바, 이러한 원심의 판단에는 종중의 특정 및 동일성에 관한 법리를 오해하여 필요한 심리를 다하지 아니하거나 논리와 경험의 법칙을 위반하여 자유심증주의의 한계를 벗어남으로써 판결에 영향을 미친 잘못이 있다.

위 대법원 판결에 대하여 "갑을 공동시조로 하는 종중이 실재하고 그 종중이 당사자가 되어 소송을 제기한 것임에도 불구하고, 원심은 위 종중의 실체를 부인하고 마치 병을 공동시조로 하는 별개의 종중이 당사자라고 판단한바, 이러한 원심은 잘못된 것이고 원고의 의사가 명의신탁 당사자로서 과거부터 존재하던 고유 의미의 종중으로서 소를 제기하고자 하였던 것임은 당연하다면서, 경우에 따라 고유 의미의 공중의 적법한 대표권자가 누구인지가 문제될 수는 있다."는 견해가 있다(2024. 2. 15.자 공보에 대한 '서울고등법원판례공보스터디' 참고).

5. 종중의 농지취득과 소유권이전등기의 가능성

종중 관련 상담을 하거나, 종중 관련 소송을 진행하다 보면, 종중은 원칙상 농지를 취득할 수 없다는 사실을 모르는 경우가 많다. 즉 종중이 종원에게 위토인 농지를 명의신탁하였다는 사실을 근거로 소송을 제기하는 경우가 있는데, 임야의 경우 승소 시 등기이전이 가능한 반면, 농지의 경우는 승소를 해도 원칙적으로 등기이전이 되기 어렵다는 사실을 알고 접근해야 한다.

헌법 제121조 제1항과 농지법 제6조 등에 의하면, 원칙적으로 농지는 자경농민만이 소유한다는 것을 전제로 하기 때문에 농민이 아닌 종중은 농지를 원칙적으로 소유할 수 없다. 그렇다면, 농지의 경우 종중은 무조건 소유권취득이 불가능할까? 그렇지는 않다. 당해 농지가 농지개혁 당시 위토대장에 등재된 기존 위토임을 확인하는 위토대장 소관청의 증명서를 첨부하는 경우에 명의신탁 해지를 원인으로 하는 종중 명의로 소유권이전등기가 가능하기 때문이다.

그렇다면, 공부상 지목이 농지이지만, 실제 농지가 아닌 경우에 종중이 농지를 취득할 수 있을까? 토지가 농지인가의 여부는 공부상 지목에 관련 없이 당해 토지의 사실상의 현상에 따라 가려야 하고, 공부상 지목이 답으로 되어 있다고 하여도 농지로서의 현상을 상실하고 그 상실한 상태가 일시적이라고 볼 수 없다면, 그 토지는 농지가 아니다(대법원 96도1536 판결).

지목이 농지인 토지의 실제 현황이 농지가 아닌 경우 그 사실을 증명할 면장 등의 발행

서면을 첨부하여 농지취득자격증명을 첨부하지 않고, 소유권이전등기를 신청할 수 있으나, 어떠한 서면이 그러한 사실을 증명하는 서면인지 여부는 등기관이 구체적으로 판단할 사안이다.

다만, 공부상 지목이 농지이나 사실상 농지가 아닌 토지에 대한 소유권이전등기청구권사건의 경우 법원에서 현장검증 등에 의하여 위와 같은 사실이 판명된 경우에는 그 판결의 이유에 위 사실의 설시가 있다면 그 판결에 의한 소유권이전등기신청서에는 농지취득자격증명을 첨부할 필요가 없다.

상담을 하다 보면, 종중이 농지를 취득할 수 없는 사실을 고려하여 종원들로 구성된 농업법인을 만들어, 그 농업법인 이름으로 농지를 취득하는 경우도 있는 것으로 보인다. 농지를 취득할 수 없는 종중인데, 불가피하게 명의신탁 해지 소송을 통하여 소유권을 돌려받아야 하는 상황이라면, 이와 같은 상황을 고려해 일부 공시역할을 할 수 있는 가처분을 해두는 것이 필요할 수 있다.

다만, 대법원 91도1397 판결 이유에 의하면 "기록을 살펴보면 위 토지들은 농지개혁법이 시행된 1949. 6. 21. 당시 농지로서 농지개혁법의 적용대상이었던 것으로 일응 보여지고(수사기록249-260편 판결), 신탁자라는 위 문중으로서는 농지개혁법 시행 당시 위 토지들을 직접 경작할 수는 없는 노릇이며, 만일 위 토지들이 농지로서 수탁자인 피고인의 조부나 망부가 경작하고 있었고 이것이 정부의 매수대상에서 제외되는 위토 등이 아니었다면 농지개혁법 제11조 제1호, 제27조의 규정취지에 비추어볼 때 신탁자는 그 신탁계약을 해지하여도 그 농지의 반환(인도나 소유권이전등기)을 청구할 수 없는 것이고(대법원 4289민상482 판결, 대법원 90다4259, 대법원 90다카22322 판결), 그 결과 신탁자와 수탁자 사이의 명의신탁관계는 소멸되고 수탁자는 완전한 소유권을 취득하게 되며, 수탁자가 신탁자를 위하여 보관하는 자의 지위에 서게 되지 않는다고 보아야 할 것이다."라는 취지이고, 수원지방법원 2018나55227 판결에 의하면 그 판결 이유에서 "농지에 대한 종중의 명의신탁 가부"라는 제목 아래 "종중은 농지개혁법 발효 당시 위토의 요건을 갖춘 농지를 취득, 보유한 경우 외에는 자신의 명의로든 타인의 명의로든 이를 취득, 소유할 수 없는바, 이 사건에서는 위 종중이 이 사건 농지를 농지개혁법 시행 당시 위토로서 취득하여 피고 등에게 명의신탁하였다고 볼 자료가 없으므로(위 확정판결에서 본 바와 같은 명의신탁 시점과 민법 제1008조의3의 개정 경위를 고려하면 그럴 가능성은 거의 없어 보인다), 위 종중은 피고로부터 명의신탁 해지를 원인으로 하여 소유권이전등기를 받을 수 없다. 따라서 이 사건 농지에 대한 피고 앞으로의 명의신탁은 사실상 무효이고, 그 결과 명의수탁자인 피고는 그 지분에 관하여 완전한 소유권을 취득하며, 법령상의 제한에 의해 명의신탁 재산의 원물 반환이 불가능한 경우에 준하여 그 객관적 가액을 부당이득으로 반환하여야 할 것이다(대법원 2007다74690 판결, 대법원 2009재다516 판결 등)."라는 취지이므로 주의할 필요가 있다.

6. 종중재산의 처분문제

종중재산을 처분하기 위해서는 어떠한 절차를 거쳐야 할까? 종중재산은 종원의 총유재산에 해당하기 때문에 종중규약에 처분방법이 있는 경우 그에 따라야 하고, 종중규약에 종중재산처분에 대한 규정이 없을 경우 종중총회의 결의에 의해야 한다. 위와 같은 절차를 거치지 않고, 종중의 대표자가 종중재산을 처분하게 되면 무효가 된다(대법원 2005다69908 판결 등).

종중재산을 종원에게 명의신탁하였는데, 수탁자인 종원이 수탁 종중재산을 임의로 매도한 경우는? 수탁자로부터 종중재산을 매수한 제3자는 종중총회를 거쳤는지 여부와 관련 없이 그리고 명의신탁된 종중재산이라는 사실을 알았건 또는 알지 못했건 상관없이 종중재산의 소유권을 취득한다. 종중재산이 명의신탁된 경우는 외부적 관계에서 수탁자인 종원이 부동산의 소유자이기 때문이다.

다만, 종중재산을 취득한 위 제3자가 "수탁자가 단순히 등기명의만을 수탁받았을 뿐 그 부동산을 처분할 권한이 없는 줄을 잘 알면서 명의수탁자에게 실질 소유자 몰래 신탁재산을 불법처분하도록 적극적으로 요청하거나 유도하는 등의 행위"를 한 경우, 즉 제3자가 수탁자의 배임행위에 적극 가담한 경우는 수탁자와 제3자 간의 부동산매매행위는 무효가 된다(대법원 2007다82875 판결 등).

위 제3자로부터 해당 부동산을 다시 취득한 제3자는 어떻게 되는가? 제3자로부터 해당 부동산을 다시 취득한 제3자도 설사 전소유자가 당해 부동산의 소유권을 유효하게 취득하였다고 믿었다고 해도 매매계약이 유효하다는 주장을 하기 어렵다. 수탁자의 배임행위에 적극 가담한 제3자의 행위로 인한 매매계약은 절대적 무효이기 때문이다(대법원 2007다82875 판결 등).

종중규약에 종중재산의 취득처분 및 유지관리방법에 대하여 이사회 결정에 따르도록 규정되어 있다면? 이러한 경우 종중 이사회의 결정에 따라 그 처분 권한을 위임받은 종중의 대표자가 종중재산을 처분할 경우 유효하다(대법원 93다27703 판결).

종중재산을 매수하였는데 총회결의 등의 절차위반으로 무효사유가 발생한 경우, 피해자라고 할 수 있는 매수자인 제3자는 종중에 대하여 손해배상을 청구할 수는 없을까? 민법 제35조 제1항은 "법인은 이사 기타 대표자가 그 직무에 관하여 타인에게 가한 손해를 배상할 책임이 있다. 이사 기타 대표자는 이로 인하여 자기의 손해배상책임을 면하지 못한다."고 규정하고 있다. 대법원 판결에 의하면, 종중의 대표자가 직무에 관하여 타인에게 손해를 가한 경우 그 종중은 민법 제35조 제1항의 유추적용을 통해 그 손해를 배상할 책임이 있다고 한다(대법원 2005다34711 판결).

이때 외관상 그리고 객관적으로 직무에 관한 행위에 해당해야 한다. 한편 종중 대표자의 행위가 직무에 해당하는 행위에 해당하지 않는다는 사실을 피해자 자신이 알았거나 또는 중대한 과실로 인하여 알지 못한 경우에는 종중에게 손해배상책임을 물을 수 없다.

종중의 대표자가 아닌 종중의 총무 등이 총회결의 등의 절차위반으로 종중재산을 처분하였는데 무효가 된 경우는? 이와 같은 경우는 민법 제756조의 사용자 책임요건이 충족될 경우 해당 조문에 의하여 종중에게 손해배상책임을 물을 여지가 있다(대법원 99다67598 판결 참고. 단, 이 판례는 사용자 책임 요건에 있어 '사무집행에 관하여'라는 요건과 관련하여, 종중 총무 개인의 금원 차용행위가 외형상 객관적으로 피고 종중의 직무범위에 속한다거나 피고 종중 총무로서의 직무와 밀접한 관련이 있다고 할 수 없다는 이유로 사용자책임을 부정함).

7. 종중재산의 처분행위

평소에 종중에 종장이나 문장이 선임되어 있지 아니하고 선임에 관한 규약이나 관례가 없다. 이 경우는 현존하는 연고항존자가 종장이나 문장이 되어 국내에 거주하고 소재가 분명한 종원에게 통지하여 종중총회를 소집하고 그 회의에서 종중대표자를 선임하는 것이 일반 관습이다(대법원 2009다7182 판결).

여성도 연고항존자가 될 수 있을까? 될 수 있다. 즉, 종중대표자를 선임하기 위하여 개최되는 종중총회의 소집권을 가지는 연고항존자를 확정함에 있어서 여성을 포함하여 전체 종원 중 항렬이 가장 높고 나이가 가장 많은 사람이 연고항존자가 된다(대법원 2009다26596 판결).

종중원들이 종중재산의 관리 또는 처분 등을 위하여 종중의 규약에 따른 적법한 소집권자 또는 일반 관례에 따른 종중총회의 소집권자인 종중의 연고항존자에게 필요한 종중의 임시총회 소집을 요구하였다. 그런데, 그 연고항존자가 정당한 이유 없이 이에 응하지 아니한 경우에 누가 임시총회를 소집할 수 있을까? 이러한 경우에는 차석 연고항존자 또는 발기인(위 총회의 소집을 요구한 발의자들)이 소집권자를 대신하여 그 총회를 소집할 수 있다(대법원 2010다83199, 83205 판결).

종중규약에 따라 중중대표자를 선임한 경우에는 그 종중대표자가 연고항존자가 아니라고 하더라도 그 종중대표자가 종중을 대표하여 종중재산에 대한 관리처분권자가 된다(대법원 83다카1463 판결). 즉, 종중의 문장이라 하여 당연히 종중의 재산권을 처분할 권한이 있다고 볼 수는 없다(대법원 78다570 판결).

그렇다면, 종중대표자일 경우에 종중재산을 마음대로 처분할 수 있을까? 아니다. 즉, 종중대표자에 의한 종중재산 처분이라고 하더라도 종중규약에서 정한 절차나 종중총회의 결의를 거치지 아니한 채 한 행위는 무효가 된다(대법원 2005다69908 판결). 종중 소유의 재산은 종중원의 총유에 속하기 때문이다.

8. 종중재산의 분배 가능성

종중의 재산은 보통 선조의 묘가 있는 종산, 위토 등으로 공동선조의 분묘수호 및 봉제사라는 목적을 위해 존재하므로, 위 종중부동산을 종중의 목적에 위배하여 처분할 수 있는가?

종중재산의 처분이 가능하더라도 토지개발 등으로 종중이 수용보상금을 취득하거나 종중토지에 대한 세금 납부 등의 어려움 등으로 토지처분 등의 필요성이 있는 경우에만 종중부동산에 대한 처분이 가능한 것일까? 즉 처분 가능성이 인정되더라도, 종원 등에게 종중재산을 분배할 수 없는가?

대법원 2007다42310, 42327 판결 등에 의하면, 종중재산의 처분뿐만 아니라, 종중재산의 분배도 인정하고 있다.

즉, 대법원 2007다42310, 42327 판결에 의하면, "비법인사단인 종중의 토지 매각대금은 종원의 총유에 속하고, 그 매각대금의 분배는 총유물의 처분에 해당하므로, 정관 기타 규약에 달리 정함이 없는 한 종중총회의 결의에 의하여 그 매각대금을 분배할 수 있고, 그 분배 비율, 방법, 내용 역시 결의에 의하여 자율적으로 결정할 수 있다. 그러나 종중은 공동선조의 분묘수호와 제사 및 종원 상호 간의 친목 등을 목적으로 하여 구성되는 자연발생적인 종족집단으로 그 공동선조와 성과 본을 같이하는 후손은 그 의사와 관계없이 성년이 되면 당연히 그 구성원(종원)이 되는 종중의 성격에 비추어, 종중재산의 분배에 관한 종중총회의 결의 내용이 현저하게 불공정하거나 선량한 풍속 기타 사회질서에 반하는 경우 또는 종원의 고유하고 기본적인 권리의 본질적인 내용을 침해하는 경우 그 결의는 무효이다. 여기서 종중재산의 분배에 관한 종중총회의 결의 내용이 현저하게 불공정한 것인지 여부는 종중재산의 조성 경위, 종중재산의 유지·관리에 대한 기여도, 종중행사 참여도를 포함한 종중에 대한 기여도, 종중재산의 분배 경위, 전체 종원의 수와 구성, 분배 비율과 그 차등의 정도, 과거의 재산분배 선례 등 제반 사정을 고려하여 판단하여야 한다."라는 취지이다.

종중의 정관 기타 규약에 달리 정함이 없는 한 종중총회의 결의로 종중재산의 처분이 가능한데, 이때 분배결의가 필요한가?

처분 및 분배결의가 없다면 종원이 종중에 대하여 직접분배청구를 할 수 없다는 것이 대법원 2007다42310, 42327 판결의 입장이다.

즉 "종중 토지 매각대금의 분배에 관한 종중총회의 결의가 무효인 경우, 종원은 그 결의의 무효확인 등을 소구하여 승소판결을 받은 후 새로운 종중총회에서 공정한 내용으로 다시 결의하도록 함으로써 그 권리를 구제받을 수 있을 뿐이고 새로운 종중총회의 결의도 거치지 아니한 채 종전 총회결의가 무효라는 사정만으로 곧바로 종중을 상대로 하여 스스로 공정하다고 주장하는 분배금의 지급을 구할 수는 없다."라는 취지이다.

다만, 대법원 93다32446 판결에 의하면, "종중 토지에 대한 수용보상금을 종원에게 분배하기로 결의하였다면, 그 분배대상자라고 주장하는 종원은 종중에 대하여 직접 분배금의 청구를 할 수 있다."는 취지이다.

종중재산에 대한 종중총회의 처분 및 분배결의가 존재하였고, 그 결의에 따라 종종재산 분배가 모두 이루어진 경우에도 소송의 실익이나 분배결의 무효 확인의 이익이 존재할까?

수원지방법원 2008가합19235 판결에 의하면 확인의 이익이 있다는 취지이다(분배결의 무효로 이미 이루어진 종중재산의 분배가 새로이 될 수도 있는 것으로 소송의 실익이 있다는 취지).

종중의 종원은 성년의 남녀에 한정되는데, 성년의 남녀 이외에 종원이라 할 수 없는 '며느리, 취학 미성년자, 미취학 미성년자' 등에게도 종중재산 처분금액을 분배하는 것이 가능한가?

수원지방법원 2008가합19235 판결에 의하면, 사적자치 영역에 해당하는 것으로 종중의 일부재산을 위 종원 아닌 종중 후손 등 종중 관련자들에게 분배하는 것을 무효로 보기 어렵다는 취지이다. 다만 남자종원에게는 여자종원의 2배 이상의 재산을 분배토록 한 결의는 무효라고 한다.

즉 "이 사건 결의는 여자종원에게 남자종원의 절반 이하의 비율로 재산을 분배하는 것을 내용으로 하고 있어 오로지 성별을 이유로 여자종원을 남자종원에 비하여 불리하게 취급하고 있는 것인데, 이 사건 임시총회에 전체 여자종원 203명 중 103명이 직접 출석하여 그 중 17명이 투표에 참여하였고, 55명은 위임장을 제출하였는데, 직접 출석하거나 위임장 제출 방식으로 투표에 참여한 여자종원들이 모두 위 결의에 찬성하였다고 가정하더라도 찬성한 여자종원의 수는 72명에 불과하여 출석 여자종원 과반수인 79명{=(103+55)×1/2}에 미치지 못하고, 달리 위 분배안에 대하여 여자종원들의 동의를 얻었음을 인정할 자료가 없으며, 아래에서 보는 바와 같이 남자종원에 비하여 여자종원에게 재산을 적게 분배하여야 할 만한 특별한 사정 역시 인정되지 아니하므로, 결국 이 사건 결의는 일반적으로 여자종원을 차별하는 것으로 무효"라는 취지이다.

9. 종중재산 분배에서 제외된 종원들의 종원지위 확인소송

원고들 및 그 가족들이 상당한 기간 동안 피고종중의 종원임을 전제로 활동하였다. 그런데 피고종중은 부계혈족유전자 감정결과 원고들의 유전자와 피고종원의 유전자가 일치하지 않는다는 점 등을 들어 원고들은 피고종중의 종원이 아니라고 다툰다.

피고종중은 2017. 11. 20.경 농업회사법인 주식회사 동양물산에게 피고종중의 재산인 대구 달성군 화원읍 임야 8,013㎡(이하 '이 사건 매도임야')를 매도하고 대금을 수령한 후에 2018. 4. 29. 임시총회를 개최하여 위 매매대금 약 27억원 중 18억원을 한도로 하여 종원들에게 분배하되, 분배기준은 총회 승인일 기준 만 19세 이상 성인 종중원으로 하기로 한다는 등의 결의를 하였다. 피고종중은 원고들 및 그 가족들이 종중재산 분배에서 제외하려 한 것이다.

부계혈족유전자 감정결과를 고려하면 원고들이 피고종중의 종원이 될 수 없으므로 피고종중이 원고들을 종중재산 분배에서 제외한 것이 타당한 것이 아닌가?

피고종중의 족보에 기재된 사람이 원고들의 선조로 추정되는 점, 원고들의 선조와 피고종중원의 선조 중 누군가 양자였을 경우 상호 간 유전자가 일치하지 않을 수 있는 점 등을 고려하면 단순히 부계혈족유전자 감정결과만을 두고 종원 여부를 판단할 수는 없다.

즉 대법원 2011다97973 판결에 의하면 "원고 종중의 족보 등의 등재내용 및 편찬과정, 피고들 내지 그 선대의 종중활동 참여정도, 원고와 피고들 사이의 분쟁 발생경위 등 제반 사정을 참작할 때, 원심이 원고의 임원들과 일부 피고들 사이의 부계혈연관계 확인을 위한 유전자검사결과가 상이하다는 사정만으로 피고들이 원고 종중의 종중원이 아니라고 볼 수 없다고 판단한 것은 정당하고, 거기에 상고이유의 주장과 같이 이유모순이나 채증 법칙 위배 등의 위법이 있다고 할 수 없다."는 취지이다.

위 사안은 대구고등법원 2020나25735 판결 사안을 전제한 것으로 위 판결 내용을 정리하면 다음과 같다.

〈법리〉

종중은 공동선조의 후손들에 의하여 그 선조의 분묘수호 및 봉제사와 후손 상호 간의 친목을 목적으로 형성되는 자연발생적인 종족단체로서 그 선조의 사망과 동시에 그 자손에 의하여 성립하는 것이고(대법원 91다42081 판결 등), 족보는 종중 또는 문중이 종원의 범위를 명백히 하기 위하여 일족의 시조를 기초로 하여 그 자손 전체의 혈통, 배우자, 관력 등을 기재하여 제작·반포하는 것으로서, 족보가 조작된 것이라고 인정할 만한 특별한 사정이 없는 한 혈통에 관한 족보의 기재 내용은 이를 믿는 것이 경험칙에 맞다(대법원 2000스2 결정 등).

종중의 족보 등의 등재내용 및 편찬과정, 종중활동 참여정도, 분쟁 발생경위 등 제반 사정을 참작할 때, 부계혈연관계 확인을 위한 유전자검사결과가 상이하다는 사정만으로 종중원이 아니라고 볼 수 없다(대법원 2011다97973 판결)

〈판단(청구인용)〉

앞서 든 증거들 및 갑 제3호증의 3 내지 제4호증의 3, 제7호증의 1 내지 제8호증의 8, 제13호증의 1, 2의 각 기재에 의하여 인정되는 ① 과거 원고들 및 그 가족들이 상당한 기간 동안 피고의 종원임을 전제로 활동한 사정, ② S이 피고 족보상 박석○라고 인정되는 사정, ③ T이 피고 족보상 박○규라고 인정되는 사정, ④ U이 피고 족보상 박○규라고 인정되는 사정, ⑤ 피고 종친회 회장 박○규가 작성한 확인서(갑 제4호증의 1 내지 3)의 취지는, S은 피고 족보상 박○규이고, 임○욱(원고 박○득의 남편)은 피고 족보상 임○화이며, 박○득과 임○

화의 아들이 임○배, 임○배이므로, S은 피고의 19세손이라는 사정, ⑥ 원고 E의 선조와 박○웅의 선조 중 누군가 양자였을 경우 두 사람의 유전자가 일치하지 않을 수 있는 점, 족보에 양자의 기재가 누락되었을 수 있는 점 등을 종합하면, 원고들이 피고의 종원이라고 인정되고, 피고가 원고들의 종원 지위를 다투고 있으므로 원고들은 피고에 대하여 종원 지위 확인을 구할 이익이 있다.

10. 종중이 명의신탁해지에 따른 소유권이전등기청구권을 양도한 경우에 양수인의 수탁자에 대한 소유권이전등기청구 가능성

부동산이 전전 양도된 경우에 중간생략등기의 합의가 없는 한 그 최종 양수인은 최초 양도인에 대하여 직접 자기 명의로의 소유권이전등기를 청구할 수 없고, 부동산의 양도계약이 순차 이루어져 최종 양수인이 중간생략등기의 합의를 이유로 최초 양도인에게 직접 그 소유권이전등기청구권을 행사하기 위하여는 관계 당사자 전원의 의사 합치, 즉 중간생략등기에 대한 최초 양도인과 중간자의 동의가 있는 외에 최초 양도인과 최종 양수인 사이에도 그 중간등기 생략의 합의가 있었음이 요구된다.

그러므로 비록 최종 양수인이 중간자로부터 소유권이전등기청구권을 양도받았다 하더라도 최초 양도인이 그 양도에 대하여 동의하지 않고 있다면 최종 양수인은 최초 양도인에 대하여 채권양도를 원인으로 하여 소유권이전등기절차 이행을 청구할 수 없다(대법원 97다485 판결 등).

그렇다면, 종중이 종원을 상대로 신탁부동산에 대하여 명의신탁해지를 한 후에, 명의신탁해지에 따른 소유권이전등기청구권을 양도한 경우, 소유권이전등기청구권을 양수받은 양수인이 수탁자인 종원을 상대로 소유권이전등기청구권을 행사할 수 있는가? 부동산에 대한 중간생략등기 법리가 적용되면, 수탁자인 종원의 동의가 없다면 양수인의 종원에 대한 소유권이전등기청구권은 인정될 수 없을 것이다. 이에 대하여 대법원 2018다280316 판결은 이러한 경우에도 수탁자인 종원의 동의가 필요하다는 취지이다.

즉 위 대법원 판결에 의하면 "비록 부동산 명의신탁자가 명의신탁약정을 해지한 다음 제3자에게 '명의신탁 해지를 원인으로 한 소유권이전등기청구권'을 양도하였다고 하더라도 명의수탁자가 그 양도에 대하여 동의하거나 승낙하지 않고 있다면 그 양수인은 위와 같은 소유권이전등기청구권을 양수하였다는 이유로 명의수탁자에 대하여 직접 소유권이전등기청구를 할 수 없다."는 취지이다.

위 대법원 2018다280316 판결 사안을 정리해 보자.

피고와 제1심 공동피고 1, 제1심 공동피고 2는 1972. 12. 22. 농지인 이 사건 토지에 관하여 각 1/3 지분씩 소유권이전등기를 마쳤다. 이 사건 종중은 2016. 1. 29. 피고와 제1심 공동피고 1, 제1심 공동피고 2를 상대로 '이들은 이 사건 토지에 관한 명의수탁자들인데, 이 사건 종중은 소장 부본을 송달함으로써 그 명의신탁약정을 해지한다.'고 주장하며, 명의신탁 해지를 원인으로 한 소유권이전등기절차 이행을 구하는 소를 제기하였다.

수원지방법원 여주지원은 2017. 4. 26. 민사소송법 제257조에 의한 무변론판결로 이 사건 종중의 청구를 인용하는 판결을 선고하였고, 위 판결은 그 무렵 그대로 확정되었다(이하 '선행사건 확정판결'). 이 사건 종중은 선행사건 확정판결에 따른 소유권이전등기를 마치지 아니한 채 2017. 7. 1. 원고에게 이 사건 토지를 매도하기로 하는 매매계약을 체결하였다.

제1심 공동피고 1과 제1심 공동피고 2는 2018. 3. 14. 원고에게 이 사건 토지 중 자신들 명의의 각 1/3 지분에 관하여 '2018. 1. 2.자 매매'를 원인으로 한 소유권이전등기를 마쳐주었다. 이 사건 종중은 2018. 5. 3. 원고에게, 위 종중이 피고에 대하여 가지고 있는 '이 사건 토지 중 1/3 지분에 관한 명의신탁 해지를 원인으로 한 소유권이전등기청구권'을 양도하고, 그 채권양도통지에 관한 권한을 수여하였다.

원고는 2018. 5. 16. 피고에게 위 채권양도에 관한 통지서를 발송하였고 그 무렵 그 통지서가 피고에게 도달하였다. 원고는 피고에 대하여 이 사건 토지 중 1/3 지분에 관하여 원고 명의로의 소유권이전등기절차 이행을 구하였으나, 피고는 거부하였다.

원심(수원지방법원 2018나55227 판결)에서는 이 사건 종중이 농지를 적법하게 취득할 지위에 없었음을 인정하면서, 결과적으로 명의수탁자인 피고는 그 지분에 관하여 완전한 소유권을 취득하며, 법령상의 제한에 의해 명의신탁 재산의 원물 반환이 불가능한 경우에 준하여 그 객관적 가액을 부당이득으로 반환하여야 할 것이나, 이러한 권리·의무를 취득·부담하는 이 사건 종중이나 피고의 지위 및 위 '선행사건 확정판결'에 따라 종중이 별소로써 피고를 상대로 다시 가액배상청구를 하는 것이 사실상 불가능한 사정 등을 감안하면, 위 종중이 피고에게서 부당이득의 반환을 받는 대신 위 지분 소유권이전등기청구권을 3자인 원고에게 양도하여 실질적으로 그와 동일한 결과를 실현하는 것을 비난할 이유는 없다는 취지로 판시하면서, 수탁자인 피고의 동의가 불필요하다는 것이었으나, 위 대법원 2018다280316 판결은 이러한 경우에도 수탁자인 종원의 동의가 필요하다는 취지였던 것이다.

이와 관련하여 대법원 2024다248290 판결에 의하면 "소유권이전등기청구권을 매수인으로부터 양도받은 양수인이 소유권이전청구권 가등기 이전의 부기등기를 마치고 가등기에 기한 본등기까지 마쳤으나 당초의 소유자 겸 매도인이 그 양도에 대하여 동의하거나 승낙하지 않고 있다면 양수인은 매도인과 아무런 법률관계가 없어 매도인에 대하여 소유권이전등기절차의 이행을 청구하는 등의 권리행사를 할 수 없으므로(대법원 90다9452, 9469 판결, 대법원 95다15575 판결 등), 그 가등기 이전의 부기등기 및 가등기에 기한 본등기는 이에 부합하는 양수인과 매도인 간의 적법·유효한 실체관계가 존재하지 아니하여 원인무효의 등기가 된다."라는 취지이다.

참고로 대법원 2015다36167 판결에 의하면 취득시효완성으로 인한 소유권이전등기청구권을 양도하는 경우에는 위와 같은 양도제한(동의 등)의 법리가 적용되지 않는다는 취지이다.

즉 "부동산매매계약에서 매도인과 매수인은 서로 동시이행관계에 있는 일정한 의무를 부담하므로 이행과정에 신뢰관계가 따른다. 특히 매도인으로서는 매매대금 지급을 위한 매수인의 자력, 신용 등 매수인이 누구인지에 따라 계약유지 여부를 달리 생각할 여지가 있다. 이러한 이유로 매매로 인한 소유권이전등기청구권의 양도는 특별한 사정이 없는 이상 양도가 제한되고 양도에 채무자의 승낙이나 동의를 요한다고 할 것이므로 통상의 채권양도와 달리 양도인의 채무자에 대한 통지만으로는 채무자에 대한 대항력이 생기지 않으며 반드시 채무자의 동의나 승낙을 받아야 대항력이 생긴다. 그러나 취득시효완성으로 인한 소유권이전등기청구권은 채권자와 채무자 사이에 아무런 계약관계나 신뢰관계가 없고, 그에 따라 채권자가 채무자에게 반대급부로 부담하여야 하는 의무도 없다. 따라서 취득시효완성으로 인한 소유권이전등기청구권의 양도의 경우에는 매매로 인한 소유권이전등기청구권에 관한 양도제한의 법리가 적용되지 않는다."고 한다.

정리하자면, 소유권이전등기청구권의 양도에 있어 채무자의 동의 또는 승낙을 받아야 하는 경우로는 '매매(대법원 2000다51216 판결)' 및 '명의신탁해지(대법원 2018다280316 판결)'가 있고, 채무자의 동의 또는 승낙을 받을 필요가 없는 경우로는 '취득시효(대법원 2015다36167 판결)'가 있다. 이와 관련하여 '채무자의 동의 또는 승낙'이라는 '양도제한의 법리'는 '당사자 전원의 합의가 있으면 중간생략등기 청구권이 있다.'는 중간생략등기에 관한 기존의 법리를 그대로 관철하기 위한 취지에서 출발한 것이지만, 궁극적으로는 탈세나 투기 등 중간생략등기가 초래할 수 있는 사회적 문제를 고려하여 전원의 합의가 있더라도 중간생략등기 청구권 자체를 부정하는 것이 타당하다는 견해가 있다(2022. 9. 30.자 '서울고등법원판례공보스터디' 제932쪽 참고).

11. 공로자에 대한 종중재산 포상 총회결의 무효사례

종중이 종중원에게 명의신탁을 하였던 토지를 찾기 위해 소송을 해야 하는 상황이다. 종중은 종중대표 등에게 소제기 등에 필요한 모든 권한을 위임하였고, 종중대표는 종중을 대표하여 종토반환소송을 제기하여 승소·확정되었다(1심 각하, 2심 승소, 3심 상고기각).

소송 승소 후, 종중은 "종토 환원을 위하여 사비를 출연하고, 소송실무를 대행하여 종토 전부를 종중으로 환원하여 감사의 의미로 환수 종토의 일부를 증여하기로 한다."면서, 종중대표 등에게 종토 일부를 증여하기로 결의 후 이전등기를 경료하였다.

위와 같은 종토의 증여가 가능한 것일까? 원심은 위와 같은 증여가 가능하다는 판단을 내렸지만, 대법원 2017다231249 판결에 의하면, 원심과 달리 위와 같은 증여결의는 현저하게 불공정하거나 선량한 풍속 기타 사회질서에 반하여 사회적 타당성을 결여한 것으로 무효라고 한다.

종중의 규약에는 종중재산의 경우 종중원 개인에게 분배하지 않음을 원칙으로 규정하면서도, 종중발전을 위하여 공로가 많은 자 등에게 포상할 수 있음을 규정하고 있었다. 원심은 종중재산 분배, 포상은 종중재산 처분행위에 해당하고 종중총회결의로 행할 수 있는데, 종중대표 등은 공로가 있는 자로 포상규정에 따라 증여결의는 유효하다는 취지였다.

그러나 대법원은 종중종규(종중종헌)가 종중원 개인분배 금지원칙을 정한 것은 공동선조의 분묘수호와 제사라는 종중의 주된 목적을 달성하는 데 있어 종중재산의 보전, 유지, 관리가 필수적이라는 종중원들의 총의가 반영된 것이고, 종중대표 등은 종중임원으로서 선량한 관리자의 의무를 다한 것일 뿐이며, 공로자 포상규정이 존재하기는 하나 이는 종중대표 등의 당연한 선관주의의무 등을 이행한 것일 뿐이라는 취지의 판시를 한 것이다.

대법원이 추가적으로 밝힌 내용을 정리하면, ① 소송비용 출연자에게 승소금액의 7%를 사례금으로 지급하는 결의는 종원 225명 참석, 217명 찬성으로 결의되었지만, ② 종중대표 등에게 종토 일부에 대한 증여결의는 불과 35명이 참석하였고, 위 분배결의 토지도 면적 기준 17% 상당으로 위 7%를 훨씬 상회하였다. 그뿐만 아니라, 종중대표가 사실상 실비를 지출하였다고 볼 만한 자료도 없었다.

그렇다면, 종중대표 등에게 실비변상 내지 위 7%의 사례금은 가능할까? 위 대법원 판례는 "실비를 변상하거나 합리적인 범위 내에서 보수를 지급하는 것"은 가능하다는 취지이므로 구체적 사정에 따라 다르겠으나, 실비변상 등의 보수 지급은 가능할 여지가 있다.

즉 위 대법원 2017다231249 판결에 의하면 "종중은 공동선조의 분묘수호와 제사 및 종중원 상호 간의 친목 등을 목적으로 하여 구성되는 자연발생적인 종족집단으로, 종중재산은 이러한 종중의 목적을 달성하는 데 본질적으로 중요한 요소이다. 이와 같은 종중의 목적과 본질, 종중재산의 성격과 중요성에 비추어, 종중재산의 분배에 관한 종중총회의 결의 내용이 현저하게 불공정하거나 선량한 풍속 기타 사회질서에 반하여 사회적 타당성을 결한 경우에 그 결의는 무효이다(대법원 2007다74775 판결). 그리고 종중과 위임에 유사한 계약관계에 있는 종중의 임원은 종중재산의 관리·처분에 관한 사무를 처리함에 있어 종중규약 또는 종중총회의 결의에 따라야 함은 물론 선량한 관리자로서의 주의를 다하여야 할 의무가 있다(대법원 2007도6554 판결)."라는 취지이다.

12. 종중의 종원에 대한 징계 가능성

종중이 종원에 대하여 징계를 가할 수 있는가? 원칙적으로 가능하나, 여러 제한을 받게 된다. 즉, 서울고등법원 2003나76133 판결에 의하면, 종중이 "종원으로서의 기본적인 권리를 제한하기 위해서는 종중규약에 그러한 징계처분의 종류 및 내용이 명확히 특정되어 있거나 그와 같은 종중 관행이 존재하는 경우에만 가능하다고 할 것이고, 그 권리를 제한함에 있어서도 합리적이고 필요한 최소한도에 그쳐야 할 것"이라는 취지다.

결국 서울고등법원의 태도를 고려하면, 종중규약에 종원에 대한 "벌칙규정"이 존재하더라도, 그 "벌칙규정"이 추상적으로 규정되어 있고, 구체적인 징계처분의 종류나 내용에 대하여 아무런 규정을 두고 있지 않을 경우, 위 "벌칙규정"은 징계처분의 근거규정이 될 수 없고, 종원의 자격정지 등의 징계처분을 허용하는 관습이나 관행이 있다는 증거가 없는 한, 종중의 징계처분은 근거 없는 것으로 무효 가능성이 높아지게 된다.

종중이 종원의 자격을 박탈하는 소위 할종이라는 징계처분을 할 수 있을까? 불가능하다는 것이 대법원 80다1194 판결 등의 취지이다. 즉, "종중이 그 구성원인 종원에 대하여 그 자격을 박탈하는 소위 할종이라는 징계처분은 비록 그와 같은 관행이 있다 하더라도 이는 공동선조의 후손으로서 혈연관계를 바탕으로 하여 자연적으로 구성되는 종족 단체인 종중의 본질에 반하는 것이므로 그러한 관행이나 징계처분은 위법 무효하여 피징계자의 종중원으로서의 신분이나 지위를 박탈하는 효력이 생긴다고 할 수 없다."라고 한다.

정리하자면, 종중이 종원에게 징계를 가할 수 있되, 혈연집단이라는 종중의 성격상, 종원의 신분이나 지위박탈이라는 할종이라는 징계는 종중의 본질에 반하여 불가능하고, 단지 합리적이고 필요 최소한도의 근거가 있는 징계가 가능하다는 것으로 정리할 수 있을 것이다.

종중원들에게 3년 내지 15년에 달하는 기간 동안 종중의 의사결정에 참여할 수 있는 모든 권한을 박탈하는 것은 그 효력이 인정될까? 구체적 사정에 따라 다를 것이다.

다만, 서울고등법원 2003나76133 판결에 의하면, "이 사건 각 징계처분은 위 원고들로부터 3년 내지 15년이라는 상당기간 동안 종원으로서 종중의 의사결정에 참여할 수 있는 모든 권리를 박탈하는 것으로서[특히 60대 후반에서 80대까지의 고령인 원고 1(15년), 원고 3(10년), 원고 12(15년), 원고 13(15년), 원고 17(10년) 등에 대하여는 사실상 생전에 종원자격의 회복을 기대하기 어려워 영구히 종원으로서의 자격을 박탈하는 소위 할종과 다름이 없다], 이는 종원으로서의 종중의 의사결정에 참여할 수 있는 기본적인 권리를 본질적으로 제한할 뿐만 아니라 종중의 설립목적과 본질에 반하는 위법한 처분인 것으로 보이고, 따라서 그 효력을 인정할 수 없다."고 판시한 사실이 있다.

13. 종중토지 수용에 따른 대토구입 결의 무효사례

종중토지가 산업단지로 개발됨에 따라 수용되었고, 그 수용보상금은 적지 않은 돈이다. 종중토지 수용으로 인하여 종중의 토지가 필요하게 되자, 종중이 종중토지 수용으로 인하여 받은 수용보상금으로 대토를 구입하기로 결의하고, 종중이 종원의 토지를 매입하게 된다. 종중토지가 수용되어 수용보상금이 생기기 전에는 전국에 퍼져 있었던 종원들이 별 관심이 없었고, 종중의 제사 업무 등도 종산이 있었던 조그마한 마을의 종원들 위주로 이루어져 왔다.

이러한 상황에서 종산이 있는 조그마한 마을의 종원들이 종전 관행에 따라 총회결의를 하고 그 종원 중 한명으로부터 종토를 구입하되, 그 조그마한 마을의 종원들에게 명의신탁하기로 하고, 매수대금지급과 함께 이전등기를 모두 마쳤다. 그러나, 수용보상금으로 대토구입을 하기로 한 위 결의 당시 전국에 퍼져 있었던 종원들에게 소집통지 등을 하지 않았다. 이러한 대토구입 결의가 유효할까? 무효라는 것이 청주지방법원 2014가합3815 판결 취지이다(대법원 확정). 일부 종중원에게 소집통지를 결여한 채 개최된 종중총회의 결의는 효력이 없기 때문이다.

즉 대법원 99다32257 판결에 의하면 "종중총회는 특별한 사정이 없는 한 족보에 의하여 소집통지 대상이 되는 종중원의 범위를 확정한 후 국내에 거주하고 소재가 분명하여 통지가 가능한 모든 종중원에게 개별적으로 소집통지를 함으로써 각자가 회의와 토의 및 의결에 참가할 수 있는 기회를 주어야 하고, 일부 종중원에게 소집통지를 결여한 채 개최된 종중총회의 결의는 효력이 없으나, 그 소집통지의 방법은 반드시 직접 서면으로 하여야만 하는 것은 아니고 구두 또는 전화로 하여도 되고 다른 종중원이나 세대주를 통하여 하여도 무방하다(대법원 78다1436 판결, 대법원 86다카2654 판결, 대법원 99다20155 판결 등)."라는 취지이다.

그렇다면, 모든 종중총회에 대하여 소집통지가 필요한가? 그렇지는 않다. 즉, 종중의 규약이나 관례에 의하여 종중원이 매년 1회씩 일정한 일시에 일정한 장소에서 정기적으로 회합하여 종중의 대소사를 처리하기로 미리 약정이 되어 있는 경우에는 따로 소집통지나 의결사항을 통지하지 아니하였다고 하여 그 종중총회의 결의를 무효라고 할 수 없는 것이다(대법원 2010다20235 판결).

이 사안을 일부 각색하여 알기 쉽게 정리하면 다음과 같다. ① 종중업무는 종산이 있는 마을의 종원들이 해왔고, 다른 종원들은 종중업무에 별 관심이 없었다. ② 종중토지가 수용되어 적지 않은 수용보상금이 발생하자, 종중업무에 관심이 없었던 전국에 흩어져 있는 종원들도 모두 관심을 갖게 되었다. ③ 종중업무를 해오던 일부 종원들이 종중이 받은 토지수용보상금으로 종원의 토지를 매입하는 결의(소집통지결여)를 하고, 그 토지를 다른 종원에게 명의신탁하였다. ④ 위와 같은 사실을 알게 된 다른 종원들이 적법한 총회소집절차를 거쳐, 새로운 종중대표를 선임하고, 소송수권결의 및 대토구입결의 무효결의 등을 통하여 대토를 매도한 종원에게 매매대금반환청구를 제기하였는데, 1, 2, 3심 모두 원고 종중의 손을 들어주면서 약 13억원의 매매대금반환청구를 인정하였다.

14. 종중과 종중유사단체의 구성원 자격제한의 차이

종중의 경우, 종중이 그 구성원인 종원에 대하여 그 자격을 박탈하는 소위 할종이라는 징계처분은 비록 그와 같은 관행이 있다 하더라도 이는 공동선조의 후손으로서 혈연관계를 바탕으로 하여 자연적으로 구성되는 종족단체인 종중의 본질에 반하는 것이므로 그러한 관행이나 징계처분은 위법·무효하여 피징계자의 종중원으로서의 신분이나 지위를 박탈하는 효력이 생긴다고 할 수 없다(대법원 80다1194 판결 등).

또한 종중의 경우, 종중이란 공동선조의 분묘수호와 제사 및 종원 상호 간의 친목 등을 목적으로 하여 구성되는 자연발생적인 종족집단이므로, 종중의 이러한 목적과 본질에 비추어 볼 때 공동선조와 성과 본을 같이 하는 후손은 성별의 구별 없이 성년이 되면 당연히 그 구성원이 된다고 보는 것이 조리에 합당하다[대법원(전합) 2002다1178 판결(종회회원확인)]고 하여 여성의 종원 지위를 인정한다. 게다가 대법원 2017다260940 판결에 의하면 "민법 제781조 제6항에 따라 자녀의 복리를 위하여 자녀의 성과 본을 변경할 필요가 있어 자녀의 성과 본이 모의 성과 본으로 변경되었을 경우 성년인 그 자녀는 모가 속한 종중의 공동선조와 성과 본을 같이 하는 후손으로서 당연히 종중의 구성원이 된다."는 취지이다.

그렇다면, 종중유사단체의 경우는 어떠한가? ① 종중유사단체는 그 목적이나 기능면에서는 고유 의미의 종중과 별다른 차이가 없는 점에 비추어 단지 공동선조의 후손 중 성년여성만을 배제한 채 성년남성만으로 구성할 목적으로 종중유사단체를 조직하는 것은 헌법 제11조에서 규정한 양성평등원칙이나 민법 제103조에서 규정한 선량한 풍속이나 기타 사회질서에 위반된다고 봄이 상당한가? 아니면, ② 종중유사단체는 비록 그 목적이나 기능이 고유한 의미의 종중과 별다른 차이가 없다 하더라도 공동선조의 후손 중 일부에 의하여 인위적인 조직행위를 거쳐 성립된 경우에는 사적 임의단체라는 점에서 자연발생적인 종족집단인 고유한 의미의 종중과 그 성질을 달리하므로, 그러한 경우에는 사적 자치의 원칙 내지 결사의 자유에 따라 그 구성원의 자격이나 가입조건을 자유롭게 정할 수 있음이 원칙이고, 따라서 그러한 종중 유사단체의 회칙이나 규약에서 공동선조의 후손 중 남성만으로 그 구성원을 한정하고 있다 하더라도 특별한 사정이 없는 한 이는 사적 자치의 원칙 내지 결사의 자유의 보장범위에 포함되고, 이 사정만으로 그 회칙이나 규약이 양성평등 원칙을 정한 헌법 제11조 및 민법 제103조를 위반하여 무효라고 볼 수는 없다고 해야 하는가?

대법원은 ②의 입장에서 원심 ①의 입장을 파기하였다(대법원 2009다17783 판결). 그렇다면 종중과 종중유사단체를 구별하는 가장 중요한 점은 무엇일까?

종중은 공동선조의 분묘수호와 제사 및 종중원 상호 간의 친목 등을 목적으로 하는 자연발생적인 종족단체로서 특별한 조직행위를 필요로 하는 것은 아니나 공동선조를 누구로 하느냐에 따라 종중 안에 무수한 소종중이 있을 수 있으므로 어느 종중을 특정하고 그 실체를 파악함에 있어서는 그 종중의 공동선조가 누구인가가 가장 중요한 기준이 된다(대법원 95다44986 판결, 대법원 2006다14165 판결). 결국 공동선조 둘을 모시는 종중이라면 이는 법률적으로 '중중'이 아닌 '종중유사단체'로 판단될 가능성이 높다.

이와 관련하여 대법원 2019다216411 판결에 의하면 “종중 유사단체는 비록 그 목적이나 기능이 고유 종중과 별다른 차이가 없다 하더라도 공동선조의 후손 중 일부에 의하여 인위적인 조직행위를 거쳐 성립된 경우에는 사적 임의단체라는 점에서 고유 종중과 그 성질을 달리하므로, 그러한 경우에는 사적 자치의 원칙 내지 결사의 자유에 따라 구성원의 자격이나 가입조건을 자유롭게 정할 수 있으나, 어떠한 단체가 고유 의미의 종중이 아니라 종중 유사단체를 표방하면서 그 단체에 권리가 귀속되어야 한다고 주장하는 경우, 우선 권리 귀속의 근거가 되는 법률행위나 사실관계 등이 발생할 당시 종중 유사단체가 성립하여 존재하는 사실을 증명하여야 하고, 다음으로 당해 종중 유사단체에 권리가 귀속되는 근거가 되는 법률행위 등 법률요건이 갖추어져 있다는 사실을 증명하여야 한다. 특히 자연발생적으로 형성된 고유 종중이 아니라 그 구성원 중 일부만으로 범위를 제한한 종중 유사단체의 성립 및 소유권 귀속을 인정하려면, 고유 종중이 소를 제기하는 데 필요한 여러 절차(종중원 확정, 종중 총회 소집, 총회 결의, 대표자 선임 등)를 우회하거나 특정 종중원을 배제하기 위한 목적에서 종중 유사단체를 표방하였다고 볼 여지가 없는지 신중하게 판단하여야 한다.”는 취지이다.

그렇다면 원고가 종중유사단체라고 주장을 하다가 고유한 의미의 종중이라고 그 주장을 변경하는 경우에 이를 허용할 것인가(또는 그 반대로 주장 변경) 문제되는데, 대법원 98다50722 판결이 “종중이 당사자인 소송에 있어서 종중의 공동선조를 변경하거나 또는 원고의 주장이 이미 고유의 의미의 종중인 것으로 확정된 원고 종중의 성격을 종중원의 자격을 특정 지역 거주자로 제한하는 종중 유사의 단체로 변경하는 것은 당사자를 임의로 변경하는 것에 해당하여 허용될 수 없다고 할 것이나, 종중의 명칭을 변경하더라도 변경 전의 종중과 공동선조가 동일하고 실질적으로 동일한 단체를 가리키는 것으로 보이는 경우에는 당사자 표시의 정정에 불과하므로 허용된다고 할 것이다.”는 취지이다.

이에 대하여 종래 판례는 종중이 소송 도중에 공동선조에 대한 주장을 변경하는 경우 또는 고유 의미의 종중에서 유사 종중으로 주장을 변경하는 경우 이를 임의적 당사자 변경으로 보아 변경신청을 불허한 경우가 많지만, 실제 재판을 하다 보면 부동산이 종원에게 명의신탁된 것이 분명하고 명의신탁자로 볼 수 있는 단체의 실체도 하나뿐인데, 그 실체가 고유 의미의 종중인지 여부가 애매한 경우가 가끔 있다면서 간혹 공동 선조를 과거에 높은 벼슬을 한 여러 선조로 동시에 주장하는 경우도 있는바, 이러한 경우에는 가급적 원고로 나선 종중이 명의신탁을 한 종중인 것은 맞는데, 원고가 종중의 성격을 정확히 파악하지 못하고 있는 것으로 보고 이를 시정할 기회를 주는 것이 타당하다고 생각된다면서 이러한 경우에 별소를 다시 제기하게 할 실익이 없다는 견해가 있다(2021. 11. 19.자 ‘서울고등법원판례공보스터디’ 제337쪽 참고).

이와 관련하여 “실무에서 가장 많이 문제되는 것은 규약이 없는 종중의 경우 총회 소집권자인 ‘연고항존자’가 누구인지 여부이고(실제 총회 소집통지를 한 연고항존자가 후에 적법한 소집권자가 아닌 것으로 밝혀진 경우 적법한 소집권자에게 추인결의를 받아야 함), 이와 같은 점 때문에 종중들은 자신이 종중유사단체라고 주장을 하는 경우가 있다면서, 종중의 상대방이 '출가한 여성 종원이 연고항존자임'을 본안 전 항변으로 주장하는 사례가 종종 있다는 견해(2022. 9. 30.자 '서울고등법원판례공보스터디' 제1434쪽 각주 참고)"가 있다.

참고로 고유한 의미의 종중은 부동산실명법 제8조의 요건을 충족할 경우에 명의신탁이 유효하여 명의신탁 해지를 이유로 한 소유권이전등기를 청구할 수 있지만, 종중유사단체의 경우에는 부동산실명법의 원칙으로 돌아가 명의신탁이 무효이므로 명의신탁 해지를 이유로 한 소유권이전등기청구를 할 수 없다. 즉 대법원 2006다14165 판결에 의하면 "부동산실명법 제8조 제1호에 의하면 종중이 보유한 부동산에 관한 물권을 종중 이외의 자의 명의로 등기하는 명의신탁의 경우 조세포탈, 강제집행의 면탈 또는 법령상 제한의 회피를 목적으로 하지 아니하는 경우에는 같은 법 제4조 내지 제7조 및 제12조 제1항·제2항의 규정의 적용이 배제되도록 되어 있는바, 부동산실명법의 제정목적, 위 조항에 의한 특례의 인정취지, 다른 비법인 사단과의 형평성 등을 고려할 때 위 조항에서 말하는 종중은 고유의 의미의 종중만을 가리키고, 종중 유사의 비법인 사단은 포함하지 않는 것으로 봄이 상당하다. 원심이 같은 취지에서 설령 원고 주장과 같이 이 사건 각 부동산이 피고들의 피상속인들에게 명의신탁된 것이라 하더라도 종중 유사 단체인 원고에게는 부동산실명법 제8조가 적용되지 않으므로 원고는 명의신탁약정의 유효를 전제로 그 해지를 원인으로 하는 소유권이전등기를 청구할 수 없다고 판단한 것은 정당"하다는 취지이다.

15. 특조법에 의한 등기 추정력

필자는 종중과 연결된 부동산 관련 각종 특별조치법(이하 '특조법')과 관련된 몇 건의 상담을 한 적이 있다. 종중에 대한 법리도 복잡한 편이지만, 특조법에 의한 등기의 추정력도 쉽지 않은 분야인데, 관련된 법리를 간략하게 정리해 보자.

부동산실명법 제4조에 의하면 명의신탁약정은 무효가 되고, 명의신탁약정에 따라 행하여진 등기에 의한 부동산에 관한 물권변동 역시 무효가 된다. 그러나 종중이 종중 외의 자에게 명의신탁을 하거나, 배우자 명의로 명의신탁을 한 경우로 일정요건을 갖춘 경우에는 명의신탁 및 그에 따른 등기가 유효한바(부동산실명법 제8조), 종중이 종원에게 토지를 명의신탁한 경우라면 특별한 사정이 없는 한 명의신탁 해지를 원인으로 한 소유권이전등기가 가능하게 된다.

그런데, 토지에 대하여 종중과 종원이 소유권에 대하여 다툼이 있던 와중에 특조법에 의하여 종중으로 소유권이 넘어가되, 명의신탁 해지를 원인으로 한 것이 아니고, 증여 또는 매매를 등기원인으로 하는 경우가 있다. 이러한 경우에 종원의 상속인들이 특조법상의 등기의 추정력에 문제를 제기할 경우 어떻게 될까?

대체로 대법원의 입장은 특조법상의 등기에 매우 강력한 추정력을 부여하므로, 등기원인이 일부 문제되는 경우라도 추정력이 번복되기 힘들다.

즉, 대법원 2000다71395 판결에 의하면 "구 임야소유권 이전등기 등에 관한 특별조치법(실효, 이하 '특별조치법')에 따라 등기를 마친 자가 보증서나 확인서에 기재된 취득원인이 사실과 다름을 인정하더라도 그가 다른 취득원인에 따라 권리를 취득하였음을 주장하는 때에는, 특별조치법의 적용을 받을 수 없는 시점의 취득원인 일자를 내세우는 경우와 같이 그 주장 자체에서 특별조치법에 따른 등기를 마칠 수 없음이 명백하거나 그 주장하는 내용이 구체성이 전혀 없다든지 그 자체로서 허구임이 명백한 경우 등의 특별한 사정이 없는 한 위의 사유만으로 특별조치법에 따라 마쳐진 등기의 추정력이 깨어진다고 볼 수는 없으며, 그 밖의 자료에 의하여 새로이 주장된 취득원인 사실에 관하여도 진실이 아님을 의심할 만큼 증명되어야 그 등기의 추정력이 깨어진다고 할 것이다."라는 태도이다.

다만, 등기의 원인일자가 특조법 시행 이후로 인정되는 경우라든지, 농지개혁사업 정리에 관한 특별조치법(이하 '농지특조법')상 자연인이 아닌 법인 등이 위 농지특조법에 기하여 이전등기를 마친 경우에는 등기추정력이 깨어진다(단, 종중은 농지를 소유할 수 없음. 종중이 영농조합 등을 만들어 편법적으로 종중이 농지를 소유하는 경우는 있는 것으로 보임).

16. 종중이 원고가 되어 소송을 제기할 때 주의할 점

종중이 원고가 되어 소송을 제기할 때에 소송이 부적법하다는 판단을 받는 등 주의할 점들이 몇 가지 있는바, 이를 간략하게 정리해 보고자 한다.

종중이 소송을 제기할 때에 수권결의가 없으면 부적법하게 된다(대법원 2006다64573 판결). 종중 족보에 종원으로 등재된 성년 여성들에게 소집통지 없이 개최 된 종중임시총회 결의는 무효다(대법원 2007다34982 판결). 종중이 총회를 개최함에 있어 소집절차를 거치지 않았다면 그 총회에서의 결의는 무효다(대법원 2000다17582 판결). 이미 임기가 만료된 종중의 대표자에 의하여 총회의 소집이 이루어진 총회에서의 종중재산처분 등 종중의 중대사를 위한 총회결의는 중대한 절차적 하자로 인하여 무효이다(청주지방법원 2021가합54972 판결). 일부 종원에게 소집통지를 결여한 채 개최된 종중총회의 결의는 무효다(대법원 2007다34982 판결). 다만, 소집통지를 받지 아니한 종원이 다른 방법에 의하여 이를 알게 된 경우에는 그 종원이 종중총회에 참석하지 않았다고 하더라도 그 종중 총회의 결의를 무효라고 할 수 없다(대법원 2006다23695 판결). 소집절차에 하자가 있어 그 효력을 인정할 수 없는 종중총회의 결의라도 후에 적법하게 소집된 종중총회에서 이를 추인하면 처음부터 유효로 된다(대법원 94다53563 판결). 추인은 상고심에도 가능하다(대법원 2011다70169 판결). 일부 종원이 총회에 직접 출석하지 아니하고 다른 출석 종원에 대한 위임장 제출방식에 의하여 종중의 대표자 선임 등에 관한 결의권을 행사하는 것도 허용된다(대법원 99다20155 판결).

대법원 2017다260940 판결에 의하면 "민법 제781조 제6항에 따라 자녀의 복리를 위하여 자녀의 성과 본을 변경할 필요가 있어 자녀의 성과 본이 모의 성과 본으로 변경되었을 경우 성년인 그 자녀는 모가 속한 종중의 공동선조와 성과 본을 같이 하는 후손으로서 당연히 종중의 구성원이 된다."는 취지인데, 종중 임시총회 소집 통지와 관련하여 어떠한 문제가 발생할까?

이에 대하여 "종중이 여성종중원의 후손 중 성본 변경된 사람이 신고하지 않은 이상 이를 알 수 없기 때문에 소집통지를 할 수 없을 것인데, 소집대상은 원칙적으로 족보에 의해서 확정되므로 그에 따라서 소집통지를 한 이상 위법하다고 보기는 어렵다고 생각된다면서 족보를 개정할 때 성본 변경된 모계혈족을 전혀 조사하지 않은 채 족보를 작성한다면 문제가 될 여지는 있을 것이지만, 성본 변경을 받은 성년 후손이 종중원 신고를 하였다면 통지대상이 될 것"이라는 견해가 있다(연도별 2023. 9. 1.자 '서울고등법원판례공보스터디' 제2139쪽 참조).

대법원 2009다83650 판결에 의하면 "총유물의 보존에 있어서는 공유물의 보존에 관한 민법 제265조의 규정이 적용될 수 없고, 특별한 사정이 없는 한 민법 제276조 제1항의 규정에 따라 사원총회의 결의를 거쳐야 하므로, 법인 아닌 사단인 종중이 그 총유재산에 대한 보존행위로서 소송을 하는 경우에도 특별한 사정이 없는 한 종중 총회의 결의를 거쳐야 한다."는 취지이다.

그렇다면 종중규약에 '정기 대의원회의가 총회를 갈음한다.'고 정해져 있고, 위 규약에 따라 대의원회의의 의결을 거쳐 소송을 제기한 경우는 어떠한가? 위 규약이 종원이 가지는 고유하고 기본적인 권리의 본질적인 내용을 침해하는 등 종중의 본질이나 설립 목적에 크게 위배된다고 보기 어렵다고 판단되므로, 대의원 총회로 갈음한다는 규약에 따라 대의원 총회를 열어 수권결의를 얻어 소송을 제기하는 것도 가능하다고 해석된다(대법원 2018다261605 판결).

그리고 서울고등법원 86나747 판결에 의하면 "종중소유재산은 그 종중원들의 총유물이므로 종중재산관리의 한 방법으로 볼 수 있는 보존행위로서 부동산에 관한 소유권이전등기의 말소를 청구함에 있어서는 종중의 규약에 따른 결의나 종중원 총회의 결의 등 방법에 의하여 종중으로부터 종중원이 소유권이전등기말소청구라는 보존행위를 할 수 있는 권한을 부여받아야 하며, 종원이라 하여 자기이름으로 총유물의 보존행위로서 소유권이전등기의 말소를 청구할 수 없다."고 판시하였다.

참고로 대법원 2021다238902 판결은 실질이 고유한 의미의 중중이면서도, 종중 유사의 권리능력 없는 사단임을 표방하여 소송을 제기한 사안(원고가 유사종중을 표방하면서 원고소유 부동산에 대한 총회결의 없는 매매가 무효라면서 소유권이전등기 등의 말소를 청구한 사례)에서 원심이 각하판결을 해야 함에도 본안에 나아간 잘못이 있다는 판시를 한바, 위 사안을 정리하면 "공동선조의 후손들로 구성된 갑 단체의 회칙에는 구성원의 자격을 '남자'로 한정하는 내용이 없었으나, 공동선조의 자손은 성별의 구별 없이 종중원이 된다는 취지의 대법원 전원합의체 판결[대법원(전합) 2002다1178 판결(종회회원확인)]이 있은 후 갑 단체가 자신의 실체를 고유 의미의 종중이 아니라 종중 유사의 권리능력 없는 사단이라고 표방하면서 구성원의 자격을 공동선조의 후손 중 남자로 제한하는 내용의 회칙을 마련하였는데, 그 후 위 회칙에 따라 남자들에게만 소집통지를 하여 개최한 총회에서 대표자로 선출된 을이 갑 단체를 대표하여 소송을 제기한 사안에서, 위 소는 적법한 대표자에 의해 제기된 것이 아니어서 부적법하다고 볼 여지가 상당한데도, 대표권의 적법성에 관한 심리, 조사 없이 본안으로 나아간 원심의 판단에 법리오해 등 잘못이 있다고 한 사례"이다.

제31장 부동산상속

1. 상속회복청구권과 물권적청구권

장남이 아버지로부터 매매를 원인으로 부동산에 대한 이전등기를 마쳤다. 장남의 이전등기의 접수일이 부모가 사망한 시점 이후의 일이었다. 그렇다면 사망한 사람으로부터 이전등기를 했단 말인가? 아니다. 부동산과 관련된 특별조치법에 의해 동네 주민 등을 증인으로 하여 이전등기를 하는 경우가 있다.

물론 등기원인인 매매일자는 아버지가 살아있을 때의 일자다. 정리하자면, 아버지 생전에 매매계약을 했고, 등기 접수만 아버지 사후에 하여 이전등기가 경료된 것인데, 그 근거는 특별조치법이다.

위와 같은 등기가 있고 나서, 10년이 훨씬 더 흐르고 난 뒤에 다른 형제가 부동산에 대한 상속권을 주장할 수 있을까? 이른바 상속회복청구권에 해당하여 제척기간 10년이 지났으니 어떠한 권리행사도 할 수 없는 것인가?

대법원 96다4688 판결 등에 의하면, 장남의 소유권이전등기의 등기원인이 상속이라면 상속회복청구권에 해당하여 10년의 제척기간의 적용을 받지만, 등기원인이 상속이 아니라 매매 등이라면 상속회복청구의 대상이 아니라는 입장이다. 따라서 장남의 등기원인이 매매인 본 사안에서는 상속회복청구권의 제척기간 10년이 지난 경우에도 다른 형제는 해당 부동산에 대한 상속분의 물권적 청구권을 행사할 수 있게 된다. 다만, 이런 경우에는 특별조치법의 추정력이라는 커다란 장벽에 부딪힌다.

대법원 2010다78739 판결 등에 의하면 "부동산특별조치법에 의하여 마친 등기는 실체적 권리관계에 부합하는 등기로 추정되고, 부동산특별조치법 소정의 보증서나 확인서가 허위 또는 위조된 것이라거나 그 밖의 사유로 적법하게 등기된 것이 아니라는 입증이 없는 한, 그 소유권보존등기나 이전등기의 추정력은 깨어지지 않는다."는 태도다.

또한, 위 대법원 판결은 "부동산특별조치법에 따라 등기를 마친 사람이 보증서나 확인서에 기재된 취득원인과 다른 취득원인에 따라 권리를 취득하였다고 주장하는 때에도 그 주장 자체에서 위 특별조치법에 따른 등기를 마칠 수 없음이 명백하거나 그 주장하는 내용이 구체성이 전혀 없다든지 그 자체로서 허구임이 명백한 경우 등과 같은 특별한 사정이 없는 한, 그 등기의 추정력이 깨어지지 않고 그 밖의 자료에 의하여 새로이 주장된 취득원인 사실에 관하여도 진실이 아님을 의심할 만큼 증명되어야 그 등기의 추정력이 깨어진다."고 한다.

그뿐만 아니라, 위 대법원 판결은 "특별조치법이 부동산의 사실상의 양수인에 대하여 그 권리변동 과정과 일치하지 않는 등기를 허용하는 것임에 비추어 권리취득의 원인인 매수일자가 원소유자 또는 전등기명의인의 사망일자보다 뒤로 되어 있거나 보증서나 확인서상의 매도인 명의나 매수일자의 기재가 실제와 달리 되어 있거나 보증서에 구체적 권리변동사유의 기재가 생략되고 현재의 권리상태에 대해서만 기재되어 있다 하더라도 그것만으로는 바로 그 등기의 적법추정력이 깨어진다고 할 수 없다."는 취지이다. 결국 아버지 사망 후 아버지로부터 장남에게로 매매를 등기원인으로 하여 이전등기가 특조법에 의해 경료된 경우조차도 특조법상의 등기추정력이 번복되기 어렵다.

2. 상속재산분할 전 법정상속분에 따른 상속등기의 효력을 다투는 방법

상속재산분할에 대한 협의 내지 상속재산분할심판(가정법원관할) 전에 법정상속분에 따른 상속등기가 이루어진 경우 공동상속인이 그 효력을 다투는 방법은 상속회복청구권(일반법원관할)을 행사하는 것이 아니라 상속재산분할심판 등으로 다투라는 취지의 판결을 소개한다.

즉 공동상속인이 다른 공동상속인에게 행사한 민법 제999조의 상속회복청구권이 문제된 대법원 2020다292626 판결을 소개한다.

〈사안의 개요〉

소외인(이하 '망인')은 2015. 9. 13. 사망하였다. 망인의 배우자인 원고 1의 법정상속분은 3/9, 자녀인 피고(장남), 원고 2(차남), 원고 3(삼남)의 법정상속분은 각 2/9인데, 망인이 소유하고 있던 이 사건 부동산 각 1/2 지분에 관하여, 각 법정상속분대로 상속을 원인으로 한 등기가 경료되었다.

원고들은, 피고는 초과특별수익자이므로 망인의 적극재산에 대한 상속분이 없음에도 이 사건 각 부동산 지분에 관하여 피고의 법정상속분만큼 상속을 원인으로 한 소유권이전등기가 마쳐져 원고들의 상속권이 침해되었다고 주장하면서, 이 사건 진정명의 회복을 원인으로 한 소유권이전등기 절차의 이행을 청구하였다.

또한 원고들은, 망인이 부담하고 있던 채무는 피고가 이를 법정상속분대로 상속하였음에도 망인의 예금채권에 대해서는 피고의 구체적 상속분이 없고 원고들만이 이를 상속받게 되는데 위 예금채권에 대한 추심 및 원고 1의 변제를 통하여 피고가 상속채무를 면하게 되었다고 주장하면서, 피고를 대신하여 지급된 금액 상당을 부당이득으로 반환할 것도 함께 청구하였다(민법 제999조에 따른 상속회복청구권을 행사한 것).

이와 관련하여 민법 제999조는 "상속회복청구권"이라는 제목 아래에 "① 상속권이 참칭상속권자로 인하여 침해된 때에는 상속권자 또는 그 법정대리인은 상속회복의 소를 제기할 수 있다. ② 제1항의 상속회복청구권은 그 침해를 안 날부터 3년, 상속권의 침해행위가 있은 날부터 10년을 경과하면 소멸된다."라고 규정하고 있다.

〈원심의 판단〉

피고의 상속분 가액에서 특별수익을 공제하면 피고의 구체적 상속분은 0원이므로, 피고는 망인의 적극적 상속재산에 대해서는 상속분이 없고 소극재산은 법정상속분대로 상속한다는 이유로, 피고 앞으로 마쳐진 이 사건 각 부동산 지분에 관한 소유권이전등기는 원인무효라고 판단하여 원고의 상속회복청구를 받아들이고, 같은 취지에서 부당이득반환청구도 받아들였다.

〈대법원의 판단〉

대법원은 원심의 판단에 대하여 파기·환송한 것인데, 그 핵심적 이유는 무엇일까? 망인의 공동상속인들인 원·피고들은 상속재산의 분할 절차(상속재산분할협의 및 상속재산분할심판 등)에서 구체적 상속분에 따라 개개의 상속재산이 자신들에게 최종적으로 귀속되었음을 주장하는 것이 선행되어야 한다는 것이다.

위 대법원 판결 이유를 정리한다. 민법 제1007조는 "공동상속인은 각자의 상속분에 응하여 피상속인의 권리·의무를 승계한다."라고 정하는바, 위 조항에서 정한 '상속분'은 법정상속분을 의미하므로 일단 상속이 개시되면 공동상속인은 각자의 법정상속분의 비율에 따라 모든 상속재산을 승계한다.

또한 민법 제1006조는 "상속인이 수인인 때에는 상속재산은 그 공유로 한다."라고 정하므로, 공동상속인들은 상속이 개시되어 상속재산의 분할이 있을 때까지 민법 제1007조에 기하여 각자의 법정상속분에 따라서 이를 잠정적으로 공유하다가 특별수익 등을 고려한 구체적 상속분에 따라 상속재산을 분할함으로써 위와 같은 잠정적 공유상태를 해소하고 최종적으로 개개의 상속재산을 누구에게 귀속시킬 것인지를 확정하게 된다.

그러므로 공동상속인들 사이에서 상속재산의 분할이 마쳐지지 않았음에도 특정 공동상속인에 대하여 특별수익 등을 고려하면 그의 구체적 상속분이 없다는 등의 이유를 들어 그 공동상속인에게는 개개의 상속재산에 관하여 법정상속분에 따른 권리승계가 아예 이루어지지 않았다거나, 부동산인 상속재산에 관하여 법정상속분에 따라 마쳐진 상속을 원인으로 한 소유권이전등기가 원인무효라고 주장하는 것은 허용될 수 없다.

망인의 공동상속인들 사이에서 상속재산의 분할이 마쳐지지 않은 이상, 원고들이 상속재산의 분할 절차에서 구체적 상속분에 따라 개개의 상속재산이 자신들에게 최종적으로 귀속되었음을 주장할 수 있음은 별론으로 하더라도, 이 사건 청구와 같이 망인의 상속재산 중 이 사건 부동산 각 1/2 지분 및 망인의 예금채권에 관하여 피고의 특별수익을 고려하면 피고의 구체적 상속분이 없다는 사정을 들어 피고 앞으로 마쳐진 법정상속분에 따른 상속에 기한 소유권이전등기가 원인무효라거나 망인의 예금채권의 추심을 통하여 피고가 상속받은 망인의 채무가 변제됨으로써 피고가 부당이득을 얻었다고 보기는 어렵다.

〈위 대법원 2020다292626 판결에 대한 구체적 분석〉

위 대법원 판결은 공동상속인이 법정상속분대로 상속등기를 했지만, 구체적 상속분을 초과하는 지분이 등기된 경우에도 상속회복청구를 할 수 있는지에 관한 문제를 정면으로 다루고 있다.

이와 관련된 등기실무를 살펴보자. 여러 명의 공동상속인을 위한 소유권이전등기를 신청하는 경우에는 상속지분을 반드시 기재하여야 하며 상속분이 같을 때도 마찬가지인바, 상속등기의 지분 표시는 법정상속분에 의하는 것이 원칙이다.

상속분의 산정은 등기공무원의 형식적 심사권한 범위 내에 있고, 법정상속분과 다른 비율로 상속등기를 신청하는 경우에는 그 지분이 법정상속분과 다르게 변동된 사실을 증명하는 서면을 제출하여야 하고, 이를 제출하지 않으면 등기신청을 각하하여야 한다(대법원 90마772 결정).

공동상속인 중 1인이 법정상속분에 의하여 나머지 상속인들의 상속등기를 신청할 수 있고(등기선례 제1-314호, 1985. 4. 30. 제정), 공동상속인 중에 피상속인으로부터 자기의 상속분을 초과하여 증여를 받은 특별수익자가 있는 경우, 특별수익자를 제외한 나머지 공동상속등기를 신청할 때에는 특별수익자에게 상속분이 없음을 증명하는 서면(재판서 또는 특별수익자의 인감증명서를 첨부한 확인서)을 첨부하여야 한다(등기선례 제2-291호, 1989. 11. 1. 제정).

상속분할협의나 상속분할심판이 없는 상황에서 법정상속분대로 상속등기가 경료되면, 그 상속등기는 적법하다고 이해된다.

위 대법원 판결은 민법 제1007조의 '상속분'의 의미를 법정상속분으로 판시하면서, 기존 선례, 등기실무와 정합성 있는 결론을 내린 것으로 위 사안의 경우 종국적으로 상속재산분할 심판청구(기여분 및 특별수익이 고려될 것)를 함으로써 다투어야 한다는 취지로 이해된다.

위 대법원 판결을 반대해석하면 상속재산분할협의나 상속재산분할심판을 거쳤는데도 불구하고 상속재산분할협의나 상속재산분할심판에서 정해진 상속분을 초과하여 어느 한 공동상속인 앞으로 상속등기가 이루어진 경우에는 상속회복 청구가 가능하다고 볼 여지가 있을 것이다(연도별 2023. 9. 1.자 '서울고등법원판례공보스터디' 제3191쪽~제3195쪽 참고).

3. 낙태와 부동산상속자

남편의 사망으로 절망에 빠져 있던 임신한 아내가 남편의 유일한 핏줄인 뱃속의 아이를 낙태했다면, 그 아내는 상속자의 지위를 잃게 되는가? 판례에 따르면 상속자의 지위를 잃는다(대법원 92다2127 판결).

민법은 상속인의 순위를 정하고 있는데, 배우자의 상속순위에 대하여 사망자(피상속인)의 직계비속이 있는 경우에 그 직계비속과 동순위를 인정하며, 직계비속이 없는 경우에는 사망자의 직계존속과의 동순위를 인정한다. 그리고 사망자의 직계비속 또는 직계존속이 없는 경우에는 배우자의 단독상속을 인정한다. 따라서 남편이 사망할 경우에 아내는 상속인의 지위를 갖는 것이 원칙이다.

다만, 민법은 상속결격을 인정하면서, 상속결격사유에 해당할 경우 상속인의 지위를 박탈한다. 임신한 아내의 낙태문제는 "고의로 직계존속, 피상속인, 그 배우자 또는 상속의 선순위자나 동순위자를 살해하거나 살해하려 한 것(민법 제1004조 제1호)"에 포함되는지가 법원에서 문제가 된 것이었다.

민법 제1004조 제1호의 해당행위는 "살인"이다. 이때, 살인의 기수범·미수범을 불문하며, 예비·음모도 포함된다. 또한 살인의 정범뿐만 아니라, 교사범·방조범도 포함된다. 그뿐만 아니라, 실형에 처하는 확정판결을 요구하는 규정도 없으므로 선고유예나 집행유예 또는 면소판결이 있다고 하더라도 마찬가지이다.

그런데, "낙태행위"를 "살해"로 볼 수 있는가? "낙태행위"는 "살해"행위와 구별되므로 낙태에 있어서는 상속상 자기의 지위를 유리하게 하거나 또는 불리를 면하기 위하여 하는 경우에만 상속결격사유에 해당한다는 견해도 있으나, 대법원은 상속결격사유로서의 '고의'에 상속에 유리하다는 인식이 필요한 것은 아니므로, 상속에 유리하다는 인식 없이 낙태를 하였더라도, 낙태를 한 사망자의 배우자는 상속결격에 해당한다고 본다.

남편의 사망으로 절망에 빠져 있던 임신한 아내가 낙태를 하였다는 것은 상속을 고려한 행동으로 볼 수 없다. 특히, 사망자의 부모가 모두 살아 있었다면, 사망자의 배우자의 낙태로 상속결격이 되지 않는다고 가정하더라도(판례반대), 사망자의 배우자의 상속분이 낙태로 오히려 줄어든다는 사실을 고려하면, 대법원의 결정에 의문이 들 수 있다(낙태를 하지 않았을

때: 배우자 1.5, 태어난 아기 1, 낙태를 했을 때: 배우자 1.5, 부: 1, 모: 1). 판례에 대하여 학계의 여러 논의 등을 고려하면, 같은 문제로 재판이 열릴 경우, 판례가 바뀔 가능성도 있다는 생각이 든다.

4. 제사주재자와 금양임야 및 묘토

민법 제1008조의3에 따르면, 분묘에 속한 1정보(대략 3천평) 이내의 금양임야와 600평 이내의 묘토인 농지, 족보와 제구의 소유권은 제사를 주재하는 자가 승계함을 규정하고 있다(분묘 등의 소유자에 해당하는 제사주재자가 아닌 자라도 분묘를 발굴하거나 유체·유골을 훼손한 행위자를 상대로 자신의 추모감정 등 인격적 법익을 침해하여 정신적 고통을 초래한 경우, 구체적 사정에 따라 정신적 고통에 따른 위자료 청구를 할 수 있다는 취지의 판결로는 대법원 2023다283401 판결 참고).

그렇다면, 제사주재자는 어떻게 결정되는가? 대법원(전합) 2018다248626 판결에 의하면 "공동상속인들 사이에 협의가 이루어지지 않는 경우에는 제사주재자의 지위를 인정할 수 없는 특별한 사정이 있지 않는 한 피상속인의 직계비속 중 남녀, 적서를 불문하고 최근친의 연장자가 제사주재자로 우선한다고 보는 것이 가장 조리에 부합한다."는 취지이다[우선적으로 공동상속인들 협의로 제사주재자를 정하고 협의가 이루어지지 않을 경우 특별한 사정이 없는 한 장남이 제사주재자가 된다는 취지의 대법원(전합) 2007다27670 판결이 변경됨. 단 위 새로운 법리는 위 판결 선고 이후에 제사용 재산의 승계가 이루어지는 경우에만 적용된다고 판시함].

금양임야나 묘토인 농지 등의 승계 내지 그 기초가 되는 제사주재자 지위에 관한 다툼이 있다면 어떠한 절차를 거쳐야 할까? 이러한 경우라면 '제사주재자의 지위확인'청구가 가능할 것이다. 단, 종중 내에서 단순한 제사주재자의 자격에 관한 시비 또는 제사 절차를 진행할 때에 종중의 종원 중 누가 제사를 주재할 것인지 등과 관련하여 제사주재자 지위의 확인을 구하는 것은 확인의 이익이 없다.

그뿐만 아니라, '제사주재자와 제3자 사이에 제사용 재산의 소유권 등에 관한 다툼'이 있다면 이는 일반적인 재산 관련 다툼에 지나지 않으므로 제사주재자로서는 제3자를 상대로 이행청구나 권리관계 확인청구로 족할 것이다(대법원 2010다88699 판결).

즉 대법원 2010다88699 판결에 의하면 "민법 제1008조의3의 규정에 의한 승계는 본질적으로 상속에 속하는 것으로서 일가의 제사를 계속할 수 있게 하기 위하여 상속에 있어서의 한 특례를 규정한 것으로 보는 것이 상당하다(대법원 2005다45452 판결). 위와 같은 민법 제1008조의3의 입법연혁 및 규정내용에 비추어 보면,

당사자 사이에 제사용 재산의 귀속에 관하여 다툼이 있는 등으로 구체적인 권리 또는 법률관계와 관련성이 있는 경우에 그 다툼을 해결하기 위한 전제로서 제사주재자 지위의 확인을 구하는 것은 법률상의 이익이 있다고 할 것이지만, 그러한 권리 또는 법률관계와 무관하

게 공동선조에 대한 제사를 지내는 종중 내에서 단순한 제사주재자의 자격에 관한 시비 또는 제사 절차를 진행할 때에 종중의 종원 중 누가 제사를 주재할 것인지 등과 관련하여 제사주재자 지위의 확인을 구하는 것은 그 확인을 구할 법률상 이익이 있다고 할 수 없다. ~중략~ 한편 확인의 소는 원고의 법적 지위가 불안·위험할 때에 그 불안·위험을 제거함에 확인판결로 판단하는 것이 가장 유효·적절한 수단인 경우에 인정된다고 할 것인바(대법원 2005다60239 판결 등),

제사주재자와 제3자 사이에 제사용 재산의 소유권 등에 관한 다툼이 있는 경우 이는 공동상속인들 사이에서의 민법 제1008조의3에 의한 제사용 재산의 승계 내지 그 기초가 되는 제사주재자 지위에 관한 다툼이 아니라 일반적인 재산 관련 다툼에 지나지 않으므로, 제사주재자로서는 제3자를 상대로 민법 제1008조의3에서 규정하는 제사주재자 지위 확인을 구할 것이 아니라 제3자를 상대로 직접 이행청구나 권리관계 확인청구를 하여야 한다. 따라서 설령 원고와 제3자인 피고 사이에 충경공 소외 1의 제사용 재산에 관하여 다툼이 있다고 하더라도, 원고가 피고를 상대로 직접 이행청구나 권리관계 확인청구를 하는 것은 별론으로 하고, 민법 제1008의3에서 규정하는 제사주재자 지위 확인을 청구할 수는 없다."라는 취지이다.

'금양임야'란 당해 토지가 전체적으로 선조의 문묘를 수호하기 위하여 벌목을 금지하고 나무를 기르는 임야를 의미하며, '묘토인 농지'란 그 수익으로써 분묘관리와 제사의 비용에 충당되는 농지를 의미를 의미하므로, 단지 그 토지상에 분묘가 설치되어 있다는 사정만으로 묘토인 농지에 해당한다고 할 수는 없다.

제사용 재산의 소유권회복을 청구하는 경우, 상속회복청구권의 제척기간이 적용된다는 것이 법원의 입장이다(대법원 2005다45452 판결). 따라서, '그 침해를 안 날로부터 3년, 상속권의 침해행위가 있는 날로부터 10년'을 경과하면 소멸한다(민법 제999조 제2항).

금양임야를 단독으로 승계하였음을 주장하는 제사주재자는 당해 토지가 전체적으로 선조의 분묘를 수호하기 위하여 벌목을 금지하고 나무를 기르는 금양임야임을 증명해야 한다(대법원 2006다38109 판결). 또한, 묘토인 농지를 제사주재자로서 단독으로 승계하였음을 주장하는 자는 피승계인의 사망 이전부터 당해 토지가 농지로서 거기에서 경작한 결과 얻은 수익으로 인접한 조상의 분묘의 수호 및 관리와 제사의 비용을 충당하여 왔음을 증명하여야 한다(대법원 2005다45452 판결).

참고로 금양임야(1정보 한정)와 묘토인 농지(600평 한정)를 승계(상속)받은 제사주재자에게는 상속세가 부과되지 않는다고 한다.

〈제사주재자 결정에 대한 판례변경과 시점에 따른 각 적용법리〉

(대법원 2022다302039 판결의 이유 참고)

대법원 99다14006 판결	무릇 종손이 있는 경우라면 그가 제사를 주재하는 자의 지위를 유지할 수 없는 특별한 사정이 있는 경우를 제외하고는 일반적으로 선조의 분묘를 수호·관리하는 권리는 그 종손에게 전속된다고 봄이 상당하고 종손이 아닌 자가 제사주재자로서의 분묘에 대한 관리처분권을 가지고 있다고 하기 위해서는 우선 종손에게 제사주재자의 지위를 유지할 수 없는 특별한 사정이 있음이 인정되어야 한다.
대법원(전합) 2008. 11. 20. 선고 2007다27670 판결	제사주재자는 우선적으로 망인의 공동상속인들 사이의 협의에 의해 정해져야 하되, 협의가 이루어지지 않는 경우에는 제사주재자의 지위를 유지할 수 없는 특별한 사정이 있지 않은 한 망인의 장남(장남이 이미 사망한 경우에는 장남의 아들, 즉 장손자)이 제사주재자가 되고, 공동상속인들 중 아들이 없는 경우에는 망인의 장녀가 제사주재자가 된다고 할 것이다. 다만, 위 새로운 법리는 이 판결 선고 이후에 제사용 재산의 승계가 이루어지는 경우에만 적용된다고 봄이 상당하다(단 본 사건은 소급적용).
대법원(전합) 2023. 5. 11. 선고 2018다248626 판결	공동상속인들 사이에 협의가 이루어지지 않는 경우에는 제사주재자의 지위를 인정할 수 없는 특별한 사정이 있지 않는 한 피상속인의 직계비속 중 남녀, 적서를 불문하고 최근친의 연장자가 제사주재자로 우선한다고 보는 것이 가장 조리에 부합한다. 다만, 새로운 법리는 이 판결 선고 이후에 제사용 재산의 승계가 이루어지는 경우에만 적용된다고 봄이 타당하다(2008년 전원합의체 판결에서도 제사주재자결정방법에 관한 새로운 법리는 그 판결 선고 이후에 제사용 재산의 승계가 이루어지는 경우에만 적용된다고 보았으므로, 그 판결의 선고일인 2008. 11. 20. 이후부터 이 판결 선고 이전에 제사용 재산의 승계가 이루어진 사안에서는 여전히 2008년 전원합의체 판결의 법리가 적용된다. 단 본 사건은 소급적용).

위 대법원(전합) 2018다248626 판결에 대하여 "대상판결은 망인의 직계비속 중 남녀, 적서를 불문하고 최근친의 연장자가 제사주재자로 우선한다고 보는 것이 조리에 부합한다고 판시"하였지만, "최근친 직계비속 연장자에게 제사주재자의 지위를 인정할 수 없는 특별한 사정이 있는 경우에는 달리 판단할 수 있다."면서 "① 장기간 외국 거주, ② 부모를 학대하는 등의 전력이 있는 경우, ③ 분묘 수호·관리를 소홀히 하거나 제사를 거부하는 경우, ④ 부모의 유지나 유훈을 합리적 이유 없이 현저히 반하는 행위를 한 경우 등"의 특별한 사정이 인정되는 경우에는 "최근친 직계비속 연장자의 다음 순위자가 제사주재자가 될 수 있다(대법원 2013다28865 판결)."라는 취지의 견해가 있다(2023. 7. 1.자 공보에 대한 '서울고등법원판례공보스터디' 참고).

5. 대습상속과 상속포기

사망자의 상속인이 상속을 포기하면 사망자의 사망일로 소급하여 상속인이 아닌 것으로 된다(민법 제1042조). 상속인이 1명인 경우에 상속을 포기하거나 공동상속인 모두 상속을 포기한 경우 다음 순위의 상속인이 상속인의 지위를 이어받게 된다.

상속인이 상속을 포기하려면, 사망자의 사망이 있었음을 안 날로부터 3개월 이내에 가정법원에 포기의 신고를 해야 한다(민법 제1041조, 제1019조 제1항). 이때 가정법원은 신고서의 적법 여부를 심사하고 적법하다고 인정되는 경우 심판서를 작성하며, 심판의 고지에 의하여 포기의 효력이 생긴다.

관련내용을 예로 들어보자(대법원 2014다39824 구상금 판결). 피상속인 a가 사망하였고, 상속인이었던 b(처), c(자녀)가 상속을 포기하였다. a의 공동상속인이었던 b와 c가 상속을 포기하자 다음 순위의 상속인인 사망자 a의 어머니인 d가 a의 재산을 상속하게 되었다.

a의 재산은 부동산일 수도 있고, 채권이나 채무일 수도 있을 것인데, d는 a로부터 받은 재산 이외에 아무런 재산이 없었다(판례 사안은 d가 a로부터 구상금채무를 상속하였는데, d의 고유재산은 없었음). 그런데 d가 사망하면서, b와 c가 다시 대습상속을 하게 된 것이다.

이때, b와 c는 다시 상속포기를 해야 할까? 아니면 a가 사망하면서 상속포기를 했으니, d가 사망하면서 대습상속자가 되었다고 하더라도 다시 상속포기를 할 필요가 없는 것인가?

대법원은 다시 상속포기를 해야 한다는 취지다. 대법원처럼 해석할 경우, b와 c는 a의 구상금채무를 떠안게 되는데, 이렇게 되면, a 사망 시 상속포기한 것이 아무런 의미가 없게 되는 것이 아닌가? 이에 대하여 대법원은 특별한정승인제도를 통하여 부당함을 해소될 수 있다는 취지다(민법 제1019조 제3항).

> **민법 제1019조(승인, 포기의 기간)** ① 상속인은 상속개시 있음을 안 날로부터 3월내에 단순승인이나 한정승인 또는 포기를 할 수 있다. 그러나 그 기간은 이해관계인 또는 검사의 청구에 의하여 가정법원이 이를 연장할 수 있다.
> ③ 제1항에도 불구하고 상속인은 상속채무가 상속재산을 초과하는 사실(이하 이 조에서 "상속채무초과사실"이라 한다)을 중대한 과실 없이 제1항의 기간 내에 알지 못하고 단순승인(제1026조제1호 및 제2호에 따라 단순승인한 것으로 보는 경우를 포함한다. 이하 이 조에서 같다)을 한 경우에는 그 사실을 안 날부터 3개월 내에 한정승인을 할 수 있다.

결국, 사망자(a)의 상속인(b, c)이 상속을 포기하여, 다음 순위의 상속인(d)이 사망자(a)의 채무를 상속하였고, 그 상속인(d)이 사망하여 종전 상속인(b, c)이 다시 대습상속인이 된 경우, 사실상 종전 사망자(a)의 채무가 다시 상속되는 경우라도 재차 상속포기(또는 한정승인)를 해야 한다.

즉 대법원 2014다39824 판결에 의하면 "피상속인의 사망으로 상속이 개시된 후 상속인이 상속을 포기하면 상속이 개시된 때에 소급하여 그 효력이 생긴다(민법 제1042조). 따라서 제1순위 상속권자인 배우자와 자녀들이 상속을 포기하면 제2순위에 있는 사람이 상속인이 된다(대법원 94다11835 판결 등). 이러한 상속포기의 효력은 피상속인의 사망으로 개시된 상속에만 미치는 것이고, 그 후 피상속인을 피대습자로 하여 개시된 대습상속에까지 미치지는 않는다. 대습상속은 상속과는 별개의 원인으로 발생하는 것인데다가 대습상속이 개시되기 전에는 이를 포기하는 것이 허용되지 않기 때문이다. 이는 종전에 상속인의 상속포기로 피대습자의 직계존속이 피대습자를 상속한 경우에도 마찬가지이다. 또한 피대습자의 직계존속이 사망할 당시 피대습자로부터 상속받은 재산 외에 적극재산이든 소극재산이든 고유재산을 소유하고 있었는지 여부에 따라 달리 볼 이유도 없다. 따라서 피상속인의 사망 후 상속채무가 상속재산을 초과하여 상속인인 배우자와 자녀들이 상속포기를 하였는데, 그 후 피상속인의 직계존속이 사망하여 민법 제1001조, 제1003조 제2항에 따라 대습상속이 개시된 경우에 대습상속인이 민법이 정한 절차와 방식에 따라 한정승인이나 상속포기를 하지 않으면 단순승인을 한 것으로 간주된다. 위와 같은 경우에 이미 사망한 피상속인의 배우자와 자녀들에게 피상속인의 직계존속의 사망으로 인한 대습상속도 포기하려는 의사가 있다고 볼 수 있지만, 그들이 상속포기의 절차와 방식에 따라 피상속인의 직계존속에 대한 상속포기를 하지 않으면 그 효력이 생기지 않는다. 이와 달리 피상속인에 대한 상속포기를 이유로 대습상속 포기의 효력까지 인정한다면 상속포기의 의사를 명확히 하고 법률관계를 획일적으로 처리함으로써 법적 안정성을 꾀하고자 하는 상속포기제도가 잠탈될 우려가 있다. 한편 민법 제1019조 제3항은 상속인인 배우자와 자녀들이 그 직계존속의 사망으로 인한 상속채무가 상속재산을 초과하는 사실을 중대한 과실 없이 상속개시 있음을 안 날부터 3월 내에 알지 못하고 단순승인(민법 제1026조 제1호 및 제2호의 규정에 의하여 단순승인한 것으로 보는 경우를 포함한다)을 한 경우에는 그 사실을 안 날부터 3월 내에 한정승인을 할 수 있다고 정함으로써, 이른바 특별한정승인제도를 두고 있다. 따라서 대습상속의 경우에도 대습상속인이 위 규정에 따라 보호받을 수 있을 것이므로 상속포기의 절차, 방식과 효력에 관한 민법 규정이 대습상속에도 적용된다고 하더라도 부당한 것은 아니다."라는 취지이다.

6. 유류분반환청구권의 소멸시효 기산점을 선행소송 확정시로 본 사례

민법 제1117조는 "소멸시효"라는 제목 아래 유류분반환청구권의 시효를 규정하고 있는바, "반환의 청구권은 유류분권리자가 상속의 개시와 반환하여야 할 증여 또는 유증을 한 사실을 안 때로부터 1년 내에 하지 아니하면 시효에 의하여 소멸한다. 상속이 개시한 때로부터 10년을 경과한 때도 같다."라고 적시되어 있다.

유류분 산정에 있어 기초재산에 해당하는 부동산에 대한 소송(이하 '선행소송')이 있었고, 그 소송이 계속 중인 경우에 유류분반환청구권의 소멸시효가 진행되는 것일까? 그렇지 않다. 즉 대법원 2023다203894 판결에 의하면 위 '선행소송' 확정시가 유류분반환청구권 소멸시효의 기산점이 된다는 취지이다.

위 대법원 2023다203894 판결 사안을 정리한다. 망인은 2016. 3.경 피고에게 이 사건 부동산을 증여하고 2018. 4. 4.에 사망하였는데, 원고는 유일한 망인의 상속인으로 망인으로부터 이 사건 부동산 외 별개 부동산을 상속받았다.

원고는 선행소송으로써 피고를 상대로 '이 사건 부동산에 관하여 망인과 피고 사이에 명의신탁약정이 체결되었고, 그 명의신탁약정의 무효'라는 이유로 소유권이전등기 말소청구를 하였으나, 1심에서 원고의 청구를 기각하였고, 해당 판결은 2020. 9. 15. 확정되었다.

이에 원고는 피고를 상대로 이 사건 소로써 '이 사건 부동산 중 원고의 유류분 비율인 1/2 지분에 관하여 유류분반환을 원인으로 한 소유권이전등기절차 이행청구'를 하였다.

원심에서는 ① '망인과 피고는 이 사건 부동산 증여 당시 증여재산이 남은 재산의 가액을 초과한다는 점을 알았고, 상속개시일까지 망인의 재산이 증가하지 않으리라는 점까지 예견하였다고 봄이 상당하므로, 이 사건 부동산은 유류분 반환대상에 해당한다'고 보았고, ② 이 사건 전 소송의 제1심판결 선고 시점인 2019. 7. 31.이 유류분반환청구권의 소멸시효 기산점에 해당한다는 피고의 소멸시효 항변에 대하여 '이 사건 전 소송 확정시점인 2020. 9. 15.이 소멸시효 기산점'이라고 보아 피고의 항변을 배척하여, 원고의 청구를 전부 인용하였다.

대법원은 '유류분반환청구권의 소멸시효 완성 여부'에 대한 원심의 판단은 유지하면서도, 유류분반환청구권의 범위와 관련하여 원고가 상속받은 다른 부동산(별개 부동산) 즉, 원고의 적극적 상속재산을 '유류분 산정의 기초가 되는 재산액' 및 '원고의 순상속분액'에 포함시켜 유류분 부족액 범위를 산정하여야 한다는 이유로 원심판결을 파기·환송한 것이다(원심은 유류분권리자에게 귀속되는 적극재산을 간과하여 유류분 부족액을 산정한 것으로 보임).

이와 관련하여 유류분 산정 공식은 <표>와 같다(2023. 8. 1.자 공보 '서울고등법원판례공보스터디' 참고).

〈표〉

* 유류분권리자별 유류분액 =유류분 산정의 기초재산(A=a+b−c)×당해 유류분 권리자의 유류분 비율(B) * 유류분 부족액 =[유류분 산정의 기초재산액(A)×당해 유류분 권리자의 유류분 비율(B)] −당해 유류분 권리자의 특별수익액(C)−당해 유류분 권리자의 순상속액(D) * A=상속개시시 적극적 상속재산액(a)+산입되는 증여재산액(b) −상속채무액(c)

* B=피상속인의 직계비속, 배우자는 그 법정상속분의 1/2,
피상속인의 직계존속, 형제자매는 그 법정상속분의 1/3
* C=당해 유류분 권리자의 수증액+수유액
* D=당해 유류분 권리자가 상속에 의하여 얻는 재산액(d)−상속채무 분담액(e)

위 대법원 2023다203894 판결에서 설시한 법리를 현출한다. 공동상속인이 아닌 제3자에 대한 증여가 상속개시 1년 전에 한 것이라도 당사자 쌍방이 증여 당시에 유류분권리자에 손해를 가할 것을 알고 증여한 경우에는 그에 대한 유류분반환청구가 허용된다(민법 제1114조 참조).

증여 당시 법정상속분의 2분의 1을 유류분으로 갖는 배우자나 직계비속이 공동상속인으로서 유류분권리자가 되리라고 예상할 수 있는 경우에, 제3자에 대한 증여가 유류분권리자에게 손해를 가할 것을 알고 행해진 것이라고 보기 위해서는, 당사자 쌍방이 증여 당시 증여재산의 가액이 증여하고 남은 재산의 가액을 초과한다는 점을 알았던 사정뿐만 아니라, 장래 상속개시일에 이르기까지 피상속인의 재산이 증가하지 않으리라는 점까지 예견하고 증여를 행한 사정이 인정되어야 한다(대법원 2010다50809 판결, 대법원 2020다247428 판결 등).

유류분반환청구권은 유류분권리자가 상속의 개시와 반환하여야 할 증여 또는 유증을 한 사실을 안 때로부터 1년 내에 하지 아니하면 시효에 의하여 소멸한다(민법 제1117조). 이러한 유류분반환청구권 단기소멸시효의 기산점으로서 '반환하여야 할 증여 또는 유증을 한 사실을 안 때'는 증여 또는 유증이 있었다는 사실 및 그것이 반환하여야 할 것임을 안 때라고 해석하여야 한다(대법원 2000다66430, 66447 판결, 대법원 2014다90140 판결 등).

유류분권리자가 피상속인으로부터 그 소유 부동산의 등기를 이전받은 제3자를 상대로 등기의 무효 사유를 주장하며 소유권이전등기의 말소를 구하는 소를 제기하고 관련 증거를 제출하였으나, 오히려 증여된 것으로 인정되어 무효 주장이 배척된 판결이 선고되어 확정된 경우라면, 특별한 사정이 없는 한 그러한 판결이 확정된 때에 비로소 증여가 있었다는 사실 및 그것이 반환하여야 할 것임을 알았다고 보아야 한다(불법행위채권 단기소멸시효 기산점에 관하여, 손해배상책임을 인정하는 내용의 관련사건 제1심판결 선고 무렵이 아니라 그 판결이 확정된 때 비로소 피해자가 불법행위의 요건사실을 현실적·구체적으로 인식하였다고 볼 여지가 있다고 판단한 대법원 2019다259371 판결 참조).

제32장 이행강제금 · 변상금 · 건축법 등

1. 건축법상 이행강제금과 부과처분의 당사자

건축법상의 건폐율이나 용적률 규정을 무시하거나, 건축법상의 허가 또는 신고를 받지 않고 건축물을 건축을 한 경우 등의 경우 건축법은 이행강제금을 부과토록 규정하고 있다(건축법 제80조).

건축허가권자는 우선적으로 위반건축물 소유자 등에게 시정명령을 하고 나서 시정명령에 응하지 않을 경우 이행강제금을 1년에 2회의 범위 내에서 해당 지방자치단체의 조례로 정하는 횟수만큼 시정명령이 이행될 때까지 반복적으로 부과할 수 있다.

건축법에 의하면 이행강제금의 부과권자는 건축허가권자이고, 이행강제금의 부과대상자는 '건축주, 공사시공자, 현장관리인, 소유자, 관리자 또는 점유자'로 규정되어 있다(건축법 제80조, 제79조 제1항). 이때 첫 번째로 토지임대사례를 살펴보자. 소유자로서 토지를 임대하여 주었는데, 토지소유자의 의사와 상관없이 건물이 무단으로 축조되었다. 이 경우 토지소유자에게 이행강제금이 부과될 수 있을까?

이행강제금의 부과대상자는 '건축주, 공사시공자, 현장관리인, 소유자, 관리자 또는 점유자'인데, 건축법위반건축물의 소유자는 토지소유자가 아니므로, 행정청은 '토지소유자'를 '관리자 또는 점유자'로 판단하여 토지소유자에게 이행강제금을 부과하였다. 이에 대하여 대구고등법원 2008누1253 판결은 "(토지)소유자는 건물의 소유자에게 철거를 요구할 권원을 가지고 있고, 건물로 인하여 다소 경제적인 이익을 얻고 있다 할지라도 건축물을 사실상 지배하면서 사용, 관리하는 자를 의미하는 '관리자 또는 점유자'로 보기 어려워 이행강제금의 부과

대상자가 아니다."라는 취지로 판시하였다.

두 번째로 상가임대사례를 살펴보자. 상가소유자가 상가를 임차인에게 빌려주었다. 임차인은 자신의 사업을 위해 무단으로 용도를 변경하여 해당 상가를 사용하였다. 그럼에도 불구하고 행정청은 상가소유자에게 이행강제금을 부과하였다.

이행강제금의 부과대상자는 '건축주, 공사시공자, 현장관리인, 소유자, 관리자 또는 점유자'이기 때문이었는데, 임차인이 무단으로 용도를 변경하였으니, 임차인에게 이행강제금이 부과되어야 하는 것이 아닌가? 전주지방법원 2012구합185 판결은 이에 대하여 상가소유자에게 이행강제금을 부과한 것은 정당하다고 한다.

즉, "허가권자는 위와 같이 허가 없이 용도변경된 위반건축물에 대하여 건축주, 공사시공자, 현장관리인, 소유자, 관리자 또는 점유자에게 그 건축물의 철거 등 시정명령을 할 수 있으며, 위반건축물의 시정명령을 받은 후 시정기간 내에 시정명령을 이행하지 않은 건축주, 공사시공자, 현장관리인, 소유자, 관리자 또는 점유자에게는 건축법 제80조 제1항 소정의 이행강제금을 부과하도록 규정하고 있는바, 허가권자로서는 무단 용도변경을 한 행위자가 소유자가 아닌 임차인이라 하더라도 그 소유자에게 시정명령을 할 수 있는 것이므로, 시정명령을 받은 소유자인 원고가 시정명령에서 정한 상당한 기한 이내에 이를 시정하지 아니한 이 사건에 있어 원고에게 이행강제금을 부과한 이 사건 처분은 적법하다고 할 것이어서, 원고의 이 부분 주장은 이유 없다."고 한다.

정리하자면, 토지임대차의 경우 무단 건축물의 소유권은 토지소유자에게 없는 반면, 상가임대인은 상가의 소유자라는 차이점을 고려하면 이 두 판례가 이해될 수 있을 것이다.

참고로 '건축주, 공사시공자, 현장관리인, 소유자, 관리자 또는 점유자'(이하 '건축주등')가 아닌 자에 대한 이행강제금 부과처분이 무효라고 판단한 대구지방법원 2022구합24611 판결 사례를 살펴보자.

피고(예천읍장)는 원고가 담임목사로 근무하는 교회의 발코니가 무단 증축되어 시정명령을 하였으나 원고가 이를 이행하지 않자 담임목사인 원고 개인에게 이행강제금을 부과하는 처분을 하였는데, 교회 건물의 '건축주등'은 모두 원고가 아니므로 원고 개인을 상대로 한 시정명령과 이에 기초한 이 사건 처분은 하자가 중대할 뿐만 아니라 객관적으로도 명백하므로 당연 무효라고 판단한 것이다. 즉 교회재단 내지 교회를 상대로 이행강제금이 부과되었어야 한다는 취지이다.

2. 사용승인을 받지 않은 건물에 대한 이행강제금

사용승인을 얻은 적이 없는 건물에 대하여 무단으로 용도변경을 한 경우에 이행강제금을 부과할 수 있을까? 서울행정법원 2015구단56192 판결에 의하면, 사용승인을 받지 않은 건물에 대하여는 무단용도변경을 하였다고 하더라도, 이행강제금을 부과할 수 없다고 한다.

그 이유는 무엇일까? 우선 이행강제금의 개념부터 살펴보자. 이행강제금은 행정법상의 의무를 이행하지 아니한 때에 일정한 액수의 금전이 부과될 것임을 의무자에게 미리 계고함으로써 심리적으로 압박을 주어 공법상의 의무이행을 확보하기 위한 수단으로 정의되고 있다. 따라서 단 1회에 한하여 인정되는 행정벌과 달리 이행강제금은 이론상 의무이행이 있을 때까지 반복하여 부과될 수 있으며, 형사벌 등과 병과하더라도 이중처벌금지원칙에 위배되지 않는다.

건축법 제80조 제5항의 경우도 '1년에 2회 이내의 범위에서 해당 지방자치단체의 조례로 정하는 횟수만큼 그 시정명령이 이행될 때까지 반복하여 이행강제금을 부과·징수할 수 있음'을 규정하고 있다. 다만, 실무적으로는 1년에 1회 정도 부과하는 경우도 많다고 한다.

그렇다면, 사용승인을 받지 않은 건물에 무단용도변경을 한 경우에 이행강제금을 부과할 수 없는 이유는 무엇일까? 건축물 허가 후 건축물을 준공하고, 해당 건축물을 사용하려면 사용승인을 받아야 하는데(건축법 제22조), 건축법은 '사용승인을 받은 건축물의 용도를 변경하려면 시장 등의 허가 등을 요구'한다.

그뿐만 아니라, 건축법 제80조는 건축법위반 건축물에 시정명령이 내려졌음에도 시정명령 후 시정기간 내 시정명령 불이행 시 건축주 등에게 이행강제금 부과가 가능함을 규정하고 있다. 즉, 무단용도변경의 경우 이행강제금이 부과될 수 있는데, 이때의 이행강제금의 전제는 사용승인받은 건물을 전제하고 있기 때문이다(건축법 제19조).

이와 같은 논리로, 행정법원은 사용승인을 받고 무단용도변경 부분에 대한 이행강제금 부과는 적법하다고 본 반면, 준공은 되었으나 아직 사용승인을 받지 않은 부분을 무단으로 용도변경한 부분에 대한 이행강제금 부과는 위법하다는 취지의 판결을 선고하였다(사용승인 없이 건축물을 사용한 경우 건축법상 처벌문제는 별론).

3. 이행강제금은 이행을 강제하는 압박수단

이행강제금은 법을 위반한 것에 대한 제재인가? 아니면 이행을 강제하는 압박수단인가? 행정청이 이행강제금을 부과할 수 있었던 상황이었음에도 불구하고 이행강제금을 부과하지 않고 있다가, 사후에 이행강제금을 부과할 수 있었던 때로 소급하여 이행강제금을 부과할 수 있을까?

이행강제금을 법위반에 대한 제제로 본다면, 이행강제금을 부과할 수 있었음에도 불구하고 이행강제금을 부과하지 않았던 행정청이 사후에 소급하여 이행강제금을 부과할 수 있다는 결론에 도달할 수 있을 것이다.

그러나 이행강제금을 '이행을 강제하는 수단'으로 해석한다면, 이행강제금을 부과할 수 있었음에도 이행강제금을 부과하지 않았던 행정청이 사후에 소급하여 이행강제금을 부과할 수 없다는 결론에 도달하게 될 것이다.

이행강제금의 개념은 어떻게 되는가? 이행강제금이란 대체로, 행정법상의 의무를 이행하지 아니한 때에 일정한 액수의 금전이 부과될 것임을 의무자에게 미리 계고함으로써 심리적으로 압박을 주어 공법상의 의무 이행을 확보하기 위한 수단으로 정의되고 있다. 결국, 이행강제금이란 이행을 강제하기 위한 압박수단이라고 보아야 하고, 법위반에 대한 제재로 볼 수 없다.

이와 관련하여 이행강제금을 '이행을 강제하기 위한 수단'으로 명시한 대법원 사례를 확인해 보자(대법원 2015두46598 판결). 행정청이 갑에게 무허가건물에 대한 철거취지의 시정명령을 내리고 이행강제금을 부과하였고, 갑은 행정청의 처분을 다투는 소송을 제기하였으나, 갑이 패소하였다.

행정청은 갑이 소송을 하는 기간 동안에는 이행강제금을 부과하지 않았고, 갑이 행정청에 패소하자, 갑이 소송 도중에 행정청이 부과할 수 있었던 이행강제금을 포함하여 행정청이 이행강제금을 부과하자, 갑은 이행강제금 부과처분 무효소송을 제기하였던 것이다.

대법원은 사안에서 "이행강제금은 법위반 사실에 대한 제재가 아니라 이행을 강제하는 압박수단"임을 전제로, "비록 갑이 장기간 시명명령을 이행하지 않았다고 하더라도 그 기간 중에는 시정명령의 이행 기회가 제공되지 않았다가 뒤늦게 시정명령의 이행 기회가 제공된 경우라면 그 시정명령의 이행 기회 제공을 전제로 한 1회분의 이행강제금만 부과할 수 있고, 과거의 이행강제금에 대한 이행강제금까지 한꺼번에 부과할 수 없다."는 취지의 판결을 내렸다.

즉 대법원 2015두46598 판결에 의하면 "구 건축법상 이행강제금은 시정명령의 불이행이라는 과거의 위반행위에 대한 제재가 아니라, 시정명령을 이행하지 않고 있는 건축주등에 대하여 다시 상당한 이행기한을 부여하고 그 기한 안에 시정명령을 이행하지 않으면 이행강제금이 부과된다는 사실을 고지함으로써 의무자에게 심리적 압박을 주어 시정명령에 따른 의무의 이행을 간접적으로 강제하는 행정상의 간접강제 수단에 해당한다(헌법재판소 2009헌바140 결정 등). 그리고 구 건축법 제80조 제1, 4항에 의하면 그 문언상 최초의 시정명령이 있었던 날을 기준으로 1년 단위별로 2회에 한하여 이행강제금을 부과할 수 있고, 이 경우에도 매 1회 부과시마다 구 건축법 제80조 제1항 단서에서 정한 1회분 상당액의 이행강제금을 부과한 다음 다시 시정명령의 이행에 필요한 상당한 이행기한을 정하여 그 기한까지 시정명령을 이행할 수 있는 기회(이하 '시정명령의 이행 기회')를 준 후 비로소 다음 1회분 이행강제금을 부과할 수 있다고 할 것이다(대법원 2010두3978 판결 등). 따라서 비록 건축주등이 장기간 시정명령을 이행하지 아니하였다 하더라도, 그 기간 중에는 시정명령의 이행 기회가 제공되지 아니하였다가 뒤늦게 시정명령의 이행 기회가 제공된 경우라면, 그 시정명령의 이행 기회

제공을 전제로 한 1회분의 이행강제금만을 부과할 수 있고, 시정명령의 이행 기회가 제공되지 아니한 과거의 기간에 대한 이행강제금까지 한꺼번에 부과할 수는 없다고 보아야 한다. 그리고 이를 위반하여 이루어진 이행강제금 부과처분은 과거의 위반행위에 대한 제재가 아니라 행정상의 간접강제 수단이라는 이행강제금의 본질에 반하여 구 건축법 제80조 제1항, 제4항 등 법규의 중요한 부분을 위반한 것으로서, 그러한 하자는 중대할 뿐만 아니라 객관적으로도 명백"하다는 취지이다.

4. 변상금 부과처분에 대한 불복

변상금이란 국가 소유의 국유재산이나, 지방자치단체 소유의 공유재산에 대하여 무단으로 점유하는 자에게 부과되는 것이라 말할 수 있다. 이러한 변상금 부과의 일반법으로는 국유재산의 경우 "국유재산법", 지방자치단체 재산의 경우 "공유재산 및 물품 관리법" 등이 있다. 변상금 부과의 개별법으로는 "도로법, 하천법, 공유수면 관리 및 매립에 관한 법률, 문화재보호법" 등이 있다.

국가나 지방자치단체 입장에서는 국유재산이나 공유재산을 무단점유하는 것이지만, 점유자 입장에서는 무단점유라는 인식이 없거나, 점유나 사용 및 수익 등을 정당화할 법적 지위가 존재하는 등 변상금 부과에 위법성이 인정될 만한 사정이 있을 수 있다. 이런 경우라면 변상금부과처분에 대한 취소 소송 등이 가능할 것이다.

변상금부과처분에 위법성이 인정될 만한 사유에는 크게 보면 어떠한 것들이 있을까? 우선적으로 국유 또는 공유재산 토지를 시효취득하는 경우가 있는데, 시효취득의 대상이 되는 재산은 행정재산이 아닌 일반재산(종전의 잡종재산)에 한정된다. 그뿐만 아니라 국유 또는 공유재산 토지에 대하여 점유자가 법정지상권 또는 관습상 법정지상권을 취득한 경우에도 해당 변상금부과는 위법성이 인정될 가능성이 있다(대법원 91누5211 판결).

그렇다면, 개인이 국가와 공유하고 있는 토지를 국가와 협의도 없이 지분비율을 넘어 토지전체를 사용한 경우 국가가 국가지분에 대한 변상금을 부과할 수 있을까? 이런 경우는 민법상 부당이득반환청구는 별론으로 하고 변상금을 부과할 수는 없을 것이다(대법원 98두7732 판결). 민법 제263조에 의하면 공유자는 공유물 전부를 지분비율로 사용·수익할 수 있기 때문에 지분비율을 넘어 사용하는 것은 문제가 있지만, 공유물 전부를 사용하는 것 자체는 예정된 것이기 때문이다.

또 하나의 문제는 도로법상 점용료를 감액하는 규정이 있어 그 감액규정에 따라 감액된 점용료를 부담하던 자가 도로점용허가를 받은 면적보다 더 많은 면적을 사용한 경우 그에 따른 변상금은 감액된 도로점용료를 기준으로 산정해야 하는지 문제된다. 법원은 이런 경우 감액 전의 점용료를 기준으로 변상금을 부과해야 한다는 태도다(대법원 2007두21853 판결).

대법원 판결 사안은 한전이 전기시설을 설치하고 관리하여 오던 중 그 일부 전기시설이 점용허가 면적을 초과한 부분에 설치된 것과 관련하여 도로의 무단점유로 인한 도로법상 변상금이 부과된 사례다. 도로법에 의하면 허가를 받아 도로를 점용하는 자에 대하여 점용료를 징수할 수 있되, 공용 및 공익을 목적으로 하는 비영리사업을 위한 경우 등 일정한 경우에는 점용료를 감면할 수 있도록 규정하고 있다.

또 다른 문제도 살펴보자. 서울특별시가 국유지에 대하여 국가로부터 사용허가를 받은 다음 그 지상에 공영주택인 아파트를 신축한 후 전유부분을 수분양자들에게 분양하면서, 위 토지 중 전유부분의 면적비율에 상응하는 지분을 수분양자들에게 임대·매각하거나 토지의 사용관계 등에 관하여 특별히 정하지도 않았는데, 이후 위 토지를 관리하는 한국자산관리공사가 위 아파트 전유부분을 소유하는 갑 등을 상대로 국유지인 위 토지를 무상으로 점유·사용하였다는 이유로 변상금을 부과할 수 있을까?

서울고등법원 2011누35134 판결에 의하면 서울특별시가 국유지인 이 사건 토지 위에 이 사건 아파트를 지어 수분양자들에게 분양함으로써 수분양자 등에게 이 사건 토지의 점유 또는 사용·수익을 묵시적으로 승낙하였고, 용도폐지 이후로도 국가가 수분양자 등에게 이 사건 토지의 점유·사용을 묵시적으로 허락하였다는 이유로 위 변상금부과처분을 취소한다는 판결을 선고하였고, 위 판결은 그대로 확정되었다.

그렇다면, 한국자산관리공사가 위 수분양자 등을 상대로 민사상 지료상당의 부당이득반환청구를 할 수는 없는가?

원심은 “피고들은 전유부분만을 분양받거나 매수하였을 뿐 이 사건 토지를 매수하거나 임차한 것이 아니므로 이 사건 토지를 점유·사용할 권원이 없다. 따라서 피고들은 원고에게 이 사건 토지의 사용수익 상당을 부당이득으로 반환하여야 한다.”는 취지였으나, 대법원은 부당이득반환청구를 부정하는 취지로 원심을 파기·환송하였다.

즉 대법원 2020다224685 판결에 의하면 “이 사건 아파트는 서울특별시가 무주택인 저소득 시민에게 공영주택을 저렴한 가격으로 분양함으로써 국민의 주거생활의 안정과 공공복리의 증진에 기여하고자 하는 목적에서 국유지인 이 사건 토지 위에 신축하여 분양한 것이다. 국가는 이를 위하여 서울특별시에 국유지인 이 사건 토지에 관한 사용·수익을 허가하였으므로 서울특별시가 이 사건 아파트를 신축하여 최초 수분양자들에게 분양하였을 때 수분양자들이 이 사건 토지를 점유하고 사용·수익하는 것까지 승낙하였고 그러한 승낙의 효력은 최초 수분양자들로부터 이 사건 아파트의 전유부분을 양수한 사람에게까지 미친다고 볼 여지가 크다. 그렇다면 이 사건 아파트의 수분양자 등인 피고들은 이 사건 토지를 정당한 권원에 의하여 점유하고 있어 원고에 대하여 부당이득반환의무를 부담한다고 보기는 어려울 것이다. 사정이 이러하다면 원심으로서는 이 사건 아파트의 분양 경위, 관련 법령의 제정 목적과 입법 취지 및 이 사건 아파트의 분양을 전후로 하여 국가와 서울특별시가 취한 태도 등 제반 사정을 종합하여 국가가 이 사건 아파트의 수분양자 등에게 이 사건 토지를 무상으로 사용·수익할 것을 승낙한 사실이 있는지, 그러한 사실이 있다면 사용·수익의 효력이 원심 변론종결일 현재까지 유지되는지 등을 심리하여 원고의 피고들에 대한 부당이득반환청구권의 인정 여부를 판단하였어야 했다."는 취지이다.

위 대법원 2020다224685 판결에 대하여 "원고와 피고들 사이에 '사용대차'가 성립하였다고 본 것으로 해석"된다면서 다만 "원고와 피고들 사이에 '사용대차'가 현재까지 유지된다고 보기는 어려운바, 원고는 이 사건 소로써 이 사건 토지의 무단점유에 따른 부당이득의 반환을 구하고 있으므로, 더 이상 피고들의 무상 점유·사용을 묵시적으로 승낙하고 있다고 보기는 어려울 것이고, 그렇다면 국가의 피고들에 대한 묵시적 승낙·허락의 철회시기 및 위 철회의 유효 여부가 문제될 것인데, 대상판결은 이 문제에 대해서는 별도로 판단하지 않았으나, 원심 변론종결일로부터 소급한 일정 기간에 대해서는 원고의 청구가 인용될 가능성이 있다."라는 견해가 있다(연도별 2023. 9. 1.자 '서울고등법원판례공보스터디' 제2858쪽 참고).

5. 토지소유자의 인접 건물소유자에 대한 건축물대장의 지번정정신청절차 이행청구

'건축물대장의 기재 및 관리 등에 관한 규칙' 제6조는 '대지와 건축물대장의 관계'라는 제목 아래에 "동일 대지에 기존 건축물대장이 존재하는 경우에는 그 대장을 말소하거나 폐쇄하기 전에는 새로운 건축물대장을 작성할 수 없다. 다만, 제2조 제1호에 따른 증축의 경우에는 그러하지 아니하다."라고 규정하고 있다.

따라서 내 토지가 옆집 건물의 건축물대장에 '관련지번'으로 등재되어 있다면 위 내 토지가 나대지라고 하더라도 사실상 건물을 신축하기 어렵다. 이미 내 토지가 옆집 건물의 건축물대장에 '관련지번'으로 등재되어 있기 때문이다.

이와 관련하여 '건축물대장의 기재 및 관리 등에 관한 규칙' 제21조는, 건축물대장의 지번에 관한 사항에 잘못이 있는 경우 건축물대장 소관청은 직권에 의한 정정을 제외하고는 건축물 소유자의 신청에 의해서만 그 잘못된 부분을 정정할 수 있다.

따라서 건축물대장에 건축물 대지가 아닌 토지가 그 건축물지번으로 잘못 기재되어 있음을 이유로 그 잘못 기재된 지번의 토지소유자가 건축물대장 소관청에 대하여 지번의 정정을 신청하더라도, 그 소관청으로서는 건축물 소유자의 정정신청이 없다면 그 지번을 정정할 수 없다.

그렇다면 나는 그 건축물 소유자에게 건축물대장에서 내 토지를 '관련지번'에서 삭제해 달라는 요구를 해야 할 것이다. 내가 옆집 건물의 소유자에게 건축물대장의 '관련지번' 삭제를 요청했음에도 불구하고 건축물소유자가 이를 거부하면 어떻게 할까?

이러한 경우에 나는 토지소유권에 의한 방해배제청구권을 근거로 건축물 소유자를 상대로 건축물대장 지번을 정정하라는 의사의 진술을 구하는 소를 제기할 수 있다.

즉 대법원 2014다206075 판결에 의하면 "그 잘못 기재된 지번의 토지소유자는 사실상 그 토지 위에 건축물을 신축할 수 없고 그에 따른 소유권보존등기를 마칠 수도 없는 불이익을 받고 있다고 볼 수밖에 없다. 이러한 결과는 건축물대장에 건축물 대지로 잘못 기재된 지번의 토지소유자가 가지는 토지의 사용·수익이라는 소유권에 대한 건축물 소유자의 방해행위로 평가할 수 있다. 사정이 이러하다면, 건축물대장에 건축물 대지로 잘못 기재된 지번의 토지소유자라고 주장하는 자가 그 지번의 정정신청을 거부하는 건축물 소유자를 상대로 건축물대장 지번의 정정을 신청하라는 의사의 진술을 구하는 소는 그 토지소유권의 방해배제를 위한 유효하고도 적절한 수단으로서 소의 이익이 있다고 할 것이다."라는 취지로 판시하였다.

위 대법원 판결 사안을 정리한다. 주식회사 00호텔은 1986. 12. 3. '이 사건 각 건물'을 신축하여 이를 사용하던 중 인접한 토지인 태백시 소재 '이 사건 토지'의 권리자인 소외 4 등으로부터 토지사용승낙을 받아 1987. 3. 11. 그 지상에 이 사건 각 건물의 부속 오락실을 증축하였고, 1987. 8. 25. 이 사건 토지가 이 사건 각 건물의 건축물대장에 추가 지번으로 등재되었다.

그 후 1999. 5. 27. 소외 4로부터 이 사건 토지를 매수한 소외 1은 그 당시 이 사건 각 건물소유자인 소외 2를 상대로 이 사건 토지 중 그 토지 지상 '이 사건 오락실'을 철거하고 그 부분 토지를 인도하라는 소송을 제기하여 2000. 7. 5. 승소판결을 받아 2001. 3. 30.경 이 사건 오락실을 철거하였고, 이에 따라 위와 같이 증축된 이 사건 오락실 부분은 이 사건 각 건물의 건축물대장에서 말소되었는데, 그럼에도 이 사건 각 건물의 건축물대장 및 등기부등본상에는 현재 이 사건 각 건물의 소재지로 이 사건 토지의 지번이 기재되어 있다.

원고는 2002. 4. 30. 이 사건 토지를 매수하여 2002. 5. 3. 이 사건 토지에 관한 소유권이전등기를 마쳤고, 피고는 2003. 12. 19. 이 사건 각 건물에 관하여 같은 날 매매를 원인으로 한 소유권이전등기를 마쳤다.

원고는 2010. 4. 27. 태백시장에게 이 사건 각 건물의 관련 지번에서 이 사건 토지의 지번을 삭제하여 달라는 취지의 건축물대장 표시정정신청을 하였으나, 태백시장은 "건축물의 표시정정신청은 건축물대장의 기재 및 관리 등에 관한 규칙 제18조, 제20조, 제21조 등에 의하여 건축물의 소유자가 법령이 정한 관련 서류를 첨부하여 신청하여야 하는데, 이 사건 건물의 소유자가 아닌 원고는 그 건축물에 관한 표시정정신청을 할 수 없으므로, 건축물의 소유자로 하여금 관련 서류를 첨부하여 신청하도록 하라"는 취지로 원고의 위 신청을 반려하였다.

이에 원고는 태백시장의 위 반려처분에 대하여 춘천지방법원 2010구합939 건축물대장 표시정정신청서 반려처분 취소의 소를 제기하였으나 2010. 11. 25. "대지 소유자에 불과한 원고에게 이 사건 건물의 지번 변경을 신청할 법규상 또는 조리상의 권리가 있다고 볼 수 없어 위 반려처분은 항고소송의 대상이 되는 행정처분에 해당한다고 볼 수 없다"는 이유로 각하 판결을 받았고, 이에 서울고등법원(춘천) 2010누929호로 항소하였으나 2011. 6. 29. 그 항소가 기각되었으며, 대법원 2011두16612호로 제기한 상고도 2013. 12. 12. 기각되었다.

원고는 또 피고 및 태백시를 상대로 춘천지방법원 2011구합2178 건축물대장지번변경의 소를 제기하였으나 2012. 4. 6. 각하 판결을 받았고, 위 판결은 그 무렵 확정되었고, 원고승계참가인은 이 사건 소송계속 중인 2013. 6. 24. 원고로부터 이 사건 토지를 매수하고 같은 날 그 소유권이전등기를 마쳤다. 한편 원고승계참가인 소유의 위 토지(별지 부동산목록 제3항 기재 부동산) 중 별지 감정도 표시 25, 26, 30, 31, 25의 각 점을 순차로 연결한 선내 (가) 부분 16㎡ 지상에는 피고 소유의 축대 및 화단이 설치되어 있다.

위 사안에서 항소심은 "피고는 원고승계참가인에게, ① 별지 부동산목록 제3항 기재 부동산 중 별지 감정도 표시 25, 26, 30, 31, 25을 순차로 연결한 선내 (가) 부분 16㎡ 지상의 축대 및 화단을 철거하고, 위 토지를 인도하며, ② 태백시에 비치된 별지 부동산목록 제1, 2항 기재 각 부동산의 건축물대장에 등재된 태백시 소재 지번을 말소 신청하는 절차를 이행하라."라는 취지의 판결을 선고하였고, 상고심인 위 대법원은 항소심판단에 문제가 없다는 취지로 상고를 기각한 것이다.

6. 집합건물 공용부분의 대수선과 관련된 처분의 원고적격자

집합건물 공용부분에 대한 대수선이 필요한 상황이다. 이때 대수선을 위한 행정청의 일련의 처분과 관련하여 처분의 상대방뿐만 아니라, 해당 집합건물의 구분소유자도 그 취소에 있어 원고적격이 인정되는가? 인정된다는 것이 대법원 2021두58998 판결의 취지이다.

어떠한 사안이었을까? 이 사건 건물 402호(집합건물)를 공유하는 피고 보조참가인들이 해당 호실 발코니에 설치되어 있는 벽체(이하 '이 사건 벽체')를 해체하자 이 사건 건물 504호의 구분소유자인 원고가 피고 ○○구청장에게 민원을 제기하였는데, 이후 피고가 피고 보조참가인들에게 이 사건 벽체를 해체한 행위가 건축법 제22조에 따라 사용승인 처리되었고, 건축법령을 위반한 사항이 종결되었다는 취지의 공문(이하 '이 사건 처분')을 보내자, 원고들이 그 처분의 취소를 구한 사안이다.

즉 이 사건 벽체는 위 발코니에 설치되어 있었고, 그 위 5층의 베란다를 지지하고 있었다. 건축물을 대수선하려는 자는 시장 · 군수 · 구청장의 허가를 받아야 하고(건축법 제11조 제1항), 이때 대수선의 범위에는 내력벽을 해체하거나 그 벽면적을 30㎡ 이상 수선 또는 변경하는 행위가 포함된다(건축법 제2조 제1항 제9호, 건축법 시행령 제3조의2 제1호). 이 사건 벽체는 피고의 허가 없이 해체되었다.

이에 원고는 2019. 8. 6. 피고에게 내력벽인 이 사건 벽체가 건축법령을 위반하여 해체되었다는 취지의 민원을 제기하였다. 피고는 2019. 8. 7. 참가인들에게 이 사건 벽체를 자진하여 원상복구하라는 취지로 안내하였다. 그러나 피고는 2019. 10. 15. 참가인들에게, 이 사건 벽체를 해체한 행위가 건축법 제22조에 따라 사용승인 처리되었고, 건축법령을 위반한 사항이 종결되었다는 취지의 공문을 보냈던 것이다(이하 '이 사건 처분').

위 사안에 대하여 원심은 이 사건 벽체를 해체하여도 이 사건 건물의 구조안전상 문제가 발생할 것이라고 단정할 수 없다는 등의 이유로 이 사건 벽체가 내력벽에 해당한다고 보기 어렵다고 판단하였고, 그 결과 이 사건 벽체가 집합건물인 이 사건 건물의 공용부분을 구성하지 않으므로, 원고에게 이 사건 벽체에 관하여 이루어진 이 사건 처분의 취소를 구할 원고적격이 없다고 판단하였다.

그러나 대법원은 이 사건 벽체의 구조와 설계·시공 상의 취급, 이 사건 벽체에 미치는 하중의 방향과 크기 등을 종합적으로 고려하면 이 사건 벽체는 건축법 제2조 제1항 제9호, 같은 법 시행령 제3조의2 제1호에서 정한 내력벽에 해당하고, 이 사건 벽체를 해체한 행위는 집합건물인 이 사건 건물의 외관을 유지하기 위해 필요한 부분을 변경한 행위로서 공용부분을 변경하는 행위에 해당하며, 그 결과 이 사건 건물의 구분소유자인 원고에 대하여도 이 사건 벽체의 해체에 관한 허가 및 사용승인을 내용으로 하는 이 사건 처분의 취소를 구할 원고적격이 인정된다고 보아, 이와 달리 판단한 원심을 파기·환송한 것이다.

위 대법원 판결을 정리해보자.

건축법상 허가 또는 신고 대상행위인 '대수선'이란 건축물의 기둥, 보, 내력벽, 주계단 등의 구조나 외부 형태를 수선·변경하거나 증설하는 것으로서 대통령령으로 정하는 것을 말한다(건축법 제2조 제1항 제9호). 내력벽을 증설 또는 해체하거나 그 벽면적을 30㎡ 이상 수선 또는 변경하는 것으로서 증축·개축 또는 재축에 해당하지 않는 것은 대수선에 포함된다(건축법 시행령 제3조의2 제1호).

여기에서 '내력벽'이란 일반적으로 건축물의 하중을 견디거나 전달하기 위한 벽체로서, 공동주택 내부에 설치된 벽체가 내력벽에 해당하는지는 건물 전체의 구조와 외부 형태, 벽체의 구조와 설계·시공 상의 취급, 벽체에 미치는 하중의 방향과 크기 등을 종합적으로 고려하여 판단되어야 하고(대법원 2015도10671 판결), 해당 벽체를 제거하였을 때 건축물의 구조안전에 구체적 위험이 초래되지 않는다는 사정만으로 그 벽체가 내력벽에 해당하지 않는다고 섣불리 단정할 수 없다.

집합건물에서 건물의 안전이나 외관을 유지하기 위하여 필요한 지주, 지붕, 외벽, 기초공작물 등은 구조상 구분소유자의 전원 또는 일부의 공용에 제공되는 부분으로서 구분소유권의 목적이 되지 않으며 건물의 골격을 이루는 외벽이 구분소유권자의 전원 또는 일부의 공용에 제공되는지 여부는 그것이 1동 건물 전체의 안전이나 외관을 유지하기 위하여 필요한 부분인지 여부에 의하여 결정되어야 할 것이고 그 외벽의 바깥쪽 면도 외벽과 일체를 이루는 공용부분이라고 할 것이다(대법원 2011다12163 판결).

행정처분의 직접 상대방이 아닌 제3자라 하더라도 당해 행정처분으로 인하여 법률상 보호되는 이익을 침해당한 경우에는 취소소송을 제기하여 그 당부의 판단을 받을 자격이 있다. 여기에서 말하는 법률상 보호되는 이익은 당해 처분의 근거 법규 및 관련 법규에 의하여 보호되는 개별적·직접적·구체적 이익이 있는 경우를 말하고, 공익보호의 결과로 국민 일반이 공통적으로 가지는 일반적·간접적·추상적 이익과 같이 사실적·경제적 이해관계를 갖는 데 불과한 경우는 여기에 포함되지 아니한다.

또 당해 처분의 근거 법규 및 관련 법규에 의하여 보호되는 법률상 이익은 당해 처분의 근거 법규의 명문 규정에 의하여 보호받는 법률상 이익, 당해 처분의 근거 법규에 의하여 보호되지는 아니하나 당해 처분의 행정목적을 달성하기 위한 일련의 단계적인 관련 처분들의 근거 법규에 의하여 명시적으로 보호받는 법률상 이익, 당해 처분의 근거 법규 또는 관련 법규에서 명시적으로 당해 이익을 보호하는 명문의 규정이 없더라도 근거 법규 및 관련 법규의 합리적 해석상 그 법규에서 행정청을 제약하는 이유가 순수한 공익의 보호만이 아닌 개별적·직접적·구체적 이익을 보호하는 취지가 포함되어 있다고 해석되는 경우까지를 말한다.

'집합건물법'상 집합건물의 공용부분은 구분소유자 전원 또는 일부의 공용에 제공되는 것으로 구분소유자 전원의 각 전유부분 면적비율에 따른 공유에 속하고(집합건물법 제3조, 제10조, 제12조), 각 공유자는 공용부분을 그 용도에 따라 사용할 수 있다(집합건물법 제11조).

건축법은 집합건물의 공용부분을 대수선하려는 자로 하여금 구분소유자 전원을 구성원으로 하는 관리단집회에서 구분소유자 3/4 이상 및 의결권 3/4 이상의 결의로써 그 대수선에 동의하였다는 사정을 증명하여야 대수선에 관한 허가를 받을 수 있도록 규정하고 있다(건축법 제11조 제11항 제5호, 집합건물법 제15조 제1항).

이와 같은 건축법 규정은 구분소유자들이 공유하고 각자 그 용도에 따라 사용할 수 있는 공용부분의 대수선으로 인하여 그 공용부분의 소유·사용에 제한을 받을 수 있는 구분소유자의 개별적 이익을 구체적이고 직접적으로 보호하는 규정으로 볼 수 있다.

따라서 집합건물 공용부분의 대수선과 관련한 행정청의 허가, 사용승인 등 일련의 처분에 관하여는 그 처분의 직접 상대방 외에 해당 집합건물의 구분소유자에게도 그 취소를 구할 원고적격이 인정된다고 보는 것이 타당하다.

7. 아파트 화재사망 유족들이 지자체를 상대로 손해배상을 구한 사안

의정부시 소재 아파트에서 화재가 발생하여 위 아파트 거주자 다수가 사망하였다. 위 화재발생 전 피고 경기도는 의정부소방서 관내 특별소방대상물에 관한 소방특별조사를 지시하였고 의정부소방서에서 근무하던 소방공무원 소외 1과 소외 2는 위 아파트에 관한 소방특별조사를 실시하였다.

위 사망자들의 유족들인 원고가 피고 경기도를 상대로 손해배상청구 소송을 제기하였다.

즉 소방공무원들에 의한 소방특별조사가 이루어진 아파트에 화재가 발생하여 거주자들이 사망하자, 그 유족인 원고들이 피고 경기도를 상대로 소방공무원들이 소방특별조사 당시 건축법령 위반 사항(방화문에 방화문이 자동으로 닫히게 하는 장치인 도어클로저 미설치)을 적발하여 시정하지 못한 과실이 있다고 주장하며 손해배상을 구하였다.

이러한 청구가 인용될 수 있을까?

원심은, 위 아파트에는 계단실 방화문에 도어클로저가 설치되어야 함에도 시공 시부터 설치되지 않았고, 소방공무원들은 이 사건 조사를 할 때 도어클로저가 설치되지 않았음을 확인하지 않았고 이에 관한 시정명령 등의 지도·감독도 하지 않았으며, 이러한 소방공무원들의 직무상 의무위반과 아파트 화재로 인한 위 거주자들의 사망 사이에 상당인과관계가 인정된다고 보아, 피고의 배상책임을 인정하였다.

그러나 대법원의 판단은 달랐다. 즉 대법원은, 구 소방시설법령에 비추어 볼 때 방화문에 도어클로저가 설치되었는지 여부는 방화시설의 설치·유지 및 관리에 관한 사항으로 구 소방시설법령에 따라 소방특별조사를 실시하는 경우 반드시 조사하여야 하는 항목이 아니라 조사의 목적을 달성하기 위해 필요한 경우에 실시할 수 있는 조사항목으로 보이고, 이 사건 조사 당시 도어클로저 설치 여부가 조사항목에 포함되어 있지 않았다면, 특별한 사정이 없는 한 소방공무원들이 이를 확인하지 않았다고 하더라도 소방특별조사에 관한 직무상 과실이 있다고 보기는 어렵다고 보아, 원심판결을 파기·환송한 것이다(대법원 2020다209938 판결).

그 핵심적 이유는 무엇일까? 관련규정을 확인하면 "소방특별조사의 목적을 달성하기 위하여 필요한 경우에는 구 소방시설법 제10조에 따른 방화시설의 설치·유지 및 관리에 관한 사항을 조사할 수 있다."고 규정하여 방화문에 도어클로저가 설치되었는지 여부는 소방특별조사를 실시하는 경우에 필요한 경우에 한하여 실시할 수 있는 조사항목으로 보이는 점, 의정부소방서가 실시한 소방특별조사는 소방시설의 유지·관리 위반행위의 집중단속과 조치를 주된 목적으로 한 것으로 방화문 등 방화시설의 설치·유지 및 관리에 관한 사항의 조사를 목적으로 하였다고 보이지 않은 점 등이 그 이유였다. 법조문의 형식(즉 '조사할 수 있다.'라고 규정한 점)도 중요한 쟁점이 되는 것이다.

제33장 도로 · 분묘 · 토지경계

1. 도로점유에 대한 부당이득반환청구

상담을 하다 보면, 도로부지로 사용되는 토지를 경매를 통하여 매수한 후, 부당이득 반환청구를 통하여 수익을 올리려 하시는 분들이 있다. 이때 도로를 통행하는 개인들에게 소송하는 것은 사실상 불가능한 경우가 많기 때문에 부당이득반환청구의 상대방을 지방자치단체로 설정하여 소송을 하게 된다.

결국 지방자치단체가 도로를 점유해야 부당이득반환청구의 1차적 요건이 인정될 것인데, 지방자치단체의 점유는 어떻게 인정되는가? 법원의 주요 입장은 '국가 또는 지방자치단체가 기존의 사실상 도로에 대하여 확장, 도로포장 또는 하수도설치 등 도로의 개축 또는 유지보수공사를 시행하여 일반 공중의 교통에 공용하는 때에는 이때부터 그 도로는 국가 또는 지방자치단체의 사실상 지배하(점유)'에 있다는 취지다.

위와 같은 점유 요건이 충족된다면, 사실상 도로 낙찰자의 장래적 부당이득반환청구가 인정될 가능성이 있다(과거 부당이득반환청구는 전소유자의 청구권 양수가 필요할 듯. 대법원 2007다64372 판결). 이때 부당이득반환청구는 국가의 경우는 국가재정법 제96조 제2항, 지방자치단체의 경우에는 지방재정법 제82조 제2항에 따라 각 소멸시효 5년에 걸리므로 소급하여 5년간의 지료만을 부당이득으로 반환 청구할 수 있다고 해석된다. 다만, 기존 법원의 입장은 이른바 "배타적 사용수익권 포기 이론"을 광범위하게 적용하고 있다는 사실에 주목할 필요가 있다[게다가 지방자치단체 등이 상황에 따라 취득시효를 주장할 수도 있을 것. 예를 들어, 대법원 2019다297663 판결(소유권이전등기)은 원심과 달리 지방자치단체인 울산광역시의 도로에 대한 점유취득시효를 긍정함].

즉, 토지소유자가 사용·수익권을 포기한 것으로 해석된다면 지방자치단체가 사실상의 사도를 점유한다고 하더라도, 토지소유자에게 손실이 발생하였다고 볼 수 없어, 손실을 전제한 부당이득반환청구가 인정되지 않는다는 것이다. 대법원은 토지의 원소유자가 토지 일부를 도로로 무상제공하여 주민들이 무상 통행하게 된 후, 그 토지가 경매로 넘어간 사안에서, 경매 매수인은 사용·수익 제한이라는 부담을 용인하거나 알면서 그 토지의 소유권을 취득한 것으로 보아야 한다는 취지의 판시를 한 사실이 있다(대법원 96다36852 판결).

경매로 사실상 사도를 낙찰받은 후 통행을 못하게 장애물을 설치한 경우는 어떠한가? 장애물 설치를 통하여 지료 협상을 하면 되지 않을까? 형법 제185조는 "일반교통방해죄"를 규정하고 있는바, 일반 공중에 사용되는 도로일 경우 형사처벌 가능성이 있으니 주의할 필요가 있다.

다만, 대법원 2017다211528, 211535 판결에 의하면, "사유지가 일반 공중의 교통을 위한 도로로 사용되고 있는 경우, 토지소유자가 스스로 토지의 일부를 도로 부지로 무상제공하더라도 특별한 사정이 없는 한 이는 대세적으로 사용·수익권을 포기한 것이라기보다는 토지소유자가 도로 부지로 무상제공받은 사람들에 대한 관계에서 채권적으로 사용·수익권을 포기하거나 일시적으로 소유권을 행사하지 않겠다고 양해한 것"이라는 취지의 판시도 보인다. 이와 관련하여 본서 "제8장 부동산소유권" 편에서 대법원은 전원합의체 판결을 통하여 기존 토지소유자의 독점적·배타적 사용·수익권 행사의 제한 법리를 그대로 유지하는 판결을 선고하였다[대법원(전합) 2016다264556 판결(시설물 철거 및 토지인도 청구의 소)]는 사실을 확인한 바 있다.

2. 도로에 대한 취득시효, 그리고 자주점유의 판단

도로에 대한 취득시효 그리고 자주점유의 판단에 대한 대법원 2000다348 판결 취지를 확인해 보자.

첫 번째 쟁점을 살펴보자. 도로와 같은 공공용 재산은 법령으로 지정되거나, 행정처분으로 공공용으로 사용키로 결정한 경우 또는 행정재산으로 실제 사용하는 경우의 어느 하나에 해당해야 행정재산이 된다. 도로는 도로 형태를 갖추고 도로법에 따른 노선 지정 등 또는 도시계획법 절차 등을 거쳐 도로를 설치했을 때부터 공공용물로 공용개시행위가 있는 것이다. 토지에 대하여 도로로서의 도시계획시설결정 및 지정승인만 존재하고 그 토지가 자연공로로 이용된 적이 없는 경우 공용개시행위가 없어 행정재산이 아니다. 취득시효 대상 토지가 ① 지목이 도로로 변경되고, ② 피고 소유가 되었더라도, 소로개설 예정지로 결정고시 및 지적승인만 되었고, 서울시가 소로개설 도시계획사업을 구체적으로 실시한 사실이 없고, 자연공로로 이용된 사실이 없어 공용개시행위가 있다고 볼 수 없어 행정재산 아니다. 따라서,

피고의 행정재산으로 취득시효 불가라는 항변은 인정될 수 없다.

참고로, 행정재산은 국유재산법, 공유재산 및 물품관리법 등에 따라 민법상 시효취득의 대상이 될 수 없다. 행정재산을 무단점유하는 경우, 오히려 관청에서 변상금을 부과하게 된다. 변상금 기준은 보통 공유재산 또는 물품에 대한 사용료 또는 대부료의 100분의 20이며 위 2할 가산은 징벌적 의미를 갖는다. 단 국·공유재산이라도 일반재산(과거의 잡종재산)의 경우 취득시효 대상이 된다.

두 번째 쟁점이다. 대법원은 원심 증거에 의하면, 원고들의 각 점유부분이 도로부분을 침범함에 있어 원고들 각 주택 담장이 이웃의 담장 또는 건물에 비해 돌출되었고, 담장이 돌출되었을 때부터 자신들 점유가 타인소유 토지 침범한 사실을 알았다고 보아야 한다면서, 이때부터 침범부분에 대한 점유를 자주점유로 볼 수 없을 것이라는 취지이다.

참고로, 민법 제245조 제1항은 “20년간 소유의 의사로 평온, 공연하게 부동산을 점유하는 자는 등기함으로써 그 소유를 취득”한다고 규정하여, 20년간 소유의 의사를 요구하고 있다.

세 번째 쟁점이다. 통상 부동산 매수인은 매매계약 전에 등기부, 지적공부 등에 의해 소유관계 및 면적 등을 확인한다. 실면적이 공부상 면적의 상당부분 초과 시 이러한 사실 알았다고 보는 것이 타당하다. 초과부분이 타주점유일 가능성은 높다. 원고 1의 매수면적 합계는 162㎡인데, 원고 1이 전소유자로부터 받은 면적 중에는 소외 14의 초과부분도 포함되는데 그 초과부분까지 합할 경우 202㎡일 때, 초과부분이 40㎡에 달해 그 초과부분은 타주점유로 해석된다.

이 판례에서 알 수 있는 것은 도로가 무조건 취득시효의 대상이 될 수 없는 것은 아니라는 것이다. 일반적으로 도로는 행정재산에 속하여 취득시효 대상이 될 수 없지만, 일정 요건을 갖추면 도로도 취득시효의 대상이 될 수 있음을 판례를 통해 알 수 있다.

3. 매수 임야에 설치된 분묘의 처리

임야를 매수하거나 경매로 취득한 경우에 분묘(산소)가 있는 경우가 상당하다. 이러한 경우 분묘를 어떻게 처리할 수 있을까? 해당 분묘가 지상권의 일종이라 할 수 있는 분묘기지권을 취득한 분묘라면, 분묘를 처리하는 것이 쉽지 않다.

그렇다면, 분묘기지권은 어떻게 설정되는가? 대법원에서 분묘기지권을 인정하는 예로는, 토지소유자의 승낙을 얻어 분묘를 설치한 경우(대법원 99다14006 판결. 이른바 ‘승낙형’), 자기의 토지에 분묘 설치 후 분묘이장 등의 특약 없이 그 토지를 양도한 경우(대법원 67다1920 판결. 이른바 ‘양도형’), 타인 소유 토지에 그의 승낙 없이 분묘 설치 후 20년간 평온, 공연 점유함으로써 취득시효한 경우(대법원 68다1927 판결. 이른바 ‘취득시효형’) 등이 있다.

다만, 분묘기지권의 취득시효와 관련하여서는 최근 대법원 판결[대법원(전합) 2013다17292 판결]에 의하여 장사법(장사 등에 관한 법률) 시행 전인 2001. 1. 12.까지 설치된 분묘의 경우만 분묘기지권의 시효취득이 가능하고, 장사법 시행일인 2001. 1. 13.부터는 분묘기지권의 취득시효가 인정되지 않는다는 것으로 정리되었다. 따라서 분묘가 2001. 1. 12.까지 설치된 경우에 한하여 장사법 시행일인 2001. 1. 13. 당시에 아직 20년의 시효기간이 경과되지 않은 경우라도 차후 20년이 경과된 경우 취득시효 주장이 가능하다고 해석된다.

이와 같이, 분묘기지권이 성립했거나, 장사법상 적법하게 분묘가 설치되었다면, 분묘를 처리하기 어려울 것이다. 다만, 장사법이 적용되는 사안인데, 토지소유자 승낙 없이 해당 토지에 분묘를 임의로 설치하는 등의 장사법에 따른 절차에 따라 설치되지 않은 분묘의 경우, 일정 절차를 거쳐 분묘개장을 할 수 있도록 장사법이 규정하고 있다.

토지 매수인이 장사법이나 재판 등을 거치지 않고, 임의로 분묘를 훼손하면 어떻게 될까? 형법 제160조에 따라 '분묘발굴죄'에 해당할 가능성이 높다. 대법원 94다1190 판결은 "분묘발굴죄는 그 분묘에 대하여 아무런 권한 없는 자나 또는 권한이 있는 자라도 시체에 대한 종교적 양속에 반하여 함부로 이를 발굴하는 경우만을 처벌대상으로 삼는 취지라고 보아야 할 것이므로 법률상 그 분묘를 수호, 봉사하며 관리하고 처분할 권한이 있는 자 또는 그로부터 정당하게 승낙을 얻은 자가 사체에 대한 종교적, 관습적 양속에 따른 존숭의 예를 갖추어 이를 발굴하는 경우에는 그 행위의 위법상은 조각된다."는 태도이다.

그리고 대구고등법원 2019나25029 판결에 의하면 '타인이 자식의 승낙 없이 부모의 분묘를 발굴하는 것은 자식에 대한 불법행위가 성립한다면서 자식들에게 1인당 위자료 1,500만원을 인용한 사실'이 있다.

즉 위 대구고등법원 판결에 의하면 "자식이 부모의 분묘를 찾아 제사를 지내고 부모를 기리며 명복을 비는 것은 미풍양속이므로, 타인이 자식의 승낙 없이 부모의 분묘를 발굴하는 것은 자식에 대한 위법한 행위이고, 따라서 자식은 이로 인하여 입은 정신적 손해의 배상을 청구할 수 있다. 앞서 인용한 제1심판결의 인정사실에서 본 바와 같이 피고 D는 원고 B, C의 부모인 망 김○○, 망 이○○의 분묘를 원고 B, C의 승낙 없이 임의로 발굴하였는데, 이는 망인들의 딸인 원고 B, C에 대한 불법행위에 해당하고, 그로 인하여 원고 B, C이 정신적 고통을 입었을 것임은 경험칙상 분명하므로, 피고 D는 원고 B, C에게 그 손해를 배상할 책임이 있다. 손해배상의 범위에 관하여 보건대, 망인들과 원고 B, C의 관계, 망인들의 분묘에 대한 관리 상황, 피고 D가 망인들의 분묘를 발굴한 동기와 경위 및 현재 망인들의 유골을 회수하여 분묘를 복구하기 어려운 점 등 이 사건 변론에 나타난 여러 사정들을 참작하면, 원고 B, C에 대한 위자료 액수는 각 15,000,000원으로 정함이 타당하다."는 취지이다.

4. 분묘기지권의 성부 및 굴이청구와 지료, 그리고 소멸청구

분묘기지권이란 "타인의 토지에 설치된 분묘를 소유하기 위하여 그 분묘기지에 해당하는 타인 소유 토지를 사용하는 권리로서 관습법상의 물권"을 의미한다[대법원(전합) 2017다228007 판결].

분묘기지권은 타인의 토지에 소유자의 승낙을 받아 분묘를 설치한 경우(대법원 99다14006 판결. 이른바 '승낙형'), 자기의 토지에 분묘를 설치한 사람이 그 토지를 양도하면서 분묘를 이장하겠다는 특약을 하지 않은 경우(대법원 67다1920 판결. 이른바 '양도형'), 타인의 토지에 소유자의 승낙 없이 분묘를 설치한 경우에도 20년간 평온·공연하게 그 분묘의 기지를 점유하여 분묘기지권을 시효로 취득한 경우(대법원 4288민상210 판결, 대법원 2011다63017, 63024 판결. 이른바 '취득시효형')에 각 성립한다.

분묘기지권의 성립범위는 어떻게 될까? 분묘기지권은 분묘의 수호 및 봉사에 필요한 주위의 빈 땅에도 그 효력이 미친다(대법원 65다17 판결). 이와 관련하여 대법원 93다210 판결에 의하면 "분묘기지권은 분묘를 수호하고 봉사하는 목적을 달성하는 데 필요한 범위 내에서 타인의 토지를 사용할 수 있는 권리를 의미하는바, 신청인의 선대분묘 전면은 경사가 별로 없고 비교적 평탄하여 석축을 쌓지 않더라도 분묘를 보존하는 데 있어 아무런 지장이 없는 것으로 보이므로 신청인이 계쟁토지에 석축공사를 시행하는 행위는 선대분묘를 수호하고 봉사하는 목적을 달성하는 데 반드시 필요한 범위 내의 것이라고 단정할 수 없다."는 취지이다.

그렇다면 분묘주변에 석축을 쌓은 것이 무조건 금지되는가? 그렇지는 않다. 대구지방법원 2019가단10726 판결에 의하면 "위 분묘 주위에 설치된 석축 등은 집중호우 등에 의한 분묘의 멸실을 방지하기 위하여 설치된 것으로서 분묘기지권의 범위에 속한다고 봄이 타당하다."는 취지이다.

분묘기지권이 성립하지 않는 경우에는 장사법에 따라 개장절차에 나아가거나, 토지소유자가 분묘소유자를 상대로 분묘의 굴이와 토지의 인도 그리고 지료상당의 부당이득을 청구하여 해결할 여지가 있다.

민법 제1008조의3은 "분묘에 속한 1정보 이내의 금양임야와 600평 이내의 묘토인 농지, 족보와 제구의 소유권은 제사를 주재하는 자가 이를 승계한다."고 규정하고 있고, 대법원(전합) 2018다248626 판결에 의하면 "공동상속인들 사이에 협의가 이루어지지 않는 경우에는 제사주재자의 지위를 인정할 수 없는 특별한 사정이 있지 않는 한 피상속인의 직계비속 중 남녀, 적서를 불문하고 최근친의 연장자가 제사주재자로 우선한다고 보는 것이 가장 조리에 부합한다."는 취지인바[우선적으로 공동상속인들 협의로 제사주재자를 정하고 협의가 이루어지지 않을 경우 특별한 사정이 없는 한 장남이 제사주재자가 된다는 취지의 대법원(전합) 2007다27670 판결이 변경됨. 단 위 새로운 법리는 위 판결 선고 이후에 제사용 재산의 승계가 이루어지는 경우에만 적용된다고 판시함],

분묘에 안치되어 있는 선조의 유체·유골은 위 민법 규정에 따라 소정의 제사용 재산인 분묘와 함께 제사주재자에게 승계된다고 할 것인바, 분묘굴이 및 토지인도 등 청구의 상대방은 대체로 분묘의 소유자인 망인의 직계비속 중 남녀, 적서를 불문하고 최근친의 연장자가 된다고 해석된다.

위 대법원(전합) 2018다248626 판결에 대하여 "대상판결은 망인의 직계비속 중 남녀, 적서를 불문하고 최근친의 연장자가 제사주재자로 우선한다고 보는 것이 조리에 부합한다고 판시"하였지만, "최근친 직계비속 연장자에게 제사주재자의 지위를 인정할 수 없는 특별한 사정이 있는 경우에는 달리 판단할 수 있다."면서 "① 장기간 외국 거주, ② 부모를 학대하는 등의 전력이 있는 경우, ③ 분묘 수호·관리를 소홀히 하거나 제사를 거부하는 경우, ④ 부모의 유지나 유훈을 합리적 이유 없이 현저히 반하는 행위를 한 경우 등"의 특별한 사정이 인정되는 경우에는 "최근친 직계비속 연장자의 다음 순위자가 제사주재자가 될 수 있다(대법원 2013다28865 판결)."라는 취지의 견해가 있다(2023. 7. 1.자 공보에 대한 '서울고등법원판례공보스터디' 참고).

다만 여기에서 주의할 점은 분묘의 설치 및 승계 시점을 기준으로 분묘굴이 및 토지인도 등 청구의 상대방이 달라질 수 있다는 점이다. 이와 관련하여 대법원 2022다302039 판결에 의하면 "이 사건 각 분묘는 피고의 고조부모, 증조부모, 조부모, 부의 분묘로서 설치된 후 약 35년 이상이 지났음이 명백하다. 이 사건 각 분묘의 설치 및 승계 시점을 기준으로 보면, 위 각 분묘의 관리처분권은 구 관습법에 따른 제사주재자에게 귀속된다. 따라서 공동상속인들 사이의 협의 유무와 무관하게 피고의 형이자 장남인 소외인이 제사주재자로서 이 사건 각 분묘의 관리처분권을 가지고, 특별한 사정이 없는 한 피고는 그 관리처분권자가 될 수 없다."는 취지이다(이 판례는 분묘의 설치 및 승계 시점을 기준으로 할 때에 아래의 대법원 99다14006 판결이 적용된다는 취지).

〈제사주재자 결정에 대한 판례변경과 시점에 따른 각 적용법리〉

(대법원 2022다302039 판결의 판결이유 참고)

대법원 99다14006 판결	무릇 종손이 있는 경우라면 그가 제사를 주재하는 자의 지위를 유지할 수 없는 특별한 사정이 있는 경우를 제외하고는 일반적으로 선조의 분묘를 수호·관리하는 권리는 그 종손에게 전속된다고 봄이 상당하고 종손이 아닌 자가 제사주재자로서의 분묘에 대한 관리처분권을 가지고 있다고 하기 위해서는 우선 종손에게 제사주재자의 지위를 유지할 수 없는 특별한 사정이 있음이 인정되어야 한다.
대법원(전합) 2008. 11. 20. 선고 2007다27670 판결	제사주재자는 우선적으로 망인의 공동상속인들 사이의 협의에 의해 정해져야 하되, 협의가 이루어지지 않는 경우에는 제사주재자의 지위를 유지할 수 없는 특별한 사정이 있지 않은 한 망인의 장남(장남이 이미 사망한 경우에는 장남의 아들, 즉 장손자)이 제사주재자가 되고, 공동상속인들 중

	아들이 없는 경우에는 망인의 장녀가 제사주재자가 된다고 할 것이다. 다만, 위 새로운 법리는 이 판결 선고 이후에 제사용 재산의 승계가 이루어지는 경우에만 적용된다고 봄이 상당하다(단 본 사건은 소급적용).
대법원(전합) 2023. 5. 11. 선고 2018다248626 판결	공동상속인들 사이에 협의가 이루어지지 않는 경우에는 제사주재자의 지위를 인정할 수 없는 특별한 사정이 있지 않는 한 피상속인의 직계비속 중 남녀, 적서를 불문하고 최근친의 연장자가 제사주재자로 우선한다고 보는 것이 가장 조리에 부합한다. 다만, 새로운 법리는 이 판결 선고 이후에 제사용 재산의 승계가 이루어지는 경우에만 적용된다고 봄이 타당하다(2008년 전원합의체 판결에서도 제사주재자결정방법에 관한 새로운 법리는 그 판결 선고 이후에 제사용 재산의 승계가 이루어지는 경우에만 적용된다고 보았으므로, 그 판결의 선고일인 2008. 11. 20. 이후부터 이 판결 선고 이전에 제사용 재산의 승계가 이루어진 사안에서는 여전히 2008년 전원합의체 판결의 법리가 적용된다. 단 본 사건은 소급적용).

그렇다면, 분묘의 소유자에게 분묘기지권이 인정되는 경우에 지료는 무상인가? 유상인가? 타인의 토지에 소유자의 승낙을 받아 분묘를 설치한 경우에 발생하는 분묘기지권의 경우에는 승낙을 받으면서, 지료를 지급할 것인지 아니면 지료를 지급하지 않은 것인지 여부를 약정하였을 것이므로, 그 약정에 따르면 될 것이다.

대법원 2017다271834(본소), 2017다271841(반소) 판결은 "분묘의 기지인 토지가 분묘의 수호·관리권자 아닌 다른 사람의 소유인 경우에 그 토지소유자가 분묘 수호·관리권자에 대하여 분묘의 설치를 승낙한 때에는 그 분묘의 기지에 관하여 분묘기지권을 설정한 것으로 보아야 한다. 이와 같이 승낙에 의하여 성립하는 분묘기지권의 경우 성립 당시 토지소유자와 분묘의 수호·관리자가 지료 지급의무의 존부나 범위 등에 관하여 약정을 하였다면 그 약정의 효력은 분묘 기지의 승계인에 대하여도 미친다."는 취지로 판시하면서,

"소외 2의 승낙에 의하여 설정된 분묘기지권을 보유하는 원고 1이 소외 2와 사이에 지료에 관하여 약정한 것이 있다면, 앞서 본 법리에 따라 그 약정의 효력이 그 후 이 사건 (가) 분묘의 기지를 승계취득한 피고에 대하여도 미치게 되므로, 원심으로서는 원고 1의 피고에 대한 지료 지급의무의 존부와 범위를 판단하면서 먼저 원고 1과 소외 2 사이의 지료에 관한 약정 여부와 그 내용에 관하여 심리"하여야 한다는 취지로 판시하여,

지료약정이 있었다면 임야를 승계취득한 자에게도 위 지료약정이 미친다는 취지이므로, 지료가 없는 것으로 약정되었다면, 임야를 승계취득한 자도 무상의 분묘기지권을 그대로 인수한다고 해석된다. 승낙에 의하여 분묘지기권이 성립하므로 채권적 권리로 볼 여지도 있겠지만, 분묘기지권은 물권이므로 그 성립 당시 분묘기지권의 내용을 이루는 지료에 대한 합의가 있다면 이로써 결정된 지료의 존부 및 액수대로 분묘기지권이라는 물권이 형성되는 것으로 이해하면 족하다.

자기의 토지에 분묘를 설치한 사람이 그 토지를 양도하면서 분묘를 이장하겠다는 특약을 하지 않은 경우에는 어떠한가? 대법원 2020다295892 판결에 의하면 "자기 소유 토지에 분묘를 설치한 사람이 그 토지를 양도하면서 분묘를 이장하겠다는 특약을 하지 않음으로써 분묘기지권을 취득한 경우, 특별한 사정이 없는 한 분묘기지권자는 분묘기지권이 성립한 때부터 토지소유자에게 그 분묘의 기지에 대한 토지사용의 대가로서 지료를 지급할 의무가 있다."는 취지이다.

참고로 대법원 2015다206850 판결은 자기토지에 분묘설치 후 경매 등으로 토지가 매각되어 분묘기지권이 인정된 경우라도 판결로 지료액수가 정해질 수 있다는 취지이며, 위 대법원 판결의 원심에 해당하는 춘천지방법원 강릉지원 2014나5347 판결에 의하면 분묘기지권자가 지료지급을 구하는 확정판결을 받은 경우 지료가 인정된다면서, 지료확정판결로 춘천지방법원 강릉지원 2012가단3834 판결을 언급하고 있는데 위 춘천강릉지원 2012가단3834 판결을 확인하면 2009. 4. 17. 이후의 지료를 지급하라는 판결이 선고되었는 바, 2009. 4. 17.은 토지소유권자의 소유권취득일임이 확인된다. 결국 자기 토지에 분묘를 설치한 사람이 그 토지를 양도하면서, 이장특약을 하지 않은 경우 매수인에게 등기를 이전 시점부터 지료를 지급할 의무를 부담하나, 위 토지가 재차 양도된 경우는 종전 토지소유자의 지료채권을 양수받지 않은 이상 위 토지를 재차 양도받은 소유자는 자신의 소유권취득일로부터 지료를 청구할 수 있다고 해석된다.

그렇다면, 타인의 토지에 소유자의 승낙 없이 분묘를 설치를 설치하였으나 20년간 평온·공연하게 그 분묘의 기지를 점유하여 분묘기지권을 시효로 취득한 경우, 즉 취득시효형 분묘기지권의 경우는 어떠한가? 이 경우는 토지소유자가 분묘기지권자에게 지료를 청구한 때로부터 지료를 지급할 의무가 있다는 취지이다.

즉 대법원(전합) 2017다228007 판결에 의하면, "2000. 1. 12. 법률 제6158호로 전부 개정된 구 장사 등에 관한 법률(이하 '장사법'이라 한다)의 시행일인 2001. 1. 13. 이전에 타인의 토지에 분묘를 설치한 다음 20년간 평온·공연하게 분묘의 기지(기지)를 점유함으로써 분묘기지권을 시효로 취득하였더라도, 분묘기지권자는 토지소유자가 분묘기지에 관한 지료를 청구하면 그 청구한 날부터의 지료를 지급할 의무가 있다고 보아야 한다."는 취지이다.

위 대법원(전합) 2017다228007 판결에 따라 종전 대법원 판결, 즉 분묘기지권을 시효로 취득하는 경우 분묘기지권자의 지료 지급의무가 분묘기지권이 성립됨과 동시에 발생한다는 취지의 대법원 92다13936 판결 및 분묘기지권자가 지료를 지급할 필요가 없다는 취지의 대법원 94다37912 판결은 모두 폐기되었다.

위 대법원(전합) 2017다228007 판결의 다수의견에 대한 보충의견에 의하면, 분묘기지권을 시효취득한 분묘기지권자는 토지소유자가 재판상 또는 재판 외에서 지료를 청구하면 그때부터 지료를 지급할 의무가 있다는 취지이다.

그리고 당사자의 청구에 따라 법원이 결정한 지료를 2년분 이상 지급하지 않으면 토지소유자는 분묘기지권의 소멸을 청구할 수 있다고 보아야 할 것이지만(민법 제287조), 당사자의 협의나 법원의 판결에 의해 분묘기지권에 관한 지료의 액수가 정해지지 않았다면 분묘기지권자가 지료를 지급하지 않았더라도 지료 지급을 지체한 것으로 볼 수는 없으므로 분묘기지권 소멸 청구는 허용되지 않는다고 한다(대법원 93다52297 판결).

따라서 분묘기지권자가 지료를 부담할 경제적 능력이 없는 경우에도 지료를 청구받은 때부터 적어도 2년 동안은 시간을 두고 계획을 세워 이장 등을 준비할 수 있고, 단기간에 조상의 분묘가 강제로 개장되는 상황은 면할 수 있으며, 한편 토지소유자가 과거에 지료를 청구하였던 경우 분묘기지권자는 그 청구 시점부터의 지료를 지급해야 하고, 판결로 정해진 2년분 이상의 지료를 연체하면 분묘기지권 소멸 청구에 따라 결국 분묘기지권이 소멸할 수 있다고 한다.

5. 분묘굴이청구의 상대방은 분묘의 관리처분권자

분묘기지권이란 "타인의 토지에 설치된 분묘를 소유하기 위하여 그 분묘기지에 해당하는 타인 소유 토지를 사용하는 권리로서 관습법상의 물권"을 의미한다[대법원(전합) 2017다228007 판결].

분묘기지권이 성립하지 않는 경우에는 장사법에 따라 개장절차에 나아가거나, 토지소유자가 분묘소유자를 상대로 분묘의 굴이와 토지의 인도 그리고 지료상당의 부당이득을 청구하여 해결할 여지가 있다.

분묘기지권이 성립하지 않는 경우에 분묘의 굴이 등 청구(분묘의 굴이와 토지의 인도 그리고 지료상당의 부당이득 청구)의 상대방은 누가될 것인가? 분묘의 관리처분권자 내지 소유자가 된다. 이와 관련하여 민법 제1008조의3은 "분묘에 속한 1정보 이내의 금양임야와 600평 이내의 묘토인 농지, 족보와 제구의 소유권은 제사를 주재하는 자가 이를 승계한다."고 규정하고 있다.

따라서 분묘가 설치된 토지의 소유자 갑이 그 분묘에 매장된 사람의 자손 중 하나이고, 갑이 그 분묘를 일부 관리한 사실이 있다고 하더라도 분묘가 설치된 토지가 을에게 수용된 경우에 현 소유자인 을이 종전 토지소유자인 갑을 상대로 분묘굴이소송을 하였지만, 갑이 그 분묘의 소유자 내지 관리처분권자가 아니라면 을의 갑에 대한 분묘굴이청구는 기각을 면치 못하게 된다.

이와 관련하여 대구지방법원 2022가단101264 판결을 정리해 보자.

〈기초사실〉

원고는 2019. 11.경 경산시 A동 일원에 A근린공원과 도로를 조성하는 사업의 시행자로 지정되었다. 피고는 2021. 3. 25. 경산시 사동 000－00 전 542㎡(이하 '이 사건 토지')에 관하여 1987. 1. 1.자 상속을 원인으로 한 소유권이전등기를 마쳤고, 원고가 2021. 10. 26. 이 사건 토지에 관하여 2021. 9. 17.자 수용을 원인으로 소유권이전등기를 마쳤다. 이 사건 토지에는 별지 도면 표시와 같이 분묘 4기와 그 둘레석, 망주석이 각 설치되어 있다(이하 위 분묘 4기와 둘레석, 망주석을 통틀어 '이 사건 분묘').

〈원 · 피고의 각 주장〉

원고는 "피고는 원고 소유의 이 사건 토지에 이 사건 분묘를 설치·관리하고 있으므로 이를 굴이 및 철거할 의무가 있다."라고 주장하고, 피고는 "이 사건 분묘의 관리처분권자가 아니고, 이 사건 분묘에 관하여 분묘기지권이 성립하였으며, 원고는 공익사업을 위한 토지 등의 취득 및 보상에 관한 법률에 따라 분묘에 대한 이장비 등을 산정·보상하여야 함에도 이를 지급하지 아니하였다."라고 주장한다.

〈판단〉

분묘는 민법 제1008조의3에 따라 그 분묘에 안장된 망인의 제사를 주재하는 사람이 승계하는 것이다(대법원 2013다28865 판결). 구 관습법에 따르면 종손이 있는 경우에 그가 제사주재자의 지위를 유지할 수 없는 특별한 사정이 있는 경우를 제외하고는 일반적으로 선조의 분묘를 수호·관리하는 권리는 제사주재자인 그 종손에게 있었다(대법원 95다51182 판결, 대법원 99다14006 판결 등).

그 후 대법원은 위 입장을 변경하면서, 제사주재자는 우선적으로 망인의 공동상속인들 사이의 협의로 정하되, 협의가 이루어지지 않는 경우 제사주재자의 지위를 유지할 수 없는 특별한 사정이 있지 않는 한 망인의 장남(장남이 이미 사망한 경우에는 장손자)이 제사주재자가 되고, 공동상속인들 중 아들이 없는 경우에는 망인의 장녀가 제사주재자가 된다고 하면서, 새로운 법리는 그 판결 선고 이후에 제사용 재산의 승계가 이루어지는 경우에만 적용된다고 판시하였다[대법원(전합) 2007다27670 판결].

이어 대법원은 다시 제사주재자 결정방법에 관한 종전 견해를 변경하여, 공동상속인들 사이에 협의가 이루어지지 않는 경우 제사주재자의 지위를 인정할 수 없는 특별한 사정이 있지 않는 한 피상속인의 직계비속 중 남녀, 적서를 불문하고 최근친의 연장자가 제사주재자로 우선하고, 새로운 법리는 그 판결 선고 이후에 제사용 재산의 승계가 이루어지는 경우에만 적용된다고 판시하였다[대법원 2023. 5. 11. 선고(전합) 2018다248626 판결].

① 이 사건 분묘는 피고의 조부모와 부 D의 분묘로, D은 1987. 1. 1. 사망한 점, ② 피고의 형이자 D의 장남 E는 1982.경 미국으로 이주하였고, 종손인 F이 이 사건 분묘 인근에 거주하는 피고와 함께 현재까지 제사를 주재하고 있는 점 등에 비추어 보면, 이 사건 분묘의 관리처분권은 2008. 11. 20. 이전의 구 관습법에 따라 공동상속인들 사이의 협의 유무와 무관하게 제사주재자인 종손에게 귀속하고 피고는 특별한 사정이 없는 한 그 관리처분권자가 될 수 없다.

한편 피고가 이 사건 토지에 관하여 상속을 원인으로 한 소유권이전등기를 마쳤음은 앞서 본 것과 같고, 원고가 피고를 상대로 이 사건 분묘에 관한 재결을 신청하여 손실보상금 20,705,000원의 수용재결을 받아 피고를 위하여 손실보상금을 공탁한 사실, 피고가 위 수용재결에 대하여 이의신청을 한 사실을 한 사실을 인정할 수 있으나 이러한 사정만으로 피고가 이 사건 분묘의 관리처분권자라고 볼 만한 특별한 사정을 인정하기에 부족하고 달리 이를 인정할 증거가 없으므로 이를 전제로 한 원고의 주장은 받아들이지 아니한다.

정리하자면, 같은 가족 내지 종중이더라도 토지소유자와 분묘의 소유자 내지 관리처분권자가 분리될 수 있다는 것이고, 위 토지소유권을 이전받은 자가 전 토지소유자를 상대로 분묘굴이 등 청구를 하였는데, 전 토지소유자가 분묘에 대한 소유자 내지 관리처분권자라는 사실을 인정하지 않을 경우에는 상황에 따라 분묘굴이 등 청구가 기각될 수 있다는 것이다. 또한 대법원 판결의 변경에 따라 분묘굴이청구의 상대방도 위 변경된 대법원 판결에 따라 달라질 수 있다.

참고로, 위 대구지방법원 2022가단101264 판결을 그대로 받아들여서, 원고가 종손에게 다시 분묘굴이 등의 소송을 제기할 경우에 승소할 수 있을까?

분묘기지권은 타인의 토지에 소유자의 승낙을 받아 분묘를 설치한 경우(대법원 99다14006 판결. 이른바 '승낙형'), 자기의 토지에 분묘를 설치한 사람이 그 토지를 양도하면서 분묘를 이장하겠다는 특약을 하지 않은 경우(대법원 67다1920 판결. 이른바 '양도형'), 타인의 토지에 소유자의 승낙 없이 분묘를 설치한 경우에도 20년간 평온·공연하게 그 분묘의 기지를 점유하여 분묘기지권을 시효로 취득한 경우(대법원 4288민상210 판결, 대법원 2011다63017, 63024 판결. 이른바 '취득시효형')에 각 성립한다. 따라서 분묘기지권이 성립되는 사안으로 판단된다면 원고의 청구가 기각될 가능성을 배제할 수 없다.

6. 지료 연체에 따른 분묘기지권의 소멸청구

분묘기지권이 성립하였는데, 약정에 따른 지료 또는 판결로 확정된 지료를 분묘기지권자가 지급하지 않고 있다. 분묘기지권의 부담을 안고 있는 토지소유자가 분묘기지권자에게 지료 연체에 따른 분묘기지권의 소멸을 청구를 할 수 있는가?

민법 제287조는 "지상권소멸청구권"이라는 제목 아래에 "지상권자가 2년 이상의 지료를 지급하지 아니한 때에는 지상권설정자는 지상권의 소멸을 청구할 수 있다."고 규정하고 있는데, 대법원은 위 지상권 규정을 분묘기지권에도 유추적용하여, 분묘기지권자가 2년 이상 지료를 지급하지 아니한 경우에 토지소유자의 지상권 소멸청구를 긍정한다(대법원 2015다206850 판결 등).

'2년 이상의 지료를 지급하지 아니한 때'란 체납된 지료액이 2년분 이상 되는 모든 경우를 의미한다. 즉 계속해서 2년분의 지료를 체납한 경우는 물론이고 1년분의 지료가 체납된 다음에 그 후 몇 년간의 지료가 체납되지 않다가 그 후 다시 체납되어 통산 2년분의 지료가 체납된 경우도 이에 해당한다.

판결에 의하여 지료가 확정된 경우는 어떠한가?

예를 들어, 분묘기지권에 대한 지료가 정해지지 않은 상황에서 소송을 제기할 즈음에 3년간의 지료를 연체하였는데, 그 소송의 소장을 통하여 지료 연체를 이유로 분묘기지권의 소멸청구를 하였고, 그 소송이 1년 정도 진행되면서 결과적으로 4년분의 지료연체 사실이 확정되었다면, 그 소송의 소장을 통해 지료연체를 이유로 분묘기지권의 소멸청구를 한 것이 인정되어 분묘기지권이 소멸되는가? 그렇게 보기 어렵다.

법정지상권에 대한 대법원 99다17142 판결에 의하면, "법정지상권의 경우 당사자 사이에 지료에 관한 협의가 있었다거나 법원에 의하여 지료가 결정되었다는 아무런 입증이 없다면, 법정지상권자가 지료를 지급하지 않았다고 하더라도 지료 지급을 지체한 것으로는 볼 수 없으므로 법정지상권자가 2년 이상의 지료를 지급하지 아니하였음을 이유로 하는 토지소유자의 지상권소멸청구는 이유가 없고, 지료액 또는 그 지급시기 등 지료에 관한 약정은 이를 등기하여야만 제3자에게 대항할 수 있는 것이고, 법원에 의한 지료의 결정은 당사자의 지료결정청구에 의하여 형식적 형성소송인 지료결정판결로 이루어져야 제3자에게도 그 효력이 미친다."고 판시하고 있기 때문이다.

그렇다면 분묘기지권에 대한 지료가 정해지지 않은 상태에서 판결에 의하여 4년분의 지료연체 사실이 확정되었는데, 판결확정 당시에 4년분의 지료연체 사실이 존재하는 사정을 전제로 그 즉시 분묘기지권의 소멸청구가 가능한가? 아니면, 4년분의 지료연체 사실에 대한 확정판결에도 불구하고, 위 확정판결일로부터 다시 2년 이상의 지료의 지급을 지체하여야 분묘기지권의 소멸을 청구할 수 있는 것인가?

판결확정 당시에 이미 4년의 지료연체 사실이 존재한다는 사실이 확정되었으므로, 위 판결이 확정된 후에 그 즉시 분묘기지권의 소멸청구가 가능한 것이 원칙일 것이나, 신의칙상 상당기간 동안 소멸청구권의 행사가 유예되어야 한다는 것이 대법원 판결의 취지이다.

즉, 법정지상권과 관련된 대법원 92다44749 판결 이유를 확인하면, "법정지상권이 성립되고 그 지료액수가 판결에 의하여 정해진 경우에, 지상권자가 그 판결확정 후 지료의 청구를 받고도 그 책임 있는 사유로 상당한 기간 동안 지료의 지급을 지체한 때에는 그 지체된 지료가 판결확정의 전후에 걸쳐 2년분 이상일 경우에도 토지소유자는 민법 제287조에 의하여 지상권의 소멸을 청구할 수 있다 할 것이고, 위 판결확정일로부터 2년 이상 지료의 지급을 지체하여야만 지상권의 소멸을 청구할 수 있는 것은 아니라고 할 것"이라면서,

"지료액수가 재판상 확정된 경우에 재판확정과 동시에 연체된 지료의 전액을 지급하지 아니하면 바로 토지소유자의 소멸청구권의 행사로 법정지상권이 소멸한다는 결과는 부당하므로 신의칙상 상당기간 동안은 소멸청구권의 행사가 유예되어야 한다."는 취지이다.

결국 위 판례사안은 판결확정 후에 지료를 청구받았음에도 불구하고 확정일로부터 대략 4개월간 지료지급을 하지 않은 상태에서 지상권소멸청구의 의사표시가 있었던 것으로 지상권소멸을 인정하였다.

위 판례와 동일한 취지의 분묘기지권의 소멸청구에 대한 판례도 존재한다.

즉 대법원 2015다206850 판결에 의하면, 지료에 대한 확정판결 후 대략 10개월 만에 지료를 공탁한 사안에서 지상권소멸청구를 인정하였다.

위 대법원 2015다206850 판결의 이유를 확인하면 "자기 소유의 토지 위에 분묘를 설치한 후 그 토지의 소유권이 경매 등에 의하여 타인에게 이전되면서 분묘기지권을 취득한 자가, 판결에 의하여 그 분묘기지권에 관한 지료의 액수가 정해졌음에도 그 판결확정 후 책임있는 사유로 상당한 기간 동안 지료의 지급을 지체하여 지체된 지료가 판결확정 전후에 걸쳐 2년분 이상이 되는 경우에는 민법 제287조를 유추적용하여 새로운 토지소유자는 그 분묘기지권자에 대하여 분묘기지권의 소멸을 청구할 수 있다고 보아야 한다. 분묘기지권자가 판결확정 후 지료지급 청구를 받았음에도 책임 있는 사유로 상당한 기간 동안 지료의 지급을 지체한 경우에만 분묘기지권의 소멸을 청구할 수 있는 것은 아니다. 원심은, 그 채택 증거에 의하여 피고는 2013. 2. 20. 이 사건 분묘기지권에 관하여 2009. 4. 17. 이후의 지료를 지급하라는 판결을 받아 그 판결이 그 무렵 확정되었음에도 지료를 지급하지 아니하다가 원고가 2013. 11. 26. 이 사건 소로써 분묘기지권의 소멸을 청구하자 2013. 12. 17.에 이르러서야 위 판결에서 지급을 명한 지료 상당의 돈을 공탁한 사실을 인정한 후, 피고는 위 판결확정 후 상당한 기간 동안 판결확정 전후에 걸쳐 2년분 이상의 지료를 지급하지 아니하였으므로 원고의 분묘기지권 소멸청구의 의사표시가 기재된 이 사건 소장이 피고에게 송달된 2013. 12. 12. 그 분묘기지권이 소멸되었다고 판단하였다. 위 법리와 기록에 비추어 살펴보면, 원심의 위와 같은 사실인정과 판단은 정당"하다는 취지이다.

분묘기지권자의 지료지급의 연체가 토지소유권의 양도 전후에 걸쳐 이루어진 경우는 어떠한가?

토지양수인에 대한 연체기간이 2년을 넘어야 분묘기지권의 소멸청구가 가능하다고 해석된다.

법정지상권과 관련하여 법정지상권의 부담을 떠안고 있는 토지를 매수하면서 연체된 지료(2년 미만)에 대한 채권양도를 받아 채권양도절차를 마쳤고, 토지의 전소유자(토지 양도인)에 대한 연체액과 현 소유자(토지양 수인)의 연체액의 합계가 2년 이상에 이르렀음에도 불구하고 지상권소멸청구가 어렵다는 취지의 판례가 존재하기 때문이다.

즉 대법원 99다17142 판결에 의하면 "민법 제287조가 토지소유자에게 지상권소멸청구권을 부여하고 있는 이유는 지상권은 성질상 그 존속기간 동안은 당연히 존속하는 것을 원칙으로 하는 것이나, 지상권자가 2년 이상의 지료를 연체하는 때에는 토지소유자로 하여금 지상권의 소멸을 청구할 수 있도록 함으로써 토지소유자의 이익을 보호하려는 취지에서 나온 것이라고 할 것이므로, 지상권자가 그 권리의 목적이 된 토지의 특정한 소유자에 대하여 2년분 이상의 지료를 지불하지 아니한 경우에 그 특정의 소유자는 선택에 따라 지상권의 소멸을 청구할 수 있으나, 지상권자의 지료 지급 연체가 토지소유권의 양도 전후에 걸쳐 이루어진 경우 토지양수인에 대한 연체기간이 2년이 되지 않는다면 양수인은 지상권소멸청구를 할 수 없다."는 취지이다.

참고로 위 대법원 99다17142 판결은 토지 양도인과 법정지상권자 사이의 판결에 따른 지료결정이 토지 양수인에게 미치지 않았던 사정이 존재한다. 위 대법원 판결에 의하면 "지료액 또는 그 지급시기 등 지료에 관한 약정은 이를 등기하여야만 제3자에게 대항할 수 있는 것이고, 법원에 의한 지료의 결정은 당사자의 지료결정청구에 의하여 형식적 형성소송인 지료결정 판결로 이루어져야 제3자에게도 그 효력이 미친다고 할 것"인데,

토지양도인(전소유자)과 법정지상권자 사이에 지료의 결정은 단지 "서울지방법원 95가합66264 사건의 판결에서 1995. 4. 10.부터 1996. 3. 13.까지는 금27,695,710원, 1996. 3. 14. 이후는 연 금26,655,270원으로 결정"되어 "위 판결 이유에서 정한 지료에 관한 결정은 원고들(토지 양수인, 즉 현 소유자)과 피고 박학○(법정지상권자) 사이에는 그 효력이 없다."는 취지이다(참고로 제5판 주석민법 물권 3 제87쪽에 의하면 "지상권에 있어 지료에 대한 등기가 있는 경우 지상권이 양도·양수될 때에는 신·구지상권자의 체납액을 통산"하므로 "지료에 대한 등기가 있는 경우 구지상권자가 1년분의 지료를 체납하고 신지상권자가 1년분의 지료를 체납한 경우 양자를 합하여 2년분의 체납이 되는 것이므로 지상권 소멸청구가 가능"하다는 취지. 단 분묘기지권은 등기로 공시되는 것이 아니므로 위 내용은 법리적으로 참조만 해야 할 것. 다만 분묘기저의 토지소유권자가 분묘기지권자를 상대로 형식적 형성소송인 지료결정 판결로 받아 그 판결의 효력이 제3자에게도 미칠 경우, 지료에 대한 등기가 존재하는 것과 마찬가지의 상황이 될 수도 있을 것으로 이해됨(필자의 개인의견)).

7. 무연고분묘 확인청구가 인용된 사례

토지소유자가 자신의 토지 위에 있는 무연고 분묘의 처리를 위해서는 '장사 등에 관한

법률' 제4장 등에 규정된 절차에 따라야 한다.

토지소유자가 확인한 바로는 무연고 분묘임에도 불구하고, 누군가 분묘 연고자 신고서를 관청에 제출하여 분묘처리를 방해할 경우에 무연고분묘 확인청구가 가능할까?

대구지방법원 2021가합210588 판결에 의하면 가능하다는 취지이다. 위 판결의 판결 주문은 "피고들은 별지 목록 기재 각 분묘에 관하여 연고자의 지위에 있지 아니함을 확인한다."는 취지였다.

무연고분묘 확인청구는 소극적 확인의 소로 해석되는바, 소극적 확인의 소에서 원고가 먼저 소송물인 권리나 법률관계(청구)를 특정하여 권리 등의 발생원인사실을 부정하는 주장을 하는 경우에 그것은 청구원인의 주장이 아니고 피고의 항변사실의 선행부인에 해당하므로 피고가 권리 등의 발생원인사실을 주장하고 입증하여야 한다(대법원 97다45259 판결).

따라서 토지소유자가 원고로서 무연고분묘 확인 소송을 제기하면 분묘 연고자 신고서를 제출한 피고가 자신이 분묘연고자임을 입증해야 한다고 해석된다.

결국 개발을 위하여 매입하려는 토지에 적지 않은 분묘가 있어 토지 매입 전 분묘연고자들을 많은 시간을 들여 수소문 하였고, 그 수소문 결과 분묘연고자가 사실상 없는 것으로 확인되어 그 해당 토지를 매입하였는데, 차후 일부 분묘에 대하여 갑자기 분묘연고자가 등장한 상황이라면 무연고분묘 확인청구의 실익이 있어 보인다.

위 대구지방법원 2021가합210588 판결을 정리하면 다음과 같다.

〈기초사실 요약정리〉

원고는 영천시 일원에서 추진되는 일반산업단지 조성사업(이하 '이 사건 사업')의 시행사로서, 사업부지 내에 위치하고 있는 분묘의 이장 업무를 수행하고 있다. 경상북도지사는 2009. 12. 24. 주식회사 F(이하 'F') 외 2개사를 사업시행사로 하는 일반산업단지 개발사업 계획 승인 고시를 하였고, 이 사건 사업 시행사는 몇 차례 변경을 거쳐 결국 우리자산신탁 주식회사 외 9개사(원고 포함)로 변경되었다.

F는 2010. 12. 28. 전국매일신문, 경북매일신문, 경상북도 인터넷 홈페이지, 영천시 인터넷 홈페이지에 이 사건 사업부지 내 분묘개장공고(1차, 공고기간 : 최초 공고일로부터 3개월)를 하고, 이어 이로부터 1개월이 지난 2011. 2. 1. 세계일보, 경북매일신문, 경상북도 인터넷 홈페이지, 영천시 인터넷 홈페이지에 같은 내용을 공고(2차)하였다.

원고는 2021. 4. 22. 2022. 4. 8. 2022. 6. 17. 각 영천시 토지에 관한 소유권이전등기를 마쳤다.

피고들은 G종중(이하 'G종중')의 구성원인 종원이다. 원고는 2021. 4. 29. 이 사건 사업을 위하여 영천시장에게 무연고 분묘 23기에 대하여 분묘개장 허가신청을 하였고, 피고 C는 2차 신고서 기재 분묘에 대한 연고권이 피고들에게 있다고 주장하면서 영천시장에게 민원을 제기하였다.

영천시장은 2021. 5. 7. 원고에게 위 무연고 분묘 23기 중 1, 2차 신고서(각 분묘연고자 신고서)에 기재된 별지 3, 4, 5, 7 내지 13번 분묘를 제외한 나머지 13기에 대하여 개장허가증을 교부하였다. 이에 원고는 2021. 5. 12. 위 무연고자 분묘 13기에 대하여 관련 법률에 따라 개장 및 이장 작업을 완료하였다.

〈피고들의 주장 및 판결요지〉

피고들은 '이 사건 각 분묘는 피고들의 친척의 분묘이고, 피고들은 이 사건 종중의 종원으로서 이 사건 각 분묘를 관리하여 왔으므로 연고자의 지위를 가진다.'는 취지로 주장을 하였으나, 위 대구지방법원은 '피고들의 친척의 증손자가 이 사건 일부 분묘를 이장하고 연고자로서 보상금을 수령한 사실, 그들의 분묘는 피고들의 주장과 다른 곳에 존재한 사실, 피고들이 주장하는 분묘의 위치에는 봉분이 보이지 않는 사실 등이 인정되므로 이 사건 각 분묘가 피고들이 주장하는 피고들의 친척의 실제 분묘라거나 피고들이 이를 관리한 사실을 인정하기 부족하다.'는 취지로 판시하여 원고의 청구를 인용한 것이다.

8. 토지경계확정의 소

토지경계확정의 소는 인접한 토지의 경계가 사실상 불분명하여 다툼이 있는 경우에 재판에 의하여 그 경계를 확정하여 줄 것을 구하는 소송이다. 토지경계확정의 소는 토지소유권의 범위의 확인을 목적으로 하는 소와는 달리, 인접한 토지의 경계가 불분명하여 그 소유자들 사이에 다툼이 있다는 것만으로 권리보호의 필요가 인정된다(대법원 93다41792, 41808 판결 등).

인접 토지의 어느 쪽이 여러 사람의 공유에 속하는 경우 그 경계의 확정을 구하는 소송은 관련된 공유자 전원이 공동하여서만 제소하고 상대방도 관련된 공유자 전원이 공동으로서만 제소될 것을 요건으로 하는 고유필수적 공동소송이다(대법원 2000다24207 판결 등).

어떤 부동산이 지적공부에 1필의 부동산으로 등록되면 그 부동산의 지번, 지목, 지적 및 경계는 다른 특별한 사정이 없는 한, 이 등록으로써 특정되는 것이므로, 그 부동산이 잘못된 측량에 의하여 현황과 다르게 특정되었다고 하더라도 원칙적으로 그 토지의 경계는 지적공부상의 경계에 의할 수밖에 없다(대법원 97다42823 판결 등).

토지경계확정의 소는 인접하는 토지의 경계확정을 구하는 소이고 그 토지에 관한 소유권의 범위나 실체상의 권리의 확인을 목적으로 하는 것은 아니므로, 피고들이 이 사건 각 토지의 일부를 시효취득하였는지 여부는 이 사건 경계를 정하는데, 참작할 사정이 되지 아니한다(서울고등법원 2003나10218 판결).

지적 관련법에 의하여 어떤 토지가 지적공부에 1필의 토지로 등록되면 그 토지의 경계는 다른 특별한 사정이 없는 한 이 등록으로써 특정된다 할 것이지만, 지적도를 작성함에 있어 기점을 잘못 선택하는 등의 기술적인 착오로 말미암아 지적도상의 경계가 진실한 경계선과 다르게 잘못 작성되는 등의 특별한 사정이 있는 경우에는 그 토지의 경계는 지적도에 의하지 않고 실제의 경계에 의하여 확정하여야 할 것이다(대법원 95다54761 판결 등).

토지의 경계에 관하여 그 증거가 부족하여 아무리 해도 객관적인 경계의 존재위치를 확정하기 어려운 경우에는 법원의 조리 등에 따라 경계를 형성·확정할 수 있다(춘천지방법원 96나4002 판결).

즉, 토지경계확정의 소는 형식적 형성의 소에 속한다. 대법원 96다36517 판결에 의하면, "토지의 경계는 공적으로 설정 인증된 것이고, 단순히 사적관계에 있어서의 소유권의 한계선과는 그 본질을 달리하는 것으로서, 경계확정소송의 대상이 되는 '경계'란 공적으로 설정 인증된 지번과 지번과의 경계선을 가리키는 것이고, 사적인 소유권의 경계선을 가리키는 것은 아니다." 결국 "사적자치의 영역에 속하는 건물 소유권의 범위를 확정하기 위하여는 소유권 확인소송에 의하여야 할 것이고, 공법상 경계를 확정하는 경계확정소송에 의할 수는 없다."는 취지다.

최근 선고된 대법원 2018다207830 판결(경계확정 등)에 의하면 "토지경계확정의 소는 인접한 토지의 경계가 사실상 불분명하여 다툼이 있는 경우 재판으로 그 경계를 확정해 줄 것을 구하는 소로서, 토지소유권의 범위의 확인을 목적으로 하는 소와는 달리, 인접한 토지의 경계가 불분명하여 그 소유자들 사이에 다툼이 있다는 것만으로 권리보호이익이 인정된다(대법원 93다41792, 41808 판결 참조). 여기서 '인접한 토지의 경계가 사실상 불분명하여 다툼이 있는 경우'에는 지적도를 작성하면서 기점을 잘못 선택하는 등 기술적인 착오로 지적도상 경계가 진실한 경계선과 다르게 잘못 작성되었다고 인접 토지소유자 사이에 다툼이 있는 경우를 포함한다. 토지경계확정의 소가 제기되면 법원은 당사자 쌍방이 주장하는 경계선에 구속되지 않고 어떠한 형식으로든 스스로 진실하다고 인정되는 바에 따라 경계를 확정해야 한다(대법원 95다54761 판결 참조). 따라서 토지경계확정의 소에서는 특별한 사정이 없는 한 원고가 주장하는 경계가 인정되지 않더라도 청구의 전부 또는 일부를 기각할 수 없다."는 취지이다.

저자약력

이승주

사법시험 제46회 합격(2004년)/사법연수원 제36기 수료/변호사
1996년 경찰간부후보생 필기합격, 면접탈락
경기도 화성시 송산면 출생(1970년)
송산초등학교, 송산중학교, 수원 수성고등학교 각 졸업
동국대학교(농업경제학과 89학번, 육군병장 만기제대(91군번), 1996년 졸업, 경제학사)
동국대학교 동아리 선무부(태권도부) 부장(1990년)
한성대학교 부동산대학원(부동산투자금융전공, 2013년 2월 졸업, 부동산학 석사)
동국대학교 행정대학원 부동산 최고위 과정 수료(제18기)
글쓰기 관련 청년 변호사 대상 강연(2013. 9. 11. ㈜법률신문사 주최)
대한 변호사 협회에 '부동산관련법' 전문분야 등록(2010년), 부동산전문변호사
(전) 동국대학교 법과대학 외래 강사(민사집행법/2014년, 2015년)
(전) 동국대학교 행정대학원 부동산학과 대우교수(부동산계약론/2022년~2024년)
(현) 유튜브 채널 "부동산전문 이승주변호사의 민사법 교실" 운영
(현) 네이버 블로그 "부동산전문 이승주변호사의 상가 및 부동산분쟁 클리닉" 운영
(현) 건국대학교 부동산대학원 겸임교수(부동산권리분석론/2018년 이후)

저서

나는 아내보다 권리분석이 좋다(다산북스, 2010년)
이승주 변호사의 이야기 채권회수(다산북스, 2011년)
부동산권리분석 및 배당 판례특강(박영사, 2022년 초판, 2025년 제2판)

방송인터뷰 등

YTN 라디오 곽수종의 생생경제 인터뷰(2013. 7. 2. 소액사건 관련)
파이낸셜뉴스 인터뷰(2014. 2. 3. 임대차존속기간 20년 위헌 관련)
MBC 파워매거진 인터뷰(2014. 2. 7. 아파트 할인분양 관련)
KBS 똑똑한 소비자 리포트 인터뷰(2015. 3. 13. 부실인테리어 관련)
SBS 뉴스 인터뷰(2015. 5. 25. 지나친 위약벌 관련)
TBS(교통방송) '출동 수도권 현장' 인터뷰(2015. 10. 1. '잠자는 지하철 엘리베이터'편)
KBS 2TV '아침' 인터뷰(2016. 1. 7. 부동산 이중계약 사기 관련)
KBS 뉴스 '못참겠다' '전입신고날 근저당권 설정'편 인터뷰(2019. 1. 13. '디지털 뉴스'편)
KBS 뉴스 '못참겠다' '억대 권리금 날릴 위기'편 인터뷰(2019. 3. 17. '디지털 뉴스'편)
KBS 뉴스 '갭투자 파산 후폭풍'편 인터뷰(2019. 7. 13. 방송)
KBS 뉴스 9 '수원 전세사기 부부'편 인터뷰(2023. 10. 30. 방송)
연합뉴스 TV 뉴스프라임 '전세사기 무기한 엄정단속'편 대담(2023. 11. 1. 생방송)

제3판
부동산분쟁의 쟁점

초판발행 2021년 1월 10일
제2판발행 2023년 6월 30일
제3판발행 2025년 10월 20일

지은이 이승주
펴낸이 안종만 · 안상준

편 집 우석진
기획/마케팅 정연환
표지디자인 BEN STORY
제 작 고철민 · 김원표

펴낸곳 (주) 박영사
서울특별시 금천구 가산디지털2로 53, 210호(가산동, 한라시그마밸리)
등록 1959. 3. 11. 제300-1959-1호(倫)
전 화 02)733-6771
f a x 02)736-4818
e-mail pys@pybook.co.kr
homepage www.pybook.co.kr
ISBN 979-11-303-2426-5 93360

정 가 55,000원